［内部资料　注意保管］

中国工商银行年鉴

ALMANAC OF ICBC

2010

中国工商银行年鉴编辑委员会　编

中国金融出版社

责任编辑：张翠华
责任校对：潘　洁
责任印制：丁淮宾

图书在版编目（CIP）数据

中国工商银行年鉴. 2010（Zhongguo Gongshang Yinhang Nianjian. 2010）/中国工商银行年鉴编辑委员会编. —北京：中国金融出版社，2010. 12
ISBN 978 -7 -5049 -5640 -8

Ⅰ. 中…　Ⅱ. 中…　Ⅲ. 工商银行—中国—2010—年鉴　Ⅳ. F832. 33 -54

中国版本图书馆 CIP 数据核字（2010）第 169014 号

出版发行　中国金融出版社
社址　北京市丰台区益泽路 2 号
市场开发部　(010)63266347，63805472，63439533（传真）
网上书店　http://www.chinafph.com
(010)63286832，63365686（传真）
读者服务部　(010)66070833，62568380
邮编　100071
经销　新华书店
印刷　天津银博印刷有限公司
尺寸　205 毫米×280 毫米
印张　55. 25
插页　12
字数　1962 千
版次　2010 年 12 月第 1 版
印次　2010 年 12 月第 1 次印刷
定价　285. 00 元
ISBN 978 -7 -5049 -5640 -8/F. 5200

中国工商银行年鉴编辑委员会

中国工商银行年鉴编辑部

分行组稿负责人

李新明　薛　波　童玉会　李颖耀　李有文　张学锋　孙占国
杨胜坤　王金成　耿武贤　俞　龙　陈田武　孙金培　张继良
郭明三　陈　东　张金星　蒋凤生　童志军　潘福常　周永德
罗　伟　王　涛　王均明　黎跃辉　陈文举　李增耀　贺世国
戚兴明　魏　斌　牛胜海　许庆东　张　玮　董春阳　王晓健
贺春雷　金云生　李　辉

组　稿　人　员

李世昭　高　珅　吴　珂　闫　峰　姜国军　赵　宇　武凤敏
栾叶文　姚　厉　薛　云　千瀚羽　卢茂魁　陈思滔　钱智文
马庆东　范保成　屈良斌　陆　冬　翁文扬　郑巧敏　陈棠晓
温　珂　陈　宏　徐　涛　杨　杰　田亚鹤　柴用栋　雷延平
王相启　欧阳昀　郭　浩　曹旭阳　张少文　谢光南　李　彬
马　杰　季　晖　陈　琢　田　轲　黄　亮　张姹琳　程　涛
谢　敏　苏建旭　杨琛楠　彭　涛　张龙清　周宁宁　吴　卫
曹永强　洪　渊　饶　挺　张训然　卓　贤　郑　良　韩站芳
王文超　陈　琳　陈　钢　胡运勇　周　伟　庞　浩　钟炽焰
陈　昭　孙　亮　郝志运　付　澎　耿丹丹　王友乾　刘　斌
周南南　张红彬　何存钢　熊少军　赵　洋　王　伟　季　冰
李志军　李　晶　贯美琴　王　希　王　祺　施旭东　孙　聃

董事长　姜建清

董事长致辞

2009年是在金融发展史上留下深刻印记的一年。这一年，全球金融业在应对历史罕见的危机中艰难跋涉，在深刻反省失衡的商业模式和金融秩序的痛苦思索中，推动金融体系的变革与结构调整，全球金融业正在发生深刻影响未来发展趋势的变化。

工商银行在这场特大金融危机中虽不可能独善其身，但受益于中国政府积极应对危机强有力的政策措施，受益于中国银行业始终服务于实体经济的基本商业模式，也受益于本行一贯坚持的稳健经营方针和持续多年转型发展奠定的坚实基础，不仅幸运地避免了金融危机的直接冲击，而且成功化危为机获得了历史性的发展，成为全球市值、盈利、客户存款第一的上市银行。2009年，本行在拨备覆盖率大幅提高至164.41%的情况下实现净利润1 293.50亿元，较上年增长16.4%；每股收益0.39元，加权平均净资产收益率为20.14%，分别较上年增长18.2%和提高0.75个百分点，均创历史新高；成本收入比为32.87%，保持在合理水平；不良贷款余额和不良贷款率连续第十个年头保持双下降，不良率降至1.54%；资本充足率和核心资本充足率分别为12.36%和9.90%，在业务快速发展过程中仍保持了较好的资本充足水平。

经济与金融辅车相依，经济好才会金融好。本行在应对国际金融危机中认真履行大行责任，积极响应中国政府应对危机的宏观经济政策要求，适度增加信贷投放，支持经济增长，同时努力以金融杠杆来推动经济结构的调整，促进投资与消费、实体经济与虚拟经济、人和环境等多方面趋向平衡。这一年，本行扩大了对国家重点投资项目的信贷投放，促进了国家扩大投资政策措施的落实；增加了个人消费领域的资金投放，促进了国家扩大消费各项政策的实施；支持了中小企业的融资，促进了国家扩就业、惠民生政策的落实；加大对新能源、新技术、低碳经济等领域项目建设和现代服务业的信贷投放，支持战略性新兴产业的发展和新的经济增长极的培育。同时，本行严格控制“两高一剩”（高耗能、高污染和产能过剩）行业的贷款，促进产业结构的优化升级。

这场金融危机使国际社会普遍认识到，脱离实体经济的过度金融创新确实会助长危机的发生，但人们也看到金融创新并不必然会扩大风险，有些创新的停滞反而不利于风险的管控，应对危机更需要金融创新的支持。中国经济处在发展的“黄金机遇”期，金融发展滞后于实体经济的需求，金融创新不是过度，而是明显不足，因此，更需要依靠创新抢抓机遇，依靠创新寻求突破。这一年，本行继续不遗余力地加快产品、技术和渠道的创新，推进发展方式的转变和经营结构的优化，深入推动从传统的融资中介向全功能金融服务转变，从本土化银行向国际化银行转变，多元化、国际化的经营发展格局进一步形成。2009年本行的收益结构和渠道结构改善明显，手续费及佣金净收入占营业收入的比重达17.82%，比上年提高3.61个百分点；电子银行业务替代率超过一半，传统以柜台为主的服务模式发生了重大改变；通过收购和申设方式进入了加拿大、泰国、越南、马来西亚、阿布扎比等国家和地区市场，分布在全球20个国家和地区的23家境外营业性机构的业务持续快速增长并全部实现盈利，本行境外税前利润增长165.0%；增资了工银租赁，重组了工银国际，综合化经营实力进一步壮大。

用改革破解发展难题、激发经营活力是本行多年来应对困难挑战的根本方法。面对外部环境的急剧变化、经营困难较多的复杂形势，本行持续推进了关键环节和领域的改革，顺利完成了金融市场业务、资产管理业务管理体制改革，组建了贵金属业务部，稳步推行了重点县支行变革，有效激发了各机构经营活力和发展动力。推进了运行管理体制改革、报表集中改革，全面推进了电子银行中心、单证中心等后台中心建设，集约化、高效率、低成本、有效监督的业务处理和管理后台正加快形成。这些深层次的改革措施促进了全行服务质量的改善、经营效率的提升、竞争发展能力的增强和风险管理水平的提高，并为未来更高层次的发展创造了新的体制机制条件。

良好的公司治理和风险管理是银行业乃至整个金融体系稳健运行的关键所在，也是决定一家银行能走多快、走多远的根本因素。同时，我们也越来越清楚地认识到，公司治理没有放之四海皆准的固定模式，必须从本国和本行实际情况出发，引进国际经验，形成适合自身发展需要的风险控制和公司治理机制。在过去的一年里，本行统筹兼顾业务发展与风险防范，注重依法合规和稳健经营，坚守风险底线，完善全面风险管理机制，努力提升风险管理技术水平，保持了资产质量的稳定和各类风险的可控。本行修订了公司章程和股东大会、董事会及监事会议事规则等数十项公司治理规章制度，进一步明晰和完善了公司运行机制；调整了董事会专门委员会设置及人员构成，将关联交易控制委员会从风险管理委员会中分离出来，将提名与薪酬委员会分设为提名委员会和薪酬委员会，使董事会各专门委员会的职责更加清晰，结构更趋合理，运作更加高效。

成之不易，持之更难。回首，在21世纪头十年，本行犹如凤凰涅磐，浴火重生，从世界金融舞台的边缘走向了前台，迈入了国际领先大银行之列。展望，在又一个十年的起点上，面对后危机时代更为复杂的经营环境，面对全球经济和金融格局变化，面对金融脱媒、利率市场化快速演进带来的全新挑战，本行将加快转变发展方式，深化体制机制改革，大力改进金融服务，不断增强竞争发展能力、风险管控能力和可持续盈利能力，积极探索契合中国国情的国际一流现代金融企业的科学发展道路。

大地已经回暖，危机终将过去。危机留给我们的不应只是痛苦的记忆，更应是对现代银行业发展理念、企业价值观等的深醒和反思，是对未来经济金融发展路径的求索和突破。以史为鉴、放眼未来，中国工商银行蓄势新发展、整装再出发！

姜建清

二〇一〇年三月二十五日

行长　杨凯生

过去的一年，面对国际金融危机扩散蔓延带来的严峻形势，工商银行全体同仁励精图治，砥砺奋进，不仅克服了金融危机的严重冲击，保持了健康平稳发展，而且还抓住危中之机实现了新的跃升，在应对这场危机挑战的“大考”中，向广大投资者和社会各界展现了良好的市场竞争能力、风险控制能力和价值创造能力。

面对国际金融危机和国内经济增长放缓，以及利差收窄等因素对银行利润增长的不利影响，本行通过加快业务创新和转变发展方式，实现了净利润增长16.4%的良好经营业绩，而且收益结构进一步得到明显改善。去年本行手续费及佣金净收入增长25.3%，增量和增幅继续领先国内可比同业；手续费及佣金净收入占营业收入的比重为17.82%，比上年提高3.61个百分点，达到一些国际大银行的可比水平。其中投资银行业务收入增长56.2%，成为国内首家投资银行业务收入超百亿元的商业银行。中间业务的快速发展一定程度上对冲了因利差收窄对利润增长的不利影响，促进了盈利的可持续增长。

在2009年国际、国内经济金融形势纷繁复杂的情况下，本行审时度势，合理把握信贷投放总量与节奏，积极满足实体经济运行的合理资金需求。去年本行境内分行新增人民币贷款10 352.47亿元，同比多增4 984.82亿元，增长24.2%，为历史上贷款增加最多的一年，但贷款投向合理，贷款月度、季度增长较为均衡。本行十分注意坚持“区别对待、有保有压”，积极以信贷结构的优化促进经济结构的调整，既扩大了对国家重点投资项目和符合产业政策的重点行业、重点企业的贷款投放，支持了新能源、资源综合利用、节能环保等领域的项目建设和现代服务业的发展，又积极支持了中小企业、贸易融资、个人消费等领域的合理资金需要，更严格控制了“两高一剩”行业以及低水平重复建设项目的贷款投放。同时，本行注重以国家区域发展规划为指导，不断增强对区域性风险的防范控制能力，主动调整信贷的区域投放政策，去年本行中西部地区贷款增长幅度明显高于全行平均水平。

面对危机演变和应对危机过程中蕴含的许多特殊机遇，本行通过抢抓危中之机，实现了竞争发展的新突破。过去的一年，本行着力通过加快金融创新和经营转型，不断增强多元化、跨市场的竞争发展能力，不仅巩固了传统业务优势，而且在信用卡、电子银行、投资银行、资产托管、养老金和现金管理等绝大多数新兴业务领域进一步确立了国内领先地位。同时，本行把改进服务作为抓机遇、促发展的重要手段，着力通过加快科技和产品创新、推进渠道建设升级和服务模式变革，来提升服务品质，增强竞争客户、赢得市场的能力。去年，本行面向未来的IT第四代应用系统（NOVA+）建设进展顺利，科技领先优势进一步扩大；网点分层营销服务体系全面形成，客户服务更加精细化和个性化；电子银行业务替代率超过50%，服务质量和效率大幅提升。国际市场布局取得新的突破，收购了加拿大东亚银行70%的股权，对泰国ACL银行的自愿要约收购正在有序进行，合并诚兴银行和澳门分行成立工银澳门，河内分行开业，获得阿布扎比分行、马来西亚子银行经营牌照。目前本行已在全球20个国家和地区设立了23家营业性机构，分支机构总数达到162家，全球服务能力显著增强。各境外机构在积极应对国际金融危机中加快业务创新和本土化经营，保持了健康快速发展态势。工商银行所有的境外机构不仅全部实现盈利，而且整体盈利水平有了较大提升。

面对严峻复杂的经济金融形势，本行坚持业务发展与风险防控统筹兼顾、有机统一，更加注重依法合规、稳健经营。特别是在扩大信贷投放中，严把贷款准入，加强贷后管理，并对新发放贷款进行全面检查，及时纠偏除险，坚守住了风险底线。去年本行不良贷款余额下降160.15亿元，不良贷款率下降0.75个百分点，降至1.54%，连续第十个年头实现不良贷款余额和比例的双下降。面对国际金融市场的跌宕起伏，本行及时果断地减持了高风险外币债券，适时调整了投资策略和资产组合，有效降低了风险，增加了收益。适应特殊环境下风险演变趋势，本行从完善体制机制、严密规章制度、创新技术手段、加强监督检查等多方面入手，不断加强和改进各个业务领域的风险防控，全面风险管理有了新的突破。

2010年可能是我国经济形势更为复杂的一年。本行将审慎研判经济金融形势，进一步增强工作的前瞻性和主动性，更加注重通过发展方式转变和结构调整来推进可持续发展，更加注重通过加快创新和优化服务来竞争客户、赢得市场，更加注重通过加强公司治理和改进内控管理来应对各类不确定因素与风险的挑战，努力实现竞争发展能力的增强、资产质量的稳定和盈利的可持续增长。

二〇一〇年三月二十五日

监事长　赵林

2009年2月19日，姜建清董事长应邀为参加银监会大型银行监管会议的代表作关于商业银行发展战略问题的讲座。

2009年6月10日，姜建清董事长与南非总统祖马、联合国前秘书长安南、施瓦布教授共同主持世界经济论坛非洲峰会。

2009年7月30日，中国工商银行（澳门）股份有限公司（简称工银澳门）成立仪式在澳门隆重举行。姜建清董事长同何厚铧特首等嘉宾共同为工银澳门开业祝酒。

2009年8月18日，姜建清董事长出席由中央电视台主办的“新中国成立60周年——推动中国经济·影响民众生活的60个品牌”颁奖典礼，并代表我行领取奖项。

2009年8月25日，姜建清董事长与西藏自治区人民政府主席向巴平措共同为纪念新中国成立60周年暨西藏民主改革50周年联名卡揭牌。

2009年9月29日，我行与泰国盘谷银行宣布双方已就泰国ACL银行股权买卖交易达成协议。图为姜建清董事长在曼谷会见泰国总理阿披实，阿披实总理表示欢迎我行进入泰国市场。

2009年10月16日，姜建清董事长接受剑桥大学Judge商学院院长颁发的全球领袖奖。

2009年11月8日，姜建清董事长为"工银1"轮命名并砍缆。"工银1"轮是我国第一次以金融租赁方式实施建造的首艘"万吨级"以上大型船舶，是我行全程参与新建并拥有的第一艘大型船舶。

2009年11月13日，姜建清董事长在APEC组织工商领导人峰会上为胡锦涛主席致引荐辞。

2009年12月15日，我行召开了服务“双百佳”表彰暨“2010服务价值年”启动大会，这是我行成立以来召开的关于服务工作规模最大、规格最高的一次会议。图为行领导为受表彰机构和员工代表颁奖。

2009年11月21日，杨凯生行长应邀出席21世纪亚洲金融年会并发表主题演讲。

2009年11月27日，杨凯生行长、王丽丽副行长出席我行与安哥拉共和国财政部25亿美元融资协议签字仪式。

2009年9月4日，赵林监事长在纽约分行调研。

2009年12月4日，赵林监事长在厦门主持召开监事会工作座谈会。

2009年9月9日，张福荣副行长在贵金属业务部开业仪式上致辞。

2009年4月22日，牛锡明副行长在甘肃分行调研期间深入酒钢公司了解不锈钢生产情况。

2009年1月12日，王丽丽副行长出席中国国际商会主办的“和衷共济　应对危机——中国金融界联手工商企业界应对金融危机研讨会”并演讲。

2009年11月13日，李晓鹏副行长陪同中国工商银行监管（国际）联席会议代表观看我行信用卡发展与成就巡展。

2009年12月28日，罗熹同志任我行党委委员、副行长。

2009年9月2日，刘立宪纪委书记在新疆分行调研监控中心等系统的运行情况。

2009年9月15日，易会满副行长应邀出席在香港举行的金融电信协会（Sibos）2009年会。

北京分行重点支持的北京六环路工程项目。

天津分行重点支持的天津百万吨乙烯合资项目。

河北分行重点支持的黄骅港杂货码头。

内蒙古分行重点支持的辉腾锡勒草原风力发电场。

吉林分行重点支持的一汽解放总装配线。

浙江分行重点支持的舟山跨海大桥。

上海分行重点支持的上海电气集团。

安徽分行重点支持的国投新集能源公司口孜东矿井及选煤厂项目。

山东分行重点支持的滨州黄河二桥。

广东分行重点支持的揭普高速项目。

广西分行重点支持的北部湾经济区防城港项目。

重庆分行重点支持的重庆大剧院。

云南分行重点支持的景洪水电站大坝。

陕西分行重点支持的西飞公司制造的新舟60飞机。

西藏分行重点支持的中国华能集团公司援建的拉萨过渡电源建设项目。

大连分行重点支持的大连港湾集装箱码头。

宁波分行重点支持的宁波杭州湾新区。

苏州分行重点支持的苏州火车站综合改造项目。

目　录

第三部分　内部管理与风险控制

第四部分　党建工作与队伍建设

第五部分　履行社会责任

第六部分　境内分行成就

第七部分　重要文献

第八部分　理论研究和调研成果

第九部分　综合统计

第十部分 大事记

第十一部分 附 录

Contents

Part 1 Innovation & Development

Part 2 Diversified and Internationalized Operation

Part 3 Internal Administration & Risk Control

Part 4 Party & Staff Building

Part 5 Fulfill social responsibilities

Part 6 Achievements by Domestic Branches

Part 7 Material Documents

Part 8 Theoretic Research & Investigation Achievement

Part 9 Comprehensive Statistics

Part 10 Chronicles of ICBC in 2008

Part 11 Appendix

第一部分

改革创新与业务发展

执行编辑：邢新华

认真贯彻国家宏观调控政策

2009年是21世纪以来我国经济发展最困难的一年。面对复杂多变的经营环境，全行自觉贯彻国家宏观调控政策和促进经济增长一揽子计划，坚持商业银行经营原则与支持经济发展的统一，适度扩大信贷总量，合理把握投放节奏，加快调整信贷结构，严控信贷风险，努力改进金融服务，在支持经济回升向好中发挥了大银行应有的作用。

一、合理把握信贷投放总量和节奏，积极调整信贷结构

（一）信贷业务平稳较快增长。根据宏观调控方向、重点和力度的变化，及时调整信贷政策和贷款增长计划，积极满足实体经济运行合理的资金需求，全行新增各项贷款11 566.32亿元，余额57 286.26亿元，增长25.3%，其中，境内分行人民币贷款增加10 352.47亿元，增长24.2%，为历史上贷款增加最多的一年，同时贷款增速又掌控在监管部门提出的适度范围之内，且贷款月度、季度增长较为均衡，体现了国家的政策导向。

（二）加大行业结构调整力度。完善行业信贷管理体系，确立了40个行业大类的分类体系。行业信贷政策数量由2008年的28个扩充到34个，强化了对优势客户和优质业务的选择引导。强化限额执行管理，实施限额管理的行业由8个增至15个。2009年全行积极进入类行业贷款增长34%，适度进入类贷款增长15.2%，行业结构调整战略得到全面准确贯彻。城建、轨道交通、开发区、电信、港口、公路和铁路7个重点行业新增贷款占公司贷款增量的53.9%，全行信贷资源积极向扩内需、保民生，促进经济长期持续健康发展的行业领域倾斜。

（三）构建“绿色信贷”管理体系。建立了法人客户环保情况、项目节能减排两个层面的行内管理标准，并逐户逐项目进行系统专项标识，实现了覆盖客户、项目两个层面的“环保”信息系统化监测管理。结合国家产业政策导向，在节能领域确立了“拓展重点用能企业、节能重点工程信贷市场，挖掘新型节能建材及建筑节能领域信贷业务机会，逐步培育节能服务业信贷市场”的战略；完成了高碳排放行业风险及低碳能源、低碳产业发展潜力评估。对符合节能减排和环保政策的客户、项目给予积极支持，促进企业节能减排和清洁生产，努力实现银行信贷社会效益与经济效益的统一。截至2009年底，全行99%以上的境内法人客户完成了环保标识录入，绿色信贷项目贷款（绿色信贷项目1－7类）共计4 029.6亿元，占全部项目贷款的17.90%。

（四）大力推进新兴业务发展。全行着力推进贸易融资、中小企业贷款、个人贷款三个新兴业务板块的发展。在贸易融资领域，推出应收租赁款保理、国内订单融资、应收账款池融资、退税应收款融资等新产品，形成了基础产品、子产品、组合产品三个逻辑层级的产品体系，针对重点领域客户的特色需求和交易模式差异，研发产品组合销售及个性化融资方案。全年贸易融资余额达到3 113.54亿元，比年初增长154.89%，余额占流动资金贷款比例达到24.60%。在小企业金融领域，建立小企业金融业务专业化经营管理体制，设立了近千家小企业金融业务中心，充实专职人员3 000余人，提升专业化经营水平。制定小企业评级授信政策，整合押品评估、评级、授信和贷款审查审批流程，引入第三方合作、组合担保等方式，开发“小企业循环贷款”、“网贷通”等小企业特色产品，提高业务办理效率。2009年全行小企业贷款余额3 104.97亿元，不良贷款占比控制在1.42%的较低水平。在个人信贷领域，紧密结合国家扩大内需政策，及时调整个人信贷利率政策，推出个人房屋抵押贷款、个人商用车贷款、个人循环贷款等新业务，完善个人信贷产品体系。2009年全行个人住房贷款增加2 768.70亿元，增长46.3%；个人消费贷款增加564.90亿元，增长55.9%；个人经营性贷款增加243.69亿元，增长21.4%，较好地满足了个人客户多元化融资需求。

（五）积极调整客户结构。针对产业升级、行业结构调整加快的外部环境，坚持优中选优、稳健经营的客户政策取向，巩固优质客户基础。2009年底全行有贷公司客户达到64 423户，比年初增加6 868户，其中有融资余额小企业客户44 243户，比2008年末增加6 686户。全行AA－级（含）以上客户贷款余额28 221.9亿元，占公司客户贷款的71.40%，比年初上升3个百分点。2009年荣获《金融时报》“中国中小企业金融服务十佳机构”，并被中国中小企业家年会组委会授予“全国支持中小企业发展十佳商业银行”称号。

（六）强化区域信贷资源配置。完善区域信贷政策，确立了“完善覆盖全辖的六大区域板块政策，强

化重点区域政策”的多层次区域信贷管理体系，建立合理配置区域信贷资源的长效管理机制。对国家重点发展区域，从资源特点、国家战略定位和业务实践出发，强化业务管理与国家区域发展战略的协同性，整合信贷政策，调整产品制度和业务流程，加大资源倾斜，抢抓发展机遇。

二、严控信贷风险，全面提升资产质量

（一）加强授信审批集中管理。进一步完善对审批分部的垂直管理，在全行加快推进专职审议制度，强化中台风险控制机制。截至2009年末，已有29家分行实现了授信审批分部垂直集中管理，较年初增加了21家，全行具备信贷业务高级审批资格人员达到3 024人。加强授信审批环节的风险防控作用，把握重点风险领域、重点风险源头、重点风险环节，严把评级授信准入关，推进风险控制关口前移。强化集团客户授信管理，重点加强关联关系管理，防止新营销集团成员客户作为单一客户进行授信管理。对代客金融衍生交易等新兴业务，在客户综合偿债能力的基础上叙做金融衍生交易目的及履约意愿进行综合审查，加强授信额度控制，防控违约风险。

（二）深化潜在风险防控工作。执行更为严格审慎的资产质量分类管理，对于存在交叉违约、环保违法、财务信息缺失、客户状态异常等特别事项的信贷资产分类标准进行统一管理，设定质量分类上限。完善潜在风险贷款管理工作机制，将易形成系统性风险的1 399个、2 927亿元“担保圈”贷款纳入潜在风险管理范畴；全年共先后筛选并下达了10批潜在风险贷款退出及转化任务，实行退出类客户和维持类客户分类管理、分类化解风险。2009年实现潜在风险贷款退出及转化1 259.7亿元。

（三）控制重点业务板块风险。针对房地产类资产价格波动，企业经营、项目运作不确定性上升的市场环境，细化房地产信贷管理，严格实行开发企业名单制，明确房地产开发企业准入的标准和程序，并对准入企业实时监测、动态调整。对在建项目资金实行专户管理，核准用款，加大贷款回收力度，严格执行房地产贷款封闭管理。对于个人贷款推行系统化的风险成因分类管理制度，由贷后管理人员综合分析贷款风险状况和风险成因，对贷款按期进行风险类别调整，突出重点，实施差异化的贷后管理。积极防范“两高一剩”行业的信贷风险，完成了“高污染、高能耗”行业的内部管理界定，对十大“两高”行业从准入标准、客户定位、融资品种等方面，提升信贷准入门槛，坚决实行环保政策的“一票否决制”。严格审查环评、土地、项目核准、备案等项目评审资料，将节能减排标准纳入授信评审体系，加大对环保违法、降耗减排达标不佳、产能过剩等客户的授信压缩力度，有效控制对高能耗、高污染、产能过剩和潜在过剩行业的信贷投放。2009年国务院提示产能过剩的8个行业贷款余额为1 299.7亿元，比年初减少71.4亿元，不良贷款占比1.79%，比年初下降0.81个百分点。

三、努力改进金融服务，增强市场竞争能力

（一）调整创新信贷基础产品，竞争优质信贷市场。主动适应监管政策调整，快速响应市场，整合创新项目搭桥贷款、项目前期贷款、项目营运期贷款、固定资产支持融资、并购贷款五个公司信贷基础产品。适时调整了部分公司客户产品制度：扩大了固定资产支持融资产品适用范围和特定资产范围，对特定地区的优质特定资产确定了更为灵活的贷款期限政策；对符合条件的个人住房贷款实行优惠贷款利率，有力支持了对优质信贷市场的竞争。

（二）推动公司业务综合化营销，提升客户服务能力。积极开展营销组织工作，推进分层营销体系改革试点，竞争重点客户、重大项目，抢占优质业务资源。建立总行、一级分行已审批重大项目贷款储备库，跟踪分析投放进度、项目进展和投放预期，推动重点项目贷款的二次营销。推进全产品营销服务，推动公司金融服务创新与综合化，推进中间业务的可持续发展。2009年在国内金融市场率先审批通过首笔（百联集团）并购贷款；投资操作信托理财项目2 187亿元；拓展NRA业务客户1 275家；签约电子商业汇票客户5 117家，累计贴现额和承兑额同业占比分别达到33%和26%，居同业首位；作为主承销商（或联席主承销商）发行短融、中票金额居同业第一，巩固了债券市场领导者地位，并储备了一批后续发行资源。结构化融资、现金管理、企业网银、国际结算等产品对客户业务覆盖率不断提高。积极开展银团贷款业务，银团贷款在全行新发放贷款中的占比显著提高，并荣获中国银行业协会“银团贷款最佳业绩奖”。2009年全行投行业务收入在国内首家实现百亿元历史性突破，并被《证券时报》评为“最佳银行投行”和“最佳重组并购银行”。

（三）优化授信评估审批工作机制，提高市场响应速度。根据总行优化公司业务信贷流程工作部署，制订了项目贷款调查、评估、审查审批流程优化方案，对部分风险相对可控的项目贷款，按照“调评合一、评审合一、认同评估”三种模式，优化调查、评估、审查工作流程，满足重点优质客户差异化需求。开展评审限时服务年活动，对授信、项目贷款评估、押品价值评估业务评审实行限时承诺，对积极和适度进入类行业的项目，符合国家拉动内需、促进经济发展要求的项目，采取限时服务、现场评审，特别授权评估、紧急专题审议等多种方式，快速处理紧急业务，提高市场应变能力。全行授信评审效率不断提高，服务响应能力明显增强，

全年项目贷款评估工作平均用时较2008年压缩50%以上。

（总行信贷管理部）

公司治理机制建设

2009年，全行进一步加强公司治理和改进风险管理，修订完善公司治理规章制度，不断完善“决策科学、监督有效、运行稳健”的公司治理机制，提高信息披露和投资者关系服务质量，切实履行社会责任，为实现“最盈利、最优秀、最受尊重的国际一流现代金融企业”的愿景夯实基础。

一、优化公司治理结构，完善公司治理制度

（一）进一步充实董事会成员。依照公司法等有关法律、法规的规定，在董事会的积极推进和有序组织下，新任六位非执行董事和三位独立董事陆续到任，顺利完成首次董事换届，为董事会决策和经营管理带来新的视角和活力。根据工作需要，董事会还向股东大会提名了一位执行董事，并选任了一位副行长。

（二）及时修订完善公司章程等多项公司治理基本制度。在全面总结股改上市以来公司治理实践及同业做法基础上，依据最新法律、法规和监管要求，本着依法合规、从新、规范性与适应性相结合原则，董事会主动与股东单位、监管部门等各方充分沟通，深入研究、反复讨论，审慎修订了《公司章程》、《股东大会议事规则》、《董事会议事规则》及《董事会各专门委员会工作规则》等十余项公司治理制度，完成了上市以来最大规模的公司治理制度修订工作。各项制度的修订做到了协调统一、环环相扣，初步形成符合自身特点和未来发展要求的公司治理基本制度体系，确保“三会一层”依法合规、科学高效运行，并为各项经营管理活动有序开展提供了较好的制度支持。

（三）适时调整专门委员会设置及成员构成。根据董事会新的成员结构，结合最新监管规定和本行公司治理实践，董事会调整了各专门委员会的设置和成员构成。在原有的战略委员会、审计委员会、风险管理委员会和提名与薪酬委员会的基础上，将关联交易控制委员会从风险管理委员会中分离出来，同时分别设立提名委员会和薪酬委员会，并优化战略委员会规模，使专门委员会的职能更为清晰，结构更趋合理。

二、强化公司治理机制建设，打造中国领先的公司治理

进一步完善“决策科学、执行有力、监督有效”的公司治理机制，不断提高股东大会、董事会、监事会、高级管理层的协调运作效率，加强信息沟通和共享，完善公司治理评估机制，切实保证公司治理机制有效发挥作用。

（一）不断完善股东大会运作。依法召集股东大会，创造两地视频连线等条件保障中小股东权利，积极改进公司通讯文件发送方案。2009年，共召开1次股东年会和2次临时股东大会，审议通过议案17项，并向股东大会进行了相关专题汇报。

（二）制定新的三年发展战略规划，积极推进结构调整和增长方式转变。科学制定了全行2009—2011年发展战略规划，积极推进加快调整经营结构和转变发展方式，加快管理体制改革，全面提升经营效率和竞争力，促进全行可持续发展。2009年，董事会召开会议15次，审议议案72项，听取工作汇报27项，董事会各专门委员会围绕战略发展、风险管理、提名董事等重点工作，召开会议25次，审议议案36项，听取汇报10项。全体董事恪尽职守，勤勉务实，较好地完成了各项工作任务。董事会还积极探索建立专门委员会工作组机制，加强委员会与董事会、委员会主席与成员、委员会成员之间的沟通和交流，促使专门委员会更好地发挥董事会参谋助手作用。

（三）监事会积极履行监督职责。2009年，监事会围绕全行中心工作，以财务、风险管理和内部控制、履职监督为重点，依法履行监督职责，为本行进一步完善公司治理，实现持续稳健发展发挥了重要作用。一是进一步加强了财务监督，对本行财务管理制度的健全性、有效性和会计核算的真实性、准确性，对部分分行代客金融衍生品交易业务、科技资金使用与管理等情况进行了专项调查，加强了对定期报告的审核，加强与外部审计师的沟通，并关注其工作质量，确保了财务信息披露的真实、准确和完整。二是进一步加强了风险管理与内部控制的监督，对本行风险管理、内部控制制度的健全性和有效性进行监督，加强信贷风险管理和贷款合规性

的监督，对部分机构票据业务、季末贷款波动情况进行了专项检查，对本行内部控制体系运作情况进行监督检查，对本行信息披露与关联交易制度执行情况、本行与控股子公司的关联交易等进行专项调查，促进依法合规经营。三是开展对董事会、高级管理层成员履职行为的监督评价工作，及时向董事会、高级管理层及其成员通报监督情况，促进董事会、高级管理层及其成员认真履行职责，进一步提高了工作效率和质量，取得了良好的效果。2009年，监事会共召开6次会议，审议通过15项议案，听取专项汇报5项。监事会监督委员会共召开4次会议，审议通过8项议案，听取专项汇报4项。

（四）高级管理层积极履行经营管理职责。在复杂多变的经营环境中，高级管理层根据董事会的决策，适时调整政策，强化风险管理，加强内部控制，优化管理制度，加快业务创新，调整经营结构，改进全行服务，抓好开源节流，在激烈的市场竞争中不仅继续保持市场领先优势，而且实现新的跃升：2009年，集团实现税后利润1 294亿元（国际会计准则，下同），同比增长16.3%，盈利能力稳步提升；平均资产净回报率（ROAA）为1.20%，加权平均权益回报率（ROAE）为20.15%，股东回报持续增加；拨备覆盖率为164.41%，同比提高34.26个百分点，风险抵御能力进一步增强；不良贷款余额为885亿元，较2008年末减少160亿元，不良贷款率为1.54%，较2008年末下降0.75个百分点，资产质量持续改善；在国际金融危机重创全球金融业的情况下，工商银行脱颖而出，成为全球市值最大、盈利最多、客户存款最多的上市银行；工商银行稳健经营和健康发展的态势得到了国内监管机构和国际金融监管联席会议的肯定，也获得了社会公众和广大投资者的认可。

三、全方位加强建设，公司治理成效显著

（一）积极推进全面风险管理体系建设，整体风险管理能力进一步增强。认真做好新资本协议实施预评估工作，加快信用风险内部评级法（IRB）、市场风险内部模型法（IMA）和操作风险高级计量法（AMA）等风险量化技术的建设开发和信息系统建设，风险量化成果已在风险管理实际工作中发挥重要作用。

（二）继续强化内部审计职能。重点关注全行主要业务、重要系统、关键领域的风险控制情况，集团战略实施和经营目标实现的效率与效果，经营环境变化对竞争发展能力的影响，为支持和服务全行发展战略实施和经营目标实现发挥了有效作用。审计风险评估体系和信息化平台全面建立，非现场分析与监测水平显著提升，质量控制与自我改进机制进一步优化，创新能力和审计效果进一步增强。全面推进审计标准化建设，制定了《内部审计标准化工作实施方案（2009—2011）》、《中国工商银行内部审计章程》。

（三）内部控制水平进一步提高。以推动内部控制体系建设为主线，全面提升合规风险识别与评估能力，提高非现场工作水平，认真开展各项重点合规性检查和审计项目，推动内部交易管理规范化建设，推动反洗钱管理工作再上新台阶。

（四）人力资源管理持续提升。积极推动非管理类职务聘任工作，全面实施了境外机构外派人员人力资源管理提升项目，构建了境内外一体化的人力资源管理体系。

（五）信息披露工作进一步完善。制定《董事会审计委员会年报工作规程》，细化董事会审计委员会在年报工作中的职责。在确保依法合规做好强制信息披露的基础上，准确把握信息披露的尺度和时机，适度提高信息披露的主动性。

（六）进一步推动投资者关系管理的标准化、流程化建设，不断提升精细化、专业化水平。积极拓展投资者沟通渠道，丰富沟通方式，全方位加强与投资者的沟通；不断完善同业经营分析机制，夯实投资者关系管理的信息基础；建立完善投资者信息反馈机制，促进资本市场信息及预期的内部传导和渗透，推动公司治理水平和内在价值不断提升；强化精细化、个性化股权服务工作，进一步提高了投资者关系团队的综合素质和专业化水平。

（七）积极推进战略合作，提升国际竞争力。全面推进与南非标准银行的战略合作，成功组织与标准银行2009年度战略合作联合指导委员会会议，促成博茨瓦纳10亿美元出口信贷和安哥拉政府25亿美元石油担保贷款等重大项目，实现了在非洲市场竞争力的跨越式提升。深化与高盛集团等战略投资者的合作，密切沟通协调，统筹推动战略合作项目深入实施。继续加强与高盛集团在员工培训领域的深度合作，促进了员工业务素质的提升。

（八）持续推进企业社会责任建设。圆满完成2008年度企业社会责任报告编制发布工作，进一步提升履行社会责任信息披露水平。积极构建全行社会责任信息采集、反馈和整理汇总机制，首次引入国际通行的可持续发展报告编制规则，并在主流经济金融报刊刊发社会责任报告摘要，提升了社会责任报告的公信力，进一步扩大了社会影响力。

（九）积极推动公司治理评估体系建设工作。结合各类监管检查及评奖活动对全行公司治理情况进行认真梳理，查漏补缺。根据监管要求，研究起草了《董事履职评价办法（试行）》、《高级管理人员履职评价办法》、《监事履职评价办法（试行）》及《监事会对董事、高级管理人员履职监督评价实施细则》。

工商银行在国际金融危机中稳健的经营表现、持续增长的盈利态势、健全有效的公司治理、日益提升的品牌形象，得到了资本市场的高度评价和广泛赞誉。2009

年，荣获香港会计师公会、《环球金融》、《金融亚洲》等中介机构及知名媒体评选的“最佳公司治理”、“最佳企业管治资料披露H股板块最高奖——白金奖”、“最佳投资者关系”、“最佳企业社会责任”等30余项公司治理重要奖项。

（总行董事会办公室）

投资者关系管理

2009年，在全球经济动荡、金融市场脆弱、战略投资者股份上市交易解禁的复杂背景下，全行以“诚信、公平、互动”为原则，致力于打造“规范、高效、精细”的投资者关系管理平台，向资本市场展示稳健前瞻的经营作风、良好的应对经济周期能力及优于同业的长期投资价值，持续推动与投资者就本行战略规划、公司治理、财务状况、发展前景等准确、及时和清晰的双向沟通，推进公司价值持续提升，实现股东利益最大化。截至2009年12月31日，保持全球市值最大和A股市场流通股市值最大的上市公司地位，A股市盈率14.3倍，市净率2.67倍，可比同业平均水平分别为14.4倍和2.50倍；H股市盈率为16.8倍，市净率为3.19倍，可比同业平均水平分别为14.3倍和2.55倍。

在投资者关系管理方面的探索与创新，工商银行受到资本市场广泛赞誉。在香港《财资》杂志举办的全优公司评选中，凭借在公司治理、投资者关系、社会责任等领域的卓越表现，荣获最高奖——白金奖；在《金融亚洲》杂志举办的投资者关系评奖中，获得“最佳投资者关系奖”；在《亚洲银行家》杂志举办的评奖中，获得“亚洲银行家投资者承诺成就奖”；在《证券时报》举办的“中国上市公司价值百强”评选中，在两市1 600余家上市公司中位列第三；由时报在线、证券时报社联合主办的评奖中，荣获“最受投资者欢迎上市公司网站奖”。

一、积极应对战略投资者股份解禁，维护股价稳定

2009年战略投资者（以下简称战投）所持战略投资股份分两批解禁，为保证平稳解禁，尽量减少对资本市场的冲击及对股东利益的损害，加强多边沟通、合理引导舆论、争取监管支持，妥善处理战略投资股份解禁事宜。一是加强多边沟通，密切跟踪战投售股动向。与高盛、安联、运通建立了四方协调机制，定期沟通资本市场动态和减持意向；同时积极联系潜在的中长期投资者接盘，敦促战投通过场外配售方式平稳减持本行股份，避免在二级市场减持对股价形成冲击。二是及时、正确引导媒体舆论，积极与三家战投沟通，并分别与其发布联合公告或联合新闻稿，尽量减少因减持时机不确定可能对二级市场造成的影响，稳定市场预期。三是及时向监管部门汇报战投减持意向、减持进展情况，争取监管支持。经过积极有效推动，三家战投均采用了最大限度降低市场影响、统筹考虑双方战略合作利益的最佳方案。高盛承诺将所持股份的80%延长锁定至2010年4月28日。安联和运通在2009年4月28日本年度第一次股份解禁时，由于自身财务原因于解禁当日按之前承诺通过场外私募配售方式，将38.5亿H股转让给了少量外国长期机构投资者，此次战略投资者减持股份的折扣率为4%，明显低于此前市场大宗股权私募转让的折扣率，成功实现平稳解禁，有效避免了对二级市场交易价格的负面影响。

工商银行对战投股份解禁事宜的积极态度、妥善的处理方式、公开透明的披露，得到了资本市场的高度认可和正面反馈。两次解禁中工行股价稳中有升，远好于市场整体表现。2009年4月28日战投股份减持当日，在港股指数下跌285.3点，当日跌幅1.92%的背景下，工行股价逆市攀升，H股收盘报4.12港元/股，比上一交易日上涨2.49%。10月20日第二次解禁当日，工行A股、H股分别上涨2.2%、2.5%，远高于上证综指1.5%、港股指数0.8%的升幅，充分显现了市场对工商银行长期投资价值的认可。

二、积极推进与境内外投资者的全方位沟通

一是积极开展全方位投资者交流活动。通过定期业绩推介会、投资者论坛、接待投资者和分析师来访等多种方式，与国内、国际投资者及分析师进行多渠道、全方位的沟通。2009年共成功举办大型定期业绩推介会3次、国际路演4次，大型反向路演3次、分行及部门调研2次，召开电话会议90多次，参加境内外投资者论坛40场，在总行安排投资者及分析师一对一或小组会议约300场，全年累计会见投资者及分析师达2 000余人。二是建立机构投资者重点沟通机制，有针对性地主动会见和走访主要股东和潜在投资者。H股方面，采取多种方式同H股前30大股东和全球资产规模前十大投资机构深入交流，并走访中东、香港等地，寻找潜在投

资者；A股方面，同北京、上海和深圳地区80余家投资机构及100家潜在投资者会谈，范围涵盖当地所有基金和部分证券、财务、保险公司。建立了重点投资者日常沟通机制，通过邮件、电话等形式及时向投资者报告经营业绩最新进展。三是加强中小投资者沟通交流工作。通过投资者热线电话、投资者信箱等渠道，及时了解投资者的信息需求，积极解答投资者疑问，建立顺畅的沟通和信息交互机制。四是按照投资者关系服务精细化的要求，不断更新、优化投资者关系网站，投资者信箱等电子交流平台，及时、便捷地与投资者沟通公司信息，打造界面友好、高效便捷的投资者关系服务网站。

三、拓展信息采集视野，及时掌握宏观和市场动态

一是广泛收集整理国内外同业、宏观经济及资本市场信息。及时掌握宏观经济变动的最新情况及同业经营情况最新趋势，定期做好宏观经济数据、国内外可比同业经营数据的采集分析；将自身经营数据纳入全球经济和国际银行业框架下，扩大经营数据分析的广度和范围，增强业务经营亮点的可比性和说服力。二是深入挖掘经营亮点，向市场准确传达经营管理信息，为与投资者进行深入沟通提供良好的信息支持。三是进一步丰富和优化数据库模板。在持续优化和更新已有的3个信息采集模板、6种投资者关系材料模板、6大投资者关系数据库的基础上，新增银行业估值、银行评级、主要股东持股等情况模板，并定期更新，及时掌握A股14家、H股7家国内上市银行的股价、市值、估值、盈利预测情况，以及国内和香港资本市场概况；及时跟踪A股、H股16家主要分析师对本行及可比同业评级、推荐和目标价情况。有针对性地收集国际国内主要投行关于本行和可比同业的分析报告，为经营决策提供信息参考。

四、强化资本市场信息反馈传导机制

发挥投资者关系“双向沟通”的特性，加强市场信息反馈的内部传导，借鉴全球投资者智慧，推动投资者预期与期望的内部传导，以推动公司治理水平和内在价值的不断提升。基于资本市场对本行经营举措的反馈和建议，以及投资者在不同经济形势下对工商银行经营的关注点，定期编制投资者关注问题的分析报告，促进改进经营管理，努力形成资本市场与自身业务发展的良好互动。

五、做好精细化、个性化的股权服务工作

密切监测并及时分析股权结构变迁、妥善处理特殊股权事宜，实现精细化、个性化的投资者股权服务。一是掌握股权变迁，完善股价波动分析机制，优化股权结构。定期完成全球股东身份认证调查、A股/H股股权分析，为优化股权结构奠定基础。同时，通过上证登和港证登提供的专门系统密切监测战投及重要投资者股权变动情况，并保持与主要投资者的密切沟通。二是妥善处理特殊股权事宜，提升投资者关系服务水平。

（总行战略管理与投资者关系部）

业务运营三项改革

2009年，按照总行统一规划，全行实行运营改革“一把手”工程，举全行之力全面推进改革。工商银行传统的业务运营模式、管理方式、管理理念开始发生改变，资源配置效率大幅提升，风险管理能力明显增强，成为全行改革创新的一大亮点。

一、监督体系成功实现战略转型

在全行上下的共同努力下，监督体系改革率先完成预定改革目标，新监督体系在监督方式、监督流程、机制运作、组织体系和资源整合等各个方面均取得了重大突破。

监督作业模式发生根本性变革。以数据分析为基础，以监督模型为风险识别引擎，实行风险导向的新监督模式，彻底改变了传统监督理念和监督方式，风险识别方式实现了由人工复审为主到监督模型识别为主的巨大转变。新监督体系与传统监督模式仅能识别规范性差错相比，第一次具备了主动发现风险、识别风险的能力，每万笔监督工作量发现的风险事件数量已由传统监督模式下的1.7笔大幅提高至1 100多笔，对重大事故隐患或案件隐患识别更加精确。

监督流程实现彻底再造。监督流程实现了由人工机械复审到模型智能监测的质的转变。新监督体系在涵盖了工商银行目前认知范围内的主要风险环节的基础上，根据对象的风险程度，实施与之相匹配的监督，进行有重点的监督。通过行之有效的创新设计，传统监督模式下存在大量无效监督工作量的情况得到根本扭转，全行日均手工监督工作量由895.8万笔降至5.4万笔。每万笔监督工作量发现风险事件的数量由2009年4月的280

余笔提高到10月的1 100多笔。

监督体制机制建设稳步推进。风险分级管理机制初步构建，印发《运营风险分级管理办法（试行）》，明确了基于不同风险等级的准风险事件和风险事件核查、报告流程，确立了以性质、金额、频率为标准的业务运营风险分级分类机制。风险分析评估机制及风险事件核查整改机制全面建立，总行和省分行对运营风险的“直通式”管理能力进一步增强，能直接监测具体网点、柜员的风险状况及变化，全面揭示和评估全行面临的业务运营风险状况，并通过对重点业务风险状况进行分析、核查，有效控制柜员高风险操作行为。全行以新一代监督系统为核心，建立起风险管理整体联动机制，形成齐抓共管、内控严密、协调有序的良性循环。

监督体制机制改革配套的专项制度陆续出台。印发《业务运营风险管理系统管理办法》，为监督体系改革的全面推广提供制度保障。印发《业务运营风险事件确认标准（试行）》及《风险驱动因素分类表》，指导各行切实提高风险事件收集确认能力，加强风险事件和风险驱动因素的确认管理。拟订《运行风险监控中心管理办法》和《运行风险监控中心验收标准》，以规范运行风险监控中心管理。编写《业务运营风险管理系统监督模型使用手册》和《业务运营风险管理系统操作规程》，指导监督人员提高风险分析能力和风险敏锐度，切实提高系统应用能力和风险管理能力。

监督模型建设不断加快。在调查评估基础上，加大新模型的设计与开发力度。针对严峻的风险管理形势，先后两次共紧急提交17个新模型需求并在短时间内投产使用，内容包括行内柜员接受大额汇款、新开户不久大量资金流出、客户申领U盾后短期内大额资金转出等，重点对网银渠道的大额异常资金转出行为进行监督，以适应加强高风险环节管理和案件防控的需要。截至2009年12月底，系统监督模型已由投产初期的65个增加至86个，覆盖了认知范围内的主要风险环节。

监督体系具备强大的流程优化推动力。监督体系改革融事前、事中和事后机制于一体，在流程导向理念引领下，建立了科学的业务监督准入退出机制，切实改变了传统业务监督模式下监督有增无减的状况。通过对风险驱动因素的分析，将流程改进建议及时反馈给各业务部门，推动流程的持续改进。全行已通过评估风险驱动因素全面梳理各类业务流程，提出了数百条流程优化建议。通过流程导向的风险管理，由制度、流程设计不合理造成的风险事件数量明显减少，一些高风险环节得到有效控制，业务流程的风险控制能力大大增强。

监督组织体系更具活力。为适应更为科学的新监督方式、监督流程、监督机制等核心要素的高效运行，监督机构相应地按照新的要求统一改组为运行风险监控中心，标志着监督中心实现了由业务复审向风险管理和质量控制的战略转型。全面建立起层次清晰、分工明确的岗位体系，设立了风险评估岗等一系列知识含量高、挑战性强的全新岗位，促使监督人员由简单操作型向知识型、技能型的专业人才转变。截至2009年12月底，全行风险评估岗、监理岗等人员占比已超过34%，人员结构更加合理。新监督流程完全改变了监督人员的作业模式、工作方法和素质结构，从根本上改变了以往固化的业务复审操作模式对监督人员知识技能、素质提升的制约。

监督资源优化配置效应充分显现。通过大幅摒弃无效监督，以人均准风险事件监督量为标准合理确定人员编制，以模型风险识别能力提升和系统持续优化为根本手段，不断提高监督的工作效率和效果。从全行看，截至2009年12月底，已累计释放总会计和监督人员5 900余人，人员净释放率超过50%。其中，超过2/3的人员充实至支行、营业网点等一线机构。部分人员转岗至二级分行管理部门，充实了管理队伍，加强了管理力量。部分人员补充至后台处理中心，为下一步后台流程改进、资源优化奠定了良好的基础。

二、远程授权改革成效显著

远程授权改革于2009年7月成功试点，推广范围不断扩大，高质量、超额完成改革任务，集中式、跨机构的授权体系初步建立。

授权改革全面推进。以操作风险管理职责在前后台的有效分解为前提，以全面、及时、连续的远程授权为核心，以专业化、标准化、流程化为特征的全新远程授权管理模式效果明显。截至2009年12月底，全行16家分行全部按计划完成了改革推广任务，覆盖5 000多个网点，30 000多个柜口。第二批20家分行的推广准备工作也已全面展开，并已组织北京分行提前完成试点。

事中控制能力显著增强。因授权介质管理不善而导致的风险隐患得到根本控制，有效解决了现场授权流于形式等导致内控失灵的现象。业务经办与授权人员在空间上实现完全分离，彻底解决了现场授权中营业经理迫于网点营销、客户服务甚至人情压力而进行的违规授权，确保了远程授权人员的独立性和客观性，授权质量显著提升。

授权集约化规模效应初步显现。远程授权实现了不同分区、不同网点之间授权业务量的合理均衡，有效解决了大中型网点由于分区分层服务导致营业经理人力资源占用过多或配备不足，继而影响对外服务等诸多难题。规模效应开始显现，运营效率明显提升，在远程授权人员先集中、业务逐步集中的情况下，授权人日均业务量已达164笔，是改革前现场授权量的3倍多。三家试点行人日均授权量达到245笔，是改革前现场授权量的5倍。

授权处理速度进一步加快。通过系统排队、集中授权等远程授权管理机制的创新设计，有效解决了现场授权中营业经理无序流动的问题，处理速度明显加快。授权耗用时间平均较现场授权降低15%。推广分行的授权平均等待时间保持在10秒左右，平均处理时间控制在40秒以内。

人力资源配置逐步优化。随着改革的推进，人力资源配置逐步得到优化。截至2009年12月底，各远程授权推广行已转岗营业经理近4 200人。其中，3家试点行的网均营业经理比例由1.9人降至1.3人，已释放1 300多名高素质的营业经理充实到网点现场管理、市场营销、业务前台等岗位，有力提升了网点综合竞争能力。

三、业务集中处理体系改革向纵深推进

为构建“前台统一受理，后台集中处理”的运营格局，打造全行统一的业务处理后台，实现业务集约运营、风险集中控制、业务布局优化和网点功能转型，积极组织全行业务集中处理平台的开发与试点工作，原有平台先后在上海、陕西等十家分行成功试点，实现了人民币资金汇划、外汇汇款等十四类业务的集中处理。新的集中处理平台试点稳步推进，全行统一的业务集中处理体系逐步构建。

集约化运营效果初步显现。一是网点综合服务能力有效增强。网点业务处理流程得以简化、优化，业务处理作业从营业网点剥离后，网点从业务处理型向服务营销型转变，网点业务受理能力进一步提升，客户服务质量持续提高。二是通过后台专业化的处理，业务运行质量不断改善。业务量小、处理复杂、操作要求高的外汇汇款等业务，实施后台集中式、专业化的业务处理后，核算差错率明显降低，业务运行质量不断改善。部分试点行外汇业务集中处理后首次实现外汇直通率100%。三是风险集中掌控能力增强。对纳入集中处理的业务，网点仅完成受理、审票、扫描等简单操作，业务处理的操作风险集中在后台中心进行统一管理，彻底改变了风险点多面广、难以管理的局面。

业务集中处理全新平台加速构建。按照“职能共享、专业分工、并行作业、高效运作、岗位制衡、要素分离”的思路，完成全新业务集中处理平台的总体架构设计。新平台集成了工作流管理和OCR识别技术，采用影像分割的方式，实施业务并行处理，实现专业化分工，提高了平台的业务支持能力和自动化处理程度。运用总行平台架构设计理念的上海分行特色业务处理平台已实现部分业务的集中高效处理。

集中处理配套工作有序开展。为规范业务集中处理操作流程，制定并印发业务集中处理操作规程。通过简单操作和复杂作业的作业分解，将整项业务完整纳入集中处理，确定了实时清算汇兑业务、凭证出售打印二维码等基于新平台的全新业务处理流程，实现了专业化分工、流水化作业的业务处理。

机构筹建工作基本完成。通过对各行运营改革实施方案的严格审批，采取改建清算中心或者新建等方式完成全行各分行业务处理中心的组建工作，为业务集中处理体系改革试点工作的人员招聘、设施配备、中心选址、组织培训、测试安排、组织试点等工作打好扎实基础。

会计凭证档案影像管理改革扎实推进。按照“逻辑统一、精确索引、综合利用、管理高效”的要求，深入调研、缜密论证，稳步推进会计凭证档案影像管理改革。本着因地制宜、突出效率、确保安全的原则，以网点布局和业务规模为依据，设计了中心集中、网点集中、网点分散三种影像采集模式，提高了影像采集的灵活性和适用性。开发完成会计凭证档案影像管理系统（一期）功能，梳理改造了668个主机交易的输出内容和格式，实现主机业务凭证建立精确索引的要求。积极开展试点投产准备工作，业务模式确定、方案培训、设备配备等工作有序开展，逐步落实到位，为建立科学统一的会计凭证档案影像管理机制奠定了坚实基础。

（总行运行管理部）

报表集中管理改革

为优化全行劳动组合，释放报表人员，充实客户服务和市场营销队伍，提升银行服务水平和市场竞争能力，2008年底总行启动了报表集中管理改革。2009年全行报表集中改革稳步推进，取得显著成效。

一、改革初期报表工作现状及原因分析

（一）基本情况。

一是报表数量多、专业性强、编制要求复杂多变。全行各级行编制的各业务部门报表共计48 614张，分为总行布置、监管部门要求、地方政府要求和本级行经

营管理需要四大类别。总行布置的报表共 9 705 张。其中各业务部门布置的报表数量 7 288 张，占报表总数的 14.99%；安永审计要求编制的报表2 417张，占报表总数的 4.97%。这两种报表的特点是根据管理要求，依据台账对特定业务的过程进行详细描述，许多都是大表套小表，编制难度大，时效性要求高。监管部门要求（包括人民银行、银监会、外管局）的报表共 28 284 张（其中人民银行布置的报表 12 899 张、银监会布置的报表 11 028 张、外管局布置的报表4 357张），占报表总数的 58.17%；地方政府部门（公安局、审计局、人力资源和社会保障局、金融办）要求的报表 7 099 张，占比 14.62%。监管部门和地方政府要求的报表复杂多变，内容、格式不一。分行根据经营管理需要布置的报表总体数量不大，因主要依靠手工方式填报，工作量较大，共有报表 3 526 张，占报表总数的 7.25%。详见表 1。

表 1　2008 年度中国工商银行业务报表种类分布情况

报表需求方	数量（张）	占比（%）
总行	7 288	14.99
省行	3 526	7.25
安永审计	2 417	4.97
人民银行	12 899	26.53
银监会	11 028	22.68
外管局	4 357	8.96
地方政府	7 099	14.62
合计	48 614	100

二是制表人员数量多，基层压力大。剔除数据准备和数据提供人员，全行各业务部门共有专兼职报表编制人员 28 616 人，占全部员工的 7.15%。其中专职制表人员 1 238 人，兼职制表人员 27 378 人。专职制表人员分布为：一级分行本部 147 人（占 11.87%），二级分行本部 490 人（占 39.58%），支行 601 人（占 48.55%）；兼职制表人员分布为：一级分行本部 2 787 人（占 10.18%），二级分行本部 8 651 人（占 31.6%），支行 15 940 人（占 58.22%）。按各级兼职制表人员人均每月做报表时间 5 天计算，全行全部兼职制表人员每月做报表时间为 147 317 天，按每月 22 个工作日满负荷编制报表计算，折合 8 928 人，加专职报表编制 1 238 人，即全行相当于有 10 166 个专职报表编制人员，占全行员工数量的 2.54%。

三是有些报表要素无法自动产生，处理手段落后，生产效率低下。在各分行报表编制过程中，自动化实现的报表占 10.45%，纯手工编制的报表占 21.25%，半自动化方式编制的报表占 68.3%，详见表 2。

表 2　2008 年度全行业务报表编制方式情况表

指标名称	数量（张）	占比（%）
自动化报表	5 079	10.45
纯手工报表	10 330	21.25
手工加半自动化报表	33 205	68.30
合　计	48 614	100

（二）原因分析。造成这些问题的原因很复杂，有技术原因，更重要的是体制、机制和管理方面的原因。一是不少报表的非标准化要素在现有主机和相关业务系统中无法详细描述，如清单类、业务量类、进度类、情况反映类数据，只能通过手工方式完成。二是随着业务的快速发展，研发推出了不少新产品和业务系统，但系统设计时没有充分考虑管理、考核的需要，系统投产后无法提供管理及考核需要的全部信息，只能事后通过布置报表来实现。三是有些报表报送流程设计不合理。如结售汇日报，几乎涉及所有的营业网点，需要各个网点必须每天手工登记台账，层层汇总上报至省行再报到总行，日复一日，浪费了大量人力物力。四是总行各类系统相互独立，各专业部门横向缺少沟通、信息共享不够，加上有的数据口径不一致，需由下级行层层上报，导致很多基层行都在做“数字搬家”工作，增加了大量无谓的报表工作量。此外，有些报表本来已实现自动生成，但由于相关制度规定必须由基层行逐层汇总填报，也加重了基层行的报表编制负担。五是报送当地政府和有关部门的报表要求多、变化快，指标标准不统一，给分支行报表编制工作带来很大工作量。

二、改革目标、思路和方案

要改变以上报表工作现状，银行内部要在技术上以管理信息大集中为基础，以信息标准化管理为纲领，以基于企业级数据仓库（EDW）的报表集中管理平台建设应用为依托，以制度、组织和人才队伍建设为保障，通过实施全行报表集中管理改革，实现全行报表集中化管理、规范化应用，减少全行手工报表编制人员数量和工作量，提升全行信息应用管理效率。据此，总行在 2009 年 2 月提出“全行报表减并 50%，报表编制自动化达到 50%，报表编制人员减少 50%”的“三年三个 50%”改革目标和“中心专业双集中，报表清理加梳理，提高报表自动化”的改革思路，并制订了改革实施方案。

（一）2009 年在所有一级（直属）分行实现支行级报表集中，释放出绝大多数支行报表编制人员，基本实现支行级报表上收集中。

1. 2009 年 3 月 31 日 – 6 月 30 日为试点期，选择

京、津、沪、渝、浙、鲁、粤、晋、冀、湘10家分行辖内的所有二级分行设立报表分中心，在其他一级分行根据本行情况各选择一家二级分行试点设立报表分中心。各报表分中心负责辖内支行级报表的集中管理和编制，2009年3月31日前人员全部到位并运转，全面承担原由各支行负责的业务报表编制任务。

2. 2009年7月1日起在全部一级分行、直属分行推开，实现所有一级、直属分行辖内支行业务报表工作的集中管理。释放所有支行报表编制人员生产力，充实市场营销和客户经理队伍。

3. 报表集中后，各业务部门的“工作情况加说明”性质的清单类、业务量类、进度类、情况反映类、预测类和本专业特有的表仍按原方式、渠道编制提供。

（二）在总结2009年报表分中心运作管理经验基础上，2010年完成所有一级、直属分行的报表集中管理。2010年在所有一级、直属分行解决业务报表集中管理问题。实现一级、直属分行报表工作的集中管理，即所有分行的业务报表由本级处理完成，不再纵向向下布置报表。

（三）做好各项支持全行报表集中管理的基础性工作

1. 完成全行报表集中管理平台建设应用和全行标准化体系构建工作，为全行报表集中管理、自动化生成提供平台和抓手，为报表集中管理提供管理机制和流程保障。

2. 加快报表自动化进程，解决一批耗用基层行大量报表编制人力资源问题，减轻基层行报表负担。

3. 加强与相关监管部门的沟通协调，自上而下地减少重复报送编制报表的数量，如人民银行数据集中后的报表报送问题，银监会数据信息共享问题，外管局结售汇日报报送时间、方式调整问题等，以减少报表报送编制工作量。

4. 加强报表清理工作。进一步健全报表清理工作机制，逐步建立完善科学的报表使用效率、效果评估机制和报表生命周期管理制度和控制流程，该调整的调整，该停报的停报，该退出的退出，最大限度地减轻全行报表负担。

5. 坚持不懈地开展数据质量治理，按照“数据源头责任制”的要求，根据全行统一标准和口径，加强业务系统的数据质量治理工作，对存在信息标识缺失的，要及时加以完善补充。

三、改革举措

（一）采取“中心＋专业”模式，建立完善报表集中管理工作机制。总行印发了《关于做好报表集中管理改革机构设置和人员配备工作的通知》（工银办发［2009］284号），在二级分行以上机构组建专门的报表集中管理团队，通过“报表（分）中心＋专业部门集中”模式，落实各项改革工作：报表（分）中心负责牵头组织落实本辖报表集中改革各项工作举措，重点承担报表平台管理、自动化解决方案及自动化数据提供等重点工作；专业部门负责做好原在支行编制的手工专业报表的集中编制工作。这种工作模式迅速实现了支行人员报表编制工作量的释放，为改革推进起到了关键作用。同时，各级行积极探索，建立完善科学规范的报表生命周期管理机制，严格审批新增报表，加强报表的科学管理，提升报表的管理价值。

（二）开展大规模的报表清理和指标梳理，释放报表工作量成效明显。总行印发了《关于规范专业统计报表有关事项的通知》（工银办发［2009］501号），明确总行报表目录和废止目录，总行24个部室共清理报表282张，废止167张，报表总数减少了59%，为全行报表清理树立了榜样，有效指导了全行报表清理工作，极大地减轻了辖内报表编制负担。在此基础上，各级行也陆续建立了辖内报表目录，有的放矢地推动报表集中改革工作。

（三）推进报表集中管理平台建设，为报表集中改革提供抓手。一是2009年8月30日，在全行投产报表数据补录（RDPS）系统，该系统支持全行各类报表的在线部署填报，能够按专业、按机构提供手工报表指标数据录入界面，通过手工补录解决报表数据不全问题，支持“自动＋手工”报表数据的混合在线处理与自动在线发布，并具备报表工作流程灵活定制及监督管理功能，较好地适应报表实际工作需要。该系统的投产为报表集中改革提供了有力抓手，使支行报表集中上收进度进一步加快。二是通过下发自动化编制平台工具、优化完善CS2002系统功能、建立报表自动化信息共享交流机制、集中研究提交报表自动化需求等多种手段推动报表自动化生成。各级行充分利用各种信息化成果和工具，实现辖内4 280张手工报表的自动化编报，既有效减少了报表编制工作量，提高了报表编制的时效性和准确性，又巩固了改革成果，防止问题反弹。

四、改革成效

通过以上改革举措，全行报表集中改革顺利推进，卓有成效。截至2009年末，全行废止各类报表9 791张，上收到报表（分）中心或二级分行集中编制报表19 929张，自动化实现的报表4 280张，释放报表编制人员8 131人，圆满完成2009年人员释放目标。释放的报表编制人员陆续充实到基层行市场营销等业务部门，缓解了基层行业务人员紧张状况。同时，报表集中改革对全行树立科学的数据流管理理念，促进全行优化管理流程，提升管理集约化水平起到了积极作用。

（总行管理信息部）

资金集中管理改革

2009年，本行按照积极推进、稳妥实施，强化管理、系统支持的原则，按计划稳步推进全额资金集中管理体制改革。2010年1月9日，全额资金集中管理系统在全行成功投入生产运行，标志着工商银行正式步入全额资金集中管理的新阶段，在国内商业银行中率先实现对全部人民币资金的集中管理。全额资金集中管理系统的成功投产在工商银行全额资金集中管理体制改革进程中具有里程碑式的意义，有利于进一步推进全行资金管理模式的转变，成为全面提升资产负债管理水平和风险管理能力，实现全行资金集约化管理的重要平台。

一、改革的重要意义

实现全额资金集中管理体制改革目标，对完善公司治理结构、提高全行资产负债管理政策执行力、提升全面风险管理水平、提高全行产品定价能力具有重要意义。

一是有利于完善公司治理结构，提高集约化经营能力。本外币全额资金集中管理是国际先进商业银行的普遍做法，也是未来我国商业银行资金管理体制的改革方向。它与外部市场变化、企业集团资金集中管理的趋势和商业银行风险管理的要求相一致，也与全行推行的会计核算改革、财务集中改革、贷款审批授信集中和机构扁平化改革方向一致。

二是有利于加强总行系统调控，提高全行资产负债管理政策执行力。在总分行差额管理模式下，总行仅对分行的差额资金进行计价，通过价格手段调控全行资产负债结构的准确性不强，无法分产品、分期限进行直接调控。全额资金集中管理体系下的内部资金转移价格，可以避免目前两套内部资金转移价格并存所带来的政策失真问题，总行的调控手段将由规模调控为主转向价格调控和规模调控并重。鼓励什么业务，限制什么业务，都可以通过总行内部资金价格直接传导到每一级经营机构和部门，缩短了中间传导链条和管理层级，内部资金转移价格的杠杆作用更为明显。

三是有利于提高全面风险管理水平，集中管理流动性风险、利率风险和汇率风险。在全额资金集中管理体制下，通过逐笔计价锁定业务利差，有效分离信用风险和利率风险，基层行可以将注意力集中于信用风险和操作风险的管理。同时，在全额资金集中管理体制下，有利于总行从全行层面合理安排资产负债业务的期限错配情况，以适应全行“一点接入、一点清算”的需要，降低低效备付金占用，实现资金集约化经营。

四是有利于提高产品定价能力，引导全行全心全意向外要效益。通过统一的内部资金转移价格，可以明确每一项资产负债业务产品的内部资金成本和收益，有利于根据各产品的不同特点，科学合理地制定相应产品的定价标准。同时，通过对资产负债业务的逐笔计价，内部定价的及时性、灵活性大大增强，有利于真实、合理地核算各产品、部门、机构的利润，从而为各分行、部门、产品的绩效评价提供一个公平客观的标准。实现期限匹配的内部资金转移定价方法，是实现全行利润在资产、负债等各业务部门的有效分解，客观评价各业务部门对全行利润贡献、建立更为科学的绩效考核体制和激励机制的基础。

二、改革的主要目标

改革的总体目标是：实现境内分行本外币资金全额集中至总行，对不同币种的所有资金来源和运用进行逐笔计价、事前资金配置和实时监控，从而建立集约化的本外币一体化资金管理体制，即总行集中、逐笔计价、流量监控。

1. 总行集中。总行集中指将下级行资金来源逐级集中至总行，下级行资金运用由总行统一配置。通过总行集中，建立自上而下的集约化经营机制，理顺总分行间的政策传导机制，增强总行调控政策的执行力，为总行集中管理流动性风险、利率风险和汇率风险奠定基础。

2. 逐笔计价。逐笔计价指对于存款、贷款、债券投资、同业融资等有明确期限的项目，实行逐笔计价，并且业务发生时所确定的内部资金转移点差在业务存续期内保持不变。通过逐笔计价，增强内部资金转移价格的杠杆传导作用，全面真实核算全行所有业务，强化全行各业务单元的成本意识，提高产品定价议价能力。

3. 流量监控。流量监控指上级行对下级行的日间资金来源和运用的流量逐级进行事前资金配置和实时监控，同时下级行向上级行逐级预测预报资金流动信息，通过纵向上下级分行和横向各部门之间的协调配合，掌握全行大额资金流动规律，有效防范流动性风险，确保全行流动性安全。

三、改革的主要内容

（一）总行全额集中和配置。总行全额集中是指在目前人民币一级分行全额集中管理的基础上，将全部资金进一步集中至总行统一管理。将目前境内分行外币资金差额管理改变为全部资金逐级集中至总行统一管理。资金集中的范围包括境内分行资产负债表内本外币存款类和非存款类资金来源。资金集中分为15个资金集中种类和11个资金集中项目。

总行全额配置是指在目前人民币一级分行对辖内下级行全部资金运用进行配置的基础上，增加总行对一级分行资金运用的全额配置。将目前境内外币资金基层行自主运作模式改变为全部资金运用由上级行逐级进行配置。资金配置的范围包含境内分行资产负债表内的全部资金运用项目。资金配置分为15个资金配置种类和25个资金配置项目。

改革前后总分行之间资金往来方式变化对照表

事项	差额管理	全额管理
额度确定	资金来源运用轧差后，根据差额情况确定	收支两条线，资金来源全部集中，资金运用全部配置
办理方式	分行发起，总行审批	主机系统自动实现
价格管理	存单管理方式，依据每一笔存单业务办理日确定的价格计息	系统参数自动控制
定价模式	根据外部市场和总行政策导向确定利率值	按照基准利率加减点差确定，总行的政策导向体现在点差变化上
期限管理	上存总行定期和系统内借款各5个期限，分行实际存款期限以一年为主，实际借款期限均在半年以下	集中配置各15个期限，根据合同期限自动匹配集中配置期限

续表

事项	差额管理	全额管理
品种管理	无法分品种定价	可分品种定价，集中分9个业务品种，配置分18个业务品种
分行权限	可根据资金来源运用情况自主确定上存或借款期限	根据业务的合同期限确定集中或配置的期限，分行无权选择

（二）内部资金转移价格的制定方法和原则

1. 内部资金转移价格制定

（1）人民币内部资金转移价格。根据我国人民币的二元利率体系现状和资产负债业务实际情况，为利率市场化预留空间，人民币内部资金转移价格主要采用基准利率±内部资金转移点差的方式确定。其中，基准利率采用人民银行公布的法定存款利率、法定贷款利率和市场利率三类基准，并跟随外部利率市场化进程和产品对外定价方法的变化及时调整；内部资金转移点差根据宏观经济形势、全行资产负债结构、业务经营导向、流动性风险、汇率风险等因素确定。

（2）外汇内部资金转移价格。外汇业务以LIBOR为基准，采用加减内部资金转移点差的方式确定集中配置利率。

2. 计价原则

（1）在全行范围内执行统一的内部资金转移价格。

（2）在实施全额资金集中管理改革时，以改革实施日为基准区分存量和增量，分别计价。

（3）对于存款、贷款、债券投资、同业融资等有明确期限的项目，实行逐笔计价，并且业务发生时所确定的内部资金转移点差在业务存续期内保持不变。

（4）对于无固定期限且不适宜进行逐笔计价的其他项目按余额计价，并按结息日内部资金转移价格计息。

（三）流量监控。根据资产负债管理的需要，通过系统实现对全行资产负债业务流量的监测和控制，具体包括信贷投放总量和结构的控制、利率定价水平的控制和流动性管理等内容。

（总行资产负债管理部）

金融市场与资产管理业务体制改革

2009年，为满足监管政策要求，提高资金业务风险管控水平，促进金融市场与资产管理业务的健康快速发展，根据董事会决议，总行决定组建资产管理部，并对金融市场部等相关部门内设机构和职能进行调整。调整后，金融市场部和资产管理部均为总行一级部室，分别承担资金业务的自营业务职能和代客业务职能。

一、改革背景

（一）适应市场监管不断规范和提高的需要。自营债券投资、资金交易业务与表外代客理财业务间建立严格的“防火墙”，是国际先进银行的通例，也是我国监管机构的明确要求。2008年银监会颁布的《商业银行理财业务风险管理指引》明确要求，商业银行对理财业务和表内资金业务要实行业务管理、会计核算和人员的有效隔离，“避免利益冲突可能给客户造成的损害”；同年颁布的《银信合作业务指引》中也明确提出商业银行要在前、中、后台三个环节落实表内资金业务和理财业务分账、分人管理。在管理体制改革之前，尽管代客理财资金、自营投资与资金交易等金融市场业务由不同的处室运作，但由于自营资金账户与代客资金账户存在交易关系、两类业务均在一个部室内运作，理财业务、表内资金业务间“业务管理、会计核算和人员有效隔离”并不彻底，因此，亟须通过一系列的体制改革来提高金融市场业务的合规性管理水平。

（二）加强风险管理的需要。金融市场业务运作中，产品开发、交易、估值、风险管理均由金融市场部相关处室分工进行，缺少第三方验证与控制；交易限额长期以来也主要由金融市场部自主设置和管理，代客理财业务不同“资产池”间进行内部交易时也缺少第三方验证。随着业务规模的扩大及风险管理水平的提升，迫切需要进一步梳理前台（产品开发与资金交易）、中台（估值验证与风险管理）、后台（资金清算与系统保障）业务的运作流程。

（三）适应业务快速创新发展的需要。日益激烈的市场竞争和经济全球化的不断深入，对金融创新提出了更高的要求，为金融市场和资产管理业务带来创新发展机遇，通过改革业务管理体制，充分发挥专业化优势，不断提高金融产品的市场竞争力，有利于促进债券投资、资金交易、债券承销、代客理财业务的健康发展。

二、改革主要内容

金融市场业务管理体制改革，旨在把自营业务（占用经济资本的本外币自营资金投资与交易业务）和代客业务（不占用经济资本的理财和承销业务）分开管理，并分离前中后台职能，实现业务管理与风险管理双线报告、双线控制。

（一）重组金融市场部。承接原金融市场部的表内资金业务，主要负责根据全行资产负债管理目标、政策、综合经营计划以及全行中间业务发展目标，在国内外金融市场上综合利用利率、汇率等市场工具，开展基于资金运作或客户需求，承担信用、市场等风险，收入和收益都归属的自营业务，并牵头负责境内外机构的各类投资与资金交易业务管理。具体包括：一是制定、完善与组织实施总行自营业务各项制度和操作规程；二是根据总行资产负债管理总体框架制定和实施自营业务年度目标计划和具体策略；三是根据总行下达的综合经营计划和中间业务发展计划，负责全行自营业务的产品设计、营销及交易；四是负责组织实施本行资本债务融资工具的发行，及本行主承销客户资本债务融资工具的承销发行，本行信贷资产证券化的承销发行；五是负责制订并组织实施自营业务风险管理操作规程，防范自营业务风险；六是牵头负责对境内外分行及全资子公司各类投资与资金交易的管理，包括超授权审批、业务指导与监督检查、风险提示、情况报告等，对控股机构的各类投资与资金交易比照对境内外分行及全资子公司的业务进行管理；七是研究分析国内外金融市场发展动态，对本行自营业务活动进行数量、技术、行业研究，为客户提供市场投资分析与资讯服务。

香港交易中心为金融市场部派出机构。

（二）组建资产管理部。承接原金融市场部的理财业务，主要负责根据全行中间业务发展目标、政策和综合经营计划，综合运用资金、债券、利率、汇率等市场工具，在国内外金融市场上进行本外币理财产品的研发、投资与交易管理，开展债券承销业务，并对授权开展理财业务的分行进行业务指导和管理。具体包括：一是制定、完善与组织实施总行代客业务具体策略、制度、操作规程；二是根据总行中间业务发展总体框架制定具体的代客业务产品创新与投资计划；三是负责代客业务产品的设计、研发、定价、推广；四是负责制订并组织实施代客业务风险管理办法，防范业务风险；五是负责对分行开展代客业务的授权管理，对开展区域性代客业务的分行进行业务管理和指导，对分行代客业务计划进行分解和指导，监督检查分行开展的各项代客业务；六是研究分析国内外金融市场发展动态，对工商银行代客业务进行数量、技术、行业研究，为客户提供市场投资分析与资讯服务。

（三）分离前中后台管理职能。按照风险管理的独立性、有效性以及促进业务发展的原则，对金融市场业务风险管理职能进行有效分离：一是按照监管部门要求的业务管理与风险管理双线报告原则，风险管理部负责对金融市场部、资产管理部相关业务的市场风险进行监测、计量、评估并定期进行报告，对资金业务进行事中风险控制（包括交易复核、限额参数设置、日常限额参数执行情况监督等），并承担产品控制职能；二是运行管理部负责自营业务和代客业务的会计核算与资金清算，对交易事项进行核对、签发以及事后监控；三是内控合规部负责金融市场业务操作风险的管理职能，建立对前中后台全流程进行定期检查、评估的工作机制，提高检查、评估频率，加强风险控制；四是信贷管理部牵头并组织授信业务部、信用审批部制定金融市场业务信用风险管理相关政策、制度，由金融市场部、授信业务部、信用审批部具体组织落实；五是金融市场部、资产管理部负责根据全行市场风险、信用风险和操作风险管理要求，运用数量分析、技术模型、系统控制等手段和方法，在组织实施自营和代客业务时进行业务风险控制，并对授权分行自营和代客业务风险管理工作进行指导和监督检查。

三、改革成效和意义

（一）建立风险防火墙，有效防范了自营交易和代客交易风险的相互传导。针对自营交易和代客交易不同的风险属性及风险承受力，通过业务体制改革，将资金自营业务职能和代客业务职能明确分拆在两个不同的部门，实现了理财业务、表内资金业务间业务管理、会计核算和人员的有效隔离，显著提高了金融市场业务的合规性管理水平及风险管理水平，增强了投资人信心。

（二）业务管理更加科学精细，有利于自营和代客业务进一步做大做强。业务管理体制改革明确了部门分工及今后的发展思路，改革后，金融市场部和资产管理部分别行使资金自营交易和代客交易职能，有利于业务部门充分发挥专业特长，集中精力做大做强本部门业务，同时，也有利于业务部门之间相互配合，促进业务部门的共同发展。

（三）优化和完善了业务流程，为利润中心改革打下了良好的基础。在业务管理体制改革的推动下，对各类投资与资金交易业务流程也进行了优化和改进，金融市场业务在变革和创新中取得了较大的发展，创造的各项收入已经成为全行利润的主要来源之一，为总行进一步深化利润中心改革创造了良好的条件。

（总行金融市场部）

重点县支行改革

为支持县域经济发展，提升县支行特别是重点县支行市场竞争力，2009 年工商银行推进实施了重点县支行变革计划。

一、改革目标

积极探索县支行科学发展的新途径，全面提升县域支行市场竞争力，力争到 2011 年末全行重点县支行主要业务指标同业排名达到第一或第二位，基本消除排名第三或第四位的情况，争取在经济发达县域打造一批市场反应迅速及时、主营业务优势突出、盈利水平同业领先、风险控制卓越有效、年创利润超十亿元的“新县行”，使其在当地市场竞争中具有突出领先优势，成为工商银行新的盈利增长点。

二、改革原则

（一）以流程优化和机制创新为突破点。在保持现有机构层级以及与原二级分行机构隶属关系、财务核算关系不变的基础上，通过体制机制变革、业务流程优化和资源投入改善，着力解决制约县支行进一步发展壮大的瓶颈问题。

（二）以调动各方积极性和主动性为出发点。统筹兼顾一级（直属）分行、二级分行和县支行各方利益，注意保护各级行特别是二级分行变革积极性，争取各方支持，推动变革工作顺利开展。

（三）以积极稳妥和有序推进为着力点。根据县支行的业务规模和发展需要，采取分类管理、区别对待的差异化变革措施，满足不同类型、不同规模县支行竞争力提升的迫切需要。

（四）以加强风险控制和内控管理为落脚点。强化一级（直属）分行和二级分行对县支行的风险管理职能，确保在体制变革过程中有效防范和化解各类风险。

三、改革重点

按照县域经济金融资源分布特点、县支行盈利能力和管理水平，将全行县支行划分为一类重点县支行、二类重点县支行和其他县支行三类。根据全行县支行综合绩效排名，选择确定了 100 家重点县支行，其中拨备后利润超 2 亿元、存款超过 50 亿元或者贷款超过 40 亿元且近三年无经济案件发生的县支行列为一类重点县支行，其他列为二类重点县支行。对各类县支行进行动态调整，实行差异化的政策管理。

四、改革内容

（一）适当调整对县支行的经营授权。一是增加转授权类别。对于一类重点县支行，上级行在总行信贷业务转授权规定的范围内全部转授小企业和个人客户授信方案审批等权限；对于二类重点县支行和潜力县支行，视情况向其转授上述权限。二是提高转授权额度。在总行信贷业务转授权规定的额度内，向一类重点县支行全额或按一定比例转授低风险公司客户信贷业务单笔审批、个人客户信贷业务单笔审批等不同业务品种的授权额度；同时向一类重点县支行全额转授人民币贷款利率浮动、单笔财务审批等权限。二级分行在自身权限内，进一步扩大对二类重点县支行和潜力县支行的上述转授权额度。三是灵活确定其他授权事项。一级（直属）分行和二级分行根据各类县支行业务发展需要，在分行权限范围内自主决定其他授权事项。

（二）进一步优化各项业务流程。一是加快推进公司客户分层营销体系建设。一级（直属）分行和二级分行要指导或直接参与重点县支行营销重点客户和重大项目，超过重点县支行公司业务部门权限的业务，可由有权审批层级行的公司业务部门直接受理，不再逐级报批。二是进一步完善信贷审批流程。需经一级（直属）分行审批的信贷业务，重点县支行在完成尽职调查后，可直接提交一级（直属）分行，同时抄送所在二级分行。对实行一站式审批的重点客户，重点县支行应按有关规定同时发起年度评级授信方案。三是优先推行运行体系改革。四是优先支持产品创新需求。

（三）积极完善各类资源分配机制。一是适当提高对一类重点县支行的经济资本和信贷规模配置，优先保证其业务发展需要。二是优化费用分配机制。在费用分配总量上，加大重点县支行经营费用、人力费用分配与经营绩效挂钩的力度，逐步使费用总额与经营目标相匹配。在费用分配结构上，根据经营绩效，适当提高重点县支行前台营销费用在经营费用总额中的占比，适当加大绩效工资在工资费用总额中的占比。在费用分配模式上，二级分行要对一类重点县支行进行费用倾斜，一级（直属）分行在二级分行分配基础上，按对二级分行费用分配的一定比例核定专项费用，作为倾斜性资源，根据绩效情况直接奖励或切块下达给一类重点县支行；二类重点县支行主要由所在二级分行给予费用倾斜，一级（直属）分行根据其经营绩效予以适当支持。三是加强员工队伍建设。根据业务发展需要适当调整一类重点县支行人员编制，并可视情况直接核定一类重点县支行新增人员计划；非管理类员工的中高级岗位职数可作为二级分行其中数单列，并直接分配至一类重点县支行。四是强化领导班子建设。拓宽干部选拔视野，根据实际情况选派部分一级（直属）分行或二级分行的后备干部到重点县支行任职锻炼，加强对重点县支行领导班子的指导。根据业务发展需要，适度增加一类重点县支行领导班子及其下辖重点二级支行的干部职数。五是积极推进渠道建设。提高重点县支行网点规划建设的层次，适度增加重点县支行网点总量，加快网点升级转型步伐，逐步提高重点县支行贵宾理财网点占比，加大自助银行和自助机具投入力度，符合条件的分理处和储蓄所要升格为二级支行。根据业务发展需要，适度扩大或增设一类重点县支行前台营销部门，增配客户经理（销售类员工），以增强业务拓展力量。

（四）健全激励约束机制。一是强化价值贡献和业绩导向的薪酬分配机制。二是合理评估重点县支行行长岗位等级。根据统一的岗位等级评估工具，考虑业务发展实际，一类重点县支行行长岗位等级可高于省内二级分行副行长的平均水平甚至可高于省内部分二级分行行长岗位等级，最高可等同于所在二级分行副行长的岗位等级。三是完善计划考核体系。一类重点县支行经营计划可作为所在二级分行其中数单列，并可由一级（直属）分行直接考核，但其经营绩效要全部计入所在二级分行；二类重点县支行、潜力县支行仍纳入所在二级分行计划与考核体系。

五、改革效果

2009 年初，总行在江苏分行正式启动了县支行变革试点；随后，浙江、山东、宁波等 20 余家分行也按照总行要求，结合各自实际，陆续启动了变革。通过开展重点县支行变革，全行县支行的经营积极性和市场竞争力明显提高。100 家重点县支行存款规模从 2008 年末的3 860亿元增长至 2009 年末的5 100亿元，增幅为 32.00%，贷款规模也从3 440亿元增长至4 650亿元，增幅为 35.00%，分别高于全行平均增幅 9.7 个和 10.8 个百分点。拨备后利润超过 1 亿元的重点县支行同期由 65 家增加至 74 家，许多重点县支行的核心经营指标明显改善。全行县域支行的经营积极性得以调动，形成县支行生机勃勃、你追我赶、争创利润的崭新局面，“以作为论地位、按贡献配资源”的机构管理机制正初步形成，并为深化全行机构管理机制改革提供了有益借鉴。

（总行人力资源部）

品牌与服务管理

2009 年，全行积极适应新的发展形势和竞争要求，以建设中国金融市场上客户满意度最高和客户首选银行、国际金融市场上客户推崇的中资银行为目标，全面加强服务与品牌管理，着力打造同业难以复制的核心竞争力。

一、进一步健全品牌与服务管理组织体系

根据全行改革发展新的形势任务要求，对总行有关部门品牌与服务工作职能进行整合，成立品牌与服务管理部，作为二级部设在办公室，履行品牌与服务工作管理职能。同时印发了《关于进一步加强服务工作的通知》，推动全行完成了品牌与服务管理职能的调整和归口管理，绝大部分一级（直属）分行成立了专门的品牌与服务管理机构，并配备了至少2名专职人员，各二级分行也设立了专职服务管理岗位，增强了品牌与服务管理职能和力量。全行专门机构统一协调，相关部门各负其责的品牌与服务管理组织架构基本形成。

二、继续大力推进品牌建设，提升品牌价值和企业形象

2009年，全行坚持以客户为中心推进品牌建设，加快构建高效的品牌管理体制，增强品牌建设与业务营销的有效联系，强化品牌推广与传播，不断提升品牌价值和市场影响力。

1. 初步搭建了层次分明、重点突出的品牌架构体系。制定了《品牌建设2009—2011年三年发展规划》，并在多层级访谈、广泛征求各方面意见的基础上，对全行各类业务品牌进行了全面整合，印发了《中国工商银行品牌架构》，形成了层次分明、重点突出、结构简洁、服务特色的品牌体系，强化了本行整体品牌的统领性，增进了母子品牌与共同客户面向的品牌组合、品牌群落的互联互动，进一步推动了单纯以业务内容定位品牌向以客户为中心、以服务特色定位品牌的转变。

2. 构建多元化的品牌传播体系。加强了品牌推广的整体策划，围绕品牌架构集中投入开发新的系列化视觉形象，积极组织全行性的品牌传播活动，增强品牌传播的覆盖面、影响力和协同效应。探索更为高效的大众媒体广告形式，完成了“首都机场T3墙体灯箱广告+国航机载电视广告+《中国民航》航机杂志广告”的组合资源采购并顺利投放，以及“中央电视台一套+财经频道+新闻频道+东方卫视”组合的季度性广告资源的集中采购，初步形成了“覆盖面与重点客户群黏着度并重，新闻、财经类节目为主要依托，央视与地方卫视互补”的投放格局。积极参与公益项目开发，成功冠名赞助“海峡和平交响乐团两岸巡演”项目。密切配合全行渠道建设规划，全面启动了营业网点营销传播系统建设工作，制定了《网点营销传播系统建设规范指引手册》，对网点传播载体的种类、形式、摆放位置、数量等进行了规范；完成了24支网点业务宣传片和与之配套的折页、海报、报纸期刊广告、口袋书等延展平面资料的设计制作工作，提升了全行网点营销传播能力。通过专题培训、企划工作园地等多种载体，加强了品牌建设的内部传播，促进全行对品牌策略与品牌架构的了解和运用。

3. 进一步强化品牌建设与业务营销的协同。建立以营销支持为主的品牌资源投入机制，重点支持核心子品牌、一般子品牌和重点产品的营销；积极参与新产品的开发与市场推广，促进各业务部门、各子品牌的联合营销。立足于营销传播的特点和业务营销需要，精选广告制作服务商，提高创意制作质量，完成了“牡丹灵通卡”电视广告的设计制作工作，适时为境外分行提供各类简介片、广告片、宣传图片，为境内外展会、推介会、营销会制作宣传短片、电视广告片、平面广告，积极配合和支持了业务拓展工作。

4. 进一步加强企业形象管理。为适应机构网络不断拓展的态势，建立与集团体系相匹配的标识框架，根据境内外各机构现有标识的应用情况，推出与新的品牌架构相配套的视觉形象基础规范，初步规划了集团标识CI手册的内容架构，对品牌传播相关的色彩体系、标识、平面广告模板等进行了统一规范，使工商银行品牌在视觉形象层面建立起独特个性，便于客户识别和产生联想，进一步规范了品牌形象的视觉管理。

5. 完善品牌建设的市场反馈与危机公关。从品牌战略管理层面增强了品牌危机的预见性，对可能会影响品牌形象的突发事件，制订周密的应对方案，提高危机监测、反应和处置能力，最大限度地保护品牌价值不受损害。

6. 加强了业务宣传经费管理。修订完善《业务宣传经费管理办法》，编制了《宣传经费使用指南》，初步建立了与新的品牌架构相适应的经费投入机制，资源投入更加科学合理。对宣传经费使用相关合同进行了全面梳理，按照业务属性制定了六个类别的8份规范合同文本，降低了法律风险。

三、强化服务管理，提升服务品质

2009年，全行以服务品质提升年活动为促进，全面落实加强服务管理、创新服务模式、提升服务品质的各项战略举措，抓标治本，努力改进服务质量和效率，努力以卓越的服务打造“最受尊重的银行”。

1. 积极推动开展服务品质提升年活动。以迎接新中国成立60周年为契机，在全行深入开展了“为工行添彩、为国庆献礼”服务大提升活动，以及“服务改进月”、“服务体验月”、“满意在工行”等系列专题活动，广泛邀请客户体验工商银行新服务、新产品，认真听取客户的反映，积极研究解决服务中存在的突出问题，通过各种媒体系统宣传本行改进服务的新进展、新成效，树立和展示了工商银行优质服务的新形象。针对客户排队等候时间过长和投诉较多等服务质量突出问题，制订实施服务效率提升计划和客户投诉解决方案，推动了一些服务难题的解决，向全社会展示了工商银行

的良好服务品质。活动结束后，经过层层推荐，严格审核，在全行评选出100家服务先进机构和100名服务标兵，在发展战略研讨会期间进行了隆重表彰，进一步在全行形成了服务工作争先创优的浓厚氛围和“服务赢得市场、服务创造价值”的先进理念。

2. 推动建立覆盖全部渠道、全部客户的服务标准体系。按照“先渠道后客户，先对外后对内，着眼长远，兼顾当前”的原则，组织制定了每种渠道、每类客户、每项业务的服务规范和服务标准，成熟一个推出一个，逐步覆盖到整个服务链，使服务的每一个接触点、每一个业务环节、每一个员工行为都有规范可循、有标准可依，以此保证服务品质的稳定和持久提升。2009年，在开展网点服务调研的基础上，研究制定了《营业网点服务规范指引》，从环境规范、流程规范、服务内容、突发事件应急管理等方面规范了客户服务标准。

3. 推动建立科学有效的监测考评机制。积极与第三方公司合作，开展包括个人客户、公司客户在内的客户满意度监测，进一步完善了第三方独立监测机制。各行采取现场服务管理与远程监督管理相结合、内部检查与外部监测相结合的方式，加强对服务质量的全过程监督管理，初步形成了服务质量监督管理的有效模式。本着“突出重点、兼顾全面、立足实际、客观公正”的原则，修订完善了2009年服务质量专项考核工作方案，并积极开展境内分行服务质量考评，引导分行把提升服务质量的压力由员工延伸至各级管理者，把服务考核的重点放到各级管理者，把服务考核的结果作为管理者履职提升的重要依据，使各级管理者把更多的资源向服务管理倾斜，在服务管理方面投入更多的精力，更加重视管好和做好服务工作。

4. 下大力气解决服务中存在的突出问题。各行结合服务大提升活动，深入查找影响服务质量的问题，制定改进方案，逐条落实整改。比如对客户排队等候时间过长的问题，各行组织专门力量，领导亲自到网点到前线具体问诊、摸查情况，因地制宜地采取改造业务流程、调整劳动组合和服务模式、适当增开弹性服务窗口、加大自助设备投放等有效改进措施，取得了较明显的成效。

5. 组织参加银行业协会文明规范服务百佳示范单位评选。按照银行业协会关于开展文明规范服务百佳示范单位评选活动的工作要求，从环境设施、资讯公示、服务效率、人员风貌、制度规范等方面进行综合评价，认真组织行内优秀网点参加评选。通过组织推动、细化落实、自检复查、验收入围四个阶段的工作，全行16家营业网点被评为2009年度中国银行业文明规范服务百佳示范单位，入选单位数量同业占比第一，促进了工商银行良好服务形象的树立和服务品牌的塑造。

（总行办公室）

中国工商银行贵金属业务部成立

一、贵金属业务部成立

为顺应中国贵金属市场蓬勃发展的趋势，加快金融创新，增强国际化、综合化发展的能力，工商银行于2009年9月9日在上海成立了国内首家银行贵金属专营机构——贵金属业务部。其经营范围是：代理企业、机构、个人等贵金属买卖业务；面向企业、机构和个人贵金属实物和账面投资产品的批发及零售业务；贵金属融资、租赁、同业拆借业务；代理贵金属实物仓储、交割、调运和清算；贵金属自营业务；提供具有贵金属产品特性的理财产品服务；在监管机构的批准额度内，办理黄金进出口及其结售汇业务；其他经批准开办的贵金属业务等。

成立贵金属业务部，有利于全面整合全行的贵金属业务资源，促进全行贵金属业务的利润增长；有利于贵金属业务的专业化经营，使经营管理体制更趋完善；有利于更有效地进入国际国内黄金市场，开创贵金属业务发展空间。通过机构和业务的整合、加大业务创新，巩固和发展工商银行在贵金属业务领域的市场份额。长远目标是要努力打造国内贵金属产品最丰富、服务功能最完备、经营规模最大的贵金属业务专营银行机构，并最终进入全球一流的贵金属投资和管理银行之列。

二、开业以来业务开展情况

2009年10月9日，贵金属业务部正式运营后，着力夯实基础管理，巩固现有合作基础，不断加大市场开拓和产品开发的力度，树立了同业首家贵金属专营机构的新形象，进一步巩固了贵金属业务的市场地位。2009年，贵金属业务实现中间业务收入2.82亿元，交易总量为991.7吨。

（一）夯实行内业务发展基础，寻求外部合作发展机遇。加强相关业务部门的沟通与合作，建立良好的行内合作机制，初步形成了协同营销贵金属业务的工作局面，为业务的快速发展奠定了基础。在强化内部合作机制的基础上，分别与上海黄金交易所、世界黄金协会、瑞士信贷、南非标准银行、香港商品交易所等国内外贵金属专业机构和同业进行了广泛的接触，并与中金黄金、山东黄金、山东招金、布林克等众多用金企业进行了业务会谈，交换合作意向，共商合作模式，努力挖掘外部合作新机会。

（二）精心组织市场开拓，树立贵金属业务崭新形象。针对全行贵金属业务发展的实际情况，开展专项营销活动，并赴山东、河南分行就黄金租赁业务、上海黄金交易所综合类会员代理个人 Au（T+D）客户平移事宜进行市场调研。联合上海、广东私人银行分部针对高端客户举办了客户交流会，将贵金属业务信息传递给目标客户。在品牌宣传方面，通过与《第一财经》、《理财周刊》、《金融时报》等国内有影响力的财经类媒体合作，成立之初就迅速向公众传递了对贵金属业务的重视和对国内贵金属业务市场发展的信心。在《理财周刊》上开辟了贵金属业务专栏，传授了贵金属投资理念，推介了贵金属产品，取得很好的效果。2009 年 11 月 20 日至 22 日，本行以“如意金砖”盛装亮相上海市第七届理财博览会，引起了强烈反响，确立了贵金属专营机构的良好社会形象。

（三）加快产品创新步伐，全面推进业务系统研发工作。对贵金属相关产品及系统进行梳理，将其分为实物类、交易类、理财类和融资类四大产品系列，初步建立了贵金属业务产品、系统资料库。一是以实物类产品树立品牌。推出了针对高端客户的 12.5 公斤“如意金砖”以及 2009 版“如意金钱”——“禄”系列。做好如意金银题材规划与开发，支持山东分行开发、销售重大题材类产品——全运会金银产品系列和区域性题材类产品——泰山碧霞寺建寺 1 000 周年专题如意金系列产品，为进一步拓宽本行贵金属实物产品种类积累了经验。做好如意金积存产品的推广，狠抓开户数，并逐步优化产品功能。推出了“如意银”白银实物类系列产品，开发了针对 2010 年春节市场的“虎年生肖银章”和“如意银元宝”两款新产品，并首次使用了深浮雕的高难度工艺铸造。在丰富产品种类和铸造工艺的基础上，有效提升了“如意”品牌知名度。二是以交易类产品增加业务收益。同步发展场内外交易类业务，强化了 Au（T+D）业务的营销和管理力度，提升服务能力，快速抢占市场。白银递延业务 Ag（T+D）也已正式进入了研发阶段。三是以理财类产品服务高端客户。研发挂钩汇率、债券、股票、贵金属的理财产品，巩固高端客户群。四是以融资类产品拓展市场。初步完成了黄金租赁业务和黄金质押贷款两项业务的办法草案的制定，力争尽快向市场推广。

（四）坚持内控与风险管理先行，加快贵金属业务制度整合与流程再造进程。一是适应部门新设后业务流程的改变，着手对原有业务流程进行全面修订。完成了对自营业务管理办法、品牌金内部管理流程、寄售管理办法和积存业务赎回管理办法的修订和制定工作。二是在产品创新过程中，做到内控制度基本同步。针对品牌银产品即将推广，完成了品牌银业务管理办法的制定工作，将于品牌银业务上市时同步执行。三是本着利润中心独立核算的建设要求，结合业务的优化完善，梳理会计核算流程，为构建利润中心奠定了核算基础。四是成立了风险管理委员会、内部控制委员会、新产品审查委员会、投融资决策委员会，形成严密的风险与内控管理体系。

（五）加强专业队伍建设，开展专业资质培训。围绕“学习型组织”构建要求，在贵金属业务部门内部分层打造产品研发、市场营销、投资交易、风险管理等子团队。同时，加强培训投入，与上海黄金交易所联合举办了两期面向全行业务骨干的黄金交易员资格培训领航班，提升黄金投资交易专业能力，努力在全行范围内打造一支知识、技能水平一流的专家型团队。

（总行贵金属业务部）

发起设立浙江平湖和重庆璧山两家工银村镇银行

为支持农村金融创新与发展，响应中央“惠农、惠小、惠民”政策，结合监管部门要求和本行实际情况，经过充分论证、认真筹备，于 2009 年 12 月发起设立了浙江平湖和重庆璧山两家工银村镇银行。

浙江平湖工银村镇银行注册资本 2 亿元人民币，以股份有限责任公司的形式发起设立，工商银行出资 60%，浙江晨光电缆股份有限公司和浙江银力建设集团有限公司等 7 家公司合计出资 40%，于 2009 年 12 月 6 日顺利开业。重庆璧山工银村镇银行注册资本 1 亿元人民币，以有限责任公司的形式发起设立，于 2009 年 12 月 29 日顺利开业。两家村镇银行的经营范围均包括：吸收公众存款，发放短期、中期和长期贷款，办理国内结算，办理票据承兑与贴现，从事同业拆借，从事银行卡业务，代理发行、代理兑付、承销政府债券，代理收付款项及代理保险业务，以及经银行业监督管理机构批准的其他业务。

两家村镇银行开业以来经营平稳顺利，业务发展势头良好。其中，浙江平湖工银村镇银行开业当天，即推出农户“房屋抵押一日贷”、助农富小额贷款、联保贷款等一系列具有惠农、惠小、惠民特色的金融产品，并在开业仪式上与当地10家小企业现场签订了合作协议。2009年末，在开业不到一个月的时间，浙江平湖工银村镇银行存款余额已超2亿元，贷款余额已超1亿元，表外融资7 000万元左右。重庆璧山工银村镇银行开业仅三天，存款余额就达到了960多万元。

（总行人力资源部）

产品创新管理

2009年，产品创新工作取得显著成效，研发了一批业界领先、有竞争力的平台、系统和产品，并在建立科学的产品创新方法、深化产品创新研究、完善产品创新激励机制等方面取得了突破性进展，有效提升了产品创新能力和产品服务竞争力。

一、提升产品与服务的市场竞争力

在“人无我有、人有我优，投产一批、储备一批”的产品创新战略指导下，研究开发了一批业界领先、有竞争力的平台、系统和产品。如金融质押平台为客户提供多产品、多方式、多渠道的质押服务，有效满足了客户对金融资产流动性的需求；电子票务平台为售票企业和消费者提供电子票品信息发布、在线购买、支付结算等全方位服务，开辟了新的代理业务领域；芯片卡行业应用平台实现了芯片卡行业应用的统一管理和组合配置，促进了一卡多应用，为快速拓展芯片卡行业应用领域提供了有力手段；银行卡通用配置平台实现了银行卡功能、应用渠道等产品属性的灵活配置，使总分行可以根据市场需求快速组合生成新产品，使客户能够个性化定制产品功能，满足了市场竞争和客户个性化服务需求；网上金融超市以门户网站为载体，为客户提供多种金融产品信息查询、选择购买、在线支付、会员管理等一揽子服务，开辟了金融产品网上销售新模式；网上信贷服务系统为个人和企业客户提供网上银行个人信用贷款、个人经营贷款、企业循环贷款在线服务，开辟了信贷服务新渠道，提升了信贷产品的综合服务能力；企业网银在线财务软件将网上银行服务和财务管理有机结合，为中小企业客户提供款项收付、会计记账、在线对账、财务分析等银企互联一站式服务，创新了与合作伙伴优势互补、共同为客户提供专业化服务的新模式；银商转账和大宗商品交易市场托管产品实现了会员单位与交易市场结算资金的实时划转，提供了大宗商品交易市场资金托管功能，有效满足了商品交易市场及其会员单位的服务需求。此外，还优化了理财平台、银保平台和托管系统等产品平台和系统，创新了收款管家、个人网银跨行账户管理、对公纸黄金、实物白银、电话一号通支付、数字电视银行、电子商业汇票及各类理财产品等一批市场潜力大的重点产品。根据产品目录统计，2009年全行共新增产品311个，截至2009年末，产品数量累计达到2 366个，比2008年末增长15.1%。许多重点产品推向市场后，表现出较强的市场竞争力，在满足客户需求改进服务品质、巩固和扩大市场份额、加快经营转型、增强竞争发展能力和盈利能力等方面发挥了重要作用。《银行家》杂志每年发布的“中国商业银行竞争力评价报告”表明，工商银行“产品与服务”指标2007年位居第八，2008年位居第二，2009年首次跃居第一，这标志着产品创新和服务能力显著提高，得到社会公众和业界的广泛认可。

二、产品创新研究取得突破性进展

2009年，总行相关部门和有关分行采取多种形式，重点加强产品创新研究，开拓了产品创新思路，储备了一批创新产品。总行在国内同业中率先组建了金融创新产学研联盟，与十余家知名高校、研究机构和大型企业建立了合作关系，开展了未来十年零售银行业产品服务创新方向、手机移动支付、虚拟货币、二手房贷款等方面的课题研究，并取得阶段性成果。与此同时，产品创新管理部和相关业务部门紧密围绕全行战略重点和热点领域开展产品创新专题研究，形成了代理商业消费卡服务、系统内跨境汇款、中间业务收入分润、产品系统产品化改造、推荐营销、客户积分、Web 2.0网上银行等重点产品与业务创新项目的工作方案，有的已转化为需求启动技术开发。一些产品创新示范分行也加大了产品创新研究力度，如上海分行开展了供应链融资研究，广东和深圳分行开展了芯片卡应用研究，这些研究成果有的已经转化为有市场竞争力的区域特色产品，有的为总行研究开发新产品提供了有益参考。

三、建立实施一整套科学的产品创新方法和机制

产品创新部门与相关部门通力协作，积极借鉴国际先进经验，在产品创新工作实践中探索总结出了一套科学的工作方法，并通过建立长效机制将其固化到产品创新相关环节，有效推动了全行产品创新的深入开展。

一是建立了客户体验机制。为落实“以客户为中心”的经营理念，在国内金融同业中率先开展了产品创新客户体验研究，总结提炼出一系列客户体验和产品可用性设计方法，建立了营业网点客户体验区、客户体验室、客户体验之声等客户体验环境，结合网上金融超市、信用卡服务提升等数十个重点产品研发项目开展了用户研究、用户调查、产品可用性评估等形式多样的客户体验活动，及时发现和改进了产品中存在的问题，提高了产品研发质量和客户满意度。在此基础上，制定印发了《客户体验管理办法》和相关管理规则，构建了较为完整的产品创新客户体验管理体系，为在全行深入推广客户体验工作机制奠定了良好基础。

二是建立了产品竞争力评估机制。为有针对性地研究、改善产品，持续提升产品创新和服务能力，在国内同业中率先开展产品竞争力评估工作，完整构建了适合实际的产品竞争力评估指标体系、方法和流程，组织开展了超短期理财、个人网上银行、第三方存管、现金管理等重点产品的竞争力评估试点，在总结经验和完善方法的基础上制定印发了《产品竞争力评估管理办法》，为推动产品竞争力评估工作开展提供了制度保障。

三是建立了新产品立项风险评估机制。为提高产品创新风险防范意识，完善产品创新风险管理手段，总行研究确立了在新产品立项阶段评估和识别操作风险、信用风险、市场风险和声誉风险的基本方法，印发了《新产品立项风险评估管理办法》，明确了新产品立项风险评估的适用原则、部门职责、工作流程和管理要求，填补了风险管理工作的一项空白。

四、进一步完善了产品创新激励机制

为健全产品创新考核和奖励机制，调动全行产品创新积极性，总行结合分行行长经营绩效评价工作全面实施了产品创新考核，并印发了《产品创新奖励管理办法》。这些举措提升了各行对产品创新工作的重视程度，山西、江西、浙江、河北、河南、甘肃、四川、吉林、黑龙江、苏州等多家分行实施了辖内产品创新工作考核，北京、广东、上海、山东等分行在辖内开展了形式多样的产品创新奖励活动，有效促进了产品创新工作的深入开展。根据产品目录统计，2009 年各分行累计新研发区域特色产品 87 个。一些区域创新产品，如北京分行“房产抵押一贷通”、上海分行“中小企业集合债务融资工具承销”、浙江分行“网商网络联保贷款”、广东分行和深圳分行“广深铁路金融 IC 卡”等，取得了良好的市场效果，在提升区域市场竞争力中发挥了重要作用。

五、营造出全员参与创新的良好氛围

为深入持久开展产品创新工作，形成全行上下“人人创新、我要创新”的良好氛围，总行在网讯上开辟了产品创新专栏，稿件数量和专栏点击率持续攀升。截至 2009 年末，专栏累计收到稿件9 756件，点击率接近 50 万人次，参与产品在线调查的总人数达到7 560人。开展“我为业务和产品创新进一言”青年员工客户体验活动，全行有 3 万人次参与献计献策。“DIY 信用卡”、“电子收款账单”等行内员工提出的产品创新“金点子”已被总行采纳并进入项目研发。此外，总行还在网讯设立了新产品发布专栏，累计发布 14 类 100 多个新产品信息，有效促进了信息在全行范围内的共享与交流。

（总行产品创新管理部）

人力资源管理

2009 年，全行人力资源管理始终坚持以人为本、服务协同的执业理念，积极开拓创新，精心组织实施了一系列重大改革举措，为全行改革发展提供了有力的人才保障和智力支持。

一、贯彻内涵式发展战略，进一步优化人力资源结构

一是统筹优化员工队伍结构。围绕全行发展战略布局，统筹优化员工队伍区域分布和专业、岗位布局。

2009年，在从业人员总量适度增长的基础上，长三角、珠三角和环渤海地区的人员占比分别较年初提高0.21个、0.05个和0.04个百分点，全行人员区域配置结构进一步优化调整。超额完成2009年销售类人员增配10 000人的规划目标，销售类人员队伍进一步充实，占比达16.3%，比2008年提高2.9个百分点，全行市场拓展与营销服务能力进一步增强。

二是探索引进人才的新思路、新办法。在继续做好校园招聘工作的基础上，将系统内招聘和社会招聘有机结合，启动了海外高层次人才招聘工作，并充分发挥专业人才测评机构作用，通过多方引进人才，进一步优化了员工的专业、岗位和区域结构，有效协同和推动了全行的业务转型。

三是大力推进员工跨区域流动。立足于内涵式人才发展的需要，大力推动人员跨区域流动，制定了促进员工跨区域流动相关意见，建立和完善了跨区域流动管理体制。截至2009年末，全行累计实现内部跨区域流动约4 000人，其中跨二级分行流动2 500人左右、二级分行内部流动1 500人左右，进一步改善了区域间人力资源投入产出效能，提升了在重点区域的市场竞争力。

四是积极协同做好运营改革等人力资源优化配置工作。积极支持配合全行运营体系与报表集中改革，妥善做好改革涉及人员的职业发展、转岗安置与人力资源优化配置工作，多措并举努力营造和谐良好的换岗、转岗和流动氛围。全行在运营改革工作中实际释放6 000余人，近3 000名员工转岗到一线柜员和客户经理等前台岗位，提高了配置效率，提升了人员效能。

五是加大人才培养力度。全行牢固树立企业与员工同发展、同进步的共赢理念，有计划、有针对性地开展员工培养工作，促进了人力资本的保值增值。在中高级管理人员培训方面，与清华大学合办了3期“卓越领导力”培训班，共培训105人；选派25人参加第六期高盛“松树街”领导力培训；与复旦大学、香港大学合办了第4期“国际工商管理硕士（IMBA）”培训班，对66名中高级管理人员进行为期两年的在职培训；同时继续开展了公开选拔海外研修人员工作，选派10名中高级管理人员赴美国伊利诺伊大学参加为期10个月的研修；举办金融外语培训1期，培训30人。继续开展高级专业技术资格评审工作，全行1 248人通过评审，获得了高级专业技术资格。

六是全面开展非管理类职务聘任工作。为拓宽员工职业发展通道，加快专业类人才队伍建设，总分行全面开展了非管理类员工职务聘任和晋升工作。从聘任情况看，专业类人员占比为30.8%，销售类人员占比为18.3%，运行类人员占比为50.9%。

二、服务国际化综合化发展战略，加强国际化综合化人才队伍建设

一是进一步加强境外机构领导班子建设和外派人员选拔选派工作。根据境外机构申设和筹备工作需要，统筹优化配置全行外派干部资源，积极为境外机构配班子，选干部，建队伍。2009年，全行累计选派和调整境外机构管理层人员41人。做好配合境外机构快速发展需要，重点做好各机构、各类别、各职级的人力资源储备和支持，全年共选派和调整各类赴境外机构工作或实习人员215人。

二是全面实施外派员工人力资源管理提升项目，构建境内外一体化人力资源管理体系。广泛借鉴跨国公司外派员工管理经验，充分考虑外派员工管理实际，搭建了境内外相衔接的岗位职级体系和职业发展平台，构建了基于岗位价值和绩效贡献的薪酬激励机制，完善了适应外派工作特点和各地区实际情况的福利保障体系，通过制度保障，稳定了外派员工队伍，调动了外派员工的工作积极性。

三是加强对直属机构和控股公司的人力资源研究和管理工作。针对直属机构和控股公司规模逐步扩大、差异化不断加深的现实情况，从统筹考虑集团人力资源制度兼容性和突出各直属机构和控股公司自身特性出发，通过走访、问卷调查、组织座谈等方式，并结合干部任免调配、绩效考核等工作的开展深入调查了解直属机构和控股公司人力资源管理运作情况，经过历时近3个月的调研走访，完成了直属机构和控股公司的人力资源管理调研报告，以及专题性的内审分局调研报告等，对直属机构和控股公司人力资源管理现状、存在问题进行了深入剖析，提出了全面改进建议，为进一步加强综合化人才队伍建设奠定了基础。

三、持续优化分支机构管理机制，协同推进业务流程改革

一是加强各类服务营销渠道规划建设。以实现渠道、客户及业务全面协调可持续发展为基本要求，制定印发《中国工商银行2009—2011年渠道发展战略规划》，提出了未来三年全行物理网点、自助银行、电子银行及客户经理四大类渠道建设发展具体规划，积极构建全方位、多元化和立体化营销服务体系。

二是积极推动机构网点结构优化和经营转型。从资源和市场两个基点出发，加快全行机构网点布局结构调整。一方面，持续优化网点区域布局，密切结合国家经济发展战略，进一步提高长三角、珠三角、环渤海、海峡西岸等重点区域机构占比，进一步向省会和重点竞争城市倾斜配置机构资源。另一方面，启动机构网点布局优化项目，并在北京、温州、绍兴三地开展试点，积极优化网点的微观布局，提升网点分布与金融资源的匹

配度。

三是继续实施营业网点装修改造升级工程。2009年，全行共装修改造网点3 000余个，新建财富管理中心86家，新建贵宾理财中心1 116家，共计11 645个网点实现了功能分区，网点的服务环境明显改善，服务能力继续提高，形成了一大批具有市场竞争力的旗舰型网点。

四是深入实施重点县支行变革计划。制定印发了《关于推进县支行变革工作的指导意见》，挑选了100家县支行作为重点支持发展对象，实施差异化的变革措施。各分行结合本行实际，采取了形式多样、有针对性的工作措施，积极推进县支行变革工作扎实开展。

五是稳妥探索省区分行营业部管理体制改革。全面梳理了23家省区分行营业部改革发展和市场竞争现状，并深入云南、福建分行营业部开展工作调研，研究了不同类型营业部的管理模式和改革方向。

六是牵头完成两家村镇银行筹建工作。顺利完成了浙江平湖工银村镇银行和重庆璧山工银村镇银行的组织架构设计、网点选址装修、系统开发、业务制度制定、人员招聘及合作协议签订等工作，两家村镇银行分别于2009年12月6日和29日正式开业。

七是推动总行业务流程重组。实施了总行信贷业务流程改革，对公司业务二部与营业部进行了合并和职能调整，成立小企业金融业务部，启动了金融市场部和资产管理部的重组分设改革，组建贵金属业务部，整合数据中心（上海）与海外数据中心，通过上述流程梳理和组织架构调整，进一步优化了业务流程，实现前中后台的有效分离，增强了全行的核心竞争能力和风险控制能力。

四、继续深化薪酬分配制度改革，推进全行经营结构转型

一是优化完善工资总额分配机制。继续完善以经济增加值（EVA）为核心的开放式绩效挂钩模式，充分发挥资源配置的导向作用，各行结合本行业务发展重点，在总行2009年工资总额分配办法的指导下，制定了切合本行实际的工资总额分配办法，有效促进了全行年度经营目标的完成。针对利润中心管理特点，建立了以价值贡献为核心的工资总额双挂钩激励模式，激发了利润中心经营活力和价值创造能力。根据年度业务发展重点，进一步完善了重点产品销售激励的挂钩方式、挂钩品种和奖励标准，有力地推动了重点产品中间业务的持续快速发展。

二是以销售类和管理类为重点，有序推进绩效管理体系建设。开展了个人客户经理绩效管理工作调研，制订了个人客户经理考核激励机制的方案和推广计划，印发了《关于完善产品销售考核激励机制的通知》。推进北京分行、北京数据中心的战略解码和绩效合约试点工作，印发了《战略解码和绩效合约试点工作情况介绍》。

三是有效推进两项基金受托管理。围绕“规范管理、防范风险、创造价值、合理使用”的工作要求，积极推进企业年金和统筹外福利负债基金受托管理。与建行签订企业年金待遇支付协议，启动企业年金待遇支付和转移工作。进一步健全两项基金投资管理和风险管理，两项基金资产实现安全增值。

四是完善员工福利保障体系。指导各行积极参加各项社会保险、住房公积金等法定福利活动，维护员工社会保险等权益。完善自主福利项目和内容，创新补充医疗保险的筹建模式，逐步规范从方案设计到费用招投标、待遇给付、后续服务一系列流程。根据国家政策及总行党委有关决定，各行全面完成了离休人员的待遇调整工作，提高了离休人员的待遇水平。

五、着力提升劳动用工管理水平，切实维护全行稳定大局

一是切实规范劳动用工管理，构建和谐稳定劳动关系。积极与人力资源和社会保障部沟通，大力推进特殊工时制度申报工作，成为金融行业首家获批单位，为各项生产经营活动的正常开展提供了有力的法律保障。修订完善了劳动争议案件调处机制，严格落实关键岗位轮换和强制休假制度，全行关键岗位轮换计划完成率达93%，提升了劳动用工管理的法制化、规范化、精细化水平。

二是维护全行安全稳定大局。秉持顾全大局、以人为本理念，妥善落实内退管理和协解人员维稳工作。密切关注同业间内退政策发展走向，加强和完善内退人员管理。配合国家信访局等有关部门，妥善处理了四大国有商业银行协解人员的多次大规模进京上访事件。各行不断加强与各级社保、民政部门沟通协调处理社保待遇覆盖问题，稳步推进特困协解人员善后管理与救助工作。

三是着手开展《员工手册》编制和员工工作满意度调查。全面展开《员工手册》的编制工作，进一步修订完善《员工行为守则》，打造一支爱行敬业、行止有序、厚德明理、团结协作、勇于创新的员工队伍。适时启动全行员工工作满意度调查，积极探索构建与战略转型相适应、与员工工作满意度相一致、与人力资源优化相配套的政策制度管理体系。

六、大力加强自身履职能力建设，人力资源管理队伍的综合素质得到提升

一是不断深化现代人力资源管理理念，提升人力资源管理水平。主动顺应全行经营管理和改革发展进程不断加快的形势要求，加大改革创新力度，在不断深化人力资源管理自身体制改革，全力支持和推动全行组织机

构和业务流程变革的过程中，对以人为本、服务协同的执业理念有了更为深刻的体会，对人力资源管理丰富的内涵外延有了更为清晰的认识，对现代人力资源管理的职能和目标有了更为明确的定位。在实施人力资源管理变革中，逐步树立和深化了现代人力资源管理理念，增强了学习现代人力资源管理理论、方法的紧迫感和主动性，加强了现代人力资源管理理论方法在实践工作中的应用推广，促进了全行人力资源管理水平的不断提升。2009 年全行共申报创新项目 45 个，全行用新思路、新措施、新办法进一步提升人力资源工作的新局面已基本打开。

二是建立了人力资源专项考核机制，引导人力资源管理部门提升工作执行力。修订完善了 2009 年人力资源专业考核办法，提出了工作达标评价标准，为各行高效完成年度工作提供了参考。

三是采取多种方式提高人力资源管理干部的综合素质和能力。通过组织项目研究、专题调研、专家讲座、交流研讨、读书自学等形式，积极学习、吸收先进的人力资源管理理念、方法和工具，深入研究思考业务创新发展对人力资源管理的内在需求，丰富了知识结构，提高了能力素养，增强了工作的前瞻性和主动性。总行首次在清华大学组织了人力资源总经理培训班，通过案例式、互动性的学习讨论活动，促进一级分行人力资源总经理进一步加强对现代人力资源管理理念、方法和工具的理解掌握。

（总行人力资源部）

信息化建设

2009 年，信息科技工作按照全行业务发展及管理改革需要，加快应用产品创新，稳步推进“1031”工程建设，进一步提升了核心竞争力，同时强化生产运行管理，确保了信息系统的平稳运行，保障了全行各项业务的顺利开展。

一、信息系统持续保持了安全平稳的运行态势

全行信息系统总体运行平稳，信息系统整体可用率达到 99. 987%，超过年初确定目标；数据中心日均处理业务量达 11 320 万笔，同比增加了 2 634 万笔；日峰值达到 14 143 万笔，同比增加了 2 468 万笔。同时，全年四级（含）以上生产事件同比减少 5%，未发生全局重大停机及重要业务全辖性停机事故。

（一）生产运行管理进一步加强。积极落实新中国成立 60 周年国庆期间的信息系统安全保障工作，组织做好信息系统安全自查，消除安全隐患并做好应急管理，确保了国庆期间全行信息系统的安全稳定运行。同时，完成了数据中心对一级分行、一级分行对二级分行远程监控和操作平台的建设，进一步提升了数据中心和一级分行应对辖内各类突发事件的应急能力。

（二）全行生产运行自动化、规范化水平进一步提升。在主机系统平台已经实现批量操作自动化的基础上，全面完成对数据中心开放平台应用系统的批量自动化改造，数据中心开放平台应用系统每天的操作步骤从 7 426步降至 4 063 步，操作自动化率达到了 45%。同时，面向业务和渠道优化完善了主机系统监控功能，全面完成了海外数据中心和 35 家分行的集中监控平台建设。

（三）全行应急灾备体系进一步完善。开展“两地三中心”建设前期工作，完成“两地三中心”总体技术架构和实施规划建议方案；制定发布全行信息系统灾备等级标准和应用系统灾备等级划分结果，并分阶段实施相关应用的灾备高可用保障实施工作；完成主机核心生产、灾备、测试和研发环境的升级调整以及磁盘的升级扩容，为满足后续业务增长和新业务投产需求提供了系统保障。积极开展信息系统灾难恢复应急演练，完成三次信息系统灾难恢复应急演练，并首次以临时通知的非计划性形式启动全行信息系统灾难恢复应急演练，全面达到预期目标和效果。

（四）信息科技基础建设进一步夯实，科技服务能力进一步提升。支持自助服务渠道建设，持续加大自助设备投放规模，全年新增 ATM（含一体机）10 000 台，使全行投产在用的 ATM 设备数量达到 34 405 台，投产在用自助服务终端 22 705 台，投产在用的 POS 机设备数量达到 25. 3 万台。同时，制订未来 5 年网络架构规划设计总体方案；持续提升网络增值服务能力，完成一体化电话银行语音接入“一码通”服务试点；完成外网网银门户 CDN 网络加速项目全行推广，大幅提升了外网网银门户系统容量性能和抗网络攻击能力。

（五）积极开展信息安全防护工作，落实信息安全管理的各项措施。根据全行信息安全管理工作开展的需要，制定了信息安全管理制度框架，明确了相关业务部门和科技部门的职责；在总行本部、各中心和分行信息

科技部实施了网络准入、软硬件系统控制、外网邮件防控、U盘拷贝记录等客户端安全管理功能，在部分分行实现了电子公文审批系统分权限的文件打印、下载、拷贝等访问控制功能，并在总行本部启动了内网与互联网隔离的实施工作。

二、全面推进“1031”工程建设，应用产品创新取得重大进展

在130个规划项目中已经完成60个。同时，积极推动应用研发工作，全年完成4个综合版本和3个普通版本的研发、测试及投产工作，涵盖539个应用类新项目；应用研发规模达到86万功能点，同比增长37%，为加速产品创新及功能拓展、推进国际化发展步伐、加强内部管理和风险监控提供了有力支持。

（一）增强客户服务能力，提升客户服务水平。完成三卡整合工程，实现了贷记卡产品“一个系统、一个章程”的目标；率先全面完成分行金卡系统上挂工作，开发投产了信用卡代授权系统，银行卡跨行交易系统成功率和交易量稳居国内商业银行首位；初步搭建了全球现金管理服务平台，实现了与南非标准银行通过SWIFT方式互联功能；深化银行户口应用，实现客户全渠道账户信息的统一视图；全年完成174个电子银行项目或任务的开发工作，支持电子银行业务离柜占比的持续提升；国内第一家推出了手机银行（WAP）3G版，为工商银行占领新兴产品市场创造了有利条件。

（二）全面支持全行管理改革与业务流程再造。与各业务部门紧密配合，全力推进业务运营三项改革，在江苏等12家分行成功完成了业务远程授权系统的投产工作；成功推广业务运营风险管理系统，建立起以数据分析为基础的新一代监督管理系统；组织建设全新的业务集中处理平台，为深化业务集中处理改革提供技术支撑。全面完成2008年行领导在“信贷业务流程调研”中提出的62项系统优化需求，全面推广法人、个人信贷电子化审批功能，实现信贷审批流程的无纸化操作，进一步提高信贷业务处理效率、优化处理流程。

（三）推动全行国际化发展战略的实施。以实现所有境外机构核心业务系统一体化整合为目标，完成了三批12家境外机构的FOVA系统版本投产，实现了FOVA系统在首尔、东京、工银伦敦、法兰克福等15家境外机构的推广，并从技术上完成了澳门分行和诚兴银行的机构整合；推动工银亚洲FOVA系统建设，明确了系统建设方案和实施计划。同时，持续完善FOVA系统功能，在FOVA系统中建立了新的基金业务处理系统，实现了FOVA系统与境外机构当地清算系统的连接，为境外机构开展基金业务、拓展当地清算业务等提供了系统支持。

（四）大力支持拓展新业务领域。积极推进金融市场业务管理系统平台的自主研发，搭建了投资银行业务管理平台，进一步完善综合报价平台；自主研发了私人银行系统平台，支持为高端个人客户提供专业化、高品质的金融服务；开展人民币跨境贸易结算业务相关应用系统建设，为本行成为此项业务的首批代理及结算银行提供了有力支持。

（五）完善风险管理体系。投产个人客户内部评级系统，继续丰富和完善信用风险内部评级体系建设；积极推动市场风险管理自主研发系统建设，为2010年满足内部模型法定量监管要求作好系统建设准备；开展操作风险高级计量法管理系统研发工作，完成内部损失数据收集、风险控制和自我评价等功能模块投产上线。

（六）全面实现管理信息大集中。完善数据仓库基础平台，丰富统计分析等各类经营管理系统功能，为经营管理和决策提供更加快捷、准确、全面的支持；进一步推进数据分析挖掘平台建设，完成分析型个人和法人客户关系管理系统向数据仓库技术平台的整合迁移，为风险管理、市场营销、绩效考核等专业深入开展数据分析和管理营销技术模型验证提供技术平台；搭建全行报表集中管理平台，实现了报表数据的自动加工，提高了报表自动化及灵活定制水平。

（七）优化应用架构体系。完成了对公活期、单位定期等存款产品的核算与产品分离，实现了产品处理功能和内部核算处理功能的松耦合；搭建清算业务通用平台，降低了相关产品应用和核算清算相关系统的耦合度；网上银行应用重构、电话银行重构等项目全面完成，构建起了安全、灵活的电子银行应用架构体系；实施基于多点接入规划策略的金卡前置系统接入渠道优化改造，进一步提高金卡前置应用系统的稳定性、可靠性，满足了灾备管理的需要。

（八）及时完成监管部门相关应用系统以及政策性项目的研发。完成NRA账户的开立、结算及国际收支申送等功能研发，为及时抢占NRA市场奠定了坚实的基础；完成电子商业汇票系统的开发投产以及代理财政精细化改革与代理财政部非税收入收缴项目、人行国库中央金库与代理银行联网建设，及时满足有关管理要求。

三、加强科技管理，不断提高标准化、规范化水平

（一）进一步完善信息科技治理。积极落实银监会《商业银行信息科技风险管理指引》（银监发［2009］19号）有关要求，成立了科技管理委员会，负责对信息科技发展战略和年度计划、信息科技重大工程建设及信息科技风险管理、信息安全管理工作等重大决策事项进行管理。

（二）加强科技与业务融合，提升应用研发质量和效率。加大应用研发前期的科技投入，降低项目科技开发的前期工期占比，提高项目的有效研发时间；及时沟

通明确研发项目的版本计划，对于研发过程中存在风险的项目及时向业务部门提示风险并共同解决；充分利用业务验收测试环节，主动做好应用产品后评估等工作。

（三）进一步完善信息科技管理制度。完成《信息科技管理制度（2009版）》中30个管理办法、60个实施细则和30个管理手册的发布；建立了全行技术规范体系，完成了50项技术规范标准的修订与发布。同时，积极配合国家审计署、人民银行、银监会、安永会计师事务所及内部审计局等单位完成了11项针对信息科技方面的审计和检查工作；同时，开展了变更管理、应急管理、数据管理等方面的内部检查，并落实了各项整改措施。

（四）科技队伍建设得到加强。2009年，全行科技人员数量稳步提高，达到11 395人，其中总行直管科技队伍4 508人；分行科技人员总数达到6 887人，其中一级分行本部科技人员总数稳定在2 500人左右。全行加大了高级专业人才培养力度，先后开展了信息安全、网络、项目管理、运行管理以及系统分析等专业的高级培训，培养和储备了160余名高级专业人才；全行所有二级分行均设立了独立的科技部门，超过98%的营业网点配备了科技管理员，科技管理员的数量达到16 433人。

2009年，本行再次入选“中国企业信息化500强”并位列第一名，获得了企业信息化建设最高奖项——“2008年度信息化企业大奖”以及“最佳IT总体架构奖”，并荣获中国《银行家》杂志评选的“中国最佳IT银行”，体现了工商银行信息科技的强大实力和行业领先水平。知识产权保护工作取得突破，全年获得19项专利，使全行拥有的专利数量达到91项。

（总行信息科技部）

个人金融业务

2009年，全行个人金融业务部门积极应对外部经济金融环境变化带来的巨大挑战，积极实施“强个金”战略，大力开拓市场领域，客户规模快速增长，服务渠道和水平持续改善，产品创新不断增强，风险控制措施执行到位，实现营业贡献788.4亿元，各项主要业务指标同业领先地位进一步巩固。

一、业务规模不断扩大，市场领先优势进一步巩固

（一）个人金融资产和负债规模保持同业领先水平。一是拓宽增存思路，充分挖掘存款增长潜力，强化存款基础地位。截至2009年末，人民币储蓄存款比年初增加6 448亿元，储蓄存款余额四行占比继续保持同业第一。二是个人贷款业务实现余额和增量同业占比双第一。截至2009年末，个人贷款余额11 699.57亿元，较年初增加3 577亿元，同比多增2 893.4亿元，为个人贷款业务开办以来增量和增幅最快的一年。

（二）个人中间业务继续保持同业第一。2009年末，个人业务手续费及佣金收入实现194.7亿元，四行占比居同业首位。理财产品销售市场领先优势进一步扩大，银行类理财产品、基金、保险和国债等理财产品累计销售15 107亿元，其中基金代理销售已经实现销售额4 897亿元，四行占比进一步提升至47.25%；代理销售保险723亿元，四行占比超过30%，继续保持第一。灵通卡累计消费额突破1万亿元，同比增长近1倍，稳居同业首位。

（三）客户规模快速增长，结构持续优化。2009年，全行通过公私部门协同营销，以及各种形式的主题促销活动，做大了客户规模，优化了客户结构，提高了产品渗透率。截至2009年末，个人客户达到了2.42亿户，其中个人金融资产5万元以上的中高端客户数达到了2 492万户，理财金账户客户数超过了669万户；新增个人客户1 423万户，其中中高端客户就有360万户，占全部新增客户的25.28%。从客户资产占比看，中高端客户资产占比为81.78%，较年初提高3.48个百分点。

二、加快业务转型，积极拓展新市场新客户

为加快个人金融业务转型，推进“大个金”向“强个金”战略的转变，根据地区经济发展程度的不同，在全国各地选取了有代表性的城市，对其中典型的交易市场、专业市场等进行了调研，深入分析客户业务流程、特点以及对银行金融服务需求。在调研的基础上形成营销案例，向全行推广，鼓励分行结合当地市场特点，有效开展新市场拓展。在此基础上，重点明确了当前及今后一段时期需要着力拓展的六类新市场（各类商品交易市场、新型消费品市场、现代服务业市场、新型要素市场、各类改革以及政策调整催生的新市场和海外市场）以及五类客户群体（小老板、小白领、小公务员、大学生和自由职业者），要求全行围绕上述新市

场、新客户的开拓，实现营销层面由低层次营销向高层次营销转变，由依靠客户经理营销向管理人员参与的集团、公司客户等高端客户营销转变；逐步实现客户层面由散户为主向集群式与散户并重转变，主动寻找机构、公司和商品市场客户，实现客户规模的快速增长。

三、推动渠道层面由内部型为主向内外统筹型转变，扩大渠道对客户的覆盖面

一是加快网点布局，积极推进财富管理中心和贵宾理财中心建设。制定了2009年全行财富管理中心建设方案和计划，细化了财富管理中心内部分区与CI识别系统等规范；制定财富管理中心《财富管理服务流程与营销话术指引》，组织各行做好财富管理中心营运管理工作。二是加快自助机具投放，积极实施自助机具进社区、写字楼和商品交易市场，拓展物理渠道的覆盖范围，分流柜面业务效果持续增强。三是积极拓展外部渠道，实现与合作机构双赢。全面推进深化与个人贷款中介机构的业务合作，研究双方业务流程对接，并选定试点地区进行标准化模式的探讨和实践，积极创新个人贷款业务合作模式。

四、多种形式，内外结合，通过营销宣传不断提升品牌知名度

一是积极开展业务营销宣传活动，提升市场知名度。先后组织开展了全行“新年购物新惊喜灵通卡刷卡送大礼”旺季刷卡消费促销活动和“我用我灵通”刷卡消费促销活动，“牡丹灵通卡迎新献礼”发卡促销活动、灵通卡进校园活动、灵通卡职场营销活动和牡丹年金卡营销推广活动，“2009倾心回馈”基金定投申购费率八折优惠活动，“银证联手　股海畅游”为主题的第三方存管业务营销推广活动，取得了比较好的市场效果。二是精心谋划，认真准备，开展“投资理财知识普及万里行”营销活动，着力打造负责任的企业形象。2009年12月21日正式启动“投资理财知识普及万里行”营销活动，汇集100名以上来自银行、证券、基金、保险等各个投资理财领域的专家，配置1 000多名理财规划师，组建业内最大规模的理财专家团队，邀请100万名以上客户代表，在全国范围开展10 000场以上的投资理财知识普及现场宣讲活动。同时，还将与全国各地超过200家媒体开展投资理财知识专栏合作，并通过专家在线访谈、免费发放《科学理财知识手册》和公益读本等方式向广大居民普及科学理财知识，扩大活动惠及面。

五、加快产品创新，实现储蓄和理财业务协调发展

紧密围绕客户需求，以固定收益类本外币理财产品为主，以创新为手段，着力提升市场竞争力。成功推出了以广东佛山等地方政府基础设施项目为投资对象的个人理财产品，总融资规模达200亿元，为实现理财业务与资产业务、存款业务的协调发展创出了新路。继续丰富“灵通快线”品种，分别推出了14天和28天“灵通快线”滚动型产品，“灵通快线”系列产品已达到9款，极大地方便了客户灵活投资。在个人保险销售方面，联合重要合作保险公司，大力推动保险旺季营销活动；同时，加强重点保险公司业务推动和培训工作，完成总对总新产品签约、批准部分分行区域性合作。在基金代销业务上，根据市场形势变化，调整各类型基金销售占比，迎合市场需求，基金销售额接近建行、中行和农行总和；采取“突出重点、广泛合作、合理配置”的基金发行策略，全力加强对托管基金及重点公司基金的代理发行营销工作力度，安排不同类型基金交叉发行。满足高端客户的投资需求，与十二家基金管理公司合作“一对多”基金专户产品，共同开拓“一对多”基金专户市场。

（总行个人金融业务部）

公司金融业务

2009年，全行公司业务系统紧紧围绕国家“保增长、扩内需、调结构、惠民生”的经济工作方针，克服重重困难，各项业务均取得历史性增长，进一步巩固了市场领导者的地位。

一、公司金融业务发展情况

2009年，全行人民币公司贷款新增6 772亿元，增幅达21.6%，同比多增2 881亿元。人民币公司存款新增5 276亿元，增幅达24.3%，同比多增3 702亿元。公司类不良贷款余额比年初下降165亿元，不良率1.96%，下降0.9个百分点。实现公司贷款利息收入2 109亿元；公司类中间业务收入279亿元，同比增长46%，占全行中间业务收入的49%，公司类中间业务收入占公司贷款利息收入的13.2%，较上年上升4.7

个百分点。全年公司业务内部核算利润贡献 1 306 亿元，同比增长 15.6%，EVA 1 031 亿元，同比增长61.6%。

二、主要工作措施

2009 年，全行公司业务系统实施了“持续创新保第一、抢抓重点扩优势、加快转型促发展、系统推动稳基础”四个方面的工作措施。

（一）以业务创新巩固信贷市场同业第一优势。2009 年，全行公司业务系统加强业务创新，把握好贷款投放节奏，继续保持了公司存贷款第一的市场地位。一是及时推出 5 个信贷创新产品，到 2009 年末合计新增贷款 2 919 亿元，占全部公司贷款增量的 43%，保证了全行在优质信贷市场的整体竞争优势。二是加快信贷业务与直接融资业务融合，在规模受限的情况下满足客户融资需求。全年除新增 6 772 亿元公司贷款外，主承销短融中票 2 763 亿元、总行牵头操作的信托理财融资 2 187 亿元，共为公司客户提供直接和间接融资 1.17 万亿元，居同业第一。三是加快流程创新，积极运用调评合一、总行直接受理等方式优化信贷流程，提高竞争优质项目的效率。

（二）以抢抓重点客户、重大项目巩固优质市场领导者地位。2009 年，全行始终把重点项目、重点行业、重点客户的营销放在重要位置。在重点项目竞争中，成功担任海阳核电等 4 个大型核电项目 1 315 亿元的银团贷款牵头行；成为我国投资最大的武广客运专线 424 亿元银团贷款唯一牵头行，并获得银行业协会最佳银团项目奖；成功中标天津 1 200 亿元城建项目和广州城建 713 亿元银团贷款项目；成为中石化天津 100 万吨乙烯项目与总投资 620 亿元的神华沙索宁夏煤炭间接液化项目财务顾问。在重点行业竞争中，铁路、公路、电力、石油、电信运营、城建等行业新增贷款 3 955 亿元，占全部新增贷款的 58%。在优质客户竞争中，AA－级（含）以上客户贷款占比达 71.2%，较年初上升 3.6 个百分点。同时，涉及 1 100 多个优质项目和 2.1 万亿元的有条件贷款承诺，形成了充裕的项目储备，增强了信贷发展后劲。

（三）以加快转型开拓持续发展空间。银团贷款在全行新发放贷款中的占比显著提高，银团贷款安排管理费收入 7.9 亿元，同比增长 83.4%。主承销短融、中票发行 2 763 亿元，市场占比 24%，同业排名第一，领先同业第二名 1 100 亿元。投资操作了 2 187 亿元信托理财项目，为拓宽企业融资渠道、加强信贷业务流量管理作出了积极贡献。拓展 NRA 业务客户 1 275 家，存款余额 5.3 亿美元，累计结算量 76.9 亿美元，在新兴国际业务发展中赢得先机。签约电子商业汇票客户 5 117 家，完成计划的 512%，累计贴现额和承兑额同业占比分别为 33% 和 26%，均为同业第一。全产品营销扩大了客户业务覆盖率，总行直营户在结构化融资、现金管理、企业网银、国际结算等产品的覆盖率分别达到 42%、60%、81%、68%，既以综合服务为客户创造了价值，也提高了客户对全行的贡献度。

（四）以加强系统管理夯实业务发展基础。分层营销改革初见成效：全行 36 家一级、直属分行已直接营销或牵头营销 2 401 家客户，282 家二级分行直接营销 9 978 家客户，贷款余额分别为 1.48 万亿元和 1.36 万亿元，占全行公司贷款余额的 38.8% 和 35.7%；新增贷款分别为 2 871 亿元和2 860亿元，占全行公司贷款增量的 42.4% 和 42.2%。公司客户经理队伍建设稳步推进，总行已组织约 5.3 万人报名参加岗位资格认证考试，首批 1 083 名公司客户经理助理也已上岗。

（总行公司业务一部）

专业融资产品业务

2009 年，全行加大产品创新力度，加强国际项目合作，进一步完善业务流程和风险控制，促进了专业融资产品业务较快发展。

一、业务发展成效显著

截至 2009 年末，全行专业融资产品业务余额 1 100 亿元，其中，贷款余额 652 亿元，增加 188 亿元，增幅为 41%。其中，飞机融资 348 亿元，增加 80 亿元，增幅为 30%；船舶融资 110 亿元，增加 14 亿元，增幅为 14%；出口信贷 102 亿元，增加 36 亿元，增幅为 55%；境外贷款 47 亿元，增加 18 亿元，增幅为 63%；租赁金融 45 亿元。全行商品融资余额为 223 亿元，增加 150 亿元。工银租赁的飞机船舶租赁余额为 89 亿元，增加 39 亿元，增幅为 77%。

二、积极推进与南非标准银行的国际项目合作

一是一批重大合作项目成效显著。联合南非标准

银行为非洲在建的最大电力项目——博茨瓦纳电站牵头安排8.25亿美元融资，为本行出口信贷产品的最大融资，综合两行优势提出的融资方案涵盖了所需的全部金融服务，得到业主高度认可和国际同行的广泛赞誉。本行与南非标准银行共同被《非洲投资者》评选为2009年度“非洲最佳牵头行”，该项目被《项目融资》和《国际项目融资》评选为“非洲年度最佳电力项目融资”。与南非标准银行联合担任中海油收购加纳油田项目财务顾问，促进了收购项目的顺利推进。担任南非标准银行10亿美元银团贷款协调行，开辟了该行在亚洲筹组银团的先河。二是借鉴南非标准银行的业务经验，开拓结构商品融资、项目融资、财务顾问等重点发展的资源银行产品，联合牵头赞比亚铜矿项目融资、巴西烟草、加纳可可豆结构商品融资，在市场上反响良好。三是联合营销重大资源项目，主要有巴西石油、哥伦比亚石油、尼日利亚石油、蒙古油田、巴西铁矿、巴西球团厂、俄罗斯铁矿等资源换贷款业务，英国石油、壳牌原油质押业务。四是借助南非标准银行的全球机构，调整新兴市场信贷业务区域布局，重点推进与南非、尼日利亚、加纳、赞比亚、巴西、土耳其、俄罗斯、哥伦比亚、阿联酋、卡塔尔等国家的国际项目合作。

三、出口信贷业务取得新进展

积极开拓“新客户、新产品、新市场”，出口信贷产品线呈现跨越式发展。2009年签约总额46亿美元，比2008年增长3倍多。一是一批有影响的“走出去”项目取得突破。与安哥拉财政部签署25亿美元贷款协议，实现了过剩产能出口和能源进口；为华为办理印尼电信等一批出口信贷项目，为中广核安排哈萨克斯坦铀矿融资。二是重点客户和重点项目营销成效显著。储备项目167个，总额650亿美元，为未来“走出去”业务奠定了基础。三是稳健推进在新兴市场的电信商业出口信贷、矿产项目融资、资源换贷款、结构贸易融资、并购融资和财务顾问等专业产品。四是内外联动，支持境外机构簿记业务。

四、飞机和船舶融资保持领先优势

飞机融资实现了由“国内为主、兼顾国外”向“大力扩展海外市场”的转变，客户范围覆盖全球，项目结构包括直接购机、飞机预付款、售后回租、日租、法租、德租等形式，同业领先优势明显。为汉莎航空引进3架A321飞机提供融资，这是与欧洲最大航空公司开展的首笔合作，为本行在欧洲地区开展业务树立了典范；牵头营销澳大利亚航空两架空客A330飞机，为本行首次涉足的大洋洲项目；中标阿联酋航空A380飞机融资项目，该项目获得航空金融杂志颁发的2009年度中东地区最佳交易奖。继续重视国内重点客户的挖潜，做大市场份额。中标国航一次招标的全部8架飞机的融资项目，涉及金额2.85亿美元；成功中标南航融资性租赁飞机项目，并成为唯一贷款银行；实现与厦航历史上首次业务合作，对于打破它行在厦航飞机融资业务上的垄断、支持地方分行与厦航展开全面合作意义深远。

船舶融资按照“稳步推进、严控风险、取舍分明”的原则，夯实国内客户基础，扩大海内外业务联系，市场影响力得到进一步提升。一是重点项目有显著进展。如由工商银行提供全程金融安排、中国船东互保协会提供海事保险支持、在中国船级社入级、中方首先完成设计并委托中船重工建造的首批18万吨“中国型”好望角散货船“河北领先号”顺利在大连交付；独家为全球“500强”香港来宝集团安排4艘9.25万吨和1艘18万吨散货船总额1.75亿美元融资项目，项目综合收益可观，工商银行成为首家与其在航运融资领域合作的中资银行；独家为国开投安排新建10艘大型散货船30亿元人民币融资银团，并先期完成两艘4.9亿元双边贷款，成为本年度国内最大的人民币船舶融资交易，确立了工商银行船舶融资在国内能源运输领域中的核心地位。二是加快产品创新力度。结合NRA账户产品，为浙江远洋6艘散货船3亿美元融资项目设计融资方案、优惠利率申请及项目审查与签约，并成功办理NRA账户下的首笔提款。与天津港保税区管委会开展“境内关外单船公司”项目创新，结合租赁产品，为中远集团安排1.3万TEU集装箱船1.6亿美元售后回租再融资项目，为今后船舶投资类业务奠定了基础。全球航运金融领域权威媒体——美国《海事金融》授予中国工商银行“2009年度全球行业引领者”奖项，由此成为该杂志创刊20余年来首次获得该奖项的金融机构和亚洲企业。

五、进一步拓展国际银团业务

以业务经营和专业管理为重点，积极开展市场营销，通过多方位业务创新，国际银团产品线发展取得明显效果。一是创新业务品种。开展了伊斯兰租赁型融资、PPP项目融资、信用证银团等品种，办理贷款2.75亿美元。中标迪拜财政部6亿美元伊斯兰融资银团贷款牵头行，为本行首次安排租赁型伊斯兰融资项目，显著扩大了中东机构在当地市场的影响。二是开拓新市场。先后开拓中东、澳洲等优质市场，涉及金额6亿美元。中标澳大利亚维州海水淡化项目银团贷款牵头行，实现境外基础设施领域安排大型项目融资，为相关分行拓展银团市场及本地化业务奠定了良好的基础，该项目获得《亚洲金融》“年度最佳项目融资”、《国际项目融资》“亚太区年度最佳PPP融资”、《国际融资评论》“澳洲最佳贷款”、《亚洲货币》“澳洲最佳项目融资(2009)”四项年度最佳奖。作为主牵头行，与澳新银行、中国银行等11家银行共同组建银团，为澳大利亚伍赛德石油公司安排3亿美元融资，该国际银团贷款被《亚洲货币》评选为“澳洲最佳银团贷款（2009）”。三是开拓新行业。先后开拓文教、生化高科技、海湾石油等优质行业，承贷金额3亿美元。参贷哈佛大学备用银团，实现首次与境外文教客户建立信贷关系，为相关分行市场营销打开了局面。四是创新流程。认真研究职能转型后国际银团职能定位，印发《关于国际银团集中经营管理的通知》，在流程上明确了境外分行国际银团业务流程。全年受理审批9家分行33笔27亿美元国际银团业务，进一步体现了专业产品集中经营管理的优势。

六、商品融资业务取得较大突破

商品融资产品线规模和范围日益扩大，开办商品融资的分行扩大到33家，中西部分行业务取得较大突破，区域分布逐渐改善。一是大力推进与中外运、中远等6大物流监管公司的商品融资业务合作，同业占比不断提升，其中在中外运、中远货运监管业务中占比均跃居首位，在中远物流监管业务占比列第二位，市场影响力进一步增强。为解决部分分行物流监管企业无法满足业务需求的问题，经过实地考察与审查，增加9个地区共20家区域性物流监管企业。二是下发《商品融资全国性商品目录（2009年版）》，将业务品种扩大到102种，并增加50余种商品列入区域性商品目录。三是加强商品融资培训和业务推广力度，编写《商品融资产品手册》供各行营销使用。四是做好商品融资信息网维护与信息发布，编制《商品市场周报》，为分行开展业务提供信息指导。五是加大产品创新力度，推动未来货权项下商品融资、标准仓单融资和贵金属商品融资产品的研发工作。

七、创新思路开展租赁金融

租赁金融作为全行重点培育的新型产品线，随着银行系租赁公司的陆续开业，从开展租赁融资产品的政策、授信、产品、市场等方面，不断推动租赁融资的发展。一是成功办理首笔应收租赁款保理，即为友联租赁办理了2.3亿元应收租赁款保理，并已完成提款和簿记。二是完成8家租赁公司的评级授信。三是积极拓展市场，营销优质项目。成功营销环球租赁1.3亿元医疗设备、新世纪2亿元神华机车及政府用车、渤海租赁7亿元哈尔滨机场高速、荷银租赁重庆地铁25亿元等重点项目。

八、逐步构建专业产品线风险防范体系

制定各专业融资产品的管理办法、操作流程及相关的规章制度，初步建立以科学合理的操作流程为基础的、有利于专业融资产品健康发展的组织体系，强化了以风险识别与资产评估能力为核心的专业审批体制。一是为规范产品线业务的管理，研究制定飞机融资、船舶融资、国际银团、出口信贷四项业务管理办法。二是制定“部门专业融资产品信贷业务操作流程”，确立指导方针及应遵循的原则，并对业务营销、尽职调查、审查审批等环节进行了设计和规范。三是通过对押品缺口情况调查及2008年押品评估调查，对存量贷款押品重新估值入库，对合作中介机构进行评价、筛选并深化合作内容，加强境内外航空公司押品飞机价值评估工作。四是认真组织2009年贷后检查，严格审核贷款档案，完成台账系统中贷款前提条件落实及作业监督流程，进一步规范了各项操作流程，强化了员工的防范风险意识。

（总行公司业务二部）

债券与融资业务

一、债券与融资业务发展情况

2009年，全行本外币债券自营业务、债券代理业务与人民币同业融资业务健康发展，制度创新和产品创新能力不断加强。同时，2009年7月成功发行400亿元次级债券，有效补充了工商银行的附属资本。

（一）债券自营业务稳步发展。截至2009年12月31日，集团口径本外币债券投资余额为36 063.09亿元，比年初增加5 578.66亿元，增长18.30%。法人口径本外币债券投资余额为35 651.80亿元，比年初增加5 442.30亿元，增长18.02%。

人民币债券投资余额快速增长，账户分类计划有效实施。截至2009年12月31日，全行集团口径人民币债券投资余额为34 879.10亿元，比年初增加5 803.16亿元，增幅为19.96%。在投资余额快速增长的同时，通过结构调整有效降低了市场波动对损益表的影响，同时利用可供出售账户，为把握市场波动机会提供了更大的灵活性。

外币债券投资积极应对金融危机，主动调整投资结构，风险敞口显著降低。截至2009年末，全行集团口

径外币债券投资余额 1 184.00 亿元，比年初减少 224.49 亿元，下降了 15.94%。

（二）债券代理业务稳居同业之首。2009 年，全行累计代理发行国债 1 087.31 亿元，市场占比为 30.97%，继续稳居同业之首，实现发行手续费收入 7.02 亿元。其中，累计代理发行凭证式国债五期，金额合计594 亿元，市场占比为29.7%，实现手续费收入 4.05 亿元；累计代理发行储蓄国债（电子式）八期，金额493.31 亿元，市场占比为32.66%，实现手续费收入2.96 亿元。同时代理兑付已到期凭证式国债613.64 亿元，实现兑付手续费收入 3 705 万元。国债代理发行和兑付业务在增加中间业务收入的同时，也带动了网银、信用卡、抵押贷款等相关业务的发展。

（三）400 亿元次级债券成功发行。于 2009 年 7 月 16 日至 7 月 20 日在银行间市场顺利公开发行了 400 亿元次级债券，进一步加强了风险防范和自我发展能力，集团口径资本充足率和核心资本充足率与国内主要同业相比均处于较高水平。

（四）同业融资业务保持较快增长，在严控风险的前提下获得较好收益。2009 年，在存款增长较快、流动性较为充裕的形势下，全行同业融资业务同比有较大幅度增长，总分行法人口径全年累计融出人民币资金 12 040 笔，同比增加 9 600 笔，增幅为 393%；融出金额 126 226 亿元，同比增加104 816亿元，增幅为 490%。且全年未出现任何不良资产及风险损失，有效实现了兼顾业务发展和风险控制的双重目标。

分行同业融资业务发展较快，累计融出法人口径资金 632 笔，金额合计 4 993 亿元，增幅达 160%。收益水平高于上存央行超额准备金、其他融资业务、短期固定利率债券投资等其他资金运作渠道。分行融资业务已成为全行融资业务的重要组成部分，是拓宽资金运用渠道、提高资金运作效益、优化资产结构的一条重要渠道。

二、主要措施和成效

（一）制定全行债券投资计划，引导债券投资业务健康发展。2009 年，全行债券投资相关部门严格按照《中国工商银行债券资产分类管理办法》和《中国工商银行债券投资管理办法》的有关要求履行相应职责，通过有效沟通，进一步提高了债券投资业务的管理水平。通过贯彻执行《2009 年债券投资计划》和《关于调整 2009 年度全行人民币债券投资计划的请示》，债券投资业务取得快速健康发展。与此同时，注意规范操作，严格遵守债券投资授权管理有关规定，坚持在授权范围内办理业务，切实控制债券投资风险。

（二）严格授权管理，确保债券融资业务合规稳健开展。认真研究市场变化和业务需求，合理制定 2009 年度资产负债管理业务基本授权方案，根据央行新政策和市场形势变化，认真研究并制订主管行长和部门总经理分行债券及融资业务基本授权方案，改革分行授权管理思路，根据业务不同特点分类管理，在控制风险的前提下适当增加基本授权业务品种，合理扩大分行债券投资及同业融资业务权限，开拓分行资金运作渠道，调整资产负债结构，兼顾风险控制和业务发展。与此同时，认真审查分行特别授权事项，通过特别授权方式及时满足客户合理的融资需求，同时将融资产品定价与 SHIBOR 挂钩，通过合理定价提高资金收益，防范市场利率风险。经审查的融资业务未形成一笔风险，有力支持了分行对优质客户的营销，取得了比较明显的市场竞争优势。

（三）在防范风险的前提下大力推动业务创新。一是适时扩大交易对象范围，拓宽分行融出资金面。通过对市场利率走势和市场环境的分析，及时将分行办理存放同业业务的交易对象扩大到国内主要商业银行，并对分行存放同业业务给予专项拆借资金支持。二是积极推进制度创新，对《同业融资管理办法》进行修改，通过强化制度，有效平衡业务发展和风险控制之间的关系，促进全行同业融资业务健康发展。三是针对客户和市场需要推动产品创新，拓宽业务领域。对总行发行的超短期理财产品办理企业债质押式账户透支业务的可行性和风险点进行分析，授权北京分行开展相关业务。

（四）适时调整指导利率，通过合理定价提高资金收益，防范市场利率风险。在融资产品定价上继续将短期资金融出品种与 SHIBOR 挂钩，实现所有融资产品（包括同业拆借、同业借款、法人账户透支、信贷资产回购、人民币质押外币拆借、货币互存、存放同业等）以 SHIBOR 为基准进行定价，运用 SHIBOR 报价加强对产品定价的管理，稳定收益，加快利率市场化创新。

（五）加强债券和同业融资监测，强化系统管理监控职能。建立债券和融资业务旬报制度，及时掌握全行人民币债券和融资业务情况，为相关业务投资决策提供依据。实行债券和融资业务定期分析报告制度，深入分析债券投资和同业融资业务总体情况和投资特点，对业务发展进行指导。

（总行资产负债管理部）

机构金融业务

2009年，机构业务围绕确立和巩固“五大市场”领先地位的战略目标，努力提升稳存增存、市场营销、客户服务、业务管理“四项能力”，全力推进专业化管理、网络化营销、综合化服务“三化转型”，业务发展再上新台阶。

一、机构金融业务发展取得新突破，市场占比位居首位

2009年，机构金融业务营业贡献、存款规模及增量、中间业务收入三大重点指标均取得历史性突破，各项主要业务市场占比继续稳居同业首位，全面巩固了竞争优势，稳步提升了盈利能力。

（一）机构存款规模和增量均创历史新高。截至2009年末，全行机构业务存款余额达到29 503亿元，同比增长30.59%，在全行各项存款中占比达到28.42%，同比提升1.91个百分点。机构业务存款增量达到6 911亿元，同比增长236.07%；在全行存款增量中的占比达到37.51%，同比提升19.61个百分点；存款日均增量达到4 224亿元，同比增长71.58%。

（二）机构中间业务收入同比大幅增长。2009年，纳入部门定量考核的机构中间业务收入同比增长28.63%，高于全行中间业务收入平均增幅0.82个百分点。全年实现代理保险业务收入29.11亿元；实现代理证券期货业务收入3.87亿元，同比增幅达34.37%；实现代理财税业务收入2.79亿元；实现代理住房公积金归集业务收入1.26亿元。

（三）机构金融业务营业贡献突破400亿元大关。2009年，全行共实现机构金融业务营业贡献413亿元，近四年来机构业务营业贡献年均增长率达40.41%，对全行的利润贡献度不断提升。

（四）各项主要业务稳居同业第一。截至2009年末，机构业务存款余额四行占比达到40.16%，增量四行占比达到33.32%；银保代理业务收入四行占比为30.09%；第三方存管资金总量达到4 282亿元，市场占比达到43.41%，均继续位居同业首位。

二、强化营销，重点推进，各项业务迈上新台阶

2009年，机构业务部及时把握政策走向，紧抓发展机遇，加大营销力度，全年共组织开展了五大主题16项全国性重点营销活动，进一步密切了客户关系，巩固和提升了市场领先优势。

（一）银保业务以保增长、调结构为主线，推动业务稳步均衡发展。一是重点加强与中国人寿、太平人寿等大型寿险公司联合营销推广活动，进一步巩固在重点保险公司的业务占比，优化业务结构。二是财险市场营销活动贯穿全年。联合太平洋财险、人保财险、华泰财险等公司陆续开展了“银保护航，关爱无忧”、“强强联手，排忧解难”等主题营销活动，取得良好的市场效果。

（二）银证合作以第三方存管为龙头，进一步提升业务市场占比。一是先后在深圳、北京和贵州组织召开重点合作券商银证业务创新研讨会，对银证双方携手应对挑战、实现共同发展起到了积极的推动作用。二是加强与大型券商的全面合作，与中信建投等大型券商签署了《银证业务全面合作协议》，联合银河证券等28家重点证券公司在全国范围内开展以“银证联手　股海畅游”为主题的营销活动。三是加强对参与新股发行网下申购机构投资者的营销力度，在深圳召开了由10家分行及14家证券公司参加的新股IPO网下申购资金营销动员会。在全年新股申购中，冻结资金市场占比名列四大行第一，占比达30%以上。

（三）银行同业合作以重点产品为突破口，进一步拓宽合作领域。一是大力推广“银银平台”。正式投产了“银银平台”账户黄金、跨行汇款业务，与北京农村商业银行正式签订银银通相关业务合作协议。二是进一步加强与同业客户的外汇合作。在北京成功举办了银行同业外汇业务研讨会，向到会的39家银行集中推介国际结算、贸易融资、外币清算等业务。三是大力发展国内代理行业务。先后与绍兴商业银行等16家银行建立了代理行关系，上调了恒丰银行等9家银行的代理行级别。截至2009年末，国内代理行数量已达到101家。

（四）银政合作以系统大户和项目源头为营销目标，巩固了市场份额。一是准确把握政府存款增长点，强化对财政支出专户与国债资金、社保专户的营销工作，积极争揽文化教育、医疗卫生、环保系统等项目资金，争揽中央投入、国债项目、各类专项和地方配套等资金。二是从源头上抢抓民口科技重大专项资金信息，成功争揽到中科院、北京大学等234家承担单位的民口科技重大专项业务。三是积极推进代理中央财政非税收

入收缴业务，2009年末已争取到水利部、卫生部、国家税务总局等11家中央单位委托代理业务。四是成功营销国家事业单位登记管理局，争取到各地新设事业单位开立注册验资临时账户项目，成为独家合作单位。五是与海关总署签订《网上支付税费担保业务合作协议》，为推动与海关系统的后续业务合作奠定基础。

（五）银军合作以高层营销和新产品拓展为手段，密切了业务合作关系。抓住新春、“八一”等节日时机，加大对军队客户营销力度，安排行领导分别走访慰问驻港部队、国庆60周年受阅部队官兵及总部财务负责人，在人民大会堂举办了“庆八一，迎华诞”军银联谊会，进一步巩固了与军队客户的合作关系。与总后签署《军队单位公务卡服务协议》、《军人保障卡合作协议》，抢占军队公务卡、军人保障卡业务领域市场先机。

三、加快创新，改善服务，增强业务可持续发展能力

2009年，机构业务部积极贯彻“以客户为中心”的服务理念，加快业务创新，强化业务管理，提升服务质量，进一步增强了机构金融业务可持续发展能力。

（一）加快创新，提升市场竞争力。认真分析市场需求，推出了银银平台、对公寿险、军队理财产品、军队武警公务卡、军人保障卡、军队综合业务系统平台六项全新产品；顺利投产银银平台系统、代理非税收入收缴业务系统、国家税务总局车辆购置账户税查询系统；升级优化了军队单位公务卡审核报销系统、银财通系统、银关通系统、代理财险系统、第三方存管系统、公积金系统、特别结算会员系统七项系统功能。

（二）强化管理，推动业务健康发展。一是积极推动整章建制工作，进一步规范了银信业务合作、第三方存管开户预约、网上支付税费担保、银关通、国库集中支付、中央财政非税收入收缴、新设事业单位注册验资等业务，并将财险业务纳入了信贷流程，有效规范和推动了业务发展。二是强化业务风险管理，共完成52家总行直营机构客户的授信尽职调查工作，核定授信额度22 156亿元，授信覆盖面达到100%，直营客户融资、交易余额12 078亿元，授信余额使用率达57%；完成金融期货结算业务风险操作手册、控制方案的编写工作；在全行业内率先制订并下发《与保险公司重大事项应急处理指导意见》，有效降低了银保群体性客户投诉的信誉风险。

（三）改进服务，增强客户满意度和忠诚度。一是快速响应部队金融需求。“7·5”事件发生后，启动军队资金应急保障预案，开辟了绿色服务通道，为维稳部队提供了一系列优质的金融服务，受到总后和武警部队首长的充分肯定。二是开展客户满意度调查。当面听取政府、军队、保险公司等重点客户的服务意见，向3 000多家中央预算单位客户全部发放了服务质量调查问卷，发现薄弱环节，并有针对性地组织整改工作，取得了明显成效。三是进一步加强了机构客户综合评价工作。建立了证券类客户综合评价体系，并根据评价结果，从银证产品的应用合作、灵活定价以及网点资源配置等方面提出了差异化营销策略。同时，进一步完善了《保险公司综合评价办法》，加大评价结果和资源配置相结合力度，有效推动保险公司资产托管、账户开立、现金管理、年金等业务的发展。四是加强客户经理队伍建设。面向分行机构业务中高层管理人员、机构客户经理共组织了三期集中培训，面授培训人员超过300人，业务操作受训人员超过2万人次，进一步优化各级营销人员知识结构。同时，专门制作了机构业务宣传手册，统一了营销口径，规范了营销内容，为制订机构客户整体服务方案和个性化增值服务方案提供了支持。

（总行机构业务部）

金融市场业务

2009年受国际金融危机影响，世界经济增长放缓，资产价格和国际金融市场波动剧烈，金融市场业务围绕全行改革发展中心工作，积极开拓创新，大力推动业务发展，努力提高业务收入和投资收益，取得了良好的经营成果，各项工作取得显著成效。

一、本币资金营运情况及成效

（一）经营效益在不利市场环境下保持稳定增长。2009年，在国内经济增速放缓、市场利率走低的不利条件下，通过制定合理的交易策略，及时、准确地把握市场机会，金融市场业务全年共实现总收入991.30亿元，同比增加21.30亿元，增幅为2.20%。总收入主要包括债券投融资收入和中间业务收入两方面。其中，债券投融资收入948.30亿元，同比增加25.58亿元，增幅为2.77%；中间业务（包括外汇交易、结售汇、承销发行、代客衍生业务等）实现收入43亿元。

（二）综合利用市场工具，保证人民币投融资业务的稳步增长。2009 年，人民银行实行适度宽松货币政策，银行间市场利率总体低位运行，同时本行存差资金增多、全行备付水平大幅上升，金融市场业务通过综合运用银行账户投融资工具，适时调整投资策略和结构，取得了较好的经营业绩，全年实现人民币投融资业务经营收入 708.82 亿元，同比增加 83.65 亿元，增幅为 13.38%，其中：非重组人民币债券投资收入 639.66 亿元，同比增加 24.4 亿元，增幅为 3.97%；人民币融资业务实现收入 65.14 亿元，同比增加 58.22 亿元，增幅为 841.47%；投资和分销手续费收入 4.02 亿元，同比增加 1.03 亿元，增幅为 34.50%。2009 年累计完成人民币融资交易量合计 12.99 万亿元，同比增长 75.00%，在金融市场数千家机构中排名第一，进一步巩固、强化了人民币资金的市场领先优势。

（三）积极调整交易策略，促进人民币交易业务持续增长。在银行间债券交易方面，执行“控制仓位，降低久期”的交易策略，较低的久期和仓位有效减少了债券价格大幅下跌的损失，同时积极把握市场节奏，采取波段操作策略，在复杂多变的市场环境下取得了较好收益。截至 2009 年 12 月 31 日，人民币债券交易账户共完成交易量 2.60 万亿元、交易笔数 8 052 笔，同比分别增长 6.94% 和 11.11%；实现收益 2.40 亿元，全年收益率达到 1.28%。

在柜台债券交易业务方面，采取紧跟市场变化、灵活报价的策略，保持柜台债券双边价格与银行间债券双边价格的联动性，柜台记账式债券做市能力大幅增强，在报价券种、交易量和价差收益等方面均较 2008 年有明显提升。其中，报价券种增加到 64 只，是 2008 年的 1.49 倍；买入柜台记账式债券面值 5.27 亿元，卖出面值 9.26 亿元，交易量共计 14.53 亿元，同比增加 0.65 亿元，增幅为 4.68%；获取价差收益 2 300 万元，同比增加 327 万元，增幅为 16.55%。

二、外币资金营运情况及成效

（一）积极推动产品创新，提高结售汇业务的盈利能力。结售汇业务及由此产生的外汇买卖在代客资金交易业务中的收入占比达到 90% 以上，是本行中间业务增收的重要组成部分。为稳定客户基础，提高远期结售汇产品市场竞争力，本行积极推进远期结售汇产品创新工作，通过内外联动创新推出增强型远期结售汇业务，为客户汇率保值需求提供了新的渠道，提升了结售汇业务的盈利能力。截至 2009 年 12 月末，全行共实现结售汇业务量 1 885.18 亿美元，结售汇收入 29.44 亿元，市场排名稳居第二。

（二）积极应对金融危机，努力提升衍生产品的交易收入。国际金融危机对金融衍生产品市场造成较大负面影响的市场环境下，积极采取措施化解不利因素，创新产品和交易形式，努力提高交易水平，衍生产品交易量和交易收入均较上一年度实现较大幅度增长。全年共完成代客结构性衍生产品交易 5 619.71 亿元，其中，结构性存款业务交易量 5 399.94 亿元，债务风险管理业务交易量 12.61 亿元，全年实现衍生产品收入 1.49 亿元，同比增加 0.19 亿元，增幅为 15%。

（三）及时调整外汇资金拆放策略，提高资金收益率。针对 2009 年外币流动性由松趋紧的情况，本行采取有针对性的措施，在保证资金安全的基础上，积极调整拆放策略，增加短期拆放的比例，保证日常流动性需求，提高了资金收益率。2009 年全行共叙做外币拆借交易 9 587 笔，累计金额 6 829.10 亿美元，拆放境内外同业余额 53.02 亿美元，拆放境外机构余额 61.53 亿美元，共实现利息收入 0.64 亿美元，折合人民币 4.36 亿元。

（四）强化风险意识，提高外汇买卖收益。根据行内交易对手信用风险的预警和要求，严格监控交易对手情况，及时采取有效措施，防范交易对手风险，在严控风险的前提下，努力提高外汇买卖（含账户黄金）收益。截至 2009 年 12 月 31 日，即期外汇买卖（含账户黄金）交易量为 357.37 亿美元，实现总行端平盘收益 1 512万美元，同比增加 626 万美元，增幅达 70.7%。

三、承销发行业务发展情况

（一）承销发行业务继续占据市场领先优势。在 2009 年债券市场收益率上升、债券整体供大于求的困难形势下，全行承分销各类债券 329 只，合计 5 618 亿元，同比增长 91.07%，债券承销中间业务收入快速增长，达到 11.30 亿元，同比增长 147.80%，成为全行中间业务收入增长的新亮点；主承销业务年均复合增长率达 90%，已连续三年位居彭博资讯“中国国内债券承销商排行榜”第一名，同业领先优势继续扩大。

（二）大力推行承销发行业务与产品创新。一是开发中小企业集合中期票据。该产品的整体开发工作获得了交易商协会的高度认可，并被其作为银行间市场集合债券产品创新的首批试点之一。二是开发外资银行金融机构债券发行主承销业务。成功承揽东亚银行金融债发行项目，并作为主承销商基本完成准备工作，该项目是国内市场首只申请发行的外资银行金融机构债券。三是开发金融租赁公司金融债券发行主承销业务。成功承揽华融金融租赁公司金融债券发行项目，并作为主承销商完成了尽职调查和初步材料准备工作。该项目是国内首批申报发行的金融租赁公司金融债券。

四、香港外汇资金交易中心（以下简称港中心）业务发展情况

（一）积极开展国债波段操作，实现了良好的价差收益，有效提升了投资组合整体收益率。2009 年上半

年国债市场形势严峻，美联储推行“定量宽松”的货币政策，美国经济短期内存在通缩压力，避险需求强烈，国债收益率承压并维持低位区间宽幅震荡，从第三季度开始，伴随着巨量国债供应和美国经济逐步走出谷底的态势，国债收益率再度大幅上扬。港中心基于对市场的准确判断，及时调整交易策略，在上半年通过开展波段操作，取得了较好价差收益的同时，在第三季度抓住收益率处于低位的有利时机，大幅减少国债投资余额，锁定收益，规避了市场风险。全年银行账户实现价差收益0.7亿美元，拉高整体投资组合收益率58个基点，在实现收益的同时，有效控制了投资组合的利率风险。

（二）抓住有利市场时机，增加金融机构债投资，获取较好投资收益。港中心基于各国相继推出的经济刺激方案稳定金融形势，欧美大型金融机构违约风险大幅下降，金融机构债信用利差持续收窄的市场情况，及时调整投资策略，先后增加对巴克莱、渣打集团、瑞士信贷、摩根士丹利等欧美金融机构债投资，取得了平均收益率5%的良好投资效果。

（三）减持部分高风险金融机构债券，推进违约债券重组、追偿工作。港中心在认真研究信用市场整体状况及金融机构个体信用状况的基础上，及时对违约风险较大的爱尔兰、瑞典等金融机构次级债券进行了分析，并减持了部分美元金融机构次级债券，以减少信用组合的风险敞口。同时，认真做好担保债务凭证（CDO债券）的风险监控工作，对CDO产品资产池中风险相对较大的公司进行密切的风险监控，定期对CDO进行全面的信用分析。另外，港中心还积极与中翔建设债券托管行及其他债权人保持沟通，密切跟踪推动该债券的重组、追偿工作，经过港中心的努力，收回了部分美元债券本息。

（四）密切跟踪市场变化，大力开展外币债券交易业务。2009年外币债券市场波动剧烈，港中心坚持“做大做强”的交易思路，深入分析市场走势，加大交易力度，全年共叙做外币债券交易716笔，交易金额达到402.8亿美元，充分锻炼了交易员的交易能力，为今后进一步做好外币债券交易积累了宝贵的经验。

（五）积极配合银监会现场检查和内部审计，规范业务操作，提升风险管理水平。积极配合银监会和总行对外币债券投资业务的审计和现场检查，进一步梳理业务流程，加强风险控制，修订完善《外币债券业务操作规程》，建立《债券投资决策后评价制度》等规章制度，提高了外币债券投资会议质量，使交易业务的风险监控工作得到加强。

（总行金融市场部）

资产管理业务

2009年，本行以资产管理业务管理体制改革为契机，加快推进制度和系统建设，加大各产品线创新力度，坚持通过产品创新推动理财业务发展，资产管理业务实现健康快速发展。

一、业务发展情况

（一）经营指标

1. 产品发行规模。2009年全行累计发行人民币理财产品68 347.48亿元（包含超短期产品新申购量增加62 845.79亿元），是2008年累计发行量的3.27倍；外币理财产品2.93亿美元，是2008年累计发行量的1.34%。

2. 产品余额。截至2009年12月31日，总行管理的理财产品余额为4 040.54亿元，是2008年末余额的2倍。其中，法人产品67只，产品余额1 697.48亿元，余额占比为42.01%；个人产品142只，产品余额2 343.06亿元，余额占比为57.99%。

3. 业务收入。2009年资产管理业务收入为52.14亿元，比2008年增长60.43%。总行本部资产管理业务实现收入44.06亿元，比2008年增长74.45%；其中，销售手续费收入6.26亿元，托管费收入0.90亿元，管理费收入31.22亿元，为分行带来项目推荐费收入5.68亿元。14家授权分行发行并管理理财产品2 210.43亿元，存量497.06亿元，实现收入8.08亿元。

4. 产品种类。截至2009年12月31日，总行管理理财产品共209只，比2008年增长43.15%。其中，超短期产品20只，产品余额2 208.09亿元，余额占比为54.65%；信托融资型产品127只，产品余额1 281.95亿元，余额占比为31.73%；其他类型产品（包括混合型产品、债券投资型产品、类基金型产品、代客境外投资产品、双币理财产品、新股申购产品）共62只，余额550.50亿元，余额占比为13.62%。

截至2009年12月底，投资的信托融资项目资产余额共1 901.62亿元。其中，涉及行内存量资产转让的债权类信托资产余额约919.29亿元，占比为48.34%；政府信用支持类信托（包括债权类信托和股权类信托）资产余额612.26亿元，占比为32.20%；其他类型资产余额370.07亿元，占比为19.36%。

（二）同业占比

1. 资产管理业务收入在四大行理财中间业务收入占比为61.64%，收入总额居四大行首位（见表1）。

表1 资产管理业务收入四行占比

	2009年				2008年	
	个人理财（亿元）	对公理财（亿元）	合计（亿元）	同业占比（%）	个人理财（亿元）	对公理财（亿元）
工行	32.25	19.89	52.14	61.64	23.65	8.85
农行	4.54	1.51	6.05	7.15	2.10	1.02
中行	0.63	1.49	2.12	2.50	0.37	2.59
建行	20.94	3.33	24.28	28.70	13.99	3.04

2. 个人人民币及本外币产品销售额在四大行中的占比分别为32.86%和32.37%；个人人民币理财产品销售额居销售规模最大的前八家银行首位，占比为25.94%（见表2）。

表2 个人理财产品销售额同业比较

项目	本币					外币		合计		存量（亿元）
	销售额（亿元）				同业占比（%）	销售额（亿美元）	同业占比（%）	销售额（亿元）	同业占比（%）	
	期次发行	滚动发行	超短期产品净增	小计						
工行	2 557.10	5 867.80	257.11	8 682.01	25.94	2.05	2.12	8 696.01	25.48	2 518.00
农行	1 329.00	0.00	0.00	1 329.00	3.97	0.69	0.71	1 333.71	3.91	574.00
中行	2 289.94	6 223.47	68.95	8 582.36	25.64	62.64	64.71	9 010.13	26.40	542.58
建行				7 826.00	23.38		0.00	7 826.00	22.93	1 699.00
交行	1 681.13	395	56.58	2 132.71	6.37	5.55	5.73	2 170.61	6.36	530.00
光大	1 434.69	344.73	28.32	1 807.77	5.40	9.45	9.76	1 872.30	5.49	934.97
中信	898.88	0.00	0.00	898.88	2.69	4.09	4.23	926.81	2.72	678.38
招行	886.36	1 013.38	310.33	2 210.07	6.60	12.33	12.74	2 294.27	6.72	1 052.50
合计	11 077.10	13 844.41	721.99	33 468.80	100.00	96.80	100.00	34 129.85	100.00	8 529.43

（三）分行资产管理业务情况

2009年总行分三批共授权29家分行（或分行营业部）开办分行资产管理业务，负责在总行授权范围内开展理财产品的开发、销售及管理。截至2009年12月末，14家已获授权的分行发行了理财产品，累计发行量2 210.42亿元，存量497.06亿元，已实现业务收入3.16亿元

二、业务及风险管理情况

（一）开展业务制度建设，完善业务操作流程。资产管理部成立之后，对各项业务制度办法进行了全面梳理和修订，建立了“总的管理办法—具体业务管理办法—具体业务操作流程”三层制度结构。一是梳理修订并印发了《中国工商银行资产管理业务管理办法》，对资产管理业务的组织与分工、授权管理、产品研发管理、营销管理、投资管理、风险管理等方面内容进行规范。二是根据银监会下发的《关于进一步严格规范银信合作有关事项的通知》（银监发［2009］111号）和《关于规范信贷资产转让及信贷资产类理财产品有关事项的通知》（银监发［2009］113号）的要求，按照产品类别及时梳理修订相关投资业务流程，重新编制完成新的业务操作指南，促进了相关业务的规范发展。

（二）密切关注理财产品风险，不断提高风险管理水平。一是建立资产管理业务发展、风险月度分析报告以及理财产品贡献度季度分析报告制度，为理财产品发展规划、制定中间业务收入目标及考核任务提供参考依据。二是加强系统管理与建设，通过系统延伸与业务流程再造，增强资产管理业务风险管理水平，为全行资产管理业务的统一管理搭建好系统基础。三是加强分行资产管理业务指导，确保全行产品的统一性和合规性，降低可能存在的风险。密切关注监管政策的变化，并根据政策的调整及时修改完善业务流程，以满足监管层的要

求和业务管理的需要。四是提高信息披露质量，降低法律风险。按照产品说明书的约定，定期披露产品信息。对于重大事件及时发布通告，力求各类信息能够及时披露，满足客户知情权。2009年信息披露约244次，重要通告12次。五是高度重视操作风险。完善各项业务制度，严格执行各项操作流程，认真做好每一只理财产品存续期间的全程运行管理及各相关部门之间的协调合作。整理优化理财业务数据体系，为数据统计分析、管理决策提供数据基础。

（三）建立产品创新机制，制定资产管理业务发展规划。

一是产品创新管理相关制度建设。制订《中国工商银行理财产品创新管理细则》、《中国工商银行资产管理业务审查委员会议事规程》及秘书处工作规程、《中国工商银行资产管理部理财产品创新管理委员会工作规程》及秘书处工作规程、《中国工商银行资产管理部投资决策委员会工作规程》及其秘书处工作规程等多个制度文件，规范了全行理财产品创新发起、创新产品设计、创新产品审查审批及产品销售运作等各个环节的工作流程，完成了理财产品创新管理各项基本制度的建立。

二是加强研究分析，指导产品创新。撰写资产管理业务专题研究分析报告累计达70余篇，为资产管理业务发展提供了基础材料和决策参考。组织投资研究报告会8次，拓展了研究人员视野，加强了对外信息交流，促进了资产管理业务发展和创新。开展套利交易研究，加快自主创新理财产品研发。比如撰写专题交易策略研究报告《关于目前进行C－C组合套利交易的可行性报告》，投研处室共同制定C－C组合套利交易策略，为开展信用套利交易创造技术条件。

三是制定资产管理业务创新发展目标及发展规划，提出了将“全方位资产管理业务”作为下一步业务发展的核心战略、建立专业化的投研团队、加快资产管理相关系统建设和打造自主投资管理平台等多项政策建议，为工商银行资产管理业务的未来发展确立了方向。

（总行资产管理部）

票据业务

2009年，受宏观经济调控和市场形势变化的影响，票据市场呈现爆发式增长。工商银行积极应对新的市场形势，持续加强票据业务风险管理，优化票据存管流程，强化市场信息的收集整理以及业务经营的分析监测，实现了票据业务规模调节和收益增长的双赢目标，巩固了票据业务的市场领先地位。

一、全行票据业务经营概况

2009年，全行票据交易量首次突破2万亿元，达到21 961亿元，同比增加5 565亿元，增长33.94%；实现利息收入113.73亿元。年末全行票据融资余额3 844亿元，其中纳入信贷统计口径的票据贴现余额3 310亿元，比年初增加22亿元；票据买入返售余额534亿元，比年初增加107亿元。截至12月31日，票据贴现余额在全行各项贷款余额的占比为6.23%，比年初降低1.46个百分点，为全行提高资金运用效率和促进信贷均衡投放作出了重要贡献。票据贴现余额在全国市场的占比为13.88%，比年初降低3.22个百分点。

二、主要工作措施及成效

（一）票据业务发展更加稳健、规范。一是制定年度票据融资业务工作要点和基本授权方案，明确票据业务发展目标，建立健全票据存管制度，完善票据业务统一定价管理，发挥系统内票据交易市场在资源配置中的基础性作用。二是持续深化BMS票据综合管理系统建设，改进票据业务授信系统控制功能，继续优化票据系统联机记账功能和存管系统功能，积极配合现金管理系统“票据池”业务研发，不断提高业务处理效率。三是对票据存入业务进行创新，票据营业部对分行存入票据减少了对跟单资料的要求，简化存入手续，实物资料留存贴现分行备查，集中资源重点投放到对票据市场的营销和承兑、贴现业务环节的风险防控上。四是加强窗口指导与协调，坚持统一定价策略，合理把握全行票据业务发展节奏，努力提高票据业务综合收益，积极应对利率波动导致的市场风险，提高全行资金运营效率。

（二）票据业务创新取得成效。一是积极跟踪人民银行电子票据系统的开发进程，做好行内电子票据系统的开发和推广，确保成为第一批顺利接入人民银行电子票据系统的商业银行。二是进一步完善票据系统联机记账功能，保证所有票据融资业务和全部票据融资经营机构都能够通过直接驱动主机记账方式办理业务，确保票据背书转让与资金划付同步完成。三是借鉴信贷业务电子化审批实施经验，启动票据融资业务电子化审批项目，进一步提高了业务运营效率。

（三）票据业务风险管理不断加强。一是针对2009年票据市场发展速度快、风险隐患增大、案件频发的特点，通过多种渠道积极向全行传导风险管理要求，提示分行高度关注当前票据市场风险，密切关注票据资产风险状况，及时安排风险资产处理和保全工作，确保全行票据资产安全。二是继续完善票据融资管理系统的应用与建设，加强监控与分析管理，投产应用票据系统授信管理优化等项目，增强风险监控能力。三是加强操作性风险防范管理，组织开展多层次的票据业务自查和现场检查，揭示新情况下票据业务的风险防范重点，及时排除检查中发现的风险隐患。四是加大培训力度，举办多期票据融资业务培训班，不断增强全行票据融资经营机构的风险管理能力，进一步提升队伍的业务素质和管理能力。

（四）票据专营机构专业化、集约化经营优势进一步增强。2009年，票据营业部累计实现票据交易33万笔，金额15 369亿元，同比增长154.66%。2009年末票据融资余额为828亿元，其中纳入信贷口径的票据贴现融资余额为491亿元，办理系统内分行票据存管业务7 309亿元。

票据营业部积极开拓市场，加强规模调控，推进转型发展，实现了有限资金的高效运作。通过建立系统内存管交易和返售交易的结合机制，引导分行加快票据存管进度，提升票据业务运营效率。试行系统内票据交易公开报价实施细则，进一步发挥了系统内票据的主渠道作用。持续完善贴现业务发展机制，实施跨区域深度营销管理，推进了系统外金融机构客户的全面营销。积极应对电子票据业务推出后新的市场形势，充分做好各项准备工作，成功办理全国首笔电子票据转贴现业务。努力推进票据市场平台建设，在票据联席会议推动、联动监管、票据承付公约签署和“长三角”贴现价格指数发布等方面均发挥了行业领先作用。

票据营业部在大力推动业务发展的同时，加强票据业务风险防范工作。切实履行对全行票据业务的风险监测和指导职能，有针对性地强化风险管理提示，重点加强对融资性嫌疑票据的排析，及时处置和化解了风险票据。优化存管流程，制定新的系统内存管票据跟单风险检测操作流程，试行内部转移托收业务操作，完善了买入标准。细化内部控制实施细则，完成2009年度制度流程梳理项目，开展年度质量体系管理评审和内外部满意度调查，进一步深化了制度流程建设。实施审计和风险非现场调查，率先成为首家通过ISO 9001：2008版认证的银行机构。

（总行资产负债管理部）

中间业务

2009年，全行境内外机构共实现手续费及佣金收入590.42亿元，比2008年增加123.31亿元，增长26.4%。

——结算、清算及现金管理业务。全年共实现收入145.87亿元，增长12.2%。截至2009年底，全行新增对公结算账户64万户，增长17.0%；新增现金管理客户16.8万户，增长141.7%，现金管理客户总量达到28.7万户；境内外机构国际结算量共计7 386亿美元，其中，境内机构国际结算业务量达5 459亿美元；新增企业网银客户45万户，客户总量达到189万户，增长31.3%；新增个人网银客户1 864万户，客户量达到7 536万户，增长32.9%。

——个人理财及私人银行业务。全年实现收入120.59亿元，增长16.7%。全年代理销售开放式基金4 878亿元，基金存量达到5 221亿份，基金客户数达到1 388万户；个人银行类理财产品累计销售8 872亿元，增长129.0%；代理销售保险产品724亿元；贵金属业务交易总量791.5吨，其中“如意金”销售量12.7吨，个人账户金交易量721.6吨。

——投资银行业务。全年实现收入125.39亿元，增长56.2%。全行共主承销债务融资2 858亿元，其中，主承销非金融企业债务融资2 790亿元。

——银行卡业务。全年实现收入94.08亿元，增长30.7%。截至2009年底，全行信用卡发卡量为5 201万张，增长33.2%；年消费额4 490亿元，增长76.0%。灵通卡全年消费额达10 489亿元，增长93.8%。

——对公理财业务。全年实现收入44.42亿元，增长59.3%。全年累计销售本外币对公理财产品17 951亿元，增长128.0%；第三方存管客户数达1 802万户。

——资产托管业务。全年实现收入22.12亿元，增长7.1%。全行托管资产净值达到18 065亿元，比年初增长57.9%。其中，托管证券投资基金7 498.13亿元，委托类资产5 645.57亿元，QFII资产225.08亿元，QDII资产487.38亿元，企业年金基金844.99亿元，保险资产3 364.2亿元。

——担保及承诺业务。全年实现收入23.96亿元，增长29.6%。

——代理收付及委托业务。全年实现收入8.82亿元，增长16.7%。

——养老金及其他业务。全年实现收入5.17亿元，下降25.7%。截至2009年底，全行企业年金客户达到18 320家，增长17.9%；受托管理年金基金70亿元，增加30亿元；管理年金个人账户678万户，增长34%。

采取的主要工作措施：

（一）加强中间业务组织推动。总行下发了《关于加快中间业务发展保持收入稳定增长的意见》，从统一思想认识、完善考核机制、优化资源配置、建立问责制度、强化预算分析、严控收费减免、推广典型案例、加强合规性管理八个方面，对做好2009年中间业务收入增收工作进行了总体安排，以确保中间业务收入总量和增量同业占比"双领先"。各行通过分项目预算、捆绑预算、影子价格等手段将中间业务收入目标落实到各产品、部门和分支机构，引导各行、各专业通过精细化的管理手段和措施落实增收目标。各行进一步加大了对中间业务收入情况特别是同业收入变化的分析，及时查找薄弱环节，采取有针对性的包括产品开发、营销和收费策略等在内的各项工作措施。建立了中间业务典型案例报送及推广制度。

（二）完善考核激励机制。完善了对分行的考核机制，进一步突出中间业务收入同业占比特别是增量占比对整体考核结果的影响；在对二级分行和县级行等基层行考核体系中，引导基层行加大中间业务开拓力度，调整经营结构，增强同业竞争力。建立健全了中间业务收入问责制度，增强了各级管理人员的责任意识。总行加大了费用配置与中间业务收入挂钩力度，各分行也细化了对基层行的考核激励措施，完善了中间业务收入的激励传导机制。

（三）进一步规范收费减免。制定出台了《2009年版中间业务收费标准》，增设、取消、调整了部分服务项目及收费标准，理顺了不同渠道间的收费比价关系。投产了中间业务管理系统（二期），完善了收费减免审批管理，实现了对收费减免额度的硬控制，利用中间业务管理系统对减免信息的统计功能，实现了对中间业务收费减免的细化管理，解决了中间业务精细化管理与信息技术支持不匹配的矛盾。

（总行财务会计部）

银行卡业务

2009年银行卡业务围绕"全球第一大发卡银行，中国第一信用卡品牌"的战略目标，认真贯彻"四个并举"的经营思想，加快项目营销，提升服务品质，打造强势品牌，竞争优质客户，实现了发卡量、消费额、透支额和收益的快速增长，巩固并扩大了同业领先地位，牢固确立了中国第一信用卡银行的市场地位。

一、2009年银行卡业务经营情况

——规模类指标快速增长，取得历史性突破。全行信用卡业务快速发展，尤其是发卡量和消费额取得历史性突破。2009年末，工商银行银行卡发卡量为2.9亿张，比2008年末增加5 078万张；银行卡消费额为14 979亿元，比2008年增长88.1%。其中，信用卡发卡量达为5 201万张，比2008年末增加1 296万张；累计消费额达4 490亿元，较2008年增长76%。

——资产质量保持较高水平，效益类指标稳健增长。尽管受到国际金融危机持续影响，全行信用卡业务资产质量仍保持较高水平。透支额大幅增长，到2009年12月末，信用卡透支额达369亿元，较2008年增加198亿元；不良透支占比控制至1.65%，较年初下降0.34个百分点。2009年银行卡总收入达94亿元，较2008年增长30.7%。

二、2009年主要工作

2009年正值牡丹卡发卡二十周年之际，全行从市场销售、收单消费、客户服务、人员机构、国际合作、内控风险、创新发展、品牌建设等方面着手，抓住各个领域的工作重点，取得了明显的进步。

（一）抓住龙头实施组合营销，项目合作取得新进展。一是整合产品体系和对公客户资源，对公合作项目取得较快进展，形成了公司卡、公务卡、社保年金卡、金融IC卡和联名卡五大产品板块和公司客户、机构客户、企业年金客户、行业主管部门以及联名合作伙伴五大对公客户类别。二是开展有针对性的营销活动，扩大市场影响力。周密策划组织"跨越五千万，喜迎二十年"发卡营销竞赛活动，全力推动新中国成立六十周年信用卡项目和办卡送礼促销活动。抓住第十六届亚运会唯一合作伙伴银行有利时机，围绕运动主题，在全行开展涵盖发卡、收单、商户拓展在内的全方位亚运会银行卡合作。

（二）多措并举提升服务品质，增强信用卡品牌社会影响力。一是统一服务标准，完善管理体系。结合“三卡整合”后的业务流程变化，推出《牡丹信用卡客户服务作业规程》，制定了标准统一的服务流程和覆盖各渠道的服务质量指标。通过开展客户满意度调查、服务质量监督、开展服务体验活动以及加强全行中后台业务运营督办等工作，继续完善“外部监督、内部体验、内外结合、持续改进”的服务质量管理体系。二是推进渠道建设，挖掘服务潜能。继续深入挖掘电话服务中心服务主渠道作用，完成全行信用卡电话服务集中工作，增加电话服务中心业务种类，新增异常交易监控呼出，开展覆盖信用卡申办、使用、还款、咨询、查询及投诉六大环节的客户关系维护业务，加强对区域性特色业务的分析和培训，进一步优化电话服务流程，按照高端客户服务需要提出了开通白金卡、商务卡专线的需求。三是启动服务咨询项目，增强服务竞争力。聘请专业服务咨询公司，将咨询评估机制引入信用卡服务管理，制定服务提升“3Q”计划，明确了服务改进的目标和方向，对服务提升进程进行整体规划，推出“建立一个机制、完善三个体系、落实八项举措”的服务改进措施。四是紧扣高端客户需求，完善差异化服务。首次将国内PBOC2.0标准芯片技术成功运用于高端产品，发行了芯片白金卡，不仅丰富了产品系列，还增强了持卡人用卡的安全性；同时确立了与私人银行部的白金卡联合营销机制，推动建立跨部门资源共享，形成高端客户服务整体合力。截至2009年12月末，白金卡发卡量达10.7万张，较年初净增4.5万张。

（三）推进呼叫中心和海外客服中心建设，构建境内外联动服务网络。一是扩大呼叫中心规模，提高服务供给能力。电话服务中心建设步伐加快，石家庄中心开业运营，合肥中心奠基动工。初步形成多呼叫中心“平行运转、互为补充、各有侧重”的运营模式。在北京、天津、上海等重点城市新增信用卡VIP客户服务中心25家，国内信用卡VIP客服中心已达100家，印尼雅加达VIP客户服务中心已投入试运营，澳门VIP客户服务中心建设稳步推进，境内外联动的高端客户服务网络已初具规模。二是稳步推进海外银行卡中心建设，积极准备在境外开展业务。紧跟全行海外发展战略和FOVA系统投产进程，完成了工银信用卡中心（国际）可行性研究报告和建设方案，拟订了境外银行卡业务的运作模式、目标客户及产品，工银信用卡中心（国际）的组织架构、选址、财务分析、卡样设计及品牌规划等内容，本行信用卡的国际化进程迈出实质性步伐。

（四）跨国联合，内外联动，加快牡丹卡国际化进程。强化与卡组织合作的深度、广度，推进与JCB、DISCOVER的战略合作；推进与卡组织相关重要业务信息的表格化、规范化、常态化管理，提出对各卡组织收支统计需求，为今后准确测算与国际组织合作的成本及收益，科学评估信用卡国际组织贡献度作好准备；对全球卡业务进行跟踪，整理全球主要发卡机构的年度相关数据，为信用卡国际化奠定基础。积极组织开展形式多样的境外发卡消费促销活动。联合印尼子行，与印尼文化旅游部开展答题抽奖活动，并积极与工银澳门合作筹备了“回归十载情　盛世澳门游”活动。完善境内外业务联动机制，根据总行“一行一策”提升境外机构盈利水平的联动计划，积极协调境外机构认识、规划和分阶段拓展信用卡业务，探索信用卡业务内外联动的工作方法。研究规范代理发卡业务流程，针对印尼和新加坡分行分别提出的为高端客户代理发行牡丹信用卡的需求，在规范业务流程、严控风险的基础上报备人行后促进开展此类业务。

（五）深化内控制度建设，建立风险管理为效益服务的风险管理模式。一是优化授信审批策略。为实现客户的主动授信和动态管理，制定了电话服务中心信用卡额度调整、卡片升级业务流程，扩大了坐席人员在线业务处理权限和范围，有效缩短业务办理周期。加快主动授信步伐，组织开展全行范围且覆盖白金卡、金卡、普卡完整产品线的主动调额业务。本着“不依赖、不放弃”的原则，对学生卡信用政策及业务流程进行了修订并印发全行执行。二是深入推进内部评级、征信评级成果应用，有效提升信用风险量化管理水平。在全行分三批完成了内部评级及征信评分系统投产工作，实现了31个评分模型在审批授信、额度调整、催收等业务中的应用。三是深化全行资产质量管理，拓宽不良透支清收转化渠道。深入开展合作催收试点工作，拟订《信用卡违约透支合作催收管理暂行办法》，促进合作催收业务健康发展。组织修订《银行卡呆账核销实施细则》，促进了呆账核销工作快速高效开展，解决信用卡核销手续烦琐、核销成本较高的问题。四是风险监控体系建设稳步推进，作业效率和风险控制能力同步提升。完成审核作业系统全行范围的推广应用工作，为零售业务内部评级法项目在信用卡领域的投产应用创造条件；投产信用卡实时监控系统二期，支持对信用卡所有卡种的欺诈风险的T+0监控；扩大信用卡发卡信用风险监控范围，从人民币卡信用风险重点监控的13个省市调整至所有地区，实现了信用风险监控覆盖所有卡种及所有地区；开通实时监控系统协查操作权限，并逐步向全行拓展，目前已覆盖近100家发卡机构。五是跟踪全行风险动态，提高应急风险事件处理能力。针对近年来信用卡欺诈风险特征的变化和发展趋势进行研究及深入分析，掌握目前全行风险动态。建立信用风险案件调查机制，有效避免大规模集体性套现事件。六是切实加强内控合规建设，提高风险管理水平。严格贯彻落实人行、银监会等监管机构最新要求，大力打击信用卡违法犯罪活动。开展多项合规事项专项检查，组织开展案件风险“百日大排查”及“回头看”活动，促进全行依法合规经营。开展部署反洗钱工作，制定银行卡业务反洗钱操作规程，建立健全银行卡专业反洗钱内控机制，提高专业反洗钱工作水平。完善操作风险管控体系，根据全行监督体系改革工作要求，做好业务运行风险管理系统的监督模型的拟写和反馈等相关工作，已投产信用卡业务特色的监督模型3个，新提出银行卡业务监督模型9个。

（六）加快产品流程创新步伐，再造信用卡发展新优势。充分利用信用卡作为支付介质和渠道，研发中小企业循环商务卡，将中小企业在工商银行最高授信的一定比例用于信用卡授信。推广北京交通卡、山东社保卡、广深铁路IC卡经验，通过创新支付形式，强化产品优势，探索芯片卡“一卡多用”空间，抢占芯片卡快速支付新领域。加大流程创新力度，大力开展目标客户即时发卡业务。

2009年牡丹卡品牌荣获多项国际、国内奖项：中国银联授予工商银行银联标准卡推广杰出贡献奖和银联卡境外业务杰出贡献奖；在《理财周报》组织的2009年第二届最受尊敬银行评选暨2009年第三届中国最佳银行理财产品评选中，牡丹信用卡被评为最佳客户服务信用卡品牌；在旅伴杂志2009最受商旅精英欢迎产品/品牌评选中，牡丹卡被评为最受商旅精英欢迎的信用卡品牌；在全球财经网第二届亿万网民心中荣耀品牌榜评选活动中，牡丹卡被评为金融服务类最佳银行卡入围奖；在美国《读者文摘》2009中国大陆地区信誉品牌调查中，工商银行被评为信用卡发卡银行类信誉品牌金奖。

（总行银行卡业务部）

结算与现金管理业务

一、全力拓展公司无贷客户市场

全行按照“抓源头、拓市场”的工作思路，以扩大账户规模、提高账户市场占比为目标，采取行之有效的营销方式，深入开展内容丰富、形式多样的营销活动，全力拓展结算账户市场，全行对公结算账户新开138万户，净增60万户，对公结算账户总量超过440万户，成功实现了账户总量四行占比第一的目标。账户市场的扩大有效带动了公司客户和公司存款、结算等业务的快速增长，全年公司无贷客户增加39.6万户，客户总量突破330万户；人民币结算业务量达到668万亿元；公司存款增加5 399亿元，四行占比达到30.33%，保持同业第一；中高端客户增加8.39万户，中高端客户总数达到84.26万户，在客户总量中的占比达到25.39%。

二、打造坚实的现金管理服务品牌

工商银行历来秉承以客户为中心的服务理念，通过深入了解客户业务流程、管理模式和资金运行特点，紧密结合客户内部管理系统，凭借先进的技术平台和丰富的现金管理产品，为客户量身设计综合化的现金管理方案，满足客户个性化的现金管理需求，同时，以全球统一的标准化服务和高效的业务组织力和执行力，确保客户现金管理服务的实施效果和效率。

工商银行在客户数量和市场占有率方面始终保持国内同业领先地位。截至2009年末，现金管理客户数达到28.7万户。2009年入围《财富》500强的29家非银行类中国内地企业，全部与工商银行建立了现金管理业务合作关系。世界500强企业前25位中，有Shell、Wal-Mart、BP、Chevron、Volkswagen、Daimler等15家非银行跨国企业或其投资企业与本行建立现金管理业务合作关系。

依托强大的全球科技系统，工商银行为客户提供功能齐全、设置灵活的现金管理产品，包括账户管理、集中收付款、流动性管理、短期投融资、风险管理等产品，并设计了十大现金管理解决方案满足客户不同方面的现金管理需求。此外，还为不同行业客户提供了十一个行业现金管理方案，并根据市场变化推出了八大热点行业服务方案。同时还可以根据客户需求量身定制，不断扩充现金管理服务范围，提供财务外包服务和供应链金融服务等，更好地满足高端客户的全方位需求。

2009年在国内正式推出全球现金管理服务（Global Cash Management），开发了跨境现金管理系统，并开展了声势浩大的营销推广活动。全球现金管理服务以全球账户管理和本外币资金池为核心，通过主机直联、网上银行和SWIFT系统相结合的技术渠道，依托自身境内外分支机构和代理行网络，利用多年为跨国公司提供现金管理服务的成功经验，实现跨境、跨银行的账户管理能力，并支持建立多币种资金池，帮助企业实现全球资金的统一管理。全球现金管理是面向高端客户推出的一项新服务，此项业务的推出不仅有利于进一步丰富完善工商银行的现金管理服务体系，扩展服务内容，也将有助于提升对高端客户的服务品质，增强高端客户忠诚度，提高现金管理业务收益，实现银企互利共赢。根据企业需求和银行服务模式，工商银行还推出了九大全球现金管理业务服务方案。

工商银行现金管理业务继续得到市场的积极评价，先后获得了香港《财资》（*The Asset*）杂志授予的“中国最佳现金管理银行”、《金融亚洲》（*Finance Asia*）杂志“中国最佳现金管理银行”、《亚洲货币》（*Asia Money*）杂志“人民币最佳现金管理银行”，以及《首席财务官》、和讯网等中国权威财经媒体评选的“最佳现金管理银行”等奖项。

三、不断提高结算中间业务收入水平

2009 年结算与现金管理专业实现中间业务收入 84.52 亿元，同比增加 23.14 亿元，增长 37.69%，实现结算与现金管理相关中间业务手续费收入的持续快速发展。2009 年，在结算与现金管理专业中间业务中，对公理财业务、现金管理业务等重点创新产品收入增长突出，占比显著提高，收入结构得到持续优化。

人民币对公结算业务增长显著，是结算专业中间业务收入重要来源，其中占比最大的人民币结算业务和账户管理业务分别实现收入 26.02 亿元和 13.97 亿元。人民币结算业务同比增幅 15.55%，收入增长稳定；账户管理业务收入以账户管理费为主要收入来源，同比增长 18.28%，与对公账户发展水平匹配，收入增长水平合理；现金管理服务业务实现收入 4.75 亿元，市场地位进一步巩固，服务水平不断提升，议价能力显著增强；B2C 业务发展较快，重点客户服务水平提高，电子商务业务收入同比增幅显著，达到 44.66%；加强了代保管业务市场营销力度，尤其是与贵金属产品捆绑销售策略的实施，使代保管业务实现 33.41% 的较高增幅。

对公理财业务发展情况良好，2009 年通过组织全行范围专项营销活动、拓展客户资源，加强业务渗透率、推进区域理财业务发展等多种措施，实现了跨越式发展，收入大幅攀升，全年实现收入 19.99 亿元，同比增加 11.02 亿元，同比增长 122.73%，其中对公理财产品实现收入 10.05 亿元，同比增加 7.49 亿元，同比增长 292.8%，受托理财业务实现收入 9.84 亿元，同比增加 3.55 亿元，同比增长 56.35%。

四、大力推进结算代理业务市场

（一）同业代理。2009 年同业代理业务在巩固原有业务基础上，推进银银平台跨行汇款业务推广工作，与北京农村商业银行开展系统直联跨行汇款业务合作，签署《跨行汇款、集团账户管理业务合作协议》；推进与代理行间业务合作模式转变，分别与深圳发展银行、广东发展银行、浙商银行签署直联模式代理银行汇票业务合作协议；推进双向代理业务合作进程，扩大代理行合作范围，陆续与贵州龙里国丰村镇银行等四家村镇银行签署支付结算代理业务协议；推进现金代理合作，与浙商银行签署《代理款箱寄库业务合作协议》。

（二）银商转账。在大宗商品交易市场快速发展的形势下，2009 年 5 月推出集中式银商转账业务。通过举办“银商转账业务发布会”和走访重点客户等形式，以点带面，多方结合，大力营销银商转账业务，推介对公金融服务，提升品牌形象，取得了良好的营销效果。截至 2009 年底，已有 18 家交易市场正式开展该业务。

（三）代理财政。2009 年度，委托办理直接支付业务的中央预算单位总部达到 157 家，年度代理业务 9 823笔，年度代理金额达到 1 628.85 亿元，比 2008 年增长 38.74%；委托办理授权支付业务的中央预算单位达到 3 500 家，年度代理业务 129.97 万笔，年度代理金额达到 1 578.51 亿元，比 2008 年增长 5.23%。授权支付业务涉及 36 个一级、直属分行的 800 多家网点。新增民营科技重大专项资金国库集中支付业务。

（总行结算与现金管理部）

电子银行业务

2009 年，电子银行业务以“构建国际一流电子银行”为目标，大力拓展市场，不断加快产品和服务创新，各项业务指标全面超额完成全年任务，且均创历史最好成绩，同业领先优势进一步强化，为全行经营发展作出了重要贡献。

一、全面超额完成各项任务指标，实现业务跨越式发展

（一）电子银行成为全行交易型业务的主渠道。2009 年，全行继续发挥电子银行促进经营转型和结构

调整的作用，积极扩大电子银行交易规模，加快分流柜面业务，电子银行业务占全行业务量的比例超过50%，达到50.10%，较2008年末提升了7个百分点，成为全行办理交易型业务的主要渠道。2009年全行电子银行交易额同比增长24.80%，通过电子银行办理的业务量相当于15 000个物理网点、15万个柜员办理的业务规模。

（二）同业市场全面领先优势进一步扩大。全行电子银行客户拓展步伐不断加快，2009年末企业网上银行客户数较2008年增长31.18%，个人网上银行客户数增长32.86%。手机银行（WAP）客户增长全面提速，抢占了手机银行同业市场的领先地位。

（三）业务贡献度持续提升。全行坚持实施规模、效益“两手抓”的业务发展策略，在扩大规模的同时不断提升效益，2009年全行电子银行业务收入同比增长59%。在创造直接收入的同时，电子银行全年办理的业务量相对于柜面办理同量业务节约了大量经营成本，对全行的经营贡献超过246亿元。

（四）电子银行美誉度进一步提高。2009年，在美国《环球金融》杂志的评选中，工商银行夺得了“全球最佳综合企业银行网站”大奖，同时还连续第七年荣获“中国最佳个人网上银行”奖项，全年共获得各类媒体和权威机构颁发的奖项30项，获奖数量再创历史新高，工商银行电子银行的市场竞争力、发展能力和服务能力得到了国内国际的广泛认可。

二、加快产品研发与应用，创新优势进一步增强

2009年全行共投产推出了48项面向客户的创新产品，优化和完善了82项产品功能。其中，网上金融超市集各种金融产品展示、营销推荐、自助选择、购买产品一次性付款和综合信息服务等于一体，为客户提供了全方位、方便快捷的金融理财服务；企业在线财务软件为国内同业首创，进一步丰富了银行业对中小企业的金融服务内容。重点实施电子银行精细化工程，完成了对个人网银主要栏目的精细化改造，进一步提升了客户体验效果，得到广大客户的一致好评。持续开展安全产品创新，推出了口令卡客户网银支付计算机绑定、短信异步认证等十余项安全产品，进一步增强了客户端安全防范能力。在积极开展产品创新的同时，电子银行应用推广水平也显著提升：通过对测试投产各个环节的严格把关，全年各个版本产品的投产质量和效果较以往有了大幅提升；境外网银推广取得了突破，实现了工银澳门、新加坡分行等12家境外机构网银的投产，其中工银澳门网银客户已突破1万户。各分行加快推进区域性产品研发和应用，积极开展特色业务创新，如北京分行推出了企业网银缴纳水费、查询支票密码功能等新应用；安徽分行投产了芜湖、淮南等6家市级财政“财银直联”集中支付项目。

三、加大营销宣传力度，市场影响力继续扩大

2009年，电子银行业务围绕重点市场和重点产品，在全行范围组织开展了大型集团企业客户网上银行推广、贵宾网银转账汇款等11项丰富多彩的宣传营销活动，有效提升了营销实效和市场影响力。其中，中高端客户市场拓展成效明显，网上银行中高端客户渗透率提升5.30个百分点，达到29.90%。个人电子商务业务（B2C）交易额同比增长205%，企业电子商务业务（B2B）交易额同比增长208%。此外，成功举办了企业网上银行在线财务服务和手机银行（WAP）3G版两次大型产品发布会，促进了新产品的推广。加强外部战略合作，积极推进与中国移动公司的手机支付合作项目，加强与农发行在资金监管平台、非现金收购结算等方面的深入合作，进一步拓展了业务发展空间。各分行也进一步加大了市场拓展力度，在当地组织开展了行之有效的营销活动。全行掀起了手机银行（WAP）专项营销热潮，其中，上海分行发动了全行所有客户经理参与营销，形成了公私联动、全员营销的良好营销格局；山东分行充分利用移动运营商资源，推出客户上网流量费优惠并将运营商员工发展为手机银行客户，取得了明显的市场效果。此外，广西分行利用创新产品“银银通”，成功开拓了制糖企业甘蔗收购款和运费支付市场。

四、持续完善渠道建设，服务能力稳步提升

门户网站服务栏目和服务内容不断丰富，全年网站点击率达到66.7亿次，日均1 827万次，浏览量大幅领先国内同业。电子银行中心迁入新址并营运良好，合肥、石家庄中心建设快速推进，深圳、山东分行电话银行自助语音的托管上挂顺利完成，进一步提升了电话银行的集约化经营水平。成功推出了手机银行（WAP）3G体验版，有效增强了手机银行的市场竞争力。新增电子银行服务区1 938家，总数已占到全行网点总数的45.10%，有力推动了网点电子银行营销和服务。各行以电子银行产品经理岗位序列设立为契机，推进服务支持体系建设工作，基层行电子银行业务推广、支持和服务能力得到加强。

五、坚持深化业务管理，风险防控进一步加强

2009年，全行继续加强电子银行业务管理与风险监控体系建设，保障了业务的持续健康发展。在全行实施了《电子银行业务风险管理指引》，建立了总分行间电子银行风险提示和交流平台。投产了电子银行风险监控系统，实现了对电子银行各渠道客户外部欺诈风险的监控。积极应对风险防控形势，及时调整电子银行客户转账支付额度，加强客户身份识别，实施U盾双人发放等措施，推进二代U盾、短信认证等安全工具的应

用，进一步增强了对外部风险事件的防范能力。部分分行在严格执行总行业务管理规定的同时，积极推进业务管理创新，取得了良好的风险防控效果，如河北分行试点客户影像采集系统，有效防范了犯罪分子假冒客户身份办理电子银行业务；广东分行结合本行业务特点制订了《电子银行业务十大禁令》等管理规章，保障了业务安全平稳运行。

六、强化机构和队伍建设，业务发展机制不断完善

2009 年，各级行继续加强组织结构和人员队伍建设，4 家业务占比达到 50% 的一级分行成立了一级部编制的电子银行机构，有 24 家二级分行单独设立了电子银行机构，为全行更有效地开展电子银行业务提供了组织保障。组织全行开展电子银行业务技能比赛和电子银行业务能力等级考试，通过这些方式充分检验了电子银行员工的业务技能、业务水平和实际能力，提升了业务素质。各级行进一步加大业务发展资源投入，完善业务发展机制，通过细化考核、捆绑营销、专项奖励等多种方式，调动营销人员的积极性，有效促进了业务的快速增长。

（总行电子银行部）

投资银行业务

2009 年，全行按照“保增长、抓服务、创品牌”的工作思路，在促进投行业务收入增长、产品创新、结构调整、品牌建设、规范管理、提升服务、团队建设等方面积极开展工作，境内机构实现投行收入 117.34 亿元，投行业务成为全行中间业务第一大收入来源和增长来源，成为国内首家投行收入超百亿元的商业银行。

一、投行收入超百亿元，年均复合增长 80%

2009 年，全行境内机构共实现投行收入 117.34 亿元，同比增长 51.8%，成为国内首家投行收入突破百亿元的商业银行。全行集团口径实现投行收入 125.39 亿元，同比增长 56.2%，在四大行中的同业占比达到 35.32%，持续保持了国内银行同业中“第一投资银行”的市场地位。在《证券时报》首次主办的“2009 年度中国区优秀投行评选”中，荣获“最佳银行投行”和“最佳重组并购银行”奖项。

2009 年，投行收入在全行中间业务中的占比达到 20.52%，较 2008 年提升 3.34 个百分点，投行收入绝对额在所有中间业务品种中排名第二。投行收入增加额占中间业务的 42.86%，继续在所有中间业务品种中排名第一。2002 年以来，投行收入年均复合增长率达到 80%，高于全行中间业务同期增长率。投资银行业务已经成为中间业务最主要的收入来源和增长来源，成为收益结构调整的重要推动力量，对资本市场正确解读战略转型、充分认识本行投资价值发挥了积极作用。

2009 年，全行大多数分行投行收入都有显著提高，37 家分行平均投行收入超过 3 亿元。从投行收入来看，浙江、江苏、山东 3 家分行超过 10 亿元；上海、北京、湖南、广州 4 家分行超 5 亿元；河北、福建、广东、宁波、四川 5 家分行超 3 亿元。从投行收入在中间业务中的占比来看，宁波、湖南 2 家分行超过 40%；青岛、大连、山东 3 家分行超过 30%；江苏、广西、贵州、天津、浙江 5 家分行超 25%。从业务增长速度来看，深圳、大连、厦门、广东、宁波 5 家分行超过 100%；17 家分行超过全行 44.3% 的平均增长率。投行业务已经成为各行不可或缺的重要业务品种，在提高经营绩效、调整收益结构、营销高端客户、提高业务创新能力等方面都发挥了重要作用。

二、产品创新不断推进，业务结构明显优化

经过八年探索，工商银行投行业务已由初期的以财务顾问和银团贷款业务为主，逐步发展到由四大类、十几项投行产品组成的完整产品体系，建立了包括咨询顾问、重组并购、资产转让与证券化、债券承销和股权融资等直接融资在内的投行产品线。投行业务已从单纯的顾问服务延伸到债券承销、资产证券化、股权融资等新兴领域，从基础服务延伸到增值服务，服务方式也由单个产品服务延伸到公司与投行互动、境内外联动提供综合性的一揽子服务。

随着投行产品创新步伐的加快，投行业务结构明显优化。从收入结构看，常年财务顾问、企业信息服务和一般性融资顾问等基础类业务收入稳健增长，但占比从最高时的 90% 降低到 2009 年的 45.8%；以债券承销、银团贷款、资产转让、结构化融资、重组并购和股权融资为代表的品牌类业务收入比重不断提升，达到 54.2%。从投行客户结构看，投行签约客户数已超过 1 万家，其中常年财务顾问中的无贷款客户比重由不足 5% 提高到近 15%。从投行项目结构看，单笔收入超过

50 万元的高附加值项目由不足 500 个发展到超过2 000 个，累计收入在全部投行收入中的占比超过 30%。从投行业务的地域结构看，全行初步形成了梯度发展的良好态势。

三、投行品牌建设取得新突破，精品项目不断涌现

2009 年，全行不断开拓新的投行业务领域，在稳步发展常年财务顾问、企业信息服务、银团安排、投融资顾问等传统投行业务的基础上，积极适应市场环境以及客户需求变化，在重组并购、信托 + 理财、产业投资基金顾问、股权私募主理银行等投行业务领域，加大品牌投行项目营销运作力度，取得了新突破，投行品牌建设迈出了新步伐。

（一）积极拓宽企业融资渠道。扩大短券、中票业务规模，全年主承销各类非金融企业债务融资工具2 790亿元，稳居境内第一。此外，还积极推进华融租赁、工银租赁金融债承销发行项目。积极开展理财业务，投行部门营销运作理财项目共 27 个、额度合计 411. 1 亿元。其中，“一对一”理财项目 18 个、额度合计 55. 9 亿元；无银行信用支持类理财项目 7 个、额度合计 341. 5 亿元。推动银团贷款业务发展，2009 年全行银团贷款安排管理费用收入 7. 9 亿元，同比增长 83. 4%。银团贷款余额达到4 091 亿元，同比增长 62. 2%，在全行新发放贷款中的占比显著提高。

（二）大力发展并购重组业务。重点研究推动煤炭、电力、房地产、钢铁、汽车等行业并购工作思路，启动海航集团、山西煤炭业整合等重点项目，取得阶段性成果。宝钢并购韶钢、广钢项目被《证券时报》评为“2009 年度最佳重组并购项目”。顺应国际化发展的总体战略和中国企业海外投资趋势，加强与南非标准银行、麦格理银行等金融机构的战略合作，大力推动跨境重组并购业务发展。启动淮北矿业并购澳大利亚汉考克公司煤矿、宝钢集团收购土耳其埃雷利钢铁公司（Erdemir）部分股份、中兴能源收购棕榈园等海外并购项目。抢占并购贷款市场先机，北京、上海、江西、湖南、山西等分行均率先完成辖内首单并购贷款项目，市场影响力显著提升。科学、合理地制定股权并购交易风险评估流程，建立全行股权并购交易风险评估人队伍。

（三）探索股权投资基金业务创新。继续推动江西鄱阳湖产业投资基金顾问业务，协助基金管理公司明确稳健型基金、成长型基金并行发展的思路，为江西省产业结构调整、区域经济开发、国企股改上市提供股本融资支持。同时，积极为广东、重庆、武汉等省市政府提供产业投资基金顾问咨询服务，探索银政合作的新领域。探索发展股权私募基金顾问服务，利用高端理财资金支持股权私募基金投资运作，帮助中小企业提升信贷融资能力，成功营销运作河北环京津投资基金试点项目。积极开展上市顾问、股权私募顾问业务，支持行业龙头企业开展资本运作，完成广州东凌粮油 A 股借壳上市、广东明阳风电股权私募等项目，综合收益显著。

（四）稳健推进信贷资产转让业务。2009 年，在新的银团资产转让与交易制度框架下，全行共办理信贷资产转让业务 30 笔，额度合计 201 亿元，实现相关投行业务收入 4. 1 亿元。创新推出附带回购选择权的卖断型信贷资产转让业务，丰富了信贷资产转让业务品种，扩大了信贷资产交易规模。积极为天津市政府组建 OTC 债务产品交易市场提供财务顾问服务，正式签署合作协议，设计市场制度框架和交易规则，完成市场产品开发，OTC 债务产品交易市场开业后将搭建起跨区域、标准化、批量化的信贷资产转让交易平台。

四、投行服务水平显著提升，团队建设稳步推进

（一）夯实投行研究基础，品牌创建初见成效。投行研究产品体系逐步完善，2009 年新开发《宏观研究》、《债券研究》等 6 类研究产品，初步形成了由 14 类研究产品组成的研究产品体系。编发 533 期、427 万字的研究产品，在重大热点问题研究、投行项目支持和提升常财服务水平方面发挥的作用更加突出，得到了行内外的广泛好评。积极通过区域发布会和专项座谈会等形式直接为重点客户提供投行研究服务，研究观点的发布渠道拓宽至一流财经媒体和北大“朗润预测”等高端平台，市场影响力显著提升。投行分析师队伍建设稳步推进，2009 年，在已有 27 名分析师的基础上，新招聘 14 名分析师，投行研究分析的行业覆盖面显著提升。

（二）推进企业理财师队伍建设，加大团队培训力度。截至 2009 年末，已完成逾千人的企业理财师培训和资格认证考试，全行形成由 283 名二级企业理财师、1 700名一级企业理财师组成的理财师队伍，为投行业务培养了一批懂业务、善营销的高素质人才，形成推动全行投行业务持续健康发展的基本力量。举办各层次的投行业务培训班数十次，累计培训业务骨干数千人，不断提升投行专兼职团队素质，提升投行服务水平。

（三）加强内控管理，提升投行服务水平。继续做精做细常年财务顾问业务，丰富和提升增值研究服务，为常年财务顾问客户提供研究产品由 56 种增加到 68 种，全年提供产品超过1 500期，累计向客户提供超过 1 000万份次。创办《企业理财》专刊，向重点客户累计投递近 4 万份次。加强对分行的指导，起草《常年财务顾问业务操作指引》，做精以投资咨询、融资咨询和财务管理咨询为主的企业理财咨询服务。搭建网络常年财务顾问服务平台，启动门户网站“财务顾问专区”的建设。继续推进投行业务制度建设，印发或研究起草了《投融资顾问业务管理办法》、《股权并购交易风险评估工作管理暂行办法》、《股权投资基金主理银行业

务管理办法》、《关于发展跨境投行业务的意见》等制度办法，进一步完善投行业务制度框架，保障投行业务健康发展。将短券、中票、信托理财、银团资产转让等投行项目纳入投行风险评审委员会审议，2009 年共评审近百笔投行项目，有效防范了投行项目风险。加强信息系统建设，全行投行业务管理系统正式投产，实现了全行投行客户、投行团队、投行项目信息的数据库管理，建立了电子化的投行项目运作审批流程和业务资源共享机制。资信业务子系统升级项目顺利完成，资信业务管理水平进一步提升。

（总行投资银行部）

资产托管业务

2009 年，全行把握中国资本市场恢复性上涨的复苏机遇，积极开拓创新，资产托管业务发展再上历史新台阶。

一、托管资产规模创历史新高

2009 年，全行资产托管总规模达到 18 065.34 亿元，较 2008 年增长 58%，再创历史新高，连续第 12 年居国内托管银行首位。各主要托管产品均保持快速增长势头，证券投资基金、信托资产、企业年金基金、QDII 资产、基金公司客户资产管理计划和商业银行理财产品等托管规模均保持市场第一。

二、托管品牌知名度进一步提升

2009 年，依托资产托管业务出色的业绩、强大的创新能力、先进的系统支持、完备的风险控制和优秀的服务团队，工商银行托管服务囊括境内外最佳托管银行所有评奖，连续获得英国《全球托管人》、美国《环球金融》、香港《财资》及内地《证券时报》、《中国证券投资基金年鉴》等权威财经媒体评选的年度最佳托管银行大奖，在业界赢得广泛赞誉，品牌知名度持续提升。截至 2009 年末，本行托管服务已连续获得 19 项境内外大奖，其中，被英国《全球托管人》连续 5 年、香港《财资》连续 4 年、美国《环球金融》连续 3 年评选为年度最佳托管银行。

三、积极发挥托管行业领军作用

2009 年 3 月 12 日，中国银行业协会托管业务专业委员会成立大会暨第一次全体会议在北京召开，在国内 14 家具有业务资格的托管银行会员单位联合发起成立的中国银行业协会托管业务专业委员会上，本行被各会员单位一致推选为首届托管业务专业委员会主任单位，率先倡导并与所有会员单位共同签署《中国银行业托管业务自律公约》。托管业务专业委员会成立后，本行积极参与专业委员会工作，召集会员单位研究国内托管行业热点问题，组织行业专家完成了《托管银行结算参与人资格问题研究报告》、《托管人及托管资产法律地位问题研究报告》等课题研究，协助银行业协会做好与监管部门和会员单位的沟通交流，承担起国内最大托管银行应尽的社会责任。托管业务专业委员会的成立，是国内托管行业发展新的里程碑，对促进国内托管行业规范、有序竞争，提升托管业务发展水平、推动全球化发展与竞争具有重要意义。

四、严格履行托管银行各项职责

2009 年，全行资产托管业务营运规范严谨，严格依据法律法规、契约和合同，准确、真实、完整完成所托管的证券投资基金、保险资产、信托资产、企业年金基金、QFII、QDII、收支账户资金、商业银行理财、证券公司客户资产管理计划等各类资产的会计核算、估值、报表报告等工作。全年新增托管证券投资基金 38 只，总数达 145 只；新增托管 2 767 个委托资产组合，总数达 6 139 个；新增托管 QDII 组合 4 个，总数达 30 个；新增托管 QFII 组合 5 个，总数达 11 个。全年共执行完成各类托管资产投资指令 6.68 万次、完成估值 12.33 万次、成交清算 11.8 万次，公开披露信息 3.59 万次，为境外客户处理 SWIFT 报文 6.39 万次，为 QFII 客户处理公司行动信息3 818次等。调拨资金 9.2 万亿元，未发生一笔差错。

2009 年，顺利投产交易监督系统（事中监督版本），极大地减少了监督人员手工操作量，扩大了托管人监督范围，进一步强化了托管人对投资管理人投资运作履行监督职责。全年对超过 700 个组合的投资交易情况逐日进行不间断扫描式监督，发出各类监督提示 2 000余次。同时，对 IPO 重启、创业板及地方债等资本市场关注的焦点领域实施专项监督，对社保、年金等重点产品实施个性化监督，确保业务稳健运行。

五、各项业务营销成果显著

2009年，全行重点托管产品市场份额持续领先，新兴业务增长迅猛，大力推动收支账户资金托管、基金公司特定客户资产托管、商业银行理财产品等业务的发展，使之与传统业务实现了协调发展。

与基金公司密切合作，积极拓展基金创新领域，加大推出指数基金、联结基金和分级基金产品的力度，年末基金市场份额占比28.81%，较2008年提高近2个百分点，继续保持行业领先地位。进一步稳固与企业年金基金客户合作关系，全年获得北辰集团、中船重工、上海铁路局、中国纺织研究院等大型客户的年金基金托管资格，在年金基金托管市场占比超过40%。保险资产托管业务稳步增长，全年规模增长近50%，与8家保险公司新签托管协议。全球资产托管业务实现新的跨越，争取到7家新客户QFII托管银行资格，成功协助7家客户获得QFII资格，QFII托管客户数量稳居中资银行首位，QDII托管业务同业占比超过50%，持续领跑同业。

在传统业务全面发展的基础上，新产品研发取得较大进展。收支账户资金、专户理财托管业务发展迅猛，全年收支账户资金托管规模突破1 200亿元，较2008年增加近5倍；与各基金公司联合推出85个一对一专户理财产品托管项目，签约委托资产规模较2008年增长64%；率先开办基金公司一对多专户理财和QDII一对一专户理财托管业务，市场领先地位突出；证券公司客户资产管理托管业务取得新突破；部分分行开展的股权投资基金托管业务取得不俗业绩；ESCROW业务在全行实现零的突破；人民币理财和信托产品托管业务保持较快发展速度。

六、内部管理日臻完善

2009年，全行托管业务网络建设取得重大进展，先后在北京、上海、浙江、深圳、广州设立5家托管分部，对周边分行托管业务起到辐射和带动作用；积极支持工银亚洲、纽约分行、首尔分行开办托管业务，成功将南非标准银行纳入全球托管网络，总分行配合、境内外联动的托管业务网络管理体系和线条日趋清晰。

坚持风险管理和业务发展并重的发展理念，内部风险控制工作取得新进展。2009年12月成功举办国内托管行业首次灾难恢复随机演练，随机演练实战性更强、业务恢复时间更短，演练成果高度实用，托管业务应对风险事件的能力得到极大提升。建立年度化的SAS 70审计机制，2009年通过总行集中采购，选聘安永会计师事务所对本行托管服务进行SAS 70内控有效性审计，国际化的外部审计标准对业务风险管理水平起到积极的促进作用。

七、科技系统助推托管业务发展

在行业内首家推出直连式自动化电子对账系统，实现了托管银行与资产管理机构之间文件和指令的自动传送及自动化电子对账功能，账务核对效率及安全性、准确性得到极大提高。为推进托管业务全球托管服务网络建设，支持工银亚洲开办托管业务，总行协助工银亚洲进行系统建设，托管系统全球延伸项目（香港一期）年末进入系统编码阶段，完成了系统参数、证券管理、交收管理、公司行动、台账管理等90%以上功能，预计2010年初投产使用。按照证监会和上交所的指导和要求，开发XBRL（可扩展商业报告语言）的组合净值、季报等信息披露电子化项目，其中XBRL组合净值电子化信息披露版本已经顺利应用，季报电子化信息披露版本已经开发完成进入业务测试阶段。

（总行资产托管部）

养老金业务

2009年，全行积极适应市场环境变化，加大市场拓展力度，不断优化业务管理和运作，实现养老金各项业务全面协调、又好又快发展，国内第一年金管理机构的市场地位更加稳固。

一、企业年金业务快速发展，优势地位更加巩固

2009年，全行以全面协调发展为目标，推动企业年金受托管理、账户管理和基金托管业务整体快速发展。截至2009年末，全行养老金业务客户达到18 320家，较2008年新增2 786家；其中，法人受托客户1 630家，新增1 374家，受托管理年金基金70.1亿元，新增29.9亿元，覆盖职工91万人，新增55万人；账户管理业务客户17 244家，新增2 110家，管理年金个人账户677.5万户，新增172万户；年金托管客户16 202家，新增1 342家，托管年金基金845亿元，新

增305亿元。据人力资源和社会保障部统计数据，2009年6月底本行企业年金受托管理、账户管理、基金托管三项业务在11家法人受托机构、16家账户管理机构、10家托管机构中占比分别为10%、46%、42%，客户数量、个人账户规模、托管养老金规模等主要指标均居同业第一。

二、业务外延不断拓宽，综合贡献日益显现

2009年，全行在大力发展企业年金业务的同时，积极为其他养老金管理提供服务。到2009年底，全行管理其他养老金个人账户61万户，托管其他养老金基金313亿元。养老金业务发展受惠于全行其他优势业务的带动，同时也对相关业务发展起到了积极的促进作用。据不完全统计，2009年全行与500多家从无业务关系的企业签订了企业年金业务合同或协议，建立了稳固的长期合作关系，通过企业年金业务办理银行卡逾50万张，开立企业网上银行800余户，开立个人网上银行逾10万户，并带动了理财产品的销售。

三、不断创新营销手段，市场拓展成效显著

首先，加大对中央企业和地方大型企业的营销力度，着力做好铁路、电力、烟草、邮政、航空、船舶等重点行业企业的营销工作，全行全年组织年金业务考察、推介会等营销活动700多次，组织参加企业年金项目投标150余个，在已公布招标结果的140个企业中，中标率达70%以上。成功获得了中粮集团、平煤集团、航天科技集团、中远集团、东方电气、陕西延长石油、国投集团、唐钢股份、山东电力、龙煤集团、鞍钢集团、厦门航空、重庆商业银行等一批中央和地方大型企业的年金业务。在全国铁路系统营销中，和工银瑞信基金公司整体实现18家铁路局年金业务100%全覆盖，获得9家铁路局账户管理和托管业务，9家铁路局投资管理业务，2家铁路局受托顾问业务。

其次，继续以集合年金计划产品为手段，拓展中小企业年金市场。2009年，作为受托人发起推出“如意养老2号”企业年金计划产品，同时优化了“如意养老1号”产品，提高了产品市场竞争力。为促进“如意养老”系列产品营销，全行开展了“如意在我心，年金我最行”营销竞赛活动，其间共举办集中培训769场，培训人员3.2万人次，举办各类推介会、签约会362场，签约客户709户，成效显著。在大力推广“如意养老”产品的同时，继续与太平养老、平安养老、泰康养老、国寿养老保险公司等合作机构开展了形式多样的联合营销活动，取得了较好效果。到2009年末，6个集合计划产品签约企业累计达5 276家，覆盖职工114万人，其中“如意养老”产品签约企业1 581家，覆盖职工49万人。

四、优化业务运营管理，不断提升服务水平

经过深入调研和多次专题研究，总行确定受托管理、账户管理业务由一级（直属）分行集中操作处理的运营管理方向。河北、陕西、新疆等分行积极探索，在实施业务操作从分散到集中的调整中取得积极进展。同时，全行稳步推进中石油、国电集团、中远集团、航天科技、平煤集团、各铁路局等重点客户受托管理、账户管理项目工作。人力资源和社会保障部在中石油实地检查调研中对企业年金账户管理工作给予了较高评价。经过实践锻炼，全行企业年金业务运作能力不断提高，实际业务运作规模大幅增长。受托管理业务方面，有7家分行开展了单一年金计划的管理运作，山东分行作为主办行、20家分行作为经办行开展了“如意养老”集合计划产品运作。

五、稳步推进系统建设，积极组织产品研发

2009年，全行积极推进养老金业务系统的开发和优化升级，不断提升系统处理能力和服务支持能力。一是对受托管理系统、账户管理系统优化升级13次，涉及功能点5 000余个；二是稳步推进养老金综合业务系统、网上银行企业年金功能优化、客户个性化需求系统建设、年金服务渠道优化等系统开发项目；三是开发投产企业年金客户端，搭建起与客户之间便利的信息交互平台，提高了业务处理的自动化程度和客户自助服务水平。同时，全行结合市场和客户需求，积极创新研发推出新的服务产品。

六、持续优化业务管理，保证业务健康发展

2009年，全行进一步优化业务管理，为各项业务健康发展提供保障。制定《养老金业务印章管理实施细则（试行）》等管理制度9份，《集团性客户受托管理服务规定》等运作制度10份。为保证规章制度得到有效执行，全行组织开展了账户管理业务检查工作。检查内容涵盖人员管理、合同管理、日常业务操作管理、印章管理、档案管理等58项具体工作。通过检查，进一步发现账户管理业务运营存在的问题，及时纠正了业务管理和操作上的错误，促进了全行业务规范化、精细化水平的提高。正是由于始终坚持稳健经营、规范操作，企业年金业务处理和客户服务水平得到监管部门和广大客户的充分认可。在2009年12月召开的全国企业年金基金管理工作座谈会上，工商银行作为唯一的账户管理人代表作了经验交流。

七、加强机构和人才队伍建设，提高履职能力

2009年，全行养老金业务机构和人才队伍建设

取得新的进展。机构建设方面，确立了根据业务发展情况实行分行养老金业务机构建设动态管理机制，批准15家分行设立养老金业务部，分行专业机构建设取得实质性进展。人才培养方面，总行组织养老金业务培训班6期，网络远程培训班1期，视频培训2次。各级分行也积极组织形式多样的业务学习，全年全行共举办各类培训班1 000多期，培训人数超过5万人次，有效提升了从业人员的专业素质与工作能力。

（总行养老金业务部）

私人银行业务

一、2009年主要经营业绩

（一）业务布局基本完成，全面覆盖国内重点地区。继2008年设立北京、上海、广州、深圳四家分部后，2009年设立太原、南京、杭州、济南、郑州与成都分部，基本完成筹建与开业工作，全面覆盖国内三大经济圈以及中西部重点地区。

（二）客户规模显著增长，高净值客户与签约客户质、量齐升。截至2009年末，全行高净值客户超1.3万户，比年初增长57%，总资产2 550亿元。

（三）盈利能力初步显现，超额完成中间业务收入指标。

（四）合纵连横机制建立，形成独特的开放性服务平台。先后与个人金融业务部、银行卡业务部、结算与现金管理业务部、投资银行部、资产管理部、金融市场部等部门建立联动发展机制，与工银亚洲、工银瑞信、工银国际等集团子公司强化互利合作，尝试遴选11家基金公司、3家信托公司拓宽合作领域。

（五）核心队伍逐步成形，提升专业服务能力。私人银行队伍从年初74人发展到329人，实现队伍的快速扩张，核心团队的人员规模大幅增长，核心骨干人才快速成长。

（六）品牌影响日益扩大，获得市场与同业的高度认可。2009年获得《21世纪经济报道》评选的中国金融理财金贝奖“中国优秀私人银行团队”和《理财周报》“2009年最佳服务私人银行”等奖项，在业界和客户中树立了良好口碑。

二、2009年业务发展情况

（一）实施客户分层管理，做“大”目标客户群。锁定2 000万元金融资产以上客户群体，实施重点发展。一是主动把握客户群体特征。总部加大推进力度，每个季度深入进行客户行为特征分析，动态下达营销指引。分部实施“名单制”营销，选定当地市场“明星、名企、名家”进行重点突破。二是实施客户分层管理。在北京、上海、广州与深圳四家分部率先实施财富顾问分层管理，集中专业骨干专注2 000万元以上高净值客户市场拓展。三是推出“12—4—2—1”服务制度：一年12个月每月与客户进行一次有主题的联系；在与客户12次的联系中有4次是以投资组合为主题的联系；在与客户一年4次的投资组合联系中至少有2次是面对面的交流；为每一位客户制订一份开发计划。本行还制定了精细化服务标准与流程，初步形成财富顾问为主体、投资顾问直接支持，围绕客户需求共同达成解决方案与投资策略的“多对一”团队化服务模式。

（二）着力资产管理创新，做“亮”专属产品。深入推进“核心—卫星”发展策略，不断提高资产管理能力。一是成功探索跨机构、跨市场、跨产品的金融创新。牵头多专业研究制定了山西煤炭行业重组、个人财产托付业务以及限售股解禁与创业板上市等多项专属服务方案。二是初步建立起多元的产品库。根据客户需求和资产配置特点，创建以国内10年市场数据为基础的客户投资组合管理模型。在商业银行、基金、证券、保险、信托等金融服务领域率先推出固定投资收益型、稳健增长型、平衡增长型和积极增长型四大类资产组合管理方案。三是准确把握资产管理策略。第一季度面对市场形势不明朗的情况，连续推出票据类、固定收益产品与830006债券型首款全权资产管理委托产品。第二季度抓住资本市场回暖，推出证券类、股权融资类产品。下半年根据市场流动性继续扩大与银监会全面收紧银行理财业务的情况，密集推出多款理财产品，有效形成独特的产品优势与市场竞争优势。

（三）不断完善系统流程，强化中后台管理。加强和充实风险合规力量，积极探索符合私人银行业务特点的中后台管理体系。一是相继完成私人银行客户关系管理系统（CRM）、0177地区号等系统投产，初步建成全面覆盖产品管理、客户管理、业务管理、经营管理的系统平台构架。二是建立产品风险全流程的管理机制，对产品研发多个环节进行规范。针对产品开发阶段，制定《金融服务合作机构管理办法》，甄别与遴选合格资质的公司进行长期合作。引入行内信用审批系统最大限度地控制管理理财产品信用风险，采取期限错配的方式，对期限超过一年的投资项目采用浮动利率等方式，有效避免了利率风险。在产品评审阶段，专门成立了产品评审委员会，对项目进行多轮评审与论证。在产品发售阶段，设置专人追踪产品的业绩表现，根据对市场和产品业绩的判断，选择动用提前终止权，保障客户与银行利益。三是加强操作风险的管控。按照银监会要求，确定“先了解后建议，先策略后销售”的销售纪律，从业务流程与人员队伍两方面严格落实产品销售中揭示风险、评估风险、防范风险等各项制度要求，确保合规销售。

（四）切实完善管理机制，做“实”经营管理基础。实施配套的资源配置策略，不断提升私人银行团队的创造力与凝聚力。一是初步建立私人银行业务考核管理平台。坚持“根据贡献配资源，根据产出设配置”原则，合理分配财务资源。对各分部全面实施经营考核管理，围绕私人银行客户发展目标、签约目标、客户贡献目标，初步建立差异化、专业化的考核管理，考核结果与分部人力资源费用、各项财务预算捆绑，并逐月跟踪预算执行情况。二是加大私人银行人才引进、培养和管理。2009 年通过社会招聘、行内招聘等方式，精心选聘员工 258 人，其中，23 人来自知名外资金融机构，具有一定的高端客户服务经验，为私人银行业务补充了新鲜血液。开展 9 期各层面集中现场培训，每周开展视频培训，对新设分部筹建负责人、投资顾问等关键岗位人员开设专门培训班，实施强化培训。实施全员岗位评聘，突出岗位准入要求，以岗定薪、以绩定奖，形成岗位靠竞争、收入凭贡献的良好氛围，初步建成具备大局观与丰富经验的经营管理团队、具备坚韧性与沟通技巧的财富顾问团队、具备专业性与创新能力的产品专家团队。

（总行私人银行业务部）

第二部分
综合化经营与国际化发展

执行编辑：贾　炜

中国工商银行（澳门）股份有限公司成立

2009 年，是中国工商银行（澳门）股份有限公司（以下简称“工银澳门”）发展史上具有划时代意义的一年。7 月 11 日，经中国银监会和澳门特区政府批准，原诚兴银行和原中国工商银行澳门分行正式整合成立工银澳门。工银澳门的成立，是总行境外发展战略的又一次成功实践，实现了工商银行在澳门地区品牌的统一和优势互补，为澳门金融市场注入了新鲜活力。

一、成立背景

2008 年初完成诚兴银行收购项目交割之后，为进一步提升工商银行在澳门地区的品牌形象和影响力，增强工商银行在澳门地区乃至珠三角经济圈的竞争力，总行即开始考虑和分析论证诚兴银行与工商银行澳门分行整合的可能性，包括聘请财务顾问、开展尽职调查、设计交易结构、与两地监管机构沟通、与股东协商等工作。按照总行的统一部署，诚兴银行与工商银行澳门分行先后完成机构整合的各项准备，并顺利通过各级审批，工银澳门于 2009 年 7 月 11 日正式成立。

二、基本情况

根据整合方案，工商银行以澳门分行 2008 年 9 月 30 日（确定的交易基准日）净资产的 3.25 倍（澳门分行房产以评估市值计价，不作为净资产的基础），即作价 185 507 万澳门元（按照交易基准日汇率 1 美元 = 7.996 澳门元折算约合 2.32 亿美元）认购诚兴银行新股，诚兴银行按照该行 2008 年 9 月 30 日（交易基准日）每股净资产的 1.2 倍（即每股作价 17 067 澳门元）向工商银行发行新股，工商银行获得诚兴银行 108 695 股新股。鉴于诚兴银行小股东禤永明先生不跟进增资，工商银行在诚兴银行的持股比例由原来的 79.93% 上升至 88.36%。诚兴银行更名为工银澳门，成为工商银行在澳门地区唯一的营业性机构，工商银行澳门分行关闭并缴回经营牌照。

由于澳门分行净资产转让后，诚兴银行风险加权资产有所增加，为保证交易完成后诚兴银行的资本充足率能够维持在合理水平，工商银行以现金方式向诚兴银行增资 399 800 000 澳门元（约 5 000 万美元），诚兴银行向工商银行发行新股，发行价格同样是诚兴银行 2008 年 9 月 30 日（交易基准日）每股净资产的 1.2 倍，工商银行获得诚兴银行新股 23 426 股，加上以澳门分行净资产注资获得的 108 695 股新股，工商银行共获得 132 121 股诚兴银行新股，对诚兴银行的持股比例进一步上升至 89.33%。

三、整合进程

2009 年 6 月 24 日，工商银行向澳门金融管理局提交了机构整合申请材料，并完成定向发行次级债 20 亿澳门元，以补充附属资本；

6 月 26 日，澳门金融管理局召开行政委员会会议通过工商银行驻澳机构整合方案；

6 月 29 日，澳门金融管理局向澳门特别行政区政府财政司长办公室提交通过整合方案的报告，提请财政司司长批准；

7 月 1 日，澳门特别行政区政府财政司司长签字批准，并提交澳门特别行政区政府行政长官办公室；

7 月 2 日，澳门特别行政区政府行政长官批准；

7 月 6 日，澳门特别行政区政府发布公告，批准本交易；

7 月 7 - 9 日，工银澳门完成新机构的商业登记；

7 月 11 日，诚兴银行和工商银行澳门分行正式整合；

7 月 13 日，工银澳门正式对外营业。

2009 年 7 月 11 日整合正式生效后，工银澳门总资产为 479 亿澳门元，其中贷款 305 亿澳门元；总负债 445 亿澳门元，其中存款 365 亿澳门元；所有者权益 34 亿澳门元；资本充足率达到 14.8%。按照总资产计算，工银澳门已成为澳门地区第二大商业银行和本地注册第一大商业银行。

四、经营管理情况

工银澳门自成立以来，在母公司工商银行的大力支持下，在公司董事会的正确领导下，以“立足澳门、辐射内地、拓展周边、延伸葡语系国家”为发展方针，以机构整合、业务发展和系统优化为工作主线，以规范管理行为、加强风险控制为发展基础，坚持有序整合、平稳过渡，逐步构建有工商银行特色的企业文化，各项业务保持了快速健康的发展态势。截至 2009 年 12 月末，工银澳门实现税后利润 4.58 亿澳门元，比上年增加 1.79 亿澳门元，增幅为 64%，人均创利 950 万澳门元；各项存款余额为 426 亿澳门元，较整合时增加 50

亿澳门元；各项贷款余额为371亿澳门元，较整合时增加66亿澳门元。不良贷款余额为6 727万澳门元，占比为0.18%，资产质量持续改善。ROA为0.98%，同比上升0.29个百分点；ROE为14.41%，同比上升3.81个百分点。

一是全力竞争优质信贷市场，不断优化信贷结构。一方面，稳定现有客户，巩固扩大当地市场份额。在与澳门电力、澳门自来水、中天能源（澳门天然气专营商）等公用事业专营商以及一些重要客户继续保持良好合作关系的同时，积极营销澳门本地行业龙头企业和优质中小企业。根据澳门发展规划，提前介入港珠澳大桥、澳门轻轨、横琴开发等大型发展项目，扩大建筑行业贷款，稳固和提高在当地市场的地位和影响。另一方面，积极发挥集团整体优势，加强内外联动与外外联动，在内保外贷、银团贷款等业务领域与集团境内外机构建立密切的合作关系，实现更快发展。针对全球金融危机背景下部分欧资、美资银行纷纷撤出或收缩亚太市场规模，贷款资产对外转让的情况，工银澳门敏锐把握市场机遇，多渠道收集信息，抓住有限的时间窗口，全力争揽优质信贷资产。先后与香港多家主流商业银行接触洽谈，成功参加了一批以香港一线红筹、蓝筹上市公司为借款人的优质银团贷款。先后参与了长江实业、新鸿基、华润燃气、北京控股、上海实业、恒基等上市公司筹组的银团贷款，承贷金额达26亿港元；同时，积极开展境外机构间的合作，与悉尼分行共同以工商银行集团名义，参加了澳大利亚两家上市公司的银团贷款，并与悉尼分行并列成为Woolworth公司融资份额最大的牵头行，有效提高了工商银行在当地市场的知名度。

2009年9月，工银澳门与总行合作，成功筹组南非标准银行10亿美元银团贷款。此次与南非标准银行的合作，为澳门地区金融市场引进了新的元素，增添了市场活力，促进了中非经贸合作，为积极拓展新的市场奠定了良好基础。此外，工银澳门还与工银租赁合作，成功营销了台湾华航3架波音B747－400飞机融资租赁业务，提供融资1.45亿美元，这是澳门地区银行机构办理的第一笔飞机融资租赁业务。

二是巩固和扩展客户基础，加快零售和负债业务发展。工银澳门成立之后，借助于工商银行的品牌优势和科技优势，优化网点配置，整合业务资源，不断推出新产品，零售业务得以快速发展。在认真调查研究，深入分析市场的基础上，针对澳门个人财富高度分化的实际状况，提出了扩大客户基础，定位中端，争取高端的市场策略，利用整合后的产品优势，通过网上银行、理财金账户、信用卡、双标示借记卡、代发工资等多种业务和产品的交叉销售，有效扩大客户面，拓宽客户基础。

借助于工银澳门成立庆典契机，启动了以“金融创新新里程，金融服务新体验”为主题的大型营销推广活动，强势推出财富管理、按揭宝、网上银行、个人预结汇汇款等特色产品，新增客户2 500户，市场反映良好。在新学年开学之际，组织专业团队深入澳门各大院校开展针对入校新生的业务推广活动。在澳门大学、澳门科技大学及澳门理工学院，分别设立业务推广展位，重点推介网上银行、e时代卡等适合青年学生的服务产品，受到学生的好评。通过持续开展相应特色营销活动，在青年学生群体中树立了工银澳门的良好品牌形象。

银联卡收单业务继续保持强劲的发展势头。银联卡收单业务作为工银澳门的优势业务，已经成为非利息收入的主要来源之一。工银澳门充分发挥工商银行的品牌优势，技术优势和服务优势，扩大服务领域和规模，提升科技手段，打造核心业务竞争力，致力于为特约商户和持卡人提供优质高效金融服务。仅2009年“十一黄金周”期间，工银澳门银联卡收单业务交易量就达到25 782笔，金额10.5亿澳门元，与上年同期相比，日均交易额增长99.3%，再创新高。2009年全年累计交易金额245.52亿澳门元，较上年同期增长55.28%，澳门本地市场占比达49.76%；实现手续费收入较上年同期增长42.49%。

网上银行等电子服务手段的完善拉动零售业务快速发展。工银澳门成立之初就投产了新版网上银行系统，推出了符合澳门当地习惯和体现工银澳门特点的门户网站，并不断加以优化，服务功能日臻完善。在市场营销上，针对个人网银和企业网银的特征，分别采取了不同的营销机制。对个人客户，在11家营业网点建立了网银客户体验区，让客户亲身感受网上银行方便快捷的服务；对集团客户，采取现场集中营销方式，提高营销效率。截至2009年12月31日，工银澳门网上银行注册客户10 936户，比整合日增长了306.2%。其中，个人网银10 632户，占全行个人客户总数的9.93%，企业网银客户304户，占全行企业客户总数的5.59%。

三是加强与同业合作，促进共同发展。2009年7月，工银澳门分别与葡萄牙BES及葡萄牙BCP银行签署了全面业务合作协定，开展汇款、贸易融资、国际结算、银团贷款等业务的合作。2009年8月，工银澳门与菲律宾发展银行签署了汇款业务合作协议。此外，工银澳门还邀请澳门大西洋银行、澳门商业银行及澳门国际银行参加了工商银行总行举办的跨境贸易人民币结算研讨会，为加强与澳门银行同业的合作奠定了基础。

四是发挥整合协同效应，多项业务取得新突破。托管业务取得新突破。与中国人寿保险（海外）有限公司澳门分公司签署公积金资产托管业务合作协议，受托保管中寿海外澳门分公司公积金的债券、股票等资产，提供相关的资产保管、资金清算、市值重估、报表对账等服务。这是双方在代理保险、存款业务、资金结算、基金合作等传统业务合作的基础上，银保合作层次不断深入的成果，也是工银澳门依托母公司优势，立足本地化经营，促进业务多元化发展的新突破。

人民币跨境贸易结算试点交易取得新突破。充分发挥内外联动优势，积极拓展中间业务新产品。2009 年 10 月，工银澳门与广东分行密切配合，顺利为客户办理首笔跨境人民币汇款业务，成为澳门地区首家成功办理人民币跨境贸易结算试点交易的当地注册银行，也是澳门地区少数办理该项业务的银行之一。

代理证券交易业务取得新突破。通过合理配置资源，完善营业网点证券交易功能，推出网上证券业务等手段，代理证券交易业务实现了大幅度增长。截至 12 月末，累计代理交易金额已达 94.98 亿港元，与整合前相比，账户数增长 24.17%，股票账户总资产实现了翻番，月均佣金收入增长 25.59%，网上股票户口突破 1 900户。

基金管理业务取得新突破。工银澳门附属的退休基金管理公司在整合之后利用工商银行的品牌优势，积极拓展本地市场退休金管理业务，业务规模由整合前的 5.15 亿澳门元退休基金资产、18 000 多名退休基金计划成员和 22 个公司客户，迅速增长为2009 年末的 5.82 亿澳门元退休基金资产、20 000 名退休基金计划成员和 28 个公司客户，分别上升了 13%、11% 和 27%，表现出较好的发展势头。

五是不断夯实管理基础，提升风险掌控水平。工银澳门成立之后，按照澳门金融管理局和母公司工商银行的相关要求，通过建立涵盖信用风险、市场风险、操作风险的全面风险管理体系，在风险管理领域引入工商银行及其他国际先进银行的制度和规范，在机构内部形成前台、中台和后台彼此分离，相互制衡的风险管理机制，以及科学、严谨的风险管理文化。

从规范和完善各项制度办法入手，深化内部管理，强化风险控制，坚持依法合规经营。先后制定《全面风险管理框架》、《信贷授权管理办法》、《流动性风险管理办法（试行）》、《签字权限管理办法》、《部门岗位操作管理（试行）办法》等多个管理办法及工作指引，为各项业务的开展提供了制度保障。

完善组织架构，提升决策水平。成立了信贷审查委员会、资产负债管理委员会等专业委员会，制定了各专业委员会工作规则；对重大信贷业务、投资业务等建立起科学高效的审查审批流程，加强前中后台相互制衡。

发挥审计部门以及法律合规部门的职能作用，对工银澳门的管治水平、整体风险管理情况以及各部门的营运效能进行定期或不定期的检查评估，并提出改进意见，促进管理水平提升。按照金融监管部门的要求，做好反洗钱等工作。

六是履行社会责任，提升企业形象。工银澳门忠实履行社会责任，积极支持社会公益事业。与澳门大学、澳门理工学院、澳门科技大学签订奖学金捐赠协议，向三家大学分别捐赠 10 万澳门元，鼓励青年学子求实上进；关注社会弱势群体，向澳门工联福利会捐款 10 万澳门元；发动员工向遭受风灾的台湾同胞捐善款 11 万多澳门元，联合澳门红十字会开设捐款专户，免费办理社会各界的捐款汇款；向澳门同善堂、百万行基金会踊跃捐款，支持澳门的慈善事业。通过以上行动充分展示工银澳门“弘扬企业文化、共建和谐社会”的企业形象。

凭借优异的经营表现以及来自大股东的鼎力支持，工银澳门的市场地位和公众形象进一步得到提升，获得社会各界的广泛认可。2009 年 8 月，惠誉国际在年度信用评级审核中确认工银澳门独立评级“C”，支撑评级“2”的正面评价。10 月，美国《环球金融》（*Global Finance*）杂志评选工银澳门为“澳门地区最佳银行”；12 月，英国《银行家》（*The Banker*）杂志又评选工银澳门为“2009 年度澳门地区最佳银行”。

（工银澳门）

收购加拿大东亚银行及重组工商东亚股权

一、项目背景

加拿大是全行国际化发展的重点关注市场之一。2002 年以来，加拿大宏观经济平稳增长，中加贸易发展良好，银行业相对稳健，中资银行进入加拿大市场具有较大的发展潜力。2008 年，东亚银行出于调整其国际化经营战略的考虑，谋求重新布局境外业务和网络，有意出售其加拿大子行股份。经双方高层沟通，东亚银行表示愿意将加拿大东亚银行的控股权转让给工商银行。

同时，在工商银行在港的全资子公司工银国际获得投行牌照以后，基于优化资源配置的考虑，工商银行拟将所持另一家合资投行工商东亚的全部股份（持股比例为 75%）出售，以全力支持工银国际在香港的业务发展。在与东亚银行磋商购买加拿大东亚银行股份事宜时，对方也表示有意购买工商银行所持工商东亚股份。

此后，两个项目开始统筹推进。

二、基本情况

加拿大东亚银行成立于1991年，是香港东亚银行有限公司的全资子公司。该行注册于多伦多，主要面向加拿大的华人社区提供零售银行和商业银行服务。截至2008年12月31日，该行拥有103名员工，超过10 000个客户，设有6家分行，总资产为5.56亿加元，净资产6 329万加元，资本充足率为14.95%，不良贷款率为0.45%，拨备覆盖率为275.10%。

工商东亚是工商银行与东亚银行于1998年合资设立的投行，主要在香港开展投资银行和证券经纪业务。工商东亚注册资本为2 000万美元，工商银行与东亚银行持有的股权比例分别为75%（1 500万股）和25%（500万股）。截至2008年12月31日，工商东亚总资产约1.16亿美元，总负债约5 743万美元，所有者权益约5 820万美元，其中归属工商银行的所有者权益约4 365万美元。

经过双方反复磋商并履行内部决策程序，2009年5月20日，工商银行收购加拿大东亚银行及重组工商东亚股权的议案提交董事会审议，并获得通过。6月4日，工商银行与东亚银行分别签署加拿大东亚银行项目及工商东亚项目《股份买卖协议》，随后在香港联交所和上海证券交易所对外公告。根据双方签署的相关协议，工商银行将向东亚银行支付8 025万加元的对价，收购加拿大东亚银行70%的股权，东亚银行持有剩余30%的股权；在交易完成一年后，工商银行拥有买入期权，可将持股比例增至80%；东亚银行在交易完成一年后拥有卖出期权，可将其剩余股份转让给工商银行。同时，工商银行将向东亚银行出售所持有工商东亚75%的股权，交易对价为3.72亿港元。上述两项交易互为前提条件。交易完成后，工商银行和东亚银行将合作运营和管理加拿大东亚银行，工商东亚将成为东亚银行的全资附属公司。在取得相关监管机构的批准后，2010年1月28日，工商银行与东亚银行完成了收购加拿大东亚银行及重组工商东亚股权项目的股权和资金交割。

三、重要意义

收购加拿大东亚银行70%的股份使工商银行获得了加拿大银行业牌照和客户资源，为进一步拓展北美地区业务和网络奠定了良好基础。本次收购是继纽约分行开业后完成对北美地区主要市场机构网络覆盖的又一突破，完善了工商银行国际化发展的战略布局。同时，出售工商东亚股权有利于工商银行集中资源支持工银国际在香港的发展。两项交易统筹实施，既实现了工商东亚股权的溢价出售，又有助于从整体上平衡相关投资的风险与收益。

（总行战略管理与投资者关系部）

收购泰国ACL银行

一、项目背景

东南亚是全行国际化布局的重点区域。经过多年努力，至2009年初，工商银行已在新加坡、印尼等东南亚主要国家完成机构和业务布局。作为东南亚地区的主要经济、金融中心和航空枢纽之一，泰国成为全行进一步拓展东南亚市场的重点关注区域。2005年以来，泰国宏观经济持续发展，中泰两国经贸往来增长迅速，银行业保持稳定增长。若能成功进入泰国市场，依托两国持续增长的贸易往来以及工商银行的客户、IT系统和风险管理优势，将会有较大的业务发展潜力。按照泰国有关法律规定，2004年后泰国政府已不再颁发外资银行分行牌照，进入泰国市场仅能通过收购方式。2008年8月，泰国颁布新《金融机构业务法》，使得外资银行从法理上有望获得对泰国本地银行的控股权，进入泰国市场迎来重要机遇。

二、基本情况

ACL银行成立于1969年，1978年在泰国证券交易所上市，2005年取得综合银行牌照。ACL银行总部位于曼谷，在泰国共设有16家分行，其第一和第二大股东分别是泰国财政部和泰国第一大银行盘谷银行，持股比例分别为30.61%和19.26%，其他小股东占比50.13%。截至2009年6月30日，按照总资产排名ACL银行在泰国上市银行中排名第12位，其总资产为637.10亿泰铢，净资产为127.89亿泰铢，不良贷款率为5.87%，拨备覆盖率为54.59%，资本充足率和核心资本充足率均为24.00%。

从2007年4月开始，经德意志银行、高盛等投资银行先后推荐，工商银行开始关注ACL银行潜在并购机会。2007年8月至2008年8月，工商银行与其第二大股东盘谷银行就收购其所持股份事宜进行了反复磋商。但由于第一大股东泰国财政部不愿出售股权、泰国法律对外资持股上限限制（25%）等原因，工商银行无法获得控股权，对ACL银行的收购设想暂被搁置。

2008年8月，泰国新《金融机构业务法》颁布，尽管外资持股上限仍为25%，但泰国央行可单独豁免至不超过49%，泰国财政部和央行可共同豁免超过49%，外资银行从法理上已有望获得对泰国本地银行的控股权。为进一步完善全行在东南亚地区的机构和业务布局，工商银行从2009年初开始重启有关并购工作。

经过与泰国财政部和盘谷银行等ACL银行大股东反复磋商并履行内部决策程序，2009年9月29日，收购泰国ACL银行的议案提交董事会审议并获通过，当日工商银行与泰国盘谷银行签订《股份买卖协议》，随后在香港联交所和上海证券交易所对外公告。11月27日，工商银行临时股东大会也审议批准了本次交易。12月3日，ACL银行股东大会通过了关于提交收购监管报批材料的议案。

按照有关交易结构和与盘谷银行交易协议条款，工商银行将在满足一系列监管批准前提条件后，以每股11.5泰铢的价格对泰国ACL银行全部已发行股份发起自愿要约收购，盘谷银行所持19.26%的股份将作为自愿要约收购的一部分，要约将在收集超过51%的股份时生效。如交易顺利进行，工商银行最终有望获得ACL银行最多100%的股权。以2009年9月28日ACL银行已发行1 088 847 421股普通股和501 605 524股优先股的总股数计算，预计本次交易的总对价约为182.90亿泰铢。

随后，工商银行根据境内外有关监管审批要求，积极推进境内外监管报批工作。2009年底，本次交易获得了中国银监会、泰国商务部和证监会的批复。2010年3月2日，泰国财政部和央行正式发放有关批准文件（签批日为2月26日），其中，直接给予工商银行单一持股超过10%的豁免，通过ACL银行给予工商银行外资股东持股超过49%和外籍董事超过二分之一的豁免。至此，工商银行发起自愿要约收购的必要前提条件已全部满足。工商银行于3月4日向泰国证监会递交要约收购文件，并于3月9日正式发起对ACL银行全部已发行股份的自愿要约收购。

三、重要意义

收购完成后，工商银行将获得进入泰国银行业的业务牌照和客户资源，完成在东南亚市场布局的重要一环，可将其打造为在东南亚地区的重要经营平台，为拓展在湄公河区域乃至东南亚地区的业务和网络奠定良好基础，推动了全行国际化水平的进一步提升。

（总行战略管理与投资者关系部）

重组工银国际

一、重组背景

根据工商银行多元化和国际化经营战略，贯彻总行驻港机构整合和经营转型的决策，工银国际在2009年完成从商业银行业务向投行业务的转型。

工银国际前身为工商国际金融有限公司，持有香港金融管理局颁发的有限制银行牌照，主要从事商业银行业务经营。为充分利用工商银行在香港的机构资源，调整经营布局，经过详细调研，总行做出工商国际向投行业务转型的决策。2008年初工商国际启动经营转型工作，按照香港证监会审批要求建立和完善公司架构及治理机制，向香港证监会提出申请并获得投行业务牌照，同时停止经营商业银行业务。在获香港金融管理局正式批准后，2008年12月31日工商国际退还有限制银行牌照，商业银行业务自此终结，更名为工银国际。

2009年12月31日，工银国际完成各类牌照及参与者资格的申请工作，包括获得香港证监会颁发的第一类（证券交易）、第二类（期货合约交易）、第四类（就证券提供意见）、第六类（就机构融资提供意见）和第九类（提供资产管理）投行业务牌照，从事机构融资、证券交易、期货交易、证券研究及资产管理等各类投行业务。工银国际持有香港证监会投行业务牌照的附属公司共六家，包括工银国际融资有限公司、工银国际证券有限公司、工银国际期货有限公司、工银国际证券研究有限公司、工银国际基金管理有限公司以及工银国际资产管理有限公司。此外，附属公司工银国际金融有限公司持有放债人牌照。

二、业务发展和经营管理情况

（一）业务发展。自2009年8月开始，工银国际与境内机构开展嵌入式、一体化经营合作，集中优势资源，加大业务拓展力度。分别与广东、上海、深圳等分行及总行私人银行部签署合作备忘录，将工银国际的投行业务产品和服务嵌入到分行的业务和管理流程之中，通过联动完成股权投资2单，保荐承销业务1单，获得保荐承销委任3单，同时为分行带来盈利和业务机会，实现互利共赢。

保荐承销业务方面，2009年该项目数量及规模均实现较大幅度提升，全年共完成5单IPO上市保荐承销项目，并完成配售、财务顾问及过桥贷款等业务。同时通过加强营销，为今后两年做好项目储备。2009年香港市场共有36家投资银行参与IPO保荐承销业务，按照项目数量统计，工银国际位列第7名；按照项目融资金额统计，工银国际位列第15名。全年保荐承销业务实现收入1.22亿港元。直接投资业务方面，2009年下半年共完成直投项目2单，投资金额共计5.06亿港元；债权投资1单，投资金额6.29亿港元。同时完成储备项目营销，为2010年直投业务的发展奠定基础。该业务板块全年共实现收入2 491万港元。资产管理业务方面，通过股票及债券组合投资、大宗项目投资等业务，实现收入1 299万港元。为抢抓机遇，充分发掘工行理财业务及高净值客户业务潜力，工银国际积极开展同总行和境内分行在资产管理业务方面的合作和交流。证券销售与经纪业务方面，截至2009年12月末，机构客户数量约400户，新增B股、新加坡股、港指期货期权、股票期货期权等交易服务，全年完成交易量280亿港元，实现收入7 583万港元。

（二）财务状况。2009年工银国际实现税前利润10 540万港元，较上年同期增加14 035万港元。累计实现营运收入24 880万港元，较上年增加23 472万港元。ROA为2.4%，ROE为27.4%，同比均有增加。截至年末，工银国际总资产为447 363万港元，总负债为408 850万港元，资产负债比为1.11，所有者权益为38 513万港元。

（三）风险管理。工银国际秉承“稳健进取”的经营指导思想，将倡导合规经营企业文化、加强风险管理组织体系和制度的建设作为工作重点。通过设立专责委员会，完善风险管理组织体系，全面修订和完善各主要业务部门、中后台部门的业务操作程序手册等，加强风险管理各项工作。同时严格执行香港证监会监管要求，完成牌照申请工作，并逐一督促公司89名持牌人于2009年年底前完成培训，以提升其专业技能和职业操守水平。

（四）后台管理。强化调研部为前台部门调研服务功能。全年共完成撰写研究报告203份，包括IPO报告10份、公司报告55份、行业报告5份、市场报告1份及晨报132份，为超过350个客户提供了投资建议，并集中人力进行包括公司拜访、为招股书提供行业背景分析、撰写上市前调研报告、为公司估值、进行招股前预路演、上市后为公司撰写公司报告及提供投资评级等在内的后台服务工作以支持IPO项目，并为直接投资等项目提供专业意见，支持业务发展。强化财务部财务管理职能，引导部门合理分配资源。加强信贷风险部日常管理职能，确保风控程序完整有效，通过严格批核开户文件、及时监控股票客户交收情况、审批交易额度严控超额买卖、监察股票融资比率等具体措施，有效管理日常风险。强化包括法律合规、人力资源、交易、结算、科技、行政在内的各部门职能，精减后台部门人员，提高服务质量和效率，保障前台业务的顺利开展。

（工银国际）

工银瑞信

2009年，中国政府为应对全球经济危机实施了多项刺激性货币政策和财政政策，股票市场也随着实体经济的上行而快速上涨，当年上证综合指数上涨79.98%、深证成分指数上涨111.24%。在基金投资收益大幅增长的带动下，共同基金总体资产管理规模从2008年末的1.94万亿元上升至2009年末的2.67万亿元。工银瑞信基金管理有限公司（以下简称工银瑞信）积极把握市场发展趋势，2009年末总资产管理规模达到883亿元，已发展成为工行集团一个资质较全面、专业水平较高、初具规模的资产管理业务平台。

一、建立完善科学投资管理体系，取得良好长期业绩

工银瑞信自成立以来，始终坚持“稳健投资、价值投资、长期投资”的科学理念，依靠团队协作，为客户提供长期稳定的良好回报。经历了牛、熊市场转换考验，工银瑞信的投资管理体系日臻完善，建立了包括最高投资决策机构——投资决策委员会、投研联系会议、基金经理与研究员在内的全面投资决策体系，通过定期召开投资决策委员会会议、投研联席会议、投资策略会议和晨会对资产配置策略、行业配置策略、组合构

建进行商讨和决策。公司引入 ALGO 量化管理系统，为研究员、基金经理提供量化的分析模型和组合优化手段，实现了从选股、组合构建、组合优化调整到风险管理的全程量化分析管理。

截至 2009 年末，工银瑞信旗下产品取得良好长期投资业绩。股票型基金中长期业绩良好，指数基金初具竞争力，沪深 300 基金在 9 只同类指数基金中跟踪误差最低，且运作以来收益率排第 2 位。债券型基金表现突出，工银强债基金 2008—2009 年收益率在可比的 29 只基金中排第 5 位；工银添利基金 2009 年收益率在可比的 81 只基金中排第 17 位。工银货币基金自成立以来累计回报率 10.75%，在保证高流动性的情况下超越同期 6 个月定存利息 1.5 个百分点。工银全球 QDII 基金 2009 年获得 64.93% 收益率，在 9 只 QDII 基金中排第 3 位。工银瑞信管理的年金与专户组合也获得良好的收益，其中工行年金组合自 2008 年 9 月 3 日开始运作以来累计收益率 20.22%，表现远超同期债券型基金的投资收益率。

二、共同基金资产管理业务稳步发展

2009 年，工银瑞信把握股市企稳回升契机，继续加大新基金发行与已有基金持续营销力度。公司新发 2 只指数型基金——工银瑞信沪深 300 指数证券投资基金、上证中央企业 50 交易型开放式指数证券投资基金，募集规模分别为 36.06 亿元和 45.34 亿元。指数型基金从无到有，并发展至规模第十、银行系第一。公司成立不到 5 年已推出 11 只共同基金，构建了风险收益高、中、低各类产品在内的产品系列，包括股票型、配置型、债券型、货币型、QDII、指数型和 ETF 基金等不同类型，是同业构建产品线最为迅速的公司之一，是业内第 5 家发行 ETF 基金的公司。2009 年末公司共同基金资产管理结构得到改善，股票型、混合型、指数型等偏股型基金资产管理规模占比由 2008 年末的 31.56% 上升至 60.94%。截至 2009 年末，工银瑞信共同基金资产管理规模 627 亿元，在 60 家基金公司中规模排第 12 位，超过成立时间早于工银瑞信的 35 家基金公司。

三、非共同基金管理规模领先

依靠较高的综合实力和工行集团联动营销的支持，工银瑞信非共同基金业务发展加速，市场份额和行业影响力快速提升。公司是唯一一家获得企业年金基金资格的银行系基金公司。截至 2009 年底，公司签约 46 家企业单一年金计划、522 家企业集合年金计划，管理年金规模 32 亿元，在第二批获得企业年金投资管理人资格的基金管理公司中排名第一。在特定客户资产管理业务方面，公司自 2008 年初第一批获得特定客户资产管理业务资格后，经过一年多的发展，2009 年末特定资产管理业务管理规模已达 224 亿元，居行业首位。

四、构建了严密的风险管理与内控体系

工银瑞信在充分分享瑞士信贷先进风险管理理念、系统和技术的基础上，建立了包括四道风险防线，涵盖投资风险、运作风险和法律合规风险，贯穿产品设计、研究、投资、交易和绩效评估等资产管理主要环节的严密风险管理体系，成为国内第一家通过 GIPS（全球投资业绩标准）认证的资产管理公司，公司业绩披露的公正性和全面性达到国际领先水平。公司按照“内控优先，制度先行”的指导思想，高度重视制度建设，构建了包括 100 多项制度的 4 级公司制度体系，是业内唯一建立灾难备份的基金管理公司，安全性居行业首位。公司风险管理工作获得监管部门高度认可，是参与制订中国证监会《基金行业风险管理指引》的 5 家基金管理公司之一，是《中国证券业协会投资业绩标准》领导小组唯一的基金公司成员。

五、客户服务和渠道支持水平不断提升

工银瑞信坚持以客户为导向，通过开展多层面的渠道客户经理与机构客户活动和沟通支持，及时向客户提供全面的资讯与服务。工银瑞信逐步构建了多层级的优质客户服务体系，建立了以工行为主，其他银行、券商和电子直销为补充的多渠道销售服务网络。公司持续完善客户服务中心建设，搭建了包括热线电话、网络即时在线、手机短信息、电子邮件、网站论坛、信函等多渠道、立体化服务平台，为客户提供全面、优质的服务。

六、建设了优秀的人才团队

工银瑞信成立以来一直采用市场化招聘和内部培养并举，在不同层面上推进人才多元化发展和梯队化建设。2009 年末，公司有正式员工 165 人，硕士以上学历的人员比例达 64.85%，有海外学习或工作背景的人员比例达 44.24%。投资研究与市场营销人员占比达 66.06%，基金经理平均拥有 10 年以上的证券从业经验，是基金经理平均投资管理年限最长的公司之一。结合国外先进经验，工银瑞信建立以现金为基础的长短期激励体系、定量与定性相结合的业绩评估体系，实现了公司队伍稳定以及公司当期及长期发展目标的统一。

七、社会声誉不断提高

2009 年，工银瑞信及旗下基金获得了一系列权威奖项，包括：《理财周报》2009 年度“最受尊敬基金公司”、“最佳风险控制基金公司”和“最佳品牌建设基金公司”，第七届和讯网财经风云榜“2009 年度最佳电子商务基金公司”等荣誉。工银瑞信管理的上证中央企业 50 交易型开放式指数证券投资基金荣获《搜狐网》“2009 年度最有影响力基金新产品奖”，工银瑞信大盘蓝筹股票型基金荣获《证券日报》“2009 年度开放

式基金金算盘奖”。工银瑞信总经理郭特华被和讯网授予“2009年度最佳掌门人”称号。

八、为工商银行奉献良好的回报

截至2009年末，工银瑞信总资产8.36亿元，净资产6.75亿元，年度实现净利润1.76亿元。自公司成立以来，股东累计权益和已分配股利8.2亿元，相当于2亿元注册资本的4倍多。此外，公司通过支付工行代销费用和佣金等形式贡献中间业务收入近13亿元。2007年以来，公司每年的净资产回报率（ROE）为35%—40%，年人均业务收入超400万元。

经过四年多的发展，工银瑞信已初步成为一家综合实力较强的基金公司，未来将致力于发展成国内规模最大、专业水平最高、最受尊敬的基金管理公司，在工行打造“第一资产管理银行”的战略进程中发挥公司资产管理专业化、市场化优势，成为与工行战略地位相匹配的资产管理公司。

（工银瑞信基金管理有限公司）

工银租赁

工银金融租赁有限公司（以下简称工银租赁）成立于2007年11月28日，是国务院确定试点并首家获得中国银监会批准开业的银行系金融租赁公司，也是工商银行实施综合化经营战略以来设立的第一家全资非银行金融机构。工银租赁依托中国工商银行的强大实力，坚持国际化、市场化、专业化的发展战略，提供各类租赁产品以及租金转让与证券化、资产管理、产业投资顾问等金融产业服务。公司牢固树立创新发展、稳健经营的企业理念，围绕大市场、大业务、大客户的公司定位，专注于飞机、船舶、大型设备（以交通、通讯、电网、电力、基础设施、现代制造业等为重点行业）等重点业务领域，为客户提供完整而多元化的金融服务，致力于打造国内一流、国际知名的金融租赁公司。

一、租赁业务取得快速发展

截至2009年末，公司总资产为330.64亿元，其中租赁资产为315.01亿元，拥有波音、空客、ERJ等飞机34架，散货船、滚装船等各类船舶56艘，工程机械、港口设备、轨道机车等大型设备近500台（套），成为国内租赁资产余额最大的租赁公司。2009年9月，公司获得工商银行追加资本金30亿元，注册资本提升至50亿元，为租赁业务的发展创造了更为有利的条件。

在航空金融领域，2009年工银租赁完成了银行系租赁公司首个经营性租赁项目，开创了国内保税租赁模式以及“中国SPV”模式，并成功实施了我国租赁业首笔税务租赁业务；工银租赁与工银亚洲、工银澳门成功联动实施的中华航空项目是近来我国海峡两岸最大的金融合作项目之一；与中国商飞签订的业务合作协议，是我国租赁业首次与中国商飞签订合作协议；将首架国内组装的空客A320飞机命名为“工银号”，进一步扩大了工行及公司在业界的影响。

在航运金融领域，工银租赁2009年利用天津保税港区的政策优势，开创了国内转口租赁模式，实现了船舶境外租赁业务的突破；与华能集团“工银1”轮交接标志着我国银行系租赁公司首次新建船舶的成功完成；成功向中外运长航集团交付我国首艘自主设计、制造并以租赁方式运营的大型滚装汽车运输船——“长兴隆”号。

在设备金融领域，2009年工银租赁成功实施了多项轻轨租赁项目，并与北京、天津、上海和沈阳等15个地铁运营或建设方建立合作，轨道交通租赁在同业中遥遥领先。同时，工银租赁还在绿色能源、制造商合作模式、电信、石油、城投等领域及厂商租赁等方面实现了突破。

二、大力推进行内联动

2009年，工银租赁继续拓展行内联动的广度和深度，进一步融入母行的发展战略中，先后与工银国际等工行海外分、子公司联动开展境外租赁业务，组织了全行金融租赁业务培训，并根据总行总体发展战略，研讨租赁业务发展思路和区域发展策略。

三、风险和内控工作得到持续加强

在风险管理方面，继续完善风险管理制度体系，拟定并报董事会批准实施了公司2009年行业投向指导意见，制定《租赁资产委托管理办法》等制度办法，研究拟订开展厂商租赁的指导意见等；公司建立并完善了多层级的全面风险报告体系，定期编制公司全面风险管理报告；同时，逐步完善租赁业务信用识别控制方法，及时规范新业务的管理和操作，明确各类业务的评价方法和管理要求，分析业务风险点，落实相关控制措施。

在内控方面，实施了《内部控制基本规定》、《操作风险管理实施细则》和《稽核监督工作规定》等规章制度，召开合规制度建设研讨会，拟定公司内控合规实施方案，组织对租赁业务操作流程、财务管理活动、资金和商业秘密管理活动的专项检查。

四、运营管理日益规范

在运营体系建设方面，完成了人力资源提升项目的咨询工作，建立了企业年金计划和员工长期奉献基金计划，进一步提升了队伍凝聚力。在信息建设方面，完成开发国内第一个全功能的租赁信息系统——LS2009，实现每一笔业务可跟踪、可追溯、可审计的目标。在综合管理方面，完善了转授权制度和内部报告制度。

五、树立市场形象，确立行业领先地位

2009年工银租赁取得的一系列工作成绩，得到了股东、监管机构、客户和同业的广泛认可，维护并发展了良好的公共关系，获得多家机构颁发的“最佳行业促进奖”、“年度最佳金融租赁公司”、“中国租赁事业发展贡献奖”、“杰出发展战略贡献奖”等多个奖项，并于2009年7月当选为中国银行业协会金融租赁专业委员会首届主任单位，逐步确立起行业领先的市场地位。

（工银金融租赁有限公司）

国际业务综述

2009年，面对国际金融危机的不利影响，在总行党委和董事会的正确领导下，全行上下坚定不移地贯彻国际化战略，努力把应对危机的过程转变为推动国际化经营上水平的过程，开创了国际化发展的新局面。

一、国际化战略稳步推进，全球布局取得重大突破

2009年，继续坚持新兴市场与成熟市场、自主申设与战略并购并举的战略，成功获得越南分行、阿布扎比分行和马来西亚子行经营牌照，完成了对加拿大东亚银行和泰国ACL银行的收购。澳门机构和工银印尼在短时间内顺利完成整合，分别成为澳门最大本地法人银行和近年来印尼成长性最好的外资银行。东京池袋分理处、伦敦西区支行、德国杜塞尔多夫业务部等营业性分支机构相继开业，加快了在发达市场的本地化进程。工银国际顺利完成投资银行牌照申请和业务转型，开始全面从事投行业务。纽约分行加入Fedwire和CHIPS组织成为美元一级清算行，标志着工商银行正在向全球先进的美元清算银行迈进。截至2009年底，工商银行已在全球20个国家和地区设立了23家境外营业性机构，分支机构总数达162家。

二、境外机构规模效益创历史最好水平

根据危机时期各国经营环境特点，按照“一行一策”的原则实施境外机构盈利提升方案，从科技建设、资金保障、二级网络拓展、重点产品线延伸、客户营销、内外联动等方面，落实132项具体配套措施，保障了危机之年海外业务的健康发展。2009年11月在中国首次召开的国际监管联席会议，选择工商银行作为评价对象，来自10个国家和地区的12家监管机构对工行境外分行的稳健经营态势和国际化发展成绩给予了充分肯定。截至2009年末，境外机构总资产达到491.82亿美元，较年初增长22.89%；实现净利润4.69亿美元，同比增加2.72亿美元，增幅达到138.55%，创历史最好水平；不良资产率和不良贷款率持续双降，分别保持在0.36%和0.56%的国际先进水平。

三、境外机构经营水平持续提升

（一）做好流动性管理，完成对多家境外机构的增资。2009年，先后5次调查境外机构从总行拆借资金、市场拆借资金状况、境外市场同业利率水平以及预测境外机构对总行拆借资金的需求。完成了多次增资事项：包括向诚兴银行整合增资约5 000万美元，向首尔分行追加1亿美元营运资金，向工银阿拉木图增资1 668万美元，给予工银印尼0.25亿美元长期次级借款，解决工银国际资金拆借及相关授信问题等。

（二）充分发挥科技及牌照优势，全球产品线延伸取得重大突破。依托先进的FOVA平台和境外机构多牌照优势，2009年在打造资金清算、专业融资、全球现金管理、零售、银行卡、网上银行六大产品线上取得显著进步。

一是境外清算中心建设扎实推进。全行通过纽约分行、法兰克福分行、东京分行办理的美元、欧元、日元清算业务去委比率分别达42%、78%和77%，全年纽约分行美元清算量达到6万笔、金额为1 393亿美元，法兰克福分行欧元清算量达到16万笔、金额为1 613亿欧元，东京分行日元清算量达到4万多笔、金额为1.75万亿日元，有力推动了境外机构中间业务成长。顺利完成美元资金运作向纽约分行的平稳过渡，实现了亚、美、欧三地资金跨时区运作，欧元和美元资金隔夜头寸平均使用率达到95%以上，提高了全行外币资金运作效率和收益水平。

二是通过内外联动，以簿记方式加快专业融资产品线的海外延伸，有力地促进了境外机构优质资产业务的发展。

三是在国内同业中率先全面启动全球现金管理业务，完成了新一代全球现金管理系统一期工程建设。

四是成功研发系统内点对点汇款和速汇款产品，为建立自有全球汇款网络，成为全球性支付网络服务商奠定了良好基础。初步实现了境内外个人账户的互联互通，统一了境内分行与澳门机构间的理财金账户服务品质，零售金融产品线海外延伸又迈出了可喜的一步。

五是加快了海外银行卡中心建设步伐，工银亚洲、工银澳门银行卡业务发展迅速，首尔分行、工银印尼、工银莫斯科银行卡业务取得突破。

六是在 12 家境外机构投产了海外网银系统，3 家境外机构推出了网上银行服务，工银澳门网上银行客户已突破 1. 1 万户。ICBC 信用卡和金融 e 通道品牌已逐步走向全球。

四、坚定不移地推进海外科技平台建设，全球一体化科技平台基本建成

2009 年，继续坚定不移地推进海外科技平台建设，12 家境外机构投产 FOVA 系统，FOVA 境外投产行增至 15 家，基本覆盖全部境外营业机构，全球一体化科技平台基本建成。特别是 FOVA 系统在工银印尼的顺利投产以及在诚兴银行和澳门分行的成功整合，显示出工商银行已经具备了把海外并购对象完全纳入母行科技平台的国际领先实力。2009 年，9 家境外机构的单证集中使单证业务上挂总行的境内外机构达到 41 家，国际结算业务集约化水平远超国内同业。

五、国际业务逆势上扬，市场地位有效提升

2009 年，在进出口形势较为低迷的情况下，全行不断完善产品功能，积极拓展风险分散渠道，创新客户服务方案，有效巩固并提升了国际业务市场地位。

（一）国际结算市场占比实现历史性突破。2009 年，全行境内机构累计办理国际结算业务 5 458. 81 亿美元，四行占比达 25. 31%，比 2008 年末上升 2. 31 个百分点，创有史以来最高水平。其中，贸易结算量四行占比 25. 06%，比 2008 年末上升 1. 1 个百分点，占比提升幅度为四行最快；非贸易结算量（含资本项下结算）占比 26. 02%，比上年末上升 5. 36 个百分点。

（二）国际贸易融资和结售汇业务稳步增长。2009 年，全行累计发放表内国际贸易融资（本外币）446. 37 亿美元，同比增长 33. 07%。表内贸易融资余额（本外币）147. 83 亿美元，较 2008 年末增长 109. 8%；表内国际贸易融资不良余额 0. 77 亿美元，较 2008 年末下降 0. 12 亿美元；不良率 0. 52%，较 2008 年末下降 0. 74 个百分点。办理结售汇业务 2 095. 5 亿美元，四行占比达 19. 75%；实现代客外汇买卖及结售汇收入 29. 44 亿元，四行占比达 19. 20%。

（三）对外担保业务实现新突破。2009 年，全行对外担保业务余额达到 109. 26 亿美元，实现收入 2. 32 亿元人民币，首次突破 2 亿元大关，同比增长 25. 40%。与 2008 年末相比，重点区域分行竞争力有所突破。

（四）成功开办加工贸易保证金台账业务。经不懈努力，与海关总署顺利签订了加工贸易保证金台账电子化管理合作协议，在安徽、北京、广东、山东四地成功开展开设了首批台账，跻身于国内两家试点银行之列。

六、跨境人民币结算业务扎实推进

2009 年 7 月人民银行正式启动跨境人民币业务后，全行迅速完成了业务系统改造、制度办法拟订等配套工作，客户营销全面铺开，获得先发优势。工银印尼于 7 月 3 日成功办理全球第一笔跨境人民币结算业务后，深圳、广东分行分别于 7 月 6 日和 7 月 7 日成功办理业务，工商银行成为首批开办跨境人民币结算业务的商业银行之一，为跨境人民币业务的深入开展夯实了基础。

七、NRA 业务推动力度持续加强

2009 年正式启动 NRA 业务，全行上下高度重视、密切配合，形成了整体合力。截至 2009 年末，共有 31 家一级（直属）分行为 1 275 家境外客户开立了 NRA 账户，各项业务指标均处于同业前列。

（总行国际业务部）

对外金融往来与合作

2009 年，工商银行努力克服国际金融危机影响，保持了稳健的发展态势，在国际金融市场的地位和影响力进一步提升，也带动了对外交往的扩大和国际合作的深化。

2009 年度，全行共审批出国（境）团组 495 个、2 460人次。因公出访任务包括业务考察、培训研讨、

国际会议、营销客户、全球路演、外派工作等。团组的顺利出访有效促进了全行的人才培训、对外合作和跨国经营。其中总行领导团组出访共33团组、186人次，所率团组分别赴美国、加拿大、德国、挪威、澳大利亚、俄罗斯、南非、印度、越南等国家，除出席各类重要国际会议外，还执行了包括检查海外机构工作、主持海外子银行董事会、拜访所在地监管机构、营销海外重要客户等在内的多项出访任务。行领导还利用出访机会，拜会中国驻目的地国家大使，通报会见目的地政府及监管部门有关负责人的情况，并听取关于当地经济、政治、社会发展有关情况的介绍，对把握外交政策、了解国际市场、促进双边经济金融往来产生了积极有益的作用。对外交往尤其是高层出访成效显著，不仅建立了良好的投资者关系，增强了投资者对工商银行的信心，同时也开拓了新的市场和商机，显著提升了国际声誉和市场地位。

2009年度，全行共接待各类外事来访、涉外业务洽谈1 080余批，5 400余人次，其中行领导参加的130余批，600余人次。来访机构遍布全球各大洲，在银行、信用卡公司、资产管理公司、基金管理公司、国际评级公司、会计师事务所、证券保险公司、国际组织及论坛、知名财经杂志、知名海外院校、各类跨国企业客户等，在国际业务、公司金融业务、个人金融业务、基金托管业务、电子银行业务、现金管理业务、员工培训等多个领域进行了广泛的交流与合作，不仅巩固和拓展了双方的业务合作领域，同时也起到了广泛积极的宣传效应，对增强工商银行在国际金融界的影响力，进一步提高业务发展水平和风险管理能力有着十分重要的意义。

2009年工商银行配合银监会成功召开了国际监管联席会议。该会议是各国监管机构对跨国金融集团进行金融监管合作与协调的一种机制安排，选择中国大型金融机构召开尚属首次。全行高度重视，成立了专门工作组，各相关部门及境外机构密切协作，确保了会议的顺利进行，不仅配合银监会展现了中国银行业监管及商业银行跨国经营水平的进步，同时也明确了各国监管部门关注的问题和监管重点，为全行在实施国际化战略过程中进一步加强风险管理和内部控制，加快提升境外机构的经营管理水平提供了有价值的参考。

作为中国银行业崛起的代表，工商银行充分发挥自身影响，积极参与最具国际影响力的各类经济、金融组织、机构及论坛等活动，更多地就全球金融业发展变化和金融监管体系改革发表意见和建议，努力增加在国际相关重大议题讨论中的话语权，为逐渐加入到全球金融游戏规则的设计与制定者的行列作好准备。2009年，多位行领导先后率团出席了达沃斯世界经济论坛、世界经济论坛非洲峰会、亚太经合组织工商咨询理事会（ABAC）会议及APEC（CEO）峰会、俄罗斯圣彼得堡经济论坛、SWIFT（SIBOS）年会等一系列国际性会议。特别是2009年11月在新加坡举行的APEC工商领导人峰会期间，姜建清董事长作为引荐人，向大会介绍胡锦涛主席发表了题为《坚定合作信心，振兴世界经济》的重要演讲。姜建清董事长还应邀作为主讲嘉宾，就全球经济复苏前景、中国宏观经济运行情况及工商银行改革发展等情况进行了介绍。而王丽丽副行长作为亚太经合组织工商咨询理事会（ABAC）中国代表，同时作为胡锦涛主席的对话协调人以及第三组对话的小组组长，出席并主持了2009年ABAC代表与APEC领导人的第三组对话。工商银行参加这些会议，起到了广泛积极的宣传效应，充分体现了国际金融界对中国的瞩目和重视，体现了工商银行作为全球市值最大、最盈利银行的影响和地位。

（总行国际业务部）

国际结算单证中心

一、主要经营业绩

2009年，国际结算单证中心成功实现了业务规模与质量的同步跨越式发展。全年共办理单证业务95 120笔、金额538.7亿美元，同比分别增长7.7%和15.3%；办理贸易融资业务31 267笔、金额441.9亿美元，同比分别增长35.2%和39.9%；上挂了14家境内外机构，超额完成了境外业务集中任务，单证中心系统集中的机构达到41家；合肥和成都单证中心平台初步搭建，并分别上挂了两家和一家境内分行，为全面完成境内外业务集中奠定了基础；经营水平和业务效率不断提升，在推出18小时跨时区和节假日运营的同时，保持了单证中心成立三年多来平稳运营的良好记录。

二、主要工作措施

（一）境外集中工作成绩显著。单证中心大力推进境外业务上挂工作，2009年上挂了澳门诚兴银行、东京分行、工银伦敦、悉尼分行、工银阿拉木图、工银中东、多哈分行、河内分行、工银法兰克福、卢森堡分行和工银卢森堡等机构，完成了澳门分行业务上挂及与澳门诚兴银行的整合工作，并启动了工银莫斯科、纽约分行和工银印尼的单证业务集中工作，使上挂的境外机构达到13家，境外集中工作进入收尾阶段。在境外机构不断上挂的同时，单证中心逐条分析、解决境外行上挂中遇到的各种问题，合理安排海外值班人员班次和调整运营时间，推动健全境外行的业务管理办法和操作流程，完善系统功能，促进加强内外联动，有力支持了境外机构业务发展。

（二）积极推进合肥、成都中心建设。单证中心继续推进境内业务上挂，指导和支持合肥、成都分中心的各项筹建工作。全年共投产境内分行三家，其中合肥分中心上挂江西分行，成都分中心也投产了本地业务，两家中心初具雏形，为下一步境内业务集中奠定了基础。两中心目前均已开始实质性运作，合肥分中心还具备了一定的异地上挂经验，业务运行平稳，为进一步开展上挂打下基础。根据合肥、成都中心的筹建方案和进度，结合未上挂分行的业务量和业务特点，制定了未上挂分行业务上挂时间表，为2011年底前实现境内业务全部集中作好系统准备。

（三）做好跨境人民币结算和境外机构境内外汇账户（NRA）业务的各项工作。按照总行的统一部署，单证中心积极参与了跨境贸易人民币国际结算试点工作。一是多次参与项目需求讨论和需求评审会，为人民币跨境清算涉及的单证系统改造提出需求；二是参加跨境贸易人民币清算业务指引和结算业务管理办法的编写，提出单证业务方面的意见；三是开出了单证中心第一笔以人民币为开证币种以美元结算的信用证，对人民币进入国际结算领域进行了有益的探索和尝试；四是开展跨境人民币结算业务培训，内容包括跨境人民币国际结算业务的发展进程、制度办法、实施细则等。单证中心还进行了NRA业务的有关准备工作，讨论确定了NRA账户项下的业务范围和业务流程。

（四）做好银企互联国际结算系统和网银国际结算业务处理系统有关工作。银企互联国际结算系统是总行应中化集团的需求，根据企业有关操作集中、管理集中、融资集中的变革规划而设计的业务集中处理的系统改造。单证中心做好系统前期的讨论测试工作，并成功完成中化天津、辽宁、河北、北京、江苏、上海、广东等共十一家子公司的推广，完成内部流程培训、系统参数设置和系统优化工作。单证中心还积极配合国际业务部、产品创新管理部，多次参与网银国际结算业务处理系统的信用证、托收代收、保函各分项目的需求讨论和需求评审，对项目开展提出专业意见。

（五）防范业务风险，规范业务操作。探索完善单证集中模式下的风险管理机制，编写了《国际结算案例分析和业务操作手册》，为前后台业务人员提供业务指导和参考。2009年，单证中心在全行范围内开展了国际结算和贸易融资案例征集遴选，完成了《国际结算与贸易融资案例分析》，还组织编写了《收单点操作手册》，规范了单证集中模式下的操作流程，强化了操作风险控制。

（总行国际结算单证中心）

与战略投资者、标准银行的战略合作

一、与高盛投资团的战略合作

2009年工商银行积极推进与战略投资者在风险管理、金融市场、员工培训、社会责任、银行保险、银行卡等领域的合作，取得了显著成效。

（一）与高盛集团的合作

1. 风险管理领域。高盛及其聘请的国际知名咨询公司与工商银行开展了内部资本充足评估程序（ICAAP）、信用风险管理、市场风险管理和操作风险管理四个项目的合作，促进了工商银行风险管理水平的提升。

2. 金融市场领域。高盛及其聘请的国际知名咨询公司协助工商银行搭建和完善金融产品及衍生工具交易平台，2009年双方合作初步完成了内部交易项目，启动了衍生产品定价软件模型应用项目，高盛派驻专家提供相应咨询和服务。

3. 员工培训领域。高盛继续为工商银行管理人员举办“松树街”领导力培训班，为业务骨干举办“投资银行专业人才合作培训班”，委派风险管理专家为工商银行高层和员工深度剖析全球金融危机，委派投行专家举办并购融资、估值模型、杠杆收购、宏观经济与行业分析等多场专题研讨会。

4. 社会责任领域。高盛与工商银行采取不定期共同组织公益活动的方式开展社会责任领域的合作，2009年双方主要开展了关怀在京民工子弟小学儿童等公益活动。

（二）与美国运通公司的合作。2009年工商银行与运通公司在发卡、市场营销、风险管理、客户服务等方面进一步深化合作。双方合作在国内率先推出航空类联名商务卡“运通品牌南航明珠牡丹商务信用卡”，工商银行还获得了2009年“美国运通商务卡最佳市场推广奖”。截至2009年末，牡丹运通卡发卡量超过71万张，年消费额约203亿元。

（三）与德国安联集团的合作。2009年工商银行与安联集团国内寿险子公司中德安联保险公司在银保代理、资产托管、存款等方面深化合作。截至2009年底，工商银行累计代销中德安联银保业务量超过36亿元，累计手续费收入超过1亿元。2009年末，中德安联在工商银行的资产托管净值超过28亿元。

二、与标准银行的战略合作

2009年是工商银行与标准银行合作的第二年。截至2009年末，双方已在企业融资、资产托管、结算与现金管理、投资银行、信息科技等多个领域开展了85个合作项目，其中已成功完成项目13个，对非融资总额达到45亿美元。通过与标准银行的合作，工商银行成功介入了境外结构性商品融资、矿业项目融资、国际矿业并购融资、碳排放权交易等多个新兴业务领域。按权益法计算，2009年工商银行对标准银行投资回报率约为6.1%，比同期外币债券投资高出3.17个百分点。

（总行战略管理与投资者关系部）

工 银 亚 洲

行政总裁　陈爱平

2009年，金融海啸对全球经济金融持续产生严重影响。工银亚洲作为香港本地上市银行，面对严峻的外部形势，坚守“立足香港、背靠大陆、面向全球”的经营战略，充分发挥工商银行的整体优势，加强内外联动，全方位服务优质客户，努力减缓金融危机对工商银行经营的冲击，实现了优良的业绩。

2009年税后盈利为25.26亿港元，较2008年增加15.57亿港元，增幅达到161%。每股基本盈利为1.95港元，较2008年增长153%。向普通股股东派发末期股息每股0.57港元，较2008年增加85%。实现净利息收入达30亿港元，较2008年有所增长；综合净息差由2008年的1.55%改善至1.56%。净收费及佣金收入较2008年增长10%，共实现7.27亿港元。成本收入比有所下降，由33.3%降至32.4%。平均普通股股本回报率达到16.10%，平均资产回报率为1.23%。

截至2009年底，总资产为2 158亿港元，较2008年增长11%，其中贷款增长7%，达到1 470亿港元；客户存款及存款证合计为1 636亿港元，较2008年增长15%。

本集团贯彻执行严格的风险管理政策，2009年的不良贷款比率处于0.92%的较低水平。不良贷款的个别和组合减值拨备总覆盖率从2008年的74.4%下降到65.9%，其中组合贷款拨备从3.79亿港元增加到4.5亿港元。在投资上，秉承审慎原则，对迪拜贷款作出合适拨备，并对债券组合和风险管理机制进行了检讨和相应的调整，力求将投资风险减至最低。

本行企业银行和商业银行业务充分诠释了“立足香港、背靠大陆、面向全球”的发展战略，以大中华区为业务重点，全力支持国内优质企业“走出去”战略的实施，有选择地发展其他区域市场的客户，在2009年实现了可观的增长。同时，工商银行将人民币境外业务作为未来发展的战略重点，依托母行作为人民币第一大行的优势，把握人民币跨境贸易结算服务的机会，与母行通力合作，积极扩大客户群。

随着香港资本市场的复苏，本行积极发展与资本市场相关的业务，维持了在相关业务领域的优势，积极为企业收购合并提供咨询和融资服务。

在个人金融业务方面，全面实施以增加客户基础为核心，为客户提供全面金融服务为手段的业务转型，尽快提升个人金融业务的价值贡献度，使个人金融业务成为全行稳健发展的基石。继续积极优化分行网络，提升个人金融的整体服务素质，大埔分行迁至更佳地点。

在履行企业社会责任方面，举办了慈善高尔夫球日等户外活动，筹得款项全数拨捐香港明爱。本行还发起员工募捐，为内地重建云南省昭通市贫困山区的水屯村希望小学购置教学设备，完善教学条件。

（工银亚洲）

香 港 分 行

总经理　库三七

一、主要经营业绩

2009年香港分行努力克服国际金融危机带来的冲击，取得了较为理想的经营业绩。全年实现净利润5 296万港元，较上年增长3倍，超额完成总行下达的利润预算。截至年末，香港分行总资产188.7亿港元，较年初增加13.2亿港元；其中贷款88.9亿港元，较年初下降13.9亿港元；全年实现净收入11 088万港元，其中手续费净收入3 522万港元，占比为32%，实现拨备前利润9 373万港元，较上年同期增加22.1%。在香港金管局公布的CAMEL评级中香港分行被评为2级。

二、主要工作思路和措施

（一）加强信贷风险管理，保持资产质量稳定。受国际金融危机的影响，分行的资产质量出现劣变的态势。分行立即采取措施，逐户落实风险控制责任人，明确管理责任，加强贷后管理；逐笔确定保全手段，明确贷后管理的问责制度；加强监测分析，掌握组合的风险迁移动态，密切跟踪，定期报告；同时要求特殊资产部加大清收处置力度。由于措施得力，分行自2009年5月底以来未再新增一笔不良贷款，同时收回已逾期贷款1 730万港元，不良贷款率从上半年的2.05%下降至年底的1.48%。此外，分行根据市场形势，加强了对表外业务的管理。

（二）完善内部管理流程，消除潜在风险隐患。在加强信贷风险管理的基础上，分行把加强风险管理和内部控制作为业务健康发展的基础工程来抓。全面更新了《资金业务操作规程》，细致梳理了信贷管理流程，同时对印鉴管理等环节提出了更加详细具体的要求，有效防范风险隐患。

（三）拓展业务发展空间，做好平台服务工作。分行继续通过信贷资产买卖、非融资性风险参贷等多种模式为工银亚洲等境外机构提供业务支持，全年以非融资风险参贷方式参与工银亚洲贷款17次，总金额1 028.2亿港元，年底余额450.5亿港元。为支持工银亚洲营销和稳定优质大型客户、扩大在香港地区的影响力和竞争力，经总行审批，分行与工银亚洲一起筹组了恒基兆业4亿美元银团贷款、和记黄埔5亿美元双边贷款等项目。此外，分行还与工银澳门进行了业务探讨，并开始了实质性的业务支持与合作。

（四）成功测试并投产FOVA系统。在总行支持和指导下，分行成功投产FOVA系统和SUMMIT系统，为业务持续健康发展提供了坚实基础，也为工银亚洲推广FOVA系统积累了宝贵经验，培养了一批熟悉系统的业务骨干和技术骨干。

（香港分行）

新加坡分行

总经理　徐力

2009年，在动荡的金融形势下，新加坡分行稳打稳扎、积极应对，一边坚持实施转型战略，调整客户结构、产品结构和收入结构，一边采取各种有效措施防范和化解各类经营风险，努力在危机中寻找机会，充分发挥工商银行的整体优势。经过全行员工的共同努力，2009年新加坡分行经营效益取得长足进展，市场竞争力显著提升。全年实现利润802万美元，完成总行下达计划的127.1%。不良贷款余额为2 068万美元，比上年末下降30万美元；不良贷款比率为1.38%；2005年以来新增不良贷款为零。营业费用565万美元，控制在总行计划之内。表内总资产14.96亿美元，比上年末增加44.3%。其中：贷款资产总额7.76亿美元，比上年末增加4.82亿美元；贸易融资4.52亿美元，比上年末增加4.12亿美元；债券投资总额4.18亿美元，比上年末减少0.37亿美元。各项存款余额1.49亿美元，比上年末增加2 600万美元。国际结算量355亿美元，比上年末增加235亿美元，增幅为195%，连续四年翻番。国际结算业务收入达到中间业务收入的77%。

一、坚持实施转型战略，“结构调整”成效显著

（一）扩大优质客户群。分行将拓展优质客户作为市场营销工作的首要任务，积极开展各类新客户的拓展工作，取得较好成效。

公司客户方面，分行紧盯新加坡1 000强大型企业、500强中小企业和优质中资企业142户，通过制订客户营销计划，将目标任务分解到每位客户经理，为客户度身制订服务方案。至12月末，新拓展公司客户30户，比上年增长2.8倍多，其中包括新加坡港务局、宝钢新加坡、中海油服新加坡、美陆新加坡、康福、新加坡航空等知名企业。个人业务方面，各类存款客户达到421户，较上年增长80.69%，其中留学小管家账户增加33户。

（二）扩展产品线深度与广度。产品是收入的来源，分行2009年度在丰富各类产品、提供个性化服务方面投入大量精力。公司业务方面，除积极稳妥发展银团贷款和双边贷款外，分行抓住欧美银行信用危机、新加坡金融管理局放松分行存款限制和总行FOVA及海外网银的投产等有利时机，大力发展存款业务、现金管理业务。至2009年末，增加存款客户34户，增幅超过280%；成功营销中海油服新加坡成为现金管理客户；新加坡康福德高有限公司及长航油运新加坡有限公司达成全球现金管理意向；中海油服新加坡和泺淳实业公司开办了境外网上银行业务。在石油贸易融资和低风险保函业务方面，分行的业务纪录不断刷新，国际贸易融资量比上年同期增长293%，达到53.6亿美元。

机构业务方面，利用中国开展人民币跨境结算的契机，加强代理行营销和公司客户宣传工作。下半年成功为8个代理行开立人民币清算账户，包括RHB、Hong Leong、EON、MayBank及其分行等。2009年11月23日，成功为宝钢新加坡叙做了将第一笔跨境人民币结算业务1 000万美元，有效扩大了分行在新加坡中资银行中该项业务的占比。

个人业务方面，以特色预结汇汇款为基础，积极开展批发汇款、转汇款、现钞服务等多样化金融服务。2009年7月与驻新使馆签署《中国工商银行—中国驻新加坡大使馆代理收取规费协议》；8月与马来西亚丰隆银行签署了《个人预结汇业务合作协议》。2009年还成功争办到东帝汶和密可罗尼西亚两个跨国使馆的代发工资和个人预结汇汇款业务。

（三）收入结构日趋合理。剔除金融市场利差变窄，个人汇款业务受经济形势影响收入下滑以外，分行的中间业务收入在下半年呈现逐月上升态势，同时信用

证结算服务和低风险担保业务收入分别较上年同期有2位数的大幅上升，主要得益于市场部门加大了对公司汇款、贸易结算等业务的营销力度。

至2009年12月末，分行担保业务收入22.49万美元，较上年同期增长377.49%；信用证业务收入48.94万美元，较上年同期增长83.43%；银团管理费收入24.63万美元，较上年同期增长254.39%。这三项业务收入占到分行全部中间业务收入的45.55%，较上年同期占比提高了28.53个百分点。

二、加大同业合作，促进国际结算及贸易融资强劲增长

2009年分行高度重视贸易融资业务发展，在积极营销中资石油贸易企业的同时，加大与代理行的沟通与合作。至12月末国际结算业务量355亿美元，较2008年同期增长195%。其中出口议付、出口托收、汇入汇款、来证通知、汇出汇款增长均超过100%，分别达到1 425%、1 302%、234%、196%和155%；进口开证也达到两位数增长，为61%；所有贸易项下结算业务均实现了较大幅度增长。其中，中石油、中海油、中化国际、中石化等公司的结算量占据了半壁江山。

（一）风险参贷业务。分行积极开拓本地同业市场风险参贷业务，通过与MIZUHO Singapore等银行合作，以风险参贷的方式开展进口代付、信用证保兑等业务，一共实现4 825万美元的业务量。另外还通过与代理行的合作，开展了面向本地大型贸易公司的信用证项下贴现业务，共办理2.3亿美元。

（二）背对背信用证业务。6月以来，共办理背对背信用证业务19笔、金额达8 800万美元，还首创“系统内背对背业务”新产品，争取得到总行政策支持，开拓了发展空间。

（三）福费廷业务。分行调整了福费廷业务市场策略，加强与新加坡本地代理行合作，共办理福费廷业务3.1亿美元，比2008年同期增长96%。同时，努力创新为优质客户提供融资服务，例如通过与深圳的HSBC合作就华为的印度应收账款提供融资2 000多万美元。

三、丰富联动内涵，提升海外市场竞争优势

分行努力追寻中资企业走出去、跨境人民币结算、外企在国内开立外币结算账户等热点，加强与境内外分行的合作，寻找业务机会，提升竞争优势。

（一）参与总行直营客户集团授信。在总行支持下，争取到在中化集团授信中为中化国际石油新加坡公司核定1亿美元贸易融资授信额度，为联合石化核定2亿美元综合授信额度；蒂森克虏伯集团授信中为其亚洲私人有限公司核定5 000万美元非专项授信额度；嘉德置地集团授信中为本地公司核定5 000万美元授信额度；新鸿基集团中为乌节湾项目核定3 900万新元授信额度。

（二）管理总行簿记专业融资项目。对于总行簿记在新加坡分行向国航、南航、东航及中电控股共提供的飞机融资1.5亿美元，分行实施专人管理，定期报告本地市场信息，在协助总行加强贷后管理的同时，也提升了分行的专项融资业务水平和能力。

（三）开立内保外贷低风险保函。与上海分行合作，为中化国际开立备用信用证5 000万美元；与贵州分行合作，为Graceland Industries（新加坡美陆事业）办理1 000万美元内保外贷预付款保函业务；与辽宁分行合作，为远大铝业有限公司采用内报外贷方式开立70万美元履约保函；与无锡分行合作拟向吉宝无锡开立备用信用证用于3亿元人民币项目融资担保。

（四）营销全球现金管理服务方案。与总行、纽约分行、浙江分行共同营销美国联合科技亚太总部，争取为其提供全球现金管理服务；与总行及成都分行合作为康福德高提供现金管理服务，并已开立相关账户。

（五）协助国内分行营销及开立NRA账户。协助深圳分行、苏州分行营销联想新加坡、华为新加坡、意法半导体、丰隆银行等重点客户业务；为深圳分行提供NRA账户的见证及查册服务，包括光汇新加坡、华为新加坡有限公司、伟创力新加坡有限公司等。

（六）拓展留学小管家业务源头。在总行支持下，对全国29家分行开展此项业务视频培训，组建各分行业务联系人群组，加强信息交流和市场反馈，全年留学小管家开户存量数达到60户，新增33户，较2008年同期增长182%。

四、强化风险管理，确保合规稳健经营

（一）落实各项信贷风险管理制度和措施。信贷审查工作抓住行业、产品和客户三个层面，把握现金流基础上的还款来源分析、风险点控制两个中心，严格控制国家集中风险、行业集中风险和单个客户集中风险，继续贯彻信贷分析“全程跟踪”和“前期介入”等制度，认真落实“贷后年审”、“贷后持续检查”和“贸易融资逐笔业务核准”等措施，保证了分行对各类风险贷款的提早防范和化解。

（二）应对后金融危机时期的流动性风险管理。随着各国政府量化宽松政策的逐渐生效，全球市场在第一季度触底后逐步回稳，但局部国家和地区的危机仍然不断暴露，分行加强了对市场重大变化情况的防范和应对，资金部门及时收集各种市场信息、整理交易对手风险，向分行管理层及信贷管理部门反馈；加强与市场部门沟通，提前了解有关客户的借贷信息和潜在资金需求，制订资金分配方案；定期进行流动性压力测试、利

率敏感性测试，预防市场流动性的重大变化。

（三）借助 FOVA 系统强化操作风险控制。自 2008 年 FOVA 投产后，分行充分利用系统的刚性控制作用，在岗位权限划分、授权层级、操作卡设置等方面严格按照各类业务操作风险控制要求，从参数设置、授权卡控制、人事管理等多方面交叉控制业务人员越权操作风险，有效保障了安全稳定运行。

五、调整分行内设机构，实施员工技能提升项目

为进一步推动业务发展，分行重组了现有内部机构。改组单证部为单证及贸易融资业务部，将审单职能上收总行单证中心后的单证部改组为贸易融资营销部门，增强分行的市场开拓能力，重点发展背对背信用证、福费廷等贸易融资业务。明确公司业务部分为中资企业组和本地企业组，对这两个组的营销进展进行独立管理和考核，旨在进一步扩大中资企业的营销成果，同时加强本地优质客户的拓展。

为在业务快速增长阶段保障充分人力资源，分行开展了内部挖潜，年初开始推广员工技能提升项目，针对岗位技能、业务素质提出具体提升目标，由各部门经理按照经每位员工确认的提升目标展开有针对性的训练和学习。自该项目实施以来，全行员工充分意识到自我能力提升的重要性和迫切性，开展了形式多样的学习和操练，与此同时分行也迎来了员工流动的高峰。全行共有 11 位员工离职，新加入员工 14 位。全行员工的平均年龄从年初的 38.4 岁降至 36.3 岁，专科以上人员占比从 79% 提升至 84%。

六、提升本地金融服务能力

分行 2009 年与本地金融机构、政府机构、知名学校、中国驻新使馆及华人社团等建立了更加广泛的联系。经过努力，分行获准加入新加坡经济发展局的海外业务融资支持计划，成为新加坡第一个加入此计划的中资银行，并就进入该计划的公司客户授信融资获得总行授权支持。分行借此扩大新加坡总部企业的营销工作，加强对本地金融服务的渗透。

在批发汇款业务方面，与本地花旗银行、大华银行及汇款中心的转汇款合作谈判也进入新的阶段。为中国驻新使馆提供现钞服务更加紧密了使馆与分行的友好关系，驻新中资企业与分行的业务往来也越来越多。

与此同时，分行加强了与新加坡金融监管部门的沟通联系，全力申请全功能银行牌照，并得到积极回应。

（新加坡分行）

东 京 分 行

总经理　宋宁

2009 年是东京分行开业以来不平凡的一年。在世界性金融危机冲击下，日本市场总体上呈疲软状态，许多企业财务状况恶化、外部评级下降、信用风险提高，发展资产业务的难度加大，存量资产安全面临威胁。另外，因国内外汇市场供求关系变化，重要收入来源之一的代付业务急剧减少，而且利差大幅度收窄，对利润增长造成极大压力。在不寻常的经营环境面前，东京分行认真贯彻年初全行工作会议精神，落实境外业务工作会议部署，认清形势、加强管理、扎实工作。2009 年末资产规模达到 17.6 亿美元，超过 2008 年创下的历史最高纪录 17.2 亿美元，拨备后账面利润再破 1 000 万美元大关，达到 1 083 万美元，超额完成年度利润考核计划。

（一）准确把握形势，力保资产安全。在外部风险加大的情况下，分行坚持稳健经营、资产安全优先的原则，不盲目追求当前收益。对风险程度较高行业的存量资产，严密跟踪债务人经营状况和资金周转情况，防患于未然。对受经济危机和日元升值影响较严重的原材料

行业、制造业等保持高度警惕。成功全额收回非银行金融机构SFCG存量贷款，规避了该公司后来申请破产有可能造成的资产损失。2009年没有出现一笔新的不良资产。

（二）抓住市场机遇，增加优质资产。日本当地银行由于坏账增加并出现大额有价证券相关损失，自有资本比率普遍下降，贷款能力受限制，而其客户因财务状况恶化，发行债券等直接融资难度加大，对银行贷款的需求反而增加。因此，信贷市场总体上转向卖方市场。分行抓住这个机遇，优中选优，积极扩大优质资产。譬如，参加以瑞穗金融集团为后盾，具有强大技术和规模优势，在行业中处于领先地位的综合重型机械生产企业川崎重工业株式会社的银团贷款3.5亿日元；二手购进日本政府设立的高速公路运营机构的贷款9.5亿日元；增加对作为日本6大综合商社之一的丸红株式会社的贷款13亿日元。在债券投资方面，抓住日本市场上一些金融机构因流动性紧张，急于出售手持债券的有利时机，适时购进一些收益较高的债券品种，优化资产结构。

（三）深化经营转型，突出目标客户。从长期可持续发展战略目标出发，分行坚持把从事与中国相关业务的当地客户作为目标客户，积极扩大双边业务特别是低风险的中间业务和贸易融资，减少对债券投资和银团贷款的依赖，深化经营转型。进一步加大双边客户营销和维护工作力度，由分行总经理挂帅，先后对中国石油国际事业日本株式会社、日本五金矿产株式会社等企业开展高层营销，重点对中石油大阪石油精炼并购项目、贸易融资业务以及日本五矿贸易融资业务，开展有针对性的营销活动。对中国留学生、研修生的业务营销也取得新成果。

（四）推进网点建设，增强发展后动。池袋分理处于2009年11月7日成功开业，标志着在日本的经营格局从单一网点向多元化发展迈出了关键一步。增设池袋分理处的筹备工作，包含选址、可行性分析、监管审批、人员招聘培训、店面装修改造、系统安装测试等多个环节。在精心组织、周密安排下，各项筹备工作有条不紊地顺利完成。为了有针对性地服务当地华人客户，分理处制定了每日9小时对外延时服务与周六无休的营业制度，选聘了分别通晓中、日、英、韩四种语言的员工提供多语种服务。池袋分理处开业当天便受理30多人次的业务咨询，开立个人账户8户，办理汇款业务5笔，实现了开门红，而后业务量稳步上升，单日最多办理汇出款83笔，达到同期分行本部单日峰值的50%以上；首月日均办理汇出款30笔，达到分行本部两年前水平。

利用池袋分理处开业的机会，开展了大规模营销宣传活动。首次在车站地下通道大面积张贴宣传海报，首次在日本繁华商业区树立工商银行形象牌。开业前夕成功举办了开业酒会，三菱东京日联、三井住友、瑞穗实业等日本主要银行，双日商社、大昌行等主要当地客户，中石油、华为等主要中资企业及当地各中资金融同业等各界人士到会表示祝贺。中国驻日本大使馆公使衔商务参赞吕淑云在酒会上发表贺词，多家当地媒体进行了现场采访，中央电视台的日本合作伙伴CCTV－大富电视台对开业酒会进行了电视新闻报道。

加入日元一级清算的准备工作顺利推进。专门成立了日元一级清算工作小组并向总行上报了工作计划，已经完成软件和合作公司的选择、FOVA系统日元清算业务需求书的编写、内部流程和部门分工以及灾备流程的制定等前期工作。招聘了一名曾在瑞穗实业银行（原富士银行）有近20年清算业务工作经验的人才。

（五）精心组织安排，确保FOVA系统顺利投产运行。分行是FOVA系统2009年2月版本的首家投产分行。为确保系统投产工作按计划顺利完成，成立了由总经理挂帅的工作领导小组，明确了各相关部门和人员的具体职责和工作时间表，要求全体员工确保业务工作和系统投产两肩挑、两不误。在系统投产过程中，大家顾全大局，不计得失，自觉加班加点；部门之间、岗位之间密切配合，团结协作。经过周密的前期准备和一个多月的攻坚作业，FOVA系统、单证中心系统、SUMMIT系统于2009年4月25日一次性顺利投产，经过实际检验，系统运行状况良好，各项业务处理有条不紊，客户总体上反映良好。

FOVA系统投产后，部分业务的操作流程发生变化。为此，重新制定了新系统下的业务操作规程，严格防范操作风险。同时，根据新系统特点，设计、印制了东京分行第一版存折、存款说明手册和各类业务凭证共二十多种。通过邮寄、柜台和网站等途径向客户告知分行更新系统的相关信息。

（六）完善工作机制，加强代理行营销。认真落实总行的代理行工作部署和相关工作要求，首次组建了由相关业务部门负责人组成的代理行工作团队，进一步完善了代理行工作机制，与重点代理行接触的频率和成果显著提高。

新年伊始，主动配合总行开展与日本主要代理行之间的资金对拆协议续签并扩大承诺性拆借规模的工作，与瑞穗实业银行的资金对拆规模从105亿日元扩大到180亿日元。首次与横滨银行探讨资金合作事宜，从该行获得50亿日元的拆借额度。

就国际结算和贸易融资业务合作事宜，先后走访了瑞穗实业银行、三井住友银行和理索纳银行，向对方提交了分行可以提供信用证保兑的中国境内开证银行名单。代理行对开展业务合作均表示出积极的态度。关于日元同业清算业务合作事宜，与三菱东京日联等日本当地银行和菲律宾首都银行、巴西银行等外资银行在日机构进行了有益探讨。

与境内中资代理行的合作取得新成果。同深圳发展银行签署了《金融机构间进口代付总协议》。信用证保兑业务实现新突破，为广东发展银行签发的受益人为三菱商事，金额181万美元的远期信用证加具保兑；为浦东发展银行吉林分行开立的受益人为丰田通商，金额645万美元的信用证加具保兑。走访营销了济南商业银行、莱商银行、临沂市商业银行、日照银行、青岛银行，详细介绍东京分行日元清算、国际结算、贸易融资等业务以及合作方式。以电话和邮件等方式向北京农村信用合作银行、浙江潇湘合作银行等推介日元清算业务。江西九江银行在分行开立了清算账户并开始办理日元清算。

按照总行的部署，2009年首次承担对日本60家代理行的前台尽职调查任务，严格按照总行规定的调查内容，努力做到要素齐全、信息准确、分析到位，切实加强代理行风险管理。

（七）重视内外联动，强调整体效益。2009年在帮助境内分行营销日资企业方面又取得新成果，捕捉到15条日资企业在中国投资的信息并通过内外联动园地等渠道及时通知境内有关分行，现已取得营销成果的有4项。

继续做好外保内贷业务，一是接受日本南都银行的申请，为其客户在大连的子公司向大连分行贷款进行担保，签发了金额为15万美元的备用信用证；二是接受京都银行的申请，为其客户在上海的子公司向上海虹桥支行贷款进行担保，签发了金额为8.5万美元的备用信用证；三是接受北国银行的申请，为其客户在大连的子公司向大连分行贷款进行担保，签发了金额为38.5万美元的备用信用证。

（八）积极参与新城住宅重组过程，确保债权安全。在2008年的金融危机中，东京分行一笔债券的发行体“新城住宅投资法人”因流动性不足，陷入盈利状态下破产重组的局面。自该投资法人向法院申请破产重组手续以来，东京分行立即建立严密的应对工作机制，紧密跟踪破产重组过程的每个细节，与日本中央三井信托银行等大债权人保持紧密联系，有效使用债权人的权利积极参与重组方案的表决。

目前，新城住宅接受了主要债权人的要求，重新办理破产重组手续，并提出新的重组方案。按照该新方案，重组后产生的新债务人得到日本大银行的支持，债券本金利息在5年内分4次分期偿还，利差90—110个基点。因此，分行持有的新城住宅债券的全额收回不仅悬念更小，而且收益率高于原重组方案，资产分类时债务人与对应的资产按日本金融厅的有关规定均可列入正常类。

（九）配合全行整体营销，做好簿记贷款和内保外贷业务。从日本大型租赁公司“三井住友金融租赁公司”引进一位具有20多年飞机租赁业务经验的日籍专业人员，负责企业金融部新组建的飞机租赁融资小组的工作，承办总行签约的飞机租赁簿记贷款业务，同时积极探索发展东京分行自行签约、总行审批的其他租赁融资业务。企业金融部中资企业小组负责承办由境内分行担保的主要以海外中资企业为对象的内保外贷业务和总行签约的海外簿记贷款业务。飞机租赁簿记贷款余额达到4亿美元，同比增加1.76亿美元；内保外贷和海外簿记贷款业务余额达到2.64亿美元，同比增加1.06亿美元。

（东京分行）

首 尔 分 行

总经理　崔基仟

2009年，首尔分行按照总行提出的加快实施业务转型的战略目标，全力开拓市场，做好客户维护，推进经营转型，注重联动发展，强化风险控制，取得显著成绩。

一、主要经营指标情况

截至2009年末，总资产余额20.62亿美元，较年初增长6.95亿美元，其中，贸易融资余额达6.88亿美元，较年初增加1.1亿美元，占总资产的33.38%；一般贷款和债券投资的余额分别为2.41亿美元和6.61亿美元，占比分别为11.67%和32.05%；2009年以来新办理的同业贷款余额2.5亿美元，占比为12.13%。

截至2009年末，负债总额为19.56亿美元，较年初增加6.14亿美元，其中，同业拆入款项、系统内借入款项分别为8.65亿美元和8亿美元，占比分别为44.22%和40.90%；营运资金总额1.55亿美元，占比为4%；客户存款1.04亿美元，占比为5.32%。

2009年实现账面利润3 656万美元，较2008年增加2 191万美元，实现净利润2 883万美元，资产收益率和资本收益率分别达到2.09%和28.92%。

二、主要工作措施

面对复杂多变的外部经营环境，分行提出了“一个确保、两个稳定和三个提高”的工作思路，即确保资产质量和安全；稳定客户、稳定经营；提高风险识别能力、提高内控管理水平、提高员工业务素质。

（一）准确把握市场机遇，积极开拓客户市场。抓住2009年以来韩国逐渐走出金融危机阴影、企业经营效益逐步恢复、且市场融资利率仍保持在较高水平的有利时机，积极开拓新客户市场，全力做好优质客户维护，营销成果斐然。

大力发展新客户，深挖原有客户潜力。对三星电子和浦项制铁这两个韩国顶级企业的营销获得重大突破，截至2009年末上述2家企业的贸易融资余额达1.64亿美元；新拓展了乐天酒业1 000亿韩元私募债券业务，向STX公司和斗山资本发放5 800万美元低风险方式担保贷款。全年累计发放贸易融资26.9亿美元，全部集中在能源、汽车、钢铁、电子和重工等韩国支柱产业中的龙头企业和食品等内需行业。参加了对韩国铁道公社、韩国电信、韩国矿物资源公社和韩国燃气公社等一批韩国优质国有企业的债券投资，金额总计9 024万美元。

客户数量稳步增加，客户结构不断优化。公司客户数量从2008年末的78家进一步增长到2009年末的94家。目前已经与韩国前48大集团中的28家和14家世界500强企业中的13家建立了各种形式的业务合作关系，涉及电子、炼油、化学、钢铁及金属冶炼、汽车、造船、重工和综合贸易等众多行业。

优质资产占比提高，收益水平大幅攀升。截至2009年末，分行AA－级（含）以上客户贷款（含一般贷款和贸易融资，下同）余额达到8.21亿美元，占全部贷款余额的88.3%，较年初提高7.8个百分点。A－级（含）以下客户贷款余额5 623万美元，较年初减少3 742万美元，仅占全行贷款总额的6.1%，较年初下降6.5个百分点。与此同时，资产的收益水平也大幅攀升，全年资产的平均利差水平达到2.54%，较2008年大幅提高了1.35个百分点。

（二）加强全面风险管理，强化风险分析监控。强化信用风险分析。加强对主要行业和重点客户的风险分析和监控；对银行、炼油、LCD和汽车等信贷资产余额较大的行业进行了整体风险评估，并对行业中的主要企业通过敏感性分析和压力测试进行了分析比较。

加强贷后风险防范。密切关注客户动态和市场变化情况，加强信息的搜集和分析，每月召开由管理层及相关部门参加的风险分析例会；坚持定期资产风险排查机制，加强对信用风险敞口的监控；进一步完善信贷客户分类管理办法，按照“有保有压、区别对待”的原则分别采取信贷政策。

加快风险资产压降处置。对于存在潜在风险的客户，采取了暂停融资业务、限制融资品种和缩短融资期限等多种措施，其中提前收回 1 270 万美元，风险资产比重大大降低。截至 2009 年末，关注（含）以下贷款余额 5 623 万美元，较年初下降 2 152 万美元，其中不良贷款余额 99 万美元，不良贷款率仅为 0.11%。

落实全面风险管理要求。针对 2009 年以来利率、汇率和流动性风险波动加剧的情况，进一步完善对市场风险和流动性风险的监测与分析机制，加强对利率和汇率的趋势分析，严格对资产负债规模的匹配管理，合理调整资金来源和运用的期限和结构。2009 年以来未发生重大市场风险、流动性风险事件。

（三）完善代理行工作机制，大力发展代理行业务。制订了促进韩资代理行业务合作发展方案，进一步完善了代理行业务工作机制，成立了代理行工作团队，明确了分工职责和联动工作要求，建立了监测和考核机制。

2009 年以来，随着韩国金融市场逐渐趋于稳定，一度因金融危机冲击受到外汇流动性危机困扰的韩国银行业也逐渐走出困境，整体风险程度大为降低。面对这一难得机遇，分行在严格控制风险的前提下为主要韩资代理行办理了同业贷款和代付等多种信贷类业务。先后对韩国输出入银行等 4 家韩资代理行共发放同业贷款 5 笔、金额合计 2.5 亿美元；与韩国外换银行等 5 家韩资代理行分别签订了代付合作协议，累计办理代付金额 1.1 亿美元；对国民银行等 3 家韩资代理行共新增债券投资 6 笔、金额合计 6 500 万美元。

对韩资代理行信贷业务大幅增长也带动了国际结算业务的发展，累计办理来自韩资代理行的转汇款业务 41 570 笔，同比增长 10.60%。积极协助总行与国民银行和韩亚银行在全球现金管理业务上的合作，有海力士半导体（上海）有限公司等 6 家企业陆续成为总行与国民银行共同开发的全球现金管理系统合作项目的使用客户，有 1 家企业成为总行与韩亚银行现金管理合作项目的使用客户。

（四）积极推动境内外联动，营销合作结硕果。2009 年，共办理各类内外联动业务及服务 76 项，其中联动营销 34 项、内保外贷及外保内贷 7 项、资信调查 24 项、核保见证 7 项、其他事宜 4 项。主要成果有：协助天津和浙江分行营销了三星电机、晓星、湖南石化等一批在华韩资企业；积极协助总行及广东、福建和厦门分行营销 LG Display 在华投资项目，协助内蒙古分行营销韩国东和集团在包头投资企业 2 亿元人民币房地产项目贷款业务；协助苏州分行营销三星电机昆山法人 4 000 万美元投资项目并成功取得客户主办行地位；为辽宁分行等 5 家境内分行办理核保见证 7 笔、金额共计 1.25 亿美元；在总行资产托管部的指导和支持下，跨境资产托管业务营销取得了重大进展，Hi－Asset Management 公司指定工商银行作为其 QFII 托管行；积极向韩资金融机构和主要进出口企业介绍和宣传人民币国际结算、NRA 账户和全球现金管理系统等，成功营销韩国亚太城市旅游振兴机构在广东分行营业部开立 NRA 账户。

（五）积极创新产品服务，发掘新业务增长点。认真研究客户需求，推出了“预结汇当日到账”和“存款、汇款联动”两个产品，受到了客户的欢迎，带动了存、汇款业务的增长，共办理柜台汇款业务 20 101 笔，较 2008 年增长 21.41%。积极营销低风险项下担保业务，2009 年以来共办理融资保函（备用信用证）和风险参贷 7 笔、金额总计 3 742 万美元，担保手续费平均收益率超过 100 个基点。以参与韩国输出入银行等银团贷款为契机，使银团管理手续费成为 2009 年中间业务收入的新增长点。全年银团和外汇担保业务收入分别达到 81 万美元和 74 万美元，分别跃居第二大和第三大中间业务收入来源。

（六）提高内控管理水平，确保依法合规经营。FOVA、SUMMIT 和单证中心三大系统顺利投产以来，分行对各类业务的操作流程、管理规定、参数设置和权限控制等进行了详细梳理。同时编制了《参数管理办法》和《权限卡管理办法》，加强了业务操作的流程控制。

重新修订了《首尔分行各级管理人员履行职务有关规定》、《经营管理事项权限表》、《代理行使职权规定》和《签字样本管理规定》等一系列规章制度，进一步明晰了各部门的职责分工和业务流程。建立了首尔分行规章制度数据库，使员工可以随时根据查询到的业务规程修订版本来办理业务。设置了电子文档服务器，将重要电子文档和员工间共享使用的文档保存在电子文档服务器中，以加强重要电子文档的安全性以及保障业务延续性。

继续加大内部监督检查力度，并接受了总行内部审计局的经营管理审计评价，总体评价结果良好，对于审计提出的问题，认真进行了整改落实。投产了反洗钱（AML）系统，加强异常金融活动的及时监控，确保业务依法合规。

（七）加强员工队伍建设，塑造团结向上的企业文化。2009 年先后引进了多名曾就职于汇丰银行和标普评级公司等全球知名金融企业、具有丰富工作经验的韩籍员工。在鼓励员工参加社会培训的同时，根据员工的实际情况以及工作特点，安排了多层次的内部培训。截至目前 49 名韩籍正式员工全部拥有大学本科以上学历，其中研究生以上学历 10 人，并不乏 CFA（注册金融分析师）和 AICPA（美国注册会计师）证书持有者。根据总行的统一部署，顺利完成了外派员工人力资源提升项目的实施。

（首尔分行）

釜山分行

总经理 屠彦恒

2009年，釜山分行按照总行关于海外业务发展的总体战略要求，坚持“因地制宜、突出特色、稳健经营、持续发展”的经营方针，突出工作重点，加强业务创新，推进内外联动，强化风险管理，实现了各项业务的平稳、持续发展。

一、经营情况综述

（一）资产规模及结构。2009年末，总资产为4 294.68万美元，在全部在韩资产中（首尔与釜山并表数字）占比为2.08%。其中，债券投资2 705.70万美元，资产占比为63.00%；贷款余额为539.56万美元，占比为12.56%；拆放同业与上存系统内款项合计为856.44万美元，占比为19.94%；贸易融资余额为178.09万美元，占比为4.15%。

（二）负债规模及结构。2009年末，总负债为4 230.63万美元，在全部在韩负债中（首尔与釜山并表数字）占比为2.16%。其中，存款余额为317.92万美元，占比为7.51%；系统内借入资金余额为3 360.00万美元，占比为79.42%。

（三）收支结构及收益规模。2009年收入合计为197.11万美元，其中：债券投资收益为99.81万美元，占比为50.64%；利息收入为38.10万美元，占比为19.33%；系统内往来与金融同业往来收入为40.97万美元，占比为20.79%；中间业务收入为18.23万美元，占比为9.24%。2009年实现拨备前利润为15.17万美元。

（四）主要经营指标完成情况。公司客户新增5户，完成年度目标的100%；实现中间业务收入18.23万美元，完成年度目标的140%；实现联动成果12项，完成年度目标的109%；柜面汇款业务量4 169笔，完成年度经营目标的115%；零售客户新增13户，完成年度目标的130%。

（五）国际结算业务情况。全年累计完成国际结算业务金额6 508万美元，含贸易结算4 790万美元，非贸易结算1 718万美元。

二、经营策略及管理措施

（一）内部管理进一步完善。制定和修订了《釜山分行代理行使职权规定》、《人民币现钞兑换业务管理办法》、《内设小组职责》、《业务检查员职责规定》等一系列规章制度和管理规定。努力做好内部审计整改，加强日常业务风险监控和重点业务风险检查，进一步提高了风险防控水平。认真梳理FOVA系统业务流程和风险环节，积极开展灾备演练，加强权限卡等硬件管理，全年实现了安全无事故。

（二）公司客户营销再上新台阶。持续推进客户和业务结构调整，巩固优质客户，大力发展低风险公司业务，稳定代理行业务合作，保持业务稳定发展。在整体经济、金融形势尚未明显好转，企业经营状况尚难准确把握的情况下，分行持续对业务和客户实行从紧从严的风险管理原则，在对客户和业务全面梳理的基础上，全面中止了与原客户中一些前景不明朗企业的信用业务合作。对经营状况尚保持稳定的原有公司客户，分行采取了调整业务品种，收缩业务阵线，集中办理低风险贸易融资业务的策略，稳定了原有优质客户的业务。对重点锁定的区域内12家综合实力较强、行业风险度较低、效益良好的生产制造型优质客户，在对客户经营效益情况跟踪了解的基础上，持续加强业务营销，积极寻找客户突破和业务切入机会，2009年，共成功营销5家企业客户。

积极开办低风险创新业务，探索业务和效益增长新途径。2008年，分行即着手开始对利用韩国当地信用担保基金担保的低风险信贷业务进行调研，并上报了业务可行性及操作方案。在获得首尔分行批准的基础上，2009年以来，分行加大了利用韩国信用担保基金担保开展信贷业务的客户营销，经多方努力，于2009年7

月6日在获得韩国信用担保基金（KODIT）担保及存款质押合计担保比例达105%的前提下，成功对SAERON公司发放了3年期1亿韩元的贷款，办理了首笔低风险创新业务。此后，分行还在韩国信用担保基金提供全额担保的前提下，对HEECHANG公司授信200万美元，开办了该公司的贸易融资业务。除尝试开展了韩国信用担保基金担保的低风险信贷业务外，分行还借助与当地代理行的业务合作，积极加大其他形式的低风险业务营销。2009年11月30日，在获得釜山银行提供全额担保的基础上，分行成功对MIBOO TECH公司发放贷款130万美元。

（三）个人客户营销取得新进展。一是个人汇款业务实现有效增长。通过上门营销、广告宣传等措施，多管齐下，努力推动汇款业务增长。2009年，分行累计完成汇款业务量5 349笔，同比增长4.99%。其中，完成柜面汇款业务笔数4 169笔，同比增长15.45%。二是推进代理行汇款及资金业务合作。2009年，分行分别多次走访了釜山、大邱、庆南银行，积极协商和推动转汇款及资金业务合作，并根据代理行的最新经营情况和业务需求，报送了新年度代理行授信申请报告，为扩大合作打下基础。三是做好优势特色产品和服务，构建稳定客户群。2009年，分行周末营业汇款和人民币现金买卖业务量持续增长，在当地形成了良好的品牌效应。

（四）内外联动取得新成果。分行积极捕捉信息，加大联动营销力度，大力拓展联动新产品。全年共完成联动事项17项，实现成果12项，办理“外保内贷”等联动业务累计金额816.6万美元，实现了投标保函、反担保函和境外机构境内外汇账户（NRA账户）三项新产品的业务突破。与上海、青岛分行协商了韩国NK、THN公司的“外保内贷”业务，同时应宁波分行的邀请，研究了合作开展客户外汇套期保值联动合作。与西安、青岛分行协商，首次开立了低风险投标保函。积极与青岛分行联系对韩国某公司在办理全额存款质押的基础上，顺利开出51.60万美元的反担保函。积极把握NRA账户业务带来的市场机遇，成功营销亚太城市旅游振兴机构在分行开立了账户。

（五）业务创新实现新突破。研究和制定了存汇通业务的经办流程和业务方案，并上报首尔分行，积极推进此项业务创新。制定了传真办理汇款业务的流程，增强了拓展优质客户的服务手段。针对中国驻釜山总领事馆计划推出签证业务及收费模式改革，积极开展了业务营销，设计了签证费收入资金全额归集的清算及服务方案。

（六）不良资产清收取得新的成效。密切关注MIR公司破产案件进展，加强对不良贷款清偿的跟踪及债权银行协商，同时根据MIR公司案件及资产实际变动情况，及时将该公司不良贷款五级分类由可疑类调整为损失类。继续做好韩国海神海产品公司已核销的不良贷款清收工作，2009年成功现金清收韩国海神海产品公司不良贷款14.43万美元。截至2009年末，对韩国海神海产品公司累计现金清收该不良款项50.66万美元，占核销额的31.39%。

（釜山分行）

法兰克福分行

总经理　刘金

2009年，法兰克福分行认真贯彻总行年初确定的境外工作指导方针，遵守当地监管要求，以效益为中心，坚持本地市场和国内市场并重，加强内外联动，强化内部管理和风险控制，克服金融危机影响，各项业务保持稳健发展，经营效益不断提高。

截至2009年末，资产总额达到9.74亿美元。全年实现拨备后利润821万美元，完成计划的119%。资本回报率为10.87%，资产回报率为0.77%，成本收入比为45%，不良贷款余额为零。

一、积极开展资产业务

银团贷款。截至12月末，分行在一级和二级市场上参与银团贷款签约金额共计为1.912亿美元，比上年同期增加5 850万美元，增幅为44.08%；实际提款余额为1.786亿美元，同比增加5 905万美元，增幅为

49.38%。银团贷款和短期贷款在总资产中的占比为18.36%，同比增加3.01个百分点。

贸易融资。截至12月末，分行贸易融资业务余额为2.61亿美元，其中信用证代付2.21亿美元，TT代付2 054万美元，托收代付2 003万美元。

债券投资。截至12月末，按面值计算，分行共持有债券28 915万美元，占总资产的30%。其中，持有到期类债券6笔、金额6 162万美元；可供出售类债券22笔、金额22 753万美元。从债券资产质量上来看，目前持有的债券大多数在投资级以上。从债券利率结构上来看，以浮动利率为主，浮息债券占总债券投资的80.57%，定息债券只占19.43%。债券总体的利率敏感性不高，受利率变化影响较小。从债券币种结构上来看，欧元债券占债券投资总额的95.16%，其余为美元债券，占比为4.84%。从债券分布行业上来看，债券投资以金融机构为主，占债券投资总额的38.75%，其次是公用事业、电讯和机械制造业等。从债券期限结构上来看，以1-3年期的为主，占41.42%。

二、加速发展中间业务

截至2009年底，分行实现中间业务收入400万美元，同比增加13万美元，增长3%。

（一）欧元清算业务快速发展，欧元清算中心地位进一步巩固。作为全行欧元清算中心，分行不断提升业务竞争力。今年以来累计完成超过20次本地清算系统Prang的升级和改造，确保了清算系统符合欧洲单一欧元区支付系统SEPA的要求，保证了高效稳定的清算能力。4月，完成了德国央行的借贷记指令由纸质向电子化的改造升级，大大提高了清算效率。11月21日，顺利投产了SWIFT近两年最大的变动COVER 202，以符合SWIFT的系统要求和反洗钱的需要。

2009年，分行共办理汇出商业汇款60 806笔，汇入商业汇款46 144笔，分别较2008年增长9.07%和3.83%。全年共实现汇款手续费收入207.81万欧元，合计299.38万美元，较上年略有增长。代理行方面，得益于新签约的近十家代理行，分行CEE业务量稳定上升，全年总业务量为20 738笔，较上年增长13.33%。

分行2009年总清算业务金额达到1 612.70亿欧元，远大于2008年的600.88亿欧元，再创新高。主要是因为金融危机后，分行作为受冲击小、资产状况良好的中资背景的银行，是市场上最稳定、最安全的交易对手之一。2009年分行的交易对手新增了很多境内中资行、外资行中国分部、香港地区银行等，以货币市场为主的存差业务增长迅速。

（二）国际结算业务进展顺利，对外担保业务发展良好。截至2009年底，分行共完成国际结算总量（不含汇款）29.32亿美元，较2008年增长7.24%，国际结算业务共实现手续费收入92.74万美元（含保函），同比增长9.05%。

2009年，分行对外担保业务显示出良好的发展态势，主要是转开保函和为西门子公司开立投标、履约、质量保函等。全年共开立保函88笔、金额约7 540万美元。

三、强化市场营销，树立品牌形象

今年以来，分行继续从产品和业务营销入手，通过本地媒体广告、主动上门营销拜访、接待客户来访、参加本地商务活动等机会，积极在欧洲同业、企业和本地华人中宣传产品和服务，打造品牌形象。

一是高度重视本地客户营销工作。全年新增客户63个，其中企业客户39个，个人客户14个。目前分行共有企业法人和个人客户117个，较上年增加45个，同比增长62.5%。对于世界500强企业，除拜访西门子总部、举行和该企业每年一度的年度会晤外，还对贺利氏集团、伍尔特集团、沈阳远大集团等客户开展了营销工作，取得显著进展。经过营销，德国储蓄银行集团租赁公司已经在分行开立了账户。在营销本地世界500强企业的同时，分行也格外重视针对落户欧洲的中资、本地华人企业的市场推广工作，对在德国开展业务的40余家重点中资企业发出了营销信件，了解客户需求、介绍分行的业务、表达合作意愿，得到了客户的积极响应。此外，分行还注重加强同境内分行的联动，把握国内客户的潜在需求，加强对母公司的针对性营销。

在个人金融业务营销上，分行积极在本地媒体上发布广告，扩大在当地市场的影响力。目前，分行在本地华人中已经有相当认知度，为下一步个人金融服务和产品的推广工作奠定了良好基础。

二是深化代理行营销，扩大业务来源。法兰克福分行自确立全行欧元清算中心地位以来，在致力于全行系统内的欧元清算业务发展的同时，积极拓展市场，加强代理行营销。分行在对同业的营销工作中，重点选择了信用级别高、本地机构分布广、有强烈中国业务需求的中型银行为合作对象，不断开辟新的合作领域，扩大业务来源。2009年，合作“欧元中国通”、“美元中国通”清算产品的欧洲代理行账户已达19个。国内方面也有7家同业银行开立了欧元清算账户，通过分行处理欧元收付款。分行作为总行安排的少数境外机构之一，全程参与了一年一度的SWIFT年会，借此机会全面推广了“欧元中国通”、“美元中国通”、预结汇汇款等业务，有效提升了分行清算业务的市场知名度。

三是密切联系政府机构，为分行发展创造良好的经营环境。一年来，分行与黑森州政府、德国投资协会、法兰克福工商会、德国中小企业协会、德国杜塞尔多夫市招商局等当地官方及民间商务机构进行了互动，协助安排相关代表团拜访总行，多次参加这些机构组织的商务及其他交流活动，不但扩大了在本地的影响，还间接获得了诸多经济信息和业务机会。

四是发展投资银行业务。分行与德国证券交易所、路德、佰达、德勤等大型律师事务所进行了互访，接待并拜访了多家咨询公司和客户，就投资银行业务合作进行了探讨，进一步了解市场信息，并开始根据自身条件和市场情况研发投行业务产品。

四、加强资金业务和资产负债管理，积极应对全球金融危机的影响

（一）货币市场业务。截至2009年底，分行共进行了2 298笔货币市场业务，累计交易量达1 783亿美元。其中，欧元货币市场业务大幅增长，欧元资金拆出913笔，累计交易量1 178.64亿美元，欧元资金拆入406笔，拆入金额243亿美元；美元资金拆出864笔，累计交易量339亿美元，美元资金拆入115笔，拆入金额21亿美元。

（二）跨时区头寸管理。截至2009年底，法兰克福分行累计对总行362.86亿美元、592.4亿欧元的头寸进行了资金调拨和运作，每日调拨的资金占比保持稳定，目前已经达到了95%以上，最多的一天调拨量超过了10亿美元，较上年历史最高值增加了1亿多美元，创头寸管理以来单日调拨最高纪录。按照总行的统一部署，分行于8月初顺利向纽约分行移交了美元头寸管理工作。

（三）资产负债管理和流动性管理。针对国际市场利率走势，在保证流动性满足监管需要的基础上，合理错配部分资金，降低融资成本，获取额外收益。根据市场情况，逐步压缩与欧洲央行的再融资业务操作、减少向总行的资金拆入，而更多地转向市场融得欧元资金。2009年底，市场融资余额达到了3.1亿美元，平均融资成本压低30多个百分点。分行密切关注欧洲央行的政策动向，积极参与欧洲央行的各种临时业务操作，获得了可观的额外收益。6月、9月和12月，分行又积极参与了欧洲央行推出的1年期长期再融资业务，在降低融资成本的同时进一步提高了流动性。

五、大力推进内外联动、外外联动，取得显著效果

2009年，在全球金融危机影响继续蔓延、欧洲经济复苏缓慢的形势下，分行加强内外联动、外外联动，取得良好效果。

截至2009年底，分行共办理内外联动项目近百个，其中协助营销公司客户总部24个，为境内分行介绍来华投资欧洲企业客户18个，推荐客户给其他海外机构5个，共开立、为境内分行转开保函以及转开保函至境内分行共18个，总金额近6 612.8万欧元，协助境内分行调查欧洲企业信息20个，向总行及境内分行发送投行业务并购信息1个。

在做好内外联动工作的同时，继续与境外兄弟行积极开展业务合作，外外联动，共谋发展，2009年与伦敦分行、卢森堡分行在银团参与、担保业务等方面进行了卓有成效的合作，如介绍国内远大集团通过卢森堡分行开立保函、与伦敦分行共同参与Eurasia Natural Rescources银团贷款等业务等。通过与境内、境外分行的联动，形成了多赢局面，扩大了工行在欧洲本地企业和同业间的影响。

六、成功投产FOVA系统，科技水平实现飞跃

在总行各部门的大力支持下，经过10个多月的精心准备与艰苦努力，法兰克福分行FOVA综合业务系统于2009年10月25日成功投产，这标志着分行全面纳入工商银行全球一体化的业务处理网络中，分行的产品功能、服务能力、业务处理能力和工作效率得到飞跃性的提升。同时，分行还完成了SWIFT系统由海外数据中心迁移到总行北方数据中心的工作，系统投入运行后，均连接稳定，功能正常。

（一）项目协调和需求分析讨论。FOVA系统推广项目除涉及FOVA系统本身，还有进行资金交易的SUMMIT系统和单证系统，投产后无论是从整个业务操作流程上，还是系统软硬件和配置结构上都有巨大的区别，因此如何使现有的MIDAS/TI系统业务能够顺利地移行过渡到FOVA系统平台上，就需要对分行现有的MIDAS/TI系统进行详细的分析，提出方案进行论证。由于德国金融监管和实际业务特点，分行系统结构和功能比较复杂，需求分析确认以及与总行各部门之间的信息交换也需要大量的人力和时间，分行各部门加班加点，按时完成了FOVA项目的需求讨论工作。

（二）系统构架的分析和设计。法兰克福分行作为总行欧元清算中心，欧元清算业务由外购的prangFTS系统完成，FOVA系统投产后，实现prangFTS系统与FOVA系统无缝连接非常重要。分行信息科技部和各业务部门充分论证，积极配合总行科技部门的项目人员和prangFTS公司的技术人员，进行联调测试，目前各个系统均已正常通信，业务处理正常。

根据德国本地的金融监管要求，分行需要按时报送监管报表，监管报表主要通过外购的BAISjava报表系统完成。投产FOVA后，该报表系统需要重新设计接口以替代连接MIDAS系统的接口。这部分工作由于系统复杂，工作量大，分行专门向总行申请了技术人员，前来实地进行开发支持。目前，分行已经完成了FOVA系统业务数据的接口框架开发工作。

（三）测试和投产环境准备。根据项目测试工作的要求，分行对现有业务工作站进行了FOVA系统软件的安装和测试，完成了生产环境所需外设设备的采购工

作。根据总行计划，分行在FOVA推广期间完成了多次生产系统专线线路的测试切换演练，确保FOVA投产后系统环境的稳定安全运行。

七、加强风险防范，提高内控管理水平

2009年，分行以信贷风险和操作风险控制为主线，继续强化内部管理和制度建设，提高全行风险管理水平。

一是实施有效的风险监控，及时进行风险提示。分行每个新产品或服务的推出都必须通过多个部门共同把关，务求新的业务产品在流程控制方面符合总行及当地监管的要求，努力做到风险环节早识别，管理措施早到位。在贷款企业信用风险监测上，建立客户最新变化情况监测通报制度，风险管理部随时向分行信管会成员通报贷款企业的重大变化情况，及时提示风险，并为控制风险提出措施建议。

二是做好日常信贷风险管理工作。继续推进总行法人客户评级授信办法的实施工作，对分行已有客户进行年度评级授信，对新增贷款和债券投资进行评级授信、信贷审查。此外，分行认真做好信贷分析报告和报表的统计和上报工作，完成日常月度、季度、年度报表、总行风险监测表，根据总行要求及时填报相关现场、非现场数据报表，上报总行部门及安永会计师事务所。加强代理行额度控制管理工作，每天监控上一日代理行额度执行情况，确保代理行额度在总行授权范围内。

三是做好反洗钱工作。分行严格遵守反洗钱有关规定，有效开展反洗钱工作。反洗钱工作小组和反洗钱官负责审查交易、更新黑名单过滤软件、撰写季度、年度反洗钱工作分析报告、反洗钱风险评价报告等。反洗钱官直接向分行管理层负责，并指导各部门的反洗钱工作。分行工作手册明确规定反洗钱的内容、反洗钱官和其他员工的工作职责；市场部每季度提供客户风险报告，对客户的风险情况进行翔实的分析，特别关注客户的资金进出流向及账户变动频率情况，并上报分行管理层及反洗钱官；在清算系统中安装了黑名单过滤软件，对每一笔过滤出的可疑交易由反洗钱官进行甄别处理。分行的反洗钱工作得到当地审计和监管部门的认可。

八、稳步推进海外银行卡项目

分行开展了当地银行卡市场的调研工作，向德国当地监管当局报备了相关材料，完成了银行卡的发卡需求编写和确认工作。协助总行完成了向VISA、万事达、银联申请会员资格的文档，与银联讨论了双方合作事宜。

分行还完成了法行电话银行、网银需求业务文档，参加了总行举办的海外行信用卡V+发卡系统培训，VISA会员德国区卡年会，提交了匿名预付卡需求变更。目前，已经从VISA、银联得到发卡许可，万事达的许可正在审批中。法行的借记卡和信用卡系统开发工作稳步推进。

（法兰克福分行）

卢森堡分行

总经理　高明

2008年下半年以来，金融危机对实体经济的影响持续深化，全球主要发达经济体出现明显的衰退，失业率不断攀升。复杂困难的国际经济金融形势对卢森堡分行的经营管理提出了挑战，分行根据总行统一部署，努力克服金融危机带来的种种不利因素，合理安排资产负债，注重境内外业务联动，切实强化风险管理，取得了良好的经营业绩。

一、2009年经营情况

（一）损益情况。2009年实现拨备前利润1 583.29万美元，拨备后利润1 454.04万美元，完成总行年度预算任务的197.56%，实现净利润972.70万美元，完成全年任务的251.34%。按照卢森堡分行目前29名人员计算，人均实现账面利润约50.14万美元。

（二）资产情况。2009年12月末，分行资产总额

达11.89亿美元，较年初减少1.14亿美元；呆账准备金余额为951.14万美元，债券减值准备1 430.63万美元。分行拨备充足，资产运营状况健康，无不良资产。目前资产结构中，债券投资和贷款占据主要部分，两者合计占总资产的84.6%。现有资产全部为浮动利率资产，与负债结构匹配较好，利率风险得到了有效管控；在债券和银团贷款组合中，欧元标价资产和美元标价资产占比分别为71%和29%，基本符合资金来源的币种结构比例。欧盟地区投资占比为68%，美国地区投资占比8%，亚洲地区投资占比19%，其他地区占比为5%，资产组合的地区和国家风险较小；标普和穆迪评级A级别以上的资产比较集中，占比达48.65%，投资级别以上的资产占比达71.29%，投资级别以下占比为7.99%，其余资产没有外部评级，高信用级别投资反映出较高的资产质量。

债券业务：截至12月末，分行债券资产本金合计为6.64亿美元，较年初增加7 231万美元。上半年增加了对于能源、电信、主权等债券的投资，剔除年度内出售、到期、回购的债券以及汇率调整因素，债券余额实际增长了11.32%，债券组合的收益也明显上升。

贷款业务：12月末银团贷款余额达3.42亿美元，较年初增加1 073万美元，增长3.2%。2009年欧洲银团贷款市场整体处于严重的萎缩状态，分行在贷款业务中一方面密切关注原有欧洲存量银团贷款的风险，另一方面则大力拓展总行簿记等项目，簿记总行银团贷款资产达1.52亿美元，较年初增加1.13亿美元。

贸易融资业务：截至12月末，代付业务余额1.20亿美元，较年初下降了68.79%。为了缓解代付业务减少对盈利的影响，分行从年初以来积极寻找贸易融资业务的新增长点，截至12月底共叙做福费廷业务16笔、金额452.64万美元。

（三）负债情况。分行资金来源的主要渠道包括欧洲央行公开市场抵押融资、同业拆借、总行拆借、客户存款和自有资金五部分。截至2009年12月末，各类存款月均余额比上年同期增长了12.31%。2009年的融资市场上欧美银行同业继续严格控制对同业拆借额度，同时欧元美元的短期利率大幅下降，欧元短期同业拆借利率降至基准利率之下，在这样的市场环境下，分行采取了多种措施来确保资金来源，并在最大限度上降低融资成本。

二、2009年主要工作进展

（一）优化资产负债管理，突出资产结构调整。分行冷静客观地分析宏观经济和市场形势，通过三项举措调整资产配置、优化资产构成。一是在注重风险控制的同时，根据经济周期所处阶段合理选择资产行业配置，进一步减少受金融危机冲击较大的行业投资，适当增加风险度较小行业的投资，同时抓紧上半年资产收益较高的时机优化资产收益率。二是坚持积极营销，进一步拓展贸易融资类业务，以减轻资产业务的风险集中度。三是继续充分发挥卢森堡宽松金融监管的优势，以集团在欧资产管理中心为长远目标，加强内外联动，大力拓展资产簿记业务及其他资产业务。2009年推出了风险参贷项下贸易融资业务，与工银伦敦及法国外贸银行开展了合作，并与瑞士信贷展开合作探索。

负债业务方面，除着力拓展零售业务存款来源外，分行还通过协调总行、同业互联、区域跟踪等方式，有效拓宽同业融资渠道，努力降低对总行的资金依赖。主动负债管理手段降低了融资成本，优化了负债结构。

（二）利用集团资源和信息优势，内外联动取得突破进展。不断加大与总行、境内外分行的业务合作力度，积极探索新的业务合作模式，内外联动、外外联动在范围和程度上都取得了新的突破。

一是持续做大做强资产业务。充分利用分行和子行并行平台，积极拓展资产簿记业务，上半年申请到国航飞机融资簿记项目，顺利完成两架飞机的对外签约和提款工作，总金额7 552万美元。除簿记外，分行在总行协助下参加了法行两架飞机融资项目，参加了工银澳门牵头的南非标准银行项目。此外，分行还对总行博茨瓦纳项目、中海油服贷款重组、华为以及英国标准银行等项目进行了深入的跟踪。

二是积极拓展与境内分行和境外兄弟行的资产业务合作机会。与澳门分行联动，参加了对南非标准银行的俱乐部贷款；与上海分行一起参与马仕基集团项目融资银团业务，并在总行牵头下对该客户进行了营销；与上海分行商讨了多笔内保外贷业务；与浙江分行商讨了浙江远洋的货轮银团贷款项目。在代付业务市场机会减少的背景下，一方面择优进入代付业务，另一方面积极寻找其他类型贸易融资业务机会，先后与多家境内分行合作福费廷业务，与工银伦敦、法国外贸银行合作信用证保兑项下的风险参贷业务，实现了福费廷和风险参贷业务的突破，丰富了贸易融资业务品种；与多家境内外分行合作，为德国、荷兰和奥地利客户开立了保函。

三是与境内分行开展多种形式的产品合作，为客户跨国运营提供配套服务。和浙江分行积极互动，深入了解客户需求，研究解决方案，推出了“投资通”产品，并成功签署了“投资通”业务合作协议，共办理投资通业务688万欧元。受工银亚洲委托协助其开展公司调查业务；与深圳分行合作探索资金管理业务；与工银租赁、工银亚洲和工银伦敦协同合作，为工银租赁在卢森堡成立的特殊项目公司办理验资、开户等手续，并办理飞机租赁融资7 500万美元转汇业务。

四是发挥工行集团优势，与境内分行协同营销。在获知当地的一家大型基金公司拟申请QFII资格后，分行向该公司推荐了总行QFII托管服务，并配合总行对其进行产品营销。得知有客户在国内进行企业收购并拟成立控股公司管理国内业务之后，分行立刻推荐湖南分行跟进营销，目前已经处于给客户设计方案的阶段。此外，还成功协助了浙江分行在西欧的营销推广活动。

（三）积极筹备，稳步推进境外机构网络扩展。分行一直在谋求利用欧盟"单一护照制"这一有利条件在欧盟范围内设立下属异国分行，随着FOVA系统的投产，子行设立机构的技术瓶颈得到解决，分行按照部署稳步推进机构申设工作。2009年2月向总行上报了《工银卢森堡申请设立巴黎分行的可行性研究报告》；4月分行管理层赴巴黎实地考察选址，并拜访当地同业；完成了向卢森堡金融监管委员会（CSSF）递交申报报告的初稿，并根据部门职责着手进行经营管理权限设定。7月，拜访了卢森堡金融监管委员会（CSSF）负责人，就卢森堡子行下设巴黎分行有关事项进行了面谈，得到监管当局的正面答复。此外，分行配合总行欧洲五国申设调研也做了大量的工作。

（四）全力投入FOVA相关工作，确保系统顺利投产。业务系统更换是涉及方方面面的庞大工程，特别是卢森堡存在子行分行双平台、分行子行数据分拆、联名户分拆、当地银行保密法、MADIS PLUS系统移行、以及严格的反洗钱法规等特殊问题，同时还必须考虑到未来分支机构设立的系统延伸问题，FOVA投产的工作量是其他境外行的两到三倍。为此分行投入了大量人力物力，先后组织实施了业务培训、需求细化、需求确认、本地开发、设备购置、人员培训、网络改造、报表开发、参数设置、岗位划分、移行文本编制、功能测试等大量繁杂工作。为了支持分行系统投产，总行也派出了包括需求确认、现场培训、投产支持、业务支持等多轮支持团队，经过多次投产演练以及所有人员加班加点的忘我投入，分行在2009年11月初顺利实现了FOVA主机、SUMMIT、单证等核心系统的投产，为业务发展和机构拓展打下了坚实的基础。

（五）加大营销力度，努力开拓当地市场。2009年以来，主要发达经济体就制裁避税天堂问题达成初步共识，卢森堡也已同意执行经合组织税务协定中有关交换客户信息的条款，这给分行传统的负债业务拓展带来一定压力。为拓宽零售客户基础，优化客户结构，分行强化了对本地企业客户、中国驻外使领馆及中资机构的营销。目前，分行与卢森堡知名的钢铁企业、货运公司、食品、酒业公司、驻比、卢使领馆和中资机构建立了良好的关系。在公司业务方面，分行主动拜访了安塞乐米塔尔、卢森堡PAUL WURHT公司、比利时圣安妮食品、比利时ARPADIS集团、卢森堡申根酒业公司等欧洲当地企业，与企业建立了良好的关系。

除此以外，分行还积极推进欧洲同业银行的营销工作，主动拜访了十多家位于荷比卢法地区的代理行，就贸易融资、风险参贷、双边拆借、QFII、银团贷款、资金交易等多方面的业务合作与代理行进行了广泛的交流，并与瑞士信贷签订了风险参贷协议。另外，分行也在总行的安排和支持下与代理行沟通了对等资金拆借协议事宜。

（六）完善组织架构，加强风险控制。面对当前复杂多变的经营环境，分行本着"业务发展、制度先行"的原则，进一步优化组织结构、加强制度建设、完善内部管理，有效控制了各类风险。

分行成立了风险管理部，针对金融危机以来市场动荡起伏的情况，坚持严格的风险监控、预警、分析和处理制度，对重大风险事项及时召开专门风险分析会进行研究，制订处置方案并严格执行，有力保障了业务的健康发展。继续做好业务制度建设和流程管理，相继制定下发了《存款质押贷款管理办法》、《资金业务中台复核操作管理办法（试行）》、《传票事后监督办法（试行）》、《反洗钱反恐怖集资工作指南》和年度经营管理权限实施细则；更新了《内部稽核章程》、《客户投资协议章程》和《员工守则》。2009年还首次向卢森堡金融监管委员会呈报了内部资本充足评定（ICAAP）报告。

合规方面，通过定期和不定期地召开合规小组工作会议，对各项业务的合规性进行集体审议，分行合规小组工作机制日益完善。此外，分行合规与内部稽核坚持独立展开工作，形成事前和事后风险防范的两道有效屏障，进一步巩固了风险管控能力。风险监测方面，分行建立起了对行业风险、企业和金融机构风险进行定期监测的制度，完成了定期对债券组合浮动盈亏、企业和金融机构的信用点差、重点关注资产的风险分析等监测工作。此外，还完成了多篇代理行风险监测报告及卢森堡六家代理行的尽职调研。制度建设方面，在FOVA系统投产后，就现存管理办法中与系统不相适应的部分进行了调整，对操作流程的优化作出了部署。

（卢森堡分行）

纽约分行

总经理 吴斌

中国工商银行纽约分行于2009年2月9日正式对外营业。分行坚持“依法合规经营、质量效益并重”的办行宗旨，在克服经营环境陌生、金融市场动荡、新建团队磨合等因素的情况下，开业第一年即取得了“基础建设”和“业务发展”的双丰收。

一、2009年度分行主要经营数据

截至2009年末，纽约分行总资产10.12亿美元，各项贷款余额6.87亿美元，存放及拆放同业2亿美元，债券投资1.22亿美元；负债总额10.11亿美元，其中各项存款总额6 702万美元，同业存放4 006万美元。

2009年度，分行实现各项收入818万美元，其中净利息收入523万美元、各项中间业务费收入290万美元；各项营业支出716万美元；税前利润102万美元，缴纳所得税9万美元后，开业第一年即实现净利润93万美元。

二、2009年度分行经营管理情况

（一）建立完善的合规和风控体系。美国银行业监管法律范围广、要求细、执行严，纽约分行坚持依法合规经营，重视内控合规和风险管理工作。一是抓制度建设。分行根据当地经营实际，建立健全制度办法和操作手册，由分行首席合规官依据美国当地法律复核审查，并根据外部咨询机构建议进行修订完善，保证了分行各项经营活动有章可循，有规可依。二是抓反洗钱工作。反洗钱是合规体系中的重点和难点。为此，分行编写了专门的反洗钱规章手册，经总行董事会审批后正式生效实施；按照当地监管要求，实施全员培训，提高全行合规意识；成立分行合规委员会，管理层成员轮值参会，研究部署合规工作；设立专门的合规部，负责日常合规和反洗钱事宜。分行还向总行及时上报各类合规与内控报告，动态更新敏感国家和地区名单，配合总行进行反洗钱调研和系统需求论证，在反洗钱风险控制方面取得了明显效果。三是抓风控体系建设。通过不懈努力，分行风险管理框架初步形成，资产负债委员会、贷款审查委员会和合规委员会三大辅助决策机构分别负责市场风险、信用风险和合规风险的政策把握和重大决策；分行合规部负责日常合规控制，风险管理部负责实施除合规风险之外的其他风险控制。四是抓内外部审计。分行经报请总行同意，将内审功能外包给美国监管认可的外部会计师事务所，该所结合美国监管关键环节，为分行制定了有针对性的审计计划，分专题，分项目，按月实施审计，按月向总行内审局独立提交审计报告。分行根据内审诊断结论，排定整改计划，落实整改措施，不断提高分行的合规经营水平。分行同时签约聘请安永担任外审，协助推动分行合规工作。

（二）落实总行战略意图，各项业务发展齐头并进。分行以总行战略意图为导向，努力发挥工行集团优势，大力实施内外联动，均衡发展公司金融、清算结算和资金交易三大业务线，倾力打造长期稳定发展的业务平台。

一是公司金融业务不断取得新突破。公司金融发展采取“争揽行业领军企业、参与主流金融市场”的战略。截至2009年底，公司客户增至33户，其中包括沃尔玛、GE、3Com、美国西南航空、UPS、辉瑞制药等一批美资跨国公司，联想、中建、中远、中石油、中金等一批中资大型公司在美分支机构，以及中国常驻联合国代表团、华美协进社等国际非盈利性组织。依托母行优势，深化内外联动，全年公司金融业务亮点频现，成绩喜人：

——作为唯一一家中资银行，参加了美国西南航空公司3.32亿美元银团贷款，参贷份额8 000万美元；

——作为唯一一家中资银行，参加UPS信用证银团，并在市场超额认购情况下成功参贷7 500万美元；

——作为历史上第一家向GECC发放贷款的中资银

行，向GECC发放4亿美元双边贷款；

——实现分行第一笔投行业务收入，与中国五矿集团下属的美国矿产金属有限公司签署了财务顾问协议，收取咨询顾问费3万美元。

在金融机构营销方面，分行积极落实总行要求，组建代理行营销团队，加强与同业沟通联络，其中包括花旗银行、摩根大通银行、美国银行等大型美资银行；国宝银行、国泰银行、东亚银行、华美银行等华资银行；以及泛美银行、BancoVotorantim、Banco De Chile等拉美银行，并与这些银行探讨了在清算、信贷、贸易融资和资金业务等方面的合作机会。

二是清算、结算运营平台全面建成。美元清算业务方面，顺利投产了eGIFTS系统，成功加入FEDWIRE和CHIPS两大清算组织，接入全球最大的美元清算体系，正式成为美元一级清算行。这标志着分行具备了与大通、花旗、美洲银行等美资银行同等的美元清算处理能力，改写了只能依靠美资代理行中转办理美元清算业务的历史。2009年度，分行累计办理汇出美元清算业务54 582笔、金额698亿美元；汇入美元清算业务6 737笔，金额695亿美元；累计实现清算业务收入66.68万美元。

国际结算方面，通过加强基础建设，完善岗位设置，建立制度办法，理顺业务流程等基础工作，使分行具备了办理各类国际结算、贸易融资和存汇业务的功能，在总行单证中心和境内分行的大力支持下，分行办理国际结算业务规模不断攀升。2009年累计办理国际结算业务521笔、金额总计5.44亿美元，实现中间业务收入42.76万美元。

值得一提的是，2009年12月28日，纽约分行成功在深圳分行开立了人民币结算账户，可以为美国企业和客户开办人民币跨境结算和融资业务，标志着工商银行把人民币业务开办到了纽约这一世界金融中心。

三是资金交易中心建设稳步推进。分行努力拓宽同业对手渠道，先后与花旗银行、美洲银行、大通银行、富国银行等当地主要大型银行建立了外汇买卖、同业拆放等资金业务联系；同时也与中行、交行、建行和招行的纽约分行建立了良好的合作关系；并与ICAP，Tullet－Prebon等4家资金中介公司签订了协议，为分行全面开展资金业务交易奠定了良好的同业基础。

2009年7月开始，分行正式接管总行部分美元账户商业汇入款头寸管理业务，发挥了“提高资金使用效率、增强资金保障功能、扩大同业市场影响”的积极作用。同时，分行还与法兰克福分行、卢森堡分行、伦敦子行和莫斯科子行建立了资金拆借拆放业务联系。2009年与上述机构进行货币市场业务144笔，金额超过17亿美元，为提高工行集团美元资金管理效率作出了贡献。

（三）不断加快科技系统建设。2009年，分行IT系统运行正常稳定，相继投产了一批生产、办公和合规等系统，有效提升了市场开拓、业务处理和风险管理的能力，具体如下：

生产系统：MIDAS系统、TI系统、SWIFT系统、IDOM报表系统、eGIFTS清算系统、FEDWIRE系统、CHIPS系统、彭博系统、路透交易系统等。

合规系统：EDD反洗钱系统，Accuity全球黑名单列表服务系统、LexisNexis在线资信查询系统、Promontory Atlas高风险国家查询系统等。

办公系统：总行公文系统、Notes邮件系统，趋势防病毒系统，AD域等。

开发系统：自主研发了一系列报表系统和工具，用于生成流动性风险报表、利率风险报表、按总行口径汇总的资产负债表、会计自动对账系统、客户信息管理系统和经营数据采集整理系统等。

灾备系统：制订完善的BCP方案，严格按照本地监管要求搭建灾备应急处理系统和环境，并于年内成功进行了首次灾备实战演练，进一步提升了分行业务灾备和持续运行的能力。

FOVA系统：根据总行推广FOVA系统的统一部署，按时完成了需求差异分析、参数编制、人员培训以及参数文本和移行文本收集等工作。

（纽约分行）

悉尼分行

2009年，面对全球金融危机的持续影响，悉尼分行审时度势，审慎应对，充分利用澳大利亚在发达国家中相对稳定和率先复苏的经济形势，积极寻找业务空间，推动业务快速发展。

一、资产规模迅速扩大

截至2009年底，悉尼分行资产总额超过6.28亿美元，比年初增加4.82亿美元，增长329%。资产主要由贷款、债券投资和贸易融资构成，都实现了快速增长。其中贷款增长601%，债券投资增长383%。2009年末，国际银团贷款（含承诺未提款额）业务共7笔，总余额达2.95亿澳元（折合2.73亿美元），占分行信贷资产总额的65%。其中，已提款额1.92亿澳元，承诺待提款额1.03亿澳元。

二、业务结构日趋合理

一年来，悉尼分行坚持以基本业务为重心，大力推动各项业务的全面发展。一是坚持信贷业务、资金业务、贸易融资、负债业务、结算业务平衡发展，形成合理的业务结构。目前，信贷资产的占比为55.2%，债券业务的占比为28.5%。二是低风险资产不断扩大。截至2009年底，完成国际结算业务量4.4亿美元，另外叙做福费廷业务1 407万美元。贸易融资总额达3.04亿美元。三是筹资能力不断增强。2008年底，分行普通存款仅为500万美元，同业拆入3 040万美元。2009年底，分行普通存款达到9 221万美元，NCD存款1.69亿美元，同业借入资金1.06亿美元，负债结构趋于多元化。2009年分行努力降低对总行资金的依赖度，拓展存款和同业资金拆借市场，全年自筹资金占比超过60%。

三、资产质量安全可靠

按照5级分类，分行的资产全部属于正常类。信贷资产主要投向于当地优质的项目融资、外部评级较高的银团营运资金贷款以及中资企业的贸易融资业务。一是客户信用评级普遍较高。截至2009年末信贷资产余额4.2亿美元（含表外业务与国际贸易融资），其中，投向AA－级及以上客户的余额为3.15亿美元，占75%，其余25%主要投向于低风险业务和总行簿记资产。二是行业分布多样化。按行业分布情况分析，信贷投向主要分布在资源、交通运输与仓储业、矿藏、建筑、批发和零售等多个行业，有效分散了风险。三是以担保类贷款为主。按担保情况分布，95%的贷款业务均属担保类。其中，9%为现金质押贷款，12%为抵押贷款，49%为银行担保，25%为其他担保。所有债券均为澳元币种债券，属可向澳大利亚央行办理回购融资的法定高流动性资产，其中AAA级评级占比25.5%，AA级占比74.5%，90%债券由澳大利亚4大银行发行。

四、经营绩效持续提高

2009年悉尼分行较好地完成了利润计划。实现拨备后利润228.9万美元，按照预算口径实现利润378万美元，超额完成总行预算计划，实现了经营首年全面盈利。收入结构持续改善。实现净利息收入777.54万美元，占总收入的72.7%；中间业务收入有显著的上升趋势，占总收入的比重上升为19.8%。剔除房租改由分行承担的政策性因素外，营业费用支出控制在总行下达的额度内。

2009年，悉尼分行为了确保安全经营发展，不断深化各项风险控制措施，建立和完善了清晰合理的组织架构和风险控制框架，有效控制了转型过程中的各类风险。同时，按照总行统一部署，年内成功投产FOVA系统，并全面规划网点布局，推动了科技、制度、机制和产品整合。此外，积极参与当地各类社会公益活动，提高工商银行在澳大利亚的社会影响和企业形象。

（悉尼分行）

工银中东

总经理 田志平

2009年，中东机构认真落实总行党委、董事会的决策部署，创新和细化管理模式，大力开拓市场，取得了较好成果。截至年末，资产规模达到6亿美元，存款余额达到4 570万美元，中间业务收入385万美元，实现拨备后利润280.86万美元。同时，阿布扎比分行成功取得了批发银行牌照，中东布局已经形成阿布扎比—迪拜—多哈的城市链条。

一、真抓实干，拓研并举促发展

按照总行在中东设立机构的战略部署，中东机构旗帜鲜明地提出了“立足中资，拓展当地”的工作思路，一方面，抓住机会拓展包括大型中资企业在内的市场空间，注重产业链上下游营销；另一方面，结合中东市场特色加强新产品、新服务的研究，成熟一项，突破一项，拓研并举，相互促进。正式开业一年多来，中东机构抓住先期进入的优势，不仅在现有牌照范围内实现了对“走出去”的大型中资企业主要商业银行业务的包揽，站稳了脚跟，还通过联合牵头迪拜政府银团等措施，参与了一系列本地重大项目，成功提升了知名度，进一步打开了工作局面，建立了较强的市场影响力。

（一）高效率践行“跟随”战略，在现有牌照范围内实现对中资企业主要商业银行业务的包揽。

一是成功实现石油石化板块中资客户重大项目的包揽。成功介入阿布扎比石油管线战略项目，开立境外机构单笔金额最大保函。该项目是阿联酋政府为规避霍尔木兹海峡动荡影响石油出口而进行的战略项目，工商银行成功为该项目提供金融服务，在当地产生了极大影响，也为下一步直接介入本地客户重大项目埋下了伏笔。同时，此笔业务也是成功整合中东机构现有牌照资源的最佳范例，对下一步“一套人马，三块牌照”模式下的业务开展有着重要的启示意义和参考价值。为某石油公司投标、中标卡塔尔天然气项目开出保函，为中国能源安全战略取得重大进展提供了金融支撑。海合会六国一直是世界各大石油公司竞相争夺的业务重点，长期以来，该地区油气资源的勘探、开采及服务合同基本上被西方石油公司所垄断，中国公司多年来始终无法在该地区获得在油气主业上的真正突破。2009年第二季度，在得知某石油公司将全力投标卡塔尔天然气田勘探及开采项目的信息后，本行组织专门营销小组全程配合，与企业一道加强和业主的协调沟通，第一时间开立投标保函，促成中标，并在中标后迅速反应，开立美元的履约保函，为中国石油企业在海湾地区油气主营业务的历史性突破提供了强有力的金融支撑，也进一步拓宽了在该领域的业务渠道。上述两笔业务的成功办理，标志着工商银行在现有牌照范围内，成功实现对石油石化板块中资企业在本地重大项目的包揽，目前配套的信用证开证等业务已经陆续启动。

二是选取合适产品对高科技板块进行突破。受限于不能经营本币业务，工商银行重点选择在非本币保函及保理业务方面，与高科技公司进行合作。通过不断努力，目前已经基本包揽某公司在本地的美元保函业务，年末开立保函额达8 000万美元。同时，在总行相关部门的大力支持下，高效率完成了对其本地主要客户应收账款保理业务额度审批，充分运用本地优势，不断进入原由他行基本垄断的该类业务领域，目前已经取得了较大突破。

三是从当地竞争对手中抢夺基建板块业务机会。中东地区基建行业孕育的市场机会十分巨大，银行同业竞争激烈，因业主多为本地企业，在办理业务过程中，一般要求本地银行参与，特别是涉及建设方投标等事项时，要求保函必须为本币种。中东机构在了解这一情况后，通过与大型中资企业合作，一同向业主进行推荐，说服业主接受非本币保函，已经取得突破。同时，在办理保理等业务时，对业主也进行审慎选择，在有效控制风险的前提下，有力支持了中资基建类企业在本地的市场拓展。

在做好重点板块业务营销的同时，继续发挥现有迪拜、多哈两地牌照资源互补优势，抓住金融危机爆发后中资企业对存款安全高度关注的市场机会，进一步加大对本地中资企业的营销宣传力度，打通多哈分行开办迪拉姆存款业务的渠道，积极吸收当地存款，增加负债自有比率。

（二）高起点打入当地市场，在中东地区影响力得以有效提升。在立足中资企业，站稳脚跟的同时，中东机构加强对上下游产业链客户和当地市场的研究，不断提升客户判断能力和议价能力，高起点进入当地市场。一是联合牵头迪拜政府6亿美元的再融资银团贷款业务，开创全行伊斯兰金融业务先河。2009年第一季度，中东机构通过对迪拜财政部的拜访得知了此项目信息，在严格风险评估的基础上，第一时间向总行营业部进行推荐，在总行的指导和支持下，最终工商银行成为联合牵头行。二是参与阿布扎比石油投资公司融资业务，成功进入中东最重要市场。通过对中石油、中石化等中资石油企业的成功营销，中东机构逐步搭建起了与阿布扎比石油公司等当地知名石油企业的沟通渠道，开始在中东这个世界最大的石油聚集地，对当地涉及石油金融的市场机会进行切入和渗透。2009年7月，正式对阿布扎比石油投资公司提供1亿美元融资，在本地市场造成很大的影响，不仅路透等主流媒体对此进行了专门报道，海湾地区知名伊斯兰银行也发来贺信。三是搭建与本地电信公司的直接沟通渠道，为下一步发展奠定良好基础。受益于石油美元的巨大溢出效应，中东地区电信运营商，如沙特电信、阿联酋电信、卡塔尔电信收入增长较快，现金流充沛，均跻身世界电信100强，近年来更纷纷制订在中东、非洲、印度、东南亚地区的兼并收购计划。工商银行先后对阿联酋电信提供15亿美元融资意向函，向卡塔尔电信提供10亿美元买方信贷融资意向函，获得总行批复后参与了卡塔尔电信20亿美元银团贷款项目，与阿联酋电信沙特公司签署5亿美元融资框架协议。四是对当地航空领域市场实现了有效进入。在总行相关部门的大力支持下，先后与阿联酋航空、卡塔尔航空、阿布扎比航空等本地知名航空企业建立了不同程度的合作关系。五是为中资企业在中东展业提供契机。10月中旬董事长访阿过程中，与阿方高层就铁路、公路、石油等项目机会进行了详细探讨。按照总行统一部署，中东机构充分发挥本地优势，不断加强与当地客户联系沟通，促成了后续行领导牵头铁道部官员带领相关公司与阿方进行项目对接，获得了阿方高度评价。

（三）高标准进行产品研发，努力提升业务多元化水平。在基础性业务获得良好发展，对本地市场有效进入的基础上，中东机构致力于研究本地客户及市场特色，抓住金融危机中地域影响不对称的有利时机，充分发挥工商银行整体优势，力求在投行业务方面找到突破口，先后与迪拜集团、迪拜资本、阿布扎比投资公司及本地知名投行机构进行了不同程度的接触，探讨业务合作机会，重点在中国与中东双向投资领域进行了详细研究，已经就PE、联合投资基金等领域进行了方案设计，完成了合作草案，目前正在积极推进当中。

二、足履实地，加大网络布局拓展和调研力度

中东机构在实现“站稳脚，开好局”阶段目标的同时，根据总行对中东北非地区网络拓展的战略思考，以阿联酋央行牌照申设为重心，辅以对沙特、科威特等重点国家的实地调研，进一步加大在该区域的网络布局建设力度。

（一）不失时机，推进阿联酋央行牌照申设工作。按照总行的统一安排，中东机构负责阿联酋央行申设的前端工作，多次与阿联酋央行进行沟通，跟进具体动态。2009年12月16日，阿联酋央行正式颁发了阿布扎比分行批发银行业务牌照。同时，努力推进申设法律顾问选择及新分行选址、系统对接等具体事项，拟选择的律所获得了央行行长高度评价。

（二）加大重点国家调研力度。中东北非的GDP约有2万亿美元，其中海湾六国的GDP就有1万亿美元，与“金砖四国”的经济规模相仿，市场潜力巨大。由于中东近年来积累了大量的石油美元，其中对外经常账户仅在2008年就有4 000亿美元的顺差，因此IMF“预计许多中东石油出口国仍能维持其支出计划”，而这“将对全球需求起到重要的促进作用”。中东机构参照本地同业的惯例，以中东北非为目标市场，在推进阿布扎比分行申设、完善本地网络布局的同时，重点加强对沙特、巴林、埃及等国家的实地调研，为下一步网络拓展做好准备工作。

三、求实创新，丰富区域统一集中管理内涵

根据总行的战略安排和指导，中东机构致力于在实际经营管理的基础上，通过谨慎的思考和实践，通过不断的摸索和总结，通过对同业经验的借鉴和提升，不断丰富区域集中管理的内涵。实际运作中，中东机构顺利通过了不同监管机构的检查，全新的管理模式也获得了各个监管机构的认可。

（一）探索并明确业务条线管理方式。在对人、

财、物三个管理要素进行统筹考虑的基础上，确立了“后台集中管理，前台统一营销，业务协同互补，提升区域整体竞争能力”基本原则，明确了先行采用业务条线统筹管理，逐步推进物理集中，在管理过程中实时进行动态调整，最终实现总部管理的集中统一管理递进发展模式。具体实施过程中，指定专业线的牵头人，由牵头人负责整个业务条线的风险控制和业务运作，形成集中管理模式下清晰的报告机制与路线；风险决策上，打破区域界限，成立一个审贷委员会，负责两地的信贷业务审查；产品设计上，充分考虑业务的复杂程度和性质以及监管限制条件，灵活安排。在实践中，根据监管的优化建议，对现有两个机构的内部组织架构、报告路径等进行动态梳理和调整，最终得到了不同监管机构的认可。

（二）以合规建设促进统一集中管理方式的细化。中东机构根据监管规定和总行的要求及时确定了合规体系的建设规划，根据规划对合规建设序时推进。在正式开业初期，为满足监管、风险、财务和流动性管理等方面的专业管理要求，对合规手册、反洗钱手册、财务费用管理办法、风险管理办法、流动性政策等一系列专业管理的政策办法进行了逐一梳理，并在专业条线管理的大原则下，对管理路径进行了明晰。在获得监管机构对新设分行的基本要求草案后，立即组织力量将三个监管机构的要求进行整合梳理，在系统网络集中、营业网点设计等方面，充分考虑新设分行的情况提前进行优化设计，目前正在对各专业管理办法进行研究，作好调整准备。

（三）以创新的业务外包模式丰富区域统一集中管理内涵。经过一年的实践，并与两地监管初步沟通协调后，中东机构确定了在坚持专业条线管理模式的基础上，将多哈分行主要业务采用外包方式，在人员、系统等方面均放置在迪拜子行进行的基本方案。该方案是在对当地监管、法律体系、同业运作进行详细调研和归纳基础上的创新，对于人事、财务、营业、资产负债管理、风险管理等专业外包模式进行了明确定义，对外包风险进行了详细的分析。实施该方案后，合规和财务专业人员，以及拓展市场需要的客户经理将继续常驻多哈，其他人员及操作系统将集中于工银中东。目前，该方案已经总行批复，正式进入分步实施阶段。

四、实干苦干，确保系统建设圆满成功

中东机构按照总行“加快境外信息系统建设”的重要决策，在面临两个既有机构、一个新机构三套系统，版本提前，时间紧，任务重，人手少的现实情况下，充分发挥实干加苦干的精神，在总行指导和支持下，将网络整合项目、办公室搬迁工作结合进系统建设当中，按时完成了系统投产，极大改善了软硬件环境。

（工银中东）

工银阿拉木图

总经理　赵国强

2009年，面对哈国受到国际金融危机较大冲击、经营环境不利的局面，工银阿拉木图认真贯彻落实年初全行分行长会议和海外业务工作会议精神，遵循本行董事会确立的“突出特长、加快创新、规范运营、健康发展”的经营原则，以有效控制风险为前提，以中间业务为重点，积极稳妥地拓展资产负债业务，保持了各项经营指标的基本稳定。截至2009年末，资产总额为11 336万美元，负债总额为7 855万美元，实现收入365.98万美元，实现账面利润213.83万美元，净利润185.93万美元，资产回报率为4.17%，资本回报率为3.63%，成本收入比率为35.6%。

一、对重点客户加强营销工作

自全球金融危机引爆以来，哈国本土银行、外资银行的母行均不同程度地受到冲击，而工商银行的稳健经营树立了良好的市场形象。工商银行以此为切入

点，加大重点客户营销力度。争揽了中石油等项目单位BAR公司在工商银行开立存款账户，吸引哈国地平线运输公司等成为工商银行的主要客户，BAR公司汇入450万美元，哈国地平线运输公司累计汇入汇款200万美元。对国家开发银行在哈国的两个投资项目进行后续跟踪营销，吸引项目单位FIAL公司的境外汇款870万美元，项目单位MOYNAK公司汇入款约1 300万美元。按照总行统一安排，做好中哈管道公司银团贷款资金的结算代理工作。落实银团贷款项目相关协议，为中哈管道公司开立相关账户，公司存款余额折合1 000万美元。

二、圆满完成FOVA等系统投产工作

在总行相关部门的支持下，克服人员不足、经营环境差异较大等矛盾，认真组织，精心准备，于8月1日顺利投产FOVA系统、SUMMIT、单证系统等系统。同时，严格落实总行FOVA系统的升级部署，及时升级新版本，完善相关参数，增加全球现金管理等功能，确保系统平稳运行。10月，哈国检查组对本行新投产的FOVA等系统进行了为期23天的现场检查，各系统均达到相关标准。

三、顺利完成增资工作

经过前期大量的市场调查和政策研究，认真做好增资的测算和报批工作，通过了中哈两国监管机构和总行董事会的审批，于2009年9月30日顺利完成增资工作，为长远发展奠定了基础。

四、做好营业网点选址和优化布局

经过认真的市场考察，在阿拉木图中心地段筛选了较好的办公场所，目前已报经总行批准，整体装修即将启动。同时，对哈国首都阿斯塔纳、阿克套等城市进行调研，谋划新的网点布局，扩大服务范围。

五、进一步完善代理行体系

一方面，加大哈国本地银行的营销力度，对ATF等当地银行开展高层公关，寻求合作领域；另一方面，在纽约分行开立美元清算账户，推动外外联动，为客户境外资金的存款汇款提供场所，实现集团综合收益的最大化。

六、构建信贷业务规章制度和操作流程

积极完善信贷规章制度，先后修订了《信贷业务操作流程》、《授信审批及风险管理部的职责范围》、《法人客户信贷业务审查要点》、《信用评级与统一授信业务流程》、《信贷业务调查审查审批流程》、《贷后管理与信贷资产质量分类流程》、《信贷业务监督检查流程》、《贷款收回（银行承兑汇票、信用证兑付）流程》等，同时还制定了NRA账户开户见证业务操作细则。

七、切实加强内外联动工作

通过与北京分行的密切合作，采用内保外贷方式，发放哈国本币贷款2笔，约合202万美元。为新疆分行开具信用证加具保兑331.3万美元。在深圳分行提供担保的情况下，为深圳华为技术有限公司出具保函210万美元。为推动境外客户在境内分支机构NRA账户的开立，与总行签署了《NRA账户开户见证合作协议书》，并成功为北京分行代理审核一户客户开户资料。

八、代理合作业务取得较大进展

在总行相关部门的支持和帮助下，成功争揽中国进出口银行在哈国境内贷款业务的委托代理，成为继成功代理国家开发银行在哈国贷款项目后的又一宗委托代理业务，12月8日正式与进出口行签订了框架协议，涉及委托代理总金额35亿美元，为工商银行的长远发展提供了有利条件。

（工银阿拉木图）

工 银 伦 敦

总经理　许金雷

2009年以来，国际金融市场继续起伏跌宕，迪拜世界的金融风波和欧洲PIGS四国债务危机又给股市、债市、汇市带来了不小的冲击。在困难复杂的经营外部形势下，工银伦敦积极贯彻总行要求，加强内外联动，提高本地化经营程度，同时抢抓危中之机，适时调整经营策略，优化业务结构和资产结构，取得了较好的业绩。

截至2009年末，工银伦敦表内外资产达17.09亿美元，较年初增加5.03亿美元；国际结算总量近60亿美元，同比增长30%，其中信用证业务基本保持了上年的高速发展水平，而汇款业务规模急剧扩大，同比增加了一倍，对国际结算总量和收入都作出很大贡献。工银伦敦2009年中间业务收入达1 200万美元，同比增长134%；拨备前利润为2 038万美元，较上年增长30%，基本回到危机前的水平。与此同时，2009年工银伦敦在公司业务、贸易融资、现金管理、托管业务、NRA账户、财务顾问、信用卡和国际结算等方面与总行以及18个境内分行，开展了44项内外联动合作，涉及业务量12.04亿美元，将为工银集团带来可预见的收入达2 648万美元，分别是上年的3倍和3.5倍，同时也为工银伦敦带来可预见收入629万美元。

一、进一步加强信贷基础建设，提高流动性管理水平

工银伦敦充分利用危机造成的市场人才价格相对低廉的机会，招聘了两名资深的客户经理。他们均有扎实的贸易融资、商品融资、公司业务等业务背景，并在多个国际性大银行担当过部门经理以上的职务。这充实了子行防范信贷风险的第一道防线——客户经理这一层面。同时在信贷岗位增招了信贷分析师一名。2009年将信贷前台和中后台彻底分离，并将信贷分析师的工作进行了细化分工，逐步培养分析师的行业特长，提高分析水平。危机后，工银伦敦还成立了专门的工作小组，收集分析涉及不良资产的信息并提出相关建议，信贷委员会和董事会也定期研究有关事宜。

与此同时健全了流动性风险管理体系，强化流动性头寸日间的监控和管理工作，确保了子行日常支付和清算的资金需求，确保了流动性指标满足监管当局的要求。强化市场风险和流动性风险的分析工作，采用新的GAP统计方法改进利率风险的计量，进一步充实和丰富风险报告内容，更加全面地反映风险状况。积极应对FSA流动性监管变化，制订了流动性备用计划，完善了流动性管理的制度框架。着手开展压力测试和情景分析工作，为有效评估突发性压力事件对子行流动性的影响提供指引。开始着手对资产负债状况进行分析，初步构建了一个分析框架。2009年叙做1.37亿美元利率掉期和远期协议，同比增加448%，有效对冲固定利率债券和固定利率贷款隐含的利率风险。加强外汇敞口管理，代客和自营外汇买卖交易3 300万美元，同比增加337%。加强与总行相关部门的沟通联系，正式签署了当地监管机构认可的次级资本贷款协议，补充次级资本1亿美元，不仅为子行提供了长期稳定的资金来源，也为进一步发展和壮大业务提供了更大的资本空间。

二、积极拓展市场，择机调整资产结构

子行利用有利时机加大了优质跨国公司客户的营销力度，争取与这些客户建立更为密切的往来，直接发展各类双边业务。截至2009年末，马仕基（MAERSK）、ABB、联合利华（UNILIVER）、英博啤酒（AB－IN-BEV）、法国电力（ELECTRICITE DE FRANCE）、特易购（TESCO）、阿克苏—诺贝尔（AKZO NOBEL）、沃达丰（VODAFONE）、英国电讯（BT）、英国联合食品（ABF）、嘉吉（CARGILL）、玛莎（Marks & Spencer）、NEXT、诺基亚西门子网络（NSN）、英国石油（BP）、帝国烟草（Imperial Tobacco）、庞巴迪（Bombardier）、

英航（BA）等一批企业已经或同意接纳工银伦敦，参加其核心银团或双边贷款。值得一提的是特易购（TESCO），该企业名列全球零售企业前三强，在英国市场份额超过30%，财务实力也非常雄厚和稳健。经过多年努力，伦敦子行终于于2009年参加了其核心双边贷款，并极力推进内外联动，将TESCO（中国）包括国内银团、财务顾问、现金管理、商业房地产开发贷款等一揽子业务在工行集团内叙做，为此双方高层互动频繁，工银伦敦已多次为其中国业务与境内行联系，并有望签订涵盖面广的双方全面合作协议。2009年由北京分行和伦敦子行牵头的第一笔10亿元人民币商业房产贷款已经顺利签约。伦敦子行还配合总行结算和现金业务部专门就现金管理业务对英国主要公司客户进行了推介，反响良好。这些努力将逐步使工银伦敦从单笔业务推动型的业务模式转化成客户关系主导型模式，本地化进程取得显著进展。

认真做好债券投资工作。2009年新购入债券2.45亿美元，使债券规模达到3.47亿美元，较年初增加248%。债券资产占总收息资产的比重达到28.7%，较年初上升17.2%，有效地优化了资产结构；新购债券的平均收益较2008年末存量债券投资的收益有了大幅度的提升。投资于A－级以上的债券占总债券的比重达到90%。债券投资对子行控制信用风险，增加流动性，提高全行盈利能力，为完成全年经营目标发挥了重要的作用。密切跟踪市场行情，把握时机在市场高点处理了FREDDIE MAC债券，消除了潜在的风险隐患，实现收益19.45万美元。

在金融机构业务方面，继2008年成功中标英国最大零售银行英镑和美元转汇款业务后，2009年5月此业务又成功延伸到另一家被其兼并的英国零售业务大行，当年的转汇款业务达6万笔以上。同时为进一步拓宽交易渠道，先后和劳埃德银行、总行签署ISDA协议，使叙做衍生交易的对手增加到5家，提升了子行的询价能力和市场形象。积极拓展同业市场，有效提高资金自求平衡的能力，与一批同业建立了资金拆借关系。

在资产业务上，工银伦敦继续为境内行提供贸易融资服务。相关部门密切跟踪全球市场，及时处置一些债券资产，并逐步退出一些潜在风险较高地区的贷款。新增了经营稳健、中国相关业务潜力较大的公司贷款，并适当增加了抗衰退基本面稳定的公用事业企业贷款和危机后情况稳定的评级高的银行债券，2009年此类资产增加了5.37亿美元。同时在总行营业部的支持下，簿记了飞机融资贷款1.48亿美元。

三、业务创新方面有了突破

在总行营业部的支持下，与南非标准银行一起以牵头承销行的身份参与了加纳可可贸易局12亿美元的短期结构性贸易融资贷款，这是在商品融资业务上的重大突破。由于通过结构安排锁定了生产和销售，并对应收款项委托第三方保管，有效规避了市场风险和汇率风险，从而大幅度降低了贷款风险，该项融资市场反响热烈，获得超额认购。2009年9月25日工银伦敦在法国巴黎与加纳可可贸易局签署了结构性融资国际银团项目的相关协议，这标志着工银伦敦在总行的大力支持下已有能力设计和叙做比较复杂的结构性融资贷款，正在向国际银团贷款业务的价值链上端移动。上述业务除正常的银团贷款收入外，还赢得额外的中间业务收入达200万美元。

首次实质性承担国际银团的牵头行和簿记行，并将国际银团引入境内，成功组织在上海“路演”，向跨国公司客户显示了工商银行在中国大陆金融市场的领先地位。

成功叙做英国零售商的大额应收账款买断业务，为青岛、广东、浙江等相关企业设计风险参贷项下的保理业务流程，并对英国和欧洲部分大型零售（批发）商和电讯营运商设定了保理额度，实际业务金额达3 000万美元。

成功与欧洲复兴开发银行（EBRD）签订了贸易融资总协议，其中与EBRD的协议由子行牵头，总行签署，标志着工商银行在中东欧和独联体业务上分散控制风险的能力进一步增强。

在总行的支持下，与北京分行联手成功为中资海外石油公司的原油业务开立1.17亿美元的备用信用证，在开拓中化集团海外板块业务方面取得了新的突破；在此项开证业务中，伦敦子行作为牵头行、管理行和风险参贷行，北京分行作为该备用信用证的开证行，由北京分行与伦敦子行共同承担客户风险。此项内外联动的合作模式在全行尚属先例，通过创新业务模式，使境内外分行充分发挥各自的业务优势，拓宽业务范围，为今后此类业务的内外联动提供了成功范例。

这些新业务总体可以提升工银伦敦对客户的服务能力，提高业务的增值度，也提升了工商银行整体的市场形象和地位。工银伦敦和境内机构的协同效应日见明显，尤其是发挥伦敦是国际各类专业融资集中之处、市场信息丰富、人才集中的优势，与总行营业部的专业产品线逐渐形成在业务发起、合同谈判、文本确定、账户设置、资产簿记、贷后管理等方面的相互补充、相互支持格局。

四、顺利实施FOVA系统切换

在总行有关部门的支持下，工银伦敦克服语言、操作习惯、系统设计理念等差异，顺利实现了从MIDAS系统到FOVA系统的切换，是第一家FOVA推广项目在欧州大陆实施的机构。工银伦敦还借此机会，对现有业务流程加以改造。2009年工银伦敦与北京分行合作，首次为跨国公司设计并成功叙做了境内交单，境外叙做贸易融资的业务结构，缩短了单证流转环节，提高了效率。

五、西区支行顺利开业

经过多年的筹建，2009年10月23日工银伦敦西区支行顺利开业，在伦敦各界反响良好。新网点开业仅一个月个人开户数已经达到了200余户，接近子行开业几年来个人开户数的三分之一，效果相当显著。新网点的成功开立，为今后拓展零售业务奠定了良好的基础。

（工银伦敦）

工银莫斯科

总经理　郑卫东

一、主要经营情况

2009年是莫斯科子银行开业后的第二个完整经营年度，在外部经济金融环境恶化的现实条件下，工银莫斯科上下齐心、埋头苦干、深挖潜力、拓展业务、调整结构，经营基础进一步夯实，各项业务稳健发展。

2009年度实现各项收入357.46万美元，较上年同期增加221.89万美元，增长164%。其中，各项利息收入233.58万美元，较上年同期增加137.55万美元，增长143%；中间业务收入23.1万美元，较上年同期增加9.17万美元，增长66%。各项支出合计353.52万美元，较上年同期减少143.94万美元，降低28.9%。实现拨备前账面利润59.38万美元，拨备后账面利润35.05万美元，净利润20.18万美元。

至2009年末，资产总额5 891万美元，较年初增长42%，特别是贷款余额2 259万美元，较年初增加1 509万美元，增长201%；负债总额2 933.17万美元，较年初增长159%。

二、主要工作措施

（一）积极拓展信贷业务。在深入进行市场摸底的基础上，将特色业务和服务作为突破口，重点做好对俄罗斯同业、中资背景的跨国企业及机构客户、俄资当地大型企业机构三类重要目标客户的拓展工作。2009年参加总行牵头的国际银团贷款5笔，发放2笔。积极营销俄罗斯镍业、铝业、军工、卢克石油、达斯石油等优良企业，全面发展银企合作关系，发起了俄镍公司、俄铝公司等5家俄罗斯蓝筹企业与总行的融资谈判以及俄铝香港上市的IPO谈判，与俄南非标准银行合作开展对12户俄罗斯本土资源企业二手贷款的调查初审工作。通过多渠道努力，2009年贷款业务收益较2008年增长730%。

（二）加强与当地代理行合作，努力拓展负债和业务来源。及时组织起草代理行营销材料，对使用人民币结算的优势做了详尽的描述，并组织专门的团队营销各家银行代理行工作人员80余次。此外，积极利用总行领导来访与代理行会见、各类中俄经贸论坛等机会宣传人民币结算的优势，推销人民币结算产品，收到了良好的效果。截至2009年末，成功吸引MDM（前乌尔萨银行）、资本汇划银行、投资银行、莫斯科人民银行、亚太银行、五月银行等11家俄罗斯银行开立了人民币、美元和卢布账户，成功办理了人民币结算业务、卢布人民币购售业务等。

（三）探索创新型业务特别是投行业务。一年来，通过进行市场调研和客户走访，遴选适合并购、招股、上市企业向总行和工银国际推荐。完成了俄罗斯钢铁行业、水泥行业、矿业并购机会的调研报告，向总行推荐了有关矿业、玻璃、造纸等5个公司的投资银行项目，推荐项目总金额超40亿美元，完成总行并购调查表等上报工作。目前，俄铝已经成功在港上市，筹得资金22亿美元，伊柳申2亿美元上市项目以及俄铝10亿美元的银团项目正在跟踪中。

（四）把握人民币结算试点契机，主动创新国际结算业务。根据国家大力推进人民币跨境结算的部署，2009年就争取成为人民币跨境结算试点行工作走访了俄罗斯央行并得到了肯定和支持。2009年3月获得俄央行关于开展人民币业务的书面确认，以及总行同意工银莫斯科开立人民币账户的批复。在总行的支持下，成功实现了在黑龙江分行开立人民币账户并办理了首笔人民币购售以及跨境支付业务。到2009年底实现14家大型代理行在本行开立人民币、美元、欧元等多币种账户，实际结算金额超过700万美元，标志着本币结算业务发展进入一个崭新的阶段。

（五）提高自有资本水平。为满足俄央行关于资本的监管要求，在7月份启动了向总行申请长期拆借补充附属资本业务，在历时两个多月的过程中，完成了向总行申请拆借、商定拆借条款、上报拆借协议、向俄央行上报长期次级借款弥补附属资本请示等一系列工作，并于9月中旬顺利完成2 000万美元5年期长期借款业务。不仅及时补充了附属资本，满足了监管要求，而且将本行对单一客户贷款能力由600余万美元扩大到900余万美元，对改善经营绩效产生了积极、正面的影响。

（六）全力推进FOVA项目的实施。自2008年11月总行同意在推广FOVA系统后，工银莫斯科高度重视并组织制订了周密的工作计划，扎实开展FOVA系统推广的系列工作，克服了外派员工少、语言交流存在障碍，尤其是俄罗斯财税和央行监管制度与FOVA系统差异较大等困难，整理编写了近10万字的业务需求书，为项目开发打下了坚实基础。在总行的指导和支持下，FOVA系统于2010年3月20日顺利投产。

（七）不断完善内部管理制度。2009年对210项涉及业务、产品、专业岗位和内部管理的制度进行了补充完善。内部审计以及风险管理、反洗钱工作按计划稳步推进。年内各项业务安全运营，没有发生业务操作风险和损失事件。同时，还顺利通过了总行内部审计局、外部审计公司及俄罗斯央行对本行的审计监管工作。

（工银莫斯科）

工 银 印 尼

总经理　袁斌

2009年是工行进入印尼市场的第二个完整经营年度。印尼子行充分抓住印中经贸往来的机会，围绕目标客户大力开拓市场，积极优化业务结构、资产结构和客户结构，不断完善公司治理，持续提升客户服务能力，取得较好的市场口碑和经营业绩。

一、主要经营业绩

（一）经营规模不断扩大。至2009年末，工银印尼资产总额为42 361万美元，较年初增加28 427万美元，增长204%。其中，各项贷款余额30 445万美元，较年初增加24 656万美元，增长425.91%。总负债37 038万美元，较年初增加27 546万美元，增长290.2%。其中，各项存款余额27 949万美元，较年初增加18 640万美元，增长200.23%。所有者权益5 323.78万美元，较年初增加881.24万美元，增长19.84%，确保了资本的保值增值。

（二）盈利与回报能力逐步提高。2009年实现拨备前利润519.56万美元，同比增盈326.47万美元，其中：账面利润316.44万美元，同比增盈113.54万美元；提取拨备203.13万美元，同比增提212.94万美元。成本收入比率为64.58%，同比下降20.19个百分点。实现营业净收入1 333.71万美元，同比增加915.81万美元，增长219.15%，其中：实现利息净收入669.7万美元，同比增加381.69万美元，增长132.52%；实现中间业务收入439.43万美元，同比增加309.53万美元，增长238.28%。中间业务收入占比32.95%，同比提高1.86个百分点。

（三）客户结构得到改善。从存款客户结构分析，1亿卢比以上客户1 129户，占比为29.11%，分别较上年同期增加601户和提高12.59个百分点。从贷款客户结构分析，50亿卢比以上优质贷款客户数量117户，较2008年增加95户；余额2.61亿美元，占各项贷款的86%，客户结构由交割前单一的小客户向抗风险能力强的中大规模客户转移，客户结构调整成效明显。

（四）经营风险有效控制。至2009年末，工银印尼不良贷款为100万美元，全部为承接原有HALIM银行不良贷款，不良率为0.33%，较年初下降0.63个百分点。其中，次级类贷款余额5.83万美元，占比为0.02%；可疑类贷款余额为0，损失类贷款余额为94.43万美元，占比为0.31%。从客户结构分类，公司不良贷款余额为10.61万美元，不良率为0.03%；个人不良贷款为89.65万美元，全部为抵押类贷款，抵押物覆盖率高达216%，实际损失率较低。拨备覆盖率为226.8%。

（五）国际业务发展较为迅速。2009年以来，共办理国际结算业务2.86亿美元，同比增加1.67亿美元，增长1.41倍。其中，贸易结算（含信用证、托收、汇款）2.74亿美元，同比增加1.61亿美元，增长1.43倍；非贸易结算（汇款）0.12亿美元，同比增加0.06亿美元。

二、主要工作措施

（一）改革营销模式，坚持特色经营道路。公司和机构业务发展齐头并进，投融资顾问和结算业务取得突破。子行对中资企业、中印贸易往来企业和华人华商集团及当地金融机构等目标客户逐一上门拜访营销，了解客户需求，有针对性设计和推荐产品组合方案，逐户建立信息档案，实施专业化服务，与企业保持紧密良好的关系。积极推动电力、煤矿以及棕榈园合作等财务顾问、融资顾问业务，与中技公司承建的印尼国电阿迪帕拉项目正式签约，参贷5 000万美元，实现安排费和代理费55万美元；成功办理了中石油540万美元保函及SMART公司贷款业务；积极营销印尼当地同业，与印尼最大的银行Mandiri签约合作代为汇划清算向中国的美元汇款；与印尼出口银行签约牵头银团项目，参贷2 000万美元，实现安排费40万美元。

坚持个人业务特色化经营，客户与业务结构得到优化。2009年以来，个人客户数量稳步增加，通过对客户采取差别化的营销服务方案，不仅有效维护和稳定了原有的优质客户，更逐步提高了在本地市场的美誉度，吸引了更多的个人和公司中高端优质客户。1亿卢比以上客户927户，占比为25.44%，分别较同期增加575户和提高13.92个百分点，存款客户结构得到持续优化，个人中高端客户的贡献度也逐步提高。通过与印尼文化旅游部签署合作备忘录，积极促成了中印两国文化旅游交流活动。通过举办专场理财产品推介会等方式，持续与使馆人员、当地华商以及中资企业互动，扩大了在当地的市场影响。继续加强对高附加值业务的营销，实现预结汇收入56 201美元，同比多增18 369美元。累计代理牡丹国际卡639张，通过代理发行银行卡与个人预结汇产品的捆绑营销，树立了个人业务品牌，取得了良好的综合效益。

加大了新兴中间业务的营销力度，对当期效益实现起到支撑作用。将高收益低风险的中间业务作为发展的重点，积极拓展投行业务，实现投融资顾问业务收入174万美元，其中牵头印尼出口银行贷款项目，实现融资顾问费40万美元；实现银团贷款项目安排收入55万美元；实现代客外汇买卖汇兑损益49.6万美元，同比增加31.3万美元。中间业务收入占营业收入比重同比提高4.67个百分点。

积极抓住印中经贸合作商机，全球首单开办人民币跨境结算业务。2009年7月3日，工银印尼开出了全球第一笔跨境贸易项下的人民币信用证，成为中国跨境贸易人民币结算业务正式启动的重要标志。此项业务的成功开办，不仅开辟了新的业务增长领域，更为印中双方的企业搭建了新的合作平台。

（二）成功投产FOVA核心银行系统和资金交易系统，显著提升业务发展能力和管理水平。认真组织，精心安排，成功投产了FOVA核心银行系统，并以FOVA系统投产为契机，成立制度流程和产品两个深化整合小组，持续优化各项业务流程、规章制度以及管理架构，加强产品研发和市场推广活动，创造竞争优势。

组织投产了路透系统、彭博系统和RET人民币交易报价系统。搭建了资金交易室交易系统，结束了电话确认交易的历史，建立了前台、中台和后台监督机制，提高资金交易效率，有效控制投资和操作风险。成功投产了RMTS系统，改变了以往通过国际长途电话和SWIFT报文进行查询的传统方式，提供了全新的查询查复解决方案，降低了运营成本，提高了汇款质量，加快了汇款和清算业务处理速度，增强了在当地同业中的竞争能力。成功投产了CS2002系统，实现经营数据的次日监控，为决策提供了及时有效的支持。

（三）深入推动管理机制整合，夯实管理基础。财务管理方面，制定完善了财务会计基本制度，统一了费率、利率和汇率标准，推行了大额集中采购和区域财务集中改革，集中上收了区域主要分行的所有财务支出核算权限，上收了所有分行的大额支出审批和核算权限，有效控制了财务开支。

会计管理方面，改革了会计管理体系，重建了会计岗位组织结构，重建了三种语言的会计科目体系，建立了子行、央行和总行的科目对转关系。集中了RTGS实时清算系统，优化了SKN同城清算系统操作规程，规范了SWIFT操作规程，改革了会计清算模式，将区域主要分行代支行清算模式改革为子行会计集中清算模式，提高了会计清算效率，上收了对外资金清算出口，建立了汇划资金业务授权机制，强化了对外出资金的控制能力，保证了FOVA投产后会计账务的平稳过渡和资金安全。

资金管理方面，投产了资金交易系统，制定了资金交易操作规程，建立了资金交易员授权机制，并加强了市场的监测，加强对资金交易室的窗口指导。建立了外汇买卖汇率、预结汇汇率、人民币结算汇率和外汇利率报价机制，加强对分行的汇率和利率指导。建立了流动性管理监测机制和外汇敞口管理机制，严控流动性风险和利率风险。

信贷管理方面，建立了信贷政策委员会，制定并实施了《信贷政策委员会章程》，明确了信贷政策委员会的组成和职责、议事规则和审议的范围，详细规定了信贷政策委员会的报审材料、报审程序、会议程序和审议程序及相关要求，推行集体审议制度。制定了《公司客户信用等级评定管理办法》，结合实际设定行业调整系数和区域调整系数对评级结果进行调整。启动了行业研究和制定行业信贷政策的工作。对印尼的优势产业及政府重点支持的行业，逐一进行深入地研究，以此确定行业的进退策略和重点目标客户名单，逐步建立涵盖印尼所有重点行业和优势产业的行业信贷政策体系，同时探索建立符合实际的行业标准值体系和授信管理体系。

风险管理方面，本着前、中、后台分离原则，推行"总部垂直管理，属地区域集中"的信用风险管理模式，再造信贷业务管理流程，完善市场准入，客户准入、贷后管理体系。健全流动性、利率及汇率风险管理机制，实施外汇敞口风险限额管理和流动性敏感性分析制度，建立资产负债运营和市场风险、流动性风险的监测、分析报告制度，切实防范市场及流动性风险。编写了本地化的FOVA系统标准操作流程和《柜员标准操作手册》。

人力资源管理方面，完善薪酬政策，制定包括员工健康保险等8项政策措施；修订调配政策，包括员工招聘管理办法、内部调动管理办法等；更新和明确全行员工岗位职责，完成岗位评估，确定岗位等级及岗位工资标准，并在此基础上，逐步完善人力资源手册。投产人力资源薪酬管理系统，实现了薪酬计算及资金入账的自动化。

（四）加速文化融合，构建特色企业文化。在本地化进程中，注重落实工行品牌战略，构建具有本地特色的工银印尼企业文化。在日常工作中，积极向各层员工灌输工行优秀的管理文化，帮助员工树立规范有序的管理意识。高度重视本地化的作用和意义，在工作时间、场所、餐饮等方面，充分尊重印尼国情、宗教信仰和社会习惯。

积极处理好与当地股东的关系，加强与印尼政府和监管机构、驻华使馆、重要客户、当地社团、新闻媒体的有效沟通。2009年，发起成立"工银印尼关爱基金"，向印尼地震灾区捐款捐物并远赴灾区慰问受灾群众，举办金融知识进高校活动，充分展现了子行扎根当地、关心民生、主动回报社会的良好形象。

（工银印尼）

第三部分

内部管理与风险控制

执行编辑：孙清华

工商银行监管（国际）联席会议成功举办

2009年11月12—13日，工商银行监管（国际）联席会议在北京召开，来自工商银行设有机构的10个国家（地区）11个监管当局代表和财政部、人民银行、银监会、证监会、保监会的代表出席了会议。会议就中国银行业监管、重点是工商银行监管情况进行了交流。

一、会议背景及准备情况

国际监管联席会议是目前国际上通行的、监管机构之间对跨国金融集团进行金融监管合作与协调的一种机制，主要是解决跨境监管的协调问题。该机制最早建立于欧盟，自2008年G20华盛顿峰会扩大到全球主要金融机构以来，仅召开了针对德意志银行、加拿大丰业银行等少数几家跨国金融机构的会议，选择中国大型金融机构召开尚属首次。银监会作为金融稳定理事会成员，应金融稳定理事会主席马里奥·德拉吉来函要求，考虑到工商银行整体形象和国际化发展态势较好，报经国务院同意后，决定选择工商银行监管作为会议主题。会议的目的是与相关东道国监管机构就监管理念、架构和方式，以及工商银行经营情况和监管评价进行充分沟通交流，以建立工商银行跨境监管协作机制，实现不同监管机构之间监管意见和风险评估的协调，促进工商银行在全球范围的稳定健康发展。

此次监管联席会是工商银行国际化经营战略面临的一次大考验。总行党委对此高度重视，董事长作出了“认真配合好这次联席会议，展现中国银行监管的进步和工商银行的进步”的重要指示。杨凯生行长于10月23日主持召开了总行13个部门参加的专门会议，就配合银监会办好此次联席会议作了具体布置。赵林监事长、李晓鹏副行长于11月11日再次召集总行13个部门和16家境外机构负责人参加的预备会，对出席监管联席会议及接待参会代表来总行考察的相关准备工作作了详细安排。国际业务部成立了专门工作组启动会议准备工作，与办公室、战投部、银行卡业务部、信息科技部等相关部门及境外机构密切协作，克服了时间紧、任务重等困难，在两周左右时间内高质量完成了境外监管机构预沟通、会议材料准备和会务筹备，有效保证了会议效果。

二、会议召开情况

（一）会议形式。此次会议是银监会首次主办召开的国际监管联席会议，也是针对工商银行的第一次国际联席会议，会议采取了一般监管联席会议的形式，对中国银行业主要是工商银行监管的整体情况进行了交流沟通，采取了部分内容开门、部分内容闭门的形式。工商银行介绍了近年来的经营管理情况。在银监会和东道主监管机构代表交流工商银行监管情况，以及讨论建立跨境监管协作机制时采取闭门会议的形式。

（二）参会代表。应银监会邀请，工商银行设立机构（资产规模在1亿美元以上，对工商银行系统影响较大）的、与银监会已签订监管合作备忘录的10个国家和地区的11个监管机构派代表出席了会议，外方代表共计19人。具体包括：括德国联邦金融监管署、英国金融服务局、香港金管局、日本金融厅、韩国金融监督院、卢森堡金融监管委员会、澳门金管局、卡塔尔金融中心监管局、新加坡金管局、美国纽联储、美国纽约州银行局。我国财政部、人民银行、证监会和保监会有关部门代表也应邀参会。工商银行杨凯生行长、赵林监事长、李晓鹏副行长及总行12个部门和16家境外机构负责人出席了会议。

（三）会议议程。会议主要有六项议程：一是银监会刘明康主席介绍银监会的监管理念和方式。二是银监会蒋定之副主席致辞。三是工商银行杨凯生行长介绍工商银行经营管理情况并答疑。四是东道国监管机构代表介绍对工商银行当地机构的监管情况、风险评价及风险关切。五是银监会通报对工商银行监管情况并作监管交流。六是讨论工商银行监管联席会议机制安排，跨境监管合作与信息共享机制安排。此外，境外监管机构代表还参观考察了工商银行总行。

1. 杨凯生行长演讲及答疑情况。11月12日上午，杨凯生行长按会议议程从整体经营业绩、风险管理状况和未来发展战略等方面介绍了工商银行经营管理情况。随后，回答了监管机构代表的提问，就其关注的大型银行风险控制、FOVA系统与NOVA系统整合、风险压力测试、境外机构员工招聘与培训、并表管理、内部审计等问题进行了答疑。工行信息科技业务总监及相关部门总经理也围绕有关问题与监管机构代表做了进一步互动，充分展示了工行先进的科技水平、稳健的经营作风、强大的风险控制能力和完善的跨国经营管理体制，给与会监管机构代表留下了良好印象。

2. 境外监管机构代表赴总行考察情况。根据银监会统一安排，境外监管机构代表于11月13日下午到总行进行了参观考察。李晓鹏副行长在国际业务部、办公室、银行卡业务部、信息科技部、内部审计局负责人陪同下会见了前来考察的境外监管机构代表。境外监管机构代表参观了设在总行一层大厅的“中国工商银行信用卡发展与成就巡展”，观看了工商银行概况和科技系统建设情况的宣传片，从经营管理、业务产品、服务渠道和信息科技等角度更全面地了解发工商银行的发展成就、综合实力与良好前景。

三、会议取得的成效

（一）展示了中国银行业监管和工商银行的进步。境外监管机构代表高度肯定银监会的监管能力和工商银行的管理能力，肯定了会议的形式、组织安排和取得的成效，表示通过会议了解了情况，开阔了眼界，看到了中国银行业监管的良好做法；对工商银行的发展战略、风险管理、内部控制和稳健发展的经营文化也给予了充分肯定和正面评价。

（二）建立了工商银行跨境监管协作机制。会议就工商银行监管联席会议机制的相关问题在原则上达成了共识。一是确定了监管联席会议的频率，一般会议两年召开一次，并不定期召开公司治理、风险管理、IT系统等专题会议，必要时可以召开区域性的会议。根据会议的性质和议题，选择参加联席会议的监管机构。二是确定了监管联席会议的形式。会议采取“半开半闭”的形式，部分环节可邀请工商银行董事会、风险管理和内审部门的负责人作汇报，其他环节采取闭门的形式。还可邀请外部专家参加联席会议。三是不断加强监管联席会议闭会期间的信息交流。各东道国监管机构指定一位联系人负责信息交流。信息交流的内容主要包括年度综合监管报告或者监管评价、下一年度的监管要点和关注的重点、现场检查的安排以及发现的问题和结论等。

（三）促进了工商银行国际化发展。通过这次会议，总行及境外机构对境外监管当局的监管重点、监管评价和监管改革均有了进一步了解，为下一步科学制定国际化战略提供了依据；通过使境外监管机构深入了解全行风险控制能力与科技发展水平、国际化战略，密切了监管关系，争取了监管支持，为未来国际化战略实施创造了条件。同时，在筹备及召开会议过程中，总行各部门提高了各部门对国际化发展的重视程度和责任感。

境外监管机构代表提出了有价值的建议：一是建议工商银行对国际化经营制定宏观的发展战略规划，并提高战略规划的执行力。二是建议工商银行应尽快建立全球统一的信息系统，信息系统的升级换代要平稳过渡。三是建议工商银行加强对其海外机构的管理控制。四是建议工商银行保持平稳的发展速度，重视发展节奏。

（总行国际业务部）

全面风险管理

2009年，全行面对国际金融危机及我国经济增速下行带来的不利影响，进一步完善全面风险管理体系，做好集团层面全面风险并表管理，全方位采取措施，推进全面风险管理工作创新发展，整体风险控制良好，保障了各项业务的较快发展。

一、健全集团全面风险管理制度体系

印发了《2009—2011年风险管理三年规划》、《2009年度风险限额管理方案》、《风险管理评价办法（修订）》，进一步健全了集团全面风险管理体系。

（一）做好集团全面风险并表管理与报告。制定了境外分行及附属机构风险状况模板，下发了《关于做好境外分行及附属机构风险报告工作的通知》，加强有关分支机构的日常管理和工作督办，充分利用现有信息，全面汇总、报告集团风险状况，并重点反映了部分境外分行和附属机构的风险状况。

（二）积极推进全面风险管理创新发展。完成了《中国工商银行风险偏好报告》，对金融期货结算业务、金融租赁业务等新业务开展了风险管理评估，对包括完善风险管理委员会的运作机制、实现风险管理的动态评价、推进全行战略风险管理机制等创新思路进行了研究。注重风险报告工作创新，及时跟踪热点问题，撰写专题报告，并就全面风险监测体系、风险信息动态报告、风险计量成果应用等进行了深入研究，更好地发挥了风险报告的决策参考作用。

（三）全力保障风险管理委员会高效运作。2009年，总行和各一级（直属）分行风险管理委员会累计召开会议637次，审议议题3 216个，其中涉及全面风险管理内容269次，审议议题1 227个，包括全面风险管理报告155个（含部分二级分行报告），专题报告557个，工作计划类39个，全面风险管理制度类167个，其他相关议题309个。

二、强化信用风险管理

全行扩大了对国家重点投资项目的信贷投放，促进了国家扩大投资政策措施的落实；增加了个人消费领域的资金投放，促进了国家扩大消费各项政策的实施；支持了中小企业的融资，促进了国家扩就业、惠民生政策的落实；加大对新能源、新技术、低碳经济等领域项目建设和现代服务业的信贷投放，支持战略性新兴产业的发展和新的经济增长极的培育。同时，严格控制“两高一剩”（高耗能、高污染和产能过剩）行业的贷款，促进产业结构的优化升级。全行资产质量进一步提高，抵御风险的能力进一步加强。截至 2009 年末全行不良贷款余额为 864.67 亿元，较 2009 年初下降 160.15 亿元；不良贷款占比为 1.54%，较 2009 年初下降 0.75 个百分点。拨备覆盖率大幅提高至 164.41%。

三、提高市场风险计量和管理水平

在总行组建了资产管理部，实现资金业务自营业务与代客业务的分离；启动市场风险内部模型法工程建设，提出市场风险管理框架建议方案，制定项目实施整体规划，提高市场风险系统自主研发能力；加强交易账户市场风险限额指标管理，探索限额监控与报告机制；组建产品控制团队，完善产品控制体系，推进相关系统建设，制定《金融市场业务交易复核流程（试行）》等制度。另外适时减持外币债券，外币债券浮亏减少。交易账户指标均控制在限额以内，VaR 值比年初下降。

四、提高操作风险管理水平

印发了《2009—2011 年内部控制体系建设规划》，对今后三年内部控制体系建设做出全面部署；操作风险高级计量法（AMA）工程顺利推进，并印发了《操作风险监管资本标准法实施细则》；印发《关键岗位人员离岗审计办法》，加强对关键岗位人员的管理，规范离岗审计工作流程；组织完成了对公开户、个人金融、电子银行、银行承兑汇票等部分重点业务的检查，及时发现并化解操作风险；组织做好《业务操作指南》推广应用工作，使之在精细化管理方面持续发挥作用。2009 年，全行操作风险损失金额及损失率进一步降低。

五、不良贷款清收处置成效显著

2009 年，累计清收处置不良贷款 668.91 亿元，其中，现金清收 273.97 亿元，呆账核销 116.20 亿元，较 2008 年减少 5.67 亿元。不良贷款清收处置实现拨备回拨 164.92 亿元，为全行贷款质量和经营效益的双提升作出了较大贡献。

（一）完善不良资产管理相关制度。对不良资产管理相关制度进行了全面梳理，修订完善了《呆账核销管理办法》、《法人客户不良贷款管理办法》、《账销案存资产管理办法》等制度办法。贯彻落实国家关于地震灾区不良贷款等方面的处置政策，做好特定范围不良贷款处置的相关工作。研究完善抵债资产会计核算工作。及时总结项目处置经验，推动不良资产处置创新研究，积极向有关部门争取自主处置政策。

（二）加大大额不良贷款管理工作力度。细化了大额不良贷款逐户监测内容，并通过领导挂帅与地方政府、企业洽商等方式解决大额不良贷款问题。完善处置预案，做好预案审查、备案等工作。全年累计处置 5 000万元以上大额不良贷款共 247.72 亿元；处置完毕 135 户、金额 194.53 亿元。截至 2009 年末，全行大额不良贷款尚余 335 户、466.79 亿元，户数与余额分别比 2009 年初下降 85 户、99.56 亿元。

（三）账销案存资产清收处置效益显著。通过印发《账销案存资产管理办法》，进一步规范了账销案存资产清收处置工作流程，为实现账销案存资产的精细化管理奠定了坚实的基础。2009 年全行累计现金清收账销案存资产 9 亿元，比 2008 年多收回 6.35 亿元。

六、积极应对国际金融危机挑战

受国际金融危机影响，国际金融格局及金融机构的经营模式发生了显著而深刻的变化，一方面，金融业竞争发展的形势更加复杂，风险管理和银行资本监管更趋严格；另一方面，伴随着人民币利率、汇率体制的市场化进程的不断深化，商业银行的传统经营模式受到了诸多挑战。全行积极作出调整，全面加强金融市场业务风险管理，努力应对金融危机。

（一）缩短债券组合久期，防范利率风险。为确保人民币投融资业务平稳、有序开展，总行金融市场部采取了缩短组合久期、防范利率风险的策略，人民币非重组债券组合修正久期由 2009 年初的 2.56 降低至 2.36，进一步降低了利率风险，提高了再投资收益。

（二）完善信用债券投资流程，优化信用类债券投资及后续风险管理。在积极帮助企业开展直接债务融资，实现了全行债券承销业务大幅增长及承销业务中间业务收入显著增加的同时，加强了风险防范。制定并下发了《信用类债券投资管理实施细则》，一方面，有效调动了分行推荐投资的积极性，促进了全行优质信用债券投资余额大幅增长；另一方面，充分利用分行对客户的了解，更好、更直接地进行投后信用风险管理，有效防范了信用风险。2009 年全行投资信用债券余额同比增长 106%，不良资产率保持零记录。

（三）加强交易对手的监控，强化合规操作和风险意识。根据市场流动性状况及交易对手风险暴露情况，及时调整资金交易策略，调减交易对手拆借额度并通过采取缩短拆放期限和暂停交易等手段，防范交易对手信用风险，保证了金融市场业务的健康发展。

（四）完善管理机制，加强金融衍生业务风险防控。根据总行“明确严格准入、分类管理、动态监控和适时调整”的指导原则，结合市场变化，总行金融市场部及时下发《关于发布人民币利率衍生产品交易提前终止和前端费处理操作流程的通知》（工银市场［2009］36号），规范了衍生产品交易各个环节的流程，切实防范和化解了操作风险。另外，针对2009年迪拜世界危机引发的外资银行信用风险，总行金融市场部果断暂停与7家受迪拜危机影响较大的欧洲银行的金融衍生交易业务，避免了迪拜危机对工商银行可能造成的损失。

（总行风险管理部、金融市场部）

风险量化管理技术开发与应用

2009年全行加快了风险计量技术的开发与应用，配合好银监会做好新资本协议预评估，并针对自查与预评估中发现的问题进行改进提升，风险量化管理工作迈上了新的台阶。

一、加快内部评级法项目成果推广应用步伐

（一）加速推进非零售内部评级成果在风险管理流程中的推广应用。持续优化了法人客户评级体系和债项评级体系，印发了《中国工商银行内部风险计量体系验证办法》、《中国工商银行压力测试管理制度》、《中国工商银行信用风险压力测试管理办法》等制度办法，进一步完善内部评级制度体系。

稳步开展了非零售信用风险相关系统的开发、优化和升级。投产了衍生品交易对手信用风险计量系统（一期）、内部评级统计分析报告系统以及压力测试系统（一期），优化了小企业评级及即期评级系统、债项评级和客户RAROC系统以及信用风险数据集市，正在开发升级衍生品交易对手信用风险计量系统（二期）、压力测试系统（二期）以及信用风险组合管理系统等不断完善系统建设，发挥系统对风险管理工作的重要支持作用。信用风险压力测试（一期）系统成为国内同业中首个正式应用于风险管理流程的信用压力测试系统，基本涵盖银行业内关于违约概率及违约损失率压力测试的主要方法，支持宏观经济、房价、股价、汇率、利率变动等多种压力情景的测试工作。同时，在完善、细化组合层面经济资本计量方法的基础上，完成了该信用风险组合计量管理系统的需求书撰写、项目立项等工作，该系统将在2010年内完成开发并投产。

加快风险计量结果在贷款定价、信贷审批、经济资本计量、绩效考核等风险管理全流程的应用。法人客户评级优化系统、债项评级和客户RAROC系统等内部评级系统平稳运行，准确计量违约概率、违约损失率、风险敞口等主要风险要素。积极推进非零售内部评级结果在风险管理全流程中的深入应用，应用领域涉及贷款定价、信贷审批、业务营销、经济资本、风险拨备、贷款分类、绩效考核、风险监测和预警等方面，内部评级成果对经营管理发挥着越来越重要的决策支持作用。根据宏观经济环境的变动趋势，以宏观经济衰退、GDP增速下滑同时房价出现大幅下跌等多种情景，开展了系列压力测试，充分发挥风险预警和防范作用。

（二）加快零售内部评级法系统建设与成果应用。印发了《零售信贷资产内部评级管理办法（试行）》、《风险量化数据安全管理办法》，初步完成零售内部评级制度体系建设。陆续投产了个人客户内部评级系统、个人客户内部评级报表系统、零售数据挖掘平台和个人客户RAROC评价系统（一期），实现了个人客户评级实施自动化和评级应用灵活部署功能，基本完成了零售内部评级法项目主要成果系统建设工作。系统投产后，持续监控模型运行效果，及时启动模型验证工作，并根据验证结果进行了优化。2009年8月1日，全行正式启动零售内部评级在个人信贷和银行卡业务管理流程中的应用试运行工作，明确将信用评分结果，作为个人住房贷款和信用卡业务申请审批、额度授信、贷后和催收管理的决策参考依据，评分应用效果良好、风险识别量化作用初见成效。启动评级结果在资本、拨备、考核等经营管理领域应用方法的研究，基本满足了评级核心应用的监管要求。

二、不断健全市场风险管理体系

（一）进一步优化市场风险管理核心系统（KGR）。市场风险管理系统（KGR）于2008年3月投产后，总行金融市场业务交易账户市场风险实现了基于敏感度损益历史模拟法计量VaR值。2009年，市场风险管理核心系统（KGR）后续项目开发实施工作全面完成，并于2009年10月顺利投产，解决了前中台K+权限分离

问题，增加了回溯测试、压力测试、限额管理等功能，实现了市场风险计量的集中统一管理，提高了市场风险计量和控制水平。

（二）推进市场风险内部模型法建设。全面推进市场风险全功能管理系统的自主研发，搭建全行统一的金融市场业务与风险管理数据和IT系统平台。2009年完成了金融市场业务与风险管理自主研发项目一期工程投产工作，并开展了市场内部模型法咨询项目和自主研发项目工程（二期）的建设工作，设计了全行市场风险管理总体建设框架，科学制定了市场风险内部模型法实施规划，项目建设取得阶段性成果，提升金融市场业务产品创新、自主定价以及市场风险量化分析能力。

三、加快推进操作风险高级计量法建设

（一）基本完成操作风险高级计量法（AMA）项目主体建设工作。通过AMA项目，系统梳理了全行操作风险管理现状，解决了操作风险高级计量法的方法论问题，补充完善了操作风险与控制自我评估（RCSA）、情景分析（SA）等操作风险管理工具，开发了AMA模型，建设了AMA应用管理系统。

（二）持续推进AMA应用管理系统建设。投产了操作风险损失事件管理系统，为2010年AMA系统的全面试运行奠定了较好基础。AMA应用系统能够支持操作风险损失数据的自动化收集和风险自评等各类操作风险工具的电子化管理，改变过去以手工为主的管理方式，提高数据收集工作的及时性和完整性，并通过对操作风险数据的集中管理，逐步形成全行统一的操作风险数据集市，提升了操作风险管理的时效性和信息化水平。

四、有序开展内部资本充足评估程序项目

2009年6月，启动了内部资本充足评估程序（ICAAP）项目，建设一套完整的内部资本充足评估程序，全面评估全行面临的各类实质性风险状况、风险管理质量及其相应的整体资本充足程度。根据项目成果，将于2010年底前向银监会提交内部资本充足评估报告，满足《商业银行资本充足率监督检查指引》的相关规定。

五、全面开展新资本协议实施的准备工作

及时组织开展了新资本协议定量测算工作，全面分析测算了实施新资本协议后的资本充足率变化情况。2009年10月，银监会启动对工商银行新资本协议实施情况的预评估工作，经过充分的准备，全行顺利完成了信用风险内部评级法、市场风险内部模型法和操作风险标准法实施预评估的接触性会谈，并基本完成信用风险内部评级法的现场访谈工作。银监会对工商银行新资本协议实施情况有了深入细致的了解，对工商银行在推进新协议实施方面所做的工作予以肯定，为下一阶段正式申请实施新协议奠定了较好基础。

（总行风险管理部）

内 部 审 计

2009年，全行内部审计系统充分认识和把握全行在金融危机背景下所面临风险的不确定性和复杂性，根据全行改革创新和转型发展需要，有针对性地开展内部审计活动，努力提升审计质量与效果，全面完成了年度工作任务，有效履行了以风险为导向的现代内部审计职责。

一、开展重点专项审计检查

2009年共计完成全行性审计项目13项、区域审计项目31项、非现场监测和审计调研等常规或临时性审计任务10项、境内外机构高管人员离任审计28项，完成全行改革发展重点课题研究1项。

（一）全面完成年度审计计划。审计领域持续拓展，首次介入部分全行风险管理急需关注但未系统性覆盖的领域，从机制、流程、系统、产品等层面揭示了存在的问题和风险，提出了有针对性的审计建议。一是关注全行内部控制的效率和效果，完成了2008年度的全行内部控制自我评估工作，如期向市场披露了公司内部控制管制报告。二是关注全行主要业务在金融危机影响下的风险管控问题，完成了信贷业务、表外业务、金融市场业务和银行卡业务的专项审计或调研。三是关注全行IT系统的运行安全，完成了数据中心（上海）开放平台的安全专项审计和海外数据中心的安全审计，推动了数据中心（北京）的内控自我评估工作的开展。四是关注全行国际化发展战略实施过程中的风险控制情况，完成了首尔分行经营管理审计评价、海外并购和并表管理审计和调研项目。五是关注总行应对突发事件的风险和控制措施，开展前瞻性审计调研活动。

（二）牵头组织完成信贷业务检查。牵头组织并圆满完成了对城市基础设施贷款、房地产贷款、项

目贷款、票据业务以及个人贷款等五大类业务的全面检查。通过评价全行在扩内需、保增长过程中信贷投放的合规性和风险管控的有效性，为强化信贷风险管理、确保信贷业务持续健康发展提供了有力支持。同时，通过总结本次检查的组织协调和实施模式，初步形成了一套符合全行经营特点的跨部门、跨领域检查流程，为今后开展各类全行性检查积累了有益的实践经验。

二、创新内部审计理念、技术和方法

内部审计系统将创新作为实现专业自我进步的最重要的工作并加以推动，力求以更加成熟和先进的审计服务支持全行的转型发展。

（一）全面制定内审职能体系发展的新目标。在承继上个三年内审发展成果的基础上，制定了《2009—2011年内部审计发展规划》，提出了新形势下的内部审计发展目标、任务和措施，明确将工作重心由基础建设和职能转型推进到“以风险为导向，以增值为目的，深化职能、创新方法、升级管理，加快建设国际一流、国内领先、有工行特色的内部审计体系，更好地服务和支持全行改革发展”上来。

（二）创新非现场审计方法技术。提出了“建设一个先进的审计系统平台，建立一套切合工商银行实际的分析方法，组建一支相对稳定的分析队伍，形成一组比较完整的分析报告体系”的非现场审计建设目标，并在审计实践中得到了有效落实。一是制定了《关于进一步推进非现场审计工作的意见》、《非现场审计工作规范》，从制度层面设计和规范了非现场审计的目标、内容和措施。二是进一步优化了审计业务信息系统和数据平台，规范和扩大了审计数据源和数据库，建立和丰富了11项业务的81个数据分析模型，从技术层面支持了非现场审计思想的实现。三是加大了非现场审计技术的推广和运用力度，从审计项目实践层面充分验证和完善非现场分析方法技术。非现场审计方法技术的创新与实践，有效增强了审计能力，促进了内审运作模式和方式的不断改进。

（三）创新风险与控制监测评估方法论。一是初步建立了内部审计的风险评估、监测指标体系，完成了境内机构的内部控制评估框架和标准体系，并着手开展IT和境外机构的内控评估体系建设工作。二是着手开发建设内控评估系统，完成了应用测试的投入应用，风险评估与监测系统已完成了需求编写并进入研发阶段。三是着手构建全行风险和控制热图，尝试从机构和产品两个维度，评价全行主要业务、产品、流程的固有风险、控制有效性和剩余风险，完成了信贷、财务、金融市场、信息系统、境外机构等业务的风险和控制评估，初步从审计视角解读了全行的风险分布和程度。

三、完善内部审计运作机制和管理模式

紧密结合形势变化和职能深化需要，着力解决影响审计运作效率与效果的机制性问题，力推规范化和标准化管理，使专业管理能力提升至新水平。

（一）出台《中国工商银行股份有限公司内部审计章程》，明确了内部审计的宗旨、权限和职责，代表了公司董事会的有效授权。章程的出台，使内部审计工作有了根本性的制度，董事会、审计委员会有了监督评价内部审计工作的基础，内部审计机构和人员有了基本的工作规则，各机构和人员有了接受内部审计的制度性依据。

（二）全面推进审计标准化建设。一是制定了《内部审计标准化工作实施方案（2009—2011年）》、《2009年内部审计标准化工作要点》，规划了内部审计标准化的全景图和结构图，明确了标准化建设的内容和工作步骤，明确了任务分工与实施要求。二是进一步梳理完善了内部审计基本操作规程、审计专业操作手册、报告管理办法、风险评估办法等一系列细化制度标准，完善和丰富了内部审计的管理标准。三是完成了全行改革发展重点专项课题《工商银行内部审计标准化体系建设与实施》，丰富了标准化的理论内涵。四是标准化建设的部分成果在实践中得到有效推广运用，提升了审计活动的质量。

（三）继续深化“一体化”管理运作机制。以提高审计项目运作能力为出发点，重点从组织运作、资源配置、质量控制、考核激励等方面进一步加大了“六统一”管理力度。顺利投产了审计管理信息系统二期（AM2009），实现了全系统人力资源的科学管理，增强了内部审计活动的统筹组织和管理能力；强化了内审分局管理与考核，下达了年度考核办法，完成了分局管理人员和审计人员的招竞聘工作。

（四）进一步完善审计报告和结果利用机制。规范履行了向治理相关各方报告审计结果的程序，健全了与管理层的沟通合作机制，建立了《内部审计工作简报》制度，通过多渠道、多层次、多方位地反映内部审计工作，使董事会、监事会、高管层及时了解了内部审计工作情况；及时反馈审计中的重要审计发现，提供决策参考信息，促进了问题的整改。

（五）积极扩大对外合作交流与宣传工作。参加了中国企业全面风险管理高层论坛并作主题演讲，参加了海峡两岸内部审计发展研讨会并专题介绍工商银行开展内部控制评估咨询（CSA）的经验成果，得到了与会专家的一致好评；成功中标国家审计署2010年关于上市公司内部控制审计的国家重点研究课题；在2009年度全国内部审计与内部控制体系建设征文中，3篇论文荣获二等奖；与建设银行、中国银行、中信银行、国家开发银行、光大银行、深圳发展银行、韩国金融监督院等进行了审计理念与业务方面的交流；与普华、毕马威、安永等会计师事务所开展了多项审计咨询，拓展了审计

的范围和层次，促进了审计能力快速提升。

四、外部审计协调任务顺利完成

2009年，配合银监会完成了表外业务3项检查、外币债券业务2项检查及发现问题整改落实情况的专项调查，配合审计署完成了落实国家宏观经济政策情况审计调查，协调督促安永完成了年报审计、中期审阅及商定程序检查。此外，还配合总行有关部门完成了银监会跨国监管联席会议等其他外审事项。在协调外部审计、落实监管要求、推动合规管理等方面成效明显，确保了外审工作的顺利实施，并及时向全行传导了国家金融监管政策，向监管部门宣传了全行在落实国家宏观调控政策，加强合规经营和风险管理方面的努力与成效，较好发挥了全行作为协调外部监管检查的窗口和平台作用。

五、持续加强内部审计团队建设

坚持以人为本，将队伍职业化建设作为一项核心工作，努力培养一支思想正、作风硬、业务精、能力强的专业化队伍。一是实施了分层次的员工职业培训计划，系统培训实现了100%人员接受100个小时培训学习的“双百”目标。建立了周五学习、读书会、年度集中学习等制度，努力营造良好的学习氛围。鼓励员工参加各类专业资质培训和考试，截至2009年末，内部审计系统取得国际注册内部审计师资格（CIA）的人员达到60%以上。二是通过管理岗位竞聘、业务职级聘任、内部计划轮岗、建立培养专业团队和专家骨干等措施，进一步调动了内审人员的积极性和主动性，增强了队伍的战斗力和执行力。三是公开招聘充实了一批内部审计急需的专业性人才。整个内审队伍建设呈现出新面貌，专业结构、梯次结构趋于优化，基础更加稳固，战斗力和执行力得到进一步增强。

（总行内部审计局）

内控体系建设

2009年，全行内控合规部门围绕全行经营发展战略目标和中心工作，系统推进内控体系建设，持续完善合规管理机制，全面加强操作风险管理，切实履行检查监督职能，在保障安全运行、合规经营和维护声誉等方面取得了显著成效。

一、制定实施第二个内控三年规划，整体推进内部控制体系建设

制定实施了《中国工商银行2009—2011年内部控制体系建设规划》，明确了未来三年和分年度全行内部控制体系建设的基本目标和工作重点。2009年，《规划》年度计划中的42大项任务、190项具体工作全部圆满完成。一是完善了内控环境，改善了“三会一层”运行机制，加快构建起较为完善的内控文化体系；二是健全了全面风险管理体系，强化了集团并表风险管理机制，加快了新资本协议实施进度；三是优化了过程控制，启动了运行管理体制改革和业务集中处理改革，加强了信息科技内部控制管理；四是创新了监督管理模式，完善了营业网点监督检查机制，启动了运营监督体系改革；五是提升信息沟通效率，完善了重大信息内部报告管理机制，提高了信息披露质量，进一步完善了对各项经营管理活动全方位覆盖、全过程控制和全员参与的内部控制体系。“纵向到底、横向到边”的内部控制体系建设格局初步形成。

二、组织开展内控评价，有力促进内控管理水平提高

按照内控三年规划和构建国际一流内部控制体系要求，通过修订完善内控评价指标体系、加强评价过程质量控制、丰富拓展非现场评价手段和范围、积极引入专业管理信息等措施，全面实现了现场评价与非现场评价相结合、一次性评价与年度评价相结合的动态评价工作机制，进一步提升了内控评价的公平性和客观性，使内控评价结果能够更加真实、准确地反映各机构内部管理水平。

2009年总行对36家一级（直属）分行进行了内控评价。一级（直属）分行平均得分为84.19分，较2008年上升1.48分，平均等级保持内控评价二级。从等级占比情况看，全部分行均进入三级以上，无一家被评为四级、五级，其中被评为一级的分行9家，占比为25%，较2008年增加2家；被评为二级的分行23家，占比为63.89%，较2008年增加4家；被评为三级的分行4家，占比为11.11%，较2008年减少5家。

三、操作风险识别评估能力不断增强，风险管理水平持续提高

2009年，全行操作风险损失额和损失率分别为1.21亿元和0.04%，连续四年实现双下降。一是积极开展操作风险管控体系研究，深入探索运行管理和电子银行专业的操作风险控制模式；二是切实做好损失事件统计分析，着手推进损失事件统计验证工作的开展和完善，开发并投产了操作风险损失事件管理系统；三是完善操作风险监测管理机制，构建了整体性、重要性、敏感性、可操作性更强的监测指标体系；四是完善操作风险报告机制，定期分析、准确提示风险隐患，并提出有针对性的改进建议；五是充分发挥操作风险委员会作用，审议、决策操作风险管理方面的重大事项；六是全面参与操作风险高级计量法（AMA）系统建设，为完成差距诊断、自我评估、情景分析、计量模型搭建等方面的工作提供有力保证。

四、进一步强化《业务操作指南》常规管理，完善内控管理制度建设

持续推进《业务操作指南》（以下简称《指南》）编制修订工作，新增资产托管和管理信息2个专业，新编和修订《业务操作指南》流程图242张，新梳理风险点444个、风险环节287个、对应增加控制措施504个，基本形成了全覆盖的《指南》体系。投产了《指南》电子发布平台，制定了《业务操作指南电子发布平台管理办法》，建立起规范的平台维护管理机制和严密的权限控制机制，为广大员工建立起实时查询通道，平台开通以来累计访问量超过20万人次。

制定印发了《高级管理人员离任审计办法》（工银发［2009］13号）、《反洗钱客户风险分类管理暂行办法》（工银发［2009］74号）、《内部交易管理办法（试行）》（工银发［2009］89号）、《加强营业网点内控管理若干规定》（工银办发［2009］793号）等7项内控管理制度，为相关管理工作的开展提供了制度保障。

五、切实履行检查监督职能，保障各项业务健康发展

围绕全行中心工作，内控合规部门有重点的开展各项专项检查。一是出色完成了全行部分重要业务检查及“回头看”、信贷业务大检查、中间业务收入合规检查、理财业务合规性检查、员工与企业有贷户账户资金往来异常情况核查、高级管理人员离任审计等重点检查工作；二是组织开展了不良贷款管理责任认定和不良贷款损失责任认定，对负有管理责任的一级、二级分行负责人进行了处理，提高了各级分支机构负责人依法合规经营的意识。

结合运行监督体制改革，切实加强对运营风险管理系统核查监督工作，一是建立对准风险事件核查情况定期监督及验证机制，在对各类准风险事件核查情况进行系统分析的基础上，按季或按月对准风险事件核查落实情况进行现场检查，规范各级准风险事件的识别、核查、处理和报告程序；二是组织对全行业务运营风险管理系统运行情况开展专项检查与评估，对系统的岗位设置与分离情况、发现问题的整改落实情况等内容进行重点检查，确保业务运营风险管理系统的风险控制作用得到充分发挥。

（总行内控合规部）

关联交易管理

2009年，全行关联交易管理工作取得长足进展，各项规章制度进一步得到落实，关联交易管理水平稳步提升。

一、提高了关联方确认效率，加强了关联交易审查监督

2009年，董事会关联交易控制委员会注重提高关联方的确认效率，提高关联方确认的及时性，分别于2009年5月、10月两次及时确认新增关联方信息，全年共确认新增关联自然人1 629人、新增关联法人30户。同时，进一步发挥对全行关联交易的监督、指导作用，对收购加拿大东亚银行、出售工商东亚股份、向工银租赁增资等金额较大的关联交易项目进行了审议。此外，积极听取有关部门对工商银行关联交易管理总体情况、制度制定情况和系统开发情况的汇报，并提出改进、完善意见。

二、理顺了管理机制，启动了系统开发

明确了由法律事务部作为管理层关联交易的牵头管理部门，各职能部门权责进一步明确。为提高关联交易管理的信息化水平，满足监管要求，启动关联交易管理系统开发工作。建成后，系统将实现关联方信息填报、初步确认、信息查询以及关联交易审批控制、关联交易统计、备案、信息披露等功能，提升关联交易管理信息化水平。2009年，系统一期已进入评审阶段，系统二期开发工作正在稳步推进。

三、关联交易日常管理工作稳步推进

经董事会审议通过，H股持续性关联交易协议的续签及未来三年年度交易金额上限的公告发布工作圆满完成，确保了工商银行与瑞士信贷和东亚银行两集团间持续性关联交易的依法合规。

进一步规范了关联交易备案的内容，并于当年年末开展了各部门年度关联交易备案自查工作。为进一步加强关联交易管理工作，法律事务部对境内建行、中行等6家上市银行以及工商银行16家分行就关联交易管理机构设置、职能分工、关联方管理、关联交易风险控制和统计分析、系统建设等方面进行调研，并形成了重点课题《工商银行关联交易管理机制研究》，分析工商银行关联交易管理面临的主要问题和薄弱环节，提出完善关联交易管理机制的对策建议。

（总行董事会办公室）

并 表 管 理

2009年，全行全面推进并表管理工作，建立了较为完整的并表管理体系，构建了机构和风险二维并表管理模式，全面推进并表管理制度建设及并表管理系统开发，并表管理理念逐步深化为全行经营管理的基本理念。

一、并表管理基本制度建设

（一）修订《并表管理办法》并推进配套制度建设。根据银监会2008年对工商银行的并表管理检查情况以及工商银行《并表管理办法（试行）》印发后的执行情况，经董事会批准，于2009年8月印发了《并表管理办法（2009年修订）》，进一步健全完善了并表管理基本制度。

（二）各并表管理要素相关制度建设工作取得重大进展。2009年，信用风险、市场风险、操作风险、法律风险、内部交易等并表管理要素管理部门先后制定并印发了《信用风险并表管理办法》、《内部交易管理办法（试行）》、《中国工商银行与控股、参股金融机构间资金往来管理办法（试行）》、《市场风险并表管理办法（试行）》、《法律风险并表管理办法》、《声誉风险管理办法（试行）》以及《境外分行及控股机构风险状况报告（模板）》、《风险报告制度》等制度办法。

（三）根据并表管理要求修订公司章程。根据银监会《银行并表监管指引》的相关规定，在2009年初修订了公司章程，在“董事会职责”第142条中专门增加了“董事会承担并表管理的最终责任，负责制定本行并表管理的总体战略方针，审批并表管理基本制度和办法，建立并表管理定期审查和评价机制”等内容，明确了董事会的并表管理职责。

（四）制定并分解2009—2011年并表管理规划。根据《中国工商银行2009—2011年发展战略规划》中明确的并表管理战略规划，总行将该战略规划中并表管理板块的规划目标分解至各相关部门。

二、集团资本充足率管理

（一）制定资本规划，进一步改善资本充足率状况。2009年4月，董事会审议通过《中国工商银行2009年至2011年资本规划》，明确工商银行目标资本充足率保持在12%左右，核心资本充足率保持在8%以上；提出2009年至2011年资本需求和资本补充计划。

（二）加强对并表机构资本充足率情况的监测。印发《关于做好资产负债业务并表管理工作的通知》，要求当地监管机构有特殊资本监管规定的并表机构向总行上报当地资本充足率监管报表。

三、集团流动性风险管理

（一）进一步完善流动性并表管理机制。按照银监会《商业银行流动性风险管理指引》和并表监管相关要求，修订完善《流动性风险管理办法（试行）》，将流动性风险管理口径由法人口径扩大为集团并表口径，进一步完善和规范流动性并表管理机制。

（二）加强对并表机构流动性风险监测。印发《关于做好资产负债业务并表管理工作的通知》，要求境内外并表机构做好流动性风险管理报表填报及风险管理信息的报送工作，初步建立在法人口径风险管理基础上对集团口径的流动性风险并表管理的机制。

（三）完善并表机构与总行拆借资金管理机制。为规范工商银行与控股、参股金融机构之间资金往来，总行制定印发《中国工商银行与控股、参股金融机构间资金往来管理办法（试行）》，在工商银行与并表机构之间建立了较为严格的流动性风险隔离制度。

四、集团信用风险管理

印发《信用风险并表管理规定》，初步搭建信用风险并表管理的基本框架。随后又印发了《关于建立信用风险报告制度的通知》、《境外机构信贷政策制度基本框架》等制度文件，为全面推进境外并表机构信用风险管理奠定了制度基础。此外，为进一步强化集团资产业务信用风险集中控制和管理，正式启动了新一代资产管理系统（境外）的开发工作。

五、集团内部交易管理

为有效规范集团内部交易管理，防范风险的传递，维护集团经营管理活动的安全稳健运行，印发了《内部交易管理办法（试行）》，并建立内部交易日常管理常态工作机制，健全内部交易管理联系人制度，牵头管理部门按照“专业分工、归口管理”的模式，积极督促总行各业务管理部门、境内外分支机构、境内外附属机构定期报送各类内部交易统计信息，认真做好内部交易情况的统计分析工作。

六、集团其他风险及财务管理

（一）集团市场风险管理。推进了市场风险并表制度体系建设。总行市场风险管理委员会审议通过《市场风险并表管理办法》，该办法充分考虑了附属机构业务的差异性，同时考虑工商银行对不同附属机构管理模式上的差异，以更好地满足不同性质附属机构在市场风险管理上的适用性。完善了集团市场风险报表及报告体系。编制《市场风险管理报告》，实现每季对集团层面市场风险进行汇总分析；为完善集团层面市场风险分析报表体系，总行设计了《中国工商银行境内外分行与附属机构市场风险报表》。现行的市场风险限额管理体系涵盖了境内外分行及工商银行直接进行经营授权管理的子行。通过境外分行及子行每周上报每日限额执行情况对其市场风险进行监控。

（二）集团法律风险管理。印发了《法律风险并表管理办法（试行）》，明确将并表机构纳入全行法律风险管理范畴。该办法要求有关并表管理机构建立法律风险防控机制，并通过定期报告和特别报告的形式将本机构法律风险状况报告总行，初步搭建了全行法律风险并表管理的基本框架。

（三）集团操作风险管理。一是完善操作风险管控架构，进一步明确操作风险管控体系设计的指导思想和基本原则、工作思路与工作重点。二是开展操作风险损失统计及风险识别工作。按季对各境外并表机构操作风险损失数据进行汇总、整理；认真开展操作风险损失事件验证工作，确保损失统计的真实性和完整性；成功投产操作风险损失数据库；制定操作风险与控制自我评估、情景分析等管理办法。三是大力开展操作风险监测报告工作。印发覆盖各并表机构的《中国工商银行操作风险监测工作管理办法》，定期完成操作风险监测通报。完成2008年全年和2009年上半年全行操作风险管理报告，增强对集团操作风险的掌控能力。

（四）集团声誉风险管理。起草《中国工商银行声誉风险管理办法（试行）》，明确将并表机构纳入全行声誉风险管理的范畴。建立多层次的监测体系，并将监测的范围由国内延伸至所有境内外并表管理机构。通过及时监测和分析各种声誉风险因素，及时向有关并表机构进行风险提示，主动防范声誉风险。总行相关部门建立了与归口管理部门及重点并表机构的工作联络机制，并与外部咨询机构深入探讨，积累并表机构声誉风险管理知识和经验。

（五）集团财务管理。加强对并表机构预算管理，合理编制并表机构2009年度财务预算，强化营业费用与经营效益挂钩机制，提高费用资源配置的针对性和效益性，日常加强预算执行进度的监控管理，确保并表机构全面完成预算目标。完善了对并表机构的财务授权体系。持续改进并表机构报表质量，提高并表机构财务信息披露水平。落实对新设境外并表机构财务支持相关政策。明确村镇银行的财务管理模式。逐步完善财务会计报告管理系统功能，细化调整分录功能，实现海外并表机构数据自动提取，增加内部交易数据提取和核对功能，总行编制合并财务报表的自动化程度进一步提高。

七、并表管理内部审计

2009年4月至7月，实施了并表管理审计工作，涉及总行本部并表管理职能部门及12家附属机构，包括对工银澳门（原诚兴银行部分）、工银租赁、工银莫斯科实施的现场审计，对工银亚洲、工银国际等其他附属机构实施的非现场审计。审计重点关注了在集团范围内实施并表管理的环境、管理体系及运行情况，并对2008年银监会并表管理检查发现问题的整改情况进行了跟进，力求客观反映附属机构风险对本行集团运营安全的潜在影响。

八、并表管理信息系统开发

为尽快实现对集团资本、财务以及风险的全面和持续管理，满足外部监管和内部管理的要求，总行成立并表管理信息系统开发工作小组，目前已完成涵盖基本财务、资本充足率、大额风险、信用风险、关联交易、流动性风险、市场风险、操作风险、法律风险、声誉风险10种并表管理要素的并表管理信息系统需求研究。同时，全行报表集中平台项目取得实质性进展，手工补录与调整平台（RDPS）成功投产，为并表管理信息系统建设夯实了基础。此外，CS2002系统境外延伸项目、金融监管报表（境外）自动化统计项目有序推进，自动化平台逐步向境外机构延伸，不仅大大提高了境外机构总账数据采集的时效性和准确性，还为并表管理信息系统的建设奠定了良好的自动化基础。

九、对并表机构的日常管理

（一）对境内附属机构的管理。起草《中国工商银行股权投资进入和退出管理办法》；拟定《派出董事与监事履职管理办法报告制度实施流程》；研究建立对境内外附属机构的日常管理办法以及附属机构与总行间的信息传递机制。圆满完成对工银租赁增资工作，同时有序组织实施了工银瑞信股权调整项目；认真研究和审阅工银瑞信、工银租赁提供的董事会议案、股东大会议案和重大经营事项报告等文件；积极协调工银瑞信、工银租赁配合监管机构和内部审计部门的检查与审计工作。

（二）对境外并表机构的管理。在管理模式上，在遵循监管规定及境外控股机构公司章程前提下，通过境外控股机构的股东会和董事会间接规范其经营活动，并对外派董事实行授权管理。在业务发展战略上，按照“协调统一，专业分工”原则，通过归口管理和条线管理相结合的管理模式对境外控股机构的战略制定、业务促进、制度建设、信息科技等经营事项及境外控股机构的并购整合加强管理；通过协助银监会组织工商银行监管（国际）联席会议等多种方式构建境内外监管沟通与协商机制，借助监管力量促进境外附属机构良性发展。在风险管理上，继续加强对境外控股机构的风险监测、指导及现场检查力度，密切关注迪拜世界、港澳雷曼迷你债券回购、流动性紧缩等重大国际事件，逐步完善境外控股机构应急机制；强化对包括工商银行境外机构董事、监事、高管层及业务人员的培训和管理，强化风险意识和风险防范技能。

对南非标准银行的并表管理工作包括：协助派出董事的履职工作；统筹各部门与标准银行的业务合作，协调推进与标准银行的战略合作；定期汇总整理标准银行财务情况、风险情况和股价情况，形成标准银行业绩分析报告、资产质量分析报告和股价监测报告。

（总行财务会计部）

客户投诉管理

2009年，全行各级机构和部门认真按照“服务品质提升年”各项部署，不断完善客户投诉制度及配套措施，加强客户投诉管理，较好地防范和避免了由客户投诉引发的法律风险及声誉风险。

一、研究制定了《客户投诉管理办法（试行）》

为加强客户投诉管理，提高金融服务水平，根据有关法律法规和监管要求，并结合工商银行实际，制定了《客户投诉管理办法（试行）》，于2009年7月1日正式施行。主要内容包括：一是明确了客户投诉的定义，列举客户投诉事项所包括的七个方面具体内容；二是规定了处理客户投诉总体原则，要求各级行建立健全客户投诉处理机制，及时妥善解决客户投诉问题；三是规定了各级行法律事务部门为客户投诉归口管理部门，有关业务部门按照职能分工，负责处理与本专业相关的客户投诉问题；四是规定了客户投诉的处理程序和处理要求，包括客户投诉的受理途径、受理条件、处理原则和要求、处理时限、处理结果反馈、处理记录保存等方面；五是建立了统计分析报告制度，要求各级行客户投诉归口管理部门、相关业务部门和电子银行中心均应按规定做好客户投诉统计分析工作；六是建立了监督检查制度，规定将客户投诉处理工作纳入分行经营绩效考评和内控评价体系，确保客户投诉处理机制有效运行。

二、制定完善客户投诉管理配套措施

在工商银行门户网站（www. icbc. com. cn）设置了投诉受理渠道，形成95588电话、门户网站以及分支机构、营业网点、客户经理等较为完整的投诉受理渠道。组织总行和分行的法律部门及相关业务部门开通客户投诉NOTES专用邮箱，建立顺畅的客户投诉管理信息流转渠道；将客户投诉纳入法律风险并表管理，配合总行信息管理部研发并表业务管理系统。

三、客户投诉管理工作初见成效

认真履行客户投诉归口管理职责，督促分行贯彻落实《客户投诉管理办法（试行）》，对未达到总行管理要求的进行通报，并要求限期整改到位；指导全行客户投诉处理工作，协调处理重大客户投诉问题，及时出具有关法律意见，定期完成客户投诉统计分析，对客户投诉反映出的各类风险问题，及时向有关业务部门进行风险提示，促请有关部门采取有效措施加以解决。从实施成效看，客户投诉问题基本都能得到及时妥善解决，有效维护了工商银行的形象、声誉及客户关系，对防范和避免由客户投诉引发的法律风险及声誉风险起到了积极的作用。

（总行法律事务部）

财务会计管理

2009年，全行财务会计部门认真贯彻落实总行的各项决策部署，紧紧围绕“抓收入、控成本、建机制、促发展”的思路，深化了财务预算管理，完善资源配置和绩效考核机制，提高了精细化管理水平，为全行圆满实现年度经营目标和持续较快发展做了大量工作。

一、强化财务预算管理，圆满实现各项财务目标

2009年，财会部门认真领会贯彻总行党委、董事会和管理层的经营意图，科学合理编制并逐级分解下达财务预算和经营计划，较好地落实了全行经营目标，推动了全行经营的平稳发展。在预算执行过程中，各级行财会部门强化对预算的监测、分析，密切关注国内外经济形势的变化和有关政策动态，提早筹划各项财务安排，研究同业竞争对策，为各级行领导提供了决策支持。在全行上下的努力和财会部门的组织推动下，2009年全行财务运行取得了好于预期的结果，全年实现净利润1 294亿元，超额完成年初既定的利润目标，同时拨备覆盖率达到164%，高于监管部门规定要求。

积极推动中间业务加快发展。在同业竞争激烈、资本市场波动较大的情况下，各级行财会部门努力发挥中间业务收入组织推动职能，从突出中间业务同业占比考核、加大费用资源对中间业务发展激励力度、建立健全收入问责制度、严格控制收费减免等方面制定工作措施，较好地落实了中间业务跨越式发展战略。2009年全行境内分行实现中间业务收入571亿元，同比增加121亿元，增长27%，中间业务收入总量、增量和增速均列同业第一，取得了较大的竞争优势。

二、健全财务会计激励机制，引导推动全行业务发展

2009年，财务会计部门在实行“适度从紧”营业费用管理政策的同时，进一步优化资源配置，坚持以经济增加值为核心配置资源，加大对重点领域、重点业务的资源投入，加大了费用与网点建设、中间业务收入挂钩力度，增加了成本收入比调节系数，完善了有利于价值创造的财务会计运行机制。按照全行渠道建设的总体要求，加大固定资产投资，优化固定资产投向。全年共投入66亿元对3 750个财富管理中心、贵宾理财中心、金融便利店等营业网点实施了升级改造，有效提升了全行网点形象，增强了渠道竞争力，促进了全行可持续发展能力的提升。

在境内分行经营绩效考评体系中，引入人均EVA指标，进一步强化了价值贡献导向。加大核心业务市场占比考核力度，促进了市场竞争能力的提高。拓展核心竞争力考核维度，增设个人优质客户指标，增加创新维度考核，细化客户满意度考核。制定支持子公司业务发展考核实施细则，引导各行加强与子公司的业务联动。积极建立以价值贡献为主导的县支行绩效评价体系，评选100家重点县支行，作为相应配套激励的依据，调动了经济发达地区县域机构的经营积极性。在部室考核中，进一步完善捆绑考核机制，扩展收入预算直接捆绑和协作指标关联捆绑的范围。修订境外经营性机构负责人经营绩效考评办法，促进境内外机构业务联动，强化了集团整体经营合力。

三、完善财务会计制度体系，规范财务行为

先后制定、修订《金融资产转移会计核算基本规定》、《衍生金融工具会计核算管理办法》等一系列会计核算办法，健全了会计核算制度体系。配合国际化、综合化经营的推进，扩充总行会计科目体系的核算内容，推进了集团统一会计科目体系建设。按时高质量编制财务报告，保障了对外信息披露的需要。按照《企业会计准则》等相关制度要求，印发《风险拨备制度》及五个分类资产减值准备管理办法，修订《待摊费用与长期待摊费用管理办法》、财审会工作规则等制度办法。在全行范围组织开展了财务专业检查，强化了财务合规性管理。修订完善《固定资产管理办法》、《基建项目管理办法》，推进了固定资产管理的规范化、流程化。修订《并表管理办法》，完善了并表管理基本制度。按照“四统一”的目标，对各项集中采购规章制度进行全面梳理，修订《集中采购管理办法》、《统一集中采购管理暂行办法》、《供应商评审管理暂行办法》等一系列制度办法，进一步完善了规范化、标准化、科学化的集中采购制度体系，为全行集中采购业务健康发展搭建了良好的制度平台。

四、强化财务管理手段，积极做好应税检查

通过分产品、分部门预算监测和评价的实施，完善了条块结合的财务精细化管理体制，提高了部门对产品

的主动定价能力，增强了部门在业务条线管理中的效益意识。通过制订营销费用预算和修理费等财务指标专项授权方案，完善财务授权管理机制，支持了重点业务发展。根据直属机构不同性质和业务特点的实际，按照“统一管理、分类指导”原则，对直属机构实施差异化的财务管理模式，保障了直属机构业务的顺利开展。落实对境外机构财务扶持政策，引导境外机构全面完成预算目标，包括新设机构在内的全部境外机构均实现了盈利。通过加强集中采购目录管理、授权管理，加大总分行统一集中采购力度，充分发挥了集中采购的规模效益，2009 年全行集中采购总额 302 亿元，节省采购支出 33 亿元，集中采购占比达到 92.6%，比上年同期提高 3.5 个百分点。认真做好税收检查工作，各级财会部门通过与税务机关进行了认真沟通，从多方面进行解释说明，应税事务工作取得明显成效。

紧紧围绕财务管理精细化要求，大力推进计算机系统在核算和管理中的应用。开发投产固定资产管理系统，集中实现了固定资产投资预算管理、项目管理、电子档案管理、统计分析等专业化管理功能。按照“统一平台、统一数据、统一模型、统一方法”的基本原则，牵头启动了覆盖全行机构、部门、产品、客户、客户经理五个维度的统一绩效考核平台研发工作。开发投产营业税计提系统，实现了全行营业税及附加的按月自动计算、实时入账、台账管理和报表数据监测等多项功能。对中间业务管理系统、业绩价值管理系统、财务报告管理系统、财务管理综合系统、应付利息系统、个人对公贷款应收利息计提系统、汇兑损益自动结转系统等相关财务会计业务处理与信息系统进行了优化完善，为提高工作效率、深化管理、防范财务风险提供了手段。

（总行财务会计部）

资产负债管理

2009 年，全行资产负债管理部门统筹把握宏观政策与全行发展战略，坚持实施审慎灵活的配置策略，有效传递经营导向，确保资产负债的平稳运行和结构优化，资产负债管理能力和效果大幅提升。

人民币各项存款增量和增幅均创历史新高。截至 2009 年末，境内分行人民币各项存款（含同业存放）余额为 101 880 亿元，比年初增加 18 585 亿元，为近三年 8 973 亿元平均增量的近 2 倍，增幅达 22.3%，比近三年 13.9% 的复合平均增幅高 8.4 个百分点。

人民币各项贷款总量增长适度，投放进度掌握均衡，结构进一步优化。截至 2009 年末，境内分行人民币各项贷款余额为 53 109 亿元，比年初增加 10 372 亿元，为近三年 4 029 亿元平均增量的近 2.6 倍，增幅达 24.3%，比近三年 11.7% 的平均增幅高 12.6 个百分点。年度贷款增幅较全部金融机构增幅低 7.4 个百分点，较四大行平均增幅低 6.7 个百分点，总量掌握较为稳妥适度，贷款季度、月度增长均衡性明显优于同业可比机构。

外汇资产负债总体运行平稳，国际贸易融资快速增长。截至 2009 年末，境内分行外汇各项存款余额为 277 亿美元，外汇各项贷款余额为 265 亿美元，比年初增长 105 亿美元，其中国际贸易融资余额达 135 亿美元，比年初增长 83 亿美元，余额和增量均创历史新高；外汇风险敞口与上年末相比基本维持稳定，各项外汇流动性监管指标均控制在合理范围之内。

资本充足率管理达到规划目标，经济资本配置限额执行情况良好。2009 年第一季度末和第二季度末并表口径资本充足率分别为 12.11% 和 12.09%，与年初计划的 12.10% 仅相差 1 个基点。发行 400 亿元次级债后，第三季度末并表口径资本充足率回升至 12.60%。截至 2009 年末，资本充足率为 12.36%，核心资本充足率为 9.90%，处于国内同业较高水平。经济资本配置限额执行情况良好，全行计划单位经济资本总量 12 月末实际占用 4 155.5 亿元，比年初增加 735.7 亿元，限额执行进度达到年初计划的 99.45%。

流动性管理继续保持同业领先水平。全行月均备付率 1.65%，比国有商业银行平均水平低 0.24 个百分点，按全行存款日均余额为 96 735 亿元（含同业）测算，日均节约资金 232 亿元。

一、资产负债管理委员会工作

2009 年，总行资产负债管理委员会以完善资产负债管理制度和报告、促进资产负债结构调整优化为重心，全年召开 7 次会议（其中现场会议 3 次，非现场会议 4 次），研究议案 22 项。委员会定期审阅流动性风险管理报告、资产负债管理报告、人民币贷款利率执行情况分析报告和资本管理报告，及时研究提出资产负债管理策略建议。各部室对于委员会决议事项均高度重视，主动推进相关落实工作，较好地发挥了资产负债管理委员会的辅助决策职能，推动了全行资产负债管理水平的提高。

二、信贷计划管理

2009年，全行认真贯彻落实中央应对国际金融危机的一揽子计划，合理扩大信贷投放，进一步提升信贷资源配置效率，保证了全行存贷款总量增长适度、结构优化。

（一）科学分解信贷计划分品种、分地区指标，明确年度计划管理的相关政策要求。按照“总量平衡、条块结合，全年亮底、季度指导，动态监测、适情调整”的原则，进一步加大信贷总量控制下的结构调整力度。

适时研究人民币贷款总量、分品种及分地区计划调整方案。在总量上，对年度和重要时点的贷款需求进行详细摸底调查，客观评估信贷增速的合理性，平衡全行人民币贷款总量需求矛盾，适度调整全年人民币贷款总量计划目标。在品种上，根据经济金融形势、信贷市场需求和总量增长计划，适时调整信贷计划品种结构摆布，充分发挥票据融资业务的规模调节功能。在区域上，统筹考虑信贷计划分配的“四挂钩”原则和分行实际增长情况，综合平衡调整分地区计划分配方案，在继续坚持重点向经济资本回报高、区域市场环境好和资产质量优良分行倾斜原则的同时，适当满足了部分市场潜力大、资产质量好且市场占比低的分行的增长需求。在国家“扩内需、保增长”的政策背景下，为落实振兴东北老工业基地、中部崛起和西部大开发等区域发展要求，对贷款基数低、计划总量有限的中西部和东北地区分行予以适当支持。

（二）多种手段相结合，有效调控人民币贷款投放进度，确保各项贷款的平稳均衡投放。一是在综合分析全行贷款计划实际执行进度和同业贷款增长情况的基础上，及时研究提出月度、季度和半年末等重要时点的贷款增量目标掌握意见，并根据信贷计划执行情况相应采取有关工作措施。二是及时印发《关于调整各分行人民币贷款年度计划及进一步加强经济资本管理的通知》、《关于切实提高贷款投放均衡性　合理把握上半年贷款投放进度的通知》（工银办发［2009］491号）等10余份行发文件，及时向分行明确重点时点信贷计划掌握要求，核定下达贷款增量计划。三是按日监测人民币贷款分品种、分地区计划执行情况，加强对部分贷款投放过快分行的电话沟通和窗口指导的工作力度，督导相关分行均衡发放贷款。按照“滚动预测、动态监控”的原则，要求分行对月末最后5至10个工作日的贷款投放和收回情况以及大客户贷款余额变动情况逐日进行准确预测，加强关键时点信贷流量管理工作，引导分行控制贷款总量，加大信贷结构调整力度，促进各项贷款均衡增长。

三、资本管理

全行制定了首个中长期资本规划，完善经济资本管理，提高资本质量，改善资本充足状况，着手优化升级资本管理系统。

（一）编制《中国工商银行2009年至2011年资本规划》。2009年4月27日，编制并报请董事会审议通过了《中国工商银行2009年至2011年资本规划》，计划未来三年使全行资本充足率目标保持在12%左右，核心资本充足率目标保持在8%以上，并通过加强经济资本管理等手段控制风险加权资产增速、不断升级完善资本计量技术和信息系统等配套措施，保障资本规划的顺利实施。

（二）顺利完成次级债券发行工作。根据2008年第一届临时股东大会审议通过的《关于发行长期次级债券的议案》，经监管部门批准，于2009年7月16日至7月20日成功在银行间市场公开发行了400亿元次级债券用于补充附属资本。

（三）正式立项升级优化资本管理系统。2009年5月，资本管理系统（二期）正式立项，10月中旬正式提交业务需求书，12月下旬完成软件需求书确认工作，并启动系统开发。资本管理系统的升级优化对于深化经济资本管理，切实发挥经济资本的管理效力具有重要意义。

（四）贯彻执行资本监管政策，积极采取措施提高资本质量，改善资本充足状况。根据监管部门关于进一步加强资本管理、提高资本质量和资本充足率水平的要求，积极采取措施，2009年9月29日，董事会审议通过了《关于进一步改善资本充足率状况相关措施的议案》，有效确保工商银行具务足够的资本实力和风险抵御能力。

四、利率定价管理

2009年，银行间市场流动性较为宽裕，货币市场利率持续走低，尤其是由于商业银行对大型优质客户的竞争日趋激烈，贷款利率下浮幅度呈现不断扩大的趋势。针对这种情况，全行积极采取有效措施，提高贷款定价水平、降低全行付息成本、提升利率风险管理水平，从而稳定了利差收入，保持了存贷款业务的平稳发展。

一是加强贷款定价管理，协调市场占比与贷款收益之间的关系。制订、下达2009年公司贷款利率下浮控制计划，并将计划指标纳入行长绩效考核范围。完善公司客户贷款定价标准，加强对贷款收益率、存款付息率及利率水平的测算分析以及同业比较，按季通报各行指标执行情况，引导分行合理把握利率浮动幅度，提高贷款定价水平。

二是及时调整存款定价政策，控制存款付息成本。根据利率走势和同业市场竞争情况，及时调整同业存款利率定价标准，暂停成本较高的普通同业定期存款，下调7天期、14天期、1个月期、3个月期定期存款指导利率上限，有效降低同业存款的筹资成本。制定《协定存款管理办法》及协议文本，规范协定存款管理，进一步降低对公活期存款付息成本。

三是监测全行利率风险，加强利率风险管理。针对全行利率敏感性缺口、利率波动幅度影响净利息收入情况及时进行测算和静态模拟分析，并根据当前利率走势和波动幅度进行预测分析，提出利率风险管理措施，促进全行经营效益和 NIM 的提高。

四是开展本外币利率检查，防范操作性风险。全面梳理利率管理政策，编写《利率管理手册》，规范分行利率政策执行。组织全行性的本外币利率执行情况检查，及时发现利率管理工作中存在的问题，认真进行规范和整改。拟订利率操作管理改进计划，完善主机系统和信贷台账利率操作功能，强化利率操作的系统控制，进一步规避利率执行的操作性风险。

五、资金管理

2009 年，全行密切关注货币政策变化，动态监测全行资产负债业务发展，采取有效措施，实现了资金安全性、流动性和效益性的统一。

一是依据适度宽松货币政策和市场资金情况，积极调整流动性管理思路，采取严格执行大额资金预测预报制度、加强分行资金调度管理、合理安排资金运作计划、扩大分行融资授权及专项借款支持、调整同业存款业务品种和定价等管理措施，在保证支付的基础上，充分利用新股 IPO 等市场机会，加大资金运作力度，最大限度降低低效资金占用，提高资金运用效率。2009 年总行共处理分行资金调拨 10 420 笔，同比增加 2 746 笔，累计金额 204 342 亿元，同比多增 65 219 亿元；总行在银行间市场累计融出资金 121 233 亿元。

二是针对流动性充裕局面，根据业务发展情况和存贷款预期实际收付息率变化，连续调整全行本外币内部资金转移价格。整体适度下调总分行间人民币资金往来利率水平；对一级分行人民币资金集中配置利率进行结构性调整，在集中价格上，在适度提高活期和 7 天期集中利率的同时，下调其他各期限集中利率；进一步完善人民币资金短期资金业务配置价格定价机制，下调一级分行短期资金业务资金配置利率；连续多次调整外汇小额存款利率、境内分行外汇资金内部利率和境外机构外汇资金拆借利率以及外汇存贷款利率定价标准，支持国际贸易融资、NRA 账户业务和境外机构的发展，缓解全行外汇资金紧张态势。

三是前瞻性地鼓励吸收外汇存款，巩固外汇存款在全行外汇资产负债经营中的基础性地位。2009 年年中以来连续调整外汇资金利率，鼓励分行加大吸收存款力度，2009 年 8 月末与央行新增叙做 20 亿美元货币掉期，同时积极推进并成功争取货币互存业务，从而有效缓解全行外汇资金紧张态势，确保了全行各项外汇资产负债业务的平稳发展。

（总行资产负债管理部）

信贷管理

2009 年，全行信贷管理部门积极完善基础管理，推进信贷管理及信用风险管理体系的不断完善，努力提升资产质量，全行信贷业务保持健康、快速发展，经受住了经济波动、市场压力上升等考验。

一、完善信贷业务基础管理体系

（一）深入推进信贷流程改造。根据总行党委 2008 年确定的公司信贷业务流程优化方案和“整合、拉直、电子化”总体思路，全行信贷管理部门圆满完成了公司业务流程优化方案确定的 10 项重点工作和 162 项具体任务，按计划投产应用了 61 项流程改造涉及的系统功能，并同步进行了制度调整。同时，根据银监会出台的“三个办法，一个指引”，深入落实“实贷实付、受托支付”的监管要求，全面强化贷款资金用途管理，制定《公司贷款发放与支付流程》，重点完善了贷款业务核准、提款审核、放款支付等环节的操作规程。

（二）实现作业监督职能前移。实施了新的信贷作业监督操作规程，对信贷作业监督职能前移后的职能定位、监督流程、工作内容、监督重点等进行了全面调整，将信贷作业监督工作调整为在贷款发放环节前进行放款核准。同时，依托资产管理系统分别开发了法人和个人信贷作业监督职能前移操作管理功能，实现了对信贷作业监督的全流程系统控制和系统信息记录。职能前移工作启动后，全行累计发现的存在各类风险问题的信贷业务，占接收放款核准业务总笔数的 5% 左右，年内问题整改率达到 99.90%（按金额计算），全行信贷业务操作风险控制能力和信用风险防控水平得到有效提升。

（三）完善监控预警重组机制。建立起了分层管理、各有侧重、逐级报告的信贷风险监测预警工作制度，定期提示大额授信客户风险，对违约企业及其关联企业及时进行风险预警和融资控制，对突发事件的应急反应能力、风险集中控制能力不断提升。完善了大户风险分类管理，将表外业务逐步纳入大户风险管理体系。动态调整跟踪督办客户名单，对全行贷款实现了严重风险、较大风险、一般风险和较低风险的分类管理。加大现场检查和高管访谈力度，及时压缩存量风险业务。

（四）改进信贷准入退出管理。努力提高信贷业务停、复牌工作的前瞻性、针对性和有效性，坚持对风险显现的机构及时停牌，防止经营风险不断上升，对整改合格机构及时复牌，推进业务发展。在有效执行停复牌制度的同时，对于尚未全面达到复牌标准，但内部管理有明显改善、不良资产已进入处置通道的机构，采取灵活的管理措施，支持其开展特定领域、重点客户的业务。2009年共对达到处罚标准的58家（次）分支机构进行了信贷业务预警，对11家（次）分支机构进行了停牌处罚，批准了49家（次）整改合格的分支机构复牌或降格处罚，对被停牌机构的84户大型客户实行名单制管理，促进了信贷业务的发展。

（五）开展信贷业务专项检查。全年共组织实施了包括全行信贷业务大检查、银监会新发放贷款自查、银行承兑汇票业务、表外业务专项检查、银监会“五项业务”和“六项风险”自查等在内的24项信贷检查，涉及信贷业务金额1.89万亿元，有效覆盖了重点业务领域。

二、搭建信用风险管理基本制度平台

（一）健全信用风险管理工作制度。根据全行发展战略与工作规划，研究制定了《2010—2011年信用风险管理工作规划》，全面规划集团层面、立足覆盖全流程、全业务范畴、集中统一的信用风险管理体系。加强涉及信用风险的相关政策、制度、办法、流程的统一归口管理，强化政策制度之间的衔接，缩小政策制度的执行落差和监管差距，建立了信用风险并表管理基础制度和银行账户信用风险暴露分类管理标准，逐步搭建起全行信用风险并表管理的基础工作平台。积极完善信用风险报告工作制度，将资本金（含核心资本）、拨备额、拨备覆盖率等重要的信用风险管理指标，境内分行债券业务、资金业务和衍生品交易等信用风险业务信息，内部评级法实施应用情况、压力测试分析等项工作，纳入了信用风险分析、报告范畴，实现了信用风险信息的全口径反映和内部治理情况等工作路径，向逐步实现集团层面信用风险管理的目标跨出了重要一步。

（二）细化机构和境外风险管理。在机构信用风险管理方面，搭建起整体框架和分类制度两个层次的机构客户信用风险管理体系，建立了境内机构客户的信用风险管理总体制度规范，分类细化银行客户、金融租赁客户准入条件、准入标准、授信授权、流程管理、风险审查、信用额度和期限控制、担保管理。将机构客户融资等纳入信用风险监测体系，从而实现境内股份公司信用风险全口径监测控制。

加强境内外信息沟通渠道建设，建立起境外业务信用风险报告制度。推进境外机构信贷政策制度体系和工作机制的统一，形成了覆盖境外主要机构的信贷政策制度框架，对境外机构信贷组织架构、业务流程、产品管理、业务准入等13项基础管理工作进行了规范。

三、构建新一代信用风险管理系统

（一）推进信贷业务全流程系统化管理。2009年资产管理系统投产4个季度版本，2个月度版本，一次性成功投产应用了评级授信整合、银行承兑汇票和保函循环办理、电子化审批及档案管理等34个项目，功能涵盖信贷业务创新、风险控制、业务管理和决策支持等各个方面，有力地支持了全行信贷业务发展和管理需要。在系统功能提升的基础上，全面实施了从分行到总行层面所有信贷业务的电子化审批，完成了从纸质审批到全流程电子化审批模式的重要跨越，实现了信贷业务自贷款申请到审查审批、放款核准、贷后管理直至贷款回收的全流程电子化操作管理与全息记载，系统平台对业务管理、决策信息提供方面的支持能力大幅提升，为信贷业务流程的优化再造与业务运营资源的二次级集成整合奠定了技术基础。

（二）构建新一代全球资产管理系统。根据第四代应用系统建设的总体规划，启动了新一代资产管理系统（境外）建设项目。新一代资产管理系统（境外）的建设，立足于境外机构的个性化业务操作和管理，设计确定了融资额度管理、流程引擎构建、产品引擎设计、信息采集管理等多项核心功能，以高度灵活的系统架构适应境外机构多元化的应用需要。

（三）建设全球客户信用风险管理平台。启动“1031”工程《全球客户信用风险管理系统》的建设工作。以支持全球客户信用风险集中统一监控和管理为目标，完成了全球客户信用风险统一视图暨查询平台建设项目总体方案的设计，并先期形成了包括资金流向跟踪、客户违约信息检索等信息风险数据库查询平台建设细化需求。新的系统架构将构建起标准化、集中式、流量化管理的全球信用风险管理信息库，统一信用风险信息查询和预警控制管理平台，实现客户信用风险信息的统一视图。

（总行信贷管理部）

授信管理

2009年，全行授信管理部门不断优化工作机制、管理模式、评审方法和控制手段，落实“松紧结合，收放有度”的授信原则，积极支持重点优质信贷市场营销工作，以高效服务支持前台营销保增长，以审慎评审把好风险闸门提高质量，优质高效完成全年授信评审任务，为贯彻落实“扩内需、保增长、调结构”宏观经济政策和实现全行发展目标作出了应有的贡献。

2009年，全行完成集团关联客户评级授信方案3 001个，涉及成员企业13 809户，核定最高综合授信额度76 544亿元；完成单一客户评级授信方案21 248个，核定最高综合授信额度65 449亿元；完成授信调整方案1 888个。全行完成项目贷款评估报告6 547份，共涉及项目总投资57 785亿元，申请贷款额合计25 776亿元。其中，对232个项目出具了谨慎决策或不予贷款支持意见，共涉及项目总投资1 026亿元，申请贷款额合计461亿元。全行完成押品价值评估85 227宗，评估押品价值金额26 122亿元。举办各级业务培训429次，培训员工25 619人次，通过在岗培训、岗位交流等多种方式促进了授信专业队伍素质快速提高。

一、实施管理创新，服务响应能力明显提升

（一）实施限时服务。总行授信业务部将2009年定为限时服务年，明确向分行及前台部门承诺了授信、项目贷款评估、押品价值评估业务的评审时限。全年总行项目贷款评估工作平均用时43.13个工作日，较以前年度规定的90个工作日缩短了46.87个工作日，尤其是对北京市轨道交通十五号线等10个竞争程度高的优质项目贷款仅用了1天时间就完成了审查工作，另有60个项目评估用时在20个工作日以内。而授信审查工作则较2008年提前了20天，在2009年12月10日前完成了全年的评审任务，提高了授信评估效率，有力地支持了前台的市场营销工作。

（二）扩大授信授权。根据2009年的经济金融形势和信贷市场竞争状况，在充分考虑分行信用风险控制水平的前提下，适当扩大了分行2009年度集团客户和增加授信的单一客户授信授权。如，将省级交通厅类客户的授信方案授权扩大到一类分行300亿元、二类分行240亿元、三类分行180亿元，将城市基础设施建设行业客户授信方案授权扩大到一类分行200亿元、二类分行180亿元、三类分行150亿元。

（三）完善分类评估模式。修订下发了《中长期项目贷款评估管理办法》，细化了“调评合一”、“评审合一”、“认同评估”等特殊评估模式的流程、职责要求等相关规定，并选择了公路、电力、铁路等工商银行积极和适度进入类行业的相关项目，城建、土地储备类符合国家拉动内需、促进经济发展要求的相关项目，分行反映市场竞争激烈、时间要求紧迫的47个项目在提示风险的前提下特别授权分行进行评估，最大限度地提高了工作效率。

（四）开展上门服务。改变了以往由分管行业处分散评审、分别与分行沟通补充材料的做法，改由总行授信业务部领导带队到分行现场办公，尝试采取灵活多变方式，快速研究处理分行紧急业务需求。组织了2个工作组，分别赴黑龙江分行集中完成了6个项目的评估工作，赴广东分行和广东分行营业部进行了为期3天的现场办公，研究解决了78户企业的授信需求。

二、创新评审方法，稳步推进电子化审批

（一）推行集中评审。总行及早对2009年的授信评审工作进行了规划，对需上报总行授信的客户进行了分类排队，尽可能地把同一类别、同一行业、同一地区的客户授信方案报送时间集中安排，推行按行业类别、客户类型集中审查模式，为分行的同步报送、总行的审查审议提供便利，有效地提高了授信评审效率和质量。2009年，通过集中报送、集中审查、集中审议、集中批复高效快捷地完成了煤炭、电力、石化、钢铁、城建、铁路、公路、建材等多个行业的授信方案。

（二）加强同行业客户间的比较分析。为进一步提高授信审查效率与质量，在加强对客户纵向对比分析的基础上，研究推行同行业、同类型客户、项目的横向比较分析，从企业规模、区位优势、资源保障、产品结构、财务情况、综合偿债能力、国际信用评级等方面对三大钢铁（宝钢、鞍钢、武钢）、四大港口（上海港、宁波港、天津港、秦皇岛港）、三大轮胎（佳通、韩泰、普利司通）等集团客户进行了比较分析。根据比较分析的结果，结合各自的融资总量、上年核定的授信额度、授信测算参考值、授信年度内的相关融资要求等具体情况，制订较为合理的个性化授信方案，授信审查效率与质量均得到了有效提高。

（三）探索差异化的集团客户授信审查方法。突破

传统思维定式，抓住不同行业的风险特点，积极探索集团客户授信总量与结构控制方法体系。在授信审查中，对于煤炭、电力等以项目建设融资需求为主的集团客户，侧重通过净资产倍数法，测算其授信总量；对于公路类客户，采取“自上而下”和“自下而上”相结合的授信审查模式，通过衡量其最大出资能力计算付息负债总规模，加之考虑同业占比因素，合理确定授信总量；对房地产企业则是积极探索资金链分析方法，针对其资金链的紧张程度和经营特点，采取预留额度方式改进管理模式；对城建类集团客户，则根据在建项目的多少，充分考虑EBITDA和财政补贴等因素匡算付息债务总额的办法，最终确定授信总量；对同质性较强的水泥生产企业，则采用两步对比分析法，通过对比区域分布和毛利水平，依据平均成本和周转速度合理测算单位产能所需的非专项授信额度和流动资金贷款限额，避免了授信审查的孤立性和盲目性；对于混业经营的保险企业，则针对其经营特点，采用改进后的杜邦分析法，在有效分析其承保、投资等业务板块的经营效率与盈利能力的基础上，合理控制其融资总量。

（四）全面试行授信业务电子化审批。一是对CM2002资产管理系统的评级授信子系统进行整合升级，实现了与人民币债券投资和资金交易系统的挂接，对纳入统一授信管理的人民币债券投资和资金交易业务实现了刚性控制，扩大了评级授信系统业务覆盖面。二是顺利投产中长期项目贷款评估系统，实现了项目贷款评估工作的系统化、参数化、集约化管理，为项目贷款评估提供了综合性信息管理平台，为实施项目贷款评估电子化审批做好了准备。三是全力推动押品价值评估系统的升级改造工作，构建了综合化、智能化和柔性化的全新抵押资产综合管理系统，实现了全新意义上的押品价值管理和风险控制体系。四是从2009年11月23日至12月7日在全行范围内依次启动了评级授信、项目贷款评估、押品评估电子化流程审批工作，为实现业务流程从手工操作到电子化形态的转变奠定了坚实基础，对授信评估效率的提高起到了促进作用。

三、坚持优中选优，加大对重点行业、客户、产品的支持力度

（一）加大对基础设施等重点行业支持力度。根据国家4万亿投资计划，在授信导向上积极向基础设施、灾后重建、安居工程、生态保护等重点行业、重点领域倾斜，更加关注公路、电力、铁路等积极和适度进入类行业的相关项目，以及城建、土地储备类符合国家拉动内需、促进经济发展要求的相关项目。

（二）全力支持重点行业龙头企业快速发展。研究调整了中石油集团、中石化集团等101个重点优质客户流动资金贷款限额的上限值，为提升对相关客户的竞争能力起到了重要作用。在授信审查工作中，坚持“好中选好、优中选优”的授信原则，突出个性化、多元化，合理配置授信业务品种，有力地支持了大型装备制造、煤炭、运输、钢铁等行业中拥有核心技术和创新能力、具备明显市场和规模优势、属于国家产业规划重点扶持的龙头企业的壮大发展。

（三）积极支持贸易融资和项目融资业务发展。结合行业信贷政策与贸易融资业务发展战略，侧重支持符合客户经营特点、能够防控风险的贸易融资业务和项目融资，引导分行将存量流动资金贷款向贸易融资转化，支持企业上下游供应链融资需求，着力推进汽车、造船、石化、轻工、纺织、有色金属、电子信息等行业的信贷结构调整和优化升级，确保了流动资金贷款分流改造的效果，为实现贸易融资余额占流动资金贷款20%的结构调整目标发挥了应有的作用，有力地推动了全行信贷结构调整。

四、严把信用风险“总闸门”，促进信贷资产质量稳步提高

（一）强化集团客户授信管理。一是多措并举强化关联关系管理，通过总行主动调查、分行发现关联线索上报总行调查、运用CM2002系统客户关联关系自动查找、识别功能等多种方式，新发现关联集团240家，同比增加34.51%。二是建立了牵头行授信的后评价及“纠错”机制，全年重点审阅牵头行备案报告75份，通过对牵头行报备授信审批方案的审阅分析，及时发现问题并要求分行立即整改。三是在集团客户授信审查中更加注重总量控制与结构调整，通过更多采用“自上而下”与“自下而上”相结合的方法，合理核定授信总量与结构，严控集团客户关联风险与过度融资风险。

（二）严控环保与产能过剩风险。总行按照培养“绿色信贷”文化和打造“绿色信贷”银行目标，根据“有保有压，有所为有所不为”的原则，审查支持了内蒙古乌兰伊力30万千瓦国家风电特许权项目、北营钢铁（集团）节能减排增效综合改造等节能环保项目，对水泥行业日产4 000吨熟料水泥生产线节能技改项目以及塑料行业100万吨聚氯乙烯工程项目等17贷款项目建议谨慎决策或予以否决，从而真正把国家的宏观调控政策、绿色信贷政策落到了实处。

（三）全面揭示第二还款来源风险。总行对2008年末全行押品价值数据进行了统计、核实、分析。根据统计分析情况，撰写了《全行押品价值相关情况分析报告》，深入剖析押品风险状况，有针对性地提出下一步押品工作风险防范的重点在于房地产类押品的集中性风险、公路收费权持续收费能力的变化风险以及商品融资、流动资产类押品的市场风险，以此促进全行抵押贷款风险防范水平的提高。

（四）建立了突发性信用风险授信应急反应机制。

总行印发了《法人客户突发性信用风险事件授信应急管理实施意见》，要求各行加强客户信息的搜集与管理，及时发现突发性信用风险事件苗头和隐患，并针对其性质、特点和影响程度，及时采取冻结授信额度使用、调减授信额度、调降信用等级等多项应急措施，适时控制、减轻和消除突发性信用风险事件的严重影响。

（总行授信业务部）

信用审批

2009年，全行信用审批部门认真履行职责，切实把握好支持信贷业务发展与促进信贷结构调整、加大信贷审批创新与有效管控信用风险之间的关系，根据国家宏观经济政策和工商银行各项信贷政策，准确把握审批要点，适时调控信贷投放节奏，较好地完成了各项任务。

一、尽职完成各类信贷业务审查审批工作，为顺利实现经营目标作出了积极贡献

2009年，全行各级信贷审批部门受理审查审批的业务量大幅增长，全年共受理申请审批的各类信贷业务256.38万笔、金额10.99万亿元，分别较上年增长60.30%和76.86%，其中，受理法人客户信贷业务（含小企业和贸易融资业务，下同）46.43万笔、金额10.01万亿元，受理个人信贷业务209.95万笔、金额9 806.10亿元。截至2009年末，完成审批各类信贷业务255.78万笔、金额10.60万亿元，占受理业务笔数和金额的99.76%和96.45%。其中，完成审批法人客户信贷业务46.29万笔、金额9.62万亿元，完成审批个人信贷业务209.49万笔、金额9 785.26亿元。

总行受理的分行超权限信贷业务也显现快速增长，全年共受理1 477笔、金额3.07万亿元，分别较上年增长51.8%、54.86%，截至2009年末已完成审批1 360笔、金额2.87万亿元，分别较上年增长64.85%、82.97%。随着国内企业“走出去”步伐加快和工商银行境外机构相继开业，总行受理审批的涉外信贷业务也有较大幅度增长，共受理涉外信贷业务（不含营业部权限内的信贷专营产品）达28笔、金额75.6亿美元，笔数和金额分别是上年的2倍和5倍。

2009年各级信贷审批部门共组织召开信贷审查委员会（含授信审批分部审议小组）会议1.68万次，审议业务事项9.15万笔（含授信方案，下同）、金额19.20万亿元（含授信额度，下同）。其中，总行共组织召开信贷审查委员会会议69次，审议业务事项485笔、金额8.97万亿元，召开信贷审议中心审贷会议113次，审议业务事项597笔、金额1.59万亿元；各分行共组织召开信贷集体审议（含授信审批分部审议小组）会议1.66万次，审议业务事项累计9.04万笔、金额8.64万亿元。

二、加大创新力度，不断提高信贷审批质量和效率

（一）进一步完善授权制度和评审流程。对拉动内需效果明显、风险容易判断的基础设施项目贷款和城建项目贷款适当简化了审批层级，扩大了分行审批授权。在上一年公司信贷业务流程调研的基础上，总行信用审批部牵头制定下发了《项目贷款调查、评估、审查审批流程优化方案》，进一步优化简化了评审流程，提高了对前台营销的响应速度。据统计，各级信贷审批部门按照“调评合一、评审合一、认同评估”优化流程完成评审的项目贷款129笔、金额4 914亿元。2009年审批同意的项目贷款中，公路、铁路、城市基础设施、电力和房地产五大行业项目贷款达33 041亿元，占审批同意项目贷款金额的88%，对各分行扩大优质项目的市场份额提供了较好的支持。

（二）主动开展个案审查创新。先后采取个案创新形式审批通过信贷业务10余笔、金额近500亿元。如在《并购贷款管理办法》出台前，根据银监会《商业银行并购贷款风险管理指引》精神，率先审批通过了国内首笔并购贷款——百联集团并购贷款，产生了良好舆论影响；在《项目搭桥贷款管理办法》出台前，先行审批通过了山西省交通厅资本金搭桥贷款；在《项目营运期贷款管理办法》出台前，审批通过了田湾核电一期可循环使用项目贷款。

（三）加大对固定资产支持融资等信贷创新产品的支持力度。2009年总行相继推出了项目搭桥贷款、项目前期贷款、项目营运期贷款、固定资产支持融资和并购贷款五个公司信贷新产品。据统计，2009年全行共审批通过上述五类新产品2 060笔、金额9 425亿元，有力支持了前台部门拓展优质信贷市场。

（四）认真做好非信贷资产类业务审查工作。2009

年总行共审批同意承销及投资中期票据27笔、金额2 318亿元，短期融资券32笔、金额2 863亿元，为巩固和保持工商银行债券承销业务市场第一的地位提供了强有力保障。同时还审批同意企业债投资业务14笔、金额94亿元，金融债投资业务4笔、金额200亿元，“理财＋信托”业务14笔、金额753亿元，为促进全行综合化经营、增加中间业务收入作出了贡献。

（五）重视对竞争性项目设计个性化的融资方案。各级信贷审批部门在审查中注意根据同业竞争态势对融资方案进行优化，对国家重大基础设施项目和资信良好、还款来源有保障、风险相对可控的优质信贷业务尽量不提或少提条件，对融资要素根据实际情况进行灵活安排，以提高投标方案的竞争力。2009年总行共受理审查紧急业务、投标项目达170多笔，涉及贷款金额近1.1万亿元，均在分行或前台部门提出的时效内拿出了具有一定竞争优势的投标方案，保证了分行和前台部门及时参与竞标。

三、坚持原则认真审查，从严把控信用风险

在贯彻适度宽松货币政策的同时，各级信贷审批部门坚持区别对待的原则，对风险项目从严把关，否决了一批风险难以把控的信贷业务。据统计，全年经各级信贷审批部门直接提出否决意见或由于各种原因中止审查的信贷业务达11.56万笔、金额7 924.63亿元，分别占已审结业务笔数和金额的4.52%和7.48%。

（一）严格控制产能过剩和“两高一资”行业信贷准入。坚决执行“环保一票否决制”，坚决拒绝对“两高一资”项目新增融资，从严审批一般加工制造领域存量客户的再融资和重组业务，对钢铁、水泥等六大产能过剩行业的新增产能项目原则上均不予支持。2009年全行各级信贷审批部门审查直接否决和中止审查的加工制造行业贷款累计142笔、金额515亿元，涉及铝加工、有色金属冶炼等10多个行业。

（二）切实防范信贷集中投放领域形成系统性风险。各级信贷审批部门重点关注政府承诺还款的融资总额与地方财力是否匹配，切实防范个别地方政府利用多个融资平台过度融资的风险。一方面积极支持省会城市和部分财政实力较强的地市级城建项目，另一方面特别关注地市级以下财政还款能力较弱的城建项目贷款风险，严格控制地市级以下政府不顾自身实力盲目扩大建设规模和借机搞形象工程。全年未能通过各级信贷审批部门审查的城市基础设施贷款有490笔、金额1 649亿元，其中未能通过总行审查的城市基础设施贷款有51笔、金额720亿元。

（三）积极推动银团贷款合作。2009年总行审批同意的银团贷款达6 351亿元，占已审批通过项目贷款的44%，其中城建领域银团贷款1 684亿元，占审批通过城建贷款的50%。

（四）严把放款核准关口。2009年总行信用审批部共对756笔、6 044亿元的信贷业务前提条件落实情况进行了审核，其中133笔、1 031亿元贷款首次审核时未完全落实前提条件，要求分行进行了认真整改，直到审核确认完善后才同意发放了贷款。截至2009年末，尚有18笔、148亿元信贷业务因未能落实前提条件，未同意分行发放贷款，有效防范了信用风险和操作风险。

（五）认真组织信贷自查和重点信贷业务监测工作。为切实防范在贷款集中快速投放态势下放松审查的情况，2009年第四季度总行信用审批部，对2008年10月至2009年上半年经总行审批的487笔、8 886亿元信贷业务（包括已发放贷款）进行了一次全面“回头看”。从检查结果看，总行审批的信贷业务较好地执行了国家产业政策和工商银行各项信贷政策，贷款审批手续合规完备。总行还坚持做好总行审批信贷业务重点监测工作，对监测名单进行了动态调整，根据项目进展情况和风险监测结果提示有关分行采取相应风险防控措施，强化了贷后管理。

四、切实强化信贷审批专业的系统管理，努力提升全行风险把控水平

2009年全行信贷审批工作量的99%、金额的72%是由各一级分行和二级分行完成的，分行层面的审批质量和效率对于全行信贷业务健康有序发展关系重大。为此，总行高度重视建设和完善前台、中台、后台相分离的信用风险管理体系，2009年重点推进了全行信贷审批体系的垂直集中管理，稳步推动了分行层面的信贷专职审议工作，着力抓好信贷审批资格管理，积极提升信贷业务电子化水平。

（一）进一步完善对审批分部的垂直管理，强化中台风险控制机制。2009年上半年信用审批部联合相关部门分三次召开了授信审批工作座谈会，统一了思想认识。8月份与信贷管理部、授信业务部共同下发了《关于加快落实授信审批垂直集中管理要求的通知》，明确了具体落实要求。12月份信用审批部又联合相关部门召集尚未完全实现授信审批分部垂直集中管理的18家分行到总行汇报工作，集中审核各分行授信审批体系建设进展情况，对尚未实现集中垂直管理的分行进行督导。截至2009年末，全行37家分行中29家分行已基本实现了授信审批垂直集中管理，较年初增加了21家，其余分行也大都制订了方案并正在落实。

（二）稳步推进分行层面信贷专职审议工作，不断完善信贷集体审议制度。截至2009年末，全行已有12家分行聘任了57名专职审议委员。各一级分行层面目前均已取消了手工计票的落后表决方式，已开通并使用通用表决系统进行信贷集体审议表决，进一步规范了信

贷集体审议的工作机制和表决方式。

（三）做好信贷审批资格认证和信息系统开发工作，强化信贷审批人的资格管理。认真组织了全行信贷高级审批资格考试，有444人通过考试并取得了高级审批资格。各一级分行授信审批部门还组织了51次中、初级信贷审批资格考试，累计参考人员6 600余人。截至2009年末，全行具备信贷业务高级审批资格人员共3 024人，具备中级审批资格人员共11 286人，具备初级审批资格人员共4 369人。总行还组织开发了信贷审批资格管理系统，至2009年末已进入测试阶段。该系统投产后可实现对审批资格的动态维护、实时更新和自动化管理，有效防范对CM2002、PCM2003系统中没有审批资格人员进行业务授权的操作风险。

（四）深入基层做好服务，切实加强对分行审批工作的指导。总行先后组织人员深入北京、天津、河北、山西、江苏、江西、广东、广西、重庆等多家分行开展工作调研，切实帮助分行解决工作中的实际困难。同时还组织部分专职审议委员赴内蒙古、辽宁、甘肃、江苏等分行就煤化工、风电等行业进行深入调研，配合分行研究具体行业和重点项目的市场发展前景，形成《我国新型煤化工行业调研报告》、《关于风电项目贷款的调研报告》等多篇研究报告。

（五）切实抓好信贷审查审批培训工作，不断提高从业人员专业素质。10月总行在湖北举办了120余名授信审批部门负责人参加的培训班，12月在香港组织了第二期授信审批部门负责人培训班，均取得了良好培训效果。各分行也通过多种形式，积极开展辖内审查审批人员的培训工作。总行还组织专人将国家相关部委发布的与信贷审批密切相关的800多个政策法规及部门规章进行了整理，编制了近180万字的《信贷审查审批常用政策法规汇编》，并已分发到全行参考。

（六）积极推动信贷业务电子化审批系统和通用表决系统的应用，努力提升信贷审批审议的电子化水平。完成了通用表决系统版本升级工作，同时就电子化审批系统和通用表决系统使用过程中遇到的问题开展了多次专题调研，通过举办培训班和业务座谈会等多种形式，为进一步完善业务管理功能特别是统计分析功能提供了专业意见。全年累计提出电子化审批系统优化建议113条、通用表决系统优化建议191条，绝大部分已被相关部门采纳并将于2010年上半年实现功能投产。

（总行信用审批部）

授权管理

2009年，总行法律事务部继续加强全行授权管理机制建设，强化对授权管理工作的监督与指导，不断完善授权管理工作方式，推动授权管理工作顺利开展。

一、总行年度基本授权工作

根据工商银行章程及有关文件规定，在全面总结2008年度全行授权管理和执行情况的基础上，组织总行相关部门拟订2009年基本授权方案。及时印发了对境内各一级分行、直属分行的《授权书》、《2009年度基本授权通知》，对总行副行长、票据营业部总经理、牡丹卡中心总裁、总行营业部总经理、总行部门总经理、直属机构负责人以及对境外分支机构的8个授权文件，顺利完成2009年度总行行长授权相关工作。在年度基本授权文件拟制过程中，着重从以下两个方面进一步完善和优化授权管理工作模式。

（一）进一步规范授权文件中的相关表述。

一是明确分行转授权具体要求。各项业务授权均明确是否允许分行转授权；如允许分行转授权，则对允许转授的机构层级做了进一步说明。

二是对转授权要求中有关“支行”的表述进行规范。经与总行相关部门沟通，除信贷业务授权外，对以往年度其他业务授权中出现的“县级支行”、“县支行”、“网点支行”等表述进行调整，将授权文件中出现的“支行”，根据实际情况统一表述为“一级支行（含城区一级支行和县（市）一级支行）”、“二级支行”或“分理处”，以避免因表述不规范产生理解上的歧义。

三是规范对直属机构授权的相关表述。对无审批职能的直属机构，相应业务授权表述中统一调整为“办理业务”（除审批相关财务费用外），对同时兼具审批职能的直属机构，相应业务授权则表述为“审批、办理业务”。

四是统一合同、协议签署权限的相关表述。在对副行长、部门总经理协议签署权限授权中，根据是否限定协议签署对方当事人，将相应授权表述统一调整为“与签署协议”或“签署协议”。

（二）进一步调整规范授权文件格式。在以往年度授权文件中，除根据业务类别以附表形式列明各项业务权限外，还在授权通知正文部分对被授权主体的经营管理权限进行详细规定。为避免授权通知正文部分相关内容与附表中的内容产生矛盾或冲突，使被授权主体能够更加方便地查找各自的权限内容，结合业务操作实际，对总行副行长、总行部门总经理和直属机构负责人授权文件格式进行调整：一是对已在附表中列明的具体授权内容，在授权通知正文部分不再重复。二是将以业务种类为标准进行授权内容分类的做法，改为以部门为单位分别拟制授权表格，同时结合各部门的实际授权内容，分别拟制“业务审批、办理权限表”和“合同签署权限表”。

二、分行转授权工作

总行基本授权方案印发后，指导并督促分行根据总行授权文件和转授权相关规定，及时完成2009年度转授权工作和转授权文件备案工作。配合相关业务部门开展分支机构授权执行情况的监督检查，强化授权管理工作的严肃性和规范性。

三、日常授权管理工作

根据授权管理相关规定，认真分析研究并及时解答各业务部门及各分行在日常授权管理中遇到的问题，协助核定授权管理的权限范围，配合总行各业务部门做好有关授权调整和特别授权工作，保证全行业务授权管理工作依法合规顺利实施。

（总行法律事务部）

运 行 管 理

2009年，全行各级运行管理部门紧紧围绕改革发展的大局，全力推进运营改革，强化运行基础管理，充分发挥运行管理在现代商业银行公司治理和打造核心竞争力中的作用，为全行转变发展方式、深入推进经营战略转型作出了积极贡献。

一、坚持开拓创新，运营改革取得重要突破

（一）业务集中处理体系改革向纵深推进。业务集中试点范围进一步扩大，业务品种更加丰富。在上海等10家分行全面实施资金汇划、网银落地指令等14大类业务的集中处理，省分行层面集中处理的业务量较2008年提高了7倍。集约化、专业化、标准化运营效果开始显现，运行质量不断改善，风险集中掌控能力继续增强，柜面业务实现有效分离，网点服务潜能开始释放。

（二）监督体系改革成功实现战略转型。率先完成预定改革目标，监督方式发生根本性变革，颠覆了沿袭20多年的重凭证要素、轻风险实质的传统业务复核模式，建立了以数据分析为基础，以监督模型为风险识别引擎的风险导向的新监督模式，全行日均手工监督工作量由895.8万笔降至5.4万笔，每万笔监督工作量发现的风险事件数量由传统监督模式下的1.7笔提高至1 100笔，监督效率显著提高。

（三）远程授权改革成效显著。坚持效率和安全兼顾的原则，业务核算事权划分机制改革全面推进，以操作风险管理职责在前后台的有效分解为前提，集中式、跨机构的授权管理体系和专业化、标准化、流程化的全新远程授权管理模式初步建立。到2009年末，新的授权模式覆盖江苏等16家分行的5 000多个网点、30 000多个柜口。授权层次有效缩减，授权内容大幅精简，授权处理速度显著加快，耗用时间平均比现场授权降低约15%，有效提高了授权质量和业务规范化程度，事中控制能力显著增强。

二、坚持强基固本，强化运行基础管理

（一）加强业务运行过程控制，业务安全得到有效保障。实行会计核算印章改革，合并印章种类和精减印章数量，强化核算印章管理。实施支付密码和应急密押集中管理改革，强化操作风险控制。优化会计核算要素系统功能，强化核算要素管理。完成资产管理系统直接驱动主机记账功能投产和试点，减少贷款业务核算处理环节，优化信贷业务核算流程。落实风险预警提示制度，持续分析内外部业务运营风险态势、成因，针对伪变造银行票据类欺诈、伪造资料开立结算账户等典型案例提出风险管理对策，有效提高风险管理的针对性和主动性。建立总分行运营风险分析机制，依托业务运营风险管理系统，对全行业务运营风险状况及变化趋势进行量化分析，加强通报和督促整改，较好地实现了总分行对运营风险的透明式跟踪、直通式管理，基层行操作的规范水平得到提高。客户统一对账管理持续加强，客户对账率、对账集中率持续保持高水平，网银对账加快推广，点击率达到52%，同比提高近一倍。

加强外部欺诈风险管理，2009年收缴本外币各类假币7 778.6万元，成功防堵伪造、变造票据和支付凭证955笔，涉及金额13.27亿元，识别各类虚假身份证件6 700余件。认真履行反洗钱义务，持续优化反洗钱

系统功能，着力提高反洗钱数据质量，进一步提升反洗钱能力。丰富检查手段，充分利用业务运营风险管理系统，贯彻风险导向理念，深入开展重要制度执行情况综合检查；积极开展现金业务、参数安全等多方面的专项检查，有效促进规章制度的执行和落实，保障了业务安全运行。

（二）推动现金业务集约化管理，现金运营效率进一步提升。全年安全高效完成现金收付 32.8 万亿元，同比增长 10%。为自动柜员机加钞近 1.9 万亿元，同比增长 63%，上门收送款 8 620 亿元，同比增长 11%。现金业务库整合取得实效，全行各类金库减少到 1 033 座，较年初净减 120 座。全行 83% 的库存实现了由现金营运中心集中管理，同比提高 11 个百分点。严格落实库存限额管理制度，全行现金备付率达到 0.44%，控制在 0.5% 的目标以内。现金综合运用率达到 59%，圆满完成预定目标任务。上门收款、同业现金代理、代理黄金仓储等现金业务实现直接收益 7.4 亿元，为全行经营转型作出积极贡献。

（三）加快业务创新，积极打造集约型清算平台。2009 年完成人民币清算 24.74 亿笔，同比增长 39.38%；外币清算 521 万笔，同比增长 13.06%，资金清算水平进一步提升。外汇清算直通率平均 99.2%，其中美元直通率达到 99.5%，日元、新加坡元等四个币种直通率首次达到 100%，保持国际同业先进水平。通用平台建设主体架构投产，初步建立通用、标准、独立的清算体系。开办人民币跨境清算、银行间外汇交易净额清算保证金保管等业务，开通内港两地欧元支付互联互通，推出“全球直联汇款”等产品，率先在国内应用 ENI 查询查复。重点培育美元清算业务发展，顺利完成美元资金运作向纽约分行平稳过渡，实现亚、美、欧三地资金跨地区运作，欧元和美元资金隔夜头寸平均使用率达到 95% 以上。顺利完成 SWIFT 个人跨境小额汇款产品投产，使工商银行成为全球首批、中国唯一荣获该产品投产资格证书的金融机构。圆满完成工商银行参展 SIBOS 年会的各项组织工作，作为首次参展的中资商业银行，全方位展示工商银行形象，引起国际同业和国内外媒体广泛关注。

（四）系统建设进程不断加快，系统支持机制持续深化。扎实推进核算与产品分离，完成银行卡业务线和对公结算业务线账务设置标准化、规范化工作，统一了核算规则和核算账户使用，实现了账务核算的智能化、自动化。全面规划设计第二代跨行支付系统处理应用平台建设的实施方案，为搭建更加高效快捷的支付结算平台奠定了基础。成功投产电子商业汇票系统，实现商业票据全流程电子化操作、资金实时清算以及业务信息实时查询，极大地提高了票据业务处理效率。深入挖掘 SWIFT 深层应用，实施国际 2009 标准应用，实现了个性化、差异化、定制化的应用服务，较好地促进了全行产品和服务创新。高效组织完成全功能银行系统 5 个版本 95 个项目的投产，全面推进核心业务系统建设。

（五）加强参数管理，提高参数管理效能。大力推进账务动态管理改革，全面完成停用的 82 个科目、3.9 万个总账和 74 万个账户的账务清理工作，初步实现参数对账务撤销管理的刚性约束；有效清理银行卡、对公结算、外汇清算等存在的核算问题，实现参数对业务核算方式和内容的统一规范管理。全面完成 208 个新项目的参数设计，支持全行产品创新和发展。参数全生命周期管理系统、境外参数设计应用管理系统成功试点，为实现境内外参数对产品从需求提出到投产应用整个周期的管理奠定了基础；境内外一体化参数监控管理改革全面启动，参数安全管理进一步加强，全行参数风险管控水平稳步提高。

另外，高效完成了年终决算工作和村镇银行筹建。面对全年投产项目多，大批境外机构首次在 FOVA 系统平台下决算，年终决算的流程、管理和范围发生较大变化，决算复杂度和难度增大等情况，制订周密工作方案，以高效的工作机制推进业务测试、账务核对、资金清算、损益结转等，圆满完成各项年终决算任务。结合贯彻国家金融支农政策的要求，指导村镇银行制订业务运行方案、设计业务运行组织模式、拟订业务运营相关制度、组织业务应用系统测试投产，为保障其正常开业发挥了积极作用。

（总行运行管理部）

法 律 事 务

2009 年，全行法律事务部门以保障依法合规经营和防控法律风险为核心，注重强化诉讼案件特别是被诉案件的监控管理，积极运用法律手段清收不良资产，较好地发挥了对业务发展的支持保障作用。2009 年，总行法律事务部先后荣获中宣部、司法部评选的“全国‘五五’普法中期先进集体”荣誉称号，蝉联《亚洲法律杂志》评选的“最佳银行与金融服务公司律师”奖项，是国内金融机构第一个蝉联该奖项的法律团队，并被该杂志评选为“十佳公司法务部门”，不仅为工商银行赢得了荣誉，也在金融同业中树立了工商银行法律团队的优秀品牌形象。

一、切实保障全行依法合规经营发展

2009年，全行各级法律部门共处理书面法律咨询审查事项17.7万多件，出具法律意见14.4万多份；审查各类交易合同金额5.9万多亿元，揭示风险点25万多个，提出风险防控措施26万多条；参加业务谈判1.4万多次，累计谈判时间达4万多小时。

（一）为国际化经营作出重要贡献。积极参与马来西亚子行、越南河内分行申设工作，尽职做好纽约分行开业与运营相关法律工作；认真做好泰国magic项目、加拿大东亚银行收购项目的法律尽职调查和高管访谈支持工作；积极参加工商东亚股权转让、工银瑞信股权转让项目并做好风险防控工作，为全行国际化经营战略决策提供法律支持。密切关注国际金融危机对工商银行合法权益的影响，积极配合业务部门做好境外贷款重组项目谈判、担保债权人协议审核、项目法律风险论证与提示等多方面工作，为金融危机下有效维护工商银行利益提供法律保障。

（二）有力支持和保障金融工具和产品创新。充分发挥法律专业优势，精心做好工商银行次级债券发行、委贷资金池业务、票据资金池业务、代理黄金延期交收业务、ESCROW新型托管业务、产业投资基金托管业务、收款管家业务、产业集群融资业务等新业务品种的法律风险防控工作；积极配合中国银行间市场交易商协会制定《非金融企业债务融资工具承销协议》及《中国银行间市场金融衍生产品交易主协议》补充协议示范文本，相关工作得到高度肯定。

（三）加大对重大融资项目的法律支持力度。先后参与中国华能集团和中国电力投资集团公司并购贷款业务、港珠澳大桥银团贷款、防城港核电项目贷款、中海福建天然气项目融资等多个大型境内外融资项目；配合业务部门做好中国电力财务有限公司最高授信额度内单笔同业融资业务、神华沙索煤制油项目、中国五矿集团担保项目、广核集团结构性人民币利率掉期重组业务等重大项目，审慎识别和提示可能存在的法律风险，及时解决业务模式、方案设计、合同文本等有关法律问题。

（四）为资产管理业务创新发展提供优质法律服务。适应业务发展和风险防控需要，配合业务部门及时调整完善理财产品说明书等法律文件，加强对客户的风险揭示和信息披露，保证各项资产管理业务依法合规开展；对股权收益权理财产品、不动产收益权理财产品等创新型理财产品提供法律支持，积极参与产品方案的设计和论证工作，确保相关理财产品业务流程完善，整体风险可控；认真审查资金信托合同等相关法律文件，确保权利义务完备合理，条款约定协调一致，文字表述准确规范，风险防范措施充分有效，切实防控相关法律风险。

（五）为个人业务发展创新提供有效法律保障。根据个人金融业务发展需求，积极协助做好相关规章制度整合和业务流程再造、产品功能完善、系统升级、品牌规划建设、规章制度和法律文本修订涉及的法律工作，依法保障工商银行与客户的合法权益，切实防控相关法律风险。围绕打造全球第一大发卡银行和中国第一信用卡品牌目标，积极协助制定或修订相关协议文本，协同完善相关市场营销方案，配合做好单位和个人信用卡客户关系维护法律工作，依法妥善处理相关客户投诉事项。

（六）集团法律风险管理取得新成绩。根据银监会监管规定和工商银行《并表管理办法（试行）》要求，深入调研集团范围内法律风险并表管理问题，制定印发《法律风险并表管理办法》，将海外机构和控股子公司纳入法律风险并表管理范畴，明确了法律风险并表管理的原则、机制和具体要求，提高防控集团法律风险的能力和水平。

（七）主动应对法律环境变化风险。密切关注境内外法律法规和监管规章发展动态，深入研究新法律规定对银行经营管理和相关业务产生的影响，及时向管理层和相关业务部门提示风险应对措施。按照新法律规定和工商银行实际需要，及时修改完善相关合同文本，规范条款表述，明确操作流程，注意规避新法规实施可能带来的合同管理风险。及时总结相关工作经验及成果，前瞻性地开展多项专业指引制定工作，有效提升全行法律风险防控能力和水平。

二、诉讼案件风险管控工作进一步加强

2009年，全行各级法律部门共办理各类诉讼案件4.1万件，标的金额832亿余元。其中，90%的案件由行内法律人员自行代理，按法律服务市场平均价格计算，节约律师代理费20多亿元。在当年处理结案的25亿元被诉金额中，通过积极应诉取得胜诉结果的金额为22亿元，被诉避免损失率为88%。

（一）诉讼案件管理水平不断提高。严格执行诉讼案件授权管理制度，严把诉前论证和诉讼审批关，全面调查收集相关证据材料，科学评估诉讼风险，周密制订切实可行的诉讼方案，合理控制和减少诉讼成本，注意加强对外聘律师的监督和管理，进一步提高了诉讼案件管理效果和诉讼效益。

（二）着力压降操作风险引发的被诉案件。针对操作风险事件是引发被诉案件的主要原因，注意做好诉讼类操作风险损失事件的数据采集和风险分析工作，主动

提示和协助有关部门采取相应的防控措施，堵塞漏洞，化解隐患。2009 年，全行被诉案件发生数量和金额分别比 2008 年减少 16% 和 31%，被诉风险有所抬头的势头得到遏制。

（三）切实做好被诉案件风险化解工作。定期对全行被诉案件情况进行统计和分析，重点监控和管理重大、典型或敏感性被诉案件，加强对被诉风险高发分支机构的指导和风险提示，上下联动、共同克服应诉工作中面临的各种困难，在多起重大被诉案件中获得完全胜诉，有效避免和减少了被诉案件对工商银行造成的风险损失。

（四）清理自办公司涉诉案件成绩突出。召开清理剥离自办公司涉诉案件座谈会，指导分行充分运用最高人民法院《关于审理国有商业银行剥离其对自办公司的债权纠纷案件有关问题的通知》等相关规定，督促分行促请受案法院加快审理工商银行剥离自办公司债权涉诉案件，最大限度地保护工商银行合法权益。目前，绝大部分此类被诉案件已清理完毕，在已结案的 59 件案件中工商银行全部胜诉，避免损失金额达 5.3 亿元，避免损失率达 100%。

三、运用法律手段清收不良资产工作再获佳绩

（一）积极运用各种法律手段清收不良资产。2009 年，累计收回各类资产 137.3 亿元，其中收回现金 122.2 亿元，占比达 89%，比 2008 年提高 9 个百分点，为连续十年保持不良贷款额和不良贷款率双下降、提高经营效益作出了重要贡献。

（二）清理胜诉执行积案专项活动成效显著。以中央政法委、最高人民法院在全国范围内开展清理胜诉执行积案专项活动为契机，在全行范围内组织开展清理胜诉执行积案专项活动，进一步加大依法清收不良资产工作力度。至专项活动结束，全行累计清理积案 5 899 件，收回金额 34.7 亿元。

四、商标管理和知识产权保护成效明显

2009 年共在境内外申请注册商标 13 件，完成商标注册和续展 20 件，提起商标异议和复审 21 件。同时，针对涉嫌侵犯我行商标权益的行为及时开展法律维权，妥善处理有关单位和个人因著作权、专利权使用问题与我行发生的纠纷。

五、内控机制建设和培训宣传工作进一步加强

（一）修订相关法律事务工作规章制度。适应业务创新发展需要，根据全行经营管理发展变化和法律风险防控实际要求，修订印发《法律审查办法》、《境内分行经营绩效和业务发展考评法律事务专项考评办法》和《中国工商银行法律事务工作考评办法》；结合总行行政印章管理要求，联合总行办公室印发《关于加盖总行行政印章文件法律审查有关事宜的通知》，在确保风险可控的基础上适当优化有关法律审查工作流程。

（二）推动分行法律事务集约化改革。顺应全行集约化经营管理要求，指导和帮助北京、天津、山西和福建等有条件的分行，分别结合本行实际实施法律事务集约化改革，增强法律事务工作机构的职能作用和人员力量，提高法律事务工作的专业化水平，在优化法律工作机制方面作出有益探索，并在实践中取得良好效果。

（三）加强法律专业培训和业务学习。先后组织多个全行性专业培训班，培训各级行法律人员 500 余人次；多次邀请国内外知名事务所律师探讨分析商业银行国际化、综合化经营中的法律风险防控问题；定期组织部内员工围绕与银行经营管理密切相关的法律问题开展集中学习交流活动；组织开展全行法律事务工作技能竞赛和“优秀法律意见书”评选活动，进一步提升全行法律人员识别、防控法律风险的能力和水平。

（四）加强法律知识宣传和信息交流。重视宣传工作，注重通过网讯栏目普及和宣传相关金融法律知识；通过编发《金融法规专题报告》、《法律信息快递》、《典型诉讼案例参考》等电子刊物方式，向总行领导、业务部门和分行法律部门介绍有关法律信息，提示风险防控对策；充分利用“法律工作管理系统”和《金融法律简讯》电子刊物为分行法律部门搭建法律信息沟通平台，引导和鼓励分行开展法律工作专题调研，沟通和交流法律风险防控经验技巧。

（总行法律事务部）

反洗钱工作

2009 年，全行严格遵循反洗钱法律和监管法规，进一步完善反洗钱工作机制，积极落实各项反洗钱监管要求，认真履行商业银行反洗钱义务，全面提升反洗钱合规管理水平。

一、进一步健全反洗钱工作机制，推动成立反洗钱中心

全行按照反洗钱法律法规对金融机构反洗钱组织机构建设要求，加强反洗钱组织机构建设，率先在一、二级分行组建反洗钱中心，并配套增加反洗钱专职人员编制。截至2009年末，境内各一级（直属）分行、二级分行反洗钱中心组建工作基本完成，反洗钱队伍得到有力充实。全行认真落实重点联系行制度，以重点联系行协同运作作为总分行纵向高效管理方式，加大重点地区和重点领域的反洗钱工作力度。同时，依托反洗钱部门联席会议机制，多次召开反洗钱部门联席会议，强化部门间横向协调运作，确保相关工作的顺利开展。

二、加强反洗钱制度建设，完善反洗钱内部操作规程

重点推进了反洗钱内控制度与经营管理、风险控制和业务流程有机融合。在反洗钱内控管理方面，印发《反洗钱客户风险分类管理暂行办法》，组织起草了《反洗钱协助调查管理办法试行)》、《反洗钱秘密信息管理办法（试行)》、《反洗钱重点可疑交易专报管理办法（试行)》；在反洗钱专业操作规程方面，相继出台了一些专业性强的反洗钱操作规程，如银行卡业务部制定了《中国工商银行银行卡业务反洗钱操作规程》、个人金融业务部制定了《中国工商银行个人金融业务反洗钱操作规程》等；在反洗钱工作规划方面，印发《2009年反洗钱工作要点》，明确全行反洗钱年度工作任务和中长期发展目标。

三、大力推进反洗钱相关系统建设，提高系统对反洗钱工作的支持力度

一是持续优化反洗钱监控系统功能，完善数据校验机制，补充优化大额和可疑监控模型，推进反洗钱监控系统和可疑交易报送流程优化工作，努力提高反洗钱数据报送质量，同时完善对国际业务相关交易的监控；二是推动反洗钱配套系统建设。顺利投产了个人客户信息采集补录系统、反洗钱客户风险分类（对公和个人）系统、个人客户反恐黑名单柜面交易提示系统（一期柜面业务)，推进国际业务黑名单数据库及检测系统的立项、业务需求评审、系统测试及外购工作。

四、加强重点可疑专报和风险提示工作，积极协助国家打击洗钱犯罪

全行大力加强对重点可疑交易的人工识别、分析和报告工作，认真执行重点可疑交易定期分析报告制度和反洗钱风险提示制度，定期分析最新洗钱特征并对辖属机构提示洗钱风险，提高重点可疑交易报告的准确性和“命中率”。积极配合人民银行和司法机关的反洗钱协查取证工作，为国家破获多起犯罪案件发挥了关键作用，切实履行反洗钱义务。2009年全行重点可疑交易报告的准确性进一步提高，被公安机关立案或进入司法审判阶段的报告比2008年提高了近6个百分点。广西分行、甘肃分行、四川分行、北京分行等分行由于积极配合各类执法机构协查，分别获得公安部门的通报嘉奖、授匾或表扬。

五、重视反洗钱监督检查，对境内外机构同步开展反洗钱评估

根据2009年初总行反洗钱领导小组会议要求，全行加大了反洗钱的监督检查力度。一是组织开展了对境内一级（直属）分行反洗钱评估工作，对境内除西藏分行外的36家一级（直属）分行2009年度反洗钱工作情况进行系统性、全面性的评估，同时加大了反洗钱项目在内控评价总分值中的比重，对于推动各行更加重视反洗钱工作、强化反洗钱管理起到了积极作用。二是同步启动了“国际化战略对集团反洗钱工作影响评估项目”。通过外聘知名咨询公司、比照行业最佳实践的FATF反洗钱监管要求、参照境外机构驻在国反洗钱监管要求以及最为严苛的美国反洗钱监管要求，对总行本部、5家境内分行以及全部15个境外机构的反洗钱工作进行全面评估。

六、多层面举办反洗钱培训宣传活动，积极建立反洗钱培训和宣传长效机制

全行在认真总结2008年反洗钱培训月活动的基础上，通过自上而下的反洗钱培训活动，建立健全反洗钱培训长效机制，有效推动了反洗钱工作的全面深入开展。各专业小组和业务部门也主动将反洗钱培训纳入业务培训之中，与日常业务培训工作同计划、同部署、同进行，大力提高反洗钱工作专业水平。依托多种宣传渠道，开展多种形式的宣传活动。在网讯开设“反洗钱专栏”的同时，又在NOTES开辟了“反洗钱工作园地”，编发《反洗钱简报》，为全行员工及时了解反洗钱最新监管政策、行内反洗钱工作要求、典型案例风险提示、不同业务工作经验以及反洗钱监控系统问题反映等提供了一个良好的信息交流平台。

七、增进与监管部门沟通互动，加强反洗钱对外交流合作

积极参加人民银行组织的“中欧反洗钱研讨会”、“中、俄、印三国反洗钱经验交流会”、“通报有关国际反洗钱事态的最新进展情况会议”等国际会议；组团赴欧洲发达国家考察全球银行反洗钱合规管理经验，学习同业先进管理经验；建立与监管部门沟通合作的交流平台，积极落实各项监管要求和工作任务。

（总行内控合规部）

管 理 信 息

2009 年，全行管理信息工作紧紧围绕总行党委的工作部署，不断深化“统计局、数据库、参谋部”职能，取得显著成绩。

一、全行报表集中改革成效显著

报表集中改革是 2009 年全行的重要改革任务。按照总行党委提出的“三年三个 50%”，即全行报表减并 50%，报表自动化达到 50%，报表编制人员减少 50% 的要求，组织推动各级行开展业务报表清理和指标梳理。到 2009 年末，全行累计梳理报表 44 836 张，废止 9 791张。创新性地提出报表（分）中心 + 专业的报表上收工作模式，加快了报表集中进程，全年上收集中编制的报表19 929张。推进报表集中管理系统建设，为报表集中改革搭建了应用平台，实现了全行各类手工报表统一在线部署填报、手工数据补录、数据在线订正，为报表报送提供了有效抓手，实现自动化编制报表 4 280 张。2009 年全行共释放支行报表编制人员 8 131 人，完成全年任务目标的 163%。按照全行人均费用和人均创利测算，创造经济效益约 40 亿元。报表集中改革还对全行树立科学的数据流管理理念，促进优化管理流程，提升管理集约化水平将起到积极的作用。

二、对外信息工作取得新进步

圆满完成定期信息披露工作，年度报告获奖级别再次提升。总行管理信息部不断完善报告编制流程，提升报告编制水平，密切跟踪宏观经济变化、同业经营走势，按照上海和香港两地证券监管机构（两地证监会、上交所和香港联交所）、两个金融行业监管部门（中国银监会和香港金管局）和两套会计准则（中国会计准则和国际财务报告准则）的各类信息披露要求，分 A 股和 H 股两个模板，中文简体、中文繁体和英文三种版本，圆满完成年报、一季报、中报和三季报的编制与披露工作。年度报告被评为 H 股上市公司板块最高奖“最佳企业管治资料披露白金奖”和美国媒体专业联盟（LACP）“远见奖”银奖，奖项级别再次提升。

评优工作取得好成绩。加强与国际知名媒体的沟通和联系，全年共获得国际国内各类奖项 146 个，其中境内 111 个，境外 35 个。获得美国《环球金融》、香港《财资》、《金融亚洲》等知名财经媒体“中国最佳银行”和“亚洲最佳银行”等综合性奖项，赢得“中国最受尊敬企业”、“人民社会责任奖”等荣誉称号，还获得电子银行、现金管理、信息科技、资产托管、银行理财、资金营运、信用卡、投资银行等单项奖。

稳步推进外部评级工作。2009 年在国际同业评级被纷纷下调的情况下，工商银行外部评级依然保持正面和上升趋势。穆迪评级公司将工商银行财务实力评级（BFSR）列入升级观察，将外币存款的长期信用评级的评级展望由“稳定”（stable）调升为“正面”（positive）。标普也仍维持了对工商银行长期信用评级“正面”的评级展望。另外，顺利完成工商银行第二次 400 亿元次级债券评级工作，为次级债的发行提供了有力支持。

三、数据仓库建设应用领先同业

全行企业级数据仓库（EDW）实现 62 个核心源系统、1 714 张源表数据的集成管理，为下游 31 个集市和应用系统提供稳定高效的数据支持，大幅提高了全行管理信息集成共享能力，在全行风险管理、绩效考核、外部监管等领域发挥了重要作用，EDW 的基础数据平台作用得到进一步提升。

全行客户关系管理系统（PCRM 和 CCRM）应用取得新成效。根据“1031”工程统一安排，启动并完成 CCRM 系统迁移及功能提升项目，法人客户视图信息更加丰富，法人客户贡献模型更加完善。PCRM 功能提升成果得到巩固和加强，个人客户综合贡献模型运用到个人客户星级评价体系中。成功投产了 PCRM 支持信用卡目标客户快速项目，实现了信用卡快速营销需求的参数定制和自动运行。个人目标客户结构监测体系实现了对电子银行重点客户、3 000 多家贵宾理财中心、20 000 多名客户经理的重点监测。

全行自动化统计平台（CS2002）境外延伸工作取得突破，相继在香港分行、东京分行、首尔分行、新加坡分行、多哈分行、悉尼分行、法兰克福分行、卢森堡分行、工银阿拉木图、工银印尼、工银伦敦、工银澳门、工银中东、工银卢森堡 14 家境外机构投产，实现了所有投产 FOVA 系统的海外分行会计科目总账数据 T + 1 日的自动化展现，实现了 14 家境外机构相关年终决算报表 T + 1 自动生成。

全行客户信用风险管理平台（CIIS）应用人民银行征信系统和银监会信息披露系统信息，纯数学法的银行卡信用局评分模型（入门评分）正式建立并上线运行，建立了企业信贷客户交叉违约预警通报制度，新开发了关联方信息管理系统、个人征信评分管理系统、集团关联客户信息管理系统。截至2009年12月31日，全行应用管理信息系统累计堵住不良信用客户、高风险客户融资申请1 019亿元，现金清收不良贷款28亿元，预警高风险贷款1 691亿元，累计创造经济效益174亿元。在人民银行、银监会系统应用考核中连续名列第一。

四、金融监管统计成绩突出

按照人民银行金融统计集中工程的要求，全年由总行统一向人民银行总行集中报送四级2 257个机构（包括总行、一级分行、二级分行和县支行）的资产负债类、损益类、创新类和专业类等610期报表，报送指标6 100多万个，数据及时性和准确性在四大行中率先通过人民银行校验，实现了统计信息采集和报送方式的全新变革。人民银行授予工商银行“金融统计数据集中工作先进集体”称号和“优秀组织奖”、“业务创新奖”两个奖项。

根据银监会强化流程监管和提高统计项目敏感度的要求，完善跨部门协调机制，实行时间表和责任制，做好任务、人员、时间、责任“四落实”和报表、软件、硬件、管理制度“四到位”，非现场监管报表机制运行效率明显提升。牵头完成2009年下半年银监会非现场统计制度修订和试报，从源头上保证数据的及时性和准确性，非现场监管报表机制运行效率明显提升，总行按时准确向银监会报送全行基本财务、信用风险、流动性风险、市场风险、资本充足率等546期报表。

另外，全行管理信息部门在坚持自动取数、控制报表数量的同时，付出巨大精力完成各类外部调查2 300多次，其中总行完成各类临时调查42次，为国家宏观政策的落实提供了及时的信息支持。圆满完成2009年经济普查工作和属地统计任务，受到各级政府统计部门的一致好评。

五、“网讯”宣传延伸海外

适应国际化综合化发展战略的推进，加强技术攻关，投产运行了网讯海外版，实现境内外信息的快速沟通和交流。按照总行党委提出的“统一全行思想、引领全行行动”的工作要求，网讯突出展示了全行改革发展新进展、高层决策新思路、经营管理新成果、风险管理新举措、企业文化新风貌，成为内部信息交流的重要平台。

加强系统网讯工作的管理和指导，突出网讯记者站作用，深度挖掘和广泛交流核心竞争力的典型经验。创新网讯页面设计、栏目展示，新增基层快照、视频发布、网上展览、批量导出等功能，进一步提高了网讯的服务能力。目前总行网讯一级栏目150余个，累计发布各类信息100余万条，日均信息发布量600余条；全年总访问量达4 500万人次，日均浏览量14万人次。网讯信息已经成为总分行领导和员工“身边的信息”和“有价值的信息”。

六、“参谋部”作用有效发挥

总行管理信息部完善了核心竞争力报告体系，完成了国际和国内同业核心竞争力比较研究、一级分行竞争力报告和大中城市行竞争力监测分析等10篇报告。做好客户信息和客户风险信息监测分析，完成了同业大额信贷客户融资情况、工商银行交叉违约贷款情况、全行个人客户和法人客户发展监测等26篇分析报告，反映全行客户发展情况、大客户信贷融资同业竞争情况，提出了有针对性的工作建议，得到了行领导和有关部门的重视。大部分分行积极开展竞争力、客户和业务发展监测分析，有效支持了分行经营管理和市场营销。

七、数据质量明显改善

全行管理信息部门始终把推动数据质量的提升作为基础性工作，借报表集中改革契机，加强数据质量管理，追本溯源，强化责任，取得成效。建立了数据纠错制度、数据质量汇报会制度，完善了数据质量考核通报制度，将全行数据质量管理纳入操作风险管理范畴，有效推动“数据质量源头负责制”的落实。稳步推进与银行卡、个人金融、运行管理和信息科技等部门的数据治理，问题数据治理率达到100%。向具备条件的分行下放客户异议处理权限，将客户异议处理解决效率纳入工商银行内控合规检查体系，宁夏、陕西、山西、浙江、上海、深圳、安徽、大连、青海、黑龙江等分行数据异议处理效果良好，全行企业征信系统数据质量从年初的92%上升到12月末的98.09%，名列五大行第一。

（总行管理信息部）

安 全 保 卫

2009年，全行保卫部门坚持贯彻总行党委确定的“减库、减人、减枪，管少，管好”十字方针，进一步深化守押社会化改革，狠抓案件防控，健全领导责任制，圆满完成了各项任务指标，为全行改革发展提供了强有力的安全保障。在公安部、银监会组织的银行业金融机构安全评估中，工商银行取得了在四大行同业第一的成绩，同时荣获了中央国家机关社会治安综合治理领导小组授予的“综合治理先进单位”、北京市公安局授予的“2009年度内部单位安防工作先进集体”等荣誉称号。

一、切实做好外部案件防控工作

全行保卫部门切实把加强外部案件防范作为各项工作的重中之重，成功防范抢劫犯罪3起和盗窃犯罪7起，没有发生涉枪案件及事故，员工零伤亡。一是有效遏制了自助机具类案件的高发势头。会同个人金融、银行卡、信息科技等部门，研究采取了取消刷卡门禁，改进自助机具防护能力，加强日常检查和夜间巡查等措施，成功处置ATM欺诈事件5 501起。二是配合运营改革，积极配合运行管理部门推进远程授权项目，做好柜员安防监控与远程授权系统的对接工作，提升内部风险控制能力。三是继续抓好假网银的协查封堵。全年各级保卫部门共协调公安机关查堵境内外假网银事件1 596起，有效维护了电子银行业务运营环境的安全。

二、深入推进守押社会化改革

守押社会化是当前全行保卫工作改革的重点工作。全行保卫部门加大了守押社会化改革各个层面、各个关键环节的攻坚力度。总行保卫部重点抓了《守押社会化业务管理暂行办法》及《守库押运合同》（范本）的推行，指导各行在签订合同时明晰界定双方责任、权利和义务，确保合同条款的完整性、严密性，有效规避风险和责任，维护工商银行合法权益，并努力实现最大限度地节约财务费用，守押社会化业务管理得到进一步规范。截至2009年末，全行68.23%的金库值守、95.06%的营业网点和95.94%上门现金服务单位调缴款押运实现社会化。

守押社会化改革直接带动枪支风险的大幅压降。年内又有湖北、山东两个省分行上缴剩余公务用枪。截至2009年末，共有26个一级（直属）分行实现全辖零配枪，彻底消除了涉枪风险，其他分行尚有公务用枪347支，较年初减少333支，减幅达48.97%，枪支保有量在四大行中持续保持最低。

三、大力推进防范设施标准化建设

总行保卫部狠抓了安防设施建设工作，指导各级保卫部门在所辖营业场所升级改造中，既严格遵守国家相关安防标准和建设程序，又根据工商银行金融业务发展实际需求，切实加强与监管部门的沟通协调，保证了新（改）建工程的顺利进行和按期投入使用，为全行营销渠道的升级改造，实施新的发展战略提供了有力支持。截至2009年末，全行所有营业网点和金库均按照国家及行业相关标准安装了数字监控、紧急和入侵报警等物防技防设施，110报警联网率也分别达到了98.49%和99.67%，全行金库和营业网点安防基础设施建设及改造任务已经基本完成。

四、全力保障总行机关安全稳定

一是做好总行机关安全保卫工作。全年积极开展了形式多样的安全宣传教育，组织2次安全知识答题，连续第9年举办消防培训班，分别在复兴门、翠微路等办公楼组织防抢、防爆综合演练及火灾疏散演习，不断增强员工应急防范能力。全年共开展了抽查、夜查形式在内的各类检查112次，加强了对物业公司保安业务监督。同时，在国庆、“两会”、外国元首访华和行内大型活动等重要时期，制订专项方案，开展隐患排查整治，重点时段现场加强人员、车辆出入验证、封闭管理等安全防范工作，确保了总行全年安全无事故。

二是做好总行的维护稳定工作。配合好有关部门妥善处理集体访事件，全年协调各级公安部门先后出动警力500余人次，及时处理了大规模集体访共800余人次，处置个体闹访80余人次，协调公安部门会同办公室开展集体访形式座谈3次，指导物业执行专项方案，分流引导上访人员，协助警方对无理闹访人员和骨干分子调查取证，维护了总行正常的办公秩序。

五、确保国庆60周年期间全行安全稳定

为平安迎接新中国成立60周年大庆，保障全行安全运行，总行保卫部对全行国庆期间安全保卫工作进行了一系列部署：一是组织专项检查，排除安全隐患。根

据银监会要求，在国庆前夕组织全行开展了安全保卫专项自查工作，分行自查覆盖面达到100%。二是组织召开枪支管理专项会议。国庆前夕组织召开了由11个配枪行参加的专项会议，部署六十周年庆典期间枪支管理工作，督导配枪行增强政治敏感性，切实做到依法配枪、依法管枪、依法用枪。要求做到每日调阅枪支弹药领取归还环节监控录像，及时发现并纠正违规行为。同时加强对持枪人员的管理，发现不适合持枪的，立即调离持枪岗位或暂停持枪，严防发生涉枪风险。三是加强指导，确保落实。印发《关于加强国庆期间安全保卫工作的紧急通知》，转发《银监会办公厅抽查银行业金融机构专项安全检查的通知》等文件，各级安全保卫部门加强了节前检查，节日期间巡查，应急处置、节后总结等各环节工作，确保了措施落实，达到了预期效果。

六、配合监管部门做好相关工作

一是参与监管标准的起草与修改工作，为安全防范系统建设提供政策支持。参与起草公安部、全国安全标准委员会立项的《银行报警监控联网系统技术要求》、《银行业务库安全防范规定》行业和国家标准，其中《银行报警监控联网系统技术要求》目前已进入审批程序。二是全面完成金融机构安全评估工作，取得同业第一的可喜成绩。2009年4月，公安部印发《关于银行业金融机构安全评估工作检查验收情况通报》，对公安部、中国银行业监督管理委员会联合部署的银行业金融机构安全评估检查验收工作进行了总结，并公布了各金融机构评估分数。工商银行平均得分95.8分，在四大行中位列第一，同时有15个一级分行位列当地同业第一。

七、加强保卫工作规范化管理

印发了《法定节假日内部治安保卫工作实施方案》（工银办发［2009］128号），改变以往逢节假日出通知的临时性做法，将法定节假日等特殊时段的安全保卫工作部署和操作内容按照时间段和不同责任主体进行分解形成规范流程，2009年各法定节假日各行均认真落实实施方案，取得了初步成效，节假日期间全行未发生一起侵害工商银行权益的刑事治安案件。

八、加强保卫从业人员业务培训

2009年5月，在湖南金融管理学院举办了第二期基层保卫工作理论与操作实务培训班，全行36个一级（直属）分行辖属分支机构的90名保卫专业人员参加了培训；6月，在杭州金融研修学院举办了一级（直属）分行保卫部总经理培训班；9月，又对全行各一级分行、营业部技术防范人员开展了技防培训班。通过不间断的连续培训，使各层级安全保卫人员及时了解了安全形势，防范技术新动向，丰富了知识结构，掌握了相关风险防范原则和对策，进而提升了保卫从业人员的整体素质。

（总行保卫部）

案件查防

2009年，全行不断加大案件查防工作力度，进一步提高案防工作水平，有效防范了案件和重大违规事件发生，有力保障了全行业务经营稳健发展。

一、全行案件查防工作基本情况

全年共立案查处的内部经济案件及涉案金额同比分别下降70%和14.1%，均处于同业较低水平，百万元以上案件数同比持平，千人发案率为0.04，控制在年初确定的目标之内。成功堵截外部诈骗、抢劫、盗窃“三类案件”15件，避免经济损失3 779万元。

二、案件查防工作主要措施

（一）深化对案件防范工作责任制的落实。总行紧密结合经营管理开展案防工作，通过细化分解案防责任和加强责任落实情况的监督检查，进一步督促全行专业部门履行案防职责。各专业部门从流程改进、制度完善和系统建设等方面，主动开展风险防范工作；各行专业部门在总行专业部门的指导和示范下，也积极做好本专业的案防工作。

（二）加强对重要业务检查和重要风险点防控治理。总行成立了检查领导小组，组织了对个人金融业务、对公开户结算、网银注册开户、银行承兑汇票等重点业务的全面检查，进一步堵塞了管理漏洞，消除了案件隐患。深入开展对客户经理违规代客操作、基层机构负责人越权行事、空白重要凭证保管和使用、自动柜员机管理和个人信贷、理财、银企对账以及员工违规经商办企业八个重要风险点防控治理工作，督促和指导各行对存在的风险隐患逐一排查和专项治理。针对近年来员工违规经商办企业诱发案件较为突出的情况，在全行部署开展了员工经商办企业情况专项排查工作，各行结合日常员工行为动态管理深入开展排查，全行共排查出经商办企业员工 63 人，对其中 43 人依据有关规定作出了处理。

（三）扎实推进案防教育。部署开展了“学规定、促发展”教育活动，全行累计组织辅导学习16 300余场次，42 万多名员工参加了再培训；累计发现问题29 983 个，制定整改措施 26 290 条，修改完善制度 4 357 个，进一步增强了员工的合规意识。总行机关组织全体员工参观了银行业反腐倡廉警示教育图片展，收到了良好的教育效果。总行组织黑龙江分行“珍惜职业生涯，远离经济犯罪”警示教育演出团赴四川等九个分行进行了为期一个月的巡演，引起了强烈反响，促使各级管理人员和员工吸取教训、警钟长鸣。

（四）建立健全案件防范工作制度。制定下发了《中国工商银行纪委约见谈话暂行办法》、《关于加强营业网点内控管理若干规定》和《营业网点监督检查管理办法》等，进一步完善了案件防范工作制度。

（五）深入分析案发形势和开展案防工作调研。组织召开了由 43 个一级（直属）分行、直属机构纪检监察部门和总行 7 个业务部门负责人参加的案件形势分析会，对全行案件形势进行了全面深入分析，查找了薄弱环节和问题，提出了具体工作措施。组织对全行案件特点和发展趋势以及计算机系统应用风险防范情况进行了深入调研，提出了具体防范对策和措施。

（总行监察室）

第四部分
党建工作与队伍建设

执行编辑：鹿　朋

巩固和发展深入学习实践科学发展观活动成果

按照中央的统一部署和中央学习实践活动领导小组通知要求，行党委切实把巩固扩大整改成果作为重要任务来抓，认真做好整改落实后续工作，并适时开展“回头看”，取得了较好的成效。

一、基本情况

（一）整改措施的完成情况。全行整改措施总计7 833条，其中完成整改的4 912条，占62.71%；正在整改的2 816条，占35.95%；正在开展调查研究的105条，占1.34%。

（二）解决实际问题的数量。全行已解决实际问题数量总计7 348个，其中影响本单位科学发展的突出问题2 951个，党风党纪方面的突出问题366个，涉及员工切身利益的实际问题1 668个，员工普遍期待的实事、好事1 834个，群众反映强烈的突出问题529个。

（三）推进体制机制创新方面。全行已经出台或正在制定的政策、制度4 202个，废止的制度1 293个，修改完善的制度2 544个。

（四）“回头看”各项任务完成情况。截至2009年7月2日，总行及所属各单位都已对本级领导班子和机关内设机构“回头看”情况进行了自查，对所属单位“回头看”情况进行了检查，并将“回头看”情况向广大党员群众进行了通报。

二、主要做法

（一）充分认识做好整改落实后续工作的重要性和必要性，增强做好工作的自觉性和责任感。我行党委对照学习实践科学发展观“党员干部受教育、科学发展上水平、人民群众得实惠”这一总要求，将整改落实后续工作看做是巩固扩大学习实践活动成果、确保学习实践活动真正收到实效、取信于民而采取的重要举措；将解决一批影响和制约科学发展的突出问题，完善一批促进科学发展的体制机制，视为学习实践活动取得实效的重要标志。党委成员把学习实践活动中的一些好做法坚持下来，在整改落实“回头看”工作中，分别多次深入各地分支机构开展调研，对整改落实后续工作和“回头看”情况进行督促检查。

各单位和各级党委充分认识做好整改落实后续工作的重要性和必要性，以高度的政治责任感，紧密联系当前经济形势和各自实际，坚定不移地推进科学发展，毫不松懈地做好解决突出问题、完善体制机制的各项工作，善始善终抓好学习实践活动，切实巩固和扩大学习实践活动的成果。

（二）进一步明确做好整改落实后续工作的具体要求，认真兑现整改落实方案作出的承诺。总行党委根据《整改落实方案》中列明的整改内容、整改目标、整改措施、责任部门、负责行领导和时限要求，扎实推进了各项工作。在整改落实工作中，注意处理好近期整改与中长期整改的关系，有计划地推进各项整改工作落实；注意处理好落实总行党委整改方案的事项分工与落实各部门整改方案的关系，统筹协调推进整改工作的开展；注意处理好落实整改方案与完成全年重点工作的关系，以整改促发展，努力使整改落实工作成为群众满意工程，取得了积极成效。截至6月末，所有整改项目均已启动，一些难度较大、需要较长时间才能解决的问题，也按照《整改落实方案》中明确的中长期目标和努力方向，积极开展工作，逐步向前推进。

总行各部室按照总行党委整改落实方案中确定的目标任务、工作要求和时间安排，坚持以科学发展观为指导，在学习实践活动集中整改的基础上，将方案中的55条整改措施和138条细化事项，逐条逐项加以落实，对需要一段时间才能完成的整改措施，进一步深入开展调研、明确思路、强化举措，积极推进，有力地促进了整改措施的落实。各部门围绕继续贯彻落实好国家宏观经济政策和监管要求，积极采取措施应对复杂严峻的经营形势，抓紧推进经营转型发展和结构调整，努力解决影响全行发展的突出问题，使各项工作继续保持了稳定健康发展的势头。

全行各单位按照总行学习实践活动领导小组关于做好整改落实后续工作和“回头看”工作的要求，明确“认识要深、问题要准、分析要透、思路要清、措施要实”的目标，对照整改落实方案，逐项自查整改落实内容、时限、目标、措施是否得到落实。各责任单位、责任人通过多种方式，广泛征求党员群众对整改落实情况的意见，认真听取党员群众对整改落实工作的评价。各责任单位、主要责任人依据整改落实方案，逐项对照、逐条分析，认真梳理整改方案的落实情况，对整改落实工作分类排队，确保整改落实工作的深入开展。

在学习实践活动后续工作中，各单位深入学习贯彻落实胡锦涛同志在中央纪委三次全会上的重要讲话精神，把加强党性修养、树立和弘扬良好作风作为整改工作的重要内容，引导党员干部大力弘扬密切联系群众、求真务实、艰苦奋斗、清正廉洁、埋头苦干的优良作风，认真贯彻落实中央有关厉行节约的要求，牢固树立勤俭节约意识，通过开展整改工作有力地促进了作风建设。

（三）切实加强对整改落实后续工作的组织领导，认真抓好工作落实。工商银行学习实践活动于2009年2月召开总结会后，行党委认真学习、及时传达中央文件精神，结合工商银行的实际，明确提出了“保留机构，保留骨干，要求不松，工作不断，常抓不懈，促进工作”的整体要求，多次专门召开会议，认真研究部署。总行学习实践活动办公室将中央深入学习实践科学发展观活动领导小组《关于做好第一批学习实践活动整改落实后续工作的通知》转发给全行各单位，要求充分认识做好整改落实后续工作的重要性和必要性，切实加强组织领导，进一步明确整改落实的具体要求，认真兑现整改落实方案作出的承诺，切实加强对后续工作的组织领导，抓好督促检查。

6月，工商银行适时开展了整改落实“回头看”工作，党委书记、董事长姜建清等党委负责人分别就“回头看”工作作出重要批示，要求各单位抓好落实。总行学习实践活动办公室下发《关于做好学习实践活动整改落实“回头看”工作的通知》，要求各单位认真开展“回头看”自查工作。6月8日，总行党委负责同志专门召开总行部门负责人会议，总结学习实践活动后续工作情况，传达中央关于做好学习实践活动整改落实“回头看”工作精神，对总行“回头看”工作进行安排部署。各单位高度重视，做出有力部署，积极开展“回头看”工作，取得了明显成效。6月底，各一级分行、直属单位党委班子整改落实“回头看”自查情况报告已上报总行学习实践活动办公室。

（四）组织检查组抽查与各单位自查相结合，加强督促检查。总行学习实践活动领导小组派出4个检查组，采取查阅文件材料，实地考察，召开党员群众座谈会，个别访谈，听取专题汇报等多种方式，对部分分行整改落实“回头看”情况进行检查。总行领导在赴有关分行调研时，都特别强调要抓好整改落实“回头看”工作。各检查组认真检查了相关单位每项具体措施是否执行到位，任务目标是否按时完成，突出问题是否得到解决。检查组发现，各单位对在时限内没有完成的整改任务，认真分析了原因并提出推进整改的措施；对已经完成的整改工作，客观地总结成效和经验，以利于开展下一步整改工作；对在自查中发现的问题，认真纠正、尽快解决；对自查中形成的好做法好经验，及时进行宣传推广。

同时，总行学习实践活动领导小组还从党委组织部、宣传部、监察室、直属党委抽调人员组成检查组，对总行个人金融业务部、信贷管理部、公司业务一部等部室进行检查。检查内容包括该部门对总行党委《整改落实方案》和整改落实事项责任分工表中所负责内容的自查情况，该部门整改落实“回头看”自查情况，该部门整改落实“回头看”工作向党员群众的通报情况等。检查组分别在所检查部门召开由部门负责人和党员群众代表参加的座谈会，听取部门关于自查情况的汇报，听取党员群众代表对于本部门整改落实“回头看”情况的意见建议。检查组发现，各部门普遍重视兑现向基层、向群众承诺的事项，增强大局观念和服务意识，改进工作作风，解决突出问题，优化业务流程，提升服务质量，努力使整改落实工作成为群众满意工程。

三、初步成效

（一）各级领导班子和党员领导干部的理想信念更加坚定，推进科学发展决心更加明确。各级党委加强了党委班子自身建设，增强了领导科学发展的能力。对照《整改落实方案》，针对党委分析检查报告中查找出的主要问题和工作中的不足，结合班子自身建设的实际，提出了努力成为坚定贯彻党的理论和路线方针政策、善于推进科学发展的坚强领导集体的目标，并积极适应新的形势任务要求，通过坚持政治学习，完善党委工作机制，加强作风建设等推进了班子的思想政治建设、组织建设和作风建设。

通过深入学习，各级领导班子对科学发展观的理解有了进一步深化，对当前经济形势和国家宏观经济金融政策的认识有了更深的理解，对全行改革发展的一些重大战略的思考又有了新的体会。各级党员领导干部普遍认识到，在当前复杂多变的国际国内经济环境下，更应该保持清醒的头脑，增强推进科学发展的责任感和使命感。

（二）推进工商银行科学发展的各项具体举措得到落实。针对整改落实各项具体措施，全行以提升核心竞争力为目标，努力解决影响竞争力的体制机制问题，全面推进经营转型，着力提升业务创新能力、客户服务能力、国际化综合化发展能力、全面风险管理能力，实现业务和盈利的可持续成长，巩固和扩大国内核心业务市场领先优势。

在整改落实过程中，各级行进一步深刻认识国有控股大型商业银行在支持“保增长、扩内需、调结构”中肩负的重大责任，切实把支持经济社会发展与坚持商业银行经营原则有机结合起来，认真把握和积极贯彻国家宏观经济政策与金融监管要求，合理把握信贷投放总量和节奏，做好信贷投向和信贷结构，加大信贷业务创新力度，提高信贷服务效率，为经济发展提供了多方面的金融支持。例如，根据国家扶持中小企业发展、促进就业的相关政策要求，工商银行进一步加大了对各类优质中小企业的融资支持力度，2009年前5个月全行贷款发放中的61%投向了中小企业，新增中小企业贷款3 254亿元，增幅高于整个贷款的平均增长幅度，有力地支持了中小企业健康发展。

（三）影响工商银行科学发展和群众反映强烈的突出问题正在得到解决。工商银行把加强风险管理、保障稳健经营作为当前复杂经营环境下全行科学发展的重中之重，严格控制信贷风险，严格控制金融市场风险，加快完善全面风险管理体系，严格控制操作风险和声誉风险，确保境外战略投资者平稳减持，实施更加灵敏有效的风险防控措施，切实做到早发现、早防范、早处置，确保全行资产质量经受住本轮经济周期的考验，各类风险得到有效控制。

切实加强机关作风建设。制定出台了《加强总行机关作风建设的若干规定》，定期征求基层对总行工作的意见，有力促进了机关作风的转变。一是针对当前总行机关少数干部员工作风上存在的问题重点加强了“四个坚持、四个反对”的教育，即坚持认真负责、反对松懈马虎，坚持细致谨慎、反对漫不经心，坚持纪律严格、反对软弱涣散，坚持管理缜密、反对粗枝大叶，增强了机关干部员工的责任意识和思想素质。二是把进一步精简会议和文件，加强调查研究工作作为深入学习实践科学发展观的重要内容，作为改进机关作风、提高工作效率的重要方面。据统计，2009年上半年总行合并召开专业会议4个，专业会议数量同比减少了10个；在京外召开的小型会议数量大幅缩减，召开的小型会议同比下降28%。三是进一步健全了与员工的沟通交流机制，倾听总行员工的呼声，了解员工的思想动态，密切联系群众。大兴学习之风，定期组织创新沙龙、知识讲座、业务培训、课题研究等学习交流活动，为员工搭建了交流沟通、相互学习的平台。

（四）体制机制创新正在取得重大进展。在2009年经营发展困难和压力很大的情况下，总行党委抓住影响和制约科学发展的突出问题，坚定地实施了重点领域和关键环节改革，包括改革后台业务管理模式，改革金融市场业务管理体制，改革资金业务管理体制，改革内部机构等级管理体制，推进大中城市行管理体制改革和县支行变革计划，构建现代金融服务和品牌体系，加快业务和科技创新，从根本上破解发展难题，更进一步激发了全行科学发展的生机和活力。例如，目前业务运营三项改革（监督体系改革、远程授权改革和业务集中处理改革），报表集中管理改革，以及电子银行中心、信用卡电话中心、单证中心等后台业务中心的建设已经取得初步进展或初见成效。

（总行党委组织部）

中央第二企业金融巡视组来工商银行开展巡视工作

根据中央巡视工作安排，中央第二企业金融巡视组对工商银行开展了第二轮巡视。巡视组一行由13人组成，组长为原江西省省长黄智权，副组长为原国家开发银行副行长刘克崮，其他人员分别来自中纪委、中组部、财政部、审计署等单位。巡视组从2009年10月19日进驻工商银行，至2010年3月12日反馈巡视情况，历时近5个月，对工商银行贯彻执行中央决策部署、组织经营管理、执行党风廉政建设责任制、作风建设及选人用人等方面的情况进行了全面深入的考察。巡视期间，巡视组听取了总行党委全面工作汇报和组织人事、纪检监察等8个专题汇报，进行个别谈话327人次，完成了对新提拔任用干部的民意测评，集中调阅材料30个批次，听取了银监会、财政部、汇金公司、人民银行等相关单位的意见，深入分支机构调研57次，顺利完成了巡视工作任务。

中央巡视组充分肯定了工商银行贯彻党的路线、方针、政策的情况和贯彻落实科学发展观的情况，对工商银行的改革发展工作和领导班子及成员给予了充分肯定和高度评价。针对工作中存在的问题，中央巡视组也提出了中肯的意见和建议，对贯彻落实党中央的方针政策和科学发展观，促进工商银行事业的发展，促进领导班子的自身建设和党风廉政建设具有十分重要的指导意义。

工商银行党委高度重视中央巡视组反馈的情况和意见，并以巡视工作为契机，通过落实整改工作推动全行进一步贯彻党的十七届四中全会和中央经济工作会议精神，落实党中央、国务院关于金融工作的决策部署，加强党的建设，为我国转变经济发展方式、调整产业结构和保增长、保民生、保持经济的平稳较快发展作出新的贡献。

当前正值我国经济发展保增长的关键阶段，也是工商银行经营发展上水平、实施股改后第二个三年发展战略规划（2009—2011年）的重要时期。巡视组的进驻和指导检查是对工商银行工作的一次“系统体检”，充分体现了党中央对工商银行的关心和重视，对全面推进全行改革发展工作起到了重要的促进作用。

（总行党委组织部）

系统党建

2009年，全行各级党组织以学习贯彻落实党的十七大和十七届四中全会精神为主线，结合深入学习实践科学发展观活动和在组织人事系统“讲党性、重品行、作表率”深化拓展年活动，着力推进领导班子思想政治建设、基层党组织建设和党员队伍建设，为全行改革发展提供思想和组织保证。

一、加强各级领导班子思想政治建设，提高推动科学发展的能力

一是努力打造学习型领导班子。通过深入推进党委中心组学习，提高了各级领导班子的政治理论水平和党性修养，尤其是提高了适应中国特色现代金融企业建设要求的能力，在法人治理结构有效运行过程中，着力增强领导干部“一岗双责”的岗位履职能力，做到“两手抓、两手都要硬”；通过组织召开改革发展研讨会，加强和提高了各级领导班子对改革发展中关键问题的研究，在强化现代经营理念过程中，着力提高了领导班子的战略思维能力和解决实际问题的能力，尤其是适应国内国际金融业迅速发展变化的能力。全行建设中国特色现代金融企业的信念得到进一步巩固，科学经营发展的能力得到进一步加强。

二是认真落实民主生活会制度，巩固“四好”领导班子创建活动成果，着力完善加强领导班子思想政治建设的长效机制，不断提高各级领导班子的凝聚力和战斗力。按照十七届四中全会《决定》要求，全行各级领导班子把开好年度民主生活会作为提高班子自身建设的重要手段，充分发挥民主生活会开展思想交流、提高党性修养、增进班子团结的重要作用，强调抓好征求意见环节和整改落实环节的工作，重点解决工作中不符合科学发展的突出问题。各级行党委书记切实发挥了第一责任人的作用，会议准备充分、主题鲜明，气氛热烈，会上成员认真开展批评与自我批评，取得了良好的效果。总行党委成员每人参加了2个以上分行领导班子民主生活会，各分行党委成员也参加了所辖分支机构的民主生活会。同时按照一级抓一级的原则，总行通过各种形式加强对各分行民主生活会的指导，使各分行民主生活会的质量有了进一步的提高。

三是加强党员领导干部作风建设，深入推进全行党风廉政建设和反腐败工作。总行党委高度重视党风廉政建设和反腐败工作，层层落实党风廉政建设责任制和案件防范责任制，扎实构建惩治和预防腐败体系，深入推进作风建设和反腐倡廉建设，为全行安全稳健经营提供了坚强保障。通过采取有效措施落实厉行节约八项要求，简化和规范公务接待活动，适度压缩全行会议、车辆、出国等费用支出。通过组织开展深入学习贯彻“三项法规和一个意见”、“学规定，促发展”主题教育及“珍惜职业生涯，远离经济犯罪”主题巡演、参观银行业反腐倡廉警示教育展览等活动，增强全员廉洁从业和依法合规意识。加强了对一级分行进行巡视，坚持对分行和专业部门开展党风廉政建设量化检查评价，加大信访核查力度，促进领导班子及领导干部加强廉政建设。大力推行管理人员公开选拔和竞争上岗制度，开展全行范围的信贷业务大检查，对财务管理、集中采购、网点装修等制度执行情况进行执法监察和现场监督，推进源头治腐工作。切实抓好案件防范长效机制建设，有效控制案件风险，千人发案率、亿元资产案件损失额等指标继续居国内外同业领先水平。

二、加强党的基层组织建设，提高基层党组织战斗堡垒作用

一是继续加强基层党组织建设工作。截至2009年底，全行各级党组织共设立党委804个、党总支1 033个、党支部10 234个。在规范分支机构党群组织工作机构设置的基础上，着力加强了支行和营业网点的党组织建设。通过加强组织工作调查研究，召开党建工作联系单位会议，引导各级组织部门和组织干部深入贯彻落实科学发展观，有针对性地研究解决组织工作中面临的新情况、新问题，完善相关工作制度，增强基层党组织的功能，扩大党的工作覆盖面，使组织工作更好地服务于全行改革发展大局。

二是深入开展创先争优活动，做好中国工商银行先进基层党组织、优秀共产党员和优秀党务工作者评比表彰工作。同时结合纪念新中国成立60周年，广泛宣传和展示新时期党员蓬勃向上、开拓奋进的精神风貌，深化社会主义核心价值体系教育，激励各级党组织、广大党员和党务工作者以先进典型为榜样，弘扬爱国精神，投身改革事业，推进科学发展。经过各级党组织层层选拔推荐，2009年总行党委共表彰了100个先进基层党组织、139名优秀共产党员和60名优秀党务工作者。

三是做好发展党员工作。坚持发展党员的“十六字”方针，尤其加强在一线员工、青年员工和科技员工中发展

党员，重视在高知识群体中发展党员。抓好入党积极分子队伍建设，充分发挥团组织的作用，做好团员推优工作。

四是按照中组部有关要求规范党费收缴、使用和管理，对全行党费收缴工作进行检查。通过加强对党费管理工作人员的培训，提高政治素质和业务水平。总结党费管理工作经验，及时发现和解决问题，适应形势发展的要求不断完善党费收缴、使用和管理工作。

五是认真做好关心老党员和困难党员工作，完善党内帮扶机制。根据中央有关精神，在国庆60周年之际，走访慰问新中国成立前参加革命工作的老干部、老员工、老党员，积极帮助他们解决实际困难，全行下拨慰问资金共计8 481 000元。

三、组织开展中国工商银行党建工作调研

为认真贯彻落实党的十七大和十七届四中全会关于加强和改进党建工作的精神，适应工商银行股改上市后党建工作面临的新形势新任务新要求，总行党委决定对全行党建工作情况开展一次全面的调查研究。

一是通过网络大学进行党建工作问卷调查。按照党委组织部和宣传部的统一安排，在全行范围内开展了工作问卷调查活动，问卷调查共持续10天，全行共有172 371名员工参加了问卷调查，占在岗员工总数的44.86%，创造了利用网络大学考试系统问卷调查功能进行全行情况调查的最高记录。

二是组织调研组进行实地调研。全行共成立5个调研组，分别就领导班子与干部队伍建设专题、基层党组织建设专题、党员队伍建设与教育管理专题、作风与反腐倡廉建设专题、宣传思想与企业文化建设专题5个专题深入到吉林、苏州等12个一级（直属）分行及所辖22个二级分行、22个县级支行，认真开展现场调研工作。各调研组先后听取专题汇报55次，召开座谈会58次，与652人开展了座谈，对189人进行了访谈，先后发放现场调研问卷563份，收回498份。

通过深入细致的调研工作，总行掌握了大量第一手的信息和资料，为推动全行贯彻落实十七大和十七届四中全会精神，加强和改进工商银行在新形势下党的建设工作打下了坚实的基础。

四、加强组织部门自身建设，深入开展“讲党性、重品行、作表率”活动

2009年是“讲党性、重品行、作表率”活动的深化拓展年，按照中组部、总行党委的统一部署和要求，总行党委组织部下发了《关于深入学习贯彻胡锦涛同志在十七届中央纪委三次全会上的重要讲话精神　深化拓展全行组织人事系统“讲党性、重品行、作表率”活动的意见》（工银党委组［2009］29号），对该活动进行安排部署。全行各级组织人事部门始终坚持强化理论学习的观念，并且加强组织干部队伍建设，按照总行党委有关要求，结合全行组织工作需要，配齐、配强各级专职、兼职组织员。同时，按照加强党性修养、弘扬优良作风、提高能力素质、着力破解难题、推进改革创新、服务科学发展的目标要求，着力在“深化、拓展、巩固、提高”八个字上下工夫，组织开展专业知识集中学习，着力改善人事组织干部的专业知识结构，不断提高服务能力、创新能力和执行能力，在提高能力的过程中查找和解决存在的问题，进一步提升了全行对人事组织工作的满意度。

（总行党委组织部）

领导班子建设

2009年，全行各级党委和人事组织部门围绕全行工作大局，认真贯彻落实党委要求，在党的组织建设和人力资源管理中开拓创新、扎实工作，大力加强领导班子建设，深化干部人事制度改革，加强干部管理和制度建设，各级领导班子结构进一步优化，凝聚力和战斗力进一步增强。牢记使命、勇于担当，有力推动了全行人力资源管理工作。

一是以优化领导班子结构为重点，切实加强各级分行领导班子建设。为使各分行领导班子始终保持战斗力、凝聚力和创新力，能够适应复杂的经营环境和激烈的市场竞争，增强分行的领导力量，按照党委要求，2009年对26个分行的领导班子进行了充实调整，任命分行行级干部63人，行级干部总体更新率①为15.8%，其中“一把手”、副行长和纪委书记的更新率②分别为18.9%、17.2%和14.7%。新提拔分行行级干部35人，

①总体更新率=2009年新进领导班子人数/2009年年末领导班子总人数×100%。

②“一把手”更新率=2009年新任“一把手”人数/2009年年末“一把手”总人数×100%，副行长更新率=2009年新任副行长人数/2009年年末副行长总人数×100%，纪委书记更新率=2009年新任纪委书记人数/2009年年末纪委书记总人数×100%。

其中通过公开选拔方式提拔16人，通过组织推荐考察方式提拔19人。新提拔行级干部的平均年龄为46.0岁，具有全日制大学本科以上学历的占比为42.9%，其中通过公开选拔方式提拔的副行长平均年龄仅为43.9岁，具有全日制大学本科以上学历的占比达到68.8%，对于优化各分行领导班子结构发挥了重要作用。通过调整补充，分行领导班子得到进一步充实，一批年纪轻、学历高、业务精、素质好的优秀年轻干部走上了领导岗位，班子年龄、知识、专业结构不断优化，领导能力和管理水平进一步提高，整体力量进一步增强，为全行的改革发展提供了良好的组织保证。

二是以领导班子建设带动后备干部队伍建设，为全行改革发展提供有力的人才支持。为适应各级领导班子中长期建设的需要，根据中央有关精神和总行党委部署，第一次在全行范围内组织开展了后备干部集中选拔工作。这次集中选拔在总行部室、一级（直属）分行、直属机构、直属学院、内审分局、境外机构及境内主要控股公司共112个单位展开，经过投票推荐、谈话推荐、公示和网上测评、党委研究等环节，按照“德才兼备、以德为先”的标准，共确定总行部室和分行领导班子正职后备干部人选92名，副职后备干部人选425名。在总行的指导下，各一级（直属）分行、直属机构、直属学院也完成了下一级领导班子后备干部队伍的调整补充工作。此次后备干部集中选拔，全面深入地掌握了全行干部队伍现状，不仅建立了一支数量充足、结构较好、素质优秀的后备干部队伍，而且对进一步完善干部队伍建设进行了积极有益的探索，为下一步深化干部制度改革奠定了坚实的基础。

（总行党委组织部）

廉政反腐建设

2009年，在总行党委的领导下，全行各级党委纪委认真落实中央有关反腐倡廉建设部署，坚持标本兼治、综合治理、惩防并举、注重预防的方针，围绕改革发展中心任务，在经营发展全局中谋划部署各项工作，全面推进党风廉政建设和反腐败工作，取得明显成效，为工商银行的改革发展稳定提供了有力保障。

一、扎实推进惩治和预防腐败体系建设

各级党委纪委按照总行党委的部署和要求，全面落实中央惩治和预防腐败体系《工作规划》和总行《实施办法》。总行年初对本部部室进行了任务分工，提出了工作要求，各部室认真落实分工任务并报告了落实情况。各行在抓好实施方案制定和任务分工落实基础上，突出加强制度建设，并建立检查工作机制，将惩防体系建设纳入党风廉政建设责任制检查中进行全面评价，整体推进了反腐倡廉教育、制度、监督、改革、纠风、惩治等各项工作。全行反腐倡廉建设的良好局面进一步巩固和发展。

二、大力加强管理人员党性修养和作风建设

各级党委纪委把加强管理人员党性修养、树立和弘扬良好作风作为一项重要政治任务，常抓不懈。总行专门印发了《关于以增强大局意识提高执行力为重点，加强总行机关作风建设的意见》，并在全面调研的基础上，组织开展了作风建设分析整改活动，各行也结合实际，制定具体措施，开展作风整顿活动，有关厉行节约、坚决制止公款出国（境）旅游、改进公务接待等规定得到了较好的贯彻落实。据统计，全行通过财务预算共压缩出国（境）、车辆购置及运行、公务接待三项费用共约3.7亿元。严肃查处了“小金库”问题，给予8名责任人纪律处分和组织处理。

三、深入推进管理人员廉洁自律工作

各级党委纪委结合实际，认真开展党性党风党纪、理想信念、岗位廉政和反面警示等教育，组织学习吴大观等先进人物事迹，总行本部还组织全体员工参观了“银行业反腐倡廉警示教育图片展”，进一步增强了各级管理人员的廉洁自律意识。认真组织学习《国有企业领导人员廉洁从业规定》等规定，总行组织八个分行进行了落实试点工作。认真治理管理人员违反规定收送现金、有价证券、支付凭证等问题，全行共有2 626名科级以上管理人员主动上缴收受的礼金和有价证券、支付凭证等共约583万元。认真落实管理人员配偶和子女从业、到国（境）外定居等规定和有关事项报告制度，全行共有639名管理人员主动申报了有关情况。加强反腐倡廉宣传，积极组织参加中纪委举办的“扬正气，促和谐”全国廉政公益广告创作展播评选活动，河南新乡市分行创作的作品《点亮》获得了平面类作

品二等奖。通过采取各种形式，深入推进了廉洁文化建设。

四、着重强化对领导班子和管理人员监督

总行对江西和甘肃分行领导班子和班子成员践行科学发展观等七个方面情况进行了全面巡视检查，查找了存在问题，提出了改进建议，总结了好的经验和做法。2009 年初总行组织对十个一级分行和直属单位以及总行八个部室 2008 年度落实“两个责任制”情况检查评价，年底又组织对十个分行 2009 年度落实情况检查评价，并将检查结果纳入被检查单位年终绩效考核；各行也组织了对下级行和本部部门落实“两个责任制”情况的检查评价。全面加强对管理人员监督，全行对违反党风廉政建设责任制规定的 42 名管理人员进行了责任追究，对有苗头性问题的 644 名管理人员进行了诫勉谈话和函询，对6 138名管理人员进行了任前廉政谈话，有28 105名管理人员进行了述职述廉。总行部（室）务公开和各级行行务公开制度进一步落实，并取得了明显成效。

五、深入开展案件防范工作

总行通过细化分解责任和加强监督检查等方式，进一步督促总行专业部门履行案防职责。成立了以杨凯生行长为组长的检查领导小组，组织了对全行对公开户结算、个人金融业务、网银注册开户、银行承兑汇票等重点业务的全面检查。确定并督促总行相关部门和各行开展对八个重要风险点专项治理。在全行部署开展员工经商办企业情况专项排查，对排查出的违规经商办企业员工进行了处理。继续推进案防教育，2009 年上半年在全行部署开展了“学规定、促发展”教育活动，下半年组织黑龙江分行“珍惜职业生涯，远离经济犯罪”警示教育演出团到四川等九个分行进行了为期一个月的巡演，收到了良好效果。深化商业贿赂专项治理，全行组织检查 763 次，严肃查处 2 起业务经营中的不正当交易行为。重点对全行案件特点和发展趋势以及计算机系统应用风险防范情况进行了深入调研，提出了具体防范对策和措施。

六、严肃查处案件和违规违纪问题

2009 年全行共立案查处内部经济案件 3 件，涉案金额 792. 8 万元；共处理责任人 21 人，其中处级以上人员 2 人。严肃追究 4 起引发外部诈骗案件相关责任人的责任，处理处级以上人员 15 人。全行共查处违规违纪问题 137 起，共处理责任人 402 人。全行纪检监察部门共收到信访举报1 605件次，同比下降 20. 5%；各行共直查重要信访举报 234 件并办结 231 件，处理责任人 55 人，转办要结果信访举报 242 件且 99% 已办结；全行纪检监察信访信息管理系统顺利升级，推进了信访举报工作制度化、规范化建设。总行还组织制定了审理人员管理办法，下发了关于规范行政处分限制期解除工作的通知，进一步完善了审理工作制度。

七、认真开展执法监察和项目监督

重点对执行集中采购、财务管理、客户经理管理制度情况和网点基建装修项目等开展了执法监察。全行共成立检查组 865 个，对2 449个机构开展了执法监察，立项并办结 787 个；提出整改建议3 779条，督促完善制度 370 项，处理违规人员 418 人。总行重点组织对两个分行和总行两个直属机构执行财务制度情况开展了专项执法监察，提出整改建议 16 条，对相关违规违纪问题责任人进行了严肃处理。各行纪检监察部门共对6 582个累计金额 101. 8 亿元的集中采购项目进行了现场监督；总行监察室对涉及金额共计 123. 5 亿元的总行电子、工程、科技类产品集中采购项目以及办公大楼二期工程有关招投标项目进行了现场监督，及时督促整改发现的问题，会同集中采购部建立供应商黑名单，并及时予以清退，规范了供应商管理。

八、切实加强纪检监察队伍建设

各级纪检监察部门坚持把加强自身建设作为一项基础工程来抓，深入开展“做党的忠诚卫士、当群众的贴心人”主题实践活动，认真学习全国优秀纪检监察干部王瑛同志事迹，促进了纪检监察干部整体素质和工作水平的提高。认真抓好纪委班子和干部队伍建设，各行重点选好配强纪委书记和监察室主任，全行共配备一级分行监察室主任和副主任 16 名，配备二级分行纪委书记 92 名；进一步加大纪检监察干部与业务干部交流力度。总行和各行还选调一批既懂业务又年富力强的人员充实了纪检监察干部队伍。大力加强业务培训，全行共举办培训班 767 个，总行先后举办了一级分行纪委书记和二级分行纪委书记以及执法监察和审理、信访培训班，组织全行 56 名纪检监察人员参加了中纪委举办的业务骨干培训班。

（总行监察室）

总行党建

2009年，总行机关党委认真贯彻落实中央国家机关工委和总行党委的部署，主动适应建设国际一流现代金融企业新形势新任务的要求，以深入学习实践科学发展观活动为主线，坚持围绕中心，服务大局，解放思想，开拓创新，深入推进总行党的思想、组织、作风、制度建设，加强和改进机关精神文明建设和工会工作，各项工作取得了新进展。

一、以提高党员干部的政治素质为重点，加强改进思想作风建设

坚持用中国特色社会主义理论武装党员干部。组织党员干部深入学习马克思列宁主义、毛泽东思想、邓小平理论和“三个代表”重要思想以及科学发展观，系统掌握中国特色社会主义理论体系。一是认真做好学习实践科学发展观活动的各项工作。2009年上半年，根据总行党委的部署和要求，组织总行机关党员干部认真学习中央领导关于深入学习实践科学发展观活动方面的讲话精神，努力做好学习实践科学发展观活动整改和总结阶段各项工作的部署、指导、检查工作。利用“机关宣传栏”组织总行机关各党支部交流学习实践活动情况和经验体会。组织各党支部和党员干部对总行党委领导班子、班子成员和支部班子进行满意度测评，广泛征求总行员工的意见建议。二是加强形势任务教育。组织党员干部认真学习党的十七大和十七届四中全会精神，学习党中央、国务院关于经济金融方针政策，学习总行党委改革发展决策部署，引导党员干部把思想认识统一到中央精神上来，进一步增强贯彻执行党的路线方针政策的自觉性和坚定性，引导党员把智慧和力量凝聚到实现工商银行改革发展愿景和目标上来，进一步增强建设国际一流现代金融企业的责任感和使命感。三是举办两期总行机关处级干部理论培训班。为贯彻中组部、中央国家机关工委关于大规模培训干部的部署，与党委组织部、宣传部联合举办两期总行机关处级干部理论培训班。围绕科学发展观、经济危机及其应对、领导问责制以及领导艺术等，邀请中央党校、国家商务部、清华大学、国家行政学院等相关领域顶尖专家学者授课。通过培训，机关处级党员干部的理论素养、知识水平、业务本领和领导能力有了一定的提高。四是举办支部委员培训班。组织党支部纪检委员和组织委员培训班，学习党建基本理论与实务，进一步提高兼职党务干部的政治理论水平和做好党务工作的本领。

二、以建设廉洁总部为重点，加强机关作风和廉政建设

针对建设国际一流现代金融企业新形势对总行党员干部作风建设提出的新要求，以建设廉洁总部为目标，研究探索加强改进总行机关作风建设的新思路、新途径。一是加强和改进总行机关作风建设。印发了《关于以增强大局意识、提高执行力为重点，加强总行机关作风建设的意见》，从增强大局意识、提高执行力、提高实践能力、强化责任意识、提高服务效率5个方面，对党员干部提出了新要求。同时，由机关党委领导带队，深入山东、福建、广西等定点联系行进行调研，组织召开不同层次座谈会，深入调查了解总行机关党员干部转变作风和增强大局意识、提高执行力方面的情况，撰写了调研报告。总行机关各党支部结合实际，认真对照查找自身作风建设方面存在的突出问题，提出了本部门作风建设方面的整改措施。对于一些支部好的做法和经验，及时在《总行机关党建工作信息》和“机关宣传栏”进行了交流。二是进一步推进部（室）务公开。印发了《总行机关部（室）务公开实施办法》，进一步明确了部（室）务公开的指导思想、基本原则、内容、范围、形式和时限，指导各支部统筹规划支部部务公开办法，促进了部（室）务公开工作的规范运行。三是开展调研报告评选活动。鼓励总行机关处级以上党员干部，以科学发展观为统领，紧紧围绕总行党委提出的“支持经济发展、稳定资产质量、保持盈利增长、提升竞争力”中心任务，深入基层，深入一线调查研究，撰写调研报告116篇，并对一等奖5篇、二等奖10篇、三等奖15篇给予了奖励和表扬。四是加强反腐倡廉建设。组织党员干部学习贯彻中纪委三次全会和全行纪检监察工作会议精神，观看了学习贯彻第十七届中纪委第三次全会精神辅导专题电教片。配合总行纪委组织开展学习《员工违规行为处理暂行规定》，开展了“学规定网上答题”比赛活动，对比赛成绩突出的15个党支部、60名同志给予通报表扬和奖励。组织党员干部参观银监会在总行机关举办的全国银行业金融机构“银行业反腐倡廉警示教育”巡回展览，进一步增强党员依法合规意识，提高风险防范能力。对机关八个部室党风廉政建设情况进行了量化评估检查，针对检查出的问题，

下发了整改通知书。

三、以加强组织建设为重点，增强党支部的创造力、凝聚力和战斗力

坚持“围绕中心、服务大局、拓宽领域、强化功能”的总要求，加强改进总行机关党的组织建设。一是组织开好党员领导干部民主生活会。按照中央和总行党委的统一部署，各支部高度重视，精心组织，主题明确，程序规范，通过召开座谈会、个别访谈等形式，广泛了解员工的意见和建议，积极查找支部与个人在思想、工作及作风方面存在的突出问题，认真开展批评与自我批评，研究制定整改措施，进一步提高了部室民主生活会质量和党支部解决自身问题的能力。41 个党支部（总支部）组织召开了部室党员领导干部民主生活会，180 余名正副总经理参加会议，300 余名正副总经理级领导、处室负责人和支部委员列席会议。机关党委派员参加了所有部室的民主生活会。二是健全机关党委全委会。根据《中国共产党基层组织选举工作暂行条例》，经机关党委全委会提议，总行党委同意，以各党支部召开党员大会为分会场方式增补了机关党委委员。此外，召开两次机关党委全委会，研究机关党的重要事项。三是开展主题党日活动。2009 年 5 月至 7 月，在机关组织开展了庆祝中华人民共和国成立 60 周年，以“增强执行力，永葆先进性”为主题的党日活动。各党支部按照“勤俭节约，注重实效”的原则，充分利用北京地区的教育资源和历史文化资源，周密安排，精心组织，通过上党课、新党员宣誓、重温入党誓词、扶贫救助、与基层共建、专题组织生活、参观党史展览、社会实践和调查研究等灵活多样的方式，开展党日活动。国庆前夕，还以图文并茂的方式展出了各支部党日活动掠影，进一步营造纪念新中国成立 60 周年的浓厚氛围，经认真评选，有 16 个党支部获得“优秀组织奖”。四是组织开展“创先争优”评选表彰活动。根据总行党委的要求，七一前夕，在总行机关开展 2007—2009 年度“创先争优”评选表彰活动。经过支部申报推荐、交叉考核、民主测评、无记名投票、行内公示等程序，评选出 15 个先进基层党组织、56 名优秀共产党员、22 名优秀党务工作者，并对先进集体和个人进行了通报表彰。在此基础上还推荐了总行层面的先进基层党组织、优秀党务工作者和优秀共产党员。五是认真做好党员教育、管理和发展工作。指导 18 个党支部完成组建、改选、补选和调整分工；审批发展预备党员 15 名，批准 20 名预备党员按期转正；全年共转接党员组织关系近 400 人次。六是举办入党积极分子培训班。按照分期择优培训原则，对机关入党积极分子进行摸底考试，95 名同志通过了考试；选择考试成绩前 60 名入党积极分子参加培训班，通过专家授课、观看教学片、闭卷考试等多种形式，深入系统学习党的基本知识和基本理论，进一步加深对中国共产党的认识，帮助他们端正入党动机，坚定理想信念。全部参加培训的学员均通过了考试。七是与离退休人员管理部配合，认真做好老干部、老工人、老党员的走访慰问工作。

四、以加强改进精神文明建设为重点，构建和谐总部

围绕全行改革与业务发展中心工作，把继承与创新、管理与服务结合起来，通过精神文明创建活动和思想政治工作，在总行机关营造昂扬向上、团结奋进的良好氛围，努力构建国际一流现代金融企业和谐总部。2009 年已连续第五年荣获中央国家机关“文明单位”，两年荣获首都“文明单位”。一是举办“总行机关 2009 年春节团拜会”。总行党委书记、董事长姜建清作新年致辞，总行党委副书记、副董事长、行长杨凯生主持团拜会。总行党委班子成员，董事会、监事会成员，高管成员，离退休老领导、老同志与机关员工欢聚一堂，喜迎春节。二是做好总行机关 2009 年度文明单位总结考核工作，坚持领导与群众相结合及公平、公正、公开的原则，经过处室推荐、支委会或支委扩大会民主测评、交叉考核、NOTES 网公示、机关党委全委会审批等程序，评选出 117 个“文明处室”，并对总行机关 2009 年度文明单位进行了通报表彰，颁发了“文明处室”标识。同时机关文明办组织协调领导小组成员单位，对总行本部、华荣公寓、中海凯旋、翠微路办公区的办公环境、劳动纪律、仪表着装、安全保密等进行抽查检查，对办公环境不整洁、商密文件未入柜、仪表着装不符合要求、上下班迟到早退等现象提出限期整改要求，并认真督察整改结果。三是开展“网络思想政治工作”。管好 NOTES 网“行内意见与建议”栏目，为员工交流思想、反映情况、建言献策提供平台，关注并主动参与网上热点问题讨论，加强正面引导，化解矛盾，理顺情绪，形成共识；办好“机关宣传栏”，及时宣传先进典型、表彰好人好事，交流支部建设活动情况以及党建经验，全年共登载支部宣传稿件 388 篇。四是开展“送温暖、献爱心”和知识答题活动。组织总行员工积极参加西城区金融街组织的对口支援甘肃陇南地震灾区活动。开展“迎国庆、讲文明、树新风”知识答题活动，普及文明礼仪知识，培养文明意识。五是办好总行图书资料室。新进纸质图书 964 册，订阅期刊 136 种、报纸 31 种；订阅政治、经济、法律等电子图书6 980册，经济类电子期刊1 987种，经济类博士论文库14 000余篇；每个工作日登载“金融参考”、“经济动态”、“重要文章”、“投资数据”等内部资料 588 期，新上“移动商学院”《现代企业管理（EMBA）培训课程》视频资料，为党员干部丰富文化生活提供服务。

五、以加强改进群众工作为重点，满足员工不断增长的文化需求

开展适合机关特点、符合员工需要的各项活动，进一步推进员工综合素质的提高。一是举办专题讲座。邀请社科院金融研究所副所长王国刚、国防大学少将张召忠、中央音乐学院副院长周海宏等专家学者作经济、军事和音乐方面的专题讲座，帮助党员正确认识金融危机、准确把握中国经济形势，拓宽国际战略视野，增强对艺术的了解，提高员工综合素养。二是组织推动员工学习活动。开展“学习型组织、知识型员工”先进单位、先进班组、先进个人以及“读书活动优秀组织和先进个人”评选活动，并对获得先进集体和个人进行通报表彰，并在“机关宣传栏”宣传他们的先进事迹，在总行机关营造“全员学习、全程学习、终身学习”的良好氛围。同时，开展《劳动合同法》和《劳动合同法实施条例》学习宣传及知识答题活动，进一步增强员工法律意识和依法规范自身行为的自觉性；组织开展中国公民健康素养知识答题活动，积极推进公民健康宣传，提高员工健康技能；组织女员工开展“献一策”活动，调动女员工为全行改革、创新、发展出谋划策。三是举办“职业女性心理调适与心理健康”专题讲座。邀请中华女子学院、中国婚姻家庭研究会理事兼专家组成员罗慧兰教授为总行女员工作“职业女性心理调适与心理健康”专题讲座，普及健康知识，增强健康意识，帮助女员工克服和缓解工作和生活中的困惑、紧张、焦虑、烦恼等引起的心理问题。四是开展形式多样的健身活动。组织机关员工开展登山、乒乓球、篮球、钓鱼、游泳、羽毛球、足球比赛等活动，并加强了对健身、乒乓球、网球、羽毛球、篮球、游泳和钓鱼等运动协会的指导和管理。组队参加北京西城区“和谐杯”乒乓球比赛，取得男子领导组团体第四名的好成绩；组队参加中国工商银行庆祝新中国成立60周年员工羽毛球比赛，获得混合团体第五名；组队参加工商银行在京单位足球友谊赛，勇夺冠军杯；组队参加中央国家机关第六届“公仆杯”乒乓球联赛，夺得B组男子普通组团体第五名。五是坚持为员工办好事、办实事，凝人心、聚人气，及时慰问机关困难、大病、失去亲属的员工。

（总行直属党委）

教育培训

2009年，全行教育培训工作以科学发展观为统领，紧紧围绕改革发展的中心工作和重点任务，积极探索搭建国际一流教育培训体系，持续推进教育培训专业化建设，不断提升教育培训与全行发展战略的契合度和适应性。全年共完成各类培训4.6万期，210万人次（373万人天），人均受训约8.86天，在金融同业中处于领先地位。

一、深入开展全员培训，充分发挥教育培训在全行改革发展中的战略性、基础性作用

一是系统开展管理类员工培训。整体策划高管人员培训和党委中心组学习，实现两者的整体联动与有效互补，全年共组织高管学习和培训讲座12期，培训约300人次。整合行内外、境内外优势培训资源与渠道，搭建形成中高级管理人员卓越领导力培训框架，在党校进修研讨、IMBA培训，香港最新业务培训，高盛领导力培训，美国伊利诺伊大学长期研修等基础上，重点策划了清华大学“卓越领导力”高级研修项目和深圳—香港联动培训项目，全行共举办管理类培训班4 699期，培训约17.6万人次，其中总行直接举办一级（直属）分行正副行长、总行部室正副总经理培训班10期，培训294人次；二级分行正副行长培训班13期，培训650人次；网点负责人培训班5期，培训350人次。

二是整体推进专业类员工培训。加强专业化、高端化、国际化和市场化的高级专业人才储备，总行组织完成特许金融分析师（CFA）、风险管理师（FRM）等9大类12个项目的培训班35期，培训3 300余人次，全行获得各类国际权威资格认证的员工累计达2 800余人，在国内同业中继续保持领先地位，工商银行还因此获得亚洲银行业唯一的全球风险管理专业人士协会FRM项目委员会委员席位，ACCA“白金级培训发展类认可雇主”和“专业发展类认可雇主企业”等殊荣。加快全行专业资格认证序列的建立与梳理，进一步完善《中国工商银行专业资格管理办法》，在继续做好个人信贷业务营销人员、财资管理师、参数管理人员等原有资格培训和考试的基础上，启动了金融衍生业务营销人员、公司客户经理、小企业金融业务从业人员和电子银行业务四项专业资格认证类考试，2009年，共举办专业资格考试13项，87 376人次参加了考试。不断提高岗位适应性培训的针对性和有效性，适应专业技能综合化的

需要，组织举办4期信贷业务前台、中台、后台交叉培训班。

三是持续加强销售类员工培训。以个人客户经理、个人信贷业务客户经理、财资管理师、公司客户经理、小企业金融从业人员专业资格培训为主线，以提升客户经理营销技巧和实战能力为重点，通过总行面授示范、分行转培训和远程网络培训相结合的模式，全年共举办销售类培训约1万期，培训47万人次，其中专业资格网上培训13期，培训11万人次。2009年，总行继续加大中高级金融销售人才的培养力度，直接举办金融理财师（CFP）培训班9期，培训575人，全行金融理财师（AFP/CFP）新增人数分别为2 513人和269人，累计人数分别达到11 405人和1 866人，在金融同业处于明显领先地位。

四是继续深化运行类员工培训。2009年，总行制定柜员培训标准，明确了培训师资、课程内容、操作平台、考核方式等方面的标准和要求，通过示范教学、技能演示、交流研讨等形式，整体推进柜员培训的标准化工作，全年共有87 142名柜员通过了统一、标准的柜员培训和考试，考试通过率为96.8%，其中新入行柜员5 800人、转岗柜员12 641人、在岗柜员68 701人。完善模拟银行建设，在所有一级（直属）分行建立模拟银行，在15家二级分行建立网络学习室，总行制定了《模拟银行培训管理使用指南（试行）》，规范了模拟银行的管理职责和使用流程，充分发挥模拟银行在柜员培训中的载体作用。

五是圆满完成中年员工职业振兴培训工作任务。按照"一级分行为主体、二级分行为补充，多种形式相结合"的工作模式，明确任务分工，强化培训考核，扎实推进中年员工适岗转岗培训。在认真调研分析的基础上，组编了包括《阳光心态塑造》、《业务技能提升》、《综合素质拓展》和《转岗实例荟萃》4本分册的《中国工商银行中年员工适读教材》，受到中年员工的普遍欢迎。加强组织推动和宣传力度，组织召开"中年员工培训工作视频会"，举办中年员工师资培训示范班，利用《中年员工培训通报》、《培训工作简报》、总行网讯等渠道和平台，加大对中年员工培训的检查考核和宣传力度。2009年，全行培训中年员工127 825人，其中转岗培训22 334人，适岗培训105 491人。转岗培训全部实现"先培训、后上岗"，适岗培训覆盖率为59.5%，提前实现了"转岗培训1万人，适岗培训覆盖30%"的年度工作目标。

二、搭建国际一流教育培训体系，确保教育培训成为源源不断培养、输送人才的管道

一是以流程再造为突破，理顺教育培训管理体制。2009年，总行按照培训对象类别和培训专业化流程对教育部内设机构进行了调整，内设机构由8个增至10个，培训管理的职能更加合理，工作流程更加清晰。总行还组成联合调研组对直属学院、各分行教育培训主管部门及金融培训学校开展多维度、全覆盖的综合调研，从教育培训工作的管理和实施两个层面着手，强化全行教育主管部门的培训策划职能，突出行属院校在培训实施中的主体作用。

二是以制度建设为抓手，完善教育培训工作机制。起草《中国工商银行员工培训管理规定》和《教育培训经费管理办法》，修订《兼职培训师管理办法》，并着手研究制定《教育培训工作考核办法》、《院校工作管理办法》、《教材开发管理办法》、《网络大学管理办法》等制度文件，健全教育培训的激励约束机制，实现培训的规范化管理。

三是以信息科技为手段，优化网络培训平台功能。充分发挥远程教育学习和考试系统的平台作用，全年共举办网上培训47期，培训约43万人次，组织各类考试、测试和竞赛21项，参赛人数约80万人。根据培训和考试的需要，完成了远程教育新平台的功能评估和系统测试，增加了考试系统"考试报名与审核"、"考场分配"等功能，重点开发了全行远程实时视频在线监控系统建设，通过网上培训与考试的及时互动，有效提高了培训质量。

四是以国际一流为目标，提出教育培训体系构想。加强与境外机构的交流与合作，2009年，先后与沃顿商学院、瑞士洛桑国际管理学院、欧洲货币、全球风险管理专业人士协会（Garp）、美国估价协会、纽约佩斯大学、新加坡管理学院及越南投资发展银行等境外机构进行磋商交流，赴美国和加拿大专题考察了国际大银行和知名机构的教育培训情况，在此基础上，结合工商银行当前形势下教育培训工作的特点，起草完成《关于加强全行教育培训体系建设的基本构想》及相关工作方案。

三、完善教育培训系统平台建设，全面提高教育培训工作的信息化管理水平

一是加强员工培训档案管理系统建设。组织系统内人员，经过半年多时间，开展数次功能需求集中编写和研讨，完成了全行员工培训档案管理系统的业务需求编写工作。该系统包含学员信息、培训类别、证书管理、师资库、课程库、教材库、成本管理、培训计划、报表管理、同步更新、综合查询、系统管理12项功能，将于2010年底投产，投产后将大大提高教育培训工作的集约化、信息化管理水平。

二是推动院校培训质量管理信息系统建设。组织对院校培训质量管理信息系统（TQMIS）进行两次版本升级，调整了培训满意度评估、查询统计和员工自助报道等模块功能，有力地保障了全行各类培训班的运行，提高了院校的培训质量管理水平。

三是提高直属学院信息数字化教学能力。2009年，

完成长春、杭州金融研修学院的数字化教学系统建设，建立起辐射全行的远程视频直播课堂，增强了培训课件的实时录制能力，扩大了现场培训的受益面。

四、强化培训资源建设，进一步提升教育培训工作的服务能力和品质

一是搭建题材丰富、形式多样的“教材库”。2009年，总行直接组编培训教材36本，1 145万字，下发29.6万册，培训教材已初步搭建了横向根据人员类别分为管理、专业、销售和运行四大类，纵向根据教材内容分为资格认证、技能、产品、系统、案例五大系列的岗位培训教材框架。

二是建设科学规范、分布合理的“考试题库”。2009年全行考试题库新增189 298题，总计262 329题，其中总行题库新增14 181题，总计28 181题。试题的题型类别、难度系数分布更趋合理，表述更加规范，信度和效度有了较大提高。

三是完善分门别类、互动灵活的“网络课件库”。2009年，围绕岗位培训与业务发展的需要，及时收集、提炼相关知识内容，制作网络课件208门、2 496学时，累计达到558门、6 696学时，课件表现形式丰富，门类分布合理，制作技术成熟规范，适应了不同类别学员的学习需要。

（总行教育部）

实施中年员工职业振兴计划

2009年，根据总行领导的指示和要求，工商银行正式启动了中年员工职业振兴计划，力争用三年时间对在岗中年员工轮训一遍，对转岗中年员工经过培训实现上岗。一年来，根据中年员工人数多、分布广的特点，各行以一线和非管理岗位上的中年员工为培训重点，采取一级分行统一计划和组织推动、二级分行按照一级分行要求落实相关培训计划的模式开展培训，同时根据本行业务特点和中年员工实际需求，认真探索富有自身特色的培训形式和方法，积极推进中年员工培训工作，取得了较好效果。2009年全行累计培训中年员工127 825人，其中转岗培训22 334人，适岗培训105 491人，中年员工培训覆盖率达59.5%。通过培训，大多数中年员工的学习态度、工作热情和敬业精神有了明显改善，知识、技能和岗位适应能力得到提高。尤其是转岗员工在经过培训和考核后，绝大部分能够达到新岗位的基本要求，顺利实现了岗位转换，提升了职业信心，增强了对工商银行的归属感。

中年员工占全行从业人员总量的50%左右，在工商银行改革发展中作出了重要贡献，是工商银行的宝贵财富。对中年员工持续开展培训是引导和帮助中年员工坚定职业信心、提升自身素质、拓宽职业发展通道和实现职业技能振兴的重要途径，对提升员工队伍的核心竞争力、推动工商银行战略目标的实现具有十分重要的意义。

（总行教育部）

长春金融研修学院教育培训综述

2009年长春金融研修学院（以下简称长院）在总行党委的正确领导下，坚决贯彻统一法人意志，深入学习和实践科学发展观，积极应对全球金融危机挑战，努力克服甲型H1N1流感疫情等不利因素，围绕全行“建设国际一流现代金融企业”和“全球最盈利、最优秀、最受尊重银行”的总体战略，按照“两个基地”、“三个中心”、“六大功能”的目标定位，突出自主创新，注重科学发展，不断推进“精品学院”创建步伐，较好地发挥了教育培训的主阵地作用，为全行的业务发展提供了多方位的智力支持。

一、坚持统筹规划，谋求科学发展

2009年是长院全面实施第三个三年（2009—2011）发展规划的第一年，也是进一步积累经验、夯实基础、

培植优势、增强后劲的关键一年。长院本着“适度超前，稳中求进”的战略思路，注重加大对发展规划的实施指导和宣讲力度，做到用科学的规划引领人、用宏伟的目标鼓舞人、用美好的愿景凝聚人、用创新的实践感召人，实现了各项工作的蓬勃发展和各项事业的全面进步。2009 年，长院圆满完成了总行下达的教育培训工作任务，并提前完成三年发展规划中的第一年各项计划指标，实现了又一个三年发展的“开门红”，为三年发展规划顺利实施奠定了强有力的基础。

二、加大项目开发，挖掘培训需求

2009 年长院在培训项目开发上突出自主创新，正确引领需求，加大开发力度，务求工作实效，并以项目实施的联动性、辐射力和影响面带动相关工作开展。全年自主开发并实施各类培训项目 7 个，接受委托培训项目 16 个。其中，“职业经理人”、“支行行长”、“大堂经理”、“网点负责人”、“中年员工技能提升”等培训项目均在基层行产生了良好的反响，并实现了滚动实施。在培训项目开发中，坚持走出去的工作思路，注重基层行的实际需求，先后多次深入到吉林、辽宁、黑龙江、新疆、内蒙古、广西等分行送教上门并开展需求调研，使培训项目实施的针对性进一步增强，成为新时期学院保持持续健康和又好又快发展的新增长点。

三、注重现场培训，加强跟踪反馈

2009 年长院注意挖掘现场培训的优势，在资源整合的基础上充分利用存量资源开展岗位培训，既突出规模效益，又注重培训质量。全年承办各级各类培训班 144 期，培训规模达11 377人次、70 840人天。在现场培训组织中，通过实施项目经理制、班主任负责制规范培训班的运作，既保证了培训过程的可控，又实现了培训效果的凸显。在现场培训管理中，坚持做到对培训的全员参与和全程跟踪，注重课堂“教”与“学”双方现场互动，不断丰富教学形式，做到教学相长。在培训质量检测评估中，积极借助国际化管理工具持续改善培训质量，坚持将 ISO 9001:2000 质量管理体系和 ISO 14001:2004 环境管理体系运用到培训全过程，做到全程跟踪、逐班反馈、逐月汇总、逐季通报，保证了培训质量的稳中提高，全年培训服务综合满意率始终稳定在98%以上。

四、发展远程教育，拓宽培训渠道

2009 年长院强力实施现场培训、网络培训、项目开发、信息编发“四轮驱动”发展战略，下大力气发展远程教育，在线培训初具规模。注重网络资源的梳理调整，针对业务需求及时更新课程体系，使长院远程培训网站真正成为行内员工的“网上学苑”。自 2008 年长院远程培训系统、考试系统投产以来，先后实施了以中年员工为主体远程培训项目 23 期，在线培训学员 7 538人次。2009 年依托总行远程考试系统和学院考试系统，完成在线考试100 063人次。

五、做好信息课件，培植自主品牌

2009 年长院提出“建立自主品牌，走自主创新道路，创建精品学院”的发展战略，注重打造一批在业内和全行有影响力的信息产品，信息产品编发取得巨大成效。长院继续发挥《现代商业银行》杂志的龙头带动作用，精英智囊版、才智青年版、财富生活版《现代商业银行》以其定位准确、瞄准前沿、贴近业务以及学术权威性强、社会影响力大等优势深受总行领导和业内行内好评，全年发行杂志超过 150 万册。积极承担总行教材编审和课件制作任务，并逐渐形成明显优势，现已成为总行教材编审和课件制作基地。全年编审总行培训教材 26 部，制作网络课件 47 个。此外，还定期编发培训期刊《每周金融参考》（周刊）47 期、《专题研修参考》（月刊）12 期，《养老金观察》、《企业年金资讯》电子期刊58 期，较好地满足了参训学员和行内员工的学习需求，为工商银行的业务发展提供了强有力的智力支持。

六、抓好师资教学，培植科研优势

2009 年长院在师资建设及教学科研方面成效显著，成果斐然。一是制定印发了《长春金融研修学院专兼职培训师管理办法》，对教师的教学职责、任务目标、下行实践、专题调研、课题研究以及青年教师队伍建设等作出了明确规定；二是针对青年锻炼成长制定切实可行的实施办法，加大对青年教师的培养力度，大力倡导和积极开展与青年教师“结对子”、“一对一”、“手把手”等工作形式，加速青年教师的成长和成才；三是重视培训课程建设，在深入基层行需求调研的基础上，重点培植出营销力、领导科学、企业文化、银行服务等多门适合长院教师讲授的精品课程，并成立 5 大学科组进行专题攻关；四是重视应用普及型科研，积极承担总行重点研究课题。2009 年，长院教师为培训班实施授课 654 学时，认领并完成总行城市金融学会重点研究课题 8 项，编著包括《银行岗位资格认证必读》丛书在内的培训教材 10 部，在国内学术期刊上公开发表各类论文 39 篇，其中发表国家级论文 5 篇。

七、强化内部管理，提高管理效能

2009 年，长院适应国际化教育培训趋势，按照企业大学运行模式和“精品学院”创建要求，不断强化内部管理，提高管理效能。一是对既有的决策、质量、风险、财务、人力资源管理体系进行了丰富和完备，使管理基础更加坚实；二是对内设机构职能、岗位职责、管理制度、工作流程等进行了修订完善，使管理行为更加有章可依；三是建立以人为本、公平正义、竞争有序、动态管理的激励约束机制，为员工的职业发展和成长进步建立通畅渠道；四是坚持在员工队伍中持续开展政治理论教育和思想作风建设，不断提升员工队伍的综合素质，全年开展全员综合素质教育专题讲座12期，内容涉及时政理论、金融危机、反腐倡廉、银行服务、企业文化、法制教育、执行力等方面。

八、改善服务供给，提升服务品质

2009年是总行倡导“服务品质提升年”的开局之年，也是长院加大服务设施改造、提升服务供给能力的成效之年。在硬件建设上，按照“整改提高加新建”的发展思路，新建6号专家公寓楼，改造1号学员公寓楼、院区弱电系统和热水供给系统，同时启动2号学员公寓楼内部装修改造和综合服务楼新建工程，有效地解决了培训设施落实或不配套对培训需求的瓶颈制约。继续实施院区“五化”（美化、绿化、亮化、声化、文化）工程，院区综合环境更加优雅宜人。在软件建设上，坚持贯彻“让学员满意”的服务导向，精心开展优质化服务，加强对全员服务意识的灌输和培育，通过专题讲座、技能培训、现场模拟比试、成果展示，不断提高服务品质，真正做到了“文明服务、规范服务、用心服务、亲情服务”。

九、创建精神文明，实现全面进步

2009年长院在精神文明建设上提出五大措施，力争用3年时间迈入国家级“文明单位”行列。一是持续抓好党建工作和党风廉政建设，通过实施“抓班子、带队伍、促发展”的党建工作模式，促成反腐倡廉的长效机制，积极抵御和防范各种风险，为全局工作提供保障；二是认真抓好思想政治工作和企业文化建设，通过实施教育活动将工商银行的核心价值观融入员工队伍的思想和行为中，注重党员和员工队伍的日常教育，积极灌输和推行“现代、大气、和谐、精致、高效”十字院风，不断推进企业文化建设；三是积极搭建争先创优的活动平台，通过开展“学习型组织”、“知识型员工”、“岗位服务明星”创建活动，不断深化精神文明创建内涵；四是进一步完善制度和机制，加强对精神文明创建工作的领导和指导，确保各项活动的健康开展并取得实际成效；五是达成精神文明创建和企业文化建设的共识和合力，强调上下组织的联动和党政工团的齐抓共管。2009年，长院被中央精神文明建设指导委员会授予“全国精神文明建设工作先进单位”，被中国工商银行总行授予“2008—2009年度教育培训先进集体”、“学习型组织先进单位”，并有15个单位和17名个人荣获各种表彰奖励。

十、履行社会责任，彰显良好形象

在服务工商银行“人才兴行、人才强行”战略实施和不断提升智力服务水平的同时，长院始终没有忘记履行一个优秀企业的社会责任。2009年，长院开展“情系社区，回馈社会”主题教育活动，利用“六一”儿童节、中秋节、春节等节日深入到所在社区开展慰问走访活动，为低保贫困家庭送去关心和温暖；向长春市二道区两个社区的4户低保家庭的在读儿童发放助学款2 400元，向街道、社区捐献电脑、电视机、桌椅和其他办公用品30多件（套），折合人民币万余元；注重节省办公资源，推广低碳，降低能耗，以实际行动建设“资源节约型”和“环境友好型”学院；不断强化工程施工安全措施，尽量减少施工现场和院区噪音，降低因施工对周边居民和环境造成的影响；坚持遵规守法、照章纳税，优秀企业形象得到进一步彰显。

（长春金融研修学院）

杭州金融研修学院教育培训综述

2009年是工商银行股改后第二个三年发展战略规划、教育培训规划的启动实施年，也是我院实施2009—2011年发展战略规划的第一年，面对工商银行经营发展较为严峻的经济金融形势，学院以科学发展观为指导，以总行发展战略规划为指引，围绕“培训力发挥最好、教学科研最优、现代化设施最先进”的发展愿景，积极拓展工作思路，狠抓措施落实执行，年初制定的研发目标、培训目标、在线考试目标、质量管理目标均超额完成，取得了近年来最好成绩，“六大中心”建设得到了进一步推进，学院顺利进入了国内领先、与国际接轨的新阶段。

一、培训规模实现新的增长

围绕“培训力发挥最好”的愿景目标，克服设施紧张、人员少等客观性瓶颈，科学调配各种资源，合理调整培训结构，统筹安排现场培训和网络培训，在各部门的齐心协力下，超额完成了年初确定的培训目标任务。

一是现场培训的规模、结构达到近年来最好水平。全年积极落实总行的培训计划，大力推出学院开发的培训项目，主动引导分行的培训需求，充分利用周边住宿资源，合理安排不同季节的培训重点，加强培训集约化管理，全年举办现场培训210期，培训17 574人次，111 683人天，培训人次完成全年计划的107%，培训人天比上年增长4%。其中，总行培训班的期数和人次创历史最好水平，分别占培训班总数的65%以上，管理人员培训和高级专业人才培训的期数占比达40%，学院自主开发实施的培训人次占分行培训的60%以上。

二是网络培训的规模、优势得到充分展现。学院积极宣传网络培训优势，大力拓展网络培训平台，开通了内外网培训网站，加强项目研发与培训需求的有机衔接，推广远程培训高级会员制，不断优化网络培训管理流程，开通教师远程讲课直播功能，切实提高网络培训的互动性和效果。全年实施了支行行长、客户经理（个人、公司和机构）、银行临柜人员服务技能提升、中年员工培训等17个培训项目，举办网络培训111期，培训10 985人次，培训人次完成全年计划的147%，比上年增长34%。网络培训受到许多分行管理人员、基层行员工的欢迎和好评，纷纷发送邮件表示感谢。

二、教学科研取得新的成果

围绕"教学科研最优"的愿景目标，着力抓好项目、课件、教材、课题等的研发工作，不断丰富教学科研成果，巩固发展学院的核心竞争力。

一是开发培训项目10个并培育了新的品牌项目。"中年员工职业技能振兴培训"是2009年全行教育培训工作的热点，学院紧紧抓住这一契机，全力打造培训项目新亮点。通过下行调研、加强培训需求分析、精心设计课程，形成了具有较强针对性的中年员工职业技能振兴系列培训方案，并积极组织实施，撰写项目调研报告，受到了全行的关注和好评。该项目全年组织举办了客户经理师资和客户经理两个层面，大堂经理、个人客户经理、公司客户经理三大类共9期现场培训，培训565人次，项目总体评价满意率达99%以上，打造了中年员工职业技能振兴培训项目新品牌。在各项目小组的努力下，全年共开发了"中年员工职业技能振兴培训"、"运行核算管理人员培训"、"国内贸易融资业务培训"、"中小企业信贷业务培训"、"内部讲师训练营"、"银行临柜人员网络远程培训"、"理财经理核心技能提升培训"、"银行卡电话中心员工培训"、"银行临柜英语口语新体验培训"、"工商银行发展战略与创新思维"等培训项目，这些新项目举办现场培训、网络培训、混成式培训20余期，培训6 000余人次。

二是开发各类课件25个并培育了精品课件。课件开发工作从抓规范化、品牌化、系列化、多样化以及开发团队专业化等基础性、关键性工作出发，取得了较好的成绩。与人民银行合作，参照国内一流课件开发标准，引进先进的设计理念，成功开发了"人民币防伪技术与真假鉴别"公众版网络课件，深受各方好评，并成为精品课件；与总行有关部室合作，开发了"基金营销案例库"、"贸易融资优秀营销案例汇编"、"中高级管理人员财富管理教学案例集"等网络版课件；为总行网络大学制作了"全功能银行系统个人金融业务推广培训"、"财资管理师培训"等主流媒体课件14个。

三是编发培训教材21本并完成近30万册的发行任务。学院积极推进教材工作，制定出台了教材管理办法，确保教材工作的有序进行。院内教师独立开发完成《商业银行个人客户经理理财技能提升》、《商业银行内部讲师》、《商业银行贸易融资》3本教材，与总行教育部、个人金融业务部、结算与现金管理部、公司业务一部、信贷管理部等相关部室合作开发《网点负责人岗位培训教材》、《个人信贷客户经理岗位培训教材》、《个人委托贷款业务手册》、《财资管理师岗位培训教材》、《公司客户经理岗位培训参考教材》、《中小企业客户经理岗位培训教材》等18本教材，其中学院参加编写的教材10本，参与编辑的教材13本，负责发行的教材13本。学院积极采取有效措施，抓好教材的编辑、审核、印刷、发行、寄送关，共发行教材近30万册，有效保证了培训的需要，同时学院的教学科研能力得到进一步提升。

四是研究完成科研课题20项并第三次获得"优秀团体会员"荣誉。学院继续坚持以科研推动培训并为工商银行业务创新发展建言献策的方针，积极参与总行重要课题的研究与撰写，顺利完成了县域机构变革与发展、营业网点营销传播渠道建设、人民币区域化进程、理财金账户客户消费行为、中间业务研究、信用风险研究、操作风险研究以及商业银行远程培训学习管理等课题。同时，完成了商业银行跨国经营与国际化人才培养，商业银行企业文化"深植"，学院新校区建设资金、质量及进度控制等学院级课题12项。结合当前经济金融热点问题，成功举办"2009中国财富管理的机遇与策略"、"现代金融企业战略管理"为主题的两届金融研究论坛。全年举办了"团体心理辅导与职业减压"、"计算机信息安全与保密"等7期杭院沙龙，为建立浓厚的学院学习研究交流氛围发挥了积极作用。学院荣获了2007—2008年度中国城市金融学会优秀团体会员。

五是院内教师共授课1 708学时，并获学员好评。学院制定了学科三年发展规划，在产品研发、教学水平提高等方面对各学科教师提出明确目标。院内教师根据个人专业方向开发完成了商业银行企业文化、商业银行竞争策略、商业银行核心业务等15门课程，组织新课程试讲23人次，组织教师业务学习8次，从制度上保证了教师业务工作的正常开展，较好地完成了全年的教学科研任务，院内教师完成的授课量约占年度培训班总课时的四分之一，受到学员的普遍好评。

三、在线考试实现新的拓展

根据总行在线考试系统升级的统一安排，学院承担了浙江、江西、安徽等分行的考试系统测试和试运行工作，并提出了改进系统和流程的意见和建议。全年为总行、浙江分行等举办网络在线考试项目19个，考生人数达51 722人次。其中，出色地完成了全行“财资管理师培训项目”和“个贷项目”的网上考试工作，尤其是“财资管理师”考试项目，首次采用全行分布式考试系统，学院在实践中积极向总行提出改进意见，保证了整个考试工作的圆满完成。

四、培训质量保持较高满意率

学院切实抓好质量管理工作，各项学员满意率均超过年度培训质量管理目标，达到99%以上。

一是认真落实培训质量管理要求，不断优化培训流程，规范工作标准，举行了培训服务案例交流、形象礼仪培训、培训优质服务知识竞赛等活动，积极开展打造一流培训服务品牌系列活动，有效地促进了培训质量管理工作水平的提高。

二是适时修订了培训质量管理手册，对手册内容与院校培训质量管理信息系统相关内容进行了有机衔接，并将网络培训正式纳入学院培训质量管理体系，进一步提高了手册、系统的适用性和覆盖面。在现场培训中，培训质量管理有关材料基本上通过院校培训质量管理信息系统输入、生成、查询，质量管理顺利过渡到电子化操作，进一步提高了培训管理的现代化水平。全年共监测培训班127期，出具培训项目监测报告书127份，发现关注项10个，开展了内部审核，培训质量管理得到不断规范和完善。

五、信息科技发挥了保障引领作用

根据“现代化设施最先进”的发展愿景，充分发挥信息科技的支撑作用，较好地保证了“科技引领”战略的分步实施。

一是积极实施科技项目，全年共完成互联网扩容改造、数字化教学系统、学员接待管理系统、网控中心UPS电源系统扩容改造等科技项目18个，有力地促进了设施的现代化和管理的智能化。

二是认真抓好新校区信息化建设项目方案制订工作，学院信息化建设领导小组通过加强调研、会议研讨、专家论证等方式，不断完善新校区信息化建设项目方案，确保新校区投入使用后达到先进水平。

三是信息科技在培训、办公等日常工作中的支持力度不断增强。技术保障部门从抓好网控中心的日常管理、监测与维护入手，较好地保证了全院应用服务器、应用系统、办公网络的正常运行，较好地完成了电教室、机房、视频会议室、电子阅览室、客房的培训保障，为全院办公、会议提供了有力的技术支持。

六、资源配置提升了管理效能

学院不断完善内部管理制度，优化人员、经费配置，进一步提高了人才、资金等资源的管理和使用效率。

一是重视人力资源的开发与管理，员工培训学习计划得到有效落实，全年人均培训学习时间达93.5学时；严格按照程序做好干部管理和绩效管理，配合总行开展了学院后备干部集中选拔工作，根据总行要求组织完成了学院部室正副总经理后备干部的集中选拔工作；制定出台了员工职业发展管理办法，有效调动了各部门、各岗位员工不断学习知识、提升能力、创造业绩的积极性。

二是加强财务基础管理和风险防范，及时准确完成年度财务决算、预算工作，全年组织召开7次财审会、4次集中采购评审会、4次专家小组谈判会议、5次物品比价小组会议，及时通报、评审财务决算和预算情况、新校区有关集中采购等重要事项，进一步规范了操作流程，规避了操作风险。认真开展财务分析，加强财务指标动态监测，组织开展了有关费用的清理、固定资产的盘点清查，将有限的资金合理地配置到培训、研发、管理、服务等各项建设中，发挥了最佳效果。

七、服务保障跨入新的起点

通过完善服务管理制度，规范服务工作流程，强化工作考核，细化服务保障职能等工作入手，较好地完成了培训服务保障任务以及其他接待任务，后勤保障能力得到了进一步提升，并确立了新的发展目标。一是从学员的实际需要出发，狠抓服务细节，努力使服务工作达到新的精细化、个性化水平。二是开展了四星级酒店的管理模式和服务水平的调研活动，制定了更高目标的服务工作计划，进一步提升了服务质量和水平。

八、新校区进入开工建设

基建工作克服了许多难以想象的困难，依靠各方支持，通过自身不懈努力，完成了施工前的各项审批工作，实现了年内进场施工的目标。一是艰难取得新校区建设用地。二是顺利完成新校区施工前的各项审批工作。

九、党纪、工会等呈现强大的统领凝聚力

学院紧紧依靠党委的正确领导，纪委的有力监督，

工会的辅助支持，统领凝聚了各方力量，确保了学院各项工作业绩的超额完成，各项发展战略的顺利推进。一是学院党委深入学习实践科学发展观，全年组织党委理论学习中心组进行了13次的集中学习研讨，切实增强了学院领导班子在新形势下的决策力、战斗力。认真开展了庆祝新中国成立60周年系列活动、“树立现代培训服务理念，打造一流培训服务品牌”主题教育活动、“学规定、促发展”教育活动，学习了王瑛同志先进事迹、吴大观同志先进事迹、“感动工行”员工先进事迹。学院全体党员、员工在政治理论的熏陶和先进人物事迹的感召下，较好地激发了工作热情，积极开展创先争优活动，在各个岗位上取得了一系列新的工作成绩。二是学院纪委切实加强党员、员工的反腐倡廉、廉洁从业宣传教育，制定了严密细致的工作措施，确保党风廉政建设、监督检查职能落到实处，较好地保证了学院各项工作的健康发展。

三是学院工会围绕中心工作认真落实年度工作计划，顺利召开了三届二次职工大会，进一步推进了民主建设，积极推动学习型组织建设，并以举办军民联欢、师生联欢、辞旧迎新联欢，组织外出参观、休闲沙龙等活动，组织乐队、舞蹈队、篮球队、乒乓球队日常训练，演出和比赛等为抓手，进一步丰富发展了学院的求实、和谐校园文化。

四是各职能部门齐心协力做好稳定工作。在元旦、春节、国庆60周年前夕，学院党委组织工会、老干部管理、信访工作人员积极开展送温暖工作，学院领导分别带队走访慰问，对离退休、内退人员和在职困难员工转达党组织的关怀。同时，注意了解老干部、内退人员的思想情况，及时化解矛盾，解决实际问题。坚持每周三下午的院长接待日制度，关注员工的思想行为动态，畅通信访渠道，较好地促进了学院的和谐发展。

2009年，学院在总行党委的正确领导下，在全体员工的辛勤努力下，超额完成了年初确定的各项工作目标和任务，向学院的发展愿景迈进了一大步，各项工作成绩得到了总行的肯定，学院获得了“2008—2009年度中国工商银行教育培训先进集体”、“中国工商银行精神文明建设工作先进单位”、“2007—2008年度中国城市金融学会优秀团体会员”等荣誉称号，培训市场部获得了“中国金融教育发展基金会2009年金融教育先进集体”，办公室党支部获得了“中国工商银行先进基层党组织”称号。

（杭州金融研修学院）

工会工作

2009年，在总行党委的领导下，工会工作委员会认真贯彻落实全行2009年工作会议精神，紧紧围绕全行中心工作，充分发挥工会的职能作用，突出重点，狠抓落实，较好地完成了全年各项工作任务。

一、组织开展了业务技能比赛和劳动竞赛活动，员工队伍素质得到进一步提高

围绕提高核心竞争力的总体要求和目标任务，积极配合业务部门广泛开展了岗位练兵和业务技术比赛。分别与电子银行部和牡丹卡中心联合举办了全行电子银行业务技能比赛和牡丹信用卡发卡20周年知识竞赛，杨凯生行长、张福荣副行长等领导亲自参加并为获奖选手颁奖，分别与法律事务部和风险管理部联合举办了全行法律业务竞赛活动和风险业务案例评选活动，进一步激发了全行员工学业务、练技术的热情。按照中国金融工会有关要求，在全行组织开展了“创新金融服务，支持经济发展”建功立业竞赛活动。在全行女员工中组织开展了“我为科学发展献一策”活动，引导广大女员工立足自身岗位和本职工作，就改善经营管理、促进业务发展、提高工作效率和经济效益、建设和谐银行等方面建言献策，全行共有160 741名女员工参与了活动，征集建议42 831件，其中推荐到有关部室6 777件，进一步调动了广大女员工参与改革发展的积极性和主动性。

二、组织开展了劳模先进人物的评选和疗休养活动，全行尊重劳动、崇尚先进的氛围得到不断升华

2009年，全行共有54个单位和87名个人分别被评为全国（金融）五一劳动奖状（章）、全国（金融）“工人先锋号”以及地方五一劳动奖状（章）和“工人先锋号”等荣誉称号。40个单位和9名个人分别获得全国巾帼文明岗、全国女职工建功立业标兵岗和全国巾帼建功标兵、全国巾帼建功活动先进工作者、全国女职工建功立业标兵荣誉称号。结合“创争”活动的开展，通报表彰了109个“学习型组织”先进单位、85个先进班组，83名“知识

型员工”先进个人，83个读书活动优秀组织单位和先进个人。为弘扬先进，开展了全行劳动模范及各类先进人物疗休养活动。在湖南张家界培训中心举行了全行部分劳动模范和先进人物座谈会及疗休养活动，劳模代表联名写了致总行党委的感谢信。会同有关部门组织“感动工行”先进人物在甘肃敦煌进行了疗休养活动，进一步营造了学习劳模、争当先进的氛围。组织承办了全国金融系统抗震救灾先进人物在海南的疗休养活动，受到中国金融工会和劳模的好评。

三、组织开展了创建劳动关系和谐企业活动，员工合法权益得到有效保障

认真落实中国金融工会关于开展创建劳动关系和谐企业活动的有关要求，在全行15个一级（直属）分行、30个分支机构开展了劳动关系和员工权益维护情况调查，中国金融工会领导专程对工商银行进行了调研指导。在广泛征求各分行意见的基础上，制定印发了《关于在全行开展创建劳动关系和谐企业活动的意见》，对创建活动的组织实施、评审表彰等工作进行了总体部署。各行工会陆续出台了工商银行创建活动实施细则，对于维护员工合法权益、构建和谐银行、推动全行发展起到了积极作用。福建泉州分行被授予“全国金融系统劳动关系和谐企业”称号。在全行组织开展了《劳动合同法实施条例》答题活动，全行共有398 038名员工参与了答题。各级领导高度重视，带头学习和作答，广大员工通过自学、浏览网上专栏、宣传板报、行内简报等多种形式对《劳动合同法》、《劳动合同法实施条例》进行了深入学习，大大增强了广大员工依法规范自身行为、维护自身合法权益的意识。认真落实女职工特殊权益，已签订女职工权益保护专项集体合同的二级分行达到28个，较2008年增加17个。妥善受理群众信访、来访，积极配合有关部门做好新中国成立60周年庆祝活动期间的维稳工作，群众信访较同期明显下降。

四、组织开展了慰问困难员工活动，员工队伍凝聚力得到明显提升

不断加强对困难员工的帮扶救助工作，2009年元旦和春节期间，安排落实125万元送温暖专项资金，派出工作小组，对遭受地震灾害的基层困难员工进行了走访慰问，总行工会主任刘立宪等领导同志亲自深入基层慰问了困难员工。元旦和春节期间，共安排落实年度特困救助金1 303.4万元，救助了11 010名特困员工。国庆节前夕，认真落实总行党委的指示精神，做好对全行困难员工的慰问和帮扶救助工作，累计下拨慰问金1 000万元，慰问了10 000名困难员工。总行工会主任刘立宪及各位副主任分赴新疆、宁夏、内蒙古、福建、安徽、宁波6个分行对困难员工进行了走访慰问。

五、组织开展了庆祝新中国成立60周年系列活动，员工文化建设得到深入推进

为营造庆祝新中国成立60周年的喜庆氛围，活跃广大员工文化生活，促进和谐企业文化建设，举行了庆祝新中国成立60周年员工羽毛球比赛，全行共有43个单位、200多名员工参加了比赛，历时5个月，分别在辽宁丹东、浙江、深圳和宁波进行了预赛和总决赛。在全行发展战略研讨会期间，与直属党委联合组织了中国工商银行祖国颂、工行情员工文艺演出活动，得到了总行领导和广大员工的充分肯定和高度赞誉，为提升全行员工凝聚力，推动企业文化建设发挥了重要作用。积极参加中国金融工会组织的网球、桥牌、书法美术等文体活动，在中国金融工会主办的庆祝中华人民共和国成立60周年全国金融系统书法美术展中，全行员工获奖作品总数达89件，占到全部336件获奖作品的四分之一强，是金融系统获奖最多的单位，总行工会获得优秀组织奖。

六、不断加强职代会和工会组织建设，员工参与民主管理意识得到进一步强化

在全行组织学习和贯彻实施了全国金融系统职工代表大会操作规程和实施细则，修改完善了行务公开制度实施办法，民主管理工作得到不断深化。在全行交流了30个单位召开职代会的做法，2009年累计有29个一级（直属）分行召开了首届二次或三次职代会。在充分酝酿的基础上，成功召开了全行工会工作委员会扩大会议，经总行工会和人力资源部协商提名，并报经总行党委同意，选举产生了总行法律部总经理张炜和工会常务副主任常瑞明为新一届职工监事。成功举办了全行工会主任培训班，总行工会刘立宪主任作了重要讲话，对提升各级工会干部的业务素质和履职能力产生了积极影响。积极配合中国金融工会女工委做好换届改选工作，总行教育部副总经理杨桂琴当选中国金融工会第三届女职工委员会常委，湖北省分行工会女工委主任张学先当选委员。顺利完成了中国工商银行工会女职工委员会换届工作。组织制定了《开展建设“职工之家”活动办法》、《模范职工之家申报、考核和评选、管理办法》和《关于做好金融系统劳务派遣工及其他用工人员发展会员、组建工会工作的办法》，工会组织建设得到进一步加强。分别有1名和6名同志获得全国优秀工会工作者和全国金融系统优秀工会干部称号。此外，还组织完成了全行服务质量考核、营业网点服务现场执行能力测评及客户满意度调查工作。

（总行工会工作委员会）

共青团工作

2009年，总行团委切实把握“服务全行经营发展，服务青年成长成才”的工作宗旨，加强工作思路、工作方法和自身建设三个方面的创新，在加强共青团组织建设的同时，努力发挥共青团组织带领、教育引导、服务和维护青年的重要作用，重点完成了以下十项工作。

一、举办中国工商银行青年文化创意和职业礼仪大赛

以庆祝新中国成立60周年、纪念“五四”运动90周年为契机，于2月起在全行举办了中国工商银行青年文化创意和职业礼仪大赛。全行13 000多名青年参加了大赛，他们紧密围绕个人金融、电子银行、银行卡等业务产品，以及银行职业服务礼仪和企业文化等方面内容，共上报作品2 800多件，充分展现出了工行青年追求前沿、大胆创新的精神风貌，以及举止文明、以礼待人的职业礼仪形象。5月8日，总行举行了青年文化创意职业礼仪大赛优秀作品展示活动，各级党委领导，团员、团干部及优秀青年代表13 000多人通过现场和视频的方式参加了活动，姜建清董事长发表了重要讲话。此次活动紧密围绕工商银行品牌与服务提升战略实施，在充分调动和发挥了青年的创新热情与能力的同时，促进了青年员工对于工商银行包括服务文化在内的优秀企业文化内涵有了更加深入的认识。

二、与中国青年报社联合开展“中国工商银行百所高校金融大讲堂”活动

以“宣传金融改革成就，增强经济发展信心，普及现代金融知识，倡导现代金融生活，服务大学生就业创业，履行企业社会责任”为宗旨，工商银行于4月与中国青年报社联合开展了“中国工商银行百所高校金融大讲堂”活动。杨凯生行长出席了在北京大学举行的活动启动仪式，并围绕金融危机中中国银行业的现状为北大学生作了首场讲座。此项活动将于2010年“五四”前结束。截至目前，全行共走进48所高校举办了金融大讲堂活动，现场参与人数达13 000多人，通过校园网等方式了解参与活动的达88 000多人次，向校方及学生赠送《银行业务英语学习》、《次贷风波启示录》等工商银行主编的金融类书籍近5 000本，接纳485名大学生到工商银行见习。活动在全社会引起了广泛影响，《中国青年报》、中青在线、搜狐、网易等知名媒体对活动进行了报道，经Google、百度两大网络搜索引擎共搜索到活动相关信息6万多条。

三、与总行个人金融业务部联合举办中国工商银行TOP100财富精英赛

2009年5月28日，与总行个人金融业务部联合举办了精英赛视频启动会，号召全行青年积极参与财富客户拓展和财富管理签约工作。比赛由客户经理个人竞赛、营业网点团队竞赛和其他岗位青年推荐竞赛三个部分组成，历时4个月，全行近两万名个人客户经理，3 200家财富管理中心、贵宾理财中心以及近10万名基层青年员工参加了比赛，最终全行313个个人和集体脱颖而出，获得了TOP100财富精英、精英团队和伯乐奖。11月19日，总行召开了TOP100财富精英大会，刘立宪书记出席活动并作重要讲话，行内外专家作了财富管理主题报告，部分获奖代表也进行了专题交流。此次活动是工商银行共青团服务业务发展，促进青年建功成才的一次成功实践，一方面促进了财富管理业务的快速发展和“工银财富”品牌知名度的不断提升；另一方面，为优秀青年专业人才脱颖而出提供了平台，推动了财富管理专业人才队伍建设。

四、与产品创新管理部继续联合开展“我为业务和产品创新进一言”青年客户体验活动

在2008年活动基础上进一步扩大了活动参与范围，全行共有近24 000名青年员工参加了此次客户体验活动，并在原有青年客户体验员队伍基础上建立了青年客户体验小组2 200个；深化了活动内容，组织青年员工在综合对个人金融、个人网上银行、信用卡等业务进行体验的基础上，重点围绕对公网上银行、国际业务、手机银行等业务开展体验活动；提高了体验报告质量，活动中全行共上报体验报告6 787篇，其中在总行产品创新专栏发布1 505篇，是2008年发布数的近5倍。此外，在产品创新管理部的统一安排下，直接组织34位在京青年客户体验员参与了客户体验之声等4项新产品

的体验活动，提出发现可用性问题200多个。两年来，全行青年客户体验队伍不断壮大，客户体验报告水平和深度不断提高，青年客户体验机制不断完善，对发挥青年的创新热情和能力，推动全行产品与业务创新起到了行之有效的作用。

五、开展第六届“中国工商银行杰出（优秀）青年”评选活动

经过全行66 000多名青年的评选投票和22名总行专家评审，王文彬等10名同志荣获第六届中国工商银行杰出青年称号，葛淼等38名同志荣获第六届中国工商银行优秀青年称号。他们的优秀事迹通过总行网讯、《才智青年》杂志等平台进行了宣传，并准备编写进第六届杰出（优秀）青年先进事迹汇编。

六、广泛开展青年争先创优活动

（一）在总结2008年活动经验的基础上，继续开展了争当“青年岗位明星”活动。本次活动扩大了活动范围，由“管理类”和“运行类”青年扩大到全体四类岗位青年，全年共评选出总行级季度青年岗位明星341名。两年来，争当青年岗位明星活动深受基层青年欢迎，已成为广大基层青年员工争先创优的重要平台，同时也成为基层发现挖掘优秀青年的重要手段。

（二）积极参加全国金融系统金融服务明星评选活动，推荐工商银行贾伟等10名青年员工荣获中央金融团工委组织评选的2009年度“全国金融青年服务明星”。

七、深入推进全行青年爱心行动

（一）重点以服务品质提升年为主线，以3月5日“中国青年志愿者服务日”、高校金融大讲堂等为契机，通过多种方式组织开展金融服务咨询宣传活动839次，参与青年达15 654人。

（二）各分行结合爱心行动计划和本单位实际，广泛开展各类青年爱心行动，全行共开展各类青年爱心行动1 842项，参与青年达57 000多人次，捐资金额382.49万元，受助人次达10万余人。

八、认真做好大学生就业创业见习基地的管理工作

按照团中央和金融团工委的统一部署，完成了在北京、上海、山东、浙江、江苏、广东、陕西7家分行建立22个见习基地的工作任务，同时一些分行还结合百所高校金融大讲堂活动招收优秀大学生到分行基层岗位见习，全行共接收见习大学生572名，在金融系统中名列第一；按照团中央要求做好见习生管理工作，有的分行还将见习与培训紧密结合，组织见习生开展岗前培训、随岗学习和上岗实践。活动为在校大学生提供了社会实践的机会，促进了大学生开拓视野、提高技能、了解金融，拉近了大学生与银行之间的距离，提高了工商银行在大学生中的美誉度。

九、深入开展青年文明号创建工作

（一）于11月17—20日举办了130多人参加的全行青年文明号负责人培训班，进一步提高基层青年文明号负责人的工作能力与综合素质。

（二）在全行青年文明号中开展“以文化力提高竞争力，重新擦亮青年文明号”的争先创优活动，引导青年文明号充分发挥服务理念、服务管理、服务创新等方面的先进性，不断提高服务供给能力、服务质量和服务水平。各分行举办开展了青年文明号服务创新论坛、“青年文明号微笑行动”、“为工行添彩，为国庆献礼”青年文明号优质服务月等丰富多彩的活动。

十、加强新时期团的自身建设工作

（一）加强团干部队伍建设，举办了全行团委书记岗位能力培训班，启动了新一轮二级分行以上团委书记轮训工作。

（二）针对团的工作岗位流动较快、兼职干部多的特点，适应全行改革发展新的要求，加强团的调研工作，组织开展了共青团工作效能评价调查研究，形成了《新时期工商银行共青团工作效能评价研究报告（工作指引）》，梳理共青团规范工作流程，突出工作效果导向，力求对各级团组织改进工作方法、提高履职能力起到导引作用。

（三）利用纪念“五四运动”90周年、青年文化节等契机广泛开展丰富多彩的主题团日活动。如北京分行组织开展了“活力在基层”主题团日评选活动；山西分行组织开展了“打造和谐晋商团队”活动；深圳分行配合分行信用卡业务五一宣传营销攻势开展了“弘扬五四精神、争当营销先锋”活动；广东分行营业部组织开展了“迎亚运每日英语学习”活动等。

（四）认真完成团中央“一对一”青年分类深度访谈试点调查工作，形成了访谈报告。截至2009年底，全行共有35岁以下青年129 252人，团员45 126人，各级团组织5 098个，团干部6 174人。

（总行系统团委）

离退休人员服务和管理

2009年，全行离退休人员管理部门在总行党委的正确领导下，全面贯彻落实科学发展观和十七届四中全会精神，以促进工商银行平稳、和谐发展为基本出发点，不断做好全行12万名离退休人员的服务管理工作，积极落实离退休人员各项政治、生活待遇，推动执行各项关系离退休人员晚年幸福的政策，不断提高离退休人员工作部门自身素质。在所有工作人员的不断努力下，切实保障了离退休人员队伍的稳定。

一、“追忆往昔、盛赞今朝”，积极组织老同志开展纪念活动庆祝新中国成立60周年

2009年，为庆祝新中国成立60周年，全行根据总行党委的统一部署为老同志举办了一系列纪念活动。通过上门看望、听取意见、邀请参加庆祝活动、召开离休干部座谈会畅谈峥嵘岁月，历数新中国盛世伟业；通过广泛的走访慰问、发放慰问金、慰问信让老同志感受到党和组织对他们的关怀和爱护，特别是2008年牛锡明副行长代表总行党委先后赴陕西延安、甘肃酒泉、重庆三地看望了工商银行仍健在的三位老红军，对他们为祖国、为人民、为工行事业所作出的巨大历史贡献表示了由衷的感谢和敬意。此外，各行还通过丰富多彩的书画摄影展、合唱革命歌曲比赛、才艺展示活动、老照片老物件展览等活动，将他们的爱好、特长与庆祝活动融合在了一起。

二、“提高觉悟、与时俱进”，不断深化离退休人员思想政治建设

2009年，总行与各级分行离退休人员管理部门切实按照中组部和总行党委的统一部署和要求，落实离退休人员政治待遇。

（一）紧贴时政行情，加强政治理论学习。2009年，全行通过多种形式组织好离退休人员的政治理论学习，各行离退休人员管理部门按照总行党委的要求，坚持了离退休人员学习制度。部分分行采取“每月活动日”方式开展离退休人员政治学习取得良好效果。此外，有的分行还针对老同志的特点，不定期举办各类讲座，丰富老同志政治理论学习形式。通过这种持续不间断的政治学习，配合多种多样的辅导讲座，把组织老同志学习与加强政治思想工作结合起来，把增长知识和了解社情结合起来，使得离退休人员能够及时了解、正确认识党和国家的大政方针以及工商银行的改革发展情况。截至2009年底，全行共为老同志开展政治学习3.6万余次，举办各类讲座655次，共有3.5万余人次参加。

（二）加强交流沟通，定期向老同志通报情况。一年来，总行与各级分行离退休人员管理部门很好地执行了定期通报情况制度，通过春节团拜会、每月活动日、每月《情况通报》等形式坚持按时向离退休干部通报行内情况及重大事项，及时让离退休人员了解党的大政方针和工商银行的改革发展状况，同时也利用这块阵地进行思想交流和情感沟通，努力做到行内重大事件都通报，行外重要事情都知晓。截至2009年底，全行共通报情况3 727次，共59.59万人次参加。

（三）丰富阅文形式，保证老干部阅文质量。2009年，我部与各级分行离退休人员管理部门按照阅读文件制度要求，做到了定期或不定期提供文件，组织老同志阅文，满足他们阅读中央文件的需求。2009年总行还充分利用这一时间，邀请牛锡明副行长与老干部一同交流思想和意见，活动形式获得老干部认可。一年来共组织老同志阅读中央文件4 549次，有51.31万人次参加。

（四）坚持慰问制度，圆满完成走访慰问任务。2009年，全行离退休人员管理部门始终坚持重大节日对老同志进行走访慰问制度，按照走访慰问的总体要求，保质保量地完成走访慰问任务，让老干部及其家人深切感受到党的温暖和组织的关怀。全年共走访慰问老同志约6.38万次，共有1.26万人次参与慰问。共慰问特困老干部及遗孀1.18万人，发放慰问金1.64亿元。

三、“永葆先进、实践‘五好’”，蓬勃开展离退休人员党支部活动

截至2009年底，全行共有54 072名离退休人员党员，建有210个党总支，2 559个党支部，党员及党支部总数较2008年有所增加，离退休党支部活动已成为工商银行党建工作的重要组成部分。2009年，各级行党委注重离退休党支部活动的开展，按照中组部《进一步加强离退休干部党支部建设工作的意见》（中组发［2006］12号）的精神，并根据党的基层组织建设的新要求，以“支部班子好、党员队伍好、组织设置好、活动开展好、群众反映好”为目标，合理选配支部班子成员，优化组织设置，加强思想政治学习，组织开展

适应离退休人员党员实际特点的活动。全年全行各离退休党支部共举办培训班 975 次，有 3.15 万人次参加；组织学习7 236次，有 55.54 万人次参加。

除了常规党支部活动内容之外，工商银行 2009 年离退休党支部活动非常重要的一项内容就是以中组部评选表彰全国先进离退休人员党支部和离退休人员先进个人活动为契机，在全系统范围内展开了离退休人员“双先”评选工作。历时五个月，共评出由总行表彰的先进离退休人员党支部 37 个，离退休人员先进个人 80 名，同时在这些先进老同志中优中选优，向中组部推荐了湖北省分行离休干部王铁生为工商银行的全国离退休干部先进个人并成功入选，其先进事迹被编入《金秋红枫——全国先进离退休干部党支部和离退休干部先进个人事迹选编》一书。为鼓励先进，总行党委拨出专款 26.5 万元对“双先”单位和个人进行了奖励。

四、“待遇从优、落实政策”，不断提高离退休人员生活待遇

2009 年，全行离退休人员管理部门始终按照“能办则办、尽量从优”的原则，以相关政策为导向，为离退休人员生活待遇的落实，生活水平的提高做了大量工作。一是离退休人员的统筹外养老补贴、遗属生活补贴做到及时发放。二是积极推动中纪发［2008］40 号、41 号文件的贯彻落实，普遍提高了离休人员统筹外养老金补贴标准。三是按照中组部关于提高部分离休干部医疗待遇的要求，协助人力资源部对 732 名离休干部医疗待遇进行了调整。四是按照中组部关于提高离休干部护理费发放标准和扩大发放范围的相关政策，及时发放了护理费。五是按照中办《关于落实离休干部离休费、医药费的意见》和中组部《关于离休干部“两费”保障工作的基本要求的通知》精神及总行党委的要求，不折不扣地落实好老干部的“两费”待遇，目前全行已连续六年未发现拖欠医药费现象。

五、“细致周到、主动服务”，不断完善离退休人员服务管理工作

（一）坚持以人为本，做好各项服务工作。随着离退休人数的不断增加，全行离退休人员管理部门努力克服了人员、经费等方面存在的种种困难，互相协作，坚持亲情化服务，注重对老弱病残、鳏寡孤独者的照料和关怀，较好地坚持了主动服务、贴心服务的工作理念。在开展的各类活动中，周密安排，周到服务，做到全年安全无事故，得到了离退休人员的交口称赞。

（二）关注老年保健，做好离退休人员医疗工作。2009 年，全行离退休人员管理部门根据自身实际，坚持定期家访和巡视制度，对常年患病行动不便的老同志进行看望，给予必要的关心和照顾，并与医疗机构合作，全面做好离退休人员的医疗保健工作，全年共前往医院探视老同志 1.97 万人次，去家中探望老同志 1.49 万人次。

（三）助益身心和谐，积极开展离退休人员文体活动。2009 年，各行继续按照“六个老有”的老干部工作方针，依托老干部活动中心和场所，针对老同志年龄和身体特点，因地制宜地组织开展有益于老同志身心健康的文体活动，组织了诸如老年舞蹈队、合唱团、门球队、台球队等兴趣小组，开办了书法班、摄影班等兴趣讲座。截至 2009 年底，各行共组织开展各类文体活动 7 094次，约有 26.77 万人次参加，开展次数与参加人次较 2008 年都有大幅增加，老同志活动内容更加丰富，参与面更广，极大地丰富了广大老同志的晚年生活。

六、“完善自身，提升专业素质”，不断强化离退休管理部门综合能力

（一）组办离退休人员管理处长培训班。2009 年 6 月 8－12 日为期五天的管理处长培训班深入学习了《关于进一步加强新形势下离退休干部工作的意见》（中组发［2008］10 号）以及《关于解决离休人员待遇有关问题的通知》、《关于京外中央国家机关和中央企事业单位离休人员待遇有关问题的通知》（中纪发［2008］40 号、41 号）的重要内容，介绍了工商银行贯彻文件精神的基本工作思路。

（二）认真做好老同志的信访工作。2009 年，全行离退休人员管理部门高度重视老同志的信访工作，对老同志反映的问题，凡是政策有明确规定的，严格执行好政策；没有政策规定的特殊问题，从实际出发妥善处理，并做好耐心细致的解释工作。同时，认真做好督查督办工作，坚持做到事事有结果，件件有回音。截至年底，全行离退休人员管理部门共答复来信1 654件，接待来访 6 639 人次，接听来电 27 842 次，回复率达 100％。

（三）深入基层，开展专题调研。2009 年，全行离退休人员管理部门广泛开展了专题调研活动，对老同志的身体状况、思想状况进行了全面了解。截至年底，全行共下基层调研 1 352 次，召开座谈会 2 060 次，撰写调研报告 349 篇。除各级分行自行开展的多项区域性调研活动之外，总行本部根据中组部老干部局《关于做好 2009 年度老干部工作部门课题调研工作的通知》的要求，在全系统牵头开展了以“关于离退休人员继续发挥作用情况研究”为主题的调研活动。在此次调研中，全行各级离退休人员管理部门共形成内容丰富、各具特色的调研报告 30 余篇。随后，在综合各地分行初步调研结果的基础上，总行离退休人员管理部撰写了题为《关于离退休干部发挥作用的情况调查与思考》的调研报告上报中组部。

（四）开展调研报告评选活动。总行离退休人员管理部 2008 年撰写的《关于退休干部服务管理工作的调

查与思考》一文获中组部2008年度老干部工作优秀调研成果三等奖，为鼓励各行开展调查研究，进一步提高调研报告质量，总行离退休人员管理部对各分行上报的2007年、2008年调研报告进行了评优，评选出获一等奖的分行4家、二等奖的分行7家、三等奖的分行10家。

（五）开展全行离休干部信息库检查工作。根据年初工作安排，总行离退休人员管理部于2009年8－10月开展了对全系统离休干部信息系统的全面检查。根据自行制定的《离休干部信息管理系统填写格式标准化说明》，经过大家的共同努力，各行的数据库已经全部符合标准化要求。

（六）完成2008年全行离退休干部信息及各类报表的统计汇总工作。2009年2月，总行离退休人员管理部圆满完成了2008年退（离）休干部统计表、《离休干部信息库》的信息统计汇总工作，被中组部评为全优报表并通报表扬。

（总行离退休人员管理部）

精神文明建设

2009年，在总行党委的正确领导和大力支持下，党委宣传工作以科学发展观为指引，紧密围绕学习贯彻党的十七大精神和全行改革发展中心任务，突出重点，注重实效，勇于创新，大胆实践，在加快构建富有工行特色、体现时代精神的企业文化体系过程中，扎实推进宣传思想工作，较好地完成了各项工作任务。

根据中央文明委有关文件精神，结合工作实际，制定下发了《中国工商银行文明创建工作管理办法》，从经营业绩、班子建设等方面完善了文明单位检查考核标准，将原总行级文明单位分为“文明单位”和“精神文明建设工作先进单位”，加强了文明单位的分类管理、动态管理和科学管理，明确了相关申报流程和部门职责，形成了多层次、立体化的文明创建制度体系，进一步完善了创建与管理相结合的长效机制。

2009年是两年一次的总行级文明单位评选年。按照《关于评选中国工商银行“文明单位”和“精神文明建设工作先进单位”的通知》的相关要求，经层层推荐、严格审核，全行共评选“中国工商银行文明单位”37家，“中国工商银行精神文明建设工作先进单位”39家，为全行树立起了新时期先进文化的标杆，起到了良好的示范带动作用。

根据银监会宣传部《关于报送文明创建经验材料的通知》的有关精神，开展了“窗口行业树新风网上行”活动，精心设计制作创建活动专题网页，展现了工商银行文明创建的丰硕成果。

（总行党委宣传部）

企业文化建设部分

2009年，全行企业文化建设工作围绕加快构建富有工行特色、体现时代精神的企业文化体系，积极树立正确的文化导向和价值观念，突出重点，聚焦主题，锐意创新，体现特色，在引领发展、塑造形象、凝聚人心、创造价值等方面发挥了重要作用。

一、初步完成企业文化体系构建

充分调动全行各层面人才资源，广泛吸纳行内外有关专家意见，对全行文化的历史传承和现状做了全面深刻的梳理和剖析，初步提炼形成了以企业使命、愿景、核心价值观为主要内容的核心价值理念体系，编纂完成了《中国工商银行企业文化手册》，标志着工商银行企业文化建设从自发的、零散的、浅层次的阶段进入了有统一的目标导向、有自身特色、与全行改革发展相适应、同进步的整体推进阶段。

为配合工商银行企业文化核心价值理念的推出，深入挖掘体现全行先进文化特质的人和事，开展了企业文化故事征集和编撰工作。同时，为进一步发掘和弘扬全行文化传统底蕴，总行从全行征集的2万多幅史料照片中，精心甄选出676幅，配以平实感人的文字说明，向全行推出了企业文化史料图册《工行记忆——人·文化·发展》，并发放至全行财富中心和贵宾理财中心，既保存了工商银行企业文化史料，又提高了工行企业文化对高端客户的宣传和渗透力度，受到了各级行和广大客户的好评。

二、全面开展主题教育活动

组织开展了"树立现代金融服务理念　打造一流金融服务品牌"主题教育活动，以解决服务工作中的突出问题为重点，广泛开展了"优质服务　从我做起"大讨论活动、"打造一流金融服务品牌"建言献策活动，引导全行干部员工进一步转变服务观念，提高服务意识，使服务质量和水平得到了有效提升，客户满意度得到了切实提高，进一步增强了市场竞争能力。

三、精心策划"感动工行"活动

在2008年"感动工行"员工评选活动的基础上，隆重举行了首届"感动工行"员工颁奖典礼，通过宣传先进典型的感人事迹，进一步弘扬了工行员工吃苦耐劳、无私奉献、追求卓越的精神，在行内外引起了强烈反响。各单位通过组织学习讨论、开展征文活动等多种方式深入学习10位"感动工行"员工先进事迹，在员工中掀起学习先进、崇尚先进、争当先进的热潮，推动全行员工将"感动"进一步转化为行动。

（总行党委宣传部）

第五部分
履行社会责任

执行编辑：刘振华

2009年，全行在履行社会责任方面的良好表现赢得了国内外社会各界的广泛认可，在社会责任领域先后荣获“人民社会责任奖”、“最佳企业社会责任奖”、“中国最具和谐竞争力的上市公司”、“2009年中国最佳企业公民”、“2009年中国企业社会责任榜杰出企业”等十多项大奖。

促进经济平稳发展

坚持在全国经济金融大局下推进经营发展，按照国家宏观政策要求搞好自身经营是履行社会责任的重要内容。2009年，全行认真贯彻国家宏观调控政策和应对国际金融危机的一揽子计划，在防范风险的前提下，合理扩大信贷总量，适度加快贷款投放，支持经济回升向好。2009年，全行境内分行新增人民币贷款10 352.47亿元，同比多增4 984.82亿元，增长24.2%。

全行主动适应监管政策调整、快速响应市场需求，相继推出项目搭桥贷款、项目前期贷款、项目营运期贷款、固定资产支持融资、并购贷款、项目融资等一系列信贷产品，以支持国家重点项目。2009年末，上述新产品贷款余额突破4 000亿元。

一、促进区域平衡发展

2009年，总行调高了5家西部地区分行和3家东北地区分行的授权类别，扩大了对中西部和东北地区基础设施建设类项目贷款的审批权限。结合国家区域发展战略规划及相关政策，根据区域特点和资源优势，制定完善了长三角、珠三角、滨海新区—曹妃甸工业区、海峡西岸、北部湾、武汉城市圈和长株潭城市群、成渝统筹城乡综合配套改革试验区、关中—天水经济区、辽宁沿海经济带等9个区域的信贷政策。

2009年西部、中部和东北地区分行新增贷款分别为2 194亿元、1 716亿元和686.74亿元，增幅分别达29.95%、28.29%和24.42%。中西部及东北地区分行的不良贷款余额和不良贷款率同样继续实现双下降，资产质量持续改善。

二、支持国家重点产业

配合国家十大产业政策规划的实施，全行重点支持了铁路、公路、电网、电力、城建以及改善民生等基础设施的建设和发展。2009年，上述领域新增贷款占全部公司贷款新增额的60%以上。全行加大对新能源、资源综合利用、节能环保、新材料、现代先进装备制造业和现代服务业等与产业升级和结构调整相协调的领域的信贷支持力度，以信贷结构的优化促进经济结构的调整，把住经济金融良性互动的有效结合点，提高信贷支持经济发展的质量。

支持“三农”建设和民族地区经济发展

一、支持“三农”建设

全行采取一系列切实有效的支农措施，加强农村金融服务，通过多种渠道和方式积极支持“三农”建设。通过信贷支持农业和粮食生产等涉农业务，积极服务于农业上下游产业链，支持农业产业化发展。积极开展金融同业协作，形成金融支农合力，共同做好农村金融服务工作。2009年末，全行农林牧渔业、农产品加工、农资生产与供销、水库水利建设、农机具制造等支农涉农贷款余额1 833.6亿元，较年初增加198.3亿元。

全行启动重点县支行变革计划，推动县支行创新发展，增强服务供给能力和业务辐射能力，拓展县域信贷市场，支持新农村建设。2009年末，全行县域支行公司贷款客户22 916户，贷款余额6 709.7亿元，分别较年初增加3 084户和1 538.6亿元，贷款余额增幅为29.8%，高于全行人民币贷款增幅5.5个百分点。

另外，工商银行还积极探索发展村镇银行这一新型的农村金融机构，先后在浙江平湖市和重庆璧山县两地各发起设立一家具有独立法人资格的村镇银行。

二、支持民族地区经济发展

全行一向重视民族团结，积极支持少数民族地区的经济发展。2009 年，内蒙古分行作为全国银行业唯一一家金融机构荣获“全国民族团结进步模范集体”称号。

新疆分行结合新疆经济发展实际需要，积极参与支持关系国计民生重大项目的建设。2009 年，新疆分行大力支持 15 家大企业大集团在新疆投资项目，结合项目实施的不同阶段，向企业提供营运期贷款、前期贷款等产品支持，逐步形成了以煤、电、油、运和城市基础设施建设五大行业为重点的信贷业务局面。同时，积极推动优质项目银团贷款的工作进程，2009 年筹组自治区交通厅 192 亿元公路建设项目和大唐新疆能源开发公司呼图壁水电项目 10 亿元银团贷款。

西藏分行成立仅一年左右，但在支持地方经济发展中却起着带头作用。2009 年，西藏分行为中国华能集团公司援建的拉萨过渡电源项目发放18 600万元前期贷款，实现贷款业务零的突破；为青藏铁路公司发放12 317.8万元营运资金贷款。2009 年 12 月，由西藏分行引进的西藏第一家商业性担保公司——西藏世丰担保公司正式成立，宣告了自治区无商业性担保公司历史的终结，对有效缓解自治区中小企业融资难、有力推动自治区经济社会健康快速发展起到了积极的促进作用。

助推小企业发展

全行把发展中小企业金融业务作为一项重要战略，加强组织推动，加快产品和服务创新。2009 年末，全行有融资余额小企业客户达到44 243户，比上年末增加6 686户。

2009 年，全行认真贯彻落实银监会关于建立小企业金融服务专营机构的要求，在总行层面设立小企业金融部，在全行成立近1 000家小企业专营机构。加快小企业信贷业务经营机制和体制创新，确保小企业信贷规模专款专用，加大对小企业信贷支持力度。坚持发展与管理并重的经营理念，对优质小企业给予大力支持，促进了小企业信贷资产的结构优化。加快小企业融资担保方式的创新，积极配合地方政府担保机构对中小企业的融资支持，同时大力推行贸易融资产品和网络融资模式，多品种、多平台支持中小企业发展。

绿色银行建设

一、推行绿色信贷，支持低碳经济

（一）完善制度建设，夯实绿色信贷基础。按照培养“绿色信贷”文化、打造“绿色信贷”银行的目标，全行不断创新绿色信贷管理模式和调控手段，通过一系列制度安排将“绿色信贷”政策贯穿于客户识别、授信评级、信贷审批、贷后管理以及系统控制等信贷流程中，进一步夯实“绿色信贷”工作基础。

在设定企业环保标识的基础上，根据项目产品和技术特征，以及国家确定的环境保护、节能减排等重点领域和《国家环境保护“十一五”规划》、《节能中长期专项规划》等相关政策，制定了绿色信贷项目分类标准，在业务操作系统（CM2002）中启用了“绿色信贷项目标识”，完成了对全行贷款项目的分类工作。此外，在信贷政策中新增绿色信贷管理要求，确保信贷资源的绿色投向。

（二）严格授信审批，加快信贷结构调整。全行认真贯彻国家产业政策和环保政策，在制订客户授信方案时，及时了解国家节能和环保标准的变化，将节能减排标准纳入授信评级体系；在贷款评估和审查中，从严审查环评、土地、项目核准、备案等审批文件，对未通过环评审批或环保设施验收的高污染、高排放项目、低水平重复建设及产能过剩项目，严格执行“环保一票否决制”。

为加快信贷结构升级调整，全行采取“扶优限劣、有保有压”的总体信贷原则和政策。对于钢铁、水泥、平板玻璃、煤化工、多晶硅、风电设备、电解铝、造船等国家重点提示风险的产能过剩行业，充分发挥授信总量控制和结构调整的导向作用，一方面严格控制贷款总量规模，另一方面从新客户信贷准入、存量客户分类以及劣质客户的强制压退等方面制定了系统的管理制度。2009 年末，全行在上述 8 个产能过剩行业的贷款余额为1 299.7亿元，比年初下降 71.4 亿元；不良贷款余额为 23.2 亿元，比年初减少 12.4 亿元，不良贷款率为 1.79%，比年初下降 0.81 个百分点。

（三）支持环保产业，发展环境金融产品。全行充分认识到拓展绿色信贷市场对推动信贷业务可持续发展、优化信贷结构的重要意义，不断加强绿色信贷项目营销，在同等风险、收益情况下，优先支持绿色信贷项目。2009 年末，全行在环境保护重点工程项目的贷款余额达到1 149.29亿元，新能源开发或利用项目的贷款余额达到1 029.25亿元，同时还积极支持节能重点工程、清洁发展机制、先进环保技术的推广运用、资源综合利用等项目。

二、推广电子银行，减少碳足迹

自 2000 年开办电子银行业务以来，全行通过无纸化服务为社会节省了大量资源，降低了业务发展对实体经营场所的依赖，减少了碳排放。

（一）提高效率，降低能耗。通过对电子银行整合、优化各项业务处理流程，实现了业务处理全程电子化。截至 2009 年末，全行电子银行业务量占全部业务量的比重已经达 50% 以上，相当于15 000个物理网点、15 万名柜员的业务规模，节约了人力和物力，提高了业务处理效率，降低了能源消耗。

2009 年，全行电子银行交易额 181.3 万亿元，网上银行新增企业客户 45 万户，新增个人客户1 864万户，手机银行（WAP）客户迅速增长，市场优势进一步巩固，电子银行全年办理的业务量相对于柜面操作节约成本 199 亿元。

（二）节约资源，减少排放。电子银行为客户直接节省了大量的纸张、油墨等易耗资源，降低了企业、个人对水、电、油等资源的需求。如网上银企对账、电子对账单、电子回单、工行信使、电子工资单等业务就是典型的资源节约型业务，如果按照每家企业每月节省纸张 1 公斤计算，全行拥有的近 70 万网上银企对账用户全年就可以节省纸张约8 000吨，相当于种植了约 16 万棵树，减少了近2 000吨的二氧化碳排放量。

网上银行、电话银行、手机银行为客户提供了直接办理金融业务的渠道，客户不必奔波于银行网点即可自助办理缴费、理财等各种非现金类业务，节省了大量的交通费用和时间，减少了碳排放。

三、实施绿色办公，倡导低碳生活

全行开展形式多样的节能宣传教育，努力提升全体员工的节能减排意识；推广无纸化办公、实施“绿色照明”工程、建设“绿色大厦”，降低自身运营成本，推动了节能降耗工作的开展，支持和促进了生态环境保护。

（一）加强节能教育，根植环保文化。全行定期举办环保知识讲座，利用多种形式开展节能新产品、新技术和节能小知识宣传，向员工普及相关知识与技巧，培养员工的环保理念，让员工养成潜移默化的环保习惯；组织开展“节能降耗，从我做起”活动以及“节能降耗，科学发展”征文，广泛交流节能降耗的措施和经验，将节能降耗转化为员工的自觉行动，在员工中牢固树立了环保理念，营造了重节能、低排放的良好工作文化。

（二）推广绿色办公，打造节约型银行。全行从 2001 年开始推广无纸化办公，先后开发投产了公文处理系统、公文审批系统、综合档案管理系统，实现了电子公文、信息文档在总行、分行及其内部部室之间的无纸化流转，大幅度减少并逐步取消了纸介质。据不完全统计，自实施办公自动化以来，全行每年减少纸张支出约 230 万元，累计节省纸张支出2 070万元。自启动信贷业务电子化审批工作以来，改变了以往纸质资料邮寄传递的传统业务受理模式，减少了各基层分支机构约 70% 的纸质资料，总行和一级（直属）分行的纸质资料更是减少了 90% 以上，每年节约资料送审成本约 2 000万元。

全行将节能降耗纳入日常管理，制定完善了节能降耗工作制度，同时鼓励各级分支机构积极探索节能降耗的新模式，自觉监测能耗情况。2009 年，全行继续提倡打印纸双面使用，尽量避免无谓用纸；倡导在参加会议或活动时，尽量使用个人的水杯，减少一次性纸杯的使用数量；对电池等污染性废弃物做了回收处理，避免了乱抛乱放所造成的环境污染；在一些网点推出了纸张回收箱，把可以再利用的纸张按大小分类放置，以便他人循环利用。

（三）建设绿色大厦，降低能耗成本。在全行范围内推行“绿色照明”工程，对全部营业网点、办公场所的各类照明设施进行全面调查，对不符合绿色照明标准的，要求在 2010 年上半年前全部更换为节能灯具；对新建和装修改造网点的灯具以及已坏需更新的灯具，一律要求安装或改装节能灯。

总行依靠科技改装了节能设施，从源头上控制“长流水”现象；合理控制空调温度，无论酷暑严冬，空调均设定在合理温度范围之内，减少了温室气体的排放；合理减少非高峰时段电梯运转台数，提倡员工尽量减少电梯使用。

慈善捐助活动

秉承“源于社会、回馈社会、服务社会”的宗旨，在公益事业组织上延续了总行、分行双线并行的机制。2009年，除员工个人捐赠外，总行及境内分行在扶贫、文教事业、体育事业、慈善事业等领域共投入2 466万元。

一、支援遭受台风灾害的台湾同胞渡过难关

当50年未遇的台风“莫拉克”侵袭台湾，造成台湾中南部地区重大损失时，全行密切关注灾情变化和灾区人民的救灾工作，迅速伸出援助之手，向受灾地区捐款500万元，帮助当地群众战胜灾害，重建家园。

台湾同胞遭受台风灾害的消息也紧紧牵动着全行员工的心。“让我们行动起来，捐助台湾受难同胞，送达我们的手足之情、亲人之爱！”福建省分行掀起了一股奉献爱心的热潮，组织为台湾受灾地区募捐活动，共筹集捐款96.6万元。

二、“关爱生命、情系阿里”

2009年，全行开展了“关爱生命、情系阿里”工行基金定投客户专属慈善活动，以工行和广大基金定投客户的共同名义，向西藏阿里地区捐赠“基智定投号”雪域体检快车，旨在提高西藏偏远山区的医疗条件，促进当地医疗环境的改善，增强当地人民的健康意识。

西藏阿里地区交通条件落后，医疗卫生条件简陋，基层医疗人员技术力量相对薄弱，人口健康统计数据也处于缺失状态。此次捐助的体检快车内部配备了MH－100多功能健康检查床等基础医疗检测设备，将为当地医疗卫生部门开展工作提供数据和技术支持。

三、“母亲水窖”工程

全行积极开展“母亲水窖”捐赠活动，先后举办了有关西部缺水状况和“母亲水窖”的系列图片展览，加深了广大员工对中国西部人民极度缺水状况以及“母亲水窖”项目运作和效果的了解，激发了大家在力所能及的范围内帮助西部人民改善生活状况的意愿。

全行员工自愿捐款共计103 700元，并于2009年5月19日，向全国妇女基金会捐款60 000元，专项用于甘肃省天祝藏族自治县白塔村的60口“母亲水窖”建设；同时，利用剩余43 700元捐款建立了帮扶基金，与白塔村结成帮扶对子，重点帮助白塔村小学改善教学环境。2009年10月7日，全行组织捐赠的60口水窖全部竣工并投入使用，彻底解决了当地60户244名村民的饮水问题。

支持公益事业

一、扶助文教事业

2009年，全行启动了“中国工商银行百所高校金融大讲堂”活动，继续支持上海市自然科学牡丹奖评选，通过银行博物馆促进中国银行业文化建设，并成为2010年广州亚运会的唯一银行合作伙伴。

（一）百所高校金融大讲堂。2009年4月起，全行以“普及现代金融知识，倡导现代金融生活，服务大学生就业创业，履行企业社会责任”为宗旨，开展了“中国工商银行百所高校金融大讲堂”活动。截至2009年末，共走进48所高校举办活动，现场参与人数达13 000多人，通过校园网等方式参与活动的达88 000多人次。全行向校方及学生赠送各类金融类书籍近5 000本，接纳485名大学生到各行见习。许多分行负责人及业务专家亲自为大学生授课，帮助学生了解全行乃至中国银行业的发展成就和应对金融危机的举措，同时普及推广现代金融知识，为大学生就业创业提供指导和帮助。

（二）银行博物馆传承银行历史文化。银行博物馆以传承弘扬优秀文化为己任，建馆十年来不断致力于银

行业史料实物的收集、整理与研究。银行博物馆现有馆藏3万余件老银行藏品，陈列展出各类实物3 000余件，累计接待各级政要、中外银行家、企业家、市民、学生等参观20余万人次。2009年，银行博物馆共接待参观人数11 236位，其中免费5 825位。在科普宣传工作方面，银行博物馆编辑出版了学术刊物《银行博物》丛书、学术性著作《银行老股票》，其中《银行老股票》是国内第一部关于银行业股票收藏的大型学术著作，填补了此类研究的空白。

（三）支持上海市自然科学牡丹奖评选。上海市自然科学牡丹奖是上海市鼓励科技创新的重要举措之一，主要奖励在自然科学基础研究和应用基础研究领域取得优秀成果的中青年科学工作者。自然科学牡丹奖至今已成功举办了七届，为上海市科技创新和人才高地建设作出了重要贡献。工商银行自2002年起连续赞助了第四、第五、第六和第七届自然科学牡丹奖评选活动，以己之力营造“尊重知识、尊重人才、尊重创造”良好氛围，关爱中青年科技人才培养，推动科技事业发展。

（四）成为广州亚运会唯一银行合作伙伴。作为2010年中国体育文化领域的一件盛事，广州亚运会正得到社会各界的广泛关注和热切企盼。2009年11月24日，工商银行与第16届亚运会组委会（广州亚组委）签署合作协议，成为本届亚运会的唯一银行合作伙伴，将为广州亚运会提供全方位银行金融产品和配套服务。2009年，全行进一步创新产品、完善服务，为亚运会金融服务工作做好前期准备，并通过广泛的营业网点向海内外公众传递广州亚运会“激情盛会、和谐亚洲”的理念，掀起公众的亚运热情。

二、服务社区

全行持续加大金融服务进社区的力度，通过自助终端等机具的投放，服务渠道进一步延伸，方便了居民的生活。全行在社区开展金融知识宣传、投资理财培训等活动，丰富居民的金融知识，提高居民的风险防范意识。全行1.6万家网点开设了代收代付业务，向广大群众提供代发工资、代收水电费和电信费、代缴学费、代办养老保险和低保等金融服务。为方便广大客户办理住房公积金、医保等业务，工商银行与政府公共事业机构联合发行了多种类、多用途的联名灵通卡。

（一）“警银合作，共筑世博平安”。上海分行与上海市公安局合作，联手开展了“警银合作，共筑世博平安”社区治安防范主题宣传活动，加强金融安全知识宣传，提升市民金融安全防范意识，营造平安金融、平安世博的和谐氛围，建立警企合作的社会机制、拓展社区治安防范与金融安全宣传新模式。自2009年9月活动开展以来，先后开展主题宣传活动370场次，参与群众10万余人次。截至2009年末，上海分行成功堵截网点诈骗案件283起，在上海金融同业中占比三成，累计金额达1 560万余元，起到了良好的示范作用。

（二）投资理财知识普及万里行。2009年12月21日，由工商银行发起和主办的“投资理财知识普及万里行”大型公益活动在北京正式启动。此次公益活动将持续半年，包括四个方面内容：一是汇集银行、证券、基金、保险等各个投资理财领域的专家，在全国范围内开展超过一万场投资理财知识普及现场宣讲活动；二是在中国银监会公众教育服务区举办公众理财主题展览，与主流媒体开展投资理财知识专栏合作，扩大公益行动的惠及范围；三是通过专家在线访谈、理财博客、论坛等网络互动方式向广大居民普及科学理财知识；四是编印《科学理财知识手册》公益读本，向广大客户免费发放。此次活动旨在帮助广大居民树立科学的投资理财观念，提升居民的投资理财能力。

三、志愿者活动

积极推动全行青年志愿者活动的品牌化和规范化，开展了一系列以“中国工商银行青年爱心行动”为统一名称的青年志愿者活动。2009年，全行共开展各类员工爱心行动1 842次，参加员工5.7万人次，直接受助者超过10万人次，捐赠金额达382.49万元。

关爱员工

员工既是企业最宝贵的财富，也是社会的一分子，保障员工权益，为员工提供良好的发展机会，使员工与企业共同收获成功，是全行的重要社会责任。

一、保障员工权益，重视员工职业发展

高度重视保障员工的合法权益，建立高效有序的工作机制，科学核定岗位职责，合理配置人力资源，认真贯彻落实国家有关薪酬福利、工作时间和带薪休假的规定。2009年，工商银行成为首家申请特殊工时工作制获批的金融单位，进一步保证了员工的合法休息权。

全行重视中年员工的职业发展问题。对部分知识技能老化、岗位适应能力下降的中年员工，有针对性地进

行职业生涯转型指导，实施职业援助计划和技能振兴行动，帮助其提高岗位适应能力。挖掘适合中年员工特点的岗位，在相应岗位出现空缺时优先向中年员工倾斜，将岗位结构性空缺和中年员工职业发展结合起来，积极拓展中年员工职业发展空间。

二、员工培训

全行持续推进“人才为本，教育兴行”的价值理念，充分发挥教育培训在全行改革发展中的战略性、基础性作用，从整合资源、优化布局、强化职能、再造流程、规范管理入手，探索建立国际一流教育培训体系。按照《2009—2011年教育培训发展规划》的部署，完善培训机制，拓宽培训渠道，深入开展全员培训，努力实现企业可持续发展和员工成长的有机统一。2009年，全行共举办各级各类培训班4.6万期，培训210万人次，人均培训8.86天。

三、员工健康与甲型H1N1流感防控

全行长期坚持组织员工参加定期的身体健康检查；积极组织各类文体活动，增强员工体质；开展员工安全教育，提高员工的安全意识、保障员工的人身安全。在甲型H1N1流感肆虐的关键时期，全行及时制定了防控甲流工作预案，指导各级分支机构按照总行及当地政府的部署，建立健全组织领导体系和监测防控体系，促使全行防控工作责任落实到位、防控措施落实到位、疫情监测与报告制度落实到位，避免了疫情在行内传播和蔓延。加强甲流防控知识的宣传，分步启动了相关防控措施，实施严格的体温监测和疫情报告制度，加大消毒灭菌频率，加强人员进出管理，尽量减少人员聚集和流动。本着自愿的原则，为部分员工及时接种了甲流疫苗；及时发放各类防护用具及防护药品，保障了员工的身体健康。

四、员工的多样性

截至2009年末，工商银行在全球20个国家和地区设立了23家境外营业性机构，分支机构总数达162家。在各境外分支机构中，不同国家、不同文化、不同价值观的员工在一起工作交流、分享经验，有碰撞、有沟通，更有跨越。2009年，许多国际银行受金融危机影响，不同程度地减少了人员招聘或实施裁员计划，而工商银行境外分支机构凭借良好的经营业绩和持续的业务发展动力，在当地继续招聘新员工，创造了新的工作岗位。

全行境内分行员工中少数民族员工占比达5.1%。在新疆、内蒙古、广西、宁夏、西藏五个少数民族地区，少数民族员工合计占比达到22.4%。全行积极关心少数民族员工成长，为少数民族员工职业生涯发展提供更多的支持和帮助。充分尊重少数民族员工的风俗习惯，在饮食上给予特别安排，在少数民族重大节日时按照国家规定给予假期。关注各民族员工之间的沟通与交流，努力营造团结和谐的工作氛围。

五、女性员工保护

2009年，在28家二级分行试点推行了女职工权益保护专项集体合同，累计覆盖1.4万余名女员工，进一步提高了女员工权益保护的法律化、机制化水平。各分行均建立了单亲特困女员工档案，每年对患有重大疾病、子女上学困难的单亲特困女员工开展帮扶救助活动。

在全行女员工中组织开展了“我为科学发展献一策”活动，全行共有160 741名女员工参与了活动，征集建议42 831条，其中推荐到有关部室6 777条，进一步调动了广大女员工参与改革发展的积极性和主动性。

六、困难员工帮扶

全行积极改进困难员工帮扶救助工作，认真研究和探索建立特困救助长效机制，有效解决了特困救助资金的来源和渠道，保障了全行特困救助工作的有效开展。2009年元旦、春节期间，全行共安排年度特困救助金1 303.4万元，救助了11 010名特困员工，其中包括125万元送温暖资金，专项救助遭受地震灾害的基层困难员工。2009年国庆节前夕，全行累计下拨慰问金1 000万元，帮助了约10 000名困难员工。

七、关爱离退休员工

2009年，全行依托1 357个离退休人员活动中心和12所自办老年大学，为离退休人员组织开展各类文体活动7 094次，约有26万人次参加。各分行积极活跃离退休人员生活，组织了老年门球队、舞蹈队、合唱团、书法班、摄影班、台球队等活动团体，丰富了离退休人员的晚年生活。

探索扶贫开发新路

工商银行连续多年在四川省巴中南江县、通江县和达州万源市实施定点扶贫开发工作，探索出一条“项目扶贫、智力扶贫、卫生扶贫、科技扶贫、救灾扶贫”相结合的扶贫开发特色新路子。在当地政府的引领和工商银行的帮扶下，上述三地发展迅速，群众基本生活环境得到了较大改善，贫困境况得到了根本的缓解。

2009 年，全行继续推进定点扶贫地区的“绿色扶贫”工作，鼓励当地人民群众以沼气开发为重点，发展养殖业和种植业，促进“饲料—能源—肥料—养殖—种植”等绿色产业经济一体化。扩大了“绿色扶贫”范围，配合政府部门实施整村推进，持续改善当地群众的生产和生活状况。截至 2009 年末，工商银行累计投入资金 435 万元，建成沼气池 495 口，完成了相关配套设施建设，形成了“畜、沼、果”、“畜、沼、菜”、“畜、沼、粮”等多种生态家园模式。

2009 年 9 月，工商银行捐资 60 万元，与中国扶贫基金会在定点扶贫的三县市实施了“中国工商银行母婴平安 120 行动项目”，将对贫困产妇实施分类住院分娩补贴，提供母婴物资援助，对基层医疗机构提供设备援助和专业培训，旨在提高当地妇幼卫生水平，改善贫困产妇的生产条件，提高贫困地区婴儿的存活率。此次捐助款项已全部划拨至当地妇幼保健机构，将使当地 1 000名产妇受益。

第六部分

境内分行成就

执行编辑：刘治国

北 京 分 行

行长 王珍军

【业务指标完成情况】

2009年，北京分行实现拨备前利润211.19亿元，拨备后利润208.12亿元，同比分别增长22.60%和19.80%，成为系统内首家利润超过200亿元的分行，继续保持系统和同业第一；本外币资产总计1.80万亿元，增加3 348.35亿元，增长22.88%；本外币存款余额为17 452亿元，增加3 258亿元，增长22.95%，余额和增量均居同业和系统首位；人民币全部存款余额突破1.70万亿元大关，达到17 113亿元，增加3 342亿元，增长24.27%；本外币贷款余额为3 197亿元，增加672亿元，增长26.61%；人民币各项贷款余额首次突破3 000亿元，达到3 003亿元，增加567亿元，增长23.28%；中间业务收入45.32亿元，增加8.90亿元，增长24.40%；全行不良贷款余额为23.94亿元，不良贷款率为0.75%，分别较年初下降7.99亿元和0.51个百分点，低于北京地区金融机构平均水平，拨备覆盖率达到210%，较年初提高78个百分点。在总行综合经营绩效考核中排名第一。

【主要工作措施】

一、认真贯彻国家调控政策，加大信贷投放力度

一是大力拓展"集团总部和北京本地两个信贷市场"。紧随国家4万亿"保增长、扩内需"的调控政策，重点跟进和支持铁路、公路、机场等国家扩大投资的重点项目和行业龙头骨干企业，2009年投放5亿元以上重点客户45户，累放2 000亿元。深化与北京财政状况较好的市区两级政府融资平台的合作，紧密围绕北京市198项重点建设工程，发放贷款118.96亿元。二是持续推进信贷结构调整。坚持小企业专业化经营思路，2009年投放小企业贷款47亿元。大力发展贸易融资业务，贸易融资占流动资金贷款比例达到18.86%，提高14.43个百分点。稳步进入现代服务业信贷市场，重点支持文化创意、传媒、医院、高校、现代物流等目标行业。创新发展个人信贷业务，促进一手房贷款、二手房贷款和非按揭类贷款协调发展，累计投放贷款203亿元，巩固了首都第一按揭银行地位。三是进一步实施信贷扩户计划。围绕核心客户资金链、产业链和项目链，将集团上下游企业、下属子公司纳入重点营销对象，深入开展链式营销，全年新增有贷户275户，总量达到1 032户。

二、狠抓存款稳存增存，不断提高资金营运收益

一是进一步完善存款营销管理机制。建立机构业务部牵头抓总，公司业务部、个人金融业务部和结算与现金管理部协作推动的大营销格局。二是从源头上竞揽各类存款资金。充分发挥分层营销机制作用，实施捆绑营销和交叉营销，重点针对军队、政府机构、证券、保险、财务公司等52家核心客户加强高层直销。深入开展代发工资营销活动，新增代发工资单位6 368户，是2008年的2倍。三是加强资金营运管理。优化非信贷资产结构，适度扩大中长期债券投资规模，审慎办理和扩大同业融资，人民币资金营运率达到2.82%，营业贡献率同比提升0.38个百分点。

三、积极抢占市场机遇，加快中间业务创新发展

抓住资本市场回暖的有利契机，加快与资本市场相连接的理财产品的创新、开发和营销，强化重点大型客户的定向营销，推进理财业务快速发展。加大信用卡重点项目营销推动力度，深入挖掘信用卡消费市场潜力，信用卡领先优势进一步扩大。坚持以效益为抓手、以产品为突破，不断扩大目标客户群，电子银行贡献度进一步提升。加强投行业务与公司业务融合互动，进一步巩固融资顾问、信托理财、银团贷款、债券融资等业务核心地位。充分利用内外联动的合作模式，以境外工程项下对外担保业务为抓手，积极促进国际业务与"走出去"业务客户群体的协同发展。推广财智账户卡、服务套餐等特色结算项目，促进对公结算账户规模、存款

规模和结算业务量的协调增长。实施现金管理"名单制营销"和"链式营销"，整合理财、贸易融资、外汇产品综合营销服务方案，现金管理业务的市场影响力进一步扩大。积极推进托管业务多元化发展，加强与养老金业务专业机构合作，资产托管和企业年金业务增长潜力进一步显现。

四、持续推进改革创新，激发经营发展活力和市场竞争力

一是深化经营机构改革。深入实施区域发展战略，加强支行分类指导，明确各支行经营定位、发展模式和发展重点。深入实施百强网点提升计划，引导网点重视优质市场的拓展、经营机构的优化和经营效率的提升，全力打造"百强网点"。二是深入推进流程银行建设。按照总行部署和要求全面启动了监督体系、远程授权、业务集中处理体系三项业务运营改革，报表集中、法律事务集中、对公结算账户审批集中等领域改革成效显著。三是进一步加大产品服务创新力度。完善业务创新管理机制，产品服务创新的统筹性、针对性、有效性得到全面加强。研发推出"一贷通"、"房屋抵押贷款"、"自由行"、"同名贷"、"易房贷"等新产品，个贷业务竞争力显著增强；依托科技优势，针对铁道部、中石油、中移动等大型优质客户推出个性化收单产品，形成银行卡收单业务新优势；研发歌华有线电视银行缴费、企业网银缴纳水费、企业网银查询支票密码等网银新功能，电子渠道分销能力进一步增强。

五、全方位改进金融服务，提升服务工作整体水平

一是加大服务渠道建设和优化力度。新建网点（含迁建）56家，撤并18家，升格70家，全行对外营业网点达到558家（含自助银行）；新增自动柜员机331台，总量达到2 340台，电子银行业务占比达到45%；新增客户经理747人，总量达到3 009人。以物理网点为核心渠道、以自助银行和电子银行为交易主渠道、以客户经理为销售主渠道的立体化、多元化渠道体系基本形成。二是高端客户服务能力不断提升。新建财富管理中心15家、贵宾理财中心57家，高端网点达到265家，占全部网点的51%；组建个人直销团队和理财专家团队，提高客户经理综合服务水平。三是加强服务标准化和规范化管理。强化产品供给，优化服务流程，开展服务技能培训，加强服务外部监督，持续开展服务第三方测评，加大客户投诉管理。客户排队等候时间平均在25分钟以内，服务满意度第三方测评总体保持在优良水平。

六、强化全面风险和内控管理，不断夯实经营发展基础

一是严防经济下行期的信贷风险。建立"全面监测、突出重点、分层管理、逐级报告"的信贷风险监测预警机制，实行绿色环保一票否决制，加强重点行业风险监测分析，实行重点监测客户名单式管理。全面开展新增贷款、政府融资平台类贷款、涉房类贷款、表外业务、票据业务合规检查，严肃查处违规操作行为，确保信贷资产质量稳定。二是全力防范操作风险痼疾。将制度规范和执行放在操作风险防控的首位，制定新运行风险管理体系下的业务管理办法和规程，规范全行账务核算行为。加强业务权限管理，加大对重点环节和关键风险点的持续风险排查工作。积极推进集约化改革，压缩不必要环节，堵塞风险漏洞。不断丰富风险技防手段，提高计算机系统对各风险点的硬控制。三是强化全面风险管理和内控外防。依托风险管理委员会的核心职能，对信用、市场、操作、法律、商誉风险实行综合控制。始终坚持内控"一把手"工程，积极实践过程控制的内控理念，扎实推进反洗钱工作，强化责任追究和制度问责，确保依法合规稳健经营。

2009年12月8日，北京分行举行小企业通字类产品发布会暨地安门小企业金融业务中心成立仪式。

七、加强党建和队伍建设，为改革发展提供智力支持和人才保障

一是扎实改进新形势下的党建工作。深入抓好学习实践活动的整改落实，强化党建工作考评，不断强化基层党建工作，认真落实党风廉政建设和案件防范责任制，有效促进行风改进。二是加强领导班子和党员干部队伍建设。按照"大稳定、小调整"原则和"四好班

子”标准，配齐配强各支行和部室领导班子，全年提聘高管53人，交流21人；组织开展全行后备干部集中选拔工作，储备后备干部259人；改革选人用人机制，加大市场化和竞争性选人力度，组织开展面向全行的高管公开竞聘，提聘年轻干部23人，高管队伍结构不断优化。三是深入实施全员培训工程。探索建立与全行战略规划相衔接、与业务发展相适应、以岗位胜任能力为基础的人才培训体系，针对管理岗、专业岗、销售岗和操作岗开展分层次、分类别的培训，积极推行资格认证管理。深入实施中年员工职业技能振兴计划，针对性地进行职业生涯转型指导。累计开展各类培训833项，人均培训11天，其中转岗中年员工培训覆盖率为100%。取得AFP等各类中高端资格认证人员达到1 221人，综合柜员达到2 999人。四是加强企业文化建设。认真开展思想政治工作，不断丰富文化建设载体和内容。结合纪念新中国成立60周年、建党88周年，举办“创先争优”活动，组织开展老干部、困难员工慰问活动，积极营造和谐、稳定的发展氛围。

天津分行

行长　华耀纲

【业务指标完成情况】

2009年，天津分行实现拨备前利润35.12亿元，位居全市同业第一，较上年增长8.13%；实现拨备后利润33.81亿元，较上年增长8.64%；实现净利润25.73亿元，较上年增长10.24%。实现中间业务收入8.28亿元，位居全市同业第一，较上年增长25.84%。本外币各项存款余额较年初增加458.18亿元，是上年增量的215%；各项贷款余额（不含进入总行资产池的66.56亿元）较年初增加352.52亿元，是上年增量的217%，存、贷款继续保持全市同业第一的领先优势。不良贷款率为1.13%，较年初下降0.55个百分点，实现了不良贷款余额和不良贷款率的“双下降”。全年清收处置不良贷款7.91亿元。

【主要工作措施】

一、以抢占制高点为目标，提升核心业务品质

一是抢占高点，实现公司业务的跨越发展。加强银政合作，抢占发展先机。抓住天津经济快速发展、滨海新区行政体制改革破冰的机遇，进一步加强银政合作，分别与天津市政府、滨海新区政府、滨海高新区签订了累计金额高达5 000亿元的战略合作协议，为更好地抢占天津优质项目市场奠定了坚实基础。健全工作机制，提高审批效率。建立了项目营销协调机制和集中审批制度，极大地提高了工作效率和市场响应速度，争取了竞争主动。加强综合服务，赢得重点项目。针对铁路、公路、地铁、天津港、大乙烯等重要战略项目，量身设计综合化金融服务方案，赢得了客户的青睐，继续保持了在重点项目上的市场领先优势。灵活运用项目营运贷款、项目前期贷款、项目搭桥贷款等全新产品，实现了在滨海新区九大功能区、天津新四区等重点区域信贷业务基本覆盖。

二是健全机构，推动小企业金融业务快速发展。成立小企业金融业务部，并建立了22家小企业信贷业务专营机构。加快小企业金融产品创新，设计推出了“钢易通”等小企业金融产品。积极推动国内贸易融资业务替代传统流动资金贷款，完善了国内贸易融资业务供应链客户名单管理制度。2009年，小企业贷款累放25.60亿元，是上年的2.08倍；小企业贷款户数212户，较年初增加74户；国内贸易融资累放量达131.40亿元，是上年的3.45倍；年末国内贸易融资余额达73.20亿元，是上年的3.44倍。

三是推进转型，提升零售银行业务整体品质。研究制定了厅堂制胜战略、公私联动营销战略、优质服务创效战略、中高端客户发展战略、产品整合创新战略等六大零售银行发展战略。强化了大堂经理岗位配备，健全大堂经理岗位准入、退出、考核机制，实施网点负责人岗位前移。加强公私联动营销，成立分、支行两级联动营销团队，将零售银行业务营销纳入信贷审批、结算管

理等对公业务流程。以中高端客户专属性服务为切入点，设计策划了中高端客户“4 + X”专项服务方案。截至2009年末，日均金融资产5万元以上的个人中高端客户数量较年初增长18.26%，资产占比为81.20%，较年初提升3.96个百分点。网上银行交易金额4.30万亿元，完成全年指标的332%。信用卡交易额53.77亿元，是上年的1.82倍，信用卡中间业务收入3 886万元，较上年增长41.90%。

四是创新发展，开拓中间业务的市场空间。在巩固传统业务优势的同时，不断推进中间业务创新发展。加强行业客户分析，积极拓展对公结算账户，全年结算账户净增10 699户，现金管理账户增加5 450户，实现结算中间业务收入1.27亿元，较上年增长59.30%。深入推进国际业务目标客户精细化管理，对重点客户逐户制订营销方案，狠抓国际业务产品创新，在保理、付汇理财通等多项业务上实现了新的突破，全年实现国际业务结算135.19亿美元，同比增加24.31亿美元，国际业务结算量四行占比为23.52%，较年初提高了6.04个百分点。积极介入并购贷款、股权投资主理银行等新兴业务领域，深化了与市政府的合作，签署了OTC市场建设的排他性合作协议，成功发售了区域性理财产品，提升了投行业务的高端品牌形象，2009年实现投行业务收入2.29亿元，较上年增长65.20%。建立了企业年金示范行制度，2009年新签企业年金合同37单，累计达到79单，在天津同业继续保持领先地位。积极拓展产业投资基金、股权投资基金等资产托管领域，与天津市保障性住房投资基金签署了合作框架协议，与天津股权基金服务中心有限公司签署了股权投资基金托管推介协议。截至2009年末，全行托管业务规模达173.70亿元，实现资产托管业务收入828.92万元，是上年的3.18倍。

二、以考核机制为导向，提升核心经营能力

一是对支行和分行部室层面突出效益和效率的考核。在进一步加大对支行的EVA、市场竞争力等重要指标考核权重的同时，针对分行部室，从重点工作落实情况、基层支行服务情况、部室之间配合情况三个方面按季度予以无记名评价，激励分行部室更加注重服务效率、注重协调配合，提升全行执行力。加强对高级管理人员的履职能力考核，制定实施了《一级支行年度单位考核与行长岗位工资等级档次挂钩的管理办法》、《支行领导班子奖励与重点业务挂钩办法》、《关于对支行领导班子成员在经营管理工作中履职情况实行问责制的管理办法》等系列规定，根据支行年度考核的排序结果，对支行行长实行年度岗位工资和绩效工资“浮动制”，对支行全体员工实行岗位工资晋升的“比例制”，激发了高管人员勇担使命、争创一流的进取精神，提高了队伍整体的战斗力。

二是对营业网点突出服务供给能力的考核。对基层营业网点实施了《营业网点核心指标综合评价办法》，

2009年5月22日，天津分行与天津市政府OTC专项工作组签订建设债务类产品交易市场专项协议。

按照网点存款、中间业务收入等核心指标，进行月度排名、季度评价，并将服务情况作为重要参考。实施了网点负责人绩效合约管理，明确了相应的选拔聘用考核退出规定，提升了全行营业网点的服务供给能力和网点负责人的经营管理能力。

三是对基层广大员工推进精细透明的考核。进一步完善了全员跟单计价考核办法，提高了奖励标准，细化了考核项目，使得全员考核更加精细科学，有效地激发了员工提升业绩、提高效率，营造了以贡献论奖惩、以作为论地位的良好氛围。

三、以金融服务为宗旨，提升核心客户忠诚度

一是健全服务管理组织体系。成立了品牌与服务管理部门，在支行相应设立品牌与服务管理专岗，并将网点负责人作为品牌与服务管理工作第一责任人。构建了由分行服务质量促进委员会、分行品牌与服务管理部门、支行综合部经理、网点负责人的四层服务管理网络体系。

二是健全支行领导干部服务管理机制。在继续实施领导干部“三个一”机制的基础上，实施了支行行长坐堂制。规定所有支行领导班子成员均要采取包点

“坐堂”的方式，每月至少有一天在营业网点办公，在直面客户的过程中关注服务动态、监督服务过程、提升服务水平。

三是提升分行机关为基层服务效率。开展了“解放思想、精细管理、强化执行”大讨论活动，分行各部室结合工作职能围绕工作效率、服务水平、管理能力、团队协调等方面查找不足，制定了有针对性的改进措施，促进了分行工作作风的改进和工作效率的提升。

四是提高渠道服务能力。积极推进渠道转型，以合理布局、突出特色为原则，制订了未来三年网点发展战略。进一步强化营业网点装修改造，全年装修改造网点34个，提升了网点服务能力。实现了“95588”服务中心向呼出业务转型，初步形成了一套“抓规范、重服务、细分析、勤反馈、见实效”的外拨服务体系。2009年全年，“95588”共回访客户46.50万户，有效提高了售后服务水平。

四、以风险内控为支撑，提升核心管理能力

一是积极推进全面风险管理体系建设。修订分行全面风险管理工作考核办法，增强考核的针对性和实效性。创新风险预警机制，在风险提示的基础上，扩大提示范围，以《风险信息专递》、《风控举措专刊》等形式发送各支行，提升风险管理效能。建立跨区域联合撰写风险报告工作机制，多维度、多视角分析风险状况，互相交流、信息共享，不断提高分行风险报告管理水平。

二是加快清收处置不良贷款。坚持倒排工期抓核销，快速合规有序推进核销工作；坚持一户一策清大户，全力以赴抓好重点法人客户的清收工作；坚持以点带面清个贷，重点研究解决个人虚假按揭贷款问题。对账销案存资产进行了集中清理与核查，并开展了账销案存资产的委外清收工作。成立了风险监控联动小组，对正常关注类贷款企业的还款能力和贷款到期情况进行监测和控制，实现了风险管理关口前移，有效降低贷款劣变风险。

三是强化信用风险管理。完善了分、支行两级信贷管理机制。强化贷款大户风险监控管理，对存在潜在风险隐患的客户，分行及时下发整改通知书，实施跟踪督办制度。加强对贷款企业分析排查，开展新发放贷款专项检查，进一步提高了全行信贷管理工作水平。

四是强化操作风险管理和内控案防工作。加强内控体系建设，研究制定了《内控体系建设三年规划实施意见》；加强《业务操作指南》电子发布平台的推广应用和监督管理，落实违规积分管理。组织开展了《营业网点内控管理若干规定》的培训和考核；进一步上收分行集中处理业务，实现了全行外汇汇出款、同城票据交换提出等业务的集中处理，减少操作风险点。推进了法律事务集中管理改革，实施了分行报表集中改革。建立内控合规综合管理系统，组织了对基层行的内控评价。结合重点业务领域，做好重点项目专项检查，有效防范了风险。加强了案件风险提示预警，主动查找案防薄弱环节，及时提示支行认真对照，消除了风险隐患。

五、以人才建设为根本，提升核心队伍素质

一是积极构建全员岗位技能提升体系。积极构建与分行发展战略相匹配、与学习需求相契合、与职业生涯拓展相衔接的全员岗位技能提升体系，建立了“全员参与的实用培训机制、柜员岗位的资格管理机制、以赛代训的精英选拔机制”的“三维体系”。建立了全员参与的实用培训机制。实施了分层次、分年龄、菜单式、实战型的人才培训工作，突出岗位要求及年龄要求，采用固定与自选相结合的套餐形式选择学习课程，以虚拟银行与仿真网点为依托，强化岗位操作技能的培训，初步解决了“实用培训”问题。建立了柜员岗位的资格管理机制。将全行柜员岗位横向划分为个人业务、公司业务、综合业务三个类别，纵向对应一级、二级两个岗位等级。开展对全体柜员技能考核、资格认定，实现了柜员岗位的细分，使柜员上岗有章可循、有据可依，为广大员工增强岗位知识、提高岗位技能提供了发展路径。建立了以赛代训的精英选拔机制。重点考察实战演练、模拟银行、仿真网点等实战型操作和解决疑难问题的能力。通过开展以赛代训，全行涌现出一大批业务精英，营造了人人自觉学习业务技能、争当岗位精英的学习氛围。

二是建立健全员工岗位晋升机制。推行了员工综合考核评价，依据自行研发的员工综合考核评价系统完成了对员工的全面评价，确定每位员工年度考核评价等次，并根据等次积分实施员工岗位工资的等级或档次晋升。开展了后备干部的推荐竞聘，一大批想干、能干的青年人走上了高级管理岗位。

河 北 分 行

行长　黄纪宪

【业务指标完成情况】

2009年，河北分行实现拨备前利润61.19亿元，同比增加12.34亿元，实现净利润38.20亿元，同比增加15.44亿元，创历史最好水平。实现经济增加值23.83亿元，同比增加13.35亿元，实现翻番；经济资本回报率达到29.71%，较上年提高10.66个百分点。本外币各项贷款新增542.93亿元，同比增加320.82亿元，创历年新高。人民币各项存款增加683.51亿元，同比增加72.34亿元，增长22.20%，居同业首位。其中，储蓄存款增加292.93亿元，增长15.68%；对公存款增加433亿元，增长33%。实现中间业务收入22.15亿元，居同业首位，同比增加5.84亿元，增长35.86%，三年复合增长率达到69.63%，实现三年收入翻两番。累计清转处置不良贷款46.74亿元，居系统第3位，完成总行任务的119.50%；不良贷款余额52.09亿元，较年初下降21.58亿元，不良贷款率为2.58%，较年初下降2.41个百分点，继续保持不良贷款余额和占比“双下降”。在总行经营绩效考评中，排名由上年的第19位跃升到第15位，绩效等级上升三个级次，EVA快速前移至第10位，上升11个位次。全省11个二级分行有7个进入经营绩效考评前100位，廊坊、唐山分行双双进入“二级分行经营30强”。

【主要工作措施】

一、始终坚持把解放思想作为推动各项工作的突破口

进一步明确“突出发展主题，把握结构调整主线，在转型发展中全面提升核心竞争力，力争到2011年利润超百亿元，确立在河北最盈利、最优秀、最受尊重银行市场地位”的总体发展思路。在实际工作中，坚持把解放思想作为推进改革发展的前提和基础，以敢闯敢试、敢为人先的思想和胆略来谋划和推动改革发展，凡事谋定而后动，以咬定青山不放松的韧劲和锲而不舍、一抓到底的劲头扎实开展工作，为实现各项业务的大提升和大发展凝聚了力量。全面完成城区支行扁平化改革和法人信贷业务集中，适时启动小企业信贷业务，有声有色地开展大个金主题营销活动。积极把握转变作风这一关键。把“快”字作为竞争法宝，把效率当做核心竞争力，以“白加黑、五加二”的精神状态，争时间，抢速度，千方百计把各项工作往前赶，为拥有更多的资源、占据更多的市场奠定了坚实基础。

二、始终坚持把“大发展、大调整”作为经营发展的主线

坚持加快发展与结构优化并举。在信贷业务发展中，坚持产品创新与结构调整相结合，抓重点区域、重点行业和重点客户。牢牢把握“扩内需、保增长”政策与河北着力推进城镇面貌三年大变样金融需求旺盛的重要机遇，强化省市支行三级联动营销机制，全年累计投放项目贷款508.59亿元，新增336.64亿元，同比多增239.19亿元，累计投放金额是2008年的2.40倍。扩大以房地产开发贷款和个人住房贷款为核心的消费信贷领先优势，加快土地储备贷款、固定资产支持融资等新业务发展，消费贷款余额突破700亿元，累放近500亿元，新增270.80亿元，增长276.30%，是前三年增量的总和。全面启动小企业信贷业务，新增小企业信贷客户249户，新增贷款10.40亿元，11个二级分行全部实现小企业信贷业务零的突破。累计办理票据贴现627亿元，创历史新高，居同业首位，系统第5位。集中整合大个金产品，发挥整体营销优势，储蓄存款完成总行序时任务的112.67%，居系统第7位；销售基金、保险、人民币理财产品合计2 994.70亿元，销售额居同业首位、系统前列；在省内同业中率先成立高端客户专属财富管理中心，新增私人银行客户183户；灵通卡、信用卡发卡量分别达到385万张和260万张，消费额分别超过523.70亿元和180亿元，市场占比继续保持同业领先。推出银行通业务，累计布放“银行通”12 675

台，交易笔数41.60万笔，交易额突破50亿元。个人网银和企业网银分别新增82万户和2.70万户，同业占比分别高达52.90%和67.20%，WAP手机银行新增客户55万户，电子银行业务领先优势地位得到巩固。销售法人理财产品4 585亿元，是上年的5.28倍，在系统考核和同业占比中均居首位。注重拓宽增收渠道，推进中间业务由“造车”向“造路”转变。成功运作首单私募股权主理银行项目，并被总行列为重点股权类品牌项目。启动首单政府财务顾问项目，与秦皇岛市政府签订了金融理财顾问合作协议，成为省内首家与地方政府签订此类协议的金融机构。顺利开通河北航证首个银商转账业务，填补河北分行及河北同业市场空白。加强对进出口、走出去企业分类管理和名单制营销，新增国际贸易融资重点客户22家，开立NRA账户22户。全年完成国际结算量72.50亿美元，国际业务中间业务收入较上年增加0.63亿元；国际贸易融资累放量9.60亿美元，余额5.10亿美元，两项指标升至同业第二位，短板业务明显接长。全年中间业务收入占营业净收入比重提高至22.20%，较上年提高了1.83个百分点。

三、始终坚持把夯实管理基础作为经营有序健康发展的坚强保障

实行名单制管理，坚持措施、进度、责任人“三落实”，充分运用诉讼清收、还本免息、以物抵债、呆账核销、贷款重组等多种方式，组织开展不良贷款清转处置百日攻坚战，努力实现清转处置最大化。法人不良贷款户数较年初减少84户，降幅为36.40%。不良贷款额和不良率实现双降，基本解决了长期制约全行改革发展最突出的矛盾和问题。加大潜在风险贷款压降力度，全年退出转化66亿元，超额完成总行任务的150%。着力加强信贷管理，积极应对金融危机对信贷资产质量的冲击，组织新发放贷款专项检查，对22户贷款大户进行风险分析，为全行信贷业务持续稳定健康发展创造了条件。内控外防建设全面深化。制定河北分行内控体系建设三年规划，明确了三年内部控制目标与措施，构建内控免疫工程。开展“合规从我做起、内控与你同行”、“无差错、无违规”主题活动，推广应用《业务操作指南》电子发布平台和员工违规积分管理系统，形成了“尽职自律、违规必究”的内控文化氛围，员工合规操作意识与风险防范意识显著增强，连续四年平安无案件。全面推进守押社会化进程，金库社会化值守及远程异地守库率、营业网点社会化押运率分别提高了9.90%和5%，枪支数量下降38.80%，守押及涉枪风险明显降低，连续十一年未发生外抢、外盗和涉枪案件事故。

四、始终坚持把机制体制改革创新作为激发经营活力的动力源泉

全面实施城区支行扁平化、法人客户信贷业务集中、运营体系、报表集中等多项系统改革，推进重点县支行加快发展，全行整体经营活力得到了有效释放与激发。建立“分行—支行（网点）”两级管理架构，精简城区支行内设机构93个，全行有421个网点实现直管，占全部城区网点的75%，向一线分流人员263人。实现城区支行法人客户信贷业务集中管理。共集中114个城区支行1 021亿元法人客户贷款，占全部法人客户贷款的71%，二级分行直接经营地位进一步凸显。强力推进运营体系三项改革。监督体系改革全面完成，推进了监督观念、核查方式和风险管理手段的全面转型。业务集中处理改革从2009年5月在张家口分行试点，开通汇划机构的21个营业网点的4类本外币汇划类业务实现集中处理；8月在省行营业部投产跨区域业务集中处理系统，近20个网点的4类汇划业务实现集中处理，减轻了网点业务处理压力。远程授权改革在张家口分行全部54个网点实现试点应用，提高了授权效率和质量。完成报表集中编制改革。建立报表目录并废止报表273张，采取“报表（分）中心＋专业部门集中”的集约化工作模式，减少统计人员402人并充实到一线营销岗位。实施重点县支行发展战略。建立省行领导、部室联系县支行工作制度，帮助县支行解决实际问题。筛选出30家重点县支行，在资源配置、网点建设等方面加大支持力度，以资产业务为切入点，加快提升重点县支行竞争发展水平。

五、始终坚持把抓好党建和企业文化建设作为推进和谐银行建设的基础工程

河北分行举行小企业金融业务专营机构揭牌仪式。

广泛深入学习十七届四中全会精神，开展“军营一日”、“七一”等主题党日活动，举办全行党务工作者培训班，以城区支行扁平化为契机，进一步完善党工团组织架构，扎实推进党建工作。以“抓作风，促发展”为主题、以提高工作效率和执行力为重点，深入开展干部队伍作风建设活动，全面推行首问首办负责制、限时办结制、追究问责制，强化会议落实和文件执行的刚性，开展效能和执行力检查等，省行、二级分行本部工作效率、执行力显著提升。以解决社会上反映最为强烈的排长队问题为抓手，开展专题调研，梳理完善各项服务制度，出台网点服务达标管理办法，明确客户办理业务等候时限，积极开展“每月一星”优质服务明星评选和服务大提升活动，对外服务水平显著提升。针对新中国成立60周年安全稳定大局，把维护稳定和业务发展放到同等重要位置，完善整体联动应急工作机制，落实行长下访接待制度，建立离退休人员通报情况制度，宣讲政策、消除误会、增进理解，确保了全行和谐稳定。强化各层级教育培训，在清华大学举办领导力提升培训班，以发展战略研讨和廉政教育为主题首次举办省行管理干部读书班，强化中年员工振兴计划培训，举办培训172期，培训9 396人次。

山 西 分 行

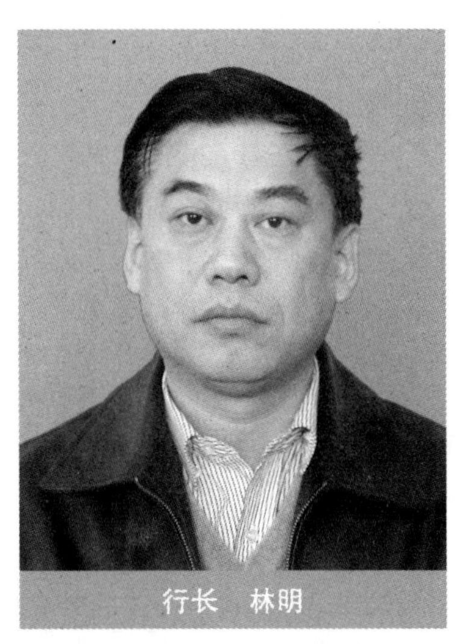
行长　林明

【业务指标完成情况】

2009年，山西分行实现拨备前利润44.59亿元，完成总行年度计划的101.58%，同比增盈6.64亿元，总量继续位居系统内第10位，增量、增幅及完成率分别在系统内排第6位、第10位和第6位；实现拨备后利润45.96亿元、净利润34.43亿元；拨备后利润在四大行占比达53.38%，排名第一。经济增加值（EVA）实现25.29亿元，同比增加5.66亿元，总量和增量分别在系统内排第9位和第6位。

【主要工作措施】

一、在全力支持经济建设中，实现贷款高速增长并保持了信贷资产质量稳定

认真贯彻国家“扩内需、保增长”的一系列政策措施，充分运用银团贷款、搭桥贷款等信贷产品，进一步加大了对高速公路建设、煤炭资源整合、城建、电力等重点项目等支持力度，全年新增人民币贷款255.72亿元，同比多增136.14亿元，增幅为29.01%，贷款增量居同业首位，四行占比为38.02%，也是历史上投放最多的一年。积极推进信贷结构调整，通过成立专营机构、实行专项考核等措施，推动小企业贷款、个人贷款、贸易融资三项业务快速发展，全年小企业贷款新增5.15亿元，较上年增长近10倍；个人贷款在核销6 200万元的基础上新增8.75亿元，同比多增5.78亿元，是上年净增额的近3倍；贸易融资业务占流动资金贷款比重为14.08%，较上年提升7.71个百分点。在紧抓市场机遇的同时，密切关注金融危机对省内实体经济和全辖各项业务的影响，采取了有效的风险防控措施，全年退出潜在风险贷款19.37亿元，清收处置不良贷款5.88亿元，不良贷款余额下降9 545万元，降至11.47亿元，不良率下降0.30个百分点，降至0.99%，资产质量在省内四大行中排名第一位。

二、在激烈的市场竞争中，提高了竞争发展能力

实施存款优先发展战略，顶住了巨大的同业竞争压力，继续保持同业占比第一的位置，并实现与理财业务的协调发展，实现了个人产品销售和储蓄业务的同步增长。全年新增人民币各项存款375.88亿元，四行占比为33.78%，排名第一。其中，储蓄存款增加180.67亿元，四行占比为35.60%，排名第一；公司和机构存款增加192.43亿元，四行占比为32.25%，排名第一。定期存款余额和增量占比分别下降了3.53个和25个百分点，有效降低筹资成本。银行类理财业务发行总量达2 747亿元，遥遥领先同业。实施了重点产品增收战略，投行、资产托管、对外担保、对公理财、个人委托贷款、企业年金、个人理财、贵金属、信用卡和灵通卡等

2009年6月30日，山西分行林明行长在基层网点进行工作调研。

重点产品收入保持了快速增长，同比增幅均超过40%，全年实现中间业务收入10.52亿元，增幅达23.69%，四行占比为42.20%，排名第一。强个金、促转型，深入实施第一零售银行战略，全面提升零售业务核心竞争力。借助运营改革优化网点人员配置，不断充实个人客户经理队伍，个人客户经理和大堂经理队伍发展至1 800人。成立了私人银行太原分部，私人银行客户较上年增加180户，达到658户，增幅为37.66%。认真开展“服务品质提升年”活动，选树了一批旗舰网点，社会形象焕然一新。加快重点中心城市行网点布局调整力度，全年新建、装修改造网点170个，建成3个财富管理中心，48个贵宾理财中心，同时大力发展离行式自助网点和电子银行业务，进一步拓展服务渠道，离柜业务占比提高了8个百分点，达到46%。

三、在推进内控文化建设中，确保了安全稳健运营

确立了以“效益为本、内控优先、程序至上、有效制衡、诚信尽责、违规必究”为核心的内控文化理念，扎实开展内控评价工作，构建了良好的内控文化环境。在全辖开展“纠违规、促内控、防案件”百日集中教育整治活动，归集检查项目313个、发现问题5 149个，整改率达到80%，追究责任人3 306人次，进一步提高了案件风险防范能力。认真落实案防工作责任制，组织员工认真学习《员工违规行为处理暂行规定》，深入开展集中警示教育活动，加大员工不良行为动态排查力度，进一步巩固了员工案防思想防线。制定了经营管理“十条禁令”，加强重要风险点、高风险环节及易发案部位的管理，进一步增强了全员的依法合规经营意识和履职尽责的自觉性。深入开展“内控文化建设促进年”活动，加大现场检查力度，严肃查处了有关案件和问题，进一步强化了直线管理者履职尽责能力。对各专业部门现有规章制度分门别类进行全面梳理和整合，建立规范化、标准化、程序化的业务操作规程，作为覆盖业务运营全过程和所有环节的规范和标准。

四、在保障业务发展的同时，加快了改革创新步伐

推进信贷业务创新，重新梳理信贷流程，实施信贷业务全流程电子化审批和法人贷后管理电子化，对小企业信贷、个贷业务的营销和管理进行了明确界定，逐步下放了部分业务审批权限。积极争取总行授信授权等政策倾斜，同时组织研究并购贷款等一批新业务品种的推广应用。全面启动运营改革，监督体系和远程授权改革取得阶段性成效，全辖业务运行效率和风险管理水平明显提升。大力推进法人客户营销管理系统应用，强化了对各级营销人员的科学量化管理。理顺产品创新机制，明确牵头部门，初步形成了前台、中台、后台紧密协作、共同创新的工作模式。实施了报表集中改革、法律事务改革和信息科技“1031”工程，提高了集约化经营水平，为业务发展提供了有力保障。理顺产品创新机制，明确牵头部门，初步形成了前台、中台、后台紧密协作、共同创新的工作模式。

五、在深化企业文化建设中，推进了党建工作和队伍建设

成立了企业文化部，制定了企业文化三年发展规划，将企业文化建设作为经营发展的重要推动力。在全辖积极倡导“关爱员工”理念，组织多项大型文体活动，增强了员工的责任感和归属感。进一步强化队伍建设，优化了领导班子结构，集中选拔了后备干部，启动了员工区域流动以及省分行本部管理人员和员工交流。深入开展全员培训，全年累计组织各类培训843期、3.37万人次，提高了全辖员工岗位服务和履职能力。召开了全辖第一届职工代表大会第四次会议和省分行本部首届职代会，稳步推进行务公开，进一步加强了民主管理。对全辖23个先进基层党组织、24名优秀党务工作者和68名优秀共产党员进行了表彰，充分发挥了典型引路的作用，推动了“创先争优”活动的深入开展。组织开展了全辖“和谐之声”文艺汇演、羽毛球和乒乓球比赛等一系列文体活动，活跃了员工的业余生活。

内蒙古分行

行长　郝彬

【业务指标完成情况】

2009年，内蒙古分行实现拨备前利润23.12亿元，增长12.17%；实现拨备后利润25.81亿元，增长19.96%；实现经济增加值12.90亿元，增长20.78%。累计清收转化本外币不良贷款7.87亿元，其中现金清收4.48亿元，不良贷款余额净减少5.44亿元，降幅达到27%，贷款不良率下降到1.69%，比2008年下降1.30个百分点，降幅达43.48%。2009年末人民币各项存款余额1 381.55亿元，增加249.63亿元，同比多增55.53亿元，增长22.05%；人民币各项贷款余额876.93亿元，增加191.71亿元，同比多增112.74亿元，增长27.98%。实现中间业务收入6.07亿元，增长35.22%；累计销售各类理财产品434.79亿元，增长2倍；实现电子银行交易额1.30万亿元，增长50.33%；新增信用卡发卡量23万张，增长41.98%。

【主要工作措施】

一、加快战略转型进度，努力提升经营效益和效率

在2009年宏观经济环境发生重大变化、利差大幅收窄和同业竞争更加激烈的严峻形势下，内蒙古分行紧紧抓住国家“保增长、扩内需、调结构”等宏观政策机遇和地区经济快速发展的有利时机，把开拓市场与调整结构作为保持盈利快速增长的根本途径，通过市场拓展、风险防控、结构调整和成本控制四条主线的协同努力，经营利润和效率均实现了超预期增长，资产、负债运营水平和收益能力大幅提高。

在利差大幅收窄、利息收入同比下降1.32%的情况下，实现资产净回报率1.50%、净利息收益率3%、经济资本回报率31.37%，分别在系统内一级分行排第9位、第8位和第13位，分别比2008年提升了3个、1个和3个位次；贷款实收利率6%，列系统内第1位，比2008年提升4个位次；存款付息率1.26%，列系统内第3位。人均新增贷款和人均新增存款分别达到155万元和202万元，分别比2008年增长了144%和29%。人均中间业务收入和人均拨备前利润分别达到4.91万元和18.68万元，分别比2008年增长了31%和13%，在系统内排名也均比2008年提升了1个位次，网均拨备前利润和网均中间业务收入在系统内排名均上升了2个位次。

二、深入调整经营结构，推进核心业务快速发展

一是高度重视负债业务在竞争发展中的基础地位，严格落实客户营销及维护责任，全面加强任务考核和进度督导，主动调整负债期限和结构，努力降低筹资成本，负债业务实现健康快速发展。2009年末全行人民币各项存款余额达到1 381.55亿元，增加249.63亿元。其中，储蓄存款增加114.60亿元，比2008年多增19.62亿元，增长18.19%，增速超过全系统平均水平1.90个百分点；公司存款增加66.28亿元，比2008年多增31.89亿元，增长27.02%，增速超过系统平均水平1.78个百分点；机构、同业存款增加68.75亿元，增长26.79%，增速高于系统平均水平5.17个百分点。从存款增长的结构看，各项存款日均增量达到155.75亿元，存款增长均衡率为62.39%。活期存款余额和日均增量分别达到226.55亿元和120.69亿元，分别比2008年多增85.34亿元和26.82亿元，分别占全部存款余额增量和日均增量的90.75%和77.49%。从存款付息成本看，在存款大幅增加的情况下利息支出同比下降3.46亿元，存款付息率为1.26%，比2008年又下降0.58个百分点，付息成本进一步降低。

二是把大产业、大项目作为资产业务升级发展的核心市场和主要目标，全面提高服务产品供给能力，通过跨区域审批个人贷款以及“评审合一”、“调评合一”和“认同评估”等审批机制的完善，不断缩短审批链条，提高营销投放效率，2009年末全行人民币各项贷款余额达到876.93亿元，增加191.71亿元。从贷款增长的结构分析：符合总行信贷政策和地区经济结构特点

的能源、交通和城市基础设施类重点项目成为新增贷款的主体。2009年累计投放项目贷款179.50亿元，项目贷款余额增加134亿元，比2008年多增45.50亿元，增长29.42%，项目贷款余额系统内排名第15位；高收益的个人零售类贷款实现跨越式发展，累计投放个人贷款71.53亿元，个贷余额突破120亿元，增加49.74亿元，增长70.50%，个人贷款占全部贷款的比例达到13.72%，比2008年提高了3.40个百分点，信贷结构进一步优化；国内贸易融资等结构调整型产品快速发展，进一步遏制了流动资金贷款连续大幅下降的趋势。累计办理国内贸易融资25亿元，余额增长了15倍，贸易融资表内业务占流动资金贷款的比例达到23.53%；累计投放住房开发贷款18.72亿元，余额增加12.42亿元，比2008年多增11.11亿元，增长80.34%；创新渠道，主动应对贷款规模限制，信托理财业务取得重大突破，实现资金投放20亿元。从贷款增长的均衡性分析：2009年各项贷款日均增量达到111.39亿元，比2008年多增78.21亿元，增长2.40倍，贷款增长均衡率为58.10%，比2008年提高了16.10个百分点。

到2009年底，全行营销储备能源、重化工、交通等优质项目270个，融资需求4 970亿元，其中有86个项目通过审批，贷款总额520亿元。

三是将中间业务等低资本消耗型业务作为转变收入结构的战略着眼点，充分整合利用各种资源，加强资产负债业务、本外币业务联动，提高产品交叉销售能力，努力创建服务收入型银行。中间业务对盈利增长起到了重要的支撑作用，累计实现中间业务收入6.07亿元，比2008年增加1.58亿元，增长35.22%，完成计划的107%。中间业务收入预算完成率在系统内排名第7位，增速超过全系统平均水平8个百分点，增速在系统内排名第5位。中间业务收入占营业净收入的比重达到12.72%，较2008年提高2.52个百分点。

三、完善全面风险管理体系，提高内控案防能力

一是把风险掌控能力作为业务发展的刚性约束，深入完善全面风险管理体系，对各类业务和各项经营活动实行全过程监测考评，实施整体、全程和量化的贷款风险控制，加强不良贷款精细化管理，举全行之力打好不良贷款处置攻坚战。第一，认真执行产业政策和行业信贷政策，坚持把第一还款来源作为最重要的准入标准，实施环保一票否决制，确保新发放贷款质量经得起考验。第二，加强信贷基础管理，提高风险早期预警能力。实现信贷作业监督职能前移，将防控重点由准入管理向过程管理转变，加强监督工作的监管实效。第三，进一步提高不良贷款精细化管理水平。抓好大额不良贷款清收处置预案实施，推行“三级领导挂牌”清收和分行督导工作机制，不断提高现金清收效果和处置效率，确保资产质量实现了大幅度跃升。

二是固本强基，坚持把内控案防工作作为各项业务健康发展的基础工程，强化制度约束，努力建设覆盖全行机构、全部业务和贯穿全过程的内控案防管理机制。深入开展“强内控、促发展、保晋级”活动，进一步加强对内控案防工作的组织、指导、推动和监督，不断提高对重要环节、重要岗位人员和重要时期的管理与控制水平。各级机构、各岗位和各环节认真落实内控管理和案件防范相关制度，成功堵截了3起假票据诈骗案和1起ATM欺诈事件，全年未发生重大违规问题和案件，实现了安全稳健运行。

四、全面深化经营机制综合改革

一是改进绩效考核和薪酬管理体系。完善绩效工资与业务增量和工作业绩捆绑兑现分配机制，建立起对二级分行、分行本部和二级分行经营管理团队的三个维度绩效工资考核办法，引导各级机构和员工主动面向市场、增效创收，分行积极性得到了充分调动。

二是深化人力资源管理战略转型。整合二级分行本部机构和职能，通过编制核定和岗位竞聘等方式，梳理精减二线各环节人员并充实到一线和营销岗位；启动了第二批员工跨区域流动工作，实现81名员工的异地交流；完成了全行后备干部集中选拔和考察工作，建立起各层级后备干部队伍。

三是深化营销审批体制改革。完成授信审批部与信用审批部的职能整合，初步搭建起评级授信、项目

2009年5月11日，内蒙古分行与赤峰市政府签订金融合作备忘录。

评估、押品评估与贷款审查审批一体化业务管理与支持平台；强化区分行和各二级分行本部的直接营销功能，完善公司业务营销组织管理体系和协调落实机制，实行重大项目营销协调领导小组和公司业务兼职副总经理定期议事制度，提高了上下联动的功能和效率。

四是全面推进业务管理体制改革。优化监督方式和流程，构建起立体式监督、集约化管理和区分行集中的新型监督模式，释放监督体系人员225人；组建各二级分行报表分中心，上收支行报表160张、废止合并281张，释放报表编制人员29名；完成了通辽、赤峰、兴安盟分行全辖和呼伦贝尔分行部分支行的守押社会化改革，实现了19个金库守库业务、81个网点和208个上门收款押运业务以及90台ATM的装卸钞业务的平稳移交，上缴枪支118支，实现了217人停止持枪。

五、进一步优化服务渠道和经营基础环境

一是全面加快网点升级改造和区域布局调整步伐。2008—2009年，全行累计投入7.62亿元资金启动了236个网点的购建装修项目，投资金额占最近5年来的86.45%，网点改造数量占近5年的69.42%。其中，2009年投入资金5.53亿元、购建装修网点159个，分别占5年来网点改造总投资的62.52%和网点改造总量的46.77%。2009年底全行中高端物理网点总量达到52家，占全部网点的12.15%，比2008年提高了8.67个百分点。升级二级支行70个，二级支行占网点级机构的比例达到98%，比2008年提高42个百分点。改造单一网点119个，综合化网点比例达到97.43%，比2008年提高了28.43个百分点。

二是高度重视科技投入，加快自助机具配备和自助银行建设。新增ATM294台，ATM单机日均交易量255笔，增长18.63%，单机日均交易额18.31万元，增长42.82%，自助设备和电子渠道离柜业务率为31.82%，比2008年提高了6.12个百分点。

三是通过压缩二线、调整劳动组合等机制性措施充实一线营销力量，建立起基本覆盖全部网点的大堂经理队伍，新增个人业务客户经理600名。

四是部分分支机构的经营资质升格和业务复牌取得了新进展。乌兰浩特支行升格获得批准，全年实现了相关分支机构的19项业务品种复牌和13项分支机构业务经营资格的恢复，信贷业务发展基础进一步加强。

六、企业文化建设不断加强

开展“树立现代金融服务理念，打造一流金融服务品牌”等系列主题宣传教育活动，多层次树立营销服务先进典型，2009年内蒙古分行先后获得了国家级“民族团结进步模范集体”、自治区级文明单位、自治区“公益之星单位”称号和“全区企业文化建设工作创新奖”，有4个基层单位和3名员工荣获了自治区“五一”劳动奖章和“工人先锋号”称号。

辽宁分行

行长　朱立飞

【业务指标完成情况】

2009年，辽宁分行实现拨备前利润15.85亿元；实现拨备后利润17.85亿元；实现EVA5.76亿元。成本收入比为60.28%，比2008年下降2个百分点。拨备覆盖率为88.35%，比2008年提高2个百分点。年末不良贷款余额为31亿元，不良贷款率为2.50%，比年初下降1.30个百分点。各项贷款比年初增加217亿元，其中公司客户贷款增加209亿元。各项存款比年初增加202亿元。实现中间业务收入9.58亿元，居系统内第15位。中间业务收入同业占比为32.10%，居第2位。

【主要工作措施】

一、抓同业市场竞争，推动了中间业务快速发展

2009年，辽宁分行继续将发展中间业务列为第一要务，在人、财、物等方面给予大力倾斜，把中间业务

同业指标的考核权重由 8% 提高到 14%，引导各行进一步强化中间业务的市场竞争。对公理财、企业年金、电子银行、个人理财和投资银行 5 项业务，实现了市场占比第 1 位。以“两化”和“扁平化”改革以及网点装修改造为契机，推动保险、基金、个人结算等个人业务不断发展，实现个人中间业务收入 4. 10 亿元。强化公司业务捆绑营销，实现公司中间业务收入 1. 20 亿元，同比增长 260%，其中，短融承销、融资租赁、信托 + 理财等业务取得了长足进步。狠抓结算客户源头营销，对公结算账户的存量和增量分别达 9. 63 万户和 1. 40 万户，市场占比分别为 34. 80% 和 58. 40%，均居同业第 1 位，领先优势得到进一步巩固。全面拓展现金管理业务市场，新增现金管理客户 2 400 户，列系统内第 12 位。不断加大国际业务营销力度，完成国际结算量 42. 60 亿美元，同比增长 40%，市场占比提升了 3 个百分点，达到 21%；完成国际贸易融资 5. 20 亿美元，同比增长 26%。充分挖掘银行卡优质客户资源，实现发卡量净增 13 万张、消费额 118 亿元。强化电子银行市场开拓，分别新增企业和个人网银客户 9 163 户和 43 万户，市场占比分别为 50% 和 44%，均列第 1 位；实现网银交易额 3. 30 万亿元；离柜率达 46. 50%，提高了 8 个百分点。资产托管规模不断扩大，新增托管资产 45 亿元，同比增长 195%。年金业务稳步发展，新增企业年金客户 18 户、个人年金账户 1. 60 万户，并成功取得鞍钢年金账户管理人资格。

二、抓优质贷款营销，扩大了信贷资产规模

到 2009 年末，人民币各项贷款余额达 1 221 亿元，比年初增加 217. 50 亿元。一是以铁路、电力、公路、钢铁、港口五大板块优质项目为重点，积极介入城投建设项目，推进优质贷款营销成果转化，全年累计投放公司贷款 460 亿元，公司贷款净增加 209 亿元，创下近年增量之最。二是突出个人按揭贷款，积极发展个贷业务，全年个人贷款增加 8. 50 亿元，结束了长达 5 年的负增长局面。三是推行中小企业贷款营销按月例会制度，积极介入中小企业融资市场，全年新增中小企业客户 63 户，提供融资 10. 80 亿元。四是加大国内贸易融资推介力度，全年办理国内贸易融资 20 亿元，余额增加 11 亿元。此外，储备优质项目贷款 1 500 亿元，其中已经通过审批项目 72 个、金额 711 亿元。

三、抓各项存款增长，增强了资金自给能力

突出存款的核心地位，大力组织各项存款。提高了内部配置资金利率，调动全行存款营销的积极性。人民币各项存款余额达到 2 076 亿元，比年初增加 203 亿元。其中，储蓄存款增加 111 亿元，公司存款增加 77 亿元，机构及同业存款增加 11 亿元。提高组织活期存款的奖励标准，推进存款结构的调整。低成本存款占比达到 42%，比年初提高了 5. 40 个百分点。强化了存款日均指标考核，增强资金的可用性，全年各项存款日均增加 197 亿元，完成计划的 131%。

四、抓票据结构调整，实现了票据业务安全稳产目标

2009 年，票据贴现利率持续走低，利差越来越薄。尤其是随着监管部门对合规要求的越来越严，域外业务基本处于停办状态。面对票据业务市场的不利局面，提出了必须坚持“票据真实性、贸易背景真实性”原则和“准入地区、准入客户名单制”原则来开办票据业务，做到了依法合规，实现了票据业务的零风险。加快票据业务“三个替代”步伐，即用本地业务替代域外业务；用转贴现业务替代域外业务；用贷款替代票据业务，通过积极调整票据业务结构，推进稳产目标的实现，全年累计买入票据业务 1 621 亿元，实现贴现利差收入 10. 60 亿元。

五、抓中高端客户营销服务，壮大了优质客户群

把 2009 年确定为高端客户营销服务年，以前所未有的决心、前所未有的力度和前所未有的举措，举分行之力开展高端客户营销攻坚和配套服务，带动资产业务、负债业务，尤其是中间业务的全面高速发展。出台了配套措施，调动全员营销服务高端客户的积极性，培育和壮大优质客户群。全年新增高端单位结算账户 707 户。新增公司高端客户 91 户，共投放贷款 203 亿元。新增机构及同业高端客户 72 户，日均增加存款 23 亿

2009 年 2 月 16 日，辽宁分行与沈阳市人民政府签订战略合作协议。

元。新增国际业务高端客户31户，实现国际结算量8亿美元。金融资产百万元以上的个人财富客户净增2 749户，客户总量达到9 988户；金融资产在20万到100万元个人高端客户净增30 343户；金融资产在5万到20万元的个人中端客户净增加71 468户。

六、抓清收攻坚收尾工作，打牢了资产质量基础

为彻底解决困扰全行多年的难题，提出再利用一年时间，开展清收攻坚收尾工作，把不良贷款率压降到2.50%以内。继续落实“行长清”措施，突出现金清收方式，推动不良贷款清收工作，全年累计清收转化和处置不良贷款10.30亿元。加强存量抵债资产的管理和处置，向不良资产处置要效益，全年处置抵债资产2.60亿元。同时，强化对关注二级和关注三级贷款的流量管理，前移风险控制关口，实现了关注三级贷款年末余额为零。严把贷款投向，实现新增贷款不良率连续4年为零。法人信贷业务复牌工作取得了重大进展，7家分行获得总行批准，复牌率达85%，实现了大面积复牌目标，为加快信贷业务发展创造了有利条件。

七、抓全面风险管理，致力于提高内控外防能力

一是突出对重点业务和关键环节的风险管理，制定了风险管理评价体系，建立了26项风险防控措施和40项风险管理评价指标，涵盖了全行营销、管理、运行、保障等各条业务线、各个品种的主要风险节点，全面风险防控和评价体系已经基本形成。二是始终把“管人”作为第一关口，严格落实员工动态考核和违规积分管理，组织实施了突击性岗位轮换，创新了案件形势分析会议形式，促进了各级管理人员更好地履行案防职责，实现了全年无案件。三是开展了表外业务及票据业务检查和信贷业务大检查，通过对检查发现问题的整改，有力促进了各项业务的健康发展。四是组织开展了全行警世教育巡回演出，以典型案例，剖析发案原因，筑牢拒腐防变的思想道德防线。

八、抓深化改革，致力于促进业务发展

一是全面启动了机构扁平化和“两化”改革，已经在12市分行建立了全新的零售业务管理体制和机制。二是运营管理改革取得初步成效。不仅强化了网点的操作风险监管，而且成功盘活了营业经理、监督和密押管理岗位的人力资源1 016名。三是采取“删、简、合、生、控、统”六项措施，推动报表集中改革取得明显成效，报表上收率达到90%，综合释放报表人员524人。四是深化信贷业务流程改革，采用“评审同步”工作机制，提高贷款审批效率。全年共召开审贷会746次，同比增长75%，审批通过贷款942亿元，增长68%，为全行贷款增加作出了突出贡献。五是深化支行行长“坐堂”制，丰富了工作内涵，完善了工作职能，把它作为提升经营管理水平和服务质量的主要抓手。六是加大网点装修改造力度。全年投入资金4亿元，购置了财富中心3个、贵宾理财网点7个；完成了1个财富中心、46个贵宾理财中心、182个一般理财网点的装修改造，以及全部网点和部分办公楼楼体标识的改造工作，提升了分行的对外形象。

九、抓“以人为本”，调动广大员工的积极性

进一步发挥薪酬的激励作用，在工资总额适度增长的基础上，加大对产品的激励力度，产品绩效工资投入总量比上年增长了38%。完善绩效客户经理管理机制，确立了以个人业绩指标完成情况为核心的客户经理发展模式，打开了客户经理的岗位晋升通道。加强员工队伍建设，完成了非管理类员工职务聘任工作，搭建了员工职业发展平台，聘任非管理类各序列层级职务1.50万人。优化了岗位类别人员结构，专业类和销售类岗位人员占比分别比上年提高了0.72个和0.49个百分点。坚持业绩第一原则，优中选优，将203名优秀劳务人员转为正式员工，调动了其他从业人员的工作积极性。强化员工培训，全员技能得到提升。2009年共举办各类培训班1 943期，培训总人数达71 218人次。民主管理更加规范和完善，召开了一届二次职工代表大会，对职工代表提案进行了落实和答复。扎实开展了科学发展观学习实践“回头看”活动，实事求是地推进了整改措施的落实。

吉林分行

行长　李安山

【业务指标完成情况】

2009年，吉林分行实现拨备后利润9.65亿元，同比增长9.70%，其中实现净利润7.16亿元。不良贷款率下降2.61个百分点，降至5.69%的历史最低水平。拨备覆盖率提高2.90个百分点，达到58.50%。新增存贷款分别为319.30亿元和132.70亿元，增幅分别达到26.20%和21%，均创历史新高。实现中间业务收入6.70亿元，增长13.60%，继续以占比38.10%的较大优势保持同业第一。扭转了长期以来借差行的被动局面，首次向同业融出资金60亿元。独家主承销一汽集团100亿元中期票据。金融租赁、信托理财实现零突破。电子银行交易额2.15万亿元、3.82亿笔。信用卡发卡量和交易额分别达到79.90万张和84.70亿元。国际结算量33亿美元。发展财富管理签约客户9 542户。新增对公结算户1.70万户，销售品牌金174公斤，纸黄金交易量14.30吨。项目贷款、流动资金、个人贷款和票据业务比例保持在4.3∶2.5∶2∶1.2，基本达到预定目标。活期存款占比53%，提高1.07个百分点。中间业务占营业收入比重提高到21.70.%。电子银行离柜业务同比提升18个百分点，达到56%的历史新高。个人优质客户总量超过53万户，理财金账户超过8.60万户，净增2.70万户。

【主要工作措施】

一、全面推进信贷业务发展，信贷规模稳健增长

一是提早布局，全力拓展重大优质信贷项目。确立了“主抓中央企业，帮助优秀企业”的信贷选择方向。二是以名单制为基础前瞻性地培育新型现代服务领域和优秀房地产领域住房信贷市场，向重点优质项目增贷183.50亿元。重点做好医疗、高等教育等领域的行业分析和优质企业信贷拓展，累计投放贷款310亿元。三是组建小企业信贷专营机构。本着积极稳妥、梯度推进的原则，启动了多年停滞的小企业信贷业务，累计投放小企业客户贷款7 200万元，同比多投放5 400万元。四是深化信贷结构调整。加快贸易融资替代传统流动资金贷款的进度，2009年末，贸易融资贷款余额占流动资金贷款的17%，较年初提高了11.20个百分点。积极介入和竞争他行优质信贷项目，充分运用项目前期贷款、并购贷款、固定资产融资等信贷业务新政策，提升了信贷业务综合竞争力。

二、全面加强风险管理，加快推进资产质量攻坚

一是加快推进不良贷款清收处置进度，明确和强化领导的信贷风险控制责任，与各二级分行签订了不良贷款清收处置责任状，加强存量贷款风险管理的责任追究力度。二是加大拨备回拨力度，提升财务支撑能力。注重呆账核销和各类政策手段的组合运用，统筹兼顾，处理好短期效益与长期发展的关系，2009年累计回拨拨备4.64亿元。清收处置不良贷款19.30亿元。三是切实抓好潜在风险贷款风险防范。继续做好客户结构调整，抓住当前适当宽松的货币政策实施带来的有利条件，灵活运用各种手段加速压降潜在风险贷款，通过各种渠道累计退出潜在风险贷款14.86亿元。

三、加快实施第一零售银行战略，促进“大个金”向“强个金”经营战略转变

继续推进零售业务规模化发展，突出以个人结算、储蓄存款、代理保险等为代表的传统业务，强化以基金销售、灵通卡、理财金账户等为代表的优势业务。大力推进多层面的统筹营销，加强个人金融、个人贷款、银行卡、电子银行、国际业务、贵金属业务联动，促进与对公客户、机构客户营销的协同发展。分层次提升支行零售业务综合竞争力，发挥城区支行零售业务辐射和带动作用，调动其贴近市场主动发展零售业务的积极性；发挥县域支行零售业务传统优势，通过打造零售业务发展集群，带动和实现了县域支行的重新崛起。2009年

完成2家财富中心、51家贵宾理财中心建设；新投入100台ATM、新增10家24小时自助服务区。网络渠道方面进一步落实“赛马争地”战略，加大网上银行、手机银行推广力度。实施客户分层战略。按照“定位中端，竞争高端，培育潜力”的目标客户市场定位，中高端客户占比达11.09%，财富客户总量达到8 181户，实现当年增加2 226户。

2009年10月27日，吉林分行与一汽轿车股份有限公司签署供应商金融服务网络合作协议。

四、着力转变经营模式和增长方式，在发展中推进转型

突出强化中间业务收入的战略地位，确保收入增幅和市场占比“双第一”。同时强化激励机制和执行力的双重推动作用，有效保证了中间业务收入逆势实现10%以上的增长。全力巩固和扩大存款市场份额。积极适应存款市场竞争形势，着力通过改进服务、加快创新统筹推进各类存款协调增长。大力开拓第三方存管、代发工资客户，抓住储蓄业务增长的源头。大力推进新业务跨越式发展。2009年针对高端客户营销牡丹白金卡1 835张，极大地提升了品牌效应，增加了用卡收益。集约全行营销力量开展电子银行产品推介和普及应用，结售汇、代客外汇买卖、国际结算量等主要业务品种保持30%以上的增长。下大力气拓展理财和现金管理市场，积极抢占了投资银行、企业年金和贵金属业务制高点。

五、完善职能，提升效力，加强金融服务和改革创新

全面开展“服务品质提升年”活动，动员全行深化服务理念、提高服务效率、改进业务流程、改善网点功能、增强金融服务供给能力、提升中高端客户服务价值。全省有1家机构荣获全国银行业“百家服务示范单位”称号，有3家机构荣获总行“百佳服务机构”，有3名个人荣获总行“百佳服务标兵”。积极推进工商银行品牌建设和管理创新，把品牌建设作为一项战略工程，协调推进产品品牌、服务品牌、网点品牌以及理财团队品牌的综合建设。稳步探索省行营业部管理体制改革，增强对大型客户的直销服务能力，提高综合金融服务能力，初步建立了更有效率、分层明确、管理清晰、竞争有力的体制架构。启动和实施了业务集中处理、监督体系、远程授权体系和报表集中四项改革，实现了集约化、标准化、专业化的业务处理模式，形成了“前台全面受理，后台集中处理和管理”的运营格局。

六、不断提升管理和内控水平，保障和促进稳健经营

坚持把加强全面风险管理与内部控制作为业务健康发展的基础工程。一是牢固树立过“紧日子”的思想，切实加强财务费用管理。按总行授权要求，全年差旅费同比下降17.40%，会议费下降5.70%。同时进一步规范公务接待和公务消费标准，压缩差旅费、会议费、业务招待费等行政管理开支。二是进一步完善全面风险管理体系。强化授权控制，完善前中后台事权划分，提升风险控制决策层次。统筹做好全面风险管理政策制度向二级分行延伸工作，实现操作风险集中管理和分散控制。完善客户投诉处理和公关危机处理机制，大力提高未执行积案处置力度，有效防范诉讼风险。三是改进和强化内部监督检查机制。继续推动“合规文化建设”，进一步完善《业务操作指南》日常管理机制，切实贯彻实施好《员工违规行为处理暂行规定》198条的贯彻学习，通过继续开展“学规定、促发展”活动，有效监督操作环节作业风险。全年实现二级分行行长全部按期交流，同时轮换关键岗位人员1 644人次，对132名关键人员实施了强制休假。四是强化案件专项治理。在四平、通化分行深入开展“强化管理行活动”试点工作，探索了以营业网点为基础从根本上遏制案件发生的新路子。通过持续加强案件专项治理，严格落实了案件防范责任制，有效防止经济案件反弹和大案要案发生，全年实现了零案件目标。

七、加强党的建设和员工队伍建设

一是加强领导班子和基层党组织建设。按照总行党委建设“四好班子”的要求，高标准地加强各级领导班子建设。着力解决好各级班子的经营理念、职业操守和能力素质问题，不断培育和提高基层班子稳定全局、市场拓展、风险管理以及驾驭现代金融企业经营管理复杂局面的能力。二是深入推进反腐倡廉建设。认真贯彻中纪委三次全会精神，严格落实党风廉政建设责任制和

领导干部诫勉谈话、述职述廉、有关事项报告制度，健全反腐倡廉长效机制。三是全面挖掘人力资源潜能。制定并实施《员工跨区域流动实施方案》，2009 年全省累计向省分行营业部流动各类员工 74 人，进一步盘活人员存量，提高人员效能，不断优化人力资源区域、专业、岗位和素质结构。四是积极营造和谐稳定发展环境。以落实信访维稳责任制为主线，进一步加大矛盾纠纷排查调处和源头治理力度。

黑龙江分行

行长　李久新

【业务指标完成情况】

2009 年，黑龙江分行实现拨备前利润 10.13 亿元，同比增盈 0.84 亿元；拨备后利润 12.87 亿元，同比增盈 1.95 亿元；各项存款比年初增加 324.77 亿元；各项贷款比年初增加 141.91 亿元。不良贷款余额比年初下降 13.41 亿元；不良率为 3.45%，比年初下降 2.46 个百分点；清收处置不良贷款 15.47 亿元。实现中间业务收入 8.22 亿元，同比增加 1.87 亿元。信用卡存量达 104.59 万张，当年新发卡 34.79 万张，实现信用卡消费额 97.73 亿元；电子银行收入 6 543.18 万元，新增网上银行企业客户 8 774 户，新增网上银行个人客户 38.06 万户，网上银行交易额 21 456 亿元；新增企业年金签约客户 38 户，新增管理年金个人账户 25 万户，新增资产托管资金 231.47 亿元，资产托管业务收入 1 807 万元。

【主要工作措施】

一、抢抓机遇，积极开拓优质信贷市场

一是积极做好营销服务工作，抢抓优质大项目贷款。通过上下联动和内外协调，加大营销服务力度，做好重点行业优质大项目的信贷服务工作。其中，赢得黑龙江省有史以来最大一单基础设施项目——哈大齐客运专线项目银团贷款主办行地位，牵头筹组贷款 180 亿元；获批交通厅 8 条高速公路项目银团贷款 90.45 亿元，抢于竞争对手之前投放贷款 32.58 亿元；对哈尔滨城市投资集团三环路等 6 个项目投放贷款 30 亿元。二是组合运用项目贷款、项目前期和项目搭桥贷款。成功投放以交通、煤电、城市基础设施为主的 57 个重点项目，新投放贷款 231.89 亿元。三是强化源头营销，积极构建银政合作平台。通过政府源头上的支持，积极抢占优质信贷项目。四是从机制入手，积极发展个人信贷业务。以个人住房贷款为重点，突出个人消费贷款特色。在营销机制上采取全员、全网点营销模式；在审批机制上，采取“限时”和“驻点”相结合的审批制度；在激励机制上采取前台、中台、后台捆绑激励制度；在考核机制上采取“直通式”监测考核机制；在用人机制上采取客户经理职级评定制度。当年投放个贷 75 亿元，投放量同比增长 150%；新增个人贷款 38.30 亿元，是上年增量的 8.90 倍。

二、夯实基础，不断提升存款业务竞争发展能力

一是多策并举，狠抓储蓄存款。加大代发工资业务营销力度，开拓工资性资金市场；锁定个体私营业主及中小商户，开拓经营性资金市场；开展银行服务进政府、进企业、进社区、进学校、进医院活动，争揽公共事业资金市场份额；突出业务联动，开拓投资性资金市场；充分利用个人理财、结算、资产业务等创新手段竞争储蓄存款。当年储蓄存款余额和增量列省内同业第一和东三省首位。二是突出重点，狠抓对公存款。重点加大对财政、社保、证券等重点机构客户的营销力度；积极协调省政府发改委大项目办，争取新增投资大项目落户。同时分析各地扩大内需项目资金流向，加强联动，抢抓项目资金；对客户流失实行严格问责，召开专题会议助推营销工作；积极开展竞争优质客户竞赛活动。对公存款余额和增量同业占比均为第一。

三、突出重点，全力清收处置不良贷款

一是采取不良贷款集中清收处置模式。在省行营业

部等7个二级分行成立不良贷款清收处置中心，将单户企业不良余额在1 000万元（含）以上或余额在1 000万元以下但清收一年以上仍无效果的不良贷款全部集中到清收中心管理，实施人员集中、管理集中、清收处置集中，逐户分解落实清收计划和责任。全年累计清收处置1 000万元以上不良贷款10.93亿元，清户18户，占清收处置总额的70.65%，成效显著。二是强化重点行和重点项目的督办清收。以省行营业部、齐齐哈尔等7个不良贷款大行为重点督办行，加大督导和考核力度，推动清收。三是明确重点，推进大额不良贷款清收处置工作。对于5 000万元以上大额不良贷款，上下联动，逐户制订清收处置方案，省行直接参与不良贷款大户清收工作，与债务人协商谈判，落实还款。全年累计清收处置5 000万元以上大额不良贷款6.82亿元，清户4户。

黑龙江分行荣获黑龙江省政府“促进地方经济社会发展先进单位”称号。

四、加强营销，巩固区域“第一零售银行”地位

一是抓住基金、保险、结算、理财、灵通卡等个金五大高收入业务品种，积极开展营销活动。通过与优秀基金公司合作，开展“基金定投，伴你‘童’行”营销活动。与重点保险公司深度合作，开展“财富人生，保障一生”保险营销活动。开展“灵通快线”等理财产品营销劳动竞赛活动，全力打造“灵通快线”等理财产品品牌形象。全年共营销各类个人理财产品432.50亿元，居同业第一和东三省首位；开展“牡丹灵通卡，我用我灵通”营销活动。加快联名灵通卡推广工作，推广中油灵通卡、携程灵通卡等10个联名灵通卡项目。灵通卡新增发卡量及交易额均保持同业第一。

二是银企合作，加大促销，推进信用卡业务发展。成功与中国移动黑龙江分公司、黑龙江省地方税务局、黑龙江省国家税务局达成项目合作意向；与中保财险黑龙江分公司拓展了“见费出单”和财务POS机合作领域；成功投产中央预算单位公务卡项目；联手当地多家知名商场发放联名卡，打造特惠商户圈初见成效；与多个地市地税局合作，实现了发票和税务登记证工本费的刷卡收缴。同时通过各类促销活动进行市场推广。开展多项主题促销活动，激发客户持卡消费热情，提高动卡率，增加消费额。发卡量和消费额均为同业第一。

三是拓展电子银行业务领域。通过与中石油、联通公司、哈药集团、省交通厅、各大保险公司及政府部门等重点大客户的合作，拓展银企互联、网银代收代付、企业电子银行解决方案、电子政务在线支付等市场领域，快速发展电子银行业务。

四是开展“体验工行产品，服务优质客户”组合营销活动。以中高端客户为目标，发挥网点优势和信息系统优势，通过1 + X组合营销模式不断提高全行金融产品的使用率和渗透率，提升优质客户的综合贡献度和忠诚度，促进个人金融、银行卡和电子银行业务的同步快速发展。

五、强化管理，努力提高全行经营效益

一是加强资产负债管理，提高资金运营收益。灵活调度资金，加速周转、提高效益。在保证各项资金需要的同时，把握好资金余缺。积极拓展新业务，融资性存放同业业务快速发展。全年先后与省农业发展银行等同业客户办理融资性存放同业业务37笔、金额390.40亿元，实现利息收入1亿元。

二是安全稳健发展票据业务。通过应用票据综合管理系统，实现对票据融资业务操作全过程的有效监控。监测托收票据逾期情况，发出催收通知，确保到期票据及时收回票款。制定完善票据业务风险管理制度和操作实施细则，规范业务操作。开展票据业务专项检查，杜绝违规操作，严控风险。全年累计买入贴现票据868.10亿元，同比增加270.40亿元，实现净利息收入7.55亿元。

三是加快中间业务发展。在巩固原有中间业务市场的基础上，加快产品创新步伐，开展中间业务收入空白科目“扫零”工程，召开中间业务工作现场会，推动全行增收工作开展。同时，加强中间业务收费管理，严格控制各项收费减免。做好第三方存管业务市场挖潜工作，发挥资源优势，强化与招商、国信、银河、海通等重点证券公司的合作及业务拓展，竞争他行银证客户，

努力提高在银证市场的业务占比。进一步扩大财险公司合作范围。先后与天安保险、中国人寿财险、平安财险、太平财险公司签订了全面业务合作协议，与阳光财险、太平财险签订了专项产品合作协议，拓展对公财险合作领域，丰富业务合作品种。大力营销企业年金业务，以农电系统客户、授信A级以上企业客户为切入点，细分目标客户，做实名单制，有针对性地开展营销，提高营销成效。

六、依法合规，扎实抓好内控外防工作

一是开展内控合规检查工作，确保经营稳健发展。开展多项业务制度执行情况、业务运营情况大检查以及非现场审计工作，规范操作行为，有效防控风险，推进“学规定，促发展”教育活动的深入开展。二是案防工作创新思路、效果显著。组织“珍惜职业生涯，远离经济犯罪”警示教育巡回演讲，活动形式新颖、教育面广、反响热烈，经总行推荐到9个省巡回演讲，得到总行及各相关分行的好评。党风廉政建设、精神文明建设和企业文化建设扎实推进，全面推行支行行长坐班制，有效提高案件防范和服务工作成效。三是安全保卫工作扎实严谨。开展安全防范教育，组织基层进行防爆、消防演练，抓住网点、金库、保安守押、监控等重点环节，全力抓好“大冬会”和新中国成立60周年等敏感时期的安全保卫工作。四是加强内控体系建设，提升业务操作规范化水平。加大对违章违规行为排查和处罚力度，构建形成“全行重视、全员参与、全面覆盖、全程控制”的内控氛围，内控等级评价由三级行晋升为二级行。内控外防工作成效明显。全年无经济案件、无重大差错事故发生，成功堵截外部欺诈案件13起、金额2.54亿元。

上 海 分 行

行长　沈立强

【业务指标完成情况】

2009年，上海分行实现拨备前利润151.84亿元，超额完成总行计划。本外币贷款余额3 695亿元，增加627亿元，增长20.43%，实现历史性跨越。其中，人民币贷款余额3 452亿元，增加550亿元，居同业第一，增长18.93%。本外币全部存款余额9 542亿元，增加1 519亿元，增长18.93%，继续保持规模和增量省内四大行第一的优势地位。其中，人民币全部存款余额9 220亿元，增加1 529亿元，居同业第一，增长19.87%。中间业务收入48.18亿元，增加12.41亿元，增长35%，在同业遥遥领先。不良贷款余额为40.84亿元，不良率为1.11%，连续12年实现双下降。

【主要工作措施】

一、解放思想确立愿景

把解放思想作为推动各项工作的总阀门，以思想的大解放促进竞争力的大提升、业务的大发展。紧紧抓住两个中心建设的历史机遇，克服国际金融危机的不利影响，敢于亮剑，自我加压，以提升竞争发展能力为主旋律，进一步增强晋位争先的竞争发展意识。确立上海分行三年发展愿景，以提升市场竞争力为核心，以创新发展为突破，以深化管理为保障，三年三步走，努力打造成为“同业领军、系统最优、世界一流”的旗舰行，为全行加快发展注入新的动力。

二、优化配置激发活力

统筹人力、财务、网点等各方面资源，加大对重点项目、产品、业务发展的支持力度。按照“谁营销、谁受益”的原则，制定中间业务发展奖励办法，把营销成果落实到个人，充分调动发展业务的积极性。出台表外清收奖励办法，加快不良资产清收处置转化，胜诉积案清理工作成效显著。优化业务流程，强化分支行、前后台捆绑联动机制，促成营销合力。坚持“四不讲”，引导人员从二线向一线、从后台向前台、从管理向营销岗位转移，全行营销人员占比提高1.60个百分点。突出市场竞争力的考核导向，敢于自我加压，促进以更高的目标实现整体的协调发展。

三、强化管理夯实基础

认真总结案件教训，开展查漏排疑，消除风险隐患。积极整改，进一步完善业务制度办法，推进网点操作规范化管理。开展警示教育活动，增强内控案防意识。加强员工行为动态管理，努力形成管人和管事相结合的内控管理机制，切实提高案件防控水平。率先投产业务集约化、风险点监督体系及远程授权三大改革项目。率先实现个贷电子化审批。推进审批垂直集中管理和专职审议制度。推进报表集中管理，加快统计工作集约化。落实总行信贷业务现场检查要求，提高基础管理工作水平。

2009年8月27日，上海分行行长沈立强在2009上海金融业服务中小企业洽谈会上向各界介绍工商银行情况。

四、创新发展合作共赢

一是先行先试，业务创新再发展。成立产品创新部，推出网上供应链融资、第三方存管直通车等新项目。办理上海首单跨境贸易人民币结算业务，成功开立系统内首个NRA账户。完成系统和同业首单并购贷款，叙做国内第一单外资并购财务顾问业务。社保缴费项目正式实施，成为社保财政专户和缴费账户的唯一存款行。企业年金、托管和第三方存管业务快速发展，全球现金管理和贵金属业务取得新突破。二是借力发展，业务合作更深化。配合总行与上海市政府签订战略合作协议，挂牌成立工商银行上海航运金融中心。进一步加强与总行在沪机构、金融同业的合作，跨境、跨市场、跨机构业务成效显著。

五、以人为本文化兴行

认真开展深入学习实践科学发展观活动，各级行各部门用科学发展观指导实践的能力得到锻炼和提高。倡导“以人为本、科学发展、和谐发展”的主旋律，积极拓宽员工职业发展通道，启动中年员工培训计划，有效激发广大员工积极性。成立企业文化部、举办纪念建党88周年，庆祝新中国成立60周年、评选表彰“感动工行——上海分行十大好人好事”、启动行史编写等系列大型企业文化活动，弘扬优秀文化。推进凝聚力工程，着力把业务发展和人的发展结合起来，构建员工与企业和谐发展、共同成长的价值体系。开展“警银携手 共创世博平安”，身边银行进社区、校园行活动，开通i频道，提升工行品牌形象。

江 苏 分 行

行长　孙持平

【业务指标完成情况】

2009年，江苏分行实现拨备前利润159.24亿元，拨备后利润157.24亿元，净利润117.90亿元，均实现了正增长；经济资本增加值83.32亿元，经济资本回报率38.20%。本外币各项存款加同业存放余额为6 301.79亿元，新增1 255.01亿元，增长23.38%。本外币各项贷款余额为4 561.27亿元，新增865.40亿元，增长23.40%。实现中间业务收入49.49亿元，增长39.17%，占营业净收入的比重为23.10%，本地四行占比26.65%，列四行第一。不良贷款余额为36.90亿元，不良率为0.81%，分别较年初下降2.17亿元和0.25个百分点。

【主要工作措施】

一、适应形势变化，同步推进信贷总量增长和风险控制

一是围绕国家“保增长、调结构”的要求，切实加大信贷支持力度。全力支持重大项目建设，全年新增项目贷款382.31亿元，占公司类贷款增量的67.60%。理顺小企业金融业务体制，开展专业化经营试点，新增小企业客户903户、贷款125.71亿元。推广“2+2+1”个贷审批流程，实行开发贷款与个人按揭的联动发展，个人贷款客户总数达到50.50万户，贷款余额1 132亿元，分别比年初增长18.80%和38.20%。积极发展融资新品，贸易融资表内余额361亿元，占流动资金贷款的比重提升至23.77%；新投放固定资产支持融资项目20个、贷款26.33亿元。加快实现信贷大行向信用大行转变，资产转让业务、理财产品发行和表外业务加速发展。

二是切实加强信贷风险管理。严格执行国家产业政策和总行行业信贷政策，强化行业限额管理，实行环保一票否决制。开展地方政府财政偿债能力评价，研究出台纺织、电子、光伏、粮油等行业信贷掌握意见，加强和改进审批管理和贷审会职能，严格控制准入风险。完善大户动态监测体系，研究“担保圈”风险防控途径，明确重点关注的十类小企业客户风险。根据形势需要，及时开展信贷大检查，抓好发现问题的问责处罚和整改落实。全面推广信贷业务电子化作业，完善信贷管理达标考核，进一步加强信贷基础管理。

三是加快潜在风险贷款退出和不良资产处置。全面开展信贷客户风险排查和客户分类，把潜在风险贷款退出计划与二级分行行长绩效考核和利润考核挂钩。完善不良资产处置问责，调整风险评价的考核权重，增强不良贷款处置压力。全年退出和转化潜在风险贷款55.27亿元，累计处置不良贷款27.73亿元，现金清收19.11亿元。

二、大力竞争存款和中间业务市场，着力推进协调发展

一是加大储蓄存款的竞争力度。实施目标客户名单制管理，深入开展项目攻关计划，着力构建代发工资业务发展的长效机制。大力营销储蓄关联型产品，做大储蓄增长的“资金库存”，促进客户资金封闭运行。启动专业市场拓展工程，研制投放“银商通”POS机具1.30万台。加强与工商局、房管局、拆迁办等部门的联系，大力竞争企业改制费、改造拆迁款、企业年终分配等批量储蓄市场。年末储蓄存款余额2 850.74亿元，比年初新增464.56亿元。

二是强化对公存款的营销竞争。实行对公存款分部门考核，落实有贷户、无贷户、机构户的增存计划，强化省分行本级对重点客户的营销维护。继续抓好有贷户货款回笼和信贷资金封闭运行，有贷户增存344.16亿元。量质并举开展新开户营销活动，新拓展客户5.40万户，带动公司无贷户增存178.44亿元。积极竞争公积金、医保、校园卡等项目，机构客户增存215.56亿元。

三是巩固理财和代理业务市场领先地位。抓住资本

市场和贵金属市场活跃度明显增强的机遇，把适销对路的理财产品作为竞争维护优质客户的重要手段，全年销售个人理财产品1 022亿元，同比增长42%。积极发展区域性理财业务，发行区域性理财产品20期，累计金额54.10亿元。大力发展代理业务，全年代理寿险业务量48.94亿元，代理财险业务量8 800万元。

四是推动投资银行和国际业务快速发展。建立和完善投行业务的项目储备、过程管理和评价机制，同步推进基础类业务和创新型业务发展，实现投行业务收入12.22亿元，同比增长79.39%。深化国际业务客户战略，推动本外币一体化经营，国际结算四行占比25.90%，同比提高1个百分点；结售汇业务量220亿美元，汇兑收益2.79亿元。

五是提高银行卡和结算业务贡献度。做大做强信用卡业务，全面推进分期付款业务，年末发卡量达到307万张，信用卡消费额312亿元，分期付款交易额35亿元，实现手续费收入1.80亿元。把国内信用证和电子回单箱作为新的增收项目，全年国内信用证开证116亿元，投放电子回单箱6.50万个。加强“财智账户”品牌宣传，成功签约总省行级现金管理客户25户。

六是提升资产托管和企业年金业务发展速度。在项目贷款中全面引入托管机制，积极拓展企业债资金托管、理财资产托管、券商定向资产管理等新业务品种，托管规模和收入大幅增长，年末各类资产托管规模775.40亿元。实行企业年金重点客户挂牌营销，全年新增企业年金客户366个，新增个人账户7.12万个。

三、深化重点领域改革创新，为可持续发展提供动力

一是实施重点县支行变革。在先期试点的基础上，及时把重点县支行改革范围扩大至18家，并采取扩大经营授权、优化业务流程、倾斜资源配置、配套激励机制等改革措施，激活重点县支行经营活力。在解决制约重点县支行发展共性问题的基础上，逐步把工作重点转到一行一策解决个性问题上来，并在县域产业集群和专业市场上取得突破。年内，18家重点县支行新增存款、新增贷款和中间业务收入贡献度同比分别提高4.33个、12.74个和2.20个百分点。二是积极抓好业务运营改革。根据总行统一部署，成立专门的改革领导小组，加强运营改革的组织领导。因地制宜推行远程授权改革，1 039个营业网点全部实现远程授权。按时完成新旧监督模式转换，初步建立风险和流程导向的监督体系。启动业务集中处理改革工作。三是加快推进网点建设和渠道优化。及时制定网点发展规划，落实年度网点装修改造计划，探索“自助+理财”新模式。全年新建贵宾理财中心和财富中心71个，改造一般理财网点和金融便利店220个，新增自助银行50个。提高电子渠道的分销能力，加快推进电话银行中心转型，全年新增ATM591台，离柜业务占比提升至52.60%。四是持续开展服务提升工程。开展“服务质量提升年”活动，制定《营业网点服务质量标准》，持续开展第三方服务质量监测检查，客户服务满意度上升为四行第二。五是进一步深化营销创新。创新营销体制机制，探索公司客户分层营销改革，深入开展综合化营销。强化产品创新管理，全年推出创新项目62个。六是建立健全激励约束机制。完善经营绩效考评制度，加大市场竞争力和盈利能力考核，实施专业部门营业贡献考核，构建纵横结合的绩效考评体系。改进营业费用管理，加大增量费用与经济增加值、中间业务收入的挂钩力度。在管理人员与木部人员考核方面引入评价量表和360度民主测评模式，全面采用业绩考核和行为能力评价相结合的考核方式。

四、切实加强内部控制和合规管理，确保安全稳定运行

一是加强内控案防长效机制建设。开展“过程管理达标年”活动，梳理排查出193个过程管理方面的问题落实整改。加强内控综合管理信息系统、员工违规违章操作记分考核办法、基层管理人员内控管理纲要、异常业务交易报告系统等各类内控工具的整合运用。二是抓好重点业务风险环节的防控。明确21个内控案防重点，积极研究改进管理的具体举措。出台网银证书操作“五必须”，积极推行“低柜、专柜”模式办理个人U盾，进一步规范开户管理。坚持不良贷款处置“双人制”、审批“集体决策制”，严格预案执行和账务管理。

江苏分行与江苏移动签订战略合作签约协议。

运用新监督体系提升业务营运的规范化水平，柜员自办业务等风险暴露水平持续下降。加强信用卡异常交易监控，处理疑似套现商户 564 家。加强票据业务风险防范，严格贸易背景真实性管理。加强新形势下安全保卫工作，积极协助公安机关堵截外部诈骗案件，得到了省公安厅的表彰。三是加大内控合规检查力度。开展重要风险环节专项治理活动，对单位结算账户开户等 6 个方面内容进行重点检查治理，认真开展企业有贷户与行内员工资金往来情况核查，完成对 94 个机构的 26 项执法监察。根据内控案防形势的变化，开展了担保公司保证金风险、贷款用途后续跟踪、法人客户归还个人贷款潜在风险、个人账户对账情况等专业检查。

五、持续推进党建和队伍建设，积极营造和谐的发展环境

一是加强领导干部队伍建设。圆满完成学习实践科学发展观活动整改落实阶段的各项工作，切实做到“三明确一承诺”。高度重视领导班子学风建设，举办首届全辖中高级管理人员读书班。根据班子结构优化和工作需要，先后对 6 家二级分行和 16 个机关部门的 50 位领导干部进行了调整和充实。在全辖开展后备干部集中选拔工作，确定省分行管理的正副职后备干部 142 人。加大机关年轻干部的培养力度，继续组织安排机关青年员工赴基层锻炼。严格落实党风廉政建设责任制和“三项谈话”制度，促进管理人员廉洁自律。

二是加强员工队伍建设。做好人员总量规划和进出管理，全年择优录用大学毕业生 376 人，招聘劳务人员 562 人，优先补充销售类紧缺人员和苏南地区、重点县域的人员缺口。通过与知名高校合作办班等多种形式，分类开展管理人员、专业人员和一线柜员的教育培训工作，全年共开办培训班 1 461 期，培训 7.46 万人次。加快客户经理队伍建设，年末客户经理总人数达到 3 490 人，比年初增加 586 人。推进中年员工职业振兴计划，累计脱产培训中年员工 2 672 人。

三是加强企业文化和思想政治工作。召开分行第一届职工代表大会，保障了员工的参与权、知情权和监督权。积极开展争先创优和文明创建活动，1 家二级分行荣获省五一劳动奖状，2 名员工获得全国金融五一劳动奖章，3 个单位荣获省财贸工会“工人先锋号”称号。举办庆祝新中国成立 60 华诞歌颂大会、纪念改革开放 30 周年暨工行成立 25 周年文艺汇演，开展向“感动工行”员工学习活动和弘扬“铁人”精神活动，进一步激发广大干部员工的工作热情。充分发挥党政工团的桥梁作用，积极开展困难员工救助和劳动模范慰问，妥善处理各类信访诉求，总体保持了和谐稳定的经营环境。

浙 江 分 行

行长　徐新桥

【业务指标完成情况】

2009 年，浙江分行实现拨备前利润 149.83 亿元、拨备后利润 153.05 亿元，拨备后利润比上年增加 2.10 亿元，增长 1.39%。存款增量首超千亿元，新增人民币存款 1 027.09 亿元，其中对公存款增加 650.25 亿元，储蓄存款增加 438.48 亿元，外币存款增加 3.25 亿美元；贷款投放再创新高，本外币各项贷款新增 795.98 亿元，综合资产池、行内银团、信托 + 理财等转出因素实际新增 1 041 亿元，为历年之最。全行资产利润率为 2.68%，成本收入比 23.93%；中间业务收入达到 44.60 亿元，占营业净收入的比重达到 19.78%，同比提升 4.77 个百分点。全年分别实现投行和公司业务收入 11.22 亿元和 5.18 亿元，销售对公和个人类理财产品 1 553 亿元和 3 122 亿元；新增现金管理客户 3 656 户，营销 NRA 账户 280 户，签约全球现金管理客户 5 户；累计办理国际结算业务 349.58 亿美元，国际结算省内四行占比 24.98%；信用卡达到 278.58 万张，净增 66.40 万张，累计直接消费金额 375.97 亿元，同比增长 82.73%；个人和企业网银客户分别新增 101.85 万户、2.77 万户，累计交易额达到 12.86 万亿元，同比增长 104.30%，新增 WAP 手机银行客户 86.60 万户；新增

年金客户178户，新增账户管理人数3.60万户，新增托管资产422.14亿元；不良贷款实现双降，不良贷款余额和比率分别比年初减少13.38亿元和下降0.59个百分点；经营绩效持续领先，浙江分行连续第十四年在总行经营绩效考评中位居系统内一级分行第三、省级分行第一。

【主要工作措施】

一、引导全行坚定信心，有力推进可持续发展

面对错综复杂的经济金融形势和经营发展中的新情况、新问题，浙江分行加强对形势的研判，充分估计困难和挑战，增强忧患意识，全面认识有利条件和积极因素，危中识机，着力打好“三大战役”；强调责任意识，要求全行越是困难多、挑战大、压力重，越要讲责任、重责任、尽责任，越要迎难而上、奋发有为；推进思想解放，倡导辩证思维、端正经营思路、开启创新思想，深化对商业银行经营规律的认识；把加快创新和改进服务作为突破口，努力跨越多年高位运行后的发展“平台期”和盈利“瓶颈期”制约，确保浙江分行始终沿着可持续发展的道路前进。

二、紧扣中心力拓市场，切实提升核心竞争力

在信贷市场拓展上，浙江分行把扩大信贷有效投放作为贯彻落实扩内需保增长的重中之重和抢抓新一轮经济结构调整机遇的关键举措，大力拓展符合国家政策导向的铁路、电力、城建等基础设施贷款和龙头企业技改贷款，探索新农村建设和现代服务业等新兴市场，有效支持了地方经济的快速复苏；准确把握经济金融良性互动发展的结合点，积极推进小企业“五化”专营，创新推出小微企业信贷模式、“小额贷”和小企业固定资产支持贷款，大力发展网络融资业务，推进贸易融资替代银行承兑汇票和一般流动资金贷款，积极发展个人贷款，以信贷结构的调整促进经济结构的优化升级。在存款市场拓展上，充分利用全行服务渠道和综合竞争优势，以存贷通、商务伴侣、收款管家等创新产品竞争和挖掘客户，充分运用综合金融服务方案维护系统存款客户，积极应对财政、社保资金管理体制改革，推进账户扩户、客户扩面开辟存款新增长点，各项存款增量创历史新高。与此同时，大力发展中间业务、新兴业务，通过完善考核机制、开辟新的增长点，确保了中间业务各项指标的实现。

三、全力强化风险防控，确保资产优质和安全经营

坚持开拓市场与防范风险的统筹兼顾、有机统一，根据宏观调控方向、重点和力度的变化，多次调整贷款增长计划，较好地体现了国家的政策导向和监管部门的要求；推进“信贷管理年”活动，加强信贷基础建设，实施客户名单制管理，制定房地产、城建、纺织、PTA等11个行业指导意见；加强信贷风险定期排查，对新发放贷款、政府背景贷款、房地产贷款等开展专项检查，规范整顿银票业务，严肃处理信贷违规行为；强化集团关联客户的风险控制，对20个集团53个重点关注大户逐户开展分析，对27.70亿元大户隐性不良融资进行了重组，多途径化解担保圈风险，以法律手段促清收转化，打赢了资产质量保卫战。严防案件风险，开展“学规定、促发展”教育活动和“三严守”防案主题教育；通过层层签订责任书、深化内控防案述职工作、实施执法监察等进一步落实各级管理人员案件防范工作责任；开展部分重要业务、案件风险“百日大排查”和“回头看”等重点检查，加强操作风险监测、分析和提示，注重发现问题的后续跟踪检查和整改工作；落实八个重要风险点防控治理责任，加强对银企对账、按揭贷款、开户管理、网上银行等重要风险点的防控治理工作；发挥营业经理守口把关作用，加强外部欺诈案件防控；组织开展员工行为动态重点排查及员工经商办企业专项排查，制定“五严禁”规定，进一步规范员工从业行为；围绕人防、物防、技防、消防持续加强安全保卫工作，确保全行安全经营。

四、积极深化各项改革，实现经营发展新突破

2009年，浙江分行通过加快转型促进多元化发展，在巩固主要业务领域同业领先地位的同时，保持了绝大多数新兴业务的省内领先优势，全行的业务结构、收益结构、客户结构、渠道结构也得到了很大改善。通过深

2009年5月11日，浙江分行与浙江省铁路投资集团有限公司签订银企全面战略合作协议。

化改革突破经营发展中的瓶颈制约，开展业务集中运营改革、远程授权改革和监督体系改革，优化了业务流程；实行报表集中改革，累计上收和停报支行系统外报表1 480张；实施授信审批垂直管理，完善了前台、中台、后台分离的信用风险管理体系；推进县支行变革计划，扩大支行业务授权，简化审批流程，激发了经营活力。通过服务的改善来竞争客户、赢得市场，加快物理渠道建设，全行新设自助网点75家，装修改造网点139个，新增ATM470台、自助终端563台，网点分层营销服务体系基本形成；电子银行网络更加健全，产品应用深入推进，实现了企业网银自助结汇，自助终端、工行信使、WAP手机等功能更加丰富，业务离柜率达到56.47%；强化科技对经营管理的支撑，研发投放牡丹畅通卡、收汇理财通、个金新干线等59个创新产品，设立产品创新客户体验区，满足了不同客户多元化、个性化的金融服务需求；扎实推进服务大提升活动，显著提高“95588”热线服务能力，为全行服务品质的提升注入了新的内涵。

五、加强和谐银行建设，充分发挥党建和队伍建设的保障作用

2009年，浙江分行巩固和发展学习实践成果，加强“四好班子”建设，开展“克难攻坚作表率、我为党旗添光彩”主题教育活动，积极探索现代金融企业党建工作新路子，认真贯彻落实党风廉政建设责任制，深入推进惩治和预防腐败体系建设，较好地发挥了各级党组织和党员在应对金融危机中的先锋模范作用。实施人才强行战略，制定三年人力资源规划，加强后备干部队伍管理，完善员工绩效和岗位任职资格，保持人员适度增长，全行从业人员净增420人，其中销售类人员净增536名，优化了人员配置结构；重视队伍素质提升，实施管理人员“提高执行力”培训、“316”核心专业人才培训、“345”中年员工职业技能振兴培训和模拟银行培训，开展全省首次岗位资格认证考试。多形式多渠道宣传浙江分行企业文化，评选表彰“中年岗位标兵”，举办职工运动会，关心困难员工、内部退养人员和离退休老同志生活，和谐银行、温馨家园建设取得了积极成效。

安徽分行

行长　朱文信

【业务指标完成情况】

2009年，安徽分行实现拨备后利润39.74亿元，同比增长10.64%，完成总行下达全年计划的105.12%。实现经济增加值（EVA）20.28亿元，同比增长9.87%，完成总行下达全年计划的103.06%。本外币各项存款余额为2 307.54亿元，比年初增加399.70亿元，增长20.95%。其中，人民币存款增加385亿元，完成总行下达全年计划的159.75%。存款余额和新增额在省内四行占比分别为33.06%和30.41%，均居首位。销售各类个人理财产品（不含灵通快线）261.56亿元，完成总行下达全年计划的139.87%。销售对公理财产品1 157亿元，是总行下达全年计划的3.85倍。本外币各项贷款余额为1 505.13亿元，比年初增加307.78亿元，增长25.70%；贷款余额和增量在省内四行占比分别为37.15%和31.53%，均居首位。实现中间业务收入11.97亿元，同比增加2.29亿元，增长23.70%；中间业务收入在省内四行占比为34.83%，居首位。

【主要工作措施】

一、全力竞争优质市场

一是大力拓展优质信贷市场。认真贯彻落实国家宏观调控政策和总行行业信贷政策，抢抓安徽信贷市场机遇，统筹安排信贷资源，促进信贷业务持续均衡快速发展。积极竞争中央投资主导的大项目，筛选了铁路、高速公路、城建及优秀制造业等176个项目作为重点营销目标，加大项目贷款投放力度，累计投放项目贷款279.40亿元，同比多投放93.40亿元，创历史最高水平。加快国内贸易融资业务发展，累计办理国内贸易融资162.80亿元，同比增长94.70%；年末国内贸易融资

余额达 68.40 亿元，比年初增加 28.90 亿元，增长 73.16%。积极拓展小企业信贷市场，累计投放小企业贷款 124 亿元，小企业贷款余额达 79.76 亿元，比年初增加 25.36 亿元，增长 46.62%，同比多增 20.36 亿元；小企业贷款客户数达 1 385 户，比年初增加 356 户。积极营销优质房地产企业和项目，累计投放住房开发贷款 67.37 亿元，贷款余额比年初增加 23.11 亿元；发放商用房开发贷款 1.50 亿元，实现商用房开发贷款零的突破。积极开展个人按揭贷款营销，深入挖掘县域市场按揭资源和纯按揭项目资源，同时稳步发放消费贷款和个人经营性贷款，个人贷款比年初增加 167.51 亿元，增长 57.63%，增量和增幅均居系统内一级分行第 7 位。创新发展票据业务，累计实现票据买入量 282.92 亿元，创历史新高，同比增加 113.92 亿元，增长 67.41%。

二是积极推动各项存款快速稳定增长。紧紧围绕同业占比第一目标，实施存款工作问责制，动员全行积极争揽各类存款。积极完善储蓄存款营销策略，重点加强代发工资业务和第三方存管客户资金营销，实现储蓄存款持续快速增长。全年新增人民币储蓄存款 153.98 亿元，完成总行下达全年计划的 133.90%，增量连续 12 个月位居同业首位，是全国工行系统中增量市场同业占比第一的 9 家分行之一。进一步完善公司存款分部门管理，实行百万元以上客户分级负责制，大力推动公司存款业务发展，全年新增公司存款 124.31 亿元，日均增加 91 亿元。积极争揽各类政府资金、住房公积金、住宅专项维修资金、新的信托计划资金等，促进机构和同业存款持续稳定增长。在促进存款快速增长的同时，加大活期存款考核权重，积极争揽低成本存款，存款利息提取率同比下降 0.62 个百分点。

三是积极打造更高标准的“安徽第一零售银行”。进一步深化对“第一零售银行”的认识，实施了考评体系 3.0 版本，即在保持个人金融资产新增额第一的同时，要求储蓄存款增量市场占比也必须达到第一。年末，零售银行 4 大类业务 9 项市场占比指标均居同业首位，在确立“安徽第一储蓄银行”的基础上，实现了真正意义上的“安徽第一零售银行”，全面完成安徽第一零售银行建设三年目标任务。

四是加快推进中间业务和新业务发展。通过抓规模、抓短板、抓重点和抓推动，实现了中间业务收入持续快速增长。实现投行业务收入 25 942.30 万元，同比增长 33.18%；新增企业年金签约客户 30 户，托管资金增加 80 亿元。加大结算产品营销力度，实现会计结算中间业务收入 1.56 亿元，新增现金管理客户 5 334 户，累计销售品牌金 401.87 千克。新发信用卡 73.70 万张，同比增长 54.20%；实现消费交易额 153.20 亿元，同比增长 97.70%。新增灵通卡 148.85 万张，同比增长 42.71%；实现灵通卡消费额 238.07 亿元，同比增长 88.13%。全年新增电子银行客户 138 万户，同比增长 41.10%；实现交易金额 4.90 万亿元，同比增长 32.40%。销售基金 139.25 亿元，居全系统一级分行第 10 位。累计办理国际结算业务 49.53 亿美元，外汇资金业务 23.01 亿美元，国际贸易融资 10.54 亿美元；新开 NRA 业务账户 59 户。

二、加快优化经营结构

一是调整优化贷款结构。印发了《关于进一步调整信贷结构的意见》，进一步明确信贷结构调整目标任务和具体措施，同时完善信贷结构调整工作考评办法，将考评结果纳入二级分行经营绩效挂钩考核，全力促进信贷结构优化调整。年末，在全部贷款中，个人贷款和小企业贷款占比分别为 31.68% 和 5.39%，分别比年初提高 6.16 个和 0.82 个百分点；AA－级（含）以上公司客户优质贷款占比 75.81%，比年初提高 3.72 个百分点。贸易融资余额占流动资金贷款余额的比重为 31.09%，比年初提高 15.70 个百分点。

二是调整优化客户结构。在努力扩大客户数量的同时，重点拓展优质客户，优质客户占比进一步提高。年末，AA－级以上优质公司信贷客户占全部信贷客户占比为 38.48%，比年初提高 10.34 个百分点；百万元以上对公存款客户数达 7 139 户，比年初增加 821 户；个人中高端客户达到 70.80 万户，比年初新增 10.30 万户，中高端客户占比为 9.50%，比年初提高 1.20 个百分点。

安徽分行举行小企业金融服务机构揭授牌仪式。

三是调整优化收益结构。在保持信贷业务收益对盈利重要支撑作用的同时，努力提高非存贷利差收入占净收入的比重，进一步形成了多元化收入增长格局。实现非存贷利差收入26.17亿元，占营业净收入的39.46%，同比提高4.64个百分点，其中，中间业务收入占营业净收入的18.05%，同比提高3.38个百分点。

四是调整优化人员结构。适度压缩管理类、专业类人员占比，提高销售类人员占比，年末管理、专业、销售、运行四类人员的占比分别为16.48%、30.33%、15.80%、37.39%，销售类员工占比提高2.21个百分点。积极推进人员跨区域有序流动，组织实施了260名员工跨区域流动。

三、全面加强风险防控

一是强化全面风险管理。组织制定了全面风险管理2009—2011年规划。修订完善风险管理评价实施细则，调整了部分评价指标内容，风险评价指标体系更加科学完善。开发投产全面风险管理信息分析系统，获总行科技进步推动三等奖。按季开展对二级分行风险管理评价工作，提高了二级分行主动加强全面风险管理的积极性。

二是加强信贷风险管理。进一步提高信贷政策覆盖面，对33个行业626户客户实施分类管理，逐户明确信贷掌握意见，覆盖公司贷款余额的94.04%，比上年提高8.30个百分点。严把贷款准入关和投放关，积极优化信贷投向，同时加强绿色信贷建设，新增贷款质量不断提高。认真组织开展各类信贷业务检查，针对发现问题积极抓好整改落实。进一步规范信贷业务操作，前移作业监督职能，继续实现信贷业务监督率和资料合格入库率“双百”目标。逐户制订潜在风险贷款压降方案，加大考核督促力度，累计退出和转化潜在风险贷款41.13亿元，完成总行下达全年计划的108.20%。着力化解担保圈客户贷款风险，担保圈客户保证贷款比年初下降6.07亿元。切实防控贷款大户风险，加快不良贷款清收处置进度，累计清收处置不良贷款12.73亿元，其中现金清收6.68亿元，分别完成总行下达全年计划的115.73%和334%。

三是加强操作风险和市场风险管理。深入开展了部分重要业务检查和全面业务检查，认真抓好检查发现问题整改落实工作。制订全年操作风险专题报告序时计划，明确重要风险点和关键环节，完善管理措施，及时消除风险隐患。加强对账工作管理，面对面对账、余额对账和网银对账率分别达100%、99.26%和97.13%。严格营业经理管理，有效解决了兼职现象。全面开展财务工作检查，加强应税事务管理，进一步提高了财务核算水平。

四是切实加强内控外防。深入实施打造内部控制“一级行”工作，全面提升内部控制水平。制定《内控关注点管理办法》，明确年度内控管理重点关注点，切实提高了内控管理针对性。加大案件防范工作力度，全面分解落实重要风险点防范治理工作任务。积极开展员工行为动态排查、安全防范风险排查和部分重要业务排查等“三项排查”活动，切实消除了风险隐患。严格落实安全目标管理责任制，加强保卫工作精细化管理，强化安防设施建设与管理，突出抓好ATM自助机具的风险防控，实现了安全运营。

四、扎实推进改革创新

一是深入推进内部改革。修订完善二级分行经营绩效和业务发展考评办法，进一步突出存款、贷款、中间业务收入同业占比指标的考核。加大EVA和主要业务同业占比指标在费用分配中的挂钩比重，加大对重点业务领域和渠道建设的费用投入。积极稳妥地推进业务运营改革，顺利完成监督体系改革阶段性工作任务，17个二级分行全部成立了运行风险监控中心，平稳实现监管人员分流转岗；稳步推进业务集中改革，业务集中覆盖率达到38.52%，比年初提高2.88个百分点；扎实做好远程授权改革前期工作。在二级分行设立信贷管理部并完成部门职能调整，顺利完成信贷无纸化审批改革阶段性工作任务。积极稳妥地推进授信审批垂直集中管理改革，在二级分行设立了授信审批分部，在省行建立了专职审议制度。完善小企业金融业务经营管理体制，在省行、二级分行和支行分别成立了小企业专营机构。顺利完成亳州分行升格工作。认真做好后台中心（合肥）项目前期工作，并顺利实现开工建设。深入推进报表集中管理改革，报表集中编制率达82.30%，释放报表编制人员130名。

二是加快推进业务和产品创新。充分发挥业务与产品创新管理委员会的作用，完善产品创新考核办法，向总行申报业务创新项目9个。率先在全国为省内公路局设计60亿元搭桥贷款方案。为合肥建投和合巢芜高速分别设计了10亿元基础设施类理财产品发行方案和37亿元固定资产支持融资解决方案。成功争取到中鼎股份并购交易顾问业务。先后为省高速、淮南矿业、淮北盐化项目提供了结构化融资顾问服务。中标徽商集团年金受托业务，签署了首单“如意养老”客户。与工银租赁合作为奇瑞汽车提供5亿元设备融资租赁服务。积极拓展特色联名卡市场，成功发行牡丹电费卡、牡丹迎驾联名卡；创新推出两款区域性灵通卡联名卡，实现省内区域性联名灵通卡业务零的突破。深入开展公务卡项目营销，公务用卡单位达1 071家。在全国率先投产“网上大企业跨行资金管理系统”银企互联项目。成功获得省会计技术资格考试网上支付独家代理权。完成芜湖奇瑞等一批省内行业龙头企业的银企互联投产工作，新投产6个市级“财银直联”项目。

五、加快提升服务质量

一是加强服务工作管理。深入开展服务工作调查研究，全面分析服务工作存在问题，明确了进一步做好服务工作的思路和措施。在省行办公室成立了服务管理专职机构，配备专人，并在二级分行办公室设立专门服务岗位。按季开展服务工作检查，并认真抓好检查发现问题整改落实。加强对客户投诉处理工作督促检查，进一步提升了投诉回复率。加强对网点服务工作督促检查，设立服务工作“光荣榜”和“曝光台”，表彰服务工作先进典型，严格服务问题责任追究。

二是开展服务大提升活动。认真组织开展“为工行添彩　为国庆献礼”服务大提升活动，以及“百佳服务机构”和“百佳服务标兵”评选表彰活动，3家支行和3名员工分别荣获总行“百佳服务机构”和“百佳服务标兵”称号。组织开展“客户接待日”、支行负责人到网点“坐堂”办公以及客户体验等活动，扎实推进“满意在工行”主题宣传。

三是加快服务渠道建设。成立省行网点建设管理办公室，统筹推进网点建设工作，加速优化网点布局，提升网点建设标准化、规范化水平。新装修改造网点128个（含在建），迁址跟进机构13个，升格二级支行120个，设立离行式24小时自助服务网点33个，撤并低效网点4个。加快推进客户经理队伍建设，进一步完善客户经理绩效考核机制，客户经理营销和服务能力进一步提升。加强离柜渠道建设，离柜业务占比达47%，同比提高7个百分点。

六、切实加强党建和队伍建设

一是加强党建工作。扎实做好深入学习实践科学发展观活动分析检查和整改落实阶段工作，圆满完成各项任务，并组织开展了“回头看”活动。修订完善了二级分行党风廉政建设责任制以及思想政治工作量化考核办法，组织制定廉政文化建设指导意见。制定贯彻总行《建立健全惩治和预防腐败体系2008—2012年工作规划》实施方案，认真落实各项责任分工。扎实开展了“树立现代金融服务理念，打造一流金融服务品牌”主题教育活动。

二是加强领导班子和员工队伍建设。深入开展了“四好”班子考评表彰活动。积极配合总行完成省行领导班子副职后备干部选拔推荐工作，组织开展了各二级分行领导班子后备干部选拔工作，以及部分二级分行副行长和省行部室副总经理公开选拔工作。继续深化人力资源管理提升项目改革，建立完善员工晋升发展配套制度，制定并实施了高级经理和高级客户经理选聘及管理暂行办法。稳步推进绩效管理改革，进一步加大对销售类和一线员工的薪酬激励。进一步加强培训工作管理，举办各类培训班1 062期，人均受训6.60天。突出抓好中年员工培训工作，组织中年员工培训班14期，培训中年员工1 308人。

三是加强企业文化与和谐银行建设。健全完善企业文化建设考核机制，积极推进基层行开展特色文化和分支文化建设工作。以被安徽省政府列为行风评议对象为契机，深入推进行风建设。修订完善《文明创建工作考核计分办法》，进一步提高创建活动规范化水平，省行营业部被授予“全国文明单位”称号。成功召开省行首届三次职代会。加强维稳工作责任考核，突出抓好重点人员信访问题，及时消除了不稳定因素。

福建分行

行长　杨春林

【业务指标完成情况】

2009年，福建分行实现拨备前利润49.51亿元，完成总行下达计划的112.41%，同比增加7.93亿元。拨备后利润48.12亿元，同业排名第一，完成总行下达计划的118.34%，同比增加7.36亿元。经济资本回报率、人均EVA、成本收入比均进入系统前十名。总资产净回报率系统排名第一。在总行对一级分行经营绩效和业务发展考评中排名第7位，较上年前进1位；绩效等级较上年上升1个等级；经济增加值排名第8位，保持前十之列。2009年末，本外币各项贷款余额较上年增加391.88亿元，增长36%，增量高居省内四行首位。本外币全部存款余额较上年增加200.40亿元，增长15%。中间业务收入17.96亿元，增加6.75亿元，增长60.20%，增速排名省内四行第一、系统首位。新增个人贷款179.19亿元，增长82.91%，位列系统第一；

增量省内四行排名第一。销售基金131.77亿元，同业占比高达43.02%，稳居首位。信用卡发卡量、消费交易额、透支规模、中间业务收入等主要指标同业排名和总行考评全部第一。个人网银、企业网银存量及新增客户、电子银行业务收入等指标均保持同业第一，手机银行（WAP）客户新增和存量客户跃居同业第一。电子银行业务离柜率为52.90%，比上年提升10.80个百分点。项目贷款余额增加83.75亿元；小企业融资余额增加113.37亿元，增长69%，居总行小企业贷款业务第一梯队12家分行首位，6家二级分行小企业贷款净增额进入全国二级分行前50强；国内贸易融资余额增加102.45亿元，增长13倍，国内贸易融资余额、净增额、国内信用证余额、净增额等指标进入系统前五名。企业年金业务继续领跑同业，签约客户数、年金业务收入、管理个人账户数市场占比均居第一。资产托管业务规模、收入实现双突破，新增托管规模完成总行计划的799%，资产托管业务收入完成总行计划的406%。

【主要工作措施】

一、考核激励机制到位，推动全行高速发展

加大市场竞争力和经营转型指标考核权重，继续强化对个金、负债、国际业务、结算与现金管理、投行、中间业务六项战略业务的绩效考核。深化“达标晋级”工程，推动分支机构做大做强。根据经营规模将全辖258家支行分为三类支行，分别采用不同的考核指标和权重，引导和激励各支行因地制宜、科学定位，综合经营、特色发展。推进集约化管理，增强各行部对扁平化支行的后勤服务、技术支持和业务指导等综合保障能力。全年共有54家分支机构实现等级晋级，新晋升为11级的支行有10家，10级的有11家，9级的有33家。

二、业务流程不断优化，市场竞争力明显增强

建立健全垂直信贷管理体系，实行“一站式”审批，实现评级、授信业务流程与系统的“一体化”管理，推行贷款审批业务无纸化流程和“调评合一”、“评审合一”、“认同评估”等项目贷款流程优化方案。在小企业和个人金融服务需求旺盛区域设立42家小企业专业支行、2家小企业金融业务中心和46家个人贷款中心，缩短流程，整合环节，充分转授权，初步构建高效有序的小企业融资和个人融资服务快速通道。加大贸易融资业务拓展力度，推行贸易融资授信项下授权审批制，大力支持推动以现金流、物流、单据流管理为基础的贸易融资业务。积极推广运用项目搭桥贷款、项目前期贷款、项目营运期贷款、固定资产支持融资等新产品新业务。

强化个人金融业务专职分管制度。实施重点支行行长零售业务专题汇报制度，在重点支行落实打造“第一零售银行”“一把手”工程。开展“以网点为中心的半径服务区强辐射”零售业务营销活动，强化零售业务联动营销。

三、运行改革稳妥实施，效能逐步显现

全面完成柜员事权划分标准化、账务核算标准化、核算要素管理标准化、网点岗位设置标准化、金库建设标准化五项标准化工程。网点前后台业务分离加快推进，业务集中覆盖率达到53.47%，比上年底提高5.15个百分点；业务集中度上升为85%，比2008年末提高0.79个百分点。远程授权改革初期工作进展顺利，圆满完成监督体系改革，运行监管人员从改革前的436人减少到221人，人员释放比例达49.31%。

四、综合管理全面加强，管理水平不断提高

运行、信息、科技三大平台稳健运行，统计、数据仓库和网讯工作持续加强，信息化建设和技术创新稳步推进。运行管理专业和信息科技专业考评居系统第二位，荣获2009年度网讯先进集体二等奖、运行管理工作先进集体一等奖、科技进步推动一等奖、业务运营风险管理系统建设与推广工程实施一等奖、生产运行远程应急管理工程推广实施三等奖、银企互联推广工程实施三等奖、产品测试投产二等奖。财务会计和资产负债管理工作成效显著，财务集中业务考核系统排名第三，获纳税申报及核算管理先进单位一等奖、应税事务合规性建设先进单位二等奖、年终决算财务报表先进单位突出贡献奖和日常报表工作先进单位突出贡献奖，并评为总

2009年12月31日，福建分行行长杨春林深入南门支行调研并看望慰问员工。

行管理会计工作先进单位。获"2009年度资产负债管理业务进步先进单位"称号。产品创新工作考核排名系统第八。党团工青妇积极发挥职能作用，企业文化建设深入推进。

五、风险防控更加扎实，保障全行稳健发展

不良贷款连续9年"双下降"。截至2009年末，不良贷款占比为0.92%，比年初下降0.82个百分点。在总行内控评价中，继续保持一类行。风险管理专业考核列系统第六位，保卫专业总行考评并列第一，内控合规考评并列系统第一，纪检监察工作考核良好。制度执行力建设有效强化，相继开展了票据、理财业务"飞行"执法监察、金库及营业网点非现场监控后续检查、自办业务非现场检查，强化对重要风险点的防控。完善员工异常行为报告路线，深入开展员工行为分析排查，及时化解和消除案件隐患。稳步推进法律事务集中改革试点，试点工作得到总行充分肯定；积极探索多渠道解决合同纠纷，不断完善法律风险体系，法律事务专业考评位居系统第四。狠抓安全工作责任制落实，保卫工作管理和守押社会化改革不断深化，案件防范和党风廉政建设深入推进，全年实现安全无案件。

六、人力资源管理转型步伐加快，人才队伍素质不断提升

以人为本持续推进人力资源提升项目，绩效管理体系和员工晋升发展机制进一步优化完善，全辖员工的积极性、凝聚力进一步提高。深化公开竞聘和择优选拔机制，9名年轻干部走上省分行部门副总经理和二级分行副行长岗位，领导班子活力不断增强。有效强化核心业务领域的专业人才培训，广泛深入地开展中年员工职业援助，各层面员工队伍的素质得到全面提升。全年共举办各类面授培训班975期次以上，培训员工4.80万多人次，人均培训8.90天以上。

江西分行

行长　初苏华

【业务指标完成情况】

2009年，江西分行实现拨备前利润21.30亿元，拨备后利润20.80亿元；中间业务收入8.70亿元，增加2.20亿元；中间业务收入占营业净收入的21.43%，提高5.82个百分点。本外币全部存款余额1 591.10亿元，比2008年增加328亿元。其中，储蓄存款增加112.20亿元，销售个人类理财产品178.10亿元，公司存款增加72.60亿元，机构存款增加59.50亿元，同业存款增加83.40亿元。本外币各项贷款余额827.10亿元，增加185.70亿元。其中，流动资金贷款增加6.90亿元，项目贷款增加88.10亿元，住房开发贷款增加13.90亿元，个人贷款增加90.90亿元，票据贴现减少14.10亿元。AA－级以上法人客户贷款余额359.70亿元，占法人客户贷款的71.43%。个人中高端客户44.10万户，增加7.80万户。退出潜在风险贷款24.10亿元；正常关注贷款迁徙率为0.25%；清收处置不良贷款22.50亿元；不良贷款余额为17.80亿元，下降1.80亿元；不良贷款占比2.15%，下降0.91个百分点。信用卡发卡总量增加39.20万张，实现消费额77.90亿元。电子银行个人网银增加52.50万户，企业网银增加9 047户，WAP手机银行增加42.40万户；离柜业务占比46.85%，提高7.90个百分点。国际业务结算量23.40亿美元。新开对公结算账户2.70万户，其中基本账户1.10万户。现金管理签约客户增加3 653户；企业年金签约客户增加151户；第三方存管客户增加6.10万户。

【主要工作措施】

一、突出加快发展这一主题，抢抓历史机遇，优化调整结构，竞争发展能力进一步提升

一是认真贯彻国家宏观政策，做优做强资产业务。优质重大项目营销成效显著。抢抓机遇，上下联动，全力以赴竞争铁路、高速公路、核电等国家重点投资的基础设施建设和重点企业优质项目。成功营销杭南长、合

福、九景衢、赣龙等重点铁路项目，取得200亿元的较大贷款份额；向铜九铁路发放基本建设贷款4.60亿元。电力重点项目跟踪服务营销进展顺利，向中电投江西核电公司出具了贷款承诺函，积极争取了洪屏电站项目的牵头行资格及银团贷款的最大份额。交通运输项目取得德昌高速、永武高速、长江二桥项目参贷资格，成功营销赣崇高速、瑞寻高速项目，土地储备贷款业务加速发展，先后对南昌、九江、上饶等经济相对发达城市发放土地储备贷款10.30亿元。贷款结构不断调整优化。积极以贸易融资业务代替传统流动资金贷款。在重点满足江铜、南方水泥等一批重点优质客户流动资金贷款需求的同时，通过挖掘产业链、项目链、供应链所蕴含的业务需求，有力推动了全行贸易融资业务的发展，年末贸易融资余额占流动资金贷款的20%，上升了15.70个百分点。加快个贷业务发展，大力营销个人住房贷款，推广个人同名转按揭贷款、存贷通业务、个人循环贷款等新产品，积极发展纯按揭贷款，实现个贷余额和个人住房贷款余额、增量位居同业第一，继续保持了省内“第一按揭银行”的地位。加快推动小企业金融业务发展，在各二级分行设立小企业金融业务中心，加强与省担保公司的合作，缩短了贷款审批发放时间，实现小企业贷款余额增加10.60亿元。稳步发展票据业务，加速票据周转，加强票据业务风险管理，办理票据贴现514亿元。稳健发展住房开发贷款业务，坚持房地产开发贷款名单制管理，积极营销优质房地产开发企业的重点优质楼盘。开发贷款累放38亿元，累收24.10亿元。积极拓展高校、医院、旅游等信贷新领域，抢占市场先机。创新推出再生资源回收企业增值税退税应收款融资业务等新贷款品种。

二是坚持以同业领先为目标，存款基础地位不断巩固。抓源头、强服务，储蓄存款再创历史新高。精心组织开展旺季主题营销，加强对个人中高端客户的维护，有力促进储蓄存款的增长，实现储蓄存款增量在四大行占比第一，“1+6”产品销售遥遥领先于同业。强化公私有效联动，通过对公和个人客户经理协调营销，大力发展代发工资业务。抓市场、强机制，对公存款竞争能力提升。建立机构金融业务目标客户资源库，实行资源信息跟踪制度。加强财政、社保、公积金等重点客户营销与服务，落实分层营销责任，上下联动，考核到位，充分发挥各级机构的营销合力，确保营销到户、落实到人。紧抓财政、社保、公积金、文教卫生、铁路交通等系统大户的营销和关系维护，建立了机构存款“缺一补一”督导制度，财政存款“入口出口”资源信息跟踪制度，强化大额资金流向精细管理。

二、紧扣经营转型这一关键，加快业务创新，抢占竞争制高点，新兴业务和中间业务保持市场领先

一是坚持优质客户发展战略，客户基础巩固扩大。积极营销新开户尤其是基本账户。通过“拜会”、“搜楼”、“查号”等营销策略，积极竞争优质对公客户，实施账户发展跑马圈地。坚持大中小并举，开展财智账户卡营销推广活动，采取拓展新客户、稳固老客户等措施，大力构建多元化客户群。大力提升账户质量。坚持质、量结合，关注账户活跃度，开展“对公结算账户双提升”营销活动，加强销户审批和结算账户实时监测制度，激活和唤醒不动户。

二是坚持第一零售银行战略，大个金业务快速发展，渠道建设进一步优化。加强服务精细化管理，中高端客户发展迅速。成功开发优质客户识别系统，在全行启动财富管理“百分百计划”和理财金账户“挖潜计划”，全面拓展优质客户。积极推广个人客户营销管理系统，加强客户经理队伍建设，逐步建立全行理财经理与中高端客户的对应维护关系，有效提高了中高端客户维护覆盖率。自主开发了全省个人金融业务营销考核评价系统，实现对网点业绩与考核计算的自动化，充分调动一线员工营销积极性。加强渠道建设，服务环境不断改善。按照“统一设计、统一采购、统一验收、统一形象”的要求，装修改造财富管理中心1家，贵宾理财中心40家，理财网点89家，金融便利店12家，全行网点整体形象进一步提升。对低效网点进行优化、调整，在大型社区、院校、繁华商业地段等区域加大离行式自助银行的建设力度，设立离行式自助银行44家，配置自动取款机73台、存取款一体机48台，网点综合经营能力大幅提升。

2009年11月20日，江西分行与中国电信江西公司签订全面合作协议。

三是坚持中间业务领先发展战略，新兴业务快速发展，市场竞争能力进一步提升。拓宽中间业务产品线，加强中间业务管理。深入进行市场和客户分析，拓高端、抓基础、抢热点，加强产品创新，不断培育新的利润增长点；完善中间业务考核激励机制，明确以市场竞争力为目标的考核导向，掌握同业竞争动态，扬长补短，全面提高中间业务市场竞争力；组织开展中间业务

"保增长、扩市场"竞赛活动，加强中间业务收费管理，实施中间业务产品收入清零工程，分项目、分产品落实收入来源和增收措施，增加中间业务收入，巩固和扩大中间业务市场领先优势。加快新兴业务发展，抢占竞争发展制高点。大力发展投行等高附加值业务，积极主动介入江西洪客隆百货投资有限公司上市前内部资产重组业务；拓展了新余市城市建设"信托+理财"项目和赣州市地方铁路建设单一资金信托项目投行业务；协助省政府和总行做好鄱阳湖产业投资管理公司首期稳健型投资基金的组建工作。实现银行卡业务量质并进，开展"喜迎二十年，超越五千万"发卡营销竞赛活动，相继推出景德镇瓷都卡、吉安井冈山卡等区域性主题卡。围绕"百城万家刷牡丹，节节有礼"等主题系列营销活动，不断营造消费热点，有力拉动刷卡消费。重点突破汽车、住房、家装等行业分期付款业务，实现分期付款交易额8.70亿元。巩固电子银行业务领先优势，加强产品功能应用推广，完善网上银行代缴费等功能。精心部署主题营销活动，加大电子银行宣传推广攻势，与省地税、江西电信、农发行深化项目合作，在系统内首推网上纳税三方直联解决方案；开展"用电信宽带，上工行网银"活动，大力组织实施电子银行离柜业务率提高工程，柜面业务分流效果明显。推进国际业务平稳健康发展，关注外商投资企业的外币贷款需求，以贸易融资业务推动国际结算业务发展，挖转他行优质客户；与九江银行签署了业务合作框架协议，实现了代理同业办理国际结算零的突破。

三、立足夯实管理基础，坚持发展与管理并重，从严治行，经营效率和业务运营保障能力进一步提升

一是加强信用风险防范，资产质量不断提高。加大潜在风险贷款退出。充分排查，认真筛选，建立潜在风险贷款池，通过系统锁定、刚性控制、量户定策、加强考核等手段，加快退出步伐，进一步优化了客户和贷款结构。加强信贷业务精细化管理。加强重点领域、重点客户和重点产品风险预测与监控，积极化解风险较大的"担保圈"贷款。强化二级分行放款前提条件核准、手续完备性和合规性审查等信贷管理职能，信贷作业监督由放款后监督向放款前监督转变，实现风险关口前移。组织实施了不良资产处置攻坚战。实行大额不良贷款直管制度，综合运用依法诉讼、以物抵债、现金清收、还款免息、债务重组、呆账核销等手段加快处置进度。全年共处置1 000万元以上不良贷款大户23户，金额2.60亿元。

二是加强内控外防工作，依法合规意识进一步增强。加强党风廉政建设责任制的落实，对领导干部严格执行述职述廉、诫勉谈话和函询等制度，落实管理人员报告个人有关事项的规定；开展员工经商办企业、参与赌博和高档消费等情况全面排查，规范员工从业行为。对执行集中采购、财务管理、不良资产处置和网点装修改造工程招投标制度等重点环节加强了监督检查。组织开展"银行业反腐倡廉警示教育"巡展活动，进行深刻的警示教育。加强案件防范分析，针对发现的问题及时采取防范措施，及时消除各类风险和案件隐患。加强内控管理，深入开展内控评价工作，对部分重要业务进行"回头看"检查，切实防范风险，堵塞管理漏洞。

三是加大内部改革力度，经营效率进一步提升。稳步实施管理改革。按照总行统一部署，推进业务流程改造，优化劳动组合，积极组织实施监督体系、远程授权、业务集中处理体系三项改革，组建了省行运行风险监控中心。全面实现了对外营业网点二级分行集中单一模式的远程授权，优化事权划分机制，减少业务处理级次，释放营业经理608名。扎实推进信贷管理体制改革，完善授信审批分部（工作组）的垂直管理体系，保证了授信审批的独立性。认真做好信贷无纸化审批项目推广工作，评级授信、项目评估、贷款审批已全面实现电子化作业，提高了审批效率。做好报表集中改革，全面完成报表清理工作。有序推进人事机构改革。深入推动二级分行机构扁平化管理改革，大力推行人员跨区域流动，优化了员工队伍的区域结构；引导员工从二线向一线、从后台向前台转移，不断充实客户经理队伍，提高了人力资源效能，客户经理人数占从业人员比率达25%。完善选人用人机制，坚持民主、公开、竞争、择优原则，提高选人用人公信度。加大了干部公开选拔、竞聘上岗力度，为优秀人才脱颖而出营造了良好的氛围。完善绩效考评和资源配置机制。坚持效益和激励导向，强化绩效考核分配，对管理人员实行绩效合约考核，对员工按业绩和产品计价考核，以考核定分配，以贡献定收入，调动全行员工的工作积极性。建立以EVA为考核重点的绩效工资分配办法，采用EVA增量和EVA完成值相结合的考核方式，激励二级分行提高经营贡献度。整合考核指标体系，提高市场拓展考核权重，增加结构优化考核指标，加大重点产品营销激励和风险内控考核力度，促进了全行提升经营绩效和市场竞争能力。

四、以队伍建设为根本，加强培训，改进服务，企业和谐发展氛围更加浓厚

一是加强教育培训，队伍整体素质进一步提高。实施全员培训工程，推行全员考核上岗、持证上岗，提高员工队伍综合素质。通过远程网络教育、办班培训、员工自学、在岗辅导、岗前岗后学习等多种方式，着重提高中年员工岗位胜任能力。全面开展星级员工评定管理工作，推动一线员工业务技能和服务水平不断提升。

二是加强服务工作，客户满意度进一步提升。按照总行"服务品质提升年"要求，深入开展"机关效能年"活动，以机关作风的转变促服务质量的提升。建立了首问责任制、限时办结制、责任追究制和服务承诺制，对内提高了办事效率；开展了"神秘客户"暗访

和个人客户满意度调查，督促网点改善服务，对外提高了客户满意度。全年通过“95588”的客户投诉下降25.40%，部分二级分行实现零投诉。

三是加强企业文化建设，全行凝聚力进一步增强。倡导“敬业、务实、创新、服务”，加强以责任文化为核心的企业文化建设，满足员工的精神需求，调动员工的积极性和主动性，员工精神面貌发生了可喜的变化，内在发展动力进一步增强。切实加强信访维稳工作，落实信访工作责任制，将矛盾化解在基层，维护了全行的稳定。

山 东 分 行

行长　沈荣勤

【业务指标完成情况】

2009年，山东分行实现拨备前利润124.24亿元，账面利润117.56亿元，同比分别增加9.22亿元和16.20亿元。本外币各项存款余额为4 317.47亿元，较年初增加958.93亿元，同比多增376.64亿元。各项贷款余额为3 592.29亿元，较年初增加693.53亿元，同比多增342.89亿元。在全系统一级分行行长经营绩效考评中，名列第五，有10个二级分行进入全系统二级分行经营30强。还被山东省委省政府授予“改革开放三十年山东省优秀企业”荣誉称号；在《齐鲁晚报》主办的“山东60年60品牌”评选中，被授予“服务山东功勋品牌”称号。

【主要工作措施】

一、坚持审慎稳健原则不动摇，适度合理增加信贷投放

一是各项贷款适度均衡增长。在适度宽松货币信贷政策环境下，始终坚持审慎稳健的经营原则，既积极拓展优质信贷市场，确保重点项目、重点企业资金需求，又考虑自身风险管控能力，科学把握贷款投放的总量和节奏，均衡有序地增加信贷投放，各项贷款实现合理增长。全年各项贷款增量创历史新高，但无论是增量和增幅均低于同业，体现了“保增长、扩内需”这一时期的特殊要求，贯彻了监管部门窗口指导意见，较好地适应了全行风险管理的需要。

二是信贷结构不断优化调整。全年新增基础设施领域贷款341.67亿元、个人贷款188.15亿元、中小企业贷款180.27亿元，均创历史新高。否决产能过剩、重复建设项目11个、涉及贷款12.23亿元，压缩23个、涉及贷款37.10亿元；退出“两高一剩”企业59户、涉及贷款16.25亿元。另外，配合全省工业经济调整振兴、黄河三角洲高效生态区、山东半岛蓝色经济区建设，加大对重点行业、重点区域的信贷投放。全年十大振兴产业贷款增加113.66亿元，海洋经济贷款增加37.49亿元，黄河三角洲地区贷款增加78.16亿元，增速高出全部贷款增速1.61个百分点。

三是融资方式更加多元。全年共发放项目搭桥贷款150.73亿元，项目营运期贷款19.13亿元，并购贷款1.80亿元，固定资产支持融资1.34亿元。办理信托+理财业务150.90亿元、国内信用证283.30亿元、信贷资产转让57.90亿元，牵头组织银团贷款473亿元、委托贷款44亿元，主承销发行中期票据70亿元、短期融资券30亿元。

二、坚持市场主体地位不动摇，毫不放松地强化业务竞争

一是服务工作持续改进。按照总行统一部署，省分行设立了服务管理专门机构，制定实施了《2009—2011年服务工作规划》，组织开展了2009“服务提升年”活动。全年新建财富管理中心1家、贵宾理财中心78家，完成了224家网点装修改造工作。同时通过开展服务检查，组织监控录像抽查，实施达标网点管理，促进了服务规范的落实。2009年，有12家分支机构被中国银行业协会和山东省银行业协会授予“文明规范服务示范单位”。在第十一届全运会期间，济南千佛山支行成为唯一进驻运动员村的金融机构，圆满完成了全运会金融服务任务。

二是客户数量大幅增加。2009年末，全行对公结算账户较年初增加3.32万户，总量达到19.96万户。个人客户较年初增加168万户，总量达到1 342万户。其中，5万元以上中高端客户增加12.50万户，总量达到106万户；私人银行客户达到394户，较年初增加222户。中高端客户个人网上银行、基金、信用卡和第三方存管渗透率分别为31.19%、16.92%、14.50%和9.90%。

三是市场竞争力不断提升。全年新增信用卡113.28万张，实现消费额233.77亿元，增幅分别达到68.01%和81.10%。新增电子银行个人客户288.10万户，企业网上银行客户12 207户，同比分别增加86.50万户和601户。新增企业年金个人账户25.01万户，托管资金152.35亿元，总量分别达到71.25万户和288.43亿元，均居省内同业绝对领先优势。完成国际结算量365亿美元，同比增加53.32亿美元，省内四行占比为35%，位居同业第一。

三、坚持经营转型方向不动摇，保持了利润持续增长

一是小企业和个人贷款快速发展，综合收益持续提高。全年累计发放小企业贷款430.43亿元，同比多发放139.26亿元；余额较年初增加56.68亿元，同比多增16.26亿元。新增个人贷款188.20亿元，同比多增140亿元。年末全部贷款收益率为5.79%，高于全系统平均水平0.23个百分点。

二是中间业务保持高增长势头，对利润实现起到重要支撑作用。全年实现中间业务收入35.31亿元，同比多增8.49亿元，增长31.66%。其中，结算、代理、银行卡等传统中间业务实现收入22.74亿元，占比为64.39%；投资银行、企业年金、资产托管等新兴中间业务实现收入12.57亿元，占比为35.61%。十大类中间业务中，除代理及个人理财、代客资金交易外，其他业务均较上年同期大幅增长。另外有10项业务实现零突破，增加收入3.45亿元。

三是负债结构发展积极变化，资金成本进一步降低。年末全行增量定期存款占比32.56%，同比下降29.01个百分点；余额定期存款占比为45.60%，同比下降3.38个百分点；存款利息提取率同比下降0.59个百分点，减少利息支出23.10亿元。同时，充分运用总行给予的政策支持，加大资金交易运作力度，压缩系统借款，降低资金成本，全年减少利息支出14.30亿元。

四、坚持风险管理不动摇，资产质量基础更加扎实

一是规范信贷基础管理。制定完善《法人客户信贷业务操作流程》、《小企业信贷业务操作流程》，对《动产质押操作办法》、《股权质押管理办法》进行了重新修订，从制度上保障了信贷业务的健康发展。严格执行信贷业务停牌制度，完善风险责任评议机制，对6个支行的信贷业务进行了停牌处罚，对511人（次）新发生不良贷款责任人进行了责任评议和追究。

二是强化信贷监测预警。组织对452家亿元以上法人客户和168家5 000万元以上房地产客户进行了“过冬体检”，对较大风险和严重风险客户，落实了化解措施，控制了贷款风险。对小企业、房地产、表外业务、贸易融资等重点业务，以及房地产开发贷款资金回笼、虚假按揭以及石油、玉米深加工等行业，进行专项风险调查分析，揭示业务风险，调整信贷政策，增强了对前台营销和中台审查审批的指导、约束。

三是加大清收处置力度。全年累计清收处置转化不良贷款84.50亿元，较上年增加43.98亿元。其中，现金清收20.34亿元，呆账核销11.36亿元，以物抵债5.07亿元，转化47.68亿元。年末，全行不良贷款余额68亿元，不良贷款率1.89%，较年初下降0.02个百分点，资产质量实现根本性好转。

五、坚持从严治行方针不动摇，内控管理水平稳步提升

一是加强基础管理。深入组织开展“双零”网点、“双零”柜员创建活动，员工遵章守纪意识明显增强，业务核算质量明显提高，各类差错事故明显减少。全年四个季度保持“双零”记录的网点达到97个，占全部网点的比例达到11.27%；凭证差错率由2008年的

2009年10月26日，山东分行行长沈荣勤到全运会服务现场调研指导金融服务工作。

0.42‰下降到0.29‰。

二是突出防控重点。在总行确定的8个重点风险点的基础上，结合分行实际，增加了票据业务、营业经理履职2个风险点，加强排查分析，制定防范措施，防范了案件事件发生。制定实施派出附属机构员工廉洁从业、支行管理人员、网点负责人和客户经理4个监督办法，加强对重点人员和关键岗位的监督，形成了较严密的监督管理体系。

三是创新管理手段。依托总行《审计信息系统》，自主开发了风险监测预警系统，针对各业务产品创建130项监测模型，初步形成了以非现场监测为主要方式的操作风险监测预警体系。组织开发了远程图像监控系统，加强营业现场实时监控，目前已实现了对589个网点的远程监控，覆盖率达到68.49%。改革事后监督模式，2006年9月启动了监督体系改革，配套开发了柜面业务操作风险监督系统，2009年8月初又投产了三期系统，风险监控点从一期的117个增加到212个，提高了监督效率，增强了监督有效性。

四是强化检查监督。在按照总行部署开展部分重要业务风险排查外，组织信贷管理、运行管理、个人金融、电子银行等专业开展了全面的业务检查。同时，不间断地开展突击检查和"飞行"检查，强化了要害部位、重点领域问题的整改落实。全年共开展"飞行"检查51次，检查营业网点428个（次），发现各类问题217条，对219名违规人员给予了违规积分处罚。

六、坚持改革创新战略不动摇，不断完善经营体制和管理机制

一是大力推进支行零售化改革。在构建分层营销体系的基础上，以实现支行零售化为突破口，不断强化各级管理行的经营职能，逐步建立起支行专营小企业和个人金融业务，省行和二级分行主营大客户业务的多级经营管理体制。同时通过重组服务机构、优化业务流程、创新产品种类、调整考核导向等配套措施重新焕发支行经营活力，提高各级管理行的运行效率，实现管理体制由"一级经营、三级管理"到"分层经营、逐级管理"的转变。

二是全面实施县域支行分类管理。在总结前期重点支行管理经验的基础上，根据总行要求，组织制定了《县域支行分类管理办法》，对全部68家县域支行启动了差异化管理。结合县域经济金融资源状况，以效益贡献为主要标准，将全部县支行划分为四类，其中重点支行16家、潜力型支行37家、成长型支行28家，分别确定不同的经营定位和发展目标，制定分类考核评价办法，落实了配套办法，促进了支行经营活力和竞争能力的提升。

三是加快推进重点领域改革。报表集中管理加快推进，全省16家二级分行报表分中心全部成立，支行报表基本全部上收二级分行。业务运营改革稳步实施，省行组建成立风险监控中心，配齐了人员，二级分行改革工作也在有序推进。守押社会化改革全面完成，随着2009年12月10日聊城分行守押工作的移交，山东分行守押业务全部实现社会化，跨入系统无枪行行列。

七、坚持以人为本方针不动摇，加强领导干部和员工队伍建设

一是加强领导班子建设。按照中央和总行党委要求，扎实开展深入学习实践科学发展观活动，圆满完成了各个阶段的目标任务，得到了总行指导检查组的高度评价。根据新时期发展要求，积极推进领导班子转型，着力加强学习型、创新型、进取型、服务型、实干型、廉洁型"六型"班子建设，各级行班子素质不断提高，领导核心作用得到充分发挥。同时，着眼全行未来发展，大力选拔培养年轻干部，在全行范围内组织开展了后备干部集中选拔工作，并按照"重在培养、备用结合、动态管理"的原则，加强对后备干部队伍的培养和使用，为全行可持续发展做好了干部储备。

二是加强员工队伍建设。省分行建成了模拟银行培训中心，16个二级分行全部建立了网络培训教室，深入开展全员教育培训，全年共举办各专业、各层次培训班4 525期，培训员工106 341人次。积极调整人员结构，推动员工在不同机构间流动，形成了"鲁西人员闯胶东"、"机关员工下基层"的人才流动局面。进一步完善员工职业发展机制，依托人力资源管理提升项目，构建起多通道、分序列的职业发展路径，实施了非管理类员工职务聘任工作，拓宽了员工晋升通道，调动了员工工作热情和积极性。积极完善员工福利保障制度，在全省启动了补充保险制度，建立了大额医疗保障基金，帮助员工减轻了医疗负担，解除了后顾之忧。

三是加强宣传教育和思想政治工作。深入开展以职业道德、社会公德、家庭美德、个人品德为主要内容的"四德"教育活动，组织评选了"感动工行——山东分行十大好人好事"和"十大道德模范"，在全行形成了知荣辱、重品行、讲正气、树新风、促和谐的良好风尚。深入开展精神文明创建活动，组织了"新中国成立60周年网上知识竞赛"、"我与祖国，我与工行"征文等庆祝新中国成立60周年爱国主义教育系列活动，开展了"优质服务，从我做起"大讨论、为"打造一流金融服务品牌"建言献策等主题教育活动。滨州分行被中央文明委授予"全国精神文明建设先进单位"荣誉称号。济南大观园支行被总行党委授予"中国工商银行文明单位"荣誉称号，聊城分行、滨州邹平支行被总行党委授予"中国工商银行精神文明建设先进单位"荣誉称号。

河南分行

行长　明桂亮

【业务指标完成情况】

2009年，河南分行实现拨备前利润40.20亿元，较上年同期增盈4.20亿元。实现经济增加值（账面）14.67亿元，较上年同期增加2.90亿元。全行本外币各项存款余额达到2 409亿元，比年初增加417亿元，增长20.90%。其中，人民币储蓄存款余额1 554亿元，比年初增加247亿元；对公存款余额830亿元，比年初增加160亿元；同业存放余额95.50亿元，较年初增加20.80亿元。各项贷款余额1 465亿元，比年初增加272亿元，增长22.84%。其中，公司贷款余额1 106亿元，比年初增加160亿元；个人贷款余额290亿元，比年初增加105亿元；票据贴现余额69.50亿元，比年初增加8亿元。实现中间业务收入14.13亿元，增长31.69%。信用卡新增发卡84万张，增长49%；营销本、外币理财产品561.80亿元。全年累计清收处置不良贷款21.09亿元，不良贷款较年初减少10.97亿元，不良率为2.32%，较年初下降1.45个百分点，继续保持了不良贷款余额和占比大幅双降。全行未发生大的差错事故，实现了无案件、无事故运行。

【主要工作措施】

一、推进经营转型，加快提升持续盈利能力

河南分行在加速发展的同时，以实现盈利持续增长为目标，以优化经营结构为抓手，坚定不移地推进经营转型，着力促进盈利增长方式的快速转变。在客户结构上，坚持一手强力抢抓优质客户不动摇，一手着力实施客户全产品覆盖不动摇，积极实施“以大带小”战略，持续推进扩户工程，深入开展账户数量、质量“双提升”活动，推动客户总量快速做大、客户结构持续优化。在信贷结构上，坚持一手强力拓展优质信贷市场不动摇，一手着力优化经济资本占用结构不动摇。在收益结构上，坚持一手强力推进新业务跨越式发展不动摇，一手着力提升中间业务增收水平不动摇。积极完善中间业务组织推动机制，深入开展中间业务“双领先、双提升”活动，扩大重点产品领先优势，深挖短板产品创收潜力。

二、加大市场营销，加快提升竞争发展能力

2009年，总行与省政府签订了具体落实到项目、客户的融资战略合作协议。在此基础上，河南分行又分别与郑州、洛阳、平顶山、南阳、三门峡、开封6个省辖市、近400个重点客户和项目签订了全面合作协议，进一步强化了区域合作。建立了三级联动营销机制，增强了对中高端客户的维护能力。在抓好传统服务项目的同时，注重创新与用新相结合，加快服务产品创新步伐，利用总行新推出的各类创新产品，拓宽新业务领域。2009年以来，陆续推出了近百种理财产品，涵盖了基金、保险、黄金、融资等多个领域，为客户提供资产保值增值服务，并及时主动地向客户提示理财产品的风险，引导客户理性投资理财产品。

三、强化风险管理，加快提升风险掌控能力

坚持把风险管理和内部控制作为加速发展的基础工程，努力做到各类风险早发现、早防范、早处置，持续提升风险掌控能力，确保全行发展速度与发展质量的协调统一。在防范信用风险上，突出抓了三个方面：一是积极实施资产质量全流程管理；二是主动退出潜在风险客户贷款；三是开展了不良资产歼灭战。全年累计清收处置不良贷款21.09亿元，完成总行、省行年度不良贷款处置计划的105.45%，不良率降至2.32%，资产质量达到历史最好水平。在防范操作风险上，重点做到了“六个强化”：一是强化合规教育；二是强化过程控制；三是强化风险提示；四是强化审计检查和问题整改；五是强化运行体制三项改革；六是强化案件防控。

四、深化服务创新，加快提升服务供给能力

坚持把服务与创新作为加速发展的动力源泉，持续改进金融服务，深入开展创新用新，以服务能力和服务品质的快速提升直接转化为全行竞争发展的现实优势。

在服务渠道上：一是加快营业网点升级改造，全年完成财富管理中心和综合理财网点升级改造210家。二是加快电子银行和自助设施建设，全行自助设备达到1 607台，电子银行业务量占全行业务量的比例达到52.70%。三是加快私人银行渠道建设，完成了私人银行分部的筹建工作。四是加快营销渠道建设，个人客户经理总量达到2 227人，公司客户经理总量达到1 126人。在服务管理上：一是强化规范管理，成立了服务质量推进委员会，推行了内部服务规范和承诺制，统一了一线柜员和营销人员服装；二是推进服务转型，及时转换了服务职能，建立了服务工作的组织体系和运行机制，提出了“建设区域金融业客户满意度最高的银行和客户首选的银行”的服务工作总体目标和六个转变的工作要求。在服务创新上：一是创新客户服务模式，利用好总行新推出的各类创新产品，进一步强化省行牵头直营高端客户的职能；二是创新工作模式，在全省金融业率先实行了所有营业网点“一班制”，探索建立了行际间服务交流监督机制；三是创新管理模式，深入开展了全行“创新用新、创效增收”竞赛活动，推动创收立项22个，填补中间业务收入“零”子科目29个，拓宽了增收渠道。

2009年5月31日，姜建清董事长、易会满副行长在河南分行行长明柱亮的陪同下深入基层就监督体系改革工作进行调研。

五、狠抓党建工作，切实加强作风行风建设

坚持把人本管理作为实现加速发展的重要保障，凝聚发展合力和员工士气。在班子建设上，坚持把改进工作作风、提高执行力作为班子建设的首要任务，在全行确立“执行面前无任何借口”的理念和“敢于争先、敢于克难、敢于碰硬、敢于负责”的四敢精神，努力提高各级班子和各级管理人员执行力，使党委的各项决策和经营思想得到及时贯彻执行。在员工队伍建设上，以“争上、争优、争先、争第一”为引领，在激发员工积极性上狠下功夫，注重推进人才战略和员工培训，尤其注重加强中年员工转岗培训，增强岗位适应能力；开展健康向上的企业文化创建和主题教育活动，员工的归属感和向心力进一步增强；坚持以和谐促稳定，变上访为下访，疏通交流渠道，信访件数明显减少；员工争先创优的热情不断迸发，分行呈现出了前所未有的积极向上、奋勇争先的局面，为下一步加快发展积聚了不竭动力。在行风建设上，以开展文明单位创建为载体，提升企业文化建设水平，积极开展文明单位、文明窗口和“青年文明号”创建活动，省行营业部获得“全国精神文明建设工作先进单位”称号，省行营业部建设路支行等10家机构，被评为“河南省银行业文明规范服务示范单位”。2009年该行还被评为“全省政风行风建设先进单位”，受到省政府表彰。

湖北分行

行长　官学清

【业务指标完成情况】

2009年，湖北分行实现账面拨备前利润、拨备后利润、净利润分别为31.45亿元、28.81亿元、21.33亿元，同比分别增加6.15亿元、4.14亿元、2.55亿元，分别增长24.31%、16.77%、13.56%。实现经济增加值13.90亿元，同比增加1.96亿元，增长16.40%。年末各项贷款余额1 377.37亿元，比年初增加357亿元，增长35%。其中，公司贷款比年初增加236.19亿元，增长29%；个人贷款比年初增加95.01亿元，增长58.88%。年末本外币存款（含同业存款）比年初增加431.43亿元，增长22.81%。其中，储蓄存款比年初增加222.65亿元，增长19.97%；对公存款比年初增加193.93亿元，增长26.79%。实现账面中间业务收入12.73亿元，同比增加2.72亿元，增长27.20%。不良贷款余额为14.03亿元，不良贷款率为1.02%，比年初下降0.24个百分点。

【主要工作措施】

一、抢抓机遇，全力拓展优质信贷市场

一是全力抓好“争大”工程。加强与市州政府及重点客户战略合作，强化二次营销，推进储备项目资源大规模转化为现实效益。全行累计投放公司贷款738.33亿元，其中重点铁路、公路项目累计投放贷款158.03亿元，城建项目累计投放贷款197.17亿元。努力挖掘教育、医院、媒体、建筑施工设计、旅游、高新技术产业、优质加工企业等板块的市场潜力。进一步加大对以现代制造业和现代服务业为代表的新兴行业市场的营销渗透力度。

二是着力突破中小企业金融业务。组建小企业金融业务中心13个、小企业金融业务分中心17个和小企业专业支行8家。创建小企业信贷业务“襄樊模式”，并得到总行充分肯定。年末全行中小企业贷款比年初增加88.60亿元，增长23%；其中小企业贷款比年初增加11.55亿元，增长32%。

三是以个人住房贷款为重点，推动个贷业务快速发展。年末个人贷款256.40亿元，比年初增加95亿元，增长58.90%。其中，个人住房贷款223.60亿元，增加77.90亿元；个人消费贷款29.90亿元，增加17亿元。

二、强力攻坚，努力做强负债业务

一是全方位拓展对公存款市场。确定“大小并举”的营销策略，发挥省、市、县三级联动营销合力，全力竞争对公存款。以信贷业务为杠杆推进和加强贷款资金的封闭管理，提高资金体系内循环比例。对财政、社保、保险等机构重点户，积极开展多形式、多层次的上门走访联谊活动，密切银企合作。着力推进结算账户突破工程，抓好开户引存、结算引存和服务引存，推进账户营销由公关营销向业务深度合作型转变。二是全力争夺储蓄存款市场。以“增点进位”为目标，抢抓工资性源头、投资性源头、经营性源头、特殊性源头、外出经商务工人员汇款源头“五大源头”，推动储蓄存款稳定增长。

三、加快转型，推动中间业务及新业务跨越式发展

一是深入开展国际业务“追赶工程”，积极实施区域占比提升计划，突出抓好重点区域、重点大户和传统主体业务。二是促进银行卡业务发展。加快结构调整，提高发卡质量。开展收单市场营销，加强商户外包服务合作；以分期付款业务为突破口，拉动资产规模快速增长，引进第三方担保公司方式，积极探索第三方共同承担业务风险和保障资产安全的发展模式，重点突破汽车、住房领域分期付款业务，促进资产规模增长。三是电子银行继续保持同业领先优势。充实专业人员，建立服务支持体系，加快创新，强化风险管控，确保业务持续健康发展。四是全面推进各项新业务创新发展。年末全行为372家企业提供了年金服务，管理个人账户数18.57万户，托管年金基金14.29亿元，账管、托管两项业务区域市场占比第一。托管各类资产余额为

102.47 亿元，较年初增加 22 亿元，增长 27.49%。全年投产 58 家券商 112 家营业部的第三方存管业务，投产上线率达 100%，上线客户 57.41 万户，年末存管金额达 78.03 亿元，实现中间业务收入 679 万元。代理销售保险 19.90 亿元，手续费收入 7 138 万元；实现投行业务收入 3.57 亿元，同比增加 1.14 亿元。

四、加快改革创新步伐，提升经营发展活力

一是积极推进营销体系改革。通过公开招聘方式，组建省分行、二级分行两级法人客户营销中心，直接营销省分行、二级分行的大项目、大客户。依托营业网点组建营销团队，推进中小公司客户营销。构建“专营支行 + 网点营销”的个贷营销体系，把个贷营销任务落实到网点客户经理，促进个贷业务持续增长。2009 年末全行客户经理总数为 3 282 人，占比为 18.80%。二是大力加强内部人才市场建设，积极组织人员跨二级分行和跨县市行流动，全行人员区域结构进一步优化。三是积极推进干部选任和管理机制改革。制定和完善了行（处）级空缺管理岗位公开竞聘实施方案，成功组织空缺管理岗位公开竞聘，并指导下辖各行结合实际开展竞聘工作，选人用人由直接任命为主转变为以公开竞聘为主。强化行（处）级干部考核，制定了《省分行管理的行（处）级管理人员年度考核办法（试行）》，进一步强化了对管理人员的 360 度测评和全方位考核。按照方便业务分工、方便联络、方便联动的思路，理顺了省分行和各二级分行班子成员分工。四是积极推进分配制度改革。加大工资总额分配与核心业务指标挂钩力度，完成了省分行本部员工任职资格评价和二级分行实施细则审核等工作。根据分层分类绩效考核要求，制定了《经营管理者薪酬管理暂行办法》、《法人/个人客户经理绩效考核及薪酬分配指导意见》、《营业网点员工绩效工资考核指导意见》等 9 个考核办法。五是积极推进县支行变革。根据县支行经营情况及未来发展趋势，确定了 20 家重点县支行和 36 家潜力县支行，采取“分类定位，突出重点，差异化经营”的发展措施，进一步激发县支行经营活力。六是运行管理改革取得阶段性成效。按期完成了新旧系统的平稳过渡，解决了长期遗留的 21 个监督工作站的上收问题，业务运营风险管理系统全面启用，风险监控能力和风险管理能力显著增强。实现了柜员有积分、网点有考核、支行有评价的风险管理体系。七是大力推进报表集中改革。按照总行统计口径，全行业务报表数量由 2009 年初的 1 252 张减少到年末的 574 张，废止合并报表 678 张，下降幅度达 54.20%；报表人员由 2009 年初的 1 028 人减少到年末的 686 人，释放人员 342 人，下降幅度达 33.30%。

五、强化优质服务，提升整体服务水平

一是着力强化服务渠道建设。在省行、二级分行专设网点建设办公室，对网点规划布局、施工建设管理、业务发展监测等工作职责进行了明确。加大贵宾理财中心等高端网点建设力度。2009 年 9 月正式投产首批贵宾理财中心 64 家。不断提升机构服务层级。将鄂州支行、随州支行升格为二级分行；加快分行分理处、储蓄所向二级支行升格的进度，进一步提升了基层网点的服务层级和服务形象。二是网点标准化建设迈出新步伐。年末全行 635 个对外营业网点已全部实施或部分实施标准化管理，其中有 132 个对外营业网点与优质中介机构（证券、保险）建立合作营销机制。三是加强客户经理队伍建设。通过严格选拔，确定了省分行直接营销客户经理。通过定期举办现场培训、视频培训、远程培训、实盘模拟比赛等多种形式，突出工作实务能力训练，加快客户经理和金融理财师自身业务知识的更新和结构优化，塑造明星理财团队。四是加强教育培训工作，员工素质和业务能力有效提高。分层次组织开展各类专业培训；举办“改革与发展”主题培训班，官学清行长亲自授课；努力培养高级专业人才。全年共有 10 人通过了总行统一组织的 FRM、CFA、CISA、CTP 培训选拔考试。

湖北分行行长官学清陪同当地政府领导到一线网点慰问。

六、提高风险防控水平，提供稳健发展保障

一是着力管控信用风险。严格执行国家宏观调控政策和总行行业信贷政策，坚持“审批公示，阳光操作”，把好新增贷款准入关口。采取名单制管理、大户分析会制度和加强日常监测等措施，加强贷款大户风险管理，积极采取行业信贷限额控制、集团风险控制、完善抵押担保等各种措施降低或化解风险。狠抓不良贷款清收处置。全年累计清收现金3.15亿元，亿元以上不良贷款大户已清收处置完毕。二是着力防范操作风险。深入推进“扫雷工程”，全面构建“不想为、不敢为、不能为”的内控案防“三不为”长效机制。组织开展“反对弄虚作假”专项整治活动，积极倡导“真实经营、真格管理、真诚待人”的“三真理念”。

七、加强企业文化建设，和谐银行建设迈出可喜步伐

一是加强思想宣传工作。完善和规范各级党委中心组学习制度。坚持典型引路，充分发挥基层一线先进典型的示范作用。配合重大改革政策和措施的出台，做好员工思想状况调查工作。二是不断丰富文化活动，在全行积极开展“树立现代金融服务理念，打造一流金融服务品牌”、“为国庆献礼，为工行添彩”和“五个一”等主题教育活动。以培育企业文化建设试点行为突破口，开展具有区域特色的文化建设活动，以点带面，有效地推动全行企业文化建设工作。三是加强党建工作，切实提高队伍战斗力。通过多种途径，深入开展了学习实践科学发展观活动。注重加强党风廉政建设和思想教育，积极组织开展以“重温入党誓词、缅怀先烈业绩、弘扬清风正气、促进科学发展”为主题的革命传统教育；在各支部抓好《建立健全惩治和预防腐败体系2008—2012年工作规划》的贯彻落实和省分行纪委党风廉政建设责任制的落实，深化了反腐倡廉教育，强化了源头治理工作。

湖南分行

行长　吴宏波

【业务指标完成情况】

2009年，湖南分行实现拨备前利润32.89亿元，同比增加7.09亿元，完成总行考核计划的96.95%；实现拨备后利润27.97亿元，同比增加5.73亿元，完成总行考核计划的99.13%；实现净利润20.98亿元，同比增加4.30亿元，完成总行考核计划的99.13%。各项存款比年初增加344亿元，同比多增131.60亿元，完成总行考核计划的180.12%。其中，储蓄存款增加156.40亿元，完成总行考核计划的173.79%；公司存款增加121.70亿元，同比多增65.10亿元，完成总行考核计划的243.35%；机构存款增加45.40亿元，同比多增32.40亿元，同业存款增加20.50亿元，同比多增38.50亿元，机构及同业存款完成总行考核计划的129.32%。人民币贷款比年初增加285.80亿元，同比多投放148.20亿元，完成总行考核计划的99.59%。非信贷资产业务发展迅速，全年投放111亿元。实现中间业务收入12.90亿元，同比多收2.63亿元，增长25.58%，完成总行考核计划的101.57%；中间业务收入占营业净收入的22.21%，同比提高1.81个百分点。其中，投资银行收入5.62亿元（还原考核），收入总额系统内排名第七，增加额排名第八；投资银行收入在中间业务收入中占比为41.23%，名列全系统第一。累计实现个人金融营业总额798.80亿元，同业排名第一，其中，储蓄存款新增156.41亿元，代理基金销售152亿元，代理保险销售20.60亿元，代理国债13.12亿元，累计销售个人银行类理财产品456.70亿元。个人网上银行客户新增115万户，完成总行考核计划的169%；企业网上银行客户新增2.10万户，完成总行考核计划的263%；手机银行（WAP）客户新增55万户，完成总行考核计划的275%；网上银行交易额为22 561亿元，完成总行考核计划的171%；电子银行业务收入10 346万元，完成总行考核计划的135%。新开对公结算账户34 373户，净增16 166户，账户存量占比35.18%，增量占比51.39%，均为同业第一；法人理财销售规模为465亿元，现金管理客户为3 972户，品牌金销售128.14公斤，代理实物黄金交易量1 078.60公斤，账户黄金交易量10 785.72公斤。累计清收转化不良贷款22.68亿元，完成总行考核计划的140%；不良贷款余额为35.05亿元，比年初下降1.48亿元；不良

率为2.98%，比年初下降1.13个百分点；拨备保有率为103.72%。

【主要工作措施】

一、加快优质信贷市场投放

重点加大了对铁路、高速公路、电网、核电、大型水电、港口、石油、电信运营等基础产业和基础设施行业的支持力度，通过高层营销、部门配合、上下联动、加强与开行合作等措施，优质信贷市场营销延续了上年的良好势头，增强了市场整体竞争能力，营销了一批重点客户和项目，扩大了优质信贷市场的占有份额。如围绕全省重大基础设施和重点项目建设，以临长高速公路13年收费权作质押，成功向湖南省高速公路建设开发总公司投放固定资产支持融资贷款120亿元，成为总行开办固定资产支持融资业务以来单笔融资额最大的项目，也是湖南金融界单笔融资额最大的项目，省高速公路总公司支付了融资顾问费3800万元。2009年末在省高速公路开发总公司贷款余额比年初增加66亿元，新增同业占比第一。对华天酒店发放2亿元的并购贷款，为湖南省第一笔、全国第三笔并购贷款。

二、积极探索非信贷资产业务

不断加快金融产品创新，大力发展非信贷资产业务，取得了较好效果。借助信托公司平台，为省内重点客户提供了204.19亿元信托理财服务，已到位资金67亿元；与工银租赁紧密合作，创新了租赁+保理的形式，在全国金融系统首次以已建成的高速公路为租赁标的物，实行售后返租方式，为省高速公路总公司解决融资130亿元，已到位资金15亿元。目前已批非信贷资产投入数额、实际到位数额均在系统内名列前茅，在省内同业更是遥遥领先。

三、加大中小企业支持力度

率先在省内自上而下成建制、成系统地设立小企业金融业务专营机构，开省内银行业先河。加强了与全省工商联系统、工商局系统及具有政府投资背景的担保公司的合作，以进一步推动中小企业信贷业务的较快发展。2009年末全行国内贸易表内业务余额达35.99亿元，比年初增加34.12亿元，完成总行考核计划的102.83%；国内贸易融资客户数265户；小企业贷款扭转负增长局面，资产质量有了重大改善，常德、衡阳、怀化三个二级分行实现了小企业信贷业务复牌。在全省非公有制经济发展经验交流暨表彰大会上，湖南分行作为全省国有商业银行中的唯一代表，被省政府授予非公有制经济服务先进单位的荣誉称号。

四、转型业务全面快速发展

通过积极维护高端客户，走访存款大户，完善激励考核办法、拓展农村金融市场等措施，用高目标带动“大个金”高质量地大发展，累计实现营业总额798.80亿元。其中，储蓄存款新增156.41亿元，代理基金销售152亿元，代理保险销售20.60亿元，代理国债13.12亿元，累计销售个人银行类理财产品456.70亿元，特别是代理基金销售市场占比超过50%，扩大了“三湘第一代理银行”的领先优势。按考核口径，实现营业总额450亿元，在省内同业排名第一。一是继续保持第一电子银行地位。个人网上银行存量客户达387万户，新增任务完成率在系统内排名第二；个人网银中高端客户渗透率达35.60%，同比增长5个百分点。企业网上银行存量客户达8万户，新增任务完成率在系统内排名第一；电子银行业务占比达55%，同比增加9个百分点，高出全系统平均水平5.50个百分点。二是牢固确立第一结算银行的位置。近几年账户总量始终保持同业第一，结算账户总量由2005年末的5万多户增加到2009年末的12万多户。对公结算账户增量省内同业占比保持在50%以上，达51.39%，为同业第一。账户规模的有效增加，促进了诸多业务得到较大发展。如对公理财业务、现金管理业务等发展迅猛，全球现金管理业务得到有效拓展，与中联重科签订了全系统第一单全球现金管理服务协议。三是第一发卡行的领先地位进一步巩固。2009年信用卡业务收入和消费额增长较快，信用卡业务实现了规模、质量、效益的协调发展。新增信用卡35.88万张，发卡量同业占比达44%；消费额达117亿元，消费额省内同业占比达33%。

五、不良贷款清收处置取得实效

通过实施“抓大清小”战略，推动不良贷款的清收处置。如实行行长经营绩效考核与清收处置不良贷款

湖南分行行长吴宏波向地方政府领导汇报湖南分行改革发展成就。

挂钩、与贷款风险控制挂钩，继续实行不良贷款客户会诊制度，执行不良贷款项目经理责任制，实行不良贷款大行重点督导制，建立不良贷款小户限期清户责任制，完善不良贷款清收处置考核奖励机制，实行不良贷款清收处置问责制等，以促进不良贷款的清收处置。同时，一方面，继续实行行领导挂帅抓不良贷款大户清收工作制度；另一方面，建立了不良贷款小户限期清户通报制度，推动不良贷款清收处置和精细化管理向纵深发展。2009年不良贷款余额和占比实现了“双下降”。

六、深化内部体制机制改革

内部管理和机制创新不断健全和深化，如实施新型目标管理办法、三层两线一体化营销、运行管理人员优化组合改革、不良贷款会诊制度、“两个质量档案”、视频“四定”制度、费用配置管理办法改革、全面实行产品计价分配办法等，取得了较好成效。一是改革完善费用分配办法。体现少数人做大项目、多数人做小项目的特点，将激励费用与员工本人所直接创造的绩效挂钩，让少数人做大项目得到应有的、重大的激励。同时鼓励大多数人做小项目，通过多做规模效益型产品，按产品计价多拿绩效。二是启动绩效费用分配的“双基改革”。实行绩效费用分配的“双基改革”，要求机构的基础费用要有基础工作量，员工的基本工资（岗位工资）要有基本工作量，完不成的按比例扣减，奖罚分明，不搞平均主义，彻底扭转有“底薪”没有相应的工作“底量”，从机制上督促员工提高劳动生产率，增强工作的主动性、积极性和创造性。在营业部南门口支行进行“无任务指标行”改革试点，引导和激励员工加油干、努力干、为自己干。三是加强客户经理队伍建设。坚持既抓数量扩张，又抓质量提升和绩效考核。从各二级分行选调100名员工到营业部工作，充实和壮大了省会城市行的营销队伍和柜面力量，初步实施了人力资源配置向业务量大、经营业绩好、经营效率高的重点区域和城市行倾斜的战略尝试。2009年底，全行客户经理总人数3 622人，占员工总人数的26.19%，专职客户经理占比居全系统第一，提前完成总行20%的目标。

七、内控案防体系建设逐步完善

牢固树立业务越是发展、内控越要加强的理念，进一步健全完善内控体系，提高内控管理水平。如层层落实案防责任制，加强视频监控管理和网点钱箱监管、加大检查监督频率、建立健全考核办法和规范审计流程等。抽调业务骨干700余人，成立76个检查小组，按照总行检查方案要求，深入各基层营业网点对部分重要业务开展检查，检查机构面和业务面为100%。开展了中间业务收入情况专项审计、理财业务专项检查、银行卡业务检查、投资银行业务内控管理检查、结算与现金业务操作与管理情况专项检查、信贷业务检查、对企业有贷户与行内员工资金往来情况的核查、经济责任审计等，同时，积极开展非现场审计，组织开展了银行卡业务非现场审计、开展了对法人客户2009年新增贷款资金流向的非现场审计等，并认真开展整改活动，切实提高检查效果。

八、全面提高班子队伍综合素质

加强各级领导班子的思想政治建设和能力建设，加强党员队伍建设和基层党组织建设，加强对党员领导干部的廉政教育，实行县级支行行长强制休假制度，制定了主要领导干部监督办法、领导干部述职述廉规定和廉政谈话的规定，强化了对团队和个人年度工作业绩的考核和评价。全年调整和交流副总经理级以上干部15人，选配14个授信审批分部正副主任38人；全年计划轮岗人数1 105人，实际轮岗人数1 806人，执行强制休假和责任审计52人，进一步加强了对操作风险和道德风险的内部控制；组织了16位优秀客户经理在全辖开展巡回演讲活动；选择确定了8家潜力县支行实施县支行变革计划；共举办多层级的各类培训班118期，9 493人次、40 810人天参加了培训。

广东分行

【业务指标完成情况】

2009年，广东分行实现拨备前利润177.74亿元，同比增幅为3.10%；实现拨备后利润170.96亿元，同比增幅为10.90%，利润总额居同业第一；实现经济增加值95.60亿元，同比增幅为8.50%。总资产9 230亿元，成为国内首家资产规模超9 000亿元的省级金融机构。本外币全部存款余额为8 814亿元，比年初增加1 695亿元，增长23.81%；本外币贷款余额5 053亿元，比年初增加1 040亿元，增长25.92%，增量在省内四大行排名第一位。拓展表外资产530.90亿元，表内表外全口径合计增加1 571亿元。资产质量实现历史性突破，不良率首次低于全系统平均水平，不良贷款余额比年初减少28.70亿元，不良贷款率比年初下降1.10个百分点，实现不良余额及不良率的持续“双降”。全年实现中间业务收入59.60亿元，同比增长18%，继续保持同业首位。

【主要工作措施】

一、积极推进信贷业务稳健发展，提高综合贡献能力

紧紧抓住广东省新十项工程投资计划机遇，进一步完善分层次营销、分层次管理，积极拓展优质市场，不断提升市场竞争能力，实现了资产业务的“倍数”发展。一是抓好重大项目和重点客户的营销工作，成功营销了省级交通融资平台、省水利厅重点水利项目、广乐高速、平海电厂等大项目、大客户，确保在主流区域、主流行业和主流客户中的主流地位。二是抓大不放小，从建设“第一零售银行”的战略高度出发，先后提出发展个贷、小企业“专业换砖头”等经营思路，在小字上做文章，努力提升广东行的可持续发展能力，不断加快个人贷款、中小企业业务和贸易融资业务的发展速度。截至2009年12月末，个贷余额达1 323亿元，净增438亿元，其中个人住房贷款规模率先突破1 000亿元，达1 040亿元，成为全系统首家突破千亿元的一级分行。三是推进信贷结构调整和流量管理，加快促进信贷业务转型。坚持扶优限劣，有保有压，在信贷资源上按个人贷款、贸易融资、小企业、项目贷款、其他业务品种次序来进行配置，进一步优化信贷投放和经济资本占用结构。同时，抓好资产转让业务工作，盘活存量，腾出规模，满足优质客户的需求。四是致力提高资产定价竞争力，提高贷款收益。加强利率监测分析和检查指导，及时掌握同业定价策略，通过科技开发进一步完善贷款定价模型，提高利率管理水平。

二、进一步提升存款市场竞争力，确保存款第一的领先优势

不断强化存款立行意识，积极开展存款营销活动，进一步巩固并扩大客户存款最多的竞争优势。一是全力强化储蓄存款的基础性地位。进一步深化储蓄存款和理财业务的互动发展，大力营销灵通快线、存贷通等优势产品，强化理财产品赎回时的二次营销，确保客户资金在行内实现“存款—理财—存款”的循环转化。同时，通过加强服务精细化管理，加大代发工资等业务对储蓄存款的拉动，加大对水电、社保、教育、医疗、代发工资、专项资金等与民生高度相关基础性领域的市场拓展。二是加强公司派生存款在银行体内流转和无贷户市场的拓展。加强对公网点建设和管理，抓好无贷户特别是百万元以上无贷大户的管理服务。三是抓住资本市场回暖的有利时机，大力竞争同业存款，持续抓好第三方存管业务发展工作。同时，通过高层互访、总部营销等工作，进一步深化与财政、社保、公积金、海关、证券等重点机构客户的合作关系，稳定机构存款来源。四是优化存款结构，控制付息成本。抓住资本市场日益活跃的机遇，主动帮助客户通过理财等方式多元化运作资金，运用产品创新，转化高成本存款。对于大额定期存款资金，通过一对一或一对多配套进行个性化资金运作，达到既稳定客户关系、保持存款市场份额，又转化

高成本存款、降低付息成本的目的。

三、进一步完善营销管理机制，推动中间业务发展，提升中间业务对利润的贡献度

着力推动全产品营销、全员营销、全过程营销，加大各类中间业务产品营销渗透力度，进一步完善全产品考核计价体系，以精细化管理促进中间业务增长。进一步发挥资产业务对中间业务的带动作用。围绕资产业务来做文章，重点解决收费的来源、环节、方式问题，做大对公中间业务份额，提升新兴中间业务收入规模。同时，在跑马圈地的基础上精耕细作，通过完善跟踪管理、提供增值服务、开展促销活动等多种方式，努力提高产品渗透率、动卡率和动户率，实现收入和规模的同步增长。全年共销售个人理财产品 2 193 亿元，同比增长 71.90%，销售对公理财产品 3 146 亿元，同比增长199%。信用卡发卡458万张、消费额 431 亿元，同比增幅分别达 40.50% 和 63.60%，成为国内首家信用卡发卡量超 400 万张、年消费额超 400 亿元的省级金融机构。

2009 年 11 月 24 日，中国工商银行与第 16 届亚运会组委会在广州亚运体育文化中心签署合作协议，正式成为 2010 年亚运会的唯一银行合作伙伴。

四、加快改革创新步伐，推进经营模式转型

一是进一步深化体制机制改革。在机构改革方面，小企业金融服务专营机构进一步完善，在 19 家分行设立了小企业金融业务中心，并设立了 133 家小企业金融业务分中心。正式启动重点县支行管理体制机制改革试点工作，加快提升辖内重点县支行的竞争力。在运行管理方面，在辖内珠海分行试点柜员指纹认证管理系统，顺利完成了监督体系的战略转型，业务集中处理、远程授权改革正在稳步推进。报表集中工程提前完成全年目标，释放兼职报表编制人员 1 282 人。在审查审批方面，建立完善前台、中台共同汇报信贷业务制度、优质客户绿色通道制度、重点联系行制度以及行业联络员制度，着力提高信贷决策的科学性、客观性。在考核机制方面，制订绩效工资费用计划，完善薪酬激励机制，力促各级行、各专业部门不断做大、做强、做优。

二是加大产品创新力度，提升差异化服务能力。贷款方面，重点针对专业市场、小微企业信贷客户和贸易融资类，推出了“工商物业贷”、“湛江霞山水产品贷”、“潮州陶瓷贷”等创新产品。投资银行方面，推出了信托 + 理财银政信合作模式，完成了明阳风电 PE 引资项目，开创了广东省内银行业私募股权引资业务的先河。银行卡方面，加大联名卡和芯片卡创新，推出了国民旅游休闲卡、广深 IC 卡、牡丹长隆卡、牡丹公积金卡等具备更高安全性的金融标准芯片卡，行业覆盖了民生、市政等领域，成为广东省银行业第一家推出高标准芯片卡的银行。在支付结算方面，推出了速汇金委托代办取款、“付汇理财”商务套餐等创新产品，在广州、东莞、珠海三地同时启动并成功办理了首批跨境贸易人民币结算业务。

五、加强风险管理，提高风险掌控能力

一是做好风险管理和不良贷款清收工作。针对 2009 年信贷投放较多，行业较集中的情况，加强合规性风险管理，积极实施信贷作业监督职能前移工作，严把放款前提条件审核关，确保新发放贷款在程序上的合规性与手续上的完备性，防止贷款发放过程的操作风险。做好信贷业务检查工作。对于审计和全行信贷业务大检查、自查中发现的管理漏洞和薄弱环节，按照边查边改的原则深入分析原因，及时整改，消除隐患，堵塞经营漏洞。重点排查和纠正虚假开票、以贷开票、关联开票、滚动开票、越权办理异地贴现等问题。大力抓好不良贷款的清收处置工作。进一步加强对不良大户的集中管理，对不良贷款大户安排专人负责逐户跟踪、督导。综合运用现金清收、还款免息和以物抵债等手段，加快处置进度，千方百计提高处置受偿率。全年通过处置不良贷款回转拨备 8.12 亿元，实现现金清收 13.63 亿元，核销贷款 11.10 亿元。

二是扎实抓好内控案防工作。全行坚持“业务发展是硬道理，加强管理也是硬道理，要两手抓、两手硬”，针对内外部的最新案防形势，提出案防工作要“树立三种意识，牢固构筑三道防线”的案防新思路。继续抓好内控管理体系建设和案件防控工作，加大内控信息化建设力度，建立健全“内控监管员”机制，强化案防教育和反腐倡廉宣传教育，配合做好各项内外部

审计检查，进一步完善反洗钱检查和评估工作，促进全行内控案防水平的提高。

六、提升服务水平，实施品牌发展

一是加强渠道建设，提升综合服务能力。贯彻“渠道为王”的理念，强化销售渠道建设，按照“五化”原则（规模大型化、业务综合化、客户分层化、功能分区化、渠道分流化）进一步完善物理网点分层分类服务体系。全年全省新建成财富中心11家，贵宾理财中心84家；共完成169家网点的改造，占全行网点的16.80%。继续加大ATM等电子自助设备的投入和使用。重点加大手机银行（WAP）的业务发展力度。全年新增个人网上银行、个人电话银行和手机银行WAP客户160万户、49万户和98.60万户。加强客户经理队伍建设，提高销售人员占比，启动客户经理队伍建设的“四个一工程”，打造一支富有战斗力的营销队伍。

二是以亚运合作为契机，加强服务与品牌工作。2009年，在广东分行的积极沟通和全力配合下，总行与第16届亚运会组委会（广州亚组委）签署合作协议，正式成为亚运会的唯一银行合作伙伴，大大提高广东分行在广东地区的社会影响力。以此为契机，全行积极开展“满意在工行”、“服务大提升活动”和“双百佳”评选等活动，全面提升辖内网点的服务质量和效率。在做好品牌与服务工作的同时，全行还组织开展了援建河源工行希望小学、汶川龙溪乡母亲安居房等多项助学支教、灾后重建、扶贫帮困和无偿献血等公益活动，在社会上塑造了优秀的企业公民形象。

七、加强党建、队伍和企业文化建设等工作

一是加强党建和组织建设。认真开展学习实践科学发展观“回头看”活动，并通过深入开展“创先争优”活动，加强基层党组织建设和党员队伍建设。二是加强人才队伍建设。切实贯彻总行区域人员配置政策，落实总行运营体制改革，引导员工内部合理流动，优化员工岗位和素质结构。认真抓好后备干部集中选拔工作，组织开展了一系列针对管理人员、中年员工的培训活动，并积极利用模拟银行、网络远程培训等新形式、新手段，加大对员工的业务培训力度。三是推广“共创共建共享”家园文化。积极组织了登山、中秋晚会、球类比赛、户外拓展等丰富多彩的文体活动，开展了对离退休老干部、劳模和特困员工的慰问活动，召开了第一届职工代表大会第二次会议，充分激发了广大员工民主参与全行经营决策的积极性。

广西分行

行长　张恪理

【业务指标完成情况】

2009年，广西分行分别实现拨备前利润、考核拨备后利润和净利润32.33亿元、32.75亿元和24.64亿元，同比分别增加2 300万元、72万元和400万元，分别完成总行下达计划的97.56%、106%和106.60%。2009年末本外币各项贷款余额为1 157.90亿元，比年初增加233.80亿元，增长25.30%。其中，个人贷款余额为399.99亿元，比年初增加139.47亿元，占全部贷款总额的34.54%，继续保持“广西第一个人贷款银行”的市场地位。贸易融资余额为34.70亿元，比年初增加23.64亿元，贸易融资占流动资金贷款的26.70%。A+级以上贷款占比达82.88%，同比增长1.08个百分点，贷款结构得到不断优化。年末本外币各项存款（含同业）余额为1 510.22亿元，比年初增加249.95亿元，同比多增66.15亿元。其中，储蓄存款余额为775.52亿元，比年初增加94.33亿元；对公存款（含同业）余额为734.69亿元，比年初增加155.62亿元。“风险管理年”成效显著，全年累计清收不良贷款13.43亿元，完成总行下达任务的153%。其中，现金清收4.93亿元，完成总行下达任务的259%。年末不良贷款余额为10.80亿元，比年初下降1.82亿元；不良贷款率为0.94%，比年初下降0.43个百分点。在保持不良贷款率低于全系统平均水平的基础上，已连续五年实现不良贷款“双降”目标。全辖14个二级机构中，12家行不良贷款率在0.60%以下，5家行法人不良贷款余额为0。潜在风险贷款进一步降低，退出潜在风险贷款27.56亿元，完成总行下达退出任务的110%。全年实现中间业务收入9.04亿元，同比增加1.63亿元，增长22.05%。中间业务收入占营业净收入的16.50%，同比提高2.30个百分点，盈利结构不断优化，经营转型成果进一步显现。全年无重大案件、责任事故、越级访和群体访发生。

【主要工作措施】

一、加强信贷风险管理，筑牢经营发展基础

一是把好信贷投放。坚持有保有压、有进有退的行业信贷政策，积极支持优质客户的融资需求，坚决杜绝假按揭、假车贷和防止贷款进入股市。二是加强贷款风险监测和管理。高度关注国家宏观政策变化可能引发的信贷风险，实施贷款集团关联客户和贷款大户动态监控，延伸贷款“担保圈”客户风险监控，前移风险管理关口。三是加强潜在风险贷款的退出，逐户制定清转方案及措施，落实压降责任制。四是强力推进不良贷款清收，累计清收处置不良贷款13.43亿元（含个贷转化），现金清收4.93亿元，分别完成总行年初下达任务的153%和259%。

二、加大优质信贷市场营销，信贷结构不断优化

一是优质项目信贷营销加快。积极抢抓市场机遇，把交通、电力、铁路、城建、钢铁、有色金属、糖业、城市基础设施、北部湾经济区等作为营销重点，实施板块式营销和重大项目名单制管理，灵活运用项目前期贷款等产品组合，积极加大信贷投放。全年发放项目贷款246.80亿元，新增项目贷款155亿元。同时抓住广西城镇化步伐加快的机遇，不断拓展信贷业务新领域。二是贸易融资和小企业信贷业务发展迅速。设立了三级机构，扩大了小企业信贷业务转授权，业务处理流程得到优化。成功办理了系统首笔未来商品货权项下预付款融资业务。三是个人贷款业务发展加快。优化完善按揭项目房地产企业准入审批流程和个贷流程，积极开展住房开发贷款与个人住房按揭贷款的联动营销，进一步提高审批效能和市场竞争力。年末个人贷款比年初增加139.47亿元。

三、紧抓存款工作不放松，夯实发展基础

一是对公存款工作稳步增长。继续下大力气做好城建、交通、房地产、招商引资、财政新版非税系统、全区居民医疗保险、养老金统筹等大型项目增存工作，拉动对公存款增长和政府客户的稳存增存工作，拓展挖掘无财政业务开展等空白区域的市场潜力，强化存款业务考核，深入组织开展各种业务营销活动，促进对公存款增长。二是储蓄存款工作得到全面发展。充分利用个人贷款业务的品牌优势，建立公私联动攻坚营销小组，组织开展大项目存款源头的联合营销，积极抢占储蓄存款市场份额；扩大个人理财类产品销售，加大储蓄存款与灵通卡等增值优势产品的捆绑营销，吸引客户间隙性资金回流，带动储蓄存款增长；积极发展代发工资和中高端客户增存，提供增值服务，竞争企业改制安置费等批量代发项目和私营业主等高收入客户群体，促进储蓄存款稳定快速增长。

四、加快新兴业务发展，中间业务取得新突破

一是挖掘银行卡业务潜力。积极营销公务卡项目，大力推广分期付款业务，推进“见费出单”项目，加快公务卡在全区行政、企事业单位的市场覆盖，迅速扩大客户群体；积极推广“电话通”产品，不断优化特约商户，拓宽了收单业务的渠道建设和新的增长点。全年新增信用卡17.12万张，信用卡消费额112亿元，同比增长52.34亿元；银行卡中间业务收入1.50亿元，同比增长4 319万元。

二是继续促进电子银行快速发展，扩大同业合作。促使中储粮集团通过网上银行实现了全国下属单位的资金归集，将柜面业务服务延伸到广大农村地区；促使广西体育彩票管理中心12个分中心电脑型体彩开立专户并开通企业网银证书版，创新推出以广西分行为主办行的多银行资金管理平台；利用电子银行积极深入企业贷款项目征地拆迁补偿款和工程建筑施工工人工资的支付市场等。全年新增企业网上银行客户17 518户，新增

2009年7月16日，广西分行行长张恪理率队深入广西玉柴机器股份有限公司调研，向企业推介“e融通”创新产品。

个人网上银行客户 532 606 户；共实现电子银行交易额 19 747 亿元，实现电子银行中间业务收入 15 804 万元，同比增加 3 634 万元。

三是提升国际化发展水平。通过开发“边贸通”新产品，实现边贸结算额 75.60 亿元，保持同业市场占比第一位；实现境外机构境内外汇账户（NRA）零的突破（新开户 20 户），NRA 账户结算量 18 444 万美元，存款余额 4 831 万美元，在全国工行系统分别排名第 7 位和第 4 位；实现全区所有分行机构均成功办理结构性存款，开户数达 73 户，中间业务收入 113.49 万美元，成为国际业务新的收入来源和亮点。

四是积极拓展新兴业务市场。大力营销广西糖网、广南国际等多个大宗商品交易市场客户，推动中国（广西）—东盟人民币结算业务，有效拓宽结算类现金管理业务发展空间；开拓企业年金业务市场、投资银行精品业务和资产托管业务，介入广西行业整合及企业重组改制，探索与信托公司的合作模式，成功营销北控水务等企业并购顾问业务，与国海证券合作发展定向资产管理业务，实现资产托管业务规模 86 亿元，信托理财转出 31.20 亿元，中间业务收入达 2 100 万元。

五、加强服务管理，不断提升服务水平

建立健全服务管理机制，提高中高端客户服务能力。将服务管理职能调整到办公室，加强服务管理的组织推动工作，通过探索优质客户维护和拓展方法，研发“个人客户积分”项目，强化公私协同营销；完善营销服务网络体系，建立了跨地区的客户经理网络，完成网点升级改造 119 家，离柜业务占全部业务总量的 50.48%，处于广西同业领先地位；不断完善区分行客户投诉管理办法实施细则等相关制度，做好客户投诉统计分析工作，实行客户投诉反映问题风险提示制度。

六、稳步推进各项改革，管理效率得到明显提升

一是深入推进机构改革。恢复了贵港、防城港两个二级分行经营管理职能，新设崇左、贺州两个直属支行，出台员工跨区域流动薪酬奖励措施，拓宽员工职业发展空间。二是顺利推进三项运营改革工作，监督体系成功实现战略转型、远程授权改革成效初显、业务集中处理体系改革稳步推进。运行风险监管人员比 2007 年末减少 121 人，远程授权共投产 149 个网点，业务集中度为 83.33%，全年核算差错率由 2008 年的 2.30‰大幅下降为 0.43‰，降幅为 81.30%。三是扎实推进报表集中管理改革。顺利组建二级行报表分中心，废止或上收编制报表 668 份，占报表总数的 64%，释放报表编制人员 129 人，占全行报表人员的 17%。

七、切实加强内控、案防、维稳工作，为经营发展创造和谐稳定环境

一是内控管理建设得到加强。组织制定和编制一级支行内控评价实施细则和操作手册，研发投产了检查监督综合信息管理系统、非现场监测分析模型系统，进一步规范基层行内控评价和操作风险管理，增强预警和分析效果。二是案件防范工作进一步强化。继续细化完善管理层、执行层、操作层等各层面案件防范工作措施，强化各级机构负责人履行“两个责任制”工作职责。在抓好总行 8 个风险点的基础上，着重加强客户经理违规代客操作等 6 个重点环节的风险点防控工作，及时消除风险隐患。三是加强了 ATM 等重点部位的安全保卫工作，积极试点 ATM 远程监控报警联网系统，完成柳州、桂林分行守押社会化工作。四是法律工作建设成效显著。高度重视诉讼案件对全行经营发展的重大影响，推进诉讼案件管理。全年没有发生集体进京上访，确保了和谐稳定经营局面。

八、积极探索党建和队伍建设新途径，党的政治优势和员工凝聚力得到加强

一是加强各级领导班子的建设。积极开展创建“四好”领导班子活动，认真组织开好年度各级领导班子民主生活会，坚持党委中心组学习制度，全面落实科学发展观，有力带动全行各级党组织、领导班子形成良好学风。二是有序开展员工职业晋升与发展工作。建立公正、公开、公平的人才选拔通道，拓宽了员工的晋升空间，增强了员工的归属感和职业满足感。三是做好中年员工转岗培训工作，在认真做好全员培训的基础上，对改革中分流的中年员工进行了大规模的培训工作，培训面达 100%，使绝大多数中年员工能够在市场营销、业务操作和经营管理中发挥更大作用。

海南分行

行长　石琪贤

【业务指标完成情况】

2009年，海南分行实现拨备前利润8.89亿元，同比增长5.44%；拨备后利润9.64亿元，同比增长10%；净利润7.23亿元，同比增长10%；经济增加值（EVA）5.40亿元，增长7.69%。五级分类不良贷款余额为2.31亿元，比年初减少1.69亿元；不良率为0.83%，比年初下降0.93个百分点；贷款损失拨备覆盖率为76.26%，同比下降8.95个百分点。本外币存款余额为625.68亿元，比年初增加143.51亿元，增长28.56%。其中，储蓄存款余额为262.90亿元，比年初增加46.90亿元；对公存款余额为361.29亿元，比年初增加97.63亿元。本外币各项贷款余额为277.05亿元，比年初增加50.15亿元，增幅为21.90%。累计实现中间业务收入3.19亿元，同比增长24%。

【主要工作措施】

一、转变观念、务求实效，以科学发展观推进经营重心转移

一是坚持科学发展。深入实践科学发展观活动，加大调研力度，引导、鼓励和培养全行上下树立科学发展理念。召开辖属分类地区行调研座谈会，搭建纵向和横向信息沟通、交流平台，逐行分析解决经营管理中存在的问题；组织召开“海南分行第三届发展战略研讨会”，积极谋划未来工作思路，坚定不移走海南特色之路。

二是突出“四争一保”刚性要求。牢固树立同业争占比、系统争位次、行内争贡献、发展争速度、运营保安全的指导思想。在发展速度上明确“四个高于”的要求：业务发展必须高于GDP增速、系统平均水平、同业水平和总行计划数。把市场份额作为竞争发展的刚性标准。将各项业务的存量和增量同业占比作为一个重要指标纳入考核体系，全力打造区域内综合竞争能力最强的商业银行。

三是强调“分类发展”区域特色。根据实际情况，对分支机构实行分类指导，分级考核，区别对待。一类行要加快发展，提升发展层次，增强核心竞争力，充分发挥好主力军和辐射作用，成为带动发展的龙头；二类行要保持高度的市场敏感性，努力挖掘金融资源，培育新的盈利增长点，成为当地市场竞争力强、质量优、效益好的领跑者；三类行要着力抓好最具活力、最有前景的中间业务，扩大低成本负债业务的增长，开展特色和专长业务，推动业务转型，打造特色支行，加快追赶先进行的步伐。

二、突出重点、明确思路，以优质市场拓展实现协调发展

一是以项目谋突破，全力拓展优质信贷市场。积极实施大企业、大集团战略，对规模大、影响深、具备发展潜质的大型企业集团开展高层营销、联动营销和整体营销，先后与22家大型优质企业分别签订银企战略合作框架协议。积极加强与政府职能部门的联系，及时掌握市场最新动态，不断扩充和更新全行“大项目储备库”。依托大项目储备库积极开展二次营销，促进重大项目贷款尽早投放。

二是以规模促发展，积极推进负债结构调整。正确处理好存款业务与理财产品的关系，突出理财产品在安全性、收益性和流动性方面的优势，积极吸引挖转他行客户和转换替代高成本的存款，主动调整负债总量结构和降低筹资成本，同时通过合理调整理财产品期限结构和收益结构，确保存款市场领先地位。正确处理好存款源头与联动营销的关系，对外加强与政府职能部门的联系与沟通，从源头上竞争新客户；对内紧紧抓住“三大储源”和对公账户开户、贷款客户等源头业务不放松，通过源头业务归拢存款，为客户提供多样化、个性化、差异化的金融服务争取空间。正确处理好体制机制与考核激励的关系，在对公存款上，明确了择优抓好、质量兼顾的发展思路，并引入金融资产日均5万元以上

公司客户增量指标考核，引导基层行抓大户、抓好户、抓有效户，通过提升账户质量有效带动对公存款增长。

三是以速度抢市场，牢固确立中间业务发展优势。第一，打好个人中间业务“阵地战”。及时根据资本市场变化，调整理财产品销售策略，在不同的阶段重点营销不同风险收益的理财产品。切实抓好有贷户、无贷户以及机构户等分类名单的梳理工作，建立“名单制”营销清单，并根据单位客户的群体结构，制定相应营销措施及营销进度。加大灵通卡产品的跨领域创新力度，推出新型联名卡业务，扩大市场份额。第二，打好法人中间业务“运动战”。大力推行“1+N”金融综合化营销，为客户提供一揽子融资方案，加快实现批发和投行业务的融合发展；重点抓好账户营销源头和提升单个客户的多产品覆盖率等工作，确保传统结算业务稳步增长；组织开展贯穿全年的法人理财专项营销活动，以专户理财和集合理财为重点，做大法人理财客户规模及理财产品日均规模；加快产品种类、服务机制创新，组建专家团队，进一步夯实年金业务发展基础。第三，打好新兴中间业务“圈地战”。以技术、结算、网络等自身优势为依托，加快重点目标商户拓展；以交通卡、社保卡、公务卡等项目为突破，加快重点目标客户拓展。以电子商务、在线缴费、通用缴费等专属电子银行产品为卖点，掀起全员营销攻势。第四，打好国际中间业务“逆转战”。密切关注海南航空、金海浆纸、中航油、新佳旅业等优质客户及行内公司业务重大项目的进展情况，在做好跟踪服务基础上，通过外汇理财、贸易融资等方面进行渗透，进一步提升国际结算市场竞争力。

三、深化调整、推进转型，以结构优化提升发展层次

一是有进有退，全面推进信贷结构优化。积极调整信贷地区结构。将主要信贷资源投向经济环境好、信贷资源丰富、经营管理水平较高的海口、三亚、洋浦等重点地区。积极调整信贷行业结构。继续加大对铁路、电力、航空、纸浆制造、石油石化、邮政等基础设施领域和具有海南资源优势的房地产行业信贷投放力度。积极调整信贷品种结构。加大了基础设施领域项目贷款、固定资产支持融资、住宿及住房开发贷款投放力度，稳步推进流动资金贷款向国内贸易融资业务品种的转化，保证流动资金贷款重点投向效益好、发展潜力大的优质客户。

二是动态管理，加快提升优质客户占比。2009年累计向金海纸浆、三亚鹿回头、海南航空等优质企业发放贷款135.15亿元，实现公司客户利息收入9.77亿元；累计向高收入、高职务、高学历的个人优质客户发放贷款22.90亿元，实现个人客户利息收入1.92亿元；实现AA-级以上法人优质客户新增8户，增幅为14%，法人优质客户余额占比为69.08%。2009年个人金融资产5万元以上的中高端客户占比达到9.03%，较年初提高0.35个百分点；中高端客户金融资产在全部客户资产中的占比已达到80.31%，较年初提升1.08个百分点；电子银行在中高端客户中渗透率为27.52%，同比提高5.13个百分点；信用卡在中高端客户中渗透率为11.80%，比年初提高2.70个百分点。

三是加快创新，不断丰富现有产品体系。银行卡领域推陈出新。以“牡丹灵通卡+手机银行WAP+工银信使+U盾”为基础，创新推出“我灵”、“我e”、“我快”的灵通“三宝”组合产品，实现跨部门产品的交叉销售及组合营销。贸易融资产品逐步壮大。办理的业务品种不仅由国内信用证项下买方、卖方融资扩大到保理、发票融资、国内信用证及打包放款、买方融资、卖方融资等业务品种，客户群体也由2008年仅金海浆纸一户扩大到中航油、海南椰岛、海南海药、华盛水泥、金红叶纸业、定安远宏等30家企业。对外担保业务实现突破。2009年办理2 088万美元的借款保函业务，填补了对外担保的业务空白，实现对外担保业务收入72.47万元。

四、锐意进取、大胆创新，以机制体制催生发展动力

一是扎实推进运营体制改革。圆满完成运行风险监控中心、远程授权中心、业务处理中心三大中心的设立工作，进一步推动了大集中、扁平化改革进程。远程授

2009年12月1日，海南分行与15家企业签订银企合作框架协议。

权系统已投产网点约占总数的48%，完成了辖内分支机构业务集中处理；统计报表集中工作进一步推进，组建了报表分中心，释放了基层统计员30% -50%的工作量；守押社会化改革进一步深化，2009年完成文昌、东方、陵水三个地方守押社会化改革工作，实现守押社会化覆盖率86%。二是不断完善激励约束机制。重新制定和完善了分支行行长绩效考评、部门绩效考评、营业网点综合评价、客户经理、营业经理考评等一系列考核制度，逐步形成“责、权、利”相统一的激励约束机制。三是强力优化押品评估审查审定流程。改变“一次上报、一次反馈、一次审定”的工作模式，推行“调评审三同步”、“审查审批合二为一”等提前介入、一次上报即完成审查审定的工作模式，有效提高评估工作效率。四是着力优化人力资源配置。鼓励跨专业、跨地区、跨条块流动。有组织、有计划、有步骤地引导员工从人力资源相对富余地区向紧缺地区、从低效地区向高效地区有序流动，逐步解决人员结构性短缺的矛盾。分支行间人员横向流动684人，占全行员工数量的25%；累计从人员相对富余的县域支行调配60多名员工充实到人员相对紧缺、金融资源丰富的三亚、洋浦和海口城区行。五是全面提升服务管理水平。不断加强执行意识、责任意识、大局意识、服务意识的灌输传导，加强对同业产品的研究和客户需求的分析，增强服务体验。针对网点柜面排队难问题，主动增进服务引导，提升网点服务水平，缓解柜面排队压力，提高离柜业务率。六是持续强化科技创新推动。2009年共受理业务创新需求51项，需求数量同比增长42%，涉及市场营销、产品创新、数据加工、内部管理等方面。先后投产了牡丹交通卡管理信息系统、内部管理短信平台系统、海南通卡汽车燃气缴费系统、黄金交易明细查询系统等12个信息系统；完成了32个原应用系统升级版本的开发投产，较好地支持了各项业务的发展和管理创新。

五、依法合规、从严治行，以强化内部管理保障发展质量

一是不断强化政策执行力度，前移风险防控关口。严格把控新开工项目准入和新客户准入，严格落实个人贷款的双人调查、双人谈话等各项制度，结合全年潜在风险贷款压降、退出与转化计划，加强对评级授信客户的偿债能力、发展能力及潜在风险分析。2009年共压缩潜在风险贷款10.22亿元，退回个人贷款71笔、金额1 683万元。二是按照早处置和快处置的要求，从健全处置体制机制、实施处置联动、创新处置手段等方面入手，抓紧抓实不良贷款清收处置工作。2009年共收回账销案存资产670万元。三是内控管理工作取得实效进展。业务发展、内控先行的经营理念不断巩固，反洗钱客户风险分类信息管理不断完善，全面内控体系建设初步形成。四是财务精细化管理得以落实。按照“有取有舍、有保有压”的原则，一方面，加大网点改造投入、完善集中采购制度建设、压缩不必要的行政办公费用、继续保持中间业务收入与营业费用配置挂钩；另一方面，将资源配置与经营效率、绩效考核挂钩，加大了经营资源向业务发展快，市场竞争力强的行倾斜力度，有效调动了各行营销主动性和积极性。五是案件风险防范进一步加强。不断创新案防分析会内容和形式，明确风险点防治要求，加强对自助银行、ATM的巡查。加强防抢劫和消防应急管理工作，有效地防范了案件的发生。六是扎实推进党风廉政建设。完善任务、责任、追究三位一体的量化考核评价机制，重点落实管理人员廉政谈话和函询制度，在加强纪检监察信访核查监督力度的同时，进一步增强管理人员的廉洁从业意识和全员遵章守纪的自觉性。

六、以人为本、与时俱进，以人文管理营造和谐发展氛围

一是全面推进后备人才库建设。通过全行性的公开竞聘，联合专业公司对全行业务骨干展开了培训和筛选，聘任了9名员工为非管理类的高级经理，确定了44名员工进入第一梯次后备人才库，并从中提拔9名优秀员工为分支行、部门的行长助理或总经理助理，解决各级管理类人才的梯次建设问题。二是深入开展中层干部竞聘工作。2009年共有670人报名参加考试，占全省员工的27%。共聘任320名中层管理人员，其中聘任原中层管理人员占比为84.06%；42人进入分支行中层管理人员后备人才库。同时鼓励省分行向基层、二线向一线的人才流动，通过全辖分支行中层干部竞聘考试上岗，打造一支充满活力的基层干部队伍。三是分层分类、以工代训、三明治式等创新式教学加快了培训工作向针对培育转变的步伐。2009年共举办各类培训班141期，培训14 852人次，有力地支持了全行业务健康协调发展。四是信访维稳工作成效明显。针对协解人员的一些不正常上访，在总行的指导下，积极做好政策宣传和局面稳控工作，保证了全行业务的平稳运营。五是着力塑造以“知福·感恩·回报”为主题的企业文化，鼓励和倡导员工学习“大禹”、“铁人”、“愚公”精神，全行员工的职业自豪感和满意度不断增强，敢为人先和争创一流的竞争意识不断增强，在工作中建功立业的主人翁意识不断增强。

重庆分行

行长　刘卫星

【业务指标完成情况】

2009年，重庆分行拨备前利润和账面利润双双突破30亿元大关。其中，实现账面利润32.20亿元，完成总行下达年度计划的114.84%，系统排名第14位，同比增长27.39%，系统排名第8位。本外币各项存款（不含同业）余额达到1 496.60亿元，完成总行下达年度计划的303.04%，新增398.20亿元，比年初增长36.25%，系统排名第1位；本外币各项贷款余额达到1 125.20亿元，新增300亿元，比年初增长36.33%，系统排名第4位；实现本外币中间业务收入9.20亿元，完成总行下达年度计划的117.95%，同比增长52.16%，系统排名第2位。2009年清收不良资产9.60亿元，完成总行下达年度计划的160.36%。全行不良贷款余额为13.90亿元，比年初减少3.90亿元，不良贷款率为1.24%，下降0.92个百分点。没有发生案件和重大差错事故，全年实现了安全运营。2009年行长经营绩效综合考评位列系统前10位，其中上半年排名第7位，位居中西部地区分行首位。荣获重庆市政府颁发的"金融贡献一等奖"。

【主要工作措施】

一、抓联动、促营销，综合竞争能力大幅提升

一是以落实战略协议为契机，公司金融业务实现快速发展。2009年，重庆分行紧紧围绕总行与重庆市政府签订《金融战略合作协议》，狠抓落实，公司金融业务实现了全面、健康、快速发展。公司存款比年初增加153.20亿元，增长54.24%，系统排名第2位；公司贷款比年初增加205亿元，增幅34.40%，系统排名第3位。其中，小企业贸易融资余额3.60亿元，比年初增加2.90亿元；票据融资累计实现交易691亿元，同比增长42.50%，全行票据资产不良率继续保持为零；国际结算收入突破3 000万元，同比增长3倍，稳居系统首位。

二是以深化银政合作为平台，机构金融业务实现稳步发展。通过深挖银政合作潜力、丰富同业合作内涵、创新金融合作产品等方式抓机遇、抢客户、占市场，机构业务呈现出又好又快的发展态势。坚持以机构负债为中心，拓展公共财政市场。在已实行国库集中支付改革的区县中，重庆分行代理的区县行总数增加至15个，占比68.18%；成功与重庆市财政局签订2009年市级财政统发工资协议；独家代理全市养老基金归集工作。坚持以互利共赢为原则，拓展金融合作市场。与重庆联合产权交易所签订《金融战略合作协议》，拉开了双方全面合作的序幕；与重点券商联手开展"银证联手，股海畅游"营销活动，新增三方存管客户4万多户；在全国范围内开展了为期4个月的"工行．先融杯"期货实盘大赛活动；成功与重庆银行、重庆农商行、三峡银行、花旗银行等同业建立全面合作关系。机构存款比年初增加111.80亿元，增长40.10%。

三是以强化联动营销为抓手，个人金融业务实现提速发展。2009年，通过完善营销组织架构、强化公私联动营销、提高精细管理水平等措施，扭转了个金业务年初发展缓慢的不利局面，储蓄存款、个人贷款、理财业务的发展速度和市场占比稳步提升。储蓄存款比年初增加133.20亿元，增长24.83%，系统排名第1位；个人贷款业务新增78.80亿元，增长45.42%。

四是以提升服务品质为重点，新兴金融业务实现迅猛发展。信用卡发卡总量达到110.90万张，比年初增加21.80万张。个人网上银行客户和个人电话银行客户同比增幅均居系统第1位；手机银行（WAP）客户突破25万户；电子银行交易额和网上银行交易额双破万亿元大关。大力发展理财产品销售业务，额度和收入均创历史最好水平。其中，实现个人理财产品销售153.80亿元；实现法人理财产品销售180亿元，同比增长3倍。

二、抓规范、促提高，内部管理能力大幅提升

一是信贷管理不断规范。着力改善信贷政策环境。

积极向总行争取政策支持，取得了九项突破：批准商用房开发贷款资格；放宽固定资产支持融资业务期限；扩大房地产开发贷款和城建类项目审批授权；调升基本授权等级；恢复产业类项目贷款审批权限；特许实施房地产“大盘”战略；辖属二级分行综合信贷业务全部实现复牌；个人信贷业务实现全行复牌；恢复县行信贷经营资格审批权限。着力提升服务营销水平。完善个人贷款集中催收体系，进一步减轻了基层行管理压力；设立了信贷政策咨询信箱和24小时业务操作支援电话，及时解决基层行业务难题；优化客户准入流程，对需上报总行审批的项目以及贸易融资业务、小企业信贷业务免予客户准入审核；及时解读总行信贷政策，确保业务发展规范、有效。

二是风险防控显著改善。第一，加强信用风险管理。狠抓制度建设。出台了分支行信贷管理考核管理办法；完善了贷款风险监测、信贷资产分类等十多项涉及信贷业务操作、信贷风险防控的管理规定，进一步优化了信贷操作流程，明确了风险防控重点。狠抓风险预警。在全面分析监测基础上，针对城建类贷款、房地产贷款和个人贷款的潜在风险和贷后管理薄弱环节，及时下发风险提示和业务核查通知书。上述措施取得了较好成效：正常关注贷款迁徙率仅为0.42%，低于系统平均水平；公司法人客户潜在风险贷款退出21亿元。第二，加强操作风险管理。采取按季考核、预警提示风险损失控制额等举措，将操作风险损失限额纳入基层行内控评价和全面风险管理评价指标体系考核，初步实现操作风险量化管理。同时，加强了对操作风险隐患的识别、监测和评估，有效地提升了操作风险管理的能力。第三，加强市场风险管理。完善制度，编制了《2009年度重庆分行市场风险管理委员会工作计划》，印发了关于加强人民币公司贷款利率管理的政策性文件，有效杜绝利率执行中“跑、冒、滴、漏”现象发生。关注市场，先后两次调整同业存款指导利率，引导基层行统筹安排存款规模与付息成本，降低利率风险；规范同业通知存款的利率定价及计结息方法，对存量同业通知存款主机利率信息进行清理及调整。及时检测，印发了《重庆市分行人民币利率监测考核实施细则》，为进一步健全全行市场风险管理体系提供数据平台支持；加强对利率风险的分析和管理，并对资产负债利率敏感性缺口等指标进行量化，按季撰写市场风险分析报告；对存贷款利率执行中出现的问题，及时下发风险提示，督导全行有效防范市场风险。

三是内控外防卓有成效。开展了“学制度、明责任、强内控、上等级”主题教育活动，让各级管理者和广大员工进一步牢固树立起“依法合规”意识，真正懂得能做什么和该做什么，真正明白经营管理的各类“红线”和“底线”。顺利完成了信贷业务大检查。重点对2008年发放的项目贷款（含城建类贷款）、房地产贷款、银行承兑汇票、票据贴现业务及个人贷款进行了检查，及时督导对贷款作业过程中存在的管理不够到位等问题进行整改落实，纠正和消除了操作管理环节等方面存在的隐患和漏洞。开展“案件防控百日整治活动”，重点对信贷管理、票据贴现、运行管理、个人金融等22个重要业务、1 125个风险环节（点）进行了全面自查，并对发现的问题进行了深入剖析，制定了379条整改措施，强化了经营管理。做好重要业务审计检查问题后续跟踪检查工作，对2008年利率管理合规检查中发现的问题进行了后续跟踪检查，共督导整改问题751个。

四是廉政建设日趋完善。以落实党风廉政建设责任制为主线，以狠抓案件防范为重点，加大对管理人员监督管理力度，加强勤勉敬业教育，督促全行员工认真执行廉洁从业规定。第一，贯彻落实《实施办法》。研究制定了《贯彻落实〈建立健全惩治和预防腐败体系2008—2012年工作规划〉的实施方案》，逐项落实牵头责任部门、协作推进部门及完成时限。第二，严格执行廉洁规定。严格禁止管理人员利用职务上的便利谋取不正当利益，并利用廉政管理系统启用的契机，加大了对管理人员的廉洁教育。通过各项廉洁从业规定和监督制度的执行，各级管理人员廉洁从业意识得到明显增强。第三，加强重点事项监督。重点加强了对基础机构负责人和客户经理的监督，落实了对基层机构负责人的轮岗、强制休假和离岗审计制度。对分行副经理以上干部

2009年4月24日，重庆分行与重庆市联合产权交易所签订金融战略合作协议。

的选拔任用全程监督，对不良资产处置、集中采购全程监督。第四，加大信访核查力度。2009 年收到信访举报 19 件，办结 19 件，办结率为 100%，未出现重复上访和越级上访。

三、抓改革、促转型，集约经营能力大幅提升

一是调整优化内设机构。组建了小企业金融业务部，并在 24 个分、支行设立小企业金融业务中心、在 6 个二级支行和 22 个区县支行设立了小企业金融业务分中心，形成了多层次、立体化的营销格局，同时，统一培训、上岗 82 名专职客户经理。组建了企业文化部，落实了党的宣传、思想教育、精神文明、企业文化建设和员工教育培训等具体职责。组建了投资银行部，负责全行投资银行规划、营销及管理等工作。将产品创新和客户体验职能调整到了财务会计部。将公司业务部的客户营销、维护范围由过去的名单客户拓宽到所有中型以上优质客户。

二是强力实施“十大集中”。针对重庆大城市带大农村这一实际，强力实施了“十大集中”（信贷审批集中、不良处置集中、现金管理集中、业务处理集中、运行督导集中、财务管理集中、档案管理集中、科技管理集中、法律事务集中和报表编制集中），不断强化分行直接营销和管理服务职能，不断精简基层行的机构设置和服务保障人员，进一步推进机构扁平化和管理集约化步伐。2009 年，重点做了以下几项工作：第一，完善方案。力求目标更明确，思路更长远，工作更周密，集中更科学。第二，加快步伐。在实际工作中，采取成熟一步走一步，成熟一个推一个的策略，确保天天有进度、月月有效果。第三，健全组织。为切实推进十大集中工作，逐一成立由市行分管行长任组长，各相关部门负责人任成员的集中推进领导小组。第四，明确责任。进一步明确推进领导小组及分管行长、主管部门、配合部门的责任，力求做到责任明确、分工合理、协调有序。第五，确定岗位。明确“定岗选人”的指导思想，避免盲目设置岗位、增加人员。第六，建立制度。要求建立相应的工作制度和工作规范，力争做到有章可循、有章必循，确保集中工作顺利推进。第七，细化考核。将十大集中推进情况作为部室评先和员工绩效考核的条件之一，既要体现严格管理，又充分调动工作热情。

三是全力推进县行改革。针对县行发展滞后、同业竞争失利、区域发展失衡的现状，提出了“建立六项机制，明确八个重点”的对口帮扶举措，并先后召开了县行改革发展研讨会和县行改革发展现场会，提出了县行的发展定位，即精品发展、特色发展，力争成为重庆分行经营利润新的增长极、业务发展新的增长点、优质服务新的示范区、规范管理新的样板行。同时，进一步明确了县行“6 + 1”的发展目标：即第一存款银行、第一结算银行、第一现金管理银行、第一发卡银行、第一电子银行、第一代理银行和资产业务要相机发展。

四、抓服务、促发展，全行社会形象大幅提升

一是开展系列活动，掀起服务热潮。及时组织召开了服务工作会议，认真贯彻落实“服务品质提升年”的各项工作布置，开展了“为工行添彩、为国庆献礼”和“满意在工行”活动，制订方案、明确责任、狠抓落实，收到了客户基础快速扩大、业务发展明显提速、竞争能力显著增强、系统贡献不断提升的初步效果。同时，组织了基层网点服务大检查和优质服务网点、个人“双十佳”评选。在总行“双百佳”评选活动中，朝天门支行营业部、南坪支行贵宾理财中心双获总行“百佳服务机构”称号；在银行业协会文明示范单位评选中，朝天门支行营业部荣获“中国银行业协会文明规范服务百佳示范单位”称号。

二是加强渠道建设，完善服务功能。积极拓宽和优化服务渠道，物理网点初步实现了由传统现金结算办理场所向各类业务综合营销阵地的转变，虚拟网点实现了网上银行、电话银行、手机银行多元化发展的格局。第一，加快网点建设。2009 年装修改造网点 119 个，累计装修改造网点 231 个，占全行网点总数的 82.50%。第二，发挥网点功效。优化服务分区，现金及非现金区域、自助区域、理财区域划分明显、功能完善，大大缩短了客户业务办理时间；强化前台服务，通过建立弹性工作制，合理配置柜面资源，有效缓解了客户排队时间长的问题；完善网点功能，单一储蓄网点由股改前的 125 个减少至 8 个，外汇业务开办网点由股改前的 30 个增加到 121 个。第三，拓展电子渠道。大力推进电子银行服务示范区建设，已建成 182 个示范区，构建了网上银行、电话银行、手机银行全方位覆盖的营销服务体系。

三是加快产品创新，丰富服务供给。在企业客户方面，加大固定资产支持融资、项目营运期贷款等创新产品推广力度，降低企业融资成本；做大贸易融资规模，整合和激活客户资源；积极发展“信托 + 理财”、企业债等各类代理业务，为企业提供多元化的融资渠道；全面营销现金管理服务，帮助客户优化财资结构；借助总行工银租赁这一创新平台，大力发展租赁融资业务，切实解决客户资金急需。在个人客户方面，做大业务平台，不断加大各类理财产品、个人住房贷款、第三方存管、网上银行、电话银行、手机银行、信用卡的推广力度，以精确营销、组合营销等方式，满足客户多元化的金融服务需求；拓宽服务渠道，联合二手房中介、汽车销售公司、保险公司、基金公司、物管公司、旅游公司等第三方服务提供商为客户提供更为丰富的服务，满足客户增值需求。

五、抓文化、促和谐，干事创业氛围大幅提升

一是民主建设日趋完善。加强工会组织建设，确保了工会组织 100% 覆盖；加强民主制度建设，制定和完善了《中国工商银行股份有限公司重庆市分行行务公

开工作条例》；加强工会队伍建设，先后举办了文体宣传、职代会议和工会财务等工会干部培训班；加强信息渠道建设，召开了首届二次职工代表大会，会议共收集、研究、回复职工代表提案73件、建议9条，为员工阐述自我观点、反映基层呼声、参与发展提供了良好平台；加强行务公开建设，指导和帮助基层行建立了一套较为完善的静态和动态相结合的行务公开制度，确保员工知情权、表达权、参与权和监督权落到实处。

二是员工素质大幅提升。结合员工队伍的实际和现有培训资源，以岗位胜任能力为核心，采取全员培训、分层培训、按需培训等形式，扩大员工受训范围，丰富员工受训方式，加大员工受训力度，着力推进教育培训规范化、标准化、制度化建设，发挥教育培训对核心业务的支持和促进作用，为全行改革发展提供了有力的人才保障。2009年共举办各类培训班、讲座45期，参训人员3 473人次。其中，中年员工转岗培训27期，培训309人次，适岗培训49期，培训620人次；组织考试23次，参考人员12 016人次。

四 川 分 行

行长　陈焕祥

【业务指标完成情况】

2009年，四川分行实现拨备前利润55.80亿元，同比增盈13.69亿元，增长32.51%；实现拨备后利润57.94亿元，同比增盈26.57亿元，增长84.70%。各项存款余额3 401.96亿元，比年初增加737.02亿元，同比多增107.21亿元，增长17.02%。各项贷款年末余额1 956.76亿元，比年初增加541.05亿元，同比多增221.02亿元。实现中间业务收入15.55亿元，同口径同比增加3.60亿元，增长30.15%。资产质量持续向好，五级分类不良贷款余额为62.86亿元，占比为3.21%，分别较年初下降29.48亿元和3.31个百分点。剔除因灾转入不良贷款因素，不良贷款余额和不良贷款率分别为34.92亿元和1.78%。新兴业务迅猛发展，全年实现电子银行交易额33 350.39亿元；信用卡总量达到163.97万张，银行卡消费交易额85.63亿元；实现国际结算量41.24亿美元。

【主要工作措施】

一、以科学发展观为指引，进一步明确了新三年跨越发展的思路和目标

明确提出了“以转变经营理念为先导，以做大做强做优为目标，努力实现高速度高质量高效益发展”的总体工作思路，确立了到2011年实现“系统中西部强行、同业中第一大行、进入全国工行系统利润百亿元俱乐部”的“三大”目标。

二、以中高端客户为核心，不断夯实发展基础

牢固树立“以客户为中心，以中高端客户为核心”的经营理念，大力实施个人中高端客户“百万工程”，不断夯实和壮大“大个金”发展基础。以法人客户营销管理系统推广为契机，将全行尊享客户、卓越客户、潜力客户全部纳入名册管理，有效强化了对法人中高端客户的关系维护和营销管理。

三、以市场为导向，不断扩大优质市场份额

积极促成总行与四川省政府签署了3 000亿元金融战略合作协议，并先后与四川发展（控股）、四川铁投、四川航空等优质大客户签署了合作协议。深入开展中小企业“池群链”市场调研和营销工作，有效抢占了市场先机。

四、以创新发展为动力，全面提升核心竞争力

进一步完善创新考核机制，深入推进产品创新、管理机制创新和考核模式创新，机制活力进一步显现。继续推进人力资源结构优化，不断深化干部人事制度改革，实施了2009年正副处级管理岗位及省分行本部经理（员工）岗位全员竞聘，新提拔聘任正副处级干部27人，各二级分行新提拔各级管理人员147人，跨部门交流1 232人。

五、以渠道建设为突破，全面提升可持续发展能力

全年累计新设、集并、迁建各类网点41个，在2个

网点空白县域新设了机构，在成都二、三圈层经济发展好的县域增设网点2个。继续推进电子银行渠道建设，全年新投放自动柜员机308台、POS机4 650台、网银自助服务机508台，新增个人网银客户80.32万户、企业网银客户19 088户。着力加强客户经理队伍建设，客户经理总数达到3 358人，占分行员工总量的22%。其中，CFP63人、AFP433人。

六、以依法合规为基础，继续推进全面风险管理

严格落实并不断优化授信审批"三个一体化"，信贷评估在风险防控中的作用进一步强化。创新技术手段，以管控中心为平台全面加强内控案防。制定了惩治和预防腐败体系2008—2012年工作规划实施方案和九类重点案件防范的指导意见，进一步明确了全行惩治和预防腐败的总体规划、目标任务和工作要求。

2009年3月3日，工商银行与四川省人民政府签订金融战略合作协议。

七、以人本管理为核心，全面推进灾后恢复重建

震后一年多来，在总行的大力支持下，累计投入资金近2.40亿元，改建、迁建受损网点59个，累计向灾区投放各种金融服务机具8 000余台（套），有力地保证了灾区金融服务需求。累计发放恢复重建贷款485.26亿元，其中2009年发放226.29亿元，为外省市对口援建单位开立账户108个，赢得了良好的社会口碑，彰显了工商银行负责任的大行形象。受灾员工通过房屋维修加固、自购住房、租住房屋、投亲靠友等多种方式，得到了妥善安置。积极开展受灾员工心灵重建工作，通过重点帮扶、邀请心理专家进行心理辅导和励志教育，有效激励了受灾员工振奋精神、消除阴影。广大灾区行员工工作正常、生活稳定、心态积极。

八、以企业文化建设为载体，积极推动和谐银行建设

不断加强党建和思想政治工作，积极开展企业文化建设，大力弘扬伟大的抗震救灾精神，有效促进了业务发展和谐、全员和谐、银行与社会和谐。进一步加强员工教育培训工作。配合新三年跨越式发展战略的实施推进，重点开展了"转变经营理念"主题教育培训。扎实推进以提高员工队伍素质、增强员工服务技能为核心的"全员培训工程"，全年共举办培训3 733期，实现各层面各类培训114 208人次。强化信访维稳工作，不断加强信访管理和重大突发事件应急管理，主动调研排查不稳定因素，有效维护了分行经营管理的稳定局面。

贵 州 分 行

行长 黄再红

【业务指标完成情况】

2009年，贵州分行实现拨备后利润30.78亿元，同比增加2.03亿元，增长7.10%；实现经济增加值16.44亿元，同比增加0.43亿元，增长2.70%；各项存款余额达1 063亿元，比年初增加124亿元。其中，储蓄存款余额525亿元，较年初增加72亿元；对公存款余额538亿元，比年初增加52亿元。各项贷款保持较快增长，余额为979.47亿元，比年初增加198.80亿元。全年实现电子银行交易额10 681亿元，较上年增长122.50%，离柜业务占比达46%。银行卡消费额达到60亿元，同比增长114%。对公结算账户总量四行占比为42.50%，实现国际业务结算量9.90亿美元。全年中间业务收入6.97亿元，同比增加1.74亿元，增长25.01%。全行不良贷款率为0.81%，较年初下降0.36个百分点。

【主要工作措施】

一、以稳应变，积极支持优质业务市场发展

一是确立审慎灵活的市场拓展原则，积极落实中央和总行应对金融危机的政策方针。面对严峻的经济金融形势，按照中央“扩内需，保增长”政策和产业振兴规划要求，结合总行的经营方针，抓住中央扩内需政策对贵州的积极影响，坚持把优中选优带动一片作为坚决支持中央宏观经济政策和贯彻总行行业政策的着力点。

二是坚持抓大抓优抢占优质业务市场，务实经营发展基础。以交通、电力、煤炭、煤磷化工、城市基础设施建设和房地产七大板块中重大项目为主要营销对象；大力发展中小企业信贷、国内贸易融资，使信贷资产不断优化。2009年，新增高速公路项目贷款290亿元。成功向发耳、塘寨、董菁等电厂发放了项目前期贷款27.60亿元。与北京分行组成行内银团向中电投集团公司发放8亿元并购贷款，实现并购贷款业务的重大突破。按照“择优适度进入”原则，全年投放房地产开发贷款30亿元。全行公司贷款余额增加144.13亿元。

积极参与市场营销和关系维护，集中专门力量全力竞争非税收入、财政集中支付、社保和公积金归集等代理业务，确保取得代理资格和代理份额，实现了对公结算账户规模和质量的“双提升”。2009年末，对公存款中公司存款增加13亿元，机构存款增加39亿元。

个人金融业务围绕“扩大业务规模、优化产品结构、增加收入渠道、加强收费管理、完善考核机制、提高收入水平”的工作思路，重点加快个人理财、个人结算、灵通卡发卡等业务发展。以贵宾中心为龙头，强力拓展中高端市场，拓宽存款增长和收入来源。

三是寻找地方经济发展优势产业，支持企业做大做强。根据总行信贷政策与贵州经济资源状况，明确“分行业、分层次、有保有压、有进有退”的信贷策略，积极向总行争取符合本地特点的信贷政策。文家坝、米箩等7个煤炭项目实现了8.50亿元的贷款投放，营销发放贵阳市城市轨道交通有限公司首笔2亿元项目搭桥贷款，一批优质客户进入总行行业政策支持范围。

二、以变求进，把机制、产品、服务创新落到实处

一是树立在创新发展中打造核心竞争力的思想，围绕总行战略指引不断深化工作创新。力求在管理层取得对创新工作系统化、综合化的认识，自觉结合具体专业工作深化创新，使后台业务、前台营销与综合服务水平提升发挥互相促进、互为支撑的作用。

二是以组织架构流程变革为主要内容的机制创新有序开展。全面梳理扁平化改革工作，分别从二级分行及网点两个层面，集中精力解决组织架构、对外营销、内部管理、业务流程等问题，深入推进扁平化管理工作。组织开展重点县支行变革试点工作，从人员培训、资源分配等方面加大对辖属遵义县、盘县两个重点县支行的支持和指导，探索县域机构全面快速发展的内在规律。

加快网点布局优化步伐，积极推进网点分层分类服务体系建设。有23个网点向新兴城区及未来热点等发

展前景较好的地区搬迁，机构布局得到进一步优化。按照贵宾理财中心、理财网点、金融便利店、自助服务区几大类别加大渠道建设力度，初步搭建了“定位中端、竞争高端、培育潜力”机构网络体系。

以“业务集中、监督体系、远程授权”为主要内容的运行体制改革稳步推开，授信审批垂直集中管理等工作顺利进行，各项优化人力资源配置、为基层行减负的改革成效初步显现。新监督体系人员较原监督体系减少41%，全行共释放报表人员200余人。上收对二级分行授信审批分部员工流动、工资管理及考核评价等管理事项，实现了全省授信审批的垂直集中管理，认真落实信贷专职审议制度，建立省分行信贷审查委员会专职信贷审议委员库，并选配省分行专职审议委员，提高了信贷审议工作的专业性和规范性。

三是集成创新产品丰富金融供给，有效挖掘客户需求。依托项目前期贷款、搭桥贷款、营运期贷款、固定资产支持融资、并购贷款等金融产品，针对不同的客户业务状况，积极开展产品组合创新、部门组合营销。以个性化、多元化和财富增值等服务，抢抓政府机构客户，加强对中央专项投资和地方财政配套资金，以及各级财政采购资金、国债项目资金、财政补贴、财政转移支付等财政资金营销工作，确保取得较好的市场份额。通过房地产开发贷款与按揭贷款的有效联动营销，全面提升联动营销效果，利用客户经理和网点优势大力拓展纯按揭项目。加强与业务规模大、客户资源优良、管理规范的中介机构的合作，从源头上抓住客户资源，确保二手房贷款的稳步发展。同时，大力推动个人汽车贷款、个人综合消费贷款的发展，积极推进新产品“个人房屋抵押贷款”的开办营销力度，进一步拓展个人贷款收益新渠道。针对不同客户的业务需要，灵活产品的组合搭配，特别是在有效提升公司业务核心竞争力的同时，从公司客户等多渠道拓展中高端个人金融客户，使公司、机构、个金在营销中产生产品和部门融合效应，全年仅项目搭桥、项目前期、项目营运期贷款等新产品发放额就超过100亿元，45个贵宾理财中心金融资产占全行的30%。全年累计发放个人贷款52.60亿元，增幅达41.90%。

四是服务创新有机融入日常业务工作，加快改进客户关心的服务问题。在全行深入开展了“为工行添彩　为国庆献礼”、“满意在工行”等纪念新中国成立60周年的服务大提升活动。通过与政府、企业、个人等各个层面开展联谊、走访、座谈、讲座等多种形式活动，主动了解客户需求，提供全方位的金融服务，强化与各类企事业单位和个人客户的关系维护，实现服务水平和业务发展的双提升。贵阳市南明支行营业厅被中国银行业协会评为“全国文明规范服务百佳示范单位”，中华路支行营业厅、中西支行万东营业厅顺利通过了中国银行业协会“全国文明规范服务千佳示范单位”验收，树立了大型国有银行服务品牌形象。

2009年5月20日，贵州分行与贵州铁路投资有限责任公司签订银企合作协议。

三、重点突破，结构转型促新业务再上台阶

一是新兴业务作为全行业务发展新增长点取得突破。“金融@家”个人网银、手机银行（WAP）、电话银行、贵宾网银、在线ERP、中小企业客户网上代发工资和银企对账等重点产品组织推广取得较好成绩。通过加强与商家联合，让利客户，着力调整发卡结构，努力壮大发卡规模，全年信用卡消费额较2008年增长144.61%。充分利用网点、渠道、客户等资源优势推动机构业务发展，分别与泰康人寿、中国人寿、太平洋人寿等寿险公司和人保、太平洋等财险公司联合开展了市场营销推广活动，有效推动了全行产寿险业务，独家代理9家财险公司车辆保险“见费出单”业务。开展了“银证联手、股海畅游”为主题的第三方存管业务营销推广活动，进一步提升了银证第三方存管业务的影响力和竞争力。充分发挥工商银行作为最佳托管银行的品牌优势，大力拓展新兴资产托管业务，与华能贵财信托公司、中融信托公司等签订资金托管协议。采取有力措施推动国内贸易融资业务发展，全行新增贸易融资29.90亿元，实现了9个二级分行、5个品种的突破。信托+理财完成21.40亿元，比上年多增3.40亿元。

二是绩效挂钩推动中间业务发展取得突破。加大工资总额与中间业务收入、重点产品、网均、人均等指标的挂钩考核力度，加强对网点员工的分类考核，明确考核指标与产品计价，加大对营业网点、前台岗位的倾斜力度，员工向一线柜员和销售类岗位流动的积极性增强，爱岗敬业、创新创效意愿明显增强。突出中间业务收入在行长经营绩效考评办法中的计分权重，进一步加大中间业务收入与费用分配的挂钩力度，并通过对重点产品和市场排名系数的分配级差进行调节，使灵通卡的有效发卡量、20 万元以上个人中高端客户、5 万元以上中高端客户有效信用卡发卡量、WAP 手机银行客户、法人理财产品和投融资顾问业务收入等方面取得明显进步。

三是渠道建设提供了良好的业务发展平台。完善渠道建设，增强网点的业务处理功能和业务分流能力，从硬件设施、客户经理、金融产品三个方面着手，融合、提升网点竞争力。全年新增存取款自助设备 162 台，其中取款机 114 台，存取款一体机 48 台。继续加大网点人员素质的培训力度，选送 19 名个人客户经理参加国际金融理财师培训，组织 69 名个人客户经理参加总行个人客户经理资格认证考试，合格率达 73.91%。目前，全行拥有个人客户经理 646 人，其中，理财经理 92 人、信贷经理 197 人、大堂经理 179 人、个人营销经理 178 人。客户经理较上年增长 123 人，增幅为 23.52%。以工银财富、理财金账户、牡丹灵通卡等品牌为核心，深入挖掘优质客户资源，增强了客户服务的能力，强化了品牌营销和市场的推广，促进了客户结构的优化。

四、严控风险，多管齐下促业务持续稳健经营

一是严格执行监管机构要求和总行行业政策。控制产能过剩行业和高污染行业贷款风险，准确、前瞻地判断风险，严格把好信贷准入关。加强风险监测，提高贷后管理水平，实现了资产质量的大幅提升。

二是强化操作风险管控。从人员管理、岗位分离、重要业务领域、应急联动机制、外部欺诈风险防范 5 个方面加强对操作风险的管理和控制，强化对重点业务、重要部位的监督和检查，全年开展了中间业务收入合规性检查、银企对账业务专项审计、个人结汇业务后续检查、理财业务专项检查、银行卡和电子银行业务专项检查、企业有贷户与行内员工资金往来情况核查等各个领域和层面的检查，有效挖掘和清除了风险隐患，提升依法合规经营能力和水平。

三是持续保持案防内控高压态势。将银行案防工作视为经营管理的重要组成部分，内控案防工作得到进一步增强。切实加强反腐倡廉建设和案件防范，建立拒腐防变教育长效机制、反腐倡廉制度体系、权力运行监控机制，确保了分行稳定发展。

五、以人为本，努力培育良好的金融企业文化

培育良好的激励文化。形成了对网点柜员、大堂经理、营业经理、网点负责人、客户经理的一系列管理考核机制。通过加强分类考核指导，突出不同岗位类别员工特色各异的考核重点，实现纵向逐级考核兑现与横向岗位类别差异化考核的有机结合。打造风险防控文化，积极开展各级管理人员的管理及内控培训，对全行 40 余名重点网点负责人进行了系统培训，举办了 2 期全省新任支行管理人员案防内控与基础管理培训班。塑造不断学习的进取文化，集中组织开展中年员工适岗转岗培训班 17 期，参训学员共 961 人；强化网络系统的管理使用，全年组织举办各类重点业务网上培训、知识竞赛、网上考试等 26 期，参训、参考人员共 10 516 人次，网络远程教育的优势得到充分发挥。

云 南 分 行

行长　蒋玉林

【业务指标完成情况】

2009年，云南分行实现考核净利润21.72亿元，同比增加5 005万元。人民币贷款余额为1 021.21亿元，比年初增加224.42亿元，增长28.17%。人民币存款余额为1 540.16亿元，比年初增加295.95亿元，增长23.80%。实现中间业务收入8.71亿元，同比增加1.92亿元，增长28.19%。中间业务收入占营业净收入的18.83%，不良贷款余额为13.06亿元，比年初增加2 185万元；不良贷款占比为1.26%，比年初下降0.35个百分点。

【主要工作措施】

一、大力拓展优质市场，核心业务竞争能力显著提升

一是全面完善市场营销机制。通过积极走访加强高层沟通，增进相互了解，加深银企友谊，争取到各重点大户高层及省、市政府各职能部门对云南分行的支持，有力地推动各项业务的发展。建立健全分层营销服务体系，各级行直接面对市场，按层级明确直营客户，营销相对应的层次客户，优化业务流程，提升服务层次，为优质客户提供优质高效的服务平台。建立跨地区的客户经理网络，形成主办行牵头、成员行协作、上下联动的营销机制。建立和完善配套业务流程和绩效考核方式，形成“层次清晰、分工合理、权限明确、整体协调、充满活力”的新型营销体系。

二是积极拓展优质信贷市场。以项目前期贷款、项目营运期贷款为竞争利器，对金沙江流域、澜沧江流域的大型水电项目和昭通两个煤电一体化项目的项目前期金融服务开展深度链式营销，向总行申请核准6个项目55亿元的项目前期贷款，对糯扎渡、阿海、观岩音等8个大型电力项目投放项目前期贷款37亿元。通过市场领域创新，商用房贷款领域实现零的突破，全年共发放商用房开发贷款12.90亿元。继续推进国内贸易融资深度发展，国内贸易融资客户数量由年初的25户增至目前的120户。及时推出个人房屋抵押、最高额担保、循环贷等新产品，个人贷款实现跨越式发展，年末全行个人贷款余额占比较年初上升一位，居同业第二，增量占比较年初上升两位，跃居同业第一。

三是加大稳存增存工作力度。全面落实存款工作“一把手工程”，实施“抓大促重”、“全面开花”策略，进一步营销和维护好烟草、电力、交通、通信、医院、新闻出版、广电传媒等系统和新核心客户群。同时有针对性地做好中小企业客户的开户及存款组织工作，带动公司存款的稳步增长，保持市场份额的不断扩大。加大对政府、证券、保险、同业、军队五大行业龙头的营销力度，组织开展主题突出、特色鲜明、注重实效的市场营销活动。全力做好代理国库集中支付、公务用卡、城镇居民医疗保险、财税库银横向联网等工作，加大吸引政府类客户存款力度。进一步强化储蓄存款的督导监测机制，结合各地市场特点，制订具体的营销方案，分片包干，落实责任，促进储蓄存款稳定增长。

四是推动中间业务快速发展。加强中间业务收入计划管理，中间业务收入计划分配做到横向到部门、纵向到各行，并对收入计划细化到二级科目，形成相互衔接、共同承担的中间业务计划体系，增强全行经营合力。加强中间业务按日监测、按周通报、按月分析力度，及时了解分析中间业务收入变化原因，推动业务快速发展。

二、全面推进经营转型，各项业务实现均衡协调发展

一是完善投行业务营销推广机制。认真贯彻落实总行“保增长、抓服务、创品牌”的整体工作思路，加大业务产品创新力度，强化业务规范管理，全面提升投行业务核心竞争力，全年投行业务收入达到20 661.90万元。进一步优化收入结构，品牌类投行业务收入占比达78.65%，资产证券化顾问、银团资产转让与交易等

业务实现了零的突破，形成了各项收入齐头并进、遍地开花、稳步发展的良好局面。

二是推进银行卡业务专业化进程。以“大个金”客户营销服务体系为依托，坚持“以客户为中心、以市场为导向”的经营思路，全面贯彻落实“规模化、专业化、精品化、国际化”的经营方针，银行卡各项业务同业竞争优势不断扩大。全年信用卡存量达726 953张，新增发卡 182 122 张。直接消费交易额达90.50 亿元，同比增加 47.30 亿元，增长 109%。信用卡中间业务收入 9 848.24 万元，同比增加 3 114.01 万元，增长 46.24%。

三是电子银行不断扩大同业优势。以项目发展和产品应用带动电子银行业务发展，通过大力发展银企互联项目、电子商务项目和各类缴费站项目，带动企业网银和个人网银业务的发展。全行企业网银开户 8 602 户，年完成率为 114.69%；个人网银开户 393 705 户，年完成率为 104.99%；个人电话银行开户257 651户，年完成率为 143.14%；手机银行（WAP）开户 325 632 户，年完成率为 271.36%；电子银行交易额达 21 856 亿元，年完成率为240.17%；电子银行实现收入 7 237万元，年完成率为 139.17%；电子银行业务占比达 41%。

四是扩大第三方存管业务市场份额。积极走访联系红塔证券、太平洋证券，主动为客户排忧解难，加大力度继续拓展第三方存管客户，使证券类存款保持高速增长态势。各二级行也高度重视、积极营销，把做大做强第三方存管业务作为争取高端客户的重要手段，有力地支持了全行第三方存管业务的快速发展。银证第三方存管新增客户 41 537 户，其中个人客户 41 442 户，机构客户 95 户，完成总行下达的全年新增 26 800 户任务的 154.99%，完成省分行下达的全年新增 40 000 户任务的 103.84%。

五是资产托管业务快速发展。为每家二级分行量身定制了详细的业务指导意见，确保“一行一策”适合当地实际情况，有力地促进各二级分行托管业务的发展。年末资产托管业务规模达 254.48 亿元，同比增加200.16 亿元，增长 368%；实现资产托管收入 969.80万元，同比增加 695.76 万元，增长 254%，完成总行下达全年 500 万元收入任务的 194%。

六是大力拓展企业年金客户群。通过业务推介会、企业年金业务竞赛等举措，激发企业和员工建立年金的意识和积极性。2009 年末云南分行账户管理和受托管理职工人数规模分别达到 15.95 万人和 0.72 万人，较年初分别增加 4.68 万人和 0.13 万人，分别增长42.66%和22.03%，完成总行下达新增职工人数3 万人任务的 162.50%；托管年金基金规模达到 11.69 亿元，较年初增加 3.89 亿元，完成总行下达新增 2 亿元任务的 194.50%。账管和托管业务继续保持同业占比第一，分别达到 56.58% 和 50.30%，对全行综合贡献度进一步提升。

七是开展与保险公司全方位业务合作。积极探索由专业保险经纪公司代理财险业务的新途径，在充分考虑各地实际情况的前提下，拟选定部分行作为试点，开展代理财险业务的销售及保险顾问的服务。积极探索由专业保险经纪公司代理财险业务的新途径，对公财险业务多年来首次提前完成了总行下达的全年任务。

2009 年 9 月 25 日，云南分行与云南省交通运输厅签订合作协议。

八是国际业务保持逆势上扬。对核心客户采取高强度密集营销方式，循环扫描、动态掌握客户业务动向和业务需求，密切关注同业营销动向及报价情况，适时调整竞争策略。通过新客户挖转，发展国际业务增量，尽量减少核心大户存量减少而造成的不利影响。在外部经营环境极为恶劣以及同业竞争异常激烈的情况下，云南分行国际结算、外汇中间业务收入市场占比居同业第 2 位，国际贸易融资市场占比居同业第 2 位。

九是加快贸易融资业务发展。全面展开物流、贸易流研究，按“贸易链 + 核心客户”的追踪模型，制定分板块、支行分工负责的分线条推进措施，形成研究纵深、特征鲜明、封闭运行、服务良好、有效创新、全面覆盖的业务模型，有效驾驭国内贸易融资业务营销。加强联动，形成公司业务部门研究市场，信贷管理部门定制产品，省分行有效组织，二级分行全面展开研究和营销的格局，变零散出击为系统推动，有效促进国内贸易融资业务快速发展。

三、持续深化改革创新，综合服务能力不断增强

一是运营体制改革取得阶段性成果。监督体系改革工作以业务运营风险管理系统为依托，以建立省分行运行风险监控中心，实施标准统一、专业规范的业务监督为目标，有序分步向前推进。业务处理的集约化、专业化、标准化水平不断提升，全新的业务集中处理平台架构日益完善。在远程授权改革方面，成功投产远程授权系统，进一步完善了业务核算事权划分机制，在提高业务授权效率、加强操作风险管理、优化人力资源配置方面的作用初步显现，为进一步加快运营改革，建设价值型运行管理体系，奠定了坚实的基础。

二是成立小企业专营机构。建立涵盖省分行、二级行、支行的三级小企业金融业务专营机构，规范小企业客户界定标准，完善小企业信贷审批机制和激励约束机制，有效整合内外部资源。省分行直接对各二级分行授信审批分部负责人进行小企业信贷业务的转授权，在依法合规的前提下进一步缩短业务链条，提高工作效率。针对小企业金融业务特点，将小企业融资增量、资产质量纳入行长目标考核，以进一步推动小企业信贷业务发展。

三是加大产品创新工作力度。抓住昆明市大力发展城市建设的机遇，在现有政策框架内，通过投行业务创新手段，帮助昆明市土地开发投资公司、昆明市城建投资开发有限公司实现多元化融资。以项目前期贷款、项目营运期贷款为竞争利器，大幅提升对重大电力项目的市场竞争力。灵活运用结构化融资、现金管理、网上银行等产品组合，创新“信托 + 理财”资金解决方案，满足客户不同需求，提升金融综合服务能力。

四是启动省分行机关定岗定编工作。为降低人力资源占用成本，实现全行前台、中台、后台人力资源的优化配置，进一步改善一线和二线人员结构，在省分行机关现有人员的基础上，参考经营规模相近的省外兄弟行的情况和做法，按照“总量控制、横向流动、上下交流、妥善安置”的原则，拟订了省分行机关定岗定编工作初步方案，并首次采用外聘专业咨询公司的做法，综合考虑各项业务发展的实际需要和今后发展的导向，科学、前瞻地开展定岗定编工作。

五是构建大服务工作格局和管理机制。从战略和持续发展的高度充分认识和重视品牌与服务管理工作，成立省分行服务管理领导小组，同时成立省分行服务与品牌管理办公室，切实承担起服务和品牌的管理职能。把服务工作和品牌建设相结合，牢固树立以客户为中心，以服务为根本的经营理念，把提升服务水平作为竞争优质客户的重要手段，进一步完善服务体系建设，增强对优质客户的营销能力和服务能力，提高整体竞争力，促进核心业务的持续发展。

四、加强全面风险管理，资产质量保持稳定向好

一是完善全面风险管理体系。完善风险管理委员会职责职能，通过对各行风险评价和考核，引导各行转变经营模式和增长方式，加快培育和提升核心竞争力，不断提高风险管理水平。根据国家宏观经济政策与云南省的产业发展纲要，研究分析制造业发展趋势及对贷款质量的影响，积极支持可持续发展的先进制造业，逐步退出风险大行业，实现地方经济和贷款综合收益双赢。积极开展风险量化管理工作，认真做好个人客户内部评级系统投产及试运行日常监控，推进内部评级成果的实施推广及零售业务内部评级推广应用，做好信用卡内部评级应用投产验证。

二是严格把握贷款投向。认真执行中央银行、银监会的“窗口指导”意见和总行的信贷政策，在落实好宏观调控政策要求的同时，突出信贷政策导向，做大做强信贷业务，截至 2009 年 12 月 31 日，总行制定行业政策的 34 个行业贷款余额合计 688.01 亿元，较年初增加 189.28 亿元，增幅为 37.95%。

三是着力优化信贷结构。通过完善行业信贷政策、强化行业限额管理、合理调节风险成本系数等措施，切实加大信贷结构调整力度。贷款客户信用等级分布更加合理：AA - 级（含）以上客户贷款占比为 76.16%，较年初上升 6.70 个百分点；BBB + 级（含）以下客户贷款占比为 2.86%，较年初降低 0.23 个百分点。

五、扎实推进内控外防，经营管理迈上新台阶

一是强化操作风险管理。通过运行操作风险管理系统平台加强对网点操作风险评价工作，实现对风险检查信息的充分利用和深层分析，实现对运行监管人员的透明化考核管理，通过对“三员”的履职考核评价增强制度执行力，提高风险管理能力。为增强运营体系改革期间的运营安全，在全行范围内对营业网点营业经理和网点对公账户受理岗两个岗位进行突击轮换，共对 432 个营业经理岗位、292 个对公账户受理岗进行了轮岗，对全行营业经理认真履职起到良好的督促作用，切实加强运营改革过渡期间的风险防控工作。

二是夯实内控管理基础。加强对新产品、新制度、新流程的合规性审核工作，促进全行合规风险管理水平的提高。开展业务规章制度梳理，提高各项规章制度的有效性、适用性和可操作性。全年共开展专项审计、非现场审计、离任审计、责任审计、离岗审计、其他检查及调查核实项目共 128 个，针对问题提出整改意见 1 188条，已整改 1 081 条，整改率为 90.99%。

三是完善案件防范管理体系。开展“学规定促发展”教育活动，把教育活动与全面风险管理相结合、与落实《案防工作责任制实施细则》相结合、与深化违规积分管理相结合、与学习和应用《业务操作指南》相结合、与开展争做“无违规网点、无违规员工”活动相结合、与警示教育、规章制度教育、职业道德教育

等相结合。以"六个结合"为抓手，使全体员工充分认识制度建设、基础管理的重要性、必要性和长期性，实现依法合规和又好又快发展。

四是健全反洗钱工作机制。调整完善反洗钱工作机制，成立国际业务反洗钱小组，加强反洗钱制度建设，确保反洗钱工作有效、合规开展。建立重点行联系制度，加强重点地区的反洗钱工作，有效控制洗钱风险，推动反洗钱工作有效开展。

陕西分行

行长　惠平

【业务指标完成情况】

2009年，陕西分行实现拨备前利润33.50亿元、拨备后利润31.90亿元，股改以来的复合增长率分别达到34.09%和90.25%，超过系统平均水平。资产负债规模实现历史突破，全年新增全部存款321.10亿元，增长16.99%；新增各项贷款221.20亿元，增长27.38%。全部存款余额达2 211.10亿元；各项贷款余额达1 028.80亿元，较股改重组后的2005年末翻了一番，成为陕西乃至西北地区首家存款突破2 000亿元和贷款突破1 000亿元的商业银行分支机构。实现EVA 16.20亿元，增长21.22%；经济资本回报率为27%，同比提高0.54个百分点；成本收入比为37.35%，同比下降4.01个百分点。实现中间业务收入9.53亿元，增长25.27%，高出系统平均增速1.74个百分点。中间业务收入省内四大行占比为35.08%，同业领先优势进一步巩固。资产质量进一步提高，经营基础进一步夯实。全年工作安全平稳运行，无事故案件发生。

【主要工作措施】

一、坚持信贷引领战略，全面提升信贷业务贡献度

一是在"保增长，扩内需"中抢占市场先机，大力竞争优质信贷市场。紧紧抓住国家实施积极的财政政策和适度宽松的货币政策、陕西经济发展全面进入快速发展通道的良好机遇，加大对煤、电、油、运重点项目营销力度，将信贷资源配置到国家重点支持和鼓励发展的领域。深化银政、银企合作，在2005年总行与省政府签订的《银政战略合作协议》提前两年完成基础上，又与省政府签署了今后三年内再向陕西意向融资1 500亿元的《金融合作备忘录》。并先后与榆林市政府、西铁局等地方政府、企业签订了多个战略合作协议，优质项目贷款储备进一步丰富，发展后劲不断增强。二是突出重点，实现贸易融资和小企业信贷业务的突破发展。在全省组建了15家中小企业金融业务中心，专业服务水平和层次不断提高，小企业和贸易融资业务双双实现跨越式发展。三是稳步推进经营结构调整，不断优化信贷结构。个人贷款占比较上年提高8.94个百分点，新增公司贷款70%以上投向煤、电、油、运及城市基础设施行业。AA－级以上法人客户同比增加155户，贷款余额占比达到81.58%，同比上升7.59个百分点。

二、加快转变增长方式，不断提升市场竞争能力

一是个人金融业务通过组织开展"精诚所至"旺季营销活动、"财富管理百分百计划"、TOP100财富精英赛、"走进工行"客户体验等营销活动，进一步巩固客户基础。深化网点转型，加快网点装修改造进度，累计装修改造各类网点129个，网点综合化率达到86%。加大自助设备投放力度，客户分流率进一步提高。以改善营业网点硬件建设为契机，积极构建差异化服务体系，分别在省分行及营业部、各二级分行组建财富管理专家团队，AFP和CFP达到409人，居同业领先地位。紧密结合市场变化趋势，促进储蓄存款与理财业务的良性互动。二是机构和结算业务不断扩大合作主体，优化产品结构，代理保险业务、第三方存管业务实现快速发展。创新营销方式，及时启动企业年金集中签约工作，企业年金业务收入实现翻番增长。积极构建联合营销体系，现金管理业务发展迅速。强化账户营销管理，促进规模、质量"双提升"。三是加大中间业务和新兴业务组织推动和考核力度，积极推进中间业务收费精细化管理，不断拓展业务增收空间，实现收入增幅和占比双

提高。

三、进一步加大改革创新力度，不断提升可持续发展能力

一是不断深化区域协调发展战略。充分发挥资源配置对经营管理的导向作用，在人、财、物等资源配置和工作指导方面进一步加大对营业部的支持力度，在营业部广泛开展“软实力”提升工程、机构与人员调整工程及产品计价考核三项改革。积极稳妥推进人员跨区域流动，盘活人力资源，拓宽人员配置渠道。二是深入推进信贷体制和流程改造，全面提升信贷竞争力和服务效率。以总行推行公司业务分层营销试点为契机，对全行信贷管理体系进行优化重整。在省分行本部组建公司业务经营一至四部和项目贷款评估中心，实现直营客户与营销推动客户相结合的全面覆盖。全面实施授信审批垂直集中管理，简化流程，提高审批效率。不断推进信贷作业监督职能由放款后审查向放款前监督核准的调整转型，提升信贷风险防控能力。三是稳步推进业务运营和报表集中改革。按时完成业务集中处理改革二期试点工作。监督体系改革取得阶段性成果，风险导向和流程导向的监督流程全面建立。远程授权改革推广工作顺利展开，进入全面测试阶段。建立十个报表分中心，实现支行不再编报表目标。

杨凯生行长在陕西分行行长惠平陪同下视察全国银行业百佳服务机构——西安莲湖路支行。

四、不断增强风险控制能力，提高内控管理水平

开展风险监控工作，有效控制系统性风险，确保各项业务依法合规，贷款质量显著提高。围绕不良贷款清收处置和全面风险管理两条主线，积极延伸风险管理内涵，加快风险量化管理体系建设进程，不良贷款大户及重点不良楼盘清收处置工作取得较大突破。进一步加大操作风险控制力度，积极组织开展“学规定、促发展”专项教育活动，认真落实防控责任和工作措施，有效防止各种案件和安全生产事故的发生，实现内控评价二级行目标。

五、大力推进党建和队伍建设，努力营造和谐企业文化

深入学习实践科学发展观，组织开展整改落实和“回头看”工作，切实解决了一些制约科学发展的实际问题，基本实现干部受教育、发展上水平、群众得实惠的目标。深入实施人才兴行战略，以网点负责人、客户经理和中年员工为重点，广泛开展分层次培训。充分发挥工、青、妇等群众性团体作用，积极开展系列劳动竞赛活动和献计献策活动。积极构建特色企业文化体系。组织开展“树立现代金融服务理念，打造一流金融服务品牌”主题教育活动，开展文明单位创建活动。被省委、省政府授予“陕西省优秀金融单位”称号，并先后被权威机构和媒体评为“共和国60年陕西经济发展功勋单位”、“陕西经济最具推动力企业”、“陕西地区最具竞争力银行”、“推进陕西省社会信用体系建设先进单位”、“陕西地区最受欢迎的电子银行”、“百万网友最信赖的银行”、“百万网友最喜爱的网上银行”等，树立了良好的社会形象，企业品牌价值不断提升。

甘肃分行

行长　许海

【业务指标完成情况】

2009年，甘肃分行实现账面拨备后利润12亿元，同比增加1.83亿元，增长17.90%。成本收入比47.59%，较上年末下降2.13个百分点。全年人民币全部存款突破千亿元大关，其中活期存款余额占比为56.09%，较年初提高5.27个百分点；各项贷款较年初增加79亿元。全年实现中间业务收入5.23亿元，比上年增加9 500万元，继续保持了同业第一。累计清收处置不良贷款7.68亿元，不良贷款余额比年初减少0.47亿元，不良贷款占比较年初下降0.72个百分点，继续保持了“双下降”态势。

【主要工作措施】

一、努力扩大收益渠道，经营效益显著提升

围绕利润这个核心指标，积极转变经营观念，大力推进资金集约化经营和管理，在存款相对富裕、存贷款利差明显收窄、经营压力较大的情况下，通过努力提高资金营运效率，加快信贷投放，提高信贷资产质量，强化收息管理，拓展新兴业务，扩大中间业务收入等措施，千方百计增收增效。

二、加强市场营销，主要业务持续稳定健康增长

坚持加快发展的信心不动摇，促进发展的工作不松劲，坚持“三盯三比”的营销工作思路，即紧紧盯住同业占比、盯住任务目标、盯住薄弱环节，比同业、比任务、比同期，加快经营转型，狠抓优质业务市场拓展。一是通过开展“新春大营销　持续促发展”业务营销竞赛活动、完善市场营销机制、加大考核激励力度、强化督导帮扶、组织业务宣传等多种措施，有力推动了各项业务的全面、协调发展，确保了经营计划目标的顺利完成。二是存款业务坚持机构、公司、个人并重方针，加大重点客户营销维护，将政府、军队、证券和优质公司客户作为对公存款的战略增长点，将代发工资、个人理财等业务作为储蓄存款的重要增长点，加强存款业务与投资理财业务的融合互动，积极挖掘存款增长点，努力扩大资金来源。三是贷款业务紧紧围绕国家“扩内需、保增长”宏观政策，信贷业务结构有了进一步改善。四是中间业务在抓好传统结算、代理等业务的基础上，大力拓展新兴业务，市场规模和收入来源不断扩大。

三、实施精细化管理，信贷资产质量不断改善

在加大信贷投放的同时，始终没有放松对信贷风险的控制管理，科学把握贷款投向，实现了信贷业务发展速度与发展质量的协调推进。分别在省分行、二级分行

2009年8月26日，甘肃分行向兰州大学捐资助学50万元。

不同层面建立信贷业务风险预警提示制度和工作报告制度，进一步完善了贷款大户风险监控体系，严格贷款分类管理，切实规范信贷业务转授权，不断强化了系统的集中控制与管理，有效防范了新发放贷款的政策风险、市场风险和操作风险。积极创新风险贷款管理方式，前移信贷作业监督职能，切实做到“有保有压、有进有退”，积极运用多种措施压降潜在风险贷款。组合运用现金清收、以物抵债、还款免息、核销和债务重组等清收手段，加快不良贷款清收处置进程，清收工作取得显著成效。

四、强化内控管理，实现安全稳定运营

组织开展了“远离违规行为，珍惜职业生涯”主题教育活动，加强对《业务操作指南》的学习和对操作风险的控制，提高了员工业务操作的规范性。积极开展内控评价、合规检查和反洗钱工作，狠抓问题整改和责任追究，屡查屡犯等现象得到了较好遏制。完善操作风险管理机制建设，从人防、技防、制度防等多方面加大了对操作风险的控制。顺利完成了业务运营监督改革和业务集中处理改革，优化了业务运营风险监控和监测手段，核算差错率由上年的3‰降低到1.13‰。加强安全保卫工作，对自助银行、营业网点等重要部位安防设施逐步进行了改造更新，在重要节日、重要时段组织开展了安全检查和应急预案演练，进一步增强了员工应急和处置突发事件的能力。认真做好案件防范工作，按期召开案件防范分析会议，并通过开展警示教育、排查案件风险隐患，防范和规避了“六类”案件的发生，全年未发生案件。高度重视保密管理和信息科技风险控制工作，进一步完善了相关制度办法和应急处置预案，确保了新中国成立60周年等重大政治活动期间信息科技系统的安全和对外服务的通畅。

五、狠抓服务工作，服务提升活动稳步推进

一是加大服务工作组织推动力度。进一步强化了渠道规划和建设委员会的职能，加快推进营业网点、自助银行、电子银行和客户经理队伍等分销渠道建设。省分行设立了品牌与服务管理部，牵头负责全行的服务管理工作，各二级分行也设立专门的服务管理岗位，配备了专职人员。深入开展了“为工行添彩，为国庆献礼”服务大提升活动、“树立现代金融服务理念，打造一流金融服务品牌”主题教育活动和济南大观园支行服务工作经验学习推广活动，抓住客户最不满意和影响服务形象的突出问题，采取有针对性的改进措施，重点解决了客户等候时间长和客户投诉较多的问题。二是加快服务渠道整合升级。全年装修改造营业网点112家，新增ATM等自助服务设备242台，安装ATM防护舱53个，进一步提高了服务的硬件保障能力。继续做好网点户外形象标识改造，全面完成了网点户外标识的更新和亮化工程。积极推进电子银行业务发展，有效发挥了对柜面业务的替代分流作用。三是推进服务规范化建设。坚持和改进服务质量专项考评，以推广营业网点服务现场质量管理与控制为突破，全面推进服务质量管理体系的建设。制定和完善了一批服务工作制度办法，进一步强化了服务工作管理。加强客户投诉管理，营业网点在显著位置公布投诉电话，畅通客户投诉处理程序和渠道，有针对性地改进服务水平。四是广泛开展服务工作争先创优活动，有2家机构获总行级“百佳服务机构”称号，2名个人荣获总行级“百佳服务标兵”称号，15家分支机构获省行级“百佳服务机构”称号，40名个人获省行级“百佳服务标兵”称号。

六、坚持以人为本，队伍建设得到进一步加强

组织开展了深入学习实践科学发展观活动，按照活动安排圆满完成了整改落实、群众测评、活动总结及“回头看”等阶段工作任务，省分行学习实践科学发展观活动群众测评满意度达到99.25%。积极做好党建工作，进一步完善工作措施，强化了各级领导班子的思想政治建设、组织建设和廉政作风建设。年内组织完成了省分行班子后备干部的选拔，以及省分行机关部室、各二级分行后备干部的选拔工作。对任（聘）期届满的二级分行正副行长和部室正副总经理进行述职和民主测评。强化党风廉政建设，制定下发了《落实“建立健全惩治和预防腐败体系2008—2012年工作规划”的实施方案》，完善了杜绝“小金库”行为承诺制度。积极改进工作作风，大力倡导“一个带头，两个深入，三个勤于”的良好风气，各级行领导带头跑市场、跑营销、跑企业，找客户、找项目、找资源，促进了行风的转变。强化员工队伍建设，组织全行员工学习“感动工行”员工先进事迹，大力弘扬爱岗敬业的奉献精神；积极实施人才兴行战略，打通员工晋升通道，在全行范围选聘了19名高级经理；加强员工培训，对柜员分批进行了岗前培训，对387名一级、二级支行行长和1 372名中年员工开展了集中培训，广大员工的适岗履职能力有了较大的提高。加强离退休、内退人员的服务、教育和管理，关心和解决员工工作、生活中的实际困难，营造良好环境。

青海分行

行长　李志诚

【业务指标完成情况】

2009年，青海分行实现拨备后利润4.71亿元，同比增盈1.15亿元，增长32%；实现经济增加值2.25亿元，同比多增0.63亿元；不良贷款拨备覆盖率为82.60%，同比提高10.30个百分点。各项存款净增64.19亿元，同比多增7.87亿元，增长14%。其中，储蓄存款净增20.71亿元，同比少增8.78亿元；对公存款净增43.78亿元（含同业存款），同比多增17亿元。各项贷款净增47亿元，同比多增15.23亿元，增长48%。实现中间业务收入1.09亿元，销售各类理财产品45.83亿元，同比增加11.38亿元。代理实物黄金58公斤，销售纸黄金16吨，交易额达33.30亿元。新增信用卡4.10万张，实现交易额5.50亿元，同比增加1.59亿元，增长41%；新增灵通卡15.80万张，同比增加3.60万张，消费额近30亿元，同比增加5.30亿元。企业年金托管账户达2.30万户，实现账户管理费收入20万元。净增电子银行客户68 769户，同比多增5 342户，实现交易额2 880亿元，同比增加1 214亿元，增长77%，离柜率为42%，同比提高10个百分点。累计清收处置不良贷款3.62亿元，压缩潜在风险贷款4.95亿元，不良贷款净减少2.70亿元，不良贷款率为2.83%，下降2.84个百分点。

【主要工作措施】

一、抢抓宏观调控政策机遇，促进资产负债业务协调发展

抓住国家扩大内需和支持青海藏区经济发展的双重机遇，加大了对水电、公路、城市基础设施等重点项目的贷款投放力度，积极营销项目前期贷款、项目营运期贷款、银团贷款等新贷款品种，信贷结构进一步得到优化。2009年，向青海黄河上游水电开发有限责任公司等客户新增贷款10.24亿元，向省交通厅、省收费管理处等客户累计发放贷款13亿元，有力支持了清洁能源和西部大通道重点项目建设。加大了对房地产贷款的营销力度，有选择地支持西宁市具有实力和品牌效应的房地产企业及市级土地储备中心，发放住房开发贷款5.68亿元，土地储备贷款6.80亿元，打破了多年来房地产贷款业务萎缩的局面。加强对存款工作的组织推动，建立重点客户联系制度，深入了解系统客户对金融服务的需求，通过不定期走访、召开座谈会等方式进一步密切了与重点客户合作关系。以电子银行、信用卡、纸黄金等品牌业务为重点，加快新兴业务市场营销步伐，市场竞争力和产品影响力进一步提升，客户和业务结构得到优化。积极发展小企业贷款和贸易融资业务，设立了小企业金融业务部，并在小企业资源丰富的西宁地区3家支行成立了小企业金融业务中心，为小企业提供全方位、优质、高效的金融服务。

二、大力营销新兴金融产品，积极拓展中间业务市场领域

突出中间业务在全行经营转型中的战略地位，着力挖潜，拓宽增收渠道，促进了中间业务发展。一是完善中间业务激励机制，设立专项费用，对重点产品发展给予费用倾斜支持，与电子银行、银行卡、贸易融资等业务营销活动挂钩，有效调动了全行上下拓展中间业务的主动性和积极性。二是以重点客户、重点建设项目为依托，加强同业合作，积极开展银团贷款、委托贷款等业务，全年实现银团贷款收入214.50万元，实现委托贷款业务收入94.50万元。青海分行成为青藏铁路公司企业年金基金账户管理行和托管行，与105家单位签订了公务用卡代理协议，开通了地税局POS机刷卡缴税业务，中间业务收入渠道进一步拓宽。三是组织开展系列产品营销活动，推出了“牡丹盐湖联名信用卡”、“牡丹电力灵通卡”等系列产品，中间业务新产品市场拓展取得新进展。

三、不断强化质量效益观念，可持续发展的基础更趋稳固

扎实推进不良贷款清收处置工作，大户不良贷款清收取得了实质性进展，全行资产质量持续好转。积极推进不良贷款精细化管理，分类排查不良贷款，按照“先易后难，应收尽收”的原则，逐户制定了处置预案和处置方式。对不良贷款大户清收处置工作加强督导，形成了多方参与、上下联动、齐抓共管的工作局面。2009 年，不良贷款户数从年初的 34 户下降至 28 户，实现了不良贷款余额和占比的持续双下降。坚持“科学、全面、规范、精细”的预算编制原则，紧紧围绕经营绩效、资产质量和审慎经营等指标，通盘考虑财务成本、税务成本、资金成本和风险成本，全面测算、编制各项财务收支和利润预算，强化日常监测管理和业务督导，保证了经营计划的顺利实现。修订完善了行长经营绩效考评办法，加大同业市场占比考核权重，充分利用 EVA 指标，引导支行积极转变经营观念和管理手段，推动了财务预算目标的实现。

四、健全内控案防体系建设，风险掌控能力不断增强

实施风险限额管理，从完善体制机制、落实规章制度、创新技术手段、加强监督检查、完善考核评价入手，突出抓好重点业务领域和环节的风险防控，全面风险管理工作有了新的突破。2009 年，在系统内风险评价考核中的位次由上年末的第 28 位上升为第 13 位。全面落实《内控体系建设三年规划》，整合各类业务检查和合规检查项目，建立了功能互补、相互衔接、自查和交叉检查相结合的检查监督机制。加强了操作风险日常监测分析报告和非现场审计监测工作，开展了 2008 年度内控评价整改情况“回头看”活动，促进了查出问题的有效整改。完成了监督体系改革和应急密押集中管理，启动了远程授权改革，运行风险监控力度加大。投产了行政印章管理用印审批子系统，建立了支行行政用印远程监印管理模式。开展审计检查项目 46 项，对重点业务、高风险部位和薄弱环节的监督检查力度不断加大。全面实施员工违规积分管理办法，员工执行制度的自觉性显著增强。开展了自助银行、自助设施安全达标验收和巡查工作，全面实现 ATM 远程监控联网，成功防范了三起 ATM 诈骗案件。购置 50 台监控主机，更新了网点安全设施。适时开展了安全防范应急演练，强化重点环节检查，安全保卫工作实现第十四个安全年，在总行开展的 2009 年度内控综合评价中，青海分行评价等级达到二级，内控管理水平再上新台阶。

五、坚持以客户满意为中心，切实提高优质文明服务能力

强化员工现代金融服务理念教育，加强营业网点服务现场质量管理与控制，实施服务精细化管理，不断改进服务方式和服务手段，推进基础服务规范化、个性服务差别化、服务质量标准化建设，服务质量与服务水平得到进一步的提升。健全了服务管理网络，对服务工作加强检查和考核。认真落实《营业网点服务质量现场管理与控制手册》、《个人客户服务精细化管理规范》及《营业网点服务管理规范》等，对营业网点服务现场执行能力加大检查力度，监测客户满意度及客户投诉率，对影响服务质量的突出问题实施“追踪式、督办式”管理，进一步提高了客户满意度和社会美誉度。组织开展了“为工行添彩、为国庆献礼”服务大提升活动和 2009 年度中国银行业文明规范服务百佳示范单位（个人）评选活动，着力提升营业网点规范化服务水平，切实改进营业网点服务形象，打造出一批具有社会影响力、深获客户认可的明星服务机构。2009 年，辖属格尔木市昆仑路支行荣获总行“百佳服务机构”荣誉称号，马玉英、陈建俊荣获“百佳服务标兵”荣誉称号。

六、加强党建和队伍建设，全行凝聚力不断增强

通过开展科学发展观整改落实“回头看”活动，进一步查找和解决全行业务发展、经营管理、机制体制、思想观念等方面制约科学发展的突出问题，帮助基层行理思路、定目标、找不足，有效指导基层行工作，促进了全行目标任务的完成；积极探索加强党建工作的新途径，认真落实党建工作制度，大力推进党的思想、组织、作风、制度和反腐倡廉建设；坚持党建工作目标管理，围绕业务抓党建，保持和发展党的先进性，各级党组织引领科学发展的水平不断提高。加强领导班子和队伍建设，调整充实支行领导班子，支行领导班子结构

青海分行与青海盐湖集团联合发行牡丹盐湖联名卡。

进一步优化。规范岗位任职资格标准，完成了1 746名非管理类岗位员工的职务聘任工作。深入实施人力资源管理提升项目，开展了专业类高级经理竞聘工作，员工职业发展空间逐步拓宽。举办各类培训班406期，培训员工7 058人次，其中专题培训中年员工1 450人次，转型培训工作不断加强。组织员工参加个人客户经理等14个专业岗位的资格认证培训和考试，年内360人获得各类岗位资格认证，专业人才队伍日益扩大。广泛开展“创先争优”“感动工行”和“树立现代金融服务理念，打造一流金融服务品牌”主题教育活动，在分行掀起学习先进、崇尚先进、争当先进的热潮。高度重视维稳工作，加强教育引导，及时化解矛盾，保持了稳定和谐的工作秩序。

宁夏分行

行长　王保林

【业务指标完成情况】

2009年，宁夏分行实现拨备前利润6.41亿元，增长11.30%，实现账面利润6.58亿元，增长9.72%，分别完成总行计划的101.19%和105.73%。总资产净回报率、经济资本回报率分别为1.85%和29.46%，保持较高水平。实现中间业务收入1.73亿元，增长12.45%。资产负债业务、理财及绝大多数新业务发展均创历史新高。各项贷款余额达276亿元，较2006年翻了一番；各项存款余额达255亿元，同比增长63%；中间业务收入同比增长2.08倍；不良贷款率由1.94%降至0.45%，处于全系统内和本地区同业先进水平。

【主要工作措施】

一、通过拓展市场和调整结构保持盈利稳定增长

努力改进信贷业务发展方式，加快调整信贷结构，信贷综合收益率保持了较高水平。积极贯彻并认真落实国家宏观调控政策和总行的信贷工作要求，新增各项贷款71.68亿元，增长35.10%。重点支持了“一号工程”重点项目和“五优一新”等行业中的优质中小企业，以及贸易融资和个人消费等领域的合理融资需求。其中，煤炭、电力行业贷款共计增加29.90亿元；各类优质中小企业贷款增加22.53亿元；个人贷款增加12.84亿元；国际贸易融资累放量0.38亿美元。实现贷款利息收入12.93亿元，增长2%，净利息收益率（NIM）保持了3.95%的较高水平。

不断完善新业务与中间业务发展方略，促使规模与收益协调快速增长。理财业务年度销售规模达392亿元，增长135%，市场占比遥遥领先。投行业务规模效应进一步显现，共实现收入0.22亿元，增长29.20%。管理年金个人账户6.51万户，增长3.80倍；资产托管规模达到10.89亿元，增长1.60倍。携手宁夏电信倾力打造了区内首个电子商务平台，成功实现农业发展银行宁夏分行所有分支机构的全部开户并注册网上银行，圆满完成神华宁煤集团网上账户资金零余额归集管理项目。个人金融实现中间业务收入0.98亿元，在全行的结构占比达56.28%；电子银行、银行卡、结算与机构中间业务收入增幅分别达287%、40.58%和38.64%。

大力实施优质客户拓展计划，客户结构显著改善。新拓展公司有贷客户47户，新客户增加贷款35.27亿元。新增现金管理客户153户，净增结算账户1 890户，存量账户位居同业首位。累计新增个人中高端客户1.57万户，其中理财金账户1.09万户，增长108%。信用卡发卡量达18.30万张，增加5.39万张。企业网银证书客户达2 881户，个人网银证书客户达5.44万户，中高端客户渗透率近34%。

进一步完善了各项存款的竞争发展机制，负债业务发展迈出较大步伐。各项存款增加40.47亿元，增长18.83%。其中，储蓄存款增加22.47亿元，公司无贷户和机构客户对公存款增加18.87亿元。得益于存款利率下行和结构优化，各项存款付息率由上年的1.91%降至1.45%。

二、通过创新与服务增强科学发展的活力和动力

继续深化了网点支行扁平化改革，网点支行竞争与服务客户的生力军作用进一步显现。新打造网点支行8家，总数达到25家。25家网点支行各项贷款共计增加16.65亿元，增长103%；各项存款增加19.86亿元，增长32.83%，增量结构占比为49%；实现中间业务收入0.53亿元，增长55.64%，高于宁夏分行整体平均水平43.20个百分点。

大力推进中小企业优先发展战略，实现突破性进展。于2009年4月整体搭建了小企业金融服务体系，并跟进了公司客户分层分类营销体系改革，小企业金融业务部开始全面负责优质中小企业客户的营销管理与组织推动。短短8个月内，中小企业信贷客户新增35户，贷款余额增加12.89亿元，增长143%；实现中间业务收入1 579万元，占公司业务中间业务收入总量的比重为55%；贷款综合收益率平均达到基准利率上浮30%以上水平。

2009年4月29日，宁夏分行举行小企业金融业务部成立暨小企业金融业务中心揭牌仪式。

高效推进流程优化和运营体制改革，业务集约运营与风险管控能力同步提高。在实施个人金融业务流程优化和“三卡整合”，深化对公业务流程改造的同时，归并集约了后台营运及内部控制资源。积极探索建立了符合全行新型两级经营格局特点的授信审批体系，大大提升了授信审批对业务发展的支持能力。顺利完成监督体系改革任务，实现了分行集中监控管理模式下由业务复审向风险管理与质量控制的战略转型，风险识别的有效性和准确性大大提高。通过改革共释放监督人员27人充实到其他岗位，17名总会计也实现转岗，投入新的工作。

深入开展“服务大提升”活动，客户满意度和社会美誉度进一步提升。年内完成装修改造营业网点30家，其中新建成贵宾理财中心5家，新建离行式自助银行3家，并重新规划布局了服务于“一号工程”重大项目和战略性客户的服务架构。电子银行业务占比达55%，较2008年提高9.40个百分点。加紧完善了服务管理体系，并通过强化柜面服务整治和投诉管理、广泛开展主题教育和“星级员工”评比活动等手段，促使客户满意度和服务形象显著提升。

高效推进了一系列基础性改革，为深化集约化、精细化管理搭建了新的制度和技术平台。全额资金集中管理改革准备工作顺利完成，报表集中改革有序推进，并分类建立了机构内部等级管理体系。坚持价值创造和收益分享激励导向，完善了行长经营绩效考评与产品销售计价并重的绩效管理模式，形成了“多创效益多拿薪酬，多作贡献多受激励”的新局面。

三、通过加强风险管理和内部控制保障资产质量稳定和风险可控

通过加快建立“三位一体”信贷作业监督体系，积极推进信贷业务无纸化审批，多批次开展新发放贷款大检查、担保圈分析检查、银行承兑汇票风险检查、个人信贷政策制度执行检查等有效途径，确保了信贷资产质量。坚持“区别对待、有保有压”，累计清收转化公司客户潜在风险贷款4.06亿元，化解“担保圈”风险贷款0.80亿元，压降个人关注类贷款1.04亿元，清收处置不良贷款0.68亿元。

进一步完善了全面风险管理体系，重点健全了市场风险管理体系，建构了风险限额管理基本框架，推进了非零售内部评级法成果在风险定价、授信审批、风险预警、经济资本配置等方面的应用。基本建构形成了“分行—支行/网点支行”内部控制与合规管理体系，跃居全系统内控评价等级二级行中第一名。持续加大了对各类风险关键环节的监督检查力度，狠抓了对13个风险部位的综合治理和“平安品牌支行”创建活动。

四、通过加强党建和队伍建设调动积极性和增强战斗力

坚持把落实学习实践科学发展观活动“整改方案”与党的建设、队伍建设以及“六个着力、六个切实”要求紧密结合起来，促使领导班子和干部队伍建设得到新的加强，基层党组织建设和思想政治工作取得新的成效。坚持配班子选干部的前瞻性、主动性和计划性，对任职超过规定年限或任职年限较长的支行行长和分行部门负责人普遍进行了岗位轮换，进一步激发了干部队伍活力，为拓展干部职业发展空间创造了条件。坚持内涵

式人才发展之路，通过实施人才兴行战略、中年员工职业技能振兴计划和人力资源的跨区域、跨专业优化配置，各类人才成长和实现自身价值的环境更趋优良。高度重视职工代表提案解决落实工作，分行本部和各基层行也都从关爱员工成长、关心员工健康的高度出发，开展了各种有益的企业文化创建活动，员工凝聚力、向心力进一步增强。

新疆分行

行长　吴宁锋

【业务指标完成情况】

2009年，新疆分行实现拨备前利润14.85亿元，同比增长24.89%。拨备后利润16.34亿元，同比增长37.08%。实现净利润12.30亿元，同比增长37.54%。资产回报率达到0.96%，同比提高0.03个百分点。经济资本回报率达到36.07%，同比提高5.46个百分点。实现经济增加值8.89亿元，同比增长54.56%。成本收入比为44.79%，同比下降5.62个百分点。全行人民币各项存款（含同业）余额达到1 282.39亿元，较年初增加172.55亿元，同比多增29.26亿元，完成总行年度计划任务的127.81%。其中，储蓄存款余额突破600亿元大关，达到600.55亿元，较年初增加83.45亿元，完成总行全年计划任务的166.90%；公司存款实现正增长28.04亿元，达到196.59亿元，同比多增49.34亿元；机构存款（含同业）余额485.25亿元，较年初增加61.06亿元，继续保持余额、增量同业占比第一。外汇存款新增338万美元。全行人民币各项贷款余额达395.33亿元，新增63.53亿元，同比多增34.94亿元，完成总行全年计划任务的102.46%。其中，公司客户贷款余额达到231.87亿元，较年初增加26.23亿元；个人客户贷款余额在新疆内同业中率先突破百亿元大关，达到105.54亿元，较年初增加20.53亿元。外汇存款新增3 637万美元，实现正增长。实现中间业务收入6.08亿元，同比增长13.30%，重新夺回2008年第三季度丢失的同业占比第一的地位，绝大多数中间业务和新兴业务都保持了较快发展势头。销售个人理财产品203.58亿元，同比增长211%，实现收入3 524万元，同比增长73.80%。销售对公理财产品（含对公基金）420亿元，同比增长556.25%，实现收入1 473万元，同比增长367.62%。实现信用卡发卡71.60万张、透支余额2.95亿元、累计消费额79.20亿元，同比增幅分别为19.20%、59.40%和42.80%，三项信用卡核心指标均居同业之首，竞争优势明显。累计发放灵通卡546.10万张，新增117.70万张，增长27.47%。网上银行交易额首次突破万亿元大关，达到10 583亿元，同比增长68%。电子银行业务笔数占比达到45.40%，较上年同期提高3.30个百分点。投资银行、企业年金和资产托管业务分别实现业务收入1 944万元、889万元和116万元。新开对公结算账户15 857户，净增5 444户。累计销售品牌金、账户金分别达182公斤、13 253公斤，品牌金、账户金计划完成率分别位居系统内第4位、第9位。累计办理国际结算量26.98亿美元，表内国际贸易融资7 542万美元。累计清收处置不良贷款7.27亿元，完成总行全年计划任务的103.80%。其中，现金清收不良贷款3.13亿元，完成总行全年计划任务的209%，创近年来不良贷款现金清收的最好水平。实现拨备回拨2.28亿元，完成总行全年拨备回拨计划任务的284.60%。不良贷款余额净下降6.06亿元，降至13.42亿元，不良贷款占比较年初下降2.46个百分点，降至3.34%，信贷资产质量根基更加坚实。

【主要工作措施】

一、大力开拓优质市场

配合总行与自治区政府签署了总金额400亿元的战略合作协议，紧密跟踪大企业大集团在新疆投资项目情况，重大项目营销成效明显，全年累计出具各类有条件承诺函和意向书29份，涉及总投资1 331.75亿元，储备重点项目209个，已进入提款阶段项目34个。通过确定贸易融资重点发展区域、选定核心企业、深入重点行召开业务推进会等措施，贸易融资余额新增11.49亿元，占一般流动资金贷款比重达到17.30%，较上年提高13.60个百分点。财政、社保等传统市场优势不断巩固，同业客户合作取得新进展，公司存款“三大战役”目标基本实现。代发工资专项营销成果丰硕，新发展代发工资客户1 058户，是上年的1.20倍，新增网银代发工资单位722户，占比达68%。各专业主题营销活动接连不断，推动了银行卡、电子银行、理财、代理基金、贵金属等各项新兴业务快速发展，电子商业汇票、境外机构境内账户（NRA）、短期融资券、信托资产托管等新产品推广取得重要突破。第四季度开展的中间业务“百日增收竞赛”活动，实现了夺回同业第一的目标，当季实现收入1.80亿元，占全年收入的29.90%。密切了与兵团各部门的联系，初步打开了兵团业务市场局面。

二、不断提升服务能力和品质

持续加强渠道建设，全年购置网点2个，装修改造网点33个，其中升级改造贵宾理财中心10家，理财网点17家，金融便利店6家；建设离行式自助银行11个，附行式自助银行59个，新增自动柜员机204台、多媒体自助终端80台、POS机1 662台。在全年业务量较上年增长33.13%的情况下，离柜业务占比达到50.10%，较上年提高8个百分点。组建分行财富管理专业团队，大力实施个人客户精细化服务管理项目，中高端客户发展维护能力不断增强。分行个人中高端客户和金融资产总额较上年分别增加7.16万户和216.60亿元，增长20.50%和41.40%，其中百万元以上高端客户数和金融资产分别为4 882户和141.33亿元，增长62.30%和134.10%，个人优质客户占比居系统内第13位。公司客户分层营销体系建设逐步深化，筹组了分行大客户服务中心，建立了分行直接受理业务和重点客户、重大项目信贷业务绿色审批流程，有贷户新增14户。对公司无贷优质客户实行名单制管理，自上而下开展一体化服务，全行尊享、卓越、潜力客户较上年分别增加42户、107户和607户。机构优质客户分层维护服务不断细化，联合营销成效明显，产品渗透率不断提高。进一步建立健全服务管理组织架构，强化服务检查考评，积极开展服务大提升活动。稳步提高服务质量与效率、社会美誉度，总体客户满意度达到95%。

三、稳步推进各项内部改革

积极探索二级分行内设机构改革模式，吐鲁番、阿克苏、昌吉、阿勒泰4行内设机构改革基本完成，营销和一线力量得以充实。对分行本部科室重新进行了梳理，科室由66个精简到54个。业务运营三项改革稳步推进，其中远程授权、监督体系改革完成阶段性目标，授权效率和质量、风险识别准确率不断提高，风险管理状况明显改善，释放运行监管、监督人员391人。业务处理集约化程度进一步提高，实现全部集中处理的业务达10项，较上年增加3项，业务集中度升至77.20%，较上年提高9.70个百分点。报表集中改革有序推进，共梳理专业报表305张，累计上收各类报表853张，废止或合并报表129张，支行报表总量下降89%。

四、持续加强风险管理和内部控制

扎实推进全面风险管理体系建设，实施风险限额管理，健全风险报告及反馈评价工作机制，不断提升风险控制能力，居总行风险控制评价第9位，较上年提升11个位次。加强信贷业务准入审核，扩大风险排查和监测面，潜在风险贷款较上年下降6.78亿元。加大被处罚机构督促整改力度，加大重点业务领域和热点问题的合规检查力度，共组织开展各类检查12项，问题整改率达89%。大力推行《业务操作指南》，运用违规积分管理等手段，促进全行规范操作。加强操作风险损失事件统计，及时发布风险监测及防控的重点业务领域和环节。反洗钱工作有序顺利开展。深化落实案件防范责任制，加大对易发案件部位和环节的综合整治力度，全年未发生内部经济案件。

2009年7月20日，新疆分行行长吴宁锋在鲁能哈密煤电化项目建设基地调研。

五、积极推进党的建设和员工队伍建设

加强党委中心组理论学习，推进“四好”班子建设。调整交流二级分行正副行级、分行本部正副总经理级干部43人，提拔8人，各级领导班子的专业结构、年龄结构和能力结构进一步改善。启动了非管理类员工职务聘任工作。积极推进员工岗位适应性培训和资格培训，累计举办各级各类培训班1 884期、42 490人次。精神文明和企业文化创建工作成效显著，区分行营业部明德路支行、克拉玛依大十字支行分别荣获“中国工商银行文明单位”、“中国工商银行精神文明建设工作先进单位”称号，区分行本级、3家二级分行和10家支行顺利通过“自治区文明单位”届满复验，喀什分行荣获2009年度“全国企业文化建设先进单位”称号，石河子分行荣获自治区“职业道德十佳集体”和“开发建设新疆奖状”称号，区分行营业部民主路支行荣获“中国银行业文明规范服务示范百佳单位”称号，区分行营业部友好路支行等6家营业网点荣获新疆银行业协会“文明规范服务金牌网点”称号。

西藏分行

行长　黄庆惠

【业务指标完成情况】

2009年，西藏分行实现账面拨备前利润－461万元，占全年亏损计划的14%，比2008年开业仅3个月的亏损减少118万元。人均营业净收入72万元，居系统第15位；网均营业净收入2 823万元，居系统第9位；人均净利息收入69万元，居系统第12位；网均净利息收入2 681万元，居系统第5位。各项存款余额16.82亿元，较年初增加6.45亿元，增长62.20%。年日均存款21.86亿元，活期存款占比为94.18%，人均各项存款余额为4 311万元，网均存款余额为16.82亿元，均居同业首位。各项贷款余额为3.12亿元。其中，项目贷款1.86亿元，流动资金贷款1.23亿元，中小企业贷款300万元。增量存贷比为48%，为全区最好水平。累计发行E时代卡3 876张，较年初增加3 080张，增长387%；理财金卡118张，较年初增加80张，增长211%；信用卡245张，较年初增加206张，增长528%。企业网上银行证书版客户12户，较年初新增10户，增长500%，占对公客户数的10.80%。个人网上银行客户2 337户，较年初增加1 678户，增长255%，占个人客户数的57%。离柜业务量占比为41%，汇款及异地卡交易占柜面交易的比例为12.80%。实现中间业务收入188万元，完成全年计划的157%，占营业净收入的6.65%，主要集中于结算业务收入、银行卡业务收入和代理及个人理财业务收入，占比分别为57.57%、32.08%和9.92%。

【主要工作措施】

一、三项要求抓队伍

一是政治素质要过硬。针对边疆少数民族地区，要求分行全体干部员工首先要讲政治，把思想统一到中央对西藏有关指示精神上来，把行动统一到区党委的决策部署上来，以高度的政治意识、大局意识和责任意识做好维护稳定工作，牢固树立以稳定谋发展的指导思想。严格按照总行建设“四好”班子的要求，加强理论中心组学习，提高统筹驾驭能力、洞察预见能力，加强工作的主动性和前瞻性，努力提高领导班子的凝聚力和战斗力。加强思想动态排查，做好有针对性的思想教育工作，努力打造一支政治素质过硬的队伍。

二是执行力要强化。坚持以科学发展观为统领，紧密结合自身实际，将主题教育活动延长至年底，组织开展了“学规定、促发展”主题教育、创建平安银行、“领导干部作风建设年”等活动，着力提高执行力。并通过制订年度项目计划书、建立每周行务会要情通报、每月分行工作动态、督办制度，提高执行力。

三是业务技能要提升。针对“一岗多责”模式对员工业务技能、行政接待能力等提出的复合性要求，充实二线人员到大堂及理财经理岗位，并通过邀请专家上门指导、视频、网络等多种形式的培训，不断提高岗位胜任能力。

二、四个定位谋发展

一是定位中高端客户增存款。在对公业务方面，以专户为切入点，积极跟进重点客户；在个人业务方面，以援藏干部、公务员为切入点，发挥网点的阵地作用积极营销。截至2009年末，对公存款余额较年初增长56.62%，储蓄存款余额较年初增长378%。全行个人中高端客户数量占个人客户数量的7%，较年初增加213户，增长280%。个人中高端客户存款余额占储蓄存款余额的88%，较年初增加6 195万元，增长405%，占全年储蓄存款增量的91%。实现本币理财产品销售金额957万元。

2009年10月21日，西藏分行与日喀则地区行署签订向扎西宗乡捐建太阳能光伏电站项目备忘录。

二是定位重点项目抓贷款。积极跟进国家重点项目，在总行的大力指导和兄弟行的帮助下，开展行内银团贷款业务，建立“内保藏贷”的贷款业务开展模式。为青藏铁路公司发放1.23亿元营运资金贷款、中国华能集团公司发放1.86亿元项目贷款。

三是定位中直单位抓成熟业务。充分借鉴以往在内地与中直单位合作的成熟经验，通过挖掘客户潜力，与自治区烟草公司签订了区内首单企业年金协议；与中国人寿西藏分公司达成保险代理意向；与中石油西藏销售分公司加强业务合作，办理了首笔网银代发工资业务；成功营销西藏联通公司企业网银业务，使得交易笔数和交易金额快速增长。实现企业网银交易笔数8 204笔、交易金额47 354万元，进一步丰富了全行的产品线。

四是定位理念导入树形象。成立之初，西藏分行即着力以一流形象、一流作风、一流服务树立工商银行在藏区的一流品牌。第一，针对西藏分行新成立，客户认知度不高的实际，拓宽工作思路，研究走“高端路线”。通过“走出去、请进来”，积极向自治区领导、援藏干部及中高端客户宣传理念，推介产品，进行体验式营销。第二，结合2009年是新中国成立60周年、西藏民主改革50周年，积极拓展优质客户市场，通过加强与自治区政府有关部门沟通，促成定向发行“中华人民共和国成立60周年暨西藏民主改革50周年”牡丹联名卡。第三，针对拉萨市供电紧张的局面，及时收集信息，了解到拉萨市过渡电源项目资金缺口，及时为中国华能集团公司发放1.86亿元项目贷款，在缓解拉萨市电力供应不足方面发挥了积极作用，同时实现了贷款业务零的突破。第四，积极参与支持社会公益事业，慰问那曲地区儿童福利院和地区敬老院并送去了3万元慰问金；向自治区检察官协会定向捐助10万元伤残抚恤金；为解决部分无电村用电问题，启动向日喀则扎西宗乡赞普村太阳能光伏电站捐建项目，树立履行社会责任的大行形象。第五，针对自治区中小企业融资难、且无商业担保公司的实际，创新工作方式，利用全行的资源平台，先后多次到四川向担保公司宣传西藏，最终成功为西藏引进首家商业担保公司并发放300万元中小企业贷款，为破解中小企业融资难探索出一条新路。

三、五个要素强管理

一是构建全面风险管理体系，营造内控合规文化。成立全面风险管理委员会以加强对操作风险的控制与管理，坚持按期召开会议研究部署工作；根据“一部多能”、“一岗多责”的实际，修订完善各项规章制度154个，建立完善各种应急预案14个；每开办新品种、投产新系统都进行严格测试和验证，同时梳理岗位职责，细化流程，实现了业务与岗位的无缝对接；紧密结合自身实际，组织开展了“学规定、促发展”主题教育、创建平安银行和“领导干部作风建设年”等活动，着力提高干部员工的执行力和合规意识。

二是健全各种风险控制系统，将风险控制放在首位。坚持内控先行、制度先行、风险可控的原则，开办新业务、投产新系统先进行量本利分析，切实规避各种风险；针对西藏敏感期多、维稳工作形势严峻，实行领导带班常态化，加强思想动态排查，做好有针对性的思想教育。成立护行队，加强日常巡查和值班值宿，实行半军事化管理，应急人员、设施、机制齐全到位；顺利投产了NOVA+系统，安装使用10个风险监控系统，构筑了人防、机防、物防安全防控系统。

三是强化操作风险控制，严格执行各项内控制度和流程。在操作风险防控方面，加强员工规章制度和《业务操作指南》学习应用，通过网络平台及时查找业务操作流程、风险控制环节和风险点，提高了员工学习执行制度的自觉性；加强对计算机网络系统的安全管理，实施了拉萨—成都ATM骨干网络的带宽升级，对投产17个系统进行严格的测试和验证，做到每日对机房、营业区、自助区巡查巡检；新投产国际业务、牡丹卡审核作业、核算要素、信贷业务无纸化办公等系统；针对信贷市场匮乏，风险掌控能力有限，分行提出了“一个加强、一个禁入”的发展资产业务的策略，借助总行、兄弟分行和银行同业合作，加强对信贷风险的控制；启动了运营风险管理改革，初步形成了业务运营风险监控系统实施方案、投产时间计划、系统岗位分配和监控重点；开展了统计报表的梳理，累计清理各类统计报表265张，为报表集中管理奠定了坚实基础；严格执行违规积分管理办法，对各级各类检查发现的违规责任人一律积分处理，并将积分情况作为员工、基层机构、专业部门绩效和目标考核的依据之一，充分发挥了违规积分的威慑作用，有效解决了有章难循、违章难究、屡查屡犯的问题，切实提高了制度执行力。

四是健全信息平台建设，畅通信息交流机制。完善议事机制，通过各专门委员会、每周一行务会，重大事项集体讨论决策；运用统计信息系统（SIS）、CS2002、数据仓库等信息平台，及时、准确编制、报送各类报表，开通公司业务、个人金融业务等50余个系统，定期开展经营分析，为决策提供依据；坚持每周四晚全员集中学习制度，传达区党委、政府、总行文件，摘要学习总行及监管部门对风险事件的分析与提示，提出风险防范措施，并形成9期《全面风险管理工作简报》发至各部门；同时，加强了网讯信息的交流。

五是强化监督制约机制建设，开展业务监督检查。组织开展定期业务检查、专项检查、重要业务事项检查等共20余项，规范业务操作行为，防堵漏洞，防范业务风险，促进业务依法合规；对开业以来所有办理的业务进行了审核检查，对存在操作不规范的问题进行了大讨论，开展了警示教育，并进行了积分处罚，有效防止差错事故的发生。

大连分行

行长　鞠延强

【业务指标完成情况】

2009年，大连分行实现考核拨备后利润12.50亿元，同比增长16%；实现经济增加值5.50亿元，同比增长13.30%。不良贷款实现了逐季双降，并首次实现法人客户和个人客户不良贷款同时双降，年末不良贷款率降至1.78%，较年初大幅下降1.65个百分点。本外币各项贷款余额为597.50亿元，较年初增加171.30亿元；本外币各项存款余额为935.80亿元，较年初增加200.60亿元。全年实现本外币合并账面中间业务收入4.44亿元，同比增长22.50%。实现个人理财产品销售383亿元，同比增加143亿元，销售额在地区四大行中占比达74.60%；销售法人理财产品193亿元，较同期翻了四番。全年新发信用卡23.90万张，信用卡发卡规模达到55.30万张，规模和增量均位居同业第一；实现信用卡消费交易额32.80亿元，同比增加13.40亿元，增长69%。电子银行交易额实现11 212亿元。实现结售汇业务34.30亿美元，累计叙做国际结算业务53.10亿美元，在省内四大行占比分别比上年提高8.74个和3.69个百分点。

【主要工作措施】

一、认真落实宏观经济政策，不断推动自身经营发展

2009年，大连分行自觉贯彻落实国家宏观经济政策要求，积极主动支持区域内优质信贷项目，既有力地促进了地方经济的较快增长，又在资产业务上实现了快速发展。年末本外币各项贷款增量是建行以来最多的一年，增幅高达40.20%，在直属分行中排名第一。全年累计发放公司类贷款325.30亿元，余额较年初增加138.20亿元，增长47.30%，在29家一级分行营业部和直属分行中排名第一。个人贷款坚持以个人住房贷款为重点的发展战略，全年新增个人贷款42.60亿元，个人贷款、个人住房贷款的余额和增量均位居同业第一，巩固了区域“第一个贷银行”和“第一按揭银行”的

市场地位。为了在信贷快速增长中保证信贷资产质量，主动调整优化业务品种结构和客户结构。截至2009年末，土地储备贷款、项目贷款和个人贷款余额占比分别较年初提高11.63个、4.01个和1.07个百分点，而一般流动资金贷款余额占比较年初则下降8.98个百分点；贸易融资业务余额占一般流动资金贷款比重提高至31.50%，较年初提高了22.20个百分点。项目前期贷款、项目营运贷款、项目搭桥贷款、固定资产支持融资等新业务在年内实现了从无到有的历史性突破。新增贷款中AA-级（含）以上客户贷款占比达到77.30%，较上年提高了8.10个百分点。年末AA-级（含）以上客户的贷款余额占比为70.20%，较年初提高了13.10个百分点。

为了保证资金来源，适时调整营销策略，大力争揽各项存款。全年实现本外币各项存款（不含同业）余额在地区全部银行机构同业中占比第一，增长27.30%，高于系统平均水平8.30个百分点。实现对公存款全年增加129.60亿元，增长39.90%，高于系统平均增幅17.70个百分点；储蓄存款较年初增加72.20亿元，增量为区域四大行第一，增长17.80%，高于全系统平均增幅1.60个百分点，余额居同业首位。在大力争揽存款的同时，全行不断调整优化负债结构和客户结构。通过销售理财产品大力转化高成本存款，2009年末定期存款比重降至51.89%，较上年下降了3.96个百分点；同时，不断加大优质客户争揽力度，存款余额50万元以上的法人核心客户较年初增加298户，增量是上年的3.35倍，个人中高端客户占比提高至13.96%，较上年提高了1.18个百分点。

二、持续推进业务创新和市场挖潜，不断增强同业竞争能力

坚持以创新思维引领中间业务工作，从传统优势业务中挖掘增长潜能，向新兴业务寻求新的业务增长点。全年中间业务收入占营业净收入的比重达到20.57%，同比提高了2.65个百分点，达到历史最高水平。大力开展结算业务“账户双提升”活动，年末账户数、客户数、结算量和结算收入四项指标均位居同业第一，巩固和扩大了“第一结算银行”优势。以新业务、新产品为抓手，大力开拓新市场，全面提高各类理财业务创收能力，全年累计销售个人理财类产品383亿元，同比增加143亿元，销售额在区域四大行中占比达74.60%，同比增加19.30个百分点，领先优势进一步扩大，其中代销基金在年内重新跃居同业第一；销售法人理财产品193亿元，较同期翻了四番，在同业市场继续以绝对优势遥遥领先。在巩固投融资顾问等传统投行业务发展的同时大力开拓信托+理财、融资租赁等新兴业务市场，全年实现投行业务收入1.40亿元，是上年同期的2.30倍。以重点项目批量发卡为突破口，全年共新发信用卡23.90万张，信用卡发卡规模达到55.30万张，规模和增量均位居同业第一；实现信用卡消费交易额32.80亿元，同比增加13.40亿元，增幅69%。电子银行无论是客户规模还是客户质量在大连地区均稳居同业第一，其中企业网银客户数同业占比达到55%，个人网银客户数同业占比达到53%，同业领先优势进一步扩大，个人手机银行客户增量也首次跃居同业第一；电子银行业务替代率达到51.30%，同比提高了15.50个百分点，渠道分流作用得到进一步发挥。稳步推进国际业务体制机制改革，坚持实施重点行、重点客户及重点产品发展战略，国际业务市场占比不断扩大，全年实现结售汇业务34.30亿美元，累计叙做国际结算业务53.10亿美元，区域四大行占比分别比上年提高8.74个和3.69个百分点。

2009年11月10日，大连分行与大连交通大学签订全面战略合作协议。

三、加大风险防控力度，确保业务健康发展

严格落实监管部门各项监管要求，积极完善风险提示、风险预警管理机制，持续加强信贷作业监督和检查，以分类管理为手段，切实把好高风险行业和产品准入关口，着力化解“担保圈”贷款风险，加大到期贷款、欠息贷款质量监控，严格控制贷款质量迁徙、劣变，全年正常和关注类贷款劣变率为0.21%，远低于1%的控制目标。抓住机遇加大潜在风险贷款退出力度，全年累计退出潜在风险贷款36.60亿元，完成总行退出计划的281.70%。完善不良贷款管理和处置流程，灵

活运用还款免息等手段，提高清收处置效率，全年共清收处置不良贷款7.70亿元，完成总行清收处置计划的116.70%。在同业发案形势异常严峻的背景下，始终认真落实总行和监管部门的各项安排部署，不断强化内控管理和案件防范工作。全年对重点业务和关键环节组织开展了规章制度大检查等52个项目的现场专项审计检查，提出整改问题1 512个，截至2009年末，问题整改率达到95.84%，有效防控了各种潜在风险隐患；同时，先后接受了多家内外部审计检查部门的检查、核查和内控评价，内控管理水平和成绩得到了各有关方面的充分肯定和较高评价。按照人民银行要求不断健全流动性风险管理和利率、汇率风险管理机制，狠抓反洗钱工作制度完善和有效执行，有效防范了流动性风险、市场风险和洗钱风险。狠抓运行核算、安全保卫工作，确保了全年无案件或重大事故发生。加强档案管理和信访、保密等各项工作；充分发挥科技、法律专业的支持保障作用，首次荣获总行信息系统安全生产运行一等奖；大力防范声誉风险等各类风险，为经营工作创造了和谐、稳定的良好环境。

四、加快改革创新，不断提高管理能力和服务水平

不断推进人力资源管理体制和各项业务改革创新。实施了薪酬制度改革，根据全年业务发展重点和形势变化适时调整考核体系，加大考核力度，研究推行全产品销售计价和业务量绩效奖励制度，激励约束机制效果得到显著提升；进一步构建科学的人员晋升和流动机制，开展了近年来最大规模的干部公开招聘，新聘任副总经理级以上领导干部20名，年内交流领导干部29名；通过运行改革、报表集中改革、机关大学生到基层挂职锻炼和新聘大学毕业生全部到网点工作等途径盘活和充实人力资源，增强了一线和网点的营销服务力量；加强支行执行经理和网点负责人等中层人员管理，建立起一整套的考核评价管理体系。努力打造高效的业务平台。稳步推进三大业务运营改革，成立了运行风险监控中心，完成了首批远程授权改革，现金营运中心正在加快建设。公司业务改革创新继续深化，客户营销和综合服务能力稳步提升。报表集中改革效果明显，统计分析能力和数据质量持续提高。积极推进信贷业务电子化审批体系建设，审批效率大幅提高；成立了个贷业务处理中心，运营后将实现个人信贷业务标准化集中处理。完善机构管理，强化服务功能。成立了网点管理委员会及办公室、品牌与服务部、企业文化部等专业机构和长兴岛、黄河街、人民路支行等一系列专业支行，机构管理水平和服务功能得到进一步提升。全方位加强渠道建设，增强客户服务能力，全年累计新建和装修改造网点32个，新增投放ATM 113台，建成24小时自助银行32家，实现首家“自助+理财”网点的试运营；加大客户经理渠道人员配备力度，大幅增配了理财经理、营销经理和大堂经理等有关服务人员。

五、加强党建和员工队伍建设，构建和谐、向上的企业文化

继续深入开展学习实践科学发展观活动，把学习实践成果机制化、长效化，全行践行科学发展的意识和能力不断增强。积极开展党委中心组学习和调查研究工作，各级领导干部理论素养和决策能力得到持续提高。加强党风廉政建设和反腐败工作，通过制度约束、宣传教育和监督检查，从源头上有效防范了腐败问题和案件发生。狠抓服务和行业作风建设，取得了显著效果，在大连纠风办考评中进步明显，取得了优秀成绩。大力加强作风建设，积极开展讲党课、演讲及征文比赛、加强考勤管理和大堂经理体验等系列活动，全行的精神面貌和工作作风发生了明显转变，干事业、谋发展的氛围空前浓厚。充分发挥工会、共青团等群团组织作用，开展形式多样的主题教育和文体活动，认真做好扶贫帮困、送温暖等工作，积极打造富有大连分行特色的先进企业文化。

青岛分行

【业务指标完成情况】

2009年，青岛分行实现考核拨备前账面利润16.49亿元，较上年增加5 944万元；实现考核拨备后账面利润15.76亿元，较上年增加3 016万元。全年实现中间业务收入5.03亿元，较上年增加1.07亿元。成本收入比为28.80%，同比增加0.66个百分点；净手续费及佣金收入占营业净收入的比重达18.83%，同比提高4.07个百分点。至2009年末，本外币各项存款余额达728亿元，较年初增加131亿元；本外币各项贷款余额为641亿元，较年初增加153亿元。实现人民币对公理财产品销售283亿元，较上年增加210亿元。实现网上银行交易额10 017亿元，较上年增加3 767亿元；电子银行业务替代率为50.50%。实现信用卡消费额33.24亿元，较上年增加12.85亿元。至2009年末，全行不良贷款余额为9.10亿元，较年初减少0.10亿元；不良贷款率为1.43%，较年初下降0.47个百分点，实现了不良贷款余额和不良贷款率的“双下降”。

【主要工作措施】

一、强化质量效益意识，优化业务经营结构

重塑以价值创造为核心的机构评价体系，转变重指标、轻效益的传统观念，树立客户意识、回报意识、效益意识和投入产出意识，将较为单一的考核模式转变为重点考核经营效益、经营效率、经营质量的综合考核模式，引导各支行关注发展的质量和效益，提高发展的科学性和可持续性。在负债业务方面，注重通过考核机制引导支行优化负债结构，降低负债成本。经过半年的努力，至年末存款定活比例已由上半年的57:43优化到38:62，已优于总行的要求，负债结构得到了很大的改善。在资产业务方面，注重引导支行重点发展EVA占用较低、收益较高的小企业贷款业务、个人贷款业务和贸易融资业务，并从分行层面加强考核引导、梳理规章制度、推进流程再造，促使这些业务得到了快速的发展，大大提高了全行的收益水平。2009年下半年分行重点推动的小企业贷款业务（含贸易融资）、个人贷款业务和贸易融资业务分别较年初增长10.48亿元、32亿元和22.30亿元，较好地实现了既定的信贷业务结构调整目标。

二、深化经营管理体制机制改革，促进各项业务又好又快发展

一是针对部分二级支行内控体系不健全，风险防控能力薄弱的现状，对二级支行进行了划归一级支行管理的体制调整，大幅提高了集约化程度，节约了大量人力、物力、财力，实现了资源的优化配置，也在相当程度上避免了行内的无序竞争，为业务的快速稳健发展提供了体制保障。二是整合设立了创新管理办公室、企业文化部、投资银行部、住房金融业务部等分行部室，为提高创新能力和优化经营管理格局奠定了基础。三是为提高对优质客户的金融服务水平，组建成立了公司业务大客户营销服务中心和个人业务大客户营销服务中心。通过两大营销中心的建立加强“分层营销、分类管理”的市场营销体系建设，强化了对重点客户的金融服务能力，提高了市场反应效率。四是为增强经营的针对性，根据区域经济特点改变以往大而全、小而全的经营模式，进一步调整支行定位，逐步建立了一批包括信息科技产业特色支行、港口物流特色支行、对外贸易专业特色支行、物流专业特色支行、服务外包专业特色支行、旅游酒店专业特色支行、文化创意专业特色支行等在内的特色支行、专业支行，大大提升了机构网点的差异化服务能力。五是加强小企业金融业务专营机构建设。通过整合多方资源，成立了小企业金融业务部，负责全行小企业业务的营销管理、组织推动工作，并于2009年7月在全市同时同步成立了48家小企业专营机构，还配套组建上百人的小企业专职客户经理队伍，从而形成了一个覆盖全市的小企业金融服务网络。在设立小企业

专营机构的同时，还同步进行了经营机制的引导和调整。在支行行长经营绩效考评办法中加大了小企业金融业务的考核权重，注重提高从业人员拓展业务的积极性，进一步提高小企业业务考核的科学性，并制定了尽职免责的责任认定办法，解除了信贷人员的后顾之忧。六是稳步推进运营体制改革，构建新型业务运营和风险管理体系，撤销了分行监督中心和对账中心，成立了运行风险监控中心，实现了工作效率的提升和人力资源的节约。七是为完善全行的业绩考核，设计开发了分行综合业绩评价管理系统，员工业绩考核机制初步建立，为分行搭建起了统一记录员工营销业绩的平台，为实现支行内部员工统一考核提供了技术和数据支持，有效调动了全员拓展业务的积极性。

2009年12月28日，青岛分行与浙、闽在青商会举行“银企合作共赢发展”主题活动并签订全面战略合作协议。

三、以网点规划建设为切入点，不断提升服务能力和水平

一是委托国内知名咨询公司组织开展了网点整体布局规划项目，为青岛分行制订了城区未来三年网点布局规划，为全行调整完善网点布局提供了科学依据。在科学规划基础上，全年新购置网点12处，面积1.06万平方米，投入资金2亿元；已建成并投入使用6个贵宾理财中心；开工建设贵宾理财中心3个；完成了5个离行式自助银行的设立。二是广泛开展“为工行添彩　为国庆献礼”服务大提升活动。在全行员工中树立“营业网点无小事”、“服务无小事”、“人人注重服务细节”的服务理念，大力营造做好日常工作中的服务细节，激发全行员工人人讲服务、人人争当“十佳服务标兵”的氛围，有力地推动了服务工作水平的提升。

四、强化内控和案防工作，倡导依法合规的内控文化

努力营造“依法合规经营光荣、违规违纪可耻”的内控文化氛围，先后开展了“违规是害、严管是爱”遵纪守规主题教育活动、案件防控“百日行动”和电子银行业务专项检查、人员行为排查、案件风险排查“回头看”等多项有针对性的大检查。积极推行“诚信、规范、审慎、高效”的内部控制核心价值观，使员工的内控意识、案防意识、自我保护意识有了明显提高，切实增强了全行规章制度执行的有效性和员工依法合规操作的自觉性。另外，为加强内控管理，为各一级支行配备了分管内控的副行长，要求支行成立运行管理部，启动了全行执行力建设和“双零”网点建设两大工程，也有效完善了内控管理体系。

五、加强党风廉政建设和队伍建设

一是加强党风廉政建设责任制落实工作。调整了分行领导班子成员和分行本部2009年党风廉政建设与反腐败工作责任范围及分工，继续把党风廉政建设责任制量化检查评价工作与行长绩效考评挂钩。二是为建立科学规范、竞争择优、充满活力的选拔任用机制，重新制定了《市分行各级管理人员选拔任用工作规定》、《市分行公开选拔和竞聘上岗工作规定》和《各级管理人员调整、退出机制工作规定》，营造“不适合的要调整、不作为的要退出”的用人氛围，建立起“干部能上能下、能进能出，激励各级管理人员恪尽职守、开拓创新”的管理新模式。三是正式启动人才精细化管理项目。通过对绩效优秀员工与绩效普通员工关键行为特征的分析，辨别出高绩效员工所具备的胜任力，建构起目标岗位胜任力模型，有针对性地设计对各类人才的管理方案，逐步建立起以岗位和能力兼顾的现代企业人力资源管理体系。四是加强教育培训工作，提高从业人员素质。以打造员工队伍的核心竞争力为出发点，以人才培养为核心，以制度建设为基础，统筹开展管理、专业、销售、运行四类岗位培训，突出抓好中年员工、新入行员工和柜员岗前培训工作，不断提高教育培训的针对性与实效性，为全行业务发展、制度创新提供人才保证和智力支持。

宁波分行

行长　周志方

【业务指标完成情况】

2009年，宁波分行实现拨备前利润38.24亿元，完成总行计划的100.26%，同比增长0.51%。按可比口径在省内四大行利润占比达到36.38%，较年初扩大44个基点。人均利润达到104万元，贷款收益率达到5.83%，资产利润率达到3.06%，盈利能力稳居同业第一；中间业务收入同业排名从上年第二跃居第一，全年实现中间业务收入9.06亿元，完成总行计划的102%，是2008年的1.30倍，省内同业排名从2008年第二跃居同业第一，而且连续四个季度保持了排名第一；存、贷款规模保持同业第一，各项存款余额为1 095亿元，省内四大行占比达到30.01%，新增存款232.50亿元，是上年新增额的2.56倍；各项贷款余额1 124.79亿元，省内四大行占比达到32.20%。新增贷款225.40亿元，是上年新增额的1.82倍。内控评价等级从二级行上升到一级行，内控管理评价得分在系统内名列第三，是全系统9家内控评级等级一级行之一。不良贷款率从年中顶点1.08%下降到0.84%，风险管理不断加强，实现无重大责任事故、无经济案件的“双无”目标。

【主要工作措施】

一、发展理念更加清晰

确立了“业务做大做强，地位同业领先”的发展定位，提出了多元发展和加强客户服务线建设的战略构想，通过客户、市场、产品、渠道、服务等诸多经营元素的全面发展，实现负债业务与资产业务、传统产品与新型产品、国内业务与国际业务、城区支行与县域支行，物理渠道、电子渠道和客户经理队伍建设协同发展，巩固规模、客户、质量、效益、效率、品牌等多元发展的市场地位；通过建设“客户—产品—渠道—客户”服务网络，构建和提升全面金融服务能力，推动全行由“做业务”向“做客户”转变，由“经营业务”向“经营客户”转变，由“挖掘业务”向“挖掘客户”转变，由“单一服务”向“全面金融服务”转变。

主要业务指标均创历史新高：新增存款232.50亿元，是2007年、2008年两年新增总额的1.55倍；新增贷款225.40亿元，接近2007年、2008年两年新增额总额。实现中间业务收入9.06亿元，是2008年的1.30倍；同时进一步巩固了区域主导银行的市场地位：存款、贷款、质量、效益和效率等主要业务指标上全部处于同业领先，并且优势有所扩大。

二、经营结构不断优化

一是做大负债业务，实现了新增存、贷款当年均衡。树立“抓存款就是抓客户”的经营理念，从对公和个人客户入手，坚持个人、公司、机构存款一起抓，本外币存款一起抓，既注意抓存款的流向，又注意抓存款的流量，依靠服务、渠道、产品和技术等综合竞争力扎扎实实地发展存款业务。全年新增机构存款82.57亿元，新增公司存款71.57亿元，新增储蓄存款63.19亿元。2005年以来，首次实现新增存、贷款当年均衡，存款日均增量121亿元，均衡率为52%，也创历年最好，账面借差缩小到29.79亿元。

二是优化资产结构，实现了项目贷款与个人贷款、小企业贷款、票据、贸易融资协同发展。抢抓市政府提出的“保增长、抓转型、重民生、促稳定”政策机遇，成功营销了40%以上重大项目。重大项目成功营销数量创历年最多，投放项目贷款金额创历年最大，参与的东部新城、城中村改造、轨道交通建设等20多个重大项目信贷投放顺利，项目贷款累计发放240亿元。先后牵头组建了“五路四桥”和机场快速干道银团，参与了绕城高速连接线银团以及轨道交通1号线银团等。积极发挥小企业金融业务专业化经营的优势，成立了小企业金融部、4家专营支行、17家小企业金融业务中心，优化审批流程，重点支持了一批符合行业信贷政策、产品先进、市场竞争力强的优秀小企业。全年小企业贷款余额达到173.30亿元，新增36.50亿元，是上年的2.60倍，小企业贷款增速超过全部贷款增速1.66个百分点。围绕核心企业和优质项目以及供应链、资金链和交易链上的上下游企业寻找切入点，大力发展贸易融资业务，年末本外币贸易融资业务余额为68.70亿元，较年初增加51.10亿元，占流动资金贷款的比重达到19.11%，较年初提升了13.75个百分点，其中国内贸易融资业务余额43.44亿元，较年初增加35.34亿元。紧紧围绕市场变化，运用票据产品反周期运作，票据产品较好地发挥了资产蓄水池作用。全年累计买入直贴票据127.21亿元，较上年增加64.89亿元。同时积极竞争个人优质信贷市场，完善公私联动工作制度，2009年个贷新增70.76亿元，接近过去4年新增的总额，成为区域第一个贷银行。

三是实施客户发展战略，不断夯实竞争发展基础。深入推进客户扩面工程，一手抓客户拓展，一手抓客户维护，取得了良好成效。公司无贷客户增加3 824户，增长16.10%；新开结算账户1万户，净增4 700户；公司信贷客户达到2 158户，净增55户；现金管理企业客户2 289户，新增1 073户；参与的海曙等6个县市区国库集中支付招标工作均成功中标，成功营销了应实施集中的518户预算单位中的218户，新开账户214户；新增国际业务客户180户，开立NRA账户126家，账户开立数处于全系统领先地位；签约运作的年金客户达31家，新增7家；新发展代发工资单位1 026家，新增代发人数7.80万人；第三方存管客户达到17.06万户，累计新增预指定客户1.83万户；企业网上银行客户净增3 261户，同比增长13.94%；个人网上银行客户净增18.30万户，同比增长9.34%。分行个人客户达到327.71万户，较年初增加19.38万户。其中，资产5万元以上的中高端客户数19.22万户，占比为5.86%，较年初增长0.28个百分点；资产20万元以上的中高端客户数4.31万户，占比为1.32%，较年初增长0.21个百分点。

四是推进全产品营销，进一步优化了收益结构。通过制定适合不同客户需求的套餐和菜单，提高产品渗透率与覆盖率，通过建立联动营销机制，解决产品支持和营销推动的问题，促进批发与零售业务联动，促进本币业务与外币业务联动，实现了投行、本外币结算、理财、信用卡、电子银行、贵金属等业务发展。全年实现投行业务收入3.81亿元；实现人民币结算量8.12万亿元，国际结算94.50亿美元；实现理财产品（法人加个人）销售200亿元；新发银行卡30.60万张，净增17.60万张，消费额30.70亿元，比上年增加11.30亿元，增幅达到58%；实现电子银行业务量1.44万亿元，增幅达到25.20%，离柜率达到57.40%，较年初提高了9个百分点；销售各类黄金产品286公斤，比上年增加48公斤。

三、持续发展能力日益提升

一是全面推进渠道建设。实现了营业网点综合化率超90%，二级支行以上层级网点占比超85%，贵宾理财中心（含财富管理中心）占比超33%，营业网点功能分区占比超65%，附行式自助银行占比超60%的建设目标。优化网点布局，根据宁波城市发展趋势，调、增二级支行16家，完成13家营业网点迁址。全行现有5家财富管理中心、32家贵宾理财中心、97家理财网点、12家金融便利店，ATM总量达到334台，多媒体自助终端总量为210台。同时不断充实营销和客服人员，全年净增客户经理161人，占比由年初的10.80%提升至15.10%，上升了4.30个百分点，AFP和CFP分别达到184人和13人，财资管理师128人，组建了涵盖公司（投行）、个金、国际业务、结算与现金管理、电子银行、银行卡、小企业信贷业务七个专业产品团队，对一定规模以上的综合化网点大堂经理全部配备到位，网点营销和服务能力进一步提升。

宁波分行举办“专业服务·惠及全球”现金管理签约推介会。

二是各项改革不断深化。实施了县域支行变革，在总行明确的5家重点县支行基础上，增加了潜力较大的鄞州、北仑、镇海支行比照重点一类行管理，对县域支行变革的目标、变革步骤、实施措施、责任部门等进行了科学有效的部署。各级支行的经营活力已经初步显现，从全行来看，盈利前三位中有2家县域支行，中间业务收入前三位的有1家县域支行，存款增长前3位全部是县域支行。运营三大改革顺利推进，实现了人民币汇划、国内信用证等业务的分行集中核算处理，完成了客户回单自助打印系统、附行式 ATM 集中加钞、对账单外包等柜面流程优化改革试点工作；实现了监督体系由业务复审向风险管理与质量控制的战略转型，全面完成监督体系改革；实现了所辖 146 个网点的分行集中远程授权模式，全辖远程授权投产终端数占总量的 98%，达到 1 140 台，远程授权业务量接近占总授权业务量的 99%，较好地完成了集中改革的计划。通过远程授权改革，共释放营业经理 235 名，释放比例达到原营业经理总数的 72%，营业经理网点配备比例降低至 0.62%，人力资源配置得以优化。业务集中程度的持续提高，优化业务处理流程，进一步减轻和释放了前台柜面工作压力，提升了全行运行业务效能。实施了信贷作业监督职能前移，完善了垂直集中的授信审批体制。报表集中管理改革取得明显成效，截至 2009 年 12 月末，支行报送的报表由年初的 209 张减少到 58 张，减少 72.25%，9 个专业部门已实现报表上收，支行报送报表的工作量大大减轻，全行释放统计人员 23 人。顺利完成了对余姚、慈溪、宁海、象山四个县（市）区押运社会化改革移交工作，在宁波同业中成为首家全面完成社会化押运改革的银行。

三是风险管理进一步加强。坚持从严治行，切实提高风险控制能力，内控评价等级从二级行跃居一级行。加强集团关联授信和担保圈贷款风险管理，强化融资大户风险监控和预警机制，密切关注产能过剩、地方政府过度负债、无资本金项目贷款、票据虚假融资、信贷集中度加速累积和资产期限错配、客户过度融资、资金挪用和中介机构利用银行进行民间融资等风险的识别和防范。加大检查整改力度，组织了“中间业务收入合规检查”、“重要业务大检查”等 50 多个检查项目，对检查出来的问题注重整改，整改率达到 91%。规范操作风险管理，对涉及 12 个专业部门的 19 项业务进行了风险识别，为提升风险管理效率打好了基础。广泛开展了“学规定、促发展”教育活动，切实提高员工对高风险点的防控意识。

四是凝聚力明显提升。干部员工的战斗力、向心力在金融危机、同业竞争的各种考验中得到了提升。以新中国成立 60 周年为契机，举办了大型综合性文艺汇演，承办了全国工行系统员工羽毛球总决赛和宁波市银行业第二届综合业务技能大赛，开展了近年来最大规模的离退休人员重阳节联欢活动等，展现了干部员工良好的精神风貌，扩大了全行在系统内外的知名度和影响力。一大批先进单位和优秀个人受到了来自社会各界的奖励和表彰，共获得了 61 项总行级、省市级以上荣誉。

厦门分行

行长　金胜

【业务指标完成情况】

2009 年，厦门分行实现账面拨备后利润 14.11 亿元，较 2008 年增加 9 013 万元，增长 6.82%。截至 2009 年末，本外币各项贷款余额为 525.69 亿元，比年初增加 101.17 亿元，增长 23.83%，其中，个人类贷款增加 27.67 亿元；公司类贷款增加 73.50 亿元，增量居同业第一。本外币各项存款余额为 604.85 亿元，比年初增加 151.30 亿元，增长 33.36%，其中，对公存款（含同业）增加 113.84 亿元，储蓄存款增加 37.46 亿元。实现中间业务收入 3.67 亿元，同比增长 39.16%。信贷资产质量保持优质，不良贷款余额和不良贷款率在低位继续保持双下降。全年累计清收处置不良贷款 5.67 亿元。截至 2009 年 12 月末，不良资产率为 0.33%，比年初下降 0.73 个百分点，其中，不良贷款余额为 2.08 亿元，不良贷款率为 0.40%，比年初下降 0.79 个百分点。各类风险得到有效控制，继续保持无案件和事故发生记录。

【主要工作措施】

一、推进传统存贷款业务稳定发展，实现存贷增量双超百亿元

一是坚持存款基础地位不动摇。深入市场，充分挖掘对公存款业务发展潜力。加强存贷联动，促进公司存款发展，进一步加强重点客户、重大项目的资产负债联

合营销，切实提高有贷户的存贷占比，促进存款业务、中间业务共同发展；开展同业营销，实现同业存款的稳存增存。制定同业外汇业务营销活动方案、代理同业外汇结算暨清算业务管理办法及其业务操作流程，为同业外汇营销活动提供产品支持；大力拓展对公结算账户，巩固和扩大对公客户市场占比，集中开展“对公结算账户双提升”营销活动，努力提高账户活跃程度，提升账户质量，荣获总行对公结算账户专项营销二等奖。同时，发挥考核机制的价值导向作用，完善账户营销计价方法，有效提高新开结算账户的动户率。至2009年末，人民币单位银行结算账户净增5 577户，连续三年稳居同业第一；借助创新优势产品，打造公存竞争优势。如以NRA账户管理规定的出台为契机，与境外机构密切合作，配合宝龙集团顺利实现香港上市的同时，成功营销该公司的NRA账户，在其上市后带来10亿港元的外汇存款；实施个人服务精细化管理，全力拓展储蓄存款业务。借助券商、基金公司等外部资源优势，先后组织开展资本市场投资策略报告会、VIP女性客户健康管理讲座、财富客户创投基金理财投资讲座、“老存折”客户座谈会等贴近客户需求的财富增值服务活动，有效促进财富管理业务发展和客户结构的进一步优化。至2009年末，厦门分行中高端客户比年初增加1.78万户，占新增个人客户的7.30%；财富客户比年初增加1 057户，增长64.33%；注重提升产品支持的紧密度和关联度，加大“灵通快线”系列产品、第三方存管和代发工资等与储蓄存款发展紧密度、关联度高的产品营销力度，拓宽储蓄存款来源、扩大优质客户基础。大力拓展保险、基金、理财产品等代理业务，促进储蓄存款在体内循环；不断调整优化网点布局和功能结构，提升网点整体实力。2009年累计投入11 002万元资金用于网点布局调整和装修改造，对11家网点进行重新装修、搬迁改造，新投放自助设备158台。

2009年5月14日，厦门分行参加“中国·海峡项目成果交易会工业专场”项目对接会，并现场签订银企战略合作协议。

二是抓住海西建设机遇，创新发展资产业务。成功营销环东海域综合整治工程、厦门至南安高速公路、刘五店南部港区、县后片区改造、环东海域、后溪西客明珠安置房、SM商业城等92个市重点建设项目；加强行内联动与合作，积极尝试行内银团的信贷服务模式，通过与总行、境内外兄弟行的联动合作，加强对“走出去”和“引进来”优质客户的营销，如为世茂集团、冠捷电子、大唐风电、首都开发、七匹狼等“引进来”项目及时提供融资服务支持，对宝龙集团“走出去”企业，厦门分行、工银亚洲、工银国际和宝龙四方联动，为宝龙地产启动上市提供包括内保外贷、IPO承销等全程服务。同时，厦门分行还与青岛分行内外联动，就宝龙集团（青岛）置业发展有限公司某项目组建行内银团贷款，这也是近年来厦门分行的首单行内银团贷款业务；成立小企业金融业务部（一级部）并同时成立6个小企业专营机构，进一步推动分行小企业信贷业务发展。积极办理以机器设备抵押的信贷业务以及供应链贸易融资业务，有效解决小企业融资难、担保难的问题，拓宽担保渠道，与担保公司建立合作关系，与湖里区经发局、联发集团有限公司、厦门金原担保投资有限公司等单位联合举办推介会，率先开创“政府+银行+业主+担保公司”服务中小企业新模式，共同推进中小企业发展；整合个贷管理机制，优化个贷业务流程。厦门分行成立个人授信审批中心，通过前台、中台统一管理，有力促进审批时效及风险管理水平的提高。进一步完善个贷操作规定，根据同业及市场竞争情况，及时调整存量及新增个人住房贷款利率执行标准，推出转按揭客户追加个人信用贷款，扩大支行个贷利率执行权限，简化个人经营贷款报审手续、二手房贷款抵押收件放款等一系列新规定，有力提升个贷业务竞争力；积极拓展低经济资本占用、风险把控强的贸易融资业务。逐户研究制订贸易融资替代流动资金贷款的实施方案，加快推进以贸易融资置换流动资金贷款的进程。至2009年末，累放国内贸易融资42.12亿元，余额达18.38亿元；利用国际贸易融资政策相对宽松的优势，积极为资金实力较强、贸易经验丰富的生产型、贸易型企业提供进口类融资、信用支持，保持并扩大进口业务份额。同时，积极跟进企业贸易转型决策，及时充分掌握企业信息，为客户提供个性化服务方案，使全行产品更具生命力和市场竞争力。全年累放国际贸易融资15.21亿美元，位居同业第一；余额达3.26亿美元，位居同业第二。进口付汇业务量占据同业市场第一。至2009年末，国内外贸易融资余额达40.62亿元，占全部流动资金贷款的26.08%。

二、高标准定位，持续提升中间业务贡献能力

一是进一步强化上下、左右、内外联动，有效发挥全行整体合力，努力打造中间业务齐抓共管的工作格局。加强整体联动，实行有效的捆绑、联合营销。要求各单位强化综合营销、交叉营销意识，在营销传统存贷款业务的同时，积极推介银行卡、电子银行、结算与现金管理、投资银行等中间业务，进行一揽子产品组合营销。二是强调中台、后台对前台的配合与支持，以及行内外的沟通协调、资源共享，提升全行的市场综合竞争力；强化主题营销，全年开展“对公结算账户双提升”、“合作发展　互惠共赢”、“掘金工行　行家领航”、“携手合作　共创未来”、“专业服务　惠及全球”、“一卡在手　自助有礼”、“基金定投　伴你童行”、“金融服务进社区”等一系列主题营销推广活动，有效推进结算账户、现金管理、第三方存管、电子银行、法人理财、国际结算、代理基金等业务稳步增长。三是在突出人民币结算账户、理财业务、电子银行、银行卡、国际结算等传统中间业务营销的同时，全力营销新产品、新业务，提升其对全行中间业务收入的贡献度。全年投资银行、企业年金、资金托管等新兴业务增速较快，占中间业务的比重逐年提升，由2008年的8.17%上升至2009年的13.06%，促进全行中间业务收入总量的增长。截至2009年末，全行实现投资银行业务收入总额4 410.34万元，占中间业务总收入的12%；资产托管业务收入总额181.12万元，同比增长192.54%；企业年金业务收入总额195.37万元，同比增长127.81%。

三、以信贷风险控制为重点，加强全面风险管理

一是加强信贷风险防控，提高信贷资产质量。通过合理安排再融资、追加或置换抵押担保、加强收贷管理等措施，有效控制或化解多家房地产企业开发贷款因受市场调整而初显的风险苗头；强化授信审批管理，优化项目贷款调查、评估、审查审批流程，规范项目贷款调查内容和评估报告格式，提高项目评审标准化水平。在前台部门尽职调查的基础上，要求审查部门尽职测算项目偿债能力，合理评估、提示项目风险，提出有效风险控制措施，真正实现项目贷款的流程化评审；强化集团关联客户的风险管理，根据集团关联财务集中度、经营控制度、产业关联度的差异，实施差别化的集团客户授信总量和结构控制方法，有效防范和控制集团客户信用风险的集中度。

二是完善内控建设，推进全行内控评价上等级。建立内控评价责任履行、激励约束、工作协作、评价反馈和督导整改五项工作机制，定期召开推进内控评价上等级工作联席会，分析研究工作中存在的问题和难点，及时提出改进措施。通过各部门的协调联动，有效推动分行内控评价上等级工作。

三是积极推进运行管理改革，完善柜面风险监管模式。根据总行运行管理三大改革的统一部署，周密组织，认真做好实施调研、设备配置、制度建设、人员培训、人员分流等工作，按计划顺利完成监督体系和远程授权两项改革工作，实现了监督体系从传统的业务复审型向风险管理和流程导向（质量控制）的战略转型，并逐步建立起前台、中台、后台三位一体的风险监管模式。

四是规范财务管理，提升财务会计管理水平。严格财务审批权限管理，严格执行授权控制和预算管理，科学制定合理的财务审批权限，对大额支出严格实行授权控制，扩大分项费用授权管理，对应报财审会审批、实行集团采购的事项，坚决报财审会审议、实行集团购买；及时修订财审会、集中采购评审会工作规则，加大审议项目信息透明度建设，规范财审会、集中采购评审会运作规程；认真组织财务专项检查，落实财务检查制度。全年组织开展对财务核算情况、财审会审议项目执行情况、集中采购管理情况、中间业务收费减免管理情况的四项专项检查，并及时整改。

五是加强自助设备管理，提高抗风险能力。积极采取各种事前预防措施，加大对自助设备安全巡查力度、安排2 800人（次）的保安员对自助设备进行定点蹲守巡查等措施，收缴不法分子安装在自助设备上的多个读卡器和用于窥视密码的摄像装置，避免客户卡内资金遭受损失。

四、以服务大提升活动为契机，全面增强服务竞争力

一是主动挖掘新闻宣传点，前瞻性推进宣传策划工作。在保持个人金融、牡丹信用卡、电子银行等传统业务宣传势头的基础上，加大对投资银行业务、全球现金管理、黄金投资、年金业务、支持小企业、市政建设等方面的宣传，成功策划并开展了“工行理财师看市场”、“电子商务工行‘e’路领跑”等8个系列专题宣传和活动；围绕国家“保增长、保民生、保稳定”精神，加快海西建设意见出台、经济复苏等焦点，成功策划“内外联动，助进出口”等7个系列专题宣传。

二是加强服务检查指导，提升服务管理水平。充分发挥片区工会主席的服务督导作用，不间断开展拉网式交叉大检查，并建立片区工会主席集中办公交流制度，及时交流检查情况，督促、帮助基层行落实整改。注重行外服务检查，密切与市文明办、纠风办、银行业协会等部门的联动，从行外聘请特邀监督员，加大对文明服务的考评、检查与通报，促进整改。同时指定专人每天

查阅主要媒体对金融业服务工作的报道，及时跟踪、拦截不良信息，消除影响。发挥短信、NOTES 等平台作用，及时向基层行发送服务工作“温馨提示”、“服务提醒”等内容，较好地实现分支行的互动沟通，有效推进服务大提升活动的深入开展。

三是加强对客户投诉的调查处理，做好客户满意度调查和中高端个人客户访谈工作。密切跟踪各类媒体涉及服务方面的投诉或表扬，做到有诉必查，有错必究，创新方式，及时处理，督促整改。全年投诉量较 2008 年同期呈下降趋势。开展服务工作客户满意度调查，认真征求改进服务工作意见，并及时将征求到的意见提交有关部门落实。从服务态度、服务环境、服务效率以及产品功能等方面，精心设计了 14 项中高端客户访谈内容，制定访谈预案，扎实做好中高端个人客户访谈工作，进一步增强对优质客户的维护能力。

五、加强党建工作和队伍建设，营造和谐经营氛围

一是加强员工队伍建设，提升人力资源的开发与利用。继续坚持公开、公正、竞争、择优的选拔干部用人机制和决策、执行、监督相互制约、相互协调的工作机制。加大公开竞聘选拔力度，组织副总经理级、正副经理级职位公开选拔或内部竞聘工作，选拔 12 位副总经理级、34 位正副经理级人员充实员工队伍。

二是加强文明创建活动，打造精神文明建设与业务经营工作协调一致、共同发展的工作格局。2009 年，厦门分行荣获福建省“第十届文明单位”和福建省总工会“模范职工之家”光荣称号。组织开展形式多样的主题活动，如，组织分行本部员工开展业务竞赛，营造敢于竞争、科学发展的工作氛围；组织“中国工商银行百所高校金融大讲堂活动”之“走进厦门大学”专场，推动公益银行建设和品牌形象提升，引导青年员工正确应对经济暂时困难，在履行社会责任的实践中锻炼成长；开展“我和我的祖国”主题征文比赛，激发员工热爱祖国、热爱工行之情。

深圳分行

行长 王晓燕

【业务指标完成情况】

2009 年，深圳分行实现风险调整后利润 47.29 亿元，实现 EVA26.02 亿元；实现中间业务收入 17.15 亿元，中间业务收入在营业净收入中的占比达到 24.20%，比 2008 年提高 9.50 个百分点，实现了跨越式增长。截至 2009 年底，本外币总存款余额 2 989 亿元，比年初增加 780 亿元，增长 35.30%，其中，储蓄存款增加 112 亿元，增长 16%；人民币同业存款增加 578 亿元，增长 98%。实现本外币总贷款余额 1 390 亿元，比年初增加 251 亿元，增长 22%。不良贷款额和不良贷款率分别为 9.33 亿元和 0.67%，分别比年初下降了 1.92 亿元和 0.32 个百分点，继续保持“双下降”和资产质量的同业领先。

【主要工作措施】

一、持续提升核心业务市场竞争力

一是零售业务持续快速发展。截至 2009 年底，储蓄存款余额达 804 亿元，再创历史最高水平，余额比年初净增 112 亿元，位居同业首位。新增第三方存管账户 15 万户，在深圳同业和系统内排名第一。实现代理基金销售 163 亿元，四大行占比超过 50%。全年共发行 105 款区域理财产品，累计销售各类银行理财产品 204 亿元（不含超短期理财产品），自主发行的区域性理财产品数量与销量在系统内排名第二位。代理保险销售取得历史性突破，代理个人寿险 8.50 亿元，同比增长 61%，四大行占比提高至 30%。个人贷款余额达 638 亿元，比年初净增 186 亿元，发放量和余额增量均创历史新高。信用卡全年新增发卡 27.80 万张，四大行占比为 33%，实现消费额 100 亿元，同比增长 88.50%，实现收单额 168 亿元，同比增长 340%，新增商户近 1 000 户，较年初增长 200%。

二是公司业务竞争力不断提升。全年实现投行收入 2.38 亿元，同比增长 160%；建立了逾百亿元的资产池，盘活信贷资金 68 亿元；承销短融中票 181 亿元，实现承

销收入3 000万元，居市场第一位；积极试办股权融资服务，扶持宇顺电子、齐心文具、富安娜、格林美等多家“上市一路通”客户成功实现IPO；累计办理内保外贷5.17亿美元，海外保理池3.07亿美元，NRA存款8.50亿美元，实现结算量21亿美元，系统内排名第一；累计发放固定资产支持融资62亿元，较年初增加51.20亿元；完善小企业经营管理模式，设立小企业专营机构，在二级支行成立了62家“小企业金融业务中心”，累计发放表内国内贸易融资175亿元，同比增加113亿元，实现小企业客户升级55户，客户结构进一步优化。

2009年9月29日，深圳分行参加深圳地铁二号线、五号线、三号线银团贷款签约仪式。

三是机构业务继续领跑同业。截至2009年底，人民币机构存款余额为308亿元，比年初增加25亿元；同业存款余额为1 169亿元，比年初增加577亿元，四大行余额占比为37%，排名第一，继续保持同业市场领先地位；取得了罗湖区财政授权支付代理业务资格，实现财政授权支付业务在深圳市六个区的全覆盖；抓住创业板推出的重大机遇，精心筹划，验资资金市场份额始终保持在40%以上。

二、不断提高服务与创新水平

精心组织网点服务提升项目和服务大提升活动，持续完善服务管理机制，进一步优化渠道建设布局，全年共完成15个网点的新设和搬迁工作，6家网点、4家财富管理中心、14家贵宾理财中心、23家大型离行式自助银行和个人理财中心完成装修改造，服务供给能力和服务环境显著提升。进一步提升网点服务检查标准，建立网点服务检查日志并加大检查力度，涵盖行内、外的服务监督体系不断完善。从外部监测结果来看，深圳分行的服务评分已提升至92分，在相同标准下仅与目标银行相差2分。2009年，创新工作成果显著，创新推出了牡丹金融IC卡、“牡丹爱购芯片卡”、“汇添利”外币融资类信托理财等产品，全面推广了存取款一体机无介质存款业务。其中，牡丹金融IC卡和“汇添利”外币融资类信托理财产品获深圳市金融创新奖。

三、内控风险和案件防范能力不断增强

认真贯彻落实总行党委关于党风廉政建设的规定和两个责任制的要求，内控风险和案件防范能力不断增强。积极防控两高一剩、低水平重复建设的信贷风险，积极配合总行做好信贷业务专项大检查，获得总行检查组的较高评价。以总行内控评价为抓手，积极开展自我评价、自我完善和整改工作，认真做好总行内控评价组现场评价的配合工作。全面完成远程授权应用，辖内125个网点已全部开通远程视频监控系统，总行场景监控功能已经覆盖145个高风险交易。顺利完成监督体系改革，形成运行风险监控中心和支行运行督导员两级监督体系，全辖网点已全部完成业务运营风险管理系统的投产应用。认真开展反洗钱监测工作，开发并投产了反洗钱、反传数据监控分析系统。连续7年无重大案件和安全事故发生。

四、全面加强党的建设，员工队伍和企业文化建设成效显著

重视党委中心组学习，不断丰富学习内容，提高各级领导干部的科学发展能力。认真开展了“与祖国共奋进，与工行共发展——庆祝新中国成立60周年网上知识竞赛”活动，在全行范围内进行了一次爱国主义教育。持续优化管理人员聘任机制，推行副总以上管理人员公开竞聘和绩效管理，启动二级支行行长助理培养计划。通过集中面授、个性化课程选修等形式开展各级管理人员素质提升轮训，围绕业务发展开展各类员工的营销服务技能培训和岗位任职资格认证，打造了一支职业化的员工队伍。召开了领导干部民主生活会、第三届三次职工代表大会，全面提升了领导干部的综合素质，完善了民主管理基础。积极组织广大员工学习《劳动合同法》及其《实施细则》，全面深入开展了矛盾纠纷排查化解工作，切实解决员工工作和生活方面的困难，举办了第八届“牡丹卡·青春杯”足球赛和各项专业知识、业务技能比赛，调动了员工的积极性，增强了企业凝聚力，营造了和谐的经营氛围。

苏州分行

行长　朱春华

【业务指标完成情况】

2009年，苏州分行实现拨备前利润47.14亿元，比上年增加1.97亿元，实现账面利润44.72亿元，总资产达到1 677.94亿元，比年初增加348.42亿元。至2009年末，人民币各项存款余额为1 439.95亿元，比年初增加351.62亿元；人民币同业存款余额为67.32亿元，比年初减少9.17亿元。外汇存款余额（含同业）为11.36亿美元，比年初增加7 771万美元。人民币各项贷款余额为1 310.74亿元，比年初增加244.52亿元。外汇各项贷款余额为7.46亿美元，比年初增加3.33亿美元。本外币不良贷款余额为11.97亿元，占比为0.88%。全年实现中间业务收入12.14亿元，比上年增加2.88亿元；国际结算量464.08亿美元，比上年减少39.12亿美元；电子银行交易额6.36万亿元，比上年增加3.35万亿元。

【主要工作措施】

一、把握机遇，推动资产业务迅猛发展

一是以重点项目、高端客户为抓手，巩固和拓展优质信贷市场。确定高端客户和重点项目作为项目攻关重点，采取分、支两级联动，加强对客户名录制建设后各项工作进度的序时推动与督导。全年公司类贷款合计增加160.71亿元，占人民币贷款增量的65.72%。个人类贷款比年初增加87.03亿元，同比多增75.96亿元。其中，个人住房贷款全年新增83.72亿元，占个人类贷款增量的96.20%。

二是积极探索小企业专营机制创新。2009年4月成立了分行小企业金融业务部和支行小企业金融业务中心，实施评级、授信、押品评估、审查审批“四合一”的环节整合，积极探索从企业类型、生产环节、发展阶段、融资用途、担保方式等各个维度研发新的系列产品组合，实现了小企业信贷在保持较高资产质量基础上，客户数量与业务规模的“双提升”。至2009年末，小企业贷款客户总量1 876户，较年初净增200户；小企业贷款余额为156.82亿元，较年初增加19.62亿元，超额完成总行15亿元的目标任务；小企业贷款不良率为1.21%，比年初下降了0.94个百分点。

三是依托产品、创新业务，拓宽新的效益增长点。明确以“业务带动、新客户拓展、提高收益”为贸易融资业务发展目标，对219家贸易融资重点客户给予授信、资金、价格等方面的政策倾斜；围绕客户对金融产品和金融服务的多方位需求，积极关注固定资产支持融资贷款、搭桥贷款、前期贷款、项目运营期贷款以及并购贷款等产品投入市场后的客户反响，提升同业竞争能力。

二、克难求进，巩固负债业务基础地位

一是对公存款保持较快增速。截至2009年末，全行有贷户对公存款余额为327.81亿元，比年初增加114.65亿元，余额占比达到37.37%，增量占比达到47.90%。通过实施分行项目直营和加强分支行联动，提高对新开户和他行重点客户的竞争、挖转，努力开辟新的对公存款增长点。全行日均存款100万元以上客户增加665户。当年新增账户20 406户，新增存款70亿元。

二是储蓄存款迈上新台阶。认真落实储蓄存款变化情况的每日发布、按月通报、按季分析的常规工作管理机制，将储蓄存款“保二争一”的全年奋斗目标与阶段性任务紧密结合；想方设法拓展养老金代发、工资代发、拆迁款归集、第三方存管、专业商户等批量客户存款的发展空间；充分发挥理财产品、存贷联结通产品对储蓄回流、沉淀的作用。截至2009年末，人民币储蓄存款余额为562.73亿元，较年初增加112.42亿元，创出全行历史最高增量，完成全年110亿元目标任务的102.20%。储蓄存款增量省内四行占比为27.89%，居同业第二。

三是机构存款取得新进展。重点推广企业年金、资金定向托管、现金管理方案、综合理财、国内信用证、保险公司“见费出单”等产品，加大与地方财政、公共事业性单位等机构客户的信息沟通，主动、深入地参与各级财政非税、代理税款项目竞争。全年企业年金新开个人账户 11 092 户，完成全年目标任务的 138.65%，托管资金 2.60 亿元，居四行第一；资产托管实现收入 1 295.61 万元，完成全年计划的 259.12%，托管资产达 117.13 亿元，较年初增加 89.74 亿元。2009 年全行机构存款余额 246.96 亿元，比年初增加 48.06 亿元。

三、全面突破，提升中间业务创收能力

一是国际业务市场竞争能力稳步提升。制定了“强化区域发展、优质客户拓展、产品针对性营销、业务创新、考核激励以及风险控制”六个方面的主要工作，实施“有重点、分区域、层次推进”的区域发展方法，尝试开展贸易融资风险参与，外汇资金业务引入 NDF 价格等新业务、新产品。全年国际结算总量 464.08 亿美元，区域四行占比为 25.06%，首次超越中行跃居同业第二；累计发放国际贸易融资（含代付）30.11 亿美元，较上年同期增加 7 314 万美元，同比增幅占四行第一。

二是个人中间业务发展能力进一步增强。以市场为导向，重点抓好首发基金和基金定投市场营销；加快拓展银保业务渠道，深化与保险公司的合作模式。全年销售理财类产品 369.09 亿元，居同业第一；新增灵通卡突破 100 万张，灵通卡总发行量超过 300 万张，消费总额达到 128.64 亿元，增幅为 159%，居系统内的领先位次。

三是投资银行业务保持市场领先地位。坚持开辟多渠道增收途径，加快在品牌类和创新类业务上的发展，建立投行业务考核单价制。全年实现投资银行业务收入 1.82 亿元，比上年增加 6 984 万元，同比增长 62.54%。经营业绩实现了“收入年度增量最多、创新业务最多、牵头银团贷款最多、信托 + 理财业务笔数最多”四个同业第一。

四是电子银行业务科技引领、业务分流优势明显。研究不同客户群体对电子银行产品的应用偏好和需求，通过优化业务流程、创新营销服务方式以及加强重点环节管理，有针对性地加大市场推广和产品宣传力度，实现网上银行的交易笔数 1.42 亿笔、交易额 6.15 万亿元，均占市场份额的 50% 以上，电子银行对实体网点的业务分流作用得到充分发挥。

五是信用卡业务实现规模、质量、效益共提升，重视和发挥网点渠道在发卡市场竞争中的阵地作用，结合总行信用卡发卡二十周年的主题营销活动，适时开展专项促销活动，年内全行信用卡总量突破 50 万张，达到 55.28 万张，在区域四行占比中位居第一。深入研发客户需求，成功营销多种信用卡，获得与人保的项目合作，全面推进信用卡分期付款业务的快速发展。

四、落实责任，提升经营管理水平和风险控制能力

一是信贷资产质量总体保持良好。出台了一系列支持产品发展推进、加强信贷作业监督前移工作规范、切实解决中小企业融资问题的办法、措施。年末全行 AA－级（含）以上优质客户贷款余额为 586.51 亿元，占比为 61.32%。全行不良贷款余额为 11.96 亿元，贷款不良率为 0.88%，比年初下降了 0.14 个百分点，全行信贷资产质量总体保持在较高水平。

二是内控文化体系建设全面加强。业务发展和内控管理相互促进、良性互动的机制得到进一步完善。充分运用各类内控管理工具，有效规范了全行柜面一线业务的操作流程，控制了一线的操作风险隐患。把总行提出的 8 个风险点和市分行确定的 30 个高风险、高频率问题作为案防工作重点，认真开展排查梳理和综合治理。认真开展反洗钱客户风险分类，加强大额和可疑交易报告工作，优化和完善反洗钱监控系统。

三是案件防范长效机制进一步确立。坚持标本兼治、综合治理、惩防并举的、注重预防的原则，扎实推进责任制的分解落实，实现全年“零案件”。切实加强反腐倡廉制度建设，加强对各级管理人员以及重要领域和关键环节权力的监督约束；不断完善和丰富经营管理人员点题述廉的形式与内容；加强对全行员工的风险警示教育，达到预防教育制度化；安全保卫将落实安全责

2009 年 9 月 15 日，苏州分行行长朱春华在分行主办的苏州工业园区第三届金融论坛上致辞。

任制、安防设施标准化建设、应急预案演练、自主押运的运钞环节安全等纳入对网点的考核，实现了全年营业网点的安全运营无事故。

五、突出重点，改革创新与服务提升工作稳步推进

一是重点客户的竞争、挖转、维护工作进一步深入。全年新增日均500万元以上的存款大户164户，增存45.34亿元。由分行牵头直营的29家高端客户，年末新增本币贷款102.72亿元，占新增公司贷款的63.92%；新增人民币对公存款18.56亿元。

二是重点县支行改革试点逐步深化。昆山支行作为首批改革试点单位，年末本外币各项存款增量获得多项同业第一，余额突破200亿元，率先成为系统内首家存款余额超200亿元的县域支行，其他县支行的改革试点工作也正向着新三年的发展战略规划稳步推进。

三是渠道布局优化和网点结构转型步伐加快。按照“网点分类、功能分区、客户分层、业务分流”的发展思路，在统一规划建设标准，统一视觉形象的规划定位基础上，始终突出服务客户的经营理念，全年共完成营业网点迁址21家，完成网点装修改造40多家。全行建成装修风格统一、区域划分明确、服务功能齐备的财富管理中心4家、贵宾理财中心70家，理财网点56家以及离行式自助银行32家，离行式自助点109个。

四是监督体系、授权体系、业务集中处理体系三项运营改革全面展开。按照平稳实施，稳步推进的原则，顺利完成监督体系转型，揭示风险事件的准确性大为提高。第一批远程授权网点自2009年7月22日正式投产运营，全辖175个对外营业网点已100%实施了远程授权。业务集中处理体系正着手将以网点为主的分散式业务运营布局改变为集约化、标准化、专业化的业务处理方式，构建安全高效、集中统一的业务处理平台和服务支持平台。

五是打造标杆网点，提升全行服务质量。围绕“服务质量提升年”主题活动要求和“个人客户服务精细化管理”实施方案，以打造标杆网点，推广标准化服务为抓手，全面提升服务质量、树立服务品牌。通过聘请专业公司，选择辖内有代表性的5家支行的营业网点，启动“营业网点服务质量提升项目”，通过系统化、深层次的服务培训和驻点跟踪督导，成功地打造了首批标杆网点，并在此基础上，发挥标杆示范、引领作用，以点带面，推动全行服务质量和品牌形象的不断提升。注重建立服务管理长效机制，对内通过制定《苏州分行营业网点现场管理手册》和《苏州分行窗口服务人员服务规范手册》，实施服务质量非现场监测，对外通过建立与完善社会第三方测评、客户投诉处理以及“柜面客户满意度评价系统”等措施，广泛听取社会反响。通过开展技术练兵、岗位技能比赛，提高员工队伍的整体素质和服务水平。在全市首届技能大赛中取得了包揽两个项目的第一，以及一个第三、一个第六的优异成绩。在省行开展的营业网点现场质量普查中，总排名列居全省第二，总体服务水平达到“优良”等级。

六、构建和谐，共创积极奋进的企业发展氛围

坚持以人为本，把培育特色鲜明的企业文化，作为造就良好经营发展环境，实现企业与员工共同成长与发展的强大动力。面向新员工、中层管理人员、核心业务骨干、网点营业经理等不同层面开展的以提升岗位适应性、提高管理水平、增强营销能力等为主要内容的业务、管理培训，不仅赢得了更多的优质客户、更为广泛的社会影响力，也为全行梯次人才培养，员工职业生涯设计搭建了广阔的平台。全行“爱心帮困基金”和补充医疗保险制度的建立，以及“服务社会献真情”等一系列活动的开展，体现了苏州分行关爱员工、关注社会，打造一流现代商业银行的社会责任感。为迎接新中国成立60周年举办的“我和我的祖国·我和我的工行”文艺汇演活动以及春节、重阳节前后分、支行举办的离退休员工慰问座谈会，为构建温馨的“家园文化”注入了新的内涵与活力，经营与管理齐抓并重、一线二线协调互动的和谐企业文化氛围在全行逐渐形成。

广东分行营业部

总经理 乔晋声

【业务指标完成情况】

2009年，广东分行营业部实现拨备前利润87.40亿元，同比增加450万元；拨备后利润84.20亿元，同比增加3.65亿元，净利润62.60亿元，同比增加2.52亿元，均保持了正增长，拨备前利润区域四行占比40%。各项贷款余额为2 430亿元，比上年末增加435亿元，是上年增量的3.50倍，全部存款余额为4 052.54亿元，比年初新增863.74亿元，增长27.09%，2009年实现中间业务收入27.30亿元，同比增长18.61%。中间业务收入对拨备前利润的贡献度为31.27%，提高5个百分点。2009年末不良贷款余额为33.25亿元，比上年末下降9.63亿元，降幅达22.46%，不良率为1.37%，比上年末下降0.78个百分点，是近几年双下降最多的一年，实现拨备回拨6.08亿元。

【主要工作措施】

一、推动市场分析与拓展

通过市场分析，发现新客户，深挖客户需求，了解竞争对手，寻找创新机遇，防范市场风险。4月组织了全行市场部门副经理级以上干部共300多人参加的市场分析大会，要求全行按照“二十四字”营销方针，找到自己的蓝海，培育新的增长点，并以此培育良好的经营作风。年末对公结算账户存量13.80万户，比年初净增2.90万户，对公账户存量区域四行占比超过50%，增量占比高达90%。

二、巩固在主流客户、主流项目中的优势地位

重点支持广东省“新十项”工程和广州市重点项目建设，就城投、垃圾处理、交投、地铁、燃气等板块逐个成立项目服务小组，围绕66个重点项目，分层分级做好营销和服务。同时，创新工作思路，运用项目搭桥贷款、项目前期贷款、项目营运期贷款、固定资产支持融资、并购贷款等新业务、新产品来满足客户多样化金融需求。年末项目贷款余额为1 156亿元，新增267亿元，占全省系统增量的62%，创历史最高水平。2009年，在广州市银行业筹组的22个项目银团中，营业部担任牵头行的达到17个，筹组银团金额为1 246亿元，占比为64%。其中，用16天时间完成了广东融资额度最大、参与银行最多、结构最复杂、融资效率最高的713亿元城建银团贷款项目。在抓好大项目的同时，还大力发展个人贷款、小企业贷款、贸易融资、固定资产支持融资等新的增长点。2009年这四类贷款累计发放1 027.75亿元，占全部贷款累放量的55%，信贷结构有效优化。

三、着力抓好负债业务的增长

一是抓住资本市场回暖和IPO重新开放的时机，大力吸引金融同业特别是证券公司存款。2009年同业存款比年初净增170.90亿元，二是抓住上半年外汇资金较充裕、价格较低的时机，加强主动负债管理，大力吸收金融同业外汇资金，年末外汇存款比年初净增2.01亿美元，三是抓住广州三大汽车、南方电网等重点客户资金回笼以及贷款大量投放的时机，通过经销商融资、资金池运作，全年公司存款净增403.38亿元，四是抓好代发工资、灵通卡、个人POS机等储蓄存款业务源头，深化与财政、军队、社保、公积金等机构龙头客户的合作关系，全年储蓄存款比年初净增227.60亿元。

四、促进中间业务快速发展

一是强化考核激励。将中间业务的专项奖励比例由3%提高到4%，开展“账户夺宝大行动”等各项专项活动，释放全行生产力。二是全员营销。各支行、各部门“一把手”带头，开展“扫楼、扫街”行动，大力拓展各类客户资源，并在网讯设置中间业务专辑，每周通报工作业绩，在全行形成了你追我赶、争当先锋的良好氛围。三是全产品营销。组织全行开展从“资金供应商”向“金融服务商”转型大讨论，推动全行彻底改变经营理念，努力提高代发工资、银行卡、电子银行、代理收支付等各类“韭菜类”业务在客户中的覆

盖率，增加综合收益。2009年投资银行收入达到5.14亿元，同比增长9 456万元；人民币对公结算量31.20万亿元，同比增加5.80万亿元；电子银行年交易量8.17万亿元，同比增加2.79万亿元。信用卡达到178万张、新增67万张；资产托管金额1 004.41亿元、新增717.70亿元，企业年金客户达到395户、新增149户，管理年金个人账户40.66万户、新增4.50万户。

2009年7月23日，广东分行营业部总经理乔晋声出席珠海长隆国际海洋度假区项目50亿元银团融资合作协议签约仪式。

五、全力以赴打好资产质量“保卫战”

一是着力培育“国有民营”的信贷文化。要求信贷人员都要像民营企业家经营自己的企业那样谨慎，在任何情况下，都应坚持银行利益最大化。二是坚持制度优先、依法合规。对总行的制度办法，都结合广州特点制定实施细则。三是强化贷款的分类管理。把好新增贷款准入关、存量贷款质量关、不良贷款处置关。四是强化检查和整改落实。实现重点业务滚动式常态化检查机制，做好内外部案件防范。

六、创新业务、产品支持客户多元化需求

紧紧围绕广州市场特点和客户需求开展业务创新：成功发放了省内第一笔并购贷款；成功运作工行系统内首单股权转让、重大资产重组暨借壳上市项目；与工银租赁合作开办省内第一笔融资租赁业务；在广州地区首家发行广深铁路金融IC卡、国民旅游休闲卡、长隆牡丹联名卡、牡丹羊城通卡，2009年12月24日还独家发行了亚运卡；成功办理广东地区第一笔代理行模式下的人民币跨境结算业务；NRA和电子商业汇票业务顺利推进，年内共办理NRA业务开户84户；开出电子商业汇票9笔、金额2 100万元；自主研发了收汇理财通、付汇理财双币通、收付通等新产品；推出工商物业贷、狮岭皮具贷、专利权质押融资业务等面向小企业的个性化产品。

七、培育新的区域增长极

随着广州产业升级，特别是珠三角发展规划上升为国家战略后，广州市的郊县地区迎来了新的发展机遇。通过及时召开郊区支行现场调研会，抢抓县域经济发展机遇，确保了竞争力在当地同业第一。2009年末，11个郊县支行贷款增量占全部38个一级支行增量的38%，中间业务收入同比增量占全辖增量的33%，在利润同比增加额超过1 000万元的18家支行中，郊县支行占7家。

八、加强队伍和机制建设

针对近年来领导干部流动较慢和缺编的情况，于2009年4月公开选拔了20名支行副行长级后备人才，8月份又公开选拔了180名副经理级后备干部，并面向社会公开招聘投行、国际业务专业人才10人，干部队伍得到了进一步加强，员工面貌焕然一新。整合优化了大客户营销机制、小企业贷款、个人贷款及国际业务管理机制，组建12家小企业服务中心，在3家支行设立了国际业务部，首批200工程建设网点达标面达到98.40%，成立了资产托管分部和养老金业务部；完善了经营绩效考核办法、不良资产考核办法、工资总额分配办法、各项专项奖励制度、部室及领导干部绩效考核办法；顺利推进运营体制三项改革、个贷无纸化审批和报表集中等中台、后台业务改革，经营体制和管理机制进一步完善。

第七部分

重要文献

执行编辑：娄可伟

坚定信心　迎难而上
努力在复杂环境中实现健康平稳快速发展

——在中国工商银行2009年工作会议上的讲话

姜建清

（2009年1月19日）

这次会议的主要任务是，认真贯彻中央经济工作会议精神，深入落实科学发展观，分析当前经营形势，总结2008年工作，部署2009年工作任务，动员全行坚定信心，振奋精神，锐意进取，扎实工作，积极克服和战胜当前的困难，努力在复杂环境中保持健康平稳的发展势头。

下面，我讲三点意见。

一、关于当前经营形势和2009年总体目标要求

2008年是我国发展进程中极不寻常、极不平凡的一年。我们党带领全国人民胜利抗击历史罕见的雨雪冰冻和特大地震灾害，成功举办北京奥运会和残奥会，隆重纪念改革开放30周年，积极应对国际金融危机的严重冲击，保持了经济社会发展的良好势头。2008年也是工商银行发展史上值得深刻铭记的一年。面对国际国内经济形势急剧变化的严峻挑战，面对突如其来的特大自然灾害的冲击，面对奥运会对金融服务的高标准要求，全行上下认真践行科学发展观，在服务大局、应对时艰中展现了生机与活力，全面提升了经营管理水平，圆满实现了股改后首个三年发展规划的目标，以优异成绩迎来了工商银行成立25周年。回顾一年来的工作，主要特点是：

——在急剧变化的经营环境中，实现了良好的盈利成长。在受国际金融危机影响拨备增提、受资本市场低迷影响相关中间业务收入增幅下降、受利率调整因素影响利差收窄、受特大自然灾害影响相关费用支出增加等诸多不利情况下，全行通过加快创新发展，抓好开源节流，使净利润达到1 111亿元的历史新高，同比增长35%。2003年引入国际审计6年来的净利润年复合增长率达到37.5%。收益结构进一步优化，净利息收益率（NIM）达2.93%，比上年提高0.13个百分点；净手续费及佣金收入441亿元，占营业净收入的比重达14.32%。成本收入比30.54%，较上年下降4.48个百分点。投资回报持续增长。实现每股收益0.33元，同比增加0.09元；ROA、ROE分别为1.22%和19.3%，比上年提高0.2个和3.07个百分点，在国际大银行中名列前茅。员工收入也稳步提高。工商银行在复杂多变的经营环境下，向社会、股东和员工交出了一份合格答卷。

——在落实国家宏观调控政策中，发挥了大银行的作用。全年信贷投放较好地体现了国家宏观调控政策和央行货币政策要求，在支持经济平稳较快发展中有效发挥了大银行的作用。上半年根据从紧的货币政策要求，合理把握了信贷总量和投放进度；进入第三季度后根据宏观调控方向、重点和力度的变化，及时扩大了信贷规模，加大了对经济发展的支持力度；第四季度又根据扩大投资拉动内需的政策，进一步加快了贷款投放进度。全年新增人民币贷款5 307亿元，同比多增1 655亿元，增幅为14.2%，贷款增量居同业首位，也是我行历年来投放最多的一年。从投向上看，积极支持了国家重点项目建设、符合国家产业政策的重点行业和重点客户；积极支持了中小企业发展和扩大消费，全年中小企业贷款和个人类贷款分别新增1 759亿元和773亿元；积极支持了自主创新和节能环保等领域，控制了“两高”和产能过剩行业的贷款投放。

——在日趋激烈的市场竞争中，提高了竞争发展能力。存款业务和理财业务实现了协调增长。全年新增人民币各项存款（含同业）11 095亿元，创历史最好水平，同比多增2 354亿元，增量占比市场第一。其中，储蓄存款增加7 671亿元，公司和机构存款增加3 222亿元。银行类理财业务发行总量达20 615亿元，遥遥领先同业。结算与现金管理、投资银行、银行类理财、资产托管、企业年金和国际结算等重点品种中间业务收入保持快速增长，同比增幅均超过40%。信用卡发卡量突破3 900万张，消费额超过2 500亿元，逐渐拉开了与第二名的差距。主承销短期融资券823亿元，承销中期票据696亿元，市场排名均列第一。私人银行总部及4家分部开业。电子银行产品功能和服务模式不断推陈出新，离柜业务占比提高至43.1%。科技创新深入推进，第四代应用系统建设正式启动，一批重点项目投

产运行。在国内新设了西藏分行。在境外相继设立了悉尼、纽约分行、中东子银行及多哈分行。

——在奥运金融服务的严格检验中，展示了全行良好企业形象和服务水平。以“奥运服务年”为契机，持续改进客户服务。分层分区服务体系基本形成，已建成财富管理中心100家，贵宾理财中心3 000家。客户体验工程全面实施，个人金融业务流程改造一期工程和“五个统一”目标基本实现，对公业务流程改造取得积极进展。全行上下特别是六个奥运赛区城市分行做了大量艰苦细致的工作，实现了“生产运行零事故”和“奥运服务零投诉”，为奥运会成功举办作出了积极贡献，也推动了全行服务水平的进一步提升和优秀品牌形象的进一步确立。

——在应对国际金融危机的严重冲击中，提升了风险管理水平。密切关注国际金融危机的演变发展及对全行各项业务的影响，采取了有效的风险防控措施。及时减持涉险外币债券，并足额计提了减值准备。全年退出潜在风险贷款1 087亿元，清收处置不良贷款592亿元，不良贷款余额下降78亿元，不良率下降0.46个百分点，降至2.28%。拨备覆盖率达到130%，提高26.5个百分点。操作风险高级计量法项目在同业内率先启动，各类外部审计检查的协调配合与整改工作积极主动。案件查防工作深入开展，全年发案数量和涉案金额同比分别下降50%和19%。正是得益于全行风险管理水平的提升，加之参与国际金融市场的程度不深，我行在这场席卷全球的特大金融危机中，受到的直接损失有限，整体风险可控。

——在艰苦卓绝的抗震救灾斗争中，经受住了考验、忠实履行了责任。面对汶川特大地震灾害，全行按照党中央、国务院的统一部署，紧急动员，迅速行动，全力投入到救人、保财产、恢复营业、金融支持和赈灾募捐等各项工作中。灾区分行最大限度地减少了人员伤亡和财产损失，最短时间内恢复了对外营业，在大灾之年保持了稳定健康发展。全行为抗震救灾提供了优质高效的金融服务和无私援助，累计发放抗震救灾及灾后恢复生产贷款288亿元；共计捐款1.4亿元，其中员工个人捐款8 869万元。全行为抗震救灾和灾后重建作出的积极贡献，广大干部员工在抗震救灾中表现出的顾全大局、顽强拼搏、敬业奉献、团结友爱的良好精神风貌，赢得了全社会的尊重。

——在深入学习实践科学发展观活动中，推进了党建工作和队伍建设。按照中央统一部署，在全行系统同步开展了深入学习实践科学发展观活动，使广大干部员工特别是各级领导班子和领导干部对科学发展观的理解进一步加深，贯彻落实科学发展观的自觉性和坚定性进一步增强。通过学习实践科学发展观，促进了全行重大战略问题的研究，形成了新的三年发展规划；促进了“人才兴行”战略的实施，提高了员工队伍的素质和凝聚力；促进了领导班子建设和基层党组织建设的加强。这次会上我们还将对获得创建“四好”领导班子先进集体的单位进行表彰。

去年的成绩非常来之不易。这是党中央、国务院总览全局、坚强领导的结果，是国家有关部门科学监管和社会各界大力支持的结果，是全行广大干部员工众志成城、共克时艰的结果。在此我代表总行党委和董事会，向国家有关部门及关心支持工商银行改革发展的社会各界表示感谢，向全行广大干部员工表示慰问！

虽然我们在复杂多变的经济金融形势下保持了经营发展的良好态势，但也必须清醒地看到，当前国际金融危机还在蔓延，实体经济恶化速度和程度远远超出原先的估计，金融体系的损失有可能进一步暴露。国内经济下行后的低位徘徊可能延续较长时间，各种风险隐患和不确定因素增多。2009年无论是对我国经济发展还是对整个银行业经营来讲，都可能是进入21世纪以来面临困难和挑战最严峻的一年。从我行情况看，尽管连续9年保持了不良贷款双下降，连续6年保持了盈利高成长，但当前保持资产质量稳定和盈利较快增长遇到了较大困难。自去年下半年以来，随着企业经营困难的增多，房地产市场持续低迷，部分行业不良贷款有所反弹。国际金融危机的蔓延，也使境外债券投资存在进一步贬值的可能，外汇资金运作和境外机构经营还面临着信用风险、流动性风险和交易对手风险。资产质量的变化可能会引起拨备增加、盈利相应减少。同时，利率市场化的逐步推进，适度宽松货币政策实施以来银行体系流动性的大量释放，使市场利率快速走低，净息差不断收窄，净利差收入增长压力加大。受资本市场低迷的影响，连续多年高增长的净手续费和佣金收入，去年以来增长明显放缓，全年仅增长15%，同比下降93个百分点。从目前情况来看，与股票市场相关的中间业务收入增长短期内尚难有大的复苏。理财业务风险上升，稍有不慎将面临声誉风险甚至经济损失。金融竞争形势也正在发生新的变化，各家银行都在抢抓国家扩内需促增长的机遇，加快创新、扩大市场，对我行形成多方面的竞争压力。这些因素大大增加了今年盈利增长的难度。此外，我行经营发展中潜在的许多深层次矛盾，特别是一些结构性矛盾和体制机制问题，也会在当前急剧变化的经营环境下更加突出地显现出来，这些矛盾和问题与外部环境因素交互作用，可能使我们面临更加复杂和严峻的局面。

危机下潜在的、挑战中蕴涵的往往是机遇，改变竞争与发展格局的时机也往往是在最为复杂和困难的时候。我们要在清醒地看到面临挑战和困难的同时，更要注意分析把握各种有利条件和积极因素，善于抓住重大战略机遇。尤其要看到，这场金融危机没有改变我国经济发展的基本面，我国仍处于重要战略机遇期；也没有改变我行经营发展的基本面，全行仍保持着平稳健康快速发展的良好势头。当前全行应充分认识并要切实把握住四大有利条件：一是市场空间巨大。国家陆续出台的扩内需保增长的一系列重大政策措施，为银行业务发展和盈利增长提供了许多新的机遇。特别是国家一大批重大工程建设的启动，为银行业信贷发展创造了巨大的市场。近一个时期以来，全行上下抓住国家宏观经济政策重大调整的契机，主动走访客户、加强营销，与铁路、交通等许多大客户和一些地方政府签订了战略合作协议，为业务发展储备了一批大型优质项目和客户资源。同时去年和今年信贷规模安排都是历史上最多的时期，这也为我们抢抓市场、增加盈利创造了有利条件。国家改善民生、扩大消费政策的实施，直接融资市场的继续发展，金融市场流动性的充裕，也为我们发展存款和中间业务创造了新的市场。二是政策环境有利。适度宽松的货币政策，以及国务院和有关部门出台的金融促进经济发展的一系列政策措施，都为各层次金融市场的创新发展、为银行的改革发展提供了良好的政策条件。比如并购重组贷款、房地产信托投资基金和股权投资基金等一批新的融资方式的推出，为我们拓展新型融资业务、投行业务等新市场打开了新的通道；又如国家实施重要产业调整和振兴规划，支持企业并购重组，扩大金融机构不良资产处置自主权等政策措施，为我们防范和化解信贷风险，保持资产质量稳定提供了新的政策条件。三是国际机遇难得。国际金融市场的大分化、大调整，尤其是我国金融的国际地位和影响力的提升，一些国际金融机构收缩或减缓市场扩张，为我们国际业务和海外机构发展提供了难得机遇。四是我行经营发展的基础更为坚实。经过多年的体制机制改革、经营转型和创新发展，特别是股份制改造及股改后三年规划的完成，使我们的业务和收益结构、风险管理水平、财务及风险抵补能力都有了明显改善。

这场仍在蔓延的国际金融危机和国内经济的下行趋势，以及国家对金融支持经济提出的新要求，是对我国银行业的一场“大考”，同时2009年又是我行股改后第二个三年发展规划实施的第一年，做好今年的工作对于巩固股改以来全行改革发展成果，为实施新的三年规划开好局，具有十分重要的意义。今年工作的总体要求是：全面贯彻十七大和中央经济工作会议精神，积极践行科学发展观，着力通过拓展市场和调整结构来保持盈利的合理增长，着力通过加强全面风险管理与内部控制来保障资产质量的稳定和各类风险的可控，着力通过推进改革创新来增强科学发展的活力和动力，着力通过加强党建和队伍建设来调动积极性和增强战斗力，确保全行在异常复杂和严峻的经营环境下保持平稳健康快速发展，并为未来更长时间、更高水平的科学发展奠定更坚实的基础。

综合分析今年面临的外部环境，统筹考虑落实国家宏观经济政策和工商银行长远发展的需要，总行确定全行经营发展的核心目标是：实现净利润1 223亿元，增长10%。在不发生增资扩股的情况下，资本充足率和核心资本充足率分别保持在12.1%和10.3%左右，ROA、ROE分别达到1.16%和18.85%。成本收入比控制在38%以内。拨备覆盖率保持在130%。这个目标已经董事会审议通过。

根据上述核心目标测算，今年全行的主要经营计划为：人民币各项存款增加11 500亿元，增长13.8%以上；人民币各项贷款增加5 300亿元，增长12.4%；净手续费及佣金收入达到524亿元，增长20%，占营业净收入的比重达到16%以上；各项主要业务市场份额确保第一，并明显扩大战略领域市场领先优势；清收处置不良贷款500亿元，不良贷款余额稳定在1 040亿元左右，不良率降至2.05%左右；有效遏制大要案和恶性事故发生。

应该说，我们在今年复杂的经营环境下，确定这样的目标是稳健和积极进取的。实现这一目标，一要坚定信心。银行业是建立在信心基础上的信用产业，在当前复杂严峻的形势下，信心比什么都重要。客户和投资人信心来自银行的信心，在前所未有的挑战面前，全行上下既要充分估计风险和困难，增强忧患意识和危机感，更要充分看到有利条件和积极因素，增强克难攻坚的信心和勇气。要看到这个目标虽然具有不小的挑战性，但通过努力是能够完成的。全行的信心首先取决于各级领导班子和领导干部的信心。在应对危机和困难中，各级领导班子和领导干部要首先坚定信心，引导广大员工看清发展的大势，激励全行变压力为动力，化挑战为机遇。二要有一个良好的精神状态和扎实的工作作风。越是困难多、挑战大的时候，越要有迎难而上、奋发进取的精神；越要有脚踏实地、真抓实干的作风。各项工作务求抓早抓实、早见成效，确保第一季度打个漂亮仗，牢牢把握全年工作的主动权。三要把当前工作与长远发展有机结合起来。既要渡难关，保质量稳定和盈利增长，又要上水平，推动体制机制的完善、发展方式的转变、业务创新的加快，真正通过这场“大考”之后，使全行的业务结构进一步优化，经营效率进一步提高，市场优势进一步扩大，科学发展的水平有一个大的提升。我行新的三年发展规划在广泛征求意见、反复修改完善并经董事会批准之后，会尽快印发执行，全行要按照未来发展的总体战略要求，高标准地做好今年工作。

二、关于经营发展中需要把握好的几个重要问题

全行要紧紧围绕支持经济发展、稳定资产质量、保持盈利增长、提升竞争能力的中心任务，立足当前、着眼长远，研究推动今年的各项工作，完善各项策略措施。要突出把握好以下几个重要问题。

（一）坚持把开拓市场与调整结构作为保持盈利合

理增长的根本途径。全行要认真贯彻国家扩内需促增长各项政策，积极落实国务院确定的金融促进经济发展的各项要求，全面改进金融服务，在支持经济社会又好又快发展的过程中，抓住机遇，开拓市场，调整结构，促进银行各项工作再上新台阶；通过转变发展方式，提高经营效率，形成更加多元化的收入来源和可持续的盈利增长。

进一步改进信贷业务发展方式，提高信贷经营发展水平。要认真贯彻适度宽松的货币政策，加强信贷政策与财政政策、产业政策的协调配合，在支持扩内需和保增长中竞争优质市场、优化信贷结构、提高信贷综合收益水平。

一要实施更有效率的信贷服务模式，大力竞争优质信贷市场。今年总行确定要新增5 300亿元贷款，综合考虑到期贷款收回、潜在风险贷款退出、不良贷款清收处置以及信贷资产转让等周转因素，实现这一信贷增长目标，估计需要发放超过2.5万亿元的贷款。这是对全行拓展信贷市场一个前所未有的挑战。全行必须实施更加积极进取的竞争策略，通过改进服务、主动竞争，尽快落实储备的优质项目和客户资源，力争第一季度完成全年信贷增长计划的45%，在支持扩内需保增长中要积极主动地抢占市场先机。要在国家政策重点支持领域发展优质市场，尤其要加大对铁路、电网、高速公路、核电等领域重大项目建设的信贷投入，加大对个人住房和消费的信贷支持。要改进营销服务模式，进一步完善分层营销机制、信贷与投行业务联动营销机制，更加广泛地推行高技术含量的金融服务方式，提高优质客户竞争力。要加快信贷业务创新，大力提高贸易融资业务占比，加快流动资金贷款改造进程；积极进入并购贷款、贷款重组等新的业务领域，尤其要通过创新在国家大型企业兼并重组中获得有利的市场地位；改进中小企业信贷服务，做到小企业贷款增速不低于全部贷款平均增速。要大力推动发展银团贷款，通过积极竞争项目银团牵头行地位，掌控更大的优质信贷市场。

二要实施更加科学的信贷管理方式，大力调整信贷结构。改进经济资本配置机制和行业信贷政策，引导全行更好地坚持“区别对待、有进有退”的原则，积极发展符合国家政策导向、经济资本回报率高、风险与收益匹配度好的信贷业务，推进信贷行业结构、客户结构的优化调整。完善区域信贷资源配置，坚持追随优质市场做业务，支持具有区位优势市场的开发，推进各区域信贷业务的协调发展。扩大信贷资产证券化、贷款转理财业务规模，重点加大电力、公路等我行贷款集中度高行业的贷款转让力度，进一步打开信贷结构调整的新途径，确立资本节约型的信贷业务发展新模式。

三要实施更加精准的定价机制，大力提高信贷综合收益水平。要进一步将内部评级法成果全面应用于贷款定价管理以及信用审批、经济资本计量等风险管理的全过程，更加精确地平衡风险与收益。要加紧建立贷款与其他各项业务综合定价机制，使价格全面反映资金与服务价值，理性竞争，追求合理回报。

推动存款业务与各项业务协同发展，努力扩大市场份额和控制付息成本。银行体系流动性宽松和利率进入下行通道，可能会使存款市场的供求关系发生一些新的变化。但是任何时候都要坚持不懈地巩固和加强存款这个基础，不能丝毫削弱和动摇客户基础。要在抢抓新机遇、发展新客户、增加新的存款来源基础上，重点通过完善客户信贷资金、结算资金、理财资金以及各类存款在我行体内的循环流转机制，从源头上抓住各类资金；重点通过扩展与金融同业以及各大系统客户的合作平台，在深化整体合作中圈定大宗资金来源；重点通过提升理财业务发展水平，转化高成本存款，促进低成本存款增长，不断将存款优势转化为收入优势。

全面开发个人金融业务市场，提高个人金融业务市场竞争力和利润贡献度。要加紧完善以客户为中心的经营运作体系，实施协同营销工程，深入推进“两化”改革，进一步形成“大个金”经营格局、形成对私业务与对公业务一体化营销局面，大幅提升各类产品的市场覆盖率和客户渗透率，深度挖掘客户价值。加紧完善客户分层服务体系，实施服务精细化工程，提升客户竞争力，扩大客户基础和中高端客户比重。加紧完善财富管理客户和高净值客户的识别体系以及相应的经营模式、服务体系、专业团队，加快财富管理中心和私人银行区域布局，进一步在财富管理和私人银行业务领域形成竞争优势。

不断完善中间业务和新兴业务发展策略，促进规模与收益快速增长。既要加强现有产品营销，在基础和优势业务领域精耕细作，又要不断创新产品和服务，更快地进入新市场、新领域；既要抓住政策和市场机遇，推动相关业务快速发展，又要根据市场情况，适当调整业务发展策略，做好下一步发展的准备工作；既要健全行之有效的激励机制，加强收入管理，防止跑、冒、滴、漏，更要注重规范收费，使服务价格真正体现价值。今年要突出加强本外币一体化全球现金管理服务和企业财资管理专家式服务，努力在账户数、客户数等核心指标上扩大领先优势，进一步确立客户首选的结算与现金管理银行地位。突出扩大信用卡业务规模与效益优势，在发卡量、客户数、消费额等领先指标上进一步拉大与竞争对手的差距，在良性透支额上赶上先进同业。突出提高电子银行业务的替代率和利润贡献度，完善服务功能，延伸国际网络，拓展客户群体，全面抓好规模效益和深度效益。突出资产管理业务的全面开发，扩大基金销售、资产托管、企业年金、代理保险和贵金属等业务的行业领先优势，特别是银行类理财业务要有更高的发展目标，利用扩大信贷资产转让规模的契机，开发更多具有市场竞争力的理财产品，提升理财业务的发展水平。突出完善投行与公司业务联动发展机制，敏锐捕捉政策和市场信息，扩大短期融资券、中期票据等直接融资工具的承销领域和规模，尽快在重组并购、股权融资、信贷资产转让以及产业投资基金等新兴领域形成产品线，推进牌照类业务与非牌照类业务互动发展，推动投行业务收入持续增长，深度挖掘公司金融市场的潜在价值。

调整优化投资结构，扩大资金营运业务收入。要根据金融市场尤其是多层次资本市场建设加快推进的新形势，更加注重投资业务与承销业务的有机对接，及时调整人民币债券投资组合结构，扩大国债、金融债和信用债投资比例，增加交易价差收益，做大代客交易规模，保持人民币资金营运收入的稳定增长。要密切关注全球金融危机发展演变及主要国家货币利率走势，继续坚持谨慎的外币债券投资和股权投资策略，合理摆布好外汇投资币种、投资对象、产品种类和期限结构、区域结构，努力实现外汇资金的多元化运作和整体盈利水平的提升。

抓住有利时机，加快国际化综合化发展。要进一步强化全行办国际业务的机制，推进本外币业务一体化经营，实施重点区域、重点客户市场占比提升计划，大力提高国际业务在我行人民币客户市场的渗透率，力争今年国际结算和国际贸易融资市场占比分别达到25%和30%，有一批一级分行国际业务市场份额升至同业首位。要积极跟进人民币区域化、国际化进程，以港澳地区为重点，做大区域人民币结算、汇款和清算业务。按计划稳步推进境外机构申设或并购，健全代理行体系，完善全球网络布局。基本完成FOVA系统境外推广，延伸全球现金管理、理财、基金等境内核心业务，实施“粤港澳”机构深度合作计划，进一步形成境内外业务一体化发展格局。加快境外机构区域性业务整合，推进境外业务中后台集中运营，力争在年内实现部分境外机构单证业务集中处理，降低运营成本，控制经营风险。继续努力争取进入境内证券、保险和信托市场。要适应综合化经营格局快速形成的新形势，加紧健全集团管理新体制，围绕集团统一利益形成各法人主体之间的战略协同。既要充分发挥工商银行集团优势，支持工银瑞信、工银租赁和工银国际等子公司竞争发展，努力将子公司培育成为相关行业的排头兵；又要充分利用子公司平台增强全行业务的辐射力，形成子公司对集团的业务拉动、功能互补，提高子公司对集团的综合贡献。

（二）坚持把加强全面风险管理与内部控制作为保持资产质量稳定和各项业务健康发展的基础工程。在当前异常严峻和复杂的经营环境下，各类风险的突发性和敏感性强、蔓延速度快、交互影响大，风险防控的任务比以往任何时候都要艰巨，资产质量能否经受住本轮经济周期的考验关键看今年，盈利能否保持合理增长关键看资产质量。全行一定要以高度的责任感和紧迫感做好风险防控工作，切实做到早发现、早防范、早处置，确保全行资产质量在国际金融危机蔓延和国内经济下行趋势中保持稳定，各类风险得到有效控制。

要确保信贷资产质量稳定。切实增强信贷风险防控的前瞻性和预见性，加强重点领域、重点客户和重点产品风险预测与监控。突出抓好出口行业、钢铁、汽车、有色金属、轻工、纺织、房地产等受经济下行影响较大以及“两高一剩”行业的风险控制，推行行业信贷限额管理，有效防控系统性风险。加紧完善集团客户风险分析评价体系，改进集团授信总量和结构控制方法，研究推广“担保圈”风险识别与化解技术，有效防范集团和关联客户重大信贷风险事件。要注意及时掌握和研究国家政策变化以及企业兼并重组对我行信贷资产质量的影响，及早采取相关措施，尽力避免或减少潜在风险损失。要灵活运用各种手段加快潜在风险贷款退出，切实用好国家最近出台的贷款重组、减免和呆账核销的新政策，努力拓宽不良贷款清收处置渠道，尤其要着重抓好大额不良贷款的集中处置工作。在目前信贷业务发展较快的时期，要更加注意坚持审慎稳健的经营方针，牢牢把住风险底线，确保新发放贷款的质量经得起历史的检验。

要确保金融市场风险可控。要继续密切关注国际金融危机发展蔓延趋势，加强对全球主要货币汇率、主要金融市场利率波动的分析研判，加强对我行持有的外币债券及其他资产市值变化情况的评估与监控，加强市场动态操作，有效分散和控制外币债券投资风险。要积极适应国内直接融资快速发展和利率市场化快速推进的新形势，加强人民币债券投资风险管理，推进人民币债券投资从经营利率风险为主向经营利率风险和信用风险并重转变，增强人民币债券投资组合的盈利能力和抗风险能力。要进一步理顺金融市场业务前台与中台职能，建立独立的产品控制团队，提高金融市场风险管理水平。

要切实防范操作风险和声誉风险。要进一步完善操作风险管理体系，推进操作风险管理信息系统建设，更多地依靠科学的流程设置和计算机硬控制等手段，控制各类操作风险事件的发生。进一步提高生产运行集中监控和操作自动化水平，尽早启动生产中心的热备份建设，健全运行管理和灾备应急体系，确保信息系统安全稳定运行。严格落实案件防范责任制，毫不松懈地抓好各类案件防控工作，有效防止经济案件特别是大要案的发生。要扎实做好反洗钱工作，切实防范洗钱风险。要针对复杂经营环境下各种敏感事件和突发事件可能增多的情况，加强声誉风险管理体系建设，完善客户投诉和公关危机处理机制。要高度重视加强理财风险管理，发售理财产品必须做到风险可测、成本可算、信息充分披露，加强售前、售中、售后全过程管理。要针对资本市场价格高点发行的理财产品陆续到期等情况，早做预判、早订预案、早做工作，切实维护我行声誉和市场形象，维护金融稳定的大局。

要在全面风险管理体系建设上取得更大进展。根据当前市场风险、操作风险和信用风险相互交织不断加深的特征，适应全行综合化、国际化发展的需要，积极推进集团层面的全面风险管理建设。推进境内机构风险管理政策和制度向境外机构延伸，构建全球统一的全面风险管理平台。加快集团与子公司间的防火墙机制建设，开发集团并表管理信息系统。完善内审体系，深化监督内容，提升审计质量，更好地发挥内部审计在全面风险管理中的督导和促进作用。加快信用风险、市场风险和操作风险计量管理技术的应用，积极做好申报《巴塞尔新资本协议》达标银行的各项工作。要进一步加强资本管理，适度调增利润留存比例，择机发行次级债，补充资本金，保持较高的资本和核心资本充足水平，增强抵御风险的能力。

（三）坚持把改革创新作为提升核心竞争力和推进科学发展的动力源泉。当前，我行既处在重要的发展机遇期，同时也进入到市场竞争的关键期和盈利成长的瓶颈期。要实现更高水平的发展，必须进一步解放思想，大胆探索，勇于创新，努力消除体制机制障碍，破解发展难题，激发发展活力。

推进业务和科技创新。要进一步完善创新管理体制，形成有利于促进创新型银行建设的良好环境。要建立完善及时掌握市场需求信息和了解客户体验的渠道和机制，选择部分分行设立产品创新基地。提高产品研发效率，确保全年投放市场的新产品同业最多、最有竞争力。尤其要加快竞争重点领域的产品开发，推出金融资产质押、对公银行户口、网上信贷服务等新产品；加快现有产品的整合创新，完善产品的功能，增加产品的价值含量，更好地契合客户需求，扩大市场领先优势；加快优化跨市场的金融服务平台和覆盖产业链的服务系统，增强市场的控制力；加快手机移动支付、跨行电子支付等前瞻性产品的研发和储备，开发潜在市场。要全力推进第四代应用系统建设，优化技术体系架构，实施应用系统层次化、平台化和构件化改造，逐步实现产品与核算分离，提高应用体系架构的灵活性和系统的模块化、构件化水平，提升业务和产品创新的响应速度。

实施服务与品牌提升工程。将2009年确定为全行服务品质提升年，力争使服务工作在前两年有较大改进的基础上实现一个质的跃升。一要使服务渠道建设有一个质的跃升。当年完成100家财富管理中心、1 000家贵宾理财中心建设，80%以上网点实现综合化改造，2 000家分理处和储蓄所改造升格为二级支行，力争今年末基本完成营业网点升级改造计划，并要同步充实客服力量，显著提升网点的服务功能和市场营销能力；积极推进集交易、营销、服务于一体的网上银行渠道建设，扩大电话银行中心规模和自助银行服务网络，形成更加强大的电子渠道服务优势。二要使差异化客户服务体系建设有一个质的飞跃。建立科学的客户分类管理系统，形成完善的分层营销服务体系，提升服务效率和个性化服务水平，提升客户满意度和美誉度，提升目标客户市场占比。三要使服务质量管理有一个质的跃升。健全全行服务管理组织体系，自上而下建立起综合管理机构统一协调、各市场部门各负其责的服务管理组织架构，加强对服务工作的统一规划、统筹管理和协调推动；健全服务管理制度体系，分渠道、按客户整合制定服务标准，推行内部服务规范和承诺制；健全售后服务体系，提升客户援助能力；健全服务质量监测和考评体系，提高服务质量评价的科学性。

要面向市场和适应发展，整体规划、系统推进品牌建设。上半年要完成现有品牌的梳理整合，建立层级分明、重点突出的品牌架构和以客户为中心、以服务定位品牌的新体系，强化整体品牌的统领力，增进母品牌与子品牌的互动营销。构建多元化的品牌传播渠道，重点推进全行网点营销传播系统建设。完善品牌管理机制，加大品牌建设投入，形成强大的品牌推动力和影响力。

深入推进流程改造和资金集中管理。要在完成个人金融业务流程改造一期工程的基础上，加紧实施二期工程，促进网点物理布局“硬分区”与业务流程和系统功能“软分区”的有机结合，真正实现全行个人金融业务流程前后台分离和客户分层服务，推进网点由业务处理型向营销服务型转变。同时，今年要在对公业务流程改造上取得更大突破，力争上半年基本完成信贷业务流程改造，全面建立客户分层、整体营销和一站式审批机制，形成全行统一的信贷业务处理与管理技术平台，实现境内分行所有信贷业务的全流程无纸化处理，提高服务效率和市场响应速度。深入推进运行管理流程改革，扩大试点省行跨城市业务集中处理覆盖范围，形成较为完善的业务集约运营体系；推动监督中心的战略转型，同步完成运行监督资源的有机整合；争取尽快投产远程授权系统，扩大远程授权改革试点，逐步建立起集中式、跨机构、多方式并存的远程授权模式。推行报表集中编制。按计划投产内部资金转移价格系统和资金全额集中管理系统，为明年初实现本外币资金全额集中至总行管理做好全面准备。

积极推进大中城市行管理体制改革和县支行变革计划。要紧紧抓住提高城市行竞争发展活力这一核心问题，选择几家有代表性的一级分行营业部和二级分行，加紧研究设计改革深化方案，重点突破，逐步推开。尤其要在探索建立契合不同类型营业部实际的管理新体制方面取得新的进展。要通过这次改革，进一步整合营销力量，构建起一级分行与其营业部各有侧重、整体联动的分层营销服务体系；进一步整合一级分行与其营业部的后台业务管理职能，强化一级分行后台业务的集中管理，突出营业部前台部门的营销功能；进一步完善对分行营业部的资源配置和考核评价机制，增强其经营活力和动力，走出一条能够有效提升竞争发展能力的新路子。

要在经济发达地区率先实施县支行变革计划。总行和各有关分行都要组织专门力量，进行专题调研，尽快提出适当对重点县支行加大资源投入、改造网点设施、扩大业务授权、加强领导班子配备、充实客户经理队伍的具体意见，力争上半年改革试点取得实质性进展，年内初步在重点县域形成机构精而强、集约化程度高、竞争辐射范围广的竞争发展局面。

要抓紧启动以价值创造为核心的内部机构等级管理改革。将一级分行、二级分行和支行三级机构全部纳入同一评价体系，主要按利润总量和人均利润指标动态确定机构的内部等级，打破现行行政等级序列限制，支行的内部等级可以高于二级分行的内部等级，二级分行的内部等级可以高于一级分行的内部等级。上半年要按照新的评价标准完成所有分支机构的内部等级确定工作，从下半年开始按机构内部等级确定授权、配置资源，并建立相应的激励约束机制。

深化人力资源管理和激励约束机制改革。引入人力资源配置评估机制，强化人力成本约束，健全内部人才市场，保证新增人员优先向金融资源丰富、投入产出效率高的分支行倾斜，引导人员从相对富余地区向紧缺地区、从低效地区向高效地区有序流动，促进各类岗位间约1万多员工的合理流动。要进一步深化人力资源管理提升项目，不断完善绩效制度，逐步实施以目标分解和绩效合约制度为主的管理人员激励机制，完善与主要产品销售业绩挂钩的个人客户经理考核激励机制，探索以“整体业绩最大化、个人贡献份额化”为主要特点的对公客户经理考核激励机制，完善以工作业绩与行为能力并重的专业类员工的考核评价机制，推广以业务量为主、又注重营销业绩的运行类员工绩效考核机制，基本形成符合各个岗位类别特点的差异化考核激励机制。同时，完善专业与岗位之间捆绑考核机制，促进全行工作的协调联动。

三、关于加强党建和员工队伍建设

越是经营环境复杂、矛盾困难突出和改革发展任务繁重的时期，越是要高度重视加强党建和员工队伍建设，发挥党的政治优势，创建先进的企业文化，调动全行员工的积极性和创造性。

（一）进一步开展深入学习实践科学发展观活动，推进各级党组织和党员队伍建设。目前全行深入学习实践科学发展观活动已经全面转入到整改落实阶段，这一阶段是学习实践活动最出成果、最见实效的阶段，广大干部员工也最为关注，各级行党委一定要下功夫抓出实效。要按照中央要求和总行党委部署，抓紧制定整改落实方案，把领导班子分析检查报告中提出的改进工作思路方向具体化，对分析检查阶段反映出的突出问题逐项提出整改落实措施，明确分管行领导、责任部门和时限要求。对于能够解决的问题，要立即着手整改；有些目前尚不具备解决条件的问题，也要明确整改方向，逐步加以改进，并要努力形成有利于科学发展的体制机制。要通过整改工作，使广大干部员工切实感受到学习实践活动带来的新变化新气象，使各级领导干部和广大党员进一步端正发展观，明确科学发展的方向、目标和路径，提高在复杂形势下推动科学发展的能力，使全行员工增强在困难面前做好工作、奋发有为的信心和勇气，用学习实践活动激发出的凝聚力、战斗力和创造力加快推进国际一流现代金融企业建设。

（二）加大教育培训力度，推进人才兴行战略实施。要围绕全行第二个三年规划的实施和当前经营管理的工作重点，充分利用院校培训主阵地优势和海外培训资源，更好地发挥远程网络和模拟银行功能，深入推进对全行员工的分类分层培训。要以国际视野、战略思维、政治素养和执行能力为重点，抓好各级党员领导干部党校培训、中高级管理人员领导力培训与营业网点负责人综合管理能力培训。要出台行内专业资格管理办法，选择风险管理师、信贷审批师、金融营销师等先行开展培训考核，同时鼓励员工积极参加国际专业资质认证，多措并举提高专业人才素质。要落实柜员岗前培训制度，与人力资源流动、中年员工职业振兴计划等紧密衔接，统筹安排转岗培训工作，帮助员工缩短适岗期。要开发一批简明、实用、方便的案例教材，使教育培训更注重突出实际能力的训练和拓展。要把员工培训情况纳入其职业生涯规划，与员工定岗和岗位晋升相挂钩，调动员工快速学习、不断学习、提升能力的积极性。

要以更宽的眼界、更宽的思路和更宽的胸襟做好人才引进工作。尤其要利用当前全球金融危机中一些国际大型金融机构裁员的时机，有重点、有计划、有针对性地引进一些我行急需的海外高素质人才，进一步改变我行一些高端业务领域人才紧缺的状况。

（三）认真贯彻中纪委三次全会精神，加大党风廉政建设和反腐败工作力度。要坚持标本兼治、综合治理、惩防并举、注重预防方针，认真落实构建惩治和预防腐败体系五年工作规划。要继续开展对一级（直属）分行的巡视，抓好党风廉政建设责任制和总行党委提出的“八条意见”的落实。要改进对集中采购和基建工程项目的监督，年内要完成对三分之一以上二级分行执行集中采购制度情况的执法监察。要加快业务流程改造和新业务制度建设，探索对海外机构和业务监督的有效途径，延伸监督触角，做到治本抓源。要利用廉政档案、廉政管理系统和“三谈两述”、函询等手段，动态监督管理人员行为，对其偏离职责和谋取私利的风险行为及时告诫和惩处，确保权力正确行使，促使管理人员廉洁自律。

胡锦涛总书记在第十七届中央纪委三次全会上对领

导干部加强党性修养、树立和弘扬优良作风提出了六个方面的要求，这是全党必须始终抓好的重大政治任务。我们要紧密结合正在开展的深入学习实践科学发展观活动和工商银行实际，把六个方面要求落实到全行党风行风建设的各个方面，加强党员特别是领导干部党性锻炼和作风养成，进一步树立良好形象。要增强宗旨观念和责任意识，兢兢业业干事，肩负起建设国际一流现代金融企业的历史重任。要树立科学发展观和正确业绩观，切实在增强全行可持续发展能力上下功夫。要坚持讲实话、出实招、办实事、求实效，深入调查研究，提高实践能力，扎实开展工作。要严格遵守党的纪律，增强大局观念，不折不扣贯彻中央重大决策部署，确保政令畅通和总行各项工作落实到位。要淡泊名利，克己奉公，努力实践共产党人高尚的人生价值。要坚持勤俭办行、艰苦奋斗，牢固树立过紧日子的观念，反对铺张浪费和大手大脚，提高管理精细化水平，大力降低成本，建设节约型银行。尤其要从严控制公务购车、会议费、接待费、差旅费以及出国团组经费等支出；从严控制二级分行以上机构办公楼购建，营业网点租赁及装修改造要精打细算、厉行节约；各类预算开支要强化管理，保证重点投入，控制一般性支出。

（四）加强宣传思想工作和企业文化建设，进一步营造和谐稳定、积极向上的发展氛围。要紧密结合工商银行的长远发展愿景，广泛开展企业文化建设大讨论，促进工商银行核心价值观和企业精神的形成、提炼和内外传播，在竞争发展中确立更为强大的企业文化优势。要主动适应员工思想活跃性、差异性增强的趋势，改进思想政治工作，完善行务公开制度实施办法和职代会规程，形成规范的内部信息披露制度，把广大干部员工的首创精神和民主管理积极性引导好、发挥好。要建立信访和维稳工作责任考核机制，促使各级行主动排查化解矛盾，及时消除不稳定因素。要重点对反映较为集中的问题开展专题调研，帮助解决一些具体困难。继续开展送温暖活动和困难员工救助，加强政策解释和法制宣传，创造有利于改革发展的和谐环境。

同志们，2009年既是全行股改以来面临困难较大、挑战严峻的一年，又是蕴含重大发展机遇的一年。历史的契机又一次等待我们把握。让我们在科学发展观的引领下，进一步解放思想，坚定信心，砥砺勇气，迎难而上，努力在复杂环境中做好今年各项工作，在全面建设国际一流现代金融企业的道路上迈出新步伐、谱写新篇章，以优异成绩迎接新中国成立60周年。

在中国工商银行纪检监察工作会议上的讲话

姜建清

（2009年1月20日）

这次纪检监察工作会议，是在全行深入学习实践科学发展观，认真贯彻落实党中央、国务院扩内需促增长经济政策的形势下召开的，对于我行深入贯彻落实第十七届中央纪委三次全会精神，扎实推进反腐倡廉建设，切实增强管理人员党性修养，顺利实施新一轮三年发展战略规划，具有重要意义。总行党委扩大会对立宪同志的工作报告进行了审议，我完全赞同。下面我讲几点意见。

一、进一步增强抓反腐倡廉建设的自觉性和坚定性

2008年，面对剧烈变化的外部经营环境，总行党委多次作出部署，要求全行准确全面地理解和执行中央的宏观经济政策和金融监管要求，从容应对复杂局面和严峻考验，努力实现加快自身发展和履行社会责任的高度统一。通过全行上下的艰苦努力，我行经营结构持续优化，金融创新力度加大，综合化和国际化发展战略稳步推进，服务面貌整体改善，党风行风建设取得新进展，风险管理水平进一步提升，经营绩效再创新高，圆满完成了股改后首个三年发展规划，成长为一家全球市值最大、盈利最多的优秀银行。

一年来，各级行党委、纪委，按照总行党委的部署，以完善惩治和预防腐败体系为重点，全面推进反腐倡廉建设，为全行改革发展目标的实现，发挥了重要的保障和促进作用。在全行组织开展“学规定，促合规”教育活动，组织拍摄并巡回播放案件防范警示教育片，提升员工合规经营和廉洁从业意识。统一员工违规行为处理规定，修订案件防范工作责任制，制定构建惩治和预防腐败体系新的五年规划实施办法，增强反腐倡廉制度的系统性、针对性和可操作性。启动对一级（直属）分行的巡视工作，全面检查了解分行班子及其成员在践行科学发展观等方面的情况，促进解决影响和制约可持

续发展的瓶颈问题。对总行部室党风廉政建设情况开展量化检查评价，对财务制度执行情况进行执法监察，对有关信访举报进行核查处理，我行反腐倡廉“总部抓、抓总部”的做法得到了中纪委的肯定。全行共立案查处各类违纪违法案件12件，涉案金额964.3万元，在连续多年大幅下降的基础上，同比又分别下降50%和19.4%，超过了年初设定的目标。

这些成绩的取得来之不易。在此，我谨代表总行党委，向各级行党委、纪委，向纪检监察战线上的同志们，以及积极参与反腐倡廉建设的各专业部门的同志们，表示衷心感谢和亲切慰问！

在总结成绩的同时，我们必须客观全面地分析目前全行反腐倡廉建设面临的复杂形势和问题，切实找准下一步努力的方向。当前，仍有一些管理人员存在不符合、不适应科学发展观要求的思想观念，结合实际创造性地贯彻落实科学发展观的措施和办法不多。有的管理人员仍片面地认为反腐倡廉建设与业务经营管理关系不大，认为反腐倡廉建设仅仅是纪检监察部门的事，对职责范围内的反腐倡廉建设没有尽到职责。有的管理人员对防范违纪违法案件工作逐渐滋生了麻痹松懈的思想，有的则慑于考核和责任追究出现了有案不查、瞒案不报、大案化小的现象。有的管理人员主动接受监督的意识不强，廉洁自律意识有待提高，收受好处等作风不正问题仍有发生。

2009年，我行风险防控、持续盈利和市场竞争的能力将经受更为严峻的考验，同时反腐倡廉建设的任务依然复杂而艰巨。面对新形势和新任务，各级行党委、纪委一定要更加自觉坚定地抓好反腐倡廉建设，把加强管理人员党性修养和作风养成落实到从严治党、从严治行的工作和措施上，更加积极进取地应对各类风险挑战，以更加廉洁诚信的优秀银行形象，实现改革发展的新跨越。

（一）以反腐倡廉建设促进风险管理。巴塞尔银行监管委员会的一项统计表明，发达国家银行操作风险资本需求平均水平为资本需求的10%左右，该委员会发布的《新资本协议》，也将操作风险正式列为要求计提风险资本的风险。在我国，由于内控文化、制度建设、管理手段、外部环境等方面尚存在较大差距，银行风险损失多是由违规操作、不尽职、贪渎、欺诈等人为道德因素所引发或放大的，操作风险管理显得更为重要。防控操作风险中很重要的内容就是消除道德风险以及由此引发的违纪违法案件。反腐倡廉建设强调教育、制度、监督并重，就是要以教育提高人的素质，用制度规范从业行为，靠监督制约各项权力，从根本上降低案件风险的发生，保障资本的安全。因此，我们必须将反腐倡廉工作和业务工作同部署、同落实，充分发挥其在防范操作风险、完善内部控制和加强经营管理方面的基础作用。

（二）以反腐倡廉建设促进诚信银行建设。在现代市场经济文明发展的新阶段，大银行间的竞争，逐渐从主要是硬件的竞争上升到软件的竞争，从主要是技术、产品的竞争上升到理念和诚信的竞争，从主要是顾及自身发展的竞争上升到社会责任担当的竞争。我行提出的建设全球最盈利、最优秀、最受尊重银行的战略目标，就要求我们必须打造一个廉洁、合规、诚信的银行，一个对股东、债权人、员工以及社会等利益相关方负责任的银行。没有人愿意将钱存到失信的银行，也没有人愿意将资产托管给违规的银行！国际上的大银行也大多设有职业道德办公室，及时解决违背职业道德方面的问题。我们抓反腐倡廉建设，既是党的建设的重要组成部分，也是国有控股现代金融企业建设的有机组成部分。各级行党委要牢固树立廉洁也是财富、诚信也是竞争力的观念，以反腐倡廉建设促进诚信银行建设，把政治上的优势转化为公司治理和竞争发展上的优势。

（三）以反腐倡廉建设促进科学发展。随着国际金融危机向实体经济的扩散蔓延，今年我行将面对更为复杂的外部环境。然而，越是经济运行困难时期，越是要严格遵循科学发展观的要求，越是要正确理解和执行好中央关于实现经济平稳较快增长的政策措施。面对这次真正的大考，我行必须妥善处理好支持扩内需促增长与保持自身稳定健康发展的关系，处理好积极拓展创新业务与加强基础管理的关系，处理好加快机制制度改革与维护和谐稳定的关系。各级行党委、纪委要把推动科学发展观的贯彻落实作为反腐倡廉建设的一项重要任务，坚决治理那些违背科学发展观要求的行为。要及时发现和纠正那些忽视风险和收益平衡的行为；那些不认真执行国家产业政策、环保政策和贷款行业政策的行为；以及其他各种违背中央政策要求和总行决策部署的行为，督促全行切实把科学发展观贯彻好、落实好。

二、以科学发展观统领反腐倡廉建设各项工作

2009年，各级行党委、纪委要认真贯彻落实胡锦涛总书记在第十七届中央纪委三次全会上的重要讲话精神，在科学发展观的引领下，紧密结合今年全行改革发展的总体目标要求，系统把握反腐倡廉工作规律，坚持标本兼治、综合治理、惩防并举、注重预防的方针，把党风廉政建设和反腐败工作不断引向深入。

（一）统筹推进惩治和预防腐败体系建设。构建惩治和预防腐败体系是我行当前和今后一段时期反腐倡廉工作的重点。各级行党委、纪委要根据总行党委关于建立健全惩治和预防腐败体系2008—2012年工作规划的实施办法，及时研究制定符合本行实际的落实方案和具体措施，统筹抓好各项工作。

要统筹抓好正面引导和反面警示教育。反腐倡廉教育必须适应经济社会的发展变革，契合员工的思想状

况，不断更新教育内容，改进教育方式，增强正面引导的力度。要大力开展新一轮的合规宣传，切实加强理想信念、职业操守、行为规范和道德法纪教育，增强员工明辨是非、懂法用法的能力，让员工从根本上认识到贪腐和违规的危害性，因而不给腐败行为开绿灯，自觉抵制人情违规和服从性违规。要多宣传那些行得端、走得正、干得好的正面典型，以身边的事教育身边的人，增强教育的说服力。要让反腐倡廉教育进班子、进支部、进岗位、进课堂，加快形成人人知晓、人人参与、人人监督、人人维护的廉洁合规软环境。同时，还要继续选取一些已查结的典型案例，进行反面警示教育，使大家时刻保持警醒和自律。

要统筹抓好制度建设和制度执行。要随着工作的深入开展以及客观情况的变化，对现行的党风廉政建设责任制规定等制度进行必要的修改和完善；要把经过实践检验、确属比较成熟的案件防范经验和做法，及时转化为制度；要对工作中需要规范和解决的新情况新问题，加强论证、调研和试点，尽快形成制度。在重视制度建设的同时，更要狠抓制度落实，提高执行力。要加强制度培训，努力使每位员工熟知自己必须遵守的制度，学会用制度保护银行、保护客户和保护自己。要发挥上级管理部门和管理人员在执行制度上的带动作用，既要以身作则、不折不扣地执行制度，又要认真履行管理职责，加强对下属部门和员工执行制度的教育、管理和监督，积极营造制度执行文化，提高员工执行制度的内在精神动力。

要统筹抓好内部制约和外部监督。加强内部制约，关键是要做到权力分离制衡、公开透明、公平公正，不能一个部门一把抓、一个班子一人说了算，要防止权力过分集中导致道德风险。要加快业务审批处理流程的改造，逐步增强机构和业务管理的扁平化和垂直化，减少层次，明晰权责，压缩权力寻租空间。要参照上市公司信息披露的有关做法，继续大力推行行务公开、部务公开等内部事务公开机制，确保权力运行规范透明，使腐败行为难以遮掩。抓好外部监督，关键是要继续加大对选人用人、集中采购、基建装修、信贷审批、资产处置、财务管理等领域的监督力度，提出有针对性的防治对策和改革措施，深化治本抓源头工作。要加大效能监察力度，推动各级行和各部门加强制度执行和职责履行，提高工作效能。要进一步加强对各级行机关本部的监督，总行机关本部尤其要发挥表率作用，主动接受监督，进一步加强作风建设，增强服务意识，提高工作效率。

（二）持续加大案件防查工作力度。目前，全行案件数、千人发案率、案件损失率等处于近10年来的历史低位，这也是我行改革发展的重要成果之一。然而，金融业是案件易发多发领域，一旦发案，往往涉案金额大，造成损失大，社会影响大，严重干扰全局工作。特别是在当前整体经济形势不稳的情况下，全行更要高度重视案防工作。香港廉政公署做过一个统计，越是在经济不好的时期，贪污腐败的问题就越多。对此，全行必须引起足够的警惕，毫不放松地抓好案件防范和查处工作，将违纪违法案件牢牢控制在低发态势。

要在加快改革发展和应对风险挑战的进程中，认真反思经营指导思想是否偏离了科学发展观、管理监督是否存在重大疏漏、制度建设是否滞后于业务创新发展，注意从根本上纠偏堵漏，不给伺机作案人员留下可乘之机。要继续抓好案件防范长效机制建设和案件防范工作责任制的落实，加快形成全员全流程防案的工作格局。要认真抓好总行今年提出的重要案防风险点的防控工作，分解治理责任，落实治理要求，有效控制发案风险点。要以高度的责任心推进员工行为动态排查工作，提高排查效果，果断采取措施，将各种发案隐患消灭在萌芽状态。

要继续加大案件查处力度，重点查处违反政治纪律、贪污、挪用、收受贿赂、内外勾结诈骗、违规发放贷款以及违规核销和处理资产等方面的案件。要严格执行案件管理的相关规定，决不允许欺上瞒下、弄虚作假，对违反案件报告和查处制度的，严肃追究相关责任人的责任。要在查处案件的同时，充分发挥查办案件的治本功能，取得查一案、堵一片的正面辐射效应。对案件暴露出的问题，无论涉及到谁，一经查实，该处分的要坚决处分，特别是在一些大是大非问题上，必须敢于坚持原则，敢于动真碰硬。如果对错误的人和事态度暧昧或放纵不管，就会挫伤合规守纪员工的积极性。当然，惩处要合规和准确，更好地体现公平公正，使处理的问题经得起历史的检验。

（三）扎实抓好管理人员廉洁从业。廉洁从业是对管理人员的一项基本要求，是每位管理人员应尽的责任，是贯彻落实科学发展观的具体体现。近年来，全行收到的信访举报总量逐渐下降，但是在总行直查和转办要结果的信访件中，有相当比例属实或者部分属实。这提醒我们必须持之以恒地抓好管理人员廉洁从业工作。

要严格遵守中纪委及总行党委、纪委强调和重申的各项廉洁从业要求，严厉查处管理人员利用职务上的便利谋取不正当利益的行为。在此，我重点强调一下严禁违反规定收送现金、有价证券、支付凭证和收受干股的问题。据统计，近年来我行管理人员主动上缴的礼品礼金的数额逐年递增，从2004年的134万元上升到2008年的591万元。去年总行有关部室主动上缴的礼品礼金达20余万元。近期两高的司法解释，把提供房屋装修、含有金额的会员卡、代币卡（券）、旅游费用等可以用金钱计算数额的财产性利益，纳入贿赂财物范畴，加大了对商业贿赂的打击力度。希望大家在这方面要引起高度重视，不要因小失大，切勿以身试法。

要继续通过巡视、党风廉政建设责任制检查等，加强对各级行领导班子和班子成员特别是主要负责人廉洁从业等情况的监督检查，着力解决在党性党风党纪方面存在的突出问题。要把近期投产的廉政管理系统充分利用起来，加强对管理人员廉洁从业情况的动态分析和掌握。今年，要把总行处级管理人员的廉政档案建立起来，加强对他们的监督管理。总行纪委、监察室要在重点直查上级转办等重要信访件的同时，加大对二级分行领导班子成员尤其是主要负责人违反廉洁从业问题的直查力度。要加强对举报人的保护，使他们免遭打击报复，鼓励实名举报。同时，也要注意维护被查人的正当权益，对经查反映失实的问题，及时澄清事实真相，积极为受到错告、诬告的管理人员消除不利影响。

三、切实加强管理人员党性修养和作风养成

胡锦涛总书记在第十七届中央纪委三次全会上强调指出，面对复杂多变的国际局势和艰巨繁重的国内改革发展任务，要保持经济平稳较快发展，保持社会和谐稳定，各级领导干部一定要树立和弘扬良好作风。领导干部作风问题，说到底是党性问题。领导干部必须坚持不懈地加强党性修养，始终保持共产党人的政治本色，发扬党的光荣传统和优良作风，树立和坚持正确的事业观、工作观、政绩观，以优良作风带领广大党员、群众迎难而上、锐意改革、共克时艰。

全行各级管理人员要深入学习领会胡锦涛总书记讲话精神，坚持以邓小平理论和“三个代表”重要思想为指导，深入贯彻落实科学发展观，自觉遵行社会主义核心价值体系，坚持理论和实践相统一，坚持继承光荣传统和弘扬时代精神相统一，坚持改造客观世界和改造主观世界相统一，坚持加强个人修养和接受教育监督相统一，努力做到政治坚定、作风优良、纪律严明、勤勉为民、恪尽职守、清正廉洁，充分发挥模范带头作用。

（一）着力增强宗旨观念，切实做到立党为公、执政为民。全心全意为人民服务是我们党的根本宗旨，实现好、维护好、发展好最广大人民的根本利益是我们一切工作的出发点和落脚点。能不能坚持全心全意为人民服务，是检验全行管理人员党性是否坚强、作风是否优良的首要标准。作为银行管理人员，一方面，必须坚持以客户为中心，不断提高服务质量和水平，想方设法满足人民群众日益增长的金融需求，配合和支持国家改善民生的政策；另一方面，必须坚持以人为本，多关心行内员工切身利益，依法维护员工的正当权益，热诚为他们排忧解难，认真解决员工反映的突出问题。

（二）着力提高实践能力，切实用党的科学理论指导工作实践。提高理论修养，增强理论指导实践能力，是全行管理人员加强党性修养的重要方面。各级管理人员大多受过良好教育，普遍学历较高。衡量管理人员理论水平的高低，不仅要看掌握了多少理论知识，更要看能不能把所掌握的理论运用到实践中去，有效解决全行改革发展稳定的实际问题。各级管理人员一定要牢固树立马克思主义的实践观点，把党的科学理论与全行改革发展稳定实践紧密结合起来，认真研究解决市场拓展和结构调整、风险管理和改革创新等实际问题，尤其是要认真研究解决影响改革发展稳定的深层次矛盾和问题，不断提高干事创业能力，不断增强应对复杂局面能力，创造性地贯彻落实中央及总行党委决策部署，扎实推进科学发展。

（三）着力强化责任意识，切实履行党和人民赋予的职责。管理就是责任。加强党性修养，增强责任意识，是对全行管理人员的基本要求。有些管理人员只想“当官”，不想做事，贪图安逸，作风漂浮，对职责范围内的事情没有尽心尽力去抓、去管，结果导致了这样那样的问题。我们工作中发生的各类违纪违法案件和重大违规操作事件，往往与一些管理人员责任意识不强、工作不负责任直接相关。各级管理人员一定要牢记党和人民的重托，强化建设国际一流现代金融企业的责任意识，把思想统一到干事业上，把精力集中到做实事上，把功夫下到抓落实上，兢兢业业完成上级交付的工作任务。

（四）着力树立正确业绩观，切实按照客观规律谋划发展。秉持什么样的业绩观，是衡量全行管理人员能否正确对待群众、正确对待组织、正确对待自己的试金石，也是管理人员党性修养的重要体现。树立正确的业绩观，必须坚持实事求是，一切从实际出发。要立足当前、着眼长远，积极进取，量力而行，不搞主观臆断、违背客观规律的“拍脑袋”决策，不追求脱离实际的盲目攀比，不提哗众取宠的空洞口号，不搞虚报浮夸和报喜不报忧。各级经营管理人员一定要求真务实、埋头苦干，察实情、讲实话，鼓实劲、出实招，办实事、求实效，努力做出经得起实践、人民、历史检验的业绩。

（五）着力树立正确利益观，切实把人民利益放在首位。坚持人民利益高于一切，是共产党员处理利益问题的根本原则，也是全行管理人员加强党性修养的基本要求。管理人员在制度和政策规定范围内的正当利益，组织上应该考虑、照顾、维护。但是，管理人员不能一味追求个人利益，更不能把个人利益凌驾于人民利益之上、凌驾于全行整体利益之上。各级管理人员一定要以人民利益为重，坚持把实现个人追求与实现全行改革发展总体目标、整体和长远利益紧密联系起来，正确看待个人利益，正确看待个人得失，正确把握利益关系，不为诱惑所动，不为私心所扰，不为名利所累，努力成为具有高尚职业操守和人生追求的职业经理人和银行家。

（六）着力增强党的纪律观念，切实维护党的团结统一。加强党性修养，严守党的纪律，是对全行管理人员的基本要求，也是弘扬优良作风、保证党的路线方针政策执行的前提条件。推进全行改革发展事业，必须充

分发挥纪律严明这个优势。各级管理人员要严格遵守党的政治纪律，坚决维护党的章程和党内政治生活准则，自觉与党中央及总行党委在思想上、政治上、行动上保持高度一致，团结一心、同心协力地推动全行工作。要严格遵守党的组织纪律，坚持民主集中制，自觉维护党的组织原则，坚持任人唯贤，坚决纠正用人上的不正之风。要严格遵守党的经济工作纪律，严格执行党的经济金融方针政策，严格按照规章制度办事，不能违反程序、超越职权插手信贷、采购等具体项目，更不能利用职权贪污受贿、以权谋私、搞权钱交易。要严格遵守党的群众工作纪律，决不允许侵害员工合法权益。

此外，在当前形势下，坚持艰苦奋斗具有十分重要的现实意义。近几年全行成本控制意识和财务管理精细化水平有了较大提高，但是部分分行花钱大手大脚、铺张浪费的毛病还不同程度地存在着。各级管理人员要大力发扬勤俭办行的优良传统，带头抵制享乐主义和奢靡之风，合理控制费用开支，认真评估哪些支出合理、哪些不合理，将有限的资金优先用到建设网点、改善服务环境等经营发展急需的用途上，而不要用在竞相攀比、讲排场上。

四、不断加强对反腐倡廉建设的组织领导

深入推进新形势下的反腐倡廉建设，必须坚持以科学发展观为指导，以党风廉政建设责任制为抓手，不断强化各级行党委及班子成员的领导责任，完善各项工作机制，加强纪检监察队伍建设，进一步形成全行上下目标一致、各负其责、齐抓共管的良好局面。

（一）强化领导责任。各级行党委及班子成员是抓反腐倡廉建设的责任主体，必须按照中央及总行党委关于进一步落实好党风廉政建设责任制的有关要求，切实担负起领导和推动本单位反腐倡廉建设的重任。

各级行党委要根据胡锦涛总书记的要求，把加强管理人员党性修养、树立和弘扬优良作风作为重大政治任务抓紧抓好，把加强领导干部党性修养作为重要内容纳入深入学习实践科学发展观活动。要将反腐倡廉建设纳入重要议事日程，将业务发展、经营管理和反腐倡廉建设有机结合起来，认真总结反腐倡廉工作经验，研究解决全局性的问题。要全力支持纪检监察部门依照职责做好工作，定期听取纪委工作汇报，帮助他们化解工作中的难题，支持他们大胆监督和惩治腐败，做他们正确履职的坚强后盾。

党委主要负责人要认真履行第一责任人的政治职责，对班子内部和管辖范围内的反腐倡廉建设负总责，切实管好班子，带好队伍，做到重要工作亲自部署、重大问题亲自过问、重点环节亲自协调、重要案件亲自督办。要发挥表率作用，带头作廉政承诺，带头讲廉政党课，带头参加责任制检查考核，带头对下级管理人员进行廉政谈话，带头参加下级领导班子民主生活会和述职述廉会。如果一个行领导班子成员接二连三出问题，“一把手”即使自己是廉洁的，也不能说是称职的。领导班子其他成员对职责范围内的党风廉政建设要负起直接领导责任，认真抓好分管部门和机构的反腐倡廉建设，真正做到管人与管事相结合、管业务与管党风廉政建设相结合。

（二）健全工作机制。要紧紧抓住党风廉政建设责任制这个“龙头”，围绕责任分解、责任考核、责任追究三个关键环节，进一步明确工作职责，加强考核评价，严格责任追究，取得更好的实效。

要健全责任分解机制。每年的党风廉政建设任务要细分到牵头和协办部门，同时根据领导班子的职责分工，将任务分解到每位班子成员。牵头部门要认真履行牵头职责，深入研究业务发展与反腐倡廉建设的结合点，拓宽工作思路和方法，制定具体工作措施，会同协办部门，抓好任务落实。协办部门要主动配合牵头部门，共同完成分工任务。大量事实表明，凡是重视反腐倡廉建设的部门，部内风气就好，经营管理的成效就显著；反之，一个部门纪律涣散，就难以凝聚人心，难以推动事业发展。

要健全责任考核机制。各级行组织部门要会同纪检监察部门，把落实党风廉政建设责任制情况作为领导班子及其成员考核的重要内容，在行长经营绩效考核中专门拿出一定的积分体现责任制考核结果。要进一步突出对管理人员个人履行党风廉政建设职责情况的考核，把考核结果作为业绩评定、奖励惩处、选拔任用的重要依据。

要健全责任追究机制。进一步强化谁主管、谁负责，一级抓一级、层层抓落实的工作机制，把那些因不负责任，导致直接管理的下属、身边工作人员发生严重违纪违法问题，或者发生其他重大问题的管理人员，坚决从管理岗位上调整下来；对在执行党风廉政建设方面严重失职、渎职的管理人员，不管是任现职的，还是已经调离、升迁的，都要予以追究；构成违纪违法的要坚决查处，严肃处理。

（三）加强队伍建设。各级行纪检监察部门承担着协助党委组织协调反腐倡廉建设的重要任务，必须在党委和上级纪委的领导下，从全行改革发展的大局出发，以推动科学发展为己任，建立一支素质高、作风硬、能力强的干部队伍，把全行反腐倡廉建设推向一个新的高度。

要加强组织建设。要以提高思想政治素质和领导能力为重点加强纪检监察领导班子建设，通过加强政治理论学习、选好配强班子、增强团结协作等，发挥班子的整体效能。要加大纪委书记交流力度，在继续推动二级分行纪委书记交流的基础上，今年，总行纪委和组织部门要对一级（直属）分行纪委书记交流工作作出安排。要最大限度地开发利用纪检监察现有人力资源，充分调

动大家的积极性和创造性。要根据前期试点情况，加快形成纪检监察人员与业务部门人员之间的滚动进出机制，把业务部门一些比较年轻、有发展潜力的骨干，在提拔使用前交流到纪检监察部门工作一到两年时间，增强他们的廉洁合规意识；同时把纪检监察部门的优秀人员放到相关业务部门和分支机构去锻炼提高，为他们提供良好的职业发展平台。

要加强作风建设。要在深入开展“做党的忠诚卫士、当群众的贴心人”的主题实践活动中，锻炼培养坚强党性和良好作风。要对党无限忠诚，始终做到在政治上坚定、在重大问题上旗帜鲜明、在关键时刻和重大事件中经得起考验。要对腐败分子和消极腐败现象坚决斗争，增强预防和惩治腐败的责任心和使命感，有干劲，有办法，敢担当，努力将腐败现象减少到最低限度，坚决依纪依规查处和严惩腐败行为。要对广大员工关心爱护，认真解决损害员工利益的突出问题，帮助信访量大、案防隐患多、问题复杂的基层行解决工作中的困难。要对自己和亲属严格要求，模范遵守廉洁从业规定，严格执行各项工作纪律，坚决抵制腐败行为的渗透腐蚀。

要加强能力建设。要增强推动科学发展的能力，深刻把握科学发展观的内涵和精髓，熟悉法规政策、金融业务和经营管理，贴近业务搞监督，把反腐倡廉的各项要求融入经营管理决策、制度流程建设、业务营销推广、产品服务创新之中，检查督促各级行、各部门科学、全面地落实中央及总行党委各项决策部署。要增强组织协调的能力，在党委的统一领导下，合理配置、综合运用各方面的资源，对职责任务不推诿、不替代，积极争取各部门的配合和群众的参与，形成反腐倡廉建设的强大合力。要增强信息发掘的能力，从被动接收问题向主动发现问题、查处问题转变，从反映问题表象向揭示问题本质及发展趋势转变，为制度建设提供科学依据，为领导决策提供有价值的参考。要增强超前防范的能力，牢固确立查处腐败是成绩，预防腐败也是成绩，而且是更大的成绩的理念，让一时有错误想法的员工及时警醒，让误入歧途的员工迷途知返，让每一名员工都紧跟全行改革发展的脚步、共享改革发展成果，这也是我们做好反腐倡廉工作的目的和价值所在。

同志们，今年是我行新的三年发展规划的起始之年，也是迎接经济周期波动考验的关键一年，希望各级行党委、纪委坚定信心、再接再厉，以反腐倡廉建设的新成效，为全行应对新的挑战，赢得新的发展，实现建设国际一流现代金融企业的目标，提供坚强的政治保障！

在中国工商银行境外机构董事监事暨高级管理人员研修班上的讲话[①]

姜建清

（2009 年 3 月 11 日）

中国工商银行境外机构董事监事暨高级管理人员研修班今天正式开班，我代表总行党委和董事会欢迎大家来到研修班学习。总行对这期研修班的总体要求是：以科学发展观为指导，认识和把握当前国内外经济金融形势与我行国际化发展战略，学习和借鉴国际大银行跨国经营理论与实践，使境外机构董事、监事和高级管理人员在政治觉悟、理论素养、战略思维、履职能力等方面得到全面提高。下面，我讲三个方面的意见。

一、科学发展观是全行国际化经营的指导方针

科学发展观，是以胡锦涛同志为总书记的党中央立足社会主义初级阶段基本国情，总结我国发展实践，借鉴国外发展经验，适应新的发展要求，提出的科学理论体系，是我国经济社会发展的重要指导方针，是发展中国特色社会主义必须坚持和贯彻的重大战略思想。科学发展观，第一要义是发展，核心是以人为本，基本要求是全面协调可持续，根本方法是统筹兼顾。2008 年 9 月下旬至 2009 年 2 月底，根据中央统一部署，我行作为第一批参加深入学习实践科学发展观活动的单位，在全行同步开展了学习实践活动，取得了明显成效。在这次学习实践活动中，为保证活动覆盖面，总行对境外机构党员干部参加活动也提出了具体要求，并利用大家回国集中开会的机会，组织学习讨论，境外机构也结

① 根据录音整理。

合实际情况认真开展了学习实践活动。

近年来，在科学发展观的指引下，我行经过股份制改革和不断创新，全面建立了现代金融企业制度，显著增强了竞争发展能力、风险控制能力和可持续盈利能力。按照党中央要求，紧扣当前经济金融形势，深入分析金融领域潜在风险，认真研究抵御风险的对策，处理好金融创新和金融监管的关系，将中央保民生促发展的政策落到实处，全力支持国民经济平稳较快发展。主动了解各级政府关于扩大内需、促进增长的具体安排，主动掌握国家重点项目和广大企业的各种金融服务需求，主动加强银行服务与政府投资、企业经营的沟通衔接，积极拓展中小企业金融业务，较好地满足了社会和大众的金融需求。紧紧把握“发展”要义，积极应对金融危机不利影响，认真贯彻执行适度宽松的货币政策，根据国民经济发展需求，创新发展融资业务，多措并举支持经济建设。密切关注金融危机的演变发展及对业务的影响，强化全面风险管理，确保了信贷资产风险可控、质量稳定。

从境外经营来看，近年来我行始终按照科学发展观要求，统筹规模速度和质量效益，平衡长期利益和短期利益，持续推动境外机构转型发展，全球化服务能力和竞争能力不断提升，走出了一条具有工行特色的境外发展道路。目前，在境外经营规模上我行仅次于中行，在国内银行业位居第二；在境外发展速度上，无论是从机构增设还是业务进步来看，我行都稳居同业首位。股改上市以来，全行境外资产年均增长21%，境外利润年均增长33%，中间业务收入年均增长48%，除利润外其他指标均高于全行平均增长速度。去年，我行境外机构经受住了金融危机的考验，取得了良好业绩。拨备前利润达到4.36亿美元，同比增长22.54%，实现净利润1.97亿美元。资产余额达到400亿美元，同比增长13.03%，负债余额达到375亿美元，同比增长13.67%。成本收入比较2007年下降8.57个百分点，保持在31.22%的较低水平。不良资产率为0.44%，各类风险资产拨备充足，主要内控指标居于国际先进水平。

这些成功的实践充分说明，我们在国际化经营中，必须始终坚持以科学发展观为指导方针，把转变发展方式作为境外可持续发展的根本途径。当前，在全球金融危机持续恶化的大背景下，全行经营特别是境外机构经营面对着复杂局面和严峻挑战，如何在深刻变化的经营环境中，巩固和完善有利于科学发展的体制机制，使应对金融危机的过程成为推动境外发展上水平的过程，是当前全行需要优先考虑的重大课题，也是这次研修班的主要任务。希望同志们通过学习，全面掌握科学发展观的科学内涵、精神实质和根本方法，学会在复杂形势下始终把握全行国际化发展大方向，将本机构的发展放到全行国际化发展大局里去谋划，加快发展方式转变和结构调整，为全行国际化战略的顺利实现作出新贡献。

二、当前我们面临的内外部形势复杂但总体上机遇大于挑战

（一）国内经济虽然受到危机影响，但国家保增长的系列政策措施为我行加快改革发展提供了新的有利条件。当前，受国际金融危机冲击和世界经济增长明显减速的影响，我国经济发展面临的困难明显增多。经济增速持续下滑，已成为影响全局的主要矛盾。财政减收增支因素增多，一些行业产能过剩，部分企业经营困难，就业形势十分严峻，2月份CPI同比由上月上涨1.0%转为下降1.6%，PPI下降4.5%，降幅比上月扩大1.2个百分点。宏观经济下行和央行连续的降息政策对银行业的经营也产生了一定影响，从多家银行发布的2008年业绩预告和已经正式披露的报告来看，国内银行业盈利增速出现了放缓势头，部分银行在不利的外部环境下开始采取更为谨慎的经营策略，在去年末大幅增加拨备计提和历史坏账核销。展望2009年，国内银行业将面临息差收窄和信贷成本上升两大风险。一方面，随着宏观经济调整的不断深入，货币政策的放松和基准利率的下降，银行的存贷利差和债券投资收益率将受到压缩；另一方面，全球金融危机的恶化将会延缓我国进出口行业的回升，使部分企业面临经营困难，银行面临的信用风险增加，资产质量劣变压力加大，信贷业务成本上升。从我行来看，尽管连续9年保持了不良贷款双下降，2003年引入国际审计以来连续6年保持了盈利高成长，净利润年复合增长率达到37.5%，但在严峻的经营环境中保持资产质量稳定和盈利较快增长仍面临前所未有的压力。

为应对国际金融危机冲击，去年以来，中央果断加强宏观调控，及时调整政策，把保持经济平稳较快发展作为经济工作的首要任务，实施了积极的财政政策和适度宽松的货币政策。三次提高出口退税率，五次下调金融机构存贷款基准利率，四次下调存款准备金率，暂免储蓄存款利息个人所得税，下调证券交易印花税，降低住房交易税费，加大对中小企业信贷支持力度。按照出手要快、出拳要重、措施要准、工作要实的要求，迅速推出进一步扩大内需、促进经济增长的十项措施，争分夺秒地加以落实；接连出台金融支持经济发展、促进轻纺工业健康发展、促进房地产市场健康发展、搞活流通扩大消费和保持对外贸易稳定增长、稳定就业等政策措施，加快制定重点产业调整振兴规划。这些措施对缓解经济运行中的突出矛盾、增强信心、稳定预期、保持经济平稳较快发展，发挥了至关重要的作用。当前，我国经济运行中已经出现了一些好的迹象，去年第四季度以来很多经济指标逐月环比增长。国家在基础设施建设方面的投资，拉动了钢材、有色金属、水泥等原材料以及

电力需求和价格的上涨。市场也没有出现信贷紧缩。从全国情况来看，2008 年 12 月新增信贷 7 700 亿元，2009 年 1 月新增信贷 1.62 万亿元，同比增速分别为 18.8%和 21.3%，创下 2004 年 5 月以来的最高增速，预计今年 2 月新增贷款仍有望超过 1 万亿元。从我行情况来看，今年前两个月，全行新增人民币贷款 3 379.1 亿元，相当于 2008 年全年新增贷款总量的 63.7%，其中约 1 000 亿元投向了公路、铁路和电网等基础建设行业。

虽然目前我们还不能说中国经济已经摆脱危机影响开始反弹，但这些现象是可喜的变化。我们应该看到，国家扩内需保增长政策的实施，特别是一大批重大工程建设的启动，将为银行业信贷发展创造巨大的市场。国家改善民生、扩大消费政策的实施，直接融资市场的继续发展，金融市场流动性的充裕，将为我们发展存款和中间业务创造新的机遇。同时，适度宽松的货币政策以及金融促进经济发展的一系列政策措施，也为各层次金融市场的创新发展、为银行的改革发展提供了良好的政策条件。比如并购重组贷款、房地产信托投资基金、股权投资基金，过去多少年都没有开闸，现在已经可以做了。PE 现在是大幅度地放开，50 亿元以下的 PE 基金省一级可以批，50 亿元以上的由中央批，估计今后 PE 基金会像雨后春笋一样涌现出来，最近很多政府都打算在这方面与工商银行开展合作，这些新融资方式的推出为我们拓展新市场打开了新的通道；国家实施重要产业调整和振兴规划，扩大金融机构不良资产处置自主权等政策措施，也将为我们防范和化解信贷风险，保持资产质量稳定提供新的政策条件。

总之，虽然我们面临的经济形势严峻复杂，但我国经济社会发展的基本面和长期向好的趋势没有改变，中央出台的一系列政策措施在发挥积极作用的同时也为我们带来了立足新起点、形成新优势的机遇。大家在境外，经常会听到对中国经济唱衰的声音和舆论。总行对国外这方面的报道也看到很多，我也经常与国外来访者交换对中国经济的看法。大约一个月前，摩根士丹利的主席来访时对我说，境外评论中国经济今年只能增长 1%，最多增长 5%，问我怎么看。我向他介绍了中国经济的实际情况和对境外分析报告的不同看法，对他触动很大。所以，大家在境外一定要向与你们接触的各界人士积极宣传中国，增强他们对中国经济的信心，进而增强他们对世界经济的信心。我相信，只要我们审时度势、科学谋划、努力经营，完成全年经营发展目标并为国家经济社会发展作出新贡献是完全可能的。

（二）国际金融危机仍未见底但蕴藏着国际化发展机遇。当前，国际金融危机尚未见底，其严重后果有可能进一步显现。美国经济自去年第三季度开始出现负增长，房地产市场持续回落，证券市场加速下跌，今年衰退的程度有可能进一步加剧。到今年 1 月，道琼斯指数连续 5 个月下挫，跌幅共计 31%，是该指数 1937 年底以来 5 个月时间内累计下跌最多的一次。其中 1 月累计下跌 8.84%，为其 113 年历史上的同月最差表现。2 月份道琼斯指数继续下跌 11.72%，报收于 7 062.93 点，创出 1997 年 4 月以来的最低收盘指数。从美国历史上看，1 月份股市的表现通常预示其全年走势。最近 30 年中，有 26 年道琼斯指数 1 月份走势与全年走势吻合。房地产市场和证券市场的下滑使消费需求进一步降低。信贷市场的收缩和经济衰退促使投资和消费萎缩。美元汇率的走强也降低了净出口对增长的贡献度。今年 2 月，美联储大幅下调 2009 年美国经济增长预期至 -0.5%至 -1.3%，并预测其 2009 年失业率将升至 8.5%—8.8%。奥巴马政府推出的经济救助政策由于短期目标与长期目标存在冲突，部分政策内容相互矛盾，特别是无法在短期内解决美国面临的信贷紧缩问题，致使资本市场的信心仍然不足，这些经济刺激方案能否最终改变美国经济的状况，实际效果有待进一步观察。

日本经济已陷入衰退。2008 年第四季度，由于全球经济滑坡，日本的出口大幅减少，设备投资也低迷不振，国内生产总值比第三季度大幅下滑了 3.3%，按年率计算降幅为 12.7%。这是日本国内生产总值近 35 年来最大季度跌幅。至此，日本经济已连续 3 个季度负增长。根据 IMF 预测，日本经济将在 2009 年下跌 2.6%。

欧元区从去年第二季度已进入负增长。欧元区金融市场受金融危机的影响较深。欧洲中央银行今年 2 月发布的最新调查显示，尽管该行已连续降息 225 个基点，但欧元区内个人和企业信贷状况仍然日益紧张。商业银行出于对经济前景不佳的担心和回避风险的考虑，到去年第四季度，已连续 6 个季度紧缩信贷。据欧洲统计局报告显示，按照年率计算，去年 12 月欧元区工业产出下滑 12%，为历史最大跌幅。欧盟委员会于 2009 年 1 月 19 日再次大幅下调了对欧洲经济增长的预测，认为欧元区的经济至少要到 2009 年下半年才会重拾升势，年度增速为 -1.9%，2010 年才有望回升至 0.5%。我认为欧洲的问题将来有可能进一步恶化，并非常担心第二波金融海啸在欧洲爆发。现在美国的问题已经够严重了，经济在不断下滑，而且继续下滑的可能性依然存在。但美国毕竟与欧洲不同，它的经济实力强大，作为一个国家其政策相对容易统一；它有强大的科技实力和人才优势，有货币的创造功能，有强大的资本市场融资能力，所有这一切恰恰都不是欧洲的优势。我认为欧洲的问题现在还没有到头，其制造业除了德国等少数国家外实际上没有什么竞争能力，人才引进政策的僵化也导致其人才优势不足，其资本市场的筹资功能也远不如美国，由于欧元主要在欧元区使用因而也不具备货币优势。因此，当前，我们要对欧洲特别是东欧地区的国家风险以及欧洲企业和金融业的债券风险与信贷风险引起高度重视。总行有关部门要早做研究，做好压力测试，为风险进一步演变做好应对准备。欧洲机构和持有欧洲债券的亚洲机构也要进一步加强这方面的研究。

新兴经济体的增长前景虽好于发达经济体，但下滑严重。受危机影响，新兴经济体经济增速在去年开始放缓，今年将继续大幅调整。新兴经济体的最大问题是过度外债，由于过度外债，在西方经济金融出现问题后，资金流向的变化引起了新兴经济体国家的外债风险。这种情况目前在中亚和东欧的一些国家非常明显，这会导致这些国家的偿债能力衰竭，进而造成其货币大幅贬值。尽管从长期来看新兴经济体仍会以高于全球经济增长的速度发展，但是目前也已经出现大幅下降。根据IMF测算，新兴经济体的总体经济增长率已由2007年的8.0%降至2008年的6.3%，预计2009年将进一步下降为3.3%。应该看到，这里面还有中国、印度等经济规模大、增长率高的几个火车头把新兴经济体的总体增长速度给拉上来了，去掉这些因素，其余不少国家本身也非常困难。

受危机影响，一些国际金融机构自身生存的不确定性增加，欧美金融机构去杠杆化仍将持续，目前大型金融机构的杠杆化程度大约从30倍降到了21倍，未来还将继续去杠杆化约4万亿—5万亿美元，若加上中小金融机构，这一数字将有可能达到8万亿—9万亿美元；资产价格继续受压，金融市场波动加剧，因为经济的基本面没有变，出现某一个个案情况就会引起大量基金等机构投资者在市场内炒作，造成市场的剧烈波动；各国政府大规模救助经济，国家风险日益显现，境外机构交易对手的信用风险加大。在美国，为避免破产，花旗银行、美国银行正走在国有化边缘；AIG这家世界上最庞大的保险业集团在2008年第四季度单季亏损就达617亿美元，创下美国公司历史上最大单季亏损纪录。多年前工商银行还很困难的时候，我讲过一句话，现在看来在AIG身上应验了，上半句是“想赚钱你就开银行”，工商银行去年税前赚了1 500多亿元利润，全国就是我们和中国移动两家或者我们是中国第一，或者它是中国第一，是中国第一就是亚洲第一；下半句话是“想亏钱你就开银行”，随便到哪里去花钱，再怎么花钱也花不过像AIG这样一个季度亏617亿美元的，这就是一个金融机构没搞好的可怕后果，现在AIG只能靠美国政府不断输血维持生命；从去年至今，美国已经有39家银行倒闭，其中包括华盛顿互惠银行这样的业界巨头。在欧洲，2008年苏格兰银行亏损超过240亿英镑、富通银行亏损225亿欧元、德意志银行亏损39亿欧元。加上此前倒下的雷曼、贝尔斯登、美林等投资银行，西方金融系统在过去半年多时间里，已经迅速滑向崩溃的边缘。未来两年，预计国际银行业的经营业绩将继续下滑，会有更多金融机构破产或者被完全国有化。随着金融危机对全球实体经济影响的进一步加深，公司信用违约风险也在迅速上升，有机构预测，标准普尔500指数大型企业2009年整体盈利将陡降40%。

与西方金融界的经营状况相反，中国银行业在这场危机中的地位相对明显上升。由于多年来党中央、国务院高度重视银行体系的安全稳定运行，抓住有利时机对国有银行进行了重组和改制上市，再加上中国银行业的国际化程度和金融创新程度还不高，对金融衍生产品涉足不深，中国银行业在这场全球金融海啸中依然保持了平稳健康发展。2008年，中国银行业金融机构税后净利润达到5 834亿元人民币，较上年增长30.6%，不良贷款余额和不良贷款率持续双降，不良率为2.45%，比年初下降3.71个百分点，大型商业银行和股份制银行资本充足率全部达标，拨备覆盖率达到115.3%，同比上升74.1个百分点。工行、中行、建行三家银行的税前利润总额在全球十五家大银行（按2007年核心资本排序）利润中的占比达到81%，比上年同期大幅上升62个百分点。中国银行业在2008年大幅增提拨备的情况下，资本回报率仍高达17.1%，比全球银行业平均资本回报率至少高出5个百分点，而美国银行业2008年预期的资本回报率平均为3.8%。从我行情况来看，经过多年改革发展，我们的整体经营实力显著提升，成为全球盈利最多和市值最大的银行。特别是在此次金融危机中的良好经营表现，使我们的国际影响力、客户信任度和品牌美誉度极大增强。在2007年的全球品牌评比中，我行分别被全球两大品牌评定机构评为第16位和第18位，最近两大品牌评定机构之一又将工商银行的品牌评定为全球第5位。仅2008年我们被国内外知名媒体评为“中国最佳银行”、“新兴市场最佳银行”、“亚洲最佳银行”等131个奖项，国际信用评级也不断调升，获得了社会各界的广泛赞誉。

集团强大的综合实力为我们在这次国际金融市场大分化、大调整中，发挥本外币、境内外一体化优势，抓住一些国家市场准入放宽，部分国际金融机构收缩或减缓市场扩张，境外客户向中资银行转移业务意愿有所增强等有利条件，进一步加快国际化步伐，提升全球化服务能力，抢占境外发展先机、重塑全球竞争格局提供了先决条件和有力支撑。为实现全行国际化经营长期又好又快的发展，总行在对全球金融危机影响进行科学研判的基础上，确立了今后一段时期我行国际化发展的愿景目标，即全面实施国际化、综合化发展战略，打造层次分明、定位合理、渠道多样、运营高效的全球化经营平台，努力成为来华外资企业、“外向型”和“走出去”中资企业的首选合作伙伴银行、全球第一华人零售银行及全面综合经营银行，将我行从本土领先银行转变为在亚洲具有相当影响力的区域性银行，并为最终成为在国际金融市场上处于领导地位的全球化大银行奠定基础。

应该看到，虽然我行已经具备了进一步加快国际化发展步伐的条件和优势，但是要在复杂多变的经营环境中实现这一宏伟目标还需要全行上下付出巨大努力，需要把我们的国内优势完全转化为境外优势，把总行的科学谋划切实转变为境外机构的正确经营行为。大家掌握着境外机构的经营决策权，具体组织和指挥境外机构各项经营工作的开展，能不能牢固树立科学发展的理念，是不是具备谋划和推动境外机构科学发展的能力，在很大程度上决定着全行跨国经营的水平。

三、努力学习，认真履职，推动全行国际化又好又快发展

（一）要做学习型领导干部。总行的国际化战略指明了前进的方向，但也对境外机构领导干部的综合素质和履职能力提出了更高要求。这次研修班的目的就是为了帮助大家进一步提高政策素质和经营管理能力，使大家能够满足新时期全行国际化事业对高级管理人才的要求。高度重视学习、善于进行学习，是工行人的优良传统和优势，也是境外机构领导干部提高素质、增强本领、不断进步的重要途径。特别是在当今国际国内形势不断变化和全行改革发展日新月异的情况下，境外机构领导干部只有与时俱进地学习，才能跟上进步的潮流和全行发展的步伐，才能担当起领导重任。曾经有一位境外分行的行长对我说，过去回到国内，讲讲境外那些先进理念和做法，国内的分行行长都竖起耳朵听，非常地羡慕；现在再回到国内，听国内的分行行长讲他们的业务发展，他们的金融产品，他们的改革创新，自己要竖起耳朵听。所以，境外的同志真的要认真思考一下，你们现在与境内的同志相比，在各个方面是不是还有很多新东西呢？事实上，我觉得环境固然非常重要，但更重要的是自我学习。那么要学什么呢？

一要高度重视政策理论学习。由于身处境外的特殊政治经济环境之中，有些同志觉得只要把实际工作做好就行了，学那么多理论没有用，学不学无所谓。实际上，越是身处境外，越要注重政策理论学习，越要关注和了解中国的国情、社情。要加强对国际政治、经济、金融理论的学习。大家在工作中要接触社会各界人士，对这些知识不熟悉，讲不出道理来，就很难做好客户营销工作。还要深入了解中国的政治、经济、金融方面的情况。我发现现在有些境外机构的同志，对境外的情况不了解，对中国的情况也不了解。其实大家在日常的对外交往和客户关系维护中，最能吸引外国人的就是对中国活生生情况的掌握，能够告诉他们一个真实的中国，使他们了解中国正在发生什么，有什么问题，我们是怎么努力解决这些问题的。如果境外的同志们做不到这一点，在中国人面前不了解外国，在外国人面前不了解中国，那就两边都不具优势。所以，希望大家今后加强学习，不断提高理论水平、政策水平和认识水平。唯有如此，才能在依托全行整体优势，推动境内外一体化发展上体现时代性、把握规律性、富于创造性。今后总行城市金融研究所或者金融市场部关于形势分析的材料，只要不涉及保密问题，可以通过国际业务部发给境外机构参阅，以便他们及时掌握国际国内有关情况。

二要提高对形势的洞察和判断能力。当前国际金融危机尚未见底，动荡之时更是考验我们境外机构领导干部眼光和谋略的时候。大家要培养世界眼光、增强战略思维，主动加强对国内外经济金融形势的分析判断，关注国际金融体系和监管可能发生的重大变化，关注国际资本市场、货币市场和大宗商品市场的走势，加强对国际金融同业的研究，以战略眼光去洞察国内外形势和全球化机遇，更为科学审慎、客观前瞻地指导境外网络布局、业务发展、流程设计和内控建设，把不利的外部经济金融环境压力，转化为调整改善结构、转变发展方式的推动力，坚定不移地向打造国际一流现代金融企业的目标迈进。

三要不断丰富履职所需的知识。当今时代，各种新知识、新情况、新事物层出不穷，我行境外机构面临的市场环境、监管环境、投资环境、会计制度、税收政策也在不断变化。这就要求大家具有扎实、深厚的专业知识和能力，只有这样才能有效进行境外机构的决策制定和战略管理。从这个意义上讲，境外机构的董事、监事和高级管理人员应该是专家，应该是职业化的，同时也应该是杂家，什么都要懂。大家要广泛涉猎经济金融、法律法规、财务税收、管理会计、人力资源管理、信息系统应用以及历史、文化、宗教、习俗等方面的知识。现在我行在很多国家设立了机构，这些国家都有特定的文化、宗教和习俗，如果处理不好，就会出大问题。还有劳工雇佣关系问题也很重要，要注意搞好与当地工会和劳动部门的关系。大家不仅要了解当地，还要了解中国，真正成为合格的境外机构领军者和决策者，带领所在机构不断发展壮大。

（二）要认真履行工作职责。境外机构在我行跨国经营战略中担负着当地执行者的角色。境外机构董事、监事作为我行对境外控股、参股银行进行管理的受托人，要积极参加议事会议，谨慎、认真、勤勉地行使我行赋予的权力，在遵守当地法律法规、监管要求、境外持股机构公司章程及内部经营管理规定的同时，采取有效措施将我行的战略、规定和要求内化为境外持股机构的经营策略、规定和要求，以保证所在机构在总行统一战略框架下依法合规经营，促进所在机构持续发展。要根据我行战略意图，以境外机构的长远利益为决策出发点，加强对经营管理层的监督管理与战略指导。通过引导所在机构转变经营理念，强化资本、成本和风险约束意识，全方位调整优化资产、负债、收益、渠道和客户结构，逐步形成风险可控、收益相对合理的可持续发展模式，把总行的跨国经营战略体现于境外机构的经营活动中，起到对总行的利润回报、业务拉动、功能互补和战略协同作用。在坚持总行战略方向的同时，要善于根据当地市场动态灵活调整具体经营方略，通过战略执行

灵活性和原则性的统一，保证总行国际化战略确定的结构调整、效益提升和风险管理目标的顺利完成。

（三）要持续完善境外机构公司治理和内部控制。成为国际公众持股公司后，加快公司治理和提高内部控制水平成为我行面临的重要任务之一，也是投资者、社会公众和监管部门关注的焦点。作为全球首屈一指的国际性金融机构，工商银行必须在诚信、合规、履行社会责任等方面做同业楷模，而各境外机构作为我行在境外的窗口，代表着工商银行的品牌和形象，必须具有卓越的公司治理和内部控制水平。要适应和遵循当前国际银行业监管新趋势，切实做到依法合规经营，境外机构董事会和高管层要对建立和维护内控系统的有效性承担责任；要增强董事、监事的独立性与权威性，按决策系统、执行系统、监督反馈系统相互制衡的原则不断完善所在机构的公司治理架构；要在维护境外机构公司治理独立性，满足市场化运作机制的同时，约束和保证其秉承我行稳健经营、以人为本的文化理念，培育良好的内部控制环境，建立良好的道德规范、行为准则和职业操守；要不断加强科技系统硬控制和规章制度体系建设，确保在满足境外监管要求的同时，使境外机构操作准则、风险管理理念、风险偏好与集团保持一致，提高全面风险管控能力；要严格遵守所在国的反洗钱法律法规和监管要求，严格履行我行监控义务和相应社会责任，维护好我行的国际形象；要重视内外部审计及合规性检查，确保对各类业务风险环节及风险点全面覆盖和动态监督，建立检查监督的长效机制。要尊重当地社会和员工的宗教、文化、习俗，树立中国企业的良好社会形象，积极履行企业社会责任。

（四）要提高综合驾驭能力。一要提高统筹兼顾能力，既要实现全行境外发展的整体战略部署，又要结合所在市场形成自身经营特色；既要加快发展，又要注重风险防范，提高平衡风险和收益、协调内部控制与业务发展关系的能力。二要提高开拓创新能力，善于根据事物发展的客观规律推动思维创新、方法创新、实践创新、制度创新。将国际先进的业务产品、经营理念、管理经验、技术优势创造性地与我行实际情况相结合，在实践中走出特色鲜明的创新道路。三要提高知人善任的能力，善于发现人才，正确识别人才，科学评价人才，合理使用人才，把各方面优秀人才包括当地的优秀人才汇聚到我行的国际化事业中来。四要增强科学预见能力，对境外经营中可能出现的各种风险进行科学预判和超前准备，增强临机处置能力，化风险为机遇，化被动为主动。五要提高民主意识。坚持集体领导与多谋善断相统一、与个人分工负责相一致。运用民主方法科学决策、协调关系、化解矛盾、推动工作。

（五）要共克时艰努力完成全年工作目标。目前，2009 年境外机构的经营目标已基本确定，全年境外机构（不含南非标准银行）要实现账面利润 4.10 亿美元，同比增长 70%；中间业务收入占总收入的比例达到 25%；存款在总负债中的占比力争超过 65%，同比上升 5 个百分点；不良资产率和不良贷款率控制在 1% 以内。要在复杂严峻的经营环境中完成这一目标，需要做好以下重点工作。一是推动境外机构大力发展国际结算与贸易融资、现金管理、结算与清算等低风险业务，主动调整经营结构；积极组织吸收存款，拓宽资金来源渠道，增强资产负债自我平衡能力。将来要把全球现金管理作为重点产品进行研发和推广。全球化银行的一个非常重要的功能就是服务企业“走出去”。现在中国企业在境外的分支机构很多，但苦于没有全球化的现金管理。建议这次研修班后由国际业务部、结算与现金管理部和其他相关部门，根据 FOVA 系统推广进度，研究工商银行全球现金管理业务的分步实施方案，并将其作为我行实现境外突破的重要战略举措。要通过全球现金管理业务的有序推进，把一个一个单点的境外机构织成全球化的网络，共享工商银行国内巨大的业务基础带来的收益。要一行一策地调整境外机构的经营结构。结构不好，赚钱也不行，因为结构不好所赚的钱波动非常大。我们有些境外机构前一段时间经营得不错，觉得按现有模式发展没有问题，但是一碰到金融危机马上就出现问题。所以，境外机构不管赚不赚钱，都要进行转型，要真正转变为低风险、可持续的发展模式。这次研修班后，每个境外机构都要根据所处经营环境，研究调整业务结构、收益结构及发展方式的新思路和新举措，一行一策拿出具体方案。二是以重点业务为抓手促进内外联动业务发展。发挥好境外资产簿记业务、境外代付业务、内保外贷业务对境外机构资产业务的支持作用，缓解危机形势下境外机构面临的资金运作压力。境内外机构在办理国际结算与国际贸易融资业务时应优先选择本行机构作为合作银行；要充分挖掘所在地企业战略投资、收购兼并等跨境投行业务机会，通过内外联动推动跨境投行业务发展。三是在所有境外机构应用 FOVA 系统，延伸全球现金管理、理财、基金等境内核心业务。同时，同步推广境外单证中心系统，推动境外机构国际结算单证业务集中处理；加快在已投产 FOVA 系统的境外机构应用境外网银系统，弥补物理渠道的不足，在此基础上实现银行卡业务的突破。四是积极跟进人民币区域化进程，利用我行人民币大行优势，抢占跨境人民币结算业务市场先机。五是明确总行相关部门的境外风险管理职责，统筹做好全面风险管理；根据境外分行与控股机构不同特点，完善相应风险管理和报告制度；研究境外机构风险集中化、专业化管理机制，形成集团内统一的风险管理框架，做好 CM2002 系统向境外机构的延伸，确保境外机构安全和稳健运营。

同志们！今年是我行股改后第二个三年规划的开局之年，我们的境外机构建设、境外盈利、境外资产在这三年内将会有长足的进步，全行的国际化发展将在这一轮三年规划完成后实现新的跨越。要按照规划有序推进境外发展，工作任务十分繁重。在这种情况下，总行抽调这么多境外机构董事、监事和高级管理人员到研修班参加学习，既体现了总行党委和董事会加快实施国际化战略的决心，也说明总行党委高度重视境外领导干部政治素质和履职能力的提高。大家要珍惜这次机会，结合所学课程对我行跨国经营中存在的问题进行认真思考，做到学有所获、学有成效。

最后，祝同志们在研修班学习期间生活愉快、学有所得！

坚持以人为本　加快改革创新　努力开创人力资源管理工作新局面

——在中国工商银行人事组织暨教育培训工作会议上的讲话

姜建清

（2009年3月19日）

这次会议的主要任务是，进一步贯彻落实党的十七大、十七届三中全会和全国组织部长会议及全行年度工作会议精神，分析研究我行党的建设和人力资源管理工作面临的新形势，安排部署全年工作。下面，我讲几点意见。

一、党的建设和人力资源管理工作在全行改革发展中发挥了重要作用

过去几年是工商银行发展最快的一个时期，全行圆满完成股改上市后首个三年规划，持续盈利能力、竞争发展能力、风险管控能力不断增强，迈入了国际一流现代金融企业建设的新阶段。人力资源管理工作始终围绕中心、服务大局，认真履行职责，积极转换职能，为全行改革发展提供了强有力的组织保证和人才支持。

（一）党建和组织工作不断加强。股改上市后，全行积极适应改革发展新的形势任务要求，探索党建和组织工作新路子新方法，使党建和组织工作成为全行改革发展的重要推动力量。各级行党委准确理解并坚决执行中央和总行党委的各项政策要求和决策部署，坚持以科学发展观为指导谋求转型发展，团结带领广大党员和干部员工，将思想和行动统一到转型发展的事业上来，投入到建设现代商业银行的实践中去。各级行切实加强领导班子建设，班子的思想政治建设和能力建设取得一定成效，凝聚力和战斗力进一步增强，为保持我行的健康快速发展注入了强大动力。近年来，全行按照中央的统一部署，先后开展了保持共产党员先进性教育、“创先争优”、深入学习实践科学发展观等活动，促进了党的建设的全面加强，全行党组织覆盖面不断扩大，党员发展和教育管理工作不断加强，党员队伍素质全面提升，党组织的战斗堡垒作用和党员的先锋模范作用得到充分发挥，为新时期全行改革发展增添了动力、提供了保证。

（二）人才兴行战略深入实施。近年来，通过大力实施人才兴行战略，编制人才队伍建设三年规划，并建立人才工作年度报告制度，形成科学有效的引才、育才、用才、留才机制，促进了全行各类人才协调发展，员工队伍整体素质不断提升。围绕全行改革发展中心工作，加快了以培养、评价、使用、激励为主要内容的人才资源工作制度体系建设，使人才资源的活力和创造力明显增强。科学规划人才资源配置，实现了人员管理工作重心由总量调控向结构优化的转变，人才效能得到不断提升。持续开展了全员培训，去年全行员工人均接受培训时间约8.5天。为进一步提高中年员工知识技能和岗位适应能力，实施了中年员工职业技能提升计划，帮助他们拓展职业发展空间。人才资源已经成为推动和实施全行改革创新的最为重要的资源。

（三）人力资源管理持续完善。适应现代公司治理架构的要求，人力资源管理初步完成了职能转型。特别是通过人力资源管理提升项目的实施和推广，全行实现了由行政职务体系管理到岗位体系管理的转变、由行政职务为主的分配方式向价值和业绩导向为主的公司化薪酬体系的转变、由单一化年度评优方式向目标和绩效导向的整体式考核机制的转变，员工更加关注业务贡献、专业能力和职业发展。适应市场竞争和风险管理需要，渠道战略规划稳步实施，组织机构改革和业务流程再造持续推进，机构管理体制改革不断深化，机构布局更趋合理，中高端服务能力不断增强，机构整体功能进一步提升。与此同时，薪酬制度改革持续深化，绩效管理体系建设稳步推进，以价值创造为导向的薪酬福利机制逐步建立，股东价值和员工报酬同步增长。推行了企业年金和补充医疗保险制度，建立了离退休人员统筹外养老

金，员工福利保障体系进一步完善，激励约束机制更加健全和有效。全行初步建立了适应现代金融企业制度要求和国际化发展需要的新型人力资源管理体系。

近年来全行人力资源管理取得了新的进展，迈上了新的台阶。这是各级行党政班子正确领导的结果，凝聚着全行广大人力资源和教育培训干部的心血和汗水。在此，我代表党委向大家并通过你们向辛勤工作在人力资源管理和教育培训岗位的同志们表示感谢和慰问！

二、新形势下党的建设和人力资源管理的总体要求

2009年是全行股改后第二个三年发展规划的开局之年，也是全行积极践行科学发展观加快发展的关键一年。全行新一轮改革发展对人力资源管理提出了新要求，新的形势也赋予了人力资源管理以新的内涵。2009年全行党的建设和人力资源管理工作的中心任务是：深入贯彻落实科学发展观，紧紧围绕以人为本这个核心，牢牢把握改革创新这个总要求，大力实施人才兴行战略，持续深化人力资源管理改革，有效推进人力资源管理战略转型，为确保全行各项发展战略的顺利实施提供坚强的组织保证和人才支持。这是全行改革发展新阶段对人力资源管理和教育培训工作提出的新任务新要求，也是总行党委寄予你们的殷切期望，各行及人力资源管理、教育培训部门一定要清醒认识当前形势，认真履行好职责。

（一）牢牢把握党建和组织工作大局。当前国际金融危机仍在发展蔓延，而且与经济衰退相互交织传染，国内经济下行压力仍较大，国有大型金融企业保持金融大局稳定、促进经济平稳健康发展的作用更加突出、责任更加重大，在这样重要历史关头如何提高各级领导班子和领导干部把握全局的能力、驾驭复杂局面的能力，如何更有效地发挥党建和组织工作的政治优势，实现全行业务健康发展和盈利可持续增长，显得更为重要和迫切。全国组织部长会议要求组织系统要围绕坚持改革开放、推动科学发展、促进社会和谐做好今年的党建和组织工作。各级行要按照全国组织部长会议精神和总行党委年初工作会议安排，切实增强大局意识、忧患意识、责任意识，坚持以科学发展观来思考、谋划和推进党建和组织工作，找准工作切入点、结合点和着力点。要围绕未来三年发展规划和当前全行经营管理中心任务来推进工作，努力在更高的起点上把党的建设推向前进，把干部队伍的积极性调动起来，把各类优秀人才凝聚起来，把广大党员的先锋模范作用发挥出来。要统揽思想建设、组织建设、队伍建设和全行改革发展中的一些重大和关键问题，将党建和组织工作与提升核心竞争力对接好、与推进经营转型融合好、与深化体制机制改革配合好，组织动员各级党组织和广大党员干部树立信心、迎难而上，切实把党的政治优势、组织优势和人才优势转化为推动全行科学发展的强大力量。

（二）树立先进的人力资源管理理念。人力资源管理已经融入经营管理方方面面，直接影响到企业经营管理的效能，成为当前全行经营管理的重要环节。人力资源管理既是全行发展战略的重要组成部分，更是服务支持全行获得竞争优势的重要手段。全行新的三年发展规划中所确定的三大目标和十大战略，无一例外都需要强有力的人力资源来推进和支撑，充分说明了人力资源管理在组织战略中的重要基础作用。人力资源管理要主动研究并深入理解全行的发展目标和战略，明确全行创新发展的迫切需要和关键所在，用战略思维和视角，重新审视工作定位和职责，扩展新的管理内涵。一要树立以人为本理念，重视企业文化建设。着眼于人的全面发展，给予员工更多的关注关心，提升员工能力素质，促进人力资本增值，形成良好的以人为本的企业文化氛围，激发整个组织的创新创造活力。二要树立市场、客户、价值理念。积极参与推动各项业务发展和改革创新，使人力资源管理和教育培训成为有效整合和提高全行各类资源配置效能的助推器，成为传导组织目标、推进发展战略、凝聚核心价值的有效载体和手段。三要树立全面人力资源管理理念。人力资源管理涉及企业各个层面的管理者。各部门、各级行要承担更多的人力资源管理职责，培养提升人力资源管理能力，促进业务发展与人力资源管理有机统一、协调推进。

（三）提升人力资源管理发挥作用的层次和水平。近年来全行人力资源管理机制建设已取得较大进展，但契合不同战略区域、业务领域、员工和利益群体需要的配套管理机制还需进一步完善，资源配置效能还需进一步提高，运作速度还需进一步加快，综合服务能力还需进一步提升。人力资源管理要适应全行改革创新和业务发展加快的实际，提高发挥作用的层次和水平，实现价值和效率同步快速提升的目标。要结合经营管理实际，抓住事关全局的关键问题、干部员工关注的热点问题、制约改革发展的难点问题，创新工作思路和方法，进一步完善人员招聘、员工培训、绩效管理、薪酬激励、渠道规划、机构管理等机制，更加注重从制度体系、管理流程、方式方法等系统规划、整体构建和协调推进各项工作，为全行改革发展提供强有力的保证。

三、党的建设和人力资源管理当前需要重点做好的几项工作

作为全行未来三年发展规划的重要组成部分，人力资源管理和教育培训的三年工作规划已经明确，这是在对当前及今后一个时期经济金融形势进行深入分析，对全行改革发展进程进行客观判断的基础上提出的，体现了总行的工作指导思想，也符合我行经营管理的实际需要。各级行党委和人力资源管理、教育培训部门在贯彻执行中要把握好工作的切入点和结合点，重点做好以下几方面工作。

（一）抓好领导班子和各级党组织建设。思想政治建设是领导班子建设的核心和灵魂。要坚持把领导班子思想政治建设放在首位，提高各级党委贯彻落实科学发展观的自觉性和坚定性。要按照全国组织部长会议和领导班子思想政治座谈会的要求，巩固和扩大深入学习实践科学发展观活动成果，把整改落实工作与建立长效机制紧密结合起来，把科学发展观的要求真正转化为谋求发展的共识、领导科学发展的能力。各级领导班子作为所在行、所在部门的领导核心，要牢固树立大局观念，认真贯彻执行国家的金融方针政策和总行党委的战略部署，做到政令畅通、令行禁止。“一把手”作为带头人，要着力提高统览全局、统筹协调、科学决策、应对复杂局面和领班子带队伍的能力。要增强配班子选干部的前瞻性、主动性和计划性，继续抓好各级领导班子的补充配备工作。要按照梯次年龄结构、广泛知识结构、互补专业结构、相容个性结构的要求，选好配强各级领导班子“一把手”包括境外机构“一把手”，同时要合理选配好副职，增强领导班子的整体功能。要强化对各级班子的日常管理，坚决防止和克服重选拔使用、轻管理培养的现象。要将履职能力、工作业绩作为衡量领导干部是否胜任现岗位的重要标准，对于业绩平平、考核靠后的领导干部，坚决撤换下来，调整至与其能力相适应的岗位，彻底打破铁交椅。今年总行还将加大对二级分行以上领导班子的教育培训力度，以提升领导力为目标设计培训框架和内容，促进领导干部以战略的思维和视角应对新情况，解决新问题，提高科学发展的能力。

要以各级领导班子建设带动基层党组织和党员队伍建设。基层党建工作是党建的基础工程和活力源泉。各级行党委要认真研究新形势下基层党建工作面临的新情况、新问题，加强舆情和员工思想动态分析，通过更加灵活和人性化的方式，有针对性地加强基层党建工作。要在总结近几年集中学习教育活动的基础上，扎实做好基层党建经常性、基础性工作，建立健全党员教育培训制度、党员党性定期分析制度、党员联系和服务群众工作体系等长效机制，继续深入开展“创先争优”活动，发挥基层党组织战斗堡垒作用和广大党员先锋模范作用。在当前全行改革创新日渐深入，涉及方方面面关系和利益调整的时期，要注重调动基层工会、共青团、女工委员会等各方力量，扎实做好思想政治工作，教育引导广大员工坚定理想信念，做好本职工作，使基层党组织的政治核心作用发挥得更加具体化、更有针对性。

（二）加强人才队伍建设。各级党委要牢固树立“人才资源是第一资源”的观念，通过各种渠道和方法发现、培养、引进和用好各类人才，最大限度发挥各类人才的聪明才智，努力实现人才资源效用的最大化。要紧密围绕全行转型发展目标，坚持人才兴行战略，走内涵式人才发展之路，力争用三年时间使人才总量同全行发展战略目标相适应，人才素质、人才结构、人才配置同业务发展需求、战略区域布局相吻合，人才效能同市场地位、市场形象与影响力相匹配，基本建立起对内富有吸引力、对外具有竞争力的人才管理体制与机制。

一是继续推进选人用人机制创新。要坚持党管干部、党管人才，进一步规范和完善人才选拔任用机制、考评机制和监督机制，树立正确的用人导向。要健全民主推荐、民主测评制度，增强民意表达的科学性和真实性。要扩大公开选拔、竞争上岗范围，为各类优秀人才脱颖而出创造更加有利的条件。要按照岗位任职要求，从政治素质、道德品质、专业水平、工作能力、工作业绩、工作态度、廉洁自律等多方面、多角度、多层次、全方位地考察人才，加大对人才测评、胜任力模型、绩效评价等工具的研究和应用力度，不断完善人才考评机制。要建立健全人才监督机制，完善群众满意度测评制度，探索建立干部选拔任用责任追究制度，提高选人用人公信度，切实防止用人上的不正之风。要进一步做好人才交流工作，完善人才交流制度。对于工作表现优异、业绩突出、群众口碑好的优秀人才，可以适当延长任职期限，对此，总行将研究出台相应的制度办法。

二是加大优秀年轻人才的选拔培养力度。从目前全行管理人才的年龄结构看，将进入管理人才新老交替的高峰期，优秀人才的选拔培养工作迫在眉睫，这是关系工商银行事业持续发展、长远发展的根本大计。各级行党委要增强责任感和紧迫感，采取有效措施，加大对优秀人才尤其是年轻人才的选拔培养力度。总行将对各一级（直属）分行、总行部门的后备干部培养工作做出全面安排，制定有针对性的后备干部理论培训和实践锻炼措施，形成选拔、培养、考评、使用、交流、淘汰一整套管理机制，加快建设各分行、总行各部门正职和副职后备干部队伍。各行也要抓紧做好分行本部部门和分支机构领导班子正副职后备干部队伍的调整补充工作。要立足长远，将更多优秀年轻人才纳入视野、重点培养，加快他们的成长步伐，使更多优秀年轻人才尽快走上领导岗位，为今后三到五年甚至更长时间的干部队伍建设打好基础，为业务发展提供充足的干部储备和源源不断的人才支持。

三是加强国际化人才队伍建设。全行国际化发展战略对人才队伍的建设提出了新的更高要求。要紧密结合当前国际金融市场发展趋势，坚持战略储备和可持续发展的原则，科学规划国际化人才队伍建设。要拓宽选人用人视野，加强境外机构领导班子建设，创新外派人员选拔和选派机制，重点抓好中高层经营管理人才的培训和储备工作，加快培养和储备一批熟悉国际经营规则、数量充足、素质较高、结构合理的国际化人才以及外语（包括小语种）人才，同时要积极探索实践国内外机构管理人员“双向流动”的良好机制。要进一步更新理念，继续加大对全球雇员管理政策的研究，将国际雇员纳入全行人力资源管理体系，逐步实现境内外员工统一管理。要结合境外机构人力资源管理提升项目的实施，建立健全外派人员激励约束机制。利用当前国际金融危机中一些国际大型金融机构裁员的时机，可引进一些我行急需的高端专业人才。

四是完善员工职业发展和晋升机制。要树立企业与员工同发展、同进步的共赢理念，充分认识构建科学的岗位职级体系对于促进业务发展和员工成长的重要意义，不断完善员工职业发展和晋升机制。要在人力资源管理提升项目的基础上，围绕岗位序列及职务层级，建立适合我行业务发展需要和各类人才成长的任职资格标准体系，做好专业资格的总体规划及设置，确保员工职业发展工作的全面顺利开展。要加强对员工职业生涯发展规划的研究，有计划、有针对性地做好员工的培养使用工作，促进人力资本保值增值。要高度重视中年员工的职业发展工作，以增强中年员工转岗适岗能力为目标，以个性化培训和压力驱动为手段，提高中年员工的学习意识、学习动力和学习能力。根据各类岗位技能要求特点，制订针对性培训方案，通过持续开展岗位适应培训、技能转型培训，使广大中年员工顺应新形势，适应新环境，实现职业生涯转型，其中一部分要成为业务骨干和市场销售骨干。

五是强化教育培训。要继续开展大规模、分层次的教育培训，以人才素质和能力的提升促进全行核心竞争能力的增强。要加强中高级管理人员的培训，促使他们更新观念，提高综合素养和能力。要持续推进高级专业人才培训，重点提高其业务能力、风险控制能力和创新能力，成为业务专家。要扎实做好专业资格培训，抓紧出台专业资格管理办法，三年内建立起一套规范、系统、完整的专业资格培训、考试与认证制度体系，建设一支能够始终保持较高专业水准的合格员工队伍。要重视销售队伍的培训，继续加强 CFP、CTP 等高端销售人才的培训，并以提升营销实战能力为目标，对一线客户经理深入开展全面素质培训。要全面推行一线员工岗前培训，建立“先培训后上岗”制度，使一线员工操作规范、服务统一。

六是关心爱护干部员工。干部员工是我们最重要的资源。对待干部员工要坚持以人为本的思想，既要讲原则、讲是非，严格管理，又要从各个方面关心、爱护他们，调动和保护各层面干部员工的工作积极性，体现人文关怀。各级行党委特别是党委主要负责人，要经常性地与班子成员和下级机构负责人谈心，主动关心干部的工作、学习和生活。尤其要关心异地交流任职干部、境外机构干部以及边远分行的干部员工，在政策规定允许的范围内，尽可能帮助他们解决工作、生活中遇到的困难，解除他们的后顾之忧。总行将对总行管理的交流干部进行一次摸底调查，研究完善干部交流的配套措施。对异地交流任职时间长、确有实际困难的干部，将有针对性地逐步解决他们的问题，使这些干部能够轻装上阵，更好地投入到工作中去。

（三）优化配置人力资源。当前全行人力资源配置在区域、机构层级、专业和岗位之间的不匹配现象，直接导致了全行人均生产效率偏低、各区域人力资本投入产出严重不平衡的状况，已成为制约全行竞争发展的主要问题。今年全行要进一步优化人力资源结构，盘活人员存量，提升人员效能。要继续实行差异化人力资源配置政策，新增人员优先向投入产出好、效率高、人手紧的地区倾斜。要结合业务流程的优化改革，进一步梳理前台、中台、后台、管理机构与基层网点的人员配置比例，优化人力资源结构布局。要建立完善总行、一级分行和二级分行内部人才市场，统筹兼顾人员流入行、流出行和员工自身利益，研究制定配套支持政策，鼓励员工从管理部门向基层机构，从人力资源相对富余地区向紧缺地区，从金融资源相对匮乏、发展潜力较低地区向金融资源充沛、发展潜力较大地区有序流动，使全行重点竞争城市分行、重点县域支行的员工占比有所上升，进一步改善区域间人力资本投入产出不平衡状况。

今年总行将开展以远程授权改革为重点的多项运行业务流程优化工作，并逐步推进业务集中和业务监督体制改革，计划用三年左右的时间，从中后台释放出数万人，有效地缓解目前人员紧张的局面。同时，要加快电子银行中心、信用卡电话服务中心和国际单证中心等集约化业务处理机构的建设，在减轻柜面一线压力的同时，也为安置释放出来的人力资源创造有利条件。各级行要认真研究业务流程改革对岗位和人员需求的变化，理清改革后的岗位设置、岗位职责以及岗位任职要求。对需转岗人员，要在做好人员信息统计分析的基础上，做好职业辅导和转岗培训工作，重点充实到业务一线、大中型网点的理财中心和客户经理队伍中。今年，力争将 1 万名左右中后台人员充实到客户经理、大堂经理和一线柜员等紧缺岗位。

（四）进一步完善激励机制。激励机制是现代公司治理的核心领域之一，激励机制是否有效、是否完善、是否优秀，在很大程度上决定了企业的管理水平与竞争发展能力。在近年来人力资源管理提升项目实施的基础上，要加快推进薪酬激励和绩效管理机制建设，把激励逐步与现行的干部行政级别相分离，形成以利润为核心指标的考核体系，真正调动、鞭策各级机构和干部员工努力创造效益，在全行改革发展中发挥出更大的作用。全行激励机制建设要坚持三个原则：一是薪酬增长与效益提升密切挂钩。员工薪酬增长的重要参考指标之一是人均效益，只有业务发展、利润增长，薪酬才能增长。在人均效率不断提升的前提下，使员工人均收入不断提高，逐步赶上市场薪酬水平，增强对优秀人才的吸引力。二是个人收入与贡献度密切挂钩。随着薪酬改革的不断深化，各行要逐步把员工贡献与薪酬进行绑定，体现多劳多得、鼓励创新创造。三是充分发挥薪酬导向作用。合理控制各级行机关本部与基层行的收入差距，收入分配要向创利多的一线倾斜，以此引导员工流向，形成“多创效益多拿薪酬、多作贡献多受激励”的良好局面。要研究探索一、二线各种成本的分摊量化和全面管理，为更加充分地发挥薪酬导向作用和深入完善薪酬激励机制奠定基础。

加快完善分支机构内部等级管理体系。这是一个机构管理问题，更是一个激励机制问题。我行从 2001 年开始定期实施分支机构内部等级评价，并将评价结果作为制订机构人员计划、设置内设机构编制、核定管理类人员职数与岗位薪酬等级等的基本依据，较好引导了行内基础性管理资源配置，逐步淡化了分支机构行政等级色彩。随着外部市场竞争环境变化和我行经营战略转型，要逐步走向彻底打破按行政级别管理机构的传统模式，强调分支机构对全行的价值贡献，据此形成管理权限核定和资源配置的机制。今年要进一步完善以价值创造为核心的内部等级管理体系。一要明确目标定位，主要依据机构的价值贡献评定内部等级，与资源分配直接挂钩，并定期实施动态调整，逐步实现机构内部等级与行政级别的脱钩，较低行政等级机构的内部等级可以高于较高行政等级机构的内部等级，形成“以作为论地位、按贡献配资源”的激励约束机制，促进全行整体竞争力的提升。二要延伸评价对象，将支行级机构纳入统一评价范畴，构建更加完善的内部等级管理体系。三要调整指标设置，突出利润总量和人均利润贡献指标的核心导向作用。四要扩大结果应用，将内部等级作为业务授权核定、基础性资源配置、管理人员薪酬确定等的主要依据。上半年要出台工商银行内部信息披露制度，作为行务公开的重要措施，各级机构要按统一规定内容和时限向员工公布经营状况，让员工更多地了解和更有效地参与经营管理工作，自觉地把个人职业发展、个人收入与本机构的经营发展紧密结合起来，也以此促进各级机构改善经营、加快发展。

四、在推进经营转型中加快提高渠道网点的市场竞争优势

渠道网点是我行的传统优势，也是未来提升市场竞争发展能力的基础。目前我行已初步构建以机构网点为核心渠道、以自助银行和电子银行为交易主渠道、以客户经理为销售主渠道的立体化、多元化渠道体系，但是渠道整合程度不高、不同渠道间协调互动不够等问题，极大地制约了渠道竞争力的发展。未来要加快优化渠道布局，提高渠道综合服务能力，尽快把我行的渠道优势转化为竞争发展优势。

（一）加强渠道建设的整体规划。要建立并完善渠道管理机制，系统规划各类渠道发展与建设，促进各类渠道协同发展。要按照“总量稳定、结构调整、布局优化、经营转型、功能提升”的总体策略，遵循市场导向和效能导向原则，主动根据经济形态和城市形态变化，依据金融资源条件及市场发展潜力，及时调整优化渠道结构，突出重点区域、重点城市和新兴市场及潜力地区渠道建设与规划，在保持网点总量基本稳定的同时，适当提高长三角、珠三角、环渤海区域、省会和重点城市、百强县域的机构比例，加快向城市新区、新兴市场地区拓展渠道，抢占市场先机。要根据客户发展战略，建立基于统一客户视图的渠道协同机制，针对客户的不同需求和行为习惯，既有重点地推进各类渠道的建设，又有效整合各渠道资源优势，提高各渠道间的交叉销售与协同服务能力，提升全行渠道的协同效应和整体竞争优势。

（二）完善营业网点服务功能。要通过建设分层次网点建设，加快形成多层次、立体化的营销服务网络，推进客户分层服务，尽快形成与客户结构相对应的、差异化的分层服务体系。要加紧对传统单一功能网点的综合化改造，加强中高端网点建设，尽快形成橄榄形的网点结构，2009 年，全行计划再建设 100 家财富管理中心和 1 000 家贵宾理财中心。要积极推动网点综合化、柜员综合化、客户经理综合化进程，拓展综合服务功能。要按照网点升级改造计划和品牌建设统一规划，加大网点综合化和装修改造力度，实现客户分层分类服务；要优化岗位设置与流程，加强网点一线人员和网点负责人，尤其是外勤营销经理和理财经理的配备，提升网点的硬件和软件水平，促进网点由交易型向营销型转变。要建立清晰有效的绩效评价约束机制，进一步加强对各类网点，特别是中高端网点的监督管理与绩效评价工作，并将评价结果逐步纳入绩效考核，促进网点服务质量和市场竞争能力的同步大幅提升。

（三）因地制宜开展省分行营业部管理体制改革。省会城市是我国经济和金融资源的主要集聚区域，也是我行传统的竞争优势区域。近来我行部分省会城市行的竞争力下滑较快，与省分行营业部管理体制在一定程度上不适应新的竞争形势是分不开的。要紧紧抓住提高城市行竞争发展活力这一核心问题，选择几家有代表性的一级分行营业部，加紧研究设计改革深化方案，重点突破，逐步推开，尤其要在探索建立契合不同类型营业部实际的管理新体制方面取得新的进展。要通过这次改革，进一步整合营销力量，构建起一级分行与其营业部各有侧重、整体联动的分层营销服务体系；进一步整合一级分行与其营业部的后台业务管理职能，强化一级分行后台业务的集中管理，突出营业部前台部门的营销功能；进一步完善对分行营业部的资源配置和考核评价机制，增强其经营活力和动力。要逐步把省区分行建设成为我行在各个省区的后台管理中心、创新中心和大客户营销中心。要通过这次改革，逐步走出一条能够有效提升我行在省会城市竞争发展能力的新路子，进一步巩固或重新抢占我行在省会城市的同业领先地位。

（四）加快县支行管理体制机制改革步伐。随着国家县级行政体制改革和新农村建设政策的实施，县域金融将迎来一个新的发展机遇。我们必须紧紧抓住这一机遇，进一步拓宽市场竞争领地。目前总行已明确提出实施重点县支行变革计划。总行和各有关分行都要组织力量，深入研究，在总结完善试点行经验的基础上，推开此项改革。各级行、各有关部门要从加大财务和人力资源投入、合理提高重点县支行管理人员岗位等级、适当扩大重点县支行授权和业务范围等方面做好支持指导工作，尽快使这些县支行的服务和竞争能力达到当地一流水平，增强其团队战斗力、市场响应能力和农村市场的服务辐射力，尽快建设一批各项业务在当地全面领先、年创利数亿元至10亿元的大县行。

五、加强和改进人力资源管理、教育培训部门自身建设

国际一流现代金融企业建设的快速推进、未来三年发展规划的全面实施，既赋予了人力资源管理、教育培训部门更多的职责，也对这两个部门的工作提出了更高的要求。全行人力资源管理和教育培训部门只有坚持不懈地加强自身建设，努力提高综合素质，才能适应新形势，开创新局面，作出新贡献。

（一）要增强服务大局的能力。人力资源管理和教育培训部门是业务发展的重要支持部门，只有围绕中心、服务大局，才能更好地发挥作用，体现价值。要进一步增强大局意识、责任意识和服务意识，把各项工作放到全行科学发展的大局下把握，找准工作的切入点和着力点，坚决执行好党委的各项工作部署。要用前瞻性和战略性的眼光，围绕全行各项工作，研究谋划好人力资源管理和教育培训工作，科学制定政策措施，加强落实执行，增强工作的主动性、预见性和实效性，更好地服务改革发展的大局。当前尤其要紧密结合应对国际金融危机，紧跟全行综合化国际化的发展步伐，自觉培养全球眼光和战略思维，提高利用国际国内两种资源的能力。

（二）要增强服务业务发展的能力。服务好业务发展既是人力资源管理和教育培训工作的压力，也是动力。各级人力资源管理和教育培训部门要尽快适应各项业务发展对人力资源管理提出的更高要求，不断加强对先进理念、方法和工具的吸收、学习和运用，提高服务业务发展工作的科学性、系统性。要在提高自身专业素质的同时，突出抓好对公司治理、经营管理等的学习培训，熟悉掌握全行各项业务发展战略，把握业务创新发展的内在需求，形成适应服务支持业务发展要求的知识结构。各级党委要积极为人力资源管理、教育培训干部创造到基层、到业务一线学习锻炼的机会，培养复合型干部，提高服务支持业务发展的质量和水平。

（三）要增强改革创新的能力。当前外部经营环境和内部管理体制变化很大，员工的思想观念也处在不断调整之中，人力资源工作面临着许多亟待研究解决的新情况、新问题，都必须以改革创新的思路来解决。各级人力资源管理、教育培训干部员工要坚持不懈地推进理念创新、思路创新、方法创新和制度创新，努力增强解放思想、改革创新的意识和本领，使人力资源管理和教育培训部门成为创新思维活跃、创新动力强劲、创新成效显著的部门。要善于用新的工作思路、工作措施、管理办法和技术手段解决矛盾、破解难题，努力取得突破性进展。当前尤其要紧紧围绕服务全行科学发展和自身科学发展两大课题，优化人力资源管理和教育培训各项业务流程，完善适应全行经营发展需要的工作模式和运行机制，改进工作方式与方法，不断提高工作质量与效率，提升工作水平与层次。

（四）要增强统筹兼顾的能力。人力资源管理和教育培训工作任务繁重、涉及面广，必须牢牢把握统筹兼顾这个根本方法。既要统筹推进人力资源管理和教育培训的各项工作，又要集中精力抓大事、抓重点，实现人力资源管理和教育培训工作的突破。要把握好立足当前与着眼长远的关系，把做好日常工作与加强人力资源管理和教育培训工作战略性、前瞻性理论研究有机结合起来，推动人力资源管理和教育培训工作的可持续发展。要把握好挖掘内部潜力与利用外部资源的关系，善于整合内外部资源，协调各方力量，形成人力资源管理和教育培训工作的整体合力。

最后，我强调一下维护稳定工作。今年是新中国成立60周年，重大活动多，敏感节点多。特别是当前全球金融危机仍在蔓延，社会心态敏感脆弱，影响稳定的不确定因素增多。各级党委一定要清醒认识到，做好劳动用工管理和维稳工作不仅仅是工行自己的事情，也关系到国家和社会的和谐稳定。要高度重视做好维稳工作，确保不出现大的劳动争议纠纷，不出现大的破坏稳定事件。《劳动合同法》颁布实施后，我行相应出台了一系列配套制度办法，各级党委一定要把这些法规政策学好吃透，在工作中坚持依法合规，加强劳动合同和劳动用工的规范管理，营造和谐稳定的劳动用工环境。要提高维稳工作水平，既要紧紧依靠各级地方政府，又要紧密联系群众，调动各方力量做好工作。要统筹协调处理好各种关系，尽可能地了解体察各类人员的想法，尽可能地帮助他们解决一些实际困难。要结合地方实际，把各项政策措施用好用活，用务实的态度来解决问题，化解各类矛盾和不稳定因素，为全行改革发展创造稳定和谐的良好环境。

同志们，今年是我行股改以来面临最严峻困难和最具挑战的一年，各项改革发展任务非常艰巨。各级行党委、人力资源管理和教育培训部门一定要增强责任感和使命感，深入贯彻落实科学发展观，围绕中心、服务大局，以人为本、狠抓落实，以改革创新的精神全面开创人力资源管理和教育培训工作新局面，为建设全球最盈

利、最优秀和最受尊重银行提供坚强的组织和人才保证。

深化内审职能　推进管理升级
为全行平稳快速发展提供有效的审计保障

——在中国工商银行内部审计工作会议上的讲话

姜建清

（2009年4月2日）

这次会议的主要任务是，贯彻落实全行发展战略研讨会和年初的工作会议精神，回顾总结内部审计三年来的工作成果，研究分析当前复杂形势给内部审计工作带来的挑战和机遇，明确内部审计在全行新一轮战略发展期的主要任务和工作重点，推动内部审计系统深化职能、升级管理，切实提高审计评价能力，为服务和促进全行平稳快速发展作出新贡献。

下面，我讲三点意见。

一、过去三年，内部审计探索了一条符合工商银行治理需要的发展道路

我行股改上市以来，公司治理不断完善，经营转型成效明显，风险管理持续改进，盈利能力显著增强，顺利完成了股改后首个三年发展规划的各项目标，在复杂多变的经济金融形势下，保持了经营发展的良好态势，跃升为全球市值最大和最盈利的金融企业。内部审计参与了全行的改革发展进程，并在建立和完善现代公司治理结构的过程中，实现了体系转轨和职能转型，实施了“三年三步走”的发展战略，第一年打基础，第二年建框架，第三年做标准，循序渐进地步入一个全新的发展阶段。

（一）内审体系的构建体现了我行公司治理的运行成效。内审体系在新的公司治理架构下运作三年多来，得到了董事会、监事会、高管层和审计委员会的高度重视和有力支持，通过合理的职责分离和明确的职能要求，与其他职能部门共同组成了有效的风险管控三道防线，完善了全行的风险管控治理结构；内部审计按照我行公司治理要求，构建了新的职能体系、制度架构、管理机制，规范了向董事会负责的报告制度和报告程序，向董事会及审计委员会及时报告了重大审计工作事项和重要审计结果，逐步成为董事会及审计委员会履行监督职责的重要资源和手段，将内部审计工作有效地纳入了公司治理机制之内；内部审计的活动得到了各级管理层的大力支持与配合，审计成果为管理层接受和运用，全行良性互动的内部审计监督评价机制和环境已逐步形成。

（二）履职能力的提升为全行的经营管理提供了积极的审计保障。内部审计坚持服务大局，突出重点的履职方针，逐年推进职能转型，以风险为导向、以增值为目的，积极有序地开展了不同层面的审计活动，渐次深入全行风险管理、内部控制和治理过程领域，先后完成了170多项各类审计项目，对全行的主要机构、产品、流程和系统进行了风险管理审计，对全行内部控制的有效性进行了评估，发现和揭示了经营管理活动中存在的不足与风险隐患，提出了具有针对性和建设性的意见和建议，审计的专业性和有效性明显增强。同时，内部审计在协调国家监管部门和审计机构对全行的检查事务方面，发挥了重要的沟通“窗口”作用，很好地传导了全行近年来加强管理、合规经营的成效。董事会、各级管理层以及行内相关职能部门对内部审计工作都给予了积极的评价。内部审计以扎实有效的工作支持和促进了全行风险管理的改善。

（三）内审实务的发展富有工行特色并在国内业界确立了领先的地位。三年来，内部审计始终将国内外先进的审计理念方法与工商银行的具体实践相结合，坚持“国际标准本土化、本土做法标准化”的发展方向，积极推行了专业标准化建设，在审计运行模式、业务流程、方法技术、信息系统等方面进行了全面的新建与规范，初步搭建了符合工商银行经营管理特点的审计实务标准、方法技术体系和信息处理平台，培养了一支懂经营管理、熟悉风险与内控管理流程、掌握现代审计技能的专业队伍，有效提升了审计活动的质量和效率。内部审计的实践兼容了国际通行做法与我行的实际需要，体现了现代内部审计的内涵，得到了监管部门和审计业界的广泛关注和积极评价，多次参加国家审计署、银监会、中国内部审计协会等有关部门主办的各类交流和表彰会议，2008年，我行被国家审计署授予“全国内部审计先进单位”荣誉称号。

（四）内审实践的成果为今后的升级发展奠定了坚实的基础。三年间，内部审计深化体系建设，推进职能转型，完善管理机制，创新工作模式，创建了富有工行特色的管理体系和运行模式；实践了现代公司治理框架下的审计监督评价职能；推进了队伍素质和履职能力的转型；倡导了服务增值的核心价值理念，完成了大量富有成效的审计活动，在全行风险管理、内部控制和治理过程中发挥了积极的作用，各项工作迈上了新台阶，阶段性地实现了建设国际接轨、国内领先，富有工行特色的内部审计体系的发展目标。这些改革创新的实践成果，为将来内部审计继续巩固提高和优化升级明确了方向，摸索了路径。

总体来讲，第一个三年发展规划期间内部审计完成了一系列开创性的工作，取得了显著的成效，为下一步内部审计实现升级发展奠定了坚实的基础。内部审计所取得的成绩是全行上下共同努力的结果，各内审分局完成了大量卓有成效的工作，各部门、各分行给予了积极的支持和配合，内审系统人员扎实工作，勤勉履职，在此，我向多年来付出辛勤汗水的内审系统全体干部员工以及所有关心、支持内部审计工作的同志们表示衷心的感谢！

二、未来三年，内部审计要顺应形势的不断变化，升级发展，开创新的工作局面

受国际金融危机影响，未来三年银行业发展的内外部环境都将发生重大而深刻的变化。我行审慎应对，积极谋求复杂环境下实现平稳较快发展和确保安全之举，全面规划了未来三年的发展目标和发展战略，提出了建设全球最盈利、最优秀、最受尊重银行的发展愿景，明确了实现科学发展的三大战略任务和十大战略工程，制定了提升核心竞争力、深化经营转型、深化体制机制改革、切实控制风险以抵御危机影响的各项战略措施。建设更优的公司治理机制和全面风险管理体系，进一步提高风险管理水平，将成为全行实现发展战略目标的重要保障。

作为公司治理和风险管理机制的重要组成部分，内部审计部门要深刻认识到复杂的经济金融形势下的职责使命，围绕全行新一轮发展规划提出了自身未来三年的发展目标和任务。近期，董事会已批准了内部审计的三年发展规划。这个规划目标清晰，任务明确，积极进取，总体要求是：服务大局、突出重点、深化内审职能，推进管理升级；以风险为导向、以增值为目的，更加充分有效地履行监督和评价职责，在建设国际先进、国内领先、具有工行特色的内部审计体系方面取得更大的进展，努力实现管理机制好、审计质量高、履职能力强、职业素质优，以一流的审计服务为全行提高风险防控能力提供有效的保障。

落实新的三年发展规划，关键需要在未来的工作中结合形势变化和治理要求，创造性地加以实施，总体来讲，需要重点开展以下几方面工作。

（一）以深化职能为主线，进一步完善与公司治理和风险管理要求相适应的内部审计职能体系。国际金融危机对完善公司治理、强化风险管理、加强内部控制产生了巨大的推动力，也给内部审计深化职能、升级发展带来前所未有的机遇。内部审计部门要深刻反思在全行治理程序和风险管控体系中的职责定位，切实以风险为导向，进一步清晰自身工作的重点和内容，整合审计资源，有针对性地履行好自己应尽的职责。

我行公司治理的制度设计决定了内部审计是一个相对独立的监督系统，在全行风险管理体系中与各业务部门、内控合规和风险管理部门共同构成了风险防控的三道防线。内部审计的主要职责是对全行风险管理、内部控制和治理过程的充分性和有效性进行监督和评价。内部审计的职能领域涉及面宽，组织体系相对独立，人员组成比较精干，应当以更加灵活、更加机动的方式履行职责。要以风险为导向，围绕全行的总体目标和发展战略，从微观项目入手，从宏观全局分析，在掌握全行整体风险情况的前提下，集中精力盯住其中重点业务、重要系统和重大风险领域的控制情况，以敏锐、准确的判断能力，识别、评价经营管理中存在的重大机制性问题、制度性缺陷和系统性、战略性风险，提出有价值的建议，推动全行改进和加强风险管理和内部控制。这是未来内部审计的主要任务，也是我行公司治理制度赋予内部审计的重要职责。内部审计要很好地理解并运用这样的机制，深化职能定位、履职方式、方法技术和资源配置机制，发挥好为组织增值的作用。

（二）以创新方法技术为重点，加快提升适应治理需要的一流的审计服务能力。经济下行周期中金融领域的风险因素更加多变，各类风险的内在关联性越来越大，风险的表现形式越来越复杂。近几年，全行风险管理技术的开发和应用进步很快，内部审计作为全行治理层面的监督评价资源，风险识别视角与能力必须适应经营管理层的风险管理发展进程，只有不断地创新优化方法技术，才能体现出自身的核心价值，才能更好地履行监督评价职责，发挥前瞻性和建设性的作用。

完善风险评估与内控评估体系，加强非现场风险监测方法的应用，全面优化升级信息系统，研究专业领域技术方法，将是提升内审履职能力的重要途径。未来三年，一是建立与内部审计职责和工作特点相匹配的专业技术平台，加强内部审计专业的基础方法体系建设，完善风险评估和内控评估方法体系，通过审计结果和风险数据的持续积累，从内部审计视角构建全行的风险和控制视图，展现全行风险总体状况和结构分布情况，为持续加强风险管理工作提供支持。二是要在全行业务创新发展的基础上，研究各相关审计领域的专业方法技术，依托先进技术发展非现场审计，并逐步将非现场审计作

为一种主要的审计方式，发现线索、精确指导、有效检查，提高审计效率。三是要依托我行强大的信息技术基础，加快推动审计模式的创新和新技术方法的应用，在全行第四代应用系统建设的基础上，全面优化审计数据平台，完善系统功能，为审计业务和管理提供全面的技术和数据支持。内部审计的方法技术体系不仅是自身的优势，更是全行风险管理体系中重要的组成部分，要在全行的治理程序中发挥应有的作用。这是未来三年要着力解决的问题，可以说这个问题解决的快慢、好坏，直接关系到内部审计的未来发展和质量，未来内部审计的产品体系、服务体系、审计模式和审计方式都应当建立在先进的方法技术平台之上。内部审计在推进方法技术进步的过程中，要很好地学习、借鉴国家审计署、银监会在长期监管的过程中形成的成熟、专业、先进的技术方法，他们发现问题的能力很强，现场检查的线索精准。今后我们不仅要做好与监管检查的配合工作，更要将他们先进的检查理念和方法技术引进来，并指导我们的审计实践，不断提高自身的审计能力。

（三）以标准化建设为载体，全面构建工行特色、国际先进的审计实务标准体系。伴随着全行治理机制的完善和治理效率的提高，各治理相关方对内部审计的期望会不断提高，内部审计的实务管理水平要尽快适应治理机制的要求。去年已经启动的审计标准化建设工程就是一个实现管理升级的很好抓手，其核心目的是建立与现代商业银行风险管理要求相适应的审计管理框架和实务标准，标准化建设应当成为内部审计专业逐步走向成熟的重要标志。

未来三年内部审计要结合工商银行的管理特点和经营实际，继续本着“借鉴、整合、补缺、优化”原则，结合国际、国内审计实务准则，从制度体系、管理流程、操作规范、技术方法等多方面进行统筹规划、整体构建和协调提升。要重点完善内部审计的制度体系，适时出台《内部审计章程》，制定与之相配套的专业制度，将制度体系建设作为规范内部审计实务的最佳过程；要建立规范的审计流程管理和操作实务标准，逐年制定完善各类专项业务操作办法和规则，规范审计行为；要逐步实现内部审计管理方式和运行机制的规范化和程序化，规范管理行为。标准化建设是一个长期积累的过程，要坚持在履职实践中不断优化升级，并注重维护与推广，加强对外交流与宣传，力争成为国内业界实务标准建设的引领者。

（四）以职业化建设为方向，精心打造具备较强履职能力的审计团队。风险导向下的内部审计职责，对审计人员的素质和能力提出了更高的要求。更加重视队伍职业化建设，尽快提高审计人员和团队的职业素质，将成为提高内部审计履职能力的重要保障，队伍的职业化建设将作为一项促进本专业升级发展的“固本工程”加以推动。我行公司治理制度架构对内部审计的设计就是一支300多人的精干队伍，这与内部审计在全行风险管理体系中的地位和职能作用是相适应的。经过三年多的实践，这种组织体系已为董事会肯定，为监管部门认可。今后一个时期，尽管内部审计的任务会不断增加，但队伍建设总的方向不变，在控制人员总量和适当增加急需人才的基础上，着力打造一支精干高效的职业化队伍。

未来三年，内部审计要重点调整和改善现有队伍的素质和专业结构，按照审计职业履职标准，开展有针对性、持续性的教育培训和职业实践，将这支团队锻造成能够为全行提供优质审计服务的精兵；要持续完善内部审计人员管理机制，完善内部审计系统与经营管理部门双向交流的人员流动机制，引进、交流和吸收一批急需的优秀技术和管理高端人才，同时为全行输送精于风险管理和内部控制的人才，形成进得来、出得去的良性循环机制，逐步使内部审计成为全行管理人员的培养基地；要继续完善内部审计岗位和专业职级序列管理机制，逐步形成与业绩贡献相匹配的职级和薪酬激励机制，增强内部审计岗位的吸引力；要不断提升审计人员的胜任能力，充分发挥内部审计组织和机制的优势，与行内相关业务部门和监督检查部门协同配合，形成监督检查的合力；要增强企业文化建设与内部审计工作的融合度，力争经过三年努力，打造一支素质优良、能力胜任、结构合理、高效精干，符合内部审计职责要求的审计团队。

三、2009年需要做好的几项重点工作

今年是全行实施新一轮三年发展规划的开局之年，也是各种严峻挑战和战略机遇交织并存的一年。在这种特殊的形势下，内部审计尤其需要把握好工作的重心和着力点。一方面，要高质量地完成年度审计计划，有效地开展审计监督工作；另一方面，要积极地推进自身管理的升级发展，为新三年规划的实施开好局，起好步。年初全行工作会议上确定了支持经济发展、保持盈利增长、稳定资产质量、提升竞争能力四大中心任务，内部审计的一切工作都要围绕和服务于这一中心任务，突出重点、强化监督、防范风险、促进发展、升级管理、提高质量，重点要做好以下三方面工作。

（一）高质量完成年度审计计划，增强监督检查的针对性和前瞻性。2009年的审计活动特别需要放在国际、国内宏观经济金融形势复杂多变的大背景下，放到确保完成全行中心任务的总体要求下来认识，努力使审计活动的针对性更强，风险预见性更前瞻。

——要重点关注信贷业务风险。信贷资产质量的稳定是全行保持盈利增长，实现平稳快速发展的根本保证，在经济下行周期中，信贷资产质量的稳定、信贷业务结构的优化任务比以往任何时候都艰巨。内部审计要关注受国家宏观经济环境和政策影响较大的行业贷款质

量变化趋势，可能产生的潜在性贷款风险；关注我行行业政策与国家财政政策、产业政策的协调配合情况，特别要关注信贷的结构问题，坚决退出高污染、高耗能和产能过剩的项目，对基本建设项目要检查是否列入国家的重点建设规划，相关审批程序是否完成以及项目资本金是否充足，以避免风险隐患；要高度关注当前的贷款投向，对贷款投放较多、增长较快的行业和区域进行重点审计，尤其是对贷款投向的合理性、合规性进行检查，确保贷款的投放经得起时间的考验；要高度关注房地产市场低迷可能导致的信贷风险，尤其是房地产企业的资金链断裂后引发各类风险。对住房开发贷款及包括个人住房贷款在内的消费信贷要进行风险跟踪审计，特别是关注虚假个人贷款问题。在当前经济下行的特殊时期，既要做到扩内需保增长同时又要控风险，对我们银行提出了非常高的要求，内部审计要通过及早评估信贷经营中的突出问题，预警可能出现的主要风险，分析评价风险防控措施的针对性和有效性，提出相关审计建议，以更好地促进国民经济长期持续、稳定的发展。

——要全面排查表外业务风险。这也是全行应重点关注的领域。我行表外业务发展迅猛，已成为继传统资产、负债业务之后的第三大业务支柱。表外业务种类多，交易灵活，透明度低，风险隐蔽性较强，全行对表外业务的管理滞后于表内业务。今年要对全行理财产品、票据业务等重点表外业务开展一次较为全面的审计评价，在摸清我行表外业务基本风险状况的基础上，从管理机制、系统运行、产品研发、客户评估、代理销售、信息透明、风险监测、投诉处理机制等方面分析评估风险管控的效率和效果，提出加强风险管理的意见，促进提高表外业务的风险管理水平。

——要适时评估集团并表管理和并表机构风险。配合全行综合化、国际化战略的实施，重点关注总行相关部门履行集团并表管理职责的情况；关注总行与并表机构之间风险管理信息沟通机制的建立和运行情况；关注母公司向境内外并表机构移植、延伸风险管理制度和控制系统的进程；从公司治理、资本充足率、大额风险暴露以及内部交易等方面开展并表管理的风险审计，督促落实银监会《银行并表监管指引》要求，促进全行并表管理水平的提高。

——要持续检查全行信息科技风险。近年来，全行依托开放平台运行的各类业务应用系统已达200多个，随着全行经营转型和创新战略的实施，各类新业务和新产品应用系统还会继续增加。今年内审要特别关注开放平台系统的研发和运行安全问题，开展对数据中心（上海）开放平台系统的运行和信息安全审计，及时揭示风险隐患，提出加强和改进管理意见。同时，要在前期审计和内控评估的基础上，重点做好数据中心（北京）内控自评估咨询评价工作，促进数据中心（北京）持续完善内部控制，切实提高我行应用系统测试、灾备和生产运行的风险管理水平。

——要开展金融市场业务审计。在金融危机持续蔓延的情况下，内审要高度关注我行金融市场业务和衍生产品交易风险，对业务管理制度的健全性、操作流程的规范性、应急机制和系统应用控制的有效性开展一次专项审计，评估变化的市场环境下我行金融市场业务面临的风险隐患，提出有针对性的改进建议，促进全行提高金融市场业务管理水平和抗风险能力。

——要继续开展全行内部控制有效性评估。开展内部控制有效性评估是一项长期性工作。在过去连续两年评估的基础上，今年要持续完善并相对固化内部控制自我评估体系框架、评估标准及评估方法，在提供年度评估报告，满足年报信息披露需要的同时，逐步向全行推广传导这套先进科学的内控自我评估理念和方法，促进全行各层级、各领域开展有效的控制，并运用评估方法和结果，有针对性地解决和纠正内部控制体系中存在的缺陷，进一步促进全行提高控制执行效力。

（二）解决影响审计有效性的关键问题，提高审计活动的质量。今年要加快标准化建设步伐，集中精力解决以下几方面问题，切实规范和提升审计活动的质量与层次。

——要着手构建内审视角的风险和控制视图。目前，内部审计已初步形成了风险评估和内控评估方法体系，今年，一方面要将体系的建设成果应用于各项审计工作中，发挥基础方法体系作用；另一方面，要将我行近年在风险管理方面的最新技术成果融入其中，着手运用专业的方法，从机构和产品两个维度构建全行的风险和控制视图，今年要完成信贷、财务、金融市场、信息系统等核心业务的风险和控制视图的构建。借助风险和控制视图，从机构、产品、业务条线等多维度来解读全行的风险分布和风险重点状况。

——要持续加强非现场风险监测手段的应用。风险监测作为内部审计履职的一种重要手段，具有人员投入少、关注风险点灵活、对被审计机构影响小等特点，可以实现对重要风险的持续关注。今年要充分应用已建成的内部审计风险监测体系，继续加强非现场风险监测工作。一是根据外部环境和我行风险状况变化，选择关键的风险点，集中开展风险监测工作；二是各内审分局要将风险监测作为履行辖区分行监督职能的重要手段；三是要研究建立非现场风险监测的工作和报告机制，将内部审计关于风险监测的专报常规化、制度化。

——要着力解决审计数据平台和应用工具问题。内部审计目前还存在着业务数据获取困难，数据质量不高，应用工具不适用等问题。今年，一是要结合企业级数据仓库建设，优化升级审计数据平台，扩充数据来源，改善数据质量，为审计活动提供全方位的数据支持；二是各业务部门要加强业务系统、数据与内部审计的共享，解决获取业务数据困难的问题；三是要改进应用工具，简化技术操作，在审计人员中逐步普及数据分析挖掘工具，也可以适当通过外购的方式引进技术工具，快速提高审计技术能力；四是要将新投产的审计管理信息系统应用到各审计项目，规范审计流程，提高审计质量；五是要加快风险评估、内控评估、风险监测等系统业务需求的编制和开发工作，争取早开发、早投产、早应用。

——要着手分类梳理、固化审计实务标准。今年开始，要理清审计实务标准的框架和主要内容，通过制度建设工作，逐项整理、固化已经成形的各类审计项目的程序、标准和方法体系，通过建立内部审计系统的知识管理机制，形成审计项目库、案例库和问题库，并充分利用这些成果，逐步将审计管理及审计活动纳入规范化、制度化轨道。同时要建立审计质量控制、考评体系和监测机制，并适时组织行内外审计质量和效率评价，推动和促进实务标准的建设和运用工作。

（三）深化管理机制创新，提高审计工作效率。今年要注重通过改革创新的方法，来解决影响和制约审计职能深化和审计效率提高的管理机制问题，进一步激发内审系统科学发展的活力。内部审计局要与总行相关部门密切协作，研究具体方案与推进措施。

——要继续优化内审“一体化”管理机制。要本着集约化、专业化和精细化的要求，升级“一体化”管理内容和运作方式，提高“一体化”管理的效率和效力。要强化内部审计局对制定、组织和实施年度计划的管理，增强对内部审计产品管理、资源配置、方法标准、系统开发、质量控制、组织报告等方面的系统管理职能；要强化各内审分局在落实全行审计计划，开展区域风险监测方面的审计职能，充分调动系统上下的工作积极性。

——要规范审计项目质量控制机制。深化“六统一”管理内容，以审计项目为主线，建立审计项目审前、审中和审后的质量控制、自我评估和持续改进机制，重点规范审计方案生成要素、审计实施的程序、审计报告的流程、后续跟踪的机制等关键环节的控制标准，使内审人员能够遵循统一的审计程序、控制要素和工作要求，完成各自职责和权限范围内的工作任务，实现审计活动的全流程、规范化管理。

——要优化改进资源的集成和配置机制。要适应全行业务流程改造、风险集中管理要求，优化内部审计的内设机构、业务流程与工作模式；加大对总行层面的审计资源投入，适当充实总行本部和直属分局的审计力量；要适当调整审计资源在区域和专业上的布局，加强信息科技审计力量，增强对全行重点发展区域和重点风险领域的审计；要继续推行差别化的审计项目资源配置机制，提高审计计划的执行效率。

——要继续完善考核激励机制。综合考核各分局贯彻落实董事会批准的内部审计计划的工作质量，完善以审计价值贡献为核心的分局考核激励机制，充分调动内审系统上下的工作积极性和主动性；综合考核内部审计人员履职能力，逐步建立基于岗位能力的员工考核激励机制，形成合理、科学的审计人员业绩考评体系，使每位员工的工作可量、可测、可评，有效调动内审人员的积极性，保持内部审计工作发展的内在动力。

——要创新人力资源的培养和使用机制。今年要有针对性地制订实施各类人才交流、轮岗和实践锻炼计划，实质性推动多层级的人员晋升交流机制，打开内部审计人员进退通道，继续将各行后备提拔干部放到内审系统挂职锻炼；重点要做好现有人员的挖掘、培养和使用工作，在前三年进行职业资质教育的基础上，进一步完善内部审计专业的能力框架和知识体系，开发相应的培训课程，重点开展以实务标准和职业技能为主要内容的培训；着手研究未来审计人力资源能力配置计划，适当引进急需的掌握风险管理技术、信息分析技术和新型业务管理技术的高端人才，建立专业审计团队和专家团队，改善队伍的知识与能力结构，快速提升主审人的专业层次和水平。

——要持续改进全行审计监督协调工作机制。要加强与监管部门的沟通互动，研究传导国家监管政策和检查重点，提高审计监督的针对性。要与全行风险管理、内部控制体系中的相关部门建立信息共享机制，分享风险管理的经验，深化监督评价内容；加强与社会审计机构的合作，借鉴、引进先进的审计方法和技术，进一步提高我行的审计能力；特别要与管理层建立良好的沟通互动机制，尊重被审计单位，提高政策、制度的解读能力，保持应有的职业水准；各级管理层和总行各部门要自觉接受审计的检查和建议，重视审计结果的运用和审计发现问题的整改。全行要形成审计监督合力，共同促进风险防控能力的提高。

同志们，在工商银行建设国际一流现代金融企业的过程中，内部审计将发挥十分重要的作用，董事会高度重视并寄予厚望。希望大家不负重托、不辱使命，以更加优质的审计服务，为全行在复杂环境中实现健康平稳快速发展作出积极的贡献。

在中国工商银行分行行长座谈会上的讲话①

姜建清
（2009年4月15日）

刚才杨行长总结了第一季度的经营情况，分析了当前经营发展中遇到的新情况、新问题，对当前的一些重点工作进行了部署，讲得很全面，我都同意，会后大家要抓好落实。最近，总行党委开了党委会后觉得近期经济金融形势变化很快，有必要开个座谈会，统一全行的思想。这里我着重讲两个问题。

一、怎么看当前形势

第一季度，全行在极其复杂严峻的经营环境下，取得了比较良好的经营业绩，比预想的要好。实现了6%的净利润增长，达到353亿元，序时进度完成得不错。不良贷款实现了双下降，这是我们今年面临的最大挑战，从现在情况看，风险控制得还不错。另外，各项业务发展势头很好，存贷款、中间业务都领先建行、中行。总之，第一季度我们自己经营情况不错，也有效支持了“扩内需、保增长、促发展”的经济工作大局。成绩来之不易，开局良好，赢得了主动，也极大地增强了全行战胜困难的信心和勇气。与年初工作会比，这次会大家的信心和勇气要强一些，足一些，这是明显的变化。但是通过这次会，我也希望大家更加清醒地看到，当前国际经济金融形势还是非常错综复杂，全行经营发展也面临很多的不确定性。

从国际情况来看，近来国际经济金融好像出现了某些积极因素，奥巴马说美国经济出现曙光。但国际经济是不是到了底部，我觉得还不能这么看。G20国峰会达成的1.1万亿美元救助基金计划和5万亿美元的刺激方案，虽提升了信心，但何时实施，效果如何还存在很大的不确定性。同时，各国刺激经济增长重心不同，贸易保护有所抬头，世界主要货币竞相贬值，各国经济衰退明显。全球金融机构的损失还在不断扩大，国际金融危机恶化风险犹在，对实体经济的影响也未见底。市场普遍担心有引发“第二波”金融风暴的可能。比如，由于美国失业率持续上升，信用卡违约率大幅上升，信用卡“毒债”已渗入美国金融市场各个角落，总金额高达上万亿美元，一旦信用卡危机爆发，美国新一轮金融危机可能难以避免。又比如，从国家来看，今年初东欧新兴市场国家由于过度负债和欧美银行大幅撤资而导致债务危机全面爆发，作为主要债权人的欧洲各大商业银行财务状况加速恶化，欧洲的危机还是十分严重，也有可能引发新的一轮金融危机。同时，随着发达国家金融机构去杠杆化加剧，信贷紧缩效应更加明显，金融危机与经济衰退相互交织传染，实体经济衰退程度加深，最坏的时候可能还没有到来。

从国内情况来看，自从去年第三季度以来实施的扩大内需、促进经济增长的一揽子计划已取得初步成效，经济形势发展呈现企稳回暖迹象。比如，第一季度，全社会固定资产投资大幅增加，同比增长28.8%；国内消费稳定增长，第一季度社会消费品零售额同比增长15.0%；全国商品房销售面积同比增长8.2%，商品房销售额同比增长23.1%，股市震荡上升，交易量逐月上升，截至4月13日上证综指和深证成指三个月内分别上涨35.3%和46.9%，出现小阳春；第一季度全国企业景气指数为105.6，与上季度相比回落1.4点，降幅明显收窄（去年第四季度比第三季度回落达21.6点）；企业家信心指数为101.1，比上季提高6.5点；3月我国制造业采购经理指数（PMI）达52.4，连续4个月回升，并超越了牛熊分界点。工行投资指数104，已越过了中位线，与其他指数走势基本一致。其他一些行业数据也发生了积极变化，第一季度全国汽车销量全球第一，达267.88万辆，同比增长3.88%；前3个月民航国内旅客运输量按月比去年同期分别增长21%、13%和14%，自2008年3月之后再次回归两位数增长速度；港口货物吞吐量止跌反弹，3月份吞吐量增长2%。经济数据的巨大变化与金融业巨大流动性投入是有关的。从货币供应量情况看，3月末广义货币供应量（M2）、狭义货币供应量（M1）同比分别增长25.51%和17.04%，增幅比上年末分别高7.69个和7.98个百分点；第一季度金融机构人民币各项贷款增长

① 根据录音整理。

29.78%，增加额创出4.58万亿元的历史新高。但我们也应看到，当前我国经济依然面临很大的困难，各种不确定性因素还很多。如受外部需求减少影响，进出口持续下滑，3月份进出口总值、出口和进口分别下降20.9%、17.1%和25.1%；企业效益仍然下滑，前两个月全国规模以上工业企业实现利润同比下降37.3%；财政收入下降，第一季度全国累计实现财政收入1.46万亿元，同比下降8.3%；第一季度居民消费价格（CPI）和工业品出厂价格（PPI）同比出现双下降，其中CPI下降0.6%，PPI下降4.6%，反映出社会总需求的不足。国外经验CPI、PPI连续6个月下降就是衰退。国际金融危机使中国的经济发展还会面临许多不可预见的因素，还会遇到新的矛盾和问题，我国经济是否开始走向复苏还有待观察。最近国家有关部门先后派出多个调研组深入地方，了解和掌握第一手数据，以准确把脉当前经济形势，为下阶段中央的宏观调控决策提供重要依据。国内经济形势的不明朗，使我们经营策略的制定、信贷政策的把握和整体风险的控制面临严峻考验。大家可以看到，第一季度4.58万亿元贷款投入后，总的来说，各方面的评价正面的声音多，但负面的声音也不少。第二季度信贷如持续快速增长，第三季度如果经济复苏，持续的信贷增长速度又没有变化，恐怕来自另一方面的声音会增强。

从我行第一季度的情况来看，虽然总体经营发展态势不错，但是依然面临诸多困难和挑战。一是保持盈利增长的压力很大，主要是利率的问题，净息差收窄影响盈利增长。二是稳定资产质量的难度较大。现在大量投资带来的需求，一定程度上使某些企业困难得到缓解，但如果实体经济长久未复苏，良好的信贷资产质量水平也难以持续。同时，信贷过快增长对全行一些政策性、信用和操作风险也带来了管理压力。三是对我们一些竞争策略带来挑战。在当前市场竞争异常激烈的情况下，为了获得市场，有些同业大量采取一些不规范的手段或放松条件、延长期限等影响银行业健康成长、违背银行经营原则的手段，这对银行健康不利，会带来风险。在这种情况下，我们有些基层行为了应付市场占比考核若搞“季末冲高”、弄虚作假，甚至违规经营，这会带来很大问题，给工作带来被动。因此，如何确定竞争策略，需要根据新的形势发展，进一步潜下心来，苦练内功，重点在服务、流程、激励约束机制等制约竞争力提升的关键环节上取得大的突破。

总的看，第二季度对我行今年的经营发展来讲也是一个重要的时间窗口，做好第二季度的工作至为关键，大家要按照刚才杨行长的要求认真抓好落实，不断巩固和扩大全行健康发展的良好势头。

二、认真落实科学发展观，抓紧转型发展和结构调整

前些年我们在经济上升周期居安思危，自觉推进结构调整和转型发展，取得了积极成效，为有效应对当前经济下行的风险争得了主动。在当前国际金融危机深化蔓延和国内经济下行的困难时期，我们更要增强经营转型的紧迫感和危机感。在当前扑朔迷离的市场环境和错综复杂的经营工作中，尤其要站得高些，看得远些，切不可短视，切不能急躁冲动。最近，中央领导同志强调指出，现在西方企业都在进行着涅槃重生般的业务重组和结构调整，一旦重组完成、调整到位，有可能很快走出危机的阴影，重新雄霸世界。我们企业在危机中不去作结构调整，当走出危机时会重现以往的产能过剩、低水平增长的老路。在当前复杂的经营环境下，我们一定要更加注意保持清醒的头脑、冷静的思维和前瞻的视野，切实按照年初工作会议的要求和部署，把当前工作与长远发展有机结合起来，“既要渡难关，又要上水平”。

全行上下按照党中央的统一部署，刚刚开展了深入学习实践科学发展观活动，广大干部员工受到了一次全面系统的科学发展观教育。各单位在学习调研、检查分析的基础上，结合当前新的形势任务要求，制订了贯彻落实科学发展观的具体整改方案。概括起来看，各级行的整改措施有些共同的特点，这就是更多地依靠经营结构的调整、发展方式的转变、业务创新的加快、风险管理的加强、体制机制的改革以及人力资源的优化，来克服眼前的困难，使当前的各项经营有利于而不是损害未来的可持续发展，使我们的经营基础更加稳固而不是更为脆弱，发展格局更为合理而不是停留在原有水平，核心竞争力更为强大而不是在新的角逐中落在后面，从而进一步形成科学发展的新优势。这些整改目标和措施，不要落在纸上，而要落在实践上。各级行、各部门要继续落实，总行要加强检查和督导，切实把学习实践活动中形成的思想上的收获、认识上的提高、措施上的完善转化为推进科学发展的新进步、新成效。这里，我就当前全行的转型发展谈以下几个问题：

（一）关于扩内需保增长形势下信贷风险控制和结构调整问题。当前保持一个较快的信贷增长，是贯彻适度宽松的货币政策、支持经济发展的需要，也是我们确保在这一轮扩大投资中抢抓历史机遇、获得合理市场份额、促进信贷和各项业务竞争发展的内在要求。总行决定调增今年的信贷增长计划，这是不容易作出的决策，工行历史上从没一年增加这么多贷款。这是对全行信贷风险控制水平的重大考验，也对我们的资本消耗造成巨大压力。这个计划分解下达后，各行必须严格执行，总行也要相应加强经济资本管理和EVA的考核，促使全行合理把握信贷的投量、节奏和结构。

当前在信贷总量宽松、市场竞争激烈的环境下，尤其要自觉坚持“区别对待、有保有压”的原则，优的要竞争、进入，劣的要退出。今年全行计划信贷退出1 000亿元，这是硬指标，各行必须严格执行，年末要

考核。信贷退出要有讲究策略、要有新的思路，要以优的置换次优的，要向结构调整要规模，向信贷退出要增量，不要不舍得坛坛罐罐。现在是抓紧退出的好机会，有些企业资金状况有所改善，有些银行抓不到贷款，信贷资金又宽松，我们坚持经济资本、EVA考核，迫使信贷退出，加快结构调整。总行要加强指导，可以把退出名单再扩大一些。支持经济发展是银行的职责，但同时又不能以牺牲信贷为代价，银行业安全关乎国家经济金融安全。从历史上看，每次信贷增长高峰过后，往往伴随着风险的集中暴露。这次危机爆发后，我们信贷风险总体得到控制，这是因为我们前几年全面风险管理做得较好，经受住了考验，但我们现在发放的贷款今后几年能否经受住风险考验，是对我们的一个大考。没有要求只放贷款不管风险，现在发放的贷款三五年后要是出了问题，责任还是在座的。切不能为了经济上去不顾风险放贷款，几年后又回到以前资产质量下降的老路。大家要牢牢记住，对信贷资产质量要负责到底，不能推卸责任。今天跟大家讲清楚了，银行要做到两个必须：必须支持经济增长，必须保证信贷资产安全。

当前尤其要突出加强以下几个风险点的防控：一是要突出加强对产能过剩和低水平重复建设的信贷风险防控。“两高一剩”行业的贷款要坚决把控住，坚决防止对达不到国家环评和排放要求的项目，以及边设计、边开工，边报批、边开工，边规划、边开工的“三边”项目发放贷款。既要警惕制造业产能过剩的信贷风险，过了这场危机风险又会凸显的就是这些贷款，也要警惕电力、机场等基础设施领域过剩的风险，电力是不是有这么大需求，机场这么多能不能有效益。今天支持的项目绝不要成为明天清理或退出的对象。这方面总行行业信贷政策要严格控制。不要看到项目今天形势不错，耐不住就进去了，三五年后企业或项目不行了就套进去了，做银行不能有短视眼光，一定要有长远规划。三两年高兴带来长期痛苦，这方面的经验教训太多了。二是要突出加强对一些地方政府信用风险的防控。特别要加强对地方政府偿债能力的评估，防止一些地方政府过度举债风险。现在政府融资平台越来越多，到处融资，要想办法把这些平台加总起来，看财政实力。要综合授信，平台之间资本金划来划去，就乱了，容易出问题。三是要突出加强对无资本金项目的贷款风险的防控。不仅要认真坚持项目资本金和项目贷款比例要求，还要注意严格执行真实资本金制度。防止银行信贷资金通过企业及其子公司、关联公司账户绕道或挪用等传统方式转作项目（或企业）资本金。现在有些项目可降低资本金要求，凡国家规定的，我们可以做。但无资本金的项目坚决不能干。搞项目如果没有资本金，银行风险太大，搭桥贷款也不能永远搭在那，要坚持资本金底线。四是要突出加强对挪贷、骗贷风险的防控。警惕企业资金链断了后，会想方设法套银行资金。要严格控制票据的承兑，少搞承兑，多做贴现，不得虚开无真实贸易背景的票据和循环开票，有效防范企业利用票据套取银行资金的风险。

此外，我们还要高度关注信贷集中度加速累积和资产期限错配的风险。这是个战略问题。要从战略高度推进小企业信贷发展，总的来说，小企业风险可控，而且收益率较高，风险是分散的。27%出口下降的情况下，风险都基本能控制，代表我们小企业风险管理是成功的。要坚持这条路，特别是有些小企业信贷大行，要总结经验，继续加快推进小企业信贷业务发展。要配合国家扩大消费政策的实施，加快消费信贷业务发展。要积极探索走出一条契合现代服务业需要的信贷发展新路子。目前我国服务业增加值占GDP的比重已经达到40%，对现代服务业发展的信贷行业政策要有突破。

总的来说，尽管今年信贷计划调增，但大家还会感到紧，关键要调整信贷结构，有些贷款不一定要持有到期，可以通过做理财、资产转让等分流出去一部分，努力探索资本节约型的可持续信贷发展新路。

（二）关于持续抓好经营结构和收益结构调整的问题。到今年第一季末全行客户存款总额达13 000亿美元，一举超越欧美和日本银行同业，成为全球客户存款第一银行。过去是三菱东京UFJ金融集团存款最多，其3月末存款余额是1.29万亿美元。这些年国际大银行推崇主动负债，存款很少，从市场上借钱，成本低，规模做得很大，存贷比100%以上，杠杆率很高赚很多钱，但这次金融危机爆发，市场上一下子没有了流动性，市场上筹不到资金，那些银行就一下子垮掉了。现在存款基础性作用被大家所认识，又重新回归到注重存款了，高盛、摩根士丹利回到商业银行。工商银行之所以在危机中这么坚强，与我们的业务模式是分不开的，存款多，很稳健。我判断下半年只要经济回暖，流动性一定会变化，存款对银行持续发展的重要作用就凸显了。到那时一些存贷比重较高的银行一下子就会变得困难，就会不惜一切代价争夺存款来维持经营，到那时有存款就会处于主动地位，会有更好的发展。存款是基础，是客户基础，希望大家继续抓好。尤其是储蓄存款这个阵地决不能丢，哪家要是掉了“第一零售银行”的位子，行长要愧疚，难以交待。现在我们的品牌、渠道、客户经理、产品流程都上去了，不比别人差了，希望大家抓好。要持续推进中间业务发展，保持第一季度的领先优势局面，推进收益结构的调整优化。

（三）关于国际金融市场调整背景下国际化发展问题。境外机构要充分利用因具有“中资”背景成为国际资金“避风港”的时机，主动出击，争取以ICBC的整体实力和品牌扩展客户基础，大力吸收存款，扩大资金规模。现在FOVA系统建设在推进，要抓紧开发能够发挥FOVA优势的全球性产品，尽快把全球现金管理搞起来，今年在这方面要有重大突破，为跨国集团做好现金管理。关于跨境人民币结算问题，目前我国已与六个国家和地区签署了总额达 6 500 亿元人民币的货币互换协议，并决定在广东和长江三角洲地区与港澳地区之间、广西和云南与东盟之间的货物贸易开展跨境贸易人民币结算试点，预计下一步在亚洲及周边国家跨境结算进程将进一步加快。如何发挥我行在清算、结算方面的传统优势，努力成为人民币跨境结算行，并借此打开包括理财、现金管理及其他人民币衍生金融产品在内的人民币综合金融服务的通道，相关境内外机构要加强沟通、密切配合，全力做好实施方案、业务申报等相关准备工作，积极争取监管部门支持，储备好客户资源，积极创造条件抢得先机。总行国际业务部要全力做好这项工作。各境外机构要继续加强对金融危机演变和对当地市场影响的监测分析，进一步完善各自的风险管理，加强对风险资产的及时监测、反应和灵活处置，避免因风险蔓延而产生新的风险敞口以及对母公司、对全行整体业务的风险传递。

同志们，当前不断变化的国际国内经济金融形势在给我们带来严峻挑战的同时，也带来了加快结构调整和经营转型的机遇，带来了发挥自身优势、消除发展瓶颈的机遇，带来了立足新起点、形成新优势的机遇。大家要按照总行决策部署做好今年的工作，加强与政府企业的沟通，做到使政府、企业、社会满意，希望经过大家努力，工行今年能再交出一份满意的答卷。

在总行部门和分行领导班子后备干部集中选拔工作动员大会上的讲话

姜建清

（2009 年 5 月 7 日）

这次会议的主要任务是，贯彻落实党中央《2009—2020 年全国党政领导班子后备干部队伍建设规划》精神和总行党委加强后备干部队伍建设的要求，对总行部门和分行领导班子后备干部集中选拔工作进行动员和部署，统一思想认识，明确任务要求，扎实推进全行后备干部队伍建设。下面，我讲四点意见。

一、充分认识新形势下加强后备干部队伍建设的重要意义

工商银行经过 25 年的改革发展，走出了一条具有中国特色、符合工行实际的科学发展道路，全行持续盈利能力、竞争发展能力、风险管控能力不断增强，迈入了国际一流现代金融企业建设的新阶段。工商银行的改革发展之所以能够不断开创新局面、取得新成就，一条重要经验就是注重加强各级领导班子和干部队伍建设，注重加强后备干部队伍建设，推进干部队伍有序更替，使整个干部队伍始终保持生机和活力，为坚定不移地贯彻落实党和国家经济金融方针政策提供了强有力的思想、政治和组织保证，为全行持续健康快速发展奠定了坚实的人才和组织基础。多年来，各级党委把后备干部队伍建设作为一项基础性、战略性工作来抓，努力探索新途径，积极实施新方法，切实加强后备干部队伍的选拔、培养、使用和管理，逐级建立领导班子后备干部队伍，并经过组织培养和实践锻炼，使一大批后备干部相继走上各级领导岗位，成为全行改革发展的骨干力量。

干部的新老交替是一个持续不断的过程，后备干部队伍建设具有长期性、系统性的特点，必须常抓不懈。当前我行正处于挑战与机遇并存的重要改革发展时期，加快培养选拔大批能够担当重任、经得起风浪考验的高素质干部特别是各级领导干部，成为一项十分重要而又紧迫的战略任务。后备干部队伍建设还具有周期性、阶段性推进的特点，每隔几年就需要进行一次集中调整。根据中央的统一部署，目前省部级和市、县两级党政领导班子后备干部正在集中调整中。前不久，中组部派出考察组对总行领导班子的正副职后备干部进行了集中选拔，并建立了后备干部名单。我们这次对总行部门和分行领导班子后备干部进行集中选拔，就是贯彻落实中央要求，结合我行实际，集中选拔一批后备干部，加快培养和造就一支德才兼备、素质优良、数量充足、结构合理、适应现代商业银行经营管理需要的后备干部队伍。

（一）加强后备干部队伍建设，是贯彻落实党和国家金融方针政策的重要保证。国有大型商业银行是国民经济的重要组成部分，事关改革发展稳定大局和党的执政基础。工商银行作为国内资产规模最大、全球客户存款最多和市值最大的金融企业，对维护我国经济金融安全稳定运行、促进经济平稳健康发展具有举足轻重的影响，特别是在当前复杂多变的国际国内经济环境下，作用更加突出、责任更加重大。要贯彻落实好党和国家的

金融方针政策，加强领导干部队伍建设是关键。作为干部队伍的重要组成部分和领导资源的重要储备力量，后备干部队伍建设具有尤为重要的意义。

（二）加强后备干部队伍建设，是提升核心竞争力、实现我行科学发展的根本保证。事业兴衰，关键在人。全球金融危机在给我们带来严峻挑战的同时，也促使我们进一步加深了对“人才资源是第一资源”的认识。特别是对于像我们这样的知识和技术密集型的金融企业而言，内在的核心竞争力和科学发展的优势根本取决于所拥有的人才数量和质量，取决于各级领导班子和领导干部的素质与能力，取决于一批又一批后备干部的健康成长。能否适应经济全球化、金融一体化发展趋势，能否在复杂环境、激烈竞争中胜出，实现可持续科学发展，是对全行干部队伍包括后备干部队伍建设的真正考验。这次后备干部选拔，是我行第一次同时在总行部门和分行领导班子中大规模进行干部选拔，也是第一次同时选拔正职和副职后备干部，选拔范围广、规模大，对于我行干部队伍建设和领导班子建设具有深远影响。各部门、各行要高度重视，抓好抓紧这件大事，并以此为契机，带动整个干部队伍建设，使人才优势和干部优势更加充分地发挥出来，加快转化为全行科学发展的优势。

（三）加强后备干部队伍建设，是储备干部人才资源、加强领导班子建设的现实要求。后备干部队伍建设是领导班子建设的基础性工作。这些年，全行后备干部队伍建设步伐很快，一批又一批优秀干部为各行、各部门领导班子注入了新鲜力量。但我们也要清醒地看到，全行后备干部的数量和素质还远远不能满足业务发展和经营转型的需要，领导班子的年龄结构、专业结构、知识结构、个性结构亟待进一步调整和完善。这些都迫切需要我们抓紧做好后备干部的选拔、培养、管理和使用，为领导班子建设提供源头活水，确保领导班子正常有序更替，平稳渡过新老干部交替的高峰期，为工商银行长远发展打下良好的干部资源基础。

（四）加强后备干部队伍建设，是倡导以人为本理念、激发干部工作积极性的有效载体。后备干部队伍建设要坚持以人为本，立足干部人才的健康成长和长远发展。干部成长的历程表明，一个干部的成长既离不开自身的努力，更离不开组织的培养，两者互相作用，缺一不可。开展后备干部选拔工作，把有发展潜力的优秀干部纳入选人用人的视野并加强培养锻炼，对其本人来说，会进一步增强对组织的忠诚度，把组织的信任和期望转化为勤奋工作的动力，在攻坚克难中发挥自己的聪明才智，锻炼自己的领导才能，做出更出色的工作业绩。同时，对其身边的干部来说，会产生较大的带动作用，营造比、学、赶、超的良好氛围，激发干事创业的热情。我们要通过这次集中选拔工作，进一步拓宽选人用人视野，重新确定全行后备干部名单，明确每位后备干部的培养方向和措施，更为重要的是，以此为契机，关心支持每位干部员工的成长成材，在全行进一步树立正确的选人用人导向，帮助更多的优秀干部明晰职业生涯发展规划和价值体现路径，形成良好的正向激励效应，充分调动干部队伍的工作积极性。

二、明确任务，认真做好后备干部集中选拔工作

为扎实做好这次后备干部的集中选拔工作，总行党委专门研究制订了《总行部门和分行领导班子后备干部集中选拔工作方案》（以下简称《工作方案》），明确了这次后备干部集中选拔工作的主要目标和重点任务。主要目标是，选拔总行各部门和各一级分行、直属分行、直属学院、直属机构、内审分局、海外机构领导班子正职后备干部和副职后备干部，建立一支德才兼备、素质优良、数量充足、结构合理、适应现代商业银行经营管理需要的后备干部队伍，为工商银行事业的后继有人和可持续发展提供坚强的组织保证和人才支持。重点任务是：一要做好后备干部人选的民主推荐和考察工作，提出后备干部建议人选；二要根据推荐和考察情况，研究确定后备干部人选名单；三要根据后备干部人选的实际情况，提出培养方向和措施，为制订后备干部培养计划，落实培养锻炼措施打下基础。另外，还要考察了解各单位现职领导班子成员的情况。

与以往后备干部选拔工作相比，这次后备干部集中选拔在范围、层级、做法等方面都有所不同，一是各单位，包括总行各部门和各一级分行、直属分行、直属学院、直属机构、内审分局、海外机构，总计100余个单位，都有相关工作要做。二是既选拔副职后备干部，还要选拔正职后备干部，后备干部总量原则上按照领导班子职数正职1:2、副职1:1再加1确定，加1是指在副职职数1:1基础上再增加1名年龄在40周岁以下的年轻干部。初步测算，全行大约要考察500多人。各单位正职和副职后备干部的具体数量，由总行根据各行的实际情况确定。三是遴选程序更加严格，更加规范。参照中组部对省部级后备干部选拔的做法，总行从各部门和部分分行抽调了50多名具有丰富工作经验的同志，组成7个考察组，与各单位一同组织民主推荐，并在民主推荐的基础上直接考察。考察工作从5月中旬开始，6月底前完成。主要包括8个步骤：一是考察组与考察单位沟通情况，研究制订考察工作方案；二是在考察单位召开民主推荐大会，投票推荐后备干部人选；三是进行个别谈话推荐，听取评价意见；四是考察组向考察单位主要负责人反馈副职后备干部民主推荐情况；五是考察单位领导班子研究确定副职后备干部建议人选名单；六是对副职后备干部建议人选进行公示，在人选所在单位进行民主测评；七是考察组汇总分析考察情况，提出正职和副职后备干部建议人选名单，撰写考察报告，提出

后备干部人选的培养方向和措施。八是总行党委研究确定各单位正职和副职后备干部，由党委组织部向考察单位主要负责人反馈副职后备干部名单。

这次集中选拔工作时间比较紧，任务也比较重。这里，我再强调几点：

（一）要坚持标准，严格按照条件选拔后备干部。选准、选好后备干部，严格执行标准至关重要。总行根据全行经营发展的需要，针对目前各单位领导班子和干部队伍状况，在《工作方案》中具体规定了后备干部人选的标准、条件，各单位和总行考察组要严格执行，把政治上靠得住、工作上有本事、作风上过得硬、群众信得过的干部选拔上来。具体来说，就是要注重从三个方面评价干部：一要注重看干部的思想政治素质，突出以德为先。德才兼备、以德为先是新形势下我们党关于选人用人原则的新要求，是做好干部选拔任用工作、全面提升干部队伍素质的指导方针。作为国有大型商业银行，选拔后备干部必须坚持德才兼备，以德为先的标准。后备干部人选应具有坚定的政治立场，党性观念强，坚决贯彻党的路线方针政策，认真执行总行党委的工作部署，自觉学习实践科学发展观，能够从大局出发想问题、办事情，坚持依法合规经营。人选应具有强烈的事业心和责任感，热爱工行事业，坚持原则，勇于负责，正确对待个人名利得失，在重大问题、突发事件、个人进退留转等关键时刻经得住考验。二要注重看干部的作风和廉政情况。干部的思想作风、学风、工作作风、领导作风和生活作风等各方面的表现情况，是选拔和评价后备干部的重要内容。要坚持用好的作风选人，选作风好的人，把那些勤奋敬业、求真务实、脚踏实地、工作深入、公道正派、艰苦奋斗的干部选上来，把品德高尚、情趣健康、秉公用权、廉洁从业、慎重交友，认真贯彻落实党风廉政建设责任制的要求，自觉践行共产党员的道德观和社会主义荣辱观，能够抵制来自各方面诱惑的干部选上来，形成正确的用人导向。三要注重看干部的实践能力和工作实绩。正职后备干部要懂经营、善管理，具有把握方向、驾驭全局、统筹协调、统筹兼顾、处理复杂问题和领班子带队伍的能力，副职后备干部要具有良好的专业工作能力以及组织推动、独当一面、协调配合、开拓创新和执行能力。要把是否具备实践能力、能否承担更重要的职责作为选拔后备干部人选的重要因素。工作实绩是干部德才素质的集中表现和综合反映，是选拔干部的基本依据。评价人选的实践能力和工作实绩要做到全面、客观、准确，要把理论水平与实践能力相结合、专业素养与管理能力相结合、主观努力与外部环境相结合，把握好个人与集体，局部与全局，当前与长远，显绩与潜绩的关系，防止片面性和简单化。

后备干部人选要具备以下条件：一是正职后备干部一般应当是同级副职或相应职级的非管理类岗位人员，特别优秀、具有较大发展潜力的下一级正职，可以作为中长期培养的正职后备干部人选；副职后备干部一般应当是下一级正职或相应职级的非管理类岗位人员，特别优秀、具有较大发展潜力的下一级副职，可以作为中长期培养的副职后备干部人选。二是正职后备干部年龄一般不超过52周岁（1957年6月30日以后出生）。特别优秀的下一级正职作为正职后备干部人选，年龄应不超过45周岁（1964年6月30日以后出生）。副职后备干部年龄一般不超过48周岁（1961年6月30日以后出生）。特别优秀的下一级副职作为副职后备干部人选，年龄应不超过42周岁（1967年6月30日以后出生）。

（二）要依靠群众，认真做好民主推荐工作。民主推荐是党的群众路线在干部工作中的实际运用和具体体现，是落实群众对干部选拔任用知情权、参与权、选择权和监督权的重要方式。坚持把民主推荐作为选拔后备干部的必经程序和基础环节，对于扩大民主，拓宽选人用人视野，准确识别干部，提高选拔质量，从源头上防止用人上的不正之风具有重要意义，是选准、选好后备干部的重要保证。做好民主推荐，一要明确范围，确保参加民主推荐人员的广泛性和代表性。参加民主推荐人员的广泛性、代表性，在一定程度上决定着推荐结果的准确性、可靠性。各单位参加会议投票的人员范围包括领导班子成员及同级干部、内设部门正副总经理（主任）和下一级机构主要负责人。对总行部门后备干部，参加推荐的人员范围为全体员工。各单位参加个别谈话推荐的人员范围包括领导班子成员及同级干部和下一级正职负责人（包括主持工作的副职）。二要坚持程序，确保民主推荐的公平和公正。制定科学合理的程序，严格执行程序是保证民主推荐结果公平、公正的前提。各单位和总行考察组在民主推荐工作中必须做到坚持程序一步不缺，履行程序一步不错。考虑到总行各部门专业内容、人员多少、干部结构的不同，经总行党委研究决定，总行各部门后备干部的选拔，既要注意从本部门符合条件的人员中推荐，也要放眼整个总行机关，以保证把真正符合条件、真正得到群众认可的优秀干部推荐出来。三要综合分析民主推荐结果，确保把优秀的干部推荐上来。群众公认是识别和评价干部的重要标尺，干部思想政治素质高不高，作风好不好，实绩突出不突出，群众自有公论。民主推荐结果是群众公认情况的重要反映，应当作为选拔后备干部人选的重要依据。群众不拥护的干部，不得作为后备干部人选，但也不能简单地以票取人，要把民主推荐得票情况与全面考察德、才、绩情况结合起来，综合进行分析。

（三）要统筹考虑，优化后备干部队伍结构。《工作方案》中对后备干部队伍结构做出了明确、详尽的规定。这是总行党委根据当前经营发展的形势，按照建设国际一流现代金融企业的要求，着眼于今后一段时间工商银行发展需要，针对各单位领导班子和干部队伍建设状况，经过综合分析、审慎研究确定的。各单位要在民主推荐的基础上，严格按照总行党委对后备干部队伍结构的要求，研究提出副职后备干部建议人选名单。

一是年龄结构。后备干部队伍应以优秀的中青年干部为主体，同时要形成合理的年龄梯次配备。正职后备干部应以48周岁以下的人选为主体；副职后备干部，应以45周岁以下的人选为主体，一级分行、直属分行、直属学院和内审分局领导班子副职后备干部中，至少要有1名40周岁以下的人选。通过这次选拔，各单位后备干部队伍要形成复式年龄结构，实现梯次配备、有序递进。

二是知识结构和专业结构。后备干部队伍来源要广泛，专业知识和工作经历要互补，尤其要注意选拔具有基层工作经历、特别是基层领导工作经历的干部。总行部门及直属机构领导班子副职后备干部一般应具有全日制大学本科以上学历，其他单位领导班子副职后备干部具有全日制大学本科以上学历的人选应达到50%以上。各一级分行、直属分行领导班子副职后备干部人选还要注意合理搭配前台、中台、后台专业，覆盖银行经营管理的主要专业类别，既要突出业务经营和管理，也要考虑综合保障等专业，避免出现过度集中在个别业务类别的现象。总行部门、直属学院、直属机构、内审分局也要根据各自的职能，合理搭配副职后备干部人选的专业结构，增强专业的互补性。

三是备用结构。后备干部的选拔既要满足本单位工作的需要，也要统筹考虑全系统干部队伍建设的需要。既要选拔那些各方面条件比较成熟，近期可以进班子的合适人选，又要选拔那些发展潜力大的优秀干部，特别是那些目前还不在重要或关键岗位，但确实有较大发展潜力和后劲的优秀年轻干部。领导班子后备干部中，条件比较成熟、近期可提拔使用的副职后备干部一般不少于本单位副职后备干部总数的三分之一；列入中长期培养的年轻副职后备干部一般不少于总数的四分之一。此外，还要重视选拔优秀女干部，在少数民族地区要特别注意遴选优秀少数民族干部。

三、严肃考察纪律，形成良好的干部工作环境

后备干部集中选拔，是全行干部队伍建设中的一件大事，总行党委非常重视，全行广大干部群众也十分关注。能否确保纪律严明、严格按程序办事，把政治素质好、业务能力强、工作业绩突出、群众公认的干部推选出来，既是对全行选人用人公信度的考验，也是对全行党纪行风的考验。因此，在整个后备干部集中选拔工作过程中，要始终强调纪律问题，坚决防止和纠正选人上的不正之风，努力营造风清气正的干部工作环境。

（一）加强对干部的党性和纪律教育。后备干部集中选拔是对干部党性的一次重要考验。各单位和组织人事部门要教育引导干部正确对待后备干部集中选拔，坚持党性原则，弘扬优良作风，遵守组织人事工作纪律。要教育参加民主测评的同志出于公心，不凭个人好恶投感情票、人缘票，更不能拿推荐权做个人交易。总行已经把中组部《关于在党政领导班子后备干部集中选拔中加强监督认真治理拉票行为的通知》转发全行，各单位要认真学习，坚决贯彻落实。在后备干部考察工作开始前，将通知内容原原本本地传达到所有参加后备干部民主推荐的人员和有被推荐资格的人员。

（二）坚决查处拉票行为。在后备干部集中选拔中，凡通过宴请、送礼、安排消费活动、打电话、发短信，授意中间人出面说情，通过各种形式请求他人在推荐过程中给予关照等行为，均属拉票行为，必须坚决禁止。参与、帮助他人拉推荐票的，同样属于严重违反组织人事纪律行为，要比照为本人拉票的行为给予相应处理。在考察前，要对干部进行教育，发现苗头，及时制止。在考察过程中，对搞拉票等非组织活动的，不管涉及到谁，一定要坚决查处，典型案例要予以通报。在考察前发现并查实的，不得作为被推荐人选。考察过程中发现并查实的，是考察对象的，取消考察对象资格。考察结束后发现并查实的，已列为后备干部的，取消后备干部资格。对那些党性观念不纯，私心杂念严重、搞团团伙伙、搞拉票等非组织活动的干部，决不能提拔使用。

（三）畅通干部群众参与监督的渠道。要加大政策宣传，把这次后备干部集中选拔的政策、要求在适当范围内公布，使广大干部群众充分了解选拔工作的意义、原则、条件、程序和方法，加强对后备干部集中选拔和后备干部的有效监督。要设立举报电话，对后备干部人选进行网上民主测评，畅通干部群众参与监督的渠道，方便群众反映问题。要认真做好举报受理工作，对干部群众反映的问题和线索，要明确责任、认真查核、及时办理。按照中央的要求，要对各单位集中选拔过程中治理拉票行为情况进行测评，测评结果将作为考核各单位整治用人不正之风工作的重要参考。对严重违反组织人事纪律、群众举报多、测评满意度过低的，总行将进行深入调查和核实，情况属实的将严肃处理。

四、健全机制，进一步提高后备干部工作的整体水平

建立后备干部名单仅仅是后备干部工作的第一步，对于后备干部队伍建设来说，培养是重点、管理是保障、使用是关键。总行正在着手研究制定加强后备干部培养锻炼、动态管理和备用结合的政策措施，形成后备干部选拔、培养、管理和使用的一整套工作机制，努力把后备干部工作推向制度化、规范化、科学化。

（一）加强培养锻炼，不断提高后备干部的能力和素质。后备干部要堪当大任，必须坚持高标准严要求。这次选拔的后备干部，以1960年以后出生的中青年干

部为主体，他们的优点和长处是学历较高，思维敏捷，接受新事物快，创新意识强，工作干劲足，但在他们身上也一定程度存在党性锻炼不够、基层经验不足、缺少艰苦复杂环境历练等问题。各单位要根据人才成长规律，结合每一名后备干部的特点，按照缺什么补什么的原则，有针对性地制订后备干部培养锻炼计划，通过加强党性修养、理论学习和实践锻炼，全面提高后备干部的政治素质和能力素质，加快他们的成长步伐，使他们能够快成长、早成材。要重视在实践中磨炼干部。越是有培养前途的后备干部，越要给他们压担子，越要放到艰苦环境、基层一线去，让他们在实践锻炼中增强党性、改进作风、磨炼意志、积累经验、增长才干。

（二）坚持实行动态管理。后备干部队伍要保持生机活力，必须是“一池活水”，不能以一次选拔定终身。要建立后备干部动态管理机制，实行集中选拔和日常动态调整相结合。总行将根据领导班子建设需要，每隔几年组织一次对后备干部的集中选拔。对在日常工作中涌现出来的后备干部名单之外的优秀干部要及时补充进后备干部队伍，对不符合后备干部条件和相形见绌的后备干部，要及时调整出后备干部名单，实现后备干部队伍及时调整、动态更新。

（三）同样使用，正确处理后备干部备与用的关系。正确处理储备与使用的关系，是后备干部队伍建设的一个关键环节。中央在这次后备干部集中选拔中明确提出“同样使用”，就是要求在选拔任用干部时，要面向全体干部，不能只在后备干部中进行，后备干部要与其他干部同样标准、同样程序，不搞照顾性使用。各单位要把中央“同样使用”的要求向广大干部讲清楚，教育大家牢固树立和坚持正确的事业观、职业观和业绩观，正确对待职务升迁和名利得失，把主要精力放在提高自身素质和做好本职工作上。

这次会议结束后，总行部门和分行领导班子后备干部集中选拔工作就正式启动。各单位要高度重视，切实加强组织领导，把这项工作作为当前重点工作之一，抓紧抓好。各单位主要负责人要负总责、亲自抓，统筹安排组织。要积极配合总行考察组开展工作，为考察工作的顺利进行创造有利条件。要认真落实《工作方案》中的各项规定和要求，做到坚持原则不动摇，执行标准不走样，履行程序不变通，遵守纪律不放松。总行考察组要坚持公道正派，客观公正地考察评价干部，自觉遵守考察纪律，严守工作秘密。对重大事项及遇到的新情况、新问题，应及时向总行报告。对在考察工作中违反纪律的，要严肃查处。各一级（直属）分行在做好本级行后备干部选拔的同时，也要精心安排组织好二级分行领导班子后备干部选拔，力争第三季度完成全部工作。

同志们，后备干部集中选拔工作是全行干部队伍建设的一件大事，更是对各单位思想水平、政治水平、管理水平和业务水平的大检验。全行要在总行党委的领导下，以高度的政治意识、大局意识和责任意识，把后备干部集中选拔工作与当前非常繁忙的抓业务促发展有机结合起来，统筹兼顾、双管齐下，做到两不误、两促进，确保在选好干部人才的同时，保持干部员工队伍的高昂士气和今年各项业务的良好发展势头，圆满完成全年的任务目标。

在纪念五四运动九十周年暨青年文化创意和职业礼仪大赛优秀作品展示活动仪式上的讲话

姜建清

（2009 年 5 月 8 日）

今天，我们相聚在这里，共同纪念五四运动九十周年。首先，我代表总行党委向全行的青年员工致以节日的问候！向为我行改革发展中作出贡献的青年朋友们表示亲切的慰问！

90 年前的五四运动掀开了中国新民主主义革命的序幕，弘扬了爱国、进步、民主、科学的五四精神，谱写了中国青年青春史诗激扬的序曲。此后，一代又一代的中国青年，心系民族命运，心系国家发展，心系人民福祉，用青春和热血书写了中国青年运动的壮丽篇章，在中国社会伟大变革和发展进步中创造了光荣业绩。在工商银行改革发展的 25 年历程中，一批又一批工行青年在总行党委的领导下，积极投身全行改革与业务发展的实践，在各自的工作岗位上开拓进取、团结拼搏，为工商银行的发展壮大作出了重要的贡献。五四运动以来 90 年、新中国成立以来 60 年、改革开放以来 30 年的光辉历史和我行改革发展 25 年的辉煌历程都充分表明，青年是国家和社会进步、经济和金融发展中最积极、最活跃、最有生气、最具创造力的一支力量，是值得信赖、堪当重任、大有希望的一代，是工商银行改革发展的生力军和突击队。

今天即将展示的青年文化创意职业礼仪大赛的优秀作品正是工行青年创造活力和精神风貌的具体体现。青年文化创意大赛和职业礼仪大赛将青年善于创新、勇于创新的特点和我行业务发展、服务品质提升与企业文化建设有机地结合在一起，活动一方面使得广大青年员工深入了解了我行的产品和业务，深刻认识了包括先进服务意识在内的工商银行优秀企业文化；另一方面对我行产品业务创新、服务品质提升和企业文化建设起到了积极的推动作用。

今年是新中国成立60周年，工商银行也走过了25个年头，25年以来，工商银行伴随着我国社会经济的发展而不断壮大，尤其是股份制改革3年来，我们在建设现代金融企业的历史新起点上，以新的实践和创造，续写了改革发展新的辉煌篇章。当前，我行正在朝着建设全球最盈利、最优秀、最受尊重银行的宏伟目标迈进。这是一项充满艰辛、富于创造性的事业。当前，国际金融危机还在发展蔓延，对我国经济金融的影响还在加深，这就更需要包括青年在内的所有工行员工共同以坚定的发展信念、优良的职业道德、过硬的知识技能，勇敢地担负起历史赋予的重任。

为此，我对全行青年员工提几点希望：

一是希望广大青年员工发扬勤奋好学、善于钻研的进取精神，争做学习实践型青年。学习是青年成长的重要阶梯，也是青年进步的根基。一个人能有多大发展，能为社会作出多大贡献，很大程度上取决于这个人是否具备不断学习的能力。当今社会科技进步日新月异，知识更新步伐加快，金融行业尤其如此，新知识、新产品、新业务、新工具层出不穷，而我行正在推进的国际化、综合化发展战略也呼唤着大规模的高素质青年人才，对于我行的青年员工来说，学习比以往任何时候都显得更加重要而紧迫。作为一名青年员工不仅要刻苦钻研业务知识，而且要努力学习中国特色社会主义理论；不仅要注重学习和继承我国金融业的优秀成果，而且要广泛吸收国外银行的先进经验；不仅要认真学习工作技能，而且要注意掌握科学方法。

深入实践是青年员工学习知识、成长成才的必由之路。古人说，“纸上得来终觉浅，绝知此事要躬行”，对于出校门即进入工商银行的青年员工来说，知识固然重要，实践更不可少。基层一线是学习业务、增长才干的最好课堂，是施展才华、建功立业的广阔天地。只有深入基层业务一线，投身全行业务发展实践，才能全面深刻了解行情、社情，才能够提高解决实际问题的能力。近年来，总行、分行的许多优秀青年主动前往基层一线工作，接受锻炼，我想，基层的工作经验必将对他们今后的发展起到积极的作用。

二是希望广大青年员工发扬任劳任怨、不计得失的奉献精神，争做敬业奉献型青年。工商银行一直坚持“以人为本”的观念，尊重青年员工的个性，承认维护大家合理的物质利益，但是更倡导立足本职、恪尽职守的敬业精神和任劳任怨、不计得失的奉献精神。

敬业是一个人立足社会、生存发展的基本条件，也是良好职业道德对职业青年提出的基本要求；奉献则是崇高的精神境界，是美好的人生追求，只有甘于奉献，才能真正体验到人生的快乐和幸福，成为品德高尚、精神充实的人，才能真正成就个人的事业。一个人如果不能正确处理集体和个人、敬业奉献和索取的关系，片面强调个人设计，过于追求个人利益，他的人生道路只会越走越窄。当前，我行正在建设全球最盈利、最优秀、最受尊重的国际一流现代金融企业的道路上阔步前进，这项伟大的事业既向青年员工提出了全身投入、无私奉献的要求，也为青年员工提供了实现个人发展理想、成就自身事业的平台。青年员工应当将个人的抱负与我行愿景相结合，将个人成长与全行发展相结合，将个人追求与现代金融企业建设相结合，在敬业奉献中成就个人的事业，实现自我的理想。

三是希望广大青年员工发扬忠于客户、诚实守信的诚信精神，争做礼仪诚信型青年。礼仪和诚信是中华民族优秀文化的重要内容，也是当代工行青年职业操守的重要组成部分。

良好的职业礼仪是银行员工优秀职业操守的外在表现。对于以金融服务作为主要业务内容的银行来说，职业礼仪也是一个企业产品质量、服务能力和品牌形象的具体体现。青年员工作为一线服务的生力军，接触客户最广，服务客户最多，你们的一言一行关系着工商银行的形象和口碑。因此，讲究职业礼仪，规范礼貌待客，是青年员工必备的职业素养。

诚信是银行员工职业操守的核心内容，也是青年员工安身立业的基本准则，它渗透于青年员工的日常工作、生活的每一个方面，广大青年员工要立足一个“诚”字，以诚待人，以诚处事，以诚立德；做到一个“信”字，信誉第一，信守承诺，信用为本，使诚信成为自己日常工作和生活中的一种习惯，不断锤炼自身优秀的职业操守，从而为个人职业生涯的发展提供坚实有力的保障和基础。

四是希望广大青年员工发扬锐意改革、勇于探索的创新精神，争做开拓创新型青年。银行业是创新最为活跃的领域之一，创新是商业银行求存图强的必由之路，只有通过不断开拓创新，才能真正建设一家具有长期的、可持续的、引领市场的竞争力和不断成长的市场价值的银行。青年思想活跃、勇于突破、善于创新，是开拓创新的开路先锋。

青年员工在创新时思想既要大胆新颖，敢于对现有理论提出创新意见，又要细致缜密，使创新的结果具有可操作性。广大青年要围绕我行的各项业务和产品提出创新意见，通过创新推动我行业务和产品的不断更新升级；要把握好创新的“度”，立足当前我行业务和产品发展现状，结合我国的国情、社情和市场情况进行创新，使创新成为推动全行改革发展的不竭动力。

青年员工是工商银行的未来和希望，也是我行宝贵的人才资源。各级党委要从工商银行的事业持续发展、后继有人的战略高度，对青年员工高度重视、充分信任、热情关怀、严格要求，更好地发挥青年员工在建设国际一流现代金融企业中的生力军和先锋队作用。在工商银行的发展历程中，团组织一直围绕总行党委在不同时期的中心任务，团结带领广大青年员工积极投身全行的改革发展，充分发挥了党的助手和后备军作用。当前，面对新的形势和任务，共青团组织要继续坚持服务党委中心工作和服务青年成长成才的宗旨，认真研究和解决共青团工作面临的新情况新问题，不断创新工作思路、丰富活动载体、拓展工作领域、强化基层组织，进一步发挥好组织、引领、服务和维护青年的作用，团结带领全行青年员工积极投身建设国际一流现代金融企业的伟大事业。

青年朋友们，“自信人生二百年，会当击水三千里”，无限美好的未来等待你们去创造、去拥有，相信你们一定会不负重托、不辱使命，在建设国际一流现代金融企业的征程上谱写出更加辉煌的青春乐章。

在工银澳门工作调研会议上的讲话①

姜建清

（2009 年 7 月 30 日）

这几年，我陆续来过澳门几次，都是在我行澳门机构业务发展比较关键的时候。2003 年 5 月，我第一次来澳门主持了澳门分行的开业仪式，当时澳门经济还处在低谷。之后，因为收购诚兴银行股权的事情，我又来过几次澳门，整个过程至今仍历历在目。今天，诚兴银行和澳门分行正式整合，成立了一个崭新的银行——中国工商银行（澳门）股份有限公司，并成为一家最大的本地法人银行，也是澳门地区第二大商业银行，真的非常高兴。正像刚才朱晓平同志所说，这是一个新时代的开始。下面我讲几点意见。

一、我行澳门机构取得了较好的工作成绩

一是发展好。从 2003 年的起步，经过后来的收购整合，现在我行澳门机构的总资产近 500 亿澳门元，上个月全澳门的银行资产约 4 000 亿澳门元，我们差不多占了八分之一，也就是约 12%，用这么短的时间成为当地第二大银行，这是非常可喜的成绩。我们的澳门机构这几年除了业务发展速度快以外，资产质量、经营利润也都不错。今年上半年澳门机构已实现利润 2.5 亿澳门元，盈利状况良好。此外，澳门机构的银行收费业务、中间业务发展势头也很好，许多业务的发展比较有特点，比如收单业务、国际结算业务都发展得不错，在澳门当地很有品牌影响力。我这次会见了不少澳门本地的官员，大家都对我们澳门机构给予了较高的评价，也都寄予了较高的期望。

二是整合好。我们都知道，银行并购后最大的问题在于整合，最难的部分也就是整合，整合包括了业务整合、科技整合、文化整合、价值观整合等各方面。我很高兴看到大家现在像一家人一样坐在一起，有共同的发展愿景，想把工银澳门的未来做好。只有把银行的业务、科技系统，再到品牌、标识等全部都整合好，我觉得这才是真正的成功，也就是整合成功。综观全球，大部分银行购并失败往往都是失败在整合上，而不是失败在最初的并购上。购并以后整合不好，貌合神离，许多年以后有些银行还是在用两套系统，这种事情我们在全世界见得很多。

三是科技好。非常感谢总行科技部门和软件开发中心，付出了很多的努力，在境外把 FOVA 系统开发成功。第一个吃螃蟹的人就是澳门分行，境外系统投产规模最大的是诚兴银行，而且最后又要把两个系统整合起来，难度很大，光靠任何一方的努力，比如光靠科技部门的努力是不行的，光靠诚兴银行、澳门分行的努力也

① 根据录音整理。

是不行的。需要把各方力量凝聚到一起，这其实也是一个整合，最终我们完成了澳门机构的系统开发、投产。当然，目前投产的工银澳门的系统只是第一步，我们系统会不断升级，估计一至两年后，我们的境外科技系统就处于世界领先水平了。现在我们正在开发的是第四代系统，这一代系统完成以后，我们的目标就是要超过世界上最好的银行系统。工行有一万多名科技人员，近十多年每年有50亿元投资于科技，还不包括科技部门员工的工资和电讯等费用，软件开发方面我们也有超过3 000名员工。这些只有在大银行才能做成功。

四是团队好。我们工银澳门的高管和员工，组成了一个非常好的团队。在新机构里面，大家的心都在一起，共同团结协作，员工也是自觉加班加点，我相信工银澳门的管理层也是做了大量细致的工作。在当前的金融危机期间，我们澳门机构明确宣布不减员、不减薪，这是非常不容易的。同时，我们澳门机构的各项业务蒸蒸日上，员工会拥有更好的前途，所以，大家产生了凝聚力、向心力。

二、工银澳门未来的发展前景广阔

（一）澳门经济的成长前景很好。澳门经济这些年来持续快速增长，人均 GDP 在亚洲甚至在全球都名列前茅，而且澳门经济未来还有更大的发展空间。虽然澳门经济这几年也面临了一些困难，比如经济需要转型，要从博彩业为主转变为更加多元化的经济结构，但总体来看还是具备条件的。我举两个例子，过去澳门人买个名牌要跑香港去，现在澳门本地很多地方可以买名牌，价格也差不多；过去澳门人星期六、星期天搭轮船到香港去游玩，现在不用跑到香港游玩，而是香港人搭轮船到澳门这里来游玩，从这两个例子就可以看出澳门今天的发展和变化。澳门的经济从博彩业逐渐向会展业、商业发展，我想未来还应该有向工业的发展。昨天一些官员向我介绍，未来可能会有一些政府与中小企业的担保基金等，可以促进本地中小企业发展。过去香港有句话，叫“香港的明天会更好”，现在我感觉也可以说“澳门的明天也会更好”，澳门经济有很大的发展空间和很好的前景。

（二）澳门城市基础建设孕育了商机。尽管澳门新的城市非常漂亮，但也还有一些旧城区，澳门的城市建设，无论是城市轻轨、地铁、供气、供水、电力，还是将来的港口建设等，都有大量的业务需求。现在港珠澳大桥已经在建设中，其他基础建设需求，将来如果确定要建设，都将是几百亿元规模的资金需求，澳门政府虽然财政实力雄厚，但财政不可能把资金全部拿去搞基建，它可能变成一个信贷项目，这种大的资金需求需要我们工行这样具备资金实力的大银行，这将给我们带来巨大的业务机会，所以今后澳门的基本建设将带给我们银行重要的发展机遇。

（三）澳门零售业务发展空间广阔。目前澳门金融业规模相对较小，主要是澳门资金有一部分跑到香港去了，澳门的银行资产应该不止4 000亿澳门元，到底有多少钱跑到香港去了我们没有统计，但我觉得数量应该很大。主要原因是澳门缺乏好的金融产品，一些金融服务也跟不上，如果把金融产品和金融服务做好了，让这部分金融资产回流到澳门，那么我们澳门机构的存款就会增加，也就可以增加更多的本地资产。零售金融是非常有前途的，目前工银澳门零售金融相对还不够强大，在365亿澳门元的总存款中，零售存款只有90多亿澳门元，而工行内地这个比例达到一半。你们要想赶上中国银行，在贷款方面还是相对比较容易的，目前两行也只差了100亿澳门元都不到。但是中国银行澳门机构存款有700多亿澳门元，工银澳门只有365亿澳门元存款，只有它的一半，差距就在零售业务。对公业务当然也很重要，可以抓政府等机构存款，但是工银澳门主要短板还是在零售金融，所以一定要把零售业务抓上去。

（四）中间业务和新业务的潜力很大。刚才我讲过，信用卡、银行卡收单、POS 机、ATM 等零售业务的市场很大。其他新业务，比如经纪业务，也很有市场。现在很多人买香港的股票，未来还有可能买内地的股票，这就需要有经纪业务服务。我今天问了一下，工银澳门的经纪业务占整个澳门地区的比重是多少，因为澳门地区没有统计这方面的数据，但我估计澳门地区的经纪业务量应该不小。工银澳门的经纪业务一定要做大做强，我希望你们有统计数据——每天做多少业务、赚多少钱、每年增长多少，至少可以用这些数据跟自己比。经纪业务最赚钱，而且风险又很低。当然做好经纪业务需要一些条件：一是科技平台要好，要有非常好的电话和电脑平台；二是要向客户提供一套很好的分析系统，不是光替客户购买股票，还要告诉客户怎么来分析的，要提供技术分析服务以及历史的、现实的数据，让客户知道如何选择股票；三是经纪业务部门要给客户提供投资报告，进行宏观分析、市场分析、股票分析。以上这些服务证券公司基本都有，只有把这些做好了，经纪业务才能做大做强。工行现在在内地没有经纪业务的牌照，是因为国内现在实行“分业经营”管理，如果工行能获得这个牌照，像今年这样的市场，我们一年就可以增加100亿澳门元利润。工银澳门现在有这样的牌照，一定要研究怎么做好。甚至如果澳门地区有好的经纪公司，业务做得也很好，客户也很多，可以考虑通过收购来推动经纪业务迅速发展。此外，像理财业务、养老金业务、资产管理业务，市场都很大，希望你们能把这方面业务做大。请工银澳门与总行资产管理部、金融市场部、个人金融业务部、养老金部认真研究。

三、下一步的工作要求

（一）要内外联动发展业务。正如刚才你们所说，工银澳门要成为这个市场上最盈利、最优秀、最受尊重的银行，这也是我们工行对全世界的口号。我们现在是全世界最大市值银行，目前市值约2 500多亿美元；是最大利润银行，去年的税前利润约213亿美元；是最大存款银行，现在存款近10万亿元人民币；是最大品牌银行，品牌价值约380亿美元。以上这四个第一都是国际著名机构评选出来的。而我们自己提出来的目标是三个“最”，也就是最盈利的银行、最优秀的银行、最受尊重的银行。最优秀的银行不仅仅是最赚钱，而且公司治理、风险管理、服务、产品、员工素质都是最好的；最受尊重的银行在社会责任、企业文化方面应该都是最好的，也成为优秀的社会公民。工银澳门要争取成为澳门市场上的三个“最”，任务还是比较艰巨的。我相信你们在规模上超过中国银行，成为当地最大银行相对比较容易。因为在国内工行比中行规模大很多，中国银行的利润差不多只有工商银行的一半，你行有母行的支持在澳门这里比较容易做大，而要实现三个“最”才是关键，是你们努力的方向。

（二）要继续拓展业务渠道。目前工银澳门合并后共有14家分行，数量还不够，我认为像澳门这样的经济规模，我们设立20家分行比较合适。我希望你们在澳门一些新发展的、我们没有分行的区域，每年增设2家分行，3年后就能达到20家。另外，要把现在14个网点的布局重新作些调整，可以请一些好的外部咨询公司来帮我们作调查，要让每家分行在澳门都是最好的——不仅外形好看，装修很好，而且服务好、产品多，规模也很大。昨天我问朱晓平董事长，厦门金融规模有多大，他说厦门的经济金融规模跟澳门差不多。工行在厦门有多少家分行？60—70家分行。但我们在这里不需要那么多，至少要把20家分行做好、做强、做大，不然很难将业务再发展一倍。要达到中国银行的规模，也就是存款增加一倍，意味着服务要增加一倍，中国银行现在就有24家分行。关于新设网点和网点装修问题，请工银澳门与总行国际业务部、财务会计部协商，凡是有网络拓展目标的境外机构，可以在考核的时候还原相关的房租、装修等费用，并对定量考核适当放宽。除了增设分行，今后几年ATM还是要增加，因为ATM是最省钱的，不用给它工资，不用考核它，也不用有些时候它有些情绪还要做它的工作。另外，还要把网上银行和电话银行业务作重点突破，工行在内地有43%的业务都通过网上银行办理，我们长期的目标是80%，这是完全做得到的，特别是现在年轻一代成长起来了。当然，这方面需要培育市场，需要培训客户。工银澳门可从总行电子银行部拿一张统计表，像他们一样统计网上银行占业务比重多少，ATM占业务比重多少。现在总行电子银行部每个月都有统计表，现在占比是43%，到年底能达到45%。43%是什么概念，相当于9 000个分行的业务量，如果没有这43%工商银行就要再开9 000个分行。我不知道你们现在网上银行、ATM的业务量是多少，但是如果能做到每年5个百分点的上升，即使现在只有5%也不用怕，3年后就能达到20%。工银澳门基数低，完成起来更容易。另外，在发卡业务方面，请工银澳门与总行银行卡部、个人金融业务部协调一下，应该做到只要网络一联，工银澳门所有的卡在全工行系统内都能用。

（三）要不断完善科技系统。我昨天看了工银澳门的网银，现在的科技系统总体不错，但还需要完善，恐怕要再升级三到五个版本才行。这方面我请在座的各位多提些需求、多挑些毛病，要善于发现毛病和问题。我一路走到哪里主要是想看到些问题，成绩大家已经取得了，而问题你看不到就改不了。目前的FOVA系统会有些问题，各境外机构要把问题记下来、整理好，提交给科技部门，让他们下次升级时进行修改和完善。我希望用两年左右的时间，FOVA系统能成为一个非常完善的系统，没有什么缺憾，至少没有明显的缺憾。这是我们的竞争力，而且是核心的竞争力，不可复制的竞争力，别人想学都学不到。

（四）要完善公司治理结构和加强风险控制。作为当地的非上市股份制公司，工银澳门除了满足监管要求以外，要研究并完善公司治理，完善未来的董事会架构，完善各项规章制度。要做最好公司治理银行。将来我们都要按照国际优秀的公司治理架构去做，要法规化、制度化。同时要加强风险管理，结合本地特点制定一套适合我们情况的风险管理体系。我再三强调，搞银行当然要承担风险，从而获得利润，但是大的风险是绝对不行的。要有非常好的风险控制。将来除了系统控制，在各个业务方面也都要有好的内部控制，前后台分离、岗位制约这一套东西要做好。风险控制和内部控制不能靠信任来解决问题，而是应该有制度控制，有流程控制，有系统控制。这方面，工银澳门正式成立以后要尽快启动，必要时可以请总行相关部门予以协助。

（五）要树立良好的市场和品牌形象。服务和产品方面还需要继续加强，特别是要搞好服务，一定要在澳门当地做服务最好、产品最丰富的银行。我们全行有2 500多个产品，工银澳门可以借鉴总行好的产品并进行推广。要抓好服务，科技改造也是改善服务的重要方面。网点装修要搞好，内部的服务也要做好，将来要做好客户分类——谁是什么样的客户，需要什么样的服务，需要提供什么样的产品。电脑里要有客户分类的资料，什么客户可以提供这些产品，什么客户你不能提供这些产品。澳门一些金融机构提供了不恰当的产品，比如对65岁以上的老人出售雷曼迷你债，那现在就只能认赔了，但是如果客户分层分得好就不会有这样的问题。同时，澳门作为特别行政区，国家是非常关心的，我们银行也要注重自己的社会形象、社会责任，适当地帮助当地的社会弱势群体，支持一些社会公益、教育事业，这也是树立企业形象的需要。

另外，顺便讲讲办公楼的事情。工银澳门现在两处办公地点，加上皇朝广场那边出租的，一共有11 000平方米。下一步可以看看能不能找块地盖个楼，或者买个楼，如果建一个独立的楼，可以按照我们的需求设计，也比较好管理。当然办公楼购买也好，建造也好，工银澳门先充分论证、选址，确定目标以后，总行来定。我想如果各方面情况都好，价格也合适，是可以考虑的。因为你们现在办公比较分散，将来如果有新的办公地点，现有的一些物业也可以卖掉，做一个置换。关于装修费等问题，请工银澳门跟总行国际业务部、财务会计部协商，可以列入他们的工作规划。

最后，我还想对大家再提几点要求。

一是新的银行成立以后，一定要团结协作，彼此和睦、亲密无间，拥有共同的愿景。在这方面工银澳门的董事长、副董事长要多负责任，把这个团队凝聚在一起。员工如果有想法，也可以找董事长谈谈，谈完以后有些问题能解决就解决了，不要放在心里。实际上一个企业也是这样，沟通是最重要的，什么问题讲出来了，沟通了，协调了，就好了。有一些观点不一致、看法不一致，要多沟通。一些重要的问题要通过会议决定，银行有管理委员会、董事会等会议，大家一起在会议上讨论决定。加强团结合作，慢慢就会形成一种企业文化，这种文化形成了就长久都不会消失。

二是要更多地关心管理人员和员工，加强员工培训。我想今天工银澳门的员工都是我们工商银行大家庭的成员，大家努力工作，我们也应该努力创造一些培训的机会给大家，这里包括到内地去培训，也可以参加总行的培训班。将来一些境外的国际培训，也可以让境外分行的管理人员参加，这对大家的职业发展是有好处的。

三是在发展中要非常注意澳门与葡语系国家的一些历史联系，对于如何进一步发挥工银澳门在和葡语系国家的业务发展中的联系作用，要好好探讨，实质性地推动。这对澳门的发展有帮助，我觉得对中国的发展也有帮助。

在中国工商银行“9991工程”10周年纪念大会上的讲话

姜建清

（2009年8月28日）

今天我们隆重聚会，纪念工商银行“9991工程”实施十周年，回顾十年来我行科技与业务发展取得的重大成就。此时此刻，我和大家一样，倍感骄傲和自豪！1999年9月1日，总行党委作出了一项对工商银行乃至我国金融业科技发展具有深远影响的重大决策，启动了数据集中工程——“9991工程”，开启了工商银行信息化建设的新里程。经过十年的艰苦努力，我行信息科技工作实现了历史性的跨越，取得了令人瞩目的成就。工商银行今天能成为全球市值、盈利、客户存款和品牌价值第一的银行，信息科技的支撑功不可没。可以说，信息科技建设是近十年来全行改革发展华彩乐章中的最强音符。

一、十年来我行信息化建设取得辉煌成就

长期以来，工商银行始终坚持“科技兴行”、“科技引领”战略，大力推进科技创新和技术应用，为不同时期的改革发展提供了强大的支撑。特别是“9991工程”的实施，不仅奠定了我行信息科技在国内同业的领先优势，而且极大地推动了全行管理体制的深刻变革和各项业务的创新发展，铸就了工商银行的核心竞争力。

（一）以“9991工程”建设为标志，开启了我国金融业数据集中的新时代，实现了我行信息化建设的新跨越。数据集中是中国金融业史无前例的创举。尤其对于工商银行这样客户和业务量巨大的金融企业来说，要在短时间内完成全部数据的集中又保证业务处理的不间断、数据信息不丢失，其规模之大、层面之多、难度之高是前所未有的。全行广大员工发挥勤于探索、善于借鉴、勇于创造、敢于超越的精神，始终顽强拼搏，不断攻难克坚，历时三年，于2002年10月顺利完成了工程建设，成功将分布在全国的36个数据处理中心集中到两个现代化的大型数据中心，在国内同业率先建成了超大型网络体系，实现了全行数据的集中处理和统一管理，形成了全行集约化、现代化的生产运行新模式。2004年又成功实施了数据中心整合工程，将全行的主要生产系统进一步集中到数据中心（上海）；2006年，

我们又顺利完成了核心应用系统重构工程，将应用系统按公司和个人业务进行划分，进一步降低了数据集中后的运行风险，并实现了全行数据中心的逻辑集中。同时于2001年建立了境外数据中心，启动了境外机构数据集中工程，陆续将澳门分行等14家境外分支机构以及工银亚洲的信息系统集中到境外数据中心，为工商银行实施全球化发展战略提供了有力的技术支撑。

“9991工程”的全面完成，标志着工商银行信息化建设进入集约化经营的全新时代。数据集中为全行经营管理和各项业务创新发展提供了具有国际先进水平的技术平台，推动了全行生产运行、应用研发、科技管理体制的变革，实现了生产运行由粗放到集约高效、经营管理由分散到集中统一的转变，使全行业务、管理、经营和服务等日益趋向精细化、规范化、标准化。工商银行从此变成真正意义上的“one bank”，即“一个”银行，为广大客户提供了更加快捷、方便、安全的金融服务。

工商银行的数据集中，开创了国内金融界建设超大规模数据中心的先河，开启了国内金融业信息化建设的一个新时代，推动了我国整个金融业的科技进步和各项业务的创新发展。鉴于“9991工程”的突出成就，2004年中国人民银行将银行科技发展奖设立以来的首个特等奖授予了我行的数据集中工程。

（二）以“9991工程”建设为新起点，开创了我行科技创新的新征程，锻造了我行信息科技的核心竞争力。“9991工程”竣工投产后，全行进一步加快技术创新和实践运用，持续保持信息化建设同业领先优势，显著提升了我行科技的核心竞争力。比如，在数据集中的平台上，2002年我们开发投产了综合业务系统（CB2000），实现了综合柜员、统一账务核算、资金汇划清算以及7×24小时的业务处理服务，使我行在国内大型商业银行中率先建立起统一、标准、规范的核心业务应用平台；在此基础上，又形成了集业务操作、经营管理、分析决策于一体的全功能银行系统（NOVA），并先后在电子银行、本外币理财、现金管理、风险管理、经营统计分析等领域的信息系统建设上不断取得突破。2008年10月31日，全行又启动了适应未来综合化、国际化发展需要的第四代应用系统建设（“1031工程”），计划用三年左右的时间，构建起一个具有灵活性、先进性、高性能、抗风险，达到国际先进水平的应用架构体系。目前，“1031工程”建设顺利推进，在客户信息整合、产品与核算分离、历史明细改造、三卡整合、网银应用重构等方面取得重要进展。同时，我行自主研发的境外机构综合业务处理系统（FOVA）已完成了在工银澳门、首尔分行等11家境外机构的投产，为我行实施国际化发展战略、拓展境外市场构建起了坚实的信息技术基础。此外，全行还建成了统一的总控中心，实现对全行生产运行的自动化监控和一体化管理；建成了具有国际先进水平的灾备体系，在国内同业第一家同时具备了同城和异地灾备系统；建立了业务连续性运作机制，有效防范了信息系统的运行风险。

依靠先进的技术平台，全行科技资源进一步得到优化，在缩减IT运营成本的同时不断提升运营价值。我行信息系统处理能力大幅提升，日均业务量从2003年的2 928万笔上升到目前的10 572万笔，增长了3.6倍。在业务量持续攀升的同时，信息系统可用率始终保持在99.95%以上的较高水平，支撑着全行超过1.6万家营业机构、3.2万台ATM、23万台POS机、2.3万台自助终端的平稳运行，为确保全行业务开展和经营管理的顺利进行提供了强有力的科技保障。

（三）以“9991工程”为依托，信息科技有力支持了全行的经营发展，推动了全行改革发展的进程。工欲善其事，必先利其器。十年来，全行以数据集中为基础，以核心应用系统为依托，始终坚持自主创新，在消化吸收外部先进经验的同时，依靠自身力量持续开展科技创新，使科技成为助推发展的利器和法宝，推动了全行的创新能力、管理水平、服务品质等方方面面质的飞跃。

一是持续推动了管理创新，促进了现代经营体制和全面风险管理变革。数据集中实现了全行业务的统一管理、集中监控和风险防范，做到了资源共享，进一步降低了管理成本，推进了一系列管理变革。比如，依托数据仓库的开发应用，全行的信息使用和管理实现了从分散到整合、从局部向全局转变的跨越。各项管理系统的应用研发，使客户信息分析及数据挖掘、信息统计、业绩价值管理及财务管理等方面的信息化建设实现了质的飞跃。又比如，通过科技的创新和支持，全行的信用风险、市场风险和操作风险管理方面应用系统不断丰富，推动了全面风险管理体系的建立和风险管理水平的提高。

二是持续推动了产品创新，促进了服务能力的提升。依靠强大的科技支持，全行进一步强化了以客户为中心的经营理念，产品研发的能力、速度和水平大大提高。近几年开发了一大批契合客户需求的新产品，打造了银行户口、财智账户、本外币理财、全球现金管理、牡丹白金卡等一大批具有竞争力的产品，率先开发出资产托管系统，搭建了私人银行平台，推动了相关业务的发展，巩固了我行传统业务和大部分新兴业务同业领先的市场地位。目前全行各专业产品数已达到2 375个，有效满足了客户多元化、个性化的金融需求。

三是持续推动了渠道创新，促进了电子银行的快速发展。全行抓住网络时代发展的新趋势，通过科技创新，建成了涵盖网上银行、电话银行、手机银行、自助设备等完整的电子银行服务体系，持续推出功能丰富的新产品，并通过网银应用重构、电话银行整合等不断优化技术体系，满足了全行6 621万个人网银客户、174

万公司网银客户以及5 000多万电话银行客户的需要，电子银行业务分流率达到了46.2%，大大降低了柜面压力，进一步巩固了我行的渠道优势，确立了我行电子银行客户数量最多、市场占比最大、效益最好的同业领先地位。

（四）以“9991工程”建设为契机，完善了科技治理体系，保障了全行信息化建设的持续发展。伴随着“9991工程”的实施以及近十年的探索实践，全行逐步形成了以董事会和高管层为战略指导，总行信息科技部、软件开发中心、各数据中心分别承担业务归口和规划管理、软件研发、生产运行、灾难备份和软件测试等职能，各分行负责辖内科技管理的信息科技管理体制。制定了由120个办法、细则组成的科技制度体系，发布了61项技术规范，进一步完善了各项信息科技管理制度、标准和规范体系。拥有国家专利88项，占到国内同业国家专利总量的55%。尤其令人自豪的是，全行建立了一支员工总量达1.1万人、国内规模最大、实力最强的科技队伍，成为了我行信息化建设十年历程中积累的最为宝贵的财富。

“9991工程”是中国工商银行发展史上具有划时代意义的大事，极大地推动了我行科技实力的进步，显著提高了全行的核心竞争力，促进了全行实现一次又一次的跨越和腾飞，也为中国金融企业现代化科技建设提供了一个范例，将永载中国金融史册。“9991工程”实施以来的十年，是工商银行信息科技跻身国际金融业一流、引领国内同业、实现新跨越的十年，工商银行的信息化建设得到了国际国内同业的广泛认可。2007和2008年度工商银行连续两次位居“中国企业信息化建设500强”首位，并多次被《银行家》等国际权威媒体评为信息化建设大奖。

“十年磨一剑”。工商银行已经走出了一条具有工行特色的大型商业银行信息化建设之路，总结这些年的发展实践，有以下几点体会：

——必须坚持科技引领战略，集全行之力发展科技。信息科技是商业银行的重要基础专业力量，也是确保银行改革顺利推进、业务快速发展的关键支撑力量。多年来，正是由于我们始终高度重视信息科技建设，始终保持对科技的大投入，全行上下同心协力、总分行密切配合，坚定不移地推进科技进步与发展，才使全行整体信息科技水平始终处在国内领先、国际先进的地位，有力支持了全行业务的持续创新和快速发展。

——必须坚持围绕全行发展战略，与业务紧密结合发展科技。科技发展进步的根本目的在于提升银行的核心竞争力，在于提升客户服务水平，在于促进业务发展，这是我行信息化建设的根本指导思想，也是确保信息化建设取得巨大成就的关键。任何脱离业务发展需要和客户需求的科技发展是没有生命力的。十年来，全行科技工作始终围绕全行总体发展目标，以客户为中心，与业务协同发展，实现了业务发展和科技水平的同步跃升。

——必须坚持自主创新，主要依靠自己的力量发展科技。把别人的东西照搬过来虽然简单，但始终受制于人，处于被动局面，也很难形成区别于他人的核心竞争力。从大机延伸、数据集中、NOVA系统研发、网上银行和第四代核心系统建设，工商银行的科技发展始终坚持了自主创新的科学发展道路，不仅建立了一支强大的科技队伍，而且完成了从数据集中到数据中心整合，从研发核心应用系统到建设完整产品体系的大跨越，保持了在同业中的领先地位。正是自主创新的科技发展战略以及不等不靠、自力更生的创业精神，才使我们在激烈的信息化建设竞争中牢牢掌握了主动权。

——必须坚持安全为本，以保障业务安全稳定发展科技。信息科技已经深入到银行经营管理的全过程，信息系统的安全平稳运行已成为全行改革发展顺利推进的基础，同时信息系统的安全运行水平也是我行科技发展水平的首要体现。长期以来，特别是数据集中以来，全行上下正是以安全生产为中心，始终坚持“将确保信息系统安全稳定运行放在信息科技工作首位”的原则，通过在技术和管理两个层面上采取一系列措施，不断提升信息系统可用率和客户服务水平，使信息系统经受住了一次次严峻考验，确保了全行业务运行的安全性、稳定性。

这些经验和启示是大家多年努力的成果结晶，是经过全行多年来的实践充分检验的成功经验，在今后的工作中，我们一定要认真吸取并加以完善。

“9991工程”建设十年来，全行科技与业务战线的广大干部员工勤勤恳恳、兢兢业业，为我行的信息化建设付出了艰苦的劳动，作出了突出贡献；有些同志甚至牺牲在工作岗位上，用自己毕生的心血书写了工商银行信息化建设进程绚丽的一页。今天，总行党委将对十年来在我行信息化建设过程中作出突出贡献的人员进行表彰，授予4名同志“工商银行信息化建设功勋奖”，授予77名同志“工商银行信息化建设10年杰出贡献奖”；同时，对累计在我行信息科技岗位工作满20周年的员工，总行也将颁发“工商银行信息科技工作20周年纪念章”。希望全行员工都能以他们为榜样，顽强拼搏，再接再厉，为工行发展作出更大的贡献。借此机会，我代表总行党委向在全行信息化建设工作中无私奉献的同志们表示亲切的慰问！我同时要感谢多年来为我行信息化建设倾注大量心血的历届行领导！你们的伟绩将永远刻在工商银行改革发展的历史丰碑上！

二、我行信息化建设面临的新形势

国际金融危机使全球金融体系处于重组变革之中，国内金融脱媒、利率市场化进程也日益加快，正深刻改变着商业银行的经营模式和发展方式，迫切需要现代信息技术的发展和进步来提供新的动力支持。同时，科技的创新永无止境，同业的赶超步伐很快，要保持持续的领先优势，全行的信息化建设面临更艰巨的任务和挑战。

一是突破盈利成长的“平台期”对信息化建设提出了更艰巨的任务。经过连续六年持续高增长后，我行逐步进入了一个盈利增长的“平台期”，保持盈利的持续增长面临着越来越大的挑战和压力，必须下大力气推进改革创新和经营转型，加快培育和扩大新的盈利增长点。如何依托先进的科技平台，不断开发出更多契合客户需求的多元化、个性化产品，并以统一的客户视图提高服务营销能力，全方位满足客户的各类金融需求；如何持续优化业务流程，推动流程银行建设，不断提高我行的精细化经营管理和差异化服务水平，从而保持市场优势和核心竞争力，都需要科技部门同各业务部门协同配合，建设更为先进科学的管理信息平台，共同推进产品和业务创新，进一步拓展收入来源，压缩经营成本，提高盈利能力。

二是国际化、综合化加速发展对信息化建设带来更重大的挑战。综合化、国际化是我行的战略发展方向。目前，我行境外机构设立和并购步伐正在加速推进，全球经营的范围将更加广泛；境外机构的快速发展及并表监管的要求，需要我们尽快将国内的先进业务产品和管理制度延伸到境外，加快 FOVA 系统建设与推广。同时，我们在现有的基金管理、金融租赁等业务的基础上，还将探索开展证券、保险等新业务，以进一步提高综合化、国际化经营的协同效应。这迫切需要建设内外联动、信息共享、跨市场、跨业务的综合化信息平台。这不仅要克服技术上的难题，更要满足不同国家、不同市场的监管要求，是下一步全行信息化建设必须解决的重大课题。

三是全面风险管理水平提升对信息化建设提出更高要求。目前，工商银行的经营发展已经进入一个新的层次，相应的风险管理手段也不能停留在传统的思维和手段上，必须更多地依靠先进科学的流程和技术，从根本上杜绝和减少风险隐患。目前我们通过内部评级法建设、运营体系的改革等，提高了风险的识别、计量、评估和预警等能力，但在数据的挖掘、利用等方面还不够深入。随着未来经营形势的日益复杂和各种风险相互交织的加剧，如何进一步提升风险管理水平，有效应对复杂多变的金融环境和市场环境，还需要进一步提高风险管理系统的开发应用水平，尤其是风险量化工具的研发。

四是保持科技实力的持续领先给信息化建设带来新的压力。“9991 工程”完成数据集中后，国内同业纷纷效仿，各行的技术平台越来越趋于同质化。国际一流金融企业也在不断加强信息化建设，希望借助信息化建设来早日摆脱金融危机的困扰，而且在客户信息分析、产品创新、生产运行管理等方面积累了丰富的经验。如何保持工商银行在信息科技领域的国内领先优势，全面达到国际一流水平，是我们长期面临的重大挑战。同时，随着全行信息化程度的不断提高，对信息科技的依赖程度日益加大，对信息科技系统稳定运行的要求也更加严格，特别是在全行数据集中的背景下，信息科技系统出现任何细小问题都可能造成巨大损失和声誉风险。另外，黑客等破坏系统运行的信息安全风险始终存在，如何在业务和产品创新加快的同时，保证信息系统的安全稳定运行，面临越来越严峻的考验。

三、加快建设国际一流的信息科技体系，努力实现新一轮的跨越

当前，全行步入了新的发展阶段，正在按照股改后新一轮三年规划，加快建设国际一流的现代金融企业。作为全行发展的关键支撑力量，信息科技要进一步加大创新，吸收国内外最新的科技成果，为全行改革发展构建运行平稳、创新力强、架构灵活、管理科学的信息科技平台，把工商银行建设成为全球最优秀的 IT 银行，实现从国内领先到国际领先的新跨越。

（一）打造国际一流的信息系统平台。打造具有国际先进水平、更加安全稳定的信息系统平台，既是我行改革发展的内在需要，也是包括客户和监管部门在内的社会各界对我行的基本要求。要持续提升生产运行管理水平，实现对系统运行的全方位监控；持续提高生产运行操作的自动化水平，有效控制运行操作风险；持续开展应用系统优化调整，不断提高信息系统的高可用性。要不断完善全行灾备体系，积极实施分等级的应用灾备策略；要着眼于国际一流现代数据中心的建设标准，按照“两地三中心”模式进一步优化我行的生产中心布局，同时不断完善业务连续性运作机制，提高防范和抵御更大风险的能力。要积极跟踪、研究新技术，进一步优化技术架构，加强基础设施建设，加大自助服务设备的投入力度，提升我行服务的科技水平。

（二）建设国际先进的核心业务系统。当前全行正在加紧建设适应未来国际化、综合化发展需要的第四代核心业务系统，即“1031 工程”。这是继“9991 工程”之后全行信息化建设史上又一项具有里程碑意义的重大工程，力争通过三年的努力，建立起拥有自主知识产权、全面达到国际一流水平的信息技术基础平台。第四代核心业务系统建成后，要实现六个方面的目标：一是客户视图统一，即实现对客户信息的统一、渠道和服务的整合，真正实现“以客户为中心”；二是核算相对独立，即采取层次化、构件化、模块化方式实现应用系统之间的松耦合，支持快速的产品和业务创新；三是境外应用一体，满足国际化发展战略要求；四是管理信息集中，即实现从数据集中到信息集中和业务管理集中的转变；五是全面风险管理，即健全我行各类风险管理系统

建设，支持我行实现新资本协议内部评级法高级法；六是业务多点接入，即实现全行集中的业务处理中心的多点接入，实现业务跨区受理。围绕以上目标，全行上下要加快工程实施进度，尽快完成工程建设，推动全行管理创新、流程创新、业务和产品创新再上新台阶，尽快将信息科技优势转化为业务发展优势，转化为管理优势和市场竞争优势，推进全行经营转型，增强全行可持续发展能力。

（三）完善适应现代金融企业发展要求的科技治理体系。要不断完善信息科技的体制机制，确保信息科技发展的可持续性。要强化科技治理，根据全行新的发展形势和要求，不断通过机制改革、体制完善来进一步提升信息科技的持续发展能力、风险控制能力。近期总行将成立信息科技管理委员会，进一步加强对科技建设的战略指导，这是总行加强科技治理的一项重要举措。

要进一步完善信息科技风险管理机制。要完善由信息科技部门、内控合规部门和内部审计部门构成的信息科技风险管理“三道防线”，强化信息科技风险的防控。要不断提高科技工作中研发、测试、生产等各个环节的工作质量和效率，持续优化科技管理体制和管理流程。要进一步加强科技队伍建设，在稳定科技队伍的同时，加快结构优化调整，加强科技人员技术学习和经验积累，进一步提升科技队伍的整体素质。要围绕我行发展愿景，加强科技文化建设，大力弘扬我行多年来形成的“特别能吃苦、特别能战斗、特别能攻关、特别能奉献”的优良传统，形成团结和谐、无私奉献、追求卓越、努力进取的文化氛围。

同志们，工商银行信息化建设所取得的辉煌成就已经载入史册，我们又将开启新的征程。困难和挑战考验着我们，责任和使命激励着我们。希望全行科技部门和业务部门携起手来，继往开来，奋发有为，敢于探索，勇于创新，既突破前人，又超越自我，不断开创我行信息建设的新局面，谱写我行科技创新的新篇章，为把工商银行建设成为全球最盈利、最优秀、最受尊重的银行作出更大贡献！

在中国工商银行服务“双百佳”表彰暨“2010服务价值年”启动大会上的讲话

姜建清

（2009年12月15日）

同志们：

刚才，我们隆重表彰了“百佳服务机构”和“百佳服务标兵”，听取了12家机构代表的经验介绍，启动了“2010服务价值年”活动。这里，我代表总行党委，向受到表彰的先进集体和个人表示热烈的祝贺！向全行服务工作中作出贡献的广大干部员工表示衷心的感谢和诚挚的问候！

今年以来，在举国喜迎新中国成立60周年之际，我们在全行深入开展了“为工行添彩、为国庆献礼”服务大提升活动。在这次活动中，广大干部员工把强烈的爱国热情转化为立足本职、改善服务的实际行动，以服务的改进推动了全行竞争发展能力的提高和经营发展目标的实现，也有力地支持了经济企稳回升和社会发展。我们高兴地看到，通过这次活动，全行的现代服务理念得到进一步树立，网点服务、渠道建设、产品创新、市场营销、流程优化、管理改进等各方面工作有了明显改善或加强，全行上下、各个专业都在改进服务上做出了积极努力，涌现出了大量的先进集体和个人，这次受到表彰的“百佳服务机构”和“百佳服务标兵”，是其中的先进典型代表。

刚才12家机构的服务经验介绍各具特色，事迹突出。其中的共同特点，就是以客户为中心，重视客户体验，关注细节，用心服务。这是做好服务工作的精髓。可以说，这些年全行各级机构和各个专业在改进服务方面想了很多办法，做了很多工作，探索出了很多行之有效的经验和做法。这些经验启示我们，改善服务好的方法来自基层、来自员工、来自实践。全行都要认真、全面地总结这些年来改善服务的好经验、好做法，并注意将其归纳概括为制度性的规范，深入地加以推广。

我们这次战略研讨会的主题是，“以加快创新与改进服务为突破，大力提升竞争发展能力和可持续盈利能力”。我在今天上午会议上，对今后的服务工作提出了一些思路和措施。这里我结合刚才几位同志介绍的经验，就做好当前及今后一个时期的服务工作再提几点要求。

一、要进一步提高对服务工作重要性的认识，增强紧迫感和使命感

商业银行属于服务业，服务是银行最根本的属性。在当前金融同质化竞争加剧、金融消费层次逐步升级的趋势下，银行间的市场竞争已从产品、价格的角逐全面演变为服务品质的较量，服务越来越成为现代银行业核心竞争力不可或缺的重要组成部分。今年以来，我们进一步经受住了国际金融危机冲击和国内经济下滑的考验，不仅继续保持了不良贷款“双降”和各类风险可控，而且抓住机遇实现了新的发展，各项经营指标执行情况好于预期，全年净利润增幅有望超过年初制订的计划目标。在国际大型金融机构普遍遭受危机重创的情况下，我行脱颖而出，成长为全球市值最大、盈利最多、客户存款最多和品牌价值最高的大型银行，国际市场地位和影响力显著提升。这是我们这些年来持续推进改革创新和经营转型的结果，更是持续改善金融服务的成果，从某种意义上讲，服务的改善对全行竞争发展能力和可持续盈利能力的增强起到了基础性和根本性作用。近年来伴随着改革创新的推进和现代科技的广泛应用，全行的服务内涵、服务方式和服务手段等都发生了很大改变。特别是股改上市后，通过持续开展“优质服务年”、“奥运服务年”和“服务提升年”等接力式服务改进计划，全行服务供给能力显著增强，服务流程不断优化，服务面貌有了明显改观。

同时，全行也应清醒地认识到，从当前经济工作对金融服务的要求来看，从日益提高的客户需求来看，从应对严峻竞争形势，实现我行建设“最盈利、最优秀、最受尊重的国际一流现代金融企业”的战略愿景的需要来看，我们的服务工作都还程度不同地存在着不足和差距，特别是我们的服务声誉与工商银行领先的市场地位还不相称；以客户为中心的服务理念和体制机制还需要进一步充分体现；以产品为中心的流程设计、系统开发、资源配置的一些做法还需加快改变。这里我希望全行进一步提高三个方面的认识。

第一，进一步提高对服务经济的认识。当前，我国在应对这场席卷全球的国际金融危机中，率先实现经济企稳回升，但持续回升向好的基础还不牢固，各种不确定不稳定因素依然较多，经济形势十分复杂。刚刚结束的中央经济工作会议，特别强调明年要处理好保持经济平稳较快发展、调整经济结构和管理好通胀预期的关系，并明确要求“提高金融服务质量和水平”。经济决定金融，服务和支持经济发展是银行的天职，是基本社会责任。作为中国最大的商业银行，我们必须认真贯彻国家的宏观调控政策，积极改善金融服务，在支持经济平稳较快发展和提升经济发展质量效益中发挥应有的作用。

第二，进一步提高对服务竞争力的认识。目前，我行在绝大多数核心和战略领域保持同业领先的市场地位，但部分业务领域竞争优势并不明显或在逐渐缩小，部分分支机构市场份额下降较多，有的甚至丧失了在当地市场的主导地位。这其中肯定有多方面的主客观原因，但归根结底反映的是一种服务竞争中的状况。在应对这次国际金融危机中，我行国际市场地位和影响力大幅提升，但与一些国际大银行相比，我们在提供个性化和高端服务方面还有差距。近来，那些危机重创的国际大银行通过政府注资、重组和调整，实力恢复和机制修复加快，国际金融格局调整和变化较快，我们只有形成与自身地位相称和能与国际大银行相抗衡的服务能力，才能从根本上稳固和提升我行的国际竞争力和影响力，才能在未来与国际大银行同台较量中立于不败和确立优势。

第三，进一步提高对满足客户日益增长的金融服务需求的认识。最广阔的市场存在于客户心中。服务优劣的唯一评判标准就是客户感觉好不好、满意不满意。我们正在推进的转型与创新、正在寻找的新的盈利点，实质上就是在不断寻求客户的需求和满足这些需求的方式方法。随着居民生活水平的提高，消费习惯也出现了明显的变化，进入到了以“喜欢或不喜欢”为主要选择标准的感觉消费和“满意或不满意”为主要选择标准的情感消费阶段。这就要求我们不仅能够提供适应客户多元化需求的金融产品，而且还要能够以适应客户消费习惯的服务方式提供这些产品；要求我们牢固树立“满意度是今天的市场、美誉度是明天的市场，忠诚度是永恒的市场”等现代市场观，更加注意客户满意度、美誉度、忠诚度的监测、维护与提升。

总而言之，改善服务既是我们当前面临的一项紧迫任务，更是一项需要长期抓好的永恒课题。这也正是我们今天召开这次会议，隆重表彰服务先进，并启动“2010 服务价值年”的目的所在。

二、坚定目标，持之以恒，努力打造国内领先国际先进的金融服务

总行在去年的发展战略研讨会上提出我行服务工作的目标是：用三到五年的时间使我行成为中国金融市场上客户满意度最高和客户首选的银行，成为国际金融市场上客户推崇的中资银行。这是一个很高的目标。达到这样一个目标，标志着工商银行向建设“三个之最”银行的美好愿景迈出了决定性的一步，全行的竞争发展必将出现一个全新的局面。这注定是一个艰难和充满挑战的过程。全行上下一定要胸怀远大目标，从我做起，从现在能够做的工作抓起，扎实做好每一天，做好每一个客户的服务，点滴累积、持之以恒，不断向着这一宏大目标迈进。

要继续加快推进服务渠道建设。近年来全行通过实施渠道再造与转型战略，整体形成了由营业网点、电子

银行、客户经理几大体系构成的营销服务网络。特别是近三年建设了3 600家包含私人银行、财富管理中心、贵宾理财中心在内的中高端网点，网点的营销服务功能和市场竞争力得到了显著提升。明年总行将继续投入一定资金用于网点装修改造。各行要按照总行部署，认真做好中高端网点建设的扫尾工作，要着力加强营销服务力量的充实配备，使已装修改造中高端网点尽快形成专业化服务的现实能力。同时，要重点抓好一批客流量和业务量大的一般理财网点和金融便利店的装修改造，继续加大自助设备的配备力度，不断提升分层服务水平。

要继续加快增强金融产品供给能力。经过这些年持续创新，全行各类产品已超过2 400多种，成为国内金融产品数量最多、门类最齐全的银行机构。明年，总行还将重点组织打造八大服务平台，依托科技优势打造服务竞争的“杀手锏”。特别是将在全面整合产品系统的基础上，推出“以客户为中心”的、能够高效支持各接触点精确营销的个人和对公客户营销服务平台，推出覆盖供应链企业群的“供应链金融服务平台”，增强供应链上下游客户对我行的依赖性和忠诚度。各级行要注意加强这些新产品的营销，形成竞争对手在短期内难以超越的服务优势。

要继续加快提高客户服务效率。各级行要进一步深入排查、系统梳理影响客户服务效率的各方面因素，逐一研究解决措施。尤其要进一步重视解决好部分网点客户排队等候时间过长的问题。要加强对重点网点、对业务高峰时段排队情况的监测分析，采取科学调整劳动组合和服务模式，增开弹性窗口，行长坐堂和大堂经理引导等多种措施，提高服务适应能力。要加强客户辅导，积极引导公众使用电子渠道，有效缓解柜面压力。

要继续实施精细化服务工程。细节决定成败。优良的服务品质不仅体现为高效的流程、先进的产品，还源于完美的服务细节，源于与客户每个接触点的服务。我们要在全行推行精细化服务、细节服务。要注重维护金融消费者的合法权益，为客户创造良好的消费体验。要加快建立覆盖各类客户和服务全流程的服务规范和标准，以制度保证品质。要倡导和要求员工用心做好服务的每一个细节，以贴心的服务打动客户，通过做好千千万万个服务的细节来赢得客户的口碑，通过千千万万客户的口碑铸造工商银行的服务品牌。

三、加快完善大服务格局，为服务大提升提供体制机制保障

现代服务体系就像一台精巧的机器，任何一个节点、任何一个零部件出现问题，都有可能影响到整个系统的运转。服务竞争也像一场汽车拉力赛，能否赢得胜利，不仅要看赛车手的表现，也要看背后教练和机械师团队作用的发挥。在银行服务中，我们直接面对客户的一线柜面人员、大堂经理、客户经理就好比我们的赛车手，而我们的中后台和各级管理人员就是机械师和教练，只有大家齐心协力、合作无间，才能在服务竞争的赛道上超越致胜。这就是我们强调的“大服务”格局的内涵和意义。

建设大服务格局，要贯彻全行一盘棋的思想。在服务交付体系中，决定客户体验的除了直接面对客户的前台与个人外，中后台的支持与保障效率也是极其重要的决定因素。因此，全行在抓紧推出覆盖各种渠道、各类客户服务标准的同时，也要从纵横两个维度建立起内部服务的标准和规范，推行内部服务承诺制，健全内部服务质量考核，使提升服务质量的压力由基层行有效传导至管理行，由前台有效传导至中后台，使全行共同构成一个真正以客户为中心的服务价值链，形成改善服务的合力与动力。

建设大服务格局，要抓住改革这个关键。目前我们正在全行积极推进一系列体制机制改革，这次研讨会上又提出了一些新的改革思路和措施，比如业务运营改革、报表集中改革、后台集中改革、总行利润中心改革、人员跨区域流动、二三线人员精减等。这些改革中很多是带有基础性、根本性、开创性意义的变革，它对全行进一步优化业务流程、改进风险控制、调整释放劳动生产力、全面提升服务效能，具有十分重要的意义。各级行、各部门要认真落实好这些改革措施，真正把通过改革释放的人力资源投入到市场营销和客户服务中，真正把效率改善的成果体现为客户满意度和全行美誉度的提升。

建设大服务格局，要重视资源的投入与整合。我们一些机构包括一些管理者或多或少存在一些重业务经营轻服务改善的思想，认为服务工作缓一缓、放一放、少投入一些不影响大局。这种“短视”的思想一定程度上影响了服务工作的改善。事实上，对服务的投入不仅仅是成本，更是一种投资，在赢得好口碑的同时，一定会带来业务的增长和更高的边际收益。因此，各级行应该把当前竞争和经营的压力转化为改善服务的动力，舍得在服务上投入必要的资源，舍得在服务资源的整合上花气力、下功夫。当前尤其要继续在网点装修改造、自助设备投放、客户经理配备、业务流程优化和服务功能强化等方面，加大投入和整合。这种注重服务能力提升的发展才是有后劲、可持续的发展。

同志们，工商银行作为国内客户使用最多的银行，要建成国内服务质量最好、国际上享有盛誉的一流银行将是了不起的成绩。我相信，依靠我们这支40万优秀员工队伍，凭着坚韧不拔、克难奋进、和衷共济的工行精神，我们一定能够创造这一奇迹。

谢谢大家。

以加快创新与改进服务为突破 大力提升竞争发展能力和可持续盈利能力

——在中国工商银行发展战略研讨会上的讲话

姜建清

（2009 年 12 月 15 日）

当前，世界经济金融格局正在发生新的变化，我国应对国际金融危机冲击取得明显成效，已率先实现经济回升向好，工商银行在应对这次危机中国际市场地位和影响力大幅提升，但全球经济复苏和我国经济回升的基础都还不牢固，不确定、不稳定因素仍然较多，全行经营发展依然面临十分复杂的形势。刚刚结束的中央经济工作会议，深刻分析了当前国际国内经济形势，全面部署了明年的经济工作，明确了一系列重大经济政策，对于我国继续保持经济平稳较快发展和提升经济发展质量具有十分重要的意义。我们这次发展战略研讨会的主要任务，就是认真学习贯彻中央经济工作会议精神，深入分析当前全行面临的经营环境，重点研究以加快创新与改进服务为突破，以强化风险管理为保障，提升全行竞争发展能力和可持续盈利能力的战略问题，确定明年及今后一个时期的工作思路和策略措施。

下面，我先讲几点意见。

一、充分认识当前形势的复杂性和任务的艰巨性，增强责任感和使命感

随着各国经济刺激政策效果的逐步显现，世界经济金融复苏迹象日趋明朗，但世界经济金融的恢复将是缓慢、复杂和曲折的过程。我国经济回升过程中也存在许多不确定、不可预见的因素，明年我行的经营发展仍将面临十分复杂的局面。

（一）全球经济逐步走出衰退，金融体系渐趋稳定，但复苏过程仍充满着挑战。总体上讲，如果国际经济金融领域不发生大的意外事件，明年世界经济形势会好于今年，国际贸易和投资将呈现恢复性增长，部分发达国家经济可能结束衰退，发展中国家主要是新兴经济体的表现可能好于发达国家。同时我们也要看到，发达国家经济增长的内生动力还不足，经济复苏的驱动力有可能难以持续；各种形式的贸易保护主义明显抬头，可能会延缓世界经济的复苏进程；国际金融体系受损对实体经济的影响依然很大。前不久发生的迪拜事件启示人们还要继续关注金融危机的滞后效应。此外，一些国家政府积极干预政策退出步伐难以协调一致也可能会影响经济复苏的进程。这些都使得全球经济的稳定全面复苏面临较大的不确定性。

从国际金融形势看，全球金融市场渐趋活跃，资本市场融资功能逐渐恢复，一些欧美大银行通过政府注资、重组和调整，资本和资产实力逐步恢复，危机后的经营能力恢复十分明显，综合化经营优势突出。同时，全球金融业正在经历结构性的变化与整顿改革，金融市场和产品结构、金融机构盈利模式及全球布局都面临重大变化，全球金融监管更为严格规范的趋势更加明显，消费者金融保护更加被重视。这些因素都将不同程度地改变全球的金融格局。

（二）我国经济企稳回升的势头进一步确立，金融运行稳定，但持续回升过程中面临新的情况和问题。在国家应对国际金融危机一揽子计划和政策措施的作用下，我国较快扭转了经济增速下滑的趋势，经济增速逐季加快，实现全年 GDP 增长 8% 的目标大局已定，同时经济结构调整也取得了新的成效。但我国经济回升的基础还不牢固，经济运行中的新老矛盾和问题相互交织，特别是经济回升的内生动力仍然不足，外需不振可能较长时期存在，产能过剩问题更加凸显，产业结构调整的压力和难度加大，资产价格上涨问题引发通胀预期明显增强。从我国金融形势看，货币信贷超常增长有力拉动了经济回升，但也存在总量过大、结构不尽合理等问题，潜在风险和隐患不容忽视。

明年我国宏观经济政策的着力点将会是处理好保持经济平稳较快发展、调整经济结构和管理好通胀预期的关系，在保持经济平稳较快发展的同时，切实引导各方面把工作重点放到转变发展方式、调整结构、提高经济增长的质量和效益上来。明年要继续实施积极的财政政策和适度宽松的货币政策，保持宏观经济政策的连续性、稳定性，同时根据形势的变化，适时适度对宏观经济政策的力度、节奏、重点做出必要的微调，增强政策的针对性、灵活性。在当前复杂的经济形势下，各方面对宏观经济政策走向相当敏感，统一认识和把握运用政

策的难度增大，这些都对宏观调控提出了更高要求。在国内外经济形势没有持续稳定好转之前，坚持宏观经济政策的基本取向不变是十分必要的，否则就有可能使市场信心受挫和形势出现逆转。增强政策的针对性和灵活性，有利于非正常条件下的非常措施向正常状态有序平稳过渡。事实上，今年第四季度以来，监管部门已开始对银行机构资本充足率、拨备覆盖率和信贷管理等风险监管指标提出了更高标准。复杂的经济形势和国家宏观调控的高标准要求，无疑对银行政策把握和经营管理水平提出了更高的要求。

（三）工商银行面临新的机遇和挑战，迫切需要通过自身深入变革来推进新一轮的健康发展。经过股份制改革的推动和股改后首个三年发展规划的圆满完成，全行经营面貌发生了根本性变化。在这些年来“最为困难”的一年里，我们经受住了严峻的风险考验，并抓住机遇实现了新的发展，取得了极为不易的成绩。预计今年末不良贷款率会降至1.6%左右，拨备覆盖率可以达到150%的监管要求，净利润增幅会超过10%的预期目标。在国际大型金融机构普遍遭受危机重创的情况下，我行脱颖而出，成长为全球市值最大、盈利最多、客户存款最多和品牌价值最高的大型上市银行，今年以来又在国际国内获得了上百个奖项。最近在我国首次召开的国际金融监管联席会议，选择我行作为监管评价对象，来自10个国家的12家监管机构代表，对工商银行稳健经营和持续健康发展的态势给予了充分肯定。

从总体上看，明年经济发展环境将好于今年，各种积极因素和有利条件增多，为全行拓展市场、加快创新和转型发展创造了许多难得机遇。随着经济平稳较快发展，产业优化升级步伐的加快，战略性新兴产业的培育，国内消费需求的扩大和升级，城镇化的快速推进，现代服务业的加快发展，以及区域经济的协调发展，必将会大大提升我行的发展空间。随着我国多层次资本市场体系的不断完善，汇率形成机制改革的继续推进，金融业综合化经营的稳步试点，多样化融资方式、融资工具的大量涌现，必将会进一步拓宽我行的发展道路。随着我国对外开放广度和深度的进一步拓展，稳定外需促进出口各项政策措施的落实，我国企业“走出去”战略的深入实施，以及人民币国际化的推进，必将为我行开拓海外市场和国际业务提供许多前所未有的机遇。更为重要的是，我国在世界经济运行机制变革、在国际货币金融体系改革中话语权和影响力的提升，为我们通过多种方式加快国际化发展创造了更为有利的条件。

同时，我们也应该清醒地认识到，当前全行经营发展中也面临着一些较大困难和严峻挑战。

一是盈利高增长遇到“瓶颈”制约。经过这些年的改革创新和持续转型，全行的发展方式发生了显著变化，2003年至2008年的六年间，全行实现了年均净利润37.6%的高增长。今年以来，受国际金融危机和国内外经济增长放缓以及利差收窄等因素的影响，尽管贷款实现了从来没有过的超常增长，但贷款利息收入却出现了从来没有过的负增长，净利润的增幅也是近年来最低的。中央经济工作会议指出：“国际金融危机对我国经济的冲击，表面上是对经济增长速度的冲击，实质上是对经济发展方式的冲击”。可以说，当前我行利润增势明显趋缓，也是在经营环境突变的情况下，我们的资产负债结构、收益结构、渠道结构和人力资源结构的调整滞后的反映。随着经济复苏、资本市场功能的恢复和发展，金融脱媒和利率市场化的趋势也会明显加快，依靠传统增长方式来保持盈利增长的难度会越来越大，全行发展方式的转变显得尤为紧迫而关键。

二是竞争发展能力面临新的挑战。从国内同业竞争看，尽管我行在绝大多数核心和战略领域保持同业领先的市场地位，但在部分业务领域竞争优势并不明显或在逐渐缩小，有的甚至已被竞争对手赶超，部分分支机构市场份额下降较多，已经丧失了在当地市场的主导地位。从国际金融竞争看，我行国际市场地位的大幅提升固然有我们自身加快改革创新的原因，但也有国际大银行在这次金融危机中遭受严重冲击的特定历史背景。随着全球经济的企稳回升，国际金融市场的渐趋稳定，一些国际大银行注资、重组及整合的逐步完成，他们原有的行业优势、机制优势将会重新显现出来，全球金融格局必将面临新的重大变动甚至重构。而我们在体制、机制、服务、创新、人才队伍建设等方面不适应未来竞争发展的问题仍然不少。新时期能否抓住机遇，深化变革，巩固和扩大我行在国内国际市场的地位和优势，是对我们的重大考验。

三是风险管理还不适应复杂经营环境和全行创新发展的需要。尽管我们经受住了国际金融危机和国内经济增长放缓带来的风险考验，尽管我们的不良率、拨备覆盖率、千人发案率等显性指标已经居于国内国际先进水平，但在全面风险管理体系建设、先进风险管理技术应用、健康的风险管理文化培育等方面，还有许多不足和差距。当前经济虽已企稳回升，但不确定性因素依然较多，近一个时期以来，在保增长的过程中，特别是在扩大投资中，也积累了一些新的风险因素，一些低水平重复建设、地方政府融资平台负债过度、项目资本金不足等问题需要引起高度关注。产能过剩行业结构调整的推进，也给我们的信贷风险管理带来了许多新的挑战。复杂的外部环境，也对全行操作风险防范带来新的考验。同时伴随着业务创新的深入，伴随着国际化综合化发展步伐的加快和越来越多地介入相对高端而复杂的交易类金融业务，资产价格上升期消费信贷的流向及其可能伴随的风险以及利率风险的凸显，我们的风险管理不可避免地会遇到更为复杂的情况和更加严峻的挑战。

面对当前复杂的经济形势，面对全行经营发展面临的机遇和挑战，全行要进一步增强忧患意识和责任感、使命感，认真贯彻落实中央经济工作会议精神，更加注重通过发展方式转变和结构调整来推进经营转型，更加注重通过加快创新和优化服务来竞争客户、赢得市场，更加注重通过加强公司治理和改进内控管理来应对各类不确定因素与风险的挑战，努力实现竞争发展能力的增强、资产质量的稳定和盈利的可持续增长。

二、认真贯彻中央经济工作会议精神，在保持信贷适度增长中着重调结构、控风险、上水平

明年广义货币 M2 增长目标为 17% 左右，新增人民币贷款 7.5 万亿元左右。这一目标，虽低于今年实际执行结果，但仍是一个适度宽松的政策目标。明年经济工作重点放到推进发展方式转变和结构调整上，要求银行必须优化信贷结构，落实有保有控的信贷政策，提高金融服务的质量和水平。因此，我们明年的重点工作要围绕中央确定的政策措施来展开，特别是信贷工作要在合理把握信贷投放总量的同时，把更多精力放到结构调整上来，坚持有保有控、有所为有所不为，切实通过信贷结构优化促进经济发展方式转变和经济结构调整，提高自身效益和降低风险。

（一）保持对经济平稳较快发展的信贷支持力。根据明年全国货币信贷增长计划，综合考虑我行有效信贷需求和风险管理、资本充足水平，总行计划明年安排人民币各项贷款增长 17% 左右。应该说，这样一个信贷计划安排是合适的，低于全国信贷增长速度，符合国家政策导向，有利于我们更好地发挥大银行在支持经济发展中的重要作用，有利于支持国家重点在建项目的尽早完工和发挥作用。我们要精心组织落实好这一计划。同时，我们还要认真按照中央经济工作会议的要求，切实把握好信贷投放节奏，防止季度之间、月度之间异常波动，努力做到均衡投放、适时到位。

（二）着力在调整信贷结构方面下工夫、求突破。要根据国家区域发展规划、十大产业振兴规划和产业政策，进一步完善我行区域和行业信贷政策，加强信贷结构调整的政策引导；结合正在进行的相关改革，更加充分地运用内部资金价格、经济资本管理等机制性手段促进信贷结构的调整。要切实通过信贷结构的大调整，促进经济发展方式的转变，提高信贷风险防控和信贷收益水平，增强信贷业务的可持续发展能力。

一是调整行业结构。要优先安排我行前期贷款支持的在建、续建项目的后续信贷投入，保证我行已签约重大项目信贷资金及时到位，同时要严格控制对新上项目贷款，严格控制地市级以下的城建贷款，保续建、控新建、调结构，巩固和发展优质信贷市场。积极配合国家推进节能减排、循环经济、低碳经济的战略部署，完善绿色信贷政策、审批和评价考核机制，加大对环境保护、节能、资源综合利用等项目的支持力度，不断扩大绿色信贷比重，同时严格控制对高耗能、高排放行业的贷款，做绿色信贷标杆银行。积极开拓现代装备制造业、先进制造业和高新技术产业信贷市场，大力培育新能源、信息网络、新材料、生命科学等战略性新兴产业信贷市场，稳步发展医疗卫生、物流配送、电子商务、文化旅游等现代服务业信贷市场，同时降低对一般制造业的融资份额，严格控制产能过剩行业的贷款，禁止对单纯扩大产能的项目发放贷款。要继续坚持以大中城市为主体发展房地产信贷，积极支持普通商品房开发和保障性安居工程建设，稳步发展大中城市的土地储备贷款，支持居民自住型住房消费，同时适当控制商用房贷款，严格执行二套房信贷政策，控制投机性购房信贷需求。

二是调整产品结构。要按照国家促进中小企业发展的政策要求，创新信贷产品和服务，推出以产业链、供应链和物流链等为基础的链融资业务，大力发展贸易融资，积极推动中小企业信贷尤其是小企业、微型企业信贷进入发展“快车道”，使中小企业信贷增速高于全行平均水平。组合创新信贷产品与租赁业务，拓展基于优质客户和优质租赁设备的租赁应收款保理业务市场。抢抓我国传统产业与互联网技术融合带来商业模式创新的商机，推动网络融资业务发展。扩充固定资产支持融资的业务范围和市场领域。着重完善消费信贷政策体系和服务管理模式，进一步提高消费信贷的比重。

三是调整客户结构。2005 年财务重组以来，全行公司类贷款增长了 74%，而公司类贷款客户仅增加 11.6%，目前总量为 6.4 万户。信贷的行业和客户集中度不断升高，不利于控制信贷风险和提高信贷收益，也影响了与信贷相关的其他业务拓展。因此，从明年起，要制定信贷扩户计划，并建立完善的考核机制。要组织全行立足大中型企业客户资源多的优势，重点围绕产业链、供应链、资金链拓展客户，尤其要更加重视发展小、微客户，确保未来几年优质信贷客户数年均增长 15% 以上，用三年左右的时间使全行公司信贷客户突破 10 万户，壮大我行信贷客户基础。

四是调整区域结构。要制定区域信贷发展规划，贯彻好东部提升、中部崛起、西部开发和东北振兴的区域发展战略。加大对长三角、珠三角、滨海新区—曹妃甸、海峡西岸、北部湾、辽宁沿海经济带和新疆自治区等战略区域的信贷投入，稳步提升中西部、东北地区和县域机构的信贷比重，促进区域协调发展。

（三）进一步加强信贷风险防控。在当前经济从下滑转向回升过程中，信用风险防控会面临许多新的情况，全行要及时研究新形势，推出新举措。尤其要突出抓好银监会“三个办法一个指引”的落实，改进信贷管理机制。要着力通过完善行业信贷政策、强化行业限额管理、合理调节风险成本系数等措施，突出抓好重复建设、城建、房地产等领域的风险防控。要突出抓好对

政府融资平台信贷风险的防控，实行名单制管理，从严控制授信和贷款。要加大“两高一资”和“产能过剩”行业潜在性风险贷款的退出力度，明年力争退出及转化潜在风险贷款1 000亿元。要推行不良贷款的精细化管理，努力在不良贷款大行和不良贷款大户的清收处置上取得新的突破。与此同时，要加强贷款质量分类与贷款减值准备计提校验关系的研究，探索不良贷款组合拨备计提新方法，更好地利用拨备计提平滑经济周期波动对全行信贷资产质量的影响。

三、加快金融创新，促进盈利可持续增长

要抓住金融市场回暖、经济企稳回升中的各种有利条件，通过创新来促进经营转型，增强非信贷资产的盈利能力和中间业务收入的贡献度。通过创新来发展专业化产品，增强产品线的利润创造能力；通过创新来激发分支机构的经营活力，增强各级行各级机构的竞争发展能力和盈利贡献；通过创新来拓展新业务，打开新市场，增强从外延市场获取盈利的能力和水平。

（一）创新发展方式促转型，进一步增强从商业银行业务领域获取利润的能力。本土商业银行业务是我们的优势所在，是最主要的盈利来源，是进军一切新市场的根基。我们在适应经济全球化和金融一体化趋势，积极参与国际合作与竞争，推进国际化、综合化经营的新时期，必须下更大的气力巩固好在本土市场的竞争能力，发展好商业银行业务。要切实通过创新拓展市场、调整结构、精耕细作，形成更加科学的盈利模式和发展格局，有效提升净利息收益率和净手续费及佣金收入比重，力争两年内达到国内可比银行领先水平。这是我们当前突破盈利增长平台期、实现可持续发展的重要途径和关键所在。明年，全行要在大力调整信贷结构、促进信贷业务转型发展的同时，全面推动其他各项业务创新和发展方式转变。

进一步落实非信贷资产业务转型发展战略。近年来，随着资产结构的优化调整，投资及交易管理能力的加强，全行债券投资增长很快，占总资产的比重不断提高，已经成为全行第二大利润来源。明年全行有超过1.5万亿元的债券投资到期，其中重组类债券8 000亿元，此外，预计还会有3 000亿元的存款资金形成各类投资。我们一定要精心运营好这一巨额资产，综合权衡未来流动性变化与利率上升风险，着力调整投资结构，扩大交易规模，形成更加科学的投资、交易策略，提高投资、交易收益水平。

进一步落实存款市场领先发展战略。“客户存款最多”是我们令全球银行瞩目的竞争优势，是各项业务创新发展和盈利稳定增长的重要基础。但要巩固这一传统优势并不是一件轻而易举的事情。如果不考虑个人理财产品的销售，我行今年储蓄存款增量市场份额退到了第三位，保持储蓄增量第一位置的一级（直属）分行仅有5家，公司、机构及同业存款保持市场领先地位也面临很大压力。我们既要抓好理财销售，同时也不能听由存款这一传统优势业务尤其是储蓄业务地位的下降，绝不能犯战略性或历史性错误。随着经济回升和资本市场回暖，存款市场多极分流的趋势正在形成；随着实贷实存、委托支付方式的逐步推开，派生存款也有可能减少，明年银行流动性宽松的状况可能会发生改变。因此，全行一定要更加重视存款工作，切实按照以客户为中心的原则完善存款营销服务机制，强化资源整合，创新业务产品，巩固和拓展客户关系，用新思路、新举措不断开辟新的存款空间。要全面深入广大企事业单位、政府部门以及各类专业市场，大力营销具有竞争优势和能够从源头上吸收存款的产品，全面抓好老客户的产品渗透和新客户市场的拓展，明年要在保持理财产品销售市场优势的同时，夺回储蓄存款增量市场第一位置。要延伸公司业务营销链条，拓展现有客户尤其是大客户的上下游供应链企业，使贷款资金在我行体内循环，增加派生存款，保持对公存款的稳定增长。要抓住财政、社保、军队等机构业务系统大户，强化高层营销和源头营销，全力竞争重点项目，巩固机构存款的市场领先优势。创新银证合作产品，深化银保合作层次，加快银银平台建设，使我行成为中小金融机构金融服务和产品的提供商，拓展同业存款来源。与此同时，要更多地通过有竞争力的理财产品、量身定制的金融综合解决方案等手段满足高端客户多元化金融服务需求，达到既稳定客户关系、保持存款份额，又有效降低付息成本的目的。

进一步落实资金集约经营战略。目前，总行层面的全额资金集中管理改革准备工作已经就绪，明年1月份将首先实现人民币资金的全额集中管理，明年下半年实现外汇资金集中管理，从而建立起全行本外币资金全额集中和统一配置的资金营运管理体制，实现对全行资金的全额集中、逐笔计价和流量监控，这是全行集约化经营的又一重大突破。我们要利用这一新的体制条件，进一步形成科学的内部资金转移价格体系，更加灵敏地反映市场利率变化，保证总行经营方针和战略意图的有效贯彻，引导全行统筹存款市场拓展和付息成本控制，统筹信贷均衡增长、结构优化和议价能力增强，提高全行资产负债管理政策执行力，促进资产负债业务协调发展，提升资金营运效益。要与全行资金全额集中配置管理改革相配套，以央行建设第二代支付系统为契机，着手建立一点接入、一点清算的资金清算模式。

进一步落实中间业务跨越式发展战略。在金融脱媒和利率市场化加速演进的环境下，银行的盈利增长要更多地依靠中间业务的发展。同时，经济复苏、资本市场回暖也为银行实现中间业务新一轮高增长提供了新的机遇。明年全行中间业务发展要有新举措、新目标，确保完成收入660亿元，增长20%，继续保持同业占比第一。要进一步细化中间业务分类管理，逐项制订增长目

标和资源配置方案，逐项研究创新与营销计划，逐机构、逐部门分解落实发展指标，促使全行不遗余力地巩固发展传统中间业务，积极拓展跨市场业务。要不断严格中间业务收费管理，新产品开发投产要引入价格结构设计，综合金融服务要引入“利率＋费率”相结合的价格模式，确保各类产品的合理回报。

（二）创新管理体制增动力，打造新的利润中心和经营中心。通过这些年来的经营转型和创新发展，我们推出了越来越多的专业产品，总行也逐渐设立了一些产品部门。但是，在目前体制下，总行一些产品部门集经营与管理职能于一身，责、权、利不够清晰，经营优势和价值创造力还没有充分发挥出来。因此，我们要以改革总行产品部门管理模式为新的突破口，促进产品部门创新发展和精细化经营管理，逐步把总行一些产品部门打造成工商银行新的利润中心和总行直接经营机构。

总体设想是，本着“分步实施、先易后难、稳步推进”的原则，逐步分离总行部分产品部门的管理职能，突出强化其经营职能，实施以利润为中心的考核激励机制，增强其经营压力和创利动力。明年先对基本具备条件的金融市场部、资产托管部、票据营业部和贵金属业务部4家机构进行改革试点。在推进改革的过程中，要充分考虑内部资金转移价格、摊计费用、客户与产品的利润簿记等因素，在利润中心、分行和总行部门之间建立起科学合理的考核机制，科学核算利润中心的业绩，按照经营业绩配置资源、核定薪酬，形成责、权、利相匹配的管理体系，充分调动各方面积极性，在全行形成条块齐头并进、竞相发展的经营格局。

金融市场业务。要主动适应我国多层次金融市场快速发展的形势，发挥新的经营机制优势，积极推进业务与市场创新，加快搭建全球金融市场业务架构和全球资金交易系统，全方位开展信用类、利率类、汇率类和商品类业务，特别是要重视市场研究，及时调整资产组合，重视新产品、新业务、新市场的开发，使其成为新的利润增长点。制定科学的投资与交易策略，大力提高自营业务收益，投资收益率等主要盈利性指标要达到或超过国内同业先进水平。

投资银行业务。要加快整合行内业务资源，完善境内外联动营销及与传统业务协调发展机制，进一步做大重组并购、资产转让、股权融资、资产证券化等品牌类投行业务，打造国内一流的投行研究团队，形成以信誉和品牌为支撑的投行业务发展模式，推动投行业务由做大向做强转变。要在今年率先成为国内首家投行收入过百亿元商业银行的基础上，明年实现投行收入130亿元，增长30%，力争在不长的时间内收入再翻一番。

信用卡业务。要进一步树立大市场观念，协调推进市场拓展、品牌建设和风险管理，着力提高中高端个人客户信用卡业务渗透率和动卡率，着力提高信用卡业务对公司和机构客户的覆盖率，着力提高信用卡品质，力争明年实现营业收入100亿元，2011年信用卡总发卡量确保8 000万张、力争超1亿张，客户数确保6 000万户、力争突破7 000万户，总收入确保130亿元、力争达到150亿元，打造全球第一大发卡银行和中国第一信用卡品牌。

资产管理业务。要抓住我国目前此项业务处在蜂聚性创新和爆发式增长期的有利时机，加快完善包括产品创新、市场营销、投资管理、考核激励等在内的经营管理体系，逐步建立集债券、股票、股权和境外市场的综合性投资交易平台，打造以资产管理业务为核心的高端客户服务体系，形成全行联动、集团协同、境内外一体的发展格局，力争明年管理资产达到6 000亿元，业务利润超过60亿元，5年后管理资产超3万亿元，业务利润达到300亿元，发展成为国内规模最大、最盈利的资产管理机构。

结算业务。要着眼于客户市场拓展和营销方式创新，研发一批与信贷产品深度耦合、具有强大市场竞争力的新产品，加强境内外联动，进一步拓宽本外币结算业务领域，2010年人民币对公结算账户净增50万户，人民币结算量突破600万亿元，结算中间业务收入80亿元，巩固国内第一结算银行地位；国际结算业务市场占比持续增长，明年要有1/6以上的分行夺得市场占比第一，50%以上的分行达到市场占比第二，力争到2011年全行国际结算业务市场占比达到30%。

资产托管业务。要积极把握我国金融市场创新发展加速和全球金融市场回暖的商机，创新业务发展模式，拓展新兴和全球托管业务，不断开辟托管增值服务市场，力争明年托管规模达到2.1万亿元，实现托管费收入24亿元，经营贡献50亿元，扩大国内领先优势，成为亚洲具有较大影响力的托管银行，进一步缩小与全球托管大行的差距。

养老金业务。要进一步优化业务模式和运作管理，创新服务品种，拓宽业务领域，推动养老金业务由单纯的企业年金业务向综合性养老金管理业务转变，迅速扩大养老金业务和客户规模，巩固国内第一年金管理机构地位，保持养老金收入70%的年均增长，到2015年达到15亿元，显著提升养老金业务综合效益。

私人银行业务。要学习借鉴国际领先银行的成熟经验，尽快建立契合国际发展趋势和我国国情、工行特色的私人银行业务发展模式，打造先进、高效的私人银行技术平台，构建起以资产管理为核心、以顾问咨询服务为重点的私人银行服务体系，高起点、稳起步、快发展，明年私人银行客户数量、资产总额分别达到2万户和3 800亿元，形成工商银行私人银行服务竞争优势。力争经过5年的努力，使私人银行客户数、资产总额、收入分别达到5万户、1万亿元和15亿元，成为中国私人银行第一品牌、具有国际影响力的中国私人银行服务机构。

贵金属业务。要以成立专业化经营机构为契机，加快完善相应的经营管理机制，打造境内外一体化贵金属业务平台，创新贵金属实物类、投资类、融资类和理财类产品体系，积极参与国际黄金市场交易，力争全系统明年实现利润5亿元，后两年保持年均70%的增长，2012年利润超过15亿元，各项产品国内市场占有率达到40%以上，打造国内贵金属产品最丰富、服务功能最完备、经营规模最大的贵金属专业线，并最终进入全球一流贵金属投资和管理银行之列。

要稳步进入国际商品交易市场，为国内企业建立一条国际商品价格发现和风险转移渠道，逐步增强在国际商品交易市场的话语权。在发展路径上，要争取尽快参股香港商品交易所，择机成为芝加哥商品交易所会员。在发展策略上，从清算和代理开始，从低风险、严授权起步，“稳”字当头，循序渐进，严控风险，积极熟悉规则、建立制度。着手培养人才、逐步积累经验。

专业融资业务。要继续突出特色经营，加快建设多层次业务营销体系，积极推进专业融资产品向海外延伸，不断提升专业水平和产品创新设计能力，在国内市场上牢固树立起工商银行专业融资产品品牌，打造我行融资业务的“特种兵”，力争明年实现产品余额1 300亿元、收入52亿元，五年专业融资产品余额再翻一番，收入达到130亿元，尽快从国内市场的领跑者成长为国际市场的有力竞争者，具备与国际领先专业融资银行相抗衡的实力。

票据业务。要抓住人民银行推进电子票据带来的业务发展机遇，尽快完善利率生成传导机制和定价策略，加强流量管理，努力提高票据业务综合收益。力争明年全行票据业务交易额达到2.5万亿元，成为国内最优秀的票据融资业务综合服务商。

（三）创新机制激活力，形成各级机构各具特色的发展新格局。在应对国际金融危机中，我国以前所未有的力度推进了经济结构调整和区域经济的协调发展。跟随国家新一轮的经济区域布局，我们在新三年规划中整体提出了七大区域的发展战略，今年又相继召开了几个区域发展的座谈会，提出了框架意见。我们要认真组织实施这些重大战略布局，推动各级行落实好区域发展目标与战略。要指导和促使各级行紧跟区域产业集聚和转移趋势，紧跟城市化发展和新城市群形成的进程，确立本级行的战略重点和比较优势，统筹优化配置资源，充分激发经营活力和发展动力，充分把握我国新一轮区域发展布局中形成的各种机遇和新的有利条件，实现各具优势、多极发展的新局面。

要增强在大中城市的竞争发展能力。包括直辖市、省会城市、计划单列市以及各地级市在内的大中城市，是我国经济金融资源富集、投入产出效率最高的区域，我们必须坚定巩固大中城市竞争优势的决心不动摇，通过进一步完善大中城市发展战略和相应的资源优化配置措施，确保工商银行在大中城市特别是重点城市占有核心业务市场领先的位次，切实增强在大中城市的经营优势和获利能力。

尤其要加快在省会城市的发展。目前，23家省（区）行营业部的网点和人员占这些省（区）行网点和人员总量的四分之一，而存贷款和中间业务收入相应占三分之一，净利润占二分之一。这些年来，我们对省（区）分行营业部的管理体制和经营机制进行了一些探索实践，取得了积极成效，营业部各项业务存量和增量都居于市场首位。但总体上看营业部仍存在很大的潜能，目前这23家营业部中，存贷款和中间业务收入市场占比排第二位的各有9家，还有1家贷款占比排第四位，市场综合竞争力还有很大的提升空间。因此，从明年开始，要下更大的工夫推进营业部体制机制变革，因地制宜，重点突破，稳步推开，真正从机制上促进大中城市行竞争发展能力的提升。对经营规模较大的营业部，在现有的管理体制下，可考虑进一步适当扩大业务授权、增加资源配置，切实做到业务授权、资源投入与营业部的地位和贡献相匹配。要完善经营计划、业绩考核的内容，把营业部的竞争发展水平作为对各省（区）分行的重要考核内容。同时要进一步整合营业部的后台管理职能，突出营业部营销服务功能。对中小经营规模的营业部，进一步探索整合省（区）分行与营业部职能的方式，进一步集中后台管理，减少省会城市各级机构的行政管理和后台处置功能，提高其营销服务效率和市场反应能力。从而进一步把省会城市机构打造成反应灵敏、管控有效、充满活力的经营机构，巩固我行在省会城市的市场地位，增强大中城市行对全行的利润贡献。

要进一步增强县支行的经营活力。近年来，我国县域经济发展迅速，GDP占到全国总量的60%。一些工业化、城镇化发展水平高的经济强县，其经济实力超过了许多地级城市。随着国家推进新农村建设、统筹城乡发展战略的落实，特别是“扩权强县”及“省直接管理县财政”改革的推开，县域经济金融将迎来更大的发展机遇。从我行来看，前些年我们实施了一系列县域机构的布局调整和经营转型改革，止住了“出血点”，为县支行的经营发展奠定了基础。目前，全行1 352家县支行的不良率仅为1.45%，已低于全行平均水平，同时还涌现出60多家净利润上亿元的大县行，有些县行的资产规模和利润总额已经超过了不少二级分行，甚至一些一级分行。但总体上看，我行在县域经济的竞争力和影响力与我行的地位不尽相符，县级机构对全行业务发展和盈利的贡献还不够大，特别是在一些经济强县的市场竞争中基本处于被动守势。

也正是基于这种情况，总行在新的三年规划中提出了实施重点县支行变革计划，并于去年在江苏、浙江、山东等地进行了试点。从试点情况来看，时间虽然不长，但这些县支行的核心经营指标同业位次普遍前移了一至两位，有的已夺回当地市场领先地位。下一步我们要在全面总结经验的基础上，按照因地制宜、分层推进的原则，以重点县支行为突破，以点带面，进一步推开县支行变革计划，使更多县支行的经营活力和价值创造能力得到更大程度的迸发，形成众多基层机构生机勃勃、争创利润的崭新局面。总行原先确定的100家重点县支行的改革要全面启动，并要从中筛选出规模和盈利大、最具市场潜力和发展前景的30家，进一步明确经营定位、扩大经营权限、增加资源配置，予以更多的扶持。各省（区）分行也要在辖内选定一批基础较好、潜力较大的县支行，予以重点支持。要通过几个层面的改革推进，通过业务流程、资源配置、渠道建设、激励考核等综合改革措施的配套实施，切实解决制约县支行科学发展的瓶颈问题，尽快打造一批市场反应迅速、主营业务优势突出、盈利水平同业领先、风险控制卓越有效的新县行，力争未来两年在全国重要的县域，我行县支行同业排名均能处于领先水平，涌现更多年创利润超亿元甚至上10亿元的大县行，使县支行成为全行盈利的一个重要增长极。

要帮促亏损和微利机构尽快扭亏增盈。近年来，全行各级分支机构的盈利能力普遍得到了大幅提升。目前的问题是，在一级分行层面全部盈利的同时，也还有一些二级分行及以下机构仍处于亏损或微利状态，二级分行中亏损的还有7家，年创利不足5 000万元的还有83家，分别占1.7%和21%；县支行中亏损的还有40家，年创利不足500万元的还有219家，分别占3%和16%。要指导、帮助这些机构认真分析诊断经营现状，一行一策地制定扭亏增盈计划。尤其要注意指导其明确经营定位、找准适合自身特点的发展模式和发展重点。要重视解决好对这些机构的业务授权和停复牌管理问题。目前全行二级分行中有28家被总行取消信贷业务资格或综合信贷业务停牌，有129家被总行单项停牌或责令业务整顿，有327家县支行被总行取消信贷业务经营资格。这些机构中相当一部分处在微利或亏损状态，这是其过去忽视风险、放松管理、粗放经营造成的恶果。我们必须促使这些机构深刻吸取教训，同时也要帮助其尽快完成整改工作，加快处置存量不良资产，切实提高管理水平，争取明年能有50%的机构整改见成效、管理达标准，恢复业务开展。要使这些基层机构包括县支行通过改善管理都能办理个人、小企业贷款和贸易融资等业务。但要控制好融资总量和单笔审批权限，明确利率上浮水平，保证风险可控和获取较高的信贷收益。对尚不能达到复牌条件的，要通过名单制管理、低风险业务适度授权等方式，支持其拓展优质客户和优质市场，增强竞争发展和扭亏增盈能力。要落实责任制，确保明年全面消灭二级分行和县支行亏损，使全行所有机构都跨入盈利行列，再用两三年的时间，使二级分行平均盈利水平由目前的2.36亿元提高到5亿元，县支行平均盈利水平由2 900万元提高到5 000万元。

（四）创新市场促外延发展，增强多市场、多元化盈利能力。我行在这次金融危机中国际地位和影响力的大幅提升，为我们推进综合化国际化发展创造了前所未有的条件，我们要抢抓机遇，加快机构和业务布局，增强持续提升利润的能力。

要依托集团优势推进综合化经营。进一步完善母子公司业务联动机制，把子公司产品线纳入全行统一经营体系，加大资金、财务、业务和人力资源等多方面的支持，建立科学的联动机制。全行上下要尽力支持三家子公司加快成长为各自行业的旗舰，并在与子公司的协同发展中获取多方面收益。工银瑞信、工银租赁和工银国际也要注重依托集团优势，自觉追求对集团的综合贡献。工银瑞信要牢固占据银行系基金管理公司第一位置，并力争在较短的时间内成长为中国最大的基金管理公司；要尽快取得社会保障基金投资管理人牌照，通过多种手段快速提升资产管理能力。工银租赁要充分运用好集团的资本支持，增强对大型优质项目及产业链融资的整体竞争力，牢固确立在国内金融租赁市场上专业特色鲜明、经营规模最大、创利能力最强的行业领导地位。工银国际要依托集团整体优势，加快形成以香港为重点、与境外其他机构有机连接、联动发展的全球投行业务运营平台，努力发展成为在亚太市场具有相当竞争力与影响力的投行，成为全行境外投行业务的产品研发、风险控制和资金清算中心，成为全行拓展全球投行市场的桥头堡。具备租赁、投行等牌照的境外机构要加强与总行相关业务部门和境内分支机构的联动，充分发挥业务功能，增强综合化经营能力。

最近，银监会出台了《商业银行投资保险公司股权试点办法》，我们要进一步抓住政策放宽时机，加紧进入保险市场。同时，要积极创造条件，通过适当方式进入信托、证券等牌照类非银行业务市场，拓展综合化经营的广度和深度，并借此巩固和发展商业银行业务。

要依靠境内外联动提升国际化发展水平。明年要将FOVA系统延伸到除工银亚洲外全部境外营业机构，并要加紧开发推广基于FOVA的海外网银系统、银行卡系统和电子银行系统，实现与境内系统的对接，进一步把境内的科技优势和先进产品线延伸至境外，支持和推动各境外机构加快发展成为当地有影响力的中资银行。探索建立境外机构区域总部分级管理模式，促进区域机构之间的优势互补和战略协同。要适应全球经济金融格局调整变化的大趋势，在保持对欧美成熟市场渗透力度的同时，重点实施新兴市场战略，进一步开拓亚洲和非洲市场，并争取在南美市场实现突破，不断完善全球经营服务网络。当前，要加紧越南分行、马来西亚子行、阿联酋新设分行的开业，加紧孟买分行境外监管报批及开业筹备，加紧完成加拿大东亚银行、泰国ACL银行并购整合，扩大在亚太地区的经营网络。加快在东南亚、中东、北非、南美等目标市场的机构布局，扩大在新兴经济体的市场影响力。加快欧洲机构的业务整合及机构申设，提升对欧元区市场的覆盖面。境外机构要按照总行国际化发展战略，积极探索有利于经营发展能力和整体能力提升的经营模式，提高对全行的盈利贡献，明年境外机构拨备后利润要力争达到50亿元人民币。

要抓住国内企业“走出去”和人民币国际化进程加快的历史机遇，进一步拓宽思路，积极探索创新推进国际化发展的新模式、新途径，通过为“走出去”企业提供内外一体化的金融服务来实现国际市场的突破。要推进与央行的货币互换，努力缓解我行外汇资金不足的矛盾。明后两年要安排更大规模的外汇贷款，建立更完善的工作机制，更加有力地支持中资企业“走出去”和海外并购，支持我国传统产业向海外转移，促进我国“产能出口、能源进口”战略的实施，带动我行国际化发展。

四、改进金融服务，增强竞争发展能力

面对各业务领域竞争对手的快速追赶，面对盈利增长的“瓶颈”制约，面对处在大变革大调整之中的国际金融格局，全行要以更加强烈的紧迫感和使命感抓好服务这个根本，依靠领先的服务拉开与竞争对手的差距，依靠服务的利剑打开不竭的利润源泉，依靠卓越的服务品质奠定工商银行在国际金融新格局中“三个之最”的地位。总行决定将2010年确定为“服务价值年”，动员全行着力通过提升服务品质增强为客户为本行创造价值的能力，激励全行朝着建设“中国金融市场上客户满意度最高和客户首选的银行，建设国际金融市场上客户推崇的中资银行”的目标，迈出更大步伐。

（一）依托科技优势，打造服务竞争的“杀手锏”。明年我们要大力推进“1031”工程建设，加快应用创新，在向市场投放更多适应客户需要的新产品的同时，下气力打造短期内竞争对手难以复制和超越的八大服务平台。

打造更加完善的个人客户营销服务平台。要全面整合目前多种客户评价模式，实现各渠道交易系统、后台管理系统与个人营销管理系统的对接，建立个人客户资产、负债、产品交易和授信等信息的全景视图，实现客户营销服务综合化、服务流程标准化和业绩考核自动化，以先进的技术手段和服务模式，支持各接触点开展精准营销，促进目标市场占有率、重点产品渗透率和目标客户产品使用活跃度的大幅提升。

优化对公客户营销服务平台。要比照个人客户营销服务平台建设的总体思路，完善对公客户综合营销服务系统功能，丰富对公客户统一视图内容，实现客户自动识别分类、综合贡献自动评价和营销绩效自动管理。要深度挖掘对公客户综合信息，明确营销指引路径，发挥我行渠道、产品和系统的整体优势，增强为优质客户提供差异化、增值型服务的能力。

构建新一代全球现金管理平台。要适应跨国公司和“走出去”企业全球配置资金、全球管理财富的服务需求，尽快实现NOVA与FOVA的直连互通，将国内现金管理优势延伸至全球，在全球账户体系内实现客户信息整体化、账户管理全球化、全球结算实时化、币种转换自动化，为企业提供以全球主账户为载体的现金管理服务，使我行全球现金管理服务达到国际先进水平，成为竞争全球化客户、拓展国际市场和推进境外机构转型发展的利器。

建设境内外一体化的清算支付平台。要紧密结合我行国际化战略的实施，探索建立全球统一的外币清算业务运营模式，以亚洲、欧洲、美洲为重点建立区域币种清算中心，形成跨时区、多币种、7×24小时的全球清算网络。要建立我行自有的全球汇款网络，通过与具有全球网络的国际大银行的合作，实现与其支付网络的互连互通，低成本延伸我行的产品与服务，成为一家全球性的支付网络服务商。

推出供应链金融服务平台。要充分利用我行电子银行渠道优势，整合创新供应链各环节资金流、信息流以及相关金融产品服务流程，为供应链企业提供电子化的会员管理、信息管理、供应链融资、风险管理等一揽子服务，从根本上推动我行服务模式从面向单一企业到面向供应链企业群的转变。在此基础上，构建供应链融资业务平台，运用信用增级和信息管理技术为供应链企业提供综合融资服务，显著增强供应链上下游客户对我行的依赖性和忠诚度。

创新个人循环信用消费贷款平台。要依托个人客户数据库，依据客户以往交易信息、金融资产及资金流情况和诚信记录对客户进行自动筛选，实现对满足授信条件的个人客户主动评估授信。探索信用卡+信贷产品经营模式，允许获得授信的客户在我行指定商户直接使用信用卡签单消费，不需要再到银行办理审批手续，提升我行消费信贷产品整体竞争力，同时，也通过贷款“不落地”的措施解决消费贷款容易挪作他用的弊病。

自主研发金融市场业务经营管理平台。要借鉴国际同业先进经验，自主研发全行统一的金融市场业务经营及风险管理平台，建立清晰明确的金融市场前、中、后台业务流程，实现金融市场前台交易管理的集中、中台价格和损益验证的集中以及后台风险计量的集中，打造我行金融市场业务在产品创新、业务拓展和风险管理方面的核心竞争优势。

搭建全球信息资讯系统平台。要依托我行科技平台，借鉴国际经验，在国内率先建设功能强大、应用广泛的信息资讯平台，实时汇集国内外重要商业信息情报和客户经营动态信息，打造工银资讯管理系统，为决策层、管理层和各级经营人员提供及时、准确、全面的情

报信息，同时也积极探索为重要客户提供更为专业和有价值资讯服务的方式和途径。

（二）深入推进内部改革，建设具有强大现代金融服务效能的银行。当前全行正在进行的一系列体制机制改革，既是改进风险控制、增强经营活力的重要举措，更是提升服务竞争力的迫切需要。我们要更加全面地认识当前正在进行的改革，更加自觉地通过改革破除体制机制障碍，为风险控制能力的提高、管理效率的改善、服务效能的增强奠定更为坚实的基础。

加快完成业务运营改革。业务运营改革是一项基础性、根本性、开创性的变革，自去年启动以来，取得了阶段性成果，监督体系完成了由业务复审向风险管理与质量控制的战略转型，远程授权已覆盖16家分行的4 300多个网点，这两项改革已释放8 700余人，业务集中处理改革正式启动实施。明年要继续举全行之力加大推进力度，基本完成主体改革内容，实现业务集约运营、风险集中控制，创造业务布局优化、网点功能转型、服务效率提升的体制条件。远程授权改革要分类全面推开，确保明年全面建成集中式、跨机构的授权体系。业务集中处理改革要按照“集约经营、服务共享”理念，打造集交易处理、账务核算和客户服务功能于一体的全新平台，逐步建成“网点全面受理、后台集中处理”的业务运营新格局，明年全面实现对公非现金业务的集中处理。事后监督体系的改革要切实起到及时发现风险，及时督促营业机构查核、控制风险，及时整改防堵风险漏洞的作用。

加快后台业务中心建设。要加快石家庄、合肥电话银行中心建设，启动海外电话银行中心建设，形成由多个中心构成的电话银行服务体系，显著增强电话银行的营销服务能力。要进一步理顺单证中心的管理体制和运营机制，加快合肥、成都分中心建设，明年完成全部境内分行单证业务的集中，2011年完成境外机构的业务集中，同时充分发挥单证中心业务专业化和集约化处理优势，不断丰富单证中心业务功能，创新国内信用证业务的后台集中处理模式，探索为外部客户提供单证外包、代理审单等服务的可行性，努力把单证中心打造成为我国最具竞争力的综合性贸易服务平台。

推进后台集中和二三线精简。总行层面在逐渐分离部分产品部门的经营职能后，要对相关管理职能进行梳理整合，进一步优化流程，提高效率，改进对基层、对客户的服务。同时要对一、二级行本部的经营管理职能、机构设置情况进行一次全面调查梳理，一级分行要更多地承担辖内后台管理和大客户营销服务职能，二级分行主要承担直接面向客户的营销服务、业务处理及部分辅助管理职能。在此基础上，还要对一级分行、二级分行和一级支行本部二、三线人员情况进行梳理定编，并实行严格的考核，强化管理成本约束，促使人员精减、效率提升。全行报表集中改革启动一年来，上收到报表中心或二级分行专业集中编制1.8万余张，废止合并报表9 000多张，释放报表编制人员6 000余人。明年要加快建立报表集中管理平台和标准化体系，提高自动化编制水平，争取明年再释放报表编制人员5 000人，至2011年努力完成全行报表减并50%，报表自动化率达到50%，报表编制人员减少50%的改革目标，释放人员充实到营销服务和其他业务岗位。

（三）推进服务渠道建设，加快形成功能强大、具有国际竞争力的营销服务网络。近3年全行累计投入大量资金专项用于网点布局调整和装修改造，目前已实施改造的网点占到网点总量的56%。电子服务渠道发展迅速，目前全行离柜业务量占比已超过48%。客户经理队伍数量和素质有了较大提高，全行各类客户经理近6万名，居国内同业首位。今后还要进一步整合各渠道资源优势，积极构建基于统一客户视图、以机构网点为基本渠道、以电子银行为交易主渠道、以客户经理为销售主渠道的立体化、多元化渠道体系，不断提升各渠道的交叉销售与协同服务功能。

明年要继续投入一定资金用于网点装修改造，做好中高端网点建设的扫尾工作，进一步充实配备营销服务力量，充分发挥中高端网点专业化服务功能。同时着重加强对客流量和业务量大的一般网点和金融便利店，尤其是县支行的装修改造。尽快开发投产网点机构管理系统，形成我行机构网点电子化全景地图，实现对网点形态、功能布局、业务发展、人员配备等信息的实时监测和在线管理，提高机构管理的精细化、信息化和现代化水平。要继续加大自助设备的配备力度，扩充手机银行功能，力争两年内使电子渠道交易量比重超过60%，成为全球最大的电子银行服务供应商。

（四）认真解决当前服务突出问题，快速提升工商银行美誉度。我行在国内外客户中具有很高的认知度，但市场美誉度与一些同业相比是有差距的。例如，从前一段开展的服务调研情况看，全行约有5%地处商业区和居民区的网点面积狭小，客户排队时间过长，影响了对客户的服务水准。再如，从今年7月总行健全客户投诉监测制度，到10月末，全行共发生客户投诉2.4万起，平均每月发生6 000起，投诉焦点问题主要集中在服务态度和服务质量方面。工商银行作为全世界全社会关注度较高的大银行，服务投诉事件的增多、客户不满情绪的积聚，会直接影响某个区域或某项业务的竞争能力，随时有可能酿成大的声誉风险，务必要引起全行的高度警觉。明年全行要在进一步统一思想的基础上，以解决客户排队等候时间过长和投诉较多这两大突出问题为抓手，大力实施美誉度提升工程，全行动员，标本兼治，力争在较短时间内使全行服务形象有个大的提升。

各级行、各相关部门要特别重视及时处理、定期综合分析客户投诉问题，逐项提出改进措施，通过责任落实和考核监督，推动一批投诉焦点问题的有效解决。要进一步健全投诉处理机制，明确投诉处理流程和时限，完善“一站式”客户投诉处理平台，提高投诉处理效率。要研究建立小额赔付制度，完善服务失误补救措施和目标客户流失挽留机制，提升客户满意度和忠诚度。要进一步强化售后服务管理，实行定期回访制度，提升售后服务质量。要高度重视金融消费者权益保护，向合适消费群体提供合适的金融产品，并提供准确、充分的信息。

完善全流程的服务管理体系。要加紧制定和推广对全行各种渠道、每类客户的量化服务标准，成熟一个推出一个，逐步覆盖到整个服务链。同时，抓紧健全内部服务规范，明确管理行对基层网点、中后台对前台的服务规定，推行内部服务承诺制，形成一个全行协调有序、精简高效的服务新格局。要完善服务质量第三方独立监测机制和客户需求收集反应机制，并将客户反馈意见广泛应用于全行产品创新、流程再造和服务改进之中。要探索建立营业网点服务质量监测评价平台，推行网点服务评级。要建立服务改进定期报告制度，健全立体化、分层次、有重点的服务质量考核体系，完善服务恶劣行为处罚制度，加大服务质量与经营绩效、干部任用和员工聘用的挂钩力度，充分调动全员尤其是各级管理者重视服务、抓好服务的积极性。

加强服务品牌建设。要在苦练内功、改进服务、提高客户满意度的基础上，制定实施服务品质宣传规划，综合利用大众媒体和我行自有渠道，主动开展全方位、系统化的服务宣传，展示我行服务大众、担当责任的大行风范，宣传我行这些年在服务改进方面的努力和成就，传播我行的服务理念，进一步树立工商银行良好的市场形象和服务品牌。

五、不断加强公司治理和改进风险管理，保障全行稳健经营和健康发展

当前经济复苏中各种不确定因素和新的风险因素的累积，危机后国际国内金融监管的改进和加强，全行加快创新与改进服务的内在需要，都对改进公司治理、加强风险管理提出了新的更高要求。我们一定要不断适应新的形势，进一步科学界定“三会一层”的职能权限，转变风险管理理念，改进风险管理制度、流程、技术手段及方式方法，更好地保障全行健康发展，促进竞争发展能力的增强。

（一）全面做好“新资本协议”实施达标工作。明年是我国银行业巴塞尔新资本协议实施达标的第一年，率先达标对于我们提升公司治理、风险管理水平和国际市场形象至关重要。我们要密切关注危机后新资本协议的发展动态，认真把握协议实质，按照监管部门要求，积极做好实施新资本协议的各项准备工作，力争2010年成为国内首批执行新资本协议的商业银行。要在积极做好操作风险标准法达标工作的同时，进一步推进操作风险高级计量法的实施，争取到2013年在操作风险领域全面实施高级计量法。要积极推进具有自主知识产权的全功能市场风险管理系统开发，力争到2010年建成投产，实现对境内外分支机构、各类金融市场业务的全覆盖，实现对利率、汇率、股票价格、商品价格风险的集中管理，显著提升全行市场风险的分析与控制能力。

要结合我国实际，积极开展新资本协议第二、第三支柱的研究。尤其要认真研究现阶段我国以间接融资为主体的环境下，经济复苏对银行资金需求量大，风险权重资产增加快而导致资本充足水平持续下降，同时资本市场不发达、上市银行在资本市场连续融资困难大，以及发行次级债受到多方面限制等现实问题，制定更加完善的资本管理计划。尽快启动内部资本评估项目的开发，实施各种情景下的压力测试，评估与全行风险状况相适应的资本充足水平，实现全行的战略目标、风险管理与资本规划的协调管理。要更加注重通过创设信贷二级市场、推进信贷资产转让以及开展信贷资产证券化等创新方式来探索资本节约型业务发展模式。

（二）切实加强集团风险管控。我们在追求全球配置资产、多市场获取收益的过程中，也必然要面临全球性、跨市场风险传递的考验。因此，我们必须把建立完善的集团风险管理体系作为实施综合化、国际化发展战略的重要组成来统筹推进，加紧形成覆盖境内外各类机构的跨市场和连续统一的全面风险管理体系。要加快建立国家和地区的风险评估和控制机制，对于经济过于依赖某一产业或单一资源的国家和地区，要关注其政策变化，确保一旦发生重大风险事件能够及时响应、妥善应对。要探索构建区域风险管理中心，加强总行风险管理政策制度与境外机构所在国监管政策要求的有机衔接，形成契合境外机构经营发展实际的风险管理模式。要完善银行业务与非银行业务之间防火墙建设，提高对子公司及相关业务的风险管理水平。要加强集团并表和表外业务风险管理，加紧完善集团并表及表外业务风险管理制度体系，注重做好兼并收购及新兴业务中的法律风险防范工作。要全面启动“两地三中心”建设，持续优化分等级的应用灾备体系，进一步提升业务连续性运作水平和IT风险防范水平。

（三）改进和强化内控管理。要适应全行加快创新、改进服务的需要，积极转变内控管理理念。要采用先进的、简约的内控管理技术和流程，提高内控管理的效率和监督的有效性。要根据业务创新和体制机制变革的要求，抓紧研究制定操作风险自我评估、情景分析、关键风险指标、资本计量等相关政策制度。要把运行监督平台升级为全行操作风险管理防范的基础平台，把量化的运行风险管理纳入内控评价体系，并重点解决好风险事件“谁负责处理”和“如何处理”的问题，真正建立起“精确指导、精准检查、有效监督”的内部控制体系。要有效整合监督检查资源，构建全行责任明

确、制度统一、整体联动、高效集约的监督检查体系。要针对当前外部侵害欺诈案件多发，各种新型犯罪增多的新情况、新特点，不断完善案件防范长效工作机制，确保全行在复杂严峻的经营环境下不发生重大案件事故。

加强党的建设和人才队伍建设始终是全行的重大战略问题。目前，全行正在认真学习贯彻十七届四中全会精神，并结合实际研究加强和改进全行党建工作的新思路新举措。总行党委近一时期抽调专门力量在全行开展了调查研究，全面深入地了解和掌握近年来全行党建工作状况，总结党建工作经验，积极研究探索现代金融企业党建工作的新路子新方法。明年初总行党委将召开全行党建工作会议，对新时期全行党的建设做出全面部署，并对企业文化建设作出安排。这次会上对党建工作就不作具体安排了。

这里，我重点讲一讲关于教育培训工作的想法。教育培训是关系工商银行未来可持续发展的战略性、基础性工程，早抓早主动、早抓早受益，在这方面要舍得投入。要开阔教育培训工作思路，搭建起适应未来发展需要的国际一流教育培训体系，更加重视网络培训资源的利用，通过网络培训与现场培训相结合、自主选择培训与强制性培训相结合、互动式培训与灌输式培训相结合，通过岗前必考、晋职必考、培训必考等多种措施，分层分类推行立体人才工程、智力管理计划和中年员工职业振兴计划，使教育培训发挥出更大的作用，成为源源不断培养、输送人才的重要管道。要继续重视把全行十几万中年员工轮训好，使他们成为全行改进服务、加快创新发展的重要力量。当前全行改革压力大、工作任务重，越是在这种情况下，越要关心爱护员工，多为员工和基层着想，开展员工满意度调查，了解员工思想状况，有针对性地做好思想政治工作，努力通过提高员工的满意度来创造客户满意的服务，营造企业、员工一起成长和进步的良好环境。

同志们，当前世界经济金融体系正在经历深刻变革和转型，全球金融地理版图也正在悄然发生变化，我行在这场危机中国际市场地位和影响力的大幅提升，为我们推进新一轮创新发展提供了更多机遇和有利条件。我们一定要有长远眼光和全球视野，牢牢把握住历史机遇，加快实现创新突破，把工商银行的事业不断推向前进，为绘就全球最盈利、最优秀和最受尊重国际一流现代金融企业的宏伟蓝图而努力奋斗！

在中国工商银行2009年公司与投行业务工作会议上的讲话[①]

杨凯生

（2009年1月9日）

很高兴有这个机会和全行从事公司与投行业务的同志们见面。李行长和易行长昨天已就投资银行和公司业务具体工作作了报告，我都十分赞成。这里，我主要想讲三个问题。

一、我为什么来参加这个会议

首先当然是要来向受表彰的单位和同志们表示祝贺和感谢，祝贺你们在过去的一年里所取得的成绩和所获得的荣誉，感谢你们在过去的日子里所付出的辛劳和所作出的贡献。这是我今天来参加会议的第一个目的。

其次我来参加这个会议，更多的、更主要的是要来对这次会议的召开形式，表示我的肯定和支持。这次会议是公司业务部门和投资银行部门联合举办的一次会议，这是第一次。我想这不仅仅是对我们以往各专业会议举办形式的一种转变，不仅仅是为了节省会议成本，以免分行的同志来回奔波，我觉得更重要的是我们思想理念的一种转变，预示着我们工商银行公司金融业务或者叫企业客户业务，其金融服务的方式将会继续转型，我们的公司业务的服务范围将会继续拓宽，我们对企业客户的服务水平将会继续提高。为什么要从这样一个高度来谈这次会议的组织形式和召开方式？我认为我们公司金融业务本来就是相对个人金融业务而言，公司业务不是相对于投行业务而言，也不是相对于结算与现金管理业务而言，也不是相对于电子银行和国际业务而言，

① 根据录音整理。

公司金融业务是相对于个人金融业务而言的一大类业务。

公司金融业务包括存款、贷款、投资银行、现金结算等一系列业务。现在我们只不过习惯把公司业务这个名字交给了企业客户业务中专门从事营销的这个部门使用而已。我想真正的公司金融业务既包括公司的资产业务，也包括公司的负债业务，还包括结算汇兑业务、理财业务和公司的财务咨询顾问业务。既包括对公司服务的表内业务，也包括对公司服务的表外业务。这是从其业务范围来讲。从公司金融的融资方式来讲，我认为对企业来讲，当然既有间接融资，也有直接融资方式，比如说我们代理发行短期融资券、中期票据、企业债，今后我们可能还会更多地介入企业上市，这就是直接融资和间接融资的关系了，其范围是很广的。还有介乎两者之间的，比如说信贷资产证券化，其实际上是把间接融资转化为直接融资。从公司金融业务服务渠道来讲，我们既可以在网点、机构对企业提供服务，也可以通过电子和网络、通过上门为公司客户提供银行服务。除此以外，今后随着金融体制改革的不断深化，银行的公司金融业务的领域还会不断扩大，比如最近推出的收购兼并业务。我们现在正加紧报送收购兼并业务的规章、制度和管理办法，待银监会批准后我们就可以正式开办这项业务。

所以我想，我们的体制、机制和思想观念都要适应日益发展的新形势的需要。我们现在设置的公司业务部门、投资银行部门、结算与现金管理部门、电子银行部门及运行管理部门，实际上都在从事着公司金融业务。从一定意义上讲，我们只是将公司业务的名字交给了一个从事营销的部门在使用。我之所以讲这些，主要是让大家意识到公司业务、投行业务、现金结算业务等，其实都是企业客户金融业务的一个组成部分。要想把工商银行的公司金融业务搞好，把企业客户的金融业务搞好，把这一大类业务做好、做强、做大，我们就必须注意发挥整体合力，就必须增进各个专业条线之间的协同配合。不仅公司业务部门与投行业务部门要协同配合，涉及企业客户服务的各个部门、对公业务与对私业务，以及总分行之间也要加强协同配合。只有这样，工商银行的品牌效应才能充分地显现出来，我们的核心竞争力才能真正得以提升。

所以，我认为这次总行的公司部、投行部带了个好头，应该给予肯定和表扬。当然这仅仅是个开端。下一步，总行马上要召开信贷管理方面会议，要由授信评估部门、信贷审批部门、信贷管理部门和风险管理部门联合召开，四个会变为一个会。而且这次只要分行一个主管行领导出席即可。所以我出席这个会议的目的之一就是对你们转变观念的肯定。希望下一步在实际工作中，大家能配合得更默契、协作得更顺利。这不仅仅关系到公司、投行你们两个专业的发展，更关系到工商银行的长远发展。

二、要充分认识到今年经营环境的复杂性和任务的艰巨性，努力把公司和投行业务做得更好、更有成效

当前，国家实施积极的财政政策和适度宽松的货币政策的宏观背景就是国民经济增速在放缓，不少企业生产经营困难在加大。需要通过扩大投资来拉动内需，来保持经济平稳较快增长。面对急剧变化的国际国内经济金融形势，党中央、国务院对于宏观经济政策所作的重大调整是及时和必要的，出台的措施也是坚决和有力的。当然，这对我们金融行业，特别是银行工作的要求也是很高的。今年我们公司业务、投行业务开展得如何，关系到工商银行执行“国十条”、“金九条”和“国三十条”的成效，也关系到工商银行今后的长远发展。应该看到，今年国内经济金融运行存在很多不确定性。可以预见的是，今年我们的公司业务、投行业务遇到的问题会比以往更多，难度会比以往更大，矛盾会比以往更突出。所以，我们要注意不断研究新问题，及时采取新措施，努力争取新进展。

无论从执行国家适度宽松的货币政策，还是从工商银行自身发展的需要，我们今年的公司信贷业务必须要有一个较快的发展。今年确定全行公司信贷业务要增长3 700亿元，力争达到4 000亿元，贷款增长11.8%至12.8%。应该说，这是继去年全行公司贷款增加3 891亿元之后，工商银行公司信贷业务中又一个贷款增加多、发展快的年份。确定这样高的信贷增长目标，首先是考虑支持经济发展的需要，是传导落实国家适度宽松货币政策的需要，也是考虑开拓市场、同业竞争的需要，还是考虑工商银行保持自身盈利增长的需要。但我们必须看到，连续的、如此大量的信贷投放，对我们的信贷管理水平提出了很高的要求。信贷管理水平中一个重要的方面就是信贷营销水平。我们公司业务部门今年的工作在一定程度上决定了两个问题，一是工商银行能不能把好的客户、好的项目都争取过来，二是能不能保证所争取来的客户和项目都是真正的好客户和好项目。若干年后，我们回过头看，今年信贷的投向是不是准，这批贷款的收益是不是理想，这两年投放贷款的质量是不是稳定，都是要经受历史检验的。我想贷款投向是不是准确、质量是不是稳定、收益是不是好，固然与评估授信、信贷审批、信贷管理和风险管理部门有关，但也与前台部门有很大关系。今年的信贷工作对前台部门的思想水平、专业水平和竞争能力是一次重大考验。

我们应该看到，面对今年全社会如此巨大的投资规模，面对企业和地方政府强劲的融资需求，工商银行没有可能也不应该仅仅靠增加贷款来解决问题，这需要我们更好地、更快地实行公司金融业务的转型，要尽快地从一个信贷大行向一个信用大行转变。我们一定要在今

年这样复杂的市场环境下，学会利用直接融资和间接融资两个市场；学会通过表内业务与表外业务两大块业务一起抓；学会商业银行和投资银行业务相辅相成；学会不仅仅满足还要更多地引导、创造客户新的金融服务需求来解决问题。我的意思是，在今年的外部形势下，简单地依靠贷款来满足客户融资需求是不行的，是不符合经济结构调整要求的，也是超越我们自身信贷管理水平制约条件的。如何在保持经济平稳较快发展的大局中充分发挥工商银行的作用，充分展现工商银行的影响力，展现工商银行的活力，唯一的办法就是除了会放贷款以外，我们还要学会直接融资业务与间接融资业务两手一起抓，传统的商业银行业务与投资银行业务两手一起抓，表内业务与表外业务两手一起抓，被动地满足客户需求与主动地引导、创造客户新的金融服务需求两手一起抓。我们要通过这些也只有通过这些办法来解决问题。比如说债券承销业务，现在除了短融，中票也越发越多，地方政府的市政建设债也在酝酿中，央行已经在酝酿比照企业发放中期票据的模式，由地方政府通过组建融资平台，以地方政府的信用为支撑，来发放中期票据。这些金融产品都将陆续出台。在这个过程中我们应该发挥重要的作用。比如说，信贷资产的转让业务，无论我们过去所说的信托＋理财业务，还是我们要进一步推进的信贷资产证券化业务，还有银团贷款业务、产业投资基金业务等，今年都会有较快发展的机遇。要使这些业务真正得到较快发展，就需要公司部门与投行部门协同配合，需要综合营销，需要总分行之间的通力合作。再比如说，在贷款集中投放较多的过程中，我们要努力避免贷款结构进一步的不合理，这里贷款结构涉及区域结构、行业结构、客户结构、币种结构、品种结构，也涉及贷款的期限结构。我们希望工商银行在这一轮贷款集中投放过后，贷款结构能够进一步趋于合理。前不久，董事长在全行改革发展战略研讨会上专门讲到，争取到2011年，我们的中长期贷款能够降到60%左右，我们剩余期限5年以上贷款在法人贷款的比重控制在25%以内。这是一种重要的导向，说明我们已经开始意识到中长期贷款和短期贷款之间是应该有一个合适的比例的。当然在不同的发展阶段，在不同的国家，在不同的金融成熟水平上，可能这个数字会有区别，但总要努力追求一个相对合理的比例才行。我理解董事长的讲话就是这个意思。因为中长期贷款如果一味地增加过多，容易滋生信用风险、流动性风险、利率风险。而且中长期贷款增加偏多似乎也在一定程度上说明我们中小企业贷款投放不足，这也不符合国家的有关要求，不符合监管部门的希望。虽然在当前市场条件下，要解决银行贷款长期化问题难度不小。但不管怎么难，我们一定要按照科学发展观的要求努力走出一条新的路子出来。例如，更多地组织银团贷款、发展贸易融资、进行票据业务、推动贷款出售等，这些措施都有利于调整贷款的期限结构，这些措施的落实都需要公司部门、投行部门相互配合，共同操作。

三、努力抓好自身的队伍建设，提高公司业务、投行业务人员的素质

总行制定的新的三年发展规划中，对队伍建设有明确要求，各行要认真按照总行的规划去落实、去推动。讲队伍建设，不少同志首先反映的就是我的这个部门，我们这个专业人不够，人数要增加。应该承认我们的客户经理队伍，包括公司业务的客户经理队伍、个金业务的客户经理队伍都还需要进一步充实。但我认为，大家也要更多地关注队伍素质的提高。数量固然重要，质量一定意义上更加重要。你们这两个专业的同志都有一个特点，平时的工作主要是跑市场、找客户、谈项目，但仅仅满足于会做这些是不行的。我希望这两支队伍能够做到既有国际视野，又有本土经验；既懂宏观经济运行，又懂微观企业管理。队伍中既要有一些专才，又要有一些通才。要能够真正向客户提供像样的、综合的、个性化的金融服务方案，要能够当好企业的财务顾问、融资顾问、理财顾问，要做到这些没有一点真才实学是不行的，是做不到的。要坐下来研究一些问题，不断学习，提高自己。仅靠一些经验、有一些人脉关系是不够的。只有让企业客户真正佩服我们，敬重我们，才能够让他们最终信任我们。这样企业才能将更多的业务托付给我们，将更多的合作机会交给我们。所以，我们一定要把我们的客户经理队伍塑造成品行端正、专业精通、见多识广、善于交流的队伍。如果我们的队伍中有更多这样的人才，我们的竞争力就不至于落空。

新的一年，我想是困难不少的一年，压力很大的一年，同时也是充满机遇的一年，希望很大的一年。我相信经过未来一两年的发展，我国商业银行的竞争格局将会有较大的变化。我们工商银行一定要努力地在这个过程中拉开与竞争对手的距离。要努力地在这个过程中，使工商银行向最盈利、最优秀、最受人尊敬的一流金融机构的目标再靠近一步。要做到这一点，在很大程度上要靠全行公司业务战线、投资银行业务战线的同志们。希望大家在新的一年里能够振奋精神、克服困难、携手并进，以一种全新的姿态来迎接新的挑战，为工商银行的发展作出新的贡献。

在中国工商银行2009年工作会议上的讲话

杨凯生

（2009年1月19日）

2008年，面对复杂多变的国际国内经济金融形势，全行上下认真贯彻落实党中央、国务院各项决策部署和金融监管要求，努力经营，稳妥应对，克服了全球金融危机及国内经济下行对我行经营管理带来的不利影响，统筹推进各项工作，取得了良好的经营业绩。

2009年，全行要认真贯彻落实中央经济工作会议精神，践行科学发展观，以积极进取的姿态应对经营管理中已经出现和即将遇到的各种困难及问题。继续加快改革创新，继续推进经营转型，继续提升核心竞争力，继续保持资产质量的稳定，继续实现各项业务平稳较快的发展，继续向“最盈利、最优秀、最受尊重”的国际一流现代金融企业的目标迈进。

一、2008年经营管理情况

（一）主要经营情况

1. 总体经营效益。经营效益持续较快增长：2008年，集团实现税后利润1 111亿元，较2007年增加289亿元，增长35%。2003年以来净利润的年复合增长率为37.5%。

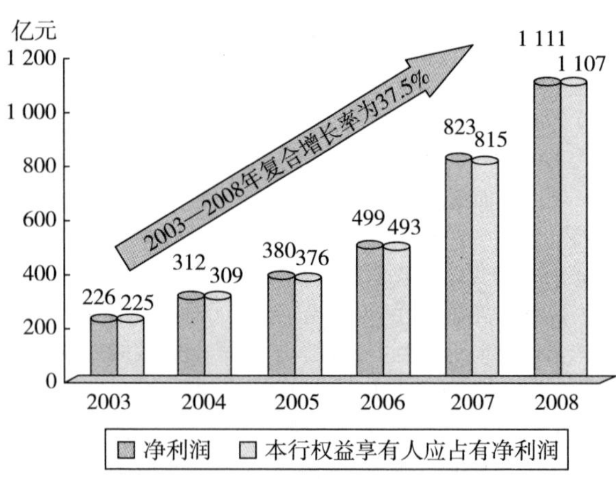

注：上图为国际财务报告准则下集团口径数据，2008年为管理层数据。

图1　2003—2008年利润增长情况

经济增加值迅猛增长：2008年，集团实现经济增加值705亿元，较2007年增加212亿元，增长43%。2006年以来，全行经济增加值迅猛增长，年复合增长率为87%。

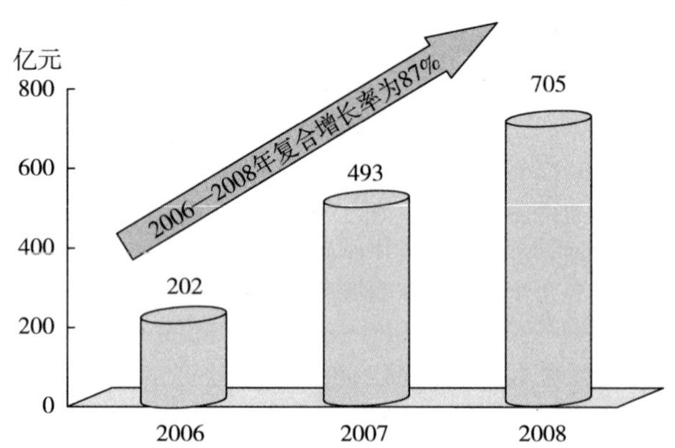

图2　2006—2008年经济增加值增长情况

2. 主要收支变动。收入增长较快，支出变化正常：利息净收入稳步增长，集团实现2 627亿元，同比增长17%。手续费及佣金净收入保持持续增长，集团实现441亿元，同比增长15%。业务及管理费支出941亿元，同比增长4.4%。资产减值拨备增提较多，增强了抵御未来不确定性的能力。

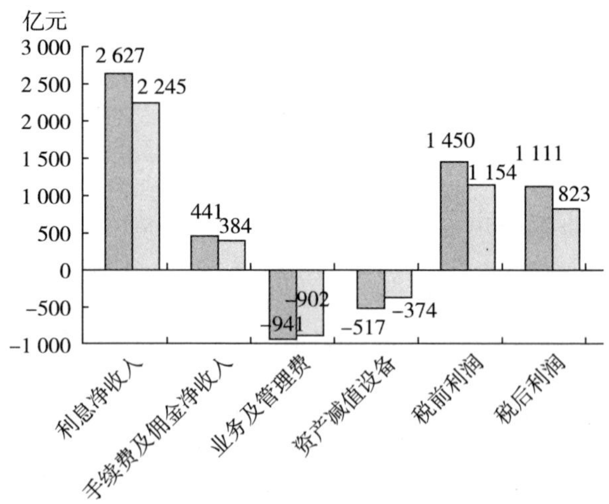

注：2007年业务及管理费中包含计提的125亿元内退员工福利费，2008年计提了35亿元内退员工福利费，如剔除此因素，业务及管理费同比增长16.7%。

图3　主要损益项目同比变动情况

利息净收入稳步提高：2006 年以来，全行利息净收入稳步提高。其主要原因除了生息资产规模的扩大之外，也得益于净利息收益率的提高。2008 年集团实现利息净收入 2 627 亿元，同比增长 17%，2008 年全行净利息收益率为 2.93%，比 2007 年提高 0.13 个百分点。

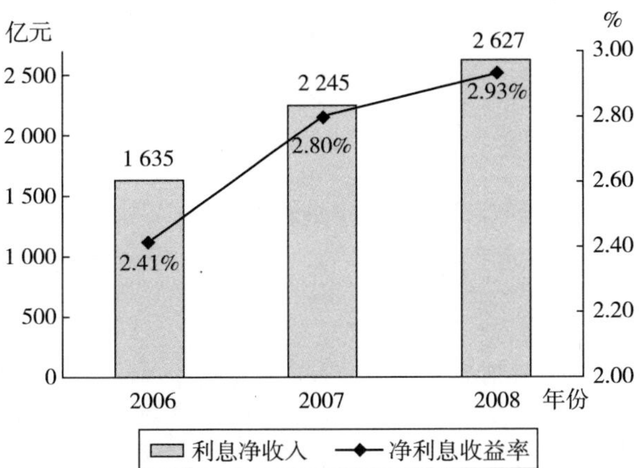

图 4 2006—2008 年利息净收入和净利息收益率情况

手续费及佣金收入保持增长，但增势趋缓：2008 年，受资本市场持续深度调整影响，代理基金业务收入同比大幅下降，使整体手续费及佣金收入增长有所放缓。若剔除代理基金收入，其他手续费及佣金收入同比增长 54.6%，依然保持良好增长态势，其中，部分品种的手续费及佣金收入同比增长幅度较大。

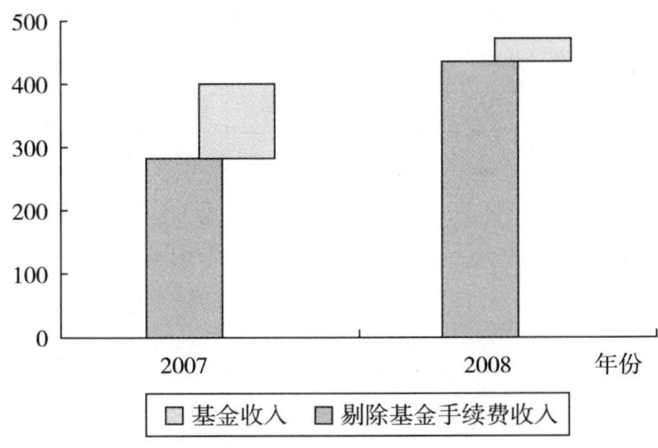

图 5 2007 年和 2008 年基金收入情况

表 1 剔除代理基金收入

项目	收入（亿元）	同比增加（亿元）	同比增长（%）
人民币结算	73.21	18.35	33.4
代理及对公理财	28.99	14.41	98.9
代客资金交易	40.80	14.22	53.5
代理及个人理财	76.59	28.66	59.8
银行卡中间业务	64.87	19.50	43.0
国际结算	22.66	10.10	80.4
投资银行	82.06	35.60	76.6
担保承诺	18.16	12.55	223.4
资产托管	20.66	6.02	41.1
企业年金	0.42	0.27	193.6
其他	6.27	-6.17	-49.6
总计	434.68	153.50	54.6

3. 主要经营指标。2008 年各项主要盈利能力指标均优于 2007 年。

平均权益回报率为 19.30%，较 2007 年提高 3.07 个百分点；平均总资产回报率为 1.22%，较 2007 年提高 0.2 个百分点；每股收益为 0.33 元较 2007 年增加 0.09 元。拨备覆盖率达到 130%，较 2007 年提高 26.5 个百分点。

表 2 2008 年主要经营指标情况表

主要经营指标	2008 年	2007 年
1. 盈利能力		
1.1 平均权益回报率（%）	19.30	16.23
1.2 平均总资产回报率（%）	1.22	1.02
1.3 每股收益（元）	0.33	0.24
2. 收益结构		
2.1 净利息收益率（NM）（%）	2.93	2.80
2.2 净手续费及佣金收入占比（%）	14.32	14.90
2.3 成本收入比（%）	30.54	35.02
3. 资产质量		
3.1 不良贷款额（亿元）	1 040 以内	1 118
3.2 不良贷款率（%）	2.28	2.74
3.3 拨备覆盖率（%）	130	103.50
3.4 信贷成本率（%）	0.79	0.81

资本充足率保持在理想水平：2008 年 3 月末，由于收购南非标准银行资金交割，我行资本充足率水平较 2007 年末降幅较大，核心资本充足率和资本充足率分别下降 1.17 个和 0.84 个百分点。2008 年 6 月末至 12 月末，由于利润增长以及外汇市场风险资本要求下降，我行资本充足率明显回升。

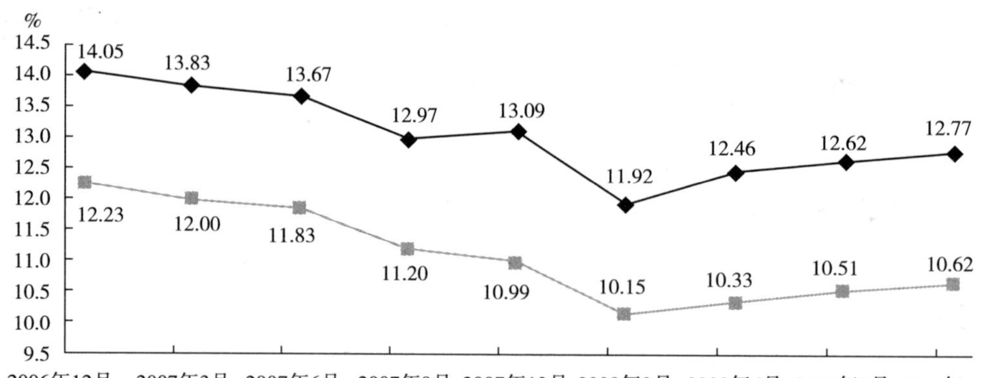

图6 2006—2008年资本充足率情况

表3 我行资本充足率简表

项目	2007年12月	2008年6月	2008年12月
核心资本净额（亿元）	4 702.7	4 727.1	4 913.1
资本净额（亿元）	5 721.6	5 701.4	5 904.1
风险资产总额（亿元）	44 422.8	45 753.7	46 246.1
市场风险资本（亿元）	119.7	69.3	33.12
核心资本充足率（%）	10.99	10.33	10.62
资本充足率（%）	13.09	12.46	12.77

注：2008年12月数据为管理层法人口径。

4. 主要业务发展情况。人民币存贷款增势良好，外汇存贷款运行格局转变：境内分行人民币存款（含同业存放）增加11 095亿元，同比多增2 354亿元；人民币贷款增加5 307亿元，同比多增1 655亿元。外汇存款增加76亿美元，同比多增83亿美元，外汇贷款下降83亿美元，同比少增167亿美元，改变了近年来外汇存款下降，外汇贷款持续增加的资金倒挂局面。

表4 2008年境内分行存贷款运行情况表

单位：亿元、亿美元

项目	余额	2008年增量	2007年增量	同比增减	增幅
一、人民币各项存款（含同业）	83 295	11 095	8 740	2 354	15.4%
二、人民币各项贷款	42 739	5 307	3 652	1 655	14.2%
三、外汇各项存款（含同业）	296	76	-6	83	34.7%
四、外币各项贷款	160	-83	84	-167	44.2%

存贷款增长绝对额保持优势地位，市场地位较为稳固：基于人民币存贷款业务的良好增长，2008年末我行存款和贷款市场份额分别为16.7%和14.1%，与年初基本持平。与国内第二大行建行相比，我行人民币存贷款增量的绝对额均高于建行；但从增幅对比看，我行存（含同业）贷款增幅分别低于建行1.2个和2.3个百分点。

表5 2008年我行与同业人民币存贷款情况比较表

单位：亿元

项目	全部金融机构	工行	农行	中行	建行
	增量	增量	增量	增量	增量
一、人民币存款	76 863	12 732	8 177	7 215	10 202
其中：储蓄存款	45 353	7 671	7 570	4 030	6 265
对公存款	31 510	5 060	607	3 185	3 936
二、同业存放	—	-1 637	-214	352	-871
三、人民币贷款	49 114	5 307	3 802	3 828	5 085
其中：公司类	38 135	3 891	2 919	2 683	3 556
个人类	4 611	684	339	723	927
票据贴现	6 368	732	545	422	602

从存款产品来看，全行活期储蓄和活期存款、政府存款付息水平较低，其他产品存款付息水平较高。从贷款产品来看，个人经营性贷款、个人消费贷款、房地产贷款、项目贷款收息水平较高，其他产品略低。合理优化存、贷款产品结构，对于提高整体经营效益具有重要意义。

截至2008年底，银行卡发卡量已达2.28亿张，其中，信用卡3 905万张，同比增加1 567万张，继续保持国内信用卡第一大行的地位；借记卡1.89亿张，年内新增4 670万张。全年信用卡、借记卡消费额分别为2 551.37亿元和5 410.38亿元，均保持国内同业领先。

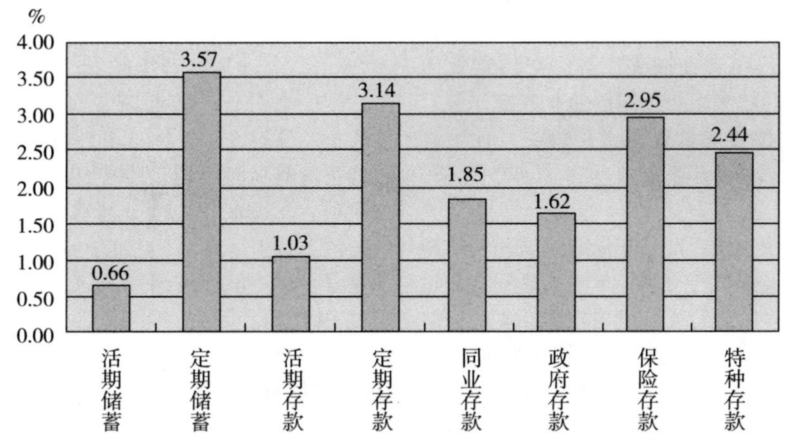

图7　存款产品付息率情况

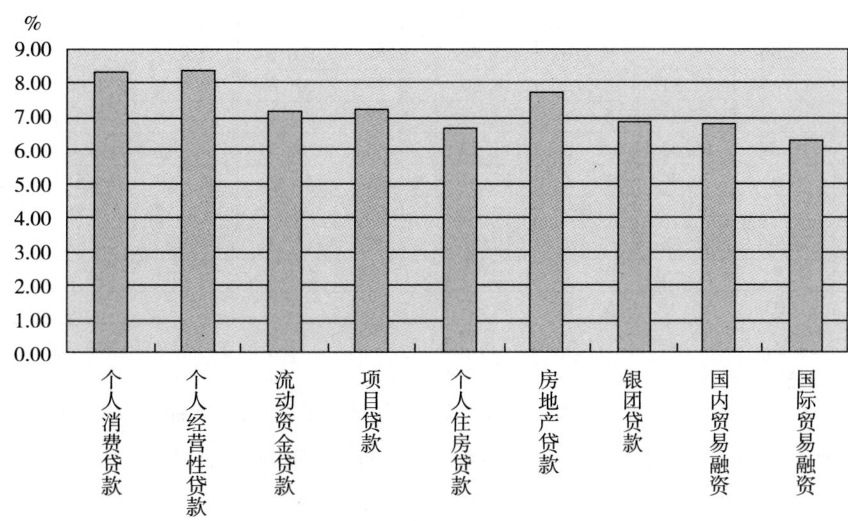

图8　贷款产品资产收益率情况

总行金融市场业务全年共实现各类业务收入1 066亿元，较2007年增加102亿元，其中，实现中间业务收入79.7亿元，同比增加43.7亿元，在全行中间业务收入占比由2007年的9.44%上升到约18%，占比提高9个百分点。经营资产29 106亿元，约占全行资产的31%，收入约占全行的35%。

2008年，我行人民币结算业务量达到520万亿元，同比增长44.4%，稳固保持同业市场占比第一的地位。新开对公结算账户90万户，同比增幅为37.2%；新增现金管理客户6万户，同比增幅为170%。

2008年，境内实现国际结算量5 795亿美元，同比增长37.24%；国际贸易融资业务发生额达到335亿美元，同比增长31.61%；对外担保业务量余额为114亿美元，同比增长37.02%。

2008年，全行新增个人网上银行客户1 763万户，总数达到5 672万户，同业占比达43.9%；新增企业网上银行客户46.4万户，总数达到144万户，同业占比达到59.2%。

截至2008年末，全行个人金融资产5万元以上的中高端客户达到2 082万户，新增285万户；中高端客户的金融资产规模达到38 737亿元，占我行全部个人客户总资产的78.3%。

2008年末，全行法人客户数达到310万户，较年初增加38万户。其中，无贷户客户数达304.4万户，较去年年末净增38.1万户，增长率达14.31%；有贷户达5.8万户，较年初减少2 019户。

截至2008年末，企业年金客户达到15 534家，较年初新增2 265家；管理个人年金账户505万户，较年初新增157万户；年金受托业务正式启动，受托管理年金基金40亿元；托管年金基金540亿元，较年初新增353亿元。

截至2008年末，全行托管资产规模达到11 438亿元，实现托管业务收入和经营贡献分别达到20.4亿元和44.1亿元，各类托管产品全部保持市场第一。

全年实现电子银行交易额145万亿，同比增长41.2%，在全行业务量中的占比达到43.1%，全年共办理业务110.1亿笔，除去查询等业务，交易笔数达50.3亿笔，相当于8 000多个物理网点的业务量。

2008年，全行科技业务量延续增长势头，日均业务量达到8 686万笔，高峰日业务量达到11 675万笔，均创历史新高。

境外机构建设步伐加快，网络布局继续展开。年初完成南非标准银行、诚兴银行交割；年内悉尼分行、纽约分行、工银中东和多哈分行4家机构相继开业；目前我行在全球15个国家和地区设立了11家境外分行、6家全资子银行和4家控股银行，全球金融服务能力进一步提升。

（二）主要经营特点

1. 各分行经营业绩普遍提高——经济增加值全部为正。分行经营三年三个台阶，继2006年全部分行实现拨备前利润盈利、2007年全部分行实现拨备后利润盈利后，2008年全部分行首次实现经济增加值全部为正值。其中，北京、广东、江苏、上海、浙江和山东6家分行经济增加值超过50亿元，9家分行同比增长超过10亿元。

表6 2008年各分行经济增加值情况表 单位：亿元、%

行名	2008年	同比增加	增加率	行名	2008年	同比增加	增加率	行名	2008年	同比增加	增加率
北京	111.11	30.61	38.03	安徽	18.07	7.38	69.09	青岛	8.86	3.45	63.83
广东	91.06	23.02	33.84	天津	17.03	6.40	60.28	厦门	7.13	1.73	31.97
江苏	90.04	28.92	47.32	贵州	16.13	5.77	55.66	新疆	6.76	2.21.	48.49
上海	89.69	28.06	45.52	重庆	15.60	8.52	120.31	黑龙江	6.72	6.49	2 836.41
浙江	86.62	21.45	32.91	云南	14.80	5.11	52.76	海南	5.06	3.05	152.22
山东	56.76	19.98	54.33	陕西	14.34	8.14	131.06	辽宁	4.86	-0.53	—
深圳	41.37	16.54	66.63	河南	13.12	9.48	260.91	大连	4.84.	1.39	40.22
福建	22.63	9.80	76.40	湖北	12.77	4.52	54.69	甘肃	4.51	2.09	86.58
四川	22.13	12.57	131.55	内蒙古	12.59	4.65	58.67	宁夏	3.55	1.72	93.57
宁波	20.91	6.58	45.88	江西	10.51	3.31	45.89	青海	1.85	0.93	101.32
山西	19.54	7.52	62.55	河北	10.23	17.87	233.93	吉林	1.70	4.22	167.41
广西	18.417	8.03	76.95	湖南	8.97	2.66	42.14				

注：1. EVA计算公式为：EVA=净利润-经济资本月均余额10%。其中，经济资本月均余额10%为占用经济资本在整个年度应获取的资本回报。

2. 2008年所得税按照各行实际列支所得税成本计算，2007年所得税按照拨备后利润的33%计算。

2008年，除个别分行外，各行拨备前、拨备后利润比上年均有不同程度的增加，其中浙江、上海和江苏分行拨备前利润同比增加超过20亿元，上海、河北和江苏分行拨备后利润同比增加超过20亿元。

表7 2008年各分行利润情况表 单位：亿元

行名	拨备前利润	同比增加	拨备后利润	同比增加	行名	拨备前利润	同比增加	拨备后利润	同比增加
广东	180.09	10.20	159.42	16.51	湖北	28.03	4.50	26.74	4.21
北京	172.41	19.00	173.82	16.86	陕西	27.84	5.32	26.35	9.04
浙江	166.82	30.46	153.48	18.54	重庆	27.84	8.14	26.91	9.58
上海	159.78	27.26	153.36	27.26	湖南	26.59	3.86	21.92	2.83
江苏	158.01	23.40	152.14	24.77	江西	23.77	3.881	20.73	3.35
山东	115.02	19.44	101.39	19.70	内蒙古	22.39	3.44	23.09	4.60
深圳	64.93	19.31	64.31	17.95	青岛	15.89	2.71	15.46	3.29
河北	48.86	12.44	29.63	26.82	辽宁	15.74	-0.451	11.64	-5.31
四川	43.16	9.64	42.42	15.66	厦门	14.06	2.55	13.46	1.82
福建	41.58	11.50	40.76	11.18	吉林	12.22	-2.34	8.80	5.64
安徽	40.59	9.60	35.92	9.23	大连	12.00	0.71	10.75	1.46
宁波	38.04	7.91	36.28	6.45	新疆	11.89	0.39	11.92	1.20
山西	37.95	10.15	35.75	8.55	黑龙江	11.01	-3.06	12.33	5.00
河南	36.59	4.38	28.81	11.14	甘肃	10.66	1.66	10.17	2.22
广西	32.69	4.26	32.74	8.34	海南	8.42	2.16	8.76	3.68
天津	32.48	8.35	31.12	6.90	宁夏	5.90	1.051	6.15	1.75
贵州	29.43	5.93	28.75	6.55	青海	4.09	0.84	3.78	1.14
云南	28.09	4.96	26.99	5.06					

与按新办法同口径测算的上年度考评结果比较，59家被考核单位中，有42家行的绩效等级上升，12家行的绩效等级持平，仅有5家行的绩效等级下降，表明全行经营绩效整体水平较上年大幅度提升。但与第三季度考核结果相比，各行的考核得分普遍有所下降，主要原因是资本市场变化对分行的经营业绩有所影响。中间业务及其同业占比指标已经成为影响各行绩效排名的重要因素，充分体现了新考评办法强调引导市场竞争力提升和业务结构优化的经营导向。

表8　一级分行绩效考评等级

分行	本期等级	上年等级	分行	本期等级	上年等级
北京	A－	B－	宁夏	D	D－
上海	B＋＋	B＋	陕西	B－－	E＋
浙江	B＋＋	C＋＋	四川	D－－	E－－
江苏	B	C＋＋	河北	E＋＋	E－－
山东	C＋＋	C－－	江西	E＋＋	E－－
广东	C＋＋	C＋	湖北	E－	E－－
贵州	C＋	C－－	河南	E－－	E－－
福建	C－	E＋＋	内蒙古	E－－	E＋
海南	C－	E＋＋	甘肃	E－－	E－－
重庆	C－	D－－	湖南	E－－	E－－
云南	D＋＋	D＋	新疆	E－－	E＋＋
山西	D＋＋	E＋＋	青海	E－－	E－－
广西	D＋＋	D－－	吉林	E－－	E－－
天津	D＋＋	D－－	辽宁	E－－	E－－
安徽	D＋＋	E＋＋	黑龙江	E－－	E－－

表9　直属分行及营业部绩效考评等级

分行	本期等级	上年等级	分行	本期等级	上年等级
苏州	A－	B＋＋	河南	C	D－
深圳	A＋	B＋＋	四川	C	E＋＋
浙江	B＋＋	B－	厦门	C	C＋＋
宁波	B＋＋	B	湖南	C－	D＋
广东	B＋	B＋	甘肃	D＋＋	E＋＋
安徽	B＋	C－	江西	D＋＋	E＋＋
江苏	B	C＋＋	新疆	D＋	C－
贵州	B－	C＋＋	河北	E＋＋	E＋＋
山西	C＋＋	D＋＋	吉林	E＋＋	E－－
云南	C＋＋	C	陕西	E＋＋	E－－
广西	C＋＋	C＋＋	黑龙江	E＋＋	E－－
山东	C＋＋	D	大连	E＋	E＋＋
福建	C＋＋	D＋＋	辽宁	E＋	E＋＋
湖北	C＋	D－	内蒙古	E－－	E－－
青岛	C	D＋＋			

注：浅色底纹代表上升　深色底纹代表下降

2. 资产负债运行掌控有效

（1）合理把握贷款投放进度。前三个季度，全行严格执行央行相关政策，贷款新增计划控制在要求进度之内；第四季度，面对国际金融危机的冲击，我国宏观经济政策进行了重大调整。为了传导和落实适度宽松的货币政策，我行调增了年度贷款增量目标，较好地落实了国家扩大投资、拉动内需，以及支持中小企业和灾区重建等重点领域的政策要求。2008年全年人民币贷款增加5 306.9亿元，同比多增1 655亿元，增幅为14.2%，增幅同比提高3.4个百分点。

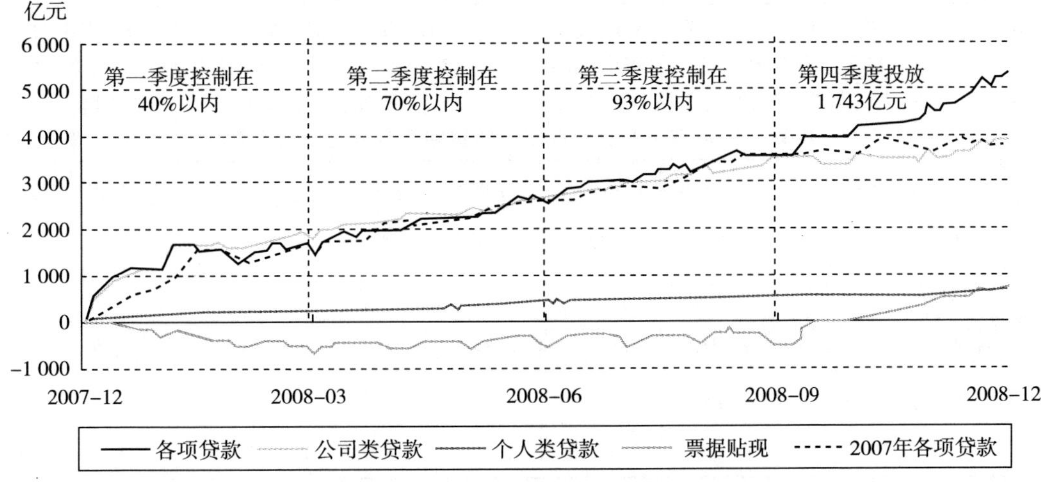

图9　2008年人民币各项贷款投放时序进度

（2）贷款利率下浮得到控制。2008年，我行新发放各项贷款平均利率为7.05%，在四大行排名第一；与年初相比，新发放贷款的加权平均利率水平与建行、农行和中行的优势分别扩大了16个、11个和24个基点，这也是我行新发放贷款利率水平首次超过建行。

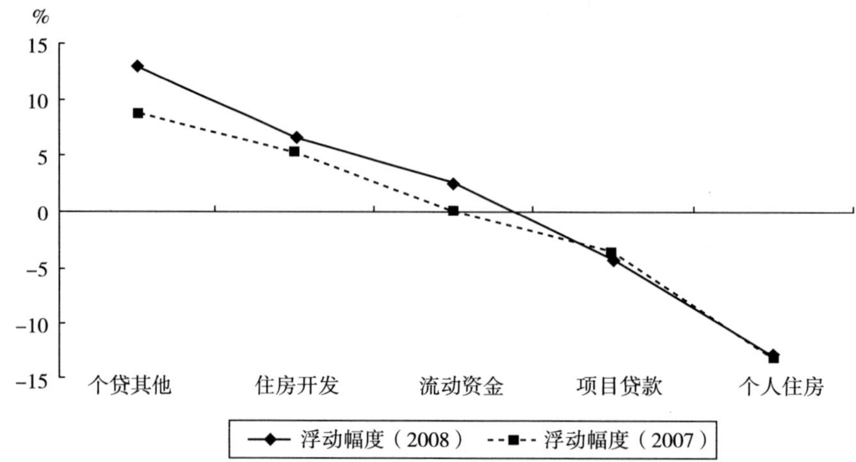

图10　2008年各项贷款综合浮动幅度与同期对比

表10　2008年贷款发生额各行收益率比较　　单位：亿元、%

期限	工行		建行		中行		农行	
	发生额	利率	发生额	利率	发生额	利率	发生额	利率
6个月（含）以内	7 518	6.16	2 915	6.02	3 429	6.47	4 550	6.14
6个月—1年（含）	10 815	7.49	8 698	7.21	5.67	7.34	9 978	7.07
1—3年（含）	3 321	4.43	3 675	7.27	1 581	7.21	1 964	7.21
3—5年（含）	1 212	7.41	861	7.4	467	7.35	542	7.21
5—10年（含）	2 008	7.39	1 816	7.37	995	7.18	794	7.29
10年以上	2 806	6.87	2 767	6.83	1 459	6.92	1 498	6.86
合计	27 681	7.05	20 731	7.03	13 000	7.04	19 325	6.87

（3）增加存款系统内循环，关注贷款派生存款效应。各存款品种间具有显著循环流转特征，但资金沉淀量有所下降。从2008年4只大盘股发行验资期间存款变动情况看，验资前后各存款品种出现明显转换，但受资本市场疲软影响，资金总体呈现一定的“增少减多”现象，资金沉淀量比2007年有明显下降。

表11　2008年4只大盘股发行验资期间存款变动情况表　　单位：亿元

中煤能源	各项存款	储蓄存款	对公存款	同业存款	中国铁建	各项存款	储蓄存款	对公存款	同业存款
前五日	1 620	39	−819	2 399	前五日	2 314	−465	−347	3 125
后五日	−2 887	763	−800	−2 850	后五日	−1 861	521	948	−3 330
紫金矿业	各项存款	储蓄存款	对公存款	同业存款	中国南车	各项存款	储蓄存款	对公存款	同业存款
前五日	328	131	−242	439	前五日	1 880	44	139	1 697
后五日	−1 834	186	−202	−1 818	后五日	−2 311	370	311	−2 992

对公存款市场竞争加剧，贷款派生存款重要性需要关注。2008 年，我行公司贷款同比多增 374 亿元，而对公存款同比少增 259 亿元（其中公司存款少增 1 169 亿元，机构存款多增 910 亿元）。近三年来我行公司贷款派生存款系数逐年下降，已由 2006 年 88% 下降至 2007 年的 70% 和 2008 年的 66%，公司贷款的系统内派生存款力度有所减弱。公司贷款派生存款系数 = 公司存款余额/公司贷款余额。

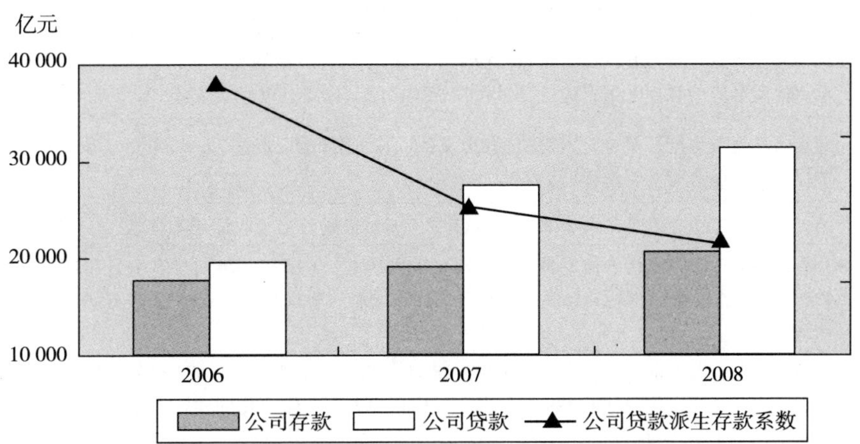

图 11　近三年我行公司贷款派生存款变化情况

（4）积极应对流动性考验。上半年，人民银行继续实施紧缩性货币政策，连续 5 次上调准备金率。我行法定准备金大幅增加，上半年增加 3 311 亿元，流动性全面趋紧。第三季度，货币政策取向有所调整，加上全行存款增长较好，总行融资压力有所降低。10－11 月，人民银行下调法定准备金率 0.5 个百分点，向我行释放资金 340 亿元，全行流动性紧张局面进一步缓解，并开始进行双向资金运作。12 月，人民银行两次下调准备金率 1.5 个百分点，合计向我行释放资金 861 亿元，扭转了依靠市场融入资金弥补流动性缺口的局面，由资金拆入行恢复成资金拆出行。

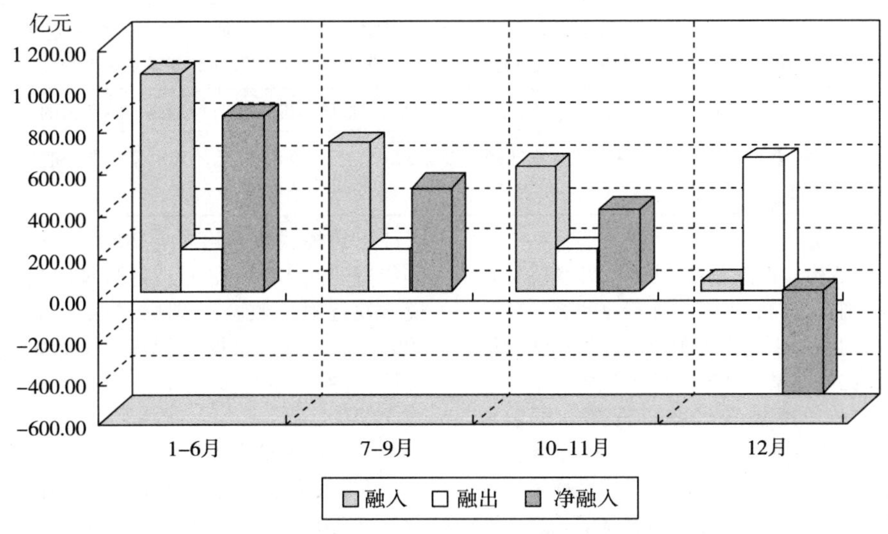

图 12　2008 年总行融资日均余额分阶段变化情况

（5）灵活调整流动性管理策略

表12　灵活调整流动性管理策略表

四个变化阶段	相应的管理措施
上半年：流动性全面紧张	➢连续四次上调内部资金转移价格，加大低成本负债激励力度：总分行一年期定期累计上调159个基点，一年期借款累计上调189个基点，二级存款准备金利率上调27个基点至2.16%；一级分行存款业务利润率提高38个基点，贷款业务利润率小幅下调6个基点。
	➢调整同业存款定价方案，提高重点同业客户竞争力：同业活期存款实行差别定价；实行名单制，适当提高重点优质客户的利率上限；建立分级授权管理机制，提高对重点同业客户竞争力和对市场的应变速度。
	➢加大市场融资力度，关键时点提前融资：1－6月，累计融入资金35 642亿元，同比增长200%；2008年春节提前三天融入跨节资金2 878亿元。
第三季度：流动性紧张缓解	➢第二次上调二级存款准备金率81个基点至2.7%，鼓励分行吸收低成本存款。
	➢开办短期同业定期，缓解流动性压力，降低融资成本：9月23－28日，各分行累计吸收跨节短期同业定期424亿元，加权平均利率3.16%，比总行同期市场融入平均利率3.45%低29个基点，相当于节约资金成本约236万元。
	➢把握市场机会，双向运作资金：9月19－28日，总行累计融出资金573亿元，加权平均利率比融入高4个基点；参与公开市场正回购199.6亿元，平均利率3.1572%，比同期融入资金平均利率高6.24个基点，相当于增加资金运作收益约95万元。
	➢缩短融资期限，控制融资支出：7－9月，总行融入8天及以上期限资金67笔合计1 543亿元，比1－6月减少186笔合计5 717亿元。
10－11月：流动性拐点显现	➢2008年第一次下调内部资金转移价格，提高贷款业务价格激励：总分行一年期定期下调9个基点，一年期借款下调27个基点；一级分行存款业务利润率保持不变，贷款业务利润率上调6个基点。
	➢保留适当资金缺口，通过融入资金支持资产业务发展：10月投资91天期公开市场正回购150亿元，利率3.22%，比10－11月我行融入资金平均利率高0.51个百分点，按此测算获得利差收入1 900万元；比目前91天期公开市场正回购利率高2.22个百分点，按此测算多增加利息收入约8 400万元。
	➢抓住人行利率下调前的有利时机，加大票据买入力度：10－11月两个月，累计买入票据2 771亿元，加权平均利率4.13%。10月份单月买入量为历史最高水平，达到1 768亿元。
12月份：流动性全面宽松	➢2008年第二次下调内部资金转移价格，继续提高贷款业务价格激励：总分行一年期定期下调108个基点，一年期借款下调126个基点；一级分行存款业务利润率下调至0.72%，贷款业务利润率上调至0.72%。
	➢再次调整同业存款定价方案：适当下调同业存款利率指导标准，及时控制高成本负债的流入。
	➢加大同业融资力度：12月，总行累计融出资金525笔合计4 884亿元，其中公开市场正回购3笔合计305.5亿元。

3. 资产结构继续优化

（1）调整信贷结构，推进信贷创新。调整信贷资产结构。行业结构调整方面，深入实施行业和客户分类管理，行业信贷结构进一步优化。积极进入类和适度进入类行业贷款余额比年初增加2 360亿元，增长率达到16%以上；重点类和适度进入类客户贷款分别增长15.4%和13.8%；退出潜在性风险贷款1 087亿元。区域结构调整方面，长三角、珠三角地区仍然发挥了贷款增长的带动作用；中西部和东北地区的贷款增长速度明显提高，成为新的信贷增长极的特点越来越明显。客户结构调整方面，AA－级以上客户贷款余额占比为68.31%，与2007年末持平；A－级以下的客户贷款占比为5.53%，比2007年末下降了0.03个百分点。

推进信贷资产创新，实施信贷资产分流。信贷资产出售模式逐步开始。2008年全行对外直接转出信贷资产约1 800亿元；通过理财信托投资计划操作模式发行固定收益类理财产品，转出存量信贷资产200亿元，通过票据流量转出1 170亿元；发行资产支持证券化产品80亿元。三项合计共分流存量贷款约3 250亿元。

（2）调整债券投资结构

人民币债券投资适度增长，收益结构进一步改善。全行非重组性人民币债券投资余额18 970亿元，比年初增加711亿元，增幅为3.89%。收益率为3.82%，同比上升68个基点。及时减持外币债券，避免损失扩大。密切关注金融危机发展态势，及时采取避险措施，进行了大幅减持。由于市场低迷，外币债券投资收益率有所下降，但仍高于同业平均水平。

表 13　调整债券投资结构表

类别		债券余额			收益率	
		2008 年	同比增减	增幅	2008 年	同比增减
人民币债券（亿元）	非重组类债券	18 970	711	3.89%	3.82%	0.68%
	重组类债券	9 756	-512	-5.54%	2.23%	-0.03%
外币债券（亿美元）		158.5	-55.55	-35.84%	4.72%	-1.09%

（3）汇兑损失得到有力控制

2008 年，总行采取强有力手段，促使分行吸收外汇存款、控制一般现汇贷款，全行外汇净敞口得到有效控制。2008 年，在人民币兑美元升值基点数（4 700 基点）与 2007 年度（5 041 个基点）接近的情况下，外汇敞口汇兑损失由 2007 年的 94.57 亿元大幅下降至 28.46 亿元，汇兑损失得到有力控制。

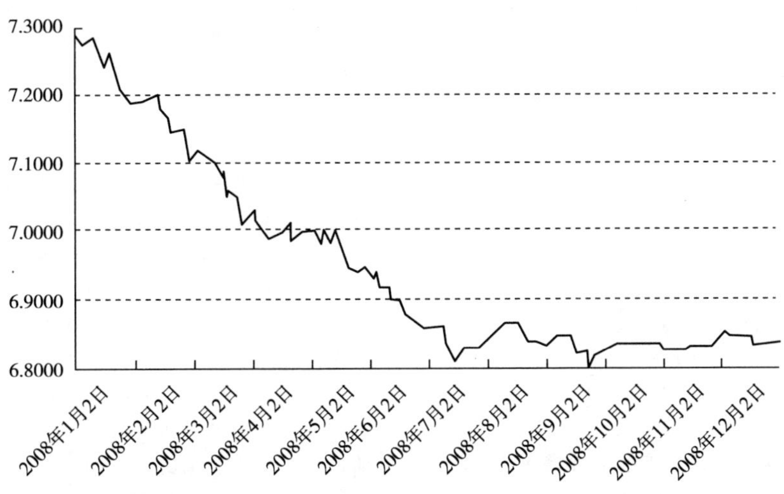

图 13　2008 年人民币汇率走势

表 14　外汇敞口汇兑损失对比表

单位：亿元

年度	人民币升值基点	外汇敞口汇兑损失
2007 年	5 041	94.57
2008 年	4 700	28.46

（4）交易产品创新加快

资金交易创新加快，规模和收入大幅增长。相继开发推出人民币利率掉期、人民币利率远期、人民币外汇货币掉期等新兴衍生资金交易产品，代客交易产品包含即期结售汇、远期结售汇、人民币货币掉期、代客外汇买卖、远汇买卖、代客黄金交易、人民币黄金交易、汇率期权等 8 大类产品。2008 年，我行交易账户共完成人民币债券交易 2.43 万亿元，同比增长 16.6%；共实现收入 19 亿元，同比增长 60%。

债券承销发行业务居同业首位。2008 年，我行共完成债务融资工具承销发行 52 只，完成承销发行业务量 1 726亿元；市场份额居同业首位。承销发行业务收入快速增长。2008 年承销发行业务收入达 4.1 亿元，同比增长 109%，成为我行重要的中间业务收入新增来源。

4. 资产质量基础进一步夯实

（1）不良贷款下降，拨备覆盖上升

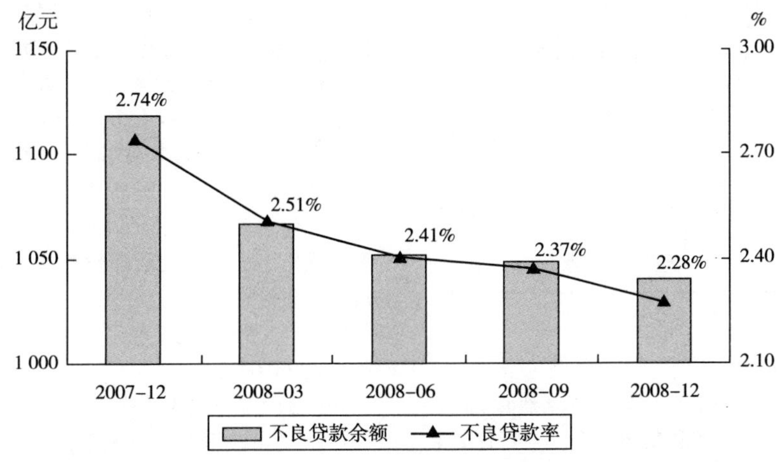

图 14　2007 年 12 月至 2008 年 12 月不良贷款余额和不良贷款率变化情况

2008年末，集团不良贷款余额约为1 040亿元，较年初下降78亿元；不良贷款率为2.28%，较年初下降0.46个百分点。继续贯彻稳健的资产减值准备提取政策，2008年底集团拨备覆盖率达到130%，较年初提高26.5个百分点，不仅保证了对资产风险损失的充分覆盖，也有效增强了应对今年不确定性风险的能力。

（2）不良贷款清收处置情况。2008年，我行全年清收处置不良贷款596.13亿元，完成全年计划450亿元的132.47%。其中，现金清收241.31亿元，以物抵债48.83亿元，呆账核销121.87亿元，其他方式184.12亿元。

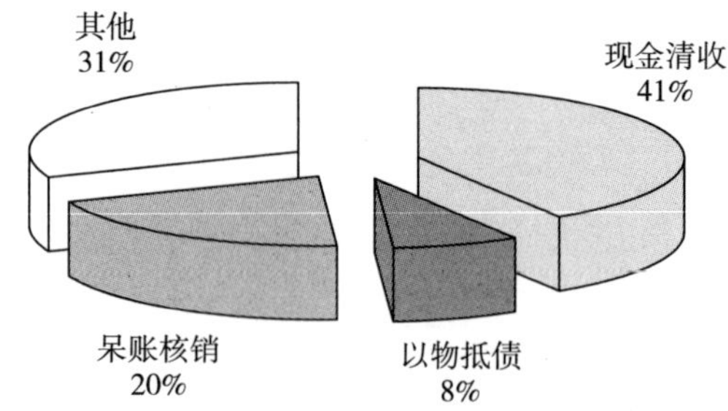

图15　2008年不良贷款清收处置情况

（3）足额提取外币债券减值准备。截至2008年末，我行对面值为72.64亿美元的涉险外币债券保有减值准备共计22.64亿美元，拨备覆盖率（拨备余额/浮亏金额）达到104.48%，外币债券风险足额覆盖。

表15　2008年末外币债券减值准备情况表

单位：亿美元

项目	面值	浮动金额	拨备余额	拨备覆盖率（%）
Alt－A级住房贷支持债券	5.99	1.64	1.92	117.07
次级住房贷支持债券	11.95	7.36	7.46	101.36
债务抵押债券（CDO）	5.05	4.32	4.33	100.23
结构化投资工具（SIVs）	0.15	0.15	0.15	100.00
雷曼兄弟债券	1.24	1.12	1.12	100.00
“两房”抵押债、公司债	16.42	1.23	1.26	102.44
Jumbo抵押债	31.84	5.85	6.40	109.40
合计	72.64	21.67	22.64	104.48

注：拨备覆盖率＝拨备余额/浮亏金额。

5. 服务水平不断提高

（1）渠道建设进一步加强。营业网点建设加快。2008年购建高端网点152个，租赁303个。全行计划装修改造1 870个贵宾理财中心（含财富管理中心），已全部完成。全行累计建成贵宾理财中心达到3 060家，财富管理中心103家，实施核心竞争力项目的网点超过6 000家。营业网点面貌有了显著改观。自助服务日益完善。全行ATM数量已达28 600台，全年ATM累计交易量26亿笔，累计交易额15 557亿元；ATM单机日均交易量297笔，单机日均交易额17.2万元，较上年同期增加23.39%，有效分流了柜面压力。客户经理队伍不断壮大。全行通过AFP资格考试人数达7 779人，其中通过CFP资格考试人数达1 225人，AFP和CFP数量稳居国内同业首位，全行个人业务客户经理一年内增加了约8 000名，达2.8万人；公司业务客户经理增加了约1 000人，超过2万人。

（2）信息系统运行安全稳定。奥运期间全行信息系统保持安全平稳运行，实现了“生产运行零事故”的目标；经受住了地震、雪灾等突发事件的考验，全行二级分行及以上机房的供电、通讯和业务运行全部保持正常。地震期间成功实施了成都电话银行中心服务功能切换，确保了各项业务的正常运营。全面完成年初制定的个人、对公、海外业务、新兴业务、电子银行、风险管理、资产管理、业务流程再造、管理信息化和政策性项目等十大业务领域的应用研发工作，及时推出了银行户口、私人银行、财智账户、手机银行、市场风险管理、数据仓库等一大批重点创新项目和产品，海外业务系统推广取得了重大进展。正式启动“1031”工程建设（即第四代应用系统建设），制定了今后三年的工作计划；同时在客户信息整合、核算与产品分离、三卡整合、个人网上银行应用重构、历史明细改造等项目上取得了重大进展。

（3）产品创新取得显著成效。打造银证通、银银通、监管资金及支付保证金托管、预约四大全新平台。提升了我行在银证合作、银银合作、托管和客户预约服务方面的领先水平。整合优化基金、理财、缴费及银保等业务平台。创新、发售了大批量深受客户欢迎的基金、理财等产品，巩固了我行在基金、理财等领域的优势地位。推出私人银行、全球现金管理、企业财智创业3个新系统和个人网上银行贵宾版、工银财富卡、牡丹运通白金卡、个人支票、收款管家、牡丹红利卡、芯片卡小额快速支付、中小企业在线财务软件等一大批重点产品，提升了我行产品的差异化水平和盈利能力。一大批创新产品的推出，提高了客户满意度，扩大了市场份额，优化了收益水平。以理财产品为例，2008年全年累计推出181款人民币理财产品、42款外币理财产品，累计销售额突破万亿元大关，达到13 237亿元，比上年的1 543.55亿元增加了11 693.45亿元，实现理财业务收入23.64亿元。

（三）需关注的趋势变化

1. 货币政策调整影响重大

顺应政策动向，适时调整资产负债结构。2008

年以来，针对国内外宏观经济金融形势的变化，央行较为频繁地运用货币政策工具进行宏观调控。受此影响，货币市场利率自9月份开始急剧下滑，票据贴现利率也呈走低态势，对银行收益带来直接影响。

表16　2008年央行基准利率、准备金率调整情况

调整时间	调整项目			
	贷款基准利率	存款基准利率	存款准备金率	存款准备金利率
1月25日			0.50%	
3月25日			0.50%	
4月25日			0.50%	
5月20日			0.50%	
6月15日			0.50%	
6月25日			0.50%	
9月16日	-0.27%			
10月9日	-0.27%	-0.27%		
10月15日			0.50%	
10月30日	-0.27%	-0.27%		
11月27日	-1.08%	-1.08%		-0.27%
12月5日			-1.00%	
12月23日	-0.27%	-0.27%		
12月25日			-0.50%	

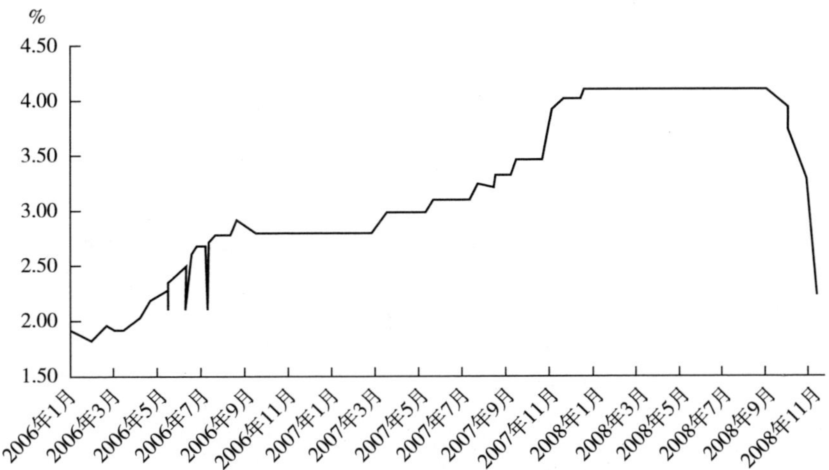

图16　1年期央票利率变动趋势

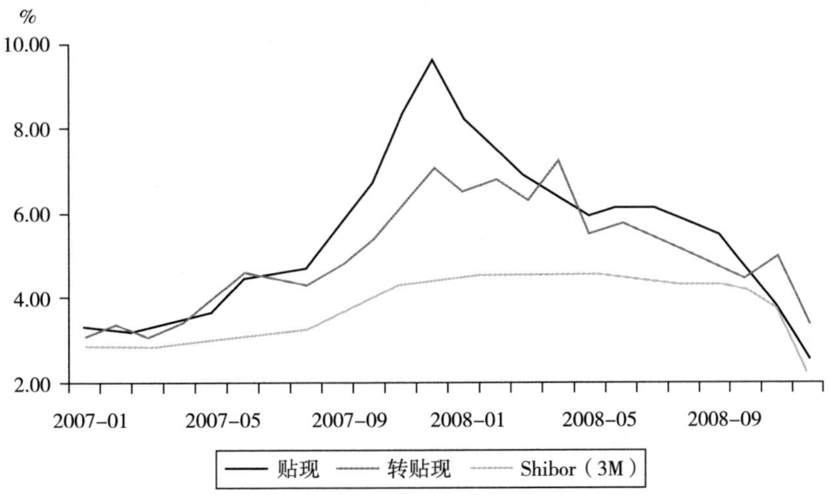

图17　2007—2008年工行票据贴现利率走势

2. 付息成本上升较快

平衡客户选择和成本控制的关系，积极发展对公、对私理财业务，主动调整负债总量结构和成本。

2008年以来，受资本市场深度调整的影响，新增存款定期化趋势比较明显，定期存款占比由年初的45.27%提高至年末的49.25%，提高3.98个百分点（2007年定期存款为负增长，减少500亿元）。全年存款付息成本达到2.16%，较2007年的1.77%提高0.39个百分点。

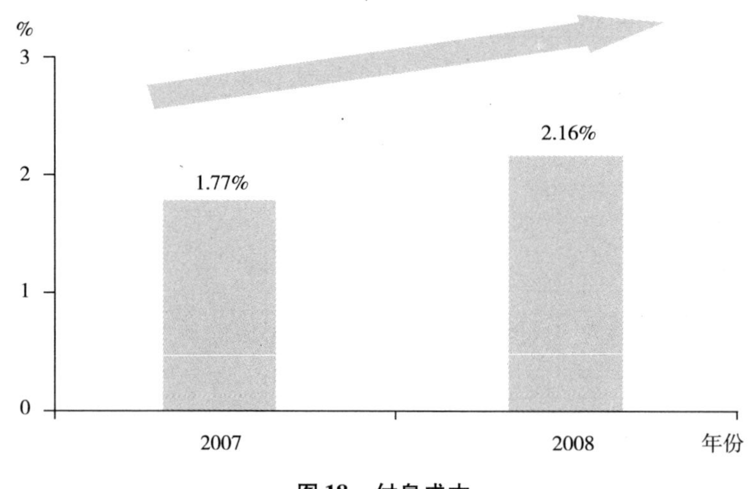

图18 付息成本

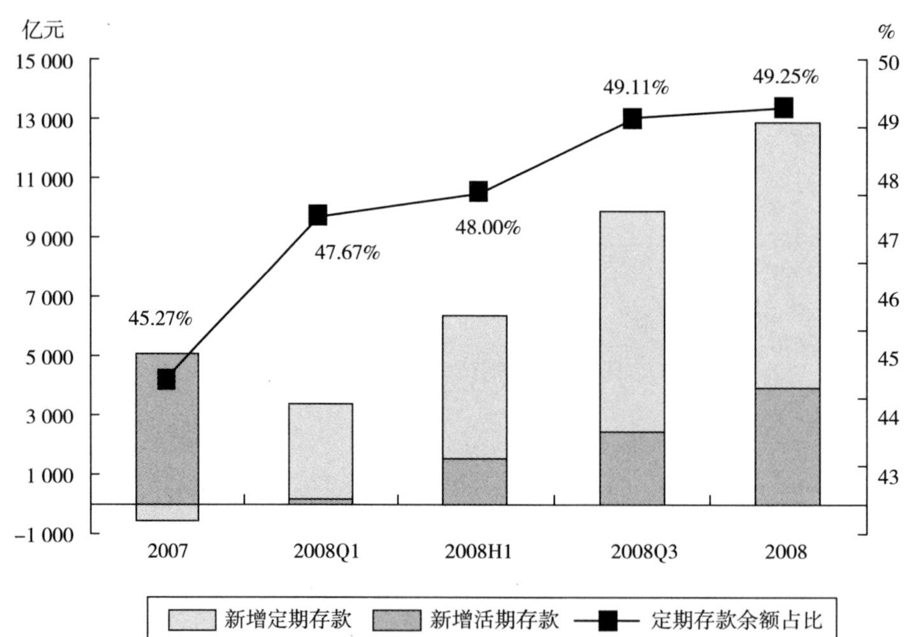

图19 新增存款定期化趋势

3. 利差收窄趋势日渐明显

在把握有效需求和控制风险的同时，适当加快信贷投放进度和主动调整资产负债结构，有利于增加我行利息净收入，减少利差收窄对收益的影响。

2008年，我行净利息收益率呈现逐季下降趋势，全年净利息收益率为2.93%，利差水平（黄色区域）有所收窄。净利息收益率（NIM）是指利息净收入除以平均生息资产，净利息差（NIS）是指平均生息资产收益率减平均付息负债付息率。预计2009年净利息收益率还将下降，利差进一步收窄，货币政策调整对我行经营将产生重大影响。

4. 资金运用压力正在加大

加强资产业务、负债业务和理财业务间的衔接互动，有效运用资金，避免资金闲置。

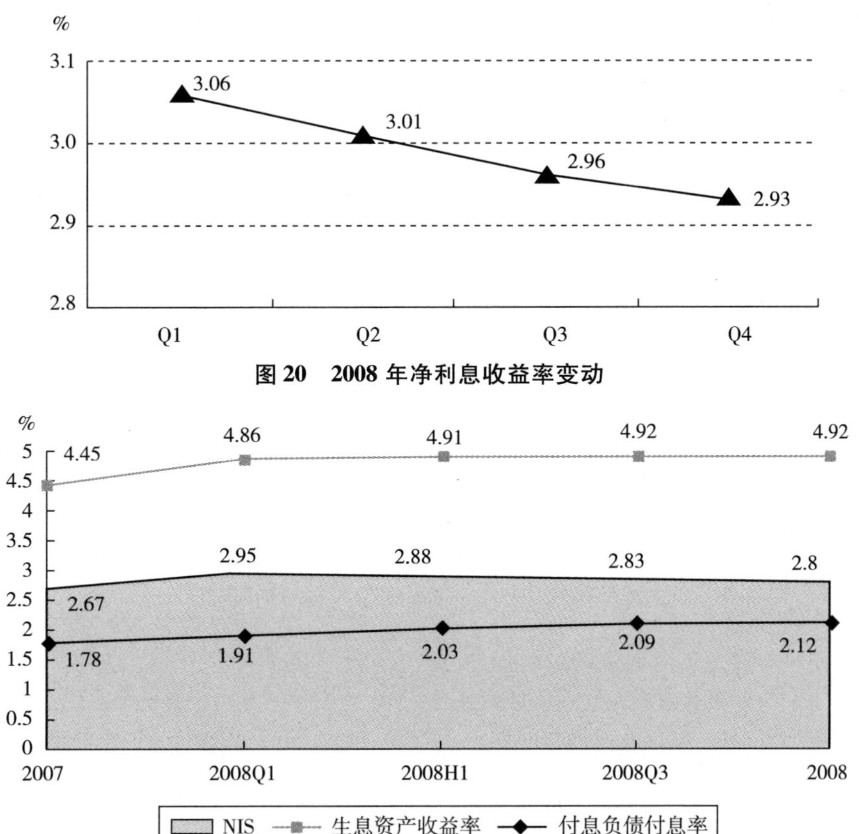

图 20　2008 年净利息收益率变动

图 21　2007－2008 年收益率及付息率变动

宏观政策方面，2008 年 12 月国务院办公厅下发的《关于当前金融促进经济发展的若干意见》明确提出，“停发 3 年期央行票据，降低 1 年期和 3 个月期央行票据发行频率，保持银行体系流动性充足”。2008 年 12 月以来，受央行两次下调存款准备金率影响，总行超额备付金迅速增加，日均备付达到 1 813 亿元，比前 11 个月的均值增加 1 311 亿元。预计 2009 年市场流动性将更加充裕，存款准备金率和市场利率仍有下调空间，全行将面临很大的资金运用压力。

5. 信贷资产质量面临考验

随着金融危机对实体经济影响的日渐加深，一些贷款企业经营困难加剧，我行近十年来形成的良好信贷资产质量正经受一次经济周期波动的大考。保持资产质量的稳定成为我行实现经营效益可持续增长的关键因素之一。从 2008 年资产质量情况看，值得关注的问题有：

小企业不良贷款出现双升。尽管仍在可承受范围之内，但 2008 年末全行小企业不良贷款余额 40.89 亿元，较年初增加 24.22 亿元，不良率为 1.73%，比年初上升了 0.96 个百分点。个人客户不良贷款余额有所增加。尽管全行个人贷款不良率仅 1.07%，不良率较年初有所下降，但个人贷款不良余额较年初增加 8.45 亿元，达到 93 亿元。面对 2009 年更加复杂多变的经济形势，个人贷款质量尤其是个人经营贷款和按揭贷款质量值得关注。

表 17　2008 年小企业资产质量情况表

单位：亿元、%

地区名称	不良贷款余额较年初	不良贷款率较年初
上海	2.00	0.77
江苏	5.79	1.41
浙江	6.06	1.00
安徽	0.42	0.78
福建	1.26	0.96
山东	2.90	1.28
广东	1.33	0.64
广州	1.70	1.77
宁波	1.91	1.39
深圳	0.18	0.46
厦门	0.29	1.72
苏州	1.56	1.13

6. 费用支出总量控制和结构优化的要求进一步提高

2008 年，全行费用控制合理，成本收入比为 30.54%，继续保持先进水平。同时，费用资源配置进一步优化，费用结构更加合理。

为应对经济周期波动对我行的不利影响，保持我行经营效益稳步增长，按照增收节支的要求，2009 年将实行适度从紧的营业费用预算管理政策。总行将充分利用财务授权、财务集中和集中采购等管理方式和手段进一步加强支出行为控制，降低管理成本，提高投入产出效率。

员工费用方面，近年来，随着人力资源提升项目和薪酬改革的实施，依据绩效贡献与员工薪酬待遇相匹配的激励约束原则，员工费用与利润基本实现了协调增长。2007 年和 2008 年利润增长较快，员工费用有了相应提高。2009 年员工费用仍将按照净利润增幅的一定比例合理增加。经营费用方面，按照“勤俭办行、厉行节约”的原则，压缩差旅费、会议费、业务招待费和出国出境费等行政管理费用开支，保障经营管理和正常业务运转费用开支。分行费用仍坚持与 EVA 挂钩。继续加强服务渠道建设，继续集中安排专项费用用于营业网点装修改造。

根据我行未来三年渠道发展网点建设战略规划，2009 年全行将继续加大渠道建设力度，重点保证营业网点布局调整、功能结构优化、服务能力提升的需要。2009 年，全行计划改建装修 100 家财富中心、1 000 家贵宾理财中心、500 家理财网点和 1 000 个金融便利店。各行应抓住房地产市场价格回升前的时机，以相对少的投入购买或置换一部分优质网点，推进网点布局的调整和优化工作。各行要本着“早安排、早动手”的原则，抓紧做好全年营业网点建设的计划和实施工作。

二、2009 年主要经营目标

（一）财务预算

虽然今年经营环境发生了很大变化，但各行应以积极进取的态度制定 2009 年预算目标，保持净利润合理增长，保证全行盈利目标的实现。

全行 2009 年净利润增幅确保达到 10%，力争达到 12%。

表 18　集团经营目标

指标名称	计划数	同比增幅
净利润	1 223 亿元	10.0%
经济增加值（EVA）	780 亿元	10.6%
每股收益（PE）	0.36 元	0.03 元
权益回报率（ROE）	18.85%	
成本收入比	38% 以内	

注：（1）未考虑增资扩股情况。

（2）EVA 计算公式中经济资本回报率按同口径（10%）设定，如有调整则 EVA 增加值计划需作相应调整。

（二）业务发展计划

1. 人民币存贷款计划。加强信贷运行情况的监测和管理。加快贷款投放进度。优化新增贷款投向。

表 19　人民币存款经营目标表

单位：亿元、%

指标	计划增量	同比增幅
人民币存款	11 500	13.8
储蓄存款	5 000	12.6
公司存款	2 200	10.1
机构存款	3 400	20.6
同业存放	900	16.5
人民币贷款	5 300	12.4
公司贷款	3 700	11.8
个人贷款	900	11.1
票据贴现	700	21.3

2. 外汇存贷款计划。促进外汇存款稳步增长、控制存款付息水平。大力发展国际贸易融资业务。

表 20　外汇存贷款计划表

单位：亿美元、%

指标	计划增量	同比增幅
外汇存款	17	5.7
储蓄存款	2	2.9
对公存款	5	3.2
同业存款	10	14.8
外汇贷款	20	12.5
一般现汇贷款	0	—
国际贸易融资	20	38.6

3. 资金营运计划。有效运用资金，保持合理备付水平，避免资金闲置，规避投资风险。

表 21　资金营运计划表

单位：亿元、亿美元、%

指标		计划数	同比增幅
人民币	缴存央行准备金	—	—
	债券投资	4 500	15.5
	买入返售资产	1 100	67.8
外币	总行外币债券投资规划	130	-6.5
	总行货币市场外币拆放业务剩余期限占比		
	其中：隔夜	≤15	—
	1 月（含）以内	≥45	—
	1—6 个月（含）	≤30	—
	6 个月—1 年（含）	≤10	—

4. 理财产品发行计划。

表 22　理财产品发行计划表

单位：亿元、%

指标	计划数	同比增幅
理财产品发行总量	15 750	2
其中：个人理财产品	8 250	-2.4
银行类理财产品	3 200	-2.3
代理基金	3 700	-5.0
代理个人保险	700	4.6
代理国债	650	6.4
法人理财产品	7 500	7

5. 其他。

表 23　其他业务发展计划表

指标	计划数	同比增幅
中间业务收入（亿元）	540	20%
人民币结算业务量（万亿元）	550	5.8%
新开对公结算账户（万户）	100	11.1%
国际结算业务量（亿美元）	6 950	19.9%
国际结算市场占比	24.5%	8.0%
国际贸易融资业务发生额（亿美元）	343	2.3%
国际贸易融资市场占比	30.0%	5.4%
新增对外担保业务量（亿美元）	75	4.3%
信用卡发卡增量（万张）	1 095	-30.1%
信用卡消费额（亿元）	3 200	25.4%
信用卡透支余额增量（亿元）	80	-11.1%

（三）风险控制计划

加快处置不良资产，努力提高处置回收率。保持新增资产质量稳定。

表 24　风险控制计划表 1

单位：亿元

指标	计划数	同比增幅
不良贷款余额	1 040	0.0%
不良贷款率	2.05%	-10.1%
不良贷款清收处置拨备使用额度	280	—
非抵债类非信贷不良资产余额	34	-5.6%
票据融资业务资产不良率	≤0.3%	—
下浮利率贷款机会成本率	5.0%	—
综合浮动幅度	-2.0%	—

表 25　风险控制计划表 2

单位：亿元

指标		计划数	同比增幅
人民币	银行账户债券组合久期（非重组）	4 年	74.0%
	债券敞口	500	0.0%
	同业融资业务限额	5 000	6.4%
	债券和融资业务新增不良资产率（非重组）	≤0.1%	—
	流动性管理下限	800	—
外币	外币债券组合修正存续期	5.5 年	120.0%

（四）资本管理计划

表 26　资本管理计划表

指标	计划数	2008 年
经济资本占用（亿元）	4 432	4 061
核心资本充足率（%）	10.3	10.62
资本充足率（%）	12.1	12.77

注：2008 年核心资本充足率和资本充足率数据为管理层法人口径。

（五）客户结构调整计划——客户发展计划

表 27　客户发展计划表

单位：户、%

指标	计划数	同比增幅
个人中高端客户存量（万户）	2 400	15.3
个人中高端客户金融资产占比	78	0.6
5 万（含）—100 万元公司客户存量	518 000	5.7
其中：2009 年增量	30 000	7.1
100 万（含）—1 000 万元公司客户存量	93 600	9.1
其中：2009 年增量	8 300	6.4
1000 万元（含）以上公司客户存量	13 600	6.3
其中：2009 年增量	850	3.3
新增现金管理客户	70 000	16.7
新增信用卡客户（万户）	658	-38.5
信用卡行内中高端客户渗透率	25	81.2

三、2009 年重点要抓好的几项工作

（一）提高信贷经营水平

今年的信贷工作矛盾多，难度大；今年信贷工作成效如何，不仅影响我行当前经营而且事关我行长远发展；今年信贷工作能否做好，关键取决于我们能否践行科学发展观。

1. 认真贯彻适度宽松的货币政策，积极竞争优质信贷市场

加快贷款投放进度。今年第一季度贷款增量按全年计划的45%掌握。如有必要，还可适当提高几个百分点，以实现早投放、早收益。但也必须为满足第二、第三季度及以后其他更优项目、更优企业的需求预留足够空间。

积极竞争重大建设项目。重点竞争中央投资主导的大项目。认真遴选地方政府主导的投资项目，重点支持资金来源有保证、经济效益预期良好、符合国家产业政策导向的建设项目。

优化行业信贷资源配置。积极支持铁路、民航、港口、电网、石油、电信运营等基础设施类行业的信贷增长。适度支持电力生产、公路、城建、开发区建设、煤炭等行业的信贷增长。有选择地支持现代制造业、现代物流业、环保产业、新型服务业、医院、教育及文化产业的优质客户。积极推进绿色信贷建设，研发绿色信贷产品，加强贷款环境风险评价方式，进一步履行社会职责。稳健发展房地产信贷业务，继续实行房地产贷款专项计划和房地产企业名单制管理，重点支持实力强、资质高、信誉好的大型房地产企业集团及其下属子公司。合理控制医药、造纸、汽车制造、纺织等行业贷款增长。

保持五大行业市场优势。继续保持近年来我行贷款新增最多的电力（包括电网、火电、水电、核电等）、公路、铁路、城建和房地产等五大行业贷款增量的市场优势。电力行业：积极竞争中核、中广核、中电投集团投资建设的大型核电项目，重点跟进金沙江、雅砻江、大渡河、澜沧江流域大型梯级电站项目，择优进入五大发电集团、神华集团、国家开发投资公司的大型煤电一体化项目；公路行业：主要介入列入国家高速公路网规划的项目和重要省道路公路项目；铁路行业：优先支持铁道部控股的“四纵四横”干线铁路网、能源输出线项目，特别是其中连接经济发达地区、运输量大的项目；城建行业：重点投向经济发达、财政实力较强的中心城市；房地产行业：坚持名单制管理，重点支持中小套型、中低价位普通住房项目开发建设。

2. 深入推进结构调整，增强信贷业务的可持续发展能力

推进贸易融资跨越式发展，今年贸易融资占流动资金贷款的比重要提高到20%以上。继续发挥好票据业务在调节贷款投放节奏，调整贷款期限结构，提升资金营运效益方面的重要作用，票据贴现余额增加700亿元。大力推进银团贷款业务，积极争取牵头行地位，在占据大项目融资合理市场份额的同时，分散和降低贷款风险，增加中间业务收入。积极运用并购重组贷款，促进优势企业兼并重组劣势企业，优化贷款结构。积极支持中小企业发展，中小企业融资要占公司客户全部新增融资的40%以上。开展以完善贷款定价机制为重点的小企业信贷业务经营机制创新。全行小企业贷款增速要高于全部贷款增速。保持个人贷款业务健康快速发展。坚持打造“第一按揭银行”目标不动摇，进一步完善开发贷款与按揭贷款的联动营销机制，加大二手房、纯按揭营销力度。保持个人汽车、个人消费和个人经营贷款健康发展。提高住房公积金委托贷款业务市场占比。以战略的眼光继续大力推进信贷资产转让和资产证券化业务，调整贷款期限结构，控制中长期贷款占比上升趋势。今年信贷项目入理财池资产2 000亿元。

3. 加强信贷风险防控，确保贷款质量长期稳定

严控信贷市场准入，把好新增贷款质量关。严格控制钢铁、水泥、电解铝、多晶硅、铜冶炼、焦炭等行业中高能耗、高污染项目的贷款投放和增长。严格控制对市场产能过剩、缺乏竞争力的项目发放贷款，防止重复建设。对公司治理不良和财务混乱、弄虚作假、过度融资、盲目发展的企业不予信贷支持。

区别对待因受经济下行影响经营出现困难的企业，支持企业通过发展克服困难；同时在企业的进一步发展中化解信贷风险。对于电力、钢铁、煤炭、航运、航空、汽车等行业的全国性龙头企业，要着眼于企业的发展前景和银企长期合作，积极与企业研究协商渡过难关的具体措施，在整体风险可控的情况下，可以及时提供多方面的金融支持。对于基本面和信用记录较好、有竞争力、有市场、有订单的企业，在风险可控的情况下，可以通过实施债务重组、加强投融资咨询服务、改善风险管理等有效方式，继续给予必要的金融支持。综合考虑各方面的因素，对列入名单的部分企业，经过审核批准，可以适当调整其今年的授信额度。

高度关注主要风险点，防范和化解贷款风险。关注集团客户风险问题，逐一进行风险排查，完善风险化解预案；着力化解“担保圈”贷款风险，定期下发“担保圈”客户名单，推广“担保圈”识别技术；高度关注商品房销售状况，严格防范房地产企业资金链断裂、挪用银行贷款以及假按揭等风险；进一步加强关注类特别是关注三类贷款管理，防止劣变；关注银行卡风险，防范虚假办卡、非法套现、恶意透支等风险；紧盯企业代发工资和有关缴费情况的变化，从中发现企业现金流异动迹象，力争在第一时间掌握贷款处置的主动权。

坚持该退则退的原则。抓住经济结构和产业结构调整变化的时机，加快信贷退出步伐。今年要退出潜在性风险贷款1 000亿元。同时，要讲究退出策略和方法，做好预案，防止出现负面影响，防止操作不当形成风险和损失的扩大。

增强敏感性。高度关注有关部门推出的相关改革措施对我行资产质量可能带来的影响。比如，燃油税改革后取消二级及以下公路的收费，要保证我行二级以下公路350亿元贷款本息的安全。

加快不良贷款清收处置进度。确保完成清收处置不

良贷款500亿元，将不良贷款余额控制在1 040亿元左右，不良贷款率降至2.05%以内。同时要千方百计提高处置回收率。不良贷款余额在30亿元以上的行，要有一名行级领导把主要精力放在不良贷款管理与清收处置上，强力推进不良贷款处置工作。积极执行财政部新的呆账核销政策和国家对金融机构贷款重组与减免的政策，及早部署和开展呆账核销及其他不良资产处置工作，抓紧申报及审查审批。实现大额不良贷款处置工作新突破。大额不良贷款占到全行存量不良贷款的60%以上，其清收工作成效直接关系到全行清收处置计划的实现。总行和分行都要加大对大额不良贷款处置工作的督促检查力度。

（二）提升市场竞争能力

完善竞争策略，大力改进服务，推进各项业务全面协调发展，保持较快增长幅度，确保主要业务增量市场第一，巩固和扩大同业领先优势。

1. 进一步开拓抓存款业务的新思路

在继续坚持和完善各种行之有效的存款工作传统做法的同时，要进一步开拓抓存款工作的新思路。不能寄希望于通过提高付息水平竞争存款。要以新的存款工作策略，扩大存款特别是低成本存款市场份额，降低付息成本。

抓住居民增收的各种源头。加强对公和对私业务联动，实施定向组合营销，扩大代发工资覆盖面，切实抓住重点企事业单位职工工资和公务员收入增加这块资金；加大外勤营销力量，重点拓展城乡结合部和劳务输出大县等市场。

抓住贷款资金的流向。贷款派生存款是对公存款的一个重要源头，但目前我行公司贷款增量与公司存款增量不成比例，我行贷款有相当一部分流入了他行。解决这个问题，一方面要抓住贷款企业本身，另一方面要抓住它的上下游企业和交易对手，努力实现资金在我行系统的账户流动。对我行发放贷款的大型项目公司，要通过签批支付制、签订贷款支付管理协议等有效方式加强项目资金管理。要实行延伸营销，将贷款资金支付对象，如施工单位、设备和原材料供应方等纳入营销目标，力争项目贷款资金在我行系统内运转。尽快开发现金流监测系统，使全行能够对重点贷款客户整个产业链实现名单共享，通过联动营销实现产业链的资金在我行系统内运转。加强对银行承兑汇票、国内信用证等派生存款率较高的融资类结算工具的营销。

抓住理财资金。要通过理财产品的滚动发行，消化成本较高的存款和收益率较低的贷款。加大理财产品开发和营销力度，争取更多的客户通过我行渠道购买理财产品，转化高成本存款，促进低成本存款增长。大力推广我行现金管理产品，通过银企互联系统使客户在他行的存款归集到我行。对投资于信托计划等的理财产品，要争取将资金划入信托公司和所投资项目的业主在我行的账户。建立理财产品信息统计体系，做好理财产品赎回时的二次营销，积极吸收客户回流资金和间歇性资金。

抓住证券市场资金。依托第三方存管业务，抓住存款特别是储蓄和同业资金的相互转化，确保客户证券资金较大份额在我行内部循环。继续改进对第三方存管业务的服务，扩大证券公司在我行的存款份额。

抓住公共财政市场的变化和资金走向，从源头上争揽各级财政资金。

抓住军队系统存款，开发适合军队客户的专属理财产品和“军银通”系统。

2. 进一步巩固和扩大各项业务领先优势

巩固和扩大第一零售银行领先优势。建立四类网点业绩统一评价办法，完善“双线”考核制度。实施个人客户服务精细化管理。完善零售银行业务协同营销机制。以客户为中心，加强个人金融、电子银行、信用卡等部门的协同营销；以代发工资业务为纽带，加强对公与对私金融业务的协同营销；以理财金账户为载体，加强对个人金融产品的协同营销；以财富管理和私人银行业务为切入点，加强对高端客户的协同营销；以海外华人和“走出去”企业的员工为重点，加强境内外机构的协同营销。

巩固和扩大理财业务领先优势。大力推进理财业务发展。全面开发具有竞争力的个人和对公理财产品，不断丰富理财产品体系，巩固和扩大销售额的同业领先优势。提高银行类理财产品销售对全行的贡献度。鼓励有条件、经批准的分行开发销售适应当地市场需求的区域性特色理财产品。稳健发展代理保险业务。坚持集中定价、统一签约，把好代理寿险产品准入关。同时，提高对客户的需求识别和风险分析能力，避免违规销售、不当销售及误导投资者。对大型企业和项目贷款探索“渠道+专业+产品”新型银保模式，积极推进代理财险业务。继续做好基金代销业务。积极推动不同风险收益特征的基金产品协调销售，继续保持市场占比第一地位。围绕国家财政资金配套的大型交通基础设施项目、股权信托项目、大型央企融资、担保和并购项目等领域拓展信托理财产品的投资范围。创新推出ETF投资型理财产品。突出企业财资管理专家式服务，在充分识别客户风险承受能力，并切实做好风险提示工作的基础上，积极为客户提供融资理财、投资理财、避险理财和创业理财等综合理财服务。对优质核心客户，探索推出企业专户个性化理财服务。

巩固和扩大信用卡业务领先优势。确保发卡量达到5 000万张；客户数达到3 350万户；消费额达到3 200亿元；透支余额达到260亿元；不良透支占比力争控制在2.2%以内；实现总收入75亿元。巩固国内第一信用卡银行地位，并扩大国际市场影响力。

进一步抢占市场，保持业务规模的领先地位。在发卡市场方面，要从单纯“审收入”向“既审收入更审信用”转变，积极发展新客户，发挥我行整体合力，

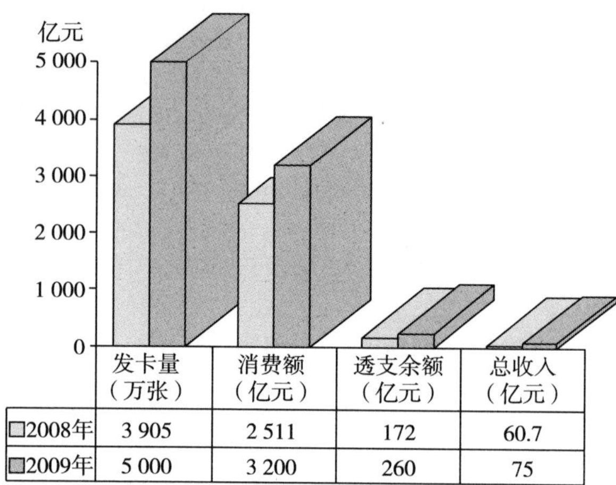

	发卡量（万张）	消费额（亿元）	透支余额（亿元）	总收入（亿元）
2008年	3 905	2 511	172	60.7
2009年	5 000	3 200	260	75

图 22　2009 年信用卡业务发展目标

加大行内现有客户的转化率；在消费和收单市场方面，要大力策划组织专题营销活动，积极推广分期付款业务，做大良性透支规模，培植商户圈、打造服务链、拓展新市场。改善运行质态，完善考核体系，提高卡片启用率、动卡率，推动规模、质量和效益指标协调增长，实现信用卡业务发展向质量效益型转变。建设海外信用卡中心，拓展全球信用卡市场，实现与国内业务的有机融合和优势互补，扩大国外优质客户市场，提升牡丹信用卡的国际地位。

巩固和扩大电子银行业务领先优势。坚持以客户为中心、以创新为动力，一手抓规模效益，加强市场拓展，加快构建基本客户群；一手抓深度效益，优化客户结构和质量，大力提升对全行发展的贡献度。新增电子银行客户 2 725 万户；电子银行交易额达到 150 万亿元；电子银行业务笔数占比提高 4 个百分点，达到 47%；电子银行业务收入（全口径）实现 30 亿元。

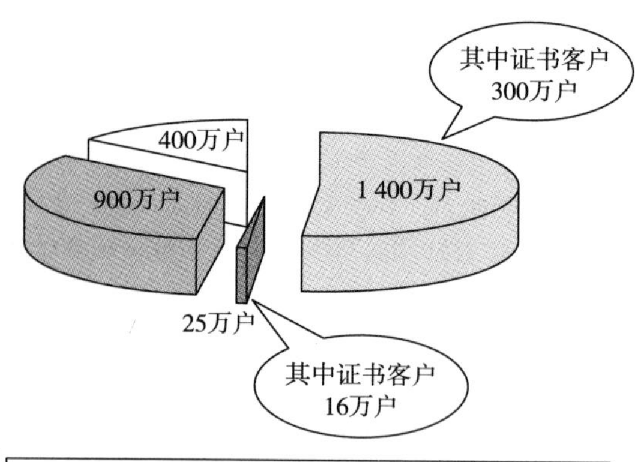

图 23　2009 年电子银行客户发展目标

不断丰富产品功能，打造完备的产品体系。提升重点产品易用性。推进海外网银系统的建设改造，完成澳门分行和诚兴银行网银整合。注重客户体验和评价。进一步提升界面友好性，加快完善电子银行服务支持体系。

巩固和扩大投资银行业务领先优势。抓住机遇，加强投行业务与公司信贷业务的联动配合，扩大基础投行业务规模，在重组并购、股权融资、资产转让与证券化和承销等投行业务领域确立先发优势，推动全行公司业务加快转型。2009 年实现投行业务收入 100 亿元。以“融资加顾问”的模式重点拓展资产并购、外资并购、上市公司并购、中资企业海外投资等各类重组并购业务，促进产业结构调整和行业龙头做大做强。创新发展直接投资及股权私募顾问、产业投资基金、股权理财产品等新型投行业务，在风险可控的前提下，积极帮助企业多渠道筹集资本金。加大短期融资券和中期票据承销业务营销力度，市场占比要达到 26% 以上，确保市场占比第一。同时积极介入债券承销新领域。

巩固和扩大私人银行业务领先优势。新增分部 4—6 家，高净值客户达到 7 000 户以上，管理客户资产达到 600 亿元以上。以资产管理为核心，大力发展非金融增值服务，初步构筑起符合私人银行客户需求的资产池和品种丰富、附加值高的高净值客户专享产品库，打造具有工行特色的私人银行产品优势。以精细化管理和专家顾问式服务为抓手，不断优化客户结构，有效稳定和提升我行高净值客户市场份额。

巩固和扩大资产托管业务领先优势。托管资产总规模要达到 12 000 亿元，实现业务收入 18 亿元。完善业务经营管理模式，探索专业化管理体制，推进分部建设。优化业务结构，积极探索承接会计服务外包、证券借贷等增值托管服务。延伸业务领域，初步形成服务投资者境内外投资的托管服务体系。

巩固和扩大企业年金业务领先优势。以综合效益最大化为原则，推进受托管理、账户管理、基金托管、投资管理四项业务快速协调发展。重点做好中央企业和地方大型企业客户营销，尤其要着力做好铁路、电信、煤炭、石油石化、烟草、军工、邮政等行业客户的营销。同时，加强同业合作，以集合计划为载体，积极拓展中小客户市场。积极探索农民工养老金、基本养老金、事业单位职业年金业务。进一步优化业务流程，探索受托管理——账户管理一体化运作，创新集合计划业务管理运作模式，不断提高运作效率。

巩固和扩大现金管理业务领先优势。将现金管理业务向综合理财、供应链金融和全球现金管理扩展，进一步丰富和完善支付结算、现金管理、理财、代理业务几大产品线；通过品牌创新，树立“财智账户”国内一流的现金管理品牌形象。

巩固和扩大贵金属业务领先优势。以“最佳贵金属投资银行”为目标，做大贵金属业务规模、全面提升贵金属业务整体收益能力，2009 年实现业务收入 5. 5 亿元。推出品牌金积存计划产品、黄金递延交收业务、账户白银和铂金交易、对公账户黄金交易系统等新产品。同时大力开发黄金租赁业务、账户金质押贷款等黄金融资类产品，稳步拓展黄金融资市场。逐步在海外机构推出品牌金业务。积极探索扩大贵金属自营交易业务量。

3. 进一步加强渠道建设

新增财富中心100家，推进财富客户专属电子银行渠道建设。新建1 000家贵宾理财中心，制定贵宾理财中心日常运营及管理规范，加强对其业绩评价和竞争力分析。80%以上网点实现综合化改造，2 000家分理处和储蓄所改造升格为二级支行，力争今年末基本完成营业网点升级改造计划。新增建有电子银行服务区的网点1 500家，使总数达到7 000家。优化自助设备的网络布局，提高使用效率。

4. 进一步健全服务管理体系

健全服务管理组织体系。明确各业务部门的服务职责，强化服务综合管理部门的协调推动作用。健全服务管理制度体系。分渠道、按客户整合制定服务标准，推行内部服务规范和承诺制，切实做到服务管理有章可循，有据可依。健全售后服务体系。完善服务投诉处理机制，力争客户投诉率有明显下降，投诉处理满意率有较大提升。健全服务质量监测体系。引入第三方服务质量监测，提高服务质量监测的可靠性和科学性。健全服务质量考评体系。实现对网点负责人、柜面人员、客户经理以及中后台人员等各层面员工服务质量的全面考核。

5. 进一步加强品牌建设

梳理整合品牌架构。按照横为客户服务类、渠道服务类和介质类三类，纵为核心子品牌、一般子品牌和重点产品三层，梳理和整合现有子品牌和重点产品。强化工商银行整体品牌的统领力，增进母品牌与子品牌的互动营销。拓展品牌传播渠道。在扩展外部多元化传播渠道的同时，全面推进全行网点营销传播系统的建设，加强网点传播载体的统一配置，制作全面覆盖重点业务与产品、电视宣传片和配套平面组成的系列化网点宣传资料。完善品牌管理机制。建立品牌管理委员会，强化品牌建设与业务营销活动的协调配合，完善品牌建设的市场反馈与危机公关；建立与服务工作升级相协调、与社会责任履行相配合的品牌维护机制；建立与分级管理、重点支持的品牌策略相适应的经费投入机制。

（三）加快国际化综合化发展步伐

完善全球网络布局；优化境外机构管理技术手段；加快海外业务模式转型；提升外汇业务市场占比是今年国际业务发展的重点内容。

加强集团与子公司联动，充分发挥整体品牌功能；努力把子公司办成行业领先者；争取在保险、证券、产业基金等领域有新的突破，是今年综合化发展的主要任务。

积极推进国际化进程。完善全球网络布局。2009年境外机构拓展计划（略）。

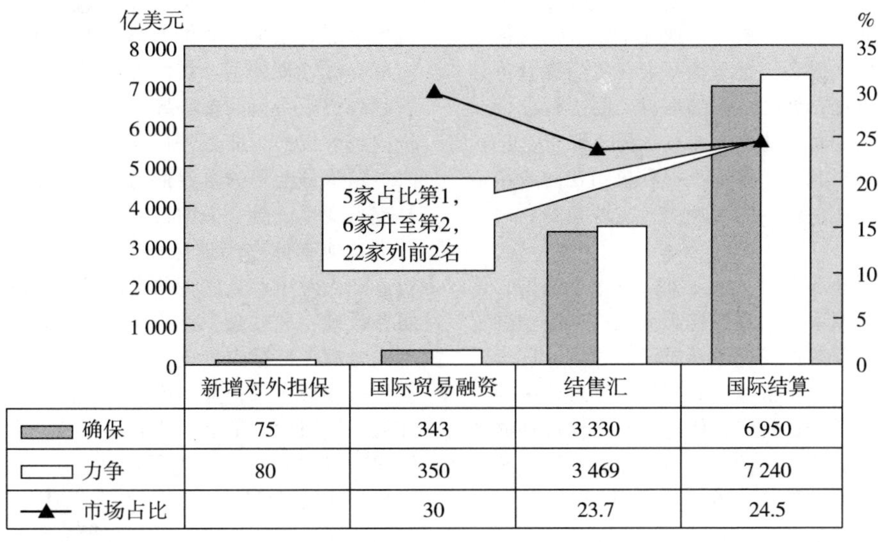

	新增对外担保	国际贸易融资	结售汇	国际结算
确保	75	343	3 330	6 950
力争	80	350	3 469	7 240
市场占比		30	23.7	24.5

图24 境内国际业务量发展目标

加速FOVA系统全面推广。除工银亚洲外，年内所有境外机构都要应用FOVA系统。同时，推广境外单证中心系统，加快在已投产FOVA系统的境外机构推广海外网银系统，对具备条件的境外机构推广CM2002等统一的管理系统和风险管控机制。

加快境外机构业务经营转型。对跨境客户和联动项目实施名单制管理，立足重点客户、抓住重点业务，加强内外联动。通过重点发展贸易融资、国际结算、投资银行、外币清算、银行卡等业务，主动调整资产结构。积极组织吸收存款，拓宽资金来源渠道，增强海外资产负债平衡能力。探索开展资产管理、财富管理、私人银行等业务。充分挖掘现有牌照优势，积极争取扩大牌照经营范围，进一步提高境内国际业务市场份额。

实施重点区域国际业务市场占比提升计划。2009年北京分行要确保国际结算业务四行占比第一的位置；浙江、山东、新疆、贵州等4家分行要力争第一；江苏、河南、吉林、甘肃、广西、海南等6家分行要力争第二；厦门和内蒙古分行要摘掉四行占比末位的帽子；其余分行保持第二并实现占比有所提高。实施重点客户国际业务占比提升计划。将进出口规模达到一定金额的7 000家企业组建成相应分行的国际结算目标客户群，选择其中的1 313家客户，由总行重点监测。在此基础上，再选出其中我行国际结算占比较低的100家客户作为核心目标客户，实施总行、分行、开户行三级联动营销，力争有所突破。

加强集团与子公司的联动。抓紧形成一套充分发挥工商银行整体优势，促进有关子公司迅速成长为行业排头兵的机制和办法，使子公司对总行既有理想的利润回报，更有业务拉动，功能互补的作用；使子公司既注重培育具有自身特色的市场化运作优势，更秉承工行稳健经营、以人为本的文化理念。在处理银行与子公司的业务往来时，只要不违反有关关联交易的规定，就要互相配合，全力支持，倾力合作。

大力拓展基金管理业务。以工银瑞信基金管理公司为平台，进一步巩固银行系基金管理公司第一的地位。2009年管理共同基金总规模要突破1 000亿元，并继续保持优良投资业绩。实现收入7.5亿元，并增加支付工行的代销费用和佣金贡献。进一步加强工银瑞信与各专业、各分行的合作。提高工银瑞信基金在工商银行各分行销售保有量的占比；加强工银瑞信与工商银行在企业年金业务拓展方面的整体协作，通过受托、账管、托管和投资管理等业务资源互换等措施提升集团在同业年金业务中的竞争力、在企业间的影响力，实现集团利益最大化。

推进金融租赁业务发展。重点支持技术规格高、适航能力高、市场保值率高的现代化干线飞机、船舶融资需求。选择部分大型制造商稳步开展厂商租赁。逐步提高租赁在交通工具、工程机械、专用设备等融资中的占比，充分发挥其盘活固定资产、优化财务结构等理财功能，增强我行融资服务方案的竞争力；在流动资金改造中引入租赁手段，尝试对企业存量设备开展售后回租，置换相应流动资金贷款。

加快工银国际发展。努力把工银国际建设成为立足香港、辐射海内外、与境内外我行其他机构有机连接的全球投行业务运营平台。

（四）推进体制机制改革和产品技术创新

今年要进一步通过体制机制改革，提高运行效率和经营效益；要进一步通过产品技术创新，提高竞争能力和管理水平、风险防控水平。

1. 加快运行管理体制改革

组织办量开展深化运行管理体制改革的调研，争取第一季度内形成方案。推进业务集约运营改革。年内完成资金汇划、外汇业务和网银落地等业务品种的集中处理。进一步推广跨城市业务集中处理模式。推进监督体系改革。推行集中监督模式，加快监督中心转型。推进授权制度改革。根据不同业务的特点，采取下放权限、集中授权、远程授权等不同方式，在有效控制风险的同时，提高授权效率，最大限度地优化人力资源配置。

2. 加快资金管理体制改革

由总分行间差额管理、一级分行以下全额管理并存的双轨制向总行资金全额集中管理转变；由总分行往来利率、一级分行以下集中配置价格两套价格体系向全行统一配置价格体系转变。

由于各分行存贷比、存贷款期限结构的差异，改革必然对一些分行会有暂时的利益调整，既要发挥好资金总行全额集中、统一定价的集约作用，又要维护好分行发展资产负债业务的积极性。今年8月前完成内部资金转移价格系统开发，11月前完成资金全额集中系统开发，全面做好各项准备工作，力争2010年初实现本外币资金全额集中到总行管理。

3. 加快分支机构等级管理体制改革

进一步革除按行政级别确定机构等级的传统机制，以机构的价值贡献为核心指标，研究出台新的机构内部等级管理办法。

在评价对象上，将支行、二级分行和一级分行三级机构全部纳入统一评价范畴，构建更加完善的分支机构内部等级管理体系。在评价指标上，突出利润总量和人均利润贡献指标的核心导向作用。在结果应用上，将机构内部等级作为业务授权核定、基础性资源配置、管理人员薪酬分配等的重要依据。率先在经济发达地区实施县支行变革试点，探索县支行科学发展的新路子，打造一批各项业务在当地全面领先、年创利超亿元的大县行。加大对重点县支行的资源投入，改造其营业网点和服务设施，尽快使其服务环境和功能达到当地一流水平。合理提高重点县支行管理人员岗位等级，配强重点县支行领导班子，充实客户经理队伍，增强团队战斗力和服务辐射力。适当扩大重点县支行授权和业务范围，增强市场响应能力。整合省（区）分行和营业部营销力量。积极构建省（区）分行与其营业部各有侧重、互为补充、互相促进的对公客户分层营销服务体系，推行对不同层次客户的差异化服务。优化前后台职能。深入推进省（区）分行营业部扁平化改革，加快省（区）分行与其营业部后台管理职能的集中步伐，强化省（区）分行后台业务的集中管理，突出营业部的前台营销功能。适当扩大对规模较大营业部的信贷、财务和产品创新等授权。

4. 加快改造完善业务流程

上半年基本完成信贷业务流程改造。建立客户分层、整体营销服务体系和“一站式”审批机制。原则上各级行直接受理发起本级行客户业务，不再由基层行层层上报，提高对公司客户的服务效率和市场响应速度。优化整合项目贷款调查、评估与审查环节。在坚持项目贷款基本流程的基础上，根据客户经济实力、行业特征及具体贷款的风险大小，按照“调评合一、评审合一、认同评估”三种模式进行优化。进一步优化CM2002和PCM2003系统功能，实现信贷业务流程相关系统的有机连接，建设全行统一的信贷业务处理与管理技术平台，实现境内分行所有信贷业务的全流程无纸化处理。

持续推进个人金融业务流程再造。在上年已完成137项流程调整的基础上，进一步优化网点前台交易功能，在所有具备分区服务功能的营业网点加快推进实施标准化服务流程，重点解决理财业务、结算业务、储蓄业务、银行卡业务、电子银行业务、客户信息等六个方面存在的问题，进一步简化业务处理环节、提高服务效率和服务质量。

5. 加快产品开发，整合产品平台

全年新投放全行性产品超过200个，继续保持金融产品最丰富、功能最强大、使用方便最安全的市场地位，增强服务供给能力和客户满意度。重点打造金融资产质押、电子票务、芯片卡多应用、银行卡通用配置等四个平台，产品管理、养老金和网上信贷服务等三大系统和一个网上金融超市。着力开发对公银行户口、市民一卡通和电子票据等一批新产品，并在现有银证通、银银通、预约等七个平台上增加B股第三方存管、信用卡跨行还款、信用卡预约等产品和服务，创造新的市场竞争优势。整合优化理财等两个平台和全球现金管理、客户积分等八个现有系统，及中小企业专用卡等产品，不断提升产品差异化水平和盈利能力。前瞻性研发和储备手机移动支付、跨行电子支付等产品，开发潜在市场。

6. 加快科技系统升级换代

全面推进“1031”工程建设。

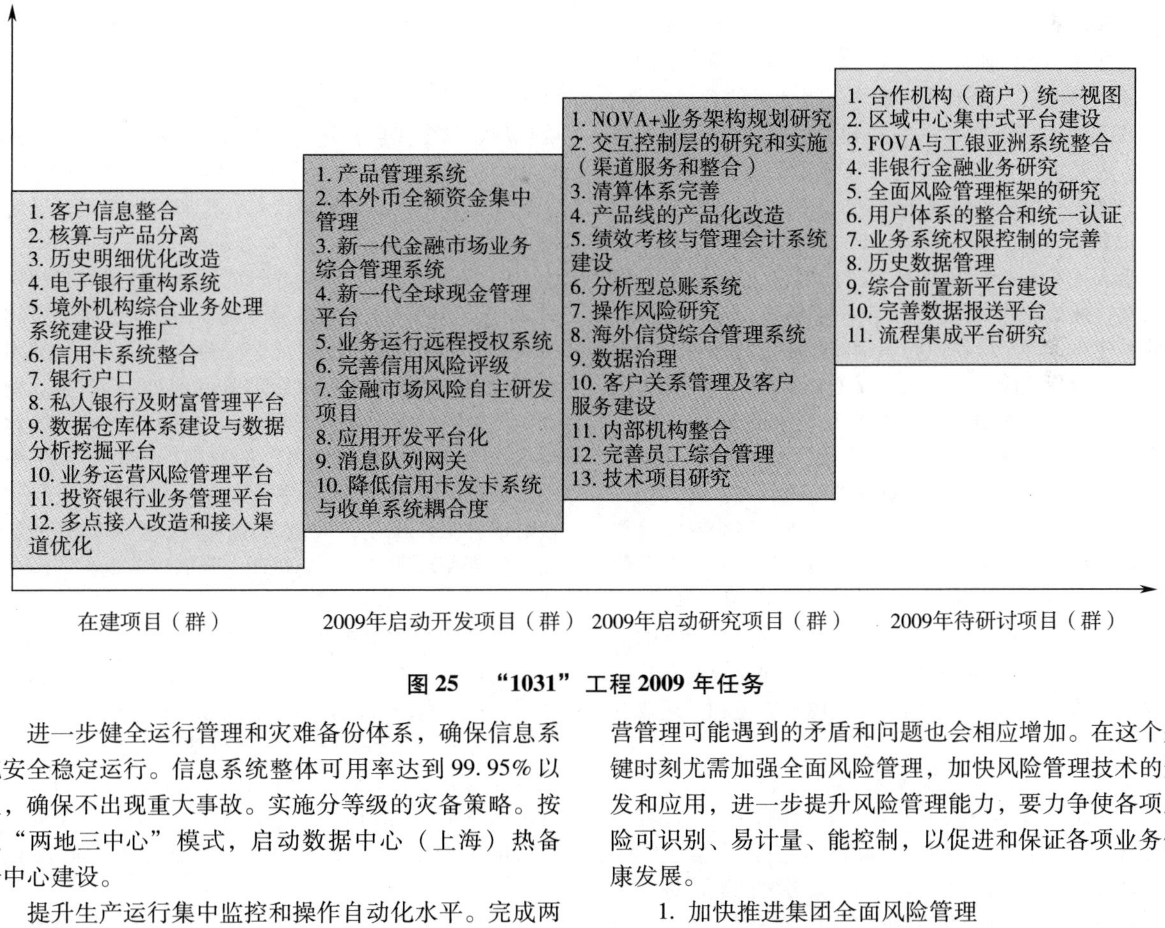

图25 “1031”工程2009年任务

进一步健全运行管理和灾难备份体系，确保信息系统安全稳定运行。信息系统整体可用率达到99.95%以上，确保不出现重大事故。实施分等级的灾备策略。按照“两地三中心”模式，启动数据中心（上海）热备份中心建设。

提升生产运行集中监控和操作自动化水平。完成两大数据中心集中监控系统的优化与投产，集中监控系统的覆盖率达到100%。

（五）强化全面风险管理

今年经济金融运行中的不确定性因素很多，我行经营管理可能遇到的矛盾和问题也会相应增加。在这个关键时刻尤需加强全面风险管理，加快风险管理技术的开发和应用，进一步提升风险管理能力，要力争使各项风险可识别、易计量、能控制，以促进和保证各项业务健康发展。

1. 加快推进集团全面风险管理

要进一步加强对全局性、系统性和具有重要影响的风险事项的监测分析报告工作，加强各类风险的限额控制，提升风险管控能力。随着我行推进综合化、国际化步伐的加快，要统筹推进对子公司及境外分支机构的统一并表风险管理。该延伸、可移植的母银行风险管理制度和控制系统要加快延伸、移植的进程。今年起全面实行指令性的经济资本配置计划，防止全行资产风险度的大幅提高和资本充足率水平的大幅波动。

2. 加快风险技术的开发和应用

全面推进信用风险内部评级法项目成果应用。2009年是我行内部评级法推广应用最关键的一年。银监会明确提出，实施新资本协议内部评级法高级法的银行，其内部评级风险计量结果必须用于经济资本管理、贷款定价、信贷审批、拨备计提等风险管理全流程，期限不得少于两年。今年要正式投产债项评级及客户RAROC系统、个人客户内部评级系统，相关部门要及时调整制度和流程，在全行经营管理中引入风险调整后收益、EVA等风险量化指标，更好地平衡风险和收益的关系，切实发挥内部评级对提升风险管理的重要作用。全面启动市场风险内部模型法建设。健全市场风险计量、分析与控制体系，力争2009年底完成VAR计量、定价模型、压力测试和回溯测试等核心功能的开发工作。密切关注当前金融危机对各项业务的影响。重点关注外汇交易、衍生产品交易和理财业务等领域，切实加强市场风险的监测、分析和控制。按照操作风险高级计量法项目规划，2009年要完成方法论和系统初建。按照“边开发、边实施、边完善”的思路推进操作风险高级计量法项目建设，加快项目阶段性成果的应用。

3. 加强内控和操作风险管理

千人发案率控制在0.15以内，有效控制百万元以上大案，继续保持案件低发态势。抓体系建设。完善内控体系建设，健全操作风险识别与监测指标体系，初步建立包括合规风险、反洗钱、反恐怖融资在内的操作风险预警机制。及时更新、继续推行《业务操作指南》。抓合规教育。深化“学规定促合规”教育活动，按专业、环节、岗位进行针对性更强的合规教育。抓关键风险点。抓好基层机构负责人、客户经理、银企对账等关键人员，以及空白重要凭证管理、ATM管理、个人信贷业务、理财等关键环节、关键领域的案件风险防治工作。高度重视总行和一级分行集中处理的部分业务的操作风险防范。完善客户对账系统建设。深化票据存管制度改革，防范票据业务风险。加强电子渠道和重点业务领域的反洗钱工作。

4. 加强声誉风险和法律风险管理

进一步完善客户投诉处理机制，制订出台《客户投诉管理办法》及应急预案，启动客户投诉信息管理系统开发，避免因投诉处理不当引发各种问题。进一步健全危机公关处理机制，增强防范和化解声誉风险的能力。进一步规范理财产品的销售管理，严格做好风险提示，明确客户投诉的处理流程和职责分工，妥善做好客户沟通和维护工作。

（六）抓好行风建设和员工队伍建设

按照胡锦涛总书记关于树立和弘扬优良作风的六个方面要求，全面加强行风建设；按照“以人为本”和“从严治行”的思想，全面加强员工队伍建设，引导和激励广大员工以饱满的精神、扎实的作风和过硬的素质做好当前工作，推动全行经营发展在新的一年里“渡难关、上水平”。

1. 切实加强行风建设

弘扬知难而进、奋发有为的精神和作风。以坚定的信心、顽强的意志、进取的姿态面对困难和挑战，变压力为动力，化挑战为机遇。

弘扬求真务实、埋头苦干的精神和作风。坚持贯彻科学发展观，树立正确的业绩观，注重从长远和全局的高度研究解决面临的困难和问题，切实在深化改革、推动创新、调整结构、加强管理上多下功夫，使我们的一切经营行为有利于工商银行的可持续发展，经得起历史的检验。

弘扬从严治行、崇尚信誉的精神和作风。加强廉洁从业教育，深入开展廉洁清正银行建设。坚持依法合规经营。当前一要重点规范服务收费管理，既要坚持应收尽收，防止跑、冒、滴、漏，又要坚持以服务定收费，杜绝没有真实服务内容的“乱收费”；二要注意规范保险代理、基金代理业务，防止商业贿赂行为。坚持认真负责，反对松懈马虎；坚持细致谨慎，反对漫不经心；坚持纪律严格，反对软弱涣散；坚持管理缜密，反对粗枝大叶。

弘扬艰苦奋斗、勤俭建行的精神和作风。牢固树立过紧日子和勤俭办一切事情的观念，反对铺张浪费和大手大脚。严格控制不必要的差旅费、会议费、出国团组费以及业务招待费等行政管理费用开支。会议费、差旅费、出国团组费同比要下降5%。按照“优先发展营业网点，严格控制办公用房”的原则，统筹安排使用好固定资产购建装修资金。强化费用授权控制，坚持和完善财审会工作机制，规范费用列支。扩大集中采购范围，规范和改进集中采购机制，降低采购成本，提高采购效率。

2. 改进人力资源管理

优化人力资源配置机制。新增人员优先向长三角、粤闽、环渤海地区，以及100家大中城市行和“百强县”行倾斜。出台员工一级分行辖区内流动的指导意见，鼓励引导员工从管理部门向基层机构，从人力相对富余地区向紧缺地区，从金融资源相对匮乏、发展潜力较低地区向金融资源充沛、发展潜力较大地区有序流动。

优化工资总量分配机制，重点引入工资产出效率指标，在增量绩效分配中继续向经营效益贡献大的分行倾斜，逐步提高各行人均工资与人均效益的匹配水平。

优化绩效管理机制。根据管理人员、客户经理、专业类和运行类员工的岗位职责特点，分类建立更加完善的绩效考核机制。完善各相关专业和岗位绩效“捆绑”考核机制，促进协同营销和前、中、后台工作的协调联动。

3. 加大教育培训工作力度

继续开展对各级经营管理人员现代金融企业管理能力和政治素质培训。切实发挥党校在培训领导干部中的重要作用。继续组织国际权威资质认证考试培训，进一步加大高级专业人才培训力度。继续完善行内专业资格认证工作，实现全行专业资格培训与认证标准的规范化。继续加强员工适岗培训。重点抓好中年员工技能培训、一线柜员岗前培训，以及跨区域、跨专业流动员工的转岗培训。加强院校的培训功能建设，形成布局合理、各具特色、优势互补的内部培训网络。进一步加强网络远程教育和模拟银行建设。

4. 全面推进企业文化建设

加快推进我行企业文化核心价值理念体系的形成。采取有效形式，利用多种渠道，加快企业文化内外传播。丰富载体，促使企业文化建设与经营管理工作的融合互动。

在中国工商银行纪检监察工作会议上的主持讲话

杨凯生

（2009 年 1 月 20 日）

这次全行纪检监察工作会议，是在第十七届中央纪委三次全会召开后不久，紧接着全行工作会议召开的。总行党委对这次会议非常重视，会前专门研究了姜建清书记的讲话和刘立宪纪委书记的工作报告，并决定把参加全行工作会议的各分行、各部门、各单位“一把手”留下来参加这次会议。

刚才建清书记作了一个很重要的讲话，希望各级行能够结合全行工作会议精神，一并抓好贯彻落实。下面，我就加强作风建设再强调一点意见。

在第十七届中央纪委三次全会上，胡锦涛总书记用了很大篇幅对加强领导干部作风建设问题作了深刻阐述。全行各级管理人员都要认真学习、深刻领会胡锦涛总书记关于加强作风建设的重要讲话精神，自觉改进作风，自觉加强作风建设。如果说加强作风建设在任何时候都很必要、很重要的话，那么在今年经济金融运行中不确定性因素加大，经营管理面临的困难不小，需要解决的问题很多的特殊情况下，要保持良好的发展势头，我们就要更加自觉地抓好作风建设。能不能对各项任务一项一项抓好具体落实，能不能对重点项目、优质客户一个一个去争取，能不能对经营管理中的风险一个一个去化解，能不能对落后于同业的业务一项一项去赶超，这些都是作风问题。能不能面对改革发展中的困难始终保持良好的精神状态，能不能面对各种挑战始终保持旺盛的斗志，能不能做到坚持认真负责反对松懈马虎、坚持细致谨慎反对漫不经心、坚持纪律严格反对软弱涣散、坚持管理缜密反对粗枝大叶，这些也都是作风问题。我们要高度重视加强各级管理人员和管理机构的作风建设，要通过加强作风建设增强克服经营中困难的力量，通过改进作风为实现可持续发展提供更加坚实的保证。

新的一年是充满挑战的一年，也是充满机遇的一年，只要我们认真落实中央经济工作会议和第十七届中央纪委三次全会精神，贯彻好全行发展战略研讨会和工作会议的各项部署，就一定能够在新的一年里取得更好的业绩，迈出更大的步伐。

在2009年中国工商银行信贷工作会议上的讲话[①]

杨凯生
（2009年2月13日）

刚才锡明同志作了一个比较全面的讲话，我都赞成。这次全行的信贷工作会议规模开得很大，通过视频一直开到了二级分行，主要目的就是让全行上下更加了解总行今年的信贷工作思路，更加清楚今年信贷管理工作的部署，以保证把今年的信贷工作做得更好、更有成效。

我们都知道，今年国际上的经济、金融形势十分严峻。就拿美国来说，国会通过两党激烈的较量，拿出了一个进一步救市的方案，但实际上这个方案的内容并不十分清晰和具体，所以方案的出台并没有起到有效提升市场信心的作用，通过这两天美国股市的波动就能够证明这一点。从我们国内的经济金融形势来看，也应该承认，还是存在较大的不确定性的。比如说，今年1月份，全国金融机构的人民币贷款投放高达1.62万亿元，比去年同期增长了50%。但与此同时，居民消费价格指数（CPI）同比增幅仅为1%，工业品出厂价格指数（PPI）同比下降3.3%。从1月份的进出口情况来看，均有较大幅度的下降，其中进口同比下降了43.1%，出口同比下降了17.5%。所以，国内整体经济形势还是比较难以把握的，虽然比欧美等世界上其他主要经济体要好得多，但也仍然存在着一定的不确定性。国际、国内形势决定了我们今年的信贷环境更为复杂，信贷工作的难度更大，信贷工作的要求更高。如何把2009年的信贷工作做好，做得更有成效，刚才锡明同志已经作了比较全面的安排和部署，我就不多讲了，主要讲三句话：第一句话是下功夫开拓好信贷市场，第二句话是下功夫把控好信贷质量，第三句话是下功夫提高信贷运作能力。下面我就主要围绕这三句话讲一讲相关意见。

一、下功夫开拓好信贷市场

今年全国计划的投资规模十分巨大，各地都有很积极的投资规划，都在准备上大量的项目。同志们在各省都能够感受到。如此来说，今年的信贷需求似乎不应该成为问题，信贷市场的空间应该是显而易见的。但到目前为止，有效的信贷需求并不如人们所想象的那么大。1月份全国人民币贷款增加1.62万亿元，同比多增8 140亿元，达到了近年来的最高增幅。但是从结构上来看，中长期贷款增长5 229亿元，短期贷款增长3 404亿元，票据融资增长6 239亿元，其中票据融资在总量中占比高达38.5%。对于这个数据怎么看，也是仁者见仁，智者见智。首先，我们承认，票据融资也是一种信贷行为，票据融资量的增加，也是信贷需求的一种反映，但是，票据贴现毕竟和直接的贷款投放是有一定区别的。由此可见，目前有效的贷款需求并不是简单地摆在我们面前供我们随意选择，并不是让我们能够十分从容地挑选到理想的企业和理想的项目，还是需要做大量工作的。再看看我行的情况，我行1月份人民币贷款增长了2 521亿元，增幅为5.9%，其中票据融资增长1 350亿元，占比为53.6%。与兄弟行相比，农行票据融资增量占全部贷款增量的22%，中行占34%，建行占21%，交行占35%。在工、农、中、建、交行中，我行的票据融资占比遥遥领先，并且比全国金融机构平均水平要高出很多。我不是说这种情况有什么问题，在没有看准好项目、好企业之前，资金不能闲置，与超额储备0.72%的利率相比，票据2%不到的收益还是有盈利空间的。我想说的是，在今年投资规模这么大，投资项目这么多的情况下，直接的贷款需求却并不如想象中那么大，开拓有效信贷市场、优质信贷市场的任务仍然很重。不要以为，在信贷规模偏紧的时候银行间竞争激烈，在取消了信贷规模管理、实行适度宽松的货币政策的背景下，银行的信贷运作就十分轻松自如了。在前不久的公司业务和投资银行专业会议上，我说过：我们要保证把好企业、好项目抢到手；要保证抢到手的都是好企业、好项目。要做到这两句话难度很大。那么，有效信贷市场的争夺是不是只是市场部门的事？今天参加会议的大部分是从事信贷中、后台业务的同志，我想强调的是，信贷市场的开拓、信贷业务的竞争不仅是前台的

① 根据录音整理。

事，不仅是市场部门的事，中、后台也有很大的责任。特别是在今年这样的特殊环境下，前、中、后台的协调、配合，是一个更为突出的要求。在一定意义上可以说，今年信贷市场的开拓成效如何，是对我们信贷管理、信用审批、评估授信专业的同志们工作能力、工作水平的一次考验。

二、下功夫把控好信贷质量

第一句话讲的是竞争和开拓，第二句话想讲讲质量和风险。因为任何事物都具有两面性，任何时候都要讲辩证法，都要注意防止形而上学。我们要对国民经济平稳、持续、较快的发展负责，也就是说，在当前实施适度宽松货币政策的条件下，我们的信贷工作不能为今后我国经济结构的调整增加新的困难，留下新的隐患。我们一定要做到不能让“长线”更长，不能让已经失衡的产业结构、行业结构、区域结构更加不平衡。从工商银行自身来说，我们的信贷工作也要为工商银行持续、健康的发展负责，2009年的信贷工作要经得起历史的检验。

我们都知道，信贷投放在当期、当年出现质量问题的情况是少数，大部分要2年到3年，乃至更长的时间才能看出来。我们不能搞任何短期行为，要对工商银行的长远发展负责，对工商银行的历史负责。我们通过近十年的艰苦努力，才把工商银行的信贷管理水平提高到今天这个程度，把信贷资产质量稳定在今天这个水平，不能一年下来就重蹈覆辙、前功尽弃。这不是危言耸听，是需要引起我们足够重视的。

今年1月份以来，全行的不良贷款余额增加了20亿元。这不是说我们信贷资产质量稳定的局面已经逆转了。但是这个情况需要引起我们关注。当然，我行不良贷款率仍然是下降的，比年初下降了0.08%，但这是在我们增加了2 521亿元投放的情况下下降的，所以，我们更要着重研究增加的20亿元不良贷款的问题：从地区分布来看，面不小，有25个分行不良贷款余额上升，当然有的分行额度上升并不大，只是几百万元、上千万元；从行业分布来看，新出现的不良贷款在电力、燃气及水的生产和供应业，水利、环境和公共设施管理业，房地产业等行业都有涉及，行业分布比较广泛；从大的贷款门类来看，个人客户不良贷款有所增加，虽然目前全行个人贷款不良率很低，仅为1.35%，但除青海分行外，其他分行个人不良贷款1月份都或多或少有所抬头；从贷款劣变情况看，1月份正常、关注类贷款劣变为不良贷款的数额同比上升，劣变数同比增加了40亿元。与此同时，清收处置情况与同期相比不尽理想：表面上看，1月份清收处置不良贷款额度比上年同期多2亿元，但主要是靠重组转化增加了11亿元来拉动的，其他如现金清收、以物抵贷数额是下降的。我们都知道，在清收处置不良资产的多种方式中，现金清收是最干脆、最彻底、最有效的。虽然现在我行不良贷款重组有严格条件，不是过去的借新还旧、还旧借新这种概念，但重组转化总不如现金清收、以物抵贷更让人放心。所以，今年要认真下功夫把控好信贷质量，这是一项非常艰巨的任务。要同时做好两方面的工作：

一是要把控好今年新增贷款的投向。从目前总行信用审批、授信业务部门受理的各分行上报的须总行审批的项目看，总行否定的或评估授信退回的业务数量、金额并没有明显增多，从项目的质量来看，还看不出有明显的质量下降的趋势。这从一个方面提供了一个佐证：分行目前希望投入的一些大项目，总的来看质量还是可以接受的。希望大家继续做好这项工作，一定要保证拿到手的确实是好项目、好企业。这不仅是为2009年的信贷资产质量保持稳定、不良贷款余额和不良率持续双下降创造条件，因为今年的贷款质量多数要到2011年、2012年才能见分晓，我们更要站在对历史负责的高度上，把握好今年的信贷投向。

二是要积极处理好现有的不良资产。要努力做到及时发现风险，及时防止蔓延，及时化解处置，这是今年的重要任务。总行今年下达了不良贷款清收处置的任务，也下达了潜在风险贷款退出任务，这两项工作今年都要认真去做。从1月份来看，不良资产处置的情况不尽理想，完成总行既定的清收处置任务的分行不多，有25家分行没能够实现1月的处置进度任务。加快不良资产的清收处置不仅能够保持资产质量的稳定，不仅能够给关注类贷款甚至部分正常类贷款迁徙腾挪出一些空间，而且也是一种财务资源。因为我们目前不良贷款都是超额拨备的，拨备覆盖率达到130%，每处置1笔不良贷款就能够增加一些当期的利润。今年一定要把这项工作抓上去，否则信贷工作健康向前发展将面临一定困难。

三、下功夫提高信贷运作能力

提高信贷运作能力涉及面很广，今天主要讲三点：一是努力改进贷款方式，积极推动银团贷款；二是积极搞好贷款转让，继续推进贷款出售、信托理财等业务；三是努力调整贷款的种类，大力发展贸易融资业务。

（一）积极推进银团贷款。在去年底召开的改革发展研讨会和今年年初的全行工作会议上，我都讲到了搞好银团贷款的问题，董事长的讲话中也提到了这个问题。多少年来，直到现在，中国的银行业，包括我们自己在内，并不习惯、并不善于或者并不愿意做银团贷款，总想好企业、好项目一家独占。实际上回过头来看，究竟有多少好项目、好企业是被一家银行独占的？不能说没有，但比例很低，大企业多头开户、多家贷款的情况是正常现象。那么这种多家银行贷款的做法与银团贷款有什么区别呢？这种贷款按照另一种形象的说法就是“俱乐部贷款”，是一家债务人面对多家债权人，分别谈判、分别达成借贷协议，有时甚至是债务人通过招标来谋求一个最理想的融资价格，然后别的银行再通过其他形式渗透进去。而银团贷款是几家银行在牵头行的组织下，统一面对借款人。这对风险共担有重要意义，对利益均享有重要意义，对维护银行的合法权利有重要意义。现在有些贷款陷入困境，往往就是一家银行贷款（可能是很小的债权）的抽离，一下子造成企业资金链的断裂，就使得其他银行的大额贷款陷入被动。如果是银团贷款，这种现象是不应该发生的。因此，银团贷款业务我们要下功夫向前推动。今年1月份票据融资占比较高，如果剔除这个因素，贷款集中度是增加的，从长远看风险将更为集中。当然，银团贷款有时不完全取决于我们，一相情愿还做不成。但我们要看到，工商银行毕竟是第一信贷大行，我行在信贷市场上有一定发言权和影响力，如果我们以更开阔的视野，更广阔的心胸，主动地推进这项业务，相信是会有成效的。希望大家今年要注意做好这项工作。

（二）积极搞好贷款转让。贷款能不能转让、会不会转让、转让效果怎么样，实际上是我行信贷运作水平的一个标志。去年是工商银行在这方面步子迈得较大的一年。但有些同志认为，去年是因为信贷规模控制得紧，要满足客户需求，还要放贷款，形势逼着我们做“信托＋理财”，把有些贷款卖给了别人。今年情况不同了，实行的是适度宽松的货币政策，信贷规模不是主要矛盾了，这项业务似乎可以不搞了。去年在向人民银行、银监会和有关部门反映情况时，我们就一再声明，并不是为了绕规模、增加贷款投放才开展贷款转让。在已经取消了信贷规模、实施适度宽松的货币政策的情况下，我们仍然这样认为。如果以为现在这种情况下，就没有必要搞信贷资产转让了，这种看法是短视的，是不具有前瞻性的，是没有站在战略的高度来看。我们要从工商银行长远、可持续发展的高度来看这个问题。我们要想走出一条总资产规模并不无限扩大，但盈利能力却能持续成长的新路，唯一的办法，就是资产流动性必须加强。而资产流动性的加强，其中一个重要的内容就是信贷资产必须盘活，必须有进有出，必须流动起来。今后贷款资产证券化是一个重要的途径。当然，目前贷款资产证券化在我国商业银行仍处于试点阶段，要一案一报，要想把量做得很大有一定难度，但今年肯定会比去年大一些。另一方面，“信托＋理财”的方式，贷款直接转让的方式等都要努力向前推进。

通过信贷资产流动性的加强，可以有力调整我行信贷结构，适当分散信贷风险，使得资本充足率保持在一个合适的水平。这就是为什么这项工作一定要往前推进的原因所在。我听说有些分行同志还有些想不通的地方，总认为是好业务就要尽力独揽，不舍得转出。我认为，随着资产证券化的发展，今后不良贷款也是可以证券化的，只要对外公开发行的证券总额控制在可以预期回收的现金流之内，这个债券的风险从理论上讲就是可控的，投资者风险就是有限的，就是市场可以接受的金融工具。当然目前相关部门可能还不一定支持不良资产证券化，但即使不专门挑不良资产证券化，我们目前的资产证券化产品，对调整现有存量资产结构仍能发挥积极的作用。

（三）大力发展贸易融资。关于贸易融资业务的发展，锡明行长已经讲得不少了，其中还包括一些具体的比例要求。大家可以看到，贸易融资的风险显然比一般的流动资金风险要小而且可控，还具备周转比较快的特点，它满足企业需要、支持企业正常运转的能力更强，所以我们要加快发展贸易融资业务。当然，贸易融资业务比一般流动资金贷款办理起来要麻烦，手续要多，具体条件要多，但我们不能够怕麻烦，不能习惯什么就干什么，习惯的并不一定是最合理的。今年要下功夫提高我们的信贷运作能力，就是要以一种创新和改革的精神来搞好今年的信贷工作。

我今天就围绕以上三句话讲了几点意见。总的来说，今年信贷工作难度大、要求高，要做好很不容易。希望同志们在以往工作的基础上多下功夫，迈上一个更高的台阶，通过提高信贷管理水平，确保工商银行今年经营目标的全面实现！

在中国工商银行机构、资产托管和企业年金业务工作会议上的讲话①

杨凯生

（2009年2月16日）

很高兴来参加今天的颁奖活动。李晓鹏副行长的讲话我感觉内容很重要，要求很全面，希望各分行认真研

① 根据录音整理。

究和贯彻落实。我今天参会的主要目的，一是表明总行党委和我本人对三项业务的关注和重视，二是向取得优异成绩的各分行同志表示祝贺和感谢，三是利用这个机会讲几点意见。

一、机构业务、资产托管和企业年金业务去年成绩不小，有新起色、有新进步

机构、资产托管和企业年金业务去年取得显著成效，不仅仅表现在这三项业务的营业贡献在全行营业贡献的占比达到 18.8%，更重要的是，去年这三项业务确实实实在在地在业务规模方面、同业市场占比方面、新的服务功能和服务水平的提升方面，都取得了很大的进步，这些方面还很难用营业贡献来表示。例如，机构业务存款余额达到 22 592 亿元，在全行各类存款的占比达到 26.5%，几年来，这个比例是在逐步上升的，说明机构存款在全行存款业务中的基础性作用已经越来越显现出来，重要性越来越大；机构业务存款增量市场占比达到40%，第三方存管新增客户数量市场占比达到30%，这是很不错的成绩，明显占据市场第一的位置；银保业务去年也有明显的提高，尤其是代理保险业务的收入在同业中由排名第二在去年变为排名第一，这是我比较看重的，光看量是不行的。托管业务去年由于资本市场的深度调整，证券投资基金发行减少，业务发展应该说经受了考验，托管规模仍然是同业第一，是唯一一家超过 1 万亿元的银行，虽然去年规模下降了 13%，但是托管业务收入是增加的，这点我是比较看重的。这说明托管业务的管理水平、运作能力在提高。例如年金业务，年金业务有个特点就是市场竞争异常激烈，几家银行都在拼命地抢夺制高点、争夺业务阵地。但是去年，工商银行的年金业务保持和巩固了市场领先地位，账户管理数市场占比达到 48.8%，托管的年金规模市场占比达到 42.3%，企业年金业务收入更是增长了 175%，尽管在营业总收入中占比还是很小，但收入确实是大幅增长。所以，应该充分肯定机构、资产托管和企业年金业务在去年取得的成绩。刚才三个专业对去年在这三项业务中取得较大成绩的分行进行了表彰，我想这些受到表彰的分行确实是在这三项业务中作出突出贡献的代表。应该说全行上下去年在这三项业务开展上都花了不少工夫，都取得了较大成绩，今年应该在去年的基础上，把各项工作做得更好、更有成效。关于今年的工作怎么做，晓鹏行长的报告中已经讲得很明确了，我就不再重复了。

二、要认真研究分析机构、资产托管和企业年金业务特点，更有针对性地做好各项工作

这几项业务工作性质的差别是不小的，有各自的特点，但在总行这几项业务由一个分管领导主管，在分行也有 31 家分行由同一个行领导分管这三项业务，所以说它们之间也存在一定的相关性，有一个共同点，就是相对于商业银行比较传统的业务来说，这三项业务相对来说比较新，也就是说与金融改革的深化程度和金融市场的发育水平关联度比较高。说到新，年金业务开展到现在也就几年，托管业务主要也是随着中国证券投资、基金业务的开展而开展起来的，也就 10 年的历史，所以说它们新还比较好理解。机构业务新在哪里？无非是政府、财政、军队、同业的存款业务，这些过去就有，只是过去交不交存款准备金、计不计息的问题，这些都是新中国成立以来就开办的业务，不存在新的地方。但是，我觉得恐怕不能这么看，机构业务中，连接资本市场和个人存款，也就是连接个人投资和个人储蓄存款的第三方存管业务就是新的东西，是随着资本市场改革、资本市场资金管理体制的变化而出现的。再例如一些机构大客户这些年来不断提出的新的专项理财要求，就是随着这两年金融市场发育水平的不断提高而出现的新内容。所以，相对其他传统色彩比较浓的业务来说，这三项业务有个共同点，就是相对比较新。

因此，在推进这三项业务时，就应该有新思路、新举措。例如，不能简单地依靠利率提升来拉存款，不能依靠简单地降低费率来开拓托管和年金市场，利率、费率都是开展业务通用的手段，但如果简单依靠这些手段，我认为就谈不上新思路了，更应该依靠新产品、新系统、新功能提升竞争能力，依靠工商银行品牌的综合影响和整体实力来推进业务发展。例如，对机构业务大户专属理财产品的设计和营销，如果搞得好，自然而然这些机构大户就会和我们贴得紧，它的存款可能就会流向我们。例如，对于新的产业基金，对新的投资受托关系的建立，随着市场化程度越来越高，随着经济体制改革越来越深入，在社会上、在经济生活中，投资、受托管理会越来越多，以往中国人是不需要这种管理的，现在日益发现其重要性，包括私募基金都是有托管的，因为大家都放心。最初我们就是证券投资领域的托管，现在包括保险等其他产品、将来包括个人与个人之间的往来活动，都会进入托管领域。所以，拓展新的托管领域，也需要我们下功夫。在托管业务中，要充分利用商业银行的传统优势，开展结算管理、头寸管理等后台业务外包服务。例如年金业务，我们现在在一定意义上还是被动地接受企业、年金理事会制订的方案，下一步要主动地去帮助企业，特别是事业单位年金方案的设计，因为企业一般都有比较有效的人力资源管理部门和财务管理部门，但是事业单位长期以来这方面比较薄弱，这些单位年金管理计划方案的设计，还是大有文章可做的。另外，还要考虑如何把年金管理和代客理财有机结合起来。这些都是三个专业亟待继续深入开发的新领域。

在今年，三项业务要在这些新的领域有新的进展和提高。要实现这一点，很重要的就是要抓好科技系统开

发这一基础性工作。工商银行的NOVA第四代系统开发问题现在已经提上了议事日程，正在全面推进。在这个过程中，三个专业要主动、积极抓住机遇，参与工作，尽快拿出一些水平较高、具有前瞻性的需求方案。同时，因为这三项业务和市场联系比较密切，个性化的东西比较多，所以可能也需要开发个性化的系统。在基础业务系统的开发过程中，如果三项业务能提出好的需求，与科技部门配合好，就会为以后业务发展奠定良好基础。

三个专业还有一个特点，就是在行内上上下下、方方面面的关系密切，协调配合要求高。刚才已经提到了这几个部门与科技部门的关系很密切，机构业务与资产负债业务、个人金融业务、金融市场业务、产品创新业务关系密切，年金业务与托管业务、公司业务、运行管理、工银瑞信等业务关系密切，托管业务与机构业务、年金业务、个人金融业务关系密切，所以这些业务的共同特点就是工作不可能单打一，不可能仅靠自身一个部门、一个专业、几个人就把业务做好。第一，这些工作需要行领导高度重视，综合协调，综合推动；第二，作为从事这些专业的同志，特别是这些部门的负责同志，要有更高的协调组织推动能力，要有更强的大局意识和整体观念，否则这些业务推动的效果就会受到影响和制约。例如去年企业年金受托、账管、托管、投资管理四项业务捆绑率达到51.1%，就是几个部门综合协调、整体推动的结果，下一步要把这些工作做得更好。

再讲最后一点，这三个部门与市场的关联度比较高，与客户的业务往来比较密切，因此在客户交往过程中要处理好业务发展与防范风险的关系，处理好市场营销与作风建设的关系，特别是与保险、基金公司的业务合作要充分体现大行风范，保证业务持续健康发展。

在中国工商银行
2009年资产负债管理工作会议上的讲话[①]

杨凯生

（2009年2月25日）

很高兴来参加这次资产负债管理工作会议，也很高兴参加资产负债管理专业先进单位的颁奖活动。我想利用这个机会就如何做好资产负债管理工作和同志们交换一点意见。关于资产负债管理专业今年的主要工作和要求，王行长已经作了具体部署，我都赞成。这里我主要想讲三点意见，供同志们参考：

一、资产负债管理专业在全行经营管理中发挥了重要作用

2007年初，我参加了资产负债管理专业的工作会议，在那次会议上提出要深刻理解资产负债管理部门的职能，要从传统的资金计划管理向新型的资产负债管理转变。之后的2007和2008两年，恰恰是国际国内经济金融形势发生急剧变化的两年，一些新情况、新问题是我们过去没有遇到过的，宏观经济政策调整力度之大、频率之高也是以往少见的。可以说，资产负债管理部门在过去的两年经历了一场持续的考验。现在回过头来再看，我们这支队伍是否真正理解并发挥了资产负债管理部门的作用呢？我认为，资产负债管理专业的同志们经受住了考验，面对新任务和新要求，探索了路子，提高了水平，在认真贯彻落实宏观调控政策的过程中、在全行经营管理中发挥了应有的作用。突出体现在三个方面：

第一，认真研究宏观形势和政策，及时提出经营决策建议，合理运用管理手段，有效促进全行资产负债业务的协调发展。商业银行的经营和发展，离不开宏观经济运行，离不开宏观经济政策。把握住宏观经济运行的脉搏，理解好宏观经济政策的精神，就能够在经营管理中取得相对主动。这方面，全行资产负债管理部门做了很多工作。对经济金融形势的分析，对中央银行、银监会的宏观调控政策和监管要求的把握基本上是到位的，能够在第一时间作出反应，及时提出政策建议，并且努力运用一系列管理手段，及时引导和调整全行的经营方向。特别是2008年，面对复杂的宏观经济形势，全行

① 根据录音整理。

先后20多次调整本外币资金的内外部价格，以调控全行资产负债的总量、结构和进度；根据中央银行货币政策要求，及时调整贷款投放进度，全行各季度贷款计划执行进度的精准率均接近100%；根据经营环境的不断变化，针对特殊时期的特殊情况出台具有针对性的管理措施，包括实行信贷流量管理、分摊汇兑损失、在一定时间内开办短期同业定期存款业务、实施分品种的内部资金转移定价等，很好地把握和调控了全行的经营方向。

第二，积极协调、平衡，努力控制付息成本，提高资产收益率，为全行NIM水平的提高发挥了重要作用。在全行各专业条线中，资产负债管理部门对协调和把握商业银行的“三性”原则负有尤为重要的责任。前台部门背负着客户关系维护和存、贷款市场开拓的任务，通常会更多地考虑客户关系问题、市场份额问题以及业务发展问题。而资产负债管理部门的作用就是要通过总量与结构的调节，通过对内外部价格的管理，想方设法提高净利息收益率（NIM）水平。由于分工和职能的不同，难免会与前台业务部门在一些问题上有不同的看法。从过去一年多的时间看，资产负债管理专业的同志们在控制高成本负债、提高贷款定价能力方面做了大量的基础性工作，包括说服、解释、引导工作，压力不小，困难也不少。同志们从全行大局出发，从服务于全行中心工作出发，把握了存款总量增长和控制付息成本的平衡，较好地处理了提高贷款收益率和维护客户关系的矛盾。2008年全行新发放各项贷款平均利率高于主要可比银行，就是资产负债管理部门和前台部门密切合作、加强协调的结果。

第三，坚决贯彻总行的经营方针，表现出较强的执行力和战斗力。应该特别予以肯定和表扬的是票据业务。在去年的特殊形势下，票据业务很好地发挥了调控全行信贷投放节奏、把握全行信贷投放总量的作用。9月末，预计到中央银行货币政策可能发生重大调整，总行提出要加大票据买入力度，全行资产负债管理专业包括票据营业部的同志们及时组织、迅速落实总行的有关要求。10月和11月两个月，全行累计买入票据2 771亿元，加权平均利率达到4.13%，其中10月份单月买入量创历史最高水平，达到1 768亿元，仅此一项全行多创利近20亿元。这充分体现了工商银行资产负债管理专业的能力和水平。

总之，去年全行资产负债管理专业做了很多工作，取得的成绩不小。我希望，今后资产负债管理部门要在全行业务决策和经营管理中发挥更大的作用，要及时、准确传导总行的经营政策，要积极践行科学发展观，切实把握好总量与结构、规模与价格、风险与收益、当期利益与长期利益的关系，实现全行资产负债业务全面、协调、可持续的发展。

二、要适应经营形势的变化，把握好今年资产负债管理的思路

从今年的开局来看，全行资产负债的总体发展势头是好的，但也出现了不少值得关注、重视、研究的新问题和新特点。在资产方面，贷款整体投放进度相对提前，截至2月20日，各项贷款比年初增加了2 934亿元，已经完成全年5 300亿元贷款投放计划的55%，贷款绝对增长水平和增幅都是近年来最高的。与其他大型国有商业银行相比，我们的贷款进度稍慢一点，但我认为总体把握还是适当的。需要注意的是，在2 934亿元增量贷款中票据融资增量占比超过一半，达到56%；项目贷款和一般流动资金贷款的增量占比分别只有29.48%和3.95%，相对少了一些。个人贷款特别是个人按揭贷款，增长额低于同期。从1月末的情况看，我行的票据融资增量占比达到53.5%，农行、中行和建行的票据融资增量占比分别为22.1%、33.6%和20.9%，其他行的贷款增量中直接贷款占比高于我行，而票据融资占比比我行低不少。目前票据融资收益水平已经降到很低的程度，与去年第四季度相比，情况已经发生了很大变化。从这个角度讲，我们确实需要思考当前的贷款投放结构应该如何进一步优化。

在负债方面，存款总体增速还可以。截至2月20日，人民币各项存款（含同业）比年初增加了5 675亿元，不到两个月的时间就实现了全年11 500亿元存款增长计划的49%。但与同业相比，我们的存款增幅较低。截至1月末，农行、建行和中行的存款增速分别是6.4%、4.9%和3.5%，我行的存款增速为3.3%，排名第四，比第一名的农行低3.1个百分点。在目前流动性较为宽松的形势下，存款业务的基本策略应当是既坚持存款的基础性地位不动摇，继续保持我行在各项存款业务领域市场占比第一的指导思想不动摇，同时又要把握好存款增长的均衡、稳定，注意存款的成本。从全行范围来讲，负债增长应该与资产增长有一定的结合，要避免资金的闲置和浪费，这是我们现在面临的重要问题。目前，我行在央行超额备付处于历史较高水平，但收益率只有0.72%，与我们新增存款平均成本1.64%相比明显倒挂。所以，需要从总体上把握好资产增长与存款增长的相关关系。

今年年初的工作会议上，总行提出了10%的利润增长目标。从今年的经营形势来看，要实现这一目标是不容易的，或者说难度是很大的。根据最新的经济金融运行数据来看，国内外的宏观经济形势仍然比较严峻，未来的走向还存在着不确定性。今年1月份，我国进出口总值同比下降29%，其中出口同比下降17.5%，进口同比下降43.1%，当然这里有今年春节提前的因素。还有房地产市场，1月份

全国70个大中城市房屋销售价格同比下降0.9%，降幅比12月份扩大0.5个百分点。特别值得注意的是发电量、用电量情况仍然显示实体经济的活跃程度不够。今年1月份，全国规模以上电厂发电量为2 476.37亿千瓦时，同比下降12.30%。全社会用电量自去年10月份开始出现月度负增长，现在持续保持负增长态势，1月份更是同比下滑了12.88%，特别是沿海经济发达省份，比如广东、浙江用电量的同比下滑都超过20%。同期，银行的贷款投放又是迅猛增长的，1月份全社会银行金融机构的信贷投放是1.62万亿元，而CPI是下行的，同比仅上涨1%，PPI是负增长，同比下降3.3%，连续5个月走低。

整个经济形势确实有点扑朔迷离，不确定性仍然很大。在这样的外部环境中，要想保持工商银行持续发展的势头不发生逆转，要想完成我们今年既定的经营目标，需要我们在转变经营思路、挖掘增长潜力、创新管理手段上多下功夫。如果说前些年，我们是在经济增长较快、存贷利差较大的情况下，较好地找到了自身发展需要、风险防范需要和国家宏观调控政策需要之间的平衡点，那么今年，我们就是要在经济增长放缓、资金相对过剩、利差明显收窄的形势下，把握好"扩内需保增长"的市场机遇和防范风险的平衡点，寻找到资产业务和负债业务协调增长的平衡点。这方面有大量的工作需要做，在有些方面当期利益与远期利益可能还会存在冲突和矛盾。比如说，现在大家都说利率已经基本见底，或者说再下调的空间已经不大，那么在这个时间点上应该怎样把握呢？工商银行的资产负债结构是负债敏感型，理论上应该逐步调整我行的利率敏感性缺口方向，适当增加中长期存款的比重。但是简单地这么做，又有两个问题：第一，储蓄存款基本是被动的，要存什么期限基本上储户说了算；企业存款中我们引导、营销的作用相对会大一些，但主动权也不完全在我们手里。第二，如果我们立即采取措施提升中长期存款的比重，应付利息计提要增加，我们当期的效益就要受影响。而今年的利润增长压力本身就很大。再比如说，我们现在看到利率基本见底了，或者说下行空间不大了，那么人民币债券投资的久期按理来说就应该调整，中长期的要减少，为将来利率上行做准备。但是做过了头，当期的收益又会减少，与刚才说的存款问题是一个道理。面对这样的形势，怎样把握好运作的方向、节奏、力度，确实是对我们战略决策水平、指挥协调水平和调控把握能力的一种考验。如果事情的利、弊很简单，不是白的就是黑的，那就容易了。但在这个新的形势下，如何找到我们的平衡点，是一件很难的事情。希望资产负债管理部门的同志，多动脑筋，多想办法，多出主意。在去年宏观紧缩的情况下，我们可以根据可用的信贷额度，在众多的项目里优中选优，今年实施的是适度宽松的货币政策，总体的政策取向是鼓励、引导商业银行增加贷款投放，各地上项目、保企业运行、保企业开门生产的要求又是很高的。在这样的情况下，我们的资产业务如何既抢占有效市场，又把控好风险，保证两三年后倒过头来看，我们今年的贷款投放大体是准确的，不为以后留下隐患，这是一个很高的要求。前台部门、信贷审批部门、风险管理部门都有责任，同时资产负债管理部门也有责任。再比如说，和资产负债管理专业关系更密切的，就是资金营运效益的提高问题。资产收益率的降低可能是难以阻挡的，而且今后利率市场化还要进一步推进。在目前情况下，如何努力地拓展资金运用渠道，通过提高、扩大资产运作总量来弥补资产收益率下降所形成的损失，而不是把资金简单地存放在中央银行？这也是一项需要深入研究的课题。因此，今年资产负债管理工作的思路就是要研究新形势，把握好如何研判形势、如何因势而变，及时调整。

三、当前资产负债管理工作需重点关注的几个问题

第一，要理解和支持信贷管理手段从规模管理向经济资本管理转变。资产负债管理专业的同志要从思想上理解和重视这个问题。在去年从紧的货币政策下，中央银行对商业银行实行了比较严格的信贷规模管理手段，但央行也一再表示不愿意进行规模管理，今后会逐步放弃这个手段，这只是在当时情况下不得已而为之。同样，我们也并不赞成规模管理，认为这不是一个非常科学的手段。去年，总行下达的经济资本占用指标是指导性计划，属于试运行，目的是让大家逐步适应。今年经济资本占用计划成为指令性指标，这赋予了各分行更多的调整自己资产结构的自主权。同样增加50亿元贷款，经济资本的占用可能是不一样的，贷款的方式、贷款的对象等都会影响经济资本的占用。昨天风险管理委员会听取了一个汇报，我们和高盛合作开发了一个项目，将来对单笔授信额度的把握和我们原来的方式会有差别，经济资本将来会越来越成为总行综合管理的手段。为了保证经济资本指标的顺利实施，各级资产负债管理部门要认真研究，把这个问题吃透，真正了解这个指标的内涵是什么。经济资本是一个综合性强、平衡性好、敏感度高、应用范围广的指标，我们要自己理解好，向行长汇报好，向各专业部门解释好、宣传好。

但在当前宏观经济金融形势下，我们不会完全放弃信贷规模管理，我们要把两者很好地结合起来。比如说，总行准备把经济资本占用指标给某个行多一点或少一点，信贷计划也会给多一点或少一点，要相辅相成。各行既要严格执行好经济资本占用计划，同时也要认真执行好信贷增量的计划，把握好这个关系。今年还没有到彻底放弃规模管理手段的时候。因为现在还很难判断宏观经济走势，1月份全部金融机构各项贷款合计已增加1.62万亿元，2月份比1月份放缓了一点，但如果

贷款投放真的过快增长，货币投放多了，早晚又会带来通货膨胀的压力，这是一个不可抗拒的规律。所以，总行的管理手段也会跟着形势的变化及时调整。

第二，要继续推进资金管理体制改革，进一步完善内部资金转移价格定价机制。工商银行资金管理体制总的取向是集中管理，但是总行和一级分行之间目前采取的还是差额管理，而一级分行以下采取的是全额管理，相当于是两套机制并行。现在改革的取向很简单，就是要并轨，变成从上至下都是全额管理，总行和一级分行之间也要采取全额管理的方式。猛地一听是又管紧了，但实际上对分行来说是更好了，因为我们认为目前的差额管理对不少分行有不够公平之处。比如说，去年我们想抓同业存款，因为同业存款除了协议存款之外，总体来说利率水平比较低，而且当时流动性趋紧，资金不够用，而同业存款那时还不缴准备金，所以就决定增加同业存款。晓鹏行长去广东开会布置相关工作，总行上调了同业存款的内部集中价格，鼓励吸收同业存款。但是总行与一级分行之间的资金管理机制就不够配套，因为我们是差额算账，无法直接体现对同业存款的支持，而且对于那些对总行资金依赖程度不大、差额很小的分行来讲总分行间的价格基本上没有导向作用。所以，今年要下决心把资金集中管理体制进一步改革到位，明年初要形成全行统一的资金管理体制。总行资产负债管理部和信息科技部要加强配合做好系统开发工作，各分行资产负债管理部门要理解、支持和配合。

同时，内部资金转移价格定价机制也要进一步完善。我知道，对目前总行确定的内部资金转移价格，一些分行和专业部门是存在这样或那样的议论的，算来算去总是自己吃亏了，占便宜的分行或专业部门一般也不会来说，吃亏的声音就比较大，认为总行的办法不合理，甚至说是战略性的错误，打击了吸收存款的积极性，压制了业务的发展等，各种议论都有。可以说，这些议论是资金集中管理、确定内部资金转移价格所会带来的必然。我们应该看到，内部资金转移价格在引导全行经营行为，引导全行主动调整业务结构、控制资金成本、提高资金收益方面发挥了重要作用。同时，我认为也确实还有不少需要改进的地方，有这样或那样的意见和反映是正常的和必然的。毕竟，内部资金价格的制定是基于全行层面来考虑的，有的时候还是基于整个宏观经济形势的要求来考虑的，在某一个时点上对某一个局部、某一项业务、某一个分支机构带来这样那样的影响是不可避免的，甚至有的时候可能是应该的。我想，一方面，各分行、各专业可以及时地反映意见、想法和建议，帮助总行不断地完善政策、措施和办法。另一方面，也是更重要的，各行要学会顺应总行的政策取向，调整自己的经营行为。首先要想总行这样做的目的是什么，不要简单地认为自己吃亏还是占便宜了，而是要想总行从全局上是怎么考虑的，我有没有可能提出改进的建议。如果是由于总行的官僚主义，没有做深入调查研究就出台的政策，那么我提出建议，就有可能促使总行对政策进行修改；如果总行是从全局考虑出台的政策，你就要认识到这个政策该不该改，也许不可能改，那么就应该考虑我们行应该怎么办，应该怎样来适应总行新的要求。这才是思考问题和解决问题的方式。当然，我们现在的内部资金转移价格也是存在问题的。比如说刚才提到的总分行之间差额管理，一级分行以下全额管理，两套体制并行就导致存在两套不同的定价基础和内部价格，这就是不合理的因素。其次，差额管理体制造成内部资金价格调整的准确性有时候是有限的，或者说是受干扰的。有的行资金基本上是平衡的，有的行缺口很大，同样的措施出台，感觉就不一样。再者，我们现行管理体制下调整内部价格时无法区分存量和增量业务，存量和增量一起调整也是不合理的。为了解决这些问题，今年我们要上下配合，把资金集中管理体制改革和内部资金转移价格的制定和完善工作进一步做好，为提高我行资产负债管理水平进一步打下基础。

第三，要及时调整和完善票据业务发展思路。今年1月份贷款增速较快，其中票据融资占比较高，引起了从监管机关到新闻媒体的广泛关注。就我行自身而言，要分析贷款增长中票据融资占这么大比重合不合适，要不要进行调整。去年9月、10月我专门讲到要不失时机地增加票据买入量，11月份全行决算工作会议，也讲了这个问题。事实证明那时候买是对的，但现在市场变化很快，票据收益率已经变得很低，因此现在要把如何处理好票据业务和直接贷款业务之间的比例问题突出提出来。当然前提是要贷款放得出去，如果贷款放不出去，把资金放在中央银行与做票据相比，当然还是宁可做票据。所以，票据业务的思路要把握好，总行的政策导向不是要打压票据，不能简单地这么理解。贷款能放出去的时候要放贷款，只要是好项目、好企业，我们都要尽量去竞争。只要是风险可控的贷款需求，我们都要尽量去满足，要主动调整我们的信贷结构。

同时还要注意，票据业务量比较大的时候，往往也是票据业务风险有可能增加的时候。去年前三个季度票据业务基本上是受控制的，今年票据业务量肯定比去年要大，在这样的情况下，要注意把握好票据业务的风险，特别是一些票据业务的大行要格外注意。已经执行了五年的票据移存制度、存管制度是行之有效的，票据营业部在这其中发挥了重要作用，应该予以充分肯定。我认为移存制度、存管制度还是要继续坚持，不断完善。尤其是今年票据业务量做大了，已引起了有关方面的关注。如果此时出现风险，对票据业务的杀伤力也许是致命的。要充分吸取五六年前票据业务发展过程中所积累下来的经验教训。我们始终认为票据是一种重要的融资方式，是一种重要的支付结算工具，这项业务如果不让商业银行自主地去发展，对商业银行的影响很大。

但是如果这时候票据业务出现不必要的风险，就有可能导致我们发展此项业务的手脚被捆起来。所以，发展票据业务一定要注意控制风险，特别是异地票据业务要格外注意。

还有一点，就是要切实提高我们对票据业务的认识。不能把票据业务仅仅理解成调控信贷节奏和规模的一个工具，而是要作为满足企业多种融资需求的重要手段，它不仅可以满足企业结构化融资的需要，而且可以进一步提高企业的现金管理水平，其功能是十分广泛的。要将加快票据业务创新，努力提升我行票据业务综合竞争力作为一个重要的课题来研究和思考。

第四，努力扩大资金营运空间，寻求新的盈利增长点。流动性过剩或流动性紧缺，将是今后商业银行在经营管理中始终需要面对和认真处理好的问题。从去年到今年，形势发生了很大变化：去年年初市场资金十分紧张，元旦前商业银行甚至要以12%的利率向中央银行拆借资金。现在呢，我们对外拆放的利率不到1%，和存款平均利率水平倒挂。到上周为止，总行在银行间市场累计融出资金14 018亿元，融出资金余额4 781亿元，比年初增加3 658亿元，但是加权平均收益率仅为0.968%。尽管投资收益率很低，但还是比上存中央银行超额储备好，总行还是在千方百计地想办法加大资金使用力度。中央银行票据，还有央行正回购，这一两周增加了一些供给，但总的来说我行的资金使用渠道还比较有限，资金相对富余。

存款和资产业务的匹配问题、资金使用效率问题始终是一个需要认真解决好的问题。截至2月20日，全行日均超额备付3 044亿元，日均超额备付率3.55%，比去年同期提高2.08个百分点。新增存款付息率大约是1.64%，放在人民银行，超额备付金利率只有0.72%，2 000亿元的富余资金倒挂，月损失接近1.5亿元，一年下来将近20亿元。20亿元的利润要在保证不出风险的前提下放多少贷款才能获得？所以，现在我们确实需要对资产负债管理工作提出更高的要求。既要从长远着眼，不能因为一时的资金宽裕而动摇了存款的基础性地位，丧失了存款市场第一的位置，同时更要从资金营运的渠道上多想办法。希望分行资产负债管理部门的同志在这个问题上也要更多地发挥自身的主动性和积极性。对有些问题要进一步拓宽思路。比如说理财产品有自主设计权的分行数量可能要适当增加、组建资产包的规模可能会适当调整等。总的意思是希望大家多思考、多研究，如何拓宽我行的资金运用渠道，开拓新的利润增长点。分行如果能够开发出风险可控、增加盈利的产品，总行要给予积极的支持。

总之，今年的工作任务很重，压力很大。希望同志们坚定信心，振奋精神，进一步发挥资产负债管理专业在全行经营管理中的牵头作用和综合协调作用，为实现今年全行的经营目标作出新的贡献。

谢谢大家！

在中国工商银行财务会计工作会议上的讲话

杨凯生

（2009年2月27日）

因为时间关系，我简单讲一些意见，供同志们参考。上午，沈如军同志做了一个比较全面的讲话。下午，总行财会部十位处长又做了发言。今年财务预算的制定，和EVA挂钩的费用办法，固定资产列支的安排，分行绩效考核办法的调整，包括一些小指标的增设、删减，或权重的改变，事先我都与财会部同志一起进行了研究，其中有些主意还是我出的。道理是什么，上午沈总讲话中都讲了。刚才听了十位处长的发言，我觉得今天的会议形式有些新意。让总行财会部十个处的处长在沈总讲完后再分别做专题发言，是对沈总讲话内容的充实和丰富，目的是想让大家更进一步了解总行的管理思路和措施。这也是让分行监督审视总行财会部工作的一种方法。总行财会部各处的工作开展得如何，有没有动脑筋、想办法，考虑问题是否认真、严谨，制定的措施是否科学、合理，都应在同志们面前接受这样的考试。刚才听完以后，我总的感觉是，大家准备得比较细致，确实也有一些新的思路。要说有缺点，就是怎样在时间有限的情况下，将想说的问题说得更清楚、更简明扼要，在这方面还要继续提高。

由于沈如军同志上午的报告已经比较全面，十位处长也做了发言，我就不再更多地讲什么了。今天我就讲一个问题，讲讲怎样看待今年的利润计划。在分行行长会议上总行确定2009年全行利润增长要达到10%，并且要力争达到12%。对各分行的预算就是按照这个指标分解下去的。如何看这个指标？有的同志说太高了，比兄弟行高很多，很难完成。首先要说明，在整个经济形势还不是很明朗的情况下，要制定一个非常准确的利润增长幅度，难度是很大的。但10%这个数字也不是拍脑袋出来的，是经过了认真思考和测算的。

我讲的第一点就是，要实现这个计划，压力确实不小，困难确实不少。今年的经营形势，大家都非常关注，对不利的影响也从各个方面做了一些分析。今年，宏观经济运行的情况确实给我们经营目标的实现带来了很大的不确定性。到目前为止，整个国际金融危机，或者说经济危机难以断言已接近底部，甚至可以说还有恶化的趋势。在这样的情况下，国内经济下行的态势也并没有完全扭转。1月份，包括到2月份为止，全国的发电量数据还不理想，这是一个表明现在我们实体经济活跃程度还不够的一个重要标志。当然，今年1月份与去年1月份有不可比的地方，因为今年的春节早。到2月底以后，今年1—2月份的数字与去年1—2月份的数据一起比较，就能剔除不可比因素来说明问题。钢铁价格回升几周后又开始下行，铁路货物运输量尤其是煤炭运输量到目前为止还是负增长的。这些情况对银行，特别是对我们这样与国民经济运行关联度很高的大型商业银行，确实带来了很多不利的影响。

比如说，去年第四季度以来的存贷款基准利率的不断下调，利差的不断收窄，对我行今年的收益产生了重要的影响。我们曾经测算过，不考虑存贷款增量的因素，只考虑去年存量因素，单边测算，去年已经出台的基准利率调整因素今年将减少我们400多亿元的净收入。资金运用的压力也非常大。虽然现在贷款增长得还不错，已经增加了2 900亿元贷款，但实际上票据占55%以上。也就是说，有效的贷款需求并不如同想象的那么旺盛。再看资金市场和货币市场的情况。现在1年期国债的收益率已经降到1.6%左右，票据贴现收益率在1.9%左右，最低曾降到1.5%—1.6%，目前最高也只超过2.0%多一点。资金运用的收益率在不断下降。今年以来，我行资金净拆出是几千亿元，资金净拆出的收益率仅仅比存在中央银行超额储备的收益率稍微高一点，而与现在的存款平均成本相比几乎是倒挂的。我行在中央银行的超额储备率超过了3.5%，这意味着我行的闲置资金为1 500亿—2 000亿元。2 000亿元的资金用平均1.6%—1.7%的存款利率收进来，存在中央银行只有0.72%的收益，一年下来就亏损几十亿元。所以，今年资金运用的困难和压力确实不小。

再说中间业务收入。目前，与资本市场关联度比较高的中间业务收入还看不出有马上大幅增加的可能。而传统型的中间业务，如本外币的结算业务、代理业务、代客外汇买卖业务、结售汇业务又面临很强的市场竞争。所以，今年中间业务的增长也面临很大的压力。刚才，几个处长的发言中都强调了这个问题，包括经营管理处的考核办法中把中间业务收入的增长和市场占比权重都作了适当调整，主要就是想引导、督促、鞭策各分行在中间业务方面花更大的气力，下更大的功夫，进一步把中间业务收入抓上去。

今年还有些其他方面的压力，比如信贷资产质量的问题。随着经济的下行，我们现有贷款的质量会不会劣变，劣变的速度有多快，新发放贷款的质量能否得到保证，这些都直接关系到我们的信贷成本。我行的贷款余额大，是全国第一大信贷银行。在这样的情况下，只要我们的信贷资产质量有0.5个百分点的变动，看起来变化不大，但是就要多提大量拨备，信贷成本马上就会大幅上升。而且，银监会还希望各大商业银行拨备覆盖率2009年能达到150%。假设我行信贷资产质量能够稳定在年初水平，保持年初1 030亿元不良贷款不增加，全年也要多提20%的拨备，需要增加200亿元的计提，这意味着要减少200亿元的利润。

综合上述因素，我们可以得出一个结论：要完成今年的利润增长计划，要实现我行既定的经营目标，难度不小，压力很大。所以，同志们现在喊喊困难，我觉得都是可以理解的。但是，姜董事长有一句话，他说看来今年的指标算不出来，只能干出来。意思就是说关键要靠我们的工作。只要工作到位了，完成这个计划还是有可能的。所以，我要说的第二点意见就是：也要看到实现这个计划的有利因素。只要我们抓住了每一个机会，竭尽全力，希望仍然是不小的。

首先，我们应该看到，相对于前几年的实际增长情况来看，我们今年已经大幅度调减了利润增长目标。2003—2008年，我们6年利润的年复合增长率将近40%。今年，利润增长目标大幅下调到了10%。这个调整幅度已经包含了对外部环境不利影响的充分考虑。我们今年的计划是一个具有积极进取导向意义的计划，同时也是一个考虑了实际经营困难的计划。大家也知道，对有些分行，我们今年下达的是零增长，甚至是负增长的计划。所以，我们对困难是已经作了充分考虑的。

其次，我们也要看到中央政府已经出台和即将出台的一系列政策将逐步发挥作用。比如，几万亿元的投资计划，在即将召开的政协和人大会议上，大家可以看到今年预算中将大幅度增加财政赤字和国债发行规模，这都是为了拉动内需、保持经济增长的需要。十大行业的振兴计划经过国务院常务会的审议，也已经出台。当然，这些计划出台后，不见得一两个月内马上就能见效。但是在今年年度中间肯定会逐步地见效。这对于我们的经营会产生积极的影响。比如，从2月份开始，钢铁行业的情况已经有一些变化，宝钢等钢铁企业已经初步止亏。虽然这还不能说新的拐点已经出现，但毕竟是钢铁行业自去年第四季度全行业亏损以来开始出现的好现象。再比如，“家电下乡”带来了不小的市场需求。

总之，已经或者即将出台的一系列政策措施会逐渐产生作用，这会对我们的经营带来有利影响，或者会抵消原来出现的一些不利影响。再比如，今年货币政策的调整也是一个有利因素。直到去年八九月份，对银行信贷投放一直控制得非常紧，现在银行信贷投放的自主权相对有了扩大。今年1月份我们赶紧抓了贷款投放，2月份也正在抓这个问题。今天上午，总行还在开一些重点行的会议。目的无非是想让贷款的投放进度再快一点。这些都对增加我行盈利具有积极作用。再一个，我们前几年抓基础性工作的积极作用，前几年的管理效益正在逐步得到发挥。比如，存量资产的质量问题，无论资产劣变的总量还是速度，相对可比银行都要好一些。这不是今年的功夫，而是两三年前，乃至四五年前信贷管理工作的成效。

所以，我们在看到困难，看到不利因素的时候，也要看到有利因素，看到外部环境在发生有利于我们的变化。虽然现在还不能说经济下行已经接近底部，但是我认为正在出现一些积极的变化。比如，资本市场出现的回暖迹象对我们中间业务收入增长肯定也是有正面影响的。现在基金发行就比前几个月活跃了。这些会给我们中间业务收入增长带来机会和希望。

这是我讲的第二点，就是说要看到有利因素，要有信心。干事情如果没有信心不行。人不自信，谁能信之呢？

我想讲的第三点意思就是，要实现这个计划，需要我们扎实工作，加倍努力。在今年的形势下，要想轻而易举地实现我们既定的目标，想在年底看到我们的计划又大幅超额完成了是没有可能的。完成这个计划，是需要我们下大功夫、花大气力的。我在总行春节团拜会上曾经说过，今年是牛年，牛是吃苦耐劳的象征，是默默奉献的象征。牛年注定我们要出更多的力、流更多的汗。但是，也有一句话，就是“牛年好耕田”，牛年也是孕育丰收希望的年份。我们要下决心把今年的工作抓上去，要全力以赴地加快各项业务的发展，要竭尽全力来保证盈利能力的提升。

一是要注意经营结构的调整。比如说信贷结构的问题。到目前为止，我们放出去了2 900亿元贷款，但是其中55%是票据。怎么看待这件事情呢？55%票据是好还是不好？去年9月到11月份，总行反复地强调，要大量地增持票据。那时票据的收益率是4%左右。当时我们判断宏观经济的走势要发生变化，中央银行的货币政策要发生调整，我们当时预计到将要降息，市场流动性将会增加。在贷款不可能立即放出去的情况下，我们决定大量地增持票据。结果是10月、11月，包括12月上半个月，票据一下子增加2 000多亿元。仅仅这项，我们去年就增加了20多亿元利润。但现在情况发生了很大的变化，票据业务的收益率只有1.6%—1.7%，与存款的平均成本基本持平甚至倒挂。应该怎么看这个问题呢？第一，现在做票据肯定比存放中央银行超额储备要合适。中央银行超额储备只有0.72%的收益率，我们现在在中央银行的超额储备水平是3.5%，太高了。作为超大型的商业银行，我行超额储备水平实际上在1.5%—1.6%就足够了。目前高出两个百分点，这上千亿元资金利率倒挂对财务的影响是相当大的。所以，我一直强调，金融市场部门和资产负债部门今年的任务非常重。必须千方百计地提高我们的资金运作能力，把钱用出去。用在票据业务是一个方面，但是只有1.6%—1.7%的收益率，不能有效解决问题。所以，看准了的项目、企业，贷款要早投放，要进一步加快投放的进度。非如此不能提升我们今年的收益水平。到六七月份之后再发放贷款，对今年的盈利影响就十分有限了。当然，我不是说现在不能做票据了，而是说，在贷款和票据当中，只要有可能直接发放贷款的就发放贷款。应该说票据贴现本身也是对企业的一种支持，也是一种融资行为，但是我们要看到，目前情况下，票据的收益水平比贷款要低得多。所以，我们要平衡选择。有时票据的收益水平低一点，由于它的风险低，我们可能会选择票据，但有时票据收益水平低得太多，而贷款的风险溢价水平又较高的话，我们肯定要选择贷款。当然，前提是要能抓得住好的贷款需求。前几天我刚签了一个文件，把对做票据贴现的利率水平的要求适当提高了。现在适当压一压票据是应该的，但是千万不能造成票据贴现降下来而超额储备又上去了，那就划不来了。这是一个业务结构调整的把握问题。

在资金市场的运作上，结构调整难度更大。比如说，1月份贷款投放那么多，许多人判断利率继续下行的空间已经不大了，还有人说马上就要升息了。我认为，在看得到的时间内，升息的可能性不大。但是，利率下行的空间确实已经有限，或者说利率已经接近底部了。这个判断应该是有道理的。在这种情况下，按理说，人民币债券业务就应该注意调整久期了，久期越短越合适。但是，这样缩短久期虽然可以防范未来的利率风险，但却是以牺牲当期收益为代价的，久期越短当期收益水平越低。这里面又面临着两难的选择。所以我们一定要注意因势而动，随机应变。

再比如说存款业务。上周我在储蓄存款视频会议上，强调要坚持储蓄存款的基础性地位不动摇，同时也讲了存款成本的控制问题。现在利率低了，甚至接近底部了，按理说比较合适的是拉长存款的期限，有意识地多吸收一些中长期存款。因为现在利率水平相对低。但是，增加当期的定期存款、中长期存款，又要以增加当期的存款付息成本为代价，这又会增加当期财务收支的压力。

所以说，经营结构的调整不是很容易的事情。我们现在为什么要研究这些问题呢？中国的利率还没有市场化，但是利率市场化是早晚的事情。我们这一次遇到这些问题，可以说是一次演练，这是在彻底进入利率市场化之前，对我们资产负债管理能力和水平的一次测验。我想这个工作，总行各个部门都要注意，资产负债部、金融市场部、财务会计部以及其他业务部门等都要关注。分行也要注意，有些工作和分行也是有关系的。分行要加强对总行意图的理解。总行现在出台的许多措施和办法，是两害相权取其轻，两利相权取其重，实际上是在找一个平衡点。这个平衡点有时候可能往这边偏一偏，有时候可能往那边偏一偏。对有些问题，有的分行可能有点想法，这些想法从局部或时点上看也许有些道理，但要看到总行是在一个较高的层面上，在一个更大的范围内思考和把握问题。当然，平衡点的把握并不那么容易。商业银行经营的奥妙也就在于此。所以，工作中要努力把握平衡，因势利导。有的时候需要以静制动，而有的时候则出手要快、出拳要重。这个过程中，希望总行和分行之间要加强配合协作。总行要提高决策水平，分行要提高执行力，这是问题的两方面。我们现在制定的一整套的办法，包括挂钩的办法、考核的办法等，实际上都是想引导分行的经营行为。这是我们今年提高经营管理水平的一个重要内容。

再说一下今年的中间业务收入问题。今年寄希望于通过中间业务收入的增长，来保证我们利润增长计划的实现。要千方百计地挖掘中间业务的增长潜力。总行定了一个比前几年不算高但实际上也不低的指标，希望今年中间业务收入能增长20%，难度是不小的。1月份下来，我们的增长额低于建行，但差得不多，就1亿多元，我们25亿多元，他们将近27亿元。这一块今年不能松。利差在缩小，资金营运收益在降低，资金用不出去，中间业务收入如果再上不去，那就真的是无法完成任务了。我们看到目前资本市场出现了一些活跃的迹象，希望各行抓住机遇，把理财、基金代销以及其他业务抓上去。再有就是要做好产品创新，提高服务水平。要靠这个来增加新的客户，增加新的业务资源。现在竞争非常激烈，从长远来说，你真的有本事让客户信任你了，让客户对你的服务能力、服务水平心服口服了，他就一定能够把更多的业务托付给你，把更多的业务需求通过工商银行来实现。这也是今年的一个重头戏。

刚才说了，贷款要能快则快，能增则增。但是，我们一定要切记历史的教训，既要立足现在，也要面向未来，要对历史负责。不能把好不容易形成的信贷风险管理机制搞垮了。这也是一个很难掌握的平衡。速度要快，要有竞争力，就要放权，就要简化手续。但是放权和简化手续的前提，必须考虑风险管理水平是否能达到要求，是否可靠。两方面不可有大的偏颇。这也是对我们思想水平、工作水平、管理水平的一个检验。总之，我们一定要讲辩证法，一定要避免形而上学。抓这一点忘了那一点，或者抓那一点忘了这一点，都是不行的。

刚才我对一些业务部门提了不少要求。这里我想强调，财务部门对实现今年的经营目标负有更重要的责任。财会部门要通过自身的工作来促进、保证全行经营目标的实现。财务预算是财会部门牵头编制的，绩效考评是财会部门组织实施的，资源配置是通过财会部门来实现的，全行经营成果的监测、汇总也是由财会部门来完成的，这些工作都与全行经营目标的实现具有直接的联系。在全行实现今年经营目标过程中，作为全行综合经营的一个管理部门，财会部门要进一步充分发挥自己的职能作用，把各项工作做得更好。

最后，我还想提醒大家两点。

一是要注意抓好节约。虽然说利润是挣出来的，但是减少成本支出也是一个重要的方面。我们今年对招待费、宣传费、出国费等都做了一个从紧的计划。今年总行将一些专业会议合并召开，主要意图当然是为了增进各部门间的协同配合意识，但目的之一也是要节约会议成本。总之，今年要千方百计能省则省。这不仅是一个财务问题，实际上也是一个思想作风问题、行风问题。在这个问题上，希望财会部门能够把好关、守好口。

二是今年下发的财务计划中，拨备前利润、账面利润、净利润和经济增加值这四项指标都是指令性指标。这四项指标的增长幅度要和分行员工费用的增长幅度直接挂钩。大股东对全行的要求是净利润增长1，员工费用可以增长0.6，就是1:0.6的关系。如果我们今年净利润增长10%的话，全年员工收入就可以增长6%。今年，总行对有的分行下达了利润负增长的计划，这是考虑到这些分行的困难。但需要说清楚的是，如果最终的结果真是负增长，那员工的收入与去年相比也要相应负增长。这四个指令性指标其中只要一个出现负增长，就要按照这个负增长指标与人力费用挂钩。所以，我想在这里给同志们打个招呼，希望大家把这个精神带回去，以此来激励、鞭策全行的同志花更大的气力、下更大的功夫把今年的经营计划实现得更好一些。

今天我就讲这些，供同志们参考。谢谢大家。

关于加强内控合规几项重点工作的意见

——在中国工商银行2009年内控合规工作会议上的讲话①

杨凯生

（2009年3月16日）

刚才牛行长对过去三年多来我行内控工作作了比较全面的总结，对今后一个时期以及2009年全行内控合规工作作了安排和部署，我都赞成。在工商银行股改以来三年多的时间里，内控合规部门作为股份制改革以后新组建的部门，除了对全行经营管理行为的合规性、内控管理的有效性进行了大量现场和非现场检查之外，除了对各级分支机构开展了内控评价工作之外，除了对各层级的管理人员开展了离任审计、经济责任审计之外，除了加强对全系统反洗钱工作的管理、指导之外，内控合规部门现在已经开始越来越多地介入到全行许多业务流程的确定、调整过程当中，越来越多地发挥着过程控制的作用，这是近些年来全行内控合规工作的一个重要特点。可以说，我们按照股份制改革以来全行第一个内控三年规划的要求，趟出了路子，积累了经验。这坚定了我们进一步做好内控合规工作的信心。今天，我想利用这个时间，就如何进一步做好内控合规工作谈几点意见，供同志们参考。

一、关于如何确保顺利实施内控三年规划的问题

大家知道，工商银行第二个三年发展战略规划几经修改完善，即将正式下发。在全行整体的三年规划下发后，内控三年规划作为全行三年规划的重要子规划，也即将下发。内控三年规划下发以后，我们要在认真总结第一个内控三年规划实施经验的基础上，认真抓好第二个内控三年规划的落实。第一个内控三年规划的落实成效还是比较好的，第二个内控三年规划的落实要更见成效。

为做好这项工作，内控合规部门尤其是总行的内控合规部，要充分发挥好牵头、协调、组织、推动的作用，要负责把规划工作做适当的分解，分配到各部门、各专业、各分行。各部门、各专业、各分行在接到规划任务后，要认真制定落实措施。内控三年规划的落实绝不仅仅是内控合规部门一个部门的事情，而是一项涉及全行各专业、各级经营机构的整体性工作。所以，各部门要按照规划要求，制定具体的落实措施，尤其是对总行内控合规部分解的任务，更要有明确的安排，必须有具体的时间表、具体的进度要求、具体的责任人，如不安排细致，工作很难落到实处。希望大家能够认真地、下功夫地把这项工作做好。一项工作抓与不抓，效果是大不一样的。我们各级行、各部门要切实学会“两手抓”，就是一手抓“开拓、发展、竞争”，一手抓“管理、控制、检查”，“两手”不可偏废，这也是工商银行的传统文化。工商银行要真正实现既定的“全球最盈利、最优秀、最受人尊敬的一流金融机构”发展目标，内控工作的加强，内控要求的落实，是我们须臾不可忽视的事情。

二、关于如何进一步加强反洗钱工作的问题

在去年的内控合规工作会议上，我就讲了反洗钱问题，今天我还想再谈谈这个问题。在过去很长一段时间里，中国银行业对反洗钱工作的内容、要求、方法、意义了解得比较有限，因为我们当时处于高度集中的计划经济体制下，是在一个相对封闭的经济体内运行，所以反洗钱的要求在过去的一段时期里并不显得很突出。随着改革开放的不断深化，随着经济金融生活的不断活跃，随着经济金融一体化、全球化程度不断提高，反洗钱工作的要求也越来越高，商业银行所承担的责任也越来越大，所肩负的义务也越来越多。如果现在我们的认识跟不上去，工作跟不上去，我们将很难适应这个需要。

洗钱与一系列其他犯罪活动高度相关，比如与偷税漏税、贪污受贿、黑社会活动、贩毒，甚至非法军火交易等都可能有一定关系。所以，世界上任何一个负责任的政府都不会容忍洗钱这种危害国家经济金融安全的犯

① 根据录音整理。

罪行为，打击力度都是很大的。随着改革开放的不断深化，我们国家这些年来也逐步加大了反洗钱工作的力度。中央银行设有专门机构，公安部门对这项工作也非常重视。工商银行这些年来在反洗钱工作方面做了大量的工作，我们通过系统上报的大额可疑交易信息，协助有关部门侦破了很多犯罪案件，其中还有不少大案、要案，充分体现出我行反洗钱的工作成果。

但是我们一些同志在对反洗钱工作的认识上或多或少还有差距，还有人觉得这是一项额外的、附加的工作，认为这增加了工作量，增加了成本，甚至影响了业务发展，妨碍了客户关系。我觉得这种认识是不正确、不全面的。应该承认，在目前的技术条件下，反洗钱工作的一些要求确实增加了我们的负担，特别是一线基层网点和事后监督部门的负担确实加大了。但是我们应该把这些要求看做是应尽的责任和义务。今后这种责任会越来越大，这方面的要求也会越来越高。我们现在所要做的，就是尽快地把我们的工作水平提高上去以适应新的要求。比如在反洗钱监测系统的优化方面，怎样才能自动地分析、识别交易对手的情况，怎样才能准确、及时地掌握有关信息，怎样才能提高可疑交易的识别水平和报告质量等问题，都是我们需要注意的地方。对此，我们除了增强责任心，进一步严格相关工作要求以外，还需要在IT水平的提高、系统的完善、规章制度的合理化等方面进行认真研究。今后无论如何反洗钱工作的要求都不可能因为商业银行感到工作量太大而降低，要求只会越来越高，商业银行在这方面所承担的责任也会越来越大。对此我们一定要有足够的认识。关键是我们的工作能力、技术手段和控制方法要跟上去。

中央银行2007年对全国3 909家商业银行及其分支机构进行了反洗钱现场检查，处罚了341家，占比为8.72%，表明全国银行业金融机构中大约有十分之一的机构在反洗钱工作中存在着各种疏漏和不足。作为一家负责任的大型商业银行，作为一家上市公众公司，如果由于反洗钱问题受到处罚，对我们而言就是一种耻辱。这和其他违规问题还不一样，因为我们不能允许有人把工商银行这样一个负责任的、国有控股的大型金融机构和任何犯罪活动联系在一起，产生这样那样的联想，这种影响是很坏的。很多国际知名的商业银行都曾为此付出过惨痛的代价。如英国老牌的劳埃德银行（TSB）因协助来自被美国制裁国家的资金以匿名方式汇入美国金融系统，而不得不在今年1月份向美国当局缴付3.5亿美元罚款。尽管美英是传统的战略伙伴，但是在反洗钱的处罚上也并没有给多少面子。美国自己老牌的花旗银行2005年在日本也曾经因涉嫌参与洗钱受到过处罚，最终影响了他们在日本的业务发展。

反洗钱工作还有一个重要特点是，它不仅仅是我国监管部门的要求，更不仅仅是总行对下级行的要求，在一定程度上还涉及国家外交，涉及经济金融的对外交往合作。它不仅会影响一个金融机构的国际形象，甚至会影响一个国家的国际形象。因此，对反洗钱工作我们决不能掉以轻心。当然反洗钱的国际影响也是很复杂的问题。有些国家自恃实力强大，自恃在国际上有话语权，动辄将有些人、有些机构、有些国家列为制裁对象，对此中国是不赞成的。我们坚持执行联合国有关机构统一发布的制裁名单，这是中国政府和金融机构的承诺。由此可见，反洗钱工作不仅仅是业务问题，在一定意义上它是一个政治问题、外交问题。因此，我们要高度重视这项工作，把这项工作切实抓好。

目前在反洗钱工作中，我们确实有一些难处，基层行同志在这方面的压力也确实不少，为此我们要多方面采取措施；一方面，我们要做好自己的工作，加强责任心，减少操作风险；另一方面，我们要不断完善反洗钱监测系统，提高反洗钱监测的自动化、信息化水平，尽可能减少手工操作。此外，我们也要从促进反洗钱工作更有效、更科学、更合理的目的出发，对目前执行、落实有关制度和工作要求过程中所遇到的问题，进行归集整理，提出意见和建议，及时向有关部门反映，以使我们整个国家的反洗钱工作更加有效。

三、关于进一步加强IT系统硬控制的问题

我们过去非常重视员工的制度观念，非常重视事后的监督检查，这些都是对的，因为再好的制度也要靠人来执行。今后我们还要进一步加强制度观念，加强监督检查。但是在一定意义上，更重要、更有效的是在整个业务流程中加强系统硬控制，使想违反规定的人在系统中走不通，流程继续不下去。如果能做到这一条，就可以发现不少问题，规避许多风险。虽然蓄意作案的问题不一定能全部防范住，但是起码大量的操作风险和无主观恶意的一些差错，都可以得到有效控制。所以，IT系统硬控制问题非常重要。

所谓IT系统硬控制，就是在业务需求分析研究的过程中、在系统的开发过程中就将一些内控的要求嵌入到IT系统当中，尽最大可能地对业务操作实施IT系统控制。这就要求业务操作要尽量通过系统来完成，风险点和风险环节的控制也要尽量通过系统来实现。在这方面，我们还有很多工作可以做。尽管工商银行拥有中国金融业最领先的信息科技系统，但是到目前为止并没有做到100%的业务都通过系统来操作，比如现在的远期结售汇业务、远期外汇买卖业务等，还都是靠人工来完成，这里面蕴藏着一定的风险。去年，广东分行曾经对所开办业务的操作风险环节IT系统硬控制情况进行了一项调研，发现共有43项业务、54个重要环节尚未实现IT系统硬控制。对此，总行内控合规部牵头组织了11个部门进行了专题调研，经过反复分析论证，得出结论认为54个操作风险环节中，有30个环节在2009年通过系统新版本的投产可以实现IT系统硬控制，有

17个环节需要待系统、制度、流程等各方面条件成熟完善后才可以陆续实现IT系统硬控制，另外，还有7个环节尚不需要在实行系统硬控制措施。

从这些数字可以看出，尽管我们已经有了强大的计算机系统，尽管我们主要的业务流程都是通过业务系统完成的，尽管我们已经对主要业务环节实施了IT系统硬控制，但是需要改进、提高的地方还很多。下一步，我们要着力提高IT系统对各项业务流程的硬控制水平。内控合规部门要注意发现现行IT系统硬控制方面存在的问题，要努力提出解决这些问题的建议和意见。我们在第四代NOVA系统的设计中，要尽量解决这些问题，从而使得无论是主观故意，还是主观疏忽发生的差错都很难通过业务系统继续下去。要让主观故意的违规、犯罪行为无法得逞，要让疏忽大意可能导致的恶果不至于发生，这样才算是做到了硬控制。

对已经实施的IT系统硬控制，也必须根据业务发展和风险控制的需要进行动态地优化和调整。对系统的完善、对流程的控制，除了要考虑对风险的防控以外，还要考虑控制的效率和成本。那种认为控制风险就是要叠床架屋式地增加控制措施，或是要反复进行业务复核或审查的观念，都是落后的、不可取的。控制的效率、控制的成本和控制的效果要综合起来考虑，但是三者之间往往存在矛盾，在不同的经营发展阶段也需要有所侧重，因此，实施IT系统硬控制实际上是一个动态的、不断调整和完善的过程。

此外，随着信息科技手段运用水平的提高，还需要重视系统风险的问题，即IT系统硬控制不当所可能带来的风险。比如以参数设置为例，现在总行通过设置参数表，希望确保各分行业务执行准确可靠，但是如果参数表本身控制不严密，参数的设置出现差错，参数的调整不及时，那么就会发生全面的、系统性的问题。我们不能简单地认为通过系统实施集中控制以后风险就小了。集中控制可能将单个基层员工的操作风险控制住了，但集中控制一旦有差错，也会造成全局性的、系统性的大风险。因此，讲到操作风险时，不能只想到具体的操作环节，而忽视系统性风险。总之，IT系统的建设和内控管理水平的提高是密切相关的。我们已经启动了第四代NOVA系统的研发工作，在这一过程中，除了各专业部门以外，内控合规部门也要积极参与新系统的开发，把建议和意见都反映在系统的需求里面。

四、关于进一步提高内控管理能力的问题

内控管理能力的提高是一个大问题，涉及面很广。在这里我简单提几个重点。

一是要提高全集团范围的内控管理能力，即提高风险并表管理的能力。随着工商银行综合化、全球化的程度越来越高，子公司和境外机构越来越多，怎样有效控制集团范围内的各类风险已成为摆在我们面前的重要问题。比如在并表管理方面，全资的子公司和参股的子公司在股权结构上有很大区别，作为股东享有的权利也是不一样的，商业银行和其他金融性子公司在业务内容和市场化程度等方面也是不一样的，这都对我们的管理办法、管理理念、管理手段提出了新的要求。同时，我们的境外机构所面临的当地监管要求和国内也有很大不同，工商银行现行的内控管理办法如何适应当地的监管环境，如何与当地监管机构的要求和做法不产生冲突，在这些方面也有大量的问题需要研究和解决。这些问题现在已经突出地摆在我们面前，如果不及时地研究解决，将来势必形成内控管理的盲区。

二是要提高对新业务、新产品的内控管理能力。近年来，工商银行新业务、新产品的发展速度不断加快，相关的内控管理工作也日益复杂，这就要求内控合规部门要不断地提高专业水平，增进对市场的了解程度，增强对新业务、新产品的理解和认识。如果对专业知识、市场情况或新产品、新业务本身的特点不知道、不了解、不清楚，就无法介入相关工作，更无法提出合理的意见和建议。因此，内控合规部门必须在这方面进行认真的学习研究，要能够提出明确、具体、合理的建议，要能够让业务部门感到信服，这才是内控合规部门工作水平的反映。

三是要加大对本级的内控检查力度。随着我们管理体制的不断变化，集中经营、集中管理的程度越来越高，各级行经营管理的重点也发生了变化。过去的问题大多发生在县支行、二级分行，现在很多业务直接在总行或分行层面开展，相关风险也由此产生。内控合规部门现在在这方面介入得还不够，今后要动脑筋、想办法，发挥更大的作用。

我希望在新的形势下，内控合规部门在工作中要注意处理好两个关系。一是处理好过程控制与事后检查之间的关系。内控合规部门应该做到过程控制与事后检查相结合，以过程控制为主。内控合规部门不能仅仅是简单地去检查有没有执行规章制度，更要通过适当的方式保证规章制度的科学性，保证业务流程的合理性，保证管理手段的有效性，这才是过程控制的本质要求。事后的监督检查固然重要，但我们更要注意研究规章制度的科学性、业务流程的合理性和管理手段的有效性。对有漏洞的制度、不合理的流程、有缺陷的管理手段，内控合规部门要发挥作用，及时提出改进的意见和建议。二是要处理好现场监督检查与非现场分析控制之间的关系。要做到现场监督检查与非现场分析控制相结合，以非现场分析控制为主。这实际上就是全面控制和局部检查的关系。现场检查主要是发现局部问题，而全行的情况是很难通过对少数机构的现场检查来准确反映的，要反映全局情况，就必须作非现场分析。而要真正做到有效的非现场分析控制，必须要利用好IT系统。

上述两个关系是对今后一个时期全行内控合规工作

的总体要求。内控合规部门应该将其作为下一步的工作思路，进行认真研究思考，拿出一些新的举措来。我相信，只要按照这一思路，认真落实新的内控体系建设三年规划，我们内控工作水平一定能够提高，一定能够为全行的整体发展发挥更大的作用。

在中国工商银行人事组织暨教育培训工作会议上的讲话[①]

杨凯生

（2009 年 3 月 19 日）

刚才，董事长的讲话充分肯定了近年来我行人事组织和员工培训教育工作的成绩，对下一步全行党的建设、班子建设、队伍建设以及做好人力资源和员工教育培训工作提出了具体的要求。董事长的讲话是经总行党委研究过的，全行上下要认真地加以贯彻和落实。现在，我利用这个机会，根据党委讨论的意见和董事长的讲话精神，讲三件事情。第一是关于搞好人员跨区域流动的问题；第二讲一讲对重点县支行管理模式进行改革的问题；第三讲一讲当前在抓好员工培训方面要注意的问题。

一、关于人员跨区域流动的问题

大家都知道，工商银行是一个人员大行，现在有42 万多人。不能简单地说这个数字是大了还是小了，现在的突出问题有两个，一个是效率指标不尽理想，另一个是结构不尽理想。尽管我们现在市值已经是全球最大，我们的利润也已经是全球最大，工商银行的发展能力、经营管理能力现在也越来越得到认可，但是应该看到我们的一些效率指标、人均指标，尤其是人均利润、人均资产、人均营业净收入等还不尽理想。与主要的竞争对手相比，有一些指标我们落后于他们。当然我也认为，规模大小的不同，特别是规模差异比较大的时候，人均指标有时候不具有完全的可比性。规模大了可以带来整体收益的扩大，但这时候人均的边际收益会低一点，这很难简单地相比。应该承认，我们现在的人均效益指标还有很大的提升空间。这是讲国内。从国际上来讲，现在国际上的主要竞争对手当然情况都很糟糕。但是我们要看到，他们一旦复苏，竞争能力还是十分强的。他们的一些机制包括用工机制，要比我们具有更大的灵活性。目前已经有一个统计数字，自这次金融危机爆发以来，到今年 3 月初，全球金融机构已裁员277 386人。这当然表明西方金融机构目前确实深陷困境，已不得不通过大规模裁员来渡过危机，这在一定意义上也可以说是他们的一种机制优势。他们这种体制上的特点决定了他们人均的效率指标和我们有许多不可比的因素。但是我们要承认，在这方面我们是有差距的。

再说结构问题。结构当然有很多方面了，如专业结构、岗位结构、年龄结构、学历结构、区域机构。我今天着重讲讲区域结构的问题。应该看到，我们工商银行部分地区、部分机构人员相对富余，部分地区、部分机构人员比较紧缺。这个现象大家在工作中都是可以体会到的。比如与建行相比，我们在东北、中部地区、西部地区比建设银行的人员大概多 30%，而在长三角、珠三角和环渤海地区我们比建行的人员只多 8%。一比较就可以看出来，在一定意义上，建行人员的区域结构比我们要相对合理一点。我们在长三角、珠三角和环渤海地区的利润占我们工商银行利润总数的 70%，资产大概占 63%，但人员只占全行人员的 42%。从这里也可以看出，我们的人员区域结构确实存在着一定的不合理现象。

在各一级分行内部实际上也存在同样的问题，省市行的机关和营业机构之间有不合理的地方，省行营业部和其他二级分行之间有不合理的地方，各二级分行之间也有这个现象。即使在一个二级分行内部，各机构之间、各支行之间实际上也存在着这样的现象。

怎么解决这些问题？按理说，当增则增、当减则减。多的地方裁员，少的地方进人。实际上，结合我们的国情、行情，我们不能简单地这样做。从全行范围来讲，现在不能再靠简单地减人来增加人均效益。我们要靠想办法提高每个人所能创造的收益来带动全行效益的

① 根据录音整理。

提高，从而提升人均效益。要解决这个问题，重要的一条就是促进员工系统内跨区域流动。

这几年，特别是近一两年来，不少省分行已经开始进行了这方面的探索，取得了一些成效。但总的说来，这项工作进展还不快，动作还不大。为什么？主要原因还是对这个问题的认识不尽统一，输出行有“舍不得”的思想，有怕业务骨干流失的担心；输入行也有“怕麻烦”的情绪，怕引进人员素质不高，适应岗位的能力不强等，认为还不如新招一些人员。至于员工本人，虽然说不少年轻人还是愿意流动的，但是从机关本部，无论是一级行还是二级行，到基层营业机构去可能也存在这样或那样的想法。

要解决这些问题，需要进一步明确我们跨区域、跨机构流动的指导思想、主要方法和基本要求。这项工作的指导思想就是着眼可持续发展，致力于竞争力的提升，总体上保持工商银行员工队伍的稳定。要明确这个做法不是权宜之计，而是立足于国情、行情和未来发展的长远之策。主要方法就是通过一级分行辖内人员从管理部门向经营一线流动，从人力资源相对富余的地区和机构向人力资源相对紧缺的地区和机构流动，实行“有增有减、结构调整”。也就是说，我们不搞简单地单边增员或是单边减员。基本的要求就是通过细致的工作和措施的配套，力争做到流出机构、流入机构和流动人员“三情愿”，也就是说思想工作要上去，政策配套要上去，考核引导的办法要上去，不靠简单的行政命令来解决这个问题。

要尽量做到“三愿意”，就是说我们这次不搞简单地下指标，规定这个省必须流动多少，那个省必须流动多少。但是总行也会有引导措施，我们会给做得好的分行一些费用，我们会加大对人均效益的考核，来引导大家这样做。省分行也要努力引导二级分行主动去做这项工作。如果需要增加人员的二级分行不肯接收区域内流动人员，他再要新增大学生指标，要社招指标的时候就可以考虑予以控制。这就是办法。因为对没有充分发挥区域内潜在人员效能的分行，新增指标适当控制一下是合理的。

今年，总行将在抓紧提炼总结前两年有关分行经验的基础上，深入破解这个难题，着力健全一级分行、二级分行的内部人才市场，力争全年跨二级分行、跨县市支行人员流动能够达到5 000人以上。为了保证这个目标的实现，我们必须抓好以下几个环节。

一是领导要重视，要抓好更新观念和组织推动。员工跨区域流动工作涉及面很广，组织协调的难度比较高。各个机构、各个方面的差异也很大，不可预见的情况不少。因此这项工作的成败，还是一句老话——关键在领导，关键在我们的思想认识。我们各级行的领导要树立全局观念，强化大局意识，克服本位主义，带头解放思想，率先更新观念。刚才董事长讲话中有一句话，叫做“人才资源是第一资源”。这个观点很重要。真正的人才资源的价值，要通过流动才能体现出来，才能实现资源价值增值。

我们要从战略的高度来认识这个问题，否则囿于一些细节问题，纠缠在那里，我们就很难推进这项工作。

实际上，对人员跨区域流动的问题，已经有部分分行根据自身的情况进行了积极的探索，并且取得了不错的成绩。比如，四川分行通过签订“内部劳动力派遣协议”的方式，建立了员工跨区域流动的一种机制；云南分行先后两次从二级分行选调了170多名员工进行流动；山东分行提出了“机关下基层，鲁西闯胶东”的口号，动员了一些员工从管理机关到一线，从人员相对富余的地区到人员相对紧缺的地区，使销售类人员的占比有了明显的提高；湖北、河北、广西、内蒙古等分行也都结合自己的实际采取了一些措施，推动了员工在辖内的流动。他们的经验证明，只要我们的工作做深、做细了，推动员工跨区域流动不仅是可行的，而且潜力是相当大的。我们要从全行发展的战略高度来理解这个问题。这是有利于我行长远发展，同时也有利于员工职业生涯进步的一件好事，是一件一举多得的事情。所以，希望各分行主要负责同志能够亲自谋划、亲自组织推动、亲自协调解决这项工作中可能出现的各种具体问题和矛盾。这是对提高我们践行科学发展观的主动性、创造性的一种要求。

二是各分行要大胆探索和勇于创新。推进员工跨区域流动必须要有新的思路、新的举措。但是各地、各分行的情况差异是很大的，简单地“一刀切”肯定是不行的。只能在总的指导思想、总的工作要求下因地制宜来组织实施。所以总行希望，各分行要在充分调研论证的基础上，抓紧研究出台本辖区内员工跨区域流动的方法、措施和制度。实施方案的设计要明确一个多赢的目标，在流出行、流入行和流动员工之间想办法找到最佳的平衡点。比如说在经营管理的考核方面，应该进一步加大人力资源结构优化和人均效率提升等相关指标的考核力度。一方面引导督促人员相对富余的机构有输送员工的积极性，另一方面，促进人员相对短缺的机构愿意吸纳兄弟行、兄弟机构输送的人员。要出台一些具体的措施和办法。

例如，为了进一步鼓励流入行吸纳人员的积极性，也为了切实解决员工异地流动后可能带来的生活和工作上的不便，总行将按照各行跨区域流动人数的多少，相应地给予一些专项的费用。不同的区域会有不同的标准。我们初步匡算下来，凡是开展人员跨区域流动工作的，总行将按照大概人均每月1 000元到2 000元的标准给分行下达专项费用。这笔费用分行可以根据实际情况，用于帮助员工解决居住问题，以及探亲往返的交通费用等。总行可以给分行妥善安排使用这笔费用的自主权。当然，真正流动了多少人，总行将有严格的办法进行考核。在遴选流动员工方面也可以出台一些措施。比如规定员工申请流动需要已在当地工作多少年以上，对工作的年限、考核的标准作出规定等。这些问题省分行都可以去研究。此外，还可以考虑采取自愿申请竞争流动，竞争上岗的办法。

在流动模式方面，也可以采取“先试岗、后调动”的方式，允许流动员工在流入行一定期限，比如说三个月的试岗。在这个期限内流入行如果不满意，跨二级分行流动的，流入行可以向省分行提出退回；二级行内流动的，基层机构可以向二级行要求退回。试用期员工本人如果不适应，也可以允许他回去。总之，在这些方面我们可以设计得既非常严密，又十分合理，力求在较大规模的人员流动过程中保持大局的基本稳定。

在人员的流动过程中，员工培训教育工作一定要跟上去。因为有的员工到了新的机构以后，从事的专业可能和他原来从事的专业不同，各行之间的一些管理模式和要求之间也会有一些差异。员工到了新单位以后，需要一定的适应时间。在这个过程中，省分行、二级行包括支行都应该积极地进行一些因地制宜的培训。培训不一定是上课，各种方式都可以跟上去。

在具体工作中，大家还要注意把握好几个问题。

一是要注意把握好节奏。目前对全行来说，主要是搞好员工在一级分行内跨二级分行的交流。但如果条件现在还不太成熟，也可以先在二级分行内搞，有一定经验以后再跨二级分行进行。

二是在把握节奏的过程中，还要注意和总行今年即将推出的几项改革，如运行管理体制的改革、事后监督模式的改革、授权办法的改革结合起来。一些新的业务处理中心、监督中心、授权中心成立后，所需要的人员，主要就应该通过系统内跨区域交流的人员来满足。这样做有利于前中后台之间人员结构的进一步优化，有利于不同区域、不同机构之间的人员配置的进一步合理。

我刚才说的一些具体措施，总行会尽快下达，比如说费用的补助到底怎么办，我想各分行都非常关心。然而具体的一些办法，主要还要靠一级分行和二级分行来动脑筋想办法。希望各行今年在这方面能够有一个很大的进步。

二、关于加快实施重点县支行变革的问题

加快实施重点县支行的变革，或者说抓紧调整一些重点县支行的管理模式、管理机制，这是目前需要认真研究和抓紧推进的一项工作。大家都知道，历史上工商银行曾经适度收缩过县域机构。当时这样做主要有两个原因，一方面是因为当时有关部门曾经有过明确的要求，希望各大国有商业银行精简机构、收缩战线；另一方面，当时我们县支行的管理水平确实也存在不少问题。1996 年、1997 年时，我们曾经做过测算，县支行的存款、贷款大体是全行的 20%，但是财务包袱的占比却是 40%。在当时的情况下，机构要精简，人员要减少，而县支行又是我们财务包袱的主要所在，所以我们在县级区域进行了收缩。

近些年来，我国县域经济发展得非常快，情况发生了很大变化。根据统计，我国县域的 GDP 大约占到全国的 60%，地方财政收入大概占全国财政收入的 25%。特别是一些发达地区的县域经济更是保持了高速发展的态势。近几年来，江阴、张家港、昆山这些经济强县 GDP 已经超过了 1 000 亿元；浙江的慈溪、义乌和广东的增城 GDP 都超过了 400 亿元。这些发达县域虽然在行政级别上是县级单位，但是经济发展水平已达到和超过了不少地级市的规模。根据这样的情况，党中央、国务院也有一些新的要求和新的思路。去年召开的十七届三中全会，对加强金融支持县域经济发展提出了要求，要求金融机构在县内吸收的存款主要应该用于当地经济发展。最近，中央《关于 2009 年促进农业稳定发展农民持续增收的若干意见》中，也明确了要进一步推进扩权强县改革试点，要增强县域经济发展活力。刚刚结束的十一届全国人大二次会议上，温总理在政府工作报告中也专门指出，要推进县级财政管理方式的改革。可以预见，随着国家一系列政策措施的出台，全国县域经济的整体发展将进一步加快，县域金融服务市场将会进一步展现出良好的成长性，将进一步成为各家商业银行竞争的战略要地。在这个过程中，监管部门已提出了一些具体的要求。银监会明确提出，各家商业银行要保持县支行现有网点相对稳定并且鼓励在县域增设网点。银监会明确要求，各家商业银行要增加在县域地区的信贷投放，提高县域资金应用水平。银监会还提出，要根据商业银行在县域内新增贷款占新增存款的比例，来决定该银行在城区机构网点的增设准入。

总之，党中央、国务院以及监管部门，都希望我们能够加大对县域经济发展的支持力度。这些要求对我们县支行的管理模式提出了新的更高的要求，需要我们对县支行的管理体制进行调整和改革。

从我行县支行的经营状况看，近些年来总体上还是不错的，整体实力不断增强，涌现出了一批净利润超亿元的县支行。全行现在已经有 2 家县支行利润过 5 亿元，这就是江苏的江阴支行、昆山支行，他们去年的利润不但超过了不少二级分行，甚至还超过了一些省分行。我们还有 9 家县支行净利润超过 3 亿元，25 家县支行净利润超过 2 亿元，58 家县支行净利润超过 1 亿元。因此，我们习惯按照行政级别来规定一级分行怎么样、二级分行怎么样、县支行怎么样，这种管理模式的合理性确实是需要研究的。

我们应该看到，与同业相比，我们县支行的竞争力并不强。董事长前不久下去调研，问一个县支行的行长，你们支行利润是多少？你的收入是多少？行长回答

后，董事长说，第一我承认你收入不高，第二你的利润还应该上去。总行去年作过一个调研，在百强县当中，我们剔除一些市辖区，对88家县支行进行了调研，其中仅有12家县支行在当地综合排名第一，只占88家的13%；有42家行排第三，甚至排第四，占比将近50%。我们一些县行利润虽然过亿元，但与同业相比差距依然很大，在系统内似乎相当不错的一些县支行，在当地却并不领先。现在是我们理顺县支行，尤其是一些重点县支行经营管理体制、机制的时候了。不在这方面开展一些探索和改革，我行的整体竞争力恐怕就难以继续提高。因为重点县支行在我行整体竞争力中所处的地位和作用已经越来越明显，越来越重要。

当然县支行的管理模式到底怎么调整，还需要区别对待。我这里还有一个数字，我行有县支行1 244家。从2007年经营情况看，县支行拨备后的利润平均是1 959万元，其中前100家的平均利润是1.4亿元，是全部县支行平均水平的7.2倍。如果拿1 244家的后100家来看，它们平均亏损1 338万元。所以我们县支行的发展是很不平衡的。因此，考虑县支行管理模式变革要分步骤来进行，先抓住重点。什么叫重点？就是百强县里的县支行。总行在会后会列一个重点县支行名单，以便各行把握。总行先在江苏进行这项工作的试点，试点以后根据其他省、区的县行发展状况，比如说利润贡献、规模大小、管理水平等逐步推广。第一批没排进去的没关系，只要你达到标准了，下一步可以进入这个范畴。我们并不担心列入改革的县支行数量多了，范围大了。在一定意义上这就是我们的目的所在。

当然，这件事情比较复杂。涉及人力资源、业务管理、经营授权、机构管理，甚至我们IT系统的技术支持等。在推进县支行管理模式的变革过程中，当前需要重点做好以下几方面工作：

第一是解决好思想观念问题。包括总行、省行、二级行的思想观念都需要革新。刚才董事长报告中已提出，要淡化分支机构行政等级色彩，完善以价值创造为核心的内部等级管理体系，以价值贡献评定内部等级，以内部等级确定分支机构的经营授权、资源配置，包括这个分支机构管理人员的岗位等级和薪酬水平。这个指导思想可以说是在工商银行改革发展的重要时刻提出的一个新思路。总行实际上从去年开始就在研究这个问题，在人力资源提升项目中我们已经预留了空间，许多岗位等级和行政职务是相互交错的。但是现在看来这个交错还显得不够。有必要进一步采取一些措施，进一步淡化经营机构的行政级别色彩。过去不同级别机构管理人员岗位等级的设置虽然也有交错，但相当程度上和行政等级还是挂钩的。这种现象应该改变。这种改变将带有战略意义，也许现在我们还没有看清楚这个措施究竟将发挥什么作用，但是三年后回过头来看，也许会更清晰地看到今天这个决策的意义所在。这样做的主要目的就是进一步调动各级行尤其是基层行做强业务、做大市场的积极性，进一步鼓励各级行尤其是基层行多创利润、多作贡献。县支行只要做得好、发展得快、管理达到一定水平，业绩贡献达到一定水平，那么它的业务授权就不应该简单地受机构行政级别的制约，应该有专门的授权办法；它的资源配置也不能简单地受行政级别的制约，上级行应该向其进一步倾斜；支行行长，包括其他负责人的薪酬等级也就不应该简单地受机构行政等级的制约，该上调的就该合理上调。通过这些政策的出台，资源的倾斜，授权的调整，这些县支行就会发展得更快，业绩贡献就会更大，这会给每个员工都带来好处。如果我们从上到下都能统一这个认识，真正地确立大局观念，切实推动重点县支行的变革，通过政策上的支持，工作上的配合，管理上的到位，促使一批重点县支行进一步集中精力抓业务，一心一意谋发展，那么，全行的市场竞争力就会有一个明显的提高。

第二是关于授权问题。我们一定要改变随机构层级的降低授权就逐步缩小的传统做法。过去这样做是有历史根源的，一般来说基层机构管理力量会薄弱一点，管理人才会少一点，因此我们过去这样做是有合理性和必要性的。但是现在我们应该看到，在一些经济发达、金融资源丰富的县域，按照现在的授权体系和授权标准，县支行许多业务操作是有难度的，要往上层层报批，许多业务机会很容易错失，甚至会造成一些客户离开工商银行。下一步总行要相应地梳理一些规定，比如说，哪些权限可以转授到重点县支行？哪些支行可以考虑进一步扩大授权额度？有些重点县支行的授权能不能达到或接近所在二级分行的水平？这些问题总行要经过梳理，尽快予以明确。各省分行可以参照总行的这个指导思想，模仿总行所采取的名单制办法，在省域内确定需要重点发展的县支行名单，在省分行现有的权限内对县支行的授权作适当的调整。当然，我们必须注意对重点县支行的业务授权不能忽视风险控制，要在控制好风险的前提下，提高它们的市场竞争能力。

第三是要解决好重点县支行资源投入的问题，特别是经营费用投入和网点装修改造的问题。现在各家商业银行都看到了占领发达县域市场的重要性，纷纷加大了对分支机构的投入力度。从资源投入产出的效率角度看，经济金融资源丰富地区的投入产出比应该更高，收益应该更大。要把好钢用在刀刃上，加大费用分配与重点县支行经营绩效挂钩的力度。这两年来，总行加大了对经营网点、营业机构装修改造的力度。今明两年，总行的指导思想还是力度不减、步子不停。重点县支行管理模式调整以后，要抓住机遇，加大投入。无论是网点的装修改造还是自助设备的配置，都要相应跟上来。在加大硬件建设的同时，软件建设也要跟上，县支行客户经理的配置、人员的培训也要跟上去，这也是一种资源投入。

第四是各分行要更加关注重点县支行班子的建设。一级分行要帮助、督促甚至直接参与重点县支行班子主要负责人的选配工作。除了注意提拔使用熟悉情况的当地同志之外，一级分行、二级分行也要有意识地选调一些有发展潜力的年轻干部到重点县支行去任职、去锻炼。对利润贡献大、业务规模大的重点县支行，可以适当增加县支行领导班子 1－2 个职数。此外，队伍的思想建设也要跟上去，要加强对县支行班子的帮助和指导。上级行要参加这些重点县支行的民主生活会，要注意多听取县支行员工群众的意见。同时，还要对这些重点县支行的负责人开展有针对性的培训。通过这些措施体现对重点县支行的关心，体现对他们的帮助和支持。费用该给的要给，但不少问题不单单是增加费用就可以解决的，要多方面下功夫，才能把重点县支行办好。

当然，一说到要把重点县支行办好就涉及人员的问题。有些重点县支行人员不够，该充实的要充实。但主要的解决办法就是刚才讲到的人员区域内流动。可以在二级分行内解决，必要的时候也可跨二级分行解决。因地制宜、各显其能。运行体制、监督体系改革节省下来的人员也可以充实到县域支行中去。要通过在薪酬福利、晋升发展等方面适当的政策安排，增强重点县支行岗位的吸引力，引导员工从人员相对富余的二级分行机关或其他县支行到重点县支行去，这样可以立竿见影地缓解重点县支行的人员问题。各分行应该有一些配套政策，例如规定省市分行机关基层工作经验不足几年的同志不能提拔。普通员工、主任科员要当副处长的，没有在底下工作过的不能提拔，副处长到正处长没有在底下工作几年的不能提拔，等等。有了这些政策配套，就可以把这项工作做得更好。

我想，在重点县支行管理模式的改革过程中，还有几个问题要重点强调一下。

一个就是要处理好二级分行和重点县支行的关系。加快重点县支行的发展当然要对这些重点县支行进行一些政策支持，对它的管理模式进行一定的调整，包括资源的配置，人员的增加，权限的扩大，等等。只要管理能力达到一定水平，有些业务授权可以扩大到和二级分行差不多，这是可以的。但是也要明确，我们搞的重点县支行的变革不是想搞“重点县支行独立”，不是将这些县支行独立于所属的二级分行，而是对这些县支行的一些管理环节作出优化和调整，县支行的隶属关系没有改变。特别是它的日常管理、人员支持、业务处理、风险控制、信息科技等很多方面还要依靠于、依托于所属二级分行。县支行的核算关系也没有改变，各项业务指标依然要反映在所属二级分行。有的省分行觉得有必要对这些重点县支行进行单独统计考核是可以的，但是其结果也一定要还原到所属的二级分行中去。现在不要试图去触动这个管理体制。这样才能充分调动二级分行支持重点县支行发展的积极性，否则效果不会好。

再一点，要特别注意处理好业务发展和风险防范的关系。刚才说的都是要如何扩大授权，如何增加投入，如何加快发展业务。但是在资源投入增加和业务规模壮大的同时，重点县支行承受的市场竞争压力、风险考验压力也在加大，这对县支行的管理水平、风险控制能力提出了更高要求。各行包括二级分行一定要加强对县支行的风险管理和内控管理。在变革中所采取的各项措施，特别是相应的扩权措施，不是简单的松绑，要充分考虑到风险控制的需要，要确保在体制改革过程中有效防范好风险。

还有一件事需要注意，就是要妥善处理好重点县支行改革与其他周边支行发展的关系。要推动重点县支行的发展，也要平衡好重点县支行与其他县支行的关系。在这个过程中，需要对其他县支行讲清楚，只要你的管理达到一定水平，只要你的规模达到一定水平，贡献达到一定水平，上级行就理所当然可以比照对那些重点县支行所采取的政策来执行。因此，关键取决于县支行自身的发展情况。这个话要说清楚，不要以为工商银行只抓几十个县支行就行了，把其他县支行甩在一边就不管了。不是这个意思。先把这 100 个较好的县支行搞好，目的是使它能够带动 200 个县支行，300 个县支行，甚至 500 个县支行。如果我们所有县支行的盈利水平都能达到 1 亿元，工商银行作为全球最盈利银行的基础也就更扎实了。现在一开始面铺得不太大，目的是要逐步把这个面做大。这一点要反复讲清楚，这样有利于推动其他县支行发展。今后，达到既定目标的支行，要分批、逐步地实施有关政策。我们不怕多，费用和盈利是有关系的，只要盈利上去了，费用是有能力承受的。我们不怕享受有关政策的县支行多了，就是想它多，希望它多。

重点县支行改革这个事情，实际上所有的分行都有自己的任务，不要把它误以为好像仅仅是发达地区的事情。今天我讲话举的例子江苏行、浙江行比较多。有的同志也许会认为重点县支行改革就是发达地区的事，和我们欠发达地区、盈利能力还不强的分行似乎没有什么联系。我觉得这样理解是不对的。实际上在你的区域内所管的十几个、二十几个，甚至百八十个县支行，差别也是很大的。即使你们省没有一个县支行被列入总行这一批重点名单，但在省分行的职权范围内，你们也可以给所辖的县支行做一些划分，有针对性地采取不同的政策和措施。所以，不同的省分行在这个问题上都有自己的任务。各行可以在总体的精神下，模仿总行拉名单的做法，在省分行的权限内推进有关工作。这不仅是可以的，总行也是赞成和支持的。目的是让各个基层机构都能在现有基础上有新的进步，这就是指导思想。本着这个指导思想，各地都可以做许多工作。

重点县支行管理模式的调整和原来扁平化改革究竟是什么关系，这一点也有不少行的同志很关心。原来的扁平化是指要尽量减少管理层次，上级行要尽量直接管到营业机构，管到营业网点。现在要抓县支行的发展，是不是又要归大堆，走老路了？不是的。重点县支行也一样要坚持扁平化管理的指导思想。至于有的机构、网点究竟是合还是分，主要是看怎么样能提升竞争力，怎么样能创造更多的盈利。例如一拆为三，目的是要三个三分之一相加不等于一而是大于一；如果要合，合的目的是什么？二分之一加二分之一大于一，就应该把它合起来。所以，我想扁平化改革的路子是要继续走的，和这个不矛盾。一句话，就是实事求是，该合则合，当分则分。分了以后，如果都成长起来了，都达到了重点支行标准，那么都可以列为重点支行进行管理。因为总的来说，我们并不限制重点县支行的数量，而只是把握重点县支行的准入标准。

三、关于抓好员工培训要重点注意的几个问题

第一，教育培训工作要注意“按需培训”。要提高培训的针对性，而不是就培训抓培训，为培训而培训。我们要充分认识到员工岗位培训和全日制的学历教育是有区别的。员工岗位培训要的是缺什么补什么，业务发展需要什么就培训什么。因此，我们既要坚持教育培训的规范化管理，又要注意不能简单地搞传统科班式的培训。一个课程、一份教材不能几年不变。业务培训的教材需要与时俱进。教材编撰印制工作也要注意这个指导思想，除了内容比较稳定的基础课程教材之外，其他教材我建议不需要过分讲求印刷精美，而应该做成讲义形式。这不仅是为了节约成本，更是为了增强培训工作的针对性，讲求短平快。

第二，今年的员工教育培训工作要特别注意做好岗位适应性培训。今年总行将启动几项重点改革工作，包括运行管理体制的改革，员工跨区域流动的人员管理模式改革等，这些都对员工的岗位适应能力提出了更高的要求。所以，今年的员工培训工作要着力提高员工的岗位适应能力。比如员工的跨区域流动，由于各行管理模式不尽一致，岗位要求不尽一致，因此对于流动员工必须进行相关的培训。尤其是中年员工，不仅要通过培训提高他们的岗位适应能力，更要通过培训去激发他们从业的信心，让他们相信自己有能力在新的岗位上发挥更大的作用。有一些同志，到了四十几岁之后，或多或少会有一些自卑的心理，觉得学什么都不行了。员工培训工作要解决这个问题，要树立他们的职业信心，让他们看到工商银行实际上为他们搭建了一个广阔的发展平台，只要自己努力，只要自己肯学习，机会是有的。

第三，要努力强化各类人才的全面培训工作。要加强对中高级管理人员领导力与执行力的培训，着力提升其管理能力和思想政治素质。以国际视野、战略思维、政治素养和执行能力为重点，通过理论教育、知识教育和党性教育，使管理人员牢固树立科学发展的观念，增强奋发有为、抢抓机遇、敢为人先的意识。要适时启动新时期“百千万”人才工程，用三年左右时间培训出一批具有良好职业道德，通晓金融业务和国际惯例，能够胜任工商银行中高级管理岗位的管理人才。

要加大高级专业人才的培训力度，注意对重点业务领域的高级专业人才进行重点培养和系统培训。围绕风险管理、投资管理与交易、财务会计、市场营销、理财、审计、信息科技及分析评估等重点业务领域，按照国内外比较成熟、具有一定权威的金融业相关领域从业资格标准，力争用三年左右时间培养出3 000名左右专家型高级专业人才，使其成为各专业的技术带头人，壮大工商银行专业人才的“第一方阵”。

要加快推进专业资格培训工作，为全行业务发展提供优秀的专业人才保证。围绕新的岗位职级体系对员工能力素质的要求，确立不同层级人员的专业起点标准，实施标准化、规范化的专业资格培训与考试，确保员工的知识和技能达到相应的岗位任职要求，要增强人力资源与岗位之间的配置效率，拓宽员工职业发展通道。要尽快出台《中国工商银行专业资格管理办法（暂行)》，实现专业资格培训的制度化、规范化管理，形成长效机制。

要深入开展一线柜员岗前培训，全面提高一线柜员的整体素质。我们不仅要注重网点的装修水平、外部形象等硬件建设，更要下功夫打造一支操作规范化、服务标准化、具有较强市场竞争能力的柜员队伍。否则，仅靠网点条件好，也是无法真正吸引客户的。要切实把一线柜员必须“先培训、后上岗”作为一项长期、基本的制度坚持下来，保证员工一上岗就是符合工商银行基本素质和岗位要求的从业人员，从而保证全行前台服务的标准化、规范化。

第四，教育部要与人力资源部配合，改进和完善我行资格认证的管理体制。这几年我行陆续开展了一系列资格认证，这些工作很有成效，提高了员工不断学习的热情。但是现在总体看起来有点“乱”。什么叫有点“乱”呢？一是指行内的、社会上的和国际的专业资格认证之间的关系不太清晰；二是指行内各种专业资格认证之间不仅名称不太统一，而且考试组织程序也不太一致，各类专业资格获得的难易程度也各不相同；三是指各类专业资格认证，与员工的岗位等级、专业任职、职务晋升之间尚未建立起紧密的挂钩机制。今年教育培训工作和人力资源工作的结合点就是要把专业资格序列明确下来；把行内的、社会上的和国际的各种专业资格认证之间相互的对应关系明确下来；把专业资格认证与员工的任职、上岗，包括岗位薪酬等级之间的关系明确下来。同时，要把各种资格认证考试的规范要求明确下来，每年的考试时间、考试次数和考试形式等都应该制度化、正规化。把这些工作内容明确下来之后，我行员

工培训的质量一定会有一个新的提高，培训和员工职业生涯发展之间的关系就能更加密切，人力资源部门用人选人的基础就能更加牢靠。

同志们，今年人力资源工作、员工培训工作和全行业务发展一样，也面临很多挑战和困难。但是这两块工作不仅对保证全行今年的发展有作用，更对我行长远发展有至关重要的影响，希望大家要努力做好工作，不辜负总行党委的希望，使工商银行的人力资源工作和员工教育培训工作迈上一个新的台阶。

在中国工商银行产品创新工作会议上的讲话[①]

杨凯生

（2009 年 3 月 31 日）

刚才福荣副行长对近几年来我行产品创新工作，特别是对产品创新管理部成立以来的产品创新工作情况进行了总结回顾，对今后如何进一步提高我们对产品创新工作的认识，如何进一步打开全行产品创新工作新局面，谈了很好的意见，我都赞成。下面，我再谈三点意见。

一、抓好产品创新需要进一步发挥全行的整体合力，需要进一步增强大局意识、全局观念

产品创新工作有一个重要的原则，就是一定要坚持“以客户为中心”。这也是我们各项经营管理工作都应该坚持的原则。只有坚持以客户为中心，我们的产品才会有生命力，才能被客户所接受。这其中最重要的一点，就是要从客户而不是从一个专业或部门的角度开展产品创新。我们现在有多种服务渠道，比如有物理网点，还有网上银行、电话银行；有不同的业务和产品，比如资产类产品、负债类产品，还有中间业务类产品。但无论客户通过哪一个渠道进来，也不管办理什么业务，都应该让客户感受到面对的是工商银行，使用的是工商银行的产品，而不是面对哪一个专业条线、使用哪一个部门的产品。这是我们产品创新工作乃至整个经营管理工作必须坚持的一个重要原则。

要真正做到“以客户为中心”，我们还有很多工作要做。比如加强市场调研、开展客户体验等。但更重要的是，我们内部各专业、各部门要配合协调好，要能够充分发挥工商银行的整体优势。现在各个部门产品创新的热情和积极性都很高，每年都要提出很多创新项目。但如果仔细分析这些项目，就会发现，提出的这些需求或设计思路，总是有意无意地回避了与其他专业、其他部门相关的需求。为什么呢？因为有的同志想，这事不是我管，我提了以后，别的部门可能会有意见；有的同志觉得，这个事必须我管，不太希望也不太愿意别的部门插手，自己先把它揽过来。我首先想肯定的是，大家工作热情、积极性很高，都是为了业务发展，这一点应该充分肯定。但这个问题不解决，就会带来产品推出之后部门色彩、专业色彩过浓的问题。大家可以设想，一个产品的部门色彩、专业色彩过浓，就在相当程度上忽视或忘却了“以客户为中心”的宗旨，也就是在强迫客户，或时时刻刻提醒客户，他是与工商银行的某个部门在打交道，与工商银行的某个专业在打交道。所以，这个问题必须解决。我们应该认识到，工商银行现在的部门设置，无论是总行的部门设置还是分行的部门设置并不是天然合理的，也不是一成不变的。难道部门一调整，我们的产品就要调整吗？我们的系统马上就要随之升级，产品就要跟着更改吗？不应该是这样，不应该让客户感觉有任何改变。增加一个部门、撤销一个部门也好，部门一分为二也好，几个部门合为一个部门也好，对客户来说，都不应该有感觉。但是我们现在的产品是不是做到了这一点？我觉得，这是一个需要解决的问题。

这里涉及同志们考虑比较多的考核问题。现在，需求、创意如果是某个部门提出的，将来在考核的时候，这个产品产生的收入也必须记在这个部门头上。因为在考核中，各部门都有任务。如果不把相关产品的收入记在自己头上，这个部门显然就吃亏了。这里面除了思想

---

① 根据录音整理。

认识问题之外，确实还有一个管理问题，就是我们的考核办法要完善。好在我们成立了一个产品创新牵头的综合部门——产品创新管理部。将来我想，产品创新管理部除了研究需求，综合协调产品创新工作以外，还要增加一个任务，就是在提出需求、配合科技部门开发的时候，要对各专业条线的分润甚至考核问题提出建议，让财会部门去执行。因为财会部门不太容易分清楚，确实需要一个中间部门说公道话。产品创新管理部要肩负起这个任务。这样可能有助于解决产品部门色彩过多、专业色彩过浓的问题。如果这个问题不解决，我们的产品创新工作发展是有障碍、有阻力的。刚才福荣副行长讲话中也专门讲到了这一点。所以，我希望大家第一要解决认识问题，第二是要有更科学、合理的工作机制。

讲到注意综合协调、发挥整体合力和增强大局意识，还有一点需要强调，就是总分行间的协调问题。产品创新管理部首先是在总行设立的，现在确实有许多工作必须由总行来做，因为整个大机系统的投产、更新换代，都是总行在做。分行过去在这方面自主权不是很大，这在一定程度上造成了分行或多或少存在“等、靠、要”的现象。总行意识到这个问题，就选了七个市场活跃程度比较高的分行，要求他们也相应设立产品创新部门，积极、主动地推进辖区内的产品创新工作。在今天会议上我要强调一点，产品创新工作总行当然责无旁贷，负有最主要的责任，但这个工作不仅仅是总行的，各分行也要增强这项工作的主动性、积极性、自觉性。除了这七个分行以外，其他分行都需要开发一些带有区域性的、具有个性化特点的产品，来满足当地市场和特殊客户的需要。实际上，我们的系统是预留了一些接口的。只要分行开发出来，报总行备案或批准后，就可以投向市场。当然总行也会考虑，如果这个产品总行正在开发，正在研究，为避免重复、避免资源浪费，可能对这个产品叫停，这种情况是有的，我认为也是合理的。但有些产品报上来以后，总行认为是区域性的、个性化的，就会允许分行自主开发，这种情况也是大量存在的。所以，各分行要积极、主动地推进辖区内的产品创新工作，不要一味地等待总行。

说到这一点，就不能不提部门设置问题，刚才张福荣副行长讲了，希望这七个分行尽快把产品创新部门建立健全起来，更好地发挥作用。其他分行也一样，都有创新任务，都要抓产品创新工作，要考虑把任务放在某个牵头部门管起来。放在哪个部门管更合适、更有效？现在总行没有统一规定，有的分行放在办公室，有的分行放在管理信息部，也有分行放在电子银行部、个人金融业务部，各种做法都有。这个自主权确实应该给分行。但我觉得，放在综合部门固然有综合部门的好处，容易说公道话。但是放在综合部门，也有一个不足的地方，这和专门设立产品创新部的情况不一样。为什么？总行产品创新管理部的干部选拔是从产品部门、从信息科技部门专门挑选的。比如王刚，来自于电子银行部、过去干过会计，苏文力是从科技部门来的。这个综合部门的组成比较有利于研究、协调产品需求，比较有利于和一线部门、产品部门沟通。如果放在其他综合部门，可能或多或少会离市场远了一点。当然，各行的具体情况不太一样。所以我建议，如果放在产品部门，或者离市场更近的部门，如放在分行个人金融业务部、电子银行部，可能会更好。当然放在这些部门就需要这些部门更着眼于全局、更注意协调和其他产品部门的关系。否则，又将形成各种矛盾和我刚才讲的那些问题。总的来说，要抓好产品创新，第一条就是要进一步发挥全行的整体合力，进一步增强大局意识、全局观念。

二、抓好产品创新工作，需要注意产品的推广、运用和总结提高

过去我们常说到的一个问题，就是虽然开发了不少产品，但是使用效率不高，有的产品出来以后全行一年下来也没有多少笔交易。这些情况过去确实存在，造成了不小的资源浪费。最近一个阶段，特别是从2007年产品创新管理部成立以来，这个情况已有了很大的改进。但是我觉得，现在仍然存在产品运用推广不够的问题。这一点刚才福荣副行长也专门讲到了，我就讲其中的一点，就是如何充分发挥产品的功能或效益的问题。有时候会出现这样的情况，产品已经推出来了，但分行、一线的同志一经使用就感觉和自己想象中的有差距，还没有解决原来想要解决的很多问题。这是什么原因造成的？这和有的产品我们分期限投产有关。由于研发力量不够，一个产品在开发过程中有时会被人为地划分为一期、二期，比如说先开发产品的柜台应用部分，再开发该产品的网银应用部分。这样做的好处是在同一时间内可以推出较多的产品，不足是降低了每个产品的功效，或者说降低了一些产品对客户的吸引力。这是一个受需求研究、开发、测试、投产工作周期制约而引发的重要问题。对此，我有个建议，请产品创新部门研究一下。过去常说：“宁断一指，不伤十指”，现在能不能采取一个策略：战略上，我们的产品创新应该全面推出；但是在战术上，能不能考虑“宁成一项，不开三项”。这样会保证一个产品推出后，功能开发得比较完整，效用发挥得比较充分，网点、一线员工感觉会比较好，客户感觉也会比较好。很难想象，一个产品出来以后，要告诉员工，“别着急，明年这个产品还会更好”，或者跟客户说，“你先凑合用，明年下半年就好用了”。这种宣传、解释工作不是不可以做，但效果不会太好。能不能让产品一推出就真正地好用？这里面有个资源投入和合理分配问题。战略上和战术上可以作适当的调整，统筹考虑、科学安排，使产品推广的效果更好。

三、要抓好产品创新，需要充分发挥产品创新管理部门的作用

我们要想提高新产品的研发能力，保证新产品的投产质量，必须要有一个综合部门发挥作用。总行2007年下半年专门成立了产品创新管理部，并要求七家分行也成立产品创新部门，其他分行也要有相应的部门承担这个责任。这个部门的重要职责，就是对产品创新工作进行牵头、协调、组织和推动。

实践证明这一年多来，产品创新部门已经开始在这方面发挥了重要作用。刚才我讲了，各部门要有大局意识，要有全局观念，实际上产品创新部门扮演的角色，就像在我们家乡的一种说法“兄弟分家，舅舅主持”。因为舅舅比较公道、比较超脱。产品创新的组织协调工作也需要这么一个类似的角色来发挥协调、组织和推动作用，使工商银行整体功能和综合实力在产品创新工作中得到充分的展示。所以，寄希望于各行产品创新部门，在工作中能积极承担起这个责任，把这个任务完成得更好。当然，产品创新部门成立以后，也必须要有很强的服务意识，要自觉服务于专业部门，做到急分行之所急、急一线之所急、急专业部门之所急。产品创新部门要在避免重复浪费、避免需求不合理等方面把好关，但不能变成一道妨碍业务发展的关卡。总行产品创新管理部成立一年多来，我觉得在这方面做得比较好。有些难度比较大、各部门想法很难完全一致的问题，产品创新管理部就把这样的沟通协调问题拿到分管行长面前，拿到我们面前来协调，他们确实在这方面做了很多工作。我希望各分行产品创新部门也能学习、借鉴他们的做法，在这方面做得更好，就能更有效地促进全行产品创新工作的进一步发展。

今天，我就简单讲这么三点意见，供同志们参考。希望在新的一年，我行的产品创新工作能有更大的起色，有更明显的进步。

在中国工商银行内部审计工作会议上的讲话

杨凯生

（2009年4月2日）

董事长刚才做的重要讲话，不仅内审系统的同志要认真研究、贯彻、落实这个讲话精神，我们各级行也要认真研究、贯彻、落实这个讲话精神。因为董事长虽然主要讲的是内审工作，但实际上也是经营管理工作中的一个重要方面，一项重要内容。

这里，我想再强调两点：

一是各级行，包括内审部门要十分重视董事长在讲话中提到的内审队伍建设问题。董事长在讲话中指出，要着手研究未来内部审计人力资源的配置计划，要适当地引进目前急需的掌握风险管理技术、信息分析技术和新兴业务管理技术的人才，要进一步改善内审队伍的知识结构和能力结构。董事长在讲话中还谈到了内审人员的流动问题。如何保持内审人员队伍的生机和活力，确实是一个很重要的问题，希望各级行，特别是总行人力资源部门和内部审计局要一起认真研究如何落实这个指导思想。我认为，能否进一步提高内部审计工作的水平，能不能真正充分发挥内部审计在全行经营管理发展中的监督、促进和支持、保障作用，取决于内审队伍的生机与活力。如何解决这个问题，以往我们采取了一些措施，例如，我们为内审队伍配备了一些担任过各级领导、具有比较丰富的管理经验和业务经验的同志，实践证明，这种做法是有作用的。这些同志经验丰富，经历岗位多，工作时间长，资历比较深，在行内、行外具有一定的影响力，有较高的威信，将他们充实到内审队伍中来，有利于推动促进整个内审工作水平的提升。今后，我们还会继续吸纳、充实一些这样的同志到内审队伍中来。

另外，我们还要注意激发内审队伍对经营管理和业务发展的新情况、新要求、新问题的敏感性，要让内审队伍对市场变化和业务发展始终保持一种“感觉”。银行的综合化经营和并表管理要求内审人员不仅要了解银行业务，还要了解非银行业务，如基金、信托、租赁，乃至将来的保险、证券等问题；不仅要熟悉国内业务，还要熟悉国际业务；不仅要熟知国内的监管要求，还要熟知国际上不同国家的监管规定。要真正做到这一点，就必须调整内审队伍的知识结构和能力结构。一方面要注重内审人员的学习、培训和提高；另一方面，各级行、各个专业部门要有意识地把一些有发展潜质的优秀同志推荐到内审队伍中去锻炼和提高。人力资源部门要认真研究并形成一种机制，即“有进有出”，将一些优

秀人才充实到内审队伍中工作一段时间，时间可以规定为半年、一年或两年，不同层级的人员工作时间可以有所不同。例如，可以规定拟担任二级分行行长的同志必须到内审部门工作一段时间，拟担任处长的同志必须到内审部门挂职一段时间，等等，这些都可以从制度上设计出来。这种机制不仅会使内审部门的知识结构和人员结构发生变化，也会对这些同志未来到行内管理部门任职工作有好处，有利于这些同志的全面成长。只有这样，内审部门才能始终充满生机与活力。这种机制不仅使得内审部门具备流动性和吸引力，而且可以使内审部门的同志在与其他部门同志一起研究业务问题时具有更大的话语权和发言权，因为他们熟悉业务。关于这一点，我曾经在纪检监察工作会议上也专门谈到过。我觉得今后人力资源部门要研究对内审部门、纪检监察部门、内控合规部门采取这种特殊的措施。这样会对工作有好处，对干部的成长有好处，这可能是一个具有战略意义的问题。

二是关于配合做好银监会的现场检查工作。今年银监会已经确定对我行开展三方面的现场检查：（1）新增贷款。银监会十分关注去年以来的贷款投向与贷款操作等问题，关注我行是否存在因贷款投放较多而出现“萝卜快了不洗泥”等违反信贷政策的问题；（2）金融市场业务。主要包括本外币投资、债券投资、衍生产品交易等；（3）表外业务。主要包括理财业务、担保和承诺三方面。银监会计划利用几个月的时间对我行上述三个方面进行一次全面检查，正式的检查通知已于上周送达我行。各行要认真做好检查监督的准备与配合工作，要一如既往地在思想上重视、工作上配合，同时，各级行也要抓好自查、自纠、自改工作。在这个过程中，内审部门需要继续承担联系、沟通与协调的重要职责，保证我行接受、配合银监会现场检查工作的顺利进行。

认清形势　固本强基
全力以赴抓好案防工作

——在中国工商银行部分重要业务检查情况视频通报会上的讲话

杨凯生

（2009年4月30日）

根据银监会要求，我行最近在全行范围内组织开展了对部分重点业务的大检查。今天召开视频会，通报一下这次大检查的情况，分析一下当前案防工作面临的严峻形势，并对下一阶段各项工作提出具体要求。下面我讲三点意见：

一、重要业务检查工作取得初步成效

4月3日下午，银监会下发了《关于排查案件风险的紧急通知》。当天，姜董事长迅速召开紧急会议，认真研究部署全行对部分重要业务的大检查工作，总行成立了由我任组长，张福荣、易会满副行长为副组长的检查领导小组，连夜制定下发了《关于部分重要业务紧急检查的工作方案》，要求各分行迅速向辖属分支机构进行布置。各分行和各有关部门按照总行要求，都成立了检查工作领导小组，迅速开展了有关工作。20多天来，通过全行上下共同努力，检查工作取得了初步成效。

根据银监会通知要求，结合我行实际，这次大检查的重点内容主要包括对公开户结算、个人金融业务、网银注册开户及U盾管理、银行承兑汇票等业务。对公开户结算、企业网银业务检查时限是从去年7月1日至今年3月末；个人金融业务、个人网银业务检查时限是从去年10月1日至今年3月末；银行承兑汇票检查范围为截至今年3月末有余额的银行承兑汇票业务。

各分行按照总行下发的排查清单，逐项、逐户、逐笔进行了现场检查，一些分行还结合自身实际增加了检查内容，以确保检查效果。票据营业部、私人银行部、牡丹卡中心也都按照总行统一部署进行了自查。在分行自查基础上，4月16日至18日总行派出检查组，对山东、天津和苏州分行的检查工作进行督导，重点抽查了部分业务。各分行也在辖内组织开展了重点抽查和复查工作。

据初步统计，从4月4日至15日全行共检查新开结算账户81万户，个人存款业务75万户，银行承兑汇票业务8.42万笔、涉及金额1 928亿元，企业网银业务21万户，个人网银业务212万户。这次检查覆盖面较广，工作量很大。从检查结果来看，总体来说我行对这些重要业务的管理是好的。但在部分业务领域、部分

管理环节还存在一些问题，甚至可以说是比较严重的、必须引起高度关注的问题。对此我们必须采取果断措施来加以解决。

（一）企业新开账户方面的问题。本次检查企业新开账户81.13万户，其中存在问题的2.53万户，占比3.12%。主要问题为：一是开户资料不全。如开户资料不完整、相关证明文件无效或过期、缺少房屋租赁协议或协议无签章等。二是企业信息及个人身份信息核实不到位。如未核查企业信息，或开户信息与单位营业执照不符，无个人身份联网核查信息等。三是单位开户授权书不规范。如无法人授权书，或法人授权书无法人签章。如青海分行有12户新开户缺少法定代表人授权委托书，3户新开户企业缺少法定代表人身份证复印件。四是开户资料未经人民银行核准等。

（二）网银管理中存在的问题。个人网银方面。本次检查个人网银U盾客户212万户，其中有12.26万户未能联系上，发现问题的有1 082户。主要表现为：一是U盾及口令卡管理不规范。客户申请表签字与U盾领用登记簿上签字不相符或U盾无签收记录，如湖北分行6名客户申请开通个人网银，个人介质类型为U盾，但无客户签收记录。二是U盾及口令卡存在批量开户批量发放，口令卡由经办员代签名现象。有的申请书内容全部为柜员所写，签名全部为代签。如湖南城建支行今年3月26—27日批量发口令卡300余户，零陵支行去年10月11—30日批量发口令卡300余户，宁远九嶷路分理处去年3月5日批量开户180户等，都存在类似问题。三是违规为第三人开卡并注册网银。如山西大同支行客户徐某、白某的网银均由单位财务人员代办。另外，还存在业务凭证或申请书要素填写不规范，开通个人网银操作不规范，个人客户信息核查不严格等问题。

企业网银方面。本次共检查企业网银21万户，发现问题249户。主要为：企业网银申请表上加盖的印鉴与预留银行印鉴不符；企业注册申请资料的填写不完整；注册申请资料上没有开户行业务公章、业务经办及主管名章等。如甘肃分行企业网银有15户没有填写账号、开户行、地址、联系人，证书操作权限不明确，14户申请书没有填审批意见、企业编号（CIS）和客户类型等要素；河北分行有1户预留印鉴为单位公章，而申请表却为单位财务章。

（三）银行承兑汇票签发中的问题。本次检查的8.42万笔、涉及金额1 928亿元的银票业务中，检查发现存在问题的有4 564笔、涉及金额176.2亿元，占比分别为5.4%和9.1%。其中，交易背景真实性存在疑问的业务359笔、金额29.7亿元，分别占发现问题业务的7.87%和16.86%；承兑后管理或档案管理存在问题有4 203笔、143.9亿元，分别占发现问题业务的92.1%和81.67%；审查审批手续不规范的54笔、1.85亿元，分别占发现问题业务的1.18%和1.05%。

有的银行承兑汇票、交易合同、增值税发票在交易内容、金额、日期等方面明显不匹配；有的企业利用贴现资金滚动开票。今年第一季度我行签发承兑汇票规模净增1 000亿元，保证金存款增加了600亿元，有一家分行保证金存款就增加400亿元。这一现象需要我们严密关注，即是否存在企业利用贷款作为保证金申请银票，利用杠杆效应滚动开票进行套利的问题。还有一些企业作为签发人与收款人对开银票。还有的依据同一份交易合同签发多笔银票，银票金额明显大于交易合同金额等。如山东分行检查发现部分银行承兑汇票业务存在贴现资金迅速回流承兑申请人账户、发票与合同不一致、贸易背景资料（合同、发票）重复使用等现象。目前我行的票据业务从总体上来说不存在利率倒挂现象，但是在签发承兑汇票的过程中确实存在不少问题，需要引起足够的重视。

（四）企业预留印鉴管理中的问题。本次检查对1.06万户开户不规范和1.13万户资金异动的账户核实了预留印鉴，发现296个账户预留印鉴管理存在问题。主要表现为：账户无开户单位出具的预留印鉴启用公函、账户户名与预留印鉴不符、印鉴卡没有入库保管等。如上海分行存在开户申请书上预留印鉴与印鉴库印鉴不相符或有误差的共139户，其中6户印鉴卡未入库。

上述检查发现的问题，一方面表明了这次检查取得了预期的效果，检查总体上说没有走过场；另一方面，也表明在我行的部分业务领域确实存在一些可能引发案件、事故的重大隐患，需要全行上下引起足够的重视。

二、当前案防工作形势十分严峻

今年以来，全国银行业案防形势严峻，大案、要案接连不断。这有可能对银行业近几年来的改革成果形成冲击和影响。如今年3月份，北京某商行曝出巨额贷款诈骗案，涉案金额可能高达数亿元，个别支行从负责人到基层员工都有受贿和涉案情况；又如上海地区多家银行曝出由于开户、印鉴、U盾管理不严而导致的“客户资金被诈骗”的案件，涉案金额有进一步上升趋势。今年3月初，一个企业到某银行上海分行开户，存入资金5 000万元，但几天内即被陆续挪走，发现时已盗用2 750万元。我行上海分行长宁支行也有上千万元客户资金被诈骗。银行业最近一年来还相继发生一系列票据诈骗案，这其中有银行疏于管理的，也有银行内部有人参与配合的。不法分子利用虚假票据、克隆票据、偷盗票据等诈骗银行资金的情况十分突出，严重扰乱了票据市场秩序。最近，银监会对近期的案件情况进行了通报，各家银行在排查中发现了6起涉及内部员工作案的案件。

从最近发案情况看，案件主体、作案领域、方式和手段都有一些新变化，呈现出新的特点。一是涉案金额巨大。近期连续多起大案均通过转账实现，涉案金额均在千万元以上，最高达到数亿元。二是团伙作案明显。同一种作案手法同时在同一区域内出现在多家银行，呈现明显的集团性、有预谋、有计划的特点，这对银行案件防范体系的有效性提出了新的挑战。这里还有一个重要特点就是一些案件有银行辞离职人员、解除合同人员参与其中。这些人利用自己对银行业务比较了解、对于银行人员比较熟悉的特点，在多起欺诈案件中扮演了重要角色，加大了银行案件防范的难度。三是既有外部诈骗案件，也有内外勾结情况。部分案件是不法分子经由贿赂银行内部员工而得逞的。这些人内外勾结，私自截留客户关键信息，伪造客户资料及印鉴，变造数据骗取贷款或挪用客户资金。四是诈骗案件的“受骗人”、“受害人”都有贪图高利，获取不当回报的心理。在多起案件中，都有不法分子利用“客户”急于获取高额回报的心理，承诺给予高息，借用银行渠道骗取“客户”资金，甚至存在企业财务人员、企业负责人直接参与作案的现象。五是电子银行渠道欺诈风险日益突出，银行卡欺诈也呈上升趋势。六是新案增多。近期所发案件第一次作案时间大多为近半年之内。

总的来看，近几年中国银行业的管理水平不断提高，内外部案件防范能力显著增强，发生的案件、差错、事故数量明显减少，金融秩序得到了整顿和加强。从我行情况看，近年来全行通过不断完善操作风险管理，优化业务操作流程，加强IT系统刚性控制，加强内部审计与合规检查，建立健全案件防范长效机制，员工业务技能与风险意识逐步增强，内部控制体系不断完善，案防工作取得了一定成效。在内部案件防范方面，我行案件数量、涉案金额在工、农、中、建、交五大行中占比控制在较低水平，并呈现逐年下降趋势；在外部案件防范方面，我们的反欺诈能力不断增强，已成功堵截多起欺诈案件，这些成绩来之不易。

但应该看到，银行是一种特殊企业，每天每时都面临着各种各样的风险，我们一刻也不能放松防范风险这根弦。特别是最近一个时期以来，我国社会经济生活中出现了许多新情况、新矛盾，这段时间可能成为银行案件高发的一个阶段。针对这些新情况和新问题，我们必须警觉起来，行动起来，把自身的工作做到位，只有这样才能避免或者减少问题的发生，才能切实提高我行案件风险防范的能力。

三、坚持“五个务必”，认真做好案件风险防范工作

通过本次检查，我们要清楚地认识到目前所面临的严峻形势，要从维护国家金融秩序的稳定，维护银行资产的安全，维护银行改革成果的高度来对待案防工作，增强紧迫感、责任感，增强政治意识、大局意识。工商银行提出了建立“最盈利、最优秀、最受尊敬的国际一流商业银行”的战略目标，要实现这个目标，在管理上就必须做到“最严格、最科学、最有效”。如果管理上到处是漏洞，管理办法很落后，管理不科学，就谈不上是最优秀的银行。实现这一管理目标，一方面需要有好的手段，比如将业务流程中的风险防控尽可能嵌入到IT系统中，增强系统的硬控制，有效规避人为操作的风险；另一方面，要靠好的运行机制，我们推进运行体制的三大改革就是为了解决这个问题，通过推动和深化全行的业务集中处理、监督体系、远程授权改革，建立起集中、高效、简捷、安全的业务运行体系，这就可以从根本上强化内控管理，提高防范操作风险和案件的水平。但是，无论是加强系统硬控制，还是推行运行体制改革，都不是一日之功，当务之急的还是要讲严格执行规章制度，严格管理，任何时候都不能疏于管理。这一两年来，我们对外部诈骗事件的警觉性似乎比过去低了。实际上随着外部经济生活的活跃，这方面对我们的压力和挑战会越来越大。因此，我们要不断完善和坚持执行各项规章制度，不能流于形式；要切实落实各环节责任，不能责任不清，纪律不严；要坚持内控部门和业务部门、前中后台之间的配合、协作和制约，不能推诿扯皮。当前，要认真抓好“五个务必”：

（一）务必坚持正确的业务发展指导思想。坚持正确的业务发展指导思想，就是要正确处理业务发展与风险管理的关系。要发展，不发展工商银行就没有前途，不发展工商银行的战略目标就无法实现。同时，在讲发展、抓发展、促发展的过程中，内控管理的加强，规章制度的执行，风险底线的坚守一刻也不能放松。不能因为抓管理、抓风险防控就不讲业务发展，同时在发展业务的过程中也不能忽略风险的防范。要避免一讲营销，就忽视风险，或一讲风险，就放松营销的两种不良倾向。尤其在新开户、网银、信贷业务、个金业务营销中，要平衡好发展与风险的关系。例如在本次检查中发现的电子银行批量开户、批量发放U盾的问题，部分行可能是出于增加电子银行业务交易占比，扩大电子银行业务的市场份额的目的，但是要明确风险防范的底线不能突破。必须将U盾交由本人，必须由本人办理相关手续，这就是一条底线。无论怎样抓业务发展，都要注意坚持基本业务管理制度。办理任何业务，无论是信贷业务，还是其他业务，都要坚持最基本的风险底线。

（二）务必抓好本次检查发现问题的追踪整改。银监会已经明确，对商业银行在自查中发现的违规问题及案件，只要是及时报告且及时整改的，可以免予追究有关人员的管理责任。希望大家一是抓紧进行彻底的自查，二是抓紧对本次检查发现的问题落实整改责任，切实抓好整改。各行要根据自查情况做好后续检查工作，自查不彻底的分行要补课。对自查发现的问题，要认真落实整改，以绝后患。自查自纠解决了的问题，可以比

照银监会规定从宽追究责任，对于不追踪、不整改、不采取措施防漏堵漏，最终酿成祸端的，要按照银监会提出的原则严格问责。各行要对资金交易异常、账户信息与预留信息不一致、客户联系不上、U盾及口令卡发放去向不明等问题，组织专人追踪排查，逐一落实。这项工作不能留死角，不把这些问题解决彻底，地雷随时可能引爆。

（三）务必加强对账户开立环节的风险管理。开户标志着一个客户开始与银行建立关系。长期以来人们认为银行的风险主要是在资产业务，因此我们比较注重对资产业务特别是信贷业务的风险管理，而对负债业务和开户业务的风险认识是不足的。实际上，开户环节的风险是不小的。国际上的一些大银行都很重视开户管理。有些企业开户的动机就很复杂，如一些企业想利用多头开户逃税、逃债、骗贷和套取现金；一些企业想利用多头开户转移或抽逃资金，私设“小金库”；还有一些不法分子利用各种账户进行洗钱等违法活动；也还有一些人开户的直接目的就是为了进行诈骗。如果开户环节管理松懈、把关不严，势必为各种不法分子提供可乘之机。目前我国的法人客户有几千万户，在我行开户的只有400万户，因此，我行法人客户数量今后还会不断增加，这是各项业务发展的一个基础。但是开户的手续必须严密，各项规章制度必须严格执行，不能有丝毫的闪失和疏漏。各行要切实规范开户业务操作，落实开户基本制度要求。一是要严格按照《人民币银行结算账户管理办法》办理账户的开立、变更和撤销，认真履行开户调查、审查职责，认真审核开户资料的真实性、有效性、合法性，从开户源头有效控制操作风险。二是对客户申请印鉴启用、变更或挂失业务，必须严格审核，一定要经过客户当面当场由当事人签章确认后方可启用，严格防止伪造变造印鉴卡事件的发生。要对印鉴卡片实行专人入库管理，不得以任何理由提供给开户单位或他人。三是严格实行岗位分离，合理划分事权。开户的受理岗位与审查审批岗位要严格分离，下一步要做到网点受理开户申请，后台集中审批。四是进一步加大对账工作力度，通过加强宣传和引导，大力推广企业网上银行对账，提高对账的及时性和覆盖率。

（四）务必坚持网银U盾业务“本人办、交本人”原则。近年来，总行加快了网银系统版本升级速度，新产品不断推出，新的管理办法、操作流程也相继出台。相关操作和管理人员要加强学习，认真贯彻基本操作规程。针对本次检查发现的问题，各行要特别做好网银开户管理工作。一是要加强对开户、注册的管理，严格按规定开户、注册，规范网上银行资料审核、信息录入、证书传递等环节的管理。二是在办理个人网银U盾时，必须坚持“本人办、面对面、不间隔、交本人”的原则，严禁他人包括行内员工代为办理。三是完善网银U盾签收和交接制度。办理网银开户和注册时，要明确管理和使用环节的责任，开户完成后，必须将U盾（口令卡）发放给客户本人，并由客户本人签字确认交接。四是加强与客户通讯联系，引导客户开通手机短信账户变动提醒服务，开展U盾售后回访。要积极探索新的回访方式和途径，建立具有工行统一标识的客服回访热线，增强客户信任感，保证回访效果，提高回访成功率。

（五）务必坚持银票签发业务真实贸易背景原则。贸易真实性原则是发展银行承兑汇票业务必须坚持的基本原则。各行要切实加强贸易背景真实性的审查，严防客户或不法分子利用假合同、假增值税发票申办银票业务，套取或诈骗银行资金。一是对申请承兑金额较大或业务办理较频繁的客户，要分析其票据业务是否与经营状况相符合，是否与其业务规模相匹配，防范个别企业滚动签发承兑汇票进行贴现套利，防范有些企业之间作为签发人与收款人对开银票。二是银行承兑汇票开立签发后，要及时归集与银行承兑汇票和交易合同吻合的、加盖税务认证章的足额增值税发票或普通发票等档案资料。三是规范银行承兑汇票签发的调查、审查和审批环节，强化信贷作业管理，加强对客户生产、财务、资金流向等方面的监测，切实防范信用风险。四是严禁将贷款作为银行承兑汇票的保证金，防止客户通过杠杆效应以少量资金成倍套取银行资金。签发银行承兑汇票与发放贷款同样占用经济资本，还承担信用风险，目前，各级行还是要注意“多贴现、少签发”。绝不允许通过贷款来增加保证金存款，来增加中间业务收入，这种图虚名招实祸的做法有害无益，必须坚决予以制止。

以上“五个务必”是通过本次大检查总结提炼出来的，这“五个务必”不仅提示了主要风险所在、隐患所在，也明确了下一步的主要工作任务，大家要认真落实。通过今天的会议，希望大家能够进一步巩固本次检查成果，使案件风险防范工作常态化、日常化，确保下一步我行的经营管理不出现重大闪失，对我行的发展改革不产生大的干扰。

在中国工商银行分行行长座谈会上的讲话[①]

杨凯生

（2009年4月15日）

总行经过研究，决定利用大家来北京参加党员领导干部会议的机会，召开这次分行行长座谈会，主要目的是想与大家沟通一下情况，分析一下当前面临的形势，就经营发展中的问题与大家交换交换意见。下面，我就第一季度全行经营情况作个通报，对下一步的几项具体工作再谈点意见。

一、第一季度经营状况比预想的要好

去年以来，受国际金融危机蔓延影响，我国经济要保持平稳较快发展的态势遇到了较大困难，我国银行业经营也出现了近几年来少有的困难局面。在这样的情况下，今年年初总行研究确定了一个积极进取的经营计划，希望在同业中表现出工商银行在此轮经济波动中努力发挥大银行传导宏观经济政策和货币政策主渠道作用的决心，表现出工商银行既能够抗御住风险，又能够保持良好发展的能力。当时，我们确实面临很大的压力，也做好了迎接更大挑战的准备。第一季度，我们的经营状况比预想的要好，为完成全年经营计划奠定了较好的基础，主要表现在以下几个方面：

一是盈利能力经受住了考验。第一季度保持了6%的净利润增长，达到353亿元，同比增加20亿元，完成年度预算的28.86%。若第一季度以20%为完成利润序时进度目标，全行只有3个分行没有完成。中间业务收入在经历了连续四个季度逐季下降之后，今年第一季度中间业务出现了恢复性增长。境内分行共实现中间业务收入139亿元，同比增加14亿元，增长11.6%，完成全年预算的25.69%。

二是积极贯彻执行宏观经济政策，各项贷款增长较快且投向把握较好。第一季度全行认真贯彻执行国家扩内需、保增长的宏观经济政策和适度宽松的货币政策，在注意防范风险的前提下加快了贷款投放的进度和力度，为支持国民经济平稳较快发展提供了积极有效的金融支持。并且在这个过程中我们注意了调整优化信贷结构，切实防范住风险。第一季度全行人民币各项贷款增加6 475亿元，同比多增5 020亿元，增长15.2%。从投向上看，积极支持了国家重点项目建设，支持了符合国家产业政策的重点行业和重点企业的发展；进一步改进了对中小企业特别是小型企业的金融服务，第一季度中小企业融资增加3 965亿元，占到了全部增量的61%；积极支持了扩大消费的合理资金需求，个人类贷款增加499亿元，同比多增224亿元；支持了企业多种形式的短期融资需求，其中票据融资增加2 009亿元，贸易融资增加345亿元，增幅达39.8%。同时，认真贯彻“有保有压”的要求，有效控制了对高耗能高污染项目、产能过剩项目和低水平重复建设项目的贷款投放。从客户结构看，AA－级以上客户贷款增加1 503亿元，增量占比82.19%，比年初提高12个百分点。

三是各项业务增势良好。第一季度全行人民币各项存款（含同业）增加12 135亿元，同比多增8 332亿元，为历史上增加最多的一个季度，其中储蓄存款增加4 584亿元，公司存款增加4 050亿元，机构存款增加877亿元，同业存款增加2 624亿元。中间业务和新兴业务的竞争发展也有一些新的亮点。我行承销非金融企业债务融资工具市场占比排名第一。银行类理财业务在规范的基础上继续取得长足发展，第一季度累计发行12 000亿元，同比增长6.73倍，市场占比远超同业。信用卡发卡量4 262万张，比年初新增356.9万张，累计消费额935.5亿元，同比分别增长48%和82%，市场领先优势进一步扩大。电子银行交易额达32万亿元，占全部业务量的比重44.5%，比年初又提高1.4个百分点。

四是改革创新稳步推进。监督体系改革、远程授权改革和业务集约运营改革试点有序推进，整体改革方案正在形成，即将推出。报表集中管理改革在全行范围启动。县行变革计划在江苏分行开展了试点。一些业务创新取得重要进展，尤其是适应市场和客户需求，新推出了项目前期贷款、搭桥贷款、固定资产支持融资等一批新的贷款业务品种。在银监会颁布《商业银行并购贷

① 根据录音整理。

款风险管理指引》后，成功在市场上推出了首笔并购贷款业务。科技创新持续推进，第四代应用系统首个版本的主体内容在全行成功投产，FOVA系统境外推广工作进展顺利。

五是风险管理工作扎实开展。针对今年以来风险防控的严峻复杂形势，进一步加强了全面风险管理、风险量化管理和不良贷款处置工作。新增了6个行业的信贷政策，对7个行业进一步实行了限额管理，及时对相关行业信贷类别进行了动态调整。积极推进了集团层面的全面风险管理制度建设，以及内部评级法成果在信用风险管理中的应用。加强了对持有外币债券及其他资产的风险评估、监测和动态操作，建立了严格的盯市责任制，外币债券投资风险敞口进一步缩小，整体风险可控。通过各种措施清收处置不良贷款，第一季度累计清收处置不良贷款163亿元，继续保持了不良贷款余额及比例的“双下降”，其中不良贷款额下降19亿元降至1 026亿元，不良率下降0.32个百分点降至1.97%，拨备覆盖率达到132.28%，比年初提高2.13个百分点。

当前全行的经营管理工作也面临一些问题和困难。主要表现在：一是利差收窄，净利息收益率明显下降。今年第一季度计息资产收益率和存款付息率都是下降的，但前者下降幅度要比后者大，导致利差大幅收窄，第一季度末净利息收益率只有2.34%，同比下降0.61%，对利息收入和利润增长影响巨大。二是资金运用压力进一步加大。人民银行为了促进经济快速复苏，打破了连续六年第一季度资金净回笼的惯例，今年第一季度净投放资金1 500亿元，极大地扩充了市场流动性，使我们资金营运的压力加大。尽管我们主动采取了一系列措施，比如进一步拓宽资金营运渠道、加大同业拆放力度，但由于货币市场利率持续走低，资金收益还是明显下降。现在央行票据收益率只有1%，仅仅略高于超额备付0.72%的利率。投资收益率明显下降，使债券投资、存拆放同业利息收入减少，对实现全年盈利目标形成很大压力。三是继续保持资产质量稳定面临不确定因素。这不完全取决于我们自身，还要看企业经营状况能不能好转，如果企业进出口状况不能好转，企业偿债能力继续下降的话，对我们信贷资产质量会带来不小的影响。

总地来看，今年以来各项工作起步早、进展快，为全年工作开了个好局，增强了我们实现全年经营计划的信心，今年有望进一步拉开与主要竞争对手的差距。

二、当前经营发展中需要注意的几个问题

尽管第一季度经营指标同比不错，但实现今年的经营计划困难还很多，压力也很大。我们要看到实现今年的计划对于全行实现“三最”战略发展目标，对于全国经济金融工作大局都至关重要。全行要在全面落实年初工作会议和各专业会议部署的同时，根据新的形势变化和政策要求，不断完善经营策略和改进各项工作，努力把第一季度经营发展的好势头巩固住、发展好。当前经营发展中要重点把握好以下几个问题：

（一）关于信贷总量的把握与信贷风险控制问题。第一季度全行完成全年预定信贷投放计划的122%。在当前“扩内需、保增长、保民生、保稳定”的大背景下，这体现了特殊时期的特殊要求，也体现了我行作为大银行在贯彻适度宽松货币政策中的应有作用。第一季度我行人民币贷款增量约占全国金融机构贷款增量4.58万亿元的14%，与我们的贷款余额占比基本一致，顺应了整个大势的要求。从四大行情况看，第一季度我行贷款增量最多，但增幅位居第三。我行的贷款增幅略高于余额占比，略低于四行平均增幅，即略高于建行，低于农行、中行。基本结论是，我行今年第一季度贷款增长是快的，创造了单季最高的增长记录，同时又是与全国金融运行形势基本吻合的，走向是一致的。

对于今年后9个月贷款总量如何掌握，是目前全行上下普遍关心的问题。为此，总行党委上周专门召开了一次会议，听取了有关部门的汇报，在认真分析当前宏观经济形势、综合考虑各方面因素的基础上，决定对2009年全行信贷增长计划进行适度调整，确定2009年人民币贷款新增计划按1万亿元掌握，其中上半年新增7 800亿—8 000亿元；在品种结构上，公司贷款增加6 500亿元，个人贷款增加1 000亿元，票据融资设定上下限比例，掌握在新增贷款的25%—35%。应当说，这一计划既是积极的，也是稳妥的。说它积极，总行认为这样一个计划是与当前扩内需、保增长的宏观经济形势相适应的。从最近国家有关部门发布的第一季度宏观经济运行情况看，我国经济虽然出现了一些企稳回暖的迹象，但经济发展依然面临很大困难。由此可以判断，现阶段适度宽松的货币政策仍需继续执行。全行保持这样一个幅度的信贷增长，可以较好地满足经济发展对我行信贷资金的需求，也可以保持我行信贷业务合理的市场占比。说它稳妥，总行认为这个计划是留有伸缩空间和回旋余地的。按照第一季度全部金融机构信贷增长趋势预测，2009年全国信贷增长总量很可能会超过8万亿元，按照我行贷款余额市场占比14%测算，我行需要新增11 000亿元以上，因此，我们安排1万亿元是留有余地的，同时安排25%—35%的票据贴现也可以使我们信贷资产保持足够的流动性，以便未来根据政策和市场的变化灵活调节信贷总量。同时，这一信贷增量也考虑了全行风险管理的实际状况。总行将根据各地信贷市场状况，结合全行今后三年信贷结构调整规划，尽快把调整后的全年信贷计划分解下去。

1万亿元是一个积极的、创造历史的计划，但是这个计划可能与分行的想法、地方政府的要求还有差距。目前全行已审批未提款的贷款总额6 885亿元，已调查、评估、出具贷款承诺等贷款储备18 600亿元，这

样算下来与需求差距很大。在这种情况下，分行要适度把握好贷款投放进度，严格执行总行重新分解下达的信贷计划和经济资本配置计划。第一季度各行或多或少都有超指标的情况，这是特殊情况使然，总行基本采取认账的态度。但为了使1万亿元计划不失控，各行要严格执行调整后的计划，对超调整后计划放贷的行，总行将严格按照3倍来计算经济资本的占用。按调整后的计划，到6月末全行还有2 465亿元的可用贷款额度，按照调整后的贷款计划，从现在到6月末将有12个分行贷款余额需要保持基本稳定，也就是不能再增加了。怎么办？向盘活存量、收回再贷、信托项目要规模。对此，希望各行正确理解，我们不是控规模、压贷款，而是大幅增加了贷款规模，而且在所有的金融机构中是增加最多的。我行是在积极落实适度宽松的货币政策中，切实防范信贷投放风险。这个风险，包括行业风险、信用风险、产业政策风险，包括贷款前提条件能否落实的风险，包括政府对项目审批手续是否完备的风险，包括地方政府过度负债、过度融资造成的风险，以及项目资本金不落实的风险。

当前，在风险的把握上要认清几个问题：一是一些基础设施项目，发改委、国土部门、环保部门手续是否齐全，那只是我们发放贷款的必要条件，而不是充分条件。这些部门的手续齐全了，只能使我们发放项目贷款面临的政策风险减少了，而信用风险还需要我们自己来把握。也就是说，我们发放项目贷款必须具备立项批文、用地手续、环评批文等条件，但不能反过来说，只要具备了上述条件，我们就必须贷款，必须参与。如果是这种指导思想的话，别说是1万亿元，就是3万亿元也不够。所以说，还是要坚持优中选优。二是要警惕出现通货膨胀和新的结构失衡风险。这么大的信贷投放，对日后的通货膨胀、结构调整是什么影响，会不会到信贷紧缩的时候又形成许多半拉子工程？会不会使一些长线更长？会不会因新的产能过剩，造成产品积压、企业还款能力下降？三是要注意贷款作业风险，避免忙中出错，乱中出错。一年审批这么多贷款，前台的力量、中台的力量、后台的力量能否满足要求？贷款审批手续、贷款前提条件落实、贷款档案归档、抵押担保手续，是否都办理得十分完备？等等。要知道，现在发放的贷款是一定要接受检查的，一定要经受历史检验的。最近银监会已经对商业银行提出了8个方面的风险提示，已经决定对银行去年第三季度以来的新增贷款进行跟踪检查。对第一季度存贷款大起大落的问题，银监会也高度关注，我行监事会对管理层也发出了风险提示。大家一定不能让基层行搞“季末冲高”等一些毫无意义的事情。

（二）关于成立小企业金融服务专营机构问题。党中央、国务院十分关心小企业的融资难问题。监管部门也要求大型商业银行一定要设立专门负责小企业金融服务的职能部门及专营机构。为了做好这项工作，总行对小企业金融服务专营机构的设置问题进行了研究，并向银监会领导作了汇报。总行将成立小企业金融部（一级部），与信贷管理部合署办公；同时要求一级分行也设立这样的机构，并在二级分行设立小企业金融服务中心，在二级分行以下选择一部分支行挂小企业金融服务机构的牌子。总行办公室已按照统一标识的要求对牌子进行了统一设计。根据银监会要求，要在4月底以前完成对外挂牌工作。全部挂牌后我行将有超过600家的小企业专营机构。大家回去后，要按照总行要求立即落实好这项工作，银监会将在5月份对这项工作进行专项调研。

（三）关于操作风险和声誉风险的防控问题。最近银监会通报了今年以来银行业金融机构发生的数起典型重大案件和事故，近来社会上的金融案件和银行自身内部案件又有抬头趋势。我行上海分行最近也发生一起客户资金被社会不法分子从账户转出的案件。我们一定要保持高度警惕，严防犯罪分子针对银行的诈骗行为得逞。各行要高度重视当前案发的新趋势、新特点，进一步完善案件防控体系，夯实管理基础，消除案件隐患。要按照银监会要求和总行部署，认真组织对银行结算账户开立和电子银行注册管理、大额资金进出情况、银行承兑汇票签发等重要业务进行检查，针对存在问题和风险隐患，及时制定整改措施，严肃查处违规违章行为，并要把此项检查作为一项日常工作，建立滚动式常态化检查机制，不断增强全行员工遵章守纪、合规操作的自觉性，严密防范犯罪分子的诈骗行为。要加快业务运行管理体制改革，从根本上防范案件事故的发生。

在当前国内经营运行困难比较多，社会矛盾比较集中的情况下，我们要把各项工作做到位，包括舆论掌握问题。要严格落实宣传纪律，有问题总分行间要及时联系、及时沟通，把问题处理在萌芽状态，处理在第一时间，有效减少对我行的负面影响。

（四）关于勤俭节约问题。最近中央接连印发了几个关于缩减行政开支、严格控制公费出国和厉行节约的重要文件。对于我们这样一个特大型企业来说，厉行节约的潜力非常巨大。今年总行制定了一个从紧的费用计划，适当压缩了行政管理费用支出，明确全行会议费、差旅费和出国团组费支出较上年压缩5%。从第一季度执行的情况看，全行境内机构列支营业费用同比下降3.36%，效果还不错，但仍有较大节支的潜力。今年总行将一些专业会议合并召开，既有利于形成工作合力，又降低了会议成本，效果很好。各级行、各部门都要积极改进会议方式，尽量减少不必要的会议，尽量开视频会、开短会，节约成本，转变作风。

在中国工商银行运营改革动员会上的讲话[①]

杨凯生
（2009 年 4 月 29 日）

刚才，易行长就这次总行推出的运行管理模式改革的背景、改革内容作了全面介绍，对下一步的工作作了安排，提出了明确的要求，我都赞成。全行要认真贯彻落实。下面，我就为什么要推进运营改革，如何实施运营改革，如何保证运营改革顺利完成，讲几点意见。

一、为什么要推进运营改革

总行此次启动的运营改革，主要包括三方面内容：一是将我们现在分散在柜面、网点但可以实现集中处理的业务，统一集中到后台去处理，形成“网点全面受理、后台集中处理”的业务运营格局，推动网点功能转型，实现网点由业务操作型向服务营销型的转型。这就是我们所说的业务集中处理体系改革。二是我们要把现在营业经理在网点进行现场授权的这种方式改成远程授权，集中控制业务授权风险，提高授权质量，均衡不同分区、不同网点之间的授权业务量，提高授权效率。这就是所说的授权体制改革。三是改革传统的规范导向型、业务复核式的事后监督体系，实行风险导向和流程导向的监督，利用基于数据分析的监督模型突出对高风险环节和高风险点的监督。这就是所说的事后监督体系改革。因此，归纳起来，此次运营改革可以说是三个转型。一是业务处理模式的转型，二是授权组织模式的转型，三是监督模式的转型。为什么现在要突出地提出这些问题呢？我想主要有两大理由，一是有必要，二是有可能。没有必要的事情我们不去做，有必要但现在做不了的事情也不可能去做。现在总行认为启动运营改革既有必要也有条件。

为什么说有必要？比如业务处理，现在我们大量的对公非现金业务、个人的非实时需要的业务都在网点柜面进行实时处理。我们这种分散的业务处理模式已延续几十年了。客户经常抱怨我们的网点排队现象严重，之所以形成这种局面原因是多方面的，但这种传统的业务处理模式不能不说是其中的一个重要原因。随着我行业务量的持续高速增长，这种落后的业务处理模式占用了网点大量资源，使得我们一线柜员的劳动强度不断加大，影响了我们的服务质量和服务效率，制约了网点营销功能的进一步发挥，所以必须要改。推进业务集中处理体系改革实际上就是要把大量的对公非现金业务和个人非必须实时完成的业务由网点受理后，交到后台中心去集中处理。又比如业务处理的授权模式，为了加强业务处理过程中的内部控制，我们前些年建立了营业经理制度。有一些业务不允许柜员一个人完成全部业务处理流程，必须要经过营业经理的授权才行。这种方式起到了很好的加强内部控制，防范操作风险的作用。这几年来，工商银行之所以内部案件数量能够得到有效控制，应该说我们的营业经理制度发挥了重要的作用。但是现在发现，这个制度再坚持下去遇到了不少问题。不同的网点之间、不同的营业经理之间的工作量相差太大，有的一天授权七八笔，有的一天授权一百四五十笔。按照现在的授权模式，不要说八笔，即使有一笔，我们也得设专人负责授权才行。否则，我们就得放松内控管理，这显然不合理。因此，必须改革目前分散、单一的现场授权模式，实行远程授权。既坚持加强内控管理不放松，又能够有效均衡各个网点之间甚至各行之间不同的授权量；既保证授权质量，又能提高授权效率，节约一定的人力。再比如事后监督，虽然我们的监督体系这些年来在规范业务操作，提高核算质量，强化过程控制，提高风险管理水平等方面发挥了重要作用，但我们多年来的业务复核式的监督方法没有办法把主要的精力、注意力放在主要的风险点上，这种传统的事后监督模式，看上去覆盖的业务面很广，但一些关键的风险很难及时准确地发现。也就是说，这种传统的监督方式占用了大量的人力、物力，但是效果并不十分理想。总之，我们经过研究发现，无论是业务处理的方式也好，授权的方式也好，还是事后监督的方式也好，有必要进行改革，而且，已经到了非改不可的时候。

为什么说现在进行有关改革是有可能的呢？首先，这些年来工商银行的业务流程进行了必要的优化，为运

① 根据录音整理。

营改革创造了较好的条件，打下了一定的基础。其次，我们有一支强大的IT队伍，有一个相对并且还在不断完善的IT系统，为实施运营改革创造了技术条件。比如我们要搞凭证要素的影像分割，在业务处理过程中，利用影像技术将一张凭证上的不同要素分配给不同的人员进行处理，再由系统将各要素自动组合起来，进入后续流程。如果技术没有发展到今天，我们就没有这个能力。通过实施流程创新，运用影像分割技术，有些业务处理环节的授权也许就不需要了，也不再需要事后监督了。我们可以看出这不是一个简单的业务处理方式的改变，而是整个运营理念的变化，这样做可以大幅度提高业务处理的效率和质量，可以解决困扰我们的风险控制问题。最后，经过这两三年的试点，我们已经摸索、积累了一些经验。实际上运营模式的改革不是从今天才提出来的。在此之前两三年中，总行就已经开始着手研究运营改革，总行运管部和有关分行在一起进行了反复的沟通、交流，组织一些分行进行了前期的试点。在此基础上形成了一个方案。在这个方案初步形成以后，董事长、我和易行长还有其他行领导及总行运管部又先后下到分行调研，听意见、听建议，反复地修改、调整、完善了有关的改革方案。这也为我们全面推动运营改革打下了很好的基础。

现在，总行下决心在业务发展非常繁忙、业务经营压力很大的情况下，坚决地实施运营改革，主要原因很简单，第一有必要，第二有可能。今天这个会可以说是工商银行实施运营模式改革的一个启动仪式，是全行集中推进运营改革的一次动员会。

二、如何实施运营改革

运营改革中的业务集中处理体系改革、远程授权改革和监督体系改革既相互影响又各成体系。如果集中处理的业务量越大，覆盖面越大，就越可以有效地减少我们的授权量，越减少事后监督的工作量，这说明三项改革是互相交织在一起的，是一个整体。但同时它们又有各自特定的改革内容。所以，在运营改革过程中要注意“明确目标，协调推进”。总行的改革方案已明确了各项改革内容完成的时间表。总体上，我们要求远程授权改革和监督体系改革推进得更快一些，完成得更早一点。业务集中处理体系改革相对更繁杂一些，我们的时间表就拉得更长一些。

（一）要相互协调，综合推进三项改革。改革方案、时间表下达以后，总行的各部门、各分行都要严格按照这个时间表去认真组织、落实改革任务，以保证整个改革方案的顺利实施。当然运营改革既是一个目标，也是个不断完善的过程。比如现在有些业务的集中层次是在二级分行，有些业务的集中层次到了省分行，也许两三年以后，有些集中到二级分行的业务又要集中到省分行去了，甚至有些业务还会集中到总行来。总之，改革方案会不断地完善，改革步伐会不断地推进。但大体上如果要确定一个阶段性的改革目标的话，那就是用两三年的时间，全面完成目前确定的三项改革的任务。

（二）改革必须有利于提高而不是降低我们的风险管理水平。如果处理不好，改革推进过程中还真的可能引发风险。比如说，实施远程授权改革后，对于大型网点，我们实行网点内的远程授权；对于中小型网点，我们实行跨网点的远程授权。实行远程授权后，小型网点将不再配备营业经理。虽然营业经理这个岗位不再有了，多出了一位同志，这个同志可以去搞营销，也可以充实到柜面，这当然是一件很好的事，但网点的现场管理、风险管控的工作一时一刻也不能放松。如果我们忽略了机构、网点的现场管理，内控被弱化了，有些业务的真实性就难以保证。因此，小型网点实行远程授权后，必须要有网点负责人负责现场管理，对业务真实性负责。又比如，实行远程授权必须保证业务处理的连续性，否则会直接影响业务发展和服务质量。这对我们的系统管理能力提出了更高的要求，对我们的应急能力提出了更高的要求。本来是涉及1个网点的事，现在授权集中了，集中负责若干个网点的授权，如果系统出了问题，就不是一个网点的问题了。如果我们处理不好，这种现象是可能发生的。因此，运营改革必须要同步提高我们的系统管理能力，确保系统运行的连续性和稳定性，保证业务处理的质量和效率。再比如，运营改革可能涉及部分员工岗位的调整，有些员工会去从事他本来不太熟悉的业务。如果我们的培训不到位，这些员工对新从事的业务没有足够的了解和认识，就有可能在工作过程中出现新的操作风险。

现行的运营模式影响我们对客户服务水平的改进，影响我们监督效果的提高，影响我们人力资源配置的合理性，所以才要求我们推进运营改革。但改革如果出问题了，那就反而会影响服务水平，降低监督效能。这就和我们的改革初衷相悖了。所以，在改革过程中一定要切实做到不降低内控管理水平。

（三）改革不能降低我们的服务水平。以客户为中心是我们推进运营改革应该遵循的主要原则之一。运营改革后，对于一些新的业务处理流程，客户、社会公众需要有一个了解和熟悉的过程，有一个我们对客户不断引导、不断教育的过程，在这个过程中，要特别注意不能影响我们的服务水准。比如，一些业务集中处理后，有些客户希望实时处理的业务，我们放到后台去了，而且改成了非实时的，这里就有一个我们是不是集中了不该集中处理的业务的问题。又比如，我们实行远程授权后，如果因为没有营业经理了，就把部分网点的有些业务功能取消了，有些产品在这个网点本来是可以做的，但现在不让做了，这恐怕也不是我们改革的初衷。一项新业务的推出，有些分行做，有些分行不做，有些机构做，有些机构不做，这没什么太大的问题。但是如果有一项业务大家原先都能做的，现在我们把部分网点这项业务取消了，客户来了，我们把客户支到500米以外甚至1公里以外去，这就有问题了。改革不能影响我们在客户心目中的形象，这是我们在改革过程中需要特别关注的问题。

三、举全行之力，确保运营改革成功

运营改革是涉及系统开发、制度建设、机构组建、流程再造、业务布局和人力资源优化等多方面的综合性、基础性改革，必须举全行之力，才能确保成功。总行各有关部门、各行主要负责同志都要支持和参与这项改革，加强统筹协调和组织推动。总行已决定成立由我任组长、易会满副行长任副组长，运行管理、个人金融、银行卡、国际业务、电子银行、信贷管理、内控合规、信息科技、办公室、财务会计、人力资源、教育等部门总经理为成员的改革领导小组，统一协调运营改革工作。各行要把这次运营改革作为“一把手工程”，成立由“一把手”亲自挂帅的改革领导小组，相关业务部门主要负责人都要积极参与。各行改革领导小组要报总行备案。

在这里，需要特别指出的是，在改革过程中网点的日常管理和业务处理的经常性检查工作绝对不能削弱。内控部门要立即制定新的有关制度，进一步明确哪一些工作应由分支行承担，哪一些工作应由专业条线负责，哪一些检查应由内控合规部门执行，明确职责，落实责任，切实保证网点风险管理水平不降低。

运营改革既是一个目标，更是一个过程，改革目标描述清晰之后，更重要的是在过程中不断使其更合理、更科学。一个方案要一下子考虑得万无一失，考虑得非常周全也很难。总行出台的这个方案虽然是经过慎重研究的，但在全行推行和落实过程中，一定还会出现一些不可预知的问题。改革的过程就是在实践中不断完善方案的过程。各行要在改革中不断总结，不断发现问题和寻找不足，不断完善改革措施，各行有新的建议、新的想法，可以随时向总行提出来。各行在认真贯彻落实总行改革精神的前提下，也可以结合本行经营管理特点，大胆探索和创新具体的改革措施和方法步骤。

要在改革中继续加快业务流程的创新。比如，在推进远程授权改革的过程中，要加快优化前台交易，不断扩大业务的集中处理范围，简化柜员操作，降低授权量占比，同时还要改革内部账户管理模式，引导客户充分介入交易过程。这些流程优化和创新需要个人金融业务部、银行卡业务部、电子银行部和运行管理部密切配合。

这里我想着重讲一讲在运营改革过程中的人力资源优化配置问题。运营改革涉及人员很多，全行要把运营改革中的人力资源优化工作作为一项突出任务来抓。

我们现在的事后监督人员、营业经理、总会计、运行督导员等加在一起可能有5万人左右。实际上运营改革还不止涉及这5万人。比如，我们要搞业务集中处理中心，可能有一些目前在网点、在柜面的人员要调到业务处理中心去工作。这项改革真正涉及的人员要超过5万人，占我们全行员工队伍相当大的比例。所以，运营改革可以说既是一次业务流程的改革，更是一次人力资源管理的改革。它既是一项业务组织模式改革的过程，同时也是一大批员工工作岗位调整的过程，也是对一大批员工进行再培训、再教育、再提高的过程。在这次改革过程中，我们要认认真真、细细致致地做好员工的工作。

一要做好改革后新机构、新岗位的设置工作。总行已制定下发机构、岗位设置的指导意见。各分行要根据这个指导意见并结合本行实际情况，确定运营改革后的机构设置模式。业务集中处理和业务监督采取省行集中模式的，新机构原则上要设在人力资源比较丰富、管理基础较好、辐射能力较强的地区，以更好发挥人力资源成本优势。同时，要结合不同的机构设置模式，本着风险可控、职责明晰、精简高效的原则，科学合理地定岗、定编。新监督体系设置了质检岗、监测岗、督查岗、风险评估岗、监理岗等岗位，总行将统一明确这些新岗位的岗位类别、序列归属和任职条件，但考虑到各行人力资源提升项目实施的实际情况，对各类人员的岗位等级总行不作统一要求。各行要因地制宜，在平衡各专业部门间关系的基础上，综合运用岗位评估工具来确定不同岗位的等级。

二要妥善做好有关员工的转岗工作。各分行、各部门要紧密配合，统筹考虑岗位需求和转岗人员意愿，按照“人人都有岗”的原则，根据工作需要，把这次改革涉及的员工安排到适合他们从事的岗位上去，为转岗人员提供多通道的职业发展平台，争取做到各得其所、各展其能。转岗员工的岗位安排，要充分考虑运营改革的实际需要，优先满足改革后监督工作、远程授权工作、业务集中处理工作以及二级分行运行管理部门的岗位需求，还要根据网点日常检查职责的调整，进一步强化支行及网点的内控管理力量，还要鼓励、引导员工向前台和营销岗位流动，从而更好地实现人员结构调整、人力资源优化配置的目标。各行要充分发挥主观能动性，只要是有利于改革的稳步推进，有利于人员的平稳转岗，方式可以灵活、手段可以多样。在坚持公开、公平、公正以及择优原则的前提下，可以采取多种转岗方式，如组织安排、岗位竞聘等，多措并举，合理规划工作流程、精简甄选环节、简化操作方法，使得人员转岗工作能够尽快落实到位。

在人员转岗过程中，全行要充分重视中台、后台业务工作的重要性。尤其是对业务运营骨干人员，我们要给予格外的关注和重视。总会计、营业经理、运行督导员这些同志业务比较全面，他们对整个业务流程，对各种业务的熟悉程度是一般员工难以企及的。我们在确定这些同志的岗位时要给予足够的关注和重视。特别是二级行层面，有许多工作要涉及具体的人，要非常认真、细致地做好此项工作。

三要正确认识人力资源优化配置的效果。这里我专门强调一下，运营改革对人力资源优化配置的作用。前阶段我们在酝酿运营改革的过程中，包括在向分行的同志宣传这项改革的意义的时候，我们都突出强调了运营改革将会有效优化全行的人力资源的配置。我们不认为五六万人从事运营工作和我们全行40万人的比例是合适的，我们认为在保证业务处理质量、提高业务处理效率、改进业务监督水平、丝毫不放松风险管理的前提下是可以有一批人从运营岗位转移出来充实到业务一线的。这是我们这次改革的目的之一。但是怎么样才算达到这样的目的，我们要有一个正确的认识。首先，通过改革，最终我们可以清清楚楚地看到5万人中有多少人出来到别的岗位去工作了，他不在监督岗位了，不在授权岗位了，到营销一线了，到柜面去了。大家比较容易理解，这是人力资源优化配置的一个成果。与此同时，如果通过运营改革能够有效地降低一线人员的工作负荷，提高网点的工作质量、工作效率和服务水准，这也是运营改革对人力资源优化配置的重要贡献。比如，实行远程授权后，原来网点专门搞授权的营业经理岗就不再设了，原来担任营业经理的同志成了网点的负责人之一，他主要精力花的地方不一样了，他原来的精力，如果说50%是授权，50%是现场管理，现在他可以用更多的甚至100%的精力负责现场管理了，应该说现场管理会比原来做得更好了，也许网点其他的负责人就会有更多精力去搞营销了，去搞其他方面的工作了，网点的竞争能力就可能因此提高了，这也是运营改革的成果。又比如，业务集中处理体系改革使得我们的一线柜员可以在同样的单位时间内处理更多的业务或是降低了劳动强度，这也是运营改革的贡献。再比如，通过运营改革，如果能在大幅度提高监督效率的基础上，扎扎实实提高我们的内控水平，提高我们监督的质量，这也是人力资源优化配置的一个重要成果。

总之，我们要正确、全面、辩证地看待运营改革对全行人力资源优化配置所起的作用。首先运营改革应该会释放出一批劳动力，这是很直接的、很清晰的一个成效。同时会大幅提高我们的运营效率、服务水平和内控水平，这也是不可忽视的一个成效。

四要扎实做好转岗员工的培训工作。对于转岗的员工，要提前制定培训计划，根据其自身特点和岗位职责，以岗定训、按需施教，采取集中授课、网络培训、技术比赛、岗位练兵等多种方式进行综合性和岗位性培训，帮助员工及时调整心态，掌握岗位技能，熟悉工作流程，真正做好“人岗匹配”工作。特别是通过监督体系改革释放出来的人员，相当部分的同志已经长期脱离业务一线，这部分同志转岗可能会遇到一定的困难。但是他们的年龄也才30多岁、40多岁，这些同志还是工商银行一支宝贵的力量。他们已经在工商银行工作多年，积累了不少的经验，对工商银行也有深厚的感情，我们要为他们的转岗创造条件。只要他们愿意学习，我们就要为他们提供这样的机会。全行运管部门、人力资源部门、教育部门要密切配合，努力做好这批人员上岗前的培训工作，进一步提高人岗匹配的水平。要通过培训让转岗员工看到希望，看清楚自己能适应什么岗位，能做好什么工作。

五要积极稳妥地做好转岗员工薪酬待遇转换工作。对于这批员工来说，转岗后的薪酬待遇是一个关注的焦点。各行要根据“以岗定薪、以能定资、岗变薪变”的基本原则，相应调整员工转岗后的工资等级与档次。这是新的人力资源管理机制的一项基本要求。在具体操作过程中，对于部分享受支行或网点副职待遇的营业经理、总会计、运行督导员等人员，考虑到这些同志有多年丰富的工作经验，能够在工作中发挥不小的作用，各行要尽可能安排他们到相应等级的岗位去工作。对于其他转岗人员，如果转岗后的岗位级别较低，可以采取保留补贴的方式，在一年内保持其原岗位工资水平不变。这样做一是为了保持员工队伍的思想稳定，保证改革能够顺利实施；二是为给这些同志一个过渡期，在一年中，他们通过学习，通过表现出进一步的才能或岗位适应能力，也可以把他们放到更合适的岗位上去。这样做对保证运营改革顺利进行是必要的，也是我们对部分员工在转岗过程中遇到的困难所表示的理解和关心。

六要以人为本，平稳过渡。总行将印发运营改革宣传提纲，各行要加大对本机构、本部门改革涉及人员的宣传力度，统一思想认识，积极宣传引导。在转岗过程中，各行领导要注意加强与员工的思想沟通，尊重员工的职业发展意愿，尽可能为其提供合适的职业发展机会。人力资源部门要引导员工正确理解人员优化配置工作的指导思想、基本原则和主要内容，积极帮助员工调整心态，转变观念，顺应形势，适应岗位变化，支持全行改革。人员到岗后，各行相关部门要指定业务骨干，采取“一帮一”等多种方式，帮助转岗人员尽快适应新的岗位。要注意跟踪了解员工转岗后的情况动态，及时化解可能出现的矛盾和问题，努力营造和谐共进、相互理解、共同发展的多赢局面。

总的来说，运营改革是全行一项基础性的变革，涉及面非常广，内容非常复杂。运营改革既关系到对公业务，也关系到个人业务；既关系到前台，也关系到中后台；既关系到业务部门，也关系到IT部门。全行要深刻认识运营改革工作的重要性，它绝对不亚于1997年全行实施的会计“三统一、四集中”的改革，其复杂程度也不亚于1999年的“数据大集中”。这项改革对工商银行未来发展具有深远的战略意义。我们过几年后回头来看，一定会进一步认识到这项改革的重要性。历史的经验告诉我们，凡是全行性、涉及面很广的工作，领导必须重视，不重视推行起来就不会顺利，不重视推行起来效果就不好。希望各分行领导能够高度重视运营改革工作，把运营改革的内容吃透，到底要改什么东西，把总行的改革方案吃透，到底要求怎么改，然后把本行具体化的工作想周到、想细致，在实施过程中把各项具体工作组织好、执行好，确保改革圆满完成。

在中国工商银行总行本部非管理类职务聘任工作动员大会上的讲话①

杨凯生

（2009 年 9 月 25 日）

今天这次会议是经总行党委研究决定召开的。因为参加今天会议的同志比较多，现场坐不下，还同时开了几个视频分会场。看来大家对今天这个会议的内容都很重视。这给我一个重要的启示，就是事关改革发展的大事，事关员工切身利益的大事，都应该充分地向员工介绍改革的内容、目的、要求和方法。只有这样，我们的改革才能顺利推进，我们的事业才能顺利发展。我受董事长委托讲四点意见：

一、什么是非管理类职务，为什么要开展非管理类职务的聘任

非管理类职务是个比较新的概念，许多同志可能还不太了解。大家应该还记得 2007 年全行开展的人力资源管理提升项目，这个项目的重要内容就是搭建起了 4 大类 20 个序列 25 个等级的岗位职级体系。4 大类分别是管理类、专业类、销售类、运行类。每一类又分为若干序列，一共 20 个序列。每个序列纵向 25 个等级，每个等级又分 5 个档次，算起来一共有 2 500 个节点。全行 40 余万员工，每个人最后都落在某一个节点上。这就是人力资源管理提升项目中建立起来的岗位职级体系。在这个体系中，我们把行长、部门老总、处长等称做管理类职务，把专业类、销售类和运行类三类统称为非管理类职务。管理类和非管理类都落实在各个序列、各个层级上。在 2007 年人力资源管理提升项目中，总行 2 000 多人分别确定了岗位，明确了岗位等级、工资等级和档次。这项改革取得了重要成果。但仅到这一步，人力资源管理提升项目的计划和任务还没有全部完成。比如说非管理类员工职务如何晋升，管理类与非管理类职务之间如何进行转换、改任，如何通过这些办法来进一步拓宽员工职业发展通道，还是需要我们继续解决好的问题。为了解决好这个问题，经过总行党委研究，决定近期要在总行本部开展非管理类职务的聘任工作。前期，系统内的非管理类职务的聘任方案总行都已经批复下去了，大多数分行、直属机构已经或正在进行这项工作。现在是总行开始这项工作的时候了。这是进一步深化我行人事制度改革的重要举措。

为什么股改上市以来，我们一直坚定不移地推动和完善人力资源提升项目，包括岗位职级体系的建设，这是建设国际一流商业银行、建设国际一流金融企业的需要。

首先，我们建设国际一流的现代商业银行，需要有一流的人才队伍。我们讲人才兴行，就要完善和落实吸引人才、留住人才的措施，为各类人才的发展创造良好的条件。工行的事业要不断向前发展，工行的市场竞争能力要不断地提高，工行的服务水准要不断地改进。除了管理型人才以外，我们还应该有大批创新型的专业人才，大批开拓型的营销人才，大批知识型的运行人才，需要这样一支多元化的人才队伍。不同类型、不同特点的员工，他们的职业发展诉求不同，衡量他们价值贡献的标准和方式也不同。长期以来，我们实行的是一套传统的行政职务管理体系。我们比较熟悉对管理型人才的选拔、评价与管理，但一直比较忽视对专业类人才、销售类人才、运行类人才的识别、评价和管理。对他们的能力、素质、业绩应该怎么评价，对他们应该用一种什么样的管理机制？过去，我们是比照管理类人员进行管理的。实际上这种方式不利于这类人才的成长和发展。这次全面建立包括管理类、专业类、销售类、运行类在内的新的职务体系，是总行党委坚持以人为本，加强人

① 根据录音整理。

才队伍建设，实施人才兴行战略的又一重要举措。相信通过采取这些措施，有利于吸引、留住和持续培养各个专业、各个序列关键性人才，有利于让不同类型、不同特点的员工更好地选择适合自己的职业发展路径，发挥自身的专业特长，更好地与工商银行同发展、共命运。

2008年总行曾组织过一次全行员工思想动态抽样调查。调查结果显示，员工最关心的问题就是职业发展问题。让我们没有想到的是，员工对自己职业发展的期盼与我们传统的想法并不一样。比如说，在抽样调查结果中显示，有44.3%的人倾向于今后在专业类方向发展，而不是管理类，这比选择希望在管理类方向发展的高了5个百分点。这个结果给予我们很大的启发，就是传统的人力资源管理体系、办法已经不适应我行事业发展的需要，也不切合广大员工的心理期盼。过去单一的行政职务晋升的员工发展方式，无法满足员工多样化的职业发展需要。在新的岗位职级体系中，之所以要包括4大类20个序列25个等级，每个等级又包含5个档次，就是要形成一个纵向可进退、横向可转任的矩阵式职业发展体系。员工可以选择适合自己的职业发展通道，拓展自己的职业生涯。而且，随着时间的推移和工作实践的演变，岗位还可以动态调整，这样就可以形成一个充满生机和活力的人力资源管理机制。在这个过程中，不仅有利于员工本人，也有利于管理者、有利于组织上给予员工更好的更有针对性的培训，更好、更合理地管理员工。通过这种机制的建立，通过职务、岗位、工资等级及档次构成职务激励、薪酬激励、精神激励多维度的激励体系，对于员工在不同职业发展阶段，不同的价值贡献都可以得到及时肯定，都可以受到相应激励。激励的多元化、经常化，能够增强员工的职业归属感和职业满足感，激发员工工作的积极性和主动性，促进工商银行事业的发展。

在传统的行政职务管理体系下，受长期官本位思想的影响，大家比较关注的是谁的职务高，谁的权力大，容易形成“不重能力重权力、不重业务重职务”的错误价值取向。这种价值取向如果固化下来，蔓延开来，官僚习气、机关作风、衙门作风就会滋生，办事难、沟通难、协调难就改不了。我们银行是企业，企业是要追求利润的。这种行政职务管理体系、官本位的思想，必然会严重地扭曲企业经营发展的方向。以岗位职级为基础，构建公司化、企业化的人力资源管理体系，目的就是要破除官本位，引导大家关注价值贡献，关注自身能力的提升、职业的发展和绩效的贡献。以价值贡献论英雄。这个价值贡献，既包括直接贡献，也包括间接贡献，既包括有形价值，也包括无形价值。这种价值观念的树立，将会有力推动工商银行事业向前发展。

其次，总行现在抓紧推开非管理类职务聘任工作，也是总行改进管理工作的现实需要。为什么这么说呢？2002年以来，总行本部实行了处级干部竞聘上岗制度，通过这种办法拓宽了选人、用人的视野，使一大批优秀年轻干部走上了处级管理岗位，明显地改善了总行处级干部队伍的结构。目前总行本部处级干部中，70后的已占68.8%。他们在各部门都发挥着骨干的作用，为全行的经营管理作出了重要贡献。在此基础上我们尽快引入非管理类职务的聘任工作，是完全必要的。因为随着总行年轻员工的不断增多，如果还是把管理类职务作为员工晋升的唯一通道，千军万马挤独木桥的问题就会越来越凸显。截至8月底，总行本部2 200名员工当中，担任管理类职务的占32%，非管理类员工占68%，这个比例值得研究。就拿处级干部来说，按照现有处级干部竞聘条件，就按学历、工作年限等硬条件来说，符合今年副处长竞聘条件的达到400多人，是副处长空缺职数的2倍到3倍。当然并不是说符合必要条件了就一定具备了担任这个职务的充分条件。就是说，符合这个条件的可以参加竞聘，不是一定应该担任副处长。但毕竟这么多人，岗位显得很有限了。这样的好处是形成了竞争，可以激励大家好好工作，但也制约了大家的发展空间。在这些符合资格条件的400多人中，硕士学历员工的平均工作年限达到7年，本科学历的平均工作年限达到9年，大家的平均年龄就是30多岁。设想一下，所有正副处长岗位都配满，如果不新增处室，现在进来的员工在可望的未来行政职务晋升空间是很小的，而且会越来越小，这一点是毋庸讳言的。这对于吸引人才和留住人才显然是不利的，这是我们必须认真对待的问题。我们能不能增加一些处室，增加正副处长的职数来增加处级干部岗位呢？我们可以看看目前干部的管理幅度。如果不包括总行直属的几个经营运行中心，总行本部干部平均管理幅度是1.8，也就是平均一个管理类人员管不到2个人，有的部门还甚至低于这个数。有的部室一个副总只能管一个处。当然这与一个大行总部的工作性质有关。管理40万人，管理类岗位多一点，管理类人才集中一点也是正常的。但我们也看到国际上大银行这个层级的管理者管理幅度一般是5—10人。这说明不合理因素显然是存在的，说明总行现有的管理人员结构需要进一步调整和优化，也说明我们现在不应该，也不可能通过大幅增加管理类职数的方法来解决员工晋升通道不畅的问题。在管理类职务有限、通道比较拥挤的情况下，迫切需要建立一套完善的、有利于员工发展的、有利于工商银行事业不断前进的新的员工职业发展通道，让各类员工，具有各种特长的员工，甚至具有不同性格、秉性的员工都能够各尽其才、各得其所。

总行本部作为全行的决策中心、指挥中心，工作的政策性和专业性很强，经常需要进行前瞻性、战略性研究，制定全行性的重大政策，解决系统性的疑难问题，策划具有竞争力的个性化服务方案。这对总行本部员工的专业能力提出了比较高的要求。总行需要积聚一大批知识型、专家型的人才，支持业务的发展和经营水平的提升。因此，建立非管理类职务序列，打通非管理类职务的晋升通道，建立科学合理非管理类职务晋升机制，引导员工走专业化发展的道路是非常紧迫的任务。

二、如何正确认识非管理类职务体系

由于我们在非管理类职务方面还不具备太多的经验，非管理类职务体系也可能还不够完善，另一方面，许多同志长期受传统观念的影响，对这套职务职级体系的认识可能还存在这样那样的偏差。非管理类职务作为公司化、企业化的岗位职级体系的重要组成部分，它的真正内涵到底是什么？我想有这么几个问题，需要大家正确地认识和把握。

第一，非管理类职务是培养专业化人才的重要渠道，聘任非管理类职务不是为了解决一些人的职级待遇。可能有的同志误以为，非管理类职务就是给个职级待遇，安排一些同志，甚至把高级经理、资深经理和副处级、正处级，专家、高级专家、资深专家和正副总经理、分行行长都对应起来。如果这样认识的话，是有害的，是不利于新的岗位职级体系顺利组建的。非管理类职务是和管理类职务并行的职务管理体系，是一条独立的员工发展通道。这条通道的建立，是为了鼓励、吸引一部分员工走知识型、专家型的职业发展道路。

我们一定要淡化行政色彩、行政观念，要彻底摒弃官本位意识，按照专业化队伍的要求去规划、去设计非管理类职务序列。非管理类每个职务都会有明确的岗位职责、明确的任职要求、明确的考核方式和严格的退出机制。管理类职务要能进能出，非管理类职务也要能进能出，都要有标准，都要有考核，都要有激励，方向都是一样的。不可能、也不应该只有待遇，没有责任。同时，经过研究摸索以后，今后也可以对非管理类一定层级的员工赋予一定的业务授权。比如专家岗位，像高级专家、资深专家，他的主要职责就是在重大项目、课题攻关、政策制度的制订，特别是业务审批中发挥重要的作用。实际上，总行现在的信贷审查委员会中的专职信贷审批委员，就属于信贷类的专家。世界各国商业银行发放贷款采用的审批的办法是不尽相同的，有的银行是采用集体审批制度，有的是充分授权制。我们采用的是集体审批，好处是防止个人说了算，但一定意义上责任不够明确。今后可以考虑有些项目、有部分工作是不是可以由目前的集体审议转到个人专家审查。总之，非管理类职务的同志不仅有相应待遇，也应有责任，这是我们建立非管理类职务体系的目标之一。

在考核和选拔上，要根据非管理类职务的特点，突出对专业知识水平和业务工作能力的考核，并综合考虑绩效情况和工作表现，树立正确的用人导向。绝对不能把非管理类职务变成安置不适应管理类职务同志的一种出路。前期，人力资源部在对本次聘任工作实施方案征求意见中，有的部门建议将不太适应管理类岗位的一些同志直接套改到资深经理或专家职务。对于这些不适应管理类岗位的同志，我们要更多帮助，要严格要求，要考核，要给压力，但是简单套改为非管理类的做法是行不通的。如果这样，非管理类的体系就不会具有吸引力，就不会形成吸引、留住优秀专业人才的机制，非管理类职务的通道就会越走越窄，变得越来越不值钱。要注意一定不能产生错误的用人导向。下一步，对于不胜任岗位的管理人员，还是应该坚持该下就下，该退就退，不能为回避矛盾，拿非管理类职务作平衡。

今后，各种非管理类职务都要按序列、按职务层级建立任职资格制度，各序列各层级职务的任职资格都要明确规定下来，包括专业知识水平、工作年限、专业能力等。需要注意的是，这些硬条件出来之后，一些同志会觉得符合条件就该担任职务，不给职务就觉得委屈，这是一种误解。这些硬条件是必要条件，比如说高级经理要求硕士 5 年，博士 3 年等，但不是说到了这个年限就一定可以担任高级经理，而是说必须具备这个条件才有可能竞聘高级经理。要把必要条件和充分条件区分开来。任职资格是必要条件，但并不是充分条件，还有个人条件问题、工作需要问题，也有职数限制问题。我们还应按照初、中、高建立专业资格考试体系，今后的非管理类员工晋升职务，原则上都要先经过必要的专业资格考试。这一点人力资源工作和员工教育培训工作要很好地结合起来。

第二，管理类职务和非管理类职务是并行的两类职务，不存在孰高孰低、孰优孰劣的问题。受较长时期官本位思想的影响，有的员工可能还是愿意走管理类职务这条通道。我们不反对有管理特长的、在管理上有发展潜能的员工，走管理类职务的晋升通道。工商银行作为大行，也需要有各个层次的管理干部。对符合条件的同志，有这方面志向的同志，同时也具备这方面潜能的同志走这条路，我们是赞成的，欢迎的。但前边我也讲了，大家都去挤这个通道不现实，不应该，也不合理。有些同志确实具备走专业类、走非管理类发展道路的特长。对这样的同志，就需要给他们提供一条新的发展道路。要让大家看到，只要有所作为，只要作出了业绩，只要取得了大家的认可，一样可以获得对自身价值的肯定和体现。在整个岗位职级体系的设计上，我们是试图努力地想打破官本位体系的，我们现在的岗位职级体系，副处长的岗位等级是可以高于处长的，处长岗位等级是可能高于副总的。在管理类岗位等级的设计中，我们已经努力打破单纯的以行政职务等级的高低来确定岗位等级的高低。在非管理类职务体系中，我们更有理由去这么做，或者说更有条件去这样做。所以说，这次对非管理类等级设计是从 1 级一直设计到 23 级。比如，资深专家最高等级是 23 级，高于部门总经理 22 级的最高等级。

管理类职务与非管理类职务的差异主要在岗位职

责、任职资格要求和考核方式上，但两类职务都是员工畅通的职业发展途径，其区别不在于谁高谁低谁好谁坏，只是岗位职务和晋升的方式有区别。管理类职务的晋升是以岗位变动为基础的，副处到正处，正处到副总，副总到总经理，职务变动是管理类职务晋升的方式。从较低等级的副处到较高等级的副处也是一种晋升的方式。而非管理类职务的晋升是以岗位和能力为基础，工资等级不仅可以突破所在部门管理人员的等级，而且在晋升方式上也更加灵活、多样，激励措施更加丰富。例如，从高级经理晋升为资深经理，实现了职务晋升。如果没达到资深经理的最低等级，工资等级也随之提高。如果原来在高级经理的岗位上，其工资等级已经超过资深经理的最低等级的话，晋升之后工资等级是否变动要看部门的意见，看人力资源部考核的结果，也取决于总行工资包的总额。员工的工资总量增长是受制约的，最直接的是受利润增长的制约，利润增长1%，工资增长0.6%。

此外，需要强调的是，管理类和非管理类职务是连通的，是可以转任、改任、交流的，也不是一次定终身。当然这要遵循一定的规则，是要根据干部选拔任用的规定来操作的。管理人员可以改任非管理类职务，担任非管理类职务的人员也可以改任管理类职务。例如，高级经理有资格通过参加处级干部竞聘担任处长；处长可以通过一定的程序改任高级经理，或者说竞聘资深经理，等等。有的同志无形中会有种感觉，把这两种职务对应起来，比如高级经理对应于副处，就像现在有人说院士相当于副部。我们不应该把这两者简单对应起来。我们会有各自的任职资格的规定，有些职级间的任职资格可能是相同的，但这也并不是说两类职务是相互等同的。拿工资来说，高级经理工资等级是12—15级，副处长工资等级是11—15级。这之间有重叠部分，也有不重叠的部分；有对应的部分，也有不对应的部分。大家不能把他们简单地画等号，这也是对打破官本位的一个基本的要求。

三、非管理类职务聘任工作的要求

总行本部已经聘任过两位资深专家，在三个分行已聘任了三位高级专家，各级分行的非管理类聘任工作也于去年底开始启动。我们这次之所以要集中动员，是因为这是第一次在总行本部大规模开展非管理类职务聘任工作，同志们还不是很了解。未来这将成为一项常态的、经常性工作。这次的工作要把握好以下几个环节：

第一，要合理确定岗位和员工的序列归属。通过2007年提升项目，总行的每名员工都已经有了确定的岗位和岗位等级，但是岗位并未纳入相应序列，这次要把每个岗位和员工归属到某个序列中去。

序列是员工职业发展的通道，序列之间是并行向上的，员工随着能力和业绩的提升，可以在一个序列中由低到高不断晋升，也可以根据工作需要和个人特长从这个序列转换到另一个序列继续发展，从而实现纵向横向的自由发展。将岗位归入某个序列，员工随着所在岗位归属到相应序列，这是做好此次非管理类职务聘任的首要工作。在进行岗位序列归属时，要从岗位的客观实际出发，根据岗位的核心职责、任职资格要求、绩效产出、考核方式等因素来合理确定。每个岗位只能归入一个序列，一个人不可能归入两个序列，但是一个部门内部的岗位可以归属不同序列，同一个部门的员工可以归属不同序列。我们现在有管理、销售、专业和运行四大类岗位，有的同志对岗位类别的定义还不是很清楚，比如运行管理部，由于该部名称中正好带有“运行”二字，所以有的人认为运行管理部就是运行类，这种理解是不正确的。实际上，该部门正副总经理及正副处长都是管理类人员，当然这个部里边还有专业类和运行类人员，例如文员和业务员属于运行类，其他岗位都可以归入专业类。部门和岗位类别、序列的关系，员工和序列的关系，大家要理解到位。员工所属序列不应该也不可能和自己所在部门一一对应。

序列之间只有岗位专业特点的不同，没有好坏优劣之分。虽然不同岗位类别序列的职务等级上限不同，比如运行类职务等级上限比管理类、专业类低一点，但员工在不同序列间拥有一样的发展机会。柜员是全行运行类岗位的主体，在总行也有大量的运行类岗位，比如刚入行员工所在的文员岗位，比如有些部门（如托管部、单证中心等）的业务员、高级业务员、资深业务员岗位。对于运行类岗位的员工而言，不论在什么部门，只要随着工作年限的增加，业绩的不断提高，将来都有可能进入其他类别岗位，如专业类或管理类，都有可能到职务等级更高的序列发展。不同部门、不同序列的员工有同样的发展机会，每个战士都可能成为将军，关键是看你本人的素质和表现。这一点大家一定要深刻理解。各部门领导回去后一定要向员工解释清楚，避免引起员工不必要的思想负担。

各部门在进行岗位序列归属时，要考虑今后的日常管理和员工职业发展的因素。一般而言，一个部门内的岗位会相对集中地归入1—2个或2—3个序列，这几个序列可以叫这个部门的主序列。一个部门一般不应该只有一个序列，但同时也不应有太多序列，否则管理起来有难度。由于员工思想工作做得不够，也许还会有人认为管理类比较好，非管理类差一点，专业类和销售类比较好，运行类差一点。如果部门单纯依据个人偏好和员工本人要求进行序列归属，这实际上对员工的未来发展没有好处。因为如果运行类岗位员工根据其特长和任职条件归入运行类相应序列，他们的发展可能会比较快，因为他们具备这方面的条件，但如果勉强将他们归入不该归入的序列，加之未来有职数限制，其任职条件不如其他员工，他们的未来发展可能反而受到制约。各部门总经理要想明白，为员工办好事，要想到点子上，也就是说勉强将员工归入不合适的序列，对员工今后的发展是不利的。同时，大家也不要望文生义，例如运行管理部里的员工都是运行类，这肯定不对，运行类和运行管理不是一回事。这次岗位序列归属工作，特别是高级经理以下员工的岗位序列归属工作，主要的组织权、实施权在各部门，怎么做得更好、更合理、更科学、更平稳，更有利于今后的管理、更有利于员工的发展，是对各部门负责人人力资源管理能力的考验，这是一门学问。各部门要认真组织好序列归属工作。

第二，这次把非管理类职务聘任相当大的组织实施权力给到部门，实际上体现了“管事管人相统一”的原则，我们在坚持党管干部原则、坚持党委统一制定规则、坚持党委组织部把关的前提下，充分发挥各部门人力资源管理的主动性和积极性。各部门要按规定程序方式，对具备条件员工进行选拔，择优聘任。对于高级经理职务，人力资源部核定各部室职数，各部门提前公布岗位信息，组织员工报名，通过笔试、面试、答辩、专业成果评审等多种方式，全面评价员工专业知识水平和能力，结合日常表现，通过竞争的方式，把优秀人才选拔到高级经理职务上。选拔过程要坚持公开、公平、公正的原则，坚持公道正派，坚持任人唯贤，树立正确的用人导向。如果是提拔的高级经理，员工的工资将相应调增到高级经理职务最低等级之上。同时我们规定，一次调增不能超过2级。一些职务晋升较快的同志将受到这一条件的限制。2009—2010年工资包总额已经考虑了以下因素，一是此次非管理类职务聘任等级变化的因素，二是管理类转任非管理类职务等级调高的因素，三是管理类职务聘任等级调高因素。各部门要在既定的工资包内统筹考虑。

第三，要合理控制高级经理职数。这次非管理类职务聘任把高级经理以下和高级经理（含）以上两个层级分别考虑，其中高级经理以下层级没有设职数限制，主要是根据个人条件聘任，但是高级经理及以上层级需要控制职数。如果有400名同志符合竞聘副处长条件，这次不竞聘副处长了，而全部聘上高级经理，这是绝对不行的。这次高级经理职数大体确定为现在具备资格人员数的10%。也许大家觉得这个比例少了些，但应认识到，这是第一次开展非管理职务聘任工作，今后这将是一项常态性工作，非管理职数与管理职数要逐步有一个相应的比例。此外，非管理职务和管理职务聘任同步进行，实际上已经增加了选择和晋升的机会。关键的问题是我们自身条件要具备。机会是为做好准备的人提供的。自身条件不具备，再多机会也会擦身而过。这次非管理职务聘任工作使大家看到前景更为广阔了，通道更为宽敞了，也看到了更多的希望，因此大家不要过于计较别人为什么聘任上了高级经理，而自己没聘上。坦率地说，这不仅无用而且有害。周边的同志看到你如此不成熟的表现，对于你今后的发展也是不利的。

总而言之，此次非管理类职务聘任的重点工作是以下几方面：第一，明确高级经理以下职务岗位的序列归属；第二，选拔聘任高级经理职务；第三，部分管理类职务人员转任非管理类职务。关于管理类转任问题，现任正副总经理、正副处长都可能转任非管理类职务，例如资深专家、高级专家、专家、资深经理和高级经理等。部门总经理、一级分行行长可以转任资深专家，副总和副行长可以转任高级专家、专家，副总经理级干部可以转任专家，甚至可以转任资深经理，处长可以转任资深经理等，这些通道是打通的，但是他们之间不存在严格的对应关系。这一点我刚才已反复作了说明。目前担任管理职务的员工可以综合考虑自身特长和职业发展意愿向部门提出转任申请。人力资源部接受申请后，根据部门意见和员工的具体情况，报经党委统一研究，综合考虑哪些同志转任。目的是帮助员工进一步确定发展方向，将合适的人放到合适的岗位上。

考虑到高级经理职数只有10%，此次又是第一次开展非管理类职务聘任，因此，凡是从管理类改任非管理类职务的不占用10%的比例，以便于各部室操作。对于不同层级的非管理职务，任命程序不同，都要按照《岗位职级体系管理办法》规定的程序进行。

四、认真做好组织管理工作

此次非管理类职务聘任涉及总行本部1 500多名非管理类员工，还涉及管理类员工，影响面大，可以说是一件大事；非管理类职务和晋升机制的建立拓宽了员工职业发展空间，员工有了更加多的职业发展机会，更是一件好事。但如何做好这项工作，我们的经验不多，加之这次改革对传统观念也是一个冲击，所以这也是一件难事。前期，人力资源部门做了大量准备工作，做了大量的访谈，广泛征求了各部门的意见，也总结了分行工作推进中的经验和教训，制订了一个方案，为做好此次非管理类职务聘任工作奠定了基础。为把这件好事做好，我再提三点要求。

（一）各部门要切实负起责任。各部门是此次非管理类职务聘任工作的直接组织者、推动者，这是对各部门负责同志人力资源管理能力的考验。部门总经理是工商银行的高级管理人员，管理者的职责中有一条就是人力资源管理。各部门要按方案要求，按时完成各阶段工作。这次非管理类职务聘任工作和正副处长竞聘工作同时开展。各部门要统筹兼顾，考虑每个参加竞聘的同志是更适合管理岗还是非管理岗位，要从部门的长远建设出发，统筹安排好两项工作，充分发挥好两条职业发展通道的激励作用。

（二）人力资源部要切实负起组织、协调、推动的责任，加强相关政策的宣传解释工作，提高政策的透明度。今天面向全体员工开会，实际上就是要把工作做得更加透明一点。下一步，人力资源部还要进一步增强工作透明度，要重视员工对有关问题的反映和意见，并及时给予处理和反馈。要通过加强沟通，使员工进一步理解、信任和支持此次改革。要关注实施中出现的问题和情况，及时采取有效措施加以解决，妥善处理好改革、发展、稳定的关系。

（三）希望广大员工积极参与、热情支持这次改革。一方面全体员工要学习了解有关政策，准确理解非管理类职务聘任的目的和意义，掌握有关政策要求和工作内容；另一方面，要正确对待这次聘任工作。由于大家所处的部门不同，各部门的人员结构、岗位职责都不尽相同。即使在同一部门内也存在不同的具体情况，这些都是客观存在的，可能带给员工不同的职业发展机会，大家要正确认识这个问题。对于大家来说，重要的是提高自身素质，勤奋学习、努力工作，把各方面条件准备好，因为人的职业发展过程是一个不断准备和积累的过程。此次初次开展的非管理类职务聘任工作采取了比较严格的职数控制，因此不是每个符合条件的员工都能聘任上高级经理。大家要正确看待此次职务聘任工作，未来路还很长、机会还很多，这是一个常态性的工作。我想，如果有的同志愿意把职务晋升看做是一种价值体现的话，那么只要不断努力，不断作出贡献，大家都有机会实现自身的价值。当然，个人的价值并非完全从职务晋升上体现。

同志们，非管理类职务聘任工作是我行深化人事制度改革的一项重要举措，是工商银行实现战略目标，打造国际一流现代金融企业的需要。把这项工作做成、做好、做出实效，需要各部门和全体员工共同参与、支持和配合，希望大家会后根据党委的要求，按照人力资源部的具体方案，齐心协力把这件大事、好事、难事做好。

在中国工商银行项目融资、固定资产贷款产品培训视频会议上的讲话

杨凯生

（2009年10月22日）

今年7月，银监会参照一些国际银行的习惯性做法，同时结合我国的实际情况，就一些长期贷款的管理办法进行了创新，发布了《固定资产贷款管理暂行办法》（中国银行业监督管理委员会令2009年第2号）和《项目融资业务指引》（银监发［2009］71号），并要求各家银行在三个月过渡期后正式执行。为了落实银监会的要求，总行在前期深入调研、听取各分行意见的基础上，抓紧制定了《项目融资业务管理办法》、《固定资产贷款管理办法》和《公司客户贷款发放与支付流程》（以下简称两个《办法》、一个《流程》），并决定从10月27日起正式执行。

为了能够让大家对这两个《办法》和一个《流程》有进一步的了解，对有关工作要求能够进一步落实，今天总行集中举行一次关于《项目融资业务管理办法》、《固定资产贷款管理办法》和《公司客户贷款发放与支付流程》的培训会议。在培训开始之前，我先讲两个方面的意见，以期进一步引起大家对这项工作的重视，希望大家在会后能够认真研究，积极推进两个《办法》、一个《流程》的落实。

第一，要充分认识银监会固定资产贷款管理文件的意义，正确理解我行两个《办法》、一个《流程》的核心内容，并以此为契机，提高我行的信贷管理水平。

7月份，银监会发布了关于固定资产管理的相关办法，参考、借鉴、总结国内外银行业固定资产贷款风险管理的实践，以监管部门法规的形式，对以往和现行的贷款风险监管制度进行了系统化的调整与完善。关于发放贷款的真实用途，虽然以往在我们的贷款合同中也有明确的约定，但是银行缺乏有效手段进行监督、制约，也很难控制贷款资金的实际流向，这是我国银行信贷管理中长期以来存在的一个问题。银监会为防范银行贷款风险，从控制信贷投向的角度出发，经过一年调研，出台了关于固定资产管理的相关办法。我们要认识到该办法的出台是一种长期的、制度性的安排，不是阶段性的工作措施，是各银行必须落实的监管要求。

近年来，我行对项目贷款的管理主要是依据《中国工商银行固定资产贷款管理办法》（工银发［1999］79号），该办法制定于1999年。十年来，市场情况、客户情况、银行自身的信贷管理体制、机制和水平均发生了巨大的变化，原有项目贷款管理制度已难以适应业务管理的需要。此次总行以银监会出台新规为契机，对

原有的管理办法进行了修改和调整。为了使具有不同特点的业务管理要求更明确、更具体，总行将原有管理办法一分为二，形成了《项目融资业务管理办法》和《固定资产贷款管理办法》。这两个办法中有些是带有根本性的调整，例如对贷款的发放和支付规定了新的操作要求，要采取"实贷实付"的办法，要根据项目的实际进度和资金需求，采用贷款人受托支付或借款人自主支付的方式对贷款资金进行管理与控制，监督贷款资金按约定用途使用。其中，对于单笔金额超过项目总投资的5%或超过500万元人民币的贷款资金支付，采用贷款人受托支付的方式，也就是说，贷款资金进入贷款人账户后，银行受借款人委托代其支付，这是对我们多年来传统的贷款管理的变革。当然，对这项要求我们也有一定的工作基础，比如房地产开发贷款，这些年来我们也在摸索此类操作模式，这也说明该办法的操作在一定意义上是具备实践基础和可行性的。

银监会新办法中贷款发放支付管理要求的实施将有效地防范贷款被挪用的风险。我们贯彻银监会办法，核心也就是"实贷实付，受托支付"，我行此次发布的两个《办法》和一个《流程》就是对这八个字的具体阐述，目的就是有效地监督、控制贷款按照约定的用途来使用。同时，两个《办法》和一个《流程》强调了合同管理要遵循协议承诺的原则，对贷款风险管理的各项要求和理念要更为具体地在合同中予以明确，我行相应的制式文本都要有一定调整。

总的来说，我行两个《办法》和一个《流程》的出台，既是落实银监会要求的体现，也是进一步提高我行信贷管理水平，实施贷款精细化管理的需要。我们希望以落实银监会监管要求为契机，把我行信贷的精细化管理水平再提高一步。

去年第四季度以来，为应对国际金融危机，全行积极落实适度宽松的货币政策，加大了信贷的投放力度，应该说是出现了历史上从未有过的信贷投放增长额和增长幅度，这对推动我国经济的企稳回升发挥了重要的作用，但同时也面临着不可忽视的各种潜在风险。前一阶段总行组织力量派出20个检查组到各分行进行了信贷大检查，在国庆前现场检查工作已告一段落，总行管理层已经集中听取了20个检查组的汇报，下一步将向党委和董事会对检查情况作出正式的报告。总的来看，工商银行去年以来在这一轮大规模的信贷投放中，把握还是好的。但是，检查也发现项目贷款、城建贷款在管理上对已发放贷款的资金流向难以监控，我们自身的贷款操作也存在一些不够规范的问题。此次印发的两个《办法》和一个《流程》就是要规范有关操作，把银行、客户之间借贷项目贷款、固定资产贷款的具体行为准则明确下来。这也是我们大检查以后对发现的问题进行彻底整改的措施之一。希望这两个《办法》、一个《流程》的出台能够进一步规范客户贷款资金的使用，减少和杜绝贷款管理过程中出现的各种不规范行为。

第二，抓紧贯彻落实两个《办法》、一个《流程》，做好业务培训、组织实施和衔接工作。

各行会后要按照总行要求，抓紧两个《办法》、一个《流程》的组织实施和培训工作。今天，总行对各一级（直属）分行、二级分行进行培训，各一级分行的领导要高度重视这项工作，分管行领导要亲自推动相关规定的落实，紧紧围绕"执行"来做工作。

要组织推动、贯彻执行好两个《办法》、一个《流程》，最重要的前提是大家要了解办法、流程中有哪些新的要求、新的规定，新办法与以往我们工商银行固定资产贷款管理办法，与以往我们习惯性的流程和做法有哪些区别。我认为，核心就是进一步控制贷款资金的实际流向，"实贷实付、受托支付"。明确这个核心要求后，要研究这个核心要求在两个《办法》、一个《流程》中是如何体现的，有什么具体要求，要认真研究原有政策制度与新规定的差别，在这个基础上结合实际作出详尽的实施安排。

此次两个《办法》、一个《流程》和合同文本一起下发，有关贷款发放的支付、合同管理、风险控制措施都与我行现行的规定有一定区别。随着两个《办法》、一个《流程》的实施，内部流程的调整还可能伴随着人力资源的重新配备和一些员工岗位的调整、职责的重新界定。各行要及时组织各方力量，做好对公司业务、授信审批、信贷管理、会计核算等各个相关业务环节的培训，这样才能确保有关两个《办法》、一个《流程》月底推出后能得到准确的落实、贯彻。

还需要强调的是，贯彻"实贷实付"的原则，一定要做好有关配套衔接工作。按照办法的要求，在贷款人受托支付的情况下，银行是根据借款人的申请，把贷款资金发放到借款人的账户之后，支付给符合合同约定用途的支付对象。这种"实贷实付"的理念和我行现行贷款资金的发放和支付的做法是根本不同的，是对贷款资金管理的根本性变革，涉及对业务流程、岗位职责、业务品种等一系列的调整，在管理上会遇到各种各样的问题，客户会提出各种各样的要求。这里有许多具体的工作要做。流程、办法的制定、合同文本的修订等工作需要总行统一来做，具体到每个客户、每笔业务，更多的工作还需要各分行来落实。培训工作、组织实施和衔接工作都非常重要。对于当前已经签订合同，但未发生提款的存量项目贷款，尤其要做好新老制度实施的衔接。

对于衔接工作，明确几点原则：一是凡是今年10月27日以后审批的项目贷款和固定资产贷款都要按照新的合同文本签署、按照新的办法去操作管理、按照新的流程去办理业务。二是在10月27日以前已经签订的合同，且合同上已经约定了贷款发放和支付办法的，可按照原合同执行。银监会也同意此原则。三是10月27

日以前已经签订合同，已经部分提款的，可以按照原有的办法操作；对于10月27日以前已经签订合同，但未约定贷款发放和支付的具体方式方法、且没有发生提款的，分行可以稳妥地过渡到两个《办法》、一个《流程》的操作规范中。

分行在组织实施两个《办法》、一个《流程》的过程中，要特别注意做好客户的解释和宣传工作。这次出台的办法是强化了贷款支付的管理，对客户自主运用从银行获得的贷款资金客观上是增加了限制。尤其是对那些实行财务集中管理的大型客户、企业集团，会对其内部财务资源的掌握调动、资金运用管理模式带来很大变化和影响，甚至需要对企业自身的管理系统进行调整。要让企业接受银行的管理要求，在思想上完全达成共识，并形成协调配合的管理、操作习惯，在短时期内是存在难度的。基于这个情况，全行一定要统一公司业务人员的宣传口径，做好对客户的引导工作，加强与客户在不同层面上的沟通，讲清道理，讲清出台这个办法的监管背景。在实施"实贷实付"的初期，银行可能会面临存款规模下降，贷款利息收入减少，客户不理解不配合的情况，甚至可能出现客户资源的流失。面对这些问题，全行要立足于通过认真细致的工作来尽可能减少各种负面影响，同时要认识到，从长远看，有关管理要求与流程的确立，对中国银行业防范信贷风险、提高信贷管理水平是很有益处的，"实贷实付，受托支付"是监管部门对各银行类机构的统一要求，各行都应该共同遵守，各银行类机构的细则、办法可能会存在差异，但"实贷实付，受托支付"的要求和执行底线是统一的，除非有人不落实银监会的要求。

应当指出，银监会办法实施初期，不排除不同银行在执行初期布置工作的力度、办法出台的早晚、培训工作的落实可能会有一定差异，可能会带来各家银行在具体实施过程中进度不一致的问题。面对各种可能，我们首先要做好自己的事情，如果在某个地区出现了工行执行银监会要求，而其他银行不执行的情况，我们应该如实地向当地监管部门反映，并向总行汇报，总行也将统一向监管部门报告。

总之，此次下发的两个《办法》、一个《流程》，内容很多，管理要求也很详尽，对于以往的操作习惯调整幅度较大，可以说是一种带有根本性的变革。希望大家高度重视这项工作，此次培训结束后立即组织力量，认认真真把办法搞懂搞透，把岗位调整、职责界定、流程完善等具体工作的环节、步骤、要求、方案考虑得更为充分、更为完整。

在中国工商银行发展战略研讨会结束时的讲话①

杨凯生

（2009年12月17日）

这次全行发展战略研讨会历时两天半，今天上午就要结束了。这次会议是在中央经济工作会议刚刚结束后召开的，通过这次会议的传达贯彻，大家对党中央、国务院关于明年的经济发展战略和宏观政策取向有了更多的了解和更深刻的认识，这对于我们做好明年的工作，进一步实现可持续发展具有十分重要的意义。

总行党委对开好这次会议非常重视。在此前一个多月的时间里，姜建清书记主持召开了3次党委扩大会议，分析经济金融形势，学习消化中央经济工作会议精神，研究明年和今后一个时期的经营思路和工作措施。总行各部门、各分行这一阶段也都结合实际，对如何继续加快经营转型，加快产品和服务创新，加快信贷结构调整和盈利结构调整等一系列问题进行了认真的思考。可以说，这次会议的准备工作很充分。我们通常把这样的发展战略研讨会称为务虚会，我认为这次务虚会收到了不小的实效，集中反映了全行近一个时期以来认真学习实践科学发展观的体会和成果。

会议开始时，姜建清书记作了题为《以加快创新与改进服务为突破 大力提升竞争发展能力和可持续盈利能力》的主题报告，全面分析了当前我行面临的经营形势，明确了未来一个时期全行改革发展的总体思路和策略措施。总行一些部室负责同志和部分分行行长也作了很好的发言。由于时间关系，还有一些部门和分行没来得及发言，但也都提交了书面材料。另外，会议上我们还印发了各分行的服务工作经验交流材料和全行2009年度重点课题研究成果汇编。无论是从同志们的

① 根据录音整理。

讨论发言，还是从交流材料、重点课题报告来看，大家都能紧紧围绕提高工商银行的可持续发展能力等一系列重大战略问题进行认真深入的思考，提出了不少好的意见建议，进一步丰富和完善了总行的思路及措施。这次会议期间，我们还召开了全行服务“双百佳”表彰暨“2010服务价值年”活动启动大会，对去年以来在提高服务水平、改善服务质量方面取得突出成绩的先进集体和个人进行了表彰，对下一步继续以改进服务为突破口，进一步提升竞争能力和发展能力提出了新的要求，作出了新的部署。

总地来看，这次会议开得很成功，达到了认清形势、统一认识、坚定信心、明确任务的目的。希望大家回去后组织好学习贯彻，把全行员工的思想统一到党中央、国务院关于明年工作的方针和政策上来，统一到中央经济工作会议的精神上来，统一到总行党委的要求上来，统一到姜建清书记讲话中关于调结构、控风险、上水平；关于加快创新，促进盈利可持续增长；关于改进服务，增强竞争发展能力；关于加强风险管理，保障全行稳健发展的各项部署上来。要结合实际，谋划好本行、本部门当前及今后一个时期的工作重点和目标任务，提高执行效果，保证执行质量。

今年只剩下最后十多天时间了，年末岁初各项工作头绪很多，任务不轻。各分行、各部门既要统筹做好年前的各项工作，再使把劲，争取把今年的各项任务完成得更好些，更要全面考虑、抓紧安排明年的工作，做到早布置、早启动，确保来年方方面面有一个良好的开局。

听了大家在这次会议上的发言，特别是听了分行同志的发言，我有两个感觉：第一个感觉就是大家对来年、对下一步形势的分析和判断要比去年开发展战略研讨会的时候，比今年年初确定2009年经营目标的时候显得更为乐观。第二个感觉就是大家对未来一年，对下一步信贷投放的需求似乎还是很旺盛，希望能够继续增加投放的要求比较强烈。这两点反映了同志们对做好下一步工作的信心，也反映了同志们对继续支持国民经济平稳较快发展的一种责任感，或者说对加快工商银行自身发展，保持我们竞争能力、发展能力的一种急切心情，我想这都是应该肯定的。

另外，从总体上看，明年的经济形势好于今年，各种积极因素和有利条件增多，同时我们也应当清醒地认识到，明年我国经济发展面临的形势依然十分复杂，积极变化和不利影响同时显现，短期问题和长期问题相互交织，国内因素和国际因素相互影响。总之，经济发展中的不确定、不可预料的因素和“两难”问题增多，各方面对宏观经济政策走向相当敏感，统一认识和政策把握运用的难度增大，全行经营发展面临着一些较大的困难和严峻的挑战，我们必须充分估计困难，决不可盲目乐观。所以我想这次会议之后，同志们对于党中央、国务院的宏观经济政策的取向要有更全面的理解和认识，对于总行的工作思路，要有更准确的把握和更有力的执行，这样才能在下一步工作中保持主动。

关于明年的经营计划、业务发展指标以及各项工作措施，包括总行准备明年出台的一系列改革方案，将在明年年初分行行长会议上作进一步安排。这里，我仅就今年岁末年初的几项工作再强调几点要求。

（一）关于年底前后的信贷投放问题。今年以来，为了更好地落实适度宽松货币政策的要求，同时考虑到支持实体经济运行的合理需要，总行先后三次调整了全行的信贷投放计划。现在距年底还有十几天时间，一是要确保各项贷款严格按照总行下达的调整后的计划执行。总行最后一次调整信贷投放计划是11月24日，应该说三次信贷投放计划的调整已经充分考虑了各地实体经济运行的合理需要，考虑了各行发展的具体情况，因此年底必须要保证总行已下达信贷计划的严格执行。二是要坚决防止年末时点贷款余额的大幅起伏。全行要充分认识总行贷款计划的严肃性。对增量超出总行下达计划的分行，总行将继续执行流量管理，提高经济资本占用成本和资金使用成本的计收标准等措施来加以控制。各行从现在开始要按日监测贷款投放进度，加强与贷款客户尤其是用款大户的沟通联系，今年的贷款投放应该在12月25日前后基本到位，确保平稳均衡地实现全年信贷投放目标。之所以强调最后几天要平稳均衡进行信贷投放，除了稳健经营的需要，以及体现工行一贯以来的经营风格外，也要让有关部门、监管机构进一步看到工商银行贷款均衡投放的掌控能力，因为这关系到我行明年能不能在全社会的总信贷增长计划中拿到合理的份额，这很重要。按理说，一个商业银行的信贷投放应受资本充足率的约束、贷存比率的约束和风险防控水平的约束，但我们现在的全社会信贷投放总体上还是要有个总量控制，有关部门要进行必要的掌控、调剂甚至分配，在这个过程中，我们越是体现了良好的管理水平，就越能争取一个合理的份额。所以，希望大家一定要把握好年底前贷款的均衡投放。

关于明年人民币信贷投放计划，董事长在报告中提出了增长17%左右的目标，按此测算，明年全行人民币信贷余额增加约9 000亿元，这一信贷投放目标约占全部金融机构计划增量7.5万亿元的12%。我行今年新增人民币贷款将控制在10 500亿元左右。明年计划新增贷款约9 000亿元，比今年实际投放量减少了1 000多亿元。应该说，这个计划安排是稳妥的，同时也是积极的，符合国家宏观经济政策导向和我行业务持续发展的要求，也与我行第一信贷大行的地位相吻合，与我行的信贷风险掌控能力相适应。中央经济工作会议明确提出，明年要继续实施积极的财政政策和适度宽松的货币政策，保持宏观经济政策的连续性和稳定性，并根据新形势、新情况，着力提高政策的针对性和灵活性。同时，中央经济工作会议还强调，要特别注重经济增长质量和效益，注重推动经济发展方式转变和结构调整。因此，我们这样的信贷计划安排是符合中央政策要求的，与我行的信贷地位、业务持续发展的要求也是相适应的。

目前，我行贷款中在建续建的项目很多，我们要保证这些在建续建项目的早日竣工、早日投产、早日见效，因此在明年乃至后年都要有必要的投入，否则会形成极大的浪费。这不仅会对银行信贷资产质量带来影响，更会形成社会性的浪费。这也是我们要争取保持明年信贷合理增长的一个很重要的原因。当然这样的信贷增长也必须与我们的信贷风险掌控水平相适应。前一阶段，总行有关部门作了统计，我们明年保在建续建的信贷额大概要超过3 000多亿元，加之对必要的新开工项目的适度支持，特别是考虑到增加对中小企业融资服务以及增加对居民消费信贷支持的需要，我们认为明年全行贷款投放9 000亿元左右是一个必要的增长额度。所以，总行将尽力争取在7.5万亿元全社会信贷计划中获得合理的市场份额。

现在各分行的主要任务不是向总行要多少，争多大的盘子，而是要认真梳理区分明年的信贷需求，更自觉、更主动地进行信贷结构调整，切实做到“三严三要”：即严格审批新开工项目贷款；严格禁止对产能过剩和不符合环保要求的企业和项目给予信贷支持；严格控制各类授信向一些客户的过度集中。这是所谓的“三严”。“三要”，首先就是要积极发展风险可控的新贷户。目前，我行有将近400万户法人客户，其中有贷户只有6.4万左右，这个比例是不合理的，与工行现在11万亿元的总资产，与我们第一信贷大行的地位，与我们想进一步发展公司金融业务、中间业务等都极不相称。其次是要大力增加对中小企业的融资。这个和刚才所说的发展新贷户是相吻合的。这不仅仅是支持中小企业的需要，也是我们自身发展的需要。因为我们现在意识到，对大客户的融资，我们想保持较大的利差水平难度挺大，这恐怕也是国际上的一个普遍现象。大客户带给银行的是综合化的收益，即银行从大客户身上获取的收益主要来自于其他的综合性金融服务。而我们要在融资上实现更多盈利，中小客户是至关重要的。最后是要努力实施引领和跟随策略，在支持企业走出去、产能输出去的过程中，进一步开拓我行新的信贷市场。实际上，信贷结构调整这个题目很大，这个“三严三要”是当前要抓的重点。抓住了这“三严三要”，那么将来在经济金融运行从非常状态进入正常状态时，我们就会避免陷入被动的境地。

在应对金融危机的特殊形势下，西方银行和中国的银行有很大的区别。西方国家在应对这场金融危机冲击时，政府和中央银行也采取了一系列扩大流动性的做法，但商业银行并没有因此增加多少信贷能力，因为他们处于惊弓之鸟的状态，不敢放贷，所以当时有人说西方银行成为了“僵尸银行”，已经失去了活力。而我国在党中央、国务院这一轮出台的一揽子应对计划中，商业银行保持了强大的信贷投放能力，对全社会流动性的增加效果非常明显。那么这样的信贷大投放会不会带来潜在的风险呢？我这里有几个数字，比如到11月末，我国494种主要工业产品中，同比增长的有421种，其中粗钢的生产增长37.4%，水泥增长18%，纺织业增长11.2%，化学制品增长30.7%。实际上，这就是党中央、国务院高度关注的产能过剩的潜在风险，这也是我们这次发展战略研讨会所要着重解决的一个重要问题。所以，我希望在今年年底和明年年初的信贷投放中，在保持对支持经济平稳较快增长力度的同时，要充分认识到可能出现的问题，充分认识到我们现在主动积极调整信贷结构的必要性。

总行目前正在抓紧编制全行明年的综合经营计划和人民币贷款分地区计划。在计划正式下达之前，各行明年1月份人民币贷款增量按2009年总行下达年度计划数的12%左右掌握，未经允许不得突破。各行要认真落实总行信贷计划和信贷政策的相关要求，保持明年年初各项贷款的平稳有序投放。

这里，我还要讲讲岁末年初的存款问题。截至12月15日，全行新增人民币各项存款（含同业）1.99万亿元，余额达10.32万亿元，继续稳居全球客户存款最多的位置。尽管如此，我们对存款工作绝不能掉以轻心。尤其是在年底前这十几天时间内，一定要巩固并不断扩大我们的存款优势。无论是企业存款、机构存款、同业存款还是储蓄存款，都要有针对性地做好稳存工作，防止出现存款搬家的情况。以往的经验证明，年底有可能出现存款搬家。严禁任何人为地压基数撵存款或抬指标虚增存款的做法，确保年末时点前后不出现存款的不正常波动。

我还要专门讲一下外汇存款的问题，希望引起各分行和相关部门的高度重视。到目前为止，全行外汇存款下降20多亿美元，而外汇贷款增加105亿美元，一进一出相差将近130亿美元。我们的外汇贷存比已超过96%，外汇资金形势十分严峻。最近，总行已调整了系统内外汇资金内部价格，但还没有达到前年最紧张时期的水平，下一步还要视外汇资金情况再作调整。LIBOR加40点、50点，乃至100点的贷款不能再放了。现在，如果外汇资金这个问题解决不好，不要说我们跟随企业走出去、产能输出去的战略不能实施，实际上连支付都会有风险。因此，全行都要重视抓外汇存款，海外行也要想办法增加自己在当地筹措资金的能力，想方设法归还总行的外汇借款，增加总行外汇资金的回旋余地。另外，总行也在想办法争取人民银行的支持，解决好与中央银行的货币互存问题，并积极与外资银行开展货币互存，多渠道解决当前外汇资金十分短缺的问题。

（二）关于年终决算工作。总行已经就今年的年终决算工作下发了通知，前不久还专门召开决算工作会议，对做好今年的决算工作进行了安排部署。财务会计部、运行管理部、信息科技部等有关部门都作了很多准备，全力以赴确保年终决算工作顺利完成。

总地来看，自2003年接受国际审计以来，特别是股改上市以来，我行的财务管理和会计核算水平有了显著的提高。但在今年总行组织的财务管理的现场检查中，还是发现了一些不尽规范的问题，各行要高度重视，抓住进行年终决算的契机，就有关问题进行整改。要坚持依法合规经营，规范财务管理，不断提高财务核算质量，年终决算要确保真实、准确、全面地反映经营成果，经得起国际审计的检验。要注意加强应税事务管理，严格依法照章纳税，确保税务成本准确核算。当前我国新的税务制度政策纷纷出台，提高应税事务管理水平是全行一项紧迫任务。比如，对小企业不良贷款核销的问题，对涉农贷款处置的税务抵扣问题，以及我行科技设备进口退税问题，等等，对这些涉税问题要准确反映，不断提高涉税管理能力。要严肃财经纪律，严格按照总行财务授权规定控制相关财务支出，不允许年末突击花钱。这里我再重申一下。中纪委已把查处“小金库”问题列为明年工作的重要任务。我行自股改上市以来，“小金库”问题已经得到根本治理。但如果发现哪个部门、哪个单位还存在“小金库”问题，将严惩不贷。

温家宝总理在中央经济工作会议的讲话中指出，2009年是极其困难的一年，是形势极其严峻的一年。对工商银行来说，今年也是比较困难的一年，但全行各项经营计划完成情况较好，实现年初确定的10%净利润增长目标已经没有什么悬念。但各分行利润增长情况不平衡。初步预测了一下，到年底，有5个分行不能实现总行年初确定的净利润增长目标，也有一些分行不能实现拨备前利润增长目标。最后剩十几天时间，我希望，无论是完成利润情况好的分行，还是距离既定目标还有差距的分行，都要继续抓好增收节支，自觉努力地为全行多作贡献。

各行在做好年终决算的同时，要抓好明年预算计划的编制工作。总行已经下发了通知，进行了布置。预算计划编制的总体要求是“积极进取、科学合理”，就是在保持资产质量稳定，保持拨备覆盖率较高水平的情况下，实现利润的合理增长。总行总体预算计划要在各单位预算计划的基础上进行编制，因此，各单位要按照有关要求，抓紧着手编制明年的预算，尽早向总行上报。

（三）关于安全维稳工作。岁末年初是各类案件事故、突发事件的易发期、多发期，各行、各部门一定要紧绷安全生产和案件事故防范这根弦，狠抓各项规章制度的落实，加强监督检查，严格落实责任，切实防范重大安全事故和各类差错、案件的发生。要加强对重点领域、重点部位和关键环节风险隐患的排查，堵塞漏洞，消除隐患。数据中心和各分行都要针对“两节”期间可能出现的业务高峰，做好运行监控和应对准备工作，重点加强主机系统、网上银行等关键业务系统的运行维护，确保安全生产。“两节”期间，主机系统日交易量可能会突破1.3亿笔，这在中国甚至全世界的银行中都是少有的交易量，对全行系统运行的稳定性、安全性是个考验，我们的责任很大。要加强对一线人员的安全教育，增强安全防范意识。电子银行渠道和各营业网点都要针对当前外部诈骗案件增多的情况，认真分析案发的新特点、新趋势，完善业务流程和应对机制，改进防范措施和手段，认真落实总行“五个务必”的要求，尤其要加强账户开立环节的风险管理，严格按照规定办理账户的开立、变更和撤销；坚持网银U盾业务按规定注册、开户，规范网上银行资料审核、信息录入、证书传递等环节的管理，办理个人网银U盾，必须坚持“本人办、面对面、不间隔、交本人”；坚持银票业务真实贸易背景原则，防范个别企业滚动签发承兑汇票进行贴现套利，等等。希望各行要认真抓好落实，不打折扣，使犯罪分子没有可乘之机。

要全力以赴地做好维护稳定工作。主动加强与地方政府和有关部门的沟通，在政策允许的前提下，积极帮助自谋职业人员解决失业证、再就业优惠证核发工作等具体困难，积极通过多种渠道帮助协调人员再就业。按照有关部门的统一精神，对于回行里工作、办理内退、代缴三险一金等不合理诉求决不能突破政策底线。对个别的缠访、闹访骨干分子的思想行为动向要做到心中有数，及时掌握，向当地党委政府和有关部门报告，发现问题及时向总行报告，尤其是在节日期间和北京有重大活动期间，要努力把伺机闹事的个别骨干分子控制在当地，把问题处理在当地，确保首都的安全稳定。要特别注意网络信息和媒体舆情分析，加大监测力度，努力完善应对预案和应急机制，并且通过大力宣传我行改革发展的新进展、新成效，做好正面舆论引导工作，树立工商银行的良好社会形象，努力为全行营造和谐稳定的发展环境。

元旦、春节前后，各级领导干部要积极深入基层行处和营业网点，开展走访慰问、送温暖活动，要切实帮助困难员工解决一些实际问题，特别是要注意关心有困难的老党员、离退休老干部和老职工，切实保障他们的基本生活，让全行广大干部员工过上欢乐祥和的节日。

同志们，从目前全行经营指标执行情况来看，实现全年目标任务的大局已定。在今年这样非常不寻常的经营环境下，取得这样的成绩非常不容易。明年全行保持盈利的持续增长虽然还面临不少困难和矛盾，但也有很多有利条件和积极因素，尤其是在经历今年这个最困难、最复杂的一年后，我们的管理水平、队伍素质等方方面面都有了一个新的提升，我们有信心、也有实力迎接新的挑战，把握新的机遇，实现新的突破，促进全行盈利能力和竞争发展能力再上一个新台阶。希望各行、各部门会后立即抓好这次会议精神的学习传达和贯彻落实工作，按照总行党委确定的目标，真抓实干，不断开创工商银行健康发展的崭新局面。

在中国工商银行总行本部非管理类职务聘任工作动员大会上的总结讲话[①]

赵　林

（2009 年 9 月 25 日）

刚才杨行长对这次总行本部非管理类职务聘任工作进行了动员，对为什么要开展这次非管理类职务聘任工作，怎么样做好这项工作，作了非常透彻的阐述，而且对下一步工作也提出了明确的要求。杨行长的讲话非常重要。下面，我就学习贯彻杨行长的讲话精神，切实做好这次聘任工作，再讲三点意见。

第一，要认真组织学习杨行长的讲话，切实提高思想认识，充分领会非管理类职务聘任工作的重要性和必要性，准确掌握政策要求。会后，人力资源部要尽快将杨行长的讲话发到各部门。各部门要组织全体员工认真地学习，特别要做好对出差在外、因故不能参加今天会议员工会议内容精神的传达，保证每个员工都了解这项工作。

关于提高认识，刚才杨行长讲得很多，我这里再简单说三点。第一点要充分认识到这次非管理类职务聘任是一个制度安排，通过制度安排来拓宽员工职业发展通道，完善岗位职级管理体系，为员工发展创造更好的条件。过去我们主要是管理类这样一个通道，不论是管理上搞得好的，还是专业上搞得好的，都朝一个通道上挤。这使员工的发展受到了一定的限制，使得人才的培养也受到了一定的影响。通过这次非管理类职务聘任工作，较好地解决了这样一个问题，而且这是一个常态化的制度安排，不是就这么一次，今后要长期坚持下去的，这点一定要跟大家说清楚。第二点是它也体现了人尽其才、各尽所能的人才发展机理。过去就这么一条通道，不论是我们管理上有才能的员工，还是我们专业上有才能的员工，都朝这样一个通道上去涌，这就可能使得我们一些很有专业才能的人得不到很好的发展。大家在工作中都有这样一种体会，由于人的知识、经验和个性特征差异，每个人的能力是不太一样的。有的人适合于搞管理工作，有的人适合于搞专业工作，有些人由于个性方面原因，本来是适合于专业性工作，专业上本来是有很好的造诣的，但是把他放在管理岗位上，开始可能感觉不到，时间长了可能感觉到焦头烂额，不但管理工作搞不好，专业也丢掉了。通过设计这样一个通道，既解决了适合管理的，又解决了适合于专业型人才的发展通道，当然刚才杨行长也讲到了它们是相通的，是可以互相转换的。你适合于做什么，就应该更好地发挥你的专长。第三点要正确对待。刚才杨行长在讲话中反复强调，不论是管理类还是非管理类职务，都是有资格、有条件、有标准的，而且也是有职数限制的。应该说，这一次总行开展非管理类职务聘任工作，为我们员工的发展创造了一个很好的条件。但同时，每一个员工都要正确对待自己，认识自我。我们过去也搞过这样一些聘任，无论是工行还是其他单位，有些同志没有聘上，但其能够正确对待自己，看到自己的不足，通过自身的努力后，可能下一次发展进步更大。有些人由于对自我的认识不足，老是怨天尤人，看这个不是，看那个不是，就是没有看到自身的问题，这样消沉下去，一蹶不振，对自己的发展是非常不利的，对事业发展也是非常不利的，所以在这次聘任中也要正确地对待，要有点压力，也要有危机感，当然也要有期望。一个人没有期望就没有信心，那也是不行的。

第二，要切实做好组织工作，抓好工作的落实。刚才杨行长对人力资源部、对各个部门都提出了要求，我想特别强调的是，因为这项工作是以部门为单位开展的，各部门“一把手”要切实负起责任，按照工作的统一部署，从大局出发，积极平稳、有序地推进这项工作。要把这样一件好事办好，很重要的一点就是要坚持公开、公平、公正，各个部门特别要注意这一点，确保

① 根据录音整理。

按时保质完成这次的聘任工作。

第三，要统筹兼顾，要处理好与业务工作的关系。马上进入第四季度了，过两天国庆节还有个长假，今年也就剩两个多月的时间了，工作也到了关键时期。所以，我们既要做好这次非管理类职务的聘任工作，同时也要把我们当前的各项工作继续抓好，不放松，做到两不误，两促进，全面完成好今年的各项任务。

再过几天，我们就迎来新中国六十华诞和中秋佳节，在这里我也代表总行党委向全行的员工表示节日的问候，祝大家节日愉快，阖家幸福。

以科学发展观统领全局　推动信用卡业务实现规模、质量、效益协调发展

——在中国工商银行2009年银行卡业务工作会议上的讲话

张福荣

（2008年12月26日）

这次会议的主要任务是，认真贯彻总行发展战略研讨会精神，全面总结股改三年来全行信用卡工作情况，深入分析当前面临的机遇和挑战，明确今后一个时期业务发展的指导思想和工作重点，进一步动员全行践行科学发展观，全力推进信用卡业务规模、质量、效益协调发展。下面，我讲几点意见。

一、三年规划圆满完成，实现了信用卡业务的新跨越

2006—2008年，在股改上市的新起点上，全行信用卡专业在总行党委的正确领导下，积极应对激烈的市场竞争和复杂的经营环境变化，以“举全行之力推动信用卡业务的大发展，实现发卡量、消费额和收益的更快增长，牢固确立中国第一信用卡银行的市场地位和品牌形象”为目标，开拓进取，顽强拼搏，超额完成了三年发展规划确定的各项战略目标，开创了信用卡业务发展的新局面。

（一）三年的主要发展成效。

1. 业务规模快速增长。截至2008年12月末，信用卡发卡量3 905万张，完成全年计划的156.7%，较年初增加1 567万张，增长了67%，是2005年末的5.24倍，发卡量增长速度之快，无论是在我行信用卡发展历史上还是银行同业都是不多见的；客户数突破2 692万户，较年初增加1 069万户，增长65.87%；全年信用卡累计消费交易额达到2 551亿元，完成全年计划的127.55%，较上年增加933亿元，增长了57.6 %，是2005年的3.68倍；截至年末，信用卡透支余额172亿元，完成全年计划的150%，较年初增加90亿元，增长了108%，是2005年的5.03倍。

2. 质量类指标令人满意。截至2008年12月末，中高端客户渗透率达到13.8%，较年初增长了2.8个百分点。180天以上不良透支率为1.99%，控制在年初设定的弹性区间内，低于监管部门设定的控制标准，资产质量保持同业较好水平。

3. 效益类指标不断优化。2008年实现总收入60.7亿元，完成全年计划的110.36%，是2007年全年水平的1.4倍，是2005年全年的1.96倍。实现中间业务收入35.8亿元，完成全年计划的92.82%，是2005年全年的3.15倍，中间业务收入在总收入中的比重达到59%。

4. 市场领先地位稳固确立。面对2005年末信用卡发卡量同业排名不理想的状况，全行及时调整经营策略，加大竞争发展力度，2006年一举扭转了被动局面，在同业中率先实现了发卡量、消费额“超双千”，奠定了行业领先的市场地位。截至2008年11月末，我行发卡量在工、农、中、建、交和招行中同业占比31.6%，较年初提高3.1个百分点，较第二名高出9.3个百分点，绝对量领先第2名1 115.4万张。消费交易额六行同业占比29.1%，较第2名高出6.7个百分点，绝对额领先第2名521.9亿元。在六行中，我行是唯一一家发卡量突破3 000万张大关、年消费额超过2 500亿元的银行，两项核心业务指标保持了绝对的市场领先优势。

5. 品牌形象进一步提升。三年来，通过转变经营理念，完善管理体制，加快产品创新，改进客户服务，使牡丹信用卡逐步形成并彰显出功能强大、使用便捷、安全保障和价格优惠四大突出优势，丰富和扩展了品牌内涵，提升了品牌知名度、美誉度和影响力，初步确立了行业标杆形象。在与国际信用卡组织和评级机构接触过程中，我们深刻感到他们对中国工商银行牡丹信用卡的认知较高，并且给予了很高评价，这是牡丹信用卡竞

争实力和发展能力的体现。

（二）三年发展的主要策略措施。过去三年，全行在经营中不断总结、不断反思，提出了信用卡业务应对市场、应对竞争的措施，并且取得了明显的成效。

1. 完善客户发展策略。树立个人、公司、机构客户“三位一体、整体推进”的发展理念，加强与行内相关部门的联动，实施组合营销，通过工商银行整体优势的发挥，壮大信用卡客户群体，扩大业务发展规模。信用卡专业在与行内各部门的联动方面发挥着示范性作用，虽然在某些环节不尽顺畅，但总体看来效果良好。目前，项目营销、集团发卡、集团收单已成为信用卡业务持续快速发展的重要抓手。

2. 完善市场拓展策略。全行确立了竞争高端、进入中端、培植低端的市场策略，重点加强了消费市场和收单市场的拓展。总分行整体联动，部门协作，着力扩大特惠商户群体，围绕消费旺季，开展主题营销活动；着力推进积分兑换平台和财务制度建设，完善积分兑换和奖励办法，促进消费额的提升；着力拓展新的用卡领域，加强特约商户网络建设，优化用卡环境，提高营销和议价能力，积极抢占收单市场。

3. 完善产品创新策略。坚持以市场为导向、以客户为中心，研究不同客户群体的消费行为习惯，加快技术创新和产品研发，初步形成了覆盖各层面客户的产品线。如形成了以交通卡、公务卡、公司卡为主打的功能卡系列；以猪福卡、运动卡、慈善卡和美食卡为代表的，针对特定客户群体、特定服务需求、特定消费领域、特定增值服务、特定文化内涵的主题卡系列；以中油卡、中粮卡、南航卡、艺龙卡和联想卡为代表的联名卡系列。

4. 完善风险管理策略。在市场开拓和风险防范之间寻求最佳平衡点，不断改进风险管理，优化申请表要素设计，实施“宽进、低额、多用、升级”业务流程，对客户进行动态管理。“宽进、低额”主要是降低门槛、打开通道，扩大客户资源；“多用、升级”主要是主动筛选客户，加快客户梯度升级转化，加快培育优质客户。实践证明，“宽进、低额、多用、升级”的实施，有利于向客户提供差别化服务，并且可以有效防范风险。

5. 完善资源配置策略。在统筹兼顾的基础上，加大了向重点地区、重点机构的资源倾斜力度，扶持打造了一批信用卡业务旗舰行。在科学核算和风险可控的前提下，实施了“返利”和“放权”的资源配置措施，“返利”提高了分支机构信用卡经营的积极性，“放权”提高了分支机构市场拓展的灵活性和主动性。实践证明，在工行这样的规模大行实行有统有分的策略，是必要和有效的，信用卡在放权、返利等资源配置策略方面进行了有益的尝试。

6. 完善服务和品牌策略。以提升客户满意度为目标，整体改进服务，承接了成都信用卡电话服务中心的建设和管理，面向营业网点开展了产品进点、服务进区、功能进柜的“三进工程”，推进了信用卡 VIP 客户服务中心建设，加强了服务体验和服务监督，构建了分级分层服务体系和总分行联动的客户服务运作模式，初步实现了“服务管理精细化、普通服务标准化、高端服务个性化”。从 2007 年开始，系统地启动品牌建设工作，提出了品牌建设目标，制定了分阶段推进的统一规划。

（三）基本发展经验。信用卡业务近 20 年的创新发展实践，特别是股改 3 年来的跨越与提升，带给我们宝贵的经验启示。

1. 客户是信用卡业务发展的根本。信用卡的发卡量、消费额、透支额都是建立在客户群的基础上，没有客户群，信用卡业务就没有了生命力。而只有准确进行客户定位、强化营销手段，提供优质服务，才能吸引、竞争和稳定更多的优质客户，才能为业务持续发展集聚更多的战略资源。今年牡丹信用卡新增 1 000 多万客户，就是因为我们牢固地树立了客户是信用卡业务发展根本的指导思想，而且这个认识在信用卡专业形成了共识，贯穿于信用卡业务经营管理的全过程。

2. 创新是信用卡业务竞争发展的利器。信用卡市场是一个快速变化、竞争激烈的市场。只有瞄准市场需求变化，持续不断地推进产品、技术和功能创新，才能有效巩固和扩大竞争优势，推动业务升级发展。

3. 风险管理是信用卡业务健康发展的基础。信用卡业务是一项高风险业务，从信用风险、市场风险、操作风险到外部欺诈风险，从客户端到商户端，风险种类多，易发环节多。风险防控能力的高低，直接决定了信用卡业务能走多快、能走多远。基于这点认识，我们在业务发展过程中注重建立一套全面和全程的监测、防控和处置体系，保证了工商银行信用卡业务这些年的健康发展。在这个过程中，信用卡部门得到了行内其他相关部门的大力支持，各部门配合默契，技术投入、人员配置、设备更新到位，信用卡业务的风险防控能力不断提高。

4. 队伍建设是信用卡业务发展的根本保障。信用卡业务是技术密集型、知识密集型和人才密集型的业务，要真正提高信用卡业务的经营管理水平，就必须打造一支数量充足、素质优良的人才队伍。目前，信用卡业务从业人员队伍虽然还未实现数量充足的理想状态，但总体素质比较高。近些年，我们注重加强信用卡业务核心人员的培训，完善考核，而且在科学激励方面进行了很多有益尝试，为信用卡业务发展发挥了重要的保障作用。

（四）经营发展中应当重视的几个问题。三年的快速发展，使我行信用卡业务跃上了一个新的台阶，但在经营发展中也还存在一些不容忽视的问题，影响和制约了进一步的科学发展。

一是对信用卡业务重要性的认识尚需进一步提高。时至今日，一些分支机构对信用卡业务的认识仍然不到位，资源投入不足，措施落实不力，缺乏明确的业务发展规划，业务处于自然增长状态之中，造成市场占比不断下滑，竞争优势不复存在。

二是人员配备和机构设置不能充分适应业务快速发展的要求。部分分行特别是大多数二级分行既没有设立专门的信用卡部门，甚至也没有专门的人员从事信用卡工作，同时由于种种原因，信用卡从业人员流失较为严重，加剧了人员不足的矛盾。从2005年到2008年，全行发卡量、消费额、营业收入等指标的增长率保持在两位数以上，而从业人员却是负增长，降幅也在两位数以上，这在一定程度上严重削弱了信用卡业务的竞争实力和发展后劲。

三是信用卡业务经营质态需进一步改善。我行已成为最大发卡银行，但还不能完全说是最强、最优的信用卡银行。主要表现在我行的客户结构需进一步优化，卡片启用率、动卡率、透支额等指标需进一步提高，服务品质需进一步提升，品牌优势需进一步加强，等等。

二、信用卡业务发展面临的形势与未来三年的奋斗目标

（一）信用卡业务发展面临的形势。从今年起，我行将实施股改后的第二个三年发展规划。与其他各专业一样，信用卡专业也要在圆满完成首个三年发展规划的基础上，开启新的发展征程。我们要清醒地认识到，与过去三年的经营环境相比，新一轮发展的外部环境已发生了根本性改变，对信用卡业务发展既带来了前所未有的挑战，也带来了空前巨大的机遇。

从挑战来讲，这场由美国次贷危机所引发的国际金融危机已转变为全球性的经济危机，全球失业大幅增加，居民收入降低，收入预期发生重大改变，消费需求急速下降，全球性消费市场的萎缩和居民消费预期的变化，对以消费为依托的信用卡产业的发展带来重大不利影响，不仅影响信用卡客户市场的拓展，而且还影响信用卡资产的质量和盈利水平。同时，国内经济下行风险的加大，加之我国处在周期性结构调整时期，短期问题与长期矛盾交织在一起，经济形势异常复杂、异常严峻，对消费市场的不利影响逐渐显现，进而影响到信用卡市场的拓展和风险的防范。另外，在新的经营环境下，随着各行转型发展力度的加大，信用卡业务越来越成为竞争的焦点领域。特别是中小股份制银行和外资银行越来越多地加入到竞争者行列，更加剧了市场的竞争。

从机遇来看，目前我国的经济发展仍处在重要战略机遇期，近期党中央、国务院实施的一系列重大政策措施，正在对经济保持平稳较快发展产生积极影响。随着国家加大对民生领域的投入，随着国民收入分配格局的进一步调整和中低收入群体收入的提高，随着扩大消费各项配套政策措施的实施，我国居民的消费意愿和消费能力必将不断增强，消费需求也将会有较大增长。这必然会为信用卡业务发展创造新的条件，开辟新的市场。

（二）未来三年信用卡业务发展的总体要求和目标。面对经营环境的深刻变化，面对新的矛盾和困难，全行信用卡专业既要有忧患意识和危机感，又要有强烈的责任感和使命感，努力变压力为动力，化挑战为机遇，以思想的进一步解放来推动新时期信用卡业务的科学发展。

未来一个时期的信用卡业务发展的总体要求是：以科学发展观为指导，坚持走规模化、精品化、全球化、专业化的发展道路，进一步从规模、效益、服务、品牌入手，继续扩大规模保持市场领先地位，调整经营结构，改善运行质态，推动信用卡的发展，努力实现规模指标、质量指标和效益指标协调增长，巩固中国第一信用卡品牌优势，并不断扩大在国际金融市场上的影响力。

未来三年信用卡发展的具体目标是：到2011年信用卡总发卡量达到7 000万张，客户数达到5 000万户，客户数与发卡量占比保持为1:1.5；年消费交易额突破5 000亿元。到2011年末，信用卡透支余额达到600亿元，不良透支率控制在2%左右。到2011年末，信用卡总收入突破110亿元，中间业务收入突破66亿元。发卡量、消费额同业占比保持在25%以上，且同业排名保持在第一的位置上。

2009年信用卡专业的经营计划是：信用卡发卡量确保达到5 000万张；信用卡客户数确保达到3 350万户；信用卡消费额确保达到3 200亿元；信用卡透支余额确保达到260亿元，争取达到300亿元；信用卡不良透支率力争控制在2.2%左右；信用卡总收入确保达到75亿元。

上述目标是在全面分析未来三年外部环境变化和同业竞争情况的基础上确定的，是一个积极进取的目标。完成这一目标，我们的信用卡业务将进一步确立不可撼动的国内第一地位，扩大国际市场的影响力，实现又一次的历史性跨越。全行上下都要增强必胜信心，创造性开展工作，不断开创新的局面。

三、采取有效措施推进信用卡业务健康快速发展

全行要紧紧围绕新阶段信用卡业务发展的战略目标，充分依托工商银行的整体优势，加大市场拓展力度，加强风险管理，推动信用卡业务在新的起点上实现更高水平、更好质量的发展。

（一）迅速抢占市场，保持业务规模的领先地位。产业规模化和市场集中化是信用卡产业发展的必然趋

势。要不断研究市场和客户，持续推进卡片和收单产品创新，做到“你无我有，你有我优”，通过产品创新增强竞争能力。在发卡市场方面，要加快落实从“审收入”到“审信用”的转变，进一步落实“宽进、低额、多用、升级”方针，扩大持卡人目标市场。要建立多元化的发卡销售渠道和立体化的卡片销售媒介，进一步加强与行内公司、机构、个金和结算等客户部门的合作，努力将我行现有客户转化为信用卡客户。将个人金融客户转化为信用卡客户，不仅是客户使用产品变换的问题，而是对工行的综合贡献度提高的问题，因此，公司、个金、结算、机构、资产托管、养老金等业务部门，应该在营销客户时将营销信用卡作为任务之一，宣传推介信用卡产品，通过组合营销工行的产品，体现工行的整体合力。

要进一步拓宽合作伙伴发卡渠道，加大项目营销和集团发卡的工作力度，尤其要采取高层营销的方式，重点加大联名卡营销，以提升联名卡合作双方的市场影响力，形成良好的集团效应。要引进电话营销、网上申请等电子销售媒介，扩大信用卡营销覆盖面，提高行内客户的转化率，拓展新的信用卡客户，在电话营销和网上申请方面，电子银行要开辟一条通道，提供技术支持和服务支持，在“95588”客户服务中可以适当增加营销内容，提高行内客户的转化率。

在消费和收单市场方面，要不断营造消费事件，加大促销力度，创新促销形式，提高持卡人消费热情，持续推动消费额快速增长。要逐步改变等客上门等官商做法，走出去拓展商户，尽可能固化与优质商户的合作，加强特约商户网络建设，尤其要围绕功能卡、主题卡和联名卡的产品特点和客户消费特点，培植商户圈，打造服务链。所有分行都要确定自己的商户圈，一级分行和直属分行要统一规划，发挥指导作用，城市行要具体组织好商户圈维护、功能增加等工作。要大力发展外卡收单商户，加快内卡商户向内外卡合一商户的转化，力争实现新的突破。

（二）改善运行质态，提高发展质量和效益。要加快建立完善的信用卡业务结构、运行质态和效益指标考核体系，完善相应的激励措施，优化经营资源配置，推动信用卡业务发展从粗放型向质量效益型转变。要注重提高我行中高端个人客户的信用卡渗透率，定期开展对现有客户的筛选升级，不断提高公务卡、公司卡、交通卡、联名卡、白金卡等优质卡种的占比。目前，近3 000万信用卡客户中，中高端客户占比还较低。全行要充分利用行内客户资源，适当加大中高端客户投入，注重提高中高端客户占比，不断优化信用卡客户结构。

要围绕“强势竞争高端市场、大幅进入中端市场、关注培植低端市场”的策略，调整收单市场结构，努力扩大高回佣、低风险收单商户的比例，优化高、中、低端收单商户布局，提高收单市场的盈利能力。要采取措施不断改善信用卡的运行质态，提高新发卡启用率、月均动卡率，提高卡均用卡频率、卡均交易额、卡均消费额，不断提升信用卡的效益贡献度。要注重改变信用卡的收入结构，明晰各发卡业务和收单业务的收支盈利核算，不断提高信用卡中间业务收入占比。

（三）建设海外信用卡中心，拓展全球信用卡市场。要抓住当前一些国际信用卡发卡机构陷入困境和我行加快国际化发展步伐给我行信用卡业务海外发展带来的有利条件，推动信用卡业务的全球发展。要借全行推广FOVA系统和新一代基于FOVA系统的网银系统之契机，抓紧开发FOVA信用卡系统，加快将信用卡业务和服务延伸至海外。要尽快启动海外信用卡中心的筹建工作，扩建海外信用卡VIP客户服务中心，并实现海外信用卡中心、海外VIP客户服务中心与国内业务的无缝衔接，全面改善对海外信用卡客户的服务。要加强与海外机构的协作，充分利用海外机构的平台和客户资源，竞争、扩大国外优质客户市场，不断提高牡丹信用卡的国际地位。

中国信用卡在海外市场的发展是有一定困难的，中国银联正加紧拓展海外市场，作为商业银行信用卡品牌走出去困难重重。尽管如此，海外市场不能不要，海外业务不能不做，总行党委已经在充分调研论证的基础上达成共识，就是要尽快发展海外信用卡业务。我们要克服困难，从优势入手，按照全行的全球化战略部署，尽快发展海外信用卡业务，争取在2009年上半年，最迟在第三季度实现海外信用卡中心挂牌。

（四）加强服务和品牌建设，增强市场竞争力。信用卡市场的竞争越来越体现为服务和品牌的较量。全行要进一步突出服务和品牌在信用卡业务发展中的战略地位，真正打造难以复制的核心竞争力，推动信用卡业务又好又快发展。要牢固树立以客户为中心的现代服务理念，进一步整合优化服务流程，提高服务效率和质量。要进一步完善信用卡服务功能，改善用卡环境。要加快建立总分行联动的客户服务运作模式，继续推进信用卡产品进点、服务进区、功能进柜的“三进工程”。要努力将成都信用卡电话服务中心打造成业内最佳信用卡电话服务中心，建设规范化的信用卡VIP客服中心，增加对优质客户的服务能力。积极构建分级分层服务体系，形成定量分析和定性评价相结合的客户服务的评价体系，实现“服务管理精细化、普通服务标准化、高端服务个性化”。要将“三化”诠释到位，制定“精细化、标准化、个性化”的标准，形成工行特色的信用卡服务网络，提升对客户服务的能力和水平。

要进一步提升牡丹信用卡的品牌形象。搭建多渠道、多形式、多层次的品牌传播渠道，形成强大的牡丹卡品牌传播力，提升牡丹卡的品牌价值和市场地位。要以开展"牡丹盛放二十载感恩回望"牡丹信用卡发卡二十周年系列活动为契机，加强行外新闻报道，通过主流媒体宣传报道我行信用卡业务的产品、业务、活动、事件和成就，营造有利于信用卡业务发展的良好舆论环境，明年要在品牌宣传的费用安排、活动策划上有所突破，将宣传活动推向一个高潮。总行银行卡业务部可在与分行讨论的基础上，形成品牌策划的整体安排，加大在媒体、广告、网点、社会公用设施的宣传力度。要在现有品牌定位的基础上，不断增加新的元素、注入新的活力、塑造新的形象，力争通过两三年的努力将牡丹卡打造成国内第一、国际知名的信用卡品牌。

（五）持续改善风险管理，提高风险防控能力。建立科学的风险控制体系及规范的风险识别、计量、监测、处置机制，加快构建与国际一流商业银行要求相适应的信用卡风险管理体系。要遵循"了解你的客户"和"了解你的业务"的原则，抓紧推进信用政策和审核作业从审收入到审信用的转变，适时调整授信政策，实现集中化的总授信额度管理。投产基于客户综合授信额度的一表多卡项目、内部评级法项目、信用局评分项目等评分模型，开展全行信用卡审核作业系统的功能优化，增强风险管控能力。要加强风险监控系统体系建设，研究开发收单业务风险监控系统，特别是在当前形势下，做好异常交易监控前移工作，扩大交易监测的覆盖范围。要在资产规模快速增长的同时，高度重视信用卡资产质量管理，要严格控制新增不良透支，将不良率控制在2.2%左右的水平，在特殊时期工商银行的不良透支率保持在合理水平也是对工商银行形象的提升。加速风险资产的催收转化，拓宽不良透支的清收处置渠道。采取有效方式密切监测和防范信用卡欺诈风险，与有关部门联手，有力打击套现等信用卡犯罪行为，一旦发生欺诈风险，要在第一时间向总行和有关部门报告，不能贻误时机。当前尤其要重点加强对高风险地区、高风险行业、高风险人群信用卡违约风险的管理，切实防范信用卡业务风险。

（六）加大培训力度，建设高素质专业人才队伍。人才队伍建设是业务发展的重要保障，也是一项利长远、打基础的系统工程。各行要切实重视信用卡专业人才的培养、使用和储备，制定切合实际的队伍建设目标和政策措施，力争用三年时间，打造出一支数量充足、结构合理、业务精良的信用卡专业人才队伍。根据未来三年信用卡业务规模，合理测算所需从业人员和客户经理数量，提出量化指标，下达到各分行，各行要按照总行要求扩充人员队伍。要大力充实信用卡客户经理队伍，推行资格培训及认证，通过行之有效的办法和措施，建设金牌信用卡客户经理队伍。要积极吸纳和引进高端专业人才，使高端专业人才比例逐年上升，不断优化专业队伍结构。要广泛开展以岗位任职资格培训为主要内容的专业培训，每人每年要有一定的脱产培训时间，促进信用卡从业人员整体素质和能力的提升，满足业务发展需要。

同志们，2009年是牡丹信用卡发行二十周年，也是新的三年规划的起始之年。希望各行以科学发展观为统领，解放思想，开拓创新，扎实工作，推动信用卡业务实现规模、质量、效益的协调发展，努力为我行信用卡业务发展作出新的更大贡献！

认清发展形势　加快业务拓展
全面构建国际一流电子银行

——在中国工商银行电子银行业务工作会议上的讲话①

张福荣

（2009年1月15日）

这次会议是在我行改革发展进入新一轮三年发展规划期、电子银行业务实现持续快速发展并面临多重机遇与挑战的新形势下召开的一次会议，也是在全球经济形势严峻、国内经济力促平稳增长、银行业经营面临经济波动考验的大背景下召开的一次会议。会议的主要任务是，全面践行科学发展观，认真贯彻总行发展战略研讨会精神，总结电子银行业务发展成果，分析面临的经营形势，部署下一阶段工作任务，推动全行加快电子银行

① 根据录音整理。

业务拓展步伐，巩固领先优势，全面构建国际一流电子银行。下面我讲三点意见。

一、全力拓展业务，电子银行业务发展成绩显著

2006—2008年是我行股改后的第一个三年发展规划期，电子银行专业鼓足干劲、加大业务发展力度，大力推进产品创新，积极开展市场营销，出色完成了三年规划的各项任务目标。三年来，在全行上下的共同努力下，电子银行的核心竞争能力不断增强，确立并巩固了客户数量最多、市场占比最大、效益最好的国内同业领先地位，并以绝对优势远远领先于第二名的同业。

三年中，网银客户实现了大幅度的增长，全行共新增企业网上银行客户112万户，总数达到144万户，超过规划目标的122%；新增个人网上银行客户4 186万户，总数达到5 672万户，超过规划目标的89%；交易额稳步提升，三年总额达到293.4万亿元，超过规划目标的114%；收入快速增长，三年总额达到41.4亿元，超过规划目标的109%；电子银行业务占比从26.1%提升到43.1%，提升17个百分点，超过规划目标3.1个百分点。电子银行业务分流率43.1%，相当于替代了9 000个物理网点的业务量，为我行提高服务能力和盈利水平作出了积极贡献。

三年来，电子银行业务发展速度不断加快，特别是2008年，各项指标不仅全面超额完成年初计划，且均创历史最高水平。2008年电子银行实现交易额145.3万亿元，同比增长41.2%，相当于2006—2008年三年交易总额的49.5%；全年新增企业网上银行客户46.4万户，相当于总存量的32%；新增个人网上银行客户1 763万户，相当于总存量的31%；新增电话银行个人客户1 363万户、手机银行（短信）客户847万户，占总存量比例分别达到28%和61%。2008年电子银行业务快速发展的成绩，得到了业界的高度评价，一举夺得《环球金融》杂志“亚洲最佳个人网上银行”、“亚洲最佳投资管理企业网上银行”等五项大奖，全年共获国内外各类权威媒体和机构评选的大奖29项，占历年奖项总数的44%。

2008年，全行在电子银行产品研发、营销宣传、应用推广、服务支持、风险管理等领域不断加大工作力度，经营转型和结构调整迈出坚实步伐，主要表现在以下五个方面。

（一）产品创新步伐加快，竞争能力持续增强。2008年，电子银行围绕六大平台创新和四大渠道功能拓展，共推出45项面向客户的创新产品，优化和完善了118项产品功能，产品创新的同业领先优势进一步巩固。同时，还在全行率先提出和运行客户体验工作机制，完成了大量重点产品的可用性专家评估和测试工作，有效提升了产品的可用性水平。与此同时，各分行也积极开展区域特色创新，如北京、浙江、安徽等行通过推出个人网银分行特色业务、自助终端本地特色功能和银企互联特色应用，显著增强了在区域市场的竞争力。

（二）营销宣传精彩纷呈，市场拓展成效显著。2008年，全行紧紧把握市场热点，围绕电子银行重点市场和重点产品，组织开展了以贵宾网银、网上基金、电子客票等为主题的系列大型营销宣传活动，深入拓展了与财务软件公司、农发行、中国移动等行业伙伴的战略合作，促进了客户量和业务规模的持续增长。目前，我行网上银行企业客户在主要同业市场占比已经达到59.2%，个人客户占比达到43.9%，同业比较优势持续稳固。各分行在积极参与总行各项营销活动的同时，还深入组织开展了一系列本地特色营销。如河北分行加快推广网上缴税业务，带动新增企业网银证书版客户1.8万户；江苏分行组织开展网上银行代发工资营销，全年新增和转化网银代发工资企业9 000多户；江西分行在全省范围组织开展167场电子银行路演活动，参加人数逾万人，带动了个人和企业客户的全面增长。全行电子银行营销宣传工作结合市场实际和客户需求，每年都有新的形式与内容，取得了显著的成效。

（三）应用推广与服务支持不断深化，质量效益大幅提升。全行通过实施《电子银行应用推广工作管理办法》和《电子银行服务支持管理办法》，完善了业务应用和推广工作机制，启动了服务支持体系建设，各项产品的应用范围进一步扩大，重点客户的服务水平进一步提高，带动了质量效益的全面提升。目前，网上理财、网上黄金、银企互联等多项重点和优势产品已在全行开通。2008年，全行网上理财交易额达到1.2万亿元，同比增长58.5倍；网上黄金交易额达到2 751亿元，同比增长3.6倍；新增银企互联客户216户，总数达到848户，实现交易额20.5万亿元。截至2008年末，个人网银在中高端个人客户中的渗透率达到24.6%，同比提高2.4个百分点，在全行各项针对中高端客户的目标产品中排名第二，仅次于灵通卡。在去年中间业务发展受到外部环境影响、增收难度普遍加大的情况下，电子银行实现了业务收入的快速增长，全年实现收入21.6亿元，同比增长68.5%。再算上全年办理50亿笔交易相对柜面所节约的129亿元成本，电子银行对全行的经营贡献超过150亿元，成为提升全行质量效益的一项不可或缺、举足轻重的业务。

（四）渠道建设进一步完善，服务能力不断增强。2008年，我行不断丰富门户网站内容，推出了在线客户经理、网上银税专区、网上学苑等服务栏目，形成了集交易理财、业务展示、形象宣传、客户服务于一体的金融服务平台，网站全年点击率达到53亿次，日均1 450万次，根据国际权威的互联网监测统计机构Alexa.com的统计数据，2008年我行网站浏览量在全球

5 000万个活跃网站中的排位为第1 086位，浏览量稳居国内同业之首。电话银行完成了山西、河北等六家分行人工服务集中，全年呼入量达到2.6亿通，人工接听量2 633万通，其中南北两大中心的接听率达到93%，还开通了“400-66-95588”贵宾专线，服务能力和水平进一步提升。在年初雪灾和“5·12”汶川地震后迅速推出电子银行快速捐款通道，树立了我行热心公益、回馈社会的良好形象，获得良好的社会反响。针对地震后信用卡电话银行中断的情况，及时组织将业务切换至电子银行中心和上海电话银行中心，确保了信用卡服务渠道畅通，展现了我行快速、高效的应急服务能力。奥运期间推出奥运电子地图、网站中英文奥运专区、多语种电话银行等多项服务，实现了电子银行服务零差错、零投诉，圆满完成了奥运服务任务，得到了境内外广大客户的一致好评。推出手机银行（WAP）服务，实现了对WAP客户群金融服务的全新突破。在全行推广使用网银自助服务机，全年投放量达到9 039台；新增建有电子银行服务区的网点1 828家，总数达到5 841家，有效提升了网点的电子银行营销服务能力。

（五）业务管理持续加强，风险防控水平稳步提高。2008年以来，电子银行结合业务和流程创新要求，及时制定管理办法和操作规程，启动了《电子银行风险管理指引》试点，实施了《电子银行反洗钱管理办法》，全面风险管理框架初步形成，业务管理体系不断完善，全年未发生内部案件和责任事故。同时，制定了《电子银行业务应急预案》，建立了电子银行业务应急机制，保障了业务可持续健康发展。

2008年电子银行业务取得了优异的经营业绩，为全行改革发展作出了突出贡献。这是总行党委科学决策、正确领导的结果，是各分行和各相关部门高度重视、密切配合的结果，更是电子银行专业励精图治、全力拼搏的结果，在这里我代表总行党委向大家，并通过大家向奋战在电子银行业务战线的同志们表示诚挚的慰问和衷心的感谢！

二、明确发展方向，全面构建国际一流电子银行

我行电子银行业务经历了2000—2004年的初创起步阶段和2005—2008年的快速成长阶段，已经处在了一个全新的高起点，外部经营环境和同业竞争形势也发生了深刻变化。我们要实现下一阶段业务的健康快速可持续发展，必须对电子银行面临的挑战和机遇有更加科学、全面的认识。

综合分析当前的宏观经济形势和电子银行业务现阶段所处的经营环境，总的来说，未来几年电子银行业务面对的主要挑战来自两方面。

一是宏观经济波动影响客户对金融服务的有效需求，对电子银行拓展市场也造成一定的不利影响。针对当前经济形势的分析判断，目前存在两种观点。一种观点认为，全球经济衰退比较严重，对世界各国造成程度不同的影响。另一种观点认为，当前总体经济形势呈稳定趋向，根据2009年1月前半个月的数据分析，我国的金融市场、商品流通市场和工业企业发展平稳，经济未出现大面积的危机。2009年，我行存款和贷款总额快速增长，理财产品销售旺盛，信用卡刷卡消费量增大，各种数据显示，市场有总体向好的趋势。我们要按照中央经济工作会议精神以及全行分行长工作会议精神，正确把握形势开展电子银行工作，既要看到形势好的一面，也要看到不利的一面，看到可能给电子银行发展客户带来的难度和考验。

二是同业竞争形势更加激烈。随着银行业对电子银行认识的不断深化，每家商业银行都将电子银行作为发展重点，在战略上更加重视、在投入上不断加大，对我行的领先地位形成挑战。例如，在发展战略上，建行明确提出了电子银行战略，以我行作为竞争对手，提出了“2—3年赶超工行”的目标；在资源投入上，建行、农行在总、分行层面都建立了较为完善的电子银行组织机构，中行于去年4月推出新版网上银行，为抢占市场推出了免费向客户赠送价值100元的动态口令卡的措施。随着银行同业对电子银行潜在客户资源的不断挖掘和对优质客户的侵略性竞争，电子银行市场在客户总体规模增大的同时，市场版图将面临重新划分。

我们在充分认识电子银行业务发展所面临挑战的同时，也应当看到，未来一段时期我国电子银行业务仍将保持高速发展，总体客户需求和客户群规模还将迅速扩大，我行电子银行业务正面临难得的新一轮发展机遇。

一是经济形势变化要求银行进一步加快经营转型，为电子银行发展提供了内在动力。我国经济发展受到金融危机冲击，对银行业经营形成多方面的挑战。与传统业务相比，电子银行业务具有客户关联度高、低成本、高效率、受经济周期波动影响相对较小的优势。越是在市场环境变化快、不确定性因素增多的形势下，商业银行就越要发挥电子银行竞争客户、促进转型和提升质量效益的作用，来促进银行自身的稳定经营和高效发展。

二是互联网发展进入快速普及阶段，电子银行的潜在个人客户群将迅速增长。截至2008年6月底，我国网民数量达到2.53亿，跃居世界第一位，但网络普及率仍只有19.1%，依然低于全球21.1%的平均水平。有关研究表明，互联网普及率接近20%时，其发展会呈现加速趋势，直至达到一定量级之后速度才会减缓。发达国家的经验也证明了这一点，美国1998年的互联网普及率是18.6%，1999年即快速增长到26.2%；韩国1999年的互联网普及率是22.4%，2000年就跃升至33%。未来几年将是我国互联网普及率快速提升的黄金时期，网民数量的迅速增长将为我行加快拓展网上银行个人客户市场提供充足的潜在客户群体。

三是产业链信息化的快速发展，为电子银行拓展企业客户提供了巨大的市场空间。未来几年我国的产业链信息化将进一步加快向行业间、向上下游企业的渗透，为我行利用电子银行进行行业拓展，竞争他行优质客户提供了更多机遇。去年部分分行以网上缴税、与政策性银行合作等项目为支点，成功发展大量企业客户就是典型的案例，将来类似的应用空间还将进一步扩大。目前我国有高达80%的中小企业接入了互联网，但只有9%应用了电子商务，4.8%应用了ERP。随着产业链信息化、网络化的逐步深入，广大中小企业财务管理的电子化水平将大幅提升，电子银行作为拓展优质中小企业市场的试金石和敲门砖，应用前景十分广阔。

总体而言，未来几年将是我国电子银行业发展的历史机遇期，也是电子银行市场的裂变分化期。我们能否充分把握机遇，在激烈的竞争中不断扩大领先优势，关键在于我们自己。如果我们认识到位、战略明确、战术得法，就能百尺竿头、更进一步。要想抓住机遇、促成飞跃，我认为全行还有必要解决好以下几个问题：一是思想认识不足的问题。到目前为止，仍有部分分行，特别是分行的管理层，对电子银行业务的重要性认识不足，没有把电子银行作为一项提升核心竞争力、促进经营转型和结构调整的重要业务来加以重视和推动，突出表现在组织机构不健全、资源投入不到位，没有形成能够保障业务可持续快速发展的经营管理体系。二是营销能力不足的问题。各级行普遍缺乏从事电子银行业务营销的专职专业人员，现有客户经理营销电子银行的水平还不高，考核激励力度不够，协同营销的作用发挥尚不充分，都在很大程度上影响了营销潜力的发挥。三是服务能力不足的问题。电子银行服务支持体系尚未全面建立，部分客户由于缺乏有效的售后服务而停止使用，成为不动户，甚至转投他行。

在去年10月份举办的中高级管理人员培训班上，总行与大家讨论了未来三年电子银行业务的发展规划，提出了建设国际一流电子银行的设想。发展战略研讨会后，根据全行未来经营发展的总体战略，总行进一步明确了未来三年我行要建成国际一流电子银行的发展目标。今天我想就这一目标与大家交流三方面的认识。

首先，谈谈什么是国际一流电子银行。国际一流电子银行应该具有这样的特征：一是产品功能最丰富、用户体验和评价最优秀的电子银行，要拥有最具竞争力和最受客户欢迎的产品；二是营销与服务能力最强大的电子银行，要成为客户的首选电子银行，在同业市场中取得优势性的最大份额；三是经营效益最突出的电子银行，要成为我行交易型业务的主渠道，成为提升全行质量效益的重要载体。这是我们初步提出的设想，结合发展实际，我们将进一步丰富国际一流电子银行的内涵，使其更全面更准确。建成国际一流电子银行的目标是在回顾总结我行电子银行发展现状、深入分析市场环境和竞争形势变化的前提下确定的，是在全面把握电子银行业务发展规律、正确认识电子银行业务发展方向及其趋势的基础上做出的必然选择。我想，只要全行能够统一认识，不断总结发展经验，集中力量开拓进取，这个目标用三年左右的时间应该能够实现。对电子银行专业而言，下一个三年的主攻方向就是建成国际一流电子银行。

其次，谈谈为什么要建设国际一流电子银行。把工商银行的电子银行建成国际一流的电子银行，是我行电子银行自身成长的方向、目标和内在要求，也是一种使命，是我们应该确立的市场地位，更是全行改革发展对电子银行提出的任务和要求。

建成国际一流电子银行是打造国际一流现代金融企业的需要。董事长为我行的下一步发展描绘了“建设全球最盈利、最优秀、最受尊重的国际一流现代金融企业”的宏伟愿景。国际一流的现代金融企业必须要以国际一流的现代金融业务为支撑。电子银行作为一项融合现代信息技术与金融创新优势的业务，其发展水平的高低已经成为衡量国际一流商业银行现代化水平的重要标志。为此，我行电子银行必须充分发挥创新型金融业务的优势，在不断巩固和扩大国内同业领先优势的基础上，尽早确立国际一流的市场地位。

建成国际一流电子银行是提升全行竞争发展能力的需要。现代商业银行的竞争，归根结底是对客户的竞争。我们要提升全行的竞争发展能力，最重要的内容就是要提升竞争和发展客户的能力。未来几年银行竞争客户的发展趋势在于，客户对电子银行的选择在很大程度上决定了对银行的选择。电子银行的发展不光会为一个银行稳定住现有的客户资源，而且将为一个银行吸引和创造更多的客户资源。我行要全面提升国际国内市场的竞争发展能力，就必须要用国际一流的电子银行来武装自己，借助电子银行拓展和服务客户的优势，在客户竞争中占据主动。

建成国际一流电子银行是推进经营转型的需要。电子银行是以客户自助为特征的低成本、高效率的业务。几年来，我们通过不断扩大电子银行客户群体，有效实现了客户和业务从网点柜面向电子银行渠道的迁移，在创造大量直接收入、显著节约经营成本的同时，带动了全行业务结构的调整，促进了全行服务资源的优化配置。实践证明，电子银行是加快经营转型的强有力的推进器。当前，我行电子银行客户占总客户数的比例还不够高，业务占比水平与国际一流商业银行相比还有一定差距，电子银行作为交易主渠道的地位尚未真正确立。未来几年，我行还将坚持走创新、高效的转型发展之路，电子银行必须要服务于全行经营转型和结构调整的大局，在业务规模和占比上取得更大的突破，力争三年内使业务占比达到56%，向国际一流水平看齐。

再次，我想讲讲怎样建设国际一流电子银行。要建成国际一流电子银行，全行在未来一段时期要重点做好以下工作。

（一）进一步加快市场拓展，构建基本客户群。未来几年电子银行业务面临着潜在客户群体迅速增长的历史机遇，这样的快速增长是阶段性的，不会永无止境，这是市场发展的铁律。目前我们在产品、规模、品牌、口碑等方面都具有优势，如果我们能够乘势而上，把优势的效用发挥到最大，就能进一步拉开与追赶者之间的差距。否则，等到同业都借市场机遇发展起来了，我们就失去了巩固地位的良好外部条件和同业比较优势。机会稍纵即逝，我们必须牢牢把握。各分行要进一步增强加快市场拓展的紧迫感，在发展上不能只满足于完成总行的任务指标，更要着眼于市场，向自己的潜在市场发起挑战，与同业赛跑、与时间赛跑，不断挖掘新的市场空间，加快构建基本客户群。构建基本客户群有两重含义：一是要在市场客户总量快速增长的过程中抢占更多的份额，真正确立不可动摇的同业领先地位；二是要让使用电子银行的客户在全行存量客户群体中占据主流，为全行的经营转型和结构调整奠定坚实的客户基础。我想，电子银行的注册客户数至少要达到全行个人客户数的50%、企业客户数的75%以上，同业占比力争分别稳定在45%和60%，我们才具备了能够在市场中站得稳、能够有效支撑全行转型的客户基础。要在激烈的竞争中加快抢占市场，关键在于提升全行的电子银行营销能力。目前全行各专业所有的产品总数是1 622个，其中电子银行产品就有900个，占到56%，电子银行独有的专属产品达到160个，占10%。各级电子银行部门不仅要组织全行做好电子银行产品的营销工作，还要充分发挥自身的营销职能，积极开展电子银行重点产品，特别是专属产品的直销，发挥产品优势；各相关部门要加强协同与配合，全面推行捆绑营销、联动营销和整体营销的工作机制，发挥全行合力共同拓展电子银行市场。

（二）深入推进产品创新与精细化，增强核心竞争能力。产品是竞争客户的基础，也是我行电子银行一直以来的竞争优势所在。经过持续多年的产品创新，我行电子银行在国内同业中确立了较大的领先优势，但同时也成为国内众多银行效仿和追赶的目标，产品领先的周期越来越短，甚至有些原来领先的业务逐步被竞争对手赶超。围绕提升电子银行业务的核心竞争能力，我们必须进一步加快产品创新，巩固和提升产品的领先优势。要在加大“人无我有”、“人有我优”类型产品研发的同时，深入实施产品精细化工程，真正做到以客户为中心，让产品易用、好用、客户爱用。为提高研发能力，电子银行部门重点要进一步充实研发人员，全面应用可用性工程方法和理念，健全客户体验评价机制，有针对性地完善市场调研、产品设计和产品验收各个环节。同时要加强与产品创新、信息科技和相关部门的协作，进一步提高需求、开发、测试等方面的工作质量和效果。各分行一方面要加强本地特色业务创新，另一方面也要发挥贴近客户的优势，积极搜集客户需求和市场信息，为总行的产品创新工作提供更多的建议和信息支持。

（三）建立服务支持体系，提升业务质量和效益。未来几年电子银行要进一步提升质量和效益，必须坚持“两手抓”，要在拓市场、抓规模的同时不断加强服务、抓深度效益，通过服务提升客户的业务应用范围和活跃程度。要力争用三年的时间，使个人网银动户率达到50%以上、企业动户率达到65%以上，实现收入规模翻一番。为此，要抓紧研究适合我行实际的电子银行服务支持模式，建立跨渠道、跨平台、信息共享、标准统一的电子银行服务支持体系。在服务的渠道和方式上，要突出电子银行优势，以电话、在线客服、论坛等电子化远程集中服务为主，分行网点、柜面分散服务为辅。在服务人员构成上，以电子银行中心和各级行的坐席、网站运行维护人员、在线客户经理、产品经理为主，网点柜员和用户志愿者等为辅。在服务管理上，要制定全行统一的标准化服务流程，加强对服务质量的考核和管理，确保客户服务的高水平和高质量。

三、采取有效措施，推动业务全面协调可持续发展

2009年，是建设国际一流电子银行的起步之年，电子银行专业要坚持以客户为中心、以创新为动力，全面推进国际一流电子银行建设，实施“两手抓”的业务发展策略：一手抓规模效益，加强市场拓展，加快构建基本客户群；一手抓深度效益，优化客户结构和质量，大力提升对全行发展的贡献度。

2009年电子银行业务的主要经营目标是：网上银行个人客户新增1 400万户，其中证书客户新增300万户；网上银行企业客户新增25万户，其中证书客户新增16万户；电话银行个人客户新增900万户；手机银行（WAP）客户新增400万户，力争超过建行；电子银行交易额达到150万亿元；电子银行业务笔数占比提高4个百分点，达到47%。个人网银中高端客户渗透率力争有较大幅度的提高；个人网银和企业网银客户市场占比力争在现有优势基础上进一步扩大。

为确保实现上述目标，全行要重点做好以下几方面的工作：

（一）健全组织机构，加强队伍建设。今年，要重点解决电子银行组织机构和人员队伍建设问题，大力提升电子银行业务发展能力，促进业务全面协调可持续发展。一是要坚定执行按业务占比50%标准建立健全电子银行机构的要求，争取年底在全部一级（直属）分行设立一级部编制的电子银行部，用一年半左右的时间在50%的二级分行单独设立电子银行部门。二是要在落实电子银行产品经理配备的基础上，适量配备电子银

行客户经理，建立以电子银行专职客户经理为骨干、以精通电子银行业务的对公和个人客户经理为主体的电子银行营销队伍，在各一级分行、二级分行设立至少1—2名负责电子银行专属产品营销的专职客户经理。今年我行的替代率目标是47%，目前电子银行的业务量相当于替代了9 000个物理网点，按照每个网点10个工作人员计算，则需要90 000人。我想今年在全行电子银行专业安排2 000人，充实市场营销和客户服务的力量，进一步提高业务分流率，人员的投入产出比将是高效的。这个问题各分行要认真落实，要做出安排。同时，要切实加强业务培训工作，对全行的电子银行客户经理和产品经理至少进行一次统一培训，对相关部门从事电子银行工作的人员也应做出培训安排，要强化面向对公和个人客户经理的培训工作，组织开展首届电子银行业务技能大赛，全面提高电子银行从业人员的业务和营销技能。三是要增加电子银行业务在基层行经营绩效中的考核权重和挂钩比例，坚持实行营销激励机制，加大产品营销奖励投入，对U盾、手机银行（WAP）等对我行市场拓展有积极意义的产品给予奖励，充分调动管理者和一线业务人员的营销积极性。

（二）深入拓展重点市场，加快构建基本客户群。全行要围绕构建电子银行基本客户群加大营销和宣传力度，进一步加快市场拓展步伐。一是要挖掘重点市场，带动个人客户扩面工作，通过联合网站、航空企业、证券公司、保险公司、政府机关等合作伙伴组织开展市场营销活动，深入拓展电子商务、电子客票、投资理财、公用事业等重点市场。二是要有针对性地发展个人中高端客户，加快推广贵宾网银、网上投资理财、400贵宾电话银行等优势功能，将网上银行中高端客户渗透率提高3个百分点以上。三是要全面加大对公客户的营销力度：要进一步加强证书版的营销推广，以查询、对账、网上汇款等基础功能为卖点，切实做好结算新开户的捆绑营销；要以网上代发工资、在线ERP等优势功能为切入点，大力发展柜面存量优质中小企业客户；要以网上大企业跨行资金管理、银企互联等产品为营销重点，积极挖转他行大型客户；要通过引导客户使用更多电子银行产品稳定现有客户，实现交易额的进一步增长。四是要加快拓展手机银行（WAP）市场，通过加强与地方移动运营商的合作，开展贯穿全年的专项营销活动，并通过发布会等多种形式宣传我行的手机银行（WAP），快速提高手机银行（WAP）客户数量，重点突破手机银行这个极具发展前景的业务市场，尽快确立同业领先优势。五是要利用电子银行品牌体系整合的契机，加大宣传投入，创新宣传方式，进一步提升电子银行品牌知名度和美誉度，打造国际一流电子银行品牌。

（三）打造卓越产品体系，加快业务推广步伐。全行要在加快电子银行产品创新步伐的同时，不断提升产品的精细化水平，打造卓越的电子银行产品体系，进一步提升竞争能力。一是要实施精细化工程，梳理完善重点产品，同时研究建立电子银行客户体验评价体系，培养专业的用户研究和可用性测试评估专家队伍，切实提高产品可用性和易用性。二是要按照市场细分、差异化服务的原则丰富和完善六大平台交易功能，推出在线ERP系统、金融超市等一系列新产品。三是要推进海外网银系统改造，完成澳门分行和诚兴银行网银整合工作，同时深入开展分行特色业务创新，提升在国际市场和区域市场的竞争力。四是要进一步加快重点产品和业务的应用推广，加大推广技术支持资源投入，提升新产品开通率和重点产品推广效果，使创新成果能够及时转化为市场竞争力。在产品创新方面，要在保持现有成效的基础上，进一步加大产品创新力度，提升总行电子银行部门的创新能力，加大分行电子银行部门的创新责任，全行电子银行专业要与其他部门积极配合，加快产品创新的步伐。

（四）加强风险管理，保障业务持续健康发展。全行要进一步树立电子银行全面风险管理理念，建立起更加完善的电子银行风险管控体系。一是要深入贯彻落实《电子银行业务风险管理指引》，切实加强风险识别评估、信息沟通和风险监控。二是要完善电子银行业务制度体系，优化业务流程，在确保有效控制风险的前提下使之更加符合营销和服务工作需要。三是要进一步规范制度传导机制，加强业务培训、辅导、检查和整改，强化严谨合规操作的良好风气。四是要持续、深入开展客户安全教育，大力推广二代U盾、短信认证等“双渠道”安全产品，努力提高客户的风险防范意识和防御能力。五是要及时跟踪业务发展情况，研究制定合理的系统建设和扩容方案，同时不断优化生产问题处理流程和机制，确保生产运行稳定。

（五）建立服务支持工作机制，全面提升服务水平。全行要充分认识到优质服务在巩固和拓展客户关系方面的重要作用，加快构建电子银行服务支持体系，切实提高电子银行服务水平和服务质量。一是要深入贯彻执行《电子银行服务支持管理办法》，细化电子银行专业各级人员的工作任务和职责，建立高效的服务支持工作机制。二是要在持续开展企业不动户唤醒工作的基础上，拓展不动户唤醒范围，启动个人U盾和口令卡不动户的唤醒工作，进一步提高网上银行动户率。三是要在全行范围内建立银企互联、电子商务等电子银行专属产品直销客户名单，形成跟踪服务机制，提高对重点直销客户的服务水平。

（六）强化电子银行渠道建设，促进业务分流。全行要在加快网上银行发展的同时，加强电话银行、手机银行、自助银行建设，进一步完善多渠道的业务发展体系，全面促进柜面业务分流。一是要深入推进电子银行中心改革与发展，完成总行电子银行中心体制改革，建立统一、规范、高效的电子银行中心管理和运营体系，同时加快电子银行中心建设，实施山东、深圳电话银行托管，大力发展电话银行代理缴费、代客交易、主动呼出业务，增强电话银行渠道的交易和营销功能。二是要不断丰富门户网站内容和功能，实施门户网站宽屏改造、模拟交易升级等项目，有效提升用户黏度。三是要加快拓展手机银行（WAP）缴费应用项目，进一步丰富手机银行功能，要进一步提高手机银行（WAP）的技术含量，提高产品的可用性和易用性，增加客户的选择性，增强手机银行（WAP）渠道的业务分流率。四是要大力推广网银自助服务机，优化设备布局和投放，强化设备维护和管理，进一步提高设备使用率。五是要继续推进电子银行服务区建设，将电子银行服务区纳入所有改造和新建网点的建设规划，新增建有电子银行服务区的网点1 500家，总数达到7 000家，电子银行服务区建设要着眼于长远，面积不应太小，要使客户享受便利，并通过加强规范化管理和客户引导，确保电子银行服务区建设质量，进一步提升业务分流效果，全行电子银行业务占比要达到47%，各分行也要充分挖掘潜力，争取更高的业务分流率。

（七）增加业务收入，提高电子银行业务贡献度。收入是电子银行效益最直观的体现，要提升电子银行对全行的贡献度，必须进一步提高电子银行业务收入。一是要进一步贯彻落实电子银行“影子价格”策略和全口径核算考核工作，全面、准确反映电子银行渠道基金、国债等各项业务收入。二是要在积极扩大客户规模的同时狠抓客户质量，提升交易规模，促进客户服务费和结算类收入的同步提升。三是要努力提高新兴业务市场占比，迅速增加电子商务类收入和代理类收入。四是要加强收费管理，严格收费减免政策，确保电子银行业务收入全科目应收尽收，实现业务收入的持续增长。

同志们，2009年是全行新三年规划实施的第一年，也是全面构建国际一流电子银行的开局之年，在工商银行建设国际一流现代金融企业的进程中，电子银行专业的任务光荣而又艰巨，只要我们进一步统一思想，坚定信心，不断加快业务创新和市场拓展步伐，建成国际一流电子银行目标就一定能够实现！最后，值此新春佳节到来之际，给大家拜个早年，祝大家身体健康、阖家欢乐、工作顺利、万事如意！

贯彻落实科学发展观 提升经营发展能力 加快建设国际一流的结算与现金管理银行

——在中国工商银行结算与现金管理业务工作会议上的讲话

张福荣

（2009年2月3日）

这次会议的主要任务是，总结2008年结算与现金管理工作，部署结算与现金管理专业2009年工作任务。下面我讲两个方面的内容。

一、2008年结算与现金管理专业取得良好经营业绩

2008年，结算与现金管理专业努力开拓进取，很好地完成了年初确定的任务和目标，具体表现在：

——结算与现金管理专业贡献大幅提高。全年结算与现金管理中间业务收入达到61.38亿元，完成计划的103.70%，高出全行计划完成率平均水平18.13个百分点，同比增幅达到87.94%。人民币对公结算业务量达到520万亿元，同比增长30%，完成全年计划的115.56%。全行公司金融资产累计销售额达9 577.56亿元，完成全年计划的212.83%。结算与现金管理专业累计创造营业贡献达到467.38亿元，完成全年计划的100.49%，同比增长77.04%，在全行各专业中稳居价值贡献的第三位。

——结算市场竞争形成明显优势。全行新开对公结算账户90.4万户，净增账户54.6万户，同比分别增长24.04%和30%，分别完成全年计划的150.66%和156%。近两年来，所有一级（直属）分行的对公结算账户增量一直保持同业第一的位置，2008年全行有20家一级分行实现对公结算账户存量四行占比第一，二级分行四行占比第一的比例也达到了48%，有效强化了我行对公市场优势。公司无贷户客户达292.2万户，较2007年净增47.1万户，增长率达19.2%。

——现金管理业务取得新进展。全行新增现金管理客户60 188户，完成全年任务的两倍多，使现金管理客户总数翻了一番，总量已近12万户。其中，总行级现金管理签约客户达到559户，完成全年任务的108.8%。通过与外资银行合作竞争到的现金管理客户

达到34家，其中，2/3为世界500强客户。在客户数量提升的同时，现金管理业务贡献度也显著提升。截至2008年末，现金管理业务带来的账户管理收入达到11.81亿元，占到结算中间业务收入的19.24%，同比增长73.22%，有效增加了高端服务收入比重。

——理财业务收入大幅增长。2008年在国际经济金融市场动荡、国内资本市场低迷的情况下，全行法人人民币理财产品销售总额达到7 226.45亿元，完成全年计划的481.76%，实现销售收入8.85亿元，高居同业第一，超过排名第二的银行10个百分点以上。全年发行33期集合式法人理财产品和17期区域法人理财产品，代理对公基金产品达170只。理财业务带来的中间业务收入占到整个专业中间业务收入的14.42%，有效改善了结算与现金管理专业的收入结构。

——代理业务市场优势明显。2008年代理财政业务预算单位数量达到33 713家，较2007年增加15 280家，增长85.40%，收入达到2.27亿元。代理同业客户达到3 070户，较2007年增加1 224户，增幅为66.31%，各一级分行在当地同业市场均保持显著优势，其中有24家一级分行的同业占比超过50%。集中式银期转账业务的期货公司客户已达到113家，占全国期货公司总数的65%，稳居同业第一。

——贵金属业务实现持续发展。2008年贵金属业务交易量突破1 000吨（达1 063吨），按照年平均价格计算，交易额突破2 000亿元（达2 067亿元），完成全年交易量任务计划的213%，实现中间业务收入3.9亿元，同比增长2.3倍。销售量和收入水平超过中行，夺得同业首位。全行贵金属带来的中间业务收入、“如意”金条销售、“账户金”交易量、代理黄金交易所会员清算量等指标同业占比均为第一。

这些成绩的取得是在相关部门的支持配合下，全行结算与现金管理专业积极进取、勇于创新、艰苦打拼的结果。回顾这一年，主要做了以下几个方面的工作：

（一）以市场为导向，以客户为中心，坚持提升市场竞争能力。经过近两年的努力，全行结算与现金管理专业的市场观念进一步确立，对市场营销部门定位的认识越来越清晰。2008年结算与现金管理专业的各项工作目标和安排都始终把市场放在第一位，着眼于整个对公市场，统筹规划，市场营销活动做得实，成规模、成体系，见成效，市场规模做大，发展速度也同步提升起来。2008全行开展了对公结算账户、现金管理、理财、代理业务、如意金等五大专题营销活动，既有传统的产品推介会、客户座谈会，也有形式新颖的营销沙龙和高层论坛。全年全行举办市场营销推广活动近700场次。

积极开展对公结算账户“双提升”营销活动，大力推进公司无贷户市场快速增长。在2007年账户营销做大规模的基础上，去年我们搞了账户“双提升”活动，这是对账户营销工作的一个深化。通过双提升活动，全行对零余额账户、长期不动户和潜在长期不动户进行认真梳理、分析，并采取积极有效的手段开展上门营销、二次营销，唤醒了大量不动账户，使其交易活跃起来，账户的规模和质量都得到了提高。在账户双提升过程中，进一步加大结算套餐营销，加快结算新产品推广，牵头对公存款营销，有效地拓展和巩固了公司无贷户市场。

积极开展分行业营销，着力提升现金管理业务影响力。通过现金管理业务的营销，使更多客户与工商银行建立起更为稳固的合作关系。在分行业营销工作过程中，有重点地推进市场拓展，总行和分行分别举办了有知名企业参加的现金管理业务座谈会。去年还成功地开展了现金管理业务营销推广月活动。在营销推广月期间，全行累计召开各类客户推介会600余场次，邀请客户超过2万人次，上门走访客户超过1.5万次，广告发布近千条。这些工作的开展使我们的市场影响力进一步增强，效果良好。通过营销宣传，一大批知名企业，包括钢铁、电力等各行业的龙头企业，都成为我行的现金管理客户。通过营销宣传，还有一批知名跨国公司成为我行的现金管理客户。

促进法人理财市场的拓展。在去年的营销活动中，结算与现金管理部主动与金融市场部门紧密配合，总行先后在浙江、四川等地组织召开五次理财业务专场推介会，取得了很好的市场效果。在总行的影响下，各个分行的理财营销意识、营销技能显著提升，理财业务的市场拓展工作力度不断加大。

大力拓展代理业务市场。在代理业务市场竞争比较激烈的情况下，主动做好营销管理。在中央级财政代理业务稳步增长的同时，全行加大对地方财政的营销和维护力度，拓展代理中央财政非税收入收缴业务，使代理财政业务市场范围得到扩展。在代理票据和汇兑需求增长放缓的情况下，注重开拓外资银行和中小中资银行的现金代理市场。在快速发展银期转账业务的同时，积极创新代理期货业务营销模式。这些营销活动既有传统做法，也有很多创新，市场反应强烈，为工商银行的发展注入了生机和活力。

贵金属业务持续发展。去年抓住有利市场机会展开了全方位、多角度的营销活动。全行联合上海黄金交易所开展了工行个人实物黄金“一元开户”优惠活动；一些重点分行开展了账户黄金、个人实物黄金交易大赛，利用销售旺季开展“购金有礼”、“买金藏金在工行”等多种形式的金条促销活动。去年全行统一组织营销贵金属活动5次，业务推广会7次，贵金属业务已在全行全面开展起来。

去年，我们先后获得了香港《财资》和《金融亚洲》杂志评选的“中国最佳现金管理银行”，《亚洲货币》杂志评选的“人民币最佳现金管理银行”，中小企业家年会组委会、中小企业商业协会联合颁发的

“2008年全国支持中小企业发展十佳商业银行”。“财智账户”品牌还获得《第一财经》“2008年度公司金融服务品牌奖”。这些荣誉的取得，充分显示出我行结算与现金管理业务的品牌影响力和市场地位。

（二）开展产品创新，提升客户服务能力。去年产品研发工作很好地把握住规律和特点，按照细分目标市场的需求，组织产品创新，实施产品线管理，形成支付结算、现金管理、对公理财、贵金属和代理业务等五大产品线，为结算与现金管理业务发展、市场拓展提供产品支持。去年成功开发了财智账户创业系统，财智账户卡成功在北京、上海8家分行试点推广，对开拓中小客户市场发挥了重要作用。去年在各个部门的共同努力下，初步搭建起全球现金管理系统，积极推动海外NOVA系统建设，联通了工银亚洲系统，开发了资金池、账户收支管控等新产品，同时整合了集中收付款、综合账户报告等老的产品，为客户提供“一站式”现金管理服务。通过业务模式的变化，积极开展业务整合创新，推出了11个分行业现金管理解决方案，为提升现金管理业务的市场竞争力提供了条件。经过对法人理财销售系统架构的优化，实现了全面支持各类法人理财产品的销售，促进法人理财市场的全面开发。去年共组织发售了33期集合式法人理财产品，发行了十余期区域法人理财产品，保证柜面、网银渠道销售法人理财产品不断档，进一步丰富、完善了我行的法人理财产品线。代客黄金买卖资金清算以及代客实物黄金系统优化等及时投产，“如意”金条产品拓展到20克、50克等6个品种，并成功推出了“如意金钱”两个品种，黄金回收业务实现北京、上海等5家分行的试点，有效地促进了贵金属业务的持续发展。借助代理同业系统，投产了直联模式的代理汇款和代理速汇款业务。通过系统开发与一些地方银行、区域性银行开展了更加有效的合作，使市场份额进一步做大。

2008年各产品线投产的新产品达到14种，为历年来之最。在总行集中进行产品研发的同时，去年还在6家分行建立了产品研发工作站，进一步完善了总分行联动的产品研发体系。利用分行贴近市场、贴近客户的优势，提升产品创新的市场反应速度。

（三）抓渠道建设，提升经营发展能力。注重推进网点分层建设工作。总行先后编写了理财中心建设标准和网点建设标准，进一步指导网点分层建设工作，使网点能够发挥应有的作用。在各个部门的支持下，对公网点的改造和升级工作已经初见成效。

积极推进百强对公业务网点建设。根据账户营销成果、客户关系维护等情况，在全行范围内评选出了800家“百强对公业务网点”和800名“优秀客户经理”，并通过召开渠道建设座谈会和“百强对公业务网点”营销方案研讨会，完善对公业务网点建设思路。

队伍建设不断加强。2008年全行进一步明确了客户经理配备和客户经理管理模式，进一步明确客户经理和产品经理的工作职责。针对两支队伍的财资管理师认证工作全面展开，全行共有12 571人和3 519人分别参加了初级和中级财资管理师资格考试，共有6 002人和705人分别获得初级和中级财资管理师资格。去年还启动了引进美国财资管理专家（CTP）资格认证工作，全行有65名高级管理人才参加了首期资格认证培训。同时，在贵金属业务人才储备方面，我行高级黄金投资分析师已经达到33人，中级黄金投资分析师达到98人，人才数量居行业之首。

（四）推进管理创新，提升可持续发展能力。2008年全行结算与现金管理专业在大力开拓市场的同时，通过制度建设、系统完善和检查指导，来着力提高结算与现金管理业务的管理水平。总行组织下发了11项业务管理制度，及时根据业务发展情况修订了多项制度，对结算与现金管理业务的市场拓展工作加以规范，结算与现金管理业务风险得到有效控制。通过优化法人客户营销管理系统，强化了对客户经理和产品经理的业绩管理，为市场营销和产品管理提供数据支持。通过优化单位银行账户集中管理系统，强化了结算账户管理，提高了业务处理效率，有力地支持了对公结算账户营销。

总行经过深入调研，从去年下半年在全行集中开展执行力提升工作，着重实行客户名单制管理和客户分层管理，对协议执行情况和服务质量管理等各项工作进行推动。这次执行力提升工作，是我们在近几年高速市场发展过程中的一次精细化管理尝试。通过这样的活动，促使全行把客户关系维护、产品质量维护和客户服务质量管理工作抓得更实了，提高了客户对我行服务品牌的认同感。

可以肯定地说，过去一年的工作，展现了结算与现金管理专业很强的战斗力，显著提升了结算与现金管理业务的市场竞争能力、客户服务能力和可持续发展能力。

二、2009年的工作目标和任务

当前，国际金融危机以及实体经济下滑，使金融领域的潜在风险增加，银行经营困难加大，结算与现金管理专业也感受到前所未有的挑战，但同时也蕴涵着新的机遇和积极影响，具体表现在：一是在银行外部，企业为应对资金来源的不确定性，资金管理的需求增大，现金管理和理财业务将更易于拓展市场，我们有了新的发展机会；二是在银行内部，随着资产业务的不确定性增大，中间业务的重要性进一步凸显。结算与现金管理业务作为重要的中间业务，为商业银行带来了稳定的收入来源和客户资源，其核心业务地位将得到进一步提升。

在这样一种形势下，结算与现金管理专业要进一步理清发展思路，全面提高发展水平。2009年结算与现金管理专业要实现以下几项目标：新开对公结算账户

100万户，确保净增40万户，新增结算账户数同业占比第一；公司无贷户增加25万户，其中，中高端客户增加15%；现金管理客户新增7万户，其中，总行级现金管理客户新增150户。在做大客户规模的同时，不断优化客户结构；金融资产规模增长9 700亿元（含公司存款和对公理财），其中，对公理财销售额实现7 500亿元；结算业务量达到550万亿元，贵金属交易量达到1 200吨。

根据以上目标，今年全行要重点抓好以下几个方面的工作：

（一）要解决影响结算与现金管理业务发展的主要矛盾和问题。结算与现金管理业务是我们的核心业务，也是传统业务和基本业务，我们有责任、有能力把它做好。然而由于一些问题的存在，减缓了发展速度。当前的主要问题和矛盾有：一是认识问题，表现在不到位、不统一、不重视。二是结算与现金管理业务在一些行被边缘化，包括在省分行，更包括在二级分行，带来的严重后果会使工商银行的核心业务边缘化。如果这种情况持续下去，用不了多久就会丢掉已有的市场份额，丧失市场地位，给工商银行的发展留下隐患，造成难以弥补的损失。边缘化问题是非常可怕的，如果我们所有客户的结算业务都流失掉，再去寻找发展空间和发展机会、寻找客户资源将难上加难。工商银行的结算业务已经由原来的绝对领先地位下降到现在非常小的占比，还不到三分之一。三是无机构、无人员、无渠道的“三无现象”。情况稍好一点的二级分行，也不是把结算与现金管理部门作为主导部门，而是作为一个附设或附属的机构，实际是形同虚设。有70%的二级分行存在这些问题。由于“三无”现象的存在，致使结算与现金管理业务无人问津。如果这种情况持续下去，也就没有了发展的条件和发展的可能。四是发展目标不明确，措施不到位。在各个地区，我们应该拿到多少市场份额，采取什么措施，心中无数，底数不清。这些问题要必须解决，不能再拖，对此要明确以下几点：

一是各级行要统一对结算与现金管理业务的认识，统一思想，对这项业务要重视起来，要确立结算与现金管理业务应有的地位，要结合本行的实际做出发展规划，把这项传统业务、核心业务真正地经营好，做大做强。

二是要把机构建设起来。月均结算业务量在100亿元以上的二级分行都要逐步建立结算与现金管理部门。全国达到这个标准的二级分行有218家，其中已设立结算与现金管理机构的有64家，有35家附设在其他部门，还有111家没有机构或基本没有人员，占比近53%。此外，还有100家二级分行的月均结算业务量不到100亿元，但随着每年业务的增长，达到标准的分行会越来越多，我们机构建设的步伐要跟上业务发展的速度。从这些情况看，我们有一半以上的二级分行没有机构、没有人员。可以看出，这项有着悠久历史的传统业务、核心业务、基本业务被冷落到什么程度。大家都知道，存款、贷款和结算是银行的基本业务，如果把结算这项基本业务都丢掉，银行还要做什么？因此，要把机构建立起来，把业务开展起来。业务量不足的二级分行，要挂靠在与结算和现金管理业务密切相关的部门，并要在部门内组建一个结算与现金管理业务营销组或营销中心，在分管行长领导下开展工作，不能一片空白。

三是要建立保证结算与现金管理业务发展的措施。各分行已出台的一些措施是有效的，应该坚持下去，同时要推出新的举措。要建立结算与现金管理业务评价体系，通过这些工作促进结算与现金管理工作步入健康发展的快车道。

（二）要坚持以发展结算业务为重点，全面提升核心竞争力。前面讲到结算业务是我们的传统业务、核心业务，要充分运用我们的经验把它做好。在当前市场竞争比较激烈的情况下，要深入研究结算市场发展的规律和变化，深入地分析论证，做出正确的决策，来推动结算业务的发展。要抓住账户数、客户数、结算业务量和收入等核心指标，扩大优势、缩小差距，进而确立客户首选结算银行的地位。

要认真落实全行的区域发展策略，注重开拓好重点区域和重点市场。长三角、珠三角和环渤海地区的分行要巩固领先地位或缩小与同业的差距，中部地区的分行要加强对重点城市行市场的争夺，形成一定优势；西部地区和东北地区的分行要调整竞争策略，把市场份额尽快地做上来、做大。这是根据董事长在全国分行行长会议上的讲话精神提出来的，要把全行的区域战略反映在具体措施和具体发展目标上。这些地区的分行要从不同的角度，结合本地实际，深入研究如何把市场做好。在这个过程中，各个区域的分行要及时通报实业转移动向的信息，加强合作，主动营销；要关注和大力拓展各类专业市场，作为新的营销重点。

要研究总结人民币结算与外币结算的互动共赢机制。有些分行把人民币结算和外币结算放在一起管理，效果很好。结算的概念包括本币和外币，我们人为地把它分开，现在简单地合起来还不太可能，但要是建立互动共赢机制，共同面对客户、面对市场，把本外币结算业务共同做大，形成较强的市场竞争能力，为客户提供满意服务。

要抓住国内、国际两个市场，大力推进现金管理业务。要结合FOVA和全球现金管理系统开发和推广进程，大力开拓重点国家和地区的跨境现金管理市场。要推进与外资银行的双向代理，利用现金管理合作行网络竞争跨国公司客户。要加强与境外机构的联动，强化培训和沟通机制，形成全球现金管理营销和服务网络。要积极开展境外现金管理营销活动，主动“走出去”营销客户，开拓全球市场。现金管理业务要坚持向综合理财、供应链金融和全球现金管理市场拓展。要大力发展国内信用证业务，增强供应金融服务竞争力。要把业务量做起来，要把业务辐射面做大，把客户群进一步做大。

要进一步丰富和完善支付结算、现金管理、理财业务、代理业务和贵金属业务的产品线。要积极推广银期转账、代理保险业务，扩展开发相关企业市场。要大力推进品牌金、账户金、贵金属融资、代理交易所实物黄金、对公代客交易等贵金属业务的全面发展。对公理财业务市场的潜力巨大，要进一步丰富理财产品体系，有条件的分行经过总行批准以后也可以组织开发和销售适合当地市场区域性特点的产品。要发挥财资管理师营销人员作用，向客户提供融资理财、避险理财和投资理财等综合理财服务。同时要探讨对企业客户开展专户个性理财服务产品的研发。在理财业务上要加强理财产品销售过程的风险提示工作，理财产品销售工作做得好的一个重要标准就是没有投诉或投诉较少，风险提示到位是非常重要的。

（三）要抓好创新，切实提升综合竞争能力。结算与现金管理业务产品的同质性极强，在这样一种情况下，谁的产品创新能力强，谁的效率高，谁就会获得市场的先机。我们要充分利用已有的研发能力，加快创新步伐。在开展产品创新过程中，要不断调整新的思路，加强对市场的调查，了解客户的需求，要借鉴和吸纳先进的技术。要有一支团队，有一批人员来做这项工作。总行在这方面正逐步加强，也希望分行加强这方面的力量，在部门内要有研究、管理创新工作的人员。要进一步丰富五大产品线，同时加快全球现金管理系统建设，提供统一的系统平台支持。去年全球现金管理系统建设已经启动，要基于这个系统加快实现统一营销平台、统一客户信息、统一银行账户、统一账单、统一身份介质等“五统一”，形成对公客户的全产品销售和服务支持平台，为结算与现金管理产品的创新、扩展和整合提供必要的支持。要对全球现金管理系统的建设和投产工作给予高度重视，要在人力和资源上给予充分的保证，确保系统按计划投产和应用。要进一步发挥产品研发工作站的作用，建设总分行联动的结算与现金管理产品研发创新体系。在坚持产品创新、业务创新的同时，还要抓好制度创新和管理创新，通过创新来促进业务的发展和业务管理的加强。

（四）要重视营销工作，全力拓展结算与现金管理业务市场。我们的目标能不能实现，任务能不能完成，关键是今年的市场营销工作能不能做好，能不能做到位。结算与现金管理部门作为这项业务的主导部门要组织好、协调好、指导好市场营销工作。要从以下几个方面着手：

要坚持大市场理念，全面推进营销工作。今年要在总行组织和策划下，分别开展针对所有结算业务客户、现金管理业务客户、代理业务客户以及理财业务的专项营销活动。各分行，特别是二级分行以下的分支机构要结合当地实际认真组织，力求收到良好的效果。

要针对不同的客户群，不同客户结构特点制订营销方案。要按照客户的金融资产和综合贡献度两个维度来细分客户，可分为高端、中端、潜力和一般客户，分别采取不同的发展策略；要坚持实行差异化的营销，营销重点要放在中高端客户和潜力客户上。在营销方式上要坚持集中营销和分散营销相结合，以分散、个别营销为主。

要讲求营销方式，更要注重营销效果。对营销活动要适时进行定量评估和效益评估，不断总结和提高。各家银行在市场竞争过程中，营销水平的高低决定了赢多少、胜多少。营销是一门艺术，我们要加强研究和总结。在当前的市场条件下，要关注市场的变化，关注市场动态，加强营销策略研究，提高应变能力。

要进一步强化部门联动营销。总行部门间联动营销做得很好，分行各部门也要加强联动，围绕结算业务这个大市场，围绕工商银行发展大局，来配合做好市场营销工作，针对各类客户实施全产品营销，配合结算与现金管理部门做好客户关系的维护工作。要充分发挥营销团队的作用，做加法，不要做减法；要通过有效的评价机制、考核机制把各个部门的积极性调动起来。

要适当增加营销的投入。去年实行的营销激励措施要继续实行好。有条件的分行，还可从实际出发做出有利于业务发展的政策支持，其实有很多分行已经这么做了，没有做的分行要做到这一点。营销工作最重要的一点就是要抓实，要把客户营销的任务、客户关系维护的任务落实到网点，落实到部门，落实到客户经理，并要有检查、有督促、有指导。

（五）要加强管理，为业务发展提供保障。要进一步加强制度体系建设，针对各项新产品、新业务来制定有效的业务管理制度。要规范和优化制度操作流程，保证各项业务的可操作性。既要严格控制风险，又要服务市场拓展。要高度重视管理工作，不断改进管理方法，提高管理水平，保证结算与现金管理业务健康发展。要坚持实施客户关系管理，搭建起完善的法人客户营销管理系统，第一季度要扩大试点，第二季度要全面推开，将全行客户经理、产品经理以及各级管理人员的市场拓展及客户关系维护工作全面纳入系统，将法人客户营销管理系统打造成全行统一、完整的对公客户综合营销平台。要加强客户信息的管理，加大客户信息和业务数据的分析和挖掘，加强对客户关系管理和市场营销的支持。要加强客户关系的日常维护，并制定有效的办法和机制来保证客户关系维护工作的有序性。要加强收入的管理，防止跑、冒、滴、漏，坚持按旬、按月和按季通报制度。要研究制定合理的收费策略，严格控制减免，提高业务收入水平。现在随意减免的问题还比较突出，希望在今年内有所改观。今年要安排一次结算与现金管理业务管理的检查，通过检查来提高整体管理水平。这次会议之后就要着手制定检查提纲，力争上半年能够完成这项工作。

（六）要充分发挥渠道作用，提升服务水平。渠道是为客户提供服务的窗口和平台。我们要进一步重视渠道建设，最大限度地发挥它的作用。经过近几年的建设改造，目前全行已有约 7 500 家网点能够办理结算业务，但是还有一些网点没有正常运转，作用远没有发挥出来。因此要以网点创造价值为目标，设定若干指标，比如开户数、中高端客户数、业务量、收入等，对网点进行考核评价。现在对网点考核是有的，但是从专业部门进行考核，更有利于调动网点的积极性，把网点的营销功能和客户关系管理功能发挥出来。要按照统一规划和标准继续抓好对公网点新建和改造，投产一个，见效一个，增加服务窗口，做大业务发展平台。要切实推进和落实管户柜员制度。柜员的主要职责就是客户营销，一定要做到“户户有人管”。要加强网点的业务流程建设和优化工作，对此要有专题调研，今年要把网点的功能优化、转型、管理纳入调研的课题，形成报告。

要加强电子银行渠道的宣传，让更多客户了解、使用电子银行渠道。电子银行渠道有利于拓展结算新开户，有利于稳定银企关系，有利于扩大结算业务量，增加收入。要通过电子银行渠道充实和丰富现金管理的服务内容和功能，促进现金管理业务的市场拓展。电子银行渠道对于吸收存款、销售对公理财和结算新产品有着非常重要的作用。通过电话银行提供电话咨询服务，可以有效提高结算客户的服务水平和能力。因此，要充分发挥电子银行渠道的作用。

要抓好并发挥国内代理业务网络作用。近几年我行的网点布局调整客观上对结算网络产生一定的影响。我行从一些不发达县域的网点撤出，使分行对财政、保险、电力等系统性大户的服务能力和竞争力有所减弱。总行要加强这方面的指导，各分行要积极尝试寻找当地管理水平高、系统先进的地方性银行，建立代理合作关系，作为我行营销渠道的补充，把服务向客户需要的地方延伸，对全行结算与现金管理业务的发展提供更全面的支持。

要重视人才培养，配备好客户经理和产品经理。要明确客户经理和产品经理的配备要求，总行和分行要重新做一个计划，明确今年的配备数量。对客户经理和产品经理要建立准入和退出机制，建立考核和激励机制，完善客户经理管理模式。通过这个活动来激发客户经理和产品经理的工作积极性，同时也为其发展能力的提升创造条件。要进一步完善财资管理师的认证工作，全行要至少再组织 15 000 名员工参加培训、认证；要加快引进财资管理师国际资格认证工作，今年全行参加国际财资管理师培训认证的高级人才力争达到 1 000 名。通过系统化、多层次的培训，全面提高客户经理和产品经理的综合素质，进而提升结算与现金管理业务竞争力。

要健全服务管理组织体系、制度体系、监测体系和考评体系。这四个体系是杨凯生行长在全国分行行长会议上提出来的。要按客户、分渠道制定服务标准，使服务渠道建设有一个质的跃升，差异化客户服务体系有一个质的飞跃，服务质量有更大的提高，全面提高客户满意度和美誉度。

我相信在全行结算与现金管理专业员工的共同努力下，今年的任务是一定能完成的，建设国际一流结算与现金管理银行的目标也是能够实现的。

统一思想认识　正确把握形势
进一步加快个人信贷业务健康发展

——在中国工商银行2009年个人信贷业务营销工作会议上的讲话

张福荣

（2009 年 2 月 11 日）

这次会议的主要任务是，认真贯彻全行工作会议和个金专业会议精神，以科学发展观为指导，总结 2008 年全行个人信贷业务发展情况，分析市场形势和竞争态势，进一步统一全行思想认识，推动业务加快发展，确保完成个人信贷业务各项计划目标。

下面，我讲三个方面内容。

一、2008 年全行个人信贷经营基本情况

2008 年，在国内经济周期因素和国际金融危机波及因素的叠加影响下，我行个人信贷业务发展遇到了一

定困难，但是，全行上下坚定信心，共同努力，通过加强市场调研分析，不断改善业务管理和工作推动方式；全面开展品牌宣传和业务营销活动；加快推进个人贷款中心建设，加强营销人员培训和资格认证，进一步健全营销渠道体系等措施，使个人信贷业务实现了持续发展。截至2008年末，我行个人贷款余额达8 122亿元，全年新增684亿元，在全行人民币各项贷款新增额中的占比为19.0%。其中，个人住房贷款（含个人商用房贷款）余额为6 699亿元，比年初新增621亿元；个人消费贷款余额为1 011亿元，比年初新增101亿元；个人经营贷款余额为412亿元，较年初下降了38亿元。个人住房公积金委托贷款较年初新增212亿元，余额达1 037亿元。

总体看来，2008年的个人信贷业务经营呈现出以下特点：

（一）个人贷款经营效益稳步提升，资产质量继续保持在较好水平。2008年末，全行个人贷款客户已达到487万户，增加近27万户，增幅达5.9%。个人贷款客户户均余额为16.8万元，比年初增加0.5万元，增幅达3.3%，全行个人贷款客户结构进一步优化，个人贷款对全行利润增长的贡献进一步体现。全行个人贷款2008年共实现利息收入557亿元，同比多增150亿元，增幅达36.9%。个人公积金委托贷款手续费收入也突破2亿元。根据产品业绩价值系统（PVMS）统计，2008年，全行个人贷款累计实现利润159亿元，占全部个人金融产品实现利润的25.7%。其中，个人住房贷款累计实现利润112亿元，占个人贷款实现利润的70.7%；个人消费贷款累计实现利润32.9亿元，占个人贷款实现利润的20.7%；个人经营贷款的利润为13.7亿元，占个人贷款实现利润的8.6%。截至2008年末，我行个人贷款不良率为1.14%，在市场出现较大波动的背景下，风险依然得到有效控制，资产质量继续保持在较好水平。

（二）在保持重点分行拉动作用的同时，业务增长区域结构进一步优化。2008年，在35家一级、直属分行中，有30家分行个人贷款余额较年初增加。增长额在35亿元以上的分别为浙江、河北、安徽、江苏、广东、山东和河南分行。上述7家分行个人贷款合计新增430亿元，占全行增量的63%，为全行业务发展作出了突出贡献。可以说，重点分行仍然发挥了业务发展的带动作用，浙江分行虽在2008年初也遇到了一定困难，但他们及时调整思路，加大了工作力度，很快扭转了增长乏力局面，全年增量超过100亿元，列全行第一。河北和安徽分行市场资源并不十分富足，但他们战略目标清晰，发展态度坚决，资源投入到位，连续几年实现了快速发展。从增速看，有18家分行增长率高于全行9.2%的平均水平。其中，内蒙古分行增长率在40%以上，安徽、河北和河南分行增长率在20%以上；其他增长较快的为湖北、贵州、湖南、宁波、四川、广西、重庆和陕西等分行。中西部地区分行的业务增长速度整体上高于其他地区，在全行的增量占比也高于存量占比，已成为全行重要的新的增长极。个人住房公积金委托贷款方面，共有32家一级、直属分行实现了余额增长，其中增长额列前3位的分别是广东、江苏和安徽分行，手续费收入贡献列前3位的分别是江苏、浙江和广东分行。

（三）我行继续保持市场领先地位，但面临的挑战日益严峻。2008年末，我行个人贷款余额市场占比为30.1%，居同业第一位，领先建行0.51个百分点，但因为年内比建行少增了168亿元，所以领先额已经从2007年末的311亿元下降到2008年末的143亿元。个人住房贷款市场占比第一位置得而复失，与领先者建行的差距进一步拉大，落后建行172亿元，差距较2007年末拉大了135亿元。从分行看，个人贷款增量同业占比居第一位的有河北、山西、内蒙古、浙江、安徽、湖北、广西和贵州8家分行，居第一的分行数比2007年末减少了8家；居第二位的有北京、吉林、黑龙江、山东、河南、海南、四川、陕西、甘肃、新疆、重庆、大连、青岛、宁波和厦门15家分行，比2007年末增加了5家；居第三位的有天津、辽宁、江苏、江西、湖南、广东、云南、青海和宁夏9家分行；居第四位的有上海、福建和深圳3家分行。而在同期，建行有21家分行增长额位居同业第一位。我行与建行新增额差距较大的为江苏、上海、深圳、辽宁和重庆分行，上述分行合计较建行少增了207亿元，是全行少增额的1.2倍。2008年，我行共有15家分行市场占比位次下降，下降两位及以上的分别是上海、福建、江西、广东和深圳分行。

这些数据提醒我们，在肯定成绩的同时，也必须清醒地认识到，一些问题也是非常突出的：如行际发展还不平衡，部分分行增长潜力未充分发挥；全行业务发展还不够稳定，个人贷款占人民币各项贷款的比重已经从2008年初的20%下降到了19%；我行市场形势还很严峻，个人贷款增量市场占比还未达到同业首位等。从全行转变经营模式和增长方式的总体要求来看，与打造“中国第一零售银行”的战略目标相比，我们的工作还需加强。上述问题背后的原因是多方面的，但主要还是部分分行的业务认识还不够清晰，经营思想出现了摇摆，战略执行力不足等。我们必须尽快解决上述思想认识问题，拿出切实有效措施，真抓实干，推动实现业务的持续、健康发展。

二、端正经营指导思想，树立科学、正确的业务发展观

总行把个贷业务作为核心业务来发展的战略意图已非常清晰，而且从未动摇。按照新的三年规划，全行将

在经营结构上实行根本性的再造和转型，实现经营模式和增长方式由以规模扩张为主向以质量效益为主的转变，实现股东价值最大化和可持续化。发展个人信贷业务是实现上述目标的重要途径，担子相应地也非常重，姜董事长在发展战略研讨会上明确提出推进个人贷款以年均15%以上的速度增长，到2011年在四大行中的占比超过30%，总量、增量要牢固占据同业第一的位置。如果不能端正经营指导思想，树立科学、正确的业务发展观，种种工作措施都将不能有效实施，也不可能实现总行的目标。为全行经营转型作出贡献，也只能是空洞的口号。针对全行目前的实际，我们需要在以下几方面统一思想认识。

（一）如何认识发展个人信贷业务战略重要性和紧迫性。股改上市以来，加快经营转型，加快实现经营模式和增长方式的根本转变一直是我们发展战略的核心内容。为此，总行提出打造国内第一零售银行和第一按揭银行等一系列重大经营发展战略。其目的就是要通过提高个人信贷资产比重，优化信贷结构，分散经营风险，提高全行信贷资产质量的稳定性。从目前来看，随着金融危机对实体经济影响的日渐加深，一些贷款企业经营困难加剧，我行近十年来形成的良好信贷资产质量正经受一次经济周期波动的大考。保持资产质量的稳定成为我行实现经营效益可持续增长的关键因素之一。在这种背景下，抗经济周期波动能力强的各类资产业务也必须有一个快速的发展，为整体信贷资产的质量稳定作出贡献。在这种情况下，个人信贷业务必须超过全行各项贷款的整体增速，有一个较快的发展。总行对个贷业务提出的年均15%以上的增长速度，是根据全行的战略需要而确定的。对全行来说，时间紧迫、责任重大、困难不少。2008年仅有少数行达到这个速度要求，希望各行对照该指标，认真查找差距，研究措施，切实增强紧迫感和责任感，快速行动起来，积极促进个人信贷业务的健康发展。

（二）如何认识个人信贷业务的风险。个人信贷业务兼有个人业务和信贷业务的属性，风险是客观存在的，关键要正确认识和看待风险。从目前看，制约业务发展的一个重要原因是部分分行还不能树立正确的风险观，对待个人信贷业务风险，不是考虑如何去识别、管理和控制，而是一味地去简单规避。要么不思进取，不去主动开拓市场；要么僵化教条，没有认真研究客户市场需求差异性，在政策制度制定上过于简单划一；要么对总行信贷政策层层加码，设置复杂烦琐的手续，降低了效率。这次美国次贷危机发生后，有些同志更是谈“次贷”色变，就此认为个人贷款，尤其是个人住房贷款风险难以掌握，暂时不发展也罢。这种认识是非常错误的。次贷危机有其市场环境和业务发展方式等特殊原因，而我们个人信贷业务在经营思想和文化方面与其有本质区别，当前面临的风险主要是假按揭和假车贷。实践告诉我们，只要按照要求，合规操作，做好尽职调查工作，就可以把主要风险管理好。2008年，面对市场的波动，个人贷款同比增长速度虽有所放缓，但不良率与年初基本持平，且关注类贷款的数量也基本没有增长，无论是存量还是新增的个人贷款在过去一年中都经受了考验，对抗经济周期波动取得初步胜利。个人信贷业务已开始逐步发挥分散信用风险，提高全行信贷资产整体质量的作用。为确保全行战略目标的实现，必须统一思想，树立正确的风险观，既要以高度的责任感和紧迫感做好风险防控工作，切实做到早发现、早防范、早处置，在国际金融危机蔓延和国内经济下行趋势中，确保信贷资产质量稳定；又要避免以牺牲客户、牺牲市场、牺牲效率、牺牲业务发展为代价，孤立、片面地追求局部和暂时的低风险，甚至“零风险”。要管理好风险，真正做到平衡经营。

（三）如何认识个人信贷业务的效益贡献。对个人信贷业务效益贡献的认识，整体上是较好的，但也有一些不客观的看法。那么，该如何看这个问题呢？首先来看个人住房贷款，如果我们对客户实行下浮30%的利率，根据目前的利率水平和内部资金转移价格计算，在扣除各种费用、成本并谨慎扣除贷款拨备后，每100万元个人住房贷款业务每年平均能为我行带来2 700元左右的利润贡献。如果我们不下浮利率，客户就会流失，收益很可能是零。如果再细算一下，2008年个人住房贷款经济资本加权分配系数约为3.9%，也就是近7 000亿元的个人住房贷款仅占用了262亿元经济资本，这样，个人住房贷款实际税后经济资本回报率可达34.8%。2009年，按照利率下浮初步测算，预计经济资本回报率还可以达到23%，也可以为股东创造较高的价值。看一项贷款业务的效益，不能只看其收回多少利息，还要看占用了多少经济资本，这样全面计算，个人住房贷款带来的效益还是较高的。而且，随着经济周期的变化和利率水平的波动，个人住房贷款的收益水平仍有较大进一步提高的可能，所以这项业务的利润贡献不可小视。再看个人消费贷款和个人经营贷款，这两项产品的贷款利率大多实行上浮。2008年，执行上浮利率的个人消费贷款和个人经营贷款合计余额占比达63.2%，其中执行上浮利率的个人经营贷款余额占比更高达75.6%，上浮幅度比2007年进一步提高，居各项贷款品种的前列。个人消费贷款和个人经营贷款的资产收益率分别达8.31%和8.32%，居全行贷款产品资产收益率的前两位。可以说无论是利息收入还是利润贡献，个人消费贷款和个人经营贷款均呈现良好发展势头。这是个人贷款的直接经济效益。除此之外，个人信贷业务还有较高的综合效益，可以为我行吸引并维系大量优质个人客户，形成规模效应，带动其他个人金融产品的销售。目前，个人贷款客户群已成为我行实施第一零售银行战略的重要基础，存量客户已突破480万户，他们整体资质良好。他们的资产状况和生活周期特点，决定了其金融资产和房产等实物资产要在一定时期内进行相互转化，资金流量较大，蕴含了较大的商业机会，是推动个金业务发展非常重要的客户群体。如果我们对发展个人信贷业务的态度发生摇摆，步伐放慢，那么，我们这一重要的客户群将面临无可挽回的萎缩流失，将会极大地动摇我们零售业务的基础。如果我们能够切实重视个贷业务，并实现“以业务为营销主体”到“以客户为营销主体”的转变，则将有效壮大个金业务优质客户群，获得长久的利润增长。

（四）如何认识未来一段时期内个人信贷业务的市场需求。必须承认，宏观经济环境的变化确实给我们的业务发展带来很大压力。2008 年，全国商品房销售面积6.2 亿平方米，同比下降了 19.7%；销售额 2.4 万亿元，同比下降了 19.5%。其中，商品住宅销售面积下降了 20.3%；商品住宅销售额下降了 20.1%。汽车市场增长速度也降到了近年来的最低水平，乘用车市场第二季度后急剧滑坡，下滑幅度甚至远超 2004 年。在这种背景下，一些同志对 2009 年的个人信贷业务市场需求感到不乐观，对市场拓展很没有信心。我认为，这是很值得商榷的。因为，作为一名银行经营管理者，一定要学会全面看待市场，具备在正视各种不利因素的同时，发现并利用好有利因素，赢得市场竞争优势的能力。我们看到，国家推出的一系列保增长、扩内需、调结构的措施，针对问题关键，及时而且有力。从目前来看，国家已经颁布的减息、税费优惠、对房地产和汽车产业进行支持等方面的政策都有利于房地产和汽车市场的稳定，也有利于促进个人住房贷款和个人消费贷款的发展。同时，内需的启动以及国家相关政策的大力扶持，必然惠及广大个体私营经济，这也为我们拓展个人经营贷款提供了有利商机。总之，这些都有利于保障个人信贷业务的平稳持续增长，是我们值得珍惜的机会。从中长期看，我国经济将保持平稳较快发展，城镇化、工业化过程中老百姓渴望过上好日子的强大需求，也没有因为危机而改变，这是内生的增长机制，是刚性需求，是个人信贷业务发展的最坚实基础。此外，由于我国地域广阔，区域经济差别性大，不同地区受经济波动影响的程度会有不同，同时，不同地区消费者在经济景气扩张期与收缩期的行为也很不一样，所以，地区性的业务发展机会也不容忽视。一定要注意到，往往市场波动之时也是市场格局变化之时，就看谁能把握机遇，实现赶超。所以，面对复杂的市场环境，我们必须要有信心，要发挥好我们的资源优势，理清思路，做好市场拓展工作，进一步奠定我行市场领先者的地位。

三、2009 年工作任务和工作要求

2009 年，我们要认真贯彻国家在新的经济形势下扩大内需，促进经济增长的经济方针和宏观调控政策，深入学习实践科学发展观，坚持打造“第一按揭银行”业务发展目标不动摇，优化客户结构，加强营销力度，全面提升核心竞争力，推动个人信贷业务健康、快速和可持续发展，确保实现个人贷款余额新增 900 亿元，其中，个人住房贷款新增 730 亿元，个人消费贷款新增 120 亿元，个人经营贷款新增 50 亿元；个人贷款新增和余额同业市场占比均保持领先，不良率继续控制在 2008 年水平，不良贷款余额继续得到有效控制；个人委托性贷款余额新增 200 亿元，委托贷款服务收入 2 亿元，其他非利息收入 0.5 亿元。为此，我们要重点做好以下工作。

（一）全面加强业务组织推动工作力度。一要继续深化个人信贷业务行长责任制，推动理顺个人信贷业务营销组织体系。要把计划执行进度、贷款增长情况、市场占比变化等具体指标作为个人信贷业务行长责任制的执行标尺，定期进行检查评价。行长要推动建立起主要部门积极联动、相关部门密切配合的个人信贷业务营销组织体系，不断降低沟通协调成本。二要根据市场竞争需要，制定并保持切实可行的营销激励办法，营销奖励要重点向一线营销人员倾斜。三要不断完善绩效考核机制。要把个贷业务作为关键绩效指标纳入二级分行行长绩效考核体系。要建立前中后台目标一致的交叉指标考核机制，前台营销人员加入风险控制指标，中后台管理人员同时担负业务发展指标，有条件的分行可逐步试行前中后台轮换岗制度，进一步提高团队合作意识。

（二）贯彻落实好总行政策，进一步提高市场竞争能力。为进一步提高快速响应市场的能力，增强市场竞争能力，总行经研究决定，在前期个人信贷业务政策进行调整的基础上，继续推出进一步促进个人贷款业务稳健发展的若干意见，具体内容包括：加大对自住型和改善型住房消费的信贷支持力度；扩大直客式个人住房贷款业务试点范围；支持各行根据当地市场需求对个人贷款产品和服务进行创新；鼓励个人经营贷款市场拓展等政策内容。政策出台后，各分行都要认真学习，正确理解，准确把握好信贷政策。要将相关政策抓紧落实到位，充分抓住当前国家扩大内需的有利时机，推动业务尽快启动。要在监管部门要求和总行政策范围内，灵活执行信贷政策，促进市场竞争力的提升。

（三）坚持打造第一按揭银行的战略目标要求，大力发展住房贷款业务。

一要继续完善个人住房贷款与住房开发贷款经营联动机制，加大经营联动的力度。要切实落实总行关于经营联动的各项制度办法，公司和个贷部门之间要建立和完善联席会议、信息共享等联动工作机制，实施按项目监测、捆绑营销、双向考核等具体措施。在二级行层面要普遍推行开发贷款与个人住房贷款经营联动工作的行长责任制，行长亲自协调解决问题，推进落实各项工作机制和措施。各级行开发贷款审查审批部门，要将开发

贷款项目预计可带来的按揭资源量作为开发贷款审批的一项重要条件，总行和一级（直属）分行贷审会对开发贷款的批复书要抄送个贷相关部门。要改进个人住房贷款服务措施，为优质开发项目的借款人提供更加便捷的服务，促进住房开发贷款和个人按揭贷款的协调发展。要进一步优化开发贷款结构，住房开发贷款要向经营联动效果良好的地区和能产生丰富按揭资源的项目倾斜，为个人住房贷款业务的发展培育和储备资源。

二要加强纯按揭项目个人住房贷款业务的营销。开发贷款带来按揭和纯按揭项目营销是我行获得一手房贷款客户的两大主要资源渠道。在当前经济和业务环境下，纯按揭项目更是具有突出重要的战略意义，不仅可以弥补部分地区开发贷款的不足，还可以通过利用同业创造的资源，提升我们的竞争能力。当然，纯按揭项目营销难度更大，这就需要投入更多精力、更多资源，有关政策也应适当倾斜。要进一步优化纯按揭项目的准入流程，提高准入效率，根据开发企业的实力和资质、开发项目品质与规模、开发企业对我行的综合贡献度等，实施差异化的营销策略。要积极主动，加强与房地产管理部门和开发企业的沟通交流，多渠道第一时间掌握新开发房地产项目信息，建立按揭资源信息库。对跨地区多项目开发的大型开发企业，相关行住房贷款营销部门要建立多级联动的营销机制。要健全业务考核机制，加大激励力度，提高纯按揭个人住房贷款营销人员的积极性。同时，要坚持业务条件，加强对纯按揭项目的“五证”审查。

二手房贷款在我国有着广阔的市场空间和发展潜力。当前主要是要利用好中介机构这条客户资源渠道。各行要在辖内选择掌握一批业务规模大、客户资源优良、管理规范的中介机构，根据互惠互利的原则签订合作协议，从源头上抓住住房贷款的客户资源。有条件的分行可以完善业务流程，通过业务受理前端嵌入、贷款预审功能前移、提供配套融资服务等措施，为中介机构和购房人提供更加便捷、全面的服务，把握业务合作的主动权，提升我行二手房贷款业务的市场竞争力。各行要注重利用我行的品牌、网络、网点和客户资源优势，积极探索深层次、多渠道、全方位的合作模式，避免以简单的价格战来获取更多客户资源。

三要积极拓展个人商用房贷款业务市场。按照目前政策规定，个人商用房贷款期限短、成数低，而且要求现房贷款和现房抵押，风险可控。个人商用房贷款利率比基准利率上浮10%，综合效益很高。各行要根据总行相关政策要求，积极拓展具有独立封闭物理空间、独立产权，售价合理、经营前景良好的个人商用房贷款业务，要根据商用房贷款借款人还款资金来源的特点合理计算其还款收入，所购商用房未来可能产生的租金收入，可作为借款人还款收入计算。随着个人购买办公用房（写字楼）的增加，长三角和珠三角地区及其他地区地级以上城市分行要积极拓展个人购买办公用房（写字楼）商用房贷款业务。

（四）积极推动个人消费贷款和个人经营贷款的增长。针对个人住房贷款利差收窄的情况，我们更需重视个人消费贷款和个人经营贷款的市场拓展工作，以不断提高个贷业务的整体收益率。

一要加快推进个人汽车贷款业务发展。要密切关注当前个人汽车消费向二、三线地区转移的趋势，认真研究本地区市场需求，充分发挥我行个人中高端客户密集优势，公私联动，主动走访、密切沟通，确保与当地主流汽车经销商、生产厂家开展业务合作，从源头上最大限度地获得客户资源，有条件的分行还应在当地主要汽车交易市场或汽车经销商密集地区派驻客户经理，或将附近支行发展为个人汽车贷款特色支行。总行近期将出台个人商用车贷款管理办法，具备条件的分行要着手与本地区资金、技术实力雄厚的工程机械厂商开展合作洽谈，拓展工程机械车辆贷款，已开办且合作良好的要研究进一步扩大双方合作。各一级、直属分行要结合本地实际，确定辖内哪些二级分行适合开展哪些业务，可在风险可控的前提下，积极探索城市出租车经营权质押、有固定线路营运客车贷款等业务品种。

二要重视并保持个人经营贷款的健康发展。个人经营贷款是我行个人信贷业务的重要组成部分，缓解、遏制余额连续下滑，尽早实现恢复增长是我们今年的重要任务。要充分分析本地区经济发展状况，对本区域个体私营经济发展情况认真研究排查，区分不同行业经营状况，并主动上门走访。要把素质能力强的人员放在个人经营贷款客户经理的岗位上，以掌控好企业现金流、货款回笼等生产经营情况，优中选优，进行重点营销。个人经营贷款行业、区域特性很强，各行要加大分析研究力度，在总行指导下形成各具特色的创新产品。当前要重点探索开展国内重点商品集散地或商品交易市场商铺抵押类个人经营贷款营销，各行要做好客户摸底工作，制订专项营销方案，及时开展推介工作。总行现正在研究完善个人循环贷款办法，要充分借助循环贷款功能，进一步推动个人经营贷款等个人信贷产品发展。

三要稳步发展个人综合消费贷款、个人质押贷款及信用贷款。个人综合消费贷款要全面覆盖出国留学、住房装修、住房家居及其他合理消费用途需求，只要贷款用途合法合规、风险可控，均可按我行现有制度规定办理。要突出主要以房产抵押为特色，与最高额担保贷款、个人循环贷款相结合，满足客户应急性、多样化融资需求，提升产品竞争力。要充分借助我行众多经营网点，组织全行个人理财经理等广泛宣传我行个人质押贷款业务优势，引导客户自助办理网上银行个人质押贷款。要着力推动银保通保单质押贷款业务发展，使其成为我行个人质押贷款业务新亮点。要针对目标客户群体主动开展个人信用贷款营销，按业务办法规定的客户准入范围开展形式多样的营销活动。

（五）抓好住房公积金委托贷款业务，提高个贷业务综合收益贡献。住房公积金委托贷款业务不仅带来直接的手续费收入，还可以带来自营住房贷款配套机会，促进自营住房贷款业务发展，帮助我行锁定优质个人客户群。对发展此项业务的必要性，各行要有清醒的认识，要把其作为打造中国第一按揭银行的重要组成部分，抓紧抓实。2009 年，随着住房市场的结构性调整，及各地公积金贷款政策的放宽，公积金委托贷款业务面临新的发展机遇，各行要全面加强对公积金管理中心的营销力度，要将公积金委托贷款纳入个贷销售奖励范围，提高业务开办覆盖面，完善与自营住房贷款、公积金公存业务的联动机制，加强手续费管理。全行要力争在 3 年内实现新增额与建行持平，市场占比显著提高的工作目标。此外，要不断探索提高个贷业务综合收益贡献的新路径。随着新一代个人委托性贷款业务系统的投产，对其他各类具有合法资金来源及贷款用途的委托人，我行已具备提供委托贷款服务的能力，总行将着手推进个人委托贷款业务的发展，扩展委托贷款手续费收入来源。具备条件的分行还可着手探索包括提供个人融资顾问服务、授信承诺服务、贷款重组服务、代理个贷保险、代理个人信用报告查询等创新产品及服务，并在报备总行后实施。总行将通过设立规范收入科目，为各行加强非利息收入的归集与管理提供支持。

（六）坚持以人为本，打造高质量、强有力的营销队伍。强化市场拓展、把控业务风险，关键在于人。目前现有的个人信贷营销队伍中，还存在人员不足、部分人员业务知识和经验储备不够、缺乏营销技巧系统训练等现象。这就要求我们继续加强个贷客户经理营销队伍建设工作，坚持以人为本，打造高质量、强有力的营销队伍。要继续完善个人信贷营销岗位设置，充实人员，使人员配备与业务量、管理幅度和所承担的管理职能相适应。全行要配备并保持不少于 10 000 名个人信贷专职营销人员。要以个人信贷业务营销人员专业资格考试为契机，继续加强对个人信贷客户经理的培训，促使基层行营销人员正确认识房地产市场和个人信贷市场的发展形势，深入掌握、了解总行经营指导理念，准确把握新产品、新业务、新政策，具备更高的综合业务技能、风险识别和防控能力。要对通过资质认证的个贷客户经理实行档案制管理，保持队伍的稳定。经过专业培训的人员，要放到相应的岗位上，发挥其专长。要进一步加大对个人客户经理和理财经理个人信贷业务知识的培训力度，进一步提高网点营销和客户服务能力。

（七）继续进行个贷中心建设，建设高水平营销渠道体系。经过一段时期的探索与实践，个人贷款中心的定位和运营规范已逐渐成形，并在试点过程中取得了较好的效果。2009 年，要全面开展个贷中心建设，确保在各中心城市行和重点二级分行至少设立一家个贷中心，并努力使辖内个贷中心数量与市场情况、本行管理实际和业务规模等因素相适应。2009 年，要建设并稳定保持不少于 300 家符合“个人信贷业务营销标准化工程”项目要求的个人贷款中心，并带动 1 000 家网点营销个人信贷业务。各行要认真落实总行个贷中心运营指导手册的相关要求，充分保障个贷中心在人员、费用和硬件设施等方面的资源配置要求，特别是保证每个中心配备人员数量不少于 6 到 8 人。要根据本地实际，完善个贷中心运作流程，完善个贷中心的绩效考核机制和人员的绩效考核方法。要努力使个贷中心成为个人贷款营销的主渠道和主阵地。要利用个贷中心的人员和业务经验优势，对财富管理中心、贵宾理财中心、理财网点等提供个人信贷业务支持，协助其解决个人贷款营销与服务中遇到的问题。要仍然坚持审查审批功能交由中台受理，实行前后台分离，有效防范风险。

（八）以客户为中心，提高个人信贷业务创新服务和综合创利能力。在当前利率浮动范围逐步加大、利差空间逐渐收窄的趋势下，要以客户为中心，以提升个贷业务综合贡献度为目标，加紧创新产品，提高服务能力。要加快研究建立科学的个人贷款客户分层标准，将个人贷款客户纳入全行统一客户视图，全面提高客户服务水平。要在充分市场调研的基础上，研究个人住房贷款与理财、保险等业务的关联，完善公积金贷款与我行自营按揭贷款的组合贷款模式，实现个人信贷业务与个人负债、个人中间业务产品的组合创新。要对新增优质客户实行差别化的信贷政策和定价，简化业务办理流程，努力抢夺优质客户资源。要对存量客户以综合贡献度为基础，提供差别服务和收费，做好理财金账户、财富管理业务、理财产品及其他相关高端个人金融业务产品的交叉销售工作。

（九）加强宣传，提高“幸福贷款”品牌影响力。通过营销宣传和产品包装，扩充“幸福贷款”品牌内涵，提高品牌影响力。一要通过广播、互联网、报纸、杂志、灯箱广告等公众媒体加强宣传；二要充分发挥我行网点和电子银行渠道优势，借助网点、电子银行、银行卡对账单，组织加强各种产品和服务的宣传推广力度，特别是要注重发挥个人贷款中心的品牌宣传阵地作用；三要广泛开展有针对性的项目营销，通过印制“幸福贷款”产品手册、个人贷款网点地图、项目楼盘地区等宣传品，在我行网点、合作机构、售楼处、房展会、车展会等场所展开营销。四要加强产品的组合包装，对现有的还款方式创新、存贷通业务等个贷创新产品和服务进行包装整合。要以业务发展推动品牌建设，依托品牌效应推动业务发展，走品牌发展之路。

（十）坚持把个人信贷业务不良率控制在较低水平。复杂的经济环境和市场形势，对我们提高个人信贷业务风险防范能力提出了更高的要求。各行要对风险防范工作有清晰的认识，始终坚持市场开拓与风险防范并重的原则，将风险防控工作落到实处。当前，个人住房贷款最需关注的是假按揭的风险，要严格执行双人调查和见客谈话制度，进一步强化防范力度，从源头上杜绝“假按揭”。在个人一手房贷款方面，要加强开发企业和开发项目的准入管理，防范开发项目烂尾带来的按揭贷款风险；在个人二手房贷款方面，要加强对合作机构甄别与审查，严格执行贷款调查、审查、审批工作流程，坚决杜绝出现“有证无房”等虚假按揭贷款问题。个人汽车消费贷款方面，要严防假车贷。要认真落实总行转发银监会关于汽车贷款风险提示的有关要求，切实加强个人汽车贷款贷前审查和合作机构管理。要重点审查借款人资信状况和还款能力等，把好客户准入关。要严格按规定审查准入承担担保责任的合作机构，防范超能力担保。个人综合消费贷款要准确把握客户贷款资金用途。在发展个人经营贷款的同时，要切实按照总行要求配备充足合格的经营管理和从业人员，注重提高客户经理对贷款客户现金流的把握能力，不断提升风险管理水平。

同志们，当前个人信贷业务发展面临着前所未有的复杂局面，但危机下潜在的、挑战中蕴涵的往往是机遇，改变竞争与发展格局的时机也往往是在最为复杂和困难的时候。我们肩负的责任十分重大，希望大家增强历史责任感和危机感，振奋精神，齐心协力，克服一切困难，扎实、高效地做好个人信贷营销工作，巩固我行“第一按揭银行”的地位，实现个人信贷业务的快速、健康发展。

坚定信心　迎难而上
努力夺取储蓄存款增量同业第一

——在中国工商银行储蓄业务工作视频会上的讲话

张福荣

（2009 年 2 月 13 日）

今年刚刚过去的 40 多天，全行储蓄存款增长情况很不理想，我们面对的市场形势十分严峻。今天总行紧急召开这次储蓄存款工作视频会议，就是要在当前储蓄存款业务发展条件比较有利而同业竞争又日趋白热化的情况下，坚定不移地贯彻总行发展方针，有的放矢地采取应对措施，刻不容缓地扭转不利局面，夺取第一季度储蓄存款工作的主动权，确保全行实现储蓄存款增量同业占比第一的目标。下面我讲三个问题。

一、年初以来我行人民币储蓄存款竞争形势十分严峻

截至 2 月 12 日，全行人民币储蓄存款较年初增长 2 525. 85亿元，其中 2 月份仅增长 85. 94 亿元，储蓄存款增长明显减缓。同时 1 月份新增情况与同业相比也有较大差距，大多数分行的储蓄存款新增同业占比出现了大幅下滑，这在历年的旺季营销阶段是少见的，全行储蓄存款增长形势十分严峻。

（一）新增储蓄存款的同业占比名次出现大幅下滑。截至 1 月末，全行人民币储蓄存款较年初增长 2 438. 92亿元，新增同业占比仅为 26. 4%，同业排名第三；同期建行新增占比为 30. 3%，农行为 28. 5%。从增量上看，我行落后建行 368. 54 亿元，较农行少 195. 27 亿元。从各分行的增量占比情况来看，排名第一的分行只有 9 家，分别是北京、上海、广东、山西、山东、安徽、河南、贵州和海南分行；6 家分行排在同业第二；15 家分行排名第三；有 5 家分行排在第四位，分别是福建、云南、广西、青岛和大连分行。与 2008 年全年增量占比名次相比较，有 4 家分行的同业占比名次有所提升，分别是安徽、山东、河南和宁夏分行；10 家分行保持不变；有 21 家分行同业占比名次出现下滑，其中辽宁、吉林、广西、云南、大连、青岛 6 家分行下降了 2 位。

与建行增量相比，我行共有 22 家分行人民币储蓄存款增量落后于建行，差额合计达 652. 84 亿元。其中，差额前 10 位的分行为：福建（ - 93. 88 亿元）、湖南（ - 74. 67 亿元）、江苏（ - 71. 11 亿元）、湖北（ -56. 92 亿元）、云南（ - 48. 79 亿元）、河北（ -47. 44 亿元）、辽宁（ - 38. 52 亿元）、四川（ -35. 7 亿元）、陕西（ - 27. 52 亿元）、广西（ - 23. 14 亿元），差额合计达 519. 96 亿元，这是极不正常的。

（二）一级分行营业部储蓄存款增长缓慢。截至 1 月末，23 家营业部中，新增占比保持当地同业第一的有 7 家，分别是哈尔滨、济南、杭州、南京、郑州、南

昌、广州；9家营业部排在同业第二；7家营业部排在同业后两位，分别是石家庄、长春、呼和浩特、长沙、福州、南宁、昆明。从2006—2008年营业部储蓄存款余额占比变化情况看，全部23家营业部余额占比下降，下降幅度超过了各一级分行下降的幅度。

各营业部储蓄存款余额在所在一级分行中的占比也呈下降趋势。截至2008年末，占比超过40%的有10个营业部，30%—40%的有4个营业部，低于30%的营业部有9个，包括郑州、太原、南昌、长沙、南京、呼和浩特、合肥、济南、石家庄。从2006—2008年变化情况看，大多数营业部在省行中的余额占比呈下降趋势，太原、长春、哈尔滨、南京、杭州、南昌、济南、郑州、武汉、长沙、贵阳、西安、兰州、乌鲁木齐14个营业部是下降的，只有沈阳、成都、南宁等9个营业部占比略有上升或保持在2006年水平。

（三）全行储蓄存款余额占比下滑的趋势未得到根本性扭转。截至1月末，全行人民币储蓄存款余额为4 2061.9亿元，同业占比为31.06%，较年初下降了0.35个百分点。同期中行、建行的余额占比分别比年初提高了0.49个和0.09个百分点，农行较年初下降0.06个百分点。从各分行储蓄存款余额占比变化情况来看，只有山西、浙江、山东、河南、广东、海南和宁波7家分行较年初上升，其余28家分行均有所下降，下降幅度较大的依次是云南、广西、新疆、辽宁、吉林、福建、青海、陕西、内蒙古、河北、湖南和甘肃分行，上述12家分行的同业占比下降幅度均超过0.5个百分点，特别是云南、广西分行的下降幅度超过1个百分点。短短1个月的时间里，下降幅度如此之大，必须引起相关分行的高度重视。

二、当前储蓄存款工作中存在的问题

（一）各行对市场竞争中出现的新情况把握不准确，跟进措施不到位。2008年我们刚刚夺回了同业第一，1月份储蓄存款我行增加2 400亿元，自己和自己比，许多行都认为已经是历史最好水平，但放到市场上去比，我行仅列第三，增量比建行差了近400亿元，这在历年的储蓄存款旺季是很少见的，也是不正常的。主要原因是部分分行对当前储蓄存款市场竞争中出现的新情况判断不准、反应不快、措施跟进不及时。一些分行认为储蓄存款较年初和去年同期增长的不错，序时任务完成得较好，以为可以缓一缓，正是这种思想耽误了我们的工作。与同业比较之后，才知道我们工作的巨大差距。客户流失了，需要我们花更大的力气去弥补。

回顾近几年储蓄存款形势的变化，2006年至2008年短短的三年时间，我行储蓄存款增长了9 566亿元，整个金融机构在三年内储蓄存款增长了7.4万亿元，年复合增长率达16.78%，说明储蓄存款正处于一个高速发展的有利时期。但目前我行储蓄存款余额仅领先农行2 200亿元，建行也在以惊人的速度追赶我们。过去我们常说自己稳居同业第一，而目前的严峻形势提醒我们，我们的市场份额正在不断被蚕食，同业的领先地位已岌岌可危，若我们没有忧患意识，不采取断然措施，而仍然沉浸在过去的成绩中，同业将会很快赶超我们。

（二）对储蓄存款在个人金融业务转型中的重要意义认识不到位。近几年，总行积极推进个人金融业务经营转型，并已经取得了明显成效，但一些分行对储蓄存款的认识出现了偏差，部分分行的考核激励机制不到位，有的分行甚至出现了储蓄存款被“边缘化”的问题。对此，姜建清董事长在年初全行工作会议上指出，“任何时候都要坚持不懈地巩固和加强存款这个基础，不能丝毫削弱和动摇客户基础。”所以，推进经营转型不是要不要增加存款的问题，而是以什么样的方式和怎样的成本发展存款的问题。无论任何时候，储蓄存款都代表了客户基础，只有储蓄业务持续稳定发展，才能为个人金融业务的转型发展提供有力保障。储蓄的经营水平集中体现了我行核心竞争力，是关系到我行可持续发展的大问题。对此，全行要从科学发展观的高度，对储蓄存款工作始终保持一个清醒和统一的认识，在工作指导思想上不能有丝毫的偏差。

（三）源头市场开拓力度不够，整体功能发挥不到位。一是源头市场营销效果不明显。近几年，我们一再强调储蓄存款要从代发工资等源头抓起，但现在看来各行对这项工作重视程度还不够、精力和财力投入还不足，采取的措施还不太有力，因而取得的效果也就不太明显。我们把对公客户与代发工资客户对照一下，就知道我们的源头市场丧失了多少；将代发工资业务的发展与同业相比，就知道我们的差距到底有多大。这些差距充分说明了我们的公私联动、协调营销还不到位，而这项工作单靠个金部门的力量是远远不够的，各级行领导必须给予高度重视。此外，随着各区域经济发展和城市扩容改造，城区及郊县的拆迁款、补偿款成为储蓄存款新的增长点；证券市场中的“大小非”解禁套现后的资金，也成为同业吸收储蓄存款的新来源。相比之下，部分分行没有深入研究市场，没有及时捕捉信息，仍固守等客上门的传统经营方式，造成储源受限、客户流失，导致我行在新增储蓄存款市场上的竞争乏力。二是未实现理财产品销售与储蓄存款的协调增长。随着我国金融环境和资本市场的发展，客户投资理财的产品和渠道日趋多元化，但部分分行的经营理念仍未实现由产品销售到客户维护的转变，单纯就存款抓存款，将储蓄存款与理财业务割裂开来，其结果不仅无法形成个人金融业务协调发展的合力，在新兴业务与传统业务的整体协调发展方面，也往往顾此失彼。

（四）各行对储蓄存款的激励与考核措施不到位。第一季度历来是个人金融业务的旺季，总行在去年12月份召开的全行个人金融业务工作会上，重点部署了储蓄存款旺季营销工作，各行也按照总行要求进行了安排。但据我们得到的同业信息，我行与同业在对储蓄存款的考核和激励力度上存在着差距。例如，建行的部分分行在总行专项费用基础上再拿出额外费用来支持旺季营销；中行的部分分行实行行长绩效与储蓄存款考核挂钩，对月、季储蓄存款增长实行问责制，连续三次未完成考核任务的行长就地免职等。可以说，同业对储蓄存款的竞争已经到了白热化的程度，重新展开了一轮储蓄存款的争夺战，各家银行纷纷制定政策和措施，加大储蓄存款激励和考核力度，旨在提升市场份额。尽管我行一直以来都非常重视储蓄存款，但相比较而言，各行在新形势下、新的竞争格局中对储蓄存款的激励还是不足，考核还不到位。

（五）一级分行营业部的储蓄存款工作不到位。总行一直非常重视省行营业部的龙头作用，各行也向营业部倾斜了大量的财力和物力，但近几年营业部的储蓄存款竞争力仍呈阶段性下降趋势，成为全行提升储蓄存款同业竞争力的重要制约因素和“瓶颈”。分析原因，大部分一级分行营业部的网点数量、硬件条件、人员配备等方面，在当地同业中还是具有一定优势的，但由于认识不到位、投入不足、机制不完善等因素造成被动局面。

三、下一步工作要求

（一）要进一步提高对做好储蓄存款重要性的认识。储蓄业务是我行最基础的核心业务，是基础中的基础，也是我们工商银行的最大优势之一。各行对此一定要有个全面、到位的认识，任何时候都不能动摇这个基础。储蓄存款优势在谁手中丢失，谁就是工商银行的罪人。各行要以此来检查自身思想认识上存在的差距与不足，尽快把思想认识统一到总行要求上来。要牢固树立市场观念，提高对市场变化的敏感性和应变能力。1月份我行储蓄存款新增与同业相比差距较大，面对竞争形势的新变化，我们很多分行的敏感性和应变力不足，贻误了战机。目前市场资金比较充沛，但今年的经济形势复杂多变、各种不确定因素确实很多，市场形势随时都可能发生很大改变，尤其是储蓄存款与资本市场发展关联密切，2月份以来储蓄的变化充分印证了这一点。因此，我们必须紧盯市场和同业动向，动态调整应对措施，牢牢掌握市场主动权，确保处于市场竞争的优势地位。

（二）要进一步明确市场竞争的战略目标。今年总行虽然下达了全年新增5 000亿元的目标，但这仅仅是一个绝对量任务，更重要的目标是要确保储蓄存款增量同业占比第一，这是一个战略性的目标。因此，各行在实际工作中，不能仅看增量计划完成情况，而要更加关注市场占比的变化，要紧盯市场。对于储蓄存款同业占比领先的分行，要继续巩固和扩大优势；对于新增占比不是第一或同业占比下降的分行，要下力气尽快提高同业占比水平，务必实现同业第一的目标。总行的要求是，到第一季度末，全行必须实现新增储蓄同业占比第一，同时完成新增3 500亿元的阶段性任务。各行在下达辖属分行储蓄业务增量计划的同时，都要根据同业第一的目标制订储蓄存款增存计划，将目标任务落实到每一个网点、每一位客户经理、每一位员工，确保全行既实现总量计划，又完成市场占比提升目标。

（三）要进一步抓好各项揽存增储措施的落实。年初召开的全行工作会议和去年底召开的个人金融业务专题会议都对抓好储蓄存款工作进行了全面部署，各行要紧密结合市场竞争形势，进一步梳理工作思路，切实细化对策措施，提高执行力。当前尤其要抓好几项重点措施的落实：一要抓好代发工资业务，巩固和扩大储蓄源头。实行代发工资专项奖励政策，调动各方面积极性，加强公私联动，大力开展定向组合营销和协同营销，力争全年实现新增代发工资单位户数10万户，代发金额4 000亿元的目标。同时，以代发工资业务为抓手，优化客户结构，夯实增存基础。二要抓好客户储蓄存款与个人信贷资金、理财资金、结算资金在我行体内的循环流转。增强理财产品销售与储蓄存款之间的协同效应，以各种理财产品销售带动储蓄存款增长，积极促进理财产品与储蓄存款连接互动产品的创新和开发，实现理财业务与储蓄存款的相互带动，相互促进。三要抓好服务优化工作。通过实施个人客户服务精细化管理和业务流程深化改造，实现服务规范化、细致化、常态化和标准化。通过提供多元化增值服务竞争客户、特别是优质客户，促进储蓄存款的快速增长。四要抓好网点改造和客户经理的配备。各行要尽快落实今年的客户经理配备计划，力争第一季度配备到位，早培训，早上岗，早发挥作用。要加快财富管理中心和贵宾理财中心建设进度，重点提高财富管理和综合理财的竞争能力，显著改善对优质客户的服务。

（四）要进一步完善考核激励机制。总行将实施储蓄存款工作问责制，对于新增同业占比排名不是第一的分行，以及新增同业占比下降的分行，这些分行的“一把手”和分管行长都要向总行作出专题汇报，说明原因、分析情况、提出限期改进措施；同时对新增同业占比下降的分行，总行将降低其当年分行行长绩效综合考评等级。对储蓄存款增长缓慢、同业占比与其资源不匹配的分行，要采取检查督导和定期询问制度，尤其是22家同业新增占比落后于当地建行的分行，更要采取有力措施迅速扭转不利局面。同时，总行还将加大对储蓄存款的考核激励力度：一是在今年的分行行长经营绩效和业务发展考评中，增加储蓄存款的考核比重，以调动各行积极性；二是在2009年度全行“重点产品销售激励计划”中增加储蓄存款的销售激励，完成计划给予奖励，并对超过计划完成部分给予超额奖励；三是加大储蓄存款同业占比指标在今年分行个金专业考核中的权重。四是加快个人业务销售激励项目的实施推广，充分调动客户经理争存揽存的积极性。各分行要在总行相应考核激励措施基础上，制定相应配套措施，确保激励措施到位。

总行将定期通报各行储蓄存款业务发展情况，从本月起，月增占比排名不是第一的分行要认真分析原因，提出改进措施，向总行专题报告。各行要密切关注储蓄存款变动情况，逐项分析储蓄业务市场占比变动趋势和主要竞争对手动态，定期向辖内各行通报，加强对落后分行的检查和督导。

（五）要进一步强化联动机制，推进储蓄存款与公司、机构业务存款的协同发展。要深入研究新的市场环境下资金运动规律，通过加强对公和对私业务的联动发展，实施组合营销和交叉销售，完善客户信贷资金、结算资金、理财资金等在我行体系内的循环流转机制，来提高我行在存款市场上的整体竞争力。要加强我行重点贷款客户和大型贷款项目的针对性营销，强化其贷款用途控制和资金流监测、预测，提出合理的贷款与存款挂钩比例，并通过开展对其上下游企业的延伸营销，努力实现更多资金在我行系统的账户流动和沉淀。要建立和完善与金融同业及各大系统客户的合作平台，在深化整体合作、改进客户服务中进一步扩大资金来源。依托第三方存管业务，抓住储蓄资金和同业资金的相互转化，确保客户证券资金较大份额在我行内部循环。锁定各级财政部门和资金密集型的政府机构系统大户，加快开发“军银通”系统，积极争揽各级财政和军队存款。加大理财产品的创新开发和营销力度，实现存款和理财产品的有效对接，争取更多的客户通过我行渠道购买理财产品，促使更多的客户资金归集到我行，并以此转化高成本存款，优化存款结构，降低筹资成本。要努力扩大代发工资覆盖面，增加客户新开户数量，从源头上抓住各类资金，不断拓展新的存款业务增长点。要根据市场变化和同业竞争形势，根据公司、机构等客户的综合贡献度情况，相应调整和完善存款定价机制，提高议价能力和营销水平。要健全各类存款的业绩评价和激励机制，充分调动各级机构存款工作的积极性和主动性。

同志们，今年是我国经济发展困难较大而又非常关键的一年，也是我行新的三年发展阶段的第一年，储蓄存款工作乃至全行个人金融业务发展正面临着巨大的挑战。大家要坚定信心，迎难而上，全力做好储蓄存款工作，继续夺取全年储蓄存款增量第一，为实现全行个人金融业务的持续健康发展而努力。

统一思想　坚定信心
促进私人银行业务快速健康发展

——在中国工商银行私人银行工作会议上的讲话

张福荣

（2009 年 3 月 13 日）

今天我们在这里召开私人银行部成立以来的第一次年度工作会议，主要任务是，落实总行发展战略研讨会、年初工作会议精神，总结私人银行部成立以来的发展情况，明确 2009 年及今后三年私人银行业务发展的任务目标，动员全行进一步统一思想，坚定信心，开拓进取，不断提升私人银行的服务品质和品牌形象，努力扩大私人银行业务市场份额，促进私人银行业务快速健康可持续发展。下面我讲三方面内容。

一、2008 年私人银行业务实现良好开局

根据总行党委、董事会的战略决策，工商银行私人银行部于 2008 年 3 月 27 日正式挂牌成立，年内私人银行四家分部又相继开业。经过近一年的探索实践，全行私人银行业务呈现良好发展态势，取得了令人满意的成绩。

（一）私人银行首轮区域布局初步完成。2008 年 1 月 25 日，总行党委决定成立私人银行筹备小组。3 月 4 日，第一届董事会第三十二次会议审议通过了关于设立私人银行部的议案。3 月 27 日，我行获得国内首家私人银行总部经营牌照。之后，广州、上海、北京、深圳四个分部，也相继获得经营牌照，并在较短的时间内正式对外挂牌营业，完成了私人银行业务的首轮区域布局，使我行私人银行服务在推出第一年就基本覆盖京津冀、长三角和珠三角等我国经济较发达地区。在总部和四家分部筹建期间，在相关部门的密切配合下，私人银行部门的同志高效完成了总分部的经营机制和运营模式确立、布局规划、经营牌照申请、选址装修、人员招聘培训等各项工作，有力保障了私人银行业务的顺利推

出。各新闻媒体对我们总分部的开业进行了大量积极正面的报道，赢得了良好的市场反响。

（二）具有工商银行特色的私人银行经营管理模式初步建立。作为总行直属机构，私人银行部充分依托工商银行整体优势，研究建立具有工行特色和私人银行特点的经营模式，继承工行文化，提出“全行办私人银行、开门办私人银行”的宗旨；积极加强与总行相关部门和相关分行经营联动，制定了联动工作流程，建立了联动工作报告制度，完善了联动考核激励办法，促进了私人银行业务快速平稳发展。

（三）客户拓展和产品创新工作初见成效。截至2008年底，私人银行签约和意向签约客户2 049户，管理金融资产约180亿元。与行内有关部门合作，设计推出了涵盖资本市场、货币资金市场、债券市场、信贷市场和外汇市场的系列专享产品，并首创了信贷资产买断、银行与信托联合贷款、红酒收益权转让等多项理财产品。2008年共发行26款本外币私人银行客户专享理财产品，合计36亿元。各类专享理财产品风险控制措施严密，发展初期我们曾对风险防控能力较担忧，但从实践分析风险防控效果较好；收益水平明显高于同期同类产品，赢得了客户信任，在一定程度上满足了高净值客户资产多元化的配置需求。2008年在“搜狐”网开展的评选中，我行被评为“最具潜力中资私人银行”，表明了市场对我行私人银行业务发展的认可。

（四）服务品质和品牌影响力初步确立。结合私人银行客户特点，注重从服务细节上入手，提升私人银行业务服务品质。确立了“诚信相守、稳健相传”的经营理念和“服务创造价值”的文化导向，初步建立了一支有较强客户维护和拓展能力的营销团队，强化了客户主动营销和准入管理，开展了独具特色的主题客户活动，服务对象逐步由单一客户向家庭、家族企业延伸，服务领域涉及资产管理、投融资业务等多个方面，我行私人银行业务在高净值客户群中的品牌影响力不断提升。

（五）具有私人银行业务特点的风险管理框架初步搭建完成。针对私人银行业务在操作风险、市场风险、信用风险等环节的风险特征，制定了相关风险防控措施和管理办法，为业务发展奠定了基础，保证了私人银行业务平稳起步。创新推出了客户远程委托交易，并及时对相关尽职调查工作实施了集中管理。同时，将各分部的业务运营委托给各所在地分行，这些集约化措施有效提高了私人银行业务的运营质量和效率，降低了运行成本。

私人银行业务一年来的创新实践表明，总行党委关于发展私人银行业务的决策是正确和及时的，总行各部门、各分行对私人银行业务的支持和联动是富有成效的，私人银行部门的全体员工是付出努力、做出成绩的，较好地完成了任务。在此，我代表总行党委向私人银行部门的全体干部员工表示慰问！向关心、支持私人银行业务发展的总行有关部门和分行的同志们表示感谢！

二、未来三年我行私人银行业务的发展目标和任务

未来一个时期，我行私人银行业务发展面临难得的历史机遇。2008年全球金融市场跌宕起伏，金融格局发生巨大变化。很多投行模式下的私人银行业务受到了根本性的冲击，而全功能银行模式下的私人银行业务发展则相对稳定。与此同时，部分外资私人银行机构因扩张中的不当营销等问题而面临较严重的信任危机，大量国内私人银行客户从外资行向中资行回流，这对我们来说是难得的拓展业务的机会。虽然国内经济金融形势也面临着比较大的不确定性，但国内私人银行发展的良好机遇没有丧失，而是刚刚到来。在当前全球经济增长步入低谷的特定背景下，中国仍是私人银行业务发展潜力最大、增长最快、机会最多、投资最为安全的国家之一，而这正是中资银行大力发展私人银行业务的历史机遇。我们要紧紧抓住高净值客户更加关注稳健投资和财富保有的契机，大力拓展私人银行业务市场。

2009年至2011年的三年，是我行私人银行业务发展的关键起步期。这一时期，我们一方面要理顺机制、夯实基础；另一方面也要抓好市场拓展，打造先发优势，扩大市场份额。全行要围绕打造本土最优私人银行的目标，积极探索建设具有工商银行特色的私人银行经营管理模式、服务体系、专业团队，根据总行提出的私人银行发展思路与工作要求，通过三年时间发展高净值客户3万户以上；新设六家分部，三年内要确保10家分部全部建成开业，在国内基本形成比较合理的整体布局，尽快形成私人银行业务领域的核心竞争优势，成为国内经营业绩最优、服务体系最全、市场口碑最好的私人银行。

为实现上述发展目标，未来一个时期要注意做好以下几个方面的工作：

（一）充分认识发展私人银行业务对于加快我行经营战略转型的重要意义。近一年来的实践，我们更加清晰地看到私人银行业务具有资本占用较少、盈利水平较高和综合经营风险相对较低的突出优势。大力发展私人银行业务不仅可以进一步拓展我行未来盈利空间，而且也是我行应对高净值客户市场激烈竞争、提升个人高端客户市场竞争力的迫切要求。我行作为国内个人金融业务的领导者，大力发展私人银行业务，对巩固个人金融业务的市场地位、提升我行品牌形象具有重要的作用。与此同时，我们还要看到，私人银行业务能够对公司业务、投资银行业务产生较好的协同效应，对持续提升我行的整体竞争能力具有重要促进作用。因此，私人银行业务是我行未来市场拓展的战略重点。从现阶段来看，

私人银行业务还处于资源投入期和市场培育期，私人银行业务的战略作用体现得还不显著，也正因为如此，更需要我们从长远的角度、战略的高度来认识私人银行业务，积极支持私人银行业务的发展。私人银行业务是我们的战略重点，私人银行业务可以为我行竞争力与经营效益提升发挥重要作用，客观上也是未来利润的增长点。

（二）积极探索建立符合本土市场特征、具有工商银行特色的私人银行经营模式。我们在建立机构、拓展市场的同时，要进一步深入研究私人银行的经营规律，围绕私人银行的国际国内发展趋势、同业状况、客户特征、产品创新等问题，进行充分调研、深入分析，及时筹划、超前布局。要研究建立适合国内市场特点，契合工商银行经营文化和优势，符合我国私人银行客户需求特点的私人银行经营模式。一是以模式创新带动客户发展，通过建立与零售银行差异化的私人银行服务体系、盈利模式和营销方式，形成高净值客户的集聚发展能力，增强对高净值客户的吸引力。二是加快私人银行区域布局，以长三角、珠三角、环渤海地区为三大引擎，形成互动的布局，辐射带动全国各区域私人银行业务发展。要以“机票”营销代替“网点”营销，形成辐射能力，做大私人银行业务。三是以体系构建带动服务突破，着力构建私人银行针对高净值客户群体的特色服务体系、特色产品体系、特色运营管理和风险控制体系。四是以提高经营管理团队、财富顾问团队和产品专家团队的服务能力为重点，加快私人银行核心团队建设，尽快形成私人银行的核心竞争力。

（三）加快形成私人银行协同联动的工作机制。私人银行的客户构成有民营企业家、高级管理人员、专业人士、家庭财产管理者或继承人等，这些客户的需求多种多样，既有资产管理、投资理财等需求，也有投资银行、公司业务、信托服务、专业咨询顾问等需求。我们为这些客户提供的不再是单一的产品或服务，而是整合的金融解决方案。这就要求我们必须建立以客户为中心、协同作战的联动营销机制，这是杨凯生行长长期关心与重视的问题，这是各个业务都面临的问题，私人银行业务尤为突出。能否有效整合我行内部资源实现对私人银行客户的全方位金融服务，将直接决定我行对私人银行客户的竞争能力。

首先，要在总行层面形成多部门、各业务条线间的合作机制。当前最为迫切的是要建立产品和科技支持的良好机制。比如，金融市场部要组成专门的团队，在2008年合作基础上加大支持力度，确保私人银行专享产品的按计划开发，加快全权委托资产管理业务的合作；投资银行部要尽快在重组并购、股权融资以及产业投资基金等新兴领域，探索形成针对私人银行客户的产品线；银行卡业务部门要将白金卡服务体系与私人银行服务体系进行有机整合，在工作启动基础上尽快落实深化，等等。要切实加强对私人银行业务拓展的科技支持力度。私人银行是新兴业务，客户关系管理、资产管理、绩效评价、风险控制等系统平台构架都在不断探索完善之中，尚未定型，离不开信息科技部门的大力支持，若没有科技与系统支持，私人银行业务就失去了发展基础。需要加强联动的内容还有很多，请与会各个部门认真研究私人银行和本部门工作的协调配合问题，形成推进私人银行业务发展的合力。

其次，要在分行层面建立有助于调动各方积极性的联动发展机制。私人银行部及分部要主动加强与分行的经营联动，坚定不移地走“将收益合理地返还到当地分行、返还到推荐客户的分行”的路子，切实完善考核与核算体系，真正做到私人银行与各分行、各业务部门的互惠互利。各分行也要整合当地优势资源，积极有力地支持私人银行开拓业务市场。一是要在区域理财产品上给予私人银行各分部大力支持，目前已建立分部的分行均具备产品支持的条件，要主动为私人银行客户设计一些专享产品，并通过差别认购金额、差别定价的方式，将区域内发行理财产品的一定比例配置给私人银行客户；二是加强营销联动，各分行要与当地私人银行分部紧密合作，共同开展客户营销，在确保客户利益的前提下实现分行与分部对客户的共同维护，形成我行营销合力，使客户感受我行文化。

再次，要建立与工银瑞信、工银租赁和工银国际等子公司及海外机构之间的合作机制，充分发挥工商银行集团的整体优势，实现业务拉动和功能互补。2008年私人银行部与上述机构进行了有益的合作尝试，要坚持走下去，这对于提升私人银行的服务能力、拓宽服务范围都是大有益处的。

（四）进一步加大对私人银行业务的资源投入。私人银行业务市场竞争激烈，2007年私人银行业务发展尚在研究论证中，2008年私人银行机构就如雨后春笋大量、快速增长，目前私人银行业务成为各家银行竞相进入并重点发展的市场领域。由于这项业务尚处于初创期，和一些成熟的业务相比，需要加大在人力、物力和财力方面的投入。一是要强化人力资源配备。要保证前台营销人员、资产管理人员和风险控制人员的数量。目前私人银行业务部处在超负荷运作状态，有的财富顾问服务近70位客户、有的产品经理承担资产管理前中后台全流程职责，不仅服务压力大，质量难以保证，而且存在风险。这是在业务开办初期人手少的情况下不得已的安排，但不可以持续，这种情况必须尽早改变。我们近期正在进行比较大规模的行内外招聘，要利用好这次机会，真正将行内外适合岗位需要的优秀人才招募进来。希望涉及的北京、上海、广州与深圳等分行，个金、结算、公司、投行等各个专业，从全行一盘棋的角度考虑，积极配合支持，鼓励更多的优秀员工从事私人银行业务工作。二是要根据私人银行业务初建、处于市场培育期、品牌塑造期的特点，加大相应的财务资源配置。财务会计部要与私人银行部加强沟通，尽快确定2009年预算规划。三是今年准备选择4至6家分行共同参与私人银行分部新设工作，机构增设是业务发展需要，不是为“铺摊子”而建机构。总行相关部室要与相关分行配合做好前期的市场调研、选址规划、资源配置、人员选拔等相关事项，总行相关业务部门、资源配置部门要积极参与，确保私人银行分部筹建工作顺利进行，并力争在第三季度之前开业。

三、夯实基础，拓展市场，切实做好2009年的各项工作

2009年是我行股改后第二个三年发展规划实施的第一年，也是我行私人银行业务打牢基础、实现突破的关键一年。结合2009年私人银行市场状况及同业竞争形势，提出以下几点要求：

（一）要加强经营联动，主动拓展市场，圆满完成各项预期目标。2009年，全行私人银行业务要进一步加快产品和服务创新，在保证客户质量的前提下，努力扩大客户规模，进一步做大管理资产份额。年内分部签约客户要确保达到6 500户，争取达到8 000户；实现资产管理等各项中间业务收入3 000万元；新建开业4家分部。要实现上述目标，一方面要继续深入推进行内联动工作。各分行与私人银行各分部之间要加强联动，分行个人金融业务部门要与私人银行分部建立对口联系，做好达标客户的双向推介。对于符合转移条件的客户，要在确保充分尊重客户意愿和为客户信息保密的前提下，逐步向私人银行分部转移，实现平稳过渡。分行与分部要整合营销，按照差异互补的原则，实现私人银行签约客户的“双线维护”。私人银行各分部负责向客户提供以资产管理为核心的私人银行服务，分行个人金融业务部门要积极为私人银行签约客户提供优先、优惠的零售服务，并为私人银行客户签约会见提供工作便利。另一方面，私人银行分部要主动开拓市场，注重“做大增量，做好加法”，通过定向营销、直接营销等方式主动与潜在私人银行客户联系，努力从他行或其他金融机构挖转更多的目标客户，这是私人银行业务的着力点，也是各分部工作的重点。要研究客户营销的具体策略与措施，加强客户营销团队的选择与培育培养、锻造一批全能型营销人员，使之具备较强的协调能力、公关能力、交易能力与推荐能力。要与对口分行个人金融业务部门密切协作，为新客户做好银行卡、个人贷款等产品、服务的推介工作，努力为客户提供全面的个人金融服务。同时也要研究考核激励办法，全面、科学测算财富顾问成功营销客户使用多项金融产品的效益贡献，据此进行考核激励，真正做实“加法营销”，调动积极性。

（二）要加快构建与私人银行经营模式相适应的四个体系。

一是建立客户服务体系。加强对客户服务工作的统一规划、统筹管理和协调推动；健全服务管理，推行服务规范和承诺制；健全售后服务体系，健全服务质量检测和考评体系，提高服务质量评价的科学性。要规划建立私人银行客户服务中心，从营销服务、答疑咨询、投诉处理等前后台服务工作，从“95588”客户服务升级到私人银行专用平台体系等方面，重点研究论证实施方案；要开辟网上银行专属私人银行服务通道，进一步为目标客户提供高效率、高质量的多元化金融服务。

二是建立产品开发和专家支持体系。要加强产品研发团队建设，产品推出的规模要与客户发展的目标相匹配，目前我们的产品规模明显滞后客户需求，形成服务瓶颈。2009年至少要完成420亿元私人银行专享理财产品的发行任务。总行金融市场部正在组织专门的团队为私人银行部开发设计产品，私人银行部要做好需求整合工作，各项产品开发规划要提前确定，进一步落实开发进度、责任人等。同时，要尽快充实私人银行部门专家团队，扩大私人银行投资顾问团队，形成强大的总部、分部专业投资顾问支持力量。要适时联合外部合作机构，外聘相应的基金、证券、保险、税务、艺术品投资、留学、移民等方面的专家顾问，进一步提升我行专业顾问能力。要加强各市场的分析研究，依托行内力量，整合利用行内专业机构的研究资源，与金融研究所、产品创新等部门深入合作，提升私人银行业务自主分析能力，为客户提供专业的定制咨询服务。

三是建立考核及业绩评价体系。要建立有利于私人银行业务发展的考核机制。将私人银行业务发展情况纳入分行行长目标考核和个人金融业务考核，双向反映为私人银行与个人金融业务部门的业绩，调动全行支持私人银行业务发展的积极性。同时，私人银行部也要建立科学合理的考核激励评价体系。要针对前台营销部门、资产管理部门和风险合规部门建立不同的、又相互关联的考核指标，将业务发展目标和考核指标有机结合起来，将考核与各项资源配置合理匹配起来，通过科学合理的考核促进市场拓展，调动各分部经营的能动性与积极性。

四是建立风险管理体系。加强风险防范和控制是私人银行业务开办之初的重中之重。私人银行业务的所有创新都要在法规允许范围内开展。要针对私人银行业务经营中的各类风险，制定详细的防范、监测、预警、控制、应急等管理机制。要加强内部管理，建立健全防范各类风险的规章制度，引入成熟先进的管理模式、方法，提升全面风险管理水平。要重点通过业务运行的集中化管理、各操作环节的系统化管理等手段，实现对各类操作风险的“硬控制”。这里要特别强调的是，要高

度重视理财产品的风险管理，从去年下半年以来，随着适度宽松的货币政策实施，银行体系流动性的大量释放，使得市场利率快速走低，与境外市场投资、国内股票市场相关的理财产品收益存在较大的不确定性，理财业务的整体风险在上升，稍有不慎就会面临声誉风险甚至经济损失。因此，理财产品设计必须严谨、必须做到风险可测、风险可控。要注意向客户充分准确揭示风险，充分披露理财产品信息。要针对复杂经营环境下各种敏感时间和突发事件可能增多的情况，加强声誉风险管理，总行办公室等部门要给予协助，提出工作建议，进一步健全投诉和公关危机处理机制。

（三）要加强私人银行业务基础制度建设。一是完善客户关系管理制度。要结合私人银行业务对客户信息管理的要求，制定相应制度，明确私人银行客户信息的分级管理，确保客户信息安全。要健全财富顾问与私人银行客户的关系管理制度，确保财富顾问能够为每位客户提供有效服务，同时要加强财富顾问行为合规管理，切实保障客户利益。二是健全私人银行资产管理业务制度。要在目前已经制定的私人银行专享产品开发指引和产品评审流程基础上，进一步细化评审指标，运用科学方法，准确评审产品收益风险特征，通过系统控制将各个风险点控制到位。要明确资产管理前、中、后台部门和人员职责，确保以制度和流程将各个风险点控制到位。在构建开放式产品平台时，要明确合作机构的准入资格、建立科学的评价指标及系统，切实承担起为客户专业地遴选最适宜的产品管理人的责任。三是完善私人银行业务运行管理制度。要根据私人银行系统投产安排，及时制定各项业务管理制度。配合总部业务运营和客户服务集中化管理的发展方向，及时做好各项规划、论证工作，制订切实可行的方案和具有操作性的制度办法，为私人银行业务规范、安全运行提供保障。四是立足留住人才、稳定队伍、做大市场的目标，从长远考虑，进一步建立、细化私人银行员工薪酬管理、绩效管理等人力资源和财务管理制度。

（四）要加强私人银行队伍专业培训和职业道德培养，尽快形成私人银行经营文化。私人银行业务是一项创新业务，能否建立一支优秀的干部员工队伍，是业务发展的关键。无论是私人银行管理者、财富顾问、产品专家等核心团队成员，还是其他岗位的私人银行从业人员，都需要有过硬的职业操守、丰富的专业知识和一定的从业经验。因此，加强培训尤为重要。要针对私人银行员工队伍年龄较小、从业时间短、经验不够丰富的特点，采取集中培训与日常培训相结合、专业知识培训与职业道德培训相结合、境内与境外相结合的方式，针对不同岗位要求，持续不断地加强培训，不断提高私人银行员工队伍的职业和道德素养。

形成良好的私人银行经营文化是关系到今后发展的长远问题。要尽快制定从业人员行为守则，明确私人银行从业人员的职业操守和行为规范，形成统一的经营文化，进一步提高团队的凝聚力与战斗力。

同志们，私人银行业务已经取得良好开局，未来发展前景广阔，充满希望。我们要在总行党委的统一领导下，进一步统一认识，坚定信心，凝聚力量，明确发展思路，统筹抓好各项措施的落实，全力做大做强，为实现本土最佳私人银行业务的发展目标而不懈努力。

认清形势　提高认识
努力开创产品创新工作新局面

——在中国工商银行产品创新工作会议上的讲话

张福荣

（2009 年 3 月 31 日）

今天，我们这次会议是工商银行成立以来的第一次全行产品创新工作会议。这不仅表明产品创新工作已纳入全行重要议事日程，而且标志着工商银行进入了一个以创新促发展的新时期。这次会议的任务是，回顾近年来我行产品创新取得的成就，准确把握当前面临的形势，深刻认识产品创新的重要意义，研究部署 2009 年工作任务，动员全行解放思想、积极探索，努力开创产品创新工作新局面。下面，我讲几点意见。

一、立足发展，产品创新工作取得显著成效

随着我国经济的持续发展和金融改革的不断深入，全行对产品创新的认识不断深化，产品创新工作取得了令人瞩目的成绩，对全行改革发展起到了重要推动

作用。

（一）产品创新认识逐步深化。回顾工商银行的发展历程，我们对产品创新的认识是一个从无到有、不断深化的过程。随着商业银行经营模式的确立，业务领域互相渗透，市场竞争日趋激烈，我们对银行产品如何加快创新逐步有了新认识，那就是银行作为金融企业，必须依赖产品为客户提供服务，并通过产品获得利润、实现发展，只有适时推出能够满足市场需求的产品，才能赢得客户、取得竞争优势。

近些年来，随着市场和客户需求的变化，特别是根据我行经营发展的需要，我们对产品创新的认识不断深化。过去我们靠关系维护客户，现在必须考虑通过产品和服务赢得客户；过去我们很少体验和关心客户需要、自己有什么产品就销售什么产品，现在已经认识到要围绕客户需求开发有竞争力的差异化产品；过去主要由总行各部门和各分行自发地进行产品创新，现在是在总行统一组织规划下，有目标、有措施、有组织地开展产品创新；特别重要的是，过去产品创新没有放在全行发展战略的一个重要位置去考虑，现在总行已将产品创新工作纳入全行十大战略，在全行工作会议等重要会议上多次强调，并就产品创新工作召开专门会议讨论；过去产品创新具有较大的偶发性，现在产品创新已纳入全行新的三年规划，有了明确的工作目标和任务。这些情况表明，我们的经营理念正发生着可喜的变化，我们对产品创新的重要性有了新的认识并在实践中逐步深化。

（二）产品创新体制、机制建设取得新突破。近几年，为加强产品创新管理，我们在体制、机制建设方面做了大量工作，取得了良好成效。

在体制方面，2007 年总行在国内同业中率先成立了专门从事产品创新的部门——产品创新管理部，成立了全行业务与产品创新管理委员会，出台了相关工作规则和管理办法。多数分行也成立了产品创新委员会，明确了产品创新牵头部门。去年底总行还要求在北京、上海、江苏、浙江、山东、广东和深圳 7 个经济发达地区的分行设立产品创新部，从体制上为产品创新提供了更好的保障。

在机制方面，建立了产品创新报告制度，每年对全行产品创新情况进行总结，研究存在的问题，分析产品创新的动因和效果，有效推动了产品创新工作的顺利开展。建立了市场需求反馈机制，在总行网讯设立了“金点子”产品创新专栏。目前，这个专栏参加面十分广泛、效果非常突出，体现了全行创新的思路和做法，收集了许多产品创新方面的新点子、新需求、新想法以及员工和客户对产品的体验感受，初步建立了市场需求和产品创新之间的信息传递渠道。建立了产品创新项目组管理机制，出台了《产品创新业务项目组规则》，清晰界定了业务项目组的组建、工作职责和工作流程，进一步提升了产品创新项目的管理水平。建立了产品目录管理机制，颁布了《产品目录管理办法》，明确了产品概念，规范了全行产品目录的建立、维护和管理。这项工作凝聚了产品创新部和全行有关部门同志的重要工作成果，把工商银行产品一一加以梳理，使我们了解了产品的数量、产品的内容、产品的性质，做到了心中有数，为加强产品管理、开展产品创新研究等工作奠定了良好的基础。引入了客户体验工作机制，建立起以用户为中心的产品研发流程和配套管理办法，并将其贯穿于产品生命周期管理的全过程，为提升创新产品客户满意度提供了有力的支持。建立了产品设计规范管理机制，研究制定了《产品设计规范管理办法》，使全行在制定和颁布产品设计规范时有章可循，为提高产品标准化水平、提升产品质量和研发效率作出了积极尝试。建立起分行产品创新考核管理机制，印发了《分行产品创新工作考核办法》，对分行产品创新数量、质量和产品创新管理等工作进行全面考核，努力营造全行产品创新氛围，调动分行开展产品创新工作的积极性。考核办法的实施，应该说初步见到了效果。另外，在创新计划、规划管理和创新沙龙等工作机制建设方面也取得了良好成效。一些分行结合总行管理制度，制定了实施细则，部分分行还出台了产品创新奖励办法，如山东分行设立了创新基金，北京分行建立了产品创新专项奖励制度，浙江、广东、上海等分行也制订了产品创新奖励方案，有效激励了创新工作的大力开展，也反映了这些分行对产品创新工作的高度重视。

这些创新体制、机制的建立和完善，为产品创新工作提供了组织、制度和资源保障，初步形成了有利于促进创新型银行建设的良好环境。

（三）产品体系初步形成，竞争力大幅提升。根据我行产品目录统计，截至 2008 年末，全行产品已达 2 055个，其中，全行性产品 1 650 个，占全部产品的 80%；分行特色产品 405 个，占全部产品的 20%。这些产品覆盖了资产、负债与中间业务，涉及存款、贷款、银行卡等 12 大类别；实现了柜面、网上、电话、手机、自助设备等多渠道的销售和服务；涵盖了对公、个人、机构等各类客户群体；体现了个性化服务、分层服务、主动服务、“一站式”服务和引导式服务等多种服务模式。可以说，一个种类较为齐全，品种较为丰富，包含多种渠道服务，涵盖不同客户群体，体现不同服务方式的产品体系已初步形成。

在我行产品不断丰富的同时，也拥有了一批广受赞誉并极具竞争力的拳头产品。如客户数最多、荣获“中国最佳现金管理银行”称号的现金管理产品；发行量和余额稳居同业第一的本外币理财产品；发卡量和消费额双领先的银行卡产品；引领行业、收入连续多年领先的投资银行产品；业务规模、收益保持行业领先，国内外获得多项大奖的资产托管产品；受托管理、账户管理、年金基金托管业务市场占比领先的年金产品；客户量和交易额同业占比绝对领先，并获得多项国际殊荣的电子银行产品。我行还研发了一批拥有自主知识产权的产品，如率先推出了双币种国际卡、U盾、支票直通车、综合对账单等专利产品。一些分行也推出了具有竞争力的区域特色产品。这些产品的推出，及时适应了市场变化、满足了客户需求，大幅提升了我行产品的整体竞争力。

（四）产品创新为推动经营转型发挥了重要作用。近年来，产品创新不仅带动了我行存款、贷款、结算等传统业务发展，而且及时把握了新兴和热点领域的发展机遇，为推动经营转型、增加业务收入、降低运营成本作出了重要的贡献。

在收入结构方面，通过大力开展投资理财、银行卡、投资银行、资产托管等中间业务领域的产品创新，有效改善了收入结构，净手续费和佣金收入占营业净收入的比重由2005年的6.4%上升到2008年的14.3%。在渠道结构方面，持续优化物理网点的同时，通过大力开展网上银行、电话银行、手机银行等电子银行产品创新，使渠道结构更趋合理，离柜业务量占比由2005年的25.9%上升到2008年的43.1%。在客户结构方面，通过大力开展白金卡、理财金、贵宾网银、专属理财等面向中高端客户的产品创新，进一步改善了客户结构，个人高端客户由2005年的1 598万户增加到2008年的2 082万户。在信贷结构方面，通过创新发展个人信贷、小企业信贷、贸易融资等信贷领域新产品，使信贷业务结构更趋合理。由此可以看出，产品创新对我行经营结构转型起到了强有力的助推作用。

产品创新还在增加收入、降低运营成本等方面发挥了重要作用。在增收方面，以2008年的理财产品创新为例，通过不断优化理财平台并设计推出多种理财产品，有效带动了理财收入的快速增长，全年累计推出181款人民币理财产品、42款外币理财产品，实现理财收入32.5亿元，同比增长155%。在节约成本方面，以2008年7月新推出的网上小额售汇产品为例，在还没有进行大规模宣传、客户未广泛了解的情况下，就已经取得了可观效果，推出后的5个月内，累计完成了11万笔交易量，相当于日均节约了83名柜员的人力成本；再以ATM短信提醒产品为例，通过有效整合短信内容，大大降低了短信发送条数和发送成本，初步估算每天可少发4万条短信，年节省通讯费70余万元。又如，近年来创新推出的一大批电子银行新产品，更是发挥了突出的节约成本作用，2008年共实现业务笔数110亿笔，其业务量相当于9 000个物理网点的业务量，节约经营成本约129亿元。可见，新产品的开发和优化，不仅大大拓宽了我行新的收入来源，而且有效节约了大量经营成本。

（五）积累了宝贵的经验。这些年来，我们在产品创新方面进行了积极探索，特别是2007年以来，产品创新专业化、科学化程度进一步提高，积累了许多宝贵经验。在创新体制方面，总结提出了一套行之有效的“统一领导、分工负责、矩阵管理、集中整合”的产品创新管理体制。这一体制的建立，形成了各专业密切配合、总分行互动的创新管理模式，在把握全行创新重点、整合各专业创新需求、加快创新项目实施等方面发挥了巨大作用。在创新策略方面，总结提出了产品创新必须遵循分层服务、考虑通用平台、谋划盈利模式、实现总分行互动等若干重要原则。这些原则的贯彻和实施，确保了产品创新能够按照客户统一视图开发面向不同客户群的产品，能够充分考虑产品的通用性、盈利模式和总分行共同创新等因素，对产品创新健康发展起到了很好的指引作用。在创新方法方面，总结提出了产品平台开发方法。这一方法的运用，实现了一系列新产品在同一平台的快速推出，大幅提升了我行产品开发能力。在创新管理方面，参照业界先进做法，总结提出了适合我行的用例建模、产品设计规范、客户体验等一系列产品创新管理新手段。这些管理手段的推行，满足了高质量、高效率编写产品需求和进行产品标准化、人性化设计的需要，极大地提升了我行产品创新管理水平。在产品销售和服务模式方面，总结提出了多渠道与客户互动、“一站式”产品销售和服务新模式。该模式的构建和完善，实现了一次验证、全程服务，使被动办理业务的过程转变为针对客户特点主动引导产品销售的过程，对有效提高客户满意度、推动网点由交易处理型向营销服务型转变，发挥了重要作用。这些经验的取得，为今后产品创新工作的深入开展奠定了良好的基础。

总的看来，全行在不断提高认识的同时，产品创新各项工作确实取得了令人瞩目的成就。我们可以想象，如果没有这些年来持续的产品创新，就没有我行今天的市场领先地位。这些成绩的取得，离不开各级行和各专业部门的共同努力，离不开所有为我行产品创新工作积极开拓、辛勤耕耘、默默奉献的同志们，在这里，我谨代表总行党委向大家表示衷心的感谢！

在取得成绩的同时，我们也应清醒地看到，目前我行产品创新工作中也还存在一些亟待解决的问题。一是部分分行、专业对产品创新的认识还不到位。有些分行还没有从全行发展战略的高度重视产品创新，责任意识、主动创新意识还不够强；有的分行认为产品创新是总行的事，与分行关系不大，与基层行更无关；有的专业部门对产品创新的重视也是不够的。二是在产品创新体制机制上还不适应。虽然总行已明确要求在北京、上海、浙江等7家分行建立产品创新部，但有的分行推进速度还比较缓慢，需要尽快把机构建立起来、把工作开展起来；其他分行虽然有了牵头部门，但还存在部门职能不够明确、专职人员配备不到位的情况；各行考核激励机制和相关工作机制也有待进一步健全。三是我们的产品尚不能充分满足客户和市场的需求。产品精细化程度、个性化服务以及增值功能尚且不足，方便易用性和客户满意度还有待进一步提高；产品组合和交叉销售还未全面开展；特别是推出新产品的周期还比较长，新产品和重点产品投产后的优化不够及时；产品创新与应用推广还有些脱节，有些好产品还不能及时推向市场。四是我们的产品创新研究能力还比较弱，具有高技术含量和自主知识产权的新产品还比较少。

这些情况表明，产品创新存在的问题需要认真研究和高度重视。全行上下一定要充分认识产品创新工作的复杂性和艰巨性，把这项工作放在更加突出的位置，努力解决好存在的问题，推动产品创新上一个新台阶。

二、认清形势，进一步提高对产品创新的认识

在今年初全行工作会议上，建清董事长讲了一段很重要的话："当前，我行既处在重要的发展机遇期，同时也进入到市场竞争的关键期和盈利增长的瓶颈期。要实现更高水平的发展，必须进一步解放思想，大胆探索，勇于创新，激发发展活力"。面对这一特殊的历史发展时期，以及国内外经济金融环境的变化，我们必须认清形势，进一步提高对产品创新的认识。

（一）新形势下产品创新面临新的挑战。

一是更加激烈的行业竞争使产品创新面临更多竞争对手的挑战。从国内银行看，国有商业银行、股份制商业银行和一些地方城市商业银行纷纷完成股改上市或接近股改上市，各银行追求发展和利润增长的动力越来越大，对产品创新的重视程度也越来越高。一些大银行通过成立专门的产品创新部门或机构，依托整体优势积极开展全线产品创新，与我行形成正面竞争；一些中小银行则主要通过引进、吸收和外包等方式，集中资源主攻一个产品或市场，与我行形成局部领域的竞争；一些外资银行通过扩大经营范围，不断加大在我国的发展力度，通过利用母公司的产品优势，主要在全球现金管理、财富管理、私人银行、投行业务等领域加大了本地化创新力度，成为我行强有力的竞争对手；从第三方支付等非金融企业看，在低价策略，特别是在缺乏严格监管的环境下，一些电子商务或IT企业加速其网上、移动等电子支付产品的创新，逐渐成为我行在支付结算和电子银行领域新的竞争者和挑战者。可以预见，未来围绕产品的竞争将进一步升级。我行产品创新面临的竞争对手将更多、挑战也将更大、形势将更加严峻。

二是客户金融需求的变化对产品创新提出更高要求。社会的进步和经济、技术的快速发展，使客户对金融产品和服务质量提出更高要求，对个性化、综合化、多渠道、"一站式"的金融服务将有更多的需求，如何更深入地细分客户，准确把握客户需求，设计适合的、高质量，甚至超出客户预期的产品，是对产品创新工作提出的新要求，也是新的挑战。如何通过产品创新使产品逐步从实用性到可用性、易用性，再到用户赏心悦目，进而到全面展现银行品牌和企业价值，实现用户满意，最大限度地为客户创造价值，是产品创新工作面临的新课题。随着客户金融需求的变化，客户对产品创新的要求不断提高，创新的难度也将进一步增大。

三是产品创新与现有观念、政策、体制、机制产生碰撞，使产品创新的不确定因素增多。产品创新不仅涉及产品本身的设计或优化，往往还涉及与产品相关的政策法规、服务流程、管理制度的建立或变革，容易与现有观念、政策、制度发生冲突。特别是跨专业产品创新，涉及多个专业，在利益不一致且难以协调的情况下，就会导致新产品的推出遇到一些意想不到的困难。其中，政策、体制的问题，我们有时难以逾越，但我们内部的不协调性、不一致性，首先应该解决好，这也是产品创新面临的一大挑战。

四是产品创新的深入开展对风险管控能力和管理水平提出了新挑战。从监管的角度看，监管部门对产品创新的风险问题越来越关注，对银行的风险管控能力提出了更高要求。从银行自身角度看，产品创新工作涉及面广、市场热点多、专业化程度高、风险管控难度大，要把这么多产品、业务理解透，并做好产品创新过程中的风险控制，做好方方面面关系的协调、衔接，对管理水平的要求也是很高的。产品创新步伐的进一步加快，不仅对银行的风险管控能力提出更高要求，对创新管理水平也是一种考验。

（二）产品创新更面临着新的机遇。从外部政策的角度看，产品创新政策趋于宽松，提供了良好的创新环境。去年，国务院下发的《关于当前金融促进经济发展的若干意见》中提出，"要通过完善配套政策措施和创新体制机制，调动商业银行开展金融服务的积极性"；银监会在近期工作会议中强调，要"围绕保增长、防风险、促稳定，进一步加强对创新工作的科学监管。在坚持创新、鼓励金融创新的同时，树立稳健的创新原则，真正合理地使用金融创新为实体经济服务"。这些政策规定，表明了政府对商业银行金融创新的鼓励和支持。特别是《商业银行并购贷款风险管理指引》出台后，银监会正在酝酿建立健全股本投资贷款、重大项目银团贷款、小企业信贷创新、融资租赁等机制。这些都将为银行产品创新提供更多政策支持。

从客户的角度看，客户需求的旺盛和升级为产品创新提供了巨大的空间。随着我国经济的发展，个人、家庭和企业的金融资产不断增长，相应的金融需求更加旺

盛并不断向更高端金融需求升级。以扩大内需为主的经济政策出台和实施，必然增加社会对金融服务的需求。企业“走出去”、居民扩大消费、企业重组并购等国家鼓励并支持的项目，都需要相应金融产品的支持，也为我行开展相关领域的产品创新，提供了新的机会。比如在支持企业国际化发展所需的支付结算和账户服务方面，可以提供跨地区、跨银行、跨国界、多币种的现金管理和国内外联动产品创新；在改善民生、扩大内需等方面，可以不断改进和创新信用卡、个人金融、电子银行等产品；在满足企业融资需求方面，可以大力开展资产证券化、短期融资券、中期票据、金融租赁等非信贷融资及中小企业融资等产品创新。今后几年，市场和客户需求的变化，将为我行产品创新提供重要机遇。

从金融市场的角度看，金融市场的进一步完善和快速发展蕴含了新的市场机遇。股票、债券、外汇、贵金属等市场将加速发展，创业板、融资融券、股指期货、企业及地方政府债券的推出，将为我行开展新型投资理财产品、银证产品、承销发行等创新提供新机遇；利率市场化和人民币自由兑换进程的推进，将为人民币利率产品、外币汇率类衍生产品、理财及债务风险管理产品等创新提供广阔的空间；银行综合经营发展趋势将使不同金融市场产品的交叉销售、相互代理和开发跨市场、跨机构的产品创新成为可能。金融市场的繁荣发展必将为产品创新提供新的发展空间。

从科技的角度看，现代信息技术的快速发展及网络的普及将为产品创新提供新的创新手段和机会。如互联网、宽带、3G网络等技术的快速发展，手机、数字电视等终端设备的迅速普及，可以进一步研发新型网上银行、功能更强大的手机银行和便捷的数字电视银行；无线射频识别技术的广泛普及，可以大力开展非接触式支付工具创新；指纹、视网膜等生物识别技术的发展，可以开发更多新型银行安全产品。总之，技术的飞速发展也将为产品创新提供更多值得期待的机会。

我们要在市场竞争中胜出、在盈利瓶颈中突破，就必须深刻认识产品创新对于工商银行的重要性，增强产品创新的紧迫感和责任感，准确把握机遇、沉着应对挑战。

（三）要以产品创新推进战略目标实现。我们要大张旗鼓地宣传产品创新，要坚定不移地推动产品创新工作，就必须首先从工商银行发展战略的高度来认识产品创新。

第一，产品创新是我行生存发展的根本。银行作为企业，要靠产品获利而生存。如果没有好的产品，银行就无法给客户提供满意的服务，而失去客户就会动摇银行的生存根本。好产品就是能满足客户需要并取得良好效益的产品，就是比同业具有优势、“人无我有”、“人有我优”的产品。拥有好产品，唯一的办法就是加快产品创新。但好产品并不是一成不变的，随着国内银行业竞争的加剧，银行产品的复制与模仿速度不断加快，今天是好产品，明天可能就变成你有、他有、大家都有的同质化产品了。所以要持续拥有好产品，就必须进行持续创新，不断为客户提供更好的产品和服务、创造更多新价值，才能始终保持产品优势。从银行业未来发展的角度看，无论是经营结构的战略调整、市场需求层次的提升、国际化竞争的加剧，还是金融“脱媒”和利率市场化趋势的发展，都必将使传统业务衰退加剧，传统经营格局已很难长期维系银行未来的生存发展，更多的要靠产品创新与“脱媒”博弈，争取发展空间，并在更广泛的领域寻求新的发展。在全球经济陷入低谷、国内经济处于下行期的今天，更需要通过产品创新扩展生存空间。产品创新决定发展，要持续发展就必须进行产品创新。

第二，产品创新是我行实现经营转型的必然。近年来，特别是股改以来，我行的经营转型取得了重要进展，但我行的转型还处于起步阶段，资产结构、收入结构与市场化比较早的国际大银行比仍存在较大差距；有效客户数量尚不理想，优质客户占比还不高；渠道结构调整还需要进一步升级；全行转型仍将面临着艰巨的任务。未来，我行要实现全面协调可持续发展，必须依靠经营转型。要进行经营转型，产品创新是必然选择。比如，增加非利息收入占比，必须大力开展投资理财、银行卡、私人银行、资产管理、现金管理、投资银行、电子银行等新业务领域的产品创新；吸引更多优质客户，提高优质客户占比，必须加大面向对公和个人优质、中高端客户的分层产品创新；开展多渠道服务、缓解网点排队压力，提高服务水平，必须不断探索电子银行等新兴渠道的产品创新；优化信贷结构，必须进一步拓展中小企业信贷、个人信贷、贸易融资等多元化信贷产品创新。可以说，能否有效推动结构调整、加快经营转型，很大程度上依赖于我们能否有效推动产品创新。

第三，坚持产品创新是提升我行核心竞争力的需要。产品竞争力是构建银行核心竞争力的重要内容。银行的所有优势，只有最终转化为产品和服务的优势，才能真正形成竞争力。因此，要提升银行竞争力必须首先提升产品竞争力，要提升产品竞争力必须大力推进产品创新。根据市场、客户差异化的需求生产差异化的产品，实现差异化服务，就是要通过创新不断推出先人一步、独具特色的产品，通过产品和服务实现客户新价值，战胜竞争对手。工商银行作为全球市值最大的银行，要保持行业领先地位，要成为国际一流金融企业，成为全球最盈利、最优秀、最受尊重的银行，就必须走创新的道路，成为产品创新的行业引领者和标准制定者，不断推出满足客户需要、具有自主知识产权和高技术含量的领先产品，持续提升产品竞争力，才能赢得更多客户、占领更大市场，才能树立起企业品牌形象，实现可持续发展。总之，有效提升我行核心竞争力，必须大力开展产品创新，通过增强产品竞争力来提升全行竞争力。

面对新的发展形势，我们一定要从全行发展战略的高度，深刻认识到产品创新的重要性，把握机遇、迎接挑战，全面推进全行产品创新工作。

三、多策并举，努力开创产品创新工作新局面

在工商银行的未来发展中，产品创新将肩负重任。全行要高度重视、多策并举，大力推进2009年产品创新工作，努力开创产品创新工作全新局面。

（一）明确2009年产品创新工作的指导思想和主要任务。2009年是我行实施第二个三年发展规划的关键之年。今年全行产品创新工作的指导思想是：以客户为中心，以市场为导向，致力于开发和培育高附加值产品，提供优质便捷的服务，提高产品的客户满意度和市场契合度；实施“人无我有，人有我优，投产一批，开发一批，储备一批”的产品创新战略，加大对重点领域重点项目研发资源的配置；完善产品创新机制和流程，营造业务与技术融为一体、产学研和谐互动、全行员工广泛参与的创新环境；加大新产品应用推广力度，加强产品创新管理和风险管理，增强产品核心竞争力，进一步巩固和扩大我行的产品竞争优势。

2009年全行产品创新工作的主要任务是：不断完善产品创新体系；努力营造“开放进取、善于创新、认真负责、团结协作”的产品创新文化；把全行产品创新能力、产品整合及优化能力、产品研发能力和产品管理能力，提高到一个新水平；积极倡导自主创新，开展以发明专利、实用新型专利、产品秘密、产品设计标准为重点的产品创新，提升产品技术含量，提高拥有自主知识产权的产品占比；加快产品创新步伐，全行产品新增数量达到200个，各分行创新产品数量以不低于10%、力争达到15%的速度递增，确保我行产品创新全面协调可持续发展。

（二）健全产品创新体制机制，增强全行产品创新力量。要切实建立起能够有效推动产品创新工作的组织体系。产品创新工作的好坏将决定我行的生存发展和战略目标的实现，是与全行员工息息相关的事情。产品创新仅在总行层面开展还远远不够，分行与客户直接接触，处在市场前沿，结合客户需求开展区域产品创新尤为重要。各行要把产品创新摆上重要议事日程，要组织谋划好有利于产品创新的体制机制建设，营造良好的创新环境。对于产品创新过程中的重要工作、重大问题，要在分行行长的组织下，及时地进行专题研究，积极推进。要明确产品创新牵头部门的职能。牵头部门要确实牵好头，不能只挂虚名不干事，要真正发挥其组织、协调和推动产品创新的作用。要理顺产品创新牵头部门与各业务部门的关系，明确各部门的产品创新职责，切实建立起有利于捕捉市场热点和客户需求并能与各部门互动、与总行联动的产品创新体制机制。

要建立产品创新激励机制，营造全员参与创新的氛围。有效的激励机制和奖励措施是激发全员创新热情的重要手段。总行《产品创新工作考核办法》已经下发，各行要做好辖内产品创新考核工作。要广泛开展产品创新发动和宣传，培养全体员工的创新意识，鼓励员工主动了解客户和市场，针对产品提出新方法、新技术、新流程等创新“金点子”，使员工真正成为推动我行产品创新的排头兵和主力军。

要增加专职产品创新人员力量。产品创新是一项涉及面广、工作任务重、专业要求高、协调难度大的重要工作，需要有专职人员去组织落实。各行要把善于捕捉市场信息和客户需求、有一定的研究能力、思路比较开阔、点子比较多、业务技术水平比较高并具有良好组织协调能力的人员充实到产品创新岗位，进一步增加专职产品创新人员力量，为产品创新研究、新产品开发、应用推广和产品创新工作的顺利开展提供有力的人力资源保障。

（三）加强产品创新研究工作。目前，我行大多数产品创新还处于消化、吸收和模仿的阶段，自主创新能力还需进一步提升，具有自主知识产权、高技术含量和行业领先的产品相对还比较少，主要原因是产品创新研究能力不足、投入不够，研究工作尚处于起步阶段。我行要实施差异化竞争策略，必须紧跟市场和客户需求，重视和加强研究工作，切实增强自主创新能力。各行要围绕产品创新三年规划确定的投资理财、个人金融、金融市场、现金管理、银行卡、电子银行、小企业金融服务、私人银行、投资银行、资产托管、养老金、信贷等重点领域，结合区域特色和本行特点，确定研究重点，深入开展产品创新研究工作。要积极发掘本行业务发展和产品创新的新机遇，深入市场一线调研，收集客户需求和同业产品竞争情况，分析产品和服务特征，研发创新产品。同时，要利用区域资源，按照优势互补的原则，加大与市场研究部门、高新技术企业、大专院校、行业协会等机构的合作，组建长期稳定的产学研联盟，借助外部专业力量开展产品研究工作，有效提升我行产品创新综合研究能力。一些区域优势比较明显的地方，如长三角、珠三角地区的分行，要切实把自身优势发挥出来，促进全行的产品创新工作。

（四）推进全行重点产品创新项目和分行特色产品开发，扩大产品领先优势。今年，总行将打造一批“人无我有、人有我优”的创新产品，并前瞻性地研究和储备一批新产品，任务很重。各行要围绕重点领域，结合总行重点产品创新项目，充分利用我行现有产品平台和系统，积极研发并推出一批区域特色产品。要做到这一点，每个分行都要做好规划。目前，有的分行可能没有这样的机构，但牵头部门要负责研究，做好规划。

同时，要配合总行做好产品创新项目的前期市场调研、客户需求搜集、业务测试、产品试点、新产品培训等工作。为提高产品创新质量，还可由分行推荐，总行选定部分业务骨干参与总行项目组，做好产品方案研究、需求编写等工作。总之，总分行要联动，把各层面的积极性充分调动起来。

（五）加强产品创新管理，提升产品创新管理水平。创新计划和创新项目管理、产品目录管理、专利挖掘和申报、产品评估、客户体验、产品设计规范化等工作都是产品创新管理的内容。去年总行在这些方面做了大量工作，取得了初步成效，今年还要进一步深入推进。各行要根据总行相关工作要求，做好配合和辖内应用推广工作。要加强创新计划和创新项目的管理。总行已对各行创新计划批复了意见。各行要进一步研究分析，尽早启动相关创新项目，做好项目的立项审批、需求编写、产品开发和投产维护等管理工作，及时跟踪计划执行情况，不断提高计划执行效果。要加强产品目录的精细化管理和应用。产品目录是开展产品创新、加强产品管理等工作的基础。各行要重视产品目录管理工作，建立健全区域特色产品目录管理规则，做好特色产品目录维护工作，确保产品目录信息精准，并充分利用产品目录开展产品统计分析和产品创新研究等工作。要探索开展专利挖掘和申报工作。专利挖掘和申报工作是提高我行自主知识产权产品占比的有效手段。要增强专利意识。我们过去很多做得很好的产品没有及时去申请专利，被别的行抢先注册了，使我行很被动。因此，总分行要做好沟通配合，把专利挖掘工作做好，及时对创新产品的新方法、新设计、新技术等进行专利挖掘，并积极组织申报，逐步提高我行专利产品在新产品中的比例。要积极开展产品评估。产品评估是检验产品创新效果、提供后续创新思路的重要途径。各行要对辖内创新产品进行跟踪和评估，对产品创新动因、创新效果等进行全面分析和总结，不断提出改进措施，持续增强产品创新和市场竞争能力，推动产品创新工作卓有成效地开展。要积极推进客户体验工作。要在行内广泛宣传客户体验原理和方法，加大客户体验反馈信息的收集和研究力度，配合总行做好客户体验用户队伍的建设工作。各行分管行长、部门领导和有关部门首先要做好客户体验工作，了解客户体验，组织好这项工作；有条件的分行要根据总行统一安排，建立营业网点客户体验区，推进客户体验活动的常规化开展。

（六）进一步加强新产品推广工作，抢占市场先机。我们不仅要快速地开发出新产品，更要快速地把新产品推向市场，这是我们的目的。争取先发优势，为客户创造价值，为银行创造效益，这是我们的目标。我们花大力气研发出的产品，如果缺乏推广、推向市场这一个最后的环节，产品创新的价值和意义就完全丢失了。为使各行及时掌握我行新产品的推出情况，及时做好新产品的应用和推广工作，总行正着手建立我行创新产品的信息发布平台，将很快推出。各行要及时掌握新产品发布情况，要指定部门、指定专人负责了解、收集平台发布的信息，使总行产品的发布得到及时响应。同时，要加强新产品培训，制定辖内新产品应用推广计划。要提高新产品投放市场的时效性，对于已完成开发的新产品，要组织力量尽快投产，抢占市场先机，发挥先入为主的市场效应，及时把我行产品优势转化成市场优势。各部门在产品推广过程中一定要从全局出发，从工商银行的根本利益出发，解决好由于某些环节上不统一使产品很难在较短时间推向市场的问题。要跟踪新产品应用推广情况，积极总结成功经验，及时查找存在的问题，研究分析原因并采取针对性措施加以改进；对属于总行产品方面的问题要及时反馈总行，并配合做好改进优化工作。

（七）强化风险管理。产品创新必然涉及产品的风险管理问题。对此，我们必须给予高度重视。要树立风险防范意识，对所有创新产品都要考虑可能存在的风险点。要积极研究产品创新风险识别、计量和评估方法，严格产品创新审批流程，发挥各相关专业在风险审批过程中的协同作用，力求全面、准确评估新产品存在的风险，并有针对性地采取措施予以防控，使创新产品在风险可控的情况下最大限度地满足客户和市场的需要。同时要做好新产品投产后的风险监测和检查监督工作。

（八）重点分行要尽快做好产品创新机构组建工作，加快推进产品创新进程。总行已明确提出在北京、山东等七家分行设立产品创新部，负责组织、推动辖内产品创新工作。这七家分行作为首批示范分行，要做好人员配备工作，上半年要将工作开展起来。总行已经提出了这些分行需要侧重研究的重点领域，七家分行要围绕总部经济、中小企业服务、投资理财、电子银行等侧重点，结合本地市场情况和客户需求，加快推进分行产品创新工作。这七家分行的产品创新工作不仅仅限于七个地区的创新，有些产品创新可以推广到更广泛的区域。各产品创新重点分行要在产品研究方面率先起步，组建产学研联盟，尽快开展专题研究，在分行特色产品创新、新产品应用推广等方面要早出成果，促进全行产品创新工作的开展。

同志们，扎实推进产品创新体制机制建设，完成好今年的各项产品创新任务，责任重大，使命光荣。全行上下一定要认清形势，提高认识，大力推进产品创新工作，不断开创产品创新工作新局面。

明确目标　全行动员
全面开展营销管理系统的应用提升工作

——在中国工商银行法人客户营销管理系统应用提升动员会议上的讲话

张福荣

（2009年4月22日）

刚才结算与现金管理部许燕总经理对第一季度法人客户营销管理系统应用提升试点情况进行了简要总结，应该说试点情况还是不错的，试点行的工作为下一步在全行系统的应用推广积累了丰富的经验。从当前系统运行情况来看，法人客户营销管理系统的投产是成功的，对客户营销和产品管理发挥了较好的支持作用。年初在全行结算与现金管理专业会议上，总行对法人客户营销管理系统的应用推广进行了部署和安排，要求各行坚持实施客户关系管理，搭建起完善的法人客户营销管理系统平台，第一季度要扩大试点，第二季度要全面推开，目的就是通过努力将法人客户营销管理系统打造成全行统一、完整的对公客户综合营销管理平台，因为在此之前，我们还没有一个系统能解决这个问题，没有一个系统能覆盖对公客户关系管理和维护的整个过程，所以说，这一系统的投产对全行来讲是一件非常有意义的事情。下面，我讲几点意见。

一、法人客户营销管理系统的应用推广取得明显成效

这些年，我们一直在思考一个问题，就是我们工商银行拥有庞大的对公客户群，近300万的公司客户、400多万的对公结算账户、3万亿元的对公存款，我们每年都在为这些公司客户提供大量基础结算、现金管理、对公理财、融资和国际业务等多个领域的公司金融业务，与境内外的公司客户也建立起密切的业务合作关系，但这些业务信息以及客户关系维护的信息是散落在不同的领域，不同的业务子系统中，甚至一些信息并不反映在我们的系统里，而是在不同机构客户经理的本子上、脑子里的。这样一来，我们的营销管理部门很难完整地了解客户在我行发生了多少业务，使用了我行多少产品，这些客户对银行综合贡献如何，也很难搞清楚哪些是我们真正的潜力客户和重点客户，客户的业绩贡献是由哪些产品、哪些客户经理和产品经理，以及哪级机构创造的，数据的缺失使我们无法全面掌握客户的信息，难以进行科学维护，同时也无法对客户经理和产品经理进行科学合理的考核，在营销资源的投放方面，也无法进行准确的量本利测算分析，这样就造成营销工作粗放，无法实现精准营销，客观上影响了我们的市场竞争能力。为了有效解决这一问题，总行在2006年初就着手研究开发法人客户营销管理系统，经过结算与现金管理部、信息科技部、公司业务部等相关部门的密切配合、共同努力，2007年4月系统在全行顺利投产，2008年我们又将法人客户营销管理系统纳入全球新一代现金管理系统进行进一步科学规划。

从系统应用功能来看，这一系统已经能够覆盖到所有的分支机构，客户信息采集、客户关系维护、产品研发等市场营销工作也已经基本纳入系统进行规范管理，为我们的市场营销工作，以及对各类人员的业绩管理提供了有效的手段，提高了我们管理精细化水平，并在市场拓展过程中发挥越来越重要的作用。具体来讲，表现在以下三个方面：

一是基本实现了客户关系管理的信息化。该系统依托全行的企业级客户信息系统（ECIS）、法人客户关系管理系统（CCRM）、企业级数据仓库（EDW）实现了法人客户主要业务信息的自动采集，同时还通过将客户经理、产品经理以及各级管理人员的工作纳入系统进行管理，详细记录客户关系维护、产品研发和应用推广的全过程，实现了客户关系维护及市场营销信息的自动化采集，为全行法人客户市场营销活动提供了较好的信息支持。

二是提升了营销管理精细化水平。法人客户营销管理系统为我们的市场营销工作提供了完整统一的信息平台，目前已经有不少分行利用营销系统所提供的信息，来进行客户和市场细分，针对不同类型客户研究制定竞争策略、客户关系管理模式和综合金融解决方案。部分二级分行和支行已开始利用这一系统来加强对客户经理和产品经理工作的管理，将各项营销任务分解落实到责任人，通过系统来记录市场营销和产品创新活动的全过程，来科学考核从业人员的工作质量和营销业绩。总的来看，系统建设投产对我们提高定量化管理水平的作用

已经初步显现。

三是提升了营销效果。目前一些二级分行和支行已在积极探索利用营销管理系统来进行客户营销过程的管理，通过客户经理、产品经理以及业务主管之间的实时信息互换和交流，增强了我行的市场快速反映能力，赢得了市场营销工作的主动。部分客户经理和产品经理还利用系统所提供的数据进行整理分析，快速定位和发现目标客户，减少了与客户的沟通环节，提升了营销效率和整体服务质量，取得了很好的市场效果。

系统从搭建到现在已经有两年时间，并在实际工作中发挥着重要作用，但严格来讲，系统的应用还不够理想。一是系统投产后，二级行、城市行和支行比较重视，应用效果较好，但在一级分行和直属分行层面上应用工作还存在不足，个别一级分行远离市场，对系统及系统的应用不甚了解，不能对下级机构进行及时有效的指导。这是当前必须尽快解决的问题。二是系统总体应用层次仍比较低，系统功能没有完全发挥到位、运用到位。三是宣传和培训工作不到位。很多客户经理和产品经理不是很了解这个系统，更谈不上应用。这些问题需要我们高度重视、认真对待。既然我们下了很大的力气和决心开发投产了这个系统，且是行之有效的，那么我们就应该把它应用好，切实发挥其作用。

二、充分认识营销管理系统对全行提升市场竞争力的重要意义

当前，我们面临着巨大的市场竞争压力，市场竞争发展过程中法人客户营销管理系统为我们在提供了对客户进行科学管理的重要手段，为实现对公客户的细分和差异化管理提供了有效的信息支持，这是以往很多子系统所不能代替的。法人客户营销管理系统实现了单一客户信息的统一视图展现，其中包含客户基本信息、账户信息、使用产品渠道信息、客户评价信息等体现客户价值的信息，是目前行内对公客户信息最为完整的平台。

首先，我们可以利用客户的这些信息，按照行业、存款、贡献、资金来源、星级等不同类型对客户进行细分，并找出各细分客户的需求特点，据此对不同类别的客户制定不同的服务策略和方案，实现对各细分单元客户的产品构成、服务内容、营销策略、使用渠道以及价格策略的差别化管理。

其次，法人客户营销管理系统是提升客户分析和市场营销能力的重要手段。法人客户营销管理系统构建了全行统一完整的客户综合营销管理平台，以深化客户关系管理，实现市场拓展、产品销售为应用目标，通过系统分析管理功能，支持实现客户分析、销售管理、客户服务、客户信息和产品方案管理等营销服务活动的综合管理，成为我们大力提升对公客户营销管理水平的有效手段。营销管理系统除了为我们展示客户的基本信息、各类对公业务产品的业务量和利润贡献等信息外，还能够通过客户经理和产品经理实时了解客户的财务状况和经营成果最新变化趋势，财资管理的创新金融需求，客户主要交易对手的发展情况，甚至同业竞争对手的业务发展策略。系统用户可以利用系统实现客户信息的数据化管理，了解和发现客户需求的特点，资金流动规律，及时把握客户的现实和潜在现金管理需求，更好地实现我行创新金融服务产品的市场销售，巩固与优质客户的业务合作关系。

最后，可以实现对客户经理和产品经理的有效管理。通过量化手段与定性管理相结合的科学评价方法，可以实现对客户经理和产品经理的准确评价，而法人客户营销管理系统就解决了这个问题。法人客户营销管理系统的管理手段是先进的，它在客户经理、产品经理和客户、产品之间建立了联系，客户经理和产品经理所做的工作可以通过客户和产品的各项业务指标进行量化体现，以达到真正准确、合理地评价每一个客户经理和产品经理的工作业绩，实现人员的科学化管理，建立一套公平合理的考核评价机制，充分调动客户经理和产品经理的工作积极性。

通过以上三个方面可以看到，法人客户营销管理系统不仅对挖掘、维护和营销客户发挥重要作用，同时对提高管理效能也能起到重要作用。

三、全力以赴做好法人客户营销管理系统应用的全面提升工作

第一，提高认识，明确目标，全力提升系统应用工作。会后各级行要根据总行的总体工作要求和部署，研究制订本行应用提升工作目标和工作计划，明确各级机构、各部门以及不同角色人员的系统应用提升职责。各级机构的负责同志要带头使用营销管理系统，积极主动利用系统来进行客户关系管理和市场营销工作，通过这种带动，推动全行系统应用水平的提高。要争取通过两三个月的努力，搭建完整的对公客户综合营销管理平台，将全行客户经理、产品经理以及各级管理人员的市场拓展及客户关系维护工作全面纳入系统。具体来讲，一是要实现系统运用涵盖所有层级的机构，各一级分行、二级分行、支行以及网点都要全面使用该系统，不留下空白点；二是要实现系统功能涵盖不同类型角色，不同岗位、不同层级的客户经理、客户经理主管、产品经理、产品经理主管以及业务主管的相关工作要全部纳入系统进行有序管理。

第二，继续坚持以市场为导向，以客户为中心，实现客户分层分类管理。我们要利用营销系统所提供的信息，对所有客户进行科学分层分类，并针对不同层级的客户配备相应层级的客户经理，实现差异化营销服务，切实建立和完善针对重点优质客户的上下联动的客户关系服务体系，进而提升公司无贷客户的服务效率和个性化服务水平。各分行要按照一定标准对客户进行分层分

类管理，使不同层次客户得到相应的优质服务，最大限度地挖掘不同客户的价值。

总行近期正在开展总行级客户的梳理和重新认领工作，拟将我行金融资产规模在10亿元以上的重点现金管理客户及公司无贷户实行名单制管理，总行结算与现金管理部等对公部门要参与对这类客户的认领，并牵头组织推动客户关系维护工作，以便于总行随时关注重点客户的业务发展状况，并对下级机构的客户关系维护情况进行跟踪了解。总行牵头开展客户关系的维护，主要是对客户关系维护工作的必要指导和推动，其具体营销管理工作仍然由辖属机构来完成。各分行要按照总行的总体思路，具体开展对对公客户的分层分类管理，总行建议对于金融资产高于1 000万元以上的尊享客户，由一级分行进行认领和管理；金融资产在100万元至1 000万元的卓越客户，由二级分行进行认领和管理；金融资产在5万元至100万元的潜力客户，由支行进行认领和管理。对于已被上级行认领的客户，所在行要将这些客户纳入到其重点关注客户名单中并逐级认领、维护和管理，有的放矢地开展相应的客户关系维护工作，并在此过程中建立起有效的信息沟通和交流机制。

第三，以系统为基础加强客户经理和产品经理的管理与考核。当前在客户关系维护过程中，客户经理的工作压力较大，一些客户经理由于分管客户数量过多，有的已达到了200多户，已经很难满足对公客户特别是重点客户的维护管理需要。一是要以法人客户营销管理系统应用推广为契机，加大客户经理的配备力度，加强客户经理队伍建设，同时要结合行内财资管理师及国际财资管理师（CTP）的培训认证工作，不断提高客户经理的整体素质，适应日益复杂多元的客户关系管理的需要。一个合格的客户经理，最重要的是要有较高的营销服务内在素质，各行要加强客户经理这方面素质的培养。二是要逐步将系统的使用情况纳入到客户经理和产品经理的考核工作当中，并针对法人客户营销管理系统制定专门的使用、检查、监督与考核办法。要利用系统所提供的客户相关业务数据作为对客户经理、产品经理绩效考核分配以及岗位推出的依据。三是要引导客户经理和产品经理把该系统作为日常业务管理的基础工具，在做好业务信息查询、信息维护等基础工作的同时，利用系统所提供的大量业务信息，进行数据挖掘，寻找和挖掘目标潜力客户，实现交叉销售，有效拓展对公业务市场。四是加强系统运用培训工作。总行近期即将下发营销管理系统的管理办法，就职责分工、用户权限、客户与产品管理和信息安全管理等内容进行规定和明确，各行要根据总行的要求制定实施细则，做好相关制度的培训，提高客户经理和产品经理的应用水平。

第四，不断完善和优化系统，提高智能化水平。总行已将法人客户营销管理系统的建设纳入全行结算与现金管理专业的三年发展规划进行统筹安排。随着系统应用范围的不断拓宽，总行将继续对系统进行优化和完善，努力把法人客户营销管理系统打造成全行对公客户统一完整的客户关系维护、综合产品营销服务平台，使我行结算与现金管理业务的效率、效益和服务能力达到国际一流银行的标准，全面提升我行对公业务的核心竞争力。在这一过程中总行将承担大部分工作，同时也需要各个分行在使用中及时发现问题、反馈问题，共同完善和丰富系统功能，使系统在市场营销实践和提升内部管理过程中发挥重要的作用。

总之，尽管法人客户营销管理系统的投产时间不长，但已经看到它的作用是明显的。希望各分行进一步加快系统的应用进度，加强组织推动和指导，努力提升系统的应用水平，更好地为拓展客户、维护客户，挖掘客户价值服务。

加大营销力度　竞争优质市场
促进全行代发工资业务快速健康发展

——在中国工商银行代发工资业务营销活动视频会议上的讲话

张福荣

（2009年5月8日）

今天总行召开这次视频会议，主要是总结分析今年前4个月全行代发工资业务发展情况，动员全行进一步统一思想认识，明确目标和措施，继续抓好工作落实，促进和推动代发工资业务持续健康快速发展。下面，我讲三个方面的意见。

一、今年前4个月代发工资业务开展情况

（一）代发工资业务取得新成效。今年以来，各级

行在认真总结代发工资业务经验的基础上，确定了新的、更高的发展目标，很多行都采取了行之有效的措施，使代发工资业务有了新的进展，也取得了一定成效。具体表现在以下几个方面：

一是新增代发工资单位数量明显增加。到4月末全行新增代发工资单位27 928家，比去年同期增长16 291家。其中，一类、二类代发工资单位占比为50.58%，比存量代发工资单位高29个百分点。一类、二类代发工资单位的发展情况是比较好的。

二是新增代发工资业务加快向网银渠道分流。前4个月，新增代发工资单位中，网银代发的有16 030户，占比为57.4%，较上年末网银代发工资单位存量占比高27.62个百分点。网银渠道的应用是比较好的。

三是新增代发工资户中优质个人客户占比保持较高水平。在今年新增的383万代发工资个人客户中，中高端客户达85万户，占比为22%，比上年末提高了3.31个百分点。通过开展代发工资营销活动，全行新增借记卡342万张，覆盖率为89.5%，比上年末提高了29个百分点，其中牡丹灵通卡323万张，覆盖率为84%，比上年末提高了28个百分点。

（二）代发工资业务发展中存在的主要问题。当前代发工资业务仍存在一些需要重视和解决的问题。

一是部分分行代发工资工作启动慢，进度不理想。到4月末全行代发工资单位任务完成率仅为27.9%，比序时计划低了22个百分点。同时，各行营销进度差异较大，发展很不平衡，有10家分行代发工资单位任务完成率在30%以上，有4家分行任务完成率在15%以下。

二是一类和二类代发工资单位占比虽然有提高，但仍不理想。总行的要求是一类、二类单位占比为75%，但现在仅为50.58%，相差了近25个百分点。因此，优质代发工资单位的营销还需进一步推进。

三是代发工资额增长缓慢。新增代发工资额仅217亿元，任务完成率为4.83%，大大落后于序时进度。对此，总行也进行了分析，其中固然有统计口径不全等客观原因，但更主要的是前两个月新增代发工资单位数量少，特别是优质单位占比低，导致户均代发额较小，代发工资额总量上不去。

四是户均代发工资职工人数有待进一步提高。今年新增代发工资单位户均职工人数为137人，比去年、前年都低，比2007年少185人，比2008年少101人。这反映出在今年发展的代发工资单位中，中小单位占有较高的比例，大型单位占比明显下降，这样对银行的综合贡献度偏低。

对于这些问题，各行一定要引起重视，要结合本行情况进行分析，制定和落实有针对性的工作措施，尽快扭转局面。

二、代发工资是一项基础业务，一定要经营好

代发工资是我行的一项传统业务，是我行的一项优势业务，也是一项源头性、基础性的业务。在当前的市场形势下，我们多次强调要做好代发工资业务，去年搞了营销竞赛，证明这项工作具有特别重要的意义。

（一）发展代发工资业务是我们竞争优质客户、扩大资金来源的有效措施。不断推进零售银行业务发展的关键就在于竞争更多的优质客户，而代发工资业务对我们竞争客户特别是个人中高端客户、增加存款具有事半功倍的作用。抓住了代发工资业务，就等于抓住了客户，抓住了个人金融业务的源头，我们的各项金融产品就有了销售的对象，工商银行的利润也就有了来源。从这点看，代发工资业务是我们扩大资金来源、增加效益的重要保障。

（二）发展代发工资业务是夯实业务基础、带动相关个人业务发展的有效措施。代发工资业务与其他个人业务之间具有很强的关联性，除了可以直接增加储蓄存款外，还可以通过组合营销带动银行卡、基金定投、保险、网上银行等业务的全面发展。由于这项业务的特殊性，每月工资发放后，很多客户都需要至少与银行接触一次，这就为我们向客户推介各项产品和服务提供了难得的机会。如果我们能够抓住这些机会，能够及时地销售我们的产品，为客户提供很好的服务，就会赢得客户、赢得市场，这就会使我行的存款占比、信用卡占比、灵通卡占比、个人结算占比随之提升，各种理财产品销量也会相应增加。因此，发展代发工资业务是我们夯实各项业务基础、带动个人业务全面发展的重要手段。

（三）发展代发工资业务是整合全行客户资源、实现公私业务联动的有效措施。在对公和零售业务的协调联动、协同发展中，代发工资业务是一个很好的桥梁和纽带，所以在代发工资业务上，我们一直强调公司部门、机构部门和个人金融业务部门的联动。我们需要充分利用好全行的对公客户资源优势，通过代发工资业务实现个人客户的“批量化”发展。同时，也能通过代发工资服务，进一步增进银企之间的合作，形成全行公私业务相互促进、共同发展的整体合力，展示工商银行的服务能力、服务水平，提升工商银行的综合竞争能力。

（四）发展代发工资业务是增强全行核心竞争力、应对同业竞争的有效措施。代发工资业务由于具有联动性强、综合收益相对较高的特点，成为当前各家银行竞争的重要领域。这两三年来，我们的竞争对手、合作伙伴都已经提高了对代发工资业务的重视程度，并采取了许多有针对性的营销措施，我行的代发工资业务面临更加激烈的竞争。虽然我们的优势依然存在，但在逐步减

弱。从某种程度上讲，在代发工资市场上做得好不好，能否占据优势地位，对于个人金融业务领域的竞争力是具有一定决定性作用的，对工商银行的发展也是有着一定决定性作用的。

三、发挥优势，实现代发工资业务新发展

今年我们确定了全行新增代发工资单位10万户、新增代发工资额4 500亿元、新增代发工资客户4 000万人的目标任务。从前4个月的情况来看，实现这个目标困难是比较多的，按照现在的推进速度，压力也是比较大的。各行要根据新的形势变化，完善工作思路和措施，确实把工作安排细，抓到位，以保证目标任务能够圆满实现，保证全行在代发工资业务市场上获得更大的份额。从统计分析情况来看，几家主要竞争银行咄咄逼人，中小银行在当地市场上也具有机制灵活的优势，所以我们要有新的思路，有新的举措。

（一）要强化组织领导，加大督导力度，大力推动代发工资业务发展。各行要切实重视代发工资业务发展，进一步强化组织领导，坚持代发工资业务行长负责制，要成立由行领导负责的代发工资营销活动领导小组，统一调度对公及个人营销部门的力量。总行和分行的各个部门要实行总经理负责制，各级行个人金融业务、公司业务、机构业务、结算与现金管理和电子银行等部门要加强配合，每个部门要在总经理负责下，落实专人负责代发工资业务营销、规划等工作，代发工资业务工作人员要保持一定的稳定性。在营销工作中，要坚持和完善分层营销、高层营销等策略，重在高层营销。对于优质代发工资单位，要定期开展高层互访，稳固合作关系。前4个月代发工资营销任务完成率低的分行要加大对基层分支机构代发工资业务的督导力度，促进代发工资业务有量的增加和质的提高。在这个过程中，要紧盯同业占比，加强对同业代发工资业务开展情况的跟踪、分析和研究，有效地采取应对措施。对此，各分行、各部门要作出安排。

（二）要落实营销激励措施，调动营销人员积极性。从去年开始，总行将代发工资列入重点产品销售激励计划，并对营销成功的一类、二类、三类、四类代发工资单位，列出了不同的营销奖励标准，分两次共向分行拨付奖金1 352万元，对去年的代发工资业务发展起到了重要的促进作用。根据当前的市场形势和我行业务发展的整体要求，今年总行继续将代发工资列入重点产品销售激励计划，并提高了奖励标准，这个标准总行已经确定下来，并将很快下发。4月份，总行已经下拨了2009年上半年代发工资业务专项营销费用，专门用于代发工资业务营销，第三季度再根据各行上半年代发工资营销情况下拨下半年的营销费用。各行要按照《协同营销方案》和新的《个人金融业务考核办法(2009)》（工银办发［2009］38号）的要求，在行长经营绩效考核的基础上细化代发工资业务考核奖励办法，逐级分解落实营销任务，并将代发工资营销情况纳入各行和各部门的考核和奖励。奖励措施用到位了，考核办法行之有效了，就会推动代发工资业务快速健康发展。各行要在总行营销奖励的基础上进一步跟进和出台一些具体措施，本着“多营销、多奖励，谁营销、谁受益”的原则，及时将代发工资营销奖励措施兑现到位。

（三）要加强协同营销，重点竞争优质代发工资单位。各行和各部门要进一步明确目标客户，将代发工资目标客户定位于以中高端和潜力客户为主的优质单位，定位于一类、二类优质代发工资单位，定位于能为我行带来较好综合回报的优质单位，定位于人均收入高于当地职工平均收入水平的优质单位。根据这个要求，各行、各部门要加强对本行、本部门对公客户资源的梳理，在梳理的基础上锁定营销目标客户，将代发工资目标客户名单逐一分解落实到各基层行和各营销部门。重点地区和城市行更要加大代发工资营销力度，更要为加强和促进全行代发工资业务发展作出贡献。我们的目标是力争使与我行有结算、信贷关系的优质对公客户都能够在我行办理代发工资业务，占比至少要达到90%以上。各行要根据实际情况制订行之有效的协同营销方案，要针对不同的客户作出具体的营销安排。在此要强调的是，各行的营销目标客户名单要进行双线分解，公司客户、有贷户要由公司业务部门负责，无贷户由结算业务部门负责，机构客户由机构业务部门负责。在营销时，各部门要共同参与，进行协同营销和一揽子营销，通过合力使目标客户的代发工资业务和其他各项业务都能够开办起来。

（四）要注重客户关系维护，提升服务能力。各行在加强新增代发工资单位营销的同时，一定要注意做好存量代发工资单位的维护工作，防止我行优质代发工资单位的流失。对于现在已经在我行开办代发工资业务的单位，要实行名单制，分层进行维护，责任落实到人，稳固合作关系。在此过程中，我们要持续推进服务创新，全面提高对客户的服务效率和服务水平，尽可能满足代发工资单位合理的金融服务需求。在客户关系维护管理方面我们要进一步完善工作措施，尽可能抓得更细一些、更实一点，切实抓出成效来，会后各分行、各部门要作出具体安排。

关于代发工资业务就强调以上几点，总的要求是各行要在这次视频会后，进一步把思路理清，把营销目标确定下来，把营销任务明确下来，把工作责任也落实下来，并在全行的努力下，力争实现我行代发工资业务市场的拓展目标。

最后我再强调一下储蓄存款问题。总地来看，今年前4个月储蓄存款保持了比较好的增长势头，特别是2月中旬总行召开储蓄存款视频工作会后，

各行及时采取措施，加大旺季营销力度，取得了明显的效果。截至4月30日，全行储蓄存款较年初增长4 449亿元，是历史上增长最好的一个时期。但我们也要看到，进入4月份以后，全行储蓄存款增速明显减缓，4月份当月负增长135亿元，到5月7日还有一部分行较第一季度末负增长。4月份全行有24家分行当月出现了负增长，负增长20亿元以上的有8家分行，到5月7日比上月负增长20亿元以上的有浙江、江苏和广东3家分行。从同业占比情况看，第一季度我行储蓄存款增量占比排名第一，到4月份，增量占比滑至第2位，我行增量落后建行约81亿元。全行有11家分行增量占比排名第一，有9家分行排名第二，有10家分行排名第三。

分析当前储蓄存款工作中存在的问题，一是部分行在完成季度时点指标时采取了一些突击性措施，为4月份储蓄存款增长留下了较大缺口，致使4月份当月存款增长乏力，到5月份依然未能转变；二是经营思想上出现了松懈情绪，部分行认为第一季度任务完成不错，可以放一放、缓一缓了，工作力度减弱，市场敏感性和应变力下降，导致同业领先的优势被迅速赶超。4月份共有12家分行被同业反超，其中6家分行由3月末的同业占比第一位降到第二位，4家分行由第二位降到第三位，2家分行由3月末的同业占比第一位降到第三位。三是代发工资源头揽储的支撑作用发挥得还不够充分。新增代发工资客户和工资额环比均出现下降，对储蓄存款增长的拉动作用未达到预期。除此之外，部分分行对这项业务的投入和资源的配置上还需要进一步反思。

根据当前存在的问题，我再强调以下几个方面的工作：

一是端正经营思想，完善考核办法，确保储蓄存款稳定增长。各行要充分认识到，冲击时点指标的做法经不起市场的检验，不可能形成真正的竞争力，更不会带来真实的经营效益，也不利于个人金融业务的健康发展。根据第一季度存在的问题，总行已经相应调整了考核方式，将储蓄存款同业占比由每季的时点考核调整为旬均数的考核。各行也要进一步完善和落实科学的考核激励办法，确立科学的储蓄存款增长方式，从顺应市场规律、维护和稳定客户的角度抓好储蓄存款。

二是继续抓好个人金融业务与对公业务的联动发展，抓好储蓄存款与信贷、理财、结算资金的循环流转。要转变传统的产品销售方式，充分利用我行的理财产品资源，通过配比销售、预约销售等方式竞争优质客户，扩大市场份额。有条件的分行要大力发行区域性理财产品，通过理财产品的销售带动储蓄存款的增长。

三是要发挥一级分行营业部在争存揽储中的龙头作用。总行非常关注和重视一级分行营业部的发展，各分行也给予了一定政策和资源上的倾斜。从储蓄存款工作方面讲，一级分行营业部储蓄存款的竞争力仍呈阶段性下降趋势，成为制约全行存款工作的“瓶颈”之一。要对营业部合理配置资源，推动营业部业务更好更快发展，营业部业务的发展对全行有着举足轻重的作用，决不能放弃或放松。下一步，各行要突出抓好营业部的储蓄存款工作，重点在转变观念、完善机制、加大投入、改进服务上下功夫。一级分行营业部自身要调整思路，着力解决发展中存在的问题，尽快促使发展速度加快和竞争力提升，促进存款业务和各项个人金融业务的全面发展。

今天我们主要讲了代发工资业务的发展问题，同时也强调了储蓄存款业务的问题。我希望大家在这次会议之后，把这两项工作进一步抓好。

在中国工商银行
银行卡风险管理视频会议上的讲话

张福荣

（2009年6月1日）

今天召开这次视频会的主要内容是贯彻落实国家四部委及银监会有关文件精神，分析当前银行卡风险管理工作面临的新形势，对下一阶段银行卡风险管理工作做出部署。下面我讲几点意见。

一、充分认识当前银行卡业务面临的严峻风险形势

近年来我国银行卡产业实现了快速发展，目前国内已发行银行卡18亿张，银行卡特约商户118万家，POS

机185万台，ATM17万台，剔除批发性的大宗交易和房地产交易，银行卡消费额在社会消费品零售总额中占比近25%。据中国银联统计数据，银行卡单次500元以下的小额消费交易笔数占全部银行卡交易笔数的80%，表明我国的银行卡消费已经进入普及期，人们日常生活支出已经越来越依赖银行卡。银行卡已成为我国居民个人使用最频繁的非现金支付工具，其作用和影响已深入到经济生活的各个领域、各个方面。而与此同时，随着我国银行卡产业的快速发展，以及外部经济金融环境的快速变化，银行卡面临的风险形势也日益严峻，成为制约银行卡业务健康发展的重要因素。风险主要表现在以下几个方面：

（一）激烈的市场竞争放大了准入风险。近年来随着国内发卡机构的激增，为了争夺有限的客户市场，各家发卡行开始跑马圈地，不断降低信用卡准入门槛，客户定位已从竞争高端客户为主向中低端客户转变，加之目前国内信用卡的风险量化管理手段相对滞后，无法对客户准入及违约概率进行准确的评估，过度营销、过度授信等现象普遍存在。同时在信用卡营销方式上，自助发卡、营销外包、批量发卡、中介代理等发卡形式也在一定程度上放大了准入风险。

（二）欺诈风险呈明显上升趋势。目前银行卡犯罪手段不断向高科技、集团化、专业化、规模化发展，案件实施过程更为隐蔽，手法不断翻新，信用卡套现、伪卡欺诈、ATM资金诈骗、短信和电话转账等风险案件日益增加，对银行和持卡人的资金安全造成威胁。自2008年以来，通过填写虚假申请资料、盗用他人个人信息、规避征信审查的虚假申请逐步上升，且出现由个人行为向团体诈骗方向蔓延的趋势。信用卡套现愈演愈烈，且套现行为有从消费领域向投资和投机领域蔓延的趋势，不法中介通过代办信用卡、代客户还款过账等方式提供套现服务，一些商户也加入了套现行列，形成“套现服务一条龙”的业务模式。伪冒卡及失窃卡欺诈风险加大，使用信用卡磁条信息伪造真实有效的信用卡，或通过改造丢失卡、被盗卡、未达卡、过期卡的表面凸印信息或重新写磁后进行诈骗的行为时有发生。

（三）国际金融危机导致信用风险加大。欧美等发达国家和地区已出现信用卡危机，并且有进一步恶化的趋势，预计年底违约率可能会达到9%。有关部门分析认为，美国恶化的信用卡资产状况有可能成为继美国次贷危机后重创美国经济的又一重要因素，并将延缓全球经济复苏的步伐。受国际金融危机的影响，我国一些持卡人偿债能力和偿债意愿降低，给我国信用卡产业带来较大的风险隐患。

今年4月27日，中国人民银行、银监会、公安部和国家工商总局联合印发了《关于加强银行卡安全管理预防和打击银行卡犯罪的通知》，次日银监会办公厅印发了《进一步加强信用卡业务风险管理的通知》，两个《通知》从发卡行为、交易监测、受理市场、受理终端等多个方面对我国银行卡业务进行了规范，对于防范和控制银行卡业务风险，规范市场秩序，维护持卡人权益和社会公众对银行卡支付的信心，更好地发挥银行卡促进经济增长的作用，具有重要的现实意义。全行要认真学习贯彻两个《通知》精神，充分认识加强银行卡风险管理的重要性和紧迫性，切实把银行卡风险防范工作摆上重要议事日程。

二、坚持发展和管理并重，加强银行卡风险管理

近年来，全行在积极拓展银行卡市场的同时，高度重视和强化风险管理工作，始终坚持依法合规，将风险控制贯穿于业务的全过程，倡导风险管理为效益服务，为发展服务，实现了银行卡业务的健康快速发展。

（一）探索银行卡风险控制新方法，优化和完善作业流程。近年来，我行信用卡业务坚持以市场为导向、以客户为中心，在扩大客户市场和加强风险防范之间寻求最佳平衡点，不断进行风险管理的探索和调整，优化申请表要素和设计，简化审表、调查和审批流程，创新引进了普及版业务，初步形成普及版、标准版和高端版的客户划分，形成了覆盖普通、中端、高端客户群体的产品线。实施“宽进、低额、多用、升级”集信用卡客户策略、发卡策略、市场策略、风险策略于一体的系统工程，即鼓励客户通过用卡消费积累信用，并随着信用指数的不断提升，实现渐进的额度调整及卡片升级，使客户通过交易与发卡银行建立信用关系。这一策略的实施，加强了信用动态管理，在防范风险、建立信用关系、培植客户忠诚度方面发挥了积极、重要的作用。

近年来，我行信用卡风险审核逐步实现了从“审收入”到“审信用”的转变，即将客户社会往来信用记录作为信用审批的主要依据，改变了以收入高低作为审批和授信依据的传统做法。我们利用各种技术手段将行内信息、征信信息及社会信息全面纳入信用审核流程，充分利用客户资产信息、负债信息、交易信息等银行内部信息，审核客户的信用情况，并将其作为客户信用额度核定的重要依据。同时充分利用人行、银联等外部评级信息，将客户在银行同业的账户信息、总授信额度、消费记录、还款状况和流动性风险等信息形成征信评分，将税务、公积金、公用事业费、社保、电信等社会信息纳入客户信息之中，从而更全面地判断客户信用状况。

面对伪冒卡欺诈交易明显上升，套现行为愈发猖獗的严峻形势，借鉴国内外先进的风险管理理念，运用风险监控工作经验，不断优化审核作业系统、风险监控系统、台账管理系统及CS2002等数据分析处理系统的功能，提高系统运行效率，加强系统之间的有效衔接，逐步实现在审核、调额、监测、资产管理等业务环节的数

据共享。其中，信用卡风险实时监控系统是目前国内银行业唯一一套自主研发的实时监控系统，利用这个系统，可根据信用卡行业风险形势变化，动态调整监控模型、调整相关参数设置，实现了欺诈风险交易的T+0日监控以及对信用风险交易的T+1日监控，并对确认存在风险的卡片及时采取止付冻结等手段，避免风险损失扩大。结合国内外最新风险动态和信用卡异常交易监测特点，还有针对性、系统性地改进和调整监测规则，增加针对高风险国家和地区的监控参数，交易监控点也从48个增加到57个，欺诈交易监控覆盖率已经稳步提高至60%左右。2008年初至2009年第一季度末，通过“信用卡风险实时监控系统”发现并处理存在风险隐患的信用卡共2 000余张，合计避免损失金额近7 000万元人民币。该系统的成功应用使我行信用卡风险监控达到国内同业领先水平，为我行信用卡业务又好又快发展起到了重要保障作用。

（二）强化发卡业务风险管理，打击欺诈犯罪活动。去年以来在深入分析团体方式骗领、代办信用卡案件特征的基础上，加强信用卡欺诈申请及套现风险预警，健全了信用卡受理、审核环节的风险控制机制。将身份核查作为营销受理人员受理信用卡申请的必要环节，严禁代填代签申请表，从源头上堵截欺诈申请；执行“亲访亲核”业务规定，对于未履行责任导致匿名、假名账户开立的，按反洗钱法有关规定进行处罚；充分运用人行征信报告内容、公民身份信息核查系统等审查手段，有针对性地进行核实，在业务操作中切实贯彻“宽进、低额、多用、升级”的发卡理念，对发现的风险事件及时采取卡片止付、降额、提前催收等紧急措施；重视审核系统的推广应用，充分利用审核系统的自动审查和报表分析功能对同一客户重复申请、同一单位分散申请等情况进行及时准确的分析，并结合银联黑名单系统及我行灰名单筛查，做好欺诈申请的甄别和堵截工作；积极配合人民银行和公安部在全国范围内开展的银行卡违法犯罪联合整治专项行动，联合中国银联、公安机关共同组织开展宣传活动，普及安全用卡知识。

（三）深化信用卡资产质量管理，确保信用卡透支资产质量。近年来，全行逐步建立起了市场化的风险资产清收处置机制，促进了信用卡资产质量的提高。通过修订信用卡透支资产质量监管指标，准确评价各分行信用卡透支资产质量管理水平，控制资产劣变；严格执行拨备政策，加大呆账核销力度，大力压降存量不良透支，消化不良资产包袱，提高逾期180天以上不良透支的清收处置效率；前移风险控制环节，及时采取降额、止付、提前催收等相关措施防范风险。通过实施这些措施，信用卡透支规模实现稳步增长，不良透支占比控制在监管部门设定的控制标准内，资产质量保持较好水平。

（四）推进内部评级、征信评级项目在信用卡业务领域的应用。总行风险管理部牵头，银行卡业务部、信息科技部等相关部门共同努力，目前已完成了信用卡内部评级、征信评级模型及相关业务系统的开发。内部评级项目的投产，形成了一整套覆盖信用卡业务风险管理的信用评分模型体系，通过该系统能够准确评估信用卡账户在不同周期内的风险水平，为信用卡业务发展策略的实施提供科学量化的决策依据。同时该系统的投产将客户的个人基本信息、资产信息、个人贷款信息、信用卡业务信息、征信信息全面纳入评分模型，将评分信息的采集范围从信用卡专业信用信息扩大到个人业务的资产、信贷等各类信息，从客户行内信息扩展到客户行外信用信息，为信用卡的授信审批、催收管理、风险预警提供了更为科学的依据。

在全行银行卡风险管理工作取得可喜成绩的同时，我们也要清醒地看到当前银行卡风险管理工作尤其是受理环节存在的一些问题和风险隐患，表现在以下几个方面：

一是商户管理不合规。首先，发展商户即商户准入环节不合规，部分行发展特约商户未按规定进行商户调查，未按规定对新发展的特约商户进行培训，商户档案管理不到位，特约商户留档资料不全，缺少营业执照、法定代表人身份证或税务登记证等重要资料复印件，特约商户档案资料未及时更新，或对签约时间较早、后来已过有效期的营业执照未及时更新。其次，特约商户解约环节不完善。部分行与解约商户未签署正式的《特约商户解约通知书》，解约后机具回收不及时，系统档案删除不及时，这些不规范行为，易产生风险隐患。

二是POS机管理不合规。部分行存在POS机违规移机行为，特约商户安装的POS机与其经营或办理业务的范围不相符，容易导致一些违规，甚至违法行为的发生。

三是商户套现现象突出。套现是收单业务外部欺诈风险的最主要形式，目前已逐步发展为商户套现与非法中介相互勾结，危害性更大。据中国银联统计，2008年境内信用卡套现交易额同比增加明显，从商户类别看，主要集中于批发类、慈善和社会公益服务组织行业。我行也有一些特约商户存在类似情况。

针对上述存在的风险隐患和问题，全行要有针对性地加以解决，进一步完善银行卡特别是受理环节的风险管理。

三、加强银行卡风险管理的工作要求

当前银行卡业务发展环境的急剧变化，给银行卡风险管理工作带来了许多新的挑战。今年第一季度，全行信用卡不良透支占比有上升趋势，截至3月末的不良率达到2.24%，比2008年末上升了0.25个百分点，需要引起我们高度关注。今后一个阶段要重点抓好以下几项工作。

（一）要高度重视银行卡风险管理。银行卡尤其是信用卡业务属高风险、高回报业务，风险管理水平的高低直接决定银行卡的盈利能力和可持续发展水平。在大力发展银行卡业务的同时，必须高度重视银行卡风险管理，按照监管部门的相关规定，借鉴国内外同业先进经验，不断健全业务风险管理体系，推动信用卡业务实现规模、质量、效益的协调发展。总行已向全行转发了四部委《关于加强银行卡安全管理预防和打击银行卡犯罪的通知》，并根据我行银行卡风险特征和有关监管要求，研究制定了《关于加强信用卡业务安全管理的实施意见》，将于近日印发全行，各行要认真贯彻落实，切实加强银行卡风险防范和安全管理，确保做到规章制度严格执行、内控管理不断加强、风险底线始终坚守。同时各行要根据总行制定的发卡信用政策，结合本地区实际，制定并完善实施细则，严格审批授信管理，有效防控风险，切实提升银行卡业务发展质量。

（二）严格防范发卡和收单风险。各行要落实关于信用卡账户实名制的相关管理制度，进一步规范发卡行为。虽然目前尚未发现我行分支机构通过中介机构营销发卡的情况，但不排除可能有营销人员批量营销、代理收表、申请人不知办卡事宜等情况。各行要加强对营销受理环节的管理，对于申请首张信用卡的客户必须做到“亲访亲签”，执行这项制度不能走样，审核人员要通过上门、电话等方式对申请人进行“亲访”，对申请人的真实性进行核实，对于确认非本人签名的申请不得受理审批发卡。

要充分利用联网核查公民身份信息系统核查客户身份信息，对未履行责任导致匿名、假名账户开立的，要按反洗钱法有关规定予以处罚；对造成客户资金损失的，要对相关人员依照《员工违规行为处理暂行规定》进行处理。此外，对查询信息与客户信息不符或虚假的，要按照《中国工商银行联网核查公民身份信息系统信用卡业务处理规定及操作规程》进行后续处理。

要继续加强银行卡交易监测和使用管理。充分发挥信用卡电话服务中心职能，开展信用卡异常交易监控；要发挥信用卡风险实时监控系统优势，对欺诈风险交易开展7×24小时监控，对信用风险交易开展T+1日监控；要依托内部评级项目投产后的系统功能，通过相关业务平台实时或批量获取评分，准确评估各类账户在不同生命周期内的风险水平，为审批、管理、风险预警提供决策依据；要利用特别关注客户系统信用卡征信评分模型，运用现代数理统计技术，对客户征信报告中的人口信息、信贷信息等数据进行挖掘提炼，全面分析客户的还款能力；要加强对套现及违规用卡的监控，严格履行大额、可疑交易报告制度，前移风险控制环节，对高风险大额透支或恶意利用误抛交易超限透支的客户，及时采取降额、止付、提前催收等相关措施。

要规范发展收单受理市场，建立科学的商户准入退出机制。近两年来，全行上下围绕“竞争高端、进入中端、培植低端”的收单市场发展策略，加快特约特惠商户拓展步伐，商户数量迅速扩大，截至第一季度末，全行特约商户数已达35.8万户，特约商户网和特惠商户圈已初具规模，信用卡用卡环境明显改善。但是在拓展商户网络的过程中，一些商户也出现了受理伪卡、盗录信息、欺诈套现等违法行为。我们要借此次落实两个《通知》要求的契机，着手开展现有合作商户收单协议和商户档案的梳理，适时调整准入政策，加强特约商户交易日常监控分析，定期开展特约商户现场检查，切实做好特约商户的培训和风险教育，加大违规特约商户的清理力度，对高违规、高风险、有故意套现嫌疑或被监控部门提出过预警监控的商户要坚决予以清理。

（三）认真贯彻《通知》精神，确保新规定落实到位。对于四部委《通知》中要求的“未经持卡人主动申请并书面确认，发卡机构不得为持卡人开通电话转账、ATM转账、网上银行转账等自助转账类业务；持卡人开通电话、ATM转账的，每日每卡转出金额不得超过5万元人民币。持卡人开通网上银行转账的，应采用数字证书、电子签名等安全认证方式”等规定，银行卡业务部、个人金融业务部、电子银行部、信息科技部要密切配合，研究制订相关解决方案，确保在不影响持卡人，不产生社会负面影响的前提下落实有关规定要求。

对于“联网核查公民身份证信息系统运行前开立的银行卡存量账户要逐步进行联网核查”的要求，鉴于我行已发卡20周年，而联网核查公民身份证信息系统于2006年才开始推广应用，如按照规定将2006年以前客户进行全面补查，无论从客户筛选方面，还是从联网补查等工作量方面考虑，工作难度较大，信息科技部门要全力支持，银行卡业务部、个人金融业务部共同研究核查的具体方案，通过科技手段避免大量烦琐的手工劳动，加快补查工作进度。同时制定详细的工作时间表，明确核查完成时间。

个人金融业务部、信息科技部等部门要按照《通知》要求，确保布放的ATM终端符合相关标准。同时要加强ATM巡检、监控，在全行范围内建立ATM巡检制度，及时发现和排除风险隐患，并创造条件实现ATM的实时监控。要通过各种方式及时向客户提示犯罪分子利用ATM作案的新手段和新动向，提高客户的安全意识和自我保护能力，发现犯罪分子作案痕迹立即向公安部门报案，并协助破案。今天就有新闻报道，河南新郑超过半数的ATM被做手脚，出钞口被胶水封堵无法出钞。由此可见，ATM资金诈骗较为突出，银行卡风险管理面临着严峻形势。

（四）控制不良透支，加快不良资产处置。全行要严格控制新增不良透支，防止风险过快集聚，对已尽职催收无法回款且符合核销条件的账户，要及时组织材料，加快存量不良透支消化进度。由于信用卡透支具有金额小、户数多的特点，现行呆账核销规定对信用卡呆账核销处理的针对性不强，逐户组卷、审查环节多导致呆账核销成本高、进度缓慢，难以做到应核尽核，不便有效化解业务风险。为此，总行经研究，根据财政部《金融企业呆账核销管理办法》、《中国工商银行呆账核销管理办法》等相关规定，结合信用卡业务实际，制定了《中国工商银行银行卡呆账核销实施细则》，对单户透支本金在2 000元（含）以下的小额透支呆账，申报行可根据实际情况采取多户一卷的方式申报核销；对审批权限为一级（直属）分行的，即单户透支本金在2 000元－5万元（不含）以内，由银行卡业务部门进行初审，并经风险管理部门复审后，提交本行银行卡呆账核销集体审议小组审议，审议同意的报风险部门分管副行长或行长审批；对审批权限为总行的，由总行风险管理部门直接受理审查行报送的呆账核销材料并及时组织审核，提交相关的审查小组或委员会审议后，报分管行领导审批。该办法将于近日下发，各行要严格按照有关规定进行银行卡呆账核销，清收转化存量不良透支，积极化解历史包袱。

（五）开展专项检查，强化内部控制。这次会后，全行将从2009年6月1日至7月31日开展为期2个月的信用卡业务安全管理专项检查，检查采取分行现场自查与总行督查组指导督查相结合的方式，重点围绕2009年以来开展的相关业务进行，对检查发现较严重的违规、违章问题可追溯至以前年度。检查内容包括：发卡业务、收单业务、异常交易监控和客户服务四个方面，其中发卡业务检查包括受理环节是否落实银行卡账户实名制，是否利用联网核查公民身份信息系统验证客户身份信息；审核环节是否按规定对所有申请表查询CIIS－PCRS系统、银联风险信息共享系统，人工调查处理是否合规等方面。收单业务检查包括商户管理和机具管理，异常交易监控检查包括发卡业务风险监控、收单风险监控和反洗钱业务监控等。

这次专项检查基本涵盖了两个《通知》要求的各个方面，各行要充分认识此次检查对全行银行卡业务健康发展的重要意义，成立检查工作小组，根据总行的检查方案和检查要点制订详细的检查方案，统一部署，避免因组织不当而影响检查效果，保证检查不留死角，不走过场。要划定检查重点，全面排查安全管理重要风险部位和薄弱环节。对检查中发现的问题隐患，要逐条、逐项进行整改，对相关责任人要按有关规定进行严肃处理。对屡查屡犯的问题开展深层次追究，提出根本的解决办法。在分行现场自查的同时，总行银行卡业务部、风险管理部、内控合规部将组成督查组到分行进行现场督查。

同志们，通过今天的会议，希望大家能够认识到当前银行卡风险管理面临的严峻形势，认真落实四部委最新工作要求，在实现银行卡业务各项规模指标稳步增长的基础上，巩固我行在银行卡风险管理方面的成果，为银行卡业务的健康发展作出新的贡献。

抢占先机　实现突破
全面推动境外机构境内外汇账户业务发展工作

——在中国工商银行境外机构境内外汇账户业务发展工作动员视频会上的讲话

张福荣

（2009年7月21日）

7月13日，国家外汇管理局发布了《国家外汇管理局关于境外机构境内外汇账户管理有关问题的通知》（以下简称《通知》）。这个《通知》的出台对我行推进国际化发展战略，提升跨境业务服务能力，拓展国际结算与全球现金管理市场，完善产品创新体系等方面都有着非常重要的意义。

下面，我就推动境外机构境内外汇账户发展工作，讲几点意见。

一、充分认识开展境外机构境内外汇账户业务的重要意义

所谓境外机构境内外汇账户，简称NRA（Non－Resident Account，非居民账户），是指在境外（含香港、澳门和台湾地区）合法注册成立的机构，在境内银行开立的外汇账户。广义的NRA主要包括两大类：一是境外机构在具有离岸业务经营资格的境内银行开立

的离岸账户，二是境外机构在境内其他银行开立的外汇账户。后者又可细分为以下三类：一是资本项目外国投资者专用外汇账户，须经外管局批准后方可开立；二是与境内机构经常项目结算账户性质相同且主要在境内使用的外汇账户，可以结汇或者提取现钞，也需经外管局批准后开立；三是其他外汇账户，不需结汇或者提取外币现钞，用于国内外结算或者存储资金，无须经外管局批准。此次《通知》所规范的NRA账户主要是不需结汇或者提取外币现钞的其他外汇账户。

国家外汇管理局指出，《通知》的出台是贯彻落实党中央、国务院要求，更好地发挥金融支持经济增长和促进结构调整的作用，进一步深化金融体制改革，加强风险防范，切实维护金融安全稳定要求的具体体现。外管局在近日出台有关NRA的政策，主要是基于以下几点考虑：

一是适应企业资金管理的需求。近年来，随着我国对外开放程度的不断提高，中国经济日益融入世界经济，原来相对数量较少的境外机构在境内银行开立外汇账户，办理外汇收支业务的行为，逐渐变得越来越普遍，总量也越来越大，且增速较快。据了解，近几年境外机构在境内开立外汇账户大约每年以近2万户（含离岸外汇账户）的速度增长，截至2008年底，境外机构在境内开立外汇账户总量已超过10万户。

二是应对金融危机的需要。《通知》允许所有境内银行在谨慎经营的前提下，为境外机构开立外汇账户，并简化了开户审核资料及与境外资金往来办理手续，有利于促进贸易投资的便利化，有利于银行外汇业务的拓展，特别是有利于在国际金融危机背景下我国“走出去”企业在境内银行进行资金管理，以保障资金安全、提高资金使用效率，从而增强银行、企业应对国际金融危机的能力。

三是加强管理和规范的需要。由于之前NRA存量相对较少，外管局除对其中占比相对较高的离岸账户进行了规范外，对境外机构在非离岸银行部门开立的其他外汇账户，没有统一制定相应的规定予以规范，导致这些外汇账户无论是在主体性质识别、总量统计方面，还是在外汇收支真实性审核等方面，均带来一定程度的管理隐患，容易酿成违法犯罪活动，特别是在金融危机情况下更容易成为外汇资金大量进出的通道。《通知》填补了现行法规在境外机构境内外汇账户管理方面的空白，有助于防范风险，防止境外机构境内外汇账户成为资金非法流出流入的通道。

由于历史原因，多年以来，为境外企业开立的境内账户只能由外资银行办理，或由具有离岸牌照的少数银行办理，这次《通知》明确将此项业务扩大到了所有境内中外资商业银行。就我行而言，NRA这一新业务无疑将成为我行推进国际化发展战略的又一新途径和助推器，具有十分重大的意义。

一是有利于拓展对全球化客户的服务领域。NRA的客户市场是全球化客户，主要包括“走出去”的中资跨国公司以及与境内联系紧密的外资企业。这将打开我行拓展外向型客户资源的新渠道。过去由于政策的限制，我行的传统客户主要集中在境内注册的客户，对于那些与中国境内有着密切往来的境外企业客户，例如中资集团公司的境外窗口公司或集团成员公司，我们只能通过相对有限的海外机构或与境外代理行合作，无法在境内直接提供一揽子服务，丧失了很多扩展境外业务的机会。NRA打开了一扇通往国际市场、拓展全球化客户资源的窗户，将为我行带来更为广阔的全球化业务增长机会。我行要紧紧抓住在国际金融危机背景下外资银行普遍受到严重冲击、中资银行成为全球资金避风港的有利形势，以NRA业务开办为契机，大力营销中外资跨国公司，扩大我行外向型客户基础。需要指出的是，如为境外银行类金融机构开立NRA，须按总行代理行管理的统一要求，主要由总行受理。

二是开辟了吸收外汇存款的新途径。长期以来，受到市场以及其他诸多方面因素的影响，外汇存款一直是我行的短板。近年来，人民币升值加剧了国内银行外汇资金供求形势的跌宕起伏，从去年到目前短短一年半的时间内，国内外汇资金供给就经历了从非常紧张到相对宽松再到重新趋紧的过程。央行最近数据显示，截至6月末，我国外汇储备再创新高，达到2.1万亿美元，这说明在中国经济复苏过程中，大量的国际外汇资金可能涌入牟利，人民币仍然面临着很大的升值压力，国内外汇存款意愿下降、外汇贷款需求上升、银行存贷款缺口再现并继而扩大的趋势不容忽视。因此，如何增加外汇存款显得格外重要。在这样的形势下，NRA业务的开办将及时为银行开辟吸收外汇存款的新途径——在为企业进行境外资金运作提供便利的同时，也带来大量原本国内银行无法涉足的外汇资金，对于增加银行外汇存款、缓解外汇资金紧张的压力十分有利。

三是有利于扩大国际结算业务市场份额。《通知》规定境内机构和境内个人与NRA之间的外汇收支属于跨境交易，这就意味着NRA与国内其他账户之间的外汇收支将纳入国际结算业务范畴，NRA业务开办将使得国内银行现有国际结算市场格局面临新的调整和变化，对我行提高国际结算市场占比带来了新的机遇和挑战。值得关注的是，《通知》规定NRA外汇账户从境内外收汇、相互之间划转、与离岸账户之间划转或者向境外支付，境内银行可以根据客户指令等直接办理。这种便利简化的手续将会有效刺激国际结算业务的发展，为境内银行带来全新领域的国际结算业务。大家可能已经注意到，最近一段时间以来，国内企业对外并购活动十分频繁，而国家外汇管理局也在一个月内相继出台多项政策，放松了资本项目项下企业境外投资放款的若干要求，可以预见，在今后一段时间内，我国企业“走出去”将进入一个新的更加活跃的阶段，企业跨国经营活动中将会更多地通过NRA实现资金划转，这无疑将会给银行带来大量的国际结算业务。我们必须抓住国家鼓励企业对外投资的有利时机，大力拓展国际结算及相关的贸易融资和投资服务，实现我行国际结算市场占比再上新台阶。

四是为我行全球现金管理业务的开展提供了重要机遇。全球现金管理业务是我行重点发展的业务之一，它能将我行在境内的业务优势和先进服务经验延伸到境外，为跨国企业提供“一站式”现金管理服务，提供安全便捷的全球账户信息管理、收付款管理、风险管理、资金归集、资金池管理等服务，协助客户及时准确地得海内外资金信息，统一调配境内外资金，统筹管理全球账户，满足客户跨境、跨银行、多币种资金集约化管理和规避跨国经营风险的需求。但由于我行没有离岸业务经营牌照，无法为境外企业开立离岸账户，使我行全球现金管理的服务手段受到了一些制约。NRA业务的开办对我行拓展全球现金管理业务是一个难得的历史机遇，在一定程度上弥补了我行没有离岸业务经营资质的短板，极大地方便了跨国经营企业跨境资金管理，打开了全球现金管理业务的市场，为“走出去”的中国跨国公司境外资金运作的安全和在全球范围内提高资金使用效率提供了支持。

二、全面推动NRA业务发展的几点要求

总行高度重视NRA账户业务发展工作。早在5月份国家外管局就NRA管理办法公开征求意见时，总行就认识到了这项工作的战略意义，姜董事长要求立即做研究和部署，王丽丽、易会满副行长和我几次召开专题会议研究，此后有关部门做了大量前期准备工作，为我行在相关政策出台后占领市场先机打下了良好基础。如国际业务部主动加强与外管局的沟通，使得我行第一时间了解了相关政策信息；结算与现金管理部及时向科技部门提交了NRA模式下的外汇资金归集业务需求，信息科技部已经将该需求列入总行8月的版本进行开发，预计10月份可以正式投产。除此之外，结算与现金管理部还根据办法的规定，设计了以NRA为境内外汇资金归集账户的三种模式的全球现金管理解决方案，并于6月底在宁波召开的“走出去”中国企业座谈会上进行了推介，得到客户的积极反馈。公司业务一部迅速成立了专门团队，确定重点目标客户，逐户制订营销方案，对总行直营的多家大客户和部分分行重点客户进行了上门营销，部分客户已明确表示了与我行的合作意向。运行管理部也已经开始业务流程和制度办法的编写工作。我们要在前期大量准备工作的基础上，进一步加大工作力度，努力实现NRA开户和结算量同业占比两个不低于30%、市场占比第一的目标。这里我提几点具体要求。

（一）明确职责分工，加强协同配合。NRA业务综合性强，涉及部门较多，是一项全行性的重要工作。只有加强领导、明确分工、整合资源、协调联动，才能推动这项业务的快速、有序发展。总行明确，各行要成立推进NAR业务发展的协调小组，由分管国际业务的行领导担任负责人，切实加强对这项工作的组织推动。同时明确各相关职能部门职责，国际业务部门作为业务推广的总牵头部门，主要负责与当地外管局的协调沟通，相关国际结算和贸易融资业务管理，以及与外资代理行和我行境外机构有关的组织推广工作，定期研究账户开立工作，解决存在问题，推动NRA业务顺利开展；结算与现金管理部门牵头负责营销推广工作，制订营销推广方案并组织实施；公司业务部门负责做好目标客户的营销及客户关系的维护工作；运行管理部门负责制定NRA开立及相关的核算办法和操作规程；信息科技部门负责组织系统开发、产品功能完善工作，以及业务推广期的技术保障工作；电子银行部门负责做好电子银行系统升级工作，增强电子银行渠道对NRA的支持，并修订相应的业务管理办法。

（二）切实加大NRA业务营销力度。

一是形成营销合力，全面抢占市场份额。经研究，总行决定成立由结算与现金管理部牵头，公司业务部、国际业务部参加的“境外机构开立境内外汇账户（NRA）业务营销小组”，负责统一领导、规划我行NRA账户以及该模式下的全球现金管理业务的营销推广工作，制定完善市场开发策略。各分行也要成立相应的营销工作小组，并指定专人与总行营销小组保持密切沟通，及时反馈市场动态、营销成果和客户意见建议。对于分行层面营销有难度的客户，总行将对口支持分行相关部门做好重点客户的营销工作。

在对客户进行NRA账户营销的同时，全行还应以此为契机，在本外币结算、存贷款、投资、理财等领域对客户进行有规划的联合营销，扩大客户与我行的合作领域，提升客户对我行的综合贡献度。特别是要加强NRA与全球现金管理的捆绑营销，以总行针对NRA设计的全球现金管理解决方案为抓手，将NRA的开立与企业本外币资金统一管理的全球现金管理需求相结合，制订统一营销方案。各行还要有针对性地制定NRA业务营销的考核办法，落实责任到人，建立与业绩挂钩的科学奖励机制，充分调动积极性。

二是细分客户需求，开展分层分类营销。在外管局通知印发之前，总行结算与现金管理和公司业务一部曾经对我行的NRA营销目标客户进行了一次摸底，但由于各行对这项业务的认识程度不同，反馈到总行的重点客户营销名单非常有限。这次会后，各行要尽快按照总行要求，对所在地区的NRA潜在客户分布情况及需求特点再次进行摸底调查，在此基础上梳理建立目标客户名单，准确定位，分类营销，取得实效。

目前跨国企业特别是中资跨国企业的资金集中管理水平参差不齐，集约化程度存在很大差异，需要我们细分客户需求，根据企业特点及我行介入的难易程度，采取不同的营销策略和措施。如对于已实现境外分支机构财务整合管理的大型企业，由于这类企业的特点是已在全球各地开办实业，有非常广阔的区域覆盖，并普遍重视全球性（或至少大区性）统一现金管理，与其他银行已有一定合作，我行可通过 NRA 模式全球现金管理整体解决方案实现挖转，即通过我行在国内现金管理领域的优势，带动这些企业外币业务的整合。

对于已在境外经营实业，但尚未实现全球财务整合的跨国企业，由于这类企业尚未或刚刚认识到全球性统一现金管理对企业经营管理的必要性，NRA 无疑为这些企业的境内外汇资金的归集提供了可能性，这些企业也成为我行营销 NRA 的重点对象。各行可通过营销 NRA 的境内外汇资金归集功能和我行提供的本外币一体化的账户实时查询优势，营销企业先在我行开立 NRA，在资金归集的过程中，进一步营销我行 NRA 模式下的全球现金管理服务方案。

对于在境外主要从事贸易业务的跨国企业，由于这类企业对境外现金管理产品的需求较简单，大部分通过 NRA 开立后的跨境汇款即可满足企业的需求。因此营销这些客户的难度也相对小一些，各行也要把这类客户作为我行营销 NRA 业务的重点客户，特别是在业务推广初期，这类客户可以有效地扩大我行 NRA 业务的客户覆盖率，实现三分之一的市场占有率目标。

三是全方位开展宣传推广工作。结算与现金管理作为 NRA 业务的营销牵头部门，要与公司业务、国际业务等相关部门密切配合，通过上门走访、座谈沟通等多种方式进行营销，提升我行在 NRA 业务领域的市场影响力，建立覆盖有贷户和无贷户的全方位营销体系。在组织中外跨国企业召开推介会时，应重点介绍我行国际化进程、境内外汇业务、特别是 NRA 模式下的全球现金管理产品优势及其对跨国企业实现跨境资金集中管理的重要意义，同时要强势宣传我行以 FOVA 系统为依托的全球现金管理系统的科技领先优势和强大的全球现金管理服务网络，引导客户在我行开立 NRA，进而实现跨境资金集中管理。从 8 月份开始到年底，总行计划召开 2—3 次以“走出去”的中资企业和大型跨国企业为主要客户的推介会，各分行要根据总行的营销活动安排，制订具体营销方案，做好客户邀请、跟踪服务、重点客户营销突破等各项工作。

与此同时，总行和各分行要充分利用媒体、杂志、广告等渠道，在全国范围内大规模开展 NRA 账户以及该模式下的全球现金管理业务的宣传。结算与现金管理部可以在办公室配合下，在 10 月份共同组织策划一次全行范围的宣传推广月活动。各分行务必要在总行的统一指导下开展宣传，倾力打造我行 NRA 业务和全球现金管理业务专业银行的市场领先形象。在活动期间要充分利用营业网点张贴、摆放宣传资料，利用各种媒体形成宣传攻势，为市场营销工作开展提供有力支持。

（三）加强合规性管理，夯实业务发展基础。NRA 是一项政策性较强的业务。各行要认真组织学习《通知》精神，充分了解和掌握相关政策要求。总行将根据国家外汇管理局的有关规定，尽快制定下发我行 NRA 业务管理办法和操作规程，各行要及时做好培训工作，熟悉把握制度要点，熟练掌握境外机构境内外汇账户的管理要求。在 NRA 业务开办过程中，要重视加强业务合规性管理，按照规定开立使用外汇账户和办理外汇收支业务，确保我行境外机构境内外汇账户业务的规范操作和健康发展。

一是严格境外机构境内外汇账户审批管理，规范账户开立手续。境外机构境内外汇账户的主体为境外合法注册成立的机构，其真实性与合法性的确认较境内机构更为困难、更为复杂。各行要明确辖内可以开办境外机构境内外汇账户业务的分支机构，切实贯彻“了解你的客户”的原则，认真审核境外机构在境外合法注册成立的证明文件等开户资料。证明文件等开户资料为非中文的，要同时索要对应的中文翻译。各国的公司注册信息查询机构的设置及查询程序差异较大，各行要对照总行即将下发的《各主要国家公司注册信息查询指引》对境外机构资质进行审核，查看其在境外合法注册成立的证明文件等开户资料。除国家外汇管理局另有规定外，境外机构境内外汇账户的开立不需经国家外汇管理局及其分支机构批准。

二是准确设置账户标识，确保业务正确办理。NRA 账户标识的准确标注，关系到我行相关业务能否正常开办，是账户管理的基础性工作。各行在为境外机构开立外汇账户时，要按照监管部门的要求，在外汇账户前统一标注 NRA，以“NRA + 账号”的形式展现，以区分银行和非银行机构账户。标识 NRA 的账户范围包括新开立的 NRA 账户和 NRA 账户管理办法出台前我行已开立的境外机构境内外汇账户，但不包括境外机构境内离岸账户。同时，要按照外管局的要求，尽快确定存量账户中需要补充标注 NRA 标识的账户，于 8 月 1 日前手工完成账户标注。在系统无法自动标注 NRA 标识之前，各行应在开户时于客户信息中添加 NRA 标识。

三是加强账户使用管理，及时办理 NRA 账户相关的国际收支统计申报。各行在办理 NRA 账户有关业务中，要认真遵守有关大额和可疑交易报告等反洗钱法律、行政法规、部门规章等规定。在完成存量账户的 NRA 标识标注前，NRA 账户与境内机构和个人之间的外汇收支，要按照跨境交易进行管理。通过 NRA 账户与境外、境内之间发生的资金收支，以及由此产生的账户余额变动，均要按照国家外汇管理局有关规定办理国际收支统计申报。境外机构中银行机构即同业开立的外汇账户，国际收支中已有统计，因此不在NRA账户国际收支统计申报范围内。

四是未经外管局批准，不得从NRA账户存取外币现钞，不得直接或者变相将该外汇账户内资金结汇。总行相关业务部门和信息科技部门要积极配合，认真研究并尽早实现NRA账户特殊展现形式，以及账户加注存取现标识和结汇标识的系统功能，实现系统的自动控制，有效防范风险。

同志们，NRA业务为我行国际化发展带来了重大的机遇，同时也提出了新的挑战。希望全行上下切实提高认识，加强组织领导，抢抓市场先机，把各项工作措施落实到位，努力实现NRA业务的良好开局，完成总行提出的工作目标和任务。

在中国工商银行 2009年信用卡业务工作会议上的讲话

张福荣

（2009年7月30日）

这次会议的主要任务是，总结2009年上半年信用卡工作情况，深入分析当前面临的新形势、新任务，研究布置下半年重点工作任务。下面我讲三点意见。

一、上半年信用卡工作取得显著成绩

今年以来，面对激烈的市场竞争和复杂的经营环境变化，全行信用卡专业认真贯彻“规模化、精品化、全球化、专业化”的发展战略，以提高核心竞争力为目标，推进信用卡业务规模、质量和效益的协调发展，取得了良好经营成果。

——业务规模保持快速增长。截至2009年6月末，我行信用卡发卡量4 570万张，较年初增加665万张，同比增长38%。信用卡消费交易额达到1 995亿元，同比增长80%，月均消费额332.5亿元，同比增加147.9亿元，再创历史新高。信用卡透支余额245.6亿元，同比增加128亿元，增长109%。客户数达到3 298万户，较年初增加606万户，同比增长48%。中高端客户渗透率达到14.7%，同比提高2个百分点，其中高端客户和私人银行客户的渗透率超过34%，客户结构有所优化。

——质量效益指标继续优化。尽管受到国际金融危机蔓延和国内经济下行影响，全行信用卡业务资产质量仍保持较高水平，6月末不良透支占比同比下降0.32个百分点，降至1.97%。实现总收入36.1亿元，同比增长27.5%，其中中间业务收入23.6亿元，同比增长53%，中间业务收入在总收入中的比重比年初提高6个百分点，达到65%。

——市场领先优势有所扩大。根据同业交换数据显示，截至2009年6月末，我行信用卡发卡量、消费额同业占比分别为32.4%和30.8%，其中发卡量比排名第二的招商银行多出1 684万张，消费额比排名第二的建设银行多出674亿元，领先优势有所扩大。我行大部分分行也成为当地同业市场的领跑者，其中有28家分行发卡量位居当地同业之首，13家分行发卡量同业占比超过了40%；有23家分行消费额位居当地同业第一，15家分行消费额同业占比超过了40%。

——各项重点工作有序推进。“三卡整合”项目成功投产，主题卡、功能卡、联名卡“三张卡”工程加快推进，信用卡VIP客户服务中心建设、限时服务及电话银行渠道建设、海外银行卡中心建设迈出实质性步伐。以纪念发卡二十周年活动为契机，加大宣传营销力度，进一步提升了牡丹卡品牌形象。

二、当前面临的新形势新任务

工商银行的信用卡业务经过20年的发展，已经成为国内同业的领跑者。站在新的历史起点上，我们未来三年的总体发展目标是，在进一步巩固中国第一信用卡银行地位的基础上，实现到2011年信用卡总发卡量达1亿张，力争成为全球第一大发卡银行。

我们之所以提出这样的目标，主要是因为信用卡业务在全行业务体系中占据着重要位置，发挥着越来越重要的作用。大量数据表明：信用卡是零售业务中利润率最高、风险最分散的业务，全球主要信用卡市场的平均资本回报率约为23%，远高于国际银行业平均18%的资本回报率水平。现阶段信用卡业务已经成为许多国际大银行的主要业务领域和主要利润来源，譬如花旗银行信用卡业务净盈利占其利润的三分之一，美国运通公司的运通卡业务利润更是占其公司全部利润的七成。此外，信用卡业务融合了存贷转取等功能，横跨资产、负债和中间业务，涵盖个人、公司和机构客户，在巩固和拓展银行目标客户群体，增加各种金融产品和服务的交叉销售等方面，具有不可替代的重要作用。加快信用卡业务的发展，做大做强信用卡业务，是工商银行推进经营转型、提高盈利水平、增强核心竞争力的必然选择和重要途径。同时，我们积极打造全球发卡量最大、具有较强国际竞争力的信用卡银行，也是与我们目前作为全球市值最大、利润最多、存款第一和品牌价值第一银行的市场地位相匹配的，是一个积极进取、有可能实现的目标。

实现这一目标，我们也面临着难得的历史机遇，具备许多有利条件。

一是中国经济的企稳向好和中国银行业的稳健运行，为信用卡产业的健康发展提供了根本保障。尽管中国经济也不可避免地受到了国际金融危机的严重冲击，但从总体上看，我国经济发展的基本面是好的，仍处于重要的战略发展机遇期。今年以来，在国家一系列扩内需保增长的宏观调控政策的作用下，我国经济运行已经初步遏制了增速下滑的势头，呈现出企稳向好的积极变化。中国银行业也初步经受了国际金融危机的考验，资产规模继续扩大，盈利能力显著增强，不良贷款保持双降，市值排名大幅提升，总体保持了稳健运行的态势。而反观全球经济和金融的复苏仍是一个曲折漫长的过程，特别一些发达国家大量中小银行的不良贷款还没有清理，信用卡贷款的违约率还在上升，大量有毒资产引发的亏损将进一步削弱银行的资本实力。因此，欧美的银行卡产业发展困难重重，我国银行卡产业蓬勃向上，基于此背景，只要我们注重调整发展思路和经营策略，研究制定促进银行卡发展的有效措施，依托中国经济的良好成长背景，我们的信用卡业务发展很有可能加快赶超和达到国际一流水平。

二是中国信用卡产业即将进入快速发展阶段，存在巨大市场潜力。受益于国家扩大内需各项政策措施的实施，以及我国居民消费意愿和消费能力的不断增强，受益于国家有关部门对信用卡产业发展的政策支持和有效推动，以及信用卡受理环境的不断改善，我国信用卡业务将进入快速发展时期，具有广阔的市场空间。从发卡量来说，中国现在的城市化率大概是在45%，即6亿的城镇人口、2亿左右的城镇家庭，按照一个家庭夫妇两人人均1张信用卡计算，全国的市场容量就是4亿张信用卡。按照我行三分之一的市场份额计算，我们的总发卡量就可以达到1.3亿张左右。而这还只是按人均1张信用卡计算，实际上在美国，3亿人口拥有15亿张信用卡，人均持卡5张；在亚洲的日本、韩国和中国香港等地也基本上是人均3至4张信用卡。再从消费额来说，2008年中国社会商品零售总额为10.8万亿元，信用卡消费额为1.1万亿元，占到社会商品零售总额的10%。预计未来几年刷卡消费的比重还将快速提高，目前美国信用卡消费额已经占到零售交易额的30%以上。可见，未来一个阶段，中国银行卡产业将迎来一个蓬勃发展的黄金时期。

三是全行的整体实力和综合优势为信用卡业务的发展奠定了良好基础，提供了强大支持。信用卡是一种知识密集型、人才密集型产业，也是一种规模效益型业务，需要有强大的信息科技、销售渠道、客户资源和服务团队的支持。而工商银行拥有国内最广泛的客户群体、最领先的科技水平、最大规模的受理渠道，以及卓越的品牌信誉和服务团队，这些都为我们的信用卡业务快速发展奠定了坚实基础。从实际情况来看，近年来我行的综合优势已经开始显现，信用卡竞争格局发生了较大变化，股份制中小商业银行在信用卡领域的先发优势已经逐步被大型银行所取代，特别是我行的竞争优势逐步扩大，与第二名的差距逐渐拉开。比如说上半年招商银行新增发卡仅160万张，市场占比逐月下降；消费额1 263亿元，同比净增410亿元，还不到我行的一半。我行信用卡透支规模目前虽然仍落后于招商银行和建设银行，但我行透支规模的增幅大大高于这两家银行。预计明年第一季度将超过招商银行，第三季度将超过建设银行，届时我行信用卡发卡量、消费额、透支额三项规模指标都将领先同业。

从我们调查掌握的数据看，我行目前的信用卡发卡规模在全球银行业大概排在第8位，第一名是摩根大通，也是全球唯一一家超过1亿张发卡量的银行，达到11 900万张，据悉，受金融危机影响，其发卡量和客户数出现了一定程度的下滑；第二名是花旗集团，9 200万张；第三名是美国银行，8 000万张；第四名是汇丰银行，4 800万张。我们到七月底的发卡量应该在4 635万张左右，与汇丰银行相差165万张，基本与汇丰银行的信用卡发卡量旗鼓相当。到今年年底我们预计发卡量可达到5 200万张，如果汇丰银行保持现有发展速度，我们可能超过汇丰银行成为世界第四大发卡银行，并成为亚洲最大的信用卡发卡行。在对国际、国内市场进行了深入分析之后，我们应该增强信心，勇于开拓，创新发展，步调一致地朝着全球第一发卡银行的目标不懈努力。

为了实现这一目标，总行和分行要认真分析市场走势，认真制定完善客户战略，尤其是中高端客户战略，认真组织和有效开展市场营销工作，认真制定促进银行卡业务发展的工作举措。

三、下半年几项重点工作任务

下半年，全行要根据未来三年信用卡业务发展的总体战略目标，进一步明确今年的阶段性任务目标，以纪念发卡20周年活动为契机，加大市场拓展力度，加强风险管理工作，提升服务水平，推动信用卡业务的又好又快发展。

（一）采取有效措施，确保实现全年发展目标。实现今年发卡量超5 000万张、达到5 200万张的工作目标，实现消费额超3 000亿元的工作目标，实现透支余额接近于国内领先银行的工作目标，对于进一步巩固我行市场地位、扩大社会影响、提升品牌形象具有非常重要的意义。各行要认真分析市场竞争形势变化，及时完善营销策略和措施，加大督导和推动力度，确保我们既定的工作目标成为现实。要根据总行统一部署，组织开展好“跨越五千万，喜迎二十年”发卡营销竞赛活动，健全考核评比和激励机制，增强营销效果，活动结果将纳入今年对分行的银行卡专项考核。要继续开展各种行之有效的消费促销活动，以及多种形式的积分兑换活动，推动分期付款、保险见费出单等收单项目的开展，促进信用卡消费额的增长。要按照第一收单银行的目标，健全收单业务体系，完善全流程的商户营销服务机制，加快构建牡丹信用卡特约商户特惠商户圈。要进行有针对性的商户网络发展规划，本着维护工商银行信誉和对持卡人负责的态度，及时解约现有合作不顺畅的商户。要加强收单业务管理，有效防范收单业务风险。要通过拓展分期付款业务、发展有透支需求的优质持卡人等措施，扩大良性透支规模，今年的透支规模力争突破300亿元，实现发卡量、消费额和透支规模的协调增长。

（二）发挥全行整体优势，抓好信用卡业务的综合营销和中高端客户渗透工作。要继续抓紧推进客户信息整合工程，加快目标客户快速营销系统的推广应用。要充分利用全行整体资源，将个人、公司、机构类客户中的优质群体作为信用卡营销目标，发挥协同营销、组合营销、整体联动优势，提高行内客户的渗透率，扩大信用卡客户群，优化客户结构。同时，要加大现有客户升级力度，由专人负责跟踪分析客户用卡情况，将提升客户卡片信用等级和信用额度工作常态化，扩大金卡、白金卡占比，尤其要将提高白金卡客户占比作为主攻目标。年底全行中高端客户渗透率要比6月末再提高10个百分点，达到25%。全行金卡发卡量要达到550万张，占全部发卡量的比重要达到11%，白金卡发卡量要突破10万张。要继续坚持“以项目营销推动全行信用卡业务发展”的思路，深入推进公务卡、公司卡、交通卡和联名卡等全行性信用卡合作项目的营销推广工作。目前，公务卡和联名卡的推广力度还不够。公务卡发卡范围还未覆盖到应该覆盖的机关、事业单位（包括院校）等，还存在着一定的营销死角，因此，公务卡要在试点发卡的基础上继续扩大营销覆盖面，切实提高发卡量。今年总行针对几个重点联名卡项目进行推广，但效果不太理想，希望各分行继续加大投入，推动联名卡项目快速发展。继续坚持发卡、收单及分期付款等业务的综合营销推广模式，不断提高项目综合收益。

（三）加快芯片卡产品的应用推广。芯片卡是在普通卡体上嵌入微型芯片的支付卡，每一张芯片卡就像一台微型的个人电脑，可以同时存储和处理多种功能。目前芯片卡已广泛渗透和应用于金融、电信、公共交通、社会保障等多个领域。与传统的磁条卡相比，银行芯片卡具有安全性更高、信息容量更大、交易更快更便捷等优势，代表着信用卡业务的未来发展方向，目前欧美国家磁条卡基本被芯片卡取代。2005年12月，我行率先推出了国内首张符合国际标准的EMV芯片卡，2007年9月，又再次推出了国内首张符合人民银行标准的PBOC芯片卡，目前，我行已成功发行具有交通管理、铁路售票、高速公路、会员管理、商业联名、社保等各类特色芯片信用卡300余万张，成为国内公认的银行芯片卡领跑者。下一步要及时了解行业芯片卡发展思路和方向，充分利用我行在芯片卡产品技术、市场拓展等方面的先发优势，主动面向芯片卡应用目标行业和客户开展营销，确保9月份全行芯片卡项目拓展工作全面启动并取得阶段性成果，实现向中高端信用卡客户发行芯片卡。要以安全、便利、多应用作为目标，加大产品创新力度，强化产品功能，为今后金融芯片卡与行业芯片卡“一卡多用”的融合创造条件。要以现有的广深铁路牡丹金融IC卡、牡丹交通（IC）卡和牡丹百盛卡等芯片卡产品为基础，结合各地业务需求特点，加快全国范围内的推广应用。要优化完善芯片信用卡小额快速支付功能，选择条件成熟的市场和区域，在超市、加油站、交通运输等行业，推广以非接触式应用和小额快速支付为主的芯片信用卡产品，迅速抢占全国信用卡的小额支付市场。

（四）切实提升牡丹信用卡服务水平。要将改进服务作为提升信用卡核心竞争力的重要举措，通过客户体验、客户调查、同业研究等手段，找出我们的服务与客户期望目标及同业先进水平之间的差距，有针对性地提出加强服务管理、创新服务模式、提升服务品质的举措。要努力减少客户针对信用卡业务的投诉，投诉发生后要认真对待，妥善处理，切实维护工商银行声誉和信用卡品牌形象。要加快推进石家庄信用卡电话服务中心建设，力争9月份投入运营，与成都中心形成“平行运转、互为补充、各有侧重”的运行模式，提高电话银行服务供给能力，缓解服务供求矛盾。要继续深化“三进”工程，在“产品进点、服务进区、功能进柜”的基础上进一步做到“进系统、进流程、进考核”，提升网点营销服务质量和效率。继续抓好限时服务，提高后台业务办理的准确性和时效性，全行“限时办卡”的达标率要力争达到95%以上。加快推进信用卡VIP客户服务中心建设，力争年底前达到100家，并做好验收检查及评比工作，为中高端客户提供良好的业务受理环境。在信用卡电话服务中心、营业网点等渠道全面推广《牡丹信用卡客户服务作业规程》，提高服务标准化程度，优化业务处理机制，实施全过程服务品质管理。要重点做好对高端客户的服务，继续密切与私人银行部和个人金融业务部的合作，为白金卡客户提供高品质理财服务。完善网上银行信用卡服务项目，将网上银行打造成为与信用卡电话服务中心并重的服务平台。

（五）扎实做好风险管控工作。全行信用卡业务继续保持较高的资产质量，但不能盲目乐观，要持续关注。加强信用卡风险防范，对准入风险和欺诈风险必须积极应对。各行要认真贯彻国家四部委关于加强银行卡安全管理、预防和打击银行卡犯罪的要求，加快构建与国际一流商业银行相适应的风险管理体系，确保信用卡业务依法合规经营和资产质量持续改善。要抓紧推广应用信用卡内部评级项目，为强化风险管理提供技术支持。要加强信用卡和POS机具的交易监测和使用管理，严格履行大额、可疑交易报告制度，对高风险客户及时采取降额、止付、提前催收等相关措施，加强银行卡交易监测和使用管理。要强化信用卡资产质量管理，对存量不良透支进行锁定并逐步消化，严格控制新增不良透支增长，确保年底以前将不良透支占比控制在2%以内。总行已印发新的银行卡呆账核销实施细则，并将于8月1日起正式实施，各行要及时调整信用卡呆账核销组卷、申报、审查、审批等业务流程，按照有关规定，对符合核销条件的呆账要做到应核尽核，清收转化不良透支，化解历史包袱。总行布置的信用卡业务专项检查已近结束，各行要报送检查报告，抓好整改，总行将对检查情况进行通报。

（六）组织好发卡20周年纪念活动，进一步提升牡丹信用卡品牌形象。今年是牡丹信用卡发卡20周年，各行要按照总行统一部署，精心组织好各项活动，包括牡丹信用卡知识竞赛、征文征物评奖、发展与成就巡展、10月份纪念庆典活动、纪录宣传片拍摄等，通过这些宣传活动，进一步提高牡丹信用卡的认知度、满意度和美誉度。要加强与新闻宣传、品牌与服务管理等部门的合作，在加强正面宣传的同时，注重完善应急处理机制，妥善处理好可能发生的新闻及服务投诉等应急事件，控制和降低声誉风险，营造有利于业务发展的良好氛围。

加大工作力度　加快市场拓展
促进电子银行业务持续快速发展

——在中国工商银行电子银行业务工作视频会上的讲话①

张福荣

（2009年8月3日）

今天总行召开视频会议，分析总结上半年全行电子银行业务经营情况，安排部署下半年的工作，动员全行进一步提高思想认识，加大营销力度，加快市场拓展，抓好工作落实，确保电子银行业务持续、健康、快速发展。我讲两个方面问题，一是上半年的工作情况，二是下半年的工作要求。

一、上半年各项工作扎实推进，业务发展势头良好

今年上半年，全行电子银行业务保持了良好的发展势头，客户规模继续快速增长，同业领先优势持续巩固和扩大。刚才蔡东同志向大家通报了上半年的情况，数据表明上半年各项主要指标完成都比较好。从上半年的经营情况看，电子银行业务发展呈现出以下几个方面的特点。

一是业务发展能力稳步提升。今年以来，全行围绕电子银行业务发展能力建设问题，重点加强了组织机构和人员队伍建设，上半年又有三家分行成立了一级部室编制的电子银行部。现在全行36家一级（直属）分行中已有29家设立了一级部室编制的电子银行部。在二级分行层面，有相当一部分分行设立了电子银行部。这些机构的建立和人员的配备为电子银行业务的快速发展提供了可能和保障。随着《电子银行产品经理管理办法》的颁布和实施，各行也启动了产品经理的配备工作，产品经理的数量不断增加。在全行的共同努力之下，首届电子银行业务技能比赛顺利开展，广大员工积极参与，反响强烈。比赛对于提高员工素质、促进电子银行业务发展产生了重要影响。

① 根据录音整理。

二是产品创新继续保持同业领先。上半年，电子银行部和相关部门积极配合，成功推出了3G手机银行、多渠道通用缴费平台、B2C分期付款、电话银行存折投资理财等多项重点产品。前不久我行面向市场推出的一批产品，得到了网民的高度评价，深受广大客户欢迎，这标志着我行电子银行业务竞争力得到进一步提升。同时，在产品研发过程中，全面应用客户体验工作机制，深入开展精细化工程，针对个人网银、手机银行（WAP）、工行信使等重点产品功能、交易页面和业务流程进行全面梳理，有效提升了产品的可用性水平，整体的市场认可度大幅提高。

三是营销推广力度大、效果好。上半年，在全行范围内先后开展了“金融@家”个人网上银行、手机银行（WAP）、电话银行以及针对中小企业客户和大型集团企业客户的网上银行推广等6项大型营销活动，在各相关部门的共同参与下，活动取得了较好的效果。联合用友、金蝶率先在国内同业中推出企业在线财务软件服务，进一步凸显了我行网上银行的创新活力，形成了有效的市场竞争力。上半年全行银企互联客户数量进一步增长，银银通、B2C分期付款、大企业跨行资金管理等业务也都成功应用。全行利用各类主流媒体多次开展电子银行主题宣传，网络刊载的有关新闻稿数量和质量明显提升，电子银行品牌知名度和美誉度持续增强。

四是风险管理措施得到加强。制定并组织全行试行《电子银行业务风险管理指引》，有效加强了风险识别、评估、控制与监测工作。制定并印发各项新业务管理办法、操作规程，确保了新业务顺利开办。在全行投产了电子银行风险监控系统，实现了对电子银行各渠道客户外部欺诈风险的全方位监控。采取了推广手机短信认证、调整口令卡限额、优化防钓鱼安全控件、加强客户安全教育等多项安全措施，防范外部欺诈风险的能力进一步增强。按照银监会要求，根据总行开展部分重要业务检查的统一部署，组织全行开展电子银行业务专项检查和整改工作，保障了业务有序、合规发展。

上半年除了各项数字指标之外，我认为还有上述这四个特点值得肯定。各分行要进一步总结经验，统一思想做好下半年各项工作。

二、加快业务拓展，全面超额完成各项经营任务

随着客户需求的不断增长和对电子银行接受程度的不断提高，电子银行业务已经步入了快速发展阶段，我行所面临的同业竞争形势也日益严峻。今年以来，更加感觉到各家商业银行都已经充分认识到电子银行在竞争优质客户、促进经营转型等方面的重要作用，都从业务发展战略、内部考核激励、市场竞争手段等方面采取了不同的措施，来加快业务发展。从今年上半年同业的发展情况看，我行电子银行客户同业市场份额持续保持领先优势，但是主要的竞争对手业务发展力度也都明显加大，速度也不断加快，在少数地区个别指标的增量甚至已经超过我行。

面对激烈的外部竞争，我们更应该认清形势，把握当前的有利发展机遇，在竞争中进一步发展壮大。要做好今年下半年的电子银行业务工作，我想有两个问题需要关注和解决。

一是要高度关注同业市场，保持和扩大领先优势。我前面讲到电子银行业务进入了一个快速发展阶段，最典型的代表就是手机银行的发展速度明显加快。我们去年用半年的时间发展了50万客户，今年仅上半年就发展了395万客户。我行的手机银行发展速度加快，其他银行在其他方面的发展速度也在加快，这种发展速度上的差异就意味着各自的市场份额在变化，意味着各家银行电子银行的发展能力在变化。在当前这种市场客户总量快速增长、市场格局发生改变的过程中，我们没有理由不抢占更多的份额，只有抢占更多的市场份额，才能巩固、扩大同业领先优势。为此，全行要进一步增强加快市场拓展的紧迫感，在业务发展上不能只满足于完成总行的任务指标，一定要立足于市场，少做自身纵向比较，多做同业横向比较。要切实加强对同业发展情况的跟踪和分析，在此基础上要采取有效应对措施并向总行提出建议，全行上下共同关注市场，积极研究发展对策。目前全行多数分行处于同业领先地位，这些行对全行电子银行业务的发展影响很大，有责任进一步扩大优势，继续加快抢占市场；增幅落后于同业的分行，特别是未完成序时任务的分行，要查找原因，一定要有针对性地提出发展措施和策略，盯住同业市场，定出自己的发展目标，在第三季度扭转落后局面，全面实现赶超。

二是要进一步理顺内部机制，打好业务发展基础。今年上半年电子银行机构和人员队伍建设取得了很大进展；电子银行在分行经营绩效考核中的权重进一步提升；U盾、手机银行（WAP）纳入了全行重点产品激励体系，各行也纷纷推出了配套的营销激励措施，我们前不久在天津召开了部分分行的电子银行业务座谈会，参会分行都有适应业务发展需要、有利于市场和客户培育的激励措施，这是一项很有代表性的做法；收入按照影子价格开始实施全口径考核，电子银行的经营贡献得到更加全面的体现。这些基础性工作的推出和落实，有力地促进了上半年业务的快速发展，是值得提倡、要继续巩固和持续下去的。但是应当看到，我们的业务发展基础还存在薄弱环节，一些分行在组织机构、人员配备、激励机制等方面还存在不足，反映在业务发展上就是各行的发展速度、发展质量存在较大的差异性。这里关键是领导重视的问题，机构没有解决、人员没有配备、机制没有理顺，与领导的重视程度有很大关系。作为银行的管理者，每一项业务都不能忽视，每一项业务都是经营管理的内容。个别分行对电子银行业务重视不

够，我认为这是有悖于我们的科学发展理念的。这种认识上的差距害处相当大，有关分行在这个问题上要进行反思和改进。下半年，各行要进一步加强业务发展的基础性工作，构建有利于业务长远发展、稳定的科学机制，真正夯实业务发展的根基；同时，要让已经推出的各项措施充分发挥作用，真正体现出成效。

结合以上两方面的工作思路，围绕全年业务发展目标，下半年全行要重点抓好以下几项工作：

（一）进一步抓好业务发展能力建设。业务的发展能力决定市场份额，决定我们发展的快慢。

一是要继续落实组织机构、队伍建设的有关要求。各行要从配备人员、建立机构入手，来解决对电子银行业务认识上的差异性问题，切实奠定业务发展的良好基础。这里我想重申的就是，电子银行业务占比达到50%的分行都应该建立符合总行文件要求的电子银行业务机构，没有达到标准的要有部门分管，尽快提高业务占比，尽早把机构建立起来。这些尚未达标的分行要力争在年内达到标准并设立机构。我们现在全行业务占比是46.2%，如果各分行工作再重视一点、措施再多一点、市场营销频率再快一点、质量再高一点，达到50%是完全有可能的。对业务占比达到50%的二级分行也要按照文件的要求来办理，这个问题总行人力资源部和电子银行部的意见是一致的，各分行要根据文件要求，给予支持尽快设立机构。全行要进一步贯彻《电子银行产品经理管理办法》的有关要求，明确工作职责和岗位职级，做好人员聘任和考核管理，下半年总行可以对各行电子银行产品经理配备情况进行检查。同时，各行要按要求落实电子银行客户经理配备，在一级分行和二级分行层面每家行至少要有1个人，业务量大的行要从实际情况出发相应增加，如增加至2—3人。现在我们电子银行业务占比已经达到46.2%，但是我们真正专职做电子银行业务的只有两三千人，专职人员数量太少，与业务规模不成比例。当然这46.2%的业务不仅仅是电子银行部一个部门做的，很多部门如信息科技部门、产品创新部门以及其他部门都给予了大力支持，各部门密切配合对于提高全行效率、解决网点排队、改善服务的作用是相当明显的。在每家分行配备2—3个客户经理来开展电子银行业务、维护电子银行客户非常有必要。我们一个网点仅仅凭借十几个人、二十几个人做业务，效率十分有限，如果把电子银行业务推广开来，不仅可以大大减轻柜面压力，提高服务效率，而且还能降低银行经营成本，提高收益率。所以各行要全面认识电子银行的这些重要作用，建立起以电子银行专职客户经理为主、有对公及个人客户经理参加的电子银行营销队伍。从现在的情况看，在营销电子银行业务产品的过程中，公司部门、结算部门、个金部门配合得很好，电子银行的客户经理队伍建立起来以后，电子银行业务市场拓展的效果会更加突出。

二是要深入开展电子银行业务培训。电子银行产品的应用范围已经涉及全行的各个专业，所以电子银行的培训，不单是要面向电子银行的从业人员，一定要扩大至全员。总行电子银行部和教育部就此已经达成共识，在共识基础上要作出具体安排，把电子银行的培训内容纳入全行各类人员的培训规划当中。培训的方式要更加灵活，通过总行组织与分行组织、远程与现场培训相结合，进一步扩大培训范围。今年下半年要重点加强针对基层行电子银行业务管理人员、大堂经理和客户经理的培训。还要抓好电子银行业务能力等级考试工作，这是一项比较大的工作，相关部门要协调配合，确保在11月通过全行网络考试系统完成相关人员考试工作。

（二）加大市场营销力度，扩大市场优势。我们目前发展电子银行业务面临许多有利条件，全行上下要抓住机遇，做好企业网上银行、个人网上银行、手机银行（WAP）等市场营销活动，加快抢占客户市场，确保实现今年的各项发展目标。

一是要大力拓展网上银行客户市场。各行要切实做好“强强联合，网聚财富”大型集团企业客户和“点e成金，网聚财富”中小企业客户两项营销活动，对大型集团企业客户要重点推广银企互联和网上大企业跨行资金管理，对中小企业要加快在线财务软件等创新功能的应用，以此带动我行企业客户市场份额的进一步提升。在大型企业客户和中小型企业客户营销推广过程中，电子银行业务和现金管理业务紧密相关，有关部门要配合好，在推广、营销现金管理地过程中一定要捆绑营销电子银行业务，实现整体的提升，让客户使用更多的工行产品，使我行获得更多效益，取得更多收入。要联合各大航空公司、网站、移动运营商、证券公司、基金公司等重点合作伙伴，积极组织开展面向个人客户的专项市场营销活动，这项工作需要个金部门配合和参与，来扩大个人客户规模。各行要投入宣传和营销资源，年内至少组织一项在辖区内具有较强影响力的专项营销活动。

二是要切实加强个人中高端客户营销。总行近期将推出针对贵宾网银客户的汇款打折优惠活动，各行要结合活动的开展加强宣传和推广，吸引更多中高端个人客户开通并使用网上银行，进一步提升个人网上银行中高端客户渗透率。

三是上半年交易额指标完成不理想的分行，要通过扩大客户规模、提升企业客户交易功能应用水平等方式，增加网上银行交易额，同时要密切跟踪IPO恢复之后各券商的网上银行应用情况，积极采取措施提升我行网上银行在各券商的应用和交易份额，确保完成全年交易额任务指标。我们有客户增长的速度，有产品研发的能力，在此基础上，一定要把交易额做好，产生实实在在的效益。

四是在扩大客户规模、提升交易额的同时，各行要同步抓好电子银行业务增收工作，提升业务发展效益。一定要通过核算充分体现电子银行业务的经营效果和收入水平，来增加电子银行业务的综合贡献度，来提升电子银行业务的价值，促进电子银行业务更好更快地发展。对这项工作在某些环节上可能有不同的看法，但总的来看都是工商银行的收入，都是工商银行的利润，从部门角度，要让科目核算更合理，这个事情要解决好。

（三）加快电子银行产品创新。产品创新对于电子银行有着非常重要的意义，全行要把电子银行业务的创新摆到突出的位置。电子银行业务的创新是工商银行产品创新的重点，对这一点，全行上下要形成共识，只有形成共识才能重视和搞好电子银行业务的产品创新。全行要进一步加强对电子银行创新的重视和投入，进一步提升研发能力，更有效率地开展产品创新工作，提高投放市场的产品数量和质量。现在全行有 2 478 个产品，电子银行产品有 1 072 个，占到 43.3%。特别是这几年来，电子银行产品增加的数量已经远远超过其他专业类产品增加的数量，所以基于这一点我讲电子银行是全行产品创新的重点是有根据的。

下半年一是要重点推进精细化工程建设，确保工程一期版本在年内顺利投产，使网上银行的可用性水平再上一个台阶。

二是要实现网上金融超市、企业循环贷款、国际 e 卡、电话银行一号通、企业网银账户黄金等重点新产品的顺利投产和应用，进一步提升电子银行产品的市场竞争力。我前不久和有关部门的同志作了一个沟通，大家的意见都是一致的，就是要把电子银行产品研发、开发的时间往前提，只有把研发、开发的时间往前排，才能使这些产品尽快推向市场，我们有了想法、有了设计、有了需求还不够，关键是要开发出来，下半年一定要把这几项产品投向市场。

三是要做好创新的前瞻性研究，重点推进新一代网上银行、新一代电话银行等项目研究，为下一阶段产品创新工作打下基础。

四是要继续推进客户体验工作，建立评价指标体系，通过这种体验、评价来提高客户满意度和忠诚度。

在电子银行产品创新方面，很重要一条就是要加强投入，这一点总行和分行都需要纳入工作安排。

（四）加强内部控制和风险管理，保证业务健康合规发展。我们在电子银行业务较快发展、规模扩大的时候，更要重视和加强电子银行业务风险管理。当前从总行到分行，都要采取更加有效的措施、运用更加有效的手段来加强内部控制和风险管理工作，要从规章制度建设入手、从严格操作流程入手、从细节入手来保证业务健康发展。在内部风险防控上，重点是客户注册环节，客户注册环节风险防控的关键是 U 盾管理。今年发生了两起与 U 盾有关的外部欺诈案件，这之后总行几次开会来研究 U 盾的管理问题，在 5 月份版本制度中明确了 U 盾要双人发放，并在 8 月份版本制度中增加 U 盾纳入重要空白凭证管理的有关规定，各行一定要将网银注册和 U 盾发放管理各项制度落实到位。下半年要组织全行电子银行业务制度大检查，将网银注册环节和 U 盾管理作为重点检查内容，促进制度切实得到贯彻和落实。

在外部风险防范上，要积极防范外部欺诈风险。各行要加大对短信认证、二代 U 盾等双渠道安全工具的推广力度，提高使用上述安全工具的客户占比。特别是对于短信认证，总行在 5 月份版本制度中已经明确规定，柜员在营销发放口令卡的过程中必须向客户推荐开通短信认证功能，各行要切实抓好这项工作的推广落实工作。

（五）推进电子银行渠道建设，提高客户服务水平。

一是要抓好营业机构电子银行服务渠道的建设，充分发挥电子银行服务区的示范引导作用。7 月 21 日总行已经下发了网银自助服务设备的实施计划指标和相关要求，各行要根据指标计划抓紧启动采购工作，加快设备的配备和投放。要进一步加强对网点电子银行服务区的管理和指导，建成的服务区要发挥作用，配备的设备不能成为摆设，要落实专人引导，要有客户的引导流程，通过流程指导大堂经理和客户经理有效开展客户引导和演示营销，提升服务示范效果。在下半年的电子银行业务大检查中，电子银行服务区的设备配备和管理规范也要作为重点检查内容。

二是要进一步加快电子银行服务支持体系建设工作。总行近期将发文对电子银行服务支持工作的流程进行重新梳理和规范，组织全行建设包括电子银行中心坐席、各分行本地坐席、各级行电子银行专职人员、网点大堂经理和客户经理在内的多层次服务支持体系。在服务流程上，能够通过电话、网络方式在线解决的服务问题，力争在线解决；确实无法在线解决的问题，由电子银行专职人员进行分析判断，提出可行的解决方案，并组织大堂经理和客户经理具体解决。

三是要持续开展不动户唤醒和新增 U 盾客户的回访工作。总行已经统一下发了各行网上银行不动户的清单和唤醒的指导意见，各行要抓紧制订落实具体的唤醒计划和唤醒方案，组织力量开展唤醒工作，切实提高网上银行动户率。关于新增 U 盾客户，总行将于近期制订并下发新增 U 盾客户回访的具体方案，指导各行有效开展回访。要加强回访工作的管理，切实做到回访要有计划、回访要经过批准、回访以后要报告，要防止因回访出现风险问题。各行在客户注册后的一个月内，必须完成回访及辅导工作。各行本地保留坐席外呼力量不足的，要适当增配坐席人员，确保不动户唤醒和 U 盾客户回访工作的顺利开展。

四是要进一步提高“95588”的服务能力和投诉处

理能力，维护我行整体服务形象。要组织加强对坐席代表的业务培训、知识技能培训和沟通技巧培训，切实提高“95588”的服务水平和服务能力。这个窗口对于我们工商银行确实太重要了，客户的投诉一般来讲第一时间都要拨打“95588”，“95588”的服务能力、服务水平如何直接关系到工商银行的整体服务形象，其人员的素质非常重要。要加强培训，所有新的业务推向市场时，都要通过培训让坐席人员了解和掌握。总行电子银行中心要安排专人负责跟踪网站舆论，建立跟踪处理机制，这样做的目的是可以及时了解网络舆情，对于反映的问题及时处理和答复，更好地维护工行声誉，同时也使我们能够尽快了解情况妥善处理客户投诉，整体提升我行的服务形象。

最后我要重点强调一下手机银行问题。自2008年7月我行推出手机银行业务以来，全行在营销宣传、业务推广、考核激励和产品创新等方面做了大量工作，业务发展取得了明显成效。截至6月底全行手机银行客户已经达到450万户，其中今年上半年新增客户395万户，新增量已经超过同业，实现同业领先。在今年3G门户的手机银行测评中，我行获得了“最佳理财应用手机银行品牌”奖项。应该说，手机银行的营销推广工作在今年已经全面启动，而且已经有了很好的市场效果。但是也应当看到，在客户总数上我们与先进同业还存在较大差距。截至6月末，建行存量客户达到850万户，总量上领先我行400万户。从今年上半年我行手机银行业务拓展的情况看，这种落后的局面不是不能扭转的，只要全行努力，是有可能在较短的时间内反超的。上半年我行手机银行客户的月增量最高达到了100万户，而建行上半年月均增量为60万户。如果我们保持上半年良好的发展势头，继续采取有效措施、加大工作力度，每个月如果能够增加130万户，我们就有可能在年末实现超越，成为手机银行客户最多的银行。我算了一下，我行已经有450万户，每月若增加130万户，半年就是780万户，到年底就能达到1 230万户的水平，他行如果按照60万户来发展，现在是850万户，到年末就是1 210万户，至少我们可以接近他行的水平。

为了实现手机银行业务发展目标，我提三点具体要求：

一是要将手机银行业务作为下半年的工作重点组织好和推动好。手机银行业务发展的快慢关系到未来我行电子银行基本客户群的建立，对全行电子银行客户的拓展、对全行个人客户的拓展都有重要影响。过去几年，我们通过大力发展网上银行，满足客户使用电脑获取金融服务的需求，一举确立了我行网上银行的同业领先地位，同时吸引和竞争了大量优质客户。目前的发展趋势在于，手机作为客户最为常用的通信工具，正在发展成为可以同电脑并驾齐驱的网络接入终端。截至2009年6月末，我国的手机用户已经接近7亿户，其中使用手机上网的网民达到1.55亿人，半年内就增长了32.1%，手机网民规模呈现迅速增长的势头。现在的手机银行市场就如同几年前的网上银行市场一样，正处在一个客户群快速扩大的过程当中。如果不能抢占手机银行市场先机，随着手机逐步成为客户获取金融服务的重要渠道，我们就失去了利用手机银行扩大电子银行客户群、进而带动全行客户发展的最佳机会。所以我讲我们到年末要达到1 230万户，要发力，为明年、为以后打下基础，其实这也是要找到一条客户发展的路径。我们各级行领导、电子银行专业部门的同志和其他部门的同志都应该从思想上、工作安排上、资源投入上和营销机制上解决手机银行拓展的问题，要组织协调各方做好具体的部署、推动工作。电子银行部门要在行领导的带领下与相关部门紧密配合，狠抓各项措施的落实，确保实现今年下半年的手机银行发展目标，超额完成全年的任务。

二是要落实责任，强化考核与激励。总行在今年电子银行年度考核中新增加了手机银行奖励分，并且设置了“手机银行市场营销奖”，对全年手机银行新增客户数量和完成任务排名在前的分行进行表彰。各行要参考总行下达的目标，重点针对当地市场的情况，特别是同业发展情况，制订有竞争力的手机银行客户发展计划，要将目标任务落实到网点、落实到客户经理，同时一定要实施有效的专项激励措施，保证目标的实现。

三是要营造声势，加大宣传和营销力度。为进一步加快手机银行市场拓展，总行将于近期推出手机银行汇款手续费优惠，并将加大手机银行宣传资源投入。各行一方面要加强与当地运营商的合作，整合双方资源开展联合营销活动，促进客户数量的大幅增长；另一方面，要加大对手机银行的宣传投入，在充分利用网点阵地开展宣传的同时，积极扩大媒体宣传和广告宣传范围，大造宣传声势，提升市场影响力。我想在全行的努力下，我们有条件、有能力把手机银行业务做得更好。

同志们，下半年的工作任务相当艰巨，全行要统一思想，坚定信心，加大营销力度，加快市场拓展，努力完成好全年各项经营目标，推动电子银行业务持续快速发展，为全面构建国际一流电子银行奠定了坚实基础。

在中国工商银行境外机构
境内外汇账户业务发展工作视频会上的讲话

张福荣

（2009 年 8 月 20 日）

刚才王丽丽副行长作了非常重要的讲话，进一步阐明了 NRA 工作的重要性，分析了 8 月份我行开办 NRA 业务以来的账户开户情况以及业务分布情况，并对下一步的工作任务作了具体部署，提出了非常明确的要求。王丽丽副行长的讲话充分体现了总行对发展这项业务的重视程度。希望总行各部门、各分行认真学习，抓好贯彻落实。近期，建清董事长和凯生行长对这项业务都有明确批示。姜董事长要求：全行紧急动员，大抓 NRA 账户的开立，一些先行分行已经取得明显成效，但全行进展不平衡，一些分行对此仍认识不清，要督促各分行及总行公司部门加快行动，抢占先机。杨行长指出：这项工作十分重要，办好了不仅对存款大有好处，对我行业务整体的国际化也十分有意义。各分行应将思想统一到姜董事长、杨行长的批示上来，统一到王丽丽副行长讲话要求上来，统一到本次会议精神上来。下面，我再强调几点：

第一，要充分认识 NRA 业务对我行国际化发展的重要性。NRA 业务对我行推进国际化发展战略，拓展国际结算与全球现金管理市场，提高我行国际业务市场竞争力等方面意义深远。总行对此高度重视，组成国际业务部牵头，结算与现金管理部、运行管理部、公司业务一部等部门参加的 NRA 业务领导小组，并在前期做了大量工作，为 NRA 业务在我行顺利开展奠定了坚实的基础。我们在一个月内连续两次召开会议，部署一项专项业务，这说明这项工作的重要性。这么重要的工作，由于行动迟缓、效果差，所以要再动员、再部署。希望总行各部门、各分行进一步提高认识，把思想统一到总行的部署上来，充分了解和掌握这项工作的内容、作用和意义，只有这样我们才能有的放矢地开展工作。

第二，各行要迅速成立领导小组，要把总行的各项部署落到实处。总行已经要求各分行结合当地实际情况，制订出具体营销目标和营销方案。各行行长要切实负起责任，根据两次视频会议的精神，明确 NRA 业务部门职责与分工，进一步细化实施方案并抓好落实。这项工作要由分行的行长、副行长和各部门的负责人牵头营销。要摸清有 NRA 业务需求的客户数，制订有针对性的营销方案。NRA 账户开户具有唯一性。因此，NRA 业务的市场营销工作一定要抓实。各行要及时向总行报告 NRA 业务营销进展、存在问题及下一步工作计划和措施。

第三，要加强总分行、各部门和境内外机构之间的沟通配合。虽然 NRA 业务主要指开立外汇账户，但还涉及外管政策、国际结算、外汇清算、制度办法、业务流程、系统改造、业务营销等方方面面，不是行内哪个部门能够单独完成的工作，总分行各业务部门必须紧密合作，相互配合，共同协作完成市场营销和拓展的任务。前期工作中，总行各业务部门配合得很好，各项工作进展非常顺利，在下一步的工作中要继续加强合作。分行 NRA 领导小组要统一协调组织各业务部门的工作，各业务部门特别是国际业务部门、公司业务部门、结算与现金管理部门一定要从推动这项业务的大局出发，密切配合。要充分利用我行境外机构业务资源，积极开展内外联动营销，共同努力实现我们的业务发展目标。分行在业务开展中遇到的问题要及时向总行汇报。

第四，要加强与监管部门的沟通协调。对我们来说，NRA 业务是一项崭新的业务，涉及各项外汇管理的政策法规（包括国际收支申报、核销、外债管理等），要加强与监管部门的沟通协调，及时掌握政策动向，确保业务发展所必需的充足的外债规模。

这项工作已开展了近一个月的时间，取得了一些成绩，但是与总行要求仍有很大差距，特别是各分行之间的差距更大，部分分行还未实现开户零的突破。希望这次会议能成为一个重要的转折点。各分行要按照这次会议的精神，切实把这项业务理解好、研究好、安排好和落实好，确保实现董事长提出的客户数量、结算业务量三分之一的市场目标。我相信，在全行的重视和共同努力下，这一目标一定能够实现。

在中国工商银行品牌与服务工作座谈会上的讲话

张福荣

（2009 年 9 月 3 日）

总行党委对做好新形势下品牌与服务工作非常重视，近来姜董事长、杨行长多次对这项工作提出了要求。因此，总行决定召开这次座谈会，与分行同志一起沟通一下情况和想法，主要是听听分行的意见。这样我就先讲讲我的想法，如果时间允许的话，力争多听几个分行的发言。我认真看了一下大家会前提交的书面材料。总的感觉是，近些年全行对品牌与服务工作越来越重视，能够不断适应新的形势任务要求研究新举措，实施新方法，而且取得了比较好的效果。同时，大家对这次会议的准备也是比较充分的，既全面总结了这些年来品牌与服务工作的成绩和经验，也深入分析了当前面临的形势，深刻剖析了我们工作中存在的问题或者说是差距，提出了下一步工作的打算和措施。各分行的想法都很好。这里，我就全行当前及下一步的品牌和服务工作讲几点意见。

一、品牌与服务工作取得了很大进展，已经成为全行核心竞争力的重要组成部分

经过多年尤其是股改上市以来这几年的努力和积累，我行的品牌和服务在国内金融市场上形成了一定的比较优势，并在一定程度上转化成了竞争优势，促进了业务发展和市场地位的形成。

从品牌建设方面看：一是品牌意识显著增强。全行各个层面对品牌的重要性有了新的认识。2008 年，总行党委专门召开了关于品牌工作的研讨会议，将品牌工作纳入了定期向党委报告的范围。在日常的业务推广过程中，各个分行和各专业部门的品牌建设意识也越来越强，运用品牌进行市场开拓的行为更加主动，形式更加丰富，在全行形成了自觉维护品牌声誉的氛围。

二是品牌架构日渐清晰。经过科学规划，我行初步形成了以业务分类、品牌分类、品牌与产品分级、客户分类 4 个维度划分标准的品牌架构，层级分明，重点突出，产生了一批市场影响力比较大的子品牌，“牡丹卡”、“理财金账户”、“金融@家”等深得广大客户青睐。目前全行在“ICBC”主品牌下，拥有 5 个核心子品牌，7 个一般子品牌，21 个重点产品。

三是品牌建设手段不断丰富。各类广告、新闻宣传、网点传播、公益活动等品牌推广方式都得到了比较好的运用。在品牌推广中注意整体策划，综合运用各种方式，相互配合，形成合力，增强了品牌的传播效果，扩展了品牌的内涵，获得了广泛的社会关注和赞许。尤其是我行 IPO 期间在国内国际上的宣传获得了各个方面的高度评价，产生了重要影响。

四是品牌价值大幅提升。在国内“中国工商银行”的品牌已经广为人知，上市以后“ICBC”在国际的知名度也节节攀升，品牌价值大幅提升。2004 年以来，在世界品牌实验室（WBL）和世界经济论坛（WEF）开展的四次“中国 500 最具价值品牌”评选中，我行的品牌有三次名列前十，并且是前十强中唯一的金融类品牌。在国际市场研究机构明略行（Optimor）最新公布的 2009 年“全球最具价值品牌百强榜”中，我行以 380.56 亿美元的品牌价值列金融类榜单之首。

从服务方面看：一是服务理念与时俱进，在工作实践中不断深化。我行在服务方面具有良好的传统，成立之初就确立了服务经济社会发展的宗旨，其后，随着社会和业务的发展，我行的服务理念也不断演变，从“以产品为中心”逐步发展到“以客户为中心”，服务工作由精神文明建设扩展到现代金融服务体系建设。特别是股改上市以后，全行更是下大力气抓改进服务工作，可以说像当年抓质量和效益那样，下了抓好服务工作的决心。总行领导到分行调研时都考察服务工作，分行也做了大量实际工作。这些都促进了我行服务工作的改善。现在，“以客户为中心”、“服务创造价值”、“让客户满意”等理念在全行得到了认同，“重视客户、重视服务、重视信誉”也正在日益成为我行企业形象的鲜明特征和企业文化的重要组成部分。

二是服务供给能力明显提高，成为国内金融服务供给能力最强的银行机构。这种较强的服务供给能力体现在渠道、产品和人员等各个方面。我们构建了物理网点和电子银行协调发展、互相促进的多元化、立体化的服务渠道体系，具备了为客户提供全天候不间断金融服务的能力。尤其是近几年我们每年投入数十亿元资金，专

门用于网点装修和升级改造，网点营业环境有了很大改善，网点综合服务能力有了很大提高。到6月底，全行已经建成财富管理中心120家，贵宾理财中心3 010家，理财网点8 242家，金融便利店4 314家。我行为客户提供的金融产品达2 300多种，不仅覆盖了商业银行业务全领域，还延伸到证券、保险等市场，形成了以商业银行为重点、跨市场的金融服务产品供给体系。还建设了一支素质较高的客服队伍，目前全行共有各类客户经理5万多人，其中，个人客户经理3万多人，公司客户经理2万多人，全行通过金融理财师（AFP）资格考试9 623人，通过国际金融理财师（CFP）资格考试1 449人，高级客户服务人才居国内首位。

三是服务流程不断优化，服务效率日益得到改善。近年来从破除体制机制障碍入手，不断梳理改造业务流程，整合优化经营要素配置，改进服务模式，力争让服务更快捷。2007年启动了个人金融业务流程优化工程，对前台营销类、业务操作类、离柜业务类等业务的操作流程和处理环节进行了梳理和优化，简化了前台交易流程，缩短了交易时间。2008年又启动了对公业务流程改造，重点是改变过去评级、评估、授信分散，信贷业务审查审批环节过多的状况，从而提高市场反应能力和响应效率。今年以来还深化了运营管理改革，通过后台监督体系改革、远程授权、业务集中处理来实现后台营运资源的整合和集约，从而提高后台对前台服务客户的支持能力，切实形成“以客户为中心”的运营格局。

四是对服务工作的管理体系进行了有益的探索。在改进服务管理体制、规范服务标准、应对和处理服务投诉、完善服务监测和考评等方面不断尝试，做了大量工作，取得了不小的成效。

这些年来，我们不仅巩固了在存贷汇等基础业务领域的市场地位，还在信用卡、电子银行、投资银行、财富管理、资产托管等一大批新兴业务领域确立了领先优势。从根本上来讲，这都得益于服务的改进和品牌影响力的增强。股改后我行国际市场地位和影响力也得到明显提升，2007年以来相继成为全球市值第一、盈利总额第一、客户存款第一、品牌价值第一的银行。这在很大程度上反映出我行发展实力的快速提高，而且这一巨大变化也是与这些年我们持续改进服务工作和不断加强品牌建设分不开的，品牌与服务已经成为全行核心竞争力的重要组成部分。因此，我们要充分肯定这些年来品牌与服务工作取得的成效，充分认识到品牌与服务工作在全行快速发展中的重要作用，从而进一步增强新形势下做好品牌与服务工作的信心和决心。

二、竞争形势和愿景规划要求我们必须将品牌与服务工作作为战略重点来推进

应当说，我行品牌与服务工作有了一个良好的基础，但从适应当前复杂经营环境与严峻竞争形势的需求来看，与我们建设“最盈利、最优秀、最受尊重的国际一流金融机构”的战略愿景的要求相比，还有很多问题或者说不小的差距。

从服务工作来看，这些问题和差距主要表现在：客户对我行服务评价与我行领先的业务地位相比是不相称的，在客户满意度、市场美誉度等方面与一些兄弟行还有或大或小的差距。特别是服务效率较低、客户等候时间过长一直是客户反映比较强烈的问题；客户投诉较多，而且一些投诉的处理不够及时、不够认真、不够妥当，甚至演变为声誉风险；管理机制还不够完善，服务工作有逐渐边缘化的趋势，全行还缺乏一套科学规范、覆盖全部渠道、包涵全部业务和客户的服务标准体系，服务质量监督检查仍处于突击式、运动式状态，服务文化还主要是找错责罚，往往容易引起基层员工的反感，追求全员优质服务的积极性还没有被充分调动起来。从品牌来看，则主要体现为：全行的品牌架构还不够清晰，品牌建设与业务发展的互动还不够，品牌传播力还不够强。

这些问题的存在已经严重影响和制约了全行整体竞争发展能力的增强。因此，全行一定要清醒地认识到新形势下加强品牌与服务工作的重要性和紧迫性，进一步增强责任感和使命感。

一要更加清醒地认识到加强品牌与服务工作是赢得未来市场竞争、实现可持续发展的必由之路。银行业的竞争主要表现为规模竞争、价格竞争和品牌服务竞争等三种策略和方式。规模竞争是通过不断扩大经营规模和提升市场份额来赢得优势的一种竞争策略和方式，靠以量取胜；价格竞争的核心是通过不断向客户让利，以价格优势取胜；品牌服务竞争则是通过品牌的建立及推广和服务水平的提升来赢得客户，讲求的是以质取胜。实践表明，随着信息技术和经济全球化的发展，随着金融脱媒和利率市场化进程的推进，随着金融产品同质化的日趋加剧，单纯的规模竞争和价格竞争是难以获得持久性竞争优势的，市场竞争的焦点也越来越从网点、规模、价格、技术这些基本要素转向了难以复制的品牌和服务等内在价值的较量。只有加强品牌建设、扎扎实实抓好服务工作才是实现可持续发展的根本之策。

品牌与服务的提供者和消费者都不是抽象的，而是千姿百态、多种多样、有思想有感情的人，品牌和服务工作本质上是一个与消费者心灵对话的过程，其魅力体现在企业与消费者之间的利益共识和情感交融。品牌与服务互为映衬，密不可分。建立和维护良好的品牌能够为服务带来超越功能效用的附加值和利益，赋予企业额外的市场力量；良好的服务能够加深客户体验，从而在为客户创造价值的同时提升品牌的美誉度和影响力。从运行角度看，品牌和服务都属于客户关系管理的范畴，两者共同构成了以客户为中心的完整体系，通过品牌提出并向客户传递承诺，通过服务去履行承诺，同时通过

双向沟通和综合平衡维系这种良性的循环，从而达到提升客户满意度和企业竞争力的目的。

事实上，我国居民随着生活水平的提高，消费习惯也出现了比较明显的变化，由原来以“好和差”为主要选择标准的理性消费，逐渐过渡到了以“喜欢和不喜欢”为主要选择标准的感觉消费和“满意和不满意”为主要选择标准的情感消费阶段。这就决定了哪家银行的服务和品牌让消费者满意，他们就会选择哪家银行。对于银行来说，关注客户体验，为不同层次客户提供超越他们所期望的服务，就能维系好现有的客户并能争取到更多的目标客户，进而在不断满足客户日益增长的金融需求的同时，获取更高的价值回报。前几年，随着金融工程和金融衍生工具的快速发展，一些银行忽视了服务这个金融机构与生俱来的基本职能，最后的结局是不好的。在金融产品同质性问题日益突出和价格手段运用空间逐步缩小的环境中，商业银行必须在明确市场定位的基础上，加强塑造企业品牌和服务的个性特征，努力赢得差异化竞争优势。事实证明，服务和品牌虽然体现为“软实力”，但在市场竞争中却是“硬武器”，贯穿于银行经营管理的全过程。可以说，如果没有独特的品牌内涵和优良的服务品质，我们的核心竞争力就还没有真正形成，现在所具有的优势也就不牢固，不可持续。

二要更加清醒地认识到加强品牌与服务工作是实现我行愿景的战略需要。在我行新的三年规划中，明确提出了建设全球最盈利、最优秀和最受尊重的银行的战略愿景。最盈利的银行不仅指银行的利润总量持续全面领先，而且包括资产回报、资本回报以及人均利润回报能够在全球同业中持续地领先。最优秀的银行指银行的公司治理完善，内部控制严密，经营结构合理，服务创新能力强，员工素质优秀。最受尊重的银行指银行具有全球影响力，品牌价值高，有好的企业文化，企业社会形象和美誉度高，能很好地履行社会责任。

这是一个非常高的目标，每一个方面都不是轻易就能做到的。在追求这一愿景的过程中，做好品牌和服务工作至关重要。可以说，品牌和服务工作每向前走一步我们离战略愿景的目标就会近一步。利润来自市场，建设全球最盈利银行的目标要求我们必须开拓更大的市场，必须在拥有更完善产品体系的基础上，拥有更强大的品牌影响力和服务优势。综合化、国际化是国际银行业的发展趋势，也是科学配置资源、有效分散风险、增强业务协同效应的内在要求，我行必须顺势而为，不断进入新的市场领域。而进入一个新的市场特别需要以品牌和服务为先导，做大一个新的市场更需要以品牌和服务来推动。这就要求我们要尽快丰富和扩展品牌内涵，提升服务能力，增强品牌、服务跨市场的适应力和跨国度的文化包容力。同时，通过在全球推广品牌和延伸优质服务来吸引最忠诚的客户，提升社会美誉度，从而打造最优秀和最受尊重的银行。

三要更加清醒地认识到当前加快品牌推进与服务提升工作面临着难得的历史机遇。国际金融危机的爆发使全球金融业进入到了一个大变革、大调整、大分化和大重组的时期。这次危机重创了全球金融业，以往我们赶超的国际上许多历史悠久的著名银行都遭受了重大损失。目前我们的市值、盈利总额、客户存款和品牌价值都已经成为全球第一，然而这是否就说明我们已经进入到全球一流金融机构的行列呢？这个问题要从两方面看。一方面，说明我行在全球金融业的竞争中确实取得了重大进展，尤其财务指标表现更是突出；另一方面，我们也要清醒地看到，我们赶超他们还仅仅体现在财务状况和业务经营指标方面。所以，现在还不能说我们已经完全成为国际一流的金融机构了，尤其是在品牌的国际影响力和感召力、针对不同层级客户提供个性化的服务水平上，我们还有很大差距。即使是明确将我们评为全球金融机构品牌价值第一，其依据的标准也主要是业绩表现和财务状况等硬指标，而我们在服务等软实力指标方面还是比较弱的，是被减分的。

特别应该引起注意的是，尽管这次危机使欧美一些大型金融机构在一定程度上受到了挫折，但是其对国际金融市场的主导地位和定价权并未丧失，经受这场危机后生存下来的那些老牌金融机构，随着其经营和运作模式的调整到位，必将重新成为我们国际竞争中的强大对手。应该说，在这场危机中国际大银行品牌衰败的情况远没有其财务表现得那么糟糕。对于像汇丰这样的银行来说，其品牌正在扮演着重要角色，在当前的艰难时刻维系着银行的价值。

因此，在参与国际知名银行的全面竞争中，能否抓住这个时机，除了在业务经营和财务表现赶超他们外，也让我们的服务水平实现历史性的跨越，使我们的品牌在后金融危机时代继续保持较强的国际影响力，将成为我行在国际金融格局大调整中能否奠定领先优势的关键。可以说，当前是我行加快推进品牌与服务工作，苦练内功的最好时机。只有品牌和服务方面在全球范围内取得比较优势了，我们才能前行至久，前行至远。

三、做好品牌与服务工作要破除几个认识误区，处理好几个关系

对于我们这样一个有着40多万员工、1.6万多个机构、2亿多客户、每天处理上亿笔业务的大型银行来说，做好品牌和服务工作特别不容易。如果认识不到位，各种关系处理不得当，品牌和服务工作就更加难以取得进展和突破。

要破除“对品牌和服务的投入可以缓一缓”的认识误区，处理好品牌和服务工作资源配置与价值回报的关系。没有投入就没有产出。品牌和服务工作对银行的价值回报是长期的、全方位的，但同时也需要持续的人财物投入。过去我们习惯于把各种资源配置到那些看得

见、摸得着，能立竿见影产生经济效益的地方。股改前全行财务包袱重、不良贷款率高、经营压力大，那时我们的主要矛盾是要解决财务问题和资产质量问题，所以我们集中了较大的资源投入到解决历史遗留问题、加强风险管理和推动业务发展上，取得了很大成效，连续九年实现了盈利的高增长，资产质量也持续改善。上市后总行认识到，今后一段时期全行面临的主要矛盾是服务供给能力不能满足客户日益增长的金融需求，所处的竞争环境则要求银行品牌要更具感召力和吸引力。因此，总行将上市后的第一年也就是2007年确定为“服务创新年”，此后又将2008年和2009年确定为“奥运服务年”和“服务提升年”。这说明总行抓服务工作的决心越来越坚定。

通过这两年一系列的努力，我们的品牌和服务工作取得了一定进展，具备了一定基础，现在处于上台阶的阶段。有些人、有些机构多多少少总有些重业务经营轻服务改善、重产品销售轻品牌推广的思想，认为品牌和服务工作放一放、少投入一些不影响大局，因此在人财物方面的真正投入就很有限。这是“短视”的做法。事实上，对品牌和服务的投入不仅仅是成本，更是一种投资，在赢得好口碑和提升竞争力的同时，还能延长客户的价值回报周期、扩展客户的价值回报范围，从而给银行带来直接的经济回报，尤其是有了前几年的基础，我行现在把一定的资源配置到品牌建设和服务提升上取得的边际收益会越来越高，其投资属性越来越突出。对此要有正确认识，合理摆布各方面的资源，加大对品牌和服务工作的投入，一定会取得事半功倍的效果。这几年除了总行的投入外，分行在渠道建设、自助设备投放、客户经理配备方面的投入也很大，这表明各行和总行在这方面的认识是一致的。

要破除“品牌和服务可以依附于业务发展自动生成”的认识误区，积极主动地处理好品牌和服务工作当前任务与长远发展的关系。业务发展与品牌推广和服务提升既有联系，又不完全相同。品牌和服务工作可以通过发展业务来推进，但决不能以业务发展代替品牌建设和服务提升工作。品牌和服务工作有自身特定的规律，长期应该有战略，当期应该讲战术，两者兼顾，协调推进。

从战略上看，品牌建设和服务提升必须立足于长远，致力于核心竞争力的持续增强。从战术上看，品牌建设和服务提升一定要立足于实际，不能脱离现有的发展阶段和所处的环境，不能好高骛远，否则不但提升不了竞争力，还可能会扭曲经营行为和服务方式，也会给品牌与服务工作带来伤害。在吸收引进服务和品牌建设方面的先进经验时，既要注重其先进性、超前性，同时也要关注其可行性。正确的做法应该是以我为主，以发展目标为指引，以员工、客户和流程为对象来考虑品牌和服务模式的吸收和引进，做可为之事。处理好当前和长远可持续发展的关系，还要求我们要建立一套促进品牌建设和服务提升的长效机制，以科学的态度务实地推进相关工作，不搞运动，不折腾。

要破除“品牌和服务是特定部门特定人的事情”的认识误区，处理好品牌和服务工作各司其职与形成合力的关系。品牌和服务蕴涵于银行经营管理的每一个环节，需要全行每一个机构、每一个人的共同努力，才能真正取得成效。一定要破除品牌和服务是品牌服务管理部门或者是具体业务部门的事情的想法，或者片面地认为品牌和服务管理部门就是搞监督的、业务部门才做具体的服务工作，这些认识是不正确的，会妨碍品牌和服务工作的良好发展。

我们的工作目标是品牌成体系有架构，服务大格局有合力。品牌和服务的根本是“承诺”和“践诺”，而不分内外，全行都要着力于目标品牌的建设，全行都要服务于客户期望的满足，同时，内部也要有承诺和履行承诺的机制，上级要为下级，二线要为一线，后台要为前台。尤其应该避免的是为了内部责任的认定，而在制度和流程等方面设置不符合满足客户利益的程序。这就丢掉了“让客户满意”的宗旨。如果这样，就算我们内部的工作做得再好、组织再严密、体系再先进，也是没有意义的。我们在做内部承诺和践诺的时候，要充分彰显让客户满意、为客户创造价值的理念，争取以最合理的流程、最先进的技术、最适合的产品、最有效率和最具价值的服务满足客户需求，促使客户产生良性的认知与评价，产生满意的感受。在思想认识上要有新的转变，要把客户满意放在首位，所有新产品的推出、流程的改进、制度设计都要以客户为中心。

四、明确目标和任务，推动品牌与服务工作再上新台阶

在去年的发展战略研讨会上，董事长对全行的品牌与服务工作提出了新的目标。这就是，利用三到五年的时间将我行打造成中国金融市场上客户满意度最高和客户首选的银行，在国际金融市场上享有盛誉、全球客户推崇的中资银行。围绕这一目标，当前及今后一个时期要着重加强以下几项工作：

（一）进一步加强品牌与服务工作的组织领导。为适应新的发展形势和竞争要求，近来总行党委多次开会研究品牌与服务工作，根据全行改革发展新的形势任务要求，对品牌与服务工作作出了新的部署，并决定对总行有关部门品牌与服务工作职能进行整合，成立品牌与服务管理部，作为二级部设在办公室，进一步充实品牌与服务管理部的力量。同时，总行还专门印发文件对全行品牌与服务管理体系的完善，特别是对服务管理机构的调整、有关工作的交接，对品牌和服务管理人员配备等，提出了明确的要求。各行要在办公室设立品牌与服务管理部，并配备相应数量的专职人员。从目前的情况

来看，大部分行响应是积极的，行动也是迅速的，按照总行要求在办公室成立了相应的品牌与服务管理机构，配备了专职人员，完成了与有关部门的工作交接，开始履行品牌与服务管理职能。但是，也有个别行在这方面的认识还不是很到位，机构迟迟未能设立、职能迟迟未作出调整，在服务工作方面甚至还出现了两不管、互相推诿的现象。在这里，总行重申，对服务管理职能进行调整是总行党委的决策，各行必须认真坚决贯彻执行。已经完成机构设立和职能调整的行，要加紧组建团队，整章建制，更加全面和深入地推动服务工作开展；还没有建立机构的行，要立即行动，9月底前完成机构设置和人员配备工作，确保服务工作不因管理机构调整受到影响。二级分行也要配备专人从事服务管理工作。品牌工作虽然一直是由办公室牵头，但有些行在这方面的力量还是比较薄弱的，要进一步明确人员职数要求，配齐和配足力量。各级行要进一步加强对品牌与服务工作的领导，定期召开专题会议，及时研究品牌与服务工作面临的形势，分析品牌与服务工作中存在的问题，制订计划，提出措施，有力推动辖内各机构进一步加强品牌建设与服务工作。

（二）加快推进品牌建设，促进品牌价值提升。今后一个时期我行品牌建设的总体要求是：坚持以客户为中心推进品牌建设，深化品牌建设与业务拓展的联系，强化品牌建设与业务营销的协调，构建高效的品牌管理体制，形成协调、统一、可持续的资源分配机制，增强市场反应能力和执行能力；针对不同客户群体开展差异化的品牌建设，不断提升整体品牌价值，构建稳健又进取，严谨又创新，本土又国际，专业又亲和的品牌内涵，提高品牌的客户影响力和市场竞争力，扩大品牌的国内和国际影响力。全行要按照这一总体要求，着力推进以下几项重点工作：

一是针对不同的目标客户群积极开展品牌传播，加强整体品牌与子品牌的互动，不断丰富、扩展、充实多元化的品牌内涵。面向潜力客户群体，通过与针对性的子品牌（如牡丹灵通卡）的紧密配合，促进客户形成我行的金融服务与其生活密切相关的认知；积极应用流行符号和流行主题，传递品牌活力，与潜力客户群体建立更为有效的沟通，培养这一群体对于工行品牌的认同感。面向中端客户群体，通过与针对性的子品牌“理财金账户”、“金融@家”、“牡丹卡”的紧密配合，突出实体网点和电子银行网络的全方位服务；积极传递“创新”、“专业”等品牌内涵，深化其对工行品牌的“信赖”感。面向高端客户群体，通过对工银财富、工银私人银行等子品牌的塑造，从“个性化、专业服务”的角度重点阐释“身边”内涵，促进高端客户对于我行服务品质的认同。

二是以新的品牌架构为基础，强化品牌建设与业务营销活动的协调配合。我行品牌架构的整合方案已确定并发布全行。这个品牌架构特点是：层级分明、重点突出、结构简洁、与业务和客户双向联系紧密。依据这一架构开展工作，能够在“统一视图”下统筹推进全行品牌建设，深化品牌建设与业务发展、总品牌与子品牌的联系，促进相关资源的合理使用。新架构是我行今后一段时间内品牌建设的基础与起点，各行要尽快学习掌握，在营销宣传中认真遵照执行。要建立完善以营销支持为主的品牌资源投入机制，重点支持核心子品牌、一般子品牌和重点产品的营销；品牌管理部门要积极参与新产品的开发和市场推广，积极促进各业务部门、各子品牌的联合营销；要将品牌培训作为营销培训的重要组成部分，培养一批有着鲜明品牌观念的优秀客户经理和专业理财师，使各类营销人员善于运用品牌工具开展营销，竞争市场。要注重运用数据库、市场调研成果为营销活动的策划组织提供数据支持，积极尝试新的营销方式和有潜力的营销渠道。

三是加强品牌宣传，构建多元化的品牌传播体系，增强品牌传播的覆盖面、影响力和协同效应。总行将进一步加强品牌宣传的整体策划，围绕品牌架构集中投入开发新的、系列化的视觉形象，积极组织全行性的品牌传播活动。各行要从本行、本地区业务发展的实际需要出发，积极做好以下三个方面的工作：一要积极拓展品牌传播渠道，由单一的依托媒体转向综合利用大众媒体与自有渠道。既要清楚了解本地区最具影响力的大众传播媒介，集中采购与品牌建设、业务营销目标相契合的优质广告资源，又要摸清自己的“家底”，掌握并充分利用自有的优质传播渠道，完善传播资源的内部分配管理与协调使用机制；二要做好营销组织上的协调配合，各行的品牌宣传计划要与总行的整体品牌宣传规划紧密结合，营造品牌宣传上的“全行一盘棋”，又要与分行自身的业务营销组织协调配合，成为业务发展的重要推动力；三要借助专业媒介代理公司，在科学的数据分析的基础上，合理规划广告投放行为，科学评价品牌宣传效果。

网点是品牌传播的重要渠道和资源，总行从今年起将全面启动网点营销传播系统的建设工作。网点营销传播系统是指由网点内各种平面、电子传播载体共同组成的，面向客户的品牌宣传平台。充分利用这一系统，可以紧密配合我行网点分层、客户分流的渠道建设战略，紧密配合网点的具体业务运营活动，强化面向金融客户群体的品牌宣传。各行要充分重视网点宣传，综合利用网点的电视、LED、电脑、海报与折页架，以及自助机具等开展客户宣传，开发适宜网点应用的各种宣传资料。总行今年将重点推进两项工作：第一，撰写《营业网点营销传播系统建设规范指引手册》，对网点传播载体的种类、形制、摆放位置、数量等进行规定。目前手册已基本完成，正在北京、上海两行进行试点检验，年前争取发至全行执行。各行今年按计划新建的贵宾理财中心和财富管理中心要按手册要求建立营销传播系统，最迟2011年全行贵宾理财中心以上网点的营销传播系统建设要求全部达标。第二，开发与手册相配套的网点电子载体综合管理系统，这个电子管理系统由总行科技部门开发，最近将在部分分行上线试点。这一系统将运用电子技术综合管理网点的电视、LCD显示屏、LED走字屏、电子银行客户体验终端等电子设备。各行要积极配合，争取2010年基本实现全行网点电子载体信息发布集中管理。

各行要增强品牌传播“接触点管理”意识，针对不同客户指向的子品牌与产品，加强多元传播渠道的联动。如对于面向中、高端客户群体的核心子品牌和重点产品，应充分利用其接触率较高的大众媒介、我行贵宾理财中心、财富管理中心、客户经理队伍以及会员刊、理财沙龙、财富俱乐部等渠道组织传播。

四是高度重视、持续提升重点城市行的品牌传播力。重点城市行是我行业务推广的战略领域，各行在品牌建设上应注意有所侧重，提升重点城市行对本地大众媒介和以营业网点为主的自有传播渠道的综合应用能力，努力提高营销信息在中心城市的落地。对于新推向市场的子品牌和产品，首选中心城市的强势媒体和中心商圈的自有网点，迅速占领传播渠道的制高点。

总行将从全国选择一批重点城市，在品牌建设经费、形象设计、宣传资料制作上予以大力支持，强化总行与城市行在传播渠道应用上的配合与互补。这里我要特别说一下，重点城市机场的廊桥广告资源因为位置显要、传播效果较好受到了广泛关注，类似北京、上海等特大城市机场的廊桥广告资源基本被汇丰银行买断，不少省会城市机场的廊桥广告资源则被中国银行占领，希望各行高度重视、密切关注这一优质广告资源，要尽最大努力、尽快争取拿到当地机场的这类资源，对于前十个争取到机场廊桥广告资源的分行，总行将在宣传费用上予以大力倾斜。

五是进一步完善全行CI应用，在形象开发上建设“有规范的个性”。优化后的“ICBC”标识系统自2007年推出，已经实施了两年。从调查了解情况看，各种不规范的应用仍然不少，如沿用旧标识、新老标识并用或对标识元素进行不规范组合等现象较为普遍。因此希望各行以《企业形象手册》第二版为依据，结合当前的营业网点建设工作，开展自查自纠，将标识准确应用于网点、宣传资料、办公场所与用品等方面；力争一年以内全面完成新、旧标识的更替工作。总行将适时组织检查。

视觉形象表现应坚持规范与创新并重。总行将于近期推出基于品牌架构的视觉表现基础规范手册，对品牌传播相关的色彩体系、标识、平面广告模板等进行统一规范，使我行品牌在视觉形象层面上建立独特个性，便于客户识别和产生联想。各分行在执行视觉规范的基础上，应积极开发具有客户针对性的视觉形象及其传播载体，运用多种视觉表现手法，以活泼、亲切的语言，推出具有鲜明特色和较强视觉冲击力的形象，有效地吸引客户。要逐步提高视觉形象的更新频率，应对日趋激烈的市场竞争。

六是完善品牌建设的市场反馈与危机公关。要从品牌战略管理层面，增强对品牌危机的预见性，针对可能会影响品牌形象的突发事件，制订周密的应对方案，提高危机监测、反应和处置能力，将危机公关作为品牌维护的重要工作，在面临品牌危机时最大限度地保护品牌价值。要注重我行品牌的产权保护，维护我行的品牌权益，必要时运用法律手段避免和制止对我行品牌价值的侵害。

（三）完善服务管理体制和机制，加快提升全行服务水平。董事长在前不久召开的分行长座谈会上再次强调指出，全行要在服务管理、服务模式、服务品质等方面有一个大的提升，显著增强全行整体竞争发展能力，真正拉开与主要竞争对手的差距。今年的发展战略研讨会还将着重研究服务改进工作，研究探讨未来一个时期加强服务管理、创新服务模式、提升服务品质的战略举措，以此来突破目前全行面临的盈利增长瓶颈期。全行务必站在更高的层面，以更宽的视野，从体制机制入手，全面推进服务工作，力争用三年左右的时间，将工商银行建设成为一家服务最好的银行。

一是整合和优化服务资源。当前最重要的是要加快整合和改造服务渠道，强化和优化客服队伍。要继续按照总行渠道建设规划，加大网点升级改造投入，加快工作进度，尽快建立起由私人银行部、财富管理中心、贵宾理财中心、标准理财网点和金融便利店构成的立体化分层服务体系。要将先进的服务流程嵌入到渠道建设中，促进物理渠道和电子渠道的相互渗透、有机统一，全面形成以客户为中心的服务模式。要通过正在实施的运营体制改革和报表集中改革以及员工的跨二级分行、跨县（市）流动，及时将释放的人力资源向客户经理和一线柜员倾斜，使全行的客服队伍能够不断适应业务范围的快速扩展和业务量的快速增长。到2011年要力争实现各类客户经理总数占员工总数的20%，每个网点至少配备一名大堂经理，财富管理中心、贵宾理财中心至少配备2名大堂经理。各行要抓紧制订有针对性的培训计划，提高客服人员的业务技能和服务技能，并且要有得力措施保证那些有服务技能专长的人员稳定在服务工作的岗位上。

二是建立覆盖全部渠道、全部客户的服务标准体系。要按照“先渠道后客户，先对外后对内，着眼长远，兼顾当前”的原则，组织制定各类服务标准，实现每种渠道、每类客户、每项业务都要有服务规范和标准。目前总行正在加紧研究制定营业网点服务规范，并结合正在实施的个人金融业务精细化管理项目分渠道制定财富管理中心、贵宾理财中心、一般理财网点、金融便利店等的服务规范。下一步对公司业务、机构业务和电子渠道的服务规范也要建立起来，之后还要分层建立客户服务标准。这些规范和标准将成熟一个推出一个，逐步覆盖到整个服务链。一经出台，各行一定要认真贯彻执行，使服务的每一个接触点、每一个业务环节、每一个员工行为都有规范可循、有标准可依，以此保证服务品质的稳定和持久提升。

同时，在行内也要从纵横两个维度建立起服务规范和标准，将上级对下级、中后台对前台的服务要求制度化，积极探索内部服务承诺制，有效解决或避免一些部门之间各自为政、相互推诿、效率低下的问题，推进前台、中台、后台服务资源的整合协调，形成全行参与、精简高效的服务新格局。

三是建立科学有效的监测考评机制。要完善第三方独立监测机制，改进客户满意度调查方式，建立起真实客观反映客户满意度的评价机制。各级行要采取现场服务管理与远程监控管理相结合、内部检查和外部监测相结合的方式，加强对服务质量的全过程监督管理，形成服务改进的长效督导机制。要依托现代科技手段建立营业网点服务质量监测评价科技平台，实时监测营业网点现场服务质量、客户评价、排队等候时间等情况，促进营业网点服务质量的提升。要实施有效的服务绩效奖罚机制，把提升服务质量的压力由员工延伸至各级管理者，把服务考核的重点放到各级管理者，把服务考核的结果作为管理者履职晋升的重要依据。通过考核杠杆，使各级管理者把更多的资源向服务管理倾斜，在服务管理方面投入更多的精力，更加重视管好和做好服务工作。总行将在“网讯”上开辟服务工作专栏，设立服务工作“光荣榜”和“曝光台”，以树立和表彰服务好的先进典型，批评和鞭策服务差的机构和个人。各分行也要在各自的“网讯”上开辟同样的专栏，定期通报服务检查与考核情况。

四是下大力气解决目前服务中存在的突出问题。各行要结合正在开展的服务大提升活动，深入查找影响服务质量的问题，制订改进方案，逐条落实整改，力争在短时期内服务工作有一个大的改进。当前的重点是解决客户排队等候过长和服务投诉较多的问题。各行要组织专门力量，领导要亲自到网点到前线具体问诊、全面排查各营业网点客户排队等候情况，系统梳理影响营业网点服务效率的因素，制订营业网点服务效率提升计划。要结合全行正在实施的运营体制改革和业务流程的再造，进一步加强营业网点劳动组合和服务模式的调整；要适当增开弹性服务窗口，加大对营业网点自助设备的投放，加强客户引导与分流。要重点落实管理行和网点负责人的责任，逐级负责，力争用1年左右的时间基本解决客户排队等候时间过长的问题。各级行近期都要专门召开一次客户投诉分析会，全面梳理客户投诉较为突出的问题，逐一制定整改措施，落实责任部门。当前有些基层机构因违规批量办理信用卡、各类假按揭等问题而引发的诉讼或媒体曝光事件时有发生，造成了很不好的影响，各行一定要高度关注、重点查处，认真解决。与此相联系，要建立目标客户流失挽留机制。老客户的流失还会影响新客户的发展。因此，各级行都要重视做好客户的稳定工作。在日常服务中要注意及时调查客户流失原因，预测客户流失倾向，评估客户流失后果，有针对性地实施客户挽留措施，降低客户流失率，巩固和扩大目标客户群体。

五是深入推进“为工行添彩、为国庆献礼”服务大提升活动。前一阶段各行服务大提升活动总体来说开展是好的，但也存在个别行发动不够深入、组织推动不够有力、活动成效不大等问题。为进一步推进服务大提升活动，同时配合好总行9月到12月组织实施的以提升服务为主题的“满意在工行”宣传活动，总行决定开展服务大提升主题月活动，将9月、10月分别确定为服务改进月和服务体验月。各行要进一步丰富活动载体、创新活动形式，扎实推进9月、10月两个月的主题活动，确保活动取得实实在在的成效。服务改进月期间各级行要重点组织开展“客户接待日”活动，各级行领导深入网点坐堂“办公”，与客户面对面沟通，倾听客户心声、收集客户意见和建议，指导基层改进服务。服务体验月期间各级行要举办“理财服务体验”、“电子产品体验”、“自助业务体验”等活动，并深入机关、企业和社区开展咨询服务，使广大客户更多体验和真切感受到我行在改进服务方面的成效。

服务大提升活动结束后总行将进行百佳服务机构和百佳服务标兵评选表彰活动。各行也要积极发掘辖内先进服务典型，大张旗鼓地进行表彰，充分调动员工提供优质高效服务的积极性。要认真做好银行业协会组织开展的文明规范服务百佳示范单位参选工作，切实加强与当地银行业协会的沟通协调，积极组织参加评选，确保获评示范单位在当地同业中最多，以此掀起活动高潮，向全社会展示工商银行的良好服务品质，树立工商银行的良好服务形象。

我就讲这几点意见，希望同志们充分认清当前品牌与服务工作的新形势和新要求，多想办法，多研究探索，调动各方面的积极性，努力将我行的品牌与服务工作推到一个更高的层次、更高的境界。

承启历史 开创贵金属业务发展新局面

——在中国工商银行贵金属业务视频动员会上的讲话

张福荣

（2009年9月15日）

2009年9月9日，我行贵金属业务部正式成立。总行对这项业务和这个部门的成立非常重视，建清董事长亲自参加开业仪式，并召开重点部室座谈会研究我行贵金属业务发展问题，明确了贵金属业务经营发展的思路和目标。这次视频会是贵金属业务部成立后的第一次动员会，也是贵金属新业务的第一次全行培训，目的就是认真贯彻建清董事长的讲话精神，以贵金属业务部成立为新起点，更好地适应国内贵金属市场快速发展的步伐，进一步推动我行贵金属业务综合化发展进程，在愈加激烈的市场同业竞争环境下，把握机遇，迎接挑战，全力提升我行贵金属业务的核心价值贡献。下面，我谈两个方面的内容。

一、正确认识贵金属业务市场地位，把握发展机遇

随着2003年我国黄金市场开放，近年来中国黄金市场快速发展，黄金消费和投资日益受到消费者的青睐。伴随着我国国民收入的快速增长，我国黄金业务市场规模迅速扩大。大众持有黄金产品的意义逐渐从消费功能向金融投资转变，越来越多的投资者转向包括黄金市场在内的“稳定性投资”市场。特别是受近两年国际金融危机影响，黄金的避险功能更为凸显，大量资金进入黄金市场，改变了黄金市场的供求关系，黄金价格持续高涨，刺激了投资热情。如2008年下半年以来，国际市场上面向广大客户群的黄金ETF交易，成为影响全球金价的一个举足轻重的因素。此外，我国黄金市场的进一步开放，使巨大的国内消费和投资市场得以释放。到2008年底，我国已成为世界第一大产金国，第二大黄金消费国。从今年上半年世界各国黄金消费增长势头来看，中国成为世界第一大消费国的可能性大大增加。

作为工商银行新兴业务中的重要组成部分，我行的贵金属业务经过七年特别是近三年来的快速发展，在国内贵金属业务市场确立了领先优势。我行在股改上市时进行了机构改革，成立了结算与现金管理部，并赋予其牵头管理全行贵金属业务职能。几年来，结算与现金管理部紧密围绕全行改革发展战略和国内国际市场发展要求，以全面提升贵金属业务价值贡献为核心，以业务规模和收入“倍数增长”为目标，充分运用切实有效的市场营销策略，积极拓展贵金属业务市场，通过建立完善的产品体系，优化业务流程，推动产品创新，提升服务质量，加强团队建设等有力措施，实现了我行贵金属业务跨越式发展的目标，确立了市场领先地位。2008年，我行贵金属业务规模超过2 000亿元（折合黄金1 063吨），提前2年完成了全行战略发展规划中贵金属业务发展目标。截至2009年6月，我行贵金属业务成交量累计达到2 117吨，实现贵金属业务收入累计7.1亿元人民币。业务覆盖代客投资与避险市场、代理市场、自营业务和贵金属融资市场四大类产品线。全行累计销售“如意金”28吨，代理实物黄金业务交易量累计195吨，全国账户金总交易量累计1 480吨。贵金属业务收入、品牌金销售量、账户黄金交易量、代理上海黄金交易所清算量、代理交易所铂金交易量等多项指标同业排名第一。连续五年被评为上海黄金交易所“优秀会员”。今年上半年，我行贵金属业务继续保持了快速增长的势头，交易总量同比增长52%。近3年来的贵金属业务收入累计增长了4.40倍，成为我行新的利润增长点。我行也已成为同业中黄金产品最丰富、技术手段最先进、网点覆盖最全面的商业银行。

全行贵金属业务的快速发展离不开各一级分行、直属分行的重视支持，离不开总行相关部门的全力合作，更离不开各级分支机构和广大一线人员的辛勤努力。正是在全行的共同努力下，我行贵金属业务实现了跨越式的发展，出色地完成了贵金属业务各项任务目标。

但是我们也要看到，当前贵金属业务市场已成为越来越受到广大投资者关注的投资市场，市场规模迅速扩大，投资群体快速增长，巨大的市场空间需要我们采取有效手段去迅速占领。同时，贵金属业务也已成为同业竞争的热点领域之一，从2008年下半年开始，各家商业银行都意识到了贵金属市场所蕴含的发展潜力和利润空间，采取多种竞争策略，争夺贵金属业务市场。如建设银行的“龙鼎金”业务，兴业银行、民生银行推出

的个人黄金递延业务，已经形成了与我行激烈的竞争格局，我行贵金属业务的同业领先地位正面临着前所未有的严峻挑战。

为了顺应我国黄金市场业务蓬勃发展的趋势，抓住机遇，迎接挑战，总行决定借助上海黄金交易所、上海期货交易所两大交易所的地缘优势，在贵金属业务已经取得跨越式发展基础上，在上海建立全国首家银行贵金属业务专营机构——工行贵金属业务部。这一机构是总行的直属机构，实行专业化、市场化、集约化的经营管理模式，向客户提供全方位的贵金属金融服务。这一专营机构的成立，标志着工商银行贵金属业务进入一个快速发展的新时期，对于把我行打造成为国际领先的黄金资产投资、管理银行，实现我行贵金属业务可持续发展，具有十分重要的战略意义。

一是有利于贵金属业务的专业化经营，使经营管理体制更趋完善。组建贵金属业务部，可以构建起完善的经营架构，整合服务渠道，提升服务能力，发挥机构网络优势，提供更为全面综合化的贵金属业务服务；可以整合产品开发资源，加大产品创新力度，发挥我行的渠道、规模、科技等多方面优势，实现我行贵金属业务的可持续快速发展；可以进一步完善风险控制体系，通过建立专业化，探索事业部制的贵金属管理体制，来统一管理国内和国际、实物金和账户金风险敞口，由总行集中监管贵金属业务风险，有利于加强我行对贵金属业务的风险控制力度，也有利于进一步完善全行的风险管理体系。

二是有利于开创贵金属业务的发展空间。贵金属业务与国际的经济金融形势关系是非常密切的。近年来，受到国际金融危机的影响，国际资本大量地转向黄金市场，带动黄金价格普遍上扬。国内投资者积极参与黄金交易所的贵金属投资产品和商业银行纸黄金产品，交易量明显放大；广大居民对黄金储值的意愿不断增强，品牌金条、与黄金挂钩的理财产品也越来越受到投资者的青睐；国内产金用金企业通过黄金远期、掉期、期权等衍生工具进行风险管理的需求也非常强烈。通过集中贵金属业务职能，优化管理模式，将使我行更有效地进入国际国内黄金市场，强化跨境市场的产品创新，实现国内外市场风险的对冲与转移，更好地满足客户日益增长的黄金投资与避险需求。通过在国际国内贵金属业务市场的发展壮大来提升我行的市场影响力和在国际黄金市场的话语权，实现我行成为国际一流贵金属投资管理银行的目标。

三是有利于促进全行贵金属业务的利润增长。近年来，我行与贵金属业务相关的中间业务的增长速度是比较快的，创收的潜能也是巨大的。贵金属业务已经逐步成为一个快速增长的新型的收入来源。但同时我们也要看到，由于我们起步比较晚，我行贵金属业务的盈利在全行利润中的占比还很低，与国外银行如摩根大通银行的5%，加拿大丰业银行的10%占比相比，我行目前0.35%的占比还有很大差距，还远远不能确立起利润增长极的地位。贵金属业务部成立之后，我行可以通过全面整合全行的贵金属业务资源，充分发挥我行网点、网络等渠道优势和产品优势，推动贵金属业务收入结构的多元化，促进全行贵金属业务盈利持续稳定增长。要通过集中发挥贵金属业务投资交易团队、市场分析团队、产品研发团队、风险管理团队的作用，为客户提供更多元的服务，巩固和发展全行贵金属业务客户群体，全面拓展黄金、白银、铂金等多种贵金属的代理交易业务。通过积极开展贵金属的融资租赁业务，做大做强贵金属自营投资业务，努力推动贵金属理财服务业务等，来保证全行贵金属业务的全面发展，拓展贵金属业务的盈利空间，使贵金属业务为全行利润增长作出积极贡献。

二、夯实基础，实现贵金属业务快速可持续发展

贵金属业务是我行不可或缺的新型市场业务，是重要的利润增长点，也是我行提高核心竞争力的重要切入点。全行上下要积极按照总行的发展战略规划要求，抓住贵金属业务部成立的契机，尽快地把贵金属业务部建设成为专业化经营的利润中心。同时，要积极面对复杂的市场环境和激烈的同业竞争，在巩固传统优势产品的基础上，加强对“黄金积存”、“个人黄金递延业务”等新业务的宣传营销力度，抢占市场份额；积极研发适应市场需求的新产品，获得市场主动权；各业务相关部门应紧密配合，全力推进贵金属业务发展。

成立贵金属业务部，是全行管理模式的一个全新尝试。在新的贵金属业务体制框架和经营模式下，全行要坚定信心，理清经营思路，准确把握经营原则，来推动我行贵金属业务的快速和可持续发展。

（一）发挥优势，整合资源，全力开拓市场。总行在去年的发展战略研讨会上，明确将贵金属业务定为十大新型业务之一。各级行必须从战略高度和全局角度，来认识和发展贵金属业务。我们一定要认识到，贵金属业务是事关工商银行核心竞争力提升和长远发展的重要业务，是全行的重要利润增长点。2009年，面对新的竞争形势和市场机遇，各行应该更加重视贵金属业务的地位和作用，在巩固传统产品市场占有率的基础上，加大新产品的营销力度，大幅度提升贵金属业务收入。

（二）明确职责分工，加强协调配合。贵金属业务在实际运作中涉及总行多个部门和总分行之间的协调以及观念上的同步更新和统一。只有明确分工、协调联动、整合资源、紧密配合，才能形成全行业务发展的合力，释放营销渠道组织优势，推动业务的健康发展。总行已经明确了各个相关部门的职责和职能。贵金属业务部作为总行经营性直属机构，是贵金属业务推广组织总的牵头部门，统一负责全行贵金属业务的经营与管理；

结算与现金管理部门、公司业务部门、机构业务部门、个金部门和电子银行部门要分别负责做好目标客户的营销，客户关系的维护，以及组织推动工作；金融市场部门负责贵金属的交易、买卖等业务的资金交易工作，以及敞口风险的集中管理；资产负债管理部负责全行贵金属业务银行账户的管理，统一负责全行黄金和与黄金相关的人民币、外汇等各类资产的配置，制订因分散风险需要进行的银行账户资产结构调整方案以及避险方案等工作；风险管理部是贵金属业务市场风险的牵头管理部门，负责各项风险监控措施的制定和执行，核定市场风险限额，提供期货保证金管理与监控风险评估和分析报告等风险管理工作；信贷管理部门是贵金属业务信用风险管理的牵头部门，负责贵金属同业借贷、租赁等业务信用风险的政策制度的研究和制定。总之，总行已明确了各个部门的职责分工，希望各个部门各司其职，分工合作，共同推进贵金属业务的发展。对公和个人市场营销部门，要组织好目标客户的营销，建立贵金属业务客户的筛选，并与贵金属业务部联合研究落实一套行之有效的营销考核激励机制，保证业务健康发展。在分行层面同样面临着贵金属业务的部门协调和组织推动问题。贵金属业务部目前还不可能一下子把机构延伸到各分行，营销触角还是要依靠分行的网点和客户经理资源。这就需要有一个牵头抓总的部门，负责上下沟通，贯彻落实贵金属业务的发展战略和计划任务。这件事情请贵金属业务部与各分行协商好，原则前面已经明确，就是“业务要发展、力度要加大、队伍要加强”，保证业务的发展。

贵金属产品涉及多个业务部门和多个业务领域，贵金属业务也具有专业知识要求高，涉及客户群体广，资源配置需求大等特点。因此，我们要激活全行营销资源，发挥整体优势，建立起科学的贵金属产品和渠道共享机制，横向上，联合全行各个营销职能部门，实现贵金属、结算、个人金融、私人银行、机构、公司各个客户市场全方位营销策略，全面推动贵金属营销工作进一步深入。纵向上，总行要加大对分行的指导、督导力度，统一思想，支持贵金属业务的持续、快速发展。

各分行要充分发挥我行渠道优势，推动全行贵金属业务规模的快速健康发展。通过建立组合、联动营销机制，形成统一营销的合力，将贵金属业务渗透到我行市场营销工作的各个环节。借助多种渠道，充分发挥我行整体优势，扩大宣传的受众面，不断提升我行贵金属业务的市场影响力。同时进行有效的客户关系维护，通过总、分行多层面、多维度的客户关系维护体系，夯实长久、紧密的客户关系基础，确立我行贵金属业务可持续发展的市场领先地位。

总行贵金属业务部门要定期形成对市场动态和竞争情况的分析报告，不断调整我们的营销策略，更好地指导市场营销，使我们能在激烈的市场竞争中把握主动，占得先机。各营销部门要进一步加强对分行、支行、网点的指导和考核力度，对任务完成不理想的分行，以主动指导和解决实际问题的形式进行推动。

（三）加强业务宣传，扩大市场影响力。为强化我行贵金属业务市场占有率，充分发掘客户对贵金属实物和交易方面的多种需求，把握贵金属产品的市场动向，实施有针对性的贵金属系列产品的宣传推广工作。在营销宣传上要坚持统一筹划，统一标准，统一品牌形象，统一组织。要推动并组织相关业务部门对客户进行“针对性”的市场营销，充分利用电子银行和营业网点渠道，开展全行贵金属业务的宣传和推介，重点强化我行竞争优势、服务优势和品牌优势，增强我行贵金属业务在对公和个人客户中的影响力。要加大宣传投入，在充分利用传统宣传渠道的基础上，积极运用低成本电子化和网络宣传，扩大我行贵金属产品在市场中的影响力。

（四）丰富贵金属产品体系，做好新产品推广。在当前商业银行之间竞争日趋激烈的形势下，能否始终保持贵金属业务创新能力，成为我行巩固和加强现有市场优势的关键。要加大产品创新力度，及时了解客户的需求，并将需求产品化，加快推广创新的速度。

目前，我行已经形成品牌金、账户黄金和代理实物黄金买卖三大核心产品。在新产品方面，各行要紧跟总行黄金 Au（T + D）、品牌金积存计划（GAP）等新产品的投放节奏，做好充分准备，通过开户营销、新产品培训、业务指导等措施，加大新产品的推广力度，提升市场反应能力和效率，力争市场竞争的先机，保证贵金属业务健康、快速、可持续发展。

为进一步提升我行贵金属业务产品的竞争力，要按照全行贵金属业务全面发展的战略规划要求，加快形成我行贵金属业务完备丰富的产品线，全面扩大交易规模，增加贵金属业务整体收益，提升我行贵金属业务在全部收入中的占比，提高贡献度。要在认真测算、分析论证的基础上，确定未来三年我行贵金属业务盈利在全行利润中的占比目标，并在明年的工作中作出安排部署。

（五）加强贵金属专业队伍建设。各行要继续优化业务人员结构，加强贵金属业务队伍建设。充分发挥客户经理和产品经理的优势，建立全行专业化的贵金属业务专业队伍，构建起分布在总行、省分行、城市分行、支行网点的贵金属业务专家团队。要加强业务培训和客户经理产品知识培训，实施专业化、系统化、多渠道、多层次的培训，全面提升贵金属业务队伍的专业素质。贵金属业务专业队伍的建立关系到业务发展快慢、质量高低，关系到目标能否实现，竞争力能否形成，这对于贵金属业务是决定性的。对这项工作还要深入研究规划和安排。

要完善激励机制，加大对贵金属业务人员的考核奖励力度。按照贵金属业务收入情况给予销售渠道奖励。通过考核，激发员工拓展市场的积极性。各行要在考核体系中适当突出贵金属业务地位，把贵金属业务产品纳入重点产品目录中，在奖励上对该业务进行倾斜。要制定完善的奖励办法，确保奖励兑现到人，并重点向一线营销人员倾斜。同时贵金属业务部要作为利润中心，做好总分行之间，业务条线之间的利益划分，即要保证分行的营销积极性，又要体现产品研发、投资交易等业务条线的价值贡献。要形成一个有活力、促进贵金属业务发展的有效机制。

贵金属业务部门要深入研究市场，制订好营销方案，对客户资源丰富而同业市场占比较低的地区要适当加压。各行要切实加强组织领导，积极安排营销活动方案。在活动中，各行要根据区域经济环境特点，选择重点目标客户，分管领导要亲自组织营销。

我希望此次会议成为我们贵金属业务发展的一个新起点，希望大家在这个新的起点上，扎实工作，进一步提高我行贵金属业务的竞争力，巩固和扩大贵金属业务在同业中的领先地位，努力实现新的发展目标。

在中国工商银行全球现金管理业务培训班上的讲话

张福荣

（2009 年 9 月 18 日）

昨天结算与现金管理部许燕总经理就全球现金管理业务作了全面、系统的介绍，产品处、市场处的同志具体讲解了全球现金管理业务的产品和系统功能等情况，今天上午又听了 7 家分行同志的发言，大家谈得很深刻，我归纳起来，大家的发言有十几条建议，这些建议我们会一一进行梳理，逐条地提出解决意见，给出解决方案。这些建议对于我们下一步推动全球现金管理业务的发展是非常有意义、非常积极的，也是非常符合实际情况的。下面，我谈几点意见，供同志们参考。

一、全行要重视全球现金管理业务

为什么要重视这项业务，我认为主要有这么三条。

（一）现金管理业务是我们主动适应客户需求的一种战略安排。因为有市场，客户有需求，所以我们要做。目前，从境外跨国公司来看，集中管理资金已是普遍做法，特别是去年金融危机发生以后，境外机构对于加强全球现金管理来应对可能出现的流动性风险和财务风险的需求更加迫切。我们接触了一些外资企业，感觉到他们对这块业务的需求是非常具体的，也是非常强烈的。对于中资企业，我们通过这些年来的接触感到他们加快海外扩张、参与国际竞争的想法也是非常强烈的，行动越来越积极，在这种情况下，他们出于加强风险管理、提高资金配置效率和自身经营效益的考虑，也提出请银行为他们提供全球现金管理服务。我们接触的老牌中资企业和新兴的中资企业都有这样的需求。老牌的中资企业如中石化、中石油、中海油、TCL 等，新兴的中资企业，如华为公司，董事长在今年到非洲考察的时候讲，华为这个市场我们怎么去帮助做好。后来我们到了深圳，和深圳分行的同事一起与华为公司讨论研究如何做好现金管理业务。市场的发展、客户的需求是非常旺盛的，在这种情况下，我们不能把这块市场放弃，不能看着客户流失，所以要做这块业务。

（二）现金管理业务是我们应对国际化金融竞争的一项核心业务。现在我们的资产业务、负债业务、机构业务，很难单独打出一项业务的牌来，在应对国际化竞争中得到完全认可，只有现金管理业务才能为我们的客户所接受，使我们有能力参与到竞争中来。现金管理业务是一项核心业务，包含结算等传统业务，也包括新的内容，更重要的是，现金管理业务是一项高端客户提出的业务需求，从这一方面讲，我们有能力、也需要积极参与进来，适应这种国际化的竞争。像一些外资银行到国内来，或在国际市场上，他们打的就是现金管理业务的牌。目前我行在国内已发展成为现金管理大行，已有 20 万客户，但在海外做得还不够，在海外才刚刚开始，所以说是国际化竞争的需要。我想随着时间的推移，我们的境外机构都会从这项业务开展的过程中获得回报。

（三）现金管理业务是我们国际化战略的重要切入点。工商银行的国际化，理论上我们讲得比较清楚了，但在实践中，怎样去做，真正实现一个大银行的国际化战略，是值得我们认真思考的问题。从某种意义上说，我认为，现金管理业务是一个很重要的切入点。因此，当前我们重视现金管理业务是非常应该的。境内机构重视现金管理业务，境外机构也应不断转变经营思路，重视现金管理业务，形成内外互动的格局，实现共赢。

近几年，在全球现金管理业务的推动过程中，总行各部门合作得很好，总行牵头部门的作用发挥得很好，各个分行参与支持的力度越来越大，境内外分行联动、互动的效果越来越好，形成了比较好的局面。希望在现有基础上，继续保持和巩固，推动这项业务的新发展。

二、现状和存在的问题

现状具体表现在以下几个方面：

一是我行全球现金管理服务的网络和平台基本搭建。近几年来，我们一直在做这项工作，从2006年起，结合FOVA系统建设规划，着手研究提供全球多币种“一站式”现金管理服务的平台，在2008年底完成系统研发工作。在这样的框架下，企业选择我行作为全球现金管理业务的主办行，只需与我行一家实现直联，就可以实现多银行、多币种、境内外账户的信息查询、资金汇划功能，系统作用发挥得很好。

二是我行在全球现金管理市场初步形成了一定的竞争力。现在走出国门的中资银行还不够强大、还不够多，过去做得好一点的、在国外有一定影响力的是中国银行，但是从目前看，在现金管理业务上中国银行的影响力还没有真正地形成。工商银行近几年来由于对这项业务的重视，我行在现金管理业务上的影响力越来越大。我们对于“走出去”的中资企业采取“客户跟随”策略，企业走到哪，我们就服务到哪，尽管由于系统原因，还有些无法做到或者没有做好，但是我们能够做的都在做。对于在华投资的跨国经营企业，采取“重点渗透”策略，这些企业到中国来，我们难以在短时间内将其在花旗、渣打等银行的账户全部转移过来，因此，我们通过这样的策略开展营销。随着营销工作的进一步加强、推进战略的加快，目前我行在全球现金管理业务上的拓展速度在不断提升，效果也较好。目前，我认为在国际化的竞争环境中，工商银行开始有了在现金管理业务上的话语权。近几年，我们在新加坡、香港、法兰克福等地开展了多场现金管理业务推介会，我们在这项业务上有了突破，跨出了一步。

存在的问题主要有以下几点：

一是在网络和机构发展水平上的差距。在全球网络方面，国际化大银行具有明显的优势。比如，花旗集团在全球100多个国家和地区拥有1 400家分行，汇丰银行在全球79个国家和地区拥有9 635个网点，我们近几年虽然在境外机构建设上加快了步伐，但在短时期内我行的优势还没有形成。另外，我行境外机构业务发展水平仍不在前列，造成这种情况的原因很多，不是境外机构的同志不努力或者不做工作，而是有很多限制条件，如新加坡分行现在还没有全牌照资格，一些境外机构至今还不具备当地主清算银行的资格，影响了我们境外业务的发展。营业范围有限，就不能充分满足客户全球现金管理服务的需要。

二是产品和技术上的差距还比较大。国际化大银行在全球现金管理领域已运作多年，技术平台较为成熟，产品多样化且创新速度快、创新能力较强，同时拥有较强的定价管理水平和风险控制技术等，而工商银行国际化进程还不是很长，还处于发展初期，无论在产品创新上还是服务手段上都有一些需要学习借鉴和改进完善的地方，特别是在针对客户个性化需求的满足程度上，我们还有明显的不足，在提高对客户需求的响应速度和支持效率等方面还急需加强，内部环节有些问题还需要梳理，效率还有待提高。

三是专业人才和服务经验上存在差距。全球现金管理业务是一项高技术含量、高附加值的知识密集型业务，也是一项跨业务领域、跨银行、跨国界的多元化业务，这几“跨”对我们提出了挑战，需要一支高素质、复合型的专业人才队伍支撑。应该说，我们现在这方面人才储备还不多。如企业进行跨境资金集中管理时，从资金的安全性、流动性和收益性等角度考虑，需要服务银行了解全球不同国家和地区的法规、税制、监管等方面要求，而目前我行无论是境内分行，还是境外分行在人才储备和业务经验方面，都很难做到给对方提供一个满意的答复，监管、税收、法规，包括会计准则要求，都有很大的不同。这也是一些“走出去”的中资企业选择与汇丰、花旗、渣打等银行进行合作的重要原因。

此外，从我们内部来讲，目前在发展全球现金管理业务的过程中，也存在总行与分行之间、境内机构与境外机构之间，特别是主办行与协办行之间，联动不够、响应不积极的问题，缺少一个沟通协调机制。究其原因，主要是工作的重视和认识问题，我们习惯于做传统存款、放款业务，但是对新业务的了解和重视还不够，资源投入配置不到位，现在我们一些二级行以下，还没有机构和人员去抓现金管理业务，对市场和客户的了解一知半解，还做不到对客户提出的问题对答如流。这些问题都需要我们认真思考和解决。

三、下一步主要工作

全行要力争用三年左右时间建立起比较完善的全球现金管理支持系统和客户服务机制，建成以完整的财务信息、集中收付款、账户管理、资金池等高端现金管理产品为核心的全球现金管理业务产品体系，建设一支能够准确把握境内外行业动态、能够提出满足境内外企业现金管理需求完整解决方案的专业客户经理和产品经理队伍，尽快形成功能强大、稳定性强、附加值高、风险可控、同业领先的全球现金管理业务体系，在境内外市场上树立我行全球现金管理服务品牌，使工商银行成为具有一定竞争力的全球现金管理银行。在未来一年内要确保拥有4 000户、力争5 000户全球现金管理客户

（含NRA客户），平均每家海外机构至少拥有50家现金管理客户，进一步奠定我行在这一重要战略业务市场的国际地位。

要实现上述任务和目标，需要做好以下几项工作：

（一）要建立起工作机构，配备工作人员，为全球现金管理业务发展提供组织保障。为加快全球现金管理业务的发展，境内外分支机构要建立全球现金管理业务工作机构，建立高效的协作机制和畅通的信息沟通渠道，把这项工作组织好、推动好。这次会议后，要把机构建立起来，明确部门分工。在总行层面，由结算与现金管理部牵头，其他相关部门配合。各分行包括境外机构，也要明确牵头部门。在这个基础上，各个分支机构要组建由专职现金管理业务客户经理、产品经理与相关部门专业人员组成的现金管理业务服务团队；各境外机构在人员比较少的情况下，要组织人员或指定专业人员开展全球现金管理业务，负责开展信息搜集、市场营销、项目实施、客户服务支持以及境内外联动相关工作。特别是香港地区和新加坡，全球现金管理客户资源较丰富，可以考虑组织一支3—5人的现金管理团队，其他分行组织2—3人的现金管理团队。人员的充实可以考虑纳入总行人力资源管理计划中，总行要从人力资源配置上支持。各分行应在一个月后，力争在10月末之前将责任部门包括工作机构和服务团队的组建情况报总行结算与现金管理部。根据大家提出的问题，总行结算与现金管理部要和国际业务部等部门配合，把全球现金管理业务跨境、跨行的沟通机制建立起来，发挥作用。

（二）完善全球现金管理服务平台，加快产品研发，增强客户服务能力。对于现有的全球现金管理系统平台，一定要优化和完善，在功能上逐步实现跨境服务的高度自动化，实现客户服务支持、资金调度和全球账户信息的实时传递；在架构上整合、兼容现有的外资银行代理系统，实现与本行网络的协同管理。要进一步扩大FOVA系统推广范围，尽快把全部境外机构纳入到现金管理业务网络中，参照国内现金管理模式开发灵活多样的资金归集、信息报告等功能，企业基本的要求要满足，企业基本的功能需求要实现。在这个基础上，把国内现金管理的优势延伸到全球，国内网银的功能要在海外实现，使境外机构可以更好地发挥作用。要加快建设现金管理合作行网络，延伸现金管理业务半径。根据董事长的要求，我们这方面的工作在总行结算与现金管理部的组织推动下，科技部门、国际业务部门要尽快了解推进的情况、解决存在的问题，实现我们已经确定的工作目标。境外机构要凭借在所在国家和地区的业务优势，协助总行在当地选择合作银行，推动现金管理合作行网络的建设。境内机构也要加大与本地同业合作力度，探索与本地银行进行全球现金管理合作的思路和模式。

要加快全球现金管理产品创新。比如，在开户产品方面，要实现FOVA系统支持境外分行做主办行的能力，境外结算账户可支持多币种业务，将收款管家卡应用到海外分行客户账户；在资金池产品方面，要开发多币种自动资金池、跨境名义资金池、基于多银行平台跨行资金池产品；在现金管理合作行产品方面，要全面实现现有代理外资银行平台向全球平台的平稳移行和整合，使现有客户在不改变操作模式情况下纳入全球平台，并实现双向连接；我们还要加快开发语言可定制信息报告产品、基于NRA账户支付、资金归集和理财的全球现金管理产品。关于现金管理业务新产品的研发、创新水平的提升是摆在我们面前的问题，这项工作需要在产品创新部门的组织下，在科技部门的支持下，尽快推进，在年末之前投产一批，推向市场一批。特别是境内的一些产品在境外使用的问题，应尽快有解决方案和意见。

（三）要对目标客户实行名单制管理和差别营销策略。这次会议之后，各境内外机构要着手对所在地区企业进行全面排查和筛选，对其中符合全球现金管理业务条件或存在全球现金管理业务需求的跨国经营企业，深入了解分析其经营领域、业务覆盖范围、资金管理整合等情况，在这个基础上确定我们的目标客户。客户确定以后，一定要实行名单制管理，落实责任、落实部门和人员，把市场做起来。各行要根据目标客户的不同需求，以及我行不同发展目标，制订不同的服务方案和营销策略，有针对性地进行营销。对于中资跨国企业，要以成为“全球现金管理业务主办行”为营销目标，继续坚持实施“跟随策略”，向客户提供完整的全球现金管理服务方案，从总部入手，把我行的金融服务延伸到企业的境内外分支机构，对于总部的营销，采取总分行共同参与的方式。对于外资跨国企业，采取内外联动的“重点渗透”营销策略。对于有在华机构的外资跨国企业要努力成为其首选“人民币现金管理服务行”，即以人民币现金管理业务为突破，向其全球现金管理体系渗透，并最终获得目标客户全球现金管理业务较大市场份额；对于没有在华机构的外资跨国企业，需要我们境外机构进行突破。

为了做好现金管理业务，推动现金管理业务的开展，要加强业务的宣传和推介，注重不断提升全球现金管理业务品牌影响力。今年第四季度，总行将组织举办一次提升全球现金管理业务品牌影响力的专题宣传推广活动。各境内外分支机构要在总行的统一安排下，把这次活动搞好，总行要专门下发通知，对于活动时间、内容、宣传方式等做好安排。

在这里，我还想强调一下NRA账户业务的推广，NRA账户业务为全球现金管理业务的发展提供了难得的机遇，一定程度上弥补了我行没有离岸经营资格的短板，为我们开拓市场、发展外向型客户拓宽了渠道。目前，我行已开立 NRA 账户 400 多户，但距目标还差距很大。境内外机构应抓住机会，大力营销全球现金管理客户，营销 NRA 账户业务，特别是没有开户的分行，更要积极地行动起来，制订营销和推广方案，境外分行也要更多地推动这项业务的开展。

（四）要建立健全工作机制。为了推动这项业务的发展，我们要尽快建立健全“四个工作机制”：要建立对口行联动营销责任机制。对于每一个全球现金管理项目，相关境内外分行要各负其责，无论是主办行还是协办行，都要按最高标准提供服务，以最大的综合优势竞争客户。要建立业务部门分工负责机制。总分行各相关部门要明确分工，在全球统一授信、本外币结算、网银等各方面各司其职，密切协作，高效率、高质量地解决客户全球现金管理相关问题，切实做到不推诿。要建立境内外统一营销服务机制。目前营销工作中，境内外分行也在这么做，但还不够清晰、不够具体，要在现有基础上进一步理顺，使其具体化、流程化。要建立专项考核机制。今年，总行将考虑把全球现金管理业务的发展情况纳入到专业考核，间接计入境内外分行行长绩效考核中。同时要研究制定详细科学的考核指标体系，综合考虑价值贡献、内外联动效果、服务质量等因素，从明年开始直接将其纳入境内外分行行长绩效考核。在现金管理业务分润方面，向境外行适度倾斜。对于 NRA 账户，各行要落实两倍以上人民币账户开户的奖励，充分调动大家发展 NRA 账户的积极性。

（五）建立全球现金管理业务专业化服务团队。全球现金管理作为一项跨境、跨专业的高端业务，要求其从业人员必须是了解境内外有关法规、税制、监管政策，熟悉国际规则，精通外语的高素质人才。各境内外机构要按总行要求配备人员，保证业务开展需要。境内机构配备的人员素质要能够适应客户的国际化运作需要，在工作语言、业务知识和技能上能够支持全球现金管理业务的发展；各境外机构业务人员应尽快熟悉行内现金管理业务相关系统、业务知识，具备为客户制订专业解决方案的能力，做好日常市场拓展和客户关系维护。

总行要加强对现金管理业务人员的培训，要统一组织、统一筹划、统一安排、统一授课内容，要更多地针对客户经理、产品经理和从事这项业务的专业人员组织培训。培训工作以本次会议为起点，在以后的工作中，要抓得更有成效。

同志们，我行全球现金管理业务已经有了一个良好的发展基础，当前也是我们开展这项业务的良好时机，希望大家要正确认识现金管理业务的地位和作用，尽快把业务开展起来，在我们的共同努力下，实现现金管理业务新突破和新跨越。

在中国工商银行
个人金融和信用卡业务工作会议上的讲话

张福荣

（2009 年 11 月 11 日）

这是全行个人金融与信用卡专业第一次联合召开工作会议，主要任务是总结前十个月的经营状况，部署岁末年初工作，推动两项业务的协调营销和共同发展，确保今年各项经营目标的圆满实现，并为明年工作创造良好开局。

一、前十个月全行个人金融和信用卡业务发展成效显著

今年以来，全行上下积极应对宏观经济环境的变化，坚持以打造“第一零售银行”为目标，推进改革创新、加快渠道建设、优化客户结构、做大业务规模，保持了个人金融业务健康平稳的良好发展态势。截至 10 月末，人民币储蓄存款新增 5 324 亿元，完成全年经营计划的 106. 48%；个人贷款新增 2 743 亿元，完成全年经营计划的 137. 15%；实现个人中间业务收入 149 亿元，完成全年经营计划的 73. 02%。银行卡发卡量达到 2. 27 亿张，比年初增加 6 083 万张；银行卡消费额 1. 16 万亿元，较上年同期增加 5 207 亿元。尤其值得一提的是，在“跨越五千万、喜迎二十年”营销竞赛活动的推动下，全行提前 3 个月实现信用卡发卡量突破 5 000 万张、消费额超 3 000 亿元的既定目标。截至 10 月末，信用卡发卡量达到 5 176 万张，比年初增长 1 271 万张；消费额 3 588 亿元，较同期增长 1 578 亿元；透支余额达到 312 亿元，同比增长 163 亿元；实现总收入 63. 5 亿元。前十个月的工作呈现出几个特点：

一是业务规模不断扩大，市场领先优势进一步巩固。储蓄存款方面，进一步强化存款基础地位，拓宽增存思路，充分挖掘存款增长潜力。截至 10 月末，储蓄

存款余额四行占比为30.74%，保持了同业第一。个人贷款方面，认真贯彻国家扩内需促增长的各项政策措施，加大对自住型和改善型住房消费的信贷支持力度，实现了个人贷款业务跨越发展。截至10月末，个人贷款余额突破1万亿元，新增2 743亿元，同比多增2 177亿元，余额占比和增量占比均保持同业第一，这是我行个人贷款业务开办以来增量和增幅最快的一年。中间业务方面，继续强化基础性产品对中间业务发展的支撑和带动作用，同时积极开辟新的业务增长点，截至10月末，实现个人中间业务收入149亿元，四行占比居首位。在理财产品销售上，全行的市场领先优势进一步扩大，银行类理财产品、基金、保险和国债等理财产品累计销售12 152亿元，较去年同期增加了4 094亿元，其中基金代理销售实现3 802亿元，四行占比进一步提升至47.25%；代理销售保险581亿元，四行占比为30.7%。信用卡业务方面，业务规模增长实现历史性突破，同业领先优势明显。截至9月末，发卡量、消费额的国内同业占比分别为33.1%和30.6%，双领先地位更加稳固。共有29家分行发卡量位居当地同业之首，14家分行发卡量同业占比超过了40%；有22家分行消费额位居当地同业第一，13家分行消费额同业占比超过了40%。

二是客户规模快速增长，结构持续优化。全行通过公私部门协同营销，以及各种形式的主题促销活动，做大了客户规模，优化了客户结构，提高了产品渗透率。截至9月末，我行个人客户达到了2.12亿户，其中个人金融资产5万元以上的中高端客户数达到了2 430万户，理财金账户客户数超过了600万户。从客户资产占比看，中高端客户资产占比81.24%，较年初提高2.94个百分点。私人银行签约客户的白金卡渗透率从年初的35.6%增加到38.8%；全行预算单位公务卡签约1.7万家，发卡122万张；军队单位和武警部队签约近1 500家，发卡量近9万张，累计消费额6.5亿元；牡丹交通卡实现了北京、山西、陕西、海南、浙江等8个省市的发卡，截至9月末交通卡发卡量达351万张，消费额22亿元。客户规模的不断增长和结构的优化，为个人金融业务的可持续发展和综合贡献的进一步提升提供了稳固基础。

三是网点建设稳步推进，客户服务水平进一步提升。今年以来，全行在前年、去年的基础上进一步加快推进营业网点、自助银行、电子银行等渠道的建设，充分发挥各渠道的协调互动作用。截至9月末，全行新建成财富中心38家，贵宾理财中心512家；信用卡“产品进点、服务进区、功能进柜”和VIP客户服务中心建设深入推进，VIP客服中心已达到100家，除香港外，印尼雅加达VIP中心也于今年10月1日投入试运营，境内外联动的差异化实体服务网络已逐步形成。通过网点改造优化以及客户精细化管理项目的实施，客户服务水平有所提升。自助机具投放力度进一步加大，截至10月末，全行共投放了ATM32 132台，POS机25万台，建设了自助银行8 233家，牡丹卡特约商户42万家。离柜交易占比进一步提高，客户分流效果明显。全行信用卡圆满完成电话服务集中工作，成都中心全面受理36家一级（直属）分行的信用卡电话银行服务，石家庄分中心也成功试运营，多呼叫中心运营模式初步形成。

四是加快产品创新和业务流程优化，为业务发展注入新的活力。今年9月份，我行在同业中率先推出符合银联标准的芯片信用卡和借记卡，再次成为银行业中的领跑者。我们适应资本市场发展变化，通过扩大区域理财业务授权范围，促进分行有针对性地设计推出区域性个人理财产品。前十个月共推出89款区域性个人理财产品，今年我行与12家基金管理公司合作了13只“一对多”基金专户产品，共同开拓“一对多”基金专户市场。通过深入分析个人贷款市场特点，今年推出了个人房屋抵押贷款、个人商用车贷款、个人置换贷款等新产品，特别是我们在年初调整完善了个人经营贷款、个人循环贷款、个人商用房贷款等相关政策，对今年个人信贷业务的发展起到了重要的作用，也进一步满足了个人客户多样化需求。信用卡的“三卡整合”成功投产，实现了业务功能的全面改造和梳理；推出芯片多应用平台，实现了对芯片卡交通、医保等各类行业应用的统一管理；全面优化目标客户快速营销系统，提高了柜员识别客户和营销产品的准确性；全行金卡上收工作圆满结束，后台运营效率稳步提升。

五是坚持合规经营，全面提升风险管控水平。今年以来，我们进一步强化和完善了客户风险教育，在理财产品销售等过程中，充分进行风险揭示，履行银行责任，通过合规经营和优质服务努力减少客户投诉。加强了个人贷款风险控制，截至9月末，全行个人贷款不良率为0.96%，较年初下降0.18个百分点，实现了个人贷款又好又快的发展。信用卡业务通过个人客户内部评级系统全面投入应用，实现了对信用卡客户生命周期不同阶段的风险量化和预测；成功投产个人客户级信用卡征信评分项目，加强对以客户征信信息为代表的外部信用信息的深度量化应用；在有关部门参与下，全面修订《中国工商银行银行卡呆账核销实施细则》，通过合作催收有效降低不良资产损失。现在看来，我们在催收工作上借助社会的有关力量，效果是比较好的，也可以进一步尝试。截至10月末，信用卡不良率为1.82%，较去年末下降0.17个百分点，在国内同业中处于领先地位。

今年前三个季度，全行实现净利润999亿元，位居国内和亚洲上市公司榜首，并保持全球最盈利银行地位，这其中也凝结了全行个金专业和信用卡专业同志们的辛勤汗水和无私奉献，在此我代表总行，感谢大家对全行业务发展作出的贡献！

二、切实做好岁末年初营销工作

从银行的规律来看，岁末年初社会资金流量较大、居民消费活跃、金融需求旺盛，同时，当前资本市场趋于活跃，是业务营销的好时机。总行希望各行要以开展“个人金融和银行卡业务百日旺季营销竞赛活动”和“投资理财知识普及万里行”公益主题营销活动为主线，精心组织旺季营销工作，最大限度地抢占客户和市场资源，争取市场竞争和业务发展的主动权，进一步提升我们的市场地位。

（一）进一步扩展储蓄业务规模，提高市场占比。储蓄存款业务是维系个人客户的基础，也是发展资产和个人中间业务的重要依托。储蓄工作效果的好坏，体现了我们的经营管理水平；储蓄存款的市场份额变化，一定程度上代表了一家商业银行市场竞争力的高低和强弱。大力发展储蓄存款业务是总行既定的经营方针，任何时候、任何情况下都不会动摇。我们要根据新的市场环境变化，进一步解放思想，转变观念，按照推动储蓄业务、个人贷款、个人中间业务协调发展的新思路，在有效控制和降低存款成本的基础上，积极探索储蓄业务科学发展的新模式。各行要认真分析所处的地区经济环境，密切关注社会资金流量的变化特点和新动向，寻找金融需求丰富、发展潜力大的目标客户群体，深入研究资本市场、货币市场、消费市场、商品交易市场与储蓄存款的关系，把握国民收入分配体制改革带来的新机遇，密切跟踪城市中心迁移、城市拆迁改造、事业单位绩效工资改革、上市公司股东分红等新动态，抢抓优质客户资源，培育潜力客户市场。

从现在开始，储蓄现金流处于全年高峰，各行要结合本地实际，拿出具体方案，细化营销措施，争夺更多的市场，努力实现全行储蓄存款新增占比同业第一的目标。现在全行的情况是，储蓄存量占比还是第一，但趋势是在下降的，我们的增量占比倒退得很厉害，到10月末，储蓄存款增量占比第一的只有四个分行，这四个分行是北京、上海、安徽、海南。有相当一部分分行从去年的第一变成了第二，我们有两个分行处于同业的第四，而且这两个分行都是处于东部地区的分行；有13家分行处于第二，16家分行处于第三。存款是我们发展的基础，但是我们在抓存款这件事情上不能说我们打了胜仗。明年第一季度储蓄存款增量要达到当年计划的70%—80%。存款业务不仅要和过去比还要和同业比，要加大储蓄存款同业占比与行长经营绩效的挂钩力度，进一步强化考核激励，全力扩大新开户数量。要持之以恒地抓好代发工资业务，充分发挥我行的服务优势，充分利用好我行的对公客户资源，推进与公司业务的经营联动，提高代发工资业务渗透率。我希望在这项工作上，公司部门要有所作为，重视规模效益，费用收取要灵活，促进代发工资单位快速增加，确保完成年初制定的新增代发工资单位10万户的目标，并实现全年代发工资业务的新突破。

（二）继续努力实现个人信贷业务的持续稳健发展。个人贷款是个人金融业务的重要支柱，也是对目标客户开展交叉销售、引导各类新型业务发展的重要平台。近期，总行在全行信贷规模比较紧张的情况下，仍将今年个人贷款新增规模从2 000亿元调增为3 000亿元，充分显示了我们加快个贷业务发展的决心。现在我们个人贷款情况很好，10月末个人贷款有11家分行增量第一，13家分行第二，9家分行第三，也有2家分行排第四。但是我们按揭贷款增长还不够理想，到10月末，我们比同业第一的金融机构少119亿元，其中，10月当月我们比同业第一的银行就少了10多亿元。我们在当前信贷规模比较紧张的情况下，各行要保证个人信贷的增长需要，特别是个人按揭贷款的增长需要。今年的目标是确保实现年末个人贷款增量3 000亿元，余额突破11 000亿元。明年第一季度个人贷款新增达到全年计划的30%—35%，继续坚持打造中国“第一按揭银行”的战略目标不动摇。要加强与房地产开发商、二手房中介机构和担保公司等单位的合作，增强营销效果。要在不断扩大个人住房贷款规模的同时，进一步增强议价能力，提高利率执行水平，提升对全行的综合贡献。在旺季营销工作中，要善于利用好个人经营贷款和个人房屋抵押贷款等新产品去占领市场，竞争客户。下一步，要结合商品交易市场的特点，抓紧研究制订针对商品交易市场商户的个人经营贷款服务方案，推出新的营销模式，以账户开立为突破口，尽快占领这块潜力巨大的市场。要以个人融资产品为突破口，带动提高个人结算、个人理财及信用卡等产品在这类客户中的渗透率。

在全力开拓市场的同时，要始终高度关注风险防控工作，坚决贯彻落实银监会和总行关于防范个人贷款风险的各项规定和政策要求，认真执行操作流程，进一步强化贷前调查工作。要重点做好对交易真实性的核实，坚持“双人调查、见客谈话”等制度，把控好个人住房贷款、个人消费贷款和个人经营贷款的风险，严防“假按揭”的发生和个人信贷资金流入股市。要认真执行国家“二套房政策”，避免政策风险。

（三）坚持创新与营销并重，不断提升中间业务收入水平。今年由于市场变化的不确定性和复杂性，部分中间业务产品的营销遇到了一些新困难，计划执行进度不够理想。各行要深入查找和分析差距，采取有效措施，打好攻坚战，确保实现全年个人中间业务收入205亿元的既定目标，并力争在明年第一季度完成全年收入计划的35%。总行将于12月中旬启动“投资理财知识普及万里行”公益主题营销活动。届时，各分行要按照总行统一安排，开展灵活多样、内容新颖的宣传活动，营造我行旺季营销的声势。要通过抓好重点产品的推介，带动整体个人中间业务收入的增长。要做好重点基金存续期营销工作，进一步加大重点合作基金公司旗下基金和在我行托管基金的的销售力度，积极提高股票型、混合型等高收益基金的销售占比；推广基金定投签单业务，提升基金定投业务的客户渗透率，将我行基金代销工作的业务优势转化为品牌优势。要继续大力营销“灵通快线”系列产品，力争覆盖所有理财金客户、财富客户以及第三方存管客户，使产品余额今年稳定在1 000亿元以上。要针对客户实际，提供资产配置建议，合理推荐理财产品。要继续加强与前七大保险公司的合作，在实现规模保费目标的基础上提升期缴型保障类产品占比。要以组合销售“灵通快线”等关联产品为卖点，以推进银证联名卡合作为纽带，促进第三方存管与储蓄、理财等业务的协调发展。

（四）提升营销服务水平，促进信用卡业务健康发展。要按照打造“全球第一大发卡银行、中国第一信用卡品牌”的新目标，围绕市场拓展、品牌建设、风险管理等重点工作，坚持国内国外两个市场并举，坚持个人卡与商务卡发展并举，坚持量质并举，推进信用卡业务的健康快速发展。我们的发卡量今年会超过5 200万张，明年的目标是力争超过7 000万张，按照今年发展速度、水平和质量，这是有可能的。客户数明年要达4 500万户、中高端客户渗透率超过30%、年消费额突破5 000亿元、透支规模达到500亿元以上、不良透支占比控制在2%以内、信用卡总收入力争达100亿元的目标。明年第一季度要实现全年计划的30%，发卡量要实现全年计划的25%。要利用好信用卡目标客户快速营销系统，充分依托行内网点营销渠道，实现信用卡产品的精准营销，尤其要加强信用卡金卡、白金卡的营销力度，提高中高端客户渗透率，争取年底达到30%。要按照“分步实施”的策略，启动即时发卡业务，先期在一级分行、直属分行试点，并陆续推广至分行营业部、财富管理中心、信用卡VIP客服中心等。推行即时发卡的营业网点要配备专职人员和制卡设备，充分发挥我行网点优势，满足持卡人的即时服务要求。要提高芯片卡的推广力度，明年力争在1 000万中高端客户中推广使用芯片卡。要积极开展服务全流程诊断，从业务操作、体制机制、战略发展三个层面对服务工作进行全面规划，不断优化升级。要加快推动三大电话服务中心建设，缓解服务供给能力不足的局面；要开通白金卡、商务卡客户服务专线，提升高端客户服务品质。要研究推动运营机制和管理体制改革，通过逐步分离经营和管理职能、完善核算与考核机制、建立科学合理的分润机制等手段，逐步将牡丹卡中心打造成全行的利润中心，用管理创新的优势推动信用卡业务的快速成长，进一步提高对全行的盈利贡献。

（五）坚持“大个金”的发展战略，实现向“强个金”的转变。通过几年来“大个金”战略的实施，全行个人金融业务规模、收益贡献和品牌形象等都得到了显著提升。在此基础上，要根据经营环境的发展变化，根据全行建设“最盈利、最优秀、最受尊重”的现代一流金融企业的愿景目标，确立个人金融业务新的发展目标和发展战略，坚持“大个金”的发展战略，实现“强个金”的质变和跨越。去年的专业会上，我就提出希望我行成为业务规模最大、产品种类最全、客户满意度最高、品牌美誉度最佳、盈利能力最强、客户服务首选的中国第一零售银行，这其中就涵盖了“强个金”的内涵。我们提出“强个金”不是要把某个部门变成强部门，而是要把工商银行的个人金融业务做强，包括个人金融、银行卡、电子银行、私人银行等业务部门都要围绕“大个金”、“强个金”战略的实施把业务做大做强。综合来讲“强个金”应主要体现在三个方面：一是规模最大。零售业务依靠规模取胜，没有足够的规模就无法变得强大，这几年我们电子银行、银行卡、个人金融业务都证明了这一点。二是竞争力最强。我行主要产品和业务指标不仅要实现同业占比第一，而且要保持一定幅度的领先优势，并形成对手难以超越的持续创新能力和盈利能力。三是品牌最优。即把工商银行变成客户满意度最高、品牌美誉度最佳、客户服务首选的银行。希望大家按照这个目标要求，结合本行实际，围绕新市场、新客户、新产品、新渠道、新团队等方面内容，提早谋划明年的经营策略和工作重点，并制定切实可行的具体措施，加快推进“大个金”向“强个金”的战略转变。

三、切实加强个人金融与信用卡专业的整体联动和协调配合

对于银行来说，各专业、各部门密切配合，形成发展合力，可以使机构、人员、产品得到科学的配置和充分的利用，不但能够降低内部成本，提升营销效率，还可以有效提高目标客户的忠诚度和转换成本，形成竞争优势。比如说，个人金融、银行卡、电子银行、私人银行等部门的服务对象都是个人客户群体，不同专业的产品具有极强的互补性，彼此依托可以更好地满足个人客户的综合金融需要，这是协同发展、协同营销最根本的基础。此外，我行相对领先的对公业务、机构业务，也为我们营销个人客户创造了良好的支持环境。我们要深入挖掘我行业务规模大、客户资源众多的优势，加强相关部门的紧密协作，打破专业界限，加快客户资源、服务体系、销售渠道和业绩考核的整合，推进客户资源的深度开发，提高业务发展质量和效益。今天参会的部门很多，这里我主要谈一下个人金融专业与银行卡专业的协调配合问题。

第一，要相互输送客户资源，相互创造业务机会。一方面，个金专业要积极将优质客户转化为信用卡持卡

人，通过全面推广信用卡目标客户快速营销系统，提高客户渗透率，实现个人金融业务和信用卡业务的协同发展；另一方面，信用卡专业也要把白金卡等优质客户纳入新的统一客户视图，为个金业务中高端客户维护和客户关系管理提供支持，积极实现服务升级，使这部分高端客户分享我行门类众多的理财产品，得到更多的高净值回报，从而创造更多的利润贡献。

第二，要优势互补，相互配合做好市场推广工作。两个部门要密切配合，个人金融专业拥有庞大的客户群和销售网络，信用卡专业在银行卡市场推动方面具有丰富的组织经验和条件，双方应密切配合，共享资源，尽快形成稳定、成熟的产品联动市场推广模式，避免成本重复投入，争取营销效果最大化。今后，全行银行卡整体消费促销活动、商户维护等工作可由银行卡业务部统一牵头，个人金融和银行卡两个部门可联手组织实施，进行一体化促销，提高资源使用效率，并充分发挥我行借记卡的客户规模效应。要探索开展联名卡业务的整合营销，通过两部门的合作，实现联名卡产品的全品牌、全卡种和全客户覆盖，避免单打一。9月份，我行理财金账户芯片卡和工银芯片白金卡正式推出。在这项工作中，个金部和银行卡部紧密协作，项目启动非常成功，为今后芯片卡的统一推广开了一个好头。希望两部门继续认真总结成功经验，进一步加强沟通，配合制订和组织实施好营销推广方案。

第三，要积极进行产品整合，打造个人金融整体竞争优势。进行产品整合，就是为了避免产品、制度的分散和自成体系。要通过对产品设计和开发的统筹规划，借助我行的科技优势，提高产品间的关联度和融合度，提升产品的附加价值和技术先进性，在满足客户需求的同时降低我行内部成本。在海外银行卡系统开发中，要整合借记卡和信用卡系统需求，形成一体化的银行卡系统。要统筹做好个人客户综合积分系统的开发工作，以建立统一平台，设置统一标准，确定统一兑换比例为目标，加快取得进展。鉴于信用卡专业积分的特殊性和同业竞争现状，为了不影响信用卡业务发展，不降低服务水平，可遵循“积极参与、互惠互换、相对独立、统一核算”的原则开展信用卡积分业务，在信用卡积分纳入全行财务统一核算的前提下，保留信用卡专业的特色积分和积分管理制度。

根据董事长的指示精神，由个金部牵头，银行卡部、信贷管理部、信息科技部等部门配合，加快推进“个人循环信用消费贷款”项目开发，根据新的统一个人客户视图，实施以个人客户为对象的综合授信，并借助信用卡介质，将个人信用消费贷款通过信用卡进行发放和还款，满足信用良好客户的消费融资需求。银行卡业务部要加强产品创新，以我行现有贷记卡产品为基础，抓紧研发推出借贷合一信用卡，提升我行信用卡产品的核心竞争力。要抓紧与信贷管理部设计研发“幸福贷记卡”产品，个人金融业务部负责做好个人客户营销，信用审批部负责做好授信额度审批，银行卡业务部负责做好信用卡的支付渠道和透支功能的管理。浙江分行通过信用卡分期付款方式大力发展汽车贷款业务，取得了良好成效，既推动了车贷业务发展，又促进了信用卡业务发展，同时有效防范了风险，这种做法可在全行逐步试点推开。要重视个人金融、信用卡与电子银行业务的衔接，积极推广“两卡一U盾”模式，实现信用卡、借记卡和网上银行的共同发展。

第四，要加快统一客户信息，实现销售和服务渠道共享。要在现有基础上，继续推动各类业务网点建设，确保财务资源按进度使用和2009年网点建设任务圆满完成。要根据全行中高端客户发展规模，做好各类网点特别是高端服务渠道的客户经理配备工作，力争实现到2010年全行个人客户经理队伍达到4.5万人的目标，进一步提升高端网点的客户服务能力和水平。同时加快一般网点的布局调整、装修改造及自助设备配备，尽快改善服务面貌、增强服务功能。要加快建立以客户为中心的个人客户营销服务平台，即对现有的个人客户营销管理系统进行功能升级，建立全行统一的个人客户星级评价模型和个人客户信息的全景视图，支持一线柜员和客户经理开展精准营销，提高目标客户的市场占有率和目标客户的产品渗透率。举例来说，就是客户到银行来，银行接触到任何第一个介质如卡、折、U盾等，系统就能立即显示出这个客户在银行的资产、负债、金融产品使用和银行授信等信息，以及该客户是什么星级，从而有利于我们有针对性地开展营销。理财产品的销售要向特定信用卡客户开放，先从金卡以上客户开始，实现客户利用信用卡自有存款购买理财产品。银行卡部要对涉及的政策风险、法律风险、透支风险等环节，进行评估并提出防范要求。此外，信用卡专业在营销过程中，也要有针对性地向客户推介我行其他各类个人金融产品。

在座的也有公司业务、机构业务等部门。我们房地产开发贷款与个人按揭贷款的联动营销，以及公司、机构客户公务用卡的市场拓展等，都取得了较好成果。希望相关业务部门与个金、银行卡等部门进一步加强合作，树立大市场观念，一方面以对公业务为平台，在对大型、优质集团客户和系统客户开展营销的同时，为个人金融业务提供更多、更及时的客户资源信息，创造更多业务机会；另一方面，个人金融、信用卡和电子银行、私人银行等专业也要配合对公部门，通过提供定制专属优惠服务的方式，帮助丰富和提升对公业务的服务内涵，巩固客户关系。只要大家从全局出发，就一定能够形成相互促进、协调联动、共同发展的良好格局。

同志们，今年还有不到两个月的时间，全行要在抓好年末收尾工作、确保全年任务圆满完成的同时，认真总结今年工作的经验，深刻分析当前经营环境和市场竞争形势的变化，及早谋划明年任务目标和工作措施，通过抓好旺季营销，为来年业务发展打下一个良好基础，掌握全年工作的主动权，推动各项业务的又好又快发展。

积极支持开拓信贷市场
严格把控信贷投向和质量
以创新精神做好2009年信贷工作

——在2009年中国工商银行信贷工作会议上的讲话

牛锡明

（2009年2月13日）

这次会议的主要任务是，认真贯彻落实今年初全行工作会议精神，回顾总结2008年信贷工作，布置2009年主要工作任务，动员信贷战线继续发扬“稳健经营、开拓创新”的精神，积极支持前台开拓信贷市场，严格把握信贷投向与质量，为全行继续保持健康平稳的发展作出新的贡献。一会儿，杨凯生行长还将作重要讲话。

下面，我主要讲三方面意见。

一、全行信贷工作的主要成绩

2008年全行信贷业务依然保持了稳定健康发展，取得了很好成绩，为全行圆满实现股改后首个三年发展规划目标作出了重要贡献。

认真贯彻落实国家宏观调控政策和央行货币政策的要求，积极组织信贷投放。全行境内外机构各项贷款比年初增加4 625亿元，其中境内人民币贷款比年初增加5 307亿元，同比多增1 655亿元，增长14.18%，贷款增量居同业首位，是历年贷款投放最多的一年。积极支持中小企业发展和扩大消费，全年中小企业贷款和个人类贷款分别增加1 759亿元和773亿元。全行各级授信和审批部门认真履行职责，增强服务意识，合理核定授信，严把信贷审批关，保障了全行信贷业务的良好运行。全年境内分行累计发放各项贷款43 209亿元，同比多发放3 736亿元，其中，向公司客户累计贷款27 686亿元，累计办理票据贴现10 720亿元，向个人客户累计发放贷款3 051亿元。全行积极为企业提供多种信用支持，办理银行承兑汇票、担保、信用证等表外业务9 810亿元，表外业务余额达到17 263亿元，比年初增加1 177亿元。在激烈的市场竞争中，北京、天津、河北、山东、上海、江苏、浙江、广东、辽宁、吉林、黑龙江、山西、安徽、江西、河南、海南、广西、贵州、陕西、重庆20家分行的人民币贷款余额市场占比排名当地市场首位，天津、河北、山东、上海、江苏、浙江、福建、辽宁、吉林、黑龙江、山西、安徽、河南、湖北、广西、四川、贵州、陕西18家分行的人民币贷款增量市场占比居当地市场第一，为全行信贷业务市场竞争力的提升作出了积极贡献。

进一步推进信贷结构调整，增强了应对国际金融危机和控制信用风险的能力。总行完善了以28个重要行业为主体的行业信贷政策，积极推进“绿色信贷”建设，支持国家重点项目和重点客户，支持自主创新和节能环保，控制高耗能、高污染和产能过剩行业的贷款投放。5个积极进入类和11个适度进入类行业合计增加贷款2 794亿元，占公司客户新增贷款的89.6%，12个限制进入类行业贷款余额下降46亿元。长三角、珠三角和环渤海地区仍然发挥了贷款增长的带动作用，中西部和东北地区的贷款增长速度明显提高，成为新的信贷增长极。全行贸易融资余额1 221亿元，增加351亿元，增长40.34%，其中，国内贸易融资增加555亿元，比上年余额增长了3倍，占公司客户流动资金贷款的比重由年初的7.24%提高到10.13%。全行AA－级（含）以上客户贷款余额占比达到68.31%，与2007年持平，A－级以下客户贷款占比为5.53%，下降2.46个百分点。在AA－级（含）以上客户中，比2007年贷款增加的有10 600户，增加贷款5 583亿元，在A－级以下客户中，有6 978户贷款余额减少702亿元。

全行积极推进信贷资产创新，实施信贷资产流量管理。2008年全行对外直接转出信贷资产约1 800亿元，发行信贷类理财产品转出存量信贷资产200亿元，票据流量转出1 170亿元，发行资产支持证券化产品80亿元，三项合计共分流存量贷款3 250亿元。

信贷资产质量持续改善，继续实现不良贷款的

"双下降"。全行关注类贷款余额2 263亿元，占各项贷款余额的5.16%，比2007年下降0.67个百分点，控制在合理范围内。全年退出潜在风险贷款1 087亿元，超额完成年度计划87亿元，完成率达到108.7%。累计清收处置不良贷款592亿元，其中：累计现金清收不良贷款241亿元，占清收处置总额的40.48%，抵入抵债资产49亿元，处置抵债资产62亿元，核销呆账122亿元。累计处置5 000万元以上大额不良贷款264亿元，着力解决了一批遗留问题。截至2008年末，全行不良贷款余额（集团口径）1 040亿元（未经审计），较2007年下降78亿元；不良贷款率达到2.28%，下降0.46个百分点。拨备覆盖率达到130%，提高26.5个百分点。有海南、安徽、辽宁、宁波、广东省分行营业部、广西、厦门、青岛、江苏、广东、宁夏、上海、深圳、浙江、黑龙江、福建、河南、江西、山西、内蒙古、山东、重庆、北京、河北、贵州、苏州、天津、陕西、湖南29家分行完成了潜在风险贷款退出任务；广东、河北、山东、河南、辽宁、黑龙江、广东省分行营业部、吉林、北京9家分行清收处置不良贷款均超过20亿元，实现了不良贷款额和不良贷款率的双下降；贵州、江苏、宁波、苏州、厦门、浙江6家分行的不良贷款率自2006年上市以来始终控制在2%以内，为保持全行信贷资产高质量作出了重要贡献。

全行信贷管理、授信审批和风险管理的基础工作继续加强。信贷监督管理工作成效显著，总行和各一级分行组织了数百次现场和非现场检查，全行信贷作业监督覆盖率和信贷档案入库率实现了"双百"目标。顺利实施公司业务流程改造，全行无纸化审批工作取得重要进展。稳步推进新资本协议的实施工作，内部评级法项目开发与成果应用取得新成果，风险量化技术保持国内领先。

2008年的信贷工作成绩来之不易。这是总行党委和董事会科学决策与正确领导的结果，是监管部门有效监管和支持帮助的结果，也是总行、各分行的相关部门团结协作、大力支持的结果，更是全行广大信贷干部员工齐心协力、奋力拼搏的结果。在这里，我代表总行党委和董事会向审计署、人民银行、银监会等国家有关部门的支持帮助表示衷心的感谢！向全行信贷工作战线的干部员工表示亲切的慰问！

同志们，2008年我们隆重纪念了改革开放30周年，总结回顾了工商银行成立至今已走过的25年不平凡历程。在工商银行改革发展的历史上，信贷工作最全面、最直接、最系统、最深刻地记录了这一不平凡的进程。

25年来，我行各项信贷业务全面、稳健、快速成长。各项贷款总量由1984年的2 464亿元增加到了2008年的45 667亿元，增长18倍。工商银行已经成为全球最大的贷款银行，为支持我国社会经济的快速发展作出了重要贡献。同时，信贷业务的发展也为全行利润的持续增长提供了稳定的来源，为其他非信贷业务的快速成长创造了条件，为全行的改革与发展奠定了坚实基础。

25年来，我们成功地实现了信贷结构调整和资产质量稳定提高，贷款质量已处于国际同业的优良水平。工商银行成立初期，在计划经济体制下，我行流动资金贷款和技术改造贷款占95%以上，贷款客户基本分布在国有和集体工商企业。到2008年，我行的信贷市场已延伸到基础设施、基本建设和个人信贷领域，从根本上改变了流动资金贷款一枝独大的单一信贷结构。重点行业信贷市场优势明显，区域信贷增长均衡稳定，贷款结构发生了根本性变化，大大增强了风险抵御能力。在计划经济体制下，贷款风险高度集中在国有工商企业，企业改制给我行造成巨额不良贷款，1999年我行的不良贷款率曾高达47%，借新还旧贷款高达1万亿元之巨。近十年，我们清收、转化和处置不良贷款6 662亿元（2001—2008年），剥离处置11 700亿元，基本解决了1万亿元借新还旧贷款，连续保持了9年不良贷款额与不良贷款率双下降，为全行连续6年盈利的高增长，实现质量和效益的双提升作出了积极贡献。

25年来，我们成功地建立了新的信贷管理模式。我们已从国家专业银行信贷计划管理模式转变为国际公众持股商业银行的信用风险管理模式，全面提升了信用风险的防控能力。按照流程银行的经营理念，我们已实行前台、中台、后台分离的信贷业务经营管理体制，建立起评级授信、审查审批、贷后管理、质量分类、清收处置、档案管理等全业务、全流程的制度规范。我们已构建了以行业、区域、客户和产品为基本维度的信贷政策体系，加快推进CM2002和PCM2003信贷资产管理系统建设，积极引进先进的信用风险量化技术，不断提升信贷信息化水平，信贷经营管理方式发生了一系列重大变革，一个具有现代金融企业特征的信用风险管理体系已基本形成。

回顾25年的信贷发展历程，特别是经过1999年以来的信贷实践，我们对信贷科学发展与科学管理有了更深刻的认识：

一是必须坚持科学的发展观，妥善处理信贷市场竞争与风险防范的关系。近十年来，我们较好地把握了市场与风险的辩证关系，坚持在风险控制中发展市场，在市场发展中控制风险，把发展建立在风险控制的基础上，把风险控制贯穿于发展的全过程，努力提高信贷服务水平和效率，保持了信贷业务的高增长和高质量，塑造了"稳健合规、诚信审慎、创新务实、精心尽职"的具有工商银行特色的信贷风险文化。这种信贷风险文化已成为信贷核心竞争力的重要组成部分和稳健经营的灵魂。

二是必须坚持流程银行建设理念，建立前台、中台、后台分离的信用风险管理体系。工商银行成立以来，特别是1999年以来，信贷经营管理体制经历了多次大的改革调整，我们始终坚持了流程银行改革的方向，搭建了业务线与风险线相对独立、分层营销、独立审查审批、风险垂直集中管理的信用风险管理体制，实现了信用风险识别、计量和控制的全过程管理，信贷业务流程更加科学、严谨、通畅、有序。

三是必须坚持稳健经营和开拓创新，在自我革新中实现信贷管理的转变。在我国深化金融体制改革的几个重要阶段，我们紧紧地抓住战略机遇，大力开拓新兴信贷市场，实现了从传统的工商信贷业务领域向市场经济下更广阔、多层次的信用业务领域的转变；从单一的流动资金贷款向多元化的融资方式转变；从显性不良贷款管理向潜在风险贷款管理的转变。这三大转变使得我们的信贷规模、结构、质量、效益发生了由量变到质变的飞跃，而开拓创新与自我革新正是推动这一信贷转型的根本动力。

四是必须坚持风险分散经营的原则，把主动风险管理作为保障信贷健康发展的基础工程。"好苹果也只吃一半"的经营理念已经深深扎根在信贷各个层面。自2004年以来，全行一手抓信贷市场开拓，一手抓信贷主动退出，既做到积极竞争并努力扩大优质信贷市场份额，又在具体信贷客户、项目和行业等方面，主动控制同业占比，控制总的授信额度，防止过度竞争，防止信贷过度集中，大踏步地退出潜在风险贷款。我们成功规避和化解了一系列在社会上有极大负面影响的重大信贷风险事件，进一步树立了工商银行稳健经营、受人尊重的大行形象。

二、当前信贷工作面临着重大考验

25年的信贷发展成就，为我们应对困难与挑战奠定了坚实的基础；25年的信贷基本经验，特别是近十年创建的信贷文化，为我们迎难而上、迎接挑战坚定了必胜的信心。但仅有信心和决心是不够的，我们必须对2009年所面临的严峻经营环境有更为全面、正确而深刻的认识。

2009年，我行的信贷资产质量将面临严峻考验。信贷资产质量对宏观经济周期变化的反映具有滞后性，在经济震荡时期，市场风险可能成为引发大额信用风险暴露的主要原因。当前尤其要关注大宗商品价格异常变化导致的存货巨额亏损、衍生品交易损失导致的代客业务垫款、销售困难导致的产品积压等市场风险因素以及连环担保、集团关联客户等关联因素可能引发的系统性风险，这些风险有可能引发大额不良贷款。从去年6月份以来，全行不良贷款额呈现出逐月攀升趋势，全行信贷风控压力明显增加。公司客户关注类贷款占比由6月末的3.95%上升至12月末的5.23%，上升了1.28个百分点，关注三类贷款由年初的124亿元上升到年末的169亿元，增加45亿元。全行公司贷款互保形成的担保圈，债权债务关系错综复杂，已成为潜在信贷风险的重要发生源。个别分行突发性信贷风险事件增多，尤其是长三角地区分行不良贷款比年初增加了36亿元。小企业贷款、个人贷款、项目贷款、贸易融资等部分重点业务板块的不良额和不良率均有不同程度的上升。

我行的信贷投向面临巨大考验。2009年将是贷款投放较为集中的一年，不仅贷款增量要达5 000多亿元，贷款发放总量更高达4万亿元，要为这样大的信贷流量选好信贷投向，任务非常艰巨。当年投放的贷款当年很少劣变，要经历3—5年的实践检验才能看出贷款质量的高低。我们的责任不仅在于保持今年贷款投放的高质量，更要保证信贷质量经得起历史的检验，不为几年后遗留问题，不在几年后产生大量不良贷款。这需要我们以高度的责任感和使命感，把好2009年的信贷投向关。

我行的信贷市场竞争力面临重大考验。当前，银行体系流动性依然过剩，各家银行都需要积极寻找资金出路，即使在经济下行环境下，信贷竞争不断加剧的市场条件并没改变。同时，金融竞争形势也正在发生新的变化，各家银行都在抢抓国家扩内需促增长的机遇，加快创新、扩大市场，对我行形成多方面的竞争压力。其他国有控股银行的综合金融服务优势和市场拓展力度不断加大，中小股份制银行已经在部分业务领域具备竞争优势，外资银行不断分割国内优质信贷市场，社保资金、保险资金和产业投资基金已经获准扩大投资渠道，并成为银行在基础设施信贷领域新的竞争对手。由于各家银行战略趋同与同质化竞争，使重点区域和新兴市场的竞争空前激烈，我行信贷总量领先的市场地位受到较大冲击；个人住房贷款、小企业、贸易融资等核心信贷业务的市场优势地位也面临动摇。更为严峻的是，有些发达地区和中心城市行的信贷市场竞争力下降，给全行的整体竞争力带来了负面影响。

信贷竞争是整体实力的竞争。市场营销部门的竞争力很大程度上依赖于中后台的服务水平、审批效率、产品创新能力和政策支持力度。2009年我们能否抓住发展机遇，提高优质信贷市场同业占比，不仅是对前台的重大考验，也是对中后台服务、效率、创新和支持能力的重大考验。

面临严峻的考验，我们既要有持久应对最严峻困难局面的思想准备，也要注意分析把握各种有利条件和积极因素，尤其要看到，这场金融危机没有改变我国经济发展的基本面，我国仍然处于重要战略机遇期；也没有改变我行经营发展的基本面，全行仍然保持着平稳健康快速发展的良好势头。只要把握住重大发展机遇，在发展的过程中控制好风险，就能夺取竞争的战略制高点。

形势十分严峻，挑战前所未有，机遇也空前巨大。越是在这样的形势下，全行越要认真贯彻"区别对待、有保有压；结构调整、有进有退”的信贷原则。

要全面坚持“区别对待、有保有压”。关键是做到具体情况具体分析具体对待。在处理具体信贷业务时，要逐户逐笔分析情况，进行分类排队，把哪些是政策上支持、禁止、限制的，哪些是竞争上要争取或放弃的，哪些是融资过度要压缩退出的，哪些是经营困难仍要继续帮助的，哪些是虚设担保要尽快置换的，对这些情况加以具体分析具体对待，切实提高信贷政策的针对性和有效性，不搞“一刀切”。在信贷市场竞争中，要加强前中后台联动，对优质项目和企业要突出金融创新和个性化金融服务需求，适时调整信贷政策，加大加快信贷投放力度。对于困难行业中的龙头企业，只要风险可控，基本面好、信用记录好、有竞争力、有市场、有订单的，仍要继续给予支持；对于国家产业振兴规划中重点支持的企业，要加强银企长远合作，及时提供包括并购贷款在内的多方面的金融支持；但对亏损严重、财务混乱、弄虚作假、过度融资、盲目发展、无竞争优势的企业要坚决实施信贷退出，坚决收回贷款。

要扭住“结构调整”不放松。关键是要明确信贷结构调整的方向和重点。总行已经制定了未来三年的信贷发展规划，明确了信贷结构调整方向和重点。全行要紧紧抓住信贷结构调整这条主线，以是否符合信贷结构调整的方向和重点，来掌握信贷投放的进度和节奏，切实把控好信贷投向。要充分利用我行信贷结构调整空间大的有利因素，增强结构调整的主动性和自觉性。要充分调动和利用一切有利条件，增强信贷竞争优势，扩大优质信贷市场份额，同时也要注意合理控制融资占比，主动发展银团贷款和联合贷款。在控制总量和优化结构中，要通过行业信贷政策规划好信贷结构调整的总体方向和重点，要充分利用评级授信、经济资本占用、利率定价等综合手段，引导信贷资金的合理流向，保持信贷资产的合理分布。总行要做好行业风险总量控制工作，各级分行要控制好客户风险总量，在具体的客户进退中贯彻好行业信贷政策。

要坚决贯彻“有进有退”。要坚持审慎稳健的经营方针，讲依法合规、讲产业政策、讲信贷条件、讲自我约束，做到进退兼顾，切实把防控风险方式由处置显性风险为主转到管理潜在风险上来。我们必须深刻认识到，在进退两个方面，既要有大胆的“进”，也要有大踏步的“退”，只有更加主动地退出潜在风险贷款，继续保持防控信贷风险的良好态势，才能更加牢固地把控信贷资产质量这一核心，严防不良贷款大幅反弹。同时，做好信贷退出工作，有利于提高贷款风险防范意识，有利于增强信贷流量管理的理念，也有利于促进新兴信贷市场的开拓。

三、以创新精神做好2009年的信贷工作

2009年，是全行巩固和发展信贷工作良好局面关键的一年，也是富有挑战性的一年。全行信贷工作要深入践行科学发展观，认真贯彻全行工作会议精神，以信贷市场为中心，以信用风险控制为重点，稳健经营，开拓创新，全力支持开拓信贷市场，严格把握信贷投向与质量，为促进全行健康快速发展作出新的贡献。

2009年全行信贷工作主要目标是：（1）人民币各项贷款增加5 300亿元，增长12.4%，其中公司贷款增加3 700亿元，增长11.8%；个人贷款增加900亿元，增长11.1%；票据贴现增加700亿元，增长21.3%。（2）在各项公司贷款中，项目贷款增加2 400亿元，增长14.3%；房地产贷款增加400亿元，增长11.7%；国内外贸易融资余额增加1 300亿元，实现翻一番的目标，占全部流动资金贷款的比重不低于20%，其中国际贸易融资增加20亿美元，增长38.6%。小企业贷款增加350亿元，增长14.8%。（3）继续加大信贷结构调整，退出潜在性风险贷款1 000亿元，化解公司客户“担保圈”贷款1 500亿元。（4）清收处置不良贷款500亿元，其中现金清收160亿元，呆账核销150亿元。不良贷款余额控制在1 040亿元左右，不良率降至2.05%以内。拨备覆盖率保持在130%以上。

2009年要重点做好以下六个方面的信贷工作：

（一）提高服务水平和效率，全力支持前台抓好优质信贷市场。在年初召开的“全行工作会议”和“公司与投行业务工作会议”上，总行已经明确了2009年全行积极竞争的优质信贷市场。下面，我着重就信贷中后台如何全力支持前台积极竞争优质信贷市场讲几点工作要求。

要进一步完善评估体系，加快落实项目贷款评估分类管理。在现有基本评估模式的基础上，今年对公路、铁路、核电、机场、港口等行业，风险相对容易判断和控制的项目贷款，实行“调评合一”模式，同步开展调查评估工作；对电力、电信、石油、石化等行业中的龙头客户确定的以其综合收益为还款来源的一般项目贷款，实行“评审合一”模式，在调查后直接进入审查程序；对由国家开发银行等牵头筹组的基础产业类项目银团贷款，实行“认同评估”模式，不再单独组织评估。对采取上述三类特殊评估模式的项目贷款，实行名单制管理，具体名单由总行根据国家经济政策和我行信贷政策确定颁布，原则上一年一定。

调整信贷业务授权。扩大一级（直属）分行审批城市电网、铁路建设、机客车购置和城建等融资规模大且时效要求高的项目贷款的权限；提高分行审批履约保函、预付款保函、投标保函、进口付款担保等非融资类保函的审批权限；扩大单一客户和集团客户的授信方案审批权。对于重大和紧急的信贷业务，中台要提前介入，审查主动前移，并适当精化业务处理流程。

支持前台加快建立重点项目储备制。重点优质项目储备制度是中后台为前台服务的重要平台。建立项目储

备制，丰富项目储备资源，有利于促进信贷平稳有序增长，也有利于改变现抓项目现评估、现放贷的状况。各行要紧紧抓住扩大投资所带来的市场机遇，尽早介入项目建设的前期工作，将一些具备基本条件的优质项目列入项目储备库。对于融资额度在5亿元以上的项目贷款，原则上都要纳入项目储备库。

加大信贷产品创新支持。对项目资本金能按期到位，各类风险可控，贷款回收有现金流保障，股东公司治理较好，项目符合国家宏观经济政策导向，相关政府部门已同意开展项目前期工作或已列入国家发改委规划的城建、城铁、城市电网、水网改造等非生产性项目，可发放搭桥贷款，解决项目前期工作资金需要。适当提高项目搭桥贷款发放比例，期限最长可放宽到5年。对于高速干线铁路项目的贷款期限可延长至30年，宽限期可放宽至8—10年。对于重点优质项目，在建设期内可以采取循环方式发放项目贷款。主动适应客户多元化的金融需求和降低融资成本的要求，积极办理与理财、信托、融资租赁、票据等组合的信贷产品，全力推动并购贷款业务在全行范围内开办，并利用好并购贷款和兼并重组政策，积极竞争并购贷款、兼并重组、股权融资、信贷资产转让等新兴信贷市场领域。

针对经营困难企业的资金需求，要积极调整客户信贷政策。对出现暂时经营困难的重点行业中的龙头企业，风险依然可控的，可保持原定的授信额度不变、信贷支持项目不变，因信用等级下降不符合信用贷款条件的，按授权经一级（直属）分行或总行批准，可继续为其办理信用贷款业务，原先同意的有关保证金比例和免担保要求可继续给予落实。

在加强对重点优质项目和大企业竞争支持的同时，要积极发展中小企业和个人信贷业务，中小企业新增融资要占公司客户全部新增融资的40%以上，全行小企业贷款增速要高于全部贷款增速。总行已经在信贷管理部下设了中小企业金融部，12家重点分行要尽快成立相应的机构，落实好发展小企业信贷业务的“六项机制”。继续实施小企业分类管理、梯度推进政策，12家重点分行要在二级分行进一步完善和增加小企业金融服务专业支行等专营机构，为小企业提供便捷高效的“一站式”金融服务。12家重点分行以外的分行，也可设立小企业信贷业务专营机构，全面集中办理小企业信贷业务。要大力拓展小企业贸易融资业务，在流动资金贷款授信额度内至少30%以上办理贸易融资业务，并运用利率优惠条件，引导小企业将流动资金贷款替换为贸易融资业务。支持开展小企业贷款证券化、信托理财、中小企业集合债券等业务，提升综合金融服务水平。支持上海、北京等地区率先开拓传媒、出版等服务业的中小企业信贷领域。要大力支持个人信贷业务，加强房地产开发贷款与按揭贷款的联动管理，重点支持个人住房贷款市场的竞争，积极开拓二手房贷款市场。支持前台部门以资产业务为主线，提高面向客户的涵盖资产、负债、信用卡、中间业务等业务的综合服务能力，推出主要针对高端个人客户的综合授信类产品。

（二）继续实施行业信贷政策，加快推进区域信贷政策，促进信贷业务协调健康有序发展。要发挥行业信贷政策引导信贷投向，控制行业风险的作用，把行业信贷政策的贷款覆盖面提高至75%以上。扩大行业信贷限额管理的范围，在去年对8个行业实行限额管理的基础上，再增加7个行业，扩大到15个行业。进一步完善行业限额预警、系统刚性控制、新增贷款逐笔核准等措施，提高信贷限额管理的可操作性和科学性。通过行业信贷政策继续支持前台部门积极竞争铁路、公路、机场、核电、电网、港口、石油、电信运营等优质信贷市场。要坚持区别对待、有保有压，对城建和房地产贷款要抓好进入和退出两个关键环节，继续实行区域管理和客户名单制；对电力生产行业要严格控制一般客户的项目贷款，坚决退出小火电项目，控制30万千瓦（含）以下的项目；对公路贷款要严格控制一级公路（含）以下的项目；对石化行业要严格控制扩大化纤生产能力的贷款，不能对小炼油企业贷款；对船舶制造行业要支持国家级船舶企业，逐步退出中小造船企业，多做非融资类保函业务，严格控制流动资金贷款；对民航企业要支持飞机融资，严格压控流动资金贷款。继续坚持环保评价的“一票否决制”、贷后环保跟踪检查和客户环保信息标识制度，严格控制钢铁、水泥、电解铝、多晶硅、铜冶炼、焦炭等行业中高能耗、高污染项目的贷款投放。严禁对产能过剩、缺乏竞争力的项目发放贷款，防止重复建设。

要加快推进区域信贷政策，增强区域信贷竞争力，促进区域信贷协调发展。加强区域信贷联动和协调，促进信息共享，改进审贷模式，加大对产业转移信贷市场的竞争力度。进一步完善长三角、珠三角、环渤海地区信贷政策，跟进产业升级、产业迁移和新型服务业的发展要求，支持竞争本地企业的异地项目法人贷款、本地优势企业兼并重组异地企业、交易受让异地企业贷款等，支持提升信贷综合服务水平。在东北地区执行优质客户名单制下的重点客户信贷政策和授信项下授权审批制，提高对重点优质客户的竞争能力。在中西部地区资源优势突出的一级分行实行特别行业信贷政策，支持竞争优势项目和优质企业，增强中西部地区优质信贷市场的竞争力。但对异地流动资金贷款必须严格控制，严禁二级以下分行对异地企业发放流动资金贷款，以前发放的必须在2009年清理完毕，清理不完的必须追加抵押物。

逐步淡化信贷业务授权的行政级别色彩，更加突出区域经济与业绩贡献因素，扩大对部分利润大、市场潜力大的重点二级分行与重点县级支行的授权。在全国范围内，部分地区的重点二级分行授权可以达到一级分行的信贷业务授权，一级分行辖内的重点县支行授权可以达到或高于二级分行授权。实行授权级别的动态调整，根据分支机构的信贷业务经营管理状况及时调整授权。要高度重视大中型城市信贷业务的核心地位，扩大一级分行对大中城市分行信贷业务转授权的比例。要选择部分东部地区“百强县”支行进行扩大信贷经营授权的试点。2009年重点抓好不良贷款余额较大的50家被处罚二级分行的信贷业务复牌整改工作。

继续加强对灾后重建地区的信贷支持，实行适当倾斜的信贷政策。要在长三角、珠三角积极研究参与我国城乡一体化和新农村建设的途径，培育新的信贷业务增长点。其他省市分行也可以根据实际情况向总行报告相关方案，在国家政策许可条件下，鼓励先行试点。

（三）加快推进用贸易融资改造流动资金贷款的进度，加快信贷产品创新，通过产品创新提高市场竞争力和风险管控能力。加快发展贸易融资业务，大力推进对传统流动资金贷款的改造，目的是要从根本上解决流动资金贷款的“资本性”沉淀，消除流动资金贷款与企业现金流、物资流断裂管理的严重风险隐患。这是涉及全行信贷结构调整和信贷资产安全的重大系统性工程，各行必须予以高度重视，认真组织实施和部署。各行要结合自身实际，配备人员负责贸易融资业务的组织推动和管理工作。贸易融资基础薄弱的分行，要尽快扭转贸易融资发展缓慢的状况，制订切实可行的贸易融资替代流动资金贷款实施方案，实现存量流动资金贷款向贸易融资的有序转化。对于新增加的融资需求，要尽量办理与企业现金流、物流紧密挂钩的贸易融资；对于存量流动资金贷款要有明确的转化比例要求，原则上对今年内到期的营运资金贷款转化为贸易融资的比例不低于10%，周转限额贷款转化的比例不低于20%，临时贷款转化的比例不低于30%，小企业贷款转化不低于30%。授信审批部门在审查审批贷款时要严格按照此要求把握。

要在适度宽松的货币政策环境下，加强信贷产品创新。要加强信贷业务品种、期限、利率等要素的组合创新，支持创新个性化的综合融资方案，支持“走出去”项目的融资创新和内保外贷模式创新。继续实行流动资金贷款品种的精细化管理，使每个贷款品种的业务办理条件和风险管控要求更加具体，更加具有操作性。要紧密围绕核心企业和优质项目，年内开发出应收账款池融资产品、订单融资产品和依托我行客户及项目资源优势的“链式营销”服务，设计出融合结算产品、资金产品、风险管理工具的复合型金融产品，早日投产国内贸易融资子系统。

要积极推进信贷产品与其他金融产品的结构化融资产品创新，为前台深度挖掘公司金融市场的潜在价值提供有效工具。创新信贷产品与投资银行顾问业务相结合的融资工具，增强对投资银行业务的支持。加快推进机船融资、出口信贷、国际银团、租赁融资和资源银行等专业融资产品的创新，完善金融租赁与信贷产品相关制度、业务流程的配套衔接。要按照监管要求，进一步规范信贷资产转让流程，积极参与天津OTC债券市场建设，争取成为最重要的贷款类产品交易商。

授信和审批部门要善于总结和探索现有创新型信贷产品的风险特点和审查方法，明确信贷审查掌握原则和审查要点，提高对于拓展市场中遇到的特殊业务以及客户的个性化需求的审批能力，促进新业务的快速发展。对有推广价值的个案要及时提出产品创新建议，以尽快制定规范的管理制度。

在推进贸易融资产品创新的同时，特别强调：要坚决杜绝假贸易融资。假贸易融资的风险比流动资金贷款更大。如果贸易融资不与企业的现金流、物流连接起来，如果银行通过循环开证办理假贸易融资，其风险巨大无比。贸易融资必须以真实交易背景为基础，严禁凭空循环开证，严禁贷款收回前释放货物抵质押权。要像治理假房贷、假车贷那样治理假贸易融资。结合“1031”第四代信息系统的开发，着手探索研发业务处理系统与信贷管理系统的有机连接，以此监测、分析和控制企业的资金流。

（四）进一步优化信贷业务处理流程，推进全面信用风险管理，加快内部评级法成果的应用。加快推进信贷业务流程的优化，力争2009年基本实现全品种全流程电子化。要完成CM2002系统与审贷表决、营销管理等系统的连接，在各一级分行层面全面开通启用总行通用表决系统。要进一步优化评级授信系统，实现资料上载、系统传递、流程审批等功能，做好评级授信业务无纸化审批试点工作。年内开发投产中长期项目贷款评估系统，实现项目贷款评估工作的系统化、参数化、集约化管理，为项目贷款评估业务提供综合性信息管理支持平台。按照公司信贷业务流程改造整体方案要求，对已经实施的流程改造项目的执行效果进行跟踪评估。实行全面无纸化审批是优化和完善全行信贷业务流程、推进流程银行建设的重要举措，各行要高度重视，周密部署，相关业务部门和科技部门也要统筹协调，合理分工，将各项任务落到实处。

要加快推进集团层面全面信用风险管理。根据银监会对子公司及境外分支机构统一并表风险管理的要求，推进境内机构信用风险管理政策和制度向境外机构延伸，建立适合境外机构的分类管理信贷制度体系；完善大额信用风险暴露管理，建立对全局性、系统性和具有重要影响的信用风险事项的监测分析报告制度，确保全面监测、有效控制境内外分支机构的各项信贷业务风险，切实防范集团系统性风险。2009年，先在香港、澳门地区试点风险并表管理。要加快构建一个以CM2002/PCM2003为核心，涵盖境内外、法人和个人客户、交易对手、信贷业务、投资业务、信用衍生产品、表内外业务的全视野、统一的信用风险管理平台，将目前分散在各业务管理系统中客户信用风险信息进行有效整合和利用，解决我行当前信用风险多头控制的突出矛盾，为实现全面的信用风险管理提供系统支持。

内部评级法工程的开发投产，是我行信用风险管理进一步精细化、标准化的重要基础工作。要加快成果应用前的系统验证，加快将内评法成果科学内化到信用风险管理体系中去，确保我行新资本协议顺利的实施，成为银监会首批达标银行。确保个人贷款评级系统2009年2月投产、信用卡评级系统4月份投产，全面实现个人客户内部评级自动化运作和电子化计量。投产基于内部评级法项目成果开发的债项评级及客户RAROC系统，实现内部评级量化结果在风险管理全流程的实际运用。总行相关业务部门要密切配合，推进内部评级量化结果在贷款定价、信贷审批、风险拨备、经济资本计量等方面的应用。建立完善对内部评级模型的管理制度，规范模型建立、参数调整管理，规范模型验证方法、流程与报告路径，规范成果应用及效果评价，持续优化内部评级模型及系统，不断提高内部评级风险计量的准确性、稳定性和审慎性。总行和分行要共同做好应用推广工作，要定期报告各地区、行业、业务品种的信用风险水平和风险调整后收益状况，跟踪评价应用效果，及时调整内部评级模型及其应用政策。

（五）进一步加强信贷基础工作，加大潜在性风险贷款退出和不良贷款清收处置力度。今年，全行要退出潜在风险贷款1 000亿元，任务非常艰巨。总分行要上下结合进行风险贷款识别，分行要充分发挥潜在风险识别的主动性、积极性，承担起客户风险识别和管理的责任。2009年，总行确定了十种潜在性风险贷款和不良贷款清收转化的目标客户：存在行内、外交叉违约的客户；环保违法的客户；技术装备落后及亏损严重的客户；扩张过快及过度融资的客户；存在挪用银行贷款行为的客户；存在民间高息借贷的客户；流动资金贷款占比过高的客户；关联担保严重的客户；已经纳入关注类贷款管理的客户。总行将与各分行就退出计划和退出名单进行沟通，在此基础上建立潜在性风险贷款池，进行持续性监管。各行要建立和完善潜在风险贷款退出客户的长效管理机制，区别退出客户的不同情况，在授信、审批、贷款定价、质量分类等方面实行有区别的信贷政策；强化定期考核，把信贷退出情况与区域信贷政策、停复牌管理制度以及经济资本、风险拨备、绩效考评等联动起来，综合管理。

各行要加大不良贷款清收处置力度，要综合运用现金清收、以物抵债、重组转化、呆账核销等多种处置方式，重点加强高风险区域和大额不良贷款集中管理，总行将重点督办不良贷款余额30亿元以上的分行以及亿元以上不良贷款大户，一级分行也要划出督办重点。要积极实施国务院近期出台的关于中小企业贷款重组与减免新政策，落实好财政部关于地震灾区不良贷款减免的政策，加快申报审批符合条件的项目，确保用150亿元的呆账核销，清收处置500亿元的不良贷款，保持今年不良贷款不增加，不良贷款率继续下降的良好局面。要进一步健全账销案存管理制度，在尽职追索的基础上，对清收无望、符合出账条件的尽快办理销案手续。

“担保圈”贷款的潜在风险很大，今后三年，全行要将化解“担保圈”贷款风险作为一项重要工作来抓，2009年至少要化解四分之一左右风险较大的“担保圈”贷款。总行和各分行要细致研究掌握担保圈识别化解技术，各级行信贷管理部门要定期监测担保圈贷款风险，发布“担保圈”客户名单。在调查、授信、审查审批环节，要逐户查询担保圈情况，凡存在“担保圈”问题的，须审慎评估保证人的实际担保能力，特别要防止出现用担保圈垒流动资金贷款，用流动资金贷款“垒大户”的情况。严格核定客户流动资金贷款授信限额和限定使用条件，将客户提供担保的或有风险纳入整体风险监测，对担保圈客户实行分类管理，压缩融资，追加有效抵（质）押担保或更换保证人或进行产品置换，切实化解互保和连环担保风险。

强化集团关联客户及大额贷款的风险管理。各行要全面落实总行制定的一系列贷款大户、集团关联客户管理制度，把组织是否到位、管理是否到位、措施是否到位作为今年信贷检查的一项重要内容。加紧建立以产业板块、业务流程、管理成效为主要内容的集团客户整体分析体系，根据财务集中度、经营控制度、产业关联度的差异，实施集团客户授信总量和结构控制，有效防范和控制集团客户信用风险的集中度。要加强突发性信用风险和大额贷款风险事件的管理，针对客户出现重大投资失误和损失、重大信誉危机、重大财务损失、管理层违规违法等情况，要立即启动应急反应机制，采取总行或分行直接调整授信额度、重新评级、冻结额度和要求提前收回贷款、补充抵质押物等应急措施，最大限度地减少风险损失。要加强项目贷款的后评估管理和大额贷款的后评价工作，授信和审批部门每年要对项目贷款和大额贷款做贷后评估和贷后跟踪监测，并写出风险评估报告。前台的日常贷款管理是贷款大户和集团关联客户贷后风险管理的基础性工作，必须首先加强、继续加强和持续加强。

继续实行小企业的换手率管理，规范小企业的贷后管理，加强对小企业销售款归行管理和抵质押物的管理。加紧修订完善个人经营贷款、综合消费贷款、汽车贷款、商用房贷款、最高额贷款和循环贷款的管理办法，实施个人客户的综合授信管理。加强对银票、保函、信用证等表外业务管理。强化衍生品信用风险管理，制定衍生品信用风险管理办法，严格按规定收取客户衍生交易保证金，严格管理代客衍生交易的专项授信额度。再次重申：代客衍生交易的风险由客户承担，我行不承担损失。代客衍生交易授信是在综合评价客户偿债能力基础上对我行承受客户风险总量的控制，避免交割期前客户的风险敞口无限放大，客户必须如期交割，不能把代客风险变为自营风险。对于风险承担不明确、不清晰的，总行一律不批授信。

在这里，我还要强调房地产信贷管理问题。要继续实行房地产贷款专项计划和名单制管理，重点支持实力强、资质高、信誉好的大型房地产企业集团及其下属公司，严格控制对总省行名单以外的企业融资。要坚持房地产贷款的封闭运行，销售回笼款达到80%时，必须收回贷款，不能以未到期为理由不收贷款。严防房地产企业资金链紧张导致到期贷款不能按时偿还、企业转移挪用销售楼款等各类问题，严厉打击假按揭和假车贷。

（六）要加强信贷机制和队伍建设，保持信贷业务的竞争力和风险控制能力。各分行要进一步提高对授信审批实行垂直集中管理的重要性认识，抓紧落实各项制度，切实把授信审批分部作为一级分行的附属机构管起来，将有关人员选聘、业绩考核以及薪酬发放纳入一级分行本部管理，以保持授信审批工作的相对独立性。对未能实行垂直集中管理的分行，总行将考虑对二级分行授信审批分部的转授权给予一定限制。要加快推进一级分行层面的专职审议工作，切实执行专职审议委员选聘任用及考核等制度办法。对于总行已明确要求实行专职审议制度的24家分行，必须在年内将专职审议委员落实到位，其余分行可按专职和兼职相结合的方式确定信贷审议委员。

已经完成了二级分行信贷管理部门设置和职能调整的分行，要尽快开展工作，其他分行要加快落实，确保第一季度所有二级分行信贷管理机构到位、人员到位、职能到位。要充分发挥二级分行信贷管理部门牵头承担信用风险管理的职能，强化全流程的信贷监督，实现信贷作业监督职能由放款后审查向放款前监督核准的调整，解决基层行信贷管理职能界定不清、贷后管理薄弱等问题。

要提高信贷服务水平和服务效率，打造一支服务意识强，服务态度好，服务效率高的信贷管理队伍。中后台要树立为前台服务的理念，要学好用好宏观经济政策，把握好市场动态和信贷投向，对优质项目，竞争激烈的项目要有服务意识，以积极的姿态、饱满的热情和高效率的审查审批来支持前台参与市场竞争。对前后台认识不一致的，要做好耐心细致的解释工作，力戒简单粗暴，更不要动辄训人。要提高信贷审批流程的公开透明度。要有明确规范的信贷授信审批流程；要让各级公司部门、客户经理都了解信贷授信审批的流程；在此基础上，要向社会和客户公开流程，保证信贷审批的公开透明，保证信贷权力在阳光下运作。

要扩大信贷业务前中后台交叉培训，提升客户经理的风险意识和中后台信贷人员的市场服务意识。要落实好每人每年脱产集中培训不少于40小时的要求，加强学习考核管理，建立业务培训系统，充实题库和案例，多采用网络培训方式，扩大受训覆盖面。鼓励信贷人员参加外部资质认证的培训和考试，培养一批既熟悉国内市场环境和我行业务状况，又具有国际先进理念、熟悉现代信用风险管理知识的专业化人才。要逐步试行信贷岗位交流，前台营销人员要定期交流到中后台工作，中后台人员也要交流到前台工作。

加强信贷从业人员的职业道德教育。各级行要对信贷职业道德建设和廉政建设常抓不懈，信贷队伍的良好作风是我行信贷业务健康发展的重要保障。在信贷工作中，信贷人员要做到廉洁自律、作风清正、业务精湛，不以贷谋私；要严守纪律，坚决杜绝吃拿卡要，坚决杜绝索贿受贿。任何贷款都要双人调查、双人签批，大额贷款要集体审议。任何贷款都要按程序审批，要先审查后审批，坚决防止逆流程审批和先批后审，坚决防止重大收受贿案件的发生。

最后，我再强调一下，2008年国家审计署、银监会对我行进行了审计和检查，其中信贷是审计和检查的重点。全行要对审计和检查涉及的信贷违规问题全部落实整改措施，做到100%整改。对重复发生的问题或带有普遍性的问题，要从体制、机制、制度、流程、系统等方面深入查找原因，举一反三，采取切实可行的措施，防止类似问题的再次发生。对部分问题突出而整改不力的分支机构，总行将派人现场督导，保证按时完成整改。

同志们，2009年复杂多变的经营环境，对工商银行的市场竞争力和信贷质量是一场重大考验。工商银行能否通过2009年这场“大考”，对今后的发展具有决定性的影响。只要全行上下按照总行党委和董事会确定的发展方向和战略思路，扎实走好每一步，就一定能够在这一轮经济波动中经受住考验，实现信贷业务更好更快地发展，取得更大的成绩！

在中国工商银行管理信息工作会议上的讲话

牛锡明
（2009年2月23日）

刚才，刘志刚总经理总结了2008年管理信息工作，部署了2009年工作任务，我都同意，希望大家回去后认真贯彻落实。银监会统计部刘春航主任到会并作重要讲话，提出了2009年的监管统计工作要求，请大家一并贯彻落实。

2009年将是工商银行的大考之年。金融危机已引起世界经济的衰退，中国保经济增长8%的任务非常艰巨，银行既要支持经济增长，又要防控金融风险，工作难度陡然增大。管理信息是决策支持系统的重要组成部分，越在这时，越需要提供全面、准确、及时的信息支持，越显得管理信息工作的重要。因此，今年对我行管理信息工作总的要求是：认真扎实工作，保证统计质量，为保增长、防风险提供全面准确及时的信息服务和决策支持。

刚才刘志刚总经理已讲得很全面，我想借此机会再强调两点，一个是统计数据质量，另一个是统计数据大集中。

一、千方百计保证统计数据质量，为工商银行的决策服务，为人民银行、银监会的统计信息服务

我行的统计信息工作至少要为三方面提供服务：一是为全行的业务发展、风险控制、经营管理服务；二是为银监会的风险监管服务；三是为人民银行的货币政策服务。做好这三方面的服务，首先要保证数据质量，数据质量不过关，服务工作肯定是做不好的。因此，数据质量是统计工作的生命线，是管理信息工作赖以生存的基础。没有数据质量就没有管理信息部门的地位。所以，要千方百计保证数据的质量。

从当前情况看，数据质量不高还是比较突出的问题。报送人行的统计和征信数据质量还需要进一步提高，银监会大额授信数据质量还存在一定问题。前不久我召开会议，专题研究了银监会客户大额授信数据质量问题。银监会是采取先横后直的方式上报5 000万元以上的贷款大户授信数据，即由二级分行报送当地银监分局，逐级汇总到银监会；但数据纠错是由银监会统计部反馈到总行管理信息部门，总行管理信息部门反馈给一级分行，再反馈到二级分行。现在的问题是数据纠错不及时。总行召集了8家分行汇报会，专门布置了数据纠错工作。通过这件事，我感到：工商银行的直线执行力是不错的，但如果拐弯就不行了，上下级纵向有执行力，但横向没有执行力，关键还是责任制不明确。在8家分行汇报会上，我重点强调了数据纠错的执行力，今年一定要解决这个问题，保证我行的执行力不管是直线还是曲线都是一样的。在数据质量治理工作上，要明确以下几项措施：

（一）明确数据质量工作责任线。数据质量管理如果没有责任线和责任制就没有抓手。统计工作需要各个部门、各个岗位配合，没有各个岗位的配合做不了这件事情。今年要建立数据质量工作责任线，管理信息部门承担主要职责，各级分行主管行长担起协调责任，要把这项工作列到议事日程上来，帮助协调解决实际问题，不能把数据质量治理工作仅仅交给管理信息部门。二级分行主管行长是数据质量治理的第一责任人，必须保证本行的数据质量。

（二）建立统计数据纠错制度。要保证统计数据的质量，一方面要保证数据源填报的准确，另一方面要保证数据差错的及时纠正，纠错不及时就不可能长期保持数据的高质量。建立统计数据纠错制度对我们来说非常关键，需要很好地研究。现在统计数据纠错制度还不是很严密，出了差错谁负责纠正，发现问题找谁解决，一级怎样对一级负责，等等，直线走行，一到拐弯就不知道该怎么走了！今年要制定办法，明确建立统计数据纠错制度。

（三）建立统计数据质量汇报会制度。总、分行分管行长每年定期或不定期召开统计数据质量汇报会，研究数据质量，沟通上下情况，及时解决问题。多长时间开一次由各行自行安排。总行第一季度已经开了8家分行参加的汇报会，第二季度再开第二次，每次的重点可能不一样，参加行可能也不一样。开会多了不好，不开会也是不可能的，有些事是要通过开会解决问题。通过考核也是一条途径，要建立考核、奖罚机制，但是单单通过考核、奖罚也不能解决所有问题，必要的会还是要开。第二季度要再抓一个专题，通过片会的方式推动统

计数据质量的提高。

（四）建立数据质量考核通报制度。通报是很必要的，增加透明度有利于提高数据的质量。对于数据质量的考核问题，要重点抓好二级分行的考核。提高数据质量执行力重点在二级分行，大量的工作协调也在二级分行，像银监会5 000万元大额授信统计，首先就是二级分行的客户经理填表，如果填报不认真，把关不严，报出的数据质量就不会好。管理信息岗应该承担核实报表质量的职责，对发现的问题有责任、有权力退回客户经理纠正，这一点必须明确，否则管理信息岗的一个普通员工怎么能去指挥别人呢？能指挥动客户经理吗？二级分行的主管行长是数据纠错的关键点。一级分行管理信息部门可以要求二级分行的主管行长协调解决实际问题，考核二级分行的数据质量。

（五）建立数据质量的诫勉谈话制度。我不主张常用这个制度，不要轻易去用，但是要有这样的制度。对一些存在大量数据问题、又不及时纠正的分行，还是要通过诫勉谈话来解决问题。信贷业务建立了停牌制度，配套有告诫制度，还是很管用的。总行行长把二级分行行长叫到总行谈话，压力是非常大的。今年抓数据质量，应该建立诫免谈话制度，对于数据质量方面存在大量问题的分行，通过诫勉谈话来提高质量。

（六）对于那些屡纠屡犯、屡犯屡纠，或者只犯不纠的部门或人员，总行和一级分行可以提出处理建议。今年要制定几条切实可行的措施，保证数据质量再上一个新台阶。这些措施罚的方面比较多，实际上是一个责任制的问题。数据质量要建立责任制，并不是只讲罚的一面，也有表扬和奖励，两方面都要建立起来，才能提高我们的数据质量。

数据质量是管理信息工作赖以生存的基础，我们以前做得不错，但并不是完美无缺。2009年统计数据工作任务繁重，抓好数据质量是一项重要工作。今后大家要通过建立责任制来提高数据质量。

二、深化统计信息改革，推进统计数据大集中

深化统计信息改革，推进统计数据大集中，是一个很大、很重要的课题，要把它提到改革的高度来推进。从目前面临的情况来看，统计信息改革越来越迫切，统计信息管理集中的问题也越来越突出。问题主要表现在：

一是多部门布置报表，数据浩翰，种类繁多。去年调查的结果，全行现有报表4.8万张，涉及专职和兼职人员2.8万人，数量确实太大了。

二是重复数据和垃圾信息都不同程度的存在。或者说，问题比较突出。一方面存在有一些报表无人负责；另一方面，也存在报表报上来无人看，投入大量人力、物力去编报表，编出来后却不能取得很好的使用效果。

三是自动化程度低。4.8万张报表中真正自动化的10%，半自动化68%，完全手工22%，这里有科技支持水平的问题，更深层次是反映出管理信息工作比较薄弱。就科技发展来看，我行20多年来投入大量的人力、物力，生产经营系统搞得很不错，自动化、信息化的水平是非常高的，但是我行管理信息的自动化程度远远落后于生产经营系统。原因在于，实现管理信息的自动化，首先要在信息源头植入管理信息才行，才有可能根据标识进行提取、组合，分门别类地统计出来。但是我们的生产经营系统在最初开发应用时并没有打上这些标识，有很多标识是后加的，或者是返传数据、人工识别、手工编报的。一件事分两道程序，前一道是满足生产经营的需求，后一道才加入管理的需求，说是一个系统，实际上是两个系统，产生了大量的手工、半自动化。

解决在信息源头植入管理信息需求的问题，首先，涉及谁来提出需求？管理信息需求不仅仅是管理信息部门的事，业务部门也有很多需求，由谁提出与整合，通过什么样的模式把管理信息植入、镶嵌到生产经营系统中去？还是一个不明确的问题。其次，管理信息需求要与生产信息共生共存，同时植入，这还需要对系统进行改造，也是个复杂问题。

改变统计习惯也是一个难点。我行在统计上还没有一套标准化。举例来讲，现在是数字时代，一个重要特征是所有的理念和信息都要数字化，作为总行、一级分行和各个部门的管理者，考虑问题都应该遵循数字化的逻辑。但现实中远没有做到，基本是有什么想法就提什么需求，至于提出的需求能不能数字化实现，很少去考虑。不能数字化就只能文字化，说是一种统计，实际上是一项工作，是一类通过表格形式报上来的情况反映，它不能够数字化，因为它不标准，没有标准化。按理说，做这件事应该先有标准，然后把它数字化，最后交给计算机来完成。像手机3G、CDMA、JSM的问题，都是有一套制式，才有可能做这件事。现在没有标准化，基本上是大家有什么想法、有什么应急的事就弄出一套报表布置下去，大家通过手工报上来，这在手工条件下是可以的，但是在数字化时代就有困难，往后会越来越难。这就要求我们在统计上实行标准化、数字化。要推行统计的标准化、数字化，一方面是全行要建立一套标准化标识；另一方面，各级行、各部门领导要改变统计习惯，不能想到什么就布置什么，想要什么就统计什么，要符合标准化才能去做统计。思维方式和统计习惯的转变是当前我们统计工作中所面临的一个难点问题，没有这个转变，没有办法数字化，就会有大量的手工统计存在。

总行想通过统计数据大集中解决上述问题。数据大集中也不是一日之功，不是两年三年就能解决问题的，它是一个系统工程，真正做好绝非易事！但是，今年开

始启动数据大集中工作，十年以后我们将处于一个主动的地位，如果不启动这项工作，十年以后会依然如故。权衡各方面因素，总行决定今年启动统计数据大集中工作，大家要做好干十年的准备！十年也不太长！1994年工商银行开发信贷管理台账，到1998年以微机为基础的信贷管理台账初步成型，1999年正式实施，2001年变为大机管理系统，到今天已经走过了15年的历程。今天，我们每个人都会说CM2002、PCM003是工商银行信贷管理的基础，实践证明我们当时抓这件事是对的！同样道理，今年开始启动统计数据大集中工作，十年以后肯定会取得丰硕成果，对工商银行的发展具有重要意义。

去年8月，姜董事长提出要研究启动这项工作。姜董事长希望，今后三年管理信息改革和统计数据大集中要达到三个“百分之五十”：报表减并50%，自动化达到50%，减人50%。我们要坚决贯彻姜董事长的这一指示。

实行管理信息改革和统计数据大集中要有“三部曲”。

第一步，是设立报表中心和分中心，集中业务报表的编制。减人增效、数据报表集中，是“一把手工程”，今天来的都是主管副行长，回去之后要向“一把手”汇报落实。现在面临的现实问题是设报表中心和分中心，一级分行长、人事部门要支持，配人才行。总行党委专门召开会议，确定了业务报表集中方案，各行要向“一把手”汇报清楚。今年的目标是，支行不再编报表，把支行的人员从统计工作中解放出来。为了实现这一目标，总行、一级分行和二级分行都要梳理报告、精简合并报表、改变自己的统计方式，不再让支行编制报表，支行所需报表通过返传方式解决。总行成立了领导小组，我任组长，管理信息部、人力资源部、信息科技部的负责人任副组长，你们回去后也要成立相应的领导小组，在座的主管行长都要任组长，今年的任务目标就是支行不再编制报表。

第二步，是68%半自动化报表要实现自动化。今年要达到一定比例，在调研后具体提出，总体目标是要把68%半自动化报表实现自动化。这件事明确交给了管理信息部和信息科技部，管理信息部是需求的牵头部门，有关的业务部门特别是总行有关的业务部门都要参与和配合，完善需求；在需求基础上由科技部负责开发，通过科技手段去实现，虽然涉及面不那么广，但是工作量相当大，主要在总行。一级分行主要研究解决当地统计信息整合问题，成立报表中心和分中心后，应该集中处理，不要再由支行解决。解决68%半自动化报表，管理信息部会后要有个时间表。

第三步，最终实现全行报表的大集中。在今后较长时间内，最终要实现统计数据的大集中，极大地提高工商银行的管理信息水平，从根本上实现一个口布置报表，一个口整合需求，一个口实现数据标准化。总行要先在部门之间整合，由上而下进行，今年要先确定几个部门做试点，管理信息部综合平衡后提出意见。要把统计数据大集中建立在数据仓库的基础之上。在管理信息工作方面，十年磨一剑，争取用十年功夫磨出一把好剑来！

谢谢大家！

坚定信心　扎实工作
全力推进内控体系建设再上新台阶

——在中国工商银行2009年内控合规工作会议上的讲话

牛锡明

（2009年3月16日）

这次会议是在我行首个内控体系建设三年规划圆满完成，第二个内控体系建设三年规划开始启动之际召开的。会议的主要任务是认真贯彻落实全行发展战略研讨会和年初全行工作会议精神，研究部署今后一个时期内控工作目标和任务以及2009年全行的内控合规工作。下面我受杨行长的委托，讲几点意见。

一、股改上市以来我行内部控制体系建设成效显著

2006年至2008年，在总行党委、董事会的正确领导下，我行第一个内控三年规划顺利实施，规划确定的各项目标和任务全面实现。通过实施首个内控三年规划，我行多年传承的内控思想与先进的内控理念紧密结

合，进一步完善了对全行各项经营管理活动全方位覆盖、全过程控制和全员参与的内部控制体系，认真履行了外部监管要求，树立了我行良好的企业形象。

（一）建立权责分明、有效制衡的现代公司治理结构。股改上市以来，我行依据《公司法》和境内外有关监管要求，建立并不断完善了由股东大会、董事会、监事会和高级管理层组成的现代公司治理架构，明确了“三会一层”的职能，形成了权力机构、决策机构、监督机构和执行机构之间权责分明、各司其职、相互协调、有效制衡的组织架构和运作机制，公司治理水平有了明显的提升。2007 年我行在国内率先推行了董事、监事及高级管理人员持有及变动本行股份管理办法，健全了关联交易管理制度、信息披露制度以及投资者关系管理制度等一系列制度规范。2008 年根据证券业和银行业监管要求，完善了审计委员会工作规则、独立董事工作制度等，进一步增强了公司治理的有效性。

（二）内部组织结构和激励约束机制更为健全。股改上市以来，我行以建设国际一流金融企业为目标，坚持以客户需求和风险制衡为基本原则，大力推进了组织结构调整和业务流程再造。2006 年重组了公司、个人及资金业务部门，分设授信业务、信用审批部门，健全了前台、中台、后台相互分离的制约机制。2008 年进一步优化信贷业务流程，进一步完善了信贷管理组织架构。2007 年我行自上而下实施了人力资源管理提升项目，通过构建新的岗位职级体系，改革薪酬分配制度，优化绩效管理体系，完善了基于岗位价值和业绩贡献的激励约束机制，形成了适应现代金融企业经营管理需要的人力资源管理新体制。作为激励约束机制改革的重要内容，我行还从机构和个人两个层面强化了内部控制的激励约束作用。在机构层面，各级机构的经营绩效考核体系中都增加了内控评价的内容，近年来内控评价在促进各级行加强内控体系建设中发挥了越来越重要的作用。在个人层面，通过实施《员工违规行为处理暂行规定》等措施，使员工进一步明确自身岗位职责和内控要求，强化了责任意识，推动了全行由“讲内控”向“要内控”的转变。

（三）风险识别与评估能力得到了明显提升。长期以来，在风险识别与评估方面我行与国际一流银行一直存在较大差距，是我行内部控制和风险管理的一个短板。在过去的三年里，我们大力加强了全面风险管理体系的建设，风险识别与评估技术明显提高，风险管控能力大大加强。在信用风险方面，内部评级法的全面推广应用，完善了全行的法人客户评级体系、债项评级体系、组合风险评级体系，实现了每笔债项和逐个客户所对应的风险拨备、经济资本、风险调整后的收益（RAROC）与经济增加值（EVA）的自动计算，为贷款定价、审批和风险监测等工作提供了较为精确的参考依据。在市场风险方面，我们逐步完善了市场风险识别、市值评估、风险计量、限额管理、风险报告及应急管理等制度办法，开发投产了市场风险管理核心系统，构建起集中的市场风险计量、监测、控制和管理平台，实现了本外币债券、外汇交易和人民币外汇等产品整体组合 VaR 值和敏感度的每日计量和监控，市场风险计量及管理水平大大提升。在操作风险方面，我们建立了统一规范的操作风险损失事件统计制度和操作风险报告制度，建立并不断完善了操作风险监测工作机制，2008 年我行在国内率先启动了高级计量法项目，并顺利完成差距诊断工作。

（四）内部控制活动的合理性与有效性进一步增强。在内部控制体系诸要素中，控制活动的合理性和有效性集中体现出一家银行内部控制水平的高低，最优秀的控制活动总是在有效控制风险和确保业务运行效率之间寻求一种平衡。过去三年中，在管理制度方面，我们在全行范围内推广应用《业务操作指南》，以业务流程图的方式，把纷繁复杂的规章制度，梳理整合成直观、清晰、简明扼要的标准化流程，在很大程度上缓解了制度间不衔接甚至相互冲突、制度繁杂不便于学习的问题。我们大力推行集中化管理，在财务管理、资金管理、业务处理和信贷审批等领域加快集中化改革，减少了管理层级，提高了管理效能，增强了风险控制能力。在业务流程方面，我们按照“以客户为中心”的指导思想，自上而下地启动了信贷业务、个人金融业务等主要业务流程再造工作，梳理并优化了相关业务流程，建立了市场反应灵敏、风险控制有力、运行协调高效、前中后台分离的业务流程。在系统控制方面，我们在个人金融、信贷管理、运行管理、资金交易等专业系统中广泛应用 IT 硬控制技术，减少了人为干预因素，提高了系统控制能力。

（五）合规性检查与监督水平不断提高。银行风险的特殊复杂性，要求商业银行在对业务操作过程进行严密控制的同时，还需要有及时、连续、全覆盖的合规性检查，以确保及时发现并纠正业务操作过程中的违规和差错，使各类风险隐患得到及时防范。作为内部控制第二道防线的合规检查监督体系，在商业银行内部控制体系中具有特殊重要的作用。三年来，在全行各部门、各级行的共同努力下，全行的合规性检查及监督工作水平不断提高。各业务管理部门充分发挥专业优势，加强对自身业务领域的检查和督导；业务运行部门认真履行业务复核、事后监督等职能，业务运行风险得到较好控制；信贷管理部门开展信贷作业监督，使信贷业务风险防范关口前移，大大提高了检查监督的效能。内控合规部门作为直接对各级管理层负责的检查监督部门，在各级管理层的领导下，大力推动全行检查监督体系的整合工作，加强对各类检查监督形式的统筹管理，合理协调各种检查之间的关系，有效地提高了全行合规性检查监督的效率和效能。各级内控合规部门认真开展一级

(直属)分行和基层行内控评价,并不断改进内控评价办法,对各级行加强内部控制体系建设发挥了十分重要的作用。

(六)独立的内部审计体系日趋完善。股改以来,我行确立了直接向董事会负责的内部审计体系,体现了全行公司治理的完善和风险控制能力的进一步增强。三年来,内部审计以风险为导向,将监督评价全行风险管理、内部控制和公司治理的充分性与有效性作为审计活动的重要内容,审计理念和方式发生了深刻的变化。审计活动开始深入到公司治理层面和公司治理过程,审计工作重点也从机构与业务审计转向功能与流程审计,从治理、机制、流程和系统等方面,分析全行经营管理过程中的风险控制的有效性,评价公司战略的执行效率与效果,审计职能得到深化,审计价值得到提升,内部审计已成为董事会及其审计委员会有效履行监督职责的重要资源和手段。

(七)信息沟通与传导机制日益顺畅。股改上市后的三年多来,适应现代公司治理和内部控制的要求,我行大力加强了信息与沟通机制的建设与完善工作。在信息管理方面,我们推进企业级数据仓库建设,实施数据质量治理工程,有效提高了基础信息的真实性和可靠性,为各级管理者的经营决策和内控管理提供了有力支持。在信息传导机制方面,全行形成了横向覆盖各业务领域、纵向贯穿各级机构、业务条线和工作岗位的信息报告传递机制,保证了各类经营管理信息在各级行、各部门之间的通畅传导。在信息披露方面,我行根据监管要求,认真修订完善《信息披露制度》及附属制度,规范信息披露工作流程和权限,确保信息披露的真实性、准确性和完整性。与此同时,我行还积极建立外部信息收集机制,多渠道、有重点地获取、筛选、分析社会信息和客户信息,以便及时跟进管理措施,强化内部控制,有效防范和化解风险。

三年来我行内控体系建设取得的成绩是全行上下共同努力的结果。在全行内控体系建设过程中,各分行开展了大量卓有成效的工作,不仅促进了自身经营管理水平不断提高,同时也为全行内控体系建设作出了积极的贡献。许多分行高度重视内控工作,大力开展内部控制和风险管理创新,取得了明显的成效。如江苏、浙江、山西等分行连续开展“内控管理效益年”、“内控管理创新年”、“过程管理达标年”等主题活动,多层面、多角度大力推进内控文化建设,培育了良好的内控环境;山东、河北、福建等分行积极探索操作风险管理新的方式方法,研发操作风险监测预警系统,较好地促进了操作风险管理水平的提高;北京、广东、广西等分行在反洗钱工作中得到监管部门的通报表扬,树立了我行负责任的大行形象。

三年内部控制体系建设有许多经验,但根本的经验是:必须坚持依法合规和审慎经营、各项业务可持续发展的指导思想;必须坚持前后台分离、两条线控制的内控经营理念;必须全力打造全方位覆盖、全过程控制、全员参与的内部控制体系。这些经验是我们自觉践行科学发展观的宝贵成果,在今后的工作中我们要继续坚持这些经验,同时要根据内外部形势发展不断丰富和发展这些经验,更好地指导我们的内部控制体系建设。

二、今后三年我行内控体系建设的总体目标和工作重点

从今年起我行将实施股改上市以来的第二个内控体系建设三年规划,我们的目标是通过连续实施三个内控三年规划,建立起与我行发展目标相适应的国际一流的内部控制体系。第二个内控三年规划处于承前启后的地位,因此我们必须把这个规划的目标圆满实现。第二个内控三年规划的总体目标是:培育以有利于持续发展为目标的内控环境,强化以风险识别与评估能力为核心的全面风险管理,完善以科学合理的制度体系和业务流程为基础的过程控制机制,健全以及时、连续、全覆盖为特征的合规性检查监督制度,完善以风险为导向的内部审计体系,建设以先进管理信息系统为基础的信息交流与沟通机制,加快建立起国内领先、国际一流的商业银行内部控制体系。

内部控制是全行各机构、各部门及全体员工共同参与的活动,因此加快内部控制体系建设是全行上下共同的任务。按照全行内控体系建设的总体目标,当前及今后一个时期要重点抓好以下工作:

(一)大力加强内控文化建设,持续优化内控环境。内控文化作为企业文化的重要组成部分,是银行在长期经营管理实践活动中逐步形成的,涵盖了被员工普遍认同和遵循的价值观念、行为准则和作风习惯。内控文化基本内涵应包括价值理念和行为规范两部分内容。其中价值理念由使命、愿景、核心价值观以及管理理念和管理策略等元素构成;行为规范由规章制度、行为准则等元素构成。建设具有我行特色的内部控制文化,能够促使全行各级管理层和全体员工达成价值共识,形成持久凝聚力,是培育我行良好内部控制环境的核心内容。通过启动内部控制文化建设工程,总结我行多年来传承和积淀的优良传统,提炼我行内控文化必须奉行的基本理念,归纳全体员工共同的价值判定标准和原则,使内控文化的核心价值理念内化于心、固化于制、外化于行,养成全体员工自觉遵循规章制度、严格恪守职业规范、认真履行内控职责的良好职业习惯。

作为内控三年规划中的一项重要内容,这几年我们在内控文化建设方面做了很多工作,也取得了很好的成绩,得到了审计署和银监会等监管部门的好评。这一方面是上市以来我们的内控管理确实有了非常明显的进步,同时也是因为我们有了一个新的理念,或者说强化了这种理念,就是要自觉地接受检查监督,要很好地配

合检查监督。作为一家商业银行，外部对我们的监管和检查是必需的，我们必须坚持接受他们检查，欢迎他们检查这一基本理念。今后在工作当中，我们每做一件事情都应该思考业务办理过程是否合规，是否合法，是否能经得起监管部门的检查。

（二）建立和完善操作风险管控体系。为适应我行由部门银行向流程银行的转变，我们要加快建立起前中后台分离的操作风险管控体系，可以说这是我行第二个内控三年规划重中之重的工作。经过多年的改革，我行按照前台、中台、后台分离原则建立起了比较健全的信用风险管控体系，市场风险管控体系也有了明确的前台、中台、后台分离的管控框架。现在只有操作风险管理的前中后台管控框架还不十分清晰，操作风险管理的平衡制约机制也不十分健全。

完善操作风险管控体系的核心是建立权责明确的操作风险管理前台、中台、后台架构，强化风险管理流程的制约平衡，形成管理成本与收益最适化的良好管控机制。操作风险管理的前台是指产品（服务）的营销、受理部门或机构，履行市场调查、产品营销、业务受理、客户关系管理等职能。前台的操作风险管理职责主要是按业务管理规定和流程操作，避免违规或操作不当；建立和维护客户关系，妥善保存和正确使用客户的信息资料；根据授权受理客户的业务申请，发起交易；正确履行银行的各项义务，了解和审查客户，确认客户身份与业务交易的真实性、合法性和有效性；及时生成、获取、保存和提交与客户和交易相关的资料与信息；操作风险事件的报告等。前台部门通过其合理的业务操作成为防范操作风险的首道环节，是中、后台实施风险控制与管理的基础。

操作风险管理中台一般是指从事业务事中控制、后台处理的部门或机构以及承担人员、信息系统、财务等方面控制职能的综合岗位，主要处于业务流程的中台、后台。中台操作风险管理的主要职责是根据操作风险管理的基本政策制定各项业务规章制度、办法和操作流程；审查和监控前台业务操作的合规性和准确性；审查前台发起的高风险业务，进行授权和审批控制；完善中台的业务操作规程和内部控制体系；新产品的开发与风险控制；实施参数管理和系统控制；对前台发起的交易进行账务处理、清算等后续工作；员工关系、IT平台、财务、资产、信息披露与报告等方面风险的综合管控；实施业务操作性风险的识别、评估、监控、分析与报告等。中台在业务流程中对操作风险进行事中审查和控制，是操作风险管控的关键环节。

操作风险管理后台是指处于业务流程之外、独立于前台、中台的综合管理岗位。后台操作风险管理的主要职责是拟定操作风险管理的基本政策、制度和流程，建立和完善操作风险管理的统一框架与标准；实施相对独立的事后监督及合规检查，促进各项业务的合规操作；开发操作风险管理的方法、工具和平台，促进前台、中台的操作风险管控；对业务线的操作风险管理进行评估与考核，完善操作风险管理的激励约束机制；汇总分析、评估与报告全行操作风险，为董事会与高管层提供决策依据等。

操作风险管控体系建设涉及总行各部门、各一级分行、二级分行、支行及各个工作岗位，是一项复杂的系统工程。内控合规部是操作风险建设的牵头部门，要发挥好牵头作用；运行管理部、信息科技部、金融市场部、电子银行部等在操作风险建设中处于重要位置，要首先按照前后台分离，两条线控制的理念抓好自身的操作风险管控体系建设；各分支机构要按照总行要求，结合本地实际，把操作风险管控体系建设的各项要求落实到位。

（三）全面提高全行各类风险的识别与量化管理能力。今后三年，全行面临经济金融运行中的诸多不确定因素，各类风险突发性、交互性强，发展蔓延速度快，风险防控任务比较艰巨，因此我们要加快风险管理技术的开发和应用，力争使各类风险可识别、易计量、能控制，做到早发现、早防范、早处置。各级管理层和各职能部门都要对自身经营管理范围内所面临的各类风险进行识别、评估、监测、分析，以便对风险有清楚的认识和准确的把握，及时采取应对措施，努力把各类风险控制在可接受的范围内。

信用风险方面，要全面推进内部评级法项目成果的应用，进一步优化内部评级模型和系统功能，力争2010年底前实施内部评级法的高级法，实现内部评级法模型与现有业务体系的平稳对接和信用风险敞口的监测管理，并将模型计量结果广泛应用于经济资本管理、贷款定价、信贷审批、拨备计提等管理活动，切实提高信用风险量化管理水平。各分行要积极主动适应以量化管理为基础的信用风险管理新模式，切实将风险量化结果应用到信贷决策，使全行信用风险的识别评估和量化管理能力上升到一个新台阶。

市场风险方面，要全面启动内部模型法建设和应用工作，加强市场风险限额管理，建立健全全行交易账户与银行账户分层次、分产品、分客户、分地区的多维VaR值监测管理体系和超限额的报告、处理机制，构建较为成熟的压力测试和市值评估验证模式，完善市场风险的识别、分析、计量与控制体系。

操作风险方面，要着力改善操作风险监测工作，以增强重要性、敏感性、可靠性为重点，进一步优化关键监测指标（KRI）体系，合理确定各项指标的门槛值，健全指标基础数据的采集与报告路径，逐步建立包括合规风险、反洗钱在内的操作风险预警机制；改进操作风险损失事件统计工作，强化数据校验管理，努力提高损失事件统计的及时性、合理性和准确性；加强操作风险事件分析，研究制定操作风险事件分类分级标准，建立起覆盖全行各业务领域的操作风险事件分析体系；大力推进操作风险高级计量法项目建设，做好风险和控制自我评估（RCSA）、情景分析等工作，努力提升操作风险量化管理水平。

（四）进一步健全业务规章制度体系，大力优化各项业务操作流程。业务规章制度和业务操作流程是银行内部控制体系建设中最关键的环节，一个银行的内控制度是否先进合理，关键是看其业务规章制度和业务操作规程是否先进合理，是否既能有效地控制各类风险，又能促进业务发展并具有市场竞争力。作为一家最优秀的银行，在谋求业务快速发展的同时一定要确保风险可控，而各项内控和风险管理措施又应该与业务发展和市场竞争相适应。

作为今后三年内控体系建设的中心工作，就是要大力推进业务规章制度和操作流程的优化。一是要全面完成公司客户信贷业务流程改造，构建起“职责清晰、简捷高效、运行通畅、控制严密”的全新的信贷业务管理与操作流程；实现所有信贷业务的全流程无纸化处理和信贷作业监督前移，强化信贷操作性风险控制；优化信贷资产管理系统，整合信贷审批、评级授信、押品评估流程，开发资金走向跟踪监测功能，实现资产管理系统与人力资源系统和客户营销系统挂接。二是要推进总行全额资金集中管理改革，实现总分行间差额管理、一级分行以下全额管理并存的双轨制向总行资金全额集中管理转变；优化内部资金收付管理系统，加强网上银行资金汇划管理，实现分行融资管理系统及BIFT系统与授信系统对接，防范超授信办理融资业务。三是要着力抓好业务运营流程再造，全面推进业务集中处理，建立集交易处理、账务核算、业务管理和客户服务功能于一体的全行共享服务中心，实现业务集约运营和风险集中控制；推广和完善新一代风险监控系统，加快业务监督中心由业务复审向风险管理与质量控制转型，实现风险导向和流程导向的监督；推行远程授权，建立集中式、跨分区、跨网点的非现场授权模式，加强和改善业务授权控制。四是要改善新业务、新产品的管理，加强产品创新市场调研与可行性分析以及总、分行产品目录管理，严格产品创新审批流程，建立健全产品投产后评估、持续优化和退出管理机制，有效防范产品创新风险。五是要进一步健全科技生产运行管理体系，确保生产系统的可用性；按照“两地三中心”模式，建设数据中心（上海）的热备份中心，实施不同级别的灾备技术，提高业务连续性运作能力。六是要适应我行综合化、国际化经营管理要求，积极推进集团层面的全面风险管理，加快母公司风险管理制度和控制系统向子公司和境外分支机构的延伸和移植，提升集团层面的风险掌控能力。七是要结合业务流程的优化和再造，继续加强业务系统的功能开发和完善，减少手工处理和系统外操作环节，更多地依靠系统硬控制手段来有效控制各类风险；同时各业务部门要认真开展对相关业务手工操作环节的风险排查、分析与评估，除必须进行手工处理的外，应在全面论证和审慎研究的基础上分步纳入系统硬控制。

（五）整合检查监督体系，加快形成全行统一的检查监督制度。长期以来，我行一直比较重视合规性检查监督工作，形成了覆盖全行各主要业务领域的检查监督体系。据初步统计，全行目前各类专门从事检查监督职能的人员有2万多人，占全部员工人数的6%以上。这些检查监督力量为加强我行内部控制和风险管理，促进全行各项业务的健康发展作出了重要贡献。但随着全行各类检查监督职能的不断加强，全行缺乏一个统一协调的检查监督制度的问题越来越显现出来，一些业务领域重复检查严重，另一些业务领域却又检查不足；各类检查之间缺乏整体协调，检查标准包括查什么、怎么查等也缺少统一的规范。为此，我们要积极稳妥地推进全行各类检查监督资源的整合，厘清各级行、各部门检查监督职责关系，制定全行统一的检查监督管理制度，建立规范化的检查监督工作流程，强化检查监督质量考核，逐步构建起全行统一的责权明确、信息共享、职能互补、整体联动、高效集约的检查监督体系，彻底改变多头检查、重复检查、检查效率低的工作局面。同时，要大力改进合规性检查的方式方法和手段，切实加强非现场分析工作，全面提高各类风险的分析与预警能力；要加快建设检查监督信息系统，将各类合规检查、内控评价、违规积分等管理信息纳入统一的系统，实现各项工作的联动和信息共享；各级行包括总行要大力加强对本级直营业务的合规性检查，切实防范各类操作不规范问题，规避重大的资金损失和声誉影响。

（六）以风险为导向，强化内部审计的监督评价作用。内部审计部门在董事会领导下，以风险为导向，客观、独立地发挥监督评价作用，是全行内部控制的第三道防线。今后三年，我们要更好地配合内部审计加强对全行内部控制、风险管理和公司治理的合理性和有效性评价，充分发挥内部审计在完善我行公司治理、加强内部控制中的重要作用；通过内部审计管理体系、运行机制和审计模式的不断完善，建立健全与我行公司治理和风险管理要求相适应的内部审计体系；进一步发挥内部审计与监管部门、外部审计机构沟通交流的窗口和平台作用。内控合规部门要在明确分工的基础上与内审部门密切协作，特别是要在内控评价以及常规审计等领域接受内部审计的业务指导，切实发挥二者之间相互协调配合的整体合力。

（七）进一步完善信息沟通与交流机制。信息与沟通是内部控制的基本要素之一，它贯穿于内控体系的各个要素之中，对于提高全行内部控制水平具有不可或缺的重要作用。近年来，我行的IT建设取得了丰硕成果，各项业务处理和操作的信息化水平也日益增强，但是内部管理信息生成、信息集中共享等方面还不能很好地适应经营决策和管理的需要。为此，我们要加快完善全行统一的信息系统，建立健全全面、准确、及时、共享的信息沟通与交流机制。一是要以“1031”工程建设为契机，完善信息平台架构，全面实现管理信息大集中，逐步完成从数据集中到信息集中和业务管理集中的转变，为经营管理信息的沟通与交流提供基础保障。二是要建立分析型总账、数据报送平台和指标库，建立管理会计系统，提高财务披露信息形成和报告的自动化程度。三是要建设并完善信息标准化管理平台，实施数据质量管理工程，深入推进系统问题数据纠改工作，提升系统数据质量。四是要全面实施全行报表集中工程，稳步推进 CS2002 海外延伸，提升 CS2002 动态监测系统整体功能，为各级高管层提供权威快捷的决策支持手段。五是强化保密信息控制，适时修订我行保密管理制度办法，逐步建立商业秘密密级动态发布制度，实现全行定密标准的统一和动态调整，以及对商业秘密信息从产生、流转、存档到销毁的全周期保密控制。

三、2009 年内控合规工作的主要任务和工作重点

2009 年是我行全面实施第二个内控体系建设三年规划的开局之年，工作任务繁重艰巨又十分重要。内控合规部作为全行内部控制、操作风险管理、反洗钱工作的牵头部门，要切实履行好牵头工作职能。关于 2009 年内控合规工作已经有了一个整体安排和部署，在这里我主要强调以下几个方面。

（一）认真实施好第二个内控三年规划。在全面总结过去三年内控体系建设经验的基础上，结合当前国际国内经济发展形势和我行面临的新机遇、新挑战，紧紧围绕全行发展战略，我们已经初步制定了 2009—2011 年内控体系建设三年规划。这个规划是与满足国内外监管要求、保持内控体系建设在国内同业中的领先地位、努力使我行内控管理达到国际一流水平的要求相适应的，各部门、各级机构在内控体系中的职责定位将更加明确，工作思路将更加清晰。在规划正式下发实施后，总行各部门要高度重视，按计划、分步骤扎实开展各项工作，确保规划各项任务措施圆满完成。内控合规部门要对规划任务的落实情况进行跟踪分析，做好组织、协调工作，及时解决可能遇到的各种问题。各分行要结合各自实际，根据全行内控体系建设三年规划的总体要求，认真制定好本行的内控三年规划，确保将全行内控三年规划任务落到实处。

（二）大力加强和改进内控评价工作。2009 年将全面开展对一级（直属）分行的内控评价工作。内控合规部门要在认真总结分析前两次全面开展内控评价工作经验的基础上，结合全行内部控制体系建设的新要求，进一步完善内控评价方法并认真组织实施评价工作，力求内控评价工作能够全面、客观、准确反映被评价行内部控制的实际。一是要进一步修订内控评价指标体系，要把全行加强内部控制的新要求体现到评价指标体系之中，始终保持指标体系的科学性和先进性；要加强风险识别与评估、检查监督和信息沟通交流等部分的评价指标，提高内控评价工作的整体性和针对性。二是在内控评价中要充分发挥各专业部门的作用，可以将内控评价中的部分指标与专业部门如管理信息、运行管理、信贷管理、监察保卫等部门联合起来开展评价，充分发挥部门之间协调配合的合力，成为一个整体性的工作，共同促进全行内控管理水平的提高。三是要进一步改进内控评价方法，统筹安排内控评价与各项合规检查工作，充分运用全行各项检查监督结果和非现场监测信息，切实将一次性评价与年度持续性评价相结合的评价方法落到实处。四是认真细致组织好现场评价工作。要进一步修订完善内控评价操作手册，推广应用内控评价综合信息系统，不断提高评价工作规范化和标准化水平；要进一步健全复评工作制度，努力提高内控评价的全面性、准确性和公平性。各分行要根据总行统一要求，认真开展对基层行内控评价工作，促进全行内控管理水平的提高。

（三）加快提高操作风险管控水平。2009 年内控合规部门的一项重要任务就是按照内控三年规划要求，牵头研究制订出前台、中台、后台分离的操作风险管控架构方案。总行内控合规部要组织力量，在广泛开展深入调研，认真倾听各级行、各部门意见的基础上，尽快拿出切实可行的实施方案，争取在年内启动这项改革。内控合规部要与运行管理部、信息科技部、金融市场部、电子银行部等部门密切配合，认真研究制定加强运行管理、信息科技、金融市场、电子银行等重点业务领域操作风险的管控措施，在构建新的操作风险管控体系，加快提高操作风险管理水平的工作中，这些业务部门要先行一步。2009 年各级内控合规部门还要牵头做好以下工作：要进一步加强操作风险损失事件统计工作，各部门、各分行要按照操作风险损失事件统计办法要求，认真做好损失事件统计工作，内控合规部门要强化操作风险损失统计工作的管理与考核；要努力提高操作风险监测工作的水平和质量，内控合规部要牵头做好操作风险监测指标体系的修订工作，完善监测工作管理办法，抓住主要风险领域，合理确定监测指标及其预警标准，规范操作风险监测通报与风险提示制度；要探索开展操作风险事件分析工作，研究制定操作风险事件的分类标准，依托积分管理系统和合规检查问题库，尝试对各分行、各专业的操作风险事件进行分析。

（四）全面加强反洗钱工作。现在反洗钱工作要求越来越高，越来越细，越来越严，越来越成为一项日常性的管理工作。无论从满足监管部门反洗钱工作要求看，还是从适应我行国际化发展要求，以及建设国际一

流商业银行目标的要求来看，加强反洗钱工作都是我行当前面临的一项十分紧迫的任务，全行上下对此一定要有足够的认识。2009年内控合规部门要认真履行牵头部门职责，加强同各部门的协同配合，认真落实好人民银行关于进一步加强金融机构反洗钱工作的通知要求，全面加强我行的反洗钱工作：一是进一步健全反洗钱工作机制，各级行、各部门要认真落实管理层、反洗钱岗位人员的工作职责，明确工作要求，确保将反洗钱各项工作要求落到实处。二是加强反洗钱管理制度体系建设，重点是尽快完善反洗钱操作规程，各业务部门都要根据反洗钱工作要求，抓紧制定和完善相关专业的反洗钱操作规程，或者将各项反洗钱工作要求嵌入到现有的业务流程。三是大力加强客户身份识别和客户信息资料保存工作。要加强对新增客户的开户管理，确保新增客户的信息采集和客户身份识别满足监管要求；要依托科技优势，通过多种方式开展存量客户信息的补录工作，对目前客户信息缺失严重的存量客户，各分行要按照新的客户信息采集要求，在年内组织一次全面的客户信息补录工作。这项工作非常烦琐，需要占用大量的人工，各分行要组织一定的人力确保今年完成补录工作。因为反洗钱工作跟客户联系紧密，如果我们分不出风险客户，那么反洗钱工作的针对性就不强，要想提高反洗钱工作水平就很难。四是积极推进反洗钱客户风险分类工作。总行相关部门要尽快制定下发《反洗钱客户风险分类管理暂行办法》，各业务部门要加强对本专业反洗钱客户风险分类的指导和协调工作，各分行要制定客户风险分类实施细则，确保按照监管要求完成好客户风险分类工作。五是全面提高可疑交易报告质量。要根据监管部门的新要求，适时修订我行《大额交易和可疑交易报告管理办法》，调整并优化可疑交易确认及报告流程，切实提高可疑交易的人工识别水平，努力提高可疑交易报告的质量。六是大力加强对重点地区、境外机构和电子银行等领域的反洗钱工作。要切实加大重点地区行的反洗钱工作力度，特别是反洗钱工作任务较重即洗钱风险较大地区的分行，要确保做好各项反洗钱工作，对于一些反洗钱工作中的难点问题可先在这些分行进行试点积累经验，以加快促进全行反洗钱工作水平的提高；要尽快完成纽约分行开业对集团反洗钱工作影响的评估，提出防范风险的措施，全面加强境外机构的反洗钱工作；对于电子银行领域的反洗钱工作要给予持续的关注，重点是做好公转私业务洗钱风险的防范、监测和报告工作。去年，审计署在检查中对电子银行反洗钱工作提出新的要求，我们已进行了有针对性的改进。今后电子银行要承担更多的反洗钱职能，必须结合业务发展制定新的办法，以控制可能产生的风险。

（五）抓好《业务操作指南》的建设工作。近年来全行上下推广应用《业务操作指南》收到了明显成效，全行的业务规章制度得到了规范和优化，制度的有效性和生命力大大增强，业务运行质量和效率也有了很大提高。2009年内控合规部门要进一步推进《业务操作指南》体系建设，加快信贷业务操作指南的编制工作，力争在年内建立起全覆盖的《业务操作指南》体系；要做好《业务操作指南》电子发布平台推广应用工作，完善《业务操作指南》的电子、纸质版本双线发布机制，建立健全实时动态的《业务操作指南》更新维护机制。同时，要抓紧修订违规积分管理指标体系及积分标准，确保积分管理办法的要求落实到位。今后各业务部门制定业务操作指南要同时制定违规积分管理指标体系及积分标准，做到业务规章制度、业务操作指南和积分管理指标体系及积分标准“三同步”。

（六）进一步加强对重点业务领域的合规检查工作力度。各级内控合规部门要紧密围绕全行中心工作，加强与各业务部门合规检查的统筹协调，进一步加强对热点问题、风险隐患较大和管理存在缺陷领域的合规性检查；要进一步加强对各级行本级的合规性检查和评价工作，防止“灯下暗”的问题，这是今年的工作重点，总行和各一级分行要在横向检查中投入更多的精力；要认真做好经济责任审计和离岗审计工作，深入研究审计方式方法的革新，强化非现场技术手段的运用；要全面实施不良贷款管理责任认定工作，严格责任追究，促进信贷资产质量的提高；要进一步规范各类合规检查项目全过程管理，创新检查方式方法，加强检查项目后评价工作，有效提升合规检查工作成效。

（七）努力提高内控合规工作的信息化水平。信息化建设是内控合规工作再上新台阶的关键因素，更是提升内部控制能力的必要手段。为此，各级内控合规部门要紧跟我行信息化发展步伐，加快推进非现场数据平台建设，切实解决非现场分析的数据来源问题。要加快合规检查问题库和违规积分管理系统的建设，及时录入各类问题，认真做好系统应用维护，这项工作对于加强全行内控管理、操作风险管理，整合检查监督体系，提高内控合规工作水平，都有着十分重要的作用，各分行要确保这项工作落实到位。要进一步完善非现场工作机制，开发或引进非现场审计分析工具，建立常态非现场工作制度，规范非现场工作流程，充分发挥非现场监测分析的导向作用。

（八）以专家团队建设提升内控合规工作能力。各级内控合规部门要认真贯彻“专家治行”的战略思想，加强内控合规员工的职业培训和教育，加强特聘审计员队伍建设，鼓励员工加强学习，积极创造各种条件，促进员工个人职业生涯的不断提升。要力争在几年内培养出一批内控管理专家、操作风险管理专家和反洗钱专家，致力打造优秀的内控合规专家队伍；要建立内控合规人员的正向流动机制，从人员的选聘、培养、使用、考核和激励等方面，下大力气加快人才培养；要积极培育诚信和谐的内控合规文化，不仅要抓业务，更要重视抓思想、抓作风、抓廉政等各方面建设，要讲操守，讲品行，大力倡导诚信至上、增值服务、追求卓越的意识，进一步提升团队的战斗力和整体素质。

同志们，内控合规工作综合性强，覆盖面广，责任重大，需要探索的领域和价值创造的空间都很大，希望内控合规战线的全体员工，继续发扬求真务实、开拓进取的优良作风，进一步解放思想，坚定信心，迎难而上，以科学发展观为指导，扎实做好各项工作，为把我行建设成国际一流现代金融企业作出新的更大贡献！

谢谢大家！

在中国工商银行
中年员工培训工作视频会议上的讲话

牛锡明

（2009 年 6 月 26 日）

刚才安徽、广西、天津、青岛 4 家分行分别介绍了在开展中年员工培训方面的一些做法，他们在实际工作中总结出的这些经验，值得各行借鉴学习。

开展中年员工转岗和适岗培训是总行党委的一项重大战略决策。2007 年姜建清董事长提出了加强中年员工培训的要求，在今年初的全行工作会议上，总行党委对中年员工培训和职业振兴计划做出了明确部署。半年来，全行高度重视中年员工培训工作，分期分批地开展了中年员工转岗和适岗培训，取得了较好效果。今天召开的视频会必将进一步推动这项工作的开展，为实现中年员工职业振兴奠定基础。

下面，我讲两个问题。

一、上半年全行中年员工培训工作取得初步成效

今年上半年，全行根据总行党委提出的工作部署，按照“确保在全行运营体制改革和报表集中改革中转岗员工培训的全员覆盖，实现中年员工适岗培训覆盖率达到30%”的年度培训目标，开展了形式多样的中年员工转岗和适岗培训。截至 5 月底，全行共培训 33 702 人（其中转岗培训 6 073 人），占全年培训计划的 40.3%。总体上看，全行中年员工转岗和适岗培训工作开局良好。

上半年，各分行在培训工作中探索总结出一些好的经验做法。安徽分行的人力资源部门、业务部门、培训学校和二级分行分工协作、密切配合，按照“统一培训内容、统一培训管理、统一培训考核、统一培训证书”的工作模式，制订了对行内 1 200 名中年员工进行为期十天的适岗集中培训计划，培训内容包括柜员、大堂经理、客户经理等不同专题，目前已培训 560 人。安徽分行这种以省行集中培训为主的方式，较好地解决了中年员工分布分散、基层行师资力量较弱等问题，取得了较好的培训效果。广西分行注重根据培训需求设计培训课程，在做好心理辅导的基础上开展了有针对性的岗位技能培训，效果很好。天津分行结合城市分行特点和扁平化改革进程，重点加强了转岗员工的培训，通过培训学分制管理、强化岗位辅导等措施，对转岗员工“扶上马、送一程”，受到员工的普遍认可。青岛分行注重对培训师资的培养和管理，通过选拔、培训、备课、考核等环节，逐步形成了开放、动态的培训师资管理机制。其他分行也根据自身特点，探索出一些好的工作方法。总体而言，中年员工通过有针对性的培训，在心态、知识、技能、能力等方面有了较大的转变和提高。大部分转岗员工能够达到新岗位的基本要求，顺利实现了岗位转换。

在取得初步工作成果的同时，中年员工转岗和适岗培训还存在一些问题，主要包括以下三个方面：一是工作进度差距较大。天津等 8 家分行已完成 50% 的年度计划，部分分行只完成 20%，个别分行尚未开展这项工作；二是由于员工自身以及组织管理和机制等方面的原因，中年员工培训积极性不高，这是当前员工培训工作中需要重点解决的问题；三是培训标准不统一，培训教材、培训师资欠缺。

二、真抓实干，确保中年员工培训任务圆满完成

下面，我就下一步加强中年员工培训工作提几点具体要求。

（一）坚持一级分行为主体，二级分行为补充的培训模式。以一级分行为主体开展中年员工培训，就是一级分行要对中年员工培训进行整体规划、统一安排，直接组织中年员工的集中脱产培训，开展培训教材编写、

师资培养等工作。今年下半年，各一级分行要直接举办3—5期专门针对中年员工的集中脱产培训，有条件的分行可以举办更多一些，为二级分行做好培训示范。二级分行要根据一级分行统一的培训标准做好中年员工培训工作。直辖市分行、直属分行的地域跨度不大、中年员工素质差距不明显，更应该统一组织培训。安徽分行由省分行集中培训的模式就很好，培训内容、标准、教材、师资、效果都能得到有效保证，值得各行借鉴学习。

（二）坚持集中脱产培训与在职业余培训相结合的培训方式。集中脱产培训使学员处于良好的培训氛围中，更好地体现了我行对中年员工的关爱和帮助，便于学员与教师、培训组织者的沟通与交流，有利于各行更直接地了解中年员工的思想动态和培训需求，提高培训质量。各行要采取有效措施，努力解决工学矛盾，开展有针对性的中年员工集中脱产培训。集中脱产培训时间要根据转岗培训和适岗培训进行细分。转岗培训包括综合能力培训和岗位技能培训，中年员工在转岗前或转岗一年内，必须参加一次不少于5天（40学时）的综合能力集中脱产培训，岗位技能培训的时间和内容应在对员工进行技能测评的基础上，对员工现有技能与拟转入岗位的履职要求进行对比分析，开展有针对性的专题培训，切实做到在哪个岗就学哪个岗的专业技能，需要什么专业技能就学什么专业技能。

在岗中年员工在未来三年内应参加一次5天左右的集中脱产适岗培训。各行要深入基层调查研究，准确把握中年员工的职业特点和培训需求，制定有针对性的培训内容，适当增加我行企业文化、经营转型、业务改革和流程优化等内容，使广大中年员工理解我行改革思路，解除心理负担，努力提高岗位技能。

除集中脱产培训外，各行还要组织形式多样的综合能力和岗位技能方面的在职业余培训。

（三）强化培训管理与考核，保证培训质量。强化培训管理，严格考核制度是保证培训效果的有效措施。在中年员工转岗和适岗培训中，各行要建立健全相应的培训管理和考核制度，坚持把培训考核作为检验培训效果的有效手段，将考核结果作为考察员工岗位转换或岗位胜任能力的重要依据。要对培训中学习认真、成绩突出的中年员工给予表彰、鼓励和奖励；考核成绩达不到岗位基本要求不能上岗工作；重新培训后仍不达标要下岗待业。

在强化培训管理与考核的同时，各行要坚持以人为本，做好耐心细致的思想工作，调动和发挥中年员工参加培训的积极性、主动性，努力营造和谐共进、共同发展的多赢局面。

（四）进一步加强中年员工培训工作的组织领导。为确保中年员工培训工作抓好做实，抓出成效，必须加强组织领导。各分行主管培训工作的行领导是中年员工培训工作的第一责任人，要深入基层进行调研，进一步做好协调、规划和组织推动工作。要明确责任分工和进度安排，定期听取工作汇报，协调解决工作中的各种问题，按照总行的工作部署，扎实推进中年员工培训工作。

这次会议结束后，各行要在上半年工作的基础上，抓紧部署下半年工作。各行要按照总行部署的“转岗培训1万人，适岗培训覆盖30%”的目标要求，布置下半年的实施方案和进度安排。下半年，随着运营体制改革和报表集中改革的逐步推进，将释放部分人力资源，各行要根据转岗人员转入岗位的相关要求，重点做好有针对性的培训，做到转岗培训全员覆盖。

要加快培训工作进度，第三季度末要完成全年培训计划的80%，确保年底完成全年培训任务。个别分行在工作进度上还有差距，下半年一定要抓紧。要健全考核管理机制，实行通报制度。今年第三季度总行教育部要按月通报，按季通报全行中年员工培训工作进展情况，今后要及时总结经验，发现和解决问题，推动全行中年员工转岗和适岗培训工作的顺利开展。

中年员工转岗和适岗培训需要中年员工有较强的心理承受力，需要良好的舆论氛围。各行要将中年员工培训工作的重要意义理解好、宣传好，要让广大中年员工深刻领会实现职业技能振兴的重要性和可能性。各行在做好培训组织工作的同时，还要注意加强宣传，正确引导。要积极通过“网讯”、简报和召开工作交流会等方式，传达总行要求、通报工作进度、交流经验做法、宣传培训成效，进一步提高全行对中年员工转岗和适岗培训的认识，增强做好工作的紧迫感。

中年员工转岗和适岗培训是一项关系我行持续健康发展、关系员工成长进步的重要工作。希望各部门、各行在已有工作的基础上，进一步推动中年员工转岗和适岗培训工作的全面开展，以奋发有为、锐意进取的精神面貌，以求真务实、扎实稳健的工作作风，努力做好中年员工培训工作。

在中国工商银行报表集中改革动员视频会议上的讲话

牛锡明

（2009 年 6 月 29 日）

报表集中改革 7 月 1 日起将在全行全面推开。今天我们召开视频会，就是动员全行全面实施报表集中的改革。刚才，6 个试点分行进行了典型发言，介绍了他们在试点工作中的情况和做法。他们的做法很有借鉴意义，各分行在下半年报表集中工作中可以参考。下面，我再讲两个问题。

一、报表集中改革试点工作取得积极成效

自总行党委决定启动报表集中改革以来，全行上下统一认识，周密部署，积极配合，全力推进，10 家试点一级分行和其他分行中的试点二级分行的报表集中改革工作取得了积极成效。截至 5 月末，各试点行通过"报表（分）中心 + 专业部门集中"的模式上收支行报表，采取集中编制的报表达 7 568 种，集中编制率达到 47.3%。各试点行共梳理报表 16 000 张，占全行 4.87 万张报表的 32.9%，废止合并报表 973 张，占所梳理报表的 6.08%，释放报表编制人员 1 358 名。

回顾前一段改革试点工作，各试点行思想认识到位，组织推动有力，工作成效明显，为全面推开报表集中改革进行了有益的探索，奠定了良好的基础。

一是领导高度重视，积极推进报表集中改革。总行党委高度重视报表集中改革，下了很大决心，专门增加了各分行人员编制，保证改革顺利推进。总行成立了全行报表集中改革领导小组，我任组长，管理信息部、人力资源部、信息科技部的负责人任副组长，负责指导、推动全行报表集中改革工作。各分行党委也十分重视，相继成立了辖内报表集中改革领导小组，统一协调推动辖内报表改革进程。各试点一级分行、二级分行和实行扁平化管理的分行都坚决按照总行的统一部署，结合自身实际，积极组建报表（分）中心，全力推行报表集中改革。

二是深入基层调研，科学制订报表集中改革方案。总行多次深入基层调研，掌握全行报表编制管理中存在的主要问题及其成因，在机构设置、人员配备、工作模式、时间进度等方面提出了一系列明确的、具有针对性的改革指导意见。各级试点行也按照总行报表集中改革要求，结合本行实际，深入基层调查研究，制订符合本行实际情况的实施方案。

三是清理业务报表，夯实基础。报表清理整合是报表集中改革首先要开展的重点工作。试点以来，各级行都开展了全面深入的报表清理整合工作。总行 24 个部室共清理报表 282 张，废止 167 张，保留 115 张，报表总数减少了 59%。山东、湖南等试点分行报表清理成效明显，其中，山东分行由支行报送的 2 797 种报表经清理后减并至 877 种，减少了 68.7%；湖南分行报表清理后减少了 31.2%，极大地减轻了基层行报表编制负担。

四是梳理报表指标，提高报表自动化水平。目前全行编制报表耗用了大量人力，而许多报表是重复编制或稍加组合就能自动生成。造成这种状况的一个重要原因是报表指标自动化及共享程度低。总行通过视频培训、蹲点调研等方式指导分行开展指标梳理工作；组织总分行业务骨干，选择报表工作量大的浙江分行营业部"解剖麻雀"，对其 16 个专业的 507 张报表进行梳理，共梳理指标 8 586 个，对其中可自动化实现的 5 411 个指标提出了自动化业务需求并实施开发，投产后可推广到各级行共享使用。上海、北京、山东、山西、广东等试点分行不等不靠，开动脑筋，通过集中梳理指标、完善已有系统、加强业务培训等各种举措，积极推进报表自动化。总行还对困扰基层行多年的结售汇报表集中攻关，预计第三季度可实现自动生成。

五是成立报表（分）中心，采取"中心 + 专业集中模式"上收支行报表。目前在京、津、沪、渝 4 家一级分行和 102 家二级分行成立了与承担报表职能的部室合署办公的报表（分）中心，人员到位 287 名，对专业性强的报表由专业部门集中编制。这种"报表中心 + 专业集中"的方式适合我行实际情况，提高了报表集中的效率，效果很好。目前试点分行已有近一半的报表集中上收到报表（分）中心或二级分行专业部门编制。

六是加强沟通协调，取得外部支持。针对监管部门

和地方政府等外部报表数量多、要求复杂多变的现实情况，各级行加强沟通协调、积极向有关方面反映情况，取得理解支持。总行向人民银行、银监会提出了清理系统报表，减少重复报送数量，尽可能实现报表布置、管理工作的标准化、统一化、规范化的工作建议；浙江嘉兴分行通过与当地人民银行、银监分局等监管部门沟通，停报了县（市）支行23张报表。

七是全力推进全行报表集中管理平台建设。为给全行报表集中管理工作提供抓手和平台，总行一直在加紧推进全行报表集中管理平台建设工作。在各试点行、特别是北京分行的有力配合下，截至目前，总行已完成平台需求研究和立项，进入开发实施阶段。在这里我特别要表扬北京分行和其他参与平台建设的10家分行，他们对报表集中管理平台建设给予了大力支持。

从试点情况看，尽管各行的进度还不平衡，但改革取得的成绩坚定了我们的改革信心。试点过程中，各行都付出了艰辛的努力，积累了许多好的做法。总行20多个部门参加了报表梳理工作，大家认识很到位，工作很配合，总行的报表梳理工作很顺利；管理信息部投入大量人力物力做这项工作，工作抓得很实，很有条理。在此，我代表总行党委向你们表示衷心感谢！

二、全面完成今年报表集中改革任务

报表集中是全行重要的改革任务，报表改革对优化人力资源配置，提升管理信息工作水平具有重要的现实意义和深远的战略意义。报表不仅是报送数据载体，其实质是管理的问题，代表我行的管理水平，管理水平的高低取决于报表的自动化水平。我们的管理理念要更新，管理部门在布置报表时要考虑统计自动化问题，现在不能自动化的，将来也要实现自动化，生产系统、业务系统中没有自动化信息标识的，要先加进相关标识才有可能实现管理信息的自动化。姜建清董事长明确提出，全行报表集中改革今后三年要达到三个“百分之五十”：全行报表减并50%，报表自动化达到50%，报表编制人员减少50%。我们要坚决贯彻姜建清董事长的这一指示。具体到今年，全行报表集中改革的目标是：支行不再编制报表，释放5 000名支行报表编制人员。

从7月1日起，报表集中改革将在全部一级分行、直属分行推开。各级行既要认识到此次改革的重要意义，又要认识到这项改革的复杂性、艰巨性和系统性，要制定明确的报表清理、上收集中、释放人员的“时间表、责任制”，采取各种有力措施，不折不扣地完成今年的改革目标。下一阶段，各行要重点做好以下工作：

（一）加强组织领导，全力推进改革。报表集中管理对优化全行人力资源配置具有十分重要的意义，既是全行性的改革任务，也是我们践行科学发展观的现实要求。大家一定要进一步提高认识，全力抓好这项工作。从两个多月的试点情况看，工作做得好的分行有这样一些特点：一是领导班子高度重视，坚决执行总行的改革要求；二是“一把手”态度坚决，在改革攻坚关键时刻不动摇、全力推；三是各部门间高度协调、紧密配合、互相支持；四是要有一支业务素质高、敬业精神强的员工队伍。这是在改革实践中总结出来的宝贵经验。改革全面推开后，各行都要成立由相关主管副行长、管理信息部、人力资源部、信息科技部组成的报表集中改革领导小组，统一组织推动改革进程；领导小组要制订切实可行的工作方案，开动脑筋，多策并举，采取各种措施，全力推进改革，确保实现今年的改革目标。

（二）确保人员早到位，机构早运转，工作早出成效。总行党委下了很大决心进行报表集中改革，在各级行成立与承担报表职能的部室合署办公的报表（分）中心。各一级（直属）分行报表中心，作为报表集中编制与管理的团队，挂靠在管理信息部；各省（区）分行营业部和二级分行报表（分）中心，作为报表集中编制与管理的团队，挂靠在财务会计部或承担管理信息职能的部门。增加各分行人员编制，为各分行实行报表集中创造条件。各分行在配备人员时，要选聘业务素质全面、数据处理能力较好、计算机操作技巧较高和数据挖掘分析能力强的人到报表（分）中心，以满足工作需要、保证报表集中改革顺利推进。各级行报表（分）中心的人员要尽快到位，尽快开展工作。从试点情况看，“中心+专业”上收是很好的工作模式，加快了集中进程。改革全面推开后，各行都可以参照试点行的做法进行集中，有更好的工作模式也可创新，但总的要求是人员早到位、机构早运转、工作早见成效。

（三）抓好指标梳理和报表清理工作，减轻报表编制工作量，为实现报表自动化奠定基础。指标梳理是报表集中的基础性工作，也是实现报表自动化的基础工作；报表清理抓得好、抓得紧，可以最大限度地减少报表总量，减轻报表集中后报表中心的工作量，对完成今年工作目标具有重要作用。在报表清理工作中，各级行都要清理本级行布置的报表，也要注意清理分支行对外报送的报表。浙江分行在这方面做得很好，他们的实践证明，只要沟通工作做好了，对外报送的报表是可以减下来的。

改革全面推开后，各级行要参考借鉴试点分行的好经验好做法，全力做好辖内报表清理整合工作。一要形成一级分行、二级分行的报表目录和废止报表目录，正式印发全辖，并进行动态更新，相关报表目录要报总行备案，接受全行员工监督；二要探索建立科学规范的报表生命周期管理机制，严格审批新增报表，每年都要检查清理违规无效报表，避免“前清后增”、“先减后增”，彻底杜绝报表“有布置、无废止”现象；三要改变过时的思维方式和统计习惯，废除“下派、等报、催要”这种陈旧落后的观念。各级行特别是各级管理者，考虑问题都应该遵循数字化、标准化的逻辑，不能想到什么就要什么，要什么就布置什么，布置什么就统计什么；要树立科学的统计理念，以标准化、数字化指导安排统计工作；对那些“工作活情况加说明”性质的清单类、业务量类、进度类、情况反映类、预测类的业务报表，要开动脑筋、想出办法使其尽量符合数字化标准，逐步通过自动化方式生成；四要积极与当地人民银行、银监局、地方政府等外部监管和行政部门协调沟通，反映情况、取得支持，清理过时无效报表，

（四）尽快上收支行报表，实现报表向报表（分）中心 + 专业部门集中，释放支行报表人员。今年报表集中的工作目标是支行不再编制报表，报表编制工作集中在二级以上分行，直辖市行集中在一级分行。报表上收时要注意几点：

一是报表（分）中心人员早到位，机构早运转，各项工作要加快推进，早出成果；要抓工作进展、抓措施落实、抓目标实现，落实今年“支行释放 5 000 人”和“三年三个 50%”的目标。

二是工作要做细，既要实现报表集中，又要保证报表质量，防止出现“夹生饭”。我在这里特别强调，报表集中改革的各个阶段，各行要确保报表质量，在规定时间内报送报表，做到秩序不乱、工作不断。凡出现差错影响全行报表质量的，总行将依据有关规定严肃追究责任。

三是报表上收后，要及时将释放出的人员名单提供给本行行领导、人力资源部和总行；各行人力资源部门要及时优化劳动组合、调整有关人员的工作安排，充实市场营销和客户经理队伍。

四是在报表集中过程中，各业务条线都要对各自业务产生的数据和质量负责。主机尚无法自动产生的数据，继续按原渠道提供数据；主机能自动产生的数据，各业务条线要负责加强数据治理。要下大力气提高自动化报表数据质量，切实发挥“自动替代手工”、释放人力资源的积极作用。

（五）加快系统建设，提高报表自动化管理水平。要取得报表集中改革的最终成功、不反弹，自动化的全行报表集中管理平台尤为关键，全行上下的眼睛都在盯着看。总行管理信息部和有关业务部门要密切协作，在北京分行前期工作的基础之上，与科技部门密切配合，做好业务需求的编制和开发准备工作。总行信息科技部要尽快完成系统平台的建设和总行报表自动化工作，各分行要进一步加强自动化报表平台的应用推广力度，提高报表自动化水平，为报表（分）中心和报表集中编制提供抓手和平台。

总之，概括起来就是四句话：支行不再编报表；中心、专业双集中；报表清理加梳理；提高报表自动化。

报表集中是总行党委高度关注的一项改革任务，我们一定要统一思想，明确目标，全力推进，确保今年的报表集中改革任务全面完成，向总行党委交出一份令人满意的答卷。

建设好垂直独立的信用审批体制

——在中国工商银行授信审批部门负责人培训班上的讲话①

牛锡明

（2009 年 10 月 13 日）

这次培训班是在我行认真贯彻国家积极的财政政策和适度宽松的货币政策，并取得很好成效的基础上召开的。从去年 10 月份到现在，大家加班加点，辛苦工作，在加强风险防范的同时不断提高审查审批效率，取得了很好成绩。截至 9 月 30 日，我行贷款余额较年初增加了 9 323 亿元，创历史最大增幅，贷款投向把握良好，这与信用审批战线的同志们在工作中付出了大量心血并持续进行业务创新是密不可分的。我代表总行向大家表示衷心感谢。

从年初到现在，包括在今年信贷交叉培训班上，对于怎样把握信贷政策、信贷投向，怎样处理好拓展市场和提高风险防控能力的关系等方面我已经讲了很多，这次就不再多讲了。今天，我主要想就建设好我行垂直独立的信用审批体制谈几点想法，具体分三个部分，一是

① 根据录音整理。

工商银行信用风险管理体系的形成和信用审批实行垂直集中管理的原因；二是建设好垂直独立的信用审批体制须抓住的几个关键问题；三是信用审批工作的创新问题。

一、工商银行前中后台分离的信用风险管理体系已经初步建成

（一）我行信贷管理发展所经历的几个主要阶段。经过几年的建设，目前工商银行前台、中台、后台分离的信用风险管理体系已经初步建成，这是我们对工商银行信用风险管理体系的基本判断。回顾从1984年工商银行成立至今的25年时间，我行信贷管理的发展历程，大致经历了以下阶段：

一是流动资金统管阶段，即以国有企业流动资金统管为核心来设计我行信贷管理体制。1992年，国家提出了建设社会主义市场经济，当时总行结合1988年《巴塞尔资本协议》的有关监管原则提出了要在全行实行贷款风险度管理，其间经历了1995年《商业银行法》和1996年《贷款通则》的颁布，这些法规的颁布均对我行信贷管理工作起到了极大的促进作用。我行虽然在这一阶段提出了按照贷款风险度进行信贷管理的要求，但在实际操作中并没有很好执行，主要原因是随着社会主义市场经济体制建设，原有计划经济管理体制已被打破，一大批国有企业生产经营陷入困境，企业兼并破产是这一阶段的主要表现。工商银行贷款主要用于支持这类企业，随着企业生产经营陷入困境，我行贷款也受到影响。因此这段时间我行并未能真正按照贷款风险度进行管理。

二是以1999年、2000年国家成立四大国有资产管理公司为契机，我行以1999年信贷总量为基数，实现新老贷款划段管理，把原有部分不良资产剥离到华融资产管理公司。在1999年新老贷款实际划断后，资产质量才开始有所转变。2005年，工商银行实行股份制改造，再一次剥离不良资产，并于2006年12月27日成功上市，至此才真正按照商业银行原则管理信贷资产。

从完成股份制改造并上市以来，我行提出了按照流程银行的模式来改造信用风险管理体制，也正是从这一时期开始，总行明确了要建立前中后台分离的信用风险管理体制的要求，即由原来的“一手清”和集中在一个部门完成一笔信贷业务的全流程工作，到真正实现前中后台换手，分行管前台和管中后台的副行长分开。当时很多同志对总行这一要求还不习惯，担心会影响信贷营销和业务发展。但目前大家已逐步接受这一理念。

从总行层面来说，2008年，总行对机关部室职能进行了调整，把公司业务二部和营业部合并，将原公司业务二部的一部分职能移交公司业务一部，另一部分职能移交信贷管理部。这样，总行层面前中后台分离的信用风险管理体系已经非常清晰了。前台、中台和后台所对应的部门非常明确，而且各部门的工作职责相互独立。按现有信用风险管理体制来分类，后台只有两个，就是信贷管理部和风险管理部。信贷管理部是全行信用风险管理的牵头部门，涉及信用风险的相关政策、制度、办法、流程、规程都由信贷管理部负责统一确认和发布。风险管理部是全面风险管理的牵头部门，其中涉及信用风险的业务，如呆账核销、内部评级法等，也要在信贷管理部牵头下开展工作。中台部门，总行有信用审批部和授信业务部，分行有授信审批部，主要承担尽职审查职能。除了上述四个部门以外，其他部门都是前台，如公司业务一部、投资银行部、机构业务部、个人金融业务部等。这个体系，总行管理起来还是比较清晰的。任何一项业务，只要涉及信用风险，无论哪个部门承担前台职能，都必须要经过中台尽职审查后，才能提交审批人审批。当然，从总行层面看，由于公司业务二部（营业部）还对四条产品专业线进行直接经营，既有营销职能，也有一定审批职能，在职能定位上还有点不够清晰。下一步还需要进一步划分公司业务二部（营业部）的职能定位。

（二）垂直独立的信用审批体制在全行前台、中台、后台分离的信用风险管理体系建设中发挥着重要作用。前中后台分离的信用风险管理体系中，独立的、垂直的信用审批体制发挥了非常重要的作用。可以这样理解，独立的中台是旗杆，只有旗杆树立起来，旗子才能飘扬。如果中台不独立，前台、中台、后台分离的信用风险管理体系就不够完善，可以说中台是否独立是这个体系建立成功与否的重要标志。在2006年股份制改造期间，独立董事梁锦松曾经问我们，工商银行的中台是否独立，审批部现在向谁报告。我们回答，目前中台还是以业务区块报告为主，长远是要以条线为主。当时梁锦松就指出，审批的独立性非常重要，要垂直到总行，审批部应对首席风险官负责。当时考虑到工商银行的信贷业务传统上以区块管理为主，直接彻底地对审批部门进行垂直管理，可能与中国国情不太相符，所以总行只提出了授信审批在一级分行层面以下实行垂直管理，总行层面暂未实行。

经过三年多的建设，尤其是今年上半年以来，全行授信审批体系垂直集中管理取得了较大进展，但各行进度仍不够一致。截至6月末，全行共有21家分行已按照总行要求基本实现了辖内授信审批系统的垂直集中管理，还有16家分行尚未完全实现。总行在今年4月、5月连续召开了三次授信审批专题座谈会，其中最主要议题就是信用审批的独立性问题。我在会上提出，各一级（直属）分行要坚定不移地推进授信审批体制的垂直集中管理改革，全面实行一级分行在人员聘任、业绩考核、薪酬发放、工作管理等方面的垂直集中和统一管理，尚未实现垂直集中管理的分行要按照总行有关文件精神和工作要求，制定时间表，落实责任制，重点抓落

实，分行主管授信审批副行长要作为第一责任人，保证在2009年第三季度完成这项工作。

（三）为什么建设独立的授信审批中台如此重要。3年多来，信用风险管理体系在总行层面已非常清晰了，但是在部分分行，独立的信用审批体系建设进度离总行的要求还存在差距，差距主要是思想认识上的差距。影响效率还不是主要的，主要是思想认识的差距。近期我在一些分行调研时，一些分行的同志甚至包括授信审批部门的同志向我反映授信审批实行垂直集中管理会有这样或那样的问题，不应该搞。我对这些说法不太理解，不知是他们怕影响效率、还是怕承担责任，或是怕工作量太大管不过来。我认为，同志们在授信审批垂直管理这个问题上必须从全行业务发展的全局考虑问题。还有一些同志向我反映，大中型客户的信贷业务审查审批适合搞垂直集中管理，小企业和个人信贷业务量大、时效紧，不适合搞垂直独立的授信审批，这属于思想认识上有偏差。我们允许在现阶段实行派驻审批人制度，即把审批人派驻到当地分支机构从事审批工作，甚至允许派驻专职审批小企业和个贷业务的审批人，这样不但不会影响效率，而且有助于建立一支专业化的审批人队伍。但同时需要强调的是派驻审批人必须由分行授信审批部分部或组统一负责聘任、业绩考核和薪酬发放，以保持派驻审批人工作的独立性。

为什么我们一定要强调中台独立，而且对小企业、个贷也要强调中台独立呢？这是因为：在市场经济条件下，人的自我约束能力是有限的。在计划经济条件下，市场主体都是国有企业，政府计划决定资源配置，个人利益处于从属地位，经济运行主要着力于贯彻国家方针政策，银行前中后台独立不独立无所谓。在市场经济条件下，投资主体多元化决定了利益主体多元化，个人利益是市场经济发展的动力，这与计划经济截然不同。在这种情况下，人的自我约束能力是有限的，一旦诱惑力或压力超过约束力时，自我约束机制就要失效，道理非常简单。如果没有今天严格规范的信贷审查审批制度，即使有很高思想政治觉悟的审批人恐怕也很难顶得住来自各方面的强大压力。所以，现代商业银行信贷业务要靠机制、靠程序来管理，而不能仅仅是靠人来管理。

针对2008年第四季度以来全行贷款集中快速投放的态势，为进一步了解全行贷款投放的合规性和风险管控的有效性，提升全行经营管理水平，总行集中抽调400余人，组成20个检查组，分赴35家分行，从8月10日开始集中50多天时间对全行去年10月到今年6月新发放的贷款进行了全面检查。检查中我们发现个人住房贷款和个人商用房贷款中的假按揭或批量还款等疑似假按揭的现象仍然存在。其实发现假按揭的方法并不难，检查组的人通过两点去发现假按揭，一是批量还款，二是打电话。我们检查人员给借款人打电话，借款人马上否认曾经从工商银行贷过款。手续并不复杂。但这个问题屡查不绝，我们中台干什么呢，中台有一个职能就是直接给客户打电话核实，难道中台的人没核实，或核实了却假装不知道，这就很值得我们深思了。我觉得根本原因是个贷审批的中台没有独立，营销、审查、审批都在一个分支行范围内完成，缺少责任制衡。因此，中台必须独立，特别在小企业和个贷领域更要独立。很简单，中台审个贷，如果坚持打电话，则99%的假按揭就可以避免。

希望大家打消顾虑，不要再商量、讨论该不该独立的问题，包括小企业和个贷业务的审查审批也要独立。只有中台独立了，总行才敢放权。中台独立是总行扩大转授权的基础和前提。

至于中台独立后是否会影响效率，这个问题我没有做过统计。但我认为即使影响了一天、两天的效率，如果能够减少案件的发生也是值得的。今天在座的都是一级分行授信审批部的总经理、副总经理，今天我要再次对你们强调垂直独立的审批体系建设问题，你们回去要做主管副行长、行长的工作，要坚定不移地推进中台独立。我们在年内实现授信审批垂直独立的目标是不会变的。10月份，总行信用审批部要对每个分行的情况进行评估，并专门开会研究，分析哪些分行已经落实了，哪些还没有落实。对于没有落实的，我要亲自打电话督促。对于到了年底仍未按照总行要求实现授信审批垂直集中管理的分行，总行将会对其向二级分行的转授权进行限制。

（四）工商银行的风险文化是建设独立中台的文化基础。在座的各位今天坐在这里听我讲课，并且能认同我的观点，是因为我们有一个共同的文化基础——工商银行的风险文化。如果没有这个基础，放在十年前你们可能听不进去我今天说的这些话，至少对前中后台分离会有不同看法。但今天，我们思想认识基本统一，对流程银行的印象更为深刻，很重要的基础就是工商银行风险文化已经形成。工商银行从1999年以来经过十年发展，才形成了工商银行的风险文化，是十年磨一剑。

以前，我们对文化的认识不很深刻。记得我在1999年前后出访欧美的商业银行时，座谈中他们的高管几乎都谈到了商业银行文化建设的问题。我当时认为，这种文化建设不就是思想教育吗？从解放以来，我们年年搞思想教育，现在需要的是制度建设，首先要把制度建设好，按照制度办事，思想教育是第二位的问题。但是到今天，回过头来想他们当年的论述，觉得非常有道理，文化建设对于市值世界第一的商业银行来说，是必不可少的组成部分。工商银行的文化如果建设不好，工商银行的风险管理制度再好也没有用。制度和文化，就如同一台计算机的硬件和软件，缺少硬件或软件计算机都不可能正常运行。

2007年我在党校学习一年，也抽时间研究了有关文化的一些内容，感觉文化是一个影响力非常深远的领域。仔细想一想，人类能够留下的是什么，财富留不下，不灭的是文化，只有文化。一个民族如果没有文化就会灭亡，人类一代代继承和相传的就是文化，民族是以文化为特征而延续的。三个代表，其中一句就是代表先进的文化，非常深刻。最近30年来，中国经济崛起和发展令世界瞩目，GDP总量已位列世界第三，中国的古老文明和文化又进一步在世界范围内兴起，甚至连美式英语都加入了中国式表述，比如美式英语说“好久不见了”，就是“LONG TIME NO SEE”，这一表达方式已收录进美国词典。所以，影响力要靠文化，文化是一种软实力。

中国在秦朝时期就建立了集权式的封建国家，为什么封建社会一直延续了两千多年，其中传统文化对中国封建社会的制度影响非常之大：一是商鞅时代建立了官僚制，二是产生了孔孟儒家文化，三是建立了科举制度。后两点，儒家文化是核心，科举制度就是要大家学儒家文化。儒家文化在一定程度上起到了有利于维持社会稳定的作用。我们抛开其中封建的一面不提，单看文化的影响和文化的力量，两千年来一直在潜移默化中起作用。

回到银行管理方面，只靠制度，肯定不行，如果在思想观念里没有风险意识，所有的规章制度都会束之高阁，无法发挥作用。比如某国有商业银行的金库失窃案件，事后总结教训，很多人认为是由于银行工作人员有章不循，有制度不遵守，我觉得其实主要还是风险文化缺失的问题。银行的五名现金管理中心管库员都能明目张胆、大张旗鼓地进入库房拉着钱去买彩票，这是制度问题吗？我觉得是风险文化问题，这些人根本就没有风险文化和执行制度的理念。制定了再好的制度，对于“和尚打伞——无法无天”的人也是没有约束力的。所以，大家不要忽视文化的存在和思想教育的作用。我一直主张对我们的员工进行持续不断的培训和教育，将工商银行风险文化根植到员工脑海中，他们在工作岗位上执行规章制度的理念就会大大强化，防范风险的能力也会大幅增强。有了这样的风险文化，建设独立中台就有了共同的文化基础，才会得到大家的理解和支持。

二、垂直独立信用审批体系的几个要点

关于如何建立垂直独立信用审批体系的问题，2008年以来总行先后制定下发了多个文件，主要有：《关于组建授信审批分部与信贷管理分部的指导意见》、《关于完善授信审批分部（工作组）垂直集中管理的意见》、《关于规范和完善分行信贷业务集体审议制度的意见》和《关于加快完善信贷业务集体审议制度的通知》等一系列文件，请大家务必按照上述文件的具体要求开展相关工作。今天借这次培训的机会，我主要讲几个要点以便于大家掌握。

（一）分部的人员聘任、日常管理、业绩考核、薪酬发放等方面要独立于二级分行，由一级分行负责。人员由谁聘任，工资由谁发放，费用由谁支付，考核由谁管理，这些是评估垂直独立的信用审批体系是否真正建立的核心指标。授信审批部门人员的绩效考核应采取定性与定量相结合的方式，可以征求所辖二级分行的意见，但要以一级分行为主进行考核。在考核中既要考核工作量，也要考核质量和效率，工作量要有考核指标，审批质量也要有指标。可以通过电子化审批系统监督分部人员审批的质量和效率。

（二）派驻审批人员可以在授权范围内与当地行有权签批人实行“双签”。各一级分行可以根据辖内金融资源分布、区域特点、集约化管理等情况，对一些业务量大的分支行派驻审批人员，统一履行对公（含小企业）以及个人信贷业务的授权审批职能。派驻审批人在驻地行工作，业务上由省（区）分行统一指导和管理，对省（区）行审批部门负责，在人、财、物等方面与二级分行相分离，由省（区）分行直接管理与考核，这一点要明确下来。不仅只是大客户的业务集中，小企业和个人信贷业务也要集中管理。

（三）大额贷款要统一营销和一站式审批。总行提出分层营销管理体系改革的总体要求是各级行直接营销对应层次的公司客户，对于大客户的信贷业务，要通过分层营销和一站式审批来提高对客户的服务层次和营销效率。总行公司业务一部成立后，一直在研究怎样与各一级分行形成统一营销体制的问题，本着突出重点、区分层次的原则，探索尝试了很多办法。如曾经考虑对大客户制订营销服务方案，这些营销服务方案事先经过行内流程审批，在一定时间内可以按此方案对客户提供服务，但操作中遇到了一些困难，一直没有全面推开。另外，如何适当整合各级行的营销职能问题，也是一个难点，对于支行客户经理而言，与二级分行、一级分行、总行形成了四级营销关系，在职能管理上分属于四级，业务上能否形成统一，调查报告先由支行客户经理报二级分行审查，经二级分行报一级分行后再报总行，是否叫做统一营销，下级行上报营销方案时是否一定要经过由下而上的行内公文流转形式，这些问题都还没有得到很好的解决，因此，为了真正提高效率，目前的统一营销和一站式审批模式还需进一步完善。

一家股份制商业银行的同志曾经和我谈到，股份制商业银行管理人员的管理模式与工商银行有较大不同，他们的管理人员的主要精力不在管人，人主要靠机制来管，管理人员的收入是与其能带来的效益挂钩，包括利润效益和风险管理效益。如果把工商银行营销和审批的每个环节人员进行分析，并同小银行进行对比，不难发现，我们管人的人比较多，而管事的人却较少。当然小银行发展的机制不能完全为工商银行所适用，但启发之一是我们的科长、处长是不是就不再管客户了？职位上升是否就意味着不再做业务了？如果把管理人员当成了

官，确实就不应再做业务了；但如果当成了拥有更大权力的营销人员，则应该做更大客户的业务。实际上，就商业银行而言，经营才是第一位的。工商银行应该创造更多的经营点，压缩管理点，特别是纯管理点。

总行审批的文件，到我手里，最少签字15人。我经常想，到底每个人都起什么作用，负什么责任？好像都负责任，又都不负责任。其实在信贷审批中，对大客户，关键是把握住三个点。第一点是营销点，在营销的尽职调查报告中，怎样保证资料的真实性、合规性、完整性问题。第二点是评估点，应该有相对独立的人员做项目评估，评估也是尽职调查报告，只是换另一个角度进行尽职调查。第三点是审查审批点，结合尽职调查报告和评估报告来做审查审批，形成审查报告和审批意见。把这三个点都控制好，一个项目的风险就是可控的。这三个点中，每个点需要多少人对这个点负责？需要多少人进行签字负责？这些问题，是比较深层次的问题，到现在还没有很细致的研究。所以，大额贷款的统一营销、一站式审批模式还需要做很多研究工作，目前并非十全十美。

（四）小企业贷款和个贷要推行“2＋1＋2”的审批责任制。我们对小企业贷款和个贷到底该怎么审批还研究得不够深透。在总行层面应具体由哪一个部门牵头研究这一问题，到底由谁管也不够明确。我们对小企业、个贷审批的管理是一个薄弱环节，到底应该怎么做，我们应该好好研究一下。我们现在还有相当一部分行认为中台独立不必包括对小客户和个贷审批进行独立。但我觉得，对小企业和个人信贷业务才更应强调中台独立的重要性。目前我们对小企业信贷业务基本下放了信贷审批权限，如规定对于融资余额在1 500万元（含）以内的小企业流动资金贷款和贸易融资业务，或一年期以内，以合法足值房地产抵押、融资余额3 000万元以内的小企业流动资金贷款和贸易融资业务，可不再进行集体审议，但要实行双人签批制度。但在小客户审批机制中如果没有制约机制，如果对小企业信贷业务审批权力没有制约，前中后台分离的审批责任机制就不够成熟。

我认为，小企业和个人信贷业务要坚持“2＋1＋2”的业务流程，“2＋1＋2”是指个贷和小企业贷款的流程包括前台两个调查环节、中台一个审查环节，授信审批分部负责人和二级分行主管行长双签等5个环节。在审批阶段，应该有授信审批部门负责人或其派出负责人审批，再交当地行行长签批，即双人签批。要做到前台和中台独立，“2＋1＋2”足够了，最怕的是前台单人营销，中台表面独立，这种机制即使再加10个人签字也不能控制风险。所以小企业和个贷业务，可以实行5人审批，但要做到双人营销，中台独立。

（五）专职审议制度。专职审议制度是垂直独立审批体制的重要组成部分。总行现在有两个层面的信贷集体审议会议，第一个是总行信贷审查委员会，由总行行领导、首席风险官、各部门总经理、副总经理、专职审议委员组成，每次15人参加会议，进行集体审议；第二个是总行信贷审议中心会议，有4位专职审议委员，还有6位是各部门副总经理抽调出来交流至信用审批部担任专职审议委员。两个委员会主要按照审议金额的大小在审议范围上进行了划分，已经运行了3年多，效果不错。我是信贷审查委员会的主任委员，我们审查贷款，一上午审议5—7个项目，如有比较简单的项目加入一般也不会超过10个。即使这样，差不多一上午3个小时，一个项目审半小时，一上午审6个项目。就是说，平均审一个项目在半小时左右。这怎么能审得细呢？再有能耐也审不细，必须保证一定的时间审议项目才能有效果。而审议中心不一样，他们的工作是专职的，虽然有4个专职，6个担任副总经理但工作基本上抽出来了，10个委员，事先介入项目，从头审到尾，他们的工作很细，审出的问题很多很具体。我和他们说，当专职审议委员，就是要从字缝里看出问题来，这就是专职审议委员的职责，要审得细。他们审议项目，比信贷审查委员会开会审得要细得多，我知道在我主持的会上，委员们不好意思提特别细的问题，因为讨论时间不够。所以我讲，一定要大幅度下放权力，总行要走专职化审议道路，信贷审查委员会只审少量、大额的项目，其他一律放到审议中心审议。总之，我认为，专职审议制度应是工商银行今后改革的一个方向。

专职审议委员是来自信贷业务前中后台的专家，有利于对业务的全面把握和工作的相互促进，同时在一段时间内专司业务审议，有利于委员们对信贷工作的系统思考和对报审业务风险的深入剖析，更好地识别和控制业务风险。总行信贷审议中心的运行经验表明，专职审议制度对于提高审议效率、确保审议质量起到了明显效果，今后要进一步对信贷审议中心扩大审议权限、增加审议工作量。

实行专职审议制度，是提高审议效率，保证审议质量的重要举措，总行要求各一级分行实行专职化审议的目标没有变。到目前为止，还有部分一级（直属）分行专职审议制度建设和人员选拔工作进展迟缓，有些分行还都是兼职，一次审20多个项目，甚至传签，以传签表示开会。一次审20个项目，会议纪要都没有办法写，只能罗列，说大家都同意了。传签不能叫审议，更不能叫委员会审议。这些做法都不太合适。到今年底，各一级（直属）分行专职审议制度建设要有明显进步。考虑到各分行的实际情况，如果个别分行全配专职审议委员有困难的话，可以先配1/3，剩下的逐步再配。此项工作可以分步实施，但今年选聘到位的专职审议委员人数必须达到分行集体审议会议委员总人数的1/3—1/2。一级分行层面应该只设立一个集体审议机构，审议人员应基本固定，要一事一议，不能打包审议或

"传签"，为了保证审议质量，一次会议审议事项原则上不得超过10个。在信贷审查会议的具体组织上，建议每个一级分行也可以实行前台和中台分开汇报的形式，总行审贷会上对总行直接受理的信贷业务基本上是前台和中台分别汇报各自部门的意见，总行公司业务部门和投资银行部按受理分工分别汇报尽职调查报告，中台授信业务部和信用审批部按业务分工分别汇报审查意见，一级分行也可以借鉴此种模式。

（六）审批人资格管理制度的建立。总行从2004年以来就一直注重抓信贷审批人队伍建设，形成了一套较完善的考试和资格认定制度，这项工作抓得很有成效，大大推进了我行信贷审查审批队伍的专业素质建设。这几年，高级审批人考试，每次均有上千人参加考试，由总行信用审批部负责人亲自出题。这次的考题我也认真答了，基本能考过，题出得不偏，注意了对审批人基础知识掌握情况的考察，如考不过确实不适合当高级审批人。高级审批人制度建立得很好，下一步，要考虑进一步完善的问题，包括考试时间、参加条件、题库、聘任程序都要规范起来。没有考试取得高级审批人资格的，即使你是行长，也不能审批贷款，这要成为一种制度。

（七）电子化审批流程问题。目前电子化审批系统已初步开发完毕，部分功能正在优化和修改当中。对于各行报总行审批的贸易融资、贷款展期、重组、再融资业务，以及上海、福建、山东等10个分行报总行审批的项目贷款也通过CM2002系统电子流程进行操作处理。现在我也开始通过电子化流程审批贷款，对个别不太友好的界面还提出了修改意见。总行和总行领导使用电子化审批流程审批信贷业务，是我行信贷管理体制的重大改革，最终努力的结果是完全取消纸质文件。大家在电子审批流程推广使用中可能会发现很多问题，可以提出来修改，逐步优化。审批流程电子化对于提高信贷审批水平是非常有帮助的。

独立的信用审批体制的要点主要是以上这几个方面。大家要共同思考在今后工作中怎样完善和建设好垂直独立的信用审批体制，把这七个方面工作做好。

三、以创新精神做好信用审批工作

商业银行是在创新中发展的。商业银行通过创新，把发展、监管、风险三者有机结合起来。信用审批工作就是要有效控制风险，提高审批效率，风险与效率是审批工作的目标，同等重要。没有效率就没有市场，也就没有发展，但风险控制不好，就没有资产质量，也同样没有发展。市场占比反映竞争能力，竞争能力的提高要靠创新。

我行今年信贷营销和审批中的创新力度很大，今年我行信贷业务的较快增长与创新工作抓得好有直接关系。总行年初下发了固定资产支持融资、项目搭桥贷款、项目前期贷款、项目营运期贷款、并购贷款等一系列产品的管理办法，这些产品在同业中是领先的，有非常好的效果。比如固定资产支持融资，目前绝大多数分行向我反馈的意见是正面的，都认为产品创新得好，很有市场。实际上，固定资产支持融资恰恰是把握住了贷款还款的两大来源，第一是对项目现金流进行评估，评估折现后倒算可偿债能力，第二是抵押，实际上信贷管理的要义即是把第一、第二还款来源押得住，正因为把握住了这两大还款来源，所以这个产品有很强的生命力。明年总行要进一步对固定资产支持融资的管理办法进行完善，争取在今后的信贷工作中能发挥更好的作用。

今年上半年，我们做过10年甚至更长的搭桥，但7月份后情况有所变化。银监会对搭桥贷款给予了更为明确的解释，期限不能超过5年，领域只能限于非生产性领域，搭桥贷款不能作为项目资本金，这些与年初文件相比有了变化。根据这些情况的变化，总行也要及时做出政策调整，比如搭桥贷款的期限，再超过5年就不行了；对煤炭行业发放搭桥贷款，就不合规了；直接给项目公司发放搭桥贷款，也不行了。随着我国经济复苏，银监会有可能还要进一步收紧搭桥贷款。所以，今天明确，今后审批搭桥贷款时，期限不能超5年，领域限于非生产性领域，不能给项目资本金搭桥。

除了今年创新的上述五个产品以外，我觉得还有几个领域也可以探索创新。当然有些工作可能还需要总行研究明确意见以后，你们才能做。我这里先把思路讲出来，供大家在工作中研究思考。

一是信贷与其他融资组合的创新。总行已审批过这类创新业务，即一方面同意发放贷款，同时同意在审批金额内提供组合贷款，组合融资。信贷与信托+理财可以进一步探索完善。

二是信贷+租赁的组合创新。比如湖北武汉的地铁项目，工银租赁已经做了一笔租赁业务。我们可以考虑通过信贷和租赁联合运用来为竞争性的优质项目提供融资。

三是信贷与信用卡的组合创新。这次信贷大检查汇报的突出问题之一即是贷款以后资金流向监控不严，造成贷款被挪用。不仅法人客户贷款存在这个问题，个人客户贷款也有这个问题。如果在个人综合消费贷款管理中能把信贷业务和信用卡业务结合起来，信用卡不能提现，只能刷卡，去向立刻就知道了。将信用卡透支账户与银行账户进行联动，用信用卡消费替代签订借据，用刷卡消费的记录监督银行信贷资金流向，就可以很好地解决信贷资金流向控制的问题。

除了信贷产品创新外，我们在审批方式上也有了很多创新内容，比如一站式审批，比如带有前提条件的审批以及授权审批、全额审批的同时按比例承贷、组合型审批等。我们今年在评估、授信方面也做了很多创新，力度比往年要大，比如新增了调评合一、评审合一、授权评估等优化评审的流程。这些审批形式，都具有较强的中国特色，都是为了适应中国国情和实际的市场竞争形势而创新出来的。但是，不管怎么创新，根本点是审批责任要明确和清晰。

下一步，在审批方式上还有几个内容值得探讨。

第一，信贷审批，包括信贷管理，怎样与企业自身的风险控制机制有机地结合起来。一个企业自身如具有较强的风险自控能力，对于我们降低信贷风险是很有帮助的，总结以前我们营销和审批的一些贷款，各项经营指标很好的企业最后可能也会陷入困境，说明仅仅通过经营财务指标是很难反映其实际风险控制能力的。

国庆前，华为技术有限公司的财务总监带队到工商银行拜访，介绍了华为的风险控制体系及实施情况，包括他们怎样选择客户，对应收账款是怎样进行风险评估的和分类管理的，并且提出了愿意与工商银行合作，希望工商银行对他们的风控体制提出建议。华为建设的风险控制体系的努力对我启发很大，我当时提出了银企风险管理体系对接的研究课题，提出要研究如何将银行风险管理前移至客户端，最好能实现计算机系统的对接，就能进一步提高我行的风险管理水平。我们不仅要为客户提供贷款，还要为客户提供风险服务，在同业中占据高端位置的银行肯定是为客户提供了良好服务的银行，如能将我行的风险控制机制与企业的风险控制体系有机结合起来，不仅仅是在帮助企业，实际也是在帮助我们自己。如果工商银行每个一级分行都建立 15 户这样的双赢的银企关系，银企进行风险共管，把风险控制端口前移，把我们的风险和客户风险联系一起，企业和银行就能共同支持，共同发展，我们和客户的关系就会更加紧密。所以，怎么把我们的风险控制和客户的风险控制结合起来，还有很多工作去做。

第二，四条产品线与审批体系的关系。这个问题需要总行有关部门进一步研究，主要涉及总行公司业务二部，对于公司业务二部负责的一些产品线与审批部到底是什么关系，怎么衔接，也需要探索研究。

第三，网上审批的问题。这是新鲜事物。工商银行现在网上审批实施进度比较慢，怎么审批大家还不熟悉，但已提上议事日程，明年就需要商议确定，是机器自动审批，还是一批人专门审批，责任怎么界定，审批哪些品种都需要明确。目前有些小银行已经开始在推行网上审批，工商银行也要抓紧研究，否则几年后就会落后。

最后一个问题，是要抓好廉政建设和队伍建设，要带出一支清正廉洁，能打硬仗的队伍，培养一大批合格的审批人才。这个问题，大家都明白，但关键是要年年讲、月月讲、日日讲，只有这样才能做到警钟长鸣。因为对审批队伍来说，廉政建设是前提。我每一次到总行信用审批部座谈，最后都要讲到廉政建设问题。我们在座的是工商银行信用审批领域的关键人物，尤其那些想得到贷款的人更是会想方设法地做你们的工作。这时，只有保持清正廉洁才能让你远离各种利益诱惑。所以我们搞信贷的同志，首先要廉政，审批人不能有太多私心杂念，背后的事不能太多；其次要廉洁审贷，否则队伍就不好带。总的来说，这几年一方面靠程序、靠流程，另一方面靠思想政治工作、靠教育工作，审批领域和信贷领域的案件越来越少，说明廉政建设取得了较好的成效。

积极探索 勇于创新 不断提高授信评估工作水平

——在中国工商银行授信评估部门负责人培训班上的讲话[①]

牛锡明

（2009 年 11 月 2 日）

这次培训班是在我行很好地贯彻了国家积极的财政政策和适度宽松的货币政策情况下举办的。全行授信评估工作坚持了“区别对待、有保有压、结构调整、有进有退”的信贷原则，积极探索、勇于创新，优质高效地完成了授信评估的各项任务，为全行信贷业务健康发展作出了贡献！

我今天讲三个问题：第一，授信评估工作取得了显著的成绩；第二，要把工商银行的风险文化贯穿于授信

① 根据录音整理。

评估工作全过程；第三，以创新精神做好授信评估工作。

一、授信评估工作取得了显著的成绩

2006年我行上市前，总行成立了授信业务部和信用审批部，这标志着前中后台分离的信用风险管理体系已经初步形成。在这个体系中，垂直独立的授信审批体系是重要的组成部分。这几年授信评估工作主要进行了以下改革：

（一）授信工作进行了四项改革。一是实行了总体风险控制与个体风险控制相结合的授信方式，更加注重授信风险总量的控制。同前几年相比，这方面我们有了明显的改进。二是试行了自下而上与自上而下相结合的授信方式。原来授信审查都是先由基层行做出方案，然后逐级上报到有权行审批。这几年我们开始对部分房地产集团客户和部分总行牵头营销集团客户采取自上而下与自下而上相结合的授信总量控制方法，对这些客户不再逐户、逐项目地核定授信额度，而是从总量风险控制角度核定授信总量。这是授信所做的一项改革，已取得初步成效。三是探索了授权授信的模式，扩大了牵头行审批跨行关联客户的授信权限。一类行对跨行关联客户审批权限已由最初的5亿元扩大到60亿元。四是评级与授信的整合。评级工作下放到二级分行层面完成，不再逐级上报。评级跟着授信走，授信把评级作为重要的审查内容，而不是唯一的依据。评为AAA级客户，并不表明可以相应获得多少授信额度，信用等级与授信额度间并没有绝对的对应关系，给多少授信还要看授信的审查。今后评级主要有两个功能：首先是内部评级法应用的载体，通过评级来看客户的违约概率和违约损失率；其次是制定基本信贷政策的依据。

（二）中长期项目贷款评估工作也进行了积极的改革。一是项目评估的标准化，投产了中长期项目贷款评估系统。项目评估也像企业信用评级那样，分成了若干个等级。二是推出了五种评估方式，由原来的基本评估方式，扩展到了调评合一、评审合一、认同评估和授权评估，这在风险可控的前提下提高了评估效率。三是评估资质的管理。总行原有117名信贷评估委员，今年又增聘了72名，使得总行评估委员达到189名。在这几年的信贷工作中，我们基本上保持了项目评估的相对独立性。实践经验告诉我们，调查、评估、审查三位一体的信贷审查流程是必须的，虽然为了提高效率，对某些行业在风险可控的前提下实行了调评合一或评审合一，但这仅是在某些行业中实行并随情况变化而调整。从总体上看，调查、评估、审查三位一体、相互制约的体制在信贷审查审批流程中必须坚持。

（三）从押品工作来看，我们已逐步形成了一套培训、考试、选拔、认证的资质管理体系，先后认定236名人员取得一级分行级押品价值评估审查资格、281名人员取得一级分行级押品价值评估审定资格。这说明押品价值评估方面专业化队伍已初步建立。从业务上看，实现入库押品近11万宗，对应融资余额1.2万亿元，全行抵质押缺口总额为380亿元，缺口率3.11%，风险基本可控。

以上是我们近几年来在授信评估方面所做的工作。回过头来看，今年的授信评估工作比2005年有了很大的改进，这是你们积极开拓、勇于创新的结果，你们做了非常好的工作。

二、要把工商银行的风险文化贯穿于授信评估工作的全过程

文化非常重要。人类社会能够传承下来的就是文化，不灭的是文化。银行的文化也是银行管理的根基，工商银行风险文化的精髓就是稳健经营与开拓创新。这种文化是工商银行活的灵魂，是工商银行管理的基础，也是工商银行的执行力。

什么是工商银行的风险文化，现在没有统一的说法，我把它归纳成七点：

（一）依法合规，稳健经营。这是工商银行的根。通过1999年到现在10年的改革发展实践证明，作为一个拥有11.6万亿元资产、5.5万亿元贷款、10.5万亿元存款的世界级大银行，一个拥有数十万员工、1.6万个网点、上亿客户、结算量占全国第一的大银行，它的根只能是依法合规，稳健经营。工商银行好比是一颗大树，它必须扎根在依法合规，稳健经营的土壤上。只有坚持这样一个基本原则，工商银行才能稳健发展。所以我觉得无论处于工商银行什么样的工作岗位，依法合规、稳健经营的基本理念都应该深深扎根在脑海中。如果说社会上要对工商银行做出评价的话，我觉得应该评价工商银行是一个稳健经营的银行，我们也应该去争当稳健经营的银行。

（二）流程为本，程序至上。治理银行靠什么？靠流程、靠程序。有人可能会反驳说，毛主席当年是用机动灵活的战略战术打天下的。的确，在共产党打游击战的时候，必须要用灵活机动的战略战术，在那样的条件下，谁能够发展就谁先发展，采取什么措施能够发展就采取什么样的措施。但今天我们已经成为世界第一的大银行，不大可能再用游击战争的策略去经营，我们需要靠一套规范的流程、规范的程序去治理工商银行。再者我们内部要控制风险，也需要靠流程、靠程序，没有统一的流程和程序显然行不通。美国治国的理念就是靠程序，它的总统靠一套规范的程序选举出来，再由总统行使职权，治理国家。靠流程、靠程序来治理，是法制不是人治。这种法制具有延续性，而人治就做不到。要避免经营的随意性，就要靠流程、靠程序，所以工商银行在今后的经营中要坚持流程为本，程序至上，这是我们经营当中一个非常关键的问题。

（三）分散风险，鸡蛋不放在同一个篮子里。防风险是防什么？防风险不是防损失。损失是一种现实的，而风险是一种潜在的可能性，它可能造成损失，也可能不造成损失。有时候大家对风险的判断，仁者见仁智者见智。防风险怎么防？都是根据现有的信息、根据我们自己的能力去判断风险，这意味着我们的判断会有失误。即使你看一个项目、一项业务现在一点风险都没有，并不意味着将来也没有风险。此时你所说的没有风险是基于你现在所掌握的信息，这意味着在你所掌握的信息之外，可能还有你不知道的信息，以后事件的发展轨迹可能会超出你的判断，这两种可能性都是存在的。所以我们防范风险唯一的办法就是分散风险，不把鸡蛋放在同一个篮子里。一旦哪里出了风险，我们所承担的损失是有限的，不会伤筋动骨。银行贷款本身就是风险的经营，我们不能拒绝风险，如果把风险全都拒绝了，什么款都不贷，办银行也就没有意义了。办银行要赚钱就要承担风险，拒绝风险的方式是不现实的，我们只能采用分散风险的方式，鸡蛋不放在同一个篮子里。

怎样分散风险呢？方式多种多样，但最管用的还是三点：

首先是看得见、摸得着、押得住。搞贷款就需要看得见、摸得着、押得住。世界上所有的银行办理商业银行信贷业务，都坚持看得见、摸得着、押得住，虚无缥缈的事不干。对于那些看不见、摸不着，说起来头头是道，听起来玄玄乎乎的，商业银行是不做的，这是信贷业务的一大特点。要做就做比较实在的业务。

其次就是名单制，制定政策后，总有一些客户不能完全符合政策，又要做业务？怎么办？就得实行名单制，这是我们防范风险的一项很重要措施。有一次刘永好到工商银行总行来，提出了一个观点，他说，风险百分之五十来源于客户，要是把客户的风险防范好了，就可以把百分之五十的风险防范掉。那我们怎样防范客户的风险呢？最好的办法就是名单制。所以在我们的行业信贷政策中就存在名单制，哪一些客户是积极进入的，哪一些是适度进入的，哪一些是维持类的，哪一些是退出类的，都可通过名单制来规定。我们对房地产开发企业也是实行名单制的，列入名单的我们才支持他的项目。名单制是防范风险的很好措施。

再次是好苹果吃一半。有些人跟我说，既然是好苹果，我们就应该百分之百地吃，为什么要吃一半？说得有道理。但关键是，你怎么判断它是好苹果啊？无非就是通过外表看它是一个好的苹果，非常光滑，色泽鲜艳，漂漂亮亮。可它底下可能有个虫眼，你要掰开后，它里面可能还有虫子，这在它还是一个整苹果的时候是看不到的，这就是信息不对称。你不可能掌握所有的信息，当你把整个苹果全部吃到肚子里的时候，你就等于把所有的风险都吞下了。所以在经营当中，即使看到的是一个好苹果，我们也应该坚持占有一定的比例。现在总行在审批项目的时候，特别是对一些拿不准的项目，就要求分行去找另外一家银行组成银团贷款，或者大家联合起来干，不要我们一家干。为什么？就是因为好项目也有失手的时候，一旦失手了，几家银行共同做的项目，可以共同去面对借款人，这种压力比我们单打独斗要好得多。所以在经营当中我们应该有这样的理念，任何好的业务，我们都应只占一定的比例，不要所有的利益都占尽。这就是我们的风险文化。

（四）信贷创新。稳健经营是根，那么信贷创新是什么呢？信贷创新是发展的源泉。没有创新就没有发展的动力和源泉。如果说依法合规、稳健经营奠定了我们的根基，那么开拓创新就为我们的发展添加了动力。有创新才会有发展。今年以来，大家都有这样的体会，2月份感到信贷增长乏力，3月份连续推出了五个信贷创新产品——搭桥贷款、项目前期贷款、项目营运期贷款、并购贷款、固定资产支持融资，信贷一下子就增上去了，今年信贷创新产品占到法人贷款增量的45%，这就是信贷创新所带来的发展动力，所以说没有创新就没有发展的动力。

同时创新还是发展与合规的黏合剂。商业银行经营当中有三个点：第一个是发展点，第二个是风险点，第三个是合规点。发展必须控制风险，发展必须合规，但也要在合规和控制风险的前提下加快发展。这三点怎样结合？就要依靠创新，创新是把这三个点有机结合的黏合剂，通过创新可以使我们的经营既能符合监管要求，同时又能得到很好的发展，还能控制风险。

固定资产支持融资是一项创新。这是一个有着巨大潜力的信贷产品，如果把这个产品创新好了，今后几年我们还能获到很好的发展。固定资产支持融资有两大特点：第一押得住，第二有现金流，这两个特点就把第一还款来源和第二还款来源都紧紧扣住了，所以这是一个非常好的品种。但是它也有一个缺陷，就是贷后的资金流监管很困难，所以监管部门检查时，经常就现金流向和资金用途提出问题。如果明年我们把这个品种再改进一下，使其资金流向能够符合监管要求，那么还能够取得更好的市场份额，而且也不会扩大风险。

信贷业务与信用卡的组合创新是个新思路。信贷业务一旦审批后，使用起来非常方便，贷款利率也比较低。而信用卡最大的特点，就是可以跟踪资金的流向，通过刷卡记录可以很清晰地判断资金的用途。但信用卡也有一个弱点，就透支利率比较高，短期还可以，但如果透支期限较长，谁也不愿意用这种方式。我们能不能够创造一个产品，既使用方便，又能监管资金流向，利率还比较低，这就要靠信贷产品和信用卡的组合了，二者的组合能够创新出一个新的产品，这将在小企业和个人贷款中有巨大市场。所以“贷—卡”组合融资可以创出一片新天地。

信贷与租赁的组合创新也值得研究。租赁公司以设备为基础进行融资租赁，它先把设备买下来，租给客户使用，由客户分若干年归还租金。这些租赁款的归还是有保证的，我们可以与租赁公司开展保理业务，这一块的市场也很大。总之在信贷创新领域里面还是有很多工作可以做的。

（五）绿色信贷文化。绿色信贷也应该成为我行风险文化的一部分。现在大家都知道，环保已成为一个越来越受关注的课题。环保中实际包含两个问题：一个是环境污染的问题，排放的有害物质、有毒物质对我们的生存环境产生了污染；第二个就是碳排放的问题，排放二氧化碳等温室气体造成大气温度上升，会影响我们的生存。我国现在还处于控制污染的阶段，减少碳排放刚刚列入议事日程。环保不以我们的意志为转移，我们既要解决环境污染的问题也要控制碳排放，这些都不能影响经济的发展，可见困难之大。

污染问题和碳排放问题将对中国的经济发展提出巨大的挑战，中国的态度一直是愿意有条件、非义务地减排。今年9月22日，胡锦涛主席在联合国气候变化峰会上提出了中国新的减排计划，这个计划主要包含五点内容：

1. 气候的变化要纳入国民经济及社会发展的计划。

2. 2020年单位GDP二氧化碳排放比2005年有显著下降。国务院会议已经确定为下降40%—45%。

3. 2020年非化石能源占一次能源消费比重要达到15%。

4. 大力增加森林碳汇，争取到2020年森林面积比2005年增加4 000万公顷。

5. 积极发展低碳经济和循环经济，研发和推广气候友好技术。

综合各方面情况来看，哥本哈根会议上达成协议的可能性非常大，这会对中国的产业结构产生影响。因为在中国排放的50亿吨二氧化碳当中，工业是大头，占比达86%，其中电力、热力生产又占到36%。我行现在对电力行业的贷款有4 000多亿元，每年还要增加400多亿元。今后高碳排放的行业将会面临比较大的政策性风险，比如说准入问题、碳税问题，补贴问题、限制问题等，生产的成本也会大幅度上升。如果采用CDM机制，就是交易机制，一吨二氧化碳排放指标在欧洲的交易价格是20欧元，相当于两百多元人民币。如果说要搞回收，一吨二氧化碳的回收成本在186美元左右，显然回收的成本是巨大的，我们很难承受。所以，要根据这个大趋势，下一步在行业信贷政策上充分考虑环保风险问题，对高碳排放行业要实行更严格的准入标准，不然的话，若干年后，我行的信贷资产的结构要出问题。今后绿色信贷要成为我行信贷文化的重要组成部分。

（六）全流程电子化。10年来的经验表明，计算机的硬控制才能控制住风险。控制不能单单靠人，要靠计算机流程的硬控制，所以全流程记录才能建立起责任制，才能提高信贷管理水平。今年以来推行的信贷全流程电子化取得了很好的效果，我们将再用一年多的时间进行完善，将整个信贷管理全部纳入计算机控制中去。大家对这一点要有充分的思想准备，推行电子化是一个战略问题，全行上下必须要走到这一步。

（七）廉洁审贷的文化。这是授信审批工作中要特别强调的文化。在授信审批工作当中要特别强调清正廉洁的问题。审贷的权力要有制约，如果没有制约，这种权力就有可能滥用。审贷人员的权力是一种公权力，这种公权力是不能以权谋利的，公与私是要严格分开的。审贷人员要认清这一点，要有自我约束力。我每年都会到总行的授信部、审批部去调研，每次去都要讲队伍建设和廉政建设问题。我觉得在这方面不要期望讲一遍就能达到效果，要经常地讲、反复地讲，这样大家才能形成一种意识，在工作中才能够约束自己的行为。

三、以创新精神做好授信评估工作

（一）要完善“统一管理、分类指导”的管理框架。统一管理主要是三方面的内容：一是实施全球统一授信。要在工商银行集团层面进行全球统一授信，需要把客户、交易对手、国内机构、外资代理行、业务交易、境内分行与境外分行等全部都纳入统一授信范围，实现全集团“全球统一授信”的管理框架。二是尽快理顺信贷评估职能归口管理问题，保障信贷评估业务的独立性。现在全行还有几家分行的评估职能设在公司业务部门，而没有在授信审批部门，下一步要搞全流程的电子化，就需要做相应调整，评估职能分散不利于审批全流程电子化。怎么解决这个问题呢？基本的思路是要集中归口在授信审批部门管理。目前暂未调整的要满足两个条件：首先人员的资质要由授信审批部门统一管理，其次评估报告必须是由独立的人员做出，营销人员和评估人员不能合在一起，同时这个报告要交到授信审批部门复审，复审之后要实行双签制，也就是公司业务部门的人要签字，授信审批部门的人也要签字，然后由授信审批部门将其纳入到全流程电子化中。三是建立全行统一的评估人员资质认证管理制度，分层次培养评估专业人才，依据评估岗位职责要求和能力要求，统一组织开发培训课程体系和考核认证方案，争取尽快实现“持证上岗”，打造一支能够满足业务发展要求的信贷评估分析师队伍。要把工作重点从管项目转到管人上来，把评估人员资质认证管理的制度建立起来。

分类指导就是要根据不同客户、不同业务、不同分行的特点，实行差异化的评审方法与管理模式，重点完善代理行客户、国际金融机构客户、我行控股机构、债券投资、金融衍生交易授信评审方法与管理制度，不断提升全行授信业务的精细化管理水平，实现有效的分类指导。

（二）继续探索“自上而下”与“自下而上”相结合的授信方式。授信要重点控制客户的风险总量，这是授信工作的基本定位，而审批侧重于单笔业务的风险控制，这两者要区分开来。以后具体项目要按授权权限审批，同时审批人承担相应风险，而客户风险总量的控制要由授信部门来统一核定并管理。风险总量授信有三点需要研究：

第一是资产负债基准线和同业占比的问题，这是需要重点解决的。资产负债基准线该怎样定？依靠一个客户的情况是不能确定的，必须结合行业的资产负债基准线和客户的资产负债基准线来确定。行业基准线又怎么定呢？这个问题还需要下一步研究。还有就是同业占比的问题，授信中的同业占比是可以高于或略高于贷款余额同业占比的，但具体高多少，怎样来确定，不同行业怎样确定，这些都是需要研究的。

第二是授信总量下的品种限额和担保方式的问题。不能说对企业核定完授信总量就完事了，对不同的品种还要确定不同的限额。比如说，核定流动资金贷款授信额度后，必须满足一定条件才能使用这个额度，满足了条件就可授权分行去审批。再比如客户之间调剂的问题，只能在达到一定条件时才能调剂授信等，这些问题都需要在授信方案中明确。还有就是担保方式的问题，什么样的担保方式可以使用授信，什么样的担保方式不能使用授信，这些都需要在授信方案中做出原则性规定。

第三是客户风险控制能力的评审。以后这要成为授信审查的重要内容，包括在授信尽职调查和授信审查报告中。如果不对客户的风险控制能力进行评估，怎么能够确定它的风险总量呢，这是一个很简单的道理。在今后授信评估报告中，要对客户的风险管控能力，对外投资的决策程序，逾期贷款的清收能力等进行评审，以此来确定客户的风险自控能力。对风险自控能力弱的客户，要在标准值的基础上压缩授信。

（三）要“评授一体、两维并举”。评授一体就是把评级和授信整合起来，需要根据全行评级授信整合的总体思路，继续深化评级授信一体化管理，重点研究在授信额度核定和授信后管理过程中如何更好地利用我行内部评级法成果，研究评级授信流程的进一步整合，更好地实现两者同步发起和信息深度共享的管理目标。

两维并举就是综合授信与债项授信并举的授信体系，特别是债项授信怎么做，需要在总结分析我行现行债项授信做法的基础上，借鉴国内外先进银行的经验，进一步深化债项授信的方法体系和覆盖范围，通过综合授信与债项授信并举的授信体系提升授信工作的核心竞争力。

（四）要建立“上下协同、权责相等”授信管理体系。这实际是授信的授权管理问题，完善授信的分级授权体制，将一些授信业务逐步授权给分行审批。比如跨区域集团客户授信问题，可由牵头主办行或区域主办行来牵头负责授信，逐步建立起总行管全国性集团客户，跨分行区域中心管区域内集团客户，一级（直属）分行管辖内集团客户和大中型客户，二级分行管小型微型企业的分级授权管理体系。在建立这个体系的过程中，最主要的就是解决权责对等的问题，要行使什么权利，就要相应承担什么责任，权责对等的理念必须牢牢树立起来。

（五）要强化“刚性控制、弹性管理”的系统功能。按照授信管理标准化、方法科学化、审批电子化的要求，尽快实现全行范围内的评级授信业务电子化，从根本上提升全行授信工作运行管理水平；加快实现代理行授信系统与法人客户授信系统的整合、衍生交易系统与法人客户授信系统的挂接，实现授信额度在相关业务系统中的实时刚性控制。

在中国工商银行电子商业汇票营销动员会上的讲话

牛锡明

（2009 年 11 月 10 日）

今天，我们召开全行视频动员会，重点安排部署电子商业汇票的市场营销工作。下面，我讲几点意见。

一、电子商业汇票系统建设的基本情况

今年 10 月 28 日，人民银行电子商业汇票系统建成并投入运行，包括工商银行在内的 20 家金融机构顺利接入该系统办理电子商业汇票业务。该系统是一个依托网络和计算机技术，接收、登记、转发电子商业汇票数据电文，为电子商业汇票货币给付、资金清算行为提供相关服务，为纸质商业汇票登记查询和商业汇票公开报

价服务的综合性业务处理平台。

在此之前，各家商业银行票据系统相互独立，缺乏统一的票据集中登记机制和跨行交易平台，电子票据只能在行内客户间流转，无法实现跨行交易，存在成本高、效率低、风险大等问题，严重制约电子票据市场的发展。人民银行于2008年开始牵头组织建设全国统一的电子商业汇票系统，并要求各商业银行同步建设与人行系统对接的行内电子商业汇票系统。

根据人民银行要求，我行从去年开始同步启动了电子商业汇票系统的研发工作，并在今年9月中旬通过人民银行验收。我行电子商业汇票系统业务操作涉及网上银行、票据管理、信贷审批、资金清算、内部核算、风险控制等多项跨专业内容，并涉及主机核心系统、网上银行系统、资产管理系统（CM2002）、票据管理系统（BMS）等18个相关系统。我行的电子商业汇票系统，可以对网上银行客户签发的电子商业汇票实行集中登记存储，提供“互联互通”的流通转让平台，企业清算及融资过程中的出票、承兑、背书、贴现、转贴现、质押、保证、提示付款、查询、签收等业务可以全部通过这一系统办理。

我行电子商业汇票系统通过与人民银行大额支付系统连接，实现了到期电子商业汇票融资交易的即时交割与资金清算。客户可以通过网银渠道办理电子商业汇票业务，改变了目前纸质票据仅依靠柜面受理的传统做法，扩充了服务渠道。根据人民银行的统一部署，10月28日，我行电子商业汇票业务成功投产应用，在全辖9 000多个网点全部开通了电子商业汇票业务。当日，我行票据营业部及北京、广东、上海分行为客户成功办理了出票、提示承兑、提示收票、贴现、转贴现业务。从系统运行与处理情况看，各项业务开展顺利，操作环节运转有序，已经实现了我行电子商业汇票业务操作平台与人民银行系统的顺利对接，具备了进一步推广电子商业汇票业务的技术基础。

应当指出的是，人民银行电子商业汇票系统的投产应用，是我国金融信息化、电子化进程中的又一个重要里程碑，标志着我国商业票据业务进入电子化时代，对促进电子商务和票据市场发展将产生深远影响，也给银行融资模式、市场营销和信用风险控制提出了更高的要求。

二、高度重视电子商业汇票对企业和银行经营带来的深刻影响

电子商业汇票的推广应用，改变了传统纸质票据业务流转方式，将重新构造现有票据市场格局，促使商业银行票据业务向信息集中、资源集中、操作集中、运营集中的经营管理模式转变，并深刻体现在以下两个方面：

从企业角度看，电子商业汇票具有很强的吸引力。一是票据期限灵活，融资功能增强。电子商业汇票最长付款期限为1年，单张票据最大金额可为10亿元，分别突破了目前纸质商业汇票付款期限最长不超过6个月、单张票面金额不超过1亿元的规定，企业可以根据自身资金需求灵活约定支付期限和金额。二是可以显著降低融资成本。票据贴现利率实行市场化定价，与同期的贷款利率相比有着明显的价格竞争优势，企业可以主动转变融资策略，将有贸易背景的短期贷款置换为电子商业汇票，降低短期融资成本和财务费用（例如，现在1年期票据利率为2.23%左右，而1年期贷款利率下浮10%以后为4.78%，两者相差2.55个百分点）。三是可以提高资金使用效率。电子商业汇票允许企业根据约定向商业银行赎回已经贴现的票据，企业可以根据自身需要，有选择地贴现或赎回票据资产，盘活资金，提高资金的使用效率。四是可以提高集团企业和供应链核心企业现金管理能力。借助于网上银行平台，企业不仅可以便捷地掌握辖属分公司电子商业汇票的签发和贴现的全部情况，还可以掌握其与上下游供应商之间的货款往来情况，有效提高现金管理的能力和效率。

从商业银行角度看，既是机遇也是挑战。一是电子商业汇票流转和保管均通过计算机网络实现，不仅能够规避票据遗失、伪造、变造风险，而且能够使票据业务信息透明化，提高银行对于企业融资活动的总体把握与控制，增强业务的安全性，有效规避业务风险。二是电子商业汇票能够实现实时、跨地区流通使用，可在电子商业汇票贴现、提示付款的清算环节实现票款的即时兑付（DVP），有利于提高票据交付和资金交割的处理效率。三是电子商业汇票以数据电文形式存在，不仅可以节省人工成本、票据印制成本、降低票据保管成本，同时还使得产品标准化程度得到大幅提高，为商业银行产品创新研发提供了空间。四是商业银行可以通过电子商业汇票这一载体向贸易链条上的上下游企业客户延伸金融服务，以供应链融资模式，拓展业务发展空间，提升综合收益水平。

应当指出，由于贴现利率与贷款利率存在着较大利差，企业使用融资成本更低的电子商业汇票替代流动资金贷款的趋势将不可避免。同时，电子商业汇票依托网银的特性，使得票据市场的竞争由单纯的价格竞争向客户的竞争延伸，大型优质客户、企业集团、供应链核心客户将成为电子商业汇票业务竞争的焦点。

客观地讲，我行在传统票据业务市场具有领先优势，但电子商业汇票将可以使其他行规避在分支机构网络、票据专业化经营能力、伪假票据识别及风险防范能力等方面与我行存在的差距，成为分割与竞争我行票据业务的切入点，直接影响我行市场领先地位。如果应对不当，将给其他商业银行竞争我行优质客户资源提供机会。特别是一旦客户习惯在他行网上银行办理业务，不仅该客户在我行的短期贷款会流失，我行商业汇票的承

兑和贴现业务也会受到影响，上下游供应链企业在我行的存贷款以及中间业务也将受到影响，我行多年建立起来的客户资源和相关业务市场份额都将面临流失的危险。

三、切实加强电子商业汇票的营销工作

电子商业汇票是我国支付结算产品的创新。我行必须积极面对此项金融创新，在市场竞争中积极营销，抢占先机，大力提高电子商业汇票承兑归行率和电子商业汇票贴现业务量，确保实现我行同业占比第一、继续巩固我行票据市场同业竞争优势的战略目标。

（一）要重点开展大客户电子商业票据营销工作。从客户数量上看，目前全行法人客户有360多万户，其中有融资业务的企业8.8万户，但有银行承兑汇票余额的客户只有1万多户，数量偏少。这1万多户基本上还没有办理电子商业票据业务，存在流失的风险。从业务规模上看，前10个月全行累计办理承兑金额5 300亿元，承兑余额2 400多亿元，其中优质大中型客户占85%左右，票据贴现余额达3 800亿元，均居同业领先地位。大型客户信用状况好，财务管理能力强，对新型支付工具更敏感，业务电子化水平高，接受电子商业汇票业务能力强，适合作为我行初期推广对象。为此，各行要尽快采取切实有效措施，加强辖内大型优质客户电子商业汇票业务的市场营销工作。经总行研究，决定首先选择1 000家大型客户重点开展电子商业汇票业务营销，其中：总行和分行联合营销200户，一级（直属）分行营销800户，会后我们就将名单下发各行。各分行要按图索骥、按名单上门营销，挨家挨户做工作，今年年底前要全部与这1 000家客户签订协议，保证电子商业汇票业务在我行办理，排除他行争夺我行优质客户的隐患。同时各分行要在辖内选择部分中小客户作为重点目标客户，积极展开营销工作。

（二）积极拓展潜在客户群。要把没有在我行开办电子银行业务的客户作为潜在客户，积极开展潜在客户的电子商业汇票业务营销。一是要深入挖掘在我行办理信贷业务，但尚未开办网上银行业务的客户。近几年来，我行信贷主要投向城市基础设施、电力、公路等领域，这类客户多数为新成立的项目公司，只要我行及时开办网上银行，这些企业较容易成为我行电子商业票据客户。二是要积极拓展大客户（或项目）的上、下游企业。大客户及其投资建设的大型项目有众多上、下游企业，这类客户电子商业票据业务需求大。我们只要抓住大客户和大项目这个枢纽，就能够通过我行与大客户的关系，引导上、下游企业在我行开办电子商业票据业务，扩大我行的电子商业票据客户群体。三是要立足于我行对公结算业务优势，以传统纸质银行承兑汇票客户、企业网银证书版客户、现金管理客户、B2B电子商务平台及其会员企业作为营销重点，同步培育优质中小客户，做好优质中小客户储备，形成重点突出、梯次推进、后劲充足的业务格局。四是重点营销尚未开通企业网银，或开通企业网银但未开通电子商业汇票业务的客户，指导客户办理首笔及前期的业务，确保客户能够熟练操作。五是积极营销其他银行大客户，深度开发资源市场。电子商业汇票业务尚处于初期推广阶段，不仅对我行，对于其他银行也是新的业务领域。如果我行电子商业票据的效率高、服务到位，就能够以此为突破口，使其他银行优质大客户转到我行办理电子商业票据业务，并为争取延伸金融业务，拓展业务资源创造新的条件。这是明年新的利润增长点。

（三）切实加强营销组织与管理。一是各行要成立专项营销工作组。电子商业汇票业务是新型业务，专业技术性强，对客户服务水平要求高，涉及部门、环节较多，需要客户部门进行内外沟通协调配合事宜多、难度大。各一级（直属）分行要成立电子商业汇票业务专项营销工作组，由主管市场的行领导负责，组织相关部门及分支机构开展电子商业汇票业务营销工作，认真确定目标客户，详细制订营销方案，确保各项营销工作能够系统、有序、协调地开展。

二是开展业务宣传与推广。总行将适时组织开展针对总行级重点客户电子商业汇票业务的推介会，各行也要根据辖内重点目标客户情况，组织开展多种形式的业务推介活动；总分行要充分利用媒体、杂志、广告等渠道，在全国范围内大规模开展电子商业汇票业务和我行业务优势的宣传。各行要主动邀请部分重点目标客户参加电子商业汇票业务体验活动，让客户通过亲身体验电子商业汇票开票、承兑、申请贴现等业务办理的全过程，全面了解和认识我行电子商业汇票系统的先进性、完备性和安全性，提高客户对我行的认知度和忠诚度。

三是加大营销资源的投入。总分行公司业务、现金结算、电子银行、运行管理、资产负债管理、信贷管理、信息科技等部门要抽调业务骨干，形成专门营销团队，加强重点目标客户营销服务工作；各行可根据本行票据业务发展需要，针对重点目标客户电子商业汇票业务市场营销工作设立营销费用和奖励基金，专项用于在电子商业汇票业务营销中作出突出贡献的营销团队和人员。

（四）努力完成营销任务和计划。为了抢占市场先机，抢抓优质业务资源，各行要根据本次会议有关要求，加紧确定重点目标客户，制订营销工作计划，明确营销任务指标，跟踪营销工作进度，加强业务知识培训，配套绩效考核机制，加强相关工作督导，把电子商业汇票业务营销工作落到实处。具体要求：

一是11月中旬前，总行将把业务指标分解到各行。各行应根据总行的要求，尽快组建包括相关部门在内的专项营销工作组，统筹和落实重点营销客户的拜访计划、签约时限、业务规模、同业占比等具体营销目标。

二是11月底前，各行要力争实现重点营销客户名单内30%的客户与我行签约及开展业务、电子商业汇票承兑余额（或承兑归行率）和贴现量同业占比前两名的目标。

三是12月底前，各行要力争重点营销客户名单内100%的客户与我行签约及办理业务、电子商业汇票承兑余额（或承兑归行率）和贴现量辖内同业占比首位的目标。

特别是北京、上海、广东、厦门四家先期开展电子商业汇票业务的试点行，具有一定业务经验和基础，更要充分利用先发优势，下大力气抓好这块市场，在市场营销工作中为全行作出表率，力争最先完成重点目标客户拓展工作，并在同业中确立绝对领先地位。

四、认真落实各项技术保障措施

电子商业汇票业务具有关联环节多、与人行交互频繁、业务流程相对复杂等特点，技术性、专业性、操作性要求都比较高，各部门要密切配合，协同作战，确保我行电子商业汇票业务组织推广工作有序开展，高效顺畅运行。总行将成立协调小组，由行领导负责，公司业务一部、信贷管理部、资产负债管理部、运行管理部、结算与现金管理部、电子银行部、信息科技部等参加，专门负责组织协调和推动这项工作。当前，各分行要做好以下工作：

（一）要切实做好业务培训工作。总行已经制定印发《电子商业汇票业务管理办法》，对电子商业汇票各业务处理环节规定了明确的制度要求和处理流程，各行要结合总行前期的培训，加大力度做好转培训工作，确保各级人员深入理解和熟练掌握电子商业汇票业务受理条件、业务办理流程和风险控制机制，不断完善和提升自身的服务水平。

（二）要完善系统管理及应急预案。各行电子银行、运行管理、资产负债、信贷管理等与系统操作管理相关的部门，要及时做好自身所主管系统的业务参数维护及管理工作，确保业务参数设置及时、准确、完整，保障电子商业汇票业务在我行系统内的顺畅流转。应当指出，由于电子商业汇票系统投产时间不长，经办人员相关业务知识、经验欠缺，部分系统功能也有待验证和完善，在客户营销、业务办理、后续服务过程中可能会出现各类技术或服务问题。对此，各部门要加强协调配合，及时发现和研究解决存在的问题。前台部门要做好服务和支持工作，提前向客户提示业务风险，并做好业务应急准备，对客户遇到的问题要快速响应，及时解决，做好解释说明，避免客户关系受到影响。

（三）认真做好技术支持保障工作。各行要加强技术与业务工作的衔接组织，及时分析解决生产问题。数据中心（上海）和数据中心（北京）要做好电子商业汇票系统的运行和监控，软件开发中心要积极配合业务部门做好系统功能优化完善工作，做好技术支持和保障。

同志们，电子化票据业务的推广和应用，既是对我们在新业务领域拓展能力的挑战，同时也蕴涵着更大的机遇，相信工商银行依托强大的科技实力、雄厚的客户资源基础、良好的协同作战能力，全行上下共同努力，统一认识，坚定信心，我们在电子票据业务领域就一定能够取得市场领先地位，实现更大的跨越，推动全行业务获得更大的发展。

在中国工商银行境外专题工作会议上的讲话

王丽丽

（2009年1月20日）

2008年，国际经济环境异常严峻，尽管我行部分境外机构出现了亏损，但总体而言境外机构控制了风险，调整了结构，增加了收入，整体经营情况仍然比较乐观。2008年末境外机构资产余额达400.22亿美元，较年初增长13.03%；负债余额为375.54亿美元，较年初增长13.67%；境外机构从总行拆借资金的余额为32亿美元，较9月份最高拆借余额70亿美元大幅下降。全年实现拨备前利润4.36亿美元，同比增长22.54%，再创历史新高；但由于受全球金融危机的影响，拨备后利润降至2.41亿美元，完成计划指标的55.5%；实现净利润1.97亿美元。实现中间业务收入1.96亿美元，同比增长3.7%，完成指标的83.4%；完成国际结算总量1 745亿美元，完成全年目标的99.7%；完成贸易融资发生额182亿美元，同比增长24.5%。成本收入比控制在31.22%的较低水平，比年初的目标40.0%低近9个百分点。境外机构总体风险控制较好，不良资产率保持在0.44%的良好水平，略高于0.40%的目标水平。

2009年国际经济金融形势依然严峻，但机会同样存在。我行在国外的竞争对手受全球金融风暴影响，大都受到重创，而我行境外机构因具有“中资”背景成为资金的“避风港”，非常有利于境外机构扩大客户基础，大力吸收存款，扩大资金规模，并在当地树立我行品牌。2009年我们的经营目标是：境外机构（不含南非标准银行）实现账面利润4.10亿美元，增长70%；完成中间业务收入2.10亿美元，同比增长7%，中间业务收入占总收入比例达到25%；资产规模达到485亿美元，同比增长21%；负债规模达到460亿美元，同比增长22.5%，其中存款在总负债中占比力争超过65%，同比上升5个百分点；不良资产率和不良贷款率控制在1%以内。

下面我想讲讲境外机构经营管理中需要我们重点考虑的几个问题。

一、如何做好境外资产簿记业务的问题

截至2008年12月31日，我行境外分行的存量专业融资簿记业务共55笔，簿记总额16.15亿美元，簿记余额11.69亿美元。除多哈分行和纽约分行外的境外分行均已开展簿记业务，且主要集中在船舶融资业务、飞机融资业务和国际银团贷款业务。

境外机构通过簿记可在总行营业部审批项目并承诺回购的前提下扩充信贷资产，因此簿记可在一定程度上支持境外机构拓展资产业务。同时，总行将相关资产簿记在境外机构，可在不增加风险的前提下享受境外税收优惠并降低资金成本，从而提高议价能力并扩大业务规模。就全行而言，该模式发挥了我行境内外机构的各自优势，也是我行跨国经营成果的一种体现。受次贷危机的影响，2009年境外机构的新增资产业务将面临较大压力，簿记业务可在一定程度上支持境外机构拓展资产业务。但是，目前的簿记业务也有不足的地方，需要进一步摸清这些问题并找到解决问题的办法。

一是要将簿记业务的外汇资金需求纳入全行的资产负债管理计划。2008年由于国际金融危机及人民币升值，总行的外汇资金管理，包括对境外机构的拆借，面临较大压力。目前，各项专业融资产品簿记的期限较长，如果不提前考虑境外机构的用汇需求，可能会导致与去年类似的局面，导致总行的外汇资金管理与簿记业务需求产生矛盾。今后在制订外汇资金规划时要将簿记业务资金需求提前考虑在内，以加大对簿记业务的资金支持力度。总行公司业务一部、公司业务二部（营业部）等业务部门要将簿记业务的业务计划和资金需求报给资产负债管理部，资产负债管理部牵头落实今年的外汇敞口管理工作。

二是要充分研究簿记业务相关的各项税收因素。按照行内现行办法，如果簿记的资产出了信用风险，总行要进行回购。由回购所引起的贷款主体及税收管辖权的变更，可能会出现借款人需代缴利息预提税的情况。因此，簿记的避税效应取决于与簿记业务相关的各项税收因素。簿记业务涉及多个国别或地区的税收政策，包含营业税、利息预提税、所得税等多个税种，总行相关部门和境外机构在簿记业务的营销阶段就要充分考虑到综合税收成本，包括资产回购以后可能带来的税收成本上升。由于避税涉及对客户的最初贷款报价，如果真是需要回购，则相应的税收优惠不再存在，但相应的客户报价依然有效，因此应考虑在与客户签订贷款（租赁）合同时就有相应的条款来约束，总行法律事务部、信贷管理部、资产负债管理部、公司业务二部（营业部）要研究此问题并提出相应的方案。

三是对现有簿记业务办法进行充实和完善。现有办法明确了簿记业务的信用风险由总行专业融资产品经营部门承担，细化了簿记业务的风险监测责任和资产回购程序，强化了贷后风险管理。但该办法还有很多值得完善的地方，境外机构对此也提出了很多好的建议。比如办法中对业务流程等操作环节规定较多，没有明确总行部门分工、统计报送等环节，对海外并购贷款以及债券业务（如香港外汇交易中心的债券）等可能涉及簿记的产品也没有涉及等。对此，总行相关部门正在研究完善，新办法要突出对业务的全面管理要求。

二、探索境外机构债券集中经营模式的问题

截至2008年底，债券投资占境外机构全部资产的16%，而境外分行债券投资占其总资产的比例则高达27%。应该说，债券业务是境外机构资产组合中非常重要的组成部分，但是在此次金融危机中，境外机构的债券业务遭受了较大的损失。随着总行全球几大外汇资金交易中心的逐步建立，总行拟逐步实现全球跨时区、跨币种金融市场交易活动，为总行研究如何完善境外机构债券业务集中管理提供了基础。

各境外机构所在国家或地区的监管环境、会计制度、市场特点不同，各机构的发展阶段、经营范围、公司治理等方面存在一定差异，去年总行已调查了境外机构债券业务经营特点、监管规定及流动性管理等方面的情况，也就债券集中征求了境外机构的意见。在规划境外机构债券集中时需要认真考虑如下几个问题：

一是债券资产是否是境外机构加强流动性管理的重要工具。按照当地监管部门要求，银行必须保持一定比例的流动资产。因此，境外机构需要保持一定规模流动性较强的资产，其中要具体研究摸清，保持可变现债券资产是否是重要的维持流动性管理的需要，有多少是必要的，对境外机构的影响是什么，影响有多大。

二是是否当地监管规定对资本金转化有特殊要求。一些境外机构（比如工银阿拉木图、工银印尼、首尔分行、工银莫斯科等）所在地监管规定要求必须将我

行投入的资本金转换为当地货币。如果当地不允许境外机构持有债券，则只能将当地货币资金用于风险更高的贷款等资产业务，加大这些境外机构经营的整体风险。

三是债券投资是否是境外机构资产配置的重要组成。由于全球金融危机影响，企业的贷款需求减退，为了弥补贷款资产的减少，债券投资现已成为各大银行资产配置中不可或缺的重要组成部分。但债券资产面临的风险也是很大的。如果减少债券投资，如何做好资产管理是一个挑战。境外机构资产配置时如果必须保持一定比例的债券投资，要做好相应的测算，多少是合适的、合理的。

四是要满足欧元和美元清算日间透支的需要。欧洲央行为法行设立的日间透支额度大小取决于该行存放在欧洲央行可抵押欧元债券的规模。今后纽约分行建成美元清算中心以后，可能也会遇到同样的问题。但是这些机构因清算透支需要保留债券投资的规模上限是多少，如何保障这部分债券投资的安全性要予以论证和研究。

总行在推进境外机构债券集中时，会充分考虑上述问题，允许各境外机构保留最低限额的债券。但是总行将进一步加强对境外机构债券投资的管理力度，具体怎么集中、怎么减持、如何处理境外行业务发展和防控风险的关系，请各境外机构认真参与研究，并上报国际业务部。请国际业务部、金融市场部、资产负债管理部一起研究后尽快提交行领导决策。例如有同志提出能否由总行进行投资决策，境内外机构统一执行总行的结构、定价、投向和限额政策等。此外，总行还将进一步研究能否由总行统一经营交易债券并簿记在相关境外机构的可行性问题，境外机构要全力配合总行的相关工作。

三、如何把握人民币区域化带来的业务机遇问题

继前年允许境内金融机构赴香港发行人民币债券后，近日金融“国九条”提出“研究境外机构和企业在境内发行人民币债券，允许在内地有较多业务的香港企业或金融机构在香港发行人民币债券”；而2008 年 12 月又在边贸人民币结算方面出台了新的政策，这都表明人民币正在从本币走向区域化货币，进而走向国际储备货币。我们应以此为契机，利用我行人民币大行的优势，尽快研究人民币结算的具体方案，抢占内地与香港、中国与亚洲各国之间发行人民币债券、进行人民币结算清算等业务的市场先机。不能只停留在研究阶段，亚洲地区的境外机构要率先启动调研，率先提出建议。国际业务部牵头准备了一个专题材料，内容比较详细，请各机构在此基础上就如何起步做好方案研究，制定具体的时间表。

人民币结算试点为我行相关境外机构参与本币结算提供了政策依据。工银亚洲、诚兴银行、澳门分行、工银印尼、越南筹备组等要有针对性地进行客户筛选和前期联络，确保一旦实施人民币贸易结算我行可以迅速与这些潜在客户开展此项业务。同时要加大在当地的工作力度，尽最大力量争取更多客户在我行开立人民币账户。不在此次试点区域内的境外机构，如新加坡分行、首尔分行、东京分行、工银阿拉木图等也要积极研究和探索参与的可能性和适宜模式。目前人民银行已同意工银莫斯科利用中俄两国边贸本币结算业务的现有成果，在边境地区分行开立人民币账户，并通过该账户办理中俄跨境人民币结算业务。工银莫斯科要利用这一通道，抓紧做好开办业务的各项准备工作，为成为对俄结算与清算中心奠定基础。

关于内地和香港间发行人民币债券和进行人民币清算问题，目前中银香港是香港唯一的人民币清算行，工银亚洲要迅速行动、积极争取，做好两地监管部门的工作，申请成为第二清算行，同时在条件具备时立刻推出人民币结算和清算业务。此外，有关人民币债券发行方面的新政策不仅有利于我行境内外机构募集低成本资金，而且为我行港澳机构参与人民币债券承销、分销业务创造了机遇。工银亚洲有望成为第一批具有发行人民币债券资格的港资银行，工银亚洲要着手准备债券发行的申请材料与具体方案上报总行，先走审批程序，再看市场情况和实际需求确定发行时间。

四、境外区域合作模式的问题

境外机构所处的经营环境各有不同，各个境外机构都有自身的优势和劣势，因此，各境外机构可开展广泛的区域合作，相互取长补短，我相信区域合作可以挖掘的内容很多，发展空间很大。

在境外控股机构和分行的合作方面，在同一地区的控股机构和分行通过合作可将各自的优势充分发挥出来。一般来说，境外分行可利用总行的资本金优势开展大额贷款，从而不受单一贷款最高限额的限制；境外控股机构可开展当地零售，而境外分行在零售业务上往往受到限制。因此，同一地区的控股机构和分行通过合作可以同时将批发业务和零售业务做大。目前的工银中东和多哈分行、工银亚洲和香港分行的合作成效就很显著，今后还要进一步加强。同时，今后在境外机构申设时可考虑继续采用这一模式。

在资金拆借方面，境外机构从市场拆借资金的成本存在差异，资金拆借成本低的境外机构可协助其他境外机构进行低成本融资，以最大限度地提高资金利用效率，降低资金成本。在纳税筹划方面，由于我行境外机构布局日趋广泛，各地税制税率差异极大，如何将其中的有利要素为我所用，合理避税、增加收入已日益重要。比如针对港澳税率低、新加坡税率高的特点，通过港澳新区域合作，就可进行联动纳税筹划。其他境外机构也都要考虑一下这个问题。此外，总行相关部门也要对境外机构的税收安排进行全面调研，并研究在开曼等避税地设立机构进行全行税务规划的必要性和可行性。

此外，在联动营销方面，各境外机构应该积极开展外外联动，互相推荐和共享客户，在扩大自身客户基础的同时，使客户享受到更优质和全面的服务。比如针对澳门中高端客户赴香港理财的特点，港澳机构要联合营销澳门中高端零售客户，工银亚洲可到澳门为高端客户做专门的理财产品、私人银行产品推介。诚兴银行和工银亚洲一定要把联动营销工作做扎实做细致，例如细化零售业务联动工作操作指引，相互提供联动联系人目录以及在对方营业网点放置宣传手册等。类似的联动营销，大家在会后可详细讨论一下。

五、代付业务发展问题

2008年，因受外汇资金紧缺和人民币升值预期引发的进口融资衍生需求上升的影响，我行海外代付业务增长迅速，是境外机构经营中的一大亮点。2008年，境外机构代付发生额为136.5亿美元，年底代付余额为40亿美元。同时，境内分行借助境外资金，不仅缓解了资金压力，而且以更具竞争力的价格稳定住了优质客户的业务资源，获取了优质重点客户的业务机会。因此，进口代付业务在价格、资金来源方面的优势保证了我行在优质客户领域的竞争力。

近期，由于境内外资金成本差距缩小，境内分行通过代付业务获取价格优势的动力受到一定影响，境外机构由于盈利空间压缩也在一定程度上影响了业务开办积极性。但我们必须认识到，在2009年严峻的经营环境中，海外代付仍然是境外机构保增长的重要手段。由于基于实体贸易产生的贸易融资需求依然存在，相应代付业务的外部需求也会存在。在全球金融风暴的影响下，我行境外机构因具有“中资”背景成为资金的“避风港”，有利于境外机构大量吸收存款，取得较低成本的资金。而境外经济形势进一步恶化导致境外机构原有的债券投资及银团贷款等业务领域风险陡增，境外机构资金运作压力进一步加大，因此境外机构必须寻找替代融资产品，而代付业务就属于风险较小的业务。可以预测，明年境外机构所具有的充裕低成本资金将成为代付发展的可靠来源保障，而发展代付也为境外机构提供了一个规避风险和获取稳定收益的业务模式。

另外，亚洲各国的中小企业比较多，尤其是中资企业在当地设立的分支机构较多，亚洲地区的境外机构要加强贸易融资业务的区域合作与协作，以应对好当前的全球金融危机；要结合人民币区域化发展进程，研究如何在内地与香港、中国与亚洲国家和地区的贸易融资业务中尝试使用人民币进行结算的方式，为我行争取更多业务机会和收益。

六、机构申设以及网点和渠道建设问题

2008年我行机构申设取得巨大成绩，在多个国家实现重大突破，今年申设的工作仍很繁重，要仔细全面地制定时间表，保证全年的网络拓展工作取得新进展。年内要完成中东两家分支机构、工银伦敦西区支行开业；韩国、日本、中国澳门等地区要继续加快二级网络拓展延伸；启动印度、巴基斯坦、南美的机构申设工作；继续推动越南机构申设；继续推进菲律宾、加拿大、港澳等地区的并购项目，亚洲地区仍然是并购项目的重点区域。

要启动法国、荷兰、比利时、意大利、西班牙、蒙古、白俄罗斯（或乌克兰）、马来西亚、泰国、秘鲁、开曼、中欧、北欧等地区设立机构的可行性研究，按照争取无中资银行的国家和地区先行为原则，明确具体的申设计划安排和时间表。要调研外资银行设立总部的方式，研究不同方式的优劣，提出有中国特色、适合我行特点的地区管理方案，研究我行欧洲区域管理模式问题。

国际业务部已就相关境外机构注资方案提出了建议，要尽快根据总行党委确定的海外发展战略，编制申设机构时间表上报总行党委、董事会，并尽快报给银监会，跟踪了解银监会的态度。

七、把握风险管理与业务发展之间关系的问题

境外机构在2008年的金融危机中经受住了考验，保持了相对稳定的资产质量，保全了我行十几年来跨国经营的成果，充分证明了如果离开严格的风险管理，境外机构盈利能力的可持续性将无法得到保障。

为了配合境外机构的业务转型，要加快建立境外机构全面风险管理体系，形成集团内统一的风险管理框架。总行相关部门要在全行风险管理战略指导下，完善境外机构风险管理制度规范，研究境外机构风险管理集中化、专业化机制建设，明确总行相关部门的风险管理职责，完善各类风险报告机制及信息共享，构建覆盖境外机构所有业务、产品和活动的风险管理，最终实现将境外机构风险管理全部纳入全行统一的风险管理体系中。同时，境外机构风险管理体制的深化应结合境外机构的实际，认真调研，审慎论证，应立足于机制调整，在提高风控效率、降低管理成本的基础上，更好地服务于业务发展。各境外机构要吸取金融危机的教训，对本行的信用、市场、操作风险进行修改完善，按照总行的要求，纳入全面风险管理框架。

随着银监会对并表管理日益重视，2009年总行相关部门要根据并表管理的要求，采用适当的方法对境外子银行和控股银行的流动性风险、市场风险、操作风险、法律风险和声誉风险等进行评估，综合分析其对我行集团可能产生的影响，并采取相应措施，避免局部的、单一的风险进一步蔓延扩大，对我行整个集团的安全带来隐患；同时要建立对各境外子银行和控股银行的大额风险暴露的管理政策和内控制度，实时监控大额风险暴露，建立大额风险暴露的预警报告制度，以及与风

险限额相匹配的风险分散措施。

由于境外子银行和控股银行作为独立法人，我行对其的风险管理模式要与境外分行有所区别，应通过我行派出董事和监事进行间接的管理，这个问题需要进一步研究细化。工银亚洲、诚兴银行等境外控股机构，以及境外子银行要依照董事会内部管理要求，将相应的风险情况按报告路线行文报本行董事长，同时抄送国际业务部。我方派驻境外机构的董事、监事应在这方面多向总行提出建议和意见，与总行各部门共同推动我行对境外子银行和控股银行风险管理制度的完善，以强化我行集团整体的风险控制能力和效率。

各境外机构要在2009年继续保持对市场的高度敏感，建立动态高效的风险监测、处置和反应机制，加强对风险资产业务的监控。要在满足当地监管要求的前提下，进一步细化包括债券业务市场风险的识别、计量、监测、控制和报告等在内的管理规范，完善债券业务风险管理的决策、运行、监督和管理机制，及时对各类债券计提相应的减值准备。严格控制衍生品交易，对于结构复杂的产品，要切实掌握好各个风险点，必要时应及时处置，避免因风险蔓延而额外产生不必要的风险敞口；随着危机的进一步蔓延，各境外机构同时要加强对企业信用风险的分析，尤其是对房地产企业、能源企业、航空企业以及其他受危机影响较大行业的风险分析，风险较大的信贷业务要及时转让或退出。

各境外机构要高度关注当地中资、外资银行的经营情况和竞争格局，认真做好同业竞争对比分析，尤其是对同业的经营效益及盈利预期、业务结构、业务品种、资金来源、净利差（NIM）等方面，积极加强与当地监管部门的沟通，了解监管部门对本行经营业绩、风险管理等方面的态度，按照当地监管规定及时将本行经营情况、应对危机措施等情况向当地监管部门报告。

八、派出董事监事以及全球雇员管理问题

随着境外控股机构的不断增多，境外附属机构的管理，特别是对我行派出董事监事的管理和培训就显得日益重要。就目前对境外控股机构的管理体制而言，根据境外控股银行管理规定，总行按照“垂直管理、协调统一”的原则对境外控股银行进行监督管理。总行国际业务部是我行管理和监督境外控股商业银行的牵头部门，负责牵头组织境外控股银行的建立、授权、指标与考核，检查业务情况与本行规定的实施情况，组织协调行内各专业部门对境外控股银行的管理，组织和推动境内外业务联动；其他专业部门会同牵头部门对境外控股银行相应业务进行垂直管理。

但是目前对境外附属机构的管理中存在一些问题。例如存在着报告路线不清晰的问题，境外机构屡次发生越级报送的情况。又如，根据境外控股银行管理规定，派出董事应于每年1月中旬向总行提交上一年度的尽职报告，尽职报告的内容应涉及其出席董事会情况、贯彻我行战略意图和具体要求情况、提出的有价值意见建议及被采纳情况，但是目前对上述规定的执行情况也不甚理想。因此，请国际业务部抓紧修订完善原有的境外控股银行管理办法，进一步加强报告制度管理，制定更完善、更科学、更具操作性的管理模式。例如，要明确境外附属机构内部的董事会报告内容须同时报送国际业务部，国际业务部代表董事会履行管理境外附属机构的职能。又如，明确要求派出董事监事必须按时报送履职情况报告，总行根据境外控股机构的经营业绩与派出董事监事履职报告，对境外控股银行派出董事监事进行综合评价，评价结果将作为董事监事权限调整以及决定董事监事续任与否的依据。总行计划在今年第一季度举办一次对派出董事监事的培训活动。

此外，随着我行境外机构网络的不断拓展，雇员不断增加。当前境外机构雇员约有2 900人，其中外派人员约240人，当地员工约2 660人，全球雇员统一管理的问题必须引起我们的重视。目前外籍高管的聘用需经总行面试并认可，但其他层级的外籍人员的聘用和管理，更多地取决于境外机构自身。总行相关部门要从促进跨国经营的角度制定相应的管理制度，就外派人员比例、外派原则、实习人数及实习人员管理、中外员工比例、员工培训计划、培养当地雇员的企业文化认同等问题提出解决方案，并纳入统一的管理办法。另外，也可以考虑在当地员工休假时安排一天半或10个小时的业务、政策等方面的学习机会。

以上我讲了境外机构经营过程中几个需要我们重点关注的问题。境外机构的转型和发展离不开总行的资源投入和保障，下面我想就考核和科技两个方面讲讲如何进一步加强对境外机构转型和发展的支持与保障。

（一）考核办法有待进一步优化。现行考核办法实行分类考评。将境外机构分为两类考核群体，其中业务较为成熟的机构为A类机构，定量指标（财务指标）权重为80%，定性指标（非财务指标）权重为20%；处于起步和成长阶段的机构为B类机构，定量指标权重为60%，定性指标权重为40%。定量指标主要包括资本回报率、利润计划完成率等指标，同时用EVA调节系数对定量指标总得分进行调整。定性指标（非财务指标）主要考核境外机构在战略转型、经营长效机制建设以及内外联动方面的工作业绩，主要包括境外机构科技系统建设、内外联动、客户营销、产品创新、业务拓展（主要为零售业务、贸易融资、投行业务等）和分支机构申设等内容，这也是多次征求了各方意见后确定下来的。

有不少同志反映，现行考核办法较难反映境外机构的真正努力程度，主要有以下三个方面：一是2009年国际金融经济形势动荡，对境外机构经营业绩影响很大，导致了很多年初下达的定量指标没有完成。上述情况的出现在很大程度上是由于受到客观经营环境剧烈变动的

影响，不能反映境外机构的努力程度。为了使总行全面掌握情况，请各境外机构在当地权威机构发布银行业经营业绩数据后，尽快将当地中外资银行的业绩对比上报国际业务部。二是各境外机构所处经营环境不同，在客户资源、经营成本、同业竞争、监管方式等方面均存在着差异，并且发展时期与经营规模也各不相同，也使得目前的考核方式较难完全、准确地反映境外机构的真正努力程度。三是目前考核办法中采用EVA调节系数难以反映境外机构的主观努力程度。按照现行的计算方法，EVA绝对值大的机构，其对应的EVA调节系数也较高。

为了解决上述问题，下一步应研究同业对比考核的可行性，增加境外机构与当地同业的经营业绩比较，尤其是将当地排名接近且经营状况信息较易获取的同业作为基准。在具体考核设计上，可考虑在目前考核办法中加入同业对比考核指标，并设置对应的加分项。根据各境外机构完成同业对比考核指标的好坏，决定给予额外加分的多少。

关于考核的分类，今后要在现有境外机构考核分类的基础上，按照各机构不同的发展阶段进一步细化分类考核。大体可分为三类：第一类为较成熟的机构，如工银亚洲和诚兴银行，可适当加大对利润回报的要求，以财务考核为主；第二类为单一网点和处于起步阶段的机构，在考核时可采用财务指标为主，非财务指标为辅的考核方式；第三类是新设机构，对新设机构考核时，将采用非财务指标为主、财务指标为辅的考核方式。

关于2009年的费用预算，由于2009年世界经济衰退仍将持续，在困难时期境外机构要严格控制日常营业开支，做好过“紧日子”的准备。但是2009年也将是境外机构全力转型的一年，我行将实现FOVA系统在除工银亚洲外全部境外机构的投产，相关12家境外机构均需要在人力物力方面加大投入，同时随着各境外机构落地经营步伐的加快，东京分行、首尔分行、工银伦敦、澳门分行均将因新网点开业承担装修、人力等成本，工银阿拉木图也将对现有营业网点进行改造，给上述机构带来相应的费用压力。考虑到上述费用支出是与境外机构经营转型和本地化经营相关的必要费用支出，总行会有明确的说法，请国际业务部、财务会计部牵头落实。

（二）科技系统建设有待进一步加快。在境外，继续以FOVA系统推广为重点，为我行境外机构的转型发展和跨国经营战略实施提供强有力的系统支持。明年要分四批完成FOVA系统推广工作。首批投产行包括东京分行、香港分行与工银伦敦三家机构，争取今年2月发布版本；第二批投产行为悉尼分行、越南筹备组、工银阿拉木图，争取5月发布版本；第三批投产行为法兰克福分行、卢森堡分行、工银卢森堡、工银中东、多哈分行等机构，争取8月发布版本；纽约分行、工银莫斯科作为最后一批，争取于11月发布版本。此外，今年要启动工银亚洲FOVA系统推广需求编写工作，争取明年完成在该行投产FOVA系统。

在推广FOVA的同时，要同步组织推广单证中心系统，争取完成9家境外机构的单证中心系统上挂工作，并加快向已投产FOVA核心系统的境外机构推广海外网银系统，今后应努力在FOVA系统推广时同步推广海外网银系统。对于有条件的境外分行，应同步实施CM2002系统的推广。此外，还要根据我行国际化战略和境外机构业务需要，在系统功能上加强对全球现金管理、理财、基金等新产品的支持力度，为境外机构提升在当地市场竞争力提供有力的保障。

在FOVA等科技系统推广过程中，境外机构要继续统一思想认识，正确处理好系统推广与业务发展的关系，为系统推广创建良好条件。各境外机构负责人始终要站在全局的高度去认识和处理系统推广与业务发展二者之间的辩证关系，既要保证FOVA系统推广不影响业务的正常开展，也要保证业务开展不影响FOVA系统推广。要深刻认识FOVA系统推广工作的复杂性、艰巨性与挑战性，遵循积极稳妥的指导思想，提前做好各项准备工作，按照总行统一部署和要求，认真落实并完成FOVA系统推广。

坚定信心　抓住机遇　迎接挑战
全面提升我行国际业务市场竞争力

——在中国工商银行2009年国际业务工作会议上的讲话

王丽丽

（2009年2月20日）

这次会议的主要任务是，认真贯彻落实全行2008年底发展战略研讨会和2009年工作会议精神，总结

2008年境内国际业务工作，深入分析当前形势和问题，部署2009年境内国际业务主要任务和工作重点。下面，我讲三点意见。

一、2008年境内国际业务实现了全面协调发展

2008年，全行深入贯彻总行关于国际业务发展的工作部署，面对复杂多变的经营环境，巩固管理基础，着力市场营销，注重产品创新，经营规模和效益都取得较快发展，市场竞争力巩固并逐渐提升，专业化销售能力不断增强，全行国际业务实现了全面协调发展。主要表现在以下几个方面：

（一）经营规模和营业贡献实现快速增长。2008年，境内国际结算、结售汇、国际贸易融资和外汇担保业务规模发展较快。全年办理国际结算5 795亿美元，连续三年保持了30%以上高速增长，其中，贸易结算高于同期全国进出口增幅近18.5个百分点。办理结售汇业务3 023亿美元，同比增长37.31%。办理表内外国际贸易融资510亿美元，同比增长60.9%，其中，表外贸易融资（进口代付）业务同比增幅达180.9%。外汇担保业务余额114亿美元，首次突破百亿美元大关。江苏分行全年实现国际结算1 013亿美元，成为全行首家超千亿美元分行，为全行国际业务发展作出了贡献。

在业务规模较快增长的同时，营业贡献和业务收入稳步提升。全年境内国际结算和国际贸易融资业务营业贡献25.13亿元，在全行营业贡献的占比较上年提高近1个百分点，其中国际贸易融资营业贡献同比增长440%。国际结算、外汇担保和代客外汇买卖及结售汇业务收入合计达到62.24亿元，同比增长61.09%，高于全行中间业务收入平均增幅，在全行中间业务收入中的占比由上年的10.16%提高至13.82%，提升了3.66个百分点，其中国际结算和外汇担保收入21.8亿元，同比增长92.35%，国际结算收益率较上年增加了10.87万美元，代客外汇买卖及结售汇收入38.59亿元，同比增长48.53%。

全年国际贸易融资资金使用效率明显提高，平均周转期限较上年的119天缩短了近10天，对国际贸易结算的拉动比例达17.27倍，较上年增加5.03倍，为全行国际贸易融资和国际结算业务发展作出了贡献。国际贸易融资结构进一步优化，表内外业务、本外币融资相互补充、协调发展。其中表外贸易融资（进口代付）业务发生额和余额占表内外合计的比例分别为52.08%和35.32%，人民币国际贸易融资发生额和余额占本外币业务合计的比例分别达到14.48%和25.06%。

（二）市场地位得到有效提升。2008年，结售汇业务四行占比为21.66%，较上年末增加1.99个百分点，列四行占比提升速度之首。国际结算量四行占比22.99%，较上年末上升1.7个百分点，特别是贸易结算四行占比为23.97%，其中进口贸易结算四行占比28.21%，达到近年来的最好水平。全行共有20家一级分行、直属分行国际结算四行占比较上年有所提升，其中北京和新疆分行四行占比保持住了当地第一的领先优势，云南分行占比排名上升2位，提升8.87个百分点，天津、福建、广西、湖北和海南5家分行占比上升1位，四行占比最末的分行数量由7家减少为2家，山东分行辖内共有6家二级分行的四行占比已超过了中国银行。

（三）服务创新能力持续改善。2008年，国际业务产品研发与创新继续取得较快进展。在北京、天津等分行的积极配合下，总行通过银企互联系统，为中化集团量身定做了国际结算及国际贸易融资集中操作方案，目前该项目已上线投产，打造了我行服务于大型企业集团单证及贸易融资业务的集中处理平台。分品种、有选择地扩大了与外资代理行合作的进口代付业务，解决了重点优质客户的融资需求。与工银亚洲签订了国际保理合作协议，确定了内外联动模式下的业务方案，拓宽了业务办理渠道。苏州分行与新加坡分行将进口代付业务理念成功引入了出口业务，通过内外联动提高了出口融资业务的竞争力。深圳分行与工银亚洲合作办理内保外贷与外汇资金交易产品组合。福建分行继续保持国际保理的领先优势，同时成功办理了全行第一笔进口保理业务。

（四）专业化营销水平稳步提高。2008年，全行积极拓展客户资源，加强专业化营销。截至年底，全行国际结算客户已达65 000户，其中2008年新增国际结算单证与贸易融资客户5 371户，浙江分行新增客户数量最多，达958户。在7 000家国际业务目标大客户中，我行国际结算业务覆盖率已达到63%，在各一级分行、直属分行进出口前50强客户中，宁波分行已进入42户，覆盖率全行最高。全年共销售“财智国际”套餐累计10 825笔，金额达120.86亿美元。各分行积极探索实践专业化营销机制。其中，北京分行不断完善国际业务营销组织构架，建立了重点客户营销团队，加大分行直接营销、牵头营销和对支行的营销督导力度。江苏分行推行差别化客户营销策略，对全省客户实施细化分类管理。山东分行着力建立横向互联、上下互动的综合营销联动机制，打造营销信息保障平台，构建多层次、全方位的营销渠道。广东、上海等分行也开展了具有特色的专业化营销工作。

（五）单证集中工作继续取得新的进展。截至2008年末，全行共投产上挂了29家境内外分行。2008年有7家境内外分行顺利投产上挂，其中首尔和新加坡分行国际结算和国际贸易融资业务成功上挂，实现了我行国际业务集约化进程向海外的新突破。全年单证中心各项业务平稳运行，继续向分行和客户提供优质、高效的后台支持与服务。

2008年成绩的取得非常来之不易，这是全行上下、各级前台、中台、后台部门密切协作和共同努力的结果，尤其是一线员工努力拼搏和奋勇开拓的结果。在此，我代表总行党委，向全行国际业务战线的全体员工以及大力支持全行国际业务发展的相关部门表示衷心感谢，同时也希望在座各位主管行长把我的感谢传达给全行国际业务战线上的广大员工。

在总结成绩的同时，我们也要清楚自身存在的问题。关于问题，我主要讲以下几点：

一是主要国际业务市场竞争力有待进一步提升。以国际结算业务为例，2008年我行与中行差距有所缩小，而建行则以更快的速度迫近我行。37家一级分行、直属分行中，四行占比排在第一、第二名的分行数量不到一半，排名第三的分行有19家，仍有2家分行排名末位，一些外向型经济资源丰富地区的分行在基础性外汇业务占比排名方面始终靠后，全行在重点区域上缺乏一批有绝对竞争力的分行。

二是我行国际业务客户基础依然比较薄弱。目前，我行国际结算客户数仅为中行的一半，这与两行业务量的差距基本相当。全国7 000家进出口大客户中，尚未在我行办理业务的有近3 000家。客户基础的薄弱，主要在于缺乏既符合自身管理文化特点，又适应市场竞争需要的国际业务客户营销战略，以及精细化定位和配套的维护策略。本外币业务协同营销不足，对少数大客户依赖度较高的问题仍然普遍存在。对于一些重点优质客户，全行在价格策略、服务效率等方面还没有形成全面、持续、稳定的竞争优势。

三是现有渠道优势没有得到充分发挥。全行开办外汇业务的基层网点约为6 500家，仅占全部营业网点的51%，具有国际结算及贸易融资产品经理资格人员在全行员工中占比不到0.5%，能够办理外汇业务的基层网点和熟悉外汇业务的人员占比离总行的要求差距还很大。全行人民币业务各项优势尚未充分转化为国际业务的整体服务优势和竞争优势，境内网点和人员优势还没有充分转化为国际业务的销售渠道优势，人民币业务优势还没有充分转化为本外币协同服务优势。

四是激励与考核机制还有待进一步完善。总行对国际化发展战略的高度重视还没有有效转化为全行各部门、各级分支机构自觉做大做强国际业务的足够动力，现有激励政策对全行上下主动提升国际业务竞争力的促动作用也还不到位。上述这些问题都需要在今后工作中认真加以解决。

二、2009年境内国际业务工作目标和发展面临的形势

未来三年（2009—2011年）发展目标：境内国际结算量市场占比要每年提升2个至3个百分点，2011年底力争达到30%，外汇中间业务收入占全行中间业务收入占比力争达到25%，通过实施区域发展策略和重点客户策略，分区域、有步骤地实现全行国际结算业务市场占比的快速增长，最终在三年内撼动市场领先者的市场地位，扩大对其他可比银行的竞争优势，稳固我行的比较优势，为下一步成为市场领先者奠定基础。

2009年工作任务：要确保国际结算业务量达到6 950亿美元，争取实现7 240亿美元，确保四行占比达到24.5%，力争达到25%，实现国际结算及外汇担保收入25.05亿元，国际结算收入四行占比达到21%。力争5家分行国际结算量四行占比第一，6家分行由第三升至第二，实现22家分行国际结算量四行占比位列前两名。表内国际贸易融资发生额突破343亿美元，市场占比达到30%。确保新增外汇担保75亿美元，力争达到80亿美元，外汇担保业务四行占比上升3－5个百分点。确保结售汇业务量达到3 628亿美元，争取实现3 779亿美元，确保结售汇业务量四行占比提高1.5个百分点，达到23.16%，结售汇业务收入四行占比达到21.8%。2009年要积极推动国际结算、外汇担保和结售汇业务的快速发展与突破，继续提高对全行的综合贡献度。

总行的上述目标要求很高，完成难度不小，尤其是面对今年不确定的国际国内经营环境。2009年国际金融危机还可能继续恶化，今年将是近年来我行国际业务发展形势最严峻的一年，我们要有持久应对困难局面的充分思想准备。具体来讲：

一是外部需求明显减弱。当前，金融海啸造成全球经济下行，世界主要经济体经济出现负增长，通过贸易和投资渠道，正在对国内企业的进出口结算以及融资需求造成影响。2008年，全行净利润虽然增长35%，但主要体现在前三个季度，第四季度也出现一定的环比下滑。随着金融海啸的扩散和蔓延，今年我国经济增长形势也会面临重大挑战，外部有效需求不足，特别是北京、浙江、江苏、广东、山东这些省市地区的进出口下降速度很快，大家对此尤其要有应对准备。二是同业竞争日趋激烈。几家大银行的综合实力竞争越来越激烈，而一些中小股份制银行也正在对国际业务线竞争构成越来越大的冲击。综观市场态势，国际业务的竞争已经延伸到了银行业务的方方面面和经营管理的各个层面与环节，产品创新、服务效率、科技水平、渠道建设等软环境将成为竞争成败的关键。现在看来，建行已将国际业务作为一项非常重点的发展战略，目前它在国际业务发展上已对我行构成全面竞争压力，在某些产品线上甚至超过了我们。三是风险防控压力加大。部分行业产业集中度低和产能过剩问题明显暴露，在经济下行时期行业内企业市场控制力下降、生产能力落后等问题将进一步显现，企业进出口能力不足，一些原先的大型进出口企业目前订单寥寥，进出口形势非常不好，给银行的国际

贸易融资业务带来系统性融资风险。国际大宗商品价格剧烈波动，进口代理产品价格大幅波动，委托方违约弃货的风险增大，供应链条中核心客户和上下游客户生产经营活动无法顺利进行，代理商限于资金实力难以足额支付信用证款项或进口押汇款，国际贸易融资面临垫款风险。金融危机导致全球金融市场信贷紧缩，境外金融机构的相继倒闭、被收购或兼并，今后一段时期内的代理行风险也会比较大，都对银行业务政策和风险管理能力提出更高要求。

在充分估计外部经营环境复杂性和严峻性的同时，也要看到我国仍处于重要战略机遇期。从长远看，中央政府促进全国进出口的贸易政策导向没有改变，我国外向型经济发展的基本特点没有改变，也不会改变，进出口贸易与外商投资对经济增长仍然起到至关重要的促进作用，商业银行国际业务发展的市场条件和业务基础依然存在。

一是国家扩内需促增长政策带来巨大的国际业务市场新商机。首先，国际业务市场资源底蕴依然深厚。2008 全年我国对外贸易进出口达到 2.56 万亿美元，同比增幅仍达到 17.8%，全年吸收外资超过 900 亿美元，连续 17 年居发展中国家首位，今年首月我国进出口总值为 1 418 亿美元，剔除春节工作日减少因素后外贸出口同比仍然在增长。其次，国家实施积极财政、出口退税和适度宽松的货币政策，实施十大重点产业振兴扶持计划，想法设法鼓励出口、支持企业“走出去”和国内过剩产能向境外转移，积极扩大国内需要的先进技术、设备、关键零部件和能源原材料进口，增加重要战略物资储备等，都会创造新的国际业务需求。

二是境内外银行业格局调整为我行积极争揽国际业务优质客户、业务资源提供了平台。与国际金融市场大分化、大调整相比，我国金融机构受影响比较小，在全球金融机构中表现优秀，我行在此次金融危机中展现的安全和可信赖形象，使我们的市场声誉和客户信任度得到极大提升，品牌和国际影响力得到极大提升，使我们赢得了争揽业务、拓展市场、加快业务发展的良机。目前我行市值排名全球银行业第一位，而且是全球盈利最多的银行，近年来我们在国际上获得了很多知名奖项，赢得了广泛赞誉。我行在服务和品牌上的实力和影响，正是我行发挥本外币协同、一体化营销优势，增强国际业务有效供给，提高国际业务客户满意度的有力工具，也是我行在激烈的市场竞争中抢占先机，重塑新的竞争格局的助推器。

当前新的形势是我行精心甄选并储备一批优质国际业务客户的有利契机。全行要在本轮经济周期波动中，在一些国际金融机构深陷困境或进行深度调整过程中，抓住和契合新的政策机遇和市场需求，主动发挥全行本外币一体化营销优势，结合国际业务特点，善于发现、争揽和储备一批有实力、有市场、有创新的国际业务优质客户，为下一步推动国际业务大发展夯实基础。

三是人民币区域结算试点政策为我行国际业务经营带来前所未有的机遇。2008 年底，国务院宣布对广东和长三角地区与港澳地区、广西和云南与东盟的货物贸易进行人民币结算试点，这是党中央、国务院实施区域发展战略过程中推出的又一重大举措。总体来看，中国综合国力的逐渐增强、对外贸易和金融开放度的不断提高为人民币区域化创造了市场和基本制度条件，人民币区域化试点所需内外部各项条件基本具备，这为我行利用已有的人民币资金规模、网络和清算实力优势，在未来跨境人民币结算业务中抢占市场先机提供了前所未有的发展机遇。

总体而言，今年经营环境复杂多变，我们更需要对国际业务未来发展形势有个全面、合理的判断。当前和未来一段时间，我相信在全行积极进取、思路清晰的发展战略引领下，我行国际业务在面临严峻挑战的同时，也面临历史难得的发展机遇，只要我们清醒地认识到全行国际业务发展的各种有利条件和积极因素，善于捕捉危机中潜在的发展机遇，充分发挥我行竞争优势，全行国际业务跨越式发展是能够实现的。

三、关于 2009 年境内国际业务工作的几点意见

（一）要认真贯彻全行办国际业务的工作要求。实施国际化战略是一个长期、渐进的系统工程，而未来三年将是我行国际化战略实施的关键时期。三年规划和今年发展目标不同于以往，远远超过了近几年我行占比实际提升速度，发展目标设定积极而进取，任务完成艰巨而颇有挑战，需要全行做出努力。特别是今年作为三年发展规划的开局之年，全行上下都应继续从关系到我行占据未来市场竞争制高点，关系到我行可持续发展的高度来认识国际业务、支持国际业务、发展国际业务、做好国际业务。

要坚持统筹协调发展。坚持以市场占比为核心目标，工作重点和任务安排都应服从和服务于这个中心目标，坚持整体规模和质量效益的平衡。要继续坚持本外币一体化营销，契合全行信贷投放节奏和尺度，加大交叉销售、综合营销力度，挖掘本币业务中蕴藏的国际业务市场需求。要坚持国际、国内贸易融资业务并重。这里要特别强调表内外贸易融资业务的发展。今年，在风险可控的前提下各行要大力发展表内国际贸易融资业务，依托全行雄厚的客户基础，举全行之力配套一些新的政策措施，做大做强外汇贸易融资，同时注意总结经验，以点带面，争做中国第一贸易融资大行。国际贸易融资业务若上不去，将会直接影响到全行国际结算业务的竞争力。

（二）要积极实施市场占比提升计划。要按照突出重点、分区域、有层次推进的原则，逐一制订占比提升

计划，加强总行、一级分行、二级分行的三级联动，切实促进重点地区重点行以高于当地进出口增速、高于当地同业增速、高于全行系统平均增速的速度发展，率先实现赶超和突破。

一是要推进一级分行（直属）分行快速协调发展。北京、新疆、贵州、浙江、山东5家分行国际结算四行占比要保持或达到第一，江苏、河南、吉林、甘肃、广西、海南6家分行达到第二，厦门、内蒙古分行要尽快提升在当地名次。总行将在管理信息部门单列一项统计栏目，建立监测分析和通报督导制度，按月监测、通报各分行市场占比情况。二是全面确立大中城市行的核心竞争优势。实施一级分行营业部重点“扶持计划”。对业务资源丰富但四行占比提升情况欠佳的一级分行营业部建立重点监测和督办制度，按月监测、通报四行占比提升计划完成进度。三是要加快提升重点二级分行的市场竞争力。在业务资源丰富、客户需求旺盛以及城市化进程较快的重点地区，实施重点联系制度，总行已选择确定了54家一级分行营业部和重点二级分行作为重点联系行，按月监测业务拓展情况，并督促省行有针对性地加强工作指导。

（三）要积极实施重点客户营销战略。要分层次、有重点地落实客户业务占比提升计划。

一是总行确定7 000家国际业务目标大客户，全部纳入各一级分行国际结算目标客户。各行要坚持本外币一体化营销策略，充分发挥人民币贷款优势，拉动外汇存款、结售汇和国际结算等国际业务占比的全面提升。同时，要指定负责目标客户国际业务营销的客户经理，设立“绿色服务通道”，尤其要提高工作和服务效率。对属于单证业务上挂行的客户，单证中心提供“星级客户专属服务”，确保业务处理的质量和效率。

二是锁定1 313家国际结算重点客户。在组织推动对7 000家目标大客户营销的同时，重点锁定1 313家重点客户，纳入全行国际结算业务重点客户名单，实行名单制管理。总行将按照分类指导原则，按季度通报名单内客户在我行的业务发生和占比提升计划的完成情况，指导和组织分行制订实施专业营销方案，定期评价占比提升效果。

三是甄选100家核心目标客户，实施总行、分行、开户行三级联动营销。在1 313家国际结算重点客户中，总行牵头对这100家核心客户实施三级联动营销，并提供配套政策支持，按月监测和评估业务占比提升进度，实现核心客户锁定和业务占比提升目标。

（四）要配套实施有竞争力的价格策略。国际业务产品价格市场化程度较高，客户议价能力很强。要从客户的综合贡献角度全面考量，科学定价，以点带面实现业务突破。关于如何合理扩大分行自主定价的业务范围和定价权限，支持重点分行在综合考虑优质客户综合贡献度前提下，自主制定符合市场竞争需要的国际贸易融资利率价格和国际结算手续费标准，总行将本着既有利于市场竞争需要，同时兼顾收益水平的原则制定具体的配套价格策略，以真正便于分行操作和执行。各行要在保证业务收益和提高市场竞争力之间把握一个合理的平衡，既要防止因价格策略缺乏市场竞争力造成客户流失，又要避免单纯追求业务数量而牺牲收益的情况。要着重提高结售汇业务的竞价能力，可先对100家核心客户进行试点，由总行给予配套专项结售汇价格政策。

（五）要配套实施专业化营销策略。今年，各行要切实抓好外汇汇款业务的营销，培育和拓展一批公司法人外汇汇款大户，通过新增理财收益吸引客户并实现外汇汇款捆绑销售。要做好代理国际速汇款和个人预结汇等个人外汇业务的营销，延伸我行代理国际汇款业务服务渠道。要加强国际业务品牌宣传推广。通过主题宣传活动、重点客户推介会等方式，分层次、分客户、分产品开展多方位的宣传推广活动，既要覆盖公司法人客户，也要重视中小金融机构的代理业务宣传。

要注意做好基础性外汇业务营销。要继续加大外汇存款营销力度，拓宽外汇负债来源，巩固国际业务经营基础。各行尤其是外汇资源相对丰富的重点地区重点行要采取多种有效方式争揽外汇存款，做好对公外汇存款、个人储蓄外汇存款和机构客户存款营销。要发挥基础性外汇业务联动效应，国际贸易融资和外汇存款业务，作为最基础的外汇存贷业务，是支持国际结算与结售汇业务发展的基础与源泉，关联性很强，相互影响，互为促进，要关联拉动实现大发展。

各行要组织现有精通国际业务的产品经理队伍，会同公司业务部门开展专业化销售，一方面配合客户经理对国际贸易融资业务实施更具专业化、更有针对性的产品销售工作，真正发挥营销抓手和组织推动作用；另一方面，对于目前尚未在我行办理业务的国际结算目标大客户，以及尚未与我行发生业务往来的客户要主动承担针对国际结算专业的销售工作。尤其重要的是，要配合做好总行对集团总部、跨国公司总部的营销，带动全辖国际业务竞争发展。

（六）要抓住人民币区域化的政策新契机。近期国家出台人民币区域化和双边结算试点政策，为我行在边贸结算基础上通过人民币业务优势实现国际业务提升带来了前所未有的发展机遇。试点分行要从战略高度认识和推进跨境人民币结算业务，密切关注政策走向，与当地监管部门保持联系和沟通。要积极营销、抢占先机，主动联系目标客户，与我行境外机构一道宣传国家新政策和我行跨境人民币结算优势，一同引导客户利用新的贸易结算方式开展业务，争取创造试点地区业务开门红。

此外，为支持人民币走出国门，中国政府目前已经和新加坡、马来西亚和韩国等国签署了国家层面的人民币货币互换协议，将来此类业务也有可能在商业银行间开展，目前我们不要被动等待，要积极主动地与人民银行加强沟通，广西、上海等试点分行更要与当地政府和监管机构做好沟通，了解其态度动向，提前做好配套预案的设计，力争在试办此项业务的竞争中全面抢占先机。

（七）要继续深化内外联动。境内外机构联动，打通境内外两个市场，是促进全行各项业务均衡发展，落实我行跨国经营发展战略的一条重要途径。跨国经营基于境内，成于境外。只有境内业务保持长久、平稳、快速发展，才能成为支持境外业务发展的源泉与保证。一是对跨境客户和联动项目实施清单制管理。要建立重点目标客户名单，制定内外联动重点项目清单，提高对重点项目的联动服务水平。二是要抓住重点业务。要加大飞机融资、船舶融资、国际银团和出口信贷等总行专业融资产品与海外机构之间的簿记合作。推行内保外贷业务重点客户名单制，为“走出去”中资企业的海外融资需求提供信用支持。专题研究针对各类“走出去”企业的集成化服务方案，实现内外联动业务的纵深发展。

（八）要完善渠道建设和考评体系。要持之以恒地加强服务渠道建设。2009 年，全行开办外汇业务的机构覆盖率要有实质性提高，力争达到 75%，开办外汇业务的基层网点覆盖率力争达到 70%。全行获得国际结算及贸易融资产品经理资格人员要确保增加 1 000 人，在全行员工占比力争达到 1%，多层次、分梯度、有侧重地做好配套培训工作。要抓紧完善现有网点的对公和个人外汇业务功能，重点区域重点行与大中城市行主要网点要确保都能办理全功能外汇业务。

要进一步完善国际业务绩效考核体系。以提升市场占比为重点和导向，加大国际业务市场占比考核权重。要提高考核结果与经营资源配置的关联度，提升前台营销部门对国际业务竞争力指标的重视程度，进一步完善前台、中台、后台部门密切配合、协同作战的经营管理体制。为鼓励先进，总行将围绕 2009 年全行国际业务工作要点，根据分行核心任务指标完成情况和综合表现，在年终考核时评选出 10 家先进分行予以表彰，同时评选出 50 名优秀产品经理和在国际业务产品销售工作作出突出贡献的 50 名先进个人予以通报表彰。

（九）要高度重视风险防范工作。在做好各项国际业务发展的同时，更要高度重视风险防范工作。全行风险管理部门要继续为国际业务跨越式发展目标的实现保驾护航。今年企业信用风险将会加大，要在业务准入时把好第一道关；要切实做好对贸易商品、国别风险、交易记录、资金流向等前期审查工作；要善于从物流、资金流和单据流的监控上加大对国际贸易融资业务的风险控制，及时掌握交易履行情况；要加大针对大宗商品市场行情、利率和汇率波动的风险提示和预警力度，加强市场风险管理技术和配套产品的运用与推广。同时，要坚持依法合规经营，规范业务流程和操作，切实做好国际结算和结售汇业务的操作风险防范。

这里还要特别强调一下加强反洗钱工作，国际社会打击洗钱及恐怖融资行为力度不断加大，境外敏感国家业务往来也面临难以把握的制裁风险。近期国外银行因反洗钱执行不当遭外国监管机构巨额罚款等事件警示我们，在全面、深入推进国际化发展的进程中，全行要对反洗钱工作高度重视、常抓不懈，真正把境内外各项反洗钱工作要求落到实处。全行上下、各级员工要充分认识到国际业务反洗钱工作的重要性、紧迫性和复杂性，按照全行国际业务与海外机构反洗钱工作机制和分工安排，切实做好反洗钱各项工作，既要关注外汇汇款报文验证，也要重视国际业务单据审核。不仅要重视联合国制裁黑名单，还要关注和警惕外国政府如美国财政部“国外资产管制办公室”（OFAC）特别指定的敏感名单。要健全国际业务领域反洗钱工作岗位责任制，配备专职人员，切实履行外汇反洗钱检查工作职责。要逐步完善反洗钱业务系统，提高核查工作的效率与自动化程度。

同志们，未来三年是我行在新的金融市场竞争格局中全面巩固和扩大优势地位的关键阶段。三年规划，重在开篇，2009 年是全行新三年规划实施的第一个年头，也是全行提升国际业务市场竞争力的关键之年，希望大家坚定信心，认清形势，统一思想，抓住机遇，迎接挑战，全面落实和完成 2009 年境内国际业务各项工作部署，推动全行国际业务发展再上新的台阶，为全行未来三年跨国经营目标的实现奠定坚实的基础，为建设国际一流现代金融企业作出新的更大贡献。

统筹把握政策走向 积极提升配置效率 全面做好新形势下的资产负债管理工作

——在中国工商银行2009年资产负债管理工作会议上的讲话

王丽丽

（2009年2月25日）

这次会议的主要任务是，深入践行科学发展观，认真贯彻发展战略研讨会和2009年全行工作会议精神，总结2008年各项工作，部署2009年工作任务，进一步提升全行资产负债配置效率，促进资产负债业务又好又快发展。

下面，我讲三方面意见。

一、2008年资产负债管理各项工作成效显著

2008年，国际、国内经济金融形势复杂多变，在各级行党委的正确领导下，全行资产负债管理专业以科学发展观为指导，统筹把握宏观政策与我行发展战略，从大局出发，坚持实施审慎灵活的配置策略，有效传递经营导向，确保了资产负债的平稳运行和结构优化，为全行各项业务发展作出了重要贡献。具体表现在以下几个方面：

（一）贯彻落实国家宏观经济政策，灵活掌控资产负债业务运行，资产负债的资源配置效率得到有效挖掘。有机协调宏观政策、市场需求和规模配置的关系，促进信贷总量的合理增长和结构的持续优化。2008年，我行信贷总量和进度的把握面临前所未有的复杂格局，全行认真贯彻落实国家宏观调控政策，各级资产负债管理、公司业务、个人金融、信贷管理、财务会计等部门高效联动、通力协作，统筹兼顾做好信贷计划管理工作，全年信贷投放体现了国家宏观调控政策和央行货币政策要求，在支持经济平稳较快发展中有效发挥了大银行的作用。前三个季度严格执行从紧的货币政策，按照央行40%、70%和93%的进度要求，第一、第二、第三季度全行人民币贷款年度计划执行进度分别为39.87%、70.19%和92.99%。第四季度根据宏观调控方向、重点和力度的变化，及时将人民币各项贷款总量计划调整为指导性管理，调增年度贷款增量目标，较好地落实了国家扩内需、保持经济平稳较快增长的政策要求。全年新增人民币贷款5 307亿元，较年初制定的3 650亿元增量目标多增1 657亿元，同比多增1 655亿元，增幅达14.2%，同比提高3.4个百分点，贷款增量居同业首位，为我行历年来投放最多的一年。各级行认真加强贷款计划的监测、调度与平衡，不断提高信贷资源利用效率，绝大多数分行贷款同比多增。其中，四川、重庆、陕西和甘肃等分行积极按照总行部署全力为地震灾区的恢复重建提供信贷资金支持，广东、湖南、贵州、湖北等分行于年初大力支持煤电油运企业增加供给，为抗击冰雪灾害作出了积极贡献。票据营业部全力配合总行关键时点的规模调度，在全行贴现余额回升733亿元的情况下，为分行让渡规模436亿元，有力促进了全行资产业务的合理增长和分行在当地市场竞争力的稳步提高。

积极发挥经济资本风险约束与经营导向功能，保持全行资本总量适度和结构合理。境内机构经济资本占用总量为3 422亿元，其中人民币信贷资产占用2 634亿元，计划执行进度均为99.5%，较好完成了经济资本管理计划。充分发挥经济资本计量标准的导向作用，引导分行调整优化风险资产结构，支持发展低风险、高回报的业务品种。2008年末，全行本外币信贷资产经济资本占用比年初增加173亿元，增幅为6.9%，较信贷资产余额11.8%的增幅低4.9个百分点，表明我行信贷资产总体风险程度有所下降。资本充足率管理进一步加强，推进表外业务适度增长，降低市场风险资本要求，在完成南非标准银行等战略并购交割的情况下，2008年末集团口径（审计前）资本充足率为12.96%，核心资本充足率为10.69%，仅比上年末略有降低。适时研究制订了发行次级债补充附属资本的方案，引进内部评级法项目成果，运用违约率数据，颁布了3.0版本经济资本计量标准，经济资本在全行的应用得到了进一步深化。

根据宏观经济形势变化，把握存款增长与控制付息成本的平衡点，促进资产负债业务协调发展。2008年，宏观经济形势急剧变化。上半年，央行采取紧缩性货币政策，连续五次上调法定准备金率累计3个百分点至17.5%，我行净融入资金持续较长时间，净融入资金天数同比增加43天。下半年，受国际金融危机快速恶化、

国内经济增速减缓影响，货币政策逐步调整为适度宽松，央行连续五次下调存贷款基准利率，连续四次下调存款准备金率。全行资产负债管理部门积极应对形势变化，有效促进资产和负债的协调发展。总行六次调整内部资金转移价格，坚持“大力发展低成本负债业务”的原则，并根据形势变化及时将“抑制贷款投放冲动”调整为“鼓励资产业务稳步发展”。六次调整同业存款指导价格和定价方案，对重点分行实行差别授权，对不同时点、客户和分行采取差异化定价模式，提高同业存款竞争力和市场应变能力。开办以SHIBOR为定价基准的短期同业定期存款业务，缓解支付高峰期的流动性压力，用较低成本确保了我行在关键时点的存款市场领先优势。各分行认真领会总行政策导向，积极调整经营思路，在实现存款规模增长的同时，有效控制付息成本，为缩小与同业领先者净息差的差距作出了贡献。人民币各项存款（含同业存款）比年初增加11 095亿元，超额完成年初制订的10 000亿元增量计划，同比多增2 354亿元，增幅为15.4%，继续保持市场份额领先地位，存款付息率为2.16%，比上年提高0.39个百分点，上升幅度低于法定存款利率平均上调幅度和同业平均水平。

主动调整外汇资产负债管理政策，促进外汇存贷款业务协调发展。总行连续八次调整境内分行外汇资金利率，两次调整境外机构拆借资金利率，及时传导外汇业务的经营导向。采取分摊汇兑损失、调整分行外汇存贷款利率审批权限和一般现汇贷款规模控制等一系列措施，提高外汇存贷款管理的有效性和针对性。各分行资产负债管理部门积极会同相关部门大力吸收外汇存款，支持国际贸易融资业务，严格控制一般现汇贷款，有力扭转了全行外汇存贷款的倒挂局面。全年外汇存款（含同业存款）增加76亿美元，外汇贷款下降83亿美元，外汇存贷款由年初的借差23亿美元改善为年末的136亿美元存差。

（二）努力化解急剧变化的经营环境冲击，稳步提高资产负债盈利水平，进一步增强全行核心竞争力。加强利率定价管理，促进存贷利差稳步提高。前三个季度，全行有效利用规模资源紧张的环境，积极提高贷款议价能力，贷款收益率得到明显提高。第四季度，根据宏观经济形势变化，通过适度调整定价标准，支持我行对重点项目的竞争需要。总行研究制定、及时调整存贷款定价模型和定价标准，并将利率执行情况与经济资本配置挂钩，有效促进了利差收入的稳定增长。全行人民币存贷款利差为5.02%，同比扩大72个基点；新发放的公司和个人贷款平均利率分别为7.02%和7.28%，同比提高了49个基点和45个基点，其中通过加强定价管理提高贷款利率浮动幅度分别贡献23个基点和15个基点，增加全行利息收入42亿元左右。新发放贷款利率水平首次超过主要竞争对手，定价水平在同业中取得领先地位。

票据融资经营再上新台阶，贴现收益率创历史新高。全行积极转变票据业务经营理念，实施票据流量管理策略，多渠道拓宽系统外票据出口，加快票据资产周转，票据收益水平不断提升。前三个季度，票据业务以提升经营收益和维护客户关系为重心，积极拓展运作空间，有效缓解了全行信贷规模调控的压力。第四季度，根据全行业务发展需要，加快推进票据贴现余额的回升，票据营业部与北京、江苏、辽宁、黑龙江、吉林等分行采取有效措施，快速启动票据买入计划，在利率下调前买入大量高收益票据资产，为全行多增加收益近20亿元。全年票据交易量达1.64万亿元，同比增加4 351亿元，增长36.1%。实现净利息收入178亿元，同比增加16亿元。贴现收益率达6.74%，比上年提高269个基点。票据交易量、净利息收入和贴现收益率均创历史新高。票据融资余额市场占比为17.1%，比第二位高出3.6个百分点，保持了第一贴现银行的领先地位。票据资产质量连续五年保持优良。

同业融资和债券投资业务稳健发展，分行资金投向和收益来源得以拓宽。根据同业融资对手情况及全行资金形势特点，各分行及时调整融资策略，加强对期限、品种、定价的管理，严格在总行的授权范围内开展业务，多渠道了解交易对手资信状况，密切跟踪落实资金到期归还，在获得较好收益的同时，未发生一笔业务风险损失。全年分行共计办理人民币融出业务622笔、金额1 872亿元，加权平均利率为4.34%，同比提高0.56个百分点，实现利息收入十多亿元。北京、上海和深圳分行合理把握投资节奏，优化券种和期限结构，收入增幅快于资产规模增长。年末分行持有各类人民币债券2 798亿元，占全行人民币债券余额的10%，比年初增加147亿元，增长5.5%。债券投资实现收益114.6亿元，比上年增加34.1亿元，增长42.4%。

加大国债营销力度，继续保持国债代理业务市场领先地位。积极应对2008年国债承销团成员扩大、市场竞争加剧形势，我行通过加大营销宣传和发挥系统优势等措施，国债代理业务继续保持同业首位，市场占比达32.3%，实现手续费收入4.6亿元，成为我行中间业务收入的稳定来源之一。充分利用储蓄国债销售额度分配采取竞争性抓取机制，北京、广东、上海、辽宁、黑龙江等分行储蓄国债代销量取得佳绩，前十位分行合计代销量占比达73.3%，为保持我行同业领先地位作出贡献。

（三）提高适应内外部环境变化能力，适时调整管理策略，资产负债风险防控能力进一步提高。灵活调整流动性管理策略，有效平衡资金流动性和效益性。2008年，全行流动性呈现出明显的阶段性特征，在前三个季度较为紧张的资金形势下，总行相关部门积极配合，共渡难关，在确保全行流动性安全的基础上，通过大量融入资金，有效缓解全行流动性压力，降低融资成本，支持资产业务发展。各分行从全行大局出发，加强资金预测预报，通过压缩超额备付和对外资金运用节约资金，多渠道增加资金来源，在“十一”节前的资金支付高峰，累计吸收跨节短期同业定期存款425亿元。进入第四季度，全行资金形势出现好转，流动性压力逐步缓解，总分行上下联动，有效平衡流动性和效益性，全行资金利用效率进一步提高，流动性管理持续保持同业领先水平。全行日均超额备付率为1.35%，同比下降0.24个百分点；月均超额备付率为1.47%，比国有银行、股份制银行平均水平分别低0.24个和1.43个百分点，相当于日均节约资金188亿元和1 118亿元。

完善利率风险管理机制，增强风险防范能力。研究制定银行账户利率风险计量方法，完善利率风险缺口分析和静态模拟，初步建立利率敏感性缺口比率、利率风险敏感度等风险限额指标体系，提高利率风险计量水平。针对贷款原始利率信息录入不准确等问题，会同信贷管理、信息科技等部门协商改进了CM2002、PCM2003和主机系统功能，规范贷款利率信息系统录入操作，清理存量贷款错误利率信息，防范利率执行的操作性风险，也为实行利率风险限额管理和风险对冲奠定了信息基础。

大幅度降低外汇敞口，汇率风险管理取得显著成效。在上半年特别是第一季度外汇资金紧张的形势下，全行积极吸收外汇存款，扩大债券回购和货币掉期交易，有效弥补了外汇资金缺口，满足人民银行外汇头寸下限要求，并支持了重大境外并购。在下半年国际金融危机蔓延、全球金融市场恶化伊始，及时主动减少了境外资金运作规模，最大限度地规避外汇资金运作风险。综合运用存贷款缺口控制、债券回购等措施，加强外汇资产负债结构的调整优化，总行消化了被动持有的结售汇未平盘头寸，全行外汇风险敞口和汇兑损失大幅下降。2008年末，按照银监会定义口径的集团外汇风险敞口为67.7亿美元，比上年末下降138.7亿美元。

全面实施票据存管制度，推进票据经营管理体制创新。票据存管制度在全行稳步运行，各分行共在票据营业部开立存管账户65个，累计存入票据约14万笔、金额3 601亿元，占各分行同期贴现买入量的38.2%，经存管制度风险检测票据占比达到60.6%，比上年提高26.4个百分点。在票据营业部存管票据中，未发现伪假票据，97.6%的票据按质量分类标准达到良好。分行通过存管平台累计办理网上融资交易1 123亿元，转卖票据营业部2 531亿元，委托票据营业部托收589亿元。票据存管制度进一步扩大了票据风险检测面，提高了系统内票据交易效率，在推进我行票据专营机构转型和票据融资业务创新发展中发挥了积极作用。

（四）夯实管理基础，创新管理手段，努力发挥决策支持职能和参谋助手作用。完善制度体系，提升管理科技水平。总分行资产负债管理部门会同相关部门，研究并优化本外币资金全额集中改革方案。组织制定利率管理和利率风险管理办法，进一步理顺了利率管理流程。正式颁布资本管理制度及其配套的经济资本管理办法，为全面推进资本管理健全了制度基础。印发债券投资管理办法，规范和指导全行债券投资业务发展。加快推进资产负债管理科技基础建设，提高资产负债管理系统化、精细化水平。成功投产资本管理系统（一期）、内部资金收付管理系统（二期）、全行债券投资与资金交易管理系统、票据系统联机记账项目，完善资金集中配置系统、凭证式国债集中管理系统和分行融资管理系统，提出内部资金转移定价系统需求，配合财政部开展包销式储蓄国债系统的开发。

及时为管理层提供决策参考，有效推进资产负债管理委员会各项工作。各分行资产负债管理部门切实加强对资产负债运行的动态监测、政策动向的跟踪分析和对策方案的研究报告，定期分析本行经营计划执行、利率定价和流动性管理等工作开展情况，有针对性地提出对策建议，为各级行领导决策和相关部门业务组织提供依据和参考。总行资产负债管理部认真履行总行资产负债管理委员会秘书单位职责，不断完善委员会政策制度，初步搭建资产负债管理报告体系，有序组织和推进委员会的规范运作。全年组织研究审议了14项议案，形成了11项决议，较好地发挥了资产负债管理部门决策支持职能，推动了全行资产负债管理水平的提高。各分行也积极推进资产负债管理委员会的制度建设和日常运作，实现了本行层面资产负债业务重要经营决策和定期报告的集中审议。

去年的成绩非常来之不易，是总行党委科学决策和正确领导的结果，也是全行广大资产负债管理战线的干部员工立足大局、扎实工作、锐意进取的结果。在此，我代表总行党委向在座的各分行行领导和资产负债管理部门的负责人，并通过你们向所有辛勤工作在资产负债管理战线上的同志们表示衷心的感谢！

面对复杂多变的形势我们必须清醒地认识到，资产负债管理仍面临一些突出的矛盾和问题，突出表现在：对国内外宏观经济形势和金融市场走势的分析研判和全面把握仍有待进一步加强；定价、议价管理水平仍有较大提升空间，应对利率市场化的准备工作仍需努力；全行上下和各部门协同做好资产负债管理总量平衡和结构优化的力度还有待加大；风险计量模型工具开发和管理应用型IT系统建设需要加快，精细化管理水平有待进一步提高；资产负债管理职能认识层次差异较大，队伍建设亟待进一步加强等。这些问题需要各级行在工作中高度重视，并努力加以克服和解决。

二、统筹分析当前及今后一个时期宏观经济金融形势，化压力为动力、变挑战为机遇

当前，国际金融危机继续扩散和蔓延，世界主要经济体经济增长出现了空前的同步衰退，受国际金融危机的影响，我国经济下行速度也比预想严重。从公布的初步数据看，2008 年 GDP 增长创 7 年新低，第四季度的 6.8% 的增速为 20 世纪 90 年代末以来的最低值。面对急转直下的国际国内形势，党中央、国务院审时度势，迅速部署了扩大内需的政策措施以及金融支持经济发展的工作要求。面对 2009 年的经营形势，我们既要对困难与挑战做好充足的思想和行动准备，更要注意发掘和捕捉其中所蕴涵的重大机遇，坚定信心，以危机为契机，进一步全面提升资产负债资源配置效率。

（一）要全面、清醒地认识经营环境所面临的主要挑战。

——宏观经济下行、走向不确定态势下，存量资产质量的维护和新增贷款投向的把握面临挑战。从近年来我国经济运行情况看，商业银行贷款质量与宏观经济周期波动有较大关联。中国经济在连续五年保持超过两位数的增长后，2008 年增速减缓虽与国际国内经济环境变化密切相关，其内在调整的周期性因素也不容忽视。2003 年至 2007 年全部金融机构各项贷款增加 13 万亿元，2008 年增量达到了 4.9 万亿元的历史新高，市场预计 2009 年仍将同比多增，或将超过 5 万亿元。从央行公布的最新数据看，今年 1 月份已经增加 1.62 万亿元，同比多增 8 141 亿元，创单月贷款增量的最高值，其中票据贴现增加 6 239 亿元。鉴于过去几年经济扩张时期发放的贷款并未经历下行周期的检验，因而银行贷款高速增长的持续性和风险把控备受关注。当前经济运行中存在着部分行业盲目发展、产能过剩等结构性问题，更要引起我们高度关注，积极而审慎地选择新增贷款投向。

——货币政策宽松、流动性充裕背景下，资产摆布和资金营运水平面临挑战。自 2008 年第三季度以来，央行已连续五次降息、四次调低存款准备金率，市场流动性正走向宽松，货币、债券市场利率随之大幅下降。按照“适当增加货币、信贷投放总量，保持银行体系有比较充足的流动性”的调控思路，为实现 M2 增长 17% 的目标，央行已调减公开市场操作力度，已停发 3 年期央票，降低 1 年期和 3 个月期央票发行频率。受资金供求影响，近期 3 个月期央票发行利率已跌破 1%。目前大型银行的法定存款准备金率仍处在 15.5% 的历史高位，预期未来逐步降低还将释放数千亿元的流动性，需要货币市场和债券市场予以消化。适度宽松的货币政策为商业银行支持国民经济发展创造了有利资金环境，同时也增加了我行资金营运的压力。目前，我行资金形势出现较为宽松的迹象。1 月份全行日均超额备付 3 207 亿元，日均超额备付率高达 3.78%，头寸比正常水平高出近 2 000 亿元，这部分资金的收益率仅为 0.72%，与新增存款付息率形成明显倒挂。在存款快速增长的形势下，为缓解资金富余压力，总行加大了资金运作力度，1 月份末融出资金余额已达 2 414 亿元。

——利率周期转向、市场化进程加快形势下，利率定价和议价管理面临挑战。在经历了四年 9 次上调基准利率的加息周期后，从去年 9 月份起央行宣布下调贷款基准利率，表明我国经济运行已步入新一轮利率下行周期。2008 年，我行净息差水平达到 2.93%，同比提高 13 个基点，随着基准利率下调和市场竞争加剧，今年净息差回落压力非常明显。与此同时，利率市场化改革步伐加快，国务院发布的金融促进经济发展的若干意见中，明确提出了“要发挥市场在利率决定中的作用，增强贷款利率下浮弹性”，个人住房贷款利率下浮幅度的扩大，是贷款利率弹性逐步放大的重要尝试，意味着商业银行金融产品定价权的继续扩大和利率定价管理的难度不断增加。应对利率下行和市场化改革，关键是看我们有没有定价和议价能力，有没有应对市场变化的灵活度和敏锐度。从近年来我行利率管理工作的开展情况看，虽与同业相比取得了难得的成绩，但现有能力仍难以自如应对市场化考验。

——市场持续动荡、汇率走势波动格局下，外汇资产负债业务发展取向面临挑战。世界金融市场形势依然紧张，银行信贷紧缩仍未有效缓解，金融危机对实体经济的冲击仍将持续。国际货币基金组织预计 2009 年世界经济增长下降至 0.5%，成为“二战”以来的最低增长率。金融危机对我国对外贸易的影响已逐渐显现，我行国际贸易融资面临需求大幅下降的困境。全球利率进入下降通道，各主要货币利率将维持较低水平，比较安全的外汇资金运作收益走低。外汇市场剧烈波动的局面仍将持续，主要货币汇率走势具有很大的不确定性，美元中长期持续走强的前景暗淡。从短期看，人民币对美元汇率将维持基本稳定，从中长期看，人民币对美元等国际主要货币仍处于升值通道。若人民币汇率升值预期重现，外汇存款出现较大波动，外汇资金形势将再次出现较大变化，目前相对宽松的外汇资金形势和资产负债总量的基本平衡将被逆转。

（二）要积极、务实地捕捉危机与挑战中蕴涵的发展机遇，妥善把握好业务发展与经营管理的重要关系。深入分析形势与挑战，是为了探寻和挖掘其中蕴涵的有利条件和积极因素，尽快化解困境，将挑战转为机遇。从经济基本面、宏观政策面等综合分析，当前及今后一个时期需引起我们重视并把握的机遇可概括为以下两个方面：

一方面是经济周期调整中所蕴涵的战略机遇。金融危机没有改变中国经济发展的基本面，国民经济在经历了周期性的调整后，当前存在的深层次矛盾和问题将逐

步得以解决，仍有望保持快速发展的态势。经过多年来的经营转型和结构调整，我行资产负债结构具有了一定的比较优势，如资产组合风险较低，抗经济下行风险的能力较强；存贷比较低，资产结构优化配置的空间较大；活期存款比重高，负债成本较低等，这些比较优势为抵御经济周期波动奠定了坚实的基础。全行上下如果能够认识到经济调整中的各产业、各市场和各区域发展演化的内在规律，在产业结构调整中坚持“有进有退”原则，在金融资产配置中实施“有取有舍”策略，在区域战略布局中突出“有先有后”次序，明确发展的方向、重点与节奏，则仍将实现竞争实力与盈利水平再上新台阶。

另一方面是宏观政策推进下所孕育的市场机遇。国家扩内需保增长是产业、财政、货币以及监管政策全面协调推进的系统工程，这必将带来微观经济主体和金融机构经营发展的重大机遇。国家重点项目建设、产业结构升级项目的启动实施，为我行信贷业务发展和结构调整提供了巨大的市场空间；国家改善民生、扩大消费政策的实施，为我行个人信贷业务的加快发展创造了条件；国务院和有关部门出台的金融促进经济发展的一系列政策措施，必将带动多层次金融市场加快发展，从而为我行加快信贷、资金和债券业务创新，增加收入来源打开通道；在人民币汇率维持基本稳定的环境下，我行外汇资金相对宽松，为加快国际贸易融资业务发展以及推进国际化经营提供了资金支持。

形势复杂多变，机遇转瞬即逝。资产负债管理专业经过两年多的磨炼和考验，思想观念、工作技巧和管理能力均得到了明显提高，为做好下一步工作打下了扎实的基础。在外部环境巨变的形势下，我行上市后第二个三年规划的起步实施，既赋予了资产负债管理部门更重的使命、更大的责任和更高的要求，也为我们提供了继续解放思想、拓宽视野、增强能力、创造贡献的提升机遇。当前及今后一段时期，我们要把握关键、谋近思远，在合理把握总量增长与结构优化的关系，有机平衡风险控制与收益增长的关系，科学处理市场需求与供给能力的关系的基础上，突出资产负债管理工作重点，扎实做好资产负债管理各项工作。

三、知难而进、积极进取，全面做好2009年资产负债管理的各项工作

2009年资产负债管理工作的指导思想是：深入践行科学发展观，认真贯彻国家经济金融政策和全行工作会议部署，适时适度地把握资产负债运行节奏和摆布策略，强化经济资本约束，深化资金管理体制改革，完善内外部定价机制，拓宽资金运用渠道，推进票据业务转型发展，努力提高资产负债配置效率，进一步优化资产负债结构，提高流动性、利率和汇率风险管理水平，保持各项资产负债业务又好又快发展。为全面做好2009年资产负债管理工作，我着重讲几个方面要求：

（一）认真落实国家宏观经济金融政策要求，适时适度地把握资产负债总量和运行节奏，努力提高信贷资源配置效率。实施人民币贷款计划的弹性管理。综合考虑宏观环境、货币政策和自身发展战略等多方面因素，总行确定了2009年人民币贷款新增5 300亿元左右的总量目标，其中公司类、个人类和票据贴现分别为3 700亿元、900亿元和700亿元。根据宏观调控及央行货币政策的变化，总行已于去年第四季度起将人民币各项贷款总量计划由指令性调整为指导性管理，调控重点由人民币贷款规模管理改为主要通过经济资本限额对风险加权资产实施全面监控。2009年人民币贷款计划采取“总量平衡、条块结合，全年亮底、季度指导，动态监测、适情调整”的管理方式，即总行于年初对分行一次性下达年度人民币各项贷款指导性计划。在季度投放要求上，合理确定总行内部指导性掌握进度安排，原则上不对分行正式分解下达。保持信贷计划管理方式与经济形势和宏观政策的适应性，总行将适时根据货币政策调控最新精神对信贷计划管理方式及要求进行相应调整。

继续保持各项贷款的均衡投放。在人民币贷款计划转为指导性管理后，既要把握国家重大政策调整所产生的市场先机，又要防止部分行贷款投放的盲目扩张和大起大落，为将来贷款质量管理埋下隐患。在年初全行工作会议上，姜董事长和杨行长均明确指出第一季度全行人民币贷款投放进度按照45%左右掌握。从全行1月份贷款投放结构看，票据贴现和公司类贷款占比分别为53.5%和40.1%，与主要竞争对手相比分别高32.8个百分点和低32.6个百分点。对此，各分行要按照总行指导性意见，在合理评估优质信贷市场有效需求和做好风险防范工作的前提下，适度安排自身增量计划执行进度，保持各项贷款均衡平稳投放。要着力优化新增贷款投向，在国家重点支持领域和符合政策导向的行业发展优质信贷市场，要优先发展优质项目、贸易融资、个人住房、优质小企业贷款以及收益有保证的票据贴现业务，同时继续重点支持灾区恢复重建的资金需求。

推进各项存款业务的稳步发展。各行要高度重视各项存款在全行资产负债业务发展中重要的基础性作用，按照储蓄、公司、机构和结算等各专业线的相关部署，把握各类存款在我行体系内的循环流转机制，集中营销大额存款客户，确保实现全行存款增长目标。各级资产负债管理部门要加强对存款业务经营策略的研究和分析，增强大额存款变动的预见性，结合本行资产业务运行和全行资金形势，合理把握存款规模增长与控制付息成本的关系，努力扩大低成本资金来源。

（二）充分发挥经济资本的导向和杠杆作用，推动全行资产结构的进一步调整优化。全面实行经济资本配置限额管理。今年是全行实行经济资本配置限额指令性

管理的第一年，各行要高度重视，协调好信贷计划指导性管理与经济资本指令性管理之间的关系，树立、传导正确的经济资本管理理念。2009年经济资本配置实行“效率优先、统筹兼顾”的原则。效率优先是指资本配置以各分行的EVA为基础，对于RAROC水平较高或同比进步明显的分行给予适度倾斜。统筹兼顾是指要统筹考虑业务发展、收益增长、风险防控和市场占比目标，兼顾全行区域和行业发展政策。对于基础较为薄弱，EVA和RAROC指标尚不够理想的地区分行，适度增配了经济资本，以鼓励其适当加快发展资产业务。

切实提高经济资本利用效率。加强经济资本配置计划与信贷计划的协调衔接，积极支持各行拓展优质信贷市场。按照现行经济资本配置系数测算，300亿元经济资本的额度大约可以支持7 500亿元至12 000亿元的AAA级客户贷款增量，或者17 400亿元的票据融资增量，再考虑存量近2万亿元的贷款到期，各行完全有能力通过经济资本的优化配置，以充足的空间满足重点项目、重点客户的融资需求。各行要切实转变思想观念，深化对“资本约束风险，资本要求回报”的理解，严格执行经济资本配置计划，提高资本使用效率，建立资本优化配置、自我积累的良性循环机制。

深化经济资本计量和管理应用。总行资产负债管理部要会同风险管理、信息科技等部门加快引入内部评价法计量成果，运用违约损失率等数据，继续完善计量方案，统一计量标准，进一步升级完善资本管理系统。要与相关部门密切合作，深入探索经济资本在分部门及客户经理绩效考核、内部机构等级管理改革、业务经营决策等领域的实施应用。各级分行要配合总行推进经济资本管理的基础性工作，积极试点和推广经济资本管理应用的新领域和新方法。

（三）深化全行资金管理体制改革，确保实现总行全额资金集中目标。要充分认识资金管理体制改革的重大意义。2006年1月8日，我行实现了一级分行辖内人民币资金全额集中管理。几年来的实践表明，资金集中管理模式一方面有利于促进全行资产负债业务的发展和结构优化，有利于提高分行的定价能力，有利于科学评价产品线的营业贡献。另一方面，在现行总分行间差额管理和一级分行以下全额管理并存的双轨制资金管理体制下，全行两套不同定价基础的内部资金转移价格体系存在不协调之处，总行的经营导向还不能完全有效地通过内部资金转移价格传导到各级机构。为进一步加强全行资产负债管理体系建设，提高资产负债集约化经营水平，总行决定在2009年深入推进全行资金管理体制改革，实现本外币资金在总行层面的全额集中管理，实现对所有资金来源和运用逐笔计价。

要有序推进资金全额集中方案实施。在年初的工作会议上，姜董事长和杨行长已对资金管理体制改革工作进行了部署。这里我想强调：总行资产负债管理部要会同相关部门充分调研、及时沟通、密切合作、科学论证，全面优化总行集中管理改革方案，要加强与信息科技等部门的合作，做好系统开发、测试、投产、配套管理办法制定等相关准备工作，确保2009年8月投产内部资金转移价格系统、2009年11月投产资金全额集中系统，2010年初实现资金全额集中至总行。总行将进行周密分析、详细测算，制定合理的内部资金转移价格，确保新旧管理制度转换过程中全行经营的连续性和稳定性。资产负债管理部将在此次会议上对改革的具体内容进行详细介绍，并听取各行意见。各分行要从全行大局出发，积极向总行提出合理化建议，按要求做好系统测试和投产准备工作，确保总行全额资金集中管理改革的成功。

（四）以稳定净息差水平为中心，完善内外部定价机制，加强议价指导，全面提高存贷款利率管理水平。继续完善内部资金转移定价机制。总行将密切监测全行存贷款形势变化，根据全行资金形势和市场利率走势，及时、灵活调整内部资金转移价格，继续坚持发展低成本负债的价格导向，适当加大对优质信贷业务的激励力度。各分行要准确把握总行经营策略，努力促进低成本存款增长，通过优质理财产品转化高成本负债。要进一步加强对现有资金业务以SHIBOR为基准的定价管理，在市场化产品范围内完善以SHIBOR为基准的FTP定价机制，提高FTP与SHIBOR的互动性，尽快培养利率市场化条件下的定价管理能力。

全面提高贷款定价水平和议价能力。要积极应对基准利率下行和利率市场化挑战，及时研究宏观政策导向和市场变化趋势，加强与金融同业利率执行水平的对比分析，协调好业务拓展与利率定价的关系，通过提高定价水平和议价能力，克服不利因素，将全行净息差保持在合理水平。要继续以不低于同业平均水平为底线，以完善和落实贷款定价指导标准为重要手段，促进贷款规模和效益的协调均衡增长。要认真落实贷款利率控制计划，在控制风险的前提下合理增加上浮利率贷款占比，提高利率上浮幅度，减少利率下浮带来的机会损失，提高贷款综合收益。总行将加强对贷款定价达标率、下浮贷款机会成本率等指标的监测考核，按月监测通报，并继续实行贷款定价水平与经济资本占用挂钩的政策。各行要加强对本行存贷款利率执行水平的分析，对辖内分支机构利率执行情况定期交流和通报，采取有效措施全面提高贷款议价能力。

坚持鼓励吸收低成本负债的策略。要继续加强存款定价管理，根据全行资金形势和业务发展需要，及时调整存款定价方案，完善同业存款利率定价标准，推进全行存款期限和品种结构的优化，既保持和稳定存款市场份额，又合理控制付息成本。在客户存款定价的具体掌握上，要综合考虑客户存款的综合贡献，不能单纯从成本角度放弃优质客户资源，也不能通过简单的价格手段争取客户，而要通过理财产品、现金管理等综合金融服务全面争取和维护客户资源。

（五）全力保证国际贸易融资增长，促进外汇存贷款协调发展，稳步推进外汇资产负债结构调整。大力发展国际贸易融资业务。总行已确定全年国际贸易融资余额增长20亿美元的计划安排，并在外汇资金配置和拆借利率上继续给予重点支持。在我国进出口贸易增长受到较大影响的形势下，各行要迎难而上，加快产品创新，加大市场营销力度，努力完成全年国际贸易融资增长计划。为推动国际贸易融资业务发展，总行已于2008年12月放开分行国际贸易融资利率报价。各行要结合当地同业竞争情况，提供更具市场竞争力的利率报价，努力扩大国际贸易融资规模和市场占比。支持短期一般现汇贷款，继续适当控制中长期外汇贷款。要合理摆布外汇贷款的期限结构，对中长期一般现汇贷款总量实行计划控制，降低中长期外汇贷款面临的利率风险和汇率风险。

促进外汇存贷款业务协调发展。总行将继续通过灵活调整外汇资金内外部利率等措施促进外汇存贷款业务协调发展，将外汇存贷差控制在合理范围之内。各行要继续做好外汇存款的吸存工作，保持外汇存款的基本稳定，带动更多的优质客户在我行开户，以外汇存款的稳存增存带动国际结算和贸易融资等相关业务发展。同时要高度关注外部市场利率，努力控制存款特别是外汇同业存款的付息水平。

加强总行对境外机构资金拆借业务的指导和管理。按照境外机构的类型、拆借资金的用途等因素，适时对境外机构外汇资金拆借实行差异化利率管理，通过价格杠杆引导境外机构业务拓展。进一步加强境内外业务联动，促进贸易融资业务增长，并支持我国企业“走出去”的融资需求。

（六）全面拓展流动性风险管理范畴，有效防范利率和汇率风险，进一步提高资产负债结构匹配度。进一步完善流动性管理机制。要转变观念，加快流动性管理从传统以保支付为目的向全面的流动性管理和资金流量、流向监测管理提升的进程，从单纯的资金头寸调度管理向资产负债的综合平衡管理转变，完善、优化流动性管理机制，为各类资金和存款在我行体内循环流转机制的完善提供信息支持。要加强对规律性、突发性的资金流动现象的分析、研究，进一步提高流动性管理水平，减少低效资金占用。

继续夯实利率风险管理基础。进一步加强利率风险计量技术的开发应用，依托利率管理系统建立银行账户利率风险的定期监测制度，完善银行账户利率风险限额管理。要加强对利率走势的分析与研判，及时评估分析多元化利率产品的成本收益。各分行要严格执行利率政策，严肃利率执行纪律，加强对利率执行情况的定期监督检查，重点解决利率管理中存在的基础操作问题，杜绝利息收入“跑冒滴漏”现象，避免因利率信息操作失误导致的计结息差错和利息损失。

不断强化汇率风险管理。密切关注全球金融危机的发展演变，继续稳步推进我行国际化发展战略和外汇资产币种、投资品种和区域结构的调整优化，逐步改变目前过于集中于美元单一币种、过于集中于美元债券投资的现状。深入研究对外股权投资保值增值、国际化布局下主要币种结构匹配及敞口管理，提高外汇资产负债期限结构匹配，在加强外汇资产负债结构调整的同时，有效防范汇率风险。

（七）完善融资策略，推进产品创新，继续提升融资与债券业务的盈利能力。灵活调整融资业务策略。今年总行拟在基本授权中增加业务品种，扩大交易对手范围，各行要加强基本授权范围内融资业务的管理和营销工作，拓展市场空间，多渠道消化富余资金，维护区域同业客户关系，提高资金使用效益和我行同业融资业务市场地位。要审慎拓展与外资金融机构融资业务，对外资银行实行名单制分类管理，通过缩短期限、扩大抵押担保比重、增加保障性条款等措施进行信用增级，控制风险。在总行公布的融资业务指导利率基础上，要进一步提高融资产品定价能力，扩大我行在货币市场产品定价的影响力和话语权。要充分利用系统进行融资业务管理，规避操作风险，提高管理水平。要加强产品创新，拓展融资渠道，当前可重点开拓与理财产品相结合的业务种类，如以理财产品质押的融资产品及远期融资产品等。

继续保持债券投资业务的健康发展。要逐步建立债券投资的监测、分析和管理体系，加强对未来现金流的预测以及市场波动的分析，主动调整债券资产的利率和期限结构，在控制风险的基础上，有效提高债券资产的盈利能力。要继续注意防范债券信用风险，保持以主权债为主的投资结构。要特别注意利率调整中的市场风险，在利率下调接近底部的可能性逐步增大时期，要有意识地逐步缩短新增债券投资期限，以提高再投资收益。

深入开展国债代理发行工作。今年凭证式国债和储蓄国债的发行量可能达到2008年的两倍，财政部还计划推出包销式储蓄国债，其手续费率预计将高于代销品种，同时，承销团范围可能扩大，市场竞争将进一步加剧。对此，各行要重视储蓄国债额度抓取机制的变化对我行的影响，做好及时销售和网点沉淀的调剂工作，提高全行额度使用效率。要会商相关部门认真做好市场分析，合理部署销售策略，利用旺销的有利时机，做好客户的提前开户工作，巩固和扩大我行客户群，通过尽可能多的销售机动代销额度来提高我行市场份额。要加大业务培训力度，加强业务考核，调动基层业务人员积极性，着重分析和考核同业对比及剩余额度沉淀情况，并将各行储蓄国债销售情况作为凭证式国债额度分配的重要依据。

(八)加强风险管理，深化业务创新，加快推进全行票据融资业务转型发展。从严防控票据融资业务风险。深化票据存管制度，优化票据存管流程，提高票据存入效率，建立健全存管票据风险保全协作机制。推进票据融资管理制度修订，提高票据制度可执行力。继续加强票据系统建设，增强系统对风险控制的硬约束。

加强定价管理提高收益率。发挥市场在票据融资业务定价中的主导作用，进一步改进票据融资统一定价管理和传导机制。深化票据流量管理策略，建立票据定向交易机制，维护票据融资买卖双向交易渠道，进一步提高流量业务对全行票据收益贡献。加大对理财业务的支持力度，确保完成全年流量1 500亿元的理财产品票据“资产池”组建计划。探索系统内票据交易利率市场化机制，促进规模资源与票据业务资源的有效匹配，提升全行票据业务整体营运效率。

构建票据融资业务发展新格局。全行要进一步做好票据融资业务创新工作，以创新为动力保持我行在票据市场的领先优势。选定票据经营机构转型、票据理财服务、国际贸易融资项下票据业务、电子票据融资及集团客户票据资产管理等一系列创新专题，组建票据创新课题组，积极推进票据融资业务创新。发展面向企业客户的票据存管，适时推出我行票据融资服务整体解决方案。以“票据资产池”为基础，嵌入企业供应链，提高我行对优质客户的竞争优势。推动票据营业部经营体制改革，实现政策性业务与自营业务分离，加大市场化运作力度，推进票据营业部率先成为票据市场做市商。进一步发挥票据营业部专营优势，着力发展票据代理交易、实物票据代保管及代理托收业务，为票据理财产品提供专业的实物资产托管与清算服务，成为票据融资专业服务供应商。

(九)继续加强资产负债管理专业队伍建设，进一步提升管理水平。深化职能认识，进一步加强工作主动性。当前，资产负债管理工作的重要性日益突出，资产负债管理能否为全行经营发展提供更有力的支持，直接取决于我们专业队伍建设的效果。要不断更新思想观念和专业知识，全面拓展资产负债管理的广度和深度，实施统筹协调的计划管理、张弛有度的资本管理、灵活高效的资金管理、先进科学的定价管理和全面审慎的风险管理，建立适应国际一流现代金融企业的资产负债管理体系，充分发挥资产负债专业队伍的主动性。

重视人员选配，以多种渠道和方式培养队伍。各级行领导要高度重视资产负债管理专业队伍建设工作，尽快配齐管理所需的专业人员，特别是要加强资产负债管理部门负责人的选配工作。作为全行业务经营的综合管理部门，要提高政策把握水平和综合协调能力，实现与主管机关和其他部门的高效、顺畅互动。要进一步做好专业培训和交流工作，积极创造机会，继续办好各层次培训班，鼓励业务骨干参加CFA、FRM等国际认证职业资格培训，加强与领先同业的交流学习，培养出一批业务全面、素质过硬的专业队伍。要重视经营检查工作，在自查和互动检查中学习经验，总结教训，查缺补漏。要加强调研分析工作，通过基层访谈、同业交流、专题研究等方式，重点对资产负债资源的区域配置、资金全额集中的格局变化等资产负债管理的重要问题进行深入探索研究。

加强廉政建设，树立过硬的工作作风。以深入学习实践科学发展观为契机，要一手抓业务管理，一手抓作风建设，推进思想作风、工作作风、学风、领导作风和民主作风再上一个新台阶。要提高服务基层的意识和水平，充分发扬民主，健全总分行交流反馈机制，增加多层次、多渠道的信息交流。要继续增强执行力，部门负责人要从自身做起，加强廉洁自律，率先垂范，努力营造团结奋进的工作氛围，不断增强凝聚力、战斗力。

同志们，2009年的形势是复杂、严峻的，但挑战与机遇并存。大家一定要统一思想、坚定信心、协调行动、知难而进，以责任和使命激发动力，以实干和创新攻克难关，在总行的统一领导下，全面做好2009年资产负债管理的各项工作，为我行全面建设国际一流现代金融企业作出更大的贡献。

在中国工商银行法律事务工作会议上的讲话

王丽丽

(2009年3月10日)

这次会议的主要任务是：贯彻落实年初全行工作会议精神，总结2008年全行法律事务工作，分析当前法律风险防控工作面临的形势和问题，动员各分行进一步重视和加强法律事务工作，充分发挥法律专业职能优势，为我行在复杂环境下保持平稳健康快速发展提供优质法律保障。

下面，我讲四个方面意见。

一、2008年全行法律事务工作成绩显著

2008年是国际国内经济金融局势发展变化不同寻常的一年，全行法律事务工作以保障依法合规经营和防控法律风险为核心，主动顺应客观形势变化和我行发展需要，积极支持各项业务发展创新，注重强化诉讼案件特别是被诉案件的监控管理，充分运用法律手段清收不良资产，在我行改革发展和经营管理中发挥了重要作用，各方面工作取得显著成绩。

（一）积极发挥法律咨询审查对业务发展创新的支持保障作用。2008年，全行各级法律部门共处理书面咨询审查事项18万多件，出具法律意见16万多份；书面审查各类交易合同标的金额6.6万多亿元，揭示风险点24万多个，提出风险防控措施24万多条；参加业务谈判2万多次，累计谈判时间超过5万小时。从总体上看，法律咨询审查工作的特点表现在以下几个方面：

保障金融创新的合法性。根据我行产品创新、市场创新、制度创新和管理创新的实际需要，法律部门积极参与有关创新方案设计工作，认真审查和协助制定各类创新涉及的协议文本和规章制度，重点关注业务创新涉及的法律依据、法律关系及风险防范措施，确保金融创新工作在有关法律和监管框架下健康开展。

为业务发展提供优质法律服务。积极支持我行重点公司业务事项，提前了解客户需求及我行业务目标，会同行内有关部门就业务模式、办理条件、文本修改等事项与客户进行沟通和磋商，克服交易背景结构和法律关系复杂、中英文资料量大等困难，高效率完成相关法律咨询审查工作。认真做好各类理财产品设计、宣传、销售、信息披露等环节相关法律工作，协助整合和修订相关业务规章制度、操作规程和协议文本；针对“5·12”汶川大地震、北京奥运等特殊事件，协助有关部门制定和实施符合监管要求的特殊金融服务政策。

积极支持国际化经营发展。尽职做好我行境外收购项目相关法律工作，协助推进境外分支机构申设及开业运营工作，在尽职调查、章程制定、协议文本审查、授权文件准备、外国律师选聘等方面提供有力的法律支持。认真开展国际业务法律咨询审查工作，积极支持业务部门开拓市场，审慎防范和规避相关法律风险。密切关注国际金融危机对我行有关业务项目的影响，妥善处理相关法律问题，努力维护我行相关权益不受损失。

加强法律环境变化的应对调整工作。密切关注法律法规和监管规章发展动态，深入分析新的法律规定对银行经营管理和相关业务产生的影响，及时向管理层和相关业务部门做出风险提示；同时，结合我行实际和业务发展需要，修订完善行内有关业务规章制度和合同文本，主动预防和规避新法规实施可能带来的法律风险。

（二）诉讼案件管理和风险防控效果进一步提高。2008年，全行法律部门加强诉讼案件管理，全年办理各类诉讼案件3.89万件，标的金额824亿余元。其中，超过80%的案件由我行法律人员自行代理，如果按法律服务市场平均价格计算，为我行节约近20亿元的律师代理费。在前述案件中，起诉案件3.63万余件，标的金额775.5亿元，其中99%的案件都取得胜诉；被诉案件2 642件，标的金额48.5亿元，在已结案的15.4亿元被诉金额中，我行通过积极应诉取得胜诉结果的金额为12.8亿元，避免78.5%的经济损失。概括起来，2008年诉讼案件管理工作有以下几个方面的特点：

认真执行诉讼案件授权管理制度。严把诉前论证和诉讼审批关，仔细收集相关证据材料，周密制订诉讼方案，合理控制和减少诉讼成本，加强外聘律师的监督和管理，诉讼案件管理规范化水平和诉讼效益明显提高。

从操作风险入手强化被诉案件风险防控。将被诉案件风险防控作为操作风险管理的重要内容，研究制定《操作风险事件引发的被诉案件处理办法》，对操作风险引发的被诉案件风险防控机制、案件处理要求、责任追究等作出明确规定，会同有关部门及时采取相应措施，努力从根源上消除因操作风险事件引发的被诉案件。

加强被诉案件督导和协同应诉工作。认真统计和分析全行被诉案件情况，及时跟踪监控重大、典型或敏感性被诉案件，加强对被诉金额较大分支机构的督导和风险提示，上下联动、共同克服应诉工作中面临的各种困难，在多起重大被诉案件中获得完全胜诉，避免和减少了被诉案件对我行造成的经济损失和声誉损失。

积极推动自办公司剥离债权被诉风险化解工作。通过大量的沟通协调工作，促成最高人民法院印发《关于审理国有商业银行剥离其对自办公司的债权纠纷案件有关问题的通知》，明确了此类纠纷案件的审理原则，为我行化解相关被诉风险提供了有利的法律依据。自最高人民法院司法文件印发后，全行此类被诉案件已结案68件，占比66.67%，涉及被诉金额2.2亿元。其中，我行胜诉避免损失1.9亿元，避免损失率为86%。

（三）运用法律手段清收不良资产工作再创佳绩。2008年，全行法律部门积极运用各种法律手段清收不良资产，累计收回各类资产185亿元，其中收回现金148亿元，占比达80%，比2007年提高11个百分点。这是一项了不起的成绩，为我行实现不良贷款额和不良贷款率双下降、提高经营效益作出了重要贡献。

在依法清收不良资产工作中，各分行领导给予了高度重视，有的分行实行分管领导挂帅清收制，全程参与重点及大额不良贷款清收工作；有的分行领导深入基层调研，现场研究解决依法清收工作中存在的问题，充分调动各种有效资源，支持和保障依法清收工作任务顺利

完成。另外，各级行法律部门努力克服依法清收工作面临的各种困难和障碍，灵活采取起诉、支付令、以诉促谈、强制执行等多种法律措施，在不良资产清收难度很大的情况下，通过艰苦努力创造佳绩。其中，吉林、辽宁、广东、山东、北京5家分行依法清收不良贷款都超过10亿元，收回金额位居前列。

（四）上市公司治理和知识产权保护法律工作取得新的成绩。认真做好上市公司治理法律工作。根据境内外上市地有关监管规定，研究制定《关联方名单查询管理暂行办法》等规章制度。顺利完成关联方信息查询系统开发及信息数据导入工作，提高关联交易管理的规范化水平。积极开展关联方信息收集、汇总和初步确认工作，提交董事会关联交易控制委员会确认近一年新增的关联自然人1 586人，关联法人22家。为我行召开股东大会、信息披露、重大事项报告等公司治理工作提供必要的法律支持，确保相关工作依法合规开展。

加强商标管理和知识产权保护。依法办理我行各类金融服务产品的商标注册、续展和复审工作，做好我行行名、行徽等核心商标的境外保护，推进境外机构的核心商标注册工作；全年完成62件商标注册，办理21项商标复审、续展和异议工作。同时，针对涉嫌侵犯我行商标权益的行为，及时开展法律维权，妥善处理有关单位和个人因著作权、域名、专利权使用问题与我行发生的纠纷。

回顾2008年的工作，全行法律部门勤勉尽责，扎实工作，克服人手紧、任务重等困难，出色地完成了各项任务，交出了一份优异的成绩单。这一年，我行法律团队还荣获了《亚洲法律杂志》评选的“最佳银行与金融服务公司律师”和“最佳公司律师”两项大奖，成为国内第一个获得“最佳公司律师”奖项的商业银行和第一个同时囊括两项大奖的公司律师团队，不仅为工商银行赢得了荣誉，也在金融同业中树立了工商银行法律团队的优秀品牌形象。借此机会，我代表总行党委对全行法律部门和法律人员为我行作出的重要贡献表示衷心的感谢！

二、法律事务工作面临的问题和挑战

当前，国际金融危机还在蔓延，主要发达国家实体经济恶化程度超过原先的估计，金融体系的损失有可能进一步扩大。虽然国内经济近期出现了一些向好的迹象，但各种风险隐患和不确定因素较多，今年将是进入21世纪以来我国经济和整个银行业面临挑战最严峻的一年，也是我行股改以来困难最大的一年。在这样的宏观形势之下，我行法律事务工作也同样面临一些不可忽视的问题和挑战，必须审时度势，妥善应对。

（一）经济金融发展形势对法律咨询审查工作提出新考验。结合当前国内外经济金融形势和我行自身发展需要，总行提出了今年净利润增长约10%的经营发展目标。要实现这个目标，有许多困难和压力。在各分行和各专业朝着既定目标努力拼搏的过程中，法律咨询审查工作也面临着新的考验。

信贷业务拓展对法律咨询审查工作提出更高要求。国家近期陆续出台的扩内需、促增长的一系列重大政策，特别是最近启动的一大批重大工程建设项目，为我行信贷发展提供了巨大的市场机遇。今年总行计划新增5 300亿元贷款，全行的信贷市场开拓和风险管理工作都面临着严峻的考验。在这种情况下，各级行法律部门既要大力支持信贷业务开拓发展，又要审慎防控市场竞争和信贷管理中的相关法律风险；既要提高法律咨询审查工作效率，更要讲求法律意见的针对性和有效性；既要协助业务部门实现当期的经营发展目标，又要注意防范法律风险隐患，确保资产质量和业务成果经得起历史的检验。

国际化发展面临的法律风险错综复杂。国际金融危机蔓延、外汇管理政策调整变化等新情况，为我行加快实施国际化发展战略提供了难得的机遇。目前，我行已在15个国家和地区设立了上百家分支机构，国际业务网络延伸到全球一百多个国家，不仅相关业务和涉外劳动关系可能适用不同国家的法律法规，有关分支机构和经营管理行为还要受到来自东道国与母国的双重监管，其中涉及的各种法律关系和法律问题十分复杂。如果不了解相关的外国法律和监管规定，不能妥善处理相关涉外法律问题，有可能会出现违法违规风险、境外诉讼风险以及监管处罚风险。同时，在跨国经营背景下，银行的法律风险和声誉风险很容易相互转化，并可能迅速在全球传导，引发更大范围的法律风险。

综合化经营推进中法律风险防控难度不断增加。在近几年不断探索商业银行综合化经营基础上，国家近期出台的促进经济金融发展的有关政策措施，以及刚刚推出的并购重组贷款等金融创新业务，给我行进一步拓展综合化经营提供了有利的外部条件。但是，由于综合化经营中的金融创新可能涉及跨市场的业务领域和复杂交易结构，在某些情况下需要借用衍生产品、信托理财及特殊目的载体等创新工具，以及网络银行、电话银行等新的交易形式，使得有关业务和金融创新的法律风险十分隐蔽复杂；加上现行有关法律法规不完善和监管缺位，可能导致一些金融创新活动的合法性不确定，相关综合化经营行为的法律保障不充分。

（二）被诉案件风险防控任务十分艰巨。2007年，我行扭转了前几年全行被诉案件数量和金额逐年上升的不利状况。但是，2008年被诉案件风险又出现了较大的反弹：全行被诉案件比上年增加376件（增长35.37%），被诉金额增加7.88亿元（增长69.43%）。这表明我行被诉案件风险防控形势不容乐观。具体从以下几个方面进行分析：

被诉案件数量和金额仍然较大。2008年，通过各级行法律部门和法律人员积极开展应诉工作，我行虽然在大部分被诉案件中获得胜诉，胜诉金额 12.97 亿元，被诉案件避免损失率达 78.5%，但全年仍有 347 件被诉案件败诉，败诉金额 2.52 亿元。截至 2008 年末，全行未决被诉案件 1 406 件，金额高达 32.39 亿元，有待化解的被诉案件风险还很高。

部分分行被诉风险较为突出。去年，总行对 10 家被诉案件数量和金额较高的分行进行了重点督导，一些分行（例如四川和黑龙江分行）积极采取应诉措施，在几个重大被诉案件中获得胜诉，成功化解了被诉风险，但仍有一些分行的被诉案件数量和金额并没有明显下降，甚至出现继续增加的现象（例如山东、广东、广西、辽宁、湖南、河北和吉林分行），个别分行又发生单笔被诉金额超过 1 亿元的案件，败诉金额超过 1 000万元的分行还比较多（例如河北、河南、辽宁、广东、北京和吉林分行）。

被诉案件发生领域相对集中。虽然被诉案件涉及银行经营管理的各个方面，甚至在以往较少发生被诉案件的信用证、知识产权等领域也时有发生，但是，2008 年全行新发生的被诉案件仍主要集中在贷款、存款、劳动人事、资产处置、应付账款等几个领域，被诉案件数量和金额分别占全行被诉案件的 77.97% 和 81.78%，被诉风险集中度相对较高。

劳动争议被诉风险值得关注。去年全行发生劳动争议被诉案件 282 件，占全部被诉案件数量的 19.6%；云南、河北、湖南、深圳、黑龙江、广东、河南、湖北 8 家分行发生多起 10 人以上的群体性劳动争议案件，个别分行甚至发生了超过百人的集体劳动争议案件，应诉处理难度很大，并有可能产生一定的社会影响。

操作风险是导致我行被诉和败诉的重要原因。2008 年，全行因操作不当、违规操作、未履行法律或合同义务、发生违法犯罪行为等操作风险事件，造成被诉案件 153 件，败诉金额 1.86 亿元，占全行败诉案件金额的 73.78%，成为总行风险管理委员会重点关注的风险内容之一。

（三）胜诉案件执行工作存在较大难度和压力。从近三年全行胜诉案件执行情况来看，胜诉案件执行率平均不到 50%，也就是说，全行有超过一半的胜诉债权未能实际收回。2008 年，受国际金融危机和国内宏观经济形势变化等多方面因素影响，全行胜诉案件执行率仅有 40%，明显低于 2007 年 45% 的水平。截至 2008 年底，全行胜诉案件应收余额仍有 282.5 亿元，其中有财产可供执行的积案 5 899 件，待执行金额 157.7 亿元。对于胜诉案件执行率较低的问题，我们可以从以下两个方面进行分析：

一方面，贷前审查和贷后管理的工作质量直接影响胜诉案件执行效果。有的分支机构没有严格执行贷前审查工作要求，对借款人资信状况和有关投资项目情况调查不充分，导致贷款质量存在问题。有的分支机构没有认真审查担保人的担保资格，未调查核实担保财产的真实权属状况，或者没有依法落实有关登记手续，导致担保措施存在法律瑕疵甚至无效。有的贷款客户存在互保和“担保圈”等问题，抵押品及收费权等担保物的价值评估不准确，使相关担保措施失去实际保障作用。有的分支机构贷后管理不到位，没有及时跟踪了解借款人及其担保人的经营管理状况，不能准确掌握贷款风险变化状况，以致错失最佳的起诉、保全和执行时机。此外，在个人贷款胜诉案件执行过程中，由于借款人为自然人的特殊性，导致案件执行成本高、难度大、周期长，我行债权的实际受偿率比较低。

另一方面，胜诉执行工作仍然受到干扰。一些地方政府出于区域利益考虑，以维护社会稳定、安置企业职工、避免群体上访等为由，以各种方式干预、阻挠银行和法院的执行工作，造成我行许多胜诉案件长期不能执行。有的债务人为达到逃废银行债务的目的，利用各种社会关系和背景，通过各种途径给执行工作设置障碍，干扰银行和法院执行工作，导致一些胜诉案件执行不下去。有的地方法院在被执行人有多个债权人的情况下，不合理地考虑所有债权人的利益平衡，将我行依法享有优先受偿权的财产在债权人中平均分配，影响了我行债权清偿的实际价值。

去年 11 月，中央政法委和最高人民法院在全国范围内组织开展清理胜诉执行积案专项活动，借助这一契机，总行发文部署各分行同时开展清理执行积案活动，并提出了具体的工作要求。截至今年 2 月底，各分行在专项活动中累计收回不良资产 12.62 亿元，占应清理积案金额的 8%，积案清理总体效果不够理想，有关工作力度仍需要进一步加强。

（四）部分法律人员力量不适应实际工作需要。从总体情况看，各级行现有的内部法律人员力量与支持业务发展创新和防控法律风险的客观要求之间，还存在较大的不适应性，一些问题值得予以重视和切实加以解决。

法律人员缺乏和流失问题比较突出。目前，全行现有法律人员 1 300 余人，除总行法律部外，各一级（直属）分行法律部门平均每行约 7 个人（最少的一级分行仅有 2 人，部分一级分行只有 3 - 4 人），省行营业部和二级分行平均每行约 2 个人。我行分支机构扁平化改革后，二级分行已基本上没有法律部门，有的二级分行甚至没有一个法律人员；一些基层行虽然有个别法律人员，但通常一人多岗，还要兼职从事其他业务工作。在当前法律事务工作任务越来越重、工作要求越来越高的情况下，这种人员力量状况是不能满足工作需要的。另外，由于体制机制等多方面原因，近年来各级行流失不少法律人员，其中大多数是工作经验比较丰富的骨干，个别一级分行最近还出现法律部门负责人流失的现象。

由于法律人员力量不足，一些分支机构法律岗位人员空缺情况经常出现，以致法律风险防控工作十分薄弱，相关规章制度和防控法律风险的工作要求得不到落实，发生法律风险的隐患很大。

法律人员素质需要进一步提高。在加快建设国际一流金融企业过程中，银行法律人员既要具备良好的法律专业素质，又要熟悉日新月异的银行业务，还要适应国际化、综合化发展需要，具备一定的外语水平和综合性金融知识。据统计，目前全行具备司法考试、律师、企业法律顾问等从业资格的法律人员仅有496人，不到全行法律人员的40%；一些分支机构的法律人员专业素质不高，对新法规和新业务缺乏学习研究，知识结构和专业技能不适应工作要求，识别和防控法律风险的能力不强。此外，全行虽然有526名法律人员具备大学英语四级、六级或相同外语资质，但大部分因长期不使用或不接触英文文件，其外语水平明显下降；目前，全行具备独立审查英文法律文件能力的法律人员仅有88人，远不能满足涉外业务发展对法律审查工作的实际需要。

三、2009年工作重点和有关要求

根据年初全行工作会议作出的部署，今年全行工作的总体要求是：全面贯彻十七大和中央经济工作会议精神，积极践行科学发展观，着力通过拓展市场和调整结构来保持盈利的合理增长，通过加强全面风险管理与内部控制来保证资产质量的稳定和各类风险的可控，通过推进改革创新来增强科学发展的活力和动力，通过加强党建和队伍建设来调动积极性和增强战斗力，确保全行在异常复杂和严峻的经营环境下保持平稳健康快速发展，并为未来更长时间、更高水平的科学发展奠定更坚实的基础。根据这一总体要求，各分行在组织开展今年的经营管理工作过程中，要统筹兼顾，认真安排和做好各项法律事务工作。下面，我就今年需要着重做好的几方面工作提出以下要求：

（一）前瞻性做好新形势下法律咨询审查工作。根据我行业务创新发展和信贷流程改造对法律风险防控工作提出的新要求，总行最近修订印发了《法律审查办法》，对法律审查的范围、程序和要求等做出了修改完善。这是我行法律咨询审查工作最重要的基本制度，各行要认真贯彻执行，切实做好新形势下各项法律咨询审查工作。

大力支持信贷业务拓展和市场竞争。要主动参与和配合铁路、电网、高速公路、核电等领域重大项目的信贷营销和配套工作，为我行实施更有效率的信贷服务模式、抢占信贷市场有利地位、优化信贷资产结构提供优质法律保障。同时，要配合做好相关贷款风险的监控工作，注意采取有针对性的法律措施，防范和化解相关风险。对于已形成不良的信贷资产，要协助有关部门及时采取清收处置措施，尽可能减少信用风险对我行造成的损失。

提高新业务和新产品法律咨询审查水平。要增强金融创新法律风险的敏感性，注意了解掌握我行新业务和新产品的有关情况，提高风险防控措施的针对性和有效性，妥善处理可能遇到的各种法律问题，正确把握金融创新和风险防控之间的关系，既要善于识别和揭示相关法律风险，又要善于利用法律手段支持金融创新发展，为提高创新效率和降低创新风险提供有力的法律支持。

为国际化发展提供优质法律服务。要加强跨国经营法律风险防控工作，适应我行国际化发展面临的不同国别法律问题和监管要求，加强对相关国家法律法规和监管规定的了解和掌握，注意研究国际金融交易规则和交易惯例，深入分析我行发展国际业务、实施战略购并和构建全球经营网络过程中遇到的相关法律问题，加大对海外机构申设、对外投资并购、跨国市场拓展的法律支持力度，有效应对跨国经营可能产生的法律风险。

为综合化经营提供有效法律保障。要在现有法律法规和监管框架下，探索完善综合化经营法律风险防控机制，注意规避因法律和监管缺位等问题造成的相关法律风险。积极支持非银行金融产品及跨市场产品研发，协助做好我行开展境外投行业务、进入境内保险、证券和信托市场等突破性工作，帮助扩大我行在银保、银证、银期合作业务领域的竞争优势，审慎识别综合化经营中各种复杂、隐蔽的法律风险，通过创造性的法律工作设计，取得有效防控相关法律风险的良好效果。

（二）进一步加强被诉风险防控和化解工作。被诉案件不仅会给银行造成财务损失，还会带来声誉风险和损失。目前，我行被诉风险防控和化解任务十分艰巨，各行对此要高度重视，从风险产生根源入手采取措施，标本兼治。

着力防控操作风险事件引发的被诉案件。针对被诉和败诉案件主要是由操作风险事件引发这一情况，总行去年制定了《操作风险事件引发的被诉案件处理办法》，明确规定了预防和处理此类被诉案件的相关原则和工作机制。各分行管理层、有关业务部门和内控合规部门要认真落实这项重要制度，注意从根源上消除操作风险及被诉隐患，依法合规开展经营管理活动，加强内控监督检查，努力防止因操作风险引发被诉案件。

抓好重点业务领域的被诉风险防控工作。对于贷款、存款、劳动人事、资产处置和应付账款等被诉风险集中度较高的业务领域，各分行要注意总结经验教训，排查分析风险隐患，有针对性地加以纠正和完善。对于发生重要被诉案件和被诉风险较高的单位，上级行要进行专项检查和督导，追究相应的责任，落实整改措施。

审慎应诉处理重大被诉案件。在加强被诉案件日常监控工作的同时，各分行要特别重视辖内发生的重大、敏感性被诉案件和群体性劳动争议纠纷案件，适时启动应急处理机制，妥善应对。工作中要注意加强与法院和有关党政部门的沟通协调，积极争取有利的外部条件和支持。要充分调动行内行外各种有利资源，全力以赴做好应诉工作；同时，要加强媒体协调和公关工作，防止媒体炒作引发声誉风险。

严格执行被诉案件预计负债制度。各分行要充分认识预计负债制度对缓释被诉风险的作用，严格按照总行《预计负债管理办法》规定，规范做好被诉案件预期损失计提、调整和转销工作，妥善处理被诉案件可能造成的财务损失。需要强调的是，被诉案件预计负债管理是一项严谨的工作，对于客观、准确地反映我行风险损失具有重要意义，各分支机构不得为追求当期利润或掩盖问题而不按规定计提有关负债，也不得利用预计负债调节利润或弄虚作假。

抓紧了结自办公司剥离债权被诉案件。目前，全行还有此类被诉案件 35 件，涉及 8 家分行，被诉金额 3.76 亿元，化解风险的任务还比较重。有关分行要根据最高人民法院《关于审理国有商业银行剥离其对自办公司的债权纠纷案件有关问题的通知》，以及银监会和财政部《关于国有商业银行剥离自办公司债权有关问题的通知》相关规定，进一步加强与案件受理法院的沟通和协调，促请其按照上述文件精神加快审理有关案件，争取尽快彻底解决历史遗留问题，最大限度保护我行合法权益。

（三）加大清理胜诉执行积案和依法清收不良资产工作力度。总行今年提出了清收处置 500 亿元不良贷款的总体目标，在当前严峻的经济形势下，要实现这一目标离不开法律的力量，需要全行法律部门积极发挥作用，努力攻克难关。

扎实开展清理胜诉执行积案专项活动。各行要高度重视此次专项活动对保护我行金融债权的重要意义，进一步增强责任感和紧迫感，提高工作的主动性和有效性，结合实际制订实施方案，有计划、有步骤地抓好落实工作。要选择一些重大典型的积案作为专项活动的重点，集中优势资源，采取有效措施，排除各种障碍，尽快使重点积案取得明显突破。要主动加强与当地政法委、法院和监管机构的沟通协调，积极争取外部支持和有利条件，适时请求相关部门依法采取必要的手段对重点积案督办执行，想方设法解决重点积案问题。现在距离 6 月底专项活动结束只剩下三个多月的时间了，时间很紧，任务很重，各分行领导要亲自过问有关工作，对专项活动给予指导和支持；同时，要落实目标责任，强化监督考核，推动专项活动扎实开展并取得明显成效。对于清理积案和攻克执行难关作出突出贡献的单位和员工，应当给予表彰和奖励。

进一步做好依法清收不良资产工作。各行要注意贷款管理与依法清收效果之间的关系，在加强贷后监测管理的基础上，根据贷款风险变化状况统筹考虑清收处置方案，合理把握起诉和保全时机，力求在案件胜诉后取得最佳的执行效果。要以公司类大额风险贷款和个人不良贷款为重点，优先清收形成时间短、回收率高的不良贷款。要充分利用国家扩大金融机构不良资产处置自主权等有利政策，以及一些区域性不良贷款清收处置的优惠措施，不断改进和创新清收处置的方法及途径，注意诉讼和非诉讼手段相结合，千方百计扩大现金清收数量和比例，降低清收处置不良资产的时间和经济成本，切实提高我行债权受偿的实际效果。

（四）健全和落实客户投诉管理制度。我行作为一家大型商业银行，拥有超过 1.7 亿个人客户和 270 万公司客户的庞大客户群。有的客户在办理业务过程中，由于各种各样的原因或问题，难免会向我行提出投诉。为进一步提高我行金融服务水平，加强和改进客户投诉管理工作，总行研究制定了《中国工商银行客户投诉管理办法》，近期将印发全行执行，各行要切实抓好落实。

充分认识客户投诉管理工作的重要性。银行与客户是鱼水关系，客户投诉既涉及客户的切身利益，也是对银行金融服务水平和质量的检验。实际情况表明，许多客户投诉问题的产生，是由于银行金融服务有缺陷或不完善造成的。认真对待并妥善处理客户投诉问题，既是尊重和保护客户合法权益的需要，也有利于改善和提高银行金融服务水平，避免由客户投诉引发的法律风险和声誉风险。

认真履行归口管理部门职责。各行法律部门作为客户投诉归口管理部门，应按规定设置客户投诉管理岗位，配备专职人员从事相关工作，切实履行好归口管理部门职责。要组织协调相关业务部门和分支机构妥善处理客户投诉事项，为解决客户投诉问题提供法律支持；要注意研究客户投诉反映的我行金融服务存在的缺陷、瑕疵或风险隐患，及时向有关业务部门作出风险提示；要认真做好客户投诉统计分析工作，定期向管理层报告相关客户投诉情况。

分工负责处理好客户投诉问题。各行个人金融、私人银行、电子银行、银行卡、结算与现金管理、国际业务、公司业务、机构业务、投资银行、资产托管、信贷管理、运行管理、金融市场、管理信息和信息科技等有关业务部门，要按照规定的职责分工，认真、负责、高效地处理本专业客户投诉事项，切实做好有关统计、分析和报告工作；针对客户投诉反映的本专业有关问题，要及时研究采取相应的补救或改进措施，妥善解决有关问题，消除风险隐患，不断提高相关金融服务水平和质量。

（五）改进和完善关联交易管理工作。关联交易是监管部门对上市银行进行监管的重要事项，也是上市银行依法合规经营的重要内容之一。近几年，我行十分重视关联交易管理工作，建立了关联管理基本制度。但是，由于这项工作起步时间不长，还存在不少需要改进和完善的问题。结合银监会去年对我行现场检查提出的有关问题，总行最近决定由法律事务部作为全行关联交易管理牵头部门，进一步加强关联交易管理工作。今年，要重点做好以下工作：

进一步改进关联方信息收集、报送和确认工作。各行法律部门和其他有关部门要按照及时、全面、准确的要求，认真做好本行关联方信息变化情况的收集、审核和报送工作，防止出现差错、遗漏或延误现象。要按规定及时做好关联方确认工作，适时补充和更新关联方名单，为加强关联交易管理提供有效的信息保障。

健全关联交易管理工作机制。要根据有关法律法规和境内外监管要求，结合我行关联交易管理工作需要，研究制定与我行《关联交易管理基本规范》相配套的制度办法，对我行关联方范围、关联交易类型界定、关联交易统计报告、信息披露等问题作进一步细化规定，提高关联交易管理的可操作性。要督促境内外子公司建立健全关联交易管理制度，与总行有关管理规定相协调，进一步加强集团关联交易风险控制。

提高关联交易管理信息化水平。要尽快改变通过手工方式处理关联方信息填报、备案等工作现状，着手开展关联交易管理系统研发工作，建立全行统一的关联交易管理信息平台，通过该平台实现关联方信息填报与确认、关联方信息查询、关联交易信息采集、统计、备案、信息披露等功能，并逐步实现与相关业务系统的对接，增强关联交易管理和风险控制的准确性和有效性。

四、进一步加强法律专业队伍建设

目前，全行法律人员力量不适应业务发展创新和风险防控需要的问题十分突出，这个问题如果不能切实加以解决，保障依法合规经营和防控法律风险的工作就会大打折扣。各分行要从长期发展战略的角度出发，高度重视和加强法律专业队伍建设，确保本行拥有一支能够适应和满足实际工作需要、有战斗力的法律专业队伍。在这里，我再强调几点要求：

（一）多渠道增加法律人员力量。二级分行直接面对市场和客户，是我行经营管理的基本单位；保障依法合规经营和防控法律风险，需要从二级分行抓起。根据加强法律事务工作的实际需要，各二级分行的法律人员不能少于3人，规模较大的省会城市行还应适当增加法律人员数量。另外，随着我行集约化经营管理程度不断提高，法律事务工作体制和机制也要朝着集约化的方向发展。近年来，上海、重庆、北京、天津等分行已先后着手开展法律事务集中改革，并取得初步成效。适应这一改革发展趋势，各一级、直属分行要进一步补充和增加本行法律人员力量，为推进法律事务集中改革、建立集约化法律工作机构创造条件，提供必要的人员力量保障。

（二）抓紧落实法律顾问职务序列制度。去年下半年，总行印发了《岗位职级体系管理办法》和《关于开展非管理类员工职务聘任工作的通知》，要求各行全面开展包括法律顾问序列在内的专业职务聘任工作。这是一项重要的人力资源提升改革项目，对于稳定法律专业队伍、拓宽法律人员职业发展通道具有重要意义。各行要按照总行统一要求，结合银行法律工作和法律人员特点，合理制订和落实有关职务序列方案，尽快做好法律顾问职务聘任工作。据了解，目前还有一些分行尚未完成此项工作，应当抓紧推进，尽快落实，营造稳定人才、用好人才和有利于人才成长的良好环境。

（三）动态调整法律事务岗位等级。2007年实施人力资源提升项目后，全行法律人员的薪酬待遇普遍有所提高，但由于一些分支机构评定的法律事务岗位等级和工资档次相对较低，有些法律专业骨干放弃原有工作岗位，通过竞聘等方式调整到其他等级较高、待遇较好的业务部门岗位，削弱了基层行法律人员力量。因此，各行要注意发挥岗位等级评价的导向和激励作用，根据法律人员履职能力和工作业绩的提升情况，对其岗位等级和工资档次适时进行动态调整；对于业绩突出、有重要贡献的法律专业人员，可根据情况适当加快岗位等级和工资档次晋升速度。

（四）加强法律人员业务培训工作。银行法律事务工作专业性强、要求高。面对我行改革发展对法律事务工作提出的挑战和要求，必须进一步提高全行法律人员的整体专业水平和能力。总行和各一级、直属分行要制订法律人员培训计划，进一步加大培训力度，尤其要注重加强新业务、新法规和工作技能的培训。要充分利用行内各种教育培训资源，适当借助外部培训资源，采取自办与协办相结合、“走出去”与“请进来”相结合等多种方式，持续有效地组织开展法律人员业务培训工作。要倡导建设学习型法律专业团队，鼓励法律人员在工作中主动学习和互相学习，钻研业务知识，提升外语水平，注意实现学用结合，不断提高自身专业素质和工作能力，努力成为优秀的银行法律专业人才。

同志们，2009年是我行第二个三年发展规划的开局之年，做好今年的工作意义重大。虽然我们面临的挑战和困难较大，但是也拥有许多有利的条件和因素。希望全行法律部门和法律人员把握大局，迎难而上，以高度的责任感和使命感勤勉工作，开拓进取，努力把法律事务工作提高到一个新水平，为我行改革发展作出更大的贡献。

中国工商银行国际化战略与规划

王丽丽

（2009 年 3 月）

1　我行国际化发展概况

1.1　跨国经营网络初具规模

截至 2008 年末，我行在全球 15 个国家和地区建立了 21 家境外营业性机构，分支机构总数达 134 家，初步建立起一个覆盖全球主要金融中心和我国主要经贸往来地区的全球经营网络。

控股银行（4 家）：中国工商银行（亚洲）有限公司、工商东亚金融控股有限公司、工银印尼、澳门诚兴银行；

子银行（6 家）：工银伦敦、工银阿拉木图、工银国际、工银卢森堡、工银莫斯科、工银中东；

分行（11 家）：香港分行、新加坡分行、东京分行、首尔分行、釜山分行、澳门分行、法兰克福分行、卢森堡分行、纽约分行、悉尼分行、多哈分行；

境外中心：香港资金交易中心、香港培训中心；

参股：南非标准银行。

1.2　独具特色的境外拓展道路——境外网络拓展三个阶段

第一阶段（2000 年之前）：主要依赖自主申设方式拓展境外网络；

第二阶段（2000 年至 2006 年我行 IPO 前）：在申设基础上逐步采取并购方式，实现境外机构尤其是在港机构（工银亚洲）质量和效益快速提升；

第三阶段（2006 年我行 IPO 之后）：我行资本实力显著增强，成为全球市值最大的银行，2008 年末总市值相当于汇丰集团与花旗集团市值总和，超过日本三大银行总市值。具备了通过战略并购方式实现全球化经营、综合化运作跨越式增长的资本实力。

我行国际化发展过程中的里程碑式事件：

1992 年，第一家境外机构——新加坡代表处成立。

2000 年，收购香港友联银行，更名为“中国工商银行（亚洲）有限公司”（简称工银亚洲），开创内地商业银行收购境外上市银行之先河。

2003 年，中国工商银行（伦敦）有限公司成立，实现了我行在英美金融市场设立营业性机构的突破，同时这也是新中国成立以来我国在英国最大的单笔投资。

2004 年，工银亚洲成功收购华比富通零售及商业银行业务，创中资银行收购欧资银行之先河。

2007 年，工银莫斯科开业；完成对印尼 Halim 银行的收购，工银印尼开业。

2008 年 1 月，完成对澳门诚兴银行 79.9% 股权的收购。

2008 年 3 月，完成对南非标准银行集团有限公司 20% 股权的收购，是中国银行业迄今为止最大的海外单笔投资，投资金额达 55 亿美元。

2008 年 5 月，工商国际获得香港证监会颁发的投行业务牌照。

2008 年 9 月，悉尼分行开业。

2008 年 10 月 纽约分行、工银中东和多哈分行相继开业。

1.3　境外并购典型案例

1.3.1　工银亚洲

2000—2006 年我行在申设基础上逐步开展并购，先后多次对港资银行与欧资银行进行并购整合，打造了我行在港经营旗舰——工银亚洲，并成为中资银行成功境外资本运作第一案。

1.3.2　境外并购典型案例——工银印尼

2007 年 9 月 28 日，我行完成了对印尼 Halim 银行的收购，并将其更名为工银印尼，实现了中国银行业的首次跨国并购。目前我行持有工银印尼 97.8% 的股份。工银印尼拥有 12 家分支机构，分布于雅加达、泗水和万隆等地。2008 年工银印尼实现净利润 142 万美元，账面利润超过 200 万美元。

1.3.3　境外并购典型案例——澳门诚兴银行

2008 年 1 月 28 日，我行完成了对澳门诚兴银行 79.9% 股权的收购。在与我行澳门分行成功完成整合后，今年有望成为澳门第二大银行。2008 年诚兴银行约实现账面利润 4 700 万美元，净利润约为 2 560 万美元。

诚兴银行是澳门银行业市场的第三大本土银行。

扎根澳门本土：1972 年成立，澳门最大的本土私营银行，存款市场份额 9%，贷款市场份额 12%；营业网点分布澳门繁华地段；大股东（澳娱集团）在澳影响力大，涉足澳门众多产业。

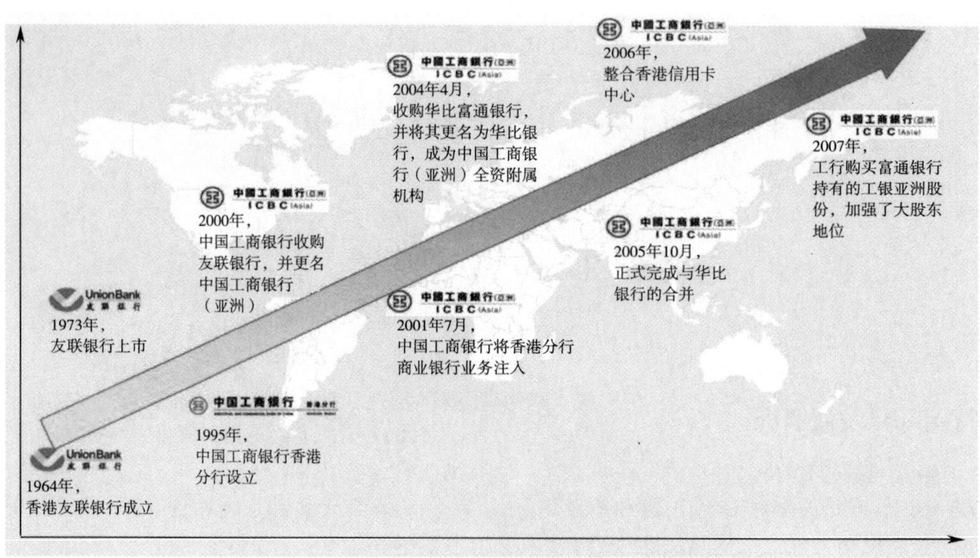

图1　工银亚洲发展历程

良好的财务表现：过去5年中，资产、存款、贷款、股东权益、税后利润均实现两位数的增长幅度；2006年净利润3.12亿澳门元，ROA为1.3%，ROE为18.4%；不良贷款率为0.7%，存贷比为42%，资本充足率为13%。

合适的并购目标：在澳门相对规模大；股东有意出让控股股权。

2006年评级情况：CAPITAL Intelligence Ratings：外币评级长期“BBB”、短期“A3”，个别信用等级“BBB”，实力“3”，前景“稳定”；惠誉国际：个别信用等级“C”，实力为“4”。

获奖情况：2001年至2006年，诚兴银行连续六年被英国《银行家》杂志授予“澳门地区年度最佳银行奖”；2004年至2007年，美国《环球金融》连续4年评定该行为“澳门最佳银行”。

1.3.4　境外并购典型案例——南非标准银行

2008年3月3日，我行完成了对南非标准银行20%股权的收购。此次收购，我行共支付了367亿兰特（约338亿人民币）。

南非标准银行是非洲最大的商业银行。2007年6月底，其总资产达8 793亿兰特（约合8 098亿元人民币）。

悠久的历史：1862年设立于南非伊丽莎白港与伦敦，是南非历史最悠久的银行。

知名的品牌：前身为渣打银行，渣打银行持有标准银行股权的时间长达125年。

1.4　持续发展模式逐步确立

境外机构经营效益近年来持续向好，境外资产余额、存款余额及利润稳步增长。

2005年至2007年，境外资产年均增长21%，而同期境外利润增长33%，中间业务收入增长48%，转型发展效果明显。

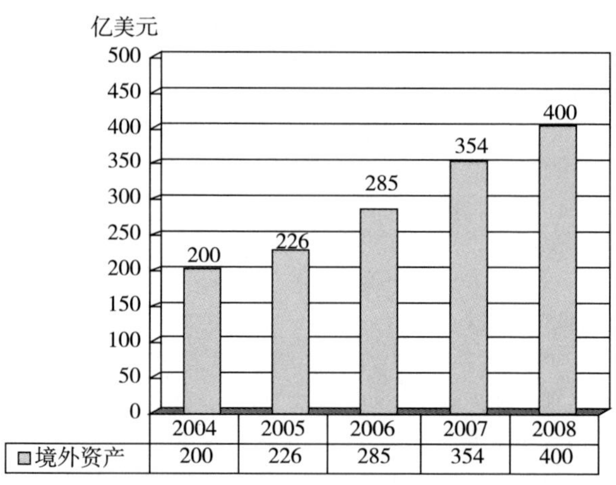

	2004	2005	2006	2007	2008
□境外资产	200	226	285	354	400

图2　2004—2008年境外机构资产变化

截至2008年末，境外机构资产余额400亿美元，比年初增长12.9%；各项贷款余额254.3亿美元，比年初增长20.4%；各项存款余额229.8亿美元，比年初增长21.6%。实现拨备前利润4.36亿美元，同比增长22.54%，创历史新高；实现净利润1.97亿美元；境外人均拨备前利润达14万美元，人均中间业务收入达6.27万美元。

1.5　全球服务能力稳步提升

内外联动提升境外整体经营实力：通过不断加强内外联动，境内外机构在信贷、资金、结算、资本市场、客户资源等领域的协同作战能力逐步提高。境内外机构共同分享目标市场和客户资源，促进海外客户群体稳步

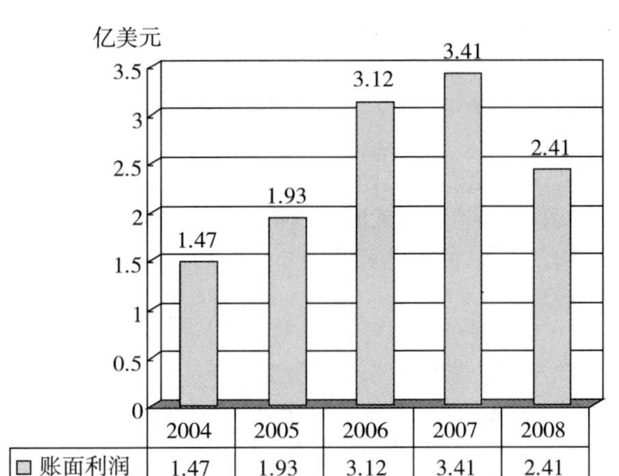

图 3　2004—2008 年境外机构利润变化

扩大，尤其是境外机构贸易融资客户、汇款客户和个人客户稳步增长。同时境外机构在一些特色业务领域的服务与竞争能力也不断增强，跨境综合服务能力与境外整体经营实力不断提升。

创新和灵活的产品供应：

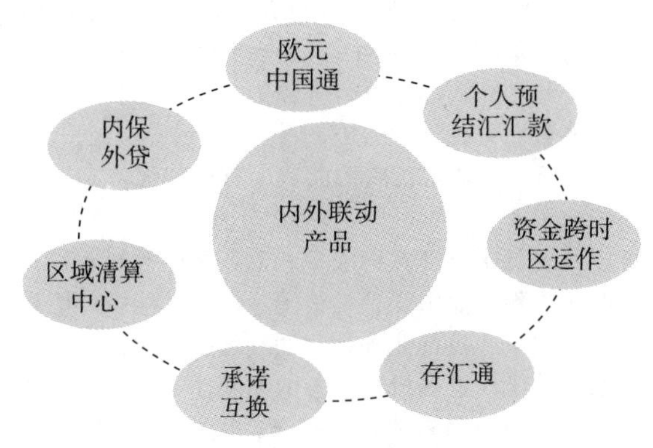

图 4　内外联动产品一览图

境外科技系统延伸取得阶段性成果：2007 年 9 月，FOVA 系统一期版本在澳门分行成功投产，标志着我行成功将自主研发的核心业务处理系统延伸至境外机构，迈出了打造全球一体化科技平台的关键一步，领先于国内同业。2008 年内，FOVA 系统已推广至工银印尼、诚兴银行、首尔分行、新加坡分行。FOVA 系统强大的零售业务功能将有效支持我行打造第一华人零售银行的目标；自主开发的 FOVA 系统未来与境内 FOVA 的无缝连接，为境内外业务的互联互通提供了良好的基础平台。2009 年，力争将 FOVA 系统全面覆盖所有境外机构。

1.6　国际化发展保障完备

制度与管理：成立境外机构管理部门，建立了“协调统一，专业分工”的境外经营管理体制；建立内外联动制度。境内外机构在信贷、资金、结算、资本市场、客户资源等业务领域的联动不断扩大和深入。

国际化经营人才队伍日益壮大：目前全行境外员工总数近 3 000 人，外派工作人员 200 余人；全行外派人员储备达上千人。通过实施“以工代学”境外培训计划、送境外院校进修深造、挂职培训等形式，每年培训外派后备人员上百名。

系统建设：2007 年在澳门分行成功投产 FOVA 一期版本，成为中资银行中首家拥有整合的境内外业务处理平台的银行；2008 年 11 月后 VA 系统相继在诚兴银行、首尔和新加坡分行投产，迈出了打造我行全球一体化科技平台的关键一步；2008 年，首尔、新加坡分行上挂总行单证中心，开创了我行单证业务下挂境外机构的历史。

资金保障：加大总体投入，充分支撑境外机构建设与发展；对积极完善经营渠道、有效拓宽资金来源、发展新兴业务和特色业务、转型效果良好的机构，在资金配置上予以倾斜。

1.7　境外网络布局有待完善

截至 2008 年末，我行境外分支机构达到 134 家，其中港澳地区 102 家，占比达 77%，港澳机构的利润贡献度近 85%，现有机构网络尚未形成对全球各板块的有效覆盖。而且我行大部分境外机构物理网点有限，网上银行、电话银行、自助终端等电子渠道仅在港澳地区实现应用，尚未对现有物理网络形成有效补充，全球化运营合力潜力尚未充分发挥。

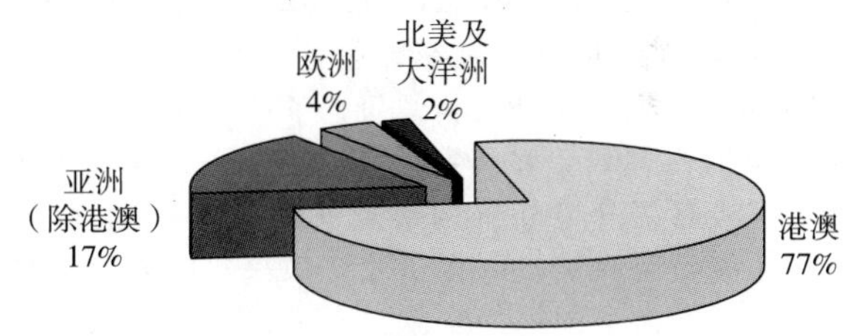

图 5　2008 年末我行境外分支机构地区分布

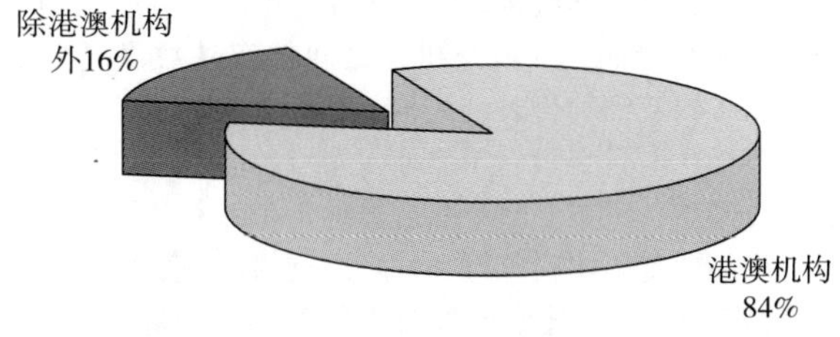

图 6　2008 年末我行境外净利润地区分布

1.8　我行境外分行、子银行的平均资产规模明显低于同业水平

目前，我行绝大部分境外机构经营规模较小，除工

银亚洲、诚兴银行以外，其他境外行无论是资产规模，还是利润规模，都尚未达到可以抵抗较大风险的能力。从工行、农行、中行、建行、交行五家银行境外机构资产规模情况来看，我行境外分行、子银行的平均资产规模明显低于同业水平。2008 年 6 月末，农行、中行、建行、交行四家同业的境外分行平均资产规模均在 31 亿美元以上，我行境外分行平均资产规模仅为 11.7 亿美元。

表 1　五大行境外机构资产分布比较

单位：家、亿美元

机构类型		工行	中行	建行	农行	交行
分行	机构数	10	18	6	2	7
	总资产	116.7	646.7	187.4	65.8	223.8
	平均资产	11.7	35.9	31.2	32.9	32.0
子银行	机构数	6	6			
	总资产	14.7	52.3			
	平均资产	2.5	5.8			
控股机构	机构数	4	5	4	1	3
	总资产	264.7	1 759.1	140.9	1.9	3.6
	平均资产	66.2	351.8	35.2	1.9	1.2

资料来源：银监会《中资银行业金融机构对外投资情况表》2008 年 6 月 30 日数据。

1.9　境外业务结构亟须优化

受网点、渠道等因素制约，部分境外机构仍以批发性资产业务为主，零售业务比较薄弱。截至 2008 年末，我行境外机构总资产 400 亿美元，其中贷款净值占总资产的 64%；债券投资净值占比为 16%。虽然部分境外机构通过发挥内外联动优势，大力拓展贸易融资，取得了较好效果，但多数境外机构叙做了大量的银团贷款，而且在大部分银团贷款业务中担任第三级或第四级分销商，利差收入较窄，承担的风险较大。

境外机构产品数量呈现典型的两极化分布特征。我行境外产品已全面覆盖资产、负债、中间业务三大领域的十二大类产品，各境外机构之间的产品数量差异明显，以工银亚洲为代表的港澳地区机构产品数量众多、种类齐全，而且自身特有产品占比较高，平均达 80% 以上，其中，工银亚洲产品总数达 1 682 个，大于同期总行产品数量，澳门分行和诚兴银行的产品数量分别为 640 个和 415 个。其他境外机构的产品数量相对有限，均在几十种至一百余种之间，而且自身特有的产品占比较低，绝大多数不足 20%。

大多数机构传统业务较多，新兴业务较少。在大多数境外机构中，存款、贷款、结算、担保承诺、资金交易等传统类产品较为普及，银行卡、电子银行、投资理财、托管、养老金等新兴类产品尚未推广。

利差收入是境外机构最主要的收入来源。境外机构的收入结构呈现以批发业务利差收入为主的特征。2008 年上半年，我行境外机构约四分之三的营业收入来源于净利息收入（汇丰集团同期的营业收入仅有一半来源于净利息收入），因此境外机构的收入结构还有进一步改善的空间，可逐步向利差收入与收费收入、其他收入并举的收入结构转变。

1.10　境外牌照功能尚不完备

1.10.1　牌照的综合化程度较高

部分境外机构可从事商业银行业务和全部或部分投资银行业务以及其他金融业务，但除工银亚洲等少数机构充分利用牌照优势进行综合化经营外，其余机构均仅从事传统的商业银行业务。如持有综合业务牌照的境外机构均能对其充分利用，不仅能够拓宽业务领域，而且可以为我行综合化经营积累经验。

1.10.2　零售业务牌照有待突破

受牌照限制，不少境外机构不能开展本地零售业务，如悉尼分行吸收存款的对象仅限于公司企业、非居民和银行内部员工，其他存款来源的初始存款金额不得低于 25 万澳元；纽约分行仅可在法律允许的范围内开展美国居民 10 万美元以上存款业务及非美国公民的零售业务，此外，新加坡分行牌照为批发银行牌照，在当地开展零售业务受到极大限制。

1.10.3　投资银行牌照的利用有待加强

工商东亚、工银国际、新加坡分行、法兰克福分行等可以开展首次公开发行服务和财务顾问等投资银行业务，但目前除工商东亚、工银国际外，其他境外机构均未涉足该领域，投行业务牌照的利用率非常低，同时这也说明境外机构发展投行业务的空间还十分巨大。如果能充分利用我行的整体客户资源，大力开展投行业务，将为境外机构带来丰厚的回报。

1.10.4　私人银行业务牌照的利用有待提升

绝大部分境外机构可开展私人银行业务，即使是不能在当地开展零售业务的境外机构，也可开展一定金额以上的私人银行业务，如工银中东和多哈分行在当地不能开展零售业务，但可对流动资产达到 100 万美元以上的个人开展私人银行业务。目前除港澳部分机构外，其余机构均未开展私人银行业务。上述机构应充分利用能开展私人银行业务的牌照优势，大力拓展此项业务，形成新的利润增长点。

境外机构牌照利用空间较大。

2　我行国际化战略目标与实现路径

2.1　我行国际化的战略目标

我行跨国经营的战略目标：全面实施国际化、综合化发展战略，打造层次分明、定位合理、渠道多样、运营高效的全球化经营平台，努力成为来华外资企业和

"走出去"中资企业的首选合作伙伴银行、全球第一华人零售银行及全面综合经营银行，最终把我行建设成为全球最盈利、最优秀、最受尊重的国际一流现代金融企业。

未来三年（2009—2011）的阶段性目标：力争到2011年末，在30余个国家或地区建立分支机构，形成覆盖主要国际金融中心和我国主要经贸往来地区的全球化经营网络；加快实施多元化发展战略，形成商业银行业务优势，做大做强投资银行业务，择机进入财富管理、私人银行、资产管理等业务领域。境外资产占比和利润占比从目前的3%提升至5%—7%，未来争取实现占比10%的理想目标；境外资产回报率达到1%，非利息收入占比达到30%，存款占总负债比重达到50%以上，不良资产率保持在1%以内，拨备覆盖率继续保持在100%以上，成本收入比控制在40%左右，整体海外业务的各项发展指标优于全行水平。

2.2 实现战略目标的主要思路

思路一：持续推进境外网络建设；

思路二：持续推进境外业务转型发展，控制资产风险；

思路三：在风险可控、成本可接受的前提下，持续推进中小型战略并购与整合，慎重研究大型并购机会。

最终实现国际化发展战略目标。

2.3 我行国际化的具体目标

机构建设目标：通过申设与并购并举，力争2011年延伸至全球30余个国家和地区；逐步在亚洲、欧洲、美洲、大洋洲和中东地区建立我行区域性中心，构建以亚洲为重点，覆盖主要国际金融中心和我国经贸合作地区的全球化网络体系，实现将我行从本土领先银行转变为在亚洲具有相当影响力的区域性银行的目标，为最终成为全球性银行奠定基础。

业务发展目标：力争将境外资产占比和利润占比从目前的3%提升至5%—7%。以FOVA系统投产为契机，充分发挥境外多牌照优势，积极实现新兴业务和传统业务的互动发展，着力将境外机构打造成为集银行、证券、保险等多种金融服务为一体的综合化平台。充分利用香港业务平台的资源、区位、信息和多牌照的优势，构建投资银行、资产管理、理财和经纪业务等运营中心，支持全球业务发展；其他境外机构以市场拓展为主，与香港平台紧密配合，共同形成立足香港、辐射全球、利益共享、优势互补、风险集控、资源集中的全球业务体系，实现全球业务线拓展和产品线整合，为更长时期内的盈利持续高成长奠定基础。

支持保障目标：完善境外经营管理体制，组织协调国际化发展的资源配置与整合，统筹推进国际化战略的执行与落实，深化"协调统一、专业分工"的管理模式。完善国际化人才引进机制，改善薪酬分配体系与激励机制，制订国际化人才中长期培训计划，注重不断提升人力资本内在价值。持续加大对境外科技系统建设的资源投入，加快实施FOVA系统的境外延伸，满足境外申设的实施进度和系统准入需求，满足已设境外机构拓展二级分支机构网络的系统需求；加强系统整合效能，妥善解决境外兼并、重组和整合的技术问题，提高核心竞争力。明确境外机构全面风险管理目标，完善境外风险管理的组织架构和报告体系，形成全面风险管理体制。

2.4 实施战略目标的路径选择

机构建设目标的实现路径：重点拓展亚太、拉美和中东等高成长性市场，加大对欧美等成熟市场的渗透力度，稳步开展中小型战略并购与整合，谨慎对待大型并购机会。对于尚未进入的目标市场，要灵活选用申设或并购方式，快速实现市场突破；对于已进入的市场，充分发挥现有境外机构的节点功能，通过增设二级分支机构和进一步并购整合，加快在当地市场的规模扩张和市场渗透。逐步实现在亚洲、欧洲、美洲、大洋洲和中东地区机构的区域整合，充分发挥机构和市场间的协同效应，增强全球资源配置能力和全行整体竞争合力。加快ATM、银行卡、网上银行、电话银行、手机银行等电子网络铺设，弥补境外经营网络覆盖低的不足。

业务发展目标的实现路径：以网上银行为突破，带动境外零售业务、负债业务和中间业务的全面发展。依托境内强大科技实力，以银行卡配套网银发展，构建境外"实体（网点）+在线（网银）+离线（银行卡）"的全方位渠道平台，着力推动境外零售业务，尤其是华人零售业务的发展。以投行业务带动境外公司业务整合发展，通过业务协同提高综合收益，迅速提升海外整体竞争力。以财富管理为核心，引领私人银行业务跨越式发展。境外机构要大力拓展资产管理、财富管理、经纪业务和私人银行等综合理财业务。

支持保障目标的实现路径：全力打造全球一体化科技平台，保持境外系统建设与机构建设的同步推进，借助系统推广和整合，不断加强业务监控和风险防范能力，支持在全球范围内提供统一标准的金融服务。全面提升境外人力资源管理水平，逐步完善梯次分明的人才库，尽快启动境外人力资源提升项目，完善境外人员激励约束机制。以《巴塞尔新资本协议》的实施为基础，尽快将境外各类风险纳入总行集中管理，建立更加有效的涵盖海外全部业务、产品和经营，覆盖战略风险、信用风险、市场风险、流动性风险和操作风险的全面风险管理体系。

3 我行国际化经营网络拓展规划

3.1 未来三年境外网络拓展的阶段性目标

未来三年的阶段性目标：通过申设与并购并举，力争2011年延伸至全球30余个国家和地区；逐步在亚洲、欧洲、美洲、大洋洲和中东建立我行机构的区域性中心，构建以亚洲为重点，覆盖主要国际金融中心和我国经贸往来地区、层次分明、定位合理、渠道多样、运营高效的全球化经营网络；逐步将我行从本土领先银行转变为在亚洲具有相当影响力的区域性银行，并为最终成为全球性银行奠定良好的网络基础。

境外机构建设的原则：在目标市场选择上，坚持成熟市场与新兴市场并举；在网络拓展策略上，坚持战略并购与自主申设并举；在渠道拓宽方式上，加强物理网点和电子网络的有机结合；在全球布局导向上，坚持网络拓展和业务拓展相结合；在机构建设定位上，致力于本地化经营和融入主流银行地位。

3.2 成熟市场与新兴市场并举

近年来，以"金砖四国"为代表的新兴市场经济快速发展，为国际银行业带来广阔的发展空间。金融危机使得国际大银行再次深刻地认识到新兴市场的重要性，以新兴市场的盈利弥补了在欧美市场的损失。长期来看，国际银行业将继续加大包括中国在内的新兴市场的海外拓展力度。积极调整全球策略和发展重点，重视新兴市场，将为我行带来新的发展机遇。

从地域上看，成熟市场集中了纽约、伦敦、东京等全球性国际金融中心；从功能上看，成熟市场已成为全球性金融交易技术支持和智力支持的集中供应地。积极拓展成熟市场一方面有助于学习和借鉴先进的管理理念、管理技术、产品技术和风险控制手段；另一方面可为欧美企业以及拓展欧美市场的中资企业提供良好的服务。

我行坚持"立足亚洲、面向全球"的方针，注重高速成长的新兴市场，将周边国家、发展中大国、发达国家空白点、境外战略资源国家作为布局重点。

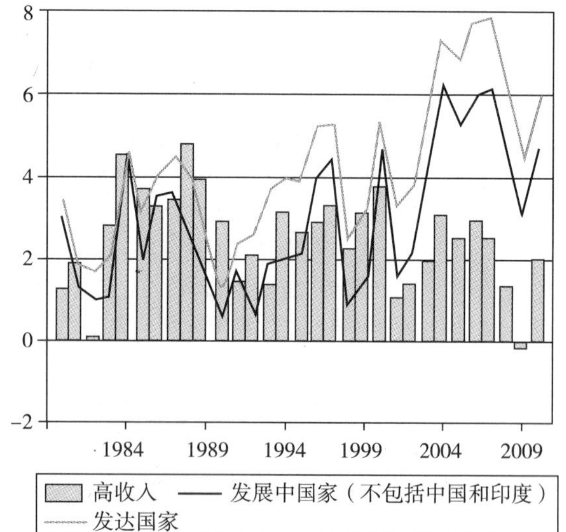

图7 发达国家与发展中国家GDP增长情况（实际GDP百分比变化）

据世界银行预测，2008年全球经济增长速度为2.5%，发达国家增长速度为1.3%，其中美国、日本和欧元区的增长速度仅分别为1.4%、0.5%和1.1%，新兴市场国家增长速度高达6.3%。

3.3 申设与并购并举

通过申设设立机构面临的监管阻力较小，风险和成本较低，但是成长速度较慢；并购方式可以利用被并购银行已有的牌照、人力、网络、产品、客户等资源，迅速赢得一定市场份额，但收购方式有时会受到当地监管机构更加严格的限制，同时涉及不同机构的全面整合，难度较大。

国际大型商业银行成长路径表明，战略性收购兼并是商业银行国际化经营的必由之路，中国商业银行境外机构网络拓展的现实也证明单纯依靠机构申设难以快速实现境外扩张。

据统计，从1995年到2006年有104个国家/地区的1 189家银行并购了2 415家银行，交易金额达到14 130亿美元，跨境并购已成为银行业除直接设立分行或子银行之外拓展海外市场的重要形式。

从我行发展需要来看，2005—2007年我行境外机构总资产年均增长20.9%，全行集团资产总额年均增长19.7%。按照目前发展速度，如果没有进一步的境外战略性并购，境外机构资产在全行占比难以实现从3%到10%的飞跃。

具体进入方式应根据市场与监管情况因地制宜，综合利用并购、申设等方式，设立子银行、分行、控股机构和代表机构等不同机构形态，多措并举。

在准入门槛较低、法律和监管制度健全、信贷业务资源丰富的地区，可通过设立分行的方式发挥集团优势；在准入和监管条件限制、经营风险相对较高的地区，可通过设立子银行的方式设立防火墙；在监管条件限制严格，但收购机会较多的地区，可通过收购方式进入市场；在我行已设机构的地区，可通过并购重组、机构整合的方式实现现有机构的有效扩张。

3.4 全球市场区域板块

按照政治局势稳定、经济环境良好、监管制度规范、经贸往来活跃、客户资源丰富、预期效益良好的标准，我们共筛选出35个目标国家和地区，并将其分成全球市场八大区域板块。

欧洲：经济金融一体化程度高，对外开放的监管环境。欧盟"单一护照"政策有利于以点带面拓展机构网络。可依托现有牌照优势拓展。

中东/非洲：中东财富较多，发展潜力巨大，尤其是投资需求强劲。潜在的局部政治不稳定性。普遍限制外资进入当地市场，但监管政策有望松动。银行业估值水平较高。已通过收购南非标准银行的20%股权涉足非洲市场。

南亚：人口众多，巨大的发展潜力——国际资金的流向热点之一。管理文化上的潜在冲突。相较印度，巴基斯坦的市场准入政策较宽松，对我行进入的态度也较欢迎。申设与并购并举。

东南亚：与中国经贸往来密切，人文地理亲和度较高，是我行拓展国际化经营的重点地区。市场准入要求不一，存在拓展机会，可申设与并购并举。

大洋洲：澳大利亚经济发达，是中国重要的贸易和投资伙伴。已设立悉尼分行，增设分支机构无须再行审批。对于并购无特别限制，但市场高度饱和，难觅并购对象。澳新市场一体化，可通过在澳机构辐射周边国家。

东亚：在亚洲区域的经济实力举足轻重。港澳经济发展迅速，是我行跨国经营的桥头堡和重要战略要隅。已设立部分机构、探索进一步增设、延伸机构。采用不同策略进入或整合当地市场。

北美：由于政治敏感性和严格的监管要求，国内银行较难通过并购打入当地市场。申设与并购并举，适时实现在美机构延伸和在加拿大市场突破。

南美：发展迅速的新兴市场。潜在的政治、经济、货币不稳定性。监管条件尚未完全发展成熟。以自主申设为主要发展举措，但同时继续关注合适的并购目标。

4　我行国际化经营业务发展规划

4.1　境外业务发展总体目标

未来三年境外业务发展总体目标：

本着“发挥全行整体优势，走内外联动道路；发挥境外牌照优势，走综合化经营道路；发挥科技引领优势，走集约化运作道路；发挥规模经济优势，走跨越式发展道路”的原则；在国际国内主要经济金融形势不发生较大变化的前提下，并考虑到境外并购因素，力争2011年境外机构的资产和利润在全行的占比将由现在的3%左右提升至5%—7%；利用境外综合牌照优势，在巩固基础业务、强化信贷业务管理的同时，重点发展零售、投资银行、电子银行、资金清算、代理行等业务；依托FOVA的境外推广，在丰富传统存款、贷款和结算业务的基础上，着力推进零售业务、投资银行、电子银行、银行卡、资产管理、私人银行等产品线的国际化发展，实现全球业务线拓展和产品线整合，为境内外业务的健康持续增长奠定基础。

4.1.1　境外业务发展具体目标——主要业务线拓展目标

未来三年，境外机构应充分利用境外综合牌照优势，在巩固基础业务的同时，重点发展电子银行业务，完善资金、清算和代理行等业务，突破零售业务，开拓投行业务，强化信贷业务。通过以投行带动公司业务发展，以电子银行推进零售、负债和中间业务，以资金和清算业务的全球运作与集约经营，实现综合化发展和盈利模式的转变。

综合化和多元化发展：

基础业务 全球结算与清算、全球现金管理、代理行与托管等业务；

投行业务 咨询顾问、证券经纪、结构化融资、跨境上市和承销等；

信贷业务 创新产品、加强系统建设、强化风险管理；

电子银行 网上银行、电话银行、自助终端等；

零售业务 投资、理财、银行卡、私人银行等；

资金业务 全球资金运作、资产管理、自营交易等。

4.1.2　境外业务发展具体目标——产品推广与创新目标

未来三年，依托境外牌照功能比较完备以及FOVA在境外机构迅速推广的优势，在丰富存贷汇等传统产品的基础上，侧重发展国际结算、贸易融资、内保外贷等低风险产品。将境内具有竞争优势的电子银行、银行卡、理财等产品推广到境外；完善投行产品，围绕投行业务产品提升境外公司业务盈利水平。提升全球清算结算、资金业务、私人银行等新兴业务与产品的服务能力，实现全球业务线拓展和产品线整合。在产品储备上，着手构建和丰富境外产品库，将现有境外产品的相互推广、境内优势产品的境外延伸，以及针对境外需求的研发创新（含境内和境外创新）作为境外产品库的三个主要来源，力争境外产品数量以年均10%的速度递增。在产品创新上，建立总分行、境内外互动的境外产品创新团队；加大总行各专业部门对全球标准化产品的研发推广力度，增强总行各专业部门对适用于境外的差异化产品创新力度；在条件具备的境外机构，建立本地化产品研发团队，培育境外投行、清算、资金、理财等产品创新示范行。

4.2　境外业务发展的主要原则

原则一：发挥全行整体优势，走内外联动道路。继续巩固总分行、境内外机构间业已建立的较为广泛的联动基础。通过完善全球客户资源共享机制，健全跨境产品研发推广机制。建立联动利润分配机制，优化联动信息交流机制。拓宽联动客体范围，提升联动手段的科技含量。构建境内外机构一体化的和谐发展机制。

原则二：发挥境外牌照优势，走综合化经营道路。目前我行大部分境外机构不仅可从事商业银行业务，而且可以从事全部或部分投资银行业务及其他金融业务。持有综合业务牌照的境外机构要充分利用牌照功能完备的优势，在风险可控的前提下大力发展投资银行、资产管理、私人银行等业务，试水综合化经营，为全行综合化经营转型提供经验和人才。仅持有批发业务或受限制零售业务牌照的境外机构要因地制宜，逐步完善牌照功能。

原则三：发挥规模经济优势，走跨越式发展道路。今后一段时期，总行相关部门和境内外机构要注重全行资源的统筹运用和战略协同。加强支持保障、深化整体联动，使业务信息、客户资源、优势产品、科技平台和研发实力在境内外机构及境外机构间无边界共享。通过最大限度地获取规模经济效应实现国际化经营的跨越式发展。

原则四：发挥科技引领优势，走集约化运作道路。借力FOVA系统海外推广，逐步实现我行在资金、清算、国际结算、信用卡等领域的集约化、规模化经营。逐步在全球主要金融中心建立资金交易中心和清算中心，构建24小时全球资金运作与清算网络。加快推进单证中心分中心建设，尽快实现境内分行单证业务集中处理，稳步推进境外机构上挂工作。探索在适当地区建设海外区域性银行卡中心，集中处理银行卡业务。探索通过设立区域总部和职能中心的方式实现区域整合和集约化经营。

4.3　区域业务发展规划

东亚板块：该板块将成为所有境外业务板块中资产占比最高，利润贡献最大的板块。在该板块中，港澳机构要以个人金融业务为核心，创新发展零售银行业务，打造本地化零售银行品牌；抓住中港、中澳两地经济融合的有利机遇，以新型产品和服务方式吸引高端零售客户，大力发展私人银行和财富管理业务；同时要在香港市场培育我行境外投资银行旗舰，抓住次债危机严重削弱竞争对手的时机，做大做强我行投资银行业务。利用日本、韩国与我国日益紧密的经贸关系，大力发展贸易融资和国际结算业务。

东南亚板块：在中国“走出去”企业的海外投资比例中，东南亚排在第三位，仅次于中国香港和北美，因此该板块机构要从追随客户金融服务需求的角度出发，为东南亚的中资企业提供各类优质金融服务。同时，由于东盟是华人聚居的地方，华人不仅有大量的当地货币，还有大量的国际资产，该板块的机构应大力拓展华人客户的财富管理、私人银行等业务，通过网上银行等平台将业务嫁接到内地或香港，为其提供专业理财服务，力争将我行打造成东盟最大的华人财富管理银行。

南亚板块：该板块机构不仅要利用中印、中巴贸易合作增长迅速的优势，大力拓展贸易融资业务。同时要利用印度和巴基斯坦经济快速发展，个人消费能力不断增强的时机，努力推动个人金融业务的做大做强。

大洋洲板块：澳大利亚和新西兰有我国经济发展所需的各类资源商品，在该板块的机构应做大相应的贸易融资业务。同时，澳大利亚和新西兰又是我国留学生较多的地方，应通过内外联动，牢牢抓住这部分个人客户。

欧洲板块：欧洲作为我国最大的贸易伙伴，贸易融资和国际结算业务发展前景广阔，欧洲板块的机构应将上述业务做大做强。此外，由于欧洲华人众多，掌握着相当数量的财富，因此要针对华人客户开办财富管理和私人银行等业务。

北美板块：该板块的机构除了要承担我行美元清算和资金运作的重要节点的功能外，还应利用中美巨大的贸易往来，大力拓展贸易融资和国际结算业务。

南美板块：由于南美多为资源型国家，与我国经济有较强的互补性，中国与拉美贸易前景广阔，因此该板块的机构应重点发展贸易融资和国际结算业务。

中东非洲板块：该板块的机构要利用中东丰富的石油美元资源，采取和其他境内外机构联动的方式，大力发展投资银行、资产管理和私人银行业务；同时，要为“走出去”承包工程的中资企业积极提供包括内保外贷、贸易融资和现金管理在内的各类金融服务。

4.4　主要产品线发展规划

网上银行业务、资金和清算业务、代理行业务、零售业务、投行业务和信贷业务是未来三年境外机构重点拓展的业务线。未来三年，要以网上银行业务推进零售业务的突破；做强资金和清算业务，形成我行全球资金运作与清算网络；做大代理行业务，使之成为境外同业对华业务的合作伙伴；加强零售业务，实现消费金融与财富管理并重发展；开拓投行业务并带动公司业务发展；调整信贷业务结构并强化管理。

网银带动境外零售业务全面发展：依托境内强大科技实力，迅速将网银平台推向海外，推动境外电子渠道建设。同时以银行卡配套网银发展，构建境外“实体（网点）+在线（网银）+离线（银行卡）”的全方位渠道平台，着力推动和保障境外机构零售业务发展，尤其是华人零售业务。加快实现境内外网银的协同运作和整合服务，使网银成为系统发达、服务全面、平台领先、运行稳定、功能丰富、具备世界同业领先水平的全球一体化服务平台。

投行业务与境外公司业务协同发展：境外机构应充分利用我行巨大的资本与客户资源优势，充分发挥投行业务潜力大、增长快，边际投入小且产出大的特性，与传统公司业务形成良好互动，通过业务协同提高经营效益，迅速提升海外机构整体竞争力。可充分利用香港业务平台的经营牌照和信息优势，着眼建立全球投行网络，积极拓展证券经纪、重组并购、资产管理等投行业务，将在港机构打造成境外投行业务的旗舰和工行全球投行业务的重要平台，形成立足香港、辐射全球的投行网络。

以财富管理为核心大力发展全球华人私人银行业务：境外机构应积极顺应客户由消费向投资的需求转变，迎接世界人口老龄化和财富集中化的挑战，大力拓展资产管理、财富管理、经纪业务和私人银行等综合理财业务。充分依托香港的开放平台，以海外华人为目标，充分挖掘客户资源，通过海外网银平台或当地银行平台实现与香港的无缝连接，“以业务为支撑、以文化为纽带”，努力将我行打造成为全球最大的华人财富管理银行。

4.4.1 境外网银业务发展规划——必要性

突破境外机构网点和渠道瓶颈的需要。我行除港澳和印尼外的海外机构网络很有限，大多数境外行仅一行一址，物理网点不足，电子渠道匮乏，人员有限，难以实现零售客户规模的快速增长。发展境外网银可构建境外“实体（网点）+在线（网银）+离线（银行卡）”全天候服务体系，是我行境外机构突破网点和渠道瓶颈，渗透当地市场，实现经营转型和跨越式发展的重要手段。

促使境外机构转型、业务优化调整的需要。我行境外机构以批发性资产业务为主，零售业务较薄弱。通过发展境外网银，拓展服务渠道，深入拓展公司和零售业务，可以促使境外业务结构优化调整，全面提升盈利能力。

完善全球经营布局，拓展全球客户的需要。从跨国经营的目标市场看，发展境外网银可完善全球化布局，增强我行整体竞争优势，有利于客户拓展，特别是跨国公司和当地个人客户的拓展。

提升我行网银整体竞争力的需要。发展境外网银，也将增强我行网银服务的国际化水平，以先进技术手段满足国内客户走向海外和海外客户使用我行网银的需求，支持我行客户跨国经营，提升我行网上银行整体竞争力。

4.4.2 境外网银业务发展规划——发展路线图

“以科技为支撑，以网银为突破”，借助我行强大的电子银行和科技优势，建立和完善我行境外电子银行网络与电子销售渠道，为推动境外业务（特别是零售业务）迅猛发展奠定基础。

在推广境外FOVA的基础上，同步实现基于FO-VA的新一代网银系统在各境外行落地，建立境外机构在线服务与销售渠道；并以银行卡配套网银业务发展，建立和完善以卡为介质的离线交易渠道，形成对客户的全面服务体系；在此基础上，做好客户服务与营销，争取各境外行成为所在国和周边地区的“第一华人零售银行”，并逐步迈向所在国家和地区的主流银行。

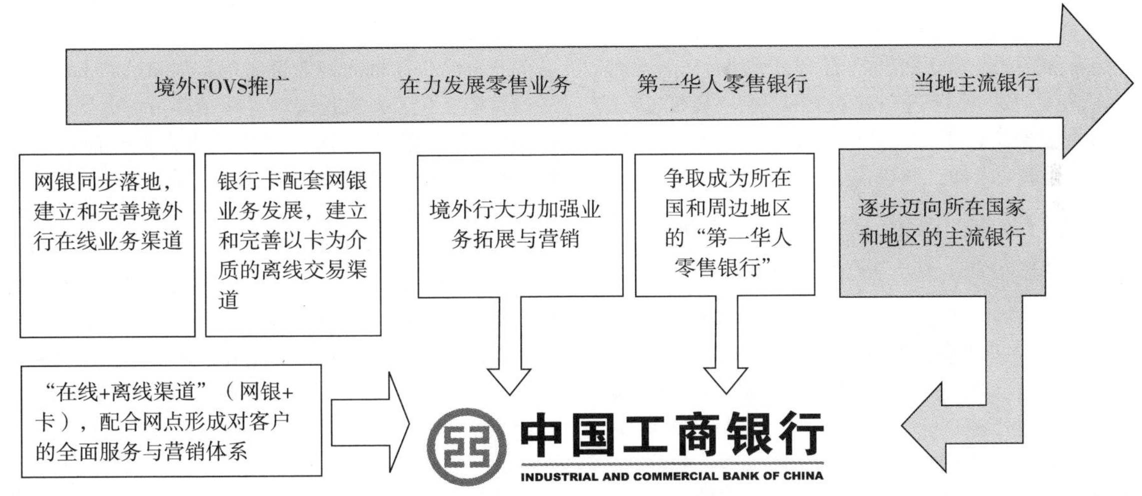

图8 境外网银业务发展路线图

4.5 境外资金与清算业务规划

在资金业务领域：考虑到境外监管要求较高，在建立境外资金交易分中心的步骤上，拟采取由简到繁、分步推进的原则，从比较简单的业务和容易实现的操作模式做起，循序渐进增加业务品种、渐变操作模式，最终形成全球联动、承担总行境外资金交易的全面职能。

在清算业务领域：立足于积极扩大位于国际货币中心的境外机构的清算能力，推进其成为我行相应币种的清算中心，逐渐替代使用代理行，承担全行大部分外币清算任务；并在此基础上，积极发展同业清算业务，力争成为境外中小同业对华业务的清算枢纽。

统一思想　提高认识　进一步推动境外机构境内外汇账户业务发展工作

——在中国工商银行境外机构境内外汇账户业务发展工作视频会上的讲话

王丽丽

（2009 年 8 月 20 日）

7 月 13 日，国家外汇管理局发布了《国家外汇管理局关于境外机构境内外汇账户管理有关问题的通知》。这个通知的出台对我行推进国际化发展战略、拓展国际结算与全球现金管理市场、提高我行国际业务市场竞争力、丰富客户服务内容等方面都有着非常重要的意义。总行对开办 NRA 业务高度重视，7 月 21 日张福荣副行长主持召开了中国工商银行境外机构境内外汇账户业务发展工作动员视频会，对全行 NRA 业务进行全面动员和工作部署。业务正式开办半个月来，我行 NRA 业务取得可喜成绩，但有些资源较为丰富的分行业务发展不够理想。今天，再次召开全国 NRA 业务视频会议，就是要求各行进一步统一思想、高度重视 NRA 业务的战略意义，加大工作力度，推进 NRA 业务取得实质性进展。下面，我讲几点意见。

一、各行要进一步提高认识、深入理解开展境外机构境内外汇账户业务的重要性

第一，NRA 业务有利于提升我行对全球化客户的服务能力，为我行开展全球现金管理业务铺平道路。NRA 业务的客户市场是全球化客户，主要包括“走出去”的中资跨国公司的境外分支机构以及与境内联系紧密的外资企业。这将打开我行拓展外向型客户资源的新渠道。以往我行受无离岸业务牌照所限，对于那些与国内有着密切业务往来的境外企业客户，我行只能通过相对有限的海外机构或与境外代理行合作的方式提供服务，无法在境内直接提供一揽子的全面金融服务，丧失了很多扩展境外业务的机会，也无法满足全球化客户现金管理的需求。NRA 业务的开办为我行拓展国际市场、营销全球化客户提供了重要手段，极大地方便了跨国经营企业跨境资金管理，打开了全球现金管理业务的市场，为“走出去”的中国跨国公司境外资金运作的安全和在全球范围内提高资金使用效率提供了支持，为我行带来更为广阔的全球化业务增长机会。因此，我们一定要抓住在国际金融危机背景下外资银行普遍受到严重冲击、中资银行成为全球资金避风港的有利形势，以 NRA 业务开办为契机，大力营销中外资跨国公司，扩大我行外向型客户基础，进一步调整我行客户结构。

第二，NRA 业务有利于扩大我行国际结算及贸易融资市场份额，提高我行国际业务市场竞争力。NRA 账户与境外账户之间资金划转属于跨境资金交易，应纳入国际结算业务范畴。根据国家外汇管理局规定，境内机构和境内个人与 NRA 账户之间的外汇收支也属于跨境交易，这就意味着将 NRA 账户与国内其他账户之间的外汇收支也应纳入国际结算业务范畴。因此，NRA 业务开办将带来国内商业银行现有国际结算市场格局新的调整和变化，对我行提高国际结算市场占比带来新的机遇和挑战。随着我国企业“走出去”战略的深入实施，我国企业跨国经营活动日益频繁，跨国收购兼并和新设企业不断增加，如我行通过营销将其资金划转通过 NRA 账户实现，这无疑将会给我行带来大量的国际结算和贸易融资业务。我们一定要抓住国家鼓励企业对外投资的有利时机，大力拓展国际结算及相关的贸易融资和投资服务，实现我行国际结算市场占比再上新台阶。

第三，NRA 业务拓宽了我行吸收外汇存款的途径。长期以来，受到市场以及其他诸多方面因素的影响，外汇存款一直是我行的短板，外汇存款市场占比低于我行国际结算市场占比，外汇存款也制约了我行国际结算和贸易融资业务的发展。近年来，人民币升值导致我行外汇资金供求形势出现较大起伏，从去年到目前短短一年半的时间内，我行外汇资金供给就经历了从非常紧张到相对宽松再到重新趋紧的过程。特别是从今年 4 月份开始，总行向各分行进行提示：我行外汇资金首先要满足国际贸易融资需要，加之我行跨国收购兼并以及我行重要客户“走出去”所需要的外汇资金，我行外汇资金需求面临不断增长的趋势。我行外汇存贷款缺口越来越明显，而且有不断扩大的趋势。因此，如何增加外汇存款，促进外汇资产负债业务均衡发展尤为重要。在这样的形势下，NRA 业务的开办有利于吸引境外企业的外

汇资金从境外银行向国内银行转移，为我行开辟吸收外汇存款的新途径，我行在为企业进行全球现金管理的同时，也带来大量原本中资银行无法涉足的外汇资金，这对于增加我行外汇存款、缓解外汇资金紧张的压力、促进外汇资产负债业务均衡发展十分有利。

二、目前我行 NRA 业务主要发展情况

今年 5 月，国家外管局就 NRA 管理办法公开征求意见时，总行就认识到了这项工作的战略意义，姜建清董事长作出重要批示，明确指出这项工作意义重大，要求“即做研究和部署”。相关部门也做了大量前期准备工作，为我行在相关政策出台后占领市场先机打下了良好基础。张福荣副行长在 7 月 21 日的视频动员会上阐明了 NRA 对我行业务发展的战略意义，明确了我行 NRA 业务发展目标，对下一步工作进行了部署。8 月初，杨凯生行长对我行 NRA 业务也做出重要批示：“这项工作十分重要，办好了不仅对存款大有好处，对我行业务整体的国际化也十分有意义。”昨天，姜建清董事长再次强调，要求全行必须动起来，必须在近几个月内要有大的突破，必须要抓住机遇。

自今年 8 月 1 日我行开立第一户 NRA 账户以来，到 8 月 18 日共计 18 天的时间内，我行已经为各类境外客户开立 NRA 账户共 111 户，已汇入外汇资金 2 100 万美元，NRA 业务取得了良好开局。具体情况如下：

第一，从开户分行来看，共有 12 家分行成功营销 NRA 账户开户业务。8 月 1 日，上海分行率先为两家国有企业集团在境外的分支机构开立了 NRA 账户，标志着我行成为业内首家成功开立 NRA 账户的银行。深圳分行新开户数遥遥领先其他各行，共开立 NRA 账户 65 户，占全行 NRA 账户开户数的 59%，宁波分行位居第二，开立 22 户。其他分行的情况是：山东开立 6 户、江苏分行开立 5 户；北京、上海、浙江、重庆、广东分行分别开立 2 户，四川、苏州和大连分行分别开立 1 户。特别值得一提的是，8 月 10 日，2 100 万美元外汇资金汇入深圳分行 NRA 账户，使得我行 NRA 结算业务、存款业务实现突破，NRA 业务工作取得了实质性的进展。

第二，从 NRA 开户机构注册地区来看，香港地区企业在我行开立 NRA 账户数合计 95 户，新加坡和美国企业在我行开户数均为 3 家，离岸金融中心（圭亚那、开曼、百慕大、维尔京等地区）企业在我行开立 6 户，英国企业在我行开户 2 户，刚果（金）、新西兰企业在我行开户分别为 1 户。其中，香港地区企业在我行开户最多，占全部开户数的 86%，该地区企业是我行 NRA 业务的主要客户群。

第三，从开户机构是否在中国境内有分支机构（含母公司）来看，111 户 NRA 账户中共有 66 户企业在国内有分支机构（含母公司），占全部开户数的 60%，也反映了开立 NRA 账户的企业主要为我国企业的境外投资企业或与我国有密切经贸关系的外资企业。

在开办不到一个月的时间内，我行 NRA 业务取得这样的成绩，总行各部门以及各分行都付出大量艰辛的努力。总行国际业务部与外管局及时协调沟通，了解相关政策解释，积极争取外债指标，组织内外联动，并就业务发展目标、营销工作、合规管理和培训、发挥境内外整体优势等方面对分行提出了明确的指导意见；结算与现金管理部制订营销推广方案并组织实施，设计 NRA 模式下全球现金管理业务方案，多次组织客户营销活动；公司业务一部大量走访直营客户，了解客户需求，积极开展客户营销及客户关系维护；运行管理部牵头、国际业务部配合共同制定了 NRA 外汇账户的开立及相关的核算办法和操作规程，目前正在根据分行反馈意见进行办法的修订工作；信息科技部组织系统开发、产品功能完善工作，以及业务推广期的技术保障工作；电子银行部做好电子银行系统升级工作；产品创新管理部组织各业务相关部门与科技部门配合，确保系统的开发和投产工作；结算与现金管理部、国际业务部、运行管理部和公司业务一部联合开展了全行视频业务培训，就 NRA 业务相关外管政策、主要产品、营销推广、制度办法对分行业务人员进行了全面培训，提高了分行业务人员对 NRA 业务的认识以及营销能力，起到良好的推动效果。从中可以看出，我们的工作效率是非常高的，部门之间的团队合作精神是值得充分肯定的。

我行在短短的 20 天时间内完成 NRA 账户开户 111 户，除了总行的积极推动之外，也与分行高度重视、主动积极营销是分不开的。这里我对深圳分行和宁波分行的成绩给予肯定，并提出表扬，两家分行分别开立 NRA 账户 65 户和 22 户，合计占全行开户数的 78%。深圳分行行长亲自挂帅，组成 NRA 业务营销团队到境外对目标客户上门营销，效果非常突出。

虽然前一阶段工作取得可喜成绩，但是应该看到业务发展中也存在的一些问题。

第一，NRA 账户开户数地区分布极不均衡。深圳和宁波分行开户数占全行开户数的 78%，而其他外汇业务比较丰富的地区分行，如北京、上海、广东、浙江、江苏等分行开户数量非常少，上述 5 家分行合计开户数仅为 13 户，占全行开户数的 12%，开户数与业务资源不匹配。此外，目前全行 35 家一级（直属）分行，仅有 12 家分行开立了 NRA 账户，其他分行均未实现零的突破。

第二，资金到账率较低。截至 8 月 18 日，仅有深圳分行 2 笔合计 2 100 万美元资金到账，部分分行虽有开户，但并未有实际存款入账。开立 NRA 账户的目的就是要客户将资金存至 NRA 账户上，形成存款资金沉淀，促进我行外汇资产负债业务的均衡发展，如果仅开立账户而没有实际资金流入，NRA 业务的重要性就不

能得到体现。

第三，一些分行对NRA业务的重视程度需要提高。一些分行对NRA业务的重要性认识不到位，或者前期工作准备不足，没有制订营销方案，或营销方案落实不到位，或部门分工不明确。外汇业务资源比较丰富分行对这个问题要引起高度重视。

第四，外债规模的限制是制约NRA业务发展的一个瓶颈。根据国家政策规定，NRA账户存款余额纳入金融机构短期外债管理，目前全行短期外债规模上限为14亿美元，据总行相关部门预测，如果我行NRA业务发展顺利，年内可能吸收外汇存款高达100亿美元以上，外债指标的限制制约了我行NRA业务发展。

三、关于进一步推动全行NRA业务发展的几点意见

第一，统一思想，提高认识。总行各部门、各分行要把NRA业务作为全行国际化发展中的重要战略任务来抓。NRA业务的开办为我行业务发展提供了难得的市场机遇，在推进我行国际化发展战略，提升跨境业务服务能力，拓展国际结算与全球现金管理市场，完善产品创新体系等方面均有着十分重要的意义，这与我行国际化发展的战略要求是不谋而合的。总行对此高度重视，将其列入我行重点发展的核心业务之一。各分行要统一思想，从战略发展高度认识和发展NRA业务，要以此项业务为抓手全面提高我行国际结算市场占比，增加外汇存款、改善客户结构。前期NRA业务办理较为突出的分行要再接再厉，争取更大的成绩。其他分行要抓紧把这项业务推动起来，要在近期实现零的突破。到今年年底，各行NRA客户数、存款余额、结算量的市场占比要争取达到30%，市场排名力争第一，确保实现全行业务发展目标。

第二，加强领导，明确职责。总行成立了由国际业务部牵头，相关业务部门参加的领导小组，专项负责NRA业务的相关工作。总行国际业务部负责推动基于NRA模式的相关国际结算业务的产品研发、组织实施、方案推广和业务营销，并同有关部门配合做好短期外债指标的申请工作。公司业务一部负责总行直营客户NRA业务营销，并配合分行进行联动营销。结算与现金管理部牵头负责规划我行NRA账户以及该模式下的全球现金管理业务的营销推广工作，制定市场开发策略。各相关部门要明确分工、密切合作，从客户营销、政策解释、制度建设、系统开发等方面确保NRA业务的顺利开展。各分行也要尽快行动起来，成立NRA业务工作领导小组，行长要亲自负责这项工作，要组织落实总行各项工作措施，分行各业务部门也要明确分工、加强合作，切实加强对此项工作的组织推动。

第三，制订切实可行的推广方案，加大营销力度。各行要根据总行要求，结合当地实际情况，制订NRA业务的具体发展目标和推广方案。目标既要体现总行的要求又要切合实际；方案内容应该尽量细化，措施具体、可行，能够为业务推广工作提供明确指引。在营销工作的开展方面，各行要做到以下几点：

1. 组织营销工作。指定专人与总行保持密切沟通，及时反馈市场动态、营销成果和客户意见建议。对于分行层面营销有难度的客户，总行将予以支持，共同做好重点客户的营销工作。

2. 细分客户需求，开展分层分类营销。对所在地区的NRA外汇账户业务潜在客户分布情况及需求特点，在前期了解的基础上再次进行摸底调查，在此基础上建立目标客户名单，准确定位，分类营销。

3. 开展内外联动营销。NRA客户都是境外客户，境内分行与客户沟通和上门营销存在困难。因此各境内分行应充分利用我行遍布全球主要金融中心的境外机构的优势，加强与海外分支机构的内外联动，利用海外分支机构的地域优势，实现客户资源共享；各境外机构要根据境内分行要求开展客户资料调查，并协助总行和境内分行开展重点客户的营销工作。

4. 注意营销策略，引导客户在境内进行资金归集。根据外管政策，NRA外汇账户内的资金余额将纳入短期外债管理。短期外债指标是我行非常重要的业务资源之一，各行在进行业务营销时应注意营销策略，引导客户开展现金管理业务并将资金归集到集团境内成员账户，提高客户外汇资金使用效率，减少我行短期外债指标占用。

第四，加强操作管理，确保业务合法合规。NRA业务是一项政策性较强的业务。各行要认真组织学习相关政策文件，充分了解和掌握相关政策要求，加强业务合规性管理。在业务开办过程中，特别要注意做好以下几项工作：

1. 严格NRA外汇账户审批管理，规范账户开立手续，认真审核境外机构合法注册成立的证明文件等开户资料，办理开户手续。对于境外银行类金融机构开立NRA外汇账户，须按总行代理行管理的统一要求，主要由总行受理。

2. 加强账户使用管理。各行在办理业务时要及时按照外管局的有关规定进行国际收支统计申报，认真遵守有关大额和可疑交易报告等反洗钱法律、行政法规、部门规章等规定。未经外管局批准，不得从NRA账户存取外币现钞，不得直接或者变相将该外汇账户内资金结汇。

3. 加强反洗钱管理。对于境内没有分支机构（含母公司）的NRA账户的开户企业，各行要加强对其客户身份以及开户资料真实性审查把关，降低我行合规风险。对于开户企业在我行境外机构所在地的情况，分行可以请我行境外机构协助对客户提交材料进行真实性审核。此外，分行在为客户开户前，应检查该客户是否被

联合国或者美国财政部海外资产管理办公室（OFAC）制裁，确认不在制裁名单后，才能为其开户。如有制裁名单中的客户在我行开立NRA账户，各行应及时向总行报告。

第五，加强业务分析与考核力度。各行要做好业务数据报送工作。在总行相关系统开发完成前，各行应每日以快报形式向总行报送NRA账户开户情况以及账户资金余额情况。总行相关部门要每旬编写NRA业务简报，向行领导报送NRA业务发展动态，并向各分行通报NRA业务发展情况、各行NRA业务排名和分行营销经验介绍。各行要根据业务发展目标，加大对所辖分支机构的考核力度。将NRA业务完成情况纳入辖内分支机构的考核指标进行管理，督促其开展业务。同时要完善业务激励机制，落实激励措施，充分调动相关机构、部门和人员开展NRA业务的积极性。

最后，我再强调一个问题。工商银行开办此项业务，面临激烈的同业市场竞争，各行要掌握对外宣传的原则，即我们内部要大张旗鼓，积极开展工作，但对外不作宣传。此项业务的对外宣传工作统一由总行办公室负责。NRA业务对我行推进国际化发展战略具有重要意义。经过全行上下的共同努力，8月份我行NRA业务取得了良好的开局，但与总行制定的目标还有一定距离。希望全行上下继续统一思想，切实提高认识，加强组织领导，落实各项工作措施，圆满完成总行提出的工作目标和任务。

保增长　抓服务　创品牌
推动投行业务又好又快发展

——在中国工商银行2009年公司与投行业务工作会议上的讲话

李晓鹏

（2009年1月8日）

今年的公司业务工作会议与投行业务工作会议合到一起开，而且开得这么早，一是因为2009年银行的整体经营环境与往年相比很不一样，需要我们“早总结、早研究、早落实”；二是随着中央“扩内需、促增长”一系列政策措施的出台，为公司与投行业务的发展提供了新的机遇，迫切需要我们推动公司业务与投行业务的互动发展，实现新的突破。上午易会满副行长就公司业务的相关工作做了报告，我非常赞成。下面我就投行业务的相关工作讲几点意见。

一、2008年投行业务的简要回顾

2008年是极具挑战性的一年，全行上下在总行党委的正确领导下，迎接挑战、负重奋进，圆满完成了投行业务的各项工作任务，实现了规模与效益、速度与质量的协调发展。

（一）投行收入高位增长，成为中间业务的中坚力量。2008年，全行境内共实现投行收入77.4亿元（含短期融资券收入4亿元），同比增加34.6亿元，增长81%，完成全年计划（68亿元）的113.8%；集团口径投行收入82.06亿元，同比增加35.6亿元，增长76.6%。从2002年算起，投行业务收入六年来的年均复合增长率超过85%，即使对于新兴业务来讲，这也是一个超常规的发展速度，远远高于全行中间业务收入同期44%的年均复合增长率。截至2008年底，在同业纷纷加大投行业务发展力度的情况下，我行投行业务收入四行同业占比为36%，继续保持第一地位。

2008年，投行收入在全行中间业务中的占比达到17.2%，比2007年提升6.9个百分点，投行收入绝对额在所有中间业务品种中排名第二，仅次于代理及个人理财业务，比2007年提升一位。投行收入同比增加额占中间业务同比增加额的35.4%，比2007年提升30.2个百分点，投行收入同比增加额在所有中间业务品种中排名第一，比2007年提升一位。投行业务对全行经营战略转型的作用越发突出。

大多数分行投行收入也都有显著提高，全行37家计划单位平均投行收入接近2亿元。其中，5家分行投行收入超过5亿元，分别为浙江8.9亿元、山东7.8亿元、广东6.3亿元、江苏5.6亿元、上海5.2亿元；北京等6家分行投行收入超过2亿元。投行收入在中间业务收入中的占比超过20%的分行达到16家。投行业务已经成为全行绝大多数分行不可或缺的重要业务品种，在提高经营绩效、调整收益结构、营销高端客户、提高业务创新能力等方面发挥了重要作用。

（二）推进投行产品创新，加强投行品牌建设。

2008年，全行在稳步发展常年财务顾问、企业资信服务、银团安排、投融资顾问等我行传统投行业务的基础上，积极适应市场环境以及客户需求的变化，在重组并购、信托+理财、产业投资基金、股权私募等投行领域加大品牌项目营销运作力度，取得了新突破，迈出了新步伐。

1. 顺应我行国际化经营战略，大力推动跨境投行业务发展。2008年，全行顺应我行国际化经营战略，加强境内外分支机构的联动与合作，大力推动跨境投行业务发展。印尼棕榈园、印尼镍矿等项目经过与客户反复磋商目前均已取得积极进展。成功与俄罗斯莫斯纳尔银行在俄罗斯企业赴港发行HDR以及IPO业务领域建立了战略合作关系。同时，与澳门诚兴银行、南非标准银行的投行业务合作也进展顺利。一些海外分行把投行业务作为发展的重点或突破口，积累了一定的业务基础。经过积极推动，境内外分行开展投行业务的热情空前高涨，主动营销跨境投行业务的意识大大提高，为下一步跨境投行业务的发展奠定了良好基础。

2. 把握行业并购重组热点，大力发展并购重组业务。在成功运作宝钢并购八钢项目的基础上，以参与国内钢铁行业重组为主线，积极推进宝钢重组广东钢铁业、鞍钢并购三钢等重大项目，成果显著。其中，继宝钢并购八钢项目被评为“2006年十大战略并购事件”之后，宝钢并购韶钢、广钢项目近日又被《证券日报》等权威媒体评为“2008年十大重组并购事件”。目前，该项目的收购报告书等申报材料已报送证监会，预计近期将获得批准，我行参与行业整合的能力和服务水平不断提升，得到了优质客户的信任和认可。同时，还积极运作了昆明星耀重组、天津创业环保并购等重组并购项目，取得了丰硕成果。其中，我行担任财务顾问的昆明星耀资产重组项目为我行带来了逾亿元的综合收益，成为国内房地产业重组的经典案例。企业在此基础上发起成立了目前国内最大规模的房地产信托投资基金，我行将继续为其提供后续服务。此外，积极参与、推动了大唐收购内蒙古塞罕坝风电公司、山西煤炭行业整合等项目，我行为大型行业龙头企业提供投行服务的经验和能力不断提升。

3. 运用投行手段支持区域经济发展和金融创新，提升投行服务层次。一是积极推动产业投资基金业务发展。2008年，总行成功受聘担任江西省政府“鄱阳湖产业投资基金”的财务顾问，为江西省政府的鄱阳湖产业投资基金提供从组建方案设计、监管部门报批、基金公司发起、基金募集到基金投向等在内的全面综合服务，极大地提升了我行参与产业投资基金的角色作用。在此基础上，还与重庆市发改委达成了产业投资基金业务的合作框架。产业投资基金正式进入投资运作阶段后将对地方实体经济发展注入强劲动力。二是积极参与天津滨海新区场外交易市场（OTC）、股权交易所的建设。研究设计利用天津OTC市场发展债务及衍生产品交易业务的方案，天津OTC市场筹备组已拟聘请我行担任其财务顾问。积极与天津滨海国际股权交易所开展合作，共同推进股权融资业务合作，搭建股权融资业务平台。

4. 推动PE主理银行、股权私募业务发展，拓展股本融资业务领域。创新推出PE主理银行业务，与优势资本基金管理公司达成PE主理银行服务协议，充分利用我行客户、信息、资金等优势为PE基金提供全面服务，共同分享股权融资的高端价值。此外，总分行还在股权私募、上市顾问业务领域营销运作了河北华夏幸福基业、福建宏顺租赁、东莞永强汽车等项目，都取得了阶段性成果，同时也积累了经验、锻炼了队伍。

5. 推动理财业务发展，提高我行综合收益。2008年，总分行投行部门上下联动，加强与私人银行、个人金融等部门的合作，大力推进非总行直营客户一对一理财业务的发展。全年投行部门共发行完成国电集团、京珠高速、贵州高速、陕西蒲二电、宁波长丰等十数个、近百亿元的理财项目，以总协调人及投资管理人的身份为企业提供包括结构设计、交易执行、投资管理等在内的一揽子投行服务，显著地提高了我行的综合收益。

6. 继续做好短期融资券等业务，开拓企业债券承销业务产品线。2008年，总分行投行部门完成尽职调查的共计11家企业，累计规模约150亿元。其中，成功发行的有5家企业，累计发行规模60亿元。同时，还大力营销非总行直营客户的中期票据业务，做好今年中期票据的项目储备。积极跟踪国家有关部门推动企业债券业务发展的政策动态，与相关券商探讨联合开展企业债券承销业务的可行方式，积极做好项目储备，争取抢占企业债券业务先机，建立企业债券承销业务的产品线。

7. 完善银团资产转让业务，开拓投行业务新领域。一是以新的制度框架推动信贷资产转让业务发展。印发《银团资产转让与交易业务管理办法》，全年核准6笔银团资产转让与交易业务，累计规模达到125亿元，探索了在新的制度框架下发展信贷资产转让业务、盘活信贷资产存量的可行模式。二是积极研究支付监理业务创新。探索我行对房地产等行业客户资金运用进行监督管理的可行模式和具体流程，加强企业资金运用风险防范，开拓新的投行收入来源。三是丰富企业资信服务产品系列。在继续做好资信调查、资信证明等常规资信服务的同时，积极总结相关分行开展“天玑星级服务”、“资信评级顾问”等创新资信产品的经验，并向全国推广，推动资信业务收入实现翻番式增长。

（三）投行研究中心正式启动，团队建设迈出新步伐。一是投行研究中心正式启动。9月17日，“资本市场与行业分析报告会暨投行研究中心启动仪式”隆重举行，姜建清董事长宣布投行研究中心正式启动。目前投行研究中心已有27名投行分析师到岗，逐步推出了投行专题报告、投行行业分析报告、资本周刊、行业周刊、股票策略周刊、热点评述等8大类研究产品，开始在重大热点问题研究、投行项目支持和提升常财服务水平方面发挥重要作用。2008年，投行研究中心已发布研究报告229篇，累计188万字，得到了行内外的广泛好评。二是进一步推进企业理财师培训认证计划。在2007年工作的基础上，又开展了共4期、超过2 500人次的“企业理财师”资格认证培训和考试工作。目前全行已有1 196名“一级企业理财师”和123名“二级企业理财师”直接为8 000多家客户提供常年财务顾问服务，投行业务营销触角大大延伸，投行服务覆盖范围显著提高。

（四）加强投行业务风险内控，提升投行服务水平。一是扎实、稳健提升常财业务的服务质量。将常财服务内容细化为日常咨询、增值研究、理财咨询三类，根据客户特点分别提供服务。以外部采购和内部开发相结合的方式提升常财研究产品的数量和质量，通过“投行园地”发布各种报告700余期，累积超过300万份次。初步建立了由总行投行专家、数十名投行分析师、分行千余名企业理财师组成的常财服务团队，以研究产品、客户研讨会、《企业理财》刊物等多种方式提供常财服务。应该说，常财业务经过不断的规范和梳理，已经具备了较为丰富的服务产品、较为稳定的专业服务团队。二是加强投行项目运作风险管理。加强投行风险评审委员会运作管理，将短券、信托理财、银团资产转让等各类投行项目均纳入委员会审议，强化规范的投行项目立项、审批程序，严格投行项目在运作实施、服务收费、会计处理、备案存档各环节的管理要求。三是加强信息系统建设。开发投行业务管理系统，预计于今年4月份投产，将大大提升投行业务管理的信息化水平。四是积极推动投行业务发展战略咨询项目。聘请波士顿咨询公司对我行投行业务发展战略开展咨询，安排波士顿公司对行领导及董事、相关部室和分行、银行同业进行数十次访谈，完成咨询项目建议书，梳理投行业务下一步发展战略。

过去的三年，全行认真执行我行股改后的第一个三年发展规划。三年间，在总行党委的正确领导和全行上下的共同努力下，全行投行业务基本完成了起步阶段的各项任务，保持了国内银行同业中“第一投资银行”的市场地位，在全行经营模式和增长方式战略转型中的作用显著提升。三年来，全行投行收入由18亿元增长到77.4亿元，年均复合增长率63%，逐步成长为中间业务第二大收入来源和第一大收入增长来源，为全行圆满完成三年规划任务和推进战略转型作出了突出贡献。三年来，间接银团、信托+理财、直接投资、产业投资基金等投行创新产品不断涌现；成功运作的一批重大并购重组项目在业内引起极大反响，进一步奠定了我行在这一领域的优势地位，比如继宝钢并购八钢项目被评为“2006年十大战略并购事件”后，宝钢并购韶钢、广钢项目又被权威媒体评为“2008年十大并购重组事件”。三年来，各级行对发展投行业务的认识和积极性进一步得到提高，通过发展投行业务促进经营转型的观念已经深入人心，为投行业务的下一步发展奠定了良好的基础。不少分行通过大力发展投行业务，在提高经营绩效、调整收益结构、营销高端客户、提高业务创新能力等方面都有较大的收获。在这次会议上，我们将对荣获2008年度投行业务“突出贡献奖”以及“产品创新奖”的单位进行表彰。

我们也应该清醒地看到，我行投行业务由“做大”到“做强”的任务还很艰巨，投行业务发展过程中还存在着许多瓶颈问题和制约因素，有些甚至是多年来一直未能解决好的问题，需要我们在发展中逐步加以解决和完善。具体表现在：一是投行业务地域结构还很不平衡，尚未形成梯次发展态势。2008年，大多数分行都实现了投行收入的同比增长，有5家分行超过5亿元，但也有部分分行投行收入同比出现下降。各区域、各分行投行业务发展的差距有逐渐拉大的趋势，地域结构呈现出严重不平衡的态势，未能形成有效的梯次发展态势，保持投行业务长期稳定增长面临不少压力。二是投行收入结构还很不平衡，投行服务压力不断加大。2008年，常财、企业资信服务、投融资顾问仍然是投行收入的最主要来源，三项相加占投行总收入的80%。而重组并购、上市发债等高技术含量、高附加值的投行业务占比仍然较低。尽管经过近几年的规范管理，我行投行业务的管理水平在同业中已有明显优势，但个别分行在开展投融资顾问等业务的时候还存在一些不规范的现象。三是投行收入同业占比的领先优势逐渐缩小，投行业务的竞争发展能力急需全面提升。随着同业在管理协调、资源投入、责任落实等方面纷纷加大了对投行业务的支持力度，我行投行业务面临的竞争压力不断加大。2008年底，我行投行业务在四大行同业占比下降到36%，建行为34%，已迫近我行。从分行层面来看，我行占比第一的分行有20家，比上半年的22家减少了2家，其中6家分行排名由第一下降到第二，大都被建行赶超；江西和重庆分行排名由第二上升至第一；苏州分行排名由第三上升至第一。同业占比第二、第三和第四的分行分别有13家、3家和1家。上述17家分行中，除1家分行为中行占据第一外，其他16家分行均为建行占据第一。

投行业务发展过程中存在这些问题的原因是多方面的，其中最主要的原因是以下两个：一是我行投行业务的专业化运作程度还不高，业务资源未能得到有效整合，风险管理的针对性不强，直接影响了投行业务进一步做大做强。相对而言，建行等同业强化了对投行业务的专业化经营管理，加强了与行属投行机构的协同作战，投行产品体系更加完整，投行运营专业化优势不断显现。二是总分行投行人力资源仍不能满足发展的需要。现有队伍仅能承担常财等基础类业务的管理职能，承揽品牌类项目和营销大客户的能力较弱。目前，全行仅14家分行设有专门的投行部，分行投行专职人员仅约200人。同时，投行专业人员流失较为严重，而且大多都转入了金融同业，直接成为我们的竞争对手。团队问题已对投行业务的规范管理及收入可持续增长带来了严峻挑战。

二、2009年投行业务发展面临的新挑战和新机遇

2008年是国内外金融经济环境风云变幻的一年，美国次贷危机扩散为全球性的经济危机，我国经济也受到了雪灾、地震以及金融海啸的多重冲击。面对2009年日趋复杂的经济金融形势，我们既要看到面临的新挑战，也要坚定信心，积极发现并抓住其中蕴含的投行业务新机遇。

（一）“扩内需、促增长”带来投行业务发展的新机遇。随着积极的财政政策和适度宽松的货币政策的实施，国家密集出台了多次调降利率和准备金率、放宽信贷规模限制、推出并购贷款、提高出口退税率、企业增值税全面转型、调整房地产政策等刺激性政策措施，过去许多还只是停留在讨论范畴的投行创新业务都正式提了出来，投行业务迎来了产品创新的最好时期，重组并购、股权融资、资产转让与证券化、企业债券等投行业务都迎来了重大发展机遇。

一是债券市场将在今年有爆发式增长。2008年股票市场深幅调整，企业股票市场融资同比大幅减少近80%。企业债券融资成为了大型优质企业直接融资的主要工具。从去年银行间市场的情况来看（截至10月底），中期票据发行957亿元，短期融资券发行3 396.5亿元。从交易所市场来看，企业债发行1 950.8亿元，同比增长149.9%；公司债发行288亿元，同比增长136.1%。随着国家积极财政政策的实施，铁路、交通、港口等基础设施行业投资大幅增加，高信用等级的大型优质企业债券融资将进一步增加。同时，财政部已经着手研究推出地方政府债券，有可能在银行间市场发行，届时将会形成另一个潜力巨大的新债券品种。“国办三十条”已明确提出“推进上市商业银行进入交易所债券市场试点”，发改委等部门正在积极推进商业银行企业债券承销业务试点。我们要抓住政策市场机遇，积极跟踪监管部门动态，提早做好项目储备，力争在企业债券承销领域取得新突破。

二是产业投资基金、股权私募业务等创新业务前景广阔。继渤海产业基金之后，国家又批准了三批共10只产业基金。各类股权私募基金也频繁活跃在国内市场。随着四万亿投资计划的推出，各级政府和相关各方更加迫切地需要解决资本金问题。“国办三十条”明确提出要“出台股权投资基金管理办法……促进股权投资基金行业规范健康”。在政策环境和监管框架明晰之后，股权投资基金将步入发展的快车道。“国办三十条”还明确提出了要“开展房地产信托投资基金试点”，国内房地产信托投资基金的市场空间将更加广阔，孕育着很大的投行业务机遇。

（二）产业结构调整和并购贷款助推重组并购业务发展。一是经济危机将加快我国产业结构调整和升级进程。受外需不振的影响，国内部分企业和行业面临经营困难，优胜劣汰是市场的必然选择，优势企业将迎来行业整合和市场扩张的好时机。国家有关部门也相继明确提出了促进流通、房地产、钢铁、汽车、煤炭、电力、水泥等行业兼并重组的政策意见。同时，随着我国劳动力成本的逐步上升，东部发达地区的纺织、电子等劳动密集型产业逐步向中西部梯次迁移，甚至开始转移到越南、柬埔寨等劳动力成本更低的国家，在这一产业升级过程中也蕴含着大量的重组并购业务机会。国际货币、原材料、能源价格的大幅下跌，也是我国有实力的企业“走出去”购买资源和海外投资的难得机遇。

二是未来两年央企整合带来大的并购机遇。在刚过去的2008年，已经有8组共17家中央企业进行了重组，包括重组六大基础电信运营企业，组建中国商用飞机公司，重组中航一、二集团成立中国航空工业集团等。到2010年，中央企业将从143家减少到80—100家，这意味着在未来两年还将有40—60家央企被兼并重组。行业重组过程中，大量的并购业务机会应运而生。

三是并购贷款解决并购业务的融资瓶颈。近日，银监会发布《商业银行并购贷款风险管理指引》，允许商业银行开办并购贷款业务，这有助于解决长期以来困扰并购业务发展的并购融资瓶颈问题，银行开展并购业务迎来了重大的政策机遇。

（三）利率市场化提速要求银行做大做强投行业务。在宽松货币政策背景下，今年上半年的CPI预计维持较低水平，甚至可能出现通缩。业界普遍预期近期还会有约108个基点的降息空间。由于存款利率已经处于较低水平，下一步完全对称减息已难做到，尤其占存款量近一半的活期存款利率已降至0.36%，进一步下调的空间有限。这将导致银行利差的进一步收窄。随着利差收窄，我行的盈利能力将受到挑战，急需加大中间业务发展力度，寻求新的盈利增长点。从我行的中间业务结构来看，传统中间业务的发展速度已渐趋平缓，迫切需要做大做强投行等新兴业务以保持中间业务的可持续发展。我们必须抓住这一机遇，为投行业务发展注入新的动力，使投行业务继续承担起保障我行中间业务持续增长的重要任务。

三、保增长、抓服务、创品牌，推动投行业务又好又快发展

2009年投行工作的指导思想是：积极贯彻落实党中央、国务院促进经济增长的政策精神，以“保增长、抓服务、创品牌”为主线，在有效运用投行手段促进经济发展中，推动投行业务又好又快发展。

2009年投行工作的主要任务是：确保全行投行收入超过百亿元，力争在全行中间业务收入中的占比达到20%，继续保持同业占比第一。同时，在产品创新、结构调整、品牌建设、规范管理、提升服务、团队建设等方面全面开展工作，加强投行业务与公司信贷业务的互动发展，尽快在重组并购、股权融资、企业债券承销、资产证券化、信托理财等主要投行领域形成产品线并营销运作一批重大项目，将投行业务发展成为我行具有竞争优势的业务品牌和重要的利润中心，打造投行业务的核心竞争力，进一步提升投行业务对全行经营模式和增长方式战略转型的推动作用。

下面，我就今年的具体工作安排讲几点意见：

（一）推动公司信贷业务与投行业务的互动发展，以客户为中心提供综合金融服务。应该讲，投行业务这几年能够连续跨越式增长，除了总行党委高度重视、市场政策环境向好以及投行战线同志们的开拓进取等原因以外，与全行各兄弟专业，尤其是公司信贷系统的同志们给予的大力支持是分不开的。今天到会的大部分分行主管行长都是既管公司业务，又管投行业务，在推动公司信贷业务和投行业务互动发展方面都进行了许多有益的探索，形成了很多行之有效的工作思路和方法，收到了良好效果。实践证明，公司信贷业务与投行业务的互动发展，是进一步做大做强投行业务的关键。在安排今年投行工作的时候，我觉得非常有必要首先认真思考一下这个问题。

一是建立公司与投行客户经理组合营销模式。要落实姜董事长在发展战略研讨会上的讲话精神，对大中型客户，由投行经理与公司客户经理共同组成营销团队开展组合营销，投行经理应尽早了解客户的投行服务需求并提供针对性的服务方案和建议书，提高对客户需求信息的传导效率，缩短我行服务的响应时间。通过营销团队的分工合作和优势互补，共同为客户提供综合化的金融需求解决方案，提高客户的综合贡献度。对于中小企业客户，其投行需求主要以常年财务顾问、企业信息咨询、投融资顾问等相对标准化的投行产品为主，要充分发挥各级分行一千多名企业理财师的作用，将其作为投行经理，承担起营销和提供基础类投行服务的职能，进一步提升服务水平。

二是投行业务要主动配合公司信贷业务营销。要积极帮助企业解决资本金问题，撬动优质信贷投入。与中央扩内需相关的许多重点项目都可能会遇到资本金瓶颈，投行部门要充分发挥投行业务在股本融资领域的作用，主动配合公司业务部门跟踪重点客户、重点项目的投融资计划，积极提供产业投资基金、直接投资、股权私募、股权理财产品等投行服务，支持重点企业提高资本筹资能力。要加大投行产品的创新发展力度。充分发挥我行在信贷批发领域的优势大力发展信贷资产转让与证券化业务，积极发展信贷相关的理财产品作为企业的替代融资渠道，提高我行信贷资产的周转速度和综合收益水平，灵活调整信贷资产组合和结构。要从顾问业务中挖掘信贷业务资源。全行企业理财师队伍要积极利用在为8 000余家常财客户提供日常咨询服务过程中建立的信息优势，发掘企业信贷、理财、贸易融资及国际结算等业务机会。要充分发挥投行研究中心作用，为公司信贷营销提供决策参考。投行部门要积极关注公司信贷业务的行业、地域发展策略并开展研究工作，重点做好对铁路、公路、电力、城建、能源、制造、房地产等行业的分析，为全行公司信贷营销以及结构调整提出参考建议。

三是加强捆绑考核，促进分工协作和资源共享。要科学、合理地研究、制订对公司信贷业务和投行业务相关指标双向捆绑考核的方案，引导各部门增强协调配合意识、提高业务办理效率、形成整体经营合力，同时客观、全面地反映各部门的经营业绩，最终促进全行公司与投行业务经营绩效的共同提升。具体而言，一方面，可对投行部门捆绑公司信贷相关指标，促进投行部门充分发挥自身在股本融资、重组并购等方面的作用，配合公司部门开展信贷营销；另一方面，可将投行业务相关指标与公司部门进行捆绑考核，调动公司部门组合营销和交叉销售的积极性，促进我行客户、网络等潜在优势切实转化为开展投行业务的现实优势。可以尝试将投行业务指标纳入对公客户经理的考核指标体系，并对营销投行项目、提供投行信息、投行指标完成较好的客户经理给予专项奖励，提高广大客户经理开展投行业务的积极性。

四是提高协作意识和团队精神。随着企业融资渠道的拓宽、客户金融需求的多样化以及同业竞争压力的加大，今天比以往任何时候都需要公司部门和投行部门提高协作意识和团队精神，加强组合营销，共同为客户提供金融服务方案。这几年的投行工作会议上，我也多次提到投行业务是新业务，希望全行以“精心培育的爱心”、“协调配合的细心”和“舍得投入的决心”来支持投行业务发展，共同促进公司业务与投行业务的互动发展，提高我行的综合收益。

（二）积极贯彻落实“国办三十条”等政策精神，抓住机遇推进投行产品创新。首先，抓住并购贷款机遇，大力发展并购业务。要充分利用并购贷款推出的业务机会，科学、合理地制定有利于业务开拓和风险防范的并购贷款业务流程，充分发挥我行已有并购团队在并

购领域的专业经验。要重点关注钢铁、建材、电力、煤炭等周期性行业的整合动态，支持行业龙头企业做大做强。同时，也要挖掘中小企业在此轮经济周期中的业务机会，帮助有管理、有市场、有技术的中小企业增强实力、拓展市场、调整结构，为我行培育一批优质、成长型客户。要运用房地产信托投资基金等工具，积极帮助股东背景雄厚、经营运作规范、财务状况相对健康的房地产企业拓宽融资渠道、增加土地储备以及收购整合业务资源，促进房地产行业的优胜劣汰和规范发展。各行要按照总行要求建立并购业务快速反应团队，形成并购项目的动态储备库，夯实并购业务发展的基础。要积极为企业提供"顾问＋融资"的综合并购服务，通过并购顾问开拓优质并购贷款投放渠道，通过并购贷款、并购基金增强并购顾问业务竞争力。近期，上海、北京等分行与当地的产权交易所签署了并购业务合作协议，我行将利用产权交易所的平台优势拓宽并购业务的信息来源，并积极为并购方提供"融资＋顾问"综合并购服务，这为我们提供了一个可以借鉴的思路。下一步的主要工作就是要尽快把这种合作做实，从项目上打开突破口。

二是积极争取企业债券承销资质，打造完整的企业债券承销产品线。要继续做好短期融资券、中期票据业务，巩固我行在企业债务融资工具承销领域的领先优势，加强对存续企业经营和财务状况的跟踪分析，审慎筛选新发行企业，提前预判可能出现的风险并采取针对性措施。要加强对监管部门政策动态的跟踪，积极争取企业债券以及可能推出的市政债券的承销业务资质，争取进入交易所债券发行市场。加强与券商等中介机构的互利合作，抓住债券业务中附加值最高的承销业务环节，尽快打造形成我行较为完整的企业债券承销业务产品线，为投行业务增添新的发展动力。

三是创新发展股权融资业务，积极帮助企业解决资本金问题。要继续推进鄱阳湖产业基金项目，尽快启动首期基金募集、投资项目筛选等工作，并在此基础上继续开拓市场，为其他地区产业投资基金提供顾问服务，支持地方产业经济发展。要创新发展PE主理银行业务，充分利用我行客户、信息、资金等优势为PE基金的筹资和投资提供全面服务，共同分享股权融资的高端价值。要加强同工银国际等行属投行机构的协同作战能力，发挥各自优势实现优势互补、资源共享、互利共赢的发展。要正确认识资本市场的周期性特点，抓住目前企业估值普遍下降的投资机会，做好股权私募顾问、Pre-IPO等业务的项目储备，等待经济周期反转后的资本市场复苏，获取丰厚的业务收益。

四是充分发挥我行大型批发银行的优势，推进信贷资产转让与证券化业务。要做好天津OTC市场筹备组的顾问服务，研究设计利用天津OTC市场发展信贷资产转让及相关衍生产品的交易模式，尽快建立信贷资产转让业务的交易平台。要尝试推动成立区域性的银团资产转让与交易中心，提高交易及审批效率，推动资产转让业务的批量化、标准化。要大力发展与信贷相关的理财产品，认真研究在资金宽松、利率下行等新形势下开展理财业务的新模式，在帮助企业解决新型融资需求的同时为相关部门提供丰富的理财产品。

（三）加强规范管理，提升投行服务水平。要在规范管理、提升服务的基础上促进投行业务的健康发展。一是要细化融资顾问服务的标准和内容，实现由"形式合规"到"内容达标"的转变。总行要尽快完善融资顾问业务的相关管理规范，明确对融资顾问业务服务团队、服务形式、服务标准等方面的具体要求，加大培训力度，实行精细化管理，着力提高融资方案的质量。二是要杜绝利息转化，严禁将顾问收费作为贷款发放前提条件。总行此前已经三令五申，要求各种投行收入不得与我行贷款利息直接挂钩，上浮的贷款利息收入必须全额记入利息收入，不能以任何理由分流到投行收入中。但目前仍然有个别分行执行力度不够，有的将上浮的贷款利息收入化作财务顾问收入，有的将收取融资顾问费作为贷款发放的前提条件，从而引发客户投诉甚至监管部门质询，这是绝对不允许的。三是加大监督检查力度，建立责任追究机制。总行将加大对辖属分支机构的管理强度和监督力度，业务主管部门要联合内控合规等部门加大投行业务检查的力度和频率，建立分支行投行服务质量档案，提高投行服务监测情况在投行业务考核中的加扣分比重，对出现客户投诉和监管部门质询的分行将采取限制授权、业务停牌等措施进行严肃处理，对主要负责人和直接服务团队也要追究相关责任，以切实督促分支机构提升投行服务水平。

（四）整合投行业务资源，全行支持投行业务发展。一是对投行特点明显的业务进行整合，充分发挥投行团队的专业化运作优势。最近，总行对信贷业务相关部门的职能进行了调整，明确了投行部门对并购、银团资产转让等投行业务的经营管理职能以及对非总行直营客户短券、中期票据等各类企业债业务的统筹规划、牵头营销职能。应该讲，投行业务相关部门的职能边界已比以往相对清晰。接下来，投行部门要认真履行好上述职责，开拓进取、积极工作，推动这些业务的更好更快发展。二是对目前分散在其他部门、尚不宜进行整合的投行业务，可继续维持现有职能边界，但相关部门要加大业务发展力度。对于这类投行业务，要像前面讲到过的，由总行研究科学的捆绑考核办法，引导各部门之间加强协作，客观地反映各部门的经营业绩，促进形成全行的整体合力。但不管是谁担任牵头管理部门，都要切实担负起业务的经营管理职能，不断加大工作力度，提高业务的市场竞争发展能力。处于协助配合的部门，也要有大局意识和协作精神，全力支持相关部门的工作。不管因为何种原因，如果贻误了投行业务的发展机遇，那都将是我们的严重失职。三是建立科学、完整的投行业务统计核算体系，真实、全面反映全行投行业务发展情况。我行的投行业务，应该包括各部门正在开展的所有投行业务。只要是投行业务，不管分布在哪个部门，都应纳入全行投行业务的发展规划、整体战略和统计口径，真实、全面地反映全行投行业务的发展情况，避免资本市场和投资者在通过信息披露解读我行经营战略转型和投资价值时产生误解。当然，在部门业绩考核时，还是应该充分尊重现有部门职能边界，按照目前各部门对各类投行业务的实际参与程度和贡献度，分别进行科学、合理的考核。

（五）加强投行团队建设，提升投行研究水平。一是要采用多种形式充实总行的投行项目团队，加大对全行投行项目专家的统一调配力度，集中优势力量提高总行对大型投行项目的营销运作能力。二是各分行要在尽可能的范围内增加对投行业务的人员投入，逐步提高全行投行专职团队的人员数量和业务素质，普遍提升分行投行业务的经营管理水平和直接服务能力，夯实投行业务发展基础，保障投行业务健康快速发展。三是要加强投行分析师团队建设，提升投行研究水平。要尽快落实姜董事长“投行分析师团队从50人起步”的指示精神，抓紧完成第二批社会招聘20名分析师的工作，继续充实投行研究中心队伍。要积极推进投行研究中心工作重心由“打基础”向“创品牌、出精品”转变，使投行研究中心在决策参考、项目支持等方面发挥更重要的作用。要积极探索直接向重点客户提供高端咨询服务的服务模式，探索建立投行研究与投行项目营销运作的互动发展机制，形成我行投行研究观点和产品的市场发布机制，提升工行投行研究市场影响力和品牌形象。四是要继续大力推进全行企业理财师培训认证计划。要继续加大企业理财师培训认证力度，力争在今年完成400名一级企业理财师和130名二级企业理财师的培训认证工作，从专业技能和业绩突出以及获得银监会并购贷款调查人资格的优秀企业理财师中选聘一批三级企业理财师，将全行理财师队伍扩大到1 600人，进一步提高投行团队的专业素质和服务水平。

2009年，是全行投行业务由“做大”迈向“做强”的关键一年。尽管我们将面临经济金融环境的严峻挑战，但只要我们紧紧围绕全行改革发展的整体战略部署，继续以进取的工作态度、饱满的工作热情、团结的协作精神、科学的工作方法努力开展工作，抓住政策市场机遇加快投行业务创新，大力推动公司信贷业务与投行业务的互动发展，我们就一定能够变压力为动力、化挑战为机遇，共同推动全行投行业务又好又快发展，为全行经营模式和增长方式的战略转型作出新的贡献！

坚定信心　勇挑重担
全面提升机构 托管及年金业务市场领先地位

——在中国工商银行机构 资产托管和企业年金业务工作会议上的讲话

李晓鹏

（2009年2月16日）

这次会议的主要任务是，认真贯彻全国行长会议精神，深入落实科学发展观，总结2008年全行机构业务、资产托管业务及企业年金业务工作，分析目前面临的形势，明确2009年工作任务，部署进一步巩固和提升我行三项业务市场领先地位的工作措施。下面，我讲三点意见。

一、2008年三项业务为全行改革发展作出新贡献

2008年是工商银行发展进程中极不寻常、极不平凡的一年，在复杂多变的经济金融形势下，全行机构、托管、年金业务面对资本市场深度调整和空前激烈的同业竞争，顶住压力，迎难而上，积极应对，成功巩固了市场领先地位，向我行成立25周年献上了一份优异的成绩单。回顾一年来的工作，主要特点是：

（一）坚持以经营效益为中心，显著提升营业贡献。2008年，全行机构、托管及年金业务经营效益强劲增长，全年共实现营业贡献436亿元，在全行营业贡献的占比达到18.8%，比上年提高6个百分点。其中，机构业务营业贡献达到391亿元，比上年增长71%；资产托管业务营业贡献达到44亿元，比上年增长60%；企业年金业务营业贡献4 747万元，比上年增长175%。

存款业务实现翻番目标。2008年机构业务存款余额达到22 592亿元，与2005年相比增长111%，实现

三年翻番目标；在资本市场深度调整致使同业存款大幅下滑的情况下，机构存款日均余额达到21 238亿元，比上年增长2 462亿元，托管业务派生存款日均余额首超千亿元，达到1 179亿元，比上年增长226亿元；机构业务存款在全行各类存款的占比达到26.5%，与2005年相比提高了8个百分点，为全行经营发展提供了大量低成本资金来源。

中间业务收入大幅提升。机构中间业务收入取得突破，达到32亿元，比上年增长110%。资产托管业务效益创历史新高，全年实现托管费收入20亿元，同比增长40%，在2007年成功迈上10亿元台阶后，再上20亿元新台阶。企业年金业务整体、快速、协同发展，受托、账管、托管、投资管理四项业务捆绑率达51.1%，收入快速增长。

资产业务稳步健康发展。2008年面向总行直营银行、保险、证券等各类金融机构客户，开展股票质押贷款、债券投资、票据等融资业务余额达到8 711亿元，较上年增长852亿元，未出现风险事项，实现了全行机构客户资产、负债及中间业务的快速协调发展。

（二）坚持以市场占比为目标，全面巩固竞争优势。

成功巩固机构业务市场领军地位。机构业务存款规模及增量双双位居同业第一，市场占比分别达到43%和40%；我行在北京、河北、山西、吉林、黑龙江、浙江、安徽、福建、江西、山东、河南、湖北、海南、四川、云南、甘肃、青海、新疆等地区存款增量占比同业第一，在浙江、山东、云南等地区存款余额同业排名跃升至第一位；银保代理业务收入和业务量夺回同业第一地位，其中银保财险业务实现跨越式发展，同业排名由2006年的第三位提升到第一位；金融期货特别结算业务接入中金所交易会员数量后来居上，跃居同业首位；第三方存管资金总量、期货公司保证金总量均居同业第一；第三方存管新增客户数量市场占比达30%，远超同业，北京、上海等分行新增客户数量超过20万户。

成功巩固第一托管银行领先优势。托管资产规模和托管费收入总量指标、人均指标均位居同业首位；托管资产总规模11 438亿元，是国内唯一超过万亿元规模的托管银行；托管证券投资基金总数达到107只，是唯一超过100只证券投资基金的托管银行；各项主要托管产品均保持市场第一的领先地位，在13家托管银行中，我行证券投资基金托管市场占比接近27%，保险资产托管占比超过36%，QDII托管占比接近50%，基金公司特定客户资产托管取得绝对领先优势，QFII托管业务跃升为行业领先者；全年完成托管资金清算量近20万亿元，完成各类托管资产估值、执行各类委托人投资指令、处理各类托管业务报表分别超过2万次；荣获《环球金融》、《全球托管人》、《财资》和《证券时报》等国内外权威财经媒体评选的年度“中国最佳托管银行”等6项大奖，获得中国基金业10周年唯一“杰出贡献奖”，托管业务品牌建设取得前所未有的显著成绩。

成功巩固第一年金管理机构市场地位。全行企业年金客户达到15 534家，绝大多数客户同时选择了我行两项或两项以上年金业务，受托管理年金基金40亿元，管理年金个人账户505万户，托管年金基金540亿元，三项业务在11家法人受托机构、16家账户管理机构、10家托管机构中占比分别为8.6%、48.8%和42.3%。

（三）坚持以市场拓展为重点，大力推进营销工作。

营销活动主题鲜明，重点突出。去年全行三项业务按照“力度要大，节奏要快，内容要新，效果要好”的工作要求，开展了一系列卓有成效的营销活动。针对机构客户的特点，面向不同类型客户在全国开展了五大主题17项营销活动，进一步巩固了各项业务市场份额；总行和北京分行一举中标代理财政非税收入收缴业务代理银行，开辟了银政合作新领域；全面强化军队客户营销工作，总分联动开展了一系列多层次、有特色、力度大的“八一”营销活动，进一步密切了军银联系，拓宽了合作空间；大力营销券商第三方存管业务，把券商资金摆放比例提高到80%以上，广东、山东、甘肃、大连等分行法人券商保证金摆放比例超过100%。紧跟资本市场步伐，大力开展托管业务营销，率先托管首批基金公司特定客户资产并取得绝对领先优势，成功托管四川绵阳科技城产业基金、浙江天堂硅谷股权投资基金等创新产品；以优质服务提升营销效果，确保了我行重点优质客户发行的新基金全部由我行托管，成功争取到一批他行优质基金公司客户；成为连续两年全国社保基金唯一增加委托资产组合的托管银行；“走出去”营销QFII战略收效显著，主动开展全球托管网络布局尽职调查，全球托管业务取得重大突破。深入贯彻抓大不放小的年金业务营销策略，完成233个企业年金投标项目，在已公布招标结果的195家企业中中标157家；成功夺取一汽集团、中国五矿、航天科技、平煤集团、焦煤集团等大型企业年金项目，以绝对领先的优势入围铁道部企业年金账户管理和托管备选机构，工银瑞信入围投资管理备选机构，为最终获得各铁路局年金业务打下良好基础；有力促进集合年金计划产品销售，全年新增签约集合计划企业1 758家。

营销服务注重细节，提升品质。去年四川汶川大地震发生后，我行快速反应，有效保障了救灾部队资金供给、国库资金紧急支付和红十字会捐款信息及时报送等工作，展现了我行一流的服务态度和能力；对2 494家中央预算单位、131家军队单位、各地住房公积金中心开展服务质量调研，进一步细化了服务措施。紧紧把握市场节奏、规律和监管动向，优化基金产品研究、审核、上报流程，适时推出符合市场和投资者需求的基金产品，2008年市场发行的前5只债券基金产品均由我行托管；根据境外QFII客户分布分散、工作时区差异大的特点，合理安排和细化客户服务。以"关注·倾听"为主题开展企业年金服务调研，积极开展服务技能培训，建立客户服务热线，采取现场听取意见、举办客户答谢会和年金研讨会等多种方式，强化企业年金售后服务。通过统一制作协议范本、提供营销投标材料，为分行营销托管和年金业务提供支持，凸显总行服务职能。

营销体制稳步完善，成效显著。按照"专业化管理、网络化营销、综合化服务"要求，进一步加强总分行直营重点机构客户的营销工作，特别是加大了组合营销力度，有效提升了重点机构客户金融服务水平；按照"集中托管、属地营销"要求，积极构建总部、分部、分行三级托管业务联动营销体制；实施重点年金客户名单式管理，总行营销了30多个大型客户年金业务，分行成立营销团队，一户一策营销重点客户400余家。这种客户分层营销理念和体系，明确了工作责任，调动了各级行营销机构、托管、年金业务的积极性。

（四）坚持以客户需求为导向，持续加大创新力度。

一是根据机构业务市场变化和客户需求不断开发新产品，相继推出了机构投资者网下申购电子化项目、会员与交易所转账系统、军队单位公务卡审核报销系统、网上银税服务平台系统等四个全新产品，进一步提升了业务竞争力；依托科技创新，在同业中率先推出代理财险业务管理系统，成功投产证券公司存款账户开销户管理项目系统，进一步强化了业务管控能力；注重加强对创新型产品与服务的前瞻性研究，对融资融券、对公寿险、期货标准仓单质押贷款、银银合作平台、军人住房贷款等新业务进行了积极探索，提前做好推出新业务的各项准备工作。上海分行积极推进机构投资者网下申购电子化项目开发；云南分行积极配合总行代理财险业务系统的开发和应用，率先在试点分行内实现了系统出单；四川分行独家发行了成都战区抗震救灾牡丹联名卡，有效保障了部队流动救援小分队的资金需求。

二是把握市场先机，在托管行业率先推出基金公司特定客户资产托管、股权投资基金托管、慈善基金托管等创新产品，树立了市场领先优势；适应资本市场调整格局，加大沪深300指数基金、保险公司基础设施投资等创新产品的研究和推出力度；响应客户需求，在分行全面推广收支账户资金托管系统，在行业内首家投产资产托管业务与外汇交易中心直接连通系统，顺利投产监管资金及支付保证金托管平台，开发完成与基金公司电子化对账系统，奠定了持续竞争实力。浙江分行在试点股权投资基金托管，四川分行在产业基金托管营销，陕西分行、四川分行在收支账户资金托管业务中，积极探索，开拓市场，收效明显。

三是不断拓展企业年金业务领域，充实丰富企业年金产品线。目前业务外延发展为涵盖企业年金、基本养老个人账户、职业年金等多种类多层次的养老金综合服务，业务内涵扩展到受托、账管、托管和投资等全部企业年金管理环节。推进管理创新，结合法人受托业务特点和我行组织架构，研究确定了我行受托管理业务运作模式，山东分行大力开展年金受托业务创新，全年发展受托企业179户，占全国的70%；分步骤优化升级业务系统，启动了养老金综合管理系统开发，为各类养老金及福利计划的综合管理奠定了基础；中石油项目客户版成功投产，信息采集工具投入使用，并完成1.3亿条数据完整移行；成功推出我行作为受托人发起设立的首个"3+1"集合计划产品，亮出"如意养老"产品品牌，推出了2个新的"2+2"集合计划产品。上海分行锁定部分中小企业、外资企业，积极拓展员工福利计划和持股计划等业务，发展成效显著。

（五）坚持以科学管理为保障，有效夯实发展基础。

立好规矩，进一步完善各项规章制度。在已有的一整套机构业务制度管理办法的基础上，继续强化银保业务风险控制、军队信息保密管理，并初步搭建了金融期货特别结算业务的制度管理架构；强化资产托管业务制度管理，修订完善业务考核办法，提高考核的科学性和导向性，制定保险资产托管业务管理办法、托管业务交易监督管理制度等一系列业务管理规则；规范企业年金业务流程，下发企业年金基金受托业务管理办法及操作规程，修订账户管理业务操作手册，制定下发账户管理业务内部控制指引、操作指南及业务标准凭证，为业务的持续健康发展提供了基础保障。

科学管理，全面考评市场竞争能力。根据机构业务市场竞争导向，初步研究确定了机构业务竞争力评价体系，从负债业务、专项业务、营销管理等三个维度对各分行竞争力情况进行了评价；按照建设国际一流托管银行要求，对托管业务核心竞争力问题进行深入研究，提出了创新能力、系统集成、专业人才、业务网络和品牌力量五个核心竞争力目标；为有效提升核心竞争力，总行从完善考核办法入手，将托管业务收入同业占比、政府机构客户服务质量考评纳入分行行长绩效考核，强化企业年金四项业务捆绑考核力度，并将年金业务纳入了分行经营绩效和业务发展考评体系，引导各级机构推动业务全面协调发展。

以人为本，强化客户经理队伍建设。过去一年来，三项业务高度重视并加强培训工作，全年共组织了12期境内集中培训和3期境外培训。特别是针对保险、证券、期货客户产品推广与客户营销工作开展了一系列专项培训，进一步提升了机构客户经理队伍的专业素质；针对托管、年金业务新产品、新系统，总行持续开展国际注册投资分析师培训、年金业务百名金牌客户经理培训。在集中培训的基础上，注重发挥网络载体作用，共计开展了6期网络培训，培训人员超过3.4万人次，有效扩展了培训覆盖面。

未雨绸缪，积极防范业务风险。组织完成了总行直营机构客户年度授信尽职调查工作，把好风险控制第一关；对金融期货特别结算业务、资产托管业务进行了灾难恢复应急演练，提升了应急处理业务的能力；全面完成2007年度资产托管业务SAS70内控认证审计，缩小了我行与全球一流托管银行风险管理的距离；加强托管、年金业务的授权管理和系统营运监督，有效控制了业务风险，取得了资产托管和年金业务全年营运无差错的佳绩。去年，总行风险管理委员会专题听取了托管、年金业务风险管理工作汇报，进一步细化了风险管理措施。

2008年的成绩来之不易，全行机构、资产托管、企业年金战线全体同事振奋精神、团结协作，付出了辛勤的汗水和百倍的努力。在此，我代表总行党委，向全行机构业务、资产托管业务和企业年金业务战线的全体员工以及大力支持这三项工作的公司业务等相关部门表示诚挚的慰问和衷心的感谢！为鼓励先进，总行决定在本次会上对三项业务先进单位进行通报表彰。希望同志们以获奖单位为标杆，积极进取，努力工作，推动业务发展再上一个新台阶！

二、2009年三项业务发展面临的形势

从今年起，我行进入股改后的第二个三年发展规划，机构、资产托管和年金业务也将迈上新的征程。与以往不同，三项业务新一轮的发展是在国际金融危机蔓延、我国宏观经济政策作出重大调整和同业竞争态势呈现新变化的背景下启动的，挑战前所未有，机遇也蕴含其中。

（一）宏观形势复杂多变，业务发展挑战与机遇并存。今年，国内外宏观形势更加复杂，我们将面临许多挑战，但是国家出台的一系列“扩内需、促增长”的经济政策也为三项业务发展带来一定机遇。

一是国家实施增支减收财政政策影响机构存款业务，但是积极财政政策对经济增长的促进效应也为机构、托管、年金业务的发展带来新的商机。今后一段时期，中央和地方财政增支减收因素增加，将直接减少公共财政市场的资金总量；政府部门预算安排资金零增长、灾后恢复重建投入等因素也将在一定程度上削减市场资金来源，这些因素将对我行政府机构存款增长产生直接影响。但是，国家加大对基础设施建设的投资，引导保险公司更加广泛地投资基础设施项目，为银行保险业务的多元化发展提供了机遇，也给基础设施投资和产业基金等领域的托管业务带来新的市场机会；随着企业和居民收入提高，更多增量资金将进入投资领域，推动房地产信托基金和股权投资基金等产品创新，为我行拓展与信托公司等同业合作领域提供新的思路，也为证券投资基金、理财产品托管业务提供新的发展机遇；随着企业盈利状况的改善，将促进企业加快年金制度的建立，为企业年金业务提供良好的发展空间；随着积极财政政策对经济稳定增长的促进作用，国防费用支出也将稳步增长，对我行军队存款的稳存增存将产生积极影响。

二是资本市场低位调整影响同业存款、资产托管及年金业务，但适度宽松的货币政策和发展资本市场政策的实施为业务发展提供了机遇。受国际国内经济形势影响，资本市场在短期内可能仍将维持低位调整的走势，同业存款实现大幅增长的难度较大；作为直接服务于资本市场的资产托管业务，已经在去年的市场调整中受到巨大影响，由于今年国内外经济形势仍然存在很大的不确定性，这种不利影响有可能进一步加大；企业年金追求的是长期稳定的投资收益，目前收益率的下降将在一定程度上影响到存量企业年金的管理和运作，同时也影响了潜在企业及其职工对于建立年金制度的信心，使其在建立年金制度的态度上变得更加谨慎。但是，我们也要看到，国家实施适度宽松的货币政策，金融市场流动性充裕，同业存款仍有一定的增长空间；同时中央对加快建设多层次资本市场体系已经做出重要部署，创业板、融资融券推出，股指期货等期货市场品种的扩充，债券发行规模扩大，将促使基金、保险、年金、社保等机构投资者队伍快速壮大，将为深化我行银证银期业务合作提供良好环境，也将为直接参与资本市场运行、服务机构投资者的托管业务带来一定的创新发展空间。

三是社保费新政将影响社保存款增长速度，但国家完善社会保障体系的宏观政策为三项业务发展提供了空间。国家为减轻企业负担，稳定就业局势，出台了缓缴社会保险费和降低费率等政策，我行社保存款的增长速度将会放缓。但是，随着中央提出“要把完善社会保障体系作为安邦兴国的根本大计”，中央和地方财政将加大对社会保障事业的支持力度，各项社会保险覆盖范围不断扩大，参保人数和基金规模持续增加，社保存款仍然存在增长空间；国家推动《社会保险法》、《社会保险基金管理监督条例》、《企业年金条例》等一系列法律制度的建设，为企业年金等养老金的规范管理运作提供有力的法律保障，从而为进一步发挥资产托管在投资理财治理机制中的积极作用提供制度基础；建立事业单位职业年金、农民工养老保险、做实养老保险个人账户等养老保障制度的改革，将为企业年金等养老金业务的创新和拓展提供新的领域，基本个人账户权益信息管理、基金托管、投资管理可能成为新的增长点。

（二）同业竞争出现新态势，市场拓展压力与动力并存。

一是竞争格局发生变化。国家开发银行转型为商业

银行，农业银行加快推进股改上市进程，邮政储蓄银行开始拓展城市市场，一些中小股份制银行纷纷新设分支机构，我行竞争对手增多，且各有所长、各具优势。

二是竞争态势更加激烈。各家银行对机构、托管和年金业务的重视程度日益加大，许多银行将三项业务提升到战略高度，对内加强机构建设和专业人员配备、出台强有力的业务考核制度和奖励政策，对外通过调整利率定价、降低收费标准等方式全力竞争市场份额，给我行三项业务发展带来很大的冲击和压力。

三是占比下滑不容忽视。在激烈的竞争环境下，我行一些分支机构竞争实力正在下降，部分业务也被竞争对手赶超，情况已不容忽视。比如，去年8家分行的政府机构新增存款市场排名出现下降、12家分行的同业新增存款市场排名也出现下降；我行多年来在证券投资基金托管业务上的优势已经不明显，领先建行的市场份额已经不到3个百分点，我行在保险资产债券投资托管新领域市场优势还没有形成；随着第二批企业年金管理机构的加入，部分实力强劲的机构对我行构成很大的竞争压力，尽管我行企业年金账户管理、企业年金托管业务市场占比仍以绝对领先优势居于市场首位，但是2008年以来这两项业务的市场占比都在逐步下降。

在充分认识竞争态势复杂性和严峻性的同时，我们也要善于在逆境中发现有利因素，看到激烈竞争环境下蕴含的一系列发展机遇。

一是大行优势将进一步显现。在当前金融风险不确定性明显增加的市场环境下，客户更加追求资金和业务的安全性，更加偏好选择规模大、实力强、信誉好的商业银行开展合作，其他银行的一些优质高端客户将有可能转而选择到我行办理机构、托管及年金业务。同时，基金、证券、保险、信托等非银行金融机构与大银行抱团过冬的合作意识明显增强，我行的大行优势将会在竞争中得到进一步体现。

二是我行业务发展基础更为坚实。我行机构、托管和年金业务经过近年来的快速发展，已经打下了良好的基础，客户群体不断扩大，客户结构得到优化，创新能力明显增强，客户贡献度进一步提高，赢得了较高的市场声誉和客户认知度，树立了卓越的业务品牌。良好的发展基础将有利于我行进一步强化三项业务的优势地位，推动业务平稳快速发展。

三是总行政策支持力度进一步增强。近几年，特别是去年以来，总行相继出台了一系列政策措施，加大了对机构、托管、年金业务的支持力度，取得了良好效果。比如去年总行针对存款业务出台的关于开办短期同业定期存款业务、调整中长期人民币单位定期存款比例限制、扩大实施优惠存款利率的客户范围等多项政策，为机构存款业务发展创造了有利条件。今年总行将继续围绕“保持盈利增长，提升竞争能力”的中心任务，加大投入力度，完善各项策略措施，促进三项业务的持续健康发展。

总之，在激烈的市场竞争中，只要我们进一步增强主观能动性，将良好的大行优势、基础优势、政策支持转化为今后的竞争优势，我行三项业务的市场地位仍将得到巩固。并且，如果今年资本市场有所起色，同业存款、第三方存管业务、证券投资基金托管业务、基金公司特定资产托管业务和理财产品托管业务等将有望获得较大发展；如果我们能够密切关注银保市场变化，抓住有利发展契机，银行保险业务和保险资产托管业务有望继续保持市场占比第一；随着事业单位职业年金、农民工养老金以及基本养老金个人账户市场化管理等方面的政策进一步明晰，我们有望通过积极探索取得业务突破。因此，我们务必坚定信心，既要看到形势的严峻性，正视困难、积极应对，又要变压力为动力，化挑战为机遇，牢牢把握积极因素和有利条件，始终保持奋发有为的精神状态，摒弃一切怨天尤人、无所作为的消极思想，树立加快发展的雄心壮志，团结拼搏，奋发进取，脚踏实地，扎实工作，圆满完成总行党委交付的工作任务。

三、2009年的任务目标和工作措施

根据当前市场形势和全行工作部署，2009年全行机构、托管、年金业务要以全面提升竞争能力、巩固扩大领先优势为目标，在营销服务上出实招，在产品创新上下功夫，在提高市场份额上见实效，为全行建设国际一流现代金融企业作出新贡献。下午三位部门总经理将对今年业务工作进行具体部署，下面我仅对三项业务的重点工作提出几点意见：

（一）2009年机构业务的任务目标和工作措施。综合分析今年面临的市场形势，围绕全行经营计划，2009年机构业务的主要任务目标是：各项机构业务存款较年初增加4 300亿元；存款日均增量达到2 150亿元；有效控制负债成本，筹资成本率保持在年初水平；纳入考核的中间业务收入达到41.35亿元；继续扩大市场领先优势，机构存款增量、银保代销业务量、第三方存管客户市场增量、集中式银期转账新增投资者占有率等各项主要业务市场份额要确保第一。

围绕上述任务目标，今年全行机构业务部门要在稳存增存、强化营销、开拓创新、深化管理四个方面切实有效地开展工作，着力提升四种能力：

1. 提升稳存增存能力，全面巩固存款业务领军地位。2009年，全行存款增量计划为11 500亿元，其中，机构业务要承担4 300亿元，占全行存款任务的近40%，是2008年实际增量的2.3倍，在今年复杂的经营环境下，可以说这是一个极具挑战的目标，也是全行经营发展对机构业务提出的新要求。

要把握源头，积极开辟存款来源。一要想方设法拓展新的增存渠道。要以国家扩大内需政策为契机，积极

争揽社会保障、医疗卫生公用事业、就业保障、基础设施建设、环保系统、文化教育等项目资金，进一步巩固政府存款市场领先优势；要以构建银行同业合作平台为基础，深入发掘中小商业银行、农村金融机构低成本同业存款，大力拓宽存款增长空间；要以“建”字头存款为目标，努力竞争土地使用权出让费、城市改造收费、住房公积金等存款来源，培育新的存款增长点。二要千方百计发掘现有增存潜力。要以资本市场新增资金为重点，大力提升证券公司自有资金、证券公司客户交易结算资金、登记结算公司存款市场份额，持续扩大我行证券存款规模；要以解放军四总部和七大军区、武警、二炮总部存款营销为核心，进一步强化国防军费资金争揽能力，推动军队存款稳步增长。

要抓住重点，提高存款大行贡献度。面对今年繁重的任务压力，2008 年存款余额排名前十位的北京、上海、深圳等分行要从大局出发，充分依托所在地区经济发达、存款资源丰富、客户基础雄厚等优势，加大资源投入力度，丰富客户营销手段，全方位开拓机构存款市场，确保存量，扩大增量，为全行机构业务存款增长多作贡献，发挥存款大行应有的引领作用。其他分行也要抓住业务发展机遇，努力做大业务规模，扩大领先优势。

要明确责任，强化存款竞争力考核。要全面转变考核思路，把市场占比作为考核机构业务竞争力的最重要指标，作为评选表彰先进单位的主要依据，作为各分行制定机构业务考核指标的核心内容，通过深化考核，强化激励，进一步巩固和扩大我行业务领先优势。要继续强化竞争力定期通报制度，按季考核各分行机构业务竞争力情况，对竞争力下降的分行加强督导，认真分析原因，研究对策措施，并限期夺回失去的市场份额。要严格按照去年下发的《关于进一步做好机构负债工作的通知》（工银办发［2008］454 号）要求，加强组织领导，强化责任意识，全面落实工作责任制。

2. 提升市场营销能力，全面加大业务拓展力度。今年总行将面向不同行业客户安排六大主题、共 17 项营销活动。各分行要根据营销活动统一安排，制订有针对性的营销方案，特别要在以下重点业务方面加大拓展力度，提升营销能力。

军队业务。去年其他银行针对军队客户开展了“八一风暴”等活动，全力争夺军队业务资源。今年，我们要尽早着手，加大军队客户营销力度。要根据军队客户服务质量调查结果，加快制定规范化的服务规程，切实提升客户服务质量；要针对军队承担非战时突发事件任务增多的实际情况，结合去年抗震救灾服务经验，完善应急服务预案，进一步做好军队应急资金保障工作；要大力推进“金融产品进军营”活动，加大对军人家属的营销力度，提升军队客户满意度；要做好国庆阅兵部队的业务营销与金融服务工作，为执行阅兵任务部队搭建金融保障体系。

银证业务。要把握今年资本市场可能逐步复苏，新入市股民及资金有望回升的市场契机，在全国范围内开展与重点合作券商联合营销新增投资者活动，有效提高第三方存管业务的客户数和资金量；要以融资融券、创业板等新政策的出台为契机，以第三方存管业务为基础，与重点合作证券公司加强业务创新研究，进一步拓宽合作领域，深化合作关系。

银保业务。要组织开展与重点合作保险公司的营销推广活动，确保我行银保代理业务领先地位，力争同业占比提高 1—2 个百分点，贷款抵质押保险利用率提高 15 个百分点；要对重点公司予以政策倾斜，力争在前六大寿险公司、前三大财险公司中的业务量排名有所提升；要组织开展多部门联合营销活动，巩固与保险公司在存款、结算、融资等传统业务领域的合作优势，着力营销网上银行、资产托管、企业年金、银行卡、法人理财、投资银行业务等产品，促进我行银保互补业务的全面深入发展。

同业业务。要继续开展“银银通”业务市场推广活动，充分发挥我行技术优势和资源优势，着力打造“银银通”品牌形象，延伸我行服务渠道，提高中间业务收入水平；要有步骤地构建和推广“银银合作大平台”，创新与农村金融机构及中小商业银行的合作模式，有效实现城市金融市场与农村金融市场的联结，进一步拓展我行的金融服务领域；要进一步提高对公积金业务的重视程度，快速响应住房公积金管理中心的业务需求，加快市场拓展步伐。

3. 提升业务创新能力，全面满足客户金融服务需求。要推广两项新产品。面向军队单位，推出军人理财产品，制订专项理财方案，更好地满足军队客户服务需求；以各级社保机构为对象，开发不同期限结构的保本型理财产品，在增强市场竞争力的同时，进一步降低我行筹资成本。

要推出五个新系统。研究开发“军银通”系统，通过银企互联方式向军队高端客户提供定制服务，提高军队资金支付服务水平；加快构建银行同业合作平台，通过城乡两大金融市场的有效结合，进一步增强我行的核心竞争能力；搭建保险公司综合评价与营销管理平台，推广代理财险业务系统，全面体现银保业务的优势价值；开发银证期三通项目，全面满足客户资金在货币市场、证券市场、期货市场间快速划拨需求。

要完善三项新功能。优化“军队单位公务卡审核报销系统”，减少系统进入层级，简化批量报销操作，有效提高系统运行效率；增加第三方存管融资融券以及 B 股功能，提升我行第三方存管业务技术优势；加快完善住房公积金委托业务系统，增强对市场营销的支持力度。

4. 提升业务管理能力，全面夯实竞争发展基础。

要推进营销服务规范化。客户服务要坚持准确、专业、严格。要着手制定机构业务营销手册，对机构客户经理营销工作的各个环节做出基本规定，实现客户服务流程的标准化；要完善客户分层服务体系，针对不同类别客户、不同层次客户需求，提供个性化、差别化的服务与产品，进一步提升专业服务品质；要强化客户服务检查督导机制，完善服务质量监测和考评体系，深入推广客户满意度调查，进一步提升客户服务质量。

要构建机构客户专有信息平台。要在全行第四代应用系统基础上，加快开发机构客户信息管理平台，实现客户识别、客户分类、客户评价、营销绩效管理、客户经理管理等一系列功能，全面评价机构客户综合贡献，全面核算机构业务营业贡献，全面提高信息化管理水平，为营销工作提供决策支撑，为机构业务市场的深度开发奠定基础。

（二）2009 年资产托管业务的任务目标和工作措施。2009 年资产托管业务的任务目标是：全行托管资产总规模 12 000 亿元，实现业务收入 16.87 亿元。其中，证券投资基金托管规模 5 000 亿元，企业年金基金、保险资产等各类委托资产托管规模 6 500 亿元，QFII、QDII 等全球资产托管规模 500 亿元，各主要业务领域继续保持市场领先地位。

围绕上述目标，全行资产托管业务今年要重点落实好以下三方面的工作措施。

1. 完善业务体制，推进实施全行营销、全面发展战略。

深入推进“集中托管、属地营销”经营管理模式。在加快各行存量资产移交进度的基础上，推动涉及场内交收的新增托管业务全部实现集中营运，进一步提高业务经营效率、严格控制风险；积极探索重点业务和重点产品发展的激励约束机制，进一步推进由分行营销、总行集中托管的委托资产托管业务存款还原工作，加快完善托管费收入返还管理办法，以利益分配为纽带，带动分行托管业务的全面发展。

以分部建设为契机，健全国内托管业务管理体系。做好五家托管分部的设立和试点工作，即将设立的 5 家分部，要努力提升管理、营销和营运能力，尽快形成比较显著的业务优势和服务特色；充分发挥分部对分行业务发展的示范、带动和辐射作用，使分部成为连接总部和分行的枢纽，逐步形成以总行为龙头、以分部为骨干、以分行为基础的资产托管业务组织管理体系。

理顺资产托管运行机制。大多数分行还处于开办托管业务的初期，运行模式尚未确立，一些分行把托管业务营运等同于常规业务的营运处理，把托管营运移交运行部门，这种做法与监管部门关于资产托管业务人员独立、系统独立、场地独立的要求不符，也不利于托管业务的专业化经营和标准化服务，要尽快采取措施予以纠正。

加强内外联动，不断完善全球托管网络管理。坚持我行境外机构和境外托管代理人相结合的策略，初步搭建我行亚、欧、美三大全球托管业务窗口，基本形成托管网络的全球构架和战略布局；重点扶持符合条件的我行境外机构获得托管资格，分层次培育业务水平和托管能力，加速推动纽约分行、首尔分行等境外机构开办全球托管业务；审慎甄选境外托管代理人，做好定期现场尽职调查和日常监督管理，逐步建立健全管理机制，夯实我行全球托管业务发展基础。

2. 强化市场营销，巩固重点托管业务市场领先地位。要以品牌营销为指导，以增值服务营销为突破，加大总分行协同营销力度，全面巩固各项重点托管业务的领先地位。

稳固证券投资基金托管领先优势。证券投资基金是我行托管业务的最重要、最盈利的托管品种，要坚持全面营销基础上的重点营销策略，重点巩固与大型优质基金公司的合作关系，进一步拓展与中型基金公司、银行系基金公司、发展潜力大的基金公司的业务合作，适当扩大基金公司客户合作范围，在巩固领先优势的同时，力争获得更大市场份额。

不断提高保险资产托管业务规模。坚持抓大不放小的营销策略，大力开拓和维护大型保险客户，积极争取中小保险公司合作；采取有效措施，积极备战保险公司债券托管引发的行业二次竞争，大力争取人寿股份等大型保险公司的债券资产托管；积极推进保险投资基础设施项目托管业务营销，全力巩固市场领先地位。

推动跨境托管业务实现新突破。在全面开展市场调研的基础上，深挖 QFII 客户资源，巩固我行在中资托管银行中的领先地位，努力缩小与外资托管银行的差距，不断扩大市场份额，推动 QFII 托管业务发展步入良性轨道；在 QDII 托管业务上，要重点加强对大型优质保险公司、基金公司、证券公司的营销，不断丰富 QDII 产品线，继续巩固行业领先地位。

大力推广收支账户资金托管业务。一是要重点做好收支账户系统在全行投产后的培训工作，缩短系统上线运营周期，尽快提高基层行营销和业务办理能力；二是加强市场推介，使我行收支账户托管“收付通”、“交易通”品牌，成为更多托管客户的首选；三是各行要重点关注商品交易、二手房交易、网络交易、电子商务及其他领域的市场机会，不断扩大业务规模。

3. 加大创新力度，推动新兴托管服务形成市场规模。进一步扩大新产品市场规模。一是托管分部及客户资源较丰富的分行，要配合总行加大对基金公司特定客户资产托管业务的营销推介，积极关注“一对多”带来的机遇，扩大业务领先优势；二是全力做好国务院审批的 10 只试点产业基金的营销，山西、上海、深圳、天津、辽宁和北京六家分行要与总行紧密协作，重点做好山西能源、上海金融、广东核电、天津船舶、东北机械装备和城市基础建设产业投资基金营销工作；三是加强对总行确定的A级以上信托公司、23家重点证券公司的营销力度，不断扩大信托资产托管和券商理财托管的业务规模；四是全面启动养老保险个人账户基金托管业务营销工作，第一季度，总行将召开一次试点省份分行座谈会，研究部署具体落实方案；五是积极关注市场创新动向，尽早部署股权投资基金、房地产信托投资基金（REITs）、私募证券投资基金等新型托管业务营销。

进一步挖掘新服务增长潜力。一是以托管资产投资业绩评价系统（CIPS）开发为载体，搭建托管绩效评价增值服务平台，使绩效增值服务逐步覆盖所有托管组合和托管客户，成为托管业务新的收益增长点；二是整合托管业务外部资讯信息，持续优化资讯内容和信息数据结构，搭建横向覆盖各类市场数据、纵向延伸全球市场的金融信息数据平台，不断提高信息服务质量；三是加大对投资管理人后台外包业务的研究和营销力度，以基金管理公司、证券公司和保险公司为目标客户，在会计估值外包的基础上，逐步研究涵盖交易结算、头寸管理、公司行动等全方位的后台外包服务，优化资源配置，增加托管业务收益。

进一步提升系统支持业务发展的力度。一是加快境外托管系统的立项开发，通过托管业务系统的海外延伸，支持我行境外分支机构顺利开拓当地托管业务；二是启动托管系统直连中间业务平台项目，解决跨行支付接口问题，提高清算速度、降低资金汇划风险；三是进一步推进托管系统与外围客户系统直连项目建设，实现托管业务电子化对账和报表信息实时查询功能，在基金管理公司直连试点取得成功后，逐步将年金托管客户和保险托管客户纳入直连范围，不断提升科技创新对托管服务的支持力度。

（三）2009年企业年金业务的任务目标和工作措施。2009年，全行企业年金业务要继续加大发展力度，扩大收入，优化管理，推动各项年金业务全面协调、又好又快发展，全面稳固国内第一年金管理机构市场地位。主要任务目标是：账户管理、托管业务市场份额继续保持同业第一，受托管理、投资管理业务市场份额进一步提高，全年实现年金业务收入8 000万元，四项业务捆绑率高于50%。

围绕上述任务目标，全行企业年金业务要在推动协调发展、强化市场营销、开拓业务领域等方面切实有效地开展工作：

1. 以全面协调发展为原则，不断优化业务组合营销策略。2009年是我行企业年金业务成熟、定型的重要时期，是在快速发展中贯彻全面协调发展的关键之年，为发挥“全牌照”资格优势，推动受托管理、账户管理、托管、投资管理四项业务协调发展，业务拓展中必须围绕一个目标，实施三项策略，即以综合效益最大化为目标，制定实施科学有效的业务组合策略、同业合作策略、市场竞争策略。

因势利导，因地制宜地实施业务组合策略。各级机构在制订业务发展计划、工作思路和开展具体客户营销的过程中，要根据各项业务组合回避政策，加强对业务组合问题的研究分析，加强资源统筹。开展业务营销和参加项目投标时，要在深入分析业务规模、定价水平、同业竞争态势等情况的基础上，按照“业务项数优先、源头业务优先、业务收入优先”的原则制定业务组合营销策略。要兼顾当前利益和长远发展，确保我行在业务争办中的竞争优势和主动权，重视业务二次进入机会和业务延展性。要制定科学合理的业务考核机制，引导各级机构推进业务协调发展。

采取“广泛合作、有所侧重、以我为主、区别对待”的同业合作策略。通过机构之间优势互补和业务互换，促进各项业务全面发展。在单一客户年金业务组合竞争上，要通过广泛而稳固的合作关系，换取更多的业务发展机会。在集合年金计划产品推广上，要着力培育我行发起的集合计划产品的竞争力，兼顾我行参与的其他集合计划产品的发展空间，有效提升我行整体的业务规模。

把握市场竞争主动的关键在于灵活机动，扬长避短。随着年金市场的逐步成熟，管理机构综合优势和专业能力成为打拼市场的关键。在积极发挥我行年金业务资格、经验、系统、人才、服务等各项竞争优势的同时，要重点从整体上凸显我行优势。要通过前后台资源整合，加强年金业务与其他业务捆绑营销，积极展现我行作为大型商业银行和第一年金管理机构在年金服务中的综合实力；要充分发挥我行年金服务经验丰富、后台业务支撑体系强大的专业性优势；要切实做好跟踪营销和长期服务，凸显持续发展优势。对于大中型重点客户，尤其要善于通过率先介入、关系营销、特色服务、长期合作等手段在同业机构之间建立和巩固我行的竞争优势。

2. 以抢占市场份额为目标，持续打好营销攻坚战。抓营销、抢市场仍将是2009年企业年金业务工作的重头戏。在推动大中小客户、单一计划和集合计划营销整体发展的同时，要加大力度抓好重点地区、重点客户、重点产品的营销工作，抓好营销机制建设。

一是以名单式管理持续跟进，保证对大型重点客户的营销力度。着力做好大中型企业集中地区、经济发达地区、年金政策成熟地区的营销工作，做好中央企业和地方大型企业营销，做好铁路、电信、煤炭、石油石化、烟草、军工、邮政等重点行业营销，根据每个客户建立企业年金工作进度，逐一分析，一户一策，提前介入，提前引导。尤其是铁路系统年金营销已经到了冲刺阶段，各行务必保持跟进力度，千方百计争取每一份机会，不到最后一刻绝不放弃。二是以集合年金计划产品为主要载体，全面拓展中小客户群体。集合计划是我行抢占中小客户群体的有效手段，2009年总行将开发推出新的“如意养老”计划产品，丰富和完善其他集合计划产品，各行要及时做好市场推广工作。要加强与工银瑞信基金公司等机构的营销合作，通过联合营销竞赛等活动调动基层机构的营销积极性。三是积极举办针对性的客户营销活动。通过各种形式的市场宣传活动，提高我行年金业务市场认知度。针对不同类型的客户举办业务推介会、客户回馈活动、业务考察会、客户研讨会等活动，为重点客户提供企业年金基础知识和实务培训，为市场营销奠定基础。四是有效加强客户关系维护和管理，建立潜在客户资源储备库和后续跟进营销机制，确保合同到期客户顺利续签合同，做好增加业务资格的二次营销，推动各类潜在客户及早签约。

3. 以提高综合贡献为核心，积极拓展业务对象和领域。企业年金基金管理是我国一项新的资产管理模式，其管理运作模式正在逐步复制或借鉴到其他社保基金、福利基金、福利计划领域。我行企业年金业务也在咨询顾问、信息管理、基金管理等方面与其他业务有着密切关联。2009 年，全行要以企业年金业务为基础，拓宽服务对象，拓展服务内容，不断增加收入来源，提高业务综合贡献。

敏锐把握政策调整和市场需求变化，积极拓展事业单位职业年金、基本养老保险个人账户基金、农村和农民工养老金、其他社会保险统筹基金、类似企业年金管理的其他福利计划和基金管理业务。近期，事业单位养老保险制度改革方案已正式下发，其管理运作模式类似于企业年金，首批试点省市是山西、上海、浙江、广东、重庆。这五家分行要迅速行动起来，及早介入，及早营销，其他分行要密切关注当地具体政策，跟踪发掘业务机会。部分地区正在探索和尝试将基本养老保险个人账户管理由社保经办机构转到金融机构管理，这是一块十分巨大的市场，各行要积极关注跟进，为下一步业务争办打下基础。与此同时，要根据客户需求，积极为员工持股计划、补充医疗计划、住房补贴计划、各类福利计划等管理方式与企业年金相近的项目提供受托管理、权益信息管理、基金托管等服务。

不断拓展新的服务内容，提高客户服务的精细化程度。根据企业年金等各类养老金管理要求和特点，综合运用各种产品，扩展业务领域。围绕建立基金管理计划提供方案设计、待遇测算、信息整理、代办有关手续等咨询顾问服务；围绕基金运营管理提供受托管理、账户管理、基金托管、投资理财产品、同业营销代理等服务；围绕资金归集和划付提供缴费归集、待遇支付；围绕信息查询提供电子银行、银行卡等服务；围绕待遇支付后的养老保障提供代客理财、代理保险、投资理财产品等个人金融服务。

四、2009 年三项业务工作要求

为顺利完成机构、托管、年金业务全年任务目标，落实各项工作措施，建立更为稳固的工作基础，今后一个时期，在开展三项业务过程中，要注意处理好以下四个方面的关系：

（一）要处理好当前和长远的关系。各行要从战略发展角度，着眼长远谋划当前工作，充分认识到机构、托管、年金业务对工商银行未来发展的重要作用，进一步加大关心和培育力度，调动各方面积极因素为三项业务发展提供有力支持。

国家适度宽松的货币政策实施以来，市场流动性大量释放，我行资金头寸已明显宽松，存在流动性过剩现象。在这样的形势下，全行更应该统一思想，充分认识存款业务在转型发展中的重要基础地位，存款工作绝不能有丝毫放松和懈怠。姜董事长在全行发展战略研讨会和 2009 年工作会议上指出“存款业务是我行最基础的核心业务，今后较长一个时期仍将是全行盈利的最重要支撑”，“任何时候都要坚持不懈地巩固和加强存款这个基础，不能丝毫削弱和动摇客户基础”。我们要深入理解领会董事长讲话精神，要认识到存款业务是全行业务发展的生命线，抓住了存款，就稳固住了我行发展的客户基础，就开启了我行新兴业务成长的源泉，就掌控了我行参与市场竞争的主动权。特别是在当前全球金融动荡的形势下，作为一家商业银行，一如既往、毫不动摇、全力以赴稳存增存具有非常重要的现实意义和长远意义。

在抓好存款业务的同时，我们也必须看到，加快经营转型、优化收益结构、大力发展中间业务是我行在新形势下的战略选择。姜董事长在全行发展战略研讨会上指出，要加快提升中间业务，尤其是十大新兴业务收入对全行的利润贡献度。资产托管、企业年金和银保、银证、银期业务都属于目前全行增长速度快、市场份额大的业务，具有高稳定性、高成长性、高适用性和经济资本占用少的特性，特别是资产托管业务在资金沉淀方面有着天然优势，企业年金业务在培育和巩固优质客户方面有巨大的空间。发展这些中间业务有助于把我行传统的资产负债业务和新兴的资本市场业务连接起来，有助于加快我行的经营转型和收入结构的调整。因此，各行要充分认识到发展机构中间业务、托管、企业年金业务对推动全行长远发展的战略意义，通过完善考核激励、加大资源投入，确保这三项业务的全面快速发展。

（二）要处理好发展和管理的关系。市场拓展过程中不可避免地要面对各种风险，因此必须依靠严格科学的管理来保障业务的健康发展。

要加强金融期货特别结算业务风险管理工作，对现行系统和所有规章制度的有效性、科学性、合理性进行深入全面的分析和测试，加强对极端情况的应急演练，提高应对显著风险的抗压能力；要重视银保合作中的市场风险和商誉风险，建立突发和群发事件的应急处理机制，为业务健康发展打好基础。

要稳步推进托管业务营运流程再造，以客户为中心，对营运环节进行拆分、整合和优化，把托管业务的后台处理中心建设成为营运中心、客户信息中心和客户服务中心，把整合业务流程、优化人员组合作为提升效率、控制风险的重要手段。要加快托管业务交易监督职能从事后监督向事中和事前监督的转变，扎实做好托管业务灾备演练和 SAS70 审计工作，通过严格的风险管理保障托管业务的健康发展。

要加强企业年金业务运营优化和风险管理。要保持业务管理、营销服务、业务操作三大板块之间相对独立，板块之内相对集中。要研究年金后台业务集中处理和集约化经营模式。要积极推行业务运作项目负责制，引入项目管理方式，不断健全和完善企业年金各项业务规章制度。要重点防范年金业务操作风险，着重检查制度执行情况、系统操作情况、客户服务情况，及时发现和整改存在的问题。

（三）要处理好规模和效益的关系。三项业务要坚持规模与效益并重原则，在竞争更大市场份额的同时进一步提升业务收益。

在当前市场利率快速走低、进入下行通道的情况下，各分行在努力扩大存款规模的同时，也要有效控制付息成本，通过调整存款结构、加快产品创新，积极转化高成本存款，拓宽低成本资金来源，提升低成本存款市场份额。

各行要高度重视托管、企业年金业务先期进入对增加规模、提高收益的重要性，要积极采取有效措施争取客户，同时要不断提高托管、企业年金业务的综合收益水平，逐步推进资产托管、企业年金业务增值服务从客户体验向合理收费的转变，要根据客户的综合贡献度制定灵活的费率政策，但不得随意降低管理费率或以零收费参与竞争。要把握业务合同到期续签的机会，逐步提高收费水平；要积极发挥我行市场影响力，依靠我行客户资源优势，推动规范市场和提高费率。

（四）要处理好业务建设和队伍建设的关系。目前，部分地区三项业务的营销人员数量已经无法满足业务快速发展的需要，同时人员的综合素质也有待提高。年金、托管业务作为重要的新兴业务，在进入快速发展阶段，越来越多地需要依靠高素质人才队伍的支撑；银证、银期、银保业务因其新时期的创新特点，也同样显示出对人才数量和质量的期盼。因此，要根据业务发展需要，坚持数量与质量并重，加大资源倾斜力度。各行机构业务的重要客户，都要配备专职客户经理；银证、银保、银政和军队业务都要有专职主管。建立托管业务分部的分行要做好机构设置和专业人员的配备，未设立托管分部的分行，要根据业务发展需要，及时补充业务营销人员，有营运职责的分行，要按照托管业务营运制度分别设置相应的岗位。要尽快有效充实各级机构年金业务专职人员数量，业务量大的分行要增设专门工作机构。总行已经决定：河南、北京、山东、山西、陕西、广东分行营业部六家分行设立养老金业务部，请相关分行抓紧筹备。

同时，要强化人员培训，打造懂业务、善营销、会管理的高素质服务团队。要按照全行教育培训工作规划，综合利用境内外多种资源，开展多层次、立体化的新产品、新服务和新系统培训；要组织机构从业人员资格认证管理工作，做好托管业务国际注册投资分析师（CIIA）和证券、基金从业人员资格认证，继续培训并稳定百名年金业务客户经理，尽快培养一批具有较高专业能力和职业素养的骨干人员，切实提高各级从业人员队伍的专业水平和业务技能。

同志们，2009 年既是机构业务、资产托管业务、企业年业务面临困难较大、挑战严峻的一年，又是提升竞争能力、巩固提高市场份额的关键一年。全行上下要坚定信心，振奋精神，励精图治，勇挑重担，努力在复杂环境中做好今年各项工作，确保各项业务全面协调可持续发展，全面巩固机构、托管及年金业务市场领先地位，为全行建设国际一流金融企业作出新的更大贡献！

在复杂多变的形势下扎实开展研究工作

——在中国工商银行 2009 年研究工作会议暨全国城市金融学会秘书长工作会议上的讲话

李晓鹏

（2009 年 4 月 17 日）

距离 2007 年 4 月我行首次召开研究工作会议已经整整两年了。当我们今天聚集在这里再次召开研究工作会议的时候，国际国内形势与两年前已大不相同。目前，我们正处于一个特殊的发展环境之中，过去数年全球经济的繁荣时代已暂告结束，国内外经济都出现了前所未有的困难。面对金融经济发展的不确定性，通过加强研究工作来把握时势、预判趋势和指导发展大局，将成为我行求发展的重要抓手。研究也是生产力，研究也能创造价值，这就是我们在今年这个特殊形势下召开本次会议，着重提出研究工作要求的目的。我们将在分析新情况、研究新问题的基础上，理清工商银行发展思路，进一步推动创新型银行和学习型银行的建设。

下面，我就围绕全行中心工作更好地开展研究工作谈三个方面的问题。

一、客观分析经济形势，正确把握危中之机

形势判断是经营决策的依据。对于工商银行这样的大型公众银行，对形势的正确判断是决定我们经营成败的重要因素。形势越是复杂，越要保持对形势的清醒认识和正确判断，练好研究的基本功。

关于当前形势：

首先，从国际形势看，尽管近期有一些好的消息和数据公布，出现一些止跌回稳的迹象。但总的来看，金融危机仍未见底，国际经济走出困境尚待时日。

自2008年9月雷曼兄弟倒闭以来，次贷危机由金融领域迅速扩散至实体经济领域，导致以美国为首的全球主要经济体经济增长出现明显下滑。其中，美国2008年第四季度实际GDP环比出现年化6.3%的负增长率，欧盟GDP则出现了环比年化1.5%的下降，成为欧元区经济10年来首次负增长。金融危机产生的金融抑制效应将欧美经济推入深渊，而经济下滑又反过来加重了金融领域信用重建的难度，在这种交互作用影响下，全球经济的探底过程必将持续相当长一段时间。

各国政府从2008年第三季度开始连续推出了大规模经济救助方案，目前成效已经有所显露，主要表现在以下两个方面：

一方面，房地产市场出现回暖迹象。今年2月份，美国新房销售出现了自去年8月以来的首次环比增长；3月份住房贷款猛增32%，其中大部分属于新房；4月份前两周，住房贷款申请增速大于40%；住宅开工率在连续7个月大幅下降之后，终于出现了年化22.2%的环比增长。

另一方面，市场信心有所恢复。美国道琼斯指数和英国富时100指数从最低点分别最高反弹了20.2%和12.5%，国际海运价格指数（BDI）从2008年11月份的700点上升到1 500点。国际原油价格则从最低每桶35美元逐步上升至50美元左右。4月初在伦敦召开的二十国集团领导人峰会在全球联手防范危机扩散、注资IMF以及加强金融监管等方面达成了共识，进一步提振了市场信心。

然而，当前国际经济体系仍存在诸多不确定因素，金融体系依旧非常脆弱，经济在短期内复苏的希望十分渺茫。

一是欧美国家失业率和消费状况十分严峻。截至今年3月末，美国失业率已经上升至8.5%，创美国25年来的新高。欧盟失业率也达到3年来的最高点。失业人群的扩大可能继续冲抵政府的政策效果并加重财政负担。与此同时，内需疲软的态势没有得到改善。美国今年2月份经调整后的个人消费支出环比仍在下降，储蓄率则达到4.2%，处于历史高位；欧元区2月零售销售额同比也继续下滑，这些数据说明国际主要经济体经济走势仍然不确定。

二是全球货币和信贷市场流动性依然紧张。一方面，有专家预计，金融机构持有的、来自美国的不良资产总额高达3.6万亿美元。虽然奥巴马政府的救市方案试图剥离金融领域“有毒资产”并出售给多个投资主体，但是实际执行成效存在很大不确定性，关键在于政府如何定价以及私人投资者是否肯为庞大坏账买单等。另一方面，金融风险正在向信用卡、汽车消费、地方政府债券蔓延，新的不良资产正在产生。因此，美国金融机构的流动性十分紧张。

三是全球经济发展中仍存在重大的高危区域或风险点。东欧经济体就是其中之一。目前，该地区已经成为全球关注的焦点，甚至许多人认为全球第二次金融海啸将从这里发生。2008年第四季度，东欧十国中除斯洛伐克外，其他国家经济环比均出现负增长，同时由于东欧各国短期外债与外汇储备的比值超过了29%，其中8个国家比值超过70%，负担非常沉重，因此面临巨大的外债偿付或者“国家破产”的风险，若东欧危机不能得到妥善化解，那么将再度引发欧洲乃至全球的新一轮恐慌，使得初步稳定下来的全球信用基础被再度摧毁。

四是国际经济和金融格局的微妙变化可能引起国际市场商品价格和汇率大幅震荡，加大全球资产价格变动风险。一方面，从近期国际大宗商品市场情况看，虽然石油、钢材、铜、铝等商品期货价格开始走高，但很难准确判定价格上涨的动因，若抄底投机性质的比重太高，那么商品价格上涨不但难以成为经济企稳的表征，而且由于原材料价格抬升，下游企业的利润空间将受到持续挤压，不利于实体经济的复苏；另一方面，从汇率走势看，由于美联储大规模购买国债，引发国际金融市场对于美元贬值的强烈预期，如果美元出现大幅贬值，必然会引起其他国家巨额美元标价资产的深幅缩水，影响各国货币体系和贸易体系的稳定性。

其次，从国内形势看，中央出台的宏观调控政策效应已经显现，经济运行出现积极变化，整体表现好于预

期，回暖迹象比较明显。但不能由此低估下一个阶段经济存在的下行压力。

两天前，国家统计局刚刚公布了今年第一季度的经济数据，从主要指标看，经济运行的积极变化主要表现在：

工业生产运行与农业发展企稳。3 月份我国规模以上企业工业增加值同比增长 8.3%，比前两月加快 4.5 个百分点，这一速度也分别快于去年 10 月、11 月、12 月的增速。粮食播种面积已连续 6 年增加，肉类产量同比增长 6%。

固定资产投资和社会消费品零售总额增长加快。第一季度全社会固定资产投资同比增长 28.8%，城镇和农村投资双加快。社会消费品零售总额实际同比增长 15.9%，比去年同期加快 3.6 个百分点，比去年全年加快了 1.1 个百分点。

金融机构新增贷款创单季新高，资产质量持续改善。3 月底金融机构的不良贷款余额 5 500 亿元，比年初减少了 100 多亿元。不良贷款率从年初的 2.4% 下降到目前的 2% 左右。所有境内商业银行的拨备覆盖率达到 124%。

社会信心指数正在提高。PMI 制造业采购经理指数已连续四个月提升，并超过了经济收缩与扩张的临界点。企业家信心指数和全国企业景气指数都出现了好转的苗头。第一季度企业家信心指数 101.1，比上个季度提高 6.5 个百分点。全国企业景气指数为 105.6，降幅明显收窄。

对外贸易出口、财政收入和发电量的降幅明显缩小。3 月份出口同比下降 17.1%，比 1—2 月份降幅缩小 4 个百分点；财政收入同比下降了 0.3%，降幅比前两个月收窄了 11 个百分点。发电量同比下降 1.3%，比前两个月收窄了 2.4 个百分点。

值得注意的是，虽然一些先行指标有所好转，但我国经济形势的基本态势仍然没有大的转变，经济回暖的稳固性和可持续性还需要一段时间的观察。

一是根据历史经验和经济学原理，中国经济能否真正回暖取决于政府投资能否有效带动社会投资，并转化为消费需求，从而弥补外部需求萎缩带来的不利影响。现在看来还存在不确定性。目前的政府投资主要投向了基础设施领域，涉及的产业比较少，对工业及整个经济的长期拉动效果还有待实践的检验。

二是扩大消费是渐进的过程。一方面，目前刺激内需的政策中，除少数措施外，大多是间接性和中长期性质的举措，譬如修建地铁、高铁，由项目规划、投资、建设、竣工到引致相关消费增加，需要一段较长的过程。另一方面，从长远来看，要推动居民消费需求的持续稳定增长，必须逐渐提高国民收入的消费率，改变消费占比过低的局面，保证居民收入稳定快速增长。同时要不断完善社保医疗等保障体系。显然，这都不是一朝一夕能够实现的。

三是目前企业利润仍在大幅下降，财政收入也出现了减少的趋势。前两个月，规模以上工业企业的利润同比下降了 37.3%。由此不仅会引起居民收入收缩，进而产生抑制消费的效应，而且还会导致去库存化的反复。

作为金融工作者，特别是金融行业的研究工作者，面对中国经济的新变化，我们要保持清醒的头脑，既不能悲观也不能盲目乐观。从理论上讲，风险是对正常的社会经济生活状态的一种偏离。对这种偏离的纠正会出现两个结果，或者回归原有状态，或者通过金融危机的防范和治理，构建起全球经济的新环境和新秩序。当然，我们期望和要努力实现的是后一种情况，我们必须认识到，在复杂的国内外经济形势下，商业银行面对的是“危”和“机”并存的局面。

一是国内商业银行发展面对诸多挑战。第一，经济增速下滑及沿海相当数量的工贸企业效益下降甚至破产导致银行业信贷风险增加。为此 2008 年国内各家银行计提的贷款减值准备大幅增加，其中工、中、建、交四行当年计提贷款损失准备同比平均增长 47.7%。近日，银监会再次下发通知要求商业银行提高风险拨备水平。风险的增长必然对银行业绩增长构成影响。第二，市场利率下降和负债定期化可能导致全行业利差继续收窄，挤压银行的利润空间。今年 1 月份，各期限 SHIBOR 与定期存款基准利率出现了倒挂，对于拥有大量富余资金的银行来说，这种利率倒挂意味着资金运用可能出现负收益。目前我行的净利差就已经从年初的 3% 下降到 2.3%；与此同时，负债定期化的倾向也愈加明显。从日均余额看，我行第一季度定期存款占比达到 70%，与上个季度相比上升了 3 个百分点。存款定期化在一定程度上抵消了负债利率下调的积极影响。第三，企业债券发行程序简化和发行门槛降低，企业融资“脱媒化”程度加深。今年第一季度企业债发行总额同比增长 21.1%，预计今年上半年将达到去年全年的发行规模。“脱媒化”将带来分流银行优质客户，降低信贷需求和削弱银行议价能力的不利影响。第四，资本市场的震荡压缩了银行相关业务发展空间。从今年 2 月份开始，股市虽然有所反弹，但是未来资本市场走势还有待于经济状况的明显好转。并且，诸如 2007 年 10 月前那种超常繁荣的市况也很难重演了。第五，汇率波动加大了银行资产负债表管理和外币资产保值增值的难度。

二是银行发展迎来重要的机遇期。尽管经济形势不容乐观，但国家在这一特定历史时期推行的重大战略变革，将为国内商业银行创造出广阔的发展空间：第一，国家实施“扩内需、保增长”的大规模投资方案，以及十大产业振兴计划的实际执行，将为商业银行拓展基础设施信贷、优质项目贷款、消费信贷和其他配套金融服务业务提供重要契机。第二，产业优化升级和梯次转移带来新的业务机遇。一方面，在部分落后产能被淘汰的同时，许多新型产业正在崛起，国家也不断出台政策鼓励传统产业通过技术改革进行升级改造，在此过程中银行能够把握的业务机遇很多；另一方面，由于成本优势丧失，沿海发达地区的部分产业正在朝内陆次发达地区，甚至欠发达地区转移，尽管其中大部分产业并非高利润边际的先进行业，但在一定时期内仍有获利前景和存在必要，对于该类产业迁徙给予充分的金融支持，也是商业银行发展业务的机会。第三，区域特色经济发展带来机遇。国内各地区正在呈现以区域主要城市或经济带为核心的“圈层化”发展特征，各圈层乃至各区域间产业分工与联动发展的格局逐渐成形，这一方面为金融机构提供了大量、优质的信贷机会；另一方面，也有助于商业银行深化业务层次，提供多元化组合式服务。第四，国际经济金融格局的演变为国内商业银行提供了推进国际化和综合化战略的契机。虽然金融危机尚未结束，但可以预见未来相当长时期内，国际金融市场格局将出现翻天覆地的变化，国际金融体系和金融机构将进入大重组、大变动过程。这一过程的突出特点就是新兴市场经济体及其金融机构地位的提升和发展空间的扩大。就中国情况来看，今后在全球经济和国际金融领域的地位将会更加重要，拥有的话语权也将越来越大，这将有力地推动中国经济和金融进一步实现国际化。未来数年间企业“走出去”的步伐可望加大，国内商业银行借此扩大跨境服务、实施境外战略并购，推动国际化和综合化战略的时机也正在逐步成熟。

二、深入研究经营战略，促进稳定健康发展

面对复杂的经济金融形势，如何克服困难，把握机遇，这是当前摆在工商银行面前的重大战略议题。新的三年发展战略规划通过全面分析经济金融发展趋势，认真总结工商银行二十余年转型发展的经验教训，提出了未来三年我行需要重点实施的十大战略工程。在落实三年发展战略规划、实施十大战略工程的过程中，我们要研究、统筹和协调好以下六个方面的关系。

一是协调好利润增长与结构调整的关系。要克服复杂多变的经济金融形势的不利影响，我们必须坚持科学发展观和与时俱进的精神，要转变“头疼医头、脚疼医脚”的定式思维。在经济形势好的时候，我们是趁着东风疾跑，现在形势变了，处在逆风情况下，还期望保持以往的发展速度是不切实际的。这是一个比较艰难的转变抉择过程，只有审慎决策，才能避免全行在权衡“增长”和“结构调整”关系时出现失衡。今年我行制订的利润增长计划为10%，相对于严峻的国际国内经营环境变化，并与同业相比较，这是一个积极进取的计划。保持盈利的稳定增长是十分重要的，然而同样重要的是坚持结构调整不动摇。大家如果认真领会总行的各项政策就可以发现，无论经济好坏，总行对优化业务结构、资产结构、收益结构、风险结构等各项结构调整的要求从来没有动摇过，这是我行近些年来发展的一条“主线”。从战略高度看，这是工商银行构建“百年老店”的基石；从策略视角看，这也是工商银行保持业绩平稳增长，维护良好市场形象的关键。当前，工商银行协调利润增长与结构优化关系的重点，一方面，在于进一步提高投资银行、资产管理、财富管理等高附加值中间业务对于全行经营的贡献度；另一方面，则是要充分重视拓展存贷业务外延，切实把握和激发客户对于存贷派生业务的服务需求。

二是协调好业务发展与风险控制之间的关系。关于风险控制的重要性不用多说。我们的目标不仅仅是要把风险控制住，还必须考虑发展的问题，发展才是硬道理。在当前的复杂形势下，业务发展与风险控制的权衡尤为敏感和困难。工商银行的风险管理能力在国内是首屈一指的，甚至有说法认为工商银行审过的客户，其他行可以根本不审，直接放款。过去近10年，我们培养起了风险管理文化，在当前的经济形势与风险背景下，坚持严格审慎的风险管理显然是必要的和必需的。然而一味强调风险也可能出现为规避风险而放弃市场机遇的问题。正如前面所讲，即使在当前并不乐观的经济形势下，我们也面对着很多前所未有的重要发展契机，能否抓住稍纵即逝的机遇，关键是：一方面，我们不能畏惧风险，银行是经营风险的机构，如果对风险持畏惧态度，那么我们的业务很难开展，我们要做的是找准业务拓展和风险防范的平衡点；另一方面，我们必须能合理测度和有效管理风险。我们要回答的不是有无风险和风险大小的问题，而是要能提供较为准确的风险收益评估报告。当然，这需要我们进一步优化改进风险管理量度技术。我们还必须考虑如何通过金融产品的创新有效降低、分散和对冲业务风险，例如，中小企业信贷必须坚持有序发展和梯度推进的原则，但要深度挖掘中小企业对工商银行的价值贡献水平，就必须借助产品创新，解决实物抵押缺乏和信用担保体系不健全等问题。

三是协调好不同发展模式之间的关系。在这次全球金融风暴中，不同类型金融机构的不同表现，又一次把银行发展模式选择问题提了出来。这次金融危机中，总的来讲，损失最惨重的是独立的投资银行和大型金融集团，这是否就说明独立投行时代和综合化经营已经终结或应当终结了呢？我看问题没这么简单。过度介入结构性衍生产品引发的风险是投资银行经营失败的根源，而那些传统的、以中介和顾问为特点的投行业务由于不消耗资本，风险非常低。因此，后危机时代，投资银行业务不会退出历史舞台，但会回归本源。与此同时，我们也可以发现，相对于那些固守传统银行业务、规模较小的银行，那些从事综合性业务的金融巨无霸承受冲击的

能力要强得多。例如，花旗集团的消费金融和财富管理业务稳健增长，很大程度上抵消了其在资本市场及投资银行业务的亏损。这种多元化的经营结构和风险转移能力恐怕是花旗集团虽处风雨飘摇之中，但尚能立住脚跟的主要原因。因此，后危机时代，综合化可能仍然是未来金融机构组织模式的主流。

就我行而言，综合化经营是我们必须坚持的战略目标。在稳步搭建综合化经营平台的同时，必须处理好集团内部各个产品线之间的关系，积极探索契合我行发展战略目标的母、子公司之间的联动发展机制，实现互利共赢。具体看，就是要通过构建集团管理新体制，以集团长远发展目标为核心，推动集团成员之间的战略协同，在统一的集团品牌、资金调度、系统构建和人才平台基础上，优化分工、加强合作，提升整体发展实力与市场竞争力。

四是协调好不同区域之间业务发展的关系。区域发展不平衡是制约我行经营效益提升的重要瓶颈。近年来，按照行政区划和层级进行机构管理和资源配置的模式虽有所调整，但没有得到根本改变，因此在我行仍存在着资源分配的“平均主义”问题。当前，全国区域经济发展热点不断增加，经济带和经济圈层的大量出现要求银行的区域发展策略和资源配置格局也应进行相应调整。为此，我们一定要打破传统的行政区划桎梏，客观分析各区域的发展潜力，积极把握各地区业务的增长点。无论沿海还是内陆、一线还是二线、东部还是西部，对于富有成长性的区域就应加大资源倾斜力度和政策培育力度。在总行新的三年规划中，我们已经针对不同区域发展要点制定了专门的战略目标和任务，同时对省会城市行、大中城市行以及“百强县”支行等重点竞争区域也提出了更高的战略要求。总行目前还在紧锣密鼓地研究一系列体制性改革方案，旨在弱化各级机构的行政界限，把各行的地位、激励与业绩更为紧密联系起来，真正实现以利润导向为主的资源分配新格局。

五是协调好国际化发展速度与程度的关系。受国际金融市场震荡影响，欧美一些资产健康的金融机构，因受次贷危机牵连，也普遍出现了估值下调、业务萎缩和经营困难的情况。从长远来看，国际金融市场格局的大重组、大调整蕴含着巨大机遇。后危机时代，原先处于领先地位的许多著名银行由于深受危机冲击而一蹶不振，客观上助推了我行国际竞争力的提升。因此，今后一段时间是我们实现国际化经营战略目标难得的战略机遇期。如果我们能够审慎决策，把握时机实施战略并购，就可以加快我行的国际化进程。但我们也必须认识到国际化扩张是一个分散风险和集聚风险的双向过程。当前的形势下推进国际化战略，必须秉承几个原则：其一，坚持并购和设立分行相结合的途径。并购是快速推进国际化的有效手段，但必须要提高对目标市场潜力和目标企业竞争能力的评价水平；其二，要贯彻跟随中国企业“走出去”的方针，为“走出去”企业提供更为优质的金融服务；其三，国际化战略的推进要与实现本行的战略目标进一步整合，国际化扩张的程度要与我们的掌控能力相互适应。

六是协调好创新与风险防范之间的关系。美国次贷危机爆发后，有观点认为，金融创新是导致危机的原罪，因而主张抑制金融创新。其实，金融创新是一把“双刃剑”，用得好毫无疑问它是金融发展的动力，但是如欧美等国的金融机构那样，对金融创新放任自流与过度滥用，则必然导致风险高度累积，引发全球性金融危机。可见，创新只是武器，利弊取决于我们如何应用。面对日益激烈的竞争环境和金融的不断深化，我们不能因噎废食，远离创新，而是需要妥善处理好创新与风险防范之间关系。对此，我认为：第一，要规正创新动机。我们应当围绕深化服务层次和分散风险的目标，合理、合规、适度地开展金融创新，坚决杜绝以追求暴利为动机的创新行为。第二，要完善创新技术。我们在金融衍生产品的研究过程中，可能会去崇拜国外的先进技术手段，但创新不能盲目崇拜、盲目追求、盲目滥用，即使对于先进的模型也不能过度相信。我们必须对创新有新的思考，当然这要求我们知识层次、技术手段比国外同行还高。第三，要加强对创新产品的风险管理。每一个新东西，我们都要先立规矩后办事。当我们看不到它的风险有多大、认不清它的收益和风险是否匹配时，我们坚决不要涉足这一领域。总而言之，我们要深入思考我们的经营思路，确保我们工商银行的发展要稳健。

三、主动承担研究重任，切实发挥参谋助手作用

在两年前的研究工作会议上，我们着重提出了搞好工商银行研究工作的要求。应该肯定的是，这两年在总行领导的重视下，在各分行领导的指导下，全行研究工作取得了相当丰富的成果，为工商银行的经营实践和发展起到了积极的支持作用。特别是近两年，我们无论是在理论研究、政策研究还是实务研究方面都处于历史上比较理想的时期。

当前，我们面临新的形势和贯彻新的发展战略的任务，各级领导同志，尤其是负责研究工作的同志一定要意识到我们肩负的重任是非常重大的，希望大家继续保持对研究工作的热情，继续保持对研究工作的投入，继续保持对研究工作的支持力度，不断提升全行研究工作的水平，使工商银行的金融研究工作与工商银行作为全球第一大上市银行的地位相匹配。

提出“与全球第一大上市银行的地位匹配”是与工商银行国际声誉和地位不断提升的趋势相适应的。工商银行近年来在国际上的地位不断提高，工商银行的各级领导与国外同仁的沟通交流也日趋频繁。在国际化交

往过程中，别人不会关心你是总行还是分行的，别人只知道你代表ICBC，他们只关注你能谈出什么观点，能对全球的经济金融形势有什么判断，对创新管理能有什么见地。因此，我们的研究能力、对于问题的分析深度至少要达到全球平均水平之上，这样才能与我们辛苦建立起来的国际品牌形象相匹配，才能通过发挥研究的软实力来促进我行竞争能力的进一步提升。

下面我对今后一段时期的研究工作提几点具体要求：

（一）必须强化对三年规划的执行监测力度，推动发展战略全面落实。在今年年初工作会议上，姜建清董事长指出，我行新的发展规划在广泛征求意见，反复修改完善，并经董事会批准以后尽快印发。全行要按照规划总体要求，高标准地做好落实工作。总行城市金融研究所要牵头对规划的分解、考核、监测作出安排。今年是新三年规划的开局之年，希望大家用建设性的工作落实规划，把规划第一年的工作做好，把分行良好的经营业绩、成功的发展经验和富有建设性的意见建议展示出来，把遇到的困难和问题也及时反映出来，切实通过“三年规划”的分解落实形成“总分行联动互促、各级分行比照借鉴”的良好发展局面。

（二）必须紧密围绕三年规划提出的十大战略工程，确立研究工作的重点领域和发展方向。面对严峻的经营环境，总行党委和董事会经过细致谋划、反复论证，提出结构调整工程、金融创新工程、服务提升工程、品牌提升工程、渠道再造工程、客户拓展工程、区域协调发展工程、综合化与国际化工程、全面风险管理工程、人才战略工程等“十大战略工程”，这是对于我行未来发展核心任务的精练概括。下一步我行研究工作重点就是围绕十大工程展开。各分行要据此确立重点领域和发展导向，十大战略工程的精髓是经营模式和增长方式的战略转型，因此研究工作要把握好这一重点，确保与全行战略一脉相承，有机融合。

（三）必须紧扣当前复杂多变的国际国内形势，系统地开展前瞻性研究，提高研究的针对性和适用性。这次金融危机给我们太多的启示，很多问题值得我们深入研究。从服务工商银行发展的角度出发，我认为至少可以对以下前瞻性议题进行思考：

第一，经济发展模式转型与银行经营改革的方向。本次金融风暴说明了一个很重要的问题，就是全球的经济增长模式难以为继，必须进行结构调整。怎么调，往哪儿调，对我们商业银行发展关系重大，很值得研究。

第二，如何构建真正意义上的现代公司治理结构。我国商业银行股改上市的最大收获，或者说改革重心就是建立了现代公司治理体制。但是，现在国外那些所谓科学的公司治理机制的创造者们也在这次金融危机中倒下，其中很多问题值得深思。实践证明，欧美这种公司治理机制虽然必要，但却不是万能的。

第三，重新审视银行的本质和功能。随着近年来金融创新加快，银行类型也五花八门，其中有相当一部分银行是“影子银行”。这些银行不抓存款，资本金也很少，主要依靠同业融资发展业务，一旦出了问题，它没有任何现金流来保证业务的持续。那么，什么样的银行才能真正称为银行？这个议题作为前瞻性议题，可以尝试研究。

第四，如何防范和救助金融风险。我认为至少在总行层面需要对该议题进行研究。美国在这次金融危机的防范和救助过程中有许多经验、教训和启示，我们的研究机构应该认真加以研究和分析，进而思考当国内出现各种金融风险时我们应采取的应对举措。我们当然希望中国不出现大的金融风险，但是如果出现，我们应当能够迅速判断遇到了什么情况以及应当采取的行动。

总之，我认为总、分行各研究机构，特别是总行金研所等专业部门要对前瞻性研究领域给予充分的重视。

（四）必须建立“双向互动”的联系沟通机制，加强总分行研究联动协同，形成全行上下积极研究的氛围。

一是总行要充分发挥研究带头和示范作用。总行每年都会组织各部室就全行改革发展的重大问题制定重点课题研究计划，并在每年一次的全行改革发展战略研讨会上对课题成果进行审议，通过制度性的研究计划，总行各项业务研究工作有序开展，成效突出。工商银行很多政策出台和调整，其雏形方案就是来源于每年的课题研究。在新形势下，总行各部室要在继续强化现有研究基础上，从全局性角度出发，切实组织和带动分支行参与到课题研究中，协助分支行建立类似的研究体制。

二是各级分支行领导要率先垂范，推动本级行研究工作开展。领导干部在研究工作方面应起好表率作用，要重视研究，负责做好每年的课题研究和研讨工作，要亲自研究，在工作中要以研究者的态度分析问题，并引领本行员工形成主动研究、勤于研究的良好氛围，为创建学习型、创新型银行打下坚实的基础。

三是要打造强有力的研究工作队伍，发挥研究队伍的主力军作用。近几年来，城市金融研究所作为总行的专职研究部门，围绕全行中心工作和总行领导要求，进行了大量的战略和专题研究，视野敏锐、成果丰硕，较好发挥了决策支持作用。总行的其他部门也组建了研究队伍，围绕全行工作重点和本部门业务完成大量研究工作，有力支持和促进了全行业务的发展。对于多数分行来讲，设置专职研究机构有一定困难，但是应当有一定的研究人员，无论归口办公室，还是信息管理部门，必须要有负责研究工作的人。研究职能的落实和研究工作的开展不能放松，必须认真总结并坚持下去。

四是要构建“双向互动”的联系沟通机制，进一步发挥总分行研究工作的联动协同效用。我们当前研究工作在总分行联动开展方面还有所不足，今后的研究工作中，要尤其重视总分行研究力量的上下沟通和配合，充分挖掘研究潜力，提升研究效率。今年，总行将通过“三年规划”在分支行层面分解落实的渠道，与分行建立起稳定长效的联动研究机制。总分行将就重大战略议题展开深入交流，同时总行将协助分行解决在发展中面对的重大战略和策略问题，扩大总行研究工作的受益面。

（五）进一步突出城市金融学会在研究工作中的重要作用，形成“群策群力、人人研究”的工作新局面。城市金融学会工作的开展在同业中是比较好的。姜建清会长也非常重视这项工作，每年亲自主持一两次学会常务理事会的工作，向常务理事报告工商银行的发展战略，最近还要再做出安排。各一级分行的城市金融学会也要把各自工作安排好，不要把学会仅仅办成一个交流信息的平常机构，而要切实把它办成一个研究战略、推动业务发展的重要平台。

（六）进一步发挥总行两个刊物的作用，为推进全行研究工作提供良好的交流平台。总行《中国城市金融》和《金融论坛》两个刊物现在越办越好。我是每一期都很认真地看，董事长、杨行长更重视，包括题目、取材、照片甚至双语都认真地审阅。在此，希望大家也要更充分利用两刊的交流平台作用，积极投稿，积极参与两刊发行，推动行内外信息交流和学术沟通。

（七）进一步办好“创新沙龙”，积极在总分行营造创新的氛围，激发创新的意识，提高创新的热情，推动创新的实践。两年前，总行城市金融研究所主办了工商银行的“创新沙龙”，当时我们创新沙龙的目的就是分析新问题、交流新思维、发布新产品、研究新政策、把握新动向，由总行城市金融研究所主办，各部门参加。我统计了一下，两年一共举办了10期，有近50名专家和超过2 000名观众参加，每一期都是座无虚席。在去年最后一期沙龙中，我现场征求观众意见，是否要把沙龙继续办下去，大家的回答是肯定的。最近总行领导也批示了，希望继续办好创新沙龙。当然我们也需要不断优化沙龙形式。我认为一是要增强互动，过去都是专家讲，以后要搞成互动交流；二是原来都是在总行层面办，说自己的产品比较多，以后沙龙可以走出总行，可以到分行去办。如果分行有意愿，可以邀请总行相关部室到你们那里去，讲一讲总行的创新，各分行也可以谈你们的问题，加强互动。另外，也可以把沙龙开到企业去，不讲理论，就讲我们的业务创新、产品创新，办成一种营销性沙龙。

同志们，总的来讲，我们当前面临一个非常复杂的国际国内形势，但是我们也看到经济形势正在向一个好的方向发展。第一季度，工商银行已经取得了一个不俗的经营成绩，我行的净利润增长了6%，存款增长超过1万亿元，贷款增长超过6 000亿元，实现净利润超过350亿元，超过了年度序时计划。另外我行的贷款不良率和拨备都符合要求。因此，形势还是不错的，我们相信随着国内宏观形势的不断转好，工商银行今年会作出更加优秀的成绩，也希望我们研究工作者在其中作出突出的贡献！

在中国工商银行投资银行业务座谈会结束时的讲话①

李晓鹏

（2009年4月22日）

这次会议，我听了一天时间，感觉收获很大，大家从不同角度对如何发展短券、中票和理财三项业务提出了很好的意见和建议。我相信在全行的重视下，三项业务未来会有很好的发展。下面我结合大家的发言，就如何发展非总行直营客户三项业务讲几点意见。

一、短券、中票和理财业务发展情况的简要回顾

在银行间债券市场发行短券、中票是我国企业融资方式的重大突破，对拓宽企业直接融资渠道、推进利率市场化形成机制、促进货币市场与资本市场协调发展都具有重要的战略意义。2005年5月短券推出以来至2008年底，全国共计399家企业累计发行了852期、11 991亿元的短券。2008年当年短券发行量达到4 298.5亿元、中期票据发行量达到1 672亿元。短券和中票已成为我国继国债、央票、金融债之后的第四大债券品种和第一大企业融资债券品种，成为企业直接债务融资的主渠道。在今后相当长的一段时期内，短券和中

① 根据录音整理。

票发行规模还将保持快速增长。同时，发行企业的需求层次不断提高，发行方案日趋多样化和复杂，对承销商方案设计能力的要求不断提高。

从理财业务的情况来看，2005 年以来，理财业务日益成为商业银行实现战略调整与业务转型的重要手段，迎来了重要的发展机遇，市场规模迅速扩大。根据相关统计，2008 年，银行理财业务募集规模达到 3.7 万亿元，增幅超过 300%，存量余额达到 8 200 亿元。其中，随着次贷危机影响扩散、资本市场调整以及银行信贷规模的紧缩，以高风险证券品种、金融衍生品种为交易和挂钩对象的理财产品呈现萎缩态势，隐含银行信用支持的稳健型理财产品成为市场主流选择，发行数量和占比逐月上升。今年第一季度，虽然新增贷款规模达到 4.58 万亿元，但统计数据显示，信贷资产类的理财产品规模继续激增，今年理财业务仍然拥有巨大的市场潜力。

从我行的情况来看，这几年我们在短券、中票和理财业务方面成绩显著。从 2005 年到 2009 年第一季度末，我行共主承销了 52 家企业发行的 95 期、2 017 亿元短券以及 13 家企业发行的 18 期、1 133 亿元中票，同业排名第一。短券和中票承销发行收入累计达到 10 亿元。理财业务的规模还要更大一些。这三项业务的发展对工商银行加快业务转型、提升市场竞争力以及提高经营效益起到了非常重要的作用。

从总行直营（含其关联企业）和非总行直营客户的口径来看，全国市场上的短券、中票业务仍然是总行直营客户所占比重较大。2008 年及 2009 年第一季度，全国市场上，短券发行量的 50.4% 来自总行直营客户，49.6% 来自非总行直营客户；中票发行量的 83.7% 来自总行直营客户，16.3% 来自非总行直营客户。当然，各家银行直营客户的标准和范围都有所不同，上述数据仅是按照我行直营、非直营客户的范围对市场短券、中票发行情况进行的简单统计。

从我行主承销的短券和中票业务结构来看，总行直营客户占比为 80%—90%，非总行直营客户占比 10% 多一些。这也是由我行的市场定位、业务发展侧重以及通道管理方式等多种因素决定的。对总行直营客户短券、中票业务的发展，公司业务部门加大市场营销力度，发挥了主要作用。除此之外，各分行投行部门在积极做好非直营客户相关工作的同时，也在直营客户短券和中票业务营销、尽职调查等方面作了大量的工作，尤其是北京、上海等总行直营客户较为集中的分行，投行部门与公司部门积极配合，承担了尽职调查工作，共同推动了总行直营客户短券和中票业务的较快发展。相比之下，非总行直营客户的项目由于单笔规模较小、风险点较多、信息披露不完善，其立项、尽职调查、行内报审、市场发行等各环节都需要付出更多的工作和时间，目前所占比重还不大，业务量与总行直营客户相比出现了一些不平衡。但是，随着总行直营客户增量发行空间的逐步缩小，非总行直营客户将成为短券、中票市场的增量发行主力。我们这次会议的目的就是要在推动全行继续发展总行直营客户三项业务的基础上，进一步提高对发展非总行直营客户三项业务的重视程度和工作力度。当然从目前来看，这三项业务中，总行直营客户对全行的贡献和作用都要更大一些。但是我们也必须看到，单抓总行直营客户是不行的，非总行直营客户的营销力度也必须加大。

二、认真理解发展非总行直营客户三项业务的重要意义

经过多年的实践，我们已经理解了发展短券、中票、理财业务的重要意义。在这里，我想再着重强调一下大力发展非直营客户三项业务的特殊意义。

（一）保持我行市场竞争力的必然选择。我们还是要强调，扩大企业直接融资是金融改革的方向，这是不以任何机构或个人的意志为转移的客观趋势。企业直接融资，国家提倡、企业需要，即使我们不做，别的银行也会做。只有积极开展这些业务，我们才能在企业融资方式变化后继续保持在金融市场中的主体地位，才能在保有优质客户信贷市场、推进存量贷款结构调整过程中拥有更大的主动权。反之，不仅仅会丢失短券、中票和理财业务的市场机会，还会面临优质信贷市场被侵蚀、信贷质量下降的不利局面，并最终被企业直接融资市场边缘化。

这几年大型直营客户三项业务的发展情况非常好，但是从另一方面来讲，未来几年大型直营客户三项业务的发展压力也会很大。我们不能说市场空间已经没有了，但如果未来几年想要继续保持三项业务市场占比第一的位置，就必须一手抓大型直营客户、一手抓非总行直营客户，两手都要抓、两手都要硬。

（二）增强盈利能力的必然选择。从 2005 年至 2008 年，我行主承销的短券、中票项目承销发行收入分别达到 0.16 亿元、1.36 亿元、2.46 亿元、6.17 亿元，年复合增长率达到 237.85%，逐步成为我行中间业务收入增长的一个亮点。这其中总行直营客户的收入占了主要部分。相对于直营客户，我们对非直营客户有比较强的议价能力，收费减免的压力相对较小，增收潜力大，从而使非总行直营客户的综合收益要高于总行直营客户，这有利于提高几项业务的整体收益水平。就理财业务而言，我们可以根据市场情况更加主动地设计交易结构和收益分配方案，可以获得产品设计、渠道销售以及资金托管等多项收入，虽然这些收益分散在不同的科目和不同的部门，但综合收益比较突出。

（三）提高产品创新能力、推进综合化经营的必然选择。刚才不少同志讲到，做非总行直营客户的短

券、中票业务很难。这主要是因为这些客户的财务指标可能不是那么漂亮，并且企业的状况千差万别，与大型直营客户相比，通过层层审核的可能性相对较小。因此这就需要我们用创新的办法来解决非总行直营客户的问题，比如，可以尝试把一些中小企业进行打包，用集合发券的方式发行短券、中票，可以节省一些通道资源。另外，考虑到商业银行逐步获得在银行间债券市场承销发行市政债券、企业债券的资质并非遥不可及，这将与短券、中票业务共同构成商业银行较为完整的企业债券承销业务线。债券承销发行与资产证券化业务一样，都是准资本市场业务，而国际投行就是搞承销业务起家的，现在我们大力发展短券、中票业务可以逐渐积累承销业务的经验，培养适应综合化经营的人才。

从理财业务来看，银行理财资金投资范围不断拓展，理财资金与资本市场、股权融资产品的对接已不鲜见，理财业务甚至部分地承担了商业银行推进综合化经营的任务。随着理财业务的进一步发展，将来可能还会出现一个理财产品交易的二级市场，在这些领域应该也有很多业务创新的机会。另外，对理财产品的权利凭证和载体也要逐步进行统一和规范，促进理财业务更好地发展。

（四）锻炼风险防范能力的必然选择。杨凯生行长在年初的公司与投行业务工作会议上反复强调，面对今年全社会如此巨大的投资规模，面对企业和地方政府强劲的融资需求，工商银行没有可能也不应该仅仅靠增加贷款来解决问题，这需要我们一定要在今年这样复杂的市场环境下，学会利用直接融资和间接融资两个市场，学会表内业务与表外业务两块业务一起抓，学会商业银行和投资银行业务互动发展。短券、中票和理财业务是贯彻上述战略部署的主要领域。现在除了短券，中票也越发越多，尤为重要的是，中票发行还可以为企业解决部分资本金问题，地方政府的市政建设债也已经开闸。信托＋理财业务对于我们也有重要的意义，一方面可以对存量信贷资产结构进行调整，通过动态调整释放信贷业务空间，探索形成信贷资产流量管理机制；另一方面，通过加大新增项目进入“资产池”的力度，可以提高我行不单纯依赖信贷规模为企业安排融资的能力，同时为我行相对充裕的自有资金、理财资金寻找出路。我们必须加快在这些业务领域的发展步伐，使我行在信贷总量适度增长的前提下更好地贯彻国家“保增长、扩内需”政策方针，满足客户的融资需求，并提高我行的盈利能力。此外，大力发展上述三项业务将有利于增强我行的风险防范能力。相对于总行直营客户，非总行直营客户的风险相对较大，需要我们提高对企业、行业的了解程度以及对风险点的把控能力，以便在营销客户的过程中把风险降到最低。

三、下一步非总行直营客户三项业务的工作重点

（一）加大营销力度，增加项目储备。总体而言，现在非总行直营客户的业务规模较小，这是由很多客观原因造成的，责任不在大家。但是从本次会议之后，各行要进一步统一和提高认识，加强公司业务部门和投行业务部门的合作，在总行的统一部署下，深挖客户资源，加强营销工作。对于多数一级分行来说，目前首要的任务是争取尽早扫除业务空白点。总行投资银行部要加强与金融市场部门以及交易商协会的沟通，通过月度快报、专项快报等形式及时向分行传导三项业务的市场动态和政策要求，协助分行提高营销工作的效率，加强对全行非总行直营客户营销工作的专业指导。对于规模较大的重点项目，总行要和分行开展联动营销。就短券、中票而言，一是要抓住行业重点大力营销新发行项目。从行业来看，煤电油运、基础设施等行业仍是非总行直营客户的营销重点。各行要建立项目储备清单和动态跟踪机制，及时向总行报告业务机会。二是要做好存量项目续发工作。要做好我行优质非总行直营客户的短券、中票承销和后续服务工作，这部分客户的续发项目不能丢。要做好他行续发项目的信息跟踪，提前介入，通过提供短券或中票过桥资金等配套服务的方式争取续发业务机会。就理财业务而言，总行已经分解了各分行向“资产池”注入项目的任务，各分行要按照分配的任务加大资产入池工作力度。

（二）大中型项目优先，提高投入产出比。就短券、中票而言，我行主承销短券和中票的通道数目是有限的，小额发行项目同样也是占用一个通道，注册审查时间长，其对通道资源的占用成本总是超过大额发行项目。因此，小额发行项目周期往往较长，处理不好，还会有损银企关系。我们要对项目有所取舍，重点争取较大额度的发行项目，以有效利用通道资源。总行受理短券、中票项目的注册额度原则上分别不低于10亿元、20亿元。理财项目的拟发行额度原则上不低于10亿元，但各分行可以灵活掌握，因为理财业务是不占用通道的，对于优质的项目，规模小些也可以做。

（三）明确分工，落实责任。各部门、各分行要严格按照总行确定的部门分工开展业务。非总行直营客户的短券、中票业务，各级分行受理之后，必须按照分工报总行投行部。这个分工是明确的，如果投行部出现效率问题，那是投行部的责任，我负责问责。非总行直营客户无银行信用直接支持的理财业务原则上由投行部来牵头，对于此类业务，超过分行授权的，要报到投行部。投行部每个月要向总行理财“资产池”注入100亿元无银行信用直接支持的项目，要努力完成这一任务。当然，最近总行授权20家分行开展区域理财业务，分行审批权限内的主体是非总行直营客户，这是否会对

总行投行部的入池资产规模产生较大影响，要做些分析并提出考核建议。

（四）做好工作协调，明确业务发展重点。我们工作的主要目标之一就是要确保同业第一。那么怎样实现这个目标呢？前一阶段，我们的工作重心是确保大型总行直营客户，下一阶段，如果大型客户短券、中票的业务需求仍然旺盛，那么我们仍然要坚持以大型客户为主。在这一点上，投行部要从全局出发。今年第一季度，全国发行了2 600亿元的短券、中票，已经达到了去年全年发行量——5 900亿元的45%。因此，现在还不能说大型总行直营客户的短券、中票需求已经下降了，我们仍然要坚持以大型客户为主。当然如果说总行直营客户的需求确实受到挤压，那么为了保持市场第一，非总行直营客户的项目必须跟上。因此我们的指导思想就是围绕市场占比第一这个目标来抓，协调好总行直营客户和非总行直营客户的关系。总行金融市场部要研究进一步提升通道利用效率的办法。如果我行短券、中票业务要坚持向总行直营客户倾斜的战略，通道利用也应向总行直营客户倾斜，那么在分配非总行直营客户短券、中票任务时就要适当考虑投行部门通道资源不足的问题。如果要进一步加大非总行直营客户短券、中票业务的工作力度，那就要拿出一定的通道资源保障非直营项目的快速开展，避免非直营项目因为通道问题出现积压。总分行还要积极探索发行中小企业集合债券的可行性，尝试通过创新手段缓解通道资源紧张问题。三项业务涉及部门较多，各部门之间、总分行之间一定要加强信息共享，做好沟通协调工作。

（五）加强规范管理，严控业务风险。第一，三项业务的发展要符合产业、信贷政策。我们要对行业有所选择，同时，从客户结构来讲，我们要竞争各行业中最优质的客户。短券、中票业务不能做房地产行业，但理财业务可以涉及房地产行业。另外，对于一般加工工业，特别是非总行直营客户的一般加工工业，短券、中票业务要慎重，理财业务也要比照信贷业务改革掌握。第二，要弄清企业募集资金的用途，加强对企业资金用途的监管，防范资金挪用风险。这一点对非直营客户尤其重要。第三，要利用外部评级和内部评级的结果，提高对企业风险的识别能力。按照总行的要求，外部评级至少要AA级以上，没有外部评级的要参考我行内部的信用等级。第四，要严格按照监管部门的要求合规开展理财业务，重点落实理财业务的还款来源。第五，要加强三项业务特别是理财业务发行后的后续管理。这些管理工作主要由基层行负责，将来我们的信贷员要在贷后管理的基础上学会管理信托资产、理财资产等多种资产。

（六）重视队伍建设，打造专业团队。随着今后业务量的不断增加和创新产品的逐步推出，从事三项业务的投行团队必须进行补充和加强。各行要从业务可持续发展的角度出发，根据业务量适当增加人员，尤其是理财业务，业务类型较多，结构相对复杂，又不像短券、中票业务那样有现成的模板，更需要引起重视。

总而言之，希望这一天简短的会议能使大家思想上有所启发、认识上有所提高，共同把全行的三项业务做好。

在中国工商银行
企业年金业务经验交流会上的讲话

李晓鹏

（2009年4月29日）

这次全行企业年金业务经验交流会主要包含两方面内容：一是认真总结和推广山东分行开展企业年金业务的成功经验；二是对下一阶段企业年金业务工作做出新的部署。会议用一天时间进行了交流和讨论，时间虽不长，但成效显著。我与大家一起认真听取了山东分行的经验介绍，深受启发，并备受感动。通过交流讨论，我看到了大家对企业年金业务的新认识，看到了大家把企业年金工作提高到更高水平的决心，更看到了全行企业年金业务发展的希望。因此，这次会议开得很成功。下面，我就如何评价山东分行开展企业年金业务的经验和如何做好下一阶段企业年金业务工作讲几点意见。

一、山东分行经验总结

我先就山东分行开展企业年金业务的经验谈几点体会。经过四年的发展，我行企业年金业务取得了显著的成绩，38家分行中涌现出一批企业年金业务工作成绩突出的分行，山东分行是这批先进行中的典型和优秀代表。特别是我行取得全牌照年金管理资格后，山东分行认真贯彻总行党委的战略部署，坚持以全面协调发展为原则，紧紧围绕“综合效益最大化”的发展目标，无论在铁路、电力、煤炭等重点行业大型客户单一年金计划方面，还是在如意养老中小企业集合计划方面均取得了优异的成绩，在全省同业中处于遥遥领先的地位。此外，山东分行还在企业年金业务的机构建设、人才培养、考核激励机制、营销策略等方面进行了积极探索和实践，为全省企业年金业务的可持续发展奠定了坚实的基础。总结山东分行开展企业年金业务的经验，我认为有以下几个非常显著的特点。

（一）认识真到位。一方面，发展企业年金业务已经在山东分行各级领导班子和全体员工中达到了入脑入心的认识高度。首先，山东分行能够从工商银行的战略转型出发，提高对企业年金业务重要程度的认识。山东分行把企业年金业务作为发展中间业务的一项重要战略摆在了突出的议事日程上，把年金业务的发展与我行业务结构转型、收入结构转型、客户结构转型紧密结合起来。其次，山东分行把企业年金业务作为一项提高全行综合收益的新型业务来认识，不仅看到年金业务的自身贡献，更是把其带来的关联业务和综合收益作为推动年金业务发展的重要依据。年金业务当前收入较低，投入多，产出少，有些分行有顾虑，而山东分行从全行收益最大化的角度出发，拓宽与年金客户的合作范围，发展多种金融业务，大大增加了全行的综合收益。最后，山东分行把发展企业年金业务作为巩固客户关系和拓展优质客户的重要组成部分，把“产品营销”升级为“客户营销”，通过年金业务拓展和扩大客户来源。有客户作为支撑，就增加了业务发展的机遇，增加了业务创新的载体和业务收入的来源。从以上三点可以看出，山东分行对发展企业年金业务有着深刻的理解和到位的认识，从而为业务的快速发展提供了强大动力。

另一方面，山东分行超前认识到推广受托管理业务的重要意义。发展受托管理业务，有利于争取企业年金业务的主动权，有利于增加综合收益，有利于促进业务创新。因此，山东分行紧紧围绕受托管理这一核心开展工作，取得了显著的成绩。截至2009年第一季度末，在已经开展受托管理业务的31家分行中，山东分行就签约客户215家，占全行总数的60.9%。

（二）领导真重视。随着企业年金业务的发展，各行对年金业务的重视程度逐渐增强。山东分行更是“凝班子之心，举全行之力”，把加快发展企业年金业务作为重中之重，主要表现在以下几个方面：第一，“一把手”、主管行长和班子成员整体重视，分工不分家，携手抓年金。第二，大员上前线，高层抓营销。“一把手”亲自主持并参加所有地市的大型年金营销活动，对铁路、烟草、电力等大型客户的高层营销更是亲历亲为。第三，对年金业务的重视，由一级分行传导落实到二级分行和支行领导班子，做到上下统一认识，齐心协力抓好企业年金业务。

（三）策略真清晰。在对企业年金业务进行深入研究和认真分析的基础上，山东分行制定了清晰的业务发展策略。首先，制定了合理的业务组合策略。紧紧围绕综合效益最大化这一目标，首抓“受托+账管+投资”三资格捆绑业务。把受托管理作为源头业务优先发展，在争取受托人遇阻时，集中精力抓好账管和托管两项业务。其次，制定了主动的市场营销策略。在营销安排上，一准、二早、三新、四高。即准确掌握客户信息和需求，及早展开营销，创新工作方法，高层重点促进。在工作思路上，坚持“重点营销大突破，集中签约快发展”，以点带面，集中突破。最后，建立了扎实的客户关系策略。概括来讲是“三上三到”，“靠上去营销、跟上去服务、贴上去工作；营销到门、到家、到人”。通过真诚的态度和耐心细致的工作，打开营销突破口。

（四）联动真功夫。山东分行在全国率先成立企业年金部，牵头负责企业年金业务的营销和运作。山东分行企业年金业务取得今天良好的发展态势，与牵头部门的努力工作是分不开的。但是，发展企业年金业务是一项系统工程，单靠一个牵头部门的努力是不够的，需要各业务部门之间、各级行之间的协调配合。在部门之间的整体协作中，山东分行公司部门、机构部门作出了重要贡献。在各级行的上下联动中，山东分行建立了“高层管营销，中层管维护，基层管服务”的工作机制。通过内部协作和联合营销，企业年金业务还带动了相关业务的全面发展。2008年，山东分行通过年金业务发行牡丹年金卡13 000张，开立个人网上银行6 000户，营销个人理财产品4 000多万元。在成功营销济南铁路局年金业务后，今年又捆绑营销了牡丹年金卡16万张，企业年金业务的联动效应初见成效。

（五）投入真舍得。首先，在机构建设上舍得投入。2006年，山东分行在全国最早设立了企业年金部，配备专业人员12名，人数在全国也是最多的。其次，在激励机制上舍得投入。山东分行每年拿出1 000万元对年金业务的基层营销人员进行专项奖励，至今已连续保持三年。最后，在企业年金业务的营销费用、设备等方面都进行了较大的投入。

总之，山东分行企业年金业务取得显著成绩的基本经验和核心精髓就是突出一个“真”字。希望大家能围绕以上几点认真总结思考。做得好的分行，继续发扬；有所差距的分行，要以山东分行为榜样，不断改进，把全行企业年金业务推向新的发展水平。

二、当前企业年金业务发展情况

今年以来，按照年初专业会的安排，全行企业年金业务战线的同志们团结一心，真抓实干，保持了企业年金业务快速发展的势头。

截至今年第一季度末，全行累计服务年金客户

16 011家，较上年末新增477家；受托管理年金基金52.6亿元，新增12.4亿元；管理个人账户555.5万户，新增50.4万户；托管年金基金621.6亿元；新增81.3亿元。工银瑞信基金公司管理的年金基金11.6亿元，新增7.6亿元。第一季度实现年金业务收入2 551万元，同比增加1 521万元，增长1.5倍，完成年度收入计划（8 000万元）的31.9%，取得了企业年金业务开门红的良好业绩。

特别值得提出的是，第一季度我行重点年金客户营销工作取得了重大成果，其中铁路系统的年金营销成绩非常明显。我行先后中标郑州、西安、青藏、兰州、哈尔滨、上海、济南、武汉8家铁路局企业年金基金账户管理和托管业务。其中，人数规模最大的是哈尔滨铁路局，其次是上海铁路局，人数均超过15万人；资金规模最大的为上海铁路局，存量达40多亿元。我行中标这8家铁路局的年金业务对其他同业，特别是主要竞争对手影响巨大，也基本确立了我行在铁路系统的营销优势。同时，工银瑞信也成功中标乌鲁木齐、南昌、太原、沈阳、南宁、成都6家铁路局企业年金基金投资管理业务。接下来，总行将对铁路系统的年金营销作出全面总结，并对中标的分行予以表彰。除此之外，我行还成功获得陕西延长石油（集团）、中国船舶重工集团等大型集团公司企业年金业务。上述成绩的取得极大鼓舞了全行士气，进一步巩固了我行在企业年金市场的领先地位。

针对中小企业的集合计划也有了长足的发展。第一季度集合计划新增企业282家，新增年金基金5.4亿元、新增个人账户11.3万户，其中如意养老集合计划新增企业95家、新增年金基金0.8亿元、新增个人账户4.4万户。中小企业数量众多，管理费收取水平高，已经成为我行年金业务收入增长的重要来源。现在看来，我行在年金业务开展初期提出的“抓大不放小”、“立足两个市场”拓展年金业务的战略是非常正确的。目前，我行集合计划年金业务在银行同业中成绩优异，单一计划年金业务的发展在金融系统中也是遥遥领先。总的来讲，第一季度全行年金业务发展势头良好。

除了上述成绩，我们也应看到目前我行企业年金业务的发展还存在不少问题，突出表现在以下几方面：

认识不够充分，特别是对受托业务的认识上存在偏差。从客观上讲，受托业务是新业务，大家没有经验，基层行人员配备不够。从主观上讲，很多人认为受托业务难，不敢碰硬。

发展不够均衡。一是在地区上，同类地区既有不少业务发展较好的行，也有部分行的差距比较大。二是在业务总量上，部分行在当地市场的业务占比不够高；从今年的增量上看，有三分之二的行三项业务的增量都还是零。三是在业务类别上，账户管理业务和托管业务发展强势，受托管理业务发展却比较慢。我行受托业务市场占比为8.6%，比同一批拿到受托业务资格的建设银行13.6%的市场占比低了5个百分点，这样的发展显然不尽如人意。

措施不够有力。突出反映在人员配备和激励机制方面的措施与我行年金业务发展要求差距大。很明显，没有人员无法开展工作，没有考核奖励就没有导向，势必严重影响企业年金业务的发展。

作风不够过硬。主要表现在：第一，不敢碰硬。部分分行遇到一些大型客户，特别是遇到与我行关系一般，甚至是因为历史上信贷退出、不良贷款处置等与我行产生矛盾的客户时就畏难、放弃，没有像山东分行营销临沂矿业集团那样敢于拼搏的精神。还有济南铁路局，短期内三易领导人，而山东分行每次都及时跟进，积极开展营销工作，敢于碰硬、敢于挑战，最终成功中标。第二，缺少不怕丢面子的精神。我曾说过多次，在营销企业年金业务时，我们的员工，特别是领导同志要不怕丢面子、不怕失败，一定要大员上前线。特别是大型企业的招标会，大员要亲临现场作指导甚至亲自述标。有些领导在确认有中标把握时才肯去，殊不知领导的出席一方面能增强对企业的感染力，另一方面对基层行和业务部门也是一种触动和压力，促使在仅有一线希望的时候大家拼力积极争取，否则毫无成功的可能。所以，我们在营销企业年金业务的过程中一定要发扬敢于挑战、敢于胜利、不怕失败、不怕丢面子的精神！

三、下一阶段工作要求

通过对山东分行开展年金业务经验的总结和学习，通过对当前全行年金业务状况的分析，下一阶段全行的年金业务要着重在五个“实”方面做好工作。

（一）切实把认识提上去。首先，我们要认识到开展企业年金业务是提高工商银行核心竞争力的重要手段。过去，我们大力发展电子银行、现金管理等业务，通过我行的电子化网络争取客户、提高竞争力，成效显著。如今我们要认识到，开展企业年金业务是我行构建业务发展的第二大网络。年金业务主要面对的是法人客户，而实际受益人是广大个人客户，企业一旦选择由我行提供年金服务，我们一方面可以向企业营销法人金融业务，同时又可以向职工营销年金卡、理财产品等个人金融业务。“电子银行是一张网，年金业务也是一张网”，我们应认识到，开展企业年金业务绝不仅仅是开展受托、账管和托管业务，而是我行巩固客户基础、进行战略转型、提高核心竞争力的重要举措。其次，对企业年金业务收入问题应当有正确的认识。目前，由于同业的恶性竞争导致年金业务的收费水平过低。总行预测过一组数字，在我国企业年金规模5 000亿元时，带给金融机构的直接年金业务收益为140亿元。如果工商银行未来保持年金托管业务30%、账户管理业务20%、受托业务10%，工银瑞信投资管理业务保持10%—20%的市场占比，我行年金业务收入可达22亿元。近日，总行已与银行同业达成共识并且签订了文字约定，共同限定企业年金基金账户管理业务收费不得低于每人每月2.5元，托管业务收费不得低于1‰，即国家现行政策规定收费上限的50%。这样，按照总行的预测，在企业年金基金规模5 000亿元时我行的年金业务收入将有11亿元。根据世界银行的预测，20年后我国的企业年金规模将达1.8万亿美元，折合近13万亿元人民币。按照50%的收费水平，届时我行的年金业务收入将有约300亿元。因此，各行一定要看到企业年金业务收入的巨大潜力，对业务收入要有正确的认识。

（二）切实把策略搞明白。要严格按照“业务项数优先、源头业务优先、业务收入优先”的原则确定年金全牌照的使用策略。首抓“受托+账管+投资”的三资格业务，优先发展受托业务。在争取两项业务的三种组合模式中，首先考虑“受托+账管”业务，其次是“账管+托管”业务，最后是“账管+投资”业务的组合。同时，还要考虑企业年金的存量规模、职工规模，保证业务收入优先。

（三）切实把机制建起来。首先是业务机构的建设。总行日前已经批准在6家分行设立养老金业务部，希望这6家分行尽快完成机构建设和专职人员配备。无论是二级部还是一级部编制，部门负责人必须专职，同时明确岗位分工。其他分行要在现有机构编制内进行调整，根据业务发展需要成立企业年金业务团队，配备足够的专职年金业务人员。同时，各分行要结合自身情况，制定行之有效的奖励政策，调动各级机构开展企业年金业务的积极性，增强各级机构拓展年金业务的动力。

（四）切实把业务联动好。在开展企业年金业务时要与公司业务、机构业务等部门加强沟通联系；各级行要明确分工联动营销。企业年金业务部门要通过年金业务带动银行卡业务、理财业务、电子银行业务、结算和存款等业务的发展，提高年金业务对全行的综合贡献度。各分行之间也应加强业务联动，特别是在铁路系统营销成功后，需要各分行积极配合、联动服务。

（五）切实把服务做精细。首先要兑现招标承诺，其次要定期进行售后服务走访。各分行一定要对签约后的后续服务工作给予足够重视，坚持走“服务带动营销”的道路，用持续的高品质服务赢得客户信任，为我行业务发展提供源源不断的推动力量。

除上述五点要求，各行还要注意研究企业年金业务的新政策、新动向。近日，总行从人力资源和社会保障部获悉，在重新修订的《企业年金基金管理办法》中很有可能会对企业采用理事会受托模式的条件进行限定。目前的讨论稿中规定，年缴费在1亿元以上的企业才可以采用理事会受托模式，其他企业必须采用法人受托模式。初步测算，年缴费1亿元以上企业的职工人数约在5万人以上。这就意味着目前采用理事会受托模式的5万人以下企业必须转变为法人受托模式。据统计，不考虑原有社保存量整体移交的情况，在我行目前提供正式年金服务的客户中，采用理事会受托模式的5万人以下或年缴费1亿元以下的企业共有452家，另有112家5万人以下或年缴费1亿元以下的企业尚未确定受托人。也就是说，这一政策一旦出台，我行将有近600家企业年金客户面临受托人的重新选择。如果这些客户选择其他机构担任受托人，必将对我行年金业务的长期持续发展造成不利影响。因此，各分行必须高度重视这一政策的变化，加强二次营销，以受托顾问的形式介入，提前制定应对策略。

同时，各分行应积极关注包括农民工养老金、事业单位职业年金等新政策的发展，如有地区启动试点，应及时与总行沟通，按照早动手早介入的经验，抓好新的业务。

总之，这次会议召开得很成功，达到了预期的目的。感谢大家热情参与本次会议，也感谢大家多年来对企业年金业务的辛苦投入。同时，感谢山东分行为全行企业年金业务发展作出的重要贡献。希望通过本次会议全行企业年金业务能有新的发展。

总结历史　激励未来

——在《中国工商银行行史》编修工作总结表彰会议上的讲话

李晓鹏

（2009年7月9日）

去年年底，经过《中国工商银行行史》编写组四年多时间的辛勤工作，作为献给改革开放30周年和中国工商银行成立25周年的大礼，《中国工商银行行史》（以下简称《行史》）一、二、三分册正式出版发行。这对工商银行甚至我国银行业来讲，都是一件值得庆贺的大事，它是对工商银行在党的改革开放方针指引下逐步成长壮大的历史的真实记录，更是对一代又一代工行人前赴后继奋发开拓的历史的深情讴歌！在总行党委的领导下，《行史》编修取得了巨大成功。《行史》正式出版后，受到了工商银行领导和员工们的充分肯定，也受到社会各界金融业界的广泛好评。今天，我们聚集在这里，就是要对《行史》的编修这项光荣而浩大的工程作一个总结，对在行史编修中作出突出贡献的个人和单位进行表彰。下面，我对《行史》编修工作作一简要总结。

一、《行史》编修出版具有重大的历史和现实意义

（一）编修《行史》可以总结经验，以史为鉴，促进更好地发展。盛世修史是中华民族的重要文化传统。前人归纳修史编志有“存史、资政、育人”三项重要功能。《行史》以时序的形式考察了我国最大的银行——中国工商银行业务发展与管理体制的变迁沿革，记述了工商银行从1984年成立到2004年21年的发展历程，客观地记载了工商银行二十多年来所取得的伟大业绩，在缅怀前人艰苦创业之功的同时，激励后人奋发改革之志。

编修《行史》的真实意义在于总结经验、激励后人、以利发展。在二十多年的发展中，工商银行有深刻的历史经验值得总结，有大量可歌可泣的事迹值得讴歌，有许多宝贵的精神需要传承。《行史》把这些宝贵的经验、事迹和精神以史的方式记录下来，就是为了激励今后一代一代的工行人继往开来，更好地发展。正如姜建清董事长在为《行史》所作的序中所述，我们对历史的研究和记述不是为了怀旧，更为重要的是为了放眼未来，以史为鉴，积累经验，汲取教训，为工商银行进一步加快改革创新和业务发展提供历史参考，形成深具工商银行特色的文化积淀，把工商银行建造成为国际一流的现代金融企业，打造成为最富价值的“百年老店”。

（二）《行史》是工商银行特有文化的积淀和传承。《行史》真实、全面、准确地记述工商银行建行20多年来在体制改革、管理制度建设、主要业务发展、机构与队伍建设等方面的发展变化过程和历史状况，正面总结工商银行发展过程中的历史经验与教训。同时，《行史》记录和反映了工商银行优秀企业文化的创造和传承，是工商银行特有企业文化的积淀和宝贵的精神财富。《行史》重点记述和总结了工商银行20多年来所创造和形成的“稳健经营、勤俭办行”的管理文化，“客户至上”的服务文化，“锐意进取”的竞争文化，“严谨规范”的合规文化，“协同高效”的团队文化，“立新求变”的创新文化，“勤勉尽责”的执行文化，以及这些企业文化的传承和发展。所以我们说，《行史》是工商银行企业文化的结晶，是我国企业发展史的一朵璀璨的奇葩。

（三）《行史》是我国金融改革发展史的缩影和见证。工商银行诞生于中国改革开放之初，成长于中国向市场经济转轨的重要时代。工商银行在与时代同行、与共和国共成长的过程中，创造了很多中国第一、中国金融业第一。例如我国的第一笔技术改造贷款、第一笔科技开发贷款、第一笔商业设施开发贷款、第一笔异地通存通兑业务、第一张股票、第一家票据专营机构、第一家电话呼叫客服中心，等等，都是工商银行创造的。并且，我国金融改革的多个方案和试点都是首先在工商银行实施的。在改革开放30年的中国经济金融发展史上，工商银行作出了巨大的历史贡献。因此，作为中国最大的一家银行，工商银行的发展史实际上就是中国银行业改革发展的历史缩影，工商银行的历史见证了中国银行业改革的主要过程和主要成绩。所以，《行史》所记述的不仅仅是一家银行的发展和成长，更是对中国金融改革开放30年来所取得的伟大成就的讴歌和颂扬。

总之，无论是从中国银行业的改革发展全局来看，还是从工商银行自身的发展需要来看，《行史》的编修出版都具有十分重要的意义。

二、《行史》的成功编修首先要归功于总行党委的正确决策和指导

《中国工商银行行史》是我行成立20多年历史上的第一部《行史》，她的成功编写和出版首先要归功于总行党委的正确决策和指导。2003年，正是我国商业银行改革的转折关头，中央召开了第二次金融工作会议，把国有商业银行的股份制改造和上市等改革任务第一次写入中共中央关于“十五计划”的建议，同年底，中央首先批准了中国建设银行和中国银行进行股份制改造试点，国有商业银行面临全面改制的重大变革。正是在这样的背景下，2003年6月，在工商银行隆重庆祝建行20周年之际，时任行长的姜建清同志提议，工商银行正式编修《行史》，以史为鉴，为工商银行下一步的发展和改制积累经验。这个提议得到了总行党委的认可。经过慎重研究，总行党委决定由总行城市金融研究所牵头承担《行史》编修的组织和撰写工作。

根据总行党委的决定，2003年底，城市金融研究所制订了《工商银行行史编修方案》，总行党委十分重视，批复了这个方案，并批准成立了《行史》编修的领导班子和咨询班子，包括：由姜建清董事长任主编、田瑞璋（原）副行长（后改为杨凯生行长）和詹向阳所长任副主编的《行史》编辑委员会，由总行历任领导班子成员组成的《行史》顾问委员会，以及由总行部分部室老主任、部分分行老行长和总行现职总经理组成的咨询委员会。随后，在全行范围，按照文笔较好、对工行有感情、对工行历史有体会等条件和标准，推荐选拔了莫敌（浙江分行）、汪国翔（总行离退休人员管理部）、谭镇壶（山东分行）、原树鸾（吉林分行）、董成（上海分行）、季诗芬（北京分行）、宇琍燕（河南

分行）7位同志，与研究所詹向阳、刘彪、周静怡、吴振华、哈静等同志一起组成了《行史》编写组，由詹向阳所长任组长。城市金融研究所合并了综合处与发行处，腾出了一个处级建制在所内设立了《行史》编修室。2004年1月，总行城市金融研究所在杭州召开了第一次《行史》编修工作会议，在田瑞璋（原）副行长主持下，《行史》编写组正式成立；2月，总行以行办［2004］73号文向全辖发出了编修中国工商银行《行史》的通知；3月，《行史》编写组借调的7位同志到位；4月，总行在北京召开了“中国工商银行《行史》顾问委员会会议”，确定了《行史》编修原则、编修大纲、编修体例和编修计划。自此，中国工商银行《行史》的编修工作正式开始。

为加强对《行史》编修工作的领导和支持，总行当时指定（原）副行长田瑞璋分管《行史》编修工作，后根据行领导分工调整，先后由杨行长和我分管《行史》工作。姜建清董事长多次过问和亲自指导《行史》编修工作，在《行史》成稿后，逐次亲自修改和审定。杨凯生行长亲自协调解决《行史》编修费用、人员编制等事项，并亲自对《行史》进行了多次修改。为了确保《行史》编修工作的顺利进行，总行投入了几百万元资金，为《行史》编写组提供了专门的办公室，还配备了专用车辆。所有这些措施，都从领导和组织上确保了《行史》编修工作的顺利进行。现在我们回过头来看，我行《行史》编修工作之所以能够以比他行更短的时间成功完成，之所以能够获得银行界、出版界和金融业界的认可和好评，与行领导的正确决策、高度重视和有力支持是分不开的。

三、《行史》成功编修归功于历代工行人的奋发努力

一部好的史书在于历史本身的精彩，在于对精彩历史的真实反映。《行史》是工商银行成立20多年发展轨迹的真实记录，是历代工行人，特别是历代工商银行领导人艰苦创业、奋发开拓的历史的真实记录，是对历代工行人历史功绩的肯定和讴歌。成立于1984年的中国工商银行，在我国改革开放大潮中应运而生，并在改革开放大潮中不断发展壮大。20多年来，伴随中国经济金融改革发展的大潮，在党和国家的关怀指导下，在历代工行人的不懈努力下，工商银行经历了由一家国家专业银行到国有商业银行再到国际公众持股公司的深刻转变，实现了历史性的跨越，已经成长为全球第一市值银行、第一存款银行、第一盈利银行和全球第一品牌银行，各项主要经营指标已经进入国际优秀大银行之列。这部《行史》真实记述和讴歌了工商银行老行长们和老一代工行人艰苦创业和辛勤奠基的历史功绩，真实记录和讴歌了工商银行新一代领导人和新一代工行人继往开来、创新发展的历史功绩。可以说，这部《行史》是对工商银行几代领导人不懈努力和成功经验的总结，是对工行人所创造的可歌可泣的鲜活历史的讴歌。正是工行的老一代领导人和老一代工行人在简陋的条件下，白手起家，艰苦创业，经历了风风雨雨，闯过了道道难关，创造了艰苦奋斗、勇于奉献和严谨稳健的工行精神，书写了波澜壮阔的工商银行创业史和奋斗史，把工商银行由一个存贷款仅有一两千亿元的初生的银行发展成为中国第一大行；正是工行的新一代领导人和新一代工行人继往开来，与时俱进，勇于创新，在国家帮助下彻底解决了不良资产的历史包袱，经营效益和资产质量有了根本好转，完成了由国有独资银行向国内外公众持股公司的历史转变，把工商银行带上了现代金融企业的国际大舞台，为我们国家30年经济保持高速发展和我国金融业的改革与发展作出了巨大贡献。《行史》正是对历代工行领导者和历代工行人所创造的伟大历史功绩的讴歌和纪念。所以《行史》的成功编修与其说是写的精彩，不如说是工商银行历代领导人和工行人所创造的历史精彩。

四、《行史》是所有编写人员的心血结晶

在《行史》编修的所有环节中，最为关键和重要的是编写这个环节。编修《行史》是一项非常繁重艰巨的工作，更是一项十分严谨细致的工作。从编制《工商银行行史编修方案》，到订定《行史》的写作提纲粗纲再到细化到各部分的细纲；从收集、整理、积累、消化浩如烟海的历史资料，到梳清工商银行的发展脉络并最终形成《行史》编修的基本原则；从组织各部门编写“业务发展草编史”到字斟句酌形成《行史》征求意见稿再到精雕细刻完成《行史》送审稿，《行史》的编写经历了多次修改，几易其稿。仅征求修改意见就达近500人次，收集修改意见近1 000条。《行史》编写组的同志们本着对历史负责、对工商银行历届领导班子负责，对工商银行全体员工负责的态度，从繁杂浩瀚的资料整理入手，仔细追踪和考证每一个历史线索与事件，广泛征求和尽力吸纳各方意见，精心组织，认真编写，求真求实，一丝不苟，不厌其烦，为《行史》的完成费尽了心血，作出了贡献。

在《行史》写作组中，来自分行的同志大部分已是年逾花甲的老同志，像莫敌同志已经70多岁。辛苦了一辈子已经退休的他们，本应该在家含饴弄孙、安享幸福晚年，但是他们却怀着对工商银行的深厚感情，抛家别子聚集北京，为工商银行《行史》编修工作忘我投入，夜以继日，呕心沥血。《行史》组多数同志都是带病工作，例如莫敌、汪国翔、谭镇壶、原树鸾、董成、宇琍燕等同志，都不同程度患有疾病，但都一边治疗一边坚持正常工作；董成同志克服家有病人需要照顾的困难，坚持到北京集中编修，并勇挑重担，承担了《行史》最多部分和新业务部分的撰写；莫敌同志在承

担了关键部分和最多撰写任务的同时，协助詹向阳同志承担了《行史》写作组的许多组织工作和《行史》修改工作；季诗芬同志在完成自己写作任务的同时，协助工作人员做了大量调剂《行史》写作组生活的工作。

城市金融研究所抽调参加《行史》编修的同志几乎都是兼职，他们在有自己本职工作需要完成的条件下，积极想办法，挤占业余时间，克服困难，任劳任怨，加班加点地完成自己承担的《行史》编修工作。如詹向阳同志，身为研究所所长，在研究所原有任务已经很繁重的情况下，毫无怨言地接受了《行史》编修任务，在《行史》编修工作中既当指挥员，又当战斗员，长年累月地超负荷工作。正是在《行史》编写组全体同志的辛勤工作和积极努力下，历时四个多春秋1 850多天，四易其稿，终于圆满地完成了200万字《行史》一、二、三分册的编写工作。很显然，一个精干的、有水平的、有牺牲精神、敢于负责任、肯于忘我付出的写作班子是我们《行史》得以成功编修和出版的关键。

五、《行史》的编修得益于全行的共同努力

在《行史》的编写过程中，得到了全行以及有关单位的鼓励和支持。23位《行史》顾问委员和60多位咨询委员对《行史》编写的体例、原则、重大历史事件等问题多次进行了认真的讨论，对《行史》各版本书稿进行了认真地审阅和修改。陈立、张肖、刘廷焕等工行老一辈领导人以《行史》亲历者的身份提出了许多真知灼见。姜建清董事长多次听取《行史》编修汇报，与《行史》编修组成员座谈，了解《行史》编修中存在的问题，提出解决意见和办法，并亲自修改审定。《行史》编修工作还得到了总行各部室的大力支持，在《行史》编修之初，各部室都认真编写和提供了本业务20年发展的草编史，成为《行史》编修的重要基础性材料；总行城市金融研究所在承担繁重的规划编制、战略研究、出版发行刊物、管理学会和博士后工作站等工作的同时，克服困难，圆满完成了《行史》编修的组织工作和编写、修改、定稿以及出版工作，为《行史》编修作出了突出贡献；总行办公室、人力资源部、管理信息部、离退休人员管理部，不仅提供了重要的资料支持和后勤保障，而且承担了《行史》重要章节的修改、补充和审定完善工作。浙江分行、山东分行、吉林分行、北京分行、上海分行和河南分行不仅向总行推荐选送了《行史》编写人员，还为这些编写人员提供了方便的工作和生活条件。《行史》编修还受到了全行上下尤其是许多老领导、老员工的大力支持和帮助，有的满腔热情提供了弥足珍贵的史料，有的不厌其烦解疑答惑，有的不顾年高体弱积极提供《行史》线索。人民银行总行档案室、北京图书馆、首都图书馆等单位也对《行史》编修工作给予了大力支持。所以，《行史》是全行同志共同努力的结果，它凝聚了工商银行集体的智慧。

《行史》一、二、三分册的出版，并不意味《行史》编修工作的结束，相反它只是为《行史》编修工作开了个好头。根据总行党委的决定，工商银行《行史》原则上每10年一修。在《行史》一、二、三分册出版后，目前我们正在着手《行史》第四、第五分册，即工商银行前身史和股改史的编修，同时正在着手《行史》前三分册英文版的编修和出版工作。今年总行将把城市金融研究所的《行史》编修室由临时编制改为固定长期编制，并将招聘正式的《行史》编修人员。借用姜建清董事长的话，工商银行作为“百年老店”，《行史》要永远修下去。然而，不论今后过去多少年，第一代《行史》编修者的精神是不能失传的。应当说，在座第一代《行史》编写组的同志们在编写《行史》的同时，自身也在创造着历史，他们身上所体现出的严谨求实、任劳任怨、拼搏奉献的精神正是工商银行企业精神的真实写照，值得我们认真学习和进一步发扬。

为了表彰在《行史》编修工作中作出突出贡献的个人和单位，弘扬他们的拼搏奉献和团结协作精神，总行特对《行史》写作组的莫敌等12位同志进行表彰和奖励，并对在《行史》编修过程中提供大量资料、图片、数据和组织、后勤服务等支持的浙江分行6家分行和离退休人员管理部等5个总行部室予以通报表扬。希望受到表彰的同志和单位再接再厉，为全行改革发展作出新的贡献。

正如前述，工商银行编修《行史》是为了总结经验，以史为鉴，更好地发展。展望未来，下一步我们工商银行将会有更大的发展。在成功实施改制后首个三年发展战略规划的基础上，今年，工商银行改制后的第二个三年发展战略规划已经下达。我们坚信，在工商银行党委和董事会的领导下，工商银行一定能够弘扬优良传统，取得更加辉煌的成绩，续写更加绚丽的篇章！

在中国工商银行商品融资业务培训班上的讲话[①]

李晓鹏

（2009 年 11 月 10 日）

快到年底了，各级行工作都比较繁忙，这个时候总行决定举办这次商品融资业务专题培训班，可以看出总行对商品融资业务的重视。工商银行开展商品融资业务已有 3 年多时间，应该讲这项工作从 2006 年开始探讨，到最后开花结果，我算一个比较热心的参与者，和大家一起研究业务的组织发动、经营管理和产品创新等工作。3 年中，我也承诺了很多次，愿意通过一些座谈会、讲课的机会就商品融资这个话题和大家交流一下，但是一直没有兑现诺言。最近我看到公司二部给我写的报告，商品融资业务从无到有、从小到大、从弱到强，取得了令人满意的发展成果，所以今天晚上无论如何要赶过来，跟大家交换一下意见，对大家这两年在商品融资工作中所付出的辛勤劳动表示敬佩和感谢，同时也体现一下总行和我本人对继续开展好这项工作的希望。今天主要讲五个方面的问题。

一、商品融资业务发展历程回顾

从 2006 年提出商品融资这项业务到现在已经有 3 年多的时间了，概括一下，主要经历了四个发展阶段。

第一个阶段是 2006 年的探索阶段。在 2006 年 4 月工商银行与中外运探讨业务合作的过程中，我们发现了商品融资的巨大市场潜力。当时中外运的总裁赵沪湘同志谈到与其他商业银行合作，仅就仓单质押贷款这一项业务每年就有 500 亿元，而且不良率很低，基本没有违约。当时工商银行对此项业务基本没有介入。我们考虑到这项业务是工行调整信贷业务结构、增强市场竞争力的重要机会，所以就开始探讨如何和大型物流监管机构合作发展这项业务。5 月份总行成立工作组，在公司、信管、授信、法律等部门的大力配合和支持下，我们将这项业务名称确定为“商品融资”。7 月与中外运签署《物流金融战略合作协议》和《商品融资质押监管合作协议》。8 月确定了试点方案、操作规程、操作合同文本，11 月批复了北京、江苏、广东、广西、宁夏、宁波 6 家分行为第一批试点行。应该说，2006 年迈出了非常关键的一步：第一，确定了新的业务产品为商品融资，尽管当时商品融资仅包括非标准仓单质押贷款一项业务；第二，我们研究了进行这项业务的试点方案、操作规程、合作文本，说明我们是有计划的；第三，确定了试点分行。在 2006 年的探索阶段，我们起步还是很好的。

第二个阶段是 2007 年的试点发展阶段。6 家分行作为试点单位，都作出了很大的努力。当时还利用在河南郑州召开的中国第二届中部博览会的机会，进一步扩大了商品融资的宣传，并在这个会上，我们和中部六省签订了商品融资省部间合作协议，扩大了商品融资的影响。8 月份，在业务良好发展的基础上确定 17 家分行进行第二批试点。特别是在 2007 年这一年，我们有 9 家分行开办了首单业务，有了新的开端。

第三个阶段是 2008 年的政策推动阶段。经过 2006 年的探索和 2007 年的试点，我们发现这项业务的全面推广需要在政策上进一步的明确和完善，需要政策的推动，总行层面对商品融资的管理进行了规范，明确了前后台的划分、总行和基层行的责任划分。在信管部的牵头下，有关部门参加，制定了工商银行商品融资管理办法，正式将商品融资纳入国内贸易融资业务范围，并对商品融资的营销、风险管理、审批等内容都作了明确规定。这个办法对后来的业务发展起到了一定的作用。在 2008 年总行出台的钢铁、有色金属等行业政策、商品融资的授信政策、小企业办理商品融资业务等也有了明确的规定。特别是经济资本考核问题，在考核上有什么不同，做了一些规定。2008 年进一步扩大了与物流监管部门的合作，由原来的中外运、中远物流、中储扩大到中远货运、中铁物流和中海物流，签订了合作协议，监管单位从总对总的层面发展到 6 家。

第四个阶段是 2009 年以来业务快速发展阶段。到目前为止，商品融资得到了全行的广泛认可，工商银行

① 根据录音整理。

商品融资的品牌也得到了市场的认可。同时我们也感到政策越来越明朗、越来越宽松；商品融资的标的物，也就是大宗商品的种类不断增加；开办业务的分行也由6家试点，发展到全行；有实际业务的也由过去的9家，发展到现在的29家分行；每个月业务的发生额都在20亿元以上，尽管数字还不是很大，但是作为一个新产品，每个月有这个数字也是不简单的。

二、商品融资业务发展总体情况

（一）业务总量发展迅速，在国内贸易融资产品中排位靠前。

首先业务量发展非常迅速，到2009年10月末商品融资123 107科目余额为195亿元，在国内贸易融资占比为10.6%。客观地讲，总行界定商品融资科目123 107，其实在商品融资品牌下办理的业务不止这个数。2007年至2009年10月不到三年的时间，商品融资业务（包括以商品质押并由中外运等物流公司监管的方式办理的贷款、国内信用证、国际信用证、银行承兑汇票等业务）累计发生业务9 646笔，累计融资额719亿元，其中，2007年97亿元，2008年241亿元，是上年度的2.4倍，2009年1—10月381亿元，是上年度的1.5倍，每年都在以100%—200%的速率增长。从数字上看出三年的变化还是非常大的。

其次，是商品融资在国内贸易融资业务中的排名情况，目前排在第一的是国内保理业务，主要是应收账款保理，这是国内贸易融资的最大一项，也是最先开展的一个产品，市场需求也比较大。排在第二位的是信用证项下的卖方融资。排在第三位的是商品融资，可见在国内贸易融资9个产品中，商品融资三年时间能从无到有，从小到大，到现在能列在第三位，也充分显示了这项业务的生命力。

（二）同业占比逐步加大，市场影响力不断提升。从物流监管机构提供的数据中，可以看一下我们合作的业务在银行同业所占的比例，目前我们占中外运比例的22.7%，同业第一。从中国银行业来看，搞商品融资或贸易融资的，中小股份制银行是走在前面的，当时在和中外运探讨合作的时候，中外运讲股份制商业银行每年商品融资的发生额在500亿元，目前在与中外运的合作中，我们能够做到同业第一，这是很不容易的。在中远货运占比达47%，居同业第一；中远物流占比为23%，居同业第二；中储、中海可能比例稍差，没有列上。从这几大物流监管公司合作量来看，这几年的进步还是不容易的。并且现在我们说到的这些数据，是按照商品融资这个品牌规范地开展业务的数字，据我了解在商品融资出台之前，一些分行也搞过一些类似的仓单质押贷款业务，这个也有一定的数量，所以说我们的商品融资的统计口径可能与其他股份制银行的口径不一致，可能要比他们窄一点。更为重要的是，与4家大型银行相比，我们的市场占比一直居首位，说明我们的认识还是比较早的。

（三）开办分行不断增加，区域分布逐渐改善。现在29家分行有业务，排在前五名的是江苏、山东、河南、山西、上海，这5家行合计占比在71%，说明发展还是不够均衡，但比原来的广泛性还是增加了，因为原来江苏分行1家商品融资的比例占全行80%以上，目前由1家为主扩展到5家，现在有余额的有29家，在分行层面上已经有了很好的体现。

（四）贷款质量保持良好，业务风险得到有效控制。目前融资的质量情况也是比较好的，商品融资开办三年来，123 107科目中发生逾期的只有3户，合计金额2 151万元，占比为0.11%，应该讲还是在比较理想的状态下。商品融资累计发生逾期不良有多少，你们还需要再统计一下。商品融资的期限都是比较短的，因此从产品设计上讲，控制不良率的难度相对比较容易的，但是从周转率上讲，也是有一定难度的，所以0.11%的不良率还是理想的。特别值得提出的是，全球金融风波以后，商品融资的质量受到了极大的挑战。大家都知道，商品融资顾名思义是以大宗商品为依托发放的融资，所以受大宗商品市场波动的冲击比较大。从去年开始，国际大宗商品的价格在金融危机中出现了暴跌，价格下降平均在50%左右，在这种情况下，我们还能保证商品融资的质量，应该讲从总行到分行做了大量的工作。总行曾经连续五次向分行发出了风险预警，哪几类大宗商品全球价格发生剧烈波动，给大家作出提示，另外我们也加强了对大宗商品价格的监测，特别是对临近质押率的商品采取了积极的措施，加强了与物流公司的紧密合作，通过物流公司加大对商品的监管，另外启动价跌补货机制，要求企业补货或补充保证金，总而言之，在商品风险预警和风险防范措施上做了大量的工作。

（五）与物流公司的合作力度不断加强，监管商品目录稳步扩大。到目前为止，合作的物流公司不断增加，全国性的物流公司有6家，区域性的物流公司有15家。现在商品准入目录有7大类，102种；区域性的商品名录也在逐步放开，已增加部分地区有特色的30多种大宗商品进入到区域商品目录。但是目前监管机构还不多，特别是区域性的物流公司还不能满足各省业务的需要，分行也提出了增加区域性物流公司的需求，这不要紧，现在这项工作还是摸着石头过河，一步一步来，总体上讲还是要扩大。

（六）商品融资的配套政策逐步完善，明确了前中后台各部门职能定位。经过这两三年的发展，商品融资的配套政策正在逐步的完善，在授信政策方面，开发了基于商品这种特定还款来源的债项授信，即以商品的价值为基础开展的授信，这和以企业的综合信用的授信是有很大的区别的，这一点总行的信管部、授信部做了很多努力。行业政策方面，现在已经有十几个行业对商品融资放开；在小企业方面，小企业的三类行和设立小企业专营机构的四类行也可以办理商品融资，政策上都给予了明确。更为重要的是经济资本的占用问题，已经明确了商品融资相对流动资金贷款的经济资本占用在1/3到1/2，也就是说，发展商品融资能够更多地节约经济资本，这些政策对大家开展商品融资还是有所促进的。

（七）产品创新能力不断提高，开发多种个性化融资方案，塑造我行良好的品牌形象。在这两三年的时间中，商品融资在产品设计方面进行了不少的探索，现在开展的是以静态质押融资、动态质押融资以及信用证下的质押融资三种基础模式为主，还进行了其他方面的创新。静态质押融资是最基本的表现形式，动态质押融资是以静态质押为原理，给企业一个总的额度，在额度之内商品进进出出，满足企业的融资要求。信用证模式就更进一步了，主要以信用证申请人所拥有的信用证项下的货权单据为质押进行商品融资。商品融资主要是这三种模式，静态是最基本的模式，动态的业务量最多。在三种模式基础上，总分行合作进行产品创新，又形成三种创新业务模式。

第一种为商品市场集中融资模式，这个模式的意思就是针对进入大宗商品专业市场（钢材市场、有色金属市场、化工原料市场等）的商品经销商群提供融资，对其进入市场的商品进行质押，由物流公司提供监管。与之前的模式区别主要在于前面主要是一对一的业务合作，而这个模式是针对大宗商品经销商的群体开展业务，所以称为集中融资模式，是借助于专业商品市场，针对某一类客户群体进行营销，这样效率就更高一些。

第二种创新是未来货权项下的商品融资模式。这种模式的含义是银行为商品生产厂家的下游经销商提供融资，并直接支付给生产厂家用以采购商品，而生产厂家将商品直接交付给银行指定的物流公司进行监管。这个模式与一般的商品融资有很大的区别，商品融资的开端是有商品进入流通环节之后，再进行质押和融资，而这种模式是先有经销商对厂家提出购买商品的需求，但是没有资金，向银行缴纳保证金，银行开出信用证，厂家再发货到第三方物流监管公司，这个时候我们以物流公司监管商品为依托进行融资，这个模式也可以看成是两次融资，以未来取得的商品货权作为一种前提，然后进行商品融资，把商品融资往前扩展了一步，它的创新意义就体现在这个地方。

第三种是全流程监管融资模式。含义是借款人将其拥有的处于采购、生产、仓储、运输、销售等所有阶段的商品均质押给我行，物流公司进行全过程的监管。我们可以看出，与单笔商品融资区别是，单笔的融资是以商品处在某一个固定的环境中进行融资的，比如说有一批汽车，要么它处在航运过程中提供融资，要么处在存货的环节中进行融资，而全流程呢，比单一融资面要广一点，从原料采购、交付接货到运输途中、抵达工厂、半成品生产、产成品入库等，每个活动都列入物流公司的监管视野中，银行根据这个进行融资，这个过程需要在风险的控制上更全面，要求银行和物流公司的管理更细致。因为每一个环节都可能会出现风险，一个环节出现风险，全流程可能就会出现问题，这样管理的要求会更高一点，但也是一种创新。对于有些企业来讲，生产商经常从海外采购一批原材料，从国外到国内，从外省抵达本地，在本地又处于运输过程，还要进行生产，生产出来的产品还要进行对外销售，整个过程中每个环节都有商品融资的需求，我们不可能对某一个产品的单个环节进行设计，所以提出了全流程的监管和全流程的融资。总的来说，上面这三种模式也不失为有意义的探索。

（八）开通商品融资信息网，提供专业信息支持。这两年为了帮助各分行开展业务，公司二部作为商品融资业务的市场推动部门，千方百计地为大家服务，其中一个很重要的工作就是在总行层面建立商品融资信息网，这个网大家天天在看，目前浏览人数已超过7万人次。商品融资信息网对业务开展发挥了很好的作用，可以帮助业务人员及时了解商品市场行情，价格走势，同时也发布一些预警和风险提示信息，另外还与物流公司监管系统实现了同步链接，业务人员可以随时查询质押物情况。

（九）通过业务培训和现场指导工作，培养了一大批业务骨干。这两年总行也对商品融资业务进行了大量的培训和现场指导，应该讲，对大宗商品为标的的融资业务，经过三年的发展，工商银行已经有了一定的业务经验，有了一支虽然不够稳定但有一定基础的专业队伍。

当然，在业务发展的同时，我们也看到存在的一些问题和不足。一是业务发展总量偏低，目前商品融资余额200亿元，占贸易融资的10%，占流动资金贷款的比例更低，只有不到2%，我们是想通过大力发展商品融资来丰富贸易融资的产品，进而调整流动资金贷款结构。二是区域发展不平衡，目前看速度还不够快，业务主要集中在五六家分行，另外20多家行金额不是很大，还有8家分行没有业务开展。三是专业人才还不够多，客户经理队伍还不够稳定。当然人员也要交流，特别是基层行搞公司业务的，所有产品都应该熟悉，但从总行到分行、基层行，大体都要有一个基本固定的骨干队伍。四是产品的创新现在看还不够丰富，简单讲商品融资是以商品为基础的融资活动，但处在不同的环境下不同客户的个性化融资需求还是很多的。为什么把商品融资也称作结构融资呢，就是说这种融资产品是基于商品价值、通过其他的产品设计包括物流监管、账户托管、应收账款组合等形成个性化的融资方案。前面讲了三个创新方案，尽管还需要完善，但毕竟有了进步。

此外，我们的重视程度还不够，什么新的业务都有领导重视的问题，从这项业务中可以明显地感到，各分行在业务开展中认识还是不一致的。最突出的是从领导到业务人员，认为商品融资比较烦琐，一方面客户群体中小企业比较多，另外单笔发生额也不大，再加上是一个新的东西，要和物流公司打交道，还要随时关注大宗商品行情的波动，也很辛苦，所以，从领导到业务经理都不愿意投入更多精力，还是想发展大户，一笔放款三五亿元，放了以后很好管。因此在这个问题上，没有投入很多精力。现在流动资金贷款要改造，实际上就是要把那些不明用途、风险监管比较薄弱的产品转化改造为风险相对较低、标的物相对清晰、收益率相对较高的产品，因此，重视程度不高是需要我们下一步注意的问题。至于前台、中台、后台的思想不太统一，我个人觉得这个不是主要问题。从 2006 年到现在，至少从总行层面上，信管、授信、公司一部、公司二部几个部门的思想还是比较一致的，配合是非常紧密的，否则这个产品也不会有生命力，不一致的是对这个产品风险的看法有些区别，区域性物流公司搞多少为好，标准是什么，这个有宽严之争。进入的商品也有不同的鉴别标准，允许有不同看法的存在，前台、中台、后台思想不统一，这是常态。存在这种争议，也有利于我们随时把握这种产品的价值在哪里，风险在哪里，更好地调整这个产品。

三、如何正确认识商品融资业务

（一）商品融资业务的概念范畴不仅仅限于非标准仓单质押贷款。经过几年的发展，我们感觉到商品融资是非常重要的金融产品。但是搞好这项业务也应该认真区分商品融资和其他类似产品的关系，认清他们的特点。近几年，我们商业银行领域内出现了一些新的名词，物流金融、供应链融资、贸易融资，还有商品融资等。我觉得，这些新的金融名词是从不同的侧面来揭示一种金融现象，它们既有共性也有个性，既有联系也有区别。搞理论研究的人比较容易去界定这些联系和区别，搞实务的人可能往往对这些名词感到困惑。

我认为，物流金融主要是关注于贸易活动的现金流，以整个物流过程所产生的现金流为重点来考虑银行的融资。但物流金融还有个广义的理解，除了融资以外的银行结算、托管等服务内容，物流金融以物为主，当然包括商品这个核心内容。供应链融资重点关注的是或者说考虑的切入点是以核心企业的上下游作为链条来考虑金融的服务和安排，有上游有下游，因此需要整个作为一个链条来考虑，在这个链条中的企业有一个环节出现问题，整个链条的生产和经营就会出现问题，因而造成银行融资出现风险。

商品融资与这些金融产品的共同之处是都以商品为基础，都是融入物流和供应链整个过程的。谈物流金融离不开商品，没有商品的物流金融是务虚的，谈供应链融资，没有商品也是务虚的。它们的区别在于，商品融资顾名思义更看重的是商品本身的价值、商品的价格、商品在不同环节中的状态，这个是商品融资比供应链金融、比物流金融更关注的。从这个意义上讲，我个人认为商品融资是所有涉及物流金融、供应链金融、贸易金融中最核心的业务，或者说是最本质的东西，抓贸易融资也好，抓供应链也好，抓物流金融也好，一定要抓好商品融资这一本质的核心的东西，然后再进一步扩展。

当然，商品融资不等于仓单质押贷款，更不等于非标准仓单质押贷款。商品融资现在做的主要是非标准仓单融资，目前已经做的存货贷款，实际上也是商品融资的一种，因为在正式出台商品融资之前，工商银行已经开展了存货质押贷款，现在没有归并在商品融资中。另外还有发票融资，大体上发票所对应的商品经济活动主要还是以物为主的，但是有些发票可能还有一些其他费用，如运费等，但核心对应关系还是商品。在贸易融资里面已经有发票融资了，发票融资、订单融资、存货融资，这些基本上都是直接对商品的。但是我想，我们不要争论这些问题。商品融资是所有这些概念中最核心最基础最重要的。工商银行还是比较明智的，最先把这项业务抓起来了，尽管原来没有叫商品融资，但核心是一样的。

（二）商品融资是用新的理念开辟新的信贷市场，其市场空间很大。商品融资是一个潜力比较大、特点比较突出的融资业务。这里面可概括几条，商品融资比较适合我国的国情，风险控制是很强的，商品融资可借助物流监管公司的优势，降低成本，提高我们的收益。

商品融资之所以符合我国的国情，是因为主要客户是中小企业和部分大型企业。特别是当前中小企业融资难，我们抓住了企业信用度可能不高，授信可能不多，但是确实手中有有价值的商品，实现了风险的控制，因此这个产品符合国情。再加上大宗商品的交易标的比较规范，价格透明，可以很快找到变现的市场，并且具有物流监管，等等。据了解，商品融资在国际上的发展首先是从不发达国家开始的，因为这些国家的国家信用比较低，这些企业又没有很好的资产做保全，因此国外银行在和这些国家贸易来往中，发现了一个机会，既较少风险，又促进交易成功，就是以商品作为交易标的。因此，商品融资业务是从不发达国家开始的。当然，标准仓单质押是从发达国家首先发展起来的，而非标准仓单质押是从不发达国家开展起来的。中国目前还是个发展中国家，占企业总量 90% 的中小企业还存在融资难的问题，商品融资是比较适合的。据统计，我国社会物流总额有 89 万亿元，以大宗商品为主的生产资料销售额有 26.5 万亿元，大宗商品进口为 3.5 万亿元，匡算商品融资市场需求保守估计每年有 2 万亿元，现在各银行加起来业务总量也就是两三千亿元，只满足 10% 左右的需求。现在我们要发展新的业务，必须从市场有需求、银行产品不多的地方去考虑，如果老是盯着那些金融竞争同质化的产品和服务商，是没有前途的。商品融资2万亿元市场，只占全社会物流总额的2%，还不是很大，我们仍然满足不了，如果按照大宗商品交易来看，目前业务量也只是千分之一的概念，因此这个市场很大。

我顺便讲一下租赁产品。美国的租赁渗透率是30%，欧洲是15%，中国是3%，租赁渗透率是指当年全社会投资总额中使用租赁的比率，分子是租赁金额，分母是社会固定资产投资的总额。我们企业融资的主要方式是项目贷款、固定资产贷款，甚至挪用流动资金贷款去搞一点建设，都没考虑到用租赁的方法去发展。当然，租赁和商品融资是不同方向的两个概念，租赁是从企业的资本和投资结构入手去满足企业要求，用租赁优化资产负债表、降低资产负债率，同时租赁可以减少资本投入、把现有的资产盘活，回租过去，同样一个设备，一分钱当两分钱去花。商品融资是另外一个角度，任何企业的生产都是有过程的，都是由原材料的采购到产成品生产、商品出售，每个过程都有商品实物的占用，不论是在采购过程还是在库存过程，还是在生产过程，对这些过程原来我们很少融资。当然，过去我们也给企业搞过定额贷款，解决企业日常的、最低的流动资金占用，但是当时没有做好，因为当时企业的资本金很低，不到30%，大量资金被挪用作为铺底资金，流动资金的占用又没有和商品挂钩，结果造成大量的流动资金贷款被挪用。在工行股改前，1999年到2006年，我们用了六七年的时间解决了1万亿元所谓流动而实质并不流动的贷款，是非常不容易的。而企业在生产经营中确实存在这些资金的需求。无论是从供应链融资、商品融资、物流金融角度来讲，开发了这样的产品，满足了企业的需求，风险控制得很好。我在这把租赁和商品融资的事情讲一下，就是说，我们老是在传统贷款上，和其他银行争，和企业谈，路是越走越窄的，相反从企业的需求中、市场的需要中去开发新的产品，就有很多的机会。不要看现在是200亿元，如果每年有200%的增长速度的话，相信五年以后，就是很可观的规模。

另外，商品融资在替代流动资金贷款中也起到了很多的作用，这个我前面已经讲过。

（三）物流业与金融业的合作形成客户、物流公司和银行的三方“共赢”局面。对于银行来讲，拓宽了目标客户范围，既把钱用出去了，又规避了风险；对于物流公司来讲，扩大了物流服务的客户群体，我们和六大物流公司合作，无疑是提高了他们的市场地位，体现了他们的价值，中外运以前是和小商业银行合作，现在是和全球最大的银行合作，它出具的仓单都可以进行融资，这对他们来说是非常好的；对于贷款企业来讲，解决了生产周转和流通过程中的资金需求，减少资金占用，获得更大的信贷支持和更专业的物流服务，把死物变成了活钱。

（四）A－级到AA－级客户应作为我行商品融资业务的重要目标客户。从两年多的业务发展中，我们分析出一个很重要的现象，就是在商品融资中，重要的客户群体，一般都集中在A－级到AA－级客户，可以说这部分重要客户群体是工商银行亟待开发的利润增长点。现在AA级以上的客户，利润普遍下浮，附加值也不是很大，A－级以下的信贷政策也不支持。对A－级到AA－级这部分客户，从感情上讲，他们还是很希望和我们合作，对银行的人员还是尊敬的，在营销中我们还是有主导权，但是要有很好的产品去迎合它，如何能够做到既安全又赚钱，是需要琢磨的。2009年1—10月发放的贷款中，信用等级在A－级以上的客户占90%以上，A－级至AA－级的占64%，这部分客户群是商品融资业务发展的重点客户，是工商银行新的效益增长点，需要我们深入挖掘潜力。

（五）商品融资业务收益可观，综合贡献度高。从今年前十个月的贷款中可以看出利率的浮动情况，利率上浮5%以上的占52%，执行基准利率到上浮5%的占40%，这两块加在一起占93%，只有6.5%的是实行下浮利率，这个比率大大超过工商银行贷款的利率水平。我建议你们用这个口径和全行的贷款比一下，现在发放的公司类贷款里面，执行下浮10%的占了很大一部分，个人按揭是打七折的，比这个下浮还要多。所以说发展商品融资的收益还是比较可观的。

（六）商品融资是专业性很强的产品，需要我们不断提高专业化经营和管理水平。这几年在发展商品融资中，我们也体会到确实需要专业化的管理、专业化的营销、专业化的人才队伍，这项业务还是比较专一的，以商品价值为基础开展融资，并且不断扩展出新的品种，所以提高专业化经营和管理水平是搞好商品融资的一个关键的前提。

总行党委对专业化产品是比较重视的。从2005年开始，要求总行营业部开始业务转型，集中精力抓好几项专业化产品，包括飞机融资、船舶融资、国际银团、出口买方信贷、商品融资、租赁融资和资源银行等，现在总行在专业融资的产品线主要是这七个。商品融资是作为总行专业产品线的重要组成部分，把它列入全行专业线管理，但是商品融资这条专业产品线和其他产品是有区别的，单笔金额相对小一些，不同于飞机、船舶等需要总行直接审批、直接经营。但是商品融资是结构化融资，涉及商品管理、配套政策、物流监管机构等，但是办理都是在基层行，这样更有利于发挥各分行的作用，总行的责任就是设计产品，和物流公司进行营销和洽谈，推动这项业务的发展。

四、当前面临的发展机遇与挑战

（一）经济形势变化和大宗商品走势为商品融资业

务提供了新的发展机遇。发展任何新的业务，都要看国内国际局势，现在经历了一年多的金融危机，国内国际经济都在向好的方向发展。中国经济基本上在上半年呈现明显恢复性增长，开始走向了一个比较健康的轨道。全球经济在6月底出现了一个企稳回升的状况，回升的势头还在巩固。目前对欧美经济有不同的看法，美国的经济还不稳固，有可能出现新的下滑，主要是失业率在上升，房地产价格在下降，这个是影响一个国家GDP下降的主要原因，美国政府8 000亿美元的救市资金只用了2 000亿美元，而且主要用于银行，没有用在实业，美国经济可能还会出现波动，真正巩固应该出现在明年的第一季度或者上半年；另外一种乐观的态度认为，目前美国的GDP在增长，美国金融业，特别是大投行都扭亏了。

大宗商品价格的变化趋势也是在向上回升调整，我们看高盛商品价格指数，从2008年上半年可以看出来，这个地方是谷底，差不多是300点，现在已经恢复到500点，虽然这个价位和2008年初的900点有很大差距，但是总体讲，在下跌60%以后，在逐步震荡回升。大家知道比较明显的是石油，最低达到40美元一桶，还有一些其他的原材料，比如铁矿石，危机时期下跌很多，现在也都回升了很多。从价格走势看，商品的价格是震荡上升的，出现类似一年前大规模的下跌不大可能。所以，去年大跌了50%我们都扛过来了，今后一段时间大跌的可能性很小，显然也为我们搞商品融资业务带来了很好的发展时机。制造采购业经理指数（PMI）去年最低是47%，低于50%的分界值（超过50%说明经济扩张，低于50%说明经济萎缩），现在已经达到55%，应该说是不错的。我印象在金融危机的时候，有两个很重要的名词，一个是去杠杆率，这是对金融系统来讲的，对经济来讲叫去库存化，现在经济在复苏，企业有需求，库存不是减少，而是在增加，这个和大宗商品的价格上升是有联系的，和PMI也是有联系的。从大的趋势上讲，未来一段时期，搞商品融资有一个良好的机遇。从中国商品市场的发展情况上来看，中国的期货市场、现货交货市场越来越发达，越来越规范，我国的期货市场规模已排名全球第二。从现货市场来看，各地大型商品市场发展很快，包括最近的渤海商品交易所，等等。

（二）贸易融资成为我行信贷业务转型的战略选择。面临这样的机遇，我们应该把商品融资作为信贷业务转型的一个重要选择，当然全行的提法是贸易融资要作为信贷业务转型的一个战略选择，那么现在已经将商品融资纳入到贸易融资范畴，商品融资就要为信贷转型作出重要的贡献。2009—2011年贸易融资在流动资金贷款中的占比将从25%提高到50%，12 000亿元的贷款，两年以后调整到6 000亿元都是贸易融资，我觉得目标稍高，但是趋势是这个趋势。如果这样的话，商品融资会是一个什么位置？现在占比是10%，至少要扩大到15%，现在是按照单一的仓单质押贷款作为商品融资，如果讲真正的商品融资，包括存货、发票等都作为商品融资业务的话，规模就会很大。即便是按照仓单质押贷款，我也觉得目标很保守。明年累放要达到1 000亿元，余额500亿元，得按照这个目标来发展，市场是绝对有潜力的。

（三）同业竞争不断加剧。当然同业竞争也是非常激烈的，领跑商品融资的不是大型国有控股银行，而是中小股份制商业银行、外资银行，而且外资银行本来就有丰富的经验，我们处在一个不进则退的关键时期。

五、下一步商品融资业务的工作重点

发展商品融资的总体思路是：围绕把商品融资业务打造成国际一流品牌专业融资产品的战略目标，大力拓展融资市场和优质客户，着力提高产品创新力度、品牌影响能力和客户服务能力，规范各项管理，严格控制风险，深化对传统流动资金贷款的替代作用，实现全行商品融资业务的持续健康发展。总的意思就是增加我们的贡献度，对贸易融资和流动资金贷款的贡献度。具体目标是，2010年，全行商品融资业务累计发放额达到1 000亿元，余额达500亿元，各行新增商品融资客户不少于100户，全行突破5 000户，各行商品融资在国内贸易融资业务中的占比不低于15%，不良率不超过0.5%。

为确保完成以上任务和目标，各级商品融资业务管理部门要认清形势变化，积极应对挑战，顺势而为，重点做好以下几方面的工作：

（一）提高认识，转变观念，前台、中台、后台形成合力开展业务。各行要高度认识发展商品融资的重要意义，要将商品融资作为提升银行核心竞争力和盈利能力的重要手段之一。各分行来的同志，回去后要认真传达这次培训班的精神内容，把账好好算一下，一定要重视。现在总行党委正在研究明年的发展方向，感觉压力很大，今年虽然受到金融风波影响，但是总地来看今年全行的利润增长能达到10%以上。明年贷款顶多再增加1万亿元，再加上国际上其他银行经过金融危机以后，坏账处理掉了，救助也发生作用，大投行和商业银行盈利水平都在回升，明年大的经济形势不出问题的话增势可能会更好一些，这样其他银行可能会发展得很快。我们已经持续了六七年的盈利高增长，明年靠什么继续增长，保住我们世界最盈利银行这样的称号？当然可以靠降低存款成本、提高收益等办法，但这些做起来很难，并且同业竞争也很激烈。所以我们需要琢磨一些新的利益增长点。根据董事长的要求，我一直在思考，我分管的几条线，能为工行持续增长赚多少钱，在正常赚钱的基础上，还要多赚多少。我今天之所以来，就是想把商品融资作为全行新的利润增长点的一个方向，尽管它还是初生的幼苗不够健壮，但是生命力是非常强的。明年商品融资累放1 000亿元，余额达500亿元，利率保持现在上浮的水平，按照平均5%算，算算利润是多少钱？你们来主要是考虑商品融资，作为总行是考虑将无数个类似商品融资这样的产品设计出来、推广下去，能赚多少钱，会聚到一起，才能保证我们这个全球最盈利银行的地位，保证利润的可持续增长。大家做资产业务的，要分析分析哪些业务赚钱多、风险小，哪些业务有需求，哪些业务需求不大。今天能够通过讲课使大家认识到商品融资是风险可控、收益可观的业务，各行行长能统一这个认识，我的任务就完成了，明年我们干起这个活来就更加起劲了。

（二）切实提高营销能力，积极拓展商品融资客户群。

要加大对本地区商品资源的研究力度，制定商品融资发展规划，每个行都要制定。加大市场营销的力度，拓展客户群，发掘业务机会，具体我不多讲了。最近和董事长一起去江苏无锡调研，听取了他们重点县支行的报告。他们对商品融资都提出了很高的要求、寄予了很大的希望，认为商品融资潜力很大。不过他们提出总行对商品融资准入的合作机构、商品的名单管理太严了，提出加大非商品融资业务发展的力度，我听了一下认为不对，他们还是想发展商品融资业务，只不过他们提出的“非”是指没有列入总行的标准的商品融资业务，其实也是商品融资。

（三）加大产品创新和服务创新力度，增强风险控制能力。要努力做好重点商品、潜力客户的个性化融资产品开发，进一步提高商品融资前中后台的专业能力。同时，要进一步提高风险意识，加强对风险的研究和预判，加强风险管理。

（四）加强与物流监管公司的业务合作，保持信息高度畅通。目前我们与物流公司的合作还是满意的，没有发现重大风险事件。委托第三方物流公司来监管商品，是控制商品融资业务风险的前提。要充分发挥大型物流公司的监管经验、技术专长以及完善的质押监管风险控制系统作用，正确处理各种预警事件，采取协调一致的积极措施，确保融资与监管安全 。

（五）创新业务模式，积极推进标准仓单融资业务的开展。这是一个大问题。我今天听说，银监会同意建设银行搞试点，我就着急了，因为当时搞商品融资的时候，我就提出了这个问题，既然作为仓单质押就有标准的和非标准的，在某种意义上讲，标准的还是很重要的。现在我们只开展了非标准的，标准的还没有搞。今天机构部的同志也来了，希望你们回去汇报一下，由你们牵头，由公司二部配合，争取让银监会将我们也列入试点，这两个部门要负责去向银监会争取。我个人认为标准仓单质押贷款应该大力发展，虽然银行监管部门还是谨慎的政策，但是肯定是会放开的，因为银监会担心的主要问题是标准仓单质押贷款是涉及期货市场，如果我们进行融资，信贷资金是不是会流入期货市场，但是同样的担心也存在于证券市场和其他市场。比如说，证监会开展的证券公司融资融券，这个开展以后，是允许商业银行对其融资，或者说证券公司是有融资需求的。我们也正在准备对证券公司进行授信，一旦开展融资融券的话，需要钱，我们也可以给他们。前几年我们也搞过股票质押贷款，这些股票是上市公司的股票，他们有融资需求，我们也贷了。所以这个问题在于怎么去界定。我觉得既然监管部门同意搞试点了，我们认为也是符合市场需求的，就需要大家一方面要争取试点，另一方面自己做好准备，在内部的业务流程、政策管理、风险管理等方面做好准备。

（六）深入研究贵金属市场，积极拓展贵金属商品融资业务。最近上海贵金属部挂牌，董事长也提出了要求，我们的贵金属也可以开展质押融资。当然贵金属融资不仅涉及工商银行贵金属业务部搞的这些贵金属，我们也可以通过上海黄金交易所、上海期货交易所进行托管的、验收的、确认的黄金、铂金等为标的物开展商品融资，当然和其他产品一样，我们要关注贵金属的行情和波动，现在看一直是在涨。

实际上，商品融资和大宗商品交易是相联系的，特别是标准仓单的质押贷款是和商品市场相联系的。工商银行把商品融资业务研究好了，发展好了，也能为下一步参与全球大宗商品的期货现货交易，打下一个很好的基础。我们知道，全球的商品期货是以芝加哥为中心，有很长的历史，围绕商品期货和金融期货衍生出了很多的产品，总的来说为金融发展作出了很多贡献。尽管此次金融危机中，以次贷为核心内容的金融产品造成了金融风险，造成了很大的损失，但是总体上，从全球发展的角度看，这种以大宗商品、金融期货为基础的业务还是要大力发展。从中国角度来看，长期以来，我们对期货没有研究。大宗商品的定价权，包括现货和期货的定价权，基本上掌握在外国人的手中，我们非常被动。因此，一方面我们要吸收金融危机中的经验教训，同时也不能因为发生一些风险出现一些问题就完全隔离这些产品，这也是不现实的。当然，这个事情和商品融资有一定联系，也有区别，商品融资现在做的主要是商品现货的质押融资，标准仓单融资做起来以后就会涉及期货市场的标准仓单质押，这就多一点大宗商品交易的感觉了。如果上海金融期货交易所开业，以股指期货和国债期货为标的的金融产品面市的话，我们作为特别结算会员再参与其中，代客户参与金融期货交易和清算，我们的感觉就更多了，这些方方面面结合起来，就为我们正式参与国际大宗商品现货和期货市场交易做好准备。我赞成董事长的观点，不能回避，要积极研究。虽然商品融资和这个目标还有比较大的距离，不是同一种业务，但在这里给大家讲讲，主要是说标准仓单质押、贵金属商品融资还有其他产品都会为丰富我们工商银行的产品作出贡献。

今天我利用这个机会和大家交换看法，我们的学员呢，也要利用这个机会，认真做好研究、做好思考。三天时间不算长，但你们能够静下心来好好研究问题，也是非常难得的机会。祝愿大家在长院学习愉快，能够对我们所研究的课题充满热情、进行更多的投入，以便我们在今后把这个新的业务产品发展得更好。

深入学习实践科学发展观
以落实惩治和预防腐败体系工作规划为重点
扎实推进党风廉政建设和反腐败工作

——在中国工商银行纪检监察工作会议上的工作报告

刘立宪

（2009 年 1 月 20 日）

这次会议的主要任务是：深入学习实践科学发展观，贯彻落实党的十七届三中全会和第十七届中央纪委三次全会以及全行工作会议精神，总结 2008 年全行党风廉政建设和反腐败工作，分析经济形势变化带来的新的情况和问题，研究部署 2009 年工作任务。

一、2008 年党风廉政建设和反腐败工作回顾

2008 年，在总行党委的领导下，全行各级党委纪委深入学习贯彻党的十七大精神，贯彻落实中央建立健全惩治和预防腐败体系《实施纲要》和《工作规划》，按照中央纪委和总行党委各项决策部署，以改革创新精神推进惩治和预防腐败体系建设，党风廉政建设和反腐败工作取得了新的进展，在廉政教育、管理监督、制度创新、案件防查、执法监察、长效机制和作风行风建设等方面取得了明显成效，为顺利实现第一个三年发展战略规划目标提供了有力保障。

（一）贯彻落实《实施纲要》和《工作规划》，扎实推进惩治和预防腐败体系建设。总行年初对全年落实《实施纲要》任务进行了分工，推动部室抓好落实，并将落实情况作为党风廉政建设检查的重要内容对部分部室进行了考核评价。各行进一步抓好任务分工和落实。根据中央印发的《建立健全惩治和预防腐败体系 2008—2012 年工作规划》，结合近两年来全行落实《实施纲要》情况，在深入调研、广泛征求意见的基础上，总行制定下发了贯彻落实规划的《实施办法》，对今后一个时期全行反腐倡廉总体任务进行了全面部署。各行将《工作规划》和总行《实施办法》纳入党委理论中心组的学习内容，着手制定实施方案，利用各种载体开展宣传，引导管理人员深刻领会基本精神和主要任务。全行教育、制度、监督、改革、纠风、惩治等方面工作呈现整体推进态势，反腐倡廉建设的良好局面进一步巩固和发展。

（二）强化教育与管理，推动管理人员廉洁自律工作取得新进展。各级行党委把党的十七大精神纳入理论中心组学习和党校党课教育内容，增强了管理人员学习贯彻中国特色社会主义理论体系的自觉性和坚定性。开展多种形式的警示教育活动，组织观看《诱惑的黑洞》等警示教育片，加强廉洁文化建设，各级管理人员廉洁从业的自觉性进一步增强。全行共有 1 730 名管理人员主动上缴了收受的礼金、有价证券和支付凭证 591 万余元。开展了公款出国（境）旅游专项治理工作，处理涉嫌公款出国（境）旅游 2 人；全行共压缩出国（境）团组 10 个，减少出访人员 64 人次。研发应用了廉政管理系统，进一步加强了对管理人员廉洁从业的监督管理。员工对管理人员廉洁从业满意度明显提高，2008 年举报总行管理干部的信访件 97 件，较上年下降 37.4%。

（三）落实党内监督各项制度和措施，切实加强对管理人员监督。总行建立了巡视工作制度，设立了巡视工作机构，制定下发了巡视工作规定和巡视工作实施方案，并对河北、天津分行等第一批巡视单位进行了巡视，全面了解和掌握了被巡视单位领导班子情况，总结了好的经验和做法，对存在的问题提出了改进意见和建议。总行制定下发了关于进一步落实党风廉政建设责任制的意见，提出了八条具体措施，并首批对总行 6 个部室落实责任制情况进行了量化检查评价，通报了检查结果，提出了整改要求，中央纪委对我行“总部抓、抓总部”的做法给予了充分肯定。全行加强了对管理人员监督工作，全年共对违反责任制规定的 70 名管理人

员进行了责任追究，对6 272名管理人员进行了任前廉政谈话，对有苗头性问题的1 223名管理人员进行了诫勉谈话或函询，11 417名管理人员报告了个人有关事项，936名管理人员申报登记了配偶、子女经商办企业情况，同时有26 630名管理人员进行了述职述廉。总行机关部（室）务公开工作取得了初步成效。各级行进一步完善了行务公开制度。

（四）有效开展案件防范工作，进一步巩固案防成果。各行认真学习贯彻杨凯生行长在案件形势分析会上的讲话精神，把案件防范作为经营管理工作的重要组成部分来抓，与经营管理工作同研究、同部署、同检查和同考核，保证了各项案件防范工作制度和措施的落实。总行修订了案件防范工作责任制，进一步明晰了各级管理人员和各类岗位的案件防范责任，并通过层层签订责任书等形式促进了责任落实。继续加强对重要风险点防控，对年初确定的7个重要风险点进行了专项治理。继续开展员工不良行为动态排查，全行共排查出各类异常行为人员1 183人，组织处理799人，其中解除劳动合同59人。总行将行内近年来发生的6件典型案例制作成警示教育片下发全行，在全行集中开展了为期3个月的警示教育活动，收到了良好的效果。继续加强对重点监控行和重点关注行监控整改，总行和各分行都定期派员进行现场督导整改，切实提高了其案防工作水平。总行开展了对全行个人理财业务案件风险情况调研，提出了加强管理的建议和防范对策。各行在案防工作中积极创新思路和方法，如山东、河南分行大力开展执行力建设活动，有效地提高了基础管理和内控案防水平；辽宁分行依托支行行长坐堂制，着力构建内控案防工作网络，成功堵截了2起内外部案件。2008年，全行案件数和百万元以上案件数同比分别下降了50%和66.7%，千人发案率为0.03，实现了年初总行确定的目标。

（五）坚持从严治行，严肃查处违法违纪案件和违规违纪问题。全行共立案查处各类案件12件，涉案金额964.3万元，其中，百万元以上案件1件，涉案金额444万元。在查结的案件中，共处理责任人110人，其中开除3人，撤职16人，记大过18人，记过21人，警告23人，解除劳动合同7人。成功堵截外部诈骗、抢劫和盗窃案件11件，避免资金损失8 593万元。加强信访核查，全行纪检监察部门共收到信访举报2 020件次，同比下降11.1%；总行对26件重要信访件进行了直接查办，给予23人党纪政纪处分；对信访举报发现的6起案件线索进行核查并查实3件；对发现经营管理中的问题及时督促相关部门完善制度；对总行本部新提拔的169名处级干部廉洁从业情况进行了任前查询和评价；升级信访信息管理系统，促进了信访工作的制度化规范化。加强审理工作，总行严格按照规定对调查的9件案件和违规违纪问题进行了审理，进一步完善了审理工作制度和流程；我行审理工作得到了中纪委的肯定，监察室有关同志受到了表彰。

（六）加强作风和行风建设，切实维护员工合法权益和利益。总行对全行范围内作风建设情况进行了调查，征求意见和建议700余条，并整理成10个方面问题，对加强作风和行风建设提出了明确要求。总行和各分行结合开展学习实践科学发展观活动，查找作风方面存在的突出问题，认真进行整改，有力推动了作风和行风建设。总行还对反映侵害员工利益的4件信访件进行了核查，严肃处理了相关责任人；受理申诉7件，维护了员工合法权益和利益。各级行以举办奥运会为契机，深入开展“奥运服务年”、创建文明单位和文明窗口、民主评议行风等活动，持续改进服务，有力提升了工行的社会形象。

（七）开展“学规定、促合规”学习教育活动，不断增强员工依法合规意识。总行制定下发了《员工违规行为处理暂行规定》，并在全行广泛开展了“学规定、促合规”教育活动，组织编写了处理规定问答并印发给每个员工，总行监察室对全行教育活动进行了全程指导检查并对全部一级（直属）分行进行了现场培训，各一级（直属）分行绝大多数班子成员特别是“一把手”参加了现场培训。各行也采取多种形式开展学习教育活动。据统计，全行累计开展学习培训20 288次，培训人员42万余人次；编发学习简报4 899期，登载网讯信息3 044条。通过学习教育，提高了各级管理人员和员工的合规经营、合规操作意识，推动了全行党风廉政建设和案防工作的开展。

（八）加强执法监察和项目监督，有力促进制度落实和合规经营。重点对基层机构负责人执行内控案防制度和客户经理管理、集中采购、资产处置制度执行情况开展了执法监察。全行共成立执法监察组980个，对3 770个机构开展了执法监察，立项并办结846个。下达执法监察建议书2 097份，提出整改建议6 130条，督促完善制度355项，处理违规人员1 045人。总行重点对2家分行基层机构负责人落实内控案防制度情况和总行2个部室落实财务管理制度情况开展了执法监察，提出整改建议10余条。各行纪检监察部门共对3 723个共计金额41.2亿元的集中采购项目进行了现场监督；总行监察室对信用卡卡片、办公设备等总行10多个集中采购项目和营业大楼二期工程招投标项目进行了现场监督。

（九）扎实开展学习实践活动和主题实践活动，不断加强纪检监察队伍自身建设。在深入学习实践科学发展观活动中，注意突出实践特色，开展“做党的忠诚卫士、当群众的贴心人”主题实践活动，着力解决与科学发展观要求不相适应、不符合的突出问题，增强服务、保障、推动全行科学发展的能力。认真抓好一级（直属）分行纪委班子建设，督促各行选好配强纪委书记和监察室主任。总行监察室增设了内设机构并配备了人员，各行也选调了一批年富力强的同志充实到纪检监察岗位。建立了基层党风廉政建设信息员制度，总行选择山东、辽宁、山西、四川、湖南、内蒙古、厦门7家分行进行了试点，推广了四川、辽宁、山西3家试点行经验，全行设立信息员6 322人。加强纪检监察业务培训，全行共举办培训班957个，总行先后举办了一级（直属）分行监察室主任和二级分行纪委书记等培训班，组织全行50多名纪检监察人员参加了中纪委举办的业务骨干培训班和境外培训班。

在充分肯定成绩的同时，还要客观地分析和准确地把握当前全行反腐倡廉建设中存在的一些问题，主要是：一些管理人员仍存在重发展轻管理、重业务轻内控案防等背离科学发展观要求的倾向；一些管理人员对党风廉政建设重视不够，所在单位反腐倡廉成效不明显，不廉洁事件和案件时有发生；一些管理人员廉洁自律意识不强，仍有利用职权收受好处和侵占员工利益的情况，甚至个别的发展为职务犯罪；一些管理人员案件防范警惕性不高，履职松懈，致使案防制度不落实，操作风险引发的案件仍有发生；一些管理人员艰苦奋斗精神和勤俭节约意识不强，存在铺张浪费的现象；少数员工违规违章现象仍然比较突出，个别人违规经商办企业问题仍然存在等。对此，我们要高度重视，认真研究解决。

二、2009年全行党风廉政建设和反腐败工作的主要任务

2009年，是全行深入贯彻落实科学发展观、积极应对国内外严峻经济形势影响、实现第二个三年发展战略规划的关键一年，也是贯彻落实《工作规划》和总行《实施办法》、推进惩治和预防腐败体系建设的重要一年，工作目标、任务、措施和要求都已明确，关键是抓好落实。2009年就是《工作规划》和《实施办法》的落实年。全行各级党委纪委要全面贯彻执行党的十七大以来中央的各项决策部署，以邓小平理论和“三个代表”重要思想为指导，深入贯彻落实科学发展观，以完善惩治和预防腐败体系为重点，以改革创新精神抓好《工作规划》和总行《实施办法》的落实，加强对落实中央关于推动科学发展、实现经济平稳较快增长决策措施和总行决策部署情况的监督检查，着力解决管理人员党性、党风、党纪方面存在的突出问题，落实党风廉政建设责任制，有效预防职务犯罪，落实各项案防措施和要求，持续保持低发案态势，力争取得反腐倡廉和案件防范工作新成效，为全行改革发展稳定提供坚强保证。

（一）落实监督检查职责，保证中央科学发展的重大方针政策和总行各项决策部署的贯彻执行。保证科学发展观的贯彻落实，是全行各级纪检监察部门的重要职责。各级纪检监察部门要把贯彻落实科学发展观作为当前和今后一个时期监督和查处工作的重要内容，切实解决影响和制约科学发展的突出问题，当前，要协调有关业务部室加强对中央宏观调控特别是扩大内需保持经济平稳较快增长政策措施和总行各项决策部署执行情况的检查，切实防止和坚决纠正各种违背科学发展观要求的现象，严肃查处违规违法行为，保证中央的决策和总行党委的部署落到实处。

（二）落实《工作规划》和总行《实施办法》，深入推进惩治和预防腐败体系建设。中央印发的《工作规划》和总行制定的《实施办法》是当前和今后一个时期全行反腐倡廉建设的重要指导性文件，各级党委要深刻领会文件的基本精神和主要任务，将其列入重要议事日程，认真抓好贯彻落实。总行监察室要抓紧对总行部室落实任务进行分工，明确各项任务牵头部门和协办部门，并督促抓好落实。各行要于5月底以前制订好实施方案并上报总行，并采取各种形式加强学习宣传，落实任务分工和组织实施。各牵头部门要认真履行职责，协办部门要积极配合，共同完成分工任务。各级纪检监察部门要加强监督检查，把落实情况作为党风廉政建设检查的重要内容进行考核评价。通过落实《工作规划》和总行《实施办法》，整合监督资源，形成网状合力，发挥整体效能，深入推进惩防体系建设。

（三）落实党风廉政教育和廉洁自律的工作要求，巩固党风廉政建设成果。一是重点抓好对各级管理人员的廉政教育。各级党委纪委要结合深入学习实践科学发展观活动，加大对管理人员党性、党风、党纪教育的力度，既要抓好正面引导、示范教育，促使各级管理人员坚定理想信念，增强立党为公、执政为民的自觉性和坚定性，也要抓好反面警示教育，帮助各级管理人员算好“七笔账”，把好人生的“六道关”，真正树立正确的人生观、价值观和权力观。要把增强管理人员抵制各种诱惑的能力，作为廉政教育的重要内容。要加大培训力度，把党风廉政教育列入管理人员的教育培训规划，同管理人员的培养、选拔、管理和使用结合起来。二是大力开展岗位廉政教育。要把岗位廉政教育纳入员工全年教育计划，根据不同岗位特点确定教育内容，增强教育的针对性，并与开展职业道德教育、依法合规教育、制度教育等结合起来，增强教育的有效性。三是进一步加强廉洁文化建设。各级党委要把廉洁文化建设纳入企业文化建设规划，明确建设目标和要求，不断丰富内容和形式，培育具有感染力、亲和力和影响力的廉洁文化，在全行积极营造“淡如秋菊无妨瘦，清似莲花不染尘”的廉洁文化氛围。四是加强制度建设，巩固廉政教育的成果。各级党委要认真探索廉政教育的普遍规律和管理人员教育的特殊规律，将实践证明行之有效的做法制度化，建立一个保证廉政教育持续、适时、有效进行的制度体系，将廉政教育的成果体现在制度建设之中。

认真抓好管理人员廉洁自律各项规定的贯彻落实，

严格禁止管理人员利用职务上的便利谋取不正当利益。根据第十七届中央纪委三次全会着重强调的廉洁自律要求，结合当前管理人员廉洁从业方面存在的突出问题，今年重点抓好以下工作：（1）严禁管理人员违反规定收送现金、有价证券和支付凭证，收受干股等行为。（2）落实管理人员配偶和子女从业、投资入股、到国（境）外定居等有关事项报告登记制度，严禁发生与我行及公共利益冲突的行为。（3）严禁管理人员利用和操纵集中采购项目、基建工程招投标项目，为本人和特定关系人谋取私利。（4）治理违规组织集资合作建房、超标准建房等问题；纠正管理人员违反规定多占住房、以明显低于市场价格购置住房或以劣换优、以借为名占用他人住房等问题。（5）严禁管理人员相互请托，违反规定为对方的特定关系人在就业、投资入股、经商办企业等方面提供便利，谋取不正当利益。继续开展治理“小金库”工作；纠正超预算、超标准新建和装修办公用房，以及超标准超编制配备使用小汽车的问题；从严控制出国（境）团组数量和规模及在境外停留时间等。

（四）落实案防责任和措施，实现案防工作目标。当前，随着经济形势的变化，全行面临较大的案件反弹压力，尤其是一些重大违规操作事件的发生，表明我行面临的案防形势严峻。各级行党委对此必须保持清醒的头脑，进一步加大工作力度，切实巩固案防成果。今年全行案防工作目标是：千人发案率控制在0.15以内，有效控制百万元以上大案，力争案件各项指标保持较低水平。为确保实现上述目标，一是要继续抓好案件防范工作责任制的落实。总行去年修订下发了案件防范工作责任制，各行要进一步细化各级管理人员和专业部门负责人责任，通过检查、考核等措施确保各项案防责任落到实处。二是要继续开展对重要风险点防范工作。今年各行要着重抓好客户经理违规代客操作、基层机构负责人越权行事、空白重要凭证保管和使用、自动柜员机管理和个人信贷、理财、银企对账业务以及员工违规经商办企业等8个重要风险点的防控治理工作，要将治理责任分解到相关专业部门，落实到具体岗位和人员，对涉及多个部门的要明确治理工作牵头部门，专业部门要定期对本专业风险点的治理情况进行自查，内控监察部门要加强监督检查，确保各个风险点得到有效治理。总行要重点抓好全行理财业务和员工违规经商办企业2个风险点的防控治理；风险管理、内部审计、内控合规、纪检监察等职能部门要加强对总行运营业务操作风险的检查监督和计算机系统应用控制风险的防控。三是要进一步加大对员工不良行为动态排查力度。在抓好日常排查工作同时，各行要重点对员工违规经商办企业情况专项排查登记，同时也要对员工配偶、子女及其他直系亲属经商办企业情况进行了解和登记，6月底以前要将排查摸底情况报总行监察室。四是要建立约谈和关注制度。总行今年将对内控管理薄弱、风险隐患突出或案件高发多发的分行行长、分管副行长、纪委书记和相关业务部门负责人进行约谈，限期采取措施、落实责任，定期、不定期派员现场督导整改，并将整改情况适时作为对其高风险业务停（复）牌的依据。总行约谈和关注制度办法下发后，各行要结合实际情况，确定约谈和关注对象，促其提高内控案防水平。五是要继续深入开展员工违规行为处理规定教育工作。去年全行开展的“学规定、促合规”教育活动取得了明显成效，为巩固教育成果，进一步增强员工合规意识，总行决定今年上半年在全行接续开展“学规定、促发展”主题教育活动。各级行都要制定实施方案，抓好落实。各专业部门要把教育活动与本专业工作结合起来，针对业务流程中违规行为易发多发环节，认真查找风险隐患，使合规要求切实落实到每个岗位和每个员工，促进业务健康发展。要把教育活动与全行开展的行内典型案例警示教育结合起来，增强教育效果。六是要有效提高案件防范“三率”。案件成功堵截率、自查率和及时查出率是近期银监会对商业银行案件防查工作提出的新要求，各级行要认真研究落实，并通过增强全员案防意识、发现案件线索的敏锐性、案件线索处置能力，有效提高案件成功堵截率、自查率和及时查出率。七是要继续深化治理商业贿赂工作。认真组织学习近期“两高”出台的有关商业贿赂问题的司法解释，明确有关商业贿赂犯罪的界限，继续开展自查自纠，严肃查处商业贿赂行为和贿赂案件，完善防治商业贿赂相关制度，推进长效机制建设。

（五）落实案件查办工作，严厉惩处违规违纪行为。今年全行案件查处的工作目标是：涉案资金追缴率达到50%以上，结案率达到75%以上。一是要紧紧围绕科学发展观的贯彻落实开展查办案件工作。各级纪检监察部门要认真履行职责，坚决查处并着力解决影响和制约科学发展的突出问题以及党员干部党性、党风、党纪方面群众反映强烈的突出问题，为科学发展观的贯彻落实提供坚强的纪律保证，确保政令畅通。二是要突出工作重点。今年案件查办的重点是违反政治纪律案件，弄虚作假、违规经营案件，管理人员特别是高管人员滥用职权、渎职等案件，受贿、贪污、挪用案件，内外勾结重大金融诈骗案件。各行要按照总行查办案件的部署和要求，抓住查办工作重点，做到有案必查、查案必严，确保每起案件都得到有效查处。三是要加强组织协调。纪检监察部门要加强与相关专业部门的协调，强化内部职能配合，善于从各种业务检查中发现案件线索，及时查处重大违纪违法问题。要充分利用司法机关在控制涉案人员、追缴涉案资金、突破案件等方面的优势开展查办案件工作；对案情重大且涉嫌犯罪的案件要协调司法机关提前介入，对具备移送条件的要及时移送。四是要严格依法依纪办案。要坚决贯彻落实中纪委《关于纪检监察机关严格依纪依法办案的意见》和《关于进一步加强和规范办案工作的意见》以及总行有关案件查办工作要求，严格执行案件线索排查、上报、立案、调查等各项规定，把依纪依法办案贯穿于案件查办工作的全过程。五是要加强信访举报核查工作。继续抓好领导批办、上级转办和涉及高级管理人员等重要信访件的核查，适度扩大总行对重要信访件的直查范围；继续加强信访的巡访督导工作，促进下级行提高工作水平；按照中纪委有关规定，对因拖延推诿、漠视群众疾苦引发信访等问题的严肃追究责任；继续做好信访信息管理系统的升级工作，进一步提高信访举报工作的制度化规范化水平。六是要加强审理工作。要坚持查审分离制度，既严格依纪依规惩治，又切实保障被处分人合法权益，务必做到事实清楚、证据确凿、定性准确、处理恰当、手续完备、程序合法。七是要发挥查办案件的治本功能。加强对查办案件和违规违纪问题的分析研究，对带有普遍性和倾向性的问题要及时提出防范对策，对制度和流程方面的漏洞要督促相关部门及时完善；严厉惩处违纪违法行为，发挥惩处的威慑作用，有效遏制案件发生。

（六）落实对重点领域和关键环节改革的配合措施，深化治本抓源头工作。加大改革和制度创新力度，把规范权力运行、强化监督惩处结合起来，努力在重点领域和关键环节取得新的突破。继续配合有关部门深入推进组织人事制度、财务管理制度、信贷管理体制等改革，进一步完善符合科学发展观要求的管理人员综合考核评价制度，拓宽选拔工作中的民主渠道，扩大公开选拔、竞争择优范围，完善选拔任用的决策机制，加强对管理人员选拔任用工作的监督；进一步完善财务管理系统，健全财务制度；进一步加强信贷业务流程建设，完善审贷分离机制。

在推动上述领域源头治理的同时，今年要重点配合相关部门推进业务审批权、集中采购等关键环节的改革。要完善各项业务审批权的制约机制，科学配置和合理划分各项业务审批权，使决策、执行、监督各个环节形成既相互制约又相互协调的权力结构和权力运行机制。总行各部门要进一步明晰审批职责，明确审批时限，建立审批事项公开制度，在部门内部和各分行公开审批流程、审批进度和审批完成时限，接受本部员工和各分行以及客户的监督，防止权力滥用和权力寻租等；各行也要建立审批事项公开制度，保证各项业务审批权的正确行使和规范运行。要以有效节约、方便快捷、易于操作、防范寻租为原则，进一步扩大和调整集中采购范围和采购集中度。

（七）落实对管理人员特别是主要管理人员的监督，确保权力正确行使。一是深入推进党风廉政建设责任制的落实。去年总行党委印发了《关于进一步落实党风廉政建设责任制的意见》（工银党［2008］61号），各级党委纪委要认真抓好落实；今年总行将修改下发党风廉政建设责任制实施办法及配套制度，各行要进一步细化责任内容，界定职责，完善组织领导和工作机制。总行将继续对部分分行和总行部室落实责任制情况进行量化检查评价，各行也要加强对本部部室和下级行落实责任制情况考核。要及时通报检查评价结果并将其纳入行长年终经营绩效考核。二是继续搞好巡视工作。今年总行将在总结去年巡视工作基础上，结合学习实践科学发展观和党风廉政建设责任制检查的情况，有选择地对2—3家分行开展巡视，促进分行班子建设。三是加强廉政管理系统的应用。及时将责任制检查、巡视、信访举报等工作中对管理人员评价内容输入系统，不断完善增量信息，充分发挥其在管理人员培养和使用等方面的基础作用。四是深入开展执法监察。今年全行要重点做好执行集中采购、财务管理、客户经理管理和网点装修改造工程招投标制度四个方面情况的执法监察工作，其中执行集中采购制度情况为全行指令性项目，各行要对三分之一以上机构进行检查，着重解决占比低、集中度不高和流程不规范等问题；总行将继续对本部和直属机构落实财务制度情况和部分分行执行网点装修改造工程招投标制度情况开展执法监察，各行也要对本行执行有关制度情况开展执法监察。五是加强对集中采购和基建项目招投标的监督。逐步建立全行集中采购供应商台账，增加供应商遴选、供应商黑名单等监督要素；修改下发集中采购监督办法，明确事前、事中、事后监督的内容，进一步规范监督工作。六是推进基层民主管理。进一步抓好各级职代会建设和行务公开制度的落实，畅通员工监督渠道，充分发挥员工的监督作用。七是抓好党内监督各项制度落实。认真贯彻执行党内监督条例，加强对民主生活会、述职述廉、诫勉谈话和函询等制度执行情况的检查；严格执行管理人员报告个人有关事项的规定。八是整合监督资源和灵活运用监督方式方法。要科学利用各种监督资源，对内要加强与内审、内控等部门的协调配合共享各种检查成果，对外要加强与地方纪检监察部门和司法机关的沟通联系争取支持，使各种监督资源利用最大化。要灵活运用经常性检查和不定期的突击性检查、明查、暗访等方式方法，利用网讯等载体宣传检查发现的各种好做法，批评存在的不良现象，推动各单位党风廉政建设和管理人员廉洁从业、依法合规经营。

（八）落实加强作风建设的各项制度，切实维护员工的合法权益。一是大力加强作风建设。各级党委和管理人员要按照胡锦涛总书记在第十七届中央纪委三次全会上讲话要求，把作风建设提高到党性修养的高度来认识，努力成为政治坚定、作风优良、纪律严明、勤政为民、恪尽职守、清正廉洁的领导干部，进一步加强管理人员的思想作风、学风、工作作风、领导作风和生活作风建设，继续抓好联系行联系点、简化和规范公务接待活动、精减会议和文件、压缩经费开支、严禁公款出国

（境）旅游等制度规定的落实，坚决纠正公款大吃大喝、高消费和讲排场、比阔气、奢侈浪费等不良风气。加强对管理人员作风状况监督检查，及时发现和解决苗头性、倾向性问题。二是切实维护员工合法权益。加强对举报涉及员工利益的信访件的核查，严肃查处侵害员工利益的行为；严格按照《员工违规行为处理暂行规定》处理员工违规行为，认真受理员工申诉，维护员工的合法权益；坚持以人为本，认真解决员工反映的突出问题，防止和化解矛盾，营造和谐稳定的环境。三是进一步加强行风建设。继续抓好文明单位、文明窗口创建活动和民主评议行风活动，办好行风热线，接受社会各界监督。

三、以科学发展观统领反腐倡廉各项工作，全面提高履职能力

随着国际经济危机和国内经济增速放缓，今年乃至今后一段时间将是全行股改上市以来经营形势最为复杂的时期，面临风险防控、持续盈利和市场竞争的严峻考验。面对严峻经营形势和复杂市场环境，各级纪检监察部门要站在全局高度，认清形势，坚定信心，肩负起使命和责任，以科学发展观为统领，全面提高履职能力，更好地保障和推动全行科学发展。

（一）以科学发展观为指导，认真谋划反腐倡廉工作。一是谋划如何更好地服务中心工作。要紧紧围绕建设国际一流现代金融企业的中心任务和建设全球最盈利、最优秀、最受尊重银行的目标，把反腐倡廉和案件防查工作融入到各项业务领域和经营管理的各个环节，认真解决影响和阻碍业务发展的各种问题，有力保障和促进业务健康发展；把反腐倡廉工作融入到党的建设和企业文化建设的各个方面，认真解决各种影响和制约因素，不断推动党的建设和企业文化建设。二是谋划如何更好地以人为本。要始终注意处理好严格执纪与教育保护的关系，把加强对管理人员监督与发挥管理人员主观能动性结合起来，既毫不手软地惩治各种腐败行为，又重视教育挽救犯错误的同志，既严格划分一般错误和违纪违法的界限，又严格区分改革中因缺乏经验出现的失误和违法违纪的界限，既加强对管理人员监督，又充分信任、保护和激励管理人员；切实增强群众观念，维护群众利益，不断拓宽员工参与反腐倡廉建设渠道。三是谋划如何更好地创新方式方法。要改革创新和开拓进取，紧密结合当前我行经营转型与结构调整、整体推进与区域发展、综合化与国际化战略实施，以及产品、流程、服务、制度创新，不断改进工作思路、完善工作机制、破解工作难题，使反腐倡廉建设更加贴近实际和富有成效；要惩防并举和重在建设，以建设性的工作思路、举措和方法推进反腐倡廉工作，使惩治与预防、教育与监督、深化改革与完善制度有机结合，形成反腐倡廉建设的文化氛围、体制条件和制度保证；要统筹推进和综合治理，把改革的推动力、教育的说服力、监督的制衡力和惩处的威慑力有机地结合起来，把阶段性任务和战略性目标有机地结合起来，不断增强工作的科学性、系统性和前瞻性；要突出重点和分类指导，紧紧抓住腐败现象易发多发的重要业务领域和关键环节，以管理人员为重点，以规范和制约权力运行为核心，探索有效途径，实施分类指导，力争取得反腐倡廉工作的新进展。

（二）用科学发展观要求检验工作成效，提高开展反腐倡廉工作的能力和水平。一年来，各行纪检监察部门围绕中心、服务大局，始终把纪检监察工作放到经营发展的全局中谋划，突出重点，狠抓任务落实，不断推进工作科学化、规范化和制度化，各项工作取得了显著成效。但必须清醒地看到，在全面履职和服务大局方面还存在着明显的不足，如有的纪检监察部门负责人工作主动性差，有的原则性不强，有的满足现状工作缺乏创造性，有的对队伍建设情况研究不够缺乏有效对策等，甚至有的单位仍有重大违规事件和案件发生，反腐倡廉成果不明显。对此，各行纪检监察部门要引起高度重视，在今后工作中着力加以解决，不断提高履职能力和水平。一是提高执行的能力。要带头讲政治、讲制度、讲纪律，有令必行，有禁必止，确保纪律严明、政令畅通，要准确地把握总行各项决策和部署的实质，结合实际找准落实的关键点，以四两拨千斤的技巧和不达目的不罢休的韧劲，推动总行各项决策部署和制度的有效落实。二是提高组织协调的能力。要主动承担组织协调责任，敢于协调、善于协调、勤于协调。工作中要联系上下、沟通左右、协调内外，充分调动各方面的积极性。进一步完善防查案件、廉政教育等方面协调机制，形成合力，推动反腐倡廉和案件防查各项工作深入开展。三是提高带队伍的能力。要以身作则，发挥表率作用；要知人善任，细心发现人才、正确识别人才和合理使用人才；要创造良好的工作环境，营造鼓励探索、支持创新、宽容失误的氛围；要加强业务指导，提供良好的学习培训机会；要关心爱护纪检监察干部，解决他们工作和生活中的实际困难，调动他们的积极性和主动性。四是提高准确把握和抓制度落实的能力。要认真学习各项制度，熟悉制度内容，准确把握制度制定的目的、意义和作用；要认真研究制度落实的措施，加强监督检查，及时发现和解决问题，确保各项制度得到有效落实。五是要提高发现和解决问题的能力。要增强敏锐性和提高洞察力，善于从蛛丝马迹中发现问题，见微知著，捕捉并消除各种风险隐患；要对发现的问题深入分析，认真研究对策，使各种问题得到有效解决。

（三）以开展深入学习实践科学发展观活动为契机，进一步加强纪检监察队伍自身建设。各级纪检监察部门要按照总行党委的部署和要求，继续开展深入学习实践科学发展观活动和“做党的忠诚卫士、当群众的

贴心人”主题实践活动，并以此为契机进一步加强自身建设。要加强教育培训，重点结合经营活动，有效开展纪检监察工作的业务技能以及经济、法律、科技特别是银行业务知识的学习培训，不断丰富纪检监察干部的知识结构，拓宽工作视野，提高专业水平。要加强监督管理，使纪检监察干部始终保持谦虚谨慎、奋发有为的精神状态和恪尽职守、秉公执纪的职业操守，带头执行管理人员廉洁从业各项规定，严格遵守各项纪律特别是办案纪律和保密纪律。要加强组织建设，继续抓好纪委班子建设，优化年龄和专业结构，积极推动纪委书记异地交流工作；抓好基层党风廉政建设信息员队伍建设，各行要学习参照试点行经验，进一步完善管理办法，加强信息员管理，通过培训等形式提高其履职能力，发挥他们应有的作用，推动基层党风廉政建设；探索建立纪检监察干部滚动进出机制，总行转发了山西分行的经验，各行可在借鉴基础上，建立符合本行实际的滚动进出机制，畅通进出渠道，充实力量，提高素质，促进纪检监察干部队伍建设。

同志们，2009年是我行实施第二个三年发展战略规划的第一年，面对严峻的经济金融形势，任务更加艰巨。全行各级纪检监察部门要在党委的领导下，深入贯彻落实科学发展观，以更加坚定的信心和更加有力的措施，扎实推进党风廉政建设和反腐败工作，取得反腐倡廉新成效，为全行又好又快发展提供坚强有力的保障。

认清形势　坚定信心
团结动员广大员工
为实现全行健康平稳快速发展再立新功

——在中国工商银行工会工作现场会上的讲话

刘立宪

（2009年3月17日）

这次会议我们以现场会的形式召开，主要是为了推广一些行的好经验、好做法，便于大家相互交流、相互借鉴，使会议开得更加生动、直观，效果更好。会议的主要内容是，学习贯彻中国工会十五大和全行2009年工作会议精神，回顾总结2008年工会工作，深刻分析当前工会工作面临的新形势、新任务，团结和动员广大员工振奋精神，坚定信心，扎实工作，为实现全行健康平稳快速发展作出新的贡献。下面，我讲三点意见。

一、2008年工会各项工作取得了明显成效

2008年是我国发展进程中极不寻常、极不平凡的一年。一年来，在总行党委的领导下，全行各级工会组织和广大工会干部认真践行科学发展观，积极应对困难和挑战，在围绕中心、服务大局、促进和谐、应对时艰中充分发挥了职能作用，促进了全行各项业务和经营效益的快速发展，工会工作得到了总行党委的肯定和全行员工的认可。回顾一年来的工作，主要有以下几个特点：

一是广泛开展劳动竞赛，建功立业活动成效显著。紧紧围绕全行工作中心，以提升员工业务技能为目的，广泛开展了各种目标明确、内容丰富、重点突出、形式多样的劳动竞赛和业务技能比赛活动。一年来，全行累计举办各类技术比赛11 219次，参与员工达31.75万人次。总行成功举行了全行个人客户经理营销技能比赛和营业经理业务技能比赛，并组织其中的优秀选手通过视频方式在全行进行了集中展示。进一步丰富了员工业余文化生活，举行了迎奥运全行员工乒乓球比赛和纪念改革开放30周年暨工商银行成立25周年员工书法美术作品展示活动，受到广大员工的喜爱和好评。组队参加了全国职工学习十七大精神主题知识竞赛并获得第一名，取得了金融系统有史以来的最好成绩，得到中国金融工会的肯定，为工商银行争得了荣誉。积极开展劳模和各类先进的推荐评选，全行2个单位、3名个人分别荣获全国五一劳动奖状（章），4个单位获得全国工人先锋号，14个单位获得全国巾帼文明岗，25个单位分别获得省部级五一劳动奖状和工人先锋号荣誉称号，41名个人获得金融系统五一劳动奖章。

二是强化工会组织建设，民主管理取得重要突破。进一步加大工作力度，认真落实总行党委关于一级（直属）分行建立职代会制度的要求。目前，全行已有36家一级（直属）分行建立并召开了首届职代会，提前完成了总行党委交办的工作任务。各行普遍建立了职代会工作机构，全年累计征集职工代表提案40 430件，落实32 961件，落实率达81.5%。不断完善行务公开

制度，进一步畅通信息传递渠道，规范的内部信息披露制度逐步形成，员工知情权、参与权、监督权得到有效落实和保障。总行党委下发了《关于加强分支行党团工会组织工作机构建设的意见》（工银党［2008］40号），有力推动了基层工会组织建设。深化职工之家创建工作，不断增强基层工会的活力，全行有3个单位分别被评为“全国模范职工之家”和“模范职工小家”，20个单位分别被评为“全国金融系统模范职工之家”和“模范职工小家”。

三是加强服务质量监测，整体服务水平明显提升。以“奥运服务年”为契机，加大服务检查、测评和现场指导力度，全年共组织了16个检查组，对36家一级（直属）分行、360个营业网点、2 442台自助机具设备进行了现场检查和测评，分别对1 800户对公客户和3 600名个人客户进行了满意度调查，客户满意度均达到85%以上。奥运会期间，重点加强对北京、天津、上海等6个奥运赛区城市行现场服务质量的检查和指导，通过大量艰苦细致的工作，全行实现了奥运服务零差错、零投诉，得到总行党委和中国银行业协会的充分肯定。

四是建立健全有效机制，和谐劳动关系建设取得突出成果。建立健全特困救助长效机制，有效解决了特困救助资金的来源和渠道问题。总行下拨资金1 298万元，对全行11 022名特困员工进行了帮扶救助。各级行累计配套资金1.79亿元，慰问和救助员工121 048人次。四川汶川地震发生后，按照总行党委的要求，组织全行员工迅速开展了抗震救灾捐赠活动，募捐资金8 869万元，履行了大行的社会责任，得到了全社会的广泛赞誉。另外还从工会经费中下拨专项资金对四川、甘肃、陕西等受灾分行因灾造成特困的员工，实施了有针对性的帮扶救助。完善劳模管理机制，继续组织全行高、中层管理人员、劳模和各类先进人物疗休养，受到了总行党委的肯定和广大员工的好评，进一步提高了工会的凝聚力、影响力，总行工会被评为“全国职工疗休养工作优秀单位”。进一步健全劳动关系预警调处机制，配合有关部门认真处理群众信访，及时化解了涉及劳动关系的各种矛盾。建立女员工特殊保护机制，推行女员工权益保护专项集体合同的签订工作，并已在11家二级分行进行了专项集体合同的试点，收到了良好效果。

总之，过去一年来，在总行党委的正确领导下，通过各级工会组织的共同努力，全行工会工作取得了显著成效，也得到了总行党委和中国金融工会的充分肯定。在此，我代表总行党委，对在座各位以及全行所有工作在工会战线的同志们一年来的辛勤工作表示衷心的感谢和亲切的慰问！在肯定成绩的同时，我们也要看到工作中存在的一些差距和不足，比如创新工会工作的思路和方法还比较欠缺，工作机制还需要进一步健全和完善，服务大局、服务员工的能力和水平还有待进一步提高等，这些都需要我们在今后的工作中不断加以改进。

二、正确认识当前面临的新形势，增强做好工会工作的责任感和使命感

当前，工会工作正处在新的历史起点上，既面临着重大考验，又蕴含着良好机遇。今年是新中国成立六十周年，又是我行稳步推进股改后第二个三年发展规划实施的第一年，也是全面应对国际金融危机冲击面临困难和挑战最为严峻的一年。前不久召开的全行2009年工作会议，全面分析了当前国际国内经济形势，深刻指出全球金融危机还在扩散和蔓延，各种风险隐患和不确定因素不断增加，使全行面临的经营发展形势和环境更加严峻而复杂。因此，能否在应对经济金融形势给全行经营发展带来的严峻挑战中，充分发挥工会作为党联系广大员工的桥梁和纽带作用，积极引导广大员工树立应对困难和挑战的坚定信心，为实现全行健康平稳快速发展凝聚起共克时艰的强大合力，是对各级工会组织的重大考验。

中国工会十五大的胜利召开，胡锦涛总书记代表党中央所作的重要讲话，高度评价了工人阶级和工会组织的地位和作用，集中体现了党中央关于工人阶级和工会工作的一系列新思路、新观点、新论断，对新形势下坚持全心全意依靠工人阶级的指导方针，加强和改善党对工会工作的领导都提出了明确具体的要求，为我们坚持走中国特色社会主义工会发展道路、建设中国特色社会主义工会提供了坚实的理论支撑和强大的思想武器，也为工会开展工作创造了良好的环境和机遇。全行2009年工作会议明确提出了全年工作任务和经营发展的目标，为工会更好地围绕中心任务，服务经营发展大局，充分发挥自身职能优势，提供了广阔的空间。

面对新形势，全行各级工会组织和广大工会干部必须深刻认识经济金融形势对经营发展带来的新挑战、新机遇，准确把握劳动关系和员工队伍稳定面临的新矛盾、新问题，全面领会总行党委对工会工作提出的新任务、新要求，以工会十五大精神为指导，牢牢把握“围绕中心、服务大局”这一主题，充分发挥工会组织的独特优势和重要作用，为党委分忧，为员工解难，为深入推进和谐发展再立新功。各级工会干部要进一步增强做好工会工作的责任感和使命感，以更加积极的进取意识、更加顽强的拼搏精神、更加扎实的工作作风、更加显著的工作成效，坚定信心，迎难而上，团结广大员工勇敢肩负起时代的重任，在以下四个方面有新作为：

（一）切实增强责任意识，在服务改革发展大局上有新作为。应对困难和挑战，根本出路在于加快全行平稳健康快速发展。动员和组织广大员工团结一致、抓住机遇、共克时艰、共谋发展，是当前和今后一个时期工会工作的首要政治任务。各级工会干部要牢固树立大局

意识和全局观念，切实增强责任意识，明确工作重点，谋求新的突破。一要加强形势教育，积极引导员工树立应对危机冲击的坚定信心。要广泛运用各种方式和手段，有效利用各种载体和渠道，切实加强形势政策教育，引导员工正确看待当前的经营形势。既要充分估计风险和困难，增强忧患意识和危机感，又要充分看到有利条件和积极因素，看到我行更加坚实的经营发展基础，增强攻坚克难的信心和勇气，化挑战为机遇，变压力为动力，为推进全行实现平稳健康快速发展充分发挥主力军作用。二要广泛组织动员，发动广大员工大力开展建功立业活动。积极探索建功立业的新途径、新办法，激发广大员工的劳动热情和创造活力。把评选劳动模范、创建“工人先锋号”活动作为凝聚员工力量、引导员工建功立业的重要载体，把推进业务和技术创新、做好优质文明服务、增强市场竞争力作为开展建功立业活动的切入点，不断完善员工建功立业的制度机制和活动方式。紧紧围绕支持经济发展、稳定资产质量、保持盈利增长、提升竞争能力这一中心，积极引导广大员工立足本职岗位，大力开展“建功立业促发展”、“我为改革作贡献”等多种形式的劳动竞赛和技能练兵活动，切实把广大员工的智慧和力量凝聚到贯彻落实总行党委的各项部署和要求上来，为推动发展献计出力。三要大力选树先进典型，发挥模范人物的示范带动作用。通过积极评选和推荐申报建功立业活动中涌现出来的各类先进典型，表彰和宣传一大批先进模范人物，在全行大力营造学先进、赶先进、争当先进的氛围，激励广大员工立足本职、踏实工作，争创一流工作、一流服务、一流业绩和一流团队，为全行改革发展多作贡献。

（二）充分发挥工会“大学校”作用，在提升员工素质上有新作为。在当前形势下，提升员工素质，有效应对困难和挑战，稳定劳动关系，是对员工利益的最大维护。各级工会要从战略高度充分认识发挥工会“大学校”作用，提高员工队伍整体素质的重大意义，切实增强工作的紧迫感和责任感。一要以提高员工的综合素质和业务技能为目标。全面实施员工素质提升工程，深入推进“创建学习型银行，争做知识型员工”和“职工书屋”建设活动，不断创新员工学习载体，搭建员工学习平台，激发和调动广大员工获取知识、更新知识的积极性、主动性和创造性。充分利用员工业余学校、周末课堂等员工业务培训阵地，采取集中培训、视频授课、远程教育等多种形式，全面拓展员工培训渠道和培训项目。要根据员工队伍年龄总体偏大的特点，加强针对性强、操作性强的技能培训，适应业务发展的适岗培训，为全行新一轮发展积聚力量。二要以增强员工的创新能力为重点。创新是提升核心竞争力和推进科学发展的动力和源泉。要在广大员工中积极营造浓厚的学习探索风气、改革创新风气和求真务实风气，大力激发广大员工的创造活力，使广大员工的创新智慧竞相进发、创新能量充分释放、创新成果大量涌现。广泛开展业务和技术创新，引领广大员工争创“创新能手”、“创新示范岗”和“创新型集体”，培养更多的掌握新知识、新技能、新业务的知识型员工和一线创新人才，为建设创新型银行充分施展才华。三要以加强组织领导为保障。要建立健全“大学校”的组织领导体制，加大资源投入，鼓励开展有利于提高员工队伍整体素质的活动和工作，努力建设一批高标准、示范性的“大学校”阵地。各级工会要因地制宜，充分发挥广大员工和工会干部在工会“大学校”建设中的主体作用，善于发现和总结先进经验、有效做法，广泛运用先进典型的示范作用推动工作。

（三）始终坚持以人为本，在推进和谐发展上有新作为。各级工会要把推进和谐发展摆在更加突出的位置，在全行上下积极营造“工行关心员工权益，员工关心工行发展”的良好氛围，创造有利于改革发展的和谐环境。一要全力维护好广大员工的根本利益。主动适应员工思想活跃性、差异性增强的趋势，牢牢把握银行和员工之间根本利益的高度一致性和具体利益的相对差异性的特点，加强正面宣传，做好心理疏导，引导广大员工以理性合法的方式表达利益诉求，成为增进团结、维护稳定、促进和谐的中坚力量。二要建立健全以职代会为基本形式的民主管理制度。在扩大职代会、行务公开建制率和覆盖面的基础上，积极推进民主管理的制度化、程序化、法制化进程，使职代会和行务公开的内容更丰富，程序更规范，作用更明显，党委和员工更满意。三要抓住发展和谐劳动关系这条主线，以开展创建劳动关系和谐银行为载体，以解决劳动关系中的突出矛盾和问题为重点，力争把劳动关系矛盾解决在基层、化解在萌芽状态，巩固和发展劳动关系整体和谐、员工队伍团结稳定的良好局面。充分运用各种资源和手段，千方百计为员工做实事、办好事、解难事，加大对困难员工的帮扶力度，把送温暖工作做得更深入、更细致、更有实效。

（四）不断加大改革创新力度，在增强工作活力上有新作为。充分激发工作活力是做好工会各项工作，增强工会整体工作效应的重要保证。要以提高服务科学发展、服务广大员工的能力和水平为目标，创新思路和方法，不断扩大工会组织的覆盖面和影响力。一要在增强工会活力的载体上动脑筋、想办法。各级工会要善于总结和推广基层工会的新鲜经验，尊重和保护基层工会的首创精神，不断创新增强活力的载体。近年来，各行在职工之家建设活动中积累了许多宝贵经验，为推动业务发展、增强工会工作活力发挥了重要作用。要充分利用职工之家这个平台，通过建家带动其他活动的开展，通过其他活动的开展丰富建家的内容，努力建设一批组织健全、工作规范、作用明显、员工信赖的职工之家。二要在增强工会活力的基础上动脑筋、想办法。加快建立一支“政治坚定、业务扎实、作风过硬、廉洁自律、专兼结合”的工会工作队伍，是做好工会工作的力量基础。要注意发现并大力培养热心工会工作、有一定专长的工会积极分子，充分发挥积极分子的骨干作用，群策群力搞好工会工作，增强工会组织的凝聚力。三要在增强工会活力的工作氛围上动脑筋、想办法。各级工会要加强与其他部门的联系与沟通，有效协调内外关系，提高工会工作的影响力和认同度，创造良好的工作氛围。要定期向党委汇报工作，把贯彻党委的重要指示和工作要求落实到工会的各项工作之中，充分运用好党委赋予的各项资源和手段，增强工会工作的有效性和针对性。

三、关于当前需要重点加强的几项工作

关于今年的工作，前不久总行工会印发的《2009年工会工作计划》已经作了比较全面和细致的部署，各行要统筹兼顾，认真抓好落实。这里，我重点强调以下几项工作。

（一）加强劳动竞赛和技能练兵的组织协调，推动各项业务快速发展。实践证明，组织开展目标明确、内容丰富、重点突出、形式多样的劳动竞赛和技能练兵活动，对调动广大员工积极性和创造性，促进各项业务快速发展具有十分重要的作用。各级工会要围绕全行的中心任务，紧密结合本行实际，广泛开展建功立业促发展劳动竞赛活动。要加强与业务部门的沟通协调，找准竞赛活动与业务发展的契合点，在结合上做文章，在落实上下功夫。要进一步创新竞赛活动形式，丰富竞赛活动内容，灵活运用各种手段，科学制定竞赛目标，大力激发广大员工的劳动热情，使竞赛活动呈现出生机勃勃的崭新局面。为充分发挥业务技能比赛和展演的示范和促进作用，调动广大员工的创新热情和积极性，总行将继续组织全行性的业务技能比赛和展演活动，举办全行电子银行业务技能比赛和牡丹卡知识竞赛活动。要加大宣传力度，建立健全制度，提高实效和影响，积极打造建功立业的平台，使竞赛和技能练兵活动真正成为促进全行业务健康平稳快速发展的重要推动力。

（二）加强和谐劳动关系建设，促进员工队伍稳定。随着业务转型和经营方式的调整，全行经营发展中一些潜在的问题会逐步显现出来，维护员工队伍稳定的任务更加繁重而艰巨。各级工会要正确处理维权和维稳的关系，从维护员工的整体利益出发，配合相关部门做好信访和维稳工作，妥善处理员工群体事件，把矛盾解决在基层、化解在萌芽状态。要按照总行党委加强员工思想政治工作的要求，充分发挥员工思想动态重点联系行制度的作用，深入了解员工利益诉求的新特点，及时掌握员工思想动态，加强政策解释和法制宣传，努力做好稳定所需、员工所盼、工会所能的工作。要认真分析研究影响劳动关系的带有倾向性、苗头性的问题，加强信息沟通和协调处置工作，会同相关部门，建立健全劳动关系调处应急机制，完善应急预案。加强对劳动关系矛盾的监测和预警，实现劳动关系重大问题的早发现、早报告、早处理，为各级党委提供决策依据。要加大对困难员工的帮扶力度，深入开展送温暖活动，重点加强因自然灾害或突发事件造成员工困难的帮扶救助工作。各级工会要做好新中国成立六十周年各项庆祝活动，总行将在今年国庆节前增加一次对新中国成立前参加革命工作的老战士、老同志和特困员工的走访慰问和帮扶救助。

（三）加强服务质量监测检查，确保服务品质提升年活动取得实效。抓好文明优质服务是总行党委交给工会组织的一项重要工作。服务质量是银行发展的根本，对银行的生存和发展至关重要，对客户的服务能力是很难模仿的核心竞争力。近年来，通过各级工会的不懈努力和卓有成效的工作，全行在服务理念、服务效率、服务质量、服务环境等方面取得了明显成效，但服务工作仍然存在许多问题，提升全员服务能力和服务工作水平仍然是当前全行一项艰巨而紧迫的任务。2009年是总行党委确定的服务品质提升年，姜建清董事长明确指出，要力争使服务工作在前两年有较大改进的基础上实现一个质的跃升。各级工会必须把强化服务质量监测检查作为一项重要工作，抓住制约服务水平提升的关键问题强化指导、严格要求、重点突破、务求实效。要在确立现代服务理念，打造一流服务品牌，完善服务考评机制上下功夫。一是通过评先创优、评比竞赛等多种形式，在全行大力培育先进服务理念，深化对现代服务规律的认识，营造全行抓服务的浓厚氛围。二是以营业网点服务现场质量管理与控制为重点，不断加强服务品牌建设，开展规范化服务培训，落实各项服务标准，切实提升服务效率和个性化服务水平，提升客户满意度和美誉度，将以客户为中心的服务理念落到实处。三是进一步完善服务质量监测和考评机制，改进现场监测方式，构建立体化、分层次的考评体系，增强服务质量评价的科学性。继续开展客户满意度调查，重点加大金融资源比较富集的一级分行营业部和城市分行中心城区营业网点的满意度测评，构建“内部体验、外部监督、内外结合、持续改进”的服务质量检测运行机制。

（四）加强制度和机制建设，提升民主管理水平。要进一步完善行务公开制度实施办法和职代会规程，充分调动和保护广大员工民主参与、民主监督、民主管理的积极性和主动性，形成规范的内部信息披露制度，使员工及时了解和掌握本行的经营决策、发展目标、绩效分配等与员工切身利益相关的信息，切实保障员工的知情权、监督权得到有效落实。通过深化民主管理工作，把员工的聪明才智调动起来，引导到为工行发展建功立业上来。积极组织开展一级分行职代会实施情况的调研，及时总结和推广职代会建设的经验和好的做法，建立健全职代会质量考评机制，切实提高职代会运作质

量。加强职工代表的培训，提升职工代表的履职能力和提案水平。要广泛运用情况通报会、行务公开栏、网讯等多种方式，进一步延伸和拓宽职代会的工作渠道。紧密围绕员工思想动态，围绕经营管理，围绕和谐银行建设，创新行务公开工作。加大对改革创新难点，员工关心热点，廉政建设关键点等内容的公开力度，引导和发挥好广大干部员工的首创精神和参与民主管理的积极性，加快推进民主管理进程。

（五）加强工会自身建设，增强工会工作的能力。各级工会组织要坚持以改革创新精神，加强工会自身建设，以“党委认可，员工满意”为标准，树立“有为才有位”的理念，努力建设学习型、服务型、创新型工会组织。要抓好总行党委《关于加强分支行党团工会组织工作机构建设的意见》（工银党［2008］40号文件）精神的贯彻落实，切实解决工会组织机构建设中存在的问题，配齐、充实工会领导和工会干部，不断增强基层行工会组织的活力。要重视和加强工会干部的理论学习和业务培训，努力打造一支素质过硬的工会干部队伍。各级党委要按照总行党委的要求和部署，为工会开展工作创造条件，坚持把工会工作纳入党委工作总体部署和议事日程，把更多的资源和手段赋予工会组织，积极营造优秀人才脱颖而出的机制和环境。

同志们，做好今年工会工作，任务光荣而艰巨。各级工会组织和广大工会干部要进一步增强责任感和使命感，更加自觉地围绕中心、服务大局，团结动员全行广大员工勇敢肩负起时代重任，同心同德、共克时艰，为实现全行健康平稳快速发展再立新功！

在中国工商银行保卫工作研讨会上的讲话[①]

刘立宪

（2009年4月23日）

同志们：

2008年对全行来说是很不平凡的一年，对保卫工作来说也是极不寻常的一年。一年来，全行上下团结拼搏，圆满实现了平安奥运的目标，经受住了百年不遇的冰雪和地震灾害对平安运营带来的严重考验，克服了国内外经济下滑引起的国内社会治安形势恶化的严峻挑战。一年来，全行保卫工作围绕中心，服务大局，采取了许多积极有效的应对措施，借助公安机关查封了325家境内外假冒我行的网站，妥善处置了数起营业场所内劫持人质勒索我行的事件，对全行平安运营作出了贡献，提供了有力支持。在这里，我代表总行党委向保卫战线的同志们及在座的各位表示诚挚的感谢！

这次会议在成都召开，主要是考虑让与会的同志们现场参观、感受一下四川省分行的综合监控管理平台的运行管理模式和效果。昨天我与玉成主任一同看了，总的感觉监控平台建设是有眼光的，监控平台的自身运行和相关部门的协调配合还是很流畅的，效果正在逐步显现。希望各分行认真学习和借鉴。同时，也想借此机会看望一下保卫工作一线的同志们。这次会议既是现场会，也是研讨会和座谈会，下面，我就当前及今后一个时期工商银行保卫工作的思路谈谈想法和意见，供大家讨论和参考。

一、股改上市以后全行保卫工作转型的成效和启示

换言之，就是如何客观和恰当地评价我们保卫工作的改革成效。2006年，总行按照“后台集中、业务集约、压缩二线”的思路，对全行机构和人员配置进行了改革和调整。对于保卫机构来说，由于机构编制所限，大部分二级分行将保卫机构与其他部门进行了合并，支行专职保卫干部人数也有大幅度的下降。从具体数量看，2000年前全行保卫人员和守押人员加起来达到3万余人，枪支2万多支，到2006年二级分行及以下保卫机构100多个，保卫专职人员1 200余人。2008年略有回升，二级分行及以下保卫机构214个，保卫专职人员1 600余人，但守押人员是减少的，公务用枪也只有600余支。这些数字说明什么，见仁见智。我在基层调研时了解到，有些人对于机构的撤并和人员的减少有些担心，或者说有些看法，觉得保卫工作不再被重视，基层保卫工作既没有机构也没有人员，被削弱了。

① 根据录音整理。

这个说法也不能说一点根据也没有。总行机构改革时我刚分管保卫工作，对保卫工作情况不十分清楚，机构改革效果在保卫工作上怎么体现，在没有实践验证的情况下，也不能轻易下结论。几年过去了，我们再回过头来看，全行的保卫工作在贯彻落实“减库、减人、减枪，管少、管好”十字方针方面还是取得了很好的成效。比如，全行金库由2006年初的1 391个减至现在的1 145个，平均每年减少82个；守押人员由7 861人减少到2 549人，平均每年减少1 770人；守押用枪由4 374支减少到666支，平均每年减少1 236支。守押社会化改革稳步推进。截至2008年末，全行65.74%的金库值守，91.82%的网点调缴款和93.44%的上门现金服务实现了押运社会化，较2006年初分别提高了26.24个、29.42个和22.89个百分点。24个一级（直属）分行实现了零配枪，较2006年初增加了10个。安防设施建设也一年上一个台阶，营业场所防护能力显著增强，现在全行所有金库均安装了红外、震动入侵报警和数字监控系统。营业网点防弹玻璃、入侵报警和数字监控的安装率均达到了100%；金库和营业网点的“110”报警联网率，营业网点两路防区紧急报警、防尾随联动门安装率也分别达到了99.99%、99.85%、95.75%和98%。今年初公安部、银监会对全国金融系统组织开展了安全评估，我行在工、农、中、建四大行中得分最高，得到了监管部门和专业管理部门的认可。从案件防控效果来看，近三年（2006—2008年）与上一个三年（2003—2005年）相比，发案总数减少52起，下降39.3%；既遂案件减少19起，下降82.6%；涉及的风险金额减少4 057万元，下降98.4%；百万元以上既遂案件减少7起，下降100%；伤亡人数减少1人，下降25%；案件防范成功率达到95%，上升了12.42%。

这是我们取得的成绩。这些成绩是怎么取得呢？一般来说，有各级党委的正确领导，保卫干部的无私奉献，各相关部门的密切配合，等等。但是，我建议同志们认真思考一下取得这样成绩的深层次原因，那就是保卫工作适应了现代公司治理结构的转变和现代商业银行经营管理的要求，及时有效地进行了保卫工作自身管理和业务运行模式的转型，实现了从传统的人海战术、看家护院式的粗放模式向保卫工作社会化、科技化和集约化的转变。总行党委确立的“减库、减人、减枪，管少、管好”的十字方针是保卫工作转型的直接推动力，开始可能不够自觉，现在逐步自觉。这个过程是一个逐步认识、从被动接受到主动进行的过程。实践是检验真理的唯一标准，刚才的这些数据就是我们实践的结果，实践的结果证明了我们的转型是有效的，是适应了现代公司治理结构要求的。我们应该用实践的结果来进一步统一我们的认识，统一我们的行动。转型的启示归纳起来大概有以下几个方面：

（一）保卫工作是银行经营管理的重要组成部分。保证银行的正常运营和资金、人员的安全是我们的职责和义务。说白一点，就是保卫工作不是保卫机构自己的事，是全行的事，首先是各级行长、各级管理者的事。因此，加强保卫工作，实现平安运营和资金、人员的安全是各级行长、各级管理者必须首先履行的义务。行长是第一责任人首先要体现在这里。总行也一样，比如总行的综合治理安全防范责任书就是董事长签署的。对这一点，我们要有一个明确的认识，要把它作为经营管理工作的一个重要组成部分，而不是单纯作为一项保卫工作来看待。

（二）用责任分解和落实的办法将保卫工作与日常经营管理结合起来，这是将管理者的职责具体化的有效办法。保卫工作作为经营管理的重要组成部分，怎么体现在日常经营管理工作中呢？我想要用责任分解和责任落实的方式，把它真正体现在每一个经营管理者的日常工作中。因此，总行近几年来一直重点在抓责任书绑定责任主体。把责任与各项经营任务相匹配，把保卫工作责任与管理者的绩效相挂钩，用机制、制度的方式来保证保卫责任的落实。从签订责任书的范围看，包括行长、网点负责人和特定岗位的员工，可以说，通过这种方式使保卫责任覆盖到各个岗位，形成了全员抓保卫的格局。这一点，大家做了大量日常工作，我不再细说。

（三）守押社会化和防范措施的科技化强化了保卫工作的手段和职能。银行的现金存放和运送是银行运营不可缺少的环节，因此守押工作必不可少。区别无非是自己做，还是别人做。守押社会化实质上是作为需求方的银行，将守押现金的风险分散转移和人力使用的社会化，使守押工作更加专业化或者武装化，从实际效果看是对守押工作的加强，也可以说是对保卫工作的加强。另外，技防设施的改善，技防替代人防，实质上是人防的升级版，是人防的各项工作和手段的改善和延伸。可以大大提升安保工作的可靠性，可以大大节省人力成本，可以最大限度地降低从事安保工作人员的人身风险，这是最重要的。从这个意义上来认识技防设施比人防设施可靠，有很多事例可以证明。最近，意大利一个金店500公斤黄金被劫匪抢走。案件中有一个细节，歹徒是等待金店老板对所有技防设施进行撤防后才动手，歹徒为什么不在没人的时候动手？因为他知道突破技防设施而不触发报警比控制看守人员困难得多。这从反面说明，技防在一定程度上比人防更可靠。

（四）以保卫工作守押社会化、防范的科技化为条件，促进保卫工作管理的集约化。所谓集约化是指保卫工作的上下联动和管理，不再单纯依靠层层设专门机构，或者说不以专门机构为操作载体，而是以各项完善的机制和制度为抓手，用一种集约的方式来落实我们的工作。这里面有一个人员配置和实际力量的辩证关系。

机构少了，人员少了，肯定不是加强！一般说是这个道理。但在一定条件下，可能有不同的结论。比如，在林区林业工人抬木头，有的时候 10 个人抬不了要改 8 个人抬，而不是 12 人来抬，抬不动不是因为人少，是因为着力点分配得不好，互相抵消了很多力量。事不同而理同，一个力量的使用，着力点科学、准确地分配，可能比力度的大小更重要，找好了，事半功倍。从这个角度来看，我们机构的撤并，人员的减少，未必就是工作的减弱，也可能是一个着力点的重新分配。守押社会化和设施科技化就是重新分配了保卫工作的着力点，使我们的集约化管理成为可能。这实际上是银行保卫工作职能的重大转变，从传统的靠人海战术看家护院的单纯执行部门向综合性安全管理部门的转变。因此，要适应这一转变，保卫机构的职能、保卫人员的结构，包括我们自身的知识构成和工作方式都要随之转变。这是一个非常大的题目，三言两语说不全，我只想提示几点。对省分行保卫部门来说，首先，要从全行经营管理的角度来履行保卫工作的职责，也就是说，要理直气壮地要求下级行行长落实保卫工作，确保安全。其次，要注重把责任非常具体地分解到各分行、支行、网点和重要部门，不能以基层无机构、不好抓落实的固有观点来推卸责任。总行几十个部室，基层支行不可能都有对应机构，难道这些业务工作就不做了吗？其实不是。保卫工作也是同样，虽然没有对应的机构，但是保卫职责和任务是在的，还是要抓好落实。这就对省分行保卫部门的同志们提出了更高的要求。对二级分行、支行和网点，不仅要落实责任，交任务，还要教方法，教技术，使其不仅明确任务而且还能胜任。再次，要以保卫工作责任落实为重点，制定有效的检查和考核办法，与单位和个人绩效收入挂钩，做到考核有力，责任落实有效。保卫工作从本质上说是防范和化解事故风险的专业工作。这项工作落实的好坏关系到风险隐患的多少，风险度的高低，使银行的经营、资金和人员安全处于什么状态。如果由于某个环节和岗位的工作做得不够到位，使我们的安全处于不确定状态，或者带来什么不好影响的话，减少其绩效收入是天经地义的。要向所有管理人员和员工讲清这个道理，这样才能使保卫工作得到真正落实。最后，要适应保卫工作模式的转变，加强对基层人员的培训，同时也要加快自身知识结构、业务能力的更新和提升。除了保卫工作应知应会的要求之外，还要使保卫从业人员熟悉所在支行、网点的业务特点和操作流程，有利于敏锐、准确地把握风险点，提高防范安保事故发生的判断力和预见力。及时应对，防患于未然。

保卫工作的转型已取得初步成效，前景是光明的，但仍然存在一些不足和不尽如人意的地方。比如，个别领导对保卫工作在银行中的地位与作用认识还不够到位，对业务发展与风险防范的关系摆不正，“重经营、轻管理”的现象依然不同程度存在；一些具体从事保卫工作的同志的管理理念仍未摆脱“老套路”，从更宏观的角度来判断保卫工作的转型，从具体操作上来提高工作水平的能力仍有待提高；在基层有些工作还不够扎实，不够细致，如安全责任主体不明确，未具体到事，落实到人；个别员工防范意识还有些淡薄，执行制度自觉性也不够理想；等等。但是我相信，只要继续推进保卫工作的社会化、科技化、集约化转型，继续坚持落实好“谁主管、谁负责”的原则，继续抓住各级机构“一把手”对本单位安全保卫工作负总责这个重点，按照总行“管少、管好”的要求，按照保卫工作“严格、细致、扎实”的特点，将保卫工作责任制在二级分行以下机构分解好落实好，我们的安全保卫工作一定会有新的更大的作为。

二、主动适应工作转型，充分发挥技防设施的作用，提升风险防控的质量

按照《银行业营业场所风险等级和防护级别规定》等行业标准要求，近几年各分行在硬件建设上加大了投入，全行安全设施达标率始终处于同业领先位置。但是技防建设加大投入的过程中，也有一些现象应引起我们的注意。有些同志思想还不够解放，对技术设备不放心，处理不好技防与人防之间的关系，从而有时花了钱，上了设备，但功效欠佳。调研中发现，有的分行辖内所有支行金库的报警、视频监控尽管都与分行联网了，从技术条件上远程监控不存在问题，但是在实际工作中还是按照老模式各支行自已守自己的库，先进设施成为了一种摆设，分行监控室只起到一个事后监督检查的作用，其他的作用没有真正发挥。从最简单的经济账上看，也是不合适的。按双人 24 小时守库规定，每个库点至少要配 8 人，该行全部库点如果按守库人员人均费用每年 3 万元计算，一年就是几百万元。既没有起到分散风险、降低安保人员的人身威胁，钱又没少花。如果真正发挥了现有设施的作用，把这些钱省下来，进一步强化技防设施建设，提升其功能，我想这可能是更好的方向。应该说，这种监控中心未能充分发挥效能的情况不是个别现象。这种情况之所以发生，究其原因，不外乎两点，一是我们有些同志的管理理念还有些滞后，对保卫工作转型有些怀疑，还是习惯于人防，不善于或者说不敢用设备代替人。而实际情况却恰恰相反，用技术设备恰恰可以做到刚性约束和硬控制。比如，采用指纹等先进识别技术设备取代人工值守，就不会出现我们常讲的“用人情代替制度”等问题。用设备代替人力，实现技术的硬控制在一些岗位和环节上应该是一个方向。二是上级行不敢担责任。分行报警监控中心将基层行的守库任务承担下来，风险势必也要集中到分行，这可能是导致上述现象发生的一个重要原因。除此之外，基层行技防建设中存在的“重建设、轻管理”以及维护管理能力不够，设备带病运行等现象突出，也应引起

我们的注意。

各行在搞技防建设时，要把握好这样几点：首先要实用。不能搞那些中看不中用，华而不实的形象工程。钱花了，设备上了，就要尽可能发挥最大化的功效。四川分行“管控中心”投产运行后一线违规操作行为从最初的月均440多起下降到目前月均40起左右，员工遵章守纪的自觉性明显增强，一线操作风险得到了有效遏制。其次各项管理要跟上，务必保证设备的安防功能。第一，使用要有效。我们花钱上设施，目的是保证员工生命和银行财产安全，防止案件发生，如果遇到抢劫、盗窃发生，报不出警，调不出图像资料，那就失去技防建设的意义了。因此，保证技防设施的正常运转，就显得尤为重要，而这一要求的实现有赖于科学严谨的管理。第二，要量体裁衣，量力而行。这次请大家来观摩四川分行“管控中心”，就是想让同志们了解一下这种多功能、几个专业合一的综合管控平台的建设，是怎样实现总行提出的“资源共享，高层统揽，物理隔离，分业查视，报警优先，职责清晰”要求的。通过这种方式，给各行一个形象的参考。当然不是要求都搞一个模式，各行要视相关专业的需求，分行经费承受力，网络资源建设管理条件等诸多因素而定，根据自己行的情况，因地制宜，提高这方面的水平，防止盲目攀比。

三、坚定保卫工作改革的发展方向，不能动摇

随着保卫工作社会化、科技化、集约化改革的深入，由于对保卫工作的情况和承担的任务缺乏了解，对保卫工作的改革问题出现了一些不同的声音和看法。例如，守押社会化后保卫部门无事可做了的说法就比较典型。第一，守库押运只是保卫部门的一部分职责。即使实现了社会化，保卫部门还有对守押公司进行履约监督，依法维护工商银行合法权益的重要工作。守押社会化是一种集约化的方式，只是改变了以往的管理方式，工作职责并没有交出去。对于这一点，大家一定要认识清楚。第二，去年总行保卫部在保卫工作规范化方面做了许多工作。如制订了守押合同格式文本，减少了各分行承担的守押合同谈判、合同制订的工作压力，规范了守押合同的签订工作，统一全行的工作方式，更好地维护了工商银行的权益。另外，还出台了法定节假日保卫工作预案，从过去发通知转变成为预案的方式。这些都是通过规范化、制度化的方式来提高保卫工作的效力和水准。今后随着保卫工作改革的深入，这方面的工作任务会越来越多。第三，我行还有近1.6万个营业网点，3万多个自助设备和自助银行，这些目标的防抢、防盗、防火、防破坏的工作要有人来抓，有人来管，这些都是保卫部门要负责的事情。当然用什么方式来管，是用社会化的方式来管，还是用加强设施科技化的方式来管，都是需要认真研究的。第四，全行投入巨额资金购置安装的技术防护设施需要有人来使用、来管理；如何发挥这些设施的最大功效，类似四川分行综合管理平台的作用，如何发挥得更好，覆盖面更广等，仍然任重而道远。第五，每年境内外有数百个假冒网站给我行社会声誉和经营发展造成严重威胁，需要打击查封等。此外，在应对突发事件，维护社会稳定等方面，保卫部门的任务也非常繁重，不能有丝毫的松懈。在这方面，要使各级行管理人员、一线员工以及其他相关部门理解和了解，但首先是我们自己要认识清楚，真正从思想上理解保卫工作转型取得的成就和明确未来发展的方向，真正认识到保卫工作是银行经营管理工作的重要组成部分，真正从观念上和工作上坚定保卫工作改革发展的方向不动摇。

今天跟大家交流探讨这些问题，主要是想启发大家从保卫工作改革、发展、转型的角度来认识当前的工作，同时也希望能够起到抛砖引玉的作用，使大家敞开思想研讨，集思广益，统一认识，促进工作。

最后，再讲讲当前外部案件防范工作。

第一，要关注形势，做到未雨绸缪。据公安部门通报，当前社会治安形势复杂，刑事犯罪总量仍在高位运行，抢劫、盗窃等侵财犯罪数量上升势头明显，银行面临的外部侵害风险还是很大。具体到我行，去年底以来接连发生了6起撬盗我行ATM的案件，虽然多数没有得逞，但是此前连续四年都没有发生类似案件，这类案件的强劲反弹势头要引起高度警惕。同时，要防范经济下滑过程中，一些人为摆脱经营困境以银行为对象实施的欺诈犯罪。前不久上海分行发生的外部欺诈案件就是此类案件。因此，各级保卫部门要密切监测本地区治安形势和环境的变化，加强与当地公安机关的信息联络沟通，掌握相关犯罪动向，研究制定相应对策。还要防范经济下滑催生的社会压力波及行内稳定，破坏我行经营发展的安全环境。所以，今年保卫部门的任务压力比往年要大得多，能否为全行业务发展提供有效的安全保障，将考验各级行保卫部门的能力和水平。

第二，要多管齐下，综合防控。首先要坚持开展安全教育。我行已经连续多年没有发生既遂的外部暴力侵袭案件了，当人们已经习惯了安全环境的时候，可能是警惕性最松懈的时候，作为保卫部门的同志必须保持清醒。要坚持以治安形势和典型案例开展警示教育，引导基层领导和员工提高警惕，及时识别潜在的风险。其次要坚持开展应急演练。通过演练检验预案的有效性、提高员工处置能力。通过邀请专业机构进行指导和培训等方法，分门别类地加强防恐、防暴、防抢、防破坏等演练，提高应对各类突发事件的水平。还要坚持开展隐患排查。诱发外部案件的风险因素很多，但是内部的不规范操作会增加案件发生的概率。俗话说，苍蝇不叮无缝的蛋，作案分子会设法了解我行管理和操作环节中的薄弱点，择机下手。这个“机”就是我们管理不到位，

操作不规范，制度有漏洞而形成的。要坚持对重点单位、重点部位、重点环节经常检查，及时纠正，切实将隐患消灭在萌芽状态。

第三，要严防发生涉枪事件和火灾。枪支管理和消防是保卫的基本任务，直接反映保卫管理的效果。我行的枪支虽然在四大国有商业银行中存量最少，但只要有枪，涉枪风险就依然存在。前不久重庆发生的打死哨兵抢夺枪支的案件，再次警示我们对枪支的管控必须严上加严。仍配有枪支的11家一级分行，必须把确保枪支安全作为主要工作来抓，要保证枪支始终在有效监控之内，始终掌握在可靠人员手中。既要防止行内的枪支弹药发生问题，也要防范社会上的枪支对我行构成的安全威胁。消防安全是各级保卫部门的重要任务，各行要以宣传贯彻今年“五一”开始施行的新《消防法》为契机，提高消防工作质量。

抓住新一轮发展机遇
实现公司金融业务又好又快发展

——在中国工商银行2009年公司与投行业务工作会议上的讲话

易会满

（2009年1月8日）

今天会议的主要任务是认真贯彻中央经济工作会议和我行发展战略研讨会精神，总结2008年公司业务工作，深入分析当前形势，认真部署2009年公司业务任务，动员全行迎接新挑战，抓住新机遇，抢抓优质市场，加快业务转型，全面提升公司业务市场竞争力，实现公司金融业务又好又快的发展。下面，我讲几点意见。

一、2008年公司业务取得显著成绩

2008年，全行公司业务系统以科学发展观为指导，认真贯彻党中央、国务院的决策部署和全行有关会议精神，积极面对复杂多变的经济金融形势和严重自然灾害的考验，坚定不移地开拓优质市场，不断创新金融服务，全面推进业务转型，强化营销组织与管理，圆满完成各项目标任务，继续保持同业领军者地位，为全行经营发展作出了重要贡献。

（一）盈利能力强劲增长，效益与质量稳步提高。2008年，全行继续实施市场领导者战略，巩固和拓展优质客户市场，努力提高综合收益水平。截至年末，全行公司业务利润贡献达1 113亿元，增长53%；实现EVA近789亿元，增长87%；贷款收益率持续提高，由年初的6.32%提高到7.13%，提高0.81个百分点；贷款质量持续改善，公司贷款不良率为2.87%，较年初下降0.61个百分点。

（二）合理把控信贷投放节奏和力度，公司存贷款业务稳健增长。2008年，全行克服前三个季度公司信贷规模紧张和第四季度经济发展速度放缓、市场不确定因素增加等困难，合理调度信贷规模余缺，有序安排信贷投放，确保重点客户、重点项目融资需求，本币存贷款余额、增量位居同业第一。截至年末，境内分行本币公司贷款余额31 329亿元，增加3 891亿元，增长14%，完成计划的107%。其中，项目贷款16 136亿元，增加2 774亿元，完成计划的102%；流动资金贷款11 773亿元，增加683亿元，完成计划的145%；房地产贷款3 420亿元，增加434亿元，完成计划的97%。本币公司存款余额21 679亿元，增加1 574亿元，增长8%，增量同业排名从年初的第三上升到第一。一般现汇贷款余额108亿美元，较年初减少48亿美元。国际贸易融资累计发生额335亿美元，增长32%；对公外汇存款余额158.6亿美元，增长33亿美元，完成计划的472%。

（三）坚持拓展优质市场，重点客户和项目营销成绩显著。全行始终把维护和拓展优质客户市场作为重中之重，突出综合化服务和个性化服务，促进了客户结构进一步优化。截至2008年末，AA－级以上优质客户贷款余额占比为69%，较年初提高0.51个百分点。第四季度，为积极配合国家“扩内需、促增长”的战略部署，加强与地方政府和央企的合作，总行分别与山东、湖北、浙江、广东省政府以及铁道部、交通部、国家电网、中核集团、华能集团等单位签订战略合作协议或进行会谈，储备大型优质项目贷款约1万亿元。通过创新金融服务，成功营销武广铁路客运专线、京沪高速铁路、辽宁红沿河核电、福建宁德核电、山东海阳核电、中哈原油管道、防城港钢铁基地等特大型项目，积极支

持国家电网改造、铁路机车购置、重点城市市政改造等重点项目，树立了良好的社会形象，确保了我行在电力、交通、城建等行业的市场领导者地位。

（四）抓住市场机遇，债券承销取得突出成绩。2008年，我行实施重点客户、重点行业、重点区域攻坚战术，以较大优势夺得债券承销同业占比第一名。截至年末，我行共承销短期融资券和中期票据1 519亿元，市场占比为26%，同比提高10个百分点，发行量领先第二名建行近1倍，实现承销费收入4亿元。其中，为37户企业承销发行823亿元短期融资券，同比增长54%，市场占比为20%，领先第二名155亿元；为11户企业承销发行696亿元中期票据，市场占比为41%，领先第二名501亿元。在电力、冶金、交通、石化、电信五大行业，北京、上海、山东等资源相对丰富的地区全面实现同业占比第一。完成了中石油、中石化、中国电信、中国网通、国家电网、铁道部、鞍钢集团等大客户百亿元以上债券承销业务，储备了一汽集团、中海油、中信集团、中石油股份、国家电网等一批百亿元以上承销项目，储备项目预计发行金额约1 200亿元。

（五）公司业务转型成效显著，中间业务收入迅猛增长。全行加大交叉销售、综合营销力度，着力推动公司信贷向公司金融业务转型，大幅提高客户综合回报率。2008年，公司中间业务收入达197亿元，同比增长77%，占全行中间业务收入的44%。以总行牵头营销客户为例，债券承销、顾问类业务、现金管理、企业网银、国际结算、企业年金业务覆盖率分别达到16%、38%、62%、80%、60%和15%。

（六）营销体制改革稳步推进，公司业务系统管理进一步加强。经过多年探索和努力，我行在直接营销、牵头营销、联动营销等方面积累了宝贵经验，取得了显著成效。在总行牵头营销的客户中，各项业务同业占比不断提升，总、分行协调联动进一步增强，对客户需求的反应速度进一步提高。更重要的是，按照“层次清晰、分工合理、权责明确、整体协调、充满活力”的新型营销体系建设总体思路，总行已完成公司客户分层营销体系指导意见的制定。同时，还起草了加强公司客户经理队伍建设实施意见，拟从人员配备、培养选拔、任职资格、辅助岗位设置、日常管理、考核激励等方面入手，全面加强公司客户经理队伍建设。这些办法的制定，为增强公司业务的系统推动能力和市场竞争力奠定了良好基础。

在取得显著成绩的同时，应该清醒地认识到，公司业务发展还存在一些突出矛盾和问题，主要表现为：公司信贷向公司金融转型还不够平衡，部分分行的认识还不到位，特别是在信贷规模紧缺缓解的情况下，对信贷经营创新，加快余额管理向流量管理的转变还心存疑虑，积极性不高，导致“资产池”组建、结构性融资业务发展还较为滞后；区域发展不平衡，部分重点区域市场领先地位受到严峻挑战，领先优势逐步缩小，对潜力区域研究不够、投入不够；各项业务指标完成情况不平衡，一些分行对存款业务重视不够、投入不足、办法不多，部分分行公司类中间业务发展不理想，有的甚至出现停滞或倒退；部分分行对营销新市场、新客户的手段不多，力度不够，增长速度不理想；队伍建设还有待加强，人员数量、质量都与业务快速发展需要不适应；部分分行对扩内需促增长政策反应不快，力度不够，可能进而丧失优质信贷市场机会；等等。这些问题都需要在今后工作中认真加以克服和解决。

二、2009年公司金融业务面临的形势

当前，我行公司金融业务发展面临极为复杂的外部形势。从国际看，金融危机正在从局部发展到全球，从发达经济体传导到新兴市场经济体，从虚拟经济扩大到实体经济，波及范围之广、影响程度之深、冲击强度之大超出人们预料，出现全球性衰退的风险几成定局。从国内看，受国际金融危机的不利影响，我国出口受挫，房地产市场低迷，减产、停产、破产企业增加，经济下行风险比预想严重，经济增速下滑已成为经济运行中的主要矛盾。但从长远看，我国经济基本面没有发生根本变化，经济增长的内生动力依然强劲，广阔的内需市场和雄厚的财政实力将有效抵御外部环境带来的负面影响。因此，既要充分估计当前面临的困难和挑战，以及若得不到有效解决可能带来的风险和影响，进一步增强忧患意识和危机感，又要看到我国经济发展的良好态势和有利条件，坚定做好各项工作的信心和决心。

（一）一些行业和区域的信贷有效需求存在不确定性，但总体来看公司业务还面临新的发展机遇。当前，国际金融危机对我国实体经济的影响正从沿海向内地、从中小企业向大企业，从劳动密集型、出口导向型企业向其他企业扩散。经济减速引发投资增速下滑，投资后劲不足；工业生产增速放缓，能源原材料和运输需求大幅下降；房地产和汽车板块消费低迷，消费热点降温；部分企业经营困难，财政收入形势严峻。这一方面导致部分行业和领域信贷有效需求不足，公司信贷业务持续增长面临较大压力；另一方面，对存量信贷资产质量提出考验，对信贷政策水平和风险管理能力提出了更高要求。但也要看到，中央近期出台了扩内需促增长的一系列政策措施，加快重点基础设施项目建设，组织实施钢铁、汽车、造船、石化、轻工、纺织、有色金属、装备制造、电子信息9个支柱产业振兴规划，鼓励行业龙头企业、优势企业兼并重组落后企业、困难企业，着力推进产业结构升级，将为银行提供巨大的信贷发展空间。如果能够在本轮国家扩大内需政策中竞争和储备一批优质项目、优质客户、优质市场，将奠定我行今后几年公司信贷业务发展的新格局。

（二）传统公司业务的利差将进一步收窄，但金融市场的快速发展也为公司业务转型提供了平台。2008年9月以来，央行已实施五次降息，每次降息都静态缩窄银行净息差；同时由于股票市场低迷，存款定期化趋势明显。今年，预计央行还将下调存款准备金率，大幅削减公开市场操作力度，造成市场资金面由紧转松，我行议价优势将进一步减弱。更重要的是，今年国家将大力发展债券市场，短融、中票、公司债、企业债都将获得快速发展，2008年度，债券市场发行总量达5 866亿元，同比多增75%，其中，短融发行4 164亿元，中票发行1 702亿元。今年发行规模将超过去年，直接融资的快速发展将加速替代优质信贷市场。但应该看到，银行不仅仅是一个信贷机构，更是一个金融中介。我国金融市场的不断繁荣发展，公司金融需求的不断翻新，将为我行公司信贷向公司金融转型提供广阔的空间。近几年，我行债券承销、财务顾问、融资顾问、法人理财、现金管理、网上银行、企业年金、资产托管等业务的快速发展，得益于金融市场的升级壮大。今后，我们仍将坚持批发业务与投行业务、间接融资与直接融资的融合发展，充分发挥金融中介的优势地位，在多个金融领域、多个资金流通环节获取收益。

（三）日趋激烈的同业竞争使我行市场地位面临更大挑战，但也为我行加快改革创新提供了良好契机。从竞争主体看，国有控股银行将通过体制创新、机构改革与经营转型，进一步发挥大型银行客户、网点、资金等优势，增强公司业务市场拓展力度；中小股份制银行凭借其灵活的经营机制，在部分业务领域已具备竞争优势；外资银行凭借强大的金融创新能力，不断蚕食优质公司客户市场；社保资金、保险资金和产业投资基金获准扩大投资渠道，成为银行在基础设施信贷领域新的竞争对手。从竞争领域看，最为激烈的是政府重大项目贷款业务和财务顾问、债券承销以及法人理财等新兴中间业务；外资银行则在全球现金管理、投行、信托理财等业务上与大型银行正面交锋。从竞争手段看，价格竞争继续存在，但产品和服务创新逐步成为竞争利器。竞争的加剧对我行传统大行地位提出挑战，要保持传统业务领域的优势地位和争夺新兴领域的领先者地位，难度进一步加大。但应该看到，为应对新的竞争形势，我行加大关键领域和重点环节的改革力度，加快体制机制创新，增强前台营销力量，创新金融产品，改革业务流程，完善区域发展战略，健全激励考核机制，为公司金融业务的快速健康发展奠定了良好基础。

（四）流程改革对公司业务战线的综合素质提出了更高要求，但也为显著提升服务能力创造了条件。2009年，全行公司信贷业务将进行多项重大流程改革。实行授信主办行制度后，要直接从事调查和初审；部分重点行业优质项目贷款调评合一后，要牵头组织调查和评估；重要招投标业务受理后，要直接调查分析并拟定融资方案；贷后管理责任明确给公司部门后，需要进一步加强信贷风险的全过程控制。这些改革措施，对公司战线的风险辨别能力、组织营销能力、金融服务能力提出了更高的要求。但应该看到，流程的改革简化了工作环节，提高了工作效率，明确了工作责任，为竞争优质客户和优质信贷市场，提高反应速度，提升服务水平创造了良好的条件。

三、2009年全行公司业务工作安排

2009年公司业务工作总体指导思想是，以党的十七大和中央经济工作会议精神为指导，积极践行科学发展观，全面贯彻总行发展战略研讨会的各项工作部署，抓住新一轮经济发展机遇，保持存贷款规模稳健增长，持续推进公司金融业务转型，不断优化经营结构，提高信贷风险控制水平，对内增强系统推动力，对外增强市场竞争力，确保公司金融业务又好又快发展。为此，要全力实现以下经营目标：

人民币公司贷款计划新增3 700亿元，力争4 000亿元，增长11.8%，力争12.8%；其中，项目贷款2 400亿元，增长14.8%；流动资金贷款900亿元，增长7.6%；房地产贷款400亿元，增长11.7%。人民币公司存款计划新增2 200亿元，增长10.1%。实现中间业务收入230亿元，增长20%，与贷款利息收入比重达到14%，提高5个百分点。公司贷款不良率控制在2.5%以内，下降0.37个百分点。增加有贷户1 000户，客户数增长2%。债券承销发行1 500亿元，与2008年持平；信贷项目池入池资产2 000亿元，其中，存量信贷资产1 000亿元，增量信贷资产1 000亿元。为完成以上目标，要做好以下七项工作。

（一）大力抢抓优质客户市场。优质客户是我行公司金融业务的生存之本。新年伊始，各行已展开激烈争夺。对此，我们要及早出击，提出重点客户名单，健全营销机制，明确分层营销责任，制定业务拓展目标，设计有针对性、个性化、高水平的服务方案，创造性地解决营销中的难题，做细、做深、做透优质客户金融服务工作。各行要密切联系政府、行业主管部门和大型企业，主动了解各级政府关于扩内需促增长的具体安排，以及国家重大项目和重点企业的金融服务需求，创新金融产品，以综合金融服务增强对优质客户竞争力。具体要求如下。

铁路行业。2009年铁路行业计划投资6 000亿元，具有较大的信贷业务增长空间。计划按照“优中选优、稳步推进”策略，新增贷款800亿元，重点营销铁道部财务司、铁道部资金清算中心、18个铁路局；优先支持铁道部控股的“四纵四横”干线铁路网、能源输出线项目，特别是其中连接经济发达地区、运输量大的项目；选择性介入铁道部相对控股的、纳入《中长期铁路网规划》的客运专线、能源输出线等干线铁路。

尽管公路运输紧张局面已初步缓解，但“7918”国家高速公路网仍有相当比例尚未建成，国家公路建设固定资产投资仍将保持较高水平，行业将进入稳定发展时期。2009年，应坚持有所选择、适度进入原则，新增贷款控制在600亿元左右。新项目营销重点以高速公路为主，主要介入列入国家高速公路网规划的项目和重要省道高速公路项目；积极营销交通量饱和的改扩建项目；重点关注已建成且车流量饱和，急需扩容改建的经济大通道及省际通道项目。

电力行业。电力行业建设资金需求巨大，如电网行业因“十一五”投资计划、灾后重建及城乡电网改造等，未来2—3年内将要完成超过1.2万亿元的投资。2009年，电力行业力争新增贷款1 000亿元，要积极竞争中核、中广核、中电投集团投资建设的大型核电项目，力争在福建福清核电、浙江方家山核电、海南昌江核电项目上担当银团牵头行，并做好湖南桃花江、湖北大畈、广西红沙、江西彭泽等核电项目的前期营销和现场服务工作；重点跟进金沙江、雅砻江、大渡河、澜沧江流域的大型梯级电站项目，择优进入五大发电集团、神华集团、国家开发投资公司的大型煤电一体化项目。

石化行业。未来3年，石化行业在国内大型重点项目总投资预计达5 000亿元。2009年，我行要在四川大炼油和乙烯、抚顺大乙烯、广东南沙炼油化工一体化、西气东输二线工程、川气东送、大连LNG、浙江LNG、珠海LNG等项目上，积极争取牵头行、账户代理行等主要银团角色，银团贷款份额争取30%以上；要加强内外联动，争做国有石化企业全球合作伙伴，为其“走出去”项目提供全球服务。

城建行业。未来几年，受东部产业结构升级、中部城市圈建设、西部城乡一体化建设等政策以及灾后重建因素影响，城建投资年均增长率将保持20%以上的水平。2009年，我行城建行业贷款增量保持1 000亿元，重点投向经济发达、财政实力较强的中心城市，同时关注东部、沿海地区财政实力强的地级市、县级市城建项目，适度投向经济实力强、还款有保障的中小城市。

电信行业。电信行业第三次重组已基本完成，国务院已正式同意启动3G牌照发放工作，电信行业2009年投资规模将达到3 500亿元。要坚持电信运营商直接融资、间接融资和上游设备供应商贸易融资协调发展的营销策略，争取3G网络建设融资同业占比第一，重点竞争公司存款和债券承销业务。要紧密跟踪电信运营商“走出去”项目，积极营销配套投行、融资和结算业务，助推我行国际化进程。

房地产行业。近期中央和地方政府出台了一系列的稳定市场政策，但政策效果仍待观察。2009年，力争新增房地产开发贷款400亿元，要坚持名单制管理，坚持以大中城市为主体的发展战略，坚持以住房开发贷款为主的业务布局，加大对地理位置优越、综合成本有竞争力的商品住房项目营销，重点支持中小套型、中低价位普通住房项目开发建设，加强住房开发贷款与个人按揭贷款业务联动。

装备制造业。作为国家产业政策重点扶持的支柱产业，装备制造业行业整合和产业升级进程将加快。各行要积极营销装备制造业中的三大汽车、三大动力、两大船舶、三大航空航天等优质客户，高度关注东北三省、上海、四川等装备制造业重点发展区域，重点跟踪工程机械、交通运输设备、电力设备等领域，积极跟进新型装备制造业基地、重要技术研发与创新基地以及重大重组并购项目。

冶金行业。紧抓近期钢铁行业产能集中和钢铁企业兼并重组的历史机遇，加大钢铁行业贷款结构调整力度，着力做好宝钢湛江、武钢防城港等重大项目信贷业务和重点钢铁企业重组并购业务营销。筛选出一批铝、铜等重点有色金属行业中的重点客户，积极发展产业链融资与贸易融资。

（二）优化公司信贷结构。信贷结构调整是信贷经营永恒的主题。良好的信贷结构，既是防范信贷风险的基础，更是提升信贷业务可持续发展能力的前提。

一是在品种结构上，要加快流动资金贷款改造计划，大力发展贸易融资业务。今年国内贸易融资要同比多增一倍，各行要围绕核心企业，积极拓展产业链融资，加快服务创新，积极探索贸易融资与其他信贷产品、结算产品的组合。同时，要继续通过提高融资周转率、人民币替代、海外分行代付等手段，促进表内外国际贸易融资业务发展，并带动国际结算、结售汇业务。

二是在区域结构上，要适应我国经济梯度发展要求，形成重点突出、各具特色、竞争优势明显的区域发展格局，推动平衡发展。长三角、珠三角、环渤海地区要继续保持和扩大已有优势，加大新客户、新市场、新业务拓展力度，利用总部经济大力营销集团客户，在新兴行业、现代服务业中挖掘新业务增长点，提升外资客户贡献度等。中部地区分行要依托大城市群带，拓展能源原材料基地、现代装备和高技术产业基地、综合交通枢纽建设项目、东部产业转移项目。西部地区分行要着力拓展西部大通道、国家重要能源开发和连接基地、重要能源化工产品加工基地等重点项目。东北地区分行要努力在新型装备制造业、新型原材料和能源保障基地、重要技术研发与创新基地建设中争取更大市场份额。

三是在客户结构上，要在稳固传统优质客户基础上，大力开拓贸易流通、医疗、教育、旅游、文化传媒等第三产业客户。各行要加强调查研究，了解新兴行业和现代服务业的行业发展状况、发展趋势、资金流特点、金融业务潜力，选择管理规范、经济实力强、市场份额大、发展前景好的行业龙头企业，积极创新风险与收益匹配的金融产品，扩大优质客户群。

（三）加强公司存款营销与管理。存款业务是立行之本，是资产与中间业务持续健康发展的重要基础，要提高对存款业务的重视程度，加大营销力度，加强系统推动与管理。

一是深入研究资金运动规律，确保客户资金在我行体内循环。要强化贷款用途控制，加强对我行贷款客户的资金封闭管理；开发客户现金流监测系统，及时了解客户上下游资金流向；推行延伸营销，通过拓展风险可控的贸易融资等业务，吸收重点项目施工单位、设备和原材料采购方的存款；加强交叉销售，按照我行贷款同业占比争取客户相应存款业务；加大对派生存款率较高的银行承兑汇票、国内信用证等的营销力度；提高法人理财产品创新能力，积极挖转客户在他行的存款；加强集团财务公司营销，大力推广大客户跨行服务系统，通过银企互联使客户在他行的存款归集到我行。

二是在继续抓好现有存款大户的同时，大力开拓存款业务新增长点。要切实加大对中国移动、中国烟草、中石油等存款大户的营销力度，探索将存款定价授权纳入大客户个性化金融服务领域，并积极开拓针对医疗、教育等新兴行业客户存款和结算业务的营销，加大对跨国公司存款大户的潜力挖掘，在放贷前对中小企业客户货款归行率加以约束，强化房地产客户销售回款归行率及其供应商、承建商在我行开户要求，做好企业发行股票、债券募集资金的账户营销，积极营销解禁股东客户存款业务。

三是加强公司存款流量管理与成本管理。对重点存款客户要列出名单，逐户落实营销任务，加强资金流监测和预测，提高对大额存款变动情况的预见性，减少其公司存款在关键时点的波动性。针对存款定期化趋势，采取积极措施，兼顾公司存款增长与付息成本控制，提高活期存款比重，降低筹资成本。

四是加强公司存款业务系统管理。要加快完善公司存款定价机制，根据市场变化和同业竞争及时调整，提高存款定价的同业竞争力。各分行行长要充分发挥“一把手”的领导作用，协调跨部门、跨地区公司存款工作。对企业集团财务公司、医院、学校等客户的存款，要明确由公司业务部门统一营销，纳入公司存款业绩评价。建立对公司有贷户的存贷比率考核，将贷款发放、新增与存款增长相结合。设定或提高对公司存款同业占比的考核权重。建立不同层级行、不同机构的利益分配机制，加大对客户经理营销公司存款的奖励力度。

（四）加大公司金融业务转型。要发挥银行金融中介作用，积极利用直接融资和间接融资两个市场，贯通负债业务和资产业务、表内业务和表外业务，不断提升客户对我行的附加值。

一是做大债券承销业务。要确保市场占比第一，并保持较大的领先优势。资源丰富的北京、上海、山东、辽宁等区域领先优势不能丢，深圳、广东、浙江、陕西、江苏、安徽、湖北、山西等发行规模较大的地区要进一步提高重视程度，尽快赶超竞争对手。在继续保持石化、电信、电力、交通、冶金等行业优势的同时，积极寻求机械制造、电子信息等行业新的增长点。对已经注册的大额项目，后续分期发行的主承销地位不能丢，而且要将服务重点延伸到发行后服务，加强对客户发行后政策辅导和信息咨询；对从未发行或已发行但非我行主承销的优质项目，要逐一排查，锁定目标，重点营销。对于即将到期的优质短融项目，可以承诺提供全额搭桥融资，总行通过理财＋信托方式解决。要积极营销企业债、公司债、市政债等业务，搭建完整的债券承销业务产品线。

二是大力发展法人理财业务。法人理财产品需求旺盛，已成为银行推动业务转型，竞争他行存款的重要手段。要树立“为客户增值”的营销理念，改变过去“以我为主”的理财产品设计和销售，通过比较分析客户的风险承受能力、收益要求以及同业产品，整合总分行理财产品、行内行外理财产品，开发与汇率、利率、黄金、股票指数挂钩的产品，为重点客户制订个性化理财方案，向不同层次、类别、偏好的客户提供不同收益水平、风险程度和期限结构的理财选择。

三是积极推动贷款二级市场建设。无论是加快经营转型，增加中间业务收入，还是调整贷款期限结构，降低中长期贷款比例，仅靠拓展增量市场是不够的，还要加大存量市场调整力度，提高公司信贷业务发展的内在质量，并为竞争优质增量市场腾出空间。贷款二级市场就是贷款存量调整的重要渠道。杨行长在相关签报上多次批示：要进一步认识到投资于信贷资产的理财产品之所以要发展，并不是为了增加信贷规模。在实施严格的信贷规模管理时，我们这样说。在取消规模管理后，我们仍这样认为。各行对此要有战略眼光。今年，总行仍将继续大力推进信贷项目池工作，各行不要停顿，不能惜售，要提高上报入池项目的质量，入池前要逐一核实贷款前提条件；入池后要密切跟踪客户生产经营情况和银行信用状况，继续对客户进行贷后现场检查、非现场检查和本息催收等工作。

四是加大综合营销力度。综合服务能力是公司金融业务的核心竞争力。要充分发挥大行优势，深度挖掘客户需求，提升对优质客户一揽子、全方位金融服务能力。总行和分行要按照分层营销的要求，提出本级直营客户名单，逐户列出客户包括存贷款、财务顾问、现金管理、电子银行、企业年金、资产托管、金融租赁以及个人业务在内的各项金融需求，分析我行业务占比、产品覆盖率和使用率情况等，制订综合营销方案，明确年度努力目标，落实营销责任，做深、做细、做透各项业务。

（五）推动公司金融业务创新。今年经济金融形势较为复杂，既是营销机遇期，也是风险易发期。只有加大创新力度，才能创造性地解决营销难题，在市场竞争中取得先机。

一是在条件具备时继续运用项目前期贷款，积极竞争优质项目市场。根据扩内需促增长要求，预计国家有权部门将加大大型项目的审批力度，项目前期贷款的需求将增大。总行正与监管部门沟通项目前期贷款的发放政策，各行要按监管要求，对已纳入国家规划、经国家有权部门批准开展前期工作的项目发放前期贷款，为后续营销打下坚实基础。

二是大力推动并购贷款业务。国家对跨地区、跨行业兼并重组的企业，在项目核准、土地、信贷、税收、企业债发行等方面给予支持。银监会也发布了《商业银行并购贷款风险管理指引》，总行正在制定实施细则。各行要充分利用我行强大的客户基础，加强并购顾问和并购贷款业务组合营销，重点抓好钢铁、汽车、煤炭、电力、水泥等行业龙头企业的兼并重组，积极支持国内优质企业到国际市场实施并购。

三是开发与资本金相关的新型融资产品。当前，地方政府和企业都存在一定的项目建设资金缺口，应结合一些重大产业、重大项目的融资需求，开发与资本金相关的新型融资产品，通过“信托＋理财”、产业基金、多元化投资等途径满足项目建设资本金的融资需求，增加理财和顾问类业务品种和收益。

四是探索新型抵押担保方式。总行近期出台了《采矿权抵押贷款管理办法》，各行可以采矿权作抵押，拓展拥有矿产资源客户的信贷业务。今后，还可积极探索经营权、林权、更多种类收费权等新型抵押担保方式，拓展信贷业务空间。

（六）加强公司信贷风险管理。今年，我行的资产质量将经受经济周期的考验。强化信贷管理，提高风险防范水平，是公司信贷业务可持续发展的前提和基础。

一是从源头上把好信贷风险关。要加强对国内外宏观经济、金融形势的跟踪，认真研究行业、客户、区域的发展现状和走势，提高尽职调查质量，落实各项业务资料的可靠性、真实性和完整性，落实好融资前提条件，选好、选准客户，严把客户准入第一关。

二是做好贷后管理工作。公司业务部门客户经理要切实承担起贷后管理职责，将系统监测和实地调查相结合，不但要通过我行系统对客户的融资业务进行统计和分析，还要加强现场调查力度，通过观察企业库存变化、工资发放、税款缴纳、水电费缴纳等情况，掌握客户风险状况变化的第一手资料，加强贷款后评价，提高对客户风险的预见性和判断能力，对出现异常情况的客户要及时预警，对突发性信用风险要快速反应。要特别关注短贷长用、财务杠杆率过高、过度担保、盲目扩张、关联交易复杂、从事金融衍生交易等的存量客户。对贸易融资业务，不但要严格贸易真实性审核，还要确保贷款回收与客户的物流、资金流匹配，不得滚动开证、滚动发放贸易融资贷款，避免蜕变为流动资金贷款。今年总行和各分行都要加大这方面的检查力度。

三是建立前台风险管理制度。要提高思想认识，加强组织领导，建立和完善前台风险管理制度，明确公司业务部门的信贷风险管理职责，制定管理办法和操作规程，有条件的分行可在公司业务部增配专门风险管理人员，确保风险管理水平适应业务规模发展。

（七）加强公司业务的营销组织与管理。无论是总行公司部门，还是分行公司部门，不仅要抓好直营客户，更要抓好系统的组织、推动和管理，充分发挥各级机构的营销合力。

一是完善分层营销管理，提高客户服务层次和效率。各行要直接营销客户，配备足够数量的高素质客户经理，建立和完善对直营客户的考核和奖励机制。建立跨地区的集团客户经理网络，形成“总行（主办行）牵头、成员行协作、上下联动”的营销机制，发挥我行整体优势。以客户为中心，由客户经理和产品经理共同组成营销团队，为客户提供“一站式”服务，形成客户营销与专业营销的组合优势，提升营销竞争力。各行要结合本地客户资源实际，指导地（市）级分行分层营销改革，努力实现客户分层与整体营销相结合、流程优化与风险防范相结合、分工协作与权责利匹配相结合、业务发展与经营转型相结合，确保分层营销改革顺利推进。

二是加强客户经理队伍建设。要加快充实公司客户经理队伍，使客户经理人数与公司业务贡献相匹配，完成总行提出的充实客户经理人数目标。逐步设立客户经理辅助岗，按照1：5的比例配备客户经理助理，承担客户资料、档案、数据、报表等日常事务性工作，把客户经理解放出来，集中精力开展营销。总行正在制定一套涉及公司客户经理培训、考试、资格认证、聘任聘用、奖励与处罚等方面的制度办法，各行要以此为契机，加快人才储备，尽快建立一支业务能力强、综合素质高、爱岗敬业的优秀客户经理队伍。

三是建立客户综合价值评价体系。为加强公司客户的精细化管理，准确衡量客户贡献和客户经理业绩，有的放矢地制定营销策略，总行已初步完成公司客户综合价值评价系统的模型设计，评价内容覆盖大客户各成员单位、各种金融产品的综合价值贡献，该项目计划6月底投产，首先在总行直营客户中试运行，年底全行推广。

四是进一步加强境内外联动。近年来，我行国际化发展迈出较大步伐，全球化经营网络迅速扩展。总行将通过加强境内外客户总部营销、向分行推荐客户和业务、组织专门团队负责境内外联动、开展境外营销活动等多种形式，为境、内外分支机构创造更多业务机会。各境内外分行也要密切沟通，紧紧依托全行渠道优势、人民币业务优势和客户资源优势，在外汇贷款、境外银团、内保外贷、全球现金管理等业务上加强联动。各境内外分行要积极向客户推介我行的国际化战略与境外机构分布情况，对实施“走出去”战略的中资跨国公司要能跟得上，对“走进来”的外资跨国公司要进得去。

四、几点工作要求

2009年，我国将面临复杂多变的国际国内经济金融形势，对公司金融业务的营销、风险控制、客户拓展都提出严峻挑战，但挑战蕴涵机遇、变化创造市场，只要大家能认清形势，未雨绸缪，顺势而为，就能转危为机，实现公司金融业务的大发展、大转型。为此，我再提四点工作要求。

（一）以信贷投放为标志，实现公司金融业务开门红。今年是国家扩内需促增长的关键之年，也是我行争夺市场、巩固地位的重要时机。各行要进一步增强工作主动性，务必突出一个“早”字，实现信贷投放抓早、抓准、抓实。一是认识早到位。第一季度是国家扩内需措施的启动期，也是同业竞争最激烈的时期。大家要及早行动，加强与政府部门的沟通，储备优质项目，为一年的工作奠定良好基础。二是目标早明确。各行既要重视总行的计划任务，更要有自己的奋斗目标。要根据本次会议明确的方向，及时制定各行公司业务规模、结构、质量以及中间业务收入和客户基础目标。对于各行重点大户，要逐户、逐产品、逐项目明确今年营销目标，制定营销方案，做到有的放矢。三是任务早下达。要将各项任务及早分解，明确部门和分行的责任，增强工作的紧迫感。四是信贷早投放。要把握大好机遇，加快重大项目投放力度，第一季度要完成全年投放的45%，做到早投放、早收益。

（二）以金融创新为手段，持续抓好公司金融业务转型。公司金融业务转型既是我行业务发展的内在需要，也是适应客户综合化金融需求，竞争优质金融市场的外在要求。公司金融业务转型成功与否，关键要看公司金融业务在同业市场的竞争能力，要看公司中间业务收入占利差收入的比重。这两个指标越强、越高，说明转型越成功。一是要用好、用活结构性融资。要大力发展“信托+理财”等业务，探索对优质企业和项目的资本金搭桥，贯通负债业务与资产业务，实现表内业务向表外业务的转化。二是进一步推动信贷余额管理向流量管理转变。要加快转变贷款持有到期的传统理念，大力发展信贷二级市场，不断做大“信贷项目池”，推行资产证券化，提高信贷资金周转率。三是推进公司金融综合化营销。要主动适应客户多元化金融需求和降低融资成本要求，大力营销债券型产品，为客户提供一揽子融资方案，实现批发和投行业务、间接和直接融资的融合发展。四是大力发展银团贷款。对于重大项目，要力推银团贷款，争做市场领导者，增强对大项目的竞争力和影响力。五是加快信贷模式创新，实现流动资金贷款与客户物质流、现金流的对应，还流动资金贷款本来面貌。六是推进公司业务各品种协调发展，保持均衡的品种、期限和利率结构。

（三）以防范风险为核心，着力调整公司信贷经营结构。今年是外部经济金融环境最复杂的一年，也是信贷风险掌控难度较大的一年。在全球经济萧条的环境下，大部分企业不可避免出现效益下滑、资质下降等情况，如何找准市场营销和风险防范的平衡点，既维护好客户关系，又避免大的系统性风险，需要有高超的处理艺术和缜密的工作作风。一是要做好客户的选择，不断优化客户结构。客户既是效益源，也是风险源，好的客户群体和客户结构，是防范信贷风险的根基。要进一步加大客户排查力度，探究企业效益下滑本质，既要避免一棍子打死，又要避免鱼龙混杂。对于房地产开发企业，仍要坚持名单制管理，做到内紧外松。二是积极拓展新的信贷领域，优化信贷行业结构，培育新的增长点。要实现信贷业务的可持续发展，客户基础是关键。各行尤其是发达地区分行，要适应外部产业结构、经济结构调整需要，加大对现代服务业等新行业、新领域客户群体、客户需求、融资模式、风险防范手段等的研究，摸索信贷经营规律，做出特色、做出亮点。三是加强信贷全过程管理。公司营销人员既要负责客户关系管理，更要做好贷前调查、信贷前提条件及抵押的落实、资金流向监测、贷款按阶段收回、档案归集、客户定期分析等工作，实现信贷风险全过程监控，提高对风险信息的反应速度。

（四）以队伍建设为保障，提升公司金融业务持续发展能力。事业成败，关键在人。公司金融业务的核心竞争力和可持续发展能力，归根结底体现为人才队伍的整体素质和对外部环境的适应力。一是加大客户经理结构调整力度，一方面要不断充实客户经理队伍，补充新鲜力量；另一方面，要通过考核、认证和严格管理，退出部分不适岗人员，提高队伍整体素质。二是要加强对客户经理队伍的管理，建立客户经理认证制度和评价体系，明确晋升渠道和标准。三是健全客户经理绩效考核体系，坚持绩效工资与业绩考核直接挂钩，培育绩效文化。四是加强全方位的业务培训，提高队伍综合素质。五是加强全行经营发展战略、美好发展远景的宣传，提高队伍对工行的忠诚度，培育良好的精神面貌。

同志们，好的开头是成功的一半，作好全年公司业务营销工作的规划，尤其是要打好第一季度的开局之战，意义重大，任务艰巨。全行公司业务战线的同志，要克服节日情绪，统筹安排好市场拓展、结构调整、风险控制、队伍建设各项工作，进一步振奋精神，抢抓机遇，励精图治，锐意进取，以饱满的工作热情和扎实的工作作风，做好全年的公司金融业务。

立足新起点　迎接新挑战
打造国际一流的信息科技平台

——在中国工商银行科技工作会议上的讲话

易会满

（2009 年 1 月 16 日）

这次会议的主要任务是，认真贯彻落实全行发展战略研讨会精神，总结 2008 年信息科技工作，分析当前信息科技工作面临的新形势、新任务，全面部署 2009 年信息科技工作任务，动员全行科技人员继续发扬顽强拼搏、无私奉献的精神，全力打造国际一流的信息科技平台，推动全行战略发展目标的实现。

下面，我讲三个方面的意见。

一、全行信息化建设再上新台阶，有力推动了业务发展和经营转型

2008 年，各级科技部门围绕全行整体经营发展目标，以科学发展观为指导，圆满完成了全行 2006—2008 年三年发展规划中的各项科技任务，在生产运行、应用产品研发、科技管理等方面均取得重要进展，信息科技实力获得持续提升，为全行业务创新发展和经营管理改革的顺利进行作出了重要贡献。

（一）强化管理，生产运行质量稳步提升。2008 年全行信息系统总体运行平稳，数据中心日均业务量达到 8 686 万笔，同比增加 565 万笔；日峰值达到 11 675 万笔，同比增加 503 万笔。在业务量不断攀升的情况下，各级科技部门始终坚持“安全生产第一”的指导方针，不断提升生产运行质量，信息系统整体可用率达到 99.98%，四级（含）以上生产事件同比减少 23%，为全行经营发展创造了良好的技术环境。

一是提升生产运行管理水平。各级科技部门强化日常生产管理，快速解决各类生产问题，使主要生产事件的问题平均周解决率达到 80%。同时，在主机性能容量管理、集中监控、用户集中管理、网络管理等方面取得显著进展，丰富了生产运行管理手段；积极推进开放平台系统应用批量自动化改造、版本自动分发和安装等工作，为今年实现全面推广、提高操作水平奠定了基础。

二是完善灾备体系建设。根据国家有关标准，制定我行应用灾备等级标准，并对所有应用系统的灾备等级进行划分，为优化应用灾备体系、满足业务连续性服务要求打下了良好的基础；组织完成有境外机构参加的业务灾备应急演练，检验了灾备系统的有效性；全行在系统、网络等方面开展了 503 次应急演练，提升了应急处理能力。积极推进总行集中式业务营运中心共享场地灾备建设，完成了对金融市场部、资产托管部业务的灾备演练。

三是夯实科技基础设施建设。以提升对业务的服务能力为目标，优化数据中心主机资源，完成全行柜面新终端改造，实施网络基础设施优化与扩容，推广内网网络加速和电话会议系统。加大自助设备投放规模，全年新增 ATM（含一体机）8 000 台，安装在用 ATM 达到 28 600 台；ATM 开机率提高到 96.36%，同比提升 2.55 个百分点，有效缓解了柜面压力。

四是加强了信息安全防护工作。建立了信息系统安全等级保护体系，开展信息系统安全等级保护实施工作；全面梳理信息系统安全防护框架，形成完整的用户端安全管理方案。完成防病毒管理、非授权软件控制等功能在全行的推广，并在总行几个科技部门试点网络准入控制、互联网邮件归档审计等功能，为后续推广作好准备。

（二）齐心协力，圆满完成信息系统奥运安全保障工作任务。北京奥运会是 2008 年全国人民的一件大事，国家有关部门对奥运期间银行信息系统的安全保障工作高度重视，人民银行、银监会多次提出工作要求。工商银行作为具有国际影响力的大行，信息系统的安全运行不仅事关我行声誉，更会涉及国家整体对外形象，任务艰巨、责任重大。根据总行统一部署，全行各级科技部门早动手、早安排，提前对系统、网络、设备等基础设施进行扩容。数据中心（上海）不断加强性能容量评估及系统监控，软件开发中心及时优化金卡、外卡系统，整合 ATM 交易流程，数据中心（北京）强化网银系统和内网安全防护，各奥运相关分行也加强应急管理、加大奥运值班力量，各科技部门认真开展专项自查、及时整改。

经过全行科技部门的共同努力，奥运期间全行信息

系统保持安全稳定运行，在日均交易量和高峰日交易量分别比奥运前提高15%和7.4%的情况下，信息系统可用性始终保持在较高水平，主要业务时段信息系统可用率达到100%，圆满实现“平安奥运”和“生产运行零事故”这一总体目标，为我行在奥运期间为客户提供优质服务打下了坚实的基础。

（三）沉着应对，积极支持抗震救灾工作。2008年，我国先后发生了雪灾、地震等自然灾害，面对灾难，全行科技部门紧急行动，沉着应对，积极开展抗震救灾工作。

四川地震灾难发生后，科技部门立即启动应急预案，在灾难发生当日，即与有关业务部门配合完成电话银行成都分中心人工坐席业务向北京和上海电话银行托管中心的转移，确保我行信用卡电话坐席服务连续运行；紧急为受灾分行调配ATM设备，及时完成个人网银公益捐款改造；针对灾区特殊信贷政策需求，快速完成相关版本开发投产。各数据中心、软件开发中心加强对全行信息系统监控，加大对受灾地区分行技术支持力度；受灾地区分行科技部门积极采取各种应对措施，特别是四川、甘肃、陕西等分行科技部门的同志，更是冒着生命危险，加强机房设备巡检与维护，想方设法保持各类系统稳定运行，为确保我行受灾网点率先恢复对外营业提供坚强的技术后盾。

面对南方冰雪灾害，总行信息科技部提前预警，相关分行科技部门及时加强机房应急管理，积极部署应对措施和应急预案，使全行二级分行以上机房的供电和通讯始终保持正常，保证了全行业务顺利开展，树立了我行的良好形象。

（四）稳步推进，应用产品研发与推广取得重大进展。2008年，全行科技部门积极响应业务发展要求，克服资源紧张困难，争分夺秒开展应用研发，完成了4个综合版本和3个普通版本的研发、测试及投产。总行共研发、优化项目908个，研发规模达到62万个功能点，同比增长27%，在客户服务、海外系统推广、风险管理等方面取得重要突破。

一是积极响应市场发展需要，深化客户服务产品创新。投产私人银行系统，及时满足私人银行业务开办需要；完成银行户口项目开发并在部分分行推广，推出工银财富卡、个人支票等创新型金融产品，优化本外币理财产品销售系统，积极推动“中国第一零售银行”战略目标的实现；丰富对公产品功能，优化整合现金管理系统，丰富财智账户创业系统功能，建立银银合作平台，全面提升对公客户服务能力；完成牡丹运通白金卡、VISA白金芯片卡等高端产品开发，进一步提高银行卡产品竞争力；拓展电子银行交易渠道，推出包括WAP手机银行、贵宾网银在内的45项创新产品，优化118项产品功能，进一步巩固电子银行在国内同业的领先地位。

二是境外业务系统建设及推广取得重大进展。科技部门按照总行国际化发展部署，主动推进境外业务系统建设及推广，在充分了解各境外机构需求的基础上，灵活调整FOVA系统设计方案，继2007年实现零售业务功能的基础上，2008年又实现境外机构批发业务、网上银行、银行卡以及ATM/POS机收单等业务的突破，基本覆盖境外机构所有批发和零售业务。同时完成FOVA系统在诚兴银行、首尔分行和新加坡分行的推广，以及在工银印尼的试运行，推动了相关境外机构的业务发展，还完成了悉尼、纽约等4家境外机构的系统投产，为实现我行跨国经营布局提供有力的技术保障。

三是深入推进全行管理信息化建设。构建数据仓库基础数据平台，实现对信息的使用和管理从分散、局部向集中和全局的跨越；推出财务会计报告管理系统，实现各项对外披露信息的自动化生成，满足其及时性、准确性要求；完善全行风险管理体系，优化非零售信用风险内部评级法系统，完成零售信用风险内部评级法系统个贷部分的开发，完善业务运营风险管理系统功能，投产市场风险管理系统一期工程。积极推动业务流程再造，完成公司信贷业务48个问题的优化，占涉及系统优化问题的77%，并从技术角度完成近20项优化内容；全面完成个金流程再造一期工程第二、第三阶段任务，优化了个人质押贷款等26项功能。

四是分行特色业务研发工作日益加强。2008年，各分行共研发644个应用项目，项目投产后取得良好效果，如上海分行的“财政社会保险基金专户管理平台”，创造性地设计了灵活定制多级账户管理体系，很好地满足了社保专户资金分品种、分层级管理的业务要求；福建分行的“网点信息发布系统”，提高了网点业务信息发布的统一性和及时性，提升了营业网点的信息服务水平；浙江分行的“自助终端分行特色业务项目”，丰富了分行电子银行业务服务渠道，减轻了柜面压力。此外，广东分行的“财政公务卡网上支持系统”，北京分行的“银行卡营销服务综合管理系统”等，都有力支撑了分行的经营发展。

（五）立足长远，启动“1031”工程建设。为构建具有灵活性、先进性、高性能、抗风险的新一代应用架构体系，更好地适应我行未来5—10年的业务发展需要，总行启动“1031”工程建设，明确了今后三年的科技工作任务和计划，同时先期开展了部分项目建设，并取得了较大进展。个人客户信息整合的技术研发工作已基本完成，为后续统一客户服务创造了条件；初步搭建了核算层的基础架构，为实现产品功能和内部核算处理的松耦合、支持业务需求的快速实现迈出重要一步；实施了个人网银应用重构，为实现多点接入、提高网银系统的连续运行水平打下基础；实施个人历史明细改造，实现了历史明细查询的不间断服务；开展三卡整合工作，推动不同信用卡产品管理和技术平台的统一。

（六）科学管理，科技管理水平不断提升。

一是全行信息科技管理制度进一步完善，形成由30个管理办法、60个实施细则和30个管理手册组成的、较为完整的科技管理制度体系，进一步提升了科技管理制度的科学性、全面性和可操作性。制定、修订信息系统安全等级保护实施办法、信息及信息系统安全定级指南等19项技术规范，进一步健全技术规范体系。知识产权保护工作取得突破，全年新获9项专利，专利总数达到72项，同业占比为55%。

二是科技队伍数量、素质稳步提升。截至2008年底，全行科技人员达到10 317人，其中总行直管3 806人；分行科技队伍稳定在6 500人左右，一级分行本部科技人员总数达到2 514人，同比增加75人。同时，信息科技专业人才培养力度进一步加强，先后开展了信息安全、网络、项目管理、运行管理以及系统分析等方面的高级专业培训，培养专业人才140余人；同步开展各类基础性的岗位培训，培训规模达到8.6万人次，提高了技术和业务人员的知识和业务水平。

2008年，全行科技部门积极配合国家审计署、人民银行、银监会等多家内外部单位，完成了12项针对信息科技方面的审计和检查，这些单位对我行信息科技管理水平都给予了高度评价，充分肯定了我行信息科技在国内同业的领先地位。去年，我行再次入选国家信息化测评中心发布的“中国企业信息化500强”并位列第一；获得英国《银行家》授予的2008年度“最佳业务连续性管理奖”，再次彰显了我行强大的科技实力。

在过去一年中，全行科技工作取得了突出成绩，为全行改革发展作出重要贡献，得到总行党委、各部门的高度肯定。全行科技人员踏踏实实，勤勤恳恳，特别是在奥运服务保障、抗震救灾等重要任务中，更是发扬了科技人顽强拼搏、默默奉献的优良作风，为全行业务经营提供了重要支撑。事实证明，面对突发事件，全行科技管理工作是及时有效的，全行科技人员是经得起考验的。在此，我代表总行，向全行的科技工作者致以诚挚的问候，对大家在过去一年中的努力与贡献表示衷心的感谢！

在总结过去、肯定成绩的同时，我们也必须清醒地认识到，当前的信息科技工作，与满足我行战略发展目标要求相比，还存在差距：一是尽管全年信息系统总体运行平稳，但仍发生了一些生产事件，说明生产运行管理、软件版本质量以及与业务部门的工作衔接还有待加强，生产运行的安全性、可靠性还需进一步提高。二是软件开发管理流程还不够完善、工作责任界定还不够清晰，产品研发效率和质量尚不能完全满足业务发展需要。三是虽然在科技成本核算与分摊上已开展了一些工作，但在产品创新层面仍缺乏对投入产出的分析，缺少对产品使用后的效益管理；对研发推出的新产品宣传、培训不够，分行对产品缺乏了解，部分产品使用情况不理想。针对这些薄弱环节，我们要认真分析研究，并在今后的工作中努力加以改进。

二、新的发展形势赋予全行信息科技工作新的使命，提出了新的要求

未来三年，我行将实施股改后第二个三年规划，这是我行提升核心竞争力，扩大市场领先优势，纵深推进经营转型的关键三年。科技部门作为全行改革发展的关键支撑力量，要进一步认清发展形势，增强紧迫感、责任感和使命感，紧密围绕全行建设国际一流现代金融企业的总体要求，不断提升科技实力，打造国际一流的金融信息系统平台，为把我行建设成为全球最盈利、最优秀和最受尊重银行提供信息科技保障。

（一）要创造并保持更大的科技领先优势。经过25年的发展和几代人的不懈努力，我行信息科技在技术架构、创新能力、管理经验、队伍建设等方面，全面确立了国内同业领先优势，构成我行提高核心竞争力、实施战略转型的决定性力量。但应该清楚地看到，国内同业追赶步伐加快，我行科技领先优势面临严峻挑战。为保障我行整体竞争力，我们必须持续保持信息科技的竞争力，持续保持信息科技的领先优势。

今后，要着重从五个方面开展工作：一是保持理念的前瞻性。要围绕全行发展战略，紧跟全球金融IT发展趋势，不断拓宽视野，以更高的标准、超前的理念指导科技工作。二是要有强大的创新变革能力。要在基础平台、技术架构、科技管理上不断创新，要加强科技创新与业务创新的联动，要持续提升科技人员的综合素质，使核心竞争力得以持续，这是我行创新和变革的基础。三是要提升风险驾驭能力。安全运行是科技工作的第一要务，要明确涉及生产管理的各环节、各部门的责任；要继续完善全行灾备体系，开展两地三中心研究与建设，提升对风险的控制力。四是要提高团队协作能力。全行信息科技体系包含总行本部、几大中心和各分行，涉及软件开发、测试、投产全过程，各单位地域跨度广、管理难度大，优化信息科技体制、发挥各部门整体合力，有利于我行科技的长远发展。五是要注意两个统筹兼顾。一个是总分行统筹兼顾，调动总行、分行两支科技队伍的积极性；另一个是业务创新、满足客户需要与生产安全的统筹兼顾，按照协调和可持续发展的原则，把握好产品研发中强调开发进度与保持产品质量之间的平衡。以上这五点，构成我们信息科技持续保持领先优势的重要基础，全行科技部门，要在现有工作的基础上分析不足，发掘潜力，找准重点，确保信息科技持续健康发展。

（二）加快应用创新步伐，不断增强对全行改革发展的支撑力量。今后三年，是我行转型发展的重要时期，总行提出了提升核心竞争力，巩固发展市场领导地位；推进经营转型，增强可持续发展能力；深化体制机

制改革，构建更加完善的现代金融企业制度三大战略任务，并根据这三大任务提出重点实施的十大战略工程，明确要全面提升各项业务的竞争发展能力，在各主要业务领域进一步确立中国第一大行地位；要全面提升综合化、国际化发展能力，力争未来三年形成较为完善的国际化、全功能的金融集团发展格局等。

要实现上述目标，就必须加快创新步伐，依靠持续的理念、机制、产品和技术的创新，占据竞争主动、赢得市场先机。这既是对业务部门的要求，更是对科技部门的要求。科技部门要紧紧围绕全行战略导向，围绕全行中心工作，发挥强大的技术创新作用，妥善安排科技资源，在确保生产安全的基础上，不断提升对全行业务发展、经营改革的支持力度。同时要积极贯彻“科技引领”战略，主动加强研究，从技术角度去推动、引领业务发展。

（三）增强科技战线的战斗力，进一步提升对全行经营转型的服务能力。近年来，全行业务发展迅速，对信息科技工作提出了更高要求，也寄予了更高期望。如何进一步增强科技队伍的凝聚力、战斗力，更好地为全行服务，要注意以下四点：一是要有作为。要始终具有高度的责任感、事业心，为全行改革发展作出更大的贡献；要增强服务意识，想客户之所想、想前台之所想、想业务部门之所想，只有推动业务发展、创造更多价值，才有可能获得认可，才能在全行发展中发挥更好的作用。二是要优流程。要完善科技专业内部各项工作流程，在科技管理链条的上下游之间树立服务意识，建立服务机制；要完善科技部门和业务部门的工作流程，提高工作效率，提升工作质量。三是要抓联动。要加强科技与业务部门之间、总分行科技部门之间的联动；要加强科技优势的宣传，加强科技对业务支持的宣传，让各级管理者、基层员工了解科技、关心科技、支持科技，促进科技发展。四是要善激励。一方面要加强管理，明确职责、落实责任；另一方面要注意调动员工积极性，激发员工潜能；要加强科技队伍的职业生涯设计，完善业务职务序列管理，体现员工的岗位价值。通过以上四点，进一步增强科技部门的服务能力，提升在全行的地位和影响力，并保持良性、健康的持续发展。

综上所述，新的发展形势赋予了信息科技新的历史使命，全行信息科技工作也面临着巨大挑战，只有不断提高自身实力，提升创新能力，才能创造并保持更大的科技领先优势，才能增强信息科技服务客户、推动战略转型、促进可持续发展的能力，才能使我行在激烈的竞争环境中赢得发展优势，确保我行战略发展目标的实现。

三、下一阶段信息科技工作的具体要求

2009年，我行将全面实施股改后的第二个三年发展规划，步入改革发展的新阶段，科技部门要围绕全行发展战略要求，立足新起点，认真践行科学发展观，深入实施科技引领战略，大力开展信息科技提升工程，推动全行信息化建设的健康、快速发展。为此，我提五点具体要求：

（一）确保信息系统的安全稳定运行。信息系统的安全稳定运行是我行建设国际一流金融企业的基础，是我行信息科技持续领先的基础，也是信息科技竞争实力、发展水平的首要体现，是信息科技工作的重中之重。随着信息化建设的不断发展，我行应用系统日益庞大，全行各类服务器的设备数量也日渐增多，仅总行各数据中心生产环境的服务器设备数量已接近2 800台。面对庞大的系统、众多的设备，我们要尽量减少问题的发生，尤其是关键问题的发生，尽量将问题带来的损失减少到最小程度；要针对生产运行的问题，抓根源，抓管理，避免被动应付。由于生产运行管理涉及方方面面，我主要强调三点：

一是要加强生产运行管理。总行信息科技部要做好全行生产运行工作的组织和管理，及时协调解决各中心、各分行在研发、测试和生产中出现的问题；数据中心要加强生产运行管理和内部管理，要进一步调整思路、改进措施，提高生产运行安全性、可靠性。要继续加大工作的深度和广度，争取做到问题早预警、早发现、早解决。

二是要继续加强信息安全防护，完善应急和灾备管理。要在客户端安全管理、互联网接入等方面取得新进展，不断提高信息安全防护水平。要提高一线人员处理现场复杂问题的能力，与有关部门共同建立处理复杂问题的机制；各业务部门也要积极配合科技部门，完善应急处理的联动机制，快速解决问题，尽量控制事件影响范围。要进一步完善灾备体系，在加快应用灾备体系建设的同时，加快两地三中心方案的研究与论证，尽早启动。

三是加强产品质量控制，这既包括硬件产品，也包括软件产品。其中软件产品包括第三方产品，但更多的是我们自己开发的产品。产品质量问题，轻则影响服务，重则影响安全，往往是导致生产问题发生的根源。对第三方产品，在使用前要加强测试，并要求对方提供及时、有效的支持服务；对我行研发的产品，要从研发的源头抓起，加强从需求、研发、测试到投产全过程的控制。2009年，我们在产品质量控制方面要进一步加强全过程管理，全面提升软件质量。在整个软件开发过程中，业务部门和科技部门要加强配合、加强沟通，要在确保质量的前提下安排好版本计划。在当前应用系统庞大、耦合度高的情况下，要从安全生产的角度出发，认真研究如何加强软件研发管理、提升软件质量，这是今年的一项重要任务。

（二）按计划稳步推进“1031工程”建设。“1031”工程建设要着眼于我行建设国际一流现代金融

企业的愿景，立足于达到国际同业先进水平。这是关系到我行未来发展的一件大事，是今后几年全行性的一项重点工程，全行各部门要高度重视。产品创新管理部和各业务牵头部门要切实承担起职责，严把需求质量关，加强需求整合，关注系统性能，共同防范生产运行风险；信息科技部要充分发挥工程建设领导小组办公室的作用，加强研究与论证，加强工作协调与组织，确保工程建设按计划顺利推进。

2009 年，“1031”工程要进一步推进客户信息整合、核算与产品剥离、历史明细改造、电子银行应用重构等重点工作，建设业务营运风险管理平台、数据分析挖掘平台，完善 FOVA 系统功能，并加大系统推广力度；要推动产品管理与定制平台、新一代全球现金管理平台、投资银行业务管理平台等应用平台建设，建设新一代金融市场业务综合管理系统；要开展服务交付层与渠道整合、管理会计与分析型总帐、海外信贷综合管理、内部机构树等系统建设的研究工作。

此外，根据业务发展需要，大力开展个人、对公、金融市场、电子银行、风险管理等各个业务的应用研发，及时完成远程授权、集中式业务处理中心等系统建设，推动信贷及个人金融业务流程再造，满足业务发展及经营管理需要。

（三）加强科技管理，确保各项科技工作顺利实施。未来几年，我行信息科技工作的任务非常繁重，总行也已制订 2009 年及今后一段时间的科技工作计划。为确保各项工作顺利实施，总行信息科技部要加强与相关业务部门的协调，发挥对全行信息科技专业的指导职责，积极组织各中心和各分行，重点做好以下工作：

一是总结成功管理经验，持续提高科技管理水平。2008 年全行在科技管理方面成绩显著，特别是信息系统奥运安全保障工作，面对时间跨度长、涉及范围广、工作要求高、组织难度大的特点，全行各级科技部门在关键系统的日常运行监控和分析、信息系统安全防护、应急管理、生产一线值班管理、园区安全管理等方面积累了丰富的经验，这些经验是我行科技管理的宝贵财富，全行要认真进行归纳和总结，并将其中一些做法和经验制度化、常态化，形成长效机制，持续提高我行的信息科技管理水平。

二是密切配合，进一步提高研发效率和研发质量。科技部门要与业务部门密切配合，加大需求阶段的人力资源投入，在开展需求整理前期即安排业务、科技人员共同参与，这样既利于提高需求质量，也利于加快后续研发进度。同时，科技部门要科学安排项目实施计划，业务部门要根据项目计划安排，及时提交完整可用的业务需求书，并共同解决项目研发中的风险。此外，在业务部门对重点客户进行营销时，科技部门也要成立专门的应用研发和技术支持服务队伍，与业务人员共同组成客户服务团队，快速响应客户需要、持续高效地做好客户服务。

三是加强产品投产后使用情况的跟踪与管理。近几年，随着全行各项业务创新需求日渐紧迫，科技部门的应用研发工作量逐年增加。2006 年、2007 年和 2008 年，总行完成的应用研发新项目及优化项目数量分别为 438 个、634 个和 908 个，年均增长 44%；应用研发规模分别达到 31 万、49 万和 62 万功能点，年均增长 42%。这些研发工作的完成，基本满足了业务部门的需求。但是，部分产品研发后的使用情况不够理想，甚至有的产品分行不了解。今后科技部门、业务部门要积极配合、加强联动，做好新研发内容的宣传、培训，引导分行了解新产品、熟悉新产品，继而使用好新产品。产品创新管理部作为全行产品创新的管理部门，要研究并逐步建立产品应用后的跟踪、管理方法，提高资源使用效益。

（四）优化科技队伍结构，提高科技队伍的整体合力。目前全行科技队伍超过 1 万人，总行直管队伍也超过了 3 800 人，科技队伍力量进一步壮大，但结构还不尽合理。在总行层面，科技队伍比较年轻，综合素质有待提高，同时还缺乏一批专家队伍；分行层面，部分分行特别是二级分行科技力量明显不足，现有科技人员平均年龄较大，不利于分行科技工作的持续发展。

今后，在保持科技队伍适度增长的同时，一是要进一步加强专业序列体系建设，减少官本位思想，强调技术导向，丰富非管理类专业序列和晋升渠道，完善薪酬分配体系，进一步突出技术类干部的价值。二是要做好员工的职业生涯设计，加大行内交流力度，向专业部门输送优秀人才，建立人才流动的畅通机制。要结合总行提出的中年员工职业振兴计划，培养好中年科技人员，充分利用其工作经验。三是进一步加大培养、培训力度，不断提高科技人员的技术素质、业务素质，加快专家队伍培养。要进一步关心员工，加强与员工的交流，换位思考，解决员工最直接、最现实、最紧迫的问题。四是要加强后备干部队伍建设，进一步发现苗子，加强培养，创造条件，进行干部多岗位交流，搭建班子老中青梯次队伍，保持各中心班子的稳定性和延续性。五是要认真研究各中心的组织构架和管理模式问题，进一步提高组织效率。

（五）进一步加强分行科技工作。分行科技部门是全行信息科技的重要组成部分，是全行信息科技工作的落脚点，是全行信息科技健康发展的基础。针对近几年分行科技工作的新形势，我再提四点要求。

一是要提高对分行科技部门重要作用的认识。目前各一级分行科技部门承担着辖内生产系统运行管理、总行应用系统推广、分行本地特色业务开发、配合业务营销等职责，二级分行科技部门承担着辖内生产系统运行、各类设备的维护、支持业务营销等工作，这些工作都是分行业务发展、经营管理所必不可少的，特别是特色业务研发工作，更是对分行发展起到直接的推动作用。希望有关分行提高认识，加强对科技工作的支持，既要认识到全行科技一盘棋、必须统筹协调发展这个基本道理，又要从利于分行长远发展的角度出发，加大对分行科技工作的支持力度。分行科技部门也要不断加强自身建设，加大对分行发展的支持力度。

二是加强分行特色业务研发管理。这几年，总行不断加大对分行特色业务研发的支持力度，各分行也研发了大量的应用项目，并带来良好效益。今后，总行要继续为分行研发提供支持；同时各分行要充分利用好总行产品，避免重复开发，要严格执行总行有关规范与原则，既要满足业务需求，也要满足生产安全管理。要认真做好研发接口管理以及数据下载后的使用管理，确保合理、安全应用。

三是夯实分行科技基础建设。根据未来三年我行渠道建设规划，全行将继续加大自助服务设备的投入力度，计划到2011年使全行可用的ATM、POS机和自助终端设备数量分别达到4.5万台、35万台和5万台。ATM的运行状况对我行的整体形象影响较大，从统计情况看各分行ATM的运行状况差别也比较大，各分行科技部门要将ATM的运行状况与科技管理能力相挂钩，继续加强日常设备维护和生产运行监控，要做好设备安装、管理工作，不断提高设备可用率。要加快一级分行对二级分行远程监控和操作平台建设，提高我行应对区域性灾难的应急管理能力，完善全行应急控制管理体系。

四是分行要加大对基层科技工作的领导。各分行要加强对分行科技部门特别是二级分行科技部门的领导和支持力度，根据总行有关文件要求，有条件的地区要设置独立的信息科技部，其他二级分行也要设置相对独立的科技机构。各分行要对科技人员采取适当的激励措施，留住优秀人才。针对分行网点配备的设备不断增多、技术含量不断提高的特点，为加强对基层网点的支持，要在现有支行及网点设置科技管理员岗位，主要负责网点设备和系统的基础维护，与科技人员共同做好分行基层科技工作。总行信息科技部、人力资源部等部门要积极研究，形成方案并尽快实施，各分行要积极推动后续落实工作。经初步统计，二级分行的科技人员经常加班加点，在日常生产维护、总行及分行应用系统推广、业务营销等方面起着重要的作用，但许多人员工资收入水平低于平均水平。在此，我特别强调一下，请各分行主管科技工作的行领导以及科技部门负责人，要多关心科技人员，加强对二级分行科技队伍现状、工作情况以及队伍思想状况的分析，今年要切实采取措施，加强二级分行的科技队伍建设。

这几年，部分分行在使用好总行产品、加强基层技术支持等方面做了大量工作，取得了很好的成效。为加强工作交流，借鉴先进的工作经验，随后将有几家分行作经验介绍。希望大家认真学习经验，指导本行工作。

同志们，2009年是我行实施第二个三年规划的第一年，是我行实施经营转型的重要一年，科技工作任务将更加繁重而艰巨。全行上下要根据改革发展的新要求，勇于承担历史使命，按照总行统一部署，团结一致，扎实工作，推动我行的信息化建设迈向一个新阶段，为我行建设国际一流的现代金融企业作出更大贡献。

在中国工商银行机构、资产托管和企业年金业务工作会议上的讲话①

易会满

（2009年2月17日）

今天上午大家作了一个很好的讨论。总体上今年机构、托管、年金三项业务压力很大、任务很重。大家讨论过程中也提出了很多好的建议，也反映了一些问题，希望总行三个部门把这些建议、要求、问题整理后汇总成报告向行领导汇报，使本次会议能够解决一些实际的问题。今天听了大家发言以后，我想谈几点个人的想法。

① 根据录音整理。

一、要客观地分析当前形势，进一步增强做好2009年工作的信心

今年行长会和任何一个专业会，从总行到分行大家都感觉到2009年的工作压力是很大的，不管是市场营销的压力，还是风险控制的压力，不管是业务发展的压力，还是经营效益的压力。昨天李行长在会议上作了一个非常重要的报告，客观地分析了今年面临的机遇和挑战。各行在贯彻落实的时候，在看到我们面临挑战的同时，要进一步鼓足干劲，引领系统内各二级分行充分分析当前面临的市场机遇和业务机会，增强我们做好全年工作的信心。今年全行的利润压力是比较大的，在去年1 111亿元的基础上增长10%。要完成这个计划需要我们各个专业部门、各个分行齐心协力。任何一个专业如果今年任务完不成都会给全局带来比较大的影响。现在面临的最大同业竞争对象就是建设银行，这三个专业也都面临着巨大挑战。我行的年金和托管业务在金融同业中具有很大的领先优势，但这只是先发优势，一旦各家银行牌照都拿到并开始重视以后，我们的市场占比就慢慢下来了，业务分流的压力是很大的。最近在营销公司客户年金业务时总体感觉这项业务的竞争已经到了白热化的阶段，可以说是不进则退，而且退了以后就几乎没有机会了。机构业务的竞争这么多年来，从没有像现在这么激烈的，因为我们市场占比是第一的，是受到同业不断挑战的。在这样一个环境下，工作怎样做得更深入、更细致，大家回去以后要在贯彻上面抓得更实、更准。大家反映的问题，有总行的问题，但我觉得在座的主管行长更重要的还是要眼睛向下，抓好落实，包括激励机制怎么建立、员工队伍素质怎么提高等，有很多工作省分行可以自己落实。为什么同样的总行政策，不同分行效果就不一样呢？主要是主观能动性的问题，工作作风的问题，创新思路的问题。

二、要有创新的思路来解决发展瓶颈问题

创新的思路主要集中在以下几个方面：

（一）如何进一步落实以客户为中心。“了解客户、满足客户”这是我们创新工作围绕的根本宗旨，刚才江西张行长谈到怎样从“机构业务”转变到“机构金融”，这也是一个理念上转变的问题。刚才大家反映的一些利率的问题、客户的问题，我觉得根本就是在如何“了解客户、满足客户”上进行创新，机构业务面临的考验是最大的。存款这块业务问题比较突出，特别是同业存款。

（二）要研究区域发展战略，了解我们的重点核心企业，同时也要了解同业的核心客户、核心区域。这是创新的重要手段。

（三）要发挥好全行整体联动，利用产品创新来提高成本的消化能力。建议八大分行发挥各自的创新自主权，拓展创新思路，总分行联动来开拓业务。尤其是机构存款业务，靠传统的手段确实是难度非常大，关键还是靠创新、靠服务。创新不但能够消化成本，而且能够为客户提供一揽子服务。

（四）要认真实施科技引领工程。科技优势是我行最大的竞争优势，现在公司客户可以用科技优势稳定客户，机构客户也可以用科技优势来稳定和争取客户。但总体上对公业务和个人业务在科技上的发展是不平衡的，对公业务的科技项目占比基本上不到全行的1/3，而个人业务可以占到50%以上，这说明个人业务的科技创新需求非常大，创新能力也比较强。对公部门要紧密围绕客户需求，多用科技手段来创新，我行在这方面的潜力还是非常巨大的。李行长在报告中也提到了三项业务的几大科技创新工程，包括银证、银保、银期、银银等系统。科技创新是我们行的最大优势，要充分利用优势锁定、争取客户。比如在中石油的年金项目上，如果我行没有科技优势做后盾，我们很难在短时间内满足客户需求。对于市场营销部门提出的客户紧急需求，科技部门要成立一支专门的队伍来响应。

（五）要进行人力资源持续优化。创新型业务要有人力资源方面的投资。今年董事长、行长要求对运行管理专业人员的结构进行整合。全行41万人，在会计、运行、储蓄柜台工作的有18万人，这18万人的30%是搞风险事中授权、运行督导员、总会计。建议各行主管行长要关注此项工作，在人力资源优化中充实全行客户经理，要进一步加强激励考核机制，将奖金与绩效确实挂钩。激励考评的基础数据要依靠信息系统的相关数据，各省行在这方面要尝试探索，步子要大一点。目前个金和对公的系统正在不断完善中，这个阶段各个分行可以采取“土洋结合”的办法，有大机里面的数据、有中间业务平台的数据，甚至还可以加一点手工统计的数据，来支撑绩效考评。

三、三个专业要处理好市场拓展与客户服务、业务发展与风险控制的关系

我们既要重视市场营销，更要关注售后服务。这一点在年金账管业务方面还要引起更大重视，客户服务要跟上去。机构业务的风险总体不会很大，托管业务的前台、中台、后台都是一个部门在做。在目前体制下，要进一步完善制衡，严格按照标准、规定来做。建议各省行要注意新业务的风险，要考虑得周到一些，要加以重视。

深化改革开创新局面 强化管理再上新水平

——在中国工商银行运行管理工作会议上的讲话

易会满

（2009 年 3 月 2 日）

这次会议的主要任务是，认真贯彻全行发展战略研讨会和年度工作会议精神，全面总结 2008 年运行管理工作，深入分析运行管理工作面临的形势，研究部署 2009 年工作任务，动员全行深化运营改革，强化运行管理，全面开创构建价值型运行管理体系的新局面，充分发挥运行管理在完善现代商业银行公司治理和打造核心竞争力中的战略作用。

下面我讲几点意见。

一、成绩显著，运行管理有力推动了全行发展战略目标的实现

2008 年，各级运行管理部门紧紧围绕全行整体经营发展目标，以科学发展观为指导，按照“全面构建价值型运行体系，努力打造一流的金融后台”的总体要求，着力加强核算管理、流程管理、风险管理和服务支持，运行效率、运行质量、运行安全水平持续提升，在全行改革发展和经营管理中发挥了重要的支持和引领作用，为全行保持平稳健康快速发展作出了重要贡献。

（一）集约运营持续推进，较好发挥了运行管理在全行经营战略转型中的推动作用。业务集中处理稳步推进。按照“集约运营、服务共享”理念，以业务分离、服务分层为切入点，构建了全行统一的业务集中处理平台，实现了跨城市、跨地区的业务集中处理；业务品种不断丰富，逐步将对公非现金业务和个人非实时业务纳入平台，实现了汇划、网银落地指令等 10 余种业务的集中处理；在上海、陕西、云南、重庆等分行组织试点，规模效应初步显现，业务处理效率和人力资源配置效率得到提升，风险控制能力得到增强。城市行业务处理中心的规范化建设不断加强，通过实行业务有效分离，业务布局调整不断加快，集约化程度进一步提高。2008 年全行业务集中覆盖率达到 30.2%，同比提高近 4 个百分点。

现金标准化、集约化管理持续深入。在现金业务量日益增长的情况下，合理配置现金营运管理资源，不断丰富现金营运管理手段，提高现金业务运行效率和服务水平。全年累计完成现金收付 29.7 万亿元，同比增长 11.9%，为自助设备加钞 1 万亿元，同比增长 45%，上门收送款 7 797 亿元，同比增长 14%。以“标准统一、管理科学、内控严密、服务高效”为目标，金库标准化建设如期启动。通过加强库存限额管理，实现了现金备付率控制和综合运用率提高的目标，全行现金备付率控制在 0.5%，现金综合运用率达到 61%。现金营运集约化改革和业务库整合取得实效，全行各类金库由年初的 1 228 个减少到年末 1 153 个，净减 75 个，并实现 72% 的库存现金由现金营运中心集中管理。

远程授权改革扎实开展。为有效解决单一现场授权模式存在的授权质量和效率不高问题，提出了完善业务核算事权划分，建立集中式、跨网点、多方式并存的授权体系的改革方案，启动了远程授权系统的建设工作。在江苏分行开展分别以网点、支行为单位的不同组织模式的远程授权改革试点，初步建立了专业化、标准化的业务核算授权模式和流程。

临柜业务流程不断优化。账务核算体制改革不断深化，浙江、广西等分行将核算层次上收至二级分行，账务层次进一步集约，资源利用效率和风险管理水平进一步提升。实施核算系统交易优化，全面简化本外币汇划业务发报流程，提高系统的自动化处理程度。积极探索改革内部账户核算模式，北京分行通过将代理业务的核算封装成定向工作流，减少了授权环节，强化了风险控制。

（二）风险管理继续强化，较好发挥了运行管理在全行过程控制中的关键作用。监督体系改革迈出坚实一步。在方案设计和系统建设的基础上，监督体系改革的试点工作全面启动。先后两批在广西、安徽、广东分行营业部等 13 家分行进行试点，以风险导向和流程导向实现对主要风险环节的监督。数据分析、方式互补、良性循环的新监督体系试点工作取得初步成效，开始改变长期以来重凭证要素、轻风险要点的简单重复的传统复审模式，风险识别的准确性、风险管理的针对性和监督效率得到有效提高，业务运营监督检查体系向风险管理与质量控制的战略转型迈出坚实一步。

运行风险的日常管理扎实有效。聚焦关键风险点，

加强运行风险案例分析，研究风险特征和管理对策，深入落实风险预警提示制度，实施主动的风险管理，提高运行风险管理的针对性。加强核算要素管理，推行以二级分行为单位的应急密押集中管理试点，有效降低核算要素的管理风险。深化客户集中对账工作，实施个人客户和法人客户对账的统一运营管理，对账效率明显提高，全行客户对账率、对账集中率均达到99%以上。全面开展制度执行情况和重要业务的专业检查，运行管理检查手段更加丰富，检查的针对性、实效性进一步增强。实施更加严密的外部欺诈风险管理对策，全行共防堵伪造、变造票据和支付凭证679笔、金额近23亿元，识别各类虚假身份证件6 500余件，收缴本外币假币712万张，折合人民币金额超过1亿元，有效避免了潜在的巨大损失。

运行管理人员履职能力得以提高。对全行运行风险管理人员开展了多方面、多渠道、多层次的业务知识和技能培训，广大运行管理人员的业务素质和履职能力得到提高。成功举办全行营业经理技能竞赛，充分展示了营业经理积极向上、爱岗敬业、训练有素的职业素养，激发了运行管理人员的工作热情。

（三）核算组织更加高效，较好发挥了运行管理在全行业务运营过程中的基础作用。适应全行业务快速发展的形势，高质量组织各类业务核算，2008年，全行业务核算质量迈上新台阶，核算差错率控制在1.15‱，创历史最好水平。

运行制度体系框架初步建立。运行管理基本制度和重要事项核准报备管理制度在全行实施，为运营集约化、管理一体化创造了良好的制度环境。按照业务发展、内部控制的要求，制定、修订涉及资金收付、现金业务、支票影像等业务范围的专项制度。全面梳理历年分散的核算制度，修订完成《中国工商银行会计业务核算规程》，为规范核算行为、提高核算效率、防范核算风险打下了坚实的制度基础。由运行基本制度、运行专项制度、核算办法和操作规程三个层次组成的制度体系框架初步形成。

雪灾、震灾、奥运期间的业务运行工作经受了考验。面对南方部分地区严重冰冻灾害和汶川特大地震，全行尤其是灾区的运行管理部门行动迅速、措施得力，确保了社会捐款、特殊党费、救灾款项支付和全行业务的正常运行，完备的业务运行应急体系有效发挥作用，赢得了社会的广泛赞誉。奥运会是2008年举国上下的大事，运行管理部门提早安排、全面部署奥运期间的资源配置、设备维护、支付结算、现钞服务、核算管理、风险管理和业务应急等事项，全行特别是六个奥运赛区城市分行做了大量艰苦细致的工作，保障了安全、优质、高效的运行服务，圆满实现“零差错、零投诉”的高品质奥运金融服务目标。

西藏分行筹建和年终决算工作顺利完成。实地调研论证并设计业务运行组织模式，拟定业务运营相关制度，组织业务应用系统的测试投产，确保了西藏分行的如期开业。面对项目投产多、核算管理方式变化大以及部分海外分行FOVA系统环境下首次决算等形势，制订周密的年终决算工作方案，以高效的工作机制有序推进不规范账务数据清理、挂账清理、账务核对、资产清点等各项工作，圆满完成年终决算各项任务。

（四）服务支持更加有力，较好发挥了运行管理在全行改革发展中的保障作用。系统支持体系建设步伐加快。积极参与规划我行新一代应用系统（NOVA+），推进新系统的核算与产品剥离并投产一期版本，为建立更加灵活、松耦合、高性能的核算平台和应用系统体系，实现统一核算管理创造了条件。组织完成NOVA系统7个版本46个项目的测试投产和6家海外分行FOVA投产与推广的相关工作。完成人民银行相关业务系统的建设和推广任务。

参数集中化、规范化管理日益加强。全面完成“账务设置统一运行管理体系”建设工程，实现了参数对科目、总账、账户的刚性控制，建立了统一的账务设置标准，有效提高了对核算管理的控制力。启动账务动态管理体系的建设，旨在实现参数对账务从开立到撤销整个过程的硬控制，确保核算信息的真实准确。推进参数全生命周期管理项目建设，加快参数管理信息化、系统化、标准化的建设步伐。加强新版本、新项目的参数设计和维护管理，全面完成138个新产品、新项目的参数设计。加强参数业务监督和检查，建立参数工作报告制度，保障生产系统的安全运行。

（五）清算质量效率双提升，较好发挥了运行管理在全行资金营运中的支持作用。高效组织各项清算业务运行，全年完成人民币清算业务量17.75亿笔，同比增长46%；外币清算业务量460.8万笔，同比增长12%，进一步巩固了第一清算银行地位。在基金、理财、资金交易和结售汇业务大幅增长的情况下，加快清算业务通用平台和多项后台系统建设，加强全行资金后台业务管理，清算质量和效率进一步提升，外币清算直通率平均达到99%，其中英镑直通率维持100%，保持国际同业先进水平。清算业务自动化处理水平继续提高，汇入汇款自动处理率达到84%，同比提高4个百分点，汇出汇款自动处理率达到90%。主动适应境内客户外汇汇款业务需求变化，加强与账户行的合作，积极开发“全球直联汇款”等适合市场需要的清算产品。作为欧元及日元境内代理结算行和参与行，积极开展相关系统和制度建设工作，确保了境内外币清算的顺利开展。成功申办成为中国外汇交易中心净额清算系统的保证金保管银行，拓展了同业市场业务领域。美国次贷危机发生后，积极采取措施，建立实时跟踪简报制度，密切关注我行外币资产的市场风险，及时通报各项资金的交割状况；联系代理行和债券托管行，启动资金延迟支付和交割服务，适时停止债券贷放业务，积极应对金融危机给我行资金清算带来的冲击和挑战，保障了我行资金交易业务安全运营。加强清算业务的灾难备份管理，完成同城和异地清算业务灾备中心建设，使我行清算业务具备了应对重大灾难的能力。

一年来，全行运行管理部门认真贯彻落实总行的战略部署，紧密结合自身实际，转变管理理念，加快改革创新，强化基础管理，改进服务工作，用艰辛的努力完成了各项目标任务，为全行的改革发展和经营转型作出了重要贡献！在此，我谨向全行的运行管理工作者致以衷心的感谢和诚挚的慰问！

在肯定成绩的同时，我们也必须清醒地认识到，运行管理领域还存在一些亟待解决的矛盾和问题，主要表现在：统一运行管理的格局远未形成；业务集中程度和层次较低，分散化的业务运行布局没有根本改观，业务处理效率不高，离运营集约化的要求仍有很大差距；风险点多面广，违规操作不同程度存在，案件隐患仍需引起高度重视；运行风险管理手段不够先进，运行风险监管资源尚待有机整合；个别分行创新意识不强，对运营改革的认识不足，对改革的推动力度不够。需要特别引起关注的是：队伍建设有待加强，人才流失严重，管理人员与专业人员的数量、质量与结构难以适应业务快速发展的需要。继续解决这些矛盾和问题，仍是我们今后工作的重要任务。

二、认清形势，不断增强改革创新的责任感和紧迫感

2009 年是工商银行实施第二个三年规划的开局之年，也是关键性的一年。各级运行管理部门一定要从全局和战略高度清醒地认识当前面临的新形势、新任务。

从挑战和困难方面来看。一是建设国际一流现代金融企业的目标要求运行管理水平处于领先地位。我行已经确立了建设国际一流现代金融企业的发展目标，要成为一流的金融企业，就必须有一流的运行管理水平，也就是要有一个业务运营布局合理、集约化水平很高、服务响应能力很强、风险管理科学的运行管理体系。国际一流现代金融企业无不拥有一个优秀的业务运行体系。我行经过多年的艰苦努力，运行管理体系不断完善，运行管理水平稳步提高，但与国际先进银行相比还有不小的差距。如何从体制机制、业务流程、管理流程、资源配置等多方面进行统筹规划、整体构建和协调提升，建立一个卓越的运行管理体系，确立并持续保持同业领先地位，是需要我们认真思考和解决的新问题。二是同业竞争的加剧要求建设一个更加高效的运行平台。金融同业的竞争，不仅仅表现为市场的争夺，还包括运行管理水平的高低。特别是在当前银行产品同质化和战略发展趋同的背景下，银行核心竞争力在某种程度上反映在运行平台的高效、安全性和服务水平上。如何在同业竞争日趋激烈的形势下，勤修内功，通过对金融产品和服务的业务处理过程进行设计、管理和持续改进，打造具有较强竞争力的业务运行平台，显著提高运行效率、运行质量和运行安全水平，实现金融产品和服务价值的最大化，大力提升服务品质、增强服务能力，是我们面临的新考验。三是金融市场的创新要求全面提高运行流程设计和管理水平。随着市场经济的持续深化，各类大中型客户的成本和收益意识日益强化，越来越需要银行为其提供综合性的金融产品服务。可以预见，我行跨市场、跨领域的新业务、新产品将会越来越多，产品的复杂程度将不断提高。业务的创新离不开后台的具体运作，多样化、个性化的业务和产品更需要优质高效和能快速响应的运行体系作为依托。如何适应金融产品创新步伐日益加快的环境，提高对业务运行流程的规划、设计和管理水平，在核算组织、风险控制、参数设计等方面提供专业化的运行管理服务，规范新业务、新产品的制度和操作流程，是我们面临的新课题。四是复杂的经济金融环境要求增强运行风险管理能力。近年来，外部欺诈事件频发，风险表现形式和特征正在发生变化，欺诈渠道趋向多样化。国际国内经济金融形势发展的不确定性加大了业务运行过程中的风险隐患，在一定程度上增加了操作风险的管理压力。在这种风险形势日益严峻的环境下，如何采取更科学、更有效的措施加强运行风险管理，是我们面临的新挑战。

挑战中蕴涵的往往是机遇，我们要在清醒地看到面临挑战和困难的同时，更要注意分析把握各种有利条件和积极因素，善于抓住重大战略机遇。一是运行管理具有长期的积淀。工商银行成立 25 年来，我们实施了统一会计管理改革、核算管理一体化、账务核算体制改革、业务流程再造等一系列改革，运行管理走出了一条由传统到现代、由粗放到集约、由单一核算向价值管理逐步转变的道路，初步建立了集约化的业务运行体系和相对科学的业务运行风险管理体系。二是运营改革动力加大。总行已经制定措施，将通过观念创新、业务创新、技术创新、管理创新，实现经营模式和增长方式的根本转变，推进全行向更高层次发展；通过内涵式挖掘，解决资源配置方面存在的不平衡性和效率的不均衡性问题，不断提高全行业务发展的质量和效率，并把推进运行管理体制改革作为其中重要的战略措施。这为我们进一步深化运营改革，全面提升运行管理水平创造了有利条件。三是运营改革意识增强。近年来，围绕运营改革的调研、研讨、培训等活动在各级行广泛开展，树立了良好的改革创新氛围，全行范围内的改革思想逐渐统一，改革意识和改革积极性不断增强，集约运营理念和科学风险管理理念持续深化，部分行率先进行了改革试点，取得了积极的成果。

新的形势赋予运行管理全新的使命，去年以来，总行主要领导多次主持会议就推进运行管理体制改革进行

专题研究，要求我们“大胆改革，稳健推进，确保成功，再创佳绩”，这充分体现了总行党委对建设一个优秀运行管理体系的高度关心和重视，同时也对我们寄予了厚望。

全行运行管理部门要深入贯彻总行的战略部署，按照我行新的战略目标和提高运行效率、确保运行安全、优化资源配置的根本要求，顺应当前形势，站在全行改革发展的战略高度，以强烈的责任感和紧迫感抢抓机遇，主动作为。今年运行管理总的工作要求是：积极践行科学发展观，以构建运营集约化、管理一体化的价值型运行管理体系为中心，坚持改革创新和强基固本，重点推进监督体系改革、远程授权改革和业务集约运营改革，全面加强业务核算管理、运行流程管理、科学风险管理、服务支持管理，在打造一流业务运行平台的道路上迈出更大的步伐，为全行经营管理提供更大的支持，为全行实现健康平稳快速发展作出更大的贡献。

三、锐意创新，全面深化运营改革

我行的第二个三年发展规划，提出了推进经营转型，增强可持续发展能力；深化机制体制改革，构建更加完善的现代金融企业制度等主要发展任务，并将业务运营改革作为业务支持体系发展措施的十大板块之一。全行运行管理部门要深入实施改革创新战略，“着力抓好业务集中处理、事后监督和授权管理三方面改革”，全面构建集约、高效、简捷、安全的业务运营和风险管理新格局，提高业务运行的质量和效率。

（一）全面完成监督体系改革。在前期理论研究、方案论证、系统建设、改革试点的基础上，准备3月份再听取部分分行，尤其是基层有关同志的意见，经总行党委研究以后，今年上半年将全面推行监督体制改革，争取2009年全面完成。

总地来说，新一代监督系统主体功能就是要建立起以数据分析为基础的全新监督模式和运行机制。要通过改革，改变长期以来重凭证要素、轻风险要点、重复低效的传统监督模式，以监督模型作为风险识别的主要方式，提高风险识别的有效性和准确性，增强风险识别能力，实现由规范导向监督向风险导向监督的根本转变。

要通过改革，全面实现监督方式和职能的转变，实现监测、质检、检查、电话核实等监督检查方式之间的优势互补、良性循环，形成监测有效果、质检有方向、检查有重点的良好局面，提高监督体系的自我调整和自我优化的能力，构建与全行业务运行管理体制相适应的覆盖运行全过程的监管机制。

为适应改革后的监督流程，要全面实现监督资源优化，积极稳妥推进监督人员、总会计、运行督导员等运行监管人员的岗位职责分解和有机整合工作。要通过改革将部分监督人员充实至前台各相关岗位，并充分发挥监督资源的协同效应，构建“层次清晰、各司其职、协调运转、内控严密”的运行监管体系。

要加强业务监督的准入、考核和退出管理，推动业务流程的持续改进。运行管理部门要把好业务监督的准入关，协调和促进各业务部门尽可能地通过完善制度和优化流程，将事后监督的要求通过事中控制实现，并及时把已实现系统硬控制的业务退出监督范围，以提高监督效率、释放监督资源。

全行新旧监督流程转换与监督资源整合完成后，总行将统一规范监督机构名称，重新定位其职责范围和工作制度，完成监督体系向风险管理与质量控制的战略转型。

在此，我要特别强调一点：新的监督体系要求监督人员具备专业的流程评估、风险管理、数据分析的知识和技能，对人员素质提出了很高的要求。如果人员素质不能适应新的监督流程，不仅不能有效管理风险，反而更容易造成管理真空。因此，在改革过程中和改革后，必须建立一支能有效进行运行风险管理的专家型队伍。

（二）大力推进授权体系改革。要按照兼顾效率与安全的原则，改革事权划分机制，建立集中式、跨网点、多方式并存的授权体系，以达到控制业务运行风险、提高业务授权效率、优化人力资源配置的目标。

要通过远程授权改革，建立专业化、标准化、流程化的授权管理模式。改革的最终方向是利用两年左右的时间建立以二级分行集中授权的组织模式，实行全面、及时、连续的远程授权；对日均授权业务量120—150笔以上的大型网点，主区部分业务仍将实行营业经理现场授权。

在改革的总体推进上根据系统功能的完善程度将采取“两期开发，三批推广”的方式组织实施。这一改革的具体方案已基本形成，也准备再组织一次调研后正式推出。

远程授权是将事中控制职能在前后台进行科学划分和调整的改革。随着改革的推进，要同步分解营业经理职能，并进行人力资源的优化整合。搞远程授权改革，并没有改变营业经理制度的根本，而是根据业务发展的需要，对营业经理制度的提升和完善，绝不能简单地将改革理解为对现行营业经理制度的否定。

有关分行前期的改革已经取得了积极成效。今年全行要在认真总结试点经验的基础上顺势而为，由总行统一技术开发，扩大试点范围，加大推广力度。全行要根据改革实施方案的总体安排，有计划、有步骤，分批次、分类别地将远程授权改革不断推向纵深。

（三）积极推进业务集中处理体系改革。前两年我行在总结城市分行业务集中处理经验的基础上，推行了跨城市的业务集约运营改革试点，积累了一定的经验。要继续遵照“集约运营、服务共享”理念，以业务分离、服务分层为切入点，加快业务集中处理改革，构建集交易处理、账务核算、业务管理和客户服务功能于一体的共享服务中心。通过实施集约化、标准化、专业化的业务集中运营，改变以网点为主的分散式业务运营布局，形成“网点全面受理、后台集中处理”业务运营格局，实现业务集约运营、风险集中控制、业务布局优化和网点功能转型。

要着力打造高效的全新业务平台。平台响应速度、业务处理效率、操作风险控制能力是业务集中处理模式大规模推广的前提。要采用影像分割将业务串行处理改为并行处理，精简和优化业务流程，提高后台处理效率，提升操作风险管理能力，实现专业化分工；要将工作流管理和OCR识别技术集成到业务集中处理平台，提高平台的扩展性、业务支持能力和自动化处理程度。

要不断丰富业务集中处理的种类。总行进一步明确集中的业务种类标准，逐步将各类对公非现金业务与个人非实时业务纳入集中处理体系。为实现集约化运营改革设计目标，要将关联性强的业务品种完整纳入业务集中处理体系，加快实现营业网点部分岗位的优化整合。首先需全面实现汇划类各项业务（包括本外币、系统内汇划与跨行支付）的集中处理，减少该项业务要求的印、押、证分管分用，录入、复核、授权岗位分离的人力资源占用，提高业务处理效率和人力资源配置效率。

现阶段，业务集中处理体系可按城市分行模式、省分行模式、省分行+城市行模式建设。业务量大、业务处理中心具备大规模集中处理能力的城市分行可以城市行为基础实施业务集中处理，加快辖内业务品种上收，提高业务集中处理程度；业务量小、业务处理中心不具备大规模集中处理能力的城市分行原则上集中到省分行，其城市行业务处理中心定位于处理目前尚不宜由省行集中处理的业务。

业务集中处理改革按照“统一组织规划、业务分步集中”的方式实施，争取利用两年半左右的时间全面完成全行的推广。对纳入业务集中处理体系的业务种类，要加快试点和推广步伐，试点成熟后立即在全行分批次推广。各分行要按照总行的统一标准和步骤，积极有序地推进业务的集中处理改革，按时全面完成对全部业务种类、全辖所有网点的业务集中处理。在一级分行层面实施业务集中处理的分行要按照总行的标准完成机构组建、人员配备、办公场所、软硬件设备配备等相关工作。

三大改革是我行极其重要的基础性改革，又是涉及制度创新、流程再造、业务布局和人力资源优化的综合性改革，内容多、任务重。改革能否顺利推进事关全行经营模式和增长方式转变能否持续深入进行。因此，必须举全行之力，集中力量进行重点攻坚，努力取得突破。

第一，切实加强组织领导。改革能否顺利实施，关键在组织领导。总行行领导近期内还将到基层听取大家的意见和建议，总行党委还将对有关方案进行一次认真研究和讨论，方案正式确定后，要召开一次全行的改革动员大会。各行要按总行的要求成立改革领导小组，行领导要亲自挂帅，相关业务部门主要负责人要积极参与。按照改革的要求，制定任务时间表，一项一项抓落实，高质量地完成改革任务，全力实现改革目标，为工商银行全面提高核心竞争力、实现业务健康平稳快速发展打下坚实的基础。

第二，切实加强协调配合。三大改革作为综合性改革，需要各相关部门通力配合，明确责任分工，形成整体合力。运行管理部作为牵头部门，要主动做好改革方案的组织实施和相关制度的建设，协调解决改革过程中出现的问题。科技部门要进一步增加开发资源，保证系统开发进度和版本质量，严格按照计划时间表完成系统功能的开发投产工作。财务部门要按照改革进度，及时组织设备的采购，确保全行系统投产时设备到位。个人金融、电子银行、银行卡、国际业务部门，要配合做好相关流程的优化和配套系统建设。内控合规部门要负责强化网点的内控管理，做好改革过程中各种风险的评估和控制工作。人力资源作为人员结构优化的牵头部门，要根据改革进程，负责全面组织落实人力资源优化配置的各项任务。教育部门要协助做好版本、制度的培训工作，做好相关人员的适岗培训工作。

第三，切实加强统筹规划。三大改革之间相互联系、相互影响、相互促进，各行要依据总行改革方案制订具体的改革实施方案，妥善处理三大改革之间的关系，合理安排人力、物力、财力，统一推进。每项改革任务环环相扣，各行要合理安排力量，统筹系统投产、制度建设和培训、试点推广、人力资源优化等相关工作。要加强改革期间的风险防范，确保新旧系统平稳过渡，加强改革过程中操作风险的控制。要做好岗位调整人员工作的顺利交接，确保改革过渡期间各项工作的连续性、稳定性。

第四，切实提高执行力。再好的改革方案，如果得不到执行，也会是空中楼阁。各行要做到有令必行、有行必果。要把三大改革进度和效果作为衡量执行能力和工作能力的重要依据。要建立改革的过程控制机制，加强对改革进度的监测，加大组织推动力度。总行要强化通报和考核，建立严格的标准，实施严格的考核、严格的验收、严格的问责，督促各分行按时推动每项改革，以确保全行运营改革取得成效。

第五，切实做好人力资源优化工作。三大改革以提高效率、质量、安全为取向，这对人力资源的优化配置提出了很高要求。各行人力资源部门要和运行管理部门相互配合，及早做好人员规划、人员配备和人员培训等相关工作，设计合理的人员结构和人员激励、约束机制。在优化人力资源配置过程中，要保证业务运行骨干队伍的稳定。对于需要进行岗位调整的人员，各级行要开展扎实细致的工作，加强政策宣传，积极稳妥地做好安置和岗位调整工作。

改革过程中要始终妥善处理好效率与安全、改革与稳定等各方面的关系，把改革的力度、推进的速度和员工可承受程度统一起来，使全行的改革、发展、稳定相互协调、相互促进，确保改革取得最佳的效果。

四、强化管理，深入实施强基固本战略

越是改革发展任务繁重的时期，越是要高度重视加强管理工作。运行管理部门要紧紧围绕全行提升竞争能力的中心任务，坚持把提高业务运行的管理水平作为各项业务发展的基础工程，立足当前，着眼长远，深入实施强基固本战略，全面加强流程管理、核算管理、风险管理，推动运行工作又好又快发展。

（一）完善制度建设，优化业务流程。要按照管理一体化的要求，加快建立完备的运行管理制度体系；深入研究提高运行效率和降低运行成本的内在要求，不断提高业务核算的信息化和智能化水平。

健全运行管理制度体系。要按照“三个层次”运行管理制度建设的总体要求，加快完善业务运行制度框架体系，结合业务运行的新形势制定《业务操作规程》，根据运营改革需要及时制定各改革项目的规章制度，确保为全行业务发展提供强有力的制度保障。要逐步建立对制度执行情况的评估机制，形成“评估—反馈—改进”的良性循环，改变以往重前期建设、轻后续评估的做法，发挥制度在规范业务操作、防范操作风险、提高运行质量方面的作用。

持续优化业务核算流程。要进一步优化前台交易，通过设计简捷高效的交易，简化前台柜员的操作，减少不必要的风险控制环节。要进一步通过直通式流程设计减少业务的落地处理，强化系统自动处理能力，简化或取消人工处理环节；实施信贷业务核算流程改革，实现贷款业务核算的跨网点集中处理和直接驱动主机记账。要根据时效性要求和交易频率，将柜员使用频率较低的重要交易实行上收集中管理，规范网点交易权限，实现风险的集中管理。要改革内部账户的管理模式，将与内部账户有关的业务封装成定向的工作流，减少人工对内部账户的直接操作，提高业务处理效率，降低操作风险。要推进客户回单自助查询、打印管理，有效减轻临柜的回单处理压力。要进一步落实事权划分管理制度，在全行范围内执行统一的授权额度和授权交易标准，有效降低授权交易所占比重。要深入调研和总结经验，先在规模较小的二级分行推进账务核算体制改革试点，逐步将账务上收至二级分行，以压缩核算级次，提高资源运用效率，增强运行风险管理和控制能力。

（二）强化风险意识，科学管理风险。运行风险点多面广、变化频繁、影响因素复杂的特点，决定了风险管理工作的艰巨性。要顺应全行经营发展的新形势，充分认识经营转型和改革发展对业务运行流程和风险管理方式带来的新变化，创新风险管理理念，提升风险管理手段，增强风险管理效果。

探索构建全程量化立体的业务运行风险管理体系。要以提升风险识别的有效性和针对性为目标，以业务集中运营格局为基础，以过程控制为主要内容，以定量技术和工具为手段，建立一套集风险识别、确认、计量、控制、评估、报告于一体的全行统一的集中式运行风险管理体系。要依托新一代监督系统，确定全行统一的业务运行风险指标体系，建立业务运行风险报告制度，为风险管理决策提供科学支持，实现对运行风险的目标管理。要建立科学的风险识别与风险管理措施评估制度，有效识别业务运行中的风险驱动因素。

加强重点环节的运行风险管理。要继续落实风险预警提示制度，聚焦风险关键环节，实施风险信息的事前预测与提示，全面加强对业务运行风险的主动管理。要按照“精简、规范、集中、电子化”的总体要求，加强核算要素管理，改革会计核算专用印章；积极实施以二级分行为单位的应急密押集中管理，提高集约化管理水平，强化密押安全管理。要进一步优化反洗钱监控系统功能，有效提高对公业务反洗钱工作效能。要高度重视货币反假工作，加强反假宣传和培训，全面升级和更新达不到反假标准要求的机具设备，提高员工反假技能，防范假币侵害。要积极推广票据鉴别新技术，推广使用支付密码器，提升运行风险管理的技术水平。要积极组织指纹认证系统的试点，建立更加完善的身份识别机制，全面强化柜员的身份识别及权限控制机制。

（三）加强现金营运，提高运行效率。当前，部分金库设施陈旧、工作环境简陋，机具配置不足的问题比较突出，现金安全和营运效率受到影响。要加快金库标准化建设进程，加大专项资金投入，严格落实各部门责任，努力完成第一阶段省会城市行和直属分行金库标准化改造的目标，提高全行现金业务支持保障能力、服务收益能力和风险控制能力；总行要制定统一的达标验收标准，年底前组织验收。要进一步强化成本意识，继续落实库存限额管理制度，在保障现金支付的前提下，合理控制现金备付率，进一步提升现金综合运用率。要继续推进上门收送款、离行式自动柜员机加钞、代理同业现金存放等现金业务的集中处理，探索附行式自动柜员机集中统一加钞，提高现金业务集中处理效率和服务水平。要有效分离柜面现金业务，建立客户自助现金封包、后台专业化集中清点的业务处理模式，加大清分设备等现代化现金机具的投入力度，试点推广柜员用现金存取款一体机，减轻柜员和现金业务人员劳动强度，提高现金业务离柜率和现金业务处理效率。

（四）提升清算能力，扩大清算优势。结合全行“1031”工程规划，全行上下要密切配合，按期完成清算通用平台项目一期版本的投产，实现清算业务核算引

擎和协议标准的建立，梳理和整合外围系统的清算功能。打造全行统一的综合业务处理后台，完成内部资金收付系统全行推广投产、资金及债券业务系统（SUMMIT）的境外延伸及区域理财业务系统的上线，不断提高清算业务的自动化处理水平。要适应业务系统的统一应用，优化现有清算业务流程，逐步形成全行统一的清算业务管理标准和操作标准，规范全行清算业务运行，增强风险控制力。要加强外币清算管理，继续保持直通率处于同业领先水平。要加强境内外分行的联动，充分利用我行作为欧元和日元代理结算银行的优势，提升我行清算汇划产品的市场影响力。要全力做好人民币跨境清算系统建设、流程设计、业务管理等方面的准备工作。要集中力量和智慧做好 SIBOS 参展活动的筹备工作，为进一步在国际上展示我行的大行形象和业务优势做好充分准备。要完善资金清算危机应对策略，确保清算业务灾备中心始终处于应急的工作状态，控制清算业务风险。

（五）建立账务动态管理体系，强化参数基础管理。从今年开始，用两年左右时间，通过实施一系列参数功能改造，实现总行对会计分录设置、业务流程定制、核算组织层级、账务撤销清理等内容的统一管理和硬性控制，在全行建立起管理全面、标准清晰、控制刚性的账务动态管理体系，上收核算管理权限，集中账务核算管理。要建立账务撤销落实机制，确保已停用账务得到及时清除，形成一个整洁规范、运行有序的账务环境。各行要按照总行的统一部署，对会计分录的参数设置、中间业务产品及收入核算、已撤并机构的账务数据进行全面梳理分析，摸清全行账务核算管理情况。要从中间业务收入着手进行参数功能改造，梳理核算标准，清理不规范的账务数据。要逐步规范其他业务领域的账务核算行为，通过系统改造把手工核算业务纳入系统自动核算，全面提高核算质量和效率，提升核算管理水平和风险控制能力。

要强化参数管理机制，发挥参数在业务管理和产品创新中的控制作用。要提升参数设计和应用水平，启动第二代参数管理系统建设工作，开发投产参数全生命周期系统，实现参数管理流程的硬控制。要加强参数基础管理工作，完善参数内部控制维护管理，加强参数数据变更管理，建立标准规范、控制严密的参数安全管理机制。

（六）抓好系统建设，加强支持保障。要切实做好“1031”工程建设工作，实施信用卡业务应用线、资产业务线、结算业务线的核算和产品剥离，构建独立、集中、标准的核算系统平台，为实现全行统一核算管理奠定系统支持基础。要扎实做好 NOVA 系统项目各版本的测试、投产和业务培训工作。组织好 FOVA 系统在东京、香港、法兰克福、纽约等 12 家分行上线投产的相关工作。要深入研究第二代跨行支付系统的结构调整和功能变化需求，推进我行系统设计研发工作，实现我行支付清算系统的升级和优化。要加快 SWIFT 新应用体系在我行的推广步伐，拓宽与客户系统的互联互通渠道，提高业务处理的直通率。要全面实施企业级数据仓库对公业务线系统数据治理，做好业务数据及校验规则的梳理和确认工作，确保数据仓库系统数据质量。

（七）加强队伍建设，提升队伍素质。运行管理的事业成败，归根结底体现为人才队伍的整体素质。目前，运行管理队伍的结构还不尽合理，综合素质有待提高。各行要把运行管理人才培养放在突出的位置，把提素质、调结构作为队伍建设的第一要务，完善培养和使用人才的措施，造就一大批满足新形势下运行管理需要的人才。

强化核心人才队伍建设。运行管理工作专业性强、复杂度高，运行管理专家型人才的培养需要较长的周期。因此，各级行要立足长远，有计划地建立一支精通业务运营、流程设计、核算管理、风险管理、数据分析等方面的专家队伍，作为业务运营创新和管理的基干力量。在运营改革的过程中要保证业务运行骨干队伍的稳定，防止核心人才流失。

充实城市分行运行管理队伍。城市分行运行管理部门既负责网点的业务运行管理，又负责各集约化中心的管理工作，承担着业务运行的直接管理责任，任务越来越重。各分行要加强对城市分行运行管理队伍现状的分析，切实采取有效措施，大力充实专业人才，加强管理力量。

加大专业知识和业务技能的培训力度。继续围绕运行管理的中心任务和重点工作，以提高履职能力为目标，推进各类人员的综合化培训，针对不同层次的人员进行有目的、分层次的培训，全面提高全行运行管理人员的业务知识和业务技能水平。

加强专业序列体系建设。要做好运行管理人员的职业生涯规划设计，丰富非管理类专业序列和晋升渠道，完善薪酬分配体系，进一步突出专业类员工的价值。

同志们，今年的运行管理工作任务重、时间紧、要求高、难度大，全行上下既要充分认识到任务的艰巨性，又要树立坚定的信心，迎难而上，知难而进，锐意进取，脚踏实地抓管理，只争朝夕抓改革，为我行全面建设国际一流现代金融企业作出更大贡献。

在中国工商银行运营改革动员会上的讲话

易会满
（2009 年 4 月 29 日）

经过长期酝酿、深入调研和反复论证，总行提出了监督体系、远程授权、业务集中处理体系三大业务运营改革，并制订了改革实施方案，决定用三年左右的时间在全行范围内完成三大改革。业务运营改革的总体目标是打造一流金融后台，建设我行创新型、价值型运行管理体系，建设具备高效率、低成本和快速响应为特征的全行统一的业务运营体系，科学管理业务运行风险，提高业务运营效率，调整业务运营布局，优化人力资源配置。从总体目标可以看出，运营改革是我行建设国际一流现代金融企业的基础性工程、标志性工程，是对工商银行业务流程和管理流程的一次全面优化，是提高管理水平、服务水平和打造核心竞争力的重要举措，对我行的未来发展具有深远的战略意义。杨行长稍后还要作重要讲话。下面，我先讲几点意见。

一、深刻认识运营改革的战略背景

20 世纪 90 年代以来，我行在运行管理领域相继实施了以“三统一、四集中”为主要内容的统一会计管理改革、网点和柜员综合化、核算管理一体化、账务核算体制改革等系列改革，极大地增强了运行管理能力，提高了全行运行效率，为我行完善公司治理机制和提高经营管理水平作出了重要贡献。但是，我们应清楚地看到，因受制于当时的计算机应用水平和各种内外部环境，以往的运行管理改革未对我行分散的业务运营模式和监督方式进行彻底改革，业务运营的集约化程度和规模效应受到一定的限制，风险管理水平有待进一步提高。当前，我们面临着一些新形势、新任务、新问题，对运行管理体制机制提出了新的现实要求。

（一）推进运营改革是深化经营战略转型，提升核心竞争力的内在要求。当前，我行正在推进经营战略转型，走集约化发展道路，逐渐打造经营效率高、发展素质好的银行。这就要求全行深入分析影响集约化发展的深层次问题，加大改革攻坚力度，努力建立更富活力、更有效率的体制和机制。从我行运行管理体制的现状来看，业务流程还不尽合理，全行大部分业务处理分散在网点完成，业务集中程度和层次较低。在分散化的业务运营模式下，无法充分发挥专业化、标准化、集约化业务处理优势，业务处理效率不高，不同机构间的处理流程、办理手续、质量控制存在着不同程度的差异，与现代商业银行集约化经营的要求相比，都存在很大差距。在这种业务运营布局下，网点承担了过多的业务处理职能，直接影响到服务质量和营销职能的发挥，网点的服务效率、服务水平、营销功能和竞争能力受到很大制约。因此，我们必须深化业务运营流程改革，促进网点功能从业务操作型向服务营销型转变，全面提高网点的综合竞争能力。

（二）推进运营改革是实现科学风险管理的迫切要求。应该充分肯定的是，经过全行各级运行管理人员的不懈努力，我行建立和不断健全了事权划分、事中控制、岗位分离、分管分用、业务监督、检查督导等多种机制，切实发挥了业务运行在过程控制中的关键作用，把好了操作风险的第一道防线，为我行的操作风险管理保持在国内同业领先地位作出了重要的贡献。但是，现在的风险管理还主要局限于对风险点的堵截，流程和系统控制风险的程度不高，风险衡量以定性为主，对风险管理的成本约束和资本约束还重视不够。随着内外部风险形势的持续变化和监管标准的不断提高，原有的风险管理模式已难以适应现实的要求。比如，在分散化的业务运营布局下，大量的业务处理分散在网点，风险点多、面广、难以控制和管理；业务运营的管理链条过长，信息层层传导，影响了制度的执行力。又如，传统的业务监督，是基于“交易行为正常”基础上的监督，实际是对业务发生过程进行全面模仿的规范导向的复核监督，难以把监督资源有效集中到对高风险点的控制上。在这种监督模式下，监督中心很辛苦地做了大量工作，但其效果主要体现在能够发现凭证要素不齐全、操作程序不规范等方面的问题。再比如，会计核算事权划分主要采取由营业经理通过现场授权方式进行，这个制度对加强事中风险控制起到了重要作用。但由于现场授权模式作业不标准，流程设计和额度设置的不尽合理，授权交易过多，存在营业经理放松实质审查、授权流于形式的可能而降低了授权质量。这就要求我们整体上从业务运营布局、监督体系、业务事权划分机制等多方面综合推进改革，建立全行统一的集中式科学风险管理体系。

（三）推进运营改革是优化人力资源配置、解决我行发展过程中内在矛盾的客观要求。当前，我行在不同层面上存在经营发展和资源配置的不均衡性，部分二线、三线人员冗余与前台营销人员的不足同时并存，业务处理、总会计、运行督导员、营业经理、监督中心人员占全行总人数的近50%；基于网点分散运营的业务模式下，柜员直接办理资金收付和操作重要的核算事项，经管各类核算要素，致使网点无论规模大小、业务种类多少，均需按照内控管理要求配置人员，占用了大量的人力资源。运行风险监督检查人员缺乏有效的协同机制，全行总会计、营业经理、运行督导员、监督中心的检查和监督的结果没有实现共享，现场监管工作与监督中心的非现场监管工作在时点和力度上协作不够，难以发挥监管体系的整体效能与监管合力。营业经理的授权量在不同支行、不同网点之间存在明显的不均衡性，日均最高为143笔，最低仅为8笔，这种不均衡性导致了整体授权效率低下，人力资源整体效率不高。因此，需要我们对现有业务运行流程、运行管理体制和机制进行改革，在更高层面上配置运行资源，解决不同层面的不均衡性问题，不断提高全行业务发展的质量和效率。

在银行产品同质化和发展战略趋同背景下，要锻造不可复制的竞争力，关键在于打造具备更高服务能力、更高管理水平、更高质量、更低成本、更高效率的后台运营体系。任何高竞争力、高附加值的产品，无不以其优秀的运营体系作为支撑。在我行经营战略转型和结构调整的重大历史时期，特别是要建设“最盈利、最优秀、最受尊重的银行”，要求我们必须全面构建价值型运行管理体系，努力打造一流的金融后台。

正是出于这些考虑，在董事长关于“实施运营集约化改革，构建新型监督体系”战略构思的指导下，总行提出了实施业务运营改革，走“运营集约化、管理一体化”的发展之路，并围绕这个目标进行了深入的研究和探索，制订了监督体系、远程授权体系、业务集中处理体系等三项改革规划方案，并在部分分行进行了运营改革的先行试点。

在运营改革的论证和准备过程中，杨行长等多位行领导几次召开专题会议听取运营改革情况汇报，几位副行长多次带队深入试点行调研。总行运行管理部成立了由15家分行参加的运营改革专家组，围绕运营改革中的重点、难点问题，进行了反复研究论证，并多次在全行范围内征求意见。年初，董事长赴江苏进行远程授权改革调研，明确了远程授权改革的目标定位和业务组织模式，为下一步加快在全行推广奠定了坚实基础。在今年的全国分行行长会议上，杨行长明确提出了加快实施运营改革问题，并强调将运营改革列为全行流程改革的“重头戏”。四月上旬，杨行长带队赴浙江、上海开展运营改革调研，全面听取多个分行、各个层面的意见和建议，更加坚定了改革的决心和信心，改革思路更加明确、清晰。在充分论证和试点的基础上，总行最终确定了改革的实施方案，提出了改革目标、改革任务和实施路径。因此，这一实施方案是在充分调研、深入论证、集思广益的基础上，提出了明确具体、切实可行、相对科学的方案。

二、准确把握业务运营改革的总体原则

为确保运营改革的顺利实施，全行要把握以下原则：

流程创新原则。运营改革要始终坚持以客户为中心，以改善服务为目标，按照前后台分离的要求重新设计、优化业务流程，实现业务处理质量、效率、响应速度和流程控制能力的突破性改善。这需要我们在改革过程中不断进行流程创新。从这种意义上讲，流程是否优化是检验改革成效的重要标准之一。

风险控制原则。科学管理业务运行风险是运营改革的主要目标，也是改革过程中所应坚持的重要原则和贯穿始末的要点。要通过改革规范操作流程，健全规章制度，提高系统硬控制能力，构建职责清晰、分工明确、岗位制衡、管理有效的前中后台运营体系，提升内控水平。

质量效益原则。按照质量、效益、成本的要求，实施集约运营，建立价值驱动的管理机制，促进前中后台的密切协作，提高服务管理水平和业务运作效益，降低运行成本，实现质量与效益的有机统一。

统筹兼顾原则。统筹改革、发展、稳定的关系，坚持把改革的力度、推进的速度和可承受的程度统一起来，实现在稳定中推进改革发展，通过改革发展促进稳定。要综合推进三项改革的协调发展，统筹好三大改革所需的人、财、物等各项资源，为改革提供可靠保障。

以人为本原则。人的素质是改革成功的关键，要为运营体系配备高素质人员确保改革成效。改革是通过效率提升、规模经济来释放资源，要充分考虑对员工职业生涯的影响及其承受能力。坚持以人为本，强调人文关怀，尊重员工职业发展意愿，营造和谐共进、共同发展的多赢局面。

业务运营改革对全行的改革和发展起着基础性的保障作用，总的来说，任务重、挑战大、要求高、涉及面广，改革贯穿了各类业务线、产品线的整个后台流程，可谓“牵一发而动全身”。因此，在改革过程中要认真贯彻好、把握好这几项总体原则，确保改革平稳进行。

三、全面完成监督体系改革

三项改革中，监督体系改革启动最早，进展最快。目前，监督体系改革已全面展开，新一代监督系统在全行的推广工作及新旧监督流程转换的相关配套工作正在稳步推进中。从初步的效果看，新监督流程的监督效率

明显提高，监督效果显著增强，改革成效正逐步显现。按照改革计划，2009年要全面完成监督体系改革。改革要取得预期效果，必须充分发挥新监督流程的作用，积极稳妥地推进监管资源整合，做好具体实施工作。

（一）精心再造科学监督机制。为彻底改变现行监督体系效率不高、人力资源占用过多等问题，新监督体系运用科学风险管理理念，再造监督流程，建立起以数据分析为基础的全新监督模式和运行机制。以监督模型作为识别风险的主要方式，将显著增强主动发现风险、识别风险的能力，提高风险发现的针对性和风险识别效率。同时，新监督体系根据对象的风险程度，实施与之相匹配的监督，投放适当的监督资源、适用不同的监督流程、采用不同的管理措施，更精确有效地利用监督资源。这种建立在数据分析基础上的监督体系，从根本上改变了传统监督理念和监督方式，以实现业务监督模式由规范导向到风险导向的根本转变，推动监督体系由业务复核向风险管理与质量控制的战略转型。

新监督体系根据风险特点不同，有针对性地采取了质检、监测、检查、客户回访等监督方式，充分发挥非现场监督与现场检查，内部监督与客户核实的优势，在风险评估的基础上对于风险程度高的对象进行全过程监督检查，实现了监督方式之间的优势互补、良性循环，形成监测有效果、质检有方向、检查有重点、协调运作的良好局面，使新监督体系具备自我调整和优化的能力。

要按照全新的监督理念，加强业务监督的准入、考核和退出管理，推动业务流程的持续改进，实行流程导向的监督。运行管理部门要把好业务监督的准入关，协调和促进各业务部门尽可能地通过完善制度和优化流程，将业务监督的要求通过事中控制实现。要通过监督推动业务流程的持续改进，提高业务流程的风险管理能力。对于通过流程改进，业务运行风险已经得到有效控制的，要及时退出监督范围，以提高监督效率。

（二）着力优化监管资源配置。改革后的监督机构将设立质检、监测、风险评估、督查、监理等五类岗位，以建立集风险事件和风险驱动因素的识别、确认、评估和管理于一体的完整监督流程，保证监督效果。为适应改革后的监督流程，要对运行督导员、总会计、监督人员的岗位职责进行分解、整合，实现人员与系统的有机结合，以实现监管资源的优化配置。

要取消支行总会计制度，支行总会计可转岗到新监督流程中的风险评估或督查岗、运行督导员岗、二级分行运行管理部门或其他相应岗位；整合运行督导员队伍，合理控制配备规模，着力推进素质提升和结构调整。

监督中心的人员根据个人业务能力可安排到质检、监测、监理等岗位，其余部分人员经培训后，充实前台各相关岗位。

（三）全力做好具体实施工作。监督体系改革是一项综合性很强的改革，涉及系统、流程、制度等多个方面。为保证改革的顺利完成，全行上下要加强协调配合，认真完成改革的各项任务。

系统建设方面。要高质量地完成客户回访功能的开发，继续做好新监督模型的开发，并持续优化和完善系统的现有功能；完成会计凭证档案影像管理系统的建设工作。

业务推广方面。今年上半年要完成系统主体功能在全行的推广工作；7月前全行完成新旧监督流程的转换和运行监管人力资源优化配置工作，并报总行备案；9月前完成电话银行客户回访功能在全行的推广工作；力争2010年第一季度以前完成会计凭证档案影像管理系统在全行的推广工作。

制度建设方面。为高标准打造科学的监督体系，保证改革效果，需要就机构建设、岗位设置、设施配备、管理流程、风险确认流程、风险评估流程等制定全行统一的标准。要完成新监督机构管理办法、操作规程等主要制度的建设，以建立适应全新监督流程的制度体系。

在全行完成新旧监督流程转换与运行监管资源整合的基础上，监督中心将正式更名为“运行风险监控中心”，以统一名称、明确职能、规范运作。全行运行监督机构更名工作完成后，标志着监督体系改革全面完成。

四、大力推进远程授权改革

针对目前分散、单一的现场授权模式凸显出来的授权效率和授权质量不高、授权量不均衡、人力资源占用过多等问题，总行提出了完善事权划分、事中控制体系，实施远程授权的改革方案，并明确了改革的目标、组织模式和实施步骤。

（一）远程授权改革的目标是建立集中式授权体系。远程授权是一种跨交易终端、非现场的授权模式。总的目标是用两年左右时间，建立起集中式、跨网点、多方式并存的授权体系，实现全面的、及时的、不间断的远程授权，优化事权划分机制，实现控制业务运行风险、提高业务授权效率、优化人力资源配置和调整业务运营布局的目标。

要通过改革，建立专业化、标准化、流程化的授权管理模式，提高授权人员的独立性和客观性；要均衡不同分区、不同网点之间的授权业务量，大幅提高授权效率和营业经理配置效率；要分离业务经办与业务授权，集中控制业务授权风险，提高授权质量。要在改革过程中将营业经理职能在前后台进行更加科学地划分和调整。从远程授权的目标设计和具体实施来看，改革没有根本改变业务核算事权划分制度和营业经理制度，而是对营业经理制度的完善和提升。

（二）统筹兼顾确定不同网点型态的业务组织模

式。远程授权改革是效率、安全和服务的高度统一，必须以不削弱网点营销职能，不降低网点服务水平和有利于强化内控管理为前提。远程授权改革最终是要建立以二级分行集中授权为主的模式，但在当前，我们要根据网点类型、网点内部业务分区和网点平均授权业务量，分别采取不同的业务组织模式，实行现场与远程授权的科学组合。目前采取两种应用模式：

——中小型网点。日均授权业务量在100—120笔以下的网点，实行二级分行集中远程授权，以有效改变网点间授权量不均衡的现状，显著提升授权效率。

——大型网点。日均授权业务量在100—120笔以上的网点，视授权业务量和网点分区的情况，配备两名及以上营业经理，分别负责本网点远程授权和现场管理。

在统筹考虑系统功能、网络条件、管理成熟度等条件下，首先要实现大型网点内的远程授权以及日均授权量在50笔以下的小型网点的二级分行集中远程授权。对此类小型网点，取消授权职能后，原来意义上的专职营业经理将不再存在，但网点内仍需有人负责现场管理，要切实加强对业务真实性的把关。

实行跨网点集中远程授权的，原则上不成立独立的授权机构，可在二级分行的业务处理中心设立部门，按人均日授权量不低于150笔的标准配备专职授权人员。授权业务量较小、实行扁平化管理的分行，也可将远程授权部门设立在省分行的业务处理中心，以进一步提高远程授权的集约化程度。

（三）多措并举同步实施流程优化。远程授权不是单纯的授权方式的改革，其本身也应该是个流程创新的过程。在改革过程中，也只有同步优化流程、精简授权，才能确保远程授权的及时性，取得最佳改革效果。要加快业务集中处理体系建设，逐步将对公非现金业务和个人非实时业务纳入全行统一的业务集中处理体系，从根本上减少授权业务量。要进一步落实事权划分管理标准，在全行范围内执行统一的授权额度和授权交易标准，有效减少授权量。要逐步完善对公、个人、信用卡业务流程，强化系统自动处理能力，减少人工处理环节，简化前台柜员的操作。要根据时效性要求和交易频率，将柜员使用频率较低的重要交易集中，限制网点柜员重要交易权限，实现风险的集中管理。要改革内部账户管理模式，将所有与内部账户有关的业务封装成定向的工作流，实现网点内部账户处理的自动化、标准化和规范化。要优化个人业务流程，引导客户充分介入交易过程，通过客户的参与实现对关键环节风险的监督与控制，降低授权业务量。对于这些同步实施的流程优化项目，总行专题办公会议已做了研究和部署，全行要力争减少30%—40%的业务授权量，年底前取得明显成效。

（四）积极稳妥做好远程授权的实施安排。远程授权改革是针对现有核心银行系统进行的功能完善，对现有业务的处理流程将产生比较大的影响。因此要本着积极稳妥的原则，分步完成远程授权改革，全面做好系统开发、试点推广、制度创新、业务培训等各方面的工作。

系统建设方面。要于5月份完成远程授权系统基本功能的开发，搭建远程授权管理平台，为在全行扩大试点范围提供技术支持。为解决远程授权模式下授权人员存在的在确认客户、清点实物方面的难题，要于下半年实现场景信息、文字信息实时交互等功能的开发，为二期的推广创造条件。

业务推广方面。远程授权改革分两期版本试点、三批业务推广的形式组织实施。在组织江苏、浙江、宁波等条件比较成熟的分行进行一期版本试点的基础上，9月份开始向全行推广。下半年，在实现交易场景图像展现、文字信息实时交互等功能，并完成重要交易上收、内部账户封装管理等配套措施、进一步精简授权的基础上，组织二期版本试点，并于2010年3月起分两批向全行推广。

制度建设方面。要针对营业经理工作场所、工作范围变化引起的营业经理职责、业务处理流程、事权控制方式的变化，对营业经理的职能进行更加科学地划分和调整，明确网点负责人在内控管理中的责任，并制定适应新形势的远程授权责任制度和业务操作规程，规范远程授权业务管理，提升和完善营业经理制度。要根据改革推广进度同步做好系统培训和制度培训工作，确保业务授权模式变革的顺利推进。

五、积极推进业务集中处理体系改革

为有效改变当前分散的业务运营布局，实现风险集中管控，提高运营服务质量，优化人力资源配置，总行提出了业务集中处理体系改革方案。

（一）业务集中处理体系改革的目标。业务集中处理体系改革不是简单对业务处理模式的调整，而是对全行管理理念、运作机制、处理模式等方面深层次、全方位的重大变革，是降低总体运行成本、实现股东价值加速增长的根本途径。我们总的目标是争取在未来三年，按照“集约运营、服务共享”的理念，以业务分离、服务分层为切入点，构建全行统一的业务集中处理体系，作为集交易处理、账务核算、业务管理和客户服务功能于一体的共享服务中心，为全行金融创新、市场营销、客户服务以及网点运营建立安全高效的支持平台，形成“网点全面受理、后台集中处理”业务运营格局，实现业务集约运营、风险集中控制、业务布局优化和网点功能转型。

（二）业务集中处理体系改革的主要任务。业务集中处理体系改革涉及面广，是对全行业务的处理流程、业务布局、管理格局的重组，要统筹改革涉及的机构、人员、设备、平台等各项要素，统筹各前台业务部门，研究优化流程，实施集约运营，有序推进业务集中处理体系改革的各项任务。

一是打造全新平台。业务集中处理平台不是对前台业务处理的简单模仿和现有处理系统的简单叠加。要着力打造要素分离、岗位制衡、支持并行处理的全新平台，使这一平台具备高水平的操作风险集中控制能力、快速的处理效率等特征。争取在今年内完成影像分割并行作业模式和工作流等平台功能开发。要在业务集中处理平台上实现与工作流管理和 OCR 识别技术的集成，提高平台的扩展性、广泛的业务支持能力和自动化处理程度。平台还要进一步具备业务量均衡与灾备机制、实时风险监控、排队机制、前后台沟通机制等主体功能。

二是实施有效分离。要对当前业务流程进行梳理和分析，研究优化业务处理流程，改造传统业务处理模式，设计适合前后台分离的业务处理流程，为业务的后台集中创造条件。同时，要根据业务集中的要求，实现业务流程和凭证等的标准化，并整合全行业务集中处理的需求，精简处理流程，切实做到提高业务处理效率。

三是充分集中业务。要将对公非现金业务与个人非实时业务逐步纳入业务处理中心集中处理。总行统一业务集中品种，统一集中模式，统一系统开发，统一版本投产，以实现统一业务集中处理的目标。对于全行各类共性业务，由总行统一组织版本开发；对于各行的特色业务，可由各行自行组织开发。要将关联性强的业务品种完整纳入业务集中处理体系，加快实现营业网点部分岗位的优化整合。首先要全面实现汇划类各项业务、网银落地指令的集中处理，减少汇划类业务要求的印、押、证分管分用，录入、复核、授权岗位分离的人力资源占用，提高人力资源配置效率，进一步释放业务集中处理体系改革的成效。

四是实施集约运营。建立高效统一的业务集中处理模式，改变以网点为主的分散业务运营布局，实现跨地区、跨城市、跨网点的业务集中处理，采取工厂化管理、流水线化作业模式、专业化分工协作，实行集约化、标准化、专业化的业务运营，实现及时高效、低成本的业务处理，向“金融工厂”、“精益运营”等先进模式转变。

五是完善运营布局。充分集中业务，形成“网点全面受理、后台集中处理”业务运营格局后，全行依托各省行业务集中处理中心、城市行业务处理中心、营业网点，共同构成多层次、集约化、高效率、互为补充的业务运营体系，将从根本上改变分散的业务运营布局，形成全行统一的业务处理后台，充分发挥规模效益，显著提升运营效率。

（三）集中处理的业务组织模式。为提高业务处理效率、发挥规模优势、实现充分集中、兼顾业务备份，业务集中处理体系实行以省分行为主的建设模式，具体采用以“省分行+省行营业部”双中心模式。省分行业务处理中心原则上负责除省行营业部以外各地市分行业务的集中处理；省行营业部业务处理中心负责辖属及省分行指定地区分行业务的集中处理，以实现互为备份的机制，保障业务处理的持续性。二级分行业务处理中心定位于办理尚不适宜由省行集中处理的特色业务。各直辖市、直属分行要依托目前城市分行业务处理中心，加快辖内业务集中步伐，提高业务集中处理程度。省分行业务处理中心的组建要选择在管理基础较好、业务素质较高、人力资源比较富余、有一定辐射能力的区域。

目前省分行尚无支撑业务集中处理的机构，采用省行模式试点的分行需在省分行组建业务处理中心。要争取在今年第二季度内完成试点分行集中的机构组建、人员配备等工作。

（四）业务集中处理体系改革的实施安排。全行统一的业务集中处理体系建设按照“统一组织规划、业务分步集中”的方式实施。全行业务集中处理体系建设总体上分为三个阶段：

第一阶段为试点阶段（至 2010 年 5 月）。完成“省分行+省行营业部”试点省分行业务处理中心的机构组建、制度建设、人员配备、软硬件设施调试等工作，将试点范围扩大至 15 家分行，建立一套完善的业务集中处理流程、管理流程和组织体系。

第二阶段为扩大试点阶段（2010 年 5 月至 2011 年 5 月）。在各试点分行实施业务集中的基础上，再选择 15 家分行推广业务集中处理模式，在各试点行全辖范围内完成已投产业务的推广，分流柜面业务、释放网点资源。

第三阶段为全行推广阶段（2011 年 5 月至 2012 年 5 月）。在完成试点的基础上，进一步丰富集中处理的业务品种，增强其对客户服务的支持能力，建立完善的内部计价机制，提高业务运行效率。

系统建设方面。要于今年 8 月前完成相关汇划类、网银落地指令处理等业务的开发，进一步丰富集中处理的业务品种；在 2010 年 5 月前完成全新平台主体功能的开发工作；2010 年下半年至 2011 年上半年要继续丰富并全面完成总行统一标准的业务品种在新平台上的开发工作，为全行范围内全面推广业务集中处理模式奠定基础。

业务推广方面。在今年底要实现相关汇划类、网银落地指令处理等业务在第一批试点行全辖范围内的推广。在 2011 年 5 月前，实现总行统一纳入集中处理的主要业务品种在第一批、第二批试点行全辖范围内的推广。在 2012 年 5 月前，要全面实现全行所有网点相关业务的集中处理。

制度建设方面。要按照“制度先行”原则，制定业务集中处理体系的管理办法、建设标准和操作规程。建立统一的业务集中处理流程，规范后台业务集中处理操作，明确界定业务处理中各方的责任，强化业务处理中心的内部管理，加强前后台的良性互动。

六、全力以赴，周密部署，推动业务运营改革的顺利实施

三项改革均是多目标取向的强基固本工程，需要兼顾效率与安全。同时，要顺利完成三项改革，并取得预期效果，必须建立在各种改革条件成熟的基础上。只有具备了相应的条件，改革才能取得相应的进展和成效。条件的成熟度和全行的配合力度决定着改革步伐和改革成效的大小。为了确保此次改革的顺利实施，我再强调几点：

（一）统一思想、提高认识是运营改革成功的关键。运营改革是我行完成股改上市并成为全球最盈利银行后，向更高目标迈进过程中的一项基础性、全局性、强基固本的重大变革。三项改革完成后，将从根本上改变我行的业务运营布局，深度优化全行资源配置，显著提高全行经营效率，全行下一轮发展注入强劲动力。各行要从推动全行经营转型的战略高度，以更宽广视野充分认识运营改革工作的重要意义，将思想尽快统一到总行的改革思路和战略部署上来。各行要加大改革工作的宣传力度，充分利用网讯、简报等形式宣传改革进展、改革成效，引导员工顺应形势、提高认识、转变观念、支持改革、参与改革，营造良好的改革氛围。各行要加强对三项改革的培训，突出重点，把运营改革的指导理念、工作要点讲清楚，通过分阶段、分层次的培训，要让每一位改革的参与者都能深刻领会三项改革的精神实质，自觉落实各项工作，更好地参与和推动运营改革。

（二）加强组织领导是运营改革成功的核心。三项改革是涉及制度创新、流程再造、布局调整和资源配置优化的综合性改革，需要建立强有力的组织领导和密切协作的工作机制。为此，总行已经成立了由杨行长任组长的运营改革领导小组，运行管理、人力资源、信息科技、财务会计、内控合规、个人金融业务、结算与现金管理、银行卡业务、国际业务、电子银行、信贷管理、教育等部门为成员，明确了各相关部门的职责和任务，及时研究和解决改革过程中可能出现的新情况、新问题。各分行也要尽快成立以“一把手”任组长的改革领导小组，明确各部门的责任分工和工作进度安排，有力、有序、有效地完成改革的各项任务。

——运行管理部门作为业务牵头部门，要负责三项改革的流程设计、系统建设、试点和推广、制度建设等方面的组织和协调工作。

——人力资源部门要根据改革进程，负责组织落实人力资源优化配置的各项任务。组织制订具体的人员结构优化配置方案，并组织分行实施；根据改革后的运营流程，做好机构的定岗定编，人员结构的调整、转岗等工作；做好相关人员的思想稳定工作。

——信息科技部门要负责按照改革总体计划，按时完成系统的开发、测试、投产及硬件的配备和调试工作，保证系统平稳运行，协调解决系统生产过程中的各种技术问题。

——个人金融、电子银行、银行卡、结算与现金管理、国际业务、信贷管理部门，要负责做好本部门与改革相关的业务流程的优化，相关制度的修订工作。

——内控合规部门要负责做好改革过程中各种风险的评估和控制工作。

——财务会计部门要负责按照改革进度，及时组织设备的采购，确保全行系统投产时设备到位。

——教育部门要负责做好版本、制度的培训，做好转岗人员的适岗培训工作。

（三）加大资源投入是运营改革成功的前提。为确保三项改革取得预期效果，全行上下要加大对运行专业的资源投入，全行各级领导和部门要大力支持三项改革。各行要为改革推动工作小组配足业务能力和组织能力强的专家团队，保证三项改革有足够的推动和实施力量。系统平台是三项改革的基础，科技部门要加大开发资源投入，保证三项改革系统平台的建设进度、开发质量。业务集中处理体系改革需要在省分行组建业务处理中心，省行集中监督模式也需要涉及集中监督机构的组建、人员编制与招聘等工作，监督体系改革涉及监管资源的优化配置工作，人力资源部门要及时跟进、密切配合，力保改革顺利平稳进行。三项改革涉及设备采购、场地选址要尽快启动，财务会计、科技等部门要相互配合，严格按照改革实施计划时间表，保证设备、场地及时到位。同时，为保证改革后，充分发挥新的运行管理体系在完善公司治理、转变经营模式和增长方式、提升核心竞争力过程中的重要作用，全行要尽快解决运行管理团队承担的责任与激励失衡的状况。

（四）优化人力资源配置是运营改革成功的保障。运营改革是运用先进的运营管理理念、先进的作业模式、先进的技术平台来改造传统的业务运营体系，人力资源的优化配置是改革带来的必然结果。在三项改革实施过程中，推进流程再造，实现新旧业务流程转换的同时，必须同步实施人力资源的优化配置工作。这是三项改革顺利实施的基本要求，也是保证改革成效的基本条件。

三项改革中流程再造、机构组建和人员结构调整工作，环环相扣，各项工作必须及时衔接，按期完成。如果业务流程的转换和人力资源的优化配置不能及时衔接，不仅会影响整体改革进度，而且会影响改革成效。

监督体系改革从根本上改变了传统监督模式，对风险的识别由人工复审为主向以监督模型识别为主转变。这需要监督人员具备专业的风险管理、数据分析的知识和技能，充分发挥主观能动性。改革打破了规范导向的监督流程，将建立科学的业务运行风险管理流程。如果监督人员的业务素质不能适应新的监督流程，新监督体

系将不能有效发挥作用，容易造成管理真空，不仅不能有效管理风险，可能风险还会更大。

鉴于运营改革的广泛性与复杂性，业务集中处理体系、监督体系除需配备足够的从事普通操作岗位的业务人员外，还须足额配备业务运营、风险管理、流程设计等方面的管理人员和专业人员。

（五）增强执行力是运营改革成功的基础。三项改革工作复杂而繁重，改革的难度、压力、工作量都十分巨大。改革的效果如何，全行的执行力是最为关键的因素。为增强执行力，加快改革推进步伐，各行要在运营改革领导小组下，成立改革推动工作小组，充实改革推动力量，加大改革推动力度。各行要在全面领会总行改革思路的基础上，严格按照总行统一部署，根据改革实施计划坚定不移地推进各项改革具体工作；组织骨干力量深入到二级分行、业务处理中心、监督中心、网点等改革一线，针对业务流程、系统功能、制度建设、岗位设计、人员优化等改革关键环节，认真进行调查研究，评估改革效果，及时协调解决改革过程中出现的各种问题。对于监督体系改革，由于涉及多种监督方式的运用和监管资源的整合，各行务必要避免监督体系改革任务由监督中心组织实施的倾向和做法，各行运行管理部门要切实承担起这项改革的业务组织、实施与协调的职责，加强对系统推广的组织、指导和督促，确保系统在监督中心、相关监管岗位及有关业务部门实现全面投产。

在运营改革的推进过程中，总行将制定统一的建设标准、管理标准、考核标准、服务标准、业务岗位标准和人员准入标准等，实现在全行范围内业务处理流程、风险管理流程的标准化。总行将对各行的改革实施严格考核、严格验收、严格问责，各行也要采取有力措施，以确保全行运营改革成效。同时，各行要做好改革的总结工作，及时向总行提交高质量的改革进展情况和总结报告。

（六）强化风险管理是运营改革成功的必要条件。运营改革的核心是解决好风险问题，提高操作风险识别和控制能力。在实施这一庞大复杂的系统工程的过程中，必须做好风险控制、经营效率和服务水平三者的综合平衡。

要做好新旧体系的平稳过渡。三项改革均涉及新旧系统的转换，新旧业务流程的转换，新旧制度的转换。各行要进一步加强改革期间的风险管理，坚持改革和管理并重，正确处理新旧系统之间的关系，做到系统之间平稳衔接，加强网点和后台集中处理过程中操作风险的控制，严防重大事故和案件发生。做好岗位调整人员工作内容上的顺利交接；新上岗人员也要尽快进入工作状态，以保证各项工作的秩序不乱、工作不断，确保改革过渡期间各项工作的连续性、稳定性。

要坚持制度先行、规范管理。运营改革制度建设涉及建设标准、管理办法和操作规程等诸多方面，要做好新规章制度建设和已有制度的修订工作。业务集中处理体系和远程授权改革的前提是实现业务的前后台分离，形成操作风险的前后台分解结构，要明确界定前后台的管理责任。

要强化网点的内控管理力度。网点负责人要切实承担起网点现场管理和业务真实性管理的职责。要保证业务处理与授权的及时性和连续性。影像的采集、传输和展现速度，业务量的峰谷以及授权中心人员的配置情况都会影响到业务处理和授权的及时性。要对全行的网络及相关设施进行评估、升级，增强远程授权系统的友好性。各行要根据日常授权业务量的峰谷，合理配备授权人员。要制定周密、可靠的技术和业务应急预案，覆盖所有的网点和业务；要组织充分的压力测试，进行有效应急演练，科技部门要提供可靠及时的技术保障，切实保障业务处理和远程授权的连续性和业务信息的完整性。

要不断提高监督体系的风险识别能力。虽然建立了风险导向的监督方式，设计了监督模型，但这些模型的风险识别效果由于受数据质量、数据积累、版本开发质量等多种因素的影响，其风险识别的科学性、完整性和准确性的提高是一个渐进的过程。要在实践中积累经验，将监督模型的修正和优化贯穿于监督的始终，不断提高设计、开发、应用水平，最大限度地发挥新监督体系的效能。

三项改革意义重大，任务艰巨，时间紧迫，希望各部门、各行回去后立即着手部署，尽快推动业务运营改革的实施工作。各行在改革过程中，总行要给予指导，分行有什么问题也希望及时向总行反映。全行广大干部员工要齐心协力，以奋发有为、锐意革新的精神面貌，以求真务实、扎实稳健的工作作风，确保圆满完成业务运营改革。

严格管理　强化服务
圆满完成全年科技工作任务

——在中国工商银行信息科技高级管理人员培训班上的讲话

易会满

（2009 年 6 月 23 日）

为了使全行科技部门的高级管理人员深入了解信息科技工作重点，更好地推动全行改革发展，总行每两年举行一次信息科技高级管理人员培训班。今年这次培训班，将回顾上半年信息科技工作，研究落实下半年工作任务；同时，对全行科技高级管理人员进行培训，明确我行今后一段时期业务发展、科技创新及管理改革的重点，推动全行科技工作更上一个新台阶。

下面，我讲四点意见。

一、上半年全行信息科技工作成绩显著

前 5 个月，在全球金融危机加深蔓延的背景下，面对复杂严峻的经营环境，全行取得了较好的经营业绩。在净息差较大幅度收窄的情况下，全行实现净利润 564 亿元，保持了增长的势头；中间业务在比较困难的环境下，境内分行实现收入 197.7 亿元，同比增加 24.64 亿元，增长 14.24%；中间业务收入四大行占比为 30.97%，位列同业首位。人民币各项贷款增加 7 616.61亿元，增长 17.82%，同比多增 5 379 亿元；信贷结构不断优化，较好地处理了落实国家“保增长、扩内需”政策和保持资产质量稳定的关系；人民币各项存款增加13 657.7亿元，同比多增 8 434.78 亿元，增长 16.4%；不良贷款额与年初基本持平，不良率较年初下降 0.37 个百分点，降至 1.96%。在资产、负债和中间业务持续健康发展的同时，各项改革创新稳步推进，内部管理不断加强。总的来说，过去几个月，我行作为国际化大型商业银行，既抵御了全球经济下行的风险，又保持了良好的发展和竞争能力，成绩来之不易。期间，全行信息科技战线的同志，紧密围绕我行发展战略目标，确保了全行信息系统的持续平稳运行，不断加快应用产品研发步伐，稳步推进“1031”工程建设，为全行改革发展的顺利进行作出了重要贡献。

（一）强化生产运行管理，加强科技基础建设，为全行改革发展提供了良好的技术环境。前 5 个月，全行信息系统保持稳定运行，系统可用率达到 99.985%，数据中心日均业务量、日峰值分别达到 10 499 万笔、12 966 万笔，同比分别增加 1 813 万笔、1 291 万笔。全行未发生全局性重大停机事故以及重要业务全辖性停机事故，平稳度过“春节”和“两会”等关键时期，确保了全行各项业务处理的平稳运行。

1. 生产运行管理自动化水平持续提升。一是为提高应用系统自动化操作水平，降低运行操作风险，深入实施开放平台系统应用批量自动化改造工作，完成 49 个开放平台应用批量自动化投产，占全年计划任务的 60%，这些版本投产后应用的手工操作步骤减少了 53.74%，有效降低了人工操作风险。二是推进开放平台监控和性能容量管理系统建设，目前已有 31 家分行完成了辖内集中监控环境的搭建，山东、河南等 29 家分行完成了相关应用的部署，为提高全行各项业务运行监控水平打下良好基础。三是在一级分行生产系统远程监控和操作方面，完成了数据中心对浙江、广东等 29 家分行远程监管操作环境的建立，并完成了一级分行对二级分行远程监控与操作平台的建设，大大提升了全行应对各类突发事件的能力。

2. 信息科技基础设施建设不断加强。一是加大自助设备投放力度，ATM 装备总量达到 3.1 万台，持续领先国内同业；POS 机、自助终端设备也分别达到 21.89 万台和 2.25 万台，有力支持了全行自助渠道建设，缓解了柜台压力。同时，按照“功能简单、操作简便、界面友好”的原则，优化自助终端手写软件和转账汇款流程，为分流柜面业务、优化客户服务体验发挥了重要作用。二是加强网络基础建设，升级优化核心网络基础架构，广东、浙江、江苏、山东等 21 家分行实施了网络骨干的路由器更新改造，进一步提高了分行网络的稳定性和可靠性；在全行投产了网管优化系统，大幅提升了网管系统的事件和性能数据处理能力，为我行网络高可用性、精细化运维管理提供技术保障。三是全面完成一、二级分行以及 15 个境外机构的 VOIP 网络和 IP 电话会议系统的建设，较好地满足了总分行之间、境内与境外机构之间的 IP 电话会议及培训交流需要，降低了办公成本。

3. 全行灾备体系建设稳步推进。一是持续提升信息系统安全性和业务连续运作水平。根据监管部门要求，结合我行业务持续运行实际及应用系统部署情况，完成了灾备等级标准的制定和应用系统灾备等级的划分工作，并明确了三年实施计划。二是按计划有序开展“两地三中心”建设，推动数据中心（上海）新园区建设，取得重要进展。同时，开展了数据中心（上海）同城灾备中心的技术方案研究并启动选址工作。

（二）加快产品创新步伐，稳步推进“1031”工程建设。随着全行各项业务快速发展，科技研发及测试投产任务日益繁重。今年以来，各级科技部门按照总行统一部署，克服资源紧张等困难，不断优化资源配置，圆满完成两个综合版本（NOVA+1.0.0、NOVA+1.1.0）和1个月度版本（NOVA+1.1.1）的测试和投产，投产的项目数和功能点屡创新高，在新业务产品、客户体验服务、风险管理、信息管理、统计决策等方面推出了大量新系统、新功能，有力地增强了我行客户服务和产品创新能力。

1. 全力推进“1031”工程建设。上半年，科技部门与各业务部门协同配合，按照总行党委要求，积极开展“1031”工程建设，制订并发布了“1031”工程三年计划；在计划实施的103个项目中，已完成6个项目的投产，正在抓紧推动41个项目的研发，积极推动48个项目的研究以及需求编制，为顺利实现工程整体建设目标创造了良好的开端。

2. 响应业务发展需要，积极推动业务创新。一是推动我行国际化发展战略，不断优化FOVA系统，完成FOVA系统在澳门分行、工银印尼等8家境外机构的推广，促进我行境外业务的发展。二是整合牡丹国际卡与牡丹贷记卡系统和产品，实现了贷记卡产品“一个系统、一个章程”的目标，为贷记卡产品的功能扩展、服务优化和产品管理打造了灵活、先进的技术平台。三是推出个人支票等创新型金融产品；投产私人银行管理平台，实现私人银行客户信息管理、资产综合视图等一系列业务功能，支持私人银行业务快速全面发展；在国内首家推出支持3G技术的手机银行，为我行占领手机银行市场创造了有利条件。此外，还建立了投资银行业务管理系统平台，优化全球现金管理系统，丰富银银合作平台功能，既提升了现有优势产品的品牌形象，同时也推动了相关新兴业务的发展，拓展了我行业务发展空间。

今年推进的这些重点项目，既是总行党委关注的项目，也是当前业务发展过程中竞争性强、与我行持续发展能力关系重大的项目，这些项目在上半年及时推出，得到了各业务部门的高度认可，在市场竞争方面取得了良好的效果。如三卡整合项目的市场反应非常好，FOVA系统推广已完成了全年计划的一半，尤其是支持3G技术的手机银行，是在中国金融业中率先开发成功的，对保持市场竞争力创造了非常好的条件。

3. 推进全行管理信息化建设，提高我行管理信息化水平。一是优化零售客户内部评级系统，实现个人信贷业务以及信用卡业务的申请评分、行为评分、催收评级等功能以及巴塞尔Ⅱ相关指标的计量，完善了我行零售业务的内部评级体系；二是优化数据仓库应用体系，增加了对存贷通等应用的数据支持，并优化完善了零售客户内部评级、私人银行客户关系管理及投资组合管理等应用的数据接口，进一步支持我行经营决策、营销分析、风险控制、绩效管理等工作开展，数据仓库价值得到进一步体现；三是以数据仓库的统一客户视图为基础，优化PCRM系统，实现固定报表、灵活查询、数据挖掘等多样化、面向客户营销和服务的功能；四是提高分行金融监管报表自动化统计水平。目前已实现对22张分行监管报表的自动统计，有效减轻基层劳动。

4. 积极支持业务运营改革及业务流程再造。一是完成业务运营风险管理系统在全行的推广，在全行建立新一代监督管理系统，有力推动监督体系改革步伐。二是积极推进业务集中处理平台建设，在上海、陕西等10家分行实现本外币汇款、保证金等多项业务集中处理，为业务集中处理体系改革打下良好基础。三是完成业务远程授权系统的开发，并组织浙江、江苏、宁波3家试点分行和山西、河南、上海等7家第一批推广分行同步启动相关测试和投产准备，为该系统全面推广奠定基础。四是继续开展公司信贷业务流程再造。截至5月末，已完成去年杨凯生行长在信贷业务流程再造调研中提出的52个问题的优化改造，占涉及系统优化问题的84%，计划年底全部完成。五是全力支持全行报表集中改革，确定报表集中管理的总体技术架构，研发并投产了报表定制平台和指标库系统，满足分行灵活定制报表的需要。

5. 持续优化技术体系架构。一是继续推进核算与产品分离，完成单位定期与通知存款两项产品的核算分离工作，启动资产类产品、其余对公结算产品以及个人金融类产品有关核算分离方案的研究。二是完成CM2002系统和第三方存管系统客户信息向主机客户信息的迁移整合。三是全面完成个人历史明细改造，并推进对公历史明细的改造工作，为客户提供7×24小时不间断的历史明细查询服务，为客户对账单改造等增值服务的开展创造条件。

6. 大力开展分行特色应用研发工作。在去年向分行新开放848个主机接口的基础上，今年又新增开放909个接口，总数达到3 169个。在总行支持下，各分行积极开展特色业务研发。今年26家分行在总行立项研发119个项目，其中上海、江苏、北京等分行研发项目超过5个，有力地支持了分行本地业务开展。

（三）科技管理科学化、精细化水平持续提升。

1. 健全科技管理制度及技术规范体系。修订并发布2009年版运行管理、项目管理和综合管理三大类信息科技管理制度，完善覆盖生产运行、测试验收、项目研发、科技管理的量化考核指标体系，同时新增或修订各类技术规范30份，进一步提高了科技制度、技术规范的科学性、全面性和可操作性。

2. 优化研发及测试管理流程。一是加强了需求编制阶段技术人员的投入，提高了业务人员参与开发全过程的力度，积极缩短项目前期工期占比，保证了后续设计开发时间要求，并提高了需求质量；二是推行项目经理责任制，加强跨部门、跨产品线项目管理，提高跨产品线、跨部门项目研发质量；三是合理安排项目研发和测试计划，加强项目进度跟踪，合理组织测试里程碑进度管理，将主要测试内容和集中解决问题的时间尽量前移，降低测试后期进度与质量控制的风险；四是针对大客户的特殊要求，制定快速响应支持机制，提高各环节工作效率，提升客户整体服务水平；五是加快研发、测试问题解决处理效率，加强分行测试组织管理力度，有效降低测试后期的测试投产压力，持续提升整体版本投产工作的质量；六是加强项目管理标准化建设，指导应用研发工作的开展；推进技术规范建设，确保规范内容的有效落实。

同时，为改进应用版本开发、测试以及生产系统容量管理工作，在NOVA+1.1.0版本投产后，总行从版本质量、技术规范、性能容量三个方面，开展全面后评估工作，根据评估结果形成相关改进措施，并落实到日常应用系统开发测试投产环节中。

3. 不断提高科技服务意识。一是主动开展应用系统风险梳理与评估，对涉及客户服务、大额资金操作以及影响全行业务运营和管理方面的部分重要应用系统，开展业务风险控制环节的集中梳理和评估工作，提出102项改进建议，并积极与业务部门沟通落实改进计划，进一步加强我行应用系统的业务风险控制。这项工作杨行长非常重视，专门召开总行专题办公会听取有关情况的汇报。目前，梳理发现的大部分问题都已经完成整改，其余问题整改将在年底完成。各分行也要参照总行的方式，对自主开发的应用系统开展业务风险梳理与评估。二是协调业务部门针对各季度综合版本开展满意度评价工作，内容涉及项目开发、版本测试及投产、日常运行服务、技术支持等各环节。完成针对NOVA+1.0.0、NOVA+1.1.0两个版本的评价，根据业务部门的反馈制定改进措施。

应该说，经过全行科技战线的共同努力，我行信息系统经受住了考验，为新时期全行业务发展和管理改革作出了新贡献。今年，我行入选“中国企业信息化500强”并位列第一，还获得企业信息化建设最高奖项“2008年度信息化企业大奖”以及“最佳IT总体架构奖”，充分体现了我行信息科技的强大实力和信息化建设的领先水平。

尽管我们取得了很大的成绩，但也应清醒地看到，全行科技工作特别是生产运行工作中仍然存在一些问题：一是全行信息科技管理水平尚需进一步提高，今年上半年尽管没有发生重大的生产事件，但四级以上生产事件发生较为频繁，全行共发生四级以上生产事件37起，同比增加6起，生产运行形势比较严峻，要完成今年生产事件比去年有所下降的目标，工作任务还十分艰巨。在这些生产事件中，暴露出我们在科技体制、科技流程、考核机制、责任意识等方面还存在不少问题。二是生产事件中，由应用版本原因和操作管理原因引发的生产事件较为突出，分别为15起和11起，占比分别达到41%和30%，说明应用版本开发和测试质量还需进一步提高，同时数据中心（上海）在生产管理方面还有待进一步加强。三是有两家分行分别发生了一起四级生产事件，说明全行安全生产管理依然任重道远，各单位必须进一步强化生产管理，进一步降低各类生产事件，特别是管理和操作类生产事件的数量，确保实现年初制定的目标。

二、信息科技工作面临的形势

当前国际国内经济金融环境变化很快，银行业的竞争发展格局正处于深刻的分化调整中，总行党委提出要将加快提升竞争力作为今后一个时期的重大战略任务，并在第二个三年规划中明确实施科技与业务创新战略，希望通过科技创新推动业务发展，实现我行发展愿景。在当前机遇和挑战并存、复杂多变的形势下，做好今年的信息科技工作具有十分重要的意义。

（一）新的发展形势和外部环境，对生产运行管理工作提出了新要求。今年恰逢我国成立60周年，监管部门对这一阶段的计算机系统安全运行高度重视，对安全生产、保持稳定提出了更高要求，全行科技部门要从政治高度认识安全生产的重要性。同时，总行也开展了“为工行添彩　为国庆献礼”服务大提升活动，对我们而言，提升服务的首要任务是保证生产运行安全。而且，作为国内最大、具有重要国际影响力的商业银行，无论是从为国庆创造一个良好氛围角度，还是从维护我行对外形象角度讲，都要确保“国庆”期间我行信息系统的安全稳定运行，这是全行下半年科技工作的重中之重，各单位要统一思想，提高认识，提前着手，统筹安排，务必做好“国庆”期间全行的生产运行管理工作。

在国际经济危机尚未出现明显转机的情况下，我国经济企稳回升的基础还不稳固，全行的经营发展也面临着诸多困难和挑战，今后一段时期将是全行克服困难、共渡难关的关键时期。作为全行改革发展的重要支撑，科技部门要尽一切可能为全行提供一个安全、稳定、高效的运行环境，这是全行科技工作者应有的使命。

（二）全行改革创新步伐不断加快，对应用研发和版本测试投产工作提出了新要求。今后一段时期，全行将依靠经营结构的调整、发展方式的转变、业务创新的加快、风险管理的加强等措施，克服当前困难，稳固经营基础，优化发展格局，增强我行核心竞争力，这些都需要信息科技提供强有力的支撑，都必然加大对科技工作特别是应用研发及测试投产工作的压力。主要体现在以下几个方面：

1. 抓住国际金融市场调整机遇，加速完善我行国际化发展布局，需加快FOVA系统推广步伐。按计划，今年还要分3批完成9家境外机构的FOVA系统推广，这些行中既有法兰克福分行和纽约分行这样的总行欧元和美元清算行，也有工银莫斯科这样业务极具特色的机构，各地情况千差万别，再加上时差、语言等因素，加大了推广任务的艰巨性；同时，还要全面做好全球现金管理系统等境内管理系统向境外机构的延伸，要把FOVA系统平台统一的技术优势迅速转变为我行全球业务的竞争优势，打造我行跨国经营的核心竞争力。

2. 加快业务创新及产品优化，增强竞争优势。目前国际、国内的经济金融形势在不断变化，对我们而言，既是挑战，更是机遇。要把握这种机遇，必须适应市场发展需要，加快业务创新步伐，在财富管理、私人银行、投行业务等新兴业务领域建立并保持我行发展优势。同时，为持续增强我行已有拳头产品的竞争力，扩大现金管理、电子银行、银行卡、资产托管等业务的领先优势，并为未来更大发展做好准备，也需要科技部门与业务部门的紧密配合，加快产品研发步伐，提高产品质量，满足客户日益增长的个性化、综合化、多渠道、一站式的金融服务需求。

3. 加快业务运营管理改革步伐。这项改革是我行建设国际一流现代金融企业的基础性工程，是对我行业务及管理流程的一次全面优化，对提升我行核心竞争力具有重要意义。今后一段时期这项工作任务艰巨，主要体现为：一要全面完成监督体系改革，实现新旧监督流程转换与运行监管资源的整合，以提高监督体系效率，优化人力资源。二要积极稳妥地做好远程授权改革的实施安排，在搭建远程授权管理平台、完成分行试点的基础上，于2010年完成在全行的推广，以建立专业化、标准化、流程化的授权管理模式。三要推进业务集中处理体系改革，丰富业务集中处理平台功能，以改善运营服务质量，提高事中风险控制能力。这三项改革既是对业务层面改革的挑战，更是对信息科技支撑能力的考验。要按照总行总体部署，协同推进业务和科技准备工作，及时完成设备采购、网络扩充等事项，做好分行项目实施管理和技术保障。

（三）外部监管要求及新的发展形势，对科技管理工作提出了新的要求。今年，银监会印发了《商业银行信息科技风险管理指引》，从信息科技治理、风险管理、信息安全、信息系统开发测试和维护、信息科技运行、业务连续性管理、外包、内部审计、外部审计等方面，对商业银行提出了67项具体要求。前期总行组织对《指引》中涉及的具体要求逐条分析、研究，各单位也要认真组织学习，对照查找差距，及时整改，确保各项要求得以全面贯彻。

随着信息技术的进步，我行信息安全管理工作面临的形势日益复杂。比如今年5月，人民银行通报了多起针对网站的专门攻击工具以及信息泄露事件，再次对信息保密工作提出新要求；同时，各类计算机木马病毒活动日益频繁，对商业银行信息安全工作提出新挑战。

三、下半年的工作任务

今年是“9991”工程建设10周年。十年来，在全行科技、业务人员的共同努力下，我们顺利完成了数据集中、CB2000系统推广、NOVA系统建设、数据中心整合、核心应用系统重构等一大批重点工程，促进了全行各项业务的高速发展，推动了全行集约化经营管理，也确立了我行信息科技在国内同业的领先地位，并达到国际先进水平。

全行科技部门要继续发挥“9991”工程建设精神，以科学发展观为指导，努力拼搏，不断创新，为把我行建设成为国际一流商业银行作出新贡献。在此，我结合今年全行信息科技工作计划，提出下半年的工作重点。

（一）要强化安全生产运行管理，确保下半年全行信息系统安全稳定运行。生产运行安全是全行科技部门的中心工作，各数据中心、各分行开展了大量的工作，但我们仍然不能有半点的松懈，我们要责无旁贷地把工作做好，把工作做得更踏实一些，确保信息系统的安全稳定运行。要继续贯彻将安全生产运行放在信息科技工作首位的指导方针，进一步做好生产运行管理工作。各单位“一把手”，尤其是各数据中心总经理，要对本单位的生产运行工作负总责。要按照国家有关部门及总行要求，组织制定详细工作安排，全力做好“国庆”期间全行的信息安全保障工作，确保全行生产运行工作达到年初提出的预定目标。

总行信息科技部要进一步加强对全行生产运行工作的业务指导，组织分析在推广FOVA系统后，我行面临的生产运行管理模式的变化，制订管理方案；各数据中心要层层分解责任，切实强化生产管理。要采取有效措施，进一步加强生产变更管理、生产事件应急处理，以减少生产事件的发生；对下半年的生产运行工作要有明确的指标要求，按照“四级（含）以上生产事件数量持续下降”的目标要求，下半年四级以上生产事件必须控制在37件以内，要坚决杜绝全局重大停机事件、重要业务全辖性停机事件以及二级客户账务差错类生产事件的发生；要提高生产事件处理效率，四级以上事件处理时间不能超过2小时，其中涉及账务差错类事件要在3小时内实施相应的技术措施，控制事态蔓延；总行信息科技部要将这些指标具体分解到各个中心，分解到版本开发、测试和生产的各个环节，并履行好考核、问责的职责；下半年如超过控制数，要扣减相应职能部门的绩效奖励。请相关部门认真落实行长专题办公会议精神，进一步落实工作责任，严格问责；软件开发中心和数据中心（北京）要优化工作流程，提高研发和测试质量，减少版本质量对生产环境、对业务开展的影响，版本差错率要控制在年初计划之内，并实施专项问责；各分行科技部门要认真做好辖内的生产运行管理。

（二）要全力做好下半年版本的研发、测试及投产工作。根据计划，今年下半年版本测试投产工作包括5月份、8月份、11月份三个综合版本和7月份、10月份两个月度版本，版本内容丰富，包括了新一代全球现金管理、电话银行重构、FOVA系统推广、远程授权系统、业务处理中心平台优化、清算通用平台等重点项目，承载了我行业务产品创新、业务运营管理体系改革、风险防范体系提升等全方位的业务功能需求，是我行今年科技工作的重点。

由于各个版本投产涉及的应用多、工作量大，各单位要紧密配合，确保各个版本内容按照既定工作计划完成研发、测试与投产。一是加强组织领导，确保投产期间总行与分行之间、科技部门与业务部门之间的良好沟通。二是周密部署、细致安排，确保投产方案详细、完备及正确实施，并做好应急准备。三是加强外部协调，尤其要做好与基金、保险、银联、券商等第三方外联单位的沟通，确保版本测试和投产工作的同步。此外，由于今年业务运营改革以及其他应用推广的任务很重，各分行要按照总行要求提前做好设备采购及安装、网络扩容、分行特色业务改造等工作，确保顺利完成全行推广任务。

（三）要结合当前国内外发展形势和工作实际，进一步加强全行信息安全管理。当前，国家有关部门对信息安全工作高度重视，总行党委也对信息安全工作多次提出要求，并明确信息科技部门作为我行信息安全管理的牵头部门。信息安全工作不仅涉及我行自身经营发展的商业秘密，也涉及我行客户信息的保密，同时还可能涉及相关国家秘密，内容十分广泛。总行信息科技部要充分发挥职能作用，和相关业务部门积极配合，尽快研究建立我行全面的信息安全管理体系，制定完善信息安全、信息系统安全以及客户端安全等一整套管理办法，研究信息安全管理的技术措施。

各级科技部门一方面要从系统开发到生产运行的各个环节，采取有效的技术手段和严格的管理措施，提高信息安全保护的水平；另一方面，要会同有关业务部门，共同做好信息使用、管理工作，防止各类敏感信息的泄露、篡改。最近总行转发了国家有关信息安全方面的一些文件，其中一些泄密案件主要是通过网络、U盘以及感染木马程序病毒等造成的。近期总行决定由信息科技部门作为我行信息安全管理的牵头部门，各分行也要引起重视，因为一旦出事就是大事。今年内审局对两家分行进行了审计，发现部分分行的信息管理安全意识还比较薄弱。下一阶段信息安全管理方面工作对我们来说是一个非常大的考验。

（四）要进一步完善全行灾备体系。

1. 要加快“两地三中心”建设步伐。开展“两地三中心”建设是为了更好地满足我行战略发展需要、提升信息系统安全性和业务连续运作水平的必要举措，关系到我行的长远发展。数据中心（上海）一方面要加快园区扩建工程建设，确保2010年底前将现有主机生产系统迁入新园区；同时要尽快落实同城备份中心的选址工作。总行信息科技部要牵头做好有关技术方案研究和工程实施管理工作。

2. 要推进应用灾备体系优化工程。数据中心（北京）要充分发挥牵头单位职能，组织做好工程建设项目群管理；数据中心（上海）要做好相关灾备技术的实施推广；各分行要按照总行要求，于2009年底前实现辖内应用系统备份数据的异地存放。此外，要在全行范围内完成数据中心对一级分行、一级分行对二级分行远程监控和操作平台的建设与推广，全面提升数据中心和一级分行应对辖内各类突发事件的应急能力。

3. 要圆满完成今年的业务灾备应急演练。从2005年开始，总行已连续组织4次全行业务灾难恢复应急演练，提高了全行的灾难恢复意识和应急处理能力。按计划，今年总行将在8月或9月组织开展本年度全行业务灾难恢复演练。与往年相比，今年的演练将有新的特点：一是演练首次采取临时通知的方式启动，使得演练更加接近真实灾难情况，突出演练的非计划性和真实性，以进一步检验和提升我行面对突发性灾难事件的应急响应能力；二是完成FOVA系统推广的部分境外机构将参加本次演练，以充分验证FOVA系统和灾备功能的有效性，满足各机构当地监管部门的要求；三是今年新增ATM/POS业务、个人网银业务补账的相关演练内容。

为确保演练工作的顺利进行，针对今年演练的新特点，总行信息科技部要做好统筹安排，做好与总行各业务部门的沟通与协调；数据中心要组织制订具体演练方案并做好全行培训工作，保障演练工作正常进行；各分行要完善本单位组织指挥和灾难恢复流程，实现人员快速到位和快速恢复。本次演练工作，需要总分行之间、科技部门与业务部门之间紧密配合，各分行主管科技的行长要亲自抓，确保演练高质有序完成。

（五）要进一步加强全行科技管理工作。

1. 加快全行科技检查及内部审计发现问题的整改。2008年以来，总行组织开展多次科技专项检查，并配合国家审计署、银监会等管理部门完成11次信息科技方面的审计、检查和评估，截至今年5月底，2008年内外部检查、审计发现问题的整改完成率为97%。今年，总行组织开展了几次专项检查和审计，其中3月份对各中心和部分分行进行了现场检查，在数据管理、应急管理等方面提出了整改要求。目前，大多数问题已整改；4月份，内审局对数据中心（上海）和安徽、上海分行开展了开放平台安全管理审计，发现在系统投产、分行项目管理、机房管理、用户管理等方面还存在薄弱环节；6月份，总行又组织对各数据中心开展了生产变更管理方面的专项检查，也发现各数据中心在变更方案审查、变更风险评估、变更实施等环节仍然存在一些问题。对于以上审计、检查中发现且尚未完全整改的问题，各单位要进一步加大工作力度，严格按照计划及时整改。

对于今年在数据中心（上海）以及上海、安徽分行的审计中发现的一些问题，信息科技部要与内审局一起督促抓好整改落实，尤其是要注意举一反三；其他中心和分行也要对照进行自查和评估。对于在生产变更管理方面、流程方面、精细化管理方面存在的一些问题，后续关键是要精细管理、落实责任、规范流程、标准操作，避免类似生产问题的再次发生。

2. 加强自助设备的使用及管理。近年来，我行投入了大量资金，不断加强自助服务渠道建设，自助设备投放规模逐年增长。随着自助设备数量和种类的增加，设备管理难度也日益增大，全行要注重ATM设备的实施进度管理和设备维护管理，充分发挥设备的使用效益。ATM使用管理工作主要是个人金融业务部门牵头，信息科技部门要进一步加强设备的技术维护，不要由于日常维护不到位影响ATM的运营。

（六）要进一步加强对二级分行科技工作的领导。近年来，在全行共同努力下，总行和一级分行本部的信息科技得到了较快发展，科技队伍不断壮大。但作为全行科技工作的落脚点和支撑点，部分分行基层科技工作却未能得到同步发展。为加强分行基层科技工作，最近总行下发文件，对二级分行科技部门的设立和人员的配备，以及在网点设置科技管理员等提出了指导意见和具体要求。绝大部分分行积极落实，并取得初步成效。据统计，截至5月底，在全行306家二级分行中，已有258家二级分行设立科技部门，全行15 745家营业网点中，已有5 330家网点配备了科技管理员。按文件要求，所有网点都必须配备科技管理员。各行要高度重视这项工作，务必下半年达到总行要求，切实提高基层科技工作力量。

四、几点工作要求

行领导多次指出，工行的科技必须在全国乃至全球同业保持领先，并指出“科技的落后将导致整体的落后”，这些是对我行科技战线的肯定、希望和要求，同时，也是一种鞭策，一种责任。全行科技战线的同志要对照把工行建设成为“全球最盈利、最优秀、最受尊重的银行”的目标，进一步增强大局意识、责任意识，增强危机感和使命感，全力以赴做好科技工作。在此，我再强调几点工作要求。

（一）要进一步树立责任意识。安全生产是信息科技工作的第一要务。从上半年发生的生产事件原因分析，许多是责任不落实造成的。一是要加强对员工的安全生产意识教育，把安全意识真正贯彻到每位员工，并变成一种自觉行动的文化。二是要加强需求提出、软件开发、测试、投产各环节的管理，明确各环节职责，严格责任追究制度。三是要加强生产运行中的安全管理，落实各岗位职责，杜绝管理漏洞；要针对各类生产事件暴露的问题，认真分析、举一反三，不断夯实管理基础。四是对于重大生产事件，总行建立直接问责制度，加大问责力度。

（二）要进一步从严管理。管理出效益，管理是企业的生命线。信息科技事关全行的安全营运和核心竞争力，加强管理至关重要。一是总行信息科技部要加大对全行专业管理力度，进一步加强流程管理、制度管理和考核管理。二是各单位要加强内部管理，细化内部工作流程，加强过程控制，靠技术、靠制度、靠流程来加大管理力度，严格考核，严格问责。三是要加强软件开发质量管理，出现质量问题要多从主观找原因，多从内部管理找原因，多从开发流程找原因，不断改进工作方法，提高管理水平。

（三）要进一步强化服务意识。科技开发、服务为本。提升科技水平的根本目的在于提升银行的核心竞争力，为客户创造更多价值。科技的发展必须与业务的发展相协调、相契合，必须服从全行整体战略和业务发展的需要。因此，科技部门要将服务业务发展、服务专业部门、服务客户作为最高目标，要在实践中不断增强服务能力。这一方面要求加强对全行发展战略的理解和学习，找准工作定位；另一方面，要与业务部门积极互动，主动参与业务需求的提出和形成，加强软件开发的全过程控制。今年，总行开展了信息科技满意度评价、业务流程风险梳理等工作，体现了为业务服务的意识。在当前时间紧、任务重、生产运行压力大的情况下，科技部门要进一步强化主动服务意识，不断提高研发、测试、生产各个环节的工作质量，提升对业务部门的服务能力。

（四）要进一步突出以人为本。一是要加强员工思想教育。要大力宣讲工行的愿景、使命以及经营战略规划，让员工看到美好的发展前景，把自身的发展与全行的发展紧密结合起来。二是要坚持正激励和负激励的有效结合。既要严格管理，明确岗位责任，严格问责，也要善于激励、激发员工的潜能。要加快专业序列的建设，让技术干部通过专业发展，实现自我价值，提高队伍的忠诚度。要通过差异化的激励措施，将有限的资源向骨干力量、优秀人才倾斜。要做好人员的结构调整，向其他专业多输送优秀人才，主动做到人员有进有出，保持队伍整体的良性循环和健康发展。要做好老、中、青三支队伍的培养，搭建合理的专业队伍年龄结构。三是要进一步关心员工，加强与员工的交流，倾听员工的声音，帮助员工解决最直接、最现实、最紧迫的问题。要加强对员工的管理，这是对员工最大的关心和爱护。

目前全行信息科技队伍整体上是稳定的，如何持续保持这支队伍的战斗力，需要我们坚持以人为本，并注意加强队伍的结构调整。科技部门每年要保持一定的人员增速，同时要保持队伍有进有出，做好结构调整，使队伍达到良性循环。各分行信息科技的主管行长、各位总经理要对科技队伍情况进行分析，特别是结构性分析，提升队伍的持续发展能力。

同志们，下半年信息科技工作任务十分艰巨，希望大家充分认识到目前全行科技工作面临的新形势与新挑战，努力拼搏，再接再厉，圆满完成今年的各项科技工作任务，为进一步提升我行科技核心竞争力，推动我行改革发展作出更大贡献。

在中国工商银行境外机构
境内外汇账户业务发展工作动员视频会上的讲话

易会满

（2009 年 7 月 21 日）

刚才张福荣副行长的重要讲话从国家的金融战略高度以及对我行的现实意义两个层面对开展 NRA 业务的重要性进行了详尽的阐述，具体分析了这项业务对于我行拓展全球化客户、外汇存款、国际结算以及全球现金管理等业务的机遇和挑战，同时对下一步的工作任务和目标做了具体部署，充分体现了总行对发展这项业务的决心和信心。希望大家认真领会，回去后立即行动起来，切实把总行的战略意图转变为所在机构的执行力，确保全行 NRA 业务发展目标的实现。在这里，我再强调几点：

第一，要进一步统一认识。开展 NRA 业务是一项全新的工作，我们要把思想认识统一到张福荣副行长的讲话要求上来，充分认识这次机遇的重要性。NRA 业务为我行打开了一扇通往国际市场、拓展全球化客户资源的窗户。由于我行没有离岸银行业务的牌照，现在国内沉淀的十万户离岸账户，大部分在外资银行以及有离岸业务牌照的国内同业开立，我行在这一市场上几乎没有份额。这给我们全行的国际化战略，特别是外汇资金的吸收以及国际结算业务的开展造成了非常大的先天不足。开办 NRA 业务就是我行弥补这一不足的非常重要的机遇，抓好这项工作将有利于我行增加外汇账户开户数，提高国际结算量，提升市场占比。总行对这次会议非常重视，国际业务部、结算与现金管理部、运行管理部、公司业务一部、信息科技部等部门的主要负责人都来参加此次会议，而且在会前就如何落实董事长、行长提出的工作要求做了专题研究。大家应该注意到，像 NRA 这样的单项业务动员会开到二级分行的情况是不多的，这充分体现了总行对这项工作的重视，希望全行上下能够认识到这项工作对我行战略发展的意义。

第二，要加强组织领导。各行要迅速成立领导小组，明确部门分工，将总行部署的各项工作落到实处。要根据总行要求，结合当地实际情况，制订出具体目标和实施方案，并在 8 月 10 日之前，上报总行备案。在制订实施方案的同时，要立刻展开相关工作，特别是要根据《国家外汇管理局关于境外机构境内外汇账户管理有关问题的通知》（以下简称《通知》）的规定以及今天动员会的有关要求，首先把营销工作抓起来。我们要提前行动，争取这项工作的主动。会后，各行不要等总行的具体制度和操作流程，而要先对一些大客户做上门营销，拉开营销的架势。实际上，在国家外管局《通知》正式下发前，总行公司业务一部、结算与现金管理部已经开始了营销工作，客户反映是很正面的，认为我们工行的行动比同业都早，对开户也是有需求的。因此，我们要在落实好组织架构以后，尽快把营销等重点工作开展起来。

第三，要抓好落实。全行上下要形成共识，做好 NRA 的相关工作，牵头部门要做好协调工作，相关部门要根据职责范围，做好各自分工的工作。一是要抓好学习。NRA 业务是一项新业务，学习了解政策是我们开展工作的基础。各行要认真学习国家外管局《通知》的精神，把握好相关政策。二是要摸清家底。前期，公司业务一部和结算与现金管理部进行了一次目标客户的摸底，整理出70多户目标客户，这个数量太少了。目前，国内离岸账户每年增量有2万户，存量有10万户，我行现金管理客户有22万户。这些客户都在目标客户的范围，各一级（直属）分行，特别是外向度比较高、“走出去”企业比较集中的一级（直属）分行，更要摸清辖属区域内目标客户的家底。三是要明确职责。按照总行的计划安排，各行由分管国际业务的副行长牵头负责这项工作，国际业务部为总牵头部门，结算与现金管理部牵头负责市场营销，其他相关部门按照职责参与这项工作。各部门一定要按照分工衔接落实好，形成工作合力，共同做好NRA业务的开展。四是要进一步细化方案。NRA业务是一项全新的业务，总行、一级分行在制订工作方案的时候，应尽量细化，以便于基层机构更好地开展工作。

第四，要加强沟通。NRA业务政策性比较强，我们要加强与监管部门的沟通，及时了解政策动向，把握市场行情，同时要密切保持总、分行之间的工作沟通，有情况要及时向总行反映。

刚才张福荣副行长对姜建清董事长提出的30%的占比目标做了进一步的明确，即账户开立数量要有30%的市场占比，结算量要有30%的占比，同时还要确保市场份额第一。应该说NRA业务发展的任务和目标已经明确，我们要做的就是统一思想认识，加强组织领导，狠抓工作措施落实，确保完成30%市场占比的目标。

强基固本　开拓创新
推进全行现金营运管理工作再上新台阶

——在中国工商银行现金营运管理工作座谈会上的讲话①

易会满

（2009年8月11日）

现金业务作为一项最为传统的业务，任务重、责任大，涉及的业务面广、风险点集中，是银行各项业务开展的基础。和其他专业相比，近年来我们对现金专业研究得不够、关注得不够、投入得也不够。随着全行经营战略的转型，如何更有效地增强现金业务支付保障能力、服务收益能力和风险控制能力，成为目前我们必须认真研究解决的重要问题。在现代商业银行的建设过程中，现金业务如何适应现代商业银行的发展要求，如何提升这个专业的岗位价值、促进专业的发展，我觉得我们有必要坐下来，认真地进行分析，进一步重视这个专业、研究解决这项业务经营管理中存在的问题。下面我讲三个方面的意见。

一、全行现金工作成效显著

近年来，全行现金业务紧密结合运行管理集约化改革，以提高现金营运质量和效益为中心、以控制现金业务风险为重点，围绕集约化、标准化和风险控制与效率的提升，积极开展工作，取得了明显的成效。

（一）现金营运集约化改革稳步推进，全行现金业务持续、稳健发展。现金营运集约化改革是构建“运营集约化、管理一体化”价值型运行管理体系，打造一流金融后台的重要组成部分，也是保障全行业务持续稳健发展的重要基础。通过全行上下近几年的共同努力，现金业务无论从量上还是质上都有了显著提高。

1. 全行现金业务持续增长，业务运行效率不断提高。在现金业务量日益增长的情况下，全行通过推进现金业务集中处理和现金营运中心标准化建设，加大现有现金营运资源整合力度，完善了现金营运中心的管理，增加各类机具配置，提升了现金业务专业化、自动化处理能力，在现金收付量大幅增长的情况下，有效提高了现金业务集中处理效率，保证了各项现金业务的正常运行。2008年，全行累计完成现金收付29.68万亿元，较上年增长11.9%；全行累计上门收送款7 997.17亿元，增长了14.06%。2009年上半年，全行累计完成现金收付15.3万亿元，同比增长3.1%；累计上门收送款4 401亿元，同比增长12.9%；为自动柜员机加钞8 354亿元，同比增长43.9%。全行现金备付率控制为0.48%，同比降低0.07个百分点；现金综合运用率达到57.6%，同比增长1.1个百分点。

2. 实施现金业务精细化管理，现金集中管理水平

① 根据录音整理。

进一步提升。全行逐步构建起以现金营运中心为核心的现金业务集约化管理平台，实现对营业网点的点对点现金调拨，提高了现金业务运行效率和服务质量。截至2009年6月30日，全国已有34家一级（直属）分行组建了现金营运中心，构建了以现金营运中心为核心的现金业务集约化处理平台；全行金库总量在2008年净减少75个的基础上，今年上半年又减少47个，已减至1 106个，并实现了81%的库存现金由现金营运中心集中管理。像上海分行介绍的情况，通过现金营运集约化建设，金库数量由原来的26个整合为现在的四大区域中心，管库人员减少了84人，日均库存现金降低了3亿—4亿元，服务客户数增加300多家，效率提升近30%，营销优势和内控管理也得到了加强，集约化经营的成效显著。

3. 强化现金业务营运管理，管理效益逐步显现。在强化现金业务管理、保障现金业务安全运行、提高工作效率的同时，把强化成本意识、提高现金营运效益作为工作的重要目标，通过集中管理、集约化经营，提升了现金营运的管理效益。今年上半年，全行提供上门收款服务的客户站点达到26 176个，较上年增加744个；代理同业现金客户3 792家，较上年增加42家；已出租保管箱28.28万门，较上年增加1.24万门，租箱率达到33.25%。仅上门收款、保管箱业务和代理同业现金去年就实现直接收益3.2亿元，为全行中间业务收入增长作出了积极贡献。

（二）着力打造管理科学、运营高效的现金物流中心，金库标准化建设初显成效。以现金业务集约化运营改革为基础，以保障全行现金业务安全、稳健、高效运转为目标，总行制定并印发了《金库标准化建设及管理规定》和《金库标准化建设达标验收办法》，确立金库标准化建设目标规划，启动全行金库标准化建设，实施更加严格的金库标准化、精细化、规范化管理。金库标准化建设达标率已由2008年5月的25%提高到目前的35%。

（三）现金风险管理进一步加强，现金业务运行质量同步提升。在各项业务不断发展的同时，全行始终高度重视现金风险管理工作，通过健全金库管理制度，完善现金系统建设，提高设施配置标准，强化对现金风险的硬控制。各行加大检查监督力度，严格业务规范化操作和管理，强化现金制度执行力。现金业务近三年没有发生重大差错事故和经济案件，实现了业务运行质量和效率的同步提升。特别是近两年，雪灾、地震等突发性灾害频发，全行上下同心协力，认真应对，积极作为，克服重重困难，确保受灾地区现金调拨、柜面和自助设备支付、上门收款等业务正常开展。近期发生的新疆"7·5"事件，即将到来的60周年国庆阅兵演练等，对我行的现金支付保障又提出了严格的要求，我们做到了在有突发情况时能够及时启动应急预案，严格控制业务风险，保证了业务运行质量。在HD90等新版假币集中出现时，全行认真落实反假货币工作要求，加大反假宣传和培训力度，及时升级更新反假设备，反假货币工作取得良好效果，在2008年收缴各类人民币假币10 733万元的基础上，今年上半年又收缴4 333万元，保证了服务质量，维护了工商银行信誉。

二、目前现金业务面临的主要问题

（一）金库建设投入不足，标准化程度不够，与业务发展需求不相适应。现金营运中心和各级业务库房是全行现金业务运行的基础平台，除具备现金保管、集中清点、向人行调缴现金等基本职能外，还负责上门收款、代理同业现金存放、自动柜员机集中加钞、代理黄金仓储等业务。现金营运中心建设的科学、合理水平和标准化程度，直接影响其职能的有效发挥。从目前掌握的情况看，主要存在以下问题：

1. 对金库标准化建设重视不够、投入不足，金库标准化建设进展缓慢。目前我行大多数中心库或业务库是在原有库房基础上改建、扩建而成，其中66%的金库是20世纪八九十年代建造，包括237个从人民银行承接的金库。这些金库普遍存在建成年代久、建筑标准低、金库面积小、功能分区不合理、工作设施和环境简陋等问题，不具备完善的功能区域设置和充足的业务开展空间，不仅影响现金业务开展，而且存在一定的风险隐患。从今年6月各行自测自评情况看，全行1 106个金库中，面积、功能分区、建筑标准、机具配置、安防全部达标的有389个，达标率为35%。其中省会城市行、直属分行、直辖市中心库全部达标的有26个，达标率为27%；二级分行中心库全部达标的有100个，达标率为34%；支行业务库全部达标的有263个，达标率为36%。金库标准化工作全行差异性较大，如山东分行标准化程度已达到50%以上，其他行要低一些。

2. 现代化的现金机具配置落后于业务发展需求，不能满足现金业务效率提高和风险防范的需要。从全行反映的情况看，多数金库机具设备配置仍处在维持基本运行层面，金库清点设备仍停留在人手一台点钞机，单机小批量、人工大操作量的低效率装备水平上，绝大部分金库没有配备自动化、机械化装卸设备，金库中的现金及实物基本上由人工搬运和装卸，金库作业自动化水平较低。以清分机为例，纸币清分机特别是大、中型清分机具备速度快、点数准、防伪能力强、清分质量高等特点，在国外金融业已作为批量现钞处理的标准配置设备，但由于种种原因，我行清分机配置率普遍偏低，大型清分机全行目前仅有11台，分别在上海（8台）、北京（1台）、广东（1台）和江西（1台）分行；中型清分机在全行中心库的配备率不足26%，有14家分行全辖没有配置中型清分设备；全行库均配置清分机不足1台，目前尚有656个金库（78个中心库、578个支行业务库）没有配置清分机，占金库总量的59%，这些金库只有借助点钞机通过人工方式完成对现金的清点，难以达到人民银行新规定的票币质量清分标准，也不能满足快速增长的自动柜员机对装钞质量和数量的要求。

3. 金库数量较多，金库资源有待进一步整合。经过运行管理和保卫部门的共同努力，我行直接管理的金库数量虽然从2006年初的1 436个减少到目前的1 106个，净减少了330个，但仍有进一步压缩的空间。中心库的辐射面各行差异很大，中心库集约化、专业化经营优势有待进一步挖掘，营运效能需要继续提高。

（二）全行现金业务管理的系统平台尚不完善，主动管理手段不足，现金业务流程需进一步优化。近年来，我行现金业务快速增长，各级机构不断探索加强业务管理和营运管理的手段和方法，但缺少有效的计算机系统支持，难以掌握实时、准确的现金业务信息，业务处理和营运管理依赖日常经验积累，缺乏科学性和前瞻性，库存现金占用较多的问题仍然存在。柜面现金业务操作及现金调拨业务处理手续仍比较繁杂，效率不高，现金业务流程尚需进一步优化。另外，现金业务作为银行一项不可替代的传统业务，对日常业务运行乃至前台的营销都发挥着基础性的支持保障作用，但目前尚未建立真正的内部评价机制，现金业务运行价值还没有能够得到充分的体现。

（三）库房社会化管理不断推广，风险隐患不容忽视。为防范和转移守库和押运风险，近年来我行持续推进守押社会化改革，目前我行自行值守的金库数量占我行自行管理金库数量的35%，由守押公司值守的金库占65%。随着金库社会化的推广和管理模式的变化，一些行将库款寄存在守押公司自建或租用的金库中，以这类方式寄存的金库有128个，日均库存现金24.3亿元；另有244个支行业务库寄库在当地同业，这类库日均库存现金约10亿元。由于守押公司实行属地化管理，资质不一，自建或租用的金库硬件设施不标准，内部管理差异较大，投保金额不足，抵御风险能力有限，在风险责任界定、损失确认及赔付保障责任等方面均存在不确定因素，一旦出现盗抢风险和从业人员道德风险，易产生无法赔付和赔付时间较长等问题，将直接影响我行营业网点的现金支付和我行的社会声誉。

（四）现金管理人员配备不足，现金营运管理效率和员工工作积极性有待提高。从管理层面上看，一级分行现金管理人员不足的现象尤为突出。一级分行目前配备现金业务专职或兼职管理人员只有70人，每个分行平均配备现金业务管理人员不足2人，其中仅配备1人的分行有10家；在70名管理人员中兼职人员有29人，未配备现金业务专职人员的分行有11家，难以满足现金业务发展和科学化、精细化管理需要。从业务操作层面来看，近年来我行现金业务高速增长与人员减少、年龄老化的矛盾日趋显现：2006—2008年全行金库管理操作人员分别为11 042人、10 215人和10 018人，呈逐年递减趋势，而现金调拨量、存取人行现金量和现金后台集中处理量（如集中整点、上门服务、自动柜员机加钞等）则呈逐年上升趋势，2007年和2008年全行累计现金收付量分别比上年增长25%和11.9%，现金中心和业务库的管库员、清分整点员、调款员工作任务十分繁重，但这一部分人的薪酬待遇确处于较低水平，人力资源投入有待加强。

三、几点工作要求

目前，我行股改后的第一个三年发展规划已圆满完成，第二个三年发展规划即将开启，工商银行站在了一个新的历史起点和发展阶段，全行面临着建设全球最盈利、最优秀和最受尊重的国际一流现代金融企业的新的任务要求。为更好地实现这一发展目标，运行管理部全面启动了运营集约化改革。现金工作作为运行管理工作的重要组成部分，要和运营集约化改革紧密结合，创新经营管理理念，拓展和优化现金合作服务渠道，不断提高现金集约化经营效益和风险管理水平。

（一）加大金库资源整合力度，提高金库标准化建设达标率，构建专业化的现金业务运行平台。在前期工作的基础上，各行要进一步整合金库资源，继续推进金库标准化建设进程，加强金库基础建设，通过标准化、规范化的管理，将金库建设成为标准明晰、运营高效、内控严密、服务优良的现金业务处理后台。

1. 继续加大金库资源整合力度，进一步提高现金业务集约化经营水平。要以现金营运中心为核心，继续完善现金营运中心管理和服务功能，积极创造条件，将上门收送款、代理同业现金、款箱调拨运送、自动柜员机装卸钞、黄金仓储等业务进一步向现金中心集中处理。要统筹规划、合理布局，进一步提高现金营运中心的辐射半径，为更多的网点提供服务。对支行业务库要继续撤并，原则上60公里以内的支行业务库要并入现金营运中心管理，对交通不便、地处偏远地区、业务量较小的支行业务库可采取寄存同业的方式加以解决，借助金库标准化建设，逐步将我行的金库数量控制在1 000个以内，从而优化人力资源配置，提升现金业务专业化处理能力和服务水平。

2. 加强协调和督导，积极推进金库标准化建设进程。各行要切实加强组织领导，按照金库标准化建设要求，落实相关部门职责，加大资金投入，积极推进金库标准化建设。今年年底前，全国一级分行省会城市行、直属分行、直辖市分行70个未达标的中心库要基本完成金库建设标准化改造；2010年底前，全国193个未达标的二级分行中心库要完成标准化改造；2011年底前，要完成全部454个未达标的支行业务库标准化建设。在金库标准化建设中应本着以原址改扩建为主、确需择址重建的优先使用本行现有闲置房产资源的原则统筹规划。对完成阶段性达标建设目标确有困难的，要优先考虑安全性指标，如库房的墙体、库门、指纹门禁等是否符合要求，交接间、清点间、运款专用通道的安全设施是否到位等。至于面积标准达不到的问题，由于总行面积标准不仅包括库房区，还包括业务处理区，在测评时可根据各行实际需求，在满足业务需求的前提下适当放宽，但最低面积不应低于总行标准的90%。总行和一级分行要根据分工成立组织验收和督导工作小组，加大力度，促进金库标准化建设各阶段目标如期实现。

（二）加强预测，科学调配，压降库存现金占用，提升现金业务质量和服务水平。要进一步加强现金营运管理信息系统建设，深化业务系统和流程的再造，提高管理能效，推动全行的现金业务在“确保库款安全、保证现金支付”的基础上逐步实现由“保障型现金管理”向高效率、高质量的“价值型现金营运”的转变。

1. 建立实时高效的现金业务管理平台，推进现金管理模式的转型，全面提高现金运营管理的信息化程度。要通过研发、构建现金营运信息管理系统，进一步深化对库存规模、现金营运的信息管理和分析，增强现金收付预测的科学性，加强现金营运全过程的信息化控制，将现金营运由被动的现金库存调拨转变为在预测分析基础上的主动调配，打造全行现金业务营运的信息化管理平台。总行将于今年11月份投产现金营运管理信息系统第一期功能，各行要充分利用这一新的管理系统，强化管理效能，切实推进现金管理模式的转型，在全行构建实时高效的现金业务管理平台，加强现金营运的精细化管理。

2. 加强库存限额管理，合理压缩库存现金占用。要进一步强化成本意识，有效预测现金库存变动趋势，继续落实库存限额管理制度，在保障现金支付的前提下，合理调配资金。要加强自动柜员机现钞管理，逐台分析用钞规律，调整加钞线路和次数，优化加钞方式，减少钞箱占款。要加强与人行的沟通与协作，争取更多的金库代理当地人行发行库业务，提高现金调配效率。总行对今年的库存限额计划要做出适度调整，将下半年库存现金限额控制在350亿元以内，现金备付率控制在0.5%以内，综合运用率要达到61.5%以上。各行要进一步挖掘管理潜力，努力完成调整后的目标。

3. 借助现金业务系统管理平台，探索现金服务计价管理。要按照科学管理、持续发展、计价收费、有偿服务的原则，对库存现金限额、网点调缴款、自动柜员机装卸钞、现金上门服务等业务施行内部计价，引导基层行树立成本效益观念，科学配置资源，使有限的资源发挥充分的作用，合理反映现金业务综合贡献度。

（三）加大现金机具配置力度，提升现金业务专业化、自动化处理能力和服务水平。人民银行为加强对货币反假工作的监督管理，满足社会对现钞质量的要求，对商业银行投放市场的流通券、向人行上缴的回笼券、自动柜员机用钞等票币的质量制定了严格的清分标准。各行要进一步加大高端现金清分机具配置力度，原则上中心库日均清分整点量在3 000万元以上的要配备大型清分机，日均清分整点量达到600万元的要配备中型清分机，日均清分整点量达到200万元的要配备小型清分机。要逐步实现现金营运中心以大中型清分机清分为主，人工整点为辅的业务处理模式，支行业务库主要依托小型清分机处理现钞并逐步实现清分机配置向营业网点前移。各行要借助大中型清分设备，调整劳动组合，合理配备和分流清分整点人员，使每日人均清分整点量达到300万元以上。总行要加快集中采购评审进度，尽快确定入围厂商和机型，各行要做好规划，积极推进，选用功能先进、性能优异的大中型现金机具替代手工作业，实现现金营运及现金清分整点的规模化处理。为有效解决购置资金短缺问题，总行将申请追加部分专项资金，各行再筹措部分配套资金，尽快满足机具配置需求。

（四）加强现金服务模式创新，优化现金业务流程，有效分离柜面业务，提高现金业务处理效率。现金服务在为相关业务开展提供有力保障的同时，也为我行优化收益结构，稳定优质客户资源发挥着重要作用。各行对现金业务要有一个全新的认识，把“现金”作为我行一项重要的服务产品，认真经营，妥善管理。

1. 继续优化现金业务操作流程，提高业务处理效率。要着眼于创新业务流程和服务模式，开展业务调研，改进业务处理方式，减少冗余环节。要积极试点柜员用存取款自助机等前台现钞自助处理设备，改变柜员手工操作方式，优化业务处理流程，提高前台现金清点质量和处理效率。

2. 探索上门收款集中管理及自助收款模式，提高上门收款服务效率。上门收款业务作为我行为现钞收付量大的客户提供资金归集服务的重要手段，为前台部门稳定和竞争优质客户、增加存款、营销优质贷款、拓展业务提供了强有力的支撑。要创新上门收款模式，开发客户自助封包存款系统，提高现金收款业务处理效率和安全能力，探索运钞车车载“流动金库”等方式，实现上门收款的客户自助式封包收款，减少人为流转环节。要进一步完善统一的身份认证管理、标准箱包及款箱封签的管理，提高服务水平，降低服务风险。

3. 继续加强同业现金合作，为内、外资银行提供人民币现钞服务。要发挥我行金库资源和现钞专业化处理优势，创新服务方式，丰富合作内容，提高收益水平，巩固我行作为国内第一大现金业务银行的地位。

（五）强化现金业务风险管理，提高风险控制水平。当前经济环境比较复杂，社会不稳定因素较多，引发内外部案件风险的诱因增多。现金工作每天直接和大量的现钞打交道，主要靠人工操作完成现金实物的流转，一旦出现操作风险或道德风险，后果将十分严重，大家必须保持清醒的认识，切实加强对现金业务各环节和整个流程的控制与管理，提高风险控制水平。

1. 认真落实各项现金业务规章制度，提高制度执行力。要制定切实可行的措施，强化执行与管理，确保各项规章制度落实到位。要继续组织开展现金业务检查和突击查库工作，增加突击查箱查库次数，落实检查责任，跟踪整改效果，做到早发现、早防范、早处置。

2. 进一步强化自动柜员机现钞管理，有效控制自动柜员机现钞管理风险。围绕自动柜员机使用中存在的现钞管理问题，要认真组织专题调研，研究制定相应的改进措施，扩大集中加钞范围，探索附行式自动柜员机集中加钞，以更换钞箱的方式逐步替代现场加钞。

3. 进一步明确金库管理社会化范围以及寄存守押公司的资质和金库管理相关行业标准，有效防范库房社会化管理风险。要进一步加强调研，深入分析，统一管理模式，规范金库管理社会化工作，在风险可控的前提下稳步推进。

4. 加强货币反假工作，防范假币侵害。货币反假是现金业务一项重要的工作内容，各行要继续加强员工反假知识和识假技能培训，提高机具识别性能和配置等级，及时升级和更新反假识别软件，确保假币不从我行柜面和自动柜员机流出，切实维护我行信誉和客户资金安全。

（六）加强现金营运队伍建设，充实现金管理人员，提高从业人员素质。对于一级分行现金管理人员偏少的问题，各行要根据业务实际，未设专职人员的要配备专职人员从事现金营运管理工作。同时各行要加强现金营运中心主任的配备，要强化岗位人员配置和人员结构调整，充实现金管理人员。要突出以人为本的经营理念，关心、重视现金业务从业人员，总行运行管理部可与人力资源部进一步研究分析，可否设立现金专业的特殊岗位津贴或补助，分行也要有配套措施，合理解决薪酬待遇偏低的问题。要结合标准化建设，在库房和清分间配备相应的通风、防尘、降噪、除菌等设备，为员工创造舒适、卫生的工作环境。要加强业务培训和交流，丰富现金业务人员专业知识，实现全行现金人员业务能力和管理水平的提高。

现金业务繁杂而细致，多年来现金从业人员踏踏实实、一丝不苟、任劳任怨，辛勤工作在业务第一线，为全行各项业务的稳健发展作出了积极贡献。现金业务作为运行管理乃至全行提高运行效率、提升核心竞争力、构建完备风险控制和高效管理体系的重要组成部分，在这一岗位工作光荣而艰巨，大家要树立信心，继续发扬兢兢业业、无私奉献的光荣传统，进一步强化业务基础建设，着力提高管理水平，把现金业务这项基础业务逐步做优、做强。

认清形势　加快转型
推动公司业务持续健康发展

——在中国工商银行部分分行公司业务座谈会上的讲话

易会满

（2009年8月14日）

总行在一年过半的时候召开公司业务座谈会议，主要任务是落实前两周分行行长座谈会要求，动员全行公司业务部门认清形势，抓住发展机遇，加快业务转型，提升经营业绩。听了分行的发言，启发不少，收获很大。大家认真总结上半年工作，分析当前经营发展面临的新情况、新问题，并对下半年工作做了深入思考，讲得都很好。下面，结合大家的发言，我讲四个方面意见。

一、上半年全行公司金融业务完成情况

上半年，全行公司业务系统紧紧围绕国家“保增长、扩内需、调结构”的经济工作大局，认真落实适度宽松的货币政策，为赢得当前经济“企稳回升、积极向好”的局面作出了重要贡献。年初，同业特别是建行公司贷款增长势头迅猛，我行公司贷款在前两月一度排在四大行第三位，竞争形势异常严峻。从3月份开始，总行相继召开了公司信贷情况分析会和公司信贷工作专题办公会，并采取了扩大分行信贷业务授权、推出多个创新产品、调整部分优质客户流动资金贷款授信限额、推出分层营销体系指导意见等一系列措施，迅速扭转年初以来公司信贷业务的被动局面，取得了良好成效，主要体现为：

（一）盈利能力继续增长，对全行利润贡献不断增大。上半年，公司金融业务利润贡献718亿元，同比增

长14.9%，其中公司贷款贡献464亿元，公司存款贡献129亿元，中间业务贡献124亿元。公司金融业务EVA 584亿元，同比增长28.9%，其中，贷款338亿元，存款129亿元，中间业务117亿元。分地区看，江苏、浙江、广东、上海、北京、山东、四川、河北、河南、山西10家分行的利润贡献和EVA都名列全行前10位。

（二）公司存贷款大幅增长，保持了市场领先地位。截至6月末，公司贷款余额36 855亿元，新增5 526亿元，增长17.6%，同比多增2 871亿元，完成全年6 500亿元计划的85%。其中，项目贷款新增4 484亿元，同比多增2 753亿元；流动资金贷款新增402亿元，其中，贸易融资新增594亿元，同比多增331亿元；房地产贷款新增641亿元，同比多增295亿元。公司存款余额27 660亿元，新增5 981亿元，增长27%，同比多增5 130亿元，完成全年2 200亿元计划的271%。

（三）合理把握贷款投放节奏，继续保持同业竞争优势。公司存款增量同业排名第一，领先第二名中行830亿元。公司贷款增量同业排名第二，比中行少增251亿元，比建行多增541亿元，继续保持存量绝对领先，同时坚持了我行一贯的稳健经营原则，较好地把握了投放节奏。北京、福建、河北、湖北、山西、四川、贵州、云南、海南9家分行新增公司贷款四大行排名第一，北京、浙江、广东、河北、山西、吉林6家分行的新增公司存款四大行排名第一。

（四）中间业务增长较快，公司业务转型迈出了新步伐。上半年，全行公司类中间业务收入149亿元，同比增长36.7%，四大行占比30.2%，排名第一。增长主要是由债券承销、公司理财、投资银行、本外币结算、投融资顾问、常年财务顾问、现金管理等业务带动。如共主承销发行短融中票1 392亿元，领先第二名建行500多亿元，连续蝉联首位。截至6月末，总行公司业务一部营销及组建资产交易项目池950亿元，已经正式审核或审批入池的资产777亿元。分地区看，北京、江苏、浙江、山东、河北、山西、安徽、河南、甘肃、贵州、海南、吉林、宁波13家分行中间业务收入同业排名第一。

（五）贷款质量持续改善，客户结构持续优化。截至6月末，公司类不良贷款余额841亿元，比年初下降85亿元，不良率为2.21%，下降0.65个百分点。新增公司贷款继续向优质客户集中，AA-级（含）以上客户贷款占比达70%，较年初上升1.5个百分点。其中，四川、浙江、广东、河北、黑龙江、河南等分行不良贷款余额下降较大，但个别分行不良贷款余额较年初上升较多、不良率上升较快。

（六）重点客户和项目营销成绩显著，塑造我行良好品牌。公司业务系统加大创新力度，积极竞争重点客户和重大项目，抢占了一批优质信贷资源。我行与河南、四川、新疆、重庆、天津等多个省（市）党委、政府领导进行了会晤，与铁道部、交通部、南方电网、三峡总公司、中电投集团、中国航空工业集团、中国船舶工业集团等重点客户签署战略合作协议，加强了与地方政府、重点客户的合作，赢得了竞争中的主动。成功中标多个重大项目，如天津和广州城建银团，铁道部投资规模300亿元以上的重大铁路项目、山东海阳核电一期2 100万千瓦项目、神华沙索宁夏煤炭间接液化项目财务顾问业务、中海油收购挪威AWICOL公司置换贷款业务等。

总体来看，上半年经济金融形势十分复杂，同业竞争异常激烈，但在全行公司业务战线同志的共同努力下，我行公司金融业务保持了良好的发展势头：一是公司信贷创新力度进一步加大，市场竞争力不断增强，在重大项目、重点业务领域保持了同业领先地位，在激烈的竞争中体现了我行的整体竞争优势，较好地捍卫了我行公司金融业务的市场地位。第二季度推出的5个新产品新增公司贷款达到2 215亿元，占公司贷款增量的40%。二是公司信贷向公司金融业务的转型步伐不断加快，债券承销、公司理财、财务顾问、收购兼并等公司金融业务全面开花，公司类中间业务收入快速增长，为全行中间业务收入增长作出较大贡献。三是根据形势变化合理把握贷款投放节奏，既认真落实了国家的宏观经济政策，较好地支持了有关国计民生领域和小企业的发展，又保持我行稳健的经营文化，贷款投放趋于均衡，社会反响良好，监管部门认同。四是较好地把握了市场拓展和风险控制的均衡，在业务快速发展的同时，确保新增贷款的质量，严把信贷投放关，严把贷款合规关，严把贷后管理关，较好地处理了短期与长远、速度与质量、规模与结构的关系，为信贷业务的持续健康发展奠定了良好基础。

二、当前经营形势分析

最近召开的国务院常务会议对当前经济形势的分析判断是“企稳回升，积极向好，尤需谨慎”。从国际情况看，全球经济加速下滑的势头在2009年第二季度基本结束，下半年有望步入缓慢曲折的复苏之路。IMF预计2009年全球经济收缩1.6%，其中发达经济体整体收缩3.8%，新兴和发展中经济体增长1.5%。但是，贸易和金融领域的保护主义抬头成为经济复苏的一大隐忧，各经济体如何选择刺激政策的退出时机，增加了经济复苏的不确定性。从国内情况看，在国家一系列宏观调控政策的作用下，我国经济运行初步遏制了增速下滑势头，呈现企稳向好的积极变化：上半年GDP增长7.1%，其中，第二季度增长7.9%；全社会固定资产投资同比增长33.5%；全国规模以上工业企业增加值同比增长7%；6月份全国制造业采购经理指数达53.2%，连续4个月位于50%的临界点以上。但也应看到，1—6月全国国有企业实现利润同比下降27%，CPI连续5个月、PPI连续7个月负增长，国内企业经济效益下滑问题没有明显缓解，全国外贸出口同比下降21.8%，外部需求尚未走出低迷状态。面对复杂多变形势，既要充分估计面临的困难和挑战及由此带来的风险和影响，增强忧患意识和危机感，又要看到我国经济发展的良好态势和有利条件，坚定做好各项工作的信心和决心，保持公司业务健康平稳发展。

（一）下半年公司信贷市场需求仍然较大，要进一步关注信贷投放的可持续性。7月份以来，央行宏观调控政策出现新变化，如恢复发行一年期央票，以数量型调控手段回收信贷市场流动性。目前，全行余下的信贷规模不到2 000亿元，其中公司贷款规模仅余不到900亿元，但国内经济企稳向好带来的企业投资信心提高、贸易活动活跃还会进一步增加下半年信贷需求。截至6月末，2007年以来经总行审批和分行审批10亿元以上的未发放贷款有1.12万亿元。据总行调查，下半年全行公司贷款预计新增4 300亿元，由此形成缺口约3 000亿元。各行要对这种宏观形势的变化保持高度的敏感性，增强预见性和前瞻性，在贷款业务优中选优的基础上，积极通过债券承销、理财等替代产品满足客户融资需求。

（二）上半年信贷投放总体合理，但为增强公司信贷业务可持续发展能力，尚需进一步拓展公司信贷业务新的增长点。上半年公司信贷主要投向城市基础设施、公路、房地产、电力、开发区等行业，总体看是合理的，但也存在行业集中度高、客户集中度高、中长期贷款比例高等问题，信贷结构持续优化的压力不断增大。同时，从各分行信贷业务发展情况看，有的分行客户结构传统、业务品种传统、信贷增长乏力，对新客户、新市场、新业务研究不够，公司信贷业务持续发展能力受到挑战。对此，我们要认真思考一个问题，下一步我们的市场重点在哪里？应该清楚地认识到，缺乏新市场、新增长点的拓展，信贷结构的调整就会失去基础，信贷业务的持续发展能力也就无从谈起。去年以来，美国次贷危机导致全球经济危机，世界经济金融结构进入了大调整、大分化的阶段，对信贷业务也提出了前所未有的挑战。但从历史发展进程看，大危机对应的也是大机遇，每次大危机过后，必定是新兴产业、新兴行业和新兴客户的大发展时期，同时，也是新的信贷市场、新的业务增长点培育的大好时机。我们一方面要增强对传统信贷市场的驾驭能力，不断用新产品、新业务创造、引导客户新的需求，牢牢保持传统领先优势；另一方面，要加强对新兴市场的了解、调研、学习和研究，以发展的眼光、全新的思维来认识新兴市场，摸索新兴市场信贷业务发展规律，增强对新兴市场的驾驭能力。

（三）必须下功夫提高公司贷款业务的利差水平。受基准利率下调、市场竞争加剧等因素影响，全行贷款收益率从去年同期的6.98%下降到5.52%，净利息收益率降至2.24%，同比下降0.74个百分点。虽然上半年新发放公司贷款的加权平均执行利率为5.34%，是收益率最高的业务品种，且高于建行4个基点，但截至6月末，全行利率下浮的公司贷款近1.4万亿元，占全部公司贷款的36.4%，利率下浮贷款占比仍然较高。各行贷款议价能力差异较大，苏州、湖南、河北、重庆、山西、海南、山东、宁波分行的公司贷款收益率在5.5%以上，而天津、深圳、甘肃、新疆、青海、黑龙江、北京分行在5.15%以下。下半年，信贷市场流动性趋紧将有助于提高商业银行贷款议价能力，各分行要适时调整全行贷款定价方案和定价策略，适当控制下级行利率下浮贷款投放，统筹兼顾市场拓展和收益率水平。

（四）信贷资产质量保持稳定，但部分领域风险需要关注。无论是从存量公司贷款的不良余额和不良率，还是从新增公司贷款的客户信用等级结构和积极进入类行业的比重来看，上半年对公司贷款风险的防控是有效的，公司信贷资产的质量是稳定的。但是，必须看到目前投放的贷款质量要在二三年后才能有所反映。我们在贷款质量问题上，不能有任何麻痹思想，要看得远一些。当前，一方面，国际金融市场仍处在震荡期，国内经济企稳回升基础还不牢固，经济增长放缓给银行信贷资产质量带来的压力还在累积；另一方面，在上半年全国人民币信贷投放达到创纪录的7.37万亿元的情况下，银行业整体信贷投放也出现一些新问题：一是贷款集中投放风险，上半年新增贷款中城市基础设施行业集中度偏高，行业结构不够合理；二是地方政府过度融资风险，一些地方政府及其融资平台出现负债率过高、偿债能力较弱、贷款担保和抵质押不实的问题；三是贷后管理风险，未能对贷款用途进行有效监控，对客户风险的预见性和判断能力不强；四是资本金风险，部分项目未按国家有关政策规定落实资本金，存在项目资本金不实或不足的问题，今年推出的项目前期贷款和搭桥贷款新产品亟须加强资本金管理；五是票据贴现风险，部分客户虚构交易和利用假合同、假发票等手段套取银行资金。另外，还存在部分行业产能过剩，基础设施建设超前、信贷资金违规入股市、房市，部分项目尚未完成环评审批即已放款等风险。个别分行存量贷款劣变和迁徙速度加快，有8家分行不良贷款余额和不良率双上升，有12家分行不良贷款余额上升。由于上半年大额集中投放的贷款质量要经受3—5年以上的时间检验，各行要密切关注形势变化，对上述领域的中长期风险给予高度关注。

三、下半年公司金融业务工作重点

下半年，公司业务面临的宏观形势有所变化，面临的竞争形势依然严峻，面临的增效益、保质量的任务仍然很重，各级公司业务部门要认清形势变化，积极应对挑战，以竞争优质信贷市场为核心，以理财资产池项目为助力，以业务综合化为主线，以营销组织管理为基础，以风险防控为保障，采取有效措施，不断优化经营结构，确保完成公司金融业务的全年经营目标。

（一）加大重点项目营销力度，继续竞争优质信贷市场。优质信贷市场的竞争是长期的、持续的，在上半年优质信贷资源大量释放之后，下半年各行将在资源有限的情况下，更加集中优势争夺重点客户和重大项目，优质信贷市场的竞争会更趋激烈。因此，在全年1万亿元信贷总量不变的前提下，各行仍要把拓展优质信贷市场作为公司业务营销的重中之重。这既是实现全行盈利目标的需要，也是为明年储备优质信贷资源、主动防范风险的需要。各分行要继续抓好国家大型建设项目的营销，做细、做深、做透优质客户金融服务，创造性地解决营销中的难题，抓紧贷款评估、审查、审批，抓实贷款投放，重点要做好以下几个方面的工作。

一是抓好重点行业的重大项目。重点推进武广、温福、石太、郑西、合武等重大铁路项目贷款投放；全力做好10个融资总额近2 500亿元的核电项目营销工作；积极培育风能、太阳能、智能电网等新能源领域的信贷市场；关注大型能源集团收购地方水电企业的业务机会，重点营销60万千瓦以上的火电项目。密切关注城市轨道交通建设项目进展情况，对于列入全国规划建设的城市轨道交通项目，各相关分行要有选择性地做好营销工作。充分利用固定资产融资、并购贷款等产品挖掘存量优质项目的信贷市场潜力。继续坚持以大中城市为主体的集约化发展战略，加大对中低价位、中小户型优质普通商品住房项目营销力度；土地储备贷款要投向财政实力较强、房地产市场发育成熟、土地管理比较规范、政府信用良好的地区；商用房开发贷款和固定资产支持融资贷款要重点投向经济发展情况良好、第三产业比较发达、商用房需求旺盛的大城市。此外，对一些限制类行业的龙头企业，各分行也要在风险可控的前提下抓好信贷营销工作。

二是在区域结构上突出重点。最近一个时期以来，在原有规划的天津滨海新区、北部湾经济区、重庆成都城乡综合配套改革试验区、曹妃甸新区、长株潭新区的基础上，国务院相继审议通过了珠三角地区、上海两个中心建设、江苏沿海地区、海峡西岸经济区、关中—天水经济区、辽宁沿海经济带等一系列区域发展规划。各相关分行要根据国家区域发展战略规划，结合区域发展定位和产业布局调整，进一步研究制定本行相应区域发展战略规划，积极创新体制、机制和业务，转变经营模式和发展方式，增强政策综合配套服务能力，在积极支持区域经济发展中壮大自己，奠定未来市场竞争的战略地位。

三是加大产品服务创新力度。创新是赢得竞争的利器。今年3月份以后，总行陆续推出项目前期贷款、项目营运期贷款、项目搭桥贷款、固定资产融资等创新产品，并在评估、授信、审批等环节上开展流程创新，扭转了我行在竞争中的被动局面，在优质信贷市场中赢得了主动。下半年，公司信贷业务的创新力度丝毫不能减弱，不但要根据客户需求创新产品、优化流程，更重要的是要通过创新创造客户需求。

四是把握好信贷投放的重点和顺序。在下半年信贷规模较紧的情况下，各分行要列出重点客户和重大项目名单，根据综合收益、客户关系等因素进行排序，按照“先总省行级重点客户后一般客户、先续贷后新发放”的原则把握好信贷投放，确保有限的信贷资源配置到优质信贷市场中。

（二）强化金融创新力度，通过理财业务解决公司客户合理的信贷需求。总行已研究决定将全年信贷增长计划控制在1万亿元的水平。目前，有些分行全口径贷款的计划完成进度已经超过90%甚至100%，下半年还有大量的优质信贷市场需求需要满足，规模紧张的问题必定十分突出。据测算，今年下半年全行可收回到期贷款2 700亿元，退出、清收及资产转让可腾出2 700亿元的规模，再加上目前尚未执行的增量计划，总量也就在7 200亿元左右，这与各分行庞大的需求相比还有较大缺口。要解决这一矛盾，重要的途径就是加强信贷流量管理、做大理财资产池，为拓展优质信贷市场、调整信贷结构腾挪空间。

近期，董事长对信贷支持的理财业务发展作了重要批示。对此，总行根据“与增量挂钩、与计划完成情况挂钩及与市场潜力挂钩”三项原则，计划组建2 000亿元的信贷理财资产池。目前，第一批已选择了贷款超计划较多且市场潜力较大的13家分行，计划于7月、8月先期实施1 000亿元的存量贷款转出，后续将结合全行信贷投放形势变化，陆续组织全行再转出1 000亿元。为平衡贷款转出行和理财产品销售行利益，总行对此项工作实行三项配套机制：一是确定对贷款提供行及理财产品销售行的收益返还比例，信贷资产转出行的收益在1%左右，理财销售行收益在0.4%左右；二是确保对贷款转出行同业占比考核的还原；三是在分行贷款计划内确保贷款转出所腾出的信贷规模返还给所在分行。各分行一定要转变思想、提高认识，将该项工作作为下半年一项基本工作来抓，做好以下几方面工作：

一是要从战略高度领会总行构建理财项目池的重要意义。我给大家算一笔账：如果分行担任资产转出行与理财销售行，则理财业务收益率可达1.4%，2 000亿元的理财业务可以新增28亿元的中间业务收入；同时利用腾出的规模竞争优质客户，进一步增加信贷资产收益；并且可以主动分流一部分高成本存款，并避免低成本存款被他行理财产品分流。可以说，如果理财业务运作成功，那么下半年公司业务将全盘皆活。目前，浙江、广东、天津、江苏、山西、重庆等分行对这一问题的认识比较到位，但有些分行工作进度较慢。总行在全国分行行长座谈会上已经明确提出，如果分行不能完成理财项目池计划，总行将按其未完成部分直接扣减分行贷款规模，并将这部分规模分配给理财计划完成较好的分行。

二是对总行已下达存量贷款转出额度计划的分行，各行要按照总行的统一部署和要求，在规定时间内完成信贷项目的入池工作；对未下达额度分行，各行也要从资产业务创新和持续经营的思路出发，积极参与。各行还要加强增量项目的营销和拓展力度，特别要加大已审批并具备放款条件项目的入池力度，通过增量信贷支持理财信托的规模优势和价格优势介入客户融资市场。

三是各分行要制定相应的操作规程，指定专人负责该项业务的组织、管理和报告。业务办理过程中一定要严控风险，不仅在项目入池前要严格筛选区域、行业、项目及客户，并对贷款的各项前提条件逐一核实；项目入池使用后，分行也不能放松对该项目的贷后管理，仍应以贷款标准履行相关管理人的职责。

（三）继续加快公司业务转型，全力推进公司业务综合化。上半年尽管全行公司贷款比年初增长 17.6%，但公司贷款利息收入却同比下降 14 亿元，传统信贷业务利润贡献增势趋缓十分明显。在利率市场化进程加快的背景下，为突破盈利成长的瓶颈制约，我们必须下大力气推进公司金融业务经营转型，追求公司客户综合价值最大化。

一是继续巩固我行在债券承销市场的领导者地位。截至 6 月末，总行公司业务一部债券承销项目储备约 29 个，共计 1 650 亿元，但当前部分优质客户已基本用满净资产 40% 的发债空间，或已基本满足资金需求，债券承销业务的竞争重点将从挖掘市场新的发行潜力逐步转向对已有业务的重新争夺和分配。下半年要力争做到“老客户不丢，新客户不放”，对国内大型优质企业做进一步梳理，在密切跟踪并积极争取中石油、国家电网、中铁工、武钢、鞍钢、中国电信、中国联通等客户中票与短融的新发行项目的同时，大力营销由他行主承销的优质项目。

二是积极竞争大型项目的财务顾问。随着中国经济的快速增长，优势企业不断成长壮大，重组并购活动日趋频繁，而且从境内拓展到境外，公司业务发展要紧跟客户经营发展需要，大力支持石化、电力、装备制造、冶金等行业龙头企业的境内外重组并购和境内外重大项目投资活动，重点营销包括财务顾问、并购贷款等在内的综合性金融服务，打造我行财务顾问服务品牌。

三是加大银团贷款业务发展。无论从改善大客户金融服务、增加业务收益、提高市场地位，还是分散贷款风险、加强对借款人的制约、规范业务操作等，银团贷款都明显优于双边贷款。各行要进一步转变经营理念，加强与金融同业的沟通与合作，培养在竞争中合作，在合作中竞争的意识，积极争取市场竞争的共赢局面。要重点营销铁路、公路、电力、港口、城建为主的基础设施类银团项目，充分发挥我行服务大型集团客户的优势，通过为优质客户设计结构化融资方案、综合融资方案，提高银团贷款业务的技术含量和智力附加值。要充分利用我行境内外网络资源，积极抢抓国内大型集团客户的海外大型银团贷款。

四是加大国际业务营销力度。随着我国经济与全球经济的不断融合以及我行国际化目标的提出，公司业务营销必须要拓宽视野，重视和擅长国际业务营销。当前的重点是：第一，大力营销 NRA 业务。开办 NRA 账户业务，有利于我行增加外汇存款和国际结算，扩大现金管理服务领域，进一步密切与“走出去”中资企业的合作关系。7 月 21 日，张福荣副行长和我专门主持召开 NRA 业务发展工作动员视频会，布置此项业务营销工作。各行一定要将 NRA 业务的营销作为下半年一项重点工作来抓，确保在该项业务市场占比达到 30%。第二，尽快启动全球现金管理业务营销。根据 FOVA 系统开发工作进度，我行全球现金管理系统部分功能将于 10 月起投入使用。目前总行公司业务一部已经在确定目标客户名单，制作出营销模板，设计了营销方案，计划尽快启动全面营销工作。各行要充分认识到开展全球现金管理业务对于我行实现国际化战略转型的重要意义，在总行的统筹协调下，配合开展对总行重点客户的营销工作，同时尽快摸清辖内重点客户目标市场并启动营销。第三，积极开展人民币跨境贸易结算业务。目前，该业务还仅在四城市部分企业试点，未来试点城市、企业范围可能逐步扩大。此项业务潜在客户需求较大，且对弥补我行外汇业务实力不足，发挥人民币业务强大优势提供了机遇。各行要高度关注、重视并全力竞争人民币跨境贸易结算业务，为客户国际化提供全面的人民币业务服务。

需要特别指出的是，随着公司客户金融业务的多元化，相关业务职能分散在客户的财务部门、计划部门、国际业务部门、资本运作部门、投资管理部门等。我们的客户经理不能仅通过客户的财务部门与公司客户往来，更应根据业务需要多渠道、多层面地与客户所有相关部门建立经常性的沟通，保持良好的业务合作关系。

（四）拓展新兴行业业务，扩大公司客户基础。回顾过去 10 年，现在很多成熟的信贷市场如中长期项目贷款、小企业贷款和贸易融资等在发展之初都属于新兴市场，都是我们主动谋划、主动介入、主动创新才争取过来的，并不是被动地等到大市成熟了才介入，这三部分的贷款余额目前已达到 2 万多亿元，超过公司信贷的半壁江山。我们必须前瞻性地思考今后五到十年的工作，寻找支撑公司业务可持续发展的“蓝海”，确保信贷结构调整和国家经济结构变化更密切地结合在一起。

新兴市场的培育是一个艰苦、长期的过程，各分行应早谋划、早调研、早落实，在梳理当地潜在新兴行业的子行业、客户需求情况的基础上，落实目标客户名单，并确立目标客户的营销政策。

当前，各分行要结合国家产业政策认真研究新能源、新技术、新材料、现代服务业和先进装备制造业的潜在市场，力争下半年在新兴市场有所突破。一是新能源行业。按照即将出台的新能源发展规划，我国未来在新能源领域的总投资将超过3万亿元，其中核电、风电等新能源已形成了较大的产业化规模，太阳能发电、生物发电和智能电网是未来发展的重点。我行新能源市场拓展的总体思路是将资源调整配置到新能源基础设施、重大能源项目和大型能源企业集团中，信贷投放的主要对象应当是推广应用阶段中有影响的项目和大规模产业化阶段的重点企业；对研发和示范阶段的客户群，应关注国家财政资金和大型企业投资的重点科研项目；对产业园区、产业创新孵化器等融资平台，要适应其企业集群化的特点进行整体融资。二是现代服务业。各分行要进一步巩固具有传统运营特点的现代服务业信贷市场，继续扩大对电信、广电等垄断行业和企业的信贷市场份额，加大对水利、环境、公共设施管理行业的营销力度，支持公办高校和非营利医院基建项目改扩建工程，发展酒店固定资产支持融资业务；要加强与政府产业发展主管部门的联动，创新文化产业信贷发展模式，将国家大力发展的影视传媒、新闻出版、动漫网游、体育娱乐作为重点拓展目标。三是装备制造业。各分行要围绕《装备制造业调整和振兴规划》，积极进入国家重点支持和鼓励发展的高效清洁发电设备、特高压输变电设备制造、新能源汽车等领域，为具有工程总承包、系统集成、国际贸易和融资能力的大型装备制造企业的联合重组提供并购贷款、财务顾问等服务，并根据装备制造业范围广、门类多、产业关联度大的特点，从企业贸易关系中发掘业务机会，为上下游客户提供保理、票据、信用证、国际结算等多方面服务。此外，各分行还要积极跟踪研究煤化工、IT产业、生物工程等新技术、新材料领域的市场需求和发展趋势，探索对新技术、新材料行业的金融支持方式和客户准入条件。

针对新兴市场的特点，各分行还要熟悉相关行业的盈利模式和业务风险，创新业务流程与管理模式。对新兴市场企业的财务分析，不仅要考虑资产、负债、收入、利润等一些基本因素和财务指标，还要增加对技术水平、产品先进性、行业壁垒、生命周期等方面的衡量权重。要根据相关企业担保能力较弱的特点，探索股权质押、知识产权等无形资产担保，以及与物流和未来现金流等匹配的仓单质押、存货质押等融资。

（五）落实分层营销体系建设，加强营销组织与管理。今年以来，总行在系统推动方面力度比较大，但目前我行公司业务营销组织与管理上尚存在瓶颈问题，主要集中在总分行之间、分行与分行之间、前中后台之间如何做好综合协调、发挥各自作用，既要管住风险，又要提升业务服务效率。因此，下半年各分行要切实落实总行下发的《关于建立公司客户分层营销体系的意见》和《关于加强公司客户经理队伍建设的意见》，加强营销组织、推动与管理，充分发挥各级机构的营销合力。

一是积极稳妥地推进分层营销体系改革。建立分层营销体系是意义重大、影响深远的公司客户营销管理体制改革，但改革涉及各级分支机构和相关部门职能调整。各行要充分认识分层营销体系改革的重要性，主动转变观念，切实加强组织领导，确保改革顺利实施。各行要建立由行长任组长，公司业务主管副行长任副组长，公司业务、信贷管理、授信审批、人力资源、财务会计、资产负债管理、信息科技等部门参加的公司客户分层营销体系改革领导小组，明确部门职责分工，加强部门和分支机构间的沟通协调，研究制订切实可行的分层营销实施方案。近期总行将赴首批试点的山西、山东、四川、云南、陕西、青岛六家分行进行实地调研，协助分行加快推进分层营销体系建设。试点行要因地制宜地制订本行分层营销改革实施方案，10月底前上报总行，要力争在整合营销资源、加强人员配备、提高营销层次、优化业务流程、完善考核机制等重要方面实现较大突破，确保改革效果。在此期间，总行将积极听取各行意见和建议，认真总结试点分行经验，及时加强系统指导，力争2010年6月底前在全行建成新型营销体系。

二是全面加强公司客户经理队伍建设。根据总行制定的公司客户经理发展规划，2011年末全行公司客户经理总人数要由目前的2万人提高到3万人，在全行总人数中的占比要由目前的5%提高到8%以上，长三角、珠三角、环渤海地区行占比力争达到9%以上。为此，各行要进一步提高思想认识，把公司客户经理队伍建设这件关系公司业务发展全局的大事作为“一把手”工程抓好，重点做好以下几项工作：第一，结合本行实际情况制定实施2009—2011年公司客户经理发展规划，明确人均管户标准，确保人员配备满足业务发展与风险控制需要。第二，抓紧制订客户经理助理岗具体设置方案，10月底前完成相关岗位设置、人员招聘、培训与上岗工作，及时将有关工作情况上报总行。第三，积极配合总行做好公司客户经理资格认证考试与持证上岗工作，下半年要优先选择重点客户的客户经理参加资格认证考试，通过资格认证考试与公开竞聘，把思想品质好、业务能力强、综合素质高的员工选拔到客户经理岗位上来。第四，抓好重点客户的客户经理网络建设，加强跨部门营销服务团队的协调与管理，持续提升大型优质客户服务水平和竞争能力。第五，进一步完善公司客户经理激励机制，构建以营销业绩和价值贡献度为核心的公司客户经理考核指标体系，形成以价值创造为导向、具有一定竞争力的客户经理激励约束机制。第六，抓好客户经理的管理工作，严格执行禁止性条款，严禁客户经理代理客户办理银行业务；严禁客户经理越权代表我行与客户私下签订任何形式的协议文书，或向客户作任何超授权的单方面无条件承诺；要培养客户经理良好的职业道德，认真执行相关监管规定。

三是做好重点客户综合价值评价。客户综合价值评价是确定产品定价和开展业绩考核的基础。中国尚无一家商业银行能精确评价公司客户的综合价值，在当前各家银行产品同质化严重的市场环境下，哪家银行能跨出这一步，就占据了客户定价的主动权。目前总行已组织公司业务一部、管理信息部、信贷管理部、信息科技部等部门研究制定了包含EVA和RAROC评价理念的公司客户综合价值评价模型，与之配套的集团客户综合价值评价系统研发工作也在稳步推进，预计明年年初可投产应用。各行要积极配合总行开展相关系统开发、测试、投产工作，提早收集辖内客户有关数据，充分应用相关系统功能，提升客户分析评价能力和客户营销工作水平，逐步推广以客户综合价值评价为基础的客户经理考核机制。

（六）树立依法合规经营意识，切实加强信贷风险防范。近期，银监会召开了大型银行风险分析会，对当前银行信贷风险进行了提示，审计署也已进驻我行开展调研。虽然上半年公司不良贷款余额和不良率实现了双降，但新增公司贷款质量需要经受未来几年的考验。因此，各分行在竞争优质信贷市场的同时，要配合总行正在开展的信贷业务大检查工作，确保新发放贷款在程序上的合规性和手续上的完备性，严控新发放贷款的政策风险、信用风险和作业风险，并在信贷规模有限的情况下，严格筛选客户，把握信贷实质风险，把好风险控制第一关。一是要关注城建融资平台的风险。各分行不仅要把握单个政府融资平台的负债能力和现金流情况，更要关注一个城市所有融资平台对外的整体融资情况，真正摸清楚地方融资平台的负债率、治理机制、贷款担保和抵质押落实等问题，认真评估地方政府综合偿债能力，预防地方政府过度融资风险。二是要关注项目资本金问题。现国家虽然调低了对一些行业的资本金要求，总行也发布了一些可以与资本金挂钩的创新产品，但这并不意味着各行可以就此放松对客户资本金的比例和到位要求，各行还是要严格执行国家有关项目资本金的政策规定，对于存在项目资本金不实或不足问题的，应要求企业采取措施限期补足资本金，未按要求到位的要暂缓或停止继续发放贷款，并视情况予以转让或退出；对于项目前期贷款用于资本金、项目搭桥贷款用于生产性项目的，要尽快收回或退出；要重视对项目资本金的审查把关和后续管理，加强对资本金到位、来源、构成情况的监控，切实把好项目前期贷款、搭桥贷款和项目营运期贷款的信贷条件，严禁对零资本金项目开展贷款业务。三是严把信贷创新产品的风险，要在监管政策允许的范围内开展创新，确保程序合规、手续完备、名副其实。四是要关注房地产信贷风险，落实房地产开发贷款的名单制管理和封闭管理，确保贷款担保足值有效，严格按项目销售比例要求及时收回开发贷款。五是要关注票据业务风险，防止出现虚假开票、以贷开票、关联开票、滚动开票、越权办理异地贴现等问题。要建立利用假合同、假发票等手段套取银行资金的企业及票据中介商黑名单制度，重点防范票据欺诈风险。六是切实加强贷后管理，提高对贷款资金用途的监控能力，尤其要对上半年大额贷款集中到位的企业落实贷后管理责任制，杜绝信贷资金被挪用。七是严格坚持“环保一票否决制”，对新建项目要逐个核查项目环评手续，对尚未完成环评审批的项目，一律不得发放贷款。

四、几点工作要求

下半年，我行将面临复杂多变的国际国内经济金融形势，对公司金融业务的营销、风险控制、客户拓展都提出严峻挑战，但挑战蕴涵机遇、变化创造市场，只要大家能认清形势，未雨绸缪，顺势而为，就能再创佳绩，继续巩固市场领导者地位。为此，我再提三点工作要求。

（一）任何时候都不能放松市场营销工作。上半年公司信贷形势喜人，部分分行已经完成全年任务，同业占比考核也将暂时取消，个别分行出现“松一口气”的思想，甚至想“歇一歇”，这些苗头对公司信贷业务的持续健康发展十分有害。应该看到，在目前我国间接融资为主体的模式下，信贷业务仍是银行最主要的利润来源，抓好市场营销工作是一个行做大、做强、做精，保持利润持续增长，推进经营质态持续改善的内在要求。一是市场营销是银行永恒的主题，争夺市场、抢抓客户的能力，决定了银行发展的动力以及市场的地位。虽然信贷的投放有周期性、阶段性，但客户关系的维护是持续的、长久的，在贷款规模宽松的时候，我们要抢占优质市场；在贷款规模紧张的时候，更要做好客户的营销和维护工作，更要以高标准、高频度、高质量的服务紧密银企关系，为下一步的发展做好准备。二是营销意味着主动、积极和进取。要主动争夺优质客户、培育潜力市场，在进与退之间不断优化信贷结构；要长久规划信贷业务的发展，通过营销储备项目资源，建立信贷项目库，实现梯度、渐次发展；要通过在信贷市场上的摸爬滚打、通过与客户的广泛接触了解，培育锻炼一支精于营销、善于捕捉市场机会的信贷队伍；要通过营销带动金融创新，提高营销的层次。三是通过分层营销系统的完善，调动各级机构的工作积极性，在提升对个体服务水平的同时，加强系统管理，提高对市场整体的驾驭能力，提高对竞争态势的研判能力。四是要建立公司业务全产品的营销体系。公司业务涵盖多个产品品种、多类对公客户、多种业务流程、多级营销层次，作为牵头部门，各级行公司业务部门要主动增强全局意识，增强对各个金融产品的牵头营销能力，建立公司全产品营销平台，为客户提供一站式服务。不能由于信贷规模问题片面地、简单地拒绝客户正常的信贷需求。要注意营销工作的艺术和方法，通过创新的方式设计个性化服务方案，创造性地满足客户的需求。五是要提高对形势变化的快速反应能力，前瞻性、系统性地思考公司业务发展方向和经营策略问题，在规模控制、结构调整、潜力市场培育上比同业快半拍，做到一步主动、步步主动。既要坚持以我为主的市场领导者战略，又要时刻关注同业营销动向，在巩固我行现有客户基础上，努力竞争他行优质客户。

（二）任何时侯都不能放松风险的防范和化解工作。一是要充分认识到新增信贷投放存在风险隐患。各分行要高度重视当前正在开展的全行信贷业务大检查，在自查中发现的新发放项目贷款资本金到位、城市基础设施贷款、房地产贷款、票据业务等方面的管理漏洞和薄弱环节，各分行要按照边查边改原则及时采取措施，纠正问题、堵塞漏洞和消除隐患，确保去年10月以来新发放的每一笔贷款都合法合规和风险可控。二是选择客户是最重要的风险防范措施。风险是始终存在的，即使如电力、城建等积极进入类行业中也存在有风险的客户，即使像钢铁等限制类行业中也存在低风险的项目。关键在于识别客户，只有选好、选准客户，严把客户准入第一关，我们才能从源头上尽可能地规避风险；同样地，只要是看准了、摸清了、想透了的客户和业务，掌握了客户的实质性风险，就应当适时抓住机遇开拓优质信贷市场。三是要坚守风险底线。今年贷款投放多，同业竞争异常激烈，各行要努力寻找市场营销和风险控制的平衡点。不能盲目进行价格竞争，要理性测算利率风险，在计息方式、结息利率、业务费率等方面杜绝盲目攀比，不能因市场竞争而放弃我行利润底线；要谨慎对待业务的政策风险，在监管政策允许的范围内开展金融创新，避免过度追求业务发展而牺牲其他利益。四是要加快化解风险。下半年总行将进一步完善潜在风险贷款退出政策，扩大退出客户范围，引导全行抓住当前企业融资渠道较多的有利时机，加快退出进度，在上半年已退出转化559亿元的基础上，争取再退出转化600亿元。同时要综合运用现金清收、以物抵债等多种方式处置不良贷款，力争下半年清收处置300亿元左右，其中核销70亿—100亿元。

（三）保持市场的领先地位关键靠创新。金融创新是立行之本、竞争之基、获利之源，一个行的核心竞争力就在于金融创新能力。各行要进一步加大产品、机制与体制上的创新力度。一是要通过创新满足客户需求，把银行的创新功能、综合服务功能和客户的正常业务需求有效地结合起来，全力为客户设计全方位的、有竞争力的服务方案。二是要通过创新撬动新的业务增长点。目前我行的业务结构、客户结构、行业结构还比较传统，要通过产品创新优化业务结构，要通过服务创新丰富客户结构，要通过挖掘新兴市场理顺行业结构。三是要通过创新带动经营质态的提升。要通过创新捕捉新的业务领域，培育新的利润增长点，降低传统业务风险，建立产品优势，提升市场竞争力。四是要加强调查研究，提出创新需求。要动态掌握下半年信贷需求，并根据同业尤其是农行、中行、建行贷款增长，把握好我们的信贷投放策略，杜绝月末、季末时点冲规模；要在认真调研的基础上，专题研究下半年土地储备贷款信贷规模等问题，要认真解决影响公司业务持续健康发展的瓶颈问题。五是进一步做好机制创新，在搭建分层营销、全产品营销、客户综合贡献评价平台的基础上，进一步加强公司业务系统推动，完善公司业务部门及客户经理考核激励制度，增强公司业务的经营活力和源动力。

同志们，现在正是一年中承前启后的时候，国内外形势发展变化很快，公司业务任务重、困难多，全行公司业务战线的同志要在下半年再接再厉，进一步增强责任感、使命感和紧迫感，以求真务实、勤勉尽责、奋发有为的精神状态，以饱满的工作热情和扎实的工作作风，做好全年的公司金融业务。

在中国工商银行远程授权推广和监督体系改革深化座谈会上的讲话

易会满

（2009年8月21日）

远程授权、监督体系、业务集中处理体系三项运营改革从开始酝酿到正式实施，全行上下倾注了极大的心血，付出了极大的努力。现在，远程授权改革已成功试点，效果良好；监督体系改革已顺利实现新旧监督模式的转换，并取得阶段性成果；业务集中处理全新平台进入开发阶段，建设进程进一步加快。在这个时候，总行召开此次座谈会，一是总结运营改革取得的成效、经验；二是研究改革过程中遇到的情况，解决遇到的问题，更好地推进改革；三是安排部署下一阶段远程授权改革的组织推广和进一步深化监督体系改革工作。经过一天半紧凑而富有成效的交流讨论，会议达到了预期目的。各行都汇报了前一阶段的工作，对当前存在的问题进行了分析，对下一步的工作作了很好的安排。大家谈得非常好。

结合大家的发言，下面我讲几点意见。

一、改革的组织推动有力有效

年初以来，全行上下高度重视，把运营改革作为全行经营管理和改革发展中的一件大事，集中智慧研究制订实施方案，集中力量做好方案的组织实施，各项改革工作进展顺利。

（一）改革实施方案制定审批工作基本完成。按照运营改革的总体规划，总行在深入调研和反复论证的基础上，制订了运营改革实施方案，明确了运营改革的总体思路、具体目标、组织模式、实施计划和工作措施；制订了人力资源整合方案，明确了人力资源优化配置的范围、机构及岗位设置、人员转岗安排、配套措施。在此基础上召开了全行运营改革工作动员会，正式启动了运营改革。各行高度重视，按照总行方案要求，结合各行实际制订了具体实施方案，既体现了总行的战略意图，也很好地结合了分行的实际。总行运行管理、人力资源部门组织专门力量，对各行上报的方案进行了集中审批。方案审批过程中，总行注重与分行沟通交流，指导分行不断完善方案。截至目前，已完成除四川、青岛分行以外的所有分行方案的批复，为全行下一步顺利实施运营改革奠定了良好的基础。

（二）改革的领导组织机制保障有力。为加强全行运营改革的组织领导，总行成立了由杨凯生行长任组长、我为副组长、相关部门总经理为成员的运营改革领导小组，并成立了由相关部门组成的多个工作推动小组，全力做好改革的实施工作。为更好地指导分行改革，总行派出改革督导组，先后到近30家分行，通过召开不同层面的座谈会，宣讲改革精神和要求，指导分行的方案制订和相关具体工作的开展。为做好运营改革过程中的人力资源优化配置工作，总行召开了专项工作推进会，要求各行牢固树立以人为本的理念，进一步完善各项配套机制。各分行高度重视，均成立了由“一把手”亲自挂帅的改革领导小组，认真学习、深刻领会、准确把握总行改革意图、具体目标、改革思路和工作要求。在召开会议对改革进行深入动员的基础上，许多分行的领导还深入二级分行、支行、监督中心、营业网点等了解实际情况，广泛听取意见，并结合本行实际，全面部署运营改革。许多分行还成立了专门的改革推动工作组，组建专家团队，负责相关改革项目的研究，保证改革各项工作的有力推进。

（三）改革的思想基础不断强化。运营改革是我行全面建设全球最盈利、最优秀、最受尊重银行过程中的一项基础性、全局性的重大变革，需要统筹兼顾效率、安全与服务目标；既要大幅提高业务运营效率和质量，又要有效增强风险管控能力。运营改革完成后，将为全行下一轮快速健康发展注入强劲动力。非常令人高兴的是，与会的17家分行的行长、主管副行长非常重视这项改革。各行从推动全行经营转型的战略高度，围绕运营改革目标积极开展培训、研讨、宣传等工作，对运营改革的认识进一步深化，将思想统一到总行的改革思路和决策部署上来，形成了良好的改革创新氛围，全行范围内的改革思想逐渐统一，改革意识和积极性不断增强。总行和部分分行建立了运营改革工作动态发布制度，并利用网讯等多种渠道加强运营改革宣传，为全行各级管理人员和广大员工搭建信息交流平台，有效增强了全行对运营改革的认识和了解。

总的来看，全行上下都高度重视并采取有效措施推动运营改革。从实施方案正式下发到现在不到半年的时间，各项工作稳步推进，速度很快，取得了预期成效。这充分说明，思想是基础和前提。只要思想认识到位，在两年半左右的时间内完成这项改革任务是可以实现的。

二、加快实施远程授权改革

为完善事权划分机制，提高业务授权质量和效率，优化人力资源配置，总行启动了授权方式的改革，探索建立了集中式、跨网点的远程授权模式。

（一）试点及相关准备工作有序推进

按照分步实施的整体部署，远程授权的系统开发、业务推广、制度创新、业务培训等工作全面推进，运行效果初步显现。

试点工作扎实开展。为了确保远程授权改革稳步推进，总行相关部门密切配合，及时完成远程授权系统基本功能的开发；精心准备测试案例，积极组织业务测试，对系统功能进行了全面验证；认真组织改革方案、管理规定、操作流程等方面的培训，使管理人员和业务人员充分了解改革的实质，熟练掌握远程授权的实际操作。江苏、浙江、宁波三家试点分行高度重视，多次召开工作会议，专题研究部署远程授权改革，深入一线，对网点类型、业务结构、授权业务量等实际情况进行调研。经过大量细致扎实的工作，远程授权系统于7月18日在江苏、浙江、宁波分行成功投产，标志着远程授权改革试点工作全面展开。目前，三家分行近850个网点已完成远程授权的推广工作。特别是江苏分行，1 050家网点已推广600多家，占比近60%。其中，宿迁分行实现对全辖集中远程授权，成效显著，有力缓解了人员紧张、授权流于形式的问题，提高了授权效率，为资产规模相当、人员紧张的分行探索了一条切实可行的改革道路。

制度建设稳步推进。为加强改革管理，我们坚持制度先行，制定了远程授权管理办法，明确了远程授权的应用模式、管理原则、岗位职责，规范了业务处理流程和应急处理流程，为全面推行远程授权改革提供了制度保证。根据授权机制改革的要求，积极推进了配套流程改革，制定统一的授权标准，以最大幅度有效精简授权；改革了内部账户处理流程，实施账务动态管理，开发内部账户封装系统，为减少内部账户交易授权量，加快实施远程授权改革奠定了良好的基础。

运行效果初步显现。从试点情况来看，远程授权改革对提高授权质量、提升授权效率的作用初步显现。通过分离业务经办与业务授权，实施专业化、标准化、流程化的授权管理模式，远程授权人员的独立性进一步增强，有效地提高了授权质量。远程授权实现了不同分区、不同网点之间授权业务量的均衡，提高了授权效率和营业经理配置效率。从江苏分行7月27日至8月2日的授权统计数据看，授权申请的平均等待时间约为9秒，平均授权时间约为34秒，整体的授权响应速度得以提升；网均营业经理从1.9人降至1.34人，人力资源配置得到优化。试点达到了预期效果，这也充分说明远程授权改革的总体构想、思路和方向都是正确的。

（二）认真做好远程授权改革的组织推广。从试点的情况和成效看，目前，无论是业务组织还是技术条件，都已经具备了推广的基础。为了加快推广进度，总行决定分批在全行进行推广，从9月开始首先在上海、河南等14家分行（含广东营业部）推广远程授权改革。各行要按照总行要求，积极做好改革的实施工作。

要精心做好组织推动。远程授权是全行业务核算授权方式的重大变革。全行上下要高度重视，精心做好相关组织宣传推动工作。各行“一把手”要负总责，分管行领导要亲临一线调研了解实际情况，组织制订实施计划，牵头研究解决问题。要按照改革任务时间表，一项一项抓落实，确保改革的质量和进度。要加强对改革的宣传，积极引导广大员工正确理解释放岗位和释放工作量的意义。远程授权改革后，中小型网点原来的营业经理不再从事业务授权，可以有更多的精力从事其他岗位工作，从而提高网点的工作质量、工作效率和服务水准，这也是人力资源使用效率的提高。江苏等三家试点行要认真总结试点经验，逐步扩大试点范围，力争9月份全面完成所有网点的推广。14家首批推广行要深入调研，就业务组织模式、人员配备、设备配置、系统测试等方面制订详细的工作计划，本着积极稳妥的原则，先试点后推广，分批推进，到明年第一季度全部完成辖内推广工作。

要科学确定组织模式。远程授权改革是效率、安全和服务的高度统一。各行要按照总行确定的组织模式，根据本行网点规模、业务分区布局和授权业务量等实际情况，因时、因地制宜，分别采取适应不同机构特点的授权组织模式。对于中型网点，可研究试行分时段的远程授权模式，在营业经理轮休及午休时段实行远程授权，网点负责人负责现场管理。对于大型网点，可探索主区业务现场授权和分区业务远程授权相结合的业务组织模式，营业经理负责主区的现场授权和分区的现场管理，以有效提高授权效率。总行要积极支持分行不同模式的远程授权试点和推广工作。

要切实加强业务管理。远程授权改革是将操作风险管理职责在前后台进行有效分解的改革，是营业经理制度的自我完善。要按照“控制风险、提高效率、服务客户”的原则，进一步加强远程授权及网点现场管理。要通过实施远程授权，建立起专业化、标准化、流程化的授权管理模式，确保业务授权的独立性和客观性，有效提高风险管理水平。各行要本着效率和安全的原则，制定本行远程授权的实施细则。要加强远程授权机构和人员的管理，将远程授权岗位纳入关键岗位，确保所授权业务的合规性和业务依据的完整性。要始终注重加强网点的现场管理和业务真实性管理。改革后，不再设营业经理的网点，网点负责人要切实承担起网点事中控制和现场管理职责，加强对业务真实性的审核，并履行好规章制度的落实、整改和业务培训等职能。要建立从事外部营销和内部管理的网点负责人相互制约机制，现场管理人员不得外出营销，以保证网点安全运营。大型网点的营业经理要继续履行好事中控制和业务管理职责。要根据不同业务的特点，分别采取先审后授、综合审核、交叉复核等方式，实现风险管理与效率管理的双重要求。实现远程授权的连续性是提高授权效率和对外服务水平的重要保证。科技部门要做好系统投产后的日常维护，确保系统的稳定运行。要建立覆盖所有网点和业务的应急管理机制，确保在出现系统故障等紧急情况下，实现远程与现场授权之间的切换，保证业务处理的连续性。

要扎实推动准备工作。为确保改革稳步推进，要进一步丰富系统功能，加强前后台之间的沟通机制，有效缩短授权处理时间。要根据推广安排，按时完成本项目实施有关的设备配备、网络带宽改造、测试环境等技术准备工作，以支持大规模影像和数据及时传输的要求。要根据改革进度，组织做好远程授权管理办法、系统应用、业务操作等方面的培训，使营业经理、远程授权人员等相关人员充分理解远程授权改革的内涵，提高系统应用能力。要做好授权机构的组建工作，授权岗位数量和业务量标准要与服务需求相匹配，集中授权人员的配备数量要适应远程授权规模的需要，并充分考虑业务量总体规模和业务峰谷的时间分布，试行弹性工作制的要求，不断地优化劳动组合，保证授权的及时性。要切实采取措施规范柜员操作。从试点情况看，由于授权依据不规范而退回的授权业务影响到了授权的时效性。因此，在远程授权模式下，不断规范柜员操作显得更加迫切。

要加快推进配套改革。远程授权不是单纯的授权方式改革，其本身也是个流程创新的过程。在改革过程中，要同步优化流程、精简授权，为远程授权创造有利条件，取得最佳改革效果。总行将于近期印发修订后的事权划分管理办法，对事权划分的原则、管理范围进行调整，并增加授权额度档次等内容，以实现在全行范围内执行统一的授权额度和授权交易标准。各行要结合本行实际情况确定授权额度档次，合理安排劳动组合，进一步有效精简授权。内部账户封装管理系统将随8月版本在江苏、浙江和宁波分行投产试点，成熟以后在全行推广。各行要做好相关准备，尽快实现网点内部账户处理的自动化、标准化和规范化，有效降低授权量。要继续做好对公、个人金融、银行卡等业务的流程优化工作，建立适应远程授权模式的业务流程和交易功能。要加快业务集中处理改革步伐，实施集约化、标准化、专业化的业务运营，建立“网点全面受理，后台集中处理”的业务运营格局，从根本上实现操作风险的集中控制。

三、继续深化监督体系改革

目前，以降低监督成本、增强监督效果、提高监督效率为出发点，以全面完成监督体系战略转型为目标，以实行风险导向和流程导向监督、整合监管资源为核心内容的监督体系改革全面展开，新一代监督系统已经在全行投产。

（一）监督体系改革取得重要进展

监督体系实现平稳过渡。新一代监督系统主体功能完成在全行的全面推广。以数据分析为基础，监督模型为风险识别引擎的监督模式初步建立；集风险识别、确认、计量、评估、报告功能于一体的监督流程初步构建；以促进业务流程持续改进为取向的监督准入、考核和退出机制初步搭建；以省行为单位的业务集中监督模式在河南分行成功试点，人力资源优化配置效果充分显现，监督人员的独立性明显增强，风险识别能力不断提高。为提高监督的集约化水平，许多分行正积极创造条件，实行省行集中监督模式。监管资源整合稳步进行，监管人员岗位调整、人员优化工作扎实推进。7月底，全行顺利结束新旧监督系统并行期，正式过渡到新监督体系。新旧监督流程的顺利转换，标志着监督体系改革第一阶段任务圆满完成。

风险分级管理机制初步构建。为实行业务运营风险的分类控制和管理，设计了基于不同风险等级的准风险事件和风险事件核查、报告流程，确立了以性质、金额、频率为标准的业务运营风险分级分类机制。按照不同风险等级，确定了相应的核查流程、核查方式、核查人员和报告路径，明确了各级机构负责人、运行管理、内控合规和相关部门的风险管理职责。河南分行在全行风险分级管理机制框架下，积极创新，深入推进风险警示机制、信息反馈联动机制、信息摘报机制的建设，充分发挥了监督资源协同效应。

系统功能不断完善。为落实风险分级管理机制，建立业务监督的电话银行外部核实流程，并在上海、河南分行成功试点。为便于监督人员更好地识别风险，确认风险事件，开发了风险事件搜索引擎功能，全方位展现与柜员、网点相关的风险事件信息。适应风险管理的需要，加快新监督模型的建设，设计并组织开发行内柜员个人账户资金异常变动监测等数十个监督模型。为进一步提高风险识别能力，对新一代监督系统的监测功能和质检履职功能进行了优化，系统功能不断完善。

运营风险分析工作不断加强。为更有效地管理业务运营风险，各级运行管理部门克服监督体系改革任务繁重、人员超负荷工作等困难，深入剖析同业案件发案特征，加强辖内重点机构、重点柜员的风险识别和跟踪管理。近期，总行对部分重点业务风险状况进行了分析，就分析结果向有关部门进行了通报反馈。云南分行采取多维度风险分析方法，深入剖析风险管理中存在的问题，对高风险网点、柜员实施重点监测。

凭证档案电子化管理改革正式启动。为全面提高会计凭证档案电子化应用水平，按照“逻辑统一、精确索引、综合利用、管理高效”的原则，积极构建会计凭证档案影像管理机制。此项改革将显著提高凭证档案管理效率，提升全行经营管理水平。同时，也为提高监督的集约化水平提供高效的影像支持平台。

在全行的共同努力下，新监督体系的风险管理成效初步体现。

——总分行对运营风险的掌控能力明显增强。新监督体系为总行和一级分行对业务运营风险实行“透明式”跟踪、“直通式”管理提供了有力工具。总行和一级分行可精确定位风险暴露水平较高的网点和柜员，发现风险事件并进行有效管理。

——新监督体系的风险识别能力大幅提高。与传统业务复核的监督模式相比，基于数据分析的新监督体系能更为精确地识别业务运营风险。新监督体系需逐笔核实的准风险事件数量大幅度下降，经确认的风险事件数量明显提高，风险识别能力明显增强。全行风险事件识别率从传统监督体系的1.7%提高到8%。每万笔监督业务量发现的风险事件数量由1.71笔提高到796笔，每天的监督业务量由895.8万笔降至5.4万笔，监督资源占用大幅度减少。

——业务运营风险状况得到初步揭示。今年第二季度全行共发生反交易、冲正交易 40 余万笔，涉及金额达 15 万亿元，其中，单笔 10 亿元以上的达 60 多笔。这些事件虽没有形成损失，但也反映出部分网点管理薄弱、部分柜员风险意识淡薄、操作不规范，授权流于形式等问题，如不及时整改，容易引发案件或事故。仅今年4—5 月份，全行个人结算账户单笔异常支付类金额1 000万元以上的准风险事件 3 000 余笔，涉及金额达600 亿元，其中，16 笔金额 1 000 万元以上的单笔异常支付业务存在我行替客户垫付资金的违规情况，涉及金额高达 18 亿元。1—7 月份，全行网点大批量注册个人网银1 700余次，共计开通个人网银近 32 万户；部分网点存在柜员或企业财务人员代理客户本人输入密码、签字的情况。与传统的监督方式相比，基于数据分析的新一代监督系统直接揭示运营风险状况的能力大为增强。

——新监督体系对流程改进的推动作用初步显现。各行通过分析风险驱动因素，有效评估业务流程各个环节的风险状况，促进业务流程的持续改进。截至目前，全行共发现数十个容易引发风险事件的系统、制度和流程因素，向有关部门提交了流程改进建议。

——监督效率和资源配置效率大幅提升。新监督系统通过实施风险分层管理，风险特征全景展现等多项创新流程和功能，有利于将监管资源、监管重点锁定在高风险对象、高风险环节上。今年第二季度，与传统监督体系相比，新监督体系节约了近 140 万人小时的工作量。初步测算，监督体系改革完成后，监管人员净释放率将达到 40%。随着省行集中监督模式在全行的逐步推行，人员净释放率将超过 60%，释放监管人员将超过6 500人。

（二）改革仍面临一些深层问题。尽管监督体系改革取得了明显成效，但也要清醒地认识到，我们在人员配备、组织模式、风险识别和管理流程等方面还存在一些问题，难以适应当前严峻的风险管理形势。

对新监督体系的认识有待进一步深化。要务必从思想上解决对新监督体系不信任、使用不平衡、认识不到位的问题，加强重视程度。董事长 6 月 1 日在河南调研时指出，我们面临业务量大、风险点多、管理链条长、复杂性高、员工队伍素质不一、业务发展快变化多等各种因素，挑战十分严峻。如果仍然沿用传统的后监督模式无法满足操作风险管理要求。新的监督体系投入运行后，很多操作风险的管理，总省行在系统中可以直观看到，但从使用情况看，一些部门使用得不是很理想。各行主要负责人和相关管理部门要进一步提高认识，切实发挥好新监督体系的作用。

监督体系改革基础有待夯实。全行监督体系改革还主要建立在二级分行层面的基础之上，特别是监测和风险评估等关键岗位设置在二级分行监督中心，新监督体系作用的发挥受到人员素质的局限。同时，传统业务复审的监督模式和监督思维还未完全转变。全行监督人员年龄相对老化、业务技能单一、学习意识与风险意识相对较弱，难以立即承担起风险管理的重任。由于此次监督体系改革从监督理念、监督内容、监督流程、监督方法等多方面均有较大创新和突破，要求监督人员改变沿袭多年的传统监督理念和思维，迅速掌握基于数据分析的风险识别技能，完成向风险管理专家的转变。但从改革试点情况看，以现有监督人员的业务素质和技能，要完成新旧监督体系的巨大转换，仍有很大的难度，仍需很长的过程。

改革质量有待进一步提高。虽然一些分行已实现新旧监督流程的转换，对监管资源进行了整合，但专业人员明显补充不足，监督人员业务素质离监督体系改革的要求还有相当差距，风险分析能力亟待提高，新监督体系的风险管控能力还没有充分挖掘出来，监督体系改革还停留在“形似”阶段。风险管理不仅需要丰富的专业知识，敏锐的风险意识，高度的责任感，更需要监督人员发挥主观能动性。目前，新监督体系在各行的运用效果差异很大。监督体系改革要实现预定目标，还需要进一步提高和完善。

风险事件收集和确认水平有待提升。总行就新监督体系的管理理念、内在逻辑、机制设计等内容组织了多次培训，也印发了相关的管理办法。但部分监督人员未严格按照规定确认、收集风险事件，相当部分分行存在风险事件收集不够全面，风险驱动因素分析不够深入等问题，一定程度上影响了风险识别效果，使得风险评估分析报告难以客观真实反映风险状况，影响了风险管理的科学性和针对性。严格执行风险分级分类标准、风险事件收集确认标准、风险驱动因素选择标准，仍是一项紧迫而重要的任务。

风险分析评估能力有待增强。深入分析和评估业务运营风险状况是科学管理风险的基本环节。从实际情况看，多数行对运营风险的分析评估工作重视不够，缺乏高素质的风险分析评估人员。即使已经开始实施风险分析评估的部分分行，由于分析评估经验不足，分析不够全面，使风险揭示也不够深入。风险评估在风险管理和流程改进的作用尚未充分发挥。

（三）进一步深化监督体系改革。监督体系改革是一场革命性变革，是我行在风险管理领域的重大创新，是快速提升我行核心竞争力的重要内容。全行要抓住监督体系改革的契机，再通过一段时间的持续努力，将新一代监督系统打造成我行重要的业务运营风险管理平台。能否实现这一目标，取决于全行的重视程度，取决于全行对新一代监督系统的建设、运用水平。今后一段时间，要狠抓业务监督的组织模式建设，提高监督层次，解决体制问题；要狠抓风险分级管理、风险分析评估、风险快速响应、业务监督保障机制建设，解决机制问题。

要加快落实风险分级管理机制。贯彻落实风险分级管理机制，是充分发挥新监督体系效能的重要保证。当前面临的首要任务是重点解决好“谁负责处理”和“如何处理”的问题。一要明确职责，落实责任。姜董事长和杨行长对新监督体系寄予了很高期望，也提出了明确目标。要进一步明确风险分类依据，根据不同风险等级确定风险事件的预警、核查、报告、整改路径和对象，并就每个环节的责任落实到具体的部门和人员；各级行主管领导和内控合规、产品部门要充分了解通过新一代监督系统揭示的重大操作风险数据，及时采取措施，进行有效核查和处置。二要细化分级管理流程。各行要根据风险分级管理办法制定具体实施细则，并根据实施中发现的问题，不断调整完善。要严格执行风险事件的报告路径和管理流程，确保每一笔风险事件的核查质量。三要加快外部核实流程的推广。总行将在总结试点经验的基础上，加快风险事件电话核实功能在全行的推广。各行要提前做好各项准备工作，前台部门要做好客户信息维护工作，确保风险事件的核实效果。

要全面开展风险分析评估机制建设。风险事件确认、风险驱动因素收集是风险评估机制的基础。一要不断提高风险事件确认、风险驱动因素收集能力。总行将尽快下发风险事件确认标准、风险驱动因素选择指引和系统操作手册，各行要抓好培训工作，提高监督人员的风险识别技能。二要深入开展风险分析评估工作。要按风险暴露水平、风险度、风险率、风险事件数量等标准对网点、柜员进行统一排名，定期通报。要不定期进行风险专题分析，加强对重点、关键领域风险的关注，及时发现业务流程中的风险隐患，并不定期通报相关部门，采取有效管理措施。要制定严格的处罚标准，加大违规行为的处罚力度。

要尽快建立风险快速响应机制。改革后的业务运营风险管理主要依靠专业的风险管理知识，通过智能化的监督模型识别风险。要不断地丰富目前的监督模型，保持前瞻性的研究，总行要成立专门的团队负责全行准风险事件监测和通报。要建立风险快速响应机制，提高监督系统反应能力，以应对快速变化的运营风险管理形势。一旦发现严重的内外部风险事件，业务部门要加强研究，即时分析风险特征、设计监督模型和完善系统功能，科技部门要即时开发、即时投产。

要尽快实行省行集中的监督组织模式。业务监督组织模式层次过低，难以从根本上解决监督的效果、效率问题，也难以在更高层面优化人力资源配置。董事长强调指出，风险监控中心设立在省行一级有利于从全省范围内跨地区交易的核对，有利于风险事件的管理。要尽快提高监督的集约化水平，实现以省行为单位的业务集中监督模式，进一步增强监督机构、监督人员的独立性，提高监督管理的威慑力，增强全行运营风险管理能力。要加快会计凭证档案影像管理系统建设进程，年内完成其主体功能的开发，提前做好影像设备采购、缩微机构组织模式调整等工作，为明年初的试点推广做好准备。在此基础上尽快实现全行推广，为实行省行集中监督模式提供影像支持平台。全行要在明年上半年实行省行集中的监督模式，各行要提前设计省行运行风险监控中心的组建方案，做好机构建设、人员安排、设备配备等各项准备工作。

要加快落实保障机制建设。一要进一步加强宣传工作，提高各级管理层对新监督体系的认识。二要强化监督队伍的人员配备。各行要大力补充专业素质高、风险分析能力强的专业人员，并在尽可能短的时间内将风险管理人才培养出来，以满足风险管理的要求。三要加强监督队伍管理。要建立以风险识别能力为核心评价标准的监督人员业务考核体系，对难以胜任监督工作的人员要及时调整。要严格奖惩，严防监督人员在风险事件确认、核实过程中走过场、走形式的现象；对监督人员向相关机构或当事人透露核查信息的，要作为重大违规违纪事件进行严肃处理。对表现突出或有立功表现的监督人员，予以表彰、奖励或晋升工资等级。要加强监督人员的系统操作、业务知识、风险分析技能培训，打造知识密集型的风险管理专家队伍。四要推进运行风险监控中心的规范化建设。总行要尽快出台运行风险监控中心管理办法和验收标准，统一规范运行风险监控中心的管理模式、工作制度、岗位设置，并适时组织全行验收工作。

四、加强改革期间的相关工作

运营改革将提高运营效率，强化风险管控，优化运营布局，从根本上提升全行的劳动生产率，优化我行人力资源配置，解放全行劳动生产力。据初步估算，监督体系和远程授权改革完成后，全行能够释放近15 000人，必将为全行今后保持持续、健康的发展产生积极而深远的影响。因此，全行要进一步深刻认识运营改革的重大意义，要举全行之力，从业务流程、管理流程等方面进行全方位改革，构建起集中、高效、简捷、安全的业务运营管理体系。

（一）妥善处理好三个关系。要处理好改革与人力资源优化配置的关系。运营体制改革必然带来人力资源结构的调整，但减员不是改革的直接目的，不是改革的第一步，只是改革成果的体现。要正确理解人力资源释放的涵义，充分认识到通过改革降低风险监管体系对人员的占用，或者使原有人员的部分职能得到释放而能够分出一定精力去从事别的工作，都属于人力资源释放。所以在改革过程中，大家要充分理解并准确把握总行的意图，向“一把手”汇报好，切忌简单化。

要处理好改革与内控的关系。改革的目的是加强内控，运营改革没有改变营业经理制度本身，没有改变事权划分的基本要求，只是内控方式、方法、手段的变化。要适应改革以后的要求，加强内控薄弱环节的管理，充分揭示当前的风险。要做好整体联动和主动配合。运行管理部是操作风险的管理部门之一，内控合规部以及个人金融业务部、银行卡业务部、电子银行部等产品部门也承担着操作风险管理的职能，运行管理部门要加强与这些部门的协调配合，主动宣传介绍运营改革的理念和实践。比如内控合规部门有处罚权，风险管理的力度会大些。只有注意加强整体联动，才能发挥操作风险管理的整体合力。

要处理好改革与流程优化的关系。运营改革本身是一个流程优化的过程，但改革中还需进一步加强流程分析与优化。虽然流程优化我们已经做了很多工作，但目前仍存在一些问题。不同专业的授权比例及对流程的梳理和重视程度均有差异，运行管理部要会同有关部门做进一步梳理优化，既要简化流程，又要加强风险管理。

（二）加强协调配合和组织推动。各行要切实加强组织领导，积极发挥改革领导小组统一协调指挥运营改革的作用，形成推进改革的强大合力。要充实改革力量，进一步加强协调推进，加大改革推动力度，严格按照总行批复的方案组织好改革的实施工作，严格按照改革时间表把改革的每一项工作落到实处。要加强配合，妥善处理好各项改革之间的关系，加大在系统建设、机构组建、人员配备等方面的投入，合理安排人力、物力、财力，统一推进；统筹系统投产、制度建设和培训、试点推广、人力资源优化等相关工作。

（三）认真做好人力资源优化配置。人力资源优化配置工作既是运营体制改革的关键环节和必要保障，又是改革的重要目的和结果。各级运行管理部门要和人力资源部门加强沟通、创新思路、注重成效。要注重待转岗人员的情绪疏导和职业心理健康辅导，切实转变员工的思想认识，减少误解和疑虑，杜绝简单化操作和走过场行为。对转出监督体系的人员，要积极引导到市场营销、业务前台等岗位，也可通过转岗到业务集中处理中心等后台岗位，相应置换出一批人员充实前台一线岗位。要加大对改革成效的宣传和培训，增强基层员工对运营改革的认识和了解。对改革分流人员，各级行领导要开展扎实细致的工作，加强政策宣传，要从实际出发，协调矛盾，妥善处理，积极稳妥地做好安置和岗位调整工作；要密切关注其思想变化动态，积极引导，避免其对运营改革产生误解，确保改革平稳推进。同时，在改革过程中，要稳住骨干、留住骨干，充分发挥好运行骨干队伍在运行管理风险控制方面的作用。

（四）不断总结创新，完善改革。运营改革是一个不断总结试点经验、不断完善提高的过程。希望大家既要把握原则，又要勇于创新，在坚持改革总体原则和方向的基础上不断拓展改革思路，在实践中不断完善改革措施。既要积极借鉴，又要因地制宜，在认真借鉴试点行经验的基础上，走出一条适合本行特点的运营改革之路。既要加快改革速度，又要注重改革质量，实现改革目标、改革过程与改革结果的和谐统一。

（五）切实加强运行管理队伍建设。运行管理部门承担着运行流程设计和管理的重要职责，并在操作风险管理中发挥过程控制的关键作用。各级运行管理部门要切实做到一手抓改革，一手抓管理，进一步加强改革过程中的运行管理。各级行要进一步充实运行管理队伍，重视运行管理人员培养，合理确定运行管理人员薪酬等级，保持运行管理队伍的稳定，为构建“运营集约化、管理一体化”的价值型运行管理体系作好充分的人才储备。

运营改革涉及制度创新、流程再造、业务布局和人力资源优化，是一项需要举全行之力推进的综合性、基础性改革。各行一定要增强责任感和使命感，精心组织、扎实推进，高标准搞好改革，以此促进价值型运行管理体系的建设，努力为实现建设国际一流现代金融企业的目标作出更大的贡献。

在中国工商银行公司客户经理岗位资格认证考试视频动员会上的讲话

易会满

（2009 年 12 月 4 日）

为了适应新形势下公司业务发展需要，积极推进公司客户经理队伍建设，今年总行下发了《加强公司客户经理队伍建设的意见》，提出了新时期公司客户经理队伍建设的总体规划和要求。公司客户经理岗位资格认证考试是加强公司客户经理队伍建设的一项重要工作，是落实全行员工岗位任职管理体制改革、规范公司客户经理聘任管理、提高公司客户经理队伍整体素质、提升公司业务竞争力的重要举措。

今天，我们召开全行视频动员会，重点安排部署全行公司客户经理岗位资格认证考试工作。下面，我讲三点意见。

一、公司客户经理是推动工商银行业务发展的重要力量

公司客户经理是代表我行直接开展公司业务市场营销，维护公司客户关系，统筹协调行内相关部门和各类资源，向公司客户提供全方位金融服务的忠实员工，是我行利润的直接创造者，在工商银行的经营和发展过程中发挥了重要作用。

今年前三个季度，全行公司金融业务利润贡献1 036亿元，同比增长12.4%，其中，公司贷款业务利润贡献668亿元，公司存款业务利润贡献200亿元，中间业务利润贡献167亿元。公司金融业务EVA831亿元，较上年同期增长25.7%。其中，贷款业务474亿元，存款业务200亿元，中间业务157亿元。截至11月末，全行本币公司贷款余额37 721亿元，新增6 391亿元，增长20.4%，完成全年7 000亿元计划的91.3%。结构上看，项目贷款新增5 469亿元，流动资金贷款新增37亿元，其中，贸易融资新增1 126亿元，房地产贷款新增886亿元。本币公司存款余额28 070亿元，新增6 391亿元，增长30%，完成全年2 200亿元计划的291%。

在实现良好经营业绩的同时，全行公司业务系统改革创新力度明显加大，竞争能力不断提高，市场地位持续巩固，品牌形象进一步提升，业务转型成效显著。年初，面对同业公司贷款迅猛增长、我行信贷增长一度排名靠后的不利形势，从3月份开始，全行紧紧围绕国家“保增长、扩内需、调结构、促民生”的工作大局，明确重点行业支持策略，加大优质信贷市场营销力度，并采取扩大信贷业务授权、创新信贷产品、完善分层营销体系、加强客户经理队伍建设等有效措施，迅速扭转了被动局面，在落实国家宏观经济政策中赢得了竞争主动，公司贷款、存款、中间业务收入、利润贡献均取得历史最好成绩，主要指标保持同业领先地位。重点客户和项目营销成效显著，与多个省（市）政府进行会晤，与众多重点客户签署战略合作协议，成功中标多个重大项目，在激烈的市场竞争中体现了我行整体竞争优势，捍卫了我行公司金融业务品牌。更重要的是，全行上下大力推进公司金融业务转型发展，债券承销业务同业优势扩大，信贷资产池业务较快发展，新兴业务领域不断开拓，公司类中间业务在全行中间业务占比稳步提高，业务转型迈出了新步伐。与此同时，全行合理把握公司信贷投放节奏，既认真落实国家宏观政策，较好地支持了国计民生领域和小企业的发展，又保持了我行稳健的经营文化，公司信贷投放区域均衡，监管部门认同，社会反响良好。

这些重要成绩的取得，是各级公司业务部门负责人和广大公司客户经理辛勤努力的成果，是各级公司业务部门负责人和广大客户经理无私奉献的具体体现。在此，我代表总行党委向你们表示衷心的感谢。

二、总行对公司客户经理队伍建设的规划和设想

公司业务的发展离不开一支优秀的客户经理队伍。为了打造一支优秀的公司客户经理队伍，总行党委专题研究公司客户经理队伍建设的总体规划，并已相应下发了文件，各行要继续抓好工作落实。规划主要包括以下四个方面内容：

（一）加快充实公司客户经理队伍。未来2年内，全行公司客户经理总人数要由目前的2万人提高到3万人，公司客户经理人数在全行总人数中的占比要由目前的5%提高到8%以上，基本实现人员数量与公司业务的协调发展。各行要制定实施2009—2011年公司客户经理发展规划，并综合考虑辖内公司客户数量、规模结构、重要程度、业务种类及业务量等因素，合理制定公司客户经理配备比例。同时，各行可设置客户经理助理岗，主要负责客户信贷资料的整理与扫描、台账基础信息录入、流程跟踪、建立移交贷款档案等客户经理业务活动辅助性工作，确保客户经理切实履行市场营销、尽职调查和贷后现场管理等核心职责。客户经理助理岗由各级行自行聘用，不占用客户经理岗位人员编制。

（二）多渠道拓展公司客户经理来源。各行在招聘应届大学生和引进社会专业人才的同时，要积极挖掘行内人力资源潜力。要依托人力资源管理系统建立公司客户经理人才储备库，提高人才培养选拔的信息化管理水平。积极开展公开竞聘、业务技能大赛和优秀客户经理评选等活动，鼓励拥有信贷审批人资格、总分行评估委员资格以及通过CFA、FRM、CPA等行内外专业资格认证考试人员加入客户经理队伍。通过推进业务流程再造和机构重组，进一步压缩二线及各级机关人员数量，经过强化培训后有选择地充实到客户经理队伍中。

（三）实施公司客户经理岗位资格认证制度。通过公司客户经理资格认证考试与公开竞聘制度，把思想品质好、业务能力强、综合素质高的员工选拔到客户经理岗位上来。全行要在2010年底前实现公司客户经理持证上岗，通过公司客户经理岗位资格认证考试并取得岗位资格证书将成为员工入岗的前提条件之一。资格认证考试内容涵盖公司客户经理职业道德、社交礼仪、经济金融基础知识、相关法律知识、营销管理基础知识、公司业务基本管理制度、相关金融产品知识、客户信息系统操作等方面内容。

（四）完善公司客户经理的激励机制。要从制度上保证客户经理充分行使职权，高效履行职责。要加快实施岗位序列改革，打开公司客户经理的晋升通道。实行

公司客户经理职级与客户贡献度挂钩，原则上，年利润贡献（或预计贡献）在1 000万元以上的客户应配备高级客户经理（含）以上人员，各行可根据本行实际确定客户经理职级与客户贡献度的对应关系，相应提交和报批职数控制计划方案；在研究各层级职数分配时要注意向营销部门倾斜，对高级客户经理（含）以上职数的分配，要在总行核定的职数内综合考虑上述因素确定。要健全绩效考核机制，坚持公开、公平、透明的考核原则，加强考核结果的运用力度，丰富公司客户经理考核奖惩形式。要建立完善以营销业绩和价值贡献度为核心的公司客户经理考核指标体系，并形成以价值创造为导向、具有一定竞争力的薪酬体系。要贯彻落实总行有关薪酬政策向前台倾斜的要求，进一步加大绩效工资与产品营销业绩的直接挂钩力度，提高绩效工资的可预见性。要研发公司集团客户综合价值评价系统，为客户经理绩效考核和薪酬发放提供技术支持。

三、认真做好公司客户经理岗位资格认证考试工作

总行决定2010年1月16日、17日举办全行初级、中级公司客户经理岗位资格认证考试。对于考试组织工作，我提几点要求。

（一）高度重视公司客户经理岗位资格认证考试工作。岗位资格认证对完善公司客户经理岗位任职管理体制，提高公司客户经理队伍素质和战斗能力，推动公司金融业务战略转型，提升客户服务水平和公司业务竞争力具有重要意义。同时，它是全行公司客户经理队伍建设工作的关键一环，抓好了，能够为培养、选拔和储备优秀营销人才，充实和提高公司客户经理队伍创造良好的体制条件，从而较好地解决长期以来困扰我们的从业人员不足、结构不合理、队伍素质跟不上业务发展需要等问题。从稳定公司客户经理队伍来讲，只有首先实现了公司客户经理岗位资格认证，才有平台来实施有效的绩效奖励机制和提高公司客户经理的待遇等。

岗位资格认证考试是实施公司客户经理岗位资格认证制度的基础性工作。为此，各行务必高度重视，要将其作为领导班子关心员工职业发展的一项“民心工程”、提高公司业务可持续发展能力的一项基础工作和近期公司客户经理队伍建设的首要任务，抓紧、抓好。要采取切实有效措施，加强考试工作的组织领导，确保相关资源投入和考试条件符合总行要求。

（二）做好考试动员工作，确保广泛参与目标的实现。要积极督导符合报考条件人员报名，实现广泛参与的目标。对符合特定条件的在岗公司客户经理，主要是非常优秀或年龄较大且营销经验丰富的员工，按规定流程审批后，可免试获得岗位资格证书。各行公司业务主管行长要牵头负责督导辖内分支机构组织动员公司客户经理报名参加考试，公司业务部门要确定专人负责统计考试报名情况，按日上报总行。考试报名中存在的问题，要及时向总行反映。对报名数量远低于客户经理数量的分行，总行要直接督导。

（三）切实加强部门协调配合，确保考试顺利进行。各一级（直属）分行要切实加强考试工作的组织领导，成立公司业务主管行长任组长，公司业务、教育、人力资源和信息科技部门负责人参加的公司客户经理岗位资格认证考试工作领导小组，下设相关部门人员参加的考务小组，具体负责考试组织工作。各级行和相关部门要严格按照职责分工、规定流程与要求组织考试工作，并切实加强协调配合，做好工作衔接，共同努力确保考试各项工作顺利进行。

同志们，公司客户经理队伍建设事关公司业务发展的全局，岗位资格认证考试工作又是公司客户经理队伍建设的基础工程和关键环节，大家要按照总行有关要求，认真组织考试，确保考试工作顺利开展。各行要以本次岗位资格认证考试工作为契机，全面推进公司客户经理队伍建设。最后，预祝本次考试圆满成功、报考人员考试顺利！

在中国工商银行
运营改革工作推动座谈会上的讲话

易会满

（2009年12月8日）

8月份南京座谈会以来，全行按照“加快改革、强化管理”的总体要求，积极推进运营改革。截至目前，远程授权改革第一批推广任务顺利完成，效果良好；监督体系改革不断深化，进展顺利。岁末年尾之际，总行

决定再次召开运营改革座谈会，充分表明对进一步加快和深化运营改革工作的重视。今天的会议及时总结了上次座谈会以来全行运营改革工作的进展情况，研究了改革过程中的新情况和新问题，统筹安排部署了下一阶段改革工作。

此次会议虽然时间很紧，但内容丰富，意义重大，富有成效。结合大家的发言，我讲几点意见。

一、全面完成远程授权改革

远程授权改革自7月份成功试点以来，全行上下在时间紧、任务重、难度大，经营发展和内控管理任务非常繁重的情况下，经过大家艰苦努力、扎实有效的工作，第一批改革推广任务圆满完成。

（一）改革推广工作卓有成效。16家分行完成改革推广任务。上次座谈会后，基于前期良好的试点效果，在综合考虑此项改革对全行的重要作用及风险防控等各种因素后，总行决定进一步加快远程授权改革步伐，又新增了6家推广行，并要求推广任务在11月底完成。短短三个月内，16家分行全部完成了整个推广任务，已经覆盖到4 300多个网点、24 000多个柜口。其中，深圳、厦门、宁波、新疆、河南、上海6家分行提前完成了改革推广工作，江苏、河南、宁波、深圳、厦门、新疆、山西、上海、江西9家分行的所有对外营业网点均实现了远程授权。第二批20家分行的推广准备工作也已全面展开。

远程授权改革是全行一项基础性改革，涉及的部门多，业务广，实施难度大。能在这么短的时间内完成改革任务，得益于各级行的高度重视和各部门的全力配合，得益于全行同志脚踏实地、只争朝夕的优良作风，得益于许多同志夜以继日、不计得失的艰苦劳动。全行各部门克服重重困难，一边抓管理，一边抓改革，做了大量的工作。运行管理部门全面组织远程授权改革工作，积极调研、制订方案、设计需求、统筹协调；人力资源部门积极配合，按照改革进度，落实机构的定岗定编，人员结构的调整等工作；信息科技、软件开发中心、数据中心等部门组织落实系统开发、网络升级以及相关硬件设备的安装调试，确保了系统的平稳运行；个人金融、电子银行、银行卡、金融市场等部门积极优化相关业务流程；保卫部门积极协助做好场景监控设备的安装和调试；财务会计部门按照改革进度，及时做好设备的采购，确保全行系统投产时设备的及时到位。山西分行改革督导小组克服几十年不遇的暴雪天气所带来的不利影响，赴辖属11家二级分行、近30个网点进行现场指导；广西分行由分管行长带队，赴网点一线进行现场指挥、解决实际问题；新疆分行在乌鲁木齐“7·5”事件影响全区正常工作、生活的情况下，统筹安排、合理调整计划，提前完成了推广任务。上海分行业务量非常大，能够将做好世博会金融服务与远程授权改革有机协调起来，实现了全部网点的远程授权。

因地制宜确定组织模式。各行按照总行的统一要求，深入基层调研本行情况，根据不同网点的特点，因时、因地制宜，确定授权业务组织模式。从全行的实践看，共有四种模式，即完全集中模式、集中加分区模式、网点内集中模式、分时段模式。其中，分时段授权模式是一种补充。宁波、厦门、江西、新疆分行在改革中不断创新，实现了以二级分行或城市行为单位的全部营业网点的集中远程授权，充分发挥远程授权的规模效应。

制度体系初步建立。为保证远程授权的安全运营，全行制定了以远程授权管理办法为基础，以操作指南、网点内控管理规定为补充，适应远程授权组织模式的制度体系。针对远程授权后不设营业经理的网点，规定网点负责人在业务审批和事中控制等现场管理工作中的职责，明确了营业网点的内控管理。健全制度体系为规范业务流程，建立应急管理机制，指导各行做好试点、推广准备工作，强化远程授权改革的管理提供了科学的依据。各行本着效率和安全的原则，结合本行业务特点，制定实施细则，进一步明确了先审后授、综合审核、交叉复核等审核方式的应用范围，规范了营业经理、远程授权人员、柜员等业务人员的业务操作，授权质量和效率都得到了有效提升。

培训工作扎实有效。为帮助全行深入理解远程授权改革的背景、方法、设计思路等内容，全行先后多次举办针对不同层次、不同对象的培训班。通过培训，全行上下正确认识了远程授权改革的内涵，夯实了远程授权改革的思想基础；为全行业务骨干提供了详尽的业务与实践指导，使他们明确了业务流程要点，保证了授权质量，提高了风险防控能力。各行采取以测代训、跟班轮训等形式，分阶段、分层次强化基层网点的培训，帮助远程授权人员、柜员、网点负责人等相关人员正确认识改革、理解改革，提高参与改革的积极性和主动性。

多措并举推动改革。各项配套改革工作进展顺利。按照全面、及时、连续的远程授权改革目标的要求，完成了事权划分管理办法的修订工作，以进一步统一授权标准、精简授权；内部账户封装管理改革在浙江等分行成功试点；整合电子银行开户交易，加速推进前台交易优化进程，简化柜员操作，减少授权占比；业务集中处理体系改革力度不断加大，基于全新平台的业务集中基本框架设计完成，新平台试点准备工作全面启动。

在全行的不懈努力下，远程授权改革成效显著：

——事中控制能力有效增强。通过改革实现了操作风险管理职责在前后台的有效分解，初步建立起以专业化、标准化、流程化为特征的全新授权管理模式，因授权介质管理不善导致的风险隐患得到根本控制，有效解决了现场授权流于形式等导致内控失灵的问题；业务经办与授权人员在空间上实现彻底分离，集中管理授权人员，彻底解决了现场授权中营业经理迫于网点营销、客户服务甚至人情方面的压力而进行的授权处理，保证了远程授权人员的独立性和客观性，授权质量得到显著提升。

——授权规模效应初步显现。远程授权实现了不同网点、不同分区、不同时段之间授权业务量的有效均衡，有效解决了大中型网点因分区分层服务后，导致的营业经理人力资源占用过多或配备不足而影响对外服务等诸多难题，规模效应开始显现，运营效率得到明显提升。目前，远程授权日处理业务授权23万笔。在远程授权人员先集中，授权量尚未完全集中的情况下，授权人日均业务量已达164笔，是改革前现场授权量的3倍之多。三家试点行人日均授权量更是高达245笔，接近改革前现场授权量的5倍。

——业务授权效率得到提高。远程授权通过系统排队，集中授权等机制解决了现场授权中营业经理无序流动的问题。远程授权平均耗用时间较现场授权降低15%。已经推广分行的授权平均等待时间保持在10秒左右，平均处理时间基本在40秒以内。试点行授权平均等待时间8秒，授权平均处理时间36秒。

——人力资源配置逐步优化。随着改革的推进，人力资源配置逐步得到优化。截至11月30日，各投产分行已转岗近3 000人。3家试点行的网均营业经理比例从1.9人降到了1.3人，已释放1 300多名高素质的营业经理充实到网点现场管理、市场营销、业务前台等岗位，有力提升了网点的综合竞争能力。

（二）继续加快推进远程授权改革。远程授权改革是我行完善事权划分机制，提高业务授权质量和效率，优化人力资源配置的基础性改革，对于全行转变经营方式具有深远的战略意义。改革已取得重大进展，全行上下要顺势而为，进一步统一思想认识，加快推广进度，强化网点现场管理，确保改革任务圆满完成。

进一步加快远程授权改革推广。各行要继续本着积极稳妥的原则，按照推广计划，确保推广工作如期完成。3家试点行和上海、河南等7家分行要在明年第一季度以前全面完成人力资源优化工作。广西、云南等6家推广行要在明年第一季度以前完成全部对外营业网点的推广工作，5月份以前完成人力资源优化工作。其余20家分行要在明年3月份之前完成改革推广所需的各项准备工作，要做到制度到位、设备到位、人员到位、培训到位，力争明年上半年完成全部对外营业网点的推广工作。要切实落实事权划分管理办法，按照新办法的规定重新梳理授权业务、做好参数调整等工作，有效精减授权量。要积极推动账务动态管理改革，加快内部账户封装系统的推广，减少涉及内部账户的授权量。要同步推进业务集中处理改革。

进一步加强远程授权运营管理。各行要按照总行运营改革实施方案的要求，推进远程授权改革，确保改革成效。第一要根据改革的进度和效率提升的程度，积极推进更高层次的授权集中，最终建立以城市行或二级分行为单位集中的远程授权组织模式；青海、宁夏、海南等扁平化管理程度比较高的分行，要以省分行为单位实行远程集中授权，更好地发挥远程授权改革的规模效应。网点内授权、分区授权或以支行为单位的远程授权组织模式，要逐步过渡到以城市行或二级分行为单位远程授权组织模式。第二要实现全面、及时、连续的远程授权，确保远程授权覆盖到全部网点、全部柜口、全部业务；深入分析授权拒绝的业务，减少不规范操作引起的授权拒绝，缩短业务等待时间；要制定、落实周密可靠的技术和业务应急预案，科技部门要提供可靠及时的技术支持，切实保障业务授权连续不间断。第三要加强远程授权人员的管理，合理配置高素质的授权人员，将远程授权岗位纳入关键岗位，要确保所授权业务的合规性和业务依据的完整性。第四要做好授权业务量分布规律的研究分析，根据授权业务的峰谷，采用轮休、调休、弹性工作时间等适当方式，合理排班，确保不同时段的授权申请都能及时得到处理。第五要强化远程授权机构的管理，严格考核制度，确保远程授权的质量和及时性。对授权处理时间较长的业务，积极梳理、优化业务流程，进一步明确审核内容，丰富审核手段。第六要按照风险管理和效率管理的双重要求，科学应用综合审核、交叉复核和先审后授的方式，合理降低“先审后授”的比例，提升远程授权效率与质量，确保改革成效。

进一步强化网点现场管理。远程授权改革后，强化网点的现场管理非常重要。各行要按照“控制风险、提高效率、服务客户”的原则，落实远程授权相关制度，加强营业网点内控管理，落实网点负责人的现场管理职责，强化网点现场和业务真实性管理。改革后，中小型网点不再设营业经理，各行要将业务熟练、管理能力强的营业经理转为网点负责人，加强网点业务真实性审核，切实承担起网点事中控制和现场管理的职责，履行好规章制度的落实、整改和业务培训等职能。大型网点的营业经理要履行好事中控制和业务管理职责。要建立外部营销和内部管理的网点负责人相互制约机制，现场管理人员不得外出营销，以确保网点安全运营。要探索通过远程监控等新技术、新手段，切实加强网点真实性管理和现场组织管理。针对改革后网点取消现场授权的新变化，研究整合网点管理职能、网点岗位职责，推进网点业务运营的标准化建设，以充分释放改革成效。

正确认识改革带来的人力资源优化效应。远程授权改革是兼顾效率、质量、安全的多目标取向的变革，核心是要全面增强风险管理能力、提高运营效率。人力资源优化配置是改革带来的必然结果。人力资源的优化配置效果包括有形的优化和无形的优化两方面。比如大型网点改革后可以直接释放一部分营业经理。小型网点在远程授权改革后，营业经理不再从事授权，可以在从事现场管理的同时，将更多的精力转移到网点的营销管理、服务管理等工作中；远程授权拓展了小型网点的服务种类，使网点布局更趋合理，大量新开立的网点不再需要额外配备授权人员，也解决了目前普遍存在的营业经理休假难、网点排班难等问题，这都是人员释放的表现形式。更为重要的是，网点取消现场授权，为我们下一步整合网点的岗位职责，进一步释放工作岗位提供了基础。从这个意义上说，远程授权改革提高了网点的综合竞争力，进一步推动了网点的转型。

正确处理改革与业务规范的关系。远程授权改革旨在建立专业化、标准化的业务流程，改革本身也是业务规范的一个过程。远程授权可以实现业务流程的规范化，而规范化的业务流程又是远程授权改革得以顺利推进的重要前提。这一点在前期推广过程中已经得到充分的验证。业务规范化程度高的分行，改革推广进度快、效果好。如果业务流程规范化程度不高，大家在对制度的理解、把握上会存在差异，授权标准会不统一，操作会不规范，就可能会出现因凭证不全、要素不完整等原因造成的授权退回，延长授权处理时间，甚至影响客户服务，反过来又会影响远程授权改革的推进。所以说，改革与业务的规范化是互为前提的。在推动远程授权改革的过程中，各行要制定详细、具体的实施细则，明确各类交易的授权标准，加速推动业务流程规范化、标准化建设的进程。

进一步加大培训力度。全行上下要继续做好各个层面的培训工作，努力营造重视运营改革的氛围。加强远程授权人员和柜员的业务培训，提高操作熟练程度，推动授权处理流程标准化、规范化的进程。加强网点负责人的管理培训，远程授权改革后，不配置营业经理的网点，网点负责人要转变观念，提高认识，切实承担起现场管理和网点内营销的职责。加强柜员的营销培训，网点柜员在提交授权申请后，会存在等待远程授权结果的一小段间隙时间，柜员要充分利用这些时间，加强与客户的沟通，改善客户体验，主动做好柜面营销，提升网点综合服务水平，不少分行在这些方面已经做了积极的探索和尝试。要加强转岗人员的适岗培训，认真细致地做好他们的思想工作，提升转岗人员适应新岗位的能力，保证改革的顺利进行。

改革完成后，各行要及时进行全面总结，及时报告总行。总行要制订验收方案，加强对分行改革实施情况的验收，确保改革真正取得预期效果。

二、继续深化监督体系改革

监督体系改革自8月份座谈会以来，总行结合改革进展情况和提升改革质量的要求，部署了以风险分级管理为核心的体制机制建设等重点工作，全行在短短三个多月的时间内，多措并举，夯实改革基础，提高改革质量，付出了巨大的努力，有效地推进了改革进程。

监督体系改革是一项艰巨复杂的系统工程，涉及面比较广。截至10月底，全行业务监督体系提前顺利完成新旧监督模式转换，实现由业务复审向质量控制与风险管理的战略转型。可以说，改革所取得的丰硕成果，与总行党委的高度重视、正确领导、周密部署密不可分；与全行各部门分工明确、积极配合、通力合作密不可分；与试点行的贡献密不可分，河南分行行长调研报告很好地总结了省行集中监督模式下的业务监督管理经验，其他各行也做了很多有益的探索；更是与广大员工无私奉献、顽强拼搏的敬业精神密不可分，改革的成就凝聚了全行上下广大员工的辛勤汗水和智慧。

（一）监督体系迎来历史性变革。监督体系实现战略转型。新监督体系以基于数据分析的监督模型作为识别风险的主要方式，彻底改变了“人海战术”的业务复审模式，实行了风险导向和流程导向的监督。风险导向的监督具备了主动发现风险、识别风险的能力。4—9月份共识别出传统监督模式下难以监测的82万多笔重大违规事件或风险隐患，涉及金额高达29万多亿元。今年发生的几起涉及内外部欺诈的案件，均被新的监督模型监测出来；某分行运用新监督流程成功监测并排查出三起金额总计近千万元的重大案件隐患。

监督效能大幅提升。在柜面业务实行全覆盖监督的情况下，监督资源占用大幅降低，日均手工监督业务量由895.8万笔降至5.4万笔，传统监督模式下存在大量无效监督工作量的情况得到根本扭转。8月份每万笔监督业务量发现风险事件近800笔，与传统监督模式下的1.7笔相比，风险识别能力实现了历史性飞跃；11月份更是提高到1 100多笔，再上新台阶，表明新监督体系具备了良好的自我调整和发展能力。

流程导向的监督推动了业务流程的持续改进。全行运用新监督体系先后提出业务流程建议三十余条，持续改进业务流程，着眼于事前、事中管理，力求从源头上增强风险控制能力。

资源配置优化效应充分显现。人力资源的优化配置是改革的必然结果。各行已累计净释放总会计和监督人员5 700余人，人员净释放率超过50%。超过2/3的人员充实至支行、营业网点等服务一线；部分人员转岗至二级分行管理部门，充实了管理队伍，加强了管理力量；少部分人员补充至后台处理中心，为下一步后台流程改进、资源优化奠定了良好的基础。随着省行集中模式的推行，最终将释放7 000人左右。

风险分级管理机制初步建立。为实行业务运营风险的分类控制和管理，设计了基于不同风险等级的准风险事件和风险事件核查、报告流程，确立了以性质、金额、频率为标准的业务运营风险分级分类机制。按照风险等级的不同，分别确定了相应的核查级次、核查流程、核查方式、核查人员和报告路径，明确了各级机构负责人、运行管理、内控合规和相关业务部门的风险管理职责，风险事件预警后“谁负责处理”、“如何处理”的机制初步建立。各分行、各相关部门围绕风险分级机制建设，积极采取多种措施，保证风险管理效果。河南分行构建起与业务主管部门的信息反馈联动机制，有力地贯彻了风险分级管理机制。

“直通式”管理能力有效提高。新一代监督系统使总行、省行具备了“透明式”跟踪、“直通式”管理的风险掌控力，可以直接监测到具体的网点、柜员的风险状况及其变化。总行据此进行了运营风险的监测分析，并进行定期通报。运营风险分析通报将各级机构面临风险威胁的现实状况进行数据量化，揭示其被风险事件冲击的严重程度；对全行风险暴露水平最高的前1 000名网点和柜员进行通报；提示各行要重视对网银集中开户、内部账户管理、客户开立多个账户、资金异动等高风险环节的管理，保障各项业务安全运行。湖北分行召开全辖范围的运营风险分析通报视频会，分析现状，找准重点，对风险突出的营业网点、柜员进行通报，强化了相关人员的风险意识、责任意识。尽管通报的准确性、针对性还需要进一步提高，但这是个很好的开端，要坚持下去。要通报一些实质性的问题，不要怕得罪人，一定要点名通报，不点名起不了作用，目的都是为了加强管理。

监督机制实现良性循环。新监督体系以风险评估功能为核心和纽带，实现了监测、质检、履职功能的有机互动和良性循环。系统监测、客户核实、质量检查、现场督查等多种监督方式互补、结果相互利用的新机制初步建立，以往监督资源之间缺乏沟通和协作的情况得到根本改变，既保证了监督范围的全面性，提高了监督效率，又能根据风险不断变化和迁移的特点持续调整监督重点，跟踪关注高风险对象，形成内控严密、协调有序的良性循环。

监督模型不断优化丰富。根据现在外部形势的变化，不断加快监督模型建设进度，提高新监督体系反应能力。10月份投产行内柜员接受大额汇款监测、客户申请网银证书后大额资金转出监测等12个监督模型。在运行管理部、信息科技部的共同努力下，部分模型从需求提出到投入使用仅用不到两个月的时间，新增模型投产后产生了良好的效果，进一步识别和消除了风险隐患，充分保证了业务监督的及时性。这12个模型都是根据今年内外部欺诈案情及时总结出来的。模型投产后，关键要抓准风险事件的核实，必须提高核查质量，确保能及时发现案件或风险隐患。

（二）继续深化监督体系改革。我们要认识到，虽然新旧监督模式实现了成功转换，监督中心已顺利过渡到风险监控中心，改革成效卓著，但新监督体系在理念养成、方式互补、核查质量、机制建设等方面的工作依然任重而道远，要着力抓好以下几个方面的工作。

以系统分级管理功能投产为契机，加强体制机制建设。纵观历年发生的内外部案件，都是在看似“正常”的关键环节存在疏忽或漏洞。新监督体系能够有效地识别风险，如果核查整改不到位，业务的安全运营仍然缺乏足够的保障。因此，各行、各部门要高度重视风险分级管理机制建设，切实提高风险事件的核查辨识能力。

系统风险分级管理功能即将投产。运行风险监控中心要严格按要求将准风险事件、风险事件报送内控合规部门，并按照不同业务线发送各业务管理部门。运行管理部门要及时将相应级别的风险事件报送行长、主管行长和上级运行管理部门。各行从一级分行行长开始，包括在座的各位主管行长，到支行、网点负责人和各业务部门，都要学会使用系统风险分级管理功能，每天都要关注、了解所辖机构的业务运营风险状况及变化。作为一级分行行长、各业务线的主管行长，要对重要的风险事件（一级分行关注的是一类风险事件，包括了对公业务500万元以上、个人业务100万元以上，还有部分频次高、性质特别严重的风险事件）有清晰的把握，跟踪关注各部门是否采取风险管理措施和措施执行情况。各业务部门必须于接收后的两个工作日内进行处理和报送。要特别强调的是，各业务部门的“处理”包含两层意思：首先必须对准风险事件从专业管理的角度进行必要的核查，及时发现风险和业务管理漏洞。其次必须对发现的问题及时采取有针对性的管理措施，消除风险隐患。内控合规部门必须切实履行准风险事件核查和跟踪督办的职责。

要加快推广电话核实功能和探索建立监控录像远程调阅流程，建立全面的内、外部风险事件核查机制。从近期发生的一些案件看，监督模型可以有效的识别风险，但是由于电话核实功能没有推广，外部核查机制不到位，缺乏有效的客户核查手段，导致风险事件识别后未能得到有效核查。要尽快落实集中式、通过“95588”外拨与客户核实风险事件的外部核查机制。总行保卫部、信息科技部和运行管理部要着手研究加快监控设备的升级改造，建立适应集中监督模式的监控录像调阅流程，丰富内部核查手段，保障监督效果。

要将业务运营风险管理系统打造成全行运营风险的管理平台，全行各专业、各部门都要运用这个平台来管理运营风险。全行要将业务运营风险管理状况纳入各行内控委员会的审议范围。现有的风险计量指标要作为内控评价考核的重要内容。要建立严格的奖惩机制。对未能认真履行风险分级管理职责、未严格执行内外部核查规定而导致严重后果的，要追究有关分行、部门和人员的责任。对尽职尽责，运用新监督流程发现、举报、堵截、制止案件或严重违规的，要进行表彰和晋升工资等级等奖励。

以会计凭证档案影像为平台，建立省行集中监控与二级分行集中核查整改相结合的运营模式。全行以二级分行为主的运行风险监控模式，在实际运行中由于组织模式层次较低，高素质风险管理人才资源难以共享，核查独立性不强，行与行之间的监督应用水平参差不齐，风险管控能力难以进一步提升。要尽快实施凭证影像监督，实现会计凭证电子影像在全行范围内的快速、精确、便捷调用，为省行集中监控模式作好充分准备。明年1月，全行新的会计档案影像管理系统将投产，总行将采取渐进式推广的方式，明年上半年完成全行推广。各行要结合业务实际，合理选择后台集中、网点集中或网点分散的影像采集模式，做好影像设备采购、组织模式调整、特色业务凭证梳理等工作，明年第一季度前各行要根据总行制定的改造标准、开发规则，完成特色业务应用的流程和平台改造。

为完成明年上半年省行集中监控模式推广工作，各行要及早做好机构筹建、人员招聘、设备配备等各项准备工作，特别是要选拔专业素质高、分析能力强的人员到省行运行风险监控中心。省行监控中心主要负责辖属机构的质检、监测、评估、通报及对核查质量的管理。省行监控中心的人员业务素质是关键。二级分行主要负责准风险事件的核查和风险事件的整改落实。各行要对已组建的二级分行运行风险监控中心进行必要的完善，作为二级分行附属机构或省行监控中心的派出机构，负责辖内准风险事件的现场核查、整改、对账和会计档案管理等工作。

以持续优化模型设计为重点，打造智能化的监督平台。模型设计不是一劳永逸的，需要不断的变化调整，需要持续的训练、优化、提高。总行将成立专门的模型设计团队，挖掘风险事件数据，深入研究客户交易习惯，创新模型监测规则，采取模型拆分细化或优化模型参数值等方式，不断提高监督模型的针对性，更加直观地展现风险特征。要深入落实风险快速响应机制，个人金融、电子银行、结算与现金管理、银行卡业务等各业务部门要及时关注风险变化，提出所辖专业的业务监督需求，运行管理部要及时分析需求，设计模型，信息科技部要继续加大支持力度，实现需求的即时提交、即时开发、即时投产。各行也要认真总结分析模型使用效果，深入研究新情况、新问题，及时向总行提出模型改进和监督规则的优化建议。要始终将监督模型的研发和优化贯穿于监督流程的始终，不断完善搜索引擎等功能，优化系统操作流程，建设智能识别、高效运转、运行稳定和快速响应的系统平台。

以监督队伍建设为根本，提升监督管理水平。新监督体系从监督理念、监督内容、监督流程、监督方法等多方面均有较大创新和突破。要将提升风险分析评估能力作为一项重要的长期工作任务来抓，既要做好结果的监控，又要做好趋势的分析。要注重数据的积累与分析利用，对统计分析类的准风险事件，要特别关注不同机构、不同时间段、不同柜员呈现出的特点，按照不同标准进行分析，及时发现风险异常变化。要按照风险暴露水平、风险度、风险率等不同维度，对所辖机构进行综合排名，通过定期通报，聚焦高风险业务，定位高风险网点和柜员，实施重点跟踪管理。

全新的监督模式对监督人员的素质提出了更高的要求。总行将配备专门的团队和人员力量，继续开展全行业务运营风险的分析评估和整改跟踪落实工作，持续强化总行直接监控各级机构运营风险的能力，各行也要切实加强这一方面的力量配备。要建立以风险识别能力为核心评价标准的监督业务考核体系，督促监督人员彻底转变风险管理理念，提高风险识别能力。要建立分层次、标准化、规范化的监督人员认证体系，提高监督人员的风险管理能力。要加大对风险评估岗、监理岗等业务骨干和高端人才的培训。运行督导员与运行风险监控中心督查岗分别承担着业务运行检查与运营风险核查的职责，运行督导员将来可能承担的检查范围更广、内容更多、任务更重，要高度重视并切实加强两支队伍的建设，以确保检查质量，提高风险事件核查能力，持续提升内控管理水平。

三、切实肩负起改革重任

远程授权改革和监督体系改革是全行强基固本的重大工程，是总行运用可持续发展理念倾力打造的全新发展模式，对于全行实现经营模式和增长方式的根本转变具有重要的战略意义。全行要增强责任感和使命感，高质量、高效率地完成运营改革。

（一）增强紧迫感。当前风险管理形势异常严峻，监管标准日趋严格、监管压力日益加大，需要商业银行具备更加优秀的运营风险管控能力。工商银行要实现更高水平的发展，克服人力资源配置不合理、人均经营绩效不高等发展瓶颈，破解支撑业务发展的各种资源约束，需要不断深化经营战略转型；运行管理体系也要及时转变，积极适应新的变化，应对新的挑战。运行管理工作本身面临着有限的运营支撑能力与无限的业务发展需求之间的矛盾，面临着有限的运行管理资源与不断增长的风险管控压力之间的矛盾。只有不断加大业务运营领域的改革，坚持走全新的、内涵式的可持续发展道路，才能解决面临的挑战和困境。从运营改革自身看，远程授权改革离全面完成仅有不到一年的时间，监督集约化进程仅有半年左右的时间，两项改革都还有大量繁重的工作需要落实，任务异常艰巨。同时，改革在各行之间还存在进度、质量上的不均衡；部分行对远程授权推广工作未给予足够的重视，改革进程缓慢；部分行对监督体系改革理解不深，制约了新监督体系风险管理功效的有效发挥。为此，我们要有强烈的危机意识，要有紧迫感。

（二）提升执行力。运营改革是一个目标，更是一个过程，增强执行力是贯彻总行运营改革战略意图的关键。各行要在深刻领会总行改革思路的基础上，严格按照总行统一部署，坚定不移地推进各项具体工作。其一，要明确改革目标。要对改革的工作任务、推进步骤、改革进程做到“心中有数”。其二，要明确改革分工。要将改革任务有机分解、落实到各部门和个人，建立强有力的督办机制和奖罚分明的考核机制。其三，要明确改革标准。要严格按照总行运营改革方案，扎实推进各项工作，根据不同改革进展阶段的质量要求实施目标化管理。其四，要明确改革时限。要将改革工作进度细化，一项一项抓落实，严格按照改革时间表把每一项工作落到实处。其五，要加强调查研究，组织人员深入到改革一线，密切关注改革过程中出现的各种问题，及时协调解决，扎实做好运营改革基础工作。

（三）打好攻坚战。远程授权改革和监督体系改革都是综合性、基础性的改革，实现预定目标，达到预期效果，不是一时之利，一日之功。一定要拿出打攻坚战的勇气、决心和信心，投入足够的精力、拿出强有力的措施推进运营改革工作，确保改革任务圆满完成。第一，领导要重视。要加强组织领导，“一把手”、分管行长要亲自抓，切实承担起组织协调相关部门的职责，合理调配改革资源，为改革推进提供有力保障；要采取有力措施，充分发挥各行、各部门乃至每一名员工的积极性、主观能动性和创造力。第二，要有机联动。运行管理、人力资源、财务会计、信息科技、电子银行、保卫等各相关部门要齐心协力，相互支持，充分发挥改革推进合力，加大在系统建设、机构组建、人员配备等方面人、财、物的投入，统筹安排改革推广、体制机制建设、资源整合等相关工作。第三，要做好人员优化配置。人力资源优化配置工作是运营改革的关键环节之一。目前改革已净释放人员超过 8 700 余人，随着改革的深入，还将陆续释放近万人。各行要深入总结成功经验，组织好人力资源优化整合工作，积极稳妥地做好人员安置和岗位调整工作，要留住、吸引骨干人才，确保改革安全平稳进行。第四，要总结提高。各行要在坚持改革总体原则和方向的基础上，大胆实践，不断总结、完善改革措施。既要总结自身成功经验，又要积极借鉴、学习先进行的成功经验，寻找自身的不足，加快改革进度。第五，要加强督导。要督促辖属分行切实参与、真正深入到改革进程中去，改革任务布置后，要跟踪工作进度、质量，保质保量地实现改革目标。

（四）坚定必胜心。尽管运营改革前进的道路上面临诸多挑战和困难，但我们也要充分认识到运营改革正面临前所未有的有利形势，要充满必胜的信心和决心。我们的信心和力量来自总行党委、行领导对运营改革工作的科学判断和强力支持，以及各相关业务部门的密切合作和积极配合；来自前期改革实施过程中所建立的良好的舆论环境，浓厚的改革氛围；来自已经制订并实施的明确具体、切实可行的实施方案，以及推动运营改革前进的一系列卓有成效的举措；来自监督体系成功转型后不断提高的风险识别能力及监督效率，不断增强的风险防控能力；来自远程授权改革推广取得的阶段性成果，所积累的宝贵经验；来自全行运行管理队伍在改革攻坚中所体现出的勇于变革、敢于创新的精神风貌。只要我们坚定信心、扎实工作，就一定能够推动运营改革又快又好地发展，取得改革的成功。

希望这次座谈会后，全行更加重视改革推进工作，进一步增强自觉性和坚定性，集全行之力、聚全行智慧，抓紧行动，狠抓落实，着力解决影响和制约运营改革进程的突出问题，全面完成远程授权改革，继续深化监督体系改革，促进创新型、价值型运行管理体系的建设，推动我行在建设“最盈利、最优秀、最受尊重”的国际一流商业银行的新征程中实现更大的发展。

鼓足干劲　迎难而上
积极推进新形势下的全面风险管理体系建设

——在中国工商银行风险管理工作会议上的讲话①

魏国雄

（2009 年 2 月 14 日）

这次会议的主要任务是，认真贯彻落实全行发展战略研讨会和年初工作会议精神，总结 2008 年全行风险

① 根据录音整理。

管理工作，深入分析当前我们面临的形势，全面安排部署2009年风险管理各项工作。下面我谈三方面的意见。

一、2008年的风险管理工作取得了显著成效

2008年，风险管理工作以建设国际一流商业银行风险管理为目标，以推进风险管理制度创新和技术创新为主线，围绕全面风险管理、风险量化管理、特殊资产处置三大业务领域，不断创新风险管理方法和措施，圆满完成了年初制定的各项目标任务，向总行党委、董事会交出了一份令人满意的答卷。

（一）全面风险管理工作再上新台阶。一年来，全行各级风险管理部门立足工商银行的长期稳健发展，积极探索创新，不断完善全面风险管理体系，全面风险管理工作迈上新台阶。

一是基本形成了具有工商银行特色的全面风险管理制度体系。印发了《全面风险管理框架》、《风险限额管理办法》、《风险管理评价办法》等多个全面风险管理的政策制度，制定了工商银行首个风险管理三年规划，加上已经实施的《风险报告制度》、《风险管理委员会章程》，全面风险管理的制度体系进一步健全。

二是风险管理委员会运转顺畅。2008年，总行和各一级（直属）分行风险管理委员会累计召开481次会议，审议全面风险管理的各类议题328个，审议全面风险管理的政策制度175项。各级行风险管理委员会秘书处及时组织提请风险管理委员会审议重大风险管理事项，认真履行工作职责，定期总结报告委员会决议及风险管理任务执行情况，完善了委员会决议执行督办机制，保障了委员会的高效运作。北京、河南、广东、苏州、深圳等分行风险管理委员会运作和秘书处工作开展较好。

三是全面风险管控作用得到提升。《风险管理评价办法》实施后，大多数分行能够根据评价结果，主动查找本行风险管理的差距，及时研究制定整改措施。30家分行已将评价结果纳入分（支）行长绩效考核体系，对提升分行风险管理水平起到了重要作用。河南、陕西、内蒙古等分行结合风险评价结果和分析查找的问题，制定了完善全面风险管理的针对性措施。

四是风险报告工作取得新的成果。2008年，通过建立重点联系行制度和外部专家制，拓展专题报告研究领域，进一步创新了风险报告工作机制。各类风险管理报告互相支持、互为补充，较好地发挥了反映风险、评估风险、提示风险和预警风险的作用。一年来总分行共完成各类风险管理报告363篇，其中，专题风险管理报告210篇，比上年增加了90篇，报告质量和分析水平也有了新的提升。上海、广东、江苏、浙江、陕西等重点联系行积极履行牵头行和协办行职责，认真配合总行完成了表外业务、贸易融资等专题报告的编写工作；安徽、内蒙古、天津、云南、深圳等分行在报告工作机制、报告的内容和形式等方面都有一定的创新。

（二）内部评级法项目开发与成果应用取得显著成果。2008年，非零售内部评级法客户、债项评级成果已开始应用于风险管理的全流程，零售内部评级法项目开发取得较大进展，全行信用风险量化管理能力有了新的提升。

一是非零售内部评级量化结果在风险管理全流程开始发挥作用。客户评级优化系统平稳运行，客户评级结果的准确率显著提高。债项评级及客户RAROC系统顺利投产，实现了对每笔债项违约损失率的计量，为风险量化结果在风险管理全流程运用搭建了良好的信息平台，为我行实施内部评级法高级法奠定了坚实的基础。积极推进压力测试工作，围绕宏观经济衰退、房价下跌、金融危机冲击等情景积极开展压力测试分析，并开发了基于内部评级量化结果的压力测试模型。

二是零售内部评级法计量开发工作进展顺利。零售内部评级项目为我行个人贷款和信用卡客户提供了一整套科学的客户评分、资产池划分、违约概率计量等手段，相应的评级系统建设工作基本完成。全面开展了零售内部评级法项目成果推广应用培训，实现了对全行零售信贷风险计量知识的普及。

（三）市场风险管理工作快速推进。2008年，围绕国内外金融市场的变化情况，积极加强市场风险监测分析，梳理完善市场风险管理基本制度和信息系统，扎实推进市场风险管理各项基础工作。

一是加快构建市场风险管理制度体系。按照市场风险管理流程和主要风险类型，出台了市值评估、市场风险识别、计量、限额管理、风险报告、应急管理和利率风险、汇率风险等系列制度，搭建了全行市场风险管理制度框架，为做好下一阶段的市场风险管理工作奠定了良好的制度基础。

二是加快建设市场风险管理信息系统。投产市场风险管理核心系统，实现了在险价值（VaR）计量。启动具有自主知识产权的金融市场业务与风险管理自主研发项目，构建完成VaR计量方法论，建立了产品控制的技术方法，使我行市场风险计量与产品控制能力有了新的提升。

三是围绕全球金融市场波动对我行的影响，积极加强了市场风险监测、分析和控制。通过市场风险日报、季报和专题报告等多种形式，跟踪市场动态，分析金融危机对我行的影响，初步构建了市场风险报告体系。实施了市场风险限额管理，形成了覆盖总分行、涵盖多项业务的市场风险限额管理体系。

四是规范和加强分行市场风险管理工作。各分行已初步建立了限额执行监控与报告机制，市场风险限额指标已纳入日常风险监控管理。部分分行风险管理部门承担了市场风险管理委员会秘书处职能，尝试开展市场风险分析报告，结合自身业务特点，积极跟踪国内外金融

市场变化情况，加强对市场风险的分析，提高了对市场风险的预判能力。

（四）操作风险高级计量法项目顺利启动。

一是做好操作风险高级计量法启动前的各项准备工作。按照2010年初步完成系统开发和2013年全面实施的整体规划，制订了工程规划方案。对我行操作风险监管资本进行定量测算，分析各种算法对我行资本充足率的影响。组织项目招标及评审会，确定咨询公司。起草《操作风险高级计量法项目管理规定》，保障项目顺利进行。

二是完成操作风险高级计量法项目第一阶段的差距分析工作。依据《巴塞尔新资本协议》、银监会关于实施操作风险高级计量法的基本要求和国外银行的实践经验，提交差距分析报告，查找工作不足并提出改进建议，编制了项目实施计划和时间进度表。

三是开展操作风险高级计量法项目第二阶段工作。起草操作风险管理框架，初步完成操作风险标准法达标评估，组织起草风险与控制自我评估（RCSA）的制度文件，编制《操作风险高级计量法模型构建整体方案》和《操作风险高级计量法项目系统框架图》，研究了操作风险高级计量法项目成果的应用方案。

（五）不良资产清收处置工作再创佳绩。2008年，全行累计清收处置不良贷款596.13亿元，完成全年任务的132.47%。年末全行不良贷款余额（集团口径，下同）为1 044.82亿元，较年初下降72.92亿元；不良贷款率为2.29%，较年初下降0.45个百分点。各级行在不良贷款清收处置过程中努力提高回收率，累计实现拨备回拨143.52亿元，为全行质量和效益的双提升作出了贡献。广东、河北、山东、河南、辽宁、黑龙江、广州、吉林、北京9家分行清收处置不良贷款均超过20亿元，超额完成了清收处置任务。广东、辽宁、河北、黑龙江、河南等27家分行实现了不良贷款额和不良贷款率的双下降。

一是综合处置不良贷款成效显著。全行充分发挥现金清收、以物抵债、呆账核销、重组转化等各项措施的效能，深入挖掘不良贷款清收处置潜力，取得良好成效。累计现金清收不良贷款241.31亿元，占清收处置总额的40.48%，完成全年现金清收计划的120.66%。累计抵入抵债资产48.83亿元，处置抵债资产62.41亿元，较好发挥了抵债资产清收处置不良贷款的通道作用。努力抓住新呆账核销政策出台的有利时机，积极稳妥地组织呆账核销项目，严谨有序地推进审查审批工作，取得突破性进展，累计核销呆账121.87亿元，较去年增加40.65亿元，同比增长50.05%；完成全年计划的174.10%。广东、河南、上海、黑龙江等分行均衡组织核销项目，核销申报工作稳妥有序；新疆、四川、辽宁、河北等分行核销组卷规范、核销材料齐全。

二是大额不良贷款清收处置效果明显。各级行认真落实领导挂帅清收制度，以处置预案为清收处置大额不良贷款的突破口，行级领导全程参与重大项目谈判和预案制定，积极开展上下联动。累计处置5 000万元以上大额不良贷款263.51亿元，占法人客户不良贷款处置总额的60%；着力解决了一批老大难问题，实现了清户126户、清收不良贷款149.47亿元。辽宁、河北、河南等分行领导挂帅清收成效明显；山东分行建立对口联系机制，全程指导贷款行协调解决工作中遇到的困难；广东分行实行客户经理派驻制，专职协助二级分行开展大户攻坚，增强了基层行不良贷款清收处置工作的领导力量。

三是不良贷款管理制度建设与业务检查全面推进。结合不良贷款管理与清收处置工作中出现的新情况和新问题，在全面梳理相关制度基础上，对股改前制定的法人客户不良贷款管理办法进行了修订，研究起草了个人客户不良贷款管理办法；根据财政部新的呆账核销管理办法，及时修订我行法人及个人客户《呆账核销管理办法》与《账销案存资产管理办法》；根据财政部关于金融机构地震灾区不良贷款重组和减免有关问题的通知要求，出台《关于落实地震灾区不良贷款重组和减免工作的实施意见》，积极支持地震灾区重建和恢复生产，维护了负责任大行的良好形象。组织对四川等8家分行2007年度不良贷款处置业务的专项检查，共检查各类处置项目4 361个、金额226亿元，对不良贷款处置业务的依法合规开展起到了积极的促进作用。

四是不良资产管理系统开发应用工作取得新的进展。总分行团结协作，建成并在全行投产了不良资产管理系统，系统覆盖了法人、个人不良贷款、抵债资产和账销案存资产管理的全过程，使我行率先实现了对信贷、非信贷，法人、个人，表内、表外特殊资产全环节、全部处置方式的信息化管理，对规范我行特殊资产处置行为、提高处置效率和管理水平具有重要意义。北京、河北、山东、山西、辽宁等分行积极参与系统建设，认真做好投产组织和应用管理工作，为推进不良资产管理信息化建设作出了贡献。

五是两年以上账龄抵债资产和各类历史遗留问题的清理工作取得显著成效。总分行上下联动，对两年以上账龄抵债资产进行逐笔调查和分析，清理处置存量及新增两年以上账龄抵债资产251笔、23.6亿元，2008年末余额较年初减少了68%。全行累计清理完毕股权投资等特殊资产24笔，特殊资产处置率达到98%以上，剩余的7笔正在处置过程中，有望在2009年彻底清理完毕。完成了2笔、3.75亿元委托持股股权的清理处置工作；积极推进第二批军工企业债转股资金清算工作；妥善推动江苏、广东、辽宁等分行剥离遗留问题的解决。

六是不良贷款监测工作机制不断创新。各级行进一步完善了贷款质量监测体系，实现了监测视角由事后监测向事前预警的延伸，监测范围由境内分行口径向境外机构的延伸。建立了重大突发事件快报、重点分行风险提示等风险监测工作机制，及时对国内外影响我行贷款质量的重大突发事件作出反应。优化了贷款质量监测月报体系，调整完善了监测维度，充实了监测月报内容。监测分析实现了按日、月、季等不同监测时点的有机结合，定期监测与实时监测的有机结合。新疆、上海、云南、深圳等分行坚持对不良贷款进行月度监测分析，为不良贷款管理和清收处置工作提供了有力的信息支持。

一年来，全行风险管理战线的同志们不畏艰辛，积极努力，以高度的责任心和使命感出色地完成了2008年的风险管理各项任务。在此，我代表总行向大家、并通过你们向全行风险管理战线上的同志们表示衷心的感谢。

二、当前风险管理工作面临的挑战

当前国际国内经济金融形势复杂多变，全行风险管理工作正面临前所未有的严峻挑战。

（一）不良贷款上升压力较大。2009年将是股改上市以来不良贷款清收处置任务最重的一年，在复杂的外部环境压力及不良贷款余额逐年下降的情况下，完成清收处置任务的难度更大。一方面，国际金融危机持续蔓延，我国经济增速下滑风险加大，相当部分企业出现经营困难，不良贷款劣变风险突出。另一方面，受宏观经济环境影响，企业资金短缺导致现金清收率下降，成本提高，不良贷款处置进度放缓，履约不确定性增加，再加上不良贷款的大额化、集中化趋势加剧，不良贷款清收处置工作的难度进一步增大。

（二）分行全面风险管理工作还有待提升。目前全面风险管理制度体系已基本形成，在现有制度体系中，分行全面风险管理工作抓手有限，无法切入业务流程，难以发挥事前和事中的风险防控和管理作用。如何进一步落实好制度并创新拓展全面风险管理职能、整体提升全面风险管理效能、更好地发挥对全行整体风险的管控作用，是总分行全面风险管理工作面临的主要挑战。

（三）2010年实施新资本协议高级计量法任务艰巨。董事会明确要求“2010年我行要成为国内首家实施新资本协议的银行”，2009年是实现这一目标的关键一年。我行在内部评级体系验证、应用等方面与监管要求相比还存在一定差距，内部评级模型还将经受经济周期数据的检验。全行尚未建立独立的风险量化模型验证队伍，相关的制度、系统也处于规划设计阶段；内部评级结果在风险管理全流程应用的深度和广度还有待进一步加强，违约概率、违约损失率等风险量化参数尚未在贷款定价、信贷审批、拨备计提、经济资本计算、业绩考核等各项业务中得到实质性运用；我行基于历史数据开发的各类风险量化模型将面临经济周期的考验，如何更加准确、有效地揭示经济下行期各类客户的违约风险，对我行内部评级模型提出了较大的挑战。操作风险资本计量工作是一个难题，我行在操作风险损失数据积累、模型开发和经验借鉴等方面也面临较大挑战。按照实施新资本协议的规划，风险量化及应用工作时间紧，任务重，涉及面广，需要各相关部门进一步加强合作，共同推进。

（四）市场风险管理水平的提升更加紧迫。未来国际经济金融形势变化还存在许多不确定因素，金融危机的发展尚不明朗。当前，我行金融市场业务已经基本融入了全球金融体系，面对纷繁复杂的国际金融形势，亟待建立一套与业务发展相适应的市场风险管理体系。与国际先进银行相比，我行市场风险管理工作还存在较大差距，缺乏对金融市场产品的自主定价能力以及有效的市场风险对冲和控制手段，市场风险的计量方法还比较单一，分析预判能力还有待加强。在人才队伍的建设方面，我行需要加快建立一支专业化的市场风险管理人才队伍。在国际化战略的实施过程中，我行金融市场业务的交易管理亟待完善，市场风险管理水平急需提升。

尽管面临许多压力和挑战，但我们也具备做好风险管理工作的多方面有利条件。第一，总行党委、董事会一直十分关心和重视风险管控，在风险管理工作创新、制度完善、系统开发、队伍建设等方面给予了强有力的支持。第二，国家近期连续出台了多项促进经济增长的措施，并赋予金融机构开展贷款重组与减免的新政策，为加快不良贷款清收处置创造了条件。第三，近年来我行始终坚持稳健发展战略，风险抵补能力逐年提升，为风险的及时消化提供了充足的财务资源。2009年不良贷款清收处置任务增加，但现金清收任务下降，呆账核销规模增加，不良贷款清收处置在方式选择上更加灵活。第四，在近年的风险管理改革创新中我们锻炼了一支作风过硬、甘于奉献的高素质队伍，这是我们努力做好下一阶段风险管理工作最为重要的基础。在总行党委、董事会的正确领导下，我们有能力和信心按照全行改革发展的总体部署，落实好风险管理三年规划的要求，扎实做好2009年各项工作，努力开创全行风险管理的新局面。

三、2009年风险管理的主要工作

2009年全行风险管理工作主要有以下8项目标：

——清收处置不良贷款500亿元以上，其中现金清收160亿元，呆账核销150亿元；

——不良贷款余额稳定在1 040亿元左右，不良率降至2.05%以内；

——实现不良贷款处置拨备回拨80亿元；

——进一步提升全面风险管理效能；

——推进内部评级项目成果的全面应用；

——加快市场风险内部模型法工程建设；

——完成操作风险高级计量法方法论和系统初建；

——做好新资本协议达标银行申报前的准备工作。

为实现上述目标，全行需要着力做好以下四个方面的工作：

（一）强化不良贷款管理，加大清收处置力度。

1. 确保全行信贷资产质量的持续改善。2009 年，为保持我行不良贷款余额的稳定和不良贷款率的下降，各级风险管理部门要牢牢把握全行经营管理的大局，强化不良贷款的精细化管理和清收处置工作力度。一是要进一步加强高风险区域不良贷款管理。总行将重点督办不良贷款余额 30 亿元以上的分行以及亿元以上大额不良贷款的清收处置工作；各一级（直属）分行要重点督办营业部及不良贷款占比在 10% 以上的二级分行。清收处置任务较重的二级分行，行长要亲自抓，主管行长要把主要精力放在清收处置不良贷款上来，真正做到人员、机制、任务、责任四落实。二是不良贷款占比高于全行平均水平的分行，要制定不良贷款率下降的具体目标和工作方案。2009 年末，吉林、四川、黑龙江、新疆、青海分行不良贷款率要降至 5% 以内；河北、湖南、辽宁、河南、陕西、甘肃、大连、江西分行不良率要降至 3% 以内；不良率在 2% 以下的分行对新发生不良贷款要及时清收，坚决防止不良贷款反弹。

2. 提升风险监测及预警水平。一是加强对不良贷款全方位、全流程的系统性监控。各行不仅要监测存量不良贷款，也要对不良贷款的变动趋势作出准确的判断。要充分利用不良贷款管理信息系统逐户、逐笔对不良贷款的转入、管理和处置进行动态监测，随时掌握其预案管理、结构形态、拨备提取、市场价格的变化情况，分析把握清收处置的最佳时机。总行将对各行不良贷款管理情况进行逐户、全流程监控，对预案管理较差、清收进度偏慢的分行进行通报。二是前移不良贷款管理关口。各分行风险管理部要重视潜在风险贷款的管理，特别是要加强对关注三级贷款的监测、分析和预警，会同信贷管理、公司业务等部门及时筹划转化和清收处置措施。三是加强不良贷款成本管理。建立不良贷款拨备变化情况监测分析与考核机制，及时计量不良贷款清收处置对拨备，乃至对全行经营绩效的影响。四是充分应用内部评级法成果，对信贷资产质量及风险状况进行科学的监测与评价。

3. 综合运用多种清收处置方式，确保完成不良贷款清收处置任务。一是要继续加大现金清收力度。各级行要充分运用减免表外欠息对现金清收不良贷款的杠杆作用，加大对还款免息协议的执行力度，努力提高还款免息对清收处置的贡献度。二是要及早部署呆账核销工作。各行对损失类贷款要逐户进行详细分析，摸清核销要件完备情况，并采取有针对性的措施完善核销手续。对拟核销项目要从年初抓起，落实到户、责任到人，积极协调法院、当地政府和相关当事人的关系，推动法律程序的进程，尽快诉讼终结一批、执行终结一批，对符合条件的核销一批，梯次有序推进呆账核销工作，避免出现在季末和年末集中申报核销的情况。四川、河北、浙江、广东、山东等不良贷款余额较高的分行，要加大呆账核销工作力度，努力改善资产质量；辽宁、河北、吉林等损失类贷款较多的分行，要积极采取措施，尽快核销贷款损失。要加强呆账核销业务培训和指导工作，充分利用新增加的核销政策，积极组织核销项目，确保按期完成全年 150 亿元的呆账核销任务，通过呆账核销方式带动整体清收处置工作。三是要继续发挥以物抵债的通道作用，坚持资产抵入和资产处置“两手抓”。要选择优质资产抵入，并确保在两年内处置完毕。要彻底清理存量两年以上账龄抵债资产，进一步改善抵债资产质量。四是要加强账销案存资产管理和处置工作，特别是按照诉讼中止类、强制执行类和追索类政策核销的呆账项目，要落实专人继续追索，最大限度地维护我行权益；对于尽职追索后清收无望、符合出账条件的账销案存资产要尽快办理销账手续。

4. 突出抓好大额不良贷款集中处置工作。一是坚持行领导挂帅清收大额不良贷款的工作制度，各级行领导作为大额不良贷款清收处置的第一责任人，要继续参与重大项目谈判协商，统筹资源，协调解决阻碍处置项目进展的核心问题。二是对大额不良贷款实行名单制动态管理。总行将继续对全行大额不良贷款清收处置情况按月监测、按季通报。各分行更要对辖内每一户大额不良贷款措施到位、责任到人，狠抓处置预案的执行与落实并对应建立有效的考核激励机制。三是加大对大额不良贷款清收处置预案的制定与实施力度。对已有处置预案的项目，要重点跟踪督办，狠抓落实；对尚未制定处置预案的项目，要尽快制定切实可行的处置预案。四是采取管理集中和处置集中的措施，管理行直接提出清收处置思路、制定清收处置预案、实施清收处置方案，通过提升管理层级，统筹调配资源，加快清收处置进度。

5. 作好实施不良贷款处置新政策的准备。一是认真研究国务院最近出台的关于中小企业贷款重组与减免新政策，积极做好处置创新的各项准备工作。各行要认真贯彻好国家政策的要求，同时也要注意防止企业借机逃废银行债务；要对全部不良贷款，特别是中小企业不良贷款，提前进行逐户摸底排查，逐笔测算预计回收率，尽早安排充足的财务资源，及时在不良贷款管理信息系统中录入并更新相关信息，做好清收处置的配套准备工作。二是用好财政部关于地震灾区不良贷款减免的政策。四川、陕西和甘肃分行要按照总行下发的《关于落实地震灾区不良贷款重组和减免工作的实施意见》，对符合条件的项目加快组织材料并申报审批。

6. 加强不良贷款制度建设与监督检查。一是要在进一步修改完善相关内容基础上，尽快印发法人与个人客户《不良贷款管理办法》、《呆账核销管理办法》及《账销案存资产管理办法》，提高我行不良贷款与账销案存资产管理水平。二是及早研究中小企业贷款重组、减免政策，加强与财政部等相关部门的联系，作好政策出台、实施细则制定等相关准备，争取早部署、早安排、早见效。三是继续做好不良贷款处置业务检查，重点检查呆账核销业务与账销案存资产管理情况，争取全年完成对10家一级（直属）分行2008年度呆账核销与账销案存资产管理情况的检查。四是强化贷款风险敏感性监测，应用好压力测试的结果，对重点区域、行业和产品风险进行预警报告，完善突发风险事件的应对机制，有效控制和化解贷款风险。五是充分发挥不良资产管理系统的功能，抓紧实现特殊资产处置业务审批无纸化和报表生成自动化，进一步提高不良资产管理水平。

（二）深化全面风险管理体系建设。

1. 进一步提升全面风险管理工作水平。一是进一步发挥风险管理评价的作用。评价靠后的分行要做好整改工作，上级行要全面进行督促落实；尚未纳入行长绩效考核的分行要将风险管理评价纳入考核；一级分行要继续研究适用于二级分行的合理有效的风险管理评价指标体系。二是做好风险限额管理制度的执行工作。各行要制定限额制度实施细则，更有效地发挥限额对各类风险的管控作用。三是发挥风险管理规划对分行风险管理工作的统筹作用。总行针对未来一段时期的形势变化和长远目标，制订了全行风险管理三年规划。分行也要根据总行整体规划，制定本行规划，以把握整体方向，保证各项风险管理工作稳步有序推进。四是要加强对重点业务、新业务的风险分析工作。总行正在汇编整理总分行近两年的专题分析报告，将提供一级、二级分行参考。各一级分行也要针对不同二级分行的风险特点确定适宜的重点题目，督导二级分行做好分析报告工作。五是进一步提高风险管理委员会运作质量，要从议题质量、审议质量、决议执行质量等方面入手，切实提高风险管理委员会的决策作用和风险管控作用，总行也将进一步完善对分行委员会运作的考核指标体系，引导分行更加重视会议质量。六是梳理集团全面风险管理制度现状，抓好适用于境外机构的制度落实，研究将境内机构风险管理制度及系统向境外机构延伸，做好并表管理工作，进一步提高集团层面的风险管控能力。

2. 深入开展风险报告工作。一是增强主观能动性，挖掘报告工作潜力。在当前复杂多变的外部环境下，各分行要紧密结合本级行经营管理情况及风险状况，准确判断本行面临的主要风险，对重要业务、产品的风险状况作出独立、客观的判断，并且把重点放在风险预测、趋势分析、管理建议上，通过全面报告、专题报告、要情快报等各种形式，按时、保质、保量向本行管理层和上级行提交风险管理报告。各级行风险管理部门要积极开拓风险报告工作思路，深入开展调查研究，改变过去以组织相关部门撰写报告为主的工作方式，以独立的风险视角开展风险报告与专题分析，为风险管理决策提供依据。二是进一步完善风险报告工作机制。要深入推进重点联系行制度，增强总分行联动。要进一步完善包括风险监测报告、风险评价报告、风险分析报告、风险测试报告等在内的风险报告体系，使风险报告涵盖全行经营管理所有重要方面。总行将调整并扩大重点联系行范围，更好地发挥分行贴近基层的优势。围绕当前热点问题开展风险报告工作，各一级分行也要把重点联系行制度向下延伸到二级分行层面，深入反映和报告基层行业务风险。广泛引入外部专家制，提升风险管理专业研究能力。各分行要充分利用专业部门信息和业务分析报告，以及传媒信息、研究报告等内外部资讯，加强对本地区经济、金融、重点行业、重要资源价格等信息的积累工作，拓展信息来源渠道，敏锐捕捉市场变化，同时提高对行内系统和外部数据的查询、应用能力，为风险分析与预测提供依据。完善风险报告的落实反馈等后续工作机制，加强执行、反馈、督导工作，真正发挥风险报告保障和促进业务发展的作用。

（三）梯次推进风险量化管理工作。

1. 深化信用风险量化成果的应用。

一是全面推进信用风险内部评级法项目成果应用。要加快个人客户内部评级系统开发进度，确保个人贷款评级系统2009年2月投产，信用卡评级系统4月投产，全面实现个人客户内部评级自动化运作和电子化计量，全力支持评级结果业务应用。正式投产债项评级及客户RAROC系统，根据内部评级应用的要求及时调整贷款定价、信贷审批、经济资本计量、风险拨备等相关业务的政策、制度与流程，在审批决策时，引入风险调整后收益率、EVA等更加客观量化的指标，对于风险大或风险虽小但利率不达标的业务，要在全面考虑客户的综合贡献度的基础上，从严进行审查；统一单笔业务经济资本的计量标准，将基于违约概率、违约损失率量化结果计量的非预期损失，作为单笔业务占用经济资本的基础；及时调整组合风险拨备的计提方法，将客户RAROC系统计量的每笔贷款的预期损失作为组合拨备计提的依据之一，实际计提组合风险拨备在分行层面的分配以预期损失额占比为基础。建立内部评级验证体系，持续验证优化评级模型，确保评级模型准确、稳定和审慎。加强衍生产品交易对手信用风险管理，准确计量违约敞口，合理确定客户限额占用、监管资本及衍生产品价格。建立内部评级监测和报告机制，定期报告、揭示、预警信用风险状况和风险调整后收益状况。

二是充分发挥各分行风险管理部门在内部评级成果推广应用中的有效作用。法人客户方面，要定期分析客户评级分布与迁移情况、新增贷款的定价达标和风险调整后收益情况、所有贷款的经济资本占用与风险拨备计提情况，对潜在风险贷款和客户提前进行风险预警与监测。个人客户方面，要做好系统投产和日后评级运作工作，实施评级监控，持续监测报告系统运行情况、评级结果异常情况等；要根据总行规定细化业务应用方案和运作流程，推进评级量化结果在零售业务经营管理中的应用，定期报告评级应用情况；要及时开展风险监测、分析和反馈工作，完善个人客户风险监控体系，发挥风险揭示预警作用。

三是建立压力测试的日常工作机制。制定压力测试管理办法，对各类风险压力测试情景、流程、频度和报告路线等内容进行规范。按期投产压力测试系统，各分行要配合总行积累本地区经济下行周期数据。配备专职人员，逐步建立压力测试工作的高素质队伍。结合最新的经济发展动态和本地区的风险特征，有针对性地开展压力测试工作，并建立压力测试结果应对反应机制，根据测试结果及时调整信贷投向，优化资产组合结构。

2. 加速推进市场风险管理工作。一是全面启动市场风险内部模型法建设。进一步健全市场风险计量、分析与控制体系，完善市场风险管理政策、制度与流程。力争2009年底完成VaR计量、定价模型、压力测试、回溯测试和基础数据库等核心功能的开发工作，搭建市场风险管理技术平台，逐步满足市场风险管理定量和定性两个方面的要求。二是要在市场风险分析、监测和控制上取得新进展。目前对债券的监测分析已经取得了一定成效，下一步要在外汇交易和衍生产品的监测、分析和报告上取得进展。抓好市场风险限额的管理工作，提高限额监控的时效性。

3. 有序开展操作风险资本计量工作。一是做好操作风险标准法达标工作。完成差距分析，完善管理制度，明确计量标准，使计量结果合理反映我行操作风险水平。二是推进操作风险高级计量法项目开发。明确内外部损失数据的收集和验证流程，开发符合监管要求和我行实际的模型，研究操作风险数据集市解决方案，建设操作风险高级计量法管理系统。

4. 做好《巴塞尔新资本协议》达标前的各项准备工作。一是根据银监会关于实施新资本协议有关指引的监管要求，按季开展达标评估工作，合理制定达标任务实施时间表。二是定期开展资本充足率定量测试，全面分析新资本协议实施对我行的影响。三是建立内部资本充足率评估体系，全面评估各类风险因素对我行资本充足率的影响。四是做好《巴塞尔新资本协议》实施申报工作，成为银监会首批达标银行。

（四）加强风险管理专业队伍建设。

1. 全面开展风险管理专业资格管理工作。2009年，总行将下发《风险管理专业资格管理办法》，明确从业人员准入标准和管理要求，在全行范围内开展资格认证培训和考试工作。各一级（直属）分行要做好资格认证的各项基础工作，加大资格认证专项培训力度，进一步规范专业队伍管理，提升人员素质。

2. 加大风险管理业务培训力度。2009年总行将通过现场、视频、网络等多种形式，对全行风险管理工作人员进行15 000人次的系统培训。各行要按照总行要求，对参训人员作出系统安排，保证所有从业人员均能参加相关业务培训。全行要充分发挥院校、视频、网络等渠道的优势，使风险管理业务培训工作再上新台阶。

3. 进一步调整充实不良贷款清收处置力量。在经济进入下行趋势的情况下，完成2009年不良贷款清收处置任务的难度较大。各行要深刻认识不良贷款清收处置工作对我行资产质量及社会声誉的重要影响，充分预计可能存在的困难，集中人、财、物等各方面资源，全力保证清收处置工作的需要。

4. 继续做好廉洁从业和职业道德教育工作。2009年商业银行不良贷款的自主清收处置、资产证券化等方面政策环境有望更加宽松，我行在风险管理工作创新方面也将取得新的进展。各级行要深刻认识当前形势下依法合规开展工作的重要性，全面强化廉洁从业和职业道德教育，在严格遵循法律法规和规章制度要求的前提下推进工作创新，确保各项业务健康发展。

同志们，经过近几年的努力，我们已基本建立了具有工商银行特色的风险管理体系，风险防控的能力明显增强。但当前严峻的经济金融形势和工商银行的长远发展对风险管理工作提出了更高的要求。全行上下一定要顺应改革发展的新形势，按照总行的战略部署，进一步坚定信心，努力拼搏，为推进国际一流商业银行风险管理体系建设继续努力奋斗。

2009年第1次行务会议纪要

（2009年5月27日）

5月27日上午，总行召开了2009年第1次行务会议，姜建清董事长、杨凯生行长和赵林监事长等行领导作了重要讲话。会议分析了前四个月的经营情况，布置了下一阶段的重点工作，着重对信贷结构调整与可持续发展问题进行了研究。

一、前四个月主要经营情况

会议认为，到目前为止，外部的经济环境仍然比较复杂，在经济出现一些企稳回暖迹象的同时，经济运行中的一些困难仍然存在，一些不确定因素还在影响我国经济的平稳较快可持续发展。在这样的经营环境下，全行前四个月的各项工作继续保持了稳定健康发展的势头，总体经营计划执行较好，为实现全年既定经营目标打下了一个好的基础。

（一）全行盈利保持稳定增长，但完成全年财务计划的压力仍然不小。前四个月，全行实现净利润456亿元，同比增长6.4%，增长幅度略高于第一季度。一是中间业务收入的恢复性增长对盈利成长起到了重要的保证和支撑作用。境内分行共实现中间业务收入165亿元，同比增长13%，在四大行中的占比为31%，同比提高2个百分点。中间业务收入绝对额同比增加19亿元，收入总量占比、同比增量占比均在同业中排名第一。而去年同期我行收入总量占比是下降的，同比增量占比当时也落后于同业。二是前几个月信贷的积极投放和快速增长，缓冲了利率下调对收入增长带来的部分影响。三是资产质量的稳定有效降低了财务成本，对利润增长起到了积极作用。

会议认为，全行财务状况总体是好的，但也有一些值得注意的问题。

一是虽然贷款业务保持了快速增长，但贷款利息收入没有出现与贷款增长同步上升的局面。1—4月利息收入同比减少79亿元，下降5.72%，主要原因是受基准利率下调影响，也有部分贷款业务利率下浮的影响。另一个原因是，前四个月贷款中票据贴现的量较大，现在票据贴现平均收益率1.9%左右，而去年同期高达7%。在这样的情况下，贷款利息收入的减少在一定意义上就是个必然趋势。因此，如果没有必要的贷款增长，今年贷款利息收入的情况就会更被动。此外，还值得注意的是，利息支出仍然较高，或者说下降趋势不明显。去年以来贷款利率下调了5次，存款利率下调了4次，稍微有点不对称，可是今年前四个月，全行利息支出548亿元，同比增加了32亿元，增长6.16%。这其中虽有存款规模扩大的因素，1—4月份全行存款增加12 138亿元，增长14.23%，但付息率也是一个重要原因。前4个月我行存款付息率平均为1.87%，高于建行0.12个百分点。总之，贷款利息收入的减少，存款利息支出的增加，带来的直接影响就是存贷利差收窄的趋势在延续。4月份全行净利息收益率比第一季度继续下降，下降了2个基点。5月份以来利差收窄趋势仍在延续，据测算，由于受存贷款重新定价等因素的影响，这一趋势要到今年第三季度才有可能出现好转。

二是资金运用压力非常大。1—4月全行超额储备达2 599亿元，日均超额备付率接近3%。4月份情况虽比第一季度稍好一点，但日均备付额、备付率比去年同期还是明显增加。

三是不良贷款拨备提取比去年同期减少，费用列支也还不是很均衡。前四个月全行拨备提取48亿元，同比下降54%。当然拨备提取与资产质量、不良资产结构都有关系，难以简单比较，但毕竟提取总量是减少了。营业费用列支同比下降36%，后几个月财务费用的列支可能要比前四个月多一些。假如拨备提取、费用列支与去年同期一样多，那么前4个月的利润增长就不可能达到6%。

四是尽管我们中间业务收入同业中排名第一，但也只比第二名多13亿元，领先的基础并不稳固。

会议强调指出，尽管今年前四个月全行的财务状况完成得不错，但实现全年计划面临的压力不小。

（二）全行信贷总量掌握适度，积极贯彻落实了适度宽松的货币政策，同时在投放节奏、投向结构、风险防控等方面也有一些值得注意的问题。前四个月，全行人民币各项贷款增加6 951亿元，增长16.3%，低于其他三大行20.4%的平均增幅，也低于全部金融机构17%的平均增幅，在同业中增量最多、增幅最低，表明我行既积极贯彻落实了适度宽松的货币政策，又注意把握了贷款投放的节奏。从贷款单月增长情况看，4月份新增加各项贷款475亿元，预计5月份增加670亿元，增速放缓。前4个月，公司类贷款、票据贴现和个人类贷款分别增加4 175亿元、2 145亿元和630亿元；贸易融资业务增长比较快，增长39%，明显高于全部贷款的增长速度，说明对传统流动资金贷款的改造取得积极进展。会议指出，在全社会贷款普遍高速增长的情况下，为了保持我行在整个信贷市场的影响力，为了平衡好收益和风险的关系，为了掌握好信贷资产的流动性，为了支持中小企业多种形式的融资需求，从去年第四季度开始，我行有意识地注意发展票据贴现业务。到4月末，票据贴现增加额占全部贷款增量的28.4%，控制在25%—35%的既定范围之内；票据贴现总量也掌握在合理比例之内，余额占全部贷款余额的比重为10.3%，与全社会金融机构票据所占比重（9.75%）基本吻合，不存在我行票据特别多的问题。同时我行的票据占比是随着贷款投放情况而不断调整的，1月份为63%，2月份为31%，3月份为19.8%，前四个月平均28.4%。更为重要的是，我行票据业务的84%投向了中小企业，较好地满足了中小企业多形式的融资需求。前四个月全行在积极竞争、大力支持大项目大企业的同时，也更加有效地支持了中小企业的发展，4月末中小企业融资比年初增加3 865亿元，增长22.6%，中小企业贷款占比逐步提高。从信贷行业和客户信用等级情况看，前四个月全行积极进入类行业贷款增长22.8%，适度进入类行业贷款增长9.71%，谨慎进入类行业贷款增长3.2%，限制进入类行业贷款增长1.7%，贷款投向了各行业中的目标客户；AA－级（含）以上客户贷款是上升的，A－级（含）以下客户贷款占比是下降的。

（三）全行资产质量保持稳定，不良贷款处置加快，风险整体可控。到4月末，全行累计完成不良贷款清收处置计划的42%，不良贷款额与年初基本持平；贷款不良率为1.99%，较年初下降0.3个百分点，信贷资产质量初步经受住了国际金融危机和国内经济下行的考验。市场风险也得到了较好化解，4月份我们进一步减持了风险外币债券4.57亿美元，对美元债券结构作了调整，风险敞口进一步缩小，外币债券风险拨备保持充足。

二、认真做好当前信贷工作，对未来信贷发展要进行前瞻性思考

会议强调指出，最近人民银行、银监会多次要求、提醒各家商业银行要注意保持信贷总量平稳适度和可持续增长，注意防范风险。银监会对去年第四季度以来新发放贷款加大了检查力度，人民银行提出要通过资本充足率、经济资本、拨备覆盖率以及外部资本金等经济手段来约束商业银行的信贷投放行为，保证后8个月贷款恢复到可持续的增长水平。

会议要求，全行要继续认真贯彻落实好国家宏观经济政策和监管要求，努力做好后8个月的信贷工作。

一要把握好信贷投放节奏。总行把年度信贷计划调整为10 000亿元，上半年掌握在8 000亿元，这是符合中央扩大投资、拉动内需，实施积极财政政策和适度宽松货币政策要求的，同时也是符合监管部门的窗口指导意见的，也是与我们的风险掌控水平相适应的。调整后的贷款计划已分解下达各分行，也在各专业条线上做了适当切割。各分行、各部门要按照总行重新核定的信贷计划掌握好投放总量和节奏，不能超过调整后的计划投放总量。对于超总行计划的分行，要运用加倍计收经济资本、实行指定上存以及实施流量管理等手段加以约束；同时要采取有力措施，切实避免月末季末时点虚增现象。

二要把握好贷款投向。坚决不支持低水平重复建设，不支持高耗能、高污染、高资源消耗的行业和企业，不支持不符合环保要求的企业和项目。今年前4个月公司贷款的80%增在项目领域，这在当前“扩内需、保增长”的特殊时期有其合理性，但我们不能简单地认为，凡是大项目、有政府背景的项目都是好项目，都是风险可控的项目，事实并非如此。要充分利用小企业专营机构设立到位的有利条件，加快拓展小企业信贷市场，既降低贷款集中度，又有利于调整优化信贷期限结构，分散信贷风险。要加快发展个人类贷款业务。尽管今年以来个人类贷款不良率有所上升，但目前也仅有1.2%左右，在可控范围之内，有的个贷品种利率水平也比较高，下一步如果有市场的话，可在规模指标把握上予以适当支持。

三要坚定地执行退出政策。今年以来，总行已下达5 300多户、2 600多亿元的潜在风险贷款退出名单，要督促帮助各行落实退出要求。对完不成退出计划的分行，要继续执行计提模拟拨备政策，促使分行加快退出。

四要积极做好信贷业务的转让或转移工作。据统计，到4月末，全行已入池资产为423亿元，其中信贷支持型资产仅73亿元，非信贷支持型资产350亿元，与年初制定的目标相差很大。这直接带来理财产品种类、发行量跟不上，不能满足客户的需求，影响了对客户的服务。要针对一些分行出于对信贷市场占比的担忧，不太愿意做贷款业务的转让或转移，对参与总行资产项目池的组建积极性不高的实际问题，今后在考核贷款市场占比时，把入池贷款复原纳入对相关分行的考核，也可考虑明确规定按新增贷款计划的一定比例转移贷款用于理财项目。总行信贷管理部、公司业务一部、个人金融业务部、财务会计部等部门要尽快研究拿出具体意见，同时要对入池资产进行认真审核，把好质量关。

五要把好贷款的信用风险和作业风险。当前要重点关注几个风险点：一些地方政府过度融资的风险问题；房地产领域的风险问题；公路行业贷款风险问题。应关注城际高速铁路加快建设对部分高速公路客流量的挤出效应，关注非交通主管部门特别是民营企业建设的公路不良贷款较高的问题，关注二级公路取消收费后债权的落实问题。同时还应关注伪假票据风险、无真实贸易背景票据贴现签发和风险、套取利差的滚动开票风险等，要特别注意提醒和监督各分行不得与票据掮客发生交易和业务往来，严防票据案件发生。此外，还要注意把控信贷操作风险，如项目立项手续不完备，先放贷后审批逆流程操作等。总行各相关部门一定要指导分行注意把握好上述风险，不仅贷款质量要经得起历史的检验，贷款操作是否合规同样要接受历史的检验。

会议在对后8个月的信贷工作作出具体安排的同时，还对事关工商银行未来信贷发展的信贷结构等战略性问题进行了前瞻性研究。会议认为，信贷结构是与经济发展阶段密切相关的，由社会经济结构、产业结构所决定，在不同社会发展阶段和经济周期，银行会有不同的信贷结构。但总的来看，银行信贷业务是在发展中壮大、在调整中前进的。从我行的情况看，与10年前相比较，大约75%的信贷是我们新拓展出来的，是通过寻找“蓝海”得来的。比如现有2万亿元项目贷款中，有近90%是新开拓的市场；又比如个人消费信贷，10年前只有二三百亿元，现在已达8 900亿元；还如票据业务是工商银行率先发展起来的，到目前也已经有5 400亿元的规模，贸易融资只是近几年才做的，现在

已有1 600多亿元。此外，1万多亿元的流动资金贷款中，品种结构、产业行业结构、客户结构等都发生了很大变化。信贷结构的问题是关系市场的问题、关系收益的问题，也是关系风险的问题。在这个市场上有先发优势、有竞争优势的银行，相对的风险就比较低。

会议认为，当前新一轮全球性经济周期的调整正在展开，各个国家都提出了产业结构调整的目标，我国经济也处在“保增长、调结构、上水平”的关键时期，这轮经济结构调整的广度和深度决定了银行信贷结构调整的方向和力度。在现阶段银行贷款大量而集中投放到以政府投资主导的项目上，是当前“扩内需、保增长”特定时期的特殊情况，但从长远看，这种高度集中的信贷增长方式具有不可持续性。因此，要保持信贷业务当前和长远发展的可持续性，就必须不断开辟新的信贷增长领域。

会议强调，信贷结构不应该是随着经济发展、产业升级而被动地调整，而是需要我们银行经营决策者高度关注、深入研究、提前谋划布局的重大战略问题；一个新的信贷市场的形成也不是一件立竿见影的事情，至少需要3—5年的培育。这就要求我们在顺应当前宏观经济环境，加大符合国家政策大项目信贷投放，保持合理市场份额的同时，拿出足够的精力来研究分析这轮经济周期后经济发展态势、产业发展趋势和我行未来的信贷资产布局，前瞻性地思考今后5—10年的信贷结构问题。要结合国家产业政策、行业规划及产业发展方向，着眼信贷业务的可持续发展，研究新的市场需求和新的业务增长点，熟悉相关行业的盈利模式和业务风险，创新融资产品与管理模式，提前布局并积极培育未来的信贷市场。

第一，要重点关注新技术、新能源和新产业的发展，积极培育未来信贷增长的战略领地。会议认为，每次大的经济危机都会带来产业的大调整和国际分工格局的深刻变化，每一次经济危机都是通过新一轮技术革命发展一批新兴产业，带动新的生产和消费需求，从而激发整个社会需求活力，使经济摆脱困境，进入新一轮由新技术革命推动的产业发展周期。当前，为应对这场危机、刺激经济复苏，一些发达国家正在酝酿一场产业革命，力图造就一个能够成为世界经济增长新引擎的超级产业。如美国已正式提出了开展一场以新动力能源为核心的产业革命，欧盟也推行了可再生能源计划。可以预见，新一轮以新能源技术为核心的新产业的大发展必将来到。目前，太阳能、风能、生物质能、地热能、氢能、核能等新能源已经逐渐投入应用领域并日益产业化，生物、医药、微电子、通讯等新技术的快速发展正在引领未来发展的新方向，以IT产业、生物工程、新材料、传媒、教育、娱乐为代表的新产业正在快速发展，新技术、新能源和新产业的迅速成长将有可能改变不久将来世界经济的版图。

会议强调，全行一定要密切关注与跟踪研究新能源、新技术和新产业发展的相关政策及行业发展规划，今年党委中心组的学习以及信贷部门的培训，要将这方面的内容纳入其中。要着手研究相关的信贷政策、客户准入标准，开发相应的信贷产品与服务，探索全新的风险控制方式，培养专业人才队伍，全面作好迎接新能源、新技术和新产业大发展的各项金融服务准备，积极抢占市场先机，努力使工商银行能够在不久的将来成为包括核电、风电、太阳能、生物质能等在内的新能源领域信贷服务的先导者，成为环境保护、节能、循环经济、资源综合利用等节能环保领域信贷服务的行业标兵，成为代表未来发展方向的生物工程、新材料等新兴行业信贷服务的实践者、探索者，从而使我们的信贷战略始终与国家产业发展战略协调一致，在促进国家产业优化升级中发挥银行作用和增强自身的可持续发展能力。

第二，要适应现代服务业快速发展的大趋势，积极探索走出一条契合现代服务业需要的信贷发展新路子。会议指出，近年来我国发达地区现代服务业的发展非常迅速，像北京、上海以及沿海大城市的中小企业已经是以现代服务业为主体的了，而不是传统的制造业。这些依托现代信息技术与管理方式发展起来的信息和知识相对比较密集的服务业，主要包括IT、金融、房地产、文教卫生、文体娱乐等产业，不仅覆盖面大、附加值高，而且具有很大的发展潜力，已经成为大中城市GDP的重要组成部分，也一定会成为各家银行竞争发展的重点领域，成为银行未来信贷业务新的增长点。最近几年，我行在支持现代服务业发展方面进行了一些探索，但主要是在一些理论方面的探索，具体进展还比较缓慢，业务领域主要局限在房地产等少数几个领域，还没有形成覆盖现代服务业主要领域的政策、产品和人才队伍。会议强调，如果我们现在不去做这个市场，可能在下一轮的信贷发展中失去在大型城市的市场优势地位。我们必须抓紧研究建立适应现代服务业发展规律的信贷服务模式与风险管理机制，及时出台具体的信贷政策和细分行业的指导意见，加快扩展在现代服务业中的信贷业务领域，力争通过几年的努力使我行成为这一市场的领导者。

第三，要抓住中小企业升级发展机遇，进一步拓展信贷成长空间。会议认为，中小企业是经济社会发展的基础力量和生力军，在增加就业、活跃市场、保障民生中发挥日益重要的作用，目前国家鼓励支持中小企业发展，而且经过这轮国际金融危机洗礼的中小企业大都具备了一定的抗风险能力。目前我行小企业融资余额比重还处在7%的较低水平，客户基础仍不够牢固，业务发展还存在较大的波动性。针对这些情况，会议要求全行要按照“梯度推进、分步实施、重点发展”方针，抓住我行小企业金融专营机构成立的有利时机，充分发挥小企业信贷业务收益率比较高、有利于分散风险、优化信贷结构的作用，向小企业信贷业务要收益、要质量、要社会形象，实现小企业信贷发展水平的进一步提升。这也是对我们信贷管理水平的考验。

第四，要适应现代企业运营模式的变化，大力发展贸易融资业务。会议认为，银行信贷产品要与市场经济条件下企业的发展形态和方式相适应，这是一个基本规律。随着市场经济的发展，企业的经营形态和发展方式发生了很大变化，企业所从事的行业涉及面越来越广，贸易往来频繁，交易链、物流链和资金链错综复杂，传统的流动资金贷款已经不仅难以满足客户多元化的金融需求，而且银行也很难进行有效的贷后管理和风险控制。会议要求，总行有关部门要针对目前这项业务才刚刚起步，许多基层机构还不熟悉、不会办贸易融资的情况，加强业务指导和培训，及时深入研究分析贸易融资业务开展过程中存在的问题，不断创新丰富贸易融资产品并注重与现有金融产品的融合，通过为客户提供全方位的综合服务来推动贸易融资业务的高增长，要努力实现今年末贸易融资占流动资金贷款比重不低于20%，2011年占比达到50%的目标，使贸易融资成为全行信贷的重要组成部分。同时要高度重视与贸易、出口、投资相关的融资市场。近些年来，我国大宗商品出口以及劳务输出、对外投资等越来越多，这会成为我行非常重要的信贷领域。现在我国正积极推出人民币出口买方融资业务，央行、外管局已在研究相关具体规定，将允许用人民币来直接贷款。这为我们开拓了一个广阔的业务空间，对境外机构的发展也带来了新的市场机遇。我们要加强对相关业务的研究，做大进出口融资业务，使之成为业务发展中的“蓝海”。

第五，要顺应消费需求结构升级发展趋势，进一步做大消费信贷市场。会议认为，在这一轮“扩内需、保增长”中，扩大居民消费成为重要的着力点，国家有关部门已经出台各种措施拉动消费，表明我国正加快推进经济增长由投资主导型向消费主导型转变，消费需求将成为中国未来经济增长的重要引擎。会议要求，全行要抓住未来10年我国居民消费快速增长的机遇，密切关注居民个人消费意识、消费行为、消费水平和消费结构等方面的变化，及时开发适销对路的个人消费信贷产品，积极抢占新的市场，设计出更多的优秀产品，使我行个人消费信贷业务保持较快的增长，扩大消费信贷业务的规模和比重。

会议要求总行信贷管理等部门要组织力量对新兴信贷市场和领域进行专门研究，及时出台一些信贷政策，积极探索实践，推动相关业务创新发展。会议强调，全行要把握好这次国家产业结构大调整的机会，稳步推进信贷结构的大调整，不断增强信贷业务的可持续发展能力。

三、加快推进两项重点改革

（一）抓好金融市场业务管理体制改革。会议认为，当前全行自有资金有一半放在金融市场部门，代客业务量和理财业务量规模也日益扩大，下一步金融市场业务还会有较大的发展空间。为进一步适应金融市场业务发展需要，进行有效的风险防控，有必要对金融市场业务管理体制进行改革，即将自营业务和代客业务分开管理。经总行党委研究，并经董事会审议通过，总行决定分别设立金融市场业务一部和金融市场业务二部，分别负责自营业务和代客业务，同时把前中后台职能、风险管理和具体的操作职能进行必要的划分。

会议要求各部门一定要正确认识此项改革，积极做好配合工作，确保在改革过程中业务不断、运行不乱，尽量缩短过渡期，让改革尽快到位，促使金融市场业务更好、更快地发展，努力把工商银行打造成金融市场自营业务量最大的做市商，代客业务影响最大、客户最多、信誉最好的商业银行。

（二）抓好运营体制改革。这次全行运营体制改革包括三大方面，一是业务处理模式的改革。一些业务要向后台集中，即凡是可以不在柜台办理或者不应该在网点办理的业务，如对公的非现金业务、对私的非实时处理的业务，都要集中到后台去办理。二是授权模式的改革。要实现远程授权，即把营业经理在网点的现场授权改成跨网点跨区域的远程授权或大网点内部的远程授权。三是事后监督模式的改革，即把复合型的、规范导向型的事后监督模式改成风险防控型的监督模式。会议强调，经过前一阶段的反复调研，以及近两年来的摸索试点，运营体制改革方案已基本成熟，总行党委研究决定在全行加快推进这项改革，力争三年内完成任务。

会议进一步指出，这项工作涉及面很广，重要性不亚于当年的资金汇划体制、数据大集中改革。这不是运行管理一个部门的事情，需要各相关部门的配合支持，比如，实行远程授权之后，一些网点营业经理岗位取消或是减少了，网点现场管理如何进行；实施事后监督体制改革以后，原先的总会计、检查辅导员变成监测岗、督察岗后，现场的日常管理工作怎么落实，等等，都需要各部门的支持。会议要求各部门要积极支持和配合好这项改革，使之早日到位，早出成效。会议明确由内控合规部牵头制定保障运营体制改革顺利推进的工作制度，以保证改革过渡期网点日常管理的正常运作，不出现现场管理的真空，不出现业务和管理上的问题。会议还要求，必须把改革涉及的五万多名员工的思想工作和培训工作做好，让这些员工尽快适应新的工作岗位要求。

四、切实做好合规经营和案件防范工作

会议认为，这些年来全行在依法合规经营方面有了

历史性的进步，稳健合规已成为工商银行企业文化的重要内涵和鲜明特色。全行的信贷资产质量持续改善，发案数量和涉案金额逐年下降，风险控制处于同业领先水平，最基本的一点就是较好地坚持了依法合规经营。但是当前的经济金融形势复杂多变，给银行的经营管理工作带来了很大的挑战，目前银行业的一些风险隐患和苗头正在积聚和显露，亟须引起高度关注和警惕。

（一）要在当前信贷快速增长的背景下更加重视抓好合规经营。会议指出，今年前四个月全国新增贷款总量达到了5.17万亿元，相当于去年同期信贷增量的2.9倍，也超出全年的信贷增长计划。我行前四个月的贷款增量也接近7 000亿元的投放水平，远远超出了历年全年的贷款增量。这么短时期内实现这么大的信贷投放，对我们原有的信贷管理体制机制、服务流程、技术手段、人员数量和素质无疑都是一个严峻的考验。现在国内外都非常关注在这么高速的信贷增长期间，会不会对未来信贷资产质量带来隐患，同时在这么大量的贷款发放过程中操作风险能不能把控得住。如果我们的信贷管理没有及时跟进，贷款“三查”不到位，审贷标准掌握不严格，甚至违规，那么贷款大投放很可能就会引发大风险，产生大不良。我们经过近十年的艰苦努力，才把工商银行的信贷管理水平提高到今天这个程度，才把信贷资产质量稳定在这么较好的水平，来之不易，值得我们很好珍惜。不管我们为“扩内需、保增长”投放了多么大的贷款，作多么大贡献，如果贷款出现较大风险或在贷款作业中有大量的不合规行为产生，都是不应该的，也是监管部门和投资者所不允许的。会议要求，在当前的投放规模和速度下，我们一方面必须把握住信用风险；另一方面，要更加注意操作风险，更加注意坚持依法合规，更加注意讲产业政策、讲信贷条件、讲准入标准、讲自我约束，确保信贷投放对经济发展的有效支持，确保贷款质量经得起历史的检验。要加强信贷政策与国家产业政策和行业规划的衔接配合，严格把握环境评价标准、能耗审查等环保政策要求，以信贷投向的合规和结构优化，来保证信贷支持经济发展的质量；要严格坚持项目资本金和项目贷款比例要求，确保项目出资的真实性，警惕和防范无本贷款风险；要严格坚持信贷操作的合规性及各项手续的完备性，强化贷后管理，严防挪贷、骗贷、套现等风险的发生。

（二）要在当前同业竞争激烈的市场条件下更加重视抓好合规经营。会议强调指出，当前市场竞争出现了一些新的情况，尤其是大银行之间的竞争更为激烈，一些重点业务领域指标相互间追赶得很紧，我们多数基层机构在这样的竞争环境下能够积极主动应对，着力通过改进服务、加强营销来提升市场竞争力，努力保持各项业务的快速发展和市场优势地位。但也有个别机构竞争力不强，参与一些不规范竞争行为，为应付市场占比考核弄虚作假，比如存贷款季末冲高问题，这是有百害而无一利的事情；比如贷款利息转中间业务收入问题；比如违反规定增收或减免手续费问题，理财产品销售提示风险不充分问题；违规批量办理信用卡问题，U盾不合规发放；等等。如果对这些违规经营苗头不及时加以制止和纠正，难免会形成重大风险隐患，也会败坏经营风气和我行声誉。会议要求全行一定要高度重视、防微杜渐，要通过加强教育、完善考核、审计监管，促使全行始终端正经营思想，正确处理好市场竞争和规范经营的关系，处理好市场拓展和风险防范的关系。要靠规范管理水平的提升、市场竞争力的增强和服务的改善来竞争客户、发展业务和赢得市场。

（三）要在当前案件多发高发的严峻形势下更加重视抓好合规经营。会议分析指出，今年以来全国银行业金融机构连续发生了10多起重大案件，引起了银监会的高度重视，我行也发生了几起外部的欺诈案件。全国银行业现在又处在一个各类案件高发的阶段。从当前案发特点来看，主要集中在三个部位：一是骗贷，通过假按揭、二手按揭、假注资、假报表等虚假方式骗取银行资金。二是开户环节，主要是在对公开户、个人账户管理、电子银行开户过程中，偷换客户的资料，修改偷换印鉴卡，盗取或者是骗取客户的U盾，然后通过种种手段转移客户的资金。三是票据领域，没有真实贸易背景的承兑汇票、假票据、克隆票据案件越来越多。根据银监会紧急通知的要求，我行从4月上旬开始集中开展了承兑汇票、按揭贷款、开户情况大检查，总体情况是好的，但是也发现了不少问题和管理漏洞。各行要按照总行视频会议的要求认真抓好有关整改工作。尽管当前这些案件有一些新特点，但从根本上讲还是银行内部监督控制不力、违规操作，如果每个环节都完整地按制度做，犯罪分子是不可能得逞的。

会议严肃指出，如果银行业集中地爆发案件，在一定意义上是对中国银行业改革成果的抹黑，会使一些人怀疑中国银行业的改革到底是成功还是失败，我们一定要从维护银行改革成果的高度来认识案件防范工作，现在我们没有任何理由和条件对案防工作掉以轻心。全行要认真贯彻落实总行五个“务必”的要求，及时堵漏纠弊，遏制案件高发的态势。要加强员工的教育和风险提示，针对一些领域特别是新兴领域案件特点，有针对性地加强内控管理，特别要利用我们新的科技成果来加强操作风险的管理。比如我们要尽快投产新一代监督系统，通过系统反映问题及时等优势，及时调查核实，从中发现一些风险隐患。总之，要用创新的思维和先进的技术手段来提高案件防控水平。

（四）要在当前复杂多变的经营环境下更加重视抓好合规文化建设。会议认为，合规、稳健既是一种经营行为，更是一种经营文化。我们在多年的经营管理实践中形成了诚信、严谨、规范、稳健的合规文化，但是这种合规文化基础并不非常牢固，还必须不断加强教育。

会议要求全行结合当前正在开展的“学规定、促发展”活动，教育引导全行员工不断提高依法合规和风险防范意识。要把合规文化建设与党风党纪教育、廉政警示教育、职业道德教育、法纪法规教育、勤俭办行教育等结合起来，引导和帮助干部员工树立良好的道德风尚和职业操守，自觉规范从业行为，促使干部员工自觉遵章守纪。要通过多种形式在全行上下大力倡导合规、坚决惩处违规，努力营造合规光荣、违规必惩的职业氛围。

会议最后要求，全行要认真落实党中央、国务院对厉行节约提出的一系列要求，继续做好勤俭节约工作，特别是总行各部门要加强管理，以确保今年更多的资源能够集中到业务发展上来。

会议号召，全行要认真落实年初工作会议的部署和这次行务会议的要求，通过开展深入学习实践科学发展观活动“回头看”，更好地把当前工作与长远发展结合起来，进一步振奋精神，克服困难，扎实工作，为实现今年的目标任务多作贡献，力争今年再交出一份满意的答卷。

中国工商银行分行行长座谈会会议纪要

（2009 年 7 月）

2009 年 7 月 23—24 日和 7 月 28—29 日，总行在青岛和福建分行召开了中国工商银行分行行长座谈会。姜建清董事长、杨凯生行长、赵林监事长、牛锡明、李晓鹏、易会满副行长、魏国雄首席风险官以及李军、郦锡文董事和王炽曦监事出席了会议。会议分析了当前全行面临的经营形势，研究部署了下半年重点工作任务。

一、怎样看待当前经营形势

会议分析指出，当前国际国内经济金融形势不同程度地出现好转的迹象或趋势，但也存在不稳定、不确定、不平衡的特点。从国际上看，目前全球经济深度衰退的趋势得到初步遏制，出现了稳定的迹象，金融市场方面的状况也有所好转，对经济的预期有所提升，有些观点认为最困难的时候已经过去。但从实体经济情况来看，复苏仍面临诸多风险。比如，发达国家信用卡贷款和商业房地产信贷的违约率还在上升，金融机构的经营好转有的也是在调整会计准则、不再按市场价格计提其所持债券风险拨备的情况下才实现的，因此国际金融市场还存在较大的不确定性，欧美商业银行信贷紧缩对实体经济的压力依然存在；欧美各国失业率继续攀升，各主要经济体的房地产市场价格跌势仍未放缓，这些因素仍在制约世界经济的复苏。从国内情况看，今年以来，在国家一系列宏观调控政策的作用下，我国经济运行中的积极因素不断增多，企稳向好势头日趋明显。比如，上半年 GDP 增长 7.1%，其中第二季度增长 7.9%；在拉动经济增长的“三驾马车”中，投资增速加快，上半年全社会固定资产投资同比增长 33.5%，国内消费也稳定增长，社会消费零售总额同比增长 15%。同时，一些能反映宏观经济气象的数据也出现可喜变化，如制造业采购经理指数已连续四个月位于 50% 的临界点以上，全国商品房销售面积同比增长 25.5%，汽车产销连续 6 个月位于全球第一，等等。全国经济数据的显著变化与金融业的巨大信贷投入密切相关，银行业对促进经济企稳、结构优化作出了重要贡献。同时也要看到，我国经济回升的基础还不够稳固，各种不确定性因素仍然较多。如外需仍然持续萎缩，上半年我国外贸累计进出口总值同比下降 23.5%；企业效益情况还未全面好转，1—6 月国有企业的利润同比下降 27%；区域间的发展也不平衡，过去一些贡献大的沿海省市经济增长仍相对较慢，而这一轮国家投资拉动大的中西部地区经济增长相对较好。前不久召开的国务院常务会议对当前经济形势的分析判断是：企稳回升，积极向好，尤需谨慎。7 月 23 日中央政治局召开会议，讨论研究了当前经济形势和经济工作，明确提出宏观政策取向不能改变，调控工作不能放松，调控重点要更加突出。在保增长中要更加注重推进结构调整，更加注重加快自主创新，更加注重加强节能环保，更加注重城乡统筹和区域协调发展，更加注重深化改革开放，更加注重保障和改善民生，在应对国际金融危机冲击中为经济社会发展积累和创造更加有利的条件。总行要求全行认真学习领会中央政治局会议和国务院常务会议精神，把思想统一到党中央、国务院对形势的分析判断上来，以此指导下半年各项工作。

会议指出，上半年在复杂多变的外部环境下，全行认真贯彻落实党中央、国务院的决策部署和金融监管要求，坚持发展与管理并重，在积极支持扩内需、保增长的同时，保持了自身健康平稳的发展势头，同时也遇到了一些较严重困难和严峻挑战。

（一）财务计划执行序时进度尚好，但盈利增速趋缓的压力明显增大。上半年，全行实现净利润667亿元，完成年度计划的55%；拨备额增加约3亿元，拨备覆盖率为138%，比年初提高7.85个百分点。

盈利的稳定增长主要得益于两个方面：一是中间业务收入的增长起到了重要拉动作用。上半年实现中间业务收入283亿元，同比增长17%，完成年度预算的52%，收入总量占比和增量占比均保持同业第一。6月末全行净手续费及佣金收入占营业净收入的比重达18.71%，比年初提高4.52个百分点。二是贯彻适度宽松的货币政策，在控制风险的基础上扩大了信贷投放，一定程度上对冲了利差收窄对收入增长带来的影响。

虽然上半年全行净利润同比增幅为2.8%，好于同业可比银行，但比第一季度下降3.2个百分点，增速放缓。影响和制约利润增长的主要因素有：一是利差持续收窄。上半年全行实现利息净收入1 136亿元，同比骤降167亿元。净利息收益率降至2.24%，较去年下降0.71个百分点，较第一季度又下降0.1个百分点。受基准利率下调、个人房贷利率浮动下限扩大、市场竞争加剧等因素影响，全行贷款收益率由去年同期的7.05%大幅下降至5.52%，下降1.53个百分点。存款付息率受存款结构、存款重新定价进度等因素影响，下降幅度有限，由去年同期的2.08%下降至1.76%，仅下降0.32个百分点，远低于贷款收益率降幅，导致利差大幅收窄。二是市场流动性充裕，全行资金营运收益率下降。上半年，全行日均超额备付2 270亿元，日均超额备付率2.51%，分别比去年同期高出1 280亿元和1.22个百分点；全行存放和拆放整体收益率由去年同期的4.35%下降至0.98%，远低于1.76%的存款付息率水平。三是部分中间业务收入增势依然较弱或仍呈下降态势。如资产托管和代销基金等业务，虽然随着资本市场回暖出现修复性增长，第二季度较第一季度环比有所提高，但同比仍有小幅下降；代客外汇买卖及结售汇业务收入同比下降32%，环比降幅仍在扩大。此外，要实现银监会新近提出的拨备覆盖率标准，还需增提较多拨备。综合上面几个因素看，完成今年利润计划的压力较大，需要从多方面努力。

（二）信贷总量和投向整体把握较好，资产质量保持稳定，但风险控制的压力不小。上半年全行认真贯彻适度宽松的货币政策，人民币各项贷款增加8 255亿元，增长19.3%，超出历年全年的贷款增量，但在四大行中增量居第二位，增幅也低于其他三大行，较好地贯彻了中央银行和监管部门的政策。从分品种情况看，公司类贷款增加5 452亿元，同比多增2 833亿元，完成年度计划的85%。其中项目贷款占81%，主要投向国家扩大投资的重点项目和行业龙头骨干企业；本外币贸易融资业务增加1 095亿元，增幅达42.7%，余额达3 657亿元，占全部流动资金贷款的28.7%，贸易融资对传统流动资金贷款的替代效应增强。票据贴现增加1 416亿元，比第一季末减少593亿元，上半年呈现出较为明显的“先扬后抑”的反周期运作态势。在积极支持大项目大企业的同时，进一步改进了对中小企业的金融服务，全行设立了近1 000家小企业专业经营机构，中小企业融资增加4 773亿元，增长26%，高于全部公司客户融资业务增幅7个百分点。全行个人类贷款增加1 313亿元，同比多增857亿元，完成年度计划的131%，其中，个人住房贷款占到个人类贷款增量的79%，有力地支持了扩大消费的合理资金需求。从行业和客户信用等级情况看，增量贷款主要投向了积极进入类和适度进入类行业的目标客户，其贷款增加额占到全部贷款增量的95.2%；积极支持了新能源、资源综合利用、节能环保等领域的绿色信贷项目需求，上述领域贷款合计达3 888亿元；AA－级（含）以上客户贷款占比达70%，较年初上升了1.5个百分点。

今年以来在积极增加信贷投放的同时，实施了更加严格的风险控制，进一步加强了潜在风险贷款的化解和不良资产的清收处置，使全行信贷资产质量初步经受了经济下行的考验。上半年前瞻性地退出及转化潜在风险贷款559亿元；累计清收处置不良贷款335亿元，完成年度计划的67%；不良贷款余额下降62亿元，不良率下降0.48个百分点，降至1.81%。上半年我们还加强了对所持外币债券及其他资产的风险管理，抓住4月份全球金融市场出现反弹、流动性恢复的时机，减持了部分风险外币债券，进一步缩小了风险敞口，上半年风险较大的债券余额下降32亿美元，并提高了外币债券减值准备的覆盖率。

但是也应看到，当前经济企稳回升基础还不牢固，这给银行信贷业务可能带来的某些风险还将不断释放；同时经济回升过程中一些新的问题也在不断出现，如一些行业和地方重复建设又有所抬头，部分行业产能过剩问题未能有效解决甚至有所加剧，一些地方政府过度融资，一些地方房地产价格快速上升，有的已经突破历史高点，企业挪用信贷资金违规入股市、房市的风险加大等。这对我们防控政策风险、信用风险和操作风险带来了新的挑战。上半年全行房地产和个人贷款不良余额均有小幅上升，个别机构存量贷款劣变和迁徙速度加快，有5家分行不良贷款余额和不良率双上升，有10家分行不良贷款余额上升。更需引起重视的是，在当前信贷增长较快和各分行把较多精力放在贷款营销上的时候，如果信贷人员素质、信贷管理跟不上，就容易出现信贷政策把关不严、标准放松、操作违规等问题，为未来信贷业务的健康发展埋下隐患，就有可能损害全行经过十年艰苦努力奠定的良好质量基础，也不利于为经济复苏提供一个良好的金融环境。经济复苏过程中一旦局部出现结构没调整好等问题，银行也是负有难以推卸的责任的。银行在这一轮宏观经济波动过程中的经营管理情况和信贷投放行为必然是日后审计检查和责任追究的重点领域。从最近对几个分行的票据业务以及城建、公路贷款的内部审计核查情况看，我们工作存在着不少值得注意的问题。此外，当前国际金融市场仍处在震荡期，不排除出现新的恶化可能，全行的外币债券投资等境外业务也还面临着较大的经营风险。

（三）改革创新步伐的加快正从根本上改变着我行的竞争发展水平，但目前全行在某些领域竞争不适应的状况依然比较突出。今年以来，全行体制机制改革正在运行管理、业务流程、资金集中、报表集中、金融市场业务和重点县支行等各个领域、多个层面整体而有序地加以推进，有的已初见成效。与此同时，产品和业务创新也进一步加快，上半年推出了覆盖个人和公司、机构客户的各类新产品 320 个。新的运行风险监督系统已全面投产，远程授权系统在 3 家省、市试点分行顺利投产，业务集中处理有序推进。“1031” 工程建设取得阶段性成果，第四代应用系统首个版本的主体内容成功投产，FOVA 系统实现在工银印尼、东京分行、香港分行的投产，从科技上支持了一批更加先进科学的管理体制、运营机制和业务模式的确立。一系列改革创新措施的实施，增强了全行的经营活力和竞争发展能力。上半年全行各项存款增加 13 428 亿元，同比多增 7 181 亿元，增量占比在四大行中保持第一。承销非金融企业债务融资工具余额达 1 424 亿元，市场占比排名第一。银行类理财产品累计发行 31 385 亿元，同比增长 2.8 倍，市场占比远超同业。信用卡和灵通卡发卡量分别新增 665 万张和 2 732 万张，消费额分别达到 1 995 亿元和 4 175亿元，同比分别增长 80% 和 55%，市场领先优势扩大。电子银行交易额达 70 万亿元，占全部业务量的比重达 46.2%，比年初提高了 3.1 个百分点。

总地来看，在当前复杂多变和竞争激烈的市场环境中，我们在多数核心和战略业务领域保持和发展了竞争优势，或达到了现阶段我们所期望的市场目标，但在一些业务领域的市场地位也面临竞争对手强有力的挑战。比如有 11 家分行各项存款增量占比位次出现下滑。值得注意的是，有些分行既存在存款市场占比缩小的情况，又存在存款付息成本降不下来的问题。这表明我们一些行对存款工作的战略性思考还比较少，指导思想还存在偏差和不适应，还不善于处理好被动负债和主动负债的转化关系。应该看到，尽管目前银行体系流动性比较充裕，但金融脱媒正在加速推进，流动性过剩到流动性短缺往往也就是瞬间的事情，如这次美国大银行资金由富余到短缺也就是半年的时间。因此，我们目前狠抓存款的指导思想不能偏移。又比如在抓贷款市场中，我们一些机构往往盲目下浮利率或减免中间业务收费，而没有真正重视起贷款的收益率或客户的综合回报。还比如今年银行类理财市场需求很大，但由于一些分行对转让贷款做理财的重要性认识不足，以致理财产品供给能力跟不上市场需求，柜面有时处于脱销状态，影响了理财业务的竞争发展。

（四）内部控制得到进一步加强，但也面临着金融案件多发、银行运营风险防控难度加大的严峻形势。今年以来，我们通过强化合规性检查和重点领域审计、健全内控管理制度、完善运行机制和技术手段，促进了内控管理水平的提升。特别是按照银监会部署，结合我行管理工作实际，对部分企业新开账户、网银管理、银行承兑汇票签发、企业预留印鉴管理等关键风险点和要害部位进行了大规模风险排查，并在全面分析梳理各项内部检查和银监会检查、审计署审计检查出问题的基础上，逐一落实了整改措施，严肃追究了严重违规人员的责任，针对新的管理需要，推出了一批新的制度办法，并且启动了新的业务处理和监督体系、远程授权系统等一些新的管理机制和先进技术手段，以从根本上提高对相关风险的监控能力。上半年全行立案查处内部案件 1 起，涉案金额与去年同期持平，保持了近年来案件低发的良好势头。

但应指出的是，在当前金融创新发展快、资金流量大的新形势下，在经济环境复杂、社会不稳定因素较多等各种矛盾的综合作用下，全社会各类金融案件又呈现新一波的高发态势，特别是针对银行业金融机构的各类外部侵害案件迅速增加。这些案件的突出特点，一是资金挪用和外部诈骗案件明显增多。从我行情况来看，连续发现了存款人和资金使用人合伙甚至相互勾结的诈骗团伙，利用银行管理漏洞实施诈骗的案件。上半年我行上海分行发生 2 起、浙江分行发生了 1 起此类外部诈骗大案。二是攻击 ATM、网银等电子银行渠道的犯罪增多。我行自助设备数量众多，网上银行客户多、业务量大，更容易成为犯罪分子作案的主要目标。如上半年全行发生 ATM 外部欺诈事件 179 起，其中通过非法窃取持卡人账户信息、制作磁条伪卡盗取资金是最主要的表现形式，占到整个 ATM 外部欺诈事件的 70% 以上。今年上半年全行发现并协调处置社会不法分子假冒网银欺诈事件 608 起，同比上升 6 倍。三是针对银行的暴力犯罪增多。上半年金融同业接连发生几起持枪抢劫、劫持人质抢劫、打砸网点或自助设备等恶性事件，严重危害银行的财产和人员的生命安全。这些外部案件固然隐蔽性、突发性强，且作案手段不断花样翻新，但其之所以能够得逞又往往是与我们一些管理上的疏忽、漏洞，与一些人员的麻痹大意、玩忽职守、违章操作有着必然的联系。如有人与不法分子内外勾结作案则危害性更为严重。全行上下必须对目前案件防控形势的复杂性和艰巨性有更加清醒的认识，必须通过管理工作的全面改进和加强，进一步提升内控外防能力。

会议强调，如何根据党中央、国务院对经济金融工作的要求，根据监管部门的政策规定和对金融机构的窗口指导精神，既积极支持经济平稳较快发展，又有效防控风险，保证全行稳健经营和健康发展；如何通过深化改革，加快创新，改进服务，提升经营发展水平，突破盈利成长的瓶颈制约，确保盈利目标的实现，是当前需要全行进一步深入思考的重大问题，也是下半年需要全行进一步集中精力抓好的两项重点工作任务。

二、怎么样进一步在支持扩内需保增长中有效防控风险

会议指出，当前我们所面临的复杂形势，是我国商业银行发展历程中所没有经历过的，全行一定要认真领会和深刻理解国家宏观经济政策和监管要求，加强对经济金融形势发展变化的分析研判，更加注意处理好支持保增长和有效防范风险的关系，充分认识防风险是为了更好地保增长，保增长需要在防风险的前提下才能实现，切实做到统筹兼顾、有机统一，确保全行安全运行和健康发展。

（一）合理把握信贷投放，保障全行整体风险可控。会议指出，今年以来我国银行业认真落实适度宽松的货币政策，加大信贷投放，为赢得当前经济“企稳回升、积极向好”的局面作出了重要贡献。但上半年全国信贷大规模集中投放，也在一定程度上带来了流动性过多、资本消耗过快和信贷风险加大的潜在风险隐患，央行已实施有观察期的央票指定交易，引导商业银行合理把握下半年的信贷投放，控制信贷风险；银监会也进一步提出了严守信贷风险控制底线、严守拨备覆盖率底线、严守资本充足率底线的要求。从我行情况来看，上半年全行信贷总量增长是适度的，信贷投向是好的，在支持扩内需保增长中发挥了大银行应有的作用，但风险控制的压力、拨备提取的压力也在明显增大，同时资本充足率压力也开始逐渐显现。上半年全行资本充足率较年初下降了116个基点，已经低于我行12%的控制目标。最近总行发了400亿元的次级债，就是为了进一步补充资本。另据测算，今年下半年全行可收回到期贷款2 700亿元，退出、清收及资产转让可腾出2 700亿元的规模，再加上目前尚未执行的增量计划，以及通过加强信贷流量管理，适当减少票据，做大理财资产池，通过发行企业债腾出收回的贷款等，全行还可以形成超过9 000亿元的信贷投放空间。这可以有力支持经济增长，满足客户合理的资金需求。因此，总行决定，既定的全年10 000亿元左右的信贷增长计划安排不变，关键是要通过结构调整和流量管理，既能使符合我行信贷发放条件的优质贷款都能发放出去，满足客户合理健康的资金需求，保持对经济发展的支持力度，又能有效防范风险，保持信贷增量的适度和可持续，保证全行整体风险的可控。会议要求，各分行要认真按照总行的要求掌握下半年的信贷投放。要上下多沟通和商量，妥善解决而不是机械地对待信贷经营中遇到的问题。为进一步促使各行认真执行信贷计划，总行将调整相应考核办法，下半年暂停对贷款增长日均余额同业占比的考核，引导全行不要简单地与同业比增量、比增幅，禁止搞贷款月末、季末冲高等大起大落的不稳健行为，要杜绝任何短期行为，要在一个更长的时间内、更坚实地管理基础上、更有力的发展后劲上去与同业作比较。

会议还决定，要严格按照监管部门风险提示要求，规范信托加理财业务操作，坚决不做和资本金有关的贷款转让或转移，切实避免政策风险。

（二）开展信贷业务大检查，促进信贷管理水平的进一步提高。会议强调指出，针对去年第四季度以来信贷高速增长可能存在的风险隐患，银监会已开始对我行新发放贷款及表外业务进行现场检查，审计署也已于近期进驻，开始对我行贯彻落实国家宏观经济政策情况进行审计调查。为更好地保障信贷业务合规、理性和稳健发展，及时发现和解决问题，总行决定结合正在开展的各项外部审计和检查，在全行范围内开展一次信贷业务大检查，并对此项工作作了具体安排部署。总行成立由6位行领导任正副组长的信贷业务大检查领导小组，由内部审计局、内控合规部、信贷管理部等11个部门联合组成20个检查组，集中用3个多月时间，对全行37个一级（直属）分行去年10月到今年6月期间新发放的贷款进行非现场和现场检查。重点检查新发放项目贷款的资本金到位情况，城市基础设施贷款、房地产贷款、票据业务及个人贷款的情况，还有理财加信托业务的开展情况。会议要求各级行要统一思想，充分认识大检查的必要性和重要性，“一把手”负总责，严格按照总行统一要求做好全面自查。各行在自查中发现的重大违规问题和案件线索要立即向总行大检查领导小组办公室报告；对检查中发现的管理漏洞和薄弱环节，要按照边查边改原则及时采取措施，有的问题能弥补的及时弥补、能纠正的及时纠正，手续不完备的及时完备；有的已形成事实、无法整改的，必须说明情况，并要有相应的管理办法跟上。要通过这次信贷集中大检查，彻底梳理新发放贷款的政策风险、信用风险和作业风险，及时纠正问题、堵塞漏洞和消除隐患，确保新发放的贷款都合法合规和风险可控，经得起历史的检验，努力使我行成为同业中信贷经营合规性最好、风险控制力最强的银行。

会议还对这次信贷业务大检查中需要重点关注的一些问题进行了突出强调：

一要着重检查各级机构在信贷政策的把握上是否符合国家产业政策、环保政策和总行行业信贷政策、绿色信贷制度要求。对于政策制度掌握不到位的，特别是对不符合国家产业政策规定、环保不达标以及“三边”项目、低水平重复建设项目发放贷款的，要坚决予以纠正，对其中一些经整改仍无法达到要求的，不能犹豫，要抓紧实施信贷退出或转让。要严格坚持“环保一票否决制”，对新建项目要逐个核查项目环评手续，对尚

未完成环评审批的项目，一律不得发放贷款。要注意看贷款发放是否认真执行了国家有关项目资本金的政策规定，对于存在项目资本金不实或不足问题的，应要求企业采取措施限期补足资本金，未按要求到位的要立即暂缓或停止继续供款，并视情况予以转让或退出；对于项目前期贷款用于资本金、项目搭桥贷款用于生产性项目的，要尽快收回或退出。要重视对项目资本金的审查把关和后续管理，加强对资本金到位、来源、构成情况的监控，切实把好项目前期贷款、搭桥贷款和项目营运期贷款的信贷条件，防止对资本金不达标项目发放贷款。

二要高度关注地方政府过度融资问题，真正了解地方政府及其融资平台对外融资情况，真正摸清楚地方政府融资平台的负债率、治理机制、偿债能力、贷款担保和抵质押落实等问题，认真评估地方政府偿债能力，加强行业限额管理、城市名单制管理和政府融资平台的集中管理，严格控制地市级项目；对于超限额发放贷款的，必须在年底前压回来。

三要关注项目贷款的信用风险，在评估项目技术建成的可行性和合规性的同时，要加强对项目经济效益和商业可持续性的分析评估。会议要求，认真学习研究和贯彻执行银监会近来发布的《固定资产贷款管理暂行办法》和《项目融资业务指引》等新规。

四要关注票据业务风险，重点排查和纠正虚假开票、以贷开票、关联开票、滚动开票、越权办理异地贴现等问题。要停止办理异地贴现业务，建立虚构交易和利用假合同、假发票等手段套取银行资金的企业及票据中介商黑名单制度，重点防范票据欺诈风险。要建立承兑行的风险评估机制，控制交易对手风险。

五要关注房地产信贷风险，重点检查房地产开发贷款是否实施名单制管理和封闭管理、贷款担保是否足值有效、是否存在“假按揭”问题。注意当前投资投机性购房明显增加、境外热钱流入房地产市场的新情况，更加审慎判断房地产行业的系统风险，严格按项目销售比例要求及时收回开发贷款，严格执行“二套房”标准，严格执行与借款人100%“面谈”、“面签”制度，有效防范各类“假按揭”。土地储备贷款、商用房抵押贷款应与房地产开发贷款分别统计。

六要关注违规风险。在大规模信贷集中投放过程中必须注意防范违规风险，要切实避免“萝卜快了不洗泥”的情况。因此，要重点检查信贷“三查”制度执行情况，及时纠正一切不合规行为，切实做到政策、程序、手续合规，不打折扣，保证各项贷款条件的落实，当前尤其要严防信贷资金被挪用或违规流入股市、房市。

（三）强化管理，加快改革，增强防控案件的能力。会议要求，全行要切实认清当前金融案件高发的严峻形势和新的案发特点，加强对案发原因及案防薄弱环节的研究分析，切实采取更有针对性的措施，提高内控外防水平，确保不发生重大案件事故。

一要更加突出地抓好重点业务领域和环节的风险防控。现阶段要重点落实好网银U盾双人发放制度，建立新开网银账户短期内大额异动监测和回访制度，及时跟进电话查询，严格审核新开户客户身份的真实性。要重点抓好对公账户新开户的尽职调查，实现对公账户营销与审批管理相分离；启用新的对公账户预留印鉴卡，增加要素项、增加难度，预留印鉴卡纳入重要凭证管理，近期要集中力量抓紧完成全行对公客户预留印鉴卡的更换工作，确保对公账户安全、可控。要重点完善各类印章管理机制，发现违反规定使用印章的，要一查到底、严肃处理。要加强对磁条卡的管理，加快推进IC卡的发行。

二要突出抓好对基层机构“人”的监督和管理。所有的问题都是人的问题。要认真落实对基层机构负责人、客户经理和柜员、会计等关键岗位员工的行为监督，加大轮岗交流、强制休假和内审力度。要坚决禁止以人情、信任和权力代替制度，对违规操作问题要严肃处理。要及时跟进业务运营改革、流程调整和人员分流，强化员工上岗培训、制度培训和风险警示教育，规范员工行为。

三要加快改进内控管理机制和技术。要更多地依靠健全完善的体制和机制，依靠先进科学的流程和技术，从源头上杜绝或减少风险隐患。目前我行新一代监督系统主体功能已在全行成功投产，具备65个风险防控功能，基本构建起了风险导向的监督流程，使全行的操作风险管理水平又上了一个新台阶。要坚持边运行边完善，针对出现的新问题、新风险，不断优化系统功能，切实提高对风险事件的分析、预警和防控能力。

（四）要强化声誉风险管理。现在工商银行的市场地位和社会关注度很高，任何一件小事情都有可能被无限放大，如年初的七折房贷事情，最近的中间业务收费问题，都给我们带来了很大的压力。因此，全行上下必须要更加关注自己的一举一动，要谨慎小心，要认真负责，增强提高声誉风险管理能力的紧迫感和责任感。各级行、各部门要切实加强声誉风险管理，落实相关职责和分工，确保声誉风险有人管有人抓、责任落实到位。要加快完善声誉风险的识别、监测、评估、预警和处置流程，把声誉风险管理渗透到全行经营管理各个环节和客户服务每个流程。尤其是对于一些涉及客户利益、易引起社会关注和负面影响的经营决策，事前就要充分做好声誉风险的评估，制订相应的应急预案。对于一些可能引发负面影响的个案或小事件，也要高度重视，从大处着眼，从维护全行形象和利益出发，妥善应对和处置，将声誉风险化解在萌芽状态。

三、怎样逐步渡过盈利“平台期”

会议指出，今年以来的盈利能力可持续增长面临的挑战和压力已经越来越大。会议认为，我行通过改革创新和经营转型连续6年实现37.6%的年均净利润高增长后，步入了一个盈利增长的“平台期”，若我们现有的收益结构没有一个较大调整，保持盈利的持续增长难度就会越来越大。会议还全面分析了今年实现10%盈利增长目标，对满足股东回报要求、缩小员工收入与可比同业差距、增强全行竞争发展能力的重要意义，要求全行下更大的气力推进改革创新和经营转型，进一步增强经营活力和盈利能力。

（一）大力调整资产负债结构，推进精细化经营。目前全行净利息收入占营业净收入的比重达78.5%，净利息收益率若提高一个基点，全行净利润将增加7亿元。各行要高度重视提高NIM的水平。利差是最重要的。赚钱少、贷款多，只不过更多地承担了风险。会议认为，全行净息差有望在第三季度末有所反弹，现行资金收益水平已经接近历史低位，SHIBOR再下降的空间不大，预计资金市场的收益率也将逐步企稳。在这样一个有利的内外部条件下，要着力通过调整资产负债结构，强化精细化经营，来扩大资产负债业务的整体盈利水平，保证全年经营目标的实现。

一要大力调整信贷结构，增强信贷业务的综合盈利水平。会议指出，信贷结构问题不是一朝一夕的事情，希望各行高度重视并认真思考，结合实际着手加以研究。要在保持信贷总量理性增长的前提下，积极拓展优质信贷市场，这不仅是实现今年计划目标的需要，也是为明后年储备优质信贷资源的需要，而且还是主动防范风险的最好选择。当前要继续重点抓好国家大型建设项目信贷市场，积极拓展贸易融资、小企业信贷、个人类贷款以及新能源、节能环保和现代服务业等我行战略发展的业务领域。与此同时，要更加注意通过存量信贷结构调整、通过信贷资产转让流动来进一步拓展信贷成长空间，增强从信贷市场的整体获利能力。要通过退出潜在风险贷款和清收处置不良贷款置换成优质贷款来增强信贷盈利水平。上半年总行已分六个批次下达了2 580亿元的潜在风险贷款退出任务，下半年总行将进一步完善潜在风险贷款退出政策，扩大退出客户范围，引导全行抓住当前企业融资渠道较多的有利时机，加快退出进度，争取下半年再退出转化600亿元。同时要继续综合运用多种方式处置不良贷款，加快符合条件不良贷款的核销进度，力争下半年清收处置300亿元左右，其中核销70亿—100亿元。要通过加强定价管理来提高贷款收益率，对于RAROC水平较高，达到定价标准要求的贷款，优先支持、优先发放；对于贷款议价能力弱、贷款收益率低于同业水平的分行，则要有所控制。

二要加强资金运作和投资管理，提高资金营运效益。目前全行本币债券投资余额达2.98万亿元，占全部资产的27.4%，是全行盈利的第二大来源。要根据市场利率变化，及时调整投资策略和组合结构，不断提高投资业务的整体收益率。同时要有针对性地改进资金营运，进一步降低超额备付水平，提高资金运作效率和效益。

三要积极分流转化高成本存款。会议指出，要做好银行类理财业务。要在认真执行监管部门要求的前提下，通过发行理财产品来定向分流一部分高成本存款，达到既降低付息成本，又满足客户资金回报要求，还可增加中间业务收入的目的。

（二）抢抓市场机遇，加快培育和扩大新的盈利增长点。会议要求加快推进产品和业务创新，全方位开拓业务市场，尤其要加快中间业务和新业务的发展，努力完成好各项业务的经营发展计划，提高各项业务的利润贡献度。

一要加快理财业务的创新发展。理财业务是一项极具发展前景的业务，总行专门成立了资产管理部，下一步要投入更多的精力开发产品，加强营销，推动理财业务发展尽快上一个新水平，将资产管理业务发展成为全行重要的盈利增长点。

二要促进与资本市场相关中间业务的快速回升。会议认为，未来几年，资本市场相关业务将会成为工商银行业务增长点。当前要抓住资本市场回暖、IPO重启、创业板推出带来的业务机会，扩大第三方存管业务规模，加快与资本市场相连接产品的创新、开发和营销，积极发掘代理基金、银证转账等业务潜力；重视做好开户等服务，不要再形成网点大量的排队、拥挤，确保在这一轮资本市场的复苏过程中巩固和扩大市场份额。

三要抓好贵金属业务的发展。要加紧组建总行贵金属业务专营机构，健全贵金属业务发展机制，发挥全行整体功能和专业化运营的优势，推进贵金属业务的创新发展，努力成为贵金属业务的行业引领者和我行新的盈利增长极。

四要大力发展跨境人民币结算业务和境外机构开立境内外汇账户业务。我行已经在同业中办理了首笔真正意义上的跨境人民币结算业务，下一步要依托全行雄厚的资金实力、先进的业务处理系统和完善的分销渠道等优势，加强境内外机构联动，强化与代理行的全面合作，积极开展跨境人民币清算、账户融资等业务推介营销，推动进出口人民币结算、贸易融资、跨境人民币资金理财等业务的快速发展。同时，要按照总行的统一部署，以境内外跨国公司为目标，开展全方面营销，积极竞争境外机构境内外汇账户（NRA）业务及该模式下的全球现金管理客户，努力实现NRA开户数和结算量三分天下有其一的目标。

五要切实抓住区域经济发展中新的历史机遇。会议指出，最近一个时期以来，国务院相继审议通过了珠三角地区、上海两个中心建设、江苏沿海地区、海峡西岸经济区、关中—天水经济区、辽宁沿海经济带、皖江城市带承接产业转移示范区等一系列区域发展规划，必将对相关区域未来的发展产生重大而深远的影响。总行近来也召开了一系列座谈会，结合区域发展定位和产业布局调整，研究制定我行相应区域发展战略规划。各相关分行也要根据国家区域发展战略规划，积极创新体制、机制和业务，转变经营模式和发展方式，做好配套服务工作，在积极支持区域经济发展中壮大自己，奠定未来市场竞争的战略地位。

（三）深化体制机制改革，不断增添盈利成长的动力。会议强调，要通过加快重要领域和关键环节的改革创新来释放生产力，通过改进服务苦练内功来增强竞争力，为盈利成长提供源源不断的动力。

一要加快推进各项内部改革。会议指出，今年以来全行实施的改革举措，有些是很深刻的、革命性的改革，是在中国金融业中率先实施的具有开创性的改革，意义非常重大。要加强包括业务集中处理、远程授权和事后监督体系改革等内容的运营体制改革的统筹协调和组织推动，按照总行统一部署积极推进系统开发、制度建设、机构组建、流程再造、业务布局调整和人力资源优化等方面的工作，确保按计划完成好各个阶段的运营改革任务。要继续推进报表集中改革，上半年全行共上收各类报表 12 444 张，释放人员 2 045 名，下半年要继续加大工作力度，确保年内实现支行基本上不再编制报表、释放 5 000 名支行报表编制人员的阶段性任务，明年则进一步上收报表编制，把大量人员释放到一线去。进一步扩大县支行改革试点范围，鼓励支持长三角、珠三角、环渤海等经济发达区域分行探索重点县域机构有效管理模式，提升发达县域支行的竞争发展能力。加快建设全行统一的绩效考核平台，形成集机构（网点）、部门、产品、客户、客户经理（柜员）等为一体的多维度考核评价体系，完善考核评价机制，充分调动各方面的积极性。

二要全方位改进金融服务。会议指出，近年来，尽管我们在零售业务包括网点、品牌、产品和客户经理队伍建设等方面加大了投入，但与主要竞争对手仍然拉不开差距，其主要原因就是服务和品牌问题没有解决好。如果我们能够在服务管理、服务模式、服务品质以及品牌影响方面有一个大的提升，全行整体竞争发展能力就一定会显著增强。目前总行已经成立了专门的品牌与服务管理部，下一步要加紧研究制定改进服务工作规划，建立完善服务管理制度办法和工作机制，认真解决好影响服务质量和效率的突出问题；要加强品牌建设，进一步提升工商银行的品牌价值和影响力。总行决定，今年的发展战略研讨会将着重研究改进服务工作，希望全行围绕服务主题深入调查研究，进一步摸清当前全行金融服务现状、存在的主要问题及深层次原因，研究探讨加强服务管理、创新服务模式、提升服务品质的战略举措，推动全行竞争发展能力的增强，力争花几年时间，使工商银行成为一家服务最好的银行。

会议还对做好当前和国庆纪念活动期间的维护稳定工作进行了安排部署。会议强调，要坚持原则和政策底线，认真执行国家有关政策规定，对协解人员的不合理诉求如回银行工作、按内退人员标准发工资、增发退休工资、补“三金”等，要讲清政策，不能违规办理；同时对一些确有困难的人员，要积极主动向当地政府部门反映，尽可能帮助解决低保、再就业问题。而对串联煽动和组织群体性上访的骨干分子，则要借助维稳、公安部门力量，采取果断措施，坚决打击违法行为。会议还要求进一步做好内退人员的教育、引导和管理工作，及时化解内退人员的上访问题。会议还指出，今年全行改革内容比较多，改革任务比较重，在推进各项改革的过程中，要始终坚持以人为本，切实做好改革中转岗员工的思想引导和上岗再培训工作，既不能让一个员工掉队，又要使大家有压力，确保改革稳步推进，平稳过渡。

会议最后强调，当前我国经济正处在企稳回升的关键期，我行经营发展也处在一个控风险、上水平的重要关口，各项工作任务重、困难多，全行上下一定要认真坚持以科学发展观为引领，通过深入落实学习实践活动中确定的各项整改措施，进一步深化对科学发展观的学习理解，切实把思想认识统一到中央对形势的分析判断和对经济金融工作的决策部署上来；进一步提高运用科学发展观研究新情况、解决新问题的能力，切实正确把握好支持经济与防控风险、应对当前国际金融危机影响与增强长远可持续发展能力等一系列重大关系，以求真务实、勤勉尽责、奋发有为的精神状态和工作作风，全面贯彻落实好党中央、国务院关于“保增长、调结构、促改革、惠民生”的方针政策，努力保持全行健康发展的良好势头，以优异的成绩迎接新中国成立60周年。

第八部分

理论研究和调研成果

执行编辑：鹿　朋

理论研究和学术交流综述

总行城市金融研究所

2009年，面对后危机时代复杂多变的经营形势，全行围绕“抓机遇、迎挑战，保持盈利持续增长”和“提升核心竞争力”等重点问题，展开理论研究和学术交流，各项研究和交流工作取得了丰硕成果，充分发挥了决策支持职能，显著提升了我行的社会形象。同时，我行在国际国内一系列高层次学术交流活动和全球论坛中越来越频繁地发表重要声音，充分展现了工商银行学术大行的风采。

一、围绕全行改革发展的关键问题，总行推动了四个方面34项重大课题的研究，全面服务全行战略决策

（一）关于重大体制、机制改革问题的相关研究。《中国工商银行省区分行营业部管理体制改革研究》探索建立契合不同类型营业部实际的管理体制；《中国工商银行县域支行和城区支行改革发展研究》提出了解除支行发展束缚、增强支行经营活力和提升支行市场竞争力的相关建议与措施；《中国工商银行母子公司业务联动机制研究》提出构建顺畅高效母子公司联动发展机制的数项措施；《工商银行关联交易管理机制研究》就完善我行关联交易管理机制提出对策建议；《利率市场化进程中我行内外部利率定价机制建设研究》提出我行积极应对利率市场化趋势，完善内外部利率定价机制应采取的对策等。

（二）关于如何应对经济周期波动和危机的相关研究。《跨国银行应对经济周期的战略研究》在对样本银行在经济周期性波动中的战略选择和行为模式研究基础上提出符合我行实际的平抑经济周期性波动影响的跨国经营战略；《全球金融危机中公司治理的经验与教训》总结全球金融危机中公司治理问题的经验和启示，提出对我行完善公司治理的相关建议；《后危机时代金融市场业务发展策略研究》在分析金融危机过后经济及金融市场发展趋势的基础上提出我行金融市场业务的发展策略；《经济周期下商业银行信贷结构整体优化战略研究》从信贷结构系统的内在优化机制角度提出了我行信贷结构整体优化的基本架构。

（三）关于推进业务发展策略及管理手段改革的相关研究。《我行中间业务增收潜力和发展机制研究》提出以机制建设助推中间业务收入增长的发展策略；《牡丹信用卡服务提升探索与研究》探寻适合我行信用卡服务持续提升的路径；《理财金账户客户特征及发展策略》针对理财金账户品牌发展中的问题提出了解决思路；《以创新为抓手提升综合金融服务水平　全面提高公司业务核心竞争力》从营销体制、产品、业务流程以及客户评价与定价四个方面研究如何提升我行公司业务综合金融服务水平；《资本市场走势与我行投行业务创新》在分析资本市场2010年的走势的基础上阐述了投行业务的创新机会和发展策略；《产品创新客户体验管理研究报告》引入客户体验基本原理和方法，探索构建我行产品创新客户体验管理体系等。

（四）关于优化风险管理技术与机制流程的相关研究。《我行债券投资的信用风险管理问题研究》、《商业银行金融衍生产品交易信用风险管理与控制研究》、《商业银行参与金融期货的风险及防范措施研究》、《工商银行托管业务全面风险管理研究》、《商业银行并购风险的识别与防范研究》、《商业银行市场风险内部模型法研究》、《金融产品创新研发风险控制研究》和《工商银行操作风险管控体系研究》等分别就债券投资、衍生品交易、托管、并购、产品研发创新、市场风险、操作风险等领域的风险管控体系构建和管理手段革新提出了理论铺陈和实践论证。

二、密切跟踪行内外改革热点、准确把握国内外经济形势，打造四个系列研究精品，为全行经营管理提供专业支持

（一）国际宏观形势分析和市场研究系列产品，紧跟国际金融危机的最新动态变化和焦点问题作出了及时、深刻的分析和预测。

（二）国内宏观形势分析和市场研究系列产品，在长期跟踪研究的基础上，从银行业最为关心的角度，就我国经济发展的最新动态和宏观政策的走势，进行了有独立见解的分析和预测。

（三）战略规划研究系列产品，就新三年规划执行中的新问题和规划中需进一步研究的问题，以调研获得的一手材料为基础进行深入研究，就挖掘我行区域分行发展潜力和打破盈利增长瓶颈等重要议题提出了战略思路。

（四）同业研究系列产品，形成了“主要竞争对手研究、同业业绩分析预测、银行业市场与创新动态研究”三条同业研究产品线，发布了大量同业分析产品。

2009年，我行研究产品受到总行领导和海内外各分行及公司机构的广泛赞誉和认同，在经营实践中发挥了开启思路、把握变化和应对难题的重要作用。

三、扩大学术交流范围，提高学术交流层次，显著提升了我行的国内外影响力

（一）国际交流层次不断提升

1. 王丽丽行长带队参加2009年ABAC四次会议及APEC CEO峰会。在ABAC第一次惠灵顿会议上提交了“关于逐步改革和完善国际货币体系的建议”的提案；在第二次文莱会议上发表了“进一步完善国际货币体系，稳定全球金融市场”工作论文；在ABAC第三次越南会议上发表了“保持美元汇率相对稳定，逐步完善国际货币体系”的演讲；出席了在新加坡举行的第三届APEC债券市场发展公私部门论坛；在2009年ABAC第四次新加坡会议和APEC CEO峰会上，我行领导担当胡锦涛主席的推介人和协调人，并主持和发表了重要演讲，在国际和国内引起很大反响，获得外交部等有关部委的高度评价。

2. 参加世界经济论坛年会、世界经济论坛非洲峰会、国际金融协会春季峰会、剑桥大学跨国并购国际研讨会等一系列大型国际会议，加强了国际交流，扩大了我行的影响力

3. 中国城市金融学会组织我行相关业务部室赴台参加“第二届两岸票券（据）市场与业务研讨会”，两岸学者就票据业务的发展与创新、监管与风险防范，以及金融交流与合作等问题展开了讨论。

4. 中国城市金融学会组织相关人员参加了中国金融学会与俄罗斯银行协会合办的第四届中俄金融合作论坛。

（二）国内交流范围不断扩大

1. 成功举办“全球智库峰会”第四分论坛“重建平衡——全球储蓄与消费”，部分国家部委领导、金融机构高管以及科研机构领导等数十位重量级嘉宾出席了论坛，论坛会场气氛热烈，演讲精彩，与会代表对我行主办的分论坛反响良好。

2. 成功主办银行业博士后论坛，扩大高层次人才交流。6月，我行博士后工作站与北京银行博士后工作站共同举办了“博士后论坛”，探讨了“本轮危机与既往典型金融危机的比较”与“当前危机下CDS市场发展趋势”两个专题。12月，我行博士后工作站与银监会博士后工作站联合举办“第三届中国银行业博士后论坛”，中行、建行、农行、交行、浦发、招商、民生、中信、北京银行、华融10家金融机构博士后工作站参加，围绕议题“金融危机形势下我国银行业的应对方略”展开探讨。

3. 通过走进分行、走进客户，创新主办4期创新沙龙活动。第一次走出总行、贴近分行，由总分行联动在福建举行主题为“振兴海西——银行业的责任与机遇”的第2期创新沙龙，沙龙的成功举办既为我行参与和支持海西发展提供了丰富的建议和借鉴，也为创新沙龙更好地服务于全行的改革发展开展了有益的尝试。第一次走进客户举办沙龙，以“当前金融焦点热议”为主题，在国家税务总局举行第3期创新沙龙，沙龙的成功举办为我行与客户的沟通搭起了新的平台，也为宣传我行业务服务客户打开了一个新的窗口。

四、开展重点课题研究工作，加大专家支持力度，群众性学术活动蓬勃发展

（一）认真做好重点课题研究的组织、推动与应用，通过群众性学术科研活动促进我行业务发展。2009年，城市金融学会结合我行中心工作，特别是三年规划的贯彻落实制定了10个重点课题，通过各分行学会组织全行员工共同参与研究，不仅为总行课题研究、战略规划制定提供了帮助，也为各级分行业务的开展、发展战略的制定提供了有力支持。

（二）充分发挥专家学者的智囊作用，为我行发展献计献策。为了更好地发挥专家学者的智囊作用，城市金融学会组织召开常务理事会暨工商银行发展战略咨询会议，为我行发展献计献策。与会常务理事对工商银行发展战略、学会工作的开展以及如何应对当前形势发表了具有较高价值的意见和建议。

（三）成功组织召开了全国秘书长工作会议，秘书长培训班和优秀团体会员评比等活动，学会系统各项工作顺利开展。

（四）多层次、多角度扩大我行群众性科研成果的宣传与应用。为了加强学术科研成果的宣传与应用，2009年城市金融学会秘书处编辑出版了《全国城市金融优秀论文集》（2006—2007卷）和《中日金融学术交流文集》（中文版）。根据与日本有关方面的协议，组织翻译了《中日金融学术交流文集》中的中方论文，提交日本方面出版日文版。

（五）组织参与银行业协会举办的“我心目中最受信赖的友好型银行”征文活动，扩大宣传与影响，树立我行良好社会形象。参加中国金融学会工作会议，与兄弟学会共同探讨，促进学会工作繁荣与发展。

五、充分发挥《中国城市金融》和《金融论坛》的宣传导向和理论研究的学术平台作用

（一）加强创新发展力度，提升《中国城市金融》办刊水平

1. 加强专题报道力度，重点报道我行发展战略研讨会和2009年工作会议，为全行员工学习和了解科学发展观的主要内容、工商银行2008年取得的各项经营成果和2009年总行的战略方针和工作部署提供了渠道。

2. 加强特别策划力度，时刻关注涉及全行改革和发展全局的大事，利用行刊的优势向全行员工传达和宣

传工商银行的发展战略和经营理念，向社会公众介绍工商银行改革和发展方面取得的最新成果，进一步扩大工商银行的社会影响。

3. 开展纪念建国60周年系列活动、特约通讯员培训班、两刊系统评刊会、金融新闻摄影高级研讨班、银行同业期刊交流联谊活动等各项活动，加强了银行同业间的取长补短、相互交流，为有效提升期刊的办刊水平起到了促进作用。

（二）开阔研究视野，扩展交流渠道，不断提高《金融论坛》的学术地位。

1. 通过扩版及版式调整工作，突出期刊的学术性。设置了"形势分析"、"理论研究"、"应用研究"、"业务探讨"、"调研报告"、"新作评介"等栏目，还根据实际情况不断进行完善，增设了"本刊专稿"、"市场分析"、"理论动态"、"资本市场"等栏目。

2. 将期刊定位于商业银行应用理论研究，围绕商业银行改革和经营发展中的重点、难点问题编选稿件。加强对稿源的指导，提高期刊稿件的针对性和时效性，根据国内外经济与金融形势的新变化和工商银行改革与发展的新任务，向读者发布了26个选题，围绕这些选题组稿，共编辑刊登论文143篇。

3. 主动发挥《金融论坛》作为中国城市金融学会会刊的作用，专门为学会课题研究设置了"调研报告"栏目，全年共刊发各类行内课题研究成果16篇。

4. 筹划组织了"票据研究有奖征文及学术研讨活动"和"当前宏观宽松政策下经济金融热点问题"等系列征文活动。

5. 加强与高校、期刊评价机构、同业期刊以及新闻管理机构的交流，扩大学术期刊的影响力和知名度。走访了北京大学图书馆、中国社会科学院文献信息中心；参加了首届"中国期刊质量与发展论坛"；组织召开了第二届银行业同业期刊交流联谊会；主动与新闻出版署报刊管理处就相关事务进行沟通、联系。

六、《行史》编修工作持续开展

（一）启动《行史》英文版的编辑出版工作，完成了英文版书稿的删改工作，为翻译英文书稿做好准备。

（二）启动《行史》第四分册——工商银行前身史（1948—1983年）提纲的编写工作。

关于拓展北京市现代服务业信贷市场的调查与思考

北京分行 王珍军

随着北京产业结构的深度调整，以现代服务业为主导的区域经济特征日益明显，现代服务业在GDP中的占比由2004年的44.3%提高到2008年的51.7%，年均增长保持在20%左右，呈现出快速发展态势，已占据主导产业地位。因此，如何顺应北京经济结构和产业结构调整，抢占现代服务业发展先机，使我行的信贷经营结构与北京经济发展重点保持一致，是我行近年来重点思考和探索的问题之一。按照姜建清董事长提出的"北京分行要积极探索和发展现代服务业金融业务"的工作要求，我和班子其他同志一起，通过分析市场需求、了解行业特点、实地走访企业、与行业协会和政府部门座谈等方式，对北京地区现代服务业的发展现状、行业特征、市场需求以及具有代表性的重点行业开展了调查研究，就如何拓展北京市现代服务业信贷市场作了深入思考和探索实践。

一、拓展北京市现代服务业信贷市场的必要性

现代服务业是在工业化比较发达阶段产生的，依托信息技术和现代化经营理念和管理方式发展起来的，信息和知识相对密集的新兴产业。根据北京市统计局分类标准，现代服务业包含《国民经济行业分类》中的九大行业：①信息传输、计算机服务和软件业；②金融业；③房地产业；④租赁和商务服务业；⑤科学研究、技术服务和地质勘察业；⑥水利、环境和公共设施管理业；⑦教育；⑧卫生、社会保障和社会福利业；⑨文化、体育和娱乐业。

近年来，北京市政府坚持高端、高效、高辐射力的产业发展方向，将现代服务业放在优先发展的位置，运用现代经营方式和信息技术改造传统商业、服务业。这既是调整产业结构，增强首都服务功能，建设国际大都市的客观要求，也是解决城市经济发展所面临的土地和劳动力价格上升、能源紧张、污染加重、交通拥堵、资源约束的内在要求。北京自身生产资料的结构性短缺，形成了大型制造业集中外迁以后的城市"空心化"，第三产业在产业结构调整过程中的替代效应和接续效果非常突出，2008年末第三产业增加值已占到全市GDP的73.25%，其中现代服务业快速发展，增势明显，成为

拉动地区经济增长的重要引擎。这也为我们实施信贷结构调整和加快信贷业务发展提供了新的历史机遇和广阔的市场空间。

（一）拓展现代服务业市场是适应北京经济发展的需要。从我们调研的情况看，北京现代服务业发展总体呈现以下四个方面的特征：

一是行业涵盖范围广，整体发展迅速。北京市统计局数据显示，北京现代服务业共9大类行业，300多个分支行业，产业覆盖面广。2004—2008年，现代服务业的增加值从2 688.5亿元增加到5 424.5亿元，年均增速为19%，分别超过传统服务业和第三产业1.25个和0.45个百分点，其增加值占地区GDP的比重也由2004年末的44.3%提高到2008年末的51.7%。

二是产业附加值高，主导行业垄断，中小企业数量多。据统计，北京市现代服务业法人单位约14.7万户，占三次产业总数的42%，平均每单位实现增加值367.3万元，较三次产业平均值高60万元。其中限额以上企业1.3万户，仅占现代服务业企业总数的8.7%，且大多集中在金融、房地产、城市基础设施开发运营、电信、广电等经济主导产业，具有高资本、高壁垒、国有垄断的特点。而大量以民营资本为主的中小企业多聚集在商务服务、计算机软件、文化创意等新兴行业，企业淘汰更新频率较快。

三是一批新兴产业具有较大的发展潜力。近三年来，商务服务业的增加值年均增长24.7%；信息传输、计算机服务及软件业的增加值年均增长23.8%；文化创意产业的增加值年均增长19.9%。预计到2010年，以信息、计算机、软件、科技服务、文化创意为代表的高端产业的增加值占GDP的比例将超过20%。可以预见，这些新兴行业将是带动首都经济平稳较快发展的重要力量。

四是形成了众多特色产业聚集区。北京在城市空间布局上已经形成了以中关村为代表的高新技术研发服务区，以金融街、CBD为代表的高端商务服务区，以石景山、朝阳、东城为代表的文化创意产业聚集区，以顺义、通州、大兴为代表的现代物流产业园区等。这些专业化的产业基地，在政策、信息、人才资源上集聚度高，产业辐射带动效应强，发展活力旺盛，将成为带动行业信贷市场发展的源头和基地。

（二）拓展现代服务业市场是提升我行信贷竞争力的需要。当前，我行信贷业务发展正面临着国际金融危机和国内经济周期波动性的挑战和考验。为保持全行长远可持续发展，拉长高盈利周期，我们必须坚持经营转型的方向，坚持结构调整的路子，不断改善资产结构、收益结构和客户结构。而积极拓展现代服务业信贷市场，不仅可以应对金融脱媒化和利率市场化带来的冲击，培育新的信贷业务增长点，而且有利于调整优化信贷结构，提升信贷市场竞争力，实现信贷业务可持续发展。

一是有利于应对金融脱媒挑战，持久保持信贷业务健康发展。近年来，大型优质企业融资渠道不断拓宽，短期融资券、中期票据、企业债券和公司债券快速发展，大型企业更多地通过资本市场获取低成本融资，对银行贷款产生了明显的替代效应，我们迫切需要寻找到具有高附加值的、发展潜力巨大的新目标行业作为信贷业务新的增长点。现代服务业作为社会经济链条中的重要一环，上游可创造产品和效益，下游可创造市场和需求，深度挖掘和积极满足现代服务业的信贷市场需求，是调整我行信贷经营战略和实现信贷业务长远发展的现实需要。

二是有利于优化客户结构，壮大客户基础，培育新的利润增长点。截至2008年末，我行法人有贷户仅757户，客户基础非常薄弱。以现代服务业为主的中小企业贷款仅占法人贷款的23%，贷款主要集中投向大中型优质企业客户。积极拓展现代服务业优质客户，既有利于调整客户结构，减弱大客户经营波动对我行业务发展和盈利水平的影响，又有利于拓展新的行业领域，培育新的信贷业务增长点。

三是有利于调整信贷结构，丰富信贷产品，推进公司信贷向公司金融转型。现代服务业具有独有的行业特性，我行传统的信贷产品难以完全匹配其资金需求，为现代服务业提供融资，我们需要加强信贷创新，加快开发适合其行业特性的融资产品和模式，将项目开发贷款、服务贸易和供应链融资、网上结算、现金管理、财务顾问、战略顾问等紧密结合，积极调整我行现有信贷结构，丰富信贷品种，提高我行信贷产品线的适应能力，开展公司金融综合化营销，满足客户一揽子金融服务需求，提升客户依存度和综合贡献度。

四是有利于分散行业和集中度风险，有效应对经济周期波动带来的考验。截至2008年末，我行本外币贷款余额前十名大客户的融资合计705.94亿元，占全行贷款总量的36.34%，贷款集中度高。同时，房地产、电力、石油石化、煤炭、民航、钢铁、电解铝、汽车等与经济周期相关性较强的行业在我行贷款占比达到42%，贷款行业集中度也非常高。积极拓展教育、医疗、文化、科研、水利、环境等受经济周期波动影响较小的现代服务行业信贷市场，改善贷款结构和行业分布，是我行降低贷款集中度风险和保持长远可持续发展的一项重要举措。

（三）拓展现代服务业市场是应对同业激烈竞争的需要。随着北京现代服务业的迅速发展，北京地区银行同业纷纷加大对这一市场的投入力度，其营销策略独到，信贷模式大胆创新，并已经取得一定成效。

一是在水利、环境和公共设施管理方面，形成以政府融资平台为主体的发展格局。由于北京经济发展情况良好，各区县财政实力较强，政府融资平台企业贷款多由财政负责还款，贷款金额大但风险却相对较低。因此，北京地区各家银行纷纷确立与政府的合作关系，积极扩大合作范围，增加贷款授信额度，全力争取优质贷款项目。国开行是与北京各区县融资平台企业合作最早、贷款金额较多的银行，而北京银行则是较多融资平台企业的存款行。

二是在融资租赁方面，民生、中信等股份制银行以及农业银行、中国进出口银行专门成立了租赁事业部或租赁业务处理中心，制定了《融资租赁保理管理办法》、《出口信贷型租赁业务管理办法》，积极响应行业需求。民生银行还特别推出“鼓励通过银租合作，采用租赁保理形式进入该行目前难以营销进入的通信、石油、金融等具有垄断地位的行业企业，包括主动授信客户、战略客户和优先支持类客户”，以及“借助融资租赁提高贷款收益率和增加融资安排费的营销策略”的信贷策略。

三是在现代物流方面，中国银行、交通银行是中远、中外运、中储这些物流行业的龙头企业的主要合作银行；深发展、中信在商品融资领域拥有丰富的产品体系和大量客户资源，特别是深发展的商品融资（含存货质押）业务的同业知名度高，管理经验丰富。

四是在教育卫生方面，中行于2004年通过竞标方式取得中央部属高校助学贷款的主办权，2006年又与教育部签署相关协议，取得115所中央部属高校2006—2010学年国家助学贷款资格；北京银行、建行、招行、民生等银行大多采用高层公关、赞助、服务条件优惠及宽松的信贷政策，利用较为灵活的机制，全方位挖掘营销优质客户资源。

五是在文化创意方面，以电影行业为例：①北京银行、交通银行与北京市文化创意产业促进中心签署战略合作协议，以此联动行业发展机构，提高市场宣传力度，增加合作机会。②招商银行以全程跟踪拍摄、控制贷款资金流向等方式为电影《集结号》贷款，深圳发展银行联手中信银行为电影《夜宴》贷款，渣打银行以预售期权为电影《满城尽带黄金甲》作抵押贷款等，以个案介入为主，开展探索与尝试。③国家开发银行探索用“知识产权质押＋专业评估＋保险公司担保”的银行贷款模式，交通银行在中小企业贷款品牌“展业通”项下对文化创意行业推出“版权担保贷款 ”等，推动知识产权担保方式。④北京银行与华谊兄弟签订电影“打包”贷款计划，以商抵方式对万达集团发放院线建设贷款，并开展知识产权系列研究，成为行业先行者。

总之，现代服务业发展方兴未艾，北京现代服务业的快速增长为银行业发展带来了巨大机遇，各家银行也纷纷加大了对这一新兴市场的培育、开发和竞争力度，在金融脱媒和利率市场化加快的大背景下，可以说，谁抢先进入这一战略领域，谁就占据了未来竞争的制高点。这也决定了我们只有顺势而为，加快调整信贷经营策略，加大现代服务业信贷市场拓展力度，才能抓住北京地区这一巨大的市场资源，才能赢得市场竞争主动。

二、新兴现代服务业信贷市场具有特殊性

现代服务业中各行业的信息化、技术化进程不同，行业形态各异，拓展现代服务业信贷市场需要以深入调研行业特征和细分市场为基础。通过深入调研，我们认为，北京现代服务业整体上呈现出两个明显的发展梯度：

其一是以传统产业升级为背景，基于城市公共建设、功能改造的资本密集型和垄断型现代服务业，比如水利、环境和公共设施管理、教育、医疗行业等。资本密集型和垄断型现代服务业具有“看得见”、“摸得着”、“抵得住”的特性。这类行业在运营形态上与我行传统产业的企业相近，信贷需求以项目开发或垄断经营为背景，与我行的信贷理念、风险偏好较为吻合。同时，我行的信贷产品大多以制造业、传统商贸业、基础设施建设等行业为设计原形，现行的流动资金贷款、贸易融资、项目贷款、房地产贷款等产品体系，与这类行业的经营特点和运营模式比较匹配。

其二是以科技进步和创新为背景，服务于城市经济发展的技术密集型和智力密集型的新兴现代服务业，比如影视传媒、新闻出版、体育娱乐、计算机服务及软件、商务服务、咨询中介等。新兴现代服务业运营形态上与传统产业差别明显，具有“看得见”、“摸不着”、“抵不住”的特性。这类行业的信贷需求以创意型产品开发和无形服务为背景，资金需求集中出现在形成“服务能力”或“服务产品”固化的过程中，一旦服务能力形成、产品投放市场，则维护成本大大降低，基本无须融资（除非改造升级）。以网络游戏为例，在一个游戏初始开发和推广阶段，需要大量资金用于购买计算机设备和编程软件，引进技术人员，进行市场宣传促销。游戏一旦制作完成，并通过网络运营商上传到网络上以后，即可实现持续盈利，维护成本降至很低，类似的还有软件开发、动漫制作等产业。然而在技术或创意转化为“服务能力”或“服务产品”的资金投入阶段，也正是产品技术含量和创新程度、市场竞争和盈利能力、企业经营规模和抗风险能力等信贷风险因素叠加的阶段，对商业银行的风险掌控和信贷管理提出了更高的要求。

我们比较熟悉资本密集型和垄断型的现代服务业的信贷风险管理，而新兴现代服务业的外部市场环境和自身经营的特殊性，使银行预判风险的难度明显增加，给我行拓展该领域信贷市场带来了全新挑战。总体而言，新兴现代服务业信贷市场具有以下几个方面的特征：

（一）信息不对称，增加了银行信贷风险的预判难度。新兴现代服务业子行业纷繁复杂，专业化程度高，

企业经营模式和盈利方式灵活多样，其经营业态已超出我们接触的常规行业范围，加之外部市场缺少对这类行业企业运作规律的公开信息，也缺少从事专业评估的权威机构等，从而产生“圈内圈外”的专业隔阂，银企之间信息不对称，信贷人员难以把握行业经营规律，加剧了道德风险和操作风险，需要在实践中不断摸索和总结。

比如，动漫行业，拥有较完整的行业链条，其营运分为故事策划、动漫制作、市场营销、发行及放映、衍生产品开发等多个环节，动漫作品的最终盈利依赖于行业内各产业链条间的协作与互动。在发放贷款前，银行不仅需要了解企业自身的经营情况与实力，更要了解行业中各环节的盈利模式、成本开销、资金回收的途径与方式，锁定最终产品的销售和投放渠道，从而在整体上把握产品市场预期和控制信贷风险；在策划制作阶段，需要详细了解动漫故事的题材内容、投资背景、创作团队，政府审查许可以及前期创作进展情况；在营销发行阶段，需要关注作品获得发行许可情况、包装宣传情况、取得发行渠道情况、版权出售情况；最后还要选择机制健全、经营实力雄厚、创作团队有市场推广和策划经验、发行渠道和销售收入稳定的优质企业开展合作，同时利用法律、经济、技术等多种手段，把信贷管理与借款人的责权利相捆绑，多角度控制信贷风险。

（二）核心资产无形化，存在“看得见、摸不着、抵不住”的特性。新兴现代服务业主要以知识、技术、创意作为生产资料，以服务为输出产品，具有“轻资产”的特征，企业资产的实物保障度不高。同时，由于服务产品的非标准化特点，其技术含量的高低不易计量，银行较难评估企业的信贷额度和市场预期价值。

比如，影视行业，是将抽象的文化通过电影技术手段转化为具有经济价值的文化产品并从中盈利的行业。电影企业的主要资产就是“影片存货”和“应收票房分账款”，基本没有固定资产作保障。每部电影因为剧本体裁、编剧内容、创作团队、拍摄技术不同，相应的投资额度不同，产品质量也不同。再加上完片后的故事卖点、受众群体、上映档期、宣传力度不同，会产生票房收入的较大差异。像网络游戏、广告、软件、旅游等行业，也都是典型的“轻资产”行业，服务产出的内容各异、价值不同。这些都对银行考察和判断企业的经营状况、市场前景及盈利能力提出了更高的要求。

（三）知识产权作为贷款担保存在一定难度。我国新兴现代服务业发展处于初级阶段，人才结构性短缺，产业链不完整，知识产权保障力度较弱，已成为困扰行业发展的主要难题，特别是盗版侵权对行业的生存发展构成了较大威胁，急需建立适应产业发展要求的知识产权保护体系和产业服务模式。目前，在我国知识产权虽然可以办理正式的质押登记，但是由于市场体系不健全，知识产权的交易、评估和第三方监理机制等尚不成熟，很难就知识产权做出准确的价值评估，市场各方缺乏对市场公允价值的共识，交易市场的活跃程度低，变现能力和变现价值较难估量，这就导致知识产权担保在当前贷款担保中难以推广和操作。这也是我们在接触营销新闻出版、影视制作、软件服务等行业企业时遇到的普遍难题。

（四）我行现有的信贷产品与客户需求不易对接。我行现行的流动资金、贸易融资、项目贷款等信贷品种与新兴现代服务业的资金需求尚不能完全匹配，针对“服务型产品”的开发和交易，我行在信贷品种、业务办理条件和管理上还没有明确的管理要求。同时，新兴现代服务业企业以中小企业为主，难以提供房地产、大宗原材料或存货抵质押，也不易取得第三方保证，需要积极创新、大胆尝试，设计合适的产品。

三、我行拓展现代服务业信贷市场的主要做法及成效

现代服务业可观的经济规模和持续快速发展的现实，充分证明了其强大的生命力和广阔的市场前景，值得下功夫去深入研究和实践。一直以来，我行高度重视现代服务业在信贷经营中的战略地位，将拓展现代服务业信贷市场作为调整信贷结构、壮大客户基础、创新信贷模式、培育新的信贷业务增长点的重要手段，把市场资源、信息资源、客户资源三者有机结合，通过抓思想解放、抓行业调研、抓市场宣传、抓营销推进，取得了阶段性成效，为加快全面进入现代服务业信贷市场奠定了基础，积累了经验。

从总体情况看，我行拓展现代服务业信贷市场已具备一定的信贷基础和管理经验，取得了较为明显的效果。截至2008年末，我行现代服务业贷款余额743.56亿元，较2007年末增加110.61亿元，占法人客户本币贷款总量的40.12%；有贷户265户，较2007年末增加15户，占比27.32%。从贷款质量看，现代服务业贷款不良率仅为1.8%，贷款质量较好。从客户信用等级分布看，A级（含）以上客户占比83.02%，贷款占比97.47%，客户结构良好。从贷款行业分布看，房地产、城市基础设施建设、电信、广电等高资本、高壁垒或垄断行业贷款余额698.68亿元，占比93.96%，贷款行业集中度较高。从客户规模结构看，现代服务业贷款主要集中于少数垄断经营的集团大客户和政府融资平台，以民营资本为主的中小企业或以高新技术和文化创意为代表的新兴现代服务业贷款余额仅为11.57亿元，贷款“垒大户”现象仍较为严重。

总的来说，我行现代服务业信贷总量规模增长较快，贷款质量和客户结构较好，但是贷款集中度依然较高，业务结构发展仍然不平衡，需要在市场拓展过程中加大对以中小企业为主的计算机、软件、影视、商务服务、中介咨询、体育娱乐等新兴现代服务业的营销支持

力度，进一步推动现代服务业信贷业务快速发展。回顾近年来特别是2008年以来的现代服务业发展过程，我们主要做了以下两方面工作。

（一）夯实基础，巩固优势，积极推动传统形态现代服务业信贷市场的“提升”发展。具有传统运营特点的现代服务业一直是我行信贷支持的重点，为大型优质客户提供良好的金融服务更是我们北京分行的优势所在。为继续巩固和扩大已有市场份额，推动传统形态现代服务业信贷业务跃上新台阶，在总结经验、分析优势的基础上，2008年以来，我行先后向支行下发了水利环境和公共设施管理（政府投融资平台）、星级酒店、公办普通高校、非营利性医院行业的营销指导意见，指导全行加强传统优势行业信贷业务的营销。

一是实行分层营销管理，重点进入水利、环境和公共设施管理行业。围绕东城、朝阳、石景山、大兴地区的文化创意产业基地，围绕顺义、通州、大兴区域物流基地等北京市产业聚集区建设和公共设施开发项目，为我行后续营销入驻企业创造有利条件。结合北京市产业布局和战略发展规划，我行将全市18个区县以及亦庄开发区细分为“战略区、重点区和跟随区”，分别制定相应的营销策略和进入重点。组成分支行多层次营销团队，与园区（基地）管委会、政府相关部门建立对应的沟通关系，形成分层营销、层层沟通、上下统一、快速反应的立体营销体系，及时获取市区两级政府和产业主管部门的投资重点信息，深入挖掘潜在营销资源。2008年末，我行向水利、环境和公共设施管理行业发放贷款余额94.98亿元，较2007年末增加30.79亿元，重点加大了对投资方向与国家产业政策相符、政府大力扶持、还款来源明确、相关手续齐备的产业园区建设和配套公共设施开发项目的贷款投放。

二是实行客户差别化管理，重点营销高星级酒店。我行将北京46家五星级酒店、115家四星级酒店作为营销目标，提出“积极营销五星级酒店、选择性支持四星级酒店、重点营销运营成熟的高星级酒店、审慎支持新建酒店、综合评价经营管理经验和项目现金流”的总体营销思路。2008年末，我行酒店业贷款余额44.79亿元，较2007年末增加5.3亿元，贷款主要投向高星级酒店，贷款品种主要为项目开发贷款和固定资产支持融资贷款。2009年以来，我行利用总行调整完善固定资产支持融资政策的契机，又审批通过了王府井大饭店、王府井希尔顿酒店、赛特酒店、励骏酒店等客户的固定资产支持融资共27.25亿元，取得阶段性营销进展。

三是实行优质客户名单式管理，重点公关优质公办普通高校和非营利性三级以上医院。我行在充分进行市场调研的基础上，确定了26所“211工程”高校、14所教育部直属和市属重点高校，63所非营利性三级医院作为重点目标客户，并给予贷款利率下浮、中间业务收费减免等优惠政策，以推动各项业务发展。2008年我行对教育和医院两个行业共完成贷款审批22.72亿元，实现信贷投放14.05亿元，贷款余额17.29亿元，比2007年增加5.15亿元，增幅达42%。特别是通过营销政策的调整，我行新增加了北京航空航天大学、北京邮电大学、首都经济贸易大学、北京友谊医院、宣武医院等优质信贷客户资源，巩固了与北京大学的全面合作，加快了与清华大学战略合作关系的建立，推进了校园“一卡通”、医院“一卡通”等结算产品的营销，取得了较为明显的经济效益和社会效益。

（二）寻找差距，创新模式，全力推动新兴现代服务业信贷市场的“破冰”发展。为扭转我行新兴现代服务业信贷市场拓展速度缓慢、信贷模式单一、竞争手段有限、创新力度不够的不利局面，我行积极转变观念，抛弃传统信贷思维，以务实的态度和创新的视角，虚心向市场、向客户、向同业学习先进经验。我行坚持在对市场进行充分调研的基础上，对新的信贷市场进行行业细分，找出其区别于传统行业的特性，设计适应市场需求的金融服务模式，找准我行信贷的切入点。为此，2008年以来，我行制定了一系列市场开发计划，加大了对市场拓展相对较慢的新兴现代服务业的调研力度，提出了融资租赁行业营销指导意见，并集中精力研究电影行业信贷风险、创新信贷管理方式，实现信贷“破冰”先行一步。

一是对融资租赁行业，我行通过长达一年的跟踪和接触营销，对融资租赁行业及银租合作模式进行了深入调研，确定了29家外资租赁公司作为营销目标，并从行业合法合规性、股东背景、技术专业性、风险控制能力等方面，提出了租赁公司的信贷准入标准。我行还将“银租合作”作为介入优质承租行业、维护和拓展优质承租客户的营销策略，确定了可积极营销的承租客户。在确定租赁公司目标客户和承租行业准入的基础上，提出了以专项贷款支持融资租赁公司开展对优质承租客户的设备融资租赁项目、以非专项授信融资支持综合偿债能力较强的融资租赁公司、匹配债权和债务期限管理的租赁保理业务三种适应市场需求的信贷模式，为营销该行业客户奠定了基础。

二是对影视行业，我行提出细分市场、细分客户、细分风险、立体评估、封闭管理的总体信贷要求。将中影集团、华谊兄弟、万达院线、保利博纳、海润影视、光线传媒等产业链完整、制发放一体、渠道控制能力强、品牌影响力大的行业领军型企业作为目标客户，进行重点营销。2009年以来，我行对电影行业信贷营销取得三项重大突破：为华谊兄弟公司拍摄发行《唐山大地震》、《狄仁杰》、《风声》、《追影》四部商业影片提供1.2亿元项目贷款（已发放7 000万元），为保利博纳发行公司拍摄发行《十月围城》、《大兵小将》、《一路有你》三部商业影片提供5 500万元项目贷款

（已发放500万元），为万达院线公司建设12家多厅影院发放2亿元项目贷款，开创了系统内信贷支持电影行业的先河，成功介入了电影制作、发行、终端放映的产业链各环节。我们通过创新信贷管理模式，跳出对文化产业“看得见、摸不着、抵不住”的传统认识，从关注企业的有形资产转为综合考察企业创作团队、市场运作经验、品牌影响力和市场渠道控制能力，从源头把握实质性风险，做到有的放矢、科学管理、分散风险、责任连带。在产品设计上，通过对多部影片的拍摄发行、对多家影院的建设进行打包审批，实现各影片、各影院间收入的“以丰补缺”，降低单一项目风险。在担保模式上，采用“电影版权质押＋实际控制人个人连带保证”方式，控制核心产品、约束核心决策层，控制经营风险。在贷款管理上，借鉴贸易融资、房地产贷款管理经验，按照电影拍摄进度、影院建设进度发放贷款，严格监管票房分账收入，锁定资金回笼渠道，实现对收支两条线的“封闭管理”。

在金融危机的大背景之下，我行为电影业提供信贷支持，不仅开创了工行支持文化创意产业的先河，也引起了政府部门和相关企业的广泛关注。北京市文化局与我行商谈联合支持文化创意产业发展的具体目标，产业聚集区政府积极引荐园区管委会和区内企业，很多客户也改变了工商银行只做大客户的观念，提升了对我行信贷营销的认同感。今后我行将继续秉持“抓大不放小，关键在于优”的经营理念，及时总结信贷营销经验，进一步探索和完善支持文化创意产业的产品和思路，围绕重点行业、重点区域、重点客户，深入细分市场，研究产业运作模式和企业特点，分析各类企业的信贷切入方法，先试先行，继续为全行现代服务业信贷发展积累经验。

四、下一步拓展现代服务业信贷市场的工作思路与打算

现代服务业是北京分行信贷经营布局的重要组成部分，我行将在巩固传统服务业信贷优势的同时，借助北京新兴现代服务业市场需求逐步释放、产业后发优势明显的良好机遇，坚持按照“扎实推进、高端带动、聚集发展、创新提升”的发展思路，积极做好现代服务业的市场开发和风险管理，全力提高信贷业务市场竞争力。未来三年我行现代服务业信贷市场的发展目标是：到2011年，力争现代服务业客户贷款比重占到全部法人客户贷款的50%以上，努力将我行打造成北京地区支持现代服务业发展的领先银行。

（一）以提升优质信贷占比为目标，进一步巩固传统优势现代服务业信贷市场。具有传统运营特点的现代服务业是我行信贷经营的优势所在，而传统服务业的信贷市场开发还远未饱和，仍有较大的增长潜力和市场空间。我行将继续巩固扩大对电信、广电等垄断行业和企业的信贷市场份额，加大对水利、环境、公共设施管理行业的营销力度，深入挖掘高星级酒店、公办高校及非营利性医院等传统优质客户潜力，重点加强项目贷款营销，支持公办高校和非营利性医院基建项目改扩建工程，发展酒店固定资产支持融资业务，提高优质信贷资源市场占比。同时，我们将加强产品部门协作，围绕客户的整体融资计划和综合服务需求做文章，提高客户综合贡献度。对于酒店行业，积极推行全流程金融服务营销，为客户提供从开发建设到财务咨询、融资顾问、结算管理、直至稳定运营后资产支持融资的全过程和整体化的服务方案。对于公办高校和非营利性医院，要进一步夯实客户基础，提升服务层级，加大营销维护力度，并着眼于长远，综合运用存款、贷款、现金管理、网上银行、代发工资、上门收款、财务POS机、“一卡通”等产品设计产品组合，通过多种定价策略平衡收益。

（二）以提升市场竞争力为目标，全面进入新兴现代服务业信贷市场。积极拓展新兴现代服务业信贷市场对于我行提升信贷核心竞争力、保持信贷长期可持续发展具有重要的战略意义。为此，我行将结合北京市区域产业发展规划，加强银行、企业、政府三方沟通协作，将国家大力发展的影视传媒、新闻出版、动漫网游、体育娱乐、现代物流业作为重点拓展目标，在全行范围内整合营销资源，实现对重点支行的信贷资源聚集，推动信贷业务的快速发展。

一是顺应北京产业集群化发展的战略布局，打造信贷特色支行。全面进入高端服务聚集区、高端产业园区、文化创意、现代物流等北京市六大产业功能聚集区，结合区位特点和优势，选取具有较高聚集性和辐射性的行业，以“立足区位、塑造专业”为目标，积极打造现代服务业信贷专业支行。下一步，我行将围绕“中关村石景山园新媒体基地”、“石景山动漫网游示范园区”、“朝阳CBD国际传媒产业聚集区”、“中关村科技园区雍和园”，将石景山、王府井、东城支行打造成为影视传媒、体育娱乐业信贷特色支行；围绕“顺义空港物流基地”、“通州马驹桥物流基地”、“西南大兴—良乡物流基地”，将顺义、通州、大兴支行打造成为现代物流业信贷特色支行；围绕“中关村软件园”、“中关村创意产业先导基地”，继续推进信息、计算机和软件业的信贷拓展。通过行业资源和客户资源的集中，加快建成一批发展新兴现代服务业信贷业务的特色支行，逐步建立一支熟悉市场、了解行业、善于辨识客户的专业信贷队伍，实现信贷资源集中化、经营管理专业化。

二是借助总部经济对服务业需求的拉动和聚拢效益，搞好两个市场开发。北京高端产业的集群式发展与总部经济的发展相辅相成，对现代服务业的发展起到共同激发和推动作用。我行在根据产业功能区打造特色支行的同时，也要借助总部经济对现代服务业需求的拉动

和聚拢效应，围绕企业总部所需要的金融、保险、会展、法律、信息服务、教育培训、现代物流等高端现代服务“产品”，以总部作为核心客户，推进“1＋N”的批发式营销，既挖掘为其提供服务的产业链客户群体，又依托企业总部的实力和信誉，实现对现代服务业客户的信贷投放，积极开发集团总部及其上下游的两个信贷市场。同时，将国内贸易融资引入服务行业，重点发展国内保理、远期信用证及项下卖方融资，借助这类产品所具有的融资成本低、优化报表的优势，利用总行允许开办异地贸易融资业务的政策，吸引总部企业把贸易融资引入交易价格谈判中，再沿着产业链和供应链，搜集上下游服务贸易的交易对手名录和信用记录，不断扩大现代服务业的优质客户群。

三是围绕大型生产制造型企业和资源垄断型客户的服务链条，寻找营销切入点。制造业由于市场分工更加专业化而逐步衍生、分化出新的依托科技进步的生产性现代服务业，我行将依托大型制造企业的实力和信誉，在传统生产制造业向现代制造业转型发展的过程中，将外包和衍生的这部分服务企业作为营销目标，实现对现代服务业客户及其上下游企业的整体营销。同时，坚持“行业龙头客户优先进入”的原则，重点积极支持影响力较大、能够带动产业创新和集约发展、能够突出产业整体形象、具有品牌效应的大型企业集团、行业垄断型企业和有比较优势的龙头客户，充分发挥其在服务业集群中的示范带动作用，加强信贷创新，积累信贷经验，实现群体开发。

四是加强与政府产业发展主管部门的资源联动，创新文化产业信贷发展模式。我行计划与北京市文化创意产业领导小组办公室签署“银行支持文化创意产业发展战略合作协议”，提供信贷意向授信，加强与产业中心的联动，推动政府引荐优质客户和优质项目，并配合政府年度工作规划，借助政府贷款贴息等优惠政策，重点支持优质文化创意企业和重点项目。为解决文化创意企业融资担保难的问题，我行将借助《北京市文化创意产业担保专项资金管理办法》，加强与担保公司、再担保公司、评估公司的业务合作，推动构建北京市多重、联合担保网络体系，为信贷经营提供风险保障。我行还将结合影视业的融资模式和回款特点，与北京市文化创意产业促进中心共同探索建立影视担保机制，推动完片保证公司的建立，加强对影视剧生产的全程监理，降低影视制作阶段的融资风险。

（三）以确保稳健经营为目标，实现现代服务业信贷业务健康可持续发展。现代服务业企业经营形态复杂。盈利模式多样。在拓展信贷市场的过程中，必须将信贷创新与稳健经营紧密结合，既要敢于创新信贷思路，又要重视风险管理和控制。在营销实践中切实把握服务产品的开发主体、开发能力、销售渠道和预期价值等关键因素，在有效控制实质风险的基础上，推进信贷业务健康可持续发展。

一是充分调查研究。新兴现代服务业体系庞杂，运营形态各异，其发展依赖于其特定的市场环境和消费需求，充分开展市场调研，准确把握现代服务业的行业特点和运行规律，是开展信贷营销、有效控制风险的前提和基础。下一步，我行将重点调研业务发展快、潜力大、市场需求旺盛且政府鼓励的软件开发、网络信息服务、咨询中介、出版发行、文艺演出、动漫网游、体育娱乐、旅游等行业，深入总结归纳行业特征，探索与之相适应的信贷模式，成熟一个开发一个，有的放矢地拓展新兴行业信贷市场。

二是坚持选强择优。一方面，坚持做大做强，积极支持行业领军型企业。例如，在文化创意产业方面，我们将重点支持东方演艺集团公司、文化节目数字制作公司、北京演艺集团以及即将组建的文化领域“航母”——中国动漫企业集团等领军型企业，支持华谊兄弟、保利博纳、万达院线等综合化经营好、市场运营能力强、品牌影响力大的优质民营企业。凭借其品牌号召力、资源凝聚力和吸引力以及对关键销售渠道的掌控力，有效控制信贷风险。另一方面，坚持做小做精，择优支持行业内具有核心竞争优势和可持续发展能力的优质服务企业，积极培育和开发管理者素质较高、经营能力和市场营销能力较好、财务清晰、运作规范、具有突出技术优势和长远发展规划的中小企业。

三是创新担保方式。为切实控制贷款风险，必须创新适应新兴现代服务业的融资担保模式。一方面追加核心产品的版权质押，约束技术要素；另一方面，追加实际控制人的个人担保，控制经营决策风险，以全面考量企业的诚信度。下一步，我行将尝试引入专业评估公司评估版权财产价值；尝试引入专业律师审核无形资产的真实性、权属和担保效力；尝试引入北京知识产权交易所等产权交易平台对版权质押贷款业务模拟处置预案，打通无形资产的风险处置渠道，确保入质的知识产权能够最大限度地实现保值增值。

四是全程控制风险。根据新兴现代服务业的普遍经营模式，在“服务产品”从设计、生产、产成、销售、变现的整个产业链中，随着产品从无到有，银行信贷风险也逐步降低。贷款越接近产品销售的终端市场，越容易控制资金回笼渠道，锁定还款来源。因此，我们将优先对新兴现代服务业的终端市场开展信贷营销，从源头降低贷款风险。同时，要坚持从产业链的全过程整体考察和判断企业经营风险：在生产阶段，要有稳定的技术人员，保障产品的质量及完成率；在产品推广阶段，要有稳定的销售渠道，保障产品能推向市场；在产品销售阶段，要有稳定的市场预期，保障产品收益，真正“管住”服务产品的变现渠道和资金流。

五是搞好综合服务。新兴现代服务业企业的信贷需求具有较强的阶段性特点，在技术、知识、方案转化为

"服务产品"的过程中需求迫切，产品市场化以后，融资需求逐渐减弱，结算、理财等综合化金融服务需求转而增强。因此，我们要为新兴现代服务业客户提供包括存款、贷款、结算、现金管理、银行卡、个金业务等一揽子金融服务，整体把握企业的经营运作情况和发展变化，促进各项金融业务的协同发展，提升企业对银行的整体依存度，提高客户的忠诚度和综合贡献度。

天津分行学习科学发展观的实践探索

天津分行　华耀纲

科学发展观是党的十七大精神的灵魂和精髓，是我们推进各项工作、建设国际一流商业银行的指导思想。天津分行结合自身实际情况和未来发展前景，将学习科学发展观作为抢抓机遇、战胜挑战，打造区域市场领先银行的不竭动力。早在2009年4月，分行党委就在全行党员特别是党员领导干部中开展了"解放思想、干事创业、科学发展"学习实践活动，并制订了详细的活动方案，该活动紧密围绕"找差距、定目标、促经营、抓落实"四点要求，并与创新支行领导班子的民主生活会结合，注重提升支行领导班子的经营管理能力，取得了良好效果。目前已与总行的学习实践科学发展观活动有机结合，成为推进天津分行实现全面协调可持续发展的强大动力。

一、开展"解放思想、干事创业、科学发展"学习实践活动的背景

（一）天津滨海新区的开发开放先行先试为我行提供了难得机遇。2006年以来，随着天津滨海新区纳入国家发展战略、成为国家级综合配套试验区，已逐步成为我国经济最活跃区域的代名词。特别是2008年3月，国务院批复了天津滨海新区综合配套改革试验总体方案，又一次聚集了世人目光，总体方案使得滨海新区的先行先试日渐清晰、滨海新区开发开放渐入佳境。

在滨海新区的龙头带动下，天津已经处于快速发展的历史新阶段，形成了滨海新区、中心城区、区县经济的三个层面联动协调发展的态势。面对这一千载难逢的历史机遇，分行各级党员领导干部如何通过解放思想，看清形势，形成共识，干事创业，加快推动天津分行的科学发展、率先发展，已成为迫切的课题。

（二）天津分行未来发展迫切需要打造一支作风过硬的干部队伍。2006年以来，天津分行借全行股份制改造之东风，加快建立符合现代商业银行基本要求的体制机制，有力推动了各项工作的快速发展。2007年，分行的拨备后利润、中间业务收入、总资产净回报率、经济资本回报率、人均净回报分别是2005年的2.62倍、2.52倍、3.1倍、3.03倍和2.69倍，提前三年实现了五年"翻一番"的发展目标。

骄人的成绩令人自豪，显著的进步让人陶醉，使得个别领导干部出现了"小富即安"、"小进则满"的骄傲情绪，只满足于自身的进步，缺乏长远发展的设想、缺少跨越发展的气魄。因此，分行各级领导干部非常有必要通过解放思想，摒弃陈旧观念，学会在同业中正视差距，在系统中衡量发展，见贤思齐，不断进步。

（三）总行全面提升的要求迫切需要我们加快建设市场领先银行。姜董事长在2007年末的发展战略研讨会上指出，"东部地区机构要全面提升、率先发展"，"确保在整个区域和各项业务领域全面确立市场第一的地位"。分行近年来通过加快金融创新步伐，在总行系统内、在天津金融同业创造了多个第一。率先在总行系统内开办了68亿元的资产支持融资业务，牵头筹组了天津有史以来投资最大的基础设施项目——"天津城市道路管网配套建设二期125亿元"的银团贷款，实现了国内信用证、商品融资、"票财通"、"信托+票据"、保险资产托管等多个领域的创新突破。

但天津市作为我国第一批金融对外开放的城市，银行竞争十分激烈，分行的市场竞争力虽有所提升，但与"全面确立市场第一的地位"的要求还有相当的差距，领先的优势尚不明显、领先的业务种类也不够齐全，因此，分行各级领导干部非常有必要通过解放思想，永争一流，通过干事创业，超越自我，全面建设市场领先银行。

二、开展"解放思想、干事创业、科学发展"学习实践活动的做法

（一）高度重视，精心安排。为在新的起点上实现新的跨越而奠定坚实的思想基础，分行党委高度重视在全行党员特别是党员领导干部中开展"解放思想、干事创业、科学发展"学习实践活动。分行党委会议多次研究，统一思想，形成合力，整体规划活动安排，详细制订实施方案。

1. 通过党建会议，进行全行动员。4月中旬，分行党委召开了全行的党建暨纪检监察会议，会上，我作了题为《解放思想　凝心聚力　努力为天津分行科学发展率先发展提供坚强保证》的报告，总结了分行党建工作的新成绩，号召分行立足于天津经济腾飞的大环境，置身于同业竞争异常激烈的新格局，衡量进步，正视差距，指出了分行在业务规模、同业排名等方面存在的问题，深挖了在思想观念、创新能力、精神面貌、工作作风等方面存在的差距和不足，要求全行积极投身于“解放思想、干事创业、科学发展”学习实践活动，在查找差距中解放思想，在真抓实干中争创一流，全面开创天津分行跨越发展的新局面。

2. 制订实施方案，细化阶段重点。4月下旬，分行党委印发了《关于开展“解放思想、干事创业、科学发展”学习实践活动的实施方案》（工银津党［2008］26号），要求活动紧密围绕“找差距、定目标、促经营、抓落实”四个重点，并将活动分为“学习发动、查找问题”、“制定措施、明确规划”、“各司其职、促进经营”、“落实整改、总结提高”四个阶段，每个阶段都明确了具体的方法步骤和时间要求。分行成立活动领导小组，由我任组长，纪委书记任副组长，有关部室总经理为成员，直接推动活动的深入开展。分行网讯开辟“解放思想、干事创业、科学发展”专栏，及时报道各单位的活动开展情况，交流、推广先进经验，在全行营造良好的活动氛围。

（二）注重实效，创新方式。为使活动不走过场、取得成效，在各支行自行完成“学习发动、查找问题”和“制定措施、明确规划”两个阶段工作的基础上，经分行党委研究，8月，分行印发了《进一步深化“解放思想、干事创业、科学发展”学习实践活动，开展“比一比，看一看”学习交流活动安排的意见》（工银津党［2008］46号），将整个活动推向了高潮。

1. 领导带队调研，进行“八比八看”。按照区别对待、分类推进的原则，分行将所辖46个支行划分为滨海新区、中心城区、新区郊县、直属支行四大板块，划分为7个小组，由分行领导班子7名成员各自带队，与同组的支行行长组成7个学习交流小组，采取听取支行班子汇报、直接与基层员工座谈、实地查看基层网点等多种形式，紧密围绕班子建设和经营发展两个重点，结合未来分行的区域发展战略，进行“八比八看”，即比领导能力、看整体合力；比政治觉悟、看事业心和责任感；比观念更新、看经营思路；比工作干劲，看工作措施；比区域经济总量，看本行规模发展的差距；比区域同业发展速度，看本行在同业中的差距；比系统内先进行，看本行的贡献度；比区域内兄弟行，看本行发展潜力。

2. 创新活动方式，做到“三个结合”。

一是与年度党员领导干部民主生活会创新结合。学习交流小组成员在分行行领导的带领下，逐一参加小组成员所在支行的党员领导干部民主生活会，使得支行民主生活会扩大了参会范围，增加了参会人数，而且，由于小组成员均为相似区域的支行行长，非常容易引起共鸣，使民主生活会由以往的单向汇报、支行内沟通变为在行领导主持下的互动沟通、系统内交流，变以往支行自身查摆问题为兄弟支行共同分析原因、研究整改措施，有效提升了民主生活会的质量和效果。

二是与提高领导干部经营管理能力创新结合。由分行领导率队、支行行长参加的学习交流小组，使得各支行行长们亲身感受了身边支行的变化，亲眼看到了身边支行的进步，亲耳听到了身边支行的方法，第一次“零距离”地全面了解同区域兄弟支行的发展变化情况、经营管理情况，使得学习交流活动，成为学习借鉴的课堂，通过这种非常具有现实意义的“案例学习”，拓展了支行管理者的经营思路，积累了实践经验，丰富了解决问题的方法，有效提高了全行中层管理人员的工作能力。

三是与体察基层实际情况，密切干群关系创新结合。学习交流小组在参加支行民主生活会，听取班子汇报的基础上，深入基层营业网点，查看网点服务状况，解决基层实际困难。通过组织召开基层员工座谈会，直接听取广大员工对分行在制度、流程、渠道等方面的意见和建议，深入了解广大员工的民情民意，较好地把握了一线员工的思想动态，为制定各项工作举措提供了最直接、最真实的第一手资料，为分行的科学决策奠定了基础，同时，也进一步密切了干群关系，激发了广大员工的工作热情。

三、开展“解放思想、干事创业、科学发展”学习实践活动的初步成效

目前，天津分行开展的“解放思想、干事创业、科学发展”学习实践活动已经与总行部署的深入学习实践科学发展观活动有机结合。在这半年多的时间里，上至分行领导、下至基层网点员工，都积极投入到了分行的活动之中，各级领导干部的精神面貌显著改变、工作作风更加扎实，全行上下的工作热情更加高涨、工作氛围也更加和谐，表现为打下“三个坚实基础”。

（一）为分行突破发展瓶颈打下坚实基础。2006年以来，天津分行不断查找差距，明确阶段性工作重点，取得了明显的进步。本外币各项贷款增量由2006年的四行第三位跃居至2007年的同业第一，并且2009年继续保持领先地位。人民币对公存款增量由2006年的四大行第四位跃居至2007年的第二位。中间业务收入由2006年的四大行第三位跃居至2007年的第一位。国际业务结算量由2007年的四大行第三位跃居至目前的第二位。国际贸易融资余额由2007年的四大行第三位上升至目前的第一位，增量由2007年四大行的第二位上

升至目前的同业第一位。

尽管进步不小，但通过开展“解放思想、干事创业、科学发展”学习实践活动，使我行更看到了差距和不足。在存款方面，我行的存款余额与农行天津分行在2006年相差122亿元的基础上，虽经奋力追赶，但截至2009年10月末，我行仍落后62亿元，位列第二；在贷款方面，我行的贷款余额与农行天津分行在2006年相差251亿元的基础上，截至10月末，还落后100亿元，位列第二；在国际结算量方面，我行在四大行中的市场占比虽逐步攀升，但尚未撼动中行的市场领先地位。而且，分行在工作效率、服务基层等方面还存在一些亟待解决的问题。找准了差距和不足，明确了追赶目标，为我们今后突破发展瓶颈奠定了坚实基础。

（二）为分行实现三年规划打下坚实基础。2009年，分行以全面建设市场领先的现代商业银行为目标，研究制定了2009年至2011年的发展规划，明确提出了未来三年实现拨备前利润、资产业务增量、负债业务增量、中间业务收入、结算业务、国际贸易融资四行占比、渠道销售能力、优质客户资源、资产质量、品牌美誉度十个同业第一的发展目标。通过开展“解放思想、干事创业、科学发展”学习实践活动，特别是进行了“八比八看”后，使得分行各级党员领导干部对本单位的发展愿望更强烈了、发展目标更清晰了、发展规划更具体了，对分行未来三年的发展蓝图也更明确了，提高了自身工作与分行目标的契合度，为分行更好地实现未来三年发展目标奠定了坚实基础。

（三）为分行检查整改工作打下坚实基础。分行开展“解放思想、干事创业、科学发展”学习实践活动以来，围绕落实科学发展观，结合各自工作分工和拟走访支行的具体情况，分行行领导自定1至2个调研课题，分组带队深入支行网点，扎扎实实开展调查研究，了解行情民意，广泛听取意见和建议，认真撰写调研报告。特别是通过“八比八看”，使分行领导班子更加深刻地理解了“发展是第一要务”，认识到分行在敢于创新、点滴创新、主动创新方面仍有待进一步加强，认识到分行在积极落实、高效推进、讲求效果方面仍有待进一步改进，认识到分行在敢于管理、善于管理、强化管理方面仍有待进一步提高，这为分行在“比一比，看一看”之后的“改一改”阶段和学习实践科学发展观活动的分析检查和整改落实阶段的工作打下坚实基础。

四、开展“解放思想、干事创业、科学发展”学习实践活动的体会

分行党委通过在全行开展“解放思想、干事创业、科学发展”学习实践活动，对学习落实科学发展观有三点切身体会。

（一）落实科学发展观必须在查找问题上下功夫。理论只有与实际紧密结合，才能焕发出巨大力量。学习科学发展观要与单位所在区域和发展水平密切结合，在查找制约自身发展的突出问题上下功夫。切实通过“比一比，看一看”，深入基层、广泛调研、把握实情。只有找准“牵一发而动全身”的关键问题，才能集中全行力量，进行重点突破，践行科学发展。

（二）落实科学发展观必须在整改落实上下功夫。弥补差距、解决问题，是推进事业不断前进的标志。学习科学发展观要与解决实际问题密切结合，切忌纸上谈兵、坐而论道。要切实将查找的问题本着边学边改、边查边改、边整边改的原则予以解决，对于复杂问题要制订解决方案，明确责任人和时间表，真正把解决查找的问题作为推动分行发展进步的动力源泉。

（三）落实科学发展观必须在建立机制上下功夫。查找的问题在经过整改落实后，要在健全完善体制机制上下功夫，从根本上杜绝类似问题的再次出现，逐步形成保障和促进科学发展的机制体系。这既是学习科学发展观的客观要求，又是分行践行科学发展的内在保证。只有不断完善符合科学发展要求的体制机制，才能真正推动分行在科学发展的光明大道上不断前进。

当前，分行上下正按照总行部署，周密安排，深入开展学习实践科学发展观活动，已经顺利进入分析检查阶段，相信通过分行半年来开展的“解放思想、干事创业、科学发展”学习实践活动，一定会使得天津分行的学习科学发展观活动更加扎实、活动效果更加突出。

关于城区支行扁平化改革的实践与思考

河北分行　黄纪宪

机构扁平化是新形势下建设现代金融企业的大势所趋，是优化资源配置、提高管理效率，在激烈竞争中抢抓发展机遇、把握发展主动的必然要求。2009年以来，我行结合自身实际，以城区支行机构扁平化改革为抓手，通过精简管理层级，加大二级分行直接经营的力度，突出网点的市场营销功能，促进了综合竞争能力和发展水平的提升，为全行经营发展的战略转型提供了有力保障。

一、城区支行扁平化改革的动因

近年来，河北分行各项业务保持着快速发展的势头，但随着形势的变化，一些体制机制性问题和深层次矛盾逐步凸显，日益成为可持续发展的障碍。一方面，环渤海经济的迅速崛起，金融同业竞争日趋激烈，现有机构管理层次多、决策链条长、执行能力差的问题突出，严重影响着全行的竞争能力和发展后劲；另一方面，管理粗放、经营效率差、集约化水平低，制约了河北分行绩效水平提升和由大行向强行的转变。突出表现在：

（一）二级分行以管理为主的经营模式，已经不适应当前经营发展的需要。河北分行下辖11个二级分行，在经营管理中长期实行的是“省行—市行—支行—网点”的四级架构，不仅二级分行长期处于管理行的位置，远离一线和市场，连一级支行也都内设若干部室，“麻雀虽小，五脏俱全”，成为准管理行。在当前复杂多变和激烈竞争的市场环境中，这种“头重脚轻”式的组织结构已经不适应经营发展的需要。

一是习惯层层布置。各级行习惯于层层传导、层层安排布置，习惯于依靠动员号召的方式推动工作，存在很多以会议贯彻会议、以文件落实文件的现象，机关化、行政化的工作作风严重，与企业化、市场化的运作要求差距很大。

二是管理环节多。多层次的管理体制，直接导致市场反应迟缓、工作效率低下。以信贷业务为例，办理一笔贷款业务从支行发起，经过支行、市行、省行多个部门和环节的公文流转、层层审批，往往要历时一个多月的时间，难以适应迅速变化的市场竞争的需要。同时，也加大了沟通成本和交易成本。

三是执行力弱。臃肿的组织结构导致上下之间传导环节多、链条长，经营信息层层递减，信息不对称，造成上级行的发展战略在执行过程中出现“执行脱节”的情况，实际效果不佳。在横向上，存在各部门各专业之间单打独斗、各自为战的现象，削弱了整体资源优势和竞争合力的发挥。

（二）人员结构不合理、管理人员多，严重制约着市场营销能力的提升。管理层级多的直接后果就是资源配置不合理，人员结构明显失衡。目前，我行全部从业人员21 200多人，居全系统第2位，总量庞大，但是大量员工沉淀在二线和管理层，结构性矛盾突出，业务一线和市场营销人员紧张。

一是二级分行层面管理人员多。11个二级分行本部员工3 900人，占全行员工总量的18%。

二是支行内设机构多、管理人员多。调查发现，城区一级支行中，普遍设有4个内设机构，有的多达6个，经理人员超过10人。很多员工长期在二线从事行政、支持保障工作，不接触银行业务，知识、技能和职业成长空间受到很大限制。

（三）支行和网点市场主体作用发挥不充分。河北分行现有各类机构860个，居系统第2位，传统的组织形式造成决策链过长、市场反应速度缓慢，影响了竞争能力的发挥。

一是经营效率低。一级支行都下设网点，有的甚至管理20多个网点，承担着相当的管理任务，市场营销和经营功能被削弱。从网均指标看，我行网均存款3.7亿元、网均贷款1.68亿元、网均中间业务收入187万元，在河北省工、农、中、建四大行中，均只处于第3位。

二是网点营销力量薄弱。全行2万多名员工中，网点人员总量11 100人，占52.5%。而在网点人员中，客户经理、理财经理占比仅为17.1%。

三是网点综合化水平低。全部860个营业网点中，综合网点仅有442个，占比51%，其他网点只能单纯办理个人业务，影响了综合竞争力的提升。

四是市场竞争能力不强。城区一级支行既经营零售业务，又经营批发业务，造成发展重点不突出。另外，二级分行的公司信贷部门长期扮演着营销指挥的角色，直接营销和实际操作的能力不强，优质客户总量很少且时有流失。2008年末，全行法人信贷客户共818个，其中AA级以上客户仅375户。

这些矛盾和问题，充分说明传统的管理体制和臃肿的组织结构，已经不能适应市场竞争的需要和现代管理的要求。必须推进扁平化改革，突出网点的营销职能，提升各级行的经营发展能力，通过管理转型锻造市场竞争优势，实现长期的可持续发展。

二、改革实践和主要收获

改革是一个循序渐进的过程，选择在城区支行进行扁平化改革，主要基于两点考虑：其一，城区支行是全行竞争发展的主阵地，其存款占全行的68%，贷款占80%，中间业务收入占73%。城区支行强，则全行强，城区支行这盘棋走好了，全盘棋就活了。其二，二级分行与城区支行同处一个城市，河北各市的面积都不大，有条件实施直接管理。因此，在实践中，我们在城区支行范围，先试点、后铺开，以“五化”为目标，全力推进扁平化改革。

（一）组织结构精简化。将城区网点的管理职能集中上收到二级分行，建立“分行—网点”两级经营架构，进一步突出网点的营销和服务职能。具体操作上，把11个二级分行划分为两类，实行两种模式：一是基本模式。包括秦皇岛、承德、张家口、廊坊、沧州、衡水、邢台7个分行，城区各一级支行受市行管理，其只管营业室，成为单点支行；其他二级支行、分理处、储蓄所等网点，全部由二级分行直接管理。二是特殊模式。营业部、唐山、保定、邯郸4个大行，因其网点均超过100个，在二级分行直管部分网点的基础上，设立少量管点支行，由二级分行委托管点支行管理部分网点。管点支行作为一种过渡性措施，不属于一级管理机构，所有一级支行都由二级分行直接领导。改革后，二级分行直管的网点一律不设内部机构，一级支行只保留一个市场营销部门。

（二）业务经营集约化。按照分层经营的思路，将城区支行公司法人信贷业务上收至二级分行，集中人员、集中营销、集中管理、集中核算，解决信贷人员分散、支行管理水平参差不齐的问题，实现集约经营。到9月末，全行共集中114个城区支行1 021亿元法人客户贷款，占全部贷款的53%。改革后，二级分行作为城区公司法人信贷业务的经营主体，直接营销法人贷款客户，除了贷款业务，还要营销存款、国际业务等各类中间业务。二级分行直接发起信贷业务流程，直接经营。城区各网点主要营销各项存款、个人贷款和中间业务等。

（三）支持保障一体化。二级分行集中各一级支行大部分的经营管理职能。一是业务处理一体化。通过现金营运中心、ATM管理中心、报表中心等建设，实现了银企对账、自助设备、统计报表等多项业务的集中处理。二是保障管理一体化。全面推行财务、人力资源、安全保卫、技术保障、后勤管理等职能和业务集中，建立了精简集约的支持保障体系。三是党团工会组织全覆盖。针对扁平化改革后组织机构的变化，制定专门办法，区别不同类别网点，设置党团工会组织，确保改革后党团工会组织的全面覆盖。

（四）内部管理精细化。为保证改革顺利推进，一方面，坚持“内控先行”的原则，把移交过程作为一次内部审计稽核的过程，保证准确移交，不留风险隐患。制定网点交接规范，逐业务建立交接方案和验收方案，确保各项移交手续严密完备。另一方面，着力推进管理方式的转型，各二级分行通过缩短管理链条，压缩管理层级，逐步实现由管理行向经营管理行的转变。在直接经营业务的同时，直接管理到网点，“精确制导”，精细管理，提高管理的针对性，建立起真正扁平化的管理体系。

（五）绩效考评科学化。坚持效率优先、兼顾公平、全面考核、分类实施的原则，建立起内容标准化、操作规范化的绩效工资分配机制。一是分类考核。将营业网点划分为县支行、管点支行、单点支行和直管网点四大类，分别确定绩效考核重点，实施分类考核，对城区支行进行定期排队，动态管理。二是绩效挂钩。以20% -30%的绩效工资作为考评绩效，与网点的业务量、服务、内控等工作挂钩；70%—80%的绩效工资与网点业务发展指标挂钩。三是设立特殊贡献奖。对某项业务发展或产品销售取得重大突破，为全行作出重大贡献的网点进行奖励，鼓励网点加快发展。通过调整考核方式和评价办法，建立起适应扁平化经营管理要求的绩效考评体系。

城区支行的扁平化改革，从年初逐步开始，第三季度底完成，已经收到了一定成效。

一是提高了市场反应速度，各项业务实现前所未有的大发展。通过对业务的分层经营，明确二级分行和基层网点的职能分工，既解放了一线生产力，又提高了全行集中力量办大事的能力，市场反应更加灵敏。特别是法人信贷业务的集中，由二级分行直接营销重点客户，提高了营销层次；直接发起业务，缩短了业务流程，促进了市场竞争能力的提升。到11月末，人民币各项贷款新增512亿元，是上年同期的4倍；同时办理“信托+理财”业务近200亿元，资产业务实现了前所未有的大发展。其他业务也呈现出历年来最好的发展态势，主要经营指标实现跨越式增长。各项存款增加798亿元，超2008年全年增量，同业占比居首位。到2009年第三季度末，实现中间业务收入16.5亿元，同比增长38%；实现拨备前利润46亿元，增长31%；实现经济增加值16亿元，增长57%。

二是产生了“鲇鱼效应”，激发了网点的活力。改革后，由二级分行直管的网点达到421个，占全部城区网点的75%，这些网点由原来单纯的操作型单位转变为营销经营型单位，工作的积极性、主动性空前高涨。同时，由于网点的经营范围和职能更加明确，使其员工收入和网点经营绩效得以密切挂钩，激活了员工奋勇争先、不甘落后的拼搏精神。承德双塔山支行是一个只有16人的直管支行，直管后，各项业务全面发展，到10月末，各项存款同比多增1.9亿元，增长64%；实现中间业务收入80万元，增长46%；个贷业务实现零的突破，营销个人消费贷款83笔、1 200万元，网点的经营活力进一步显现。

三是释放了人力资源，有力推动了经营资源的优化配置。一级支行内设机构得到精简，比年初减少93个，人员减少678人，其中直接向一线分流人员263人。通过报表集中，释放人员111人，全部充实到前台和营销岗位。通过法人信贷业务的集中，二级分行信贷前、后台人员达到420人，其中，前台326人，增长149%；后台94人，增长34%。改革促进了人员从二线向一线的流动，人员结构更趋合理，推动了经营资源的优化配置。

四是转变了管理方式，经营效率得到大幅提升。二级分行通过直接经营和集中管理，经营管理的理念逐步得到改进和提高，以客户为中心、以市场为导向的经营观念和经营意识明显增强。各二级分行直接管理到网点，随时监测每个网点、每项业务的变化和趋势，信息传导速度加快，层级减少，管理范围进一步扩大，管理深度不断增加，促进了工作效率的提升，初步构筑起“大营销”、“大管理”、“大服务”的业务发展环境。

三、几点思考和下阶段工作思路

城区支行扁平化改革的全面完成，为全行经营转型和业务发展奠定了良好的平台和基础。总结改革推进的过程，可以为我行进一步做好下阶段工作增强信心、积累经验。

第一，凡事要谋定而后动，但决定了的事就要坚定不移地一抓到底。城区支行扁平化改革推进之初，一些分行和部门认为矛盾多、难度大，存在放放再看的畏难情绪。但省行经过深入调研、充分论证，在较短时间内完善了改革时间表，并且坚定不移地抓好推动和落实。扁平化改革给我们的启示是：任何改革，涉及利益调整，都会存在矛盾和困难，但只要认准方向，敢于动真、敢于较真，以“咬定青山不放松”的韧劲，不达目的决不收兵，就一定能够克服困难，把工作抓好。

第二，围绕任务目标不断完善和细化措施办法，是推动业务发展的重要途径。细节决定成败，每一项改革都是一个庞大的系统工程，必须从大处着眼，从小处入手，充分考虑其中的每一个步骤、每一个细节，才能保证工作有序推进，改革目标顺利完成。在改革推进过程中，各行各部门积极谋划思路，“走出去”、“请进来”，互相学习、借鉴，探索制定了一系列行之有效的措施办法，不仅突出了改革目标，还注重解决大量细节性操作问题，成为改革得以顺利完成的有力保障。

第三，不折不扣地执行是做好一切工作的关键。制定一份好的规划不容易，把规划落到实处更不容易。再美的蓝图、再好的想法，得不到有效执行也只能是一纸空文。在扁平化改革推进过程中，我们始终坚定地抓执行、抓督导、抓落实，及时指导、帮助各行解决改革中遇到的实际问题，收到了良好的成效。

同时，我们也清醒地认识到，城区支行扁平化改革在河北分行还是一个新的课题，目前工作只是在形式上完成，管理转型的探索和实践还处于“破冰”的阶段。下阶段，我们将在以下三个方面采取积极措施，把扁平化改革继续推向深入。

一是加快网点整合，深入推进资源的优化配置。结合扁平化改革，加快网点的调整迁建和升级改造，突出石家庄、唐山、廊坊以及曹妃甸、渤海新区和重点县支行等区域，使资源向繁华商业区、高档办公区、开发区和新兴居民区倾斜，把网点打造成综合金融服务平台和零售业务营销主渠道。三年内，除少量金融便利店外，其他网点一律升格为支行，70%以上网点能够办理综合性业务。2010年，重点对存款余额在1亿元以下、人员在7人以下的单一网点进行整合，集中精力建设一批贵宾理财中心，谋求“1+1>2”的整合效果，提升市场综合竞争力。同时，通过培训、考核等多种手段，提高网点负责人的水平，增强其市场意识和经营能力，真正把网点作为支行来经营；通过“网点+营销团队”、“网点+电子银行”的方式，全面提升对中高端客户的营销、维护能力。

二是加快集约化经营，深入推进发展模式的根本转变。进一步推进分层营销、分层经营，把二级分行打造成为重点业务和大客户的营销中心，实施重点突破，集中精力把信贷业务、国际业务、投行业务等做大做强。建立省、市、支行三级联动的营销体系，为大公司、大客户提供一揽子、综合化服务，把营销的过程变成一个为客户提供涵盖资产、负债、中间业务的全方位金融服务过程。对支行和网点建立以人均利润为核心的评价体系，以业绩和贡献为导向，建立更具活力、更加市场化的考核激励机制，引导其把存款业务、中间业务等做精、做细。

三是加快管理转型，实现对各级机构管理的全覆盖。随着扁平化改革的推进和业务、机构、人员的调整，原有的管理思路、管理模式都发生了重大变化，很多原来有效的工作方法，在新的环境中已经不再适用。因此，扁平化改革首先是改革经营观念，通过观念转变促进工作方式和管理模式转变。各级经营管理者既要当好管理者，更要做好经营者，深入研究客户、研究市场，为基层制定出切实可行的具体办法措施，为员工提供可以操作的业务发展路线图，像做项目、做工程一样抓管理，提升管理水平。要进一步转变省行的工作重心和管理职能，扩大直接经营、直接服务、直接管理的范围，直接监控到网点和个人，通过逐网点、逐科目监控分析，更加准确及时查找差距和管理漏洞，提高管理的有效性。

河北分行城区支行扁平化改革的探索已经有了一个良好开端，我们将坚定不移地按照既定的改革目标持续推进，通过扁平化改革加快转型发展，提高全行把握市场机遇的能力，把强行建设推向新的高度。

关于山西分行加快提升市场竞争力的思考

山西分行　林明

近年来，山西分行认真落实总行党委决策部署，加快改革创新步伐，积极拓展优质市场，努力调整经营结构，夯实内部管理基础，市场竞争能力得到了稳步提升。2008年以来，省内经济环境发生重大变化，同业竞争形势更加复杂激烈，对我行经营管理提出了新的挑战，同时也带来了新的市场机遇。结合当前形势，就如何巩固我行省内市场竞争地位、努力缩小与系统内先进行之间的差距进行了探讨和思考。

一、我行市场竞争力总体情况

（一）经营效益显著提升。2009年，山西分行经营效益逆势增长，第三季度末全辖拨备前利润实现36.23亿元，在全国工行系统内排第10位，增量、增幅分别在系统内排第4位和第7位，拨备前利润是2006年全年拨备前利润的1.73倍；拨备后利润36.8亿元，在系统内排第8位；实现经济增加值（EVA）20.89亿元，在系统内排第8位。资产盈利能力明显增强，资产回报率由2006年末的0.7%上升至第三季度末的1.24%，在总行排第17位，较2008年上升5位；经济资本回报率由2006年末的27.69%上升至第三季度末的40.72%；成本收入比由2006年末的42.5%下降到第三季度末的34.07%。经营规模大幅扩大，全辖资产规模首次突破3 000亿元大关，达到3 027亿元；第三季度末各项存款突破2 900亿元，达到2 904亿元；各项贷款突破1 000亿元，达到1 099.7亿元。中间业务较快发展，前三个季度实现中间业务收入7.84亿元，是2006年全年的1.65倍；中间业务净收入占营业净收入的比重13.27%，比2008年末提高1.8个百分点，利润对存贷利差收入的依赖度有所缓解。资产质量明显提高，不良贷款余额和不良率连续四年保持“双下降”。内控管理基础更加扎实，连续五年未发生百万元以上大案、要案和责任事故。

（二）主要业务指标全面领先省内同业。2009年以来，全辖主体业务市场竞争发展能力得到新的提升，在省内同业市场继续保持“领军者”地位。利润、存款、贷款、中间业务、资产质量在省内同业领先优势较为明显，在一些核心业务领域拉大了与竞争对手的差距。前三个季度，我行账面利润在四大行占比达52.85%，排名第一，高出第二位建行29.6个百分点。人民币各项存款余额省内四大行同业占比35.1%，高于第二位农行9.61个百分点，净增额四大行占比28.29%，排名第二，低于第一位建行2.5个百分点。人民币各项贷款余额四大行占比37.92%，高出第二位的建行12.33个百分点，净增额四大行占比39.21%，高于第二位建行13.82个百分点。中间业务收入占比42.77%，较第二位的建行高17.08个百分点。不良贷款率0.96%，四大行中最低，低于第二位建行1.32个百分点。在可统计的71项业务指标中，50项指标在四大行排名第一，占比为70.42%；13项指标在四大行排名第二，占比为18.31%，排名前两位的指标合计63项，占比达88.73%。其中基金、理财、国债、信用卡、企业年金、资产托管、财务顾问等产品市场优势明显，四大行的市场份额均在50%以上，其他一些产品，如代理保险、贵金属、短券中票、灵通卡等，市场份额也都在40%以上。

（三）竞争发展水平与系统先进行差距进一步缩小。2009年以来，我行按照总行党委部署，积极应对全球金融危机和国内市场形势变化，着力推动各项业务协调发展，取得良好的经营成果。前三个季度，拨备前利润总量历史性地跨入全国工行系统前10位，增量排名第4位，拨备前、拨备后两项利润总量、增量、预算完成率均居系统内中部六省首位。人民币各项存款在系统内排第9位，居中部六省首位。各项贷款余额在系统内排第17位，增幅排第13位，同比提升13个位次。中间业务收入触底回升，总量在系统内排第14位，增幅首次超过系统内平均水平，排第13位，同比提升9个位次。不良贷款余额和不良率继续保持“双下降”，不良率较系统内平均水平低0.83个百分点。在上半年总行通报的79种产品中，我行排名全国前10名的指标有16个，占20.25%；排名全国11－20名的指标有24个，占30.38%；排名全国20名以后的指标有58个，占49.37%。

二、当前面临的发展形势和主要挑战

2008年以来，受国际金融危机的影响，山西省内经济发展遇到较大困难，多年的结构性矛盾及其弊端在此次危机中暴露无遗。为此，山西省政府提出“转型发展、安全发展、和谐发展”的应对之策，着力从传统产业独占天下向支柱产业多元化转变，从粗放发展方式向绿色发展方式转变，从资源依赖型向创新驱动型转变。9月23日，国务院通过《促进中部地区崛起规划》，包括山西省在内的中部六省迎来了前所未有的黄金发展期。针对山西省的宏观经济特点，结合当前整体经济金融形势，我们对未来一段时期发展形势的总体判断是：机遇大于挑战，收益大于风险。最近两年，为落实国家扩内需、保增长的宏观政策，全省将在国家鼓励支持的六大领域安排项目总投资约6 500亿元，特别是高速公路、铁路、电源电网等一大批重大工程建设启动，为信贷规模扩张创造了巨大市场。全省提出八大产业振兴规划，加快煤炭资源整合，对我行创新信贷业务产品、拓宽优质客户市场、优化信贷经营结构是一次难得契机。除了投资对经济的拉动，全省将着力深化各项改革、扩大开放，深入推进“五大惠民”工程，加大消费对经济的带动作用，这些举措必然会带来庞大的金融市场需求，有利于进一步扩大重点产品市场领先优势，巩固我行同业竞争地位。

在看到发展机遇和有利因素的同时，我们也清醒地认识到，我行经营管理仍面临许多深层次的矛盾和挑战，主要表现在：

（一）业务发展不够协调均衡。一方面同业竞争压力不断加大，各家银行都在想方设法从这一轮经济建设中抢占份额，信贷规模不断扩张，给我行贷款增长带来较大难度。同时，由于贷款优质客户偏少，造成贷款投放相对集中，前三个季度全辖项目贷款净增177.68亿元，而小企业贷款、房地产贷款、个人贷款只增18.6亿元，仅占当年新增贷款的8.5%。另一方面，相对于贷款的快速增长，存款增速有所趋缓。第三季度末，在法人理财销售额完成1 176亿元，同比增加975亿元，增长4.85倍的情况下，人民币各项存款净增266.5亿元，增量在系统内排第19位，较2008年末下降11个位次，在省内同业排名下滑至第2位。

（二）盈利持续成长压力较大。虽然我行近年来一直保持盈利的高成长态势，但是由于外部环境发生一些变化对全行的盈利成长带来多方压力。目前我行盈利结构较为单一，上半年一般贷款利息收入、系统内往来收入和中间业务收入分别占全辖总收入的48.2%、43.58%、8.52%，中间业务收入占比偏低，收入稳定且抗经济周期风险强的零售业务尚未对盈利形成重要支撑。2009年各项收入虽同比增长10.22亿元，但主要是系统内往来收入，同比增加9.82亿元，占收入增量的96.08%，随着总行资金管理体制改革逐步实施，这种资金优势将面临重大考验。同时，受基准利率下调和票据市场利率走低影响，在大量贷款投放后，利息收入同比仍出现负增长，一般贷款投放所增加的利息收入未能弥补票据融资利率下降所造成的收入缺口，利润可持续增长面临考验。

（三）资产收益水平偏低。相比往年，尽管我行2009年贷款成倍增长，存款增势放缓，但截至9月末，存贷差仍达到1 804亿元，贷存比为40.6%，低于系统内平均水平15.2个百分点。由于资产负债结构不合理，大量资金转化为非信贷生息资产，占比达到62.0%，导致总资产收益率低于全国0.04个百分点。加之全辖贷款集中度较高，煤炭、冶金、电力、公路、城建五大行业项目贷款占比达到78%，其他一些贷款业务和新兴行业信贷业务发展缓慢，造成同业市场竞争激烈，一定程度上也制约了议价能力和资产收益水平提升。

（四）局部市场竞争力有所下降。总的来看，虽然我行同业竞争的整体优势有所加强，但是当前省内各银行综合实力明显增强，同业间竞争更加激烈，造成我行一些分支机构在当地竞争力下降，区域竞争发展能力不均衡。此外，核心产品市场渗透率不高，优质客户稳定性不强，主要产品在各二级行间发展差别较大，保持同业领先和可持续发展的基础还不稳固。

三、提升市场竞争力的几点思考

“中部崛起”战略实施，给山西分行经营发展带来前所未有的机遇。我行将以全面协调可持续发展为目标，主动适应市场变化，持续巩固传统业务市场竞争优势，加快产品体系、管理体制、激励机制、服务手段等方面创新，不断改善经营结构，提高经营效率，全面提升竞争发展能力，力争在新一轮的经济周期中继续拉大与省内同业的差距，牢固确立山西分行“领军者”地位。

（一）实施信贷带动发展战略，扩大主体业务市场领先地位。我行将抓住当前宏观调控政策机遇，实施更加积极进取的竞争策略，寻求庞大的信贷市场需求与我行业务产品创新的最佳契合点，做大做强资产业务，确保我行第一信贷银行的地位。尤其在全省煤炭资源整合过程中，积极介入并购贷款、固定资产融资等领域，持续跟进并购完成后的重点煤炭企业技术改造，率先占领最大市场份额。在重大项目贷款投放运作、组建银团贷款等方面，充分发挥主导优势，保持绝对话语权，掌控更大的优质市场。要把信贷增量与流量管理有机结合来，以总量控制促进结构调整。同时毫不动摇地抓好存款工作，持续巩固存款第一大行的地位，针对存款市场竞争新格局，着力抓好以贷吸存、以贷稳存和以贷增存工作。加大对政府主导项目沉淀资金的争揽力度，加强对中小法人企业的营销，通过开户扩大客户规模，夯实存款基础。积极调整存款结构，积极吸收主动性负债，逐步分流转化高成本存款，进一步控制付息成本。

发展中间业务，对于拓宽我行收入来源、抵补利差收窄和资金营运收入下滑对利润的影响、促进收益结构稳定和优化尤为关键。我们将坚持以创新思维引领中间业务工作，牢牢抓住增收新亮点，稳固传统增长点，理顺工作机制，规范收费管理，全面增强中间业务的发展后劲。针对随着国家实施适度宽松的货币政策，货币供应量和交易量有所增加，重点发挥我行现金管理支付结算、风险管理、投资管理三大职能，提高业务价值量。针对省内产业结构调整加快，重点发展银团贷款安排与承销、并购贷款顾问、“信托+理财”、企业发债顾问、中期票据和短期融资券承销等投行业务。针对省内居民财富的迅速积累及投资理财观念的加强，重点发展贵金属、理财、个人网银、结算账户等业务。此外，针对市场需求变化，加快开拓资产托管、分期付款、企业年金等一批潜力业务市场，保证中间业务收入的稳定性。

（二）推进“第一零售银行”建设，增强整体竞争发展能力。零售业务是现代商业银行的传统核心业务，是一个行的市场影响力的直接体现。随着山西国民财富快速积累，城乡居民收入水平持续提高，我行将加快实施“第一零售银行”战略，全面优化渠道建设，认真研究分析城市建设动迁、城区与县区网点资源配置结构，进一步加强物理网点规划建设，调整布局结构，逐步形成“金融便利店、一般理财网点、个人理财中心、财富管理中心”等分层次服务网络。同时大力发展电子银行，大幅增加自助设备数量，丰富产品种类，扩大服务范围，提高自助设备在大型社区、商场超市的配备。不断扩充网上银行功能，加快研发手机银行服务，搭建功能强大的一体化电子服务网络。强化政策引导，加大资源倾斜，优化人员配备，完善考核机制，推进基层支行网点职能转型。

根据全行“定位中端、竞争高端、培育潜力”的战略目标，在统一客户视图基础上锁定目标客户群体，以现有存量客户为切入点，细分客户市场，准确把握各层次客户的服务品牌、服务内容、服务渠道，着力提高中高端客户的产品渗透率和覆盖率。加快私人银行分部筹建步伐，积极为私人银行客户提供品种丰富、附加值高的专享产品，尽快确立我行私人银行业务在省内的绝对优势。主动适应金融产品需求多样化的形势，以产品创新为突破口，进一步巩固理财、保险、基金、代发工资等产品的优势地位，努力扩大代理业务市场份额。加大自主创新品牌的市场拓展，全面扩大网上银行、信用卡、理财金账户、灵通卡等重点产品市场份额，以零售业务带动各项业务整体协调发展。

（三）加快体制机制创新，提升服务能力和工作效率。加快发展的前提是必须深刻审视竞争环境变化，深刻分析制约发展的深层次矛盾，不断完善管理基础，为业务发展提供不竭动力。

一是主动适应市场竞争和客户需求，积极推动分层直营体系建设取得实效。按照总行分层营销总体工作要求，进一步明确省分行、二级分行和支行的营销定位，细化省分行直营客户的各层面职责定位和责任边界，制定实施精简、高效的业务流程，理顺各级行、各部门协调联动机制，加大关联考核力度，使分层营销真正落到实处、取得实效。在此基础上，深入推进二级分行和支行直营建设，锁定重点营销目标群体，落实营销责任，建立更加灵活的考核激励机制，引导二级行工作重心转变。以小企业、个贷专营机构为依托，加快小企业信贷业务、个人贷款业务、贸易融资业务发展，力争在短期内推动“三项贷款”业务在数量和质量上实现新突破，促进信贷业务结构调整。

二是建立集约化经营模式，提高业务运营效率，增强营销服务能力。积极推进公司信贷业务流程改造，统筹流程整合与完善信贷管理体制，设计制定涵盖信贷业务前、中、后台各环节的新型对公业务流程。加快推进后台中心集约化管理，按照流程银行建设和资源科学配置要求，通过集约经营、标准化管理，减轻网点业务量，释放前台营销资源。以运营监督体系改革为契机，在二级分行、一级支行层面积极推进远程授权改革，在提高业务授权效率和风险控制能力的同时，压缩二线充实网点负责人、大堂经理和外勤客户经理队伍，增强前台一线服务力量。

三是积极完善以绩效合约为主体，劳动竞赛、行长特别奖励基金等为重要补充的考核激励体系，加大对竞争力指标和持续发展指标的考核权重，使考核机制更为全面、科学、有效。探索产品计价考核模式，加大各级行部门间业务指标捆绑考核力度，引导各级行形成大、中、小客户并举，个人、公司、机构客户齐抓的发展格局，努力提升公司、机构优质客户比重和个人中高端客户数量。

四是推进重点城市行和重点县支行管理模式改革，提升竞争发展能力。目前我行共有11个二级分行，153个一级支行。面对不同的区域环境和客户资源，我们将坚持因地制宜、分类指导的原则，对于从业人员占41.5%、重点关联企业占23.6%、利润贡献占60.4%的省分行营业部、大同分行和晋城分行，我们将倾斜资源配置，扩大经营授权，加快直营体系建设，建立更加灵活的考核激励机制，激发其经营活力，提升其利润贡献度和辐射带动作用。对于重点客户相对集中的县级支行，我们按照盈利前景和管理水平，结合近三年的一级支行综合绩效排名情况，从中选定了17家支行作为扶持重点，一方面给予充实领导班子、倾斜费用分配、调整经营授权、优先满足用工需求等特殊政策；另一方面，采取动态管理方式，加强对17家重点支行人均效益指标、同业占比指标、内控案防能力等方面的考核，对重点支行的信贷审批业务，实行派驻审批制或在二级分行建立绿色通道制，同时在省分行建立重点联系人制度，实行一站式审批，使之成为各项业务全面领先、效益贡献突出、极具经营特色和发展潜力的支行领军代表。

（四）狠抓内部管理，夯实发展基础。在当前异常严峻和复杂的经营环境下，各类风险防控任务比以往任何时候都要艰巨，能否在业务急速扩张的前提下，保持稳定的资产质量水平，直接影响全行竞争力，事关全辖生存发展。

一是突出抓好信贷风险控制。我行2008年贷款增量突破百亿元关口，达119亿元，2009年前9个月贷款净增218亿元，是2008年全年增量的1.83倍。在如此短的时间内发放大量贷款，强化信贷风险控制显得尤为重要。必须在项目选择中规避风险，坚持贷款发放“红线”，对“产能过剩、融资过度、资本金不到位、环保不达标”等项目不投放贷款。注意对地方政府信用风险的防范，加强对地方政府偿债能力的评估，防止地方政策设立多个平台、到处融资、过度举债等行为。加快推进信贷业务全过程管理，建立信贷客户风险监督、协调、管理和分析机制，积极预警潜在风险，全面控制和有效防范存量贷款风险。重点对2008年以来发放的贷款合规性和政策性风险等进行全面自查，强化信贷资产质量管理，将潜在风险贷款管理作为优化信贷结构的重要手段。灵活运用多种手段，加快不良贷款的清收处置，通过快速处置退出化解风险。

二是深入推进全面风险管理体系建设。大力倡导“管理出效益、合规创价值”的内控理念，把全面风险管理与内部控制渗透到各项业务、各个环节，培育良好的内控文化，增强抵御各类风险的能力。进一步加强风险委员会及各专业委员会的建设，构建垂直独立的矩阵式风险管理架构，增强各类风险分析的前瞻性和针对性，提高跨市场、跨业务领域的风险管理水平。针对当前严峻的案件防控形势，集中力量在全行开展“百日集中教育整治活动”，进一步强化员工教育培训、管理人员履职尽责、发现问题整改、违规违纪责任追究等工作，提高各类规章制度的执行力、约束力，在全行范围积极营造“经营求合规、工作讲效率、办事依程序、自律树形象”的良好氛围。

（五）加快实施人才兴行战略，创造和谐发展环境。人是生产力的第一要素，是一切事业之本。面对新的竞争形势和任务要求，必须最大限度地激发人力资源活力。

一是加快后备干部队伍建设。目前我行现有管理人员存在着年龄偏大、专业结构不合理、性别悬殊等问题，因此加快后备干部队伍建设，着力改善干部结构是我们各项工作的重中之重，也是山西分行持续发展的迫切需要。我们将以提高中青年干部队伍整体素质为主线，以培养干部岗位胜任能力为核心，加大人才的开发和储备力度。目前，我们已前后举办了两期中青年干部培训班，进行整体规划培养，通过对学习培训进行全程跟踪，力求全面客观了解每位后备干部的学习情况、专业特长、个性特点和德才表现，为今后按岗位类别培养领导干部奠定基础，逐步形成以岗位为基础，前中后台分离、专业类别统一、分工明确、责任清晰的领导班子管理体系，使全辖各级领导班子的结构得到明显改善。

二是加快人力资源开发。我们将根据未来三年发展战略布局，进一步规划人员队伍，借助流程改造和扁平化改革、监督体系改革等途径释放劳动力，通过在省分行和二级分行建立内部人才市场，开展以二级分行辖内流动为主、跨二级分行辖区就近流动为辅的员工有序流动，调整优化人力资源结构。重视中年员工职业发展工作，深入调查中年员工的区域、专业、年龄和岗位分布情况，结合实际开展中年员工心理辅导和适岗培训，引导中年员工转向更适合、更能发挥其潜力的岗位，努力形成人员总量、素质、结构、布局等与全行战略发展相协调的良好局面。同时，进一步改进和完善员工激励机制，增强计价考核的科学性、使前中后台各类岗位价值都能得到合理体现。

三是加快企业文化建设。大力倡导尊重员工、依靠员工、关心员工、理解员工的人本文化，最大限度地保障和维护广大员工的知情权、参与权和监督权。要进一步扩大行务公开范围，在项目招标、贷款审批、干部任用、人员录用、技术评审、绩效考核、费用列支、网点改造、资产处置等重大事项决策过程中，职工代表参与决策，进一步完善民主管理监督机制。要进一步推进职工代表大会制度建设，重点优化职工代表的年龄结构、知识结构和层级结构，加强对职工代表的教育培训，提高职工代表正确履行权利义务的能力。要丰富员工生活，关心员工身心健康，改善员工工作条件，提高员工福利待遇，保障员工合法权益，提高员工对企业文化的认同，不断增强归属感和凝聚力，努力构建团结、进取、高效、和谐的良好氛围。

关于辽宁分行把握政策机遇实现跨越式发展的战略思考

辽宁分行　朱立飞

2009年7月，国务院通过了《辽宁沿海经济带发展规划》，将辽宁的“五点一线”规划上升为国家战略，这为辽宁乃至整个东北地区的经济发展带来重大历史机遇，也为我行在辽宁新一轮的大发展中充分把握政策机遇，实现跨越式发展创造了更加有利的条件。

一、“五点一线”战略，助推辽宁经济全面加快发展

（一）辽宁沿海经济带战略的提出。2005 年，为贯彻国务院《关于促进东北老工业基地进一步扩大对外开放的实施意见》，经辽宁省委、省政府充分论证，提出了打造“五点一线”沿海经济带的战略构想。当时所指的“五点”包括：建设大连长兴岛临港工业区、营口沿海产业基地、辽西锦州湾沿海经济区、辽宁丹东产业园区、大连庄河花园口工业园区。连接“五点”建设一条全长 1 443 公里的滨海公路，形成贯穿全省沿海地区的“一线”。目前所指的辽宁沿海经济带，是指大连、丹东、锦州、营口、盘锦、葫芦岛 6 个沿海城市所辖的行政区域，从地域面积说，已超出了最初的“五点一线”涉及的范围。

（二）“五点一线”规划实施以来经济发展成效明显。“五点一线”沿海经济带战略的实施，推动辽宁经济驶入了快车道。2008 年全省实现 GDP 13 462 亿元，同比增长 13%，高于全国平均水平 4 个百分点，三年年均增长率为 20.6%，GDP 总量占全国 GDP 总量的 4.5%，连续三年位居全国第八。地方财政一般预算收入 1 356 亿元，同比增长 25.2%，三年年均增长率为 28.8%。全社会固定资产投资 10 016 亿元，同比增长 34.7%，高于全国平均水平 9.2 个百分点。实际利用外资 125 亿美元，同比增长 48%，高于全国平均水平 24.4 个百分点。2009 年前三个季度，辽宁省 GDP 增长 12.7%，高出全国平均水平 5 个百分点；全省地方财政一般预算收入增长 12.7%；全社会固定资产投资增长 41.7%；实际利用外商直接投资增长 9.9%，列全国第二位。引进内资项目到位资金增长 110%。

2006 年至 2008 年，辽宁沿海经济带城市发展速度高于辽宁全省（GDP）9.8 个百分点。到 2008 年，辽宁沿海城市 GDP 已经占到全省约 50%，辽宁沿海经济带开发建设推动地区经济发展的效应已经显现出来。

二、辽宁沿海经济带发展的国家战略定位

在《辽宁沿海经济带发展规划》中，国家对其战略定位是“立足辽宁，依托环渤海，服务东北，面向东北亚，建设成为东北地区对外开放的重要平台、东北亚重要的国际航运中心、具有国际竞争力的临港产业带、生态环境优美和人民生活富足的宜居区，形成我国沿海地区新的经济增长极”。

一是要充分发挥东北地区出海通道和对外开放门户的作用，全面参与东北亚及其他国际区域经济合作，构建内外联动、互利共赢、安全高效的开放型经济体系，打造富有活力和国际竞争力的沿海开放地带，提升东北地区对外开放水平，把辽宁沿海经济带建设成为东北地区对外开放的重要平台。

二是要以大连港为中心，整合沿海港口资源，拓展港口功能，形成错位发展、优势互补的现代港口集群。建设完善的航运基础设施和服务体系，把辽宁沿海经济带建设成为东北亚重要的国际航运中心。

三是要依托沿海港口资源，重点发展先进装备制造业和原材料工业及配套产业，培育一批世界级企业和品牌，打造若干规模和水平居世界前列的产业集群，建设具有较强自主创新能力和国际竞争力的临港产业带，把辽宁沿海经济带建设成为具有国际竞争力的临港产业带。

四是要进一步加强生态建设和环境保护，优化美化人居环境，加快建设生态屏障、绿色空间和生态城镇，实现人与自然和谐相处。大力发展社会事业，打造文明富裕、安定和谐的宜居区域，把辽宁沿海经济带建设成为生态环境优美和人民生活富足的宜居区。

三、辽宁沿海经济带发展的主要特点

一是地理位置独特，区位优势明显。辽宁沿海经济带处于环渤海地区和东北亚经济圈的关键地带。不仅是东北地区的主要出海通道和对外开放的重要窗口，也是欧亚地区通往太平洋的重要“门户”之一。

二是资源禀赋优越，发展潜力巨大。辽宁沿海经济带是国内为数不多的没有整体开发的地域，未利用土地面积 1 万多平方公里。大陆海岸线 2 920 公里，其中宜港海岸线约 1 000 公里。沿岸陆域、海域多种矿产资源居于全国前列，其中石油资源量为 6 亿 - 7.5 亿吨，天然气 1 000 亿立方米。

三是新型工业集聚，发展实力强劲。2008 年，辽宁沿海经济带规模以上工业增加值 2 758 亿元，占全省的 41.7%、东北三省的 22%，对全省工业的发展起到了重要的支撑、辐射和带动作用。截至 2009 年第一季度，累计签约项目 756 个，投资总额达 4 375.9 亿元人民币，成为外资在东北地区聚集的“洼地”。

四是交通体系发达，服务功能较强。辽宁沿海经济带已形成以港口为门户，铁路为动脉，公路为骨架，民用航空、管道运输、海上运输相配套的四通八达的综合立体交叉运输网。大连、营口等港口拥有 300 多个生产性泊位，已同 160 多个国家和地区的 300 多个港口有贸易往来。大连、丹东、锦州 3 个空港已开辟 87 条国内航线和 46 条国际航线。高速公路、铁路、港口、机场以及城区、城际公路轨道交通形成了纵横交织的综合立体交通网络。

五是辽宁沿海经济带开发的基础很好。辽宁沿海经济带现代化的基础设施体系雏形已基本形成。以大连和营口港为重点，初步形成了吞吐能力超过 2 亿吨的沿海

港口群；建成了环沿海高速公路通道，使沿海经济带同腹地连成一个整体；已经建成五大主力燃煤电厂，形成了比较强大的环辽宁沿海电力工业带。现代化开放型沿海经济带的基本架构初步形成。

四、辽宁未来的发展将给我行带来难得的历史机遇和巨大的发展空间

鉴于辽宁沿海经济带得天独厚的区位优势，在东北老工业基地振兴乃至全国发展大格局中举足轻重的战略地位，以及发展取得的明显成效，特别是《辽宁沿海经济带发展规划》上升为国家战略，无疑为我行的发展提供了更广阔的市场空间。

（一）基础设施建设带来新的发展机遇。

1. 交通体系建设。建设总长 1 443 公里的滨海公路，新建大窑湾、长兴岛、鲅鱼圈和仙人岛港（区）至沈大公路的 4 条疏港公路；建设鸭绿江大道、渤海大道、长兴岛环岛道路等连接“五点”与周边城市、相邻港口的道路体系；以提高沿海港口疏港能力为核心，建设 13 个沿海地区的铁路项目等。

2. 重点能源、油气项目建设。包括辽宁红沿河核电站、国电庄河电厂新建、营口华能电厂二期、国华绥中电厂二期、华能丹东电厂二期 5 个电源项目，总投资 450 亿元，投产装机 760 万千瓦，装机容量增长 90%。

3. 加强包括“引东入岛”工程和大伙房水库输水工程在内的重点规划和建设 13 个服务于沿海地区的水利、供水项目，确保“五点”近期和远期供水动态需求。

4. 临港经济区建设。到 2010 年，沿海港口新建泊位约 160 个，新增集装箱泊位 27 个；港口总吞吐量超过 5 亿吨，集装箱吞吐能力达到 1 400 万标箱。建成腹地型与中转型相结合的东北亚国际航运中心。

（二）“五点”区域开发带来新的发展机遇。“五点”区域地处对外开放的最前沿，依城傍港，靠近公路、铁路干线，土地资源丰富，是全省新的发展空间，也是沿海经济带发展的切入点，规划总面积 482.9 平方公里，起步区总面积 195.3 平方公里。

“十一五”期间，沿海经济带地区生产总值年均增长 13.6% 以上，占全省的比重达到 50% 以上，地方财政一般预算收入增长 15% 左右。

营口沿海产业基地，打造以冶金产业为主导的产业集群，发展先进装备制造、精细化工和现代服务业，形成以高加工度的原材料工业、先进装备制造产业、高技术产业为特色的临港生态产业区的基本框架。

盘锦船舶工业区，发展 5 万吨级以下中小型船舶和游艇、快艇制造业及相关配套产业集群，逐步形成中小型船舶和配件特色产业基地。

辽西锦州湾沿海经济区，包括打造以电子工业为主导的产业集群，打造以石化工业为主导的产业集群，逐步建成综合工业园区、船舶制造园区、物流园区。

丹东产业园区，打造以造纸产业为主导的产业集群，发展仪器仪表、物流、汽车、电子信息等临港产业，建设具有特色发展优势的综合工业园区。

（三）装备制造业和石化产业发展带来新的机遇。“十一五”期间，沿海经济带要重点培育 5 个销售收入超百亿元的装备制造业企业集团，沿海经济带装备制造业增加值年均增长速度快于全省。冶金产业重点发展宽厚板、冷（热）轧薄板、不锈钢板带、船用板等，延伸钢铁深加工产业链，加快建设营口精品钢材区等。石化产业重点发展原油加工、乙烯、合成材料和有机材料，构筑一批精细化工产业群。到 2010 年，沿海经济带原油加工能力达到 6 000 万吨，石化产业增加值年均增长 15% 以上。

（四）新兴产业与中小企业发展带来新的机遇。未来一段时期，以数控系统、电子信息、医药等高新技术产业领域和以现代物流业、信息服务业、旅游产业、商贸流通业、金融保险业、房地产业等为代表的现代服务业将获得长足发展。这为我行个性业务的发展带来动力和激励，也为我行经营转型创造了机遇。

从我省中小企业发展来看，2008 年末，各类中小企业信用担保机构已达 150 家，注册资本金 80 亿元，累计信用担保贷款额由 65 亿元增至 120 亿元，信用担保体系建设进入快速发展的新阶段，为我行发展小企业信贷、常年财务顾问、贸易融资、票据、结算、理财等业务提供了更大的市场空间。

（五）重点项目建设带来新的发展机遇。“十一五”时期，辽宁省安排亿元以上的重点建设项目 300 个，总投资 6 000 多亿元。其中，10 亿元以上的重点项目 100 个；100 亿元以上的重点项目 10 个。

从辽宁省政府 2009 年提出的未来投资项目情况看，未来一段时期将有 1 602 个项目开工建设，投资额达 27 895亿元。其中：铁路、公路和城市等基础设施项目，投资 6 234.9 亿元；工业结构调整和产业升级项目 858 个，投资 12 589.4 亿元；节能减排和环境项目 57 个，投资 355 亿元；服务业发展项目 282 个，投资 6 043亿元；医疗卫生、教育文化等社会事业建设 23 个，投资 211 亿元；农业和农村基础设施项目 117 个，投资 1 549 亿元；保障性住房等民生工程项目 8 个，投资 911.8 亿元。

从辽宁省 2 万多亿元投资情况分析，2009 年在建及开工项目投资是 8 005 亿元，未来三年，每年滚动投资按 6 000 亿元计算，所需贷款约 3 000 亿元，这为我行竞争优质客户，调整贷款结构，创造了广阔的发展空间。

（六）辽宁地区信用环境根本改善带来新的机遇。近年来，辽宁省委、省政府为了打造“诚信辽宁”，制定了辽宁省社会信用体系建设总体规划和实施意见；探

索建立了金融维权统计通报制度和企业信用状况分布通报制度，并在全国范围内较早建立了金融生态环境量化评估体系；建立和完善了企业和个人征信系统等。在地方政府、金融机构和企事业单位的长期不懈努力下，辽宁省的信用环境得到了显著改善。目前，已有25家外资银行进驻辽宁，总数在全国排名第四，仅次于北京、上海和广东。多数中资银行改变了以往针对东北地区"增存限贷"的政策，辽宁地区贷款逐年加快。2008年新增本外币贷款3 549亿元，新增贷款额和增速均创历史新高，且贷款增速首次超过了全国平均增速，也首次超过地区GDP增速。2009年1至8月，辽宁省人民币贷款同比增长34.5%，高于全国0.35个百分点。在中国社科院最近发布的《中国地区金融生态环境评价(2008—2009)》中，辽宁在"中国30个省份金融生态环境评价结果"中的排名由2005年的第29位跃升至第12位。这一巨变，充分显示了辽宁的金融生态环境已今非昔比，这也是振兴战略实施以来，辽宁地区最显著、最深刻的变化之一。

因此，要抓住辽宁信用环境改善的机遇，重新审视辽宁的信用环境，推动我行在抢抓机遇中加快发展。

总之，辽宁巨大的发展市场，为我行未来主要业务发展创造了有利条件和更大的空间，必将对我行资产业务、负债业务和中间业务的发展提供更为丰富的金融资源，对我行实现跨越式发展是一个难得的历史机遇期。

五、我行抢抓发展机遇采取的措施和取得的主要成效

姜建清董事长2007年到沈阳调研，做出了"东北地区已成为投资的热土和未来新的经济增长极"的重要论述，提出了"加快升级发展"的明确要求后，我行党委进一步明确了在第一个三年规划期把我行打造成为良好银行的目标，全行进入了全面提速发展的新阶段。在总行的大力支持下，到2008年末，我们通过三年的励精图治、埋头苦干，改变了我行经营效益最差、贷款质量最低、绩效等级排名末位的落后局面，实现了我们确定的良好银行的目标。

（一）扭转了连年亏损局面，实现了效益大幅提升。拨备前、拨备后利润由2005年分别亏损15亿元和30亿元提高到2007年分别盈利15亿元和16亿元，扭转了连续12年的亏损局面。2008年，在提足各项减值准备的前提下，拨备前、拨备后利润分别盈利16亿元和12亿元，一反一正，等于三年扭亏增盈了42亿元。2009年前三个季度，又分别实现拨备前利润10.1亿元、拨备后利润12.4亿元。

（二）不良贷款清收成效显著，历史包袱基本化解。股改剥离以后，我行的不良贷款虽然有了大幅下降，但2005年末余额仍高达171.6亿元，占总行的10%以上；不良贷款率为29.1%，远高出总行平均水平。再加上劣变的潜在风险贷款，实际不良贷款总额为201亿元，不良率为35%。

针对制约我行发展的最大羁绊——不良贷款问题，我们在2006年和2007年连续两年将不良贷款清收列为"第一要务"，全面落实以"行长清"为主导的"四清"工作要求，"咬定清收不放松"。通过三年多的质量攻坚，2006年以来，我行累计清收转化和处置不良贷款172亿元，不良贷款余额由2005年末的171.6亿元压降到目前的33.6亿元，不良率也由29.1%压降到2.9%，创造了全行不良贷款清收史上的纪录，实现了历史性的重大跨越。不良贷款拨备覆盖率由32%上升到86.2%，较2005年提高54.2个百分点。

（三）资产负债规模不断壮大，市场竞争能力明显增强。2006年以来，我行大力拓展各项业务，实现了资产负债总量规模的双增。到2008年末，全行资产总额达到2 003亿元，较2005年增加270亿元，增长15.6%，年均增长5.2%；负债总额达到1 993亿元，较2005年增加229亿元，增长13%，年均增长4.4%。到2009年11月末，我行的资产总额已达2 282亿元、负债总额达2 275亿元。

到2008年末，全行各项贷款余额达1 013亿元，较2005年增加427亿元，增长72.9%，年均增长24.3%。贷款增量由2005年－81亿元提高到2008年277亿元，累计增加358亿元，年均增加119亿元。到2009年第三季度，各项贷款余额达1 153亿元，从结构上看，公司贷款在各项贷款中占主导地位，占贷款总量的68%。

到2008年末，全行各项存款余额1 897亿元，较2005年增加273亿元，增长16.8%，年均增长5.6%。其中储蓄存款余额1 351亿元，较2005年增加177亿元，增长15.1%；对公存款余额545亿元，较2005年增加96亿元，增长21.4%。从结构上看，储蓄存款在各项存款中占主导地位，占各项存款总量的71.2%。2009年前三个季度，各项存款又比年初增加了309亿元。

（四）收入结构发生变化，经营转型取得成效。我行通过加大优质贷款营销，积极拓展银团贷款，努力发展新兴业务，使以贷款利息收入占绝对主导地位的收入结构发生了变化，基本形成了以多元贷款利息收入、票据利差收入和中间业务收入三大收入为支撑的收入结构新格局。

2008年，全行共实现各项收入89亿元，较2005年增加44亿元，增长了98.7%，年均增长32.9%。其中，贷款利息收入（不含贴现）较2005年增长65.3%，年均增长21.8%；贴现利差收入较2005年增长55.9%，年均增长18.6%；实现中间业务收入8亿元，较2005增长了243.4%，年均增长81.1%。2009年前三个季度，实现各项收入63亿元。

（五）内部管理取得长足发展，风险掌控能力显著提升。近几年的业务实践证明，我行的信用风险掌控能力明显增强。2005 年，我行通过实施信贷经营管理体制改革，建立起了比较完善的信贷风险控制管理体系，实现了前台、中台、后台的彻底分离，前台营销与中台、后台风险管理相互独立，互为制衡；整合了业务流程和管理流程，信贷业务审贷分离，前中后台分岗操作，各环节相互制约；实现了信贷业务和信贷人员的垂直和集中管理，将信贷业务审查、审批、监督检查等工作全部集中到省行，突出了风险控制和精细化管理。通过坚持依法合规、稳健经营的信贷风险管理原则，我行的信贷经营管理水平明显提升，信贷风险控制能力得到全面强化。我行三年多来发放的贷款，AA－级以上贷款占比达 87%，新增贷款不良率为零，没有出现一笔不良贷款。2006 年以来，全行累计办理票据贴现 5 357 亿元，直贴 4 939 亿元，实现利差收入 36.2 亿元，做到了零风险。

（六）员工收入不断增加，全行士气显著提升。通过近几年的业务发展，我行在经营管理全面提升的同时，员工的收入也不断增加。2008 年，全行员工工资收入加住房公积金、企业年金和车补，三年增加了一倍多。我行通过三年多的打基础、抓调整、快发展，全行的经营管理已经发生了质的变化，进入了“升级发展”的新阶段。员工收入的不断增加和我行发展的美好蓝图，使全行员工增强了信心，增添了干劲。可以说，辽宁分行已经进入到一个最好的发展时期。

六、我行在同业中的现状及面临的挑战

2008 年 12 月末，我行资产总计约 1 547 亿元，在四大行的占比（以下简称同业占比）为 31.7%，市场份额排名第一。各项存款余额为 1 790 亿元，同业占比为 31.1%，排名第二。各项贷款余额为 1 013.1 亿元，同业占比为 34.2%，排名第一。中间业务收入实现 8.1 亿元，同业占比为 31.2%，排名第二。

尽管我行已经走出了经营困境，但与同业相比仍然存在着差距。辽宁的银行同业针对沿海经济带开发建设的重大历史机遇，已经出台了相应政策，资源投入更为充分，经营机制更加灵活，各项业务得到快速发展。由此，我行的市场竞争优势受到了严峻挑战。

一是资产总额迅速被建行赶超。截至 2009 年 6 月末，我行资产总额为 1 824 亿元，占比为 27.5%。短短半年的时间，同业市场份额第一的优势即被建行取代，退居第二。

二是贷款增长较慢。到 2008 年末，我行贷款业务虽已突破千亿元，较 2007 年末增加 280 亿元，但大部分增量还是依靠票据融资拉动的，而传统贷款业务增势不强。2009 年前三个季度，我行的贷款增量为 149 亿元，同业占比仅为 19.3%，低于中行 20 个百分点，排在四大行第三位。

三是中间业务发展与我行地位不相称。我行中间业务市场份额目前列建行之后，排在第二位。中行 2008 年占比上升了 4.5 个百分点，发展很快。2009 年前三个季度，我行中间业务同业排名仍处在第二位，但与建行的占比差距拉大至 3.06 个百分点，对我行中间业务发展带来了更加严峻的挑战。

四是存款占比优势缩小。我行存款较 2007 年末增加约 126 亿元，但同业占比却下降 1.9 个百分点，且占比总体呈逐年下降趋势，总量已被建行赶超。到 2009 年 9 月末，各项存款同业占比较年初又下降 0.64 个百分点，与建行的差距进一步拉大。其中，对公存款的同业占比为 26.8%，比建行低 14.2 个百分点。同时，储蓄存款虽然还排在同业第一位，但占比较年初下降了 0.54 个百分点，市场竞争力在减弱。

七、我行把握政策机遇实现跨越式发展的主要目标和措施

我行将抓住辽宁经济发展特别是辽宁沿海经济带规划实施的历史机遇，加快推进各项业务发展，在新的三年规划期实现我行跨越式发展的目标。一是进一步提升效益的贡献度，力争到 2011 年实现拨备后利润 50 亿元。二是全行各项贷款总量要接近 2 300 亿元。三是各项存款规模达到 3 200 亿元。四是中间业务收入达到 19 亿元。五是不良贷款率控制在 2% 以下。

（一）落实重点区域发展战略，带动全行综合实力提升。重点抓好三大经济区域的布局和调整。一是依托辽宁沿海经济带的开发建设，构建沿海地区城市分行新的增效格局。进一步优化沿海经济带区域内的机构网点布局，完善信贷政策和管理体系，支持环渤海经济区的临港工业及国际贸易的发展。二是锻造中心城市行核心竞争力，发挥省会城市的龙头辐射作用。沈阳作为东北地区的经济、金融、信息、物流中心，正努力打造全国装备制造业中心，并提出要成为名副其实的区域金融中心。我行要进一步加大对省会中心城市行的重点金融支持，辐射和带动全行协调发展。三是契合辽宁中部城市群同城化和一体化建设，强化对“大经济区”的金融服务功能。目前，辽宁正在打造以沈阳为中心的“大经济区”，启动与周边城市的同城和一体化建设。我行将及时跟进金融服务，在辽宁中部城市群建设中，抢占市场先机，增强竞争能力。

（二）落实全面风险管理战略，有效提高信贷风险掌控能力。在我行信贷管理水平和风险掌控能力提高的基础上，进一步加强信贷管理，年内就要把贷款不良率压降到 2.5% 以内，三年后不良率要低于全行平均水平。一是进一步强化对贷款投放的管理，对新发放贷款实行严格的逐笔检查制度，务求把好贷款投放关。二是加强贷后风险监控，提高信贷风险防控能力。三是加强

贷款质量管理，落实前移风险控制关口，确保关注三级贷款余额长期保持为零。四是加快全面风险管理与内控体系建设，实现全行风险管理重点从现实风险向潜在风险，从风险的事后处置向风险的前期控制，从资产风险管理向全面风险管理转变。

（三）落实打造优秀信贷银行战略，做大我行信贷资产规模。一是实施大客户营销策略，通过提供有针对性、个性化、高水平的综合金融服务方案，扩大我行市场份额。二是创新业务发展模式，加快公司业务由“公司信贷”向“公司金融”的转型，提高客户的综合贡献度。三是积极拓展新客户市场，以辽宁沿海经济带开发建设为契机，竞争优质客户和项目资源。全面介入中小企业信贷市场，促进我行信贷结构的调整和优化。

（四）落实中间业务发展战略，把中间业务打造成支柱业务。加快中间业务的创新发展，是全行优化业务格局和收益结构的客观要求。一是依托巨大的投资和庞大的客户资源，在中小企业信贷快速增长、流动资金贷款向贸易融资贷款转型的格局中，快速拉动投资银行、担保承诺等业务收入增长。二是加快从外部因素主导增收向内部因素稳定增收转型，从劳动密集型增收向智力密集型增收转型，从提价收费增收向挖掘服务品质增收转型。三是打造一批特色项目，把投资银行、电子银行、资产托管、企业年金、本外币理财等新兴业务发展成我行战略性品牌业务，在规模和收入上形成双突破。

（五）落实筹资总量提升战略，促进负债业务高效益增长。以打造省内“第一零售银行”为目标，加快推进个人金融业务创新发展。深化机构扁平化和零售业务“两化”改革，建立跨专业的个人金融产品管理体系，促进储蓄存款与个人理财业务的协调增长。加大对公存款的争揽力度，确保我行新增存款同业占比不低于新增融资占比。进一步强化负债业务结构调整，降低存款付息率，促进负债结构的优化。

（六）落实国际业务发展战略，构建本外币一体化经营格局。未来三年，国际结算、国际贸易融资、外汇中间业务收入等核心国际业务指标要保持年均35%以上的增长速度，实现外汇业务主要经营指标同业占比30%以上，力争在小辽宁地区投资的世界500强企业80%成为我行客户，外向型中资企业客户占全行客户总量的比重提高到10%以上。突破国际业务发展的“瓶颈”，使我行逐步成为境内外向型企业的主要金融服务提供者。

关于发展黑龙江现代农业信贷市场的调查报告

黑龙江分行　李久新

现代农业是黑龙江省的一项基础产业，也是一项支柱产业。2005年以来，在国家“免收农业税”重大举措及一系列支农惠农政策出台后，粮食产能大幅提高，粮食产量连续四年在700亿斤以上。特别是《黑龙江省千亿斤粮食生产能力战略工程规划》出台以后，以现代农业为主导的区域经济特征更加明显，呈现出快速发展的态势，主导产业地位更加突出。因此，如何顺应黑龙江经济发展脉络，抢占现代农业发展先机，提升同业竞争力，分享现代农业发展的成果与业务机会，是我行近年来重点思考和探索的主要问题。按照总行对黑龙江分行提出的“升级发展”目标，我对黑龙江现代农业发展的历史背景、现状与行业特征、市场地位、市场需求，以及重点企业进行了调研，就如何发展现代农业信贷市场、提升同业竞争力，做了长期跟踪与关注，整理出了这篇调查报告。

一、发展现代农业的战略意义与历史背景

（一）战略意义。发展现代农业是国家的一项基本国策，是国家战略的一个重要组成部分，是贯彻落实科学发展观，坚持走中国特色农业现代化道路的重大举措，是应对国际粮食危机，维护国家粮食安全，促进经济社会又好又快发展的基本保障。胡锦涛总书记在2009年6月考察黑龙江时一再强调：治国安邦的头等大事是粮食安全。2008年国家做出关于“实施粮食战略工程，加快建立粮食核心区”的战略决策，随后国务院常务会议又通过了《国家粮食安全中长期规划纲要》，可见，确保国家粮食安全将是我国一项长期战略任务。

（二）历史背景。我国既是人口大国，又是粮食生产和消费大国，随着人口增加、耕地减少、城市化加快、人民生活水平提高，我国粮食需求呈刚性增长，粮食供求关系不容乐观。

自2003年以来，我国粮食生产连年丰收，粮食产量已突破1万亿斤。2007年末粮食产量已达到10 030亿斤，需求为10 154亿斤，尽管产需缺口已由2003年的1 100亿斤减少到124亿斤，已初步达到总量基本平衡，但是由于我国人口多，抵御自然灾害的能力较弱，所以这种粮食产需平衡十分脆弱，一旦出现较大的自然

灾害，后果不堪设想。从国内国际粮食供需及价格走势看，近年来，随着国际石油价格暴涨和农产品能源化利用进程加快，国际粮食和石油价格联动趋势日益明显，影响国内农产品市场和价格稳定的因素日益增多。2007—2008年度全球粮食需求增长较快，库存下降，供需平衡总体趋紧，许多国家都在鼓励粮食进口，限制出口，增加储备。因此，世界粮食价格居高不下的形势短期内难以扭转。特别是2007年以来，世界主要粮食品种价格飙涨。全球食品价格指数上涨近三分之一，创1845年以来最高值。受此影响，国内主要粮食品种价格除水稻外，其他品种价格已达到历史较高水平，特别是大豆和食用植物油全年涨幅最大。从长远看，我国13亿人口依靠进口保证粮食安全是不现实的。只有调动和保护好农民种粮积极性，着力发展现代化大农业，提高粮食综合生产能力，才能确保国家粮食安全。

随着工业化、城市化进程加快，耕地减少，人口增长，特别是全球能源短缺催生的生物能源产业的快速发展，按照联合国粮农组织通行的压力测试，粮食安全标准人均达到500公斤的要求，我国面临的粮食安全压力越来越大。目前我国粮食生产的地域分布已经发生明显变化，“南粮北调”已被“北粮南运”所取代。东部沿海地区人多地少，受产业比较效益的驱动，粮食生产的基础地位受到严重削弱，对外来粮食供应的依存度越来越高；中部部分粮食主产省区，由于人口密度过大和土地资源短缺，提供商品粮的空间已十分有限；西北地区虽然人少地多，但受水资源短缺和气候的局限不利于粮食生产，一直是粮食严重短缺地区。此外，长期以来由于各种原因，我国农业基础设施建设欠账太多，抵御自然灾害能力低下，粮食生产大起大落，极不稳定。有关资料显示，到21世纪30年代，我国还将新增1.5亿左右人口的粮食需求。据专家预测，全球气候变暖对粮食生产极为不利，我国粮食将减产5%—10%。解决13亿以上人口的吃饭问题和应对特殊情况下的必要粮食储备始终是国家关注的重大战略问题。

二、黑龙江发展现代农业的优势和可行性

黑龙江作为农业大省，其传统的农业范畴已经发生了历史性转变。在推进现代农业的进程中，已经呈现出城市中有农业、农村中有工业的新格局。用现代农业改造传统农业已取得重大进展，已实现种养加、产供销、贸工农一体化，基本完成了农产品优势区域布局。2008年黑龙江粮食商品量、专储量均居全国第一。大豆产出和出口量均居全国首位，出口量占全国的三分之二。亚麻、甜菜、烤烟等经济作物的产量也均居全国前列。在整个农业经济中，畜牧业已占有相当比重，奶牛存栏数、牛奶产量和乳制品产量均居全国之首。绿色食品产业在食品认证和种植面积上，继续保持全国之冠。农业科技贡献率达到67%，接近发达国家水平。粮食仓储能力达到419万吨。粮食处理中心168个，种子加工厂77个。现代化大农业的雏形已经显现。

（一）黑龙江省农业资源丰富，发展现代农业具有明显的比较优势和发展潜力。从比较优势上看，拥有耕地17 560万亩，耕地总面积和人均占有量均居全国首位，耕地平坦，集中连片，土质肥沃，是世界上仅有的三大黑土地之一；水资源总量为810亿立方米，过境水2 710亿立方米，是我国北方地区水资源最丰富的省份；属中、寒温带大陆性季风气候，光、热、雨同季，适于大豆、水稻等农作物生长，加之昼夜温差大，有利于干物质积累，农产品品质优良；森林、草原、湿地资源丰富，生态良好，具有发展绿色无公害食品得天独厚的条件；全省农机总动力2 571万千瓦，田间综合机械化率达82%，并拥有全国最大的国营农场群，是全国农业机械化程度最高的省份。

从发展潜力上看，全省可供开发利用的宜农荒地24 467万亩；在接近1.8亿亩农田中，有1.1亿亩农田粮食单产低于全国平均水平，中低产田改造成高产稳产田的提升空间很大。

（二）黑龙江作为我国粮食主产区和最大的商品粮生产基地，在全国粮食和农业生产中具有举足轻重的地位。黑龙江省委、省政府，按照国家在黑龙江建立国家粮食核心区的具体要求，于2008年4月制定了《黑龙江省千亿斤粮食生产能力战略工程规划》（以下简称《规划》）呈报国务院，《规划》提出，到2012年粮食生产能力达到1 000亿斤以上，占“十一五”期末全国规划粮食总产的十分之一，年均为国家提供商品粮将达到700亿斤以上，将成为名副其实的国家“战略粮仓”。最近，胡锦涛总书记到黑龙江考察时强调：“黑龙江是国家粮食主产区，也是全国最大商品粮基地，一定要毫不放松地抓好粮食生产，着力推进千亿斤粮食产能建设工程，推动粮食综合生产能力不断迈上新台阶，为维护国家粮食安全作出更大贡献”，进一步肯定了黑龙江的《规划》，也由此肯定了在黑龙江建立国家粮食核心区、加快发展现代化大农业的战略地位。

（三）产业功能比较完备，初步展现出现代农业的协调布局。在稳定发展粮食生产的同时，省委、省政府又提出实施《千万吨奶战略工程规划》；加快发展农产品加工业和精深加工业，重点发展食品加工，建设和整合拓展20个稻米加工园区；加快培育壮大粮食、畜产品和绿色特色食品加工三大主业，形成一批农产品加工产业集群；大力发展绿色有机食品产业，打造知名品牌，推进产业升级；加强农业基础设施建设，提高抗灾减灾增产能力，重点建设尼尔基引嫩扩建一期工程、三江平原9个灌区等重点水利项目建设；加大农业机械化建设力度，2009年计划在国内外购置2万余台大中型农机，装备82个项目区。继续发挥垦区的引领作用，实现全省农业机械化、规模化、科技化、标准化、产业

化和农村城镇化、管理现代化。目前，黑龙江现代农业已不再是一种产业概念，已经初步形成了一个包括产前、产中、产后等各个阶段紧密相关的产业体系。

（四）现代农业的休闲观光功能已经显现。现代农业的一个重要功能，就是休闲观光功能。黑龙江现代农业对生产、生活、生态的影响越来越大，现代农业的发展正在向观赏、休闲等方向延伸，假日农业、休闲农业、观光农业、旅游农业等新型农业形态已经开始成为黑龙江休闲观光的一大特色。

三、探索和发展现代化农业信贷市场的必要性和可行性

在处置大量不良贷款后，黑龙江分行的主要矛盾是解决发展问题。2009 年上半年，我行剔除票据业务，存贷款增量比仅为 3.47∶1，大量存款没有出口。专题研究信贷业务发展问题已成为当前黑龙江分行发展的首要问题。

黑龙江经济的主要特征是大农业、大装备、大能源。从目前看，中石油所属的大庆油田已变成总部经济，信贷业务资源被北京分行独占；装备工业信贷市场受我行行业准入政策影响，刚刚从“退出”变为“审慎进入”，信贷市场已经被他行占据。只有农业信贷市场尚处于竞争的初始阶段。

目前，黑龙江现代农业发展势头良好，2008 年实现农业增加值 1 089.1 亿元，增长 8.2%。现代农业已成为拉动地区经济增长的重要引擎，为我行实施信贷结构调整、发展新的信贷市场提供了历史性机遇和广阔的市场空间。

（一）发展现代农业信贷市场是顺应黑龙江经济发展的需要。黑龙江现代农业的行业分类主要包括种植业、养殖业、粮食精深加工业、绿色食品、农业机械化、水利工程建设、粮食贸易等。发展现代农业是一项庞大的系统工程，涉及面广、资金需求量大。

黑龙江现代农业信贷市场的主要特征：一是国家和各级政府高度重视，对发展现代农业标准高、投入大。在各届政府任期考核上，农业发展指标始终是一项重要的不可替代的指标。未来五年，国家和黑龙江地方政府投入农林牧副渔业的资金总额近千亿元，仅千亿斤粮食战略工程就投入 676.2 亿元，其中，国家安排投资 400 亿元、省财政投入 88.7 亿元、县级财政 96.2 亿元、农民自筹或贷款 91.3 亿元。投入的重点是：水利工程 260 亿元，农机 178 亿元，其他方面为环保、种子、农药、化肥、农业开发。

二是形成了以政府投资为主、农民自筹为辅的投资主体。政府投资到位前，搭桥融资业务市场需求大。如省政府实施的现代化农业示范区 11 个试点单位（专业合作社），仅用于购置国内外大型农机装备资金总额就达 74.9 亿元，全部由政府财政提供担保，融资业务市场空间大。

三是政府采购数额大。每年政府采购金额约 60 亿元左右，2008 年，仅省政府农机采购项目资金总额就达 40 亿元，其中国家补贴 12 亿元、农民自筹 28 亿元，给银行贸易融资、保理、租赁融资带来较多的业务机会。

四是产业优势明显。目前重点企业的产业优势主要体现在三个板块：以北大荒集团为核心的北大荒股份有限公司、北大荒米业、九三油脂；以及益海集团、肇东金润、鹤鸣米业、绿都集团等大型加工龙头企业和以中国储备粮管理公司、中国华粮物流公司、省地方储备粮管理公司、省储备粮管理公司、省天仓有限公司、新粮集团、北大荒物流、哈尔滨国家粮油批发市场等大型企业公司和企业集团为代表的物流企业，这些企业每年在粮食加工、粮食储备、粮食贸易方面融资需求至少在 100 亿元左右。

（二）发展现代农业信贷市场是提升同业竞争力的需要。目前，建行、中行、哈尔滨银行、邮储、农发行、农信社、农行等多家银行正在积极介入现代农业信贷市场，拓展融资业务。中国银行日前已与省政府签订贷款购置现代农业机械装备实施千亿斤粮食产能战略合作协议，此项目资金需求总额为 74.9 亿元，首次批复贷款 5 亿美元（合人民币约 35 亿元），专项用于采购国内外大型农机装备，以省农业开发建设总公司为省级承贷主体，以开始实施的现代农业示范区 11 个试点单位为还贷主体，由省财政担保。中国邮政储蓄银行与黑龙江省政府签署框架协议，邮储银行将为黑龙江省提供意向性信贷额度 200 亿元，用于松嫩和三江两大平原农业综合开发试验区等现代农业工程建设。根据协议，中国邮政储蓄银行将向符合国家农业产业政策和黑龙江省内基础设施建设的项目提供信贷、结算、银行卡、理财和保险等金融产品服务。2009—2011 年，为黑龙江省提供意向性大项目农贷信用额度 200 亿元，其中 2009 年不低于 50 亿元。重点支持黑龙江松嫩和三江两大平原农业综合开发试验区及千亿斤粮食产能工程建设，以及农垦及农业产业化龙头企业建设，大中型水利骨干工程、“五千万头生猪”和“千万吨奶”工程以及粮食、畜产品和绿色特色食品加工、农村劳务产业开发“龙哥龙妹”创业工程等领域，对黑龙江省农户、中微小企业主、返乡创业农民等提供可循环贷款、快速贷款等融资服务，积极支持农民专业合作组织建设贷款。此外，他们还将加大对农垦系统信贷支持力度，面向农垦家庭提供“农场职工小额贷款”等新产品。中国建设银行 2008 年 12 月经总行批准，在黑龙江省东部四个垦区试点开办小额农户贷款业务，该行推出的“小额农户贷款”，主要是针对农垦系统设计的为农户种田所需投入的生产流动资金贷款，贷款对象主要是垦区系统的职工和农户，且要有承包的土地，并从事农业生产，期

限长达14个月，利率低，较同业利息平均下降4个百分点。截至5月末，共投放小额农户贷款21 275笔，金额14.1亿元。而我行目前在现代农业信贷市场领域基本处于空白。

四、我行下一步发展现代农业信贷市场的工作设想

现代农业是黑龙江分行未来信贷经营布局的重要领域。我行将积极借助黑龙江现代农业信贷市场发展的历史机遇，审慎、高效、渐进地发展农贷业务。严格坚持“安全第一、效益第二”的原则，在确保风险防控措施到位的前提下，审慎、有序地发展现代农业信贷市场。坚持按照“审慎入局、循序渐进、突出重点、创新提效”的发展思路，积极做好现代农业信贷市场的开发和风险管理工作，严格贷款进入条件，避免冲动放贷，稳步、高效地提高现代农业信贷业务市场的同业竞争力。

（一）积极探索现代农业信贷市场的重点目标领域。一是以省级以上政府投资为主体、以水库建设项目为重点的大型水利工程；二是对资金有来源、还款有保障的农业机械政府采购项目；三是对粮食精深加工、粮食储备、粮食贸易中有代表性的重点龙头企业；四是对以国家和省级政府投资为前提的大额前期搭桥项目贷款；五是在严控风险的前提下，积极创新适合现代农业的金融产品和信贷工具。

（二）发展现代农业信贷市场亟须做好的前期准备工作。一是抓紧做好现代农业信贷市场的调查研究和评估论证工作。二是适时向总行申报行业准入。三是对大型现代化农业生产企业集团、粮食精深加工龙头企业、大型粮油贸易企业和农业机械重点经销商的融资业务，先实行名单制管理，报总行审批。四是积极探索创新农贷业务模式。通过“银行＋政府担保＋龙头企业承债主体”的模式，在还款有来源、有保障的前提下，大力拓展政府采购项目和国家投资拨款到位前期的搭桥贷款业务。

关于上海分行服务两个中心建设加快提升竞争发展水平的调查与思考

上海分行　沈立强

经济发展到一定阶段，受发展模式和资源环境承载能力等因素的限制，一般会出现平台期。上海分行通过改革创新和经营转型连续多年实现业务快速增长，正步入一个盈利增长的“平台期”。面对激烈的市场竞争和上海经济转型的压力，未来能不能持续发展，提速发展，是上海分行面临的现实任务和严峻挑战。通过近一段时间的调研，我认为，上海两个中心建设将为上海分行新一轮发展带来千载难逢的历史机遇，注入巨大的发展动力，上海分行不但具备继续发展的有利条件，更肩负着提速发展的历史使命。只要解放思想，抢抓机遇，创新突破，加快提升竞争发展水平，就能实现上海分行新三年的跨越发展，率先实现建成国际一流商业银行的目标。

一、上海分行面临着两个中心建设的巨大市场机遇和同业竞争的严峻挑战

上海是长三角区域乃至全国的经济中心，经济基础雄厚，战略地位重要，市场空间广阔，发展潜力巨大，金融生态良好。2008年，上海GDP为13 698亿元，在全国各城市排名中位居第一；人均GDP为6.55万元，在全国各省市排名第一。当前，上海正以加快两个中心建设和举办世博会为契机，大力发展现代服务业和先进制造业，加快推进产业结构升级，加快经济发展方式转变，突破资源环境承载能力制约，实现全面协调可持续发展。这些都给上海分行实施结构优化的转型发展、先行先试的创新发展提供了千载难逢的良机，也给我们跨越发展提供了广阔的空间。

一是长三角地区经济转型升级的机遇。长江三角洲地区是中国经济、科技、文化最发达，综合实力最强的区域，长三角15个城市组成的城市群是当今世界第六大城市群。上海作为长三角经济的核心城市，是亚洲新兴的国际经济金融中心，也是国内现代服务业、先进制造业的中心和总部经济的聚集地。2008年，长三角地区GDP达到53 956亿元，占到全国的18%。其中，上海占到长三角地区的25.38%，其作用和地位彰显。长江三角洲经济圈一体化的加速推进，将促进上海总部经济的快速发展，加大区域经济、金融联动的广度和深度。据统计，目前上海已有620多家外资企业总部，其中跨国公司地区总部200余家，投资性公司170余家，研发中心250余家。此外，还有300多家上市公司总部，20家民营企业总部。未来5年，上海发展各种总部企业的目标是超3 000家，届时上海将成为跨国公司生产基地、地区总部、研发中心、运营中心和采购中心的集聚地，成为除香港外，我国总部经济项目最集中、

发展最快的城市。总部经济带来了资金汇集和大客户资源集聚效应，为我行通过抓总部龙头，不断延伸营销触角，介入总部经济企业生态链，在长三角、全国乃至全球视野中扩大客户源提供了条件；为大力发展存贷款业务、资产管理、国际结算和贸易融资等业务提供了丰富的资源。同时，也为我行充分挖掘总部经济得天独厚的客户优势和资源优势，抓住各类资源要素聚集的机遇，高标准打造财富管理、资产管理、金融市场等新兴高端业务，巩固和提升存贷款等传统业务提供了坚实基础。

二是国际金融和国际航运“两大中心”建设的机遇。2009年4月，国务院正式颁发了《关于推进上海加快发展现代服务业和先进制造业建设国际金融中心和国际航运中心的意见》（国发［2009］19号），明确提出到2020年，基本建成与我国经济实力以及人民币国际地位相适应的国际金融中心，基本建成航运资源高度集聚、航运服务功能健全、航运市场环境优良、现代物流服务高效，具有全球航运资源配置能力的国际航运中心。这为上海分行在股权融资、金融租赁、信托私募等资产管理业务，贸易、航运、物流领域的贸易融资业务，船舶融资、航运资金结算、航运价格衍生品等航运金融服务方面带来大量的业务机会，并为我行加快提升境内外理财、资产负债综合理财服务和财富管理服务等诸多方面提供了丰富的市场平台。同时，随着上海“两个中心”建设的提速，人均GDP将冲击1万美元大关，与此相适应，财富和资产管理需求将不断攀升，金融消费热情将被大量激发，金融服务渠道和品种将急剧放大。这些将为上海分行更加充分地参与国际竞争，实施结构转型，加快创新发展提供良好的宏观背景和历史机遇。

三是上海加快经济增长方式转变的机遇。近年来，上海一直致力于推进经济结构的战略性调整，积极促进产业结构优化升级，加快转变经济增长方式，正走向一条创新导向的集约型增长道路。2009年，国务院又明确提出上海要突破资源环境承载能力制约，在发展中优化经济结构，加快发展现代服务业和先进制造业，不断增强服务功能，提高核心竞争力。从现代服务业来看，上海将稳定提升金融、商贸、物流、房地产等支柱行业，2011年实现增加值占全市服务业比重超过60%；培育壮大信息服务、航运服务、会展旅游、中介服务等新兴行业，增加值保持每年20%以上的增长速度，2011年增加值超过2 300亿元；采取突破性措施大力发展文化娱乐、教育培训、医疗保健、体育健身等潜力行业，2011年增加值超过1 000亿元；支持现代服务业楼宇建设、用地政策、规划引导和审批改革，在规划、土地、资金、动拆迁等方面加大政策倾斜力度。从先进制造业来看，上海已成立由市政府主要领导牵头的新能源、大飞机、生物医药、信息电子四大产业的攻关小组，重点发展生物医药产业、新能源、清洁能源和节能产业、新材料产业等新兴产业；在张江、奉贤、松江、闵行、嘉定、南汇等市郊打造具有特色的先进制造业工业园区，并在土地管理、项目审批、增值税转型试点等方面予以政策扶持。未来三年，装备产业产值占全市工业总产值比重将超过55%。这些都为我行实施信贷业务提速发展战略和郊区赶超发展战略提供了难得的机遇，同时，也为结算、咨询、信用卡、投行、电子银行等中间业务提供了发展平台。

四是世博经济拉动的金融发展机遇。上海世博会将是一次盛大的经济奥林匹克，随着2010年的临近，世博预热风生水起，目前正从投资、旅游、消费等多个领域推动以上海为核心的长三角区域经济加速发展。据预测，2009年、2011年，“世博经济”对上海GDP增长的拉动约为2%，对周边“长三角”地区投资的拉动约为30%；2010年，对上海GDP增长的拉动约为5%，对周边“长三角”地区投资的拉动将超过50%。除了世博园区带来的优质项目投资外，世博会参展的国家和国际组织将超过200个，吸引的海内外参观者将超过7 000万人次，平均日客流量将达到40万－80万人次，形成巨大的“旅游消费链”，并将带来1 455亿元的消费支出，800亿元旅游收入，蕴含了大量的金融服务商机。“世博经济”已经成为影响未来几年上海及长三角区域经济发展的重要因素，并成为带动上海分行发展的加速器和上海分行施展才华的新舞台。

在看到良好发展机遇的同时，也要看到，上海分行前进的道路上面临着前所未有的巨大挑战，既有来自同业市场的激烈竞争，也有兄弟分行之间比拼赶超的压力，还有自身发展面临的瓶颈。

首先，从同业竞争形势看。上海作为长三角区域乃至中国的经济中心，经济总量大，辐射作用强，金融地位显著，一直是国内外各家金融机构的必争之地，金融机构数量居全国之首。包括外资银行在内的各家银行均将上海作为重点发展区域，纷纷给予资源倾斜，在挖转存量市场的“红海”和拓展新兴市场的“蓝海”两大战场上展开空前激烈的竞争。同时，随着资本市场的不断发展，金融脱媒和利率市场化加速演进的趋势对银行经营发展的影响越来越显著，我们将面临着更多来自金融市场和非银行金融机构的竞争。可以说，上海是全国乃至全球金融竞争最激烈的竞技场。

其次，从系统内兄弟行的发展形势看。股改上市以来，随着珠三角发展和粤深港澳经济一体化推进以及东北振兴、中部崛起、西部大开发等政策的实施和环渤海经济圈、海峡西岸经济区的形成发展，各省市分行抢抓机遇，提速发展，呈现出你争我抢、百舸争流的发展局面。一些分行紧紧把握扩内需、保增长的历史机遇，经营活力迸发，发力赶超跨越，大有后来居上的势头，全行经营格局正在逐步发生深刻的变化。在这种情况下，要保持系统领先地位，必须加快发展步伐，不发展或者发展慢了就意味着倒退。

再次，从自身发展看。建行以来，上海分行经过历任班子的努力工作，各项业务快速发展，规模效益不断提升，经营结构持续优化，奠定了良好的经营基础和管理基础。但近年来各项指标高位运行，存贷款、经营利润等基数较大，竞争发展遇到一些瓶颈因素，主要是思想观念、体制机制、内部管理与快速发展的形势存在一定程度的不适应。同时，宏观调控与经济波动以及上半年信贷业务的放量扩张也对信贷风险控制和管理带来了新的考验。

在"两个中心"建设的新形势下，挑战与机遇并存，机遇大于挑战。对银行经营来说，关键是要善于应对挑战，抓住机遇，化挑战为机遇，变机遇为现实。只要我们保持清醒的头脑、开放的思维和向上的精神，善于在变化中抢抓机遇，寻找突破短板业务的方法和途径，提升经营管理能力，就一定能在竞争中赢得先机，赢得市场，实现新一轮跨越发展。

二、未来三年的经营目标和发展思路

基于上述形势分析和研判，上海分行未来三年的战略定位和发展愿景需要与上海在长三角、全国乃至世界的地位相匹配，与工商银行建设国际一流现代金融企业的战略目标相匹配，与总行对上海分行率先转型的殷切期望和发展要求相匹配。这既是上海分行以往发展积淀的必然延续，更体现了我们超越自我、跨越发展的内在要求。

为此，在难得的历史机遇面前，上海分行的发展战略目标是：以科学发展观为统领，以提升市场竞争力为核心，以创新发展为突破，以结构调整为抓手，以深化管理为保障，提速发展，成为"同业领军、系统最优、世界一流"的银行。所谓同业领军，就是要在强手林立的市场上与国内同业相比较，力争成为市场占比最高、盈利能力最强、客户服务最优的银行；所谓系统最优，就是要在总行系统内与兄弟分行排位次，力争成为业务规模大、经营效益和效率高、经营结构优、发展质量最好的分行；所谓世界一流，就是要立足全球视野全面与国际一流商业银行相对比，力争成为经营理念先进、管理手段科学、品牌形象优良的银行。应该说，这一发展战略目标，立足于同业、系统和世界三个不同的参照系，全面反映了建设国际一流现代商业银行的丰富内涵，体现了总行对上海分行率先转型发展打造一流现代商业银行的要求，体现了上海分行抢抓机遇，加快发展的信心和决心，关系到上海分行在系统内外的形象地位和影响力。

我们的设想是：三年三步走，分步实施，加快推进。2009年是新三年发展的开局之年。第一步是用半年到一年时间，各项业务提速发展，全面提升同业占比，使得全行的竞争力水平有明显改观，首先实现"同业领军"的目标。第二步是用两年左右时间，在做大做强的基础上，加快结构调整和优化，将竞争优势转化为盈利能力，使分行经营绩效在系统内有明显改观，实现"系统最优"的目标。第三步是通过三年左右努力，牢固确立在工商银行各省市分行和上海市金融同业中不可撼动的领军者和"老大"地位，并锻造成为成长性最好、盈利能力最高、资产质量最优、品牌声誉最佳的"四最"银行，实现"世界一流"的目标。三年三步走，体现出上海分行不同层次的发展要求和阶段性有序推进的过程特征，同时又是一个内在逻辑统一、目标导向鲜明、本质特征一致的有机整体。

实现新三年发展蓝图，尽管道路曲折，竞争激烈，但能否实现，关键是取决于是否有先进的理念和科学的管理，是否有亮剑的精神和良好的执行。回顾和总结工商银行长期的经营管理实践经验，我感觉到，有四点重要体会需要我们在新一轮发展中很好地加以借鉴和深化。

第一，解放思想是推动一切工作的总阀门。"工欲善其事，必先利其器"。所谓的"器"，就是指思想和经营理念的问题。思想决定行为，行为决定结果，解决好思想理念问题对指导具有国际视野的大行强行有着重大意义。工商银行从国有专业银行到股份制上市银行的成长实践雄辩地证明，经营管理中的许多问题本质上都是思想认识问题，解放思想是推动工作、实现发展的最强大动力。只有解放思想，坚持一切从实际出发，用全面、辩证、发展的观点认识事物，创造性地开展工作，才能解决工作中存在的突出矛盾和问题，在加快发展中不断开创新局面。

第二，发展是解决一切困难和问题的根本途径与有效方法。发展是硬道理。中国改革开放30年的发展成就和工商银行25年的经营实践，印证了一条颠扑不破的真理：大发展小问题，小发展大问题，不发展全部是问题。因此，在未来发展中，需要把发展作为第一要务，作为研究和解决当前诸多矛盾和问题遵循的基本原则，进一步增强发展意识，用加快发展的办法化解矛盾。需要更加清楚地认识现有的发展基础，准确地把握未来的发展定位，各项工作目标的制定着眼于发展，各项工作任务的落实致力于发展，各项工作措施的出台围绕着发展，各方面工作成效用是否发展来检验。

第三，改革创新和精细管理是推动业务发展的不懈动力源泉。时代在前进，社会在进步，人民群众的金融服务需求在不断提高，需要银行通过持续的理念、机制、产品和技术创新，提供与之相适应的金融产品和服务。无论国际国内，一家成长性良好的银行必然是善于创新的银行。管理是提升核心竞争力的重要手段。银行经营要以精细化管理为基础，革故鼎新，不断创新工作思路和工作方法，着力推进从粗放式经营向精细化管理转变，从提倡理念向执行理念转变。

第四，以人为本是实现和谐发展和可持续发展的根本保证。事业成败，关键在人。员工是企业最宝贵的财富和发展的基石。这要求我们要牢固树立以人为本的发展观，加强员工教育培训，全面提高员工素质，依靠素质的提高实现业务的可持续发展。把维护和实现员工的根本利益作为一切工作的出发点和立足点，尊重人、理解人、爱护人，注意调动每个人的积极因素，最大限度地发挥广大员工在改革发展事业中的主体作用，努力营造和谐发展的环境，最广泛地调动各方面的积极性、主动性和创造性，聚精会神搞经营，凝心聚力谋发展。

继往开来，传承优势，上海分行实现未来三年发展蓝图，关键是以思路定出路，以创新求突破，以管理促发展，以文化聚人心，提速发展，提升竞争发展水平。

一是以先进的经营理念统领经营发展大局。理念是决定发展的核心要素，先进的理念决定一个行的发展成果。在某种意义上，当前的银行竞争首先是经营思想的竞争，是经营理念的较量。银行是企业，企业靠经营，经营是活的，必须实事求是，从实际出发。在经营活动中，光有精明还不够，还要开明加上高明，并不断在经营发展中实践。上海分行的精细化管理程度较高，精细账算得清楚，丁是丁，卯是卯，明明白白。但银行的经营，大账小账都要算，既要精明，还需要以开明的理念来要求，突破眼前利益和局部利益，着眼于长远利益和全局利益，在算经营管理的综合账、算大账上下功夫。管理要求高明，需要统揽全局、科学筹划、兼顾各方、协调发展，找准短板，抓住重点寻求突破，从本地实际出发做出自身的特色。同时，树立科学发展和可持续发展的理念，妥善处理好发展与风险的关系，处理好创新与风险的关系，以风险水平的全面提升促进业务快速发展。坚持两手抓，两手都要硬，在快速发展过程中注意风险的防范，各项业务必须做到三个“经得起”，经得起市场检验，经得起监管检查，经得起客户评价。

二是以强烈的竞争意识提升经营发展水平。衡量一个行发展的标准，归根结底就是要看市场竞争力，市场竞争力是赢得生存、扩大发展成果的前提条件。在经营发展中，需要正确处理好计划指标和市场占比的关系，围绕提升竞争力、提高市场占比来考虑任务指标。实践证明，积极的指标能够促进竞争力的提升，而低水平的指标则会起到阻滞作用。目前，上海分行存贷款余额四大行同业占比均在30%以上，保持首位。但是发展不够均衡，有些业务指标还不尽如人意，特别是一些竞争力指标成为制约发展的短板。为此，需要高标定位，按照“高于地区经济发展速度、高于金融同业发展速度、高于系统发展速度”的要求，自我加压，努力实现超常规、持续健康发展。

三是以创新的工作思路借力发展合作共赢。目前，总行在上海设立了5个直属机构，随着业务的发展，数量还要不断增加。这赋予了上海分行特有的、系统内绝大多数兄弟行所无法比拟的优势。为此，需要充分利用总行机构的品牌优势，进一步加强与总行在沪机构，如私人银行部、贵金属业务部、数据中心等的合作，共建项目，营销联动，努力塑造“对内分工有序、对外一个形象”的竞争姿态，形成强大的竞争合力。更加积极主动地寻求与同业机构的合作，尤其是与保险公司、证券公司等机构的合作，实行队伍共建、渠道共用、客户共享、产品共销、风险共担，整合服务渠道，丰富金融产品，提高服务水平，积极延伸营销触角，扩大客户资源，抢占新兴市场制高点。

四是以科学的管理手段激活经营资源。资源的98%在于整合。当前，面对激烈的市场竞争和加快发展的要求，要解决上海分行经营资源总体不足和结构不合理并存的突出问题，关键在于用科学的管理手段优化资源配置水平。在经营发展中，要求把最优质的资源配置到最有发展前景、最能产生效益的领域上，配置到“两个中心”建设和世博服务最急需的工作上，配置到事关发展全局的重点市场、客户和业务上，最大限度地激活每个经营元素，激发经营活力，将资源优势转化为发展优势，形成具有上海分行鲜明特色的经营优势。优化机构网点资源，紧紧跟随区域经济和城市化发展同步进行调整，做到物理网点与虚拟网点有机结合，形成服务互补的网络体系；加快网点向城市新区和空白区域转移，实现机构资源与市场资源的高度匹配；突出功能综合化程度，提升产品在各渠道间的交叉销售与协同服务能力。调整优化人力资源，实施开放式的人力资源管理，优化劳务组合，强化人员跨事业、跨区域流动，使人员向前台转移，保证重点区域、重点业务的发展需要。构建与发展战略相衔接、以岗位胜任能力为基础、以提升人力资本价值为目标的员工培训体系，特别是进一步制定好中年员工的培训计划，持续开展岗位适应性培训、技能转型培训，把银行发展对人才的需求与员工个人职业发展愿望相结合，促进银行与员工的共同发展。

五是以昂扬的精神状态争创一流。态度决定一切，抢抓机遇赢得市场的关键在于精神。实现三年宏伟蓝图，需要大力倡导和弘扬坚韧不拔、无畏无惧、敢打敢拼、勇往直前的“亮剑精神”，不争计划争市场、不比同期比同业、不盯指标盯对手、不看任务看效益，善于创新，永争第一。需要以一种“咬定青山不放松”的执著精神，始终保持一股闯劲、冲劲和韧劲，勇于开拓创新，凡事“领先一招，先行一步，快人一拍”。需要始终保持昂扬向上的斗志，“说了算，定了干”，敢于克难攻坚，敢于竞争致胜，不断夺取市场拓展的新胜利，勇攀领先发展的新高峰。

六是以优秀的企业文化凝聚力量。文化是企业发展的灵魂和动力，是决定企业竞争力的关键因素。打造可持续的竞争优势，需要用先进的企业文化引领发展，不断提升经营发展的软实力。坚持以人为本，把员工价值作为第一价值，把维护和实现员工根本利益作为各项工作的出发点和落脚点，构建员工与银行和谐发展、共同成长的价值体系。着力营造尊重、信任和宽容的氛围，强化和谐理念，培育和谐精神，用和谐的态度对待问题，和谐的方式化解矛盾，建设和谐银行。着力培育团队精神，增强干部员工的大局意识、协作精神和服务精神，充分调动全行各级干部员工的智慧和力量。充分发挥思想政治工作优势，把思想政治工作和企业文化建设在实际工作中有机结合起来，不断增强针对性、实效性和主动性，努力营造人心思进、风清气顺的良好氛围。

三、抢抓机遇，迎接挑战，实现各项业务新发展，新突破，新跨越

当前，紧紧抓住两个中心建设的历史机遇实现跨越发展需要进一步解放思想，提高认识，高标定位，以奋发有为、昂扬向上、锲而不舍、永不言弃的精神状态，突出经营重点，突出创新发展，突出深化管理，进一步提升竞争发展水平，全面加快三年三步走战略的实施推进。

（一）突出经营重点，推动整体发展。突出重点是提升经营发展水平的重要环节。最近，总行成功与上海市政府签订战略合作备忘录，这为上海分行新一轮发展提供了新的强大引擎。以此为契机，我们要以更加敏锐的眼光抢抓机遇，以时不我待的精神开拓创新，牢牢抓住大信贷、大个金和中间业务三个主线，实现各项业务和利润指标的跨越发展。

突出抓好大信贷业务。上海信贷资源相当丰富，要以重点项目为抓手，打造优质客户群，掌控优质市场资源和竞争主动权。以交通基础设施、新区发展、旧区改造等项目为重点，加大营销力度，巩固发展与重点战略客户的关系，挖深挖透优质客户潜在的业务需求，做大做强重点客户群。把握未来上海先进制造产业重点发展、现代服务产业领先增长的大趋势，集中资源，抢占先进制造业梯度转移的先机，深化对现代服务业的金融服务，积极发展精细化工、汽车、精品钢铁、成套设备、航空航天、船舶等行业的客户，及时介入商贸、物流、酒店、文化、教育、跨国采购等行业，充分发挥大银行的整体竞争优势，抢占市场制高点。以上下游产业链为抓手，围绕核心企业大力发展国内、国际贸易融资业务，实现由单一企业融资向产业供应链融资的转变，综合运用各类贸易融资产品，提供全流程融资和金融服务，抢抓小企业金融市场。

突出发展大个金业务。上海中高端客户众多，必须把发展高端个人金融业务作为打造第一零售银行的战略重点，加紧构建自上而下、协调联动、纵横结合的分层次、多方位的优质客户服务体系。正确处理好扩大客户规模与调整客户结构的关系，在一般客户服务水平不降的前提下，对优质客户实行差别化服务，重点加强对优质客户的维护、拓展和服务。综合运用各种储蓄、投资和个人信贷产品，量身定制个性化的投资组合和理财规划方案，建立统一的优质客户增值服务平台，提升优质客户服务水平，让中高端客户能够真正体验到工商银行的优质服务，让客户的财富真正能够在工商银行保值增值。认真研究制定个人客户精细化服务规范，建立全方位、常态化的营业网点服务检查机制，建立客户服务质量考核，完善优质客户服务体系。加强个人客户经理队伍建设，增加数量，优化结构，提高质量，新增客户经理重点向财富管理中心、贵宾理财中心和综合理财网点倾斜，全面提高个人金融业务服务水平。

优先发展中间业务。中间业务是一座蕴藏丰富的“金矿”，是经营发展的风向标，也是扩大客户基础，优化客户结构，挖掘客户价值潜力的重要途径，是一个行竞争发展水平的具体体现。经营业务本质上是在经营客户，实践证明，客户使用中间业务的服务越多，对银行的依赖程度就越强。优先发展中间业务对于稳定客户、进一步带动资产、负债等业务发展具有突出作用。因此，必须从战略高度重视中间业务，实施优先发展战略。在大力巩固和发展结算、代理、银行卡、外汇等传统中间业务支柱产品的基础上，积极拓展电子银行、理财、投资银行、企业年金、资产托管等新兴业务，推进规模、质量和效益协调发展。把有效客户数量及优质客户占比作为基本指标，以更加积极的姿态维护和竞争客户，努力培育支撑各项业务持续发展的战略客户群。

（二）突出创新发展，抢占市场先机。创新是发展不竭的动力源泉。在瞬息万变的市场面前，只有以精细化管理为基础，积极革故鼎新，不断创新工作思路和工作方法，创新求变，实干兴行，才能在竞争中立于不败之地。

创新经营体制。继续深化业务线改革，实现专业化、集约化经营。进一步深化扁平化改革，减少管理环节，促进资源的优化配置，从客户体验角度评估和设计流程，在改进风险控制的基础上合理简化环节，优化处理模式，树立高效率银行的市场形象。提高网点负责人配备标准，以市场意识和网点战略思维水平衡量网点负责人优劣，变“坐商”为“行商”，把网点建成独立的全功能营业单位。

创新经营机制。完善经营绩效考核体系，进一步突出市场竞争力指标，加大考核权重。对不良贷款清转、中间业务收入、基金保险营销等重点业务实行专项奖励，调动全员积极性。进一步提高员工收入和费用分配的市场化程度，打破收入与行政级别挂钩的做法，形成“以作为论地位，以贡献定薪酬”的激励文化，在全行逐步推广绩效合约，将业绩结果和行为评价有机结合起来，建立更具活力的激励约束机制。打破按行政级别管

理分支机构的传统模式，建立以利润为核心的机构内部等级管理体系，以利润总量和人均利润为主要衡量指标，将机构划分为若干等级，进行定期调整。

创新业务领域和金融产品。提高新业务发展能力和水平是经营结构调整的重要内容。我们要依托上海资本市场、要素市场、同业市场和非上市公众公司股权交易市场，加快跨机构、跨市场、跨产品的金融业务创新步伐，积极抢占新兴业务制高点。积极创新理财业务，发展衍生品业务，加大基于人民币利率和汇率的衍生产品的开发力度，满足市场上对分散、对冲相关金融风险的需求。积极开展人民币跨境清算、离岸金融、航运金融等相关金融服务，推动上海国际贸易中心、航运中心建设。围绕现代服务业和先进制造业，深入研究产业特征和金融需求特点，积极创新金融服务模式，找准切入点，为客户提供一揽子全方位的金融服务。进一步解放思想，转变观念，敢为人先，在不断适应和满足市场与客户需求的同时，努力引领市场和创造客户需求，实现更大的价值增长，发挥工商银行金融创新试验田的作用。

（三）突出深化管理，提升发展质量。当前经营发展中存在的许多问题，大都是由于管理不到位造成的。越是加快发展，越要深化管理，向管理要效益，依靠管理提高竞争力。

加强内控案防管理。在总结经验教训的同时，要举一反三，进一步加强对重点业务、关键岗位和重要风险点的风险防控，设立虚假授权、虚假查库、虚假对账“三虚高压线”，对触碰高压线的，一律严肃处理。在强调制度落实，管好事的同时，把管事和管人相结合，尤其要把基层机构负责人和重要岗位人员管好，对关键岗位人员实行资格审查制和定期轮换制，努力防范内控风险。大力倡导“管理也是效益，合规创造价值”的内控理念，积极培育良好的内控文化。

加强信贷风险管理。在目前新一轮扩大内需的投资中，信贷放量扩张，但在今后一段时期能否持久保持良好的信贷资产质量是对我们经营管理能力的考验。信贷资产质量对宏观经济周期变化的反映具有滞后性，为此，我们需要前瞻性地判断和防范风险，加强风险检测，强化贷后管理，严控风险隐患，既要保证新增贷款质量，又要防范存量风险，确保不出现重大资产质量问题。同时，要进一步健全操作风险管理体系，加大对新兴业务、业务创新的风险预测和管理。完善市场风险管理框架，加强对市场风险的监控、管理和报告，全面提升市场风险管理水平。积极构建垂直独立的矩阵式风险管理架构，努力建设覆盖所有分支机构、涵盖全业务领域、包含各种风险在内的全面风险管理体系，不断提高跨市场、跨业务领域的风险管理水平。

加强服务管理。加强分支行联动、跨部门合作，构建响应迅速、监督有力、处理及时、奖罚有据的投诉管理机制。突出客户投诉和网点排长队两大重点，狠抓网点服务水平提升，深入总结网点柜员综合化经验，优化劳动组合，提高资源配置效率，全面推广新“三声服务”，提高网点客户服务水平。以世博会为契机，认真开展“加强世博服务，展示工行风采”系列活动，加强服务管理，提高服务质量，提升品牌形象，努力成为上海地区金融服务最好、品牌声誉最佳的银行。

加强执行力建设。决策部署，重在执行，良好的执行力是各项科学决策落实的关键，是实现科学发展的重要途径。在同业竞相发展的大背景下，我们要紧紧抓住执行力建设这个关键，强化执行意识，以坚韧不拔的啃骨头精神和科学发展的严谨态度，做到“言必践，行必果”。建立完备的责任体系，分门别类地制定岗位责任和履职要求，把责任明确下来，把压力传导下去，完成各项任务目标，拒绝客观，拒绝理由，拒绝借口。

上海两个中心建设，赋予了上海分行光荣的历史使命和巨大的发展空间。我们将进一步解放思想，敢于亮剑，善于亮剑，抢抓机遇，加快发展，按照“同业领军，系统最优，世界一流”的定位要求，三年三步走，把上海分行打造成为系统及同业的第一排头兵和第一品牌银行，率先实现建成最盈利、最优秀、最受尊重银行的目标。

关于江苏分行努力实现
2009年利润增长目标的调查报告

江苏分行 施刚

近年来，江苏分行在总行的正确领导下，紧紧抓住外部经济金融快速发展和全行股改上市的有利时机，高标定位，加快发展，总体盈利能力有了较大幅度的提升。2005—2008年，江苏分行累计实现拨备前利润448.18亿元，年均增长32.9%，累计实现账面利润393.99亿元，连续四年翻番式增长。但2008年9月以来，人民银行连续多次大幅下调基准利率，受存贷利差收窄影响，2009年江苏分行盈利能力面临极大的挑战和压力。根据总行领导在江苏调研时的讲话精神，为努力完成总行下达的利润计划目标，我对全行利润情况进行了认真测算，对完成利润计划的基本思路、途径和主要工作措施进行了思考。

一、对2009年利润计划的初步测算

（一）人民币存款利息支出估算。从存量人民币存款利息支出看，假定定期存款到期后重新计价，且保持存款期限不变，年内人民币存款基准利率不变，活期存款直接按最新利率计价，根据2008年末存款期限及余期情况，估计利息支出为83亿元，比上年实际减少支出20亿元。2009年前5个月我行日均存款新增539亿元。参照历年序时进度，结合2009年存款增长较快的情况，按序时进度70%计算，预计2009年日均存款能够达到750亿元以上，按照1－5月存款增量27%的定活比，定期存款付息率为2.45%，活期存款付息率为0.36%测算，增量存款付息15亿元。因此，人民币存款利息支出合计为98亿元左右。

（二）对人民币贷款利息收入的估算。从公司类存量贷款看，假定公司类贷款利息浮动方式在各个期限贷款余期中均衡分布，且贷款到期后续贷并且贷款期限、利息浮动方式保持不变，同样假定年内人民币贷款基准利率保持不变，且不考虑贷款利率浮动因素，估算出存量公司类贷款2009年利息收入为171亿元。个人住房贷款全部按最新利率重新定价，并且利率下浮至0.7倍，计算其利息收入约为25亿元。其他个人贷款全部按最新利率重新定价，计算其利息收入约为14亿元。票据贴现业务按2008年实际利息收入水平5亿元估算。以上存量贷款利息收入合计215亿元，比2008年实际少收42亿元。从增量贷款利息收入看，2009年前5个月我行日均新增贷款318亿元（不含票据贴现），参照历年序时进度，结合2009年投放量较大的特点，以80%的序时进度计算，预计2009年日均新增贷款（不含票据贴现）能够达到400亿元左右，按照1－5月贷款增量期限结构加权基准利率5.65%测算，增量利息收入约为23亿元。因此，2009年度人民币贷款利息总收入约为238亿元。

（三）其他业务收入及支出。外币存贷款业务收入根据2008年经营实绩及2009年存贷款计划，预计为1.27亿元。中间业务收入按照总行下达计划43.8亿元测算。同业往来净收入预计为－2.6亿元，其中同业存款利息支出4.77亿元。系统内资金往来收入根据2008年及2009年以来情况，预计2009年净收入28.44亿元。

营业费用按照2008年度实际情况以45亿元估算。税收情况按286亿元的应税收入（人民币贷款收入238亿元、外币贷款收入3.9亿元、中间业务收入43.8亿元），以及5.5%税率测算，应缴税金15.7亿元。

综上所述，全行2009年拨备前利润大约为150亿元，与总行下达利润计划相差12亿元，也比2008年我行实际利润水平低了8亿元。

二、弥补利润预算缺口的基本思路和途径

从以上测算情况看，完成全年利润计划仍有一定的缺口，我行将主要从两个方面入手努力弥补缺口：一是向中间业务要增长空间，通过加快中间业务发展，降低利差收窄对盈利的影响；二是努力向结构调整要盈利空间，着力优化存贷款结构，提升经营管理的精细化水平。

（一）下大力气优化贷款结构，提升资产业务的盈利贡献。2009年以来，贷款增长十分迅速。随着国家保增长的一系列政策逐步落实，虽然实体经济呈企稳回升势头，但继续保持贷款较快投放将受到多方面的制约。我行在继续大力抢占优质贷款资源，扩大优质市场占比的同时，将把优化贷款结构、提高贷款单产水平摆在更加突出的位置。

1. 继续加大公司类中长期贷款投放。剔除票据贴现和个人贷款，5月末我行公司类贷款余额为3 147亿元，其中一年期以上贷款占比57%。不考虑上浮和下浮因素，按照最新的贷款利率计算，新发放的一年期（含）以内贷款加权利率为5.2%，一年期以上贷款加权利率为5.66%。如果能够实现一年期以上贷款占比提高2个百分点，一年期以上贷款多增约65亿元，则能够增加利息收入约3 000万元。

2. 抓住票据规模放开的机遇，进一步提升票据盈利贡献度。前5个月我行票据业务实现收入3.4亿元，如果继续加快票据流转，进一步做大票据流量，2009年票据贴现利息收入将有可能达到6.5亿元，比预算多增1.5亿元。

（二）优化存款结构，降低争存揽储成本。

1. 着力降低一年期以上期限存款占比。在利率下行的情况下，存款定期化趋势比较明显。5月末，我行一年期（含）以内定期存款3 080亿元，一年期以上定期存款488亿元，占比为13.68%。从目前的存款利率情况看，名义利率已经处于低位，降息空间相对较小。如果加强对到期存款的排队梳理，积极做好对客户存款行为特别是存款期限选择的引导，实现年内一年期以上定期存款占比下降1个百分点，那么就能够减少利息支出约4 000万元。

2. 运用理财产品消化高成本存款。就客户的资产配置而言，在风险可控的情况下，期限相同的理财产品对于定期存款的替代性较强，发展中长期理财产品有利于定期存款向低成本存款转化。下一步我行计划加快理财产品的推出速度，积极引导客户运用定期存款购买保险、理财等低风险、期限长的产品，力争全年销售100亿元以上，按照50%的资金来自于我行存款，则消化

定期存款利息支出5 000万元左右。

（三）保持中间业务较快增长，力争中间业务收入增长超过40%，达到50亿元以上。

1. 用好产品创新政策，深入挖掘理财业务发展潜力，力争理财业务收入超10亿元，比预算多增加2.18亿元。一是进一步培育贵金属业务新增长点，力争全年实现收入6 200万元左右，比总行下达计划增加2 000万元左右。二是要依托客户基础和资金实力，努力实现对公理财业务翻番式发展，力争实现收入8 000万元，比总行下达计划增加3 500万元左右。三是提升个人理财业务的贡献度。当前，存款利率较低，资本市场活跃度明显提升，个人理财业务市场机遇趋增。2008年我行个人理财业务收入6.63亿元，2009年力争达到8.2亿元，比总行预算增加1.5亿元左右。四是进一步做大对公财险业务。对公财险业务是我行的特色业务，2008年实现业务收入1 200万元左右，2009年要继续实现翻番式增长，全年力争实现收入2 500万元，比预算多增1 300万元。

2. 发挥资产大行优势，实现公司和投行中间业务收入持续快速发展，力争全年实现收入近20亿元，比预算多增加4亿元。一是全力突破政府债、短期融资券、中期票据和企业债的承销发行业务，力争全年收入5 000万元，比预算增加3 000万元。二是把握当前银票快速发展的机遇，力争实现银票收入6 000万元，比预算增加2 000万元。三是继续发挥资产业务拉动作用。抓住公司信贷投放加快的有利时机，推动投融资顾问、担保承诺和财务顾问快速增长，力争实现收入17亿元，比预算增加3亿元。四是发挥银团贷款品牌效应，大力发展银团贷款承销管理业务，力争实现收入1.3亿元，比预算增加4 000万元。

3. 加快发展资产托管业务，力争实现翻番式增长。2008年我行实现资产托管和企业年金业务收入850万元，增长近6倍，客户群体和有效市场需求都呈快速增长势头，2009年两项业务特别是资产托管业务继续快速发展有着良好的基础。同时，在总行大力支持下，我行专门设立了资产托管分部。下一步我行将加快完善相应的机制建设，通过强化营销和工作创新，推动资产托管业务高速发展，力争2009年实现5 000万元收入，比预算增加3 500万元。

如果以上工作计划能够实现，则合计较预算增加利润8.9亿元，2009年利润有望达到158.9亿元，扣除收入增加带来营业税金增长的因素（约0.5亿元），再加上预计总行在考核时还原的中间业务收入激励费用和网点装修改造专项费用（预计4.5亿元），并考虑到营业费用适度增长因素，全年经过艰苦的努力，有望完成总行下达的利润计划。

三、完成利润目标的主要工作措施

（一）牢固树立精细化的经营理念。精细管理是我行“二十字”经营指导思想的重要内容。经过多年来的快速发展，我行已经具备了较大的经营规模，外延式增长的制约因素越来越多，如果没有重大的管理创新，延续这样的发展速度难度很大，同时也蕴藏着较大的风险。另外，较大的经营规模为内涵式增长提供了广阔的空间，精细化的管理将有力促进经营目标的实现。以我行5月末约6 200亿元存款总量、4 400亿元贷款总量匡算，存款成本率或贷款收益率每浮动1个基点，就会影响利息支出6 200万元或利息收入4 400万元；我行目前拥有个人客户约2 500万个、对公账户约32万个，按照个人客户每户增收10元、对公账户每户增收100元匡算，就可增加业务收入2.82亿元。因此，我行在2008—2010新三年发展规划中，明确把提高市场竞争能力和转变增长方式作为两大发展主题，而精细化管理是转变增长方式最主要的途径和抓手。

经营利润是一定时期内一个经营单位各项收入和支出汇总之和，任何影响当期收入或者支出的经营行为都可能对利润产生影响。在当前经营形势下，要完成总行下达的利润计划，不仅要坚定工作信心和决心，而且要善于算大账、算细账，善于充分挖掘增收节支的各类渠道。所谓算大账，就是要在利差水平大幅收窄的情况下，寻求中间业务发展的大突破，通过中间业务收入的快速增长来弥补利差收入的下降。因此，2009年我们将在中间业务发展上下大力气，力争实现中间业务收入增长的进一步提速。所谓算细账，就是不仅要明确增收节支的总体要求，而且要细化到具体的各个会计科目，不仅要明确年度利润目标，而且细化到每一天、每一旬、每一月和每一季度，不仅要明确各项业务经营的总量目标，而且要更加重视业务结构的调整优化。特别是经营结构的调整，直接影响到单位资产收益水平，是利润计划能否实现的关键影响因素。

（二）深入推进客户拓展工程。市场竞争归根结底是对客户的竞争，我们将把优质客户拓展作为提升市场竞争力的首要任务。一是全面制订客户发展计划。2009年法人客户新开500户，小企业客户净增400户。个人中高端客户新增40万户，资产占比提高0.8个百分点；理财金账户客户新增6.6万户。二是完善客户分类分层营销和管理体制。省市行负责系统客户和重点对公客户的牵头营销和维护，支行行长、支行主管行长、客户经理、网点主任、对公理财经理、管户柜员都要有明确的营销对象和任务，确保实现对公客户营销和维护的全覆盖。个人批量业务加强支行或网点与公司、机构部门的联动，贵宾理财中心充分发挥营销维护中高端客户的职能，优质高端个人客户加快向财富管理中心集聚，确保最优质的资源营销维护最优质的客户。三是全面开展他行优质客户攻关行动。主动挖掘他行优质客户是拓展市场空间和维护我行既有客户的重要手段，我们将认真分析，排出他行优质客户挖转名单，明确不同层级的攻关目标，实行按月通报，深入推进项目化管理。年内与我行没有建立信贷关系或融资占比10%以下的AA－级（含）以上客户，力争营销成功200家。四是加强存量客户维护。定期分析客户在我行的业务份额和产品使用情况，探索客户营销维护责任制度，提高客户关系管理能力，确保客户争得来、稳得住。

（三）深入推进区域发展工程。一是加快突破重点县域优质市场。按照总行要求，我辖重点县域支行改革试点工作逐步展开，在加大经营资源投入、完善业务经营授权和建立激励约束机制等方面采取了一系列措施。下一步将逐步在重点县域支行全面推开，确保重点县域市场份额得到较快提升。二是切实加大市区金融市场竞争力度。认真分析市区网点机构的区域特点和经营优势，在考核评价上予以区别对待，引导不同机构找准经营定位，确立特色业务优势。适应市区金融资源集聚程度较高的特点，按照做大做强做优的原则，调整优化网点分布结构，提升网点机构的市场竞争力。三是强化开发区市场营销拓展。把握苏南苏中开发区转型升级、优势产业集聚的趋势，积极运用产品组合创新，增强对区内产业集群和产业链的营销服务能力。适应南北共建苏北开发区的趋势，加强行际间营销联动。积极关注高新技术园区的发展，大力探索对区内创新型企业特别是创新型服务业的服务模式。对符合一定条件的省级以上开发区所在经营机构，逐步比照重点县域支行进行管理。

（四）深入推进服务提升工程。一是切实抓好服务管理。加强服务理念的灌输传导，定期研究服务管理中的重大问题，建立并完善服务管理通报制度和投诉分析报告制度。二是完善第三方检查整改机制建设。前期我行聘请外部公司对部分网点服务工作进行了抽查，对检查发现的问题，我们将加快整改，同时继续请第三方公司对网点服务进行抽查或拉网式突击检查，力争每个阶段解决一批问题，形成内在竞争力。三是强化产品创新管理。加强对同业产品和客户需求的分析，进一步健全产品创新工作流程，形成比较完备的产品创新分析报告制度，提高运用新产品竞争客户的能力。四是深化营销模式创新。不断丰富捆绑营销内涵，注重多产品、多渠道、多专业组合营销。组建服务支撑小组，提高对优质客户的个性化服务能力。深化公司重点客户省市行联合营销，大面积开展个人客户定向集中营销。统筹规划营销宣传工作，突出阶段性营销宣传重点，实现多元化传播渠道的“聚焦”营销。

（五）深入推进渠道优化工程。一是继续抓好物理网点的升级改造。2009年新建80家贵宾理财中心，每个二级分行至少建成一家财富中心，基本完成CI识别系统更新改造工作。在硬件达标的同时，更加重视贵宾理财中心的人员配备、流程执行和考核管理。认真研究一般理财网点和金融便利店的比例分布和管理模式，着力提升中小型网点的经营效能。对公理财中心年内新建40家，在基本覆盖一级支行的基础上，向有条件的二级支行延伸，并着力打造成对公业务的营销和利润中心。二是加快提升电子银行的分销能力。全年新建离行式自助银行50家，新投放ATM 400台。积极推进分渠道运行收费机制，调动分流柜面业务的积极性。提高各类机具的投产率和运行率，加大网上银行宣传力度，推广批量代扣业务，确保离柜业务占比达到50%以上。三是大力挖掘营销力量。梳理人力资源在不同层级、不同岗位之间的分布状况，积极完善岗位设置和劳动组合，尽可能释放人力资源充实营销一线。完善柜面员工营销激励机制，增强柜面员工营销的压力和动力，挖掘识别和营销客户的潜力。

（六）切实加强风险防控工作。一是加强信用风险管理。信用风险是我行面临的最主要风险，我行将加强对外部经济形势分析监测，分行业、分客户、分品种把握信贷风险变化趋势，深化客户分类管理和动态管理，提高风险管理的前瞻性和预见性。认真执行国家产业政策和总行行业信贷政策，坚持把第一还款来源作为最重要的准入标准，继续实施环保条件一票否决制，确保新发放贷款质量经得起考验。根据当前信用风险特征，对“担保圈”、信贷大户、小企业、开发贷款、个人信贷等领域进行重点管理，提高风险管理的针对性和有效性。二是加快不良贷款清收处置。按照早处置和快处置的要求，从健全处置体制机制、实施处置联动、创新处置手段等方面入手，抓紧抓实处置工作，全年不良贷款处置确保25亿元，力争30亿元。三是完善内控案防体系建设。坚持“合规创造价值”的理念，开展“过程管理达标年”活动，推进管理过程的精细化和规范化。扎实组织“学规定、促发展”教育活动，按专业、环节和岗位进行有针对性的合规教育。加强各类内控资源整合，深化内控案防工作责任制，综合运用内控管理信息平台、员工违规违章操作行为记分考核、管理人员内控管理纲要等内控手段，确保各项案防措施有效落实。按照全面防控、突出重点的要求，把总行规定的客户经理违规代客操作、基层机构负责人越权行事、空白重要凭证保管和使用、自动柜员机管理、个人信贷、理财、银企对账业务、员工违规经商办企业八个方面作为案防重点，切实加大防控力度。

（七）扎实推进干部员工队伍建设。一是以科学发展观为指导，推进基层党组织和班子建设。深入学习贯彻胡锦涛总书记在十七届中央纪委三次全会上提出的六个方面要求，以优良的作风带领全行迎难而上、抢抓机遇。按照德才兼备、注重实绩、群众公认的原则，不断完善公开竞争聘任制度。通过上下交流任职、赴基层工作锻炼、省市行联合考察等多种方式，加强各级领导干部的选拔培养。二是深化教育培训工作，推进人才兴行战略。以战略思维和能力培训为重点，突出各级管理人员尤其是基层管理人员的培训，我行计划举办10期市、县行行长以及网点负责人培训班。有重点、分步骤推行专业人员岗位资质认证，进一步壮大金融分析师、风险管理师、信贷审批师、理财规划师等专业队伍。加强对营销人员的商务谈判与市场营销能力培训，提高开拓市场、赢得客户的实践能力。深化中年员工职业价值提升工程，提升中年员工的岗位适应能力。三是深化人力资源管理，构建科学的激励约束机制。实施人力资源分类和分地区控制，加大人力资源向重点地区、基层一线和前台部门的倾斜力度。加快完善二次分配，全面推广个人业务销售激励项目，探索以“整体业绩最大化、个人贡献份额化”为主要特点的对公客户经理激励机制。深化人力资源提升项目，完善岗位职级体系管理，开辟多通道、多序列的职业发展路径。四是深化企业文化建设，大力弘扬戮力同心、共济相长的家园文化，积极营造比先进、学先进的浓厚氛围，为全行业务发展提供文化驱动力。

实施业务流程再造　推动网点功能转型

浙江分行　徐新桥

2008年以来，浙江分行加快推进业务流程再造，在部分网点进行了前中台业务分离改革，推行“前台受理、中后台处理”的专业化、集中化业务处理模式，取得了积极成效，大大增强了网点服务能力和市场竞争能力，有力提升了内部管理质量和效率，为实现网点从核算型向服务营销型转变，也为下一步相关业务前后台分离打下了扎实的基础。

一、我行网点前中台业务分离改革主要做法

在目前的计算机系统环境下，实现网点业务前后台分离，必须遵循“先易后难、逐步推进”原则，分步实施，即业务处理简便、现有系统已能支撑、条件成熟的业务先实施前中台分离，条件成熟后再逐步实施前后台分离，配合主机系统、外围系统改造，以及与人民银行等相关部门沟通协调后予以实施。自2008年以来，我行相继在杭州庆春路支行营业部、绍兴诸暨支行营业部等十余家网点进行了网点前中台业务分离改革试点。总体思路是以提供客户安全、便捷、优质的服务为前提，根据“前台简捷、中台集约”的原则，配合网点改造，从优化劳动组合、梳理岗位分工、划分服务区域入手，实现前台柜员对业务的普遍受理、中台柜员对业务的集中处理，从而简化前台柜员的核算处理功能，降低柜面业务的复杂度和操作风险，释放网点前台更多的服务和营销空间，使我行能充分利用前台资源和客户进行面对面的“阵地营销”，同时降低柜面的业务运行成本。主要做法是：

（一）重新划分服务区域。将同一个网点的营业场所区分为前台和中台两个区域。前台区域面向客户，可按服务功能划分为不同的业务受理区域；中台区域面向前台，是核算业务集中处理区域，负责集中处理前台传递的业务，并将处理结果反馈至前台。前台、中台均在同一物理平台上，一个中台区域以岛型、环型等多种辐射方式面向多个前台区域。如庆春路支行本级业务部将前台分成五个区域：一是大堂经理服务区，在专属大堂经理的服务区内设立大堂服务台，用于摆放各种银行产品宣传资料和各种申请表填写样本供客户参阅，并设立“对公业务大堂经理”；二是客户等候区，既方便客户在轻松、舒适的氛围中等待办理业务，也为网点负责人或客户经理与客户沟通提供了场所，同时设置了自助服务设备、“95588”专线电话等供客户使用；三是优质客户服务区，受理优质客户提交的各项业务，同时营销各种产品；四是普通客户服务区，受理日均余额在规定金额以下的客户提交的各项业务，同时营销各种产品；五是特色业务服务区，办理外汇、个人贷款、个人汇款、存款证明、凭证出售、代理业务等特殊业务，并营销各种产品。同时，在营业场所设立中台业务处理区。

（二）细分业务流程。在全面分析对公和个人业务处理流程后，我们将其分为前台处理、前台受理中台处理、中台或后台处理三种业务处理模式。其中前台处理模式主要适用于网内实时转账、外汇的国际收支申报、结售汇和套汇、凭证出售等5种对公业务和现金存取、开销户、挂失业务、电子银行等16种个人业务；前台受理中台处理模式主要适用于网外交换提出，汇票的签发、解付、未用退回，对公账户的开立、变更和撤销、年检、查冻扣，企业网银的开立、变更和撤销，外汇汇出汇款，代理业务，国库业务等18种对公业务和电汇、汇（本）票、结售汇、贷款业务等9种个人业务；中台或后台处理模式主要适用于网外交换提回、本外币汇入汇款、核算单位内资金划拨、贷款的发放、一户通等6种对公业务和辖属网点破钞和凭证的收缴、发放等个人业务。经测算实行前中台分离后，前台柜员只需承担以前实时处理的35%对公业务量，仅占全部网点业务量的20%左右，个人业务占比为15%—25%。

（三）重新梳理服务流程。为改变客户进入网点后需自行寻找对口的柜台，多种业务需到多个柜台办理的状况，试点支行根据新的服务分区，制定了新的服务流程。一是客户进入营业场，大堂经理立即主动上前做前期询问，引导客户到相应的柜台办理业务，同时发放产品宣传资料；如有需要，向新客户引荐客户经理。二是前台柜员询问客户办理什么业务，在接收客户提交的业务凭证时，发给客户一些宣传资料，请客户边等边看。受理凭证后做凭证审查、验印等工作，同时与客户面对面沟通，了解客户需求，营销产品。审查无误，将凭证放在固定的位置，待中台柜员收取；将受理回执交还客户，客户即可离开。三是中台柜员定时到前台收取凭证，对需应急办理的业务，由营业经理实时传递到中台，由中台柜员实时处理。

（四）重新调配原有人员和定义岗位职责。在基本保持网点人数不变的情况下，对原有人员重新进行了调配，原综合柜员被分为前台和中台柜员，按2：1的比例配备。前台柜员负责受理业务，对需实时办理业务进行处理，如个人业务和现金收付、通存通兑转账、国际收支申报、凭证出售等业务，同时了解客户需求，直接与客户接触，进行一对一的"阵地营销"服务。中台柜员负责在网点内部处理核算业务，不与客户直接接触，而是与前台柜员建立"一对多"的业务联系，负责办理前台受理或其他途径提交的非实时性、可批量集中处理的业务，如汇划发报、交换、贷款等业务。

二、网点前中台业务分离改革试点主要成效

从前中台业务分离改革一年多的实施情况来看，已取得了良好的效果，主要体现为：

（一）业务流程优化，管控手段增强。前中台业务分离不是简单的业务分割，而是从优化整体业务运行流程着手，达到"前台简便、中台集约"，真正实现优服务、高效率、低风险的目的。通过重新梳理业务运行流程和细分前台、中台、后台柜员职责，使得整个业务流程更为清晰，每一笔业务都是先由前台柜员受理，然后交由中台柜员进行集中处理，中台柜员与前台柜员建立起"一对多"的业务联系。前台柜员办理业务的手续简化，大大加快了前台受理业务的速度。前中台柜员岗位设置的变化改变了原先"一个萝卜一个坑"的综合柜员制固有模式，网点负责人可以更灵活地进行劳动组织调配，在一定程度上也提高了劳动效率。如实行前台、中台、后台分离后，庆春路支行通过流程整合和优化，将2名前台柜员调整到客户经理岗位，从"阵地营销员"直接转为真正意义上的营销人员。另外，由中台柜员集中处理业务，使得操作风险相对集中到中台，在一定程度上解决了柜面操作风险点多面广、制度执行不到位、难以监管的问题，同时营业经理可以集中审批和授权，相应减轻了来回奔跑的工作强度，更好地履行事中控制职责，进一步增强了对风险的集中管理能力。如富阳支行在实行网点前台、中台、后台分离后，业务核算差错从平均每月9.8笔降到了2笔，降低了业务运行操作风险。

（二）创新服务模式，客户满意度提升。前台、中台、后台分离后，前台柜员更侧重加强与客户的联系和沟通，了解客户需求，为客户介绍我行产品。从客户反馈的意见来看，他们也非常乐意接受这种新的服务模式，因为新模式不仅使客户感觉受到了尊重，还能切实为客户解决实际问题。具体表现在：一是客户进入营业场所后，可以选择任意柜台办理业务，使客户省却了需要自己寻找对口柜台的麻烦；二是前台与中台业务分离后，前台柜口受理业务的范围扩大，使客户办理多项业务时不必到多个柜台办理；三是由于前台只负责受理业务，不进行业务处理，受理完业务就签给客户回执，大大缩短了客户等候的时间；四是网点实施对公客户分区服务，优质客户有专属服务区，中小客户服务区的业务办理效率也相应得到提升，既满足了大客户的特殊服务需求，又维系了与中小客户的关系；五是普通客户包干到具体的柜员管理，客户有问题不仅能在柜面上直接咨询，还可以随时进行电话咨询，使客户感到心里很踏实，反响很好。

（三）前台柜员管户，营销空间扩大。前台、中台分离后，前台柜员有了更多的时间与客户进行面对面的沟通和交流，了解客户需求、营销金融产品。试点行将中小存款户包干到前台柜员管理，柜员能够更详尽地了解单位的经营情况和资金状况，及时分析单位存款增减变化情况，并根据客户的不同需求适时地分发宣传资料，介绍我行的金融产品，使前台柜面成为新的营销平台，实现了前台柜员从操作柜员向管户柜员的成功转变，扩大了营销空间，建立起一支新的营销队伍，实现了"业务办理、产品营销两不误"。庆春路支行仅在改革实施后的半年左右时间内，前台柜员就办理新开户179户、现金管理13户、营销支付密码77户、电话银行68户、企业网银119户、网银财务室22户、电子对账115户、账户信使31户和其他个人类产品2 782余户，成功营销法人理财产品21 604.7万元和个人理财产品331万元，效果显著。

三、深化业务流程再造的相关思考

建立"前台业务全面受理，后台业务集中处理"的统一业务运行流程体系是流程银行建设的重要内容。目前，我行网点前中台业务分离改革试点推广已取得了初步成效，下一步我行将立足战略转型和流程银行建设的实际，按照集约经营原则，在科学评价测量服务效率、控制操作风险和道德风险的基础上，继续深化"前台全面受理，中台、后台集中处理"业务流程再

造，合理界定网点前台与中后台的业务界限，形成以客户为中心、以风险控制为主线、以运行效率为目的的业务运行流程和模式。

（一）以提升竞争力和增强控制力为出发点和落脚点。进行前后台分离改革，构建现代商业银行创新型、价值型的业务运行流程体系，业务运行流程再造应遵循以下原则：一是统一设计原则。网点业务流程设计的好坏决定了整个业务运行流程的绩效高低，流程改造过程中要加强部门协调、配合，统一设计、统一规划业务运行流程，建立控制程序，从而降低管理费用和管理成本，确保业务运行流程的精简和高效。二是以客户为中心的原则。始终以客户和市场需求为出发点，深入了解客户的需要和偏好，从客户的需要和为客户提供最方便和最优质服务的角度出发再造相关业务运行流程，真正做到以客户为中心，增强客户体验，提高客户满意度，提升市场竞争能力。三是效率与效益相统一的原则。业务运行流程在银行中具体承载着对客户服务和流程增值的实现。实施业务运行流程再造，一方面，要通过优化业务布局，降低柜面前台业务处理的复杂度，增强柜面人员柜面营销服务能力；另一方面，要通过将职能相近和重叠的业务处理环节进行简化和合并，缩短柜面业务处理时间，提升网点服务质量，从而实现效率与效益相统一。四是成本与风险控制并重的原则。通过业务流程设计实现对业务处理和操作风险的控制，都是有成本的。多种流程设计方案中，不管业务运行流程的控制有多么复杂，如果风险控制的效果相同，客户体验也无显著差别，则应优先采用业务处理相对简单、成本控制相对较低的业务流程。

（二）坚持持续优化原则，不断完善前台、中台分离模式。前台、中台分离改革工作可以说取得了阶段性成果，但仍存在不少亟待解决的问题，如网点前台、中台布局尚待探讨，难以合理、科学地确定前台、中台柜员的配备比例；前台柜员营销技术支持体系尚显薄弱，需要更多的信息支持、业务支持和产品支持；随着改革的深入，原有业务管理制度的阻碍越来越明显，需要在业务流程、系统操作、岗位设置、风险控制、岗位序列等方面予以重构；前台、中台柜员考核激励机制尚待进一步完善，急需建立起适应新的岗位职责的绩效考核激励机制等。因此，前台、中台分离模式还需要持续优化，不断总结试点行成功经验，不断完善改革中发现的问题，更好地发挥运行新模式对全行业务发展的促进作用。一是合理确定前中台柜员配比，根据网点客户数量、业务特点、业务量及网点布局等因素，确定最科学的前台、中台柜员分配比例，既要确保业务顺畅运行，又要达到节约人力、提高效率的目的；二是加快营销型柜员的培养，切实提高前台柜员的营销能力和服务能力，加速操作型柜员向营销型柜员的转变；三是建立配套的柜员考核激励机制，体现“前台侧重营销，中台侧重核算”的原则，以充分调动前台、中台柜员的工作积极性；四是加快完善客户特别是对公客户基本信息、贡献度计算等系统的功能，更好地支持前台柜员的营销。

（三）加快开发影像综合业务处理系统是前台、中台分离改革实施的关键。前台、中台分离模式不单是简单的作业功能分离，更是新理念、新技术的应用实践，其中很重要的一个条件是要借助影像业务处理系统，通过系统实现影像数据信息全行共享。通过影像综合业务处理系统建立起前台、后台间安全、快捷的电子信息传输渠道，实现将实物单证转换成电子影像信息数据，以电子影像数据的管理代替实物单证的管理，以电子影像数据流代替实物单证流，前台受理的客户业务申请信息以影像和电子信息数据形式传输至后台，由后台集中进行业务审核、授权及业务处理，并将处理后的信息反馈至业务受理前台或客户，完成一笔业务全过程的处理。目前，我行的影像综合业务处理系统已经进入开发阶段，下一步要加快开发进度，尽早投产应用，为流程改革的成功提供保障。

（四）因地制宜，稳步推行分行集中处理模式。条件成熟时，继续按照“集约、高效、前简、后繁”的原则将中台的核算业务逐步向后台（业务处理中心）迁徙，实现业务分离和后台集中处理，即网点前台柜员受理客户提交的业务申请，初审无误后利用影像采集设备（扫描仪等）将原始业务凭证转换成电子影像信息，通过计算机网络技术将电子影像信息传输至任意节点的后台，后台业务人员通过审核电子影像信息代替审核原始凭证，并根据电子影像信息进行相应业务的集中处理，将处理结果信息通过系统反馈至前台，完成业务的最终处理。后台适用于处理复杂程度高、风险管理压力大、时效性不强的业务，无须实时处理的批量业务和银行内部管理类业务，如同城票据交换业务、实时汇划业务、跨行支付业务、贷款业务、外汇汇款业务、结售汇业务、光票托收业务、银行汇票解付业务、对公账户开销户、代发业务处理等。在影像业务处理系统支持下实现的前后台业务分离改革，将彻底改变我行现行的网点业务处理模式，使得同一笔业务可以实现在时间和空间上完全分离，业务流程起点和终点既可以在同一物理平台上，也可在不同的物理平台上；既可以实现一个支行、一个二级分行辖内网点业务的集中处理，也可以实现跨地区业务的集中处理，满足按业务、按区域集中处理的需要。

关于安徽分行发展小企业信贷业务的实践与思考

安徽分行　朱文信

2004 年初，安徽分行开始试点小企业信贷业务。2005 年 8 月全面启动小企业信贷业务，并被总行列为全国 12 家小企业信贷业务重点行之一。经过近 5 年来的强力推动，小企业信贷业务初步实现了持续快速健康发展，并树立了良好的社会形象。2006 年被安徽省政府评为“支持小企业贷款先进单位”，2007 年、2008 年连续两年被安徽银监局评为“小企业金融工作先进单位”。近期，我对安徽分行小企业信贷业务情况进行了调研，并研究了下一步发展思路。

一、近年来我行小企业信贷业务发展情况

近年来，我行始终把发展小企业信贷业务作为关系我行可持续发展的战略问题来对待，积极拓展优质小企业信贷市场，实现了业务规模、质量、结构、效益的同步提升。

（一）完善经营策略，业务规模不断扩大。根据基层行市场资源和信贷管理水平差异，实施小企业信贷业务分类管理，选择 9 家二级分行作为重点发展行，并将部分客户资源丰富的城区支行以及经济综合 10 强县的支行等确定为专营支行或重点发展支行，优先配置信贷资源，梯度推进小企业信贷业务发展。全面调查省内小企业状况和发展趋势，明确营销目标，实施名单制管理，积极拓展有市场、有效益、有信用、管理规范、竞争力强的优质小企业。以大型核心企业为切入点，大力实施链式营销，积极拓展其上下游小企业。加强与政府有关部门的合作，先后与省经委和团省委联合开展了“启明星工程”、“青年创业行动”等活动，与省科技厅签订了联合支持科技创新型企业合作协议，借助其资源拓展优质小企业客户。大力开展小企业开户、国内贸易融资等专项营销竞赛活动，加快抢占优质小企业信贷市场。在省行、二级分行和支行分别成立了小企业专营机构，配备了 100 名小企业客户经理，同时加大对机构和客户经理的考核力度，切实提高市场营销能力。截至 2009 年 7 月末，小企业信贷客户达 1 218 户，贷款余额（不含贴现）为 67.5 亿元，分别比 2005 年末增加 991 户和 58.8 亿元，分别增长 4.4 倍和 6.8 倍。其中，2009 年以来小企业贷款增加 13.1 亿元，增长 24.1%，增速高于全部贷款增速 1.96 个百分点。与 2005 年末相比，小企业客户占全部法人客户的比重由 18% 提高到 61%；贷款余额占全部贷款余额的比重由 1.13% 提高到 4.63%。

（二）强化风险控制，贷款质量保持优良。牢牢坚持质量第一的原则，切实加强风险控制，确保小企业信贷业务风险可控。严把贷前调查关口，重点加强对客户经营状况、管理者人品与从业经验、企业管理水平等要素的调查分析，确保贷款质量。根据小企业客户风险变化情况，按年确定小企业退出计划，加强客户换手率管理，及时淘汰有潜在风险的小企业。2008 年下半年以来，我省部分小企业由于受金融危机影响，生产经营出现困难，我行及时作出风险提示，调整相关管理要求，积极退出潜在风险贷款。2009 年，将风险已经有所显现的客户和贷款归行率与我行融资占比不相匹配等 7 类潜在风险客户作为退出重点，加大退出力度，前 7 个月已累计退出 1.43 亿元。加强贷后管理，重点加强对信贷资金用途、客户生产经营和货款回笼情况以及抵押物等的管理，并按月监测通报小企业信贷业务资产质量变化情况。截至 7 月末，小企业关注类贷款余额为 0.06 亿元，占比为 0.01%，分别比年初下降 0.54 亿元和 0.98 个百分点；小企业贷款不良率为 0.91%，低于全部贷款不良率 0.96 个百分点。总体来看，我行小企业贷款业务在快速发展的同时，保持了较高的质量，并且初步经受住了本轮金融危机的考验。

（三）优化贷款结构，发展基础得到夯实。利用小企业信贷业务快速发展的时机，不断增强工作的前瞻性和主动性，大力推进小企业信贷业务的区域、客户和产品等结构调整，夯实发展基础。在全部小企业贷款中，A+级以上客户贷款余额占比为 80.4%，其中 AA-级以上客户贷款余额占比为 28.56%，分别比年初提高 8.76 个和 8.69 个百分点，小企业信贷客户结构较为合理。截至 7 月末，9 个重点发展行小企业贷款余额为 63.06 亿元，占全行小企业贷款余额的 93.4%；10 家重点城区支行小企业贷款余额为 20.02 亿元，占 92 家城区支行的 41%；经济综合 10 强县的支行小企业贷款余额为 9.6 亿元，占 37 家县支行的 52.5%，小企业贷款余额的分布与我省小企业信贷业务市场资源基本匹配。小企业贸易融资余额为 15.05 亿元，占全部小企业贷款余额的 22.3%，比年初提高 9.4 个百分点；小企业贷款融资期限全部为一年以下，2009 年以来期限为 6 个月以下的贷款增加较

多，截至7月末，6个月以内的贷款余额占比达20.8%，比年初提高3.1个百分点。贸易融资和短期融资占比较高，与小企业客户生产经营特点基本契合。

（四）加快业务创新，竞争能力明显增强。针对小企业担保难问题，在全力推广总行推出的新产品的同时，积极开展产品和服务创新，全面拓展小企业信贷业务市场。几年来，先后对处于大型企业下游、经营大宗原材料或产成品的贸易型小企业，以其持有的非标准仓单为质押，设计推出了非标准仓单质押贷款业务；以借款人预付账款项下代表商品权属的单据作为质押，设计推出了预付账款项下质押商品融资业务；引入知识产权质押的担保方式，设计推出了科技创新型小企业知识产权质押融资业务等。截至目前，我行累计办理上述业务1.26亿元。上述创新产品还分别获得总行2007年度和2008年度小企业信贷产品创新三等奖，我行连续两年被总行评为小企业信贷产品创新工作先进单位。

（五）注重综合收益，业务贡献持续提升。以信贷产品财务成果核算为核心，加强贷款效益考核评价，切实提高小企业贷款业务综合收益水平。加强贷款利率浮动管理，引导各行切实增强贷款议价能力，努力提高贷款利率上浮幅度，增加利息收入。截至7月末，小企业贷款加权平均利率上浮幅度为9.78%，平均执行利率为5.91%，高于全部法人客户平均执行利率0.18个百分点，是我行贷款利率上浮幅度最高的贷款品种。同时，通过发展小企业信贷业务，进一步带动了公司存款、银行卡、电子银行、国际业务、投资银行等业务的发展。2009年前7个月，实现小企业投行、代理保险等业务收入4 000余万元。

二、当前我行小企业信贷业务发展面临的形势

当前，我行发展小企业信贷业务既面临良好机遇，同时也存在一些困难。从机遇来看，一是产业转移加快。近年来，安徽依托区位、生产要素成本等优势，积极承接沿海地区产业和资本转移，自2005年以来，安徽已成为长三角地区产业转移的首选地之一，来自长三角地区的投资与产业转移资金超过2 500亿元。伴随着产业转移进程的加快，我省小企业实现了快速发展，2009年上半年，小型企业完成增加值634.8亿元，同比增长32.5%，占全省工业增加值的36.7%。为更加有效地承接产业转移、培育区域经济增长极，2008年10月以来，安徽积极向国家申请设立皖江城市带承接产业转移示范区，目前国务院已批复同意示范区建设工作，建设规划正在抓紧编制，并将于年内启动建设。根据示范区初步建设规划，安徽将通过积极承接服务业、高技术产业和部分资本密集型产业转移，并与自身产业结构调整、产业升级结合起来，把土地面积、人口和生产总值分别占全省54%、50%和60%的皖江城市带，建设成为全国重要的现代制造业和服务业基地，这将为小企业加快发展提供新的更大机遇。

二是产业集群优势初显。结合安徽区域经济布局，目前省会经济圈、沿江经济带以及毗邻江浙等部分地区的工业园区和产业集群迅速发展，已形成了合肥高新技术园区、芜湖汽车零部件园区、巢湖高沟特种电缆加工园区、亳州中成药制剂工业园区以及天长秦栏电子原件工业园区等一批各具特色的工业园区和相对集中的块状产业集群带。同时，在承接产业转移过程中，一些核心企业、核心产业环节的进入，带动了相关配套行业的快速发展，一些新的产业集群正在快速形成。比如，随着京东方在合肥新站区投资建设液晶显示器六代线项目，近30家上下游配套企业开始进驻该区域，合肥新站光电产业集群正在逐步形成。

三是各级政府积极支持。近年来，安徽各级政府高度重视小企业发展，出台了一系列扶持政策措施，其中省财政对金融机构新增的小企业贷款按0.5‰给予奖励，对向小企业提供贷款较多、增幅较大的银行，在各级财政性资金存储方面给予支持，并安排了25亿元用于建立中小企业担保基金和贷款风险补偿资金。同时，信用担保体系逐步完善。目前，全省担保机构已经发展到265家，注册资本122亿元，累计为1.6万家中小企业提供了594亿元的融资担保。

困难主要表现在以下三个方面：一是同业竞争日趋激烈。近年来我省商业银行都十分重视拓展小企业信贷市场，积极推进信贷政策、审批流程、信贷产品等创新。比如，农行大力简化小企业贷款手续，将抵押房地产折扣率在50%以下或机器设备折扣率在30%以下的贷款审批权直接下放到县级支行，且贷款金额不限；中行推出“信贷工厂”模式，对小企业信贷业务实行工厂化流程管理和效率控制；建行将办理“速贷通”业务权限下放到柜面，按照零售业务要求，实行柜面受理、柜面办理；徽商银行长期以来将经营定位于小企业市场，大力实施“雏鹰”计划和“小巨人”计划，采取了一系列灵活措施，抢抓优质小企业资源；兴业银行等中小股份制商业银行也推出了“金芝麻”等特色产品，大力拓展小企业信贷业务市场。

二是小企业总体发展水平不高。安徽属欠发达地区，大多数小企业特别是民营和私营企业成立时间不长，管理水平、技术含量与发达地区存在较大差距，部分企业存在内部治理结构不合理、财务制度不健全、会计核算不真实等问题，信用环境也有待进一步改善。全省规模以上小型企业户均资产0.29亿元，户均负债0.18亿元，中小企业亏损面为25%以上。

三是我行自身还存在一些制约瓶颈。由于我行小企业信贷业务起步时间不长，部分机构和人员未能完全贯彻落实“大小并举，抓大不放小”的经营策略。小企业客户经理的配备不能满足业务发展的需要，部分行小企

业专职审批人员短缺。考核激励机制不够健全，没有充分调动基层行和客户经理营销小企业的积极性。小企业信贷业务营销模式、服务方式和产品设计等方面的业务流程、创新能力以及风险控制能力等都有待进一步改进。

三、下一步推动小企业信贷业务发展的思考

根据面临的形势，结合自身实际，未来一个时期，我行将继续把小企业信贷业务作为战略业务，进一步完善经营管理机制，加快创新步伐，加强市场营销，优化经营结构，强化风险控制，积极打造安徽第一小企业信贷银行，并以小企业信贷业务为引领，全面推动小企业金融业务发展，逐步成为安徽最优秀的小企业金融服务银行。未来三年，确保贷款年均增速高于全部贷款平均增速，2009年末贷款余额达到80亿元，2011年末达到130亿元；贷款余额占比逐年提高，2009年末达到5.3%，2011年末达到6.8%；2009年末贷款客户达到1 250户，2011年末达到2 500户；贷款质量始终保持优良水平，不良贷款率控制在1%以内。在下一步工作中，我们将重点抓好以下几个方面：

（一）强化经营管理。一是继续深入实施“分类管理、梯度推进”的发展战略。根据各区域经济发展特点、中小企业集聚程度和市场资源分布状况，进一步细化区域分类，在目标客户选择、融资产品条件设置以及机构经营类别等方面实施差异化策略。加快省会合肥、沿江城市等经济活跃、小企业资源相对丰富地区小企业信贷业务发展，尤其是拓展皖江城市带承接产业转移示范区的小企业信贷业务市场，保持和扩大市场领先优势；在其他资源条件相对欠佳地区，着力培育优质客户，深度挖掘市场资源，夯实发展基础。二是完善激励约束机制。进一步提高小企业金融业务在二级分行经营绩效考评中的分值比重，加大资源配置力度，同时对市场丢失、业务发展成效不明显和风险防控不力的行实施问责。加大对各级小企业专营机构的考核，重点考核业务发展、资产质量以及效益等情况，实行定期通报，促进各级专营机构作用的有效发挥。三是完善贷款审查审批机制。进一步简化业务操作程序和环节，着力推行评级、押品评估相结合，评级、授信同时发起的业务流程，提高业务办理效率。对优秀小企业客户建立评级、授信、审批“绿色通道”，实行限时服务承诺。适当下放信贷业务审批权限，对派驻专职审批人员的小企业金融服务机构，全额转授二级分行小企业信贷业务审批权。四是全面发展小企业金融业务。以信贷业务为突破口，综合运用结算、理财、电子银行、银行卡等产品和服务，丰富产品组合，实施捆绑式营销，既满足小企业客户的金融服务需求，又推动小企业金融业务的全面发展，提升贡献度。

（二）加强市场营销。一是创新营销模式。积极推行批量营销方式，重点围绕大型企业的产业链，以及小企业较为集中的工业园区、产业集群区，全面收集和筛选目标客户，集中开展业务推介和营销活动，切实提高营销效果。综合运用小企业资产、负债和其他新兴业务产品，大力实施组合营销、捆绑营销、联动营销，充分利用我行产品和服务优势，增加客户数量，巩固客户关系。二是拓宽营销渠道。加强与各级小企业主管部门以及工商、税务等政府部门的沟通联系，多渠道获取小企业信息。积极与政府、企业及媒体联手举办宣传推介活动，加强小企业金融服务和产品宣传，提高我行小企业金融业务市场影响力。充分发挥我行信息管理系统数据分析优势，全面梳理小企业无贷客户信息，筛选目标信贷客户，逐户抓好营销落实。三是突出营销重点。在客户选择上，重点营销为我省铁路、港口、机场、城建等大型基础设施配套的小企业，产业集群中的优势企业，为大型企业配套的上下游企业，省政府中小企业促进工程重点扶持企业，皖江城市带承接产业转移的优势企业，合芜蚌地区自主创新企业，各地销售收入或纳税收入前100强的小企业，以及拥有自主品牌科技型小企业等。在信贷产品中，重点营销贸易融资业务，在授信、业务准入、流程等方面向贸易融资业务倾斜，同时合理确定各专营机构的贸易融资在小企业贷款中的占比，对达不到规定比例的，调整其转授权，争取2009年末小企业贸易融资余额在小企业贷款余额中的占比达到30%。重点营销融资期限一年以下特别是6个月以内的贷款品种，既保证贷款期限结构与小企业经营资金需求特点相吻合，又提高小企业贷款的流动性，有利于风险控制。四是增强营销力量。配足、配强小企业客户经理，在每个经办支行都配备3－4名专职小企业客户经理，力争2009年末小企业客户经理达到150人，2011年达到200人。加强对小企业客户经理的考核激励，全面推行“底薪＋提成”考核方式，加大市场销售业绩与收入挂钩力度。积极组织开展分层次业务培训，推行岗位资格认证制度，全面提升小企业金融从业人员的业务素质和服务水平。

（三）加快产品创新。在继续紧紧围绕大中企业上下游的产品链、资金链、商品链，创新发展各种方式的贸易融资业务的同时，积极探索扩大担保途径，创新担保方式，设计推出符合小企业需求特点的新产品，有效抢占市场先机。一是扩大抵（质）押品范围。在继续做好房地产、机器、设备等传统抵押贷款的同时，探索办理存货、可转让的林权等抵押贷款，以及注册商标使用权、专利等知识产权和应收账款、股权质押贷款。二是创新担保途径。在进一步加强与省内专业担保机构合作的同时，不断创新担保体系，丰富担保品种，组合运用各种担保方式，在确保担保有效性的前提下，积极缓解小企业担保难问题。对规模较大的专业商贸市场，联合优质担保公司共同批量遴选商户，由商户缴纳履约保证金，组建“保证池”，再组合运用商户联保和个人无限责任保证金等方式，推出针对专业商贸市场的组合担保方式。选择部分行业协会开展合作，借助行业协会成立

的融资担保公司，探索推出行业协会担保贷款，积极为行业内优质客户提供融资支持。三是创新融资产品。针对小企业便利性融资需求，重点围绕专业商贸市场等小企业聚集区，尝试开展循环贷款，使小企业可以在核定额度内，分次提款、循环使用并灵活掌握还款方式。依托现有产品体系，探索发展小企业融资替代产品，重点运用小企业贷款证券化、中小企业集合债券等手段，满足小企业多元化的融资需求。积极开展小企业上市融资服务等投行业务，帮助小企业进入资本市场直接融资。

（四）严格风险防范。坚持好中选优，实施优质客户名单制管理，严格客户准入，抓好风险源头控制。根据小企业发展状况的变化和总行小企业信贷政策的调整，省行不定期发布小企业信贷业务审查审批要点，指导各行有效开展审查审批工作。在坚持现行审查审批制度的同时，编制小企业“三品”、“四表”审查工作指引，作为审查审批的重要参考依据，并在工作中不断完善，促进贷款审查审批质量的提升。探索设立小企业信贷业务风险金制度，小企业信贷业务前中后台人员按当期收入的一定比例缴纳风险金，根据这些人员所经手的信贷业务质量状况，按照尽职免责、失职问责原则，对因未认真履职而导致贷款出现风险的人员，不予返还风险金，避免相关人员特别是营销人员为了即期业绩，不顾风险盲目拓展业务。根据小企业客户资信状况、经营管理能力、风险程度等，统筹把握贷款利率上浮水平，尽力覆盖风险成本。坚持“以偿定贷”原则，将偿债来源作为贷款发放的首要标准，在确保第一还款来源安全稳定可靠的基础上，落实好第二还款来源。加强小企业现金流监测，坚持小企业货款归行额不得低于我行贷款占比。加强“客户换手率”管理，及时淘汰有潜在风险的小企业，确保 A + 级以下客户年度换手率达到30%以上。重点抓好单户融资余额超过 1 000 万元的小企业贷款客户管理，落实专人负责制度，定期召开风险分析例会，确保信贷风险可控。

适应发达县域金融竞争发展的新形势 全面提升发达县域支行核心竞争力

福建分行　杨春林

结合福建省经济发达县域的发展现状和银行业的市场竞争情况，在总结回顾了我行发达县域机构扁平化改革的实施情况以及改革前后县域支行竞争力的变化情况基础上，我围绕如何适应经济发达县域金融竞争发展的新形势，改革县域支行管理体制与经营机制，有效增强发达县域支行的核心竞争力、业务辐射能力开展了深入而广泛的调研。

一、经济发达县域是新时期商业银行经营发展的强劲增长点

2000—2007 年，福建省县域经济不断发展壮大，每年均有 7 - 8 个县（市）入围全国县域经济百强，而且名次逐年提升。2007 年入围全国百强的是晋江（第6）、福清（第 21）、惠安（第 33）、石狮（第 42）、南安（第 49）、长乐（第 66）、龙海（第 83）以及安溪（第 97）8 个县市。这 8 个县市在长期发展中，逐步形成了各具特色的产业集群和较为发达的民营经济。发达县域的经济增长速度普遍高于全省平均水平，是福建省经济资源相对比较集中的地区，也是新时期福建省国民经济的强劲增长点，对福建经济发展起到强大的支撑作用。如表 1 所示，从 2007 年的经济指标来看，8 个经济发达县市的 GDP 占全省 GDP 的 26%，财政收入占全省财政总收入的 16%。

表 1　经济发达县市 2007 年主要经济指标情况表

单位：亿元

地区	GDP	财政收入
晋江市	588.35	59.43
福清市	343.46	35.37
惠安县	269.52	20.01
石狮市	240.17	22.01
南安市	301.91	22.59
长乐市	216.32	8.81
龙海市	209.74	23.1
安溪县	194.39	13.1
8 个县市合计	2 363.86	204.42
福建省	9 075.16	1 284.27
8 个县市的占比（%）	26	16

8 个经济发达县（市）金融资源相对比较丰富。如表 2 所示，截至 2008 年 9 月 30 日，8 个县市工、农、中、建四行存款总额 1 266.47 亿元，接近四行在闽（不含厦门）存款总额 5 398.06 亿元的 1/4；8 个县市四行贷款总额 714.8 亿元，占四行在闽（不含厦门）贷款总额4 042.16亿元的 17.68%。8 个县市各金融机构存款总额 1 737.19 亿元，接近在闽（不含厦门）各金融机构存款总额 9 373.82 亿元的 1/5；8 个县市各金融机构贷款总额 1 014.12 亿元，占在闽（不含厦门）

各金融机构贷款总额 6 515. 24 亿元的 15. 56%。

二、我行在经济发达县域的经营状况分析

（一）发达县域支行在我行经营发展中起着举足轻重的作用，但同业竞争态势非常严峻。

1. 地处发达县域的各支行是我行经营发展的重要支撑。如表 3 所示，截至 2008 年 10 月 31 日，我行地处 8 个发达县市的 44 家支行各项存款余额 263. 07 亿元，占全行的 1/5 强，各项贷款余额 173. 09 亿元，占全行的 16. 22%。1—10 月实现中间收入 1. 41 亿元，占全行的 16. 43%；实现拨备前利润 7. 97 亿元，接近全行的 1/4。

表 2　经济发达县市存贷款余额的同业比较情况

2008 年 9 月 30 日　　单位：亿元

地区	各项存款						各项贷款					
	同业合计	工行	农行	中行	建行	其他金融机构	同业合计	工行	农行	中行	建行	其他金融机构
福清市	352. 54	43. 80	59. 14	97. 12	60. 22	92. 26	86. 24	20. 08	19. 92	16. 94	29. 30	49. 32
长乐市	178. 07	18. 22	42. 57	31. 51	24. 51	60. 26	70. 04	17. 99	15. 43	21. 98	14. 64	35. 99
石狮市	205. 79	30. 30	52. 33	18. 66	53. 42	51. 09	103. 95	20. 57	41. 98	11. 33	30. 07	27. 99
晋江市	408. 36	80. 52	93. 12	36. 44	109. 23	89. 05	176. 35	47. 00	42. 78	22. 63	63. 94	58. 50
惠安县	137. 47	16. 73	25. 98	11. 95	33. 25	49. 57	53. 12	13. 02	14. 14	7. 59	18. 38	46. 47
南安市	220. 53	36. 12	62. 49	23. 61	49. 48	48. 54	117. 20	30. 52	38. 53	12. 49	35. 66	34. 76
安溪县	91. 90	13. 11	27. 54	7. 68	13. 68	29. 89	52. 40	10. 88	19. 54	6. 53	15. 45	19. 88
龙海市	142. 52	24. 74	18. 51	21. 85	27. 36	50. 06	55. 49	10. 21	12. 47	15. 79	17. 02	26. 41
8 县市合计	1 737. 19	263. 54	382. 97	248. 81	371. 15	470. 72	1 014. 12	170. 27	204. 80	115. 26	224. 46	299. 33
全省合计	9 373. 82	1 307. 45	1 465. 11	884. 91	1 740. 59	3 975. 76	6 515. 24	1 060. 50	1 130. 13	595. 30	1 256. 23	2 473. 18
8 县市占比（%）	18. 53	20. 16	16. 14	28. 12	21. 32	7. 24	15. 56	16. 06	18. 12	19. 36	17. 87	5. 35

表 3　发达县域支行各项经营发展指标情况表

2008 年 10 月 31 日　　单位：亿元

县域名称	各项存款	各项贷款	1－10 月实现中间业务收入	1－10 月实现拨备前利润
福清县域 5 家支行合计	42. 01	20. 54	0. 45	1. 05
长乐县域 2 家支行合计	18. 56	18. 11	0. 11	0. 82
晋江县域 12 家支行合计	80. 98	46. 54	0. 28	2. 14
惠安县域 4 家支行合计	17. 78	13. 03	0. 05	0. 52
石狮县域 6 家支行合计	29. 89	20. 96	0. 14	0. 9
南安县域 9 家支行合计	36. 04	31. 18	0. 21	1. 29
安溪县域 2 家支行合计	12. 69	10. 92	0. 06	0. 48
龙海县域 4 家支行合计	25. 12	11. 81	0. 11	0. 73
发达县域 44 家支行总计	263. 07	173. 09	1. 41	7. 93
福建分行	1 262. 31	1 067. 21	8. 58	35. 63
发达县域支行在全省中的占比（%）	20. 84	16. 22	16. 43	22. 26

2. 地处经济发达县市的各支行，面临着异常激烈的市场竞争。由于历史的原因，我们对发达县市行的发展重视不够，撤点裁员，管理等同于一般的县支行，致使其在当地的四行占比中处于被动地位。虽然我分行近年来逐步加大了对这些县（市）支行的政策及资源的倾斜力度，2008 年以来取得了长足的发展，其中“百强县”支行在系统内排名状况也较好，但与当地同业相比较，我行县支行的整体竞争力还较弱，市场占有率也不高，提升核心竞争力的压力仍然很大。如表 4、表 5 所示，2006 年底我行在发达县域存贷款总量和经营效

率的四行比较中，无论是总体排名还是分地区排名均不理想。

表4 经济发达县市存贷款余额同业比较表

表4-1 存款余额比较表

单位：亿元，%

地区	2006年12月31日				2007年12月31日				2008年9月30日			
	四行合计	工行	工行占比	工行排名	四行合计	工行	工行占比	工行排名	四行合计	工行	工行占比	工行排名
福清	311.99	34.32	11.00	4	316.44	32.21	10.18	4	260.16	43.68	16.79	4
长乐	101.47	13.64	16.44	4	98.34	15.28	15.54	4	117.87	18.22	15.46	4
晋江	259.62	63.37	24.41	3	282.37	70.88	25.10	3	318.72	79.94	25.08	2
惠安	74.03	14.72	19.88	3	80.47	15.06	18.72	3	87.88	16.70	19.01	3
石狮	129.87	26.68	20.54	3	142.47	27.43	19.25	3	154.67	30.26	19.57	3
南安	137.40	29.67	21.59	3	147.13	29.13	19.80	3	171.95	36.08	20.98	3
安溪	51.88	10.44	20.13	3	53.89	11.12	20.63	3	62.00	13.11	21.14	3
龙海	61.81	16.03	25.94	2	68.48	18.18	26.55	2	92.42	24.70	26.73	2
合计	1 128.07	208.86	18.51	3	1 189.60	219.29	18.43	3	1 265.68	262.69	20.75	3

表4-2 贷款余额比较表

单位：亿元，%

地区	2006年12月31日				2007年12月31日				2008年9月30日			
	四行合计	工行	工行占比	工行排名	四行合计	工行	工行占比	工行排名	四行合计	工行	工行占比	工行排名
福清	96.75	16.04	16.58	2	129.10	22.42	17.37	2	86.24	20.08	23.28	2
长乐	42.50	10.51	24.73	3	61.15	17.13	28.01	1	70.04	17.99	25.69	2
晋江	144.58	35.42	24.50	3	163.68	46.70	28.53	2	176.35	47.00	26.65	2
惠安	32.89	8.99	27.35	2	45.62	12.59	27.60	2	53.12	13.02	24.51	3
石狮	74.27	15.13	20.37	3	92.84	18.82	20.27	3	103.95	20.57	19.79	3
南安	78.93	20.26	25.67	3	102.02	25.16	24.66	3	117.20	30.52	26.04	3
安溪	43.33	9.15	21.12	3	48.85	9.92	20.30	3	52.40	10.88	20.77	3
龙海	33.74	2.58	7.65	4	43.82	5.28	12.04	4	55.49	10.21	18.41	4
合计	546.98	118.09	21.59	3	687.10	158.01	23.00	3	801.76	189.62	23.65	3

两年来，我行发达县域网点的经营效率虽然有所提升，但整体上营运效率仍不占优势。目前，八县市的总体人均利润四行排名仍为第三，与建行和农行差距较大，仅略优于中行。除长乐市人均利润排名第一外，6个县市排名第三，福清排名末位。八县市总体网均利润也落后于建行。有3个县市排名第三，两个县市落后于建行。

表5 2008年1—10月发达县域四行营业网点经营效率对照表

单位：亿元

地区	人均利润					网均利润				
	工行	农行	中行	建行	工行排名	工行	农行	中行	建行	工行排名
福清	38.36	46.55	40.12	51.83	4	537	467	461	770	2
长乐	88.07	71.62	85.62	75.10	1	1 336	612	664	976	1
晋江	52.70	63.85	45.42	66.69	3	930	1 109	634	1 169	3
惠安	34.16	32.31	41.85	42.37	3	673	339	496	628	1
石狮	37.86	102.22	34.44	59.41	3	656	1 070	501	868	3
南安	40.30	53.21	15.93	58.96	3	739	782	215	897	3
安溪	41.01	53.22	36.65	83.20	3	853	441	381	882	1
龙海	33.51	30.52	43.08	38.37	3	529	377	508	734	2
合计	44.35	56.69	40.38	57.91	3	759	664	471	895	2

（二）历史上诸多体制因素制约发达县域支行竞争力的提升。

1. 支行管理层次多、链条长，反应慢、管理能力低。在“分行—支行—网点（二级支行、分理处、储蓄所）”的三级管理架构下，支行承担着繁重的管理任务，一般都把主要精力、财力投入到支行本部的营业专柜或营业室，无暇顾及地处发达乡镇的网点机构。如地处泉州的晋江支行，其下辖19个网点中有15家分布在各发达乡镇，支行承担着繁重的管理任务，管理链条比较长，信息传递慢，对发达乡镇的网点机构管理不力，市场反应不够灵敏。

2. 发达县域支行级机构偏少，应对市场竞争的触角缺乏。在原有的按行政区划设置经营机构的体制下，经济体量大的重点县域和体量小的县域设置同样的网点层次，一般一个县域一个支行级机构。经济发达县市的企业分布和中高端客户居住较为分散，除部分集中于县市城区外，大多散落在周边的发达乡镇。在发达乡镇和重要城区，我们要么没设营业网点，缺少开展市场竞争的战斗堡垒；要么虽然设置了营业网点，但是网点除负债业务、理财产品外，资产等其他业务均要上报支行处理，再由支行上报二级分行，有些还要上报省分行，业务流程过长，效率低下，竞争优势明显不如当地他行。

3. 支行人力资源的配置不合理，二线人员多和一线人员不足的矛盾并存。一方面，由于历史原因，“官本位”在基层影响较大，因人设岗，因事设岗，造成了支行冗官冗员偏多。另一方面，一线网点人员配置严重不合理，有的网点只有7－8人，1个所主任、2个营业经理、4个柜员，再分上下午班，每班开2个窗口，不但不能满足再设理财中心或者贵宾理财中心的要求，就连经营便利店都人员不足。如表6所示，虽然我行近两年在发达县域增加了352个网点人员，增员力度为四行最大，但人员总数仍然比农行少了将近400人，四行占比比农行低6.5个百分点。

表6　发达县域营业网点人力资源投入对照表　　单位：人

地区	2006年12月31日					2007年12月31日					2008年9月30日				
	工行	农行	中行	建行	工行排名	工行	农行	中行	建行	工行排名	工行	农行	中行	建行	工行排名
福清	176	327	286	179	4	192	315	265	204	4	196	291	253	208	4
长乐	86	182	90	71	3	92	194	93	73	3	91	171	93	78	3
晋江	368	382	205	368	3	371	382	200	368	3	353	382	200	368	3
惠安	105	164	71	131	3	106	163	68	130	3	138	168	83	163	3
石狮	143	174	98	135	2	153	183	103	143	2	208	178	131	190	1
南安	191	389	196	202	4	185	391	191	184	3	275	382	189	213	2
安溪	58	145	55	52	2	62	141	52	53	2	104	141	52	53	2
龙海	128	161	118	119	2	141	174	116	130	2	142	173	118	134	2
合计	1 255	1 924	1 119	1 257	3	1 302	1 940	1 088	1 285	2	1 507	1 886	1 119	1 407	2
四行占比（%）	22.59	34.64	20.14	22.63	3	23.19	34.55	19.38	22.89	2	25.46	31.86	18.91	23.77	2

另外，一线营销人员严重不足，网点大堂经理、理财师严重缺乏。如表7所示，我行营销人员的四行占比仅优于中行。此外，我行发达县域营销人员总数占当地本行网点人员比重为19.64%，为四行最低，比第一位的建行低了7个百分点，在8个县市中的5个县市排名末位，充分说明我行在发达县域营销力量的薄弱。

表7　发达县域四行营销人员情况对照表（2008年9月30日）

地区	对外营销人员数量（人）					营销人员占当地本行网点人员比重（%）				
	工行	农行	中行	建行	工行排名	工行	农行	中行	建行	工行排名
福清	29	57	51	38	4	14.80	19.59	20.16	18.17	4
长乐	22	20	8	5	1	24.18	11.70	8.60	6.41	1
晋江	93	118	78	136	3	26.35	30.89	39.00	36.96	4
惠安	23	48	20	52	3	16.67	28.57	24.10	31.90	4
石狮	45	50	30	50	3	21.63	28.09	22.90	26.32	4
南安	65	85	48	77	3	23.64	22.25	25.40	36.15	3
安溪	5	30	5	8	3	4.81	21.28	9.62	15.09	4
龙海	14	10	15	11	2	9.86	5.78	12.71	9.21	2
合计	296	418	255	377	3	19.64	22.16	22.79	26.79	4
四行占比（%）	21.99	31.05	18.95	28.01	3	—	—	—	—	—

4. 原有网点业务功能单一，业务品种少，服务功能差。在经济发达的县（市），乡镇民营经济比较发达，对金融服务的需求旺盛，但我行在这些区域的网点绝大部分都是以个人业务为主的单一网点，而且大多配员不足，经营范围小，只能应付日常的开门服务和维护低端客户，金融服务能力滞后于市场客户需求，对于众多的小企业、个体企业以及非信贷的结算户，缺乏有效营销，导致我行在这些区域的市场占有率低，品牌认可度差。

5. 在重点县域的网点布局不合理，数量不足，渠道建设慢。

一是与同业相比，网点数量不足。如表8所示，在发达县域，我们营业网点数量的四行占比虽然比2006年末略有提升，但仍居四行末位。8个发达县市中，仅有南安的网点数量是第二位，其他7个县市行在机构数量上均无竞争优势。

表8　发达县域四行网点数量对比表（*表示并列末位）

地区	2006年12月31日					2007年12月31日					2008年9月30日				
	工行	农行	中行	建行	工行排名	工行	农行	中行	建行	工行排名	工行	农行	中行	建行	工行排名
福清	14	31	22	14	3*	14	29	22	15	4	14	29	22	14	3*
长乐	6	20	12	6	3*	6	20	12	6	3*	6	20	12	6	3*
晋江	20	23	17	21	3	20	22	17	21	3	20	22	17	21	3
惠安	7	16	8	11	4	7	16	7	10	3*	7	16	7	11	3*
石狮	12	17	9	13	3	12	17	9	13	3	12	17	9	13	3
南安	17	28	16	15	2	15	26	15	14	2	15	26	14	14	2
安溪	5	18	5	5	2*	5	17	5	5	2*	5	17	5	5	2*
龙海	9	14	10	9	3*	9	14	10	7	3	9	14	10	7	3
合计	90	167	99	94	4	88	161	97	91	4	88	161	96	91	4
四行占比（%）	20.00	37.11	22.00	20.89	4	20.14	36.84	22.20	20.82	4	20.18	36.93	22.02	20.87	4

二是网点布局不合理。我行大多数网点都集中在老城区，在城市新兴区域的布点速度较慢，机构布局不适应城市发展的变化。且高端网点的数量较少，致使我们在竞争优质高端客户时处于劣势。如表9所示，我们的高端网点数量不到建行的一半，比农行和中行也分别少了10个左右。

表9　发达县域四行网点结构情况对照表（2008年9月30日）

地区	高端营业网点数量（以我行贵宾理财中心为参照）				中端营业网点数量（以我行一般理财中心为参照）				低端营业网点数量（以我行金融便利店为参照）			
	工行	农行	中行	建行	工行	农行	中行	建行	工行	农行	中行	建行
福清	2	6	10	7	12	17	12	7	0	6	0	0
长乐	2	2	4	1	2	13	5	4	2	5	3	1
晋江	7	6	4	12	11	12	8	8	2	4	5	1
惠安	1	4	2	8	5	10	5	3	1	2	0	0
石狮	3	5	4	11	7	10	5	2	2	2	0	0
南安	3	3	2	10	8	20	11	3	4	3	1	1
安溪	0	2	1	1	4	8	1	2	1	7	3	2
龙海	1	1	1	2	5	0	4	3	3	13	5	2
合计	19	29	28	52	54	90	51	32	15	42	17	7

三是大部分网点的面积偏小，内部功能分区不合理，营业环境差。如表10所示，我行发达县域机构的营业面积远远小于其他三行，8个县市中有6个县市排名末位。

表 10 发达县域四行网点面积对照表
（2008 年 9 月 30 日）

单位：平方米

地区	工行	农行	中行	建行	工行排名
福清	3 671	5 314	5 586	4 336	4
长乐	2 622	2 897	2 086	1 430	2
晋江	4 700	9 300	6 200	8 750	4
惠安	1 128	2 630	1 350	2 360	4
石狮	3 300	6 500	3 500	5 000	4
南安	5 600	9 780	7 360	8 990	4
安溪	710	3 400	910	900	4
龙海	1 821	1 960	2 100	1 470	3
合计	23 552	41 781	29 092	33 236	4
四行占比（%）	18. 45	32. 73	22. 79	26. 03	4

经上述调查，我们形成这样一个判断：原有的经营架构已制约了我行发达县域机构的竞争力，必须深入推进机构扁平化改革，提升重点县域支行的核心竞争力。

三、2007 年以来我行改革县支行管理体制、提升发达县域支行核心竞争力的主要措施

2007 年以来，我们根据福建省县域金融资源的分布特点和应对同业竞争的迫切需要，在发达县域全面实施了机构扁平化改革，将业务规模较大、区域相对独立、发展前景较好的乡镇网点和地处战略区域、发展较为成熟的县城网点升格为支行，划归二级分行（城市分行）直接管理，同时扩大网点业务范围，提升网点的经营层次和服务功能，进一步延伸我行在发达县域的经营触角和竞争阵地。

（一）调整机构布局。自 2007 年开始到 2008 年上半年，我们以提升生产能力、增强竞争能力为目的，以组织结构扁平、网点有效布局为先导，以人力资源合理调配、业务流程有效重组为驱动，在 8 个发达县域先后将 44 家乡镇网点和县城网点升格为二级分行的直管支行。同时，结合扁平化改革和网点建设规划，通过迁移、原址扩租、新设等方式在经济发达乡镇抢滩设点。同时对地理位置相距较近、布局不够合理的网点进行了合并；对所在区域金融资源少、发展潜力有限或服务对象单一的网点予以撤销或迁址到金融资源丰富的区域。目前，我行在 8 个发达县域的主要发达乡镇的网点达 88 家，为全面提升发达县域机构的核心竞争力打下了坚实基础。

（二）调整人员结构。在对营业网点实行岗位“样本”式管理的基础上，结合各支行的经营规模和发展定位，严格核定新、老支行的人员编制，压缩二线人员，充实一线岗位，将更多人力资源投入到业务主战场。同时，鼓励员工跨区域流动，推动富余的人力资源从经济欠发达县域机构往经济发达县域一线网点流动；帮助中年员工转岗充实一线，解决中年员工的职业生涯发展问题。全辖累计从二线岗位调剂 632 人充实到一线队伍，客户经理数量达到 963 人，比改革前增加了 402 人。以晋江支行为例，压缩了支行本部 84 人充实到各营业网点，县域各网点平均从业人员从改革前的 12 人增加到 18 人，其中存款规模在 5 亿以上的网点配到 25 人，贵宾理财中心配到 18 人，其他网点也都在 13 人以上，极大提升了网点的生产能力。

（三）推进集约化管理。从市场营销架构、业务管理架构、支持保障体系、薪酬绩效考核四个方面，大力推进集约化经营管理。将信贷管理、后勤保障、工资发放等工作上收到二级分行集中处理，使基层支行及网点可以投入更多的精力搞好服务和营销，提高服务水平，同时也进一步缩短业务处理流程，有效提升服务效率。通过一、二线的密切配合，创造条件让支行轻装上阵，从容应战，全力提升了支行的生产力和竞争能力。

（四）优先装修改造网点。加快发达县域的网点装修改造步伐，在 8 个经济发达县市装修改造网点 39 家（其中贵宾理财中心 14 家），装修面积 16 169 平方米，努力扩大新设立支行的业务范围和经营功能，在 8 个经济发达县域的 44 家支行中，均能办理存、贷款等各项业务，通汇网点覆盖率达 91%，有效提升了我行在经济发达县域的网点经营层次和服务功能，使每个网点都成为一个独立的战斗堡垒。此外，我们还根据县域经济发展的现实差异和新老支行发展的不同路径，对县域支行实行分类考核，鼓励老支行综合经营、全面发展，激励新支行开展特色经营、做优做强。

四、县支行管理体制改革取得的初步成果

（一）竞争能力得到了有效提升。扁平化改革前，8 个发达县市中有 6 个存款增量同业排名末位，改革后截至 2008 年 9 月 30 日，有 2 个县市排名第一，4 个县市排名第二。3 个县市贷款增量同业占比上升一位。在各个县域支行中，福清的进步最为典型，2008 年 1－9 月福清市 5 家支行存款共增 12. 03 亿元，创历史新高，相当于原福清支行 2006 年全年增量的四倍，同业占比也由 2006 年的四行末位跃居第一。

（二）业务规模得到了显著扩大。截至 2008 年 9 月 30 日，8 个县市支行较改革前存款余额增加 133. 05 亿元，增长 63. 70%，远远高于全行 23. 20% 的平均增幅；贷款余额增加 71. 53 亿元，增长 60. 58%，也高于全分行 53. 79% 的平均增幅。2008 年前三个季度的中间业务收入 1. 51 亿元，相当于 2006 年全年的 2 倍。

（三）经营绩效得到了持续增强。从 8 个县市 2008 年前三个季度主要盈利指标合计数来看，基本都是 2006

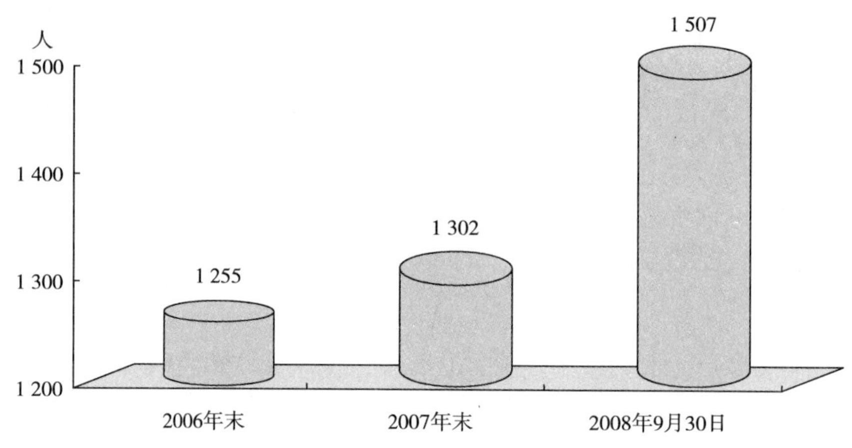

2006—2008 年我行在发达县域网点人员变化情况

年全年数的翻倍，其中拨备前利润相当于2006 年全年数的1.68 倍，拨备后利润相当于2006 年全年数的1.7 倍，净利润相当于2006 年全年数的1.8 倍。从2008 年第三季度辖属支行经营绩效考核情况来看，新设支行中，晋江的陈埭支行和南安的水头支行进入二类支行考核的前十名，福清的宏路支行进入三类支行考核的前十名。

五、进一步提升发达县支行核心竞争力的基本思路

（一）完善支行分类考评办法。调整对支行的经营绩效考评办法，按照存贷款规模将各支行划分为10 亿元以上、3 亿 - 10 亿元、3 亿元以下三类，分别采用不同的考核指标和权重进行考核。引导和激励各支行经营转型，合理进行功能定位，指导县支行结合自身实际及当地的经济环境、金融资源情况，依托区域优势，开展特色经营。

（二）实施支行达标升级工程。在实行支行按经营规模分类考核的基础上，推行网点达标升级管理，将网点的经营规模（存、贷款余额）与机构等级及负责人的岗位等级挂钩，推动分支机构做大做强。

（三）推进在发达县域的渠道建设。改善发达县域机构网点布局，在金融资源较为丰富的区域有选择地增设机构，进一步完善由财富管理中心、贵宾理财中心、标准理财网点、金融便利店构成的物理网点体系，提升网点形象，扩展网点功能，增强发达县域营业网点在数量和质量上的竞争优势。增加在发达县域自助设备的投放力度，扩大网上银行、电话银行和手机银行的服务范围，充分发挥渠道间的协同效应。积极争取政策支持，选择适当时机在福清、晋江等发达县域设立财富管理中心。

关于江西分行电子银行业务发展的实践与思考

江西分行　初苏华

电子银行作为一个搭载各类产品和服务的渠道，目前已经成为工商银行的一项品牌业务、标志性业务。如何将电子银行业务融入经营发展的大局，不断做大做强，使其成为全行结构调整和经营转型的推进器，稳定和竞争客户的“杀手锏”，促进全行核心竞争力的提升，江西分行对此进行了一些探索。

一、我行电子银行业务经营思路和经营成效

电子银行是经营转型的重要措施和基本平台，是我行核心竞争力的重要组成部分，是我行竞争优质客户，进一步增强已有的优势，形成工行特色业务的重要手段。为此，当我行电子银行业务在省内同业中率先由业务导入期步入快速成长期后，省行就提出，结合自身发展新情况及同业竞争新形势，将电子银行“二次创业”的具体构想融入全行改革发展大局之中，紧紧围绕“提高核心竞争力，推进经营转型”这条主线，将电子银行与传统业务发展相结合，与优质客户发展战略相结合，加大资源投入力度，深化发展内涵，把电子银行打造成为全行业务交易的主渠道、产品推广的主平台、客

户服务的大窗口。

深入实施“跑马圈地”和“精耕细作”两大战略。“跑马圈地”就是外圈客户，加大重点产品、重点业务、重点市场营销，进一步扩大市场份额；内圈业务，加快产品应用推广步伐，努力提高业务覆盖率。通过“跑马圈地”，迅速扩大电子银行客户群体，为电子银行深层次发展储备丰富的客户资源。“精耕细作”就是大力构建服务支持体系，提升电子银行业务发展质量；开展业务管理创新，防范风险，保障业务持续健康发展。

努力实现三个提升：一是提升市场影响力。以市场和客户需求为导向，以产品和服务创新为支撑，做大市场、做优产品、做好服务，在激烈的市场竞争中保持领先优势，将电子银行业务打造成为我行最具竞争优势的业务、企业形象的最佳代表之一。二是提升业务融合发展能力。把电子银行作为新的渠道引入各项业务领域，将电子银行作为向客户组合营销套餐中不可缺少的重要部分，协同发展电子银行和其他相关业务，拓宽服务优质客户的渠道，增强对优质客户的渗透能力，进一步稳定和扩大优质客户。三是提升综合效益。在做大市场规模、抢占市场份额的基础上，重点围绕增收创效这一目标，普及优势产品，重点推广高附加值业务，深度挖掘客户价值，提高电子银行综合创效能力。

在这种经营思路的指导下，近年来我行电子银行业务取得了较好的经营成效。

（一）客户规模迅速增长。2007 年企业网上银行（以下简称企网）客户净增 9 698 户，其中证书版 2 173 户，净增数相当于前五年的总和。2008 年 1—9 月企网净增 10 983 户，其中证书版 4 826 户，截至 9 月末，企网结存数 30 583 户，全省企网客户数占全行对公客户总数的比重上升到 35.1%。企网不仅发展速度快，而且客户质量高，基本涵盖了我行的系统客户、存款大户和信贷客户，以及贡献度较大的其他类对公客户。

2007 年个网净增 44 万户，其中 U 盾户净增 4.37 万户，同比分别增长 70%、127% 的基础上，2008 年 1－9 月个网净增 37 万户，其中 U 盾户净增 8.26 万户，至 9 月末，个网结存数 141 万户，个人网银中高端客户渗透率为 27.71%。

（二）业务分流能力日益提高。2009 年电子银行交易额突破 1 万亿元，高居同业榜首。离柜业务量占比逐年快速上升，由 2006 年底的 30% 升至 2008 年 9 月末的 39.28 %，电子银行成为业务交易主渠道的格局初步形成。如果按每个网点每年平均业务笔数 39 万笔（每个网点平均 10 人、每人每天平均办理 150 笔业务、全年 260 个工作日）业务计算，电子银行相当于替代了 152 个营业网点。

（三）市场竞争能力显著增强。电子银行的先发优势不断转化为竞争优势，奠定了同业领先的地位：一是市场份额独大，据初步测算，我行电子银行客户存量和交易额占同业的 60% 以上，金融 e 通道等品牌广为人知，工行电子银行的领先地位被同业、广大客户以及新闻媒体广泛认同。二是产品体系完备。电子银行不仅包括了网上、电话、手机、自助终端等多个渠道，涵盖了对公和个人的信息服务类、资金流转类、投资理财类、电子商务类等几乎所有的非资产类离柜业务，产品功能同业最丰富，产品安全性被评为同业最高。三是机制保障有力。我行是同业最早建立电子银行专兼职队伍的银行，明确了机构职能和职责，健全了绩效评估和考核体系，初步构建了部门联动、上下配合的业务发展体系。

（四）经营综合效益大幅提升。一是直接收益迅速增长，2006 年、2007 年和 2008 年前三个季度，实现电子银行直接收入同比增速分别为 59%、73% 和 45%；二是间接效益十分可观，以 2008 年前三个季度为例，全行电子银行业务笔数达 5 951 万笔，根据总行统计口径，按电子银行业务每笔成本 0.49 元、柜面业务每笔成本 3.06 元计算，共节约成本 15 294 万元。另外，其在竞争优质客户、稳定和增加存款所发挥的作用显而易见。

二、培育和提升电子银行竞争力的举措

（一）完善经营机制，构建整体经营格局。整合经营资源，完善管理体制和机制，有力保障了电子银行业务近三年的高速发展。一是强化考核激励。一方面，在行长经营绩效考核中，将电子银行考核分值占比从原先的 1.25% 大幅提高到 8%，并对分行贡献度的考核方式以及离柜业务率、网上银行动户率、新功能应用推广等指标的考核分值进行了合理调整；另一方面，把电子银行发展指标纳入有关业务部门的职责和考核范围，将个人电子银行业务与大个金战略相结合，将企业电子银行与信贷和非信贷对公业务发展战略相结合，将电子银行营销业绩与各级客户经理、网点的工作业绩挂钩，有效调动了各行发展电子银行的积极性。二是重组经营管理机构。结合全行机构改革工作，在二级分行、省行营业部都组建了电子银行部，并设为一级部，建立了一个上层推动、基层拉动、部门互动的电子银行业务组织管理架构，初步形成以电子银行部门为主管、各相关部门为依托、营销前移、管理下沉的电子银行整体经营机制。三是充实从业队伍。积极调整充实队伍，在整合原科技部门机构的基础上，将一些科技人员充实到电子银行队伍，二级分行以上专职从业人数从不足 50 人增加到现在的 83 人，各支行专管员、协管员从不足百人扩充到 230 人，基本形成了一支专兼职合理搭配的电子银行从业队伍。与此同时，全行上下广泛开展了对包括电子银行新从业人员、各级客户经理、网点大堂经理、柜员在内的全方位、多层次的业务培训，员工的电子银行业务素养明显提高。

（二）加快产品创新，提升市场竞争能力。近几年，我行电子银行产品应用推广的品种数量之多、工作密度之大前所未有，而且产品推广的实效性显著提高，产品功能体系基本成型，为扩大市场优势，抢占目标客户提供了有力支撑。一是成功嫁接传统柜面业务。在全省实现了网上银行、电话银行代缴移动、联通话费，网上银行代缴固定话费、小灵通话费和宽带网费；扩大代缴费渠道，在代缴费业务上不断有所突破。目前，全行电子银行渠道代理产品基本覆盖了百姓日常生活所需的各类代理业务，且主要品种的全省推广率均达100%。二是普及应用优势业务产品。对贵宾室、财务室、收费站、网上基金、BtoC等优势产品的加大应用推广力度，推进其广泛应用，创造可观的经济效益和社会效益。三是重点推广高附加值业务产品。紧密围绕大系统、大集团等重点客户发展高附加值业务，先后完成了省电信资金管控系统、江西铜业集团公司、国盛证券、江南证券、江铃公司等重点企业银企互联项目投产，增强稳定竞争优质客户的作用。仅江铜公司2007年在我行网上银行交易额就达610亿元，占其当年在我行全部结算量的93.5%，在其全部网银交易额中，六成以上通过工行网银实现。

（三）加强客户维护，打造精品服务品牌。通过加强客户维护与服务，不仅“圈”进客户，而且激活睡眠户，提高客户满意度和忠诚度。一是针对电子银行客户规模急剧扩大、系统升级频繁、产品技术含量高给客户服务带来的严峻挑战，我行严格按照总行要求配齐服务支持人员，做好客户回访、售后服务、操作辅导、咨询与投诉受理等工作。及时制定《电子银行服务支持管理实施细则》，明确了从省、市行到支行网点各级机构和相关人员的职责、服务的范围和流程，以及服务的考核等内容，使得我行在企业网上银行新增客户连续两年突破近万户（相当于前五年总和的两倍）的情况下，动户率和户均业务笔数等质量指标不仅没有下降，反而有所提高。二是实施电子银行服务区工程。2006年以来，我行在总结第一批电子银行示范工程推广经验的基础上，结合贵宾理财中心和网点升级改造项目，全面开展电子银行服务区推广建设，通过不断优化服务区软硬件环境，规范服务流程，强化服务督导，加强客户分流引导工作，使服务示范区的营销主渠道，服务展示主平台，业务分流主途径的功效得到有效发挥。三年来，新增服务区267个，服务区网点总量达334个，占现有营业网点的80%，到2008年6月末，我行服务区网点数与实体网点数占比居系统内第三。三是实施电话银行服务转型工程。进一步发挥“95588”中心的业务分流和客户服务优势，2007年电话银行总呼入量达196万通，同比增长98.5%，其中本地人工接听量15.6万通，日均427通，同比增加了40通。与此同时，积极实施电话银行服务转型，加强主动外拨营销等新型服务，全年开展银行卡透支催收、按揭贷款催收、促销活动信息发布、网银客户回访以及高端客户节假日、生日祝福等各类回访活动，短信外拨服务218万条，同比增加3.2倍，人工外拨回访维护法人客户1 848户。为促进全行客户服务工作质量的提升发挥了积极作用。

（四）强化内控建设，确保业务健康发展。强化三道“风险防线”，有的放矢，切实保障全行电子银行业务健康发展。一是强化内控制度建设。为适应业务发展的新要求，我行制定和修订了电子银行有关检查制度和风险控制流程，并将电子银行业务制度检查正式列入了各行会计检查辅导员、支行总会计和内控部门日常性监督的职责范围。此外，针对各类电子银行突发性外部风险，统一了各行外部风险的应对办法、上报的范围、途径、时间要求和解释口径，并多次配合公安部门查封了江西境内的相关非法网站。二是强化业务监督检查。在加强对后督和会计辅导员日常性检查工作的监督的同时，建立了电子银行岗位风险责任制，实行检查人员和被检查人员双向追究制度。三是强化业务制度学习。针对电子银行知识更新快，专业人员相对较少的情况，我行通过业务知识考试、培训班、省行电子银行园地、远程教育网等多种途径，重点加强对总省行新推出的电子银行业务制度的学习，增强了依法合规经营的意识。

三、下一步工作措施

我行电子银行业务在快速发展的过程中也面临一些挑战和问题：从外部环境看，同业竞争形势日趋激烈，主要竞争对手都将电子银行作为战略发展重点，加大投入，加快发展速度，我行的比较优势已有所缩小；从内部业务发展情况看，经营管理体制有待进一步健全，实体渠道与虚拟渠道之间均衡性发展有待进一步提高，员工业绩考核机制有待进一步完善，对客户的售后维护有待进一步加强。这些问题在快速发展的过程中容易被忽视或被掩盖，如不尽快加以研究解决，将阻碍电子银行业务进一步发展。为此，下一步将着重做好以下工作：

（一）理念转变是前提，推进被动式发展向主动性发展转变。进一步提高和统一全行思想认识，增强紧迫感和危机感，抓住机遇，强化“创新发展、跑马圈地、精耕细作、服务至上和风险可控”的经营理念，在高起点上实现新的发展，努力扩大领先优势。拓宽工作视野，深化发展内涵，加大宣传力度和资源投入，增强工作的主动性和针对性，主动适应市场，积极竞争优质客户，充分挖掘和满足客户的电子银行个性化需求，不断提升客户服务水平，从而提高客户的满意度和忠诚度。

（二）渠道建设是基础，推进渠道割裂向渠道融合转变。渠道建设是我行抢占客户资源，实现增收创利的基石。下一步的重点工作之一是推进渠道融合，完善实体网点和电子银行虚实结合的服务渠道体系：一是全面实施网点功能转型，将目前的“交易型”网点改造成

"复合型"网点，改进对网点的评价与考核，加大资源投入，优化电子银行服务环境，充分利用网点资源，引导客户使用电子银行，大力提高离柜业务占比。二是积极创新服务方式，提高服务创效能力。积极创新思路，发挥"95588"中心客户服务管理平台和宣传营销平台的作用；规范电子银行服务队伍工作流程，使电子银行售前、售中、售后各个环节的服务标准制度化、特色化、品牌化，将我行的产品优势转化为维护客户关系的有力工具；广泛深入开展电子银行服务区质量提升项目将我行服务区的硬实力转化为软实力，让更多的客户通过客户体验活动来增强我行电子银行产品的独特魅力。三是加强电子银行产品经理队伍建设，确保各级行有与本行业务规模相适应的电子银行客户和产品维护人员，加大对个人和对公客户经理的电子银行业务培训力度，全面提升全行客户经理的电子银行营销服务水平。

（三）整体联动是保障，推进专业营销向联动组合营销转变。加强电子银行业务与不同专业之间的协作配合，推进资源整合，实行捆绑考核，开展部门联合营销和产品组合营销，发挥整体功能，形成合力。一是完善考核和激励机制。贯穿外延和内涵并重的考核指导思想，既要跑马圈地，也要精耕细作，发挥考核的杠杆作用，优化资源配置。科学量化指标，细分发展目标，以价值量为考核尺度，区别对待客户发展的难易，客户价值的大小，以及产品的技术含量，建立健全面向各层次机构，各相关部门，以及各相关被考核个体的多层面、立体、交叉的电子银行考核体系。二是细分目标市场，精选营销对象。把各类产品的特点和客户群体的特点结合起来，积极进行产品梳理和整合，针对不同客户群实施电子银行与其他产品的套餐服务。在营销目标的选取上，遵循先易后难、先大后小、先行内后行外的原则。在产品应用上，主推高附加值产品功能，大力普及门槛低而受众面广的产品功能。

（四）产品应用是利器，推进产品增值提升向客户价值提升转变。产品创新是电子银行发展的灵魂。面对日趋激烈的竞争态势，不断加强产品开发应用工作，将工作的着眼点放在促进客户价值提升上，确保并扩大我行电子银行产品的同业领先优势。广泛开展同业产品分析和新兴市场、客户需求调研工作，通过多种渠道收集市场动态、客户信息，围绕客户的需求创新产品，开拓新的应用领域，不断推进客户价值提升。

提升素质　优化配置
努力提高人力资源利用效率

山东分行　沈荣勤

未来三年是我行建设国际一流现代金融企业的重要时期。事业成败，关键在人。能否推动科学发展，提升核心竞争力，巩固市场领先地位，建设一支数量充足、素质良好、配置合理、能够适应竞争发展需要的员工队伍至关重要。然而从目前情况看，全行各项业务的快速发展对人力资源形成了旺盛需求，人力资源供求矛盾日益突出；从长远看，由于人员结构不合理，也使全行可持续发展面临着一定的人力资源风险。如何立足现实，优化配置，提高人力资源利用效率，同时又前瞻性地调整人员结构，为建设国际一流现代金融企业提供强有力的人才保障，成为当前全行面临的重大课题。为此，我就这一问题进行了调研和思考，提出了解决人员供求矛盾、提高人力资源利用效率的几点思路。

一、山东分行人力资源供求矛盾分析

近年来，山东分行适应全行经营发展的需要，在大幅压缩人员总量的基础上，实施了较为系统的人才规划，着力加大人员结构调整力度，积极探索人才培养、使用、激励和流动机制，人才队伍建设取得明显成效。但随着各项业务的快速发展，各级机构、各业务部门普遍反映人手紧缺，无论前台、中台、后台，要求增配人员的呼声都很高。经过调研我们发现，这既有业务快速发展和客户规模的迅速扩大对人员的刚性需求，而更多的则是由于人员结构不合理、配置不优和利用效率不高而导致的结构性矛盾。

（一）人力资源现状。截至2008年末，山东分行从业人员19 745人（其中在岗员工16 152人，劳务用工3 593人），较1998年峰值净减少15 485人，减幅为43.9%。从业人员中，具有研究生以上学历181人，占1%，其中博士10人；大学本科学历人员6 344人，占32.1%。具有高级技术职称的215人，占1.1%；具有中级技术职称的5 492人，占27.8%；获得各类职业资格认证的1 017人。前台、中台、后台从业人员分别占62.46%、16.09%、21.45%，其中前台人员较上年提高0.46个百分点。从四大类岗位分布情况看，管理类、专业类、销售类、运行类岗位人员分别占14.69%、32.15%、15.64%、37.51%，其中销售类人员增幅明显，较上年提高2.2个百分点。

（二）人员总量供求矛盾分析。股份制改革以来，山东分行的人员总量保持稳中有降，同时各项业务快速发展，全行人均效能大幅提升，2005—2008 年我行人均利润、人均中间业务收入、人均资产分别增长 775%、204% 和 62%。与当地同业比较，我行人均存贷款、人均利润和人均中间业务收入等主要效率指标全部高于省内四家国有商业银行平均水平，其中人均利润高出其他三行平均水平 81%，人均中间业务收入高出 62%，人均贷款高出 45%，人均存款高出 10%，显示我行人员效能领先同业。

山东省四大国有（控股）商业银行人均指标分析

单位：万元，人

分行 \ 指标	从业人员	人均存款	人均贷款	人均中间业务收入	人均账面利润
工商银行	19 745	1 646.2	1 468.3	13.5	51.36
农业银行	23 320	1 394.20	906.87	5.21	26.06
中国银行	12 138	1 597.18	1 112.81	11.01	30.69
建设银行	16 801	1 554.79	1 013.75	8.81	28.40

但是，随着全行业务规模和业务量的迅速增长，员工工作负荷也成倍增加。2005 年到 2008 年，全行业务量由 61 632 万笔增至 127 588 万笔，增长 107%，尽管通过大力发展电子银行业务，电子渠道业务替代率提升至 38.3%，全行人均业务量仍然增长 84%，2008 年前台柜员人日均业务量达到 222 笔，已经接近饱和。根据山东市场环境和经营发展规划，2009—2011 年我行各项业务仍将保持较快增长，预计到 2011 年末各项存款余额达到 5 300 亿元（较 2008 年增长 63%），各项贷款余额达到 4 300 亿元（增长 48%），对公客户达到 23 万户（增长 36%），5 万元以上个人客户达到 200 万户（增长 120%）。业务规模和客户数量的快速增长，使客户服务、市场营销、风险管理的任务越来越重，预计 2011 年全行业务量将达到 23 亿笔，即使电子渠道替代率提高至 50%，全行人工业务量仍将增长 47%，如果人员总量结构不变、素质相当，现有员工难以满足业务发展需求。特别是外出营销团队、高端客户服务团队非常紧张，虽然仍能运转，但严重影响服务水平的提高和优质市场的拓展，事实上造成竞争力的下降。据测算，到 2011 年我行人员缺口将达到 3 000 人，其中仅外出营销客户经理和前台柜员需求就达到 2 500 人。

山东分行近年来人均指标情况表

各项人均指标	1998 年	2005 年	2008 年
从业人员总数	34 723	20 130	19 745
人均存款（万元）	264.35	1 068.92	1 646.15
人均贷款（万元）	299.75	905.91	1 468.25
人均账面利润（万元）	0.96	5.96	52.17
人均中间业务收入（万元）	0.2	4.51	13.73
人均年柜面业务量（万笔）		2.17	3.99

（三）人员供求的结构性矛盾分析。近几年，山东分行立足人力资源实际，在调整结构、优化配置、提升素质方面下了很多功夫，尤其是在人员跨区域流动、中年员工培训与职业发展、青年人才选拔与任用等方面进行了一些探索与尝试，取得了一定成效，但由于历史原因和政策法律环境的制约，与快速发展的业务相比，我行人员的结构性矛盾仍然日益突出。

一是年龄结构不合理，制约全行可持续发展。截至 2008 年末，山东分行在岗员工平均年龄 41.2 岁，其中 40 岁以上员工占比 55%，30 岁以下员工占比仅为 5.9%。全行员工队伍整体呈现大龄化趋势，且结构很不合理，存在明显的年龄断层现象，对全行服务竞争能力的影响日益显现。

25 岁以下	26 – 30	31 – 35	36 – 40	41 – 45	46 – 50	50 岁以上
1.31%	4.63%	12.97%	23.89%	37.47%	17.04%	2.68%

根据我行人员年龄结构分布及有关政策，未来 7 年内全省在职人员到达法定退休年龄的人员仅有 55 人（主要为省行机关员工和二级分行管理人员），按照总行对山东分行的人员零增长计划，考虑人员流出、流入情况，到 2016 年全行在岗员工平均年龄将达到 47.8 岁，且全行 49 岁以上员工占比将达到 53.3%。而 7 年之后我行将迎来员工集中退休高峰，2016—2025 年的 10 年间，现有在岗员工中将有 9 300余人到达法定退休年龄，员工数量将以年均近千人的速度减少。即使保持现有业务规模不变，要使我行在岗员工规模保持在 2008 年末水平，则需要年均招收新人 900 余人，对人员招收和培训培养工作带来巨大压力。

员工到龄退休情况表

单位：人

	2016 年	2017 年	2018 年	2019 年	2020 年	2021 年	2022 年	2023 年	2024 年	2025 年
男	164	233	270	255	387	420	886	1 139	914	650
女	185	485	680	500	475	436	290	305	293	394
合计	349	718	950	755	862	856	1 176	1 444	1 207	1 044

二是岗位配置不合理，制约服务竞争能力。其一是全行管理类、运行类人员偏多，销售类人员偏少。我行外出营销客户经理占比只有15%，严重影响市场开拓和竞争力提高。其二是中后台人员偏多，前台人员偏少。全行前台柜面员工比例为30%，每个营业网点平均仅有6.8人。因柜面人员紧缺，导致有些网点柜口开工不足，柜员长期疲劳作业，服务和核算质量难以保证。很多基层营业网点负责人反映有“三怕”，一怕员工生孩子、二怕员工外出培训、三怕员工生病请假。其三是机关本部与营业网点人员配置不平衡。表现在分支行本部人员比例高，全行达到48.5%，且支行本部人员中后台分布比例高，分别达到支行本部人员的26.5%和19.3%。其四是操作风险控制人力耗费过大。目前全行营业经理、运行督导员、事后监督、总会计等柜面操作风险控制岗位人员2 494人，占全行从业人员的12.6%，仅营业经理就有1 623名。

三是区域配置不合理，制约全行协调发展。全行人员结构分布不均衡，部分经济环境好、业务发展快的二级分行人员短缺严重，而部分经营环境差、业务发展慢的分行人员相对富余，全行人均资产、人均利润的地区差异过大，人员投入与产出不匹配，人才的浪费与不足并存。从2008年末的人均资产和人均利润指标看，最低与最高的二级分行分别相差1.8倍和5.9倍。按照人均效率测算，滨州、日照、东营、聊城等行总量偏少，上述四行以15.2%的人力资源占用，创造了全行29.1%的利润；淄博、德州、枣庄、泰安、菏泽等中西部地区行的从业人员总量偏大，占用全行26.5%的人力资源，仅创造了17.5%的利润。

四是高素质人才供给不足，制约全行创新发展和经营转型。我行人员总量偏大与高素质人才供给不足并存，相当一部分人员的知识技能难以适应业务创新发展的需要。其一是整体学历偏低，高学历人才供给不足。全行人才队伍的学历分布中，以大专及以下学历为主要群体，占比高达60%以上，具有硕士以上高学历的不到1%；具有本科学历的不足1/3，较省内建行、中行分别低4－6个百分点，不足股份制商业银行的一半。其二是高技能专业人才缺乏。全行拥有高级专业技术职称的人才占比仅为1.1%。拥有各类职业认证资格标准的人才总量仅有2.1%。其中，人才队伍规模最大的具有CFP和AFP资格的员工占比分别仅为0.7 %和4%。其三是新兴业务和核心业务领域的人才供给不足。近年来，我行投资银行、国际业务、贸易融资、电子银行、现金管理、资产托管等业务发展迅速，在全行收入结构中占比越来越大，但熟悉这些业务的人才偏少，一定程度上制约着新兴业务发展和全行经营战略的转型。

二、人员供求矛盾的成因分析

（一）早期人员管理缺乏科学规划，人员素质滞后于业务发展。山东分行人员管理大致经历了三个阶段：第一阶段是从建行初期到1998年，人员逐年大幅增长，1998年达到最高峰，全行从业人员35 228人，其中正式员工26 262人，临时用工8 966人。第二阶段从1999年至2005年，按照总行人事制度改革要求，全面实施以精简机构、分流人员为核心内容的一系列改革，规范整顿代办员、临时工，全面实行劳务用工派遣制，全行从业人员总量大幅下降，减少43.9%。第三个阶段从2006年至今，全行从业人员总量保持相对稳定，员工队伍建设重点转向调整结构、提升素质、优化配置。总体来看，山东分行人员经历了一个大进大出再到逐步稳定的过程，但由于长期以来缺乏整体的规划，造成全行人员整体素质远远滞后于业务发展，且造成很多遗留问题。

（二）法律政策环境制约，人员更新和优化的空间较小。人员更新是改善人才结构、增强组织活力的重要途径。近年来山东分行落实总行人员负增长政策，控制人员总量，人才引进速度远小于人才流出速度。1998年以来，全行在岗员工年均流入流出比例为1：6.5，近5年来年均接收大学生仅有98人，对人员结构更新优化可谓杯水车薪。而且新入行大学生作为稀缺资源多配置在较高层次机构，多数县域支行已经有10年以上没有补充新人，形成明显的人才断层，也削弱了基层行的服务竞争和经营管理能力。在人员退出渠道上，前些年主要以内部退养、自谋职业等政策性手段和员工主动离职为主，目前政策性的人员退出渠道已基本丧失作用，而通过工作胜任能力考核与劳动合同管理相结合等机制性手段尚未完全建立。同时《劳动合同法》的颁布实施，事实形成劳动合同的长期化，减员风险和成本明显增加，人员结构更新优化的空间更加狭窄。

在盘活人员存量上，近两年我们针对全行中年员工占主体的实际情况，重视研究中年员工的职业发展问题，加大教育培训工作力度，努力挖掘现有人才潜力，取得了一定成效。但由于中年员工大多知识基础薄弱，技能提升难度很大；而在从业心理上，一些中年员工表现为职场倦怠带来的人生价值迷失，产生“船到码头车到站”的思想，学习动力和工作热情不足。同时，由于中年员工的职业生涯提升和转型工作刚刚起步，各级行尚没有建立起中年员工心理辅导、知识更新、技能提升和岗位轮换机制，业务培训的针对性不强，员工技能提升的速度难以适应业务快速发展的需要。

（三）人力成本理念有待增强，约束机制还未真正建立。在人力资源配置上，各部门还普遍缺乏人力成本理念，人员扩张的冲动比较强烈。有的业务部门从自身或局部利益出发，对人员数量及素质提出强制性规定，要求下级行限时执行到位，不计成本占用人力资源。很多直线管理者对人员“只用不管、只用不养”，不重视量才适用和挖掘现有人员潜力，而让“能者多劳，庸者不劳”，一方面人员闲置，另一方面伸手要人。加之对各级机构和业务部门占用的人力成本缺乏科学的计量工具和有效的约束机制，人力资源的配置也缺乏技术支撑和配置模型，多数还是靠定性管理，人为因素较多，人力资源部门也往往因此成为矛盾焦点。与此同时，我行部分业务流程设置过于强调风险而忽略成本，而风险控制则较多依靠增加环节、增岗增人，造成业务流程繁复、管理链条拉长、服务效率不高，并对中后台配置形成很强的刚性约束。如在柜面业务的操作风险控制环节，就设置了营业经理→运行督导员→总会计→事后监督→内控合规检查等控制岗位，这种人盯人战术和拉长控制流程的方式，使中后台占压了大量人力资源，形成了柜员与营销人员短缺、风险控制人员偏多的结构性矛盾。

（四）客户结构不合理造成对人员的大量需求。目前，山东分行个人客户数多达1 203.6万户，但资产20万元以上的个人客户15.29万户，占比仅为1.27%；资产5万元以上个人客户90.98万户，占比仅为7.56%；资产5 000元以下个人客户占比高达70%，客户资产仅占全部总资产的0.83%。从客户的金融行为来看，越是低端的客户越倾向于到柜台办理业务，加之目前我行离柜率只有38.3%，电子渠道尚未充分发挥作用，大量的低端客户占用了绝大部分柜台服务资源，不仅造成一线柜面服务人员持续紧张，也影响了对高端客户的营销服务能力。

（五）人力资源管理机制有待健全。目前我行的人员管理体系还存在许多薄弱环节，人员的进出、流动、开发机制还不顺畅，人才的识别、使用的方式还不完善，考核、激励、约束机制尚待进一步健全。这些亟待解决的机制性问题，使得人员结构调整的空间受到制约，人才结构性短缺的矛盾难以得到有效解决。

三、解决人力资源供需矛盾的思路

针对当前出现的人员供求矛盾，应该在保持人员总量合理规模的基础上，重点在盘活存量、提升素质、调整结构上下功夫，努力提高人力资源利用效率。

（一）加强人力资源规划，前瞻性地调整人员结构。未来几年，山东分行将以科学发展观和人才观为指导，认真贯彻总行关于人才兴行的战略部署和《山东省分行“十一五”人才培养规划》，重点抓好人才储备、培养、引进、选拔、管理和激励约束等关键环节，加快建立适应建设国际一流现代金融企业的人才工作体系，更好地发挥人力资源对全行改革发展的强大推动作用。

为避免出现人才断层，保证我行实现可持续发展，需要前瞻性地进行人员结构的调整，适当加大人员引进力度，保持人才的合理流动和持续更新。如可采用“人员计划预支法”，分年度做好人员充实调整工作。即将当前的年度人员控制计划与未来年度减员数量进行对应，按照若干年后人员退休高峰年度减员数量的一定比例（如一半）下达当年的新引进人员计划，主要用于招收应届大学生，而在若干年之后员工集中退休高峰到来时，再以当年减员数量的另一半进行人员更新。这样就可以在未来一个时期内，平缓持续地进行人员结构更新，避免出现年龄断层现象和员工集中到龄退休给业务发展带来的巨大冲击，还可以满足业务快速发展对人员的需求，培养和储备一批业务发展急需的人才，增强全行的生机与活力。按照该方法测算，2009—2015年7年山东分行可新引进人员3 200余名（每年400－500名），以每年流出100人计算，到2015年实际净增人员2 500人左右，全行在岗员工平均年龄约为44岁；2016年以后我行将进入人员退休高峰，在岗员工数量逐年下降。到2020年前后，全行人员规模将回到2008年的水平并逐年有所减少，在岗员工平均年龄保持在41岁左右，并形成较为合理的人员退休梯队，之后可以通过正常招收新人员实现新老更替。

（二）向加强培训要人，挖掘人力资源潜能。根据我行实施战略转型的需要，加大对各类人才的能力素质培训和继续教育的工作力度，着力打造学习型银行和培育学习型员工，建立以提升人力资本价值为核心，以履岗能力培训、岗位资质培训、职业发展培训以及培训后续评价等为主体，覆盖所有层级和岗位，逐级递进、因材施教、灵活多样的培训体系，使各类人员加快知识更新与技能转型，与全行战略转型的要求和步伐相吻合，加快全行人员转化为人才的速度。健全教育培训的激励约束机制和资源配置机制，激发员工学习培训的积极性和主动性，提高培训效率。进一步完善岗前培训制度，整合、完善现行各类岗位培训、考试方式，按照管理岗位、专业技术岗位、营销岗位和操作岗位的分类，制定符合岗位要求的岗前培训制度、持证上岗制度和岗位等级制度。加快实施专业岗位任职资格认证，搭建全行专业任职资格培训认证序列体系，提高员工专业素质和业务技能，规范专业人才评价标准，促进专业人才职业发展通道的建立和拓展。积极鼓励员工参加在职学历教育，对经组织批准参加在职教育，取得学历、学位的，按规定比例报销学费。健全和完善培训和使用相结合的机制，对经过培训素质能力有明显提升，并取得专业资格证书的员工，要及时调整到更能发挥个人特长的岗位或晋升到更高层次的岗位；对达不到要求和未能取得任职资格的，调整岗位或降低薪酬待遇，努力实现培训与培养、培训与使用的有机结合，发挥好每个员工的潜能。

针对全行中年员工占主体的实际，突出加强对中年员工群体岗位技能提升和职业发展问题的研究，使中年员工这个人力资源富矿在全行改革发展中创造更多价值。要创新工作思路，积极构建促进中年员工职业发展的机制与平台，努力消除不同类型、不同特点中年员工职业发展的制约因素，将中年员工安排到合适的岗位上，充分发挥中年员工的积极性、主动性和创造性。要着力解决目前部分中年员工存在的工作技能老化、知识结构陈旧、人岗不匹配的突出问题，研究实施中年员工培训计划，设计符合中年员工职业发展要求及其自身特点的培训课程和培训方式，大力开展适岗培训和转岗培训，挖掘中年员工的潜能，不断提高工作技能，帮助中年员工在我行的改革发展中找到适合的岗位，努力盘活人才队伍。结合中年员工从业心态呈复杂化趋势等状况，多关心其身心健康，帮助其释放压力，端正工作态度，增强职业发展的信心，提高工作积极性。

（三）向改革管理模式和业务流程要人，有效盘活人力资源。在风险可控的基础上，减少不必要或者重复的工作环节，降低内部协调成本，释放更多人力资源。一是优化再造业务流程。通过实行营业网点远程实时监控、改革事后监督方式、建立非现场预警监测体系等途径，提高检查监督效率，释放后台富余劳动力。力争2009年完成对全部网点的远程监控联网，2010年前完成省行对账中心和16个二级分行监督中心改革工作。同时加快推进统计报表集中管理，在对现有报表进行梳理的基础上，加大整合精简力度，提高报表自动化生成比率。力争到2011年使现有报表减少50%以上，自动化程度达到50%以上，释放相关人员50%左右。二是大力发展电子银行业务，努力将电子银行建成综合性服务平台和业务交易主渠道，提高离柜业务占比，缓解柜面服务压力。力争未来三年电子银行交易量占总交易量的比重每年提高5个百分点，2011年达到50%以上。三是推行“前台受理、后台处理”模式，提高柜面业务集约化处理水平。借助总行NOVA2.6.1版本功能，深化前后台业务分离试点，争取用2年时间在全行全面实行“前台受理、后台处理”模式，将部分大额、批量、非实时等业务集中到业务处理中心进行处理，减轻网点业务处理压力，提高后台业务集中处理能力和操作风险集中控制能力。四是积极推进扁平化改革，从管理和二线岗位向业务和营销一线充实人员。力争到2011年将城区网点占比由2008年的63%提高到68%，二级支行占比由17.5%提高到45%。同时紧随渠道升级改造，推行网点岗位设置和人员配备的标准化管理，优化运行人才岗位分布结构，缓解一线柜台服务人员紧缺的矛盾。

（四）向优化配置要人，促进人员内部流动。按照全行经营结构战略性调整与区域发展战略的部署，通过经济驱动、组织推动等方式，促进人力资源的区域流动、岗位流动、上下流动，切实提高人才配置效率，充分激发人才潜力和潜能。一是优化人才的区域配置。适应全行区域发展战略，制定充分体现区域经济特点的差别化人才资源配置政策，进一步将人员向业务量大、经营业绩好、经营效率高的重点区域和城市行倾斜。加快构建全行内部人才市场，完善员工内部流动机制，继续大力推进“鲁西员工闯胶东，机关员工下基层”，有组织、有计划地引导人员从相对富余地区向紧缺地区、从低效地区向高效地区有序流动，逐步解决人员富余和结构性短缺的矛盾。二是优化人员岗位配置。按照“优先加强前台，适度收缩中台，合理精简后台”的思路，有效控制管理类、运行类人员占比，合理确定专业类人员占比，努力提高销售类人员占比。计划未来3年增加柜面人员600人，外出营销客户经理增加1500人。三是优化人才在前台、中台、后台间的配置。着眼于提升市场响应能力和客户服务能力，通过运营体制改革、业务流程改造、监控信息化水平提高等途径，并通过差异化的编制管理，严控中后台部门数量与职数，调整前中后台人员比例，引导人才进一步从中后台向前台转移，充实前台岗位。四是优化人才在重点业务领域的配置。在保证传统主体业务稳健发展的基础上，重点加大在新的效益增长点和新兴业务领域的人员投入，提高人才的投入产出比和边际效益。五是优化人员在机关本部和营业网点之间的配置。进一步压缩各级机关本部人员，加大薪酬等资源向营业网点倾斜力度，引导人力资源向一线网点流动，提高我行营业网点的服务竞争能力。

（五）向调整结构要人，逐步降低人员消耗。进一步推进全行经营转型，坚定不移地走内涵式的发展道路，促进全行业务发展方式向以结构优化、业务升级、质量与效益提升为主的“低消耗、高效率”转变，逐步扭转当前人均效能不高、人力资本消耗过大的状况，以发展方式的转变促进人才效能的提高。要按照全行战略发展定位，坚持进退并举、吐故纳新、动态调整的方针，深入实施优质客户发展计划和低端客户分流计划，加快改变优质客户占比低、综合贡献率低的局面，减少劣质客户对全行服务资源的消耗。要结合借助网点升级改造和功能分区，提升网点集中综合服务功能，实施客户分层和业务分流，改变“不分客户、不分渠道、不分产品”的低层次服务销售模式。

（六）倡导人力成本和效率理念，完善人力成本考核机制。在全行进一步倡导和强化“人才是最稀缺资源”的理念，树立人才效能和人力成本意识。要加大对各经营单位人均效率指标和人力成本的考核力度，尽快实现对各部门、各专业人力成本投入产出的精细核算与科学管理，核算结果作为部门或专业人员配置与人力费用管理的主要依据，实行定岗定编，形成部门或专业“工资包”，增人不增资，减人不减资，以此形成有效的人力成本考核约束机制，遏制各部门、各专业人员扩张冲动，激励其自我约束人力成本投入，优化内部劳动组合与流程设计，挖掘内部人力资源潜力，实现人力资源投入产出的最大化。目前，我行已经在威海分行试行了岗位和部门工作压力评估，条件成熟时将在全行推广。同时，要建立统一的人力资源配置机制，改变各专业部门以考核评比、限制授权等形式变相干预分支行机构人员配置的状况，逐步减少专岗专人的强制性要求，给予基层行更多的岗位设置和人才配置自主权，以适应市场竞争形势与要求。

（七）完善人才工作机制，提升人力资源管理水平。优化人才识别与评价机制，以岗位胜任力为基础，逐步构建各序列的胜任力模型，明晰各序列的胜任素质要求。优化各类人才培养机制，不断提升员工技能，构建各支队伍后备人才队伍，形成人才梯队。加大交流任职力度，对缺乏基层行工作经验者，安排其到基层行任职，在市场一线和艰苦环境中经受锻炼；对基层管理者，要有计划地安排其到上级行任职锻炼，使之开阔视野、更新观念，提高理论水平、全局意识及宏观管理能力。同时，加大不同区域分行间以及同一机构不同部门间人才的交流，取长补短，提高其在不同环境中的适应力，促进人才的全面发展。

进一步优化考核与激励机制。在新的岗位序列和职级体系初步形成的基础上，全面推行员工职级管理体系改革，构建多通道、分序列的职业发展路径，明确人才职业发展方向和运作模式，逐步完善以岗位胜任能力、培训开发和多维发展为主要内容的人才职业发展机制，拓宽人才职业发展路径和空间。以员工职业发展为导引，整合优化全行绩效管理体系，引入先进的绩效管理理念和工具，建立绩效管理流程，设计绩效指标体系，签订岗位绩效合约，开发员工行为评价量表，完善部门和个人绩效管理方法，整合优化绩效管理制度，以绩效考核为基础，完善符合我行特点的薪酬激励机制，加大激励约束力度，激发各类员工的积极性和创造性。

优化人才管理机制。明晰各级机构直接管理者在人力资源管理方面的权力和责任，加强对每名管理者人力资源管理水平的考核，鼓励员工明确自身发展的路径、拓宽实现自我的空间，通过员工本人，直线经理以及人力资源部门的共同努力，形成齐抓共管的人才工作新模式。加快人力资源管理信息化建设步伐，提高人才管理综合效益和信息化、智能化水平，为人才管理的科学化、人才配置的精细化和人才监测的动态化提供强有力的技术支撑。

以经济资本管理提升经营回报水平的探索与思考

河南分行　明柱亮

经济资本管理是统一协调风险、收益和规模，统筹规划短期盈利目标与长期发展战略，以增进股东价值持续增长为目标的管理活动，是现代商业银行由规模管理、效益管理向价值管理转变的核心技术手段。随着宏观经济形势和宏观调控政策的转变，自2008年末开始，全行开始实行经济资本指令性计划管理，经济资本管理真正步入实质性的全面管理实践。如何深入推进经济资本在各业务领域的应用，充分发挥经济资本在经营管理中的导向和杠杆作用，是我们必须认真研究和思考的重要课题。对此，我结合河南分行的实际，对如何以经济资本管理提升经营回报水平问题进行了分析和思考，以期更有针对性地引导我行进一步提升经济资本回报水平。

一、我行在经济资本管理方面所做的探索和成效

近两年来，我行在经济资本管理理念传导和应用方面进行了一些积极探索，注重在各业务领域引入经济资本管理，在全行大力营造资本约束风险、资本追求回报的浓厚氛围。在理念传导上，省行党委中心组把经济资本管理作为理论学习的重要内容，邀请专家授课，从决策层面增强驾驭经济资本管理的能力；组织人员编写经济资本管理知识手册，对各级管理人员进行培训，提高经济资本应用能力；在网讯上开办经济资本管理专栏，开展征文活动，增强全员经济资本管理意识；将经济资本管理应用项目的研发推广纳入我行劳动竞赛，并在客户综合评价、资产优化组合等方面取得了一定进展。通过持续的理念引导，经济资本管理已逐渐成为我行加强风险管理、提升资本回报水平的根本方法。在绩效考核上，把经济增加值和经济资本回报率作为评价经营绩效的核心指标，加大与资源挂钩分配的力度，引导全行增强资本成本意识，追求各种风险扣除后的真实成果。在业务开展上，坚持把经济资本管理贯穿于市场拓展、贷款审批、结构优化、风险资产处置等领域，积极发挥经济资本风险约束与经营导向功能，保持全行资本总量适度和结构合理，支持发展低风险、高回报的业务品种。

2008年，我行贸易融资、银团贷款、个人住房贷款、票据融资等占全年贷款新增额的58%；累计清收处置不良贷款35.04亿元，实现拨备回流6.73亿元，降低经济资本占用3.26亿元。各项资本增幅低于资产

增幅2.48个百分点，信用风险加权平均系数较年初下降0.18个百分点。新增（余额新增）各项贷款经济资本加权配置系数仅为5.01%，较年初存量贷款加权配置系数低2.42个百分点。由于资产结构的优化调整，减少了资本占用约2.4亿元，既降低了我行资产的非预期风险，也确保了经济资本计划的顺利完成。2008年，我行实现经济增加值13.12亿元，同比增加9.48亿元，增幅居全国工行系统第2位，同比上升6个位次。经济资本回报率为23.1%，同比提升4.4个百分点。

二、我行在经济资本管理方面存在的主要问题

一方面，信贷资产资本占用结构不优。尽管我行在信贷资产经济资本管理中取得了一些成效，但由于在信贷产品、担保、客户、期限、质量等结构方面存在较为突出的问题，其经济资本占用依然偏高，尤其是法人贷款信用风险经济资本配置系数较高。从产品结构来看，资本占用多的资产占比高。各项贷款中，配置系数在8%以上的短期流资贷款和中长期项目贷款占比约58%，而加权配置系数分别为3.22%、6.41%、3.87%、1.3%的贸易融资、银团贷款、个人住房贷款、票据融资占比分别为1.3%、2.08%、12.84%和5.21%。从担保方式来看，高风险担保方式贷款较多。2008年12月末，法人贷款中信用贷款和企业类保证贷款占比分别为48.13%和26%，合计达74.13%，其加权平均系数较高，分别为8.44%和9.47%，而低风险质押贷款资产占比仅为0.75%。在担保系数形态上，我行法人贷款担保系数处于第4档的贷款占比达90.63%，处于第3档的为8.24%，处于第1、2档的仅占1.13%。其中，经济资本配置系数较高的信用、互保和关联担保方式贷款基本上集中在第4档，与第3档相比，又进一步提高了加权平均配置系数，增加了经济资本占用。从客户信用等级来看，我行法人贷款信用等级集中在AA级、AA－级、A级，占比76%，资本占用69%；而B类资产净额较年初增加3.76亿元，其资本占用占比10.87%。AA＋级资产较年初下降100亿元，AA级较年初增加146亿元，这种状况是贷款投向把握和总行评级办法改变双重影响的结果，但其对我行的直接影响是客户信用等级向下迁徙。

另一方面，不良资产、非信贷资产、表外资产、操作风险等无回报、低回报资本占用较高。截至2008年末，我行无息资产、不良资产和操作风险三项共占用资本16.16亿元，占全部资本的16.25%，仅资本占用就抵减我行EVA约1.62亿元；若考虑资产减值准备和固定资产折旧因素，则共抵减我行EVA约8.61亿元。一是我行无息资产经济资本占用4.16亿元，主要是固定资产净值较年初增加2.3亿元，资本占用增加0.25亿元。当然，这里也有我们加大网点升级改造力度的因素。二是不良贷款消耗了大量资本。虽然我行2008年通过加大不良贷款清收处置力度和推行信用风险全流程管理，在压降不良贷款方面取得了明显成效，但不良贷款余额大、占比高的状况尚未得到彻底改变；同时受经济下行影响，新增不良贷款也在一定程度上蚕食了清收处置压降资本占用的成果。年末不良贷款资本占用6.63亿元，占我行整体资本占用的6.67%，占信用风险资本的7.69%，占各项贷款信用风险资本占用的7.97%。三是2008年我行操作风险资本占用5.37亿元，2009年预计达到11亿元，增加的5.64亿元操作风险资本占用不但不能创造利润，还将抵减EVA0.56亿元，相当于一个二级分行实现的EVA。另外，虽然表外资产资本占用低，但部分表外资产收费不能落实，资本占用与实现收益不匹配。

三、以经济资本管理提高经营回报水平的对策与思考

（一）强化资本回报意识，提高限额执行力。前两年，由于宏观调控政策需要，经济资本管理基本是服从并服务于信贷计划管理，我行部分管理人员经济资本限额管理意识薄弱，且愈往基层愈缺乏对经济资本管理的认知。2009年，总行实行经济资本限额指令性管理，必将对各行经济资本管理实践起到极大的引导和促进作用。就河南分行来说，一是积极适应总行经济资本管理政策的调整，在全行员工尤其是各级管理和营销人员中持续培育“资本约束风险、资本追求回报”的资本管理理念。通过理念引导，使全行认识到实施经济资本指令性限额管理，就要运用资本限额及各项资产的经济资本配置系数，调控资产规模；就要运用经济资本限额控制全部资产非预期风险；就要以经济资本限额作为资本增长约束，控制并尽可能降低EVA中的资本成本。二是建立经济资本管理责任制，增强经济资本管理效力。在既定限额下，确定机构、产品的最优组合，在对二级分行下达经济资本配置计划的同时，对省行相关业务部门横向分解经济资本限额，将经济资本管理责任落实到公司业务、个人金融业务、机构业务等营销部门和授信审批、信贷管理等中台管理部门，以及财务会计、人力资源、资产负债管理、内控合规等后台管理部门，以体现前台、中台、后台对风险资产的管理责任和资本回报责任，用足用好经济资本配置限额，构建纵横联动的经济资本管理体系。三是提高限额执行力。各相关部门要熟练掌握经济资本计量标准，建立资本配置计划执行的监测预测制度。资产负债管理部牵头负责全行经济资本的监测、分析和预测，公司业务部、个人金融业务部等营销部门和财务会计、信贷管理等部门负责对新投放贷款及其他非信贷资产债项层次资本的预测和分析，分机构、分部门制定经济资本考核指标，优化激励和约束机制。进一步提高EVA和RAROC等经济资本考核指标在

行长绩效考核中的比重，促进各机构、各部门充分发挥传统管理手段与经济资本管理技术的双重作用。四是提高资本使用效率，用足用好资本限额。2008年，我行经济资本限额执行率为98.49%，较总行下达限额结余1.52亿元，这意味着23亿元的信贷投放能力和1 500万元的EVA增加潜能未能挖掘出来。所以，今后在资本占用上要统筹处理好规模、效益和风险的关系，提高资本和信贷资源利用效率。

（二）提高资本使用效率，建立资本自我积累的良性循环机制。在复杂多变的外部环境下，我行经营管理的难度将大幅度增加，需要在落实国家宏观经济政策、加大信贷投放力度、达到盈利增长目标的同时控制资产风险总量，以结构的持续优化挖掘资产的发展空间，建立资本优化配置、自我积累的良性循环机制。

一是着力优化信贷产品结构。首先，抢抓政策机遇，提高优质信贷市场占比。今后一个时期，必须抓住各种政策机遇，突出支持公路、铁路、电力、电网、电信、民航等重点行业和信用等级高、回报率高的客户，加强项目储备，注重二次营销，每年至少保持200亿元以上的信贷增量，优化信贷结构。其次，优化项目信贷结构，积极发展银团贷款。在积极竞争优质项目信贷市场的同时，坚持“好苹果也只吃一半”的原则，着力拓展经济资本配置系数低的银团贷款和系统内联合贷款，扩大银团贷款在增量贷款中的比重，并通过竞争牵头行来维护客户关系。通过分销释放部分贷款空间，通过对部分存量贷款进行银团贷款置换，降低经营风险，提高综合收益水平。同时，还要加大信贷产品创新力度，积极发展信贷项目池业务，推进信贷从存量管理向流量管理转变，打造资本节约型发展模式，走出一条虽然资产规模扩张并不很快，但利润却能够持续增长的道路。再次，大力发展贸易融资和票据贴现业务。加快发展贸易融资业务，从根本上解决流动资金贷款的“资本性”沉淀，消除流动资金贷款与企业现金流、物资流相分离的严重风险隐患。适应总行对贸易融资和一般流动资金贷款品种经济资本配置系数调节的变化，我行将把2009年作为国内贸易融资业务实现重大突破的一年。新增流动资金贷款以贸易融资为主，AA-级（含）以上客户新增流动资金贷款，贸易融资占比原则上不低于50%；A+级（含）以下客户新增流动资金贷款，贸易融资占比原则上应达到80%以上。一般流动资金存量贷款到期后，部分或者全部转化为贸易融资。其中，营运资金贷款转化比例不低于10%，周转限额贷款不低于20%，临时贷款不低于30%，小企业贷款不低于30%。对占比和转化比例达不到要求的客户，省行将在CM2002系统中予以锁定并停办新的信贷业务。加快票据业务流转速度，2009年计划累计办理票据200亿元以上。同时，在个人贷款中，进一步提高个人住房贷款和个人商用房贷款的比重，继续优化个人信贷结构，巩固“第一按揭银行”地位。

二是着力调整贷款担保方式结构。首先，着力提高担保系数档次。目前，我行担保方式结构不合理，主要表现在经济资本配置系数较高的信用、互保和关联担保方式贷款占比过高，且基本上集中在第4档。为此，要着力减少信用贷款比例，加快向抵押、质押方式转变；将抵押方式由处于第4档的出让方式取得的非城市地带土地及房产抵押，转向第3档的出让方式取得的城市地带土地及房产抵押；将质押方式由公路收费权等质押转变为存货及以AA+级以上企业为付款方的应收账款质押。同时，严格押品价值认定和管理，密切跟踪押品价值波动情况，适时优化充值，确保押品足值有效，变被动、数量型管理为主动、质量型管理，真正落实第二还款来源。其次，注重利用组合担保或多重担保方式降低担保系数。目前，我行公路贷款有350多亿元，是贷款投放最多的一个行业。从担保系数档次看，无论是信用方式还是公路收费权质押，都处于第4档，经济资本基准配置系数是相同的。但如果采取公路收费权质押和较低风险度的其他担保方式（如出让方式取得的城市地带土地使用权抵押）组合担保的话，可降低基准配置系数1.92个百分点，有效减少经济资本占用6亿元。再次，下大力气治理“担保圈”。我行从2007年就开始着手治理“担保圈”贷款，取得了较好的成效，共化解互保贷款37亿元，但目前互保、连环担保贷款仍高达248.76亿元。2009年，我行继续将化解“担保圈”贷款风险作为一项重要工作来抓，通过追加有效抵（质）押担保、更换保证人或进行产品置换，力争再化解“担保圈”贷款20亿元。

三是着力打好不良贷款“歼灭战”。不良贷款依然是我行降低经济资本占用水平、提升经营绩效等级、增加EVA的最大阻力。2009年，通过突出实施大行、大户“双大”战略，资产质量分类考核管理及现金清收、呆账核销、清收账销案存资产等综合处置手段，计划清收处置不良贷款30亿元，并在严格控制存量贷款劣变的前提下，年末不良贷款率力争降至2%以下。

四是着力压缩非信贷资产资本占用。加快非信贷风险资产处置进度，充分发挥以物抵债的“通道”作用，对2008年进入的抵债资产，明确进度，责任到人，年内必须全部处置；加快清理诉讼费垫款和经济纠纷垫款，将垫款降至合理范围内；全部消化委托持股。2009年非信贷不良资产确保下降8亿元，基本清收处置完毕。加快清理压缩无效固定资产等非信贷无息资产，以及未落实收费的表外资产，如贷款承诺等，置换资产发展空间。同时，通过强化内控有效性建设和降低诉讼损失率等措施，提升内控案防水平，减少操作风险经济资本占用。

（三）深化经济资本管理，提高整体经营回报。经济资本管理的更高层次是将其应用于经营管理的全过程、全方位。一方面，组织开展经济资本管理应用项目的研发推广工作，按照“可操作、可推广、可深化、可考核”的原则，分专题进行经济资本管理应用研发，并形成规范实用的经济资本分析思路和应用模板。要求前台、中台、后台密切合作。从基层行开始，将经济资本管理应用项目模型逐步嵌入到客户评级、客户经理管理、信贷审批、资产定价、绩效考评、网点评估、风险报告等业务流程中，以实现经济资本与发展规划、资源配置、风险管理、领导决策等各种经营管理活动的有效对接。另一方面，制定相关配套制度，为经济资本管理的应用提供制度保障。制定《河南省分行经济资本管理实施细则》，规范经济资本管理的配置、分析、评价、应用，规定经济资本管理的实施范围、应用流程、管理职责、部门分工等。相关部门也要修改信贷审批、机构评价等流程，为经济资本管理的推广应用提供制度保障和流程保障，实现经济资本管理在经营管理中的全面应用，增强经济资本管理效力。

关于湖南分行加快经营转型的调研报告

湖南分行　吴宏波

在金融同业竞争激烈的情况下，如何结合区域环境和自身实际，实现湖南分行传统业务和转型业务的协调发展，是我近年来思考最多、也是下力气最多的主要工作内容。三年多来，我行通过抢抓发展机遇，加快经营转型，在夯实传统业务基础的同时，各项转型业务实现了跨越式发展。

一、我行经营转型成效明显

（一）转型业务快速发展，规模数量大幅增长。2008年实现个人金融业务营业总额402亿元，比2005年多303亿元。代理保险31.2亿元，分别是2005年和2006年的7倍和4.3倍；销售理财产品42.2亿元，超过前三年业务总量；代理基金业务203亿元，分别是2005年和2006年业务量的144倍和9.9倍。新增企业网上银行1.76万户，企业网银总户数达6.1万户；新增个人网上银行100.8万户，个人网银总户数达289.9万户，其中，个人网银客户与网民占比达71%，在全行排名第2；企业网上银行客户数与企业客户数占比达67%，在全行排名第4；电子银行业务占比达46.1%，高出全行平均水平3个百分点；个人网上银行交易额1 912亿元，分别是2005年和2006年业务量的35倍和11倍。信用卡发卡总量突破百万张大关，达112万张，比年初增加46万张；消费签购额达56亿元，同比增长35亿元，比上年增长167 %，分别是2005年和2006年业务量的11倍和5倍。对公结算账户开户数突破117 375户，新开结算账户30 915户，新增账户存款时点数125亿元，时期数61亿元。个人账户达2 124万户，比上年增加310万户；中高端个人客户占比进一步提升，全行5万资产以上的优质客户，由2005年的32.4万户上升到2008年末的43.1万户；中高端个人客户所占资产余额的比例由2005年的56%上升到2008年末的67.69%。

（二）转型效益逐年显现，收益结构持续改善。转型业务的快速发展，推动了中间业务收入的有效增长，促进了收益结构的持续改善。2008年，我行实现中间业务收入10.27亿元（含总行还原部分），同比多收2.6亿元，中间业务收入占利差收入的38.42 %，同比提高5.73个百分点；中间业务收入占营业净收入的20.73 %，同比提高3.04个百分点，比2005年提高10.13个百分点；每万元资产中间业务收入59.27元，人均中间业务收入7.4万元。2005年到2008年，银行卡中间业务收入从4 236万元增加到16 323万元，电子银行业务收入从1 009万元增加到4 747万元，投行业务收入从9 160万元增加到32 504万元。2008年个人中间业务收入达到41 085万元，比上年增长2.84%；公司中间业务收入实现34 507万元，增长87.71%。

（三）转型业务市场占比全面领先，竞争能力有效增强。在总行对转型业务发展考核中，我行个人网银开户数、代理基金和保险产品销量、银行类理财产品和对公结算账户开户数等在系统内排名领先。在省内同业竞争中，我行通过加大转型产品营销力度，市场份额更是遥遥领先，个人金融营业总额、银行类理财产品、代理基金和保险销量等指标均列同业首位。2006年以来，我行个人理财产品累计销售额482亿元，比位居第二的建行多192亿元。累计销售人民币账户黄金30亿元，黄金营业总量达到14 000公斤。特别是代理基金业务，比建行多销售191亿元，连续多年保持了同业占比第一的位置，市场占比达51 %以上。代理保险销售每年均成倍增长，市场占比达25%以上。银行卡发卡量市场占比大幅度提高，占市场份额的38%，排名第一；消费额市场占比逐年上升，占市场份额31%，排名第一。对公结算账户开户总量（市场占比33%）和新增开户数（市场占比53%）跃升同业第一。2008年，我行新增企业网上银行、个人网上银行以及电子银行业务占比（达46.1%）均大大领先于同业。

二、加快经营转型是我行应对市场竞争的现实选择

我行近年来积极转变观念，狠抓经营转型，强力推进各项转型业务的发展，主要是基于以下几个方面的认识和判断：

（一）加快经营转型，是贯彻落实总行发展战略的需要。近年来，总行党委明确提出了加快经营模式和增长方式转变的战略决策，要求全行加快经营转型，实现全面协调可持续发展。作为湖南分行来说，贯彻落实好总行的战略部署，关键要加快观念转变，深刻认识到新形势下加快经营转型是建设现代金融企业的大势所趋，抢抓发展机遇，采取更加积极主动的措施，在创新发展中不断推进经营转型，向竞争日趋激烈的同业市场要份额，牢牢把握发展的主动权。通过经营转型来提升发展质量，拓宽创效渠道，增强发展后劲。

（二）加快经营转型，是深度挖掘区域市场潜力的需要。未来几年是我国中部地区发展的战略机遇期，湖南分行发展各项转型业务大有潜力，大有可为。

一是网络时代发展网上银行成为趋势。中国互联网的发展突飞猛进，截至2008年6月末，中国网民数量已达到2.53亿户；截至8月末，中国宽带用户数已经达到7 800万户，湖南省的网民数和宽带用户数均居全国前列。网络时代需要网上银行，发展网上银行业务已是不可逆转的趋势和潮流，为越来越多的客户接受和认同，蕴涵着强大的生命力。随着网络时代的到来，发展网上银行业务将成为我行推进经营转型的突破口，必须引起高度重视，充分利用工商银行信息化建设和电子银行水平领先同业的优势，抓住客户逐步转向网上银行的战略机遇期，全面加快网上银行的跑马圈地步伐，抢占网络时代银行业务的制高点。而且，网上银行业务的发展速度和质量，直接关系到我行未来的市场份额和市场位置，认识得越早越好，行动得越快越好，从而实现我行“网点轻轻松松，业务红红火火”。

二是区域发展机遇带来旺盛金融需求。国家近年来对中部地区实施“中部崛起”战略，加大了在经济政策、资金投入和产业发展等方面的支持力度。湖南省是国家实施“中部崛起”战略的省份之一，长株潭城市群又获批国家级“两型社会”建设综合配套改革实验区，在此背景下，湖南省委、省政府制定了“一化三基”（加速推进新型工业化，加强基础设施、基础产业、基础工作）发展战略，实施以建设100个重点项目和培育一批主营业务收入过百亿元企业为内容的“双百”工程；加速推进长株潭经济一体化进程，建设包括岳阳、常德、益阳、娄底和衡阳在内的“3+5”城市群，全省正处在工业化、城市化加速发展的重要时期，经济发展的空间和潜力很大。随着一系列重要基础设施、重大项目建设的开工，不仅为我行优质信贷市场开拓创造了有利条件，同时也为我行转型业务发展及其他金融服务的跟进带来巨大机遇。

三是个人金融业务市场前景广阔。湖南是一个人口大省，有6 800多万人口，2008年全省GDP达到9 145亿元，财政总收入达到1 119.31亿元，全省城镇居民人均可支配收入12 293.54元。随着近些年居民收入和家庭财富的较快增长，居民金融意识逐步提高，金融产品需求不断增多，金融产品使用日益广泛，为发展个人金融业务带来了极好的机遇。同时，湖南分行员工多、队伍大，适合做规模效益型产品，个人金融专业又是规模效益型产品众多的部门，产品关联度高，发展个人金融业务有着天然优势。加快个人金融业务发展，积极构建“大个金”经营格局，有利于提高个人金融业务的综合效益，推进我行的发展转型。

四是农村市场的金融资源非常丰富。随着新农村建设的不断深入，城市扩容力度的不断加大，农村经济的日趋活跃，农村市场的金融资源越来越丰富，农村人口的金融需求也越来越巨大，这将为我们带来新的发展机遇。我们对湖南省2009年上半年的储蓄存款增长情况作了统计，全省储蓄存款共增加688.98亿元，涉农金融机构（农信社、农行和邮储银行）储蓄存款增加413.52亿元，增量占比达60%等。可以说，农村金融市场的潜力很大，我们需要重视对农村金融市场的竞争。

五是中小企业市场发展转型业务的潜力很大。据统计，湖南省中小企业数量占到了全省企业总数的99.9%以上，中小企业对GDP的贡献接近60%，上缴税金占财政总收入的40%左右，对县域经济增长的贡献率达到75%以上，中小企业已经成为拉动全省经济增长、增加就业和财政收入、推动经济体制改革、发展外向型经济以及促进企业技术创新的主要力量。中小企业产、供、销环节都蕴藏巨大的现金流和丰富的金融需求，对于所有中小企业客户而言，需要贷款以及我们能够发放贷款的毕竟是少数，更多的是需要提供非融资性金融服务。中小企业作为营销转型业务的重要领域，是我行需要重点开拓的金融市场，而且是一块丢不起的业务市场，这既是我们加快经营转型的需要，又是抢占中小企业市场的现实选择。

三、致力于打基础，谋长远，强力推进了全行经营转型

基于上述分析判断，我行确立了“突出管理与质量、突出发展与转型、突出占比与效率，走一条资产规模适度增长、资产质量明显提高、转型发展明显加快、经济资本相对节约的新型发展道路”的总体思路，在全行倡导“工作从基础抓起，效益从整体体现”的理念，致力于打基础，谋长远，不受任期制的影响，不追求短期效益，在创新发展中推进经营转型，一步步夯实

夯牢可持续发展基础。

（一）坚持以电子银行打头阵，推动经营转型的有效突破。我行电子银行的强大产品功能和良好的品牌知名度，是业务市场开拓的“杀手锏”。在推动经营转型中，我行突出电子银行的主导作用，加快电子银行跑马圈地步伐，取得了很好效果。我行是省内首家全面代理缴纳电信、移动和联通话费的网上银行，省会长沙实现了网上银行代缴有线电视费等。在积极巩固和扩大城市市场的基础上，加大了对农村金融市场的开拓力度，通过电子银行等产品弥补我行在城乡结合部和农村市场网点的不足，运用功能强大的电子银行等产品渗透到农村，与涉农的金融机构竞争，抢占份额。

（二）积极扩大客户基础，夯实转型业务的营销平台。客户为王，客户是银行一切业务开展的基础，账户是客户在银行办理业务的载体，我行重点抓了客户扩面和向结算户要效益的工作。

第一，在公司客户扩面上，一是坚持以挖中小客户为主，大客户也挖，重点在他行还没引起足够重视的公司中小客户上下工夫；二是坚持长期挖转，打持久战，而不是突击战，把客户扩面作为一项经常性工作，统一部署，常抓不懈；三是坚持面向整个市场找客户，挖新户，分散挖转金融同业的优质客户；四是在存量客户的维护上，特别是50万元以上的中小客户，我们采取配备客户经理，上门派发提示函，建立健全客户联系制度，加强行长绩效考评等一系列措施，团结了中间游离派，巩固了已有的客户基础，建立了最广泛的银行竞争统一战线。同时，通过组织营销小分队上门营销、推行表格式的精细营销、开展定向组合营销等，客户扩面工作不但数量得到扩张，而且质量得到提高。2005年，我行共有对公结算账户63 742户；2006年对公结算账户55 389户；2007年末对公结算账户79 610户，新增24 221户。2008年对公结算账户达117 375户，新开结算账户30 915户，新增账户存款时点数125亿元，时期数61亿元。我们下一步的目标是力争三年实现对公结算账户翻一番。

第二，在个人客户扩面上，每年的第四季度到次年的第一季度，我们都在全行开展个人金融业务旺季大会战，做宽我们的业务半径，做大我们的客户规模。同时，全行众多的物理网点既是营业阵地，更是营销阵地。我们加强了网点建设，2007年以来改造营业网点50多家。加强了与客户面对面的营销，提高客户的忠诚度，个人客户扩面工作发展迅速。2005年我行个人账户1 506万户，比上年增加125万户；2006年达1 626万户，比上年增加120万户，加上小额账户清理销户的77万户，等于比上年新增197万户；2007年末达1 814万户，比上年同期增加188万户；2008年末个人账户达2 124万户。中高端客户占比进一步提升，全行5万资产以上的优质客户，由2005年的32.4万户上升到2008年末的43.1万户。中高端客户在资产余额中的占比由2005年的56%上升到2008年末的67.69%。

第三，大力开展向结算户要效益活动，着力加强客户结算及其他业务效益的深度挖掘。我们坚持突出“量、质、新、实”：“量”就是强调不单是结算账户扩面要上去，还要减少不必要的客户销户，要求各行关注并在考核中体现CS2002动态监测系统中的新开账户、新开客户和客户销户情况，防止不正常的老客户开新账户、前开后销等情况的出现；“质”就是对50万元存款以上的客户配备客户经理，派发好客户经理提示函，实行差别化服务。同时努力将20万~50万元存款的潜力客户逐步培育成为50万元存款以上的客户，到2008年末，全行50万元以上客户数12 759户；“新”就是营销内容新，营销范围广，要求各行积极开创新的营销天地。我们针对结算客户后面就是大量个人客户的特点，要求在搞好对公产品服务的基础上，跟进个金业务产品营销；“实”就是要求各行、各部门工作措施和考核机制要落到实处，对于结算客户增长、结算账户增加、结算效益增加等一并进行考核。

（三）深入实施“三层两线一体化”营销，构建转型业务的营销体系。我们认识到：各专业、各产品之间是有机联系的，不能人为割裂、单项突进，只有作为一个整体来抓，才能体现效果。为此，我们在全行实施并深化了“三层两线一体化”营销战略，即省分行、二级分行（营业部）、支行三层联动；公司业务（含机构业务）、个人业务两线合力；本、外币业务产品一体化捆绑营销。

一是深入开展个人金融业务（横向）一体化营销。要求个人金融业务部门牵头，各相关部门工作相互配合、产品相互配套、渠道相互协调，快速提高个人金融产品的市场占有率，提高个人金融业务的营业总额，促进个人金融业务的发展转型。通过发展个人金融业务，为公司高端客户搞好金融理财服务，实现财富增长，同时抓住机遇发展公司业务，实现一揽子营销。

二是积极推动公司业务（横向）一体化营销。要求公司业务部门牵头，相关部门紧密配合，重点在他行还没引起足够重视的公司中小客户上下工夫。我们在全行统一部署，统一营销课件，统一检验效果。全行150多个支行都配备了专门用于营销的笔记本电脑和投影仪，要求每个支行每月举办两次营销推介会，每次要有50名（以上）的他行客户参加。通过成建制的营销演示我行的业务产品，加大了市场开拓力度。

三是全面促进三层（纵向）的一体化。发挥工商银行的整体优势，省分行、市分行、城区（县）支行三级联动，加大对重点客户和系统大户的营销力度，抓系统，系统抓。我行先后召开了三层两线一体化之烟草、电力、保险会议等，由省分行率先拜访省烟草、省电力、保险省公司，然后市分行和县支行拜访和营销相应的市公司、县公司，从上至下逐环节落实上门营销、关系维护和后续服务等工作，通过三级联动，省分行到优质系统户演示营销一次业务，全省就可以营销100多次，形成1:100以上的放大效应，把抓一个、抓一把变成抓一片。成功营销了潭衡高速公路、武广铁路客运专线湖南段等一批大型项目。象潭衡高速公路项目的投融资顾问服务，创新了银企合作的新模式，荣获全国2006年度投行业务“十佳”项目。该项目投资总额57.5亿元，项目融资36亿元全部在我行办理，且带来投资银行、非融资类人民币保函、进口信用证及外汇担保等业务。建设期内，将为我们带来上亿元的中间业务收入。

（四）着力夯实队伍基础，建设适应转型发展要求的客户经理队伍。转型发展需要一支数量充足、素质优良、结构合理的客户经理队伍，我们重点加强了专职客户经理队伍建设。

一是抓数量扩张。2005年，全行客户经理1 030人，占全行员工的6.8%；2006年2 030人，占全行员工的14.4%；2007年2 400人，占全行员工的17%；2008年通过运行管理人员优化配置改革，在全行6 343名运行管理专业人员中，腾出1 000人左右，充实到客户经理队伍。2008年底全行客户经理队伍达2 643人，占比达到19%。二是抓质量提升。明确了客户经理的业务营销、客户选择、贷后管理等职责，全面推行客户经理电子日志台账制度。适应银行业综合化经营的发展趋势，加强客户经理综合业务知识培训和营销知识技巧培训。三是抓绩效考核。在客户经理绩效考评上，以业绩论英雄，打破“大锅饭”和平均主义，按EVA实行产品营销计价考核，合理评价客户经理的业绩，调动了客户经理队伍的工作积极性。

（五）突出抓好管理基础，为推动经营转型提供有力保障。我们围绕“突出管理与质量”的总体要求，在加快发展转型的同时，切实加强了内部管理。

一是抓信贷风险管理。我行调整和完善信贷授信审批和管理体系，推进前台、中台、后台分离信贷流程建设，严把新增贷款质量关，严格贷款审批后管理。我行特别重视贷款审批后管理，先后建立健全了信贷放款条件、用款条件落实情况检查制度，贷款项目预审制度，完善到期贷款预报和风险提示制度，提前防控信贷风险。落实贷款大户和重点客户季度风险监测分析制度，及时有效地防控大额风险。切实执行贷款跟踪单制度，加强对信贷资金流向的监督。强化客户经理工作日志制度，加强贷款大户和重点客户的管理与走访，确保贷款资金的安全。同时，在全行灌输“丢贷款就是丢利润，收不良就是增效益”的理念，推行“不良贷款客户会诊制度”，各二级分行每月对辖内所有不良贷款客户进行会诊，省分行每季度对单户不良贷款余额在1 000万元（含）以上法人客户进行会诊，逐一研究项目，提出清收处置措施，并要求下次会诊必须报告上次会诊意见的落实情况。通过落实不良贷款清收处置工作责任制，加强了不良贷款的精细化管理。

二是抓操作风险防范。我们在操作风险的防范上，认真组织培训学习总行下发的《业务操作指南》，要求全行员工严格按操作规章办事，要求各级行加强对各个风险点的防控，努力追求零案件目标和业务操作零差错率目标。我们结合湖南分行的具体实际，继续深化了“扫雷工程”，建立健全了营业网点负责人的管理质量档案和操作人员的操作质量档案，规范了视频监控管理。实行“四定”，即定人、定时、定量、定责，加强案防基础管理工作。同时有针对性地开展了操作风险的专项整治活动，坚持不懈地抓案防整改，尽可能地防范了操作风险。

三是抓内部体制机制创新。在深化内部体制机制改革上，我行紧密结合工作实际，加大创新力度，充分调动各级行的主动性和创造力。

我行积极推行了新型目标管理办法。每年初下达各项经营目标计划，既下确保目标，又下力争目标，要求各级行在分解落实各项工作任务时，要按力争目标来安排工作，按确保目标来考核工作。引导全行在计划的制定上走出由历史经验确定增长计划的误区，在抢占市场上走出地理局限的误区，不受计划指标的束缚，自下而上报目标，不断调整已实现目标，积极完成新目标，努力追求高目标。同时，完善“鞭打慢牛”的工作机制，通过问责制等形式，加强对落后行的鞭策，扫除经营上的落后。通过树立高目标，全面促进了业务产品的高质量发展。

改革了费用配置管理办法。费用配置管理实施“概算、预算、决算”的管理模式，按照多收可以多支，少收必须少支的原则，将全年可用费用的主动权交由各二级分行自己掌握；由各二级分行根据年度财务预算按季自编费用预算，报分行审核后作为自己安排费用支出进度的主要依据。

全面实行了产品计价分配办法。在全行积极倡导“费用要学会挣，收入要学会赚”，以建立、健全产品计价办法为重点，将产品的价值贡献与员工的绩效进行挂钩，让员工真切体会到为工行干就是为自己干，最大限度地发挥主观能动性。

进一步完善了激励费用的挂钩体系，修订了对二级分行及其行长的考核办法，增加竞争力项目的市场份额、重点产品以及相关中心工作等加减分指标，各分行领导班子年度绩效奖励与利润、压降不良和中间业务等关键指标挂钩考核。

四、发展预期及下一步工作设想

根据目前转型业务的发展态势和发展速度，我行初步制定了未来三年的发展目标，以继续保持转型业务稳定快速增长的良好势头，进一步拉开与竞争对手的差距，牢牢占据省内同业第一的位置。我们初步测算：中间业务收入2009年计划增长33%，2010年达25%，2011年达20%，分别为16亿元、20亿元、24亿元，中间业务收入占营业净收入比分别为24%、27%、28%；个人金融营业总额2009年、2010年、2011年分别达620亿元、800亿元、1 025亿元；电子银行交易额保持20%以上的年增长率；信用卡每年新增100万张，2009年信用卡消费额预计增长100%，2010年增长约100%，2011年增长50%以上；对公结算账户2009年、2010年、2011年分别达12.5万户，14万户、16万户，结算业务收入分别达1.4亿元、1.8亿元、2.3亿元。围绕上述目标，我们将始终致力于打基础，管长远，坚持“四个”一起抓，巩固和扩大转型成果，实现全面协调可持续发展。

（一）既抓“大个金”业务，又抓“大对公”业务。继续保持大个金业务发展的良好势头，在抓好传统个金产品的同时，大力发展代理基金、保险、国债等个人类理财产品，完善个金业务营业总额的考核，深化个金业务的发展转型。同时，积极推进“大对公”业务，通过电子银行等先进手段认真开展对他行开户企业的营销推介活动，想方设法把账户开进来，把我们的产品销出去，在对公账户扩面中做大对公营业总额，实现对公营业总额的有效增长。在营销实践中，做到“公”“私”兼顾，既为客户结算、理财、贷款等对公金融服务，又积极营销存款、代发工资、基金、保险、网上银行等个人金融产品，提高客户的综合贡献度。

（二）既抓发展规模，又抓发展质量。发展转型业务，既要量的扩张，又要质的提升，量质并举是关键。今后下达各项转型业务目标，既下确保目标，又下力争目标，既考核数量指标，又考核质量指标，譬如网上银行动户率的提高；信用卡启用率、动卡率的提高和消费额的增加；结算账户扩面零余额账户控制等，加快转型业务的跑马圈地步伐，以高目标带动高质量的大发展。同时，注意防止出现各行转型业务产品发展极端不平衡性问题，推动全行各区域的协调发展，实现转型产品规模与效益的同步提升。

（三）既抓城市金融市场，又抓农村金融市场。农村金融市场的巨大潜力，为我们带来了崭新的发展机遇。目前，我行具备了业务向农村市场延伸的契机，工行灵通卡可以在农信社通用，功能强大的个人网上银行完全可以弥补我行在农村市场网点不足的差距。而且与涉农金融机构比较，我行有城市业务优势，与经营领域在城市的商业银行比较，我行有农村金融市场优势，关键要面向广阔的市场来思考问题，向市场要份额，在巩固和扩大城市金融市场的同时，向农村金融市场延伸，开拓农村金融市场的新天地。我行将以县级支行为主导，以网上银行为平台，以牡丹卡（信用卡、灵通卡）为介质，以经济较发达的城乡结合部和重要集镇为重点，以民营企业、乡镇企业和私人业主为对象，以营销小分队为营销主力，积极向农村金融市场延伸。在农村金融市场开拓中，注重发展负债业务和结算业务，通过工行网上银行做好账户扩面，通过账户扩面做大营业总额，通过营销对公、对私理财产品竞争优质客户，促进个人金融、电子银行、银行卡等业务的快速发展。

（四）既抓业务发展，又抓内部管理。在复杂多变的经济金融形势下，业务越是发展，管理越要加强。只有管理跟上了，才能实现有质量、有效益的发展。必须始终坚持“突出管理与质量”，强化“丢贷款就是丢利润，收不良就是增效益”的理念，切实加强信贷风险管理；加大《业务操作指南》推广应用力度，健全营业网点负责人的管理质量档案和操作人员的操作质量档案，规范“四定”视频监控管理等，加强案防基础管理。进一步完善费用分配机制。在完善费用分配办法上，真正体现少数人做大项目、多数人做小项目的特点，将激励费用与员工本人所直接创造的绩效挂钩。让少数人做大项目得到应有的激励。同时鼓励大多数人做小项目，通过多做规模效益型产品，按产品计价多拿绩效。同时，加强客户经理队伍建设，关注员工职业生涯设计，拓宽员工的职业发展空间。

关于广东分行实施全产品营销的实践与思考

广东分行　黄明祥

如何转变增长方式和经营模式是我行一直在思考的重要问题。2007年，我行提出了由资金供应商向金融服务商转变的改革发展目标，并实施了全产品营销。经过一年来的实践，取得了良好的效果，有效促进了增长方式由资产负债收益向资产负债和交易过程收益并重的转变。

一、开展全产品营销的必要性

全产品营销，是一种以客户为中心、以账户为载体、以产品组合为核心，通过全面分析客户账户的特性、资金流量、流向特点，深入挖掘同一类型客户不同层面的需求和不同类型客户的不同需求，根据客户的需求将不同产品和服务组合成各类套餐和菜单，采取“套餐+菜单”的营销方式，也是一个为客户提供涵盖资产、负债、中间业务等全方位金融服务的过程。实施全产品营销，主要出于以下几个方面的考虑：

（一）开展全产品营销是落实总行“两个转变”要求，确保我行结构持续优化的重要途径。近年来，我行按照总行“两个转变”的要求，坚持在发展中加快结构调整优化，积极推进经营转型。截至2008年末，我行利息净收入、中间业务收入、往来净收入占比由2005年的45%、10%、38%调整为58%、19%和20.6%。但随着外部环境的不断变化，我行经营转型也面临着一些新的情况：一方面，受市场条件、经济资本、信贷规模、风险管理能力等方面的约束，传统上更多依靠贷款支撑利润增长的经营模式难以适应新形势发展的要求。为此，我们提出了实现由资金供应商向金融服务商的转变，由资产负债收益向资产负债和交易过程收益并重的“两个转变”。另一方面，近几年我行中间业务快速发展的一个重要因素是抓住资本市场火暴的机遇，实现了代理业务收入的高速增长，我行基金销售四大行占比基本保持在50%，2007年销售基金超过800亿元，代销基金等代理业务收入占我行当年中间业务总收入和个人中间业务收入比例分别达47.6%和72%。但随着2008年末以来我国资本市场的深度调整，前两年基金代理等业务爆炸性增长无法持续。因此，从长远来看，必须通过全产品营销，才能加快培育和发展一大批受外部经济波动影响小、收益稳定、成长性好的银行自营性产品和“韭菜类”业务，才能确保业务的可持续发展和效益的可持续增长，才能尽可能降低经济周期波动对我行业务发展的不利影响。

（二）开展全产品营销是改进营销模式，提高营销效果的客观要求。以往以产品为中心、条块分割的营销方式，一是不利于客户经理营销。目前我行各类产品超过1 400种，大多数客户经理往往只熟悉并主要营销本部门的产品，如公司客户经理往往主要营销贷款，对存款、电子银行、个金等其他产品的一体化推销力度不够。二是不利于对客户的整体服务。由于产品条块分割、部门各自为战，对同一个客户往往有多个层次的人员或者多个部门上门营销，导致了我行对客户整体服务的割裂。三是不利于发挥我行整体优势。过去我行主要以产品线为主、以部门为条块进行考核，部门和产品之间的联动没有机制保障，不利于全行整体优势的发挥和效益最大化目标的实现。因此，迫切需要创新，寻求一种能够更加方便客户经理营销、更能有效服务客户、更有利于发挥整体优势的营销模式。

（三）开展全产品营销是提升客户忠诚度和综合贡献度的有效手段。账户内涵的丰富与否，决定了这个客户对银行贡献度的高低。客户资源丰富是我行的比较优势，到2007年末，我行拥有法人账户28万户，法人客户25万户；个人账户5 417万户，个人客户2 132万户。但是由于产品覆盖率和渗透率不高，客户价值的深度挖掘仍有很大的提升空间。如中高端个人客户中，保险、纸黄金、个人住房贷款、本外币理财产品等产品覆盖率仅为1.14%、1.09%、1.64%和2.74%，信用卡渗透率仅为12%，第三方存管、网上银行等使用率仅为15%和23%。法人客户中，账户管家、代发工资使用率仅为2.7%和6%，企业网银、企业电话银行、法人理财等使用率也仅在25%左右。因此，通过全产品营销，可以不断丰富账户的内涵，逐步实现对客户日常经济活动和金融行为的深度渗透，提高客户对我行的忠诚度和综合贡献度。

表1　2007年末广东分行部分产品覆盖率情况

单位:%

个人中高端客户	信用卡	基金	理财产品	保险	纸黄金	第三方存管	网银	个人住房贷款
	12.07	27.6	2.74	1.14	1.09	15.00	22.96	1.64
法人客户	融资业务	企业网银	企业电话银行	法人理财	工行信使	代发工资	电子回单箱	
	3	24.6	26	24	2.7	6.02	31.5	

二、全产品营销的具体做法

（一）以“套餐+菜单”为手段创新产品营销模式。为了兼顾客户普遍性和特殊性需求，我行借鉴餐馆菜单点菜的做法，采取“套餐+菜单”的营销模式，将产品和服务整合成多类套餐和多个菜单，其中“套餐”类业务主要满足客户对日常银行业务的共性需求，“菜单”类业务则主要满足客户的个性化需求。

对法人类客户，在“套餐”方面，针对新设企业验资注册、企业在我行开立新账户的账户服务及收付服务等日常需求，设计了账户管理A、B、C三种套餐；针对大型企业需求复杂的特点，设计了涵盖账户、收付服务和资金管理服务需求的现金管理套餐。在“菜单”方面，将法人类客户划分为公司类、政府类、金融同业三大类，量身定制产品菜单。针对公司类客户，设计了收付款与流动性管理、理财增值、衍生品与风险管理和投资银行与财富管理四款菜单，分别满足客户在流动性管理、理财增值、风险控制和资产管理方面的需求；政府类客户产品菜单，重点满足客户在资金安全、便捷等方面的需求；同业类客户产品菜单，重点满足资金清算、现金管理等方面的需求。

表 2 广东分行法人类客户产品组合体系

<table>
<tr><th colspan="2">组合类型</th><th>组合名称</th><th>目标对象</th><th>主要满足需求</th><th>主要服务产品</th></tr>
<tr><td colspan="2" rowspan="4">“套餐”类业务</td><td>账户管理 A 套餐</td><td>新设企业</td><td>验资、开户</td><td>账户资金证明、开户及相关业务咨询</td></tr>
<tr><td>账户管理 B 套餐</td><td>已开户企业</td><td>账户基本服务</td><td>开户、账户维护、工行信使、电子回单箱、网上银行等</td></tr>
<tr><td>账户管理 C 套餐</td><td>中型企业</td><td>账户服务、基本收付</td><td>B 套餐 + 支付密码器、网上代发工资、牡丹报账易、POS 机收单、支票直通车等</td></tr>
<tr><td>现金管理服务套餐</td><td>大型企业</td><td>全国范围内资金管理</td><td>协助建立收款网络、归集收入，包括开户、收款菜单、网上银行等</td></tr>
<tr><td rowspan="6">“菜单”类业务</td><td rowspan="4">公司类</td><td>收付款和流动性管理菜单</td><td rowspan="4">公司类客户</td><td>流动性管理需求</td><td>委托收款、POS 机收单、B2B 或 B2C 收款、支票直通车、批量代收款、即时通（对公通存通兑）、贴现、出口保理、信用证、银行承兑汇票、全球快汇、票据托管、代理贵金属买卖、集团账户、委托贷款资金池、网上收费站、牡丹商务卡等 21 种产品</td></tr>
<tr><td>理财增值菜单</td><td>理财需求</td><td>定期存款、通知存款、协定存款、国债、实物黄金、账户黄金交易、债市通法人理财、外汇结构性理财产品、企业委托贷款等</td></tr>
<tr><td>衍生品与风险管理菜单</td><td>风险控制需求</td><td>结售汇、货币掉期、汇率期权、结构性汇率产品、远期利率协议、利率掉期、利率期权、结构性利率互换等</td></tr>
<tr><td>投资银行及财富管理菜单</td><td>资产管理需求</td><td>常年财务顾问、信息服务、投融资顾问、并购、债务重组、上市发债、银团贷款、资产证券化、股本融资、资产托管、年金账户管理、代理财险、受托咨询等</td></tr>
<tr><td>政府类</td><td>政府类客户产品菜单</td><td>各地政府</td><td>资金安全、提高效率</td><td>非税系统、公务卡、银财通、定期存款、通知存款、协定存款、国债等</td></tr>
<tr><td>同业类</td><td>金融机构类客户产品菜单</td><td>金融机构</td><td>清算、现金管理</td><td>现金管理套餐（收支两条线）、资产管理、银期转账、批量代收代付、银保通、代理委托收款、网上收费站、银行代理、货币互存等</td></tr>
</table>

对个人客户，根据总行将个人客户划分为私人银行客户额、高端客户、中端客户、潜力客户和普通客户，主要着眼于客户的交易和财富管理两大需求，将个人金融业务产品线设计为投资理财、保险理财、融资理财和结算理财四大类，进一步明确统一个人客户视图下的全产品组合系列。

表3　广东分行个人客户全产品组合

客户类别	金融资产	账户载体	全产品与服务组合					目标客户
			投资类	保险类	结算类	融资类	增值服务	
普通客户	5万元以下，大学以下或28岁以上	牡丹灵通卡e时代	存款、国债、基金	偏保障型人寿保险	代发工资、汇款、代收付、工行信使	质押贷款	—	普通市民
潜力客户	5万元以上，大学以上，16—28岁以上★	牡丹灵通卡e时代	存款、基金、本行本外币理财产品	偏投资型人寿保险	牡丹贷记卡、代发工资、汇款、代收付、工行信使、	助学贷款、质押贷款	理财咨询	大学生、青年职业人士
中端客户	5万(含)－20万元★★	牡丹灵通卡e时代	潜力客户产品＋QDII产品、金行家、汇市通	人寿保险、财产险	潜力客户产品＋银证转账、第三方存管、个人结售汇、旅行支票、理财协议、资信证明、保管箱	消费贷款、住房贷款、汽车贷款、经营贷款	理财咨询	高收入行业普通员工、中级专业技术人员、处级(含)以下公务员、个体工商户
中端客户	20万(含)－100万元★★★	理财金账户	同上	同上	上栏＋个人支票、银行管家服务	消费贷款、住房贷款、汽车贷款、经营贷款、信用贷款	理财策划、优先优惠服务、专属客户经理服务、特惠商户	大企业中级管理人员、中小型企业高管、高级公务员、私营企业主等
高端客户	100万(含)－1 000万元★★★★	理财金账户、白金卡	同上	同上	上栏＋信托	住房贷款、汽车贷款、经营贷款、信用贷款	综合理财服务、优先优惠服务、专属AFP客户经理服务、高级特惠商户	大型企业高管、中小型民营企业主、大型中介机构合伙人、演艺人员、体育明星
私人银行客户	1 000万元(含)以上★★★★★	私人银行	高端客户产品＋房地产、专属财富管理产品	同上	同上	住房贷款、经营贷款、信用贷款	财务顾问、委托资产管理、税务、遗产、房地产、退休咨询与计划、专属服务、高级特惠商户	世界500强企业高管、大型民营企业主、著名演艺人员与体育明星

（二）加强培训，明确职责。省行召开全产品营销动员大会，并通过视频、集中培训等方式，对各二级分行的行长和分管个金、公司等市场营销的副行长、各支行行长和全辖客户经理进行了轮回培训。2009年以来，省行直接面向分行客户经理培训19次，现场培训人数2 200人。各二级分行在省行轮训后认真组织再培训，使各级营销人员对各项产品组合真正做到烂熟于心，进一步提高业务人员的营销技能，为进一步推进全产品营销奠定了基础。通过培训，促使各级行加快转变观念，认识到全产品营销在满足市场和客户需求、优化收入结构、推进经营转型方面的重要意义，增强了各级行、各部门开展全产品营销的自觉性。

全产品营销是全员营销、全过程营销，涉及面广，与前台、中台、后台各部门密切相关。为此，省行明确和细化了各部门职责，由省行结算与现金管理部和个人金融业务部分别作为对公客户和个人客户全产品营销的牵头部门，负责制定业务发展、市场分析、产品设计等具体工作的协调推进；产品部门协助制定产品套餐、菜单，组织产品经理、客户经理的培训；营销管理部门负责产品营销和客户维护；运行管理部、信息科技部负责技术支持；财务会计部、人力资源部负责考核评价。

（三）多法并举，大力开展全产品营销。

一是加大账户拓展力度。加强与招商办、经贸委、发改委、工商局、人民银行、外管局等行政管理部门联系，锁定新成立企业，从源头上挖掘客户；加强市场分析和竞争对手分析，锁定当地经济支柱行业和重点客户，同时积极挖转他行客户；依托集团、行业大户，深入挖掘上下游企业客户；加强对单位账户现金流分析，关注流出、流入的动态信息，挖掘单位的关联客户；加强对个人高端客户的分析，挖掘与个人客户关联的单位、企业客户资源。省行个人金融、结算与现金管理、机构、公司一部、公司二部联合开展了代发工资营销活动，对我行企业客户建立代发工资“名录库”，以代发工资为切入点，带动存款、银行卡、“工行信使”、电子银行、电话银行、第三方存管、理财等各种业务的发展。

二是实施差别营销。对无贷户，采取上门营销、集体推介等形式，向这些中小企业商户提供开户、账户管家、“电话通”、网上银行等电子化的产品。对有贷户和有贷款需求的公司客户，特别是对中小企业客户及贸易融资客户，充分利用好信贷资源，通过嵌入“融资产品主导型套餐”的方式和“1+N”的捆绑营销模式，以融资带动负债、中间业务的整体发展。同时，积极为客户提供投行服务。对机构客户，通过营销代收代付、第三方存管、银保通、银期转账等产品，争取投资资金摆放。对国际业务客户，积极推广进口代付、出口保理、转卖型福费廷、出口押汇项下风险参贷等表外国际贸易融资产品。对个人客户，针对资本市场变化，在继续抓好基金代理业务的同时，调整业务结构，加大本行理财产品、灵通快线以及保险代理的发展力度。

三是开展链式营销。以现金管理和综合服务方案作为系统集团客户和重点客户营销的切入点，推进“1+N”营销模式，在满足集团总部和重点客户核心需求的同时，关注其下属的子公司需求和上下游供应商的需求，将集团客户下属企业及与集团关联的公司客户和个人客户也作为服务对象进行整体锁定。2009年成功与碧桂园、星巴克、可口可乐等企业签订了现金管理协议，提供收款、付款、电子银行、POS机收单等一揽子综合服务。

四是创新服务渠道。积极探索金融便利店、电话POS机、电子渠道进厂区、进社区等新型营销渠道，把业务触角延伸到更广阔的服务区域。部分分行针对珠三角地区外来务工人员取现零用、汇款和了解资金安全状况等金融需求旺盛的情况，推出了“轻松三宝”套餐，主推“灵通卡、电话银行、工行信使”，同时将企业网银、代发工资等业务捆绑营销，深入工厂大力宣传，并积极推进电子渠道进厂区，配套在工厂安装ATM和“95588”专线电话，为客户办理业务提供便利，得到了市场和企业外来务工人员的热烈反响和高度认可。

（四）加强考核引导，充分调动积极性。为了全面调动各级行、各部门开展全产品营销的积极性，我行制定了《全产品营销考核办法》，对二级分行和省行各部室实行量化考核，按月通报、按季考核、季末兑现、年底清算，考核结果与各分行行长及其他班子成员与省行部门总经理及其班子成员的绩效工资分配挂钩。

对二级分行，分为全产品考核奖励和重点产品营销计价奖励两部分。全产品考核奖励主要考核各行全产品整体发展水平，其中对中间业务产品分别确定权重系数计算加权中间业务净收入，按一定比例进行奖励。重点产品营销计价奖励主要鼓励各行积极拓展增长潜力大、收益水平高的产品，改善收入结构。

对省行各部室，主要考核各专业中间业务市场占比和目标计划完成情况。对前台营销部门设置“全产品收入考核指标”，对各中间业务产品部门设置“重点产品销售（或渗透率）考核指标”，根据各部门职能确定相应的计分权重，采取计分的方式，考核结果纳入省行部室量化考核。

三、全产品营销取得的成效

（一）思想观念加快转变。通过前一阶段的工作实践，各级行对在新形势下加强全产品营销的重要性和紧迫性有了更加全面和深刻的认识，对全产品营销在满足市场和客户需求，优化收入结构、推进经营转型，促进全行经营模式和增长方式等方面的积极作用有了更加真切的体会。省行各部门之间的协调合作进一步加强，各分行、支行开展全产品营销的积极性、自觉性大大增强，为下一步更加深入推进全产品营销，加快经营转型奠定了坚实的思想基础。

（二）各项业务快速增长。2008年上半年，我行累计销售各类套餐业务超过5.1万套，各项业务在全产品营销的带动下迅速发展。一是客户拓展成效明显。截至2009年6月末，我行法人结算账户比年初净增2.6万户，同比增长33%，四行占比升至32%，跃居第一。新增现金管理客户3 348户，同比增长240%。个人有效客户（指剔除小额客户和零余额客户）比年初增加134.6万户，其中个人中高端客户增加14万户。二是本行理财产品销售大幅增长。上半年，基金销售收入受资本市场波动因素影响下降65%，但本行个人理财产品销售245亿元，增长2.8倍；灵通快线销售608亿元，法人理财产品销售428亿元、增长25倍。三是网上银行、电话银行、“工行信使”、代发工资等业务快速增长，产品覆盖率明显提升，个人中高端客户本行理财产品、信用卡、网银、保险、纸黄金等产品覆盖率分别提高2.94个、1.54个、1.01个、0.48个和0.18个百分点；法人客户工行信使、电子回单箱、企业网银、代发工资覆盖率分别提高了8.3个、5.5个、3.4个和1.8个百分点。

表4 广东分行2008年上半年全产品营销增长情况

客户类型	产品	上半年新增	同比增幅（%）	2008年6月末覆盖率（%）	比年初增幅（%）
个人客户	信用卡	50.5万张	51	13.61	1.54
	代理基金	252亿只	-65	25.67	-1.92
	代理保险	65.8亿元	110	1.62	0.48
	代理国债	41.6亿元	72	—	—
	本行理财产品销售	245亿元	277	5.68	2.94
	灵通快线	608亿元	—	—	—
	纸黄金	1.8万公斤	—	1.27	0.18
	第三方存管	19万户	—	15.07	0.07
	个人网银（证书版）	14.1万个	42	23.97	1.01
	个人网银（口令卡版）	32.5万个	66		
法人客户	新开账户	2.6万个	33	—	—
	新增现金管理客户	3 348户	250	—	—
	套餐销售数量	5.1万套	—	23.4	—
	企业网上银行	7 802户	119	29.40	3.40
	企业电话银行	4 972户	87	26.10	0.10
	企业账户管家	1.15万	—	8.20	5.50
	电子回单箱	2.49万	—	39.80	8.30
	代发工资	2 391户	—	7.80	1.78
	POS机收单	2 614户	—	—	—
	牡丹报账易	281户	—	—	—
	法人理财	428亿元	2 500	—	—

注：1. 个人客户产品覆盖率统计口径为中高端个人客户；
2. 部分产品因从2009年开始统计，无同比增幅数据。

（三）业务结构进一步优化。2008年上半年，我行通过大力开展全产品营销，在基金销售收入受资本市场剧烈震荡大幅减少的情况下，中间业务实现收入27.8亿元，除基金代理以外的中间业务实现收入23.4亿元，同比增幅为59%，占中间业务收入的比例为84%，比2007年末提高了31.7个百分点。其中结算与现金管理、国际、法人理财、公司中间业务、机构、电子银行等业务收入同比增幅均超过60%，个人金融中间业务收入剔除基金代理后同比增长54%。

表5 2008年6月末广东分行中间业务收入情况

单位：亿元,%

专业	业务收入	同比增幅
结算与现金管理业务	2.61	67.06
个人金融业务	12.79	2.31
其中：剔除基金后收入	8.52	53.66
银行卡业务	1.99	34.66
国际业务	1.27	67.66
投行业务	3.61	36.76
资产负债业务	4.44	92.47
公司业务	0.53	292.66
机构业务	0.48	126.17
电子银行业务	1.53	—
合计	27.75	27.88
剔除基金后总收入	23.48	59.26

经过2008—2009年的组织推动和工作实践，我行在全产品营销方面取得了初步的成效，但由于推行时间较短，目前还存在流程有待进一步优化、系统数据支持有待加强等问题，下一步我行将根据市场和客户需求变化，进一步完善工作机制和流程，不断改进和完善“套餐+菜单”，层层落实责任。同时进一步加强全产品营销信息化管理，建立统一的客户经理全面考核平台，以持续深入推进全产品营销，实现总行两个转变的目标。

关于开办中国—东盟跨境贸易人民币结算业务的思考

广西分行　张恪理

2008年12月24日，国务院召开常务会议研究部署搞活流通扩大消费和保持对外贸易稳定增长的政策措施，提出了对广东和长江三角洲地区与港澳地区、广西和云南与东盟的货物贸易进行人民币结算试点，人民币国际化进程迈出了重要一步。推进人民币国际贸易结算，银行受益远超过结算本身，还涉及人民币投资和人民币信贷等业务，在人民币贸易结算中发挥核心作用的银行，将在未来获得更大的竞争优势。近期，我对开办中国—东盟跨境贸易人民币结算业务的前景进行了专题调研。

一、广西分行开办中国—东盟跨境贸易人民币结算业务具有明显的优势和良好的基础

（一）开办跨境贸易人民币结算业务，广西具有很强的区位优势。广西地处华南经济圈、西南经济圈和东盟经济圈的结合部，公路可直接进入越南，通往东南亚各国；沿海防城、钦州、北海三大港口距东南亚的港口很近。广西对内是西南地区最便捷的出海大通道，对外是双向连接中国与东盟尤其是泛珠与东盟最便捷的国际大通道，是促进中国与东盟全面合作的重要桥梁和战略枢纽，也是我国唯一与东盟海陆相连的省区，区位优势非常突出。

（二）开办跨境贸易人民币结算业务，广西具有很强的政策优势。2002年11月在柬埔寨金边召开的第四次东盟和中国“10+1”领导人会议上，签署了《中国—东盟全面经济合作框架协议》和《中国—东盟农业合作的谅解备忘录》，标志着中国—东盟自由贸易区进程开始启动，中国与东盟贸易开始进入新的发展阶段。

2004年，中国—东盟博览会永久性落户广西南宁，广西每年成功举办一次中国—东盟博览会、中国—东盟商务与投资峰会，得到了东盟各国领导人的积极响应，使广西在中国—东盟自由贸易区中的重要地位进一步确立，在国内外的知名度显著提高。特别是2008年1月16日国家批准实施《广西北部湾经济区发展规划》，广西北部湾经济区的开放开发正式纳入国家战略，对推动广西与东盟经贸发展具有重大现实战略意义。广西北部湾经济区定位为中国—东盟开放合作的物流基地、商贸基地、加工制造基地和信息交流中心，意在成为带动、支撑西部大开发的“战略高地”和重要国际区域经济合作区。经济区由广西北海、钦州、防城港和广西首府南宁市“三港一市”共同组成，陆地面积4.25万平方公里，人口1 255万人，是目前国内面积最大的国际、国内多区域合作示范区。广西北部湾经济区的设立反映了国家对发展与东盟区域经贸合作的重视，并得到国家五大方面的政策支持：一是行政管理体制、市场体系和土地管理制度等综合配套改革方面的政策支持；二是重大项目布局及审批等方面的政策支持；三是在保税、物流体系等方面的政策支持，支持北部湾经济区在符合条件的地区设立保税港区、综合保税区和保税物流中心，到2009年初国家已正式批准设立广西钦州保税港区、广西凭祥综合保税区和广西南宁物流保税区；四是在金融改革方面的政策支持，国家支持在北部湾经济区设立地方性银行，支持符合条件的企业发行企业债券，到2008年10月，广西已经成立了广西北部湾银行；五是在开放合作方面的政策支持。

在国家多种政策的推动下，广西以泛北部湾经济合作为重点的中国—东盟“一轴两翼”区域经济合作新格局正在形成，中国—东盟博览会搭建起中国与东盟多区域、多层次交流合作的平台，东盟国家已经连续10年成为广西的第五大贸易伙伴。2008年，广西与东盟贸易总额39.9亿美元，同比增长37.1%，占同期广西进出口总值比重的30%。

特别是中国—东盟自由贸易区在2010年全面建成后，将会创造一个拥有18亿消费者、近2万亿美元国内生产总值、1.2万亿美元贸易总量的经济区。按人口计算，这将是世界上最大的自由贸易区；从经济规模上看，这将是仅次于欧盟和北美自由贸易的全球第三大自由贸易区，是发展中国家组成的最大自由贸易区。预计东盟对中国出口增长48%，中国对东盟出口增长55%，对东盟和中国国内生产总值的增长贡献分别达到0.9%（约合54亿美元）和0.3%（约合22亿美元），将为中国和东盟商界创造巨大的商机，开办跨境贸易人民币结算业务前景广阔。

（三）开办跨境贸易人民币结算业务，广西具有良好的基础。一个时期以来，人民币在越南、缅甸、泰国

等国家已经被作为支付结算货币，马来西亚、印尼、菲律宾、新加坡等国家已经接受人民币存款及人民币其他业务。越南是东盟各国使用人民币最多的国家，而广西与东盟经贸合作主要是越南。目前，广西与越南边境的边贸、旅游、投资等95%以上使用人民币结算，人民币在越南已从早期在口岸和边贸互市点扩大到越南河内、胡志明市等越南内地大城市，人民币作为支付和结算货币在越南已经被普遍接受，与广西东兴相邻的越南经济特区芒街市已经成为越南最大的人民币现钞中心和批发中心。据统计，在广西东兴市现有越南居民人民币存款约3亿元，占东兴市存款总量的11.6%。

使用人民币结算，将有效降低边贸结算成本和汇率风险，又有利于助推广西与东盟货物贸易全面提速。从结算成本看，目前越南边境地摊银行不仅经营货币兑换、代理支付业务，还提供短期资金融资和交易担保业务，并有越南管理当局的营业执照，通过地摊银行结算只能进行资金汇划业务，无法进行短期融资和交易担保。实行人民币结算以后，边境贸易可以通过银行进行结算、兑换和短期融资，并且取代地摊银行，边贸结算成本将得到有效降低。从企业的经营看，目前由于受国际金融危机影响，外汇市场汇率波动较大，不少企业都受到影响，美元贬值给不少企业带来了较大损失，而人民币的币值一直比较稳定，进行人民币结算试点意味着进行贸易的企业可以直接用币值较稳定的人民币进行结算，对缓解汇率风险、减少出口企业因美元贬值带来的损失将发挥重要作用。

（四）开办跨境贸易人民币结算业务，我行具有较强的先发优势。随着中国与东盟经贸合作的加快，尤其是中国与越南边贸的快速发展，广西各家银行陆续与越南银行开通了边贸结算代理业务，目前边贸结算经办行已经发展到10家。以前，中越双方的边贸结算代理行主要通过人工传递的方式来进行凭证交换，这种结算方式手段落后、结算效率低、资金安全性差，一笔边贸结算业务的处理时间最长需要2-3天，最快也需要7-8个小时，结算周期长，汇兑速度慢，客户的结算需求无法实时完成。为了提高边贸结算业务的市场竞争优势，我行对边贸结算产品进行了创新，于2007年5月成功开发出了新产品“边贸通”，并在年内分别与越南工商银行、越南农业与农村发展银行、越南投资发展银行合作开通了此项业务。“边贸通”的推出，解决了传统边贸结算汇兑周期长、结算速度慢、手续烦琐等弊端，使中越两国边贸结算不再受时间和地域限制，边贸结算从此进入了电子化的时代，在我国银行业中属首创。“边贸通”开通后，我行边贸结算业务量增长近一倍，市场份额由原来的末位上升至第2位，并呈继续上升趋势，市场竞争力显著提升，为我行开办中国—东盟跨境贸易人民币结算业务搭建了业务支持平台。

二、开办中国—东盟跨境贸易人民币结算的几点思考

工商银行作为全球最大的人民币结算银行，资金实力雄厚，结算网络分布广，系统网络先进，这些优势可以为设立区域性人民币结算中心提供强有力的保障。在广西南宁设立中国—东盟贸易人民币结算中心，结算业务可以覆盖东盟各国甚至印度、巴基斯坦等中亚国家，将有利于促进工商银行打造全球最大的“人民币交易做市商”。

（一）总体框架。依托广西分行已经投产的“边贸通”业务平台和正在开发的网上银行“中国（广西）—东盟贸易人民币结算系统”，面向东盟各国，以人民币结算平台为基础，逐步形成包括国际结算、国际贸易融资、投资理财、现金管理、信息咨询以及其他人民币衍生金融产品在内的综合金融服务体系。

（二）机构和账户设置。主要参与者包括工行广西分行、工行国内其他分行、工行境外分行、东盟国家的银行（东盟代理行）、国内进出口商、国外进出口商。以工行广西分行为中国（广西）—东盟跨境人民币结算中心，工行境外分行为境外人民币结算银行，作为广西分行结算中心在境外的延伸；工行境外分行在工行广西分行开立人民币清算账户，并注册为网上银行账户，作为人民币结算直接参与行；工行国内其他分行无须在广西工行开户，可通过工行内部系统清算，工行境外分行与工行国内分行的贸易人民币清算通过工行广西分行办理；符合条件的东盟代理行在工行广西分行开立人民币清算账户并注册为网上银行账户，作为人民币结算直接参与行；不符合条件的东盟代理行可在工行境外分行开立人民币清算账户，作为间接参与行；国内进出口商在工行广西分行开立人民币账户，国外进出口商可在工行境外分行或东盟代理行开立人民币账户。具体流程如下：

（三）业务清算流程。设立人民币结算中心后，我行可办理货物贸易项下的清算、人民币资金拆借和投资、现钞调运、人民币贸易融资等业务。具体流程如下：

1. 货物贸易项下出口结算。以国内企业出口到越南为例，越南进口商在其开户银行完成人民币购付汇手续，越南开户行（直接参与行）通过MT103或MT202或网银指令指示工行广西分行付款给中国出口商，工行广西分行借记越南代理行人民币账户，贷记国内出口商账户，完成清算过程。如果越南进口商的开户行不是直接参与行，需通过越南境内的直接参与行进行清算（此时直接参与行类似于中间行）。如果国内出口商不是工行客户，工行广西分行仍可通过国内人民币清算将

款项付至出口商的开户银行。

2. 货物贸易项下进口结算。国内企业从越南进口，进口商指示工行广西分行付款，工行广西分行借记企业人民币账户，贷记越南直接参与行人民币清算账户，通过MT103或MT202或网银指令指示其付款给越南出口商。越南出口商收汇后可选择保留人民币存款或结汇为越南盾。

3. 人民币资金拆借和投资。东盟代理行及工行境外分行在工行广西分行的人民币账户资金可获得清算账户利息，并需保持最低清算余额。工行广西分行可以提供人民币隔夜拆借、日间透支、短期投资等服务功能。

4. 现钞调运。人民币结算试点增强了人民币的支付结算和价值储备功能，必然促使东盟各国的银行有开办人民币存款业务的动机，使得目前在东南亚流通的人民币现钞获得合法的回流渠道。工行境外分行具有归集境外人民币的天然优势，可以作为境外人民币调运入境和调钞出境的主体。工行境外分行担任境外人民币结算行，可促进境外人民币业务的有序开展。

5. 人民币贸易融资。人民币贸易结算也会促使国内银行创造出新的贸易融资品种，带来新的盈利机会。国内银行将可以用人民币对境外企业进行信贷支持，比如向境外企业提供买方信贷等。目前我行广泛应用的海外代付业务也可以反向操作，变成人民币代付业务，即当境外银行需要对境外进口商办理人民币融资而人民币头寸不足时，可通过向我行担保，由我行先行垫付人民币给国内出口商，到期时境外银行再归还我行人民币本息。

关于巩固和提升结算与现金管理业务同业占比的思考

海南分行　石琪贤

2006年8月，按照总行机构改革的统一部署，我行在省分行层面设立了结算与现金管理部，主要履行对公客户市场营销和产品支持职能，作为全行实现存贷款业务、公“私”业务、本外币业务、新“老”业务一体化经营的桥梁和纽带。经过两年多来的积极探索与实践，对公业务的市场竞争力显著提升。2008年度结算与现金管理专业考核总行排名第6，较2006年末上升了12位，获得经营业绩综合奖。在实现规模、质量、效益协调发展的同时，牢固确立了区域第一结算银行和第一对公存款银行的同业领军优势，对全行核心竞争能力起到了明显的拉升作用。

一、主要成效

（一）客户资源基础愈加牢固。2008年新开对公结算账户首次突破万户大关，2009年上半年末对公结算账户存量和增量在四行中的占比分别达到38.24%和60.06%，分别高出第二位农行9.36个百分点和40.66个百分点。同时，客户结构进一步优化，2008年末累计签约现金管理客户较2006年末增长430.12%；日均余额100万元以上核心客户占比从2006年末的5.19%上升到6.10%，日均余额5万元以下的低端客户占比从2006年末的71.45%下降到68.93%。

（二）对公存款确立领先优势。2008年，全行本外币对公存款增幅为30.87%，高于系统平均水平，对公存款增量连续两年同业占比第一；存量是2005年末的2.33倍，实现三年翻番，超越建行成为第一对公存款大行。2009年上半年对公存款存量四行占比为29.87%，较2005年末上升2.6个百分点，领先第二位建行2.19个百分点。海口、三亚等地区对公存量和增量存款占比分别为30.69%、59.13%，分别领先第二位2.19个百分点和30个百分点；财政客户存款市场占比40.69%，同业客户存款市场占比为34%，部队客户存款市场占比为90%，均居同业首位，重点地区、重点客户的市场竞争力大幅提升。由于低成本对公存款的快速增长，全行资金成本率仅为1.81%，低于系统平均水平0.35个百分点。

（三）专业价值创造能力显著增强。2008年末和2009年上半年，结算专业实现中间业务收入4 891万元和3 469万元，在全行中间业务收入中的占比分别达到19.2%和23.85%，较2006年末分别上升10.45个百分点和15.1个百分点，高于系统平均水平。结算中间业务收入在本地四大行中的占比从2006年末的37.63%上升到49.99%，领先第二位中行28.61个百分点。

（四）产品体系建设日臻完善。本外币资金池、法人理财、贵金属等业务从无到有、市场份额从小到大、品牌影响力由弱到强。目前已建成了以本外币资金池、收支管控为核心的现金管理产品体系，以结算套餐、账户管理为核心的标准化结算产品体系，以代理同业、银证通等系列为核心的代理产品体系，以自营与代客黄金交易、品牌金销售为核心的贵金属产品体系，以法人客户营销管理系统为核心的内部管理产品体系等多条完整的产品线，为产品市场营销和客户关系维护提供了强有力的支撑。

二、结算与现金管理业务市场拓展的几点体会

（一）体制机制创新是关键。存、贷款业务是商业银行最基础的核心业务，法人贷款业务主要由公司业务部门负责营销管理，而无贷客户的管理长期以来是分散的，没有明确的归口管理部门。基于市场导向和目标客户定位，我行于2007年初前瞻性地将结算与现金管理部和机构业务部整合成一个部门，定位为三大营销部门之一，统一负责法人客户非融资业务的营销管理，并作为法人负债业务的总协调部门，牵头管理公司、机构、同业存款。通过体制的变革打破分专业、分客户群体的营销管理瓶颈，实现结算专业产品建设与机构专业客户资源的优势互补，较好地发挥了整体营销合力。为了在激烈的竞争中取得主动，我行明确提出了“四个高于”（高于GDP增速、高于系统平均水平、高于同业水平和高于总行计划数）的总体发展要求，并把机制优化作为结算与现金管理业务市场拓展的源动力，在资源配置上给予了适当倾斜。首先，建立了分产品的捆绑考核机制，比如对公存款增量在省行层面依据客户存款权重捆绑考核结算、公司、国际业务部门，对有贷户的存款实行公司业务部门和结算部门的双线考核，增强联动和共管意识，确保对公存款在营销管理各个环节的有序衔接。其次，强化了同业占比考核，将对公存款、结算账户等存量和增量市场份额作为竞争发展的刚性标准纳入考核体系，每个行同业占比不仅考核位次，更细化到占比。通过挂钩经营费用和人力费用实施奖罚结合的专项营销考核，着重突出重点地区、重点产品、重点客户的市场竞争力。第三，突出考核指标的均衡性，在基准利率持续下调以及存贷款利差逐渐缩小的宏观背景下，增强法人理财业务优化筹资成本和创收的市场拓展导向。对公存款和法人理财业务不仅考核时点增量，同时考核日均增量，通过保持总体规模的稳定性实现效益最大化。

（二）账户营销管理是基础。对公结算账户的发展一直以来都是我行的重点工作之一，经过2007年账户专项营销活动的大力推动，全行上下对对公结算账户的营销管理工作有了更为深刻的理性认识，抓好这一源头，增强“造血”功能，才能带来存款和收益。经过对近几年对公存款增长情况的调查研究，我们发现公司存款的增长很大程度上依赖于增量客户，而机构存款主要依赖于存量客户的贡献。因而，在对公结算账户的发展过程中，我行在已确立的对公结算账户同业领先优势的基础上确立了拓面与维护并举，持续优化客户结构的发展思路，并通过开展账户规模与质量双提升活动引向深入。一方面，省分行通过对未在我行开户的省百强企业和2008年全省81个重点建设项目的梳理，及时发布营销资讯信息，并通过调研督导+联动营销的方式抓大户、抢好户，在集团现金管理客户争夺、对公理财业务竞标、省级住房公积金招标以及多家市县的土地出让金、三亚某重大军事基地等项目的竞争中博得头筹，以大促小有效带动上下游关联客户的落户。另一方面，在对全行对公结算账户从客户、地区、类别等角度进行全面分析的基础上，以较年初存款下降超过100万元的存量客户以及长期不动等低效账户为重点，有的放矢开展关系维护活动。同时，加强对新增账户交易活跃程度的监测，对开户3个月但无交易量发生的结算账户以及长期不动户，逐户采取有效措施提高动户率，准长期不动户占比由原来的9.21%下降至3.11%的较低水平，对公结算账户发展工作连续两年获总行专项营销活动一等奖。

（三）深化服务内涵是重点。从关系营销的角度来看，要通过有效的双向沟通，在合作的基础上实现双赢才能与客户建立长期稳固的关系。在营销过程中，我们要求要善于主动发现客户需求，遵循“三个结合，两个区别”原则，即做到“标准化产品与个性化服务相结合，融资业务与现金管理服务相结合，情感维护与增值服务相结合”，客户维护要注重新增客户与存量客户、重点客户与普通客户的区别。通过增强对客户金融需求的干预引导能力，提升服务水平，从整体上保持客户对我行的满意度和依赖度。一是加快普通客户的培育速度，帮助中小客户提高资金使用效率和账户管理能力，积极培育普通客户从单一结算需求向融资、综合金融服务需求转变，充实有贷户和无贷户转换对接资源储备。二是加大优质客户的服务力度，通过为海南海汽运输集团有限公司、海南港航控股有限公司等多家本地知名企业提供个性化的集团现金管理服务，有效地扩大了“财智账户”品牌的市场影响力。三是拓宽大客户的维护广度，先后为省财政支付局、中海油、海南矿业等多家大型客户提供了量身定制的理财服务，理财金额累计超过50亿元，互利双赢的合作模式使银企关系进一步得到深化。四是延伸重点客户的合作深度，成功中标公积金业务受托银行资格，争取到了代理财政集中支付和非税业务最大市场份额，并通过海南省军区首批公务用卡的成功试点，树立起了“第一银军、银政合作银行”的品牌。五是加深目标客户的挖潜力度，深化企业、政府、机构客户维护，为个金“五进”工程、信用卡集团发卡、电子银行代发工资等业务开展提供高效平台，以公促私、公私互动的全方位金融服务促进关系升温、合作升级。

（四）专业价值创造是根本。目前，中间业务收入的增长压力主要来自两方面，一是传统结算业务中间业务收入相对稳定，规范性增长和调价性增长的边际贡献日趋下降；二是同业产品同质化和目标客户、定价机制趋同，买方市场的形成导致创收空间收窄。针对这一问

题，我行在传统业务上采取了因地制宜、沙里淘金的策略。一方面，逐项梳理传统收费业务，凭借业务创新和服务创新，以新开户带动账户管理与传统支付手段相结合、电子渠道与柜面服务两促进的方式深入挖潜，规范有争议的收费事项和标准，依靠系统自动化功能基本杜绝跑冒滴漏现象。另一方面，紧紧抓住人民银行撤销县级发行库、省财政厅扩大市县代理国库集中支付业务和税务体制改革的有利时机，上下联动，提前介入营销，成功争取了多家市县邮政局和信用社代理现金调缴、代理财政国库集中支付和代理非税收入业务，使传统业务的优势地位不仅进一步得到巩固，并且焕发出新的生机，全年保持了40%以上的高速增长。在新兴业务上采取了因势制宜、跑马圈地的策略。以贵金属、法人理财业务为主要抓手，针对宏观形势变化，主动挖掘引导客户潜在需求，并通过加强同业和市场调查，适时开展了形式多样、内容丰富的专项营销活动，大力发展新客户，深入维护老客户，积极培育潜在客户，有效地扩大了市场影响力，牢固树立了我行专业理财、专家服务的品牌形象。2008 年，法人理财产品销售 87.95 亿元，较同期翻了近 3 番，品牌金销售创下了单个客户购买 200 公斤的全国纪录。贵金属和法人理财业务收入在全部结算中间业务收入中占比达到 27.79%，较同期上升 9.24 个百分点，成为中间业务增长的强力助推器。

（五）强化渠道建设是保障。从近几年的情况来看，其他商业银行加快了在系统和虚拟等渠道的投入和改造力度，相比之下，我行原有的渠道优势有所弱化。另外，其他国有大型银行在收缩战线后，加强了外勤人员和客户经理等市场营销人员的配备，强调感情维护和关系营销。针对日益增长的对公无贷客户规模及其金融需求，我行这几年来在物理渠道和队伍渠道的建设上也进行了一些有益的尝试。首先，在物理网点建设上，我行建成投入使用的财富管理中心、贵宾理财中心充分兼顾了对公客户与个人客户办理业务分层、分区服务的服务需求，设置了专门的对公结算账户开户专柜或贵宾通道，较好地发挥了营业网点作为对公无贷户营销主阵地的作用。其次，在队伍渠道建设上，我们建立了产品经理和客户经理两支队伍，并相继出台了针对这两支队伍的考核管理办法。同时，以法人客户营销系统为依托，推动客户关系管理机制和客户经理、产品经理业绩评价机制的建立，实现对公客户服务的精细化管理。针对结算专业新业务、新产品推广较快的特点，着力抓好内部培训工作，并以黄金分析师、财资管理师资格认证考试为契机，初步建立起一支具有认证资格的 70 人专业队伍，为专业经营的可持续发展提供了强力的人力资源保障。

三、下一步拓展结算与现金管理业务市场的思考

（一）加强负债管理。结算与现金管理这项低资本占用的业务不仅是各商业银行实现股东价值增值最有效、最根本的途径之一，也是做大负债业务规模的切入点。为此，一是发挥结算专业服务对公客户面广、贴近客户基础需求的特点，认真研究储蓄、对公、同业存款的转化规律，加强资金流监测和预测，在社会资金大循环中不断巩固和扩大存款市场份额，通过提升对公存款的稳定性成为全行资金运营的“蓄水池”。二是进一步突出我行法人理财产品在安全性、收益性和流动性方面的优势，积极吸引挖转他行客户和转换替代高成本的存款，主动调整负债总量结构和降低筹资成本，成为兼顾存款增长与付息成本控制的“转换闸”。同时，通过对客户在我行接受金融服务的路径、渠道、使用产品、频率、综合贡献等的科学分析，有效进行客户和产品细分，以个性化的综合服务实现有贷无贷客户转化的全程无缝衔接，并以此发挥支援零售业务定向化、批量化的辐射功能。

（二）加快创新步伐。企业作为国民经济发展过程中最活跃的因素，其生产经营会随政策导向和市场导向发生变化，而企业规模及行业差异决定了其金融服务需求的多样性和复杂性。要想在市场竞争中争取主动，就必须在加强市场调查分析的基础上，及时掌握客户的需求，主动做到应需、应时、应势而变。一是加快营销机制创新。快速联动和及时反应是营销成功的基础，要加强与政府主管部门的协调沟通，掌握第一手项目进驻和招商引资信息，构建实时动态的信息分析交流平台和项目储备库。同时还要强化矩阵式营销管理，新项目、新客户的营销要在纵向上突出分、支行第一时间的联动，横向上打破专业分工的限制，组建重点项目突击队、社区服务小分队和区域营销游击队，通过产品和人员的有机整合全面提升整体营销合力。二是加快服务模式创新。通过落实客户跟随和分层维护机制，在关系维护上突出高层营销与基层营销的结合，加快对公高端客户与个人、银行卡高端客户之间的延伸渗透。面向综合贡献度较高的重点客户建立省行直营模式，在法人理财、现金管理、企业年金等服务上直接由省分行提供专业服务，加快客户需求响应速度，提升客户服务满意度。同时，打破前后台业务分工的界限，建立核算柜员与客户经理的服务质量捆绑考核机制，积极营造“大服务”格局。三是加快产品运营创新。客户维护离不开高效的产品和服务的支持，通过加强市场调查，关注需求变化，深入研究各项产品之间的关联性，努力完善产品链条、组合营销、加强售后管理以及灵活的价格策略，避免产品同质化竞争的不利影响，达到“一点切入、全面开花”的效果，全面提升对公客户的依存度。

（三）加大创收力度。在结算产品日益同质化的趋势下，变被动服务为主动营销，抓好支付结算、现金管理、对公理财、贵金属和代理业务等五方面的工作是保持结算中间业务收入快速增长的关键。一是通过对现有

结算产品的梳理，不断完善现有结算产品的整合打包功能，扩大套餐服务的适用客户群。同时，要提升国内信用证、速汇款、本票等新型结算产品的市场认知度。二是通过现金管理业务在综合性和个性化服务上的优势，进一步拓宽优质客户的合作领域，尤其是尚未在我行开户的国内、省内百强企业，有效带动其他业务的开展。三是通过集合理财和专户理财的有机结合，大力实施理财客户扩面工程，扩大理财产品的日均余额沉淀，以稳定的日均规模换取收益。四是针对经济形势变化引发的客户需求，深入挖掘贵金属业务的盈利增长点，通过对贵金属业务目标客户的“清单式”维护管理，适时开展各种营销活动，进一步扩大贵金属业务的市场份额。五是关注省市财政改革进程，跟踪风险抵押金项目的进展，突出我行代理支付业务的优势，争取由我行独家代理其支付结算业务，抢占新的市场份额。

（四）加强渠道管理。渠道是为客户提供服务的窗口和平台，也一直是我行的优势所在，要进一步完善物理渠道、虚拟渠道和客户经理渠道建设，全力提升对公无贷户的服务水平。一是打好物理渠道阵地战。以网点创造价值为基本点，尽快完善综合网点资金汇划和跨行支付等基本支付结算职能。通过对客户结构、产品覆盖率、收入等指标的考核，促进物理网点的经营结构转型，充分发挥营销功能和客户关系管理功能。二是打好虚拟渠道抢滩战。突出宣传电子银行渠道安全、高效、节约成本的特点，让更多客户了解、使用电子银行渠道，不断充实和丰富现金管理的服务内容和功能，充分发挥电子银行渠道在支付结算、销售理财产品等方面的作用，促进银企合作深化。同时，加强媒体、网络、户外宣传，进一步提升市场影响力。三是打好客户经理渠道攻坚战。通过加强业务培训以及开展专业资格认证考试，着力解决结算专业队伍结构不合理、业务技能单一等问题，全面提升产品经理和客户经理的专业知识水平和客户服务技能，打造一支专业、专职的高素质队伍，充实海口、三亚、洋浦等重点地区的专业队伍以适应对公无贷客户群体日益增长的多元化服务需求。

关于对客户经理考核的探索与思考

四川分行　陈焕祥

客户经理是银行对外营销的主力军。称职的客户经理能在深入了解并分析市场现状和发展动态、密切关注客户需求的基础上，为客户提供差异化、专业化、精细化的全方位金融服务，在商业银行市场营销和业务拓展中具有举足轻重的作用。作为客户经理，维护存量优质法人客户和个人中高端客户关系、充分挖掘存量客户的业务贡献潜力、拓展新的优质客户是其主要工作职责。要增强客户经理队伍的战斗力和竞争力，提高客户经理队伍的营销积极性和创造性，增强其在优质市场拓展中的竞争优势，建立科学、有效的客户经理考核模式是关键。为强化激励约束机制，充分发挥客户经理在营销中的主力军作用，加快推动各项业务的全面可持续发展，四川分行近年来在客户经理考核机制上开展了一些探索，推行了客户经理“3＋1”考核模式，取得了较好的成效。

一、传统的客户经理考核模式存在明显不足

在过去很长一段时期，我们对客户经理的认识、管理和发展等方面存在偏差。特别是随着经营管理的精细发展和市场环境的不断变化，以产品营销为导向的传统考核模式不能够真正体现“以市场为导向、以客户为中心”的经营方式，也不适应客户经理队伍建设的需要，在一定程度上制约了业务的快速发展。

一是考核范围不清晰。很多人对什么才是真正的客户经理存在概念上的误区。由于很多客户经理是从过去的储蓄员、信贷员演变而来，传统观念上往往把接触客户的银行员工都称为客户经理，把从事中台、后台工作的产品经理也视同为客户经理。这就造成了对客户经理的范围界定不准确，把不属于客户经理的人员纳入考核范围，混淆了对真正的客户经理的考核，也导致了在客户经理发展导向、地位作用等方面缺乏清晰的思路。

二是考核导向不明确。由于对客户经理的概念不明确，对客户经理的工作职责、工作重点、工作范围等方面难以界定，致使传统观念上将营销产品当作是客户经理的主要职责，造成客户经理本质上履行的是推销产品的职能，充当的是产品经理角色。一提到客户经理考核，就说营销了多少产品。对客户经理的考核完全取决于产品营销指标的完成，产品卖得多，就认为客户经理业绩好；考核只针对产品，不针对客户，更没有与客户的维护、挖潜挂钩。也导致了哪一项产品绩效奖金高，客户经理就拼命营销哪一项产品，也不管卖到哪里、卖给谁，甚至不惜为此弄虚作假、虚报数量。

三是考核指标不完善。受制于传统观念的影响，作为客户经理重要工作职责的存量法人优质客户和个人中高端客户的维护、挖潜和拓展，以及重点产品在现有存量优质客户中的营销和渗透等基础性指标未纳入客户经

理考核，没有真正体现出以客户为中心的思路，使得原有考核指标体系很不完善。

二、四川分行客户经理“3+1”考核的基本思路

为进一步增强客户经理营销活动与全行业务发展的契合度，在充分调研和试点探索的基础上，四川分行近年来从优化考核内容和考核流程着眼，逐步推广实施了客户经理“3+1”考核模式。

（一）“3+1”考核模式的基本原则

1. 重点突出原则。考核紧密围绕客户经理的核心职责进行，即把对存量目标客户维护、存量目标客户产品渗透和挖潜、新目标客户拓展作为考核的重中之重，以三项核心职责完成情况作为考核分配的主要内容。

2. 主次分明原则。客户经理的考核主要体现目标客户和非目标客户的差异化定价和考核，以充分发挥客户经理拓展目标市场、目标客户的作用，确保把优质高回报产品营销到高回报的中高端客户中去。

3. 业绩价值导向原则。对客户经理的考核从单一的数量型考核向价值型考核转变，在充分进行投入产出论证的基础上科学确定各项业务的绩效工资含量，确保有限的资源投入产生更大的效益。

4. 公开透明原则。在保守商业秘密的前提下，对全行员工公开客户经理绩效考核办法，规范客户经理绩效考核及工资分配的程序，提高绩效考核和收入分配依据的透明度。

（二）“3+1”考核模式的基本内容。对客户经理的考核主要围绕客户经理“3+1”职责进行。“3”是核心，包括三个方面：一是维护好现有目标客户，保证已有客户不流失，已有业务不流失；二是充分挖掘现有目标客户潜力，增加业务量，渗透各类产品，提高贡献度；三是发展新的目标客户。“1”是附带，指引导客户经理在做好以上三项核心职责任务的基础上，积极开展对非目标客户各项金融产品的营销工作。通过强化“3+1”考核，进一步调动客户经理积极性，促使客户经理找准目标市场和目标客户，充分发挥客户经理对存量客户维护、存量客户挖潜、新客户拓展的作用，为实现业务的持续发展奠定良好基础。

（三）“3+1”考核模式的指标体系。“3+1”客户经理考核分为定量考核和定性考核两部分，根据客户经理核心岗位职责分别确定每一位客户经理的定量考核指标和定性考核内容。根据客户经理“3+1”核心职责要求，将客户经理定量考核内容确定为存量目标客户的维护、存量目标客户业务潜力的挖掘、新目标客户的拓展三大类，同时在考核三大基本职责的前提下也鼓励客户经理参与全行各类产品营销。二级分行可在参考考核指标基础上选取、补充和细化本行客户经理考核指标，并对每一位个人客户经理分解下达年度和各个考核期的目标任务、签订目标责任书和按季（或按月）进行绩效考核。

定量考核内容包括：

1. 原有目标客户的维护情况。主要考核原有目标客户主要金融资产余额或核心业务的增长以及原有目标客户的流失情况。

2. 原有目标客户业务潜力的挖掘。主要考核原有目标客户中销售理财金账户、信用卡、第三方存管、保管箱、网上银行、基金、保险、贵金属等优质个人金融产品或法人金融产品的渗透情况。

3. 新目标客户的拓展情况。主要考核在目标客户名册外新拓展的目标客户数以及对新目标客户的优质产品或核心业务的拓展情况。

同时，在考核上述三项基本工作完成的前提下，才计算客户经理参与全行各类产品的营销情况，把参与全行理财金账户、信用卡、无贷户理财产品等优质个人金融产品或法人金融产品的营销业绩纳入补充计价的范围。

定性考核内容：

主要考核内容包括基础管理、工作能力、服务质量、团队协作、内控案防等方面工作，实行目标考核。对每一项考核内容的细化工资目标或工作要求，每个考核期结束后对照目标完成情况进行考核打分。

（四）客户经理绩效收入的构成。实行“3+1”考核后，对客户经理实行年度总收入管理，严格采取全口径考核分配模式，每月预发岗位工资，作为客户经理正常出勤、正常履职的体现；定期考核后发放绩效工资，与原有目标客户维护情况挂钩、与原有目标客户挖潜挂钩、与新目标客户拓展挂钩并采用指标含量的方式进行计价。为突出维护目标客户的主要职能，在挂钩考核中如果目标客户业务维护指标完成不好，客户经理绩效工资将不能超过一定水平。

在进行上述三项基本职责考核的前提下，然后才对客户经理参与全行产品营销的情况进行计算，这部分业绩与定量考核指标任务完成率挂钩。为切实防范客户经理考核分配中可能存在的各种风险，还对客户经理绩效工资按照一定比例提取风险保证金，如果风险未发生，风险保证金全额返还。

（五）“3+1”考核模式的组织保障。省分行要求各二级分行成立由行长任组长、分管副行长任副组长，各营销部门、人力资源部门、财务会计部门和内控部门负责人组成的客户经理绩效考核分配领导小组，下设办公室，负责本行客户经理绩效考核及薪酬分配实施细则的制定和完善以及考核分配中涉及的具体营销分成比例规定、各项系数设置方案、与工资分配挂钩的其他限制性条件、考核平台的建设、宣传培训、组织推广、客户经理绩效考核具体实施流程（包括客户经理的目标任务分解、目标任务书的签订、各考核期相关部门的分工

及考核流程等）等工作，为新的客户经理考核模式的有效推进和顺利实施提供有力的组织保障。

三、我行“3+1”客户经理考核模式的优点及初步成效

“3+1”客户经理考核有效解决了我行传统客户经理考核模式存在的诸多不足，在创新考核机制、调动客户经理队伍、扩大客户市场占比等方面起到了积极作用，并取得初步成效。

（一）实现了考核机制和考核方式的重要创新。客户经理考核是一项重要的激励机制，涉及范围广、人员多、难度大，对整个业务经营和客户经理队伍的稳定具有很大的影响。“3+1”客户经理考核机制在考核方式、考核内容、考核对象、考核权重等方面较过去的考核模式作出了重大调整，由“营销产品”考核导向逐渐向“服务客户”考核导向转变。“3+1”客户经理考核机制体现了绩效考核的导向性、科学性、约束性和激励性，是在客户经理考核指标、考核重点以及考核工具等方面的一种重要创新。

（二）提高了市场占比和优质客户贡献度。“3+1”客户经理考核模式是从“定位中端、竞争高端、培育潜力”的目标客户市场战略定位的角度进行设计和推行的。客户经理借助“3+1”考核办法的指引，着力向存量目标客户营销和推荐重点金融产品，全面提高理财金账户、信用卡、第三方存管等优质产品的渗透率。同时，推进法人优质客户资源与个人中高端客户资源的相互转化，并进一步挖掘市场潜力营销新的优质客户，做大优质客户规模、优化客户群体结构，提高客户综合贡献度。

（三）建立了能激发客户经理战斗力的长效机制。要管理好、利用好、发挥好客户经理的职能作用，使其牢固树立市场观念、客户观念、创效观念，充分激发和调动客户经理的积极性和主动性，必须要有科学合理的考核办法配套和支撑。“3+1”客户经理考核机制非常明确地对客户经理管理、工作职责和工作内容、定量考核指标和定性考核指标、营销重点和营销任务以及工资分配和绩效兑现等进行了刚性管理和制度性规定。通过强化“3+1”考核分配，提高客户经理收入与“3+1”业绩贡献的关联度，合理拉开不同业绩客户经理的收入差距，从而为调动客户经理队伍积极性，激发员工战斗力提供可靠的长效机制。

（四）适应了四川分行跨越式可持续发展的现实需要。客户经理是全行活跃度最高、创造力最强、贡献度最大的一支营销队伍，是我行营销的主力军和排头兵。客户经理队伍发展的快慢一定程度上决定着全行发展速度的快慢，客户经理竞争力的强弱一定程度上决定着全行竞争力的强弱。在工商银行建设全球最盈利、最优秀、最受尊重银行的进程中，四川分行提出了建设同业中第一大行、系统中西部强行，为进入利润百亿元俱乐部打好基础的三年发展战略规划，这需要依靠和借助客户经理队伍的努力。一套行之有效的客户经理考核模式是营销活动源源不断的动力，是全行实现跨越式、可持续发展的现实需要。

四川分行从2007年末开始推行客户经理“3+1”考核模式以来，目前已初见成效。一是客户经理岗位职责清晰明确，目标任务重点突出，实现了由过去单纯产品营销向服务客户、维护客户、挖掘客户的转变，增强了营销目的性和实效性。二是业绩考核科学公正，客户经理收入直接与所服务客户的贡献挂钩，进一步强化了“收入靠贡献”的理念，极大地调动了广大客户经理的工作积极性。三是目标客户使用产品渗透率不断攀升，客户贡献稳步提高。到2008年末，全行实现拨备前利润42.11亿元，增长41.65%；实现拨备后利润31.37亿元，增长36.58%。各项存款余额比年初增加629.81亿元，增长30.95%；各项贷款余额比年初增加320.03亿元，增长29.2%。全行累计销售个人理财产品854.02亿元，同比增长210.38%；累计销售对公理财产品211.11亿元，同比增长3 245.64%。全行中高端目标客户信用卡、达标理财金账户、本外币理财产品渗透率分别达到11.4%、38.60%、5.91%，较上年分别提升了3.5个、7.99个、0.55个百分点。四是优质客户关系维护不断深化，优质客户市场规模增幅明显。到2008年末，全行金融资产5万元以上个人中高端客户达到74.73万户，较上年增加15.37万户，增长25.89%。其中，金融资产20万元以上客户12.08万户，较上年增加3.68万户，增长43.82%；100万以上资产客户7 276户，较上年增加3 056户，增长72.42%；800万以上资产客户168户，较上年增加118户，增长236%。全行5万元以上中高端客户金融资产占全部客户总资产的占比达到71.33%，较上年提高5.32个百分点。同时，全行AA-级法人客户贷款占比为75.5%（按老口径），较2007年末提升了6.53个百分点。

四、目前客户经理考核中存在的主要瓶颈

全行客户经理考核经过了较长时间的实践摸索和经验总结，并在全行有序推行，但在实际运用过程中还存在一些瓶颈制约，特别是考核数据提取难的问题没有得到根本解决，影响了考核效果。

（一）分行层面。目前，总行管理信息部提供的个人和法人客户数据有两种途径，即监测通报（书面形式）和T+1系统（网络形式），并提供了个人中高端客户明细返传，前两种方式均是以机构和网点为对象的汇总数据。一方面法人和个人中高端客户明细数据的内容（字段）有限，客户使用产品的渗透率等指标无法全部提取，不能完全满足以客户经理为对象进行考核的

数据需要；另一方面，分行很难及时根据数据的统计和分析，为全行经营决策提供参考意见，也很难及时制定出有针对性的营销方案，推出有目的性的营销活动。

（二）支行层面。由于一级分行及以下机构特别是支行和网点层面没有访问和提取大机数据的权限，支行在考核网点客户经理时，只能自下而上通过手工统计和部分返传报表，然后逐个进行筛选和汇总，支行投入了大量精力和时间，考核成本较大。支行难以取得全面、可信、及时的考核指标，也难以对全行客户经理的营销业绩和营销进度进行实时监控，对客户经理的工作进行督导和帮助，不利于对客户经理实施“过程管理”和“全程管理”。

（三）网点层面。网点在推行“3 +1”客户经理考核中遇到的瓶颈也仍然是数据的提取。受大机返传数据滞后、返传信息量少等的制约，网点较多采用人工采集数据和大机采集数据配套使用，相互补充的形式，但仍存在着部分数据无法采集、采集数据信息不够、采集信息不准确等问题，增加了考核办法落实的难度。一方面网点是在被动接受上级行营销通报数据后才能够发现问题症结和业务短板；另一方面，网点难以及时了解所管理的客户明细及客户迁徙情况，在客户关系维护中也比较被动。

五、突破“3 +1”客户经理考核瓶颈的建议

为了突破“3 +1”客户经理考核瓶颈，急需总行提供客户经理相关营销业绩的统计数据，建议在数据仓库系统增加相应功能模块和查询内容，适时展示单个客户经理对目标客户的维护和营销情况。具体功能和需求建议如下：

（一）增加功能模块。建议增加“客户经理业绩统计”功能模块，根据分行、支行和网点等不同层级客户经理编号查询、下载客户经理考核指标和考核资料。

（二）增加查询内容。建议增加查询内容包括：客户经理负责服务的客户明细及客户迁徙情况；客户经理负责服务客户的资产、负债及变动情况；客户经理负责服务客户的其他产品营销情况；客户经理负责服务客户的综合贡献情况。

（三）增加返传数据。总行从 2009 年 3 月对 PCRM 系统返传数据传输方式进行了调整，个人客户基础数据也较过去有了增加，但原来的个人客户理财产品、代理保险业务、第三方存管业务等数据不再提供，建议恢复这三种数据的返传，同时增加代发工资等数据信息。

（四）增加权限设置。为了保证客户信息的安全，防范操作风险和道德风险，建议对部分展示内容的查询应严格控制，采用授权方式，由客户经理绩效考核部门或相关负责人查询使用，并分级展示、增减和下载相关数据。

云南分行通过流程再造
优化人力资源配置的探索与思考

云南分行　蒋玉林

经营效率低和人均规模小一直是制约云南分行加快发展的主要障碍。2008 年以来，我行认真贯彻落实总行党委提出的实施流程改革、优化资源配置、提升核心竞争力的重要部署，着力从机制和体制上解决人力资源配置问题，在前期人力资源跨区域转移的基础上，通过实施流程再造工程把运行业务人员释放到营销一线，有效地解放了中后台的生产力，为推动业务发展、提升核心竞争力做了一些有益探索。

一、实施流程再造的必要性

（一）人力资源结构性矛盾突出。一方面柜面业务人员总量占比过大，全辖营业机构 372 个，柜面业务人员 4 166 人，占比高达 50.78%；另一方面，客户经理、大堂经理配比仅为 0.76 人/网点，网点客户（理财）经理普遍紧缺，使得个性化、高附加值业务和客户维护工作难以有效拓展。

（二）业务运行效率低。我行 70% 以上的业务分散于网点，部分传统柜面业务还是手工操作，存在着多次重复录入的情况，一方面，网点承担了过多的业务核算职能，占用了大量人力资源，造成了我行较高的业务运行成本；另一方面，业务操作流程不畅，处理效率低下，在同业竞争中处于被动。

（三）风险控制链条长。由于缺乏规范化的风险控制标准，分散、重复、低效的业务流程设置，造成风险控制链条加长，使得工作的重心落在中后台上，导致中后台挤占了大量一线环节的人力资源，授权人员和监督检查人员占到运行人员总数的 26%。

（四）网点服务水平低。由于营销人员不足，使一些网点仅能够应付存取款等简单的低附加值交易类业务，对客户的服务质量也大打折扣，更谈不上为客户提

供专业化、标准化、个性化的一流增值服务。

二、云南分行流程再造的主要做法

为保证改革的顺利实施，从2008年开始，我行在对大量数据进行反复测算论证的基础上，最终确定了流程再造的主要内容和实施计划。

一是明确目标，理清思路。通过流程再造让更多的中后台人员从现有岗位走出来，走到营销一线，充实到客户经理、产品经理、营销经理队伍，转变现有的经营模式，加快培育核心竞争力，实现云南分行又好又快地发展。

二是精心组织，周密部署。为保证改革的顺利实施，我行按照“先试点后推广”的原则，分步骤推进流程再造，第一阶段（1-4月）完成集约化业务改革项目，第二阶段（4-6月）全面开展规范化业务改造，第三阶段（6-10月）实施自动化业务改革项目及柜员精细化考核，第四阶段（8-12月）开展离柜业务竞赛活动，顺利完成流程再造的预定目标。

三是深入动员，广泛宣传。在改革进程中，省分行先后两次召开二级分行行长及相关部门总经理参加的动员大会，按月召开“流程再造领导小组会议”，举办流程再造培训15次，下发制度办法9个，从思想和组织上为流程再造的顺利完成提供了保证。在省分行网讯中设置“流程再造专栏”，先后发布信息100余篇，交流各行的做法和经验。

四是跟进培训，多管齐下。流程再造工作牵扯面广，工作量大，涉及员工的利益调整。为引导每位员工正确对待岗位调整和工作安排，尽快适应新的工作要求，各级行采取培训、讲座、晨会等多种形式，通过扎实细致的工作，帮助员工转变观念，快速转岗，实现了运行业务人员到营销人员的顺利过渡。

三、云南分行流程再造取得的初步成效

流程再造后，长期困扰我行的人力资源结构性矛盾得到了有效缓解，最直接的成效就是核心竞争力的明显提升，最具体的体现就是我行同业排名跃居前列。2008年末，在四大商业银行中，我行存款增量占比为31.78%，同业排名第1位；贷款增量占比为42.63%，同业排名第2位；中间业务收入占比为29.55%，同业排名第2位，比上年提升1位；实现利润占比为27.82%，同业排名第2位；不良贷款率为1.61%，资产质量排名第1位。

总体而言，流程再造取得了以下成果：

一是有效释放了二线人力资源。至2008年末，流程再造实际释放运行人员720人，其中，390人充实到一线营销岗位，330人结构性调整至其他岗位。全行运行业务人员较年初减少17%，占总人员的9.24%。与此同时，我行增配专职个人客户经理620名，较年初增长78%；增配专职大堂经理128名，较年初增长85%。客户经理队伍无论是数量上还是质量上都较流程改造前有了大幅提高。

二是有效增强了营销服务能力。通过业务集约化改革，网点客户服务效率提高两倍。对公通存通兑使网点同类业务处理时间至少缩减了2-3分钟；自动化和规范化管理使交易处理效率提高近30%；离柜业务分流使业务平均处理时间大幅缩减；柜面快收快付的实施，客户排队等候现象得到有效控制。业务处理流程前台、中台、后台清晰分离、相互制约的流程控制体系已见雏形，网点更加关注服务、专心服务，网点市场营销和客户服务功能更为突出，我行客户服务由统一化、大众化开始向分层次个性化转变。

三是有效提高了业务运行效率。我行创造性地以“城市行模式”实现了汇划、网银落地业务的集中处理，结束了长期以来分散于通汇网点的历史；依靠自行研发的“同城交换提回处理系统”，实现了同城交换提回业务全面集中；在实施金库标准化建设的基础上，我行分阶段、分步骤逐步构建了以现金营运中心为核心的现金业务集约化管理平台，实现了现金业务集中管理。至2008年末，全行业务集中处理覆盖率达到33.24%，较年初提高6个百分点。通存替代汇划投产后，全行每年可减少主机交易19.5万笔/年，减少主机资源占用费1.6万元/年；提出交换、电子登记簿、回单打印等自动化改革项目使柜员同类业务处理效率提高近62%，业务统计分析功能相应得到提高；离柜业务分流使各营业网点单笔业务成本由7.95元/笔降低为1.13元/笔，节约率超过700%。

四是有效控制了业务操作风险。利用自行研发的“运行统计分析系统”，我行实现了对高风险业务风险度的自动识别，使高风险业务从依靠主观判断走向量化分析；监督中心由业务复审向风险管理与质量控制的战略转型，改变了原来重复劳动、低效监督的作业方式；我行印章、支付密码系统电子化、全流程、可视化控制，极大地增强了会计核算要素的风险管控能力。随着各类自动化系统的投产应用，形成了以流程制约和系统控制为主要形式的较为刚性的风险控制体系，风险防控能力明显提高。

五是有效优化了网点区域布局。经过努力，我行进一步加大了中心城市行和重点发展行的网点渠道优势；位于城区的网点247个，在中心城区的网点167个，位于高档和新兴商务区、商业区和住宅区的网点数量88个，网点区域布局和区位布局趋于科学合理。在网点内部功能分区上，网点的营业面积扩大，中高端优质客户服务区域占客户服务区域的60%以上；网点功能提升，建成财富中心1个，贵宾理财中心95个，理财网点52个，初步构建了营业网点分层分类服务体系。网点业务核算功能后移，形成业务处理流程前台、中台、后台清

晰分离、相互制约的流程控制体系，促进了网点经营模式的转变。

四、我行流程再造工作的几点体会

（一）部门配合是做好流程再造工作的重要基础。在流程再造工作中，省分行党委高度重视，成立了由“一把手”任组长、相关行领导和部门负责人为成员的工作领导小组，精心组织、认真研究、周密部署，确保流程再造工作平稳顺利完成。省分行按月召集由运行管理、个人金融、人力资源、财务会计、信息科技等职能部门组成的流程再造领导小组会议，明确时间表、责任制，协调项目推进中出现的各种问题，确保流程再造工作顺利实施。

（二）集约化改革是做好流程再造工作的切入点。不从根本上改变分散化、低层次的业务运行格局，资源“瓶颈”的问题无法突破，各项改革就难以深入进行，为此，我行倾力打造集约型业务运营平台，以业务集约化作为流程再造的切入点，进一步梳理业务流程，深层次挖掘业务处理效率和潜力，坚持自主创新，以科技创新打造核心竞争力。通过流程分解，简化内部处理环节，删繁就简、去迂为直，将复杂、重复的流程转变为简单的程序化的操作过程，实现了业务操作流程的全程电子化控制，集约化和自动化程度逐步提高。

（三）风险控制是做好流程再造工作的刚性原则。本着效率与风险并重的原则，我行充分贯彻制度与系统建设并行的改革理念，在流程再造过程中始终坚持以风险控制为主线的思路，通过信息技术的运用，用系统硬控制的方法大幅度提高业务运作的规范化、标准化水平，减少风险控制成本及人员占用。

（四）离柜竞赛是做好流程再造工作的助推引擎。随着金融产品的不断推出和各项业务的迅猛发展，伴随而来的排队现象成为影响我行服务质量的主要问题之一。为此，我行明确了各部门离柜业务指标，以离柜竞赛为助推器，通过电子自助渠道分流柜面业务缓解排队问题，提升客户满意度，释放柜面人力资源，减少操作风险。

（五）精细化考核是做好流程再造工作的突破口。为改变原有简单粗放、缺乏公平的考核方式，促进业务流程再造的深入进行，我行应用技术手段，以“柜员、网点、机构”为主线整合共享业务运行数据，形成全行科学、透明的考核体系。“运行统计分析系统”及“账务还原统计系统”投产后，我行可量化的精细化考核手段激发并引导员工自觉贯彻分行的经营目标，各项业务协调发展，最大限度地增强了核心竞争力。

五、下一步的工作打算

优化资源配置、提高核心竞争力是我行实施流程再造的根本目的，在今后的工作中，我行将坚持以人为本、以市场为导向、以客户为中心的经营理念，继续总结经验，开拓进取，力争网点全面实现以“业务处理为中心”向以“产品经营为中心”的转变，在3年内实现全行电子渠道替代率70%以上的分流目标；继续加快现代运行体系的建设步伐，建立全行业务处理共享服务中心，使对公柜面业务集中覆盖率以每年10%的速度向前推进，至2011年达到对公柜面业务50%以上的集中覆盖率；继续加大专业营销人员队伍的组建力度，三年内使营销人员数量再增1.5倍；继续完善激励考核体系，加快研究岗位业绩价值考核系统，激发网点营销活力，调动员工主观能动性，为把云南分行建设成西部一流商业银行打下坚实基础。

关于推进事权划分控制体系改革的调查和思考

陕西分行 惠平

按照总行提出的构建运营集约化、管理一体化运行管理体系的目标，陕西分行以深化事权划分控制体系改革，建设科学高效运行支持保障平台为突破口，针对网点业务处理流程繁杂、服务效率较低、员工工作强度较大及劳动组合不尽合理等突出问题，采取规范规章制度、科学梳理岗位、优化参数控制、精简业务流程等措施，加大对授权、额度、劳动组合优化的整合力度，积极构建科学合理高效的事权划分体系，取得了初步成效。

一、陕西分行实施事权划分控制体系改革的主要做法和初步成效

事权划分控制体系在提高核算质量，规范业务操作和防范操作风险中的作用日益显现，今后随着全行业务创新和网点转型步伐的进一步加快，事权划分控制体系对于推进业务核算系统流程再造，提升机构网点核心竞争力的重要作用还将得到更加充分的发挥和体现。但在金融市场需求急剧扩大，前台业务量大幅增长以及业务

操作系统版本多次升级的情况下，因岗位设置过多、岗位设置标准不清晰、岗位组合不科学和业务授权交易过多等因素引发的提升服务效率与加强操作风险防范的矛盾也日益凸显，在一定程度上制约了网点核心竞争力的进一步提升。

基于对事权划分控制体系在业务运行体制中基础地位的正确认识和存在问题的认真分析，我们认为要进一步推进运行管理体制的集约化、专业化和标准化建设，就必须尽快改变事权划分控制体系存在的岗位设置不规范、业务授权和柜员额度控制不合理的现象。因此，在总行运行管理等部门的悉心指导和大力支持下，我行于2007年7月启动了事权划分控制体系再造工程，按照“服务客户、高效合规、谨慎周密”的原则，充分发挥参数对主导业务走向，控制具体业务处理环节，保证风险防范等刚性控制的作用，通过科学合理设置全功能银行系统的岗位编号表、交易表、岗位权限表和柜员额度表中的相应参数，对全行岗位设置及权限进行统一梳理整合，对不同业务类型、不同管理级别的营业机构设置不同的岗位，给予不同的事权划分，达到可控可管、可收可放，优化操作流程、严密内部控制，加强操作风险管理，提高服务效率的目的。经过认真深入的调查研究和周密细致的分析，我们采取试点先行，逐步推广的方式，在全行范围内实施了事权划分控制体系再造工程。

（一）规范岗位设置标准，精简岗位数量。针对改革前基层分行按专业类别各自设置岗位，缺乏统一标准、岗位层次不明晰的问题，我们对岗位重新梳理规范，制定了新的岗位设置原则和对应级次，建立了以4位编码为核心的岗位编号体系。4位编码分别代表“机构层次”、“业务类别”、“岗位类别”和“柜员类别”，柜员岗位描述一目了然。我们还按照“着眼未来，统一规范，兼顾实际”的思路，对岗位进行整合优化。一方面，将岗位权限设置同对公业务流程和个人金融业务流程再造统筹考虑，通过合理设置岗位和柜员组合，加快推进客户分层、功能分区和业务分流步伐。如为适应网点转型的需要，在理财中心配置了非现金柜员岗位，通过开办低柜台各类综合业务，充分释放了基层网点的对个人优质客户的主动营销和服务功能。另一方面，在强调岗位权限、柜员级别设置标准规范统一的同时，注重结合基层行实际，增设了部分特色岗位。如在辖属安康分行设置了“业务中心综合经办”和“业务中心综合主管”两个岗位，将现金中心记账岗位和业务处理中心岗位合并，在有效降低人力资源成本的同时，充分发挥了现金管理和风险控制职能。改革后，共设置岗位61个，其中，省行设置16个，二级分行设置27个，营业机构设置17个。与改革前相比，岗位设置减少了28个。

（二）进一步细化柜员业务处理额度，有效降低业务授权数量。按照“内控优先、制度先行”的指导思想，在综合考虑运行效率、运行质量和风险防范的前提下，对本行特色业务按照“低风险业务放宽授权，高风险业务加强授权”的原则，适当放开了一些低风险交易的授权，同时将部分原来不需授权，但风险相对较高的交易调整为授权交易。如“对查询打印柜员日志”、“省级财政退库”等交易，由授权交易调整为不授权交易。将“挂失”、“解挂”、“信息调整”等特殊高风险业务的授权权限按照规定放到了营业经理岗位，有效控制了业务操作的风险点。

此外，充分考虑地区经济发展差异以及网点扁平化、前后台业务分离后，提升柜员业务服务效率的需要，创新性地将柜员业务处理额度细分为九级。其中，经办柜员操作额度分为1级、2级、3级（共三级），主办柜员、营业经理授权额度分为5级、6级和8级、9级（分别为两级），管理人员设7级（一级），从而使管理层在制发权限卡时，可根据网点的规模、客户资源、业务量、人员素质等因素选择适当的柜员级别，达到既满足不同网点柜员操作额度和主管授权额度的需要，又较好地控制额度风险的目的。对经济发达地区的个别规模较大的营业网点，我们将网点营业经理的个人金融业务“现金”和“转账”最高授权分别调高至八级，业务授权额度分别为1 000万元和2 000万元，如遇特大客户业务需求，经过审批，还可将营业经理授权额度调至最大限度。同时将柜员个人金融业务现金类交易个人账户取款控制额度从5万元提高到10万元，“个人账户存款”、“转账交易”控制额度从10万元提高到20万元，大幅降低了营业经理的业务授权量（见表1）。

通过以上措施，我们在严控操作风险的前提下，大幅减少授权业务交易，最终确定授权交易947个，占全部交易业务比例为42%，比改革前减少了245个，占比下降了12个百分点（见表2）。由于柜员业务处理额度的大幅调增以及授权交易种类的明显下降，客户的服务响应效率明显提升。据试点行咸阳分行统计，改革前，理财金客户办理一笔业务平均时间为6分钟，而改革后则缩短到3分钟。

表1 咸阳分行事权划分控制体系再造前后20天授权量比较表

单位：笔

比较项目	对公授权量	零售授权量
实施前	18 900	26 324
实施后	16 937	22 806
增减变化	-1 963	-3 518

表2　事权划分控制体系再造工程实施前后交易授权变化表　　单位：个，%

比较项目	交易总计	授权交易	不授权交易	授权交易占比	不授权交易占比
实施前	2 226	1 192	1 034	54	46
实施后	2 226	947	1 279	42	58
增减变化		-245	+245	-12	+12

（三）优化网点劳动组合，加快推进网点功能转型。改革前，我行网点普遍实行了“经办”、“主办”、“主管（营业经理）”三级操作风险控制和业务处理模式，随着近年来产品创新步伐的加快以及监督制约环节的增多，主管授权大幅增加，工作压力负荷加大。为此，部分基层行通过大量签发主办卡解决临柜人员紧缺、操作与授权不能相互兼顾的问题，三级网点柜员组织模式开始逐步向主办为主的“枣核型”演变，这不仅与综合业务系统投产之初“经办”、“主办”、“营业经理”梯次分布初衷不符，更不适应前后台业务分离、业务授权逐步集中后，“营业经理”直管“经办”的“扁平化”发展趋势。

针对上述问题，我们结合网点规模大小、功能分区、人员数量和素质以及柜员业务授权等情况，确定了网点“营业经理”、“主办”、“经办”及对外窗口的配备比例。其中，营业经理按每3个以上（含）对外营业窗口配一人的标准配备；每个网点配备1—4名主办柜员，根据每人日均业务量酌情增加或减少，并明确规定网点“主办”柜员人数必须少于“经办”柜员人数。经办柜员则根据网点日人均业务量确定具体数量，单一功能网点不能少于3人；多功能综合网点不能少于7人；全功能综合网点不能少于12人。通过完善制度和岗位权限的调整，将400多名不能临柜办理业务的“主办”解放出来，主办柜员以经办身份临柜时，由于其可为其他柜员进行授权（系统已经控制不能为本人进行授权），在与原劳动组合没有任何冲突的前提下，构建了更为灵活的一线临柜劳动组合。同时由于临柜人员增加，部分网点根据忙闲时间规律实施弹性工作制。如辖属渭南分行实施改革后，在城区网点推行了新的劳动组合模式，将原来两班倒变更为正常班与插班的轮流制，通过实行新的弹性劳动组合，既分流了人员，降低了一线运行成本，又大幅提高了柜面服务效率和质量。榆林分行改革后，经办柜员由95名增加到140名，主办柜员由104名减少到49名，营业经理由59名调整为38名，调整后临柜人员增加，占人员总数的61%。随着临柜人员和网点服务窗口的增加，服务效率大为提高，有效地缓解了客户排队问题。高峰时段的客户平均等待时间较改革前降低了5-10分钟，业务处理效率提高了50%-70%。

通过事权划分控制体系改革的实施，我行的网点柜员结构进一步优化，权限卡持有人员从5 535人降低到5 253人，“经办”人数增加255人，“主办”人数减少477人，营业经理减少60人，操作风险隐患进一步降低。并将282名操作人员分流充实到客户经理和营销队伍（见表3）。网点员工结构和岗位设置的不断优化，也加快了全行网点转型步伐，目前，我行已建成7个财富管理中心、70个贵宾理财中心、296个一般理财网点、104个金融便利店，初步形成了结构合理，功能互补的机构网点体系。

表3　事权划分控制体系改革实施前后柜员结构变化情况表　　单位：人，%

比较项目	柜员总计	经办		主办		主管	
		人数	占比	人数	占比	人数	占比
实施前	5 535	2 697	48.73	1 743	31.49	1 095	19.78
实施后	5 253	2 952	56.20	1 266	24.10	1 035	19.70
增减变化	-282	+255	+7.47	-477	-7.39	-60	-0.08

（四）积极实施网点运行管理标准化工程，巩固事权划分改革成果。经过事权划分控制体系改革，我们已初步拟定了网点岗位设置标准、柜员业务授权和额度控制体系以及柜员组合配比原则，但如何进一步规范岗位和账务设置标准、网点功能准确定位、加强业务流程和柜员管理等方面，又对我们提出了更高的要求。为了巩固和深化事权划分改革成果，全面规范网点业务流程、功能定位、柜员考核、业务核算等事项管理，2008年初，我们制定了《陕西省分行网点标准化工程实施方案》，提出了工程实施目标和原则，从十个方面确定了工程具体实施内容。通过标准化工程实施，使网点在功能定位、人员构成、劳动组合等方面有据可依，实现网点在业务许可、员工考核、操作管理、岗位设置等方面的可操作性；同时，通过科学梳理岗位及权限、完善岗位描述、合理设定柜员业务额度、优化整合参数控制等工作，持续推进事权划分体系优化，全面提升服务水平

和网点核心竞争力。

二、几点体会

（一）实施事权划分控制体系改革是进一步深化运行体制改革的必然选择。近年来，为了全面构建运营集约化、管理一体化的价值型运行管理体系，进一步发挥好运行管理在业务运营和业务处理中的基础平台和枢纽作用，我们在构建高效的业务运行、管理和支持体系方面实施了一系列改革举措，取得了较好成效。但是受制于传统的账务处理流程以及业务分离程度、柜员组合模式的限制，一线网点偏重操作风险控制，弱化服务效率提升；柜员偏重操作技能掌握，弱化市场营销职能等问题仍相当普遍。许多基层网点出于操作风险防范角度考虑，往往将营业经理业务授权按最低限设置，业务额度参数表变更需层层上报，服务效率低，导致客户满意度下降，直接影响了网点竞争力。还有个别分行为防范操作风险，规定“主办”不能办理临柜业务，只能进行授权，无形中造成服务资源大量浪费。因此，如何在综合平衡效率和风险的前提下，加快推进网点功能转型，就成为运行体制改革中迫切需要解决的问题。而事权划分控制体系作为现行运行体制基础，选择其作为改革的突破口，不仅对解决柜面服务效率问题能起到立竿见影的效果，而且能将改革对运行体制的冲击影响控制在最小范围内。

良好的运行管理基础也为我们实施事权划分控制体系改革提供了可能。近年来我们不断加强参数管理工作，将参数管理权限集中上收到省行，建立了参数专职管理部门，修订完善了《业务运行重要事项核准报备管理制度》、《业务核算事权划分管理办法》等事权划分相关制度办法，对事权划分管理现状进行了多次深入调查和全面分析，这些都为我们顺利推进事权划分控制体系改革奠定了良好基础。

（二）积极适应客户市场需求发展变化是事权划分控制体系改革取得成功的关键。目前操作风险控制只能通过柜员权限额度控制和业务授权来实现，在全行强调加强操作风险控制的情况下，对于各种业务创新产品，基层网点负责人或因业务权限限制，或对各种操作风险难以把握，往往简单地采取增加管理环节方式来加强操作风险防范，虽然有效控制了操作风险特别是内部经济案件的发生，但也影响了网点业务处理效率，直接造成了网点市场竞争力的下降。如改革前，从控制业务操作风险角度考虑，我们对办理5万元以上存取款业务规定必须经营业经理逐笔授权，但随着近年来我省居民收入的快速提高，特别是陕北和西安等一大批高收入阶层的出现，个人客户5万元以上存取款业务大量增加，由于大部分网点的理财区未配备专职营业经理，加之营业经理自身工作负荷较大等原因，造成客户等候时间过长，部分个人中高端客户因我行业务处理效率过低而流失他行。这次事权划分控制体系改革虽然已初步解决了网点业务处理效率低、员工工作强度较大及劳动组合不合理等问题，但随着时间的推移，业务处理效率与操作风险防范的矛盾还将再次出现，因此，需要不断积极适应客户市场需求和业务发展变化，通过对事权划分实施精细化、差异化管理，尽快建立科学合理的事权划分动态调整机制，根据经济发展变化和地区、客户差异制定个性化标准，最大限度地发挥现有人力资源和柜台服务功效，较好地处理好了风险与效率的关系，不断提升网点核心竞争力。

（三）科学、灵活设置参数，完善管理，加强操作风险控制，是确保事权划分控制体系再造工程能顺利实施的可靠保证。通过对岗位权限的调整，能够全面梳理我行各项业务交易的权限设置，规范业务流程，以参数的硬性控制手段约束业务人员正确地执行规章制度，减少或杜绝经营管理的风险薄弱点，不断提高操作风险管理水平。通过参数表的形式对全省的岗位、级别、交易授权标志、操作额度以及柜员的操作权限进行规范，可控制所有业务在系统中的事前、事中和事后处理，是实现业务统一管理的有效媒介。各类不断优化的规章制度、业务流程和柜员管理等要素可通过参数表在系统中予以体现，使参数在建立统一、规范、科学的新岗位控制体系中有效发挥了核心和基础作用。

三、下一步深化事权划分控制体系改革的思路和措施

事权划分控制体系改革的全面实施，对提升陕西分行流程化管理水平，提高营业网点运行效率和运行质量，加快运行管理由服务核算转向服务客户，推动各级行由注重网点业务处理规模发展转向注重网点功能转型都将产生重要影响。但由于事权划分控制体系改革主要是基于现有流程基础，对现有岗位体系进行的重新梳理和调整，在对加强营业经理授权风险控制、后台业务集中后事权划分体系变化等方面还有待进一步深化。同时，事权划分控制体系改革只是运行体制改革的基础和突破口，如何巩固和扩大改革成果，还必须在更高的层面上加快推进相关配套改革。

（一）积极构建统一运行的管理体制。近年来，按照构建运行集约化、管理一体化运行体制思路，我们不断加强运行机构队伍建设、统一运行制度和整合风险监控资源等项工作，建立了比较完备的三级运行机构和风险监控队伍，进一步细化了运行管理各项制度，集中组织实施和管理运行的格局正在初步形成，但由于我行仍处于“部门银行”向“流程银行”转型过程中，网点运行管理部门模糊，业务流程部门分割化倾向所造成的部门缺乏协作配合意识，业务制度相互冲突等问题仍不同程度地影响着事权划分控制体系效能的发挥。为此，我们将积极构建统一管理网点运行、统一管理运行人

员、统一管理运行制度、统一管理运行流程的管理体制。进一步明确运行部门为营业网点业务运行的牵头主管部门，赋予其相应的管理资源，由其对核算制度、业务流程进行统一规划、统一设计、统一管理。继续抓好业务运行核准报备管理制度的落实，明确网点运行各项业务流程变更调整都要上报本级运行管理部门审批后才能实施。各项营销制度规定涉及业务运行的，必须经运行管理部门会签同意后方可执行。进一步加强运行人员统一管理，基层行运行管理重要岗位人员变更必须征求上级运行管理部门意见，运行专业人员资格认定要由运行管理部门统一负责认定等。

（二）继续积极推进运行集约运营改革。事权划分控制体系改革仅是对现有业务处理模式的优化，要实现业务处理效率和风险控制效能较大幅度的提升，就必须在业务处理思路上进行大的创新和突破。为了强化营业网点转型步伐，近年来，按照“网点全面受理、后台集中处理”的思路，我们不断加大前后台业务分离力度，2005 年完成了两级“3 + 1”运行中心体系建设，2006 年以来已将票据交换、资金清算、代理业务、本外币系统内汇划发报、网上银行汇划收发报、凭证集中配送及内部账户管理等 20 余种业务纳入三大中心进行处理。2007 年 8 月，又按照总行安排，在工行系统内率先开展了跨地区集约运营改革试点，经过半年多实践，业务处理后台集中上收后的良好效应已逐步体现。至 2008 年末，我行业务集中度已达 83.3%，业务集中覆盖率达 33.5%。今后，我们将加快推进后台业务集中进度，将跨行支付、网银落地、部分个人金融业务等纳入区域中心集中处理，待一、二期工程全部投产后，将 80% 对公业务和 20% 以上的个人业务集中到区域中心进行后台集中处理，通过业务受理与业务处理相分离，逐步建立起网点柜员负责服务营销受理，营业经理对少量业务授权监督，后台集中处理，对操作风险实施集中控制的全新业务处理模式。

（三）加快推进业务授权模式、柜员管理和绩效考核等配套体制改革。通过实施调增柜员业务处理额度、减少授权业务种类等措施，营业网点业务授权量明显下降，事权划分控制体系改革成效明显，但随着社会居民金融服务需求不断增加，商业银行业务品种增多，由于柜员业务授权量增加而引发的服务效率不高问题还可能再次出现，在目前营业经理授权为柜台事中风险控制手段的情况下，我们将积极借鉴其他分行的成功经验，通过实施指纹授权等措施，实现事中授权效率和质量的同步提升。同时，针对事权划分控制体系改革后，柜员业务授权级别分类与人力资源管理提升项目不衔接问题，我们将在实施网点运行管理标准化工程中，统筹考虑柜员岗位工资级别与业务技能级别、核算质量以及权限卡级别的关联关系，进一步拓展柜员晋升通道，充分挖掘和激发柜员的工作潜能和积极性。配合网点功能转型，按照业务营销和柜面操作两条业务线，完善相应的员工业绩考核模式，防止出现因操作人员单纯注重业务产品营销，忽视提高业务处理效率而引发的网点排队现象。此外，进一步提高各级管理层对参数管理工作的重视程度，加强对参数管理人员培养，更好地发挥参数对业务、制度和流程的规范和控制作用。

（四）加大运行监管创新力度。事权划分控制体系改革后，网点服务效率有了明显提高，但由于授权额度的扩大，网点柜员发生业务操作风险概率进一步增加。如何建立更加有效的覆盖运行全过程的操作风险控制体系，切实防范网点单一柜员或群体性操作风险就成为我们必须要尽快解决的问题。下一步，我们将在逐步建立统一运行风险监管体系的基础上，出台更为严格的运行质量控制标准。针对业务操作风险“屡查屡犯”问题，建立“飞行检查”、“突击检查”和网点运行安全“一票否决”制度，赋予运行管理部门对网点业务警告甚至部分业务品种停牌的权力，大幅提升运行管理部门对网点运行管理的权威性和威慑力。针对总会计、运行监督员以及营业经理本位思想倾向较为突出的问题，在对营业经理实行集中管理的基础上，将总会计、运行督导员也纳入集中委派管理范畴，聘任其相应的行政级别，将其工作业绩与网点运行质量捆绑考核，要求其定期撰写运行风险提示报告，并根据报告考核年度工作业绩。

关于人力资源和机构管理的探索与实践

新疆分行　吴宁锋

在银行经营的诸要素中，人力资源是最为重要的基础性要素。在近年来的工作中，我们对此的理解和认识逐渐加深。同时，本着以人为本这一核心理念，着眼于人力资源效用的最大化，我行在人力资源和机构管理上进行了初步的探索和实践，优化了资源配置，夯实了管理基础，为全行经营发展战略的顺利推进和经营目标的圆满实现提供了有力的保障。

一、理清现状，夯实基础

我行人力资源管理体系是在传统的人事行政管理的基础上发展而来的，带着浓烈的计划经济时期特定的历史印迹。加紧对人力资源管理体系进行再造与重塑，对建立现代金融企业公司治理机制、提升我行竞争发展能力具有非常重要的意义。2006 年以来，我行着手对人力资源管理进行了全方位的改革，力求建立健全行之有效的人力资源管理机制，不断提高我行综合竞争力。然而，在这项工作开展之初，却遇到了比较大的困难：员工基础数据不清，机构网点数据不准。“没有数据，就只能武断地解决问题”，人力资源管理的科学性则无从谈起。为解决这个基础性问题，2006 年，我行从弄清人头开始，逐一清点核对，一个行一个行地规范，一个人一个人地数，一个网点一个网点地算，确保人员和机构数据的准确性和真实性。之后，我们对全行 12 000 余条人员信息、数十万条信息子项进行了集中整理及汇总校验维护，用系统进行“硬控制”，年底最终摸清了我行员工数和机构数，实现了“人头清”、“人员类别清”、“系统与实际人数清”的基本目标，全行首次实现区分行与二级分行员工、机构数的“无缝对接”。

在摸清家底的过程中，我们感到，基础数据不清不仅是一个简单的统计技术问题，而且还隐含着管理混乱、权力寻租等法律风险和道德风险。基于此，我们同时加强了管理手段和制度建设。在分行行长转授权中明确上收各二级分行进人权、招聘权，制定并落实了《关于清退临时工的通知》、《劳务人员管理办法》、《柜员合同工管理办法》等一系列规范用工管理的制度，使全行人员管理有了统一的制度依据。经过努力，彻底杜绝了各级行随意用工的现象。

二、做好加法与减法，调整四个结构

2005 年底，我行机构网点占区内四大行的 22.3%，人员占比为 29.3 %，人员总量居同业第二位，但人均存款、贷款和中间业务收入等效率指标则居于同业第三、第四位。全行员工平均年龄达到 39.8 岁。全日制本科学历以上者占比为 6.44 %。从岗位结构看，全行各类管理人员 1 506 人，占比达到 18%，销售类人员 413 人，占比仅为 4.97%。人员总量较多与结构性失衡的矛盾长期存在，对我行的竞争发展造成了十分负面的后果：队伍整体活力不足，知识老化，进取精神不够；冗员充斥，营销人员明显偏少，市场开拓力量薄弱；在兵家必争之地的乌鲁木齐市资源投入不够，人力资源配置与我行发展战略重点匹配度不高。

基于结构性矛盾已成为我行人力资源管理中最为重要的问题，从 2006 年起，我行在加强人员总量控制的同时将人力资源管理的重点向结构性调整转变，注重做好人员加减法，努力调整人力资源的年龄、知识、岗位和区域结构。

加快引进年轻急需专业人才。在科学合理做好人才需求预测的同时，不断完善人员录用工作程序，按照择优、公平原则，严把人员招聘关，根据岗位需求，积极做好高学历年轻人才的引进工作。2006—2008 年三年共引进经济、金融、劳动经济学、法律、营销等专业本科以上应届大学生 170 名，其中研究生 31 人，是之前全行研究生总数的 2 倍多。年轻人才的引进，有效改善了我行员工的年龄知识结构。

加快培养高层次专业人才。受制于各方面的因素，从外部招收全日制本科生、研究生的数量毕竟有限。立足于现有人才的培养和挖掘，是我行优化人力资源的重要举措。2005 年、2006 年，我行连续两年分别与新疆唯一可颁发国际可比学位 MBA 证书的新疆财经大学合作举办两期金融方向 MBA 学位班，全行 90 名员工被录取参加了学习，目前已有 31 人取得了学位。我行还通过报销一定比例相关费用的方式鼓励员工业余参加与银行业务对口、与专业对口的学历教育。三年中，先后有 10 余人参加正规院校的经济、金融等专业研究生学历、学位的学习，有 6 人取得硕士学位，1 人取得研究生学历，1 人考取并参加了博士研究生的学习。三年来，我行投入 212 万元，依靠自己的力量培养的研究生数量已超过了同期引进的研究生数。到 2009 年 6 月末，我行具有研究生学历和硕士学位的人数达到 69 人，较 2005 年末增加了 3.8 倍多，全日制本科以上学历员工占比较 2005 年底上升了 2.86 个百分点。

在抓好高层次学历教育的同时，我行专业人才培养工作也加紧进行。三年来，具有国际金融理财师（CFP）等国际认证的人员从 2005 年末的 1 人发展到 35 人，取得国内金融理财师（AFP）资格人数从 2 人增加到 265 人，财资管理师、企业理财师、国际业务产品经理等从无到有，分别发展到现在的 128 人、16 人、19 人。

加强营销队伍建设。营销力量不足一直是制约我行经营发展的短板。按照总行人均维护客户标准计算，我行营销人员存在大量缺口。为加强营销力量，有效开拓市场，我行提出“两个不论”，即不论学历、不论年龄，只要具有较高的市场敏感度，善于沟通、善于协调、善于公关，热爱市场营销工作，就坚决调整到营销岗位上。为增强营销队伍的吸引力，留住营销人才，我行还先后两次调高了营销岗位工资等级和绩效工资系数，并注意从营销部门和营销人员中培养选拔各级领导干部，进一步拓宽了营销人员的职业发展空间，打开了上升通道。2009 年，又将营销人员配备纳入各二级分行行长绩效考核之中，年初还专门召开会议，由各二级分行“一把手”亲自汇报营销人员的配备情况，强力推进营销队伍建设步伐。到 2009 年 6 月末，我行营销人员达到 1 274 人，比 2005 年底增加 861 人；在全部从业人员中的占比达到 16.16%，比 2005 年底上升了 11.19 个百分点。

精减二级分行中后台人员。2005年底，我行15个二级分行本部共有内设机构204个，平均一个二级分行13.6个，最多的达到28个，3人以下部室普遍存在。机构臃肿必然伴随着人浮于事。15个二级分行本部管理人员达到587人，占二级分行本部从业人员的21%。二级分行本部从业人员2 756人，占全员比例32%。二级分行本部管理人员及从业人员占比明显偏高。从立足于裁撤冗员、提高效率出发，我行从2006年开始按资产规模对各二级分行进行分类，分别明确其内设机构数量和管理人员职数。至2009年6月末，15个二级分行管理人员总数为328人，比2005年底减少了259人，减幅为44%；二级分行本部从业人员2 262人，比2005年底减少了494人，减幅达到18%。

减少资源贫乏地区人力资源配置。新疆地域辽阔，各地经济和社会发展的不平衡性非常突出，金融资源的丰欠程度也存在巨大的差异。2005年底，全行人均存款、贷款和中间业务收入分别为851万元、334万元和2.63万元，而区分行营业部则分别为1 344万元、780万元和4.17万元，后者产出水平明显高于全行平均水准，更远甚于边远的二级分行。从现实来看，招商银行、浦发银行等中小股份制商业银行只在自治区首府少量设点，效益蔚为可观；中行和建行大幅度收缩战线，把主要力量摆布在中心城市和首府，单产也居于四大银行前列。由于历史的原因和现实的制约，我行员工总量不可能再进行大幅度的缩减，要提高投入产出效率，在很大程度上依靠内部经营资源从金融资源相对贫乏地区向富集地区的战略性转移来实现。三年来，通过积极引导和加大考核力度，二级分行之间以及二级分行和分行本部之间跨区域流动员工261人，各二级分行共向营业部转移128人。截至2009年6月末，在全行人员总量比2005年底减少9.8%的同时，区分行营业部人员在全行员工中的比重却提升了近2个百分点。随着员工总量持续增长，区分行营业部经营效率也同步提高，2009年6月末，人均存款、贷款和中间业务收入分别为2 489万元、1 214万元和3.32万元，按可比口径计算，较2005年底分别增长85.19%、55.64%和123.25%，对全行经营发展起到了有力的支撑作用。

二级分行管理人员和从业人员的缩减，与机构改革的不断深入相辅相成。2006年，在对各级各类机构进行分析论证的基础上，我行以提高集约化经营水平与缩短管理链条为目标，充分考虑各二级分行的经营环境、业务规模、管理能力以及员工对改革的承受能力，按照一行一策的原则，对二级分行内设机构进行了外科手术式的改造。2008年底，各二级分行本部内设机构为117个，比2005年底减少了87个，减幅达到43%。此举大大缩短了机构管理链条，初步实现了业务的垂直化和管理的集约化，提高了经营管理效率和市场竞争能力。与此同时，我行加紧优化网点结构布局。三年间撤并低效、无效网点27个，装修改造营业网点185个，将经营规模适当、内控管理严格、发展势头良好的97个营业网点升格为二级支行，并建成财富管理中心1家，贵宾理财中心30家，初步构建了营业网点分层分类服务体系。三年来，全行网点资源向乌鲁木齐地区转移步伐不断加快，2007年以来在区分行营业部新增设5个网点，使区分行营业部的网点上升到92家。机构布局的调整优化，有效提高了单产水平。至2009年6月末，我行网均存款、贷款和中间业务收入按可比口径计算，分别比2005年底上升了76.82%、44.11%和146.97%。

三、激发整体活力，打造一个舞台

三年来，我行着眼于充分挖掘人力资源的潜力，促进员工与企业的共同成长，努力为广大员工创造人尽其才、才尽其用的良好舞台。一方面，按照总行统一部署，依托人力资源管理提升项目，将全体员工分门别类纳入不同的岗位序列，使不同智能结构、不同价值取向的员工各展其长，各得其所；另一方面，更重要的是，变相马为赛马，充分利用岗位竞聘这一手段，建立健全了优秀人才的选拔、培养和使用机制。2009年年初，在对分行本部现有内设科室进行重新梳理后，打破岗位限制，对本部以及附属机构所有业务团队负责人实行公开竞争。原有岗位全体人员无条件集体起立，80名德才兼备的年轻干部走上团队负责人岗位，25人因年龄等因素自然退出，11人在竞聘中落聘，内部科室团队负责人队伍得以大幅度调整替换，更新率达到39.4%。在2009年3月区分行营销中心和财富管理团队，以及部门新员工招聘中，分行堵住旁门左道，面向全行员工大开正门，一批朝气蓬勃的年轻人脱颖而出。三年来，分行本部分流了一批不适岗人员，80多名年轻优秀、综合素质较高的基层员工通过竞聘充实到本部各关键岗位，使分行机关的活力和面貌为之一新。目前，我行14名“70后”处级干部中，有64.3%是在这三年进入组织部门的考察视野并得到提拔重用的。

“海阔凭鱼跃，天高任鸟飞”。良好的选人、用人机制和公开、公正、公平的用人氛围，在全行上下产生了积极的示范效应和导向作用。目前，全行上下人心思进，政通人和，员工的自豪感、归属感明显增强，向心力、凝聚力明显提高。这几年中小股份制银行以具有较高诱惑力的薪酬从大行挖人，而我行员工尤其是关键岗位员工自愿流失率比前些年明显下降；中层管理干部更是稳若磐石，没有一人为利所诱弃工行而他就。

严格说来，真正意义上的人力资源管理在我行还是一个新课题，与现代金融企业相适应的机构管理也只是初步破题，我们对这些问题的内涵、本质和基本规律的认识尚处在较为粗浅的阶段。这种认知和把握的程度，决定了我行人力资源和机构管理的探索和实践尚处在破冰阶段。事实上，从总体效益来说，我行人力资本投入产出系数目前也仍在总行系统平均水平之下。然而，差距就是潜力，探索无边界，实践无止境。坚冰既已打破，航道也已开通，我们就有信心和决心继续进行不懈的探索和实践，在人力资源和机构管理上迈出更加坚实的步伐。

2008年，我行启动了吐鲁番分行深化扁平化改革试点。目前，该行内设机构由8个整合为两部一室；人员从65人缩减到44人，减幅为32%，机关人员占比由原来的37%下降为24%，而营销人员占比则由6.08%上升至12.07%。吐鲁番分行的试点，为我行全面深化人力资源和机构管理改革提供了有益的尝试，积累了初步经验。未来三年内，我行人力资源和机构管理改革将紧紧围绕全行总体经营发展规划，以调整优化人力资源结构为主线，以提升人力资本价值、提高人员机构配置效能为目标，进一步盘活人员存量，大力实施人才兴行战略和员工职业发展计划，优化机构设置和功能提升，为提高我行综合竞争力，实现全行战略经营目标提供坚强有力的支持和保证。

就人力资源管理而言，全行人员总量控制在7 950人以内。计划通过推行二级分行内设机构改革盘活300人；通过改变营业经理授权模式，推行业务流程再造盘活100人；通过后台集中处理改造，尝试交易型金融便利店建设及加强精细化管理盘活100人。盘活的500人主要移向销售类岗位，并适当补充一线队伍。至2011年末，努力使销售类人员占比达到20%以上，管理类、运行类人员分别控制在11.99%和43.7%以内，基本解决现有人员专业结构不合理问题。继续引导员工从低效地区向高效地区流动，力争到2011年末，使区分行营业部从业人员占比达到30%左右，改变我行长期以来形成的区域间人力资本投入产出不平衡状况。

就机构管理而言，全行机构总量保持在总行限定的295个之内，工作的着力点放在进一步优化区域和业态布局上，使资源向优势地区倾斜。进一步提高区分行营业部网点在我行机构网点中的占比，到2011年计划新增网点11个，使区分行营业部网点总量达到101个，占比力争提高3个百分点，切实增强我行在乌鲁木齐地区的市场竞争力。积极推进网点的综合化改造，争取到2011年末，将现有分理处和储蓄所全部改造升格为二级支行，进一步提高网点的服务功能。加快财富管理中心和贵宾理财中心的建设步伐，增强高端客户的专属服务能力，形成更为完善的分层服务体系。

关于大连分行着力推进公司业务转型发展的探索与实践

大连分行　鞠延强

为适应新的形势要求，全面贯彻“以客户为中心”的经营理念，建立客户分层差异化营销服务模式，促进传统公司信贷业务向公司金融业务的全面转型发展，大连分行从2008年8月开始推行了公司业务创新改革，以此推动全行各项工作上台阶、上水平。2009年第一季度，全行拨备前利润、拨备后利润、净利润增幅分别达到21.7%、28.7%和49.3%，为大连市四大行中唯一实现利润正增长的银行，经营效益近年来首次跃居四大行之首。存贷款业务实现“开门红”，其中存款余额和增量夺回了四大行第一的位置，公司存款同比多增30.11亿元；贷款增量同业排名上升5个位次，仅落后于中行，公司贷款重点投向公路、港口等优质项目，与总行行业信贷政策指向保持一致；新投放贷款中，AA-级以上优质客户投放比例达到87%，公司贷款加权平均利率水平为5.37%，高于建行，系统内排名第四。贷款质量持续提升，不良贷款率为2.76%，在四大行中远远好于农行和建行。结算业务量、理财产品销售额、新增发卡量及消费交易额、电子银行客户数及交易额均位居同业首位，中间业务收入改变了多年四大行排位落后的局面，首次超过建行，仅落后于中行。上述成绩的取得，首先得益于总行政策的有力支持，其次得益于我们对当前市场形势和公司业务战略转型的深刻认识。

一、对公司业务改革必要性的认识

长期以来，公司业务作为我行的一项主要传统业务，对我行整体经营水平的提高有着极为重要的影响。但与总行要求相比，特别是与同业、系统内相比，我行公司业务市场竞争力和持续增长的动力明显不足，原有的管理体制和营销模式已经难以适应业务发展的需要，加之当前经济形势的变化，使我行公司业务的核心竞争力面临着严峻的挑战，公司业务创新改革势在必行。

（一）公司业务发展与地区经济发展速度不相适应。国家振兴东北战略实施以来，大连地区的经济结构发生了重大变化，特别是以“一个中心、四个基地”①建设和外向型经济为主导的经济发展新格局，使大连不

① “一个中心”是国际航运中心；“四个基地”是石化、船舶、现代装备、电子信息及软件四个产业基地。

仅在整个东北地区脱颖而出，而且成为环渤海经济带中的“亮点”，城市经济进入快速发展轨道。2007年，大连市GDP首次突破3 000亿元，当年GDP增长速度超过17%，作为我国非直辖市城市“3 000亿元俱乐部”新成员，大连是东北地区的唯一代表。2008年，面对复杂多变的宏观经济形势，大连市GDP仍然保持了16.5%的高速增长，全年全市GDP共实现3 858亿元，人均GDP达到63 980元，实现全社会固定资产投资2 510亿元，增长30%；实现全市地方财政一般预算收入339亿元，增长26.5%；实现外贸进出口总额448亿美元，增长23.4%；实现海港货物吞吐量2.5亿吨，增长10.3%。地区主要经济增长数据均远高于全国同期平均水平。

受大连经济景气影响，大连金融环境加速成熟。作为国内金融业首批对外开放城市之一，大连已发展成为东北地区机构种类最全、密度最大、开放度最高的金融中心城市，目前所有的全国性中资商业银行及政策性银行均在大连设有分支机构，另外还有8家外资银行分别设有分行或代表处。截至2008年末，全市拥有内外资银行业金融机构总计32家。金融机构存贷款规模持续扩大，2008年末大连市银行金融机构本外币各项存款余额为5 535亿元，本外币贷款余额4 063亿元，同比增幅分别达到24.8%和22.63%。

与大连地区经济总量强势发展不相适应的是我行公司业务发展乏力，表现为主要业务指标增长缓慢、同业占比落后。从存款业务情况看，2006—2008年，我行本外币存款累计增量为180亿元，年均增长10.12%，比全市平均增幅17.53%低7.41个百分点。2008年末存款余额735亿元，同业占比由2005年末的16.2%下滑至13.3%；从贷款业务情况看，2006—2008年，我行本外币贷款累计增量为125亿元，年均增长12.48%，比全市平均增幅18.22%低5.74个百分点。2008年末贷款余额426亿元，同业占比由2005年末的11.8%下滑至10.49%，同业排名由第一位下滑至第四位；从中间业务情况看，2006—2008年，三年分别实现中间业务收入1.9亿元、3.8亿元和3.6亿元。2008年末中间业务收入同业排名落后于中行和建行，收入总量仅为中行的70.94%。尽管我行的余额指标基本保持同业领先地位，且2008年当年增速提高较快、同业差距缩小，但总体上看，增量指标仍然落后，由此导致主要业务的市场份额下降。

在当前中央“扩内需、保增长”政策支持下，大连市更是启动了六大领域的61个重大基础设施项目建设，总投资超过5 000亿元，形成新一轮投资建设高潮。从未来发展看，随着辽宁沿海经济带“五点一线”开发开放上升为国家战略，大连市作为东北振兴和对外开放的龙头，还将得到国家的更多支持，区位和政策优势必将进一步显现，区域经济总体呈现加速增长态势，我行公司业务发展面临难得的外部市场机遇。另外，面对银行同业纷纷加大信贷竞争的市场形势，我们也越发清醒地认识到，要想抢抓“扩内需、保增长”带来的新一轮信贷增长机会，就必须深入到机制体制根源，寻求解决公司业务竞争乏力的“良药”。

（二）传统营销模式及管理流程难以满足客户需求。一是营销管理过程中普遍存在单一产品分散营销、专业部门多头营销、分支行重复营销等问题，不仅造成人力资源、财务资源等方面许多浪费，也不利于工行统一品牌形象的确立，极大降低了营销工作的效率。二是没有建立起一套完善的真正以“客户为中心”的差异化业务流程处理机制，对于重点客户的业务需求响应速度缓慢，尤其是针对客户个性化的业务需求，缺少有效的创新服务机制。三是产品营销缺乏总体规划，产品组合营销程度低，未形成竞争合力。

（三）贷后管理职能分散甚至缺位成为影响信贷资产安全的重要隐患。由于内外部形势变化，很多业务在管理过程中出现新的特征，原有的部门职责界定及实际管理半径往往不能适应新形势要求，导致许多业务在管理过程中出现缺位。就贷后管理工作而言，由于长期以来部门职能及岗位职责归属界定不清，客观上导致“重贷轻管”、“只放不管”的问题始终无法从根本上得到解决，不仅严重威胁我行信贷资产质量安全，而且由于贷款劣变引致的风险损失也在很大程度上削弱了市场竞争力。

（四）客户经理职责不清晰，考核激励不到位，队伍建设有待加强。人力资源提升项目实施后，全行员工的收入水平有了较大提高，但员工薪酬与其工作量和业绩挂钩还不够紧密，薪酬分配上存在“高水平大锅饭”的倾向。由于缺少与业务考核指标相配套的考核激励机制，作为销售类岗位的客户经理，一方面，与其他银行相比，其承受的市场竞争压力还不够大；另一方面，对其工作的正向激励刺激也不足，一些掌握重要营销资源的业务骨干甚至高管人员流失，导致客户经理队伍综合实力的弱化。

二、公司业务改革的总体思路

2008年8月，我行成立公司业务创新改革领导小组，正式启动全行公司业务创新改革工作。分行党委直接领导，并责成一名分管副行长专项负责，小组成员由公司业务部、财务会计部、人力资源部、国际业务部、授信审批部、信贷管理部、管理信息部、运行管理部和信息科技部负责人组成，全面负责有关公司业务创新改革的统筹领导、组织协调工作。领导小组深入、广泛地开展了对涉及分行、支行等各个层级以及前中后台等各个环节的业务调研工作，在此基础上，参照总行及系统内分行先进经验，结合我行实际情况，研究制定了包括《公司业务创新改革方案》、《公司重点客户管理办法》、

《首席、牵头客户经理及营销团队主管岗位管理办法》、《公司业务首席客户经理、团队主管、牵头客户经理、营销经理招聘规程》、《公司客户经理绩效工资分配办法》、《公司业务重大项目营销管理办法》和《公司重点客户信贷业务操作基本流程》等在内的一系列制度、办法和流程。围绕体制创新和营销模式调整，我行设计了公司业务创新改革的总体思路。

（一）以客户为中心，建立分层差异化营销体系。根据客户的需求特点、业务规模和对我行的综合回报等情况，设计采取直接营销、牵头营销和拓展营销三种不同的管理模式，在分行和支行层面对客户进行分层服务。对于分行确定的直接营销的重点大客户，按照有关要求和标准选配若干名首席客户经理为其提供全方位的绿色通道服务，同时针对直营客户的实际情况，根据业务流程的调整变化，为管户首席客户经理配备一名或多名营销经理（专业类岗位）协助其工作；对于分行确定的牵头营销的优质客户，分行设立若干营销团队，选配相应的团队主管，同时在分行和客户所在支行分别配备相应的牵头营销客户经理，共同对牵头营销客户开展工作；对由支行负责业务发起等具体营销及日常客户维护工作的，由分行进行业务指导。

（二）以科学的业绩评价为依托，建立有进有退、能上能下的客户经理管理机制。

首先，通过签订绩效合约，建立起了以绩效点值为核心的客户经理业绩评价体系。绩效合约是由客户经理与直线管理者签订的书面协议，每年签订一次，记录客户经理在合约期限内需要达成的工作结果。客户经理的绩效合约包括数量型指标和任务型指标两类。其中，数量型指标是可以直接用数字衡量的、用于评估客户经理工作表现的具体量化指标，按照“业务导向”原则，结合客户经理分管客户及业务特点，具体划分为存款类、贷款类、中间业务类和联动销售类四大类指标，分别确定一定的积分比例，加总计算销售点值；任务型指标是用于衡量客户经理当年最重要的工作任务的指标，包括工作态度、风险控制水平、客户关系维护、以及其他当期不可量化的工作业绩等，通过将重点工作分解为具体的行动计划，以确保监控任务型指标的完成。

其次，通过建立与业绩挂钩的客户经理考核机制，强化对客户经理的岗位管理，拓宽其晋升通道和发展空间，增强对客户经理的激励效果。客户经理的晋升主要包括工资档次晋升、工资等级晋升和跨工资等级晋升等形式；客户经理的降级、退出主要与绩效考核结果紧密挂钩，体现绩效结果导向、能上能下的管理理念。员工的降级与退出主要有降低工资等级、调整工作岗位、退出客户经理队伍等形式。

（三）以客户为中心，兼顾业务品种，建立高效便捷的信贷业务流程。与新的公司客户分层营销管理模式相适应，我们进一步细化了“以客户为中心”的信贷流程处理及风险管理模式，分别针对分行直接营销客户、分行牵头营销客户、支行营销客户三类公司客户规划设计了三套流程规范。其中，针对分行直接营销客户、分行牵头营销客户等公司重点客户信贷业务基本操作流程的构建，遵循“客户分层营销与定位管理”、“风险集中控制”、“一站式审查（审批）”以及“业务双签与核准监督”四项基本原则。流程改革主要体现在：一是提升了对公司重点客户的营销及管理层级。针对分行直接营销客户申办的所有信贷业务，明确由分行公司业务部直接受理，操作流程由公司业务部负责发起，根据“谁营销、谁管理”的定位管理原则，分行直接营销客户的贷后管理工作也由公司业务部直接负责；对于分行牵头营销客户，明确分行公司业务部在牵头营销的同时，要直接介入客户具体服务方案的制订以及流程环节的总体协调。二是提升现阶段针对部分重点业务产品的营销及管理层级。为强化对项目贷款、房地产贷款、国内贸易融资等重点业务产品的统筹管理和风险控制效力，特将上述三种业务产品纳入分行统一管理范畴。要求分行公司业务部全面介入针对各类别客户项目贷款、房地产贷款和国内贸易融资业务的产品线营销管理及贷后管理指导工作，信贷管理部围绕产品线做好信贷风险的综合监测分析以及全过程的信贷监督检查工作。三是强化了对公司重点客户高效服务的组织保障。强调前台、中台、后台各环节部门的协调配合，同时在机制设计上引入了“预审制”，针对公司重点客户申办的重大、优质项目贷款，明确分行授信审批部审查人及项目评估人员可提前介入开展项目初审和初评。四是明确了有关贷后管理、监测分析、监督检查工作的流程分工。基于“全过程管理”的公司业务创新改革原则，明确前台业务部门客户经理为贷后管理第一责任人，负责落实各项贷后管理具体工作；市行层面，明确由信贷管理部负责牵头实施全面信贷风险监测分析以及全过程信贷监督检查，以此搭建分层次、立体化的贷后管理及风险监控体系。

（四）以新增客户和重大项目为重点，建立重大项目营销管理机制。“重大项目”是指符合总行行业信贷政策，对于维护全行公司重点客户、产品开发创新、扩大公司业务市场份额以及全面提升全行持续发展能力具有重要意义的项目。对重大项目的营销服务采用团队模式，专门成立由分行行长和分管行长分别任组长和副组长、相关业务部门负责人为成员的重大项目营销管理领导小组，由领导小组根据项目特点直接指定分行公司业务部客户经理具体负责，并结合客户需求及工作职责范围，确定项目营销服务其他支持成员，负责营销服务具体工作；与此同时，在财务及人力资源方面，有针对性地向重大项目予以倾斜，针对业绩突出的营销服务团队专门设立重大项目营销贡献奖，并根据贡献大小兑现到人。

（五）以“全产品营销”和“全过程管理”为着力点，推动传统公司信贷业务向公司金融业务的全面转型。推动传统公司信贷业务向公司金融业务的全面转型，我们抓住了两个“着力点”：一是在绩效合约的设计上导入“全产品营销”的概念，即对公客户经理业绩的数量型考核指标同时覆盖公司存款、贷款、中间业务及其他各类业务产品，从激励机制入手刚性推动客户经理营销理念及行为的转变；二是本着“谁营销、谁管理”的原则，明确贷后管理的职责归属和相应的考核约束，强化客户经理的全过程风险管理意识及行为。以此为契机，彻底纠正“重贷轻管”导致贷后管理薄弱的弊端。

三、公司业务创新改革的具体实施与进展

（一）优化和调整客户经理队伍。优秀的客户经理队伍构成了公司业务的核心竞争力。基于此，我行公司业务创新改革实施的“首要环节”正是从优化和调整客户经理队伍入手，并针对原有客户经理队伍存在的人员业务单一、岗位管理僵化等问题，采取了一些有力的工作措施。一是实行全员公开招聘。原有分行公司业务部岗位人员全部“起立”，面向全行各业务线员工重新招聘，强化了“公开、公平、公正”的岗位人员遴选机制，并为今后各项业务的流程改造和员工绩效激励改革等工作起到了较好的示范和引导作用。经过招聘程序，原有分行公司业务部员工有6人落聘，分流到支行一线，新组建的分行公司金融营销队伍共有37人，平均年龄31.4岁，研究生及以上学历人员11人。二是将中后台、产品部门业务骨干充实到公司营销队伍。业务线涵盖了本外币表内外融资、对公存款、国际业务、银行卡、电子银行、代发工资、企业年金、资产托管等，通过人员队伍改革，为联动营销、整合营销搭建平台，推动全行公司业务由传统的信贷业务向全面的金融业务转型。三是设立营销支持团队。集中专业人员建立全产品的政策服务与智力支持平台，深入持续推进全行公司业务营销管理制度建设。四是将人力资源改革项目先行实验于对公客户经理队伍改革。如，将“销售计价”理念在客户经理业绩评价体系中提前运用，率先建立起了以绩效合约为主要形式的员工业绩考评工具载体，既保证了公司业务创新改革与人力资源改革的配套适应性，又对其他业务线改革起到了良好的示范作用。又如，将对公客户经理队伍改革与即将推行的员工职业发展规划有机结合。为拓宽客户经理晋升通道和发展空间，增强对客户经理的激励效果，我们对客户经理实行了分级管理并设计扩大了各岗位工资等级区间，不同级别的客户经理具有不同类别客户及业务的营销资质，并根据岗位价值、管理幅度、绩效合约目标以及不同人员与岗位的匹配程度，确定了差异化的工资等级；与此同时，我们还打破了原有单一的岗位类别设计理念，针对营销部门内实际所需从事的综合类及事务性工作，设立了专业类岗位（营销经理），进一步实现了“人岗匹配”。

（二）建章建制，规范管理。新的分行公司业务部组建后，一是利用多业务线的人员组成优势，开展了形式各样的内部交叉培训，有效推动公司金融营销队伍素质的整体提升。二是快速建立客户经理工作制度，按周、按季度督促客户经理做好工作计划安排，制订明确的工作方案和执行进度，推动客户经理按计划、按时效完成工作，打造承诺型的绩效文化。三是按照公司业务创新改革的总体安排，进一步细化相关管理机制，包括：进一步理顺重点业务工作流程，明确将项目贷款、房地产贷款以及国内贸易融资业务纳入分行统一管理范畴，由公司业务部客户经理作为“第二调查人”直接参与对客户及项目（业务）的双人尽职调查，借此强化对重点业务产品的统筹管理和风险控制效力；进一步规范有关贷后管理的实施办法，分产品、分行业制订差异化贷后管理实施方案，实现贷后管理工作的制度化和标准化。

（三）分批次上收客户，落实客户经理职责，签订绩效合约。我们在改革的过程中秉承了“积极稳妥、循序渐进”的原则，既充分考虑了原有的管理方式及利益分配格局，也认真分析了干部员工对于新的管理机制的适应能力，并结合人力资源配套改革方向，由易到难，分阶段推进。在客户分类上，根据服务能力，本着“成熟一户、上收一户”的原则，首先选择少数客户上收至市行，待条件成熟后逐步扩大重点客户范围；在考核激励上，保留了原有对支行的全部利益，不做任何扣减。

客户上收后，由直线管理者在与客户经理充分沟通的基础上，根据分行下达的总体任务计划，考虑客户经理分管业务范围、管户情况以及具体工作职责的差异，确定不同的绩效计划并签订绩效合约。绩效计划（合约）并不拘泥于单纯的数量指标，甚至把完成某项具体任务或达成某项目作为合约内容。

（四）积极实践新的流程方法，扩大营销成果。在新旧体制过渡的非常时期，我们尤其注意并妥善处理好了体制转承与业务经营的关系，一手抓改革，一手抓业务发展，并积极实践改革中的一些创新手段，按照新的工作流程和方法，上下联动，推动工作进展。在分行重大项目营销管理领导小组的协调组织下，抓住当前“扩内需、保增长”政策时机，我们在分行层面组建专业团队进行直接营销，取得了重大项目营销突破——成功争揽大连地区“扩内需、保增长”城市基础设施建设启动的第一个重大项目，成为大伙房水库应急入连工程项目银团贷款的唯一牵头行。与此同时，包括城建、高速公路、机场扩建、地铁等在内的一大批重点项目

（业务）已取得了实质性进展，融资租赁、校园一卡通等新业务也都在有序推进。

总体来看，此次改革实现了平稳过渡，不仅对提升全产品综合营销服务能力、增强市场竞争能力、创造良好的公司业务文化、促进公司信贷业务向公司金融业务全面转型具有积极的意义，同时也为其他业务的创新改革树立了良好的示范。

第九部分

综合统计

执行编辑：孙清华

中国工商银行股本变动及主要股东持股情况

一、股份变动情况表

单位：股

	2008 年 12 月 31 日		报告期内增减（+，-）	2009 年 12 月 31 日	
	股份数量	比例	限售期满	股份数量	比例
一、有限售条件股份	274 299 235 026	82.1	-261 118 423 702	13 180 811 324	3.9
1. 国家持股	236 012 348 064	70.7	-236 012 348 064	0	0.0
2. 其他内资持股	14 102 149 559	4.2	-14 102 149 559	0	0.0
3. 外资持股	24 184 737 403	7.2	-11 003 926 079	13 180 811 324	3.9
二、无限售条件股份	59 719 615 000	17.9	261 118 423 702	320 838 038 702	96.1
1. 人民币普通股	14 950 000 000	4.5	236 012 348 064	250 962 348 064	75.2
2. 境外上市的外资股	44 769 615 000	13.4	25 106 075 638	69 875 690 638	20.9
三、股份总数	334 018 850 026	100.0	0	334 018 850 026	100.0

注：（1）本表中“国家持股”指财政部和汇金公司持有的股份。“其他内资持股”指社保基金理事会持有的股份。“外资持股”指境外战略投资者高盛集团、安联集团和美国运通持有的股份。“境外上市的外资股”即 H 股，根据中国证监会《公开发行证券的公司信息披露内容与格式准则第 5 号——公司股份变动报告的内容与格式》（2007 年修订）中的相关内容界定。

（2）有限售条件股份是指股份持有人依照法律、法规规定或按承诺有转让限制的股份。

二、限售股份变动情况表

单位：股

股东名称	期初限售股份数量	本期解除限售股份数量	本期增加限售股份数量	期末限售股份数量	限售原因	解除限售日期
财政部	118 006 174 032	118 006 174 032	0	0	发行限售	2009 年 10 月 27 日
汇金公司	118 006 174 032	118 006 174 032	0	0	发行限售	2009 年 10 月 27 日
高盛集团（1）	16 476 014 155	3 295 202 831	0	13 180 811 324	发行限售	2009 年 4 月 28 日
社保基金理事会（2）	14 102 149 559	14 102 149 559	0	0	发行限售	2009 年 6 月 29 日
						2009 年 10 月 20 日
安联集团（2）	6 432 601 015	6 432 601 015	0	0	发行限售	2009 年 4 月 28 日
						2009 年 10 月 20 日
美国运通（2）	1 276 122 233	1 276 122 233	0	0	发行限售	2009 年 4 月 28 日
						2009 年 10 月 20 日
合计	274 299 235 026	261 118 423 702	0	13 180 811 324	—	—

注：（1）报告期内高盛集团限售股份可上市交易时间变化情况，请参见本行于 2009 年 3 月 25 日和 3 月 26 日分别在香港联交所及上交所指定网站发布的《关于高盛集团承诺新的股份锁定的公告》。

（2）安联集团、美国运通所持限售股份分别于 2009 年 4 月 28 日和 10 月 20 日分两次以等比例解除；社保基金理事会所持限售股份分别于 2009 年 6 月 29 日和 10 月 20 日分两次以等比例解除。

三、有限售条件股份可上市交易时间

单位：股

可上市交易时间	限售期满新增可上市交易股份数量	有限售条件股份数量余额	无限售条件股份数量余额	说明	限定条件
2010年4月28日	13 180 811 324	0	320 838 038 702	高盛集团H股	自愿锁定

四、前10名股东持股情况

单位：股

股东总数				1 239 824（2009年12月31日的A+H在册股东数）		
前10名股东持股情况（以下数据来源于2009年12月31日的在册股东情况）						
股东名称	股东性质	股份类别	持股比例（%）	持股总数	持有有限售条件股份数量	质押或冻结的股份数量
汇金公司（1）	国家	A股	35.4	118 316 816 139	0	无
财政部	国家	A股	35.3	118 006 174 032	0	无
香港中央结算代理人有限公司	境外法人	H股	16.3	54 489 300 096	0	未知
社保基金理事会	其他内资	H股	4.2	14 102 149 559	0	无
高盛集团	境外法人	H股	3.9	13 180 811 324	13 180 811 324	无
美国运通	境外法人	H股	0.2	638 061 117	0	无
中国华融资产管理公司	其他内资	A股	0.1	480 769 000	0	无
中国人寿保险股份有限公司－传统－普通保险产品－005L－CT001沪	其他内资	A股	0.1	379 673 016	0	无
中国人寿保险股份有限公司－分红－个人分红－005L－FH002沪	其他内资	A股	0.1	327 144 103	0	无
易方达50指数证券投资基金	其他内资	A股	0.1	254 918 659	0	无

注：（1）汇金公司自2008年9月23日通过上交所交易系统买入方式增持本行股份，截至2009年12月31日，汇金公司累计增持本行A股310 642 107股，约占本行已发行总股本的0.093%。

五、前10名无限售条件股东持股情况（以下数据来源于2009年12月31日的在册股东情况）

单位：股

股东名称	持有无限售条件股份数量	股份类别
中央汇金投资有限责任公司	118 316 816 139	A股
中华人民共和国财政部	118 006 174 032	A股
香港中央结算代理人有限公司	54 489 300 096	H股
全国社会保障基金理事会	14 102 149 559	H股
美国运通公司	638 061 117	H股
中国华融资产管理公司	480 769 000	A股
中国人寿保险股份有限公司－传统－普通保险产品－005L－CT001沪	379 673 016	A股
中国人寿保险股份有限公司－分红－个人分红－005L－FH002沪	327 144 103	A股
易方达50指数证券投资基金	254 918 659	A股
华宝兴业行业精选股票型证券投资基金	252 080 472	A股

中国工商银行股份有限公司合并资产负债表

（按中国会计准则绘制）

（除特别注明外，金额单位均为人民币百万元）

	2009 年 12 月 31 日	2008 年 12 月 31 日
资产：		
现金及存放中央银行款项	1 693 048	1 693 024
存放同业及其他金融机构款项	157 395	41 571
贵金属	2 699	2 819
拆出资金	77 906	126 792
以公允价值计量且其变动计入当期损益的金融资产	20 147	33 641
衍生金融资产	5 758	15 721
买入返售款项	408 826	163 493
客户贷款及垫款	5 583 174	4 436 011
可供出售金融资产	949 909	537 600
持有至到期投资	1 496 738	1 314 320
应收款项类投资	1 132 379	1 162 769
长期股权投资	36 278	28 421
固定资产	84 626	79 759
在建工程	8 693	5 189
递延所得税资产	18 696	10 775
其他资产	108 781	105 749
资产合计	11 785 053	9 757 654
负债：		
同业及其他金融机构存放款项	931 010	592 607
拆入资金	70 624	53 647
以公允价值计量且其变动计入当期损益的金融负债	15 831	11 834
衍生金融负债	7 773	13 612
卖出回购款项	36 060	4 648
存款证及应付票据	1 472	726
客户存款	9 771 277	8 223 446
应付职工薪酬	20 772	19 942
应交税费	28 626	44 979
应付次级债券	75 000	35 000
递延所得税负债	178	16
其他负债	147 496	150 059
负债合计	11 106 119	9 150 516
股东权益：		
股本	334 019	334 019
资本公积	102 156	112 461
盈余公积	37 484	24 650
一般准备	84 222	69 355
未分配利润	117 931	72 146
外币报表折算差额	（1 919）	（9 448）
归属于母公司股东的权益	673 893	603 183
少数股东权益	5 041	3 955
股东权益合计	678 934	607 138
负债及股东权益总计	11 785 053	9 757 654

中国工商银行股份有限公司合并利润表

（按中国会计准则编制）

（除特别注明外，金额单位均为人民币百万元）

	2009 年度	2008 年度
利息净收入		
利息收入	405 878	440 574
利息支出	(160 057)	(177 537)
	245 821	263 037
手续费及佣金净收入		
手续费及佣金收入	59 042	46 711
手续费及佣金支出	(3 895)	(2 709)
	55 147	44 002
投资收益	9 904	3 348
其中：对联营及合营公司的投资收益	1 987	1 978
公允价值变动净损失	(101)	(71)
汇兑及汇率产品净损失	(1 246)	(851)
其他业务收入/（支出）	(71)	293
营业收入	309 454	309 758
营业税金及附加	(18 157)	(18 765)
业务及管理费	(101 703)	(91 506)
资产减值损失	(23 219)	(55 528)
其他业务成本	(381)	(428)
营业支出	(143 460)	(166 227)
营业利润	165 994	143 531
加：营业外收入	2 213	2 834
减：营业外支出	(959)	(1 064)
税前利润	167 248	145 301
减：所得税费用	(37 898)	(34 150)
净利润	129 350	111 151
净利润归属于：		
母公司股东	128 599	110 766
少数股东	751	385
	129 350	111 151
每股收益		
基本每股收益（人民币元）	0.39	0.33
稀释每股收益（人民币元）	0.39	0.33
其他综合收益	(2 435)	(2 979)
综合收益总额	126 915	108 172
综合收益总额归属于：		
母公司股东	125 724	108 661
少数股东	1 191	(489)

中国工商银行股份有限公司合并现金流量表

（按中国会计准则编制）
（除特别注明外，金额单位均为人民币百万元）

	2009 年度	2008 年度
一、经营活动产生的现金流量：		
客户存款净增加额	1 548 192	1 337 886
拆出资金净额	—	14 660
同业及其他金融机构存放款项净额	338 453	—
拆入资金净额	17 017	—
卖出回购款项净额	31 412	—
为交易而持有的投资款项净额	13 005	6 580
指定为以公允价值计量且其变动计入当期损益的债券投资款项净额	396	1 182
以公允价值计量且其变动计入当期损益的金融负债款项净额	4 065	—
收取的利息、手续费及佣金的现金	458 157	471 854
处置抵债资产收到的现金	2 182	3 614
收取的以公允价值计量且其变动计入当期损益的债券投资收益	657	1 957
收到的其他与经营活动有关的现金	11 004	39 209
经营活动现金流入小计	2 424 540	1 876 942
客户贷款及垫款净增加额	(1 169 891)	(541 025)
存放中央银行款项净额	(284 127)	(262 312)
存放同业及其他金融机构款项净额	(62 851)	(859)
同业及其他金融机构存放款项净额	—	(129 524)
拆入资金净额	—	(18 735)
拆出资金净额	(9 710)	—
买入返售款项净额	(153 500)	(56 115)
卖出回购款项净额	—	(188 835)
以公允价值计量且其变动计入当期损益的金融负债款项净额	—	(6 759)
支付的利息、手续费及佣金的现金	(166 815)	(151 498)
支付给职工以及为职工支付的现金	(59 660)	(52 520)
支付的各项税费	(78 908)	(58 404)
支付的其他与经营活动有关的现金	(35 216)	(39 443)
经营活动现金流出小计	(2 020 678)	(1 506 029)
经营活动产生的现金流量净额	403 862	370 913
二、投资活动产生的现金流量：		
收回投资收到的现金	992 406	1 127 448
取得子公司所收到的现金净额	—	2 261
分得股利所收到的现金	544	652
处置联营公司所收到的现金	25	—
处置固定资产、无形资产和其他长期资产收回的现金	1 407	520
投资活动现金流入小计	994 382	1 130 881
投资支付的现金	(1 559 376)	(1 086 048)
购买联营公司所支付的现金	—	(37 420)
投资合营公司所支付的现金	(5)	—

续表

	2009 年度	2008 年度
收购少数股东权益所支付的现金	—	(1 783)
购建固定资产、无形资产和其他长期资产支付的现金	(13 037)	(10 975)
增加在建工程所支付的现金	(7 248)	(4 579)
投资活动现金流出小计	(1 579 666)	(1 140 805)
投资活动产生的现金流量净额	(585 284)	(9 924)
三、筹资活动产生的现金流量：		
少数股东行使认股权所收到的现金	—	66
吸收少数股东投资所收到的现金	80	—
发行债券收到的现金	40 000	—
筹资活动现金流入小计	40 080	66
支付次级债券利息	(1 168)	(1 240)
分配普通股股利所支付的现金	(55 113)	(44 425)
向少数股东分配股利所支付的现金	(86)	(325)
筹资活动现金流出小计	(56 367)	(45 990)
筹资活动产生的现金流量净额	(16 287)	(45 924)
四、汇率变动对现金及现金等价物的影响	(188)	(9 461)
五、现金及现金等价物净变动额	(197 897)	305 604
加：年初现金及现金等价物余额	607 291	301 687
六、年末现金及现金等价物余额	409 394	607 291
补充资料		
1. 将净利润调节为经营活动现金流量：		
净利润	129 350	111 151
资产减值损失	23 219	55 528
固定资产折旧	9 043	7 815
资产摊销	1 957	1 675
债券投资溢折价摊销	(3 566)	(4 345)
固定资产、无形资产和其他长期资产盘盈及处置净收益	(575)	(518)
投资收益	(9 226)	(1 601)
公允价值变动净损失	101	71
汇兑损失	4 297	30 390
已减值贷款利息收入	(1 021)	(1 538)
递延税款	(4 272)	(8 539)
应付次级债券利息支出	1 790	1 241
经营性应收项目的增加	(1 668 504)	(845 022)
经营性应付项目的增加	1 921 269	1 024 605
因经营活动而产生的现金流量净额	403 862	370 913
2. 现金及现金等价物净变动情况：		
现金年末余额	38 842	40 025
减：现金年初余额	40 025	39 123
加：现金等价物的年末余额	370 552	567 266
减：现金等价物的年初余额	567 266	262 564
现金及现金等价物净变动额	(197 897)	305 604

中国工商银行股份有限公司资本充足率情况表

（集团口径）

（单位：百万元人民币，百分比除外）

项目	2009 年 12 月 31 日	2008 年 12 月 31 日
核心资本	622 121	543 642
股本	334 019	334 019
储备[(1)]	283 061	205 668
少数股东权益	5 041	3 955
附属资本	172 994	121 998
贷款损失一般准备	97 994	82 834
长期次级债务	75 000	35 000
其他附属资本	—	4 164
扣除前总资本基础	795 115	665 640
扣除	63 159	45 607
未合并的权益投资	19 559	19 499
商誉	24 621	20 579
其他	18 979	5 529
资本净额	731 956	620 033
核心资本净额	586 431	510 549
加权风险资产及市场风险资本调整	5 921 330	4 748 893
核心资本充足率（%）	9.90	10.75
资本充足率（%）	12.36	13.06

注：（1）主要包括资本公积可计入部分、盈余公积、一般风险准备以及未分配利润可计入部分。

中国工商银行股份有限公司贷款五级分类分布情况表

（集团口径）

（单位：百万元人民币，百分比除外）

项目	2009 年 12 月 31 日		2008 年 12 月 31 日	
	金额	占比（%）	金额	占比（%）
正常类	5 411 226	94.46	4 229 609	92.51
关注类	228 933	4.00	237 903	5.20
不良贷款	88 467	1.54	104 482	2.29
次级类	31 842	0.55	37 694	0.83
可疑类	43 413	0.76	55 641	1.22
损失类	13 212	0.23	11 147	0.24
合计	5 728 626	100.00	4 571 994	100.00

2009年中国工商银行牡丹卡业务量统计表

制表部门：牡丹卡中心

业务指标	2009年	2008年	年增长率（%）
牡丹卡总发卡量（万张）	28 910	23 832	21.3
其中：信用卡（万张）	5 201	3 905	33.2
借记卡（万张）	23 709	19 927	19.0
牡丹卡消费额（亿元）	14 979	7 964	88.1
其中：信用卡消费额（亿元）	4 490	2 551	76.0
外卡收单年交易额（亿元）	65	74	-12.6
信用卡贷款余额（亿元）	371	172	115.2
牡丹卡特约单位（家）	453 577	338 147	34.1
ATM（台）	34 089	27 467	24.1
POS机（台）	395 739	277 131	42.8

2009年中国工商银行电子银行业务量统计表

制表部门：电子银行部

业务类别	注册客户数量			全年业务量		
	企业（万户）	个人（万户）	合计（万户）	业务笔数（万笔）	交易笔数（万笔）	交易金额（亿元）
网上银行	189.41	7 535.78	7 725.19	800 356.34	269 729.30	1 531 619.41
电话银行	112.12	5 752.20	5 864.32	184 736.56	13 243.90	51 327.04
手机银行（WAP）	—	1 320.92	1 320.92	201.33	63.35	32.59
企业银行	3.08	—	3.08	3 130.50	812.24	1 285.72
ATM	—	—	—	327 466.58	238 002.24	26 183.84
POS机	—	—	—	82 652.92	81 925.56	31 728.13
其他自助设备	—	—	—	88 756.76	22 643.44	11 703.26
其他电子银行业务	—	—	—	168 537.67	149 712.11	159 265.53
合计	—	—	—	1 655 838.66	776 132.15	1 813 145.51

注：注册客户数量是截至2009年末的存量数，业务量数据为2009年当年发生数。

中国工商银行员工情况表

2009 年 12 月 31 日　　单位：人

	总计	女	学历							年龄							
			研究生		大学本科	大学大专	中专	高中	初中及以下	25 岁以下	26 岁至 30 岁	31 岁至 35 岁	36 岁至 40 岁	41 岁至 45 岁	46 岁至 50 岁	51 岁至 54 岁	55 岁以上
			博士	硕士													
合计	386 723	184 714	332	8 566	145 063	153 284	36 705	37 968	4 805	24 263	34 091	40 083	79 478	105 030	80 861	19 884	3 033
总行本部	2 530	931	158	1 119	1 159	69	4	15	6	266	806	664	262	201	175	80	76
北京	14 406	8 813	26	912	6 241	5 445	876	860	46	1 406	2 013	1 546	2 362	3 465	2 669	791	154
天津	8 279	4 381	1	70	2 745	3 155	916	1 315	77	422	1 016	724	1 490	2 136	2 012	456	23
河北	20 196	8 762	1	102	6 236	8 590	2 465	2 487	315	383	811	2 274	4 881	5 822	5 224	766	35
山西	14 293	6 918	2	135	3 574	6 282	1 256	2 789	255	563	1 048	1 962	2 773	4 495	2 725	624	103
内蒙古	12 380	5 972	0	58	3 597	4 596	1 307	2 384	438	325	604	1 248	2 734	3 467	2 982	831	189
辽宁	16 488	7 505	1	186	6 074	8 224	763	1 082	158	282	837	1 445	3 514	4 919	4 221	1 033	237
吉林	12 967	6 350	1	187	5 001	4 512	1 818	1 378	70	372	1 367	1 873	2 429	2 518	3 354	986	68
黑龙江	16 775	8 054	2	47	5 005	7 538	2 580	1 447	156	298	686	1 936	3 589	4 697	4 422	981	166
上海	10 460	6 073	17	213	4 807	3 319	1 172	542	390	1 192	1 278	1 461	1 827	2 504	1 609	459	130
江苏	16 372	7 156	1	312	5 269	6 558	1 239	2 749	244	627	943	1 070	3 269	5 226	3 870	1 088	279
浙江	17 210	9 796	5	339	7 764	6 217	1 407	1 204	274	3 325	2 857	2 040	2 797	3 152	2 332	614	93
安徽	1 1671	4 493	3	83	4 054	5 068	1 267	1 078	118	134	430	916	2 347	3 630	3 138	928	148
福建	9 055	3 903	2	85	3 815	2 928	1 193	881	151	387	418	632	1 842	3 004	2 151	500	121
江西	8 767	3 280	0	92	2 915	3 322	1 247	1 039	152	365	449	844	1 840	2 616	2 191	437	25
山东	16 265	6 216	9	204	6 271	6 927	1 708	1 075	71	192	702	1 540	3 839	4 733	4 525	710	24
河南	19 212	8 877	3	119	6 594	7 540	2 538	2 327	91	311	718	2 376	5 463	5 658	3 637	945	104
湖北	16 149	7 104	4	287	5 813	6 139	1 307	2 328	271	205	449	1 286	3 868	5 115	4 050	1 100	76
湖南	11 946	5 128	1	88	4 294	5 317	1 027	1 085	134	234	386	839	2 328	4 553	3 001	578	27
广东	20 132	9 643	12	408	7 501	8 755	2 019	1 286	151	3 575	3 237	2 944	4 302	3 445	1 787	772	70
广西	10 303	5 452	1	46	3 636	3 907	1 344	1 287	82	483	1 413	814	1 765	2 678	2 477	594	79
海南	2 442	985	0	26	1 158	966	99	172	21	75	229	388	581	713	371	73	12
重庆	6 007	2 777	2	102	1 777	2 404	959	609	154	162	355	371	1 237	1 671	1 355	678	178

续表

	总计	女	学历							年龄							
			研究生		大学本科	大学大专	中专	高中	初中及以下	25岁以下	26岁至30岁	31岁至35岁	36岁至40岁	41岁至45岁	46岁至50岁	51岁至54岁	55岁以上
			博士	硕士													
四川	14 782	7 472	2	268	6 107	6 487	1 121	656	141	1 062	1 759	1 524	3 269	3 709	2 618	785	56
贵州	6 110	2 776	0	19	2 108	2 576	743	483	181	251	379	458	983	1 970	1 609	398	62
云南	7 735	3 936	0	78	2 953	3 413	524	662	105	175	301	659	1 654	2 712	1 864	266	104
陕西	10 930	4 633	10	351	3 842	5 064	346	1 253	64	200	398	821	2 733	4 064	2 197	474	43
甘肃	6 740	2 849	0	28	2 993	2 800	526	358	35	107	212	388	1 488	2 736	1 480	289	40
青海	2 024	1 002	0	2	691	1 014	128	169	20	24	96	179	404	847	442	32	0
宁夏	2 532	1 271	0	6	891	1 147	152	314	22	109	134	156	609	771	623	130	0
新疆	7 738	4 199	0	66	2 872	3 389	633	620	158	355	583	798	1 377	2 513	1 705	374	33
西藏	47	11	0	3	40	4	0	0	0	4	11	10	12	4	5	1	0
长院	55	22	1	12	36	6	0	0	0	2	9	0	3	8	26	5	2
杭院	56	31	1	15	40	0	0	0	0	2	7	1	6	20	17	1	2
大连	3 181	1 866	0	95	1 454	1 320	47	243	22	120	249	335	928	717	634	162	36
青岛	2 871	1 398	0	94	1 089	993	361	313	21	160	305	237	391	661	943	167	7
宁波	2 959	1 686	0	59	1 361	926	366	202	45	250	541	452	448	603	472	156	37
深圳	3 014	1 463	5	332	1 493	848	76	222	38	210	509	420	718	591	432	119	15
厦门	1 724	912	1	61	876	435	110	187	54	102	124	223	408	451	311	73	32
广东营业部	9 859	6 165	8	166	4 776	3 501	881	500	27	2 252	2 763	1 060	1 714	1 232	595	209	34
苏州	2 716	1 376	1	55	1 179	934	149	355	43	297	313	314	442	710	420	157	63
牡丹卡中心	1 515	1 043	7	87	886	512	18	4	1	906	191	146	144	73	35	15	5
票据营业部	228	122	2	31	171	24	0	0	0	11	44	46	65	37	20	3	2
内部审计局	351	143	4	54	263	25	3	2	0	2	24	54	85	66	61	32	27
软件开发中心	3 203	931	20	858	2 292	31	2	0	0	1 324	1 346	334	122	47	21	3	6
数据中心（北京）	1 121	474	5	384	700	25	3	2	2	505	357	133	68	29	19	7	3
数据中心（上海）	570	166	7	149	388	17	4	4	1	210	220	53	30	30	19	2	6
私人银行部	325	185	6	63	242	13	1	0	0	38	155	79	31	8	14	0	0
贵金属业务部	32	13	0	10	20	2	0	0	0	1	9	10	7	3	1	0	1

注：本表不包括境内主要控股公司员工和境外机构当地雇员。

中国工商银行系统机构设置情况表

2009 年 12 月 31 日

	合计	总行	总行营业部	一级分行	直属分行	二级分行	县级市支行	县支行	城区支行	二级支行	分理处	储蓄所	一级分行营业部	直属分行营业部	其他
合计	16 228	1	1	31	5	390	335	931	1 784	8 079	3 083	1 525	27	4	32
总行	1	1													
总行营业部	1		1												
北京	562			1		31		4		354	81	91			
天津	325			1		24		3	20	243	9	25			
河北	877			1		10	20	76	123	442	88	116	1		
山西	468			1		10	11	54	88	229	43	31	1		
内蒙古	442			1		12	8	42	57	304	7	10	1		
辽宁	653			1		12	15	13	111	195	58	247	1		
吉林	364			1		8	19	10	56	152	27	90	1		
黑龙江	599			1		12	20	34	136	21	133	241	1		
上海	501			1		30				417	51		2		
江苏	868			1		12	22	24	74	617	102	15	1		
浙江	745			1		9	22	29	55	340	238	50	1		
安徽	529			1		16		42	116	221	95	37	1		
福建	422			1		7	14	38	33	275	24	29	1		
江西	421			1		10	10	53	43	172	130	1	1		
山东	872			1		15	27	51	69	222	320	166	1		
河南	746			1		17	20	62	102	243	297	3	1		
湖北	651			1		12	21	14	73	272	181	76	1		
湖南	538			1		13	15	42	78	233	132	23	1		
广东	1 006			1		19	21	38	140	712	56	19			
广西	428			1		10	9	45	55	254	53		1		
海南	107			1		2	5	5	5	88			1		
重庆	297			1		19	4	20	14	45	175	18	1		

续表

	合计	总行	总行营业部	一级分行	直属分行	二级分行	县级市支行	县支行	城区支行	二级支行	分理处	储蓄所	一级分行营业部	直属分行营业部	其他
四川	661			1		18	11	44	33	335	218		1		
贵州	283			1		8	4	36	33	106	94		1		
云南	366			1		14	4	30	30	142	113	31	1		
陕西	491			1		9	3	46	65	124	173	69	1		
甘肃	355			1		15	2	32	15	271	7	11	1		
青海	82			1		1	2	4	6	43	9	16			
宁夏	91			1			2	2	10	46	19	11			
新疆	294			1		14	5	35	21	163	48	6	1		
西藏	1			1											
长院	1														1
杭院	1														1
大连	139				1		4		13	98	10	12		1	
青岛	112				1		5		13	32	26	35			
宁波	147				1		2	3	14	98	16	12		1	
深圳	126				1				25	99				1	
厦门	63				1				15	46				1	
广东营业部	377						3		35	337		1	1		
苏州	185					1	5		8	88	50	33			
牡丹卡中心	5														5
票据营业部	9														9
软件开发中心	1														1
数据中心（北京）	1														1
数据中心（上海）	1														1
电子银行中心	1														1
国际结算单证中心	1														1
私人银行部	10														10
贵金属业务部	1														1

注：本表不包括境内主要控股公司和境外机构。

第十部分

大事记

执行编辑：王元元

1月

1日－3日 杨凯生行长应邀赴香港出席东亚银行成立90周年庆典活动。在港期间，拜访了信和置业有限公司主席黄志祥、嘉里控股有限公司董事长郭孔丞、和合实业有限公司主席胡应湘爵士。

2日 易会满副行长会见上海铁路局局长吴强一行，双方就企业年金业务管理合作情况进行了交流。

4日 姜建清董事长、杨凯生行长、赵林监事长和张福荣、牛锡明、王丽丽、李晓鹏副行长，刘立宪纪委书记，易会满副行长出席年终决算通报会，听取2008年全行年终决算情况汇报。许善达、康学军、宋志刚、高剑虹、李军、郦锡文董事，王炽曦、王道成、张炜监事，魏国雄首席风险官、谷澍董事会秘书及有关部门负责人参加。

张福荣副行长应邀出席北京市政府召开的服务中央在京企业和金融机构工作座谈会。

5日 姜建清董事长、杨凯生行长、易会满副行长会见交通运输部部长李盛霖一行，双方就利用债券融资、中期票据等创新方式解决交通建设资金以及在长江航道建设上继续加强合作等内容交换了意见。双方还表示要建立高层定期会晤机制，沟通行业发展相关政策信息，同时由地方交通运输行业主管部门和我行的省级分行共同建立联合协调机制。

姜建清董事长会见美国麦肯锡公司亚太区主席鲍达民一行，并接受了《麦肯锡季刊》的专访，就我行公司治理、风险管理、内部控制、企业文化、社会责任以及全球金融危机等问题进行了阐述。谷澍董事会秘书陪同。

杨凯生行长、牛锡明副行长、易会满副行长主持召开第1次专题会议，研究我行参加Sibos会议有关问题。

赵林监事长分别主持召开总行学习实践活动办公室会议和总行部室负责人会议，安排部署总行本部学习实践科学发展观活动。

我行正式签署绵阳科技城产业投资基金托管协议，这是我行托管的第一只产业投资基金。该基金是经国家发改委批准的我国第一只合伙制产业投资基金，批准规模60亿元人民币。

重庆分行荣获重庆市政府颁发的金融贡献奖。

6日 杨凯生行长、张福荣副行长会见成都市市长葛红林一行，双方就金融支持成都市基础设施建设情况以及我行后台中心建设和不良贷款核销工作交换了意见。

王丽丽副行长参加最高人民法院与银监会联合在北京召开的银行业金融机构案件执行座谈会。

国家知识产权局授予我行《异地授权系统及方法》和《客户终端、服务器、字符终端仿真系统和方法》国家发明专利。至此，我行拥有的专利数量达到74个。

6日－7日 牛锡明、李晓鹏、易会满副行长出席我行行业信贷政策研讨会，听取2009年部分重点行业分析及行业信贷政策修订情况的汇报。

7日 李晓鹏副行长会见瑞士信贷全球金融机构部主管维克拉姆·甘地（Vikram Gandhi）一行，双方就国际、国内金融形势以及在投资银行业务方面的合作机会进行了交流。

易会满副行长主持召开第3次专题会议，研究开发汇款转账专用自助终端有关问题。

我行正式启动财富管理专业团队建设工作。该团队由一级（直属）分行负责组建，选派熟悉零售金融并有一定专业特长人员组成，专门向个人客户经理等前台营销队伍提供智力支持，并向财富客户提供高级别财富管理服务。

我行正式成为南非标准银行集团公司（Standard Bank Group Limited）QFII托管人。至此，我行已有11家QFII客户正式获得监管部门的资格批复。

8日 姜建清董事长、杨凯生行长、赵林监事长拜访财政部谢旭人部长、李勇副部长，汇报我行2008年经营情况和2009年经营发展思路。谷澍董事会秘书陪同。

张福荣副行长应邀出席中国银联“同创品牌 和谐共赢”2009年银行卡同业联谊会。我行获得中国银联颁发的“2008年度银联标准卡推广杰出贡献奖”和“2008年度银联卡境外业务杰出贡献奖”。

牛锡明副行长出席我行与中国航空工业集团公司在北京举行的银企合作协议签字仪式，并与该公司总经理林左鸣等高层进行了会谈。

王丽丽副行长主持召开第4次专题会议，研究专业融资产品簿记有关问题。

李晓鹏副行长会见全国社会保障基金理事会副理事长王忠民一行，双方就我行托管全国社保基金情况进行了交流。

易会满副行长应邀出席中国移动公司在北京举办的金融行业VIP客户答谢会。

8日－9日 杨凯生行长和李晓鹏、易会满副行长出席在北京召开的全行公司与投行业务工作会议，并为公司业务优秀客户经理代表、公司业务先进单位代表和投行业务先进单位代表颁奖，同时分别作了讲话。

9日 姜建清董事长会见美国著名学者罗伯特·劳伦斯·库恩（Robert lawrence kuhn）博士。谷澍董事会秘书陪同。

姜建清董事长会见国泰君安证券公司祝幼一董事长一行，双方就国际国内经济形势与资本市场状况，以及加快以第三方存管业务为核心的各项银证业务合作等内容进行了交流。

牛锡明副行长主持召开第5次专题会议，研究合生创展集团和珠江投资集团风险管理问题。

北京分行成功中标北京首都开发控股（集团）有限公司企业年金基金账户管理人项目。

广东分行举办“食在广东 叹足2000年”百家美食巡礼启动典礼暨牡丹美食卡广东首发仪式。

11日 杨凯生行长应邀出席由《经济观察报》在北京举办的“2008年度观察家年会”，并发表主题演讲。

12日 党委书记姜建清同志主持召开第1次党委（扩大）会议，研究审议拟提交董事会审议的有关议案、总行党委学习实践科学发展观活动分析检查报告等有关事项。

姜建清董事长会见香港新鸿基集团董事局副主席兼董事总经理郭炳联一行，双方就进一步扩大业务合作领域等内容进行了交流。

王丽丽副行长应邀出席由中国国际商会在北京举办的“和衷共济，应对危机——中国金融界联手工商企业界应对金融危机研讨会”，并作了专题发言。

李晓鹏副行长会见太平人寿保险公司董事长何智光一行，双方就银保业务合作情况进行了交流。

易会满副行长会见中国电信集团公司副总经理吴安迪一行，双方回顾了2008年业务合作情况，并就进一步加强金融和电信业务合作，推进3G业务发展进行了交流。

我行与北京农村商业银行银银合作项目一期——账户黄金和跨行汇款业务投产和生产验证顺利完成，标志着我行银银通平台正式投产。

12日-14日 姜建清董事长、杨凯生行长、刘立宪纪委书记先后参加第十七届中央纪律检查委员会第三次全体会议。

13日 姜建清董事长会见高盛集团公司副董事长麦克·埃文斯（J. Michael Evans）一行，双方回顾了在信用风险、市场风险、操作风险管理领域的合作进展情况，并就2009年双方战略合作重点内容进行了交流。谷澍董事会秘书陪同。

姜建清董事长会见摩根士丹利集团公司董事长麦晋桁（John Mack）一行，双方就国际国内经济金融形势和未来发展趋势进行了交流。谷澍董事会秘书陪同。

杨凯生行长、李晓鹏副行长拜访中国人寿保险公司总经理万峰，双方就银保业务合作情况进行了交流。

易会满副行长会见中国农业发展银行副行长刘梅生一行，双方就进一步拓宽业务合作领域进行了交流。

13日-14日 杨凯生行长、易会满副行长赴河南分行调研，并到分行营业部财富管理中心看望慰问基层员工，其间出席了我行与河南省人民政府《战略合作协议》签约仪式，并与河南省委书记、省人大常委会主任徐光春，省委副书记、代省长郭庚茂，省委常委、常务副省长李克进行了会谈。

14日 姜建清董事长会见海航控股集团公司董事长陈峰一行，双方就代发工资、境内外结算与现金管理、银行卡、并购贷款、财务顾问、飞机租赁等业务领域的合作进行了交流。

王丽丽副行长出席在北京召开的亚太经合组织工商咨询理事会（ABAC）年度工作会议，并就2008年ABAC工作情况和今年的工作设想及提案计划作了发言。

15日 姜建清董事长、刘立宪纪委书记参加在北京召开的中央国家机关第23次党的工作会议暨第21次纪检工作会议。

姜建清董事长主持召开我行董事会会议，审议通过《关于我行在美联储开立清算账户和贴现窗口借款资格的议案》等八项议案，并听取了《关于2008年度全行营业网点建设进展情况的汇报》等两项工作汇报。董事会成员杨凯生、张福荣、牛锡明、傅仲君、康学军、宋志刚、克里斯多佛·科尔、高剑虹、李军、郦锡文、梁锦松、钱颖一、许善达及谷澍董事会秘书出席会议，赵林监事长、魏国雄首席风险官，王炽曦、王道成、张炜监事，总行相关部门负责人及监管部门代表列席会议。

杨凯生行长会见高盛银行（美国）董事长、高盛集团全球风险控制委员会主席杰里·科里根（Jerry Corrigan），集团副董事长麦克·埃文斯（J. Michael Evans）和董事总经理胡祖六一行，双方就风险管理领域的合作情况进行了交流。魏国雄首席风险官陪同。

张福荣副行长出席在北京召开的我行电子银行业务工作会议并讲话。

王丽丽副行长出席在北京召开的我行2009年票据营业部工作座谈会并讲话。

易会满副行长拜访铁道部总经济师余邦利，双方就企业年金、票据融资工具及我行与铁道部在2009年度新开工铁路基建项目合作等内容交换了意见。

易会满副行长拜访中国石油化工股份公司财务总监戴厚良、财务副总监兼财务部主任刘运，双方就现金管理、直接融资、企业年金等金融业务合作情况进行了交流。

易会满副行长会见中国五矿集团公司总会计师沈翎女士一行，双方就进一步拓展业务合作领域进行了交流。

易会满副行长会见联想集团公司高级副总裁兼首席财务官黄伟明、副总裁兼全球司库葛德铭一行，双方就国际银团重组、融资业务合作等内容进行了交流。

16日 姜建清董事长应邀出席中国农业银行股份有限公司成立大会。谷澍董事会秘书陪同。

姜建清董事长、杨凯生行长会见大同煤矿集团公司董事长吴永平一行，双方就并购贷款、财务顾问、中期票据发行等金融业务合作进行了交流。

姜建清董事长、杨凯生行长、李晓鹏副行长参加银监会在北京召开的2008年第四季度经济金融形势通报分析（电视电话）会议。

杨凯生行长会见安永会计师事务所全球金融服务业务领导合伙人鲍勃·斯坦（Bob Stein）一行，双方就全球金融危机的最新发展和影响、公允价值计量方法以及美国会计准则委员会和美国证监会最近发布的一系列指引进行了交流。

李晓鹏副行长参加人民银行在北京召开的国务院反假货币工作联席会议成员单位会议。

李晓鹏副行长参加人民银行在北京召开的现钞发行工作会议。

刘立宪纪委书记赴天津市分行调研，并看望慰问困难员工。

16日－17日 易会满副行长出席在北京召开的全行信息科技工作会议并讲话。

18日 内蒙古分行与内蒙古自治区交通厅签订战略合作协议。

19日 牛锡明、易会满副行长会见中国石油天然气集团公司总会计师王国樑、副总会计师温青山一行，双方就进一步规范和完善现金管理和上门收款业务，加强境内本、外币债券承销业务合作，推进中石油财务系统信息化建设，深化双方海外结算与融资业务合作等内容进行了交流。

辽宁分行启动“高端客户营销服务年”活动。

19日－20日 全行2009年工作会议在北京召开，姜建清董事长作重要讲话，杨凯生行长作经营分析报告，赵林监事长主持会议。张福荣、牛锡明、王丽丽、李晓鹏副行长，刘立宪纪委书记，易会满副行长出席。

20日 全行纪检监察工作会议在北京召开。姜建清董事长作重要讲话，杨凯生行长主持会议，赵林监事长出席，刘立宪纪委书记作工作报告。

张福荣副行长会见中国金融理财标准委员会主任委员刘鸿儒一行，双方就我行引进国际财资管理师（CTP）专业资格认证事宜进行了交流。

王丽丽副行长参加人民银行在北京召开的2008年SHIBOR报价工作总结会并作发言。

王丽丽副行长出席在北京召开的我行境外机构转型发展专题工作会议和跨境人民币结算业务专题座谈会并讲话。

易会满副行长会见海航集团公司董事兼海航实业公司董事长谭向东一行，双方就进一步扩大在境内外结算与现金管理、银行卡、并购贷款、财务顾问、代发工资、飞机融资与租赁等业务领域的合作进行了交流。

总行印发工银任免［2009］40号文件：任吴斌为中国工商银行股份有限公司纽约分行总经理。

21日 姜建清董事长、杨凯生行长、赵林监事长和张福荣、牛锡明、王丽丽、李晓鹏、易会满副行长出席总行机关2009年春节团拜会暨老干部新春茶话会。姜建清董事长发表了新年致辞，杨凯生行长主持团拜会。

张福荣副行长在北京参加中央维护稳定工作领导小组和中央处理信访突出问题及群体性事件联席会议共同召开的全国维护稳定暨信访工作（电视电话）会议。

李晓鹏副行长会见金盛人寿保险公司首席风险官马哲明（Jamie McCarry）一行，双方就国际经济金融形势变化趋势和银保业务、QFII资产托管等方面的合作进行了交流。

李晓鹏副行长会见华泰保险集团公司董事长王梓木和华泰人寿保险公司总经理谭硕轮一行，双方就推动银保业务、资产管理业务以及进一步扩大在股权投资计划、信贷资产证券化、投资银行业务、现金管理业务等方面的合作进行了交流。

21日－24日 姜建清董事长、易会满副行长赴江苏分行调研，先后主持召开了远程授权改革试点和重点县域机构改革工作专题座谈会，其间会见了江苏省委书记梁保华、省长罗志军、常务副省长赵克志等地方党政主要领导同志，并赴基层慰问我行一线员工、看望退休老干部。

22日 杨凯生行长主持召开第7次专题会议，研究并购贷款相关事宜。

杨凯生行长会见普华永道会计师事务所高级顾问大卫·艾尔顿（David Eldon）一行，双方就全球金融危机、银行业应对行动、银行业海外扩张战略和双方合作情况进行了交流。

我行在香港联交所网站发布《董事委任公告》。银监会已批准黄钢城先生作为我行独立非执行董事的委任。

我行对外发布公告，新的《中国工商银行牡丹信用卡章程》自2009年2月22日起正式实施。

23日 杨凯生行长和张福荣、王丽丽副行长主持召开第12次专题会议，研究理财业务发展有关问题。

我行与温州龙湾农村合作银行正式建立代理行关系。至此，我行已与国内85家银行机构正式建立了代理行关系。

24日 杨凯生行长参加中共中央、国务院在北京举行的2009年春节团拜会。

2月

1月30日－2月9日 杨凯生行长应邀赴瑞士达沃斯出席世界经济论坛（WEF）2009年年会，并顺访希腊和埃及。在世界经济论坛上就世界金融形势、巴塞尔资本协议等内容发表演讲，并接受了《华尔街日报》记者的专访。在瑞士期间，还会晤了南非标准银行集团公司首席执行官杰科·马理（Jacko Maree）、北欧斯安银行董事长马库斯·沃伦贝格（Marcus Wallenberg）、意大利联合信贷集团首席执行官亚历山德罗·普罗弗莫（Alessandro Profumo）、瑞士银行董事会主席彼得·库勒尔（Peter Kurer）、苏黎世州银行董事会主席奥伯霍尔泽（Oberholzer）、瑞士信贷银行副董事长汉斯·乌里希·德瑞克（Hans－Ulrich Doerig）。在希腊期间，参加了中国驻希腊大使馆组织的与希腊投资署座谈会和希腊—中国商会安排的商界负责人座谈会，拜访了我国驻希腊大使罗林泉，希腊中央银行副行长帕纳约蒂斯（Panayiotis Thomopolos），希腊国民银行行长内利（Nelly Tzakou），希腊比雷埃夫斯银行董事会主席米哈利斯（Michalis Sallsa），希腊阿尔法银行首席执行官西奥多里蒂斯（Artemis Theodoridis），希腊欧洲银行首席经济学家、前总理经济顾问、哈佛大学教授吉卡斯（Gikas A. Hardouveilis）。在埃及期间，拜访了我国驻埃及大使武春华、埃及中央银行副行长塔雷克·坎迪勒（Tarek Kandil）、埃及国民银行董事会主席塔雷克·阿迈尔（Tarek Amer）、埃及密斯尔银行董事会主席穆罕默德·巴拉卡特（Mohamed Barakat）。

2日 国家知识产权局授权我行申报的《一种自助收款车及收款系统》为实用新型专利。此项专利通过自助缴款身份认证系统，完成收款人和缴款人的双向身份认证和取证记录，确保了上门收款人和缴款人身份的真实性，提高了银行收款业务的安全性和便利性。至此，我行拥有的专利数量达到75个。

总行印发工银党［2009］8号文件：王希全同志任党委组织部部长；印发工银任免［2009］46号文件：聘任王希全同志为人力资源部总经理。

3日 姜建清董事长会见华融资产管理公司总裁赖小民及公司领导班子成员一行。魏国雄首席风险官、谷澍董事会秘书陪同。

张福荣副行长出席在北京召开的全行结算与现金管理专业工作会议并讲话。

4日 姜建清董事长与美国运通集团公司主席陈纳德（Kenneth I. Chenault）召开电话会议，双方就业务合作进展情况以及工作计划进行了交流。谷澍董事会秘书陪同。

姜建清董事长、赵林监事长、张福荣副行长、刘立宪纪委书记主持召开第9次专题会议，学习贯彻中央维护稳定和信访工作会议精神，研究部署我行2009年信访稳定工作。

李晓鹏副行长会见泰康人寿保险公司总裁刘经纶一行，双方就共同建立银保重大事件应急处理合作机制进行了交流。

易会满副行长会见中国海洋石油公司执行副总裁兼首席财务官杨华一行，双方就境外并购贷款、现金管理、贸易融资等业务合作进行了交流。

5日 张福荣副行长会见易方达基金管理公司总裁叶俊英一行，双方就基金销售、资产托管、企业年金等合作事宜进行了交流。

易会满副行长会见中粮集团公司财务总监马王军一行，双方回顾了近年的业务合作情况，并就进一步加深银企合作关系进行了交流。

易会满副行长会见中国石化财务公司总经理张保龙一行，双方就国际金融形势及未来业务合作事宜进行了交流。

由我行独家赞助播出的中央电视台中国工商银行杯《感动中国2008年度人物评选》揭晓。这是我行连续第2年独家赞助此项活动，有效地扩大了我行的品牌形象和社会影响力。

6日 易会满副行长拜访中国移动通信集团公司副总裁薛涛海，双方就进一步加强全面战略合作关系、拓展业务合作领域进行了交流。

易会满副行长拜访中国联合网络通信集团公司副总裁佟吉禄，双方就进一步加强金融和电信业务合作进行了交流。

易会满副行长拜访国家开发投资公司总会计师张华，双方就国投公司整体重组上市、大型项目融资、现金管理、直接融资、企业年金等金融业务合作进行了交流。

8日－17日 王丽丽副行长赴新西兰惠灵顿参加2009年亚太经合组织工商咨询理事会（ABAC）第一次会议，并就“国际货币体系改革”议题提交了议案，其间拜访了新西兰中央银行——新西兰储备银行副行长戈兰特·斯邦赛（Grant Spencer），就我行未来在新西兰拓展业务的可行性，全球金融危机对新西兰的影响等内容进行了交流。

9日 李晓鹏副行长会见阿联酋阿布扎比国民能源公司首席执行官彼得·巴克－霍姆克（Peter Barker－Homek）一行，双方就并购咨询、银团贷款、债券发行、现金管理等内容进行了交流。

总行印发工银任免［2009］48号文件：聘任席德应同志为机构业务部总经理。

纽约分行正式对外营业，当日中建集团和五矿（美国）公司以及华美协进社（China Institute）等3家机构成为分行首批客户。

10日 党委书记姜建清同志主持召开第3次党委（扩大）会议，研究电子银行中心管理体制有关工作、全行报表集中管理改革方案和拟提交董事会审议的有关议案。

姜建清董事长出席我行A股机构投资者和分析师见面会，就宏观经济走势、我行经营情况及银行业面临的挑战等问题回答了投资者和分析师的提问。参加见面会的机构投资者由博时基金、华夏基金、易方达基金、嘉实基金和中粮集团、中国人寿资产管理公司等100多家机构组成，涵盖了A股市场大部分基金公司和我行A股流通股前50大投资机构。魏国雄首席风险官、谷澍董事会秘书参加会见。

李晓鹏副行长会见太平保险公司董事长彭伟一行，双方就进一步加强银保财险业务合作进行了交流。

易会满副行长会见大众汽车金融（中国）公司董事长杰弗里·班克斯（Geoffery N. Banks）一行，双方就国内汽车金融的发展前景和开展股权合作等内容进行了交流。

我行成立25周年成就展网上展览正式在总行网讯推出。成就展是为纪念改革开放30周年和我行成立25周年而筹备的大型展览活动，展览共分为“前言”、“领导关怀”、“峥嵘岁月”、“辉煌成就”、“责任担当”、“走向世界”、“凤凰涅槃”和“品牌锻造”8个部分，通过480多幅图片以及部分视频资料，再现了25年来几代工行人艰苦创业、奋发图强的历程和所取得的辉煌成就。

10日－11日 张福荣副行长赴青岛出席我行2009年个人信贷业务营销工作会议并讲话，其间会晤了青岛市副市长秦敏。

11日 姜建清董事长会见汇丰集团公司主席葛霖（Stephen Green）一行，双方就全球金融危机、世界经济前景以及我行经营发展情况进行了交流。

姜建清董事长会见安联集团公司董事蔡德礼（Werner Zedelius）一行，双方就战略合作进展情况以及工作计划进行了交流。谷澍董事会秘书陪同。

姜建清董事长会见富通集团公司亚洲执行总裁秦达明（Dennis Ziengs）一行，对方介绍了富通集团重组的有关情况，双方还就国际经济金融形势进行了交流。谷澍董事会秘书陪同。

杨凯生行长赴北京市分行调研，出席了北京市分行支行行长工作会议，并为获得经营绩效十佳支行、内控管理先进单位、劳动竞赛先进集体和标兵颁奖。

赵林监事长主持召开总行各部室负责人会议，研究讨论我行学习实践科学发展观活动整改方案。

牛锡明副行长主持召开第13次专题会议，研究客户大额授信数据质量治理有关问题。

牛锡明副行长主持召开部分分行客户大额授信数据质量汇报会，听取福建、江苏、河南、上海、山东、辽宁、江西、北京等分行关于客户大额授信数据报送工作机制、流程和数据质量情况、问题原因分析及提升数据质量措施建议的汇报，研究确定客户大额授信数据质量治理机制等事项。

易会满副行长拜访中国航天科工集团公司总会计师刘跃珍，双方就现金管理、直接融资、企业年金、集团授信等业务合作情况进行了交流。

易会满副行长拜访中国邮政集团公司副总经理张亚非和邮储银行行长陶礼明，双方就进一步密切银企全面战略合作关系进行了交流。

12日 党委书记姜建清同志主持召开第4次党委（扩大）会议，传达学习习近平同志在中央领导小组第四次会议上的讲话精神，研究我行学习实践科学发展观活动有关工作。

姜建清董事长会见美国高盛集团公司副董事长麦克·埃文斯（J. Michael Evans）一行，就进一步加强双方战略合作事宜进行了交流。谷澍董事会秘书陪同。

杨凯生行长会见台湾国民党中常委沈庆京一行，双方分别介绍了台湾的经济社会情况和我行支持大陆台资企业情况，并就两岸金融市场开放、银行合作等内容进行了交流。

易会满副行长参加银监会在北京召开的信息科技会议。

我行与绍兴商业银行正式建立代理行关系。至此，我行已与国内86家银行机构正式建立了代理行关系。

黑龙江分行采取措施为在哈尔滨市举行的第24届世界大学生冬季运动会提供优质高效金融服务。

13日 姜建清董事长主持召开我行董事会会议，审议通过《关于变更会计政策的议案》等两项议案，并听取了《关于2008年董事会对行长授权方案执行情况的报告》等五项工作汇报。董事会成员杨凯生、张福荣、牛锡明、傅仲君、康学军、宋志刚、克里斯多佛·科尔、高剑虹、李军、郦锡文、梁锦松、钱颖一、许善达、黄钢城及谷澍董事会秘书出席会议，赵林监事长，王炽曦、王道成、张炜监事，总行相关部门负责人及监管部门代表列席。

杨凯生行长、牛锡明副行长出席在北京召开的全行信贷工作会议并讲话，魏国雄首席风险官主持会议。

杨凯生行长、张福荣副行长出席在北京召开的全行储蓄业务工作（视频）会议并讲话。

张福荣副行长参加银监会在北京召开的解决协解人员相关问题会议。

张福荣副行长在北京主持召开部分分行信访稳定工作座谈会并讲话。

14日－15日 魏国雄首席风险官出席在北京召开的全行风险管理工作会议并讲话。

15日－22日 张福荣副行长赴澳大利亚、新西兰推介现金管理业务。在悉尼期间，出席了我行举办的悉尼地区中国大型企业代表参加的现金管理业务推介会；代表我行与澳大利亚国民银行签署了《现金管理合作谅解备忘录》，并会晤了该行亚洲区首席执行官罗伯·赖特（Rob Wright）；会见了我国驻澳大利亚大使章均赛。在惠灵顿期间，拜访了新西兰国民银行首席执行官格雷厄姆·霍杰斯（Graham Hodges），双方就开展现金管理业务合作进行了交流。

16日 中央学习实践活动指导检查组到我行检查指导工作，党委书记姜建清同志汇报了我行开展学习实践活动的情况。中央指导检查组组长胡彪、副组长吴昌元和我行在北京党委成员杨凯生、赵林、牛锡明、刘立宪、易会满同志出席会议。

姜建清董事长会见以台湾金融研训院董事长许嘉栋为团长的台湾金融总会北京参访团一行，双方就两岸经济发展情况、金融行业应对危机的措施和成效以及进一步促进两岸金融交流，更好地服务两岸经贸往来等内容进行了交流。

杨凯生行长和李晓鹏、易会满副行长出席在北京召开的全行机构、资产托管和企业年金业务工作会议并讲话，为获得2008年度机构、资产托管和企业年金业务先进单位代表颁奖。

16日-18日 李晓鹏副行长赴上海参加上海铁路局年金业务竞标活动，并成功获得企业年金账户管理和资产托管两项业务，其间走访了东方航空、中国证券登记结算公司上海分公司、外高桥造船厂等企业客户。

17日 姜建清董事长、杨凯生行长、赵林监事长、牛锡明副行长、魏国雄首席风险官参加银监会在北京召开的大型银行监管工作会议。

牛锡明副行长主持召开第14次专题会议，研究关于全行报表集中管理改革的有关问题。

国家知识产权局授予我行《一种对银行卡积分进行处理的系统》为国家实用新型专利。此项专利实现了同一客户多张银行卡积分的关联、汇总和不同客户之间积分的互相划拨。至此，我行拥有的专利数量达到76个。

总行印发工银党［2009］13号文件：任命乔晋声同志为中国工商银行股份有限公司广东省分行营业部党委书记，免去周志方同志中国工商银行股份有限公司广东省分行营业部党委书记职务。印发工银任免［2009］52号文件：聘任乔晋声同志为中国工商银行股份有限公司广东省分行营业部总经理；解聘周志方同志中国工商银行股份有限公司广东省分行营业部总经理职务。

18日 姜建清董事长、杨凯生行长、易会满副行长主持召开第15次专题会议，研究数据中心“两地三中心”布局暨应用系统灾备体系优化工作有关问题。

杨凯生行长、易会满副行长主持召开第16次专题会议，研究我行应用系统交易和流程中的风险控制问题。

杨凯生行长会见斯洛文尼亚驻华大使马里安·森森（Marjan CENCEN）一行，双方就我行与新卢布尔雅那银行业务合作事宜进行了交流。

牛锡明副行长通过视频出席我行第4期国际工商管理硕士（IMBA）学位班开班仪式。

王丽丽副行长会见苏格兰皇家银行亚太区金融机构主管詹姆斯·皮尔森（James Pearson）一行，双方就国际金融市场动态和今后业务合作发展情况进行了交流。

18日-20日 刘立宪纪委书记应邀赴哈尔滨出席第24届世界大学生冬季运动会开幕式，并在黑龙江分行调研。

19日 姜建清董事长应邀为参加银监会大型银行监管工作会议的代表作关于商业银行发展战略问题的讲座。

杨凯生行长会见欧洲货币机构投资者集团主席方奕仑一行，双方就国际经济金融形势、西方主要国家政府救市措施的效果以及今后业务合作等内容进行了交流。

杨凯生行长会见安永会计师事务所大中华区审计服务首席合伙人何嘉远一行，听取了安永对我行2008年度审计进展情况的汇报。

杨凯生行长、易会满副行长会见中国华能集团公司总经理曹培玺、总会计师郭珺明一行，双方就宏观经济形势、银企进一步加深合作等内容进行了交流。

我行上海市分行与百联集团签署《并购贷款协议》及《并购财务顾问协议》。根据协议，我行向百联集团提供4亿元并购贷款，用于收购上海实业联合集团商务网络发展有限公司100%的股权。这是我行在银监会颁布《商业银行并购贷款风险管理指引》后的首笔并购贷款业务。

20日 姜建清董事长会见瑞士银行副董事长费尔·格兰姆（Phil Gram）一行，双方就金融危机形势和我行国际化发展战略等内容进行了交流。

姜建清董事长会见安徽省委常委、合肥市委书记孙金龙一行，双方就进一步加强政府与金融企业的良性互动，促进地区经济发展等内容交换了意见。

王丽丽副行长出席在北京召开的全行国际业务工作会议并讲话。

李晓鹏副行长在数据中心（北京）会见北京铁路局企业年金业务考察团一行，介绍了我行科技技术和年金业务发展情况，并就企业关心的问题进行了交流。

易会满副行长主持召开第17次专题会议，研究我行结售汇业务报表统计有关事宜。

我行在香港联交所网站刊登了《中国工商银行股份有限公司关于董事任职资格获银监会核准的公告》。中国银监会已经核准环挥武先生、李纯湘女士、魏伏生先生作为本行非执行董事的委任。至此，我行董事换届工作顺利完成，董事会现有董事15人，其中，执行董事包括姜建清、杨凯生、张福荣、牛锡明4人；非执行董事包括环挥武、高剑虹、李纯湘、李军、郦锡文、魏伏生、克里斯托佛·科尔7人；独立非执行董事包括梁锦松、钱颖一、许善达、黄钢城4人。

21日 张福荣副行长到银行卡业务部视察“三卡整合”项目投产准备工作，并通过视频方式了解北京、上海、广东分行项目投产准备情况。

易会满副行长到数据中心（北京）通过视频方式指导我行第四代应用系统首个综合版本（NOVA + 1.0.0 版本）投产工作。

全功能银行系统 NOVA + 1.0.0 版本主体内容成功投产。此次版本涵盖了 105 个项目，涉及新产品开发、应用体系优化、业务流程优化、内部管理及风险管理等诸多内容，其中包含了中国工商银行信用卡系统整合、新一代个人委托贷款核算管理系统、内部资金收付管理系统、个人信贷无纸化审批、业务运营风险管理系统、评级授信审批流程的整合与改造、财务会计报告管理系统等重点内容。

23 日 牛锡明副行长出席在北京召开的全行管理信息工作会议并讲话。

23 日 –26 日 李晓鹏副行长赴香港主持召开工银国际董事会第一次会议，并为参加我行跨境投行业务高级培训班的学员授课。

24 日 姜建清董事长赴北京市分行就小企业金融服务工作开展专题调研，并到位于中关村科技园区的部分小企业进行实地考察，听取有关情况介绍，就经济运行情况给小企业经营带来的影响、小企业金融服务创新等内容与企业负责人进行了座谈。魏国雄首席风险官陪同。

姜建清董事长会见纽约梅隆银行董事长兼首席执行官楷利博（Robert P. Kelly）一行，双方就国际金融局势以及网上银行、灾备建设、托管业务合作进行了交流。

杨凯生行长主持召开总行风险管理委员会 2009 年第 1 次会议，会议审议通过了《2008 年度市场风险管理报告》、《2008 年度信用风险管理报告》、《2008 年度操作风险管理报告》、《2008 年度流动性风险管理报告》，听取了《2008 年度风险管理报告》。张福荣、牛锡明、王丽丽副行长，刘立宪纪委书记，易会满副行长，魏国雄首席风险官和 24 个委员部室负责人出席，监事会办公室、战略管理与投资者关系部、内部审计局和银监会有关同志列席会议。

杨凯生行长、易会满副行长拜访大唐集团公司总经理翟若愚，双方就国内外金融形势、电力煤炭市场变化、金融业务合作及未来业务发展等内容进行了交流。

张福荣副行长在北京出席中国钱币学会 2009 年常务理事会会议。

人民银行公布 2007 年度银行科技发展奖获奖项目，我行申报的 8 项科技成果全部获奖。

25 日 姜建清董事长会见安永远东区联席主席兼安永中国主席孙德基一行，双方就全球金融危机对实体经济和国内外银行业的影响、如何采取措施加以应对，以及银行如何掌握增加贷款发放与贷款风险控制两者间的平衡等内容进行了交流。

杨凯生行长、王丽丽副行长出席在北京召开的我行资产负债管理工作会议并讲话。

赵林监事长主持召开监事会会议，听取了《监事会 2008 年工作总结及 2009 年工作计划》等两项工作汇报。王炽曦、王道成、苗耕书、张炜监事出席。

易会满副行长会见英国怡和集团公司主席亨利·凯瑟克（Henry Keswick）一行，双方就国内经济金融形势、中国金融业的整体情况和房地产市场走势等内容进行了交流。

25 日 –26 日 易会满副行长赴湖北宜昌出席我行与长江三峡工程开发总公司战略合作协议签字仪式，并会晤了三峡公司总经理李永安。随后拜访了葛洲坝集团公司董事长杨继学。

25 日 –27 日 牛锡明副行长赴成都出席四川省金融工作会议，就我行支持四川省灾后恢复重建和经济发展作了主题发言，其间会晤了四川省省长蒋巨峰、副省长黄小祥。随后在四川省分行就管理信息、员工教育和信贷业务工作进行了专题调研，并到四川金融培训学校考察。

26 日 我行在北京召开深入学习实践科学发展观活动总结大会，党委书记姜建清同志作总结报告，会议由党委副书记杨凯生同志主持。在北京的总行党委成员赵林、张福荣、王丽丽、刘立宪和中央学习实践活动领导小组办公室及中央指导检查组成员出席会议。总行高管人员、各部门负责人和全体党员在北京主会场参加会议，各一级（直属）分行、直属学院、直属机构、内审分局副处级以上党员领导干部和各一级分行营业部、二级分行中层以上党员干部以及县级支行主要负责人通过视频系统在当地分会场参加会议。

总行举行 2009 年度第 1 次高管人员集体学习，邀请中央财经领导小组办公室主任、国家发改委副主任朱之鑫作关于宏观经济形势的专题报告。姜建清董事长、杨凯生行长、赵林监事长、王丽丽副行长、刘立宪纪委书记，高管人员，董事会、监事会成员和各部门主要负责人在北京主会场参加学习。各一级（直属）分行、直属学院、直属机构党委中心组学习成员，各内审分局领导班子成员通过视频系统在当地分会场参加学习。

张福荣副行长参加人民银行在北京召开的“两会”专题金融新闻宣传协调会议。

江苏分行启动重点县域支行改革试点工作。

26 日 –27 日 李晓鹏副行长赴广东拜访广铁集团公司董事长何玉华、广东省机场管理集团公司总裁刘子静、南方航空集团公司总经理司献民，就加强企业年金、投资银行、航空金融等新业务领域的合作进行了交流。

27 日 姜建清董事长会见花旗银行董事长兼首席执行官威廉·罗茨（William R. Rhodes）一行，双方就花旗银行经营情况以及世界经济形势、中国经济现状、加强双方业务合作等内容进行了交流。谷澍董事会秘书陪同。

杨凯生行长出席在北京召开的全行财务会计工作会议并讲话。

赵林监事长参加中央在北京召开的第一批深入学习实践科学发展观活动总结暨第二批深入学习实践科学发展观活动动员会议。

张福荣副行长参加在北京人民大会堂举行的潘作良同志先进事迹首场报告会。

28日 张福荣副行长应邀出席由《银行家》杂志社主办的2008年度“中国金融营销奖”颁奖典礼。我行荣获“最佳企业社会责任”和“最佳企业形象”两项大奖。

2月 河南分行与三门峡、平顶山、南阳市政府分别签订战略合作协议。

3月

1日 易会满副行长应邀出席杭州市政府在北京举办的杭州金融环境推介会并作主题发言。

山东分行被省委、省政府授予“改革开放三十年山东省优秀企业”荣誉称号。

3月1日至4月30日 党委副书记、监事长赵林参加第45期中央党校省部级领导干部进修班学习。

2日 姜建清董事长、李晓鹏副行长拜访神华集团公司董事长张喜武、神华能源公司总裁凌文，双方就神华集团大型煤化工项目财务顾问服务、年金业务、境外金融服务、现金管理、短期融资券和中期票据发行等业务合作事宜进行了交流。

我行与安徽省政府在北京举行《金融战略合作协议》签约仪式。姜建清董事长、杨凯生行长、易会满副行长出席并会见了安徽省委书记、省人大常委会主任王金山，省委副书记、省长王三运，省委常委、合肥市委书记孙金龙，常务副省长孙志刚，副省长黄海嵩一行，双方就如何贯彻落实中央进一步扩大内需、促进经济平稳较快发展的十项措施，推动安徽省经济社会持续协调发展交换了意见。

杨凯生行长会见美国威凯平和而德律师事务所资深合伙人、前美国首席贸易谈判代表巴尔舍夫斯基（Charlene Barshefsky）女士一行，双方就国际经济金融形势、应对危机的方法等内容进行了交流。

张福荣副行长应邀在北京出席中国金融会计学会2009年学术年会暨重点研究课题颁奖大会并作演讲。

王丽丽副行长会见国际商会主席、香港利丰集团主席冯国经一行，双方就国际国内经济金融形势以及发展态势进行了交流。

广东分行营业部牵头筹组713亿元城建银团贷款项目。

2日-3日 易会满副行长出席在北京召开的全行运行管理工作会议并讲话。

3日 姜建清董事长、杨凯生行长、易会满副行长出席我行与四川省政府在北京举行的《金融战略合作协议》签约仪式，并会见了四川省委书记刘奇葆、省长蒋巨峰、副省长黄小祥一行，双方就落实中央扩大内需、促进经济增长决策部署，支持四川灾后恢复重建和经济发展等内容交换了意见。

姜建清董事长、杨凯生行长、易会满副行长出席我行与新疆自治区政府在北京举行的《金融战略合作协议》签约仪式，并会见中央政治局委员、新疆自治区党委书记王乐泉，自治区主席努尔·白克力、副主席杨刚一行，双方就认真执行积极的财政政策和适度宽松的货币政策，根据国家产业政策和新疆地方经济区域特点，重点在水利、交通、能源、城市基础设施等领域开展深度战略合作等内容交换了意见。

张福荣副行长会见南方基金管理公司总经理高良玉一行，双方就基金销售、资产托管、企业年金等业务合作事宜进行了交流。

王丽丽副行长接受《当代金融家》杂志社记者专访。

李晓鹏副行长主持召开工银金融租赁公司董事会会议，审议通过了《关于2008年度工作情况的报告》、《关于审核2008年授权执行情况的议案》、《关于2009年度财务预算方案和业务发展计划的议案》等11项议案。

3日-6日 牛锡明副行长赴山东分行和青岛分行调研，分别就岗前培训、中年员工转岗培训和统计数据集中管理等工作召开专题座谈会，并到营业网点看望慰问基层员工，其间拜访了山东省委常委、常务副省长王仁元。

3日-12日 杨凯生行长参加全国政协第十一届二次会议。

4日 姜建清董事长参加银监会在北京召开的妥善处理协解人员工作会议。

姜建清董事长、李晓鹏副行长、易会满副行长会见江西省委书记苏荣，省委常委、省委秘书长赵智勇，副省长熊盛文一行，双方就江西省经济建设重点项目进展情况、开展银团贷款和直接投资业务支持地方经济建设等内容交换了意见。

姜建清董事长会见中组部金融企业党建和干部队伍管理工作调研组一行。

王丽丽副行长出席工银亚洲风险管理委员会（电话）会议。

国家知识产权局授予我行申报的《批量任务调度引擎及调度方法》为国家发明专利。此项专利通过参数化管理，实现批量任务的合理调度，最大限度地提升系统的吞吐能力，充分利用系统资源，缩短业务批量处理时间，确保各项业务应用系统的顺利运行。至此，我行拥有的专利数量达到77个。

总行印发工银任免［2009］92号文件：聘任白涛同志为内部审计局局长（省行行长级），解聘其风险管理部总经理（正厅级）职务。解聘王希全同志内部审计局局长职务。

5日　杨凯生行长在参加全国政协第十一届二次会议期间接受新闻媒体集体采访。

杨凯生行长、李晓鹏副行长、易会满副行长会见铁道部总经济师余邦利一行，双方就宏观经济金融形势、债券融资、企业年金以及我行与铁道部的长期合作交换了意见。

张福荣副行长主持召开第23次专题会议，研究电子银行业务发展有关问题。

李晓鹏副行长会见《欧洲货币》全球副主编罗伊（Sudip Roy）一行，并就中国宏观经济形势，我行2008年的业务发展情况以及我行风险管理、内部控制、社会责任等内容接受了专访。

易会满副行长拜访中国银行间市场交易商协会秘书长时文朝，双方就我行债券业务发展以及中期票据发行情况交换了意见。

5日－13日　姜建清董事长列席第十一届全国人大第二次会议。

3月6日　姜建清董事长会见武汉市市长阮成发一行，双方就加快金融产品创新，支持武汉城市建设和经济发展以及武汉沿江大道建设项目情况交换了意见。

姜建清董事长、杨凯生行长和王丽丽、李晓鹏副行长出席我行在北京举办港澳政协委员暨客户答谢活动，原香港特首董建华、有荣公司董事霍震霆、九龙仓集团主席吴光正、澳门行政会委员廖泽云、第十一届全国政协港澳台侨委员会副主任马有礼等20余名港澳地区全国政协委员应邀参加。

张福荣副行长参加银监会在北京召开的个人理财业务风险提示会。

易会满副行长会见摩托罗拉公司高级副总裁兼全球司库拉里·雷蒙德（Larry R. Raymond）一行，双方回顾了良好的业务合作关系，并就进一步拓展境内外金融业务合作进行了交流。

6日－7日　王丽丽副行长参加外交部在北京召开的亚太经济合作组织（APEC）工作研讨会。

9日　姜建清董事长、杨凯生行长、易会满副行长出席我行与重庆市政府在北京举行的《金融战略合作协议》签约仪式，并会见中央政治局委员、重庆市委书记薄熙来，市委副书记、市长王鸿举，市委常委、常务副市长黄奇帆一行，双方就加强战略合作，认真执行积极的财政政策和适度宽松的货币政策，根据国家对重庆市的总体战略部署和重庆地方经济发展特点，重点在城建、交通、能源以及石油天然气化工、冶金建材、汽车、装备制造、电子信息等重要支柱产业领域开展深度战略合作事宜交换了意见。

牛锡明副行长听取安永华明会计师事务所关于2008年度审计结果汇报。

王丽丽副行长会见苏格兰皇家银行集团司库约翰·康明斯（John Cummins）一行，双方就该行最新财务经营状况和两行在新兴市场零售业务方面加强业务合作事宜进行了交流。

9日－11日　张福荣副行长赴广东分行调研个人理财业务开展情况，其间主持召开了部分一级分行和二级分行个人经营贷款业务座谈会，听取了江苏、浙江、福建、广东等一级分行和广东分行部分二级分行关于个人经营贷款发展、市场分析、存在问题及推进工作措施等情况的汇报。魏国雄首席风险官陪同。

10日　姜建清董事长应邀出席陕西省委、省政府在北京举办的政府答谢活动。

王丽丽副行长会见普华永道会计师事务所高级合伙人约翰·坎贝尔（John Campbell）一行，双方就我行近期经营发展情况、全球金融危机及世界经济前景等内容进行了交流。

王丽丽副行长出席在北京召开的全行法律事务工作会议并讲话。

易会满副行长会见中国进出口银行副行长苏中一行，双方就进出口银行新一代核心业务系统建设相关事宜进行了交流。

总行印发工银任免［2008］166号文件：聘任江涛同志为公司业务二部（营业部）总经理，解聘其营业部总经理职务。

上海分行与同济大学签订了大学生创业贷款（试点）银校合作协议，这也是上海市大学生创业贷款银校合作的首次尝试。

10日－11日　牛锡明副行长赴湖北分行调研，听取关于业务报表集中编制、中年员工培训等方面的工作汇报，并到湖北金融培训学校看望慰问一线员工，其间拜访了湖北省委副书记、武汉市委书记杨松。

11日　姜建清董事长会见美国运通集团公司主席陈纳德（Kenneth I. Chenault）一行，就银行卡业务和双方今后战略合作情况进行了交流。

姜建清董事长、王丽丽副行长出席在北京召开的我行境外机构董事监事暨高级管理人员研修班开班典礼并讲话。总行有关部室负责人和我行境外控股机构第一执行董事、外派非执行董事及监事，境外分行、筹备组负责人参加了开班典礼。

姜建清董事长和李晓鹏、易会满副行长出席我行与天津市政府在北京举行的《全面战略合作协议》和《债务产品交易市场建设合作协议》签约仪式，并会见天津市委副书记、市长黄兴国，市委常委、副市长崔津渡一行，双方就我行积极支持天津市重大项目建设和经济结构调整，提供银团贷款、项目融资、并购重组、资产管理、财务顾问等多层次、高端金融服务事宜交换了意见。

王丽丽副行长会见国际掉期与衍生工具协会（ISDA）亚太区主管骆岚（Keith Noyes）一行。

李晓鹏副行长会见江西省委常委、秘书长赵智勇，南昌铁路局局长邵力平一行，双方就有关业务合作情况交换了意见。

易会满副行长会见四川发展控股公司董事长王彬一行，双方就进一步深入拓展各项金融业务合作进行了交流。

12日 党委书记姜建清同志主持召开第6次党委（扩大）会议，研究审议拟提交董事会审议的有关议案。

我行与南方电网公司在北京举行《战略合作协议》签约仪式。姜建清董事长、易会满副行长出席并会见了该公司董事长袁懋振、总会计师李文中一行，双方就国内外经济金融形势及进一步扩大业务合作事宜进行了交流。

李晓鹏副行长出席中国银行业协会托管业务专业委员会成立大会暨第一次全体成员会议，并当选首届托管业务专业委员会主任。会议审议通过了《中国银行业协会托管业务专业委员会工作规则》。国内14家具有托管业务资格的银行成为首届托管专业委员会成员单位，并共同签署了《中国银行业托管业务自律公约》。

李晓鹏副行长会见中粮集团公司总会计师兼中英人寿董事长邬小蕙女士一行，双方就进一步加强银保业务合作进行了交流。

13日 党委书记姜建清同志主持召开第7次党委（扩大）会议，研究审议拟提交董事会审议的有关议案、运行管理改革方案、人事组织暨教育培训工作会议材料等有关事项。

张福荣副行长出席在北京召开的我行2009年私人银行业务工作会议并讲话。

海南三亚分行财富中心开业。

16日 姜建清董事长、易会满副行长会见联想集团公司首席执行官杨元庆、首席财务官黄伟明一行，双方就国际经济形势以及银企合作情况进行了交流。

姜建清董事长，牛锡明、易会满副行长拜访中国石油天然气集团公司总经理蒋洁敏、副总经理周吉平，双方就经济形势下的深层战略合作以及进一步加强在债券承销、境内外项目融资、海外并购融资及结算、境内外资金集中管理、联名卡和加油站上门收款等业务方面的合作进行了交流。

杨凯生行长、牛锡明副行长出席在北京召开的我行2009年内控合规工作会议并讲话。

我行正式开通内地与香港欧元支付互通业务。我行作为境内外币支付系统欧元代理结算行，通过工银亚洲与香港即时支付系统连接，为内地和香港同业提供欧元跨境支付服务。

16日-20日 张福荣副行长赴新加坡、香港、澳门考察海外银行卡中心建设，并拜访了新加坡金融管理局和新加坡经济发展局等金融监管机构，其间会晤了新加坡大华银行董事长黄祖耀。

刘立宪纪委书记赴广东东莞出席工会工作现场会议并讲话，随后在广东分行和深圳分行调研。

16日-21日 李晓鹏副行长赴澳大利亚推介我行QFII托管业务和金融租赁业务，并与各金融机构就加强未来业务合作进行了交流，其间分别拜访了澳大利亚西太平洋银行负责人达瑞尔·埃德（Darryl Ed）、麦格理资本首席执行官迈克尔·卡拉皮特（Michael Carapiet）、澳洲首域投资集团公司战略总经理妮可莱特女士（Nicolette Rubinsztein）、昆士兰投资公司战略总经理迈克尔·潘尼斯（Michael Pennisi）。

我行"幸福之家"商标通过国家商标局审核，正式获准注册。"幸福之家"是我行2003年推出的包括一手房个人住房贷款、二手房个人住房贷款、个人商用房贷款、个人住房公积金贷款以及个人住房贷款组合在内的个人住房贷款系列产品名称。

17日 杨凯生行长、易会满副行长出席我行与中国船舶工业集团公司在北京举行的《战略合作协议》签约仪式，并会见中船公司总经理谭作钧、副总经理路小彦、总会计师孙云飞一行，双方就国家出台船舶行业振兴规划后的合作前景以及进一步加强战略合作事宜进行了交流。

牛锡明、易会满副行长到北京市分行调研贷款业务发展情况。魏国雄首席风险官陪同。

易会满副行长会见英国石油公司亚太区财务副总裁吉姆·赫尔比格（Jim Helbig）一行，双方回顾了银企合作情况，并对未来业务合作计划进行了交流。

18日 姜建清董事长会见德意志银行副董事长科赫·韦瑟（Caio Koch-Weser）一行，双方就金融危机对全球经济的影响以及海外并购、加强双方业务合作等内容进行了交流。

杨凯生行长参加银监会在北京召开的全面提升中小企业金融服务水平（电视电话）会议。

杨凯生行长、易会满副行长应邀出席北京市政府举办的北京市政府平台中期票据成功发行答谢酒会。

19日 姜建清董事长、杨凯生行长、牛锡明副行长出席在北京召开的全行人事组织暨教育培训工作会议并讲话。

20日 姜建清董事长主持召开我行董事会会议，审议通过《关于调整董事会专门委员会设置及构成的议案》、《关于调整董事会各专门委员会主席及委员的议案》等三项议案。董事会成员杨凯生、张福荣、牛锡明、环挥武、高剑虹、李纯湘、李军、郦锡文、魏伏生、克里斯多佛·科尔、梁锦松、钱颖一、许善达、黄钢城及谷澍董事会秘书出席会议，王炽曦、苗耕书、张炜监事，总行相关部门负责人及监管部门代表列席。

姜建清董事长会见渣打银行首席执行官冼博德（Peter Sands）一行，双方就国际经济金融形势、金融市场走势、应对危机的措施和策略等内容进行了交流。

姜建清董事长会见高盛集团公司副董事长麦克·埃文斯（J. Michael Evans）一行，双方就进一步加强战略合作进行了交流。

姜建清董事长应邀出席中国国际经济交流中心第一次会员大会暨第一届理事会会议。谷澍董事会秘书陪同。

杨凯生行长会见盖洛普咨询公司董事长兼首席执行官吉姆·克里夫顿（Jim Clifton）一行，双方就合作项目的开展情况进行了交流。

王丽丽副行长应邀出席“中国场外金融衍生产品发展高峰论坛”，并发表了题为“2009年版主协议应用对金融衍生品市场的意义”的主题演讲。

20日－21日　我行博士后科研工作站顺利组织完成2009年第七届博士后人员招聘笔试和面试工作。

21日　姜建清董事长应邀出席“中国发展高层论坛2009年会”并发表主题演讲。

23日　中共中央政治局常委、中央纪委书记贺国强和中共中央书记处书记、中央纪委副书记何勇率中央调研组来我行视察指导工作。在听取姜建清董事长关于党的十六大以来我行改革发展情况和刘立宪纪委书记关于我行党风廉政建设和反腐败工作情况的汇报后，贺国强同志作了重要讲话，充分肯定了我行近年来改革发展所取得的突出成绩，认为工商银行已经走出了一条商业银行成功改制之路，证明了党中央关于国有银行股份制改革的决策是成功的，并勉励我行在加强党的领导和健全现代公司治理机制紧密结合方面继续以实际行动去探索、去实践，在完善现代公司治理机制中进一步充分发挥党的政治核心作用。贺国强同志一行还参观了我行成立25周年改革成就展。人民银行行长周小川、纪委书记王洪章，银监会主席刘明康、纪委书记王华庆，中央纪委常委、秘书长吴玉良，监察部副部长姚增科等中央有关部委负责同志参加了调研。总行党委全体成员参加了工作汇报会。

姜建清董事长会见南非标准银行集团公司首席执行官杰克·马理（Jacko Maree）一行，双方就进一步加强业务合作等内容进行了交流。谷澍董事会秘书陪同。

张福荣副行长会见参加欧洲金融第三届中国企业现金、财资及风险管理年会的我行特邀嘉宾，并就进一步加强银企间的业务合作进行了交流。

李晓鹏副行长会见澳大利亚西太平洋银行首席执行官盖尔·凯莉（Gail Kelly）女士一行，双方就国际金融局势和两行在国际结算和资金业务等领域的合作进行了交流。

李晓鹏副行长应邀在北京出席巴基斯坦国庆招待会，并与巴基斯坦驻华大使馆商务及经济参赞纳依姆·汗（Naeem Khan）就国际金融危机对亚洲经济的影响和中巴经贸合作发展前景交换了意见。

总行印发工银党［2009］35号文件：任命林明同志为中国工商银行股份有限公司山西省分行党委书记；印发以工银任免［2009］101号文件：聘任林明同志为中国工商银行股份有限公司山西省分行行长。

23日　姜建清董事长在北京主持召开我行董事会会议，随后杨凯生副董事长受姜建清董事长委托于25日继续在北京主持召开会议，姜建清董事长和谷澍董事会秘书在香港通过视频形式出席。本次会议审议通过了《关于修订〈中国工商银行股份有限公司章程〉的议案》等十八项议案，并听取了有关工作汇报。董事会成员张福荣、牛锡明、环挥武、高剑虹、李纯湘、李军、郦锡文、魏伏生、克里斯多佛·科尔、梁锦松、钱颖一、许善达、黄钢城出席会议。赵林监事长，王炽曦、王道成、苗耕书、张炜监事，总行相关部门负责人及监管部门代表列席会议。

23日－25日　易会满副行长赴湖北分行调研，并出席省分行与武汉市城市建设投资开发集团公司《全面战略合作协议》签约仪式，其间会晤了湖北省副省长赵斌、武汉市市长阮成发，走访了湖北省联合投资公司、武广铁路客运专线公司等企业客户。

23日－26日　王丽丽副行长赴香港出席工银亚洲董事会会议，并走访我行在港部分重要客户。

24日　杨凯生行长参加国务院在北京召开的第二次廉政工作会议。

杨凯生行长应邀出席“欧洲金融第三届中国企业现金、财资及风险管理年会”，并作了题为“应对全球金融风暴需要提升企业现金管理水平”的专题演讲。

杨凯生行长会见南非标准银行集团公司首席执行官杰科·马理（Jacko Maree）一行，双方就国际经济金融形势和两行战略合作情况进行了交流。随后共同出席了标银投资咨询（北京）有限公司开业仪式。

李晓鹏副行长主持召开第28次专题会议，研究公司业务二部（营业部）业务调整工作。

我行“e时代”商标通过国家商标评审委员会复审程序，正式获准注册。

24日－25日　赵林监事长主持召开我行监事会会议，审议通过《中国工商银行股份有限公司2008年度监事会工作报告》、《中国工商银行股份有限公司2009年度监事会工作计划》、《关于2008年年度报告及摘要的议案》等十项议案。王炽曦、王道成、苗耕书、张炜监事出席。

24日－26日　姜建清董事长赴香港主持召开工银

亚洲董事会会议和2008年度业绩推介暨投资者见面会，其间应邀出席了瑞士信贷亚洲投资者年会并发表主题演讲。魏国雄首席风险官、谷澍董事会秘书陪同。

25日 我行在北京、香港两地通过视频同步举行2008年度业绩发布会和投资者分析师推介会。姜建清董事长在香港发表致辞，杨凯生行长在北京主持会议。牛锡明、李晓鹏、易会满副行长和王丽丽副行长、魏国雄首席风险官、谷澍董事会秘书分别在北京、香港两地出席会议。我行战略投资者高盛集团公司副董事长麦克·埃文斯（J. Michael Evans）出席发布会，并宣布高盛集团自愿将所持有我行股份的80%锁定期延长一年至2010年4月28日。各一级分行、直属分行、直属学院、直属机构、内审分局领导班子成员和总行各部室负责人通过视频会议系统收看新闻发布会。来自境内外近100家新闻媒体应邀参会。

杨凯生行长、刘立宪纪委书记参加中央在北京召开的金融机构主要领导和纪委书记座谈会。

赵林监事长听取安永会计师事务所关于我行2008年度审计情况汇报。王炽曦、王道成、苗耕书、张炜监事陪同。

李晓鹏副行长出席北京地区银证业务创新研讨会。会议邀请了银河证券、中信建投、中信、华融、中金、民族、宏源、首创、信达、国都北京10家重点证券公司高管及相关部门负责人参加。双方就银证业务创新、系统功能提升、客户资源共享、总对总营销机制建设等内容进行了交流。

李晓鹏副行长会见海航集团公司董事兼海航实业公司董事长谭向东一行，双方就进一步加强在投资银行、银保、银信等方面的业务合作进行了交流。

我行2008年年度报告及其摘要（A股）和2008年年度业绩公告（H股）分别在上海证券交易所、香港联交所对外披露，并在《中国证券报》、《上海证券报》、《证券时报》、《中国日报》刊登。2008年，我行实现税后利润1 111.51亿元（中国会计准则），同比增长35.6%；每股收益0.33元，加权平均净资产回报率和平均总资产回报率分别为19.39%和1.21%，比上年提高3.24个和0.20个百分点；年末总市值达1 739.18亿美元，稳居全球上市银行之首。

我行在香港联交所网站发布《2008年度企业社会责任报告》和《董事会关于2008年度公司内部控制的自我评估报告》。

我行在上海证券交易所网站发布《关于高盛集团承诺新的股份锁定期的公告》。高盛集团公司已就其目前持有的我行16 476 014 155股H股（约占我行已发行股份总数的4.93%）作出一项新的锁定承诺：在2010年4月28日之前，将不会变现其持有我行股权的80%，其中包括将于2009年4月28日解禁的30%，以及将于2009年10月20日解禁的50%。

总行印发工银党［2009］36号文件：任命周志方同志为中国工商银行股份有限公司宁波市分行党委书记，免去其中国工商银行股份有限公司广东省分行党委委员职务；免去郁炯彦同志中国工商银行股份有限公司宁波市分行党委书记职务。印发工银任免［2009］103号文件：聘任周志方同志为中国工商银行股份有限公司宁波市分行行长，解聘其中国工商银行股份有限公司广东省分行副行长职务；解聘郁炯彦同志中国工商银行股份有限公司宁波市分行行长职务，另有任用。

26日 杨凯生行长在北京主持召开我行与南非标准银行集团公司2009年度战略合作联合指导委员会会议。标准银行首席执行官杰科·马理（Jacko Maree）、亚洲区首席执行官尼克·汉密尔顿（Nick Hamilton）、中国区首席执行官庞凯歌（Craig Bond）出席。

张福荣副行长主持召开我行保密委员会和密码工作领导小组联席会议，传达学习中央有关文件精神，听取2008年全行保密工作情况汇报，审议通过了《中国工商银行保密委员会工作规则》、《中国工商银行密码工作领导小组工作规则》和2009年工作计划。

3月26日-27日 刘立宪纪委书记听取总行检查组对北京市分行等10家单位和个人金融业务部等8个总行部室2008年度党风廉政建设现场量化检查评价情况的汇报。

3月26日-4月1日 王丽丽副行长赴英国伦敦主持召开工银伦敦董事会会议，并拜访了英国金融服务监管局（FSA）主管官员和汇丰集团环球银行及资本市场行政总裁欧智华（Stuart Gulliver）、苏格兰皇家银行环球银行及资本市场行政总裁约翰（John Hourican），走访了劳埃德银行、TESCO公司、联合利华集团、中化国际石油（伦敦）公司、联合石化（英国）公司等重要客户，其间代表我行与欧洲复兴开发银行（EBRD）签署了贸易融资业务合作协议。

27日 姜建清董事长、易会满副行长赴上海出席我行与商用飞机公司《金融战略合作框架协议》签约仪式，并与该公司董事长张庆伟、总经理金壮龙进行了会谈。易会满副行长还应邀出席了上海期货交易所钢材期货上市仪式，并到上海期货大厦支行营业网点看望慰问基层员工，出席了我行与上海电气集团公司《战略合作协议》签约仪式，并与该公司董事长徐建国进行了会谈。

杨凯生行长会见《华夏时报》总编辑水皮，并就国际金融形势和我行经营情况接受了专访。

李晓鹏副行长会见台湾仲利控股公司董事长辜仲立一行，双方就进一步加强在租赁、银行融资等方面的业务合作进行了交流。

28日 牛锡明副行长应邀出席2009年全国企业管理创新大会，并就我行基于数据仓库有效管理客户信用风险的经验和取得的成效发表演讲。

29 日　杨凯生行长应邀出席 2008 年度中国企业信息化 500 强颁奖大会并获颁“中国企业信息化功勋奖”。我行排名 2008 年度“中国企业信息化 500 强”第一名。

29 日－30 日　张福荣副行长赴广州出席我行与广州铁路集团公司联手推出的“广深铁路牡丹 IC 卡”全线启用仪式，其间会晤了广东省政府副秘书长李春洪、广铁集团总经理郭竹学。

易会满副行长在湖南长沙参加全国保障性安居工程工作会议。

30 日　牛锡明副行长主持召开我行配合银监会 2009 年度现场检查工作视频会议并讲话。

我行 SWIFT Net EnI 应用系统正式投产，成为国内第一家投产该应用系统的银行，也是全球第一家通过自主研发方式投产上线的银行。SWIFT Net EnI 是环球同业银行金融电讯协会（SWIFT）针对清算查询缺乏行业标准的现状开发的查询查复解决方案。

30 日－31 日　刘立宪纪委书记参加中组部在北京召开的全国培养选拔年轻干部工作座谈会。

31 日　杨凯生行长、张福荣副行长出席在北京召开的我行 2009 年产品创新工作会议并讲话。

张福荣副行长参加人民银行在北京召开的加强银行卡安全管理，预防和打击银行卡犯罪协调会议。

3 月 31 日－4 月 1 日　刘立宪纪委书记参加在北京召开的中央省部级后备干部集中调整工作部署会议。

4 月

1 日　张福荣副行长出席在北京举行的中国扶贫基金会成立 20 周年纪念表彰大会暨全民公益行动启动仪式，并代表我行与该基金会签署了共建现代化公益管理服务平台合作协议。

李晓鹏副行长出席我行在北京召开的上海铁路局企业年金服务工作视频会议并讲话。

1 日－2 日　易会满副行长赴上海分行检查案件防范工作。

1 日－3 日　李晓鹏副行长赴重庆出席市属重点企业银企座谈会暨《股本融资合作协议》、《设备租赁业务合作协议》签约仪式。随后在分行就重庆 OTC 市场建设、电子票据中心建设和金融租赁业务进行专题调研。其间，会晤了重庆市委常委、常务副市长黄奇帆，走访了重庆市城投公司、地铁公司、长安汽车公司等我行重要客户。

2 日　姜建清董事长、杨凯生行长出席在北京召开的全行 2009 年内部审计工作会议并讲话。

张福荣副行长会见万事达卡国际组织亚太区及南亚、中东、非洲地区总裁薛嘉乐（Andre Sekulic）一行，双方就国际金融危机、中国银行卡产业发展等内容进行了交流。

牛锡明副行长在北京为全行押品价值评估主管行长培训班学员作专题讲座。

刘立宪纪委书记会见应邀来我行作“中国经济形势分析”专题报告的中国社会科学院金融研究所副所长王国刚。

3 日　姜建清董事长参加银监会在北京召开的金融企业党建工作座谈会。

杨凯生行长出席在北京召开的中国经济社会理事会第三届一次会议。

国家知识产权局授予我行《本地化数据采集方法和系统》为国家发明专利。我行拥有的专利数量已达到 80 个。

4 日　我行境外机构综合业务处理系统（FOVA）外卡收单应用项目首次在诚兴银行成功投产。

5 日　我行境外机构综合业务处理系统在工银印尼顺利完成业务投产。

7 日　党委书记姜建清同志主持召开第 8 次党委（扩大）会议，听取全行经营情况汇报，研究部署工作。

7 日－9 日　牛锡明副行长赴河北分行调研内控体系建设、操作风险防控和反洗钱工作。

7 日－13 日　杨凯生行长、易会满副行长赴浙江、上海分行调研业务运营改革工作情况，其间先后会见了浙江省常务副省长陈敏尔等地方党政领导，并与中国平安保险集团公司董事长马明哲就有关业务合作进行了交流。

8 日　姜建清董事长会见韩国国民银行会长黄永基一行，双方就全球金融局势以及两行在现金管理、借记卡发行、国际结算、QFII 托管方面的业务合作情况进行了交流。

王丽丽副行长会见亚太经济合作组织（APEC）高级官员会议主席、新加坡贸工部副部级官员孟文能（Ravi Menon）一行，双方就有关工作交换了意见。

我行北京分行向纽约分行发出第一笔美元付款指令，标志着纽约分行作为我行美元清算中心代理境内机构业务正式启动。

8 日－10 日　李晓鹏副行长赴贵州出席我行银证合作业务创新发展研讨会和机构业务重点行经营分析会。

9 日　王丽丽副行长会见韩国韩亚银行（中国）行长金仁焕一行，双方就韩国经济形势、两行在资金业务等方面的合作情况进行了交流。

10 日　姜建清董事长会见法国安盛集团董事长兼首席执行官卡斯特（Henry de Castries）一行，双方就业务合作情况进行了交流。谷澍董事会秘书陪同。

姜建清董事长会见台湾《天下》杂志董事长殷允

芃，并就我行的经营发展情况接受了采访。

牛锡明副行长参加银监会在北京召开的2009年第1次大型银行风险分析座谈会。魏国雄首席风险官陪同。

刘立宪纪委书记参加中纪委在北京召开的中央金融机构纪检监察组织建设调研座谈会。

13日 姜建清董事长主持召开全行中层以上干部大会，中央考察组组长刘国胜同志就我行后备干部推荐考察工作作重要讲话。总行党委领导班子成员和高管人员、近期退出总行党委领导班子的老领导、总行各部室正副总经理、各一级分行、直属分行行长、直属学院常务副院长、各直属机构主要负责人、内审分局局长、境外机构主要负责人、工银瑞信基金公司和工银金融租赁公司主要负责人、我行党的十七大代表和全国人大代表以及部分省部级以上劳动模范代表参加了会议。

姜建清董事长会见越南工商银行副董事长阮文盛一行，双方就中越两国经贸情况以及两行在汇款、信用证等国际结算业务方面的合作进行了交流。

14日 王丽丽副行长主持召开我行跨境人民币结算业务座谈会，就业务推进中涉及的监管沟通、人员培训、系统开发和营销宣传等有关问题进行了研究。

15日 全行分行行长座谈会在北京召开，姜建清董事长、杨凯生行长作重要讲话，赵林监事长主持会议。

姜建清董事长、杨凯生行长、李晓鹏副行长参加银监会在北京召开的2009年第2次经济金融形势通报分析电视电话会议。

王丽丽副行长出席中国银行间市场交易商协会在北京召开的业务交流座谈会。

国家知识产权局授予我行《应用于数据仓库的数据增量备份与恢复的方法》为国家发明专利。

16日 牛锡明副行长会见瑞士洛桑国际管理学院院长约翰·韦尔斯（John Wells）一行，双方就进一步加强培训合作等内容交换了意见。

牛锡明、易会满副行长会见中国移动通信集团公司副总裁鲁向东、薛涛海一行，双方就移动手机支付项目和3G时代进一步加强全面战略合作关系进行了交流。

总行派出由内控合规部、信贷管理部、结算与现金管理部、运行管理部、个人金融业务部和电子银行部等部门组成的检查组赴分行对全行重要业务检查工作开展情况进行督导检查，并对部分银行承兑汇票、对公存款等业务进行重点抽查。

16日－18日 姜建清董事长赴海南拜会来华出席博鳌亚洲论坛的越南总理阮晋勇，双方就中越经贸合作以及我行在越业务发展情况交换了意见。

17日 杨凯生行长、易会满副行长会见美国思科集团公司董事长约翰·钱伯斯（John Chambers）和大中国区董事长史瑞夫一行，双方就全球金融危机对IT企业的影响、网络技术的发展趋势以及建立信息科技和金融服务的全面战略合作等内容进行了交流。

张福荣副行长主持召开第30次专题会议，研究芯片卡升级方案。

王丽丽副行长主持召开第31次专题会议，研究专业融资产品贷款计划及簿记有关问题。

李晓鹏副行长出席在北京召开的全行研究工作会议暨全国城市金融学会秘书长工作会议并讲话。

李晓鹏副行长会见安联资产管理公司总裁乔基姆·费伯（Joachim Faber）和国联安基金管理公司总经理许小松一行，双方就基金托管、代销和基金产品创新、养老金、保险、QFII等业务合作进行了交流。

李晓鹏副行长会见中国核工业集团公司副总经理孙又奇一行，双方就进一步加强业务合作进行了交流。

易会满副行长分别拜访人民银行金融市场司司长穆怀朋和中国银行间市场交易商协会秘书长时文朝，就推动银行间债券市场稳健发展和产品创新交换了意见。

宁夏分行获得“支持地方经济发展突出贡献奖”。

17日－22日 牛锡明副行长赴甘肃分行调研内控合规管理工作，并到酒泉市看望慰问离退休老同志，其间会见了甘肃省常务副省长冯健身等地方党政领导，走访了酒泉钢铁集团公司等我行重要客户。

18日 全功能银行系统NOVA+1.1.0版本成功投产。此次版本涵盖了85个新项目以及大量应用系统功能优化，其中包含了信贷业务核算流程改造、个人客户内部评级系统、牡丹红利卡项目等重点内容。

18日－21日 易会满副行长应邀赴浙江出席中国核工业集团公司三门核电项目一期工程开工典礼，并会晤了国家能源局、中核集团、华电集团等单位主要负责人，随后在宁波分行调研，会见了宁波市市长毛光烈、副市长苏利冕等地方党政领导，走访了宁波港股份公司等我行重要客户。

19日 我行面向全国中小企业客户推出企业网银在线财务软件业务，该产品将企业财务管理与银行金融服务有机地结合在一起，具有资金管理、会计处理、财务分析及进销存管理等功能。

20日 姜建清董事长会见阿里巴巴集团公司主席兼首席执行官马云一行，双方就促进电子商务、加强对“网商”的融资服务等内容进行了交流。魏国雄首席风险官陪同。

姜建清董事长会见中国银行业协会专职副会长杨再平一行，双方就进一步加强合作与沟通交换了意见。

魏国雄首席风险官出席我行与银监会联合在北京举办的中国银行业绿色信贷建设座谈会。

我行成为庆祝新中国成立六十周年国庆阅兵部队唯一金融服务银行。设立在两个阅兵训练基地的专属营业网点，分别于4月18日和20日投入营业。

20日－22日 杨凯生行长赴深圳出席我行与深圳

市政府《金融合作备忘录》及与华为技术公司《拓展海外市场框架合作协议》的签约仪式，并分别会晤了广东省委副书记、深圳市委书记刘玉浦和华为技术有限公司总裁任正非，其间应邀为深圳市委理论学习中心组作了题为《国际金融危机与金融创新》的专题辅导报告，会见了华侨城集团公司首席执行官任克雷，实地考察了深圳华强集团公司文化产业基地。

21日　张福荣副行长赴河北分行调研，听取了分行关于总体经营管理情况汇报，实地考察了将改建为银行卡客户服务中心的河北金融培训学校。

我行正式托管东方证券公司东方红4号积极成长集合资产管理计划，这是我行托管的首只代理推广和托管捆绑的证券公司集合资产管理计划。

北京分行参加北京市银监局组织召开的2008年中小企业金融服务先进单位和先进个人表彰大会，并作为获奖单位作经验介绍。

21日－23日　李晓鹏副行长赴甘肃分行主持召开我行与华融资产管理公司业务合作座谈会和投资银行业务座谈会并调研，其间出席了我行与甘肃省电力投资公司融资顾问合作协议签约仪式，会见了甘肃省常务副省长冯健身和兰州军区联勤部部长张万松。

21日－24日　刘立宪纪委书记赴四川分行主持召开全行保卫工作研讨会并讲话，随后到汶川地震重灾区德阳汉旺和绵竹支行实地了解灾后恢复重建情况，看望慰问一线员工，其间会见了四川省副省长黄小祥。

22日　姜建清董事长会见安永会计师事务所远东区联席主席兼安永中国主席孙德基一行，听取了安永对我行2008年度各项经营指标与国内外主要银行的对比分析及有关管理建议。

姜建清董事长应邀出席由中国企业家俱乐部、北京大学光华管理学院联合主办的“第二届中国绿色公司年会暨2008年度绿色标杆企业颁奖典礼”，并发表了主题演讲。谷澍董事会秘书陪同。

杨凯生行长致信祝贺浙江分行成为全行和国内同业首家个人贷款规模突破1 000亿元的分行。

张福荣副行长出席在北京召开的全行法人客户营销管理系统应用提升动员会议并讲话。

易会满副行长参加人民银行在北京召开的信贷形势座谈会。

22日－23日　王丽丽副行长出席在北京召开的国际掉期与衍生工具协会第24届年会并发表主题演讲。

23日　党委书记姜建清同志主持召开第9次党委（扩大）会议，审议拟提交董事会的有关议案，听取关于后台中心建设投资等事项的汇报。

姜建清董事长会见美国高盛集团公司董事长劳埃德·布兰克费恩（Lloyd Blankfein）一行，双方就国际经济金融形势和有关战略合作情况进行了交流。谷澍董事会秘书陪同。

青岛分行与青岛市政府签署战略合作协议。

24日　姜建清董事长主持召开董事会战略委员会会议，审议通过《关于我行2009—2011年资本规划的议案》。委员会成员杨凯生、梁锦松、钱颖一、许善达、环挥武、高剑虹、魏伏生、克里斯多佛·科尔出席。谷澍董事会秘书参加会议。

杨凯生行长会见德国明讯银行首席执行官杰弗瑞·泰斯勒（Jeffrey Tessler）一行，双方就加强托管业务合作，建立战略合作关系等内容进行了交流。

杨凯生行长出席我行与中国青年报社联合主办的“中国工商银行百所高校金融大讲堂”活动启动仪式，并为北京大学师生作了首场专题讲座。

杨凯生行长应邀出席在北京举办的“第四届杰出华商大会财富领袖论坛暨第八届外交官之春”活动。

赵林监事长出席监事会监督委员会会议，会议审议通过《关于2009年第一季度报告的议案》，并听取了有关工作汇报。王炽曦、王道成、苗耕书监事出席。

牛锡明副行长出席在北京召开的全行信贷创新与风险分析视频会议并讲话，魏国雄首席风险官主持会议。

牛锡明副行长在北京主持召开报表集中管理改革工作汇报会议，听取了北京、天津、河北、浙江、山东分行有关工作汇报。

李晓鹏副行长出席以“经济形势分析暨2008年度总行改革发展重点课题评议”为主题的我行2009年第1期创新沙龙。魏国雄首席风险官、总行部门负责人分别对获得2008年度总行改革发展重点课题一、二等奖的五个课题作了分析与点评。

李晓鹏副行长应邀出席德国迈世勒银行北京代表处开业典礼并发表致辞。

易会满副行长主持召开第35次专题会议，研究优化流程精简授权有关问题。

易会满副行长会见中国船舶工业集团公司总会计师孙云飞一行，双方就进一步加强业务合作进行了交流。

25日　我行境外机构综合业务处理系统（FOVA）在东京分行顺利完成业务投产。

25日－26日　易会满副行长应邀赴安徽出席第四届中部投资贸易博览会，并在国际金融论坛上作了专题演讲。

27日　姜建清董事长主持召开我行董事会会议，审议通过《关于2009年第一季度报告的议案》等五项议案，并听取了《关于2009年第一季度经营情况的汇报》等两项工作汇报。董事会成员杨凯生、张福荣、牛锡明、环挥武、高剑虹、李纯湘、李军、郦锡文、魏伏生、克里斯多佛·科尔、梁锦松、钱颖一、许善达、黄钢城及谷澍董事会秘书出席。赵林监事长列席。

姜建清董事长、杨凯生行长、赵林监事长、王丽丽副行长、刘立宪纪委书记、易会满副行长出席我行首届“感动工行”员工颁奖典礼。荣获首届“感动工行”员工称号的是北京分行李娜，内蒙古分行唐丽芳，浙江分行夏蔚茹，福建分行刘珍霞，广东分行付伟华，四川分行王炯、吕仕洲、冉志翔，重庆分行刘中平，新疆分行穆合塔拜·沙迪克10位同志。

姜建清董事长、杨凯生行长出席我行在北京召开的2009年第一季度业绩发布投资者分析师电话会议，国内外80多家基金公司的近100名投资者和30多家投资银行的40位分析师通过远程电话接入方式参加会议。谷澍董事会秘书主持会议，魏国雄首席风险官及总行相关部门负责人出席。

赵林监事长主持召开监事会会议，审议通过《关于2009年第一季度报告的议案》，并听取了关于2008年度董事、高管履职评价意见和2009年第一季度监督情况等两项工作汇报。王炽曦、王道成、苗耕书、张炜监事出席。

易会满副行长参加银监会在北京召开的信贷风险管理研讨会。

河北分行被河北省政府授予2008年度“金融贡献奖”称号。

山东分行213家小企业专营机构同时挂牌营业。

27日－29日 张福荣副行长赴深圳分行主持召开我行“专业化经营，系统化管理”改革工作座谈会并调研，其间应邀出席了首届“金融危机的挑战与应对——CBD国际经济论坛”，并作了主题演讲。

李晓鹏副行长赴山东分行主持召开全行企业年金业务经验交流会和机构存款业务分析会并讲话。

27日－30日 牛锡明副行长赴海南分行主持召开我行第一期暨东部地区分行授信审批专题座谈会并调研。

28日 姜建清董事长会见美国《财富》杂志总编辑安迪·瑟威尔（Andy Serwer）一行，双方就商业银行面临的挑战、宏观经济运行情况等进行了交流。

王丽丽副行长会见美国速汇金国际有限公司董事会主席白慈莉（Pamela H. Patsley）女士一行，双方就代理速汇金业务合作情况进行了交流。

王丽丽副行长会见美国纽约梅隆银行高级执行副总裁凯伦·佩茨（Karen B. Peetz）女士一行，双方就美国政府对纽约梅隆银行进行的压力测试结果，以及国际结算、美元清算、证券托管、ISDA协议、三方回购、美国存托凭证等业务合作情况进行了交流。

易会满副行长应邀出席北京市政府与新华通讯社金融信息服务战略合作协议签约仪式。

易会满副行长主持召开第37次专题会议，研究信息科技生产运行管理有关问题。

我行2009年第一季度报告（A股、H股）分别在上海证券交易所、香港联交所对外披露，并在《中国证券报》、《上海证券报》、《证券时报》、《证券日报》刊登。按照国际财务报告准则，2009年第一季度我行实现税后利润人民币352.89亿元，比上年同期增长6.03%。每股收益为人民币0.11元，比上年同期增长10%。

我行青年员工在中央金融团工委举办的中国金融青年论坛活动中取得优异成绩，上报的5篇论文全部获奖，其中一等奖2篇，二等奖、三等奖和优秀奖各1篇，获奖的绝对数量和获奖率均在金融系统中名列第一。

总行印发《关于总行成立小企业金融业务部的通知》。

福建分行举行现金管理客户签约暨财智账户卡发行仪式，并与龙净环保、南平铝业等9家福建企业签订现金管理服务协议。

陕西分行15家小企业金融业务中心在全省10个地市同时揭牌营运。

29日 我行举办全球金融危机深度剖析讲座暨2009年度高管人员第2次集体学习会，邀请高盛银行（美国）董事长、全球风险管理委员会主席杰里·科里根（Jerry Corrigan）系统地介绍了金融危机的根源与教训。姜建清董事长、杨凯生行长和王丽丽、易会满副行长出席，在北京的董事、监事、高管及总行各部室负责人在京参加学习，各一级（直属）分行负责人通过视频系统参加。

姜建清董事长、杨凯生行长、易会满副行长出席我行与中国石油集团公司在北京举行的《战略合作协议》签约仪式，并会见了该公司总经理蒋洁敏、副总经理周吉平、总会计师王国樑一行，双方就加强项目融资、债券承销、海外结算及外币融资领域的合作进行了交流。

杨凯生行长、易会满副行长出席在北京召开的全行运行管理改革动员视频会议并讲话。

杨凯生行长会见德意志银行投资银行全球首席执行官迈克尔·科尔斯（Michael Cohrs）一行，双方探讨了国际金融形势和经济发展前景，并就未来发展战略和业务合作进行了交流。

29日－30日 姜建清董事长赴浙江分行就小企业金融服务进行专题调研，其间出席了我行召开的小企业专营服务新闻发布会，会晤了浙江省委书记赵洪祝、省长吕祖善、常务副省长陈敏尔、副省长金德水，杭州市长蔡奇等地方党政领导，走访了杭州娃哈哈集团公司等我行重要客户。魏国雄首席风险官陪同。

30日 杨凯生行长和张福荣、易会满副行长出席在北京召开的全行部分重要业务检查情况视频通报会议，杨凯生行长作了重要讲话。

杨凯生行长和李晓鹏、易会满副行长出席我行与中国南方航空公司在北京举行的《战略合作协议》签约仪式，并会见了该公司董事长司献民、副总经理兼财务总监徐杰波一行，双方就应对目前经济金融危机，进一步加强业务合作，建立长期战略合作伙伴关系进行了交流。

张福荣副行长会见比利时富通基金管理公司总裁吴瑞祺（Richard Wohanka）和海富通基金管理公司总裁田仁灿一行，双方就国内外资本市场和资产管理业务的发展以及在基金销售、资产托管、企业年金业务领域的合作进行了交流。

李晓鹏副行长会见卡塔尔天然气运输公司总裁兼执行董事穆罕默德·哈纳姆（Muhammad A. Ghannam）一行，双方就加强在天然气航运金融方面的合作进行了交流。

李晓鹏副行长会见上海金融产业基金管理公司总裁贝多广一行，双方就加强产业基金托管及相关金融服务合作进行了交流。

安徽分行小企业金融服务专营机构揭牌。

4月　上海分行推出国内第一张航空类联名商务信用卡——南航明珠牡丹商务信用卡。

首尔分行成功与韩国浦项制铁株式会社、三星电子株式会社两户韩国顶级企业建立合作关系。

5月

1日　厦门分行与厦门小鱼网联合发行首张面向网络用户的联名信用卡——“牡丹小鱼卡”。

2日　我行境外机构综合业务处理系统（FOVA）在香港分行顺利完成业务投产。

4日　牛锡明副行长在北京主持召开报表集中管理改革工作汇报会议，听取了山西、上海、湖南、广东、重庆分行有关工作汇报。

李晓鹏副行长拜访北京铁路局黄桂章局长，双方就有关业务合作交换了意见。

证监会正式批准我行客户——韩国友利银行（Woori Bank）合格境外机构投资者（QFII）资格，成为2009年我行首家获得QFII资格的客户。至此，我行已有12家客户获得QFII资格，累计获批投资额度14.25亿美元。我行托管QFII客户数量和额度已跃居中资托管银行首位。

5日　张福荣副行长主持召开第39次专题会议，研究后台中心建设有关问题。

王丽丽副行长参加国际掉期与衍生工具协会（ISDA）董事局电话会议。

5日－6日　李晓鹏副行长赴广东出席广州铁路集团公司企业年金招标现场陈述会并调研，其间会见了南方电网公司总经理赵建国、恒大地产集团公司董事局主席许家印和南方航空集团公司总经济师唐勇等企业负责人。

5日－8日　牛锡明副行长赴河南分行主持召开我行第二期暨中部及环渤海地区分行授信审批专题座谈会并调研。

6日　姜建清董事长会见中组部副部长王尔乘、干部五局局长高选民一行，就有关工作交换意见。

姜建清董事长拜访全国社会保障基金理事会理事长戴相龙，就有关业务合作交换了意见。谷澍董事会秘书陪同。

姜建清董事长、杨凯生行长会见中国远洋运输集团公司总裁魏家福一行，双方就有关业务合作进行了交流。谷澍董事会秘书陪同。

杨凯生行长会见国泰君安证券公司总裁陈耿一行，双方就进一步加强银证业务合作进行了交流。

赵林监事长、刘立宪纪委书记出席在北京举办的总行党校第十七期领导干部进修班开学典礼。

张福荣副行长主持召开第41次专题会议，研究境内外汇账户开立有关问题。

王丽丽副行长会见美国高盛集团亚太区证券业务负责人尤素夫·阿里热扎（Yusuf A. Alireza）一行，双方就有关业务合作进展情况进行了交流。

7日　姜建清董事长、杨凯生行长、赵林监事长，张福荣、王丽丽、李晓鹏副行长，刘立宪纪委书记、易会满副行长出席我行在北京召开的后备干部集中选拔工作动员大会。牛锡明副行长在河南分行通过视频系统参会。会议学习了中央《2009—2020年全国党政领导班子后备干部队伍建设规划》精神，提出加强后备干部队伍建设的要求，对总行部门和分行领导班子后备干部集中选拔工作进行动员和部署。

张福荣副行长会见J.P摩根资产管理公司亚太区（日本除外）首席执行官许立庆、上投摩根基金管理公司总经理王鸿嫔女士一行，双方就国内外资本市场和资产管理业务的发展以及在基金销售、资产托管、企业年金等业务领域的合作进行了交流。

李晓鹏副行长参加国家开发投资公司企业年金基金受托人现场竞标活动。

国家知识产权局授予我行《一种基于键树的特定文本信息处理方法及系统》为国家发明专利。

7日－8日　杨凯生行长赴河北分行调研，其间会见了河北省委书记张云川、省长胡春华等地方党政领导。

8日　姜建清董事长、赵林监事长、王丽丽副行长、李晓鹏副行长、刘立宪纪委书记、易会满副行长出席我行纪念“五·四”运动90周年暨青年文化创意职业礼仪大赛优秀作品展示活动。

姜建清董事长会见新加坡大华银行集团主席黄祖耀一行，双方就业务合作情况进行了交流。

赵林监事长拜访中国投资有限责任公司监事长金立群、副总经理谢平，就有关工作交换了意见。王炽曦监事陪同。

张福荣副行长出席在北京召开的全行代发工资业务营销活动视频会议并讲话。

北京分行二手房贷款余额达100.06亿元，成为北京市场唯一一家二手房贷款余额突破百亿元的金融机构。

9日 我行境外机构综合业务处理系统（FOVA）在工银伦敦顺利完成业务投产。

甘肃省分行开展服务规范和礼仪训练活动。

10日 张福荣副行长应邀赴郑州出席中国银行业协会"健康快车眼科显微手术培训中心"揭牌仪式暨《中国银行业2008年度社会责任报告》发布会。

11日 姜建清董事长出席中国银行业协会第八次会员大会，并当选为中国银行业协会新一任会长。

姜建清董事长会见科威特投资局首席执行官萨阿德（Bader M Al Sa'ad）一行，双方就中国经济发展前景和我行未来发展战略交换了意见。谷澍董事会秘书陪同。

姜建清董事长、杨凯生行长、王丽丽副行长会见由澳门金融管理局行政委员会主席丁连星、中央人民政府驻澳门特别行政区联络办公室经济部部长周志奎率领的澳门金融界代表团一行，双方就金融危机影响、推动区域经济金融合作、人民币跨境结算等内容交换了意见。

姜建清董事长、易会满副行长会见中国铝业公司总经理熊维平、副总经理吕友清一行，双方就进一步加强重大项目融资、债券发行、全球现金管理等业务合作进行了交流。

我行与济南市商业银行正式建立代理行关系，我行已与国内89家银行机构正式建立了代理行关系。

12日 张福荣副行长会见合肥市常务副市长张晓麟一行，双方就进一步密切银政关系、加强互利合作交换了意见。

牛锡明副行长参加银监会在北京召开的2009年银行业案件防控和安全保卫工作会议。

李晓鹏副行长会见中国人寿保险公司总裁万峰一行，双方就进一步在债券类资产托管业务上进行深度合作进行了交流。

李晓鹏副行长出席我行与中信建投证券公司在北京举行的《银证业务全面合作协议》签约仪式，并与该公司董事长张佑君等高层进行了会谈。

12日－15日 牛锡明副行长赴青海分行主持召开我行第三期暨西部及东北地区分行授信审批专题座谈会并调研，其间会见了青海省委书记强卫等地方党政领导。

12日－17日 姜建清董事长赴德国、挪威考察。在德国期间，会见了安联集团董事长狄克曼（Michael Diekmann）和董事会成员蔡德礼（Werner Zedelius），双方就进一步加强战略合作进行了交流。在挪威期间，应邀出席了商业促进和平2009年峰会，并获得商业促进和平基金会颁发的"商业促进和平提名奖"，会见了我国驻挪威大使高建和挪威银行首席执行官毕尔克（Rune Bjerke），并接受了挪威商报记者的采访。谷澍董事会秘书陪同。

13日 杨凯生行长会见法国巴黎银行董事长特别顾问让·勒米埃尔（Jean Lemierre）一行，双方就欧洲经济形势及未来发展态势，以及在金融危机背景下扩展合作领域等内容进行了交流。

杨凯生行长、李晓鹏副行长出席我行与海关总署在北京举行的《网上支付税费担保业务合作协议》签约仪式，并会见了海关总署副署长孙松璞一行，双方就加强企业风险信息共享、共同提高对进出口企业的服务质量等内容交换了意见。

赵林监事长主持召开座谈会，听取内部审计局关于今年以来有关工作开展情况的汇报。王炽曦、王道成、张炜监事参加。

李晓鹏副行长会见泰康人寿保险公司副总裁兼泰康资产管理公司总裁段国圣一行，双方就银保与资产托管业务的合作情况进行了交流。

我行与浙江温岭农村合作银行正式建立代理行关系。至此，我行已与国内90家银行机构正式建立了代理行关系。

13日－15日 刘立宪纪委书记赴吉林分行主持召开部分二级分行纪委书记履职情况座谈会，并到吉林市分行营业网点看望慰问基层员工。

14日 杨凯生行长会见瑞士信贷集团执行董事会成员兼全球投资银行业务首席执行官柯磊洛（Paul Calello）一行，双方就国际国内经济形势以及在金融危机背景下深化各领域业务合作进行了交流。

我行法人理财产品存量规模突破1 500亿元，达到1 524.42亿元，较2008年末增长284.35%。

14日－16日 李晓鹏副行长应邀赴上海出席"全球化时代的金融发展与经济增长——2009陆家嘴论坛"，并就"金融服务与中国消费市场发展"的论坛主题发表了演讲，随后就分行支持上海国际金融中心和国际航运中心建设，以及投资银行、企业年金等新业务开展情况进行专题调研。

15日 牛锡明副行长会见由穆迪亚太区金融机构评级负责人、董事总经理简宗正带队的穆迪评级代表团一行，并向对方介绍了我行业务发展和经营业绩情况，双方还就信贷政策、贷款增长情况以及宏观经济走势等内容进行了交流。

17日－19日 牛锡明副行长赴河北分行对内控建设、操作风险防控和反洗钱工作进行专题调研，并到省分行营业部桥西支行看望慰问基层员工。

18日 杨凯生行长主持召开总行风险管理委员会2009年第2次会议，审议通过了《2009年一季度风险管理报告》和《宏观经济对我行信用风险的影响》两项议案，听取了《零售内部评级工作进展情况汇报》、

《关于业务运营风险管理系统建设情况报告》和《2009年一季度金融市场业务风险分析报告》等工作汇报。张福荣、王丽丽、李晓鹏副行长，刘立宪纪委书记、易会满副行长和魏国雄首席风险官出席会议。

李晓鹏副行长会见澳大利亚麦格里集团金融机构部全球总裁迈克尔·何瑞（Michael Herring）一行，双方就金融租赁、投资银行、国际结算等业务合作情况进行了交流。

19日 姜建清董事长参加国务院在北京召开的国有银行协解人员问题工作会议。

党委书记姜建清同志主持召开第12次党委（扩大）会议，研究关于设立海外银行卡中心的方案、关于党校校务委员会调整的方案和拟提交董事会审议的有关议案，听取关于电子银行中心管理体制改革的汇报。

姜建清董事长主持召开我行董事会战略委员会会议，审议通过《关于2009—2011年发展战略规划的议案》等三项议案，并听取了《关于我行境外发展规划的汇报》。委员会成员杨凯生、梁锦松、钱颖一、许善达、环挥武、高剑虹、魏伏生、克里斯多佛·科尔及谷澍董事会秘书出席会议。

赵林监事长参加国务院纠风办在北京召开的中央国家机关部门和行业作风建设经验座谈会。

易会满副行长会见神华集团总经理张玉卓和中国银行间市场交易商协会秘书长时文朝一行，双方就宏观经济形势、神华集团业务发展和融资计划、银行间债券市场发展等内容进行了交流。

19日－20日 刘立宪纪委书记参加中组部在北京召开的全国干部监督工作会议，并作发言。

20日 姜建清董事长主持召开我行董事会会议，审议通过《关于2009—2011年发展战略规划的议案》等五项议案，并听取了《关于我行当前信贷运行及管理情况的汇报》等三项汇报。董事会成员杨凯生、张福荣、牛锡明、环挥武、高剑虹、李纯湘、李军、郦锡文、魏伏生、克里斯托弗·科尔、梁锦松、钱颖一、许善达、黄钢城及谷澍董事会秘书出席。赵林监事长列席。

姜建清董事长、李晓鹏副行长出席我行与中华航空公司在北京举行的飞机租赁项目启动仪式。国务院台湾事务办公室常务副主任郑立中、中国民用航空局副局长杨国庆和中华航空董事长魏幸雄应邀出席并发表了致辞。该项目由工银亚洲和工银金融租赁公司联动实施，是海峡两岸开展金融业务的首度成功合作。

杨凯生行长会见南非标准银行全球企业与投行业务部总裁罗伯特·雷斯（Robert Leith）和俄罗斯Troika Dialog投资公司董事长兼首席执行官瓦尔达尼安（Ruben Vardanian）一行，双方就有关战略合作开展情况进行了交流。

牛锡明副行长会见沈阳市市长李英杰一行，双方就推进沈阳市在扩内需、促增长中投资建设的一批重大项目交换了意见。

牛锡明副行长会见由标准普尔信用评级资深董事、大中华区企业与基建评级和中国金融机构评级负责人曾怡景带队的标准普尔评级代表团一行，并向对方介绍了我行业务发展和经营业绩情况，双方还就贷款增长情况和我行国际化发展战略等内容进行了交流。

李晓鹏副行长会见中国平安保险集团公司执行委员兼资产管理公司总经理万放、平安人寿保险公司副总经理兼银保事业部总经理陆敏一行，双方就进一步加强银保业务合作进行了交流。

20日－22日 杨凯生行长赴宁夏分行调研，其间会见了自治区党委书记陈建国、区政府副主席赵小平等地方党政领导，走访了神华宁夏煤业集团公司、宁夏交通投资公司等我行重要客户。

21日 姜建清董事长、张福荣副行长出席我行与中国国际航空股份有限公司在北京举行的“国航知音牡丹信用卡”发卡仪式，并与该公司董事长孔栋、副总裁张兰一行进行了会谈。

牛锡明副行长主持召开第48次专题会议，研究总行部门报表清理工作有关问题。

牛锡明副行长出席我行在北京召开的中年员工培训工作经验交流会并讲话。

22日 牛锡明副行长出席上海证券交易所在北京召开的上市银行公司治理与信息披露工作座谈会。谷澍董事会秘书陪同。

牛锡明副行长在北京为总行党校第十七期领导干部进修班学员作专题讲座。

王丽丽副行长出席在北京召开的中国国债协会第三届理事会第二次会议暨国际经济金融形势报告会，并同与会的财政部副部长李勇进行了会谈。

易会满副行长参加北京铁路局年金项目竞标活动。

易会满副行长出席在北京召开的《中国金融电脑》杂志第十届编委会和《中国信用卡》第六届编委会工作会议。

天津分行与天津柜台交易市场（OTC）专项工作组签订关于建设债务类产品交易市场的专项协议。

山西分行与临汾市政府签订战略合作备忘录。

上海分行与上海国际航运服务中心签署45亿元银团融资框架协议，积极支持上海“两个中心”建设。

23日 全功能银行系统四月份版本（NOVA＋1.1.1版本）成功投产。此次版本涵盖了11个项目，其中包含了手机银行（WAP）功能扩充项目、全球现金管理SWIFT Net支付项目、储蓄国债升级改造项目、产品自动演示系统、工行学苑项目、审计管理信息系统项目、PCM 2003无纸化审批功能优化、综合前置监控系统优化升级项目等重点内容。

24日 易会满副行长会见中国核工业集团公司副

总经理孙又奇一行，双方就我国核电发展情况、核电项目融资以及中核集团外汇中期票据项目等内容进行了交流。

25日 姜建清董事长在香港主持召开我行2008年度股东年会，会议审议通过《关于2008年度利润分配方案的议案》、《关于修订〈中国工商银行股份有限公司章程〉的议案》、《关于选举董娟女士为中国工商银行股份有限公司外部监事的议案》、《关于选举孟焰先生为中国工商银行股份有限公司外部监事的议案》等十三项议案，听取了《关于〈股东大会对董事会授权方案（试行）〉执行情况的汇报》等两项工作汇报。杨凯生行长、赵林监事长在北京通过视频联线方式出席会议。共有932位股东及股东代表出席本次股东大会。

姜建清董事长在香港会见东亚银行主席李国宝，双方就有关业务合作情况进行了交流。谷澍董事会秘书陪同。

杨凯生行长会见资金全球投资集团（Capital Group）全球基金经理及分析师一行，并就对方关注的我行资产质量、净利息收益率、风险管理、海外战略以及对宏观经济走势的看法等问题进行了阐述。

易会满副行长出席我行与中演票务通文化发展公司合作协议签约仪式，并与应邀出席仪式的文化部副部长欧阳坚进行了会谈。

25日－26日 张福荣副行长赴上海出席我行私人银行机构建设座谈会。

26日 姜建清董事长、杨凯生行长、李晓鹏副行长出席在北京召开的中国城市金融学会常务理事会会议暨中国工商银行发展战略咨询会议。会议审议通过中国城市金融学会2008年工作报告及2009年工作计划，并听取了我行首个三年规划执行情况和新的三年规划战略思路的汇报。我行原行领导陈立、张肖、王为强同志，国务院发展研究中心原副主任陆百甫、银监会副主席蔡鄂生、中国国际金融公司董事长李剑阁及城市金融学会各位常务理事等出席会议。

易会满副行长赴北京分行监督中心进行调研，听取了分行关于监督体系改革进展情况的汇报，现场观看了基于数据分析的新监督流程演示。

易会满副行长出席在北京召开的全行中石化集团资金集中管理项目推广工作视频会议并讲话。

27日 姜建清董事长、杨凯生行长主持召开第1次行务会，研究分析经营情况，布置阶段重点工作任务。

张福荣副行长主持第51次专题会议，研究电子银行中心运营有关问题。

易会满副行长会见巴西戈亚斯州副州长梅内塞斯（Ademir de Oliveira Menezes）一行，双方就加强经贸合作、共同对外推介贸易与投资合作机会等内容交换了意见。

辽宁分行为国电电力兴城风力发电有限责任公司办理了该行首笔营运期贷款2亿元，为置换他行贷款探索出一条新路。

5月27日－6月7日 牛锡明副行长赴保加利亚、乌克兰、俄罗斯考察东欧金融市场情况，走访我行在当地的主要代理行，并应邀在俄罗斯出席“第13届圣彼得堡国际经济论坛”活动，其间分别拜访了保加利亚、乌克兰财政部、中央银行，俄中央银行和主要代理行，以及我国驻俄使领馆，并走访了中石油俄罗斯子公司等我行重要中资客户。

31日 国家知识产权局授予我行《一种用于实现提前还款的约转账户处理系统》为国家实用新型专利。

总行印发《关于印发运营改革相关方案的通知》。

5月31日－6月1日 姜建清董事长、易会满副行长赴河南分行调研，并到省分行营业部财富管理中心实地考察，看望慰问一线员工，其间会见了河南省委书记徐光春、常务副省长李克等地方党政领导。

5月31日－6月2日 刘立宪纪委书记赴浙江分行调研，并到部分营业网点进行实地考察，看望慰问一线员工，其间在杭州金融研修学院出席了我行一级分行纪委书记培训班开班典礼。

6月

1日 杨凯生行长主持召开总行资产负债管理委员会2009年第3次会议，审议通过了《资产负债管理委员会2008年工作情况及2009年工作计划》、《2009年一季度存贷款利率执行情况报告》、《2009年一季度本外币流动性风险管理报告》和《关于总行人民币银行账户持有至到期类部分债券重分类的汇报》，听取了《2008年资产负债管理委员会决议执行情况报告》等工作汇报。张福荣、王丽丽、李晓鹏副行长和魏国雄首席风险官出席会议。

张福荣副行长出席在北京召开的全行银行卡风险管理工作视频会议并讲话。

我行在香港联交所网站发布《关于董事离任的公告》，现任非执行董事克里斯多佛·科尔先生于2009年5月31日任期届满，任期届满后不再担任本行非执行董事、董事会战略委员会委员以及风险委员会委员职务。

总行印发《关于印发〈中间业务收费标准（2009年版）〉的通知》。这是《商业银行服务价格管理暂行办法》发布以来，我行出台的第四版中间业务收费标准，共设10章821项，其中政府指导价14项，市场调节价807项。

“工银印尼关爱基金”正式揭幕，这是首家由外资金融机构在印尼设立的慈善性质基金。

1日-2日　李晓鹏副行长赴吉林出席工银金融租赁公司与长春市轨道交通公司设备融资租赁项目签约仪式，并在吉林分行就金融租赁、投资银行、资产托管等新业务开展情况进行专题调研。其间会见了吉林省常务副省长竺延风，长春市市长崔杰、副市长王学战，第一汽车集团公司总会计师滕铁骑。

2日　姜建清董事长会见美国高盛集团公司副主席麦克·埃文斯（J. Michael Evans）一行，双方就经济金融热点问题以及双方深化战略合作领域等内容进行了交流。谷澍董事会秘书陪同。

姜建清董事长会见摩根士丹利集团公司董事长兼首席执行官约翰·麦克（John Mack）一行，双方就宏观经济政策、中美经济局势、两行发展战略及合作等内容进行了交流。谷澍董事会秘书陪同。

杨凯生行长参加全国政协经济委员会在北京召开的经济形势座谈会。

我行为中国宋庆龄基金会开立中央财政汇缴专户，用于办理中央财政非税收入收缴相关业务。这是我行开立的首个中央财政非税收入收缴业务汇缴专户。

3日　姜建清董事长会见葡萄牙商业银行董事长桑托斯·费瑞拉（Santos Ferreira）一行，双方就业务合作情况进行了交流。

党委书记姜建清同志主持召开第13次党委（扩大）会议，研究审议拟提交董事会的有关议案。

党委书记姜建清同志主持召开总行党委中心组专题学习，邀请国家发改委能源局总工程师吴吟作题为“我国新能源发展若干问题”的专题报告。杨凯生、赵林、王丽丽、李晓鹏、刘立宪、易会满等总行党委成员，魏国雄首席风险官、谷澍董事会秘书和各部门主要负责人在北京主会场参加学习。各一级（直属）分行、直属学院、直属机构、内审分局及二级分行党委班子成员通过视频系统在分会场参加学习。

3日-12日　张福荣副行长参加中组部在北京举办的国家金融安全培训班的学习。

4日　姜建清董事长会见比利时富通集团公司董事长约瑟夫（Jozef De Mey）一行，双方就业务合作情况进行了交流。谷澍董事会秘书陪同。

姜建清董事长、杨凯生行长、赵林监事长会见中国投资有限责任公司监事长金立群一行，双方就有关工作交换了意见。王炽曦、张炜监事陪同。

杨凯生行长会见澳大利亚前总理霍克（Bob Hawke）一行，双方就中澳宏观经济形势、加强中澳在自然资源领域合作等内容交换了意见。

杨凯生行长会见马来西亚马来亚银行行长奥马尔（Dato Sri Abdul Wahid Bin Omar）一行，双方就加强在人民币跨境结算和转汇款业务等领域的合作进行了交流。

李晓鹏副行长会见全国社会保障基金理事会副理事长孙小系一行，双方就进一步加强全国社保基金托管业务合作等内容进行了交流。

我行个人网上银行U盾客户突破1 000万户，2009年新增U盾客户219万户，较上年同期增长了47%，U盾客户占网银客户总数的比例达到15.4%，较上年同期增加了3.2个百分点，网上银行客户结构与质量得到进一步提升。

我行在香港联交所网站发布《收购加拿大东亚银行70%权益的公告》和《关于出售工商东亚的公告》。

4日-5日　易会满副行长赴辽宁分行调研，其间会见了辽宁省省长陈政高、副省长陈超英和沈阳市市长李英杰，走访了辽宁省交通厅、哈大铁路客运专线公司等我行重要客户。

5日　杨凯生行长会见瑞典北欧斯安银行董事长瓦伦堡（Marcus Wallenberg）一行，双方就进一步加强业务合作进行了交流。

我行第五届博士后出站报告评审会在北京举行，5位博士后的出站报告顺利通过了专家评审。杨凯生行长、李晓鹏副行长和魏国雄首席风险官、谷澍董事会秘书及部分行内外专家学者参加了评审。

6日　杨凯生行长应邀出席中央电视台经济频道在北京举办的“如何破解中小企业融资难”国际论坛活动。

7日-19日　姜建清董事长赴南非、博茨瓦纳、乌干达、尼日利亚等非洲四国开展市场调研与业务营销。谷澍董事会秘书陪同。

在南非期间，姜建清董事长应邀联合主持了世界经济论坛非洲峰会，并就当前全球金融危机给非洲带来的影响、非洲经济发展面临的挑战和机遇、如何进一步促进中国与非洲经济往来等话题和与会嘉宾进行了交流。先后会晤了南非总统祖马、联合国前秘书长安南、世界银行执行董事伊维拉女士（Ngozi Okonjo - Iweala）、迪拜世界集团执行主席巴拉维（Soud Ba'alawy）、南非标准银行董事长德里克·库柏（Derek Cooper）、南非标准银行首席执行官杰科·马理（Jacko Maree）、高盛集团南非主席科林·科尔曼（Colin Coleman）和南非国家电力公司、Shanduka集团、萨索尔集团、彩虹矿业等政府、金融机构和非洲本地大型企业高层。

在博茨瓦纳首都哈勃罗内，姜建清董事长一行出席了我行与南非标准银行共同支持的莫鲁普利B燃煤电站出口信贷项目签约仪式，并会晤了应邀参加仪式的博茨瓦纳财政部长、能源与矿产部长、国家电力公司首席执行官等嘉宾。

在乌干达首都坎帕拉，姜建清董事长拜会了乌干达总统穆塞维尼，并参观了南非标准银行在当地的营业机构。其间应邀出席了中国商会举行的招待午宴，接受了当地主要媒体的采访。

在尼日利亚，姜建清董事长先后拜会了尼日利亚财政部长穆赫塔尔（Mukhtar Mohammed）、总统经济顾问雅库布（Tanimu Yakubu）、电力部长努胡路（Nuhu Way）、石油部长卢克曼（Ralwan Lukman）、矿业和钢铁部长玛哈杜克（Mahaduke Dazaini）、中央银行行长萨努西（Lamido Sanusi）等政府机构负责人，并主持了在尼日利亚最大城市拉各斯举行的中资企业招待会。

8日 杨凯生行长致信祝贺广东分行个人贷款余额突破1 000亿元。

赵林监事长主持召开会议，传达中央关于做好学习实践活动整改落实“回头看”工作精神，部署总行本部“回头看”有关工作。

牛锡明副行长参加银监会在北京召开的票据贴现业务中增值税发票问题工作会议。

李晓鹏副行长会见中国银行间市场交易商协会秘书长时文朝一行，双方就短期融资券和中期票据市场情况、如何帮助中小企业拓宽直接融资渠道等内容进行了交流。

8日－10日 杨凯生行长、王丽丽副行长赴陕西分行主持召开全行资金管理体制改革座谈会并调研，其间出席了我行与陕西省政府《金融合作备忘录》签字仪式，会晤了陕西省省长袁纯清；走访了中铁十二局西安北站指挥部。

8日－11日 赵林监事长赴广东分行和深圳分行进行调研，听取了分行关于经营发展情况和学习实践科学发展观活动整改落实情况的汇报，并到基层网点看望慰问一线员工。王炽曦、张炜监事陪同。

8日－19日 刘立宪纪委书记赴英国、卢森堡和德国进行考察，其间分别拜访了英国劳埃德银行全球金融机构业务主管马克·格兰特（Mark Grant）、德国德意志银行董事会成员尤尔根·菲臣（Jurgen Fitschen）、德国商业银行执行董事马库斯·伯曼（Markus Beumer）等重要代理行高层，就加强有关业务合作进行了交流。

9日 李晓鹏副行长主持召开第53次专题会议，研究江西鄱阳湖产业投资基金财务顾问项目和天津OTC债务类产品交易市场财务顾问项目。

李晓鹏副行长拜访中国石化集团公司副总经理李春光，双方就进一步加强全面业务合作进行了交流。

易会满副行长参加银监会在北京召开的国有银行协解人员问题工作会议。

我行个人理财业务收入突破10亿元，同比增长13%；在全行个人中间业务收入的占比达到了16.4%，较2008年末提升2.7个百分点，收入贡献度进一步提升。

总行印发《关于印发〈中国工商银行2009—2011年发展战略规划〉及〈中国工商银行2009—2011年发展战略规划分解落实方案〉的通知》。

9日－19日 牛锡明副行长赴大连参加中组部举办的金融改革与风险防范专题研讨班学习，随后在大连分行就信贷工作、内控建设、操作风险管理和反洗钱、中年员工培训、报表集中管理等内容与分行领导班子进行了座谈。

10日 王丽丽副行长会见卡塔尔金融中心管理局（QFCA）首席执行官兼总干事斯图尔特·皮尔斯（Stuart Pearce）一行，双方就卡塔尔及卡塔尔金融中心建设发展状况、建立区域性共同货币以及我行国际化发展进程等内容交换了意见。

李晓鹏副行长拜访中国人民人寿保险公司副总经理宋福兴，双方就保险资产托管、银保及债券融资等业务合作进行了交流。

李晓鹏副行长在北京主持召开工银中东董事会2009年度第一次会议，审议通过2008年工银中东利润分配议案，听取了工银中东开业以来的工作情况汇报。

10日－12日 杨凯生行长、王丽丽副行长应邀出席国际金融协会（IIF）在北京举行的春季成员会议开、闭幕式和专题论坛等多项活动。会议期间，杨凯生行长就我行信贷增长、风险控制、盈利能力、国际化发展等问题回答了境内外记者的提问。王丽丽副行长就中国银行业改革和金融服务发展作了主题发言。

11日 杨凯生行长会见智利银行董事长帕布罗·格拉尼福（Pablo Granifo）一行，双方就进一步加强业务合作进行了交流。

王丽丽副行长会见渣打银行全球金融机构总裁赫里斯托斯·帕帕佐普洛斯（Christos Papadopoulos）一行，双方就国际结算、货币清算、贸易融资和项目融资等业务合作情况进行了交流。

李晓鹏副行长会见海航集团董事局董事、海航实业公司执行董事长谭向东一行，双方就进一步扩大业务合作领域进行了交流。

11日－13日 易会满副行长参加银监会在安徽召开的大型银行重点地区案件查防工作会议。

12日 杨凯生行长会见法国中央银行——法兰西银行行长诺瓦业（Christian Noyer）一行，双方就金融危机形势和对中国经济的展望等内容交换了意见。

14日－20日 张福荣副行长应邀赴意大利出席“2009智能银行论坛”活动，并就智能产品在银行业务中的应用与推广、提升银行电子交易安全和网上银行产品安全等内容与参会代表进行了研讨，随后赴芬兰考察了金雅拓集团芯片卡生产基地和智能产品研发中心，并会见了芬兰波赫约拉（Pohjola）银行副行长雷玛·莱梭拉（Reima Rytsola）。

15日 李晓鹏副行长拜访中国石油化工集团公司副总经理李春光，双方就资金集中管理和企业年金业务合作进行了交流。

易会满副行长出席在北京京召开的全行票据业务风险提示视频会议并讲话。

宁波分行存、贷款余额双超千亿元，成为当地第一家存、贷款余额均超千亿元的商业银行。

15日－18日 赵林监事长赴上海调研，听取了上海分行、上海内审分局、数据中心（上海）、票据营业部和私人银行部有关经营发展和深入学习实践科学发展观活动整改落实“回头看”工作情况汇报，并主持召开了“发挥我行优势，支持上海两个中心建设”专题研讨会。王炽曦、张炜监事陪同。

李晓鹏副行长赴香港主持召开我行在香港投资银行业务整合协调会，随后赴上海出席“发挥我行优势，支持上海两个中心建设”专题研讨会。

16日 杨凯生行长会见台湾中国信托金融控股公司董事长辜濂松一行，双方就经营管理情况和未来开展业务合作进行了交流。

杨凯生行长、王丽丽副行长出席我行在北京举办的银行同业外汇业务研讨会。我行就国际化发展、国际结算与贸易融资、外币清算和特色业务、境外上市、国际银团贷款以及人民币跨境结算等业务向应邀与会的39家银行同业进行了全面介绍。

易会满副行长会见美国戴尔公司副总裁兼全球司库加里·毕朔平（Gary Bischoping）和亚太财政总监黄精燦一行，双方就跨境融资业务和国内销售货款收款业务进行了交流。

17日 杨凯生行长出席在北京召开的中国金融会计学会举办的公允价值应用与金融风险防范学术研讨会。

易会满副行长会见中国石油股份公司财务总监周明春一行，双方就业务合作情况及拟重点开展的业务合作进行了交流。

18日 易会满副行长出席中国银联公司在京举办的“建国六十周年主题信用卡”新闻发布会。该卡由中国银联联合我行及其他商业银行共同策划发行。

甘肃分行与甘肃省电力公司、中国电力财务有限公司签订票据托管协议。

18日－19日 杨凯生行长应邀赴广东出席中国船舶工业集团公司龙穴造船基地首制船出坞暨龙穴造船公司合资揭牌仪式，并参加由广东省政府举办的“加快广东地区先进制造业发展和船舶工业发展座谈会”，其间会晤了广东省委书记汪洋、省长黄华华等地方党政领导和中国核工业建设集团公司、中国航天科工集团公司、中国船舶工业集团公司、中国兵器工业集团公司、中国兵器装备集团公司、中国电子科技集团公司、中国海运（集团）总公司、中国航天科技集团公司、中国航空工业集团公司、东方电气集团公司、宝钢集团公司等国有企业高层。

19日 易会满副行长应邀出席中国铝业公司100亿元企业债券成功发行答谢会，并与中铝公司总经理熊维平等公司高层进行了会谈。

22日 易会满副行长会见英国特易购（Tesco）集团财务董事劳伦·麦克维（Laurie Mcllwee）一行，双方就国内地产项目融资、结算与现金管理、银行卡等业务合作情况进行了交流。

宁夏分行中标神华宁煤与南非沙索公司煤制油项目的财务顾问代理业务。

22日－23日 姜建清董事长、李晓鹏副行长赴天津出席我行与法国空中客车公司航空租赁金融合作备忘录签字仪式，并应邀出席了空中客车天津生产线首架空中客车A320飞机下线交付仪式，其间会晤了天津市委书记张高丽、市长黄兴国和空中客车公司首席执行官托马斯·恩德斯（Tom Enders）。

22日－24日 易会满副行长赴山东出席我行与日照港集团公司、烟台港集团公司《全面合作框架协议》的签约仪式，并与参加仪式的山东省副省长王军民、日照港集团董事长杜传志、烟台港集团董事长周波进行了会谈，随后在山东分行进行调研，并到基层网点看望慰问一线员工，其间在泰安出席了全行信息科技高级管理人员培训班开班典礼并讲话。

23日 姜建清董事长会见上海市副市长杨雄一行，双方就经济金融形势和有关项目融资情况交换了意见。

张福荣副行长参加中组部在北京召开的引进高层次人才工作会议。

总行印发工银党［2009］64号文件：任命孙建勇同志为中国工商银行股份有限公司青岛市分行党委书记；免去栾建胜同志中国工商银行股份有限公司青岛市分行党委书记职务。

印发工银党［2009］65号文件：任命施刚同志为中国工商银行股份有限公司广东省分行党委书记；免去黄明祥同志中国工商银行股份有限公司广东省分行党委书记职务。

印发工银党［2009］66号文件：任命沈立强同志为中国工商银行股份有限公司上海市分行党委书记；免去孙持平同志中国工商银行股份有限公司上海市分行党委书记职务。

印发工银党［2009］67号文件：任命孙持平同志为中国工商银行股份有限公司江苏省分行党委书记；免去施刚同志中国工商银行股份有限公司江苏省分行党委书记职务。

印发工银任免［2009］161号文件：聘任左新亚同志为内部审计局南京分局局长；解聘杜宝起同志内部审计局南京分局局长职务。

23日－24日 杨凯生行长赴河北分行宣布有关人事任免决定，由黄纪宪同志主持河北分行工作。

李晓鹏副行长赴四川出席我国总装的首架空中客车A320飞机冠名“工银号”暨我行与四川航空公司《全面战略合作协议》和工银金融租赁公司与四川航空公司《租赁业务合作协议》签约仪式，随后分别走访了四川发展（控股）有限责任公司和成都交通投资集团有限公司，就投行业务、并购重组以及利用租赁业务盘活国有存量资产进行了交流。

24日 杨凯生行长、牛锡明副行长出席我行与中国电力投资集团公司在北京举行的《战略合作协议》签约仪式，并会见了该公司总经理陆启洲、副总经理孟振平一行，双方就继续加强在核电、大型水电等清洁能源项目融资和债券承销等金融业务领域的合作进行了交流。

总行印发工银党［2009］69号文件：任命王世杰同志为中国工商银行股份有限公司四川省分行营业部党委书记；免去官学清同志中国工商银行股份有限公司四川省分行党委委员、营业部党委书记职务。

印发工银党［2009］70号文件：任命官学清同志为中国工商银行股份有限公司湖北省分行党委书记；免去左新亚同志中国工商银行股份有限公司湖北省分行党委书记职务。

印发工银党［2009］71号文件：任命朱文信同志为中国工商银行股份有限公司安徽省分行党委书记；免去赵鹏同志中国工商银行股份有限公司安徽省分行党委书记职务。

印发工银任免［2009］165号文件：聘任朱文信同志为中国工商银行股份有限公司安徽省分行行长；聘任赵鹏同志为中国工商银行股份有限公司安徽省分行副行长（省行正行级），解聘其中国工商银行股份有限公司安徽省分行行长职务。

印发工银任免［2009］166号文件：聘任官学清同志为中国工商银行股份有限公司湖北省分行行长；解聘左新亚同志中国工商银行股份有限公司湖北省分行行长职务。

24日－25日 姜建清董事长赴上海分行、江苏分行和南京内审分局宣布有关人事任免决定。

25日 杨凯生行长会见台湾玉山金融控股公司首席执行官黄男州一行，双方就两岸经济和金融业近况以及两行在汇款、结算、资金等方面的业务合作机会进行了交流。

王丽丽副行长受姜建清董事长委托在北京主持召开工银亚洲董事会电话会议。

李晓鹏副行长应邀出席在北京举办的第七届中国航空金融年会并作主题演讲。

易会满副行长出席中国银行业协会在北京举行的中国银行业银团贷款业务评优表彰大会暨银团贷款项目签约仪式。我行推荐签约了200亿元天津铁路建设投资控股（集团）公司铁路建设和192亿元新疆维吾尔族自治区交通厅公路两个大型银团贷款项目。我行荣获银团贷款最佳业绩奖第一名，我行牵头筹组的武广铁路客运专线银团贷款项目获得最佳项目奖第一名。

北京分行成立首家个人信贷业务专业化运营机构——东城支行个人贷款中心。

长春金融研修学院捐资援建的慈善新居在长春市二道区劝农山镇刘家屯落成。

25日－26日 杨凯生行长赴安徽分行和湖北分行宣布有关人事任免决定。其间会见了安徽省省委书记王金山，湖北省省长李鸿忠、副省长赵斌等地方党政领导。

赵林监事长赴青岛分行宣布有关人事任免决定。

张福荣副行长赴宁波分行出席我行全球现金管理业务座谈会并讲话，其间听取了分行关于经营管理情况及工作思路的汇报，并到分行营业部查看网点升级改造情况。

26日 姜建清董事长会见来华访问的泰国总理阿披实（Abihisit Vejiajiva），就我行在泰业务开展情况交换了意见。谷澍董事会秘书陪同。

姜建清董事长和李晓鹏、易会满副行长出席我行与中国石油化工集团公司在北京举行的《战略合作协议》签约仪式，并会见了该公司总经理苏树林、副总经理李春光，双方就继续加强在资金集中管理、加油站上门收款、境外油气并购等金融业务领域的合作进行了交流。

牛锡明副行长出席在北京召开的全行中年员工培训工作视频会议并讲话。

银监会以银监发［2009］57号文批复同意我行发起设立浙江平湖工银村镇银行和重庆璧山工银村镇银行。

我行分别与外汇交易中心、中国银行、建设银行、交通银行签署交易保证金存管与保证券托管协议和银行间外汇市场询价交易净额清算业务结算服务协议。至此，我行参与外汇询价交易净额清算业务的相关协议全部签署完毕。

我行与湖州商业银行和泰隆商业银行正式建立代理行关系。至此，我行已与国内94家银行机构正式建立了代理行关系。

29日 牛锡明副行长出席在北京召开的全行报表集中改革动员视频会议并讲话。

29日－30日 姜建清董事长、李晓鹏副行长赴广东分行宣布有关人事任免决定，施刚同志任广东分行党委书记，主持广东分行工作，黄明祥同志调工银国际工作。随后在广州主持召开了珠三角地区分行发展战略座谈会，广东、福建、海南、深圳、厦门分行，工银亚洲、工银国际、诚兴银行及总行有关部室分别围绕珠三角地区发展规划和业务结构调整进行了发言。其间会见了广东省省长黄华华，双方就国内经济金融发展前景和进一步密切银政关系、加强互利合作交换了意见。李晓鹏副行长还应邀出席了第四届中国产权市场创新论坛暨广交所新机构揭牌签约仪式。

30日 姜建清董事长、易会满副行长会见中国海洋石油总公司总经理傅成玉、总会计师吴孟飞一行，双方就加强项目融资、债券承销、境外并购、现金管理和国际业务方面的合作进行了交流。

张福荣副行长会见金蝶集团董事局主席徐少春、用友软件高级副总裁杨祉雄一行，双方共同出席了我行企业网上银行在线财务服务产品发布会。

张福荣副行长应邀出席在北京举办的“中国金融论坛：推进银行卡产业科学发展研讨会”，并发表演讲。

王丽丽副行长会见萨黛拉（Sadella）咨询服务公司主席萨缪尔·扎瓦蒂（Samuel Zavatti）一行，双方就我行的国际化发展以及未来的合作机会进行了交流。

易会满副行长出席中国电力投资集团公司在北京举办的山东海阳核电一期工程项目银团贷款签约仪式，并作为银团贷款牵头行代表发表致辞。

我行与稠州商业银行和苍南农村信用社正式建立代理行关系。至此，我行已与国内96家银行机构正式建立了代理行关系。

7月

1日　姜建清董事长参加国务院在北京召开的第71次常务会议。

党委书记姜建清同志主持召开第14次党委（扩大）会议，研究审议拟提交董事会的有关议案和报告。

易会满副行长应邀出席北京市政府举办的服务中央单位和驻京部队综合服务平台启动仪式。

国家知识产权局授予我行《利用手机进行ATM身份验证的系统及其方法》国家发明专利。

2日　姜建清董事长主持召开我行董事会会议，审议通过《关于召集2009年第一次临时股东大会的议案》等十项议案。董事会成员杨凯生、张福荣、牛锡明、环挥武、高剑虹、李纯湘、李军、郦锡文、魏伏生、梁锦松、钱颖一、许善达和黄钢城出席。赵林监事长列席会议。

赵林监事长主持召开监事会会议，审议通过《关于调整中国工商银行股份有限公司监事会监督委员会主任委员及委员的议案》。王炽曦、董娟、孟焰、张炜监事出席会议。

王丽丽副行长出席我行在银行间市场公开发行400亿元2009年第一期次级债券推介会。

李晓鹏副行长拜访银监会副主席蔡鄂生，汇报工银金融租赁公司经营情况。

3日　杨凯生行长、易会满副行长出席我行与中信集团在北京举行的战略合作协议签约仪式，并与中信集团总经理常振明、财务总监居伟民一行进行了会谈。

杨凯生行长会见环球银行金融电信协会（SWIFT）首席执行官坎柏斯（Lázaro Campos）、亚太区首席执行官约翰斯顿（Ian Johnston）一行，双方就SWIFT即将召开的2009年SIBOS年会及有关业务合作情况进行了交流。

王丽丽副行长会见台湾银行副行长杨丰彦一行，双方就海峡两岸金融界交流情况以及未来业务合作等内容进行了交流。

李晓鹏副行长应邀出席在北京举行的长江三峡水利枢纽三期工程项目银团贷款合同签字仪式。

我行跨境贸易人民币结算业务正式启动，工银印尼成功为印尼PT. INDOTRUCK UTAMA公司向我国三林万业（上海）企业集团有限公司开出第一笔人民币远期信用证，这也是全球第一笔跨境贸易项下的人民币信用证。

4日　杨凯生行长应邀出席中国国际经济交流中心（CCIEE）在北京举办的首届“全球智库峰会”，并主持由我行承办的“重建平衡——全球储蓄与消费”分论坛。李晓鹏副行长同时出席有关活动。

王丽丽副行长应邀出席北京市政府中期票据成功发行答谢招待会。

5日　牛锡明副行长参加人民银行在北京召开的固定资产投资项目资本金情况调研部署会议。

6日　李晓鹏副行长出席中国银行业协会在北京召开的金融租赁专业委员会成立仪式暨第一次全体成员会议，并当选为委员会第一届主任委员。国内12家金融租赁公司成为首届金融租赁专业委员会成员单位，我行工银金融租赁公司当选为委员会首届主任单位。

釜山分行获得韩国信用担保基金（KODIT）担保及存款质押合计担保比例达105%的前提下，成功对SAERON公司发放了3年期1亿韩元的贷款，办理了首笔低风险创新业务。

7日　杨凯生行长主持召开第1次行长办公会议，审议2009年度行长基本授权方案。

杨凯生行长会见瑞士信贷全球投行首席执行官柯磊洛（Paul Calello）一行，双方就国际经济形势以及有关业务合作情况进行了交流。谷澍董事会秘书陪同。

杨凯生行长、易会满副行长主持召开第57次专题会议，研究进一步做好防范外部诈骗案件有关工作。

牛锡明副行长出席我行在北京举行的金融风险管理师（FRM）培训班开班典礼。

李晓鹏副行长拜访中国铝业公司总经理熊维平，双方就有关非洲项目合作情况进行了交流。

总行印发《关于组建电子银行中心（石家庄）和电子银行中心（合肥）的通知》。

总行印发《关于推进县支行变革工作的意见》。

广东分行首批跨境贸易人民币结算业务在广州、东莞、珠海三地同时启动，是当地首家通过代理行清算模式办理跨境贸易人民币结算的银行。

7日－9日 李晓鹏副行长赴大连主持召开我行举办的基金业务研讨会并讲话。南方、华夏、嘉实、博时、易方达、广发等35家国内主要基金管理公司高管应邀出席会议。

8日 姜建清董事长、刘立宪纪委书记会见中央国家机关工委副书记俞贵麟一行，双方就机关党建工作开展情况交换了意见。

总行印发《关于在总行组建资产管理部并对金融市场部等相关部门进行调整的通知》。

总行印发工银党［2009］75号文件：免去李卫平同志牡丹卡中心党委书记职务。

印发工银任免［2009］175号文件：聘任陈晓燕同志为资产管理部总经理，免去其个人金融业务部总经理职务；聘任李卫平同志为个人金融业务部总经理，免去其牡丹卡中心总裁兼银行卡业务部总经理职务；聘任栾建胜同志为银行卡业务部总经理。

8日－9日 易会满副行长应邀赴重庆出席“国际金融危机下的中小企业融资论坛”活动，并到重庆分行调研。

8日－10日 牛锡明副行长赴陕西分行调研，并代表总行党委到延安看望慰问老红军石清泉同志。

8日－18日 杨凯生行长赴越南、印度考察，推动我行境外机构网络建设和业务发展，其间先后拜会了越南总理阮晋勇、中央银行副行长阮文平以及越南工商银行、农业与农村发展银行、投资发展银行等主要代理行高层，出席了我行广西分行与越南工商银行《跨境贸易人民币结算合作协议》的签字仪式，与印度中央银行行长苏巴拉奥（Duvvuri Subbarao）和我国驻孟买总领事进行了工作交流，并走访了印度国家银行、ICICI银行和联合银行等主要代理行和华为印度分公司、国家开发银行印度工作组等中资机构。

9日 赵林监事长出席在北京举行的总行党校第十七期领导干部进修班结业典礼。

王丽丽副行长会见花旗银行（中国）首席执行官欧兆伦（Andrew Au）一行，双方就中国宏观经济环境以及人民币跨境结算业务进行了交流。

李晓鹏副行长出席《中国工商银行行史》编修工作表彰会并讲话。

10日 姜建清董事长、李晓鹏副行长拜访中国人寿保险股份有限公司董事长杨超、总裁万峰，双方就宏观经济运行情况、中资金融机构国际化发展战略，以及保险资产托管业务的合作等进行了交流。

李晓鹏副行长会见中国五矿集团副总裁兼金盛人寿保险有限公司董事长张元荣、五矿集团财务总监余波、五矿投资发展有限公司总经理任珠峰和金盛人寿执行副总裁郭晋鲁一行，双方就加强代销保险、代发工资、存款、现金管理等业务合作进行了交流。

13日 牛锡明副行长出席我行在北京召开的全行信贷形势分析及风险提示视频会议并讲话，魏国雄首席风险官主持会议。

李晓鹏副行长在北京参加中国北方机车车辆工业集团企业年金基金账户管理人和托管人现场竞标活动。

总行印发工银任免［2009］177号文件：聘任陈晓燕同志为中国工商银行股份有限公司资产业务总监；聘任刘子刚同志为中国工商银行股份有限公司信贷业务总监；聘任林晓轩同志为中国工商银行股份有限公司信息科技业务总监。

总行印发工银任免［2009］178号文件：聘任徐志宏同志为金融市场部总经理。

总行印发工银任免［2009］181号文件：聘任李健飞同志为内部审计局直属分局局长。

13日－14日 刘立宪纪委书记参加中纪委在北京召开的全国纪委书记座谈会。

14日 姜建清董事长代表中国银行业协会与香港银行学会在北京签订合作协议，正式启动资格互认机制。银监会纪委书记王华庆、香港银行学会会长王冬胜、香港金融管理局总裁任志刚应邀出席签约仪式。

姜建清董事长会见德勤高级顾问、前美国副财长金密特（Robert Kimmit）及德勤全球主管合伙人李慕杰（Jerry Leamon）一行，双方就全球经济形势的变化、金融危机给金融监管带来的挑战，以及进一步加强在海外业务领域的合作进行了交流。

姜建清董事长、赵林监事长、牛锡明副行长会见由证监会副主席庄心一带队的上市公司规范运作联合调研组一行，双方就我行公司治理建设有关情况交换了意见。魏国雄首席风险官、谷澍董事会秘书陪同。

15日 姜建清董事长参加银监会在北京召开的2009年大型银行第二次风险分析会议。魏国雄首席风险官陪同。

王丽丽副行长在北京出席中国国际商会2009年第一次常务理事会会议。

王丽丽副行长主持召开总行资产管理部、金融市场部重组分设改革动员会。

易会满副行长会见沙特阿美石油总公司财务总监奥马阿苏（Motassim Al－Ma'ashouq）、企业融资部主管奥斯马里（Fahad Al－Semari）一行，双方就国际国内经济形势、原油价格走势、新能源发展趋势进行了交流。

易会满副行长应邀出席北京市政府举办的债券承销和理财信托业务成功合作答谢会，并与北京市政府秘书长黎晓宏进行了会谈。

国家知识产权局授予我行《一种可识别客户身份的银行排队叫号处理系统》国家实用新型专利。

辽宁分行启动二级分行机构扁平化和零售业务“两化”改革。

15日－16日 张福荣副行长赴天津主持召开我行电子银行业务座谈会并讲话，其间到天津分行调研。

15 日 –17 日　牛锡明副行长赴西藏主持召开我行信贷市场与信贷风险控制体系工作座谈会并调研，其间会见了西藏自治区主席向巴平措、副主席白玛才旺。

李晓鹏副行长赴杭州主持召开我行资产托管业务创新座谈会并调研。

16 日　易会满副行长主持会议，欢迎银监会新发放贷款检查情况沟通及表外业务现场检查组进驻我行。

16 日 –21 日　王丽丽副行长赴英国主持召开工银伦敦董事会会议，审议通过 2009 年上半年经营情况报告等有关议案。

17 日　姜建清董事长参加银监会在北京召开的 2009 年第三次经济金融形势通报分析电视电话会议。

姜建清董事长会见银监会高级顾问朱李美仪女士一行，双方就我行客户管理系统建设工作交换了意见。

姜建清董事长会见花旗集团亚太区主席章晟曼一行，双方就国际经济形势以及业务合作开展情况进行了交流。

张福荣副行长会见海通证券股份有限公司董事长王开国一行，双方就国内证券市场发展以及进一步加强银证合作进行了交流。

易会满副行长出席在北京召开的我行数据中心（上海）与海外数据中心整合改革动员电话会议并讲话。

我行“工行财 e 通”商标通过国家商标局审核，正式获准注册。“工行财 e 通”是我行在 2005 年推出的企业一体化网上银行金融服务平台。

总行印发《中国工商银行远程授权管理办法（试行）》。

总行印发工银任免［2009］182 号文件：聘任高志新同志为办公室主任。

总行印发工银任免［2009］183 号文件：聘任刘瑞霞同志为风险管理部总经理。

18 日　全功能银行系统 NOVA +1. 1. 0 版本成功投产。此次版本涵盖了 85 个新项目以及大量应用系统功能优化，其中包含了信贷业务核算流程改造、个人客户内部评级系统等重点内容。

20 日　杨凯生行长参加银监会在北京召开的新资本协议高层指导委员会会议。

总行印发《关于整合数据中心（上海）与海外数据中心并调整数据中心（上海）人员编制的通知》。

21 日　姜建清董事长参加银监会在北京举办的“银行业反腐倡廉警示教育展览”开幕仪式。

姜建清董事长会见中纪委二室主任李五四率领的调研组一行。

姜建清董事长、张福荣副行长就个人信用评级工作开展专题调研。魏国雄首席风险官参加。

张福荣副行长会见平安保险集团总经理张子欣、平安大华基金管理公司拟任总经理李克难一行，双方就进一步加强保险、基金等方面业务合作进行了交流。

张福荣、易会满副行长出席我行在北京召开的境外机构境内外汇账户业务发展工作动员视频会议并讲话。

牛锡明副行长会见瑞士洛桑国际管理学院金融学教授迪迪埃·科森（Didier Cossin）一行，双方就国际会计准则、巴塞尔新资本协议以及商业银行和投资银行的企业文化进行了交流。

易会满副行长应邀出席北京市政府召开的 2009 年上半年经济形势分析会议。

国家知识产权局授予我行《一种软件测试环境的网络模拟系统》国家实用新型专利。

22 日　姜建清董事长会见高盛集团副董事长麦克·埃文斯（Michael Evans）一行，双方就进一步加强战略合作进行了交流。谷澍董事会秘书陪同。

杨凯生行长、易会满副行长出席我行与东方电气集团有限公司战略合作协议签约仪式，并与东方电气总经理斯泽夫、总会计师文利民进行了会谈。

李晓鹏、易会满副行长主持召开第 63 次专题会议，研究企业年金重点客户营销工作。

23 日　杨凯生行长会见中信集团副董事长王川一行，双方就进一步拓展业务合作领域进行了交流。

杨凯生行长拜访中远集团党组书记张富生，双方就船舶融资与年金业务合作进行了交流。

总行印发《关于印发〈固定资产管理办法（试行）〉的通知》。

23 日 –24 日　姜建清董事长赴青岛主持召开全行分行行长（青岛）座谈会并作重要讲话，赵林监事长、易会满副行长出席会议。总行办公室等 11 个部室总经理（主任）、北京分行等 18 家分行行长、内审直属等 6 个分局局长，以及票据营业部、私人银行部总经理参加会议。

24 日　李晓鹏副行长会见中国广东核电集团有限公司副总经理张炜清一行，双方就加强新能源以及海外投资业务合作进行了交流。

26 日 –31 日　姜建清董事长赴马来西亚、香港、澳门考察。其间，在马来西亚会见了总理纳吉布（Najib）、中央银行行长阿齐兹女士（Zeti Akhtar Aziz）和马来西亚联昌银行首席执行官拉扎克（Nazir Razak）等政府部门及金融同业负责人。在香港会见了美国国际集团副董事长保拉·雷诺兹（Paula Rosput Reynolds）、友邦保险集团首席执行官麦智信（Mark Wilson）、中国太平洋保险集团董事长林帆等金融同业负责人，专程拜访了驻港部队司令员张仕波中将、政委刘良凯中将，并向驻港部队官兵致以节日问候。在澳门主持了我行工银澳门成立庆典仪式，澳门特别行政区行政长官何厚铧、中央驻澳门联络办副主任高燕、澳门经济及社会事务司司长谭伯源、澳门金管局主席丁连星、外交部驻澳门特派员公署副特派员宋彦斌等应邀出席仪式。随后，姜建清董事长一行还分别会见了中央驻澳门联络办公室主任白志健、澳门特区行政长官何厚铧、候任行政长官崔世安、南光集团董事长许开程，并到工银澳门调研。谷澍董事会秘书陪同。

27日 赵林监事长赴国家大剧院出席由我行参与赞助的“海峡和平交响乐团”首演活动并致辞。

王丽丽副行长参加中共中央政策研究室在北京召开的人民币国际化座谈会。

易会满副行长会见中国航天科工集团总会计师刘跃珍一行，双方就现金管理、直接融资、投资银行等金融业务合作进行了交流。

总行印发工银党［2009］87号文件：任命鞠延强同志为中国工商银行股份有限公司大连市分行党委书记；印发工银任免［2009］189号文件：聘任鞠延强同志为中国工商银行股份有限公司大连市分行行长。

27日－29日 杨凯生行长赴福建主持召开全行分行行长（福建）座谈会并作重要讲话，李晓鹏副行长、魏国雄首席风险官出席会议。总行办公室等11个部室总经理（主任）、天津分行等19家分行行长、内审武汉等4个分局局长，以及广东分行营业部总经理，工银亚洲、工银国际行政总裁，工银金融租赁公司、工银瑞信基金公司总经理参加会议。其间，杨凯生行长一行还先后出席了我行海峡西岸经济区业务发展战略研讨会和以“振兴海西——银行业的责任与机遇”为主题的总行2009年第2期创新沙龙，并会见了福建省省长黄小晶、副省长张志南等地方党政领导。

28日 易会满副行长会见中国石油化工股份有限公司高级副总裁兼财务总监戴厚良、中国石油化工集团总会计师刘运一行，双方就中石化全球资金集中管理、大项目融资、境外机构境内外汇账户、跨境贸易人民币结算等金融业务合作进行了交流。

29日－31日 张福荣副行长赴山东出席全行信用卡业务工作会议并讲话。

党委委员、副行长易会满赴大连参加分行党员领导干部民主生活会，并主持召开部分分行公司业务座谈会。

30日 杨凯生行长会见美国高盛集团投资银行部主席克里斯多佛·科尔（Christopher A. Cole）一行，双方就有关战略合作情况进行了交流。

30日－31日 党委委员、副行长李晓鹏赴云南分行参加分行党员领导干部民主生活会并调研，其间会见了云南省副省长曹建方。

31日 湖南分行与湖南省工商局、个协在长沙联合举办2009年湖南省促进个体私营经济发展银企融资洽谈签约会。

7月 工银中东正式对阿布扎比石油投资公司提供1亿美元融资，成功进入中东最重要的石油金融市场。

8月

1日 上海分行成功为中化国际（控股）股份有限公司的全资控股企业中化国际（新加坡）有限公司开立了我行首个境外机构境内外汇账户（NRA账户）。

我行境外机构综合业务处理系统（FOVA）在悉尼分行、工银阿拉木图顺利完成业务投产。

3日 杨凯生行长主持召开我行信贷业务检查工作汇报会，听取信贷检查前期准备工作情况汇报。张福荣、牛锡明、王丽丽、李晓鹏、易会满副行长和魏国雄首席风险官出席。

张福荣副行长出席我行在北京召开的电子银行业务工作视频会议并讲话。

张福荣副行长会见中国移动通信集团副总裁鲁向东、中国电信集团副总经理吴安迪、中国联合网络通信集团副总经理姜正新一行，并共同出席了我行“手机银行（WAP）3G版产品发布会”。

3日－5日 刘立宪纪委书记赴陕西主持召开全行工会工作委员会扩大会议，并出席全行工会主任培训班开班典礼。随后在陕西分行调研。

5日 牛锡明副行长出席我行在北京召开的2009年信贷业务检查培训视频会议并讲话。魏国雄首席风险官主持会议。

王丽丽副行长会见德意志银行董事总经理、全球支付业务总裁保罗·坎普（Paul Camp）一行，双方就全球支付清算、外汇交易等业务方面的合作进行了交流。

5日－7日 李晓鹏副行长赴香港主持召开工银国际董事会会议，审议通过董事会内设机构设置等议案，其间会见了香港证监会副行政总裁张灼华女士，并走访了友邦保险、摩根士丹利、德意志银行等金融同业。

易会满副行长应邀赴广西出席“2009年泛北部湾论坛”活动，并到广西分行调研。

5日－8日 牛锡明副行长赴辽宁分行就信贷业务发展、信贷业务垂直管理和信贷业务大检查开展专题调研，并出席我行2009年第一期信贷业务前中后台交叉培训班开班典礼。

6日 王丽丽副行长会见亚太经合组织工商咨询理事会（ABAC）澳大利亚代表约翰·丹顿（John Denton）一行，双方就国际经济形势和ABAC有关工作进行了交流。

国家知识产权局授予我行《一种功能构件与数据关联运行方法及系统》国家发明专利。

7日－10日 党委委员、副行长王丽丽赴江西分行参加分行党员领导干部民主生活会并调研。

10日 杨凯生行长主持召开总行风险管理委员会

2009年第3次会议，审议通过了《2009年中期信用风险管理报告》等四项议案，听取了《金融期货结算业务风险控制方案》等三项工作汇报。王丽丽、李晓鹏副行长，刘立宪纪委书记、易会满副行长和魏国雄首席风险官出席。

易会满副行长主持召开第65次专题会议，研究存量贷款理财信托有关问题。

11日　李晓鹏副行长主持召开工银金融租赁公司董事会会议，审议通过《2009年上半年工作报告》等五项议案。

易会满副行长出席我行在北京召开的现金营运管理工作座谈会并讲话。

易会满副行长会见中国广东核电集团有限公司资金总监胡焰明一行，双方就中广核集团新建核电项目融资和海外投资业务进行了交流。

11日－13日　刘立宪纪委书记赴辽宁出席全行案件形势分析会暨全行纪委书记工作会议。

12日　杨凯生行长应邀出席江苏省政府在北京召开的沿海开发恳谈会。

王丽丽副行长会见亚太经合组织工商咨询理事会（ABAC）澳大利亚代表米歇尔·克鲁奇先生（Michael Crouch）一行，双方就国际经济形势和ABAC有关工作进行了交流。

李晓鹏副行长会见英国航空公司财务总监威廉姆斯（Keith Williams）一行，双方就进一步加强在航空金融领域的合作进行了交流。

我行正式宣布向台湾“莫拉克”台风受灾地区捐款500万元人民币，支援遭受台风灾害的台湾同胞渡过难关、重建家园。

总行印发工银任免［2009］197号文件：经中国工商银行工会工作委员会扩大会议选举通过，聘任张炜、常瑞明二同志为中国工商银行股份有限公司职工监事。

12日－14日　党委委员、副行长易会满赴福建参加分行党员领导干部民主生活会，并在分行通过视频系统检查指导2009年度全行信息系统灾难恢复应急演练准备工作，其间主持召开了部分分行公司业务座谈会并讲话。

13日　杨凯生行长参加国务院在北京召开的维护稳定暨信访工作第二次电视电话会议。

王丽丽副行长会见苏格兰皇家银行董事总经理、亚太区金融机构主管裴礼信（James Pearson）一行，双方就未来在财富管理、贵金属业务、兼并收购、公司融资等领域寻找新的合作机会进行了交流。

13日－21日　李晓鹏副行长赴南非就推进我行非洲资源项目进展、探讨未来合作机会进行考察，其间走访了南非国家能源部、公共企业部等政府部门和南非石油天然气公司、国家电力公司、沙索公司等10余家企业，并出席了我行与南非标准银行托管业务工作小组第一次正式会议。

14日　杨凯生行长主持召开我行2009年中高级管理人员赴海外培训研修项目参训学员座谈会并讲话。

我行“ICBC Global Transfer”（我行外汇资金汇划业务的英文名称）商标通过国家商标局审核，正式获准注册。

15日　我行境外机构综合业务处理系统（FOVA）在多哈分行、工银中东顺利完成业务投产。

17日　姜建清董事长拜访财政部副部长李勇，就我行上半年经营情况及有关工作交换意见。谷澍董事会秘书陪同。

姜建清董事长、王丽丽副行长出席工银亚洲董事会电话会议。

17日－18日　张福荣副行长赴深圳走访华为技术有限公司等企业，介绍我行全球现金管理和境外机构境内外汇账户业务。

18日　姜建清董事长会见英国金融监管局前主席凯勒姆·麦卡锡爵士（Callum McCarthy），双方就金融危机对全球经济的影响、未来经济发展的新动力，以及我行未来发展战略进行了交流。谷澍董事会秘书陪同。

姜建清董事长应邀出席中央电视台主办的“新中国成立60周年——推动中国经济·影响民众生活的60个品牌”颁奖典礼，并代表我行领取“CCTV 60年60品牌”奖项。

党委委员、副行长易会满赴数据中心（北京）参加中心党员领导干部民主生活会。

19日　党委书记姜建清同志主持召开第15次党委（扩大）会议，研究审议拟提交董事会的有关议案和新修订的《党委工作规则》。

姜建清董事长会见麦卡锡集团全球董事总经理鲍达民（Dominic Barton）一行，双方就国际经济形势和未来发展趋势进行了交流。谷澍董事会秘书陪同。

易会满副行长主持召开第66次专题会议，研究村镇银行系统建设相关工作安排。

19日－21日　易会满副行长赴江苏主持召开全行远程授权推广和监督体系改革深化座谈会并讲话。

20日　姜建清董事长主持召开我行董事会会议，审议通过《关于2009年半年度报告及摘要的议案》等四项议案，并听取了《关于我行2009年上半年经营情况的汇报》等六项专题汇报。董事会成员杨凯生、张福荣、牛锡明、环挥武、高剑虹、李纯湘、李军、郦锡文、魏伏生、梁锦松、钱颖一、许善达和黄钢城出席。赵林监事长列席会议。

姜建清董事长、杨凯生行长在北京主持召开我行2009年中期业绩发布会。魏国雄首席风险官、谷澍董事会秘书陪同。

赵林监事长主持召开监事会会议，审议通过《关于2009年半年度报告及摘要的议案》等两项议案，并听取了《关于2009年上半年财务情况汇报》等四项专题汇报。王炽曦、董娟、孟焰、张炜、常瑞明监事出席。

张福荣、王丽丽副行长出席我行在北京召开的境外机构境内外汇账户业务发展工作视频会议并讲话。

21日 姜建清董事长会见美国高盛集团副董事长麦克·埃文斯（Michael Evans）一行，双方就经济金融热点问题，以及未来深化战略合作领域等内容进行了交流。谷澍董事会秘书陪同。

姜建清董事长、杨凯生行长拜访中国投资公司董事长楼继伟，介绍我行经营情况，并就有关工作进行了交流。谷澍董事会秘书陪同。

张福荣副行长赴长春金融研修学院出席全行电子银行业务技能比赛闭幕式并致辞。

王丽丽副行长应邀出席北京市金融工作座谈会。

我行2009年半年度报告及报告摘要（A股）和2009年中期业绩公告（H股）分别在上海证券交易所、香港联交所和我行网站对外披露，并在《中国证券报》、《上海证券报》、《证券时报》、《证券日报》和《中国日报》刊登。2009年上半年，我行实现税后利润为人民币666.13亿元，同比增长2.7%，每股收益为人民币0.20元。保持了全球最盈利银行的地位，总市值继续稳居全球上市银行首位。

总行印发工银党［2009］99号文件：免去孙建勇同志中国工商银行股份有限公司山东省分行党委委员职务。

总行印发工银任免［2009］199号文件：聘任孙建勇同志为中国工商银行股份有限公司青岛市分行行长，解聘其中国工商银行股份有限公司山东省分行副行长职务；解聘栾建胜同志中国工商银行股份有限公司青岛市分行行长职务。

8月23日－28日 党委书记、董事长姜建清赴重庆、西藏、青海调研。在重庆，参加了分行党员领导干部民主生活会，会见了重庆市委书记薄熙来、常务副市长黄奇帆等地方党政领导。在西藏会见了西藏自治区委书记张庆黎，自治区主席向巴平措、常务副主席郝鹏、副主席白玛才旺等地方党政领导；出席了纪念建国60周年暨西藏民主改革50周年牡丹联名卡揭牌仪式，听取了西藏分行工作汇报，并看望了我行营业网点工作人员。在青海参加了分行党员领导干部民主生活会，会见了青海省委书记强卫、省长宋秀岩等地方党政领导。

王丽丽副行长赴越南、老挝考察。在越南岘港出席了亚太经合组织工商咨询理事会（ABAC）2009年第三次会议。在老挝拜访了外贸银行和彭萨万银行等主要代理行。

24日－26日 党委副书记、监事长赵林赴陕西参加分行党员领导干部民主生活会并调研。

党委委员、副行长牛锡明赴黑龙江参加分行党员领导干部民主生活会，并对信贷业务检查工作进行巡视督导。

25日 张福荣副行长会见华夏基金管理公司总经理范勇宏一行，双方就有关业务合作情况进行了交流。

25日－26日 党委副书记、行长杨凯生赴安徽参加分行党员领导干部民主生活会，并考察后台中心项目建设有关情况，其间出席了我行首次专门邀请外资代理行参加的跨境贸易人民币结算研讨会，13个国家和地区的47家银行应邀派代表参会。

党委委员、副行长易会满赴数据中心（上海）参加中心党员领导干部民主生活会，并听取中心新园区扩建情况汇报。

26日 易会满副行长主持召开第68次专题会议，研究会计凭证档案影像管理系统建设有关事宜。

总行印发工银党［2009］103号文件：成立中国工商银行股份有限公司私人银行部党委和纪委。任命张琪同志为中国工商银行股份有限公司私人银行部党委书记。

贵州分行召开“党员身边无案件、无差错”经验交流现场会。

26日－28日 张福荣副行长赴香港出席我行举办的现金管理业务推介会及合作协议签约仪式，并代表我行与雅戈尔集团、中联重科、TCL集团签署合作协议。

27日 杨凯生行长应邀出席中国经济社会理事会在北京举办的“应对金融危机中的中国经济与民生”研讨会。

牛锡明副行长应邀出席在北京举办的“2009中国金融品牌论坛”活动，并就中国金融品牌的国际化崛起作了发言。

牛锡明副行长拜访中国建筑股份有限公司总经理易军，祝贺中国建筑A股上市成功，并就双方合作情况进行了交流。

牛锡明、易会满副行长拜访中国石油集团总会计师王国樑，双方就加强海外业务、金融业务、理财和债券承销合作等进行了交流。

28日 我行在北京举行“9991”工程十周年纪念大会，姜建清董事长发表了重要讲话，杨凯生行长宣读了《关于表彰“信息化建设功勋奖”和“信息化建设10年杰出贡献奖”人员的通报》，大会由易会满副行长主持，赵林监事长，牛锡明、李晓鹏副行长，刘立宪纪委书记出席会议，并为获奖人员颁奖。

杨凯生行长应邀出席《英才》杂志社在北京举办的2009（第三届）贡献中国高峰会。

赵林监事长参加中央在北京召开的深入学习实践科学发展观活动第二批总结暨第三批动员会议。

牛锡明副行长赴北京分行对信贷业务检查工作进行巡视督导。

易会满副行长主持召开第69次专题会议，研究进一步强化案件防范，巩固排查成果有关问题。

易会满副行长拜访中国核工业集团副总经理孙又奇，双方就进一步加强大型核电项目、核电相关产业等方面的合作进行了交流。

吉林分行成功代理长春城开集团发行“理财+信托”产品，支持城市基础设施建设。

31日 姜建清董事长、杨凯生行长会见印度国家银行董事长奥姆·普拉卡什·巴特（Om Prakash Bhatt）一行，双方就中印两国经济形势及两行在外汇汇款、人民币跨境结算、资金互惠合作等业务领域的合作进行了交流。

张福荣副行长出席我行与中国储备粮管理总公司、中国农业发展银行联合举办的中储粮系统资金集中管理推广工作联合视频会议。

易会满副行长参加人民银行在北京召开的国有银行改革发展经验座谈会。

总行印发《关于印发〈2009—2011年渠道发展战略规划〉的通知》。

8月31日-9月1日 牛锡明副行长应邀赴长春出席第五届东北亚投资贸易博览会，并赴吉林分行对信贷业务检查工作进行巡视督导。

9月

1日 姜建清董事长会见人民银行副行长胡晓炼一行，双方就宏观经济形势与货币政策走向交换了意见。

杨凯生行长会见南非山度卡集团董事长、南非标准银行董事西里尔·拉马弗萨（Cyril Ramaphosa）一行，双方就有关战略合作情况进行了交流。

张福荣副行长主持召开第70次专题会议，研究信访维稳有关问题。

厦门分行被福建省委、省政府授予“第十届文明单位”荣誉称号。

1日-3日 党委委员、纪委书记刘立宪赴新疆参加分行党员领导干部民主生活会，并看望慰问部分困难员工。

9月1日-11月6日 党委委员、副行长易会满参加中央党校第46期省部级领导干部培训班学习。

2日 姜建清董事长在北京主持召开我行2009年第一次临时股东大会，会议审议通过《关于向工银金融租赁有限公司增资的议案》。杨凯生行长、赵林监事长出席会议。共有115位股东及股东代表出席本次临时股东大会。

姜建清董事长会见中国银联公司董事长刘廷焕、总裁许罗德一行，双方就深入开展银联标准卡合作进行了交流。

姜建清董事长会见韩国银行业协会会长辛东奎一行，双方就两国银行业协会的合作与发展交换了意见。

姜建清董事长、杨凯生行长参加银监会在北京召开的《固定资产贷款管理办法》和《项目融资业务指引》实施准备动员（电视电话）会议。

王丽丽副行长应邀出席首钢总公司建厂90周年庆祝活动，并与首钢董事长朱继民、总经理王青海、总会计师方建一进行了会谈。

我行在电子银行中心新营业大楼投入使用金融同业中首个客户体验室，该体验室是我行组织客户或专业人员开展产品可用性评估的专业场所。行内各机构可在产品生命周期各阶段，利用客户体验室专用设备和系统网络环境，为产品创新和优化提供依据。

2日-3日 牛锡明副行长赴重庆分行调研，并对信贷业务检查工作进行巡视督导，其间代表总行党委看望慰问了老红军吴绍文同志，出席了庆祝教师节暨表彰全行教育培训先进大会。

2日-4日 党委委员、副行长张福荣赴河南参加分行党员领导干部民主生活会，主持召开我行品牌与服务工作座谈会并讲话。

党委委员、副行长王丽丽赴湖北参加分行党员领导干部民主生活会，并指导信贷业务检查工作，其间会见了东风汽车集团股份有限公司总裁刘章民、三峡总公司总经理李永安等企业负责人。

3日 总行印发工银党［2009］108号文件：栾建胜同志任牡丹卡中心党委书记。印发工银任免［2009］223号文件：聘任栾建胜同志为牡丹卡中心总裁。

3日-11日 赵林监事长赴美国、加拿大考察。在美国拜访了纽约州银行局局长内曼（Richard H. Neiman），走访了美国国宝银行、国民银行、富国银行、联合银行、太平洋国民银行等主要代理行，并到纽约分行调研。在加拿大，拜访了我国驻加拿大使馆公使衔参赞杨优明和加拿大金融监督管理局立法及审批部部长帕蒂女士（Patty Evenoff），走访了加拿大蒙特利尔银行、多伦多道明银行、帝国商业银行等主要代理行。王炽曦、张炜监事陪同。

4日 姜建清董事长在北京会见中央人民政府驻澳门特别行政区联络办公室副主任高燕女士一行，双方就有关工作交换了意见。

杨凯生行长、张福荣副行长赴天津观看我行举办的“牡丹信用卡发行二十周年知识竞赛”决赛阶段比赛，并为获得一等奖的代表队颁奖。

7日 牛锡明副行长会见中国航天科工集团总会计师刘跃珍一行，双方就中期票据合作情况进行了交流。

国家知识产权局授予我行《文件传输方法和系统》国家发明专利。

总行印发《关于印发〈中国工商银行2009—2011年内部控制体系建设规划〉的通知》。

8日 总行印发《关于在总行组建贵金属业务部的通知》。

总行印发工银党［2009］110号文件：任命黄纪宪同志为中国工商银行股份有限公司河北省分行党委书记，免去沈立强同志中国工商银行股份有限公司河北省分行党委书记职务。

印发工银任免［2009］224号文件：聘任郑之光同志为贵金属业务部总经理（省行行长级），解聘其内部审计局上海分局局长职务。

印发工银任免［2009］226号文件：聘任孙持平同志为中国工商银行股份有限公司江苏省分行行长；解聘施刚同志中国工商银行股份有限公司江苏省分行行长职务。

印发工银任免［2009］227号文件：聘任施刚同志为中国工商银行股份有限公司广东省分行行长；解聘黄明祥同志中国工商银行股份有限公司广东省分行行长职务。

印发工银任免［2009］228号文件：聘任黄纪宪同志为中国工商银行股份有限公司河北省分行行长；解聘沈立强同志中国工商银行股份有限公司河北省分行行长职务。

印发工银任免［2009］229号文件：聘任沈立强同志为中国工商银行股份有限公司上海市分行行长；免去孙持平同志中国工商银行股份有限公司上海市分行行长职务。

8日-13日 王丽丽副行长应邀赴台湾出席中国金融学会和台北金融研究发展基金会联合主办的“第二届两岸票券（据）市场与业务研讨会”并作主题发言，其间分别会见了台湾金融控股公司董事长兼台湾银行协会理事长张秀莲女士、兆丰金融控股公司董事长王荣周及兆丰国际商业银行总经理徐光曦、中国信托商业金融控股公司副董事长罗联福等金融同业负责人。

9日 姜建清董事长、张福荣副行长赴上海主持我行贵金属业务部成立仪式并调研。上海市副市长屠光绍应邀出席成立仪式。

姜建清董事长在上海会见了美国高盛集团副董事长麦克·埃文斯（Michael Evans）一行，双方就国际经济走势及战略合作情况进行了交流。谷澍董事会秘书陪同。

张福荣副行长赴山东出席我行与第十一届全运会组委会联合举办的“喝彩全运，荣耀神州”——第十一届全运会纪念版如意金系列产品全国上市发布仪式。

10日 牛锡明副行长应邀在北京出席中粮信托有限责任公司开业典礼，并与中粮集团董事长宁高宁进行了会谈。

11日 杨凯生行长会见台湾远东集团董事长徐旭东一行，双方就有关业务合作情况进行了交流。谷澍董事会秘书陪同。

牛锡明副行长会见埃及米萨尔银行副董事长奥萨普（Mohamed Ozalp）一行，双方就拓展未来合作领域，以及两行在中东及欧洲地区机构间沟通合作进行了交流。

工银澳门成功牵头筹组南非标准银行10亿美元俱乐部贷款。

13日 牛锡明副行长应邀出席在北京举办的“ROUTES 2009第15届世界航线发展论坛”活动，并与首都机场集团总经理张志忠及其他与会嘉宾进行了会谈。

14日 姜建清董事长会见普华永道高级顾问艾尔顿（David Eldon）一行，双方就国际金融机构未来的发展模式、我行海外并购的策略，以及我行中东机构申设等问题进行了交流。

杨凯生行长主持召开第2次行长办公会议，研究购买“美钞公司中国银行业系列钞版”有关事宜。

杨凯生行长主持召开总行资产负债管理委员会2009年第5次会议，审议通过了《关于全额资金集中管理改革方案的汇报》等两项议案，听取了《中国工商银行2009年债券投资指引》等五项工作汇报。张福荣、牛锡明、王丽丽、李晓鹏副行长和魏国雄首席风险官出席会议。

江西分行与中国移动通信集团江西有限公司签订全面战略合作协议。

14日-16日 党委委员、纪委书记刘立宪赴江苏参加分行党员领导干部民主生活会，并在分行营业部调研。

易会满副行长应邀赴香港出席Sibos 2009年会活动，并在“亚洲世纪——对金融业的影响”论坛上发言，其间出席了我行与纽约梅隆银行SWIFT E&I合作备忘录交换仪式，分别与美国银行、加拿大蒙特利尔银行、东京三菱银行、星展银行等代理行高管举行了会谈。

14日-17日 党委委员、副行长牛锡明赴贵州参加分行党员领导干部民主生活会，并为参加我行一级（直属）分行内控合规部总经理培训班的学员授课。

15日 张福荣副行长在北京主持召开我行贵金属业务动员会议并讲话。

李晓鹏副行长会见北京市基础设施投资有限公司总经理王灏、副总经理高鹏一行，双方就北京地铁融资租赁业务合作事项进行了交流。

15日-18日 姜建清董事长、杨凯生行长参加在北京召开的中国共产党第十七届中央委员会第四次全体会议。

16日 李晓鹏副行长会见长江养老保险公司董事长马力女士一行，双方就企业年金业务合作情况进行了交流。

李晓鹏副行长应邀出席国泰君安证券公司开业十周年庆祝活动。

我行获得由环球银行金融电信协会（SWIFT）组织颁发的个人跨境小额汇款产品（Worker's Remittance，WR）资格证书，成为全球首批12家、中国地区第1家获得该产品资格证书的商业银行。

16日－18日　党委委员、副行长张福荣赴四川参加分行党员领导干部民主生活会。随后到德阳绵竹汉旺支行视察，在受灾员工板房安置点了解我行员工及家属灾后恢复重建和工作生活情况，并看望慰问坚守工作岗位的员工，其间还主持召开了我行全球现金管理业务座谈会和产品创新工作座谈会。

17日　姜建清董事长、杨凯生行长与上海市委书记俞正声、市长韩正、副市长屠光绍共同出席我行与上海市政府战略合作备忘录签字仪式，并为我行上海航运金融中心揭牌。

牛锡明副行长在北京主持召开我行信贷业务高级审批资格考试组织工作视频会议。

17日－18日　李晓鹏副行长赴江苏分行指导信贷检查工作并调研。

18日　牛锡明副行长在北京主持召开“总行老同志庆祝建国六十周年座谈会”。

19日　刘立宪纪委书记参加在北京召开的中国共产党第十七届中央纪律检查委员会第四次全体会议第一次大会。

20日　牛锡明副行长到我行信贷业务高级审批资格考试北京考场进行检查，并通过视频监控系统对其余27个考场进行远程巡视。

21日　党委书记姜建清同志主持召开第16次党委（扩大）会议暨总行党委中心组专题学习，传达学习党的十七届四中全会精神，并就贯彻落实全会提出的任务和要求作出部署。

党委书记姜建清同志主持召开第17次党委（扩大）会议，研究拟提交董事会审议的有关议案，听取有关海外人力资源提升项目和非领导职务序列管理办法的汇报。

王丽丽副行长应邀出席在北京举行的中债信用增进投资股份有限公司成立仪式并致贺词。

22日　党委书记姜建清同志主持召开第18次党委（扩大）会议，研究布置配合中央巡视组工作的有关事项。

姜建清董事长会见台湾金融控股公司董事长张秀莲女士一行，双方就两岸金融业交流情况以及在汇款、结算、资金等方面的业务合作进行了交流。

姜建清董事长会见台湾玉山金融控股股份有限公司董事长黄永仁、总经理黄男州一行，双方就两岸经济及金融业近况、两行业务合作等内容进行了交流。谷澍董事会秘书陪同。

党委副书记、行长杨凯生，党委委员、副行长易会满与中央党校第46期省部级领导干部培训班学员进行座谈。

王丽丽副行长会见国际掉期与衍生交易协会亚太区主管骆岚（Keith Noyes）一行，双方就有关业务合作情况进行了交流。

王丽丽副行长会见华为技术有限公司常务副总裁孟晚舟女士一行，双方就海外业务合作情况进行了交流。

新疆分行启动中间业务百日增收竞赛活动。

23日　姜建清董事长会见台湾国泰金融控股公司董事长蔡宏图、国泰慈善基金会董事长钱复一行，双方就国际国内经济环境以及业务合作情况进行了交流。谷澍董事会秘书陪同。

杨凯生行长参加财政部在北京召开的商业银行财务管理工作座谈会。

杨凯生行长，张福荣、牛锡明副行长出席全行深入推进员工跨区域流动工作视频会议。

牛锡明副行长会见华为技术有限公司常务副总裁孟晚舟女士一行，双方就海外业务拓展、银企风险管理对接等业务合作进行了交流。

王丽丽副行长会见台湾投信投顾商业同业公会代表团一行，双方就基金业务、QFII托管业务和理财业务的合作进行了交流。

23日－25日　李晓鹏副行长赴上海、广东调研，先后走访了汇添富基金管理公司、海富通基金管理公司和宝钢集团等我行重要客户，并出席了我行与广东明阳风电产业集团全面战略合作协议签约仪式。

24日　姜建清董事长会见台湾富邦金融集团董事长蔡明忠一行，双方就两岸金融业现状及未来合作机会进行了交流。

杨凯生行长在北京主持召开总行部室副职后备干部建议人选集体谈话会。

25日　姜建清董事长、杨凯生行长、赵林监事长，张福荣、牛锡明、李晓鹏副行长，刘立宪纪委书记，易会满副行长等总行党委班子成员在北京集体慰问行级离退休老领导。

杨凯生行长应邀出席由董辅礽经济科学发展基金会与北京开达经济学家咨询中心共同在北京举办的“后危机时代的发展与改革”研讨会。

杨凯生行长出席总行本部非管理类职务聘任工作动员大会并讲话。赵林监事长主持，牛锡明、王丽丽副行长，刘立宪纪委书记同时出席会议。

张福荣副行长参加银监会在北京召开的解决国有商业银行协解人员问题工作协调会议。

牛锡明副行长主持召开第71次专题会议，研究内控评估工作分工和表外业务审计发现问题整改工作。

王丽丽副行长会见喀麦隆非洲第一银行董事长保罗·弗冈（Paul Fokam）一行，双方就国际经济形势、中非经贸往来以及两行业务合作前景等内容进行了交流。

27日 杨凯生行长应邀出席天津市政府举办的“区域经济发展与金融服务”论坛活动。

杨凯生行长、王丽丽副行长出席我行境外机构外派员工视频会议。

张福荣副行长应邀出席由清华大学中国金融研究中心和花旗基金会共同在北京举办的首届“中国消费金融论坛”活动。

国家知识产权局授予我行《多终端模式的脚本装置》国家实用新型专利。

27日-29日 姜建清董事长赴泰国考察，推进我行收购泰国ACL银行相关工作，其间拜会了泰国总理阿披实（Abihisit Vejiajiva）、财政部长功·扎迪瓦尼（Korn Chatikavanij）、中央银行行长塔莉莎女士（Tarisa Watanagase）等政府部门负责人，会见了盘谷银行董事长陈友汉、ACL银行董事长李特望以及ACL银行管理层人员。董事会秘书谷澍陪同。

28日 杨凯生行长、张福荣副行长出席我行芯片卡升级新闻发布会暨工银芯片白金信用卡（银联标准）首发式。中国银联董事长刘廷焕及人民银行、银监会相关负责人应邀出席新闻发布会。

张福荣副行长应邀赴天津出席天津渤海商品交易所揭牌暨战略合作协议签约仪式，并与天津市常务副市长杨栋梁、副市长崔津渡等地方领导进行了会谈。

28日-30日 党委委员、纪委书记刘立宪赴吉林参加分行党员领导干部民主生活会并调研。

29日 姜建清董事长主持召开我行董事会会议，审议通过《关于收购泰国ACL银行股权的议案》等六项议案，并听取了《关于〈股东大会对董事会授权方案（试行）〉2009年上半年执行情况的汇报》等两项专题汇报。董事会成员杨凯生、张福荣、牛锡明、环挥武、高剑虹、李纯湘、李军、郦锡文、魏伏生、梁锦松、钱颖一、许善达和黄钢城出席。赵林监事长列席会议。

杨凯生行长会见澳大利亚新西兰银行集团总裁迈克·史密斯（Mike Smith）一行，双方就全球经济金融现状以及两行业务合作情况进行了交流。

按照总行党委的统一部署和要求，全行各级党组织以庆祝新中国成立60周年为契机，共走访慰问了8 481名新中国成立前参加革命工作的老干部、老员工、老党员。各级工会部门也在全行组织开展了慰问困难员工活动。

人民银行公布2008年度银行科技发展奖获奖名单，我行申报的《数据生命周期管理技术规范》获一等奖，《数据中心主机同城备份工程》等5个项目获二等奖，《多银行模式证券资金第三方存管系统》等3个项目获三等奖，其中1个项目被评定为国际先进，6个项目项被评定为国内同业领先。

总行印发《关于印发〈中国工商银行2009—2011年风险管理规划〉的通知》。

30日 姜建清董事长会见香港东亚银行主席李国宝一行，双方就有关业务合作情况进行了交流。谷澍董事会秘书陪同。

姜建清董事长、杨凯生行长、赵林监事长参加国务院在北京举行的2009年国庆招待会。

10月

9日 姜建清董事长会见香港盈科拓展集团公司主席李泽楷一行，双方就经济形势、各国金融监管政策以及有关业务合作情况进行了交流。谷澍董事会秘书陪同。

姜建清董事长会见俄罗斯中央银行副行长、中俄金融合作分委会俄方主席梅尔尼科夫（Victor Melnikov）一行，双方就俄罗斯金融业未来发展战略与趋势、我行与俄罗斯企业在投资银行业务方面项目合作进展等内容交换了意见。

李晓鹏副行长拜访铁道部总会计师余邦利，双方就加强金融租赁业务合作进行了交流。

10日 姜建清董事长、杨凯生行长、赵林监事长，张福荣、牛锡明、王丽丽、李晓鹏副行长，刘立宪纪委书记、易会满副行长出席我行信贷业务检查情况汇报会。

11日-17日 姜建清董事长赴阿联酋、英国考察。在阿联酋会见了中央银行行长苏维迪（Sultan Bin Nasser Al Suwaidi），走访了财政部、阿布扎比投资局、阿布扎比经济发展局、Al Quadra投资公司、Mubadala公司等政府部门及金融同业。在英国应邀出席了跨境并购国际研讨会，接受了剑桥大学、纽约大学、北京大学联合颁发的全球领袖奖。其间，会见了英国贸易大臣戴维思（Mervyn Davies）、议会跨党派中国小组副主席克莱门特·琼斯（Tim Celement Jones）、劳埃德银行集团主席温·比肖夫（Win Bischoff）、Tesco集团首席执行官特里·莱希（Terry Leahy）等政治、经济界人士。谷澍董事会秘书陪同。

12日 张福荣副行长应邀出席商务部、工业和信息化部在北京联合主办的“第二届中国国际电子商务应用博览会”开幕式。

李晓鹏副行长会见印度爱沙集团首席执行官普瓦山·鲁亚（Prashant Ruia）一行，双方就推动人民币境外结算业务合作进行了交流。

12日-13日 牛锡明副行长赴湖北金融培训学校出席我行授信审批部门负责人培训班开班典礼并为学员作了讲座。

12日-18日 杨凯生行长赴南非、安哥拉考察。

在南非出席了标准银行集团 2009 年董事会战略会议，会见了标准银行董事长德里克·库柏（Derek Cooper）、首席执行官杰克·马理（Jacko Maree）。在安哥拉拜会了总统多斯桑托斯（Jose Eduardo Dos Santos）、财政部长德莫赖斯（ Eduardo de Morais ），并代表我行签署了《中国工商银行和安哥拉共和国政府金融合作协议》、《中国工商银行和安哥拉财政部贷款协议谅解备忘录》。其间，会见了我国驻安哥拉大使张伯伦、安哥拉国家重建委员会主任寇佩里贝将军，走访了安哥拉国家石油公司。

13 日　赵林监事长、刘立宪纪委书记出席总行党校第四期领导干部研究班开学典礼。

王丽丽副行长会见美国旧金山市副市长科恩（Michael Cohen）一行，双方就我行国际化发展战略、纽约分行经营情况以及美国金融监管的现状交换了意见。

13 日－14 日　党委副书记、监事长赵林赴广西出席分行党员领导干部民主生活会并调研。

14 日　张福荣副行长主持召开我行 2009 年手机银行（WAP）业务发展座谈会并讲话。

牛锡明副行长为总行党校第四期领导干部研究班学员作专题讲座。

王丽丽副行长会见瑞典银行首席执行官迈克·伍尔夫（Michael Wolf）一行，双方就国际经济形势和两行业务合作情况进行了交流。

15 日　牛锡明副行长会见由俄罗斯中央银行副行长梅尔尼科夫（Victor Melnikov）带队的俄罗斯金融、工商企业代表团一行，双方就中俄两国开展本币结算、人民币出口信贷合作以及俄罗斯企业在华融资需求等内容交换了意见。

16 日　张福荣副行长主持召开第 74 次专题会议，研究 U 盾风险控制有关问题。

李晓鹏副行长应邀出席新光海航人寿保险有限责任公司在北京举行的开业庆典活动。

李晓鹏副行长主持召开第 72 次专题会议，研究金融租赁业务有关问题。

17 日　张福荣副行长应邀出席中国扶贫基金会在北京举行的“扶贫中国行 10699999 全民公益行动表彰大会”。我行被中国扶贫基金会授予“新中国六十华诞 60 个爱心榜样”荣誉称号。

我行在国内首家推出网上金融超市服务，以我行门户网站为载体，集各种金融产品展示、营销推荐、自助选择、所购产品一次性付款和综合信息服务于一体，销售我行自有产品和代理产品。

19 日　按照中央统一部署，中央第二企业金融巡视组进驻我行，对我行开展巡视工作。在巡视组与我行领导班子成员见面会上，巡视组组长、十一届全国人大常委、环境与资源保护委员会副主任委员、江西省原副书记、原省长黄智权同志作了重要讲话，巡视组副组长、国家开发银行原副行长刘克崮同志介绍了巡视组工作安排，中纪委、中组部巡视工作办公室副主任李新丽同志就配合巡视工作提出了具体要求。总行党委领导班子成员、高管人员和各部门总经理以及巡视组全体成员参加了见面会。会后，党委书记姜建清同志代表总行党委向中央第二企业金融巡视组作了全面工作汇报。

姜建清董事长、杨凯生行长、李晓鹏副行长、刘立宪纪委书记应邀出席在北京举行的中国华融资产管理公司成立十周年庆典活动。

张福荣副行长应邀出席在北京举行的庆祝中国人民保险集团公司成立 60 周年暨中国人民保险集团股份有限公司揭牌庆典活动。

10 月 19 日－11 月 9 日　王丽丽副行长赴美参加中组部举办的“金融风险防范与危机管理专题研究班”。

20 日　杨凯生行长会见秘鲁驻华大使福斯梅拉（Harold Winston Forsyth Mejla）一行，双方就国际经济金融走势和我行国际化发展战略交换了意见。

杨凯生行长和李晓鹏、易会满副行长主持召开第 73 次专题会议，研究我行对安哥拉政府重大融资项目。

刘立宪纪委书记参加中纪委在北京召开的反腐倡廉建设检查工作会议。

我行与台州市商业银行正式建立代理行关系。至此，我行已与国内 95 家银行机构正式建立了代理行关系。

20 日－25 日　张福荣副行长赴丹麦、瑞典考察。在丹麦应邀出席了“2009 国际现金及财资管理年会”。在瑞典会见了北欧斯安银行董事长马克斯·沃伦贝格（Marcus Wallenberg），双方就国际结算、贸易融资等传统代理行业务以及拓展客户互荐、跨境现金管理等领域的合作进行了交流，并共同签署了《本外币资金拆放对等承诺协议》。

21 日　姜建清董事长听取银行业协会有关负责人关于近期工作情况的汇报。

姜建清董事长会见美国亨通国际有限公司董事长尼尔·布什（Neil Bush）、中国人民对外友好协会美大部部长姚明玉一行，双方就有关业务事项进行了交流。魏国雄首席风险官陪同。

姜建清董事长会见中国远洋运输集团总裁魏家福、香港商品交易所总裁张震远一行，双方就加强大宗商品及贵金属交易领域的业务合作进行了交流。

杨凯生行长应邀出席由中共中央文献研究室、中国中共文献研究会联合在北京举办的“新中国 60 年与执政党建设”理论研讨会。

22 日　杨凯生行长、牛锡明副行长出席我行在北京召开的项目融资和固定资产贷款管理办法视频培训会并讲话。

杨凯生行长会见瑞士信贷集团亚太区投行部主管马维汉（Vikram Malhotra）一行，双方就国际国内金融形势以及进一步加强沟通、深化各领域业务合作进行了交流。谷澍董事会秘书陪同。

22日-24日 李晓鹏副行长应邀赴深圳出席深圳市金融IC卡推广活动启动仪式，并走访了中国广东核电集团、华为技术有限公司、中国证券登记结算有限公司深圳分公司等我行重要客户。

总行印发《关于印发促进海峡西岸区域加快发展若干信贷政策的通知》。

23日 杨凯生行长出席中国银行间市场交易商协会在北京召开的第一届理事会第三次会议，并被选举为协会第二任会长。

刘立宪纪委书记参加国家信访局召开的银行系统协解人员问题分析研判会。

我行“U盾”商标通过国家商标局审核，正式获准注册。“U盾”是我行为客户提供的办理网上银行业务的高级别安全工具。

总行印发《关于印发〈一级（直属）分行内部控制评价实施细则〉的通知》。

工银伦敦西区支行顺利开业。

24日 我行境外机构综合业务处理系统（FOVA）在法兰克福分行、河内分行（筹）顺利完成业务投产。

10月25日-11月6日 杨凯生行长赴巴西、智利、秘鲁考察，并推动我行与南美代理行之间的业务合作。其间，分别拜会了巴西中央银行行长梅雷莱斯（Henrique de Campos Meirelles）、智利银监局主席阿里亚加达（Gustavo Arriagada）、秘鲁总统佩雷斯（Alan Garcia Perez）、秘鲁银监会主席福克斯（Felipe Tam Fox）和我国驻巴西大使邱小琪、驻智利大使刘玉琴、驻秘鲁大使赵五一，先后会见了巴西银行行长本第内（Aldemir Bendine）、智利国民银行董事会主席马尔多内斯（Jose Luis Mardones）、智利银行董事会主席格拉尼佛（Pablo Granifo）、秘鲁国际银行行长福劳里斯（Jorge Flores）、秘鲁信贷银行董事会主席莫拉里斯（Raimundo Morsles）等我行主要代理行高层，还走访了华为技术有限公司、中国银行在当地的分支机构。

26日 党委书记姜建清同志主持总行党委中心组专题学习，清华大学低碳能源实验室何建坤教授作了题为《低碳经济的市场机遇和未来发展方向》的专题报告。赵林、牛锡明、李晓鹏、刘立宪等党委成员，魏国雄首席风险官、谷澍董事会秘书和各部门主要负责人在北京主会场参加学习。各一级（直属）分行、直属学院、直属机构、内审分局及二级分行领导班子成员通过视频系统在分会场参加学习。

姜建清董事长会见卢森堡财政大臣弗里登（Luc Frieden）一行，双方就国际经济形势以及我行在欧洲的发展战略交换了意见。

姜建清董事长、赵林监事长会见中组部研究室主任佟延成率领的全国组织部长工作会议调研组一行。

刘立宪纪委书记参加中纪委在北京召开的反腐倡廉工作座谈会。

总行印发《关于印发项目融资和固定资产贷款管理办法及相关合同文本的通知》。

27日 党委书记姜建清同志主持召开第20次党委（扩大）会议，研究拟提交董事会审议的有关议案。

姜建清董事长会见美国纽约梅隆银行董事长兼首席执行官楷利博（Robert P. Kelly）一行，双方就中美两国和欧洲经济金融形势及两行在国际结算、存托凭证、资金业务、托管业务方面的合作进行了交流。

姜建清董事长会见台湾永丰金融控股股份有限公司董事长何寿川一行，双方就两岸经济形势及业务合作进行了交流。谷澍董事会秘书陪同。

牛锡明副行长会见全球风险管理专业人士协会（GARP）主席阿波斯多利克（Richard Apostolik）一行，双方就我行高级专业人才培训工作的开展情况进行了交流。

刘立宪纪委书记出席我行2009年度巡视及党风廉政建设责任制量化检查评价工作动员会并讲话。

28日 姜建清董事长会见美国高盛集团副董事长麦克·埃文斯（J. Michael Evans）一行，双方就有关业务合作事项进行了交流。谷澍董事会秘书陪同。

姜建清董事长会见美国黑石集团董事长史蒂夫·施瓦茨曼（Stephen Schwarzman）一行，双方就中美两国经济金融形势以及有关业务合作事项进行了交流。谷澍董事会秘书陪同。

姜建清董事长会见科威特NOOR投资集团副董事长阿尔马里（Naser A. Al-Marri）一行，双方就中东经济发展形势和有关业务合作情况进行了交流。谷澍董事会秘书陪同。

牛锡明副行长主持召开会议，欢迎银监会“外币债券投资业务”检查组进驻我行。

我行作为首批成员机构加入人民银行电子商业汇票系统（ECDS），并通过该系统顺利为上海银行办理了全国首笔跨行电子商业汇票转贴现业务。

29日 姜建清董事长主持召开我行董事会会议，审议通过《关于2009年第三季度报告的议案》等两项议案，并听取了《关于2009年第三季度经营情况的汇报》等三项专题汇报。董事会成员杨凯生、张福荣、牛锡明、环挥武、高剑虹、李纯湘、李军、郦锡文、魏伏生、梁锦松、钱颖一、许善达、黄钢城出席。赵林监事长列席会议。

姜建清董事长会见美国贝恩公司董事会主席加迪耶什女士（Orit Gadiesh）一行，双方就世界经济金融局势及信用风险管理、市场风险管理、可疑交易行为预警模型设计等内容进行了交流。

姜建清董事长会见美国发现金融公司首席执行官聂斯德（David Nelms）一行，双方就银行卡业务合作情况进行了交流。姜建清董事长会见印度尼西亚中央银行副行长布迪·慕利亚（Budi Mulya）一行，双方就印尼的投资环境、中印经贸往来情况以及我行国际化发展战略交换了意见。

赵林监事长主持召开监事会会议，审议通过《关于2009年第三季度报告的议案》。王炽曦、董娟、张炜、常瑞明监事出席。

我行与浙江上虞农村合作银行、浙江绍兴恒信农村合作银行、浙江诸暨农村合作银行正式建立代理行关系。至此，我行已与国内98家银行机构正式建立了代理行关系。

29日－30日　赵林监事长、李晓鹏副行长赴天津出席工银租赁与中外运长航集团2000车位汽车滚装船“长兴隆号”交接暨首航庆典仪式。其间，会见了天津市委常委、副市长崔津渡，双方就我行与天津市政府合作建设OTC市场交换了意见。

30日　姜建清董事长会见智利银行副董事长卢克希奇（Andronico Luksic）一行，双方就有关业务合作情况进行了交流。

姜建清董事长会见美国布鲁金斯学会主席约翰·桑顿（John Thornton）一行，双方就国际国内经济形势及我行国际化发展战略进行了交流。谷澍董事会秘书陪同。

我行2009年第三季度报告分别在上海证券交易所、香港联交所和我行网站对外披露，并在《中国证券报》、《上海证券报》、《证券时报》、《证券日报》刊登。2009年1月－9月，我行实现净利润人民币1 005亿元，同比增长8%，每股收益人民币0.30元。

31日　河北分行企业网银客户突破10万户大关，同业市场占比达到69%。

11月

1日－4日　牛锡明副行长赴广西分行调研，并在广西金融培训学校为参加全行授信业务管理负责人培训班的学员作了讲座。

2日　姜建清董事长会见瑞士信贷集团董事长德瑞克（Hans－Ulrich Dorig）一行，双方就国际经济形势、国际金融市场动态以及两行的业务合作进行了交流。

张福荣副行长应邀出席人民银行中国电子商业汇票系统建成运行新闻发布会，并代表上线商业银行发表致辞。

2日－3日　张福荣副行长赴广州出席我行银商转账业务发布会和二级分行电子银行业务主管行长培训班开班典礼。

3日　赵林监事长与总行党校第四期领导干部研究班学员进行座谈。

4日　全行网络融资业务中心正式在杭州运营，浙江分行作为网络融资业务先行试点行，当年网络融资余额突破50亿元。

5日　姜建清董事长会见新加坡金融管理局局长王瑞杰一行，双方就中新两国宏观经济形势和我行新加坡分行业务发展情况交换了意见。

牛锡明副行长应邀出席第五届北京国际金融博览会开幕仪式，并在随后举办的中国国际金融年度论坛上发表演讲。

李晓鹏副行长会见安哥拉财政部副部长瓦伦蒂娜女士（Valentina M. de Sousa Filipe）一行，双方就有关资源合作项目交换了意见。

李晓鹏副行长拜访中国兵器工业集团公司党组书记胡问鸣、总会计师罗乾宜，双方就兵器工业集团年金业务项目进行了交流。

6日　姜建清董事长、李晓鹏副行长会见安哥拉国家重建委员会主席寇佩里贝将军一行，双方就有关资源合作项目交换了意见。

李晓鹏副行长会见渣打银行全球金融机构总裁帕帕佐普洛斯（Christos Papadopoulos）一行，双方就国际经济形势、两行经营业绩及在人民币跨境清算、资产托管及金融租赁等方面的业务合作进行了交流。

李晓鹏副行长出席我行在北京召开的“如意养老”企业年金计划产品推广工作会议并讲话。

我行成功发放国内首笔小企业网上供应链融资贷款。该产品以电子数据取代纸质票据，以网络传输取代人工传递，以在线申请取代网点办理，为供应商尤其是中小企业提供了融资新渠道。

青海分行与青海盐湖工业集团股份有限公司联合发行牡丹盐湖联名卡。

7日　我行境外机构综合业务处理系统（FOVA）在卢森堡分行、工银卢森堡顺利完成业务投产。

东京分行池袋分理处开业。

7日－9日　姜建清董事长、李晓鹏副行长赴江苏出席工银金融租赁公司5.3万吨散货船“工银1”轮交付命名仪式，并与应邀参加仪式的江苏省副省长赵克志、中船集团总经理谭作钧、华能集团总经理曹培玺、中国船级社党委副书记江立群等嘉宾进行了会谈。随后在江苏分行主持召开了重点县支行变革调研座谈会，并到无锡物联网研究基地、尚德太阳能电力有限公司等创新型企业进行考察。魏国雄首席风险官陪同。

9日　牛锡明副行长出席总行第六期“清华大学中国工商银行卓越领导力高级研修班”开学典礼。

9日－12日　王丽丽副行长赴新加坡出席2009年亚太经合组织工商咨询理事会（ABAC）第四次会议，并拜会了我国驻新加坡大使张小康。

10日　姜建清董事长会见中国银联公司总裁许罗

德一行，双方就共同构建全球性信用卡网络进行了交流。谷澍董事会秘书陪同。

姜建清董事长会见纽约州银行局局长理查德·内曼（Richard Neiman）一行，双方就国际经济形势、金融危机以来美国监管改革的变化以及我行纽约分行的业务发展情况交换了意见。

姜建清董事长、赵林监事长、张福荣副行长、牛锡明副行长、刘立宪纪委书记、易会满副行长出席我行在北京举行的“中国工商银行信用卡发行二十周年庆典”，并分别为“十大持卡人”、“十大合作伙伴”、“十大特约商户”、“十大牡丹卡人”四项发展纪念奖获奖者，以及“中国银行卡创新与发展”研究性征文和“我与牡丹卡”持卡人征文两项征文获奖者颁奖。我行历任行领导陈立、张肖、刘廷焕等应邀出席庆典活动。

张福荣副行长会见日本JCB国际信用卡公司董事长高仓民夫一行，双方就进一步加强业务合作进行了交流。

牛锡明副行长应邀出席中国兵器装备集团公司与中国航空工业集团公司在北京举行的重组中国长安汽车集团股份有限公司签字仪式。

牛锡明副行长出席全行电子商业汇票业务市场营销视频动员会并讲话。

易会满副行长会见秘鲁前部长会议主席耶乌德·西蒙（Yuhede Simon）一行，双方就中秘两国经济金融形势以及在基础设施建设领域的合作交换了意见。

北京分行与北京社会保险基金管理中心签订社会保险基金全面合作协议。

10日－11日 李晓鹏副行长赴长春出席全行商品融资业务培训班开班仪式并讲话。

11日 姜建清董事长在北京为参加我行内部审计系统高级管理人员培训班的学员授课。

张福荣副行长出席全行个人金融及信用卡业务工作会议并讲话。

李晓鹏副行长会见中国建筑股份有限公司总经理易军一行，双方就重大项目融资、企业并购重组、资金集中管理等业务合作情况进行了交流。

山东分行信用卡消费额突破200亿元大关。

11日－20日 牛锡明副行长赴美国、加拿大考察。其间，在纽约分行听取了有关经营管理及未来发展思路的工作汇报，并分别走访了纽约大学斯坦商学院、通用电气领导力发展中心等教育培训机构和美国高盛公司、普华永道公司、花旗银行、美国银行、摩根大通银行、加拿大皇家银行、丰业银行、帝国商业银行等金融同业。

12日 银监会在北京举行“工商银行监管（国际）联席会议”，银监会主席刘明康发表演讲，副主席蒋定之主持会议。我行在境外设有机构的美国、英国、德国、日本、韩国、新加坡、中国澳门、中国香港、卢森堡、卡塔尔10个国家和地区的主要监管机构代表出席。会上，杨凯生行长从经营业绩、风险管理状况和未来发展战略等方面介绍了我行整体经营管理情况，并就国际监管机构代表关注的大型银行风险控制、FOVA系统与NOVA系统整合、风险压力测试、境外机构员工招聘与培训、并表管理、内部审计等问题进行了详细解答。赵林监事长、李晓鹏副行长，我行16家海外机构和总行相关部门负责人参加会议。

张福荣副行长会见招商基金管理有限公司董事总经理成保良一行，双方就国内经济金融形势及有关业务合作情况进行了交流。

易会满副行长会见德国巴伐利亚州银行副行长尼尔斯（Nils Niermann）一行，双方就加强信息沟通与业务合作进行了交流。

12日－16日 姜建清董事长、王丽丽副行长赴新加坡、香港考察。在新加坡应邀出席了2009年亚太经合组织工商领导人峰会（Apec Ceo Summit）。姜建清董事长作为峰会引荐人，请胡锦涛主席发表了题为《坚定合作信心，振兴世界经济》的重要演讲，并作为主讲嘉宾，就全球经济复苏前景、我国宏观经济运行情况及我行改革发展情况进行了介绍。王丽丽副行长作为胡锦涛主席的对话协调人以及第三对话小组组长，主持了ABAC代表与APEC领导人的第三组对话。在新加坡期间，还先后会见了国民党名誉主席连战、大华银行董事长黄祖耀、高盛集团投资银行主席科尔（Chris Cole）等与会嘉宾及金融同业。在香港期间，主持召开了工银亚洲董事会，并到工银国际视察工作。先后会见了香港特区财政司司长曾俊华、证监会主席方正、香港商品交易所主席张振远、香港金管局主席陈德霖等特区政府财经官员和友邦保险公司首席执行官麦智信（Mark Wilson）、前友邦保险集团副董事长谢仕荣。

13日 赵林监事长主持召开党建工作调研组动员会议，对全行党建现场调研工作进行了全面部署。

张福荣副行长会见内蒙古伊利实业集团股份有限公司董事长潘刚一行，双方就有关业务合作情况进行了交流。

李晓鹏副行长会见参加“工商银行监管（国际）联席会议”的12家境外监管机构代表，并陪同代表参观了中国工商银行信用卡发展与成就巡展。

刘立宪纪委书记主持召开会议，听取总行4个检查组对内蒙古等8家分行2009年度落实党风廉政建设责任制情况量化检查评价工作汇报。

易会满副行长会见卡塔尔副首相兼能源工业大臣阿提亚（Abdullah Bin Hamad Al－Alttiyah）一行，双方就中卡两国经贸往来、未来在能源、金融领域的合作以及我行全球化发展战略交换了意见。

16日－18日 党委副书记、监事长赵林赴浙江分行就分行党建工作开展情况进行调研。

张福荣副行长赴四川开展扶贫工作调研，其间出席了我行向达州万源白羊乡小学、巴中南江凉水希望小学和巴中通江周子坪村捐赠仪式，并考察了达州天然气能源化工工业园区、广巴高速公路等重点项目建设情况，随后在成都出席了我行私人银行部成都分部开业仪式。

17日　姜建清董事长会见巴基斯坦前总理阿齐兹（Shaukat Aziz）一行，双方就银行国际化发展道路、建立全球金融监管统一协调机制、亚洲经济发展对全球经济的贡献等内容交换了意见。

李晓鹏副行长会见英国金融监管署首席执行官桑特（Hector Sants）一行，双方就金融危机后的监管、英国流动性监管新政以及我行国际化发展战略交换了意见。

易会满副行长会见中国广东核电集团有限公司副总经理施兵一行，双方就核电项目融资、海外项目金融服务进行了交流。

18日　姜建清董事长会见美国芝加哥商品交易所名誉主席兼高级顾问利奥·梅拉梅德（Leo Melamed）一行，双方就进一步加强商品期货领域的业务合作进行了交流。

姜建清董事长会见野村证券控股有限公司董事会主席氏家纯一（Junichi Ujiie）一行，双方就国际网络布局、国际并购合作及金融监管的变革等内容进行了交流。谷澍董事会秘书陪同。

杨凯生行长会见美银美林亚太区总裁布莱恩（Brian J. Brille）一行，双方就世界经济金融局势及有关业务合作情况进行了交流。

杨凯生行长、李晓鹏副行长会见安哥拉财政部部长德莫赖斯（Eduardo de Morais）一行，双方就安哥拉政府与我行融资合作事宜交换了意见。

李晓鹏副行长会见德国安联集团亚太区首席执行官包天佑（Bruce Bowers）一行，双方就推进银保业务和电话保险业务合作进行了交流。

李晓鹏副行长主持召开第78次专题会议，研究银银平台业务。

易会满副行长会见新加坡华侨银行副行长高体良一行，双方就国际金融形势及两行在国际结算、人民币跨境结算等业务方面的合作进行了交流。

18日－19日　刘立宪纪委书记赴四川分行就分行党建工作开展情况进行调研，并出席了全行TOP100财富菁英大会颁奖仪式。

18日－20日　王丽丽副行长赴印度尼西亚考察，其间在工银印尼进行了工作调研，并会见了我国驻印尼大使章启月、印尼万自力银行副总裁瓦延（Wayan Agus Mertayasa）、工银印尼当地股东林乃轩。

19日　姜建清董事长会见苏格兰皇家银行首席执行官斯蒂芬·赫斯特（Stephen Hester）一行，双方就国际化发展战略以及在海外并购、股权资本市场、债务资本市场的合作进行了交流。谷澍董事会秘书陪同。

我行为法人客户实现债券理财而量身定做的投资理财产品“工行债市通”商标通过国家商标局审核，正式获准注册。

西藏分行向中国华能集团公司拉萨市过渡电源项目发放贷款1.86亿元，实现了贷款业务零的突破。

19日－20日　赵林监事长参加中央汇金投资有限责任公司在北京召开的控股银行监事会座谈会。王炽曦监事陪同。

20日　姜建清董事长会见美国联邦储备委员会理事凯文·沃什（Kevin Warsh）、美国联邦储备委员会理事兼旧金山联邦储备银行行长珍妮·耶伦女士（Janet Yellen）一行，双方就金融危机后美国银行监管情况、中国银行业面临的机遇与挑战、我行在美发展战略等内容交换了意见。

杨凯生行长会见俄罗斯铝业公司总裁奥列格·德里帕斯卡（Oleg Deripaska）一行，双方就开展融资和投行业务合作进行了交流。

我行成功获得马来西亚中央银行颁发的“中国工商银行马来西亚有限公司”商业银行经营牌照。这是我行在马来西亚获准设立的第一家机构。

21日　杨凯生行长应邀出席由《21世纪经济报道》主办的第四届21世纪亚洲金融年会银行高峰会并发表主旨演讲。

11月21日－12月4日　李晓鹏副行长赴阿联酋、巴西、智利考察。在阿联酋主持召开了工银中东董事会会议，并拜访了我国驻阿联酋大使高育生。其间，就阿联酋轨道、公路等交通项目建设以及中资企业和银行参与当地公共交通项目走访了阿联酋公共交通部、阿布扎比交通局、阿布扎比经济发展局、阿联酋联合铁路公司等政府部门和有关企业。在巴西走访了ITAU银行、布拉德斯科银行、巴西石油、巴西电力、萨玛克矿业等金融同业和重要企业。在智利走访了智利国民银行、智利银行资产管理公司、BBVA金融控股集团养老金管理公司等金融同业。

23日　党委书记姜建清同志主持召开第21次党委（扩大）会议，研究改革发展思路和村镇银行筹建工作。

杨凯生行长出席工银金融租赁公司与英国航空公司《合作备忘录》签字仪式，并与该公司首席执行官威利·沃尔什（Willie Walsh）一行就航空金融租赁业务合作进行了交流。

易会满副行长应邀出席宝钢集团与澳大利亚Aquila资源有限公司股权交接仪式，并与宝钢集团董事长徐乐江、总经理何文波进行了会谈。

我行纽约分行分别于11月16日和11月23日成功加入全球最主要的两大美元清算组织——FEDWIRE和CHIPS，成为美元清算直接参加行。

我行与浙江禾城农村合作银行、浙江温州鹿城农村合作银行正式建立代理行关系。至此，我行已与国内100家银行机构正式建立了代理行关系。

24日 姜建清董事长、杨凯生行长、刘立宪纪委书记会见中央第一企业金融巡视组成员一行。

张福荣、易会满副行长出席我行全球现金管理业务启动仪式，并主持召开银企座谈会。30余家大型企业集团和12家权威新闻媒体的嘉宾应邀参加了座谈。

我行与第16届亚运会组委会签署合作协议，正式成为广州2010年亚运会的唯一银行合作伙伴。

24日－26日 牛锡明副行长赴湖南、浙江调研。在长沙主持召开了个人不良客户欠款扣收工作研讨会，并为参加全行数据仓库业务应用培训班的学员授课。在杭州出席了杭州金融研修学院留下校区迁扩建工程开工典礼，并主持召开了我行部分院校校长座谈会。

25日 杨凯生行长会见索罗斯基金管理公司副董事长罗伯特·索罗斯（Robert Soros）一行，双方就全球经济走势、中国房地产和出口行业发展状况进行了交流。

易会满副行长应邀出席由中国服务贸易协会在北京举办的中国服务贸易协会企业年会并发表主题演讲。

25日－27日 张福荣副行长赴安徽出席我行合肥后台中心项目开工奠基仪式，随后赴海南出席由我行主办的"牡丹盛放20载感恩回望"系列活动之一——首届中国工商银行白金卡杯高尔夫贵宾邀请赛三亚总决赛启动仪式。

易会满副行长赴广东、深圳调研，其间会见了华润集团副总经理蒋伟，并参加了由人民银行组织的第六届银行业科技工作座谈会。

26日 赵林监事长、刘立宪纪委书记出席在北京举行的总行党校第四期领导干部研究班结业典礼。

工银莫斯科为俄罗斯亚太银行（Osian Pacific Bank）办理首笔人民币买卖交易业务，启动跨境人民币结算业务。

27日 姜建清董事长在北京主持召开我行2009年第二次临时股东大会，会议审议通过了关于收购泰国ACL银行股权和选举独立董事候选人等三项议案。杨凯生行长、赵林监事长出席会议。共有120位股东及股东代表出席本次临时股东大会。

姜建清董事长、杨凯生行长、赵林监事长、牛锡明副行长、刘立宪纪委书记参加我行高管人员集体学习。瑞士洛桑国际管理学院金融学教授迪迪埃·科森（Didier Cossin）作了题为《金融危机对银行风险管理的启示——银行业的风险、回报与理性》的讲座。在北京的董事、监事、高管及总行各部室副总经理级以上人员共同参加了学习。

姜建清董事长会见阿里巴巴集团主席马云、首席财务官蔡崇信一行，双方就阿里巴巴集团未来发展战略和小企业信贷业务合作情况进行了交流。魏国雄首席风险官陪同。

杨凯生行长、王丽丽副行长在北京出席我行与安哥拉共和国财政部"25亿美元融资协议"签字仪式，并与应邀参加签字仪式的安哥拉财政部长德莫赖斯（Eduardo de Morais）、安哥拉国家石油公司总裁文森特（Manuel Vincent）、安哥拉驻华大使贝尔纳多（Joao Manuel Bernardo）、中国石化集团副总经理张耀仓、中信集团副总经理秘增信、中信建设董事长洪波女士等一行进行了会谈。

27日－28日 杨凯生行长应邀赴上海出席银行间市场清算所有限公司开业仪式。

30日 党委书记姜建清同志主持召开第22次党委（扩大）会议，研究我行再融资和工银亚洲定向增发等事项。

易会满副行长应邀出席中国民生银行在北京举办的庆祝民生银行H股成功上市答谢会。

总行印发《关于印发〈中国工商银行股份有限公司总监管理办法〉的通知》。

11月30日－12月2日 刘立宪纪委书记陪同中央第二企业金融巡视组赴广东分行和软件开发中心调研。

12月

1日 姜建清董事长拜访国务院台湾事务办公室主任王毅，双方就海峡两岸的经济形势及金融合作交换了意见。谷澍董事会秘书陪同。

姜建清董事长应邀出席全国社保基金理事会和美国高盛集团联合在北京举办的"全球金融危机后的金融改革与直接融资"国际研讨会并发表演讲。

杨凯生行长出席工业与信息化部、工商银行、农业银行、中国银行、建设银行支持中小企业金融服务合作备忘录签字仪式并发表致辞。

赵林监事长到北京分行调研。王炽曦、董娟、孟焰、张炜监事陪同。

易会满副行长应邀出席在北京举行的航天科工资产管理有限公司成立庆典。

海南分行与15家企业举行银企合作框架协议签字仪式。

2日 姜建清董事长会见老虎基金创始人朱利安·罗伯逊（Julian Roberts）一行，双方就全球经济动态、中美两国经济走势、对冲基金行业发展以及我行发展战略进行了交流。谷澍董事会秘书陪同。

姜建清董事长会见高盛集团董事长兼首席执行官劳埃德·布兰克费恩（Lloyd Blankfein）、副董事长麦克·埃文斯（Michael Evans）一行，双方就后金融危机时代的世界经济金融形势、中国宏观经济走势及未来经济增长前景、双方战略合作项目推进情况进行了交流。谷澍董事会秘书陪同。

姜建清董事长会见新加坡政府投资公司总裁林祥源一行，双方就全球经济动态、中国经济走势、中国公司海外发展以及我行盈利能力、资产质量、发展战略等内容进行了交流。

姜建清董事长会见德意志银行副董事长科赫·威瑟（Caio Koch - Weser）一行，双方就迪拜债务危机、后金融危机时期的世界经济金融形势进行了交流。

杨凯生行长、易会满副行长赴天津出席我行与天津市滨海新区管理委员会全面金融服务协议签字仪式。

易会满副行长参加人民银行在北京召开的第二代支付系统暨中央银行会计核算数据集中建设电视电话会议。

国家知识产权局授予我行《批量作业集中管理和调度的系统及方法》国家发明专利。至此，我行拥有的专利数量达到 91 个。

3 日　杨凯生行长应邀在北京为中国人民银行研究生部中国金融高级研修班学员作题为《中国商业银行改革之路和未来发展》的讲座。

杨凯生行长、王丽丽副行长出席我行资产管理业务管理委员会成立暨第 1 次全体会议，审议通过资产管理业务管理委员会委员名单、资产管理业务管理办法、资产管理业务管理委员会议事规程及秘书处工作规程等议案。

以工银发［2009］145 号文印发《关于成立网络融资业务中心的通知》。

苏州分行、苏州市工商管理局与当地 10 大专业市场举行保民生助创业促发展服务合作签约仪式。

3 日 -4 日　赵林监事长赴厦门主持召开监事会工作座谈会，听取有关分行关于经营管理情况的介绍和对我行公司治理、经营管理的意见与建议。王炽曦、董娟、张炜、常瑞明监事出席会议。

易会满副行长出席我行在北京召开的信息科技发展研讨会。

4 日　姜建清董事长赴中国银行业协会视察并慰问员工，听取了银行协会专职副会长杨再平所作的工作汇报，并就银行业协会有关工作提出具体要求。

杨凯生行长出席我行在北京召开的 2009 年度决算工作视频会议并讲话。

牛锡明副行长应邀出席由经济观察报社与北京大学管理案例研究中心联合在北京举办的“中国最受尊敬企业评选颁奖典礼”。

易会满副行长出席我行在北京召开的公司客户经理岗位资格认证考试视频动员会并讲话。

4 日 -5 日　王丽丽副行长赴上海调研，并应邀出席由加中贸易理事会和加拿大商会共同举办的“加拿大——中国商务百年晚宴”。

5 日　张福荣副行长应邀出席在北京举行的太平洋保险集团 80 周年庆典活动。

5 日 -6 日　易会满副行长赴浙江出席浙江平湖工银村镇银行开业庆典。该银行是由我行作为主发起人成立的首家具有独立法人地位的村镇银行，注册资本 2 亿元，其中我行出资占比 60%。

5 日 -7 日　姜建清董事长、杨凯生行长参加 2009 年中央经济工作会议。

7 日　党委书记姜建清同志主持召开第 23 次党委（扩大）会议，传达学习中央经济工作会议精神，结合我行实际研究贯彻落实措施。

7 日 -8 日　牛锡明副行长赴深圳出席由中国金融教育发展基金会主办的“2009 金融教育回顾与展望座谈会”。

8 日　杨凯生行长会见葡萄牙圣灵银行行长萨尔加多（Ricardo Espirito Santo Salgado）一行，双方就中葡经贸合作、中非经贸合作以及新兴市场银行业发展机遇进行了交流。

王丽丽副行长会见南非标准银行集团执行委员会成员、中国首席执行官庞凯歌（Craig Bond）一行，双方就进一步拓展在金融市场和国际业务方面的合作进行了交流。

王丽丽副行长主持召开第 80 次专题会议，研究我行入股香港商品交易所有关工作。

李晓鹏副行长出席工银阿拉木图与中国进出口银行在北京举行的《哈萨克斯坦业务合作协议》签字仪式，并与进出口银行副行长诸鑫强进行了会谈。

易会满副行长出席我行在北京召开的运营改革工作推动座谈会并讲话。

总行印发工银任免［2009］267 号文件：聘任王刚为金融市场部总经理，解聘其产品创新管理部总经理职务。解聘徐志宏金融市场部总经理职务。

9 日　杨凯生行长、张福荣副行长出席总行电子银行中心揭牌仪式，并视察了电子银行中心新址办公楼。

李晓鹏副行长出席我行与北控水务集团有限公司在北京举行的马来西亚污水处理项目 20 亿美元合作协议签字仪式，并会见了北控水务董事局主席张虹海一行。

李晓鹏、易会满副行长会见南非标准银行集团副首席执行官特沙巴拉拉（Sim Tshabalala）、沃顿胡德（Peter Wharton - Hood）一行，双方就全球现金管理领域的合作情况以及进一步加强在信息科技领域的合作进行了交流。

9 日 -10 日　易会满副行长参加国家发展和改革委员会在北京召开的全国发展和改革工作会议。

10 日　李晓鹏副行长会见中国人民保险集团副总裁丁运洲一行，双方就代理保险、企业年金、次级债务投资等领域的合作进行了交流。

我行成功获得越南国家银行颁发的中国工商银行河

内分行金融业务经营许可证。这是越南首次批准中国大陆银行在河内设立营业性机构。

我行实现境内投行收入100.34亿元，同比增长46%，成为国内首家投行收入超过100亿元的商业银行。

10日－11日 姜建清董事长赴上海出席中国银行业世博金融服务系列活动动员大会，并到中国船舶集团江南长兴造船基地视察。

11日－13日 张福荣副行长参加中组部在北京召开的全国组织部长会议和贯彻落实深化干部人事制度改革规划纲要座谈会。

13日 全功能银行系统NOVA＋1.1.5版本成功投产。此版本涵盖了42个新项目，其中包含了全球现金管理境外机构项目、操作风险高级计量法应用管理系统、合规检查监督管理系统、财务会计报告管理系统、ATM和自助终端受理PBOC 2.0标准芯片卡项目等重点内容。

14日 赵林监事长、刘立宪纪委书记主持召开会议，听取总行各调研组赴分行进行党建工作现场调研情况的汇报。

李晓鹏副行长出席我行与国家税务总局联合举办的以“金融焦点热议”为主题的2009年第四次“创新沙龙”活动，并作演讲。

易会满副行长会见国家开发投资公司总会计师张华一行，双方就大型项目融资及投资银行、金融租赁等业务的合作进行了交流。

15日 我行发展战略研讨会在京召开，姜建清董事长作了题为《以加快创新与改进服务为突破，大力提升竞争发展能力和可持续盈利能力》的报告，杨凯生行长作了会议总结发言，赵林监事长主持会议。

我行在北京召开服务“双百佳”表彰暨“2010服务价值年”启动大会。姜建清董事长作了重要讲话，杨凯生行长宣读了《关于深入开展“2010服务价值年”的决定》，赵林监事长宣读了《关于表彰“百佳服务机构”和“百佳服务标兵”的决定》，张福荣副行长主持会议。牛锡明、王丽丽、李晓鹏副行长，刘立宪纪委书记，易会满副行长出席会议。

我行在北京举办“祖国颂、工行情”员工文艺演出。姜建清董事长、杨凯生行长、赵林监事长，张福荣、牛锡明、李晓鹏副行长，刘立宪纪委书记、易会满副行长和部分董事、监事、高管，参加全行发展战略研讨会的会议代表以及总行机关、直属机构、北京分行的部分员工一起观看了演出。

张福荣副行长参加银监会在北京召开的银行业会计准则工作组成立会议。

河北分行成功争揽到开滦集团年金账户落户该行。

西藏分行牵头引进西藏第一家商业担保公司—西藏世丰担保有限公司在拉萨挂牌成立，并发放第一笔中小企业贷款300万元。

16日 牛锡明副行长参加银监会在北京召开的大中型商业银行参与培育新型农村金融机构工作座谈会。

易会满副行长拜访中国电力投资集团公司副总经理孟振平，双方就推动大型项目融资和票据业务合作进行了交流。

我行成功获得阿联酋中央银行颁发的我行阿布扎比分行批发银行业务经营牌照。这是阿联酋央行向中国商业银行发出的首张银行牌照，也是自1982年以来首次向非海湾地区国家的银行机构颁发银行牌照。

17日 姜建清董事长会见商务部部长助理王超一行，双方就有关业务合作事项交换了意见。

张福荣副行长会见嘉实基金管理有限公司总经理赵学军一行，双方就有关业务合作情况进行了交流。

牛锡明副行长主持召开第83次专题会议，研究辽宁分行信贷业务发展情况。

18日 姜建清董事长、杨凯生行长、易会满副行长出席我行与中国联合网络通信集团有限公司在北京举行的战略合作协议签约仪式，并与联通公司董事长常小兵、总会计师佟吉禄、副总经理姜正新一行进行了会谈。

牛锡明副行长会见俄罗斯德意志银行董事长荣格·邦加茨（Joerg Bongartz）一行，双方就中俄两国经济金融形势，我行国际化发展战略进行了交流。

王丽丽副行长会见新西兰驻华大使伍开文一行，双方就我行国际化发展的最新进展、我行实施区域化管理的有关情况以及如何推进人民币跨境结算交换了意见。

易会满副行长应邀出席龙源电力集团股份有限公司在北京举行的香港成功上市答谢会，并与中国国电集团公司总经理朱永芃进行了会谈。

我行与重庆农村商业银行正式建立代理行关系。至此，我行已与国内101家银行机构正式建立了代理行关系。

19日 姜建清董事长、易会满副行长到总行电子银行中心和北京分行金融街支行调研电话银行服务和多媒体自助服务情况。

21日 姜建清董事长拜会来华访问的法国总理菲永（Francois Fillon），并应邀出席了中法企业家午餐会。

姜建清董事长和李晓鹏、易会满副行长拜访铁道部部长刘志军、总经济师余邦利，双方就我行支持中国铁路“走出去”金融合作事宜交换了意见。

杨凯生行长主持召开总行风险管理委员会2009年第4次会议，听取了《中国工商银行风险管理委员会2010年度工作计划》、《中国工商银行资产管理业务风险管理报告》等三项工作汇报。牛锡明、王丽丽、李晓鹏副行长，刘立宪纪委书记、易会满副行长和魏国雄首席风险官出席。

张福荣副行长出席我行在北京举办的“投资理财知识普及万里行”公益活动启动新闻发布会。

李晓鹏副行长参加银监会在北京召开的商业银行综合化经营试点工作座谈会。

22 日　姜建清董事长应邀出席中国金融学会在北京举办的“后金融危机时代中国金融业改革和发展——2009 中国金融论坛”活动，并作了题为《全球经济新格局下中国金融发展路线图》的演讲。

李晓鹏副行长会见国海证券有限责任公司总裁齐国旗一行，双方就 2010 年银证业务合作进行了交流。

刘立宪纪委书记主持召开会议，听取我行 2009 年度巡视工作情况汇报。

23 日　易会满副行长会见银行间市场清算所股份有限公司董事长兼总经理许臻一行，双方就代理结算业务、保证金及抵押品业务方面的合作进行了交流。

24 日　中共中央政治局委员、国务院副总理王岐山来我行视察指导工作。在听取姜建清董事长关于贯彻落实中央经济工作会议精神、加快我行改革发展情况的汇报后，王岐山副总理对我行工作给予了充分肯定，并强调最重要的是把思想认识统一到中央的决策部署上来，认真执行适度宽松的货币政策，围绕转变经济发展方式，进一步调整和优化信贷结构，继续推进银行改革，加强内部经营管理，大力推进金融创新，始终把防范化解信贷风险放在突出位置。陪同王岐山副总理来我行的还有国务院副秘书长尤权、人民银行行长周小川、银监会主席刘明康、财政部副部长王军、证监会副主席庄心一、中投公司董事长楼继伟等有关部门负责同志。总行党委成员和部分部室主要负责人参加了工作汇报会。

姜建清董事长主持召开我行董事会会议，审议通过《关于〈中国工商银行股份有限公司内部审计章程〉的议案》等两项议案，并听取了《关于董事会 2010 年会议计划的汇报》。董事会成员杨凯生、张福荣、牛锡明、环挥武、高剑虹、李纯湘、李军、郦锡文、魏伏生、梁锦松、钱颖一、许善达、黄钢城、麦卡锡、钟嘉年出席。赵林监事长列席会议。

易会满副行长会见中国建筑股份有限公司总裁助理兼海外事业部总经理陈国才一行，双方就阿布扎比高速公路项目进展情况和境外收购项目的金融合作进行了交流。

中国银监会核准麦卡锡（McCarthy，Callum McCarthy）、钟嘉年（Kenneth Patrick Chung）任我行独立董事的任职资格。经过此次增选独立董事，我行董事会成员增至 16 名，其中独立董事增至 6 名。

总行印发《关于成立总行资产管理业务管理委员会的通知》。

我行与广州亚组委合作发行的联名卡——工银亚运卡在广州首发。

26 日　黑龙江分行与俄罗斯东方快捷银行正式互建本币结算账户。

28 日　党委书记姜建清同志主持召开第 29 次党委（扩大）会议，宣布中央关于我行干部变动的决定。牛锡明同志不再担任中国工商银行党委委员、执行董事、副行长。罗熹同志任我行党委委员、副行长（待履行任职手续）。总行各部门主要负责人参加了会议（见工银发［2009］158 号、工银党［2009］133 号、134 号）。

张福荣副行长赴河北出席总行（石家庄）后台中心奠基暨信用卡电话服务中心开业仪式，并与应邀出席仪式的河北省副省长孙瑞彬进行了会谈。石家庄后台中心项目包括信用卡电话服务和电子银行服务两大中心。

易会满副行长参加银监会在北京召开的银行业金融机构信息科技非现场监管工作会议。

28 日－29 日　李晓鹏副行长赴湖北出席工银金融租赁公司与武汉市城市建设投资开发集团有限公司《融资租赁项目合作协议》签字仪式，并与应邀出席仪式的湖北省委副书记兼武汉市委书记杨松、武汉市市长阮成发等地方党政领导进行了会谈。

易会满副行长赴重庆出席重庆璧山工银村镇银行开业仪式，并与应邀出席仪式的重庆市人大副主任王洪华、重庆市副市长周慕冰等地方党政领导进行了会谈。重庆璧山工银村镇银行是我行在西部地区发起设立的第一家全资子银行，注册资本金 1 亿元。

29 日　党委书记姜建清同志主持召开第 30 次党委（扩大）会议，研究拟提交董事会审议的有关议案。

姜建清董事长主持召开我行董事会会议，审议通过《关于提名王丽丽女士为中国工商银行股份有限公司执行董事候选人的议案》、《关于聘任罗熹先生为中国工商银行股份有限公司副行长的议案》等两项议案。董事会成员杨凯生、张福荣、环挥武、高剑虹、李纯湘、李军、郦锡文、魏伏生、梁锦松、钱颖一、许善达、黄钢城、麦卡锡、钟嘉年出席。赵林监事长列席会议。

姜建清董事长应邀出席北京大学金融与证券研究中心在北京举办的“中国信息经济与金融高级论坛”活动，并作了题为“走向世界的中国银行业”的演讲。

姜建清董事长会见太平洋保险集团公司董事长高国富一行，双方就中国宏观经济走势以及公司未来发展战略进行了交流。

杨凯生行长会见上海市城市建设投资开发总公司总经理孔庆伟一行，双方就上海市政基础设施项目融资进行了交流。

张福荣副行长参加银监会在北京召开的解决国有商业银行协解人员问题工作协调会。

30 日　易会满副行长主持召开第 84 次专题会议，研究铁道部客票系统升级及电子支付需求服务方案。

总行印发工银任免［2009］314 号文件：聘任苏文

力为产品创新管理部副总经理（副厅级，主持工作）。

31日 姜建清、杨凯生、赵林、张福荣、王丽丽、李晓鹏、罗熹、刘立宪、易会满等行领导看望总行财务会计部、资产负债管理部、金融市场部、信息科技部参加年终决算工作的干部员工。随后，姜建清、杨凯生、赵林、张福荣、易会满等行领导分赴北京分行营业网点、总行运行管理部和数据中心（北京）慰问参加年终决算工作的员工，并通过视频会议系统慰问了在数据中心（上海）和软件开发中心参加年终决算的工作人员。

2009年是工商银行股改上市以来困难最多的一年，是在严峻形势下保持健康平稳发展并实现新的跃升的一年。全行认真贯彻国家宏观调控政策，克服国际金融危机和国内经济波动的影响，抓住危中之机，加快改革创新，调整经营结构，改进金融服务，取得了好于预期的经营业绩，并在支持经济“回升向好”中发挥了大银行应有的作用。全行实现净利润1 293.50亿元，同比增长16.4%。拨备覆盖率164.41%，比上年提高35个百分点，超过了监管部门的新要求。收益结构进一步优化，净手续费及佣金收入占营业净收入的比重达17.82%，比上年提高3.61个百分点。不良贷款余额下降160.15亿元，不良贷款率下降0.75个百分点，降至1.54%，连续第十个年头保持了不良贷款双下降。资本充足率和核心资本充足率预计分别为12.36%和9.90%，处于可比银行的较高水平。在国际金融危机重创全球金融业的情况下，我行脱颖而出，成为全球市值最大、盈利最多、客户存款最多的大型上市银行。全年共获得国内国际各类奖项146个，稳健经营和健康发展的态势也受到了国际金融监管联席会议的肯定。

第十一部分

附录

执行编辑：刘振华

中国工商银行党委、董事、监事及高管人员名录

党委

党委书记：姜建清
党委副书记：杨凯生、赵 林
党委委员：张福荣、王丽丽、李晓鹏、罗 熹、刘立宪、易会满
纪委书记：刘立宪

董事

董事长、执行董事：姜建清
副董事长、执行董事：杨凯生
执行董事：张福荣
非执行董事：环挥武、高剑虹、李纯湘、李 军、郦锡文、魏伏生
独立非执行董事：梁锦松、钱颖一、许善达、黄钢城、M·C·麦卡锡、钟嘉年

监事

监事长：赵 林
股东代表监事：王炽曦
外部监事：董 娟、孟 焰
职工代表监事：张 炜、常瑞明

高级管理人员

行 长：杨凯生
副行长：张福荣、王丽丽、李晓鹏、罗 熹、易会满
纪委书记：刘立宪
首席风险官：魏国雄
董事会秘书：谷 澍

总监

资产业务总监：陈晓燕
信贷业务总监：刘子刚
信息科技总监：林晓轩

总行内设机构名录

办公室

主 任：高志新
副主任：靳晓鹏、王红千、宋立新、刘德奇、谢泰峰、王都富、苏自和

董事会办公室

主 任：钱 毅
副主任：洪 烨、陆 钦

监事会办公室

主 任：王炽曦

财务会计部

总 经 理：沈如军
副总经理：徐坤田（兼）、王捫生、李明熙、魏茂庆、范 立、韩 旭

资产负债管理部

总 经 理：朱长法
副总经理：何邵聪、卢京华、张伟、李波、张毅（交流）

管理信息部

总 经 理：刘志刚
副总经理：胡铁川、张 勇、张一江

战略管理与投资者关系部

总 经 理：谷 澍
副总经理：刘亚干、王文彬、宋翰乙

投资银行部

总 经 理：李 勇
副总经理：安丽艳、胡传军、贺西京、张都兴

金融市场部

总 经 理：王 刚
副总经理：宋立新、唐凌云、赵传新

资产管理部

总 经 理：陈晓燕（兼）
副总经理：马续田、胡亚冰、马俊胜

机构业务部

总 经 理：席德应
副总经理：张 聪、史其禄、胡益民、孙玉德、王学勇（交流）

个人金融业务部

总 经 理：李卫平
副总经理：马方一、郭 超、徐克恩、任西明、胡亚辉、杨勇革

资产托管部

总 经 理：周月秋
副总经理：王立波、王承远、肖婉如

养老金业务部

总 经 理：赵 跃
副总经理：任洪琦、彭兆芝、何亚平

信贷管理部

总 经 理：刘子刚（兼）
副总经理：刘绍楚、马银华、魏学坤、连 工、赵 健、聂大志、顾 斌、殷 红

公司业务一部

总 经 理：莫扶民
副总经理：黄 梅、吕一兵、王英奎、余 龙、李 莉、崔 勇、宋 扬

公司业务二部（营业部）

总 经 理：江 涛
副总经理：王正龙、王一心、刘雁萍、赵桂才

授信业务部

总 经 理：赵银祥
副总经理：赵庆森、马长水、孙以洲、张泽跃、杨海涛

信用审批部

总 经 理：索绪全
副总经理：徐 晶、王艳秋、李建新、李 峰、杨志忠

风险管理部

总 经 理：刘瑞霞
副总经理：戴生明、季景玉、武宗选、梁登祥、刘 震、邢 雷（交流）

结算与现金管理部

总 经 理：许 燕
副总经理：曾 琪、黄叶林、王守江、高 东、万 青

运行管理部

总 经 理：牛 刚
副总经理：蔡报国、宁保祺、杨 棚、黎 丽、毛 宁、戴志华

国际业务部

总 经 理：胡 浩
副总经理：原擒龙（兼）、陈 进、温信祥、聂长雯、唐 滩、朱海莎（交流）

内部审计局

局 长：白 涛
副局长：王文彬、苏达奇、杨娅丽、孙东奎、仲安妮、王景华、贾伊宾、史晓媛

内控合规部

总 经 理：荀大志
副总经理：李 林、童 频、闫 敏、赵建骥、王 栋

法律事务部

总 经 理：张 炜
副总经理：刘湘玲、刘泽华

信息科技部

总 经 理：林晓轩（兼）
副总经理：苏文力（兼）、吕仲涛、张 艳、马 雁、谭路远

电子银行部

总 经 理：蔡 东
副总经理：王汉明、王 嵩、龙春玲、陈静娴、吴显仁（交流）

产品创新管理部

副总经理：苏文力、李秀媛、徐晓群

人力资源部

总 经 理：王希全
副总经理：张兴东、张庆华、李宝权、金 晖

教育部

总 经 理：王云桂
副总经理：刘依群、杨桂琴、邵光华

监察室

主 任：李明天
副主任：王晓安、王彦斌、崔琪珍、韩 奇

保卫部

总 经 理：刘玉成
副总经理：任翠云

工会工作委员会

常务副主任：常瑞明
副主任：王铁京、杨国伟、王祥兴

系统团委

团委书记：张立军

直属党委

常务副书记：王秀山
副书记兼纪委书记：王建红

离退休人员管理部

总 经 理：冯孝凯
副总经理：李杰志

城市金融研究所

所　长：詹向阳
副所长：樊志刚、周永发、刘　彪、邹　新

业务营运中心工程指挥部

总指挥：徐坤田

总行直属机构名录

牡丹卡中心

总裁、党委书记：栾建胜
执行副总裁、党委委员：李　磊、张卫东、周跃东、韩旭升
执行副总裁、纪委书记、党委委员：孙洪霞
地　址：北京市西城区宣武门西大街丙121号
邮　编：100031

私人银行部

总经理、党委书记：张　琪
副总经理、党委委员：张剑宇
副总经理、纪委书记、党委委员：邹慧丽
地　址：上海市中山东一路24号6楼
邮　编：200002

贵金属业务部

总 经 理：郑之光
副总经理：周　明、杨　烈、赵文建
地　址：上海市中山东二路11号18楼
邮　编：200002

票据营业部

总经理、党委书记：应俊惠
副总经理、党委副书记：肖小和
副总经理、纪委书记、党委委员：张敬伦
地　址：上海市天潼路133号17楼
邮　编：200080

长春金融研修学院

院　长、党委书记：李安山
副院长、党委副书记：李春满
副院长、党委委员：刘雨平、秦永顺、项　成
纪委书记、党委委员：郑向居
地　址：长春市二道区公平路448号
邮　编：130033

杭州金融研修学院

院　长、党委书记：徐新桥
副院长、党委副书记：所向东
副院长、纪委书记、党委委员：王龙华
副院长、党委委员：陈华蓉、吕香茹
地　址：杭州市文一西路70号
邮　编：310012

软件开发中心

总经理、党委书记：梁礼方
副总经理、党委副书记：李旭风
副总经理、党委委员：朱菲菲、胡德斌、伊劲松、吴绵顺
地　址：广东省珠海市唐家湾工行软件园路2号
邮　编：519080

数据中心（北京）

总经理、党委书记：王丽平
副总经理、党委委员：王兵、司继平、翁伟勇、张　颖、李六旬
纪委书记、党委委员兼工会主席：黎万明
地　址：北京市海淀区西三旗建材东路16号
邮　编：100096

数据中心（上海）

总经理、党委副书记：蒋国强
副总经理、党委委员：李政朝、刘方洲、李金浩、毛宇星、郑庆华
地　址：上海市杨高北路2005号（台南西路80号）
邮　编：200131

国际结算单证中心

总 经 理：原擒龙
副总经理：荆　仁

地　址：北京市东城区朝阳门内大街188号二层
邮　编：100010

电子银行中心

总 经 理：龙春玲
副总经理：马铁军
地　址：北京市西城区德胜门外大街77号德胜国际中心D座
邮　编：100088

各一级分行、直属分行名录

北京分行

行　长、党委书记：王珍军
副行长、党委委员：龚　萍、季爱东、顾建纲、付　捷
纪委书记、党委委员兼工会主任：张友芬
地　址：北京市西城区复兴门南大街2号（天银大厦B座）
邮　编：100031

天津分行

行　长、党委书记：华耀纲
副行长、党委委员：王世明、刘惠新、兰　莉、孔祥国、罗　勇、王建国、张希刚
纪委书记、党委委员兼工会主任：赵　军
地　址：天津市河西区围堤道123号
邮　编：300074

河北分行

行　长、党委书记：黄纪宪
副行长、党委副书记：张彦欣
副行长、党委委员：刘建民、赵增学、史立军
纪委书记、党委委员兼工会主任：齐永田
地　址：石家庄市中山西路188号
邮　编：050051

山西分行

行　长、党委书记：林明
纪委书记、党委委员兼工会主任：周希良
副行长、党委委员：王明贤、于晋萍、郭　伟、李金泽
地　址：太原市迎泽大街145号
邮　编：030001

内蒙古分行

行　长、党委书记：郝　彬
副行长、党委委员：崔　亮、李长命、范继忠、刘志忠
纪委书记、党委委员兼工会主任：张素鲜
地　址：呼和浩特市锡林北路105号
邮　编：010050

辽宁分行

行　长、党委书记：朱立飞
副行长、党委委员：王洪冰、陈晓光、王中印、张文武
纪委书记、党委委员兼工会主任：崔国清
地　址：沈阳市和平区南京北街88号
邮　编：110001

吉林分行

行　长、党委书记：李安山
副行长、党委委员：马玉贤、张晓辛、周春晓（兼工会主任）、毕晓宏
纪委书记、党委委员：常景恩
地　址：长春市朝阳区同志街136号
邮　编：130061

黑龙江分行

行　长、党委书记：李久新
纪委书记、党委委员兼工会主任：全同友
副行长、党委委员：岳万国、杨宝金
地　址：哈尔滨市道里区中央大街218号
邮　编：150010

上海分行

行　长、党委书记：沈立强
副行长、党委委员：李玉强、顾国明、马　健、成善栋
纪委书记、党委委员兼工会主任：吴　勇
地　址：上海市浦东大道9号
邮　编：200120

江苏分行

行　长、党委书记：孙持平
纪委书记、党委委员兼工会主任：唐金星
副行长、党委委员：夏卫阳、万　辉、朱春华、戴春林、宋建华、陈　平、吴宗辉
地　址：南京市中山南路408号
邮　编：210006

浙江分行

行　长、党委书记：徐新桥

纪委书记、党委委员：余素今

副行长、党委委员：倪百祥、田大章、郁炯彦、王百荣、吴翔江、李海明

地　址：杭州市中河中路150号

邮　编：310009

安徽分行

行　长、党委书记、：朱文信

副行长：赵　鹏

纪委书记、党委委员兼工会主任：朱洪海

副行长、党委委员：常真旺、梁延国、苏国庆、胡伟谊

地　址：合肥市芜湖路189号

邮　编：230001

福建分行

行　长、党委书记：杨春林

副行长、党委委员：蔡治建、刘　丹、谢少波、范国德、王升烽

纪委书记、党委委员兼工会主任：李良茂

地　址：福州市古田路108号

邮　编：350005

江西分行

行　长、党委书记：初苏华

副行长、党委委员：苏南宏、罗　健、叶定金、张少华、周　维

纪委书记、党委委员兼工会主任：何伟新

地　址：南昌市抚河北路233号

邮　编：330008

山东分行

行　长、党委书记：沈荣勤

副行长、党委委员：夏侯静波（兼工会主任）、李　明、王跃民、崔中玉

纪委书记、党委委员：崔方春

地　址：济南市经四路310号

邮　编：250001

河南分行

行　长、党委书记：明柱亮

副行长、党委委员：尚　军、许杰、郭瑞海、田　哲

纪委书记、党委委员兼工会主任：姚　虎

地　址：郑州市经三路99号

邮　编：450011

湖北分行

行　长、党委书记：官学清

副行长、党委委员：宋士卿、明道欣、王芝斌、彭正江

纪委书记、党委委员：赵　斌

地　址：武汉市武昌区解放路372号

邮　编：430060

湖南分行

行　长、党委书记：吴宏波

副行长、党委委员：李世文、郑子术、詹友兴、聂建国

纪委书记、党委委员兼工会主任：张业万

地　址：长沙市芙蓉中路一段619号

邮　编：410011

广东分行

行　长、党委书记：施　刚

副行长、党委副书记、纪委书记：邢志盈

副行长、党委委员：杨南昌、胡晔、沈晓东、乔晋声、侯本旗

地　址：广州市沿江西路123号

邮　编：510120

广西分行

行　长、党委书记：张恪理

副行长、党委委员：许桂北、杨　永、杨　军、宋关昶

纪委书记、党委委员兼工会主任：李德斌

地　址：南宁市教育路15－1号

邮　编：530022

海南分行

行　长、党委书记：石琪贤

副行长、党委委员：蔡　文、王树慧、许益明、吴传武

纪委书记、党委委员兼工会主任：陈学坤

地　址：海口市和平南路3号

邮　编：570203

重庆分行

行　长、党委书记：刘卫星

副行长、党委副书记：雷　玲

副行长、党委委员：谢　明、邱建华

纪委书记、党委委员兼工会主任：宋克修

地　址：重庆市南岸区江南大道9号

邮　编：400060

四川分行

行　长、党委书记：陈焕祥

副行长、党委委员：尹尤宪、韩　松
纪委书纪、党委委员：罗　毅
地　址：成都总府路35号总府大厦
邮　编：610016

贵州分行

行　长、党委书记：黄再红
副行长、党委委员：刘　健、吴　涛、齐跃南、黄　力、张庆典
纪委书记、党委委员兼工会主任：马俊平
地　址：贵阳市瑞金中路41号
邮　编：550003

云南分行

行　长、党委书记：蒋玉林
副行长、党委委员：合　杰、邵苏江、周　玮、苑书义
纪委书记、党委委员兼工会主任：陶　云
地　址：昆明市青年路395号邦克大厦
邮　编：650011

陕西分行

行　长、党委书记：惠　平
副行长、党委委员：张海琳、张晓钟、苏宗国
纪委书记、党委委员：杨金凯
地　址：西安市东新街395号
邮　编：710004

甘肃分行

行　长、党委书记：许　海
副行长、党委委员：樊志成、吕相军、李　昶、郭一民、何林
副行长、纪委书记、党委委员：王文胜
地　址：兰州市庆阳路408号
邮　编：730030

青海分行

行　长、党委书记：李志诚
纪委书记、党委委员兼工会主任：高得文
副行长、党委委员：柴海生、李香玲
地　址：西宁市胜利路2号
邮　编：810001

宁夏分行

行　长、党委书记：王保林
副行长、党委委员：黄　岗、李　平、廉　智
纪委书记、党委委员兼工会主任：唐学文
地　址：银川市黄河东路901号
邮　编：750002

新疆分行

行　长、党委书记：吴宁锋
副行长、党委委员：袁　萍、水永成、张延挺
纪委书记、党委委员：艾圣智
地　址：乌鲁木齐市人民路231号
邮　编：830002

西藏分行

行　长、党委书记：黄庆惠
副行长、党委委员：吴永强
党委委员：李海臣、格桑曲珍
地　址：拉萨市金珠中路31号
邮　编：850000

大连分行

行　长、党委书记：鞠延强
副行长、党委委员：吕　维、迟维君、孙祥伟、姜晓芳
纪委书记、党委委员：孙世坚
地　址：大连市中山区中山广场5号
邮　编：116001

青岛分行

行　长、党委书记：孙建勇
副行长、党委委员：吴　刚、程　青、时　辉
纪委书记、党委委员兼工会主任：薛德贵
地　址：青岛市市南区山东路25号
邮　编：266071

宁波分行

行　长、党委书记：周志方
副行长、党委委员：胡茂祥、王伟民、董继松、蔡志文、陈　霄
纪委书记、党委委员兼工会主任：江甬辉
地　址：宁波市中山西路218号
邮　编：315010

厦门分行

行　长、党委书记：金　胜
副行长、党委委员：庄伟光、苏昆山、黄立波、曾桂华
纪委书记、党委委员兼工会主任：李　烨
地　址：厦门市湖滨北路17号工商银行大厦
邮　编：361012

深圳分行

行　长、党委书记：王晓燕

副行长、党委副书记：林谦
纪委书记、党委委员：郑光明
副行长、党委委员：薛鸿健、李学民
地　址：深圳市罗湖区深南东路 5005 号金融中心北座
邮　编：518015

苏州分行

行　长、党委书记：朱春华
副行长、党委委员：谢志华、徐正方、吴　军、杨晓东
纪委书记、党委委员：周解平
地　址：苏州市阊胥路 88 号
邮　编：215002

内部审计局各分局名录

直属分局

局　长：李健飞
副局长：毕鉴亭、程继光、张汉桥、熊　燕、游彩云
地　址：北京市西城区丰汇园小区 21 号楼西北门
邮　编：100032

天津分局

局　长：邱启祥
副局长：贾建强、张　静
地　址：天津市河西区围堤道 123 号 26—27 层
邮　编：300074

沈阳分局

局　长：李炳元
副局长：刘相勇
地　址：沈阳市和平区南京北街 88 号
邮　编：110001

上海分局

副局长：邱仁尔、林跃武、顾红英
地　址：上海浦东大道 9 号 9 楼
邮　编：200120

南京分局

局　长：左新亚
副局长：黄世忠
地　址：南京市定淮门 12 号软件园 15 号南楼 3 层
邮　编：210013

武汉分局

局　长：庞　力
副局长：周明祥、崔忠实
地　址：武汉市武昌区中南路 7 号中商广场写字楼 A 座 41 层
邮　编：430071

广州分局

副局长：梁向灵、黄泉进
地　址：广州市昌岗东路五巷 23 号
邮　编：510260

成都分局

局　长：史泽友
副局长：洪维刚
地　址：成都市总府路 28 号银行大厦 11 楼
邮　编：610016

昆明分局

局　长：杨高林
副局长：石光清
地　址：昆明市青年路 395 号邦克大厦
邮　编：650011

西安分局

局　长：娜日苏
副局长：相稳成
地　址：西安市高新开发区高新路 1 号金融大厦 14 楼
邮　编：710075

各一级分行营业部机构名录

河北分行营业部

总经理、党委书记：李金辉
地　址：石家庄市平安南大街 113 号
邮　编：050021

山西分行营业部

总经理、党委书记：赵象钰
地　址：太原市新建路 86 号
邮　编：030002

内蒙古分行营业部

总经理、党委书记：刘志忠
地　址：呼和浩特市新城东街 15 号

邮　编：010010

辽宁分行营业部

总经理、党委书记：王中印
地　址：沈阳市沈河区友好大街9号
邮　编：110013

吉林分行营业部

总经理、党委书记：张晓辛
地　址：长春市人民大街2111号
邮　编：130051

黑龙江分行营业部

总经理、党委书记：岳万国
地　址：哈尔滨市道里区河洛街7号
邮　编：150076

江苏分行营业部

总经理、党委书记：陈　平
地　址：南京市中山南路408号
邮　编：210006

浙江分行营业部

总经理、党委书记：王百荣
地　址：杭州庆春路90号
邮　编：310003

安徽分行营业部

总经理、党委书记：马春龙
地　址：合肥市寿春路211号
邮　编：230001

福建分行营业部

总经理、党委书记：郑志伟
地　址：福州市八一七中路600号
邮　编：350004

江西分行营业部

总经理、党委书记：周　维
地　址：南昌市中山路206号
邮　编：330003

山东分行营业部

总经理、党委书记：王跃民
地　址：济南市历下区黑虎泉西路57号
邮　编：250011

河南分行营业部

总经理、党委书记：许　杰
地　址：郑州市花园路24号
邮　编：450008

湖北分行营业部

总经理、党委书记：王芝斌
地　址：武汉市江汉路17号
邮　编：430021

湖南分行营业部

总经理、党委书记：李　勤
地　址：长沙市五一大道465号
邮　编：410005

广东分行营业部

总经理、党委书记：乔晋声
地　址：广州市大沙头路29号工银大厦
邮　编：510100

广西分行营业部

总经理、党委书记：农永富
地　址：南宁市民族大道38－2号
邮　编：530022

四川分行营业部

总经理、党委书记：王世杰
地　址：成都市藩库街9号
邮　编：610016

贵州分行营业部

总经理、党委书记：黄　力
地　址：贵阳市省府路1号
邮　编：550001

云南分行营业部

总经理、党委书记：周　玮
地　址：昆明市青年路395号邦克大厦
邮　编：650011

陕西分行营业部

总经理、党委书记：张晓钟
地　址：西安市西木头市9号
邮　编：710002

甘肃分行营业部

总经理、党委书记：蒋立强
地　址：兰州市城关区静宁路358号
邮　编：730030

新疆分行营业部

总经理、党委书记：张脉群
地　址：乌鲁木齐市新民路2号
邮　编：830002

各二级分行机构名录

北京分行

分行营业部
总经理：孙　峰
地　址：西城区复兴门南大街2号（天银大厦B座）
邮　编：100031

东城支行
行　长、党委书记：苗鸿祥
地　址：东城区东四十条24号
邮　编：100007

王府井支行
行　长、党委书记：郭　俊
地　址：东城区王府井大街237号
邮　编：100006

和平里支行
行　长、党委书记：李士平
地　址：东城区和平里北街14号
邮　编：100013

长安支行
行　长、党委书记：樊裕明
地　址：西城区宣内大街乙6号
邮　编：100031

新街口支行
行　长、党委书记：曲　琰
地　址：西城区西直门内大街143号
邮　编：100035

南礼士路支行
行　长、党委书记：谢一平
地　址：西城区阜外大街8号
邮　编：100037

金融街支行
行　长、党委书记：马　靖
地　址：西城区太平桥大街丰汇园11号
邮　编：100032

地安门支行
行　长、党委书记：何长荣
地　址：朝阳区裕民路12号
邮　编：100009

崇文支行
行　长、党委书记：高　平
地　址：崇文区永定门外大街86号
邮　编：100075

宣武支行
行　长、党委书记：包永康
地　址：宣武区广外南滨河路3号楼
邮　编：100055

珠市口支行
行　长、党委书记：于　青
地　址：崇文区珠市口东大街15号
邮　编：100062

朝阳支行
行　长、党委书记：辛　洁
地　址：朝阳区朝外大街1号
邮　编：100020

九龙山支行
行　长、党委书记：杜杰
地　址：朝阳区广渠路甲40号
邮　编：100022

亚运村支行
行　长、党委书记：李　彤
地　址：朝阳区慧忠北里407号
邮　编：100012

望京支行
行　长、党委书记：周丽萍
地　址：朝阳区酒仙桥路10号
邮　编：100102

商务中心区支行
行　长、党委书记：黄　焱
地　址：朝阳区建国路108号
邮　编：100022

海淀支行
行　长、党委书记：陶锦莉
地　址：海淀区中关村东路100号
邮　编：100080

海淀西区支行
行　长、党委书记：徐天岭
地　址：海淀区北四环西路65号
邮　编：101200

中关村支行
行　长、党委书记：门月红
地　址：海淀区上地信息路2号
邮　编：100085

翠微路支行
行　长、党委书记：何　平
地　址：海淀区阜成路79号
邮　编：100036

西客站支行
行　长、党委书记：张俊杰

地　址：海淀区什坊院3号
邮　编：100055

丰台支行
行　长、党委书记：尹承德
地　址：丰台区文体路19号
邮　编：100071

方庄支行
行　长、党委书记：李景欣
地　址：丰台区芳城园三区18号楼
邮　编：100078

经济技术开发区支行
行　长、党委书记：任路平
地　址：北京经济技术开发区荣昌东街甲5号隆盛大厦A座二层
邮　编：100176

石景山支行
行　长、党委书记：王耕欣
地　址：石景山区石景山路63号
邮　编：100043

门头沟支行
行　长、党委书记：张宁涛
地　址：门头沟区新桥大街12号
邮　编：102300

房山支行
行　长、党委书记：王　凯
地　址：房山良乡西潞北大街32号
邮　编：102488

通州支行
行　长、党委书记：齐兆惠
地　址：通州区新华大街155号
邮　编：101100

大兴支行
行　长、党委书记：聂建文
地　址：大兴区兴政街24号
邮　编：102600

顺义支行
行　长、党委书记：王耀红
地　址：顺义区石园西路
邮　编：101300

昌平支行
行　长、党委书记：周冀平
地　址：昌平区科技园区综合办公楼
邮　编：102200

怀柔支行
行　长、党委书记：江　波
地　址：怀柔区商业街23号
邮　编：101400

密云支行
行　长、党委书记：刘红星
地　址：密云县鼓楼南大街
邮　编：101500

平谷支行
行　长、党委书记：马跃进
地　址：平谷区府前西街14号
邮　编：101200

延庆支行
行　长、党委书记：胡长文
地　址：延庆县延庆镇东大街37号
邮　编：102100

天津分行

营业部
总经理、党委书记：马　明
地　址：天津市和平区赤峰道12号
邮　编：300041

和平支行
行　长、党委书记：王勇利
地　址：天津市和平区解放路147号
邮　编：300040

新华支行
行　长、党委书记：张筱裛
地　址：天津市和平区西康路33号
邮　编：300051

南开支行
行　长、党委书记：苗金广
地　址：天津市南开区黄河道12号
邮　编：300101

河北支行
行　长：党委书记：侯雨生
地　址：天津市河北区滨海道69号、71号、73号、75号、77号
邮　编：300010

红桥支行
行　长、党委书记：刘中华
地　址：天津市红桥区大丰路西端
邮　编：300121

河西支行
行　长、党委书记：张运航
地　址：天津市河西区围堤道123号
邮　编：300074

广厦支行
行　长、党委书记：吴海河
地　址：天津市河西区大沽路361号
邮　编：300202

河东支行

行　长、党委书记：顾建国
地　址：天津市河东区十一经路河东金融大厦
邮　编：300171

新技术产业园区支行

行　长、党委书记：张震宇
地　址：天津市南开区鞍山西道 317 号
邮　编：300192

津西支行

行　长、党总支书记：李云峰
地　址：天津市西青开发区津港公路龙府花园 4 号楼
邮　编：300381

塘沽分行

行　长、党委书记：于德全
地　址：天津市塘沽区新华路莱市街 1 号
邮　编：300450

开发区分行

行　长：王兆毅
地　址：天津开发区广场东路 20 号滨海金融街 E5AB 座
邮　编：300457

保税区分行

行　长、党委书记：毕　堃
地　址：天津港保税区天保大道 176 号
邮　编：300456

汉沽支行

党委书记：王　健
行　长：李　华
地　址：天津市汉沽区新开中路 69 号
邮　编：300480

大港支行

行　长、党委书记：李景龙
地　址：天津市大港区迎宾街 79 号
邮　编：300270

西青支行

行　长、党总支书记：戴　江
地　址：天津市西青区杨柳青新华道 77 号
邮　编：300380

北辰支行

副行长、党总支书记：王双宁（主持工作）
地　址：天津市北辰区京津路 346 号
邮　编：300400

东丽支行

行　长、党总支书记：王伯森
地　址：天津市东丽区福山路先锋路交口
邮　编：300300

津南支行

副行长、党总支书记：李林原（主持工作）
地　址：天津市津南区咸水沽镇体育场路 35 号
邮　编：300350

宁河支行

行　长、党总支书记：王永泰
地　址：天津市宁河县芦台镇商业道 59 号
邮　编：301500

武清支行

行　长、党总支书记：陈　宏
地　址：天津市武清区杨村镇雍阳东道
邮　编：301700

蓟县支行

行　长、党总支书记：刘西泉
地　址：天津市蓟县兴华大街 1 号
邮　编：301900

宝坻支行

行　长、党总支书记：夏永爱
地　址：天津市宝坻区南关大街 2 号
邮　编：301800

静海支行

行　长、党总支书记：张绍俊
地　址：天津市静海县胜利大街 21 号
邮　编：301600

融汇支行

副行长、党总支书记：柳　青（主持工作）
地　址：天津市和平区大同道 11 号
邮　编：300040

国信支行

行　长、党总支书记：徐学叶
地　址：天津市河西区宾泰公寓 1 门
邮　编：300061

河北分行

邯郸分行

行　长、党委书记：沈　斌
地　址：邯郸市人民东路 248 号
邮　编：056002

邢台分行

行　长、党委书记：李明海
地　址：邢台市守敬北路 285 号
邮　编：054000

衡水分行

副行长、党委副书记：刘维柱（主持工作）
地　址：衡水市人民西路 321 号
邮　编：053000

沧州分行

行　长、党委书记：白玉民
地　址：沧州市清池南大道 13 号
邮　编：061000

保定分行

行　长、党委书记：周增文
地　址：保定市东风中路1902号
邮　编：071051

廊坊分行

行　长、党委书记：王向东
地　址：廊坊市和平路78号
邮　编：065000

唐山分行

行　长、党委书记：王　琦
地　址：唐山市新华东道102号
邮　编：063000

秦皇岛分行

行　长、党委书记：李子木
地　址：秦皇岛市建设大街139号
邮　编：066000

承德分行

行　长、党委书记：王爱东
地　址：承德市西大街26号
邮　编：067000

张家口分行

行　长、党委书记：赵吉国
地　址：张家口市解放大街20号
邮　编：075000

山西分行

大同分行

行　长、党委书记：李裕祥
地　址：大同市新建西路44号
邮　编：037006

阳泉分行

行　长、党委书记：郑　红
地　址：阳泉市德胜东街13号
邮　编：045000

长治分行

行　长、党委书记：张　强
地　址：长治市太行东街167号
邮　编：046011

晋城分行

行　长、党委书记：段庚清
地　址：晋城市凤台西街55号
邮　编：048026

朔州分行

行　长、党委书记：牛喜军
地　址：朔州市振华西街50号
邮　编：036000

忻州分行

行　长、党委书记：车长春
地　址：忻州市长征西街27号
邮　编：034000

晋中分行

行　长、党委书记：郝恩源
地　址：榆次区迎宾路28号
邮　编：030600

吕梁分行

行　长、党委书记：邹建文
地　址：吕梁市永宁东路29号
邮　编：033000

临汾分行

行　长、党委书记：王　浩
地　址：临汾市鼓楼北街44号
邮　编：041000

运城分行

行　长、党委书记：薛会民
地　址：运城市红旗东街242号
邮　编：044000

内蒙古分行

包头分行

行　长、党委书记：苏新立
地　址：包头市昆都仑区钢铁大街46号
邮　编：014010

鄂尔多斯分行

行　长、党委书记：张凤山
地　址：鄂尔多斯市东胜区满都海巷北7号
邮　编：017000

乌海分行

行　长、党委书记：吴铁桩
地　址：乌海市海勃湾区人民路77号
邮　编：016000

赤峰分行

行　长、党委书记：陈少君
地　址：赤峰市红山区钢铁西街18号
邮　编：024000

通辽分行

行　长、党委书记：孙　帆
地　址：通辽市永清大街0352号
邮　编：028000

呼伦贝尔分行

副行长、党委副书记：徐国君（主持工作）
地　址：呼伦贝尔市海拉尔区伊敏大街40号
邮　编：021008

锡林郭勒盟分行

行　长、党委书记：王树宪
地　址：锡林浩特市宝昌路46号
邮　编：026000

乌兰察布分行

行　长、党委书记：云国强

地　址：乌兰察布市集宁区桥东五马路6号

邮　编：012000

巴彦淖尔分行

行　长、党委书记：郭金龙

地　址：巴彦淖尔市临河区胜利路51号

邮　编：015000

阿拉善盟分行

行　长、党委书记：敖军承

地　址：阿拉善盟新区特东路5号

邮　编：750306

兴安盟分行

行　长、党委书记：周庆林

地　址：乌兰浩特市兴安北大路90号

邮　编：137400

满洲里分行

行　长、党委书记：曲云军

地　址：满洲里市三道街4号

邮　编：021400

辽宁分行

鞍山分行

行　长、党委书记：邹明珠

地　址：鞍山市铁东区二一九路32号

邮　编：114001

抚顺分行

行　长、党委书记：宋吉利

地　址：抚顺市新抚区东七路4号

邮　编：113008

本溪分行

行　长、党委书记：刘　伟

地　址：本溪市平山区曙光路3号

邮　编：117000

丹东分行

行　长、党委书记：刘德全

地　址：丹东市元宝区锦山大街113号

邮　编：118000

锦州分行

行　长、党委书记：高天振

地　址：锦州市凌河区解放路五段24甲

邮　编：121000

营口分行

行　长、党委书记：邓　琳

地　址：营口市站前区金牛山大街西4号

邮　编：115000

阜新分行

行　长、党委书记：耿敬东

地　址：阜新市海州区解放大街8号

邮　编：123000

辽阳分行

行　长、党委书记：张　红

地　址：辽阳市文圣区中华大街157号

邮　编：111000

铁岭分行

行　长、党委书记：王俊生

地　址：铁岭市银州区银州路27号

邮　编：112000

朝阳分行

行　长、党委书记：李爱民

地　址：朝阳市双塔区朝阳大街四段三号

邮　编：122000

盘锦分行

行　长、党委书记：杨青

地　址：盘锦市兴隆台区市府街9号

邮　编：124010

葫芦岛分行

行　长、党委书记：陈海林

地　址：葫芦岛市龙湾区龙湾大街38号

邮　编：125000

吉林分行

吉林市分行

行　长、党委书记：于海岩

地　址：吉林市松江路9号

邮　编：132011

四平分行

行　长、党委书记：杨宗江

地　址：四平市铁西区英雄大路258号

邮　编：136000

辽源分行

行　长、党委书记：王　岩

地　址：辽源市人民大街518号

邮　编：136200

通化分行

行　长、党委书记：蒋　超

地　址：通化市东昌区滨江西路3801号

邮　编：134000

白山分行

行　长、党委书记：赵桂德

地　址：白山市通江路2号

邮　编：134300

白城分行

行　长、党委书记：许家业

地　址：白城市中兴东大路10号

邮　编：137000

松原分行

行　长、党委书记：李云海
地　址：松原市宁江区长宁南街2101号
邮　编：138001

延边分行

行　长、党委书记：赵德江
地　址：延吉市长白路56号
邮　编：133001

黑龙江分行

齐齐哈尔分行

行　长、党委书记：贺宪民
地　址：齐齐哈尔市龙沙区斜阳街6号
邮　编：161005

牡丹江分行

行　长、党委书记：刘文华
地　址：牡丹江市太平路115号
邮　编：157000

佳木斯分行

行　长、党委书记：徐立峰
地　址：佳木斯市保卫路105号
邮　编：154002

大庆分行

行　长、党委书记：焦　滨
地　址：大庆市萨尔图区东风路37号
邮　编：163001

伊春分行

行　长、党委书记：吕云彪
地　址：伊春市伊春区新兴中大街78号
邮　编：153000

鸡西分行

行　长、党委书记：冯善核
地　址：鸡西市鸡冠区红旗大街19号
邮　编：158100

鹤岗分行

行　长、党委书记：宋绍发
地　址：鹤岗市工农区东解放路69号
邮　编：154101

双鸭山分行

副行长、党委副书记：王伟哲（主持工作）
地　址：双鸭山市尖山区六马路15号
邮　编：155100

七台河分行

行　长、党委书记：李万春
地　址：七台河市桃山区大同街26号
邮　编：154600

绥化分行

副行长、党委副书记：梁建国（主持工作）
地　址：绥化市中兴西路72号
邮　编：152001

黑河分行

行　长、党委书记：张青武
地　址：黑河市合作区通江路工行大楼
邮　编：164300

大兴安岭分行

行　长、党委书记：张余振
地　址：加格达奇区人民路38号
邮　编：165000

上海分行

营业部

总经理、党委书记：徐晓萍
地　址：上海市中山东一路24号
邮　编：200002

第二营业部

总经理、党支部书记：洪晓岚
地　址：上海市即墨路88号
邮　编：200120

外滩支行

行　长、党总支书记：陶风华
地　址：上海市中山东二路11号
邮　编：200002

浦东分行

行　长、党委书记：周春明
地　址：上海市浦东南路2024－2034号
邮　编：200127

静安支行

行　长、党委书记：胡霄骅
地　址：上海市康定路699号
邮　编：200040

徐汇支行

行　长、党委书记：王伟权
地　址：上海市广元西路8号
邮　编：200030

虹口支行

行　长、党委书记：钱勤新
地　址：上海市曲阳路800号
邮　编：200437

闸北支行

行　长、党委书记：赵家骏
地　址：上海市河南北路485号
邮　编：200071

卢湾支行

行　长、党委书记：王德湛
地　址：上海市淮海中路98号
邮　编：200021

黄浦支行
行　长、党委书记：周紫华
地　址：上海市四川中路346号
邮　编：200002

杨浦支行
行　长、党委书记：张　毅
地　址：上海市控江路1698号
邮　编：200092

普陀支行
行　长、党委书记：徐光华
地　址：上海市长寿路235号
邮　编：200060

长宁支行
行　长、党委书记：苏岳勤
地　址：上海市延安西路895号
邮　编：200050

宝山支行
副行长、党委副书记：张　政（主持工作）
地　址：上海市淞滨路318号
邮　编：200940

闵行支行
行　长、党委书记：王燕青
地　址：上海市莘松路288号
邮　编：201100

金山支行
行　长、党委书记：王卫政
地　址：上海市金山区石化卫零路558号
邮　编：200540

漕河泾开发区支行
副行长、党支部副书记：李毓菖（主持工作）
地　址：上海市宜山路900号
邮　编：200233

虹桥开发区支行
行　长、党总支书记：朱晓怡
地　址：上海市娄山关路83号
邮　编：200336

浦东开发区支行
行　长、党委书记：吴燕芬
地　址：上海市金桥路1391号3－7层
邮　编：200129

国际机场支行
行　长、党支部书记：孙　伟
地　址：上海市海天五路速航路口
邮　编：201202

嘉定支行
行　长、党总支书记：邹冬沪
地　址：上海市清河路151号
邮　编：201800

南汇支行
行　长、党总支书记：冯　羽
地　址：上海市惠南镇城南路258号
邮　编：201300

奉贤支行
副行长、党总支副书记：项　震（主持工作）
地　址：上海市南桥镇南中路48号
邮　编：201400

松江支行
行　长、党支部书记：刘克俭
地　址：上海市松江区中山二路218－228号
邮　编：201600

青浦支行
行　长、党支部书记：吴晓春
地　址：上海市青浦区城中东路485号
邮　编：201700

崇明支行
副行长、党支部副书记：黄民力（主持工作）
地　址：上海市城桥镇南门路158号
邮　编：202150

江苏分行

无锡分行
行　长、党委书记：徐晓岚
地　址：无锡市五爱路30号
邮　编：214031

徐州分行
行　长、党委书记：耿立波
地　址：徐州市大同街31号
邮　编：221003

常州分行
行　长、党委书记：岳小勇
地　址：常州市延陵中路680号
邮　编：213003

南通分行
行　长、党委书记：刘小全
地　址：南通市姚港路8号
邮　编：226006

连云港分行
行　长、党委书记：周良坤
地　址：连云港市海连中路118号
邮　编：222004

淮安分行
行　长、党委书记：纪　耀
地　址：淮安市淮海西路81号
邮　编：223001

盐城分行
副行长、党委副书记：薛田江（主持工作）

地　址：盐城市建军中路124号
邮　编：224001

扬州分行

行　长、党委书记：顾国庆
地　址：扬州市扬子江中路756号
邮　编：225009

镇江分行

行　长、党委书记：周　乃
地　址：镇江市解放路308号
邮　编：212001

泰州分行

行　长、党委书记：周汇林
地　址：泰州市青年北路188号
邮　编：225300

宿迁分行

行　长、党委书记：李明星
地　址：宿迁市洪泽湖路71号
邮　编：223800

胥浦支行

行　长、党委书记：李　健
地　址：仪征市白沙路8号
邮　编：211900

浙江分行

温州分行

行　长、党委书记：侯念东
地　址：温州市人民东路2号工行大厦
邮　编：325003

嘉兴分行

行　长、党委书记：卜克强
地　址：嘉兴市禾兴南路269号
邮　编：314001

湖州分行

行　长、党委书记：沈　忻
地　址：湖州市红旗路48号
邮　编：313000

绍兴分行

行　长、党委书记：蒋　伟
地　址：绍兴市胜利东路180号
邮　编：312000

金华分行

行　长、党委书记：赵丹蓓
地　址：金华市八一北街595号
邮　编：321000

衢州分行

行　长、党委书记：方必平
地　址：衢州市市区上街96号
邮　编：324000

台州分行

行　长、党委书记：王国才
地　址：台州市市府大道609号
邮　编：318000

丽水分行

行　长、党委书记：徐晓伟
地　址：丽水市丽阳街555号
邮　编：323000

舟山分行

行　长、党委书记：刘岩方
地　址：舟山市定海区人民南路16号
邮　编：316000

安徽分行

淮北分行

行　长、党委书记：徐　杰
地　址：淮北市人民路196号
邮　编：235000

宿州分行

党委副书记：尹兰新（主持工作）
地　址：宿州市淮海中路58号
邮　编：234000

蚌埠分行

行　长、党委书记：胡建森
地　址：蚌埠市中兴街95号
邮　编：233000

阜阳分行

行　长、党委书记：沈　刚
地　址：阜阳市清河东路568号
邮　编：236032

淮南分行

行　长、党委书记：穆庆杰
地　址：淮南市田家庵区国庆中路287号
邮　编：232007

滁州分行

行　长、党委书记：王良琴
地　址：滁州市琅琊西路1号
邮　编：239000

六安分行

行　长、党委书记：杨　林
地　址：六安市解放南路79号
邮　编：237000

马鞍山分行

行　长、党委书记：陈书海
地　址：马鞍山市湖南路501号（团结广场）
邮　编：243011

巢湖分行

行　长、党委书记：王剑敏

地　址：巢湖市草城街 14 号
邮　编：238000

芜湖分行
行　长、党委书记：姚红兵
地　址：芜湖市北京东路 98 号
邮　编：241000

宣城分行
行　长、党委书记：李为民
地　址：宣城市鳌峰西路 76 号
邮　编：242000

铜陵分行
行　长、党委书记：王洁清
地　址：铜陵市长江东路 50 号
邮　编：244000

池州分行
行　长、党委书记：黄乐志
地　址：池州市秋浦西路 117 号
邮　编：247000

安庆分行
行　长、党委书记：湛承云
地　址：安庆市孝肃路 230 号
邮　编：246004

黄山分行
行　长、党委书记：张业生
地　址：黄山市屯溪区黄山东路 57 号
邮　编：245000

亳州分行
行　长、党委书记：钱晓东
地　址：亳州市人民中路 41 号
邮　编：236800

福建分行

泉州分行
行　长、党委书记：陈建兴
地　址：泉州市丰泽街 610 号
邮　编：362000

漳州分行
行　长、党委书记：张水平
地　址：漳州市元光南路工行大楼
邮　编：363000

三明分行
行　长、党委书记：林民荣
地　址：三明市和仁新村一幢
邮　编：365000

南平分行
行　长、党委书记：张朝阳
地　址：南平市东山路 2 号
邮　编：353000

莆田分行
行　长、党委书记：尤瀛东
地　址：莆田市荔城大道南段 968 号
邮　编：351100

龙岩分行
行　长、党委书记：黄金坤
地　址：龙岩市九一南路 47 号
邮　编：364000

宁德分行
行　长、党委书记：张建明
地　址：宁德市蕉城南路 51 号
邮　编：352100

江西分行

赣州分行
行　长、党委书记：袁护平
地　址：赣州市文清路 39 号
邮　编：341000

宜春分行
行　长、党委书记：肖　东
地　址：宜春市秀江中路 219 号
邮　编：336000

吉安分行
行　长、党委书记：罗　坤
地　址：吉安市吉州区井冈山大道 103 号
邮　编：343000

上饶分行
行　长、党委书记：江华柱
地　址：上饶市信州区滨江西路 25 号
邮　编：334000

抚州分行
行　长、党委书记：纪英武
地　址：抚州市赣东大道 439 号
邮　编：344000

九江分行
行　长、党委书记：胡　良
地　址：九江市浔阳东路 93 号
邮　编：332000

景德镇分行
副行长、党委副书记：钟爱民（主持工作）
地　址：景德镇市瓷都大道 1106 号
邮　编：333000

萍乡分行
行　长、党委书记：邹克胜
地　址：萍乡市建设西路 76 号
邮　编：337000

新余分行
行　长、党委书记：张莉萍

地　址：新余市仙来东大道 269 号
邮　编：338000

鹰潭分行

行　长、党委书记：姜成茂
地　址：鹰潭市环城西路 1 号
邮　编：335000

山东分行

淄博分行

行　长、党委书记：赵玉良
地　址：淄博市张店金晶大道 158 号
邮　编：255000

枣庄分行

行　长、党委书记：刘国强
地　址：枣庄市光明中路 68 号
邮　编：277102

东营分行

行　长、党委书记：刘爱峰
地　址：东营市南一路 278 号
邮　编：257091

烟台分行

行　长、党委书记：徐光林
地　址：烟台市芝罘区海港路 1 号
邮　编：264000

潍坊分行

行　长、党委书记：毛卫东
地　址：潍坊市奎文区潍州路 751 号（甲）
邮　编：261031

济宁分行

行　长、党委书记：朱岩峰
地　址：济宁市红星东路 115 号
邮　编：272017

泰安分行

行　长、党委书记：姜　宁
地　址：泰安市财源大街 135 号
邮　编：271000

威海分行

行　长、党委书记：刘志刚
地　址：威海市文化西路 188 号
邮　编：264209

日照分行

行　长、党委书记：贾　萍
地　址：日照市黄海一路 43 号
邮　编：276826

莱芜分行

行　长、党委书记：闫小明
地　址：莱芜市鲁中东大街 1 号
邮　编：271100

临沂分行

行　长、党委书记：孙光辉
地　址：临沂市兰山区沂蒙路 324 号
邮　编：276000

德州分行

行　长、党委书记：李晓霞
地　址：德州市天衢中路 1561 号
邮　编：253016

聊城分行

行　长、党委书记：亓立强
地　址：聊城市昌润路 151 号
邮　编：252000

滨州分行

行　长、党委书记：韩继勇
地　址：滨州市渤海七路 633 号
邮　编：256600

菏泽分行

行　长、党委书记：孙长庚
地　址：菏泽市中华路 2398 号
邮　编：274000

河南分行

开封分行

行　长、党委书记：王　莉
地　址：开封市丁角街 88 号
邮　编：475000

洛阳分行

行　长、党委书记：郭自来
地　址：洛阳市中州路 230 号
邮　编：471000

平顶山分行

行　长、党委书记：吴新慧
地　址：平顶山市矿工路中段 37 号
邮　编：467000

安阳分行

副行长、党委副书记：任建平（主持工作）
地　址：安阳市文峰大道中段
邮　编：455000

鹤壁分行

行　长、党委书记：王海燕
地　址：鹤壁市兴鹤大街 235 号
邮　编：458030

新乡分行

行　长、党委书记：邢卫勇
地　址：新乡市和平大道 88 号
邮　编：453003

焦作分行

行　长、党委书记：张书宝

地　址：焦作市焦东中路 23 号
邮　编：454002

濮阳分行

行　长、党委书记：刘新锋
地　址：濮阳市建设路 16 号
邮　编：457000

许昌分行

副行长、党委副书记：方一桥（主持工作）
地　址：许昌市七一路 42 号
邮　编：461000

漯河分行

副行长、党委副书记：王明峰（主持工作）
地　址：漯河市黄河路中段 692 号
邮　编：462000

三门峡分行

行　长、党委书记：薛玉来
地　址：三门峡市崤山路 42 号
邮　编：472000

南阳分行

行　长、党委书记：王　伟
地　址：南阳市工业路 124 号
邮　编：473003

商丘分行

行　长、党委书记：曲俊杰
地　址：商丘市文化东路 569 号
邮　编：476000

信阳分行

行　长、党委书记：刘明海
地　址：信阳市四一路 41 号
邮　编：464000

周口分行

行　长、党委书记：梁光德
地　址：周口市工农路 20 号
邮　编：466000

驻马店分行

行　长、党委书记：余志伟
地　址：驻马店市解放路东段
邮　编：463000

济源分行

行　长、党委书记：黄　涛
地　址：济源市宣化东街 45 号
邮　编：454650

湖北分行

黄石分行

行　长、党委书记：陈建新
地　址：黄石市南京路 18 号
邮　编：435000

十堰分行

行　长、党委书记：梁新贵
地　址：十堰市公园路 7 号
邮　编：442000

荆州分行

行　长、党委书记：熊祖金
地　址：荆州市北京路 352 号
邮　编：434000

三峡分行

行　长、党委书记：曾沫冰
地　址：宜昌市夷陵大道特 169 号
邮　编：443000

襄樊分行

行　长、党委书记：班建伟
地　址：襄樊市前进路 69 号
邮　编：441003

荆门分行

行　长、党委书记：周从玉
地　址：荆门市象山一路 1 号
邮　编：448000

孝感分行

行　长、党委书记：杨中林
地　址：孝感市园林二路
邮　编：432100

黄冈分行

行　长、党委书记：罗新华
地　址：黄冈市黄州开发区
邮　编：436800

咸宁分行

行　长、党委书记：李焕成
地　址：咸宁市淦河大道 66 号
邮　编：437100

恩施分行

行　长、党委书记：代　伟
地　址：恩施市施州大道 30 号
邮　编：445000

随州分行

行　长、党委书记：何峰
地　址：随州市烈山大道 493 号
邮　编：441300

鄂州分行

副行长、党委副书记：彭崇凌（主持工作）
地　址：鄂州市武昌大道 312 号
邮　编：436000

湖南分行

株洲分行

行　长、党委书记：蒋　勤

地　址：株洲市建设南路85号
邮　编：412000

湘潭分行

行　长、党委书记：叶　鸣
地　址：湘潭市韶山中路1号
邮　编：411000

衡阳分行

行　长、党委书记：胡庆林
地　址：衡阳市解放路1号
邮　编：421001

邵阳分行

行　长、党委书记：杨爱华
地　址：邵阳市红旗路389号
邮　编：422000

岳阳分行

行　长、党委书记：袁异清
地　址：岳阳市东茅岭路143号
邮　编：414000

益阳分行

行　长、党委书记：谢少雄
地　址：益阳市长益路38号
邮　编：413000

常德分行

行　长、党委书记：匡一先
地　址：常德市人民中路358号
邮　编：415000

永州分行

行　长、党委书记：焦成军
地　址：永州市芝山区南津南路工行大厦
邮　编：425006

郴州分行

副行长、党委委员：兰安华（主持工作）
地　址：郴州市北湖路27号
邮　编：423000

娄底分行

副行长、党委副书记：晏正芳（主持工作）
地　址：娄底市乐坪东街7号
邮　编：417000

怀化分行

行　长、党委书记：孙　兵
地　址：怀化市迎丰中路569号
邮　编：418000

湘西自治州分行

行　长、党委书记：蒋　辉
地　址：吉首市人民北路3号
邮　编：416000

张家界分行

副行长、党委副书记：张林（主持工作）
地　址：张家界市永定区回龙路29号
邮　编：427000

广东分行

珠海分行

行　长、党委书记：林耸
地　址：珠海市吉大景山路19号工商银行大厦
邮　编：519015

汕头分行

行　长、党委书记：许长明
地　址：汕头市迎宾路1号工行大楼
邮　编：515041

韶关分行

行　长、党委书记：何自力
地　址：韶关市建国路2号
邮　编：512000

河源分行

副行长、党委副书记：应　非（主持工作）
地　址：河源市沿江路13号
邮　编：517000

梅州分行

行　长、党委书记：林　伟
地　址：梅州市嘉应东路18号
邮　编：514021

惠州分行

行　长、党委书记：张梦虹
地　址：惠州市长寿路5号
邮　编：516001

汕尾分行

副行长、党委副书记：林绍生（主持工作）
地　址：汕尾市四马路中段
邮　编：516600

东莞分行

副行长、党委副书记：罗健强（主持工作）
地　址：东莞市莞太路胜和路段18号
邮　编：523009

中山分行

行　长、党委书记：马智崇
地　址：中山市石岐悦来南路7号
邮　编：528400

江门分行

行　长、党委书记：武　龙
地　址：江门市港口路93号
邮　编：529030

佛山分行

行　长、党委书记：卢卓雄
地　址：佛山市汾江中路130号
邮　编：528000

阳江分行

行 长、党委书记：洪仕芹
地 址：阳江市新江北路 488 号
邮 编：529500

湛江分行

行 长、党委书记：杜东龙
地 址：湛江市康顺路 29 号
邮 编：524043

茂名分行

行 长、党委书记：余 彬
地 址：茂名市人民南路 36 号
邮 编：525000

肇庆分行

行 长、党委书记：吴伟科
地 址：肇庆市端州三路 34 号
邮 编：526040

清远分行

行 长、党委书记：梅 超
地 址：清远市桥北一路 1 号
邮 编：511500

潮州分行

行 长、党委书记：谢海昌
地 址：潮州市潮州大道中段
邮 编：521000

揭阳分行

副行长、党委副书记：吴楚智（主持工作）
地 址：揭阳市东山区站前大道中段东侧
邮 编：522031

云浮分行

行 长、党委书记：吴寿强
地 址：云浮市建设北路 3 号
邮 编：527300

广西分行

柳州分行

行 长、党委书记：戴湖西
地 址：柳州市广雅路 19 号
邮 编：545001

桂林分行

行 长、党委书记：李晓波
地 址：桂林市中山中路 16 号
邮 编：541001

梧州分行

行 长、党委书记：吴 松
地 址：梧州市大学路 25 号
邮 编：543002

玉林分行

行 长、党委书记：吴 进
地 址：玉林市一环东路 158 号
邮 编：537000

北海分行

行 长、党委书记：冯 登
地 址：北海市四川路 63 号
邮 编：536000

河池分行

行 长、党委书记：郑小东
地 址：河池市新建路 74 号
邮 编：547000

百色分行

行 长、党委书记：彭桂中
地 址：百色市中山二路 1 号
邮 编：533000

钦州分行

行 长、党委书记：白晓阳
地 址：钦州市向阳路 8 号
邮 编：535000

贵港分行

行 长、党委书记：陈宇红
地 址：贵港市和平路 180 号
邮 编：537100

防城港分行

行 长、党委书记：张春雷
地 址：防城港市友谊路 11 号
邮 编：538001

海南分行

三亚分行

行 长、党委书记：杨若飞
地 址：三亚市河西区解放路 743 号
邮 编：572000

洋浦分行

行 长、党委书记：华德勇
地 址：洋浦经济开发区工商银行大厦
邮 编：578101

重庆分行

万州分行

行 长、党委书记：袁 兵
地 址：重庆市万州区白岩路 81 号
邮 编：404000

涪陵分行

行 长、党委书记：熊文迅
地 址：重庆市涪陵区兴华中路 2 号
邮 编：408000

黔江分行

行 长、党委书记：陈德宏

地　址：重庆市黔江区新华大道西段 1128 号
邮　编：409000

高科技支行

行　长、党委书记：曹涌涛
地　址：重庆市渝州路 54 号
邮　编：400039

朝天门支行

行　长、党委书记：方　蕾
地　址：重庆市渝中区民族路 24 号
邮　编：400011

渝中支行

行　长、党委书记：韩忠东
地　址：重庆市渝中区民族路 177 号
邮　编：400010

江北支行

行　长、党委书记：金远明
地　址：重庆市渝北区龙溪镇加州花园 B4 栋裙楼
邮　编：401147

沙坪坝支行

行　长、党委书记：钟兴华
地　址：重庆市沙坪坝区小龙坎新街 78 号
邮　编：400030

九龙坡支行

行　长、党委书记：赖　涛
地　址：重庆市九龙坡区杨家坪正街 13 号
邮　编：400050

南岸支行

行　长、党委书记：雷成亮
地　址：重庆市南岸区江南大道 9 号
邮　编：400060

大渡口支行

行　长、党委书记：胡长云
地　址：重庆市大渡口区钢花路 350 号
邮　编：400084

北碚支行

行　长、党委书记：白世友
地　址：重庆市北碚区康宁路 60 号
邮　编：400700

巴南支行

行　长、党委书记：王靖川
地　址：重庆市巴南区龙海大道 5 号
邮　编：401320

渝北支行

行　长、党委书记：涂明海
地　址：重庆市渝北区胜利路 53 号
邮　编：401120

永川支行

行　长、党委书记：曾　涛
地　址：重庆市永川区中山大道中段 594 号
邮　编：402160

江津支行

行　长、党委书记：屈　蓉
地　址：重庆江津市几江大同路 40 号
邮　编：402260

合川支行

副行长、党委副书记：蔡知平（主持工作）
地　址：重庆合川市苏家街 3 号
邮　编：401520

长寿支行

行　长、党委书记：毛明富
地　址：重庆市长寿区桃源大道 6 号
邮　编：401220

北部新区支行

行　长、党委书记：张建伦
地　址：重庆市北部新区金渝大道 99 号
邮　编：401121

四川分行

攀枝花分行

行　长、党委书记：祝文康
地　址：攀枝花市攀枝花大道东段 492 号
邮　编：617000

自贡分行

行　长、党委副书记：柳　杨（主持工作）
地　址：自贡市自流井区道尚义灏二支路 1 号
邮　编：643000

泸州分行

副行长、党委副书记：李思林（主持工作）
地　址：泸州市迎晖路 77 号
邮　编：646000

德阳分行

行　长、党委书记：罗　军
地　址：德阳市凯江路 33 号
邮　编：618000

广元分行

行　长、党委书记：陈　丹
地　址：广元市利州东路 667 号
邮　编：628017

绵阳分行

行　长、党委书记：陈　汀
地　址：绵阳市涪城区警钟街 10 号
邮　编：621000

遂宁分行

副行长、党委副书记：李绍平（主持工作）
地　址：遂宁市遂州北路 159 号
邮　编：629000

乐山分行

行　长、党委书记：万　武
地　址：乐山市中区紫云后街4号
邮　编：614000

内江分行

行　长、党委书记：杨小平
地　址：内江市中区中央路48－52号
邮　编：641000

达州分行

行　长、党委书记：冯　强
地　址：达州市南外工行大厦22楼
邮　编：635000

宜宾分行

行　长、党委书记：邱艾松
地　址：宜宾市南岸商贸路101号
邮　编：644002

南充分行

行　长、党委书记：罗光平
地　址：南充市丝绸路86号工商银行
邮　编：637000

雅安分行

行　长、党委书记：周晓保
地　址：雅安市雨城区东大街17号
邮　编：625000

凉山分行

行　长、党委书记：麻旭恒
地　址：西昌市航天大道28号
邮　编：615000

广安分行

行　长、党委书记：姜海清
地　址：广安市金安大道二段一号
邮　编：638000

巴中分行

行　长、党委书记：蔡　谦
地　址：巴中市江北大街中段
邮　编：636600

眉山分行

行　长、党委书记：康枝富
地　址：眉山市东坡区珠市西街138号
邮　编：620010

资阳分行

行　长、党委书记：滕世平
地　址：资阳市雁江区西门桥24号
邮　编：641300

贵州分行

遵义分行

行　长、党委书记：朱鄂清
地　址：遵义市红花岗区新华路8号
邮　编：563000

安顺分行

行　长、党委书记：杨德兴
地　址：安顺市东郊路18号
邮　编：561000

都匀分行

行　长、党委书记：吴　玺
地　址：都匀市广惠路263号
邮　编：558000

凯里分行

行　长、党委书记：高跃进
地　址：凯里市北京西路31号
邮　编：556000

铜仁分行

行　长、党委书记：冯光好
地　址：铜仁市共青路37号
邮　编：554300

毕节分行

行　长、党委书记：肖健勇
地　址：毕节市麻园大转盘
邮　编：551700

六盘水分行

行　长、党委书记：黄文晖
地　址：六盘水市明湖路42号
邮　编：553001

兴义分行

行　长、党委书记：严发忠
地　址：兴义市沙井街33号
邮　编：562400

云南分行

曲靖分行

行　长、党委书记：赵　勇
地　址：曲靖市麒麟东路6号
邮　编：655000

玉溪分行

行　长、党委书记：瞿长富
地　址：玉溪市玉兴路21号
邮　编：653100

昭通分行

行　长、党委书记：黄　强
地　址：昭通市昭阳区学生路123号
邮　编：657000

红河分行

行　长、党委书记：张力克
地　址：个旧市中山路58号
邮　编：661000

文山分行

行　长、党委书记：高荣超
地　址：文山县普阳路114号
邮　编：663000

普洱分行

行　长、党委书记：陈维方
地　址：普洱市凤新街88号

邮　编：665000

西双版纳分行

行　长、党委书记：李建伟

地　址：景洪市宣慰大街112号

邮　编：666100

临沧分行

行　长、党委书记：卢　健

地　址：临沧市临翔区后寨1号

邮　编：677000

楚雄分行

行　长、党委书记：喻明忠

地　址：楚雄市龙泉路78号

邮　编：675000

大理分行

行　长、党委书记：杨秀慧

地　址：大理州大理市下关建设西路30号

邮　编：671000

丽江分行

行　长、党委书记：杜　鸣

地　址：丽江市古城区福慧路

邮　编：674100

怒江分行

行　长、党委书记：赵友斌

地　址：泸水县六库镇人民路197号

邮　编：673100

保山分行

行　长、党委书记：吴灿华

地　址：保山市隆阳区正阳北路129号

邮　编：678000

德宏分行

行　长、党委书记：刁文利

地　址：德宏州潞西市友谊路中段

邮　编：678400

香格里拉支行

行　长、党委书记：黄河静

地　址：香格里拉县长征路71号

邮　编：674400

陕西分行

宝鸡分行

行　长、党委书记：崔存良

地　址：宝鸡市经二路157号

邮　编：721000

咸阳分行

行　长、党委书记：李　骏

地　址：咸阳市人民路中段37号

邮　编：712000

铜川分行

行　长、党委书记：董　涛

地　址：铜川市红旗街66号

邮　编：727000

渭南分行

行　长、党委书记：王引平

地　址：渭南市前进路中段87号

邮　编：714000

商洛分行

行　长、党委书记：尚立本

地　址：商洛市迎宾路1号

邮　编：726000

汉中分行

行　长、党委书记：金　琦

地　址：汉中市汉台区人民路北段

邮　编：723000

安康分行

行　长、党委书记：张治国

地　址：安康市汉滨区解放路16号

邮　编：725000

延安分行

行　长、党委书记：宁军兴

地　址：延安市师范路441号

邮　编：716000

榆林分行

行　长、党委书记：李晓宏

地　址：榆林市长城西路32号

邮　编：719000

甘肃分行

天水分行

行　长、党委书记：杨爱军

地　址：天水市秦城区建设路185号

邮　编：741000

白银分行

行　长、党委书记：王　贵

地　址：白银市白银区人民路81号

邮　编：730900

金昌分行

行　长、党委书记：屠伟谷

地　址：金昌市新华路18号

邮　编：737100

嘉峪关分行

行　长、党委书记：田世春

地　址：嘉峪关市新华中路476号

邮　编：735100

酒泉分行

行　长、党委书记：唐红武

地　址：酒泉市解放路1号

邮　编：735000

张掖分行

行　长、党委书记：张辉明

地　址：张掖市甘州区县府街99号

邮　编：734000

武威分行

行　长、党委书记：周玉龙

地　址：武威市凉州区西大街 9 号

邮　编：733000

定西分行

行　长、党委书记：张厚斌

地　址：定西市安定区大什字

邮　编：743000

平凉分行

行　长、党委书记：袁　桃

地　址：平凉市西大街 75 号

邮　编：744000

庆阳分行

行　长、党委书记：赵兴宁

地　址：庆阳市西峰区西大街 232 号

邮　编：745000

陇南分行

行　长、党委书记：陈卫平

地　址：陇南市武都区盘旋路 006 号

邮　编：746000

临夏分行

行　长、党委书记：陈力明

地　址：临夏市团结路 50 号

邮　编：731100

甘南分行

行　长、党委书记：张　保

地　址：甘南州合作市东三路

邮　编：747000

矿区分行

行　长、党委书记：伊万平

地　址：兰州市 85 信箱乙—5 号

邮　编：732850

东风场区分行

行　长、党委书记：王岩刚

地　址：兰州市 27 支局 48 信箱 106 号

邮　编：732750

新疆分行

伊犁哈萨克自治州分行

行　长、党委书记：张家琦

地　址：伊宁市斯大林街 39 号

邮　编：835000

塔城分行

行　长、党委书记：王　东

地　址：塔城市新华街 153 号

邮　编：834700

阿勒泰分行

行　长、党委书记：肖功亮

地　址：阿勒泰市金山路 6 号

邮　编：836500

博尔塔拉蒙古自治州分行

行　长、党委书记：博　来

地　址：博乐市青得里大街 148 号

邮　编：833400

昌吉回族自治州分行

行　长、党委书记：薛　炜

地　址：昌吉市延安北路 23 号

邮　编：831100

哈密分行

行　长、党委书记：王鲁兵

地　址：哈密市中山北路 22 号

邮　编：839000

吐鲁番分行

副行长、党委副书记：徐开明（主持工作）

地　址：吐鲁番市绿洲中路 390 号

邮　编：838000

巴音郭楞蒙古自治州分行

行　长、党委书记：全　伟

地　址：库尔勒市石化大道工行大厦

邮　编：841000

阿克苏分行

副行长、党委副书记：孟占良（主持工作）

地　址：阿克苏市栏杆路 24 号

邮　编：843000

喀什分行

行　长、党委书记：文德明

地　址：喀什市人民东路 1 号

邮　编：844000

和田分行

副行长、党委副书记：曹　阳（主持工作）

地　址：和田市乌鲁木齐南路 2 号

邮　编：848000

克拉玛依石油分行

行　长、党委书记：乐成军

地　址：克拉玛依市天山路 38 号

邮　编：834000

石河子分行

行　长、党委书记：原　渊

地　址：石河子市北四路 23 小区 240 号

邮　编：832000

第七支行

行　长、党委书记：孟　中

地　址：乌鲁木齐 21 信箱 456 分箱

邮　编：841700

境内控股及独资子公司名录

工银瑞信基金管理有限公司

董事长：杨凯生
监事长：张　衢
董事、总经理：郭特华
督察长：朱碧艳
副总经理：戴勇毅、夏洪彬、肖在翔
地　址：北京市西城区金融大街丙17号北京银行大厦
邮　编：100140

工银金融租赁有限公司

董事长：李晓鹏
副董事长：范尔钢
监事长：庞月瑛
执行董事、总裁：丛　林
执行董事、副总裁：闫　峻
财务总监：陶　梅
注册地址：天津市经济开发区广场东路20号
邮　编：300457
办公地址：北京市西城区金融大街丙17号北京银行大厦
邮　编：100140

境外机构名录

香港分行

Industrial and Commercial Bank of China Limited, Hong Kong Branch

总经理：库三七
地　址：33/F, ICBC Tower, 3 Garden Road, Central, Hong Kong
邮　箱：hilda. chow@ icbcasia. com
电　话：+852 – 25881188
传　真：+852 – 28787784
SWIFT：ICBKHKHH

首尔分行

Industrial and Commercial Bank of China Limited, Seoul Branch

总经理：崔基仟
地　址：16 Floor, Taepeongno Bldg. , #310 Taepeongno2 – ga, Jung – gu, Seoul, 100 – 767, Korea
邮　箱：icbcseoul@ kr. icbc. com. cn
电　话：+822 – 37886670
传　真：+822 – 7553748
SWIFT：ICBKKRSE

釜山分行

Industrial and Commercial Bank of China Limited, Busan Branch

总经理：屠彦恒
地　址：1st Floor, Samsung Fire & Marine Insurance Bldg. , #1205 – 22 Choryang – 1dong, Dong – Gu, Busan, 601 – 728, Korea
邮　箱：busanadmin@ kr. icbc. com. cn
电　话：+8251 – 4638868
传　真：+8251 – 4636880
SWIFT：ICBKKRSE

东京分行

Industrial and Commercial Bank of China Limited, Tokyo Branch

总经理：宋　宁
地　址：2 – 1 Marunouchi 1 – Chome, Chiyoda – Ku Tokyo, 100 – 0005, Japan
邮　箱：icbctokyo@ icbc. co. jp
电　话：+813 – 52232088
传　真：+813 – 52198502
SWIFT：ICBKJPJT

新加坡分行

Industrial and Commercial Bank of China Limited, Singapore Branch

总经理：徐　力
地　址：6 Raffles Quay #12 – 01, Singapore 048580
邮　箱：icbcsg@ icbc. com. sg
电　话：+65 – 65381066
传　真：+65 – 65381370
SWIFT：ICBKSGSG

河内分行

Industrial and Commercial Bank of China Limited, Hanoi City Branch

总经理：陈志彪
地　址：Daeha Business Center, No. 360, Kim Ma Str. , Ba Dinh Dist. , Hanoi, Vietnam
邮　箱：weiyong@ vn. icbc. com. cn
电　话：+84 – 462698888
传　真：+84 – 462699800
SWIFT：ICBKVNVN

多哈分行

Industrial and Commercial Bank of China Limited,

Doha Branch

总经理：孔祥军

地 址：Office 702，7/F，QFC Tower，Diplomatic Area，West Bay，Doha，Qatar

邮 箱：dboffice@dxb.icbc.com.cn，office@doh.icbc.com.cn

电 话：+974 - 4968076

传 真：+974 - 4968080

SWIFT：ICBKQAQA

阿布扎比分行

Industrial and Commercial Bank of China Limited - Abu Dhabi Branch

总经理：周晓东

地 址：9th floor & Mezzanine floor
AKAR properties，Al Bateen Tower C6
Bainuna Street，Al Bateen Area
Abu Dhabi
United Arab Emirates

悉尼分行

Industrial and Commercial Bank of China Limited，Sydney Branch

总经理：韩瑞祥

地 址：Level 1，220 George Street，Sydney NSW 2000，Australia

邮 箱：Info@icbc.com.au

电 话：+612 - 94755588

传 真：+612 - 92333982

SWIFT：ICBKAU2S

法兰克福分行

Industrial and Commercial Bank of China Limited，Frankfurt Branch

总经理：刘 金

地 址：Bockenheimer Anlage 15，60322 Frankfurt am Main，Germany

邮 箱：icbc@icbc - ffm.de

电 话：+4969 - 50604700

传 真：+4969 - 50604708

SWIFT：ICBKDEFF

卢森堡分行

Industrial and Commercial Bank of China Limited，Luxembourg Branch

总经理：高 明

地 址：8 - 10，Avenue Marie - Thérès，L - 2132 Luxembourg B. P. 278 L - 2012 Luxembourg

邮 箱：icbc@icbc.lu

电 话：+352 - 2686661

传 真：+352 - 26866666

SWIFT：ICBKLULL

纽约分行

Industrial and Commercial Bank of China Limited，New York Branch

总经理：吴 斌

地 址：725 Fifth Avenue，20th Floor，New York，NY，10022，USA

邮 箱：info@us.95588.com

电 话：+1 - 2128387799

传 真：+1 - 2128386688

SWIFT：ICBKUS33

中国工商银行（亚洲）有限公司

Industrial and Commercial Bank of China（Asia）Limited

行政总裁：陈爱平

地 址：33/F，ICBC Tower，3 Garden Road，Central，Hong Kong

邮 箱：hilda.chow@icbcasia.com

电 话：+852 - 25881188

传 真：+852 - 28787784

SWIFT：UBHKHKHH

工商东亚金融控股有限公司

Industrial and Commercial East Asia Finance Holdings Limited

行政总裁：张可心

地 址：22/F，China Overseas Building，139 Hennessy Road，Wanchai，Hong Kong

电 话：+852 - 31018888

传 真：+852 - 31019191

工银国际控股有限公司

ICBC International Holdings Limited

行政总裁：黄明祥

地 址：Level 18，Three Pacific Place，1 Queen's Road East，Hong Kong

邮 箱：info@icbci.com.hk

电 话：+852 - 26833888

传 真：+852 - 26833900

SWIFT：ICILHKHH

中国工商银行（澳门）股份有限公司

Industrial and Commercial Bank of China（Macau）

Limited

董事长：朱晓平

地　址：18th Floor，ICBC Tower，Macau Landmark，555 Avenida da Amizade，Macau

邮　箱：icbc@ mc. icbc. com. cn

电　话：+853－28555222

传　真：+853－28338064

SWIFT：ICBKMOMX

中国工商银行（印度尼西亚）有限公司

PT. Bank ICBC Indonesia

董事长：袁斌

地　址：TCT ICBC Tower，Jl. MH. Thamrin No. 81，Jakarta Pusat，Indonesia

邮　箱：icbc@ icbc. co. id

电　话：+62－2131996088

传　真：+62－2131996016

SWIFT：ICBKIDJA

中国工商银行（阿拉木图）股份公司

Industrial and Commercial Bank of China（Almaty）Joint Stock Company

总经理：赵国强

地　址：110 Furmanov Avenue，Almaty，Kazakhstan，050000

邮　箱：office@ icbcalmaty. kz

电　话：+7727－2596391

传　真：+7727－2596400

SWIFT：ICBKKZKX

中国工商银行（中东）有限公司

Industrial and Commercial Bank of China（Middle East）Limited

总经理：田志平

地　址：19/F，Al Kifaf Tower，Sheikah Zayed Road，Dubai，U. A. E

邮　箱：dboffice@ dxb. icbc. com. cn

电　话：+971－47031111

传　真：+971－47031199

SWIFT：ICBKAEAD

中国工商银行（伦敦）有限公司

Industrial and Commercial Bank of China，（London）Limited

董事总经理：许金雷

地　址：36 King Street，London EC2V 8BB，UK

邮　箱：admin@ icbclondon. com

电　话：+4420－73978888

传　真：+4420－73978899

SWIFT：ICBKGB2L

中国工商银行卢森堡有限公司

Industrial and Commercial Bank of China Luxembourg S. A.

总经理：高　明

地　址：8－10，Avenue Marie－Thérès，L－2132 Luxembourg B. P. 278 L－2012 Luxembourg

邮　箱：icbc@ icbc. lu

电　话：+352－2686661

传　真：+352－26866666

SWIFT：ICBKLULU

中国工商银行（莫斯科）股份公司

ZAO Industrial and Commercial Bank of China（Moscow）

总经理：郑卫东

地　址：Serebryanicheskaya Naberejnaya Street build. 29，First floor，room 46－1，109028，Moscow，Russia

邮　箱：icbcmoscow@ yahoo. com. cn

电　话：+7495－2873099

传　真：+7495－2873098

SWIFT：ICBKRUMM

2009年度二级分行经营效益30强

地区	分行	按绩效得分排名	按实际利润排名	按人均利润排名	三项因素综合排名
江苏	常州	1	3	3	1
江苏	无锡	5	1	6	2
山东	滨州	2	16	2	3
浙江	绍兴	9	5	7	4
浙江	嘉兴	4	10	12	5
山东	聊城	3	21	4	6
山东	潍坊	7	9	14	7
浙江	温州	17	2	13	8
浙江	舟山	6	24	5	9
浙江	台州	12	7	17	10
浙江	金华	18	6	16	11
广东	中山	11	13	24	12

续表

地区	分行	按绩效得分排名	按实际利润排名	按人均利润排名	三项因素综合排名
山东	东营	14	23	15	13
山东	烟台	15	12	30	14
陕西	榆林	16	32	10	15
广东	东莞	30	8	25	16
山东	日照	13	41	9	16
浙江	湖州	19	25	21	18
河北	廊坊	26	18	23	19
广东	珠海	28	20	19	19
广东	佛山	36	4	34	21
河北	唐山	22	11	45	22
广东	惠州	37	19	28	23
内蒙古	鄂尔多斯	40	27	18	24
山东	淄博	34	17	35	25
广东	湛江	29	33	31	26
浙江	丽水	32	39	27	27
山东	德州	27	35	38	28
山东	济宁	41	22	39	29
山东	威海	21	45	37	30

2009 年度城区支行经营效益 40 强

地区	支行	按绩效得分排名	按实际利润排名	按人均利润排名	三项因素综合排名
上海	分行营业部	5	1	4	1
北京	营业部本级	1	9	1	2
深圳	分行营业部	7	7	2	3
北京	地安门	2	12	8	4
浙江	营业部本级	3	18	7	5
北京	长安	16	3	9	5
上海	外滩	9	15	5	7
北京	东城	4	11	23	8
北京	翠微路	26	2	11	9
北京	金融街	19	17	6	10
上海	第二营业部	12	28	10	11
北京	新街口	27	5	20	12
北京	宣武	33	4	24	13
北京	和平里	8	26	27	13

续表

地区	支行	按绩效得分排名	按实际利润排名	按人均利润排名	三项因素综合排名
上海	虹桥	14	33	31	15
广东	一支	32	35	19	16
深圳	红围	23	39	28	17
苏州	营业部	25	52	15	18
浙江	解放路	34	38	25	19
北京	王府井	28	20	50	20
北京	朝阳	37	8	54	21
山东	营业厅	38	60	3	22
四川	龙泉	17	66	22	23
北京	西客站	42	21	47	24
深圳	福田	10	67	36	25
苏州	园区	29	63	26	26
上海	南汇	39	51	37	27
北京	礼士路	86	6	35	27
北京	海淀西区	43	13	72	29
江苏	直营处	6	113	12	30
浙江	众安	15	103	14	31
北京	海淀	45	23	64	31
江苏	新街口	30	70	38	33
上海	黄浦	57	10	74	34
天津	营业部	85	31	30	35
山东	经二路	44	65	39	36
广东	粤秀	62	54	32	36
辽宁	南京街	67	73	13	38
四川	都江堰	11	129	16	39
上海	浦东开发区	54	25	79	40

2009 年中国工商银行国际评级及获奖情况

国际评级

2009 年，在国际同业评级纷纷被下调的情况下，工行外部评级依然保持正面和上升趋势。穆迪评级公司将工行财务实力评级（BFSR）列入升级观察，将外币存款的长期信用评级的评级展望由“稳定”调升为“正面”。标普也维持了对工行长期信用评级“正面”的评级展望。截至 2009 年末，穆迪对工行长期信用评级为“A1”，前景展望为“正面”，银行财务实力评级（BFSR）为“D－”，前景展望为“评级观察”；标准普尔对工行长期信用评级为“A－”，前景展望为“正面”，基本实力评级为“C”。

2009 年中国工商银行境内外获奖情况一览表

序号	奖项名称		颁奖机构	
	中文	英文	中文	英文
1	中国最受尊敬企业		《经济观察报》	
2	中国最佳中资银行			
3	中国最佳商务信用卡			
4	中国中小企业金融服务十佳机构		《金融时报》	
5	年度最佳商业银行			
6	年度最佳网络银行			
7	中国最佳企业公民		《21 世纪经济报道》	
8	亚洲最佳商业银行			
9	年度优秀私人银行团队			
10	年度银行理财品牌		《第一财经》	
11	年度零售金融品牌			
12	中国企业社会责任榜杰出企业奖			
13	中国最佳基金托管银行		《证券时报》	
14	中国上市公司价值百强			
15	中国上市公司优秀管理团队			
16	中国最具社会责任上市公司			
17	中国最受投资者欢迎上市公司网站			
18	中国上市公司最佳信息披露网站			
19	中国上市公司百佳董秘			
20	十年突出贡献奖			
21	最佳手机银行			
22	最佳营销推广奖			
23	最佳自主创新奖			
24	年度最佳银行网站			
25	中国最佳银行投行			
26	中国最佳并购投行			
27	中国最佳并购项目			
28	金治理信息披露公司董秘奖		《上海证券报》	
29	最佳银行产品创新奖			
30	中国上市公司百强金牛奖		《中国证券报》	

续表

序号	奖项名称		颁奖机构	
	中文	英文	中文	英文
31	上市公司“金鼎奖”第一名		证券日报社、中国证券市年会	
32	中国上市公司市值管理百佳		中国上市公司市值管理研究中心、《经济观察报》	
33	最佳客户服务信用卡品牌		《理财周报》	
34	最佳借记卡			
35	最佳个人信贷银行			
36	最受尊敬银行			
37	最佳服务私人银行			
38	最佳银行理财产品			
39	最佳投资与管理团队			
40	最佳营销创新理财系列产品			
41	中国最佳表现公司		《环球企业家》	
42	金蜜蜂奖·领袖型企业		《WTO经济导刊》	
43	中国金融营销奖——最佳企业形象奖		《银行家》	
44	中国金融营销奖——最佳企业社会责任奖			
45	中国金融营销奖——金融产品十佳奖			
46	全国性商业银行核心竞争力排名第一名			
47	最佳风险管理银行			
48	最佳IT银行			
49	最佳现金管理奖		《首席财务官》	
50	最佳网上银行奖			
51	年度十大增值品牌		中国品牌监测中心、《中国名牌》	
52	最佳资产托管银行		《中国证券投资基金年鉴》	
53	年度最受欢迎银行信用卡		《钱经》	
54	最受欢迎电子银行		《卓越理财》	
55	最受欢迎人民币理财产品		《卓越理财》、和讯网、中央人民广播电台	
56	最受商旅精英欢迎的信用卡品牌		《旅伴》	

续表

序号	奖项名称		颁奖机构	
	中文	英文	中文	英文
57	中国品牌百强榜年度十大风云品牌		人民日报社人民网	
58	人民社会责任奖			
59	中国品牌百强榜最具影响力品牌60强			
60	姜建清董事长获中国经济百人榜影响中国经济60人			
61	抗震救灾可持续发展项目			
62	最佳综合性银行		新浪网	
63	最具竞争力银行		搜狐网	
64	最佳网上银行			
65	年度公益企业		和讯网	
66	银行业杰出服务奖			
67	最佳用户感受奖			
68	最佳手机银行奖			
69	最佳网上银行奖（个人网银）			
70	最佳投资理财奖（个人网银）			
71	最佳投资者关系上市公司		和讯网、中国证券市场研究设计中心等	
72	最具影响力信用卡		腾讯网	
73	电子银行最佳营销奖		金融界网站	
74	网上银行最佳安全奖			
75	手机银行最佳科技创新奖			
76	中国金融企业慈善榜——银行业·突出贡献奖		金融界网站、中国社会工作协会	
77	中国金融企业慈善榜——金融产品社会公益奖			
78	手机银行“最佳理财应用奖”		3G门户网	
79	手机银行最佳人气奖			
80	金融服务类最佳银行卡入围奖		全财经网	

续表

序号	奖项名称		颁奖机构	
	中文	英文	中文	英文
81	中国电子金融金爵奖——网上银行杰出贡献奖		电子商务协会	
82	中国电子金融金爵奖——用户满意的电子金融品牌			
83	中国电子金融金爵奖——创新管理团队奖			
84	中国电子金融金爵奖——年度优秀管理人物			
85	银团贷款最佳业绩奖		中国银行业协会银团贷款与交易专业委员会	
86	银团贷款最佳项目奖			
87	全国支持中小企业发展十佳商业银行		中国中小企业家年会、中国中小商业企业协会	
88	中国企业信息化功勋奖		国家信息化测评中心	
89	中国企业信息化500强企业			
90	信息化企业大奖			
91	最佳IT总体架构奖			
92	中国最佳网上银行		中国金融认证中心	
93	年度最具影响力做市商		中国外汇交易中心	
94	年度最大进步做市商			
95	年度最佳交易规范奖			
96	年度交易优秀奖			
97	全国“五五”普法中期先进集体		中央宣传部、司法部、全国普法办	
98	记账式国债承销优秀奖		财政部	
99	新中国60周年60个杰出品牌		中央电视台	
100	银联标准卡推广杰出贡献奖		中国银联	
101	银联卡境外业务杰出贡献奖			
102	债券结算代理业务优秀结算成员		中央国债登记结算有限责任公司	
103	国债柜台业务优秀承办机构			
104	中国绿色公司标杆企业		道农研究院、北京大学光华管理学院	

续表

序号	奖项名称		颁奖机构	
	中文	英文	中文	英文
105	中国本土银行网站竞争力排名金网奖		浙江大学电子服务研究中心国脉互联金融信息化研究中心	
106	中国最具和谐竞争力的上市公司		中国企业社会责任同盟和上海交通大学中国企业发展研究院	
107	中国最具社会影响力的品牌企业		第三届企业品牌传播力中国峰会组委会	
108	优秀金融产品奖		中国国际金融服务展组委会	
109	优秀金融品牌奖			
110	中国十佳绿色责任企业		中国绿色发展高层论坛组委会	
111	金融保险行业最佳社会责任报告		润灵公益事业咨询、挪威船级社及友成基金会联合主办	
112	中国最佳银行	Best Bank in China	《环球金融》	*Global Finance*
113	中国最佳资金营运银行	Best Treasury & Cash Management Bank in China		
114	中国最佳贸易融资银行	Best Trade Finance Bank in China		
115	中国最佳托管银行	Best Sub – Custodian Bank in China		
116	中国最佳个人网上银行	Best Consumer Internet Bank in China		
117	亚洲最佳综合个人银行网站	Best Integrated Consumer Bank Site in Asia		
118	亚洲最佳综合企业银行网站	Best Integrated Corporate Bank Site in Asia		
119	全球最佳综合企业银行网站	Best Integrated Corporate Bank Site – Global		
120	中国最佳本地银行	Best Domestic Bank（China）	《财资》	*The Asset*
121	中国最佳综合交易奖	Best Transaction Bank（China）		
122	中国最佳本地托管银行	Best Domestic Custodian（China）		
123	中国最佳现金管理银行	Best Cash Management Bank（China）		
124	中国新兴贸易融资银行	Rising Star Trade Finance Bank（China）		

续表

序号	奖项名称		颁奖机构	
	中文	英文	中文	英文
125	最具前途中国企业（银行及金融业）第一名	China's Most Promising Companies (Banking & Finance) No. 1	《财资》	*The Asset*
126	全优公司白金奖	Platinum Award for All – Round Excellence		
127	亚洲最佳银行	Banking Achievement 2009, Asia	《新兴市场报》	*Emerging Markets*
128	中国最佳银行	Best Bank in China	《金融亚洲》	*Finance Asia*
129	中国最佳现金管理银行	Best Cash Management Bank in China		
130	中国最佳大型零售银行	Best Mega Retail Bank in China	《亚洲银行家》	*The Asian Banker*
131	中国最佳多渠道银行	Excellence in Multi Channel Distribution in China		
132	投资者承诺成就奖	Achievement Award for Commitment to Investors in China		
133	中国信誉品牌——银行类：白金奖	Trusted Brand – Bank: Platinum (China)	《读者文摘》	*Reader's Digest*
134	中国信誉品牌——信用卡发卡银行类：金奖	Trusted Brand – Credit Card Issuing Bank: Gold (China)		
135	中国最佳人民币现金管理银行	Best RMB Cash Management Services (China)	《亚洲货币》	*Asia Money*
136	中国最佳托管银行	Domestic Top Rated Provider (China)	《全球托管人》	*Global Custodian*
137	姜建清入选全球金融业最有影响力 50 人	The Power 50	《机构投资者》	*Institutional Investor*
138	香港商业奖——杰出中国公司奖	Hongkong Business Awards—China Company Award	DHL/《南华早报》	DHL/SCMP
139	远见奖——年度报告：银奖	Vision Awards – Annual Report: Silver	美国媒体专业联盟	LACP
140	远见奖——亚太区最佳年度报告叙述：铜奖	Vision Awards – Best Annual Report Narrative : Bronze (Asia – Pacific)		
141	"最佳企业管治资料披露大奖" H 股板块白金奖	" Best Corporate Governance Disclosure Awards 2009" H – share Category Platinum Award	香港会计师公会	Hongkong Institute of Certified Public Accountants

续表

序号	奖项名称		颁奖机构	
	中文	英文	中文	英文
142	中国最佳银行与金融服务公司律师	Banking and Financial Services In – house Team of the Year, China	《亚洲法律事务》	*Asia Legal Business*
143	最佳融资安排银行	Bank Arranger of the Year	《非洲投资者》	*Africa Investor*
144	出口保理业务增长最快奖	Export Factor Growth Award	国际保理商联合会	Factors Chain International
145	最佳白金卡	Best Platinum Card of the Year	万事达卡国际组织	Master Card
146	商务卡最佳市场推广奖	Outstanding Acquisition Programme	美国运通	American Express

全国“五一劳动奖状”先进单位

四川省分行营业部都江堰支行

全国“五一劳动奖章”先进个人

吕仕洲　四川省德阳分行绵竹汉旺支行行长
任卫群　甘肃省陇南分行文县支行副行长

全国“工人先锋号”先进单位

宁波市分行鼓楼支行

全国金融“五一劳动奖状”先进单位

北京市分行地安门支行
广东省中山分行
宁波市分行鼓楼支行
深圳市分行红围支行营业部贵宾理财中心

全国金融系统“工人先锋号”先进单位

深圳市分行红围支行营业部贵宾理财中心

全国金融“五一劳动奖章”先进个人

李　娜（女）　北京市分行东城支行东四网点支行理财中心主任
葛　森（女）　天津市分行经济技术开发区支行理财客户经理
李金辉　河北省廊坊分行行长
王春梅（女）　山西省分行营业部大营盘支行营业经理
李　芳（女）　内蒙古分行营业部满都拉网点支行行长
王海东　辽宁省朝阳分行燕都支行工业区储蓄所营业经理
徐久杰（女）　吉林省分行营业部人民广场支行财富中心客户经理
于万渺（女）　黑龙江省分行营业部红旗支行汉水路分理处主任
宓霞琼（女）　上海市分行虹口支行公司金融部客户经理
袁建萍（女）　江苏省徐州分行鼓楼支行营业部主任
王永棋　浙江省分行营业部保俶支行行长
赵军红（女）　安徽省蚌埠分行南岗支行客户经理
刘珍霞（女）　福建省莆田分行城厢支行副行长
周　霖　江西省分行营业部北京西路支行理财经理
张晓萌（女）　山东省菏泽分行牡丹支行客户经理
田杰民（女）　河南省平顶山分行公司业务部经理
王　卓（女）　湖北省十堰分行会计业务处理中心会计员
朱科雄　湖南省益阳分行南县支行客户经理部副主管
胡立平　广东省分行运行管理部总经理
冯民宇　广东省分行营业部个人金融业务部总经理
王永红（女）　广西分行营业部电子银行部客户经理
陈　娟（女）　海南省分行海口琼山支行行长
陈竹君（女）　重庆市忠县支行个人金融业务部客户

经理
官学清　四川省分行副行长
温丽娜（女）　贵州省分行营业部贵溪支行客户经理
刘燕玲（女）　云南省分行营业部南屏支行客户经理
王成栋　陕西省铜川分行个人金融业务部客户经理
张　华（女）　甘肃省酒泉分行营业室会计员
冯晓群（女）　青海省分行格尔木支行营业室理财经理
贺美峰（女）　宁夏分行银川信义支行客户经理
文德明　新疆喀什分行行长
郭　枫　西藏分行市场营销部经理
刘春梅（女）　大连市分行沙河口支行个人金融业务部经理
毛　波　青岛市分行开发区支行行长
陈旭良　宁波市分行余姚支行个人业务部经理
邹晋辉（女）　深圳市分行深圳湾支行个客部理财经理
薛松颖　厦门市分行机构业务部高级客户经理
杨　磊　苏州市分行吴江支行行长
张永祥　数据中心（上海）设备部科员
王长江　数据中心（北京）技管办主任
宛　秋　软件开发中心北京研发部高级技术经理

全国巾帼文明岗

天津市分行园区支行白堤路贵宾理财中心
吉林省长春经济开发区支行营业部
江苏省无锡分行营业部五爱支行
福建省泉州分行晋江支行营业部
湖南省分行营业部瑞丰支行
广州市中山大道支行
四川省达州分行南城支行营业室
云南省红河分行开远东桥支行
甘肃省武威分行凉州支行
大连市中山广场支行营业部理财中心
河北省分行张家口解放支行
山西省分行定襄支行营业室
辽宁省分行阜新海州支行营业部
吉林省分行湘潭支行
浙江省湖州分行营业部营业中心
浙江省舟山分行定海支行营业部
安徽省铜陵分行铜都支行
江西省赣州分行章江支行贵宾理财中心
湖北省分行武汉百步亭支行
贵州省分行金沙广场支行
陕西省分行西安铁路局支行
甘肃省定西分行中路支行
青海省分行西宁城西支行古城台贵宾理财中心
新疆昌吉分行延安北路支行

全国巾帼建功标兵

张丽君　上海市分行嘉定支行营业部个人客户经理
冯　芸　深圳市分行红围支行营业经理
周凤霞　宁波市分行北仑支行营业部经理

全国巾帼建功活动先进工作者

董月惠　总行工会高级经理
张学先　湖北省分行女工委员会主任

全国女职工建功立业标兵岗

宁波市分行东门支行营业部
贵州省凯里分行北京路支行
山西省晋城分行凤南支行
内蒙古鄂尔多斯分行东绒支行
吉林省分行长春光明路支行人民大街贵宾理财中心
安徽省分行无为支行米市储蓄所
福建省分行浦城支行业务部
河南省洛阳分行银行卡业务中心
河南省安阳铁西支行
湖南省分行邵东支行营业部
湖南省分行郴州临武支行营业部
深圳市分行安宝支行营业部
陕西省咸阳分行彩虹支行
宁夏分行银川新华支行
青海省分行西宁中心广场支行营业室
新疆克拉玛依石油分行石化支行

全国女职工建功立业标兵

陈晓寅　江苏省南通分行启东支行客户经理
刘淑萍　浙江省湖州分行副行长
孙俊美　湖北省分行潜江支行东风路支行行长
潭　萍　重庆市分行北碚支行副行长

编 务 人 员

何中顺 荆立晶 李 飞 刘国友 范宇航 郭向军 高 翀

韩 强 张 渠 郝 红 戈 军 方 宇 于 辉 曲 峰

李 波 孙少轶 刘 捷 金恒威 李振兴 刘向明 贺 晋

汪振宁 杨 超 徐 伟 郑越之 白 靖 邵信芳 刘妤洵

王朝晖 张红玲 信万里 许银杰 孟庆贺 鲁晓红 王 颢

李元超 栾 天 邓子来 关 钰 缪 磊 吴雪亮 李富宇

张承刚 谭 鑫 高 岩 谢 雯 曹育超 沈春生 郭俊玲

翟 剑 张蓓宁 宋正凯 张 昱 王 静 韩苏京 刘 钢

宋宏春 严红华 郑 菊 郭东征 李 然 刘永瑶 秦 鹏

万世华 向建平 李继红 蒋 涛 谷 砚 叶 辉 张 建

孙继红 李海燕 万 琪 谢海雄 白 聪 苏美秀 任海玲

王晓玮 高学朴 薛 冬 王双庆 王中泉 任鹏生 刘 鹃

肖一多 张国俊 刘世毅 李炉生 马政斌 王世杰 刘亚平

史京生 王 宣 张凤利 李海燕 贾小芸 武春涛 马绍棠

崔雅欣 赵移冬 李宏魁 张 军 陈新征 杨 涛 孙泰敏

林 朴 宋贵华